VERBES IRRÉGULIERS ALLEMANDS

INFINITIV	PRÄSENS 2., 3. SINGULAR	IMPERFEKT	PARTIZIP PERFEKT
gelten	giltst, gilt	galt	gegolten
genesen	genest, genest	genas	genesen
genießen	genießt, genießt	genoss	genossen
geraten	gerätst, gerät	geriet	geraten
geschehen	– –, geschieht	geschah	geschehen
gewinnen	gewinnst, gewinnt	gewann	gewonnen
gießen	gießt, gießt	goss	gegossen
gleichen	gleichst, gleicht	glich	geglichen
gleiten	gleitest, gleitet	glitt	geglitten
glimmen	glimmst, glimmt	glomm	geglommen
graben	gräbst, gräbt	grub	gegraben
greifen	greifst, greift	griff	gegriffen
haben	hast, hat	hatte	gehabt
halten	hältst, hält	hielt	gehalten
hängen	hängst, hängt	hing	gehangen
hauen	haust, haut	haute	gehauen
heben	hebst, hebt	hob	gehoben
heißen	heißt, heißt	hieß	geheißen
helfen	hilfst, hilft	half	geholfen
kennen	kennst, kennt	kannte	gekannt
klingen	klingst, klingt	klang	geklungen
kneifen	kneifst, kneift	kniff	gekniffen
kommen	kommst, kommt	kam	gekommen
können	kannst, kann	konnte	gekonnt
kriechen	kriechst, kriecht	kroch	gekrochen
laden	lädst, lädt	lud	geladen
lassen	lässt, lässt	ließ	gelassen
laufen	läufst, läuft	lief	gelaufen
leiden	leidest, leidet	litt	gelitten
leihen	leihst, leiht	lieh	geliehen
lesen	liest, liest	las	gelesen
liegen	liegst, liegt	lag	gelegen
lügen	lügst, lügt	log	gelogen
mahlen	mahlst, mahlt	mahlte	gemahlen
meiden	meidest, meidet	mied	gemieden
melken	melkst, melkt	melkte *ou* molk	gemolken
messen	misst, misst	maß	gemessen
misslingen	– –, misslingt	misslang	misslungen
mögen	magst, mag	mochte	gemocht
müssen	musst, muss	musste	gemusst
nehmen	nimmst, nimmt	nahm	genommen
nennen	nennst, nennt	nannte	genannt
pfeifen	pfeifst, pfeift	pfiff	gepfiffen
preisen	preist, preist	pries	gepriesen
quellen	quillst, quillt	quoll	gequollen

LE ROBERT & Collins

POCHE ALLEMAND

HarperCollins Publishers
Westerhill Road
Bishopbriggs
Glasgow
G64 2QT
Great Britain

Septième édition / Siebte Auflage
2017

www.collinsdictionary.com

Dictionnaires Le Robert
25, avenue Pierre-de-Coubertin
75211 Paris cedex 13
France

www.lerobert.com

ISBN Poche+ 978-2-32101-081-4
ISBN Poche 978-2-32101-077-7

Dépôt légal mai 2017
Achevé d'imprimer en mai 2017

Photocomposition / Fotosatz
Davidson Publishing Solutions, Glasgow

Imprimé en Italie par / Gedruckt in Italien von
Grafica Veneta

Rendez-vous sur http://activation.lerobert.com/RC-poche-allemand et téléchargez* votre dictionnaire numérique Le Robert & Collins essentiel allemand, logiciel en téléchargement pour PC. Idéal pour parler allemand !

* Télécharger le logiciel s'effectue uniquement depuis la page http://activation.lerobert.com/RC-poche-allemand avant le 31/12/2021. Une connexion Internet est nécessaire pour télécharger et activer le logiciel. Il vous appartient de vous assurer, sans recours possible contre Le Robert, que les caractéristiques techniques de votre équipement sont conformes aux configurations techniques requises pour télécharger et utiliser votre dictionnaire numérique *Le Robert & Collins essentiel allemand*. Les équipements et les frais de télécommunication permettant l'accès à votre dictionnaire sont à votre charge exclusive. Vous êtes responsable de la sécurisation de votre équipement permettant l'accès à votre dictionnaire. Votre dictionnaire est destiné à un usage personnel. Une fois activé, le dictionnaire est installé sur votre ordinateur et consultable hors ligne. Les contenus intégrés à votre dictionnaire sont des créations originales protégées en France par les lois sur la propriété intellectuelle ainsi qu'à l'étranger par les conventions internationales relatives au droit d'auteur. Le Robert est titulaire exclusif des droits d'exploitation attachés à ces contenus.

CHEFS DE PROJET / PROJEKTLEITUNGEN
Teresa Álvarez
Janice McNeillie

COLLABORATEURS / MITARBEITER
Ralf Brockmeier
Sabine Citron
Horst Kopleck
Alice Lay
Carol McCann
Britta Nord
Marie Ollivier-Caudray
Christian Salzédo
Holly Tarbet
Silke Zimmermann

POUR LA MAISON D'ÉDITION / VERLAGSMITARBEITER
Gerry Breslin
Kerry Ferguson
Helen Newstead

Sprachniveau

Im Deutschen wissen Sie ganz genau, in welchen Situationen Sie den Ausdruck **ich habe genug** verwenden, wann Sie **mir langts** sagen und wann **ich hab die Nase voll**. Aber wenn Sie versuchen, jemanden zu verstehen, der Französisch redet, oder wenn Sie selbst versuchen, sich auf Französisch auszudrücken, dann sollten Sie sich wirklich darüber im Klaren sein, welcher Ausdruck höflich ist und welcher weniger höflich. Wir haben also bei Wörtern, die aus der Umgangssprache stammen, die Kennzeichnung (*fam*) hinzugefügt, und bei besonders groben Ausdrücken die Kennzeichnung (*vulg*) und zwar sowohl in der Ausgangs- als auch in der Zielsprache, um Ihnen anzudeuten, dass diese Ausdrücke mit Vorsicht zu verwenden sind. Bitte beachten Sie außerdem: Wenn das Sprachniveau der Übersetzung dem des übersetzten Ausdrucks entspricht, finden Sie die Kennzeichnungen (*fam*) nur in der Ausgangssprache.

Schlüsselwörter

Es fällt Ihnen sicher auf, dass bestimmte Wörter als „Schlüsselwörter" gekennzeichnet sind. Das sind sehr komplizierte oder sehr wichtige Wörter wie z. B. **sein** oder **machen** und ihre französischen Entsprechungen **être** oder **faire**, die wir besonders eingehend behandelt haben, weil sie grundlegende Elemente der Sprache sind.

Landeskundliche Informationen

In vom restlichen Text durch eine senkrechte Reihe schattierter Punkte abgesetzten Artikeln werden landeskundliche Aspekte in deutsch- und französischsprachigen Ländern behandelt. Die Themen umfassen Politik, Ausbildung, Medien und Feiertage, z. B. **Bundestag**, **Abitur**, **Assemblée nationale** und **la fête des Rois**.

Introduction

Vous désirez apprendre l'allemand ou approfondir des connaissances déjà solides. Vous voulez vous exprimer dans la langue de Goethe, lire ou rédiger des textes allemands ou converser avec des interlocuteurs germanophones. Que vous soyez lycéen, étudiant, touriste, secrétaire, homme ou femme d'affaires, vous venez de choisir le compagnon de travail idéal pour vous exprimer et pour communiquer en allemand, oralement ou par écrit. Résolument pratique et moderne, votre dictionnaire fait une large place au vocabulaire de tous les jours, aux domaines de l'actualité, des affaires, de la bureautique et du tourisme. Comme dans tous nos dictionnaires, nous avons mis l'accent sur la langue contemporaine et sur les expressions idiomatiques.

Mode d'emploi

Vous trouverez ci-dessous quelques explications sur la manière dont les informations sont présentées dans votre dictionnaire. Notre objectif : vous donner un maximum d'informations dans une présentation aussi claire que possible.

Les articles

Voici les différents éléments dont est composé un article type dans votre dictionnaire :

Transcription phonétique

Nous avons donné à l'intention des utilisateurs allemands une transcription phonétique de tous les mots français.

La prononciation des mots figure, entre crochets, immédiatement après l'entrée. Comme la plupart des dictionnaires modernes, nous avons opté pour le système dit « alphabet phonétique international ». Vous trouverez ci-dessous, à la page xvi, une liste complète des caractères utilisés dans ce système.

Données grammaticales

Les mots appartiennent tous à une catégorie grammaticale donnée : substantif, verbe, adjectif, adverbe, pronom, article, conjonction, abréviation. Les substantifs peuvent être masculins ou féminins ou, en allemand, neutres ; ils peuvent être singuliers ou pluriels. Les verbes peuvent être transitifs, intransitifs, pronominaux (ou réfléchis) ou encore impersonnels. La catégorie grammaticale des mots est indiquée en *italique*, immédiatement après le mot.

Souvent un mot se subdivise en plusieurs catégories grammaticales. Ainsi le français **creux** peut-il être un adjectif ou un nom masculin et l'allemand **einfach** peut-il être soit un adjectif (« simple »), soit un adverbe (« simplement »). De même le verbe **fumer** est parfois transitif (« fumer un cigare »), parfois intransitif (« défense de fumer »). Pour vous permettre de trouver plus rapidement le sens que vous cherchez, et pour aérer la présentation, nous avons séparé les différentes catégories grammaticales par le symbole ▶. Les phrases et les mots composés sont tous regroupés à la fin de l'article.

Subdivisions sémantiques

La plupart des mots ont plus d'un sens ; ainsi **mappemonde** peut désigner soit une carte plane du monde, soit une sphère représentant le globe terrestre. D'autres mots se traduisent différemment selon le contexte dans lequel ils sont employés : **partir** se traduira en allemand par « weggehen » ou « wegfahren » selon que l'on part à pied ou en voiture. Pour vous permettre de choisir la bonne traduction dans tous les contextes, nous avons subdivisé les articles en catégories de sens : chaque catégorie est introduite par une « indication d'emploi » entre parenthèses et en *italique*. Pour les exemples ci-dessus, les articles se présenteront donc comme suit :

> **mappemonde** *nf* (*carte*) Weltkarte *f*; (*sphère*) Globus *m*
> **partir** *vi* gehen, weggehen; (*en voiture*) wegfahren

De même certains mots changent de sens lorsqu'ils sont employés dans un domaine spécifique, comme par exemple **rue** que nous employons tous les jours dans son acception de « voie publique », mais qui est aussi une plante. Pour montrer à l'utilisateur quelle traduction choisir, nous avons donc ajouté, en *italique* entre parenthèses, une indication de domaine, à savoir dans ce cas particulier « Botanique », que nous avons abrégé pour gagner de la place en (*Bot*) :

> **rue** *nf* Straße *f*; (*Bot*) Raute *f*

Une liste complète des abréviations dont nous nous sommes servis dans ce dictionnaire figure ci-dessous, aux pages xii à xiv.

Traductions

La plupart des mots français se traduisent par leur équivalent allemand, et vice-versa, comme dans les exemples ci-dessus. Parfois, cependant, il n'y a pas d'équivalent exact dans la langue d'arrivée et nous avons donné un équivalent approximatif, indiqué par le signe ≈ ; c'est le cas par exemple pour le mot **baccalauréat** dont l'équivalent allemand est « Abitur » : il ne s'agit pas d'une traduction à proprement parler puisque nos deux systèmes scolaires sont différents :

> **baccalauréat** *nm* ≈ Abitur *nt*

Parfois, il est même impossible de trouver un équivalent approximatif. C'est le cas par exemple pour les noms de plats régionaux, comme le dessert autrichien suivant :

> **Schmarren** *m crêpe sucrée coupée en morceaux*

L'explication remplace ici une traduction (qui n'existe pas) ; pour plus de clarté, cette explication, ou glose, est donnée en *italique*.

Souvent aussi, on ne peut traduire isolément un mot, ou une acception particulière d'un mot. La traduction allemande de **copain**, par exemple, est « Freund » ; cependant **être copain avec qn** se dit « mit jdm gut befreundet sein ». Même une expression toute simple comme **doigt de pied** nécessite une traduction séparée, en l'occurrence « Zehe » (et non « Fußfinger »). C'est là que votre dictionnaire se révélera particulièrement utile et complet, car il contient un maximum de composés, de phrases et d'expressions idiomatiques.

Registre

En français, vous saurez instinctivement quand dire **j'en ai assez** et quand dire **j'en ai marre** ou **j'en ai ras le bol**. Mais lorsque vous essayez de comprendre quelqu'un qui s'exprime en allemand, ou de vous exprimer vous-même en allemand, il est particulièrement important de savoir ce qui est poli et ce qui l'est moins. Nous avons donc ajouté l'indication (*fam*) aux expressions de langue familière ; les expressions particulièrement grossières sont suivies de l'indication (*vulg*) (dans la langue de départ comme dans la langue d'arrivée), vous incitant à une prudence accrue. Notez que les indications (*fam*) ne sont pas répétées dans la langue d'arrivée lorsque le registre de la traduction est le même que celui du mot ou de l'expression traduits.

Mots-clés

Vous constaterez que certains mots sont intitulés « mots-clés ». Il s'agit de mots particulièrement complexes ou importants, comme **être** et **faire** ou leurs équivalents allemands **sein** et **machen**, que nous avons traités d'une manière plus approfondie parce que ce sont des éléments de base de la langue.

Notes culturelles

Les articles séparés du texte principal par une ligne pointillée verticale décrivent certaines caractéristiques culturelles des pays francophones et germaniques. La politique, l'éducation, les médias et les fêtes figurent parmi les sujets traités. Exemples : **Bundestag**, **Abitur**, **Assemblée nationale** et **la fête des Rois**.

Abkürzungen Abréviations

Abkürzung	*abk, abr*	abréviation
Akkusativ	*acc*	accusatif
Adjektiv	*adj*	adjectif
Verwaltung	*Admin*	administration
Adverb	*adv*	adverbe
Landwirtschaft	*Agr*	agriculture
Akkusativ	*Akk*	accusatif
Anatomie	*Anat*	anatomie
Architektur	*Archit*	architecture
Artikel	*art*	article
Kunst	*Art*	beaux-arts
Astrologie	*Astrol*	astrologie
Astronomie	*Astron*	astronomie
attributiv	*attrib*	qualificatif
Auto, Verkehr	*Auto*	automobile
Hilfsverb	*aux*	auxiliaire
Luftfahrt	*Aviat*	aviation
besonderes	*bes*	en particulier
Biologie	*Biol*	biologie
Botanik	*Bot*	botanique
Boxen	*Boxe*	boxe
Chemie	*Chim*	chimie
Film	*Ciné*	cinéma
Handel	*Comm*	commerce
Konjunktion	*conj*	conjonction
Bauwesen	*Constr*	construction
Kochen und Backen	*Culin*	cuisine
Dativ	*Dat, dat*	datif
bestimmt	*déf*	défini
demonstrativ	*dém*	démonstratif
Wirtschaft	*Écon*	économie
Elektrizität	*Élec*	électricité
und so weiter	*etc*	et cetera
etwas	*etw*	quelque chose
Interjektion	*excl*	exclamation
Femininum, weiblich	*f*	féminin
umgangssprachlich	*fam*	familier
figurativ	*fig*	figuré
Finanzen	*Fin*	finance

Fußball	*Foot*	football
gehoben	*geh*	style soutenu
Genitiv	*Gen, gén*	génitif
Geografie, Geologie	*Géo*	géographie, géologie
Geometrie	*Géom*	géométrie
Geschichte	*Hist*	histoire
unpersönlich	*impers*	impersonnel
unbestimmt	*indéf*	indéfini
Computer	*Inform*	informatique
untrennbar	*insép*	non séparable
Interjektion	*interj*	exclamation
interrogativ	*interrog*	interrogatif
unveränderlich	*inv*	invariable
unregelmäßig	*irr*	irrégulier
jemand, jemandem, jemanden, jemandes	*jd, jdm, jdn, jds*	quelqu'un
Rechtswesen	*Jur*	juridique
Komparativ	*komp*	comparatif
Konjunktion	*konj*	conjonction
Sprachwissenschaft, Grammatik	*Ling*	linguistique et grammaire
Literatur	*Litt*	littérature
Maskulinum, männlich	*m*	masculin
Mathematik	*Math*	mathématiques
Medizin	*Méd*	médecine
Meteorologie	*Météo*	météorologie
Maskulinum und Femininum	*mf*	masculin et féminin
Militärwesen	*Mil*	domaine militaire
Musik	*Mus*	musique
Substantiv	*n*	nom
Seefahrt	*Naut*	nautisme
Neutrum, sächlich	*nt*	neutre
Zahlwort	*num*	numéral
oder	*od*	ou
Österreich	*Österr*	Autriche
pejorativ, abwertend	*péj*	péjoratif
Pharmakologie	*Pharm*	pharmacologie
Philosophie	*Philos*	philosophie
Fotografie	*Photo*	photographie
Physik	*Phys*	physique
Physiologie	*Physiol*	physiologie
Plural	*pl*	pluriel

Politik	*Pol*	politique
Possessivum	*poss*	possessif
Partizip Perfekt	*pp*	participe passé
Präposition	*präp, prép*	préposition
Präfix	*préf*	préfixe
Pronomen	*pron*	pronom
Psychologie	*Psych*	psychologie
etwas	*qch*	quelque chose
jemand	*qn*	quelqu'un
Warenzeichen	®	marque déposée
Eisenbahn	*Rail*	chemins de fer
Relativ-	*rel*	relatif
Religion	*Rel*	religion
Schulwesen	*Scol*	domaine scolaire
Singular	*sg*	singulier
Skifahren	*Ski*	ski
Konjunktiv	*sub*	subjonctif
Subjekt	*subj, suj*	sujet
Süddeutschland	*Südd*	Allemagne du Sud
Superlativ	*superl*	superlatif
Technik	*Tech*	technique
Nachrichtentechnik	*Tél*	télécommunications
Theater	*Théât*	théâtre
Fernsehen	TV	télévision
Typografie	*Typo*	typographie
Universität	*Univ*	université
unpersönlich	*unpers*	impersonnel
Verb	*vb*	verbe
intransitives Verb	*vi*	verbe intransitif
reflexives Verb	*vpr, vr*	verbe pronominal ou réfléchi
transitives Verb	*vt*	verbe transitif
derb	*vulg*	vulgaire
Zoologie	*Zool*	zoologie
zusammengesetztes Wort	zW	mot composé
zwischen zwei Sprechern	—	changement d'interlocuteur
ungefähre Entsprechung	≈	indique une équivalence culturelle
abtrennbares Präfix	|	préfixe séparable

Terminaisons régulières des noms allemands

nominatif		*génitif*	*pluriel*	*nominatif*		*génitif*	*pluriel*
-ade	*f*	-ade	-aden	-ist	*m*	-isten	-isten
-ant	*m*	-anten	-anten	-ium	*nt*	-iums	-ien
-anz	*f*	-anz	-anzen	-ius	*m*	-ius	-iusse
-ar	*m*	-ars	-are	-ive	*f*	-ive	-iven
-är	*m*	-ärs	-äre	-keit	*f*	-keit	-keiten
-at	*nt*	-at[els	-ate	-lein	*nt*	-leins	-lein
-atte	*f*	-atte	-atten	-ling	*m*	-lings	-linge
-chen	*nt*	-chens	-chen	-ment	*nt*	-ments	-mente
-ei	*f*	-ei	-eien	-mus	*m*	-mus	-men
-elle	*f*	-elle	-ellen	-nis	*f*	-nis	-nisse
-ent	*m*	-enten	-enten	-nis	*nt*	-nisses	-nisse
-enz	*f*	-enz	-enzen	-nom	*m*	-nomen	-nomen
-ette	*f*	-ette	-etten	-rich	*m*	-richs	-riche
-eur	*m*	-eurs	-eure	-schaft	*f*	-schaft	-schaften
-euse	*f*	-euse	-eusen	-sel	*nt*	-sels	-sel
-heit	*f*	-heit	-heiten	-tät	*f*	-tät	-täten
-ie	*f*	-ie	-ien	-tiv	*nt, m*	-tivs	-tive
-ik	*f*	-ik	-iken	-tor	*m*	-tors	-toren
-in	*f*	-in	-innen	-tum	*m, nt*	-tums	-tümer
-ine	*f*	-ine	-inen	-ung	*f*	-ung	-ungen
-ion	*f*	-ion	-ionen	-ur	*f*	-ur	-uren

Substantive, die mit einem geklammerten „r" oder „s" enden (z.B. **Angestellte**(**r**) *mf*, **Kleine**(**r**) *mf*, **Gute**(**s**) *nt*) werden wie Adjektive dekliniert:

Les noms suivis d'un « r » ou d'un « s » entre parenthèses (par exemple **Angestellte**(**r**) *mf*, **Kleine**(**r**) *mf*, **Gute**(**s**) *nt*) se déclinent comme des adjectifs :

der Angestellte *m*	**die Angestellte** *f*	**die Angestellten** *pl*
ein Angestellter *m*	**eine Angestellte** *f*	**Angestellte** *pl*
der Kleine *m*	**die Kleine** *f*	**die Kleinen** *pl*
ein Kleiner *m*	**eine Kleine** *f*	**Kleine** *pl*
das Gute *nt*		
ein Gutes *nt*		

Lautschrift
Transcription phonétique

Vokale		Voyelles
plat, amour	[a]	matt
bas, pâte	[ɑ]	
jouer, été	[e]	Etage
lait, merci	[ɛ]	Wäsche
le, premier	[ə]	mache
ici, vie, lyre	[i]	Vitamin
or, homme	[ɔ]	Most
mot, gauche	[o]	Oase
beurre, peur	[œ]	Götter
peu, deux	[ø]	Ökonomie
genou, roue	[u]	zuletzt
rue, urne	[y]	Typ

Konsonanten		Consonnes
bombe	[b]	Ball
dinde	[d]	denn
fer, phare	[f]	fern
gag, bague	[g]	gern
yeux, paille, pied	[j]	ja
coq, qui, képi	[k]	Kind
lent, salle	[l]	links
maman, femme	[m]	Mann
non, nonne	[n]	Nest
agneau, vigne	[ɲ]	
camping	[ŋ]	Gong
poupée	[p]	Paar
rare, rentrer	[ʀ]	
sale, ce, nation	[s]	Bus
tache, chat	[ʃ]	Stein, Schlag
gilet, juge	[ʒ]	Etage
tente, thermal	[t]	Tafel
vase	[v]	wer
fouetter, oui	[w]	
huile, lui	[ɥ]	
zéro, rose	[z]	singen

Nasale		Nasales
sang, dans	[ɑ̃]	Gourmand
matin, plein	[ɛ̃]	Timbre
brun	[œ̃]	Parfum
non, pont	[ɔ̃]	Bonbon

Bei Stichwörtern mit einem „h aspiré" steht in der Lautschrift ['].
Diese Wörter werden nicht mit dem vorhergehenden Wort zusammengezogen.

Französische Verben

Hilfsverben

présent	*imparfait*	*futur*	*passé composé*
avoir			
j'ai	j'avais	j'aurai	j'ai eu
tu as	tu avais	tu auras	tu as eu
il a	il avait	il aura	il a eu
nous avons	nous avions	nous aurons	nous avons eu
vous avez	vous aviez	vous aurez	vous avez eu
ils ont	ils avaient	ils auront	ils ont eu
être			
je suis	j'étais	je serai	j'ai été
tu es	tu étais	tu seras	tu as été
il est	il était	il sera	il a été
nous sommes	nous étions	nous serons	nous avons été
vous êtes	vous étiez	vous serez	vous avez été
ils sont	ils étaient	ils seront	ils ont été

Zum Gebrauch der Hilfsverben in den zusammengesetzten Zeiten befindet sich beim entsprechenden Stichwort ein Vermerk. Steht keine Angabe zum Hilfsverb, wird bei transitivem und intransitivem Gebrauch des Verbs das Hilfsverb **avoir** benutzt. Bei Pronominalverben werden zusammengesetzte Zeiten grundsätzlich mit **être** gebildet.

Musterverben

présent	*imparfait*	*futur*	*passé composé*
aimer -er			
j'aime	j'aimais	j'aimerai	j'ai aimé
tu aimes	tu aimais	tu aimeras	tu as aimé
il aime	il aimait	il aimera	il a aimé
nous aimons	nous aimions	nous aimerons	nous avons aimé
vous aimez	vous aimiez	vous aimerez	vous avez aimé
ils aiment	ils aimaient	ils aimeront	ils ont aimé
auch für Verben auf „-ier“, z. B. **prier**:			
je prie	je priais	je prierai	j'ai prié
nous prions	nous priions		
und auf „-éer“, z. B. **créer**:			
je crée	je créais	je créerai	j'ai créé
nous créons	nous créions		
placer -cer			
je place	je plaçais	je placerai	j'ai placé
nous plaçons			
manger -ger			
je mange	je mangeais	je mangerai	j'ai mangé
nous mangeons			
appeler -eler			
j'appelle	j'appelais	j'appellerai	j'ai appelé
nous appelons			
jeter -eter			
je jette	je jetais	je jetterai	j'ai jeté
nous jetons			

présent	*imparfait*	*futur*	*passé composé*

geler -eler

je gèle	je gelais	je gèlerai	j'ai gelé
nous gelons			

acheter -eter

j'achète	j'achetais	j'achèterai	j'ai acheté
nous achetons			

gleiche Konjugation für Verben auf
„-emer" (z. B.: **semer**)
„-ener" (z. B.: **mener**)
„-eser" (z. B.: **peser**)
„-ever" (z. B.: **lever**)

céder

je cède	je cédais	je céderai	j'ai cédé
nous cédons			

auch für Verben mit „é" + Konsonant + „er" (z. B.: **célébrer, préférer**)

nettoyer

je nettoie	je nettoyais	je nettoierai	j'ai nettoyé
nous nettoyons			

auch für Verben auf „-uyer" (z. B.: **appuyer**)

payer

je paie *od* paye	je payais	je paierai	j'ai payé
nous payons			

finir

je finis	je finissais	je finirai	j'ai fini
tu finis			
il finit			
nous finissons			
vous finissez			
ils finissent			

présent	*imparfait*	*futur*	*passé composé*
tenir			
je tiens	je tenais	je tiendrai	j'ai tenu
tu tiens			
il tient			
nous tenons			
vous tenez			
ils tiennent			
auch **venir**			
partir			
je pars	je partais	je partirai	je suis parti(e)
tu pars			
il part			
nous partons			
vous partez			
ils partent			
sentir			
je sens	je sentais	je sentirai	j'ai senti
nous sentons			
ouvrir			
j'ouvre	j'ouvrais	j'ouvrirai	j'ai ouvert
tu ouvres			
il ouvre			
nous ouvrons			
vous ouvrez			
ils ouvrent			
auch **offrir**			

présent	*imparfait*	*futur*	*passé composé*
☼ **recevoir**			
je reçois	je recevais	je recevrai	j'ai reçu
tu reçois			
il reçoit			
nous recevons			
vous recevez			
ils reçoivent			
☼ **prendre**			
je prends	je prenais	je prendrai	j'ai pris
tu prends			
il prend			
nous prenons			
vous prenez			
ils prennent			
☼ **vendre**			
je vends	je vendais	je vendrai	j'ai vendu
tu vends			
il vend			
nous vendons			
vous vendez			
ils vendent			

sowie Verben auf „-andre“ (z. B.: **répandre**)
„-ondre“ (z.B.: **répondre**)
„-ordre“ (z.B.: **mordre**)

Unregelmäßige Verben

infinitif	*présent*	*futur*	*participe passé*
accroître	j'accrois, il acroît, nous accroissons	j'accroîtrai	accru(e)
acquérir	j'acquiers, nous acquérons, ils acquièrent	j'acquerrai	acquis(e)
aller	je vais, tu vas, il va, nous allons, ils vont	j'irai	allé(e)
asseoir	j'assieds *od* j'assois, nous asseyons *od* nous assoyons	j'assierai *od* j'assoirai	assis(e)
battre	je bats, nous battons	je battrai	battu(e)
boire	je bois, nous buvons, ils boivent	je boirai	bu(e)
bouillir	je bous, nous bouillons	je bouillirai	bouilli(e)
conclure	je conclus, nous concluons	je conclurai	conclu(e)
conduire	je conduis, nous conduisons	je conduirai	conduit(e)
connaître	je connais, nous connaissons	je connaîtrai	connu(e)
coudre	je couds, nous cousons	je coudrai	cousu(e)
courir	je cours, nous courons	je courrai	couru(e)
craindre	je crains, nous craignons	je craindrai	craint(e)
croire	je crois, nous croyons	je croirai	cru(e)
cueillir	je cueille, nous cueillons	je cueillerai	cueilli(e)
devoir	je dois, nous devons, ils doivent	je devrai	dû, due
dire	je dis, nous disons, vous dites, ils disent	je dirai	dit(e)
dissoudre	je dissous, nous dissolvons	je dissoudrai	dissous, dissoute
dormir	je dors, nous dormons	je dormirai	dormi
écrire	j'écris, nous écrivons	je écrirai	écrit(e)
faillir	je faillis, nous faillissons	je faillirai	failli(e)
faire	je fais, nous faisons, vous faites, ils font	je ferai	fait(e)
falloir	*nur:* il faut	*nur:* il faudra	*nur:* il a fallu
frire	*nur:* je fris, tu fris, il frit	*nur:* je frirai, tu friras, il frira	frit(e)

infinitif	*présent*	*futur*	*participe passé*
fuir	je fuis, nous fuyons, ils fuient	je fuirai	fui(e)
haïr	je hais, nous haïssons, ils haïssent	je haïrai	haï(e)
joindre	je joins, nous joignons	je joindrai	joint(e)
lire	je lis, nous lisons	je lirai	lu(e)
luire	je luis, nous luisons	je luirai	lui
mettre	je mets, nous mettons	je mettrai	mis(e)
moudre	je mouds, nous moulons	je moudrai	moulu(e)
mourir	je meurs, nous mourons, ils meurent	je mourrai	mort(e)
mouvoir	je meus, nous mouvons, ils meuvent	je mouvrai	mû, mue
naître	je nais, nous naissons	je naîtrai	né(e)
peindre	je peins, nous peignons	je peindrai	peint(e)
plaire	je plais, il plaît	je plairai	plu(e)
pleuvoir	*nur:* il pleut	*nur:* il pleuvra	*nur:* il a plu
pourvoir	je pourvois, nous pourvoyons	je pourvoirai	pourvu(e)
pouvoir	je peux, nous pouvons, ils peuvent	je pourrai	pu(e)
rire	je ris, nous rions, ils rient	je rirai	ri
saillir	il saille	il saillira	sailli
savoir	je sais, nous savons	je saurai	su(e)
suffire	je suffis, nous suffisons	je suffirai	suffi(e)
suivre	je suis, nous suivons	je suivrai	suivi(e)
taire, se	je me tais, nous nous taisons	je me tairai	tu(e)
traire	je trais, nous trayons, ils traient	je trairai	trait(e)
vaincre	je vaincs, nous vainquons	je vaincrai	vaincu(e)
valoir	je vaux, nous valons	je vaudrai	valu(e)
vêtir	je vêts, nous vêtons	je vêtirai	vêtu(e)
vivre	je vis, nous vivons	je vivrai	vécu(e)
voir	je vois, nous voyons, ils voient	je verrai	vu(e)
vouloir	je veux, nous voulons, ils veulent	je voudrai	voulu(e)

Verbes allemands irréguliers

Infinitiv	*Präsens 2., 3. Singular*	*Imperfekt*	*Partizip Perfekt*
abwägen	wägst ab, wägt ab	wog ab	abgewogen
ausbedingen	bedingst aus, bedingt aus	bedang aus	ausbedungen
backen	bäckst, bäckt	backte *ou* buk	gebacken
befehlen	befiehlst, befiehlt	befahl	befohlen
beginnen	beginnst, beginnt	begann	begonnen
beißen	beißt, beißt	biss	gebissen
bergen	birgst, birgt	barg	geborgen
bersten	birst, birst	barst	geborsten
betrügen	betrügst, betrügt	betrog	betrogen
biegen	biegst, biegt	bog	gebogen
bieten	bietest, bietet	bot	geboten
binden	bindest, bindet	band	gebunden
bitten	bittest, bittet	bat	gebeten
blasen	bläst, bläst	blies	geblasen
bleiben	bleibst, bleibt	blieb	geblieben
braten	brätst, brät	briet	gebraten
brechen	brichst, bricht	brach	gebrochen
brennen	brennst, brennt	brannte	gebrannt
bringen	bringst, bringt	brachte	gebracht
denken	denkst, denkt	dachte	gedacht
dreschen	drischst, drischt	drosch	gedroschen
dringen	dringst, dringt	drang	gedrungen
dürfen	darfst, darf	durfte	gedurft
empfangen	empfängst, empfängt	empfing	empfangen
empfehlen	empfiehlst, empfiehlt	empfahl	empfohlen
empfinden	empfindest, empfindet	empfand	empfunden
erschrecken	erschrickst, erschrickt	erschrak	erschrocken
erwägen	erwägst, erwägt	erwog	erwogen
essen	isst, isst	aß	gegessen
fahren	fährst, fährt	fuhr	gefahren
fallen	fällst, fällt	fiel	gefallen
fangen	fängst, fängt	fing	gefangen
fechten	fichst, ficht	focht	gefochten
finden	findest, findet	fand	gefunden
flechten	flichtst, flicht	flocht	geflochten

Infinitiv	Präsens 2., 3. Singular	Imperfekt	Partizip Perfekt
fliegen	fliegst, fliegt	flog	geflogen
fliehen	fliehst, flieht	floh	geflohen
fließen	fließt, fließt	floss	geflossen
fressen	frisst, frisst	fraß	gefressen
frieren	frierst, friert	fror	gefroren
gären	gärst, gärt	gor	gegoren
gebären	gebierst, gebiert	gebar	geboren
geben	gibst, gibt	gab	gegeben
gedeihen	gedeihst, gedeiht	gedieh	gediehen
gehen	gehst, geht	ging	gegangen
gelingen	–, gelingt	gelang	gelungen
gelten	giltst, gilt	galt	gegolten
genesen	genest, genest	genas	genesen
genießen	genießt, genießt	genoss	genossen
geraten	gerätst, gerät	geriet	geraten
geschehen	–, geschieht	geschah	geschehen
gewinnen	gewinnst, gewinnt	gewann	gewonnen
gießen	gießt, gießt	goss	gegossen
gleichen	gleichst, gleicht	glich	geglichen
gleiten	gleitest, gleitet	glitt	geglitten
glimmen	glimmst, glimmt	glomm	geglommen
graben	gräbst, gräbt	grub	gegraben
greifen	greifst, greift	griff	gegriffen
haben	hast, hat	hatte	gehabt
halten	hältst, hält	hielt	gehalten
hängen	hängst, hängt	hing	gehangen
hauen	haust, haut	haute	gehauen
heben	hebst, hebt	hob	gehoben
heißen	heißt, heißt	hieß	geheißen
helfen	hilfst, hilft	half	geholfen
kennen	kennst, kennt	kannte	gekannt
klingen	klingst, klingt	klang	geklungen
kneifen	kneifst, kneift	kniff	gekniffen
kommen	kommst, kommt	kam	gekommen
können	kannst, kann	konnte	gekonnt
kriechen	kriechst, kriecht	kroch	gekrochen
laden	lädst, lädt	lud	geladen

Infinitiv	*Präsens 2., 3. Singular*	*Imperfekt*	*Partizip Perfekt*
lassen	lässt, lässt	ließ	gelassen
laufen	läufst, läuft	lief	gelaufen
leiden	leidest, leidet	litt	gelitten
leihen	leihst, leiht	lieh	geliehen
lesen	liest, liest	las	gelesen
liegen	liegst, liegt	lag	gelegen
lügen	lügst, lügt	log	gelogen
mahlen	mahlst, mahlt	mahlte	gemahlen
meiden	meidest, meidet	mied	gemieden
melken	melkst, melkt	melkte *ou* molk	gemolken
messen	misst, misst	maß	gemessen
misslingen	–, misslingt	misslang	misslungen
mögen	magst, mag	mochte	gemocht
müssen	musst, muss	musste	gemusst
nehmen	nimmst, nimmt	nahm	genommen
nennen	nennst, nennt	nannte	genannt
pfeifen	pfeifst, pfeift	pfiff	gepfiffen
preisen	preist, preist	pries	gepriesen
quellen	quillst, quillt	quoll	gequollen
raten	rätst, rät	riet	geraten
reiben	reibst, reibt	rieb	gerieben
reißen	reißt, reißt	riss	gerissen
reiten	reitest, reitet	ritt	geritten
rennen	rennst, rennt	rannte	gerannt
riechen	riechst, riecht	roch	gerochen
ringen	ringst, ringt	rang	gerungen
rinnen	rinnst, rinnt	rann	geronnen
rufen	rufst, ruft	rief	gerufen
salzen	salzt, salzt	salzte	gesalzen
saufen	säufst, säuft	soff	gesoffen
saugen	saugst, saugt	sog *ou* saugte	gesogen *ou* gesaugt
schaffen	schaffst, schafft	schuf	geschaffen
scheiden	scheidest, scheidet	schied	geschieden
scheinen	scheinst, scheint	schien	geschienen
scheißen	scheißt, scheißt	schiss	geschissen

Infinitiv	*Präsens 2., 3. Singular*	*Imperfekt*	*Partizip Perfekt*
schelten	schiltst, schilt	schalt	gescholten
scheren	scherst, schert	schor	geschoren
schieben	schiebst, schiebt	schob	geschoben
schießen	schießt, schießt	schoss	geschossen
schinden	schindest, schindet	schindete	geschunden
schlafen	schläfst, schläft	schlief	geschlafen
schlagen	schlägst, schlägt	schlug	geschlagen
schleichen	schleichst, schleicht	schlich	geschlichen
schleifen	schleifst, schleift	schliff	geschliffen
schließen	schließt, schließt	schloss	geschlossen
schlingen	schlingst, schlingt	schlang	geschlungen
schmeißen	schmeißt, schmeißt	schmiss	geschmissen
schmelzen	schmilzt, schmilzt	schmolz	geschmolzen
schneiden	schneidest, schneidet	schnitt	geschnitten
schreiben	schreibst, schreibt	schrieb	geschrieben
schreien	schreist, schreit	schrie	geschrien
schreiten	schreitest, schreitet	schritt	geschritten
schweigen	schweigst, schweigt	schwieg	geschwiegen
schwellen	schwillst, schwillt	schwoll	geschwollen
schwimmen	schwimmst, schwimmt	schwamm	geschwommen
schwinden	schwindest, schwindet	schwand	geschwunden
schwingen	schwingst, schwingt	schwang	geschwungen
schwören	schwörst, schwört	schwör	geschworen
sehen	siehst, sieht	sah	gesehen
sein	bist, ist	war	gewesen
senden	sendest, sendet	sandte	gesandt
singen	singst, singt	sang	gesungen
sinken	sinkst, sinkt	sank	gesunken
sinnen	sinnst, sinnt	sann	gesonnen
sitzen	sitzt, sitzt	saß	gesessen
sollen	sollst, soll	sollte	gesollt
speien	speist, speit	spie	gespien
spinnen	spinnst, spinnt	spann	gesponnen
sprechen	sprichst, spricht	sprach	gesprochen
springen	springst, springt	sprang	gesprungen
stechen	stichst, sticht	stach	gestochen
stehen	stehst, steht	stand	gestanden

Infinitiv	*Präsens 2., 3. Singular*	*Imperfekt*	*Partizip Perfekt*
stehlen	stiehlst, stiehlt	stahl	gestohlen
steigen	steigst, steigt	stieg	gestiegen
sterben	stirbst, stirbt	starb	gestorben
stinken	stinkst, stinkt	stank	gestunken
stoßen	stößt, stößt	stieß	gestoßen
streichen	streichst, streicht	strich	gestrichen
streiten	streitest, streitet	stritt	gestritten
tragen	trägst, trägt	trug	getragen
treffen	triffst, trifft	traf	getroffen
treiben	treibst, treibt	trieb	getrieben
treten	trittst, tritt	trat	getreten
trinken	trinkst, trinkt	trank	getrunken
trügen	trügst, trügt	trog	getrogen
tun	tust, tut	tat	getan
verderben	verdirbst, verdirbt	verdarb	verdorben
vergessen	vergisst, vergisst	vergaß	vergessen
verlieren	verlierst, verliert	verlor	verloren
verschleißen	verschleißt, verschleißt	verschliss	verschlissen
verschwinden	verschwindest, verschwindet	verschwand	verschwunden
verzeihen	verzeihst, verzeiht	verzieh	verziehen
wachsen	wächst, wächst	wuchs	gewachsen
waschen	wäscht, wäscht	wusch	gewaschen
weben	webst, webt	webte *ou* wob	gewoben
weichen	weichst, weicht	wich	gewichen
weisen	weist, weist	wies	gewiesen
wenden	wendest, wendet	wandte	gewandt
werben	wirbst, wirbt	warb	geworben
werden	wirst, wird	wurde	geworden
werfen	wirfst, wirft	warf	geworfen
wiegen	wiegst, wiegt	wog	gewogen
winden	windest, windet	wand	gewunden
wissen	weißt, weiß	wusste	gewusst
wollen	willst, will	wollte	gewollt
wringen	wringst, wringt	wrang	gewrungen
ziehen	ziehst, zieht	zog	gezogen
zwingen	zwingst, zwingt	zwang	gezwungen

Zahlwörter — Les nombres

Grundzahlen — Les nombres cardinaux

ein(s)	1	un(e)
zwei	2	deux
drei	3	trois
vier	4	quatre
fünf	5	cinq
sechs	6	six
sieben	7	sept
acht	8	huit
neun	9	neuf
zehn	10	dix
elf	11	onze
zwölf	12	douze
dreizehn	13	treize
vierzehn	14	quatorze
fünfzehn	15	quinze
sechzehn	16	seize
siebzehn	17	dix-sept
achtzehn	18	dix-huit
neunzehn	19	dix-neuf
zwanzig	20	vingt
einundzwanzig	21	vingt et un(e)
zweiundzwanzig	22	vingt-deux
dreißig	30	trente
vierzig	40	quarante
fünfzig	50	cinquante
sechzig	60	soixante
siebzig	70	soixante-dix
einundsiebzig	71	soixante et onze
zweiundsiebzig	72	soixante-douze
achtzig	80	quatre-vingts
einundachtzig	81	quatre-vingt-un(e)
neunzig	90	quatre-vingt-dix
einundneunzig	91	quatre-vingt-onze
hundert	100	cent
hunderteins	101	cent un(e)
zweihundert	200	deux cents
zweihunderteins	201	deux cent un(e)
dreihundert	300	trois cents
dreihunderteins	301	trois cent un(e)
tausend	1 000	mille
tausend(und)eins	1 001	mille un(e)
fünftausend	5 000	cinq mille
eine Million	1 000 000	un million

Ordnungszahlen

1.	erste(r, s),
2.	zweite(r, s), 2.
3.	dritte(r, s), 3.
4.	vierte(r, s)
5.	fünfte(r, s)
6.	sechste(r, s)
7.	siebte(r, s)
8.	achte(r, s)
9.	neunte(r, s)
10.	zehnte(r, s)
11.	elfte(r, s)
12.	zwölfte(r, s)
13.	dreizehnte(r, s)
14.	vierzehnte(r, s)
15.	fünfzehnte(r, s)
16.	sechzehnte(r, s)
17.	siebzehnte(r, s)
18.	achtzehnte(r, s)
19.	neunzehnte(r, s)
20.	zwanzigste(r, s)
21.	einundzwanzigste(r, s)
30.	dreißigste(r, s)
100.	hundertste(r, s)
101.	hunderterste(r, s)
451.	vierhunderteinund-fünfzigste(r, s)
1000.	tausendste(r, s)

Les nombres ordinaux

1er, 1ère	premier (première)
2e, 2ème	deuxième
3e, 3ème	troisième
4^{e}	quatrième
5^{e}	cinquième
6^{e}	sixième
7^{e}	septième
8^{e}	huitième
9^{e}	neuvième
10^{e}	dixième
11^{e}	onzième
12^{e}	douzième
13^{e}	treizième
14^{e}	quartorzième
15^{e}	quinzième
16^{e}	seizième
17^{e}	dix-septième
18^{e}	dix-huitième
19^{e}	dix-neuvième
20^{e}	vingtième
21^{e}	vingt et unième
30^{e}	trentième
100^{e}	centième
101^{e}	cent-unième
451^{e}	quatre cent cinquante et unième
1000^{e}	millième

Bruchzahlen

½ ein halb
⅓ ein Drittel
¼ ein Viertel
⅕ ein Fünftel
⅔ zwei Drittel
¾ drei Viertel
1½ eineinhalb
1,5 eins Komma fünf

Les fractions

½ un demi
⅓ un tiers
¼ un quart
⅕ un cinquième
⅔ deux tiers
¾ trois quarts
1½ un et demi
1,5 un virgule cinq

Uhrzeit	L'heure
wie viel Uhr ist es?, wie spät ist es?	*quelle heure est-il ?*
es ist ...	*il est ...*
Mitternacht, zwölf Uhr nachts	minuit
ein Uhr (morgens *ou* früh)	une heure du matin
fünf nach eins, ein Uhr fünf	une heure cinq
zehn nach eins, ein Uhr zehn	une heure dix
Viertel nach eins, ein Uhr fünfzehn	une heure et quart
fünf vor halb zwei, ein Uhr fünfundzwanzig	une heure vingt-cinq
halb zwei, ein Uhr dreißig	une heure et demie, une heure trente
fünf nach halb zwei, ein Uhr fünfunddreißig	deux heures moins vingt-cinq, une heure trente-cinq
zwanzig vor zwei, ein Uhr vierzig	deux heures moins vingt, une heure quarante
Viertel vor zwei, ein Uhr fünfundvierzig	deux heures moins le quart, une heure quarante-cinq
zehn vor zwei, ein Uhr fünfzig	deux heures moins dix, une heure cinquante
zwölf Uhr (mittags), Mittag	midi
halb eins (mittags *ou* nachmittags), zwölf Uhr dreißig	midi et demi
zwei Uhr (nachmittags)	deux heures (de l'après-midi)
sieben Uhr (abends)	sept heures (du soir)
um wie viel Uhr?	*à quelle heure ?*
um Mitternacht	à minuit
um sieben Uhr	à sept heures
in zwanzig Minuten	dans vingt minutes
vor zehn Minuten	il y a dix minutes

Datum	La date
heute Abend	ce soir
heute Nachmittag	cet après-midi
gestern Morgen	hier matin
gestern Abend	hier soir
morgen Vormittag	demain matin
morgen Abend	demain soir
in der Nacht von Samstag auf Sonntag	dans la nuit de samedi à dimanche
er kommt am Samstag	il viendra samedi
samstags	le samedi
jeden Samstag	tous les samedis
letzten Samstag	samedi dernier
nächsten Samstag	samedi prochain
Samstag in einer Woche	samedi en huit
Samstag in zwei Wochen	samedi en quinze
von Montag bis Samstag	du lundi au samedi
jeden Tag	tous les jours
einmal in der Woche	une fois par semaine
einmal im Monat	une fois par mois
zweimal in der Woche	deux fois par semaine
vor einer Woche *ou* acht Tagen	il y a une semaine *od* huit jours
vor zwei Wochen *ou* vierzehn Tagen	il y a quinze jours
letztes Jahr	l'année dernière
in zwei Tagen	dans deux jours
in acht Tagen *ou* einer Woche	dans huit jours *od* une semaine
in vierzehn Tagen *ou* zwei Wochen	dans quinze jours
nächsten Monat	le mois prochain
nächstes Jahr	l'année prochaine
den Wievielten haben wir heute?, der Wievielte ist heute?	quel jour sommes-nous ?
der 1./24. Oktober 2017	le 1er/24 octobre 2017
ich bin am 1. Oktober 1995 geboren	je suis né le 1er octobre 1995
Berlin, den 29. Oktober 2017	Berlin, le 29 octobre 2017
(im Jahr) 2017	en 2017
zweitausend(und)acht	deux mille huit
44 v. Chr.	44 av. J.-C.
14 n. Chr.	14 apr. J.-C.
im 19. Jahrhundert	au XIXe (siècle)
in den 30er-Jahren	dans les années trente
es war einmal ...	il était une fois ...

FRANÇAIS – ALLEMAND
FRANZÖSISCH – DEUTSCH

a

A, a [a] *nm inv* A, a *nt*
A [ɑ] *abr* (= *autoroute*) A

MOT-CLÉ

à [a] (*à* + *le* = **au**, *à* + *les* = **aux**) *prép* **1** (*lieu : situation*) in +*dat*; **être à Paris/au Portugal** in Paris/Portugal sein; **être à l'école/au bureau** in der Schule/im Büro sein; **être à la campagne/maison** auf dem Land/zu Hause sein; **c'est à 10 km (d'ici)** das ist 10 km (von hier) entfernt; **il habite à cinq minutes de la gare** er wohnt fünf Minuten vom Bahnhof (entfernt); **à la radio/télévision** im Radio/Fernsehen
2 (*lieu : direction*) in +*acc*; (*avec villes et pays*) nach; **aller à l'école/au bureau** in die Schule/ins Büro gehen; **aller à Paris/au Portugal** nach Paris/Portugal fahren; **aller à la campagne** aufs Land fahren; **rentrer à la maison** nach Hause gehen
3 (*temps*) : **à 3 heures/minuit** um 3 Uhr/Mitternacht; **à midi** mittags; **au printemps/mois de juin** im Frühling/im Juni; **à demain/lundi/la semaine prochaine !** bis morgen/Montag/nächste Woche!
4 (*attribution, appartenance*) : **donner qch à qn** jdm etw geben; **ce livre est à Paul/lui/moi** das Buch gehört Paul/ihm/mir; **un ami à moi** ein Freund von mir
5 (*moyen*) mit; **se chauffer au gaz/à l'électricité** mit Gas/Strom heizen; **à la main/machine** mit der Hand/Maschine; **à bicyclette** mit dem Fahrrad; **à pied** zu Fuß
6 (*provenance*) aus; **prendre de l'eau à la fontaine** Wasser aus dem Brunnen holen; **boire à la bouteille** aus der Flasche trinken
7 (*caractérisation, manière*) : **l'homme aux yeux bleus/à la casquette rouge** der Mann mit den blauen Augen/der roten Mütze; **à l'européenne/la russe** auf europäische/russische Art; **à ma grande surprise** zu meiner großen Überraschung; **à ce qu'il prétend** so behauptet er jedenfalls; **ils sont arrivés à quatre** sie sind zu viert gekommen; **à nous trois nous n'avons pas su le faire** zu dritt haben wir es nicht geschafft
8 (*but, destination*) : **tasse à café** Kaffeetasse *f*; **maison à vendre** Haus zu verkaufen; **je n'ai rien à lire** ich habe nichts zu lesen
9 (*rapport, distribution etc*) pro; **100 km/unités à l'heure** 100 km/Einheiten in der *ou* pro Stunde; **payé au mois/à l'heure** monatlich/nach Stunden bezahlt; **4 à 5 heures/kilos** 4 bis 5 Stunden/Kilo

AB [ɑbe] *abr* (= *assez bien*) ≈ befriedigend
abaissement [abɛsmɑ̃] *nm* Sinken *nt*; (*de l'âge de la retraite*) Senken *nt*
abaisser [abese] *vt* senken; (*vitre*) herunterlassen; (*manette*) nach unten drücken; (*prix, limite, niveau*) senken; (*fig*) demütigen; **s'abaisser** *vpr* sich senken; **s'~ à faire qch** sich herablassen, etw zu tun
abandon [abɑ̃dɔ̃] *nm* Verlassen *nt*, Aufgeben *nt*; **être à l'~** verwahrlost sein
abandonner [abɑ̃dɔne] *vt* verlassen; (*activité*) aufgeben ▸ *vi* (*Sport*) aufgeben
abasourdi, e [abazuʀdi] *adj* betäubt, benommen; **rester ~** wie betäubt dastehen
abasourdir [abazuʀdiʀ] *vt* betäuben, benommen machen
abat-jour [abaʒuʀ] (*pl* **abat-jour(s)**) *nm* Lampenschirm *m*
abats [aba] *nmpl* (*viande*) Innereien *pl*
abattant [abatɑ̃] *nm* Ausziehplatte *f*
abattement [abatmɑ̃] *nm* (*déduction*) Abzug *m*
abattis [abati] *nmpl* : **~ de poulet** Hühnerklein *nt*
abattoir [abatwaʀ] *nm* Schlachthof *m*
abattre [abatʀ] *vt* (*arbre*) fällen; (*mur, maison*) einreißen, abreißen; (*avion*) abschießen; (*animal*) schlachten; (*personne*) niederschießen; **s'abattre** *vpr* (*mât, malheur*) niederstürzen; **s'~ sur** (*suj : pluie*) niederprasseln auf +*acc*
abattu, e [abaty] *adj* (*déprimé*) entmutigt; (*fatigué*) erschöpft
abbaye [abei] *nf* Abtei *f*

abbé [abe] *nm* (*d'une abbaye*) Abt *m*; (*de paroisse*) Pfarrer *m*
abcès [apsɛ] *nm* Abszess *m*
abdication [abdikasjɔ̃] *nf* Abdankung *f*, Rücktritt *m*
abdiquer [abdike] *vi* abdanken ▶ *vt* verzichten auf +*acc*
abdomen [abdɔmɛn] *nm* Unterleib *m*, Bauch *m*
abdominal, e, -aux [abdɔminal, o] *adj* Unterleibs-; **cavité ~e** Bauchhöhle *f*
abeille [abɛj] *nf* Biene *f*
aberrant, e [abeʀɑ̃, ɑ̃t] *adj* absurd
abêtir [abetiʀ] *vt* verblöden (lassen); **s'abêtir** *vpr* verblöden
abhorrer [abɔʀe] *vt* verabscheuen
abîme [abim] *nm* Abgrund *m*
abîmer [abime] *vt* beschädigen; **s'abîmer** *vpr* kaputtgehen
abject, e [abʒɛkt] *adj* verabscheuungswürdig
abjurer [abʒyʀe] *vt* abschwören +*dat*
ablation [ablasjɔ̃] *nf* Entfernen *nt*
aboiement [abwamɑ̃] *nm* Bellen *nt*
abois [abwa] *nmpl* : **être aux ~** in die Enge getrieben sein
abolir [abɔliʀ] *vt* abschaffen
abolition [abɔlisjɔ̃] *nf* Abschaffung *f*
abominable [abɔminabl] *adj* abscheulich
abondance [abɔ̃dɑ̃s] *nf* (*grande quantité*) Fülle *f*; (*richesse*) Reichtum *m*; **en ~** in Hülle und Fülle
abondant, e [abɔ̃dɑ̃, ɑ̃t] *adj* reichlich
abonder [abɔ̃de] *vi* im Überfluss vorhanden sein; **~ en** wimmeln von
abonné, e [abɔne] *nm/f* (*du téléphone*) Teilnehmer(in); (*TV, à un journal*) Abonnent(in)
abonnement [abɔnmɑ̃] *nm* Abonnement *nt*; (*de transports en commun*) Zeitkarte *f*
abonner [abɔne] : **s'abonner** *vpr* : **s'~ à qch** etw abonnieren
abord [abɔʀ] *nm* : **être d'un ~ facile/difficile** leicht/schwer zugänglich sein; **abords** *nmpl* (*d'un lieu*) Umgebung *f*; **d'~** zuerst; **de prime ~, au premier ~** auf den ersten Blick
abordable [abɔʀdabl] *adj* erschwinglich; (*personne*) umgänglich
aborder [abɔʀde] *vi* einlaufen ▶ *vt* (*sujet, problème, vie*) angehen; (*personne*) ansprechen; (*Naut : attaquer*) entern; (*: heurter*) kollidieren mit
aboutir [abutiʀ] *vi* erfolgreich sein; **~ à/dans** enden in +*dat*
aboyer [abwaje] *vi* bellen
abrasif, -ive [abʀɑzif, iv] *adj* Schleif- ▶ *nm* Schleifmittel *nt*
abrégé [abʀeʒe] *nm* Abriss *m*
abréger [abʀeʒe] *vt* (ver)kürzen; (*mot*) abkürzen
abreuver [abʀœve] : **s'abreuver** *vpr* saufen
abreuvoir [abʀœvwaʀ] *nm* Tränke *f*
abréviation [abʀevjasjɔ̃] *nf* Abkürzung *f*
abri [abʀi] *nm* Schutz *m*; (*lieu couvert*) Unterstand *m*; (*cabane*) (Schutz)hütte *f*; **être à l'~ (de)** geschützt sein (vor +*dat*); **se mettre à l'~ (de)** sich in Sicherheit bringen (vor +*dat*)
abribus [abʀibys] *nm* Wartehäuschen *nt*
abricot [abʀiko] *nm* Aprikose *f*
abricotier [abʀikɔtje] *nm* Aprikosenbaum *m*
abriter [abʀite] *vt* schützen; (*recevoir, loger*) unterbringen; **s'abriter** *vpr* Schutz suchen
abroger [abʀɔʒe] *vt* außer Kraft setzen
abrupt, e [abʀypt] *adj* steil; (*personne, ton*) schroff, brüsk
abruti, e [abʀyti] *nm/f* Idiot(in)
abrutir [abʀytiʀ] *vt* (*fatiguer*) benommen machen
abrutissant, e [abʀytisɑ̃, ɑ̃t] *adj* (*bruit*) ohrenbetäubend; (*travail*) abstumpfend
abscisse [apsis] *nf* Abszisse *f*
absence [apsɑ̃s] *nf* Abwesenheit *f*
absent, e [apsɑ̃, ɑ̃t] *adj* (*personne*) abwesend; (*chose*) fehlend; (*distrait aussi*) zerstreut ▶ *nm/f* Abwesende(r) *f(m)*
absentéisme [apsɑ̃teism] *nm* häufiges Fehlen *nt* (*bei der Arbeit, in der Schule etc*); **taux d'~** Abwesenheitsquote *f*
absenter [apsɑ̃te] : **s'absenter** *vpr* weggehen; (*pour maladie etc*) sich *dat* freinehmen
abside [apsid] *nf* Apsis *f*
absinthe [apsɛ̃t] *nf* (*boisson*) Absinth *m*; (*Bot*) Wermut *m*
absolu, e [apsɔly] *adj* absolut ▶ *nm* : **dans l'~** absolut gesehen
absolument [apsɔlymɑ̃] *adv* absolut; (*sans faute*) unbedingt
absolution [apsɔlysjɔ̃] *nf* (*Rel*) Absolution *f*; (*Jur*) Freispruch *m*
absolutisme [apsɔlytism] *nm* Absolutismus *m*
absorbant, e [apsɔʀbɑ̃, ɑ̃t] *adj* (*matière*) saugfähig; (*tâche, travail*) fesselnd
absorber [apsɔʀbe] *vt* (*manger, boire*) zu sich nehmen; (*liquide*) absorbieren, aufnehmen; (*accaparer : personne*) in Anspruch nehmen
absoudre [apsudʀ] *vt* lossprechen

abstenir [apstəniʀ] : **s'abstenir** *vpr* (*Pol*) sich der Stimme enthalten; **s'~ de qch** sich etw *en général* enthalten; **s'~ de fumer** das Rauchen unterlassen
abstention [apstɑ̃sjɔ̃] *nf* (Stimm) enthaltung *f*
abstentionnisme [apstɑ̃sjɔnism] *nm* Wahlverdrossenheit *f*
abstentionniste [apstɑ̃sjɔnist] *nmf* Nichtwähler(in) *m(f)*
abstraction [apstʀaksjɔ̃] *nf* Abstraktion *f*; (*idée*) Abstraktum *nt*; **faire ~ de qch** etw beiseitelassen
abstraire [apstʀɛʀ] *vt* abstrahieren; **s'abstraire (de)** *vpr* sich zurückziehen (von)
abstrait, e [apstʀɛ, ɛt] *adj* abstrakt
absurde [apsyʀd] *adj* absurd
absurdité [apsyʀdite] *nf* Absurdität *f*
abus [aby] *nm* (*d'alcool, de médicaments etc*) Missbrauch *m*; (*injustices : gén pl*) Missstand *m*; **~ de biens sociaux** ≈ Missbrauch von Gesellschaftsvermögen; **~ de confiance** Vertrauensmissbrauch *m*; **~ de médicaments** Arzneimittelmissbrauch; **~ sexuels** sexueller Missbrauch
abuser [abyze] *vi* (*dépasser la mesure*) zu weit gehen; **s'abuser** *vpr* sich irren; **~ de** (*force, droit, alcool*) missbrauchen; (*femme : violer*) missbrauchen; **si je ne m'abuse** wenn ich mich nicht irre
abusif, -ive [abyzif, iv] *adj* (*prix*) unverschämt, maßlos; **usage ~** Missbrauch *m*
acacia [akasja] *nm* Akazie *f*
académie [akademi] *nf* Akademie *f*; **l'A~ (française)** die Académie Française

Die **Académie française** wurde 1635 von Kardinal Richelieu unter König Ludwig XIII gegründet. Sie besteht aus 40 gewählten Gelehrten und Schriftstellern, die als *les Quarante* oder *les Immortels* bekannt sind. Eine der Hauptaufgaben der **Académie** ist die Entwicklung der französischen Sprache zu regulieren. Ihre Empfehlungen werden häufig heftig öffentlich diskutiert. Die **Académie** hat mehrere Ausgaben ihres berühmten Wörterbuchs herausgegeben und verleiht verschiedene literarische Preise.

académique [akademik] *adj* akademisch; (*péj aussi*) konventionell
Acadie [akadi] *nf* (*au Canada*) Akadien *nt*
acajou [akaʒu] *nm* Mahagoni *nt*
accablant, e [akɑblɑ̃, ɑ̃t] *adj* (*chaleur, poids*) unerträglich; (*preuve*) niederschmetternd
accabler [akɑble] *vt* belasten
accalmie [akalmi] *nf* Flaute *f*
accaparant, e [akapaʀɑ̃, ɑ̃t] *adj* viel Zeit und Energie fordernd
accaparer [akapaʀe] *vt* an sich *acc* reißen; (*occuper*) (völlig) in Anspruch nehmen
accéder [aksede] : **~ à** *vt* kommen zu, gelangen zu; (*requête*) nachkommen *+dat*
accélérateur [akseleʀatœʀ] *nm* (*Auto*) Gaspedal *nt*; (*de particules*) Beschleuniger *m*
accélération [akseleʀasjɔ̃] *nf* Beschleunigung *f*
accéléré [akseleʀe] *nm* : **en ~** im Zeitraffer
accélérer [akseleʀe] *vt, vi* beschleunigen
accent [aksɑ̃] *nm* Akzent *m*; (*inflexions*) Tonfall *m*; (*intonation*) Betonung *f*; (*signe*) Akzentzeichen *nt*, Akzent *m*; **mettre l'~ sur qch** (*fig*) etw betonen
accentuer [aksɑ̃tɥe] *vt* betonen; (*orthographe*) mit Akzent schreiben; (*augmenter*) steigern; **s'accentuer** *vpr* zunehmen
acceptable [aksɛptabl] *adj* annehmbar
acceptation [aksɛptasjɔ̃] *nf* (*d'invitation, condition, offre*) Annahme *f*; (*de risque, responsabilité : tolérance, intégration*) Akzeptieren *nt*; (*de fait, hypothèse*) Anerkennung *f*
accepter [aksɛpte] *vt* annehmen; (*risque, responsabilité*) auf sich *acc* nehmen; (*fait, hypothèse*) anerkennen; (*personne, échec, danger etc*) akzeptieren; **~ de faire qch** einwilligen, etw zu tun
acception [aksɛpsjɔ̃] *nf* Bedeutung *f*
accès [aksɛ] *nm* Zugang *m*; (*routes*) Zufahrt(sstraße) *f*; (*Inform*) Zugriff *m*; (*de fièvre etc*) Anfall *m*; **facile/difficile d'~** leicht/schwer zugänglich; **~ à Internet** Internetzugriff; **~ codé** Passwortschutz *m*; **~ de colère/de toux** Wut-/Hustenanfall *m*
accessible [aksesibl] *adj* leicht zu erreichen; (*personne, sujet*) zugänglich
accessoire [akseswaʀ] *nm* (*pièce*) Zubehörteil *nt*
accident [aksidɑ̃] *nm* (*de voiture, d'avion etc*) Unfall *m*; (*événement fortuit*) Zufall *m*; **par ~** zufällig(erweise), durch Zufall; **~ du travail** Arbeitsunfall *m*
accidenté, e [aksidɑ̃te] *adj* (*relief, terrain*) uneben; (*voiture, personne*) an einem Unfall beteiligt
acclamation [aklamasjɔ̃] *nf* : **par ~** durch Akklamation; **acclamations** *nfpl* Beifall *m*
acclamer [aklame] *vt* zujubeln *+dat*

acclimater [aklimate] : **s'acclimater** *vpr* sich akklimatisieren
accolade [akɔlad] *nf* Umarmung *f*; (*Typo*) geschweifte Klammer *f*
accommodant, e [akɔmɔdɑ̃, ɑ̃t] *adj* zuvorkommend
accommoder [akɔmɔde] *vt* (*Culin*) zubereiten; **s'accommoder** *vpr* : **s'~ de qch** sich mit etw abfinden
accompagnateur, -trice [akɔ̃paɲatœʀ, tʀis] *nm/f* Begleiter(in); (*de voyage organisé*) Reisebegleiter(in)
accompagnement [akɔ̃paɲmɑ̃] *nm* Begleitung *f*
accompagner [akɔ̃paɲe] *vt* begleiten
accompli, e [akɔ̃pli] *adj* : **musicien ~** vollendeter Musiker *m*
accomplir [akɔ̃pliʀ] *vt* ausführen; **s'accomplir** *vpr* in Erfüllung gehen
accord [akɔʀ] *nm* (*entente, Ling*) Übereinstimmung *f*; (*contrat, traité*) Abkommen *nt*; (*autorisation*) Zustimmung *f*; (*Mus*) Akkord *m*; **être d'~** (*s'entendre*) sich einig sein, einer Meinung sein; **être d'~ avec qn** mit jdm einer Meinung sein; **être d'~ (pour faire qch)** einverstanden sein(, etw zu tun)
accord-cadre [akɔʀkɑdʀ] (*pl* **accords-cadres**) *nm* Rahmenabkommen *nt*
accordéon [akɔʀdeɔ̃] *nm* (*Mus*) Akkordeon *nt*
accordéoniste [akɔʀdeɔnist] *nmf* Akkordeonspieler(in) *m(f)*
accorder [akɔʀde] *vt* (*donner*) bewilligen; (*harmoniser*) abstimmen; (*Mus*) stimmen; **je vous accorde que …** ich gestehe Ihnen zu, dass …
accoster [akɔste] *vt* (*Naut*) anlaufen; (*personne*) ansprechen
accotement [akɔtmɑ̃] *nm* (*de route*) Seitenstreifen *m*
accouchement [akuʃmɑ̃] *nm* Entbindung *f*
accoucher [akuʃe] *vi* entbinden; **~ d'une fille** ein Mädchen gebären *ou* zur Welt bringen
accouder [akude] : **s'accouder** *vpr* : **s'~ à/contre/sur qch** sich mit den Ellbogen auf etw *acc* stützen
accoudoir [akudwaʀ] *nm* Armlehne *f*
accoupler [akuple] *vt* (*moteurs, bœufs*) (zusammen)koppeln; **s'accoupler** *vpr* sich paaren
accourir [akuʀiʀ] *vi* herbeilaufen
accoutrement [akutʀəmɑ̃] (*péj*) *nm* Aufzug *m*
accoutrer [akutʀe] *vt* auftakeln; **s'accoutrer** *vpr* sich auftakeln
accoutumance [akutymɑ̃s] *nf* Sucht *f*
accoutumé, e [akutyme] *adj* gewohnt
accréditer [akʀedite] *vt* (*nouvelle*) glaubwürdig erscheinen lassen; **~ qn (auprès de)** jdn akkreditieren (bei)
accro [akʀo] (*fam*) *adj* : **être ~** ein Junkie sein
accroc [akʀo] *nm* (*déchirure*) Riss *m*; **sans ~s** (*fig*) ohne Probleme
accrochage [akʀɔʃaʒ] *nm* Aufhängen *nt*; (*Auto*) Zusammenstoß *m*
accroche-cœur [akʀɔʃkœʀ] (*pl* **accroche-cœurs**) *nm* Schmachtlocke *f*
accrocher [akʀɔʃe] *vt* (*suspendre*) aufhängen; (*attacher*) festmachen; (*heurter*) anstoßen an *+dat*; (*Mil*) ein Gefecht liefern *+dat*; (*regard*) auf sich *acc* ziehen; (*client*) anlocken; **s'accrocher** *vpr* : **s'~ à** hängen bleiben an *+dat*; (*fig*) sich klammern an *+acc*
accrocheur, -euse [akʀɔʃœʀ, øz] *adj* (*vendeur, concurrent*) beharrlich; (*publicité, titre*) zugkräftig
accroissement [akʀwasmɑ̃] *nm* Zunahme *f*
accroître [akʀwatʀ] *vt* vergrößern; **s'accroître** *vpr* anwachsen, stärker werden
accroupir [akʀupiʀ] : **s'accroupir** *vpr* hocken, kauern
accru, e [akʀy] *pp de* **accroître** ▸ *adj* verstärkt
accueil [akœj] *nm* Empfang *m*
accueillant, e [akœjɑ̃, ɑ̃t] *adj* gastfreundlich
accueillir [akœjiʀ] *vt* begrüßen; (*loger*) unterbringen
accumulateur [akymylatœʀ] *nm* Akku(mulator) *m*
accumulation [akymylasjɔ̃] *nf* : **une ~ de** eine Anhäufung von
accumuler [akymyle] *vt* anhäufen; (*chaleur*) speichern; (*preuves etc*) sammeln; **s'accumuler** *vpr* sich ansammeln
accusateur, -trice [akyzatœʀ, tʀis] *nm/f* Ankläger(in) ▸ *adj* anklagend; (*document, preuve*) belastend
accusatif [akyzatif] *nm* Akkusativ *m*
accusation [akyzasjɔ̃] *nf* Beschuldigung *f*; (*Jur*) Anklage *f*
accusé, e [akyze] *nm/f* Angeklagte(r) *f(m)* ▸ *nm* : **~ de réception** Empfangsbestätigung *f*
accuser [akyze] *vt* beschuldigen; (*Jur*) anklagen; (*souligner*) betonen; **~ qn de qch** jdn etw *gén* beschuldigen
acerbe [asɛʀb] *adj* bissig

achalandé, e [aʃalɑ̃de] *adj* : **bien/mal ~** gut/schlecht ausgestattet
acharné, e [aʃaʀne] *adj* (*lutte, adversaire*) erbarmungslos, unerbittlich; (*travail*) unermüdlich
acharnement [aʃaʀnəmɑ̃] *nm* (*dans une lutte*) Unerbittlichkeit *f*; (*de travail*) Unermüdlichkeit *f*
acharner [aʃaʀne] : **s'acharner** *vpr* : **s'~ contre** *ou* **sur qn** jdn unerbittlich verfolgen; (*suj* : *malchance*) jdn (ständig) verfolgen; **s'~ à faire qch** etw unbedingt tun wollen
achat [aʃa] *nm* Kauf *m*; **faire des ~s** einkaufen
acheminer [aʃ(ə)mine] *vt* befördern; **s'acheminer** *vpr* : **s'~ vers** zusteuern auf *+acc*
acheter [aʃ(ə)te] *vt* kaufen; **~ qch à qn** (*chez*) etw bei jdm kaufen; (*pour*) etw für jdn kaufen
acheteur, -euse [aʃ(ə)tœʀ, øz] *nm/f* Käufer(in)
achevé, e [aʃ(ə)ve] *adj* : **d'un ridicule ~** völlig lächerlich; **d'un comique ~** ungeheuer komisch
achever [aʃ(ə)ve] *vt* beenden; (*tuer*) den Gnadenstoß geben *+dat*; **s'achever** *vpr* zu Ende gehen
acide [asid] *adj* sauer ▸ *nm* Säure *f*
acidité [asidite] *nf* Säure *f*
acidulé [asidyle] *adj* säuerlich
acier [asje] *nm* Stahl *m*; **~ inoxydable** nicht rostender Stahl
aciérie [asjeʀi] *nf* Stahlwerk *nt*
acné [akne] *nf* Akne *f*
acolyte [akɔlit] (*péj*) *nm* Komplize *m*, Komplizin *f*
acompte [akɔ̃t] *nm* Anzahlung *f*
Açores [asɔʀ] *nfpl* : **les ~** die Azoren *pl*
à-coup [aku] *nm* Ruck *m*; **sans ~s** glatt; **par ~s** unregelmäßig
acoustique [akustik] *nf* Akustik *f* ▸ *adj* akustisch
acquéreur, euse [akeʀœʀ, øz] *nm* Käufer(in) *m(f)*
acquérir [akeʀiʀ] *vt* erwerben; (*droit, certitude, valeur*) erlangen; (*habitude*) annehmen
acquiescer [akjese] *vi* zustimmen
acquis, e [aki, iz] *pp de* **acquérir** ▸ *adj* : **caractère ~** erworbene Eigenschaft *f*; **vitesse ~e** (Momentan)geschwindigkeit *f*
acquisition [akizisjɔ̃] *nf* Kauf *m*; (*de droit*) Erlangen *nt*
acquit [aki] *vb voir* **acquérir** ▸ *nm* Quittung *f*; **par ~ de conscience** zur Beruhigung des Gewissens
acquittement [akitmɑ̃] *nm* (*d'un accusé*) Freispruch *m*; (*de facture*) Begleichen *nt*; (*de promesse*) Einlösen *nt*; (*de tâche*) Ausführung *f*
acquitter [akite] *vt* (*accusé*) freisprechen; (*payer*) begleichen; **s'acquitter** *vpr* : **s'~ de** (*promesse*) einlösen; (*tâche*) ausführen
âcre [ɑkʀ] *adj* bitter
acrimonie [akʀimɔni] *nf* Bitterkeit *f*
acrobate [akʀɔbat] *nmf* Akrobat(in) *m(f)*
acrobatie [akʀɔbasi] *nf* (*exercice*) akrobatisches Kunststück *nt*
acrobatique [akʀɔbatik] *adj* akrobatisch
acronyme [akʀɔnim] *nm* Akronym *nt*
acrylique [akʀilik] *nm* Acryl *nt*
acte [akt] *nm* Tat *f*, Handlung *f*; (*document*) Akte *f*; (*Théât*) Akt *m*; **actes** *nmpl* (*compte-rendu*) Protokoll *nt*; **prendre ~ de qch** etw zur Kenntnis nehmen; **faire ~ de présence** sich sehen lassen; **faire ~ de candidature** sich als Kandidat vorstellen; **~ de mariage/de naissance** Heirats-/Geburtsurkunde *f*
acteur, -trice [aktœʀ, tʀis] *nm/f* Schauspieler(in)
actif, -ive [aktif, iv] *adj* aktiv ▸ *nm* (*Comm*) Aktiva *pl*; **mettre/avoir qch à son ~** (*fig*) etw auf seine Erfolgsliste setzen/etw als Erfolg verbuchen können; **~s toxiques** (*Écon*) faule Wertpapiere *pl*
action [aksjɔ̃] *nf* (*acte*) Tat *f*; (*activité*) Tätigkeit *f*; (*effet sur qch*) Wirkung *f*; (*de pièce, roman*) Handlung *f*; (*Comm*) Aktie *f*; **une bonne/mauvaise ~** eine gute/schlechte Tat; **mettre en ~** in die Tat umsetzen; **un film d'~** ein Actionfilm *m*; **~ en diffamation** Verleumdungsklage *f*
actionnaire [aksjɔnɛʀ] *nmf* Aktionär(in) *m(f)*
actionner [aksjɔne] *vt* betätigen
activer [aktive] *vt* (*accélérer*) beschleunigen; (*Chim*) aktivieren; **s'activer** *vpr* sich betätigen
activisme [aktivism] *nm* Aktivismus *m*
activiste [aktivist] *nmf* Aktivist(in) *m(f)*
activité [aktivite] *nf* Aktivität *f*; (*occupation, loisir*) Betätigung *f*; **en ~** aktiv; (*volcan aussi*) tätig
actrice [aktʀis] *nf voir* **acteur**
actualiser [aktɥalize] *vt* aktualisieren
actualité [aktɥalite] *nf* Aktualität *f*; **les actualités** *nfpl* die Nachrichten *pl*
actuel, le [aktɥɛl] *adj* (*présent*) augenblicklich; (*d'actualité*) aktuell
actuellement [aktɥɛlmɑ̃] *adv* derzeit
acuponcteur, -trice [akypɔ̃ktœʀ, tʀis] *nm* Akupunkteur *m*, Akupunkteuse *f*

acuponcture [akypɔ̃ktyʀ] *nf* Akupunktur *f*
acupuncture [akypɔ̃ktyʀ] *nf* = **acuponcture**
adage [adaʒ] *nm* Redensart *f*
adaptable [adaptabl] *adj* anpassungsfähig; (*chose*) anpassbar
adaptateur, -trice [adaptatœʀ, tʀis] *nm* (*Élec*) Adapter *m*; **~ réseau** (*Inform*) Netzwerkkarte *f*
adaptation [adaptasjɔ̃] *nf* Anpassung *f*; (*œuvre*) Bearbeitung *f*
adapter [adapte] *vt* (*œuvre*) bearbeiten; **s'adapter (à)** *vpr* (*suj : personne*) sich anpassen (an +*acc*); **~ qch à** (*rendre conforme*) etw anpassen an +*acc*; (*fixer*) etw anbringen auf *ou* an +*dat*
addenda [adɛ̃da] *nm* Nachtrag *m*
additif [aditif] *nm* Zusatz *m*
addition [adisjɔ̃] *nf* Hinzufügen *nt*; (*Math*) Addition *f*; (*au café etc*) Rechnung *f*
additionnel, le [adisjɔnɛl] *adj* zusätzlich
additionner [adisjɔne] *vt* addieren; **~ un produit de sucre** einem Produkt Zucker hinzufügen
adepte [adɛpt] *nmf* Anhänger(in) *m(f)*
adéquat, e [adekwa(t), at] *adj* angebracht
adhérence [adeʀɑ̃s] *nf* (*des pneus*) Haftung *f*
adhérent, e [adeʀɑ̃, ɑ̃t] *nm/f* Mitglied *nt*
adhérer [adeʀe] *vi* : **~ à** haften an +*dat*; (*approuver*) unterstützen; (*devenir membre de*) Mitglied werden bei
adhésif, -ive [adezif, iv] *adj* haftend ▸ *nm* Klebstoff *m*
adhésion [adezjɔ̃] *nf* Beitritt *m*; (*à une opinion*) Unterstützung *f*
adieu [adjø] *excl* tschüs(s) ▸ *nm* Abschied *m*
adipeux, -euse [adipø, øz] *adj* Fett-; (*obèse*) fett
adjectif, -ive [adʒɛktif, iv] *nm* Adjektiv *nt*
adjectival, e, -aux [adʒɛktival, o] *adj* adjektivisch
adjoindre [adʒwɛ̃dʀ] *vt* (*ajouter*) hinzufügen; **s'adjoindre** *vpr* : **s'~ un collaborateur** *etc* sich *dat* einen Mitarbeiter *etc* berufen
adjoint, e [adʒwɛ̃, wɛ̃t] *nm/f* : **directeur ~** stellvertretender Direktor *m*; **~ au maire** Zweiter *ou* stellvertretender Bürgermeister *m*
adjudication [adʒydikasjɔ̃] *nf* (*vente aux enchères*) Versteigerung *f*; (*attribution*) Zuschlag *m*; (*de travaux*) Ausschreibung *f*; (*attribution*) Vergabe *f*
adjuger [adʒyʒe] *vt* zusprechen; **adjugé !** verkauft!
admettre [admɛtʀ] *vt* (*laisser entrer*) hereinlassen; (*candidat*) zulassen; (*nouveau membre*) aufnehmen; (*tolérer*) dulden, zulassen; (*reconnaître*) anerkennen, zugeben; **~ que** zugeben, dass
administrateur, -trice [administʀatœʀ, tʀis] *nm/f* Verwalter(in); **~ judiciaire** Konkursverwalter *m*
administratif, -ive [administʀatif, iv] *adj* administrativ, Verwaltungs-; (*péj*) bürokratisch
administration [administʀasjɔ̃] *nf* Verwaltung *f*; **l'A~** der Staatsdienst
administrer [administʀe] *vt* (*entreprise*) führen, leiten; (*remède, correction*) verabreichen; (*sacrement*) spenden
admirable [admiʀabl] *adj* bewundernswert
admirateur, -trice [admiʀatœʀ, tʀis] *nm/f* Bewunderer *m*, Bewunderin *f*
admiratif, -ive [admiʀatif, iv] *adj* bewundernd
admiration [admiʀasjɔ̃] *nf* Bewunderung *f*; **être en ~ devant qch** etw voller Bewunderung betrachten
admirer [admiʀe] *vt* bewundern
admissible [admisibl] *adj* (*comportement, attitude*) zulässig; (*candidat*) (zur mündlichen Prüfung) zugelassen
admission [admisjɔ̃] *nf* Einlass *m*; (*candidat reçu*) Zulassung *f*
ADN [ɑdeɛn] *sigle m* (= *acide désoxyribonucléique*) DNS *f*
ado [ado] (*fam*) *nmf* = **adolescent**
adolescence [adɔlesɑ̃s] *nf* Jugend *f*
adolescent, e [adɔlesɑ̃, ɑ̃t] *nm/f* Jugendliche(r) *f(m)*
adonner [adɔne] : **s'adonner** *vpr* : **s'~ à** sich hingebungsvoll widmen +*dat*
adopter [adɔpte] *vt* (*motion etc*) verabschieden; (*politique, attitude*) annehmen; (*enfant*) adoptieren
adoptif, -ive [adɔptif, iv] *adj* Adoptiv-; **c'est sa patrie adoptive** das Land ist seine Wahlheimat
adoption [adɔpsjɔ̃] *nf* (*de motion etc*) Verabschiedung *f*; (*de politique, attitude*) Annahme *f*; (*d'un enfant*) Adoption *f*; (*d'un nouveau venu*) Aufnahme *f*; **c'est sa patrie d'~** das Land ist seine Wahlheimat
adorable [adɔʀabl] *adj* bezaubernd
adoration [adɔʀasjɔ̃] *nf* (*Rel*) Anbetung *f*; (*gén*) Verehrung *f*; **être en ~ devant** abgöttisch verehren
adorer [adɔʀe] *vt* anbeten; (*aimer beaucoup*) furchtbar gernhaben

adosser [adose] *vt* : **~ qch à/contre qch** eine Sache an etw *acc*/gegen etw lehnen; **s'adosser** *vpr* : **s'~ à/contre** sich mit dem Rücken lehnen an *+acc*
adoucir [adusiʀ] *vt* (*mœurs, caractère*) verfeinern; (*peau*) zart machen; (*peine, douleur*) versüßen, erleichtern
adoucissant [adusisɑ̃] *nm* Weichspüler *m*
adoucissement [adusismɑ̃] *nm* Milderung *f*
adoucisseur [adusisœʀ] *nm* : **~ (d'eau)** (Wasser)enthärter *m*
adrénaline [adʀenalin] *nf* Adrenalin *nt*
adresse [adʀɛs] *nf* (*habileté*) Geschick *nt*; (*domicile, Inform*) Adresse *f*; **~ électronique** *ou* **mail** E-Mail-Adresse; **~ URL** URL *f*; **~ web** Webadresse *f*
adresser [adʀese] *vt* (*expédier*) schicken; (*écrire l'adresse sur*) adressieren; **~ à qn** (*injure, compliments*) an jdn richten; **s'adresser** *vpr* : **s'~ à** (*parler à*) ansprechen; (*être destiné à*) sich richten an *+acc*
Adriatique [adʀijatik] *nf* : **l'~** die Adria *f*
adroit, e [adʀwa, wat] *adj* geschickt
ADSL [adeɛsɛl] *sigle m* (= *Assymetrical Digital Subscriber Line*) ADSL *f*
adulte [adylt] *nmf* Erwachsene(r) *f(m)* ▶ *adj* (*chien, arbre*) ausgewachsen; (*attitude*) reif
adultère [adyltɛʀ] *nm* Ehebruch *m*
advenir [advəniʀ] *vi* sich ereignen
adverbe [advɛʀb] *nm* Adverb *nt*
adverbial, e, -aux [advɛʀbjal, o] *adj* adverbial
adversaire [advɛʀsɛʀ] *nmf* Gegner(in) *m(f)*
adverse [advɛʀs] *adj* gegnerisch
adversité [advɛʀsite] *nf* Not *f*
aérateur [aeʀatœʀ] *nm* Ventilator *m*
aération [aeʀasjɔ̃] *nf* Lüftung *f*
aérer [aeʀe] *vt* lüften; (*style, texte*) auflockern
aérien, ne [aeʀjɛ̃, jɛn] *adj* (*Aviat*) Luft-; (*câble*) überirdisch; **métro ~** Hochbahn *f*
aérobic [aeʀɔbik] *nm ou nf* Aerobic *nt*
aérodrome [aeʀodʀom] *nm* Flugplatz *m*
aérodynamique [aeʀodinamik] *adj* aerodynamisch ▶ *nf* Aerodynamik *f*
aérofrein [aeʀofʀɛ̃] *nm* Bremsklappe *f*, Landeklappe *f*
aérogare [aeʀogaʀ] *nf* (*à l'aéroport*) Terminal *nt*
aéroglisseur [aeʀoglisœʀ] *nm* Luftkissenboot *nt*
aérogramme [aeʀɔgʀam] *nm* Luftpostleichtbrief *m*
aéromodélisme [aeʀomɔdelism] *nm* Modellflugzeugbau *m*
aéronaute [aeʀonot] *nm* Luftschiffer(in) *m(f)*
aéronautique [aeʀonotik] *adj* aeronautisch
aéronaval, e [aeʀonaval] *adj* Luft- und See-
aéronef [aeʀɔnɛf] *nm* Luftschiff *nt*
aéroport [aeʀɔpɔʀ] *nm* Flughafen *m*
aéropostal, e, -aux [aeʀopɔstal, o] *adj* Luftpost-
aérosol [aeʀɔsɔl] *nm* (*bombe*) Spraydose *f*
aérospatial, e, -aux [aeʀospasjal, jo] *adj* Raumfahrt- ▶ *nf* Raumfahrt *f*
aérostat [aeʀɔsta] *nm* Ballon *m*
aérotrain® [aeʀotʀɛ̃] *nm* Luftkissenzug *m*
affabilité [afabilite] *nf* Umgänglichkeit *f*
affable [afabl] *adj* umgänglich
affaiblir [afebliʀ] *vt* schwächen; **s'affaiblir** *vpr* schwächer werden
affaiblissement [afeblismɑ̃] *nm* Schwächung *f*; (*de la vue, mémoire etc*) Nachlassen *nt*
affaire [afɛʀ] *nf* (*question*) Angelegenheit *f*; (*scandale*) Affäre *f*; (*criminelle, judiciaire*) Fall *m*; (*entreprise, transaction*) Geschäft *nt*; (*occasion intéressante*) (günstige) Gelegenheit *f*; **affaires** *nfpl* (*activités commerciales*) Geschäfte *pl*; (*effets*) Sachen *pl*; **avoir ~ à qn/qch** es mit jdm/ etw zu tun haben; **les A~s étrangères** auswärtige Angelegenheiten *pl*
affairé, e [afeʀe] *adj* geschäftig
affairer [afeʀe] : **s'affairer** *vpr* geschäftig hin und her eilen
affairisme [afeʀism] *nm* Geschäftemacherei *f*
affaissement [afɛsmɑ̃] *nm* : **~ de terrain** Erdrutsch *m*
affaisser [afese] : **s'affaisser** *vpr* (*terrain, immeuble*) einstürzen; (*personne*) zusammenbrechen
affaler [afale] : **s'affaler** *vpr* : **s'~ dans/ sur qch** sich erschöpft in/auf etw *acc* fallen lassen
affamé, e [afame] *adj* ausgehungert
affamer [afame] *vt* aushungern
affectation [afɛktasjɔ̃] *nf* (*de crédits*) (Zweck)bindung *f*; (*à un poste*) Zuweisung *f*; (*manque de naturel*) Geziertheit *f*; (*simulation*) Heuchelei *f*
affecté, e [afɛkte] *adj* geziert; (*feint*) geheuchelt
affecter [afɛkte] *vt* (*toucher*) berühren, treffen; (*feindre*) vortäuschen; **~ à** (*personne, crédits*) zuteilen *+dat*; **~ qch d'un coefficient/indice** etw mit einem Koeffizienten/Index versehen
affectif, -ive [afɛktif, iv] *adj* affektiv

affection [afɛksjɔ̃] *nf* Zuneigung *f*; (*Méd*) Leiden *nt*
affectionner [afɛksjɔne] *vt* mögen
affectueux, -euse [afɛktɥø, øz] *adj* liebevoll
affermir [afɛʀmiʀ] *vt* festigen
affichage [afiʃaʒ] *nm* Anschlag; (*électronique*) Anzeige *f*; **~ du numéro de l'appelant** Rufnummeranzeige
affiche [afiʃ] *nf* Plakat *nt*; **être à l'~** gespielt werden; **tenir l'~** lange auf dem Spielplan stehen
afficher [afiʃe] *vt* anschlagen; (*attitude*) zur Schau stellen
afficheur [afiʃœʀ] *nm* Plakatankleber *m*; (*Inform*) Display *nt*; **~ à cristaux liquides** Flüssigkristallanzeige *f*, LCD-Anzeige
affilée [afile] : **d'~** *adv* an einem Stück
affiliation [afiljasjɔ̃] *nf* Mitgliedschaft *f*
affilier [afilje] : **s'affilier à** *vpr* Mitglied werden bei
affinité [afinite] *nf* Verwandtschaft *f*
affirmatif, -ive [afiʀmatif, iv] *adj* positiv; (*réponse aussi*) bejahend; (*personne*) bestimmt
affirmation [afiʀmasjɔ̃] *nf* Behauptung *f*
affirmative [afiʀmativ] *nf* : **répondre par l'~** mit Ja antworten
affirmer [afiʀme] *vt* behaupten; (*autorité etc*) geltend machen
affliction [afliksjɔ̃] *nf* Kummer *m*
affligé, e [afliʒe] *adj* bedrückt; **~ d'une maladie/tare** an einer Krankheit/einem Gebrechen leidend
affliger [afliʒe] *vt* (*peiner*) zutiefst bekümmern
affluence [aflyɑ̃s] *nf* : **heure d'~** Stoßzeit *f*
affluent [aflyɑ̃] *nm* Nebenfluss *m*
affluer [aflye] *vi* (*secours, biens*) eintreffen; (*gens, sang*) strömen
afflux [afly] *nm* (*de gens, de capitaux*) Zustrom *m*; **~ de sang** Blutandrang *m*
affolant, e [afɔlɑ̃, ɑ̃t] *adj* erschreckend
affolé, e [afɔle] *adj* durcheinander
affolement [afɔlmɑ̃] *nm* Panik *f*
affoler [afɔle] *vt* verrückt machen; **s'affoler** *vpr* durchdrehen
affranchir [afʀɑ̃ʃiʀ] *vt* (*lettre, paquet*) frankieren; (*esclave*) freilassen; (*fig*) befreien
affranchissement [afʀɑ̃ʃismɑ̃] *nm* (*voir vt*) Frankieren *nt*; Freilassung *f*; Befreiung *f*; (*prix payé*) Porto *nt*
affréter [afʀete] *vt* mieten
affreux, -euse [afʀø, øz] *adj* schrecklich
affrontement [afʀɔ̃tmɑ̃] *nm* Konfrontation *f*
affronter [afʀɔ̃te] *vt* (*adversaire*) entgegentreten +*dat*
affût [afy] *nm* : **être à l'~ de qn/qch** auf jdn/etw lauern
affûter [afyte] *vt* schärfen
afghan, e [afgɑ̃, an] *adj* afghanisch
Afghanistan [afganistɑ̃] *nm* : **l'~** Afghanistan *nt*
afin [afɛ̃] : **~ que** *conj* sodass, damit; **~ de faire qch** um etw zu tun
AFNOR [afnɔʀ] *sigle f* (= *Association française de normalisation*) *Organisation für Industrienormen*
a fortiori [afɔʀsjɔʀi] *adv* umso mehr, a fortiori
AFP [aɛfpe] *sigle f* (= *Agence France-Presse*) *französische Presseagentur*
AFPA [afpa] *sigle f* (= *Association pour la formation professionnelle des adultes*) *Organisation für Erwachsenenbildung*
africain, e [afʀikɛ̃, ɛn] *adj* afrikanisch ▸ *nm/f* : **Africain, e** Afrikaner(in)
Afrique [afʀik] *nf* : **l'~** Afrika *nt*; **~ australe/du Sud** Südafrika *nt*; **~ du Nord** Nordafrika *nt*
afro [afʀo] *adj* : **coiffure ~** Frisur *f* im Afro-Look
AG [aʒe] *sigle f* (= *assemblée générale*) Generalversammlung *f*
agaçant, e [agasɑ̃, ɑ̃t] *adj* ärgerlich
agacement [agasmɑ̃] *nm* Gereiztheit *f*
agacer [agase] *vt* aufregen
agate [agat] *nf* Achat *m*
âge [ɑʒ] *nm* Alter *nt*; (*ère*) Zeitalter *nt*; **quel ~ as-tu ?** wie alt bist du?
âgé, e [ɑʒe] *adj* alt; **~ de 10 ans** 10 Jahre alt
agence [aʒɑ̃s] *nf* Agentur *f*; (*succursale*) Filiale *f*; **~ immobilière** Maklerbüro *nt*; **~ matrimoniale** Heiratsvermittlung *f*, Ehe(anbahnungs)institut *nt*; **~ de publicité** Werbeagentur *f*; **~ de voyages** Reisebüro *nt*
agencer [aʒɑ̃se] *vt* (*éléments, texte*) zusammenfügen, arrangieren; (*appartement*) einrichten
agenda [aʒɛ̃da] *nm* Kalender *m*; (*calepin*) Taschenkalender *m*
agenouiller [aʒ(ə)nuje] : **s'agenouiller** *vpr* niederknien
agent, e [aʒɑ̃] *nm/f* (*Admin*) Vertreter(in) ▸ *nm* (*fig : élément, facteur*) (wirkende) Kraft *f*; **~ d'assurances** Versicherungsmakler(in); **~ de change** Börsenmakler(in); **~ (de police)** Polizist(in)
agglomération [aglɔmeʀasjɔ̃] *nf* Ortschaft *f*; **l'~ parisienne** das Stadtgebiet von Paris
aggloméré [aglɔmeʀe] *nm* Pressspan *m*

agglomérer [aglɔmeʀe] *vt* anhäufen; (*Tech*) zusammenpressen
aggravant, e [agʀavɑ̃, ɑ̃t] *adj* : **circonstances ~es** erschwerende Umstände *pl*
aggravation [agʀavasjɔ̃] *nf* Verschlimmerung *f*
aggraver [agʀave] *vt* verschlimmern
agile [aʒil] *adj* beweglich
agilité [aʒilite] *nf* Beweglichkeit *f*
agio [aʒjo] *nm* Agio *nt*
agir [aʒiʀ] *vi* (*se comporter*) sich verhalten; (*entrer en action*) handeln; (*avoir de l'effet*) wirken; **~ sur qch** (*suj : médicament, substance*) bei etw wirken; **de quoi s'agit-il ?** um was handelt es sich?
agissements [aʒismɑ̃] *nmpl* Machenschaften *pl*
agitateur, -trice [aʒitatœʀ, tʀis] *nm/f* Agitator(in)
agitation [aʒitasjɔ̃] *nf* Bewegung *f*; (*excitation*) Erregung *f*; (*politique*) Aufruhr *m*
agité, e [aʒite] *adj* unruhig; (*troublé, excité*) aufgeregt, erregt; (*mer*) aufgewühlt
agiter [aʒite] *vt* (*bouteille*) schütteln; (*préoccuper, exciter*) beunruhigen
agneau [aɲo] *nm* Lamm *nt*; (*Culin*) Lamm(fleisch) *nt*
agonie [agɔni] *nf* Todeskampf *m*
agoniser [agɔnize] *vi* in den letzten Zügen liegen
agrafe [agʀaf] *nf* (*de bureau*) Heftklammer *f*; (*de vêtement*) Haken *m*
agrafer [agʀafe] *vt* (*feuilles de papier*) (zusammen)heften
agrafeuse [agʀaføz] *nf* Heftmaschine *f*
agraire [agʀɛʀ] *adj* Agrar-, landwirtschaftlich
agrandir [agʀɑ̃diʀ] *vt* vergrößern; (*domaine, entreprise aussi*) erweitern; **s'agrandir** *vpr* größer werden
agrandissement [agʀɑ̃dismɑ̃] *nm* Vergrößerung *f*
agréable [agʀeabl] *adj* angenehm
agréé, e [agʀee] *adj* : **concessionnaire/magasin ~** Vertragshändler *m*
agréer [agʀee] *vt* (*requête, excuse*) annehmen; (*demande*) stattgeben *+dat*; **~ à qn** jdm genehm sein; **veuillez ~ ...** ≈ mit freundlichen Grüßen
agrég [agʀɛg] *abr f* = **agrégation**
agrégation [agʀegasjɔ̃] *nf höchste Lehramtsbefähigung*

Die **agrégation** oder umgangssprachlich die *agrég* ist eine hoch angesehene Prüfung für zukünftige Dozenten in Frankreich. Die Anzahl der Prüfungskandidaten übersteigt immer weit die Anzahl der freien Stellen. Die meisten Lehrer der *classes préparatoires* und Universitätsdozenten haben die **agrégation**.

agrégé, e [agʀeʒe] *nm/f Lehrer(in) mit der höchsten Lehramtsbefähigung, der agrégation*
agrément [agʀemɑ̃] *nm* (*accord*) Zustimmung *f*; (*plaisir*) Vergnügen *nt*
agrès [agʀɛ] *nmpl* (Turn)geräte *pl*
agresser [agʀese] *vt* angreifen
agresseur, -euse [agʀesœʀ] *nm/f* Angreifer(in); (*Pol, Mil*) Aggressor *m*
agressif, -ive [agʀesif, iv] *adj* aggressiv
agression [agʀesjɔ̃] *nf* Aggression *f*; (*attaque*) Angriff *m*
agressivité [agʀesivite] *nf* Aggressivität *f*
agricole [agʀikɔl] *adj* landwirtschaftlich
agriculteur, -trice [agʀikyltœʀ, tʀis] *nm/f* Landwirt(in)
agriculture [agʀikyltyʀ] *nf* Landwirtschaft *f*; **~ biologique** Biolandwirtschaft
agripper [agʀipe] *vt, vr* : **~ qch, s'~ à qch** sich an etw *acc* klammern
agroalimentaire [agʀoalimɑ̃tɛʀ] (*pl* **agroalimentaires**) *adj* Lebensmittel-
agrumes [agʀym] *nmpl* Zitrusfrüchte *pl*
aguerrir [ageʀiʀ] *vt* abhärten, stählen
aguets [agɛ] *nmpl* : **être aux ~** auf der Lauer liegen
aguichant, e [agiʃɑ̃, ɑ̃t] *adj* aufreizend
aguicher [agiʃe] *vt* reizen
aguicheur, -euse [agiʃœʀ, øz] *adj* verführerisch
ah ['ɑ] *excl* oh
ahuri, e [ayʀi] *adj* verblüfft
ahurissant, e [ayʀisɑ̃, ɑ̃t] *adj* verblüffend
aide [ɛd] *nf* Hilfe *f* ▶ *nmf* Assistent(in) *m(f)*; **à l'~ de qch** mithilfe etw *gén*; **appeler qn à l'~** jdn zu Hilfe rufen; **appeler à l'~** um Hilfe rufen; **~ de camp** *nmf* Adjutant(in) *m(f)*; **~ judiciaire** *nf* Rechtshilfe *f*; **~ sociale** *nf* Sozialhilfe *f*
aide-comptable [ɛdkɔ̃tabl(ə)] (*pl* **aides-comptables**) *nmf* Buchhaltungsgehilfe (Buchhaltungsgehilfin) *m(f)*
aide-éducateur, -trice [ɛdedykatœʀ, tʀis] *nm/f* Assistenzlehrkraft *f*
aide-mémoire [ɛdmemwaʀ] (*pl* **aide-mémoires**) *nm* Gedächtnisstütze *f*
aider [ede] *vt* helfen *+dat*; **~ à** (*contribuer à*) beitragen zu
aide-soignant, e [ɛdswaɲɑ̃, ɑ̃t] (*pl* **aides-soignants, es**) *nm/f* Krankenpfleger(in)
aïeux [ajø] *nmpl* Ahnen *pl*

aigle [ɛgl] *nm* Adler *m*
aiglefin [egləfɛ̃] *nm* = **églefin**
aigre [ɛgʀ] *adj* sauer, säuerlich; (*fig*) schneidend
aigre-doux, -douce [ɛgʀədu, dus] (*pl* **aigres-doux, -douces**) *adj* süßsauer; (*propos*) säuerlich
aigreur [ɛgʀœʀ] *nf* säuerlicher Geschmack *m*; (*d'un propos*) Schärfe *f*; **~s d'estomac** Sodbrennen *nt*
aigri, e [egʀi] *adj* verbittert
aigrir [egʀiʀ] *vt, vr* (*fig*) verbittern
aigu, -uë [egy] *adj* (*objet, angle, arête*) spitz; (*son, voix*) hoch; (*douleur, intelligence*) scharf
aigue-marine [ɛgmaʀin] (*pl* **aigues-marines**) *nf* Aquamarin *m*
aiguillage [egɥijaʒ] *nm* Weiche *f*
aiguille [egɥij] *nf* Nadel *f*; (*de montre, compteur*) Zeiger *m*; **~ à tricoter** Stricknadel *f*
aiguilleur [egɥijœʀ] *nm*: **~ du ciel** Fluglotse (Fluglotsin) *m(f)*
aiguillon [egɥijɔ̃] *nm* (*d'abeille*) Stachel *m*
aiguillonner [egɥijɔne] *vt* anspornen
aiguiser [egize] *vt* schleifen, schärfen; (*appétit, esprit*) anregen
ail [aj] *nm* Knoblauch *m*
aile [ɛl] *nf* Flügel *m*
aileron [ɛlʀɔ̃] *nm* (*de requin*) Flosse *f*; (*d'avion*) Querruder *nt*
ailier, -ière [elje, jɛʀ] *nm/f* Flügelspieler(in); **~ droit(e)/gauche** Rechts-/Linksaußen *m*
ailleurs [ajœʀ] *adv* woanders; **nulle part ~** nirgendwo anders; **d'~** (*du reste*) übrigens; **par ~** überdies
ailloli [ajɔli] *nm* Knoblauchmayonnaise *f*
aimable [ɛmabl] *adj* freundlich
aimant, e [ɛmɑ̃, ɑ̃t] *nm* Magnet *m*
aimanter [ɛmɑ̃te] *vt* magnetisieren
aimer [eme] *vt* lieben; (*d'amitié, affection*) mögen; (*chose, activité*) gernhaben; **bien ~ qn** jdn mögen; **bien ~ qch** etw gernhaben; **j'aime la plage/faire du ski** ich gehe gerne an den Strand/ich fahre gerne Ski; **j'aime mieux** *ou* **autant vous dire que** ich sage Ihnen lieber, dass; **j'~ais autant y aller maintenant** ich würde jetzt lieber gehen
aine [ɛn] *nf* Leiste *f*
aîné, e [ene] *adj* älter ▸ *nm/f* ältestes Kind *nt*, Älteste(r) *f(m)*
ainsi [ɛ̃si] *adv* so; **~ que** (*comme*) wie; (*et aussi*) und; **pour ~ dire** sozusagen
aïoli [ajɔli] *nm* = **ailloli**
air [ɛʀ] *nm* (*atmosphérique, ciel*) Luft *f*; (*expression*) (Gesichts)ausdruck *m*; (*mélodie*) Melodie *f*; **prendre l'~** Luft schnappen; **paroles/menaces en l'~** leere Worte *pl*/Drohungen *pl*; **prendre de grands ~s avec qn** jdn herablassend behandeln; **avoir l'~** scheinen; **avoir l'~ d'un clown** aussehen wie ein Clown; **avoir l'~ triste** traurig aussehen
airbag [ɛʀbag] *nm* Airbag *m*; **~ conducteur/passager** Fahrer-/Beifahrerairbag *m*
aire [ɛʀ] *nf* Fläche *f*; (*domaine*) Gebiet *nt*; **~ de jeu** Spielplatz *m*; **~ de lancement** Abschussrampe *f*; **~ de repos** Raststätte *f*, Rastplatz *m*; **~ de stationnement** Parkplatz *m*
airelle [ɛʀɛl] *nf*: **~ rouge** Preiselbeere *f*
aisance [ɛzɑ̃s] *nf* Leichtigkeit *f*; (*adresse*) Geschicklichkeit *f*; (*grâce*) Leichtigkeit *f*; (*richesse*) Wohlstand *m*
aise [ɛz] *nf*: **être à l'~** *ou* **à son ~** sich wohlfühlen; (*financièrement*) gut gestellt sein; **se mettre à l'~** es sich *dat* bequem machen; **être mal à l'~** *ou* **à son ~** sich unbehaglich fühlen
aisé, e [eze] *adj* (*facile*) leicht; (*assez riche*) gut situiert
aisément [ezemɑ̃] *adv* leicht
aisselle [ɛsɛl] *nf* Achselhöhle *f*
ajonc [aʒɔ̃] *nm* Ginster *m*
ajournement [aʒuʀnəmɑ̃] *nm* Vertagen *nt*
ajourner [aʒuʀne] *vt* vertagen
ajout [aʒu] *nm* Zusatz *m*
ajouter [aʒute] *vt* hinzufügen; **~ foi à** Glauben schenken +*dat*
ajustage [aʒystaʒ] *nm* Justieren *nt*, Einrichten *nt*
ajustement [aʒystəmɑ̃] *nm* (*de statistique, prix*) Anpassung *f*
ajuster [aʒyste] *vt* (*régler*) einstellen; **~ qch à** (*adapter*) etw anpassen an +*acc*
ajusteur [aʒystœʀ] *nm* Metallarbeiter *m*
alambic [alɑ̃bik] *nm* Destillierapparat *m*
alarmant, e [alaʀmɑ̃, ɑ̃t] *adj* beunruhigend
alarme [alaʀm] *nf* (*signal*) Alarm *m*; (*inquiétude*) Sorge *f*, Beunruhigung *f*
alarmer [alaʀme] *vt* (*inquiéter*) beunruhigen; **s'alarmer** *vpr* sich *dat* Sorgen machen
alarmiste [alaʀmist] *adj* Unheil prophezeiend
albanais, e [albanɛ, ɛz] *adj* albanisch ▸ *nm/f*: **Albanais, e** Albaner(in)
Albanie [albani] *nf*: **l'~** Albanien *nt*
albâtre [albɑtʀ] *nm* Alabaster *m*
albatros [albatʀos] *nm* Albatros *m*
albinos [albinos] *nmf* Albino *m*
album [albɔm] *nm* Album *nt*
albumen [albymɛn] *nm* Eiweiß *nt*

albumine [albymin] *nf* Albumin *nt*
alcalin, e [alkalɛ̃, in] *adj* alkalisch
alcool [alkɔl] *nm* Alkohol *m*; **un ~** ≈ ein Schnaps *m*; **~ à 90°** Wundbenzin *nt*; **~ à brûler** Brennspiritus *m*
alcoolémie [alkɔlemi] *nf* : **taux d'~** Alkoholspiegel *m* (*im Blut*)
alcoolique [alkɔlik] *adj* alkoholisch ▶ *nmf* Alkoholiker(in) *m(f)*
alcoolisé, e [alkɔlize] *adj* (*boisson*) alkoholisch
alcoolisme [alkɔlism] *nm* Alkoholismus *m*
alcootest®, alcotest® [alkɔtɛst] *nm* Alkoholtest *m*
aléas [alea] *nmpl* Risiken *pl*
aléatoire [aleatwaʀ] *adj* zufällig; (*Inform, Stat*) Zufalls-
alémanique [alemanik] *adj* alemannisch
alentour [alɑ̃tuʀ] *adv* in der Umgebung; **alentours** *nmpl* Umgebung *f*
alerte [alɛʀt] *nf* (*signal*) Alarm *m*; **donner l'~** Alarm schlagen; **~ rouge** Alarmstufe 1
alerter [alɛʀte] *vt* (*pompiers etc*) alarmieren; (*informer, prévenir*) (darauf) aufmerksam machen
alevin [alvɛ̃] *nm* (junger) Zuchtfisch *m*
alexandrin [alɛksɑ̃dʀɛ̃] *nm* Alexandriner *m*
algèbre [alʒɛbʀ] *nf* Algebra *f*
algébrique [alʒebʀik] *adj* algebraisch
Algérie [alʒeʀi] *nf* : **l'~** Algerien *nt*
algérien, ne [alʒeʀjɛ̃, jɛn] *adj* algerisch ▶ *nm/f* : **Algérien, ne** Algerier(in)
algorithme [algɔʀitm] *nm* Algorithmus *m*
algue [alg] *nf* Alge *f*
alibi [alibi] *nm* Alibi *nt*
aliéné, e [aljene] *nm/f* Geistesgestörte(r) *f(m)*
aliéner [aljene] *vt* (*bien*) veräußern; (*liberté, indépendance*) aufgeben; **s'aliéner** *vpr* (*les sympathies*) sich *dat* verscherzen
alignement [aliɲ(ə)mɑ̃] *nm* (*voir vb*) Ausrichtung *f*; Aufstellung *f*; Aneinanderreihung *f*; Angleichung *f*; **se mettre à l'~** sich ausrichten
aligner [aliɲe] *vt* (*mettre en ligne*) in einer Reihe ausrichten; (*arguments, chiffres*) auflisten; **s'aligner** *vpr* (*soldats etc, Pol*) sich ausrichten; (*concurrents*) sich aufstellen; **~ qch sur** etw angleichen an *+acc*
aliment [alimɑ̃] *nm* Nahrungsmittel *nt*
alimentaire [alimɑ̃tɛʀ] *adj* Nahrungs-; (*péj*) lukrativ; **produits** *ou* **denrées ~s** Nahrungsmittel *pl*; **régime ~** Diät *f*
alimentation [alimɑ̃tasjɔ̃] *nf* Ernährung *f*; (*en eau, en électricité*) Versorgung *f*; **« ~ générale »** „Lebensmittel"; **~ en papier** Papiereinzug *m*
alimenter [alimɑ̃te] *vt* ernähren; (*Tech*) versorgen; (*conversation*) in Gang halten
alinéa [alinea] *nm* Absatz *m*
aliter [alite] : **s'aliter** *vpr* sich ins Bett legen; **alité** (*malade*) bettlägerig
allaitement [alɛtmɑ̃] *nm* Stillen *nt*
allaiter [alete] *vt* stillen
allant [alɑ̃] *nm* Elan *m*
alléchant, e [aleʃɑ̃, ɑ̃t] *adj* verlockend
allécher [aleʃe] *vt* anlocken
allée [ale] *nf* Allee *f*; **allées** *nfpl* : **allées et venues** Hin und Her *nt*
allégation [a(l)legasjɔ̃] *nf* Behauptung *f*
allégé, e [aleʒe] *adj* leicht
alléger [aleʒe] *vt* leichter machen; (*dette, impôt*) senken; (*souffrance*) lindern
allégorie [a(l)legɔʀi] *nf* Allegorie *f*
allégorique [a(l)legɔʀik] *adj* allegorisch
allégresse [a(l)legʀɛs] *nf* Fröhlichkeit *f*
alléguer [a(l)lege] *vt* (*fait*) anführen; (*prétexte*) vorbringen
Allemagne [almaɲ] *nf* : **l'~** Deutschland *nt*; **en ~** in Deutschland; **aller en ~** nach Deutschland fahren
allemand, e [almɑ̃, ɑ̃d] *adj* deutsch ▶ *nm* (*Ling*) Deutsch *nt* ▶ *nm/f* : **Allemand, e** Deutsche(r) *f(m)*; **apprendre l'~** Deutsch lernen; **parler ~** Deutsch sprechen; **traduire en ~** ins Deutsche übersetzen

MOT-CLÉ

aller [ale] *vi* **1** (*se rendre : avec complément de lieu*) gehen; (*en voiture, train etc*) fahren; **aller au théâtre/concert/cinéma** ins Theater/Konzert/Kino gehen; **aller à l'école** in die Schule gehen; **aller jusqu'à Paris** bis Paris fahren; **aller jusqu'à 100 euros** bis 100 Euro gehen; **aller voir/chercher qn** jdn besuchen/abholen gehen
2 (*état*) : **il va bien/mal/mieux** es geht ihm gut/schlecht/besser; **comment allez-vous/vas-tu ?** wie geht es (Ihnen/dir)?; **comment ça va ?** wie gehts?; **ça va ? — oui, ça va** wie gehts? — gut; **ça va bien/mal** es geht mir gut/nicht gut; **tout va bien** alles läuft bestens; **ça ne va pas !** (*exclamatif*) du spinnst wohl!
3 (*convenir*) passen *+dat*; (*suj : style, couleur etc*) stehen *+dat*; **cette robe vous va très bien** dieses Kleid steht Ihnen sehr gut; **cela me va** das passt mir; **aller avec** passen zu
4 (*futur proche*) : **je vais y aller/me fâcher/le faire** ich werde hingehen/mich ärgern/das machen; **je vais m'en occuper demain** ich kümmere mich morgen darum

5 (*progression*) : **aller en empirant/ augmentant** immer schlimmer/mehr werden
6 (*exclamation*) : **allons !** los!; **allez !** los!; **allons-y !** auf gehts!; **allons donc !** ach, komm!; **allez, fais un effort !** Mensch, streng dich ein bisschen an!; **allez, je m'en vais** also, ich gehe jetzt; **allez, au revoir** na dann, auf Wiedersehen
7 (*locutions*) : **il n'y est pas allé par quatre chemins** er hat nicht lange gefackelt; **se laisser aller** (*se négliger*) sich gehen lassen; **il y va de leur vie** es geht um ihr Leben; **ça ne va pas sans difficultés/protestations** das geht nicht ohne Schwierigkeiten/Proteste ab; **ça va de soi** das versteht sich von selbst; **ça va sans dire** das versteht sich von selbst, das ist selbstverständlich; **il va sans dire que ...** es versteht sich von selbst, dass ...
▸ *vpr* : **s'en aller 1** (*partir*) weggehen
2 (*disparaître*) verschwinden
▸ *nm* **1** (*trajet*) Hinweg *m*
2 (*billet*) einfache Fahrkarte *f*; **aller simple** einfache Fahrkarte; **aller (et) retour** Rückfahrkarte *f*

allergène [alɛʀʒɛn] *nm* Allergen *nt*
allergie [alɛʀʒi] *nf* Allergie *f*
allergique [alɛʀʒik] *adj* : **~ à** allergisch auf *+acc*
alliage [aljaʒ] *nm* Legierung *f*
alliance [aljɑ̃s] *nf* Allianz *f*; (*bague*) Ehering *m*; **neveu par ~** angeheirateter Neffe *m*
allier [alje] *vt* verbünden; (*métaux*) legieren; **s'allier** *vpr* (*pays, personnes*) sich verbünden; (*éléments, caractéristiques*) sich verbinden; **s'~ à qn** sich mit jdm verbünden
alligator [aligatɔʀ] *nm* Alligator *m*
allô [alo] *excl* hallo
allocataire [alɔkatɛʀ] *nmf* Empfänger(in) *m(f)* (*einer Beihilfe*)
allocation [alɔkasjɔ̃] *nf* (*action*) Zuteilung *f*, Zuweisung *f*; **~ (de) chômage** Arbeitslosenunterstützung *f*; **~ (de) logement** Wohngeld *nt*; **~s familiales** Familienhilfe *f*
allocution [a(l)lɔkysjɔ̃] *nf* kurze Ansprache *f*
allonger [alɔ̃ʒe] *vt* verlängern; (*bras, jambe*) ausstrecken; **s'allonger** *vpr* (*se coucher*) sich hinlegen *ou* ausstrecken; **~ le pas** seinen Schritt beschleunigen
allumage [alymaʒ] *nm* (*Auto*) Zündung *f*
allume-cigare [alymsigaʀ] (*pl* **allume-cigares**) *nm* Zigarrenanzünder *m*
allume-gaz [alymgɑz] *nm inv* Gasanzünder *m*
allumer [alyme] *vt* (*lampe, radio*) einschalten; **~ (la lumière** *ou* **l'électricité)** das Licht anmachen; **~ un feu** ein Feuer machen
allumette [alymɛt] *nf* Streichholz *nt*
allure [alyʀ] *nf* (*vitesse*) Geschwindigkeit *f*; (*démarche*) Gang *m*; (*aspect*) Aussehen *nt*; **avoir de l'~** Stil haben; **à toute ~** mit voller Geschwindigkeit
allusion [a(l)lyzjɔ̃] *nf* Anspielung *f*; **faire ~ à qch** auf etw *acc* anspielen
aloès [alɔɛs] *nm* Aloe *f*
alors [alɔʀ] *adv* (*à ce moment-là*) damals ▸ *conj* (*par conséquent*) dann; **~ que** (*tandis que*) während
alouette [alwɛt] *nf* Lerche *f*
alourdir [aluʀdiʀ] *vt* beschweren
alpage [alpaʒ] *nm* Alm *f*
Alpes [alp] *nfpl* : **les ~** die Alpen *pl*
alpestre [alpɛstʀ] *adj* alpin, Alpen-
alphabet [alfabɛ] *nm* Alphabet *nt*
alphabétique [alfabetik] *adj* alphabetisch; **par ordre ~** in alphabetischer Reihenfolge
alphabétiser [alfabetize] *vt* das Lesen und Schreiben beibringen *+dat*
alphanumérique [alfanymeʀik] *adj* alphanumerisch
alpin, e [alpɛ̃, in] *adj* Alpen-, alpin; **club ~** Alpenverein *m*
alpinisme [alpinism] *nm* Bergsteigen *nt*
alpiniste [alpinist] *nmf* Bergsteiger(in) *m(f)*
Alsace [alzas] *nf* : **l'~** das Elsass
alsacien, ne [alzasjɛ̃, jɛn] *adj* elsässisch ▸ *nm/f* : **Alsacien, ne** Elsässer(in)
altercation [altɛʀkasjɔ̃] *nf* (heftige) Auseinandersetzung *f*
altérer [alteʀe] *vt* (*faits*) (ab)ändern; (*vérité*) verdrehen; (*qualité*) beeinträchtigen
altermondialisme [altɛʀmɔ̃djalism] *nm* alternative Globalisierung *f*
altermondialiste [altɛʀmɔ̃djalist] *nmf* Globalisierungskritiker(in) *m(f)* ▸ *adj* globalisierungskritisch
alternance [altɛʀnɑ̃s] *nf* Abwechseln *nt*; **en ~** abwechselnd
alternateur [altɛʀnatœʀ] *nm* Wechselstromgenerator *m*
alternatif, -ive [altɛʀnatif, iv] *adj* wechselnd; **courant ~** Wechselstrom *m*
alternative [altɛʀnativ] *nf* Alternative *f*
alternativement [altɛʀnativmɑ̃] *adv* abwechselnd
alterner [altɛʀne] *vi* sich abwechseln; **~ avec qch** sich mit etw abwechseln

altimètre [altimɛtʀ] *nm* Höhenmesser *m*
altiste [altist] *nmf* Bratschist(in) *m(f)*
altitude [altityd] *nf* Höhe *f (über dem Meeresspiegel)*
alto [alto] *nm (instrument à cordes)* Bratsche *f*; *(saxophone)* Altsaxophon *nt* ▸ *nf (chanteuse)* Altistin *f*
altruisme [altʀɥism] *nm* Altruismus *m*
aluminium [alyminjɔm] *nm* Aluminium *nt*
alunir [alyniʀ] *vi* auf dem Mond landen
alunissage [alynisaʒ] *nm* Mondlandung *f*
alvéole [alveɔl] *nf (de ruche etc)* (Bienen) wabe *f*
amabilité [amabilite] *nf* Liebenswürdigkeit *f*; **il a eu l'~ de …** er war so liebenswürdig zu …
amadouer [amadwe] *vt* beschwichtigen
amaigrir [amegʀiʀ] *vt* abmagern
amaigrissant, e [amegʀisɑ̃, ɑ̃t] *adj* : **régime ~** Abmagerungskur *f*
amalgame [amalgam] *nm* Amalgam *nt*; *(de gens, d'idées)* Mischung *f*
amande [amɑ̃d] *nf* Mandel *f*; **en ~** mandelförmig
amandier [amɑ̃dje] *nm* Mandelbaum *m*
amanite [amanit] *nf* : **~ tue-mouches** Fliegenpilz *m*
amant, e [amɑ̃, ɑ̃t] *nm/f* Geliebte(r) *f(m)*
amarrer [amaʀe] *vt (Naut)* festmachen
amaryllis [amaʀilis] *nf* Amaryllis *f*
amas [amɑ] *nm* Haufen *m*
amasser [amɑse] *vt* anhäufen
amateur, -trice [amatœʀ, tʀis] *nm/f* Amateur(in); **~ de musique/de sport** Musik-/Sportfreund(in); **du travail d'~** *(péj)* dilettantische Arbeit
Amazone [amazon] *nf* Amazonas *m*
amazone [amazon] *nf* : **en ~** im Damensitz
ambassade [ɑ̃basad] *nf* Botschaft *f*
ambassadeur, -drice [ɑ̃basadœʀ, dʀis] *nm/f* Botschafter(in)
ambiance [ɑ̃bjɑ̃s] *nf* Atmosphäre *f*
ambiant, e [ɑ̃bjɑ̃, jɑ̃t] *adj* umgebend
ambidextre [ɑ̃bidɛkstʀ] *adj* mit beiden Händen gleich geschickt
ambigu, -uë [ɑ̃bigy] *adj* zweideutig
ambiguïté [ɑ̃bigɥite] *nf* Doppeldeutigkeit *f*
ambitieux, -euse [ɑ̃bisjø, jøz] *adj* ehrgeizig
ambition [ɑ̃bisjɔ̃] *nf* Ehrgeiz *m*
ambitionner [ɑ̃bisjɔne] *vt* anstreben
ambivalent, e [ɑ̃bivalɑ̃, ɑ̃t] *adj* ambivalent
ambre [ɑ̃bʀ] *nm* : **~ jaune** Bernstein *m*; **~ gris** Amber *m*
ambulance [ɑ̃bylɑ̃s] *nf* Krankenwagen *m*
ambulancier, -ière [ɑ̃bylɑ̃sje, jɛʀ] *nm/f* Sanitäter(in)
ambulant, e [ɑ̃bylɑ̃, ɑ̃t] *adj* Wander-
ambulatoire [ɑ̃bylatwaʀ] *adj (Méd)* ambulant
âme [ɑm] *nf* Seele *f*; **rendre l'~** den Geist aufgeben; **~ sœur** verwandte Seele
amélioration [ameljɔʀasjɔ̃] *nf* Verbesserung *f*
améliorer [ameljɔʀe] *vt* verbessern; **s'améliorer** *vpr* besser werden
aménagement [amenaʒmɑ̃] *nm* Ausstattung *f*, Einrichtung *f*
aménager [amenaʒe] *vt (local)* einrichten; *(espace, terrain)* anlegen; *(mansarde, vieux bâtiment)* umbauen; *(coin-cuisine, placards)* einbauen; **~ les combles en chambre** den Dachboden ausbauen
amende [amɑ̃d] *nf* Geldstrafe *f*; **mettre à l'~** bestrafen; **faire ~ honorable** sich öffentlich schuldig bekennen
amendement [amɑ̃dmɑ̃] *nm* Gesetzesänderung *f*
amender [amɑ̃de] *vt (loi)* ändern; **s'amender** *vpr* sich bessern
amener [am(ə)ne] *vt* mitbringen; *(occasionner)* mit sich führen; **s'amener** *(fam)* ▸ *vpr* aufkreuzen
amer, amère [amɛʀ] *adj* bitter
américain, e [ameʀikɛ̃, ɛn] *adj* amerikanisch ▸ *nm/f* : **Américain, e** Amerikaner(in)
Amérique [ameʀik] *nf* Amerika *nt*; **l'~ centrale** Zentralamerika *nt*; **l'~ latine** Lateinamerika *nt*; **l'~ du Nord/du Sud** Nord-/Südamerika *nt*
amerrir [ameʀiʀ] *vi* wassern
amerrissage [ameʀisaʒ] *nm* Wassern *nt*
amertume [amɛʀtym] *nf* Bitterkeit *f*
améthyste [ametist] *nf* Amethyst *m*
ameublement [amœbləmɑ̃] *nm* Einrichtung *f*
ameuter [amøte] *vt (attrouper)* zusammenlaufen lassen
ami, e [ami] *nm/f* Freund(in); *(réseaux sociaux)* **ajouter qn à sa liste d'~s** jn zu seiner Freundesliste hinzufügen; **supprimer qn de sa liste d'~s** jn aus der Freundesliste löschen; **être (très) ~ avec qn** mit jdm gut befreundet sein; **petit ~/petite ~e** *(fam)* (feste(r)) Freund(in)
amiable [amjabl] *adj* : **à l'~** gütlich
amiante [amjɑ̃t] *nm* Asbest *m*
amibe [amib] *nf* Amöbe *f*
amical, e, -aux [amikal, o] *adj (conseil, attitude)* freundschaftlich
amicale [amikal] *nf* Verein *m*
amicalement [amikalmɑ̃] *adv* freundschaftlich; *(formule épistolaire)* ≈ mit freundlichen Grüßen

amidon [amidɔ̃] *nm* Stärke *f*
amidonner [amidɔne] *vt* stärken
amincir [amɛ̃siʀ] *vt* (*objet*) dünn machen; (*personne*) schlank machen; **s'amincir** *vpr* (*objet*) dünner werden; (*personne*) schlanker werden
amiral, e, -aux [amiʀal, o] *nm/f* Admiral(in)
amitié [amitje] *nf* Freundschaft *f*; **faire ses ~s à qn** jdm herzliche Grüße übermitteln *ou* ausrichten
ammoniac [amɔnjak] *nm* Ammoniak *m*
ammoniaque [amɔnjak] *nf* Salmiakgeist *m*
amnésie [amnezi] *nf* Gedächtnisverlust *m*
amnésique [amnezik] *adj* : **elle est ~** sie hat ihr Gedächtnis verloren
amniocentèse [amnjosɛ̃tɛz] *nf* Amniozentese *f*
amnistie [amnisti] *nf* Amnestie *f*
amnistier [amnistje] *vt* amnestieren
amoindrir [amwɛ̃dʀiʀ] *vt* vermindern
amonceler [amɔ̃s(ə)le] *vt* anhäufen; **s'amonceler** *vpr* sich auftürmen
amont [amɔ̃] *adv* : **en ~** stromaufwärts; (*sur une pente*) bergauf
amoral, e, -aux [amɔʀal, o] *adj* amoralisch
amorce [amɔʀs] *nf* (*sur un hameçon*) Köder *m*; (*explosif*) Zünder *m*; (*fig : début*) Anfänge *pl*
amorcer [amɔʀse] *vt* (*négociations*) in die Wege leiten; (*virage*) anfahren; **~ un hameçon** einen Köder an den Angelhaken hängen
amorphe [amɔʀf] *adj* träge, passiv
amortir [amɔʀtiʀ] *vt* (*choc, bruit*) dämpfen; (*mise de fonds, matériel*) abschreiben
amortissement [amɔʀtismɑ̃] *nm* (*de choc*) Dämpfen *nt*; (*d'une dette*) Abbezahlen *nt*
amortisseur [amɔʀtisœʀ] *nm* (*Auto*) Stoßdämpfer *m*
amour [amuʀ] *nm* Liebe *f*; **faire l'~** sich lieben
amouracher [amuʀaʃe] : **s'amouracher** *vpr* : **s'~ de** (*fam*) sich verschießen in *+acc*
amoureusement [amuʀøzmɑ̃] *adv* verliebt; (*avec soin*) liebevoll
amoureux, -euse [amuʀø, øz] *adj* verliebt; (*vie*) Liebes- ▶ *nmpl* Liebespaar *nt*; **être ~ (de qn)** (in jdn) verliebt sein
amour-propre [amuʀpʀɔpʀ] (*pl* **amours-propres**) *nm* Selbstachtung *f*
amovible [amɔvibl] *adj* abnehmbar
ampère [ɑ̃pɛʀ] *nm* Ampere *nt*
ampèremètre [ɑ̃pɛʀmɛtʀ] *nm* Amperemeter *nt*
amphétamine [ɑ̃fetamin] *nf* Amphetamin *nt*
amphi [ɑ̃fi] *nm* Hörsaal *m*
amphithéâtre [ɑ̃fiteɑtʀ] *nm* Amphitheater *nt*; (*Univ*) Hörsaal *m*
ample [ɑ̃pl] *adj* (*vêtement*) weit; (*gestes, mouvement*) ausladend; (*ressources*) üppig, reichlich
ampleur [ɑ̃plœʀ] *nf* Weite *f*; (*d'un désastre, d'une manifestation*) Ausmaß *nt*; **prendre de l'~** sich ausweiten
amplificateur [ɑ̃plifikatœʀ] *nm* Verstärker *m*
amplifier [ɑ̃plifje] *vt* (*son, oscillation*) verstärken; (*importance, quantité*) vergrößern
amplitude [ɑ̃plityd] *nf* (*Phys*) Amplitude *f*; (*des températures*) Schwankung *f*
ampoule [ɑ̃pul] *nf* (*Élec*) (Glüh)birne *f*; (*de médicament*) Ampulle *f*; (*aux mains, pieds*) Blase *f*
amputation [ɑ̃pytasjɔ̃] *nf* (*Méd*) Amputation *f*; (*de budget etc*) drastische Kürzung *f*
amputer [ɑ̃pyte] *vt* (*Méd*) amputieren; (*texte, budget*) drastisch kürzen
amusant, e [amyzɑ̃, ɑ̃t] *adj* komisch; (*jeu*) unterhaltsam
amuse-gueule [amyzgœl] (*pl* **amuse-gueules**) *nm* Appetithappen *m*
amusement [amyzmɑ̃] *nm* (*hilarité*) Belustigung *f*; (*jeu, divertissement*) Unterhaltung *f*
amuser [amyze] *vt* (*divertir*) unterhalten; (*faire rire*) belustigen; **s'amuser** *vpr* (*jouer*) spielen; (*se divertir*) sich amüsieren
amygdale [amidal] *nf* (Rachen)mandel *f*; **opérer qn des ~s** jdm die Mandeln herausnehmen
amygdalite [amidalit] *nf* Mandelentzündung *f*
AN [aɛn] *sigle f* (*= Assemblée nationale*) Nationalversammlung *f*
an [ɑ̃] *nm* Jahr *nt*; **le jour de l'an** Neujahr; **le nouvel an** das neue Jahr
anabolisants [anabɔlizɑ̃] *nmpl* Anabolika *pl*
anachronique [anakʀɔnik] *adj* nicht zeitgemäß, anachronistisch
anachronisme [anakʀɔnism] *nm* Anachronismus *m*
anaconda [anakɔ̃da] *nm* Anakonda *f*
analgésique [analʒezik] *nm* Schmerzmittel *nt*
anallergique [analɛʀʒik] *adj* antiallergisch
analogie [analɔʒi] *nf* Analogie *f*
analogique [analɔʒik] *adj* analog; **calculateur ~** Analogrechner *m*
analogue [analɔg] *adj* analog
analphabète [analfabɛt] *nmf* Analphabet(in) *m(f)*

a

analphabétisme [analfabetism] *nm* Analphabetentum *nt*
analyse [analiz] *nf* Analyse *f*; **~ syntaxique** (*Ling*) Satzanalyse
analyser [analize] *vt* analysieren
analyste [analist] *nmf* (*Psych*) Analytiker(in) *m(f)*
analyste-programmeur, -euse [analistpʀɔgʀamœʀ, øz] (*pl* **analystes-programmeurs, -euses**) *nm/f* Programmanalytiker(in)
analytique [analitik] *adj* analytisch
ananas [anana(s)] *nm* Ananas *f*
anarchie [anaʀʃi] *nf* Anarchie *f*
anarchique [anaʀʃik] *adj* anarchisch
anarchisme [anaʀʃism] *nm* Anarchismus *m*
anarchiste [anaʀʃist] *nmf* Anarchist(in) *m(f)*
anathème [anatɛm] *nm* : **jeter l'~ sur qn** jdn mit dem Bann belegen
anatomie [anatɔmi] *nf* Anatomie *f*
anatomique [anatɔmik] *adj* anatomisch
ancestral, e, -aux [ɑ̃sɛstʀal, o] *adj* Ahnen-
ancêtre [ɑ̃sɛtʀ] *nmf* Vorfahr *m*; **ancêtres** *nmpl* Vorfahren *pl*
anchois [ɑ̃ʃwa] *nm* Sardelle *f*
ancien, ne [ɑ̃sjɛ̃, jɛn] *adj* alt; (*de l'antiquité*) antik; (*précédent*) ehemalig ▸ *nm/f* (*personne*) Älteste(r) *f(m)*
anciennement [ɑ̃sjɛnmɑ̃] *adv* früher
ancienneté [ɑ̃sjɛnte] *nf* Alter *nt*; (*temps de service*) Dienstalter *nt*
ancre [ɑ̃kʀ] *nf* Anker *m*; **jeter/lever l'~** den Anker werfen/lichten; **à l'~** vor Anker
ancrer [ɑ̃kʀe] *vt* verankern; **s'ancrer** *vpr* Anker werfen
Andalousie [ɑ̃daluzi] *nf* : **l'~** Andalusien *nt*
Andes [ɑ̃d] *nfpl* Anden *pl*
Andorre [ɑ̃dɔʀ] *nf* Andorra *nt*
andouille [ɑ̃duj] *nf* *Art Wurst (mit Innereien)*; (*fam*) Trottel *m*
andouillette [ɑ̃dujɛt] *nf* *Art Würstchen (mit Innereien)*
âne [ɑn] *nm* Esel *m*
anéantir [aneɑ̃tiʀ] *vt* vernichten; (*accabler*) fertigmachen
anecdote [anɛkdɔt] *nf* Anekdote *f*
anémie [anemi] *nf* Anämie *f*
anémique [anemik] *adj* anämisch
anémone [anemɔn] *nf* Anemone *f*; **~ de mer** Seeanemone *f*
ânerie [ɑnʀi] *nf* Dummheit *f*
anesthésie [anɛstezi] *nf* Betäubung *f*; **~ générale** Vollnarkose *f*; **~ locale** örtliche Betäubung
anesthésier [anɛstezje] *vt* betäuben
anesthésique [anɛstezik] *nm* Narkose *f*
anesthésiste [anɛstezist] *nmf* Anästhesist(in) *m(f)*
ange [ɑ̃ʒ] *nm* Engel *m*
angélique [ɑ̃ʒelik] *adj* engelgleich
angelot [ɑ̃ʒ(ə)lo] *nm* Putte *f*
angine [ɑ̃ʒin] *nf* Angina *f*; **~ de poitrine** Angina pectoris *f*
anglais, e [ɑ̃glɛ, ɛz] *adj* englisch ▸ *nm* (*Ling*) Englisch *nt* ▸ *nm/f* : **Anglais, e** Engländer(in); **filer à l'~e** sich (auf) Französisch verabschieden
angle [ɑ̃gl] *nm* Winkel *m*; **~ aigu** spitzer Winkel; **~ droit** rechter Winkel; **~ obtus** stumpfer Winkel
Angleterre [ɑ̃glətɛʀ] *nf* : **l'~** England *nt*
anglicisme [ɑ̃glisism] *nm* Anglizismus *m*
anglophile [ɑ̃glɔfil] *adj* anglophil
anglophobe [ɑ̃glɔfɔb] *adj* anglophob
anglophone [ɑ̃glɔfɔn] *adj* englischsprachig
angoisse [ɑ̃gwas] *nf* Angst *f*; **avoir des ~s** Ängste ausstehen
angoisser [ɑ̃gwase] *vt* beängstigen
Angola [ɑ̃gɔla] *nm* : **l'~** Angola *nt*
angolais, e [ɑ̃gɔlɛ, ɛz] *adj* angolanisch
angora [ɑ̃gɔʀa] *adj* Angora- ▸ *nm* Angorawolle *f*
anguille [ɑ̃gij] *nf* Aal *m*
angulaire [ɑ̃gylɛʀ] *adj* eckig
anguleux, -euse [ɑ̃gylø, øz] *adj* kantig
animal, e, -aux [animal, o] *nm* Tier *nt* ▸ *adj* tierisch; (*règne*) Tier-
animateur, -trice [animatœʀ, tʀis] *nm/f* (*TV, de music-hall*) Conférencier *m*; (*de groupe*) Leiter(in), Animateur *m*
animation [animasjɔ̃] *nf* (*de rue*) Belebtheit *f*; (*Ciné*) Animation *f*
animé, e [anime] *adj* (*rue, lieu*) belebt; (*conversation, réunion*) lebhaft; (*opposé à inanimé*) lebendig
animer [anime] *vt* (*donner de la vie à*) lebhaft machen, beleben; (*pousser*) anfeuern; (*mener*) leiten; **s'animer** *vpr* lebhaft werden; (*rue, ville*) sich beleben
animosité [animozite] *nf* Feindseligkeit *f*
anis [ani(s)] *nm* Anis *m*
anisette [anizɛt] *nf* Anislikör *m*
ankyloser [ɑ̃kiloze] : **s'ankyloser** *vpr* steif werden
annales [anal] *nfpl* Annalen *pl*
anneau, x [ano] *nm* Ring *m*; (*de chaîne*) Glied *nt*
année [ane] *nf* Jahr *nt*; **~ scolaire/fiscale** Schuljahr/Finanzjahr *nt*
annexe [anɛks] *nf* (*bâtiment*) Anbau *m*; (*de document, ouvrage*) Anhang *m*

annexer [anɛkse] *vt* (*pays*) annektieren; **~ qch à** (*document*) etw anhängen an *+acc*
annihiler [aniile] *vt* vernichten
anniversaire [anivɛʀsɛʀ] *nm* Geburtstag *m*; (*d'un événement, bâtiment*) Jahrestag *m*
annonce [anɔ̃s] *nf* (*avis*) Ankündigung *f*; (*aussi* : **annonce publicitaire**) Anzeige *f*; (*Cartes*) Ansage *f*; **les petites ~s** die Kleinanzeigen *pl*
annoncer [anɔ̃se] *vt* ankündigen; **s'annoncer** *vpr* : **s'~ bien/difficile** vielversprechend/schwierig aussehen
annonceur, -euse [anɔ̃sœʀ, øz] *nm/f* (*publicitaire*) Inserent(in)
annotation [anɔtasjɔ̃] *nf* Randbemerkung *f*
annoter [anɔte] *vt* mit Anmerkungen versehen
annuaire [anɥɛʀ] *nm* Jahrbuch *nt*; **~ téléphonique** Telefonbuch *nt*
annuel, le [anɥɛl] *adj* jährlich
annuellement [anɥɛlmɑ̃] *adv* jährlich
annuité [anɥite] *nf* Jahresrate *f*
annulaire [anylɛʀ] *nm* Ringfinger *m*
annulation [anylasjɔ̃] *nf* (*d'un rendez-vous*) Absagen *nt*; (*d'un voyage*) Stornieren *nt*; (*d'un contrat*) Annullieren *nt*
annuler [anyle] *vt* (*rendez-vous*) absagen; (*voyage*) stornieren; (*mariage, contrat, résultat*) annullieren; (*Math, Phys*) aufheben
anode [anɔd] *nf* Anode *f*
anodin, e [anɔdɛ̃, in] *adj* unbedeutend
anomalie [anɔmali] *nf* Anomalie *f*
anonymat [anɔnima] *nm* Anonymität *f*
anonyme [anɔnim] *adj* anonym; (*sans caractère*) unpersönlich
anorak [anɔʀak] *nm* Anorak *m*
anorexie [anɔʀɛksi] *nf* Magersucht *f*
anorexique [anɔʀɛksik] *adj* magersüchtig
anse [ɑ̃s] *nf* Henkel *m*; (*Géo*) (kleine) Bucht *f*
antagonisme [ɑ̃tagɔnism] *nm* Antagonismus *m*, Feindseligkeit *f*
antagoniste [ɑ̃tagɔnist] *adj* feindselig ▸ *nmf* Gegner(in) *m(f)*
antarctique [ɑ̃taʀktik] *adj* antarktisch ▸ *nm* : **l'A~** die Antarktis *f*
antécédent [ɑ̃tesedɑ̃] *nm* (*Ling*) Bezugswort *nt*; **antécédents** *nmpl* (*Méd*) Vorgeschichte *f*
antédiluvien, ne [ɑ̃tedilyvjɛ̃, jɛn] *adj* vorsintflutlich
antenne [ɑ̃tɛn] *nf* Antenne *f*; **avoir/passer à l'~** auf Sendung sein/gehen; **prendre l'~** auf Sendung gehen
antérieur, e [ɑ̃teʀjœʀ] *adj* (*d'avant*) vorhergehend; (*de devant*) vordere(r, s); **~ à** vor *+dat*
anthologie [ɑ̃tɔlɔʒi] *nf* Anthologie *f*
anthracite [ɑ̃tʀasit] *nm* Anthrazit *m*
anti [ɑ̃ti] *préf* anti
antiaérien, ne [ɑ̃tiaeʀjɛ̃, jɛn] *adj* (*canon, ouvrage*) Luftabwehr-; **défense ~ne** Luftabwehr *f*; **abri ~** Luftschutzbunker *m*
antiatomique [ɑ̃tiatɔmik] *adj* : **abri ~** Atomschutzbunker *m*
antibiotique [ɑ̃tibjɔtik] *nm* Antibiotikum *nt* ▸ *adj* antibiotisch
antibrouillard [ɑ̃tibʀujaʀ] *adj* : **phare ~** Nebelscheinwerfer *m*
antibruit [ɑ̃tibʀɥi] *adj inv* : **mur ~** Lärmschutzmauer *f*
anticancéreux, -euse [ɑ̃tikɑ̃seʀø, øz] *adj* : **centre ~** Krebszentrum *nt*
antichambre [ɑ̃tiʃɑ̃bʀ] *nf* Vorzimmer *nt*
anticipation [ɑ̃tisipasjɔ̃] *nf* Vorwegnahme *f*; **par ~** (*rembourser etc*) im Voraus; **livre d'~** Zukunftsroman *m*; **film d'~** Science-Fiction-Film *m*
anticipé, e [ɑ̃tisipe] *adj* Voraus-; **avec mes remerciements ~s** mit herzlichem Dank im Voraus
anticiper [ɑ̃tisipe] *vt* vorausnehmen; (*en imaginant*) vorausahnen
anticoagulant, e [ɑ̃tikɔagylɑ̃, ɑ̃t] *adj* gerinnungshemmend
anticonceptionnel, le [ɑ̃tikɔ̃sɛpsjɔnɛl] *adj* empfängnisverhütend
anticonstitutionnel, le [ɑ̃tikɔ̃stitysjɔnɛl] *adj* verfassungswidrig
anticorps [ɑ̃tikɔʀ] *nm* Antikörper *m*
anticyclone [ɑ̃tisiklon] *nm* Antizyklon *m*
antidater [ɑ̃tidate] *vt* (zu)rückdatieren
antidémarrage [ɑ̃tidemaʀaʒ] *nm* Wegfahrsperre *f*
antidérapant, e [ɑ̃tideʀapɑ̃, ɑ̃t] *adj* rutschfest
antidopage [ɑ̃tidɔpaʒ] *adj* : **contrôle ~** Dopingkontrolle *f*
antidote [ɑ̃tidɔt] *nm* Gegenmittel *nt*
antigang [ɑ̃tigɑ̃g] *adj* : **brigade ~** *Truppe zur Bekämpfung des Bandenunwesens*
antigel [ɑ̃tiʒɛl] *nm* Frostschutzmittel *nt*
antigène [ɑ̃tiʒɛn] *nm* Antigen *nt*
antihistaminique [ɑ̃tiistaminik] *nm* Antihistamin *nt*
anti-inflammatoire [ɑ̃tiɛ̃flamatwaʀ] *nm* entzündungshemmendes Mittel *nt*
anti-inflationniste [ɑ̃tiɛ̃flasjɔnist] *adj* zur Bekämpfung der Inflation
Antilles [ɑ̃tij] *nfpl* Antillen *pl*
antilope [ɑ̃tilɔp] *nf* Antilope *f*
antimissile [ɑ̃timisil] *adj* Raketenabwehr-

antimite, antimites [ɑ̃timit] *nm, adj* : **(produit) ~** Mottenschutzmittel *nt*
antinucléaire [ɑ̃ntinykleɛʀ] *adj* Antikernkraft-; **manifestation ~** Demonstration *f* von Kernkraftgegnern
antiparasite [ɑ̃tipaʀazit] *adj* Entstör-
antipathie [ɑ̃tipati] *nf* Antipathie *f*
antipathique [ɑ̃tipatik] *adj* unsympathisch
antipelliculaire [ɑ̃tipelikylɛʀ] *adj* Schuppen-
antipoison [ɑ̃tipwazɔ̃] *adj* : **centre ~** Entgiftungszentrum *nt*
antipollution [ɑ̃tipɔlysjɔ̃] *adj* umweltfreundlich, Umweltschutz-
antiquaire [ɑ̃tikɛʀ] *nmf* Antiquar(in) *m(f)*
antique [ɑ̃tik] *adj* antik; (*très vieux*) uralt
antiquité [ɑ̃tikite] *nf* Antiquität *f*; **l'A~** die Antike *f*; **magasin d'~s** Antiquitätengeschäft *nt*; **marchand d'~s** Antiquitätenhändler(in) *m(f)*
antireflet [ɑ̃tiʀəflɛ] *adj* : **verre ~** entspiegeltes Glas *nt*
antirides [ɑ̃tiʀid] *adj* gegen Falten, Falten-
antirouille [ɑ̃tiʀuj] *adj inv* Rostschutz-
antisémite [ɑ̃tisemit] *adj* antisemitisch
antisémitisme [ɑ̃tisemitism] *nm* Antisemitismus *m*
antiseptique [ɑ̃tisɛptik] *adj* antiseptisch
antislash [ɑ̃tislaʃ] *nm* Backslash *m*, umgekehrter Schrägstrich
antisocial, e, -aux [ɑ̃tisɔsjal, jo] *adj* unsozial
antispasmodique [ɑ̃tispasmɔdik] *adj* krampflösend
antisportif, -ive [ɑ̃tispɔʀtif, iv] *adj* unsportlich
antitabac [ɑ̃titaba] *adj inv* gegen das Rauchen
antitétanique [ɑ̃titetanik] *adj* Tetanus-
antithèse [ɑ̃titɛz] *nf* Antithese *f*
antitrust [ɑ̃titʀœst] *adj* : **loi ~** Kartellgesetz *nt*
antitussif, -ive [ɑ̃titysif, iv] *adj* gegen Husten, Husten-
antiviral, e, -aux [ɑ̃tiviʀal, o] *adj* (*Méd*) : **médicament ~** Virostatikum *m*
antivirus [ɑ̃tiviʀys] *adj* (*Inform*) Antiviren-
antivirus [ɑ̃tiviʀys] *nm* (*Inform*) Antivirensoftware *f*
antivol [ɑ̃tivɔl] *nm, adj* : **(dispositif) ~** Diebstahlsicherung *f*
antonyme [ɑ̃tɔnim] *nm* Antonym *nt*
antre [ɑ̃tʀ] *nm* Höhle *f*
anus [anys] *nm* Anus *m*
Anvers [ɑ̃vɛʀ] *n* Antwerpen *nt*
anxiété [ɑ̃ksjete] *nf* Bangigkeit *f*
anxieux, -euse [ɑ̃ksjø, jøz] *adj* ängstlich
AOC *sigle f* (*= Appellation d'Origine Contrôlée*) *siehe Info-Artikel*

> Die **AOC** ist die höchste französische Weinklassifizierung. Sie garantiert, dass der Wein strengen Vorschriften in Bezug auf das Weinanbaugebiet, die Weinsorte, das Herstellungsverfahren und den Alkoholgehalt genügt.

aorte [aɔʀt] *nf* Aorta *f*
août [u(t)] *nm* August *m*; **en ~** im August; **le 21 ~** am 21. August; **le 21 ~ 2015** der 21. August 2015 ; *voir aussi* **juillet**
aoûtien, ne [ausjɛ̃, jɛn] *nm/f* *Person, die im August in Urlaub geht*
apaisement [apɛzmɑ̃] *nm* Beruhigung *f*
apaiser [apeze] *vt* beruhigen; (*colère*) beschwichtigen; (*douleur*) lindern
apanage [apanaʒ] *nm* : **être l'~ de qn** jds Vorrecht *ou* Privileg sein
aparté [apaʀte] *nm* : **en ~** beiseite
apathie [apati] *nf* Apathie *f*
apathique [apatik] *adj* apathisch
apatride [apatʀid] *nmf* Staatenlose(r) *f(m)*
apercevoir [apɛʀsəvwaʀ] *vt* sehen, erblicken; (*saisir*) bemerken; **s'apercevoir** *vpr* : **s'~ de** bemerken; **s'~ que** bemerken, dass
aperçu [apɛʀsy] *nm* (*vue d'ensemble*) Überblick *m*; (*idée*) Einsicht *f*
apéritif, -ive [apeʀitif, iv] *nm* (*boisson*) Aperitif *m* ▸ *adj* appetitanregend
à-peu-près [apøpʀɛ] *nm inv* halbe Sache *f*
aphone [afɔn] *adj* völlig heiser; (*Ling*) stimmlos
aphrodisiaque [afʀɔdizjak] *adj* aphrodisisch ▸ *nm* Aphrodisiakum *nt*
aphte [aft] *nm* Bläschen *nt* auf der Mundschleimhaut
aphteuse [aftøz] *adj* : **fièvre ~** Maul- und Klauenseuche *f*
apiculteur, -trice [apikyltœʀ, tʀis] *nm/f* Imker(in)
apiculture [apikyltyʀ] *nf* Imkerei *f*
apitoyer [apitwaje] *vt* (zu Mitleid) rühren
aplanir [aplaniʀ] *vt* (*surface*) einebnen; (*difficultés*) beseitigen
aplatir [aplatiʀ] *vt* flach machen
aplomb [aplɔ̃] *nm* (*sang-froid*) Sicherheit *f*; **d'~** (*mur*) senkrecht
APN *sigle m* (*= appareil photo numérique*) Digitalkamera *f*

apogée [apɔʒe] *nm* Höhepunkt *m*
apoplexie [apɔplɛksi] *nf* Schlaganfall *m*
a posteriori [apɔsterjɔri] *adv* im Nachhinein
apostrophe [apɔstrɔf] *nf* (*signe*) Apostroph *m*; (*interpellation*) (rüde) Zwischenbemerkung *f*
apôtre [apotr] *nm* Apostel *m*
apparaître [aparɛtr] *vi* erscheinen; (*sembler*) scheinen
appareil [aparɛj] *nm* Apparat *m*; (*avion*) Maschine *f*; (*dentaire*) Zahnspange *f*; **~ digestif** Verdauungsapparat *m*; **~ numérique** Digitalkamera *f*; **~ photo(graphique)** Fotoapparat *m*; **~ photo numérique** Digitalkamera *f*
apparemment [aparamɑ̃] *adv* anscheinend
apparence [aparɑ̃s] *nf* Anschein *m*; **en ~** scheinbar
apparent, e [aparɑ̃, ɑ̃t] *adj* (*visible*) sichtbar; (*évident*) offensichtlich; (*illusoire, superficiel*) anscheinend; **coutures ~es** sichtbare (Zier)nähte *pl*; **poutres/pierres ~es** frei *ou* offen liegende Balken/Mauersteine
apparenté, e [aparɑ̃te] *adj* verwandt mit
apparition [aparisjɔ̃] *nf* Erscheinen *nt*
appartement [apartəmɑ̃] *nm* Wohnung *f*
appartenance [apartənɑ̃s] *nf* : **~ à** Zugehörigkeit zu
appartenir [apartənir] : **~ à** *vt* gehören *+dat*; (*faire partie de, être membre de*) gehören zu
appât [apɑ] *nm* Köder *m*
appauvrissement [apovrismɑ̃] *nm* Verarmung *f*
appel [apɛl] *nm* (*cri, interpellation*) Ruf *m*; (*incitation, Tél*) Anruf *m*; (*Inform*) Aufruf *m*; (*nominal*) (namentlicher) Aufruf *m*; (*Mil*) Einberufung *f*; **faire** *ou* **interjeter ~** (*Jur*) Berufung einlegen; **sans ~** ohne Berufung
appeler [ap(ə)le] *vt* rufen; (*Tél*) anrufen; (*qualifier*) nennen; (*nécessiter*) fordern; **s'appeler** *vpr* heißen; **comment ça s'appelle ?** wie heißt das?
appellation [apelasjɔ̃] *nf* Bezeichnung *f*
appendice [apɛ̃dis] *nm* (*Anat*) Blinddarm *m*; (*d'un livre*) Anhang *m*
appendicite [apɛ̃disit] *nf* Blinddarmentzündung *f*
appesantir [apəzɑ̃tir] : **s'~ sur** *vpr* sich lang und breit auslassen über *+acc*
appétissant, e [apetisɑ̃, ɑ̃t] *adj* appetitlich, appetitanregend
appétit [apeti] *nm* Appetit *m*; **bon ~ !** guten Appetit!
applaudimètre [aplodimɛtr] *nm* Applausmesser *m*
applaudir [aplodir] *vt* Beifall spenden *+dat* ▸ *vi* klatschen
applaudissements [aplodismɑ̃] *nmpl* Beifall *m*
appli [apli] *nf* App *f*
applicable [aplikabl] *adj* anwendbar
applicateur [aplikatœr] *nm* (*de tampon*) Einführhülse *f*
application [aplikasjɔ̃] *nf* (*aussi Inform*) Anwendung *f*; (*de papier peint etc*) Anbringen *nt*; (*attention*) Fleiß *m*; **mettre en ~** anwenden
applique [aplik] *nf* Wandlampe *f*
appliqué, e [aplike] *adj* (*élève, ouvrier*) fleißig; (*science*) angewandt
appliquer [aplike] *vt* anwenden; (*poser*) anbringen; **s'appliquer** *vpr* (*élève, ouvrier*) sich anstrengen
appoint [apwɛ̃] *nm* : **faire l'~** (*en payant*) mit abgezähltem Geld bezahlen
appointements [apwɛ̃tmɑ̃] *nmpl* Gehalt *nt*
apport [apɔr] *nm* Beitrag *m*
apporter [apɔrte] *vt* bringen
appréciable [apresjabl] *adj* (*important*) beträchtlich
appréciation [apresjasjɔ̃] *nf* (*d'immeuble, de distance etc*) Schätzung *f*; (*de situation, personne*) Einschätzung *f*
apprécier [apresje] *vt* (*personne*) schätzen; (*distance*) abschätzen; (*importance*) einschätzen
appréhender [apreɑ̃de] *vt* (*craindre*) fürchten; (*arrêter*) festnehmen
appréhension [apreɑ̃sjɔ̃] *nf* (*crainte*) Angst *f*
apprendre [aprɑ̃dr] *vt* lernen; (*nouvelle*) erfahren; **~ qch à qn** (*informer*) jdm etw mitteilen; (*enseigner*) jdm etw beibringen
apprenti, e [aprɑ̃ti] *nm/f* Lehrling *m*, Auszubildende(r) *f(m)*
apprentissage [aprɑ̃tisaʒ] *nm* Lehre *f*
apprivoiser [aprivwaze] *vt* zähmen
approbation [aprɔbasjɔ̃] *nf* Zustimmung *f*
approche [aprɔʃ] *nf* (*d'un problème*) Angehen *nt*
approcher [aprɔʃe] *vi* sich nähern; (*vacances, date*) nahen, näher rücken ▸ *vt* (*personne*) herantreten an *+acc*; **s'approcher de** *vpr* sich nähern *+dat*
approfondir [aprɔfɔ̃dir] *vt* vertiefen
appropriation [aprɔprijasjɔ̃] *nf* Aneignung *f*

approprié, e [apʀɔpʀije] *adj* : **~ à** angemessen *+dat*
approprier [apʀɔpʀije] : **s'approprier** *vpr* sich *dat* aneignen
approuver [apʀuve] *vt* (*loi*) annehmen; (*projet*) genehmigen; (*être d'accord avec*) zustimmen *+dat*
approvisionnement [apʀɔvizjɔnmɑ̃] *nm* Belieferung *f*; (*provisions*) Vorräte *pl*
approvisionner [apʀɔvizjɔne] *vt* beliefern, versorgen; (*compte bancaire*) auffüllen
approximatif, -ive [apʀɔksimatif, iv] *adj* ungefähr
appt *abr* = **appartement**
appui [apɥi] *nm* (*fig*) Unterstützung *f*; **prendre ~ sur** sich stützen auf *+acc*; **à l'~ de** (*pour prouver*) zur Bestätigung *+gén*; **~ de fenêtre** Fensterbrett *nt*
appuie-tête [apɥitɛt] (*pl* **appuie-têtes**) *nm* Kopfstütze *f*
appuyer [apɥije] *vt* (*soutenir*) unterstützen; **s'appuyer** *vpr* : **s'~ sur** sich stützen auf *+acc*; **~ sur** drücken auf *+acc*; (*frein*) betätigen; (*mot, détail*) unterstreichen; **~ qch sur** etw stützen auf *+acc*; **~ sur le champignon** (*fam*) Gas geben; **~ qch contre/à** etw lehnen gegen/an *+acc*
âpre [ɑpʀ] *adj* herb; (*voix*) rau; (*discussion, lutte*) erbittert
après [apʀɛ] *prép* nach *+dat* ▸ *adv* danach; **~ qu'il est** *ou* **soit parti** nachdem er weggegangen ist; **~ avoir lu la lettre, elle ...** nachdem sie den Brief gelesen hatte, ...; **d'~ lui** ihm zufolge, seiner Meinung nach; **~ coup** hinterher
après-demain [apʀɛdmɛ̃] *adv* übermorgen
après-guerre [apʀɛgɛʀ] (*pl* **après-guerres**) *nm* Nachkriegszeit *f*; **d'~** Nachkriegs-
après-midi [apʀɛmidi] (*pl* **après-midi(s)**) *nm ou nf* Nachmittag *m*
après-rasage [apʀɛʀazaʒ] (*pl* **après-rasages**) *nm* Aftershave *nt*
après-shampo(o)ing [apʀɛʃɑ̃pwɛ̃] (*pl* **après-shampo(o)ings**) *nm* Haarspülung *f*
après-ski [apʀɛski] (*pl* **après-skis**) *nm* (*chaussure*) Après-Ski-Stiefel *m*
après-soleil [apʀɛsɔlɛj] *adj* After-Sun- ▸ *nm* After-Sun-Lotion *f*
après-vente [apʀɛvɑ̃t] (*pl* **après-vente(s)**) *adj* : **service ~** Kundendienst *m*
à-propos [apʀɔpo] *nm inv* (*d'une remarque*) Schlagfertigkeit *f*; **faire preuve d'~** seine Geistesgegenwart beweisen
apte [apt] *adj* : **~ à qch** zu etw fähig; (*Mil*) tauglich
aptitude [aptityd] *nf* Fähigkeit *f*; **avoir des ~s pour** eine Begabung haben für
aquaculture [akwakyltyʀ] *nf* Fischzucht *f* (*im Meer*)
aquaplanage [akwaplanaʒ] *nm* Aquaplaning *nt*
aquaplane [akwaplan] *nm* (*planche*) Monoski *m*; (*Sport*) Wasserskilaufen *nt* (*auf dem Monoski*)
aquaplaning [akwaplaniŋ] *nm* Aquaplaning *nt*
aquarelle [akwaʀɛl] *nf* Aquarellmalerei *f*; (*tableau*) Aquarell *nt*
aquarium [akwaʀjɔm] *nm* Aquarium *nt*
aquatique [akwatik] *adj* Wasser-
aqueduc [ak(ə)dyk] *nm* Aquädukt *nt*
AR [aɛʀ] *sigle m* (= *aller (et) retour*) *voir* **aller**
arabe [aʀab] *adj* arabisch ▸ *nm* (*Ling*) Arabisch *nt* ▸ *nmf* : **Arabe** Araber(in) *m(f)*
Arabie [aʀabi] *nf* : **l'~ Saoudite** Saudi-Arabien *nt*
arachide [aʀaʃid] *nf* Erdnuss *f*
araignée [aʀeɲe] *nf* Spinne *f*
arbitrage [aʀbitʀaʒ] *nm* (*de match, de conflit*) Schlichtung *f*; (*de débat*) Gesprächsführung *f*; **erreur d'~** Schiedsrichterirrtum *m*
arbitraire [aʀbitʀɛʀ] *adj* willkürlich
arbitre [aʀbitʀ] *nmf* Schlichter(in) *m(f)*; (*Sport*) Schiedsrichter(in) *m(f)*
arbitrer [aʀbitʀe] *vt* (*conflit*) schlichten; (*débat, confrontation*) die Gesprächsführung haben bei; (*Sport*) als Schiedsrichter leiten; (: *Boxe*) als Ringrichter leiten
arborer [aʀbɔʀe] *vt* (*drapeau, enseigne*) gehisst haben; (*vêtement, chapeau, attitude*) zur Schau stellen
arbre [aʀbʀ] *nm* Baum *m*; **~ à cames** Nockenwelle *f*; **~ généalogique** Stammbaum *m*; **~ de transmission** Kardanwelle *f*
arbuste [aʀbyst] *nm* Strauch *m*
arc [aʀk] *nm* Bogen *m*
arcade [aʀkad] *nf* Arkade *f*; **~ sourcilière** Augenbrauenbogen *m*
arc-boutant [aʀkbutɑ̃] (*pl* **arcs-boutants**) *nm* Strebebogen *m*
arc-bouter [aʀkbute] : **s'arc-bouter** *vpr* sich aufstemmen
arc-en-ciel [aʀkɑ̃sjɛl] (*pl* **arcs-en-ciel**) *nm* Regenbogen *m*
archaïque [aʀkaik] *adj* archaisch, veraltet
archange [aʀkɑ̃ʒ] *nm* Erzengel *m*
arche [aʀʃ] *nf* Brückenbogen *m*

archéologie [aʀkeɔlɔʒi] *nf* Archäologie *f*
archéologique [aʀkeɔlɔʒik] *adj* archäologisch
archéologue [aʀkeɔlɔg] *nmf* Archäologe *m*, Archäologin *f*
archer [aʀʃe] *nm* Bogenschütze *m*
archet [aʀʃɛ] *nm* (*Mus*) Bogen *m*
archevêque [aʀʃəvɛk] *nm* Erzbischof *m*
archi [aʀʃi] *préf* (*très*) erz-, Erz-
archipel [aʀʃipɛl] *nm* Archipel *m*
architecte [aʀʃitɛkt] *nmf* Architekt(in) *m(f)*
architecture [aʀʃitɛktyʀ] *nf* Architektur *f*
archiver [aʀʃive] *vt* archivieren
archives [aʀʃiv] *nfpl* Archiv *nt*
arctique [aʀktik] *adj* arktisch ▶ *nm* : **l'A~** die Arktis *f*
ardent, e [aʀdɑ̃, ɑ̃t] *adj* (*feu, soleil, amour*) glühend, heiß; (*lutte*) erbittert; (*prière*) inbrünstig
ardeur [aʀdœʀ] *nf* (*du soleil, feu*) Glut *f*, Hitze *f*; (*fig : ferveur*) Leidenschaft *f*
ardoise [aʀdwaz] *nf* (*matière*) Schiefer *m*; (*d'écolier*) Schiefertafel *f*
ardu, e [aʀdy] *adj* schwierig
arène [aʀɛn] *nf* Arena *f*; **arènes** *nfpl* (*de corrida*) Stierkampfarena *f*
arête [aʀɛt] *nf* (*de poisson*) Gräte *f*; (*montagne*) Grat *m*, Kamm *m*; (*d'un solide*) Kante *f*
argent [aʀʒɑ̃] *nm* (*métal*) Silber *nt*; (*monnaie*) Geld *nt*; **~ liquide** Bargeld *nt*
argenterie [aʀʒɑ̃tʀi] *nf* Silber *nt*
argentin, e [aʀʒɑ̃tɛ̃, in] *adj* (*son*) silberhell; (*d'Argentine*) argentinisch
Argentine [aʀʒɑ̃tin] *nf* : **l'~** Argentinien *nt*
argentique [aʀʒɑ̃tik] *adj* (*appareil-photo*) Analog-
argile [aʀʒil] *nf* Ton *m*
argileux, -euse [aʀʒilø, øz] *adj* Ton-
argot [aʀgo] *nm* ≈ Slang *m*
argument [aʀgymɑ̃] *nm* Argument *nt*
argumentaire [aʀgymɑ̃tɛʀ] *nm* (*brochure*) (Verkaufs)broschüre *f*
argus [aʀgys] *nm Zeitschrift mit Preisen für Gebrauchtwagen*
aride [aʀid] *adj* trocken; (*cœur*) gefühllos
aristocrate [aʀistɔkʀat] *nmf* Aristokrat(in) *m(f)*
aristocratie [aʀistɔkʀasi] *nf* Aristokratie *f*
arithmétique [aʀitmetik] *adj* arithmetisch ▶ *nf* Arithmetik *f*
armagnac [aʀmaɲak] *nm* Armagnac *m*
armateur [aʀmatœʀ] *nm* Reeder *m*
armature [aʀmatyʀ] *nf* Gerüst *nt*; (*de soutien-gorge*) Verstärkung *f*
arme [aʀm] *nf* Waffe *f*; **armes** *nfpl* (*blason*) Wappen *nt*; **~s de destruction massive** Massenvernichtungswaffen *pl*; **~ à feu** Feuerwaffe *f*
armé, e [aʀme] *adj* bewaffnet; **~ de** (*garni, équipé*) ausgerüstet mit, versehen mit
armée [aʀme] *nf* Armee *f*; **~ de l'air** Luftwaffe *f*
armement [aʀməmɑ̃] *nm* Bewaffnung *f*, Waffen *pl*
Arménie [aʀmeni] *nf* : **l'~** Armenien *nt*
arménien, ne [aʀmenjɛ̃, jɛn] *adj* armenisch
armer [aʀme] *vt* bewaffnen; (*arme à feu, appareil-photo*) spannen; **s'armer** *vpr* : **s'~ de** sich bewaffnen mit; (*courage, patience*) sich wappnen mit
armistice [aʀmistis] *nm* Waffenstillstand *m*
armoire [aʀmwaʀ] *nf* Schrank *m*
armoiries [aʀmwaʀi] *nfpl* Wappen *nt*
armure [aʀmyʀ] *nf* Rüstung *f*
arnaque [aʀnak] (*fam*) *nf* : **c'est de l'~** das ist (doch) Betrug
arnaquer [aʀnake] (*fam*) *vt* : **se faire ~** sich übers Ohr hauen lassen
arnaqueur [aʀnakœʀ] (*fam*) *nm* Schwindler *m*, Gauner *m*
arnica [aʀnika] *nm* Arnika *nt*
arobase [aʀɔbaz] *nf* At-Zeichen *nt*, Klammeraffe *m*
aromates [aʀɔmat] *nmpl* (*épices*) Gewürze *pl*
aromatique [aʀɔmatik] *adj* aromatisch
arôme [aʀom] *nm* Aroma *nt*
arpentage [aʀpɑ̃taʒ] *nm* Vermessung *f*
arpenter [aʀpɑ̃te] *vt* (*parcourir*) auf und ab gehen
arpenteur [aʀpɑ̃tœʀ] *nm* Landvermesser *m*
arqué, e [aʀke] *adj* gekrümmt
arrache-pied [aʀaʃpje] : **d'~** *adv* unermüdlich
arracher [aʀaʃe] *vt* herausziehen; (*dent*) ziehen; (*souche, page etc*) herausreißen; (*fig : obtenir*) abringen; **s'arracher** *vpr* (*personne, article très recherché*) sich prügeln um; **s'~ de** (*lieu*) sich losreißen von
arraisonner [aʀɛzɔne] *vt* (*bateau*) überprüfen, kontrollieren
arrangeant, e [aʀɑ̃ʒɑ̃, ɑ̃t] *adj* verträglich
arranger [aʀɑ̃ʒe] *vt* (*appartement etc*) einrichten; (*rendez-vous, rencontre*) vereinbaren; (*voyage*) organisieren; (*problème, difficulté*) regeln, in Ordnung bringen; (*pièce de musique, fleurs*)

arrangieren; **s'arranger** *vpr* (*se mettre d'accord*) sich einigen; **s'~ pour que** es so einrichten, dass
arrestation [arɛstasjɔ̃] *nf* Verhaftung *f*, Festnahme *f*
arrêt [arɛ] *nm* (*de projet, construction*) Einstellung *f*; (*de croissance, hémorragie, trafic*) Stillstand *m*; (*de bus etc*) Haltestelle *f*; (*Jur*) Urteil *nt*, Entscheidung *f*; **sans ~** ununterbrochen, unaufhörlich; **~ d'autobus** Bushaltestelle *f*; **~ de mort** Todesurteil *nt*
arrêté [arete] *nm* (*Jur*) Erlass *m*
arrêter [arete] *vt* anhalten; (*projet, construction*) einstellen; (*date*) festlegen; (*suspect, criminel*) festnehmen; **~ son choix sur** sich entscheiden für; **s'arrêter** *vpr* stehen bleiben; (*pluie, bruit*) aufhören; **~ de faire qch** aufhören, etw zu tun; **s'~ sur** (*suj : regard*) fallen auf *+acc*; **sans s'~** ohne Unterlass
arrhes [ar] *nfpl* Anzahlung *f*
arrière [arjɛr] *adj inv* : **feu/siège ~** Rücklicht *nt*/ Rücksitz *m* ▸ *nm* (*d'une voiture*) Heck *nt*; (*d'une maison*) Rückseite *f*; (*Sport*) Verteidiger *m*; **roue ~** Hinterrad *nt*; **à l'~** hinten; **en ~** rückwärts
arrière- [arjɛr] *préf* Hinter-, Nach-
arriéré, e [arjere] *adj* rückständig ▸ *nm* (*d'argent*) (Zahlungs)rückstand *m*
arrière-cour [arjɛrkur] (*pl* **arrière-cours**) *nf* Hinterhof *m*
arrière-garde [arjɛrgard] (*pl* **arrière-gardes**) *nf* Nachhut *f*
arrière-goût [arjɛrgu] (*pl* **arrière-goûts**) *nm* Nachgeschmack *m*
arrière-grand-mère [arjɛrgrɑ̃mɛr] (*pl* **arrière-grands-mères**) *nf* Urgroßmutter *f*
arrière-grand-père [arjɛrgrɑ̃pɛr] (*pl* **arrière-grands-pères**) *nm* Urgroßvater *m*
arrière-pays [arjɛrpei] *nm inv* Hinterland *nt*
arrière-pensée [arjɛrpɑ̃se] (*pl* **arrière-pensées**) *nf* Hintergedanke *m*
arrière-plan [arjɛrplɑ̃] (*pl* **arrière-plans**) *nm* Hintergrund *m*
arrière-saison [arjɛrsɛzɔ̃] (*pl* **arrière-saisons**) *nf* Nachsaison *f*
arrimer [arime] *vt* (*chargement*) festzurren
arrivage [arivaʒ] *nm* Eingang *m*
arrivée [arive] *nf* Ankunft *f*; (*Sport*) Ziel *nt*; **~ d'air** Luftzufuhr *f*; **~ de gaz** Gaszufuhr *f*
arriver [arive] *vi* ankommen; (*survenir*) geschehen, sich ereignen; **j'arrive à faire qch** es gelingt mir, etw zu tun; **il lui arrive de rire** es kommt (manchmal) vor, dass er lacht
arrivisme [arivism] *nm* Strebertum *nt*
arriviste [arivist] *nmf* Streber *m*
arrobase [arobɑz] *nf* = **arobase**
arrogance [arɔgɑ̃s] *nf* Arroganz *f*
arrogant, e [arɔgɑ̃, ɑ̃t] *adj* arrogant
arroger [arɔʒe] : **s'arroger** *vpr* sich *dat* anmaßen
arrondir [arɔ̃dir] *vt* (*forme, objet*) runden; (*somme : en augmentant*) aufrunden; (*: en diminuant*) abrunden; **~ ses fins de mois** ein bisschen (nebenbei) dazuverdienen
arrondissement [arɔ̃dismɑ̃] *nm* ≈ Verwaltungsbezirk *m*; (*à Paris*) Arrondissement *nt*
arrosage [arozaʒ] *nm* Gießen *nt*
arroser [aroze] *vt* gießen; (*Culin : fêter*) begießen
arrosoir [arozwar] *nm* Gießkanne *f*
arsenal, -aux [arsənal, o] *nm* (*dépôt d'armes*) Waffenlager *nt*, Arsenal *nt*; (*Naut*) Marinewerft *f*; (*matériel*) Ausrüstung *f*
art [ar] *nm* Kunst *f*; **~ dramatique** dramatische Kunst
art. *abr* = **article**
artère [artɛr] *nf* Arterie *f*; (*rue*) Verkehrsader *f*
artériosclérose [arterjoskleroz] *nf* Arteriosklerose *f*
arthrite [artrit] *nf* Arthritis *f*
arthrose [artroz] *nf* Arthrose *f*
artichaut [artiʃo] *nm* Artischocke *f*
article [artikl] *nm* Artikel *m*; **faire l'~** seine Waren anpreisen; **~ de fond** Leitartikel *m*
articulation [artikylasjɔ̃] *nf* (*Anat*) Gelenk *nt*; (*prononciation*) Artikulation *f*
articuler [artikyle] *vt* (*mot, phrase*) aussprechen; **s'articuler** *vpr* : **s'~ sur** basieren auf
artifice [artifis] *nm* Trick *m*
artificiel, le [artifisjɛl] *adj* künstlich; (*péj*) gekünstelt
artisan, e [artizɑ̃] *nm/f* Handwerker(in); (*fig*) Urheber(in)
artisanal, e, -aux [artizanal, o] *adj* handwerklich
artisanat [artizana] *nm* Handwerk *nt*
artiste [artist] *nmf* Künstler(in) *m(f)* ▸ *adj* künstlerisch
artistique [artistik] *adj* künstlerisch
ARTT *nm abr* (*= accord sur la réduction du temps de travail*) Vereinbarung *f* zur Arbeitszeitverkürzung
aryen, ne [arjɛ̃, jɛn] *adj* arisch

AS [aɛs] *sigle f* (= *association sportive*) ≈ SV
as [ɑs] *nm* Ass *nt*
ascendant, e [asɑ̃dɑ̃, ɑ̃t] *adj* aufsteigend ▸ *nm* (*Astrol*) Aszendent *m*; (*influence*) Einfluss *m*
ascenseur [asɑ̃sœʀ] *nm* Aufzug *m*
ascension [asɑ̃sjɔ̃] *nf* Besteigung *f*; (*d'un ballon etc*) Aufstieg *m*; **l'A~** (Christi) Himmelfahrt *f*
aseptiser [asɛptize] *vt* keimfrei machen
asiatique [azjatik] *adj* asiatisch ▸ *nmf*: **Asiatique** Asiat *m*, Asiatin *f*
Asie [azi] *nf*: **l'~** Asien *nt*
asile [azil] *nm* Zuflucht *f*; (*Pol*) Asyl *nt*; (*pour malades mentaux*) Anstalt *f*, Heim *nt*; **droit d'~** Asylrecht *nt*
aspect [aspɛ] *nm* (*apparence, air*) Aussehen *nt*; (*point de vue*) Aspekt *m*, Gesichtspunkt *m*
asperge [aspɛʀʒ] *nf* Spargel *m*
asperger [aspɛʀʒe] *vt* bespritzen
aspérité [aspeʀite] *nf* Unebenheit *f*
asphyxie [asfiksi] *nf* Ersticken *nt*
asphyxier [asfiksje] *vt* ersticken; (*fig*) lähmen
aspic [aspik] *nm* (*Zool*) Natter *f*; (*Culin*) Sülze *f*
aspirateur [aspiʀatœʀ] *nm* Staubsauger *m*; **passer l'~** staubsaugen
aspiration [aspiʀasjɔ̃] *nf* (*d'air*) Einatmen *nt*; (*de liquide, poussière etc*) Aufsaugen *nt*; **~s** (*ambitions*) Ziele *pl*
aspirer [aspiʀe] *vt* (*respirer*) einatmen; **~ à qch** nach etw streben
aspirine [aspiʀin] *nf* Aspirin® *nt*
assagir [asaʒiʀ]: **s'assagir** *vpr* ruhiger werden
assaillir [asajiʀ] *vt* angreifen; **~ qn de** jdn überschütten mit
assainir [aseniʀ] *vt* (*pièce*) desinfizieren; (*nettoyer*) säubern; (*finances*) sanieren
assaisonnement [asɛzɔnmɑ̃] *nm* Gewürz *nt*
assaisonner [asɛzɔne] *vt* (*plat*) würzen; (*salade*) anmachen
assassin [asasɛ̃] *nm* Mörder *m*
assassinat [asasina] *nm* Ermordung *f*
assassiner [asasine] *vt* ermorden
assaut [aso] *nm* (*Mil*) Sturmangriff *m*; **prendre d'~** stürmen
assécher [aseʃe] *vt* trockenlegen
assemblage [asɑ̃blaʒ] *nm* (*menuiserie*) Verbindung *f*; (*fig*) Ansammlung *f*; **langage d'~** (*Inform*) Assemblersprache *f*
assemblée [asɑ̃ble] *nf* Versammlung *f*; **~ générale** Generalversammlung; **l'A~ nationale** die (französische) Nationalversammlung *f*

Die **Assemblée nationale** ist das Unterhaus des französischen Parlaments, das Oberhaus ist der *Sénat*. Sie tagt im Palais Bourbon in Paris und besteht aus ungefähr 580 *députés* (Abgeordneten), die alle fünf Jahre nach dem Mehrheitswahlrecht vom Volk gewählt werden.

assembler [asɑ̃ble] *vt* zusammensetzen; (*mots, idées*) verbinden; **s'assembler** *vpr* (*personnes*) sich versammeln
assembleur [asɑ̃blœʀ] *nm* Assembler *m*
assentiment [asɑ̃timɑ̃] *nm* Einwilligung *f*; (*approbation*) Zustimmung *f*
asseoir [aswaʀ] *vt* hinsetzen; (*autorité, réputation*) festigen; **s'asseoir** *vpr* sich hinsetzen
assermenté, e [asɛʀmɑ̃te] *adj* beeidigt, vereidigt
assertion [asɛʀsjɔ̃] *nf* Behauptung *f*
assez [ase] *adv* (*suffisamment*) genug; (*avec adjectif, adverbe*) ziemlich; **~ de pain/livres** genug Brot/Bücher, genügend Brot/Bücher; **en avoir ~ de qch** von etw genug haben, etw satthaben
assidu, e [asidy] *adj* (*zélé*) eifrig; (*consciencieux*) gewissenhaft
assiduité [asidɥite] *nf* Eifer *m*, Gewissenhaftigkeit *f*; **assiduités** *nfpl* ständige Bemühungen *pl*
assiéger [asjeʒe] *vt* belagern
assiette [asjɛt] *nf* Teller *m*; **~ anglaise** ≈ kalte Platte *f*; **~ creuse** tiefer Teller *m*; **~ à dessert** Dessertteller *m*; **~ plate** flacher Teller *m*
assigner [asiɲe] *vt* zuweisen, zuteilen; (*valeur, importance*) zumessen; (*limites*) festsetzen; (*cause, effet*) zuschreiben
assimiler [asimile] *vt* (*aliments*) verdauen; (*connaissances, idée*) verarbeiten; (*immigrants, nouveaux venus*) integrieren, aufnehmen; **~ qch/qn à** (*comparer*) etw/jdn gleichstellen mit
assis, e [asi, iz] *adj* sitzend; **être ~** sitzen
assise [asiz] *nf* (*d'une maison*) Unterbau *m*; (*fig*) Grundlage *f*; **assises** *nfpl* (*Jur*) ≈ Schwurgericht *nt*
assistance [asistɑ̃s] *nf* (*public*) Publikum *nt*; (*aide*) Hilfe *f*; **A~ (publique)** ≈ Fürsorge *f*; **~ juridique** Rechtsschutzversicherung *f*
assistant, e [asistɑ̃, ɑ̃t] *nm/f* Assistent(in); **assistants** *nmpl* (*auditeurs etc*) Publikum *nt*; **~ personnel numérique** Organizer *m*; **~(e) social(e)** Sozialarbeiter(in)

assisté, e [asiste] *adj* : **direction ~e** (*Auto*) Servolenkung *f* ▸ *nm/f* ≈ Sozialhilfeempfänger(in)
assister [asiste] *vt* (*seconder*) helfen *+dat*; **~ à** (*voir*) beiwohnen *+dat*, dabei sein bei
association [asɔsjasjɔ̃] *nf* Vereinigung *f*; (*groupe*) Verein *m*; **~ d'idées** Gedankenassoziation *f*
associé, e [asɔsje] *nm/f* Partner(in)
associer [asɔsje] *vt* vereinigen; (*mots, idées*) verbinden; **s'associer** *vpr* (*suj*) sich verbinden; **~ qn à** (*projets, profits*) jdn beteiligen an *+dat*; **~ qch à** (*joindre, allier*) etw anschließen an *+acc*; **s'~ à qch** (*se joindre à*) sich an etw *acc* anschließen
assombrir [asɔ̃bʀiʀ] *vt* verdunkeln
assommer [asɔme] *vt* niederschlagen
Assomption [asɔ̃psjɔ̃] *nf* : **l'~** Mariä Himmelfahrt *f*

> **L'Assomption** oder üblicher *le 15 août* am 15. August ist ein gesetzlicher Feiertag in Frankreich. Traditionsgemäß verbringen an diesem Tag sehr viele Franzosen ihren Ferien, sodass das öffentliche Leben auf ein Minimum reduziert ist.

assorti, e [asɔʀti] *adj* zusammenpassend; **fromages/légumes ~s** Käse-/Gemüseplatte *f*; **~ à** passend zu
assortiment [asɔʀtimɑ̃] *nm* Auswahl *f*
assoupir [asupiʀ] : **s'assoupir** *vpr* einschlummern
assouplir [asupliʀ] *vt* geschmeidig machen; (*fig*) lockern
assouplissant [asuplisɑ̃] *nm* Weichspüler *m*
assourdir [asuʀdiʀ] *vt* dämpfen, abschwächen; (*rendre sourd*) taub machen
assujettir [asyʒetiʀ] *vt* unterwerfen; **~ qn à qch** (*impôt*) jdm etw auferlegen
assumer [asyme] *vt* (*fonction, emploi*) übernehmen
assurance [asyʀɑ̃s] *nf* (*confiance en soi*) Selbstbewusstsein *nt*; (*contrat, garantie*) Versicherung *f*; **~ annulation** Reiserücktrittsversicherung; **~ au tiers** Haftpflichtversicherung *f*; **~ auto(mobile)** Kfz-Versicherung *f*; **~ maladie** Krankenversicherung *f*; **~ tierce collision** Teilkaskoversicherung *f*; **~ tous risques** Vollkaskoversicherung *f*; **~ vie** Lebensversicherung *f*; **~ voyage** Reiseversicherung *f*; **~ vol** Diebstahlversicherung *f*
assuré, e [asyʀe] *adj* (*sûr*) sicher ▸ *nm/f* (*couvert par une assurance*) Versicherte(r) *f(m)*
assurément [asyʀemɑ̃] *adv* sicherlich, ganz gewiss
assurer [asyʀe] *vt* (*contre un risque*) versichern; (*stabiliser, protéger*) absichern; (*succès, victoire*) sichern; (*service, garde*) sorgen für; **s'assurer** *vpr* : **s'~ (contre)** sich versichern (gegen); **~ (à qn) que** (jdm) versichern, dass; **~ qn de qch** jdm etw zusichern; **~ qch à qn** (*garantir*) jdm etw zusichern; (*certifier*) jdm etw versichern; **s'~ de** sich überzeugen von
astérisque [asteʀisk] *nm* Sternchen *nt*
asthmatique [asmatik] *adj* asthmatisch
asthme [asm] *nm* Asthma *nt*
asticot [astiko] *nm* Made *f*
asticoter [astikɔte] *vt* (*tracasser*) schikanieren
astiquer [astike] *vt* polieren
astre [astʀ] *nm* Gestirn *nt*
astreindre [astʀɛ̃dʀ] *vt* : **~ qn à qch** jdn zu etw zwingen; **~ qn à faire qch** jdn dazu zwingen, etw zu tun
astrologie [astʀɔlɔʒi] *nf* Astrologie *f*
astrologique [astʀɔlɔʒik] *adj* astrologisch
astrologue [astʀɔlɔg] *nmf* Astrologe (Astrologin) *m(f)*
astronaute [astʀonot] *nmf* Astronaut (Astronautin) *m(f)*
astronautique [astʀonotik] *nf* Raumfahrt *f*
astronomie [astʀɔnɔmi] *nf* stronomie *f*
astronomique [astʀɔnɔmik] *adj* astronomisch
astuce [astys] *nf* (*ingéniosité*) Findigkeit *f*; (*truc*) Trick *m*, Kniff *m*; (*plaisanterie*) Witz *m*
astucieux, -euse [astysjø, jøz] *adj* schlau, pfiffig
atelier [atəlje] *nm* Werkstatt *f*; (*de peintre*) Atelier *nt*
athée [ate] *adj* atheistisch
athéisme [ateism] *nm* Atheismus *m*
Athènes [atɛn] *n* Athen *nt*
athlète [atlɛt] *nmf* Athlet(in) *m(f)*
athlétisme [atletism] *nm* Leichtathletik *f*
atlantique [atlɑ̃tik] *nm* : **l'(océan) A~** der Atlantische Ozean
atlantiste [atlɑ̃tist] *nmf* Befürworter(in) *m(f)* des Atlantikpaktes
atlas [atlɑs] *nm* Atlas *m*
atmosphère [atmɔsfɛʀ] *nf* Atmosphäre *f*; (*air*) Luft *f*

atmosphérique [atmɔsfeʀik] *adj* atmosphärisch
atoll [atɔl] *nm* Atoll *nt*
atome [atom] *nm* Atom *nt*
atomique [atɔmik] *adj* Atom-
atomiseur [atɔmizœʀ] *nm* Zerstäuber *m*
atout [atu] *nm* Trumpf *m*
atroce [atʀɔs] *adj* entsetzlich
atrocité [atʀɔsite] *nf* (*d'un crime*) Grausamkeit *f*; **atrocités** (*actes*) Gräuel(taten *pl*) *pl*
atrophier [atʀɔfje] : **s'atrophier** *vpr* verkümmern
attabler [atable] : **s'attabler** *vpr* sich an den Tisch setzen
attachant, e [ataʃɑ̃, ɑ̃t] *adj* liebenswert
attache [ataʃ] *nf* (*agrafe*) (Heft)klammer *f*; (*fig*) Bindung *f*, Band *nt*
attaché, e [ataʃe] *adj* : **être ~ à** (*aimer*) sehr hängen an *+dat* ▶ *nm* (*Admin*) Attaché *m*; **~ d'ambassade** Botschaftsattaché *m*; **~ commercial** Handelsattaché *m*; **~ de presse** Presseattaché *m*
attaché-case [ataʃekɛz] (*pl* **attachés-cases**) *nm* Aktenkoffer *m*
attachement [ataʃmɑ̃] *nm* Zuneigung *f*
attacher [ataʃe] *vt* (*chien*) anbinden, festbinden; (*bateau*) festmachen; (*fixer*) befestigen; (*mains, prisonnier etc*) fesseln; (*ceinture, tablier*) umbinden; (*souliers*) binden, zuschnüren ▶ *vi* (*riz, sucre*) kleben; **s'attacher** *vpr* (*robe etc*) zumachen; **~ qch à** (*fixer*) etw festmachen *ou* befestigen an *+dat*; **s'~ à** (*par affection*) Zuneigung fassen zu
attaque [atak] *nf* Angriff *m*; (*Méd : cardiaque*) Anfall *m*; (*: cérébrale*) Schlaganfall *m*
attaquer [atake] *vt* angreifen; (*travail*) in Angriff nehmen
attardé, e [ataʀde] *adj* verspätet; (*enfant, classe*) zurückgeblieben; (*conceptions etc*) veraltet
attarder [ataʀde] : **s'attarder** *vpr* sich lange aufhalten
atteindre [atɛ̃dʀ] *vt* erreichen; (*blesser*) treffen; **~ son but** sein Ziel erreichen; **rien ne l'atteint** ihn ficht nichts an
atteint, e [atɛ̃, ɛ̃t] *pp de* **atteindre** ▶ *adj* (*Méd*) : **être ~ de** leiden an *+dat*
atteinte [atɛ̃t] *nf* Angriff *m*; (*Méd*) Anfall *m*; **hors d'~** außer Reichweite; **porter ~ à** angreifen
attelle [atɛl] *nf* Schiene *f*
attenant, e [at(ə)nɑ̃, ɑ̃t] *adj* : **~ à** angrenzend an *+acc*
attendant [atɑ̃dɑ̃] *adv* : **en ~** vorerst
attendre [atɑ̃dʀ] *vt* warten auf *+acc*; (*être destiné ou réservé à, espérer*) erwarten ▶ *vi* warten; **s'attendre** *vpr* : **s'~ à** rechnen mit; **~ qch de qn/qch** etw von jdm/etw *dat* erwarten; **~ un enfant** ein Kind erwarten; **~ que** warten, bis
attendrir [atɑ̃dʀiʀ] *vt* (*personne*) rühren; **s'attendrir** *vpr* : **s'~ (sur)** gerührt sein (von)
attendu, e [atɑ̃dy] *pp de* **attendre** ▶ *adj* erwartet; **~ que** in Anbetracht der Tatsache, dass
attentat [atɑ̃ta] *nm* Attentat *nt*, Anschlag *m*; **~ à la pudeur** Sittlichkeitsvergehen *nt*; **~ suicide** Selbstmordattentat *nt*
attente [atɑ̃t] *nf* Warten *nt*; (*espérance*) Erwartung *f*; **contre toute ~** entgegen allen Erwartungen
attenter [atɑ̃te] : **~ à** *vt* (*liberté*) antasten; **~ à la vie de qn** einen Anschlag auf jds Leben *acc* machen
attentif, -ive [atɑ̃tif, iv] *adj* aufmerksam; (*soins, travail*) sorgfältig
attention [atɑ̃sjɔ̃] *nf* Aufmerksamkeit *f*; **à l'~ de** zu Händen von; **faire ~ à** achtgeben auf *+acc*; **faire ~ (à ce) que** aufpassen, dass; **~ !** Vorsicht!, Achtung!
attentionné, e [atɑ̃sjɔne] *adj* aufmerksam, zuvorkommend
attentisme [atɑ̃tism] *nm* Abwartepolitik *f*
attentiste [atɑ̃tist] *adj* abwartend
attentivement [atɑ̃tivmɑ̃] *adv* aufmerksam
atténuant, e [atenɥɑ̃, ɑ̃t] *adj* : **circonstances ~es** mildernde Umstände *pl*
atténuer [atenɥe] *vt* abschwächen
atterrer [ateʀe] *vt* bestürzen
atterrir [ateʀiʀ] *vi* landen
atterrissage [ateʀisaʒ] *nm* Landung *f*
attestation [atɛstasjɔ̃] *nf* Bescheinigung *f*
attester [atɛste] *vt* bestätigen; (*témoigner de*) zeugen von
attifer [atife] *vt* aufdonnern
attirail [atiʀaj] *nm* Ausrüstung *f*; (*péj*) Zeug *nt*
attirer [atiʀe] *vt* anlocken; (*chose, aimant etc*) anziehen; **~ qn dans un coin/vers soi** jdn in eine Ecke/zu sich ziehen; **s'~ des ennuis** sich *dat* Ärger einhandeln
attitude [atityd] *nf* (*comportement*) Verhalten *nt*; (*position du corps, état d'esprit*) Haltung *f*
attractif, -ive [atʀaktif, iv] *adj* (*prix, salaire*) verlockend

attraction [atʀaksjɔ̃] *nf* (*attirance*) Reiz *m*; (*Phys*) Anziehungskraft *f*; (*de foire*) Attraktion *f*
attrait [atʀɛ] *nm* Reiz *m*
attrape-nigaud [atʀapnigo] (*pl* **attrape-nigauds**) *nm* Bauernfänger *m*
attraper [atʀape] *vt* fangen; (*train, maladie, amende*) bekommen; (*habitude*) annehmen; (*duper*) hereinlegen
attrayant, e [atʀɛjɑ̃, ɑ̃t] *adj* attraktiv
attribuer [atʀibɥe] *vt* (*prix*) verleihen; (*rôle, tâche*) zuweisen; (*conséquence, fait*) zuschreiben; **s'attribuer** *vpr* für sich in Anspruch nehmen
attribut [atʀiby] *nm* Merkmal *nt*, Kennzeichen *nt*; (*Ling*) Attribut *nt*
attrouper [atʀupe] : **s'attrouper** *vpr* sich versammeln
au [o] *voir* **à**
aubaine [obɛn] *nf* unverhoffter Glücksfall *m*
aube [ob] *nf* Morgengrauen *nt*; **à l'~** bei Tagesanbruch; **à l'~ de** bei Anbruch +*gén*
aubépine [obepin] *nf* Hagedorn *m*
auberge [obɛʀʒ] *nf*: **~ de jeunesse** Jugendherberge *f*
aubergine [obɛʀʒin] *nf* Aubergine *f*
aubergiste [obɛʀʒist] *nmf* Gastwirt(in) *m(f)*
aucun, e [okœ̃, yn] *adj* kein(e) ▶ *pron* keine(r, s); **sans ~ doute** zweifellos; **plus qu'~ autre (homme)** mehr als jeder andere (Mann); **~ des deux/ participants** keiner von beiden/der Teilnehmer
audace [odas] *nf* (*hardiesse*) Kühnheit *f*; (*péj : culot*) Frechheit *f*
audacieux, -euse [odasjø, jøz] *adj* kühn
au-delà [od(ə)la] (*pl* **au-delàs**) *adv* weiter ▶ *nm* : **l'~** das Jenseits *nt*; **~ de** jenseits von; (*de limite, somme etc*) über +*dat*
au-dessous [odsu] *adv* darunter, unten; **~ de** unter +*dat*; (*avec verbe de mouvement*) unter +*acc*
au-dessus [odsy] *adv* darüber, oben; **~ de** über +*dat*; (*avec verbe de mouvement*) über +*acc*
au-devant [od(ə)vɑ̃] *prép* : **aller ~ de** entgegengehen +*dat*; (*désirs*) zuvorkommen +*dat*
audience [odjɑ̃s] *nf* (*entrevue*) Audienz *f*; (*Jur : séance*) Sitzung *f*; (*d'une émission*) Publikum *nt*
audimat® [odimat] *nm* (*taux d'écoute*) Einschaltquote *f*
audiodescription [odjodɛskʀipsjɔ̃] *nf* Audiodeskription *f*
audiovisuel, le [odjovizɥɛl] *adj* audiovisuell ▶ *nm* Funk und Fernsehen *pl*
auditeur, -trice [oditœʀ, tʀis] *nm/f* (Zu)hörer(in); **~ libre** Gasthörer(in)
audition [odisjɔ̃] *nf* (*ouïe*) Gehör *nt*; (*de témoins*) Anhörung *f*; (*Théât*) Vorsprechen *nt*
auditionner [odisjɔne] *vt* (*Mus*) vorspielen lassen; (*: chanteur*) vorsingen lassen; (*Théât*) vorsprechen lassen
auditoire [oditwaʀ] *nm* Publikum *nt*
augmentation [ɔgmɑ̃tasjɔ̃] *nf* Erhöhung *f*; **~ (de salaire)** Gehaltserhöhung *f*
augmenter [ɔgmɑ̃te] *vt* erhöhen; (*grandeur*) erweitern ▶ *vi* zunehmen, sich vergrößern; (*vitesse, prix*) steigen; (*vie, produit*) teurer werden; **~ un employé/ salarié** einem Angestellten eine Gehaltserhöhung geben
augure [ogyʀ] *nm* (*prophète*) Wahrsager(in) *m(f)*; **être de bon/mauvais ~** ein gutes/ schlechtes Zeichen sein
aujourd'hui [oʒuʀdɥi] *adv* heute; (*de nos jours*) heutzutage
aumône [omon] *nf* Almosen *nt*
auparavant [opaʀavɑ̃] *adv* vorher, zuvor
auprès [opʀɛ] : **~ de** *prép* bei
auquel [okɛl] *prép +pron voir* **lequel**
auriculaire [ɔʀikylɛʀ] *nm* kleiner Finger *m*
aurore [ɔʀɔʀ] *nf* Morgendämmerung *f*; **~ boréale** Nordlicht *nt*
ausculter [ɔskylte] *vt* abhorchen
aussi [osi] *adv* auch, ebenfalls; (*dans comparaison*) (genau)so; (*si, tellement*) so ▶ *conj* daher, deshalb; **~ fort/ rapidement que** genauso stark/schnell wie; **lui ~** er auch
aussitôt [osito] *adv* sofort, sogleich; **~ que** sobald
austère [ostɛʀ] *adj* (*personne*) streng; (*paysage*) karg
austérité [osteʀite] *nf* (*Écon*) Sparmaßnahmen *pl*
austral, e [ɔstʀal] *adj* südlich, Süd-
Australie [ostʀali] *nf* : **l'~** Australien *nt*
australien, ne [ostʀaljɛ̃, jɛn] *adj* australisch ▶ *nm/f* : **Australien, ne** Australier(in)
autant [otɑ̃] *adv* so viel; **~ (que)** genauso viel (wie); **~ (de)** (*nombre*) so viele; (*quantité*) so viel; **~ partir/ne rien dire** es ist besser abzufahren/nichts zu sagen; **il n'est pas découragé pour ~** trotzdem ist er nicht entmutigt; **pour ~ que** soviel, soweit; **d'~ plus/moins/mieux (que)** umso mehr/weniger/besser (als)
autel [otɛl] *nm* Altar *m*
auteur, e [otœʀ] *nm/f* (*écrivain*) Autor(in); (*d'un crime*) Täter(in); **droits d'~** Urheberrecht *nt*

auteur-compositeur [otœʀkɔ̃pozitœʀ] (*pl* **auteurs-compositeurs**) *nm* ≈ Liedermacher(in) *m(f)*
authentique [otɑ̃tik] *adj* echt; (*véridique*) wahr
autisme [otism] *nm* Autismus *m*
autiste [otist] *adj* autistisch
auto [oto] *préf* Auto-, Selbst-
autoallumage [otoalymaʒ] *nm* Selbstzündung *f*
autobiographie [otobjɔgʀafi] *nf* Autobiografie *f*
autobiographique [otobjɔgʀafik] *adj* autobiografisch
autobus [ɔtɔbys] *nm* Bus *m*
autocar [ɔtɔkaʀ] *nm* Reisebus *m*
autochtone [ɔtɔktɔn] *adj* eingeboren ▸ *nmf* Eingeborene(r) *f(m)*
autocollant, e [otokɔlɑ̃, ɑ̃t] *adj* selbstklebend ▸ *nm* Aufkleber *m*
auto-couchettes [ɔtɔkuʃɛt] *adj inv*: **train ~** Autoreisezug *m*
autocritique [otokʀitik] *nf* Selbstkritik *f*
autocuiseur [otokɥizœʀ] *nm* Schnellkochtopf *m*
autodéfense [otodefɑ̃s] *nf* Selbstverteidigung *f*
autodétermination [otodetɛʀminasjɔ̃] *nf* Selbstbestimmung *f*
autodidacte [otodidakt] *nmf* Autodidakt(in) *m(f)*
autodrome [otodʀom] *nm* Autorennbahn *f*
auto-école [otoekɔl] (*pl* **auto-écoles**) *nf* Fahrschule *f*
autoentrepreneur, -euse [otoɑ̃tʀəpʀənœʀ, øz] *nm/f* selbständiger Einzelunternehmer(in)
autofocus [otofɔkys] *nm* (*Photo*) Autofokus *m*
autogestion [otoʒɛstjɔ̃] *nf* Selbstverwaltung *f*
autographe [ɔtɔgʀaf] *nm* Autogramm *nt*
automate [ɔtɔmat] *nm* Automat *m*
automatique [ɔtɔmatik] *adj* automatisch
automatiquement [ɔtɔmatikmɑ̃] *adv* automatisch
automatiser [ɔtɔmatize] *vt* automatisieren
automatisme [ɔtɔmatism] *nm* Automatismus *m*
automédication [otomedikasjɔ̃] *nf* Selbstverordnung *f* von Arzneimitteln
automitrailleuse [otomitʀɑjøz] *nf* Panzerwagen *m*
automnal, e, -aux [ɔtɔnal, o] *adj* herbstlich
automne [ɔtɔn] *nm* Herbst *m*; **en ~** im Herbst
automobile [ɔtɔmɔbil] *nf* Auto *nt*
automobiliste [ɔtɔmɔbilist] *nmf* Autofahrer(in) *m(f)*
autonettoyant, e [otonetwajɑ̃, ɑ̃t] *adj*: **four ~** selbstreinigender Backofen *m*
autonome [ɔtɔnɔm] *adj* autonom; (*appareil, système*) unabhängig
autonomie [ɔtɔnɔmi] *nf* Unabhängigkeit *f*; (*Pol*) Autonomie *f*
autonomiste [ɔtɔnɔmist] *nmf* Separatist(in) *m(f)*
autopsie [ɔtɔpsi] *nf* Autopsie *f*
autoradio [otoʀadjo] *nm* Autoradio *nt*
autorail [otoʀaj] *nm* Schienenbus *m*
autorisation [ɔtɔʀizasjɔ̃] *nf* Genehmigung *f*, Erlaubnis *f*; **~ de séjour** Aufenthaltserlaubnis
autorisé, e [ɔtɔʀize] *adj* (*source*) offiziell; (*opinion*) maßgeblich
autoriser [ɔtɔʀize] *vt* genehmigen; (*chose*) berechtigen zu
autoritaire [ɔtɔʀitɛʀ] *adj* autoritär
autorité [ɔtɔʀite] *nf* Machtbefugnis *f*; (*ascendant, influence*) Autorität *f*; **faire ~** maßgeblich sein
autoroute [otoʀut] *nf* Autobahn *f*; **~ de l'information** Datenautobahn *f*
autostop [otostɔp] *nm* Trampen *nt*; **faire de l'~** per Anhalter fahren, trampen
auto-stoppeur, -euse [otostɔpœʀ, øz] (*pl* **auto-stoppeurs, -euses**) *nm/f* Anhalter(in), Tramper(in)
autour [otuʀ] *adv* herum, umher; **~ de qch** um etw *acc* herum; (*environ*) etwa etw; **tout ~** rundherum
autre [otʀ] *adj, pron* andere(r, s); **un(e) ~** ein anderer/eine andere/ein anderes; **je préférerais un ~ verre** ich möchte lieber ein anderes Glas; **je voudrais un ~ verre d'eau** (*supplémentaire*) ich möchte noch ein Glas Wasser; **~ part** anderswo; **d'~ part** andererseits; **nous/vous ~s** wir/ihr; **d'~s** andere; **l'~** der/die/das andere; **les ~s** die anderen; **l'un et l'~** beide; **se détester l'un l'~/les uns les ~s** einander verabscheuen; **d'une semaine/minute à l'~** von einer Woche/Minute auf die andere; **entre ~s** unter anderem
autrefois [otʀəfwa] *adv* früher, einst
autrement [otʀəmɑ̃] *adv* (*d'une manière différente*) anders; (*sinon*) sonst; **je n'ai pas pu faire ~** ich konnte nicht anders; **~ dit** anders ausgedrückt

Autriche [otʀiʃ] *nf*: **l'~** Österreich *nt*
autrichien, ne [otʀiʃjɛ̃, jɛn] *adj* österreichisch ▸ *nm/f*: **Autrichien, ne** Österreicher(in)
autruche [otʀyʃ] *nf* Strauß *m*
autrui [otʀɥi] *pron* die anderen *pl*
auvent [ovɑ̃] *nm* (*de tente*) Vorzelt *nt*
Auvergne [ovɛʀɲ] *nf*: **l'~** die Auvergne *f*
aux [o] *voir* **à**
auxiliaire [ɔksiljɛʀ] *adj* Hilfs- ▸ *nmf* (*Admin*) Hilfskraft *f* ▸ *nm* (*Ling*) Hilfsverb *nt*
auxquels [okɛl] *prép +pron voir* **lequel**
av. *abr* = **avenue**
aval [aval] *nm* (*accord*) Unterstützung *f*; **en ~ de** flussabwärts von
avalanche [avalɑ̃ʃ] *nf* Lawine *f*
avaler [avale] *vt* verschlingen
avance [avɑ̃s] *nf* (*sur un concurrent*) Vorsprung *m*; (*d'argent*) Vorschuss *m*; (*opposé à retard*) Verfrühung *f*; **avances** *nfpl* (*ouvertures*) Annäherungsversuche *pl*; **être en ~** zu früh dran sein; **à l'~, d'~, par ~** im Voraus
avancé, e [avɑ̃se] *adj* (*technique, opinions*) fortschrittlich; (*heure, travail*) fortgeschritten; **d'un âge ~** fortgeschrittenen Alters
avancement [avɑ̃smɑ̃] *nm* (*professionnel*) Beförderung *f*
avancer [avɑ̃se] *vi* sich vorwärtsbewegen; (*dans le temps*) voranschreiten; (*montre, réveil*) vorgehen ▸ *vt* vorschieben; (*date, rencontre*) vorverlegen; (*hypothèse*) aufstellen; (*argent*) vorstrecken; (*montre*) vorstellen; **s'avancer** *vpr* (*s'approcher*) näher kommen; (*être en saillie, surplomb*) herausragen
avant [avɑ̃] *prép* vor *+dat*; (*avec verbe de mouvement*) vor *+acc* ▸ *adj inv*: **siège/roue ~** Vordersitz *m*/Vorderrad *nt* ▸ *nm* (*d'un véhicule*) Vorderteil *nt*; **~ tout** vor allem; **en ~** nach vorne; **en ~ de** vor *+dat*; **~ qu'il (ne) parte** ehe *ou* bevor er geht
avantage [avɑ̃taʒ] *nm* Vorteil *m*; (*supériorité*) Überlegenheit *f*
avantager [avɑ̃taʒe] *vt* bevorzugen
avantageux, -euse [avɑ̃taʒø, øz] *adj* vorteilhaft, günstig
avant-bras [avɑ̃bʀa] *nm inv* Unterarm *m*
avant-centre [avɑ̃sɑ̃tʀ] (*pl* **avant-centres**) *nm* Mittelstürmer *m*
avant-coureur [avɑ̃kuʀœʀ] *adj* vorangehend; **~ de** etw *+dat*; **signe ~** Vorzeichen *nt*
avant-dernier, -ière [avɑ̃dɛʀnje, jɛʀ] *adj* vorletze(r, s) ▸ *nm/f* Vorletzte(r) *f(m)*
avant-garde [avɑ̃gaʀd] (*pl* **avant-gardes**) *nf* (*Mil*) Vorhut *f*; (*fig*) Avantgarde *f*, Vorreiter *pl*; **d'~** avantgardistisch
avant-goût [avɑ̃gu] (*pl* **avant-goûts**) *nm* Vorgeschmack *m*
avant-hier [avɑ̃tjɛʀ] *adv* vorgestern
avant-première [avɑ̃pʀəmjɛʀ] (*pl* **avant-premières**) *nf* (*de film*) Voraufführung *f*
avant-projet [avɑ̃pʀɔʒɛ] (*pl* **avant-projets**) *nm* Pilotprojekt *nt*
avant-propos [avɑ̃pʀɔpo] *nm inv* Vorwort *nt*
avant-veille [avɑ̃vɛj] *nf*: **l'~** zwei Tage davor
avare [avaʀ] *adj* geizig
avarice [avaʀis] *nf* Geiz *m*
avarié, e [avaʀje] *adj* (*viande, fruits*) verdorben
avaries [avaʀi] *nfpl* Schaden *m*
avec [avɛk] *prép* mit; (*en plus de, à l'égard de*) zu; **~ habilité** geschickt; **~ lenteur** langsam
avenant, e [av(ə)nɑ̃, ɑ̃t] *adj* freundlich ▸ *nm*: **le reste à l'~** der Rest (ist) entsprechend
avenir [avniʀ] *nm* Zukunft *f*; **à l'~** in Zukunft
Avent [avɑ̃] *nm* Advent *m*
aventure [avɑ̃tyʀ] *nf* Abenteuer *nt*
aventurer [avɑ̃tyʀe]: **s'aventurer** *vpr* sich wagen
aventureux, -euse [avɑ̃tyʀø, øz] *adj* (*personne*) abenteuerlustig; (*projet, vie*) abenteuerlich
aventurier, -ière [avɑ̃tyʀje, jɛʀ] *nm/f* Abenteurer(in)
avenue [avny] *nf* Allee *f*
avérer [aveʀe]: **s'avérer** *vpr*: **s'~ faux/coûteux** sich als falsch/kostspielig erweisen
averse [avɛʀs] *nf* Regenschauer *m*
aversion [avɛʀsjɔ̃] *nf* Abneigung *f*
avertir [avɛʀtiʀ] *vt* benachrichtigen; **~ qn de qch** jdn vor etw *dat* warnen
avertissement [avɛʀtismɑ̃] *nm* Warnung *f*; (*blâme*) Mahnung *f*
avertisseur [avɛʀtisœʀ] *nm* (*Auto*) Hupe *f*
aveu [avø] *nm* Geständnis *nt*
aveugle [avœgl] *adj* blind
aveuglément [avœglemɑ̃] *adv* blindlings
aveugler [avœgle] *vt* blenden; (*fig: amour, colère*) blind machen
aviateur, -trice [avjatœʀ, tʀis] *nm/f* Flieger(in)
aviation [avjasjɔ̃] *nf* Luftfahrt *f*; (*Mil*) Luftwaffe *f*

aviculture [avikyltyʀ] *nf* Geflügelzucht *f*
avide [avid] *adj* begierig; (*péj*) gierig
avion [avjɔ̃] *nm* Flugzeug *nt*; **aller (à Pise) en ~** (nach Pisa) fliegen
avion-cargo [avjɔ̃kaʀgo] (*pl* **avions-cargos**) *nm* Transportflugzeug *nt*
avion-citerne [avjɔ̃sitɛʀn] (*pl* **avions-citernes**) *nm* Tankflugzeug *nt*
aviron [aviʀɔ̃] *nm* Ruder *nt*; (*sport*) Rudern *nt*
avis [avi] *nm* (*point de vue*) Meinung *f*, Ansicht *f*; (*conseil*) Rat(schlag) *m*; (*notification*) Mitteilung *f*; **être d'~ que** der Meinung sein, dass; **changer d'~** seine Meinung ändern
avisé, e [avize] *adj* (*sensé*) vernünftig
aviser [avize] *vt* (*voir*) bemerken ▸ *vi* (*réfléchir*) (nach)denken; **s'aviser** *vpr* : **s'~ de qch/que** (*remarquer*) etw bemerken *ou* entdecken/bemerken *ou* entdecken, dass; **~ qn de qch** jdn von etw in Kenntnis setzen; **~ qn que** jdn davon in Kenntnis setzen, dass
avocat, e [avɔka, at] *nm/f* (*Jur*) Rechtsanwalt *m*, Rechtsanwältin *f* ▸ *nm* (*Culin*) Avocado *f*; **~ général** ≈ Staatsanwalt *m*
avoine [avwan] *nf* Hafer *m*

MOT-CLÉ

avoir [avwaʀ] *vt* **1** haben; **elle a deux enfants/une belle maison** sie hat zwei Kinder/ein schönes Haus; **il a les yeux gris** er hat graue Augen; **vous avez du sel ?** haben Sie Salz?; **avoir du courage/de la patience** Mut/Geduld haben; **avoir faim/peur** Hunger/Angst haben; **avoir les cheveux blancs/un chapeau rouge** weiße Haare/einen roten Hut haben; **avoir du goût** einen guten Geschmack haben; **avoir horreur de** verabscheuen; **avoir rendez-vous** eine Verabredung haben; **avoir qch à faire** etw zu tun haben
2 (*âge, dimensions*) : **il a 3 ans** er ist 3 Jahre alt; **le mur a 3 mètres de haut** die Mauer ist 3 m hoch
3 (*fam : duper*) hereinlegen; **on t'a bien eu !** wir haben dich hereingelegt!
4 (*obtenir, attraper : train, prix, renseignement*) bekommen
5 : **en avoir** : **en avoir après** *ou* **contre qn** es auf jdn abgesehen haben; **en avoir assez** genug haben; **j'en ai pour une demi-heure** ich habe damit noch eine halbe Stunde zu tun
▸ *vb aux* **1** haben; **avoir mangé/dormi** gegessen/geschlafen haben
2 (*avoir à + infinitif*) : **avoir à faire qch** etw tun müssen; **vous n'avez qu'à lui demander** Sie brauchen ihn nur zu fragen; **tu n'as pas à me poser de questions** du hast mir keine Fragen zu stellen; **tu n'as pas à le savoir** das brauchst du nicht zu wissen
▸ *vb impers* **1** : **il y a** es gibt; **il y a du sable** da ist Sand; **il y a un homme sur le toit** da ist ein Mann auf dem Dach; **il y a des hommes, qui ...** es gibt Männer, die ...; **qu'y a-t-il ?** was gibts?; **qu'est-ce qu'il y a ?** was gibts?; **il doit y avoir une explication** es muss eine Erklärung geben; **il n'y a qu'à faire qch** man muss nur etw tun, man braucht nur etw zu tun; **il ne peut y en avoir qu'un** es kann nur einen geben
2 (*temporel*) : **il y a 10 ans** vor 10 Jahren; **il y a longtemps/10 ans que je le sais** ich weiß es schon lange/10 Jahre; **il y a 10 ans qu'il est arrivé** er ist vor 10 Jahren angekommen
▸ *nm* Vermögen *nt*; (*Comm*) Guthaben *nt*

avoisiner [avwazine] *vt* angrenzen an *+acc*
avortement [avɔʀtəmɑ̃] *nm* Abtreibung *f*
avorter [avɔʀte] *vi* abtreiben, misslingen, scheitern
avorton [avɔʀtɔ̃] *nm* (kleiner) Wicht *m*
avoué [avwe] *nm nicht plädierender Anwalt*
avouer [avwe] *vt* gestehen; **s'avouer** *vpr* : **s'~ vaincu** sich geschlagen geben; **s'~ incompétent** zugeben, dass man inkompetent ist
avril [avʀil] *nm* April *m*; **en ~** im April; **le 13 ~** am 13. April; **le 13 ~ 2008** der 13. April 2008 ; *voir aussi* **juillet**
axe [aks] *nm* Achse *f*
ayant droit [ɛjɑ̃dʀwa] (*pl* **ayants droit**) *nm* Empfangsberechtigte(r) *f(m)*
azalée [azale] *nf* Azalee *f*
Azerbaïdjan [azɛʀbaidʒɑ̃] *nm* : **l'~** Aserbaidschan *nt*
azote [azɔt] *nm* Stickstoff *m*
azur [azyʀ] *nm* (*couleur*) Azur(blau) *nt*, Himmelsblau *nt*

b

B¹, b [be] *nm inv* B, b *nt*
B² [be] *abr* (= *bien*) gut
BA [bea] *sigle f* (= *bonne action*) gute Tat *f*
baba [baba] *adj* : **être ~** (*fam*) völlig platt *ou* verblüfft sein ▶ *nm* : **~ au rhum** *rumgetränkter Kuchen*
babiller [babije] *vi* plappern
babiole [babjɔl] *nf* Kleinigkeit *f*
bâbord [bɑbɔʀ] *nm* : **à** *ou* **par ~** backbord
babouin [babwɛ̃] *nm* Pavian *m*
babyfoot [babifut] *nm* Tischfußball *m*
baby-sitter [babisitœʀ] (*pl* **baby-sitters**) *nmf* Babysitter(in) *m(f)*
baby-sitting [babisitiŋ] *nm* Babysitten *nt*
bac¹ [bak] *nm* (*bateau*) Fähre *f*; (*récipient*) Behälter *m*
bac² [bak] *abr m* (= *baccalauréat*) ≈ Abi *nt*
baccalauréat [bakalɔʀea] *nm* ≈ Abitur *nt*

Das **baccalauréat** oder kurz *bac* ist das französische Abitur, das man nach dem *lycée* im Alter von etwa 18 Jahren ablegt. Die drei Hauptzweige (allgemeine, technologische und berufliche Bildung) bieten eine Vielzahl von Fächerkombinationen. Etwa 80% eines Jahrgangs bestehen das Abitur oder das Fachabitur.

bâche [bɑʃ] *nf* Plane *f*
bâcher [bɑʃe] *vt* mit einer Plane abdecken
bachoter [baʃɔte] (*fam*) *vt* büffeln
bacille [basil] *nm* Bazillus *m*
bâcler [bɑkle] *vt* pfuschen
bactéricide [bakteʀisid] *adj* keimtötend ▶ *nm* keimtötendes Mittel *nt*
bactérie [bakteʀi] *nf* Bakterie *f*
badaud, e [bado, od] *nm/f* Schaulustige(r) *f(m)*
badge [badʒ] *nm* Button *m*
badigeonner [badiʒɔne] *vt* tünchen; (*Méd*) bepinseln
badin, e [badɛ̃, in] *adj* scherzhaft
badinage [badinaʒ] *nm* Geplänkel *nt*
badiner [badine] *vi* scherzen; **(ne pas) ~ avec qch** mit etw (keinen) Scherz treiben
badminton [badmintɔn] *nm* Badminton *nt*
baffe [baf] (*fam*) *nf* Ohrfeige *f*
baffle [bafl] *nm* Lautsprecherkette *f*
bafouer [bafwe] *vt* lächerlich machen
bafouillage [bafujaʒ] *nm* Gestammel *nt*
bafouiller [bafuje] *vi, vt* stammeln
bâfrer [bɑfʀe] (*fam*) *vi* fressen ▶ *vt* herunterschlingen
bagage [bagaʒ] *nm* : **bagages** *nmpl* Gepäck *nt*; **~ littéraire** (*fig*) literarische Kenntnisse; **~ à main** Handgepäck *nt*
bagarre [bagaʀ] *nf* Rauferei *f*; **il aime la ~** er ist rauflustig
bagarrer [bagaʀe] : **se bagarrer** *vpr* sich raufen
bagarreur, -euse [bagaʀœʀ, øz] *adj* rauflustig ▶ *nm/f* Raufbold *m*
bagatelle [bagatɛl] *nf* Kleinigkeit *f*
bagnard [baɲaʀ] *nm* Sträfling *m*
bagne [baɲ] *nm* Strafkolonie *f*
bagnole [baɲɔl] (*fam*) *nf* Auto *nt*
bagout [bagu] *nm* : **avoir du ~** ein geschmiertes *ou* gutes Mundwerk haben
bague [bag] *nf* Ring *m*; **~ de fiançailles** Verlobungsring *m*; **~ de serrage** Klammer *f*
baguette [bagɛt] *nf* Stab *m*; (*de chef d'orchestre*) Taktstock *m*; (*pain*) Stangenweißbrot *nt*; **mener qn à la ~** jdn an der Kandare halten; **~ de tambour** Trommelstock *m*
Bahamas [baamas] *nfpl* : **les (îles) ~** die Bahamas *pl*
Bahreïn [baʀɛn] *nm* Bahrein *nt*
bahut [bay] *nm* Truhe *f*
baie [bɛ] *nf* (*Géo*) Bucht *f*; (*fruit*) Beere *f*; **~ (vitrée)** großes Fenster *nt*
baignade [bɛɲad] *nf* Baden *nt*
baigner [beɲe] *vt* baden ▶ *vi* : **~ dans son sang** im eigenen Blut schwimmen; **se baigner** *vpr* schwimmen; (*dans une baignoire*) baden; **tout baigne !** (*fam*) es läuft alles wie geschmiert!
baigneur, -euse [bɛɲœʀ, øz] *nm/f* Badende(r) *f(m)*
baignoire [bɛɲwaʀ] *nf* Badewanne *f*; (*Théât*) Parterreloge *f*
bail, baux [baj, bo] *nm* Mietvertrag *m*
bâiller [bɑje] *vi* gähnen; (*être ouvert*) offen stehen
bailleur [bajœʀ] *nm* : **~ de fonds** Geldgeber *m*
bâillon [bɑjɔ̃] *nm* Knebel *m*

bâillonner [bɑjɔne] *vt* knebeln
bain [bɛ̃] *nm* Bad *nt*; **se mettre dans le ~** sich mit etw vertraut machen; **~ de pieds** Fußbad *nt*; **~ de soleil** Sonnenbad *nt*; **~s de mer** Baden im Meer
bain-marie [bɛ̃maʀi] (*pl* **bains-marie**) *nm* Wasserbad *nt*
baïonnette [bajɔnɛt] *nf* Bajonett *nt*
baisemain [bɛzmɛ̃] *nm* Handkuss *m*
baiser [beze] *nm* Kuss *m* ▶ *vt* (*embrasser*) küssen; (*vulg* : *coucher avec*) bumsen, ficken
baisse [bɛs] *nf* Sinken *nt*
baisser [bese] *vt* (*store, vitre*) herunterlassen; (*radio*) leiser stellen; (*chauffage*) niedriger stellen; (*prix*) herabsetzen ▶ *vi* fallen; **se baisser** *vpr* sich bücken
bal [bal] *nm* Ball *m*; **~ costumé** Kostümball *m*
balade [balad] *nf* Spaziergang *m*; (*en voiture*) Spazierfahrt *f*
balader [balade] *vt* (*traîner*) mit sich herumschleppen; (*promener*) spazieren führen; **se balader** *vpr* spazieren gehen
baladeur [baladœʀ] *nm* : **~ MP3** MP3-Player *m*
baladeuse [baladøz] *nf* Kontrollampe *f*
balafre [balɑfʀ] *nf* Schnitt *m*; (*cicatrice*) Narbe *f*
balai [balɛ] *nm* Besen *m*; **donner un coup de ~ dans** ausfegen
balai-brosse [balɛbʀɔs] (*pl* **balais-brosses**) *nm* Schrubber *m*
balance [balɑ̃s] *nf* Waage *f*; **la B~** (*Astrol*) die Waage; **~ des paiements** Zahlungsbilanz *f*
balancer [balɑ̃se] *vt* (*bras, jambes etc*) baumeln lassen; (*encensoir etc*) schwenken; (*fam* : *renvoyer, jeter*) hinauswerfen; **se balancer** *vpr* sich hin- und herbewegen; (*bateau, sur une balançoire*) schaukeln; **~ qch à la poubelle** (*fam*) etw in den Müll befördern; **se ~ de qch** (*fam*) sich um etw einen Dreck scheren
balancier [balɑ̃sje] *nm* (*de pendule*) Pendel *nt*; (*perche*) Balancierstange *f*
balançoire [balɑ̃swaʀ] *nf* (*suspendue*) Schaukel *f*; (*sur pivot*) Wippe *f*
balayer [baleje] *vt* (*feuilles etc*) zusammenfegen; (*pièce, cour*) (aus) fegen; (*soucis etc*) vertreiben; (*suj* : *radar, phares*) absuchen
balayette [balɛjɛt] *nf* Handfeger *m*
balayeur, -euse [balɛjœʀ, øz] *nm/f* Straßenkehrer(in) ▶ *nf* (*engin*) Straßenkehrmaschine *f*
balbutiement [balbysimɑ̃] *nm* Stammeln *nt*
balbutier [balbysje] *vi, vt* stammeln
balcon [balkɔ̃] *nm* Balkon *m*; (*Théât*) erster Rang *m*
Bâle [bɑl] *nf* Basel *nt*
Baléares [baleaʀ] *nfpl* : **les (îles) ~** die Balearen *pl*
baleine [balɛn] *nf* Wal(fisch *m*) *m*; (*de parapluie*) Speiche *f*
balisage [balizaʒ] *nm* Befeuerung *f*, Markierung *f*
balise [baliz] *nf* (*Naut*) Bake *f*, Seezeichen *nt*; (*Aviat*) Befeuerungslicht *nt*; (*Auto, Ski*) Markierung *f*
baliser [balize] *vt* befeuern, markieren ▶ *vi* (*fam*) Angst haben
balistique [balistik] *adj* ballistisch ▶ *nf* Ballistik *f*
balivernes [balivɛʀn] *nfpl* Geschwätz *nt*
balkanique [balkanik] *adj* Balkan-
Balkans [balkɑ̃] *nmpl* : **les ~** die Balkanländer *pl*
ballade [balad] *nf* Ballade *f*
ballant, e [balɑ̃, ɑ̃t] *adj* baumelnd; **les bras ~s** mit hängenden Armen
ballast [balast] *nm* Schotter *m*
balle [bal] *nf* Ball *m*; (*d'arme à feu*) Kugel *f*; (*du blé*) Spreu *f*; (*paquet*) Ballen *m*; **~ perdue** verirrte Kugel
ballerine [bal(ə)ʀin] *nf* Ballerina *f*; (*chaussure*) *leichter, flacher Damenschuh*
ballet [balɛ] *nm* Ballett *nt*
ballon [balɔ̃] *nm* Ball *m*; (*Aviat*) Ballon *m*; (*de vin*) (Wein)glas *nt*; **~ de football** Fußball *m*
ballonner [balɔne] *vt* : **j'ai le ventre ballonné** ich habe einen Blähbauch
ballon-sonde [balɔ̃sɔ̃d] (*pl* **ballons-sondes**) *nm* Registrierballon *m*
ballot [balo] *nm* Ballen *m*; (*péj*) Blödmann *m*
ballottage [balɔtaʒ] *nm* (*Pol*) Stichwahl *f*
ballotter [balɔte] *vi* hin- und herrollen ▶ *vt* durcheinanderwerfen; **être ballotté entre** hin- und hergerissen sein zwischen
balluchon [balyʃɔ̃] *nm* Bündel *nt*
balnéaire [balneɛʀ] *adj* Bade-
balnéothérapie [balneoteʀapi] *nf* Bäderkur *f*
balourd, e [baluʀ, uʀd] *adj* linkisch
balourdise [baluʀdiz] *nf* Unbeholfenheit *f*, Schwerfälligkeit *f*
balte [balt] *adj* baltisch ▶ *nmf* : **Balte** Balte *m*, Baltin *f*
baltique [baltik] *adj* baltisch ▶ *nf* : **la (mer) B~** die Ostsee *f*
balustrade [balystʀad] *nf* Geländer *nt*

bambin [bɑ̃bɛ̃] *nm* kleines Kind *nt*
bambou [bɑ̃bu] *nm* Bambus *m*
ban [bɑ̃] *nm* : **être au ~ de** ausgestoßen sein aus; **bans** *nmpl* (*de mariage*) Aufgebot *nt*; **mettre au ~ de** ausstoßen aus
banal, e [banal] *adj* banal
banalisé, e [banalize] *adj* (*voiture de police*) (als Zivilfahrzeug) getarnt
banaliser [banalize] *vt* banal machen
banalité [banalite] *nf* Banalität *f*
banane [banan] *nf* Banane *f*; (*pochette*) Gürteltasche *f*
bananier [bananje] *nm* (*arbre*) Bananenstaude *f*; (*cargo*) Bananendampfer *m*
banc [bɑ̃] *nm* (*siège*) Bank *f*; (*de poissons*) Schwarm *m*; **~ des accusés** Anklagebank *f*; **~ d'essai** Prüfstand *m*; **~ de sable** Sandbank *f*; **~ des témoins** Zeugenbank *f*
bancaire [bɑ̃kɛʀ] *adj* Bank-
bancal, e [bɑ̃kal] *adj* wackelig
bandage [bɑ̃daʒ] *nm* Verband *m*
bande [bɑ̃d] *nf* (*de tissu etc*) Streifen *m*, Band *nt*; (*Méd*) Binde *f*; (*magnétique*) Tonband *nt*; (*motif, dessin*) Streifen; **une ~ de** (*péj*) eine Horde *ou* Bande von; **faire ~ à part** sich absondern; **~ d'arrêt d'urgence** Seitenstreifen *m*; **~ dessinée** Comic *m*; **la ~ de Gaza** der Gazastreifen; **~ sonore** Tonspur *f*
bande-annonce [bɑ̃danɔ̃s] (*pl* **bandes-annonces**) *nf* Vorschau *f*
bandeau [bɑ̃do] *nm* (*ruban*) Stirnband *nt*; (*sur les yeux*) Augenbinde *f*
bander [bɑ̃de] *vt* (*blessure*) verbinden; (*muscle etc*) anspannen ▸ *vi* (*vulg*) einen stehen haben; **~ les yeux à qn** jdm die Augen verbinden
banderole [bɑ̃dʀɔl] *nf* Spruchband *nt*
bande-son [bɑ̃dsɔ̃] (*pl* **bandes-son**) *nf* Tonspur *f*
bande-vidéo [bɑ̃dvideo] (*pl* **bandes-vidéo**) *nf* Video(band) *nt*
bandit [bɑ̃di] *nm* Bandit *m*; (*fig : escroc*) Gauner *m*
bandoulière [bɑ̃duljɛʀ] *nf* : **en ~** umgehängt
Bangladesh [bɑ̃gladɛʃ] *nm* : **le ~** Bangladesch *nt*
banjo [bɑ̃(d)ʒo] *nm* Banjo *nt*
banlieue [bɑ̃ljø] *nf* Vorort *m*; **quartier de ~** Vorstadtviertel *nt*
banlieusard, e [bɑ̃ljøzaʀ, aʀd] *nm/f* Vorortbewohner(in); (*voyageur*) Pendler(in)
bannière [banjɛʀ] *nf* Banner *nt*
bannir [baniʀ] *vt* verbannen
banque [bɑ̃k] *nf* Bank *f*; **~ d'affaires** Handelsbank *f*; **B~ centrale (européenne)** (Europäische) Zentralbank; **~ à domicile** Homebanking *nt*; **~ de données** Datenbank *f*; **~ d'organes** Organbank *f*
banqueroute [bɑ̃kʀut] *nf* Bankrott *m*
banquet [bɑ̃kɛ] *nm* Festmahl *nt*, Bankett *nt*
banquette [bɑ̃kɛt] *nf* Sitzbank *f*
banquier, -ière [bɑ̃kje, jɛʀ] *nm/f* Bankier *m*
baptême [batɛm] *nm* Taufe *f*; **~ de l'air** Jungfernflug *m*
baptiser [batize] *vt* taufen
baquet [bakɛ] *nm* Zuber *m*, Kübel *m*
bar [baʀ] *nm* Bar *f*; (*comptoir*) Tresen *m*; (*poisson*) Barsch *m*
baragouin [baʀagwɛ̃] *nm* Kauderwelsch *nt*
baragouiner [baʀagwine] *vi, vt* radebrechen
baraque [baʀak] *nf* (*cabane, hutte*) Hütte *f*; (*fam : maison*) Bude *f*; **~ foraine** Jahrmarktsbude *f*
baraqué, e [baʀake] (*fam*) *adj* gut beieinander
baraquements [baʀakmɑ̃] *nmpl* Barackensiedlung *f*
baratin [baʀatɛ̃] (*fam*) *nm* : **faire du ~ à qn** jdn beschwatzen
baratiner [baʀatine] (*fam*) *vt* beschwatzen *+acc*
Barbade [baʀbad] *nf* : **la ~** Barbados *nt*
barbare [baʀbaʀ] *adj* barbarisch; (*inculte*) unzivilisiert ▸ *nmf* Barbar(in) *m(f)*
barbarie [baʀbaʀi] *nf* Barbarei *f*
barbe [baʀb] *nf* Bart *m*; **au nez et à la ~ de qn** vor jds Nase *dat*; **quelle ~ !** (*fam*) so ein Mist!; **~ à papa** Zuckerwatte *f*
barbecue [baʀbəkju] *nm* Barbecue *nt*
barbelé [baʀbəle] *nm* Stacheldraht *m*
barber [baʀbe] (*fam*) *vt* tödlich langweilen
barbiche [baʀbiʃ] *nf* Spitzbart *m*
barbiturique [baʀbityʀik] *nm* Schlafmittel *nt*
barboter [baʀbɔte] *vi* waten ▸ *vt* (*fam*) klauen
barboteuse [baʀbɔtøz] *nf* Strampelanzug *m*
barbouiller [baʀbuje] *vt* beschmieren; **avoir l'estomac barbouillé** sich *dat* den Magen verdorben haben
barbu, e [baʀby] *adj* bärtig
barbue [baʀby] *nf* (*poisson*) Glattbutt *m*
Barcelone [baʀsəlɔn] *nf* Barcelona *nt*
barda [baʀda] (*fam*) *nm* Zeug *nt*, Krempel *m*
barde [baʀd] *nf* (*Culin*) Speckstreifen *m* ▸ *nm* (*poète*) Barde *m*

barder [baʀde] (*fam*) *vi* : **ça va ~** das gibt Ärger
barème [baʀɛm] *nm* Skala *f*; **~ des salaires** Lohnskala *f*
baril [baʀi(l)] *nm* (*de pétrole*) Barrel *nt*
bariolé, e [baʀjɔle] *adj* bunt
barman [baʀman] *nm* Barkeeper *m*
baromètre [baʀɔmɛtʀ] *nm* Barometer *nt*
baron, ne [baʀɔ̃] *nm/f* Baron(in); (*aussi fig*) Magnat(in)
baroque [baʀɔk] *adj* barock; (*fig*) seltsam
barque [baʀk] *nf* Barke *f*
barrage [baʀaʒ] *nm* Damm *m*; (*sur route*) Straßensperre *f*; **~ de police** Polizeisperre *f*
barre [baʀ] *nf* Stange *f*; (*Naut*) Ruderpinne *f*; (*écrite*) (Feder)strich *m*; **être à** *ou* **tenir la ~** (*Naut*) am Ruder sein; **comparaître à la ~** vor Gericht erscheinen; **~ chocolatée** Schokoriegel *m*; **~ de défilement** Bildlaufleiste *f*; **~ d'espacement** Leertaste *f*; **~ d'état** Statusleiste *f*; **~ fixe** Reck *nt*; **~ d'icônes** Symbolleiste *f*; **~ de menu** Menüzeile *f*; **~ d'outils** Symbolleiste *f*; **~ de recherche** Suchleiste *f*; **~s parallèles** Barren *m*
barreau, x [baʀo] *nm* Stab *m*; (*Jur*) Anwaltschaft *f*
barrer [baʀe] *vt* (*route etc*) (ab)sperren; (*mot*) (durch)streichen; (*chèque*) zur Verrechnung ausstellen; (*Naut*) steuern; **se barrer** (*fam*) *vpr* abhauen
barrette [baʀɛt] *nf* (*pour les cheveux*) Spange *f*; **~ (de) mémoire** USB-Speichermodul *nt*
barreur [baʀœʀ] *nm* Steuermann *m*
barricade [baʀikad] *nf* Barrikade *f*
barricader [baʀikade] *vt* verbarrikadieren; **se barricader** *vpr* : **se ~ chez soi** sich verbarrikadieren
barrière [baʀjɛʀ] *nf* Zaun *m*; (*de passage à niveau*) Schranke *f*; (*obstacle*) Hindernis *nt*; **~ acoustique** Lärmschutzwall *m*, Lärmschutzwand *f*; **~s douanières** Zollschranken *pl*
barrique [baʀik] *nf* Fass *nt*
baryton [baʀitɔ̃] *nm* Bariton *m*
bas, basse [bɑ, bɑs] *adj* niedrig; (*température, ton*) tief; (*action*) niedrig, niederträchtig ▸ *nm* (*chaussette*) Strumpf *m*; (*partie inférieure*) : **le ~ de ...** der untere Teil von ... ▸ *adv* niedrig, tief; **plus ~** weiter unten; (*dans un texte*) unten; **parler plus ~** leiser sprechen; **la tête ~se** mit gesenktem Kopf; **avoir la vue ~se** kurzsichtig sein; **au ~ mot** mindestens; **enfant en ~ âge** Kleinkind *nt*; **en ~** unten; **en ~ de** unterhalb von; **de ~ en haut** von oben bis unten; **« à ~ la dictature/l'école ! »** „nieder mit der Diktatur/Schule!"
basalte [bazalt] *nm* Basalt *m*
basané, e [bazane] *adj* braun gebrannt
bas-côté [bakote] (*pl* **bas-côtés**) *nm* (*de route*) Rand *m*; (*d'église*) Seitenschiff *nt*
bascule [baskyl] *nf* : **(jeu de) ~** Wippe *f*; **(balance à) ~** (Balken)waage *f*; **fauteuil à ~** Schaukelstuhl *m*
basculer [baskyle] *vi* (um)fallen; (*benne etc*) (um)kippen ▸ *vt* (*faire basculer*) (um)kippen
base [bɑz] *nf* Basis *f*; (*d'édifice*) Fundament *nt*; (*de montagne*) Fuß *m*; (*de triangle*) Grundlinie *f*; (*militaire*) Stützpunkt *m*; (*fondement, principe*) Grundlage *f*; **jeter les ~s de** das Fundament legen für; **sur la ~ de** ausgehend von; **principe de ~** Grundprinzip *nt*; **à ~ de café/sucre** auf Kaffee-/Zuckerbasis; **~ de données** Datenbank *f*
base-ball [bɛzbol] *nm* Baseball *m*
baser [bɑze] *vt* : **~ qch sur** etw basieren auf *+acc*; **se baser** *vpr* : **se ~ sur** sich stützen auf *+acc*
bas-fond [bɑfɔ̃] (*pl* **bas-fonds**) *nm* (*Naut*) Untiefe *f*; **bas-fonds** *nmpl* (*fig*) Abschaum *m*
basilic [bazilik] *nm* (*Culin*) Basilikum *nt*
basilique [bazilik] *nf* Basilika *f*
basket [baskɛt] *nm* Basketball *m*
basket-ball [baskɛtbol] *nm* Basketball *m*
baskets [baskɛt] *nfpl* (*chaussures*) Turnschuhe *pl*; **être bien dans ses ~** (*fam*) sich sauwohl fühlen; **lâche-moi les ~ !** (*fam*) lass mich in Ruhe!
basque [bask] *adj* baskisch
basse [bɑs] *adj f voir* **bas** ▸ *nf* (*Mus*) Bass *m*
basse-cour [bɑskuʀ] (*pl* **basses-cours**) *nf* (Hühner)hof *m*
Basse-Saxe [bɑssaks] *nf* : **la ~** Niedersachsen *nt*
basset [basɛ] *nm* Basset *m*
bassin [basɛ̃] *nm* Becken *nt*; (*pièce d'eau*) Bassin *nt*; **~ houiller** Steinkohlenrevier *nt*
bassiste [bɑsist] *nmf* Kontrabassspieler(in) *m(f)*
basson [bɑsɔ̃] *nm* (*instrument*) Fagott *nt*
bastingage [bastɛ̃gaʒ] *nm* Reling *f*
bastion [bastjɔ̃] *nm* Bastion *f*; (*fig*) Bollwerk *nt*
bas-ventre [bɑvɑ̃tʀ] (*pl* **bas-ventres**) *nm* Unterleib *m*
bataille [bataj] *nf* Schlacht *f*, Kampf *m*; **~ rangée** offener Kampf
bâtard, e [bɑtaʀ, aʀd] *adj* (*solution*) Misch- ▸ *nm/f* (*enfant*) Bastard *m*

batavia [batavja] *nf* Bataviasalat *m*
bateau, x [bato] *nm* Schiff *nt*
bateau-mouche [batomuʃ] (*pl* **bateaux-mouches**) *nm Ausflugsdampfer auf der Seine*
bateau-pilote [batopilɔt] (*pl* **bateaux-pilotes**) *nm* Lotsenboot *nt*
batelier, -ière [batəlje, jɛʀ] *nm/f* Flussschiffer(in)
bâti, e [bɑti] *adj* (*terrain*) bebaut ▸ *nm* (*armature*) Rahmen *m*; **bien ~** gut gebaut
batifoler [batifɔle] *vi* herumalbern
bâtiment [bɑtimɑ̃] *nm* Gebäude *nt*; (*Naut*) Schiff *nt*; **le ~** (*industrie*) das Baugewerbe *nt*
bâtir [bɑtiʀ] *vt* bauen
bâton [bɑtɔ̃] *nm* Stock *m*; (*d'agent de police*) (Gummi)knüppel *m*; **mettre des ~s dans les roues de qn** jdm Knüppel zwischen die Beine werfen; **parler à ~s rompus** über dies und das reden; **~ de rouge (à lèvres)** Lippenstift *m*; **~ de ski** Skistock *m*
bâtonnet [bɑtɔnɛ] *nm* Stäbchen *nt*; **~ de poisson** Fischstäbchen
batraciens [batʀasjɛ̃] *nmpl* Amphibien *pl*
battage [bataʒ] *nm* Werbung *f*
battant, e [batɑ̃, ɑ̃t] *nm/f* (*personne*) Kämpfernatur *f* ▸ *nm* (*de cloche*) Klöppel *m*; (*de volet, de porte*) Flügel *m*; **porte à double ~** zweiflügelige Tür *f*
battement [batmɑ̃] *nm* (*de cœur*) Schlagen *nt*; **10 minutes de ~** 10 Minuten Zeit; **~ de paupières** Blinzeln *nt*
batterie [batʀi] *nf* (*Mil, Élec*) Batterie *f*; (*Mus*) Schlagzeug *nt*; **~ de cuisine** Küchenutensilien *pl*
batteur, -euse [batœʀ, øz] *nm/f* (*Mus*) Schlagzeuger(in) ▸ *nm* (*appareil*) Rührgerät *nt*, Mixer *m*
battre [batʀ] *vt* schlagen; (*blé*) dreschen; (*tapis*) klopfen; (*fer*) hämmern; (*cartes*) mischen; (*cœur*) schlagen; (*fenêtre, porte*) klappern; **se battre** *vpr* sich schlagen; **~ des mains** in die Hände klatschen; **~ de l'aile** (*fig*) auf der Nase liegen; **~ en brèche** einreißen; **~ son plein** in vollem Schwung sein; **~ en retraite** den Rückzug antreten
battue [baty] *nf* Treibjagd *f*
baud [bo] *nm* Baud *nt*
baume [bom] *nm* Balsam *m*
bauxite [boksit] *nf* Bauxit *m*
bavard, e [bavaʀ, aʀd] *adj* schwatzhaft
bavardage [bavaʀdaʒ] *nm* Geschwätz *nt*
bavarder [bavaʀde] *vi* schwatzen; (*indiscrètement*) klatschen
bavarois, e [bavaʀwa, waz] *adj* bay(e)risch
bave [bav] *nf* Speichel *m*; (*de chien etc*) Geifer *m*; (*d'escargot etc*) Schleim *m*
baver [bave] *vi* sabbern; **en ~** (*fam*) ganz schön ins Schwitzen kommen
bavette [bavɛt] *nf* Lätzchen *nt*
baveux, -euse [bavø, øz] *adj* sabbernd; (*omelette*) flüssig
Bavière [bavjɛʀ] *nf*: **la ~** Bayern *nt*
bavoir [bavwaʀ] *nm* Lätzchen *nt*
bavure [bavyʀ] *nf* (*fig*) Schnitzer *m*; **~ policière** Irrtum *m* der Polizei
bazar [bazaʀ] *nm* Basar *m*; (*fam : désordre*) Durcheinander *nt*
BCBG [besebeʒe] *sigle* (= *bon chic bon genre*) chic, schick
BCE [beseeə] *sigle f* (= *Banque centrale européenne*) EZB *f*
BD [bede] *sigle f* (= *bande dessinée*) Comic *m*
bd *abr* = **boulevard**
béant, e [beɑ̃, ɑ̃t] *adj* weit offen, klaffend
béat, e [bea, at] *adj* (glück)selig
béatitude [beatityd] *nf* Glückseligkeit *f*
beau, belle [bo, bɛl] (*devant nom masculin commençant par une voyelle ou un h muet* **bel**, *mpl* **beaux**) *adj* schön; (*homme*) gut aussehend; (*moralement*) gut; **faire le ~** (*chien*) Männchen machen ▸ *nf* (*Sport*) : **la belle** das Entscheidungsspiel; **il fait ~** es ist schönes Wetter; **un ~ geste** eine noble Geste; **un ~ gâchis** (*ironique*) ein schöner Schlamassel; **un ~ rhume** (*ironique*) ein ordentlicher Schnupfen; **un ~ jour** eines schönen Tages; **bel et bien** wahrhaftig; **le plus ~ c'est que** das Schönste daran ist, dass; **c'est du ~ !** das ist (ja) ein starkes Stück!; **nous avons eu ~ essayer ça n'a rien donné** wie sehr wir uns auch bemüht haben, es hat nichts genutzt; **~ parleur** Schönredner *m*
beaucoup [boku] *adv* viel; **~ de** (*nombre*) viele; (*quantité*) viel; **~ plus de** viel mehr; **~ trop de** (*nombre*) viel zu viele; (*quantité*) viel zu viel; **de ~** bei Weitem
beau-fils [bofis] (*pl* **beaux-fils**) *nm* Schwiegersohn *m*; (*d'un remariage*) Stiefsohn *m*
beau-frère [bofʀɛʀ] (*pl* **beaux-frères**) *nm* Schwager *m*
beau-père [bopɛʀ] (*pl* **beaux-pères**) *nm* Schwiegervater *m*; (*d'un remariage*) Stiefvater *m*
beauté [bote] *nf* Schönheit *f*; **de toute ~** wunderbar; **finir en ~** mit einem eleganten Schwung abschließen; (*brillamment*) glänzend abschließen
beaux-arts [bozaʀ] *nmpl* schöne Künste *pl*
beaux-parents [bopaʀɑ̃] *nmpl* Schwiegereltern *pl*

b

bébé [bebe] *nm* Baby *nt*
bébé-éprouvette [bebeepʀuvɛt] (*pl* **bébés-éprouvette**) *nm* Retortenbaby *nt*
bec [bɛk] *nm* Schnabel *m*; **clouer le ~ à qn** jdm das Maul stopfen; **~ de gaz** Gaslaterne *f*; **~ verseur** Schnabel
bécane [bekan] (*fam*) *nf* (*vélo*) Fahrrad *nt*; (*Inform*) Kiste *f*
bécasse [bekas] *nf* (*Zool*) Waldschnepfe *f*; (*fig*) dumme Gans *f*
bec-de-lièvre [bɛkdəljɛvʀ] (*pl* **becs-de-lièvre**) *nm* Hasenscharte *f*
bêche [bɛʃ] *nf* Spaten *m*
bêcher [beʃe] *vt* umgraben
bécoter [bekɔte] : **se bécoter** *vpr* sich abküssen
becquée [beke] *nf* : **donner la ~ à** füttern
becqueter [bɛkte] (*fam*) *vt* schnabulieren
bedaine [bədɛn] *nf* Wanst *m*
bédé [bede] (*fam*) *nf* Comic *m*
bedonnant, e [bədɔnɑ̃, ɑ̃t] *adj* dick(bäuchig)
bée [be] *adj* : **bouche ~** mit offenem Mund
beffroi [befʀwa] *nm* Glockenturm *m*
bégayer [begeje] *vi, vt* stottern, stammeln
bégonia [begɔnja] *nm* Begonie *f*
bègue [bɛg] *adj, nm/f* : **être ~** stottern
bégueule [begœl] *adj* prüde, zimperlich
béguin [begɛ̃] *nm* : **avoir le ~ pour** schwärmen für
beige [bɛʒ] *adj* beige
beignet [bɛɲɛ] *nm* Krapfen *m*
bel [bɛl] *adj m voir* **beau**
bêler [bele] *vi* blöken
belette [bəlɛt] *nf* Wiesel *nt*
belge [bɛlʒ] *adj* belgisch ▸ *nmf* : **Belge** Belgier(in) *m(f)*

> **La fête nationale belge** am 21. Juli ist in Belgien ein Feiertag zur Erinnerung an den 21. Juli 1831, an dem Leopold von Sachsen-Coburg Gotha König Leopold I wurde.

Belgique [bɛlʒik] *nf* : **la ~** Belgien *nt*
bélier [belje] *nm* Widder *m*; (*engin*) Rammbock *m*; **être B~** (*Astrol*) Widder sein
belle [bɛl] *adj f voir* **beau**
belle-fille [bɛlfij] (*pl* **belles-filles**) *nf* Schwiegertochter *f*; (*d'un remariage*) Stieftochter *f*
belle-mère [bɛlmɛʀ] (*pl* **belles-mères**) *nf* Schwiegermutter *f*; (*d'un remariage*) Stiefmutter *f*
belle-sœur [bɛlsœʀ] (*pl* **belles-sœurs**) *nf* Schwägerin *f*
belligérant [beliʒeʀɑ̃] *nm* Krieg führendes Land *nt*
belliqueux, -euse [belikø, øz] *adj* kriegerisch
belote [bəlɔt] *nf Kartenspiel mit 32 Karten*
belvédère [bɛlvedɛʀ] *nm* Aussichtspunkt *m*
bémol [bemɔl] *nm* (*Mus*) b *nt*, Erniedrigungszeichen *nt*
bénédiction [benediksjɔ̃] *nf* Segen *m*
bénéfice [benefis] *nm* (*Comm*) Gewinn *m*; (*avantage*) Nutzen *m*; **au ~ de** zugunsten von
bénéficiaire [benefisjɛʀ] *nm* Nutznießer *m*
bénéficier [benefisje] *vi* : **~ de** (*avoir*) genießen; (*tirer profit de*) Nutzen ziehen aus; (*obtenir*) erhalten
bénéfique [benefik] *adj* wohltuend; (*avantageux*) vorteilhaft
Benelux [benelyks] *nm* : **le ~** die Beneluxländer *pl*
benêt [bənɛ] *adj m* einfältig
bénévole [benevɔl] *adj* freiwillig ▸ *nmf* Freiwillige(r) *f(m)*
bénévolement [benevɔlmɑ̃] *adv* freiwillig
Bénin [benɛ̃] *nm* : **le ~** Benin *nt*
bénin, -igne [benɛ̃, iɲ] *adj* gütig; (*Méd*) gutartig
bénir [beniʀ] *vt* segnen
bénit, e [beni, it] *adj* : **eau ~e** Weihwasser *nt*
bénitier [benitje] *nm* Weihwasserbecken *nt*
benjamin, e [bɛ̃ʒamɛ̃, in] *nm/f* Benjamin *m*
benne [bɛn] *nf* (*de camion*) Kipplader *m*; (*de téléphérique*) Gondel *f*; **~ basculante** Kipplore *f*; **~ à ordures (ménagères)** (*camion*) Müllwagen *m*
benzine [bɛ̃zin] *nf* Leichtbenzin *nt*
BEP [beøpe] *sigle m* (*= brevet d'études professionnelles*) *Zeugnis einer technischen Schule*
BEPC [beəpese] *sigle m* (*= brevet d'études du premier cycle*) ≈ mittlere Reife *f*
béquille [bekij] *nf* Krücke *f*; (*de bicyclette*) Ständer *m*
berbère [bɛʀbɛʀ] *adj* berberisch ▸ *nm* (*Ling*) Berberisch *nt*
Berbère [bɛʀbɛʀ] *nmf* Berber(in) *m(f)*
berceau, x [bɛʀso] *nm* Wiege *f*
bercer [bɛʀse] *vt* wiegen; (*suj : musique etc*) einlullen; **~ qn de promesses** jdn mit Versprechungen irreführen
berceuse [bɛʀsøz] *nf* Wiegenlied *nt*
béret [beʀɛ] *nm* : **~ (basque)** Baskenmütze *f*
berge [bɛʀʒ] *nf* Ufer *nt*

b

berger, -ère [bɛʀʒe, ɛʀ] *nm/f* Schäfer(in) ▶ *nf (fauteuil)* ≈ Polstersessel *m*; **~ allemand** *(chien)* Schäferhund *m*
bergerie [bɛʀʒəʀi] *nf* Schafstall *m*
béribéri [beʀibeʀi] *nm* Beriberi *f*
Berlin [bɛʀlɛ̃] *nf* Berlin *nt*
berline [bɛʀlin] *nf (Auto)* Limousine *f*
berlingot [bɛʀlɛ̃go] *nm (emballage)* Tetrapack® *nt*
berlinois, e [bɛʀlinwa, waz] *adj* Berliner
bermuda [bɛʀmyda] *nm* Bermudas *pl*
Bermudes [bɛʀmyd] *nfpl* : **les (îles) ~** die Bermudas *pl*
Berne [bɛʀn] *nf* Bern *nt*
berne [bɛʀn] *nf* : **en ~** auf halbmast
berner [bɛʀne] *vt* zum Narren halten
besogne [bəzɔɲ] *nf* Arbeit *f*
besogneux, -euse [bəzɔɲø, øz] *adj* fleißig
besoin [bəzwɛ̃] *nm* Bedürfnis *nt*, Bedarf *m*; *(pauvreté)* Bedürftigkeit *f*; **au ~** notfalls; **avoir ~ de qch** etw nötig haben; **avoir ~ de faire qch** etw tun müssen; **il n'y a pas ~ de faire qch** es besteht keine Notwendigkeit, etw zu tun; **faire ses ~s** seine Notdurft verrichten
bestiaux [bɛstjo] *nmpl* Vieh *nt*
bestiole [bɛstjɔl] *nf* Tierchen *nt*
bêtabloquant [bɛtablɔkɑ̃] *nm* Betablocker *m*
bétail [betaj] *nm* Vieh *nt*
bête [bɛt] *nf* Tier *nt* ▶ *adj* dumm; **chercher la petite ~** übergenau sein; **c'est ma ~ noire** das ist für mich ein rotes Tuch; **~ de somme** Lasttier *nt*; **~s sauvages** wilde Tiere *pl*
bêtement [bɛtmɑ̃] *adv* dumm; **tout ~** schlicht und ergreifend
bêtise [betiz] *nf* Dummheit *f*; *(bagatelle)* Kleinigkeit *f*; **dire une ~** Unsinn reden
béton [betɔ̃] *nm* Beton *m*; **~ armé** Stahlbeton *m*
bétonner [betɔne] *vt* betonieren
bétonnière [betɔnjɛʀ] *nf* Betonmischmaschine *f*
bette [bɛt] *nf* Mangold *m*
betterave [bɛtʀav] *nf* : **~ (rouge)** Rote Bete *f*
beugler [bøgle] *vi* brüllen; *(péj : personne, radio)* plärren ▶ *vt (péj)* grölen
beur [bœʀ] *nmf junger Franzose maghrebinischer Abstammung*

> **Beur** ist die Bezeichnung für jemanden, der in Frankreich geboren wurde und dessen Eltern aus Nordafrika stammen. Es ist kein rassistischer Ausdruck und wird oft von den Medien, Anti-Rassismus-Gruppen und den *« beurs »* selbst benutzt.

beurre [bœʀ] *nm* Butter *f*
beurrer [bœʀe] *vt* buttern
beurrier [bœʀje] *nm* Butterdose *f*
beuverie [bøvʀi] *nf* Sauferei *f*
bévue [bevy] *nf* Schnitzer *m*
Bhoutan [butɑ̃] *nm* : **le ~** Bhutan *nt*
Biafra [bjafʀa] *nm* : **le ~** Biafra *nt*
biais [bjɛ] *nm* Schrägstreifen *m*; **par le ~ de** mittels *+gén*; **en ~, de ~** *(obliquement)* schräg
biaiser [bjeze] *vi (fig)* ausweichen
bibelot [biblo] *nm* Ziergegenstand *m*
biberon [bibʀɔ̃] *nm* (Saug)flasche *f*; **nourrir au ~** mit der Flasche ernähren
bible [bibl] *nf* Bibel *f*
bibliobus [biblijobys] *nm* Fahrbücherei *f*
bibliophile [biblijɔfil] *nmf* Bücherfreund(in) *m(f)*
bibliothécaire [biblijɔtekɛʀ] *nmf* Bibliothekar(in) *m(f)*
bibliothèque [biblijɔtɛk] *nf (meuble)* Bücherschrank *m*; *(institution)* Bibliothek *f*; **~ municipale** Stadtbücherei *f*
biblique [biblik] *adj* biblisch
bicarbonate [bikaʀbɔnat] *nm* : **~ (de soude)** Natron *nt*
biceps [bisɛps] *nm* Bizeps *m*
biche [biʃ] *nf* Hirschkuh *f*
bichonner [biʃɔne] *vt* verhätscheln
bicolore [bikɔlɔʀ] *adj* zweifarbig
bicoque [bikɔk] *(péj) nf* Bruchbude *f*
bicyclette [bisiklɛt] *nf* Fahrrad *nt*
bidasse [bidas] *(fam) nm* Soldat *m*
bide [bid] *(fam) nm (ventre)* Bauch *m*; *(Théât)* Reinfall *m*, Flop *m*; **faire un ~** *(fam)* ein Reinfall sein
bidet [bidɛ] *nm* Bidet *nt*
bidoche [bidɔʃ] *(fam) nf* Fleisch *nt*
bidon [bidɔ̃] *nm* Kanister *m* ▶ *adj inv (fam)* Schein-; **c'est du ~ !** *(fam)* das ist alles Quatsch!
bidonville [bidɔ̃vil] *nm* Slumvorstadt *f*
bidule [bidyl] *(fam) nm* Dingsda *nt*

MOT-CLÉ

bien [bjɛ̃] *nm* **1** *(avantage, profit)* : **faire du bien à qn** jdm gut tun; **dire du bien de qn/qch** gut von jdm/etw sprechen; **c'est pour son bien que …** es ist zu seinem Guten, dass …; **changer en bien** sich zum Guten wenden; **il a changé en bien** er hat sich zu seinem Vorteil verändert; **mener à bien** zum guten Ende führen; **je te veux du bien** ich meine es gut mit dir
2 *(possession, patrimoine)* Besitz *m*; **son bien le plus précieux** sein kostbarstes Gut *nt*; **avoir du bien** Besitz haben;

biens de consommation Verbrauchsgüter *pl*; **les biens de ce monde** die Güter *pl* dieser Welt
3 (*moral*) : **le bien** das Gute; **distinguer le bien du mal** Gut und Böse unterscheiden; **faire le bien** Gutes tun; **le bien public** das Allgemeinwohl
▸ *adv* **1** (*de façon satisfaisante*) gut; **elle travaille/mange bien** sie arbeitet/isst gut; **vite fait, bien fait** hopplahopp; **croire/vouloir bien faire** es gut meinen
2 (*valeur intensive*) sehr; **bien jeune** ein bisschen (zu) jung; **bien souvent** sehr oft; **bien mieux** sehr viel besser; **bien sûr !** sicher!; **c'est bien fait !** er *etc* verdient es!; **j'espère bien y aller** ich hoffe doch, dass ich dort hingehe; **je veux bien t'aider, mais...** (*concession*) ich will dir ja gerne helfen, aber...; **il y a bien deux ans** das ist gut und gerne zwei Jahre her; **tu as eu bien raison de faire cela** du hast gut daran getan, das zu tun; **il faut bien l'admettre** *ou* **le reconnaître** das muss man einfach zugeben; **se donner bien du mal** sich *dat* sehr viel Mühe geben; **où peut-il bien être passé ?** wo kann er nur sein?
3 (*beaucoup*) : **bien du temps/des gens** viel Zeit/viele Leute
4 : **bien que** obwohl
▸ *adj inv* **1** (*en bonne forme, à l'aise*) : **être/se sentir bien** sich wohlfühlen; **je ne me sens pas bien** mir ist nicht gut; **on est bien dans ce fauteuil** in diesem Sessel sitzt man sehr bequem
2 (*joli, beau*) schön; **tu es bien dans cette robe** in diesem Kleid siehst du gut aus; **elle est bien, cette femme** das ist eine hübsche Frau
3 (*satisfaisant, adéquat*) gut; **elle est bien, cette maison** dieses Haus ist genau richtig; **mais non, c'est très bien** aber nein, das ist sehr gut so; **c'est très bien (comme ça)** das ist sehr gut so
4 (*juste, moral*) anständig; **ce n'est pas bien de faire ça** das macht man nicht, es gehört sich nicht, das zu tun
5 (*convenable : parfois péj*) : **des gens bien** feine Leute *pl*
6 (*en bons termes*) : **être bien avec qn** auf freundschaftlichem Fuß mit jdm stehen

bien-aimé, e [bjɛ̃neme] *adj* geliebt
bien-être [bjɛ̃nɛtʀ] *nm* (*sensation*) Wohlbefinden *nt*
bienfaisance [bjɛ̃fəzɑ̃s] *nf* Wohltätigkeit *f*
bienfaisant, e [bjɛ̃fəzɑ̃] *adj* (*chose*) gut, zuträglich
bienfait [bjɛ̃fɛ] *nm* (*acte*) gute Tat; (*avantage*) Vorteil *m*
bienfaiteur, -trice [bjɛ̃fɛtœʀ, tʀis] *nm/f* Wohltäter(in)
bien-fondé [bjɛ̃fɔ̃de] *nm* Berechtigung *f*
bienheureux, -euse [bjɛ̃nœʀø, øz] *adj* glücklich; (*Rel*) selig
biennal, e, -aux [bjenal, o] *adj* (*plan*) Zweijahres-; (*exposition*) alle zwei Jahre stattfindend
bien-pensant, e [bjɛ̃pɑ̃sɑ̃, ɑ̃t] (*pl* **bien-pensants, es**) *adj* spießbürgerlich
bienséance [bjɛ̃seɑ̃s] *nf* Anstand *m*
bienséant, e [bjɛ̃seɑ̃, ɑ̃t] *adj* anständig
bientôt [bjɛ̃to] *adv* bald; **à ~** bis bald
bienveillance [bjɛ̃vɛjɑ̃s] *nf* Wohlwollen *nt*
bienveillant, e [bjɛ̃vɛjɑ̃, ɑ̃t] *adj* wohlwollend
bienvenu, e [bjɛ̃vny] *adj* willkommen
▸ *nm/f* : **être le ~/la ~e** willkommen sein
▸ *nf* : **souhaiter la ~e à qn** jdn willkommen heißen; **~e à Bienne** willkommen in Biel
bière [bjɛʀ] *nf* (*boisson*) Bier *nt*; (*cercueil*) Sarg *m*
biffer [bife] *vt* durchstreichen
bifteck [biftɛk] *nm* Beefsteak *nt*
bifurcation [bifyʀkasjɔ̃] *nf* Gabelung *f*
bifurquer [bifyʀke] *vi* (*route*) sich gabeln; (*véhicule*) abbiegen
bigame [bigam] *adj* bigamistisch
bigamie [bigami] *nf* Bigamie *f*
bigarré, e [bigaʀe] *adj* kunterbunt
bigorneau, x [bigɔʀno] *nm* Strandschnecke *f*
bigot, e [bigo, ɔt] *adj* bigott ▸ *nm/f* Frömmler(in)
bigoudi [bigudi] *nm* Lockenwickler *m*
bigrement [bigʀəmɑ̃] (*fam*) *adv* verdammt
bijou, x [biʒu] *nm* Schmuckstück *nt*; (*fig*) Juwel *nt*; **mes ~x** mein Schmuck *m*
bijouterie [biʒutʀi] *nf* (*magasin*) Juwelierladen *m*
bijoutier, -ière [biʒutje, jɛʀ] *nm/f* Juwelier *m*
bikini [bikini] *nm* Bikini *m*
bilan [bilɑ̃] *nm* Bilanz *f*; **faire le ~ de** die Bilanz ziehen aus; **déposer son ~** Konkurs anmelden; **~ carbone** CO_2-Bilanz *f*
bilatéral, e, -aux [bilateʀal, o] *adj* bilateral
bile [bil] *nf* Galle *f*; **se faire de la ~** sich *dat* große Sorgen machen
biliaire [biljɛʀ] *adj* Gallen-
bilieux, -euse [biljø, øz] *adj* (*teint*) gelblich; (*tempérament*) aufbrausend
bilingue [bilɛ̃g] *adj* zweisprachig

billard [bijaʀ] *nm* Billard *nt*; (*table*) Billardtisch *m*; **passer sur le ~** (*fam*) unters Messer müssen; **~ électrique** Flipper *m*
bille [bij] *nf* Kugel *f*; (*de verre*) Murmel *f*
billet [bijɛ] *nm* (*argent*) Banknote *f*; (*de cinéma, musée etc*) Eintrittskarte *f*; (*de bus etc*) Fahrkarte *f*; (*courte lettre*) Notiz *f*; **~ d'avion** Flugticket *nt*, Flugschein *m*; **~ de banque** Banknote *f*; **~ circulaire** Rundreiseticket *nt*; **~ doux** Liebesbrief *m*; **~ électronique** E-Ticket *nt*; **~ de loterie** Lotterielos *nt*; **~ de train** Fahrkarte
billetterie [bijɛtʀi] *nf* (*pour spectacles*) Kasse *f*; (*pour transports*) Fahrscheinautomat *m*
billion [biljɔ̃] *nm* Billion *f*
billot [bijo] *nm* Klotz *m*
bimensuel, le [bimɑ̃sɥɛl] *adj* vierzehntägig
binaire [binɛʀ] *adj* binär
binette [binɛt] *nf* (*outil*) Hacke *f*
binocle [binɔkl] *nm* Kneifer *m*
bio [bjɔ] *adj* (*produits, aliments*) Bio-
biocarburant [bjokaʀbyʀɑ̃] *nm* Biokraftstoff *m*
biochimie [bjoʃimi] *nf* Biochemie *f*
biochimique [bjoʃimik] *adj* biochemisch
biodégradable [bjodegʀadabl] *adj* biologisch abbaubar
biodiversité [bjodivɛʀsite] *nf* Artenvielfalt *f*
bioéthique [bjoetik] *nf* Bioethik *f*
biographe [bjɔgʀaf] *nmf* Biograf(in) *m(f)*
biographie [bjɔgʀafi] *nf* Biografie *f*
biographique [bjɔgʀafik] *adj* biografisch
biologie [bjɔlɔʒi] *nf* Biologie *f*
biologique [bjɔlɔʒik] *adj* biologisch; (*agriculture, alimentation*) biodynamisch
biologiste [bjɔlɔʒist] *nmf* Biologe *m*, Biologin *f*
biomasse [bjomas] *nf* Biomasse *f*
biopsie [bjɔpsi] *nf* Biopsie *f*
biorythme [bjoʀitm] *nm* Biorhythmus *m*
biosphère [bjɔsfɛʀ] *nf* Biosphäre *f*
bioterrorisme [bjotɛʀɔʀism] *nm* Bioterrorismus *m*
biotope [bjɔtɔp] *nm* Biotop *m ou nt*
bip [bip] *nm* : **~ sonore** Pfeifton *m*; **laissez votre message après le ~ sonore** hinterlassen Sie Ihre Nachricht nach dem Pfeifton
bipartisme [bipaʀtism] *nm* Zweiparteiensystem *nt*
bipartite [bipaʀtit] *adj* (*gouvernement*) Zweiparteien-; (*accord*) zweiseitig
bipède [bipɛd] *nm* Zweibeiner *m*
biplan [biplɑ̃] *nm* Doppeldecker *m*
bipolaire [bipɔlɛʀ] *adj* bipolar
biréacteur [biʀeaktœʀ] *nm* zweimotoriges Düsenflugzeug *nt*
Birmanie [biʀmani] *nf* : **la ~** Birma *nt*
bis, e [*adj* bi, biz *adv, excl, nm* bis] *adj* (*couleur*) graubraun ▸ *adv* (*après un chiffre*) : **12 ~** ≈ 12 a ▸ *excl* Zugabe ▸ *nm* Zugabe *f*
bisannuel, le [bizanɥɛl] *adj* zweijährlich
bisbille [bisbij] *nf* : **être en ~ avec qn** sich mit jdm in den Haaren liegen
biscornu, e [biskɔʀny] *adj* unförmig, ungestalt; (*péj : idée, esprit*) bizarr
biscotte [biskɔt] *nf* Zwieback *m*
biscuit [biskɥi] *nm* Keks *m ou nt*; (*porcelaine*) Biskuitporzellan *nt*
bise [biz] *nf* (*baiser*) Kuss *m*; (*vent*) Nordwind *m*
bisexuel, le [bisɛksɥɛl] *adj* bisexuell
bison [bizɔ̃] *nm* Bison *nt*
bisou [bizu] (*fam*) *nm* Küsschen *nt*
Bisounours [bizunuʀs] *nmpl* : **on n'est pas au pays des ~** (*fam*) das Leben ist kein Ponyhof
bisque [bisk] *nf* : **~ d'écrevisses/de homard** Garnelen-/Hummersuppe *f*
bisser [bise] *vt* um eine Zugabe bitten
bissextile [bisɛkstil] *adj* : **année ~** Schaltjahr *nt*
bistro [bistʀo] *nm* Lokal *nt*
bistronomie [bistʀɔnɔmi] *nf* *kreative Küche zu erschwinglichen Preisen (wie im Bistro)*
bistrot [bistro] *nm* = **bistro**
bit [bit] *nm* Bit *nt*
bitume [bitym] *nm* Asphalt *m*
bivalent, e [bivalɑ̃, ɑ̃t] *adj* zweiwertig
bivouac [bivwak] *nm* Biwak *nt*
bivouaquer [bivwake] *vi* biwakieren
bizarre [bizaʀ] *adj* bizarr
bizarrerie [bizaʀʀi] *nf* Merkwürdigkeit *f*
blackbouler [blakbule] *vt* stimmen gegen
blafard, e [blafaʀ, aʀd] *adj* bleich
blague [blag] *nf* Witz *m*; (*farce*) Streich *m*; **sans ~ !** mach keine Witze!; **~ à tabac** Tabakbeutel *m*
blaguer [blage] *vi* Witze machen
blagueur, -euse [blagœʀ, øz] (*fam*) *adj* neckend ▸ *nm/f* Witzbold *m*
blaireau, x [blɛʀo] *nm* (*Zool*) Dachs *m*; (*brosse*) Rasierpinsel *m*
blairer [bleʀe] (*fam*) *vt* : **je ne peux pas le ~** ich kann ihn nicht riechen *ou* ausstehen
blâme [blɑm] *nm* Tadel *m*
blâmer [blɑme] *vt* tadeln
blanc, blanche [blɑ̃, blɑ̃ʃ] *adj* weiß; (*non imprimé*) leer; (*innocent*) rein ▸ *nm/f* Weiße(r) *f(m)* ▸ *nm* (*couleur*) Weiß *nt*; (*linge*) Weißwäsche *f*; (*espace non écrit*) freier Raum *m*; (*aussi* : **blanc d'œuf**) Eiweiß *nt*; (*aussi* : **blanc de poulet**)

Hühnerbrust *f*; (*aussi* : **vin blanc**) Weißwein *m* ▶ *adv* : **à ~** (*chauffer*) bis zur Weißglut; (*tirer*) mit Platzpatronen; **d'une voix ~he** mit tonloser Stimme; **laisser en ~** frei lassen; **chèque en ~** Blankoscheck *m*; **le ~ de l'œil** das Weiße im Auge

blanc-bec [blɑ̃bɛk] (*pl* **blancs-becs**) *nm* Grünschnabel *m*

blancheur [blɑ̃ʃœʀ] *nf* Weiß *nt*

blanchiment [blɑ̃ʃimɑ̃] *nm* (*mur*) Weißen *nt*, Tünchen *nt*; (*de tissu, etc*) Bleichen *nt*; **~ d'argent** (*fig*) Geldwäsche *f*

blanchir [blɑ̃ʃiʀ] *vt* weiß machen; (*linge, argent*) waschen; (*Culin*) blanchieren; (*disculper*) rein waschen ▶ *vi* weiß werden; (*cheveux*) grau werden; **blanchi à la chaux** geweißelt

blanchissage [blɑ̃ʃisaʒ] *nm* (*du linge*) Waschen *nt*

blanchisserie [blɑ̃ʃisʀi] *nf* Wäscherei *f*

blanchisseur, -euse [blɑ̃ʃisœʀ, øz] *nm/f* Wäscher(in)

blanc-seing [blɑ̃sɛ̃] (*pl* **blancs-seings**) *nm* Blankovollmacht *f*

blanquette [blɑ̃kɛt] *nf* : **~ de veau** Kalbsragout *nt*

blasé, e [blɑze] *adj* blasiert

blason [blɑzɔ̃] *nm* Wappen *nt*

blasphème [blasfɛm] *nm* Blasphemie *f*

blasphémer [blasfeme] *vi* Gott lästern

blatte [blat] *nf* Schabe *f*

blazer [blazɛʀ] *nm* Blazer *m*

blé [ble] *nm* Weizen *m*; (*argent* : *fam*) Heu *nt*

bled [blɛd] (*péj*) *nm* Kaff *nt*

blême [blɛm] *adj* blass

blennorragie [blenɔʀaʒi] *nf* Tripper *m*

blessant, e [blesɑ̃, ɑ̃t] *adj* verletzend

blessé, e [blese] *adj* verletzt ▶ *nm/f* Verletzte(r) *f(m)*; **un ~ grave, un grand ~** ein Schwerverletzter *m*; **~(e) dans son orgueil** in seinem Stolz verletzt

blesser [blese] *vt* verletzen; **se blesser** *vpr* sich verletzen; **se ~ au pied/doigt** sich *dat* den Fuß/Finger verletzen

blessure [blesyʀ] *nf* Wunde *f*, Verletzung *f*

blet, blette [blɛ, blɛt] *adj* überreif

blette [blɛt] *nf* (*Bot*) = **bette**

bleu, e [blø] *adj* blau; (*bifteck*) blutig ▶ *nm* (*couleur*) Blau *nt*; (*contusion*) blauer Fleck *m*; (*novice*) Grünschnabel *m*; **une peur ~e** Todesangst *f*; **~ marine** marineblau; **~ (de travail)** Blaumann *m*

bleuet [bløɛ] *nm* Kornblume *f*

bleuté, e [bløte] *adj* bläulich

blindage [blɛ̃daʒ] *nm* Panzerung *f*

blinde [blɛ̃d] *nf* : **ça coûte une ~** (*fam*) das kostet ein Schweinegeld

blindé, e [blɛ̃de] *adj* gepanzert; (*fig*) abgehärtet ▶ *nm* Panzer *m*

blinder [blɛ̃de] *vt* panzern; (*fig*) abhärten

bling-bling [bliŋbliŋ] (*fam*) *nm inv* Bling-Bling *nt* ▶ *adj inv* protzig

blizzard [blizaʀ] *nm* Schneesturm *m*

bloc [blɔk] *nm* Block *m*; **refuser en ~** in Bausch und Bogen ablehnen; **faire ~** zusammenhalten; **serré à ~** fest angezogen

blocage [blɔkaʒ] *nm* Blockieren *nt*; (*Psych*) Sperre *f*; **~ des prix/des salaires** Preis-/Lohnstopp *m*

bloc-moteur [blɔkmɔtœʀ] (*pl* **blocs-moteurs**) *nm* Motorblock *m*

bloc-notes [blɔknɔt] (*pl* **blocs-notes**) *nm* Notizblock *m*

blocus [blɔkys] *nm* Blockade *f*

blog [blɔg] *nm* Blog *m*, Weblog *m*

blogging [blɔgiŋ] *nm* Blogging *nt*

blogosphère [blɔgɔsfɛʀ] *nf* Blogosphäre *f*

bloguer [blɔge] *vi* bloggen

blogueur, -euse [blɔgœʀ, øz] *nm/f* Blogger(in)

blond, e [blɔ̃, blɔ̃d] *adj* blond; (*sable, blés*) golden ▶ *nm/f* Blonde(r) *m*, Blondine *f*; **~ cendré** aschblond

bloquer [blɔke] *vt* blockieren; (*crédits, compte*) sperren; (*jours de congé*) zusammenfassen; **~ les freins** eine Vollbremsung machen

blottir [blɔtiʀ] : **se blottir** *vpr* sich verkriechen

blouse [bluz] *nf* Kittel *m*

blouson [bluzɔ̃] *nm* Blouson *nt*

blue-jean [bludʒin], **blue-jeans** [bludʒins] *nm* (Blue)jeans *pl*

bluff [blœf] *nm* Bluff *m*

bluffer [blœfe] *vi, vt* bluffen; **~ qn** (*fam*) jn anschmieren

boa [bɔa] *nm* (Feder)boa *f*; (*Zool*) : **~ (constricteur)** Boa *f* (Constrictor)

bob [bɔb] *nm* = **bobsleigh**

bobard [bɔbaʀ] (*fam*) *nm* Lügenmärchen *nt*

bobine [bɔbin] *nf* Spule *f*

bobo¹ [bobo] *nm* (*langage enfantin*) Wehweh *nt*

bobo² [bobo] *nmf* (*= bourgeois bohème*) alternativ eingestellte Wohlstandsbürger(in) *m(f)*

boboïser [boboize] : **se boboïser** *vpr* (*quartier, ville*) gentrifizieren

bobsleigh [bɔbslɛg] *nm* Bob *m*

bocage [bɔkaʒ] *nm* Heckenlandschaft *f*

bocal, -aux [bɔkal, o] *nm* Glasbehälter *m*

bock [bɔk] *nm* (*kleines*) Bierglas *nt*

body [bɔdi] *nm* (*vêtement féminin*) Body *m*

bœuf [bœf] *nm* (*animal*) Ochse *m*; (*Culin*) Rindfleisch *nt*

bof [bɔf] *excl* nicht besonders
bogue [bɔg] *nf* (*Bot*) Kastanienhülle *f* ▶ *nm* (*Inform*) Bug *m*
bohémien, ne [bɔemjɛ̃, jɛn] *nm/f* Zigeuner(in) *m(f)*
boire [bwaʀ] *vt* trinken; (*s'imprégner de*) aufsaugen ▶ *vi* trinken
bois [bwɑ] *nm* (*matériau*) Holz *nt*; (*forêt*) Wald *m*; **de** *ou* **en ~** aus Holz; **~ de chauffage** Brennholz
boisé, e [bwɑze] *adj* bewaldet; (*goût*) holzig
boiser [bwɑze] *vt* (*chambre*) (mit Holz) täfeln; (*galerie de mine*) abstützen; (*terrain*) aufforsten
boiseries [bwazʀi] *nfpl* (Holz)vertäfelung *f*
boisson [bwasɔ̃] *nf* Getränk *nt*; **~s alcoolisées** alkoholische Getränke *pl*; **~s gazeuses** Sprudelgetränke *pl*
boîte [bwat] *nf* Schachtel *f*; (*de conserve*) Dose *f*; (*fam : entreprise*) Laden *m*; **aliments en ~** Büchsenkost *f*; **~ d'allumettes** Streichholzschachtel *f*; **~ de conserve** Konservendose *f*; **~ crânienne** Schädel(kapsel *f*) *m*; **~ d'envoi** (*pour courriels*) Postausgang *m*; **~ aux lettres** Briefkasten *m*; (*électronique*) Mailbox *f*; **~ noire** Flugschreiber *m*; **~ (de nuit)** Nachtklub *m*; **~ postale** Postfach *nt*; **~ de réception** (*pour courriels*) Posteingang *m*; **~ de sardines** Sardinenbüchse *f*; **~ de vitesses** Getriebe *nt*; **~ vocale** (*dispositif*) Voicemail *f*
boiter [bwate] *vi* hinken
boiteux, -euse [bwatø, øz] *adj* hinkend
boîtier [bwatje] *nm* Gehäuse *nt*
bol [bɔl] *nm* Schale *f*; **un ~ d'air** ein bisschen frische Luft; **avoir du ~** (*fam*) Schwein haben; **un coup de ~** (*fam*) Glück
bolet [bɔlɛ] *nm* Röhrling *m*
bolide [bɔlid] *nm* Rennwagen *m*; **comme un ~** rasend schnell
Bolivie [bɔlivi] *nf* : **la ~** Bolivien *nt*
bolivien, ne [bɔlivjɛ̃, jɛn] *adj* bolivisch ▶ *nm/f* : **Bolivien, ne** Bolivier(in)
boloss, bolosse, bolos [bɔlɔs] (*fam, péj*) *nmf* Loser(in) *m(f)*, Niete *f* ▶ *adj* dämlich
bombardement [bɔ̃baʀdəmɑ̃] *nm* Bombardierung *f*
bombarder [bɔ̃baʀde] *vt* bombardieren; **~ qn de** (*cailloux etc*) jdn bewerfen mit; (*lettres etc*) jdn überhäufen mit; **~ qn directeur** jdn auf den Posten des Direktors katapultieren
bombe [bɔ̃b] *nf* Bombe *f*; (*atomiseur*) Spraydose *f*; **faire la ~** (*fam*) einen draufmachen, auf Sauftour gehen; **~ atomique** Atombombe *f*; **~ à retardement** Zeit(zünder)bombe *f*
bombé, e [bɔ̃be] *adj* gewölbt
bomber [bɔ̃be] *vi* sich wölben ▶ *vt* (*graffiti*) sprühen; **~ le torse** sich (zu voller Größe) aufblasen

MOT-CLÉ

bon, bonne [bɔ̃, bɔn] *adj* **1** gut; **un bon repas/restaurant** ein gutes Essen/ Restaurant; **être bon en maths** gut in Mathematik sein; **être bon (envers)** gut sein (zu); **vous êtes trop bon** (Sie sind) zu gütig; **avoir bon goût** (*fruit etc*) gut schmecken; (*fig : personne*) einen guten Geschmack haben
2 (*approprié, apte*) : **bon à/pour** gut zu/ für; **à quoi bon ?** was soll das?
3 (*correct*) richtig; **le bon moment** der richtige Augenblick; **juger bon de faire qch** es für richtig halten, etw zu tun
4 (*souhaits*) : **bon anniversaire !** herzlichen Glückwunsch zum Geburtstag!; **bon voyage !** gute Reise!; **bonne chance !** viel Glück!; **bonne année !** ein gutes Neues Jahr!; **bonne nuit !** gute Nacht!
5 (*composés*) : **bon enfant** *adj inv* gutmütig; **de bonne heure** früh; **bon marché** (*adj inv, adv*) preiswert; **bon mot** Bonmot *nt*; **bon sens** gesunder Menschenverstand *m*; **bon vivant** Lebenskünstler *m*
▶ *adv* : **il fait bon** es ist schön warm; **sentir bon** gut riechen; **tenir bon** aushalten
▶ *excl* : **bon !** gut!; **ah bon ?** ach ja?; **bon, je reste** na gut, ich bleibe noch
▶ *nm* **1** (*billet*) Bon *m*; **bon cadeau** Geschenkgutschein *m*; **bon d'essence** Benzingutschein *m*; **bon de caisse** Kassenbon *m*, Kassenzettel *m*; **bon de commande** (*Comm*) Bestellschein *m*
2 : **avoir du bon** etw für sich haben; **il y a du bon dans ce qu'il dit** an dem, was er sagt, ist etw dran; **il y a du bon dans tout cela** das hat etw Gutes für sich; **pour de bon** für immer

bonasse [bɔnas] *adj* (viel zu) gutmütig
bonbon [bɔ̃bɔ̃] *nm* Bonbon *m ou nt*
bonbonne [bɔ̃bɔn] *nf* Korbflasche *f*; **~ de gaz** Gasflasche
bond [bɔ̃] *nm* Sprung *m*; **faire un ~** einen Sprung machen; **d'un seul ~** mit einem Satz
bonde [bɔ̃d] *nf* (*d'évier etc*) Stöpsel *m*; (*de tonneau*) Spund *m*
bondé, e [bɔ̃de] *adj* überfüllt
bondir [bɔ̃diʀ] *vi* springen
bonheur [bɔnœʀ] *nm* Glück *nt*; **avoir le ~ de faire qch** das Glück haben, etw zu tun; **porter ~ (à qn)** (jdm) Glück bringen; **au petit ~** auf gut Glück; **par ~** glücklicherweise

bonhomie [bɔnɔmi] *nf* Gutmütigkeit *f*
bonhomme [bɔnɔm] (*pl* **bonshommes**) [bɔ̃zɔm] *nm* Mensch *m*, Typ *m*; **aller son ~ de chemin** gemächlich seinen Weg gehen; **~ de neige** Schneemann *m*
boni [bɔni] *nm* Profit *m*
bonification [bɔnifikasjɔ̃] *nf* (*somme*) Bonus *m*
bonifier [bɔnifje] *vt* verbessern
bonjour [bɔ̃ʒuʀ] *excl, nm* guten Tag; **dire ~ à qn** jdn grüßen; **donner** *ou* **souhaiter le ~ à qn** jdm guten *ou* Guten Tag sagen; **~, Monsieur** guten *ou* Guten Tag
bonne [bɔn] *adj f voir* **bon** ▸ *nf* (*domestique*) (Haus)mädchen *nt*
bonne-maman [bɔnmamɑ̃] (*pl* **bonnes-mamans**) *nf* Oma *f*
bonnement [bɔnmɑ̃] *adv* : **tout ~** ganz einfach
bonnet [bɔnɛ] *nm* Mütze *f*; (*de soutien-gorge*) Körbchen *nt*; **~ d'âne** *Hut, der früher dem schlechtesten Schüler zur Strafe aufgesetzt wurde*; **~ de bain** Badekappe *f*, Bademütze *f*; **~ de nuit** Nachtmütze *f*
bon-papa [bɔ̃papa] (*pl* **bons-papas**) *nm* Opa *m*
bonsoir [bɔ̃swaʀ] *excl, nm* guten Abend
bonté [bɔ̃te] *nf* Güte *f*; **avoir la ~ de faire qch** so freundlich *ou* so gut sein und etw tun
bonus [bɔnys] *nm* Bonus *m*
boom [bum] *nm* Boom *m*; **~ démographique** Bevölkerungsexplosion *f*
boomerang [bumʀɑ̃g] *nm* Bumerang *m*
boots [buts] *nmpl* Boots *pl*
bord [bɔʀ] *nm* Rand *m*; (*de rivière, lac*) Ufer *nt*; **au ~ de la mer** am Meer; **au ~ de la route** am Straßenrand; **à ~** an Bord; **monter à ~** an Bord gehen; **jeter par-dessus ~** über Bord werfen; **du même ~** der gleichen Meinung; **être au ~ de la crise de nerfs** kurz vor einem Nervenzusammenbruch stehen; **être au ~ des larmes** den Tränen nahe sein
bordeaux [bɔʀdo] *nm* (*vin*) Bordeaux *m* ▸ *adj inv* (*couleur*) weinrot
bordel [bɔʀdɛl] (*fam*) *nm* Bordell *nt*; (*désordre*) heilloses Durcheinander *nt*
bordélique [bɔʀdelik] (*fam*) *adj* heillos unordentlich
border [bɔʀde] *vt* (*être le long de*) säumen; **~ qch de** (*garnir*) etw einfassen mit
bordereau, x [bɔʀdəʀo] *nm* Aufstellung *f*; (*facture*) Rechnung *f*
bordure [bɔʀdyʀ] *nf* Umrandung *f*; (*sur un vêtement*) Bordüre *f*; **en ~ de** am Rand von
borgne [bɔʀɲ] *adj* einäugig; (*fenêtre*) blind; **hôtel ~** Absteige *f*
borne [bɔʀn] *nf* Grenzstein *m*; (*kilométrique*) Kilometerstein *m*; **dépasser les ~s** zu weit gehen; **sans ~(s)** grenzenlos; **~ wifi** Hotspot *m*
borné, e [bɔʀne] *adj* engstirnig
borner [bɔʀne] *vt* (*délimiter*) be- *ou* eingrenzen; (*fig*) einschränken; **se borner** *vpr* : **se ~ à faire qch** sich damit begnügen, etw zu tun
bosniaque [bɔznjak] *adj* bosnisch
Bosnie [bɔzni] *nf* Bosnien *nt*
Bosnie-Herzégovine [bɔsniɛʀzegɔvin] *nf* Bosnien und Herzegowina *nt*
Bosphore [bɔsfɔʀ] *nm* : **le ~** der Bosporus *m*
bosquet [bɔskɛ] *nm* Wäldchen *nt*
bosse [bɔs] *nf* (*de terrain, sur un objet etc*) Unebenheit *f*; (*enflure*) Beule *f*; (*du bossu*) Buckel *m*; (*du chameau*) Höcker *m*; **avoir la ~ des maths** (*fam*) ein As in Mathe sein; **rouler sa ~** immer auf Achse sein
bosseler [bɔsle] *vt* (*ouvrer*) treiben; (*abîmer*) verbeulen
bosser [bɔse] (*fam*) *vi* (*travailler*) schuften
bosseur, -euse [bɔsœʀ, øz] *nm/f* Arbeitstier *nt*
bossu, e [bɔsy] *adj* buckelig ▸ *nm/f* Bucklige(r) *f(m)*
botanique [bɔtanik] *nf* Botanik *f* ▸ *adj* botanisch
Botswana [bɔtswana] *nm* : **le ~** Botswana *nt*
botte [bɔt] *nf* (*soulier*) Stiefel *m*; (*Escrime : coup*) Stoß *m*; **~ d'asperges** Bündel *nt* Spargel; **~ de paille** Strohbündel *nt*; **~ de radis** Bund *nt* Radieschen
botter [bɔte] *vt* Stiefel anziehen +*dat*; (*donner un coup de pied à*) einen Tritt versetzen +*dat* ▸ *vi* (*Rugby*) schießen; **ça me botte** (*fam*) das reizt mich
bottier [bɔtje] *nm* (*magasin*) Schuhboutique *f*
bottin [bɔtɛ̃] *nm* Telefonbuch *nt*
bottine [bɔtin] *nf* Stiefelette *f*
botulisme [bɔtylism] *nm* Fleischvergiftung *f*
bouc [buk] *nm* Ziegenbock *m*; (*barbe*) Spitzbart *m*; **~ émissaire** Sündenbock *m*
boucan [bukɑ̃] (*fam*) *nm* Lärm *m*, Radau *m*
bouche [buʃ] *nf* Mund *m*; (*de volcan, four etc*) Öffnung *f*; **de ~ à oreille** von Mund zu Mund; **~ cousue !** kein Sterbenswörtchen!; **~ d'égout** Kanalschacht *m*; **~ d'incendie** Hydrant *m*; **~ de métro** Eingang *m* zur U-Bahn
bouché, e [buʃe] *adj* verstopft; (*bouteille*) verkorkt; (*temps, ciel*) bewölkt; (*péj* :

personne) vernagelt; **cidre ~** Cidre aus der Flasche
bouche-à-bouche [buʃabuʃ] *nm inv* : **faire du ~ à qn** bei jdm Mund-zu-Mund-Beatmung machen
bouchée [buʃe] *nf* Bissen *m*; **ne faire qu'une ~ de** schnell fertig werden mit; **pour une ~ de pain** für ein Butterbrot; **~s à la reine** Königinpastetchen *pl*
boucher [buʃe] *nm* Metzger *m* ▶ *vt* (*passage, porte*) versperren; (*tuyau, lavabo*) verstopfen; **se boucher** *vpr* sich verstopfen; **se ~ le nez** sich *dat* die Nase zuhalten
boucherie [buʃʀi] *nf* Metzgerei *f*; (*fig*) Gemetzel *nt*
bouche-trou [buʃtʀu] (*pl* **bouche-trous**) *nm* (*fig*) Notbehelf *m*
bouchon [buʃɔ̃] *nm* (*en liège*) Korken *m*; (*autre matière*) Stöpsel *m*; (*embouteillage*) Stau *m*
bouchonner [buʃɔne] *vi* einen Stau verursachen
bouchot [buʃo] *nm* Austernbank *f*
boucle [bukl] *nf* (*d'un lacet, d'une lettre*) Schleife *f*; (*d'une ceinture*) Schnalle *f*; (*de lacet, lettre, fleuve*) Schleife *f*; **~ (de cheveux)** Locke *f*; **~s d'oreilles** Ohrringe *pl*; **en ~** (*écouter, passer*) in eine(r) Endlosschleife
bouclé, e [bukle] *adj* lockig
boucler [bukle] *vt* abschließen; (*budget*) ausgleichen; (*fam : enfermer*) einsperren ▶ *vi* (*cheveux*) sich kräuseln
bouclier [buklije] *nm* Schild *m*; **~ fiscale** Schutz gegen übermäßige Besteuerung; **~ humain** humain menschlicher Schutzschild
bouddha [buda] *nm* Buddha *m*
bouddhisme [budism] *nm* Buddhismus *m*
bouddhiste [budist] *nmf* Buddhist(in) *m*(*f*)
bouder [bude] *vi* schmollen
boudeur, -euse [budœʀ, øz] *adj* schmollend
boudin [budɛ̃] *nm* (*Culin*) ≈ Blutwurst *f*
boue [bu] *nf* Schlamm *m*
bouée [bwe] *nf* Boje *f*; **~ (de sauvetage)** Rettungsring *m*
boueux, -euse [bwø, øz] *adj* schlammig ▶ *nm* Müllmann *m*
bouffant, e [bufɑ̃, ɑ̃t] *adj* bauschig
bouffe [buf] (*fam*) *nf* Essen *nt*
bouffée [bufe] *nf* (*d'air*) Hauch *m*; (*de pipe*) Schwade *f*; **~ de chaleur** fliegende Hitze *f*; **~ d'orgueil** Anfall *m* von Stolz
bouffer [bufe] (*fam*) *vt* futtern
bouffi, e [bufi] *adj* geschwollen
bougeoir [buʒwaʀ] *nm* Kerzenhalter *m*
bougeotte [buʒɔt] *nf* : **avoir la ~** (*fam*) kein Sitzfleisch haben
bouger [buʒe] *vi* sich bewegen; (*voyager*) herumreisen; (*changer*) sich ändern; (*agir*) sich regen ▶ *vt* bewegen
bougie [buʒi] *nf* Kerze *f*; (*Auto*) Zündkerze *f*
bougon, ne [bugɔ̃, ɔn] *adj* mürrisch, grantig
bougonner [bugɔne] *vi* murren, brummen
bougre [bugʀ] *nm* Kerl *m*; **ce ~ de** dieser verfluchte
boui-boui [bwibwi] (*pl* **bouis-bouis**) (*fam*) *nm* Kneipe
bouillabaisse [bujabɛs] *nf* Bouillabaisse *f*
bouillant, e [bujɑ̃, ɑ̃t] *adj* (*qui bout*) kochend; (*très chaud*) siedend heiß
bouille [buj] (*fam*) *nf* Birne *f*, Rübe *f*
bouilli, e [buji] *adj* gekocht
bouillie [buji] *nf* Brei *m*; **en ~** zermatscht
bouillir [bujiʀ] *vi* kochen; **faire ~** kochen; (*pour stériliser*) abkochen
bouilloire [bujwaʀ] *nf* Kessel *m*
bouillon [bujɔ̃] *nm* (*Culin*) Bouillon *f*; (*bulles, écume*) Bläschen *nt*
bouillonner [bujɔne] *vi* schäumen
bouillotte [bujɔt] *nf* Wärmflasche *f*
boulanger, -ère [bulɑ̃ʒe, ɛʀ] *nm/f* Bäcker(in)
boulangerie [bulɑ̃ʒʀi] *nf* Bäckerei *f*; (*commerce, branche*) Bäckerhandwerk *nt*
boulangerie-pâtisserie [bulɑ̃ʒʀipatisʀi] (*pl* **boulangeries-pâtisseries**) *nf* Bäckerei und Konditorei *f*
boule [bul] *nf* (*pour jouer*) Kugel *f*; **roulé en ~** zusammengerollt; **se mettre en ~** an die Decke gehen; **perdre la ~** durchdrehen; **~ de neige** Schneeball *m*; **faire ~ de neige** sich aufblähen
bouleau, x [bulo] *nm* Birke *f*
bouledogue [buldɔg] *nm* Bulldogge *f*, Hodensack *m*
boulet [bulɛ] *nm* (*de canon*) Kanonenkugel *f*; (*charbon*) Eierbrikett *nt*
boulette [bulɛt] *nf* Bällchen *nt*; **~ de viande** Fleischklößchen *nt*
boulevard [bulvaʀ] *nm* Boulevard *m*
bouleversement [bulvɛʀsəmɑ̃] *nm* (*politique, social*) Aufruhr *m*
bouleverser [bulvɛʀse] *vt* erschüttern; (*pays, vie, objets*) durcheinanderbringen
boulier [bulje] *nm* Abakus *m*
boulimie [bulimi] *nf* Bulimie *f*
boulimique [bulimik] *adj* bulimiekrank
boulon [bulɔ̃] *nm* Bolzen *m*
boulonner [bulɔne] *vt* anschrauben
boulot[1] [bulo] (*fam*) *nm* Arbeit *f*; **petit ~** Gelegenheitsarbeit

boulot², te [bulo, ɔt] *adj* rundlich
boum [bum] *nf* Fete *f*
bouquet [bukɛ] *nm* (*de fleurs*) (Blumen)strauß *m*; (*de persil*) Bund *nt*; (*de parfum*) Bukett *nt*; **c'est le ~ !** das ist doch wirklich die Höhe!
bouquetin [buk(ə)tɛ̃] *nm* Steinbock *m*
bouquin [bukɛ̃] (*fam*) *nm* Buch *nt*
bouquiner [bukine] (*fam*) *vi* lesen
bourbeux, -euse [buʀbø, øz] *adj* schlammig
bourbier [buʀbje] *nm* Morast *m*
bourdon [buʀdɔ̃] *nm* Hummel *f*
bourdonnement [buʀdɔnmɑ̃] *nm* Summen *nt*; **avoir des ~s d'oreilles** Ohrensausen haben
bourdonner [buʀdɔne] *vi* (*abeilles etc*) summen; (*oreilles*) dröhnen
bourg [buʀ] *nm* Stadt *f*
bourgade [buʀgad] *nf* kleiner Marktflecken *m*
bourgeois, e [buʀʒwa, waz] (*souvent péj*) *adj* bürgerlich, spießig ▸ *nm/f* Bürger(in); (*péj*) Spießbürger(in)
bourgeoisie [buʀʒwazi] *nf* Bürgertum *nt*; **petite ~** Kleinbürgertum *nt*
bourgeon [buʀʒɔ̃] *nm* Knospe *f*
bourgeonner [buʀʒɔne] *vi* knospen
Bourgogne [buʀgɔɲ] *nf* : **la ~** Burgund *nt* ▸ *nm* : **bourgogne** (*vin*) Burgunder *m*
bourguignon, ne [buʀgiɲɔ̃, ɔn] *adj* burgundisch; **(bœuf) ~** Rindfleisch *nt* Burgunder Art (*in Rotwein*)
bourlinguer [buʀlɛ̃ge] (*fam*) *vi* herumziehen
bourrade [buʀad] *nf* Schubs *m*
bourrage [buʀaʒ] *nm* : **~ de crâne** Gehirnwäsche *f*; **~ papier** Papierstau *m*
bourrasque [buʀask] *nf* Bö(e) *f*
bourratif, -ive [buʀatif, iv] *adj* stopfend
bourré, e [buʀe] *adj* : **~ de** vollgestopft mit
bourreau [buʀo] *nm* (*qui torture*) Folterknecht *m*; (*qui tue*) Henker *m*; **~ de travail** Arbeitstier *nt*
bourrelet [buʀlɛ] *nm* (*isolant*) Dichtungsband *nt*
bourrer [buʀe] *vt* vollstopfen; (*pipe*) stopfen; **~ qn de coups** Schläge auf jdn einhageln lassen
bourrique [buʀik] *nf* (*ânesse*) Eselin *f*
bourru, e [buʀy] *adj* mürrisch, missmutig
bourse [buʀs] *nf* (*subvention*) Stipendium *nt*; (*porte-monnaie*) Geldbeutel *m* ▸ *nfpl* (*Anat*) Hodensack *m*; **la B~** die Börse *f*; **sans ~ délier** ohne einen Pfennig Geld auszugeben
boursier, -ière [buʀsje, jɛʀ] *nm/f* Stipendiat(in)
boursouflé, e [buʀsufle] *adj* geschwollen
boursoufler [buʀsufle] *vt* anschwellen lassen; **se boursoufler** *vpr* (*visage*) anschwellen
bousculade [buskylad] *nf* (*précipitation*) Hast *f*; (*mouvements de foule*) Gedränge *nt*
bousculer [buskyle] *vt* anrempeln; (*fig : presser*) drängeln
bouse [buz] *nf* : **~ (de vache)** Kuhmist *m*
bousiller [buzije] (*fam*) *vt* ruinieren
boussole [busɔl] *nf* Kompass *m*
bout [bu] *nm* (*extrémité*) Ende *nt*; (*morceau*) Stück *nt*; (*de pied, bâton*) Spitze *f*; **au ~ de** (*après*) nach; **être à ~** am Ende sein; **pousser qn à ~** jdn zur Weißglut bringen; **venir à ~ de qch/qn** mit etw/jdm fertig werden; **~ à ~** aneinander; **d'un ~ à l'autre, de ~ en ~** von Anfang bis Ende
boutade [butad] *nf* witzige Bemerkung *f*
boute-en-train [butɑ̃tʀɛ̃] *nm inv* Betriebsnudel *f*
bouteille [butɛj] *nf* Flasche *f*; **il a pris de la ~** (*fam*) er ist alt geworden
boutique [butik] *nf* Laden *m*
bouton [butɔ̃] *nm* Knopf *m*; (*Bot*) Knospe *f*; (*sur la peau*) Pickel *m*; **~ de commande** (*Inform*) Befehlsschaltfläche; **~ d'or** Butterblume *f*
boutonner [butɔne] *vt* zuknöpfen
boutonnière [butɔnjɛʀ] *nf* Knopfloch *nt*
bouton-pression [butɔ̃pʀesjɔ̃] (*pl* **boutons-pression**) *nm* Druckknopf *m*
bouture [butyʀ] *nf* Steckling *m*; **faire des ~s** Ableger nehmen
bouvreuil [buvʀœj] *nm* Dompfaff *m*
bovin, e [bɔvɛ̃, in] *adj* Rinder-; (*air*) blöd
box [bɔks] *nm* (*d'écurie*) Box *f*; **le ~ des accusés** die Anklagebank *f*
boxe [bɔks] *nf* Boxen *nt*
boxer [ɐvbʰ bɔkse˙ ɐnʰ bɔksɛʀ] *vi* boxen
boxeur [bɔksœʀ] *nm* Boxer *m*
boyau, x [bwajo] *nm* (*galerie*) Gang *m*; (*de bicyclette*) Schlauch *m*; **boyaux** *nmpl* (*viscères*) Eingeweide *pl*
boycottage [bɔikɔtaʒ] *nm* Boykott *m*
boycotter [bɔjkɔte] *vt* boykottieren
BP [bepe] *sigle f* (= *boîte postale*) Postfach *nt*
bracelet [bʀaslɛ] *nm* Armband *nt*
bracelet-montre [bʀaslɛmɔ̃tʀ] (*pl* **bracelets-montres**) *nm* Armbanduhr *f*
braconnage [bʀakɔnaʒ] *nm* Wilderei *f*
braconner [bʀakɔne] *vi* wildern
braconnier, -ière [bʀakɔnje, jɛʀ] *nm/f* Wilderer(in)
brader [bʀade] *vt* verschleudern
braderie [bʀadʀi] *nf* Trödelmarkt *m*; (*soldes*) Ausverkauf *m*

braguette [bʀagɛt] *nf* Hosenschlitz *m*
braillard, e [bʀɑjaʀ, aʀd] *adj* brüllend
braille [bʀɑj] *nm* Blindenschrift *f*
braillement [bʀɑjmɑ̃] *nm* Geschrei *nt*
brailler [bʀɑje] *vi* grölen, schreien ▶ *vt* brüllen
braire [bʀɛʀ] *vi* schreien; (*âne*) iahen
braise [bʀɛz] *nf* Glut *f*
braiser [bʀeze] *vt* schmoren; **bœuf braisé** geschmortes Rindfleisch *nt*
bramer [bʀɑme] *vi* (*cerf*) röhren
brancard [bʀɑ̃kaʀ] *nm* (*civière*) Bahre *f*
brancardier, -ière [bʀɑ̃kaʀdje] *nm/f* Krankenträger(in)
branche [bʀɑ̃ʃ] *nf* Ast *m*; (*de lunettes*) Bügel *m*; (*d'enseignement, de science*) Zweig *m*
branché, e [bʀɑ̃ʃe] (*fam*) *adj* voll im Trend
branchement [bʀɑ̃ʃmɑ̃] *nm* Anschluss *m*
brancher [bʀɑ̃ʃe] *vt* anschließen; **ça te branche d'aller au restau ce soir ?** (*fam*) hast du Bock, heute Abend essen zu gehen?
branchies [bʀɑ̃ʃi] *nfpl* Kiemen *pl*
brandir [bʀɑ̃diʀ] *vt* schwenken, fuchteln mit
branlant, e [bʀɑ̃lɑ̃, ɑ̃t] *adj* wackelig
branle [bʀɑ̃l] *nm* : **mettre en ~** in Gang bringen
branle-bas [bʀɑ̃lbɑ] *nm inv* Aufregung *f*, Durcheinander *nt*
branler [bʀɑ̃le] *vi* wackeln ▶ *vt* : **~ la tête** mit dem Kopf wackeln
braquage [bʀakaʒ] (*fam*) *nm* Überfall *m*
braquer [bʀake] *vi* (*Auto*) steuern ▶ *vt* (*fam : attaquer*) überfallen; **se braquer** *vpr* : **se ~ (contre)** sich widersetzen (*+dat*)
bras [bʀɑ] *nm* Arm *m* ▶ *nmpl* (*travailleurs*) Arbeitskräfte *pl*; **avoir le ~ long** viel Einfluss haben; **à ~ raccourcis** mit aller Gewalt; **~ droit** (*fig*) rechte Hand *f*; **~ de mer** Meeresarm *m*
brassage [bʀasaʒ] *nm* (*fig*) Vermischung *f*
brassard [bʀasaʀ] *nm* Armbinde *f*
brasse [bʀas] *nf* (*nage*) Brustschwimmen *nt*; **~ papillon** Schmetterlingsstil *m*
brasser [bʀase] *vt* (*remuer*) mischen; **~ de l'argent** viel Geld in Umlauf bringen; **~ des affaires** groß im Geschäft sein
brasserie [bʀasʀi] *nf* (*restaurant*) Gaststätte *f*; (*usine*) Brauerei *f*
brasseur [bʀasœʀ] *nm* (*de bière*) Brauer *m*; **~ d'affaires** wichtiger Geschäftsmann *m*
brassière [bʀasjɛʀ] *nf* (*de bébé*) Babyjäckchen *nt*
bravade [bʀavad] *nf* : **par ~** aus Mutwillen
brave [bʀav] *adj* (*courageux*) mutig; (*bon, gentil*) lieb, brav
braver [bʀave] *vt* trotzen *+dat*
bravo [bʀavo] *excl* bravo ▶ *nm* Bravoruf *m*
bravoure [bʀavuʀ] *nf* Mut *m*
break [bʀɛk] *nm* (*Auto*) Kombi *m*; (*fam : pause*) Pause *f*
brebis [bʀəbi] *nf* (Mutter)schaf *nt*; **~ galeuse** schwarzes Schaf *nt*
brèche [bʀɛʃ] *nf* Öffnung *f*; **être sur la ~** (*fig*) auf Trab sein
bredouille [bʀəduj] *adj* mit leeren Händen
bredouiller [bʀəduje] *vi, vt* murmeln
bref, brève [bʀɛf, ɛv] *adj* kurz ▶ *adv* kurz und gut; **en ~** kurz (gesagt)
breloque [bʀəlɔk] *nf* Anhänger *m*
brème [bʀɛm] *nf* (*poisson*) Brasse *f*
Brême [bʀɛm] *nf* Bremen *nt*
Brésil [bʀezil] *nm* : **le ~** Brasilien *nt*
brésilien, ne [bʀeziljɛ̃, jɛn] *adj* brasilianisch ▶ *nm/f* : **Brésilien, ne** Brasilianer(in)
Bretagne [bʀətaɲ] *nf* Bretagne *f*
bretelle [bʀətɛl] *nf* (*de vêtement*) Träger *m*; (*de fusil etc*) Schulterriemen *m*; (*d'autoroute*) Verbindung *f*; **bretelles** *nfpl* (*pour pantalon*) Hosenträger *pl*; **~ de raccordement** Zubringer *m*
breton, ne [bʀətɔ̃, ɔn] *adj* bretonisch ▶ *nm/f* : **Breton, ne** Bretone *m*, Bretonin *f*
brève [bʀɛv] *adj f voir* **bref**
brevet [bʀəvɛ] *nm* Diplom *nt*; **~ d'apprentissage** Gesellenbrief *m*; **~ (d'invention)** Patent *nt*
breveté, e [bʀəv(ə)te] *adj* (*invention*) patentiert; (*diplômé*) diplomiert
breveter [bʀəv(ə)te] *vt* patentieren
bréviaire [bʀevjɛʀ] *nm* Brevier *nt*
bribes [bʀib] *nfpl* (*de conversation*) Bruchstücke *pl*; **par ~** stückweise
bric-à-brac [bʀikabʀak] *nm inv* Trödel *m*
bricolage [bʀikɔlaʒ] *nm* Basteln *nt*
bricole [bʀikɔl] *nf* Kleinigkeit *f*
bricoler [bʀikɔle] *vi* herumwerkeln ▶ *vt* (*réparer*) herumwerkeln an *+dat*
bricoleur, -euse [bʀikɔlœʀ, øz] *nm/f* Bastler(in) ▶ *adj* Bastler-
bride [bʀid] *nf* Zaum *m*; (*d'un bonnet*) Band *nt*; **à ~ abattue** (*fig*) in Windeseile; **tenir en ~** im Zaum halten
bridé, e [bʀide] *adj* : **yeux ~s** Schlitzaugen *pl*
brider [bʀide] *vt* (*réprimer*) zügeln; (*cheval*) aufzäumen; (*volaille*) dressieren
bridge [bʀidʒ] *nm* (*jeu*) Bridge *nt*; (*dentaire*) Brücke *f*
brièvement [bʀijɛvmɑ̃] *adv* kurz

brièveté [bʀijɛvte] *nf* Kürze *f*
brigade [bʀigad] *nf* (*Police*) Trupp *m*; (*Mil*) Brigade *f*
brigadier, -ière [bʀigadje, jɛʀ] *nm/f* ≈ Gefreite(r) *f(m)*
brigand [bʀigɑ̃] *nm* Räuber *m*
brillamment [bʀijamɑ̃] *adv* glänzend, großartig
brillant, e [bʀijɑ̃, ɑ̃t] *adj* strahlend; (*remarquable*) erstklassig ▶ *nm* (*diamant*) Brillant *m*
briller [bʀije] *vi* leuchten, glänzen
brimade [bʀimad] *nf* (*vexation*) Schikane *f*
brimer [bʀime] *vt* schikanieren
brin [bʀɛ̃] *nm* (*de laine, ficelle etc*) Faden *m*; **un ~ de** (*un peu*) ein bisschen; **~ d'herbe** Grashalm *m*; **~ de muguet** Zweig *m* Maiglöckchen; **~ de paille** Strohhalm *m*
brindille [bʀɛ̃dij] *nf* Zweig *m*
brio [bʀijo] *nm* : **avec ~** großartig
brioche [bʀijɔʃ] *nf* Brioche *f*, *Art Brötchen*; (*fam : ventre*) Bauch *m*
brique [bʀik] *nf* Ziegelstein *m* ▶ *adj inv* (*couleur*) ziegelrot
briquet [bʀikɛ] *nm* Feuerzeug *nt*
brise [bʀiz] *nf* Brise *f*
brisé, e [bʀize] *adj* gebrochen
brisées [bʀize] *nfpl* : **aller** *ou* **marcher sur les ~ de qn** jdm ins Gehege kommen
brise-glace [bʀizglas] (*pl* **brise-glaces**) *nm* Eisbrecher *m*
brise-lame [bʀizlam] (*pl* **brise-lames**) *nm* Wellenbrecher *m*
briser [bʀize] *vt* zerbrechen; (*fig : cœur*) brechen; (*: rêve*) zerstören; (*: volonté, grève, résistance*) brechen; (*fatiguer*) erschöpfen; **se briser** *vpr* brechen; (*espoir*) sich zerschlagen
brise-tout [bʀiztu] *nm inv* Raubein *nt*
briseur, -euse [bʀizœʀ, øz] *nm/f* : **~ de grève** Streikbrecher(in)
brise-vent [bʀizvɑ̃] *nm* Windschirm *m*
bristol [bʀistɔl] *nm* (*carte de visite*) Visitenkarte *f*
britannique [bʀitanik] *adj* britisch ▶ *nmf* : **Britannique** Brite *m*, Britin *f*
broc [bʀo] *nm* Kanne *f*
brocante [bʀɔkɑ̃t] *nf* (*activités*) Antiquitätenhandel *m*; (*magasin*) Antiquitätenhandlung *f*
brocanteur, -euse [bʀɔkɑ̃tœʀ, øz] *nm/f* Antiquitätenhändler(in)
brocart [bʀɔkaʀ] *nm* Brokat *m*
broche [bʀɔʃ] *nf* Brosche *f*; (*Culin*) Bratspieß *m*; **à la ~** am Spieß
broché, e [bʀɔʃe] *adj* (*livre*) broschiert
brochet [bʀɔʃɛ] *nm* Hecht *m*
brochette [bʀɔʃɛt] *nf* (*Culin*) Schaschlik *m ou nt*; **une ~ de stars** (*groupe de personnes*) eine Reihe von Stars
brochure [bʀɔʃyʀ] *nf* Broschüre *f*
brocoli [bʀɔkɔli] *nm* Brokkoli *m*
broder [bʀɔde] *vt* sticken ▶ *vi* : **~ (sur des faits/une histoire)** (die Tatsachen/eine Geschichte) ausschmücken
broderie [bʀɔdʀi] *nf* Stickerei *f*
broncher [bʀɔ̃ʃe] *vi* : **sans ~** ohne mit der Wimper zu zucken
bronches [bʀɔ̃ʃ] *nfpl* Bronchien *pl*
bronchite [bʀɔ̃ʃit] *nf* Bronchitis *f*
broncho-pneumonie [bʀɔ̃kopnømɔni] (*pl* **broncho-pneumonies**) *nf* schwere Bronchitis *f*
bronzage [bʀɔ̃zaʒ] *nm* Sonnenbräune *f*
bronze [bʀɔ̃z] *nm* Bronze *f*
bronzé, e [bʀɔ̃ze] *adj* sonnengebräunt, braun
bronzer [bʀɔ̃ze] *vt* bräunen ▶ *vi* (*peau, personne*) braun werden; **se bronzer** *vpr* sonnenbaden
brosse [bʀɔs] *nf* Bürste *f*; **donner un coup de ~ à qch** etw abbürsten; **(avec) les cheveux en ~** mit Bürstenschnitt; **~ à cheveux** Haarbürste *f*; **~ à dents** Zahnbürste *f*
brosser [bʀɔse] *vt* (ab)bürsten; (*fig : tableau, bilan etc*) in groben Zügen zeichnen; **se brosser** *vpr* sich bürsten; **se ~ les dents** sich *dat* die Zähne putzen
brouette [bʀuɛt] *nf* Schubkarren *m*
brouhaha [bʀuaa] *nm* Tumult *m*
brouillard [bʀujaʀ] *nm* Nebel *m*
brouille [bʀuj] *nf* Streit *m*
brouillé, e [bʀuje] *adj* (*teint*) unrein; **il est ~ avec ses parents** er ist mit seinen Eltern verkracht
brouiller [bʀuje] *vt* (*embrouiller*) durcheinanderbringen, vermischen; (*Radio*) stören; (*rendre confus*) trüben; (*désunir*) entzweien; **se brouiller** *vpr* (*ciel, temps*) sich zuziehen; (*vue*) sich verschlechtern; (*détails*) durcheinandergeraten; **se ~ (avec)** sich verkrachen (mit)
brouillon, ne [bʀujɔ̃, ɔn] *adj* unordentlich ▶ *nm* (*écrit*) Konzept *nt*; **cahier de ~** Vorschreibheft *nt*
broussailles [bʀusaj] *nfpl* Gestrüpp *nt*, Gebüsch *nt*
broussailleux, -euse [bʀusajø, øz] *adj* buschig
brousse [bʀus] *nf* Busch *m*
brouter [bʀute] *vt* fressen ▶ *vi* (*Auto, Tech*) ruckeln
broutille [bʀutij] *nf* Lappalie *f*

broyer [bʀwaje] *vt* zerkleinern; **~ du noir** grübeln
brugnon [bʀyɲɔ̃] *nm* Nektarine *f*
bruine [bʀɥin] *nf* Nieselregen *m*
bruissement [bʀɥismɑ̃] *nm* Rascheln *nt*
bruit [bʀɥi] *nm* Geräusch *nt*; (*désagréable*) Lärm *m*; (*fig* : *rumeur*) Gerücht *nt*; **pas/trop de ~** kein/zu viel Lärm; **sans ~** geräuschlos; **faire grand ~ de** (*fig*) viel hermachen von; **le ~ court que…** es geht das Gerücht, dass…; **~ de fond** Hintergrundgeräusch *nt*
bruitage [bʀɥitaʒ] *nm* Toneffekte *pl*
brûlant, e [bʀylɑ̃, ɑ̃t] *adj* siedend heiß; (*regard*) feurig; (*sujet*) heiß
brûlé, e [bʀyle] *adj* verbrannt; (*fig* : *démasqué*) entlarvt ▶ *nm* : **odeur de ~** Brandgeruch *m*
brûle-pourpoint [bʀylpuʀpwɛ̃] *adv* : **à ~** direkt
brûler [bʀyle] *vt* verbrennen; (*suj* : *eau bouillante*) verbrühen; (*consommer* : *carburant, électricité*) verbrauchen; (*feu rouge, signal*) überfahren ▶ *vi* brennen; (*être brûlant, ardent*) glühen; **se brûler** *vpr* sich verbrennen; (*avec de l'eau bouillante*) sich verbrühen; **se ~ la cervelle** sich *dat* eine Kugel in den Kopf jagen; **~ les étapes** ein paar Stufen überspringen
brûleur [bʀylœʀ] *nm* Brenner *m*
brûlure [bʀylyʀ] *nf* (*lésion*) Verbrennung *f*; (*sensation*) Brennen *nt*; **~s d'estomac** Sodbrennen *nt*
brume [bʀym] *nf* Nebel *m*
brumeux, -euse [bʀymø, øz] *adj* neblig; (*fig*) unklar, verschwommen
brumisateur [bʀymizatœʀ] *nm* Zerstäuber *m*
brun, e [bʀœ̃, bʀyn] *adj* braun ▶ *nm* (*couleur*) Braun *nt*
brunch [bʀœntʃ] *nm* Brunch *m*
Brunéi [bʀunɛi] *nm* : **le ~** Brunei *nt*
brunir [bʀyniʀ] *vi* braun werden ▶ *vt* bräunen
brushing [bʀœʃiŋ] *nm* Föhnwelle *f*
brusque [bʀysk] *adj* (*rude*) schroff; (*soudain*) plötzlich
brusquement [bʀyskəmɑ̃] *adv* (*soudain*) plötzlich
brusquer [bʀyske] *vt* (*personne*) hetzen, drängen
brusquerie [bʀyskəʀi] *nf* Barschheit *f*
brut, e [bʀyt] *adj* roh; (*bénéfice, salaire, poids*) Brutto- ▶ *nm* : **(champagne) ~** trockener Champagner *m*
brutal, e, -aux [bʀytal, o] *adj* brutal
brutaliser [bʀytalize] *vt* brutal *ou* grob behandeln
brutalité [bʀytalite] *nf* Brutalität *f*
brute [bʀyt] *nf* Bestie *f*
Bruxelles [bʀysɛl] *nf* Brüssel *nt*
bruyamment [bʀɥijamɑ̃] *adv* laut
bruyant, e [bʀɥijɑ̃, ɑ̃t] *adj* laut
bruyère [bʀyjɛʀ] *nf* Heidekraut *nt*
BT [bete] *sigle m* (= *brevet de technicien*) *Zeugnis einer technischen Schule*
BTA [betea] *sigle m* (= *brevet de technicien agricole*) *Zeugnis einer Landwirtschaftsschule*
BTP [betepe] *sigle mpl* (= *bâtiments et travaux publics*) ≈ öffentliches Bauwesen *nt*
BTS [beteɛs] *sigle m* (= *brevet de technicien supérieur*) *Abschlusszeugnis einer technischen Schule*
BU [bey] *sigle f* (= *bibliothèque universitaire*) UB *f*
bu, e [by] *pp de* **boire**
buanderie [bɥɑ̃dʀi] *nf* Waschküche *f*
buccal, e, -aux [bykal, o] *adj* (*cavité etc*) Mund-
bûche [byʃ] *nf* Holzscheit *nt*; **prendre une ~** (*fam*) auf die Nase fallen; **~ de Noël** *Weihnachtskuchen in Form eines Holzscheites*
bûcher [byʃe] (*fam*) *vi, vt* büffeln
bûcheron, ne [byʃʀɔ̃] *nm/f* Holzfäller(in)
budget [bydʒɛ] *nm* Etat *m*, Haushalt *m*
budgétaire [bydʒetɛʀ] *adj* Haushalts-
budgéter [bydʒete], **budgétiser** [bydʒetize] *vt* veranschlagen
buée [bɥe] *nf* (*sur une vitre*) Kondensation *f*; (*haleine*) Dampf *m*
buffet [byfɛ] *nm* (*meuble*) Anrichte *f*; (*de réception*) Büffet *nt*; **~ (de gare)** Bahnhofsgaststätte *f*
buffle [byfl] *nm* Büffel *m*
buisson [bɥisɔ̃] *nm* Busch *m*
buissonnière [bɥisɔnjɛʀ] *adj f* : **faire l'école ~** die Schule schwänzen
bulbe [bylb] *nm* (*Bot*) Zwiebel *f*; (*coupole*) Zwiebelturm *m*
bulgare [bylgaʀ] *adj* bulgarisch ▶ *nmf* : **Bulgare** Bulgare *m*, Bulgarin *f*
Bulgarie [bylgaʀi] *nf* : **la ~** Bulgarien *nt*
bulldozer [buldozɛʀ] *nm* Bulldozer *m*
bulle [byl] *nf* Blase *f*; (*papale*) Bulle *f*; **~ de savon** Seifenblase *f*
bulletin [byltɛ̃] *nm* (*communiqué*) Bulletin *nt*; (*Radio, TV*) Sendung *f*; **~ (de notes** *ou* **scolaire)** Bulletin *nt*; **~ de salaire** Lohnstreifen *m*; **~ de santé** (ärztliches) Gesundheitszeugnis *nt*; **~ de vote** Stimmzettel *m*; **~ météorologique** Wetterbericht *m*
buraliste [byʀalist] *nmf* Tabakwarenhändler(in) *m(f)*
bureau, x [byʀo] *nm* (*meuble*) Schreibtisch *m*; (*pièce, d'une entreprise*)

Büro *nt*; **~ de change** Wechselstube *f*; **~ de poste** Postamt *nt*; **~ de tabac** Tabakwarenhandlung *f*; **~ de vote** Wahllokal *nt*
bureaucrate [byʀɔkʀat] *nm* Bürokrat *m*
bureaucratie [byʀɔkʀasi] *nf* Bürokratie *f*
bureaucratique [byʀɔkʀatik] *adj* bürokratisch
bureautique [byʀotik] *nf* Büroautomation *f*
Burkina-Faso [byʀkinafaso] *nm* : **le ~** Burkina Faso *nt*
burlesque [byʀlɛsk] *adj* lächerlich; (*Litt*) burlesk
burnous [byʀnu(s)] *nm* Burnus *m*
Burundi [buʀundi] *nm* : **le ~** Burundi *nt*
bus [bys] *nm* Bus *m*; (*Inform*) (Daten)bus *m*
buse [byz] *nf* Bussard *m*
busqué, e [byske] *adj* : **nez ~** Hakennase *f*
buste [byst] *nm* (*Anat*) Brustkorb *m*; (*sculpture*) Büste *f*
bustier [bystje] *nm* Mieder *nt*; (*soutien-gorge*) Bustier *m*
but [by(t)] *nm* (*cible*) Zielscheibe *f*; (*fig*) Ziel *nt*; (*Football etc*) Tor *nt*; **de ~ en blanc** geradeheraus; **avoir pour ~ de faire qch** zum Ziel haben, etw zu tun; **dans le ~ de** mit der Absicht zu; **gagner par 3 ~s à 2** (mit) 3 zu 2 (Toren) gewinnen
butane [bytan] *nm* Butan *nt*; (*domestique*) Propangas *nt*
buté, e [byte] *adj* stur
buter [byte] *vi* : **~ contre/sur qch** gegen/auf etw *acc* stoßen ▶ *vt* (*personne*) aufbringen; **se buter** *vpr* sich stur stellen
buteur [bytœʀ] *nm* Torjäger *m*
butin [bytɛ̃] *nm* Beute *f*
butiner [bytine] *vi* Honig sammeln
butor [bytɔʀ] *nm* Trampel *nt*, Tölpel *m*
butte [byt] *nf* Hügel *m*; **être en ~ à** ausgesetzt sein *+dat*
buvable [byvabl] *adj* trinkbar
buvard [byvaʀ] *nm* Löschpapier *nt*
buvette [byvɛt] *nf* Erfrischungsraum *m*
buveur, -euse [byvœʀ, øz] (*péj*) *nm/f* Säufer(in); **~ de cidre/de vin** Cidre-/Weintrinker(in)
BVP [bevepe] *sigle m* (= *Bureau de vérification de la publicité*) *Werbekontrollbehörde*
BZH *abr* (= *Breizh*) Bretagne *f*

C

C, c [se] *nm inv* C, c *nt*
CA [sea] *sigle m* (= *chiffre d'affaires*) Umsatz *m*
ça [sa] *pron* das; **ça va ?** wie gehts?; **ça alors !** na so was!; **c'est ça** richtig
çà [sa] *adv* : **çà et là** hier und da
cabane [kaban] *nf* Hütte *f*
cabaret [kabaʀɛ] *nm* Nachtklub *m*
cabillaud [kabijo] *nm* Kabeljau *m*
cabine [kabin] *nf* Kabine *f*; (*de camion*) Führerhaus *nt*; (*d'avion*) Cockpit *nt*; **~ de douche** Duschkabine *f*; **~ (téléphonique)** Telefonzelle *f*
cabinet [kabinɛ] *nm* (*petite pièce*) Kammer *f*; (*de médecin*) Praxis *f*; (*d'avocat, de notaire etc*) Büro *nt*, Kanzlei *f*; (*clientèle*) Praxis; (*Pol*) Kabinett *nt*; **cabinets** *nmpl* (*W.C.*) Toiletten *pl*
câble [kɑbl] *nm* Kabel *nt*; (*TV*) Kabelfernsehen *nt*
câblé, e [kable] *adj* (*branché*) mega-in; (*TV*) verkabelt
câbler [kɑble] *vt* (*TV*) verkabeln
cabrer [kɑbʀe] *vt* (*cheval*) steigen lassen; (*avion*) hochziehen; **se cabrer** *vpr* (*cheval*) sich aufbäumen; (*fig*) sich auflehnen
cabriolet [kabʀijɔlɛ] *nm* Kabriolett *nt*
caca [kaka] *nm* (*langage enfantin*) Aa *nt*
cacahuète [kakaɥɛt] *nf* Erdnuss *f*
cacao [kakao] *nm* Kakao *m*
cache [kaʃ] *nm* Maske *f*, Versteck *nt*; **~ d'armes** Waffenversteck *nt*
caché, e [kaʃe] *adj* versteckt
cache-cache [kaʃkaʃ] *nm inv* : **jouer à ~** Verstecken spielen
cacher [kaʃe] *vt* verstecken; (*intention*) verbergen; (*vérité, nouvelle*) verheimlichen; (*masquer, voiler*) verdecken; **se cacher** *vpr* sich verstecken; **je ne vous cache pas que** ich verhehle nicht, dass; **~ son jeu** mit verdeckten Karten spielen

cache-sexe [kaʃsɛks] (*pl* **cache-sexes**) *nm* Minislip *m*
cachet [kaʃɛ] *nm* (*comprimé*) Tablette *f*; (*sceau*) Siegel *nt*; (*rétribution*) Gage *f*; (*fig*) Stil *m*
cacheter [kaʃte] *vt* versiegeln
cachette [kaʃɛt] *nf* Versteck *nt*; **en ~** heimlich
cachot [kaʃo] *nm* Verlies *nt*
cachotterie [kaʃɔtʀi] : **cachotteries** *nfpl* Heimlichtuerei *f*; **faire des ~s** heimlich tun
cacophonie [kakɔfɔni] *nf* Kakofonie *f*
cactus [kaktys] *nm inv* Kaktus *m*
c.-à-d. *abr* (= *c'est-à-dire*) d. h.
cadavre [kadɑvʀ] *nm* Leiche *f*
caddie® [kadi] *nm* Einkaufswagen *m* (*im Supermarkt*)
cadeau, x [kado] *nm* Geschenk *nt*; **faire un ~ à qn** jdm etw schenken; **faire ~ de qch à qn** jdm etw schenken
cadenas [kadnɑ] *nm* Vorhängeschloss *nt*
cadenasser [kadnɑse] *vt* (mit einem Vorhängeschloss) verschließen
cadence [kadɑ̃s] *nf* (*Mus*) Kadenz *f*; (*de travail etc*) Tempo *nt*; **en ~** im Takt
cadencé, e [kadɑ̃se] *adj* (*Mus etc*) rhythmisch
cadet, te [kadɛ, ɛt] *adj* jüngere(r, s) ▶ *nm/f* : **le ~/la ~te** der/die Jüngste
cadran [kadʀɑ̃] *nm* Zifferblatt *nt*; **~ solaire** Sonnenuhr *f*
cadre [kɑdʀ] *nm* Rahmen; (*environnement*) Umgebung *f*; (*personne*) Führungskraft *f*; **rayer qn des ~s** jdn entlassen; **dans le ~ de** im Rahmen von; **~ moyen** mittlere(r) Angestellte(r) *f(m)*; **~ supérieur** gehobene(r) Angestellte(r) *f(m)*
cadrer [kɑdʀe] *vi* : **~ avec qch** etw *dat* entsprechen ▶ *vt* (*Ciné*) zentrieren
caduc, -uque [kadyk] *adj* veraltet; **arbre à feuilles caduques** Laubbaum *m*
CAF [seaɛf] *sigle f* (= *Caisse d'allocations familiales*) ≈ Familienhilfe *f* des Sozialamtes
cafard [kafaʀ] *nm* Schabe *f*; **avoir le ~** (*fam*) deprimiert sein
cafardeux, -euse [kafaʀdø, øz] *adj* (*personne*) deprimiert; (*ambiance*) deprimierend
café [kafe] *nm* Kaffee *m*; (*bistro*) Kneipe *f*; **~ au lait** Milchkaffee *m*; **~ noir** schwarzer Kaffee
café-concert [kafekɔ̃sɛʀ] (*pl* **cafés-concerts**) *nm* (*aussi* : **caf' conc'**) ≈ Varieté *nt*
caféine [kafein] *nf* Koffein *nt*
cafétéria [kafeteʀja] *nf* Cafeteria *f*
café-théâtre [kafeteɑtʀ] (*pl* **cafés-théâtres**) *nm kleines Experimentiertheater*
cafetier, -ière [kaftje, jɛʀ] *nm/f* Besitzer(in) einer Gastwirtschaft
cafetière [kaftjɛʀ] *nf* (*pot*) Kaffeekanne *f*
cafouillage [kafujaʒ] (*fam*) *nm* Durcheinander *nt*
cage [kaʒ] *nf* Käfig *m*; **~ d'escalier** Treppenhaus *nt*; **~ (des buts)** Tor *nt*
cagibi [kaʒibi] (*fam*) *nm* Kämmerchen *nt*
cagnotte [kaɲɔt] *nf* gemeinsame Kasse *f*
cagoule [kagul] *nf* Kapuze *f*; (*passe-montagne*) Kapuzenmütze *f*
cahier [kaje] *nm* (Schul)heft *nt*; **~ de brouillon** Schmierheft *nt*; **~ des charges** Vertragsbedingungen *pl*
cahot [kao] *nm* Stoß *m*
cahoter [kaɔte] *vi* holpern
caille [kaj] *nf* Wachtel *f*
caillé, e [kaje] *adj* : **lait ~** saure Milch *f*
cailler [kaje] *vi* (*lait, sang*) gerinnen; (*fam* : *avoir froid*) frieren; **ça caille** es ist klapperkalt
caillou, x [kaju] *nm* (kleiner) Stein *m*; (*galet*) Kieselstein *m*
caillouteux, -euse [kajutø, øz] *adj* steinig
caïman [kaimɑ̃] *nm* Kaiman *m*
Caire [kɛʀ] *nm* : **Le ~** Kairo *nt*
caisse [kɛs] *nf* Kasse *f*; (*cageot, boîte*) Kiste *f*; **~ d'épargne/de retraite** Spar-/Pensionskasse *f*; **~ enregistreuse** Registrierkasse *f*
caissier, -ière [kesje, jɛʀ] *nm/f* Kassierer(in)
caisson [kɛsɔ̃] *nm* Kiste *f*; **~ de décompression** Dekompressionskammer *f*
cajoler [kaʒɔle] *vt* besonders lieb sein zu, hätscheln
cajoleries [kaʒɔlʀi] *nfpl* Schmeicheleien *pl*; (*manières*) Zärtlichkeiten *pl*
cajou [kaʒu] *nm* : **(noix de) ~** Cashewnuss *f*
cake [kɛk] *nm* englischer Kuchen *m*
cal *abr* (= *calorie*) cal
calaminé, e [kalamine] *adj* (*Auto*) verrußt
calamité [kalamite] *nf* Katastrophe *f*
calandre [kalɑ̃dʀ] *nf* (*Auto*) Kühlergrill *m*
calanque [kalɑ̃k] *nf kleine Felsenbucht am Mittelmeer*
calcaire [kalkɛʀ] *nm* Kalkstein *m* ▶ *adj* (*eau*) kalkhaltig; (*terrain*) kalkig
calcium [kalsjɔm] *nm* Kalzium *nt*
calcul [kalkyl] *nm* Rechnung *f*; (*Scol*) Rechnen *nt*; **~ biliaire** Gallenstein *m*;

~ mental Kopfrechnen *nt*; **~ rénal** Nierenstein *m*
calculateur [kalkylatœʀ] *nm* (*machine*) Rechner *m*
calculatrice [kalkylatʀis] *nf* (*de poche*) Taschenrechner *m*
calculer [kalkyle] *vt* berechnen; (*combiner, arranger*) kalkulieren ▶ *vi* rechnen
calculette [kalkylɛt] *nf* Taschenrechner *m*
cale [kal] *nf* (*de bateau*) Laderaum *m*; (*en bois*) Keil *m*; **~ sèche** Trockendock *nt*
calé, e [kale] *adj* (*fixé*) fixiert; (*fam*) bewandert
caleçon [kalsɔ̃] *nm* (*sous-vêtement*) Unterhose *f*; (*pantalon*) Leggings *pl*
calembour [kalɑ̃buʀ] *nm* Wortspiel *nt*
calendes [kalɑ̃d] *nfpl* : **renvoyer qch aux ~ grecques** etw auf den St. Nimmerleinstag verschieben
calendrier [kalɑ̃dʀije] *nm* Kalender *m*; (*programme*) Zeitplan *m*
calepin [kalpɛ̃] *nm* Notizbuch *nt*
caler [kale] *vt* (*fixer*) festkeilen ▶ *vi* nicht mehr können; (*voiture*) stehen bleiben
calfeutrer [kalføtʀe] *vt* abdichten
calibre [kalibʀ] *nm* Kaliber *nt*; (*d'un fruit*) Größe *f*
calice [kalis] *nm* Kelch *m*
calife [kalif] *nm* Kalif *m*
Californie [kalifɔʀni] *nf* : **la ~** Kalifornien *nt*
califourchon [kalifuʀʃɔ̃] : **à ~** *adv* rittlings
câlin, e [kalɛ̃, in] *adj* anschmiegsam
câliner [kaline] *vt* schmusen mit
calleux, -euse [kalø, øz] *adj* schwielig
callosité [kalozite] *nf* Schwiele *f*
calmant, e [kalmɑ̃, ɑ̃t] *adj* beruhigend ▶ *nm* Beruhigungsmittel *nt*
calmar [kalmaʀ] *nm* Tintenfisch *m*
calme [kalm] *adj* ruhig ▶ *nm* Ruhe *f*
calmement [kalməmɑ̃] *adv* ruhig
calmer [kalme] *vt* lindern, mildern; (*personne*) beruhigen; **se calmer** *vpr* (*personne, mer*) sich beruhigen; (*vent, colère etc*) sich legen
calomnie [kalɔmni] *nf* Verleumdung *f*
calomnier [kalɔmnje] *vt* verleumden
calorie [kalɔʀi] *nf* Kalorie *f*
calorifère [kalɔʀifɛʀ] *nm* Ofen *m*
calorifique [kalɔʀifik] *adj* wärmeerzeugend
calorifuge [kalɔʀifyʒ] *adj* wärmedämmend ▶ *nm* (*isolant*) Wärmeisolierung *f*
calotte [kalɔt] *nf* : **~ glaciaire** Gletscherkappe *f*
calque [kalk] *nm* (*aussi* : **papier calque**) Pauspapier *nt*; (*dessin*) Pause *f*; (*fig*) Nachahmung *f*
calquer [kalke] *vt* durchpausen; (*fig*) nachahmen
calvados [kalvados] *nm* Calvados *m*
calvaire [kalvɛʀ] *nm* (*croix*) Wegkreuz *nt*; (*fig*) Martyrium *nt*
calvitie [kalvisi] *nf* Kahlköpfigkeit *f*
camarade [kamaʀad] *nmf* (*ami*) Kumpel *m*; (*Pol*) Genosse *m*, Genossin *f*; **~ de classe** Schulkamerad(in) *m(f)*, Klassenkamerad(in) *m(f)*
camaraderie [kamaʀadʀi] *nf* Freundschaft *f*
Camargue [kamaʀg] *nf* : **la ~** die Camargue *f*
cambiste [kɑ̃bist] *nm* Devisenhändler *m*
Cambodge [kɑ̃bɔdʒ] *nm* : **le ~** Kambodscha *nt*
cambouis [kɑ̃bwi] *nm* Ölschmiere *f*
cambrer [kɑ̃bʀe] *vt* krümmen; **se cambrer** *vpr* das Kreuz durchdrücken
cambriolage [kɑ̃bʀijɔlaʒ] *nm* Einbruch *m*
cambrioler [kɑ̃bʀijɔle] *vt* einbrechen in +*dat*; (*personne*) einbrechen bei
cambrioleur, -euse [kɑ̃bʀijɔlœʀ, øz] *nm/f* Einbrecher(in)
came [kam] *nf* (*fam* : *drogue*) Koks *m*; **arbre à ~s** Nockenwelle *f*
camé, e [kame] *nm/f* (*drogué*) Junkie *mf*
caméléon [kameleɔ̃] *nm* Chamäleon *nt*
camélia [kamelja] *nm* Kamelie *f*
camelot [kamlo] *nm* Hausierer *m*
camelote [kamlɔt] (*fam*) *nf* Ramsch *m*
camembert [kamɑ̃bɛʀ] *nm* Camembert *m*
camer [kame] : **se camer** *vpr* (*fam*) sich bekiffen
caméra [kameʀa] *nf* Kamera *f*
caméraman [kameʀaman] *nm* Kameramann *m*
Cameroun [kamʀun] *nm* : **le ~** Kamerun *nt*
caméscope [kameskɔp] *nm* Videokamera *f*, Camcorder *m*
camion [kamjɔ̃] *nm* Lastwagen *m*
camion-citerne [kamjɔ̃sitɛʀn] (*pl* **camions-citernes**) *nm* Tankwagen *m*
camionnage [kamjɔnaʒ] *nm* : **frais de ~** Transportkosten *pl*; **entreprise de ~** Spedition *f*
camionnette [kamjɔnɛt] *nf* Kleintransporter *m*
camionneur, -euse [kamjɔnœʀ] *nm/f* Lkw-Fahrer(in)
camisole [kamizɔl] *nf* : **~ de force** Zwangsjacke *f*
camomille [kamɔmij] *nf* Kamille *f*; (*boisson*) Kamillentee *m*

camouflage [kamuflaʒ] *nm* Tarnung *f*
camoufler [kamufle] *vt* tarnen
camp [kɑ̃] *nm* Lager *nt*; **~ de concentration** Konzentrationslager *nt*, KZ *nt*; **~ de nudistes** FKK-Zentrum *nt*; **~ de vacances** Ferienlager *nt*
campagnard, e [kɑ̃paɲaʀ, aʀd] *adj* Land-; (*mœurs*) ländlich
campagne [kɑ̃paɲ] *nf* Land *nt*; (*opération*) Kampagne *f*; **à la ~** auf dem Land; **~ électorale** Wahlkampf *m*
campement [kɑ̃pmɑ̃] *nm* Lager *nt*
camper [kɑ̃pe] *vi* zelten ▶ *vt* (*chapeau, casquette*) kess aufsetzen; **se camper** *vpr* : **se ~ devant qn/qch** sich vor jdm/etw aufpflanzen
campeur, -euse [kɑ̃pœʀ, øz] *nm/f* Camper(in)
camphre [kɑ̃fʀ] *nm* Kampfer *m*
camping [kɑ̃piŋ] *nm* (*activité*) Camping *nt*, Zelten *nt*; **(terrain de) ~** Campingplatz *m*; **faire du ~** zelten, campen
camping-car [kɑ̃piŋkaʀ] (*pl* **camping-cars**) *nm* Wohnmobil *nt*
camping-gaz® [kɑ̃piŋgɑz] *nm* Campingkocher *m*
campus [kɑ̃pys] *nm* Universitätsgelände *nt*
Canada [kanada] *nm* : **le ~** Kanada *nt*
canadien, ne [kanadjɛ̃, jɛn] *adj* kanadisch ▶ *nm/f* : **Canadien, ne** Kanadier(in) ▶ *nf* (*veste*) gefütterte Schaffelljacke *f*; (*tente*) Zweimannzelt *nt*
canaille [kanɑj] *nf* Schurke *m*
canal, -aux [kanal, o] *nm* Kanal *m*
canalisation [kanalizasjɔ̃] *nf* (*tuyau*) Leitung *f*
canaliser [kanalize] *vt* kanalisieren; (*fig* : *efforts, foule*) kanalisieren
canapé [kanape] *nm* Sofa *nt*; (*Culin*) belegtes Brot *nt*
canapé-lit [kanapeli] (*pl* **canapés-lits**) *nm* Bettsofa *nt*
canaque [kanak] *adj* kanakisch ▶ *nmf* : **Canaque** Kanake *m*, Kanakin *f*
canard [kanaʀ] *nm* Ente *f*; (*fam* : *journal*) Zeitung *f*
canari [kanaʀi] *nm* Kanarienvogel *m*
Canaries [kanaʀi] *nfpl* : **les (îles) ~** die Kanarischen Inseln *pl*
cancaner [kɑ̃kane] *vi* tratschen; (*canard*) quaken
cancans [kɑ̃kɑ̃] *nmpl* Tratsch *m*
cancer [kɑ̃sɛʀ] *nm* Krebs *m*; **être C~** (*Astrol*) Krebs sein
cancéreux, -euse [kɑ̃seʀø, øz] *adj* Krebs-; (*malade*) krebskrank
cancérigène [kɑ̃seʀiʒɛn] *adj* krebserregend
cancérologue [kɑ̃seʀɔlɔg] *nmf* Krebsspezialist(in) *m(f)*
cancre [kɑ̃kʀ] *nm* Niete *f*
candélabre [kɑ̃delɑbʀ] *nm* Kandelaber *m*; (*lampadaire*) Straßenlaterne *f*
candeur [kɑ̃dœʀ] *nf* Naivität *f*
candi [kɑ̃di] *adj* : **sucre ~** Kandiszucker *m*
candidat, e [kɑ̃dida, at] *nm/f* Kandidat(in); (*à un poste*) Bewerber(in)
candidater [kɑ̃didate] *vi* kandidieren
candidature [kɑ̃didatyʀ] *nf* (*Pol*) Kandidatur *f*; (*à un poste*) Bewerbung *f*; **poser sa ~** (*à un poste*) sich bewerben
candide [kɑ̃did] *adj* naiv, unbefangen
cane [kan] *nf* Ente *f*
caneton [kantɔ̃] *nm* Entenküken *nt*, Entchen *nt*
canette [kanɛt] *nf* (*de bière*) Flasche *f*; (*en métal*) Getränkedose *f*
canevas [kanvɑ] *nm* (*couture*) Stickleinen *nt*; (*d'un texte, récit*) Struktur *f*
caniche [kaniʃ] *nm* Pudel *m*
canicule [kanikyl] *nf* (*chaleur*) brütende Hitze *f*
canif [kanif] *nm* Taschenmesser *nt*
canin, e [kanɛ̃, in] *adj* Hunde- ▶ *nf* Eckzahn *m*
caniveau [kanivo] *nm* Rinnstein *m*
cannabis [kanabis] *nm* Cannabis *nt*
canne [kan] *nf* Stock *m*; **~ à pêche** Angelrute *f*; **~ à sucre** Zuckerrohr *nt*
cannelle [kanɛl] *nf* Zimt *m*
cannibale [kanibal] *adj* kannibalisch ▶ *nmf* Kannibale *m*, Kannibalin *f*
cannibalisme [kanibalism] *nm* Kannibalismus *m*
canoë [kanɔe] *nm* Kanu *nt*
canon [kanɔ̃] *nm* Kanone *f*; (*d'une arme*) Lauf *m*; (*Mus*) Kanon *m* ▶ *adj* : **être ~** (*fam*) super aussehen; **droit ~** kanonisches Recht *nt*; **~ à neige** Schneekanon
canoniser [kanɔnize] *vt* heiligsprechen
canot [kano] *nm* Boot *nt*; **~ de sauvetage** Rettungsboot *nt*; **~ pneumatique** Schlauchboot *nt*
canotier [kanɔtje] *nm* Kreissäge *f* (*Hut*)
cantatrice [kɑ̃tatʀis] *nf* Sängerin *f*
cantine [kɑ̃tin] *nf* Kantine *f*
cantique [kɑ̃tik] *nm* Kirchenlied *nt*
canton [kɑ̃tɔ̃] *nm* (*en France*) *Verwaltungsbezirk, der mehrere Gemeinden umfasst*; (*en Suisse*) Kanton *m*

In Frankreich ist ein canton ein Verwaltungsbezirk unterhalb der Ebene des *arrondissement départemental*, der mehrere Gemeinden umfasst und einen Vertreter in den *Conseil départemental* entsendet.

cantonal, e, -aux [kɑ̃tɔnal, o] *adj* (*en France*) Bezirks-; (*en Suisse*) kantonal

cantonner [kɑ̃tɔne] : **se cantonner dans** *vpr* sich beschränken auf *+acc*; (*maison*) sich zurückziehen in *+acc*; **se ~ à qch** sich auf etw konzentrieren

cantonnier [kɑ̃tɔnje] *nm* Straßenwärter *m*

canular [kanylaʀ] *nm* (*blague*) Scherz *m*; (*fausse nouvelle*) Ente *f*

canyoning [kanjɔniŋ] *nm* Canyoning *nt*

CAO [seao] *sigle f* (*= conception assistée par ordinateur*) CAD *nt*

caoutchouc [kautʃu] *nm* Kautschuk *m*; **en ~** aus Gummi; **~ mousse®** Schaumgummi *m*

CAP [seape] *sigle m* (*= certificat d'aptitude professionnelle*) *Zeugnis einer technischen Schule*

cap [kap] *nm* Kap *nt*; **franchir** *ou* **passer le ~ de** (*fig*) die Hürde nehmen von; **mettre le ~ sur** Kurs nehmen auf *+acc*; **le ~ de Bonne Espérance** das Kap der guten Hoffnung; **le ~ Horn** Kap Hoorn

capable [kapabl] *adj* fähig; **~ de faire qch** fähig, etw zu tun

capacité [kapasite] *nf* (*aptitude*) Fähigkeit *f*; (*d'un récipient*) Fassungsvermögen *nt*; (*Inform*) Kapazität *f*

cape [kap] *nf* Cape *nt*; **rire sous ~** sich *dat* ins Fäustchen lachen

capé, e [kape] *adj* (*footballeur*) Fußballer(in) *m(f)*; (*rugbyman*) Rugbyspieler(in) *m(f)*

CAPES [kapes] *sigle m* (*= certificat d'aptitude au professorat de l'enseignement du second degré*) *Staatsexamen für Sekundarstufe zwei*

> Das **CAPES** ist ein Auswahlverfahren für zukünftige französische Lehrer am *collège* oder *lycée*. Sie wird nach einem fünfjährigen Studium mit dem Master abgelegt. Erfolgreiche Kandidaten werden dann *professeurs certifiés*.

capharnaüm [kafaʀnaɔm] *nm* heilloses Durcheinander *nt*

capillaire [kapilɛʀ] *adj* Haar-; (*vaisseau etc*) Kapillar-

capitaine [kapitɛn] *nmf* Kapitän(in) *m(f)*; (*Mil : de gendarmerie, pompiers*) Hauptmann *m*

capital, e, -aux [kapital, o] *adj* wesentlich ▸ *nm* Kapital *nt*; **capitaux** *nmpl* (*fonds*) Gelder *pl*; **~ social** Kapital *nt* der Gesellschaft; **peine ~e** Todesstrafe *f*

capitale [kapital] *nf* (*ville*) Hauptstadt *f*; (*lettre*) Großbuchstabe *m*

capitaliser [kapitalize] *vt* (*amasser*) anhäufen

capitalisme [kapitalism] *nm* Kapitalismus *m*

capitaliste [kapitalist] *adj* kapitalistisch

capiteux, -euse [kapitø, øz] *adj* berauschend

capitonner [kapitɔne] *vt* polstern

capitulation [kapitylasjɔ̃] *nf* Kapitulation *f*

capituler [kapityle] *vi* kapitulieren

caporal, e, -aux [kapɔʀal, o] *nm/f* Gefreite(r) *f(m)*

capot [kapo] *nm* (*de voiture*) Kühlerhaube *f*

capote [kapɔt] *nf* (*de voiture, de landau*) Verdeck *nt*; (*de soldat*) Überzieher *m*; **~ (anglaise)** (*fam*) Pariser *m*

capoter [kapɔte] *vi* (*voiture*) sich überschlagen

câpre [kɑpʀ] *nf* Kaper *f*

caprice [kapʀis] *nm* Laune *f*

capricieux, -euse [kapʀisjø, jøz] *adj* launisch

Capricorne [kapʀikɔʀn] *nm* : **le ~** (*Astrol*) Steinbock *m*

capsule [kapsyl] *nf* (*de bouteille*) Verschluss *m*; (*spatiale*) Raumkapsel *f*

capter [kapte] *vt* (*eau*) fassen; (*attention, intérêt*) erregen; (*fam : comprendre*) kapieren

capteur [kaptœʀ] *nm* : **~ solaire** Sonnenkollektor *m*

captieux, -euse [kapsjø, jøz] *adj* fadenscheinig

captif, -ive [kaptif, iv] *adj* gefangen

captivant, e [kaptivɑ̃, ɑ̃t] *adj* fesselnd, faszinierend

captiver [kaptive] *vt* fesseln, faszinieren

captivité [kaptivite] *nf* Gefangenschaft *f*

capturer [kaptyʀe] *vt* einfangen

capuche [kapyʃ] *nf* (*de manteau*) Kapuze *f*

capuchon [kapyʃɔ̃] *nm* Kapuze *f*; (*de stylo*) Kappe *f*

capucine [kapysin] *nf* Kapuzinerkresse *f*

caquelon [kaklɔ̃] *nm* Fonduetopf *m*

caqueter [kakte] *vi* (*poule*) gackern; (*fig*) plappern

car [kaʀ] *nm* Reisebus *m* ▸ *conj* weil, da

caractère [kaʀaktɛʀ] *nm* Charakter *m*; (*Typo*) Schriftzeichen *nt*; **avoir bon/mauvais ~** gutmütig sein/ein übles Wesen haben; **en ~s gras** fett gedruckt; **en ~s d'imprimerie** in Druckschrift

caractériel, le [kaʀaktɛʀjɛl] *adj* (*enfant*) gestört; **troubles ~s** Verhaltensstörungen *pl*

caractérisé, e [kaʀakteʀize] *adj* : **c'est une grippe/de l'insubordination ~e**

das ist ein klarer Fall von Grippe/von Ungehorsam
caractériser [kaʀakteʀize] *vt* charakterisieren
caractéristique [kaʀakteʀistik] *adj* charakteristisch ▶ *nf* typisches Merkmal *nt*
carafe [kaʀaf] *nf* [kaʀafɔ̃] Karaffe *f*
caraïbe [kaʀaib] *adj* karibisch ▶ *nf* : **la mer des C~s** die Karibik *f*
carambolage [kaʀɑ̃bɔlaʒ] *nm* Karambolage *f*
caramel [kaʀamɛl] *nm* (*bonbon*) Karamellbonbon *m ou nt*; (*substance*) Karamell *m*
carapace [kaʀapas] *nf* Panzer *m*
carat [kaʀa] *nm* Karat *nt*
caravane [kaʀavan] *nf* (*de chameaux*) Karawane *f*; (*camping*) Wohnwagen *m*
caravaning [kaʀavaniŋ] *nm* (*camping*) Urlaub *m* mit dem Wohnwagen; (*terrain*) Campingplatz *m* für Wohnwagen
carbonade [kaʀbɔnad] *nf geschmortes Rind mit Zwiebeln in Biersoße*
carbone [kaʀbɔn] *nm* Kohlenstoff *m*; (*aussi* : **papier carbone**) Kohlepapier *nt*; (*double*) Durchschlag *m*; **empreinte ~** CO^2-Bilanz *f*
carbonique [kaʀbɔnik] *adj* : **neige ~** Trockeneis *nt*
carboniser [kaʀbɔnize] *vt* (*forêt, maison*) völlig verbrennen
carburant [kaʀbyʀɑ̃] *nm* Treibstoff *m*; **~ vert** Biotreibstoff *m*
carburateur [kaʀbyʀatœʀ] *nm* Vergaser *m*
carcasse [kaʀkas] *nf* (*d'animal*) Kadaver *m*; (*de voiture etc*) Karosserie *f*
carcinogène [kaʀsinɔʒɛn] *adj* krebserregend
carcinome [kaʀsinom] *nm* Karzinom *nt*
cardiaque [kaʀdjak] *adj* Herz-
cardigan [kaʀdigɑ̃] *nm* Strickjacke *f*
cardinal, e, -aux [kaʀdinal, o] *adj* (*nombre*) Kardinal- ▶ *nm* Kardinal *m*
cardiologie [kaʀdjɔlɔʒi] *nf* Kardiologie *f*
cardiologue [kaʀdjɔlɔg] *nmf* Kardiologe *m*, Kardiologin *f*
carême [kaʀɛm] *nm* : **le ~** die Fastenzeit *f*
carence [kaʀɑ̃s] *nf* Mangel *m*; (*inefficacité, incapacité*) Unfähigkeit *f*
caresse [kaʀɛs] *nf* Zärtlichkeit *f*
caresser [kaʀese] *vt* streicheln; (*projet, espoir*) liebäugeln mit
cargaison [kaʀgɛzɔ̃] *nf* (Schiffs)fracht *f*
cargo [kaʀgo] *nm* Frachter *m*
caricature [kaʀikatyʀ] *nf* Karikatur *f*
caricaturiste [kaʀikatyʀist] *nmf* Karikaturist(in) *m(f)*
carie [kaʀi] *nf* : **la ~ (dentaire)** Karies *f*; **une ~** ein Loch *nt* im Zahn
carié, e [kaʀje] *adj* : **dent ~e** kariöser Zahn *m*
carillon [kaʀijɔ̃] *nm* (*d'église*) Glockenspiel *nt*; **~ (électrique)** (*de porte*) Türglocke *f*
carlingue [kaʀlɛ̃g] *nf* (*d'avion*) Cockpit *nt*
carnage [kaʀnaʒ] *nm* Blutbad *nt*
carnassier, -ière [kaʀnasje, jɛʀ] *adj* fleischfressend
carnaval [kaʀnaval] *nm* Karneval *m*
carnet [kaʀnɛ] *nm* Heft *nt*; **~ de chèques** Scheckbuch *nt*
carnivore [kaʀnivɔʀ] *adj* fleischfressend
carotide [kaʀɔtid] *nf* Halsschlagader *f*
carotte [kaʀɔt] *nf* Möhre *f*
Carpates [kaʀpat] *nfpl* : **les ~** die Karpaten *pl*
carpe [kaʀp] *nf* Karpfen *m*
carquois [kaʀkwa] *nm* Köcher *m*
carré, e [kaʀe] *adj* quadratisch; (*visages, épaules*) eckig; (*direct, franc*) geradeaus, aufrichtig ▶ *nm* Quadrat *nt*; (*de terrain, jardin*) Stück *nt*; **élever un nombre au ~** eine Zahl ins Quadrat erheben; **mètre/ kilomètre ~** Quadratmeter *m*/ Quadratkilometer *m*
carreau, x [kaʀo] *nm* (*par terre*) Fliese *f*; (*au mur*) Kachel *f*; (*de fenêtre*) Scheibe *f*; (*Cartes*) Karo *nt*; **papier à ~x** kariertes Papier *nt*; **tissu à ~x** Karostoff *m*
carrefour [kaʀfuʀ] *nm* Kreuzung *f*
carrelage [kaʀlaʒ] *nm* Fliesen *pl*
carreler [kaʀle] *vt* fliesen
carrelet [kaʀlɛ] *nm* (*poisson*) Scholle *f*
carreleur [kaʀlœʀ] *nm* Fliesenleger *m*
carrément [kaʀemɑ̃] *adv* geradeheraus; (*nettement*) ganz einfach
carrière [kaʀjɛʀ] *nf* (*de craie, sable*) Steinbruch *m*; (*métier*) Karriere *f*; **militaire de ~** Berufssoldat *m*
carriériste [kaʀjeʀist] *adj* karrieresüchtig
carrossable [kaʀɔsabl] *adj* befahrbar
carrosse [kaʀɔs] *nm* Kutsche *f*
carrosserie [kaʀɔsʀi] *nf* Karosserie *f*
carrossier [kaʀɔsje] *nm* Karosseriebauer *m*; (*dessinateur*) Karosseriedesigner *m*
carrousel [kaʀuzɛl] *nm* Karussell *nt*
carrure [kaʀyʀ] *nf* Statur *f*
cartable [kaʀtabl] *nm* Schultasche *f*
carte [kaʀt] *nf* Karte *f*; (*d'électeur, de parti*) Ausweis *m*; (*au restaurant*) Speisekarte *f*; (*aussi* : **carte de visite**) (Visiten)karte *f*; **avoir ~ blanche** freie Hand haben; **donner ~ blanche à qn** jdm freie Hand *ou* eine Blankovollmacht geben; **~ à**

puce Chipkarte *f*; **C~ Bleue®** Kundenkarte *f*; **~ d'identité** Personalausweis *m*; **~ de crédit** Kreditkarte *f*; **~ d'embarquement** Bordkarte, Einsteigekarte; **~ d'étudiant** Studentenausweis *m*; **~ de séjour** Aufenthaltsgenehmigung *f*; **~ mémoire** Speicherkarte *f*; **~ à puce** Chipkarte *f*; **~ SIM** SIM-Karte *f*; **~ grise** ≈ Kraftfahrzeugschein *m*; **~ postale** Postkarte *f*; **~ sénior** *Karte, mit der Senioren Ermäßigung bei der Bahn erhalten*; **~ routière** Straßenkarte *f*; **~ Vitale** elektronische Versichertenkarte

cartel [kaʀtɛl] *nm* Kartell *nt*

carte-lettre [kaʀtəlɛtʀ] (*pl* **cartes-lettres**) *nf* Briefkarte *f*

carte-mère [kaʀtəmɛʀ] (*pl* **cartes-mères**) *nf* (*Inform*) Motherboard *nt*

carter [kaʀtɛʀ] *nm* Gehäuse *nt*; (*Auto*) Ölwanne *f*

carte-réponse [kaʀt(ə)ʀepɔ̃s] (*pl* **cartes-réponses**) *nf* Antwortkarte *f*

cartilage [kaʀtilaʒ] *nm* Knorpel *m*

cartilagineux, -euse [kaʀtilaʒinø, øz] *adj* knorpelig

cartographe [kaʀtɔgʀaf] *nm* Kartograf(in) *m(f)*

cartographie [kaʀtɔgʀafi] *nf* Kartografie *f*

cartomancie [kaʀtɔmɑ̃si] *nf* Kartenlegen *nt*

cartomancien, ne [kaʀtɔmɑ̃sjɛ̃, jɛn] *nm/f* Kartenleger(in)

carton [kaʀtɔ̃] *nm* (*matériau*) Pappe *f*; (*boîte*) Karton; **faire un ~** (*fam*) schießen; **~ (à dessin)** Mappe *f*

cartonnage [kaʀtɔnaʒ] *nm* Verpackungskarton *m*

cartonné, e [kaʀtɔne] *adj* (*livre*) kartoniert

cartouche [kaʀtuʃ] *nf* Patrone *f*; (*de film, de toner etc*) Kassette *f*

cas [kɑ] *nm* Fall *m*; **faire peu de ~/grand ~ de** viel/wenig Aufhebens machen um; **en aucun ~** keinesfalls; **au ~ où** falls; **en ~ de** im Falle *+gén*; **en ~ de besoin** bei Bedarf; **en ~ d'urgence** notfalls; **en tout ~** auf alle Fälle, auf jeden Fall

casanier, -ière [kazanje, jɛʀ] *adj* häuslich

cascade [kaskad] *nf* Wasserfall *m*; **en ~** sich überstürzend; **~ de rires** schallendes Gelächter *nt*

cascadeur, -euse [kaskadœʀ, øz] *nm/f* Stuntman *m*/-girl *nt*

case [kɑz] *nf* (*hutte*) Hütte *f*; (*compartiment*) Fach *nt*; (*sur un formulaire, de mots croisés, d'échiquier*) Kästchen *nt*

caser [kɑze] *vt* (*loger*) unterbringen; **se caser** *vpr* (*personne*) sich niederlassen

caserne [kazɛʀn] *nf* Kaserne *f*

cash [kaʃ] *adv* : **payer ~** bar zahlen

casier [kɑzje] *nm* (*à journaux*) Ständer *m*; (*case*) Fach *nt*; **~ à bouteilles** Flaschenregal *nt*; **~ judiciaire** Vorstrafenregister *nt*

casino [kazino] *nm* Kasino *nt*

casque [kask] *nm* Helm *m*; (*chez le coiffeur*) Trockenhaube *f*; (*pour audition*) Kopfhörer *m*; **les C~s bleus** die Blauhelme *pl*; **~ intégral** Integralhelm *m*

casquette [kaskɛt] *nf* Kappe *f*

cassant, e [kɑsɑ̃, ɑ̃t] *adj* zerbrechlich; (*fig*) schroff

cassation [kɑsasjɔ̃] *nf* : **recours en ~** Berufung *f* beim Höchsten Gerichtshof; **cour de ~** Berufungsgericht *nt*

casse [kɑs] *nf* : **mettre à la ~** verschrotten; **il y a eu de la ~** es hat viel Bruch gegeben

casse-cou [kɑsku] *adj inv* waghalsig

casse-croûte [kɑskʀut] (*pl* **casse-croûte(s)**) *nm* Imbiss *m*

casse-noisette *nm*, **casse-noisettes** *nm inv* [kɑsnwazɛt] (*pl* **casse-noisettes**) Nussknacker *m*

casse-noix [kɑsnwa] *nm inv* Nussknacker *m*

casse-pied [kɑspje] (*pl* **casse-pieds**) (*fam*) *adj, n* : **il est ~, c'est un ~** er ist ein Nervtöter

casser [kɑse] *vt* brechen; (*œuf*) aufschlagen; (*gradé*) degradieren; (*Jur*) aufheben ▸ *vi* (*corde etc*) reißen; **se casser** *vpr* brechen; **se ~ une jambe** sich das Bein brechen

casserole [kasʀɔl] *nf* Kochtopf *m*

casse-tête [kɑstɛt] (*pl* **casse-têtes**) *nm* (*problème difficile*) harte Nuss *f*

cassette [kasɛt] *nf* Kassette *f*; (*coffret*) Schatulle *f*

casseur [kɑsœʀ] *nm* (*vandale*) Hooligan *m*

cassis [kasis] *nm* (*Bot*) Schwarze Johannisbeere *f*; (*de la route*) Unebenheit *f*

cassonade [kasɔnad] *nf* brauner Zucker *m*

cassoulet [kasulɛ] *nm* *Ragout mit weißen Bohnen und Gänse-, Enten-, Hammel- oder Schweinefleisch*

caste [kast] *nf* Kaste *f*

castor [kastɔʀ] *nm* Biber *m*

castrer [kastʀe] *vt* kastrieren

catadioptre [katadjɔptʀ] *nm* Katzenauge *nt*

catalogue [katalɔg] *nm* Katalog *m*

cataloguer [katalɔge] *vt* katalogisieren; **~ qn** (*péj*) jdn in eine Schublade einordnen

catalyseur [katalizœʀ] *nm* Katalysator *m*
catalytique [katalitik] *adj* katalytisch; **pot ~** Auspuff *m* mit (eingebautem) Katalysator
catamaran [katamaʀɑ̃] *nm* Katamaran *m*
cataphote [katafɔt] *nm* Katzenauge *nt*
cataplasme [kataplasm] *nm* Umschlag *m*
catapulter [katapylte] *vt* katapultieren
cataracte [kataʀakt] *nf* grauer Star *m*
catarrhe [kataʀ] *nm* Katarrh *m*
catastrophe [katastʀɔf] *nf* Katastrophe *f*
catastrophé [katastʀɔfe] *(fam) adj* wie vom Donner gerührt
catastrophique [katastʀɔfik] *adj* katastrophal
catch [katʃ] *nm* Catchen *nt*
catéchisme [kateʃism] *nm* Religionsunterricht *m*
catégorie [kategɔʀi] *nf* Kategorie *f*; *(Sport)* Klasse *f*
catégorique [kategɔʀik] *adj* kategorisch
catégoriser [kategɔʀize] *vt* in Kategorien einordnen
cathédrale [katedʀal] *nf* Kathedrale *f*
cathode [katɔd] *nf* Kat(h)ode *f*
catholicisme [katɔlisism] *nm* Katholizismus *m*
catholique [katɔlik] *adj* katholisch; **pas très ~** *(louche)* nicht ganz astrein
catimini [katimini] : **en ~** *adv* still und leise
catogan [katɔgɑ̃] *nm* Pferdeschwanz *m*
Caucase [kɔkɑz] *nm* : **le ~** der Kaukasus *m*
cauchemar [koʃmaʀ] *nm* Albtraum *m*
cauchemardesque [koʃmaʀdɛsk] *adj* grauenvoll
cause [koz] *nf* Grund *m*; *(d'un accident etc)* Ursache *f*; *(Jur)* Fall *m*; **à ~ de** wegen *+gén ou dat*; **pour ~ de** wegen *+gén ou dat*; **(et) pour ~** (und) zu Recht; **la qualité est en ~** es geht hier um die Qualität; **mettre en ~** verwickeln; **remettre en ~** infrage stellen; **faire ~ commune avec qn** mit jdm gemeinsame Sache machen
causer [koze] *vt* verursachen ▶ *vi* plaudern
causerie [kozʀi] *nf* Plauderei *f*
caustique [kostik] *adj (personne, remarque)* bissig
caution [kosjɔ̃] *nf* Kaution *f*; *(fig)* Unterstützung *f*; **libéré sous ~** gegen Kaution freigelassen
cautionner [kosjɔne] *vt* unterstützen
cavale [kaval] *(fam) nf* : **en ~** auf der Flucht
cavalier, -ière [kavalje, jɛʀ] *adj (désinvolte)* unbekümmert ▶ *nm/f* Reiter(in); *(au bal)* Partner(in) ▶ *nm (Échecs)* Springer *m*
cave [kav] *nf* Keller *m*
caveau, x [kavo] *nm* Gruft *f*
caverne [kavɛʀn] *nf* Höhle *f*
caverneux, -euse [kavɛʀnø, øz] *adj* : **voix caverneuse** hohle Stimme *f*
caviar [kavjaʀ] *nm* Kaviar *m*
caviste [kavist] *nmf* Wein- und Spirituosenhändler(in) *m(f)*; *(dans un restaurant)* für den Weinkeller Verantwortliche(r) *f(m)*
cavité [kavite] *nf* Hohlraum *m*
CB [sibi] *sigle f* CB *nt*
CC [sese] *sigle m (= corps consulaire)* CC
c.c. *abr (= compte courant)* Girokonto *nt*
CCI [sesei] *sigle f (= Chambre de commerce et d'industrie)* ≈ IHK *f*
CCP [sesepe] *sigle m (= compte chèque postal) voir* **compte**
CD [sede] *sigle m (= compact disc)* CD *f*; *(= corps diplomatique)* CD
CDD [sedede] *sigle m (= contrat à durée déterminée)* befristeter Arbeitsvertrag *m*
CDI [sedei] *sigle m (= centre de documentation et d'information)* Schulbücherei *f*; *(= contrat à durée indéterminée)* unbefristeter Arbeitsvertrag *m*
CDIser [sedeize] *vt* fest anstellen
CD-ROM [sedeʀɔm] *abr m (= Compact Disc Read Only Memory)* CD-ROM *f*
CE [seə] *sigle m (= Conseil de l'Europe)* Europarat *m*

MOT-CLÉ

ce, c', cette [sə, s, sɛt] *(devant nom masculin commençant par une voyelle ou un h muet* **cet**, *pl* **ces**) *adj* diese(r, s); *(pl)* diese; **cette maison(-ci/là)** dieses Haus da; **cet homme** dieser Mann; **cette nuit** *(qui vient)* heute Nacht; *(dernière)* heute *ou* letzte Nacht
▶ *pron* **1** : **c'est** das ist, es ist; **c'est un peintre** das ist ein Maler; **ce sont des peintres** das sind Maler; **c'est une voiture/girafe** das ist ein Auto/eine Giraffe; **c'est un brave homme** er ist ein guter Mensch; **c'est un peintre qui me l'a donné** das hat mir ein Maler gegeben; **c'est petit/grand** es ist klein/groß; **c'est le facteur** es ist der Briefträger; **qui est-ce ?** wer ist da?; *(en désignant)* wer ist das?; **c'est toi qui le dis** das sagst du; **c'est toi qui lui as parlé** du hast mit ihm gesprochen; **sur ce** darüber; *(à cet instant)* darauf; **si ce n'est ...** außer ...
2 : **ce qui** was; **ce que** was; **tout ce qui bouge** alles was sich bewegt; **tout ce que je sais** alles, was ich weiß; **ce dont j'ai parlé** (das) wovon ich gesprochen habe; **ce que c'est grand !** das ist aber groß!

ceci [səsi] *pron* dies, das
cécité [sesite] *nf* Blindheit *f*
céder [sede] *vt* aufgeben; **~ le passage** Vorfahrt achten
CEDEX [sedɛks] *sigle m* (= *courrier d'entreprise à distribution exceptionnelle*) *Postzustellung für Großkunden*
cédille [sedij] *nf* Cedille *f*
cèdre [sɛdʀ] *nm* Zeder *f*
CEI [seəi] *sigle f* (= *Communauté des Etats indépendants*) GUS *f*
ceindre [sɛ̃dʀ] *vt* : **~ sa tête/ses épaules de qch** etw um den Kopf/die Schultern schlingen
ceinture [sɛ̃tyʀ] *nf* Gürtel *m*; **~ de sécurité** Sicherheitsgurt *m*; **~ verte** Grüngürtel
ceinturer [sɛ̃tyʀe] *vt* (*saisir*) (um die Taille) packen
ceinturon [sɛ̃tyʀɔ̃] *nm* Gürtel *m*
cela [s(ə)la] *pron* das
célébration [selebʀasjɔ̃] *nf* Feier *f*; (*de messe*) Feiern *nt*
célèbre [selɛbʀ] *adj* berühmt
célébrer [selebʀe] *vt* feiern; (*messe*) lesen
célébrité [selebʀite] *nf* Berühmtheit *f*
céleri [sɛlʀi] *nm* : **~(-rave)** (Knollen) sellerie *f ou m*; **~ en branche** Staudensellerie *f ou m*
céleste [selɛst] *adj* himmlisch
célibat [seliba] *nm* Ehelosigkeit *f*; (*de prêtre*) Zölibat *nt*
célibataire [selibatɛʀ] *adj* unverheiratet, ledig ▸ *nmf* Junggeselle (Junggesellin) *m(f)*
celle, celles [sɛl] *pron voir* **celui**
cellophane® [selɔfan] *nf* Cellophan® *nt*
cellulaire [selylɛʀ] *adj* : **voiture** *ou* **fourgon ~** grüne Minna *f*
cellule [selyl] *nf* Zelle *f*; **~ (photo-électrique)** Fotozelle *f*; **~ souche** Stammzelle *f*
cellulite [selylit] *nf* Cellulitis *f*
cellulose [selyloz] *nf* Zellulose *f*
celte [sɛlt], **celtique** [sɛltik] *adj* keltisch

MOT-CLÉ

celui, celle [səlɥi, sɛl] (*mpl* **ceux**, *fpl* **celles**) *pron* **1** : **celui-ci/là, celle-ci/là** der/die/das; **ceux-ci, celles-ci** die; **ceux-là, celles-là** die; **celui de mon frère** der/die/das von meinem Bruder; **ce n'est pas mon livre, c'est celui de mon frère** das ist nicht mein Buch, es ist das von meinem Bruder; **celui du salon** der/die/das im Wohnzimmer
2 : **quel oiseau ? — celui qui chante** welcher Vogel? — der, der singt; **celui que je vois** (*m*) der, den ich sehe; (*f*) die, die ich sehe; (*nt*) das, das ich sehe; **celui/celle dont je parle** der/die, von dem/der ich spreche
3 (*valeur indéfinie*) : **celui qui veut** wer will

cendre [sɑ̃dʀ] *nf* Asche *f*
cendré, e [sɑ̃dʀe] *adj* (*couleur*) aschgrau
cendrier [sɑ̃dʀije] *nm* Aschenbecher *m*
censé, e [sɑ̃se] *adj* : **être ~ faire qch** etw (eigentlich) tun sollen
censeur [sɑ̃sœʀ] *nmf* (*du lycée*) Aufsicht *f*; (*Pol, Presse, Ciné*) Kritiker(in) *m(f)*
censure [sɑ̃syʀ] *nf* Zensur *f*
censurer [sɑ̃syʀe] *vt* zensieren
cent [sɑ̃] *num* hundert; **trois ~(s)** dreihundert; **pour ~** Prozent *nt*
centaine [sɑ̃tɛn] *nf* : **une ~ (de)** hundert; (*environ 100*) etwa hundert
centenaire [sɑ̃t(ə)nɛʀ] *adj* hundertjährig ▸ *nmf* Hundertjährige(r) *f(m)* ▸ *nm* (*anniversaire*) hundertster Geburtstag *m*
centième [sɑ̃tjɛm] *num* hundertste(r, s)
centigrade [sɑ̃tigʀad] *nm* Grad *m* Celsius
centigramme [sɑ̃tigʀam] *nm* Zentigramm *nt*
centilitre [sɑ̃tilitʀ] *nm* Zentiliter *m*
centime [sɑ̃tim] *nm* Centime *m*; (*suisse*) Rappen *m*; **~ d'euro** (Euro)cent *m*
centimètre [sɑ̃timɛtʀ] *nm* Zentimeter *m ou nt*; (*ruban*) Zentimetermaß *nt*
central, e, -aux [sɑ̃tʀal, o] *adj* zentral ▸ *nm* : **~ (téléphonique)** (Telefon)zentrale *f*
centrale [sɑ̃tʀal] *nf* : **~ électrique** Elektrizitätswerk *nt*; **~ nucléaire** Kernkraftwerk *nt*
centralisation [sɑ̃tʀalizasjɔ̃] *nf* Zentralisierung *f*
centraliser [sɑ̃tʀalize] *vt* zentralisieren
centre [sɑ̃tʀ] *nm* Zentrum *nt*; (*milieu*) Mitte *f*; **~ commercial** Geschäftszentrum *nt*; **~ culturel** Kulturzentrum *nt*; **~ d'appels** Callcenter *m*; **~ d'apprentissage** Ausbildungszentrum *nt*; **~ de gravité** Schwerpunkt *m*; **~ hospitalier** Krankenhaus *nt*; **~ sportif** Sportzentrum *nt*
centrer [sɑ̃tʀe] *vt* zentrieren
centre-ville [sɑ̃tʀəvil] *nm* Stadtzentrum *nt*
centriste [sɑ̃tʀist] *adj* (*Pol*) Zentrums- ▸ *nmf* Zentrumspolitiker(in) *m(f)*
centuple [sɑ̃typl] *nm* : **le ~ de qch** das Hundertfache von etw
cep [sɛp] *nm* Rebstock *m*

cépage [sepaʒ] *nm* Rebsorte *f*
cèpe [sɛp] *nm* Steinpilz *m*
cependant [s(ə)pɑ̃dɑ̃] *adv* jedoch
céramique [seʀamik] *nf* Keramik *f*
cercle [sɛʀkl] *nm* Kreis *m*; *(objet circulaire)* Reifen *m*; **~ vicieux** Teufelskreis; **~ vertueux** positive Spirale
cercueil [sɛʀkœj] *nm* Sarg *m*
céréale [seʀeal] *nf* Getreide *nt*; **céréales** *nfpl* Getreide *nt*; *(au petit déjeuner)* Getreideflocken *pl*
cérébral, e, -aux [seʀebʀal, o] *adj* Hirn-
cérémonie [seʀemɔni] *nf* Zeremonie *f*; **cérémonies** *nfpl (péj)* Theater *nt*, Umstände *pl*
cerf [sɛʀ] *nm* Hirsch *m*
cerfeuil [sɛʀfœj] *nm* Kerbel *m*
cerf-volant [sɛʀvɔlɑ̃] *(pl* **cerfs-volants***)* *nm* Drachen *m*
cerise [s(ə)ʀiz] *nf* Kirsche *f*; **la ~ sur le gâteau** *(fig)* das Tüpfelchen auf dem I
cerisier [s(ə)ʀizje] *nm* Kirschbaum *m*
cerné, e [sɛʀne] *adj (ville, armée)* umzingelt; *(yeux)* mit dunklen Ringen
cerner [sɛʀne] *vt* umzingeln; *(problème, question)* einkreisen
certain, e [sɛʀtɛ̃, ɛn] *adj (sûr)* sicher; *(avec art indéf)* : **un ~ Georges** ein gewisser Georges; **un ~ courage** eine ordentliche Portion Mut; **~ de qch/que** sicher etw *gén*/dass; **certains** *pron pl* manche; **~s cas** gewisse Fälle *pl*
certainement [sɛʀtɛnmɑ̃] *adv* sicher
certes [sɛʀt] *adv* sicherlich
certificat [sɛʀtifika] *nm* Zeugnis *nt*; **~ de concubinage** *ou* **de vie commune** Bescheinigung über eine eheähnliche Gemeinschaft; **~ médical** ärztliche Bescheinigung *f*, ärztliches Attest *nt*
certifié, e [sɛʀtifje] *adj* : **professeur ~** ≈ staatlich geprüfter Lehrer *m*; **copie ~e conforme (à l'original)** beglaubigte Kopie *f*
certifier [sɛʀtifje] *vt* bestätigen; **~ à qn que** jdm bestätigen, dass
certitude [sɛʀtityd] *nf* Gewissheit *f*
cérumen [seʀymɛn] *nm* Ohrenschmalz *nt*
cerveau, x [sɛʀvo] *nm* Gehirn *nt*
cervelle [sɛʀvɛl] *nf* Gehirn *nt*; *(Culin)* Hirn *nt*; **se creuser la ~** sich *dat* das Hirn zermartern
cervical, e, -aux [sɛʀvikal, o] *adj (du cou)* Hals-
Cervin [sɛʀvɛ̃] *nm* : **le ~** das Matterhorn
CES [seəɛs] *sigle m (= collège d'enseignement secondaire)* Sekundarstufe I *f*
ces [se] *adj dém voir* **ce**
césarienne [sezaʀjɛn] *nf* Kaiserschnitt *m*
césium [sezjɔm] *nm* Cäsium *nt*
cesse [sɛs] : **sans ~** *adv* unaufhörlich
cesser [sese] *vt* aufhören mit
cessez-le-feu [sesel(ə)fø] *nm inv* Waffenruhe *f*
c'est-à-dire [sɛtadiʀ] *adv* das heißt
cétacé [setase] *nm* Wal *m*
cette [sɛt] *adj dém voir* **ce**
ceux [sø] *pron voir* **celui**
Cévennes [sevɛn] *nfpl* Cevennen *pl*
cf [seɛf] *abr (= confer)* s
CFAO [seɛfao] *sigle f (= conception et fabrication assistées par ordinateur)* CAM *nt*
CFC [seɛfse] *nm abr (= chlorofluorocarbone)* FCKW *nt*
CFDT [seɛfdete] *sigle f (= Confédération française et démocratique du travail) Gewerkschaft*
CFE-CGC [seɛfəsegese] *sigle f (= Confédération générale des cadres) Angestelltengewerkschaft*
CFTC [seɛftese] *sigle f (= Confédération française des travailleurs chrétiens) Gewerkschaft*
CGT [seʒete] *sigle f (= Confédération générale du travail) Gewerkschaft*
CH *abr (= Confédération helvétique)* CH
chacal [ʃakal] *nm* Schakal *m*
chacun, e [ʃakœ̃, yn] *pron* jede(r, s)
chagrin, e [ʃagʀɛ̃, in] *adj* missmutig ▶ *nm* Kummer *m*
chahut [ʃay] *nm (Scol)* Krawall *m*
chahuter [ʃayte] *vt (professeur)* auf der Nase herumtanzen *+dat* ▶ *vi* Unfug treiben
chai [ʃɛ] *nm* Wein- und Spirituosenlager *nt*
chaîne [ʃɛn] *nf* Kette *f*; *(Radio, TV)* Programm *nt*; **travail à la ~** Fließbandarbeit *f*; **faire la ~** eine Kette bilden; **~ (de fabrication)** Fließband *nt*; **~ (hi-fi)** Hi-Fi-Anlage *f*; **~ (de montage)** Montageband *nt*
chaînon [ʃɛnɔ̃] *nm* (Ketten)glied *m*; *(fig)* Verbindungsglied; **le ~ manquant** das fehlende Glied (in der Kette)
chair [ʃɛʀ] *nf* Fleisch *nt* ▶ *adj* : **(couleur) ~** fleischfarben; **avoir la ~ de poule** eine Gänsehaut haben; **être bien en ~** gut beieinander sein; **en ~ et en os** leibhaftig
chaire [ʃɛʀ] *nf (d'église)* Kanzel *f*; *(Univ)* Lehrstuhl *m*
chaise [ʃɛz] *nf* Stuhl *m*; **~ longue** Liegestuhl *m*
châle [ʃɑl] *nm* Schultertuch *nt*
chalet [ʃalɛ] *nm* Chalet *nt*
chaleur [ʃalœʀ] *nf* Wärme *f*; *(forte)* Hitze *f*

chaleureux, -euse [ʃaløʀø, øz] *adj* warmherzig, herzlich
challenge [ʃalɑ̃ʒ] *nm* Wettkampf *m*
challenger [ʃalɑ̃ʒœʀ] *nm* Herausforderer *m*
chaloupe [ʃalup] *nf* (*de sauvetage*) Rettungsboot *nt*
chalumeau, x [ʃalymo] *nm* (*outil*) Lötlampe *f*
chalut [ʃaly] *nm* Schleppnetz *nt*
chalutier [ʃalytje] *nm* Fischdampfer *m*
chamailler [ʃamɑje] : **se chamailler** *vpr* sich streiten
chambouler [ʃɑ̃bule] (*fam*) *vt* durcheinanderbringen
chambre [ʃɑ̃bʀ] *nf* Zimmer *nt*; (*Tech, Jur, Pol, Comm*) Kammer *f*; **~ à air** Schlauch *m*; **~ à coucher** Schlafzimmer *nt*; **~ à un lit/ deux lits** (*à l'hôtel*) Einzelzimmer/ Zweibettzimmer *nt*; **~ de commerce et d'industrie** Industrie- und Handelskammer *f*; **~ frigorifique** *ou* **froide** Kühlraum *m*; **~ pour une/deux personne(s)** Einzel-/Doppelzimmer *nt*
chambrer [ʃɑ̃bʀe] *vt* (*vin*) auf Zimmertemperatur bringen
chameau, x [ʃamo] *nm* Kamel *nt*
chamois [ʃamwa] *nm* Gämse *f*
champ [ʃɑ̃] *nm* Feld *nt*; (*domaine*) Gebiet *nt*; **~ de bataille** Schlachtfeld *nt*
Champagne [ʃɑ̃paɲ] *nf*: **la ~** die Champagne *f*
champagne [ʃɑ̃paɲ] *nm* (*vin*) Champagner *m*
champêtre [ʃɑ̃pɛtʀ] *adj* ländlich
champignon [ʃɑ̃piɲɔ̃] *nm* Pilz *m*; (*fam : accélérateur*) Gas(pedal) *nt*; **~ de couche** *ou* **de Paris** Champignon *m*
champion, ne [ʃɑ̃pjɔ̃, jɔn] *nm/f* (*Sport*) Champion *m*, Meister(in); (*d'une cause*) Verfechter(in); **~ du monde** Weltmeister(in)
championnat [ʃɑ̃pjɔna] *nm* Meisterschaft *f*
chance [ʃɑ̃s] *nf* (*bonne fortune*) Glück *nt*; (*hasard*) Zufall *m*; **chances** *nfpl* Chancen *pl*; **bonne ~ !** viel Glück!; **avoir de la ~** Glück haben
chanceler [ʃɑ̃s(ə)le] *vi* (*personne*) wackelig auf den Beinen sein; (*meuble, mur*) wackeln
chancelier [ʃɑ̃səlje] *nm* (*allemand*) (Bundes) kanzler *m*; (*d'ambassade*) Sekretär *m*
chanceux, -euse [ʃɑ̃sø, øz] *adj* glücklich; **être ~** Glück haben
chandail [ʃɑ̃daj] *nm* dicker Pullover *m*
Chandeleur [ʃɑ̃dlœʀ] *nf*: **la ~** Mariä Lichtmess *nt*
chandelier [ʃɑ̃dəlje] *nm* (Kerzen)leuchter *m*
chandelle [ʃɑ̃dɛl] *nf* Kerze *f*; **dîner aux ~s** Abendessen *nt* bei Kerzenschein; **monter en ~** (*Aviat*) kerzengerade aufsteigen; **tenir la ~** (*humoristique*) den Anstandswauwau spielen
change [ʃɑ̃ʒ] *nm* (*Comm*) Wechseln *nt*
changement [ʃɑ̃ʒmɑ̃] *nm* Änderung *f*; **~ climatique** Klimawandel *m*
changer [ʃɑ̃ʒe] *vt* (*modifier*) ändern; (*remplacer, échanger*) wechseln; (*rhabiller*) umziehen ▶ *vi* sich ändern; **se changer** *vpr* sich umziehen; **~ de nom** seinen Namen ändern; **~ de côté** die Seite wechseln; **~ d'adresse** umziehen; **~ de couleur/direction** die Farbe/Richtung ändern; **~ de place avec qn** mit jdm den Platz tauschen; **~ de vitesse** (*Auto*) schalten; **~ (de train)** umsteigen
chanson [ʃɑ̃sɔ̃] *nf* Lied *nt*
chansonnier [ʃɑ̃sɔnje] *nm* (*de cabaret*) Chansonsänger *m*; (*livre*) Liederbuch *nt*
chant [ʃɑ̃] *nm* (*chanson*) Lied *nt*
chantage [ʃɑ̃taʒ] *nm* Erpressung *f*
chanter [ʃɑ̃te] *vi, vt* singen; **~ juste/faux** richtig/falsch singen; **si cela lui chante** (*fam*) wenn es ihm gerade passt; **faire ~ qn** jn erpressen
chanterelle [ʃɑ̃tʀɛl] *nf* Pfifferling *m*
chanteur, -euse [ʃɑ̃tœʀ, øz] *nm/f* Sänger(in)
chantier [ʃɑ̃tje] *nm* Baustelle *f*; **être en ~** in Arbeit sein; **mettre en ~** die Arbeit beginnen an *+dat*; **~ naval** Werft *f*
chantilly [ʃɑ̃tiji] *nf*: **(crème) ~** Schlagsahne *f*
chanvre [ʃɑ̃vʀ] *nm* Hanf *m*
chaos [kao] *nm* Chaos *nt*
chaotique [kaɔtik] *adj* chaotisch
chaparder [ʃapaʀde] (*fam*) *vt* klauen
chapeau, x [ʃapo] *nm* Hut *m*; **~ de soleil** Sonnenhut
chapelet [ʃaplɛ] *nm* Rosenkranz *m*
chapelle [ʃapɛl] *nf* Kapelle *f*; **~ ardente** Leichenhalle *f*
chapelure [ʃaplyʀ] *nf* Paniermehl *nt*
chaperon [ʃapʀɔ̃] *nm* Anstandsdame *f*; **le Petit C~ rouge** (das) Rotkäppchen
chaperonner [ʃapʀɔne] *vt* (*accompagner*) (als Anstandsdame) begleiten
chapiteau, x [ʃapito] *nm* (*Archit*) Kapitell *nt*; (*de cirque*) (Zirkus)zelt *nt*
chapitrage [ʃapitʀaʒ] *nm* (*de DVD*) Szenenauswahl *f*
chapitre [ʃapitʀ] *nm* Kapitel *nt*; (*fig*) Thema *nt*
chaque [ʃak] *adj* jede(r, s); **c'est deux euros ~** das sind jeweils zwei Euro; **~ fois que** jedes Mal, wenn

char [ʃaʀ] *nm* Wagen *m*; (*aussi* : **char d'assaut**) Panzer *m*
charabia [ʃaʀabja] *nm* Kauderwelsch *nt*
charbon [ʃaʀbɔ̃] *nm* Kohle *f*
charcuterie [ʃaʀkytʀi] *nf* (*magasin*) (Schweine)metzgerei *f*; (*produits*) Wurstwaren *pl*
charcutier, -ière [ʃaʀkytje, jɛʀ] *nm/f* Schweinemetzger(in); (*traiteur*) Delikatessenhändler(in)
chardon [ʃaʀdɔ̃] *nm* Distel *f*
charge [ʃaʀʒ] *nf* (*fardeau*) Last *f*; (*Élec*) Ladung *f*; (*rôle, mission*) Aufgabe *f*; (*attaque*) Angriff *m*; (*Jur*) Anklagepunkt *m*; **charges** *nfpl* (*du loyer*) Nebenkosten *pl*; **à la ~ de** (*dépendant de*) abhängig von; (*aux frais de*) zulasten von; **prendre en ~** übernehmen; **~s sociales** Sozialabgaben *pl*
chargé, e [ʃaʀʒe] *adj* (*journée*) voll; **~ d'affaires** Geschäftsträger; **~ de cours** Dozent
chargement [ʃaʀʒəmɑ̃] *nm* Ladung *f*
charger [ʃaʀʒe] *vt* beladen; (*fusil, batterie*) laden; (*un portrait, une description*) übertreiben, überziehen ▶ *vi* angreifen; **se charger** *vpr* : **se ~ de** sich kümmern um; **~ qn de qch/faire qch** jdn mit etw beauftragen/jdn beauftragen, etw zu tun
chargeur [ʃaʀʒœʀ] *nm* (*d'arme à feu*) Magazin *nt*; (*Photo*) Kassette *f*; **~ de batterie** Ladegerät *nt*
chariot [ʃaʀjo] *nm* Wagen *m*; (*table roulante*) Teewagen *m*; (*à bagages*) Kofferkuli *m*; (*à provisions*) Einkaufswagen; (*charrette*) Karren *m*
charisme [kaʀism] *nm* Charisma *nt*
charitable [ʃaʀitabl] *adj* karitativ, wohltätig
charité [ʃaʀite] *nf* (*vertu*) Nächstenliebe *f*; **faire la ~ à qn** jdm ein Almosen geben; **fête/vente de ~** Wohltätigkeitsveranstaltung *f*/-basar *m*
charlotte [ʃaʀlɔt] *nf* Charlotte *f*
charmant, e [ʃaʀmɑ̃, ɑ̃t] *adj* charmant
charme [ʃaʀm] *nm* (*d'une personne*) Charme *m*; (*d'un endroit, d'une activité*) Reiz *m*; (*envoûtement*) Anziehungskraft *f*; **faire du ~ à qn** mit jdm flirten
charmer [ʃaʀme] *vt* bezaubern
charmeur, -euse [ʃaʀmœʀ, øz] *adj* (*sourire, manières*) verführerisch ▶ *nm/f* Charmeur *m*, überaus charmante Frau *f*; **~ de serpents** Schlangenbeschwörer(in)
charnier [ʃaʀnje] *nm* Massengrab *nt*
charnière [ʃaʀnjɛʀ] *nf* (*de porte*) Türangel *f*
charnu, e [ʃaʀny] *adj* fleischig
charogne [ʃaʀɔɲ] *nf* Aas *nt*
charpente [ʃaʀpɑ̃t] *nf* Gerüst *nt*; (*de maison*) Gebälk *nt*
charpentier, -ière [ʃaʀpɑ̃tje, jɛʀ] *nm/f* Zimmermann *m*
charrette [ʃaʀɛt] *nf* Karren *m*
charrier [ʃaʀje] *vt* (*suj : camion*) transportieren; (*: fleuve etc*) mit sich führen; (*fam*) verspotten ▶ *vi* (*fam*) wild übertreiben
charrue [ʃaʀy] *nf* Pflug *m*
charte [ʃaʀt] *nf* Charta *f*; **C~ internationale des droits de l'homme** Internationale Charta der Menschenrechte
charter [ʃaʀtɛʀ] *nm* (*avion*) Charterflugzeug *nt*; **vol ~** Charterflug *m*
chas [ʃɑ] *nm* Öhr *nt*
chasse [ʃas] *nf* Jagd *f*; (*aussi* : **chasse d'eau**) (Wasser)spülung *f*; **prendre en ~** jagen, verfolgen; **tirer la ~ (d'eau)** die Wasserspülung betätigen
châsse [ʃɑs] *nf* Reliquienschrein *m*
chasse-neige [ʃasnɛʒ] (*pl* **chasse-neige(s)**) *nm* Schneepflug *m*
chasser [ʃase] *vt* (*gibier*) jagen; (*personne*) verjagen; (*intrus, idée*) vertreiben; (*employé*) hinauswerfen; (*nuages, scrupules*) zerstreuen
chasseur, -euse [ʃasœʀ, øz] *nm/f* Jäger(in) ▶ *nm* (*avion*) Jagdflieger *m*; (*domestique*) Page *m*
châssis [ʃɑsi] *nm* (*de voiture*) Chassis *nt*; (*cadre*) Rahmen *m*; (*de jardin*) Frühbeet *nt*
chaste [ʃast] *adj* keusch
chasuble [ʃazybl] *nf* (*Rel*) Messgewand *nt*
chat¹ [ʃa] *nm* Katze *f*
chat² [tʃat] *nm* (*Inform*) Chat *m*
châtaigne [ʃɑtɛɲ] *nf* Kastanie *f*
châtaignier [ʃɑteɲe] *nm* Kastanienbaum *m*
châtain [ʃɑtɛ̃] *adj* kastanienbraun
château, x [ʃɑto] *nm* Schloss *nt*; (*forteresse*) Burg *f*; **~ fort** Festung *f*
châtier [ʃɑtje] *vt* bestrafen; (*son style, langage*) den letzten Schliff geben +*dat*
châtiment [ʃɑtimɑ̃] *nm* Bestrafung *f*
chaton [ʃatɔ̃] *nm* Kätzchen *nt*; (*de bague*) Fassung *f*
chatouillement [ʃatujmɑ̃] *nm* Kitzeln *nt*
chatouiller [ʃatuje] *vt* kitzeln; (*l'odorat, le palais*) anregen
chatouilleux, -euse [ʃatujø, øz] *adj* kitzelig; (*susceptible*) empfindlich
chatoyer [ʃatwaje] *vi* (*couleur*) schimmern
châtrer [ʃɑtʀe] *vt* kastrieren

chatte [ʃat] *nf* Katze *f*
chatter [tʃate] *vi* (*Inform*) chatten
chatterton [ʃatɛʀtɔn] *nm* Isolierband *nt*
chaud, e [ʃo, ʃod] *adj* warm; (*très chaud*) heiß; **il fait ~** es ist warm/heiß; **j'ai ~** mir ist warm; **donner ~** die Hölle heiß machen; **tenir ~** warm halten
chaudière [ʃodjɛʀ] *nf* (*de chauffage central*) Boiler *m*; (*de bateau*) Dampfkessel *m*
chaudron [ʃodʀɔ̃] *nm* großer Kessel *m*
chauffage [ʃofaʒ] *nm* (*appareils*) Heizung *f*; **~ au gaz** Gasheizung *f*; **~ central** Zentralheizung *f*; **~ électrique** Elektroheizung *f*
chauffant, e [ʃofɑ̃, ɑ̃t] *adj* : **couverture/plaque ~e** Heizdecke *f*/-platte *f*
chauffard [ʃofaʀ] (*péj*) *nm* Verkehrsrowdy *m*
chauffe-biberon [ʃofbibʀɔ̃] (*pl* **chauffe-biberons**) *nm* Babyflaschenwärmer *m*
chauffe-eau [ʃofo] *nm inv* Heißwasserbereiter *m*
chauffe-plat [ʃofpla] (*pl* **chauffe-plats**) *nm* Warmhalteplatte *f*
chauffer [ʃofe] *vt* (*appartement*) heizen; (*eau*) erhitzen ▸ *vi* sich erwärmen; (*moteur*) sich überhitzen, heiß laufen; **se chauffer** *vpr* (*sportif*) sich aufwärmen; (*au soleil*) sich wärmen; **se ~ à l'électricité/au gaz** elektrisch/mit Gas heizen
chauffeur, -euse [ʃofœʀ, øz] *nm/f* Fahrer(in); (*privé*) Chauffeur *m*; **~ de taxi** Taxifahrer
chaume [ʃom] *nm* (*du toit*) Stroh *nt*; (*tiges*) Stoppeln *pl*
chaumière [ʃomjɛʀ] *nf* strohgedecktes Haus *nt*
chaussée [ʃose] *nf* Fahrbahn *f*
chausse-pied [ʃospje] (*pl* **chausse-pieds**) *nm* Schuhlöffel *m*
chausser [ʃose] *vt* (*bottes, skis*) anziehen; (*enfant*) die Schuhe anziehen *+dat*; **~ du 38/42** Schuhgröße 38/42 haben; **~ grand** (*suj* : *soulier*) zu groß sein
chaussette [ʃosɛt] *nf* Socke *f*
chausson [ʃosɔ̃] *nm* Hausschuh *m*; (*de bébé*) Babyschuh *m*; **~ (aux pommes)** Apfeltasche *f*
chaussure [ʃosyʀ] *nf* Schuh *m*; **~s basses** Halbschuhe *pl*; **~s de ski** Skistiefel *pl*
chauve [ʃov] *adj* kahl(köpfig)
chauve-souris [ʃovsuʀi] (*pl* **chauves-souris**) *nf* Fledermaus *f*
chauvin, e [ʃovɛ̃, in] *adj* chauvinistisch (*nationalistisch*)
chaux [ʃo] *nf* Kalk *m*
chef [ʃɛf] *nmf* (*patron*) Chef(in) *m(f)*; (*d'armée, parti, groupe*) Führer(in) *m(f)*; (*de cuisine*) Koch *m*, Köchin *f*; **~ d'accusation** (*Jur*) Anklage *f*; **~ d'État** Staatschef(in) *m(f)*; **~ d'orchestre** Dirigent(in) *m(f)*
chef-d'œuvre [ʃɛdœvʀ] (*pl* **chefs-d'œuvre**) *nm* Meisterwerk *nt*
chef-lieu [ʃɛfljø] (*pl* **chefs-lieux**) *nm* (*Admin*) ≈ Kreisstadt *f*, *Hauptstadt eines französischen Departements*
cheikh [ʃɛk] *nm* Scheich *m*
chemin [ʃ(ə)mɛ̃] *nm* Weg *m*; **en ~** unterwegs; **~(s) de fer** Eisenbahn *f*
cheminée [ʃ(ə)mine] *nf* (*sur le toit*) Schornstein *m*; (*à l'intérieur*) Kamin *m*
cheminer [ʃ(ə)mine] *vi* (*personne*) gehen
cheminot [ʃ(ə)mino] *nm* Eisenbahner *m*
chemise [ʃ(ə)miz] *nf* Hemd *nt*; (*dossier*) Aktendeckel *m*
chemisier [ʃ(ə)mizje] *nm* Bluse *f*
chenal, -aux [ʃənal, o] *nm* Kanal *m*
chêne [ʃɛn] *nm* Eiche *f*
chenille [ʃ(ə)nij] *nf* Raupe *f*; (*de char, chasse-neige*) (Raupen)kette *f*
chèque [ʃɛk] *nm* Scheck *m*; **faire/toucher un ~** einen Scheck ausstellen/einlösen; **~ au porteur** Inhaberscheck *m*; **~ barré** Verrechnungsscheck; **~ de voyage** Reisescheck *m*, Travellerscheck *m*; **~ sans provision** ungedeckter Scheck
chèque-cadeau [ʃɛkkado] (*pl* **chèques-cadeaux**) *nm* Geschenkgutschein *m*
chèque-repas [ʃɛkʀəpɑ] (*pl* **chèques-repas**), **chèque-restaurant** [ʃɛkʀɛstɔʀɑ̃] (*pl* **chèques-restaurant**) *nm* Essensbon *m*
chéquier [ʃekje] *nm* Scheckbuch *nt*
cher, chère [ʃɛʀ] *adj* (*aimé*) lieb; (*coûteux*) teuer ▸ *adv* : **coûter/payer ~** teuer sein/bezahlen
chercher [ʃɛʀʃe] *vt* suchen; **aller ~** holen
chercheur, -euse [ʃɛʀʃœʀ, øz] *nm/f* (*scientifique*) Forscher(in)
chéri, e [ʃeʀi] *adj* geliebt; **(mon) ~** Liebling *m*
chérir [ʃeʀiʀ] *vt* lieben
chétif, -ive [ʃetif, iv] *adj* schwächlich
cheval [ʃ(ə)val] (*pl* **chevaux**) *nm* Pferd *nt*; **faire du ~** reiten; **à ~ sur** rittlings auf *+dat*; **être à ~ sur le règlement** sich streng an die Regeln halten; **~ de Troie** trojanisches Pferd
chevalerie [ʃ(ə)valʀi] *nf* Rittertum *nt*
chevalet [ʃ(ə)valɛ] *nm* Staffelei *f*
chevalier [ʃ(ə)valje] *nm* Ritter *m*
chevalière [ʃ(ə)valjɛʀ] *nf* Siegelring *m*

chevalin, e [ʃ(ə)valɛ̃, in] *adj* : **boucherie ~e** Pferdemetzgerei *f*
cheval-vapeur [ʃəvalvapœʀ] *nm* Pferdestärke *f*
chevaucher [ʃ(ə)voʃe] *vi* (*aussi* : **se chevaucher**) sich überlappen ▸ *vt* (rittlings) sitzen auf *+dat*
chevelu, e [ʃəv(ə)ly] *adj* haarig; **cuir ~** Kopfhaut *f*
chevelure [ʃəv(ə)lyʀ] *nf* Haar *nt*
chevet [ʃ(ə)vɛ] *nm* : **au ~ de qn** an jds Bett *dat*; **table de ~** Nachttischchen *nt*
cheveu, x [ʃ(ə)vø] *nm* Haar *nt*; **avoir les ~x courts/en brosse** kurze Haare/einen Bürstenschnitt haben
cheville [ʃ(ə)vij] *nf* (*Anat*) Knöchel *m*; (*de bois*) Stift *m*
chèvre [ʃɛvʀ] *nf* Ziege *f* ▸ *nm* (*fromage*) Ziegenkäse *m*
chèvrefeuille [ʃɛvʀəfœj] *nm* Geißblatt *nt*
chevreuil [ʃəvʀœj] *nm* Reh *nt*; (*Culin*) Reh(fleisch) *nt*
chevron [ʃəvʀɔ̃] *nm* (*poutre*) Sparren *m*; **à ~s** im Fischgrätmuster
chevronné, e [ʃəvʀɔne] *adj* erfahren
chevrotant, e [ʃəvʀɔtɑ̃, ɑ̃t] *adj* bebend, zitternd
chewing-gum [ʃwiŋgɔm] (*pl* **chewing-gums**) *nm* Kaugummi *m ou nt*
chez [ʃe] *prép* bei; **~ moi/toi** bei mir/dir (zu Hause); (*direction*) zu mir/dir (nach Hause)
chez-soi [ʃeswa] *nm inv* Zuhause *nt*
chiant, e [ʃjɑ̃, ʃjɑ̃t] (*vulg*) *adj* beschissen
chic [ʃik] *adj* (*élégant*) chic; (*généreux*) anständig ▸ *nm* (*élégance*) Schick *m*; **avoir le ~ pour faire qch** (ein) Talent haben, etw zu tun; **~ !** toll!
chicane [ʃikan] *nf* (*obstacle*) Hindernis *nt*; (*querelle*) Streitigkeit *f*
chiche [ʃiʃ] *adj* knauserig; **~ !** wetten, dass?
chichis [ʃiʃi] *nmpl* : **faire des ~** viel Theater machen
chicorée [ʃikɔʀe] *nf* (*café*) Zichorienkaffee *m*
chien [ʃjɛ̃] *nm* Hund *m*; (*de pistolet*) Hammer *m*
chiendent [ʃjɛ̃dɑ̃] *nm* Quecke *f*
chier [ʃje] (*vulg*) *vi* scheißen; **faire ~ qn** (*importuner*) jdm auf den Wecker gehen; (*causer des ennuis à*) jdn herumschikanieren; **se faire ~** (*s'ennuyer*) sich tödlich langweilen
chiffon [ʃifɔ̃] *nm* Lappen *m*
chiffonner [ʃifɔne] *vt* zerknittern
chiffonnier [ʃifɔnje] *nm* Lumpensammler *m*
chiffre [ʃifʀ] *nm* (*représentant un nombre, d'un code*) Ziffer *f*; (*montant, total*) Summe *f*; **en ~s ronds** in runden Zahlen; **~ d'affaires** Umsatz *m*; **~ de ventes** Verkaufszahlen *pl*
chiffrer [ʃifʀe] *vt* (*dépense*) beziffern; (*message*) verschlüsseln
chignon [ʃiɲɔ̃] *nm* Knoten *m*
chiite [ʃiit] *adj* schiitisch
Chili [ʃili] *nm* : **le ~** Chile *nt*
chilien, ne [ʃiljɛ̃, jɛn] *adj* chilenisch
chimie [ʃimi] *nf* Chemie *f*
chimio [ʃimjo], **chimiothérapie** [ʃimjoteʀapi] *nf* Chemotherapie *f*
chimique [ʃimik] *adj* chemisch
chimiste [ʃimist] *nmf* Chemiker(in) *m(f)*
chimpanzé [ʃɛ̃pɑ̃ze] *nm* Schimpanse *m*
Chine [ʃin] *nf* : **la ~** China *nt*; **la République populaire de ~** die Volksrepublik China
chinois, e [ʃinwa, waz] *adj* chinesisch ▸ *nm* : **le ~** (*Ling*) Chinesisch *nt* ▸ *nm/f* : **Chinois, e** Chinese *m*, Chinesin *f*
chips [ʃips] *nfpl* (*aussi* : **pommes chips**) Chips *pl*
chiquer [ʃike] *vi* Tabak kauen ▸ *vt* kauen
chiromancie [kiʀɔmɑ̃si] *nf* Handlesen *nt*
chiropraticien, ne [kiʀɔpʀatisjɛ̃, jɛn] *nm/f* Chiropraktiker(in)
chirurgical, e, -aux [ʃiʀyʀʒikal, o] *adj* chirurgisch
chirurgie [ʃiʀyʀʒi] *nf* Chirurgie *f*; **~ esthétique** Schönheitschirurgie *f*
chirurgien, ne [ʃiʀyʀʒjɛ̃, jɛn] *nm/f* Chirurg(in)
chlore [klɔʀ] *nm* Chlor *nt*
chloroforme [klɔʀɔfɔʀm] *nm* Chloroform *nt*
chlorophylle [klɔʀɔfil] *nf* Chlorophyll *nt*
choc [ʃɔk] *nm* Stoß *m*; (*moral*) Schock *m*; **troupe de ~** Kampftruppe *f*; **en état de ~** unter Schock
chocolat [ʃɔkɔla] *nm* Schokolade *f*; **~ au lait** Milchschokolade *f*
chœur [kœʀ] *nm* Chor *m*; **en ~** im Chor
choisir [ʃwaziʀ] *vt* auswählen; (*nommer*) wählen; (*décider de*) sich entscheiden für
choix [ʃwa] *nm* Wahl *f*; (*assortiment*) Auswahl *f*; **avoir le ~** die Wahl haben; **de premier ~** erster Wahl; **au ~** zur Auswahl
choléra [kɔleʀa] *nm* Cholera *f*
cholestérol [kɔlɛsteʀɔl] *nm* Cholesterin *nt*
chômage [ʃomaʒ] *nm* Arbeitslosigkeit *f*; **être au ~** arbeitslos sein
chômer [ʃome] *vi* (*travailleur*) arbeitslos sein; (*équipements*) stillstehen

chômeur, -euse [ʃomœʀ, øz] *nm/f* Arbeitslose(r) *f(m)*
chope [ʃɔp] *nf (verre)* Schoppenglas *nt*
choquant, e [ʃɔkɑ̃, ɑ̃t] *adj* schockierend
choquer [ʃɔke] *vt* schockieren; *(commotionner)* erschüttern
chorégraphe [kɔʀegʀaf] *nmf* Choreograf(in) *m(f)*
chorégraphie [kɔʀegʀafi] *nf* Choreografie *f*
choriste [kɔʀist] *nmf* Chorsänger(in) *m(f)*
chose [ʃoz] *nf* Ding *nt*; *(sujet, matière)* Sache *f*; *(événement, histoire)* Ereignis *nt*; **les choses** *(situation)* die Dinge *pl*; **dire bien des ~s à qn** jn grüßen; **c'est peu de ~** das ist nicht der Rede wert
chou, x [ʃu] *nm* Kohl *m*; **mon petit ~** mein Süßer *m*, meine Süße *f*; **~ (à la crème)** Windbeutel *m*; **~ de Bruxelles** Rosenkohl *m*
chouchou, te [ʃuʃu, ut] *(fam) nm/f (Scol)* Liebling *m*
chouchouter [ʃuʃute] *(fam) vt* vorziehen
choucroute [ʃukʀut] *nf* Sauerkraut *nt*
chouette [ʃwɛt] *nf* Eule *f* ▸ *adj (fam)* : **~ !** toll!
chou-fleur [ʃuflœʀ] *(pl* **choux-fleurs***) nm* Blumenkohl *m*
chou-navet *(pl* **choux-navets***)* [ʃunavɛ] *nm* Kohlrübe *f*
chou-rave [ʃuʀav] *(pl* **choux-raves***) nm* Kohlrabi *m*
choyer [ʃwaje] *vt* verwöhnen
CHR [seaʃɛʀ] *sigle m (= centre hospitalier régional)* Regionalkrankenhaus *nt*
chrétien, ne [kʀetjɛ̃, jɛn] *adj* christlich ▸ *nm/f* Christ(in)
Christ [kʀist] *nm* : **le ~** Christus *m*
christianisme [kʀistjanism] *nm* Christentum *nt*
chrome [kʀom] *nm* Chrom *nt*
chromé, e [kʀome] *adj* verchromt
chromosome [kʀomozom] *nm* Chromosom *nt*
chronique [kʀɔnik] *adj* chronisch ▸ *nf (de journal)* Kolumne *f*; *(historique)* Chronik *f*; **~ sportive** Sportbericht *m*; **~ théâtrale** Theaterübersicht *f*; **~ locale** Lokalnachrichten *pl*
chrono [kʀɔnɔ] *nm* = **chronomètre**
chronologie [kʀɔnɔlɔʒi] *nf* Chronologie *f*, zeitliche Reihenfolge
chronologique [kʀɔnɔlɔʒik] *adj* chronologisch
chronomètre [kʀɔnɔmɛtʀ] *nm* Stoppuhr *f*
chronométrer [kʀɔnɔmetʀe] *vt* stoppen
chrysalide [kʀizalid] *nf* Puppe *f*
chrysanthème [kʀizɑ̃tɛm] *nm* Chrysantheme *f*
chtarbé, e [ʃtaʀbe] *(fam) adj* verrückt
CHU [seaʃy] *sigle m (= centre hospitalo-universitaire)* Universitätsklinik *f*
chuchoter [ʃyʃɔte] *vt, vi* flüstern
chut [ʃyt] *excl* pst
chute [ʃyt] *nf* Sturz *m*; *(des feuilles, des prix, de la température etc)* Fallen *nt*; *(de papier, de tissu)* Stückchen *nt*; **la ~ des cheveux** der Haarausfall; **~ (d'eau)** Wasserfall *m*; **~ libre** freier Fall *m*; **~s de neige** Schneefall *m*; **~s de pluie** Regenfall *m*
Chypre [ʃipʀ] *nf* Zypern *nt*
ci [si] *adv* : **ce garçon/cet homme-ci** dieser Junge/Mann (da); **cette femme-ci** diese Frau; **ces hommes/femmes-ci** diese Männer/Frauen
ci-après [siapʀɛ] *adv* im Folgenden
cibiste [sibist] *nm* CB-Funker(in) *m(f)*
cible [sibl] *nf* Zielscheibe *f*
ciboule [sibul] *nf* Winterlauch *m*
ciboulette [sibulɛt] *nf* Schnittlauch *m*
cicatrice [sikatʀis] *nf* Narbe *f*
cicatriser [sikatʀize] *vi* : **se cicatriser** *vpr* (ver)heilen
ci-contre [sikɔ̃tʀ] *adv* gegenüber
ci-dessous [sidəsu] *adv* unten
ci-dessus [sidəsy] *adv* oben
cidre [sidʀ] *nm* Apfelwein *m*
Cie *abr (= compagnie)* Co
ciel [sjɛl] *(pl* **ciels** *ou (litt)* **cieux***) nm* Himmel *m*; **à ~ ouvert** unter freiem Himmel; **tomber du ~** aus allen Wolken fallen; **~ !** gütiger Himmel!
cierge [sjɛʀʒ] *nm* Kerze *f*
cigale [sigal] *nf* Zikade *f*
cigare [sigaʀ] *nm* Zigarre *f*
cigarette [sigaʀɛt] *nf* Zigarette *f*; **~ électronique** E-Zigarette *f*
ci-gît [siʒi] *adv + vb* hier ruht
cigogne [sigɔɲ] *nf* Storch *m*
ci-inclus, e [siɛ̃kly, yz] *adj, adv* beiliegend
ci-joint, e [siʒwɛ̃, ɛ̃t] *adj, adv* beiliegend
cil [sil] *nm* (Augen)wimper *f*
cime [sim] *nf (d'arbre)* Wipfel *m*; *(de montagne)* Gipfel *m*
ciment [simɑ̃] *nm* Zement *m*
cimetière [simtjɛʀ] *nm* Friedhof *m*
cinéaste [sineast] *nmf* Filmemacher(in) *m(f)*
ciné-club [sineklœb] *(pl* **ciné-clubs***) nm* Filmklub *m*
cinéma [sinema] *nm (salle)* Kino *nt*; *(Art)* Film *m*; **c'est du ~** *(fam)* das ist alles Theater
cinémascope® [sinemaskɔp] *nm* Breitwand *f*

cinémathèque [sinematɛk] *nf* Kinemathek *f*, Filmarchiv *nt*
cinématographie [sinematɔgʀafi] *nf* Filmkunst *f*
cinéphile [sinefil] *nmf* Filmfreund(in) *m(f)*
cinétique [sinetik] *adj* kinetisch
cinglé, e [sɛ̃gle] (*fam*) *adj* verrückt
cingler [sɛ̃gle] *vt* peitschen; (*fig* : *suj* : *insulte etc*) treffen ▶ *vi* : **~ vers** (*Naut*) Kurs nehmen auf *+acc*
cinq [sɛ̃k] *num* fünf
cinquantaine [sɛ̃kɑ̃tɛn] *nf* : **une ~ (de)** etwa fünfzig
cinquante [sɛ̃kɑ̃t] *num* fünfzig
cinquantenaire [sɛ̃kɑ̃tnɛʀ] *adj* fünfzigjährig ▶ *nm* fünfzigjähriges Jubiläum *nt*
cinquième [sɛ̃kjɛm] *num* fünfte(r, s) ▶ *nm* Fünftel *nt*
cinquièmement [sɛ̃kjɛmmɑ̃] *adv* fünftenscomp
cintre [sɛ̃tʀ] *nm* (*à vêtement*) Kleiderbügel *m*; **plein ~** (*Archit*) (Halbkreis)bogen *m*
cintré, e [sɛ̃tʀe] *adj* (*chemise*) tailliert; (*bois*) gewölbt
CIO [seio] *sigle m* (= *Comité international olympique*) IOK *nt*
cirage [siʀaʒ] *nm* (*pour parquet*) Bohnerwachs *nt*; (*pour chaussures*) Schuhcreme *f*
circoncire [siʀkɔ̃siʀ] *vt* beschneiden
circoncision [siʀkɔ̃sizjɔ̃] *nf* Beschneidung *f*
circonférence [siʀkɔ̃feʀɑ̃s] *nf* Umfang *m*
circonflexe [siʀkɔ̃flɛks] *adj* : **accent ~** Zirkumflex *m*
circonscription [siʀkɔ̃skʀipsjɔ̃] *nf* : **~ électorale** Wahlkreis *m*
circonscrire [siʀkɔ̃skʀiʀ] *vt* (*incendie*) eindämmen; (*propriété*) abstecken
circonstance [siʀkɔ̃stɑ̃s] *nf* Umstand *m*; **~s atténuantes** mildernde Umstände *pl*
circonstancié, e [siʀkɔ̃stɑ̃sje] *adj* ausführlich
circuit [siʀkɥi] *nm* (*trajet*) Rundgang *m*; (*Élec*) Stromkreis *m*; **~ intégré** integrierter Schaltkreis *m*
circulaire [siʀkylɛʀ] *adj* kreisförmig; (*regard*) im Kreis herum; (*mouvement*) Kreis- ▶ *nf* Rundschreiben *nt*
circulation [siʀkylasjɔ̃] *nf* (*Auto*) Verkehr *m*; (*Méd*) Kreislauf *m*; (*de capitaux*) Umlauf *m*; **mettre en ~** (*argent*) in Umlauf bringen
circuler [siʀkyle] *vi* (*personne*) (herum) gehen; (*voiture*) fahren; (*sang, électricité etc*) fließen, zirkulieren; (*devises, capitaux*) im Umlauf sein; **faire ~** (*nouvelle*) verbreiten; (*badauds*) zum Weitergehen auffordern
cire [siʀ] *nf* Wachs *nt*
ciré, e [siʀe] *adj* (*parquet*) gewachst ▶ *nm* (*vêtement*) Ölzeug *nt*
cirer [siʀe] *vt* (*parquet*) bohnern; (*meubles, chaussures*) polieren
cirque [siʀk] *nm* Zirkus *m*; (*Géo*) Kar *nt*
cirrhose [siʀoz] *nf* : **~ du foie** Leberzirrhose *f*
cisaille [sizɑj] *nf* (*de jardin*) Heckenschere *f*
cisailles [sizɑj] *nfpl* Heckenschere *f*
ciseau, x [sizo] *nm* : **~ (à bois)** Meißel *m*; **ciseaux** *nmpl* Schere *f*
citadelle [sitadɛl] *nf* Zitadelle *f*
citadin, e [sitadɛ̃, in] *nm/f* Städter(in)
citation [sitasjɔ̃] *nf* (*d'auteur*) Zitat *nt*; (*Jur*) Vorladung *f*
cité [site] *nf* (*ville*) Stadt *f*; **~ universitaire** Studentenviertel *nt*
cité-dortoir [sitedɔʀtwaʀ] (*pl* **cités-dortoirs**) *nf* Schlafstadt *f*
citer [site] *vt* (*se référer à*) zitieren; (*Jur*) vorladen
citerne [sitɛʀn] *nf* Zisterne *f*
citoyen, ne [sitwajɛ̃, jɛn] *nm/f* Bürger(in) ▶ *adj* (*mouvement, projet*) Bürger-
citoyenneté [sitwajɛnte] *nf* Staatsbürgerschaft *f*; **éducation à la ~** Erziehung *f* zu mündigen Bürgerinnen und Bürgern, bürgerschaftliche Erziehung
citron [sitʀɔ̃] *nm* Zitrone *f*
citronnade [sitʀɔnad] *nf* Zitronenlimonade *f*
citronnelle [sitʀɔnɛl] *nf* Zitronenmelisse *f*
citronnier [sitʀɔnje] *nm* Zitronenbaum *m*
citrouille [sitʀuj] *nf* Kürbis *m*
cive [siv] *nf* Schnittlauch *m*
civet [sivɛ] *nm* *Wildragout mit Wein*
civette [sivɛt] *nf* (*Bot, Culin*) Schnittlauch *m*
civière [sivjɛʀ] *nf* Bahre *f*
civil, e [sivil] *adj* (staats)bürgerlich; (*Jur*) Zivil-, zivil-; (*poli*) höflich ▶ *nm* (*personne*) Zivilist(in) *m(f)*; **habillé en ~** in Zivil; **mariage ~** standesamtliche Trauung *f*; **enterrement ~** nicht kirchliche Bestattung *f*
civilisation [sivilizasjɔ̃] *nf* Zivilisation *f*
civilisé, e [sivilize] *adj* zivilisiert
civiliser [sivilize] *vt* zivilisieren
civilité [sivilite] *nf* Höflichkeit *f*
civique [sivik] *adj* staatsbürgerlich; **instruction ~** Staatsbürgerkunde *f*
civisme [sivism] *nm* vorbildliches staatsbürgerliches Verhalten *nt*
clair, e [klɛʀ] *adj* hell; (*fig*) klar ▶ *adv* : **voir ~** klar *ou* deutlich sehen ▶ *nm* : **~ de lune** Mondschein *m*; **bleu ~** hellblau; **tirer qch au ~** etw aufklären; **le plus ~ de son temps** die meiste Zeit

clairière [klɛʀjɛʀ] *nf* Lichtung *f*
clairsemé, e [klɛʀsəme] *adj* dünn gesät
clairvoyant, e [klɛʀvwajɑ̃, ɑ̃t] *adj* (*perspicace*) hellsichtig
clam [klam] *nm* Venusmuschel *f*
clameur [klamœʀ] *nf* Lärm *m*
clandestin, e [klɑ̃dɛstɛ̃, in] *adj* heimlich; (*commerce*) Schwarz-; **passager ~** blinder Passagier *m* ▶ *nm/f* illegaler Einwanderer (illegale Einwanderin)
clapoter [klapɔte] *vi* plätschern
claque [klak] *nf* (*gifle*) Klaps *m*, Schlag *m* ▶ *nm* (*chapeau*) Chapeau Claque *m*; **la ~** (*Théât*) die Claque *f*
claqué, e [klake] (*fam*) *adj* abgeschlafft
claquer [klake] *vi* (*drapeau*) flattern; (*coup de feu*) krachen ▶ *vt* (*porte*) zuschlagen; **~ des doigts** mit den Fingern knipsen
clarifier [klaʀifje] *vt* (*fig*) klären
clarinette [klaʀinɛt] *nf* Klarinette *f*
clarté [klaʀte] *nf* Helligkeit *f*; (*netteté*) Klarheit *f*
clasher [klaʃe] (*fam*) *vi* krachen; (*personnes*) sich krachen; **ça va ~** gleich kracht's
classe [klɑs] *nf* Klasse *f*; (*local*) Klassenzimmer *nt*; **un (soldat de) deuxième ~** ein gemeiner Soldat *m*; **faire la ~** (*Scol*) unterrichten; **~ affaires** (*Aviat*) Businessclass *f*; **~ économique** (*Aviat*) Economyclass *f*; **~ sociale** soziale Schicht *f*
classement [klɑsmɑ̃] *nm* (*action*) Einteilung *f*; (*rang*) Einstufung *f*
classer [klɑse] *vt* (ein)ordnen; (*candidat, concurrent*) einstufen; (*Jur* : *affaire*) abschließen; **se classer** *vpr* : **se ~ premier/dernier** als Beste(r)/Schlechteste(r) abschließen
classeur [klɑsœʀ] *nm* (*cahier*) Aktenordner *m*; (*meuble*) Aktenschrank *m*
classifier [klasifje] *vt* klassifizieren
classique [klasik] *adj* klassisch; (*habituel*) üblich
clause [kloz] *nf* Klausel *f*
claustrophobie [klostʀɔfɔbi] *nf* Klaustrophobie *f*
clavecin [klav(ə)sɛ̃] *nm* Cembalo *nt*
clavicule [klavikyl] *nf* Schlüsselbein *nt*
clavier [klavje] *nm* (*de piano*) Klaviatur *f*; (*de machine*) Tastatur *f*
clé, clef [kle] *nf* Schlüssel *m*; (*Mus*) Notenschlüssel; (*de boîte de conserves*) Öffner *m*; (*de mécanicien*) Schraubenschlüssel; (*solution*) Lösung *f* ▶ *adj* : **problème/position clef** Schlüsselproblem *nt*/-position *f*; **mettre la clef sous la porte** (*fig*) heimlich verschwinden; (*commerce*) dichtmachen; **clé d'accès** (*Inform*) Passwort *nt*; **clef anglaise** *ou* **à molette** Engländer *m*; **clef de contact** Zündschlüssel; **~ en croix** Kreuzschlüssel *m*; **clef de fa** Bassschlüssel *m*; **clef de sol** Violinschlüssel *m*; **clef USB** USB-Stick *m*; **clef de voûte** Schlussstein *m*
clément, e [klemɑ̃, ɑ̃t] *adj* mild
clémentine [klemɑ̃tin] *nf* Klementine *f*
cleptomane [klɛptɔman] *nmf* = **kleptomane**
clerc [klɛʀ] *nm* : **~ de notaire** Notariatsangestellte(r) *f(m)*
clergé [klɛʀʒe] *nm* Klerus *m*
clérical, e, -aux [kleʀikal, o] *adj* geistlich
clic [klik] *nm* Klick *m*; **en un ~** mit einem Klick
clic-clac® [klikklak] *nm inv* Bettcouch *f*
cliché [kliʃe] *nm* Klischee *nt*; (*Photo*) Negativ *nt*
client, e [klijɑ̃, klijɑ̃t] *nm/f* (*d'un magasin, restaurant*) Kunde *m*, Kundin *f*; (*de médecin*) Patient(in); (*d'avocat*) Klient(in)
clientèle [klijɑ̃tɛl] *nf* Kundschaft *f*; (*de médecin, d'avocat*) Klientel *f*
cligner [kliɲe] *vi* : **~ des yeux** blinzeln; **~ de l'œil** (mit dem Auge) zwinkern
clignotant, e [kliɲɔtɑ̃, ɑ̃t] *adj* Blink- ▶ *nm* (*Auto*) Blinker *m*
clignoter [kliɲɔte] *vi* (*étoiles etc*) funkeln; (*lumière*) blinken; (: *vaciller*) flackern; (*yeux*) zwinkern
climat [klima] *nm* Klima *nt*
climatique [klimatik] *adj* klimatisch, Klima-
climatisation [klimatizasjɔ̃] *nf* Klimaanlage *f*
climatisé, e [klimatize] *adj* mit Klimaanlage
climatologie [klimatɔlɔʒi] *nf* Klimatologie *f*, Klimaforschung *f*
clin d'œil [klɛ̃dœj] *nm* (Augen)zwinkern *nt*; **en un ~** im Nu
clinique [klinik] *nf* Klinik *f*
clip [klip] *nm* Videoclip *m*
cliquer [klike] *vi* (*Inform*) klicken; **~ deux fois** doppelklicken
cliqueter [klik(ə)te] *vi* (*ferraille, clefs*) klirren; (*monnaie*) klimpern; (*moteur*) klingeln
clitoris [klitɔʀis] *nm* Klitoris *f*
clivage [klivaʒ] *nm* Kluft *f*
clochard, e [klɔʃaʀ, aʀd] *nm/f* Stadtstreicher(in), Penner(in)
cloche [klɔʃ] *nf* Glocke *f*; (*fam*) Trottel *m*; **~ à fromage** Käseglocke *f*
cloche-pied [klɔʃpje] : **à ~** *adv* auf einem Bein hüpfend

clocher [klɔʃe] *nm* Kirchturm *m* ▸ *vi* (*fam*) nicht hinhauen
clochette [klɔʃɛt] *nf* Glöckchen *nt*
cloison [klwazɔ̃] *nf* Trennwand *f*
cloître [klwatʀ] *nm* Kreuzgang *m*
cloîtrer [klwatʀe] : **se cloîtrer** *vpr* sich ein- *ou* abschließen
clonage [klonaʒ] *nm* Klonen *nt*
clone [klon] *nm* Klon *m*
clope [klɔp] (*fam*) *nf* Fluppe *f*
cloque [klɔk] *nf* Blase *f*
clore [klɔʀ] *vt* abschließen
clos, e [klo, kloz] *adj* geschlossen; (*fini*) beendet
clôture [klotyʀ] *nf* (*barrière*) Zaun *m*; (*d'un festival, d'une manifestation*) Abschluss *m*
clou [klu] *nm* Nagel *m*; **clous** *nmpl* (*passage clouté*) Zebrastreifen *m*; **le ~ du spectacle** der Höhepunkt *m* der Veranstaltung; **~ de girofle** (Gewürz)nelke *f*
clouer [klue] *vt* nageln; (*immobiliser*) festnageln
clown [klun] *nm* Clown *m*
club [klœb] *nm* Klub *m*
cm *abr* (= *centimètre*) cm
CMU [seɛmy] *nf abr* (= *couverture maladie universelle*) *kostenlose medizinische Versorgung für sozial Schwache*
CNRS [seɛnɛʀɛs] *sigle m* (= *Centre national de la recherche scientifique*) ≈ Wissenschaftsrat *m*
c/o *abr* (= *care of*) bei
coaching [kotʃiŋ] *nm* Coaching *nt*
coaguler [kɔagyle] *vi* (*aussi* : **se coaguler**) gerinnen
coaliser [kɔalize] : **se coaliser** *vpr* koalieren
coalition [kɔalisjɔ̃] *nf* Koalition *f*
coaxial, e, -aux [koaksjal, jo] *adj* Koaxial-
cobalt [kɔbalt] *nm* Kobalt *nt*
cobaye [kɔbaj] *nm* Meerschweinchen *nt*; (*fig*) Versuchskaninchen *nt*
cobra [kɔbʀa] *nm* Kobra *f*
coca® [kɔka] *nm* Cola *f*
cocagne [kɔkaɲ] *nf* : **pays de ~** Schlaraffenland *nt*
cocaïne [kɔkain] *nf* Kokain *nt*
cocasse [kɔkas] *adj* komisch, spaßig
coccinelle [kɔksinɛl] *nf* Marienkäfer *m*
cocher [kɔʃe] *nm* Kutscher *m* ▸ *vt* abhaken; (*marquer d'une croix*) ankreuzen
cochère [kɔʃɛʀ] *adj f* : **porte ~** Hoftor *nt*
cochon, ne [kɔʃɔ̃, ɔn] *adj* schweinisch ▸ *nm* Schwein *nt*
cochonnerie [kɔʃɔnʀi] (*fam*) *nf* (*saleté, grivoiserie*) Schweinerei *f*
cochonnet [kɔʃɔnɛ] *nm* Zielkugel *f*
cocker [kɔkɛʀ] *nm* Cocker(spaniel) *m*
cocktail [kɔktɛl] *nm* Cocktail *m*; (*réception*) Cocktailparty *f*
coco [kɔko] *nm voir* **noix**; (*fam*) Typ *m*
cocon [kɔkɔ̃] *nm* Kokon *m*
cocooning [kɔkuniŋ] *nm* Cocooning *nt* (*neue Häuslichkeit*)
cocorico [kɔkɔʀiko] *excl* kikeriki
cocotier [kɔkɔtje] *nm* Kokospalme *f*
cocotte [kɔkɔt] *nf* (*en fonte*) Kasserolle *f*; **ma ~** (*fam*) meine Süße; **~ (minute)®** Schnellkochtopf *m*
cocu, e [kɔky] *adj* gehörnt ▸ *nm* betrogener Ehemann *m*
code [kɔd] *nm* (*Jur*) Gesetzbuch *nt*; (*conventions*) Kodex *m*; (*Auto*) : **phares ~(s)** Abblendlicht; **~ d'accès** Zugriffscode *m*; **~ banque** Bankleitzahl *f*; **~ civil** bürgerliches Gesetzbuch *nt*; **~ de conduite** Verhaltensregeln *fpl*; **~ pénal** Strafgesetzbuch *nt*; **~ postal** Postleitzahl *f*; **~ de la route** Straßenverkehrsordnung *f*; **~ secret** Geheimcode *m*; **~ source** (*Inform*) Quellcode *m*
code-barre [kɔdbaʀ] (*pl* **codes-barres**) *nm* Strichcode *m*
codéine [kɔdein] *nf* Codein *nt*
coder [kɔde] *vt* codieren
codétenu, e [kodet(ə)ny] *nm/f* Mitgefangene(r) *f(m)*
coefficient [kɔefisjɑ̃] *nm* Koeffizient *m*
coercitif, ive [kɔɛʀsitif, iv] *adj* (*mesures, moyens*) Zwangs-, Zwang ausübend
cœur [kœʀ] *nm* Herz *nt*; **avoir bon** *ou* **du ~** gutherzig sein; **j'ai mal au ~** mir ist schlecht; **par ~** auswendig; **de bon ~** bereitwillig, gern; **avoir à ~ de faire qch** Wert darauf legen, etw zu tun; **cela lui tient à ~** das liegt ihm (sehr) am Herzen
coexistence [kɔɛgzistɑ̃s] *nf* Zusammenleben *nt*; **~ pacifique** friedliches Zusammenleben
coffre [kɔfʀ] *nm* (*meuble*) Truhe *f*; (*d'auto*) Kofferraum *m*; **avoir du ~** (*fam*) gut bei Puste sein
coffre-fort [kɔfʀəfɔʀ] (*pl* **coffres-forts**) *nm* Tresor *m*
coffret [kɔfʀɛ] *nm* Schatulle *f*
cogner [kɔɲe] *vi* schlagen; **~ sur un clou** auf einen Nagel schlagen *ou* hämmern; **~ à la porte/fenêtre** an die Tür/das Fenster klopfen
cohabitation [kɔabitasjɔ̃] *nf* Zusammenleben *nt*
cohabiter [kɔabite] *vi* zusammenleben
cohérence [kɔeʀɑ̃s] *nf* Zusammenhang *m*
cohérent, e [kɔeʀɑ̃, ɑ̃t] *adj* zusammenhängend; (*politique*) einheitlich

coi, coite [kwa, kwat] *adj* : **il en est resté ~** das verschlug ihm die Sprache
coiffe [kwaf] *nf* Haube *f*
coiffé, e [kwafe] *adj* : **bien ~** frisiert; **mal ~** unfrisiert; **être ~ d'un béret** eine Baskenmütze auf dem Kopf tragen; **être ~ en arrière** die Haare nach hinten zurückgekämmt tragen; **être ~ en brosse** einen Bürstenschnitt haben
coiffer [kwafe] *vt* frisieren; (*colline, sommet*) bedecken; **se coiffer** *vpr* (*se peigner*) sich frisieren; **~ qn d'un chapeau/béret** jdm einen Hut/eine Baskenmütze aufsetzen; **~ qn au poteau** jn kurz vor dem Ziel überholen
coiffeur, -euse [kwafœʀ, øz] *nm/f* Friseur *m*, Friseuse *f* ▸ *nf* (*table*) Frisiertisch *m*
coiffure [kwafyʀ] *nf* (*cheveux*) Frisur *f*; (*chapeau*) Kopfbedeckung *f*
coin [kwɛ̃] *nm* Ecke *f*; (*pour caler, fendre le bois*) Keil *m*; **l'épicerie du ~** der (kleine) Laden *m* an der Ecke; **dans le ~** in der Ecke *ou* Gegend; **au ~ du feu** am Kamin; **~ cuisine** Kochecke *f*, Kochnische *f*
coincé, e [kwɛ̃se] *adj* verklemmt
coincer [kwɛ̃se] *vt* einklemmen; (*fam*) in die Enge treiben
coïncidence [kɔɛ̃sidɑ̃s] *nf* Zufall *m*
coïncider [kɔɛ̃side] *vi* übereinstimmen; **~ avec** zusammenfallen mit
coing [kwɛ̃] *nm* Quitte *f*; **pâte de ~s** Quittengeleehappen *pl*
coït [kɔit] *nm* Koitus *m*
coke[1] [kɔk] *nm* Koks *m*
coke[2] [kɔk] (*fam*) *nf* (*cocaïne*) Koks *m*
col [kɔl] *nm* Kragen *m*; (*encolure, de bouteille*) Hals *m*; (*de montagne*) Pass *m*; **~ de l'utérus** Gebärmutterhals *m*; **~ du fémur** Oberschenkelhals *m*; **~ roulé** Rollkragen *m*
coléoptère [kɔleɔptɛʀ] *nm* Käfer *m*
colère [kɔlɛʀ] *nf* Wut *f*; **mettre qn en ~** jdn wütend machen; **se mettre en ~** wütend werden
coléreux, -euse [kɔleʀø, øz] *adj* jähzornig
colibacille [kɔlibasil] *nm* Kolibakterie *f*
colimaçon [kɔlimasɔ̃] *nm* : **escalier en ~** Wendeltreppe *f*
colin [kɔlɛ̃] *nm* Seehecht *m*
colique [kɔlik] *nf* Kolik *f*
colis [kɔli] *nm* Paket *nt*
collaborateur, -trice [kɔ(l)labɔʀatœʀ, tʀis] *nm/f* Mitarbeiter(in); (*Pol* : *péj*) Kollaborateur(in)
collaboration [kɔ(l)labɔʀasjɔ̃] *nf* Mitarbeit *f*; (*Pol* : *péj*) Kollaboration *f*; **en ~ avec** in Zusammenarbeit mit
collaborer [kɔ(l)labɔʀe] *vi* zusammenarbeiten; **~ à** (*travail*) mitarbeiten an +*dat*
collant, e [kɔlɑ̃, ɑ̃t] *adj* klebrig; (*robe etc*) hauteng; (*péj* : *personne*) aufdringlich ▸ *nm* (*bas*) Strumpfhose *f*; (*de danseur*) Trikot *nt*
collation [kɔlasjɔ̃] *nf* Imbiss *m*
colle [kɔl] *nf* Klebstoff *m*; (*devinette*) harte Nuss *f*; (*Scol*) Nachsitzen *nt*
collecte [kɔlɛkt] *nf* Sammlung *f*
collecteur [kɔlɛktœʀ] *nm* (*égout*) Abwasserkanal *m*
collectif, -ive [kɔlɛktif, iv] *adj* Kollektiv-; (*nom, terme*) Sammel-
collection [kɔlɛksjɔ̃] *nf* Sammlung *f*; (*de mode*) Kollektion *f*
collectionner [kɔlɛksjɔne] *vt* sammeln
collectionneur, -euse [kɔlɛksjɔnœʀ, øz] *nm/f* Sammler(in)
collectivité [kɔlɛktivite] *nf* Gemeinschaft *f*
collège [kɔlɛʒ] *nm* (*école*) höhere Schule *f*; (*assemblée*) Kollegium *nt*

Das **collège** ist eine staatliche Schule, in der elf- bis 15-Jährige nach einem zentralen Lehrplan in Pflicht- und Wahlfächern unterrichtet werden. Ein **collège** kann seinen eigenen Stundenplan aufstellen und selbst über die Unterrichtsmethoden entscheiden. Es wird mit der zentralen Prüfung *brevet des collèges* abgeschlossen.

collégien, ne [kɔleʒjɛ̃] *nm/f* Gymnasiast(in)
collègue [kɔ(l)lɛg] *nmf* Kollege *m*, Kollegin *f*
coller [kɔle] *vt* kleben; (*morceaux*) zusammenkleben; (*élève*) nachsitzen lassen ▸ *vi* (*être collant*) kleben; (*fam*) hinhauen, klappen; **~ à** kleben an +*dat*
collet [kɔlɛ] *nm* (*piège*) Falle *f*; **prendre qn au ~** jdn am Kragen packen
collier [kɔlje] *nm* (*bijou*) (Hals)kette *f*; (*de chien*) Halsband *nt*
colline [kɔlin] *nf* Hügel *m*
collision [kɔlizjɔ̃] *nf* (*de véhicules*) Zusammenstoß *m*; **entrer en ~ (avec qch)** (mit etw) zusammenstoßen
collyre [kɔliʀ] *nm* (*Méd*) Augentropfen *pl*
colo [kɔlo] *nf abr* (= *colonie de vacances*) Ferienlager *nt*
colocataire [kolɔkatɛʀ] *nmf* Mitbewohner(in) *m(f)*
Cologne [kɔlɔɲ] *nf* Köln *nt*
colombage [kɔlɔ̃baʒ] *nm* Fachwerk *nt*

colombe [kɔlɔ̃b] *nf* Taube *f*
Colombie [kɔlɔ̃bi] *nf* : **la ~** Kolumbien *nt*
colombien, ne [kɔlɔ̃bjɛ̃, jɛn] *adj* kolumbianisch ▸ *nm/f* : **Colombien, ne** Kolumbianer(in)
colon [kɔlɔ̃] *nm* Siedler(in) *m(f)*
colonel [kɔlɔnɛl] *nm* Oberst *m*
colonie [kɔlɔni] *nf* Kolonie *f*; **~ (de vacances)** Ferienkolonie *f*
colonne [kɔlɔn] *nf* Säule *f*; (*sur une page*) Spalte *f*; **~ Morris** Litfaßsäule *f*; **~ de secours** Rettungstrupp *m*; **~ (vertébrale)** Wirbelsäule *f*
colorant, e [kɔlɔʀɑ̃, ɑ̃t] *adj* (*shampooing*) Färbe-, Tönungs- ▸ *nm* (*alimentaire*) Farbstoff *m*
coloration [kɔlɔʀasjɔ̃] *nf* Färbung *f*
colorer [kɔlɔʀe] *vt* färben
coloris [kɔlɔʀi] *nm* Farbe *f*
colporter [kɔlpɔʀte] *vt* (*marchandises*) hausieren mit; (*nouvelle*) verbreiten
colporteur, -euse [kɔlpɔʀtœʀ, øz] *nm/f* Hausierer(in)
colza [kɔlza] *nm* Raps *m*
coma [kɔma] *nm* Koma *nt*
combat [kɔ̃ba] *nm* Kampf *m*
combattant, e [kɔ̃batɑ̃, ɑ̃t] *adj* kämpfend ▸ *nm* Kämpfer *m*; **ancien ~** Kriegsveteran *m*
combattre [kɔ̃batʀ] *vt* bekämpfen
combien [kɔ̃bjɛ̃] *adv* (*interrogatif : quantité*) wie viel; (*: nombre*) wie viele; (*exclamatif : comme*) wie; **~ d'argent/de personnes** wie viel Geld/wie viele Personen; **~ coûte/pèse ceci ?** wie viel kostet/wiegt das?
combinaison [kɔ̃binɛzɔ̃] *nf* Zusammenstellung *f*, Kombination *f*; (*de femme*) Unterrock *m*; (*spatiale, d'homme-grenouille*) Anzug *m*
combine [kɔ̃bin] (*fam*) *nf* Trick *m*
combiné [kɔ̃bine] *nm* (*téléphonique*) Hörer *m*
combiner [kɔ̃bine] *vt* kombinieren, zusammenstellen; (*projet, rencontre*) planen
comble [kɔ̃bl] *adj* brechend voll ▸ *nm* (*du bonheur, plaisir*) Höhepunkt *m*; **combles** *nmpl* Dachboden *m*; **c'est le ~ !** das ist wirklich der Gipfel *ou* die Höhe!; **faire salle ~** vor ausverkauftem Haus spielen; **de fond en ~** von oben bis unten
combler [kɔ̃ble] *vt* (*trou*) zustopfen, zumachen; (*fig : lacune, déficit*) ausgleichen; (*désirs, personne*) zufriedenstellen
combustible [kɔ̃bystibl] *nm* Brennstoff *m*
combustion [kɔ̃bystjɔ̃] *nf* Verbrennung *f*
comédie [kɔmedi] *nf* Komödie *f*; (*fig*) Theater *nt*

> **La Comédie-Française**, die 1680 von Ludwig XIV gegründet wurde, ist das französische Nationaltheater. Das staatlich subventionierte Ensemble tritt meist im *Palais-Royal* in Paris auf und führt in erster Linie klassische französische Stücke auf.

comédien, ne [kɔmedjɛ̃, jɛn] *nm/f* Schauspieler(in)
comédon [kɔmedɔ̃] *nm* Mitesser *m*
comestible [kɔmɛstibl] *adj* essbar, genießbar
comète [kɔmɛt] *nf* Komet *m*
comique [kɔmik] *adj* komisch ▸ *nmf* (*artiste*) Komiker(in) *m(f)*
comité [kɔmite] *nm* Komitee *nt*; **~ d'entreprise** Betriebsrat *m*; **~ d'experts** Sachverständigengremium *nt*; **~ des fêtes** Festausschuss *m*; **~ directeur** Leitungsteam *nt*
commandant, e [kɔmɑ̃dɑ̃] *nm/f* (*Mil*) Kommandant(in); (*Naut*) Fregattenkapitän(in); **~ (de bord)** (*Aviat*) Kapitän *m*
commande [kɔmɑ̃d] *nf* (*Comm*) Bestellung *f*; (*Inform*) Befehl *m*; **~ vocale** Sprachsteuerung *f*; **à ~ vocale** (*appareil, dispositif*) mit Sprachsteuerung; **commandes** *nfpl* (*de voiture, d'avion*) Steuerung *f*; **prendre les ~s** das Steuer übernehmen; **sur ~** auf Befehl
commandement [kɔmɑ̃dmɑ̃] *nm* (*ordre*) Befehl *m*; (*Rel*) Gebot *nt*
commander [kɔmɑ̃de] *vt* (*Comm*) bestellen; (*armée*) kommandieren; **~ à qn de faire qch** jdm befehlen, etw zu tun; **c'est moi qui commande ici !** ich bestimme hier!
commanditaire [kɔmɑ̃ditɛʀ] *nm* stiller Teilhaber *m*
commanditer [kɔmɑ̃dite] *vt* finanzieren; (*sponsoriser*) sponsern

MOT-CLÉ

comme [kɔm] *prép* **1** (*comparaison, manière*) wie; **comme mon père** wie mein Vater; **fort comme un bœuf** stark wie ein Ochse; **joli/bête comme tout** unheimlich hübsch/dumm; **comme c'est pas permis** (*fam*) wie verrückt; **comme ça** so; **faites(-le) comme ça** machen Sie es so; **comme ci, comme ça** so, lala; **on ne parle pas comme ça à ...** so redet man nicht mit ...; **ce n'est pas comme ça qu'on va réussir** so kommen wir nicht zum Ziel; **comme cela** *ou* **ça,**

on n'aura pas d'ennuis auf diese Weise gibt es keine Probleme
2 (*en tant que*) als; **donner comme prix/raison** als Preis/Grund angeben; **travailler comme secrétaire** als Sekretärin arbeiten
▶ *conj* 1 (*ainsi que*) wie; **elle écrit comme elle parle** sie schreibt, wie sie spricht; **comme dit/dirait ma mère** wie meine Mutter sagt/sagen würde; **comme on dit** wie man so sagt; **comme si** als ob; **comme quoi** (*disant que*) wonach; (*d'où il s'ensuit que*) woraus folgt, dass; **comme il faut** wie es sich gehört
2 (*au moment où, alors que*) als; **il est parti comme j'arrivais** er ging, als ich ankam
3 (*parce que, puisque*) da; **comme il était en retard** da er zu spät kam
▶ *adv* (*exclamation*) : **comme c'est bon !** das ist aber gut!; **comme il est petit/fort !** wie klein/stark er ist!

commémorer [kɔmemɔʀe] *vt* gedenken +*gén*
commencement [kɔmɑ̃smɑ̃] *nm* Anfang *m*; **au ~** am Anfang
commencer [kɔmɑ̃se] *vt* anfangen; (*être placé au début de*) beginnen ▶ *vi* anfangen, beginnen; **~ à** *ou* **de faire qch** beginnen *ou* anfangen, etw zu tun; **~ par faire qch** etw zuerst tun
comment [kɔmɑ̃] *adv* wie; **~ ?** (*que dites-vous?*) wie bitte?
commentaire [kɔmɑ̃tɛʀ] *nm* Kommentar *m*; **~ (de texte)** Kommentar *m*
commentateur, -trice [kɔmɑ̃tatœʀ, tʀis] *nm/f* (*Radio, TV*) Kommentator(in)
commenter [kɔmɑ̃te] *vt* kommentieren
commérages [kɔmeʀaʒ] *nmpl* Klatsch *m*
commerçant, e [kɔmɛʀsɑ̃, ɑ̃t] *adj* (*rue, personne*) Geschäfts-; (*ville*) Handels- ▶ *nm/f* (*marchand*) Geschäftsmann *m*, Geschäftsfrau *f*
commerce [kɔmɛʀs] *nm* (*activité*) Handel *m*; (*boutique*) Geschäft *nt*; **~ électronique** E-Commerce *m*; **~ équitable** Fairer Handel; **~ extérieur** Außenhandel *m*; **~s de proximité** lokale Einzelhandelsgeschäfte *pl*
commercial, e, -aux [kɔmɛʀsjal, jo] *adj* Handels-, geschäftlich ▶ *nm/f* kaufmännische(r) Angestellte(r) *f(m)*
commercialiser [kɔmɛʀsjalize] *vt* auf den Markt bringen
commère [kɔmɛʀ] *nf* Klatschbase *f*
commettre [kɔmɛtʀ] *vt* begehen
commis [kɔmi] *nm* (*de magasin*) Verkäufer(in) *m(f)*; (*de banque*) Angestellte(r) *f(m)*; **~ voyageur** Handlungsreisende(r) *m*
commisération [kɔmizeʀasjɔ̃] *nf* Mitleid *nt*
commissaire [kɔmisɛʀ] *nmf* (*de police*) ≈ Kommissar(in) *m(f)*
commissaire-priseur [kɔmisɛʀpʀizœʀ] (*pl* **commissaires-priseurs**) *nm* Auktionator *m*
commissariat [kɔmisaʀja] *nm* (*de police*) Polizeiwache *f*
commission [kɔmisjɔ̃] *nf* (*comité*) Kommission *f*; (*pourcentage*) Provision *f*; (*message*) Botschaft *f*; **commissions** *nfpl* (*achats*) Besorgungen *pl*
commode [kɔmɔd] *adj* (*pratique*) praktisch; (*facile, aisé*) bequem, leicht; (*aimable*) umgänglich ▶ *nf* Kommode *f*
commotion [komosjɔ̃] *nf* : **~ (cérébrale)** Gehirnerschütterung *f*
commuer [kɔmɥe] *vt* (*Jur*) umwandeln
commun, e [kɔmœ̃, yn] *adj* (*à plusieurs*) gemeinsam; (*ordinaire, vulgaire*) gewöhnlich; **communs** *nmpl* (*bâtiments*) Nebengebäude *pl*; **en ~** (*faire*) gemeinsam, miteinander; (*mettre*) zusammen
communal, e, -aux [kɔmynal, o] *adj* Gemeinde-, Kommunal-
communautaire [kɔmynotɛʀ] *adj* Gemeinschafts-; (*de l'UE*) EG-
communauté [kɔmynote] *nf* Gemeinschaft *f*; (*Rel*) Ordensgemeinschaft *f*; **régime de la ~** gemeinsamer Güterstand *m*; **C~ des États indépendants** Gemeinschaft Unabhängiger Staaten; **C~ européenne** Europäische Gemeinschaft *f*
commune [kɔmyn] *nf* (*Admin*) Gemeinde *f*; (*: urbaine*) Stadtbezirk *m*
communication [kɔmynikasjɔ̃] *nf* Kommunikation *f*, Verständigung *f*; (*message*) Mitteilung *f*; (*téléphonique*) (Telefon)gespräch *nt*; **communications** *nfpl* Verbindungen *pl*, Verkehr *m*; **travailler dans la ~** im Kommunikationsbereich tätig sein
communier [kɔmynje] *vi* (*Rel*) zur Kommunion gehen
communion [kɔmynjɔ̃] *nf* (*catholique*) Kommunion *f*; (*protestant*) Abendmahl *nt*; (*fig*) Einigkeit *f*
communiqué [kɔmynike] *nm* Kommuniqué *nt*; **~ de presse** (amtliche) Presseverlautbarung *f*
communiquer [kɔmynike] *vt* (*annoncer*) mitteilen; (*transmettre*) übermitteln; (*dossier*) übergeben; (*maladie, sentiment, mouvement*) übertragen ▶ *vi* (*salles*) miteinander verbunden sein; **se communiquer à** *vpr* übergreifen auf +*acc*

C

communisme [kɔmynism] *nm* Kommunismus *m*
communiste [kɔmynist] *adj* kommunistisch ▸ *nmf* Kommunist(in) *m(f)*
commutable [kɔmytabl] *adj* umschaltbar
commutateur [kɔmytatœʀ] *nm* Schalter *m*
Comores [kɔmɔʀ] *nfpl* : **les (îles) ~** die Komoren *pl*
compact, e [kɔ̃pakt] *adj* (*matière*) dicht; (*véhicule, appareil*) kompakt
compagne [kɔ̃paɲ] *nf* (*camarade*) Kameradin *f*; (*concubine*) Partnerin *f*
compagnie [kɔ̃paɲi] *nf* Gesellschaft *f*; (*Mil*) Kompanie *f*; **tenir ~ à qn** jdm Gesellschaft leisten; **en ~ de** in Begleitung von
compagnon [kɔ̃paɲɔ̃] *nm* (*de voyage*) Begleiter *m*, Gefährte *m*; (*époux, partenaire*) Partner *m*; (*ouvrier*) Geselle *m*, Gesslin *f*
comparable [kɔ̃paʀabl] *adj* : **~ (à)** vergleichbar (mit)
comparaison [kɔ̃paʀɛzɔ̃] *nf* Vergleich *m*; **en ~ de, par ~ à** im Vergleich zu; **sans ~** unvergleichlich
comparatif, -ive [kɔ̃paʀatif, iv] *adj* vergleichend ▸ *nm* Komparativ *m*
comparer [kɔ̃paʀe] *vt* vergleichen; **~ qch/qn à** *ou* **et qch/qn** etw/jdn mit etw/jdm vergleichen
compartiment [kɔ̃paʀtimɑ̃] *nm* (*de train*) Abteil *nt*; (*case*) Fach *nt*
comparution [kɔ̃paʀysjɔ̃] *nf* Erscheinen *nt* vor Gericht
compas [kɔ̃pɑ] *nm* (*Math*) Zirkel *m*; (*boussole*) Kompass *m*
compassion [kɔ̃pasjɔ̃] *nf* Mitgefühl *nt*
compatibilité [kɔ̃patibilite] *nf* Verträglichkeit *f*
compatible [kɔ̃patibl] *adj* (*Inform*) kompatibel; **~ (avec)** vereinbar (mit)
compatriote [kɔ̃patʀijɔt] *nmf* Landsmann *m*, Landsmännin *f*
compenser [kɔ̃pɑ̃se] *vt* ausgleichen
compère [kɔ̃pɛʀ] *nm* Komplize *m*
compétence [kɔ̃petɑ̃s] *nf* (*aptitude*) Fähigkeit *f*; (*Jur*) Kompetenz *f*
compétent, e [kɔ̃petɑ̃, ɑ̃t] *adj* (*apte*) fähig; (*Jur*) zuständig
compétitif, -ive [kɔ̃petitif, iv] *adj* (*Comm*) wettbewerbsfähig
compétition [kɔ̃petisjɔ̃] *nf* Wettbewerb *m*; (*Sport*) Wettkampf *m*
compétitivité [kɔ̃petitivite] *nf* Wettbewerbsfähigkeit *f*
compil [kõpil] *nf* Sampler *m*
compilateur [kɔ̃pilatœʀ] *nm* (*Inform*) Compiler *m*
compiler [kɔ̃pile] *vt* kompilieren, zusammenstellen
complainte [kɔ̃plɛ̃t] *nf* Klage(lied *nt*) *f*
complaire [kɔ̃plɛʀ] : **se complaire** *vpr* : **se ~ dans** Gefallen finden an *+dat*; **se ~ parmi** sich wohlfühlen bei
complaisance [kɔ̃plɛzɑ̃s] *nf* Gefälligkeit *f*; (*péj*) Nachsichtigkeit *f*; **attestation de ~** *aus Gefälligkeit ausgestellte Bescheinigung*
complaisant, e [kɔ̃plɛzɑ̃, ɑ̃t] *adj* gefällig, zuvorkommend; (*péj*) nachsichtig
complément [kɔ̃plemɑ̃] *nm* Ergänzung *f*; **~ (d'objet) direct** Akkusativobjekt *nt*; **~ (d'objet) indirect** Dativobjekt *nt*
complet, -ète [kɔ̃plɛ, ɛt] *adj* (*entier*) vollständig, komplett; (*total*) völlig, total; (*hôtel, cinéma*) voll ▸ *nm* (*costume*) Anzug *m*
complètement [kɔ̃plɛtmɑ̃] *adv* völlig
compléter [kɔ̃plete] *vt* ergänzen; (*études*) abschließen
complexe [kɔ̃plɛks] *adj* kompliziert, komplex ▸ *nm* Komplex *m*; **faire un ~** Komplexe haben; **~ industriel/portuaire/hospitalier** Industrie-/Hafen-/Hotelkomplex
complication [kɔ̃plikasjɔ̃] *nf* (*d'une situation*) Kompliziertheit *f*; (*difficulté, ennui*) Komplikation *f*; **complications** *nfpl* (*Méd*) Komplikationen *pl*
complice [kɔ̃plis] *nmf* Komplize *m*, Komplizin *f*, Mittäter(in) *m(f)*
complicité [kɔ̃plisite] *nf* Mittäterschaft *f*
compliment [kɔ̃plimɑ̃] *nm* Kompliment *nt*; **mes ~s !** herzlichen Glückwunsch!
complimenter [kɔ̃plimɑ̃te] *vt* : **~ qn (sur** *ou* **de)** jdm Komplimente machen (über *+acc*)
compliqué, e [kɔ̃plike] *adj* kompliziert
compliquer [kɔ̃plike] *vt* komplizieren
complot [kɔ̃plo] *nm* Komplott *nt*, Verschwörung *f*
comportement [kɔ̃pɔʀtəmɑ̃] *nm* Verhalten *nt*
comporter [kɔ̃pɔʀte] *vt* sich zusammensetzen aus; **se comporter** *vpr* sich verhalten
composante [kɔ̃pozɑ̃t] *nf* Komponente *f*
composé, e [kɔ̃poze] *adj* zusammengesetzt; (*visage, air*) affektiert ▸ *nm* (*Chim*) Verbindung *f*; **~ de** zusammengesetzt aus
composer [kɔ̃poze] *vt* (*musique*) komponieren; (*texte*) schreiben; (*former, assembler*) zusammenstellen; (*constituer*) bilden ▸ *vi* (*transiger*) sich abfinden; **se composer** *vpr* : **se ~ de** sich zusammensetzen aus

composite [kɔ̃pozit] *adj* verschiedenartig
compositeur, -trice [kɔ̃pozitœʀ, tʀis] *nm/f* (*Mus*) Komponist(in); (*Typo*) Setzer(in)
composition [kɔ̃pozisjɔ̃] *nf* (*action : Typo*) Setzen *nt*; (*d'une équipe etc*) Zusammenstellung *f*; (*Scol*) Klassenarbeit *f*; (*Mus*) Komposition *f*; **de bonne ~** (*accommodant*) verträglich
compost [kɔ̃pɔst] *nm* Kompost *m*
composter [kɔ̃pɔste] *vt* (*ticket*) entwerten; (*déchets*) kompostieren
composteur [kɔ̃pɔstœʀ] *nm* Entwerter *m*
compote [kɔ̃pɔt] *nf* Kompott *nt*; **~ de pommes** Apfelkompott *nt*
compotier [kɔ̃pɔtje] *nm* Kompottschale *f*
compréhensible [kɔ̃pʀeɑ̃sibl] *adj* verständlich
compréhensif, -ive [kɔ̃pʀeɑ̃sif, iv] *adj* verständnisvoll
compréhension [kɔ̃pʀeɑ̃sjɔ̃] *nf* Verständnis *nt*
comprendre [kɔ̃pʀɑ̃dʀ] *vt* verstehen; (*inclure*) umfassen
compresse [kɔ̃pʀɛs] *nf* Umschlag *m*
compresser [kɔ̃pʀese] *vt* (*Inform*) komprimieren
compression [kɔ̃pʀesjɔ̃] *nf* (*d'un gaz*) Kompression *f*; (*des effectifs*) Verringerung *f*; (*de crédits etc*) Kürzung *f*
comprimé, e [kɔ̃pʀime] *adj* : **air ~** Pressluft *f* ▸ *nm* Tablette *f*
comprimer [kɔ̃pʀime] *vt* (*presser*) zusammenpressen; (*crédits*) einschränken; (*effectifs*) verringern
compris, e [kɔ̃pʀi, iz] *pp de* **comprendre** ▸ *adj* (*inclus*) enthalten, einbezogen; (*Comm*) inklusive; **~ entre** (*situé*) gelegen zwischen *+dat*; **la maison ~e, y ~ la maison** einschließlich des Hauses, mitsamt dem Haus; **non ~ la maison, la maison non ~e** das Haus nicht mitgerechnet, ohne das Haus
compromettre [kɔ̃pʀɔmɛtʀ] *vt* (*personne*) kompromittieren; (*plan, chances*) gefährden
compromis [kɔ̃pʀɔmi] *nm* Kompromiss *m*
comptabiliser [kɔ̃tabilize] *vt* verbuchen
comptabilité [kɔ̃tabilite] *nf* Buchhaltung *f*, Buchführung *f*; (*comptes*) Geschäftsbücher *pl*
comptable [kɔ̃tabl] *nmf* Buchhalter(in) *m(f)*
comptant [kɔ̃tɑ̃] *adv* : **payer ~** bar bezahlen; **acheter ~** gegen bar kaufen
compte [kɔ̃t] *nm* (*dénombrement*) Zählung *f*; (*total, montant*) Betrag *m*, Summe *f*; (*bancaire*) Konto *nt*; (*facture*) Rechnung *f*; **comptes** *nmpl* Geschäftsbücher *pl*; **rendre des ~s à qn (de qch)** jdm Rechenschaft ablegen (über etw *acc*); **en fin de ~** letztlich; **à bon ~** günstig; **pour le ~ de qn** für jdn; **travailler à son ~** selb(st)ständig sein; **~ chèque postal** Postscheckkonto *nt*; **~ chèques** *ou* **courant** Girokonto *nt*; **~ de dépôt** Sparkonto *nt*; **~ rendu** Bericht *m*; (*de film, livre*) Besprechung *f*
compte-goutte [kɔ̃tgut] (*pl* **compte-gouttes**) *nm* Pipette *f*; **au ~s** (*fig*) tröpfchenweise
compter [kɔ̃te] *vt* zählen; (*facturer*) berechnen; (*avoir à son actif*) aufweisen; (*comporter*) haben; (*prévoir*) rechnen mit ▸ *vi* (*calculer*) rechnen; (*être économe*) Haus halten; (*être non négligeable*) zählen; **~ pour** wert sein; **~ parmi** zählen zu; **~ réussir/revenir** hoffen, dass man Erfolg hat/zurückkehrt; **~ sur** rechnen mit, sich verlassen auf *+acc*; **~ avec/sans qch/qn** mit etw/jdm rechnen/nicht rechnen; **sans ~ que** abgesehen davon, dass
compte-tour [kɔ̃ttuʀ] (*pl* **compte-tours**) *nm* Drehzahlmesser *m*, Tourenmesser *m*
compteur [kɔ̃tœʀ] *nm* Zähler *m*; **~ de vitesse** Tachometer *m ou nt*
comptine [kɔ̃tin] *nf* Abzählreim *m*
comptoir [kɔ̃twaʀ] *nm* (*de magasin*) Ladentisch *m*; (*de café*) Theke *f*
compulser [kɔ̃pylse] *vt* konsultieren
comte, comtesse [kɔ̃t, kɔ̃tɛs] *nm/f* Graf *m*, Gräfin *f*
con, ne [kɔ̃, kɔn] (*vulg*) *adj* bescheuert ▸ *nm/f* Arschloch *nt*
concave [kɔ̃kav] *adj* konkav
concéder [kɔ̃sede] *vt* zugestehen; **~ que** zugeben, dass
concentration [kɔ̃sɑ̃tʀasjɔ̃] *nf* Konzentration *f*
concentré, e [kɔ̃sɑ̃tʀe] *adj* konzentriert ▸ *nm* (*de tomate*) Püree *nt*; (*d'orange*) Konzentrat *nt*
concentrer [kɔ̃sɑ̃tʀe] *vt* konzentrieren; (*pouvoirs*) vereinigen, vereinen; **se concentrer** *vpr* sich konzentrieren
concept [kɔ̃sɛpt] *nm* Begriff *m*
concepteur, -trice [kɔ̃sɛptœʀ, tʀis] *nm/f* Designer(in)
conception [kɔ̃sɛpsjɔ̃] *nf* (*d'un projet*) Konzeption *f*; (*d'un enfant*) Empfängnis *f*; (*d'une machine etc*) Design *nt*
concernant [kɔ̃sɛʀnɑ̃] *prép* betreffend *+acc*

concerner [kɔ̃sɛʀne] *vt* betreffen, angehen; **en ce qui me concerne** was mich betrifft; **en ce qui concerne qch** was etw betrifft
concert [kɔ̃sɛʀ] *nm* Konzert *nt*; **de ~** (*ensemble*) gemeinsam; (*d'un commun accord*) einstimmig
concertation [kɔ̃sɛʀtasjɔ̃] *nf* Meinungsaustausch *m*; (*rencontre*) Treffen *nt*
concerter [kɔ̃sɛʀte] : **se concerter** *vpr* sich absprechen
concerto [kɔ̃sɛʀto] *nm* Konzert *nt*
concession [kɔ̃sesjɔ̃] *nf* Zugeständnis *nt*; (*terrain, exploitation*) Konzession *f*
concessionnaire [kɔ̃sesjɔnɛʀ] *nmf* Inhaber(in) *m(f)* einer Konzession
concevable [kɔ̃s(ə)vabl] *adj* denkbar
concevoir [kɔ̃s(ə)vwaʀ] *vt* (*projet, idée*) sich *dat* ausdenken; (*enfant*) empfangen
concierge [kɔ̃sjɛʀʒ] *nmf* ≈ Hausmeister(in) *m(f)*
concile [kɔ̃sil] *nm* Konzil *nt*
conciliabules [kɔ̃siljabyl] *nmpl* vertrauliche Besprechungen *pl*
concilier [kɔ̃silje] *vt* in Einklang bringen, miteinander vereinbaren
concis, e [kɔ̃si, iz] *adj* kurz, knapp
concitoyen, ne [kɔ̃sitwajɛ̃, jɛn] *nm/f* Mitbürger(in)
concluant, e [kɔ̃klyɑ̃, ɑ̃t] *adj* schlüssig, überzeugend
conclure [kɔ̃klyʀ] *vt* schließen; **~ qch de qch** etw aus etw folgern *ou* schließen; **~ au suicide** auf Selbstmord *acc* befinden
conclusion [kɔ̃klyzjɔ̃] *nf* Schluss *m*
concocter [kɔ̃kɔkte] *vt* zusammenbrauen
concombre [kɔ̃kɔ̃bʀ] *nm* (Salat)gurke *f*
concordance [kɔ̃kɔʀdɑ̃s] *nf* Übereinstimmung *f*; **la ~ des temps** (*Ling*) die Zeitenfolge *f*
concorde [kɔ̃kɔʀd] *nf* Eintracht *f*
concorder [kɔ̃kɔʀde] *vi* übereinstimmen
concourir [kɔ̃kuʀiʀ] *vi* : **~ à** beitragen zu
concours [kɔ̃kuʀ] *nm* Wettbewerb *m*; (*Sport*) Wettkampf *m*; (*Scol*) Auswahlprüfung *f*; (*aide*) Hilfe *f*, Unterstützung *f*; **apporter son ~ à** beitragen zu; **~ de circonstances** Zusammentreffen *nt* von Umständen; **~ hippique** Reitturnier *nt*
concret, -ète [kɔ̃kʀɛ, ɛt] *adj* konkret
conçu, e [kɔ̃sy] *pp de* **concevoir**
concubinage [kɔ̃kybinaʒ] *nm* eheähnliche Gemeinschaft *f*
concurremment [kɔ̃kyʀamɑ̃] *adv* (*en même temps*) gleichzeitig
concurrence [kɔ̃kyʀɑ̃s] *nf* Konkurrenz *f*; **jusqu'à ~ de** bis zur Höhe von; **~ déloyale** unlauterer Wettbewerb *m*
concurrencer [kɔ̃kyʀɑ̃se] *vt* Konkurrenz machen *+dat*
concurrent, e [kɔ̃kyʀɑ̃, ɑ̃t] *nm/f* Konkurrent(in); (*Sport*) Teilnehmer(in)
condamnation [kɔ̃dɑnasjɔ̃] *nf* Verurteilung *f*; **~ à mort** Todesurteil *nt*
condamné, e [kɔ̃dane] *nm/f* Verurteilte(r) *f(m)*
condamner [kɔ̃dɑne] *vt* verurteilen; (*malade, fig*) aufgeben; (*porte, ouverture*) zumauern; **~ qn à qch/faire qch** jdn zu etw verurteilen/jdn dazu verurteilen, etw zu tun; **~ qn à deux ans de prison/ une amende** jdn zu zwei Jahren Freiheitsentzug/zu einer Geldstrafe verurteilen
condensateur [kɔ̃dɑ̃satœʀ] *nm* Kondensator *m*
condensation [kɔ̃dɑ̃sasjɔ̃] *nf* Kondensation *f*
condenser [kɔ̃dɑ̃se] *vt* (*discours, texte*) zusammenfassen; (*gaz etc*) kondensieren; **se condenser** *vpr* sich kondensieren
condescendre [kɔ̃desɑ̃dʀ] *vi* : **~ à qch** sich zu etw herablassen
condiment [kɔ̃dimɑ̃] *nm* Gewürz *nt*
condisciple [kɔ̃disipl] *nmf* (*Scol*) Mitschüler(in) *m(f)*; (*Univ*) Kommilitone *m*, Kommilitonin *f*
condition [kɔ̃disjɔ̃] *nf* (*clause*) Bedingung *f*; (*état*) Zustand *m*; (*rang social*) Stand *m*, Rang *m*; **conditions** *nfpl* Bedingungen *pl*; **sans ~** bedingungslos; **à ~ de/que** vorausgesetzt, dass
conditionné, e [kɔ̃disjɔne] *adj* : **air ~** Klimaanlage *f*
conditionnel, le [kɔ̃disjɔnɛl] *adj* bedingt ▸ *nm* (*Ling*) Konditional *nt*
conditionnement [kɔ̃disjɔnmɑ̃] *nm* (*emballage*) Verpackung *f*
conditionner [kɔ̃disjɔne] *vt* (*déterminer*) bestimmen; (*Comm : produit*) verpacken
condoléances [kɔ̃dɔleɑ̃s] *nfpl* Beileid *nt*
conducteur, -trice [kɔ̃dyktœʀ, tʀis] *adj* (*Élec*) leitend ▸ *nm/f* (*Auto etc*) Fahrer(in)
conduire [kɔ̃dɥiʀ] *vt* (*véhicule, passager*) fahren; (*délégation, troupeau, société*) führen; **se conduire** *vpr* sich betragen, sich benehmen; **~ à** (*suj : attitude, erreur, études*) führen zu
conduit [kɔ̃dɥi] *nm* (*Tech*) Leitung *f*, Rohr *nt*; (*Anat*) Gang *m*, Kanal *m*
conduite [kɔ̃dɥit] *nf* (*comportement*) Verhalten *nt*, Benehmen *nt*; (*d'eau, gaz*)

Leitung *f*, Rohr *nt*; **~ intérieure** Limousine *f*
cône [kon] *nm* Kegel *m*
confection [kɔ̃fɛksjɔ̃] *nf* (*fabrication*) Herstellung *f*; **la ~** (*secteur*) die Konfektion *f*, die Bekleidungsindustrie *f*
confectionner [kɔ̃fɛksjɔne] *vt* herstellen
confédération [kɔ̃fedeʀasjɔ̃] *nf* (*Pol*) Bündnis *nt*, Bund *m*
conférence [kɔ̃feʀɑ̃s] *nf* (*exposé*) Vortrag *m*; (*pourparlers*) Konferenz *f*; **~ de presse** Pressekonferenz *f*
conférencier, -ère [kɔ̃feʀɑ̃sje, jɛʀ] *nm/f* Redner(in)
conférer [kɔ̃feʀe] *vt* verleihen
confesser [kɔ̃fese] *vt* gestehen, zugeben; (*Rel*) beichten; **se confesser** *vpr* (*Rel*) beichten (gehen)
confesseur [kɔ̃fesœʀ] *nm* Beichtvater *m*
confession [kɔ̃fesjɔ̃] *nf* (*Rel*) Beichte *f*; (*croyance*) Bekenntnis *nt*, Konfession *f*
confessionnal, -aux [kɔ̃fesjɔnal, o] *nm* Beichtstuhl *m*
confessionnel, le [kɔ̃fesjɔnɛl] *adj* kirchlich
confetti [kɔ̃feti] *nm* Konfetti *nt*
confiance [kɔ̃fjɑ̃s] *nf* Vertrauen *nt*; **avoir ~ en** Vertrauen haben zu, vertrauen *+dat*; **question de ~** Vertrauensfrage *f*; **vote de ~** Misstrauensvotum *nt*
confiant, e [kɔ̃fjɑ̃, jɑ̃t] *adj* vertrauensvoll
confidence [kɔ̃fidɑ̃s] *nf* vertrauliche Mitteilung *f*
confident, e [kɔ̃fidɑ̃, ɑ̃t] *nm/f* Vertraute(r) *f(m)*
confidentiel, le [kɔ̃fidɑ̃sjɛl] *adj* vertraulich
confier [kɔ̃fje] *vt* anvertrauen; (*travail, responsabilité*) betrauen mit; **~ qch à qn** jm etw anvertrauen; **se ~ à qn** sich jdm anvertrauen
configuration [kɔ̃figyʀasjɔ̃] *nf* Beschaffenheit *f*; (*Inform*) Konfiguration *f*
confiner [kɔ̃fine] *vt* : **~ à** grenzen an *+acc*; **se confiner dans** *ou* **à** *vpr* sich beschränken auf *+acc*
confins [kɔ̃fɛ̃] *nmpl* : **aux ~ de** am äußersten Ende von
confirmation [kɔ̃fiʀmasjɔ̃] *nf* Bestätigung *f*; (*Rel : catholique*) Firmung *f*; (*: protestante*) Konfirmation *f*
confirmé, e [kɔ̃fiʀme] *adj* (*expérimenté*) erfahren
confirmer [kɔ̃fiʀme] *vt* bestätigen
confiserie [kɔ̃fizʀi] *nf* (*magasin*) Süßwarenladen *m*; **confiseries** *nfpl* Süßigkeiten *pl*
confiseur, -euse [kɔ̃fizœʀ, øz] *nm/f* ≈ Konditor(in)
confisquer [kɔ̃fiske] *vt* beschlagnahmen
confit, e [kɔ̃fi, it] *adj* : **fruits ~s** kandierte Früchte *pl*; **~ d'oie** *nm* eingelegte Gans *f*
confiture [kɔ̃fityʀ] *nf* Marmelade *f*
conflit [kɔ̃fli] *nm* Konflikt *m*; **~ d'intérêts** Interessenkonflikt *m*
confluent [kɔ̃flyɑ̃] *nm* Zusammenfluss *m*
confondre [kɔ̃fɔ̃dʀ] *vt* verwechseln; (*dates, faits aussi*) durcheinanderbringen; (*témoin, menteur*) entlarven
conforme [kɔ̃fɔʀm] *adj* : **~ à** übereinstimmend mit; **copie certifiée ~** beglaubigte Abschrift *f*
conformément [kɔ̃fɔʀmemɑ̃] *adv* : **~ à** entsprechend *+dat*
conformer [kɔ̃fɔʀme] *vt* : **~ qch à** etw anpassen an *+acc*; **se conformer à** *vpr* sich richten nach
conformisme [kɔ̃fɔʀmism] *nm* Konformismus *m*
conformité [kɔ̃fɔʀmite] *nf* Übereinstimmung *f*; **en ~ avec** entsprechend *+dat*
confort [kɔ̃fɔʀ] *nm* Komfort *m*; **tout ~** mit allem Komfort
confortable [kɔ̃fɔʀtabl] *adj* (*fauteuil etc*) bequem; (*hôtel*) komfortabel; (*somme*) ausreichend
conforter [kɔ̃fɔʀte] *vt* bestärken
confrère [kɔ̃fʀɛʀ] *nm* Kollege *m*
confrontation [kɔ̃fʀɔ̃tasjɔ̃] *nf* Gegenüberstellung *f*
confronter [kɔ̃fʀɔ̃te] *vt* gegenüberstellen
confus, e [kɔ̃fy, yz] *adj* (*vague*) wirr, verworren; (*embarrassé*) verlegen
confusion [kɔ̃fyzjɔ̃] *nf* (*caractère confus*) Verworrenheit *f*; (*erreur*) Verwechslung *f*; (*embarras*) Verlegenheit *f*
congé [kɔ̃ʒe] *nm* Urlaub *m*; (*avis de départ*) Kündigung *f*; **en ~** auf Urlaub; **j'ai une semaine/un jour de ~** ich habe eine Woche/einen Tag Urlaub *ou* frei; **prendre ~ de qn** sich von jdm verabschieden; **donner son ~ à qn** jdm kündigen; **être en ~ (de) maladie** krankgeschrieben sein; **~ de maternité** Mutterschaftsurlaub *m*; **~ parental** Elternzeit *f*; **~s payés** bezahlter Urlaub
congédier [kɔ̃ʒedje] *vt* entlassen
congélateur [kɔ̃ʒelatœʀ] *nm* Gefriertruhe *f*; (*compartiment*) Gefrierfach *nt*
congélation [kɔ̃ʒelasjɔ̃] *nf* (*de l'eau*) Gefrieren *nt*; (*d'aliments*) Einfrieren *nt*
congeler [kɔ̃ʒ(ə)le] *vt* einfrieren
congénital, e, -aux [kɔ̃ʒenital, o] *adj* angeboren
congère [kɔ̃ʒɛʀ] *nf* Schneewehe *f*

congestion [kɔ̃ʒɛstjɔ̃] *nf*: **~ cérébrale** Schlaganfall *m*; **~ pulmonaire** Lungenemphysem *nt*
congestionner [kɔ̃ʒɛstjɔne] *vt* (*rue*) verstopfen
Congo [kɔ̃go] *nm*: **le ~** der Kongo
congrégation [kɔ̃gʀegasjɔ̃] *nf* (*Rel*) Bruderschaft *f*
congrès [kɔ̃gʀɛ] *nm* Kongress *m*, Tagung *f*
conifère [kɔnifɛʀ] *nm* Nadelbaum *m*
conique [kɔnik] *adj* kegelförmig
conjecture [kɔ̃ʒɛktyʀ] *nf* Vermutung *f*
conjoint, e [kɔ̃ʒwɛ̃, wɛ̃t] *adj* (*commun*) gemeinsam ▸ *nm/f* (*époux*) Ehegatte *m*, Ehegattin *f*
conjonctif, -ive [kɔ̃ʒɔ̃ktif, iv] *adj*: **tissu ~** Bindegewebe *nt*
conjonction [kɔ̃ʒɔ̃ksjɔ̃] *nf* (*Ling*) Konjunktion *f*, Bindewort *nt*
conjonctivite [kɔ̃ʒɔ̃ktivit] *nf* Bindehautentzündung *f*
conjoncture [kɔ̃ʒɔ̃ktyʀ] *nf* Umstände *pl*, Lage *f*; **la ~ économique** die Konjunktur *f*
conjoncturel, le [kɔ̃ʒɔ̃ktyʀɛl] *adj* Konjunktur-
conjugaison [kɔ̃ʒygɛzɔ̃] *nf* (*Ling*) Konjugation *f*
conjugal, e, -aux [kɔ̃ʒygal, o] *adj* ehelich
conjuguer [kɔ̃ʒyge] *vt* (*Ling*) konjugieren; (*efforts*) vereinen
conjuré, e [kɔ̃ʒyʀe] *nm/f* Verschwörer(in)
conjurer [kɔ̃ʒyʀe] *vt* (*sort, maladie*) abwenden; **~ qn de faire qch** jdn beschwören, etw zu tun
connaissance [kɔnɛsɑ̃s] *nf* (*personne connue*) Bekannte(r) *f(m)*, Bekanntschaft *f*; **connaissances** *nfpl* (*savoir*) Wissen *nt*; **être sans ~** bewusstlos sein; **perdre/reprendre ~** das Bewusstsein verlieren/wieder zu Bewusstsein kommen; **à ma/sa ~** meines/seines Wissens, soviel ich/er weiß; **avoir/prendre ~ de qch** von etw Kenntnis haben/etw zur Kenntnis nehmen; **en ~ de cause** in Kenntnis der Sachlage
connaisseur, -euse [kɔnɛsœʀ, øz] *nm/f* Kenner(in)
connaître [kɔnɛtʀ] *vt* kennen; **se connaître** (*se rencontrer*) sich kennenlernen; **~ qn de nom/vue** jdn dem Namen nach/vom Sehen kennen; **~ le succès/une fin tragique** Erfolg haben/ein tragisches Ende nehmen
connard, connasse [kɔnaʀ, -as] (*vulg*) *nmf* blöde Sau *f*
connecté, e [kɔnɛkte] *adj* (*Inform*) online; (*objets, montre*) vernetzt
connecter [kɔnɛkte] *vt* anschließen ▸ *vpr*: **se ~ à Internet** sich ins Internet einloggen
connecteur [kɔnɛktœʀ] *nm* (*Inform*) Steckplatz *m*
connectique [kɔnɛktik] *nf* (*industrie*) Verbindungstechnik *f*; (*connexions*) Verbindungen *fpl*
connerie [kɔnʀi] (*vulg*) *nf* totaler Quatsch *m*
connu, e [kɔny] *pp de* **connaître** ▸ *adj* bekannt
conquérir [kɔ̃keʀiʀ] *vt* erobern; (*droit*) erkämpfen
conquête [kɔ̃kɛt] *nf* Eroberung *f*
consacré, e [kɔ̃sakʀe] *adj* (*béni*) geweiht; (*habituel, accepté*) üblich
consacrer [kɔ̃sakʀe] *vt* (*Rel*) weihen; (*sanctionner*) sanktionieren; (*dévouer*) widmen; **se consacrer** *vpr*: **se ~ à qch** sich etw *dat* widmen
consanguin, e [kɔ̃sɑ̃gɛ̃, in] *adj*: **mariage ~** Heirat *f* unter Blutsverwandten
conscience [kɔ̃sjɑ̃s] *nf* Bewusstsein *nt*; (*morale*) Gewissen *nt*; **avoir/prendre ~ de** sich etw *gén* bewusst sein/werden; **perdre/reprendre ~** das Bewusstsein verlieren/wiedererlangen; **avoir bonne/mauvaise ~** ein gutes/schlechtes Gewissen haben; **~ professionnelle** Berufsethos *nt*
consciencieux, -euse [kɔ̃sjɑ̃sjø, jøz] *adj* gewissenhaft
conscient, e [kɔ̃sjɑ̃, jɑ̃t] *adj* (*Méd*) bei Bewusstsein; **être ~ de qch** sich *dat* etw *gén* bewusst sein
conscrit [kɔ̃skʀi] *nm* Rekrut *m*
consécutif, -ive [kɔ̃sekytif, iv] *adj* aufeinanderfolgend; **~ à** folgend auf *+acc*
conseil [kɔ̃sɛj] *nm* (*avis*) Rat *m*, Ratschlag *m*; (*assemblée*) Rat, Versammlung *f*; **tenir ~** sich beraten; (*se réunir*) eine Sitzung abhalten; **prendre ~ (auprès de qn)** sich *dat* (bei jdm) Rat holen; **~ d'administration** Aufsichtsrat; **~ de classe** *Treffen von Lehrern, Eltern und Schülervertretern*; **~ des ministres** Ministerrat *m*; **C~ départemental** *siehe Info-Artikel*; **~ municipal** ≈ Stadtrat *m*

> Der **Conseil départemental** ist das gewählte Selbstverwaltungsorgan des département. Seine Mitglieder, die *conseillers départementaux*, vertreten jeweils einen canton und sind sechs Jahre im Amt. Die Aufgaben des *Conseil départemental* umfassen Verwaltungsangelegenheiten wie Personalfragen, Infrastruktur, Wohnungsbau und wirtschaftliches Wachstum.

conseiller[1] [kɔ̃seje] *vt* (*qn*) raten *+dat*, einen Rat geben *+dat*; **~ qch à qn** jdm etw raten, jdm zu etw raten
conseiller[2]**, -ère** [kɔ̃seje, ɛʀ] *nm/f* Ratgeber(in), Berater(in); **~ municipal** Stadtrat *m*, Stadträtin *f*; **~ d'orientation** Berufsberate
consentement [kɔ̃sɑ̃tmɑ̃] *nm* Zustimmung *f*, Einwilligung *f*
consentir [kɔ̃sɑ̃tiʀ] *vt* : **~ à qch** etw *dat* zustimmen, in etw *acc* einwilligen; **~ à faire qch** sich einverstanden erklären, etw zu tun
conséquence [kɔ̃sekɑ̃s] *nf* Konsequenz *f*, Folge *f*; **en ~** (*donc*) folglich; (*de façon appropriée*) entsprechend; **ne pas tirer à ~** keine Folgen haben
conséquent, e [kɔ̃sekɑ̃, ɑ̃t] *adj* konsequent; **par ~** folglich
conservateur, -trice [kɔ̃sɛʀvatœʀ, tʀis] *adj* (*traditionaliste*) konservativ ▶ *nm/f* (*de musée*) Kustos *m*
conservation [kɔ̃sɛʀvasjɔ̃] *nf* (*action*) Erhaltung *f*; (*état*) Konservierung *f*
conservatoire [kɔ̃sɛʀvatwaʀ] *nm* (*de musique*) Konservatorium *nt*
conserve [kɔ̃sɛʀv] *nf* Konserve *f*; **en ~** Dosen-, Büchsen-
conserver [kɔ̃sɛʀve] *vt* behalten; (*habitude*) beibehalten; (*préserver*) konservieren, frisch halten; (*Culin*) einmachen
considérable [kɔ̃sideʀabl] *adj* beträchtlich
considération [kɔ̃sideʀasjɔ̃] *nf* Erwägung *f*; (*estime*) Achtung *f*; **prendre qch en ~** etw in Betracht *ou* Erwägung ziehen
considérer [kɔ̃sideʀe] *vt* (*étudier, regarder*) betrachten; (*tenir compte de*) berücksichtigen; **~ que** meinen, dass; **~ qch comme terminé** etw für beendet halten
consigne [kɔ̃siɲ] *nf* (*de bouteilles etc*) Pfand *nt*; (*de gare*) Gepäckaufbewahrung *f*; (*Scol, Mil*) Arrest *m*; (*ordre*) Anweisung *f*; **~ automatique** Schließfächer *pl*
consigné, e [kɔ̃siɲe] *adj* (*bouteille*) Pfand-; (*emballage*) mit Pfand; **non ~** Einweg-
consigner [kɔ̃siɲe] *vt* (*noter*) notieren; (*punir : Mil*) mit Arrest bestrafen; (: *élève*) nachsitzen lassen; (*emballage*) Pfand verlangen für
consistance [kɔ̃sistɑ̃s] *nf* Konsistenz *f*
consistant, e [kɔ̃sistɑ̃, ɑ̃t] *adj* (*liquide*) dickflüssig; (*repas, nourriture*) solide; (*argument*) stichhaltig
consister [kɔ̃siste] *vi* : **~ en** bestehen aus; **~ à faire qch** daraus bestehen, etw zu tun
consœur [kɔ̃sœʀ] *nf* Kollegin *f*
consolation [kɔ̃sɔlasjɔ̃] *nf* Trost *m*
console [kɔ̃sɔl] *nf* (*table*) Konsole *f*; (*d'ordinateur*) Kontrollpult *nt*; **~ de jeux** Spielekonsole *f*; **~ de mixage** Mischpult
consoler [kɔ̃sɔle] *vt* trösten; **se consoler** *vpr* : **se ~ (de qch)** (über etw *acc*) hinwegkommen
consolider [kɔ̃sɔlide] *vt* (*maison*) befestigen; (*meuble*) verstärken
consommateur, -trice [kɔ̃sɔmatœʀ, tʀis] *nm/f* Verbraucher(in); (*dans un café*) Gast *m*
consommation [kɔ̃sɔmasjɔ̃] *nf* Verbrauch *m*; **régler les ~s** (*dans un café*) (für die Getränke) zahlen; **~ aux 100 km** (Benzin)verbrauch *m* auf 100 km
consommé, e [kɔ̃sɔme] *adj* vollendet, vollkommen ▶ *nm* (*potage*) Kraftbrühe *f*
consommer [kɔ̃sɔme] *vt* verbrauchen ▶ *vi* (*dans un café*) etw verzehren
consonne [kɔ̃sɔn] *nf* Konsonant *m*, Mitlaut *m*
consortium [kɔ̃sɔʀsjɔm] *nm* Konsortium *nt*
conspirateur, -trice [kɔ̃spiʀatœʀ, tʀis] *nm/f* Verschwörer(in)
conspiration [kɔ̃spiʀasjɔ̃] *nf* Verschwörung *f*
conspirationniste [kɔ̃spiʀasjɔnist] *nmf* Verschwörungstheoretiker(in) *m(f)* ▶ *adj* verschwörungstheoretisch
conspirer [kɔ̃spiʀe] *vi* sich verschwören; **tout conspire à faire qch** alles kommt zusammen, um etw zu tun
constamment [kɔ̃stamɑ̃] *adv* andauernd
constant, e [kɔ̃stɑ̃, ɑ̃t] *adj* (*personne*) standhaft; (*température*) gleichbleibend; (*augmentation*) konstant; (*préoccupation, intérêt*) beständig
constat [kɔ̃sta] *nm* Bericht *m*; (*procès-verbal*) Protokoll *nt*
constatation [kɔ̃statasjɔ̃] *nf* Feststellung *f*
constater [kɔ̃state] *vt* feststellen
constellation [kɔ̃stelasjɔ̃] *nf* (*Astron*) Konstellation *f*
consternant, e [kɔ̃stɛʀnɑ̃, ɑ̃t] *adj* bestürzend
consternation [kɔ̃stɛʀnasjɔ̃] *nf* Bestürzung *f*
consterner [kɔ̃stɛʀne] *vt* bestürzen
constipation [kɔ̃stipasjɔ̃] *nf* Verstopfung *f*
constipé, e [kɔ̃stipe] *adj* verstopft
constiper [kɔ̃stipe] *vt* verstopfen

constitué, e [kɔ̃stitɥe] *adj* : **~ de** zusammengesetzt aus
constituer [kɔ̃stitɥe] *vt* (*comité, équipe*) bilden, aufstellen; (*dossier, collection*) zusammenstellen; (*éléments, parties*) bilden, ausmachen; **se constituer** *vpr* : **se ~ prisonnier** sich stellen; **~ une panacée/un début** ein Allheilmittel/ein Anfang sein
constitution [kɔ̃stitysjɔ̃] *nf* (*santé*) Konstitution *f*, Gesundheit *f*; (*composition*) Zusammensetzung *f*; (*Pol*) Verfassung *f*
constructeur [kɔ̃stʀyktœʀ] *nm* Hersteller *m*; **~ automobile** Autohersteller *m*
construction [kɔ̃stʀyksjɔ̃] *nf* Bau *m*
construire [kɔ̃stʀɥiʀ] *vt* (*bâtiment, pont, navire*) bauen; (*histoire*) sich *dat* ausdenken; (*phrase*) konstruieren; (*théorie*) aufbauen
consul [kɔ̃syl] *nmf* Konsul(in) *m(f)*
consulat [kɔ̃syla] *nm* Konsulat *nt*
consultant, e [kɔ̃syltɑ̃, ɑ̃t] *adj* (*expert*) beratend ▶ *nm/f* Berater(in) *m(f)*
consultation [kɔ̃syltasjɔ̃] *nf* (*d'un expert*) Konsultation *f*; (*séance : médicale*) Untersuchung *f*; (*: juridique, astrologique*) Beratung *f*; **consultations** *nfpl* (*Pol*) Gespräche *pl*; **heures de ~** (*Méd*) Sprechstunden *pl*
consulter [kɔ̃sylte] *vt* (*médecin, avocat, conseiller*) konsultieren, zurate ziehen; (*dictionnaire, annuaire*) nachschlagen in +*dat*; (*plan*) nachsehen auf +*dat*; (*baromètre, montre*) sehen auf +*acc* ▶ *vi* (*médecin*) Sprechstunden haben; **se consulter** *vpr* miteinander beraten
consumer [kɔ̃syme] *vt* (*brûler*) verbrennen; **se consumer** *vpr* (*feu*) verbrennen; **se ~ de chagrin/douleur** sich vor Kummer/Schmerz verzehren
consumérisme [kɔ̃symeʀism] *nm* Konsum *m*
contact [kɔ̃takt] *nm* Kontakt *m*; **mettre/couper le ~** den Motor anlassen/ausschalten; **entrer en ~** in Berührung kommen; **se mettre en ~ avec qn** mit jdm Verbindung aufnehmen; **prendre ~ avec** mit jdm Verbindungen aufnehmen; (*connaissance*) sich mit jdm in Verbindung setzen
contacter [kɔ̃takte] *vt* sich in Verbindung setzen mit
contagieux, -euse [kɔ̃taʒjø, jøz] *adj* ansteckend
container [kɔ̃tɛnɛʀ] *nm* Container *m*
contamination [kɔ̃taminasjɔ̃] *nf* Infektion *f*; (*de l'eau etc*) Verseuchung *f*
contaminer [kɔ̃tamine] *vt* anstecken
conte [kɔ̃t] *nm* Erzählung *f*; **~ de fées** Märchen *nt*
contempler [kɔ̃tɑ̃ple] *vt* betrachten
contemporain, e [kɔ̃tɑ̃pɔʀɛ̃, ɛn] *adj* zeitgenössisch ▶ *nm/f* Zeitgenosse *m*, Zeitgenossin *f*
contenance [kɔ̃t(ə)nɑ̃s] *nf* (*d'un récipient*) Fassungsvermögen *nt*; (*attitude*) Haltung *f*; **perdre ~** die Fassung verlieren; **se donner une ~** Haltung bewahren
conteneur [kɔ̃t(ə)nœʀ] *nm* Container *m*; (*pour plantes*) Pflanztrog *m*, Blumencontainer *m*; **~ à papier** Papiertonne *f*; **~ à verre** (Alt) glascontainer *m*
contenir [kɔ̃t(ə)niʀ] *vt* enthalten; (*capacité*) fassen; **se contenir** *vpr* sich beherrschen
content, e [kɔ̃tɑ̃, ɑ̃t] *adj* zufrieden; (*heureux*) froh; **~ de qn/qch** mit jdm/etw zufrieden
contenter [kɔ̃tɑ̃te] *vt* (*personne*) zufriedenstellen; **se contenter de** *vpr* sich begnügen mit
contenu [kɔ̃t(ə)ny] *nm* Inhalt *m*
conter [kɔ̃te] *vt* : **en ~ de(s) belles à qn** jdm Märchen erzählen
contestation [kɔ̃tɛstasjɔ̃] *nf* : **la ~** (*Pol*) der Protest *m*
conteste [kɔ̃tɛst] : **sans ~** *adv* zweifellos
contester [kɔ̃tɛste] *vt* (*résultat*) anfechten; (*autorité*) infrage stellen ▶ *vi* protestieren
contexte [kɔ̃tɛkst] *nm* Zusammenhang *m*
contigu, -uë [kɔ̃tigy] *adj* (*choses*) aneinandergrenzend, benachbart
continent [kɔ̃tinɑ̃] *nm* Kontinent *m*
contingences [kɔ̃tɛ̃ʒɑ̃s] *nfpl* Eventualitäten *pl*
continu, e [kɔ̃tiny] *adj* ständig, dauernd; (*ligne*) ununterbrochen; **courant ~** Gleichstrom *m*
continuation [kɔ̃tinɥasjɔ̃] *nf* Fortsetzung *f*
continuel, le [kɔ̃tinɥɛl] *adj* ständig, fortwährend
continuer [kɔ̃tinɥe] *vt* weitermachen mit; (*voyage, études etc*) fortsetzen; (*prolonger*) verlängern ▶ *vi* nicht aufhören; (*pluie*) andauern; **~ à** *ou* **de faire qch** etw weiter tun
contorsion [kɔ̃tɔʀsjɔ̃] *nf* Verrenkung *f*
contour [kɔ̃tuʀ] *nm* Umriss *m*, Kontur *f*
contourner [kɔ̃tuʀne] *vt* umgehen
contraceptif, -ive [kɔ̃tʀasɛptif, iv] *adj* empfängnisverhütend ▶ *nm* Verhütungsmittel *nt*

contraception [kɔ̃tʀasɛpsjɔ̃] *nf* Empfängnisverhütung *f*
contractant, e [kõtʀaktɑ̃, ɑ̃t] *nm/f* Vertragspartner(in)
contracter [kɔ̃tʀakte] *vt* (*muscle*) zusammenziehen; (*visage*) verziehen; (*maladie, habitude*) sich *dat* zuziehen; (*dette*) machen; (*obligation*) eingehen; (*assurance*) abschließen; **se contracter** *vpr* (*suj* : *muscle*) sich zusammenziehen
contraction [kɔ̃tʀaksjɔ̃] *nf* (*spasme*) Krampf *m*; **contractions** *nfpl* (*de l'accouchement*) Wehen *pl*
contractuel, le [kɔ̃tʀaktɥɛl] *adj* vertraglich ▸ *nm/f* (*agent*) Verkehrspolizist(in)
contradiction [kɔ̃tʀadiksjɔ̃] *nf* Widerspruch *m*
contradictoire [kɔ̃tʀadiktwaʀ] *adj* widersprüchlich; **débat ~** Debatte *f*
contraindre [kɔ̃tʀɛ̃dʀ] *vt* : **~ qn à qch/faire qch** jdn zu etw zwingen/jdn zwingen, etw zu tun
contrainte [kɔ̃tʀɛ̃t] *nf* Zwang *m*; **sans ~** zwanglos
contraire [kɔ̃tʀɛʀ] *adj* entgegengesetzt ▸ *nm* Gegenteil *nt*; **~ à** (*loi, raison*) gegen *+acc*, wider *+acc*; **au ~** im Gegenteil
contralto [kɔ̃tʀalto] *nm* (*voix*) Alt *m*; (*personne*) Altistin *f*
contrariant, e [kɔ̃tʀaʀjɑ̃, jɑ̃t] *adj* (*personne*) widerborstig; (*incident*) ärgerlich
contrarier [kɔ̃tʀaʀje] *vt* ärgern; (*mouvement, action*) stören
contrariété [kɔ̃tʀaʀjete] *nf* Ärger *m*
contraste [kɔ̃tʀast] *nm* Kontrast *m*, Gegensatz *m*
contraster [kɔ̃tʀaste] *vi* : **~ (avec)** kontrastieren (mit), im Gegensatz stehen (zu)
contrat [kɔ̃tʀa] *nm* Vertrag *m*; **~ à durée déterminée** Zeitverlag *m*; **~ à durée indéterminé** unbefristeter Vertrag
contravention [kɔ̃tʀavɑ̃sjɔ̃] *nf* (*infraction*) Verstoß *m*; (*amende*) Geldstrafe *f*; (*pour stationnement interdit*) gebührenpflichtige Verwarnung *f*, Strafzettel *m*
contre [kɔ̃tʀ] *prép* gegen; **par ~** hingegen
contre-attaquer [kɔ̃tʀatake] *vi* zurückschlagen
contrebande [kɔ̃tʀəbɑ̃d] *nf* Schmuggel *m*; (*marchandise*) Schmuggelware *f*; **faire la ~ de qch** etw schmuggeln
contrebas [kɔ̃tʀəbɑ] : **en ~** *adv* unten
contrebasse [kɔ̃tʀəbɑs] *nf* Kontrabass *m*
contrecarrer [kɔ̃tʀəkaʀe] *vt* (*action*) vereiteln
contrecœur [kɔ̃tʀəkœʀ] : **à ~** *adv* widerwillig
contrecoup [kɔ̃tʀəku] *nm* Nachwirkung *f*
contre-courant [kɔ̃tʀəkuʀɑ̃] (*pl* **contre-courants**) *nm* : **à ~** gegen den Strom
contredire [kɔ̃tʀədiʀ] *vt* widersprechen *+dat*; (*chose*) im Widerspruch stehen zu; **se contredire** *vpr* einander widersprechen
contre-espionnage [kɔ̃tʀɛspjɔnaʒ] (*pl* **contre-espionnages**) *nm* Spionageabwehr *f*
contre-expertise [kɔ̃tʀɛkspɛʀtiz] (*pl* **contre-expertises**) *nf* Gegengutachten *nt*
contrefaçon [kɔ̃tʀəfasɔ̃] *nf* Fälschung *f*; (*d'article de marque*) Produktpiraterie *f*
contrefaire [kɔ̃tʀəfɛʀ] *vt* (*document, signature*) fälschen; (*personne, démarche*) nachahmen, nachmachen
contreforts [kɔ̃tʀəfɔʀ] *nmpl* (Gebirgs)ausläufer *pl*
contre-indication [kɔ̃tʀɛ̃dikasjɔ̃] (*pl* **contre-indications**) *nf* Kontraindikation *f*, Gegenanzeige *f*
contre-jour [kɔ̃tʀəʒuʀ] : **à ~** *adv* im Gegenlicht
contremaître [kɔ̃tʀəmɛtʀ] *nmf* Vorarbeiter(in) *m(f)*
contremarque [kɔ̃tʀəmaʀk] *nf* (*ticket*) Kontrollkarte *f*
contre-offensive [kɔ̃tʀɔfɑ̃siv] (*pl* **contre-offensives**) *nf* Gegenoffensive *f*, Gegenangriff *m*
contrepartie [kɔ̃tʀəpaʀti] *nf* : **en ~** zum Ausgleich
contrepèterie [kɔ̃tʀəpɛtʀi] *nf* Schüttelreim *m*
contre-pied [kɔ̃tʀəpje] *nm* : **prendre le ~ de** das genaue Gegenteil tun *ou* sagen von
contreplaqué [kɔ̃tʀəplake] *nm* Sperrholz *nt*
contrepoids [kɔ̃tʀəpwɑ] *nm* Gegengewicht *nt*; **faire ~** als Gegengewicht dienen
contrepoint [kɔ̃tʀəpwɛ̃] *nm* Kontrapunkt *m*
contreproductif, -ive [kõtʀəpʀɔdyktif, iv] *adj* kontraproduktiv
contrer [kɔ̃tʀe] *vt* (*adversaire*) (erfolgreich) kontern *+dat*
contresens [kɔ̃tʀəsɑ̃s] *nm* (*d'interprétation*) Fehldeutung *f*;

(*de traduction*) Fehlübersetzung *f*; (*absurdité*) Unsinn *m*; **à ~** verkehrt

contresigner [kɔ̃tʀəsiɲe] *vt* gegenzeichnen

contretemps [kɔ̃tʀətɑ̃] *nm* (*complication*) Zwischenfall *m*; **à ~** (*Mus*) gegen den Takt; (*fig*) zur Unzeit

contrevenir [kɔ̃tʀəv(ə)niʀ] : **~ à** *vt* verstoßen gegen

contribuable [kɔ̃tʀibɥabl] *nmf* Steuerzahler(in) *f(m)*

contribuer [kɔ̃tʀibɥe] : **~ à** *vt* beitragen zu; (*dépense, frais*) beisteuern zu

contribution [kɔ̃tʀibysjɔ̃] *nf* Beitrag *m*; **mettre qn à ~** jds Dienste in Anspruch nehmen; **~s directes/indirectes** (*impôts*) direkte/indirekte Steuern *pl*

contrôle [kɔ̃tʀol] *nm* Kontrolle *f*, Überprüfung *f*; (*surveillance*) Überwachung *f*; **perdre le ~ de son véhicule** die Kontrolle *ou* Gewalt über sein Fahrzeug verlieren; **~ antipollution** (*Auto*) Abgassonderuntersuchung *f*; **~ d'identité** Ausweiskontrolle *f*; **~ des naissances** Geburtenkontrolle *f*; **~ radar** Radarkontrolle; **~ technique** (*de voiture*) ≈ TÜV *m*

contrôler [kɔ̃tʀole] *vt* (*vérifier*) kontrollieren, überprüfen; (*surveiller*) beaufsichtigen; (*Comm*) kontrollieren; **se contrôler** *vpr* sich beherrschen; **~ ses émotions** seine Gefühle beherrschen

contrôleur, -euse [kɔ̃tʀolœʀ, øz] *nm/f* (*de train, bus*) Schaffner(in) ▶ *nm* (*Inform*) Steuergerät *nt*

contrordre [kɔ̃tʀɔʀdʀ] *nm* Gegenbefehl *m*; **sauf ~** wenn nicht anders angewiesen

controversé, e [kɔ̃tʀɔvɛʀse] *adj* umstritten

contusion [kɔ̃tyzjɔ̃] *nf* Prellung *f*

conurbation [kɔnyʀbasjɔ̃] *nf* Ballungsgebiet *nt*

convaincant, e [kɔ̃vɛ̃kɑ̃, ɑ̃t] *adj* überzeugend

convaincre [kɔ̃vɛ̃kʀ] *vt* : **~ qn (de qch)** jdn (von etw) überzeugen; (*de délit*) jdn (etw *gén*) überführen

convaincu, e [kɔ̃vɛ̃ky] *pp de* **convaincre** ▶ *adj* überzeugt

convalescence [kɔ̃valesɑ̃s] *nf* Genesung *f*, Rekonvaleszenz *f*

convenable [kɔ̃vnabl] *adj* anständig

convenablement [kɔ̃vnabləmɑ̃] *adv* (*placé, choisi*) gut; (*s'habiller, s'exprimer*) passend; (*payé, logé*) anständig

convenance [kɔ̃vnɑ̃s] *nf* : **à ma/votre ~** nach (meinem/Ihrem) Belieben; **convenances** *nfpl* Anstand *m*

convenir [kɔ̃vniʀ] *vi* passen; **~ à** passen +*dat*; **~ de** (*admettre*) zugeben; (*fixer*) vereinbaren; **~ de faire qch** übereinkommen, etw zu tun; **il convient de faire qch** es gehört sich, etw zu tun; **il a été convenu que** es wurde vereinbart, dass; **comme convenu** wie vereinbart

convention [kɔ̃vɑ̃sjɔ̃] *nf* Abkommen *nt*, Vereinbarung *f*; (*assemblée*) Versammlung *f*; **conventions** *nfpl* Konventionen *pl*; **~ collective** Tarifvertrag *m*; **~ type** (*Jur*) Rahmenabkommen *nt*

conventionné, e [kɔ̃vɑ̃sjɔne] *adj* (*médecin*) ≈ Kassen-

convenu, e [kɔ̃vny] *pp de* **convenir** ▶ *adj* vereinbart, festgesetzt

converger [kɔ̃vɛʀʒe] *vi* konvergieren; (*efforts, idées*) übereinstimmen; **~ vers** *ou* **sur** zustreben +*dat*

conversation [kɔ̃vɛʀsasjɔ̃] *nf* Gespräch *nt*; **avoir de la ~** ein guter Gesprächspartner/eine gute Gesprächspartnerin sein

converser [kɔ̃vɛʀse] *vi* sich unterhalten

conversion [kɔ̃vɛʀsjɔ̃] *nf* Umwandlung *f*; (*Pol*) Umbildung *f*; (*Rel*) Bekehrung *f*; (*Comm, Inform*) Konvertierung *f*

convertir [kɔ̃vɛʀtiʀ] *vt* : **~ qn (à)** jdn bekehren (zu); **~ qch en** etw umwandeln in +*acc*; **se convertir (à)** *vpr* (*Rel*) konvertieren (zu)

conviction [kɔ̃viksjɔ̃] *nf* Überzeugung *f*

convier [kɔ̃vje] *vt* : **~ qn à** jdn einladen zu; **~ qn à faire qch** jdn dazu auffordern, etw zu tun

convive [kɔ̃viv] *nmf* Gast *m* bei Tisch

convivial, e, -aux [kɔ̃vivjal, jo] *adj* gesellig; (*Inform*) benutzerfreundlich

convocation [kɔ̃vɔkasjɔ̃] *nf* (*papier, document*) Vorladung *f*; (*d'une assemblée*) Einberufung *f*

convoi [kɔ̃vwa] *nm* Konvoi *m*, Kolonne *f*; (*train*) Zug *m*; **~ (funèbre)** Leichenzug *m*

convoquer [kɔ̃vɔke] *vt* (*assemblée, comité*) einberufen; (*candidat à un examen*) bestellen; (*témoin*) (vor)laden

convoyeur [kɔ̃vwajœʀ] *nm* (*Naut*) Begleitschiff *nt*; **~ de fonds** Sicherheitsbeamte(r) *m*

convulsions [kɔ̃vylsjɔ̃] *nfpl* (*Méd*) Zuckungen *pl*, Krämpfe *pl*

cookie [kuki] *nm* (*Inform*) Cookie *nt*

coopérant, e [kɔɔpeʀɑ̃, ɑ̃t] *nm/f* ≈ Entwicklungshelfer(in)

coopération [kɔɔpeʀasjɔ̃] *nf* Kooperation *f*, Unterstützung *f*; **la ~**

(militaire/technique) die militärische/ technische Entwicklungshilfe *f*

coopérer [kɔɔpeʀe] *vi* zusammenarbeiten; **~ à** mitarbeiten an *+dat*

coordonné, e [kɔɔʀdɔne] *adj* koordiniert; **coordonnés** *nmpl* Kleidung *f* zum Kombinieren ▶ *nf* (*Ling*) Nebensatz *m*; **coordonnées** *nfpl* Koordinaten *pl*; (*détails personnels*) Angaben *pl* zur Person

copain, copine [kɔpɛ̃, kɔpin] (*fam*) *nm/f* Freund(in); **~ de classe** Klassenkamerad ▶ *adj* : **être ~ avec qn** mit jdm gut befreundet sein; **petit ~** (fester) Freund *m*; **petite ~e** (feste) Freundin *f*

coparentalité [kɔpaʀɑ̃talite] *nf* gemeinsames Sorgerecht *nt* (*bei getrennt lebenden Eltern*)

copeau, x [kɔpo] *nm* Hobelspan *m*

copie [kɔpi] *nf* Kopie *f*; (*feuille d'examen*) Blatt *nt*, Bogen *m*; (*devoir*) Schularbeit *f*; **~ certifiée conforme** beglaubigte Kopie; **~ d'écran** Screenshot *m*

copier [kɔpje] *vt* kopieren ▶ *vi* (*tricher*) abschreiben; **~ sur** abschreiben von

copieur [kɔpjœʀ] *nm* Kopiergerät *nt*, Kopierer *m*

copieux, -euse [kɔpjø, jøz] *adj* (*repas, portion*) reichlich

copilote [kopilɔt] *nm* Kopilot(in) *m(f)*; (*Auto*) Beifahrer(in) *m(f)*

copinaute [kɔpinot] *nmf* (*fam*) Internetfreund(in) *m(f)*

copine [kɔpin] *nf voir* **copain**

coproduction [kopʀɔdyksjɔ̃] *nf* Koproduktion *f*

copropriété [kopʀɔpʀijete] *nf* Miteigentum *nt*, Mitbesitz *m*; **acheter un appartement en ~** eine Eigentumswohnung erwerben

copyright [kɔpiʀajt] *nm* Copyright *nt*

coq [kɔk] *nm* Hahn *m*

coq-à-l'âne [kɔkalɑn] *nm inv* abrupter Themawechsel *m*

coque [kɔk] *nf* (*de noix*) Schale *f*; (*de bateau, d'avion*) Rumpf *m*; (*mollusque*) Herzmuschel *f*; **à la ~** (*Culin*) weich gekocht

coquelicot [kɔkliko] *nm* Mohn *m*

coqueluche [kɔklyʃ] *nf* Keuchhusten *m*

coquet, te [kɔkɛ, ɛt] *adj* (*qui veut plaire*) kokett; (*joli*) hübsch, nett

coquetier [kɔk(ə)tje] *nm* Eierbecher *m*

coquillage [kɔkijaʒ] *nm* Muschel *f*

coquille [kɔkij] *nf* Schale *f*; (*Typo*) Druckfehler *m*; **~ Saint-Jacques** Jakobsmuschel *f*

coquin, e [kɔkɛ̃, in] *adj* schelmisch, spitzbübisch

cor [kɔʀ] *nm* (*Mus*) Horn *nt*; **~ (au pied)** Hühnerauge *nt*; **réclamer à ~ et à cri** lautstark fordern; **~ de chasse** Jagdhorn *nt*

corail, -aux [kɔʀaj, o] *nm* Koralle *f*

Coran [kɔʀɑ̃] *nm* Koran *m*

corbeau, x [kɔʀbo] *nm* Rabe *m*

corbeille [kɔʀbɛj] *nf* Korb *m*; (*Inform*) Papierkorb *m*; **la ~** (*à la Bourse*) das Parkett (*der Pariser Börse*); **~ à pain** Brotkorb *m*; **~ à papiers** Papierkorb *m*; **~ de mariage** Hochzeitsgeschenke *pl*

corbillard [kɔʀbijaʀ] *nm* Leichenwagen *m*

corde [kɔʀd] *nf* Seil *nt*, Strick *m*; (*de violon, raquette*) Saite *f*; (*d'arc*) Sehne *f*; (*trame*) Faden(lauf) *m*; (*Athlétisme, Auto*) Innenbahn *f*; **les (instruments à) ~s** (*Mus*) die Streicher *pl*; **~s vocales** Stimmbänder *pl*

cordeau, x [kɔʀdo] *nm* Richtschnur *f*

cordée [kɔʀde] *nf* (*d'alpinistes*) Seilschaft *f*

cordial, e, -aux [kɔʀdjal, jo] *adj* herzlich

cordialement [kɔʀdjalmɑ̃] *adv* herzlich; (*formule épistolaire*) mit herzlichen Grüßen

cordon [kɔʀdɔ̃] *nm* Schnur *f*; **~ de police** Polizeikordon *m*, Postenkette *f*; **~ ombilical** Nabelschnur *f*; **~ sanitaire** Sperrgürtel *m* (*um ein Seuchengebiet*)

cordon-bleu [kɔʀdɔ̃blø] *nm* Meisterkoch *m*, Meisterköchin *f*

cordonnier, -ière [kɔʀdɔnje, jɛʀ] *nm/f* Schuster(in), Schuhmacher(in)

Corée [kɔʀe] *nf* : **la ~** Korea *nt*

coréen, ne [kɔʀeɛ̃, ɛn] *adj* koreanisch ▶ *nm/f* : **Coréen, ne** Koreaner(in)

coriace [kɔʀjas] *adj* zäh; (*adversaire, problème aussi*) hartnäckig

coriandre [kɔʀjɑ̃dʀ] *nf* Koriander *m*

cormoran [kɔʀmɔʀɑ̃] *nm* Kormoran *m*

corne [kɔʀn] *nf* Horn *nt*

cornée [kɔʀne] *nf* Hornhaut *f*

corneille [kɔʀnɛj] *nf* Krähe *f*

cornélien, ne [kɔʀneljɛ̃, jɛn] *adj* (*débat etc*) zwischen Pflicht und Neigung

cornemuse [kɔʀnəmyz] *nf* Dudelsack *m*

corner[1] [kɔʀnɛʀ] *nm* (*Football*) Ecke *f*

corner[2] [kɔʀne] *vt* (*pages*) ein Eselsohr *nt* machen in *+acc*

cornet [kɔʀnɛ] *nm* Tüte *f*; (*de glace*) Eistüte *f*; **~ à piston** (*Mus*) Kornett *nt*

cornette [kɔʀnɛt] *nf* (*coiffure*) Schwesternhaube *f*

corniche [kɔʀniʃ] *nf* (*route*) Küstenstraße *f*

cornichon [kɔʀniʃɔ̃] *nm* Gewürzgurke *f*

corporation [kɔʀpɔʀasjɔ̃] *nf* Innung *f*, Zunft *f*

corporel, le [kɔʀpɔʀɛl] *adj* Körper-; (*besoin, blessures*) körperlich

corps [kɔʀ] *nm* Körper *m*; (*cadavre*) Leiche *f*; (*d'un texte, discours*) Hauptteil *m*; **à son ~ défendant** widerwillig, ungern; **à ~ perdu** blindlings; **prendre ~** Gestalt annehmen; **~ à ~** Handgemenge *nt*; **~ d'armée** Armeekorps *nt*; **~ de ballet** Corps de Ballet *nt*; **~ étranger** Fremdkörper *m*

corpulent, e [kɔʀpylɑ̃, ɑ̃t] *adj* korpulent

correct, e [kɔʀɛkt] *adj* (*exact*) richtig; (*bienséant, honnête*) korrekt; (*passable*) ausreichend

correctement [kɔʀɛktəmɑ̃] *adv* richtig

correcteur, -trice [kɔʀɛktœʀ, tʀis] *nm/f* (*Typo*) Korrektor(in) ▶ *nm* : **~ orthographique** Rechtschreibhilfe *f*

correction [kɔʀɛksjɔ̃] *nf* Korrektur *f*; (*de faute, erreur*) Berichtigung *f*, Verbesserung *f*; (*coups, punition*) Züchtigung *f*, Schläge *pl*

correctionnel, le [kɔʀɛksjɔnɛl] *adj* : **tribunal ~** Strafgericht *nt* ▶ *nf* : **la ~le** das Strafgericht

corrélation [kɔʀelasjɔ̃] *nf* Wechselbeziehung *f*, direkter Zusammenhang *m*

correspondance [kɔʀɛspɔ̃dɑ̃s] *nf* (*analogie, rapport*) Entsprechung *f*; (*échange de lettres*) Korrespondenz *f*; (*de train, d'avion*) Anschluss *m*, Verbindung *f*; **ce train assure la ~ avec** mit diesem Zug hat man Anschluß an *+acc*

correspondant, e [kɔʀɛspɔ̃dɑ̃, ɑ̃t] *nm/f* (*épistolaire*) Brieffreund(in); (*journaliste*) Korrespondent(in)

correspondre [kɔʀɛspɔ̃dʀ] *vi* (*données, témoignages*) übereinstimmen; (*chambres*) miteinander verbunden sein; **~ à** entsprechen *+dat*; **~ avec qn** mit jdm in Briefwechsel stehen

corrida [kɔʀida] *nf* Stierkampf *m*

corridor [kɔʀidɔʀ] *nm* Korridor *m*, Gang *m*

corriger [kɔʀiʒe] *vt* korrigieren; (*erreur, défaut*) verbessern; (*punir*) züchtigen

corroborer [kɔʀɔbɔʀe] *vt* bestätigen

corroder [kɔʀɔde] *vt* zerfressen

corrompre [kɔʀɔ̃pʀ] *vt* (*dépraver*) verderben, korrumpieren; (*soudoyer*) bestechen

corrosion [kɔʀozjɔ̃] *nf* Korrosion *f*

corruption [kɔʀypsjɔ̃] *nf* Korruption *f*

corsage [kɔʀsaʒ] *nm* Bluse *f*

corse [kɔʀs] *adj* korsisch ▶ *nmf* : **Corse** Korse *m*, Korsin *f* ▶ *nf* : **la C~** Korsika *nt*

corsé, e [kɔʀse] *adj* (*café etc*) kräftig (im Geschmack); (*compliqué*) heikel; (*scabreux*) pikant

corset [kɔʀsɛ] *nm* Korsett *nt*

cortège [kɔʀtɛʒ] *nm* Zug *m*

cortisone [kɔʀtizɔn] *nf* Kortison *nt*

corvée [kɔʀve] *nf* lästige Aufgabe *f*; (*Mil*) Arbeitsdienst *m*

cosmétique [kɔsmetik] *nm* Kosmetikprodukt *nt* ▶ *adj* kosmetisch

cosmétologie [kɔsmetɔlɔʒi] *nf* Schönheitspflege *f*

cosmique [kɔsmik] *adj* kosmisch

cosmonaute [kɔsmɔnot] *nmf* Kosmonaut(in) *m(f)*

cosmopolite [kɔsmɔpɔlit] *adj* multikulturell; (*personne*) kosmopolitisch

cosmos [kɔsmos] *nm* Kosmos *m*, Weltall *nt*

cosse [kɔs] *nf* (*Bot*) Hülse *f*, Schote *f*

cossu, e [kɔsy] *adj* (*maison*) prunkvoll

Costa Rica [kɔstaʀika] *nm* : **le ~** Costa Rica *nt*

costaricien, ne [kɔstaʀisjɛ̃, jɛn] *adj* costa-ricanisch

costaud, e [kɔsto, od] *adj* (*personne*) stämmig, kräftig; (*objet*) stabil

costume [kɔstym] *nm* (*d'homme*) Anzug *m*; (*de théâtre*) Kostüm *nt*

cotation [kɔtasjɔ̃] *nf* Notierung *f*

cote [kɔt] *nf* (*d'une valeur boursière*) Börsennotierung *f*; (*d'un cheval*) Gewinnquote *f*; (*d'un candidat etc*) Chancen *pl*; (*Géo*) Höhenmarkierung *f*; **avoir la ~** (*fam*) hoch im Kurs stehen; **~ d'alerte** Hochwassermarke *f*; **~ de popularité** Beliebtheitsgrad *m*

côte [kot] *nf* (*rivage*) Küste *f*; (*pente*) Gefälle *nt*; (*Anat, Tricot*) Rippe *f*; (*d'agneau, de porc*) Rippchen *nt*; **~ à ~** Seite an Seite; **la C~ (d'Azur)** die Côte d'Azur *f*; **la C~ d'Ivoire** die Elfenbeinküste *f*

côté [kote] *nm* Seite *f*; **de tous les ~s** von allen Seiten; **de quel ~ est-il parti ?** in welche Richtung ist er gegangen?; **de ce/de l'autre ~** auf dieser/auf der anderen Seite; (*mouvement*) in diese/die andere Richtung; **du ~ de ...** (*provenance*) von ... her; (*direction*) in Richtung auf *+acc*; (*proximité*) in der Nähe von; **de ~** (*marcher, se tourner*) zur Seite; (*regarder*) von der Seite; **laisser de ~** beiseitelassen; **mettre de ~** auf die Seite legen; **à ~** (*pièce ou maison adjacente*) nebenan; (*de la cible*) daneben; **à ~ de** neben *+dat*

coteau [kɔto] *nm* Hügel *m*, Anhöhe *f*

côtelé, e [kot(ə)le] *adj* (*pull*) gerippt; **pantalons en velours ~** Cord(samt)hosen *pl*

côtelette [kotlɛt] *nf* Kotelett *nt*

coter [kɔte] *vt* notieren
côtier, -ière [kotje, jɛʀ] *adj* Küsten-
cotisant, e [kɔtizɑ̃, ɑ̃t] *nm/f* Beitragszahler(in)
cotisation [kɔtizasjɔ̃] *nf* Beitrag *m*
cotiser [kɔtize] *vi* : **~ à** seinen Beitrag bezahlen *+dat*; **se cotiser** *vpr* zusammenlegen
coton [kɔtɔ̃] *nm* Baumwolle *f*; **c'est ~ !** (*fam : ardu, complexe*) das ist ganz schön verzwickt!; **~ hydrophile** Verbandwatte *f*
Coton-Tige® [kɔtɔ̃tiʒ] (*pl* **Cotons-Tiges**) *nm* Wattestäbchen *nt*
côtoyer [kotwaje] *vt* (*personne*) zusammenkommen mit; (*longer*) entlangfahren, entlanggehen; (*fig*) grenzen an *+acc*
cou [ku] *nm* Hals *m*
couche [kuʃ] *nf* Schicht *f*; (*de bébé*) Windel *f*; **couches** *nfpl* (*Méd*) Entbindung *f*; **~ jetable** Wegwerfwindel *f*; **~ d'ozone** Ozonschicht; **~s sociales** Gesellschaftsschichten *pl*
couché, e [kuʃe] *adj* : **être ~** liegen; **rester ~** liegen bleiben
couche-culotte [kuʃkylɔt] (*pl* **couches-culottes**) *nf* Windel *f*
coucher [kuʃe] *vt* (*mettre au lit*) ins *ou* zu Bett bringen; (*écrire*) niederschreiben ▸ *vi* (*dormir*) schlafen; **se coucher** *vpr* (*pour dormir*) schlafen gehen; (*s'étendre*) sich hinlegen ▸ *nm* : **~ de soleil** Sonnenuntergang *m*; **~ avec qn** mit jdm schlafen
couche-tard [kuʃtaʀ] *nm/f inv* Nachtmensch *m*
couchette [kuʃɛt] *nf* (*de train*) Liegewagenplatz *m*
couci-couça [kusikusa] (*fam*) *adv* so, lala
coucou [kuku] *nm* Kuckuck *m*
coude [kud] *nm* Ellbogen *m*; (*de tuyau*) Knie *nt*; (*de route*) Kurve *f*; **~ à ~** Seite an Seite
cou-de-pied [kudpje] (*pl* **cous-de-pied**) *nm* Spann *m*, Rist *m*
coudre [kudʀ] *vt* nähen; (*bouton*) annähen ▸ *vi* nähen
couenne [kwan] *nf* (*porc*) Schwarte *f*
couette [kwɛt] *nf* (*édredon*) Steppdecke *f*
couffin [kufɛ̃] *nm* Körbchen *nt*
coulant, e [kulɑ̃, ɑ̃t] *adj* (*indulgent*) gelassen
couler [kule] *vi* fließen; (*fuir*) auslaufen, lecken; (*sombrer : bateau*) untergehen ▸ *vt* (*métal, cloche, sculpture*) gießen; (*bateau*) versenken; (*fig : magasin, entreprise*) zugrunde richten; (*: candidat*) durchfallen lassen; **se couler dans** *vpr* (*se glisser*) hineinschlüpfen in *+acc*
couleur [kulœʀ] *nf* Farbe *f*; **couleurs** *nfpl* (*du teint*) Gesichtsfarbe *f*; (*Mil*) Nationalfarben *pl*; **film/télévision en ~(s)** Farbfilm *m*/-fernsehen *nt*
couleuvre [kulœvʀ] *nf* Ringelnatter *f*
coulisse [kulis] *nf* (*Tech*) Führungsleiste *f*; **coulisses** *nfpl* (*Théât*) Kulisse *f*; **dans les ~s** im Hintergrund
couloir [kulwaʀ] *nm* (*de maison*) Flur *m*, Gang *m*; (*de bus*) Gang; **~ aérien** Luftkorridor *m*

MOT-CLÉ

coup [ku] *nm* **1** (*heurt, choc, Tennis, Golf, Boxe*) Schlag *m*; **coup de poing** Faustschlag *m*; **coup de pied** Fußtritt *m*; **coup de coude** Stoß *m* mit dem Ellbogen; **un coup sec** ein kurzer Schlag; **coup de couteau** Messerstich *m*; **à coups de hache/marteau** mit der Hacke/dem Hammer; **coup de vent** Windstoß *m*; **en coup de vent** in Windeseile
2 (*Échecs*) Zug *m*; **coup franc** Freistoß *m*; **coup de feu** Schuss; **coup de fusil** (Gewehr)schuss *m*
3 (*bruit : à la porte etc*) Schlag *m*; (*frappé par une horloge*) (Stunden)schlag *m*; **coup de sonnette** Klingeln *nt*; **coup de tonnerre** Donner(schlag) *m*
4 (*fam : fois*) Mal *nt*; **d'un seul coup** mit einem Schlag, auf einmal; **du premier coup** auf Anhieb; **du même coup** gleichzeitig; **après coup** hinterher; **à tous les coups** jedes Mal; **coup sur coup** Schlag auf Schlag
5 (*locutions*) : **donner un coup de balai/chiffon** fegen/staubwischen; **coup dur** harter Schlag *m*; **avoir le coup** (*fig*) den Dreh heraushaben; **être dans le/hors du coup** auf dem/nicht auf dem Laufendem sein; **du coup** (*fam*) daraufhin; **boire un coup** (*fam*) einen Schluck trinken; **à coup sûr** bestimmt, ganz sicher; **être sur un coup** (*fam*) etw *dat* auf der Spur sein; **sur le coup** auf der Stelle; **sous le coup de** (*surprise etc*) unter dem Eindruck *+gén*; **tomber sous le coup de la loi** (*Jur*) eine Straftat sein; **pour le coup** (für) diesmal; **il a raté son coup** er hat die Sache vermasselt; **faire un coup bas à qn** (*fig*) jdm einen Tiefschlag versetzen; **faire un coup fourré à qn** jdm in den Rücken fallen
6 (*composés*) : **coup de chance** Glücksfall *m*; **coup de chapeau** Kompliment *nt*; **coup de crayon** Bleistiftstrich *m*; **coup**

d'envoi Anpfiff *m*; (*fig*) Startschuss *m*; **coup d'essai** erster Versuch *m*; **coup d'État** Staatsstreich *m*; **coup de fil** Anruf *m*; **donner** *ou* **passer un coup de fil (à qn)** (jdn) anrufen; **coup de filet** Fang *m*; **coup de foudre** Liebe *f* auf den ersten Blick; **coup de frein** : **donner un coup de frein** (*Auto*) scharf bremsen; **coup de grâce** Gnadenstoß *m*; **coup du lapin** Schlag *m* ins Genick; **coup de main** : **donner un coup de main à qn** jdm helfen; **coup de maître** Meisterstück *nt*; **coup d'œil** Blick *m*; **coup de pied** Fußtritt *m*; **coup de pinceau** Pinselstrich *m*; **coup de poing** Faustschlag *m*; **coup de soleil** Sonnenbrand *m*; **coup de téléphone** Anruf *m*; **donner un coup de téléphone à qn** jdn anrufen; **coup de tête** (*fig*) impulsive Entscheidung *f*; **coup de théâtre** (*fig*) Knalleffekt *m*

coupable [kupabl] *adj* schuldig ▸ *nmf* Schuldige(r) *f(m)*; **~ de** schuldig *+gén*
coupe [kup] *nf* (*à champagne*) (Sekt) schale *f*; (*à fruits*) Schale *f*; (*Sport*) Pokal *m*; (*de cheveux, vêtement*) Schnitt *m*; **vu en ~** im Querschnitt; **être sous la ~ de qn** unter jds Fuchtel *dat* stehen
coupe-faim [kupfɛ̃] (*pl* **coupe-faim(s)**) *nm* Appetitzügler *m*
coupe-gorge [kupgɔʀʒ] (*pl* **coupe-gorges**) *nm* gefährliche Gasse *f*
coupe-ongle [kupɔ̃gl] (*pl* **coupe-ongles**) *nm* (*pince*) Nagelzwicker *m*; (*ciseaux*) Nagelschere *f*
coupe-papier [kuppapje] (*pl* **coupe-papiers**) *nm* Brieföffner *m*
couper [kupe] *vt* schneiden; (*tissu*) zuschneiden; (*tranche, morceau, route, retraite*) abschneiden; (*communication*) unterbrechen; (*eau, courant*) sperren, abstellen; (*fièvre*) senken; (*vin*) verdünnen ▸ *vi* schneiden; (*prendre un raccourci*) eine Abkürzung nehmen; (*Cartes*) abheben; (: *avec l'atout*) stechen; **se couper** *vpr* sich schneiden; (*se contredire*) sich verraten, sich versprechen; **~ la parole à qn** jdm ins Wort fallen; **~ les vivres à qn** jdm den Lebensunterhalt streichen; **~ le contact** *ou* **l'allumage** die Zündung ausstellen
coupe-vent [kupvɑ̃] (*pl* **coupe-vent(s)**) *nm* Windjacke *f*
couple [kupl] *nm* Paar *nt*; (*époux*) Ehepaar *nt*
coupler [kuple] *vt* (*Tech*) zusammenkoppeln
couplet [kuplɛ] *nm* (*Mus*) Strophe *f*
coupole [kupɔl] *nf* Kuppel *f*; **la Coupule** die Académie française
coupon [kupɔ̃] *nm* (*ticket*) Abschnitt *m*
coupon-réponse [kupɔ̃ʀepɔ̃s] (*pl* **coupons-réponse**) *nm* Antwortschein *m*
coupure [kupyʀ] *nf* (*blessure*) Schnittwunde *f*, Schnitt *m*; (*billet de banque*) Banknote *f*; (*de journal, de presse*) Ausschnitt *m*; **~ d'eau** Abstellen *nt* des Wassers; **~ de courant** Stromsperre *f*
cour [kuʀ] *nf* Hof *m*; (*Jur*) Gericht *nt*; **faire la ~ à qn** jdm den Hof machen; **~ d'assises** Schwurgericht *nt*; **~ martiale** Kriegsgericht *nt*
courage [kuʀaʒ] *nm* Mut *m*
courageux, -euse [kuʀaʒø, øz] *adj* mutig, tapfer
couramment [kuʀamɑ̃] *adv* (*souvent*) oft, häufig; (*parler*) fließend
courant, e [kuʀɑ̃, ɑ̃t] *adj* (*fréquent*) häufig; (*normal*) geläufig, gebräuchlich; (*en cours*) laufend ▸ *nm* (*Élec*) Strom *m*; (*de rivière etc*) Strömung *f*; **eau ~e** fließendes Wasser; **être au ~ (de)** auf dem Laufenden sein (über *+acc*); **mettre qn au ~ (de)** jdn auf den neuesten Stand bringen (über *+acc*); **se tenir au ~ (de)** sich auf dem Laufenden halten (über *+acc*); **allemand ~** heutiges Deutsch; **~ d'air** Durchzug *m*; **~ électrique** (elektrischer) Strom *m*
courbatures [kuʀbatyʀ] *nfpl* Muskelkater *m*
courbe [kuʀb] *nf* Kurve *f* ▸ *adj* gebogen
courber [kuʀbe] *vt* biegen; **~ la tête** den Kopf senken
coureur, -euse [kuʀœʀ, øz] *nm/f* (*cycliste*) Radrennfahrer(in); (*automobile*) Rennfahrer(in); (*à pied*) Läufer(in); (*péj* : *dragueur*) Schürzenjäger *m*, Mannstolle *f*
courge [kuʀʒ] *nf* Kürbis *m*
courgette [kuʀʒɛt] *nf* Zucchini *f*
courir [kuʀiʀ] *vi* laufen, rennen; (*Sport*) laufen ▸ *vt* (*danger*) sich aussetzen *+dat*; (*risque*) eingehen; **~ les cafés/bals** sich ständig in Cafés/auf Bällen herumtreiben; **le bruit court que** es geht das Gerücht um, dass
couronne [kuʀɔn] *nf* Krone *f*; (*de fleurs*) Kranz *m*
couronner [kuʀɔne] *vt* (*roi*) krönen; (*lauréat, ouvrage*) auszeichnen; (*carrière, efforts*) der Höhepunkt *ou* die Krönung sein von
courriel [kuʀjɛl] *nm* E-Mail *f*; **envoyer qch par ~** etw per E-Mail schicken
courrier [kuʀje] *nm* Post *f*, Briefe *pl*; **~ électronique** E-Mail *f*

courroie [kuʀwa] *nf* Riemen *m*; **~ de transmission** Antriebsriemen *m*
cours [kuʀ] *nm* Kurs *m*; (*leçon*) Unterrichtsstunde *f*; (*à l'université*) Vorlesung *f*; **donner libre ~ à qch** etw *dat* freien Lauf lassen; **avoir ~** (*monnaie*) gesetzliches Zahlungsmittel sein; (*fig*) gebräuchlich sein; (*Scol*) Unterricht haben; **en ~** laufend; **en ~ de route** unterwegs; **au ~ de** im Verlauf *+gén*; **~ d'eau** Wasserweg *m*; **~ du change** Wechselkurs *m*; **~ du soir** Abendkurs *m*
course [kuʀs] *nf* (*action de courir*) Wettlauf *m*; (*épreuve*) Rennen *nt*; (*trajet : du soleil*) Lauf *m*; (*: d'un projectile*) Flugbahn *f*; (*: d'une pièce mécanique*) Hub *m*; (*excursion*) Bergtour *f*; (*d'un taxi, autocar*) Fahrt *f*; (*petite mission*) Besorgung *f*; **courses** *nfpl* (*achats*) Einkäufe *pl*; (*Hippisme*) Pferderennen; **faire les** *ou* **ses ~s** einkaufen gehen; **~ à pied** Jogging *nt*; **~s de chevaux** Pferderennen *nt*
court, e [kuʀ, kuʀt] *adj* kurz ▶ *adv* kurz ▶ *nm* (*de tennis*) (Tennis)platz *m*; **tourner ~** plötzlich *ou* abrupt aufhören; **couper ~ à** abbrechen; **être à ~ d'argent/de papier** kein Geld/kein Papier mehr haben; **prendre qn de ~** jdn überraschen
court-bouillon [kuʀbujɔ̃] (*pl* **courts-bouillons**) *nm* Fischbouillon *f*
court-circuit [kuʀsiʀkɥi] (*pl* **courts-circuits**) *nm* Kurzschluss *m*
court-circuiter [kuʀsiʀkɥite] *vt* (*fig*) umgehen
courtier, -ière [kuʀtje, jɛʀ] *nm/f* Makler(in)
courtiser [kuʀtize] *vt* den Hof machen *+dat*
courtois, e [kuʀtwa, waz] *adj* höflich
courtoisie [kuʀtwazi] *nf* Höflichkeit *f*
couscous [kuskus] *nm* Kuskus *m ou nt*
cousin, e [kuzɛ̃, in] *nm/f* Vetter *m*, Cousine *f*; **~ germain** Vetter/Cousine ersten Grades
coussin [kusɛ̃] *nm* Kissen *nt*; **~ d'air** Luftkissen *nt*
cousu, e [kuzy] *pp de* **coudre**
coût [ku] *nm* Kosten *pl*; **le ~ de la vie** die Lebenshaltungskosten *pl*
coûtant [kutɑ̃] *adj m* : **au prix ~** zum Selbstkostenpreis
couteau, x [kuto] *nm* Messer *nt*; (*mollusque*) Scheidenmuschel *f*; **~ à cran d'arrêt** Klappmesser *nt*
couteau-scie [kutosi] (*pl* **couteaux-scies**) *nm* Sägemesser *nt*
coûter [kute] *vt, vi* kosten; **~ à qn** (*décision etc*) jdm schwerfallen; **~ cher** teuer sein; **combien ça coûte ?** wie viel kostet das?; **coûte que coûte** koste es, was es wolle
coûteux, -euse [kutø, øz] *adj* teuer
coutume [kutym] *nf* Sitte *f*, Brauch *m*
couture [kutyʀ] *nf* (*activité*) Nähen *nt*; (*art*) Schneiderhandwerk *nt*; (*ouvrage*) Näharbeit *f*; (*points*) Naht *f*
couturier [kutyʀje] *nm* Couturier *m*, Modeschöpfer *m*
couturière [kutyʀjɛʀ] *nf* Schneiderin *f*
couvée [kuve] *nf* Brut *f*
couvent [kuvɑ̃] *nm* Kloster *nt*
couver [kuve] *vt* ausbrüten ▶ *vi* (*feu*) schwelen; (*révolte*) sich zusammenbrauen
couvercle [kuvɛʀkl] *nm* Deckel *m*
couvert, e [kuvɛʀ, ɛʀt] *pp de* **couvrir** ▶ *adj* (*ciel, temps*) bedeckt, bewölkt ▶ *nm* (*ustensile*) Besteck *nt*; (*place à table*) Gedeck *nt*; **couverts** *nmpl* (*ustensiles*) Gedeck; **~ de** bedeckt mit; **rester ~** seinen Hut aufbehalten; **mettre le ~** den Tisch decken; **à ~** geschützt, sicher; **sous le ~ de** im Schutze *+gén*
couverture [kuvɛʀtyʀ] *nf* (*de lit*) Decke *f*; (*de livre*) Einband *m*; (*de cahier*) Umschlag *m*; (*d'un événement*) Berichterstattung *f*
couveuse [kuvøz] *nf* (*pour bébé*) Brutkasten *m*
couvre-chef [kuvʀəʃɛf] (*pl* **couvre-chefs**) *nm* Kopfbedeckung *f*
couvre-feu [kuvʀəfø] (*pl* **couvre-feux**) *nm* Ausgangssperre *f*
couvre-lit [kuvʀəli] (*pl* **couvre-lits**) *nm* Tagesdecke *f*
couvre-pied [kuvʀəpje] (*pl* **couvre-pieds**) *nm* Steppdecke *f*
couvrir [kuvʀiʀ] *vt* bedecken; (*protéger*) decken; (*distance*) zurücklegen; **se couvrir** *vpr* (*temps, ciel*) sich bedecken, sich bewölken; (*s'habiller*) sich anziehen; (*se coiffer*) sich *dat* einen Hut aufsetzen; (*par une assurance*) sich absichern
covoiturage [kovwatyʀaʒ] *nm* (*déplacement en commun*) Fahrgemeinschaft *f*; (*voiture en commun*) Carsharing *nt*
cow-boy [kobɔj] (*pl* **cow-boys**) *nm* Cowboy *m*
coyote [kɔjɔt] *nm* Kojote *m*
CQFD [sekyɛfde] *abr* (*= ce qu'il fallait démontrer*) QED
crabe [kʀɑb] *nm* Krabbe *f*
cracher [kʀaʃe] *vi* spucken ▶ *vt* ausspucken; (*lave*) speien; (*injures*) ausstoßen

crachin [kʀaʃɛ̃] *nm* Sprühregen *m*
crachiner [kʀaʃine] *vi* nieseln
crack [kʀak] *nm* (*drogue*) Crack *nt*
cradingue [kʀadɛ̃g], **crade** [kʀad] (*fam*) *adj* dreckig
craie [kʀɛ] *nf* Kreide *f*
craindre [kʀɛ̃dʀ] *vt* fürchten, sich fürchten vor; (*chaleur, froid*) nicht vertragen; **~ que** befürchten, dass
crainte [kʀɛ̃t] *nf* Furcht *f*; **soyez sans ~** nur keine Angst; **de ~ de/que** aus Furcht vor/aus Furcht, dass
craintif, -ive [kʀɛ̃tif, iv] *adj* furchtsam, ängstlich
cramoisi, e [kʀamwazi] *adj* puterrot
crampe [kʀɑ̃p] *nf* Krampf *m*
crampon [kʀɑ̃pɔ̃] *nm* (*de semelle*) Stollen *m*; (*Alpinisme*) Steigeisen *nt*; **raccrocher les ~s** (*fig*) die Fußballschuhe an den Nagel hängen
cramponner [kʀɑ̃pɔne] : **se cramponner (à)** *vpr* sich klammern (an *+acc*)
cran [kʀɑ̃] *nm* (*entaille*) Kerbe *f*, Einschnitt *m*; (*courage*) Schneid *m*, Mumm *m*; **~ d'arrêt** *ou* **de sûreté** Sicherung *f*
crâne [kʀɑn] *nm* Schädel *m*
crâner [kʀɑne] (*fam*) *vi* angeben
crapaud [kʀapo] *nm* Kröte *f*
crapule [kʀapyl] *nf* Schuft *m*
crapuleux, -euse [kʀapylø, øz] *adj* : **crime ~** scheußliches Verbrechen *nt*
craquelure [kʀaklyʀ] *nf* Sprung *m*, Riss *m*
craquement [kʀakmɑ̃] *nm* Krachen *nt*
craquer [kʀake] *vi* (*bruit*) knacken, knarren; (*fil, couture*) (zer)reißen; (*branche*) brechen; (*s'effondrer*) zusammenbrechen; **j'ai craqué !** (*fam*) ich bin ausgeflippt!; **craqué pour qch** (*fam*) auf etw stehen ▸*vt* : **~ une allumette** ein Streichholz anzünden
crasse [kʀas] *nf* Schmutz *m*, Dreck *m*
crasseux, -euse [kʀasø, øz] *adj* dreckig, schmutzig
cratère [kʀatɛʀ] *nm* Krater *m*
cravate [kʀavat] *nf* Krawatte *f*
crawl [kʀol] *nm* Kraulen *nt*
crayon [kʀɛjɔ̃] *nm* Bleistift *m*; **~ de couleur** Farbstift *m*; **~ optique** Lichtgriffel *m*
crayon-feutre [kʀɛjɔ̃føtʀ] (*pl* **crayons-feutres**) *nm* Filzstift *m*
créancier, -ière [kʀeɑ̃sje, jɛʀ] *nm/f* Gläubiger(in)
créateur, -trice [kʀeatœʀ, tʀis] *nm/f* Schöpfer(in)
créatif, -ive [kʀeatif, iv] *adj* kreativ
création [kʀeasjɔ̃] *nf* Schöpfung *f*; (*d'entreprise, emplois etc*) Schaffung *f*; (*nouvelle robe, voiture etc*) Kreation *f*
créativité [kʀeativite] *nf* Kreativität *f*
créature [kʀeatyʀ] *nf* Geschöpf *nt*, Lebewesen *nt*
crèche [kʀɛʃ] *nf* Krippe *f*
crédibilité [kʀedibilite] *nf* Glaubwürdigkeit *f*
crédible [kʀedibl] *adj* glaubwürdig
crédit [kʀedi] *nm* (*prêt*) Kredit *m*; (*d'un compte bancaire*) Guthaben *nt*; (*confiance*) Glaube *m*; (*autorité*) Ansehen *nt*; **crédits** *nmpl* (*fonds*) Mittel *pl*, Gelder *pl*; **payer à ~** in Raten zahlen; **acheter à ~** auf Kredit kaufen; **faire ~ à qn** jdm Kredit geben *ou* gewähren
crédit-bail [kʀedibaj] (*pl* **crédits-bails**) *nm* Leasing *nt*
créditer [kʀedite] *vt* : **~ un compte d'une somme** einem Konto einen Betrag gutschreiben
créditeur, -trice [kʀeditœʀ, tʀis] *adj* (*personne*) Kredit habend; (*compte, solde*) Kredit- ▸*nm/f* Schuldner(in)
credo [kʀedo] *nm* Glaubensbekenntnis *nt*
crédule [kʀedyl] *adj* leichtgläubig
crédulité [kʀedylite] *nf* Leichtgläubigkeit *f*
créer [kʀee] *vt* schaffen; (*Rel*) erschaffen; (*problème, besoins etc aussi*) verursachen; (*produit, marque*) herausbringen; (*Théât : spectacle*) uraufführen
crémaillère [kʀemajɛʀ] *nf* Zahnstange *f*; **chemin de fer à ~** Zahnradbahn *f*; **pendre la ~** seinen Einzug im neuen Haus feiern
crémation [kʀemasjɔ̃] *nf* Einäscherung *f*
crématoire [kʀematwaʀ] *adj* : **four ~** Krematorium *nt*
crématorium [kʀematɔʀjɔm] *nm* Krematorium *nt*
crème [kʀɛm] *nf* (*du lait*) Sahne *f*, Rahm *m*; (*de beauté, entremets*) Creme *f* ▸*adj inv* cremefarben; **un (café) ~** ein Kaffee *m* mit Milch; **~ Chantilly** *ou* **fouettée** Schlagsahne *f*
crémerie [kʀɛmʀi] *nf* Milchhandlung *f*
crémeux, -euse [kʀemø, øz] *adj* sahnig
créneau, x [kʀeno] *nm* (*de fortification*) Zinne *f*; (*fig : dans un emploi du temps*) Zeitfenster *nt*; (*Comm*) Marktlücke *f*; (*TV*) Sendeplatz *m*; **faire un ~** sein Auto rückwärts (in eine Lücke) einparken
créole [kʀeɔl] *adj* kreolisch ▸*nmf* : **Créole** Kreole *m*, Kreolin *f*
crêpe [kʀɛp] *nf* (*galette*) (dünner) Pfannkuchen *m*, Crêpe *f* ▸*nm*

C

(*tissu*) Krepp *m*; (*de deuil*) Trauerflor *m*; **semelle (de) ~** Kreppsohle *f*
crêpé, e [kʀepe] *adj* (*cheveux*) toupiert
crêperie [kʀɛpʀi] *nf* Crêperie *f*
crépi [kʀepi] *nm* (Ver)putz *m*
crépitement [kʀepitmɑ̃] *nm* (*du feu*) Prasseln *nt*; (*d'une mitrailleuse*) Knattern *nt*
crépiter [kʀepite] *vi* (*pluie, feu*) prasseln; (*huile*) zischen; (*mitrailleuse*) knattern
crépon [kʀepɔ̃] *nm* Kräuselkrepp *m*; **papier ~** Krepppapier *nt*
crépu, e [kʀepy] *adj* kraus, gekräuselt
crépuscule [kʀepyskyl] *nm* (Abend)dämmerung *f*
cresson [kʀesɔ̃] *nm* Brunnenkresse *f*
Crète [kʀɛt] *nf*: **la ~** Kreta *nt*
crête [kʀɛt] *nf* Kamm *m*
crétin, e [kʀetɛ̃, in] *nm/f* Schwachkopf *m*
creuser [kʀøze] *vt* (*trou, tunnel*) graben; (*sol*) graben in +*dat*; (*fig : approfondir*) vertiefen; **se creuser** *vpr* : **se ~ la cervelle** *ou* **la tête** sich *dat* den Kopf zerbrechen; **ça creuse** (*fam*) das macht hungrig
creux, creuse [kʀø, kʀøz] *adj* hohl; (*assiette*) tief ▸ *nm* Loch *nt*; **j'ai un ~ (à l'estomac)** (*fam*) ich habe Kohldampf; **heures creuses** stille *ou* ruhige Zeit *f*, Flaute *f*
crevaison [kʀəvɛzɔ̃] *nf* Reifenpanne *f*
crevant, e [kʀəvɑ̃, ɑ̃t] (*fam*) *adj* (*fatigant*) ermüdend; (*amusant*) umwerfend komisch
crevasse [kʀəvas] *nf* Spalte *f*; (*de glacier*) Gletscherspalte *f*; (*sur la peau*) Schrunde *f*, Riss *m*
crevé, e [kʀəve] *adj* (*pneu*) platt; **je suis ~** (*fam*) ich bin fix und fertig *ou* total kaputt
crever [kʀəve] *vt* (*ballon, tambour*) zerplatzen lassen ▸ *vi* (*pneu*) platzen; (*automobiliste*) einen Platten haben; (*abcès, nuage*) aufbrechen; (*outre*) platzen; (*fam : mourir*) krepieren
crevette [kʀəvɛt] *nf*: **~ (rose)** Krabbe *f*; **~ grise** Garnele *f*, Krevette *f*
cri [kʀi] *nm* Schrei *m*; (*appel*) Ruf *m*; **~s d'enthousiasme** Begeisterungsschreie *pl*; **~s de protestation** Protestrufe *pl*; **c'est le dernier ~** das ist der letzte Schrei
criard, e [kʀijaʀ, kʀijaʀd] *adj* (*couleur*) grell; (*voix*) kreischend
crible [kʀibl] *nm* Sieb *nt*; **passer qch au ~** etw durchsieben
criblé, e [kʀible] *adj* : **~ de** (*de balles*) durchlöchert von; **être ~ de dettes** bis über die Ohren in Schulden stecken
cric [kʀik] *nm* Wagenheber *m*
crier [kʀije] *vi* schreien ▸ *vt* (*ordre*) brüllen
crime [kʀim] *nm* Verbrechen *nt*; **le ~ organisé** das organisierte Verbrechen
Crimée [kʀime] *nf* Krim *f*
criminalité [kʀiminalite] *nf* Kriminalität *f*
criminel, le [kʀiminɛl] *nm/f* Kriminelle(r) *f(m)*, Verbrecher(in); **~ de guerre** Kriegsverbrecher *m*
criminologie [kʀiminɔlɔʒi] *nf* Kriminologie *f*
criminologue [kʀiminɔlɔg] *nmf* Kriminologe *m*, Kriminologin *f*
crin [kʀɛ̃] *nm* (Mähnen)haar *nt*; (*fibre*) Rosshaar *nt*; **à tous ~s** *ou* **tout ~** durch und durch
crinière [kʀinjɛʀ] *nf* Mähne *f*
crique [kʀik] *nf* kleine Bucht *f*
criquet [kʀikɛ] *nm* Grille *f*
crise [kʀiz] *nf* Krise *f*; **avoir une ~ de nerfs** mit den Nerven am Ende sein; **piquer une ~** (*fam*) ausrasten; **~ cardiaque** Herzanfall *m*; **~ de foie** Leberbeschwerden *pl*
crispant, e [kʀispɑ̃, ɑ̃t] *adj* ärgerlich
crispé, e [kʀispe] *adj* angespannt
crisper [kʀispe] *vt* (*visage*) verzerren; (*muscle*) anspannen; **se crisper** *vpr* sich verkrampfen
crisser [kʀise] *vi* (*neige*) knirschen; (*pneu*) quietschen; (*tissu*) rascheln
cristal, -aux [kʀistal, o] *nm* Kristall *nt*; **~ de roche** Bergkristall *nt*
cristallin, e [kʀistalɛ̃, in] *adj* kristallklar ▸ *nm* Augenlinse *f*
cristalliser [kʀistalize] *vi* (*aussi* : **se cristalliser**) sich kristallisieren
critère [kʀitɛʀ] *nm* Kriterium *nt*
critérium [kʀiteʀjɔm] *nm* Ausscheidungswettkampf *m*
critiquable [kʀitikabl] *adj* tadelnswert
critique [kʀitik] *nf* Kritik *f* ▸ *nmf* Kritiker(in) *m(f)*
critiquer [kʀitike] *vt* kritisieren
croasser [kʀɔase] *vi* krächzen
croate [kʀɔat] *adj* kroatisch; **C~** *nmf* Kroate *m*, Kroatin *f*
Croatie [kʀɔasi] *nf*: **la ~** Kroatien *nt*
croc [kʀo] *nm* (*dent*) Zahn *m*; (*de boucher*) Haken *m*
croc-en-jambe [kʀɔkɑ̃ʒɑ̃b] (*pl* **crocs-en-jambe**) *nm* : **faire un ~ à qn** jdm ein Bein stellen
croche [kʀɔʃ] *nf* Achtel(note *f*) *nt*; **double/triple ~** Sechzehntel-/Zweiunddreißigstel(note *f*) *nt*
crochet [kʀɔʃɛ] *nm* Haken *m*; (*tige, clef*) Dietrich *m*; (*détour*) Abstecher *m*; (*Tricot : aiguille*) Häkelnadel *f*; (: *technique*) Häkeln *nt*; **crochets** *nmpl* (*Typo*) eckige

Klammern *pl*; **vivre aux ~s de qn** auf jds Kosten *acc* leben
crocheter [kʀɔʃte] *vt* mit dem Dietrich öffnen
crochu, e [kʀɔʃy] *adj* krumm; (*nez*)
crocodile [kʀɔkɔdil] *nm* Krokodil *nt*; (*peau*) Krokodilleder *nt*
crocus [kʀɔkys] *nm* Krokus *m*
croire [kʀwaʀ] *vt* glauben; (*personne*) glauben *+dat*; **~ que** glauben, dass; **~ à** *ou* **en** glauben an *+acc*; **~ en Dieu** an Gott glauben; **~ qn honnête** jdn für ehrlich halten
croisade [kʀwazad] *nf* Kreuzzug *m*
croisé, e [kʀwaze] *adj* (*pull, veste*) zweireihig ▸ *nm* (*guerrier*) Kreuzritter *m*
croisement [kʀwazmɑ̃] *nm* Kreuzung *f*
croiser [kʀwaze] *vt* (*personne, voiture*) begegnen *+dat*; (*route, Biol*) kreuzen; (*jambes*) übereinanderschlagen; (*bras*) verschränken ▸ *vi* (*Naut*) kreuzen; **se croiser** *vpr* (*personnes, véhicules*) einander begegnen; (*regards*) sich begegnen; (*routes, lettres*) sich kreuzen; **se ~ les bras** (*fig*) die Hände in den Schoß legen
croiseur [kʀwazœʀ] *nm* Kreuzer *m*
croisière [kʀwazjɛʀ] *nf* Kreuzfahrt *f*; **vitesse de ~** Reisegeschwindigkeit *f*
croissance [kʀwasɑ̃s] *nf* Wachstum *nt*; **~ économique** Wirtschaftswachstum *nt*
croissant, e [kʀwasɑ̃, ɑ̃t] *adj* wachsend, zunehmend ▸ *nm* (*à manger*) Croissant *nt*, Hörnchen *nt*; **~ de lune** Mondsichel *f*
croître [kʀwatʀ] *vi* wachsen; (*fig*) zunehmen
croix [kʀwa] *nf* Kreuz *nt*; **en ~** über Kreuz, kreuzweise; **la C~ Rouge** das Rote Kreuz
croquant, e [kʀɔkɑ̃, ɑ̃t] *adj* (*pomme*) knackig
croque-madame [kʀɔkmadam] *nm inv* *überbackener Käsetoast mit Schinken und Spiegelei*
croque-mitaine [kʀɔkmitɛn] (*pl* **croque-mitaines**) *nm* Buhmann *m*
croque-monsieur [kʀɔkməsjø] *nm inv* *überbackener Käsetoast mit Schinken*
croque-mort [kʀɔkmɔʀ] (*pl* **croque-morts**) (*fam*) *nm* Sargträger *m*
croquer [kʀɔke] *vt* (*manger*) knabbern; (*dessiner*) skizzieren ▸ *vi* : **chocolat à ~** Bitterschokolade *f*; **~ la vie à belles dents** (*fig*) das Leben in vollen Zügen genießen; **être à ~** (*fig*) zum Anbeißen sein
croquette [kʀɔkɛt] *nf* Krokette *f*
croquis [kʀɔki] *nm* Skizze *f*
cross [kʀɔs], **cross-country** [kʀɔskuntʀi] *nm* Querfeldeinrennen *nt*, Geländelauf *m*
crotale [kʀɔtal] *nm* Klapperschlange *f*
crotte [kʀɔt] *nf* Kot *m*; **~ !** (*fam*) Mist!
crotté, e [kʀɔte] *adj* dreckig
crottin [kʀɔtɛ̃] *nm* (*de cheval*) Pferdeäpfel *pl*; (*fromage*) *kleiner Ziegenkäse*
croulant, e [kʀulɑ̃, ɑ̃t] (*fam*) *nm/f* Grufti *m*
crouler [kʀule] *vi* (*s'effondrer*) einstürzen; (*être délabré*) verfallen; **~ sous (le poids de) qch** unter dem Gewicht etw *gén* zusammenbrechen
croupe [kʀup] *nf* Kruppe *f*; **monter en ~** hinten aufsitzen
croupier [kʀupje] *nm* Croupier *m*
croupir [kʀupiʀ] *vi* (*eau*) faulen; (*personne*) stagnieren
CROUS [kʀus] *sigle m* (= *Centre régional des œuvres universitaires et scolaires*) *Schüler- und Studentenvertretung*
croustade [kʀustad] *nf* Überbackene(s) *nt*
croustillant, e [kʀustijɑ̃, ɑ̃t] *adj* knusprig; (*histoire*) pikant
croustiller [kʀustije] *vi* knusprig sein
croûte [kʀut] *nf* (*du fromage*) Rinde *f*; (*du pain*) Kruste *f*; (*couche*) Schicht *f*; (*Méd*) Schorf *m*; **en ~** (*Culin*) im Teigmantel; **~ au fromage** Käsetoast *m*; **~ aux champignons** Champignontoast *m*
croûton [kʀutɔ̃] *nm* (*Culin*) Crouton *m*; (*bout du pain*) Brotkanten *m*
croyable [kʀwajabl] *adj* glaubwürdig
croyant, e [kʀwajɑ̃, ɑ̃t] *adj* : **être/ne pas être ~** gläubig/ungläubig sein ▸ *nm/f* (*Rel*) Gläubige(r) *f(m)*
CRS [seɛʀɛs] *sigle m* (= *Compagnies républicaines de sécurité*) ≈ Bereitschaftspolizist *m*
cru, e [kʀy] *pp de* **croire** ▸ *adj* (*non cuit*) roh; (*lumière, couleur*) grell; (*paroles, langage*) derb ▸ *nm* (*vignoble*) (Wein)lage *f*; (*vin*) Wein(sorte *f*) *m*
crû [kʀy] *pp de* **croître**
cruauté [kʀyote] *nf* Grausamkeit *f*
cruche [kʀyʃ] *nf* Krug *m*
crucial, e, -aux [kʀysjal, jo] *adj* entscheidend
crucifier [kʀysifje] *vt* kreuzigen
crucifix [kʀysifi] *nm* Kruzifix *nt*
crudités [kʀydite] *nfpl* Rohkostplatte *f* (*als Vorspeise*)
cruel, le [kʀyɛl] *adj* grausam
crustacés [kʀystase] *nmpl* (*Culin*) Meeresfrüchte *pl*
crypte [kʀipt] *nf* Krypta *f*
crypté, e [kʀipte] *adj* (*chaîne de TV*) codiert; (*message*) verschlüsselt
cryptogramme [kʀiptogʀam] *nm* Kartenprüfnummer *f*

CSA [seɛsa] *sigle f (= Conseil supérieur de l'audiovisuel)* Fernseh-Aufsichtsgremium
CSCE [seɛsseə] *nf abr (= Conférence sur la sécurité et la coopération en Europe)* KSZE *f*
Cuba [kyba] *nf ou nm* Kuba *nt*
cubage [kybaʒ] *nm* Rauminhalt *m*
cube [kyb] *nm* Würfel *m*; *(jouet)* Bauklotz *m*; *(d'un nombre)* Kubikzahl *f*; **élever au ~** in die dritte Potenz erheben, hoch drei nehmen; **mètre ~** Kubikmeter *m*
cubique [kybik] *adj* würfelförmig
cubisme [kybism] *nm* Kubismus *m*
cubitus [kybitys] *nm* Elle *f*
cueillette [kœjɛt] *nf* Ernte *f*
cueillir [kœjiʀ] *vt* pflücken; *(prendre au passage)* einsammeln; *(fam : fig)* **~ qn** *(arrêter)* schnappen; **~ qc** *(lauriers, baiser)* einheimsen; *(ballon)* auffangen
cuiller [kɥijɛʀ] *nf* Löffel *m*; **~ à café** Kaffeelöffel, Teelöffel; **~ à soupe** Esslöffel
cuillerée [kɥijʀe] *nf* Löffel *m*
cuir [kɥiʀ] *nm* Leder *nt*
cuire [kɥiʀ] *vt (aliments)* kochen; *(au four)* backen
cuisant, e [kɥizɑ̃, ɑ̃t] *adj (douleur)* stechend, brennend; *(souvenir, échec)* schmerzlich
cuisine [kɥizin] *nf* Küche *f*; *(nourriture)* Kost *f*; **faire la ~** kochen
cuisiné, e [kɥizine] *adj* : **plat ~** Fertiggericht *nt*
cuisiner [kɥizine] *vt* zubereiten; *(fam : interroger)* ins Gebet *ou* Verhör nehmen ▶ *vi* kochen
cuisinette [kɥizinɛt] *nf* Kochnische *f*
cuisinier, -ière [kɥizinje, jɛʀ] *nm/f* Koch *m*, Köchin *f*
cuissard [kɥisaʀ] *nm* Radlerhose *f*
cuisse [kɥis] *nf* Oberschenkel *m*; *(de mouton)* Keule *f*; *(de poulet)* Schlegel *m*
cuit, e [kɥi, kɥit] *pp de* **cuire** ▶ *adj (légumes)* gekocht; *(pain)* gebacken; **bien ~** *(viande)* gut durchgebraten
cuivre [kɥivʀ] *nm* Kupfer *nt*; **les ~s** *(Mus)* die Blechbläser *pl*
cul [ky] *(vulg) nm* Arsch *m*; **~ de bouteille** Flaschenboden *m*
culasse [kylas] *nf (Auto)* Zylinderkopf *m*; *(de fusil)* Verschluss *m*
culbute [kylbyt] *nf (en jouant)* Purzelbaum *m*; *(accidentelle)* Sturz *m*
culbuter [kylbyte] *vi* hinfallen
culbuteur [kylbytœʀ] *nm (Auto)* Unterbrecherhebel *m*
cul-de-sac [kydsak] *(pl* **culs-de-sac***) nm* Sackgasse *f*
culinaire [kylinɛʀ] *adj* kulinarisch
culminant [kylminɑ̃] *adj* : **point ~** höchster Punkt *m*
culminer [kylmine] *vi* den höchsten Punkt erreichen
culot [kylo] *nm (d'ampoule)* Sockel *m*; *(fam : effronterie)* Frechheit *f*
culotte [kylɔt] *nf (pantalon)* Kniehose *f*; **petite ~** *(slip)* Schlüpfer *m*; **~ de cheval** Reithose *f*
culotté, e [kylɔte] *adj (pipe)* geschwärzt; *(cuir)* abgegriffen; *(effronté)* frech
culpabiliser [kylpabilize] *vt* : **~ qn** jdm Schuldgefühle geben
culpabilité [kylpabilite] *nf* Schuld *f*
culte [kylt] *nm* Verehrung *f*, Kult *m*; *(religion)* Religion *f*; *(service)* Gottesdienst *m*; **un film ~** ein Kultfilm
cultivateur, -trice [kyltivatœʀ, tʀis] *nm/f* Landwirt(in)
cultivé, e [kyltive] *adj (terre)* bebaut; *(personne)* kultiviert, gebildet
cultiver [kyltive] *vt (terre)* bebauen, bestellen; *(légumes etc)* anbauen, anpflanzen; *(esprit, mémoire)* entwickeln
culture [kyltyʀ] *nf* Kultur *f*; *(du blé etc)* Anbau *m*; **~ physique** Leibesübungen *pl*
culturel, le [kyltyʀɛl] *adj* kulturell
culturisme [kyltyʀism] *nm* Bodybuilding *nt*
culturiste [kyltyʀist] *nmf* Bodybuilder(in) *m(f)*
cumin [kymɛ̃] *nm* Kümmel *m*
cumuler [kymyle] *vt (emplois, honneurs)* gleichzeitig innehaben; *(salaires)* gleichzeitig beziehen
cupide [kypid] *adj* habgierig
cure [kyʀ] *nf* Kur *f*; *(maison)* Pfarrhaus *nt*; **faire une ~ de fruits** eine Obstkur machen; **n'avoir ~ de** sich nicht kümmern um; **~ de désintoxication** Entziehungskur *f*; **~ thermale** Badekur *f*
curé [kyʀe] *nm* Pfarrer *m*
cure-dents [kyʀdɑ̃] *nm* Zahnstocher *m*
cure-ongle [kyʀɔ̃gl] *(pl* **cure-ongles***) nm* Nagelreiniger *m*
cure-pipe [kyʀpip] *(pl* **cure-pipes***) nm* Pfeifenreiniger *m*
curer [kyʀe] *vt* säubern
curetage [kyʀtaʒ] *nm* Ausschabung *f*
curieusement [kyʀjøzmɑ̃] *adv* merkwürdigerweise
curieux, -euse [kyʀjø, jøz] *adj (étrange)* eigenartig, seltsam; *(indiscret, intéressé)* neugierig ▶ *nmpl (badauds)* Schaulustige *pl*
curiosité [kyʀjozite] *nf* Neugier(de) *f*; *(objet)* Kuriosität *f*; *(site)* Sehenswürdigkeit *f*
curiste [kyʀist] *nmf* Kurgast *m*
curling [kœʀliŋ] *nm* Eisschießen *nt*
curriculum vitae [kyʀikylɔmvite] *nm* Lebenslauf *m*

curry [kyʀi] *nm* Curry *m ou nt*
curseur [kyʀsœʀ] *nm* (*Inform*) Cursor *m*; **position du ~** Schreibstelle *f*
cursif, -ive [kyʀsif, iv] *adj* : **écriture cursive** kursive Schrift *f*
cursus [kyʀsys] *nm* Studiengang *m*
cuticule [kytikyl] *nf* Nagelhaut *f*
cutiréaction [kytiʀeaksjɔ̃] *nf* Hauttest *m*
cuve [kyv] *nf* Bottich *m*
cuvée [kyve] *nf* Jahrgang *m*
cuvette [kyvɛt] *nf* Becken *nt*
CV [seve] *sigle m* = **curriculum vitae** (= *cheval-vapeur*) PS *nt*
cyberattaque [sibɛʀatak] *nf* Cyberangriff *m*, Cyberattacke f
cybercafé [sibɛʀkafe] *nm* Internet-Café *nt*
cybercriminalité [sibɛʀkʀiminalite] *nf* Internetkriminalität *f*
cyberespace [sibɛʀɛspas] *nm* Cyberspace *m*
cyberfraude [sibɛʀfʀod] *nf* Computerbetrug m
cyberharcèlement [sibɛʀaʀsɛlmɑ̃] *nm* Cybermobbing *nt*
cyberintimidation [sibɛʀtimidasjɔ̃] *nf* Cybermobbing *nt*
cybernétique [sibɛʀnetik] *nf* Kybernetik *f*
cybersécurité [sibɛʀsekyʀite] *nf* Cybersicherheit *f*
cyclable [siklabl] *adj* : **piste ~** Radweg *m*
cyclamen [siklamɛn] *nm* Alpenveilchen *nt*
cycle [sikl] *nm* Zyklus *m*, Kreislauf *m*; (*vélo*) (Fahr)rad *nt*
cyclisme [siklism] *nm* Radfahren *nt*; (*Sport*) Radrennfahren *nt*
cycliste [siklist] *nmf* Radfahrer(in) *m(f)*
cyclomoteur [siklomɔtœʀ] *nm* Mofa *nt* (*bis 50 Kubik*)
cyclomotoriste [siklomɔtɔʀist] *nmf* Mofafahrer(in) *m(f)*
cyclone [siklon] *nm* Wirbelsturm *m*
cyclotourisme [sikloturism] *nm* Fahrradtourismus *m*
cygne [siɲ] *nm* Schwan *m*
cylindre [silɛ̃dʀ] *nm* Zylinder *m*
cylindrée [silɛ̃dʀe] *nf* Hubraum *m*
cymbale [sɛ̃bal] *nf* Becken *nt*
cynique [sinik] *adj* zynisch
cynisme [sinism] *nm* Zynismus *m*
cyprès [sipʀɛ] *nm* Zypresse *f*
cypriote [sipʀijɔt] *adj* zypriotisch
cyrillique [siʀilik] *adj* kyrillisch
cystite [sistit] *nf* Blasenentzündung *f*
cytise [sitiz] *nm* Goldregen *m*

d

D, d [de] *nm inv* D, d *nt*
d' [d] *prép voir* **de**
dactylo [daktilo] *nf* Stenotypistin *f*
dactylographier [daktilɔgʀafje] *vt* mit der Maschine schreiben
dada [dada] *nm* Steckenpferd *nt*
dahlia [dalja] *nm* Dahlie *f*
daigner [deɲe] *vt* : **~ faire qch** sich (dazu) herablassen, etw zu tun
daim [dɛ̃] *nm* Damhirsch *m*; (*peau*) Wildleder *nt*
dalle [dal] *nf* (Stein)platte *f*
Dalmatie [dalmasi] *nf* : **la ~** Dalmatien *nt*
dalmatien [dalmasjɛ̃] *nm* (*chien*) Dalmatiner *m*
daltonien, ne [daltɔnjɛ̃, jɛn] *adj* farbenblind
daltonisme [daltɔnism] *nm* Farbenblindheit *f*
dame [dam] *nf* Dame *f*; **dames** *nfpl* (*jeu*) Dame(spiel) *nt*
dame-jeanne [damʒɑn] (*pl* **dames-jeannes**) *nf* Korbflasche *f*
damier [damje] *nm* (*dessin*) Schachbrettmuster *nt*
damner [dɑne] *vt* verdammen
dancing [dɑ̃siŋ] *nm* Tanzlokal *nt*
dandiner [dɑ̃dine] : **se dandiner** *vpr* hin und her schwanken
Danemark [danmaʀk] *nm* : **le ~** Dänemark *nt*
danger [dɑ̃ʒe] *nm* Gefahr *f*; **~ de mort** Lebensgefahr *f*
dangereux, -euse [dɑ̃ʒʀø, øz] *adj* gefährlich
danois, e [danwa, waz] *adj* dänisch ▸ *nm/f* : **Danois, e** Däne *m*, Dänin *f*

MOT-CLÉ

dans [dɑ̃] *prép* **1** (*lieu : sans mouvement*) in +*dat*; **dans le tiroir** in der Schublade;

dans l'enveloppe im Umschlag; **dans la rue** auf der Straße; **je l'ai lu dans un journal** ich habe es in der Zeitung gelesen
2 (*lieu : avec mouvement*) in *+acc*; **mettre une lettre dans une enveloppe** einen Brief in einen Umschlag stecken; **dans la rue** auf die Straße; **monter dans une voiture/le bus** in ein Auto/den Bus einsteigen; **elle a couru dans le salon** sie ist ins Wohnzimmer gelaufen
3 (*lieu : provenance*) aus; **je l'ai pris dans le tiroir/salon** ich habe es aus der Schublade/dem Wohnzimmer geholt; **boire dans un verre** aus einem Glas trinken
4 (*temps*) in *+dat*; **dans deux mois** in zwei Monaten; **dans quelques instants** in einigen Augenblicken; **dans quelques jours** in einigen Tagen; **il part dans quinze jours** er fährt in vierzehn Tagen ab
5 (*approximation*) ungefähr; **dans les 20 euros/4 mois** etwa 20 Euro/4 Monate

danse [dɑ̃s] *nf* Tanz *m*; (*activité*) Tanzen *nt*
danser [dɑ̃se] *vt, vi* tanzen
danseur, -euse [dɑ̃sœʀ, øz] *nm/f* Tänzer(in)
Danube [danyb] *nm* Donau *f*
d'après [dapʀɛ] *prép voir* **après**
dard [daʀ] *nm* Stachel *m*
dare-dare [daʀdaʀ] (*fam*) *adv* auf die Schnelle
darne [daʀn] *nf* (Fisch)steak *nt*
date [dat] *nf* Datum *nt*; **de longue ~** langjährig; **~ limite** (Schluss)termin *m*; (*de conservation*) Haltbarkeitsdatum *nt*; **~ de naissance** Geburtsdatum *nt*
dater [date] *vt* datieren ▸ *vi* veraltet sein; **~ de** stammen aus; **à ~ de juin** von Juni an
datif [datif] *nm* Dativ *m*
datte [dat] *nf* Dattel *f*
dattier [datje] *nm* Dattelpalme *f*
dauber [dobe] (*fam*) *vi* stinken, miefen
dauphin [dofɛ̃] *nm* Delfin *m* ▸ *nm/f* (*Hist*) Dauphin *m*
davantage [davɑ̃taʒ] *adv* mehr; (*plus longtemps*) länger; **~ de** mehr
DDASS [das] *sigle f* (= *Direction départementale de l'action sanitaire et sociale*) ≈ Sozialamt *nt*

MOT-CLÉ

de [də] (*de* + *le* = **du**, *de* + *les* = **des**) *prép*
1 (*appartenance*) +*gén*; **le toit de la maison** das Dach des Hauses; **la voiture d'Anna** Annas Auto; **la voiture de mes parents** das Auto meiner Eltern
2 (*moyen*) : **suivre des yeux** mit den Augen folgen
3 (*provenance, point de départ*) aus; **il vient de Londres/d'Angleterre** er kommt aus London/England; **elle est sortie du cinéma** sie kam aus dem Kino; **de Paris à Nice** von Paris nach Nizza; **de la table à la fenêtre** vom Tisch (bis) zum Fenster; **tomber du ciel** vom Himmel fallen; **sauter du toit** vom Dach springen; **de 14 à 18 heures** von 14 bis 18 Uhr
4 (*caractérisation, mesure*) : **un mur de brique** eine Mauer aus Backsteinen, eine Backsteinmauer; **un billet de 50 euros** eine 50-Euro-Note; **12 mois de crédit/travail** 12 Monate Kredit/Arbeit; **3 jours de libres** 3 Tage frei; **une pièce de 2m de large** *ou* **large de 2m** ein 2 m breites Zimmer; **un bébé de 10 mois** ein 10 Monate altes Baby; **un séjour de deux ans** ein Aufenthalt von zwei Jahren, ein zweijähriger Aufenthalt; **augmenter de 10 euros** 10 Euro teurer werden; **être payé 20 euros de l'heure** 20 Euro pro Stunde *ou* die Stunde bekommen; **de nos jours** heutzutage
5 (*cause*) : **elle est morte d'une pneumonie** sie ist an einer Lungenentzündung gestorben; **elle est morte de peur** sie ist starr vor Schreck
6 (*avec infinitif*) zu; **il refuse de parler** er weigert sich zu reden; **il est impossible de partir aujourd'hui** es ist unmöglich heute abzufahren
▸ *art* 1 (*phrases affirmatives et interrogatives*) : **du vin/de l'eau/des pommes** Wein/Wasser/Äpfel; **des enfants sont venus** es sind Kinder gekommen; **il mange de tout** er isst von allem; **pendant des mois** monatelang; **y a-t-il du vin ?** ist Wein da?
2 (*phrases négatives et interro-négatives*) : **il ne veut pas d'enfants/de femme** er möchte keine Kinder/keine Frau; **il n'y a pas de vin/pommes ?** gibt es keinen Wein/keine Äpfel?; **il n'a pas de chance** er hat kein Glück

dé [de] *nm* Würfel *m*; (*à coudre*) Fingerhut *m*
dealer [dilœʀ] (*fam*) *nm* Dealer *m*
débâcle [debɑkl] *nf* (*dégel*) Eisschmelze *f*; (*Mil*) Debakel *nt*
déballer [debale] *vt* auspacken
débandade [debɑ̃dad] *nf* (wilde) Flucht *f*
débarbouiller [debaʀbuje] : **se débarbouiller** *vpr* sich waschen

d

débarcadère [debarkadɛr] *nm* Landungsbrücke *f*
débardeur, -euse [debardœr, øz] *nm/f* Docker(in) ▸ *nm* (*maillot*) Pullunder *m*
débarquement [debarkəmɑ̃] *nm* (*de personnes*) Aussteigen *nt*; (*arrivée*) Ankunft *f*; (*de marchandises*) Entladen *nt*; (*Mil*) Landung *f*
débarquer [debarke] *vt* ausladen ▸ *vi* von Bord gehen; (*fam* : *arriver*) (plötzlich) ankommen
débarras [debarɑ] *nm* Rumpelkammer *f*; **bon ~ !** den/die/das sind wir glücklich los!
débarrasser [debarɑse] *vt* (*local*) räumen; (*la table*) abräumen; **se débarrasser de** *vpr* loswerden; **~ qn de qch** jdm etw abnehmen
débat [deba] *nm* Debatte *f*; **~ télévisé** Fernsehdebatte *f*
débattre [debatr] *vt* diskutieren *ou* debattieren über +*acc*; **se débattre** *vpr* kämpfen
débauche [deboʃ] *nf* Ausschweifung *f*
débaucher [deboʃe] *vt* (*licencier*) entlassen
débile [debil] (*fam*) *adj* (*idiotisch*) schwachsinnig
débit [debi] *nm* (*de rivière, barrage etc*) Flussvolumen *nt*; (*élocution*) Redefluss *m*; (*d'un magasin*) Absatz *m*, Umsatz *m*; (*bancaire*) Soll *nt*; **~ de boissons** (Getränke)ausschank *m*; **~ de tabac** Tabakladen *m*; **haut ~** (*Internet*) Breitband-
débiter [debite] *vt* (*compte*) belasten; (*liquide, gaz*) ausstoßen; (*couper*) zerkleinern; (*vendre*) verkaufen
débiteur, -trice [debitœr, tris] *nm/f* Schuldner(in)
déblayer [debleje] *vt* räumen
débloquer [deblɔke] *vt* losmachen; (*prix, salaires*) freigeben; (*crédits*) bewilligen ▸ *vi* (*fam*) dummes Zeug daherreden
débogage [debɔgaʒ] *nm* (*Inform*) Fehlerbeseitigung *f*
déboguer [debɔge] *vt* (*Inform*) debuggen
déboires [debwar] *nmpl* Rückschläge *pl*
déboisement [debwazmɑ̃] *nm* Abholzen *nt*
déboiser [debwaze] *vt* abholzen
déboîter [debwate] *vi* (*Auto*) ausscheren; **se déboîter** *vpr* (*genou etc*) sich *dat* ausrenken *ou* auskugeln
débonnaire [debɔnɛr] *adj* sehr gutmütig
débordé, e [debɔrde] *adj* : **être ~** überlastet sein
déborder [debɔrde] *vi* (*rivière*) über die Ufer treten; (*eau, lait*) überlaufen; **~ (de) qch** über etw +*acc* hinausgehen; **~ de joie/zèle** sich vor Freude/Eifer überschlagen
débouché [debuʃe] *nm* (*gén pl* : *marché*) Absatzmarkt *m*; (*perspectives d'emploi*) (Berufs)aussichten *pl*
déboucher [debuʃe] *vt* frei machen; (*bouteille*) entkorken ▸ *vi* (*aboutir*) herauskommen; **~ sur** (*fig*) hinführen auf +*acc*
débourser [deburse] *vt* ausgeben
debout [d(ə)bu] *adv* : **être ~** stehen; (*levé, éveillé*) auf sein; **se mettre ~** aufstehen; **~ !** aufstehen!; **cette histoire ne tient pas ~** diese Geschichte ist doch nicht hieb- und stichfest
déboutonner [debutɔne] *vt* aufknöpfen
débraillé, e [debrɑje] *adj* schlampig
débrancher [debrɑ̃ʃe] *vt* abschalten
débrayage [debrɛjaʒ] *nm* (*Auto*) Kupplung *f*
débrayer [debreje] *vi* (*Auto*) kuppeln; (*cesser le travail*) die Arbeit niederlegen
débris [debri] *nm* (*fragment*) Scherbe *f* ▸ *nmpl* (*déchets*) Trümmer *pl*
débrouillard, e [debrujar, ard] *adj* einfallsreich, findig
débrouiller [debruje] *vt* klären; **se débrouiller** *vpr* zurechtkommen
début [deby] *nm* Anfang *m*, Beginn *m*; **débuts** *nmpl* (*Ciné, Sport etc*) Debüt *nt*
débutant, e [debytɑ̃, ɑ̃t] *nm/f* Anfänger(in)
débuter [debyte] *vi* anfangen
décade [dekad] *nf* (*10 jours*) 10 Tage *pl*; (*10 ans*) Dekade *f*
décadence [dekadɑ̃s] *nf* Dekadenz *f*
décaféiné, e [dekafeine] *adj* koffeinfrei
décalage [dekalaʒ] *nm* (*écart*) Unterschied *m*; **~ horaire** Zeitverschiebung *f*
décalcification [dekalsifikasjɔ̃] *nf* Kalkmangel *m*
décalcomanie [dekalkɔmani] *nf* Abziehbild *nt*
décaler [dekale] *vt* verschieben; **~ de 10 cm/2 h** um 10 cm/2 Stunden verschieben
décalitre [dekalitr] *nm* 10 Liter *pl*
décalquer [dekalke] *vt* abpausen; (*par pression*) durchpausen
décamètre [dekamɛtr] *nm* 10 Meter *pl*; (*chaîne ou ruban d'acier*) Metermaß *nt* (*von 10 m Länge*)
décamper [dekɑ̃pe] *vi* abziehen
décanter [dekɑ̃te] *vt* sich setzen lassen

décapiter [dekapite] *vt* enthaupten; (*par accident*) köpfen
décapotable [dekapɔtabl] *adj, nf*: **(voiture) ~** Kabriolett *nt*
décapsuler [dekapsyle] *vt* den Deckel abnehmen von
décapsuleur [dekapsylœʀ] *nm* Flaschenöffner *m*
décathlon [dekatlɔ̃] *nm* Zehnkampf *m*
décédé, e [desede] *adj* verstorben
décéder [desede] *vi* sterben
déceler [des(ə)le] *vt* entdecken; (*montrer*) erkennen lassen
décélérer [deseleʀe] *vi* langsamer werden
décembre [desɑ̃bʀ] *nm* Dezember *m*; *voir aussi* **juillet**
décemment [desamɑ̃] *adv* anständig; (*raisonnablement*) wirklich
décence [desɑ̃s] *nf* Anstand *m*
décennie [deseni] *nf* Jahrzehnt *nt*
décent, e [desɑ̃, ɑ̃t] *adj* anständig
décentralisation [desɑ̃tʀalizasjɔ̃] *nf* Dezentralisierung *f*
décentraliser [desɑ̃tʀalize] *vt* dezentralisieren
déception [desɛpsjɔ̃] *nf* Enttäuschung *f*
décerner [desɛʀne] *vt* (*prix*) verleihen
décès [desɛ] *nm* Ableben *nt*
décevant, e [des(ə)vɑ̃, ɑ̃t] *adj* enttäuschend
décevoir [des(ə)vwaʀ] *vt* enttäuschen
déchaîner [deʃene] *vt* auslösen; **se déchaîner** *vpr* (*tempête*) losbrechen; (*mer*) toben; (*passions, colère etc*) ausbrechen; (*se mettre en colère*) wütend werden
décharge [deʃaʀʒ] *nf* (*dépôt d'ordures*) Mülldeponie *f*; (*aussi* : **décharge électrique**) Schock *m*; **à la ~ de** zur Entlastung von
décharger [deʃaʀʒe] *vt* entladen; (*faire feu*) abfeuern; **~ qn de** jdn befreien von
décharné, e [deʃaʀne] *adj* hager
déchausser [deʃose] *vt* die Schuhe ausziehen *+dat*; (*skis*) ausziehen; **se déchausser** *vpr* (*personne*) (sich *dat*) die Schuhe ausziehen; (*dent*) wackelig werden
dèche [dɛʃ] (*fam*) *nf*: **être dans la ~** völlig abgebrannt *ou* pleite sein
déchéance [deʃeɑ̃s] *nf* Verfall *m*; **~ de nationalité** Entzug *m* der Staatsbürgerschaft
déchet [deʃɛ] *nm* Abfall *m*; **~s radioactifs** radioaktiver Müll *m*; **~s verts** Biomüll *m*
déchétarien, ne [deʃetaʀjɛ̃, jɛn] *nm/f* Freeganer(in)
déchetterie [deʃɛtʀi] *nf* Müllverwertungsanlage *f*
déchiffrer [deʃifʀe] *vt* entziffern; (*Mus*) vom Blatt lesen *ou* spielen
déchiqueter [deʃik(ə)te] *vt* zerreißen, zerfetzen
déchirant, e [deʃiʀɑ̃, ɑ̃t] *adj* herzzerreißend
déchirer [deʃiʀe] *vt* zerreißen; **se déchirer** *vpr* reißen; **se ~ un muscle/tendon** sich *dat* einen Muskel/eine Sehne zerren
décibel [desibɛl] *nm* Dezibel *nt*
décidé, e [deside] *adj* entschlossen; **c'est ~** es ist beschlossen
décidément [desidemɑ̃] *adv* wahrhaftig
décider [deside] *vt* beschließen; (*qn*) überreden; **se décider** *vpr* sich entschließen; **~ de qch** etw entscheiden; **se ~ à qch/faire qch** sich zu etw entschließen/sich entschließen, etw zu tun; **se ~ pour qch** sich für etw entscheiden
décideur [desidœʀ] *nm* Entscheidungsträger *m*
décilitre [desilitʀ] *nm* Deziliter *m*
décimal, e, -aux [desimal, o] *adj* dezimal
décimètre [desimɛtʀ] *nm* Dezimeter *m*; **double ~** *Lineal von 20 cm Länge*
décisif, -ive [desizif, iv] *adj* entscheidend
décision [desizjɔ̃] *nf* Entscheidung *f*; (*fermeté*) Entschiedenheit *f*
déclaration [deklaʀasjɔ̃] *nf* Erklärung *f*; **~ (d'amour)** Liebeserklärung *f*; **~ de décès/naissance** Meldung *f* (eines Todefalles/einer Geburt); **~ (de sinistre)** Schadensmeldung *f*
déclarer [deklaʀe] *vt* erklären; (*Admin : revenus, employés etc*) angeben; (*: décès, naissance*) melden; **se déclarer** *vpr* (*feu, maladie*) ausbrechen; (*amoureux*) eine Liebeserklärung machen; **se ~ prêt à** sich bereit erklären zu
déclasser [deklɑse] *vt* niedriger einstufen
déclencher [deklɑ̃ʃe] *vt* auslösen; (*Inform*) starten; **se déclencher** *vpr* losgehen
déclic [deklik] *nm* Auslöservorrichtung *f*; (*bruit*) Klicken *nt*
déclin [deklɛ̃] *nm* Niedergang *m*
déclinaison [deklinɛzɔ̃] *nf* Deklination *f*
décliner [dekline] *vi* (*santé*) sich verschlechtern; (*jour*) sich neigen; (*soleil*) sinken ▶ *vt* (*invitation, responsabilité*) ablehnen; (*identité*) angeben; (*Ling*) deklinieren
décocher [dekɔʃe] *vt* (*flèche*) abschießen; (*regard*) werfen
décodage [dekɔdaʒ] *nm* Decodierung *f*, Entschlüsselung *f*
décoder [dekɔde] *vt* decodieren
décodeur [dekɔdœʀ] *nm* Decoder *m*
décoiffer [dekwafe] *vt* : **~ qn** jdm die Haare zerzausen; **se décoiffer** *vpr* (*se découvrir*) den Hut abnehmen

décoincer [dekwɛ̃se] *(fam) vt* entspannen
décollage [dekɔlaʒ] *nm (avion)* Abflug *m*
décoller [dekɔle] *vt* lösen ▸ *vi (avion)* abheben; **se décoller** *vpr* sich lösen
décolleté, e [dekɔlte] *adj* ausgeschnitten ▸ *nm* Dekolleté *nt*
décoloniser [dekɔlɔnize] *vt* entkolonialisieren
décolorer [dekɔlɔʀe] *vt* bleichen; **se décolorer** *vpr* verblassen
décombres [dekɔ̃bʀ] *nmpl* Ruinen *pl*, Trümmer *pl*
décommander [dekɔmɑ̃de] *vt* abbestellen; *(réception)* absagen; **se décommander** *vpr* absagen
décompacter [dekɔ̃pakte] *vt (Inform)* entpacken
décomplexé, e [dekɔ̃plɛkse] *adj* ohne Komplexe; **la droite ~e** die Rechte ohne Komplexe
décomposé, e [dekɔ̃poze] *adj (visage)* verzerrt
décomposer [dekɔ̃poze] *vt* zerlegen; **se décomposer** *vpr* sich zersetzen, verwesen
décompresser [dekɔ̃pʀese] *vt* dekomprimieren
décompte [dekɔ̃t] *nm (déduction)* Abzug *m*; *(facture détaillée)* aufgeschlüsselte Rechnung *f*
décompter [dekɔ̃te] *vt* abziehen
déconcerter [dekɔ̃sɛʀte] *vt* aus der Fassung bringen
décongeler [dekɔ̃ʒ(ə)le] *vt* auftauen
décongestionner [dekɔ̃ʒɛstjɔne] *vt (Méd)* abschwellen lassen; *(rue)* entlasten
déconnecté, e [dekɔnɛkte] *adj (Inform)* offline, Offline-
déconnecter [dekɔnɛkte] : **se déconnecter** *vpr* sich ausloggen
déconner [dekɔne] *(vulg) vi (en parlant)* dummes Zeug reden; *(faire des bêtises)* Mist *ou* Unfug machen
déconnexion [dekɔnɛksjɔ̃] *nf* Abmelden *nt*; **droit à la ~** Recht *m* auf Feierabend
déconseiller [dekɔ̃seje] *vt* : **~ qch (à qn)** (jdm) von etw abraten
déconsidérer [dekɔ̃sideʀe] *vt* in Misskredit *ou* Verruf bringen
décontamination [dekɔ̃taminasjɔ̃] *nf* Entseuchung *f*
décontenancer [dekɔ̃t(ə)nɑ̃se] *vt* aus der Fassung bringen
décontracté, e [dekɔ̃tʀakte] *adj* entspannt
décontracter [dekɔ̃tʀakte] *vt* entspannen; **se décontracter** *vpr* sich entspannen
déconvenue [dekɔ̃v(ə)ny] *nf* Enttäuschung *f*
décor [dekɔʀ] *nm* Ausstattung *f*; *(Ciné)* Szene *f*; *(Théât)* Bühnenbild *nt*; **aller** *ou* **partir dans le ~** von der Straße abkommen
décorateur, -trice [dekɔʀatœʀ, tʀis] *nm/f* Dekorateur(in); *(Ciné)* Bühnenbildner(in)
décoratif, -ive [dekɔʀatif, iv] *adj* dekorativ
décoration [dekɔʀasjɔ̃] *nf (ornement)* Schmuck *m*; *(médaille)* Auszeichnung *f*
décorer [dekɔʀe] *vt* schmücken; *(médailler)* auszeichnen
décortiquer [dekɔʀtike] *vt (noix, crevettes)* schälen; *(fig)* analysieren
découcher [dekuʃe] *vi* auswärts schlafen
découdre [dekudʀ] *vt* auftrennen; **se découdre** *vpr* aufgehen
découler [dekule] *vi* : **~ de** folgen aus
découper [dekupe] *vt (article)* ausschneiden; *(volaille, viande)* zerteilen; **se découper** *vpr* : **se ~ sur** sich abheben von
découplé, e [dekuple] *adj* : **bien ~** wohlproportioniert
décourageant, e [dekuʀaʒɑ̃, ɑ̃t] *adj* entmutigend
découragement [dekuʀaʒmɑ̃] *nm* Entmutigung *f*
décourager [dekuʀaʒe] *vt* entmutigen; *(dissuader)* abhalten; **se décourager** *vpr* den Mut verlieren
découvert, e [dekuvɛʀ, ɛʀt] *adj* bloß; *(lieu)* kahl, nackt ▸ *nm (bancaire)* Kontoüberziehung *f*; **à ~** *(Mil)* ungeschützt; *(Comm)* überzogen
découvrir [dekuvʀiʀ] *vt* entdecken; *(enlever ce qui couvre ou protège)* aufdecken; **se découvrir** *vpr (ôter son chapeau)* den Hut lüften; *(se déshabiller)* sich ausziehen; *(au lit)* sich aufdecken; *(ciel)* sich aufklären; **~ que** entdecken *ou* herausfinden, dass
décret [dekʀɛ] *nm* Verordnung *f*
décréter [dekʀete] *vt* anordnen
décrire [dekʀiʀ] *vt* beschreiben
décrocher [dekʀɔʃe] *vt* herunternehmen ▸ *vi (téléphone)* abnehmen; *(fam : abandonner)* aufgeben
décroissance [dekʀwasɑ̃s] *nf* Postwachstum *nt*
décroître [dekʀwɑtʀ] *vi* abnehmen, zurückgehen
décrypter [dekʀipte] *vt* entziffern
déçu, e [desy] *pp de* **décevoir**
déculpabiliser [dekylpabilize] *vt* von Schuldgefühlen befreien
décupler [dekyple] *vt* verzehnfachen ▸ *vi* sich verzehnfachen

dédaigner [dedeɲe] *vt* verachten; **~ de faire qch** sich nicht herablassen, etw zu tun
dédaigneux, -euse [dedɛɲø, øz] *adj* verächtlich
dédain [dedɛ̃] *nm* Verachtung *f*
dédale [dedal] *nm* Labyrinth *nt*
dedans [dədɑ̃] *adv* innen ▸ *nm* Innere(s) *nt*; **là-~** dort drinnen; **au ~** drinnen
dédiaboliser [dedjabɔlize] *vt* entdämonisieren
dédicace [dedikas] *nf* Widmung *f*
dédicacer [dedikase] *vt* mit einer Widmung versehen
dédier [dedje] *vt* : **~ qch à** etw widmen *+dat*
dédire [dediʀ] : **se dédire** *vpr* sein Wort zurücknehmen
dédommagement [dedɔmaʒmɑ̃] *nm* Entschädigung *f*
dédommager [dedɔmaʒe] *vt* : **~ qn (de)** jdn entschädigen (für)
dédouaner [dedwane] *vt* zollamtlich abfertigen
dédoubler [deduble] *vt* (*classe, effectifs*) halbieren
dédramatiser [dedʀamatize] *vt* (*situation*) entschärfen
déductible [dedyktibl] *adj* (*Fin*) (von der Steuer) absetzbar
déduction [dedyksjɔ̃] *nf* (*d'argent*) Abzug *m*; (*raisonnement*) Folgerung *f*
déduire [dedɥiʀ] *vt* : **~ qch (de)** etw abziehen (von); (*conclure*) etw folgern (aus)
déesse [deɛs] *nf* Göttin *f*
défaillance [defajɑ̃s] *nf* Schwächeanfall *m*; (*technique*) Versagen *nt*
défaillir [defajiʀ] *vi* ohnmächtig werden
défaire [defɛʀ] *vt* (*installation, échafaudage etc*) abmontieren; (*paquet, bagages etc*) auspacken; (*nœud, vêtement*) aufmachen; **se défaire** *vpr* aufgehen; (*mariage etc*) zerbrechen; **se ~ de** loswerden
défait, e [defɛ, ɛt] *pp de* **défaire** ▸ *adj* (*visage*) verzerrt
défaitisme [defetism] *nm* Defätismus *m*
défaut [defo] *nm* Fehler *m*; (*Inform*) Vorgabe(einstellung) *f*; **en ~** im Unrecht; **faire ~** fehlen; **à ~ de** mangels *+gén*; **par ~** in Abwesenheit
défaveur [defavœʀ] *nf* Ungnade *f*
défavorable [defavɔʀabl] *adj* ungünstig
défavoriser [defavɔʀize] *vt* benachteiligen
défection [defɛksjɔ̃] *nf* Abfall *m*, Abtrünnigwerden *nt*; (*absence*) Nichterscheinen *nt*; **faire ~** abtrünnig werden *+dat*
défectueux, -euse [defɛktɥø, øz] *adj* defekt, fehlerhaft
défendre [defɑ̃dʀ] *vt* (*soutenir*) verteidigen; (*opinion, théorie*) vertreten; (*interdire*) untersagen, verbieten; **se défendre** *vpr* sich verteidigen; **~ à qn de faire qch** jdm verbieten, etw zu tun; **se ~ de/contre qch** (*se protéger*) sich vor etw *dat*/gegen etw schützen
défense [defɑ̃s] *nf* Verteidigung *f*; (*protection*) Schutz *m*; (*d'éléphant*) Stoßzahn *m*; **« ~ de fumer/cracher »** „Rauchen/Spucken verboten"
défenseur [defɑ̃sœʀ] *nm* Verteidiger *m*
défensif, -ive [defɑ̃sif, iv] *adj* (*arme, système*) Verteidigungs-; (*attitude*) defensiv ▸ *nf* : **être sur la défensive** in der Defensive sein
déférer [defeʀe] *vt* : **~ à** sich beugen *+dat*; **~ qn à la justice** jdn vor Gericht bringen
déferler [defɛʀle] *vi* (*vagues*) brechen; (*foule*) strömen
défi [defi] *nm* Herausforderung *f*; (*bravade*) Trotz *m*
défiance [defjɑ̃s] *nf* Misstrauen *nt*
déficeler [defis(ə)le] *vt* aufschnüren
déficience [defisjɑ̃s] *nf* Mangel *m*; **~ immunitaire** Immunschwäche *f*
déficient, e [defisjɑ̃, jɑ̃t] *adj* (*organisme, intelligence*) schwach; (*argumentation*) mangelhaft
déficit [defisit] *nm* Defizit *nt*
déficitaire [defisitɛʀ] *adj* Verlust-; (*année, récolte*) schlecht
défier [defje] *vt* herausfordern; (*fig*) trotzen *+dat*; **se défier de** *vpr* (*se méfier*) misstrauen *+dat*
défigurer [defigyʀe] *vt* entstellen
défilé [defile] *nm* (*Géo*) Enge *f*; (*soldats, manifestants*) Vorbeimarsch *m*
défiler [defile] *vi* vorbeiziehen, vorbeimarschieren; **faire ~ vers le bas/le haut** (*Inform*) nach unten/oben blättern *ou* scrollen; **se défiler** (*fam*) *vpr* sich verdrücken
définir [definiʀ] *vt* definieren
définitif, -ive [definitif, iv] *adj* endgültig
définition [definisjɔ̃] *nf* Definition *f*; (*de mots croisés*) Frage *f*; (*TV*) Bildauflösung *f*
définitive [definitiv] *nf* : **en ~** eigentlich
définitivement [definitivmɑ̃] *adv* endgültig
défiscaliser [defiskalize] *vt* von der Steuer befreien
déflorer [deflɔʀe] *vt* entjungfern

défoliant [defɔljɑ̃] *nm* Entlaubungsmittel *nt*
défoncer [defɔ̃se] *vt* (*caisse, porte*) aufbrechen; **se défoncer** *vpr* (*se donner à fond*) sich *dat* ein Bein ausreißen; (*fam : se droguer*) sich dopen
déforestation [defɔʀɛstasjɔ̃] *nf* Entwaldung *f*
déformation [defɔʀmasjɔ̃] *nf* Verformung *f*; **~ professionnelle** Berufsblindheit *f*
déformer [defɔʀme] *vt* aus der Form bringen; (*pensée, fait*) verdrehen; **se déformer** *vpr* sich verformen
défoulement [defulmɑ̃] *nm* Abreagieren *nt*
défouler [defule] : **se défouler** *vpr* sich abreagieren
défragmenter [defʀagmɑ̃te] *vt* (*Inform*) defragmentieren
défraîchir [defʀeʃiʀ] : **se défraîchir** *vpr* verbleichen, verschießen
défunt, e [defœ̃, œ̃t] *adj* verstorben
dégagé, e [degaʒe] *adj* klar; (*ton, air*) lässig, ungezwungen
dégagement [degaʒmɑ̃] *nm* : **voie de ~** Zufahrtsstraße *f*; **itinéraire de ~** Entlastungsroute *f*
dégager [degaʒe] *vt* (*délivrer*) befreien; (*désencombrer*) räumen; (*exhaler*) aussenden, ausströmen; **se dégager** *vpr* (*odeur*) sich ausbreiten; (*se libérer*) sich befreien; (*ciel*) sich aufklären
dégarnir [degaʀniʀ] *vt* (*vider*) leeren; **se dégarnir** *vpr* (*salle, rayons*) sich leeren; (*tempes, crâne*) sich lichten
dégâts [degɑ] *nmpl* Schaden *m*
dégel [deʒɛl] *nm* Tauwetter *nt*
dégeler [deʒ(ə)le] *vi* auftauen ▸ *vt* (*prix, dossiers*) freigeben; (*atmosphère*) entspannen
dégénéré, e [deʒeneʀe] *adj* degeneriert
dégénérer [deʒeneʀe] *vi* degenerieren; (*violence, situation*) ausarten
dégivrage [deʒivʀaʒ] *nm* Abtauen *nt*
dégivrer [deʒivʀe] *vt* abtauen, entfrosten
dégivreur [deʒivʀœʀ] *nm* Enteiser *m*
déglutir [deglytiʀ] *vi* (hinunter) schlucken
dégonflé, e [degɔ̃fle] *adj* (*pneu*) platt
dégonfler [degɔ̃fle] *vt* die Luft herauslassen aus; **se dégonfler** (*fam*) *vpr* kneifen
dégorger [degɔʀʒe] *vi* : **faire ~** (*Culin*) (ent)wässern
dégoter [degɔte] (*fam*) *vt* ausgraben
dégouliner [deguline] *vi* tropfen
dégourdi, e [deguʀdi] *adj* gewitzt, gerissen
dégourdir [deguʀdiʀ] : **se dégourdir** *vpr* : **se ~ les jambes** sich *dat* die Beine vertreten
dégoût [degu] *nm* Ekel *m*, Abneigung *f*
dégoûtant, e [degutɑ̃, ɑ̃t] *adj* widerlich; (*injuste*) empörend, gemein
dégoûté, e [degute] *adj* angewidert; **~ de** angewidert von
dégoûter [degute] *vt* anwidern, anekeln; (*fig*) empören; **se dégoûter** *vpr* : **se ~ de qch** etw *gén* überdrüssig werden; **~ qn de qch** jdm etw verleiden
dégradé [degʀade] *nm* Farbabstufung *f*; (*de coiffure*) Stufenschnitt *m*
dégrader [degʀade] *vt* (*Mil*) degradieren; (*abîmer*) verunstalten; (*avilir*) erniedrigen; **se dégrader** *vpr* (*relations, situation*) sich verschlechtern
dégraisser [degʀese] *vt* (*soupe*) entfetten
degré [dəgʀe] *nm* Grad *m*; (*escalier, échelon*) Stufe *f*; **équation du 1er/2ème ~** Gleichung *f* ersten/zweiten Grades; **alcool à 90 ~s** 90-prozentiger Alkohol *m*; **par ~(s)** nach und nach
dégringoler [degʀɛ̃gɔle] *vi* herunterpurzeln
dégriser [degʀize] *vt* nüchtern machen
déguerpir [degɛʀpiʀ] *vi* sich aus dem Staub machen
dégueulasse [degœlas] (*vulg*) *adj* widerlich
dégueuler [degœle] (*vulg*) *vi* kotzen
déguisement [degizmɑ̃] *nm* Verkleidung *f*
déguiser [degize] *vt* verkleiden; (*fig*) verschleiern; **se déguiser** *vpr* sich verkleiden
dégustation [degystasjɔ̃] *nf* : **~ de vin(s)** Weinprobe *f*
déguster [degyste] *vt* (*vin, fromage etc*) probieren; (*savourer*) genießen ▸ *vi* (*fam*) einstecken; **qu'est-ce qu'il a dégusté !** (*injures, coups*) er hat ganz schön einstecken müssen!
dehors [dəɔʀ] *adv* draußen ▸ *nmpl* Äußerlichkeiten *pl*; **mettre** *ou* **jeter ~** hinauswerfen; **en ~** nach draußen; **en ~ de** (*hormis*) mit Ausnahme von
déjà [deʒa] *adv* schon, bereits; **comment vous appelez-vous, ~ ?** wie war noch mal Ihr Name?
déjanté, e [deʒɑ̃te] (*fam*) *adj* ausgeflippt
déjeuner [deʒœne] *vi* zu Mittag essen; (*le matin*) frühstücken ▸ *nm* Mittagessen *nt*; **petit ~** Frühstück *nt*
déjouer [deʒwe] *vt* (*complot*) vereiteln; (*attention*) sich entziehen *+dat*

d

delà [dəla] *adv* : **par-~, au-~ de** jenseits *+gén*
délabré, e [delɑbʀe] *adj* (*maison, mur*) verfallen, baufällig; (*mobilier*) klapperig; (*matériel*) brüchig
délabrement [delɑbʀəmɑ̃] *nm* Baufälligkeit *f*
délabrer [delɑbʀe] : **se délabrer** *vpr* verfallen, herunterkommen
délai [delɛ] *nm* Frist *f*; **sans ~** unverzüglich; **à bref ~** kurzfristig; **dans les ~s** innerhalb der Frist
délaisser [delese] *vt* vernachlässigen
délasser [delɑse] *vt* entspannen
délavé, e [delave] *adj* verwaschen
délayer [deleje] *vt* (*Culin*) mit Wasser verrühren; (*couleur, peinture*) verdünnen; (*fig*) strecken, ausdehnen
delco® [dɛlko] *nm* (*Auto*) Verteiler *m*
délégation [delegasjɔ̃] *nf* (*groupe*) Delegation *f*, Abordnung *f*; (*de pouvoirs, autorité*) Übertragung *f*; **~ de pouvoir** (*document*) Vollmacht *f*
délégué, e [delege] *nm/f* Vertreter(in); **ministre ~ à la Culture** Minister *m* mit dem Kulturaufgabenbereich
déléguer [delege] *vt* delegieren
délibération [delibeʀasjɔ̃] *nf* [delibeʀasjɔ̃] (*réflexions*) Beratung *f*
délibéré, e [delibeʀe] *adj* (*conscient*) absichtlich
délibérément [delibeʀemɑ̃] *adv* mit Absicht, bewusst
délibérer [delibeʀe] *vi* sich beraten
délicat, e [delika, at] *adj* (*odeur, goût*) fein; (*peau, fleur, santé*) zart; (*manipulation, problème*) delikat, heikel; (*embarrassant*) peinlich; (*attentionné*) feinfühlig
délicatesse [delikatɛs] *nf* Feinfühligkeit *f*
délice [delis] *nm* Freude *f*; **délices** *nfpl* Genüsse *pl*
délicieusement [delisjøzmɑ̃] *adv* wunderbar
délicieux, -euse [delisjø, jøz] *adj* köstlich; (*sensation, femme, robe*) wunderbar
délimiter [delimite] *vt* abgrenzen
délinquance [delɛ̃kɑ̃s] *nf* Kriminalität *f*; **~ juvénile** Jugendkriminalität *f*
délinquant, e [delɛ̃kɑ̃, ɑ̃t] *nm/f* Delinquent(in)
délire [deliʀ] *nm* (*fièvre*) Delirium *nt*
délirer [deliʀe] (*fig*) *vi* spinnen
délit [deli] *nm* Delikt *nt*, Straftat *f*; **commettre un ~** eine Straftat begehen; **~ de fuite** Fahrerflucht *f*
délivrer [delivʀe] *vt* entlassen; (*passeport, certificat*) ausstellen; **~ qn de** jdn befreien von
délocalisation [delɔkalizasjɔ̃] *nf* Auslagerung *f*
délocaliser [delɔkalize] *vt* ins Ausland verlagern ▶ *vi* auslagern
déloger [delɔʒe] *vt* (*ennemi*) vertreiben; (*locataire*) ausquartieren
deltaplane® [dɛltaplan] *nm* Deltaflieger *m*, (Flug)drachen *m*
déluge [delyʒ] *nm* (*Bible*) Sintflut *f*; **un ~ de** eine Flut von
déluré, e [delyʀe] *adj* clever; (*péj*) dreist
demain [d(ə)mɛ̃] *adv* morgen; **~ matin/midi/soir** morgen früh/Mittag/Abend; **à ~ !** bis morgen!
demande [d(ə)mɑ̃d] *nf* Forderung *f*; (*Admin : formulaire*) Antrag *m*; **la ~** (*Écon*) die Nachfrage *f*; **~ d'emploi** (*candidature*) Bewerbung *f*; **« ~s d'emploi »** „Stellengesuche"
demandé, e [d(ə)mɑ̃de] *adj* : **très ~** sehr gefragt
demander [d(ə)mɑ̃de] *vt* bitten um; (*renseignement*) fragen nach; (*salaire*) verlangen; (*exiger*) fordern; (*personnel*) suchen; (*nécessiter*) erfordern; **~ qch à qn** jdn um etw bitten; **~ à qn de faire qch** jdn darum bitten, etw zu tun; **cela demande de la patience/beaucoup de temps** das erfordert Geduld/viel Zeit haben; **~ que** verlangen, dass; **~ la main de qn** um jds Hand anhalten; **se demander** *vpr* : **se ~ si/pourquoi** sich fragen, ob/warum; **on vous demande au téléphone** Sie werden am Telefon verlangt
demandeur, -euse [dəmɑ̃dœʀ, øz] *nm/f* : **~ d'emploi** Stellensuchende(r) *f(m)*
démangeaison [demɑ̃ʒɛzɔ̃] *nf* Jucken *nt*
démanger [demɑ̃ʒe] *vi* jucken
démanteler [demɑ̃t(ə)le] *vt* (*bâtiment*) demontieren; (*organisation*) auflösen
démaquillant, e [demakijɑ̃, ɑ̃t] *adj* Reinigungs-
démaquiller [demakije] : **se démaquiller** *vpr* sich abschminken
démarchage [demaʀʃaʒ] *nm* (*Comm*) Haustürhandel *m*; **~ téléphonique** Telefonmarketing *nt*
démarche [demaʀʃ] *nf* (*allure*) Gang *m*; (*intellectuelle etc*) Denkweise *f*; **faire** *ou* **entreprendre des ~s auprès de qn** bei jdm vorstellig werden
démarquer [demaʀke] *vt* (*prix*) heruntersetzen; (*joueur*) freispielen
démarrage [demaʀaʒ] *nm* Anfahren *nt*

démarrer [demaʀe] *vi* starten ▸ *vt* (*voiture*) anlassen; (*Inform, Tech*) hochfahren; (*travail*) in die Wege leiten
démarreur [demaʀœʀ] *nm* Anlasser *m*
démasquer [demaske] *vt* entlarven
démêler [demele] *vt* entwirren
démêlés [demele] *nmpl* Auseinandersetzung *f*; **avoir des ~ avec la justice** mit dem Gericht zu tun haben
déménagement [demenaʒmɑ̃] *nm* Umzug *m*; **camion de ~** Möbelwagen *m*
déménager [demenaʒe] *vi* umziehen ▸ *vt* (*meubles*) umziehen
déménageur, -euse [demenaʒœʀ] *nm/f* Möbelpacker(in); (*entreprise*) Möbelspediteur *m*
démence [demɑ̃s] *nf* Demenz *f*; **~ sénile** Altersdemenz *f*
démener [dem(ə)ne] : **se démener** *vpr* (*remuer*) um sich schlagen
dément, e [demɑ̃, ɑ̃t] *adj* irre
démentir [demɑ̃tiʀ] *vt* (*nier*) dementieren; (*contredire*) widerlegen
démerder [demɛʀde] (*vulg*) *vi* : **se démerder** *vpr* sich durchschlagen
démesure [dem(ə)zyʀ] *nf* Maßlosigkeit *f*
démettre [demɛtʀ] *vt* : **~ qn de** jdn entheben *+gén*; **se démettre** *vpr* (*épaule etc*) sich *dat* ausrenken; **se ~ de ses fonctions** das *ou* sein Amt niederlegen
demeurant [d(ə)mœʀɑ̃] : **au ~** *adv* im Übrigen
demeure [d(ə)mœʀ] *nf* Wohnung *f*, Wohnsitz *m*; **mettre qn en ~ de faire qch** jdn anweisen, etw zu tun
demeurer [d(ə)mœʀe] *vi* (*habiter*) wohnen; (*rester*) bleiben
demi, e [d(ə)mi] *adj* : **trois jours/bouteilles et ~(e)** dreieinhalb Tage/Flaschen ▸ *nm* (*bière*) kleines Bier *nt* ▸ *adv* halb; **il est 2 heures et ~e/midi et ~** es ist halb drei/eins; **à ~** *adj* halb-; **à la ~e** (*heure*) um halb
demi- [d(ə)mi] *préf* Halb-
demi-cercle [d(ə)misɛʀkl] (*pl* **demi-cercles**) *nm* Halbkreis *m*
demi-douzaine [d(ə)miduzɛn] (*pl* **demi-douzaines**) *nf* halbe(s) Dutzend *nt*
demi-finale [d(ə)mifinal] (*pl* **demi-finales**) *nf* Halbfinale *nt*
demi-frère [d(ə)mifʀɛʀ] (*pl* **demi-frères**) *nm* Halbbruder *m*
demi-heure [d(ə)mijœʀ] (*pl* **demi-heures**) *nf* halbe Stunde *f*
demi-jour [d(ə)miʒuʀ] (*pl* **demi-jour(s)**) *nm* Zwielicht *nt*
demi-journée [d(ə)miʒuʀne] (*pl* **demi-journées**) *nf* halbe(r) Tag *m*
démilitariser [demilitaʀize] *vt* entmilitarisieren
demi-litre [d(ə)militʀ] (*pl* **demi-litres**) *nm* halbe(r) Liter *m*
demi-mot [d(ə)mimo] **à ~** *adv* andeutungsweise
demi-pension [d(ə)mipɑ̃sjɔ̃] (*pl* **demi-pensions**) *nf* Halbpension *f*
démis, e [demi, iz] *pp de* **démettre** ▸ *adj* (*épaule etc*) ausgerenkt
demi-saison [d(ə)misɛzɔ̃] (*pl* **demi-saisons**) *nf* : **vêtements de ~** Übergangskleidung *f*
demi-sec [d(ə)misɛk] *adj* (*vin*) halbtrocken
demi-sel [d(ə)misɛl] *adj inv* (*beurre, fromage*) leicht gesalzen
démission [demisjɔ̃] *nf* Rücktritt *m*, Kündigung *f*; **donner sa ~** seinen Rücktritt erklären
démissionner [demisjɔne] *vi* zurücktreten
demi-tarif [d(ə)mitaʀif] (*pl* **demi-tarifs**) *nm* halber Preis *m*
demi-tour [d(ə)mituʀ] (*pl* **demi-tours**) *nm* Kehrtwendung *f*; **faire ~** umkehren
démocrate [demɔkʀat] *adj* demokratisch ▸ *nmf* Demokrat(in) *m(f)*
démocratie [demɔkʀasi] *nf* Demokratie *f*
démocratique [demɔkʀatik] *adj* demokratisch
démocratiser [demɔkʀatize] *vt* demokratisieren
démodé, e [demɔde] *adj* altmodisch
démographique [demɔgʀafik] *adj* demografisch; **poussée ~** Bevölkerungszuwachs *m*
demoiselle [d(ə)mwazɛl] *nf* Fräulein *nt*; **~ d'honneur** Ehrenjungfrau *f*
démolir [demɔliʀ] *vt* abreißen, einreißen; (*fig*) vernichten
démolition [demɔlisjɔ̃] *nf* (*de bâtiment*) Abbruch *m*; **entreprise de ~** Abbruchunternehmen *nt*
démon [demɔ̃] *nm* Dämon *m*; (*enfant*) (kleiner) Teufel *m*
démoniaque [demɔnjak] *adj* teuflisch
démonstrateur, -trice [demɔ̃stʀatœʀ, tʀis] *nm/f* Vorführer(in)
démonstration [demɔ̃stʀasjɔ̃] *nf* Demonstration *f*, Vorführung *f*
démonté, e [demɔ̃te] *adj* (*mer*) tobend; (*fig*) rasend
démonter [demɔ̃te] *vt* auseinandernehmen; **se démonter** *vpr* (*personne*) die Fassung verlieren
démontrer [demɔ̃tʀe] *vt* beweisen

d

démoralisant, e [demɔʀalizɑ̃, ɑ̃t] *adj* entmutigend
démoraliser [demɔʀalize] *vt* entmutigen
démordre [demɔʀdʀ] *vi* : **ne pas ~ de** beharren auf *+dat*
démouler [demule] *vt* aus der Form nehmen
démuni, e [demyni] *adj* mittellos; **les plus ~s** die Bedürftigsten
démunir [demyniʀ] *vt* (*de qch*) berauben *+gén*
dénazification [denazifikasjɔ̃] *nf* Entnazifizierung *f*
dénégations [denegasjɔ̃] *nfpl* Leugnen *nt*
dénicher [deniʃe] *vt* aufstöbern, auftreiben
denier [dənje] *nm* : **de ses (propres) ~s** mit seinem eigenen Geld; **~s publics** öffentliche Mittel *pl*
dénier [denje] *vt* leugnen; **~ qch à qn** jdm etw verweigern
dénigrement [denigʀəmɑ̃] *nm* Verunglimpfung *f*; **campagne de ~** Hetzkampagne *f*
dénombrer [denɔ̃bʀe] *vt* zählen; (*énumérer*) aufzählen
dénominateur [denɔminatœʀ] *nm* Nenner *m*
dénomination [denɔminasjɔ̃] *nf* Bezeichnung *f*
dénommé, e [denɔme] *adj* : **le ~ Dupont** ein gewisser Dupont
dénoncer [denɔ̃se] *vt* (*personne*) anzeigen; (*abus, erreur*) anprangern; **se dénoncer** *vpr* sich stellen
dénonciation [denɔ̃sjasjɔ̃] *nf* Denunziation *f*
dénoter [denɔte] *vt* verraten
dénouement [denumɑ̃] *nm* Ausgang *m*
dénouer [denwe] *vt* aufknoten
dénoyauter [denwajote] *vt* entsteinen
denrée [dɑ̃ʀe] *nf* Lebensmittel *nt*; **~s alimentaires** Nahrungsmittel *pl*
dense [dɑ̃s] *adj* dicht
densité [dɑ̃site] *nf* Dichte *f*
dent [dɑ̃] *nf* Zahn *m*; **avoir les ~s longues** den Hals nicht voll kriegen; **être sur les ~s** auf dem Zahnfleisch gehen; **à belles ~s** mit sichtlichem Genuss; **en ~s de scie** gezackt; **~ de lait** Milchzahn *m*; **~ de sagesse** Weisheitszahn *m*
dentaire [dɑ̃tɛʀ] *adj* Zahn-
denté, e [dɑ̃te] *adj* : **roue ~e** Zahnrad *nt*
dentelé, e [dɑ̃t(ə)le] *adj* gezackt
dentelle [dɑ̃tɛl] *nf* Spitze *f*; **ne pas faire dans la ~** (*fam*) sich wie ein Elefant im Porzellanladen benehmen
dentier [dɑ̃tje] *nm* Gebiss *nt*
dentifrice [dɑ̃tifʀis] *nm* Zahnpasta *f*
dentiste [dɑ̃tist] *nmf* Zahnarzt *m*, Zahnärztin *f*
dentition [dɑ̃tisjɔ̃] *nf* (*dents*) Zähne *pl*
dénucléariser [denykleaʀize] *vt* atomwaffenfrei machen
dénudé, e [denyde] *adj* kahl
dénuder [denyde] *vt* (*corps*) entblößen
dénué, e [denɥe] *adj* : **~ de** ohne
dénuement [denymɑ̃] *nm* bittere Not *f*, Elend *nt*
déodorant [deɔdɔʀɑ̃] *nm* Deodorant *nt*; **~ à bille** Deoroller *m*
déontologie [deɔ̃tɔlɔʒi] *nf* Berufsethos *nt*
dépannage [depanaʒ] *nm* Reparatur *f*; **service de ~** (*Auto*) Pannendienst *m*
dépanner [depane] *vt* (*voiture, télévision*) reparieren; (*automobiliste*) (bei einer Panne) helfen *+dat*; (*fam*) aus der Patsche helfen *+dat*
dépanneur [depanœʀ] *nm* Pannenhelfer(in) *m(f)*; (*TV*) Fernsehmechaniker(in) *m(f)*
dépanneuse [depanøz] *nf* Abschleppwagen *m*
déparer [depaʀe] *vt* verderben
départ [depaʀ] *nm* Abreise *f*; (*Sport*) Start *m*; (*sur un horaire*) Abfahrt *f*; **au ~** zu Beginn; **tableau des ~s** (*à la gare*) Abfahrtstafel *m*; (*à l'aéroport*) Abflugtafel *m*
départager [depaʀtaʒe] *vt* entscheiden zwischen *+dat*
département [depaʀtəmɑ̃] *nm* (*de ministère*) Abteilung *f*; (*en France*) Departement *nt*, ≈ Regierungsbezirk *m*; **~ d'outre-mer** *in Übersee gelegenes Departement*

> **Les départements** sind die 101 Gebietskörperschaften, in die Frankreich aufgeteilt ist. Diese **départements** werden von ernannten *préfets* geleitet und von einem gewählten *Conseil général* verwaltet. Die **départements** werden meistens nach geografischen Besonderheiten, wie einem Fluss oder einer Gebirgskette benannt.

départir [depaʀtiʀ] : **se ~ de** *vpr* verlieren
dépassé, e [depɑse] *adj* veraltet, überholt; (*affolé*) überfordert
dépassement [depɑsmɑ̃] *nm* Überschreitung *f*
dépasser [depɑse] *vt* überholen; (*endroit*) vorübergehen an *+dat*; (*somme, limite fixée, prévisions*) überschreiten; (*en intelligence, beauté etc*) übertreffen ▶ *vi*

(*ourlet, jupon*) hervorschauen; **cela me dépasse** das geht über meinen Verstand
dépaysé, e [depeize] *adj* verloren
dépaysement [depeizmɑ̃] *nm* Verwirrung *f*
dépayser [depeize] *vt* verwirren
dépecer [depəse] *vt* zerlegen
dépêcher [depeʃe] *vt* senden, schicken; **se dépêcher** *vpr* sich beeilen
dépeindre [depɛ̃dʀ] *vt* schildern
dépénalisation [depenalizasjɔ̃] *nf* Entkriminalisierung *f*
dépendre [depɑ̃dʀ] *vt* (*tableau*) abhängen, abnehmen ▸ *vi* : **~ de** abhängen von; (*financièrement*) abhängig sein von; **ça dépend** das kommt ganz drauf an
dépens [depɑ̃] *nmpl* : **aux ~ de qn** auf jds Kosten *acc*
dépense [depɑ̃s] *nf* Ausgabe *f*; **~ énergétique** Energiekosten *pl*; **~s publiques** Staatsausgaben *pl*
dépenser [depɑ̃se] *vt* ausgeben *pl*; **se dépenser** *vpr* sich anstrengen *pl*
dépensier, -ière [depɑ̃sje, jɛʀ] *adj* verschwenderisch
dépérir [depeʀiʀ] *vi* verkümmern
dépeupler [depœple] *vt* entvölkern; **se dépeupler** *vpr* sich entvölkern
déphasé, e [defɑze] *adj* phasenverschoben; (*désorienté*) aus dem Tritt
dépilatoire [depilatwaʀ] *adj* : **crème/lait ~** Enthaarungscreme *f*/-milch *f*
dépistage [depistaʒ] *nm* (*Méd*) Früherkennung *f*; **~ du cancer** Krebsvorsorge *f*
dépister [depiste] *vt* (*Méd*) erkennen; (*voleur*) finden
dépit [depi] *nm* : **par ~** aus Trotz; **en ~ de** (*malgré*) trotz +*gén*; **en ~ du bon sens** gegen alle Vernunft
dépité, e [depite] *adj* verärgert
déplacé, e [deplase] *adj* (*inopportun*) unangebracht, deplatziert
déplacement [deplasmɑ̃] *nm* (*voyage*) Reise *f*
déplacer [deplase] *vt* umstellen; (*employé*) versetzen; **se déplacer** *vpr* (*voyager*) verreisen
déplaire [deplɛʀ] *vi* : **~ à qn** jdm nicht gefallen
dépliant [deplijɑ̃] *nm* Faltblatt *nt*
déplier [deplije] *vt* auseinanderfalten; **se déplier** *vpr* (*parachute*) sich entfalten
déploiement [deplwamɑ̃] *nm* Ausbreiten *nt*; (*Mil*) Einsatz *m*
déplomber [deplɔ̃be] *vt* (*caisse, compteur*) das Siegel entfernen von
déplorable [deplɔʀabl] *adj* (*triste*) beklagenswert; (*blâmable*) bedauerlich
déplorer [deplɔʀe] *vt* bedauern
déployer [deplwaje] *vt* (*aile, carte*) ausbreiten; (*troupes*) einsetzen
dépolluer [depɔlɥe] *vt* reinigen
déporter [depɔʀte] *vt* (*Pol*) deportieren; (*voiture*) vom Weg abbringen
déposer [depoze] *vt* (*mettre, poser*) legen, stellen; (*à la banque*) einzahlen; (*à la consigne*) aufgeben; (*passager, roi*) absetzen; (*faire enregistrer*) einreichen ▸ *vi* (*vin etc*) sich absetzen; **~ (contre)** (*Jur*) aussagen (gegen); **se déposer** *vpr* (*calcaire, poussière*) sich ablagern
déposition [depozisjɔ̃] *nf* Aussage *f*
déposséder [depɔsede] *vt* enteignen
dépôt [depo] *nm* (*de sable, poussière*) Ablagerung *f*; (*entrepôt, réserve*) (Waren)lager *nt*; **~ de bilan** Konkursanmeldung *f*
dépotoir [depɔtwaʀ] *nm* Müllabladeplatz *m*
dépouille [depuj] *nf* abgezogene Haut *f*; **~ (mortelle)** sterbliche Überreste *pl*
dépouillé, e [depuje] *adj* (*style*) nüchtern
dépouiller [depuje] *vt* (*animal*) häuten; (*personne*) berauben; (*résultats, documents*) sorgfältig durchsehen
dépourvu, e [depuʀvy] *adj* : **~ de** ohne ▸ *nm* : **prendre qn au ~** jdn unvorbereitet finden
dépraver [depʀave] *vt* verderben
déprécier [depʀesje] *vt* (*personne*) herabsetzen; (*chose*) entwerten; **se déprécier** *vpr* an Wert verlieren
dépressif, -ive [depʀesif, iv] *adj* depressiv
dépression [depʀesjɔ̃] *nf* (*Psych*) Depression *f*; (*creux*) Vertiefung *f*; (*Écon*) Flaute *f*; (*Météo*) Tief(druckgebiet) *nt*; **faire une ~ nerveuse** einen Nervenzusammenbruch haben
déprimant, e [depʀimɑ̃, ɑ̃t] *adj* deprimierend
déprime [depʀim] (*fam*) *nf* : **faire de la ~** ein Tief haben
déprimé, e [depʀime] *adj* deprimiert
déprimer [depʀime] *vt* deprimieren
dépt *abr* = **département**

MOT-CLÉ

depuis [dəpɥi] *prép* **1** (*temps*) seit; **il habite Paris depuis 1983** er wohnt seit 1983 in Paris; **il habite Paris depuis 5 ans/l'an dernier** er lebt seit 5 Jahren/seit letztem Jahr in Paris; **depuis quand le connaissez-vous ?** seit wann kennen Sie ihn?

2 (*lieu*) : **elle a téléphoné depuis Valence** sie hat aus Valence angerufen; **il a plu depuis Metz** ab Metz hat es (nur) geregnet
3 (*quantité, rang*) von; **depuis les plus petits jusqu'aux plus grands** vom Kleinsten bis zum Größten
▸ *adv* (*temps*) seither, seitdem; **je ne lui ai pas parlé depuis** ich habe seitdem *ou* seither nicht mehr mit ihm/ihr gesprochen; **depuis lors** seitdem; **depuis que** seit; **depuis qu'il me l'a dit** seit er es mir gesagt hat

député, e [depyte] *nm/f* Abgeordnete(r) *f(m)*; **~(e) au Parlement européen** Europaabgeordnete(r) *f(m)*
déraciner [deʀasine] *vt* entwurzeln
déradicaliser [deʀadikalize] *vt* entradikalisieren
dérailler [deʀɑje] *vi* entgleisen
dérailleur [deʀɑjœʀ] *nm* Kettenschaltung *f*
déraisonner [deʀɛzɔne] *vi* Unsinn reden
dérangement [deʀɑ̃ʒmɑ̃] *nm* Störung *f*; **en ~** (*téléphone*) gestört
déranger [deʀɑ̃ʒe] *vt* (*objets*) durcheinanderbringen; (*personne*) stören; **est-ce que cela vous dérange si ... ?** stört es Sie, wenn ...?; **excusez-moi de vous ~** (*au téléphone*) entschuldigen Sie die Störung
déraper [deʀape] *vi* (*voiture*) schleudern; (*personne*) ausrutschen
déréglé, e [deʀegle] *adj* : **ma montre est ~e** meine Uhr geht falsch; **le mécanisme est ~** der Mechanismus funktioniert nicht richtig
déréglementation [deʀegləmɑ̃tasjɔ̃] *nf* Deregulierung *f*
dérégler [deʀegle] *vt* (*mécanisme*) außer Betrieb setzen
déréguler [deʀegyle] *vt* deregulieren
dérider [deʀide] : **se dérider** *vpr* fröhlicher werden
dérision [deʀizjɔ̃] *nf* Spott *m*; **tourner en ~** verspotten
dérisoire [deʀizwaʀ] *adj* lächerlich
dérivatif [deʀivatif] *nm* Ablenkung *f*
dérive [deʀiv] *nf* : **aller à la ~** sich treiben lassen
dérivé, e [deʀive] *adj* (*Ling, Math*) abgeleitet; (*Chim*) derivativ ▸ *nm* (*Ling*) Derivat *nt*
dériver [deʀive] *vt* (*Math, Ling*) ableiten; (*cours d'eau etc*) umleiten ▸ *vi* (*bateau, avion*) abgetrieben werden; **~ de** stammen von; (*Ling*) sich ableiten von
dermatite [dɛʀmatit] *nf* Hautentzündung *f*
dermatologue [dɛʀmatɔlɔg] *nmf* Hautarzt *m*, Hautärztin *f*
dermatose [dɛʀmatoz] *nf* Hautkrankheit *f*
dernier, -ière [dɛʀnje, jɛʀ] *adj* letzte(r, s); **lundi/le mois ~** letzten *ou* vorigen Montag/Monat; **du ~ chic** äußerst chic *ou* schick; **en ~** zuletzt; **ce ~** Letzerer
dernièrement [dɛʀnjɛʀmɑ̃] *adv* kürzlich
dernier-né, dernière-née [dɛʀnjene, dɛʀnjɛʀne] (*pl* **derniers-nés, dernières-nées**) *nm/f* Letztgeborene(r) *f(m)*; (*fig*) Neueste(r) *f(m)*
dérobé, e [deʀɔbe] *adj* (*porte, escalier*) geheim, versteckt ▸ *nf* : **à la ~e** verstohlen, heimlich
dérober [deʀɔbe] *vt* stehlen; **se dérober** *vpr* sich wegstehlen; **se ~ à** sich entziehen +*dat*
déroger [deʀɔʒe] *vi* : **~ à** abweichen von
dérouler [deʀule] *vt* aufrollen; **se dérouler** *vpr* stattfinden
déroutant, e [deʀutɑ̃, ɑ̃t] *adj* verwirrend
déroute [deʀut] *nf* Debakel *nt*
dérouter [deʀute] *vt* umleiten; (*personne*) aus der Fassung bringen
derrick [deʀik] *nm* Bohrturm *m*
derrière [dɛʀjɛʀ] *prép* hinter +*dat*; (*direction*) hinter +*acc* ▸ *adv* hinten ▸ *nm* Rückseite *f*; (*postérieur*) Hinterteil *nt*; **les pattes de ~** die Hinterbeine *pl*; **par ~** von hinten
des [de] *voir* **de**
dès [dɛ] *prép* ab; **~ que** sobald; **~ son retour** gleich nach seiner Rückkehr; **~ lors** seitdem
désabusé, e [dezabyze] *adj* desillusioniert
désaccord [dezakɔʀ] *nm* Meinungsverschiedenheit *f*; (*contraste*) Diskrepanz *f*; **être en ~ avec qn** mit jm uneinig sein
désaccordé, e [dezakɔʀde] *adj* verstimmt
désactiver [dezaktive] *vt* (*Inform*) deaktivieren
désaffecté, e [dezafɛkte] *adj* (*église, gare etc*) leer stehend
désagréable [dezagʀeabl] *adj* unangenehm; (*personne aussi*) unfreundlich
désagréger [dezagʀeʒe] : **se désagréger** *vpr* auseinanderbröckeln
désagrément [dezagʀemɑ̃] *nm* Unannehmlichkeit *f*
désaltérer [dezalteʀe] *vt* : **~ qn** jds Durst stillen ▸ *vi* den Durst stillen; **se désaltérer** *vpr* seinen Durst löschen; **ça désaltère** das löscht den Durst

désamorcer [dezamɔʀse] *vt* entschärfen
désappointé, e [dezapwɛ̃te] *adj* enttäuscht
désapprouver [dezapʀuve] *vt* missbilligen
désarmement [dezaʀməmɑ̃] *nm* (*d'un pays*) Abrüstung *f*
désarmer [dezaʀme] *vt* (*personne*) entwaffnen; (*pays*) abrüsten
désarroi [dezaʀwa] *nm* Ratlosigkeit *f*
désarticuler [dezaʀtikyle] : **se désarticuler** *vpr* sich verrenken
désastre [dezastʀ] *nm* Katastrophe *f*
désastreux, -euse [dezastʀø, øz] *adj* katastrophal
désavantage [dezavɑ̃taʒ] *nm* Nachteil *m*
désavantager [dezavɑ̃taʒe] *vt* benachteiligen
désavantageux, -euse [dezavɑ̃taʒø, øz] *adj* nachteilig
désaxé, e [dezakse] *adj* (*personne*) geistesgestört
descendant, e [desɑ̃dɑ̃, ɑ̃t] *nm/f* Nachkomme *m*
descendre [desɑ̃dʀ] *vt* (*escalier, rue*) hinuntergehen; (*en voiture, bateau*) hinunterfahren; (*montagne*) hinuntersteigen von; (*objet*) hinuntertragen, hinunterbringen; (*fam* : *abattre*) abschießen ▸ *vi* hinuntergehen; (*passager*) aussteigen; (*avion*) absteigen; (*voiture*) hinunterfahren; (*niveau, température, marée*) sinken; **~ de** (*famille*) abstammen von; **~ du train/de cheval** aus dem Zug/vom Pferd steigen; **~ à l'hôtel** in einem Hotel absteigen
descente [desɑ̃t] *nf* Abstieg *m*; (*Ski*) Abfahrt *f*; **~ de lit** Bettvorleger *m*; **~ de police** Razzia *f*
description [dɛskʀipsjɔ̃] *nf* Beschreibung *f*
désemparé, e [dezɑ̃paʀe] *adj* ratlos
désemparer [dezɑ̃paʀe] *vi* : **sans ~** ununterbrochen
désemplir [dezɑ̃pliʀ] *vi* : **ne pas ~** immer voll sein
déséquilibre [dezekilibʀ] *nm* Unausgeglichenheit *f*; **en ~** aus dem Gleichgewicht
déséquilibrer [dezekilibʀe] *vt* aus dem seelischen Gleichgewicht bringen
désert, e [dezɛʀ, ɛʀt] *adj* verlassen ▸ *nm* Wüste *f*
déserter [dezɛʀte] *vi* (*Mil*) desertieren ▸ *vt* verlassen
déserteur, -euse [dezɛʀtœʀ, øz] *nm/f* Deserteur(in)
désertification [dezɛʀtifikasjɔ̃] *nf* Desertifikation *f*, Verödung *f*
désespéré, e [dezɛspeʀe] *adj* verzweifelt
désespérément [dezɛspeʀemɑ̃] *adv* verzweifelt
désespérer [dezɛspeʀe] *vi* verzweifeln ▸ *vt* zur Verzweiflung bringen; **~ de qn/qch** an jdm/etw verzweifeln
désespoir [dezɛspwaʀ] *nm* Verzweiflung *f*
déshabillé, e [dezabije] *adj* unbekleidet ▸ *nm* Negligé *nt*
déshabiller [dezabije] *vt* ausziehen; **se déshabiller** *vpr* sich ausziehen
déshabituer [dezabitɥe] : **se déshabituer** *vpr* : **se ~ de qch** sich *dat* etw abgewöhnen
désherbant [dezɛʀbɑ̃] *nm* Unkrautvernichtungsmittel *nt*
déshériter [dezeʀite] *vt* enterben
déshonorer [dezɔnɔʀe] *vt* Schande machen *+dat*
déshydraté, e [dezidʀate] *adj* sehr durstig; (*Méd*) dehydriert; (*aliment*) Trocken-
designer [dizajnœʀ] *nm* Designer(in) *m(f)*
désigner [deziɲe] *vt* (*montrer*) zeigen, deuten auf *+acc*; (*dénommer*) bezeichnen; (*nommer*) ernennen
désinence [dezinɑ̃s] *nf* Endung *f*
désinfectant, e [dezɛ̃fɛktɑ̃, ɑ̃t] *adj* desinfizierend ▸ *nm* Desinfektionsmittel *nt*
désinfecter [dezɛ̃fɛkte] *vt* desinfizieren
désinscrire [dezɛskʀiʀ] : **se désinscrire** *vpr* sich abmelden
désinstaller [dezɛ̃stale] *vt* (*programme*) deinstallieren
désintégrer [dezɛ̃tegʀe] *vt* spalten; **se désintégrer** *vpr* zerfallen
désintéressé, e [dezɛ̃teʀese] *adj* uneigennützig, selbstlos
désintéresser [dezɛ̃teʀese] : **se désintéresser** *vpr* : **se ~ (de qn/qch)** das Interesse (an jdm/etw) verlieren
désintoxication [dezɛ̃tɔksikasjɔ̃] *nf* Entgiftung *f*; (*de drogue*) Entziehung *f*; **faire une cure de ~** eine Entziehungskur machen
désinvolte [dezɛ̃vɔlt] *adj* (*personne, attitude*) lässig
désir [deziʀ] *nm* Verlangen *nt*; (*souhait*) Wunsch *m*; **exprimer le ~ de qch/de faire qch** den Wunsch nach etw äußern/den Wunsch äußern, etw zu tun
désirable [deziʀabl] *adj* begehrenswert
désirer [deziʀe] *vt* wünschen; (*sexuellement*) begehren; **~ faire qch** etw

gern tun wollen; **ça laisse à ~** das lässt zu wünschen übrig
désister [deziste] : **se désister** *vpr* : **se ~ en faveur de qn/qch** zugunsten von jdm/etw ... zurücktreten
désobéir [dezɔbeiʀ] *vi* nicht gehorchen
désobéissance [dezɔbeisɑ̃s] *nf* Ungehorsam *m*
désobéissant, e [dezɔbeisɑ̃, ɑ̃t] *adj* ungehorsam
désobligeant, e [dezɔbliʒɑ̃, ɑ̃t] *adj* unfreundlich
désodorisant, e [dezɔdɔʀizɑ̃, ɑ̃t] *adj* deodorierend ▸ *nm* Deodorant *nt*; (*d'appartement*) Raumspray *nt*
désodoriser [dezɔdɔʀize] *vt* deodorieren
désœuvré, e [dezœvʀe] *adj* müßig
désolé, e [dezɔle] *adj* : **je suis ~** es tut mir leid
désoler [dezɔle] *vt* Kummer bereiten *+dat*
désopilant, e [dezɔpilɑ̃, ɑ̃t] *adj* urkomisch
désordre [dezɔʀdʀ] *nm* Unordnung *f*; **désordres** *nmpl* (*Pol*) Unruhen *pl*; **en ~** unordentlich
désorganiser [dezɔʀganize] *vt* durcheinanderbringen
désorienté, e [dezɔʀjɑ̃te] *adj* verwirrt
désorienter [dezɔʀjɑ̃te] *vt* verwirren
désormais [dezɔʀmɛ] *adv* von jetzt an, in Zukunft
désosser [dezɔse] *vt* entbeinen
dessaisir [desezìʀ] : **se dessaisir de** *vpr* verzichten auf *+acc*
dessécher [deseʃe] *vt* austrocknen
dessein [desɛ̃] *nm* Absicht *f*; **dans le ~ de faire qch** mit der Absicht, etw zu tun; **à ~** absichtlich
desserrer [deseʀe] *vt* lösen
dessert [desɛʀ] *nm* Nachtisch *m*
desservir [desɛʀviʀ] *vt* (*table*) abräumen, abdecken; (*moyen de transport*) versorgen; (*nuire à*) schaden *+dat*, einen schlechten Dienst erweisen *+dat*
dessin [desɛ̃] *nm* Zeichnung *f*; (*art*) Zeichnen *nt*; (*motif*) Muster *nt*; **~ animé** Zeichentrick(film) *m*
dessinateur, -trice [desinatœʀ, tʀis] *nm/f* Zeichner(in)
dessiner [desine] *vt* zeichnen
dessoûler [desule] *vi* (wieder) nüchtern werden
dessous [d(ə)su] *adv* darunter ▸ *nm* Unterseite *f* ▸ *nmpl* (*fig*) Hintergründe *pl*; (*sous-vêtements*) Unterwäsche *f*; **en ~** darunter
dessous-de-plat [dəsudpla] *nm inv* Untersetzer *m*
dessus [d(ə)sy] *adv* oben; (*collé, écrit*) darüber ▸ *nm* Oberteil *nt*; **en ~** obendrauf; **avoir/prendre/reprendre le ~** die Oberhand haben/gewinnen/wiedergewinnen
dessus-de-lit [dəsydli] *nm inv* Bettüberwurf *m*
destin [dɛstɛ̃] *nm* Schicksal *nt*
destinataire [dɛstinatɛʀ] *nmf* Empfänger(in) *m(f)*
destination [dɛstinasjɔ̃] *nf* Bestimmung *f*; (*d'un voyageur*) Reiseziel *nt*; (*usage*) Zweck *m*; **à ~ de** (*avion, train, bateau*) in Richtung
destinée [dɛstine] *nf* Schicksal *nt*
destiner [dɛstine] *vt* : **~ qn à** jdn bestimmen für; **~ qn/qch à** (*prédestiner*) jdn/etw ausersehen für
destituer [dɛstitɥe] *vt* absetzen
destructeur, -trice [dɛstʀyktœʀ, tʀis] *adj* zerstörerisch ▸ *nm* Zerstörer *m*; **~ de documents** Schredder *m*
destructif, -ive [dɛstʀyktif, iv] *adj* zerstörerisch
destruction [dɛstʀyksjɔ̃] *nf* Zerstörung *f*
désuet, -ète [dezɥɛ, ɛt] *adj* altmodisch
désuétude [desɥetyd] *nf* : **tomber en ~** außer Gebrauch kommen
désunir [dezyniʀ] *vt* entzweien
détaché, e [detaʃe] *adj* (*air, ton*) distanziert, kühl
détachement [detaʃmɑ̃] *nm* (*Mil*) (Sonder)kommando *nt*; **être en ~** (*fonctionnaire, employé*) abgestellt sein
détacher [detaʃe] *vt* (*enlever*) lösen; (*prisonnier*) befreien; (*nettoyer*) Flecken entfernen aus; **se détacher** *vpr* (*se défaire*) abgehen; **~ qn (auprès de)** jdn abordnen (zu); **se ~ de qn** *ou* **qch** (*se désintéresser*) sich (innerlich) von jdm *ou* etw lösen
détail [detaj] *nm* Einzelheit *f*; (*Comm*) Einzelhandel *m*; **en ~** im Einzelnen
détaillant, e [detajɑ̃, ɑ̃t] *nm/f* Einzelhändler(in)
détartrer [detaʀtʀe] *vt* entkalken
détecter [detɛkte] *vt* wahrnehmen
détecteur [detɛktœʀ] *nm* Detektor *m*, Sensor *m*; **~ de fumée** Rauchmelder *m*
détective [detɛktiv] *nm* : **~ (privé)** Detektiv *m*
déteindre [detɛ̃dʀ] *vi* verblassen; **~ sur** abfärben auf *+acc*
dételer [det(ə)le] *vt* (*cheval*) abschirren
détendre [detɑ̃dʀ] : **se détendre** *vpr* (*ressort*) sich lockern; (*personne*) sich entspannen

détendu, e [detɑ̃dy] *adj* entspannt
détenir [det(ə)niʀ] *vt* besitzen; (*otage, prisonnier*) festhalten
détente [detɑ̃t] *nf* Entspannung *f*; (*d'une arme*) Abzug *m*; **être dur(e) à la ~** (*fam : lent à comprendre*) schwer von Begriff sein
détenteur, -trice [detɑ̃tœʀ, tʀis] *nm/f* Inhaber(in)
détention [detɑ̃sjɔ̃] *nf* (*possession*) Besitz *m*; **~ préventive** Untersuchungshaft *f*
détenu, e [det(ə)ny] *nm/f* (*prisonnier*) Häftling *m*
détergent [detɛʀʒɑ̃] *nm* (*lessive*) Reinigungsmittel *nt*
détériorer [deteʀjɔʀe] *vt* beschädigen; **se détériorer** *vpr* (*situation, relations, santé*) sich verschlechtern
déterminant, e [detɛʀminɑ̃, ɑ̃t] *adj* ausschlaggebend ▶ *nm* Determinante *f*; **un facteur ~** ein entscheidender Faktor
détermination [detɛʀminasjɔ̃] *nf* (*résolution*) Entscheidung *f*
déterminé, e [detɛʀmine] *adj* entschlossen; (*fixé*) festgelegt; **être ~ à faire qch** entschlossen sein, etw zu tun
déterminer [detɛʀmine] *vt* bestimmen
déterrer [deteʀe] *vt* ausgraben
détester [detɛste] *vt* verabscheuen, hassen
détonateur [detɔnatœʀ] *nm* Zündkapsel *f*, Sprengkapsel *f*
détonner [detɔne] *vi* (*Mus*) falsch singen; (*fig*) nicht harmonieren
détour [detuʀ] *nm* Umweg *m*; (*courbe*) Kurve *f*; **sans ~** ohne Umschweife
détourné, e [detuʀne] *adj* : **par des moyens ~s** auf Umwegen
détournement [detuʀnəmɑ̃] *nm* : **~ d'avion** Flugzeugentführung *f*; **~ de fonds** Unterschlagung *f* von Geldern; **~ de mineur** Verführung *f* Minderjähriger
détourner [detuʀne] *vt* (*rivière, trafic*) umleiten; (*yeux, tête*) abwenden; (*de l'argent*) unterschlagen; **se détourner** *vpr* sich abwenden
détracteur, -trice [detʀaktœʀ, tʀis] *nm/f* Verleumder(in)
détraquer [detʀake] *vt* (*appareil*) kaputt machen; **se détraquer** *vpr* (*appareil*) kaputtgehen
détresse [detʀɛs] *nf* Verzweiflung *f*; (*misère*) Not *f*; **en ~** in Not; **feux de ~** (*Auto*) Warnblinkanlage *f*; **~ respiratoire** Atemnot *f*
détriment [detʀimɑ̃] *nm* : **au ~ de** zum Schaden von
détroit [detʀwa] *nm* Meerenge *f*; **le ~ de Behring** *ou* **de Béring** die Be(h)ringstraße
détromper [detʀɔ̃pe] *vt* eines Besseren belehren; **se détromper** *vpr* : **détrompez-vous** machen Sie sich/macht euch keine Illusionen
détruire [detʀɥiʀ] *vt* zerstören
dette [dɛt] *nf* Schuld *f*
DEUG [dœg] *sigle m* (= *diplôme d'études universitaires générales*) ≈ Zwischenprüfung *f*
deuil [dœj] *nm* Trauer *f*; (*période*) Trauerzeit *f*; (*perte*) Trauerfall *m*; **porter le ~** Trauer tragen; **être en ~** trauern
deux [dø] *num* zwei
deuxième [døzjɛm] *adj* zweite(r, s) ▶ *nmf* Zweite(r) *f*(*m*)
deuxièmement [døzjɛmmɑ̃] *adv* zweitens
deux-pièces [døpjɛs] *nm inv* (*maillot de bain*) Bikini *m*; (*tailleur*) Zweiteiler *m*; (*appartement*) Zweizimmerwohnung *f*
deux-temps [døtɑ̃] *adj inv* : **moteur ~** Zweitaktmotor *m*
dévaler [devale] *vt* hinunterrennen
dévaliser [devalize] *vt* berauben
dévalorisation [devalɔʀizasjɔ̃] *nf* Erniedrigung *f*
dévaloriser [devalɔʀize] *vt* mindern, herabsetzen; **se dévaloriser** *vpr* (*monnaie*) an Kaufkraft verlieren
dévaluation [devalɥasjɔ̃] *nf* Geldentwertung *f*; (*Fin*) Abwertung *f*
dévaluer [devalɥe] *vt* abwerten
devancer [d(ə)vɑ̃se] *vt* (*distancer*) hinter sich *dat* lassen; (*arriver avant*) ankommen vor *+dat*; (*prévenir, anticiper*) zuvorkommen *+dat*
devant [d(ə)vɑ̃] *adv* (*en tête*) vorne, vorn ▶ *prép* vor *+dat*; (*avec mouvement*) vor *+acc* ▶ *nm* Vorderseite *f*; **de ~** Vorder-; **aller au-~ de qn** jdm entgegenkommen; **aller au-~ de qch** etw *+dat* zuvorkommen
devanture [d(ə)vɑ̃tyʀ] *nf* (*étalage*) Auslage *f*; (*vitrine*) Schaufenster *nt*
dévastateur, -trice [devastatœʀ, tʀis] *adj* verheerend
dévastation [devastasjɔ̃] *nf* Verheerungen *pl*
dévaster [devaste] *vt* verwüsten
développement [dev(ə)lɔpmɑ̃] *nm* Entwicklung *f*; **les pays en voie de ~** die Entwicklungsländer; **~ durable** nachhaltige Entwicklung *f*
développer [dev(ə)lɔpe] *vt* entwickeln; **se développer** *vpr* sich entwickeln
devenir [dəv(ə)niʀ] *vt* werden
dévergondé, e [devɛʀgɔ̃de] *adj* schamlos
déverser [devɛʀse] *vt* ausgießen, ausschütten; **se ~ dans** (*fleuve, mer*) münden in *+acc*

d

dévêtir [devetiʀ] *vt* ausziehen; **se dévêtir** *vpr* sich ausziehen

déviation [devjasjɔ̃] *nf* (*Auto*) Umleitung *f*

déviationniste [devjasjɔnist] *nmf* Abweichler(in) *m(f)*

dévider [devide] *vt* abwickeln

dévier [devje] *vt* umleiten ▸ *vi* (*véhicule, balle*) vom Kurs abkommen

deviner [d(ə)vine] *vt* raten

devinette [d(ə)vinɛt] *nf* Rätsel *nt*

devis [d(ə)vi] *nm* (Kosten)voranschlag *m*

dévisager [devizaʒe] *vt* mustern

devise [dəviz] *nf* (*formule*) Devise *f*, Motto *nt*; (*monnaie*) Währung *f*; **devises** *nfpl* Devisen *pl*

deviser [dəvize] *vi* plaudern

dévisser [devise] *vt* aufschrauben

dévoiler [devwale] *vt* enthüllen

devoir [d(ə)vwaʀ] *nm* Pflicht *f*; (*Scol*) Hausaufgabe *f* ▸ *vb aux* müssen ▸ *vt* (*argent, respect*) schulden; **il doit le faire** er muss es machen; **je devrais le faire** ich sollte es machen; **faire ses ~s** seine Hausaufgaben machen; **~ de mémoire** Erinnerungspflicht *f*; **~ sur table** Klassenarbeit *f*

dévolu, e [devɔly] *adj* : **~ à qn/qch** für jdn/etw vorgesehen ▸ *nm* : **jeter son ~ sur** sein Augenmerk richten auf *+acc*

dévorer [devɔʀe] *vt* verschlingen; (*feu, soucis*) verzehren

dévot, e [devo, ɔt] *adj* fromm

dévoué, e [devwe] *adj* ergeben

dévouement [devumɑ̃] *nm* Hingabe *f*

dévouer [devwe] : **se dévouer** *vpr* : **se ~ (pour)** sich aufopfern (für); **se ~ à** sein Leben widmen *+dat*

dextérité [dɛksteʀite] *nf* Geschicklichkeit *f*

DG [deʒe] *sigle m* (*= directeur général*) *voir* **directeur**

diabète [djabɛt] *nm* Diabetes *m*, Zuckerkrankheit *f*

diabétique [djabetik] *nmf* Diabetiker(in) *m(f)*, Zuckerkranke(r) *f(m)*

diable [djɑbl] *nm* Teufel *m*; (*chariot à deux roues*) Sackkarre *f*; **un vacarme du ~,** *ou* **de tous les ~s** ein Höllenlärm

diabolique [djabɔlik] *adj* teuflisch

diabolo [djabɔlo] *nm* (*boisson*) *Limonade mit Sirup*

diacre [djakʀ] *nm* Diakon *m*

diagnostic [djagnɔstik] *nm* Diagnose *f*

diagnostiquer [djagnɔstike] *vt* diagnostizieren

diagonal, e, -aux [djagɔnal, o] *adj* diagonal

diagonale [djagɔnal] *nf* Diagonale *f*; **en ~** diagonal; **lire en ~** überfliegen

diagramme [djagʀam] *nm* Diagramm *nt*

dialecte [djalɛkt] *nm* Dialekt *m*

dialogue [djalɔg] *nm* Dialog *m*

dialoguer [djalɔge] *vi* (*Pol*) im Dialog stehen

dialyse [djaliz] *nf* Dialyse *f*

diamant [djamɑ̃] *nm* Diamant *m*

diamètre [djamɛtʀ] *nm* Durchmesser *m*

diapason [djapazɔ̃] *nm* Stimmgabel *f*

diaphragme [djafʀagm] *nm* (*Anat*) Zwerchfell *nt*; (*Photo*) Blende *f*; (*contraceptif*) Pessar *nt*

diapo [djapo] *nf* Dia *nt*

diaporama [djapɔʀama] *nm* Diashow *f*

diapositive [djapozitiv] *nf* Dia(positiv) *nt*

diarrhée [djaʀe] *nf* Durchfall *m*

dictateur [diktatœʀ] *nm* Diktator *m*

dictatorial, e, -aux [diktatɔʀjal, jo] *adj* diktatorisch

dictature [diktatyʀ] *nf* Diktatur *f*

dictée [dikte] *nf* Diktat *nt*

dicter [dikte] *vt* diktieren; (*conditions*) vorschreiben

diction [diksjɔ̃] *nf* Diktion *f*; **cours de ~** Sprecherziehung *f*

dictionnaire [diksjɔnɛʀ] *nm* Wörterbuch *nt*

dicton [diktɔ̃] *nm* Redensart *f*

didacticiel [didaktisjɛl] *nm* (*Inform*) Lernprogramm *nt*, Lernsoftware *f*

dièse [djɛz] *nm* Kreuz(chen) *nt*; **appuyez sur la touche ~** drücken Sie die Taste mit dem Kreuz

diesel [djezɛl] *nm* Diesel(öl) *nt*; **un (véhicule/moteur) ~** ein Diesel *m*

diète [djɛt] *nf* Diät *f*

diététicien, ne [djetetisjɛ̃, jɛn] *nm/f* Diätist(in)

diététique [djetetik] *adj* diätetisch ▸ *nf* Ernährungswissenschaft *f*

dieu, x [djø] *nm* Gott *m*

diffamation [difamasjɔ̃] *nf* Verleumdung *f*

diffamer [difame] *vt* verleumden

différé, e [difeʀe] *adj* : **traitement ~** (*Inform*) Stapelverarbeitung *f* ▸ *nm* : **en ~** (*TV*) als Aufzeichnung

différence [difeʀɑ̃s] *nf* Unterschied *m*; (*Math*) Differenz *f*; **à la ~ de** im Unterschied zu

différencier [difeʀɑ̃sje] *vt* unterscheiden

différent, e [difeʀɑ̃, ɑ̃t] *adj* verschieden; **~s objets** verschiedene *ou* mehrere Gegenstände

différentiel, le [difeʀɑ̃sjɛl] *adj (tarif, droit)* unterschiedlich ▸ *nm (Auto)* Differenzial *nt*
différer [difeʀe] *vt* aufschieben, verschieben ▸ *vi* : **~ (de)** sich unterscheiden (von)
difficile [difisil] *adj* schwierig
difficilement [difisilmɑ̃] *adv* schwer; **~ compréhensible/lisible** schwer verständlich/zu lesen
difficulté [difikylte] *nf* Schwierigkeit *f*; **en ~** in Schwierigkeiten; *(bateau)* in Seenot; **avoir des ~s pour faire qch** Schwierigkeiten haben, etw zu tun
difforme [difɔʀm] *adj* deformiert
diffus, e [dify, yz] *adj* diffus
diffuser [difyze] *vt* verbreiten; *(émission, musique)* ausstrahlen
diffusion [difyzjɔ̃] *nf* Verbreitung *f*, Ausstrahlung *f*
digérer [diʒeʀe] *vt* verdauen
digestif, -ive [diʒɛstif, iv] *adj* Verdauungs- ▸ *nm* Verdauungsschnaps *m*
digestion [diʒɛstjɔ̃] *nf* Verdauung *f*
digicode® [diʒikɔd] *nm* Türcode *m*
digital, e, -aux [diʒital, o] *adj* digital
digne [diɲ] *adj (respectable)* würdig; **~ d'intérêt** beachtenswert; **~ de foi** glaubwürdig; **~ de qn** jds würdig
dignitaire [diɲitɛʀ] *nm* Würdenträger *m*
dignité [diɲite] *nf* Würde *f*
digue [dig] *nf* Damm *m*; *(pour protéger la côte)* Deich *m*
dilapider [dilapide] *vt (gaspiller)* verschwenden
dilater [dilate] *vt (joues, ballon)* aufblasen; *(narines, pupilles etc)* erweitern; **se dilater** *vpr* sich (aus) dehnen
dilemme [dilɛm] *nm* Dilemma *nt*
diligence [diliʒɑ̃s] *nf (véhicule)* Postkutsche *f*; *(empressement)* Eifer *m*
diluer [dilɥe] *vt* verdünnen
diluvien, ne [dilyvjɛ̃, jɛn] *adj* : **pluie ~ne** Wolkenbruch *m*
dimanche [dimɑ̃ʃ] *nm* Sonntag *m*; *voir aussi* **lundi**
dimension [dimɑ̃sjɔ̃] *nf (grandeur)* Größe *f*; *(Math, fig)* Dimension *f*
diminuer [diminɥe] *vt* verringern; *(ardeur)* abschwächen; *(personne)* angreifen; *(dénigrer)* herabsetzen ▸ *vi* abnehmen
diminutif [diminytif] *nm (Ling)* Verkleinerungsform *f*; *(surnom)* Kosename *m*
diminution [diminysjɔ̃] *nf* Abnahme *f*, Rückgang *m*
dinde [dɛ̃d] *nf* Truthenne *f*
dindon [dɛ̃dɔ̃] *nm* Puter *m*
dîner [dine] *nm* Abendessen *nt* ▸ *vi* zu Abend essen; **~ d'affaires** Arbeitsessen *nt*
dingue [dɛ̃g] *(fam) adj* verrückt
dinosaure [dinɔzɔʀ] *nm* Dinosaurier *m*
diode [djɔd] *nf* Diode *f*
dioxine [djɔksin] *nf* Dioxin *nt*
diphtérie [difteʀi] *nf* Diphtherie *f*
diplomate [diplɔmat] *adj* diplomatisch ▸ *nmf* Diplomat(in) *m(f)*
diplomatie [diplɔmasi] *nf* Diplomatie *f*
diplomatique [diplɔmatik] *adj* diplomatisch
diplôme [diplom] *nm* Diplom *nt*
diplômé, e [diplome] *adj* Diplom-
dircom [diʀkɔm] *nmf* PR-Manager(in) *m(f)*
dire [diʀ] *vt* sagen; *(secret, mensonge)* erzählen; *(réciter)* aufsagen ▸ *nm* : **au ~ des témoins** Zeugenaussagen zufolge; **vouloir ~ que** bedeuten, dass; **on dirait que** man könnte meinen, dass; **à vrai ~** offen gestanden; **dis/dites donc !** *(agressif)* na hör/na hören Sie mal!; **et ~ que ...** es ist kaum zu glauben, dass ...
direct, e [diʀɛkt] *adj* direkt
directement [diʀɛktəmɑ̃] *adv* direkt
directeur, -trice [diʀɛktœʀ, tʀis] *adj* Haupt- ▸ *nm/f* Direktor(in); *(d'école primaire)* Rektor(in); **~ général** Generaldirektor(in); **~ de thèse** Doktorvater *m*
direction [diʀɛksjɔ̃] *nf* Leitung *f*, Führung *f*; *(Auto)* Lenkung *f*; *(directeurs, bureaux)* Geschäftsleitung *f*; *(sens)* Richtung *f*; **sous la ~ de** unter der Leitung von; **« toutes ~s »** *(Auto)* „alle Richtungen"; **~ assistée** *(Auto)* Servolenkung *f*; **~ générale** Geschäftsleitung *f*
directive [diʀɛktiv] *nf* Direktive *f*, Anweisung *f*; *(de l'UE)* Richtlinie *f*
dirigeable [diʀiʒabl] *nm* Luftschiff *nt*, Zeppelin *m*
diriger [diʀiʒe] *vt* leiten; *(personnes, véhicule)* führen; *(orchestre)* dirigieren; **se diriger** *vpr (s'orienter)* sich orientieren; **~ sur** *(braquer)* richten auf *+acc*; **se ~ vers** *ou* **sur** sich zubewegen auf *+acc*
discernement [disɛʀnəmɑ̃] *nm (bon sens)* Verstand *m*
discerner [disɛʀne] *vt* wahrnehmen
disciple [disipl] *nmf* Jünger *m*; **un ~ de** ein Schüler von
discipline [disiplin] *nf* Disziplin *f*
disc-jockey [diskʒɔkɛ] *(pl* **disc-jockeys***)* *nm* Discjockey *m*

d

discontinu, e [diskɔ̃tiny] *adj* mit Unterbrechungen
discordant, e [diskɔʀdɑ̃, ɑ̃t] *adj* nicht harmonierend
discorde [diskɔʀd] *nf* Zwist *m*
discothèque [diskɔtɛk] *nf* (*boîte de nuit*) Diskothek *f*; (*disques*) Plattensammlung *f*; **~ (de prêt)** Schallplattenverleih *m*
discours [diskuʀ] *nm* Rede *f*
discréditer [diskʀedite] *vt* in Misskredit bringen
discret, -ète [diskʀɛ, ɛt] *adj* (*réservé, modéré*) zurückhaltend; **un endroit ~** ein stilles *ou* verschwiegenes Plätzchen *nt*
discrètement [diskʀɛtmɑ̃] *adv* (*sans attirer l'attention*) diskret; (*sobrement*) dezent
discrétion [diskʀesjɔ̃] *nf* Diskretion *f*, Zurückhaltung *f*; **à ~** in beliebigen Mengen; **à la ~ de qn** nach jds Gutdünken
discrimination [diskʀiminasjɔ̃] *nf* Diskriminierung *f*; (*discernement*) Unterscheidung *f*
disculper [diskylpe] *vt* entlasten
discussion [diskysjɔ̃] *nf* Diskussion *f*; **discussions** *nfpl* (*négociations*) Verhandlungen *pl*
discutable [diskytabl] *adj* (*contestable*) anfechtbar
discuté, e [diskyte] *adj* umstritten
discuter [diskyte] *vt* (*problème*) diskutieren über *+acc*; (*débattre*) verhandeln über *+acc*; (*contester*) infrage stellen ▶ *vi* : **~ de** diskutieren über *+acc*
disette [dizɛt] *nf* Hungersnot *f*
disgrâce [disgʀɑs] *nf* Ungnade *f*; **être tombé en ~** in Ungnade gefallen sein
disgracieux, -euse [disgʀasjø, jøz] *adj* unansehnlich
disjoindre [disʒwɛ̃dʀ] *vt* auseinandernehmen; **se disjoindre** *vpr* auseinandergehen
dislocation [dislɔkasjɔ̃] *nf* Auskugeln *nt*
disloquer [dislɔke] *vt* (*membre*) ausrenken; (*chaise*) auseinandernehmen; **se disloquer** *vpr* (*parti, empire*) auseinanderfallen; **se ~ l'épaule** sich *dat* die Schulter ausrenken
disparaître [dispaʀɛtʀ] *vi* verschwinden; (*mourir*) sterben
disparité [dispaʀite] *nf* Ungleichheit *f*; (*de salaires*) Gefälle *nt*
disparition [dispaʀisjɔ̃] *nf* Verschwinden *nt*; (*mort*) Sterben *nt*
disparu, e [dispaʀy] *nm/f* (*défunt*) Verstorbene(r) *f(m)*
dispatcher [dispatʃe] *vt* verteilen
dispensaire [dispɑ̃sɛʀ] *nm* ≈ Ambulanz *f*
dispenser [dispɑ̃se] *vt* (*distribuer*) gewähren; **se dispenser** *vpr* : **se ~ de qch** sich etw *dat* entziehen; **~ qn de faire qch** jdm erlassen, etw zu tun
disperser [dispɛʀse] *vt* zerstreuen; (*troupes, manifestants*) auseinandertreiben; **se disperser** *vpr* sich zerstreuen
disponibilité [dispɔnibilite] *nf* Verfügbarkeit *f*; **en fonction de vos/leurs ~s** je nach eurer/Ihrer/ihrer Verfügbarkeit
disponible [dispɔnibl] *adj* verfügbar
dispos [dispo] *adj m* : **frais et ~** frisch und munter
disposé, e [dispoze] *adj* (*arrangé d'une certaine manière*) angeordnet; **~ à** bereit zu
disposer [dispoze] *vt* (*arranger*) anordnen ▶ *vi* : **vous pouvez ~** Sie können gehen; **se disposer** *vpr* : **se ~ à faire qch** sich darauf vorbereiten, etw zu tun; **~ qn à faire qch** jdn in die Lage versetzen, etw zu tun; **~ de** (*avoir*) verfügen über *+acc*
dispositif [dispozitif] *nm* Vorrichtung *f*; (*policier, de contrôle*) Einsatzplan *m*
disposition [dispozisjɔ̃] *nf* (*arrangement*) Anordnung *f*; (*humeur*) Stimmung *f*; (*tendance*) Neigung *f*; **dispositions** *nfpl* (*mesures*) Maßnahmen *pl*; (*précautions*) Vorsorge *f*; (*d'une loi, d'un testament*) Verfügungen *pl*; **être à la ~ de qn** jdm zur Verfügung stehen; **prendre ses ~s pour faire qch** die nötigen Vorkehrungen treffen, um etw zu tun
disproportion [dispʀɔpɔʀsjɔ̃] *nf* Missverhältnis *nt*
disproportionné, e [dispʀɔpɔʀsjɔne] *adj* unverhältnismäßig, unangepasst
dispute [dispyt] *nf* Streit *m*
disputer [dispyte] *vt* (*match, combat, course*) austragen; **se disputer** *vpr* sich streiten; **se ~ avec qn** mit jm streiten; **ils se disputent sans cesse** sie streiten ständig; **~ qch à qn** mit jdm um etw kämpfen
disquaire [diskɛʀ] *nmf* Schallplattenhändler(in) *m(f)*
disqualification [diskalifikasjɔ̃] *nf* Disqualifizierung *f*
disqualifier [diskalifje] *vt* disqualifizieren
disque [disk] *nm* (*Mus*) Schallplatte *f*; (*Inform*) Platte *f*; (*forme, Tech*) Scheibe *f*; (*Sport*) Diskus *m*; **~ compact** Compact Disc *f*, CD *f*; **~ dur** Festplatte *f*

disquette [diskɛt] *nf* Diskette *f*
disséminer [disemine] *vt* zerstreuen
dissension [disɑ̃sjɔ̃] *nf* Meinungsverschiedenheit *f*
dissertation [disɛʀtasjɔ̃] *nf* (*Scol*) Aufsatz *m*
disserter [disɛʀte] *vi* (*discuter*) diskutieren; **~ sur** erörtern
dissident, e [disidɑ̃, ɑ̃t] *nm/f* Dissident(in)
dissimuler [disimyle] *vt* (*taire, cacher*) verheimlichen; (*masquer à la vue*) verbergen; **se dissimuler** *vpr* sich verbergen
dissiper [disipe] *vt* (*doutes, brouillard*) zerstreuen; (*fortune*) durchbringen; **se dissiper** *vpr* (*brouillard*) sich auflösen; (*doutes*) sich zerstreuen; (*élève*) sich leicht ablenken lassen
dissolu, e [disɔly] *adj* zügellos
dissolution [disɔlysjɔ̃] *nf* Auflösung *f*
dissolvant, e [disɔlvɑ̃, ɑ̃t] *vb voir* **dissoudre** ▶ *nm* (*Chim*) Lösungsmittel *nt*; (*pour ongles*) Nagellackentferner *m*
dissonant, e [disɔnɑ̃, ɑ̃t] *adj* nicht harmonierend
dissoudre [disudʀ] *vt* auflösen; **se dissoudre** *vpr* sich auflösen
dissuader [disɥade] *vt* : **~ qn de faire qch** jdn davon abbringen, etw zu tun; **~ qn de qch** jdn von etw abbringen
dissuasion [disɥazjɔ̃] *nf* Abschreckung *f*; **force de ~** Abschreckungspotenzial *nt*
distance [distɑ̃s] *nf* Entfernung *f*, Distanz *f*; (*fig*) Abstand *m*; **à ~** aus der Entfernung; **tenir qn à ~** Distanz zu jdm halten; **~ de freinage** Bremsweg *m*; **~ de sécurité** Sicherheitsabstand *m*
distancer [distɑ̃se] *vt* hinter sich *dat* lassen
distanciel, le [distɑ̃sjɛl] *adj* (*formation, enseignement*) Fern-
distant, e [distɑ̃, ɑ̃t] *adj* (*éloigné*) entfernt; (*réservé*) distanziert; **~ de 5 km** 5 km entfernt
distiller [distile] *vt* destillieren; (*venin, suc etc*) tropfenweise absondern
distillerie [distilʀi] *nf* Destillerie *f*
distinct, e [distɛ̃(kt), ɛ̃kt] *adj* (*différent*) verschieden; (*clair, net*) deutlich, klar
distinctement [distɛ̃ktəmɑ̃] *adv* deutlich
distinction [distɛ̃ksjɔ̃] *nf* (*différence*) Unterschied *m*; (*bonnes manières*) Vornehmheit *f*; (*médaille, honneur etc*) Auszeichnung *f*; **sans ~** ohne Unterschied
distingué, e [distɛ̃ge] *adj* (*raffiné, élégant*) distinguiert, vornehm; (*éminent*) von hohem Rang
distinguer [distɛ̃ge] *vt* (*apercevoir*) erkennen; (*différencier*) unterscheiden; **se distinguer** *vpr* (*s'illustrer*) sich auszeichnen; **se ~ de** (*différer*) sich unterscheiden von; **qch ~ qch/qn de** (*suj : caractéristique, trait*) jd unterscheidet sich durch etw von/etw; **sa générosité le distingue des autres** er unterscheidet sich durch seine Großzügigkeit von den anderen
distraction [distʀaksjɔ̃] *nf* (*diversion*) Zerstreuung *f*; (*manque d'attention*) Zerstreutheit *f*
distraire [distʀɛʀ] *vt* (*déranger, dissiper*) ablenken; (*amuser, divertir*) unterhalten; **se distraire** *vpr* (*s'amuser*) sich unterhalten
distrait, e [distʀɛ, ɛt] *adj* zerstreut
distribuer [distʀibɥe] *vt* verteilen; (*gifles, coups*) austeilen; (*Comm*) vertreiben
distributeur, -trice [distʀibytœʀ, tʀis] *nm/f* (*Comm*) Vertreiber *m* ▶ *nm* : **~ automatique de billets** (*Banque*) Geldautomat *m*
distribution [distʀibysjɔ̃] *nf* Verteilung *f*; (*Comm*) Vertrieb *m*; (*choix d'acteurs*) Besetzung *f*; **circuits de ~** (*Comm*) Absatzwege *pl*
district [distʀikt] *nm* Bezirk *m*
dit [di] *pp de* **dire** ▶ *adj* : **à l'heure ~e** zur vereinbarten Zeit; **~ Pierre** genannt Pierre
diurétique [djyʀetik] *adj* harntreibend
divaguer [divage] (*péj*) *vi* (unzusammenhängendes Zeug) faseln
divan [divɑ̃] *nm* Diwan *m*
divergence [divɛʀʒɑ̃s] *nf* Meinungsverschiedenheit *f*
diverger [divɛʀʒe] *vi* (*personnes, idées*) voneinander abweichen; (*rayons, lignes*) divergieren
divers, e [divɛʀ, ɛʀs] *adj* unterschiedlich; (*indéfini*) mehrere; **~ et variés/~es et variées** Sonstiges; **frais ~** (*Comm*) sonstige Kosten
diversifier [divɛʀsifje] *vt* abwechslungsreicher gestalten
diversion [divɛʀsjɔ̃] *nf* Ablenkung *f*
diversité [divɛʀsite] *nf* Vielfalt *f*
divertir [divɛʀtiʀ] *vt* unterhalten; **se divertir** *vpr* sich amüsieren
divertissement [divɛʀtismɑ̃] *nm* Unterhaltung *f*; (*passe-temps*) Zeitvertreib *m*
dividende [dividɑ̃d] *nm* (*Math*) Zähler *m*; (*Comm*) Dividende *f*
divin, e [divɛ̃, in] *adj* göttlich
divinité [divinite] *nf* Gottheit *f*
diviser [divize] *vt* (*Math*) teilen, dividieren; (*morceler*) aufteilen;

(*subdiviser*) unterteilen; **se diviser** *vpr* : **se ~ en** sich unterteilen in *+acc*
diviseur [divizœʀ] *nm* Teiler *m*, Nenner *m*
divisible [divizibl] *adj* teilbar
division [divizjɔ̃] *nf* Teilung *f*, Division *f*; (*de somme, terrain*) Aufteilung *f*; (*secteur, branche, graduation*) Abteilung *f*; (*Mil*) Division *f*; **1ère/2ème ~** (*Sport*) ≈ Erste/ Zweite Liga *f*
divorce [divɔʀs] *nm* Scheidung *f*
divorcé, e [divɔʀse] *adj* geschieden ▶ *nm/f* Geschiedene(r) *f(m)*
divorcer [divɔʀse] *vi* sich scheiden lassen
divulgation [divylgasjɔ̃] *nf* Veröffentlichung *f*
divulguer [divylge] *vt* veröffentlichen
dix [dis] *num* zehn
dix-huit [dizɥit] *num* achtzehn
dixième [dizjɛm] *adj* zehnte(r, s) ▶ *nm* (*fraction*) Zehntel *nt*
dixièmement [dizjɛmmɑ̃] *adv* zehntens
dix-neuf [diznœf] *num* neunzehn
dix-sept [di(s)sɛt] *num* siebzehn
dizaine [dizɛn] *nf* : **une ~ de** etwa zehn
dl *abr* (= *décilitre*) dl
dm *abr* (= *décimètre*) dm
do [do] *nm* (*Mus*) C *nt*
doberman [dɔbɛʀman] *nm* Dobermann *m*
docile [dɔsil] *adj* gefügig
dock [dɔk] *nm* (*bassin, Inform*) Dock *nt*
docker [dɔkɛʀ] *nm* Dockarbeiter *m*
docteur, e [dɔktœʀ] *nm/f* Arzt *m*, Ärztin *f*; (*titre*) Doktor(in); **~ en médecine** medizinischer Doktor *m*; **~ en droit** Doktor *m* in Jura
doctorat [dɔktɔʀa] *nm* Doktorwürde *f*
doctrine [dɔktʀin] *nf* Doktrin *f*
document [dɔkymɑ̃] *nm* Dokument *nt*
documentaire [dɔkymɑ̃tɛʀ] *nm* (*film*) Dokumentarfilm *m*
documentation [dɔkymɑ̃tasjɔ̃] *nf* (*documents*) Dokumentation *f*
documenter [dɔkymɑ̃te] *vt* (*Inform*) dokumentieren; **se ~ (sur)** sich *dat* Unterlagen verschaffen (zu)
dodo [dodo] (*fam*) *nm* : **faire ~** schlafen
dodu, e [dɔdy] *adj* gut gepolstert
dogmatique [dɔgmatik] *adj* dogmatisch
dogme [dɔgm] *nm* Dogma *nt*
dogue [dɔg] *nm* Dogge *f*
doigt [dwa] *nm* Finger *m*; **compter sur ses ~s** mit Hilfe der Finger zählen; **être à deux ~s de faire qch** um ein Haar etw tun; **lever le ~** (*Scol*) sich melden; **montrer du ~** mit dem Finger zeigen auf; **les ~s dans le nez** (*fam : fig*) mit links; **~ de pied** Zehe *f*
doléances [dɔleɑ̃s] *nfpl* Beschwerden *pl*
dollar [dɔlaʀ] *nm* Dollar *m*
Dolomites [dɔlɔmit] *nfpl* : **les ~** die Dolomiten
DOM [dɔm] *sigle m ou mpl* (= *département(s) d'outre-mer*) *voir* **département**
domaine [dɔmɛn] *nm* (*propriété*) Grundbesitz *m*; (*Inform*) Domäne *f*, Domain *nt*; (*champ, sphère*) Gebiet *nt*; **tomber dans le ~ public** Gemeineigentum werden
domanial, e, -aux [dɔmanjal, jo] *adj* (*forêt, biens*) Staats-
dôme [dom] *nm* Kuppel *f*
domesticité [dɔmɛstisite] *nf* Hauspersonal *nt*
domestique [dɔmɛstik] *adj* (*animal*) Haus-; (*travaux, soucis, accidents*) häuslich, Haus- ▶ *nmf* Hausangestellte(r) *f(m)*
domestiquer [dɔmɛstike] *vt* (*animal*) domestizieren
domicile [dɔmisil] *nm* Wohnsitz *m*; **à ~** zu Hause; (*livrer*) ins Haus; **sans ~ fixe** ohne festen Wohnsitz
domicilié, e [dɔmisilje] *adj* : **être ~ à** seinen Wohnsitz haben in *+dat*
dominant, e [dɔminɑ̃, ɑ̃t] *adj* dominierend; (*principal*) Haupt-
dominateur, -trice [dɔminatœʀ, tʀis] *adj* dominierend
dominer [dɔmine] *vt* (*soumettre, maîtriser*) beherrschen; (*surpasser*) übertreffen ▶ *vi* dominieren; **se dominer** *vpr* sich beherrschen
dominical, e, -aux [dɔminikal, o] *adj* Sonntags-
domino [dɔmino] *nm* (*pièce*) Dominostein *m*; **dominos** *nmpl* (*jeu*) Domino *nt*; **jouer aux ~s** Domino spielen
dommage [dɔmaʒ] *nm* (*préjudice*) Schaden *m*; **c'est ~ que** es ist schade, dass; **quel ~ !** das ist aber schade!; **~s et intérêts** Schaden(s)ersatz *m*
dommages-intérêts [dɔmaʒ(əz)ɛ̃teʀɛ] *nmpl* Schaden(s)ersatz *m*
domotique [dɔmɔtik] *nf* Gebäudeautomation *f*
dompter [dɔ̃(p)te] *vt* bändigen
DOM-TOM [dɔmtɔm] *sigle m ou mpl* (= *département(s) et région(s)/territoire(s) d'outre-mer*); *siehe Info-Artikel*

Die fünf *Départements d'outre-mer*, kurz **DOM**, Guadeloupe, Martinique, Réunion, Französisch-Guayana und Mayotte werden genauso regiert wie ihre Pendants im Stammland Frankreich. Diese werden in gleicher Weise wie die *départements* geleitet und ihre Bewohner sind französische Staatsbürger.

Verwaltungsmäßig zählen sie als *régions* und werden als solche ebenfalls als **ROM** (*Régions d'outre-mer*) bezeichnet. Die Bezeichnung **DOM-TOM** ist in der Umgangssprache noch gebräuchlich, obwohl territoire d'outre-mer (**TOM**) offiziell durch collectivité d'outre-mer (**COM**) ersetzt wurde. Die **COM** (Saint-Martin, Saint-Barthélemy, Saint-Pierre und Miquelon, Wallis und Futuna sowie Französisch-Polynesien) verfügen über Autonomie, sind jedoch außen- und verteidigungspolitisch abhängig von Frankreich. Neukaledonien sowie die französischen Süd- und Antarktisgebiete genießen einen Sonderstatus.

don [dɔ̃] *nm* (*aptitude*) Gabe *f*, Talent *nt*; (*charité*) Spende *f*; (*cadeau*) Geschenk *nt*; **avoir des ~s pour** Talent haben für; **~ d'organes** Organspende *f*

donation [dɔnasjɔ̃] *nf* Schenkung *f*

donc [dɔ̃k] *conj* daher, deshalb; (*après une digression*) also

dongle [dɔ̃gl] *nm* Dongle *m*

donjon [dɔ̃ʒɔ̃] *nm* Bergfried *m*

donne [dɔn] *nf* (*Cartes*) Geben *nt*; (*fig*) Konstellation *f*; **à toi la ~** du gibst; **nouvelle ~** neue Rollenverteilung; **changer la ~** die Karten neu mischen

donné, e [dɔne] *adj* : **à un moment ~** zu einem bestimmten Zeitpunkt; **c'est ~** (*pas cher*) das ist geschenkt; **étant ~ que ...** angesichts der Tatsache, dass ...

donnée [dɔne] *nf* (*Math*) bekannte Größe *f*; **données** *nfpl* (*Inform*) Daten *pl*

donner [dɔne] *vt* geben; (*en cadeau*) schenken; (*nom, renseignements*) (an)geben; (*film, spectacle*) zeigen ▶ *vi* (*regarder*) : **la chambre donne sur la mer** das Zimmer hat einen Blick aufs Meer; **se donner** *vpr* : **se ~ à fond (à qch)** sich (etw *dat*) ganz widmen; **se ~ du mal** *ou* **de la peine (pour faire qch)** sich *dat* Mühe geben (, etw zu tun)

donneur, -euse [dɔnœʀ, øz] *nm/f* (*Méd*) Spender(in); (*Cartes*) Geber(in)

MOT-CLÉ

dont [dɔ̃] *pron relatif* **1** (*appartenance*) wovon; (*possesseur m ou nt sg*) dessen; (*possesseur pl ou f sg*) deren; **la maison dont le toit est rouge** das Haus, dessen Dach rot ist; **l'homme dont je connais la sœur** der Mann, dessen Schwester ich kenne; **le chat dont le maître habite en face** die Katze, deren Herrchen gegenüber wohnt

2 (*parmi lesquels*) : **deux livres, dont l'un est gros** zwei Bücher, von denen eines dick ist; **il y avait plusieurs personnes, dont Gabrielle** es waren mehrere Leute da, (unter anderen) auch Gabrielle; **10 blessés, dont 2 grièvement** 10 Verletzte, davon 2 schwer verletzt

3 (*provenance, origine*) : **le pays dont il est originaire** das Land, aus dem er stammt

4 (*façon*) : **la façon dont il l'a fait** die Art und Weise, wie er es gemacht hat

5 (*au sujet de qui ou quoi*) : **le voyage dont je t'ai parlé** die Reise, von der ich dir erzählt habe; **ce dont je parle** (das,) wovon ich spreche; **le fils/livre dont il est si fier** der Sohn/das Buch, auf den/das er so stolz ist

dopage [dɔpaʒ] *nm* Doping *nt*

dopant, e [dɔpɑ̃, ɑ̃t] *adj* Doping- ▶ *nm* Dopingmittel *nt*

doper [dɔpe] *vt* dopen; (*fig : croissance, investissements*) ankurbeln

doping [dɔpiŋ] *nm* Doping *nt*

doré, e [dɔʀe] *adj* golden; (*plaqué*) vergoldet

dorénavant [dɔʀenavɑ̃] *adv* von nun an

dorer [dɔʀe] *vt* vergolden ▶ *vi* : **faire ~** goldbraun backen

dorloter [dɔʀlɔte] *vt* verhätscheln

dormeur, -euse [dɔʀmœʀ, øz] *nm/f* Schläfer(in)

dormir [dɔʀmiʀ] *vi* schlafen

dorsal, e, -aux [dɔʀsal, o] *adj* Rücken-

dortoir [dɔʀtwaʀ] *nm* Schlafsaal *m*

dorure [dɔʀyʀ] *nf* Vergoldung *f*

doryphore [dɔʀifɔʀ] *nm* Kartoffelkäfer *m*

dos [do] *nm* Rücken *m*; **voir au ~** siehe Rückseite; **de ~** von hinten; **à ~ de** (*chameau etc*) auf dem Rücken *+gén*

DOS [dɔs] *sigle m* (= *disk operating system*) DOS *nt*

dosage [dozaʒ] *nm* Dosierung *f*

dose [doz] *nf* Dosis *f*

doser [doze] *vt* dosieren

dosimètre [dozimɛtʀ] *nm* Dosimeter *nt*, Strahlenmessgerät *nt*

dossier [dosje] *nm* (*de chaise*) Rückenlehne *f*; (*documents*) Akte *f*; (*classeur*) Aktendeckel *m*; (*Inform*) Ordner *m*; (*Presse*) Feature *nt*

dot [dɔt] *nf* Mitgift *f*

doté, e [dɔte] *adj* : **~ de** ausgestattet mit

doter [dɔte] *vt* : **~ qn/qch de** jdn/etw ausstatten mit

douane [dwan] *nf* Zoll *m*

douanier, -ière [dwanje, jɛʀ] *adj* Zoll- ▶ *nm* Zollbeamte(r) *m*, Zollbeamtin *f*

double [dubl] *adj* doppelt ▶ *adv* : **voir ~** doppelt sehen ▶ *nm* : **le ~ (de)** doppelt so

d

viel (wie), das Doppelte (von); (*autre exemplaire*) Duplikat *nt*; (*sosie*) Doppelgänger(in) *m(f)*; **~ messieurs/mixte** Herrendoppel *nt*/gemischtes Doppel *nt*; **~ clic** Doppelklick *m*

doublé, e [duble] *adj* (*vêtement*) gefüttert; (*film*) synchronisiert; **~ de** gefüttert mit

double-cliquer [dubl(ə)klike] *vt, vi* doppelklicken; **~ sur un dossier** einen Ordner doppelklicken

doubler [duble] *vt* (*multiplier par deux*) verdoppeln; (*vêtement, chaussures*) füttern; (*voiture, concurrent*) überholen; (*film*) synchronisieren; (*acteur*) doubeln ▸ *vi* (*devenir double*) sich verdoppeln

doublure [dublyʀ] *nf* (*de vêtement*) Futter *nt*; (*acteur*) Double *nt*

douce [dus] *adj voir* **doux**

douceâtre [dusɑtʀ] *adj* süßlich

doucement [dusmɑ̃] *adv* behutsam; (*lentement*) langsam

doucereux, -euse [dus(ə)ʀø, øz] *adj* süßlich

douceur [dusœʀ] *nf* (*de peau, parfum, couleur*) Zartheit *f*; (*de personne*) Sanftheit *f*; (*de vent, temps, climat*) Milde *f*; **douceurs** *nfpl* (*friandises*) Süßigkeiten *pl*

douche [duʃ] *nf* Dusche *f*; **prendre une ~** duschen

doucher [duʃe] : **se doucher** *vpr* duschen

doudou [dudu] (*fam*) *nm* (*étoffe*) Kuscheltuch *nt*; (*peluche*) Kuscheltier *nt*

doudoune [dudun] *nf* Daunenjacke *f*

doué, e [dwe] *adj* begabt; **être ~ de** besitzen

douillet, te [dujɛ, ɛt] *adj* (*péj* : *personne*) empfindlich; (*lit, maison*) gemütlich, behaglich

douleur [dulœʀ] *nf* Schmerz *m*

douloureux, -euse [duluʀø, øz] *adj* schmerzhaft; (*membre*) schmerzend; (*séparation, perte*) schmerzlich

doute [dut] *nm* Zweifel *m*; **un ~** ein Verdacht *m*; **sans ~** zweifellos; **sans nul** *ou* **aucun ~** ohne jeden Zweifel

douter [dute] *vt* : **~ de** zweifeln an +*dat*; **se douter** *vpr* : **se ~ de qch/que** etw ahnen/ahnen, dass

douteux, -euse [dutø, øz] *adj* zweifelhaft; (*péj*) fragwürdig

doux, douce [du, dus] *adj* (*personne*) sanft; (*vent, climat, moutarde etc*) mild; (*peau, voix, parfum, couleur*) zart; (*sucré*) süß

douzaine [duzɛn] *nf* : **une ~ (de)** ein Dutzend *nt*

douze [duz] *num* zwölf

doyen, ne [dwajɛ̃, jɛn] *nm/f* (*en âge*) Älteste(r) *f(m)*; (*de faculté*) Dekan *m*

Dr *abr* (= *docteur*) Dr.

dragée [dʀaʒe] *nf* Zuckermandel *f*; (*Méd*) Dragee *nt*

dragon [dʀagɔ̃] *nm* Drache *m*

draguer [dʀage] *vt* (*pour nettoyer*) ausbaggern; (*fam*) anmachen, aufreißen

dragueur, -euse [dʀagœʀ, øz] *nm/f* (*fam* : *séducteur*) Aufreißertyp *m*, Anmacherin *f* ▸ *nm* (*de mines*) Minensuchboot *nt*

drainage [dʀɛnaʒ] *nm* (*du sol*) Entwässerung *f*

drainer [dʀene] *vt* (*sol*) entwässern

dramatique [dʀamatik] *adj* dramatisch; (*tragique*) tragisch ▸ *nf* (*TV*) Fernsehspiel *nt*

dramatiser [dʀamatize] *vt* dramatisieren

dramaturge [dʀamatyʀʒ] *nmf* Dramaturg(in) *m(f)*

drame [dʀam] *nm* Drama *nt*

drap [dʀa] *nm* (*de lit*) (Bett)laken *nt*; (*tissu*) (Woll)stoff *m*; **être dans de beaux ~s** (*fam* : *fig*) in der Klemme stecken

drapeau, x [dʀapo] *nm* Fahne *f*; **sous les ~x** beim Militär

drap-housse [dʀaus] (*pl* **draps-housses**) *nm* Spannbetttuch *nt*

Dresde [dʀɛzd] *nf* Dresden *nt*

dresser [dʀese] *vt* (*établir, ériger, lever*) aufstellen; (*animal*) dressieren; **se dresser** *vpr* (*église, obstacle*) emporragen; **~ l'oreille** die Ohren spitzen; **~ la table** den Tisch decken; **~ qn contre qn** jdn gegen jdn aufbringen

dressoir [dʀeswaʀ] *nm* Anrichte *f*

driver [dʀajvœʀ] *nm* (Drucker)treiber *m*

drogue [dʀɔg] *nf* Droge *f*; **~ douce/dure** weiche/harte Droge *f*

drogué, e [dʀɔge] *nm/f* Drogensüchtige(r) *f(m)*, Drogenabhängige(r) *f(m)*

droguer [dʀɔge] *vt* betäuben; (*malade*) mit Medikamenten vollpumpen +*dat*; **se droguer** *vpr* Drogen nehmen

droguerie [dʀɔgʀi] *nf* Drogerie *f*

droguiste [dʀɔgist] *nmf* Drogist(in) *m(f)*

droit, e [dʀwa, dʀwat] *adj* (*non courbe*) gerade; (*vertical*) senkrecht; (*opposé à gauche*) rechte(r, s); (*loyal, franc*) aufrecht ▸ *adv* (*marcher*) gerade ▸ *nm* : **un ~** ein Recht *nt*; **le ~** das Gesetz; (*matière d'étude*) Jura *nt*, Jurisprudenz *f*; **~ au but** *ou* **au fait** gleich zur Sache; **être en ~ de faire qch** berechtigt sein, etw zu tun; **à qui de ~** an die betreffende Person; **~ civil/international/privé** Zivil-/

Völker-/Privatrecht *nt*; **~ de vote** Stimmrecht *nt*; **~s d'auteur** Tantiemen *pl*; **~s de douane** Zoll(gebühren *pl*) *m*; **les ~s de l'homme** die Menschenrechte; **~s d'inscription** Einschreibegebühren *pl*
droite [dRwat] *nf* : **à ~** nach rechts; **à ~ de** rechts von; **la ~** (*Pol*) die Rechte *f*
droitier, -ière [dRwatje, jɛR] *nm/f* Rechtshänder(in)
droiture [dRwatyR] *nf* Aufrichtigkeit *f*
drôle [dRol] *adj* komisch
drôlement [dRolmɑ̃] *adv* komisch; **il fait ~ froid** (*fam*) es ist echt kalt
dromadaire [dRɔmadɛR] *nm* Dromedar *nt*
dru, e [dRy] *adj* (*herbe, cheveux*) dicht; (*pluie*) heftig
druide [dRɥid] *nm* Druide *m*
DST [deɛste] *sigle f* (= *Direction de la surveillance du territoire*) ≈ BND *m*
du [dy] *voir* **de**
dû, e [dy] *pp de* **devoir** ▸ *adj* (*somme*) schuldig; (: *venant à échéance*) fällig ▸ *nm* Schuld *f*; **dû à** (*causé par*) wegen *+gén ou dat*; **réclamer son dû** einfordern, was einem zusteht
dubitatif, -ive [dybitatif, iv] *adj* zweifelnd
duc [dyk] *nm* Herzog *m*
ducal, e, -aux [dykal, o] *adj* herzoglich
duchesse [dyʃɛs] *nf* Herzogin *f*
duel [dɥɛl] *nm* Duell *nt*
dûment [dymɑ̃] *adv* ordnungsgemäß
dumping [dœmpiŋ] *nm* Dumping *nt*
dune [dyn] *nf* Düne *f*
Dunkerque [dœ̃kɛRk] *nf* Dünkirchen *nt*
dupe [dyp] *adj* : **(ne pas) être ~ de qch** (nicht) auf etw *acc* hereinfallen
duper [dype] *vt* betrügen
duplex [dyplɛks] *nm* (*appartement*) Wohnung *f* auf zwei Etagen
duplicata [dyplikata] *nm* Duplikat *nt*
duplicité [dyplisite] *nf* Doppelspiel *nt*
dur, e [dyR] *adj* hart; (*difficile*) schwierig; (*sévère*) streng; (*climat*) rau; (*col*) steif; (*viande*) zäh ▸ *adv* (*travailler*) schwer; (*taper*) hart; **mener la vie ~e à qn** jdm das Leben schwer machen; **~ d'oreille** schwerhörig
durable [dyRabl] *adj* dauerhaft
durant [dyRɑ̃] *prép* während *+gén ou dat*; **~ des mois, des mois ~** monatelang
durcir [dyRsiR] *vt* härten; (*politique etc*) verhärten ▸ *vi* (*colle*) hart werden; **se durcir** *vpr* hart werden
durcissement [dyRsismɑ̃] *nm* Verhärtung *f*
durée [dyRe] *nf* Dauer *f*
durement [dyRmɑ̃] *adv* hart; **~ touché(e) par la crise** stark von der Krise betroffen
durer [dyRe] *vi* dauern
dureté [dyRte] *nf* Härte *f*; (*sévérité*) Strenge *f*
durit® [dyRit] *nf* Kühlschlauch *m*
DUT [deyte] *sigle m* (= *diplôme universitaire de technologie*) *Diplom einer technischen Hochschule*
duvet [dyvɛ] *nm* Daunen *pl*
DVD [devede] *sigle m* (= *digital versatile disc*) DVD *f*
dynamique [dinamik] *adj* dynamisch
dynamisme [dinamism] *nm* Dynamik *f*; (*d'une personne*) Tatkraft *f*
dynamite [dinamit] *nf* Dynamit *nt*
dynamiter [dinamite] *vt* mit Dynamit sprengen
dynamo [dinamo] *nf* Dynamo *m*
dysenterie [disɑ̃tRi] *nf* Ruhr *f*
dysfonctionnement [disfɔ̃ksjɔnmɑ̃] *nm* Funktionsstörung *f*
dyslexie [dislɛksi] *nf* Legasthenie *f*
dyslexique [dislɛksik] *adj* legasthenisch
dyspepsie [dispɛpsi] *nf* Verdauungsstörung *f*

e

E, e [ə] *nm inv* E, e *nt*
eau, x [o] *nf* Wasser *nt*; **prendre l'~** nicht wasserdicht sein; **~ courante** fließendes Wasser *nt*; **~ de Cologne** Kölnischwasser *nt*; **~ de javel** Chlorbleiche *f*; **~ gazeuse** Sprudelwasser *nt*; **~ minérale** Mineralwasser *nt*; **~ plate** stilles Wasser *nt*; **~ du robinet** Leitungswasser *nt*; **~x territoriales** Hoheitsgewässer *pl*; **~x usées** Abwasser *nt*
eau-de-vie [odvi] (*pl* **eaux-de-vie**) *nf* Schnaps *m*
ébahi, e [ebai] *adj* verblüfft
ébats [eba] *nmpl* Herumtollen *nt*
ébattre [ebatʀ] : **s'ébattre** *vpr* sich tummeln
ébauche [eboʃ] *nf* Entwurf *m*
ébaucher [eboʃe] *vt* entwerfen; **s'ébaucher** *vpr* sich abzeichnen; **~ un sourire/geste** ein Lächeln/eine Geste andeuten
ébène [ebɛn] *nf* Ebenholz *nt*
ébéniste [ebenist] *nmf* Möbeltischler(in) *m(f)*
éberlué, e [ebɛʀlɥe] *adj* verblüfft
éblouir [ebluiʀ] *vt* blenden; (*fig*) beeindrucken
éboueur, -euse [ebwœʀ, øz] *nm/f* Müllmann *m*
ébouillanter [ebujɑ̃te] *vt* (*légumes*) kurz überbrühen
éboulis [ebuli] *nm* Geröll *nt*
ébouriffé, e [ebuʀife] *adj* zerzaust
ébranler [ebʀɑ̃le] *vt* erschüttern; (*rendre instable*) ins Wanken bringen; **s'ébranler** *vpr* (*train*) sich in Bewegung setzen
ébrécher [ebʀeʃe] *vt* anschlagen
ébriété [ebʀijete] *nf* : **en état d'~** in betrunkenem Zustand
ébrouer [ebʀue] : **s'ébrouer** *vpr* (*souffler*) schnauben; (*s'agiter*) sich schütteln
ébruiter [ebʀɥite] *vt* verbreiten
ébullition [ebylisjɔ̃] *nf* : **être en ~** sieden
écaille [ekɑj] *nf* (*de poisson, reptile*) Schuppe *f*; (*matière*) Schildpatt *nt*; (*de peinture etc*) Splitter *m*
écailler [ekɑje] *vt* (*poisson*) schuppen; (*huître*) öffnen; **s'écailler** *vpr* abblättern
écarlate [ekaʀlat] *adj* scharlachrot
écarquiller [ekaʀkije] *vt* : **~ les yeux** die Augen (weit) aufreißen
écart [ekaʀ] *nm* Abstand *m*; (*de prix etc*) Differenz *f*; (*embardée, mouvement*) Schlenker *m*; **à l'~ (de)** abseits (von); **faire le grand ~** einen Spagat machen; **~ de conduite** Vergehen *nt*
écarté, e [ekaʀte] *adj* abgelegen; **les bras ~s** mit ausgebreiteten Armen; **les jambes ~es** mit gespreizten Beinen
écarteler [ekaʀtəle] *vt* vierteilen; (*fig*) hin- und herreißen
écartement [ekaʀtəmɑ̃] *nm* Abstand *m*; **~ (des rails)** Spurweite *f*
écarter [ekaʀte] *vt* (*éloigner*) entfernen; (*jambes*) spreizen; (*bras*) aufhalten; (*rideaux*) öffnen; (*candidat, possibilité*) ausscheiden; **s'écarter** *vpr* sich öffnen; **s'~ de** sich entfernen von
ecclésiastique [eklezjastik] *adj* kirchlich
écervelé, e [esɛʀvəle] *adj* leichtsinnig
échafaud [eʃafo] *nm* Schafott *nt*
échafaudage [eʃafodaʒ] *nm* Gerüst *nt*
échafauder [eʃafode] *vt* (*plan*) entwerfen
échalas [eʃala] *nm* Pfahl *m*; (*personne*) Bohnenstange *f*
échalote [eʃalɔt] *nf* Schalotte *f*
échancrure [eʃɑ̃kʀyʀ] *nf* (*de robe*) Ausschnitt *m*; (*de côte, arête rocheuse*) Einbuchtung *f*
échange [eʃɑ̃ʒ] *nm* Austausch *m*; **en ~** dafür; **en ~ de** für; **~s de lettres** Briefwechsel *m*
échanger [eʃɑ̃ʒe] *vt* austauschen; **~ qch (contre)** etw eintauschen (gegen); **~ qch avec qn** (*clin d'œil, lettres etc*) etw mit jdm wechseln
échangeur [eʃɑ̃ʒœʀ] *nm* (*d'autoroute*) Autobahnkreuz *nt*
échangisme [eʃɑ̃ʒism] *nm* Partnertausch *m*
échantillon [eʃɑ̃tijɔ̃] *nm* (*Comm*) Muster *nt*; (*fig*) Probe *f*
échappée [eʃape] *nf* (*vue*) Ausblick *m*; (*Cyclisme*) Ausbruch *m*
échappement [eʃapmɑ̃] *nm* (*Auto*) Auspuff *m*

échapper [eʃape] : **~ à** *vt* entkommen *+dat*; (*punition, péril etc*) entgehen *+dat*; **s'échapper** *vpr* (*prisonnier*) fliehen; (*gaz, eau*) entweichen; **~ à qn** (*suj : détail, sens*) jdm entgehen; (*: objet*) jdm entgleiten; (*: mot, remarque*) jdm entfallen; **l'~ belle** mit knapper Not davonkommen
écharde [eʃaʀd] *nf* Splitter *m*
écharpe [eʃaʀp] *nf* Schal *m*; (*de maire*) Schärpe *f*
échauffer [eʃofe] *vt* erwärmen; (*plus chaud*) erhitzen; (*moteur*) überhitzen; (*corps, personne*) aufwärmen; **s'échauffer** *vpr* (*Sport*) sich aufwärmen; (*dans une discussion*) sich erhitzen; **les esprits s'échauffent pour qch** etw erhitzt die Gemüter
échauffourée [eʃofuʀe] *nf* (*Mil*) Gefecht *nt*
échéance [eʃeɑ̃s] *nf* (*d'un paiement*) Fälligkeit *f*; **à brève/longue ~** auf kurze/lange Sicht
échéant [eʃeɑ̃] : **le cas ~** *adv* gegebenenfalls
échec [eʃɛk] *nm* Misserfolg *m*; **échecs** *nmpl* (*jeu*) Schach(spiel) *nt*; **~ et mat** schachmatt; **~ au roi** Schach dem König; **tenir en ~** in Schach halten
échelle [eʃɛl] *nf* Leiter *f*; (*de valeurs, sociale*) Ordnung *f*; (*d'une carte*) Maßstab *m*
échelon [eʃ(ə)lɔ̃] *nm* (*d'échelle*) Sprosse *f*; (*grade*) Rang *m*
échelonner [eʃ(ə)lɔne] *vt* staffeln; **paiement échelonné** Ratenzahlung *f*
échevelé, e [eʃəv(ə)le] *adj* zerzaust
échine [eʃin] *nf* Rückgrat *nt*; **courber l'~** (*fig*) buckeln; **~ de porc** Schweinekamm *m*
échiquier [eʃikje] *nm* Schachbrett *nt*
écho [eko] *nm* Echo *nt*
échographie [ekogʀafi] *nf* Ultraschalluntersuchung *f*
échouer [eʃwe] *vi* scheitern; **s'échouer** *vpr* auf Grund laufen
échu, e [eʃy] *adj* (*délais*) abgelaufen
éclabousser [eklabuse] *vt* bespritzen
éclair [eklɛʀ] *nm* Blitz *m*; (*gâteau*) Eclair *nt*
éclairage [eklɛʀaʒ] *nm* Beleuchtung *f*
éclaircie [eklɛʀsi] *nf* Aufheiterung *f*
éclaircir [eklɛʀsiʀ] *vt* (*fig*) aufklären; (*sauce*) verdünnen; **s'éclaircir** *vpr* sich (auf)klären; **s'~ la voix** sich räuspern
éclaircissement [eklɛʀsismɑ̃] *nm* Erklärung *f*
éclairer [ekleʀe] *vt* beleuchten; (*instruire*) aufklären ▶ *vi* : **~ bien/mal** gutes/schlechtes Licht geben; **s'éclairer** *vpr* : **s'~ à la bougie/l'électricité** Kerzenbeleuchtung/elektrisches Licht haben
éclat [ekla] *nm* (*de bombe, verre*) Splitter *m*; (*du soleil, d'une couleur etc*) Leuchten *nt*; (*d'une cérémonie*) Pracht *f*; **faire un ~** (*scandale*) Aufsehen erregen; **~s de rire** schallendes Gelächter *nt*; **~s de voix** laute Stimmen *pl*
éclatant, e [eklatɑ̃, ɑ̃t] *adj* hell; (*vérité*) offensichtlich
éclater [eklate] *vi* platzen; (*guerre, épidémie*) ausbrechen; **~ de rire** auflachen; **~ en sanglots** aufschluchzen
éclipse [eklips] *nf* (*Astron*) Finsternis *f*
éclipser [eklipse] (*fig*) *vt* in den Schatten stellen; **s'éclipser** *vpr* verschwinden
écluse [eklyz] *nf* Schleuse *f*
écœurant, e [ekœʀɑ̃, ɑ̃t] *adj* ekelerregend
écœurer [ekœʀe] *vt* anwidern
école [ekɔl] *nf* Schule *f*; **aller à l'~** in die Schule gehen; **les grandes ~s** *die Elitehochschulen*; **~ coranique** Koranschule *f*; **~ maternelle** Kindergarten *m*; **~ normale supérieure** *Hochschule für die Ausbildung von Gymnasial- und Hochschullehrern*; **~ primaire** Grundschule *f*; **~ privée** Privatschule *f*; **~ secondaire** höhere Schule *f*
écolier, -ière [ekɔlje, jɛʀ] *nm/f* Schüler(in)
écolo [ekɔlo] *nm/f* Öko *mf*
écologie [ekɔlɔʒi] *nf* Ökologie *f*; (*protection de l'environnement*) Umweltschutz *m*
écologique [ekɔlɔʒik] *adj* ökologisch
écologiste [ekɔlɔʒist] *nmf* Umweltschützer(in) *m(f)*
éconduire [ekɔ̃dɥiʀ] *vt* abweisen
économe [ekɔnɔm] *adj* sparsam ▶ *nmf* (Finanz)verwalter(in) *m(f)*
économie [ekɔnɔmi] *nf* (*vertu*) Sparsamkeit *f*; (*gain*) Ersparnis *f*; (*science*) Wirtschaftswissenschaft *f*; (*situation économique*) Wirtschaft *f*; **~ collaborative** Sharing Economy *f*; **économies** *nfpl* (*pécule*) Ersparnisse *pl*
économique [ekɔnɔmik] *adj* wirtschaftlich
économiser [ekɔnɔmize] *vt, vi* sparen
économiseur [ekɔnɔmizœʀ] *nm* : **~ d'écran** Bildschirmschoner *m*
écoper [ekɔpe] *vt* (*Naut*) ausschöpfen; **~ de** bekommen
écorce [ekɔʀs] *nf* Rinde *f*; (*de fruit*) Schale *f*
écorcher [ekɔʀʃe] *vt* (*animal*) häuten; (*égratigner*) aufschürfen
écorecharge [ekɔʀəʃaʀʒ] *nf* Nachfüllpackung *f*
écoresponsable [ekɔʀɛspɔ̃sabl] *adj* umweltbewusst

écossais, e [ekɔsɛ, ɛz] *adj* schottisch ▸*nm/f*: **Écossais, e** Schotte *m*, Schottin *f*
Écosse [ekɔs] *nf*: **l'~** Schottland *nt*
écosser [ekɔse] *vt* enthülsen
écosystème [ekosistɛm] *nm* Ökosystem *nt*
écotaxe [ekɔtaks] *nf* Ökosteuer *f*
écouler [ekule] *vt* (*stock*) absetzen; **s'écouler** *vpr* (*eau*) (ab)fließen; (*jours, temps*) vergehen
écourter [ekuʀte] *vt* abkürzen *pl*
écoute [ekut] *nf*: **heure de grande ~** Haupteinschaltzeit *f*; **être à l'~ de qn** für jn da sein; **rester à l'~** (*au téléphone*) dranbleiben; **être sur ~** abgehört werden; **mettre qn sur ~** jn abhören; **~s téléphoniques** Abhörmaßnahmen *pl*
écouter [ekute] *vt* hören; (*personne, conversation etc*) zuhören +*dat*; (*suivre les conseils de*) hören auf +*acc*
écouteur [ekutœʀ] *nm* (*téléphone*) Hörer *m*
écoutille [ekutij] *nf* (*Naut*) Luke *f*
écran [ekʀɑ̃] *nm* Bildschirm *m*; (*de cinéma*) Leinwand *f*; **le petit ~** das Fernsehen, die Mattscheibe; **~ antibruit** Lärmschutzwall *m*; **~ de fumée/d'eau** Rauch-/Wasserwand *f*; **~ graphique** Grafikbildschirm *m*; **~ plat** Flachbildschirm *m*; **~ tactile** Touchscreen *m*, Tastbildschirm *m*
écrasant, e [ekʀɑzɑ̃, ɑ̃t] *adj* erdrückend
écraser [ekʀɑze] *vt* zerquetschen, zerdrücken; (*piéton*) überfahren; (*ennemi, équipe adverse*) vernichten; (*travail, impôts, responsabilités*) erdrücken; **s'écraser** *vpr*: **s'~ (au sol)** (auf dem Boden) zerschellen; **s'~ contre/sur** knallen gegen/auf +*acc*
écrémé, e [ekʀeme] *adj* entrahmt
écrémer [ekʀeme] *vt* entrahmen
écrevisse [ekʀəvis] *nf* Krebs *m*
écrier [ekʀije]: **s'écrier** *vpr* ausrufen
écrin [ekʀɛ̃] *nm* Schmuckkästchen *nt*
écrire [ekʀiʀ] *vt, vi* schreiben; **s'écrire** *vpr* sich *dat* schreiben
écrit [ekʀi] *nm* Schriftstück *nt*; (*examen*) schriftliche Prüfung *f*
écriteau, x [ekʀito] *nm* Schild *nt*
écriture [ekʀityʀ] *nf* Schrift *f*; (*Comm*) Eintrag *m*; **écritures** *nfpl* (*Comm*) Konten *pl*; **les É~s, l'É~ (sainte)** die Heilige Schrift
écrivain, e [ekʀivɛ̃] *nm/f* Schriftsteller(in)
écrou [ekʀu] *nm* (Schrauben)mutter *f*
écrouer [ekʀue] *vt* (*Jur*) inhaftieren
écrouler [ekʀule]: **s'écrouler** *vpr* (*mur*) einstürzen; (*personne, animal*) zusammenbrechen
écru [ekʀy] *adj* ungebleicht
ecstasy [ɛkstazi] *nf* Ecstasy *nt*
écueil [ekœj] *nm* Riff *nt*; (*fig*) Falle *f*
éculé, e [ekyle] *adj* (*chaussure*) abgelaufen; (*fig*) abgedroschen
écume [ekym] *nf* Schaum *m*
écumer [ekyme] *vt* (*Culin*) abschöpfen; (*fig*) ausplündern ▸*vi* schäumen
écumoire [ekymwaʀ] *nf* Schaumlöffel *m*
écureuil [ekyʀœj] *nm* Eichhörnchen *nt*
écurie [ekyʀi] *nf* Pferdestall *m*
écusson [ekysɔ̃] *nm* Wappen *nt*
eczéma [ɛgzema] *nm* Ekzem *nt*
éd. *abr* (= *édition*) Aufl.; (= *éditeur*) Hrsg
EDF [ədeɛf] *sigle f* (= *Électricité de France*) *französisches Elektrizitätswerk*
édifice [edifis] *nm* Gebäude *nt*
édifier [edifje] *vt* erbauen; (*plan, théorie*) aufstellen
édit [edi] *nm* Erlass *m*
éditer [edite] *vt* (*publier*) herausgeben; (*Inform*) editieren
éditeur, -trice [editœʀ, tʀis] *nm/f* Herausgeber(in); (*Inform*) Editor *m*
édition [edisjɔ̃] *nf* (*industrie du livre*) Verlagswesen *nt*; (*série d'exemplaires*) Auflage *f*; (*version d'un texte*) Ausgabe *f*; **~ spéciale** Sonderausgabe *f*
éditorial, -aux [editɔʀjal, jo] *nm* Leitartikel *m*
édredon [edʀədɔ̃] *nm* Federbett *nt*
éducateur, -trice [edykatœʀ, tʀis] *nm/f* Lehrer(in)
éducation [edykasjɔ̃] *nf* Erziehung *f*; (*formation*) Ausbildung *f*; **l'Éducation (nationale)** (*Admin*) das Erziehungswesen; **~ physique** Sport *m*
édulcorant [edylkɔʀɑ̃] *nm* Süßstoff *m*
édulcorer [edylkɔʀe] *vt* süßen; (*fig*) abmildern
éduquer [edyke] *vt* (*personne*) erziehen; (*faculté, don*) entwickeln
EEE [əəə] *sigle m* (= *Espace économique européen*) EWR *m*
effacé, e [efase] *adj* (*personne*) zurückhaltend
effacer [efase] *vt* (*dessin*) ausradieren; (*Inform*) löschen; (*fig*) auslöschen; **s'effacer** *vpr* (*s'estomper*) verblassen; (*pour laisser passer*) zurücktreten
effarer [efaʀe] *vt* beunruhigen
effaroucher [efaʀuʃe] *vt* aufschrecken
effectif, -ive [efɛktif, iv] *adj* effektiv ▸*nm* Bestand *m*
effectivement [efɛktivmɑ̃] *adv* tatsächlich
effectuer [efɛktɥe] *vt* ausführen
efféminé, e [efemine] *adj* weibisch

effervescence [efɛʀvesɑ̃s] *nf* (*fig*) Aufruhr *f*; **en ~** in Aufruhr
effervescent, e [efɛʀvesɑ̃, ɑ̃t] *adj* (*cachet, boisson*) sprudelnd
effet [efɛ] *nm* Wirkung *f*; **faire de l'~** wirken; **sous l'~ de** unter dem Einfluss von; **en ~** (*effectivement*) tatsächlich; **~ de serre** Treibhauseffekt *m*; **~s personnels** persönliche Gegenstände *pl*; **~s secondaires** (*Méd*) Nebenwirkungen *pl*; **~s spéciaux** Spezialeffekte *pl*
efficace [efikas] *adj* wirksam; (*personne*) kompetent
efficacité [efikasite] *nf* Wirksamkeit *f*
effigie [efiʒi] *nf* Bildnis *nt*
effilé, e [efile] *adj* dünn, zugespitzt
effiler [efile] : **s'effiler** *vpr* (*tissu*) ausfransen
efflanqué, e [eflɑ̃ke] *adj* hager
effleurer [eflœʀe] *vt* streifen
effluves [eflyv] *nmpl* Ausdünstungen *pl*
effondrement [efɔ̃dʀəmɑ̃] *nm* Einsturz *m*
effondrer [efɔ̃dʀe] : **s'effondrer** *vpr* einstürzen; (*prix, marché*) stürzen; (*personne*) zusammenbrechen
efforcer [efɔʀse] : **s'efforcer** *vpr* : **s'~ de faire qch** sich bemühen, etw zu tun
effort [efɔʀ] *nm* Anstrengung *f*; **faire un ~** sich anstrengen
effraction [efʀaksjɔ̃] *nf* Einbruch *m*; **vol avec** *ou* **par ~** Einbruchdiebstahl *m*
effrayant, e [efʀɛjɑ̃, ɑ̃t] *adj* schrecklich
effrayer [efʀeje] *vt* erschrecken; **s'effrayer** *vpr* : **s'~ (de)** erschrecken (über *+acc*)
effréné, e [efʀene] *adj* wild, zügellos
effriter [efʀite] : **s'effriter** *vpr* bröckeln
effroi [efʀwa] *nm* panische Angst *f*
effronté, e [efʀɔ̃te] *adj* unverschämt
effronterie [efʀɔ̃tʀi] *nf* Unverschämtheit *f*
effroyable [efʀwajabl] *adj* grauenvoll
effusion [efyzjɔ̃] *nf* (überschwänglicher) Gefühlsausbruch *m*; **sans ~ de sang** ohne Blutvergießen
égal, e, -aux [egal, o] *adj* gleich; (*plan*) eben; (*constant*) gleichmäßig ▶ *nm/f* Gleichgestellte(r) *f(m)*; **être ~ à zéro** gleich null sein; **ça lui/nous est ~** das ist ihm/uns egal; **sans ~** unvergleichlich
également [egalmɑ̃] *adv* genauso; (*partager etc*) gerecht; (*aussi*) auch
égaler [egale] *vt* (*personne*) gleichkommen *+dat*; (*record*) einstellen
égalisateur, -trice [egalizatœʀ, tʀis] *adj* : **but ~** Ausgleichstor *nt*
égalisation [egalizasjɔ̃] *nf* Ausgleich *m*
égaliser [egalize] *vt* (*sol*) einebnen; (*salaires, chances*) ausgleichen ▶ *vi* (*Sport*) ausgleichen
égalitaire [egalitɛʀ] *adj* egalitär
égalité [egalite] *nf* Gleichheit *f*; **être à ~ (de points)** punktegleich sein; **~ de droits** Gleichberechtigung *f*
égard [egaʀ] *nm* Rücksicht *f*; **égards** *nmpl* Rücksicht; **à cet ~/certains ~s/tous ~s** in dieser/in mancher/in jeder Hinsicht; **eu ~ à** mit Rücksicht auf *+acc*; **par ~ pour** aus Rücksicht für; **à l'~ de** gegenüber *+dat*
égaré, e [egaʀe] *adj* (*personne, animal*) verirrt; (*air, regard*) verwirrt
égarer [egaʀe] *vt* verlegen; (*moralement*) irreleiten; **s'égarer** *vpr* sich verirren; (*dans une discussion etc*) vom Thema abkommen
égayer [egeje] *vt* erheitern, belustigen; (*rendre gai*) aufheitern
Égée [eʒe] *nf* : **la mer ~** die Ägäis *f*
églantier [eglɑ̃tje] *nm* Heckenrose *f*
églantine [eglɑ̃tin] *nf* Heckenrose *f*, Wildrose *f*
églefin [egləfɛ̃] *nm* Schellfisch *m*
église [egliz] *nf* Kirche *f*
égocentrique [egosɑ̃tʀik] *adj* egozentrisch
égoïsme [egɔism] *nm* Egoismus *m*
égoïste [egɔist] *adj* egoistisch
égorger [egɔʀʒe] *vt* die Kehle durchschneiden *+dat*
égosiller [egozije] : **s'égosiller** *vpr* sich heiser schreien
égout [egu] *nm* der Abwasserkanal *m*; **le tout(-)à(-)l'~** der Abwasseranschluss
égoutter [egute] *vt* (*vaisselle, fromage*) abtropfen lassen
égratigner [egʀatiɲe] *vt* zerkratzen; **s'égratigner** *vpr* sich kratzen
égratignure [egʀatiɲyʀ] *nf* Kratzer *m*
égrener [egʀəne] *vt* entkörnen; (*raisin*) abzupfen; (*chapelet*) beten
Égypte [eʒipt] *nf* : **l'~** Ägypten *nt*
égyptien, ne [eʒipsjɛ̃, jɛn] *adj* ägyptisch
eh [e] *excl* he; **eh bien !** na so was!
éhonté, e [eɔ̃te] *adj* schamlos
éjaculation [eʒakylasjɔ̃] *nf* Ejakulation *f*, Samenerguss *m*
éjaculer [eʒakyle] *vi* ejakulieren
éjectable [eʒɛktabl] *adj* : **siège ~** Schleudersitz *m*
éjecter [eʒɛkte] *vt* (*Tech*) ausstoßen; (*fam*) hinauswerfen
élaborer [elabɔʀe] *vt* ausarbeiten
élagage [elagaʒ] *nm* Schnitt *m*
élaguer [elage] *vt* schneiden; (*fig*) kürzen

élan [elɑ̃] *nm* (*Zool*) Elch *m*; (*Sport*) Anlauf *m*; (*d'objet en mouvement*) Schwung *m*; (*amoureux, de tendresse, patriotique*) Anwandlung *f*; **prendre son ~** Anlauf nehmen
élancé, e [elɑ̃se] *adj* schlank
élancement [elɑ̃smɑ̃] *nm* stechender Schmerz *m*
élancer [elɑ̃se] : **s'élancer** *vpr* sich stürzen; (*arbre, clocher*) (hoch) aufragen
élargir [elaʀʒiʀ] *vt* verbreitern; (*vêtement*) weiter machen; (*groupe*) vergrößern; (*débat*) ausweiten; (*Jur*) freilassen; **s'élargir** *vpr* breiter werden; (*vêtement*) weiter werden
élargissement [elaʀʒismɑ̃] *nm* Verbreiterung *f*; (*libération*) Freilassung *f*; **l'~ de l'UE** die EU-Erweiterung
élastique [elastik] *adj* elastisch ▸ *nm* Gummiband *nt*
électeur, -trice [elɛktœʀ, tʀis] *nm/f* Wähler(in)
élection [elɛksjɔ̃] *nf* Wahl *f*; **~s législatives** ≈ Parlamentswahlen *pl*

> **Élections législatives** werden in Frankreich alle fünf Jahre abgehalten um *députés* (Abgeordnete) für die *Assemblée nationale* zu wählen. Der Präsident wird in der *élection présidentielle*, die ebenfalls alle fünf Jahre stattfindet, gewählt. Die Wahlen werden nach einem allgemeinen direkten Wahlrecht in zwei Durchgängen durchgeführt und finden an zwei Sonntagen statt.

électoralisme [elɛktɔʀalism] *nm* Wahlpropaganda *f*
électorat [elɛktɔʀa] *nm* Wählerschaft *f*
électricien, ne [elɛktʀisjɛ̃, jɛn] *nm/f* Elektriker(in)
électricité [elɛktʀisite] *nf* Elektrizität *f*
électrifier [elɛktʀifje] *vt* elektrifizieren
électrique [elɛktʀik] *adj* elektrisch
électro- [elɛktʀɔ] *préf* Elektro-
électroaimant [elɛktʀoɛmɑ̃] *nm* Elektromagnet *m*
électrocardiogramme [elɛktʀokaʀdjɔgʀam] *nm* Elektrokardiogramm *nt*
électrochoc [elɛktʀoʃɔk] *nm* Elektroschock *m*
électrocuter [elɛktʀɔkyte] *vt* durch einen Stromschlag töten
électrocution [elɛktʀɔkysjɔ̃] *nf* Stromschlag *m*
électrode [elɛktʀɔd] *nf* Elektrode *f*
électroencéphalogramme [elɛktʀoɑ̃sefalɔgʀam] *nm* Elektroenzephalogramm *nt*
électromagnétique [elɛktʀomaɲetik] *adj* elektromagnetisch
électroménager [elɛktʀomenaʒe] *adj* : **appareils ~s** elektrische Haushaltsgeräte *pl*, Elektrogeräte *pl*
électron [elɛktʀɔ̃] *nm* Elektron *nt*; **~ libre** (*fig*) *nicht sehr überzeugter Anhänger*
électronicien, ne [elɛktʀɔnisjɛ̃, jɛn] *nm/f* Elektroniker(in)
électronique [elɛktʀɔnik] *adj* elektronisch ▸ *nf* Elektronik *f*
élégance [elegɑ̃s] *nf* Eleganz *f*
élégant, e [elegɑ̃, ɑ̃t] *adj* elegant
élément [elemɑ̃] *nm* Element *nt*; (*composante*) Bestandteil *m*; **éléments** *nmpl* (*eau, air etc*) Elemente *pl*; (*rudiments*) Grundbegriffe *pl*
élémentaire [elemɑ̃tɛʀ] *adj* einfach, simpel
éléphant [elefɑ̃] *nm* Elefant *m*
élevage [el(ə)vaʒ] *nm* Zucht *f*
élévateur [elevatœʀ] *nm* Fahrstuhl *m*
élévation [elevasjɔ̃] *nf* Erhöhung *f*; (*plan*) Aufriss *m*
élevé, e [el(ə)ve] *adj* hoch; (*fig*) erhaben; **bien/mal ~** gut/schlecht erzogen
élève [elɛv] *nmf* Schüler(in) *m(f)*
élever [el(ə)ve] *vt* (*enfant*) aufziehen; (*animaux*) züchten; (*taux, niveau etc*) erhöhen; (*âme, esprit*) erheben; **s'élever** *vpr* (*avion, alpiniste*) hochsteigen; (*clocher, montagne*) aufragen; (*cri, protestations*) sich erheben; (*niveau, température*) steigen; **~ la voix/le ton** die Stimme/den Ton heben; **s'~ contre qch** sich gegen etw erheben; **s'~ à** (*frais, dégâts*) steigen auf *+acc*
éleveur, -euse [el(ə)vœʀ, øz] *nm/f* (*de bétail*) Viehzüchter(in)
éligibilité [eliʒibilite] *nf* Wählbarkeit *f*
éligible [eliʒibl] *adj* wählbar
élimé, e [elime] *adj* abgewetzt
élimination [eliminasjɔ̃] *nf* Ausscheiden *nt*; **~ des déchets** (Abfall)entsorgung *f*
éliminatoire [eliminatwaʀ] *nf* (*Sport*) Ausscheidungswettkampf *m*
éliminer [elimine] *vt* ausscheiden lassen; (*déchets etc*) ausscheiden
élire [eliʀ] *vt* wählen
élite [elit] *nf* Elite *f*; **tireur d'~** Scharfschütze *m*
élitisme [elitism] *nm* Elitedenken *nt*
élitiste [elitist] *adj* elitär
élixir [eliksiʀ] *nm* Elixier *nt*

MOT-CLÉ

elle [ɛl] *pron* **1** (*sujet : personne*) sie; (*: chose : selon le genre du mot allemand*) er/

sie/es; **elle me l'a dit** sie hat es mir gesagt; **c'est elle qui me l'a dit** sie hat es mir gesagt; **elle-même** sie selbst; **je mange une pomme ; elle est aigre** ich esse einen Apfel; er ist sauer
2 (*avec préposition : personne : accusatif*) sie; (: *datif*) ihr; (: *chose : accusatif*) ihn/sie/es; (: *datif*) ihm/ihr/ihm; **pour elle** für sie; **avec elle** mit ihr
3 : **elles** (*pl : nominatif, accusatif*) sie; (*pl : datif*) ihnen; **pour elles** für sie; **à cause d'elles** wegen ihnen

ellipse [elips] *nf* Ellipse *f*
élocution [elɔkysjɔ̃] *nf* Vortragsweise *f*
éloge [elɔʒ] *nm* Lob *nt*; **faire l'~ de qn/qch** jdn loben/etw preisen; **ne pas tarir d'~s sur qn/qch** in Bezug auf jn/etw nicht mit Lob geizen; **~ funèbre** Grabrede *f*
éloigné, e [elwaɲe] *adj* weit (entfernt)
éloignement [elwaɲmɑ̃] *nm* Entfernung *f*
éloigner [elwaɲe] *vt* entfernen; (*fig : soupçons, danger*) abwenden; **s'éloigner** *vpr* (*personne*) sich entfernen; (: *affectivement*) sich entfremden; (*véhicule*) wegfahren; **s'~ de** sich entfernen von
élongation [elɔ̃gasjɔ̃] *nf* (*Méd*) Überdehnung *f*
éloquence [elɔkɑ̃s] *nf* Beredtheit *f*
éloquent, e [elɔkɑ̃, ɑ̃t] *adj* wortgewandt; (*discours, mot, attitude*) vielsagend
élu, e [ely] *pp de* **élire** ▸ *nm/f* (*Pol*) Abgeordnete(r) *f(m)*; **l'~ de son cœur** der Auserwählte; **les ~s locaux** die Abgeordneten des Regionalparlaments/die Mitglieder des Gemeinderats
élucider [elyside] *vt* aufklären
élucubrations [elykybʀasjɔ̃] *nfpl* Hirngespinste *pl*
éluder [elyde] *vt* ausweichen *+dat*
Élysée [elize] *nm* : **l'~, le palais de l'~** der Élyséepalast

Le palais de l'Élysée, im Herzen von Paris nicht weit von der Champs-Élysées gelegen, ist der offizielle Amts- und Wohnsitz des französischen Präsidenten. Der im 18. Jh. erbaute Palast dient seit 1876 diesem Zweck. Der Begriff **« l'Élysée »** wird oft für das Präsidentenamt verwendet.

émacié, e [emasje] *adj* ausgezehrt
e-mail [imɛl] *nm* E-Mail *f*; **envoyer qch par ~** etw per E-Mail schicken
émail, -aux [emaj, o] *nm* Email *nt*; (*des dents*) Zahnschmelz *m*
émaillé, e [emaje] *adj* emailliert; **~ de** übersät mit
émancipation [emɑ̃sipasjɔ̃] *nf* (*de mineur*) Mündigsprechung *f*; (*des femmes*) Emanzipation *f*
émanciper [emɑ̃sipe] *vt* (*Jur*) mündig sprechen; (*libérer*) befreien; **s'émanciper** *vpr* sich frei machen; (*femmes*) sich emanzipieren
émaner [emane] : **~ de** *vt* herrühren von
emballage [ɑ̃balaʒ] *nm* Verpackung *f*; **~ sous vide** Vakuumverpackung *f*
emballer [ɑ̃bale] *vt* einpacken, verpacken; (*fam*) packen; **s'emballer** *vpr* (*moteur, cheval*) jagen; (*fig : cheval*) durchgehen; (*personne*) sich aufregen; **qn s'emballe pour qch** jd begeistert sich für etw
embarcadère [ɑ̃baʀkadɛʀ] *nm* Anlegestelle *f*
embarcation [ɑ̃baʀkasjɔ̃] *nf* kleines Boot *nt*
embardée [ɑ̃baʀde] *nf* Schlenker *m*
embargo [ɑ̃baʀgo] *nm* Embargo *nt*
embarquement [ɑ̃baʀkəmɑ̃] *nm* Einsteigen *nt*; **« vol AF 321 : ~ immédiat, porte 30 »** „Aufruf für Passagiere des Flugs AF 321, sich zum Flugsteig 30 zu begeben"
embarquer [ɑ̃baʀke] *vt* einschiffen; (*fam*) mitgehen lassen ▸ *vi* an Bord gehen; **s'embarquer** *vpr* an Bord gehen; **s'~ dans** (*affaire, aventure*) sich einlassen auf *+acc*
embarras [ɑ̃baʀa] *nm* Hindernis *nt*; (*gêne*) Verlegenheit *f*; **être dans l'~** (*être ennuyé*) in Schwierigkeiten sein; (*gêne financière*) in Geldnot sein; **mettre qn dans l'~** jdn in Schwierigkeiten bringen
embarrassant, e [ɑ̃baʀasɑ̃, ɑ̃t] *adj* peinlich
embarrassé, e [ɑ̃baʀase] *adj* (*encombré*) behindert; (*gêné*) verlegen; (*explications etc*) peinlich
embarrasser [ɑ̃baʀase] *vt* (*encombrer*) behindern; (*gêner*) in Verlegenheit bringen; **s'~ de qch** (*s'encombrer*) sich mit etw belasten; (*se soucier*) sich um etw sorgen; **ne pas s'~ de scrupules** keinerlei Skrupel haben
embauche [ɑ̃boʃ] *nf* Anstellung *f*; **bureau d'~** Stellenvermittlung *f*
embaucher [ɑ̃boʃe] *vt* einstellen
embauchoir [ɑ̃boʃwaʀ] *nm* Schuhspanner *m*
embaumer [ɑ̃bome] *vt* (*lieu*) mit Duft erfüllen
embellie [ɑ̃beli] *nf* Aufheiterung *f*

embellir [ɑ̃beliʀ] *vt* verschönern ▶ *vi* schöner werden
embêtant, e [ɑ̃bɛtɑ̃, ɑ̃t] *(fam) adj* ärgerlich
embêtement [ɑ̃bɛtmɑ̃] *(fam) nm* Schererei *f*
embêter [ɑ̃bete] *(fam) vt* ärgern; **s'embêter** *vpr (s'ennuyer)* sich langweilen
emblée [ɑ̃ble] : **d'~** *adv* sofort
emblème [ɑ̃blɛm] *nm* Symbol *nt*
embobiner [ɑ̃bɔbine] *(fam) vt* an der Nase herumführen
emboîter [ɑ̃bwate] *vt (assembler)* einfügen; **~ le pas à qn** jdm auf den Fersen folgen; **s'~ dans** passen in *+acc*
embonpoint [ɑ̃bɔ̃pwɛ̃] *nm* Korpulenz *f*, Fülligkeit *f*
embouchure [ɑ̃buʃyʀ] *nf (Géo)* Mündung *f*; *(Mus)* Mundstück *nt*
embourgeoiser [ɑ̃buʀʒwaze] : **s'embourgeoiser** *vpr* verbürgerlichen
embout [ɑ̃bu] *nm* Kappe *f*
embouteillage [ɑ̃butɛjaʒ] *nm* (Verkehrs)stau *m*
embouteiller [ɑ̃buteje] *vt (route)* verstopfen
emboutir [ɑ̃butiʀ] *vt (entrer en collision avec)* prallen *ou* krachen gegen *+acc*
embranchement [ɑ̃bʀɑ̃ʃmɑ̃] *nm (routier)* Abzweigung *f*
embrasser [ɑ̃bʀase] *vt* küssen; *(contenir)* umfassen; **s'embrasser** *vpr* sich küssen; **~ une carrière** eine Laufbahn einschlagen
embrasure [ɑ̃bʀazyʀ] *nf* Öffnung *f*
embrayage [ɑ̃bʀɛjaʒ] *nm* Kupplung *f*
embrayer [ɑ̃bʀeje] *vi (Auto)* einkuppeln; **~ sur qch** *(fig)* auf etw zu sprechen kommen
embrocher [ɑ̃bʀɔʃe] *vt* aufspießen
embrouiller [ɑ̃bʀuje] *vt (personne aussi)* verwirren; *(objets, idées)* durcheinanderbringen; **s'embrouiller** *vpr (personne)* konfus werden
embryon [ɑ̃bʀijɔ̃] *nm* Embryo *m*
embûches [ɑ̃byʃ] *nfpl* Fallen *pl*
embué, e [ɑ̃bɥe] *adj* beschlagen
embuscade [ɑ̃byskad] *nf* Hinterhalt *m*; **tendre une ~ à qn** jdm (in einem Hinterhalt) auflauern
éméché, e [emeʃe] *(fam) adj* beschwipst
émeraude [em(ə)ʀod] *nf* Smaragd *m*
émergence [emɛʀʒɑ̃s] *(fig) nf* Auftauchen *nt*
émerger [emɛʀʒe] *vi* auftauchen
émeri [em(ə)ʀi] *nm* : **papier** *ou* **toile ~** Schmirgelpapier *nt ou* Schmirgeltuch *nt*
émerveillement [emɛʀvɛjmɑ̃] *nm* Staunen *nt*; *(vision)* wunderschöner Anblick *m*
émerveiller [emɛʀveje] *vt* in Bewunderung versetzen; **s'émerveiller** *vpr* : **s'~ de qch** über etw *acc* staunen
émetteur, -trice [emetœʀ, tʀis] *adj (poste, station)* Sende- ▶ *nm (poste)* Sender *m*
émettre [emɛtʀ] *vt (son, lumière)* ausstrahlen; *(Radio, TV)* senden; *(billet, timbre, emprunt)* ausgeben; *(hypothèse, avis, vœu)* zum Ausdruck bringen ▶ *vi* : **~ sur ondes courtes** auf Kurzwelle senden
émeute [emøt] *nf* Aufruhr *m*
émietter [emjete] *vt* zerkrümeln
émigrant, e [emigʀɑ̃, ɑ̃t] *nm/f* Emigrant(in)
émigration [emigʀasjɔ̃] *nf* Emigration *f*, Auswanderung *f*
émigré, e [emigʀe] *nm/f* Emigrant(in)
émigrer [emigʀe] *vi* auswandern
éminence [eminɑ̃s] *nf (colline)* Erhebung *f*; **Son/Votre É~** Seine/Eure Eminenz; **~ grise** graue Eminenz *f*
éminent, e [eminɑ̃, ɑ̃t] *adj* (hoch) angesehen
émir [emiʀ] *nm* Emir *m*
émirat [emiʀa] *nm* Emirat *nt*; **les Émirats arabes unis** die Vereinigten Arabischen Emirate *pl*
émission [emisjɔ̃] *nf (TV, Radio)* Sendung *f*
emmagasiner [ɑ̃magazine] *vt (marchandises)* einlagern
emmanchure [ɑ̃mɑ̃ʃyʀ] *nf* Armloch *nt*
emménager [ɑ̃menaʒe] *vi* : **~ dans** einziehen in *+acc*
emmener [ɑ̃m(ə)ne] *vt* mitnehmen
emmerder [ɑ̃mɛʀde] *(vulg) vt (importuner)* ankotzen
emmitoufler [ɑ̃mitufle] *vt* warm einpacken; **s'emmitoufler** *vpr* sich einmummeln
émoi [emwa] *nm* Aufregung *f*
émoluments [emɔlymɑ̃] *nmpl* Vergütung *f*
émotif, -ive [emɔtif, iv] *adj* emotional; *(personne)* gefühlsbetont
émotion [emosjɔ̃] *nf (vif sentiment)* Gefühl *nt*; *(réaction affective)* Bewegtheit *f*
émotionnel, le [emosjɔnɛl] *adj* emotional
émotionner [emosjɔne] *vt* aufwühlen, aufregen
émoulu, e [emuly] *adj* : **frais ~ de** frisch entlassen aus, frisch von

émoussé, e [emuse] *adj* (*lame, pointe*) stumpf; (*sensibilité*) abgestumpft
émousser [emuse] *vt* stumpf machen; (*fig*) abstumpfen
émouvant, e [emuvɑ̃, ɑ̃t] *adj* rührend, bewegend
émouvoir [emuvwaʀ] *vt* bewegen; (*attendrir aussi*) rühren; **s'émouvoir** *vpr* gerührt sein
empailler [ɑ̃pɑje] *vt* ausstopfen
empaler [ɑ̃pale] : **s'empaler** *vpr* : **s'~ sur** sich aufspießen auf *+dat*
empaquetage [ɑ̃paktaʒ] *nm* Verpackung *f*
empaqueter [ɑ̃pakte] *vt* verpacken
emparer [ɑ̃paʀe] : **s'emparer** *vpr* : **s'~ de** ergreifen; (*ville, position*) einnehmen; (*peur, colère, doute*) überkommen
empâter [ɑ̃pɑte] : **s'empâter** *vpr* dicker werden
empattement [ɑ̃patmɑ̃] *nm* (*Auto*) Radabstand *m*
empêchement [ɑ̃pɛʃmɑ̃] *nm* Hindernis *nt*, Schwierigkeit *f*
empêcher [ɑ̃peʃe] *vt* verhindern; **~ qn de faire qch** jdn daran hindern *ou* davon abhalten, etw zu tun; **il n'empêche que** trotzdem; **il n'a pas pu s'~ de rire** er konnte nicht anders, er musste lachen
empereur [ɑ̃pʀœʀ] *nm* Kaiser *m*
empeser [ɑ̃pəze] *vt* stärken
empester [ɑ̃pɛste] *vt* (*lieu*) verstänkern ▸ *vi* stinken; **~ le tabac/le vin** nach Tabak/Wein stinken
empêtrer [ɑ̃petʀe] : **s'empêtrer** *vpr* : **s'~ dans** : sich verheddern in *+dat*
emphase [ɑ̃faz] *nf* Pathos *nt*; **avec ~** mit Pathos
empiéter [ɑ̃pjete] *vi* : **~ sur** übergreifen auf *+acc*
empiffrer [ɑ̃pifʀe] : **s'empiffrer** *vpr* (*fam*) sich vollstopfen; **s'~ de qch** (*fam*) sich mit etw voll stopfen
empiler [ɑ̃pile] *vt* aufstapeln, anhäufen
empire [ɑ̃piʀ] *nm* Reich *nt*; **sous l'~ de la colère** unter dem Einfluss der Wut
empirer [ɑ̃piʀe] *vi* sich verschlechtern
empirique [ɑ̃piʀik] *adj* empirisch
emplacement [ɑ̃plasmɑ̃] *nm* Platz *m*, Stelle *f*
emplette [ɑ̃plɛt] *nf* : **faire des ~s** einkaufen
emplir [ɑ̃pliʀ] *vt* füllen; (*fig*) erfüllen; **s'emplir** *vpr* : **s'~ (de)** sich füllen (mit)
emploi [ɑ̃plwa] *nm* Gebrauch *m*; (*poste*) Stelle *f*; **d'~ facile/délicat** leicht/schwierig zu benutzen; **~ jeune** Arbeitsbeschaffungsprogramm *nt* für Jugendliche; **~ du temps** Zeitplan *m*
employé, e [ɑ̃plwaje] *nm/f* Angestellte(r) *f(m)*
employer [ɑ̃plwaje] *vt* verwenden, gebrauchen; (*personne*) beschäftigen; **s'employer** *vpr* : **s'~ à qch** sich etw *dat* widmen
employeur, -euse [ɑ̃plwajœʀ, øz] *nm/f* Arbeitgeber(in)
empocher [ɑ̃pɔʃe] *vt* einstecken
empoignade [ɑ̃pwaɲad] *nf* Rauferei *f*
empoigner [ɑ̃pwaɲe] *vt* packen
empoisonnement [ɑ̃pwazɔnmɑ̃] *nm* Vergiftung *f*
empoisonner [ɑ̃pwazɔne] *vt* vergiften; (*empester*) verpesten; **~ qn** (*fam*) jdm auf die Nerven gehen
emporte-pièce [ɑ̃pɔʀtəpjɛs] (*pl* **emporte-pièces**) *nm* (*cuisine*) Ausstechform *f*
emporter [ɑ̃pɔʀte] *vt* mitnehmen; (*blessés, voyageurs*) wegbringen; (*entraîner*) mitreißen; (*arracher*) fortreißen; (*Mil : position*) einnehmen; **s'emporter** *vpr* (*de colère*) aufbrausen; **l'~ (sur)** (*adversaire*) die Oberhand gewinnen (über *+acc*); (*méthode etc*) besser sein (als)
empreint, e [ɑ̃pʀɛ̃, ɛ̃t] *adj* : **~ de** voller
empreinte [ɑ̃pʀɛ̃t] *nf* Abdruck *m*; **~ écologique** ökologischer Fußabdruck *m*, CO_2-Bilanz *f*; **~s digitales** Fingerabdrücke *pl*
empressé, e [ɑ̃pʀese] *adj* beflissen
empressement [ɑ̃pʀɛsmɑ̃] *nm* Eifer *m*; (*hâte*) Eile *f*
emprise [ɑ̃pʀiz] *nf* Einfluss *m*; **sous l'~ de** unter dem Einfluss von
emprisonnement [ɑ̃pʀizɔnmɑ̃] *nm* Haft *f*
emprisonner [ɑ̃pʀizɔne] *vt* einsperren
emprunt [ɑ̃pʀœ̃] *nm* Anleihe *f*; (*Finance aussi*) Darlehen *nt*; (*Ling*) Lehnwort *nt*
emprunter [ɑ̃pʀœ̃te] *vt* sich *dat* leihen; (*route, itinéraire*) einschlagen; **~ qch à qn** etw bei jm leihen; **un mot emprunté à l'allemand** ein Lehnwort aus dem Deutschen
emprunteur, -euse [ɑ̃pʀœ̃tœʀ, øz] *nm/f* Kreditnehmer(in)
ému, e [emy] *pp de* **émouvoir**
émulation [emylasjɔ̃] *nf* Nacheifern *nt*

MOT-CLÉ

en [ɑ̃] *prép* **1** (*endroit, pays : situation*) in *+dat*; (*direction*) in *+acc*; (*: pays*) nach; **habiter en France/ville** in Frankreich/in der Stadt leben; **aller en ville/France** in die Stadt/nach Frankreich gehen
2 (*temps*) in *+dat*; **en 3 jours/20 ans** in 3

Tagen/20 Jahren; **en été/juin** im Sommer/Juni
3 (*moyen de transport*) en; **en avion/taxi** im Flugzeug/Taxi
4 (*composition*) aus; **c'est en verre/bois** das ist aus Glas/Holz; **un collier en argent** eine Halskette aus Silber
5 (*description, état*) : **une femme (habillée) en rouge** eine Frau in Rot; **peindre qch en rouge** etw rot anstreichen; **en étoile** in Sternform; **en T** in T-Form; **en chemise** im Hemd; **en chaussettes** auf Strümpfen; **en réparation** in Reparatur; **partir en vacances** in die Ferien fahren; **en deuil** in Trauer; **le même en plus grand** das Gleiche in größer; **fort en maths** gut in Mathematik; **en bonne santé** bei guter Gesundheit; **en deux volumes** in zwei Bänden; **en une pièce** an einem Stück; **se casser en deux/plusieurs morceaux** in zwei/mehrere Stücke zerbrechen
6 (*avec gérondif*) : **en travaillant** bei der Arbeit; **en dormant** im Schlaf; **en apprenant la nouvelle/sortant** als er/sie *etc* die Nachricht hörte/wegging; **sortir en courant** herausrennen
▶ *pron* **1** (*indéfini*) : **j'en ai/veux** (*des livres etc*) ich habe welche/möchte welche; (*du sable, lait etc*) ich habe/möchte davon; **en veux-tu ?** (*voir ci-dessus*) möchtest du welche/davon?; **je n'en veux pas** (*voir ci-dessus*) ich möchte keine/nichts davon; **j'en ai deux** ich habe zwei; **j'en ai assez** ich habe genug (davon); (*j'en ai marre*) mir reichts; **en vouloir à qn** etw gegen jdn haben; **où en étais-je ?** wo war ich stehen geblieben?; **ne pas s'en faire** sich *dat* keine Gedanken machen; **j'en viens à penser que ...** ich komme langsam zu dem Schluss, dass ...
2 (*provenance*) : **j'en viens** ich komme daher
3 (*cause*) : **il en est malade/perd le sommeil** er ist deswegen krank/kann deswegen nicht schlafen
4 (*autre complément*) : **j'en connais les dangers/défauts** ich kenne die Gefahren/Fehler (dieser Sache); **j'en suis fier** ich bin stolz darauf; **j'en ai besoin** ich brauche es

ENA [enɑ] *sigle f* (= *École nationale d'administration*) *Eliteschule für Verwaltungskräfte*
énarque [enaʀk] *nmf* Absolvent(in) *m(f)* der ENA
encadrement [ɑ̃kɑdʀəmɑ̃] *nm* Rahmen *m*
encadrer [ɑ̃kɑdʀe] *vt* (*tableau, image*) einrahmen; (*entourer*) umgeben; (*former*) ausbilden
encadreur [ɑ̃kɑdʀœʀ] *nm* Rahmer(in) *m(f)*
encaisse [ɑ̃kɛs] *nf* Geldbestände *pl*; **~ or** Goldreserven *pl*
encaisser [ɑ̃kese] *vt* (*chèque*) einlösen; (*argent*) einstreichen; (*coup, défaite*) einstecken
encanailler [ɑ̃kanɑje] : **s'encanailler** *vpr* vulgär werden
encart [ɑ̃kaʀ] *nm* Einlage *f*; **~ publicitaire** Werbebeilage *f*
encas [ɑ̃kɑ] *nm inv* (*repas*) kleine Zwischenmahlzeit *f*
encastrable [ɑ̃kastʀabl] *adj* Einbau-
encastrer [ɑ̃kastʀe] *vt* : **~ qch dans** etw einbauen in *+acc*; (*mur*) etw einlassen in *+acc*; **s'encastrer** *vpr* : **s'~ dans** hineinpassen in *+acc*; (*heurter*) hineinprallen in *+acc*
encaustique [ɑ̃kostik] *nf* (Bohner)wachs *nt*
encaustiquer [ɑ̃kostike] *vt* wachsen
enceinte [ɑ̃sɛ̃t] *adj f* schwanger ▶ *nf* (*mur*) Mauer *f*; (*espace, clos*) abgeschlossener Bereich *m*; **dans l'~ de** innerhalb von; **~ de six mois** im sechsten Monat schwanger; **~ (acoustique)** Lautsprecher *m*
encens [ɑ̃sɑ̃] *nm* Weihrauch *m*
encenser [ɑ̃sɑ̃se] *vt* beweihräuchern
encensoir [ɑ̃sɑ̃swaʀ] *nm* Weihrauchfass *nt*
encéphalogramme [ɑ̃sefalɔgʀam] *nm* Enzephalogramm *nt*
encercler [ɑ̃sɛʀkle] *vt* umzingeln
enchaîner [ɑ̃ʃene] *vt* in Ketten legen; (*mouvements, séquence*) (miteinander) verknüpfen
enchanté, e [ɑ̃ʃɑ̃te] *adj* entzückt, hocherfreut; **~** (*de faire votre connaissance*) angenehm
enchantement [ɑ̃ʃɑ̃tmɑ̃] *nm* Zauber *m*; **comme par ~** wie durch Zauber
enchanter [ɑ̃ʃɑ̃te] *vt* (hoch) erfreuen
enchanteur, -eresse [ɑ̃ʃɑ̃tœʀ, tʀɛs] *adj* zauberhaft
enchère [ɑ̃ʃɛʀ] *nf* : **mettre** *ou* **vendre aux ~s** versteigern
enclencher [ɑ̃klɑ̃ʃe] *vt* auslösen
enclin, e [ɑ̃klɛ̃, in] *adj* : **être ~ à qch** zu etw neigen; **être ~ à faire qch** dazu neigen, etw zu tun
enclos [ɑ̃klo] *nm* Einfriedung *f*

enclume [ɑ̃klym] *nf* Amboss *m*
encoche [ɑ̃kɔʃ] *nf* Kerbe *f*
encoder [ɑ̃kɔde] *vt* codieren, verschlüsseln
encodeur [ɑ̃kɔdœʀ] *nm* Codierer *m*
encolure [ɑ̃kɔlyʀ] *nf* (*mesure*) Kragenweite *f*; (*cou*) Hals *m*
encombrant, e [ɑ̃kɔ̃bʀɑ̃, ɑ̃t] *adj* sperrig
encombre [ɑ̃kɔ̃bʀ] : **sans ~** *adv* ohne Zwischenfälle
encombrer [ɑ̃kɔ̃bʀe] *vt* behindern; **s'encombrer de** *vpr* sich beladen mit
encontre [ɑ̃kɔ̃tʀ] : **à l'~ de** *prép* (*contre*) gegen; (*contrairement à*) im Gegensatz zu
encorbellement [ɑ̃kɔʀbɛlmɑ̃] *nm* Erker *m*; **fenêtre en ~** Erkerfenster *nt*
encorder [ɑ̃kɔʀde] : **s'encorder** *vpr* sich anseilen

MOT-CLÉ

encore [ɑ̃kɔʀ] *adv* **1** (*continuation*) noch; **il travaille encore** er arbeitet noch; **pas encore** noch nicht; **encore deux jours** noch zwei Tage
2 (*pas plus tard que*) : **hier encore** erst gestern
3 (*de nouveau*) wieder, erneut; **encore un effort** noch ein bisschen; **encore !** (*insatisfaction*) nicht schon wieder!; **(et puis) quoi encore ?** was noch?; **encore une fois** noch einmal
4 (*intensif*) : **encore plus fort/mieux** noch lauter/besser
5 (*aussi*) : **non seulement ..., mais encore** nicht nur ..., sondern auch
6 (*restriction*) freilich, allerdings; **si encore** wenn nur; **encore que** obwohl

encourageant, e [ɑ̃kuʀaʒɑ̃, ɑ̃t] *adj* ermutigend
encouragement [ɑ̃kuʀaʒmɑ̃] *nm* Ermutigung *f*
encourager [ɑ̃kuʀaʒe] *vt* ermutigen; (*activité, tendance*) fördern; **~ qn à faire qch** jdn dazu ermutigen, etw zu tun
encourir [ɑ̃kuʀiʀ] *vt* sich *dat* zuziehen, auf sich *acc* ziehen
encre [ɑ̃kʀ] *nf* Tinte *f*; **~ de Chine** Tusche *f*
encrier [ɑ̃kʀije] *nm* Tintenfass *nt*
encroûter [ɑ̃kʀute] : **s'encroûter** *vpr* (*personne*) in einen festen Trott geraten
encyclopédie [ɑ̃siklɔpedi] *nf* Enzyklopädie *f*
endetté, e [ɑ̃dete] *adj* verschuldet
endettement [ɑ̃dɛtmɑ̃] *nm* Schulden *pl*
endetter [ɑ̃dete] *vt* in Schulden stürzen *+dat*; **s'endetter** *vpr* sich verschulden
endiablé, e [ɑ̃djable] *adj* leidenschaftlich
endimancher [ɑ̃dimɑ̃ʃe] : **s'endimancher** *vpr* seinen Sonntagsstaat anziehen
endive [ɑ̃div] *nf* Chicorée *m*
endoctriner [ɑ̃dɔktʀine] *vt* indoktrinieren
endolori, e [ɑ̃dɔlɔʀi] *adj* schmerzend
endommager [ɑ̃dɔmaʒe] *vt* beschädigen
endormir [ɑ̃dɔʀmiʀ] *vt* (*enfant*) zum Schlafen bringen; (*chaleur etc*) schläfrig machen; (*soupçons, ennemi etc*) einlullen; (*ennuyer*) langweilen; (*Méd*) betäuben; **s'endormir** *vpr* einschlafen
endoscope [ɑ̃dɔskɔp] *nm* Endoskop *nt*
endoscopie [ɑ̃dɔskɔpi] *nf* Endoskopie *f*
endosser [ɑ̃dose] *vt* (*responsabilité*) übernehmen; (*chèque*) gegenzeichnen; (*uniforme, tenue*) anlegen
endroit [ɑ̃dʀwa] *nm* Ort *m*; (*emplacement*) Stelle *f*; (*opposé à l'envers*) rechte Seite *f*; **à cet ~** an dieser Stelle; **à l'~** richtig herum
enduire [ɑ̃dɥiʀ] *vt* : **~ qch de** etw bestreichen mit; **s'enduire** *vpr* : **s'~ de** sich einreiben mit
enduit, e [ɑ̃dɥi, ɥit] *pp de* **enduire** ▶ *nm* Überzug *m*
endurance [ɑ̃dyʀɑ̃s] *nf* Durchhaltevermögen *nt*
endurant, e [ɑ̃dyʀɑ̃, ɑ̃t] *adj* ausdauernd
endurci, e [ɑ̃dyʀsi] *adj* : **buveur ~** abgehärteter Trinker *m*; **célibataire ~** eingefleischter Junggeselle *m*
endurcir [ɑ̃dyʀsiʀ] *vt* abhärten; **s'endurcir** *vpr* hart *ou* zäh werden
endurer [ɑ̃dyʀe] *vt* ertragen
énergétique [enɛʀʒetik] *adj* Energie-
énergie [enɛʀʒi] *nf* Energie *f*
énergique [enɛʀʒik] *adj* energisch
énergisant, e [enɛʀʒizɑ̃, ɑ̃t] *adj* Energie spendend
énergumène [enɛʀgymɛn] *nm* Unruhestifter *m*
énervant, e [enɛʀvɑ̃, ɑ̃t] *adj* irritierend
énervé, e [enɛʀve] *adj* aufgeregt; (*agacé*) verärgert
énervement [enɛʀvəmɑ̃] *nm* Irritation *f*
énerver [enɛʀve] *vt* aufregen; **s'énerver** *vpr* sich aufregen
enfance [ɑ̃fɑ̃s] *nf* Kindheit *f*; (*enfants*) Kinder *pl*
enfant [ɑ̃fɑ̃] *nmf* Kind *nt*; **~ unique** Einzelkind *nt*
enfanter [ɑ̃fɑ̃te] *vi, vt* gebären
enfantillage [ɑ̃fɑ̃tijaʒ] (*péj*) *nm* Kinderei *f*
enfantin, e [ɑ̃fɑ̃tɛ̃, in] *adj* kindlich; (*péj*) kindisch; (*simple*) kinderleicht

enfer [ɑ̃fɛʀ] *nm* Hölle *f*
enfermer [ɑ̃fɛʀme] *vt* einschließen; (*prisonnier*) einsperren; **s'enfermer** *vpr* sich einschließen
enfiévré [ɑ̃fjevʀe] (*fig*) *adj* fiebrig
enfiler [ɑ̃file] *vt* (*perles etc*) auffädeln; (*aiguille*) einfädeln; (*vêtement*) schlüpfen in *+acc*; (*rue, couloir*) einbiegen in *+acc*
enfin [ɑ̃fɛ̃] *adv* endlich; (*en dernier lieu*) schließlich; (*de restriction*) doch
enflammé, e [ɑ̃flame] *adj* (*torche, allumette*) brennend; (*Méd* : *plaie*) entzündet; (*nature*) feurig; (*discours, déclaration*) flammend
enflammer [ɑ̃flame] *vt* in Brand setzen; (*Méd*) entzünden; **s'enflammer** *vpr* Feuer fangen; (*Méd*) sich entzünden
enflé, e [ɑ̃fle] *adj* geschwollen
enfler [ɑ̃fle] *vi* anschwellen
enfoncer [ɑ̃fɔ̃se] *vt* einschlagen ▸ *vi* versinken; **s'enfoncer** *vpr* : **s'~ dans** (*neige, vase etc*) versinken in *+dat*; (*forêt, ville*) verschwinden in *+dat*; (*mensonge, erreur*) sich verstricken in *+dat*; **~ qch dans** etw einschlagen in
enfouir [ɑ̃fwiʀ] *vt* (*dans le sol*) vergraben; (*dans un tiroir, une poche etc*) verstecken; **s'enfouir** *vpr* : **s'~ dans/sous** sich vergraben in *+dat*/unter *+dat*
enfourcher [ɑ̃fuʀʃe] *vt* besteigen
enfourner [ɑ̃fuʀne] *vt* in den Ofen schieben
enfreindre [ɑ̃fʀɛ̃dʀ] *vt* : **~ qch** gegen etw verstoßen
enfuir [ɑ̃fɥiʀ] : **s'enfuir** *vpr* fliehen, weglaufen
enfumer [ɑ̃fyme] *vt* einräuchern
engagé, e [ɑ̃gaʒe] *adj* (*littérature, politique*) engagiert
engagement [ɑ̃gaʒmɑ̃] *nm* (*promesse*) Versprechen *nt*; (*Mil* : *combat*) Gefecht *nt*; **sans ~** ohne Verpflichtung
engager [ɑ̃gaʒe] *vt* (*embaucher*) anstellen, einstellen; (*commencer*) beginnen; (*entraîner*) verwickeln; (*investir*) investieren; **s'engager** *vpr* (*s'embaucher*) eingestellt werden; (*Mil*) sich melden; (*promettre*) sich verpflichten; **~ qch dans** etw hineinstecken in *+acc*; **s'~ à faire qch** sich verpflichten, etw zu tun; **s'~ dans** (*rue, passage*) einbiegen in *+acc*
engelures [ɑ̃ʒlyʀ] *nfpl* Frostbeulen *pl*
engendrer [ɑ̃ʒɑ̃dʀe] *vt* zeugen; (*fig*) hervorbringen
engin [ɑ̃ʒɛ̃] *nm* Gerät *nt*; (*péj*) Ding *nt*; (*missile*) Rakete *f*
englober [ɑ̃glɔbe] *vt* umfassen
engloutir [ɑ̃glutiʀ] *vt* verschlingen; **s'engloutir** *vpr* verschwinden
engoncé, e [ɑ̃gɔ̃se] *adj* unvorteilhaft gekleidet; **~ dans** unvorteilhaft gekleidet in
engorger [ɑ̃gɔʀʒe] *vt* verstopfen
engouement [ɑ̃gumɑ̃] *nm* Begeisterung *f*, Schwärmerei *f*
engouffrer [ɑ̃gufʀe] *vt* verschlingen; **s'engouffrer** *vpr* : **s'~ dans** hineinströmen in *+acc*
engourdi, e [ɑ̃guʀdi] *adj* gefühllos, taub
engourdir [ɑ̃guʀdiʀ] *vt* gefühllos werden lassen; **s'engourdir** *vpr* gefühllos werden
engrais [ɑ̃gʀɛ] *nm* Dünger *m*
engraisser [ɑ̃gʀese] *vt* (*animal*) mästen
engrenage [ɑ̃gʀənaʒ] *nm* Getriebe *nt*
engueuler [ɑ̃gœle] (*vulg*) *vt* anschnauzen; **se faire ~** angeschnauzt werden
énigmatique [enigmatik] *adj* rätselhaft
énigme [enigm] *nf* Rätsel *nt*
enivrant, e [ɑ̃nivʀɑ̃, ɑ̃t] *adj* berauschend
enivrer [ɑ̃nivʀe] *vt* betrunken machen; (*parfums, vitesse, succès*) berauschen; **s'enivrer** *vpr* sich betrinken
enjambée [ɑ̃ʒɑ̃be] *nf* Schritt *m*
enjamber [ɑ̃ʒɑ̃be] *vt* überschreiten; (*pont*) überspannen
enjeu, x [ɑ̃ʒø] *nm* Einsatz *m*
enjoliver [ɑ̃ʒɔlive] *vt* ausschmücken
enjoliveur [ɑ̃ʒɔlivœʀ] *nm* (*Auto*) Radkappe *f*
enjoué, e [ɑ̃ʒwe] *adj* fröhlich
enlacer [ɑ̃lase] *vt* (*personne*) umarmen
enlèvement [ɑ̃lɛvmɑ̃] *nm* (*rapt*) Entführung *f*
enlever [ɑ̃l(ə)ve] *vt* (*vêtement*) ausziehen; (*lunettes*) absetzen; (*organe, tumeur*) entfernen; (*ordures, meubles à déménager*) abholen; (*kidnapper*) entführen; (*obtenir*) davontragen; **~ qch à qn** jdm etw nehmen
enneigé, e [ɑ̃neʒe] *adj* verschneit
ennemi, e [ɛnmi] *adj* feindlich ▸ *nm/f* Feind(in); **être l'~ de qch** der Feind etw *+gén* sein
ennoblir [ɑ̃nɔbliʀ] *vt* adeln
ennui [ɑ̃nɥi] *nm* (*lassitude*) Langeweile *f*; (*difficulté*) Schwierigkeit *f*
ennuyer [ɑ̃nɥije] *vt* ärgern; (*lasser*) langweilen; **s'ennuyer** *vpr* sich langweilen; **si cela ne vous ennuie pas** wenn es Ihnen keine Umstände macht
ennuyeux, -euse [ɑ̃nɥijø, øz] *adj* (*lassant*) langweilig; (*contrariant*) ärgerlich

énoncé [enɔ̃se] *nm* Wortlaut *m*; (*Ling*) Aussage *f*
énoncer [enɔ̃se] *vt* ausdrücken
enorgueillir [ɑ̃nɔʀgœjiʀ] : **s'enorgueillir** *vpr* : **s'~ de** sich rühmen *+gén*
énorme [enɔʀm] *adj* enorm, gewaltig
énormément [enɔʀmemɑ̃] *adv* : **~ de neige/gens** ungeheuer viel Schnee/viele Menschen
enquérir [ɑ̃keʀiʀ] : **s'enquérir** *vpr* : **s'~ de** sich erkundigen nach *+dat ou* über *+acc*
enquête [ɑ̃kɛt] *nf* (*judiciaire, de police*) Untersuchung *f*, Ermittlung *f*; (*de journaliste*) Nachforschungen *pl*; (*sondage d'opinion*) (Meinungs)umfrage *f*
enquêter [ɑ̃kete] *vi* ermitteln
enquêteur, -euse *ou* **trice** [ɑ̃kɛtœʀ, øz, tʀis] *nm/f* Ermittler(in); (*de sondage*) Meinungsforscher(in)
enquiquiner [ɑ̃kikine] (*fam*) *vt* ärgern
enraciné, e [ɑ̃ʀasine] *adj* tief verwurzelt
enragé, e [ɑ̃ʀaʒe] *adj* (*chien*) tollwütig; (*passionné*) fanatisch
enrager [ɑ̃ʀaʒe] *vi* rasend *ou* wütend sein
enrayer [ɑ̃ʀeje] *vt* aufhalten, stoppen; **s'enrayer** *vpr* klemmen
enregistrement [ɑ̃ʀ(ə)ʒistʀəmɑ̃] *nm* Aufnahme *f*; (*d'une plainte*) Registrierung *f*; **~ des bagages** Gepäckaufgabe *f*
enregistrer [ɑ̃ʀ(ə)ʒistʀe] *vt* (*Mus*) aufnehmen; (*Inform*) sichern; (*Admin*) eintragen, registrieren; (*mémoriser*) sich *dat* merken; (*bagages*) aufgeben
enrhumé, e [ɑ̃ʀyme] *adj* erkältet
enrhumer [ɑ̃ʀyme] : **s'enrhumer** *vpr* sich erkälten
enrichi, e [ɑ̃ʀiʃi] *adj* (*Chim*) angereichert
enrichir [ɑ̃ʀiʃiʀ] *vt* reich machen; (*moralement*) bereichern; **s'enrichir** *vpr* reich werden
enrichissant, e [ɑ̃ʀiʃisɑ̃, ɑ̃t] *adj* bereichernd
enrober [ɑ̃ʀɔbe] *vt* : **~ qch de** etw umhüllen mit
enrôler [ɑ̃ʀole] *vt* aufnehmen; **s'enrôler** *vpr* : **s'~ (dans)** sich anmelden (bei)
enroué, e [ɑ̃ʀwe] *adj* heiser
enrouer [ɑ̃ʀwe] : **s'enrouer** *vpr* heiser werden
enrouler [ɑ̃ʀule] *vt* (*fil, corde*) aufwickeln; **~ qch autour de** etw herumwickeln um
enrouleur, -euse [ɑ̃ʀulœʀ, øz] *adj* Wickel- ▶ *nm* : **ceinture de sécurité à ~** Automatikgurt *m*
ensanglanté, e [ɑ̃sɑ̃glɑ̃te] *adj* blutbefleckt
enseignant, e [ɑ̃sɛɲɑ̃, ɑ̃t] *adj* (*personnel*) Lehr- ▶ *nm/f* Lehrer(in)
enseigne [ɑ̃sɛɲ] *nf* Geschäftsschild *nt* ▶ *nm* : **~ de vaisseau** Leutnant *m* zur See; **à telle ~ que** so sehr, dass; **être logé à la même ~** im gleichen Boot sitzen; **~ lumineuse** Leuchtreklame *f*
enseignement [ɑ̃sɛɲ(ə)mɑ̃] *nm* Unterricht *m*; (*conclusion*) Lehre *f*; (*profession*) Lehrerberuf *m*
enseigner [ɑ̃seɲe] *vt* unterrichten; (*choses*) lehren, beibringen ▶ *vi* unterrichten; **~ qch à qn** jdm etw beibringen
ensemble [ɑ̃sɑ̃bl] *adv* zusammen ▶ *nm* (*groupe, assemblage*) Komplex *m*; (*Math*) Menge *f*; (*unité, harmonie*) Einheit *f*; **l'~ du/de la ...** der/die/das ganze ...; **aller ~** zusammenpassen; **impression/idée d'~** Gesamteindruck *m*/Gesamtidee *f*; **dans l'~** im Ganzen
ensoleillé, e [ɑ̃sɔleje] *adj* sonnig
ensommeillé, e [ɑ̃sɔmeje] *adj* schläfrig, verschlafen
ensorceler [ɑ̃sɔʀsəle] *vt* verzaubern
ensuite [ɑ̃sɥit] *adv* dann
ensuivre [ɑ̃sɥivʀ] : **s'ensuivre** *vpr* folgen; **il s'ensuit que** daraus ergibt sich, dass; **et tout ce qui s'ensuit** und so weiter
ENT [əente] *sigle m* (= *espace numérique de travail*) Lernplattform *f*
entailler [ɑ̃taje] *vt* einkerben
entamer [ɑ̃tame] *vt* (*pain*) anschneiden; (*bouteille*) anbrechen; (*hostilités, pourparlers*) eröffnen; (*altérer*) beeinträchtigen
entasser [ɑ̃tɑse] *vt* (*empiler*) anhäufen, aufhäufen; (*prisonniers etc*) zusammenpferchen; **s'entasser** *vpr* sich anhäufen
entendre [ɑ̃tɑ̃dʀ] *vt* hören; (*Jur : accusé, témoin*) vernehmen; (*comprendre*) verstehen; (*vouloir dire*) meinen; **s'entendre** *vpr* (*sympathiser*) sich verstehen; (*se mettre d'accord*) übereinkommen
entendu, e [ɑ̃tɑ̃dy] *pp de* **entendre** ▶ *adj* (*réglé*) abgemacht; (*air*) wissend; **bien ~ !** selbstverständlich!
entente [ɑ̃tɑ̃t] *nf* Einvernehmen *nt*; (*accord, traité*) Vertrag *m*
entériner [ɑ̃teʀine] *vt* bestätigen
enterrement [ɑ̃tɛʀmɑ̃] *nm* Begräbnis *nt*
enterrer [ɑ̃teʀe] *vt* begraben; (*trésor etc*) vergraben
entêtant, e [ɑ̃tɛtɑ̃, ɑ̃t] *adj* betäubend
en-tête [ɑ̃tɛt] (*pl* **en-têtes**) *nm* : **papier à ~** Papier *nt* mit Briefkopf
entêtement [ɑ̃tɛtmɑ̃] *nm* Sturheit *f*

entêter [ɑ̃tete] : **s'entêter** *vpr* : **s'~ à faire qch** sich darauf versteifen, etw zu tun
enthousiasme [ɑ̃tuzjasm] *nm* Begeisterung *f*, Enthusiasmus *m*
enthousiasmer [ɑ̃tuzjasme] *vt* begeistern; **s'enthousiasmer** *vpr* : **s'~ (pour qch)** sich (für etw) begeistern
entier, -ère [ɑ̃tje, jɛʀ] *adj* ganz; (*intact, complet*) vollständig; (*personne, caractère*) geradlinig ▸ *nm* (*Math*) ganze Zahl *f*; **en ~** vollständig; **lait ~** Vollmilch *f*
entièrement [ɑ̃tjɛʀmɑ̃] *adv* völlig
entité [ɑ̃tite] *nf* Wesen *nt*
entonner [ɑ̃tɔne] *vt* (*chanson*) anstimmen
entonnoir [ɑ̃tɔnwaʀ] *nm* Trichter *m*
entorse [ɑ̃tɔʀs] *nf* (*Méd*) Verstauchung *f*; **~ au règlement** Regelverstoß *m*
entortiller [ɑ̃tɔʀtije] *vt* : **~ qch dans** etw einwickeln in *+acc*; **~ qch autour de** etw (herum)wickeln um
entourage [ɑ̃tuʀaʒ] *nm* Umgebung *f*
entourer [ɑ̃tuʀe] *vt* umgeben; (*cerner*) umzingeln; (*apporter son soutien à*) umsorgen
entourloupette [ɑ̃tuʀlupɛt] *nf* (*gén pl*) übler Trick *m*
entracte [ɑ̃tʀakt] *nm* Pause *f*
entraide [ɑ̃tʀɛd] *nf* gegenseitige Hilfe *f*
entrailles [ɑ̃tʀaj] *nfpl* (*intestins*) Eingeweide *pl*; (*fig*) Innere(s) *nt*
entrain [ɑ̃tʀɛ̃] *nm* Elan *m*; **avec ~** schwungvoll; **sans ~** lustlos
entraînement [ɑ̃tʀɛnmɑ̃] *nm* Training *nt*; (*Tech*) Antrieb *m*
entraîner [ɑ̃tʀene] *vt* (*tirer*) ziehen; (*Tech*) antreiben; (*emmener*) mitschleppen; (*Sport*) trainieren; (*impliquer*) mit sich bringen; **s'entraîner** *vpr* trainieren; **~ qn à faire qch** jdn dazu bringen, etw zu tun; **s'~ à qch** sich in etw *dat* üben
entraîneur, -euse [ɑ̃tʀɛnœʀ, øz] *nm/f* (*Sport*) Trainer(in) ▸ *nf* (*de bar*) Animierdame *f*
entraver [ɑ̃tʀave] *vt* behindern
entre [ɑ̃tʀ] *prép* zwischen *+dat*; (*avec mouvement*) zwischen *+acc*; (*parmi*) unter *+dat*; **l'un d'~ eux** einer von *ou* unter ihnen; **~ autres (choses)** unter anderem; **~ nous** unter uns gesagt
entrebâillé, e [ɑ̃tʀəbaje] *adj* angelehnt
entrechoquer [ɑ̃tʀəʃɔke] : **s'entrechoquer** *vpr* aneinanderstoßen
entrecôte [ɑ̃tʀəkot] *nf* Entrecôte *nt*
entrée [ɑ̃tʀe] *nf* (*accès, porte*) Eingang *m*; (*d'une personne*) Eintreten *nt*; (*billet*) Eintrittskarte *f*; (*Culin*) Vorspeise *f*; (*Inform*) Eingabe *f*; **d'~** von Anfang an; **~ en matière** Einführung *f*
entrefilet [ɑ̃tʀəfilɛ] *nm* Notiz *f*
entrelacer [ɑ̃tʀəlase] *vt* ineinander verschlingen
entrelarder [ɑ̃tʀəlaʀde] *vt* (*viande*) spicken; **entrelardé de** (*fig*) gespickt mit
entremêler [ɑ̃tʀəmele] *vt* (*fils*) miteinander verschlingen; (*mélanger*) vermischen
entremets [ɑ̃tʀəmɛ] *nm* Nachspeise *f*
entremetteur, -euse [ɑ̃tʀəmɛtœʀ, øz] (*péj*) *nm/f* Kuppler(in)
entremettre [ɑ̃tʀəmɛtʀ] : **s'entremettre** *vpr* (*péj*) sich einmischen
entremise [ɑ̃tʀəmiz] *nf* : **par l'~ de** durch Vermittlung *+gén*
entreposer [ɑ̃tʀəpoze] *vt* einlagern
entrepôt [ɑ̃tʀəpo] *nm* Lagerhaus *nt*
entreprenant, e [ɑ̃tʀəpʀənɑ̃, ɑ̃t] *adj* (*actif*) unternehmungslustig; (*trop galant*) dreist
entreprendre [ɑ̃tʀəpʀɑ̃dʀ] *vt* machen; (*commencer*) anfangen; (*personne*) angehen
entrepreneur, -euse [ɑ̃tʀəpʀənœʀ, øz] *nm/f* Unternehmer(in); **~ (en bâtiment)** Bauunternehmer(in)
entreprise [ɑ̃tʀəpʀiz] *nf* Unternehmen *nt*
entrer [ɑ̃tʀe] *vi* hereinkommen; (*véhicule*) hereinfahren; (*pénétrer, s'enfoncer*) eindringen ▸ *vt* (*marchandises*) einführen; (*Inform*) eingeben; **~ qch dans** etw hineintun in *+acc*; **~ dans** kommen in *+acc*; (: *véhicule*) fahren in *+acc*; (*pénétrer dans*) eindringen in *+acc*; **faire ~ qn** jdn hereinbitten
entresol [ɑ̃tʀəsɔl] *nm* Hochparterre *nt*
entre-temps [ɑ̃tʀətɑ̃] *adv* in der Zwischenzeit
entretenir [ɑ̃tʀət(ə)niʀ] *vt* unterhalten; (*feu*) am Leben halten; (*amitié, relations*) aufrechterhalten; **s'entretenir** *vpr* : **s'~ (de qch)** sich unterhalten (über etw *acc*); (*se maintenir en forme*) sich fit halten
entretien [ɑ̃tʀətjɛ̃] *nm* Unterhalt *m*; (*discussion*) Unterhaltung *f*; (*audience*) Unterredung *f*; **~ d'embauche** Vorstellungsgespräch *nt*
entrevoir [ɑ̃tʀəvwaʀ] *vt* (*à peine*) (kaum) ausmachen; (*brièvement*) kurz sehen
entrevue [ɑ̃tʀəvy] *nf* Gespräch *nt*; (*audience*) Interview *nt*
entrouvert, e [ɑ̃tʀuvɛʀ, ɛʀt] *adj* halb offen *ou* halb geöffnet
énumérer [enymeʀe] *vt* aufzählen

envahir [ɑ̃vaiʀ] *vt* überfallen; (*suj : marchandises*) überschwemmen; (: *inquiétude, peur*) überkommen
envahissant, e [ɑ̃vaisɑ̃, ɑ̃t] (*péj*) *adj* aufdringlich
enveloppe [ɑ̃v(ə)lɔp] *nf* (*de lettre*) (Brief) umschlag *m*; (*revêtement, gaine*) Hülle *f*
envelopper [ɑ̃v(ə)lɔpe] *vt* einpacken; (*entourer*) einhüllen; **s'envelopper** *vpr* : **s'~ dans un châle/une couverture** sich in einen Schal/eine Decke hüllen
envenimer [ɑ̃v(ə)nime] : **s'envenimer** *vpr* (*situation*) sich verschärfen
envergure [ɑ̃vɛʀgyʀ] *nf* (*d'un oiseau, avion*) Spannweite *f*; (*d'un projet, d'une action*) Ausmaß *nt*; **d'~, de grande ~** (*travaux, opération*) groß angelegt
envers [ɑ̃vɛʀ] *prép* gegenüber +*dat* ▶ *nm* (*d'une feuille*) Rückseite *f*; (*d'une étoffe, d'un vêtement*) linke Seite *f*; **ses sentiments ~ elle** seine Gefühle für sie; **à l'~** verkehrt herum
enviable [ɑ̃vjabl] *adj* beneidenswert; **peu ~** nicht zu beneiden
envie [ɑ̃vi] *nf* (*jalousie*) Neid *m*; (*souhait, désir*) Verlangen *nt*; **avoir ~ de qch** Lust auf etw *acc* haben; **avoir ~ de faire qch** Lust (darauf) haben, etw zu tun
envier [ɑ̃vje] *vt* beneiden
envieux, -euse [ɑ̃vjø, jøz] *adj* neidisch
environ [ɑ̃viʀɔ̃] *adv* ungefähr; **environs** *nmpl* Umgebung *f*
environnement [ɑ̃viʀɔnmɑ̃] *nm* Umwelt *f*; **la protection de l'~** der Umweltschutz
environner [ɑ̃viʀɔne] *vt* umgeben
envisageable [ɑ̃vizaʒabl] *adj* vorstellbar
envisager [ɑ̃vizaʒe] *vt* (*considérer*) betrachten; (*avoir en vue*) beabsichtigen; **~ de faire qch** vorhaben, etw zu tun
envoi [ɑ̃vwa] *nm* (*paquet, lettre*) Sendung *f*
envol [ɑ̃vɔl] *nm* (*avion*) Abflug *m*; (*oiseau*) Auffliegen *nt*; **prendre son ~** (*oiseau*) auffliegen; (*avion*) abfliegen; (*fig*) sich entfalten
envoler [ɑ̃vɔle] : **s'envoler** *vpr* wegfliegen; (*avion*) abfliegen
envoûtant, e [ɑ̃vutɑ̃, ɑ̃t] *adj* berückend
envoûter [ɑ̃vute] *vt* verzaubern
envoyé, e [ɑ̃vwaje] *nm/f* (*Pol*) Gesandte(r) *f(m)*; **bien ~** (*fam : remarque, réponse*) schlagfertig; **~ spécial** Sonderberichterstatter *m*
envoyer [ɑ̃vwaje] *vt* schicken; (*ballon*) werfen; (*projectile*) abschießen; **~ chercher qn/qch** nach jm schicken/ etw holen lassen
enzyme [ɑ̃zim] *nf ou nm* Enzym *nt*
éolien, ne [eɔljɛ̃, jɛn] *adj* Wind-; **énergie ~ne** Windkraft *f* ▶ *nf* Windrad *nt* ▶ *nm* Windkraftanlage *f*; **~ terrestre/ maritime** Onshore-/Offshore-Windkraftanlage *f*
épagneul, e [epaɲœl] *nm/f* Spaniel *m*
épais, se [epɛ, ɛs] *adj* dick; (*sauce, liquide*) dickflüssig; (*fumée, brouillard, ténèbres, forêt*) dicht
épaisseur [epɛsœʀ] *nf* Dicke *f*
épaissir [epesiʀ] *vt* andicken; **s'épaissir** *vpr* (*brouillard*) dichter werden; (*fig : mystère*) undurchdringlicher werden
épancher [epɑ̃ʃe] : **s'épancher** *vpr* (*personne*) sich aussprechen; (*liquide*) herausströmen
épanouir [epanwiʀ] : **s'épanouir** *vpr* aufblühen
épargne [epaʀɲ] *nf* : **l'~** das Sparen *nt*; **l'~-logement** das Bausparen *nt*
épargner [epaʀɲe] *vt* sparen; (*ne pas tuer ou détruire*) verschonen ▶ *vi* sparen; **~ qch à qn** jdm etw ersparen
éparpiller [epaʀpije] *vt* verstreuen; (*pour répartir*) streuen; **s'éparpiller** *vpr* sich verzetteln
épars, e [epaʀ, aʀs] *adj* verstreut
épatant, e [epatɑ̃, ɑ̃t] (*fam*) *adj* super
épaté, e [epate] *adj* : **nez ~** platte (breite) Nase *f*
épater [epate] *vt* beeindrucken
épaule [epol] *nf* Schulter *f*
épauler [epole] *vt* (*aider*) unterstützen; (*arme*) anlegen ▶ *vi* anlegen
épave [epav] *nf* Wrack *nt*
épée [epe] *nf* Schwert *nt*
épeler [ep(ə)le] *vt* buchstabieren
éperdu, e [epɛʀdy] *adj* verzweifelt; (*sentiment*) überschwänglich
éperdument [epɛʀdymɑ̃] *adv* : **~ amoureux** bis über beide Ohren verliebt; **s'en ficher ~** (*fam*) sich einen Dreck (darum) scheren
épervier [epɛʀvje] *nm* (*Zool*) Sperber *m*; (*Pêche*) Wurfnetz *nt*
éphémère [efemɛʀ] *adj* kurz, kurzlebig
éphéméride [efemeʀid] *nf* Abreißkalender *m*
épi [epi] *nm* Ähre *f*; (*dans les cheveux*) Wirbel *m*; **stationnement en ~** schräges Parken *nt*
épice [epis] *nf* Gewürz *nt*
épicéa [episea] *nm* Fichte *f*
épicentre [episɑ̃tʀ] *nm* Epizentrum *nt*
épicer [epise] *vt* würzen
épicerie [episʀi] *nf* (*magasin*) Lebensmittelgeschäft *nt*; **~ fine** Feinkostgeschäft *nt*

épicier, -ière [episje, jɛʀ] *nm/f* Lebensmittelhändler(in)
épidémie [epidemi] *nf* Epidemie *f*
épidémiologie [epidemjɔlɔʒi] *nf* Epidemiologie *f*
épidémiologique [epidemjɔlɔʒik] *adj* epidemiologisch
épiderme [epidɛʀm] *nm* Haut *f*
épier [epje] *vt* (*personne*) bespitzeln; (*occasion*) lauern auf *+acc*
épieu, x [epjø] *nm* Speer *m*
épilepsie [epilɛpsi] *nf* Epilepsie *f*
épiler [epile] *vt* enthaaren; **s'épiler** *vpr* : **s'~ les jambes** (sich *dat*) die Beine enthaaren; **s'~ les sourcils** (sich *dat*) die Augenbrauen zupfen
épilogue [epilɔg] *nm* Epilog *m*; (*fig*) Ausgang *m*
épiloguer [epilɔge] *vi* : **~ sur** sich auslassen über *+acc*
épinards [epinaʀ] *nmpl* Spinat *m*
épine [epin] *nf* (*de rose*) Dorne *f*; (*d'oursin*) Stachel *m*; **~ dorsale** Rückgrat *nt*
épineux, -euse [epinø, øz] *adj* dornig; (*fig*) heikel
épingle [epɛ̃gl] *nf* Nadel *f*; **tirer son ~ du jeu** sich aus der Affäre ziehen; **tiré à quatre ~s** wie aus dem Ei gepellt; **~ de nourrice** *ou* **de sûreté** *ou* **double** Sicherheitsnadel *f*
épingler [epɛ̃gle] *vt* : **~ qch sur** etw feststecken auf *+dat*
Épiphanie [epifani] *nf* Dreikönigsfest *nt*
épique [epik] *adj* episch
épiscopal, e, -aux [episkɔpal, o] *adj* bischöflich
épisode [epizɔd] *nm* (*de récit, film*) Fortsetzung *f*; (*dans la vie, l'histoire*) Episode *f*
épistolaire [epistɔlɛʀ] *adj* Brief-
épithète [epitɛt] *adj* : **adjectif ~** attributives Adjektiv *nt*
épluche-légumes [eplyʃlegym] *nm inv* Kartoffelschäler *m*
éplucher [eplyʃe] *vt* schälen; (*texte, comptes*) genau unter die Lupe nehmen
épluchures [eplyʃyʀ] *nfpl* Schalen *pl*
éponge [epɔ̃ʒ] *nf* Schwamm *m*; **passer l'~ sur qch** etw vergeben und vergessen; **passons l'~ !** Schwamm drüber!; **jeter l'~** das Handtuch werfen
éponger [epɔ̃ʒe] *vt* (*liquide*) aufsaugen; (*surface*) (mit dem Schwamm) abwischen; (*dette, déficit*) absorbieren; **s'éponger** *vpr* : **s'~ le front** sich *dat* die Stirn abwischen
épopée [epɔpe] *nf* Epos *nt*
époque [epɔk] *nf* (*de l'histoire*) Epoche *f*, Ära *f*; (*de l'année, la vie*) Zeit *f*; **d'~** (*meuble etc*) Stil-; **à l'~ où** zu der Zeit als; **à l'~ de** zur Zeit *+gén*
époumoner [epumɔne] : **s'époumoner** *vpr* sich heiser schreien
épouse [epuz] *nf* Ehefrau *f*
épouser [epuze] *vt* heiraten; (*idées, vues*) sich *dat* zu eigen machen; (*forme, mouvement*) sich anpassen an *+acc*
épousseter [epuste] *vt* abstauben
époustouflant, e [epustuflɑ̃, ɑ̃t] *adj* atemberaubend, umwerfend
épouvantable [epuvɑ̃tabl] *adj* schrecklich, entsetzlich
épouvantail [epuvɑ̃taj] *nm* Vogelscheuche *f*
épouvante [epuvɑ̃t] *nf* : **film/livre d'~** Horrorfilm *m*/Horrorroman *m*
épouvanter [epuvɑ̃te] *vt* erschrecken
époux, -ouse [epu, uz] *nm/f* Ehemann *m*, Ehefrau *f* ▸ *nmpl* : **les ~** das Ehepaar
éprendre [epʀɑ̃dʀ] : **s'éprendre** *vpr* : **s'~ de** sich verlieben in *+acc*
épreuve [epʀœv] *nf* Prüfung *f*; (*Sport*) Wettkampf *m*; (*Photo*) Abzug *m*; (*Typo*) Fahne *f*; **à l'~ des balles** kugelsicher; **à l'~ du feu** feuerfest; **à toute ~** unfehlbar; **mettre à l'~** auf die Probe stellen
épris [epʀi] *vb voir* **éprendre**
éprouver [epʀuve] *vt* (*ressentir*) verspüren; (*difficultés*) begegnen *+dat*; (*faire souffrir, marquer*) Kummer machen *+dat*; (*personne*) prüfen
éprouvette [epʀuvɛt] *nf* Reagenzglas *nt*
EPS [əpeɛs] *sigle f* (= *Education physique et sportive*) Sportunterricht *m*
épuisant, e [epɥizɑ̃, ɑ̃t] *adj* erschöpfend
épuisé, e [epɥize] *adj* erschöpft; (*livre*) vergriffen
épuisement [epɥizmɑ̃] *nm* Erschöpfung *f*; **jusqu'à ~ du stock** *ou* **des stocks** solange der Vorrat reicht
épuiser [epɥize] *vt* erschöpfen; **s'épuiser** *vpr* müde werden; (*stock*) ausgehen
épurer [epyʀe] *vt* reinigen
Équateur [ekwatœʀ] *nm* (*pays*) : **l'~** Ecuador *nt*
équateur [ekwatœʀ] *nm* (*ligne*) Äquator *m*
équation [ekwasjɔ̃] *nf* Gleichung *f*
équatorien, ne [ekwatɔʀjɛ̃, jɛn] *adj* ecuadorianisch
équerre [ekɛʀ] *nf* (*pour dessiner*) Reißschiene *f*; (*pour mesurer*) Winkel *m*; (*pour fixer*) Winkeleisen *nt*
équestre [ekɛstʀ] *adj* : **statue ~** Reiterstandbild *nt*
équilibre [ekilibʀ] *nm* Gleichgewicht *nt*

équilibré, e [ekilibʀe] *adj* ausgeglichen
équilibrer [ekilibʀe] *vt* ausgleichen; **s'équilibrer** *vpr* (*poids*) sich ausbalancieren; (*fig*) sich ausgleichen
équilibriste [ekilibʀist] *nmf* Seiltänzer(in) *m(f)*
équinoxe [ekinɔks] *nm* Tagundnachtgleiche *f*
équipage [ekipaʒ] *nm* Mannschaft *f*
équipe [ekip] *nf* (*de joueurs*) Mannschaft *f*; (*au travail*) Team *nt*; **travailler en ~** in einem Team arbeiten
équipement [ekipmɑ̃] *nm* Ausrüstung *f*, Ausstattung *f*; **~s sportifs/collectifs** Sporteinrichtungen *pl*/ Gemeinschaftseinrichtungen *pl*
équiper [ekipe] *vt* ausrüsten; **~ qch de** etw ausstatten mit
équitable [ekitabl] *adj* gerecht; **commerce ~** Fairer Handel *m*
équitation [ekitasjɔ̃] *nf* Reiten *nt*; **faire de l'~** reiten
équité [ekite] *nf* Fairness *f*
équivalence [ekivalɑ̃s] *nf* Äquivalenz *f*; (*Univ*) Gleichstellung *f*
équivalent, e [ekivalɑ̃, ɑ̃t] *adj* gleichwertig ▶ *nm* : **l'~ de qch** das Äquivalent etw *gén*
équivaloir [ekivalwaʀ] : **~ à** *vt* entsprechen *+dat*; (*refus etc*) gleichkommen *+dat*
équivoque [ekivɔk] *adj* doppeldeutig; (*louche*) zweideutig
érable [eʀabl] *nm* Ahorn(baum) *m*
érafler [eʀɑfle] *vt* zerkratzen; **s'~ la main/les jambes** sich *dat* die Hand/die Beine zerkratzen
éraillé, e [eʀɑje] *adj* (*voix*) heiser
ère [ɛʀ] *nf* Ära *f*, Zeitalter *nt*; **en l'an 1050 de notre ~** im Jahr 1050 unserer Zeitrechnung
érection [eʀɛksjɔ̃] *nf* (*Physiol*) Erektion *f*
éreinter [eʀɛ̃te] *vt* erschöpfen
érémiste [eʀemist] *nmf* (*bénéficiaire du RMI*) Sozialhilfeempfänger(in) *m(f)*
ergonomie [ɛʀgɔnɔmi] *nf* Ergonomie *f*
ergonomique [ɛʀgɔnɔmik] *adj* ergonomisch
ergot [ɛʀgo] *nm* (*de coq*) Sporn *m*
ergoter [ɛʀgɔte] *vi* Haare spalten
ergothérapeute [ɛʀgɔteʀapøt] *nmf* Ergotherapeut(in) *m(f)*
ergothérapie [ɛʀgɔteʀapi] *nf* Ergotherapie *f*
ériger [eʀiʒe] *vt* errichten; **s'ériger** *vpr* : **s'~ en juge/critique** sich zum Richter/ Kritiker aufspielen
ermite [ɛʀmit] *nm* Einsiedler *m*
éroder [eʀɔde] *vt* erodieren
érogène [eʀɔʒɛn] *adj* erogen
érosion [eʀozjɔ̃] *nf* Erosion *f*
érotique [eʀɔtik] *adj* erotisch
érotisme [eʀɔtism] *nm* Erotik *f*
errer [eʀe] *vi* umherirren; (*pensées*) schweifen
erreur [eʀœʀ] *nf* Fehler *m*; (*de jugement*) Irrtum *m*; **induire qn en ~** jdn irreführen; **par ~** irrtümlicherweise; **~ judiciaire** Justizirrtum *m*; **~ médicale** Kunstfehler *m*; **~ système** (*Inform*) Systemfehler *m*
erroné, e [eʀɔne] *adj* irrig, falsch
érudit, e [eʀydi, it] *adj* gelehrt, gebildet ▶ *nm/f* Gelehrte(r) *f(m)*
érudition [eʀydisjɔ̃] *nf* Gelehrsamkeit *f*
éruption [eʀypsjɔ̃] *nf* Ausbruch *m*; **en ~** aktiv; **~ cutanée** Hautausschlag *m*; **~ volcanique** Vulkanausbruch *m*
Érythrée [eʀitʀe] *nf* : **l'~** Eritrea *nt*
ès [ɛs] *prép* : **docteur ès lettres/sciences** Dr. phil./Dr. rer. nat.
ESB [əɛsbe] *sigle f* (*= encéphalite spongiforme bovine*) BSE *f*
escabeau, x [ɛskabo] *nm* Hocker *m*
escadre [ɛskɑdʀ] *nf* (*Naut*) Geschwader *nt*; (*Aviat*) Staffel *f*
escadrille [ɛskadʀij] *nf* (*Aviat*) Formation *f*
escadron [ɛskadʀɔ̃] *nm* Schwadron *f*
escalade [ɛskalad] *nf* (*en montagne*) Bergsteigen *nt*; **l'~ de la guerre/ violence** die Eskalation *f* des Krieges/der Gewalt; **~ libre** freies Klettern *nt*
escalader [ɛskalade] *vt* klettern auf *+acc*
escalator [ɛskalatɔʀ] *nm* Rolltreppe *f*
escale [ɛskal] *nf* Anlaufstation *f*; **faire ~ (à)** (*Naut*) Zwischenhalt machen (in *+dat*); (*Aviat*) zwischenlanden (in *+dat*)
escalier [ɛskalje] *nm* Treppe *f*; **dans l'~** *ou* **les ~s** auf der Treppe; **~ mécanique** *ou* **roulant** Rolltreppe *f*
escalope [ɛskalɔp] *nf* Schnitzel *nt*
escamoter [ɛskamɔte] *vt* umgehen, ausweichen *+dat*; (*illusionniste*) wegzaubern
escapade [ɛskapad] *nf* : **faire une ~** (*écolier etc*) ausreißen
escargot [ɛskaʀgo] *nm* Schnecke *f*
escarmouche [ɛskaʀmuʃ] *nf* Gefecht *nt*
escarpé, e [ɛskaʀpe] *adj* steil
escarpin [ɛskaʀpɛ̃] *nm* Pumps *m*
escient [esjɑ̃] *nm* : **à bon ~** aus gutem Grund
esclaffer [ɛsklafe] : **s'esclaffer** *vpr* schallend loslachen
esclandre [ɛsklɑ̃dʀ] *nm* : **faire un ~** eine Szene machen

esclavage [ɛsklavaʒ] *nm* Sklaverei *f*
esclave [ɛsklav] *nmf* Sklave *m*, Sklavin *f*
escompte [ɛskɔ̃t] *nm* (*Fin*) Skonto *m ou nt*; (*Comm*) Rabatt *m*
escompter [ɛskɔ̃te] *vt* (*Comm*) nachlassen; (*espérer*) erwarten
escorte [ɛskɔʀt] *nf* Eskorte *f*
escorter [ɛskɔʀte] *vt* eskortieren
escrime [ɛskʀim] *nf* Fechten *nt*
escrimer [ɛskʀime] : **s'escrimer** *vpr* : **s'~ à faire qch** sich anstrengen, etw zu tun
escroc [ɛskʀo] *nm* Schwindler(in) *m(f)*
escroquer [ɛskʀɔke] *vt* : **~ qn (de qch)** jdn (um etw) beschwindeln
escroquerie [ɛskʀɔkʀi] *nf* Betrug *m*
ésotérique [ezɔteʀik] *adj* esoterisch
ésotérisme [ezɔteʀism] *nm* Esoterik *f*
espace [ɛspas] *nm* Raum *m*; (*écartement*) Abstand *m*; **~ disque** Speicherplatz *m*; **E~ économique européen** Europäischer Wirtschaftsraum *m*; **~ publicitaire** Werbefläche *f*; **~ de stockage** (*Inform*) Speicherbereich *m*
espacement [ɛspasmɑ̃] *nm* (*intervalle*) Abstand *m*
espacer [ɛspase] *vt* (*spatialement*) (räumlich) verteilen; (*dans le temps*) (zeitlich) verteilen; **s'espacer** *vpr* immer seltener werden
espadon [ɛspadɔ̃] *nm* Schwertfisch *m*
espadrille [ɛspadʀij] *nf* Espadrille *f*
Espagne [ɛspaɲ] *nf* : **l'~** Spanien *nt*
espagnol, e [ɛspaɲɔl] *adj* spanisch ▸ *nm* (*Ling*) Spanisch *nt* ▸ *nm/f* : **Espagnol, e** Spanier(in)
espèce [ɛspɛs] *nf* Art *f*; **espèces** *nfpl* (*Comm*) Bargeld *nt*; **une ~ de ...** eine Art ...; **en l'~** im vorliegenden Fall; **payer en ~s** bar zahlen
espérance [ɛspeʀɑ̃s] *nf* Hoffnung *f*; **~ de vie** Lebenserwartung *f*
espérer [ɛspeʀe] *vt* hoffen auf *+acc* ▸ *vi* hoffen; **j'espère (bien) !** das hoffe ich (doch)!; **~ que** hoffen, dass
espiègle [ɛspjɛgl] *adj* schelmisch
espion, ne [ɛspjɔ̃, jɔn] *nm/f* Spion(in)
espionnage [ɛspjɔnaʒ] *nm* Spionage *f*
espionner [ɛspjɔne] *vt* ausspionieren
espoir [ɛspwaʀ] *nm* Hoffnung *f*; **l'~ de qch** die Hoffnung auf etw *+acc*
esprit [ɛspʀi] *nm* Geist *m*; **l'~ de parti/de clan** das Gruppenbewusstsein; **avoir l'~ de contradiction** Widerspruchsgeist besitzen; **faire de l'~** geistvolle Bemerkungen machen; **reprendre ses ~s** (wieder) zu sich kommen
esquimau, -aude, x [ɛskimo, od] *adj* Eskimo- ▸ *nm* (*glace*) Eislutscher *m* ▸ *nm/f* : **Esquimau, -aude** Eskimo *m*, Eskimofrau *f*
esquinter [ɛskɛ̃te] (*fam*) *vt* erledigen
esquisse [ɛskis] *nf* Skizze *f*; **l'~ d'un sourire/changement** die Andeutung eines Lächelns/einer Veränderung
esquisser [ɛskise] *vt* : **~ un geste/un sourire** eine Geste/ein Lächeln andeuten
esquiver [ɛskive] *vt* ausweichen *+dat*; **s'esquiver** *vpr* sich wegstehlen
essai [esɛ] *nm* (*tentative*) Versuch *m*; (*Litt*) Essay *m*; **à l'~** versuchsweise
essaim [esɛ̃] *nm* Schwarm *m*
essayage [esɛjaʒ] *nm* Anprobe *f*
essayer [eseje] *vt* (aus)probieren; (*vêtement, chaussures*) anprobieren ▸ *vi* : **~ de faire qch** probieren, etw zu tun
essence [esɑ̃s] *nf* (*carburant*) Benzin *nt*; (*d'une plante*) Essenz *f*; (*d'une chose, d'un être*) Wesen *nt*; (*Biol : d'arbre*) Art *f*; **~ sans plomb** bleifreies Benzin
essentiel, -le [esɑ̃sjɛl] *adj* (*indispensable*) unbedingt notwendig; (*de base*) wesentlich ▸ *nm* : **l'~ de** das Wesentliche *+gén*; **l'~ d'un discours** der Hauptteil eines Vortrags; **c'est l'~** das ist das Wesentliche
essentiellement [esɑ̃sjɛlmɑ̃] *adv* im Wesentlichen
essieu, x [esjø] *nm* Achse *f*
essor [esɔʀ] *nm* (*de l'économie etc*) Aufschwung *m*
essorer [esɔʀe] *vt* auswringen; (*dans une essoreuse*) schleudern
essoreuse [esɔʀøz] *nf* Schleuder *f*
essouffler [esufle] *vt* außer Atem bringen; **s'essouffler** *vpr* außer Atem kommen; (*fig*) den Schwung verlieren
essuie-glace [esɥiglas] (*pl* **essuie-glaces**) *nm* Scheibenwischer *m*
essuie-main [esɥimɛ̃] (*pl* **essuie-mains**) *nm* Handtuch *nt*
essuie-tout [esɥitu] *nm inv* Küchenrolle *f*
essuyer [esɥije] *vt* abtrocknen; (*meuble, surface etc*) abwischen; (*subir*) erleiden; **s'essuyer** *vpr* sich abtrocknen
est [ɛst] *nm* Osten *m* ▸ *adj inv* Ost-, östlich; **à l'~ de** östlich von
estafette [ɛstafɛt] *nf* Kurier *m*
estampe [ɛstɑ̃p] *nf* (*image*) Stich *m*
est-ce que [ɛskə] *adv voir* **être**
esthéticien, ne [ɛstetisjɛ̃, jɛn] *nm/f* (*Art*) Ästhet(in) ▸ *nf* (*d'institut de beauté*) Kosmetikerin *f*
esthétique [ɛstetik] *adj* (*sens, jugement*) Schönheits-; (*joli, décoratif*) ästhetisch
estimation [ɛstimasjɔ̃] *nf* Schätzung *f*

estime [ɛstim] *nf* Wertschätzung *f*
estimer [ɛstime] *vt* schätzen; **s'estimer** *vpr* : **s'~ heureux** sich glücklich schätzen; **~ que/être** meinen, dass/meinen, zu sein
estival, e, -aux [ɛstival, o] *adj* sommerlich
estivant, e [ɛstivɑ̃, ɑ̃t] *nm/f* Sommerfrischler(in)
estomac [ɛstɔma] *nm* Magen *m*; **avoir mal à l'~** Magenschmerzen haben
estomaqué, e [ɛstɔmake] *adj* verblüfft, platt
estomper [ɛstɔ̃pe] *vt* verwischen, trüben; **s'estomper** *vpr* undeutlich werden
Estonie [ɛstɔni] *nf* : **l'~** Estland *nt*
estonien, ne [ɛstɔnjɛ̃, jɛn] *adj* estnisch ▸ *nm/f* : **Estonien, ne** Este *m*, Estin *f*
estrade [ɛstʀad] *nf* Podium *nt*
estragon [ɛstʀagɔ̃] *nm* Estragon *m*
estuaire [ɛstɥɛʀ] *nm* Mündung *f*
estudiantin, e [ɛstydjɑ̃tɛ̃, in] *adj* studentisch
esturgeon [ɛstyʀʒɔ̃] *nm* Stör *m*
et [e] *conj* und; **et puis** und dann; **et alors** *ou* **(puis) après ?** na und?
ETA [ətea] *sigle m* ETA *f*
étable [etabl] *nf* Kuhstall *m*
établi [etabli] *nm* Werkbank *f*
établir [etabliʀ] *vt* (*papiers d'identité, facture*) ausstellen; (*liste, programme, gouvernement, record*) aufstellen; (*entreprise*) gründen; (*atelier*) einrichten; (*camp*) errichten; (*fait, culpabilité*) beweisen; **s'établir** *vpr* : **s'~ (à son compte)** sich selb(st)ständig machen; **s'~ à/près de** sich niederlassen in *+dat*/ in der Nähe von
établissement [etablismɑ̃] *nm* (*entreprise*) Unternehmen *nt*; **~ scolaire** schulische Einrichtung *f*, Schule *f*
étage [etaʒ] *nm* Stockwerk *nt*; (*de fusée, Géo*) Stufe *f*; **habiter à l'~/au deuxième ~** oben/im zweiten Stock(werk) wohnen; **de bas ~** niedrig
étager [etaʒe] *vt* (*prix*) staffeln; (*cultures*) verschieden hoch anlegen
étagère [etaʒɛʀ] *nf* (*rayon*) (Regal)brett *nt*; (*meuble*) Regal *nt*
étai [etɛ] *nm* Stütze *f*
étain [etɛ̃] *nm* Zinn *nt*
étal [etal] *nm* Stand *m*
étalage [etalaʒ] *nm* Auslage *f*; **faire ~ de qch** etw zur Schau stellen
étalagiste [etalaʒist] *nmf* Dekorateur(in) *m(f)*
étaler [etale] *vt* ausbreiten; (*peinture, beurre, liquide*) verstreichen; (*paiements, dates, vacances*) verteilen; (*marchandises*) ausstellen; **s'étaler** *vpr* (*beurre*) verstrichen werden; (*fam : tomber*) auf die Nase fliegen; **s'~ sur** (*se répartir*) sich verteilen über *+acc*
étalon [etalɔ̃] *nm* (*mesure*) Standard *m*; (*cheval*) Zuchthengst *m*
étalonnage [etalɔnaʒ] *nm* Eichung *f*
étamine [etamin] *nf* (*de fleur*) Staubgefäß *nt*
étanche [etɑ̃ʃ] *adj* wasserdicht; **cloison ~** Schott *nt*; (*fig*) hermetische Trennung *f*
étancher [etɑ̃ʃe] *vt* (*liquide, sang*) aufhalten; **~ sa soif** seinen Durst löschen
étang [etɑ̃] *nm* Teich *m*
étant [etɑ̃] *vb voir* **être**
étape [etap] *nf* Etappe *f*; (*lieu d'arrivée*) Rastplatz *m*; **faire ~ à** Rast machen in *+dat*
état [eta] *nm* (*condition*) Zustand *m*; (*liste, inventaire*) Bestandsaufnahme *f*; **État** Staat *m*; **être en ~ de faire qch** in der Lage sein, etw zu tun; **être hors d'~ de faire qch** außerstande sein, etw zu tun; **en tout ~ de cause** auf alle Fälle; **être dans tous ses ~s** Zustände haben; **faire ~ de** vorbringen; **~ civil** Personenstand *m*; **~ d'urgence** Notstand *m*; **~ de santé** Gesundheitszustand *m*; **~ des lieux** unbewegliches Inventar *nt*
étatiser [etatize] *vt* verstaatlichen
état-major [etamaʒɔʀ] (*pl* **états-majors**) *nm* (*Mil*) Stab *m*
État-providence [etapʀɔvidɑ̃s] *nm* Wohlfahrtsstaat *m*
États-Unis [etazyni] *nmpl* : **les ~ (d'Amérique)** die Vereinigten Staaten *pl* (von Amerika)
étau, x [eto] *nm* (*Tech*) Schraubstock *m*; (*fig*) : **être pris(e) (comme) dans un ~** festsitzen; **l'~ se resserre (autour d'eux)** das Netz (um sie herum) zieht sich zu
étayer [eteje] *vt* abstützen; (*fig*) unterstützen
etc. [ɛtseteʀa] *abr* (= *et c(a)etera*) usw.
et caetera, et cetera [ɛtseteʀa] *adv* und so weiter
été [ete] *pp de* **être** ▸ *nm* Sommer *m*; **en ~** im Sommer
éteignoir [etɛɲwaʀ] *nm* Kerzenlöscher *m*; (*péj*) Spielverderber(in) *m(f)*
éteindre [etɛ̃dʀ] *vt* ausmachen; (*incendie, bougie, dette, aussi fig*) löschen; **s'éteindre** *vpr* ausgehen; (*mourir*) verscheiden
éteint, e [etɛ̃, ɛ̃t] *pp de* **éteindre** ▸ *adj* (*personne, regard, voix*) matt, stumpf; (*volcan*) erloschen

étendre [etɑ̃dʀ] *vt* (*pâte, liquide*) streichen; (*carte, tapis*) ausbreiten; (*lessive, linge*) aufhängen; (*bras, jambes*) ausstrecken; (*blessé, malade*) hinlegen; (*vin, sauce*) strecken; **s'étendre** *vpr* sich ausdehnen; (*terrain, forêt etc*) sich erstrecken; (*s'allonger*) sich hinlegen; **s'~ sur** (*fig*) sich ausbreiten über
étendue [etɑ̃dy] *nf* Ausmaß *nt*; (*surface*) Fläche *f*
éternel, le [etɛʀnɛl] *adj* ewig
éterniser [etɛʀnize] : **s'éterniser** *vpr* ewig andauern; (*visiteur*) ewig lang bleiben
éternité [etɛʀnite] *nf* Ewigkeit *f*
éternuer [etɛʀnɥe] *vi* niesen
éther [etɛʀ] *nm* Äther *m*
Éthiopie [etjɔpi] *nf* : **l'~** Äthiopien *nt*
éthique [etik] *adj* ethisch ▸ *nf* Ethik *f*
ethnie [ɛtni] *nf* ethnische Gruppe *f*
ethnique [ɛtnik] *adj* ethnisch
ethnologie [ɛtnɔlɔʒi] *nf* Völkerkunde *f*
éthologie [etɔlɔʒi] *nf* Verhaltensforschung *f*
étinceler [etɛ̃s(ə)le] *vi* funkeln
étincelle [etɛ̃sɛl] *nf* Funke *m*
étiqueter [etik(ə)te] *vt* (*paquet, boîte*) beschriften; (*péj*) abstempeln
étiquette [etikɛt] *nf* (*à coller*) Aufkleber *m*; (*fig*) Etikett *nt*; (*protocole*) Etikette *f*
étirer [etiʀe] *vt* dehnen; **s'étirer** *vpr* (*personne*) sich strecken; **s'~ sur plusieurs kilomètres** sich über mehrere Kilometer erstrecken
étoffe [etɔf] *nf* Stoff *m*; **avoir l'~ d'un chef** das Zeug zum Chef haben
étoffer [etɔfe] *vt* anreichern; **s'étoffer** *vpr* füllig werden
étoile [etwal] *nf* Stern *m*; (*vedette*) Star *m* ▸ *adj* : **danseur/danseuse ~** Startänzer *m*/-tänzerin *f*; **à la belle ~** unter freiem Himmel; **~ de mer** Seestern *m*; **~ filante** Sternschnuppe *f*
étonnant, e [etɔnɑ̃, ɑ̃t] *adj* erstaunlich
étonné, e [etɔne] *adj* erstaunt
étonnement [etɔnmɑ̃] *nm* Erstaunen *nt*; **à mon grand ~** zu meinem großen Erstaunen
étonner [etɔne] *vt* erstaunen; **s'étonner** *vpr* : **s'~ que/de** erstaunt sein, dass/über *+acc*; **cela m'~ait (que)** es würde mich wundern (wenn)
étouffant, e [etufɑ̃, ɑ̃t] *adj* erstickend, bedrückend
étouffée [etufe] : **à l'~** *adv* gedünstet
étouffer [etufe] *vt* ersticken; (*bruit*) dämpfen; (*nouvelle, scandale*) vertuschen ▸ *vi* ersticken; (*être mal à l'aise*) sich sehr unwohl fühlen; **s'étouffer** *vpr* sich verschlucken
étourderie [etuʀdəʀi] *nf* Schusseligkeit *f*
étourdi, e [etuʀdi] *adj* schusselig
étourdiment [etuʀdimɑ̃] *adv* unüberlegt
étourdir [etuʀdiʀ] *vt* (*suj : bruits, chocs*) betäuben; (: *éloges, vitesse*) schwindelig machen
étourdissement [etuʀdismɑ̃] *nm* Schwindelgefühl *nt*
étrange [etʀɑ̃ʒ] *adj* sonderbar, eigenartig
étranger, -ère [etʀɑ̃ʒe, ɛʀ] *adj* (*d'un autre pays*) ausländisch; (*pas de la famille*) fremd ▸ *nm/f* Ausländer(in), Fremde(r) *f(m)* ▸ *nm* : **à l'~** im Ausland; **de l'~** aus dem Ausland
étranglement [etʀɑ̃gləmɑ̃] *nm* (*d'une vallée, de canalisation*) Verengung *f*
étrangler [etʀɑ̃gle] *vt* erwürgen; (*accidentellement*) ersticken; **s'étrangler** *vpr* sich verschlucken
étrave [etʀav] *nf* Vordersteven *m*

MOT-CLÉ

être [ɛtʀ] *vi* **1** sein; **il est fort** er ist stark; **il est instituteur** er ist Lehrer; **vous êtes fatigué** Sie sind müde; **elle est à Paris/au salon** sie ist in Paris/im Wohnzimmer; **je ne serai pas ici demain** ich bin morgen nicht hier
2 : **être à** (*appartenir*) gehören *+dat*; **ce livre est à Paul** das Buch gehört Paul; **c'est à moi/eux** das gehört mir/ihnen
3 : **il est de Paris/de la même famille** er ist aus Paris/stammt aus der gleichen Familie; **il est des nôtres** er ist einer von uns
4 (*date*) : **nous sommes le 5 juin** wir haben den 5. Juni
▸ *vb aux* **1** sein; **être arrivé/allé** angekommen/gegangen sein; **elle est partie** sie ist weggegangen
2 (*forme passive*) werden; **être mangé (par)** gegessen werden (von); **il a été promu** er ist befördert worden
3 (*obligation*) : **c'est à faire** das muss gemacht werden; **c'est à essayer** das wäre zu versuchen
▸ *vb impers* **1** : **il est** (*+adjectif*) es ist; **il serait facile de le faire** es wäre einfach, das zu tun; **il serait souhaitable que** es wäre zu wünschen, dass
2 (*heure*) : **il est 10 heures/1 heure/minuit** es ist 10 Uhr/1 Uhr/Mitternacht
3 (*emphatique*) : **c'est moi** ich bins; **c'est à lui de le faire/de décider** er muss es machen/entscheiden

4 (*est-ce que*) : **est-ce que c'est cher ?** ist es teuer?; **est-ce que c'était bon ?** war es gut?; **quand est-ce qu'il part ?** wann reist er ab?; **où est-ce qu'il va ?** wohin geht er?; **qui est-ce qui a fait ça ?** wer hat das gemacht?
▸ *nm* (*individu*) Wesen *nt*

étreindre [etʀɛ̃dʀ] *vt* (*amoureusement, amicalement*) umarmen; (*pour s'accrocher, retenir*) festhalten, umklammern; (*douleur, peur*) ergreifen; **s'étreindre** *vpr* sich umarmen
étreinte [etʀɛ̃t] *nf* (*amicale, amoureuse*) Umarmung *f*; (*pour s'accrocher, retenir*) Griff *m*
étrenner [etʀene] *vt* zum ersten Mal tragen
étrennes [etʀɛn] *nfpl* Neujahrsgeschenke *pl*
étrier [etʀije] *nm* Steigbügel *m*
étriper [etʀipe] (*fam*) *vt* abstechen
étriqué, e [etʀike] *adj* knapp
étroit, e [etʀwa, wat] *adj* eng ▸ *nm* : **à l'~** beschränkt
étroitesse [etʀwatɛs] *nf* Enge *f*; **~ d'esprit** Engstirnigkeit *f*
étude [etyd] *nf* (*action*) Studieren *nt*; (*ouvrage*) Studie *f*; (*de notaire*) Büro *nt*, Kanzlei *f*; (*salle de travail*) Studierzimmer *nt*; (*Mus*) Etüde *f*; **études** *nfpl* Studium *nt*; **être à l'~** geprüft werden; **faire des ~s de droit/médecine** Jura/Medizin studieren; **~ de marché** Marktstudie *f*
étudiant, e [etydjɑ̃, jɑ̃t] *nm/f* Student(in) ▸ *adj* Studenten-
étudié, e [etydje] *adj* (*air*) gespielt; (*démarche, système*) wohldurchdacht; (*prix*) niedrig
étudier [etydje] *vt* studieren; (*élève*) lernen; (*analyser*) untersuchen ▸ *vi* (*Scol*) studieren
étui [etɥi] *nm* Etui *nt*
étuvée [etyve] : **à l'~** *adv* gedämpft
étymologie [etimɔlɔʒi] *nf* Etymologie *f*
eu, eue [y] *pp de* **avoir**
eucalyptus [økaliptys] *nm* Eukalyptus *m*
euphémisme [øfemism] *nm* Euphemismus *m*, Beschönigung *f*
euphorie [øfɔʀi] *nf* Euphorie *f*
euro [øʀo] *nm* Euro *m*
eurocrate [øʀɔkʀat] (*péj*) *nmf* Eurokrat(in) *m(f)*
eurodollar [øʀodɔlaʀ] *nm* Eurodollar *m*
Euroland [øʀolɑ̃d] *nm* Euroland *nt*, Eurozone *f*
Europe [øʀɔp] *nf* : **l'~** Europa *nt*
européanisation [øʀɔpeanizasjɔ̃] *nf* Europäisierung *f*
européen, ne [øʀɔpeɛ̃, ɛn] *adj* europäisch ▸ *nm/f* : **Européen, ne** Europäer(in)
europhile [øʀofil] *adj* EU-freundlich ▸ *nmf* EU-Befürworter(in) *m(f)*
europhobe [øʀofɔb] *adj* EU-kritisch ▸ *nmf* EU-Gegner(in) *m(f)*
Europol [øʀopɔl] *nm* Europol *f*
eurosceptique [øʀosɛptik] *nmf* Euroskeptiker(in) *m(f)*
Eurovision [øʀovizjɔ̃] *nf* Eurovision *f*
euthanasie [øtanazi] *nf* Euthanasie *f*
eux [ø] *pron* sie; (*objet indirect, après prép +dat*) ihnen
évacuation [evakɥasjɔ̃] *nf* Evakuierung *f*
évacuer [evakɥe] *vt* räumen; (*population, occupants*) evakuieren; (*Méd*) ausscheiden
évadé, e [evade] *nm/f* entwichener Häftling *m*
évader [evade] : **s'évader** *vpr* flüchten
évaluation [evalɥasjɔ̃] *nf* Einschätzung *f*
évaluer [evalɥe] *vt* einschätzen
évangile [evɑ̃ʒil] *nm* Evangelium *nt*; **ce n'est pas parole d'Evangile** das ist nicht der Weisheit letzter Schluss
évanouir [evanwiʀ] : **s'évanouir** *vpr* ohnmächtig werden; (*fig*) schwinden
évanouissement [evanwismɑ̃] *nm* Ohnmacht *f*
évaporer [evapɔʀe] : **s'évaporer** *vpr* verdunsten
évasif, -ive [evazif, iv] *adj* ausweichend
évasion [evazjɔ̃] *nf* Flucht *f*; **~ fiscale** Steuerflucht *f*
évêché [eveʃe] *nm* Bistum *nt*; (*palais, édifice*) Bischofssitz *m*
éveil [evɛj] *nm* Erwachen *nt*; **être en ~** wachsam sein
éveillé, e [eveje] *adj* wach
éveiller [eveje] *vt* wecken; **s'éveiller** *vpr* (*se réveiller*) aufwachen
événement [evɛnmɑ̃] *nm* Ereignis *nt*; **un ~ historique** ein historisches Ereignis; **un heureux ~** ein freudiges Ereignis
évènementiel [evɛnmɑ̃sjɛl] *nm* Eventmanagement *nt*
éventail [evɑ̃taj] *nm* Fächer *m*; (*choix*) Spektrum *nt*
éventer [evɑ̃te] *vt* (*secret, complot*) aufdecken
éventrer [evɑ̃tʀe] *vt* den Bauch aufschlitzen *+dat*; (*sac, maison etc*) aufreißen
éventualité [evɑ̃tɥalite] *nf* Eventualität *f*; **dans l'~ de** im Falle *+gén*; **parer à**

e

toute ~ auf alle Eventualitäten vorbereitet sein
éventuel, le [evɑ̃tɥɛl] *adj* möglich
évêque [evɛk] *nm* Bischof *m*
évertuer [evɛʀtɥe]: **s'évertuer** *vpr*: **s'~ à faire qch** sich anstrengen, etw zu tun
éviction [eviksjɔ̃] *nf* (*de locataire*) Hinauswurf *m*; (*de rival*) Ausschalten *nt*
évidemment [evidamɑ̃] *adv* (*de toute évidence*) offensichtlich; (*bien sûr*) natürlich
évidence [evidɑ̃s] *nf* Offensichtlichkeit *f*; (*fait*) Tatsache *f*; **se rendre à l'~** sich den Tatsachen beugen; **mettre en ~** aufzeigen
évident, e [evidɑ̃, ɑ̃t] *adj* offensichtlich
évider [evide] *vt* aushöhlen
évier [evje] *nm* Spülbecken *nt*
éviter [evite] *vt* ausweichen *+dat*; (*obstacle, ville*) meiden; (*catastrophe, malheur*) verhindern; **~ de faire qch** vermeiden, etw zu tun; **~ que qch ne se passe** verhindern, dass etw geschieht; **~ qch à qn** jdm etw ersparen
évocation [evɔkasjɔ̃] *nf* Heraufbeschwören *nt*
évolué, e [evɔlɥe] *adj* hoch entwickelt
évoluer [evɔlɥe] *vi* sich entwickeln; (*danseur, avion etc*) kreisen
évolution [evɔlysjɔ̃] *nf* Entwicklung *f*
évoquer [evɔke] *vt* heraufbeschwören
ex [ɛks] *préf*: **son ex-mari** ihr Exmann *m*
ex. *abr* (*= exemple*) Beisp.
exacerber [ɛgzasɛʀbe] *vt* verschlimmern
exact, e [ɛgza(kt), ɛgzakt] *adj* (*précis*) genau; (*correct*) exakt; **c'est ~** das stimmt; **l'heure ~e** die genaue Uhrzeit *f*
exactement [ɛgzaktəmɑ̃] *adv* genau
exactitude [ɛgzaktityd] *nf* Genauigkeit *f*
ex aequo [ɛgzeko] *adj inv*: **être classé premier ~** sich den ersten Platz mit jemandem teilen
exagération [ɛgzaʒeʀasjɔ̃] *nf* Übertreibung *f*
exagérer [ɛgzaʒeʀe] *vt* übertreiben ▶ *vi* übertreiben; **il ne faut pas ~ !** nur nicht übertreiben!
exalter [ɛgzalte] *vt* (*enthousiasmer*) begeistern; (*glorifier*) preisen
examen [ɛgzamɛ̃] *nm* (*d'un dossier, d'un problème*) Untersuchung *f*; (*Scol*) Prüfung *f*; **à l'~** auf Probe; **mettre en ~** (*Jur*) das Verfahren einleiten gegen; **~ de conscience** Gewissenserforschung *f*; **~ médical** ärztliche Untersuchung *f*
examinateur, -trice [ɛgzaminatœʀ, tʀis] *nm/f* Prüfer(in)
examiner [ɛgzamine] *vt* prüfen; (*malade, problème, question*) untersuchen
exaspérant, e [ɛgzaspeʀɑ̃, ɑ̃t] *adj* überaus ärgerlich
exaspération [ɛgzaspeʀasjɔ̃] *nf* Ärger *m*
exaspérer [ɛgzaspeʀe] *vt* zur Verzweiflung bringen
exaucer [egzose] *vt* (*vœu*) erfüllen
excavateur [ɛkskavatœʀ] *nm* Bagger *m*
excavation [ɛkskavasjɔ̃] *nf* Ausgrabung *f*
excédent [ɛksedɑ̃] *nm* Überschuss *m*; **en ~** überschüssig; **~ commercial** Handelsüberschuss *m*; **~ de bagages** Übergepäck *nt*
excéder [ɛksede] *vt* (*dépasser*) überschreiten; (*agacer*) zur Verzweiflung bringen
excellence [ɛkselɑ̃s] *nf* hervorragende Qualität *f*; **son E~** Exzellenz *f*; **par ~** par excellence
excellent, e [ɛkselɑ̃, ɑ̃t] *adj* ausgezeichnet, hervorragend
exceller [ɛksele] *vi*: **~ (en** *ou* **dans)** sich auszeichnen (in *+dat*)
excentrique [ɛksɑ̃tʀik] *adj* exzentrisch; (*quartier*) Außen-
excepté, e [ɛksɛpte] *adj*: **les élèves/dictionnaires ~s** ausgenommen Schüler/Wörterbücher ▶ *prép* außer *+dat*; **~ si** es sei denn; **~ quand** außer wenn
excepter [ɛksɛpte] *vt* ausnehmen
exception [ɛksɛpsjɔ̃] *nf* Ausnahme *f*; **faire ~** eine Ausnahme sein; **faire une ~** eine Ausnahme machen; **sans ~** ausnahmslos
exceptionnel, le [ɛksɛpsjɔnɛl] *adj* außergewöhnlich
exceptionnellement [ɛksɛpsjɔnɛlmɑ̃] *adv* außergewöhnlich; (*par exception*) außerordentlich
excès [ɛksɛ] *nm* Überschuss *m*; **à l'~** übertrieben; **~ de vitesse** Geschwindigkeitsüberschreitung *f*; **~ de zèle** Übereifer *m*
excessif, -ive [ɛksesif, iv] *adj* überhöht
excitant [ɛksitɑ̃] *nm* Aufputschmittel *nt*
excitation [ɛksitasjɔ̃] *nf* Aufregung *f*
exciter [ɛksite] *vt* aufregen; (*sexuellement*) erregen; (*Physiol*) anregen; **s'exciter** *vpr* sich erregen, sich aufregen
exclamation [ɛksklamasjɔ̃] *nf* Ausruf *m*
exclamer [ɛksklame]: **s'exclamer** *vpr* rufen
exclu, e [ɛkskly] *adj* ausgeschlossen; **il est/n'est pas ~ que** es ist ausgeschlossen/nicht ausgeschlossen, dass; **ce n'est pas ~** es ist nicht ausgeschlossen
exclure [ɛksklyʀ] *vt* ausschließen; (*faire sortir*) hinausweisen

exclusif, -ive [ɛksklyzif, iv] *adj* exklusiv
exclusion [ɛksklyzjɔ̃] *nf* : **à l'~ de** mit Ausnahme von; **la lutte contre l'~** der Kampf gegen Ausgrenzung
exclusivement [ɛksklyzivmɑ̃] *adv* ausschließlich
exclusivité [ɛksklyzivite] *nf* (*Comm*) Alleinvertretung *f*; **film passant en ~ dans un cinéma** *Film, der exklusiv in einem bestimmten Kino gezeigt wird*
excommunier [ɛkskɔmynje] *vt* exkommunizieren
excréments [ɛkskʀemɑ̃] *nmpl* Exkremente *pl*
excroissance [ɛkskʀwasɑ̃s] *nf* Wucherung *f*
excursion [ɛkskyʀsjɔ̃] *nf* Ausflug *m*
excursionniste [ɛkskyʀsjɔnist] *nmf* Ausflügler(in) *m(f)*
excusable [ɛkskyzabl] *adj* entschuldbar
excuse [ɛkskyz] *nf* Entschuldigung *f*; (*prétexte aussi*) Ausrede *f*
excuser [ɛkskyze] *vt* entschuldigen; **s'excuser** *vpr* sich entschuldigen; **excusez-moi** Entschuldigung
exécrable [ɛgzekʀabl] *adj* scheußlich
exécrer [ɛgzekʀe] *vt* verabscheuen
exécuter [ɛgzekyte] *vt* (*prisonnier*) hinrichten; (*ordre, mission, travail, Inform*) ausführen; (*opération*) durchführen; (*Mus : jouer*) vortragen; **s'exécuter** *vpr* sich fügen
exécutif, -ive [ɛgzekytif, iv] *adj* exekutiv ▸ *nm* : **l'~** die Exekutive *f*
exécution [ɛgzekysjɔ̃] *nf* Hinrichtung *f*, Ausführung *f*, Durchführung *f*; **mettre à ~** ausführen; **~ capitale** Hinrichtung *f*
exemplaire [ɛgzɑ̃plɛʀ] *adj* beispielhaft, vorbildlich; (*châtiment*) exemplarisch ▸ *nm* Exemplar *nt*; **en deux/trois ~s** in zweifacher/dreifacher Ausfertigung
exemple [ɛgzɑ̃pl] *nm* Beispiel *nt*; **par ~** zum Beispiel; **donner l'~** ein Vorbild sein; **prendre ~ sur qn** sich an jdm ein Beispiel nehmen; **à l'~ de** genau wie
exempt, e [ɛgzɑ̃, ɑ̃(p)t] *adj* : **~ de** befreit von; (*sans*) frei von
exempter [ɛgzɑ̃(p)te] *vt* : **~ qn de** jdn befreien von
exercer [ɛgzɛʀse] *vt* ausüben; (*personne, faculté*) trainieren ▸ *vi* (*médecin, avocat*) praktizieren; **s'exercer** *vpr* (*musicien*) üben; (*sportif*) trainieren; (*pression, poussée etc*) sich auswirken
exercice [ɛgzɛʀsis] *nm* Übung *f*; (*physique*) Bewegung *f*; (*Comm, Admin*) Finanzjahr *nt*; **en ~** im Amt
exhaler [ɛgzale] *vt* ausströmen
exhaustif, -ive [ɛgzostif, iv] *adj* erschöpfend
exhiber [ɛgzibe] *vt* vorzeigen; **s'exhiber** *vpr* sich zur Schau stellen
exhibitionnisme [ɛgzibisjɔnism] *nm* Exhibitionismus *m*
exhibitionniste [ɛgzibisjɔnist] *nmf* Exhibitionist(in) *m(f)*
exhortation [ɛgzɔʀtasjɔ̃] *nf* Flehen *nt*
exhorter [ɛgzɔʀte] *vt* : **~ qn à faire qch** jdn anflehen, etw zu tun
exhumer [ɛgzyme] *vt* ausgraben
exigeant, e [ɛgziʒɑ̃, ɑ̃t] *adj* anspruchsvoll
exigence [ɛgziʒɑ̃s] *nf* Forderung *f*
exiger [ɛgziʒe] *vt* fordern, erfordern
exigible [ɛgziʒibl] *adj* fällig
exigu, ë [ɛgzigy] *adj* eng
exil [ɛgzil] *nm* Exil *nt*; **~ fiscal** Steuerflucht *f*
exiler [ɛgzile] *vt* verbannen; **s'exiler** *vpr* ins Exil gehen
existence [ɛgzistɑ̃s] *nf* Existenz *f*; (*vie*) Leben *nt*, Dasein *nt*
exister [ɛgziste] *vi* existieren; (*vivre*) leben; **il existe** es gibt
exode [ɛgzɔd] *nm* : **~ rural** Landflucht *f*
exonérer [ɛgzɔneʀe] *vt* : **~ de** befreien von
exoplanète [ɛgzoplanɛt] *nf* Exoplanet *m*
exorbitant, e [ɛgzɔʀbitɑ̃, ɑ̃t] *adj* astronomisch
exorbité, e [ɛgzɔʀbite] *adj* : **yeux ~s** weit aufgerissene Augen *pl*
exorciser [ɛgzɔʀsize] *vt* exorzieren
exotique [ɛgzɔtik] *adj* exotisch
exp. *abr* (= *expéditeur*) Abs.
expansif, -ive [ɛkspɑ̃sif, iv] *adj* mitteilsam
expansion [ɛkspɑ̃sjɔ̃] *nf* Expansion *f*
expatrié, e [ɛkspatʀije] *nm/f* im Ausland Lebende(r) *f(m)*
expatrier [ɛkspatʀije] *vt* (*argent*) ins Ausland verschieben; **s'expatrier** *vpr* ins Ausland gehen
expectative [ɛkspɛktativ] *nf* : **être dans l'~** abwarten
expédient [ɛkspedjɑ̃] *nm* : **vivre d'~s** von Gelegenheitsarbeiten leben
expédier [ɛkspedje] *vt* abschicken; (*troupes, renfort*) entsenden; (*péj : faire rapidement*) kurzen Prozess machen mit
expéditeur, -trice [ɛkspeditœʀ, tʀis] *nm/f* Absender(in)
expéditif, -ive [ɛkspeditif, iv] *adj* schnell, prompt
expédition [ɛkspedisjɔ̃] *nf* Expedition *f*; (*d'une lettre*) Absenden *nt*

e

expérience [ɛkspeʀjɑ̃s] *nf* Erfahrung *f*; (*scientifique*) Experiment *nt*
expérimenter [ɛkspeʀimɑ̃te] *vt* erproben
expert, e [ɛkspɛʀ, ɛʀt] *adj* : **être ~ en** gut Bescheid wissen über *+acc* ▸ *nm* Experte *m*, Expertin *f*
expert-comptable, experte-comptable [ɛkspɛʀkɔ̃tabl] (*pl* **experts-comptable**) *nmf* Wirtschaftsprüfer(in) *m(f)*
expertise [ɛkspɛʀtiz] *nf* Gutachten *nt*
expertiser [ɛkspɛʀtize] *vt* (*tableau, objet de valeur*) schätzen; (*dégâts*) abschätzen
expirer [ɛkspiʀe] *vi* (*passeport, bail*) ablaufen; (*respirer*) ausatmen; (*mourir*) verscheiden
explication [ɛksplikasjɔ̃] *nf* Erklärung *f*; (*discussion*) Aussprache *f*; **~ de texte** (*Scol*) Textanalyse *f*
explicite [ɛksplisit] *adj* ausdrücklich
expliquer [ɛksplike] *vt* erklären; (*justifier*) rechtfertigen; **s'expliquer** *vpr* (*se comprendre*) verständlich sein; (*discuter, se disputer*) sich aussprechen; **~ (à qn) comment/que** (jm) erklären, wie/dass; **je ne m'explique pas son retard/absence** ich kann mir seine Verspätung/sein Fehlen nicht erklären
exploit [ɛksplwa] *nm* Großtat *f*; (*Sport*) Leistung *f*
exploitation [ɛksplwatasjɔ̃] *nf* Ausbeutung *f*; **~ agricole** landwirtschaftlicher Betrieb *m*
exploiter [ɛksplwate] *vt* (*aussi péj*) ausbeuten; (*entreprise, ferme*) betreiben; (*dons, facultés etc*) nutzen; (*erreur, faiblesse*) ausnützen
explorateur, -trice [ɛksplɔʀatœʀ, tʀis] *nm/f* Forscher(in)
exploration [ɛksplɔʀasjɔ̃] *nf* Erforschung *f*
explorer [ɛksplɔʀe] *vt* erforschen
exploser [ɛksploze] *vi* explodieren; (*joie, colère*) ausbrechen ▸ *vt* (*fam : adversaire*) platt machen; (*: budget, forfait téléphonique*) überschreiten
explosif, -ive [ɛksplozif, iv] *adj* explosiv ▸ *nm* Sprengstoff *m*
explosion [ɛksplozjɔ̃] *nf* Explosion *f*; **~ de colère** Wutausbruch *m*; **~ démographique** Bevölkerungsexplosion *f*
exportateur, -trice [ɛkspɔʀtatœʀ, tʀis] *adj* Export- ▸ *nm* (*personne*) Exporteur *m*
exportation [ɛkspɔʀtasjɔ̃] *nf* Export *m*
exporter [ɛkspɔʀte] *vt* exportieren
exposant, e [ɛkspozɑ̃] *nm/f* (*personne*) Aussteller(in) ▸ *nm* (*Math*) Exponent *m*
exposé, e [ɛkspoze] *adj* (*orienté*) ausgerichtet ▸ *nm* (*conférence*) Referat *nt*; **être ~ à l'est/au sud** nach Osten/Süden gehen *ou* liegen; **bien ~** (*vignoble*) sonnig
exposer [ɛkspoze] *vt* ausstellen; (*parler de*) darlegen; (*Photo*) belichten; **s'exposer** *vpr* ein Risiko eingehen; **s'~ à** sich etw *+dat* aussetzen; **s'~ au soleil** seinen Körper der Sonne aussetzen; **~ qn/qch à** jdn/etw aussetzen *+dat*
exposition [ɛkspozisjɔ̃] *nf* Ausstellung *f*; (*Photo*) Belichtung *f*
exprès[1] [ɛkspʀɛ] *adv* absichtlich
exprès[2]**, -esse** [ɛkspʀɛs] *adj* (*ordre, défense*) ausdrücklich ▸ *adj inv* : **lettre ~** Eilbrief *m*; **colis ~** Schnellpaket *nt*
express [ɛkspʀɛs] *adj, nm* : **(café) ~** Espresso *m*
expressément [ɛkspʀesemɑ̃] *adv* ausdrücklich
expressif, -ive [ɛkspʀesif, iv] *adj* ausdrucksvoll
expression [ɛkspʀesjɔ̃] *nf* Ausdruck *m*
exprimer [ɛkspʀime] *vt* ausdrücken; **s'exprimer** *vpr* sich ausdrücken
exproprier [ɛkspʀɔpʀije] *vt* enteignen
expulser [ɛkspylse] *vt* verweisen; (*locataire*) hinauswerfen
expulsion [ɛkspylsjɔ̃] *nf* Ausweisung *f*
exquis, e [ɛkski, iz] *adj* exquisit, herrlich; (*personne, temps*) reizend
exsangue [ɛksɑ̃g] *adj* blutleer
extasier [ɛkstazje] : **s'extasier** *vpr* : **s'~ sur** in Ekstase geraten über *+acc*
extenseur [ɛkstɑ̃sœʀ] *nm* (*Sport*) Expander *m*
extensible [ɛkstɑ̃sibl] *adj* dehnbar
extensif, -ive [ɛkstɑ̃sif, iv] *adj* extensiv
extension [ɛkstɑ̃sjɔ̃] *nf* Strecken *nt*; (*fig*) Expansion *f*; **~ de mémoire** (*Inform*) Speichererweiterung *f*
exténuer [ɛkstenɥe] *vt* erschöpfen
extérieur, e [ɛksteʀjœʀ] *adj* Außen-; (*influences, pressions*) äußere(r, s); (*superficiel*) äußerlich ▸ *nm* (*d'une maison, d'un récipient*) Außenseite *f*; **contacts avec l'~** Kontakte *pl* mit der Außenwelt; **à l'~** (*dehors*) draußen
extérioriser [ɛksteʀjɔʀize] *vt* nach außen (hin) zeigen
exterminer [ɛkstɛʀmine] *vt* ausrotten
externaliser [ɛkstɛʀnalize] *vt* (*services, missions*) outsourcen
externat [ɛkstɛʀna] *nm* Tagesschule *f*
externe [ɛkstɛʀn] *adj* extern

extincteur [ɛkstɛ̃ktœʀ] *nm* Feuerlöscher *m*
extinction [ɛkstɛ̃ksjɔ̃] *nf (d'une race)* Aussterben *nt*; **~ des feux** Lichtausmachen *nt*; **~ de voix** Stimmverlust *m*
extirper [ɛkstiʀpe] *vt (plante)* ausreißen; *(tumeur)* entfernen
extorquer [ɛkstɔʀke] *vt* : **~ qch à qn** etw von jdm erpressen
extra [ɛkstʀa] *adj* erstklassig
extraconjugal, e, -aux [ɛkstʀakɔ̃ʒygal, o] *adj* außerehelich; **relations ~es** außereheliche Beziehungen *pl*
extraction [ɛkstʀaksjɔ̃] *nf* Gewinnung *f*; *(de dent)* Ziehen *nt*
extradition [ɛkstʀadisjɔ̃] *nf* Auslieferung *f*
extraire [ɛkstʀɛʀ] *vt (minerai)* gewinnen; *(dent, Math : racine)* ziehen; **~ qch de** *(balle, corps étranger)* etw herausziehen aus; *(citation etc)* etw entnehmen *+dat*
extrait, e [ɛkstʀɛ, ɛt] *pp de* **extraire** ▸ *nm (de plante)* Extrakt *m*; *(de film, livre)* Auszug *m*
extraordinaire [ɛkstʀaɔʀdinɛʀ] *adj* außergewöhnlich; **mission ~** Sondermission *f*; **assemblée ~** Sondersitzung *f*
extraterrestre [ɛkstʀatɛʀɛstʀ(ə)] *nmf* Außerirdische(r) *f(m)*
extravagance [ɛkstʀavagɑ̃s] *nf* Extravaganz *f*
extravagant, e [ɛkstʀavagɑ̃, ɑ̃t] *adj* extravagant
extraverti, e [ɛkstʀavɛʀti] *adj* extrovertiert
extrême [ɛkstʀɛm] *adj* extrem; *(limite)* äußerste(r, s) ▸ *nm* : **les ~s** die Extreme *pl*
extrême-onction [ɛkstʀɛmɔ̃ksjɔ̃] *(pl* **extrême-onctions**) *nf* Letzte Ölung *f*
Extrême-Orient [ɛkstʀɛmɔʀjɑ̃] *nm* : **l'~** der Ferne Osten
extrémiste [ɛkstʀemist] *nmf* Extremist(in) *m(f)*
extrémité [ɛkstʀemite] *nf* äußerstes Ende *nt*; *(situation)* äußerste Not *f*; **extrémités** *nfpl (pieds et mains)* Extremitäten *pl*
exubérant, e [ɛgzybeʀɑ̃, ɑ̃t] *adj* überschwänglich
exulter [ɛgzylte] *vi* frohlocken
ex-voto [ɛksvɔto] *nm inv* Votivbild *nt*
eye-liner [ajlajnœʀ] *(pl* **eye-liners**) *nm* Lidstrich *m*

f

F, f [ɛf] *nm inv* F, f *nt*
fa [fɑ] *nm inv (Mus)* F *nt*
fable [fɑbl] *nf* Fabel *f*
fabricant [fabʀikɑ̃] *nm* Hersteller *m*
fabrication [fabʀikasjɔ̃] *nf* Herstellung *f*
fabrique [fabʀik] *nf* Fabrik *f*
fabriquer [fabʀike] *vt* herstellen; **qu'est-ce qu'il fabrique ?** *(fam)* was macht er jetzt schon wieder?
fabulateur, -trice [fabylatœʀ, tʀis] *nm/f* Fabulant *m*
fabuleux, -euse [fabylø, øz] *adj (récit etc)* Fabel-; *(somme, quantité etc)* märchenhaft
fac [fak] *(fam) abr f (= faculté)* Uni *f*
façade [fasad] *nf* Fassade *f*
face [fas] *nf (côté)* Seite *f*; *(visage)* Gesicht *nt*; **la maison/le trottoir d'en ~** das Haus/der Gehweg gegenüber; **il habite en ~** er wohnt gegenüber; **en ~ de** gegenüber von; *(fig)* im Angesicht *+gén*; **de ~** von vorn; **~ à** gegenüber von; *(fig)* angesichts *+gén*; **faire ~ à qn/qch** jdm/etw gegenüberstehen; **faire ~ à la demande** der Nachfrage *dat* nachkommen; **~ à ~** einander gegenüber
facétieux, -euse [fasesjø, jøz] *adj* spöttisch
facette [fasɛt] *nf* Facette *f*; *(d'un problème)* Seite *f*
fâché, e [fɑʃe] *adj* wütend, böse; **être ~ avec qn** mit jdm zerstritten sein
fâcher [fɑʃe] *vt* ärgern; **se fâcher** *vpr* wütend werden; **se ~ contre qn** sich über jdn ärgern; **se ~ avec qn** sich mit jdm zerstreiten
fâcheusement [fɑʃøzmɑ̃] *adv* unangenehm; **avoir ~ tendance à faire qch** die bedauerliche Angewohnheit haben, etw zu tun

fâcheux, -euse [faʃø, øz] *adj* leidig; (*contretemps, initiative*) dumm
facial, e, -aux [fasjal, jo] *adj* Gesichts-
faciès [fasjɛs] *nm* (*visage*) Gesichtszüge *pl*
facile [fasil] *adj* leicht, einfach; (*péj : littérature, effet*) seicht; **c'est ~ de critiquer** Kritisieren ist einfach; **personne ~ à tromper** ein Mensch, der auf alles hereinfällt; **~ à faire** leicht
facilement [fasilmɑ̃] *adv* leicht
facilité [fasilite] *nf* (*aise*) Leichtigkeit *f*; **~s de crédit** günstige Kreditbedingungen *pl*; **~s de paiement** günstige Zahlungsbedingungen *pl*
faciliter [fasilite] *vt* erleichtern
façon [fasɔ̃] *nf* (*manière*) (Art und) Weise *f*; (*coupe*) Schnitt *m*; **façons** *nfpl* Benehmen *nt*; **faire des ~s** (*péj : être affecté, faire des histoires*) sich anstellen; **de quelle ~ l'a-t-il fait ?** wie hat er es gemacht?; **de toute ~** auf jeden Fall; **d'une autre ~** anders; **de ~ agréable/agressive** angenehm/aggressiv; **de ~ à faire** um etw zu tun; **de ~ à ce que** sodass; **c'est une ~ de parler** das sagt man (nur) so
façonner [fasɔne] *vt* (*fabriquer*) herstellen; (*travailler*) bearbeiten; (*fig*) formen
facteur, -trice [faktœʀ, tʀis] *nm/f* Briefträger(in); (*d'instruments*) Bauer(in) ▸ *nm* (*Math, fig*) Faktor *m*; **le ~ humain** der menschliche Faktor; **~ d'orgues/de pianos** Orgel-/Klavierbauer *m*; **~ rhésus** Rhesusfaktor
factice [faktis] *adj* nachgemacht; (*situation, sourire*) gekünstelt
faction [faksjɔ̃] *nf* (*groupe*) (Splitter) gruppe *f*; (*garde*) Wache *f*; **être en ~** Wache stehen
facture [faktyʀ] *nf* Rechnung *f*; (*façon de faire*) Stil *m*
facturer [faktyʀe] *vt* berechnen
facultatif, -ive [fakyltatif, iv] *adj* freiwillig
faculté [fakylte] *nf* (*possibilité, pouvoir*) Fähigkeit *f*, Vermögen *nt*; (*Univ*) Fakultät *f*
fade [fad] *adj* fade
fadette [fadɛt] *f* detaillierte Telefonrechnung *f*
fading [fadiŋ] *nm* (*Radio*) Ausblenden *nt*
fagot [fago] *nm* (*de bois*) Reisigbündel *nt*
fagoté, e [fagɔte] (*fam*) *adj* : **drôlement ~** unmöglich gekleidet
FAI [ɛfai] *sigle m* (*= fournisseur d'accès à Internet*) Internetprovider *m*
faible [fɛbl] *adj* schwach; (*moralement*) (willens)schwach; (*rendement, revenus*) niedrig ▸ *nm* : **avoir un ~ pour qn/qch** eine Schwäche *ou* ein Faible für jdn/etw haben; **le point ~ de qn/qch** die Schwäche von jm/der Schwachpunkt von etw
faiblement [fɛbləmɑ̃] *adv* schwach
faiblesse [fɛblɛs] *nf* Schwäche *f*
faiblir [febliʀ] *vi* schwächer werden
faïence [fajɑ̃s] *nf* Töpferware *f*, Keramik *f*
faille [faj] *vb voir* **falloir** ▸ *nf* (*dans un rocher*) Spalte *f*; (*fig*) Schwachstelle *f*
faillible [fajibl] *adj* fehlbar
faillir [fajiʀ] *vi* : **j'ai failli tomber** ich wäre beinahe hingefallen
faillite [fajit] *nf* Bankrott *m*
faim [fɛ̃] *nf* Hunger *m*; **avoir ~** Hunger haben; **rester sur sa ~** noch nicht genug haben
fainéant, e [fɛneɑ̃, ɑ̃t] *adj* faul ▸ *nm/f* Faulenzer(in)
fainéantise [fɛneɑ̃tiz] *nf* Faulenzerei *f*

MOT-CLÉ

faire [fɛʀ] *vt* **1** machen; **que fait-il ?** was macht er?; **qu'allons-nous faire ?** was sollen wir tun?; **qu'a-t-il fait de sa sœur/valise ?** was hat er mit seiner Schwester/mit seinem Koffer gemacht?; **que faire ?** was tun?; **que faites-vous ?** was machen Sie (gerade)?; (*quel métier*) was machen Sie (beruflich)?; **faire un travail** eine Arbeit machen; **faire du bruit** Krach machen; **faire une faute** einen Fehler machen; **faire des dégâts** Schaden anrichten; **faire la lessive** Wäsche waschen; **faire la cuisine** kochen; **faire les courses** einkaufen; **faire les magasins** einen Einkaufsbummel machen; **faire l'Europe** Europa durchstreifen; **faire une remarque** eine Bemerkung machen; **il ne fait que critiquer** er kritisiert immer nur; **n'avoir que faire de qch** etw nicht nötig haben
2 (*produire*) erzeugen; **faire un film** einen Film drehen; **fait à la main** Handarbeit; **fait à la machine** mit der Maschine gefertigt
3 (*études*) betreiben; (*sport*) treiben; (*musique*) machen; **faire du droit/du français** Jura/Französisch studieren; **faire du rugby** Rugby spielen; **faire du ski** Ski laufen; **faire du violon/piano** Geige/Klavier spielen
4 (*maladie*) haben; **faire du diabète/de la tension/de la fièvre** Diabetes/Bluthochdruck/Fieber haben
5 (*simuler*) : **faire l'ignorant/l'innocent**

unwissend/unschuldig tun; **faire le malade** den Kranken spielen
6 (*transformer, avoir un effet sur*) : **faire de qn un frustré** jdn frustrieren; **faire de qn un avocat** jdn Anwalt werden lassen; **ça ne me fait rien** das ist mir egal; **ça ne me fait ni chaud ni froid** das ist mir egal; **ça ne fait rien** das macht nichts
7 (*calculs, prix, mesures*) : **2 et 2 font 4** 2 und 2 macht *ou* ist 4; **9 divisé par 3 fait 3** 9 geteilt durch 3 macht *ou* ist 3; **ça fait 10 m** das sind 10 m; **ça fait 15 euros** das macht 15 Euro; **je vous le fais (à) 10 euros** ich gebe es Ihnen für 10 Euro
8 (*dire*) sagen; **« vraiment ? » fit-il** „wirklich?" sagte er
▶ *vi* **1** (*agir, s'y prendre*) machen; **il faut faire vite** wir müssen uns beeilen; **je n'ai pas pu faire autrement** es ging nicht anders; **tu fais bien de me le dire** gut, dass du mir das gesagt hast; **faites comme chez vous** fühlen Sie sich wie zu Hause
2 (*paraître*) aussehen; **faire vieux/démodé/petit** alt/altmodisch/klein aussehen; **ça fait bien** das sieht gut aus
▶ *vb substitut* machen; **remets-le en place — je viens de le faire** tu es zurück — ich habs gerade *ou* schon gemacht
▶ *vb impers* **1** : **il fait beau** es ist schönes Wetter; **il fait froid/chaud** es ist kalt/warm; **il fait jour** es ist Tag
2 (*temps écoulé, durée*) : **ça fait cinq heures qu'il est parti** er ist vor fünf Stunden weggefahren; **ça fait deux ans/heures qu'il y est** er ist schon zwei Jahre/Stunden dort
3 (*avoir pour conséquence*) : **faire que** bewirken, dass
▶ *vb semi-aux* (*avec infinitif*) lassen; **faire tomber qch** etw fallen lassen; **faire démarrer un moteur** einen Motor anlassen; **faire chauffer de l'eau** Wasser aufsetzen; **cela fait dormir** das macht schläfrig; **cela fait tomber la fièvre** das bringt das Fieber zum Sinken; **essayer de faire tomber/bouger qch** versuchen, etw zu Fall/in Bewegung zu bringen; **cela le fait ressembler à un clown** damit sieht er wie ein Clown aus; **faire faire la vaisselle à qn** jdn Geschirr spülen lassen; **faire réparer qch** etw reparieren lassen; **il m'a fait ouvrir la porte** (*contraindre*) er hat mich gezwungen, die Tür zu öffnen; **il m'a fait traverser la rue** (*aider*) er hat mir geholfen, die Straße zu überqueren
▶ **se faire** *vpr* **1** (*vin, fromage*) reifen
2 : **cela se fait beaucoup** das sieht man oft; **cela ne se fait pas** das macht man nicht
3 (*+nom ou pronom*) : **se faire une jupe** sich *dat* einen Rock machen *ou* nähen; **se faire des amis** Freunde gewinnen; **se faire du souci** sich *dat* Sorgen machen; **il ne s'en fait pas** er macht sich keine Sorgen; **sans s'en faire** ohne Bedenken; **se faire des illusions** sich *dat* Illusionen machen
4 (*+adj*) : **se faire vieux** (langsam) alt werden; **se faire beau** sich schön machen
5 : **se faire à** (*s'habituer*) sich gewöhnen an *+acc*; **je n'arrive pas à me faire à la nourriture/au climat** ich kann mich einfach nicht an das Essen/Klima gewöhnen
6 (*+infinitif*) : **se faire opérer** sich operieren lassen; **se faire couper les cheveux** sich *dat* die Haare schneiden lassen; **il s'est fait aider (par Simon)** er hat sich *dat* (von Simon) helfen lassen; **se faire montrer/expliquer qch** sich *dat* etw zeigen/erklären lassen; **se faire faire un vêtement** sich *dat* ein Kleidungsstück anfertigen lassen; **je vais me faire punir/gronder** ich werde noch bestraft/ausgeschimpft (werden)
7 (*impersonnel*) : **comment se fait-il/faisait-il que … ?** wie kommt/kam es, dass …?; **il peut se faire que …** es kann sein, dass …

faire-part [fɛʀpaʀ] *nm inv* : **~ de mariage/décès** Heiratsanzeige *f*/Todesanzeige *f*
fair-play [fɛʀplɛ] *adj inv* fair
faisabilité [fəzabilite] *nf* Machbarkeit *f*
faisable [fəzabl] *adj* machbar
faisan, e [fəzɑ̃, an] *nm/f* Fasan *m*
faisandé, e [fəzɑ̃de] *adj* angegangen; (*fig*) verdorben
faisceau, x [fɛso] *nm* (*de lumière, électronique etc*) Strahl *m*; (*de branches etc*) Bündel *nt*; (*fig*) : **un ~ de preuves** eine Kette von Beweisen
fait[1] [fɛ] *nm* (*événement*) Ereignis *nt*; (*réalité, donnée*) Tatsache *f*; **le ~ que** die Tatsache, dass; **être le ~ de** (*typique de*) typisch sein für; (*causé par*) verursacht sein von; **au ~** übrigens; **aller droit au ~** sofort zur Sache kommen; **de ~** tatsächlich; **du ~ que** weil; **du ~ de** wegen *+gén ou dat*; **en ~** tatsächlich; **en ~ de repas/vacances** als Mahlzeit/Ferien; **prendre ~ et cause pour qn** für

jdn Partei ergreifen; **~ accompli** vollendete Tatsache; **« ~ divers »** „Vermischtes"
fait², e [fɛ, fɛt] *pp de* **faire** ▸ *adj* (*fromage*) reif; **être ~ pour** (*conçu*) gemacht sein für; (*doué*) begabt sein für; **c'en est ~ de lui/notre tranquillité** damit war es um ihn/unsere Ruhe geschehen; **c'est bien ~ pour lui/eux** das geschieht ihm/ihnen ganz recht
faîte [fɛt] *nm* (*d'arbre*) Wipfel *m*; **au ~ de la gloire/des honneurs** auf dem Gipfel des Ruhms/der Ehre
faitout [fɛtu] *nm* großer Kochtopf *m*
falaise [falɛz] *nf* Klippe *f*
fallacieux, -euse [fa(l)lasjø, jøz] *adj* trügerisch
falloir [falwaʀ] *vb impers* : **il va ~ 100 euros** (*besoin*) es werden 100 Euro nötig sein; **il faut** *+infinitif* (*obligation*) : **il faut faire les lits** die Betten müssen gemacht werden; **il a fallu qu'il l'apprenne** er hat es dann doch erfahren; **il me faut/faudrait 100 euros/de l'aide** ich brauche/bräuchte 100 Euro/Hilfe; **il vous faut tourner à gauche après l'église** nach der Kirche müssen Sie links abbiegen; **nous avons ce qu'il (nous) faut** wir haben alles, was wir brauchen; **il faut que je fasse les lits** ich muss die Betten machen; **il faudrait qu'elle rentre** sie sollte wirklich nach Hause gehen; **il s'en faut/s'en est fallu de cinq minutes/100 euros (pour que)** es fehlten fünf Minuten/100 Euro(, damit); **il s'en est fallu de peu que** es hat nicht viel gefehlt und; **ou peu s'en faut** oder jedenfalls beinahe
falsifier [falsifje] *vt* fälschen
famé, e [fame] *adj* : **mal ~** zwielichtig
famélique [famelik] *adj* ausgehungert
fameux, -euse [famø, øz] *adj* berühmt; (*bon*) ausgezeichnet; **un ~ problème** (*intensif*) ein echtes Problem
familial, e, -aux [familjal, jo] *adj* Familien- ▸ *nf* (*Auto*) Kombi *m*
familiariser [familjaʀize] *vt* : **~ qn avec qch** jdn mit etw vertraut machen; **se familiariser** *vpr* : **se ~ avec** vertraut werden mit
familiarité [familjaʀite] *nf* Vertraulichkeit *f*; (*connaissance*) Vertrautheit *f*; **familiarités** *nfpl* (*privautés*) (plumpe) Vertraulichkeiten *pl*
familier, -ière [familje, jɛʀ] *adj* (*connu*) vertraut; (*dénotant une certaine intimité*) vertraulich; (*Ling*) umgangssprachlich; (*cavalier, impertinent*) plumpvertraulich ▸ *nm* (*de lieu*) regelmäßiger Gast *m*
famille [famij] *nf* Familie *f*; (*dîner, fête*) Familien-; **il a de la ~ à Paris** er hat Verwandte in Paris; **~ monoparentale/homoparentale** ein(e) Alleinerziehende(r)/eine gleichgeschlechtliche Partnerschaft mit Kind(ern)
famine [famin] *nf* Hungersnot *f*
fana [fana] (*fam*) *abr* = **fanatique**
fanatique [fanatik] *adj* fanatisch ▸ *nmf* Fanatiker(in) *m(f)*; **~ de rugby/de voile** Rugby-/Segelfan *m*
fanatiser [fanatize] *vt* fanatisieren
fanatisme [fanatism] *nm* Fanatismus *m*
fané, e [fane] *adj* (*fleur, beauté*) verwelkt
faner [fane] : **se faner** *vpr* (*fleur*) verwelken, verblühen; (*couleur, tissu*) verblassen
fanfare [fɑ̃faʀ] *nf* (*orchestre*) Blaskapelle *f*; (*musique*) Fanfare *f*
fanfaron, ne [fɑ̃faʀɔ̃, ɔn] *nm/f* Angeber(in)
fange [fɑ̃ʒ] *nf* Morast *m*
fanion [fanjɔ̃] *nm* Wimpel *m*
fantaisie [fɑ̃tezi] *nf* Fantasie *f*; (*caprice*) Laune *f* ▸ *adj* : **bijou ~** Modeschmuck *m*; **agir selon sa ~** nach Lust und Laune handeln
fantaisiste [fɑ̃tezist] (*péj*) *adj* unseriös; (*hypothèses, estimations*) haltlos ▸ *nmf* (*de music-hall*) Varietékünstler(in) *m(f)*
fantasme [fɑ̃tasm] *nm* Hirngespinst *nt*
fantasque [fɑ̃task] *adj* launisch
fantassin [fɑ̃tasɛ̃] *nm* Infanterist *m*
fantastique [fɑ̃tastik] *adj* fantastisch
fantomatique [fɑ̃tomatik] *adj* gespenstisch
fantôme [fɑ̃tom] *nm* Gespenst *nt*
faon [fɑ̃] *nm* Hirschkalb *nt*, Rehkitz *nt*
FAQ [fak] *sigle f* (*Inform* : = *foire aux questions*) FAQ *pl*
faramineux, -euse [faʀaminø, øz] (*fam*) *adj* kolossal, phänomenal; (*bêtise*) Riesen-; (*quantité*) enorm
farce [faʀs] *nf* (*Culin*) Füllung *f*; (*blague*) Streich *m*; (*Théât*) Possenspiel *nt*; **faire une ~ à qn** jdm einen Streich spielen; **~s et attrapes** Scherzartikel *pl*
farceur, -euse [faʀsœʀ, øz] *nm/f* Spaßvogel *m*
farcir [faʀsiʀ] *vt* (*Culin*) füllen; **se farcir** *vpr* (*fam*) : **je me suis farci la vaisselle** das Geschirrspülen blieb an mir hängen; **~ qch de** (*fig*) etw spicken mit
fard [faʀ] *nm* Schminke *f*; **~ à joues** Rouge *nt*; **~ à paupières** Lidschatten *m*
fardeau, x [faʀdo] *nm* Last *f*
farder [faʀde] *vt* schminken
farfelu, e [faʀfəly] *adj* exzentrisch
farfouiller [faʀfuje] *vi* herumwühlen

farine [faʀin] *nf* Mehl *nt*; **~ de blé** Weizenmehl *nt*; **~s animales** Tiermehl *nt*; **~ lactée** (*pour bouillie*) Babybrei *m*
farineux, -euse [faʀinø, øz] *adj* (*pomme etc*) mehlig ▸ *nmpl* (*catégorie d'aliments*) Hülsenfrüchte und Kartoffeln
farouche [faʀuʃ] *adj* (*sauvage*) scheu; (*brutal, indompté*) wild; (*volonté*) eisern; (*détermination*) wild
fart [faʀt] *nm* Skiwachs *nt*
farter [faʀte] *vt* wachsen
fascicule [fasikyl] *nm* Heft *nt*
fascinant, e [fasinɑ̃, ɑ̃t] *adj* faszinierend
fasciner [fasine] *vt* faszinieren
fascisme [faʃism] *nm* Faschismus *m*
fasciste [faʃist] *adj* faschistisch ▸ *nmf* Faschist(in) *m(f)*
faste [fast] *nm* Pracht *f* ▸ *adj* : **un jour ~** ein Glückstag *m*
fast-food [fastfud] (*pl* **fast-foods**) *nm* Fast Food *nt*; (*restaurant*) Schnellimbiss *m*
fastidieux, -euse [fastidjø, jøz] *adj* langweilig; (*travail*) mühsam
fastueux, -euse [fastɥø, øz] *adj* prunkvoll, prächtig
fat [fa(t)] *adj m* selbstgefällig
fatal, e [fatal] *adj* tödlich; (*coup, erreur*) fatal; (*inévitable*) unvermeidlich
fatalité [fatalite] *nf* (*destin*) Schicksal *nt*; (*coïncidence fâcheuse*) Verhängnis *nt*
fatigant, e [fatigɑ̃, ɑ̃t] *adj* ermüdend
fatigue [fatig] *nf* Müdigkeit *f*; (*d'un matériau*) Ermüdung *f*
fatigué, e [fatige] *adj* müde
fatiguer [fatige] *vt* ermüden, müde machen; (*importuner*) belästigen ▸ *vi* (*moteur*) überlastet sein; **se fatiguer** *vpr* müde werden, ermüden
fatras [fatʀɑ] *nm* Durcheinander *nt*
fatuité [fatɥite] *nf* Selbstgefälligkeit *f*
faubourg [fobuʀ] *nm* Vorstadt *f*
fauché, e [foʃe] (*fam*) *adj* abgebrannt, blank
faucher [foʃe] *vt* (*herbe, champs*) mähen; (*mort, véhicule*) niedermähen; (*fam : voler*) mopsen
faucheur, -euse [foʃœʀ, øz] *nm/f* Mäher(in), Schnitter(in) ▸ *nf* (*machine*) Mähmaschine *f*
faucille [fosij] *nf* Sichel *f*
faucon [fokɔ̃] *nm* (*Zool*) Falke *m*
faufiler [fofile] *vt* heften; **se faufiler** *vpr* : **se ~ dans/parmi** sich einschleichen in *+acc*; **se ~ entre** hindurchschlüpfen durch *+acc*
faune [fon] *nf* Fauna *f*, Tierwelt *f*; (*péj*) Haufen *m* ▸ *nm* Faun *m*
faussaire [fosɛʀ] *nmf* Fälscher(in) *m(f)*
faussement [fosmɑ̃] *adv* fälschlich
fausser [fose] *vt* (*serrure, objet*) verbiegen; (*résultat, données*) verfälschen
fausseté [foste] *nf* Falschheit *f*
faut [fo] *voir* **falloir**
faute [fot] *nf* Fehler *m*; (*mauvaise action*) Verstoß *m*; **par la ~ de Pierre** durch Pierres Schuld; **c'est de sa/ma ~** das ist seine/meine Schuld; **prendre qn en ~** jdn ertappen; **~ de** aus Mangel an *+dat*, mangels *+gén*; **sans ~** ganz bestimmt; **~ d'orthographe** Schreibfehler *m*; **~ de frappe** Tippfehler *m*; **~ de goût** Geschmacksverirrung *f*; **~ professionnelle** berufliches Fehlverhalten *nt*
fauteuil [fotœj] *nm* Sessel *m*; **~ d'orchestre** (*Théât*) Sperrsitz *m*; **~ roulant** Rollstuhl *m*
fauteur [fotœʀ] *nm* : **~ de troubles** Unruhestifter *m*
fautif, -ive [fotif, iv] *adj* (*responsable*) schuldig; (*incorrect*) fehlerhaft, falsch
fauve [fov] *nm* Raubkatze *f* ▸ *adj* (*couleur*) rehbraun
fauvette [fovɛt] *nf* Grasmücke *f*
faux[1] [fo] *nf* (*Agr*) Sense *f*
faux[2]**, fausse** [fo, fos] *adj* falsch; (*falsifié*) gefälscht ▸ *adv* (*Mus*) : **jouer/chanter ~** falsch spielen/singen ▸ *nm* (*copie*) Fälschung *f*; (*opposé au vrai*) Unwahrheit *f*; **distinguer le vrai du ~** wahr und falsch unterscheiden; **faire ~ bond à qn** jdn hängen lassen; **fausse clé** Dietrich *m*; **fausse couche** *nf* Fehlgeburt *f*; **~ col** abnehmbarer Kragen *m*; **~ frais** *nmpl* Nebenausgaben *pl*; **~ pas** Stolpern *nt*; (*fig*) Fauxpas *m*
faux-filet [fofilɛ] (*pl* **faux-filets**) *nm* (*Culin*) ≈ Lendenstück *nt*
faux-fuyant [fofɥijɑ̃] (*pl* **faux-fuyants**) *nm* Ausflucht *f*
faux-monnayeur [fomɔnɛjœʀ] (*pl* **faux-monnayeurs**) *nm* Falschmünzer *m*
faux-semblant [fosɑ̃blɑ̃] (*pl* **faux-semblants**) *nm* Vorwand *m*
faveur [favœʀ] *nf* Gunst *f*; (*service*) Gefallen *m*; **avoir la ~ de qn** sich jds Gunst *gén* erfreuen; **régime/traitement de ~** Bevorzugung *f*; **en ~ de qn/qch** zu jds Gunsten/zugunsten etw *gén*
favorable [favɔʀabl] *adj* (*propice*) günstig; (*bien disposé*) wohlwollend; **être ~ à qch** etw *dat* positiv gegenüberstehen
favori, -ite [favɔʀi, it] *adj* Lieblings- ▸ *nm* Favorit(in) *m(f)*; **favoris** *nmpl* (*sur la joue*) Koteletten *pl*

f

favoriser [favɔʀize] *vt* (*personne*) bevorzugen; (*activité*) fördern; (*chance, événements*) begünstigen
favoritisme [favɔʀitism] *nm* Vetternwirtschaft *f*
fax [faks] *nm* Fax *nt*
fébrifuge [febʀifyʒ] *adj* fiebersenkend
fébrile [febʀil] *adj* (*activité, attitude*) fieberhaft; (*personne*) aufgeregt
fécond, e [fekɔ̃, ɔ̃d] *adj* fruchtbar; (*imagination*) blühend; (*auteur*) produktiv
fécondation [fekɔ̃dasjɔ̃] *nf* Befruchtung *f*; **~ in vitro** In-vitro-Fertilisation *f*, künstliche Befruchtung
féconder [fekɔ̃de] *vt* befruchten
fécondité [fekɔ̃dite] *nf* Fruchtbarkeit *f*
fécule [fekyl] *nf* Stärke *f*
FED *nm abr* (= *Fonds européen de développement*) europäischer Entwicklungsfonds, EEF *m*
fédéral, e, -aux [fedeʀal, o] *adj* Bundes-
fédération [fedeʀasjɔ̃] *nf* Verband *m*; (*Pol*) Staatenbund *m*, Föderation *f*
fée [fe] *nf* Fee *f*
féerique [fe(e)ʀik] *adj* zauberhaft
feindre [fɛ̃dʀ] *vt* (*simuler*) vortäuschen; **~ de faire qch** vorgeben, etw zu tun
feint, e [fɛ̃, fɛ̃t] *pp de* **feindre** ▸ *adj* vorgetäuscht
feinte [fɛ̃t] *nf* Finte *f*
fêlé, e [fele] *adj* (*verre*) gesprungen; **être ~** einen Sprung haben; (*fam*) einen Sprung in der Schüssel haben
fêler [fele] *vt* (*verre, assiette*) einen Sprung machen in *+acc*; (*os*) anbrechen; **se fêler** *vpr* (*voir vt*) einen Sprung bekommen; **se ~ le tibia/le coccyx** sich das Schienbein/Steißbein anbrechen
félicitations [felisitasjɔ̃] *nfpl* Glückwünsche *pl*
féliciter [felisite] *vt* beglückwünschen, gratulieren *+dat*; **se féliciter** *vpr* : **se ~ de qch/d'avoir fait qch** froh über etw sein/darüber sein, etw getan zu haben
félin, e [felɛ̃, in] *adj* Katzen-, katzenartig ▸ *nm* (*Zool*) Katze *f*
fêlure [felyʀ] *nf* (*de vase, verre*) Sprung *m*
femelle [fəmɛl] *nf* (*d'animal*) Weibchen *nt* ▸ *adj* weiblich
féminin, e [feminɛ̃, in] *adj* weiblich; (*équipe, vêtements etc*) Frauen- ▸ *nm* (*Ling*) Femininum *nt*
féminisme [feminism] *nm* Feminismus *m*
féministe [feminist] *adj* feministisch ▸ *nf* Feministin *f*
féminité [feminite] *nf* Weiblichkeit *f*
femme [fam] *nf* Frau *f*; **~ de chambre** Zimmermädchen *nt*; **~ de ménage** Putzfrau *f*
fémur [femyʀ] *nm* Oberschenkel *m*
FEN [fɛn] *sigle f* (= *Fédération de l'éducation nationale*) *französische Gewerkschaft für Erziehung*
fendre [fɑ̃dʀ] *vt* spalten; (*foule*) sich *dat* einen Weg bahnen durch; (*flots*) durchpflügen; **se fendre** *vpr* bersten, zerspringen
fendu, e [fɑ̃dy] *adj* (*sol, mur*) rissig; (*crâne*) gespalten; (*lèvre*) aufgesprungen; (*jupe*) geschlitzt
fenêtre [f(ə)nɛtʀ] *nf* Fenster *nt*; **~ de dialogue** (*Inform*) Dialogfeld *nt*
Feng-shui [fɛ̃gʃyi] *nm* Feng-Shui *nt*
fenouil [fənuj] *nm* Fenchel *m*
fente [fɑ̃t] *nf* (*fissure*) Riss *m*, Sprung *m*; (*de boîte à lettres, dans un vêtement etc*) Schlitz *m*
féodal, e, -aux [feɔdal, o] *adj* Lehns-
fer [fɛʀ] *nm* Eisen *nt*; **de** *ou* **en ~** aus Eisen; **~ à cheval** Hufeisen; **en ~ à cheval** hufeisenförmig; **~ (à repasser)** Bügeleisen *nt*; **~ à souder** Lötkolben *m*; **~ à vapeur** Dampfbügeleisen *nt*; **~ forgé** Schmiedeeisen *nt*
fer-blanc [fɛʀblɑ̃] (*pl* **fers-blancs**) *nm* Blech *nt*
ferblanterie [fɛʀblɑ̃tʀi] *nf* Klempnerei *f*
ferblantier [fɛʀblɑ̃tje] *nm* Klempner *m*, Spengler *m*
férié, e [feʀje] *adj* : **jour ~** Feiertag *m*
ferme [fɛʀm] *nf* (*exploitation*) Bauernhof *m*; (*maison*) Bauernhaus *nt* ▸ *adj* fest; (*personne*) entschieden ▸ *adv* : **travailler ~** hart arbeiten; **discuter ~** heftig diskutieren
fermé, e [fɛʀme] *adj* geschlossen; (*personne, visage*) verschlossen; **~ pour travaux** wegen Bauarbeiten geschlossen
fermement [fɛʀməmɑ̃] *adv* fest, entschieden
fermentation [fɛʀmɑ̃tasjɔ̃] *nf* Gärung *f*
fermenter [fɛʀmɑ̃te] *vi* gären
fermer [fɛʀme] *vt* schließen, zumachen; (*eau, électricité, robinet*) abstellen; (*aéroport, route*) sperren ▸ *vi* (*porte, valise*) zugehen; (*entreprise*) schließen; **se fermer** *vpr* sich schließen; **~ la lumière/radio/télévision** das Licht/das Radio/den Fernseher ausschalten; **~ les yeux (sur qch)** die Augen verschließen (vor etw *dat*)
fermeté [fɛʀməte] *nf* Festigkeit *f*; (*d'une personne*) Entschiedenheit *f*

fermeture [fɛʀmətyʀ] *nf* Schließen *nt*; (*dispositif*) Verschluss *m*; **jour de ~** Ruhetag *m*; **~ annuelle** Betriebsferien *pl*; **~ à glissière, ~ éclair®** Reißverschluss *m*
fermier, -ière [fɛʀmje, jɛʀ] *nm/f* Bauer *m*, Bäuerin *f* ▸ *adj* : **beurre/cidre ~** Landbutter *f*/Cidre *m* vom Land
fermoir [fɛʀmwaʀ] *nm* Verschluss *m*, Schließe *f*
féroce [feʀɔs] *adj* wild; (*appétit*) unbändig
férocité [feʀɔsite] *nf* Wildheit *f*
ferraille [feʀɑj] *nf* Schrott *m*, Alteisen *nt*; **mettre à la ~** verschrotten
ferré, e [feʀe] *adj* (*chaussure*) genagelt; (*canne*) mit Eisen beschlagen; **~ en** (*fam* : *savant*) beschlagen *ou* bewandert in +*dat*
ferreux, -euse [feʀø, øz] *adj* eisenhaltig
ferronnerie [feʀɔnʀi] *nf* Schmiedeeisen *nt*; **~ d'art** Kunstschmiedearbeit *f*
ferroviaire [feʀɔvjɛʀ] *adj* Eisenbahn-
ferrugineux, -euse [feʀyʒinø, øz] *adj* eisenhaltig
ferrure [feʀyʀ] *nf* (*garniture*) Eisenbeschlag *m*
ferry [feʀi] (*pl* **ferries**), **ferry-boat** [feʀibot] (*pl* **ferry-boats**) *nm* Fähre *f*
fertile [fɛʀtil] *adj* fruchtbar; **~ en événements/incidents** ereignisreich
fertiliser [fɛʀtilize] *vt* (*terre*) düngen
fertilité [fɛʀtilite] *nf* Fruchtbarkeit *f*
féru, e [feʀy] *adj* : **~ de** begeistert von
férule [feʀyl] *nf* : **être sous la ~ de qn** unter jds Fuchtel *dat* stehen
fervent, e [fɛʀvɑ̃, ɑ̃t] *adj* (*prière*) inbrünstig; (*admirateur*) glühend
ferveur [fɛʀvœʀ] *nf* Inbrunst *f*, Eifer *m*
fesse [fɛs] *nf* Hinterbacke *f*; **les ~s** das Hinterteil *nt*
fessée [fese] *nf* Schläge *pl* (*auf das Hinterteil*)
festin [fɛstɛ̃] *nm* Festmahl *nt*
festival [fɛstival] *nm* Festival *nt*, Festspiele *pl*
festivalier [fɛstivalje] *nm* Festivalbesucher(in) *m(f)*
festivités [fɛstivite] *nfpl* Festlichkeiten *pl*
festoyer [fɛstwaje] *vi* schmausen
fêtard, e [fɛtaʀ, aʀd] (*fam*) *nm* Feiernde(r) *f(m)*
fête [fɛt] *nf* (*publique*) Feiertag *m*; (*en famille*) Feier *f*, Fest *nt*; (*d'une personne*) Namenstag *m*; **faire la ~** in Saus und Braus leben; **faire ~ à qn** jdn herzlich empfangen; **jour de ~** Festtag *m*, Feiertag *m*; **les ~s (de fin d'année)** die (Weihnachts)feiertage *pl*; **salle/comité des ~s** Festsaal *m*/Festausschuss *m*; **la ~ nationale** der Nationalfeiertag *m*; **~ foraine** Jahrmarkt *m*

La fête de la musique ist ein Musikfestival, das seit dem 21. Juni 1981 alljährlich stattfindet. In ganz Frankreich veranstalten Musiker kostenlose Konzerte in Parks und auf Straßen und Plätzen.

Fête-Dieu [fɛtdjø] (*pl* **Fêtes-Dieu**) *nf* : **la ~** Fronleichnam *m*
fêter [fete] *vt* feiern
fétiche [fetiʃ] *nm* Fetisch *m*; **animal/objet ~** Fetisch
fétichisme [fetiʃism] *nm* Fetischismus *m*
fétichiste [fetiʃist] *adj, nm/f* fetischistisch, Fetischist(in) *m(f)*
fétide [fetid] *adj* (*odeur*) übel; (*haleine*) übel riechend
fétu [fety] *nm* : **~ de paille** Strohhalm *m*
feu¹ [fø] *adj inv* : **~ le roi/Mme Dupont** der verstorbene König/die verstorbene Mme Dupont; **~ son père** sein verstorbener Vater
feu², x [fø] *nm* Feuer *nt*; (*Naut*) (Leucht)feuer *nt*; (*de voiture, avion*) Licht *nt*; (*de circulation*) Ampel *f*; (*sensation de brûlure*) Brennen *nt*; **feux** *nmpl* (*éclat, lumière*) Licht; **au ~ !** Feuer, Feuer!; **à ~ doux/vif** auf kleiner/großer Flamme; **à petit ~** (*Culin*) auf Sparflamme; (*fig*) langsam; **faire ~** (*avec arme*) feuern; **prendre ~** Feuer fangen; **avez-vous du ~ ?** (*pour cigarette*) haben Sie Feuer?; **donner le ~ vert à** grünes Licht geben +*dat*; **s'arrêter aux ~x** *ou* **au ~ rouge** an der roten Ampel stehen bleiben; **~ arrière** (*Auto*) Rücklicht *nt*; **~ de camp** Lagerfeuer *nt*; **~x d'artifice** Feuerwerk *nt*; **~x de brouillard** Nebelscheinwerfer *pl*; **~x de croisement** Abblendlicht *nt*; **~x de position** Parklicht *nt*
feuillage [fœjaʒ] *nm* Blätter *pl*
feuille [fœj] *nf* Blatt *nt*; **~ d'impôts** Steuerbescheid *m*; **~ (de papier)** Blatt Papier; **~ de paye** Gehaltsabrechnung *f*; **~ de vigne** Weinblatt *nt*; (*sur statue*) Feigenblatt *nt*; **~ morte** welkes Blatt; **~ volante** loses Blatt
feuillet [fœjɛ] *nm* Blatt *nt*, Seite *f*
feuilleté, e [fœjte] *adj* : **pâte ~e** Blätterteig *m*
feuilleter [fœjte] *vt* durchblättern
feuilleton [fœjtɔ̃] *nm* (*roman*) Fortsetzungsroman *m*; (*TV, Radio*) Serie *f*
feuillu, e [fœjy] *adj* belaubt ▸ *nm* (*Bot*) Laubbaum *m*
feutre [føtʀ] *nm* (*matière*) Filz *m*; (*chapeau*) Filzhut *m*; (*stylo*) Filzstift *m*

feutré, e [føtʀe] *adj* (*tissu etc*) filzartig; (*pas, voix, atmosphère*) gedämpft
feutrer [føtʀe] *vt* (*revêtir de feutre*) mit Filz auslegen; (*bruits*) dämpfen; **se feutrer** *vpr* (*tissu*) verfilzen
feutrine [føtʀin] *nf* (dünner) Filz *m*
fève [fɛv] *nf* dicke Bohne *f*
février [fevʀije] *nm* Februar *m*; *voir aussi* **juillet**
fez [fɛz] *nm* Fes *m*
FFF *abr* = **Fédération française de football**
fi [fi] *excl* : **faire fi de** nicht befolgen
fiabilité [fjabilite] *nf* Zuverlässigkeit *f*
fiable [fjabl] *adj* zuverlässig
fiançailles [fjɑ̃sɑj] *nfpl* Verlobung *f*; (*période*) Verlobungszeit *f*
fiancé, e [fjɑ̃se] *nm/f* Verlobte(r) *f(m)* ▶ *adj* : **être ~ (à)** verlobt sein (mit)
fiancer [fjɑ̃se] : **se fiancer** *vpr* : **se ~ (à** *ou* **avec)** sich verloben (mit)
fibre [fibʀ] *nf* Faser *f*; **avoir la ~ paternelle** der geborene Vater sein; **~ de bois** Holzwolle *f*; **~ optique** optische Faser; **~ de verre** Glasfaser *f*
fibreux, -euse [fibʀø, øz] *adj* faserig
ficeler [fis(ə)le] *vt* (*paquet*) verschnüren
ficelle [fisɛl] *nf* Schnur *f*, Bindfaden *m*; **connaître les ~s du métier** sein Metier beherrschen; **tirer les ~s** (*fig*) die Fäden ziehen
fichage [fiʃaʒ] *nm* Registrierung *f*
fiche [fiʃ] *nf* (*carte*) Karteikarte *f*; (*Élec*) Stecker *m*; **~ de paye** Gehaltsabrechnung *f*
ficher [fiʃe] *vt* (*police*) in die Akten aufnehmen; (*fam : faire*) machen; **se ficher** *vpr* : **se ~ de** (*fam : se moquer*) sich lustig machen über *+acc*; (*: être indifférent*) sich nicht scheren um; **fiche-le dans un coin** tu es in die Ecke; **~ qn à la porte** (*fam*) jdn zur Tür rauswerfen; **fiche(-moi) le camp !** (*fam*) hau ab!; **fiche-moi la paix** (*fam*) lass mich in Ruhe *ou* Frieden; **se ~ de qn/qch** (*fam : se désinteresser*) auf jn/etw pfeifen
fichier [fiʃje] *nm* Kartei *f*; (*Inform*) Datei *f*; **~ d'adresses** (*Inform*) Adressendatei *f*; **~ d'installation** Setup-Datei *f*; **~ de témoins** Cookie *nt*; **~ joint** (*Inform*) Attachment *nt*, Anhang *m*
fichu, e [fiʃy] *pp de* **ficher** ▶ *adj* (*fam : inutilisable*) kaputt ▶ *nm* (*foulard*) Kopftuch *nt*; **n'être pas ~ de faire qch** (*fam*) nicht imstande *ou* in der Lage sein, etw zu tun; **qn est mal ~** (*fam*) jm geht es nicht gut; **qch est mal ~** (*fam*) etw ist schlecht gemacht; **bien ~** (*fam : avenant*) gelungen; **~ temps/caractère** Mistwetter *nt*/mieser Charakter *m*
fictif, -ive [fiktif, iv] *adj* fiktiv; (*promesse, nom*) falsch
fiction [fiksjɔ̃] *nf* Fiktion *f*
fidèle [fidɛl] *adj* treu; (*appareil*) zuverlässig ▶ *nmf* : **les ~s** (*Rel*) die Gläubigen *pl*; **être ~ à** treu sein *+dat*; (*parole donnée*) halten
fidéliser [fidelize] *vt* (*Comm*) als Stammkunde gewinnen
fidélité [fidelite] *nf* Treue *f*, Zuverlässigkeit *f*, Genauigkeit *f*
Fidji [fidʒi] *nfpl* : **les îles ~** die Fidschi-Inseln *pl*
fiduciaire [fidysjɛʀ] *adj* treuhänderisch
fief [fjɛf] *nm* (*Hist*) Lehen *nt*; (*fig*) Herrschaftsgebiet *nt*; (*Pol*) Hochburg *f*
fiel [fjɛl] *nm* Galle *f*; (*fig*) Bitterkeit *f*
fiente [fjɑ̃t] *nf* (Vogel)mist *m*
fier[1] [fje] : **se ~ à** *vpr* sich verlassen auf *+acc*
fier[2]**, fière** [fjɛʀ] *adj* stolz; **~ de qch/qn** stolz auf etw/jdn; **avoir fière allure** eine gute Figur machen
fierté [fjɛʀte] *nf* Stolz *m*
fièvre [fjɛvʀ] *nf* Fieber *nt*
fiévreux, -euse [fjevʀø, øz] *adj* fiebrig; (*fig*) fieberhaft
FIFA [fifa] *sigle f* (= *Fédération internationale de football association*) FIFA *f*
figer [fiʒe] *vt* (*sang*) gerinnen lassen; (*personne*) erstarren lassen, lähmen; (*institutions*) lähmen
figue [fig] *nf* Feige *f*; **~ de Barbarie** Kaktusfeige *f*
figuier [figje] *nm* Feigenbaum *m*
figurant, e [figyʀɑ̃, ɑ̃t] *nm/f* Statist(in)
figuratif, -ive [figyʀatif, iv] *adj* (*art*) gegenständlich
figure [figyʀ] *nf* (*visage*) Gesicht *nt*; (*image, forme, tracé*) Figur *f*; (*illustration, dessin*) Abbildung *f*; (*aspect*) Aussehen *nt*; (*personnage*) Gestalt *f*; **se casser la ~** (*fam*) auf die Nase fallen
figuré, e [figyʀe] *adj* (*Ling*) übertragen
figurer [figyʀe] *vi* (*apparaître*) erscheinen ▶ *vt* (*représenter*) darstellen; **se figurer** *vpr* : **se ~ qch** sich *dat* etw vorstellen; **se ~ que** sich *dat* vorstellen, dass
fil [fil] *nm* Faden *m*; (*électrique*) Leitung *f*; (*tranchant*) Schneide *f*; **sans ~** (*Tél*) schnurlos; **au ~ des heures/années** im Laufe der Stunden/Jahre; **au ~ de l'eau** mit dem Strom; **donner un coup de ~** anrufen; **recevoir un coup de ~** angerufen werden; **~ à coudre** Nähgarn *nt*; **~ à pêche** Angelschnur *f*; **~ à plomb**

Lot *nt*; **~ de fer** Draht *m*; **~ de fer barbelé** Stacheldraht *m*; **~ dentaire** Zahnseide *f*
filament [filamɑ̃] *nm* (*Élec*) Glühfaden *m*; (*de liquide etc*) Faden *m*
filandreux, -euse [filɑ̃dʀø, øz] *adj* (*viande*) faserig
filant, e [filɑ̃, ɑ̃t] *adj* : **étoile ~e** Sternschnuppe *f*
filasse [filas] *adj inv* : **cheveux (couleur) ~** strohblondes Haar *nt*
filature [filatyʀ] *nf* (*fabrique*) Spinnerei *f*; (*d'un suspect*) Beschattung *f*; **prendre qn en ~** jdn beschatten
file [fil] *nf* Reihe *f*; (*d'attente*) Schlange *f*; **stationner en double ~** in der zweiten Reihe parken; **à la ~** hintereinander; **en ~ indienne** im Gänsemarsch; **~ d'attente** Warteschlange *f*
filer [file] *vt* spinnen; (*prendre en filature*) beschatten; (*fam* : *donner*) geben ▸ *vi* (*bas*) eine Laufmasche haben; (*aller vite*) flitzen; (*fam* : *partir*) sich aus dem Staub machen; **~ doux** sich fügen; **~ un mauvais coton** auf die schiefe Bahn geraten sein
filet [filɛ] *nm* Netz *nt*; (*Culin*) Filet *nt*; (*d'eau, sang*) Rinnsal *nt*; **~ à bagages** Gepäcknetz *nt*; **~ à provisions** Einkaufsnetz *nt*
filial, e, -aux [filjal, jo] *adj* Kindes- ▸ *nf* Filiale *f*
filiation [filjasjɔ̃] *nf* Abstammung *f*; (*fig*) Abfolge *f*
filière [filjɛʀ] *nf* (*hiérarchique, administrative*) Wege *pl*; **la ~ bois/viande/automobile** die Holz-/Fleisch-/Automobilbranche *f*; **suivre la ~** von der Pike auf dienen
filiforme [filifɔʀm] *adj* fadenförmig, fadendünn
filigrane [filigʀan] *nm* (*d'un billet, timbre*) Wasserzeichen *nt*; **en ~** (*fig*) zwischen den Zeilen
fille [fij] *nf* (*opposé à garçon*) Mädchen *nt*; (*opposé à fils*) Tochter *f*; **jeune ~** junges Mädchen; **vieille ~** (alte) Jungfer
fillette [fijɛt] *nf* kleines Mädchen *nt*
filleul, e [fijœl] *nm/f* Patenkind *nt*
film [film] *nm* Film *m*; **~ alimentaire** Frischhaltefolie *f*; **~ d'horreur** Horrorfilm *m*; **~ muet/parlant** Stummfilm *m*/Tonfilm *m*
filmer [filme] *vt* filmen
filon [filɔ̃] *nm* (*de mine*) Ader *f*; (*fig*) Goldgrube *f*
filou [filu] *nm* Gauner *m*
fils [fis] *nm* Sohn *m*; **~ à papa** verzogenes Kind *nt* reicher Eltern; **~ de famille** junger Mann *m* aus gutem Hause
filtrage [filtʀaʒ] *nm* Filtern *nt*; (*de visiteurs*) Überprüfung *f*
filtrant, e [filtʀɑ̃, ɑ̃t] *adj* (*huile solaire etc*) mit Schutzfaktor
filtre [filtʀ] *nm* Filter *m*; (*aussi Inform*) Filter *m*; **café/cafetière ~** Filterkaffee/Filterkaffeemaschine; **~ à air/à huile/à particules** Luft-/Öl-/Partikelfilter *m*; **~ à café** Kaffeefilter *m*; **~ à huile** Ölfilter *m*
filtrer [filtʀe] *vt* filtern; (*candidats, nouvelles etc*) sieben ▸ *vi* (*lumière*) durchschimmern, durchscheinen; (*bruit, liquide, nouvelle*) durchsickern
fin[1] [fɛ̃] *nf* Ende *nt*; **fins** *nfpl* (*desseins*) Ziele *pl*; **parvenir à ses ~s** seine Ziele erreichen; **(à la) ~ mai/juin** Ende Mai/Juni; **en ~ de journée/semaine** am Ende des Tages/der Woche; **toucher à sa ~** sich seinem Ende nähern; **mettre ~ à qch** etw *dat* ein Ende machen; **mettre ~ à ses jours** sein Leben beenden; **à la ~** schließlich; **à cette ~** zu diesem Zweck; **~ de non-recevoir** (*Jur*) Abweisung *f*; (*Admin*) abschlägiger Bescheid *m*
fin[2]**, e** [fɛ̃, fin] *adj* fein; (*papier, couche, cheveux*) dünn; (*visage*) fein geschnitten; (*taille*) schmal, zierlich; (*pointe, pinceau*) fein, spitz; (*esprit, personne, remarque*) feinsinnig ▸ *adv* völlig; **vouloir jouer au plus ~ avec qn** jdn zu überlisten versuchen; **au ~ fond de** mitten in +*dat*; **savoir le ~ mot de l'histoire** die wahre Geschichte kennen; **la ~e fleur de …** die Elite *f* +*gén*; **vin/repas ~** erlesener Wein *m*/köstliches Essen *nt*; **~ gourmet** großer Feinschmecker *m*; **~es herbes** fein gehackte Kräuter *pl*; **~ soûl** völlig betrunken
final, e [final] *adj* letzte(r, s); (*Philos*) final ▸ *nm* (*Mus*) Finale *nt*; **cause ~e** Urgrund *m*
finale [final] *nf* (*Sport*) Finale *nt*; **quart/huitièmes de ~** Viertel-/Achtelfinale *nt*; **seizièmes de ~** erste Runde *f* (*in einem 5-Runden-Wettbewerb*)
finalement [finalmɑ̃] *adv* schließlich
finaliste [finalist] *nmf* Endrundenteilnehmer(in) *m(f)*
finance [finɑ̃s] *nf* Finanz(welt) *f*; **finances** *nfpl* (*situation*) Finanzen *pl*; **la ~ internationale** die internationale Finanz; **moyennant ~** gegen Zahlung *ou* Entgelt
financement [finɑ̃smɑ̃] *nm* Finanzierung *f*; **~ participatif** Crowdfunding *nt*
financer [finɑ̃se] *vt* finanzieren

f

financiariser [finɑ̃sjaʀize] *vt* finanzialisieren
financier, -ière [finɑ̃sje, jɛʀ] *adj* Finanz- ▸ *nm/f* Finanzmann *m*, Finanzfrau *f* ▸ *nf* (*compagnie*) Finanzierungsgesellschaft *f* ▸ *nm* (*gâteau*) *Mandelbiskuit, oft mit kandierten Früchten*
finasser [finase] *vi* Tricks anwenden
finaud, e [fino, od] *adj* listig, schlau
finement [finmɑ̃] *adv* fein
finesse [finɛs] *nf* Feinheit *f*; **une réponse/écriture/analyse pleine de ~** eine scharfsinnige Antwort/ein eleganter Schreibstil/eine detaillierte Analyse
fini, e [fini] *adj* (*terminé*) fertig; (*sans avenir*) erledigt; (*Math, Philos*) endlich; **bien/mal ~** gut/schlecht verarbeitet; **un égoïste ~** ein ausgemachter Egoist *m*; **un nombre ~ de** eine begrenzte Anzahl von ▸ *nm* : **un ~ mat/brillant** eine matte/glänzende Verarbeitung
finir [finiʀ] *vt* (*travail, opération*) fertig machen, beenden; (*vie, études*) beenden; (*repas, paquet de bonbons etc*) aufessen ▸ *vi* (*se terminer*) zu Ende gehen, aufhören; **~ de faire qch** (*terminer*) etw beenden *ou* zu Ende machen; (*cesser*) aufhören, etw zu tun; **~ par qch** enden in etw *dat ou* mit etw; **~ par faire qch** schließlich etw tun; **il finit par m'agacer** er geht mir allmählich auf die Nerven; **~ en pointe** spitz auslaufen; **~ en tragédie** in *ou* mit einer Tragödie enden; **en ~ avec qch** etw beenden; **il finit de manger** er ist gleich mit dem Essen fertig; **cela/il va mal ~** das/er wird ein böses Ende nehmen
finissage [finisaʒ] *nm* Fertigstellung *f*, letzter Schliff *m*
finition [finisjɔ̃] *nf* Fertigstellung *f*; (*fini*) Verabeitung *f*
finlandais, e [fɛ̃lɑ̃dɛ, ɛz] *adj* finnisch ▸ *nm/f* : **Finlandais, e** Finne *m*, Finnin *f*
Finlande [fɛ̃lɑ̃d] *nf* : **la ~** Finnland *nt*
finnois, e [finwa, waz] *adj* finnisch
fiole [fjɔl] *nf* Fläschchen *nt*
fioriture [fjɔʀityʀ] *nf* (*ornement*) Schnörkel *m*; **sans ~(s)** schnörkellos
fioul [fjul] *nm* Heizöl *nt*
firmament [fiʀmamɑ̃] *nm* Firmament *nt*
firme [fiʀm] *nf* Firma *f*
fisc [fisk] *nm* : **le ~** der Fiskus *m*, die Steuerbehörde *f*
fiscal, e, -aux [fiskal, o] *adj* Steuer-; **l'année ~e** das Finanzjahr *nt*; **charges ~es** Steuerlast *f*
fiscaliser [fiskalize] *vt* besteuern
fiscalité [fiskalite] *nf* (*système*) Steuerwesen *nt*; (*charges*) Steuerlast *f*; **~ directe/indirecte** direkte/indirekte Besteuerung *f*
fissible [fisibl] *adj* spaltbar
fission [fisjɔ̃] *nf* Spaltung *f*
fissure [fisyʀ] *nf* (*lézarde, cassure*) Sprung *m*; (*crevasse*) Riss *m*
fissurer [fisyʀe] : **se fissurer** *vpr* Risse bekommen, rissig werden
fiston [fistɔ̃] (*fam*) *nm* Söhnchen *nt*
FIV [fiv] *abr f* (*= fécondation in vitro*) In-vitro-Fertilisation *f*
fixateur [fiksatœʀ] *nm* (*Photo*) Fixiermittel *nt*; (*pour cheveux*) Festiger *m*
fixation [fiksasjɔ̃] *nf* Befestigung *f*; (*Psych*) Fixierung *f*; (*Ski*) Bindung *f*; **faire une ~ sur qn/qch** auf jn/etw fixiert sein
fixe [fiks] *adj* fest; (*regard*) starr ▸ *nm* (*salaire*) Festgehalt *nt*; **à date/heure ~** zu einem bestimmten Datum/zu einer bestimmten Uhrzeit; **menu à prix ~** Menü *nt* zu einem festen Preis
fixé, e [fikse] *adj* : **être ~ (sur)** (*savoir à quoi s'en tenir*) genau Bescheid wissen (über *+acc*)
fixer [fikse] *vt* (*attacher*) festmachen, befestigen; (*déterminer*) festlegen, festsetzen; (*Chim, Photo*) fixieren; (*poser son regard sur*) fixieren, anstarren; **se fixer** *vpr* (*s'établir*) sich niederlassen; **~ son attention sur** seine Aufmerksamkeit richten auf *+acc*; **se ~ sur** (*suj : regard, attention*) verweilen bei
flacon [flakɔ̃] *nm* Fläschchen *nt*
flagada [flagada] (*fam*) *adj* schlapp
flageller [flaʒele] *vt* geißeln
flageoler [flaʒɔle] *vi* (*jambes*) schlottern
flageolet [flaʒɔlɛ] *nm* (*Mus*) Flageolett *nt*; **flageolets** *nmpl* (*Culin*) *kleine, blassgrüne (Trocken)bohnen*
flagrant, e [flagʀɑ̃, ɑ̃t] *adj* offenkundig; **prendre qn en ~ délit** jdn auf frischer Tat ertappen
flair [flɛʀ] *nm* (*du chien*) Geruchssinn *m*; (*fig*) Gespür *nt*; **avoir du ~** (*fig*) ein feines Gespür haben
flairer [fleʀe] *vt* (*aussi fig*) wittern
flamand, e [flamɑ̃, ɑ̃d] *adj* flämisch ▸ *nm* (*Ling*) Flämisch *nt* ▸ *nm/f* : **Flamand, e** Flame *m*, Flamin *f*
flamant [flamɑ̃] *nm* Flamingo *m*; **~ rose** rosafarbener Flamingo
flambant [flɑ̃bɑ̃] *adv* : **~ neuf** funkelnagelneu
flambé, e [flɑ̃be] *adj* (*Culin : bananes, crêpe*) flambiert
flambeau, x [flɑ̃bo] *nm* Fackel *f*; **passer le ~ à qn** die Tradition an jdn weiterreichen

flambée [flɑ̃be] *nf (feu)* (hell auflonderndes) Feuer *nt*; **~ de violence** Aufflackern *nt* von Gewalt; **~ des prix** Emporschießen *nt* der Preise
flamber [flɑ̃be] *vi (feu)* auflodern; *(maison)* abbrennen ▶ *vt (poulet)* absengen; *(banane, crêpe)* flambieren
flamboyant, e [flɑ̃bwajɑ̃, ɑ̃t] *adj (couleur)* leuchtend; **gothique ~** Spätgotik *f*
flamboyer [flɑ̃bwaje] *vi (couleur, yeux)* (auf)leuchten; *(feu)* (auf)lodern
flamingant, e [flamɛ̃gɑ̃, ɑ̃t] *adj* flämischsprachig
flamme [flɑm] *nf* Flamme *f*; *(fig)* Glut *f*, Leidenschaft *f*
flan [flɑ̃] *nm (Culin)* Pudding *m*; **en rester comme deux ronds de ~** *(fam)* völlig baff sein
flanc [flɑ̃] *nm (Anat)* Seite *f*; *(d'une armée, montagne)* Flanke *f*; **à ~ de coteau** am Hang; **prêter le ~ à** sich aussetzen *+dat*
Flandre [flɑ̃dʀ] *nf*: **la ~, les ~s** Flandern *nt*
flanelle [flanɛl] *nf* Flanell *m*
flâner [flɑne] *vi* bummeln, umherschlendern
flâneur, -euse [flɑnœʀ, øz] *adj* bummelnd ▶ *nm/f* Spaziergänger(in)
flanquer [flɑ̃ke] *vt (être accolé à)* flankieren; **~ qch sur/dans** *(fam)* etw schmeißen auf *+acc*/in *+acc*; **~ qn à la porte** *(fam)* jdn zur Tür hinauswerfen; **~ la frousse à qn** *(fam)* jdm eine Heidenangst einjagen
flapi, e [flapi] *adj* hundemüde
flaque [flak] *nf* Pfütze *f*; *(d'huile)* Lache *f*
flash [flaʃ] *(pl* **flashes***)* *nm (Photo)* Blitz(licht *nt*) *m*; **~ d'information** Kurznachrichten *pl*
flash-back [flaʃbak] *nm inv* Rückblende *f*
flasque [flask] *adj* schlaff ▶ *nf (flacon)* Fläschchen *nt*
flatter [flate] *vt (personne)* schmeicheln *+dat*; **se flatter** *vpr*: **se ~ de qch** sich etw *gén* rühmen; **se ~ de pouvoir faire qch** sich rühmen, etw tun zu können
flatterie [flatʀi] *nf* Schmeichelei *f*
flatteur, -euse [flatœʀ, øz] *adj* schmeichelhaft ▶ *nm/f* Schmeichler(in)
flatulence [flatylɑ̃s] *nf* Blähungen *pl*
fléau, x [fleo] *nm (calamité)* Geißel *f*, Plage *f*; *(Agr)* Dreschflegel *m*
fléchage [fleʃaʒ] *nm* Ausschilderung *f*
flèche [flɛʃ] *nf* Pfeil *m*; *(de clocher)* Turmspitze *f*; *(de grue)* Arm *m*; **monter en ~** blitzschnell ansteigen
flécher [fleʃe] *vt* ausschildern
fléchette [fleʃɛt] *nf* Wurfpfeil *m*
fléchir [fleʃiʀ] *vt* beugen; *(personne, détermination de qn)* schwächen; *(fig)* erweichen ▶ *vi (poutre)* sich durchbiegen; *(courage, prix etc)* nachlassen; *(personne)* schwach werden
fléchissement [fleʃismɑ̃] *nm* Beugen *nt*; *(de l'économie)* Flaute *f*; *(des prix, des cours)* Sinken *nt*
flegmatique [flɛgmatik] *adj* phlegmatisch
flegme [flɛgm] *nm* Phlegma *nt*
flemmard, e [flemaʀ, aʀd] *(fam) adj* stinkfaul ▶ *nm/f* Faulpelz *m*
flemme [flɛm] *(fam) nf*: **j'ai la ~ de le faire** ich habe keinen Bock, es zu tun
flétan [fletɑ̃] *nm* Heilbutt *m*
flétri, e [fletʀi] *adj (feuilles, fleur)* verwelkt; *(fruit, peau, visage)* runzlig
flétrir [fletʀiʀ] *vt (fleur)* verwelken lassen; *(fruit, peau, visage)* runzlig machen; **se flétrir** *vpr* verwelken
fleur [flœʀ] *nf* Blume *f*; *(d'un arbre)* Blüte *f*; **être en ~** blühen; **être ~ bleue** sehr sentimental sein; **~ de lys** bourbonische Lilie *f*
fleuret [flœʀɛ] *nm* Florett *nt*
fleurette [flœʀɛt] *nf*: **conter ~ à qn** jdm den Hof machen
fleuri, e [flœʀi] *adj (jardin)* blühend, in voller Blüte; *(maison, balcon)* blumengeschmückt; *(style, propos)* blumig; *(teint, nez)* gerötet
fleurir [flœʀiʀ] *vi* blühen; *(fig)* seine Blütezeit haben ▶ *vt (tombe, chambre)* mit Blumen schmücken
fleuriste [flœʀist] *nmf* Florist(in) *m(f)*
fleuron [flœʀɔ̃] *nm (fig)* Schmuckstück *nt*
fleuve [flœv] *nm* Fluss *m*; **~ de boue** Strom von Schlamm *m*
flexibiliser [flɛksibilize] *vt (salaires, horaires de travail)* flexibilisieren
flexibilité [flɛksibilite] *nf* Flexibilität *f*
flexible [flɛksibl] *adj (objet)* biegsam; *(matériau)* elastisch; *(personne, caractère)* flexibel
flexion [flɛksjɔ̃] *nf* Biegung *f*; *(Ling)* Flexion *f*, Beugung *f*
flic [flik] *(fam) nm* Bulle *m*
flingue [flɛ̃g] *(fam) nm* Knarre *f*
flinguer [flɛ̃ge] *(fam) vt* abknallen
flipper[1] [flipœʀ] *nm (billard)* Flipper *m*
flipper[2] [flipe] *(fam) vi (être exalté)* ausflippen; *(: être déprimé)* down sein
flirt [flœʀt] *nm* Flirt *m*
flirter [flœʀte] *vi* flirten; **~ avec qn** *(fig)* mit jdm flirten; **~ avec qch** mit etw liebäugeln
FLN [ɛfɛlɛn] *sigle m (= Front de libération nationale)* nationale Befreiungsfront
flocon [flɔkɔ̃] *nm* Flocke *f*; **~s d'avoine** Haferflocken *pl*

f

floconneux, -euse [flɔkɔnø, øz] *adj* flockig
floraison [flɔʀɛzɔ̃] *nf* Blütezeit *f*
floral, e, -aux [flɔʀal, o] *adj* Blumen-
flore [flɔʀ] *nf* Flora *f*
floriculture [flɔʀikyltyʀ] *nf* Blumenzucht *f*
florissant, e [flɔʀisɑ̃, ɑ̃t] *adj* (*entreprise, commerce*) blühend
flot [flo] *nm* Flut *f*; **flots** *nmpl* (*de la mer*) Wellen *pl*; **à ~s** in Strömen; **être à ~** (*Naut*) flott sein; **mettre à ~** (*Naut*) flott machen
flottaison [flɔtɛzɔ̃] *nf* : **ligne de ~** Wasserlinie *f*
flottant, e [flɔtɑ̃, ɑ̃t] *adj* (*maison*) schwimmend; (*vêtement*) lose, wallend
flotte [flɔt] *nf* (*bateaux*) Flotte *f*; (*fam* : *eau*) Wasser *nt*
flottement [flɔtmɑ̃] *nm* (*fig* : *hésitation*) Schwanken *nt*, Zögern *nt*; (*Écon*) Floating *nt*
flotter [flɔte] *vi* (*bateau, bois*) schwimmen; (*dans l'air* : *nuage, odeur*) schweben; (: *drapeau, cheveux*) wehen, flattern; (*vêtements*) wallen; (*monnaie*) floaten ▸ *vt* (*bois*) flößen ▸ *vb impers* (*fam* : *pleuvoir*) : **il flotte** es regnet
flotteur [flɔtœʀ] *nm* (*d'hydravion etc*) Schwimmkörper *m*; (*de canne à pêche*) Schwimmer *m*
flou, e [flu] *adj* verschwommen; (*photo*) unscharf ▸ *nm* : **être dans le ~** im Ungewissen sein
fluctuation [flyktɥasjɔ̃] *nf* Schwankung *f*
fluctuer [flyktɥe] *vi* schwanken
fluet, te [flyɛ, ɛt] *adj* zart, zerbrechlich
fluide [flɥid] *adj* flüssig ▸ *nm* (*Phys*) Flüssigkeit *f*
fluidité [flɥidite] *nf* Flüssigkeit *f*
fluor [flyɔʀ] *nm* Fluor *m*
fluorescent, e [flyɔʀesɑ̃, ɑ̃t] *adj* fluoreszierend, Leucht-
flûte [flyt] *nf* Flöte *f*; (*pain*) Stangenbrot *nt*; **~ !** Mist!; **~ à bec** Blockflöte *f*; **~ traversière** Querflöte *f*
flûtiste [flytist] *nmf* Flötist(in) *m(f)*
fluvial, e, -aux [flyvjal, jo] *adj* Fluss-
flux [fly] *nm* Flut *f*; **le ~ et le reflux** Ebbe *f* und Flut; (*fig*) das Auf und Ab
FM [ɛfɛm] *sigle f* (*= fréquence modulée*) FM
FMI [ɛfɛmi] *sigle m* (*= Fonds monétaire international*) IWF *m*
FN [ɛfɛn] *sigle m* (*= Front national*) *rechtsextreme Partei*
FNAC [fnak] *sigle f* (*= Fédération nationale des achats des cadres*) *Kette von Buchläden*
FNSEA [ɛfɛnɛsəa] *sigle f* (*= Fédération nationale des syndicats d'exploitants agricoles*) *Bauernverband*
FO [ɛfo] *sigle f* (*= Force ouvrière*) *Gewerkschaft*
fœtus [fetys] *nm* Fötus *m*
foi [fwa] *nf* Glaube *m*; **sous la ~ du serment** unter Eid; **avoir ~ en** (*confiance*) vertrauen auf *+acc*; **ajouter ~ à** Glauben schenken *+dat*; **digne de ~** glaubwürdig; **sur la ~ de** aufgrund *+gén*; **être de bonne/mauvaise ~** guten Glaubens sein/nicht guten Glaubens sein
foie [fwa] *nm* Leber *f*
foin [fwɛ̃] *nm* Heu *nt*; **faire du ~** (*fam*) Krach schlagen
foire [fwaʀ] *nf* Markt *m*; (*fête foraine*) Jahrmarkt *m*; (*exposition*) Messe *f*; **faire la ~** (*fam*) auf die Pauke hauen; **~ aux questions** FAQ *pl*
fois [fwa] *nf* Mal *nt*; **une ~** einmal; **deux ~** zweimal; **vingt ~** zwanzigmal; **2 ~ 2** 2 mal 2; **deux/quatre ~ plus grand (que)** zweimal/viermal so groß (wie); **encore une ~** noch einmal; **cette ~** diesmal; **la ~ suivante** das nächste Mal, nächstes Mal; **des ~** manchmal; **chaque ~ que** jedes Mal, wenn; **une (bonne) ~ pour toutes** ein für alle Mal; **une ~ qu'il sera parti** nachdem er gegangen ist; **à la ~** auf einmal; **si des ~** (*fam*) wenn (zufällig); **il était une ~** es war einmal
foison [fwazɔ̃] *nf* : **une ~ de** eine Fülle von; **à ~** in Hülle und Fülle
foisonner [fwazɔne] *vi* : **~ en** *ou* **de** reich sein an *+dat*
folâtre [fɔlɑtʀ] *adj* ausgelassen
folichon, ne [fɔliʃɔ̃, ɔn] *adj* : **ça n'a rien de ~** das ist nicht gerade umwerfend
folie [fɔli] *nf* Verrücktheit *f*; (*maladie*) Wahnsinn *m*; **faire des ~s** ein Vermögen ausgeben; **~ des grandeurs** Größenwahn *m*
folklore [fɔlklɔʀ] *nm* Folklore *f*
folklorique [fɔlklɔʀik] *adj* Volks-, volkstümlich; (*fam* : *péj*) seltsam
folle [fɔl] *adj f, nf voir* **fou**
follement [fɔlmɑ̃] *adv* wahnsinnig
fomenter [fɔmɑ̃te] *vt* schüren
foncé, e [fɔ̃se] *adj* dunkel; **bleu/rouge ~** dunkelblau/dunkelrot
foncer [fɔ̃se] *vi* (*tissu, teinte*) dunkler werden; (*fam* : *aller vite*) rasen; **~ sur** (*fam*) sich stürzen auf *+acc*
fonceur, -euse [fɔ̃sœʀ, øz] *nm/f* (*fam*) Tatmensch *m*
foncier, -ière [fɔ̃sje, jɛʀ] *adj* (*honnêteté, malhonnêteté*) grundlegend, fundamental; (*propriétaire, impôt*) Grund-

fonction [fɔ̃ksjɔ̃] *nf* Funktion *f*; (*poste*) Posten *m*; **fonctions** *nfpl* (*activité, pouvoirs*) Aufgaben *pl*; (*corporelles, biologiques*) Funktionen *pl*; **entrer en ~s** sein Amt antreten; **reprendre ses ~s** seine Tätigkeit wiederaufnehmen; **voiture/maison de ~** Dienstwagen *m*/ Dienstwohnung *f*; **être ~ de** abhängen von; **en ~ de** entsprechend *+dat*; **faire ~ de** (*suj* : *personne*) fungieren als; (: *chose*) dienen als; **la ~ publique** der öffentliche Dienst *m*; **~ veille** Stand-by-Betrieb *m*
fonctionnaire [fɔ̃ksjɔnɛʀ] *nmf* Beamte(r) *m*, Beamtin *f*
fonctionnel, le [fɔ̃ksjɔnɛl] *adj* Funktions-; (*bien conçu*) funktionell
fonctionner [fɔ̃ksjɔne] *vi* funktionieren
fond [fɔ̃] *nm* (*d'un récipient, trou*) Boden *m*; (*d'une salle, d'un tableau, décor*) Hintergrund *m*; (*opposé à la forme*) Inhalt *m*; (*Sport*) Langstreckenlauf *m*; **un ~ de bouteille** ein Tropfen in der Flasche; **au ~ de** (*salle*) im hinteren Teil *+gén*; **sans ~** bodenlos; **à ~** (*connaître, soutenir*) gründlich; (*appuyer, visser*) kräftig, fest; **à ~ (de train)** (*fam*) mit Höchstgeschwindigkeit; **dans le** *ou* **au ~** im Grunde; **de ~ en comble** (*fouiller*) von oben bis unten; **~ de teint** Grundierung *f*; **~ sonore** Geräuschkulisse *f*
fondamental, e, -aux [fɔ̃damɑ̃tal, o] *adj* grundlegend, fundamental
fondamentalisme [fɔ̃damɑ̃talism] *nm* Fundamentalismus *m*
fondant, e [fɔ̃dɑ̃, ɑ̃t] *adj* schmelzend; (*au goût*) auf der Zunge zergehend; **gâteau ~** Rührteigkuchen *m*
fondateur, -trice [fɔ̃datœʀ, tʀis] *nm/f* Gründer(in); **groupe ~** Gründergruppe *f*; **membre ~** Gründungsmitglied *nt*
fondation [fɔ̃dasjɔ̃] *nf* Gründung *f*; (*établissement*) Stiftung *f*; **fondations** *nfpl* (*d'une maison*) Fundament *nt*
fondé, e [fɔ̃de] *adj* begründet ▸ *nm* : **~ de pouvoir** Prokurist(in) *m(f)*; **bien ~** wohlbegründet; **être ~ à croire** Grund zu der Annahme haben, dass
fondement [fɔ̃dmɑ̃] *nm* (*postérieur*) Hinterteil *nt*; **fondements** *nmpl* (*fig*) Grundlage *f*; **sans ~** unbegründet, grundlos
fonder [fɔ̃de] *vt* gründen; **se fonder** *vpr* : **se ~ sur qch** sich stützen auf *+acc*; **~ qch sur** etw stützen auf *+acc*; **~ un foyer** eine Familie gründen
fonderie [fɔ̃dʀi] *nf* Gießerei *f*
fondre [fɔ̃dʀ] *vt* schmelzen; (*mélanger*) vermischen ▸ *vi* schmelzen; (*dans de l'eau*) sich auflösen; (*argent, courage*) zerrinnen; **~ sur** herfallen über *+acc*; **faire ~** schmelzen; **~ en larmes** in Tränen ausbrechen
fondrière [fɔ̃dʀijɛʀ] *nf* Schlagloch *nt*
fonds [fɔ̃] *nm* (*de bibliothèque*) Bestand *m*; **fonds** *nmpl* (*argent*) Kapital *nt*, Gelder *pl*; **~ (de commerce)** Geschäft *nt*; **à ~ perdus** auf Nimmerwiedersehen; **~ (de commerce)** Geschäft *nt*; **le F~ monétaire international** der Internationale Währungsfonds; **~ publics** öffentliche Gelder
fondu, e [fɔ̃dy] *adj* geschmolzen; (*couleurs*) verschwommen, verfließend ▸ *nm* (*Ciné* : *ouverture*) Einblendung *f*; (: *fermeture*) Ausblendung *f*
fondue [fɔ̃dy] *nf* : **~ (savoyarde)/ bourguignonne** Käse-/Fleischfondue *nt*
fongicide [fɔ̃ʒisid] *nm* Fungizid *nt*; (*Méd*) Hautpilzmittel *nt*
fontaine [fɔ̃tɛn] *nf* Quelle *f*; (*construction*) Brunnen *m*
fonte [fɔ̃t] *nf* Schmelze *f*, Schmelzen *nt*; (*métal*) Gusseisen *nt*; **en ~ émaillée** aus emailliertem Gusseisen; **la ~ des neiges** die Schneeschmelze *f*
fonts baptismaux [fɔ̃batismo] *nmpl* Taufbecken *nt*
foot [fut] (*fam*) *nm* Fußball *m*; **jouer au ~** kicken
football [futbol] *nm* Fußball *m*
footballeur, -euse [futbolœʀ, øz] *nm/f* Fußballspieler(in)
footing [futiŋ] *nm* : **faire du ~** joggen
for [fɔʀ] *nm* : **dans** *ou* **en mon/son ~ intérieur** in meinem/seinem (*ou* ihrem) Innersten
forain, e [fɔʀɛ̃, ɛn] *adj* Jahrmarkts- ▸ *nm/f* Schausteller(in)
forçat [fɔʀsa] *nm* Sträfling *m*
force [fɔʀs] *nf* Kraft *f*; (*degré de puissance*) Stärke *f*; **forces** *nfpl* (*Mil*) Streitkräfte *pl*; **ménager ses ~s** mit seinen Kräften Haus halten; **reprendre des ~s** wieder zu Kräften kommen; **être à bout de ~** am Ende seiner Kräfte sein; **c'est au-dessus de mes ~s** das geht über meine Kräfte; **de toutes mes/ses ~s** aus Leibeskräften; **à ~ de le critiquer** wenn man ihn fortwährend kritisiert; **arriver en ~** in Scharen ankommen; **de ~** mit Gewalt; **les ~s armées** die Streitkräfte *pl*; **être de ~ à faire qch** imstande sein, etw zu tun; **par la ~ des choses** zwangsläufig; **la ~ de l'habitude** die Macht *f* der Gewohnheit; **~ de caractère** Charakterstärke *f*; **~ de dissuasion**

f

Abschreckungskraft *f*; **~ de frappe** Militärmacht *f*; **~ d'inertie** Trägheit *f*; **~ majeure** höhere Gewalt *f*; **les ~s de l'ordre** die Polizei *f*

forcé, e [fɔʀse] *adj* (*rire, attitude*) gezwungen; (*bain*) unfreiwillig; (*atterrissage*) Not-; **c'est ~ !** das geht gar nicht anders!

forcément [fɔʀsemɑ̃] *adv* (*bien sûr*) ganz bestimmt; **pas ~** nicht unbedingt

forcené, e [fɔʀsəne] *nm/f* Wahnsinnige(r) *f(m)*

forceps [fɔʀsɛps] *nm* Geburtszange *f*

forcer [fɔʀse] *vt* (*porte, serrure*) aufbrechen; (*moteur*) überfordern; (*contraindre*) zwingen ▸ *vi* (*Sport*) sich verausgaben; **se forcer** *vpr* : **se ~ à qch/faire qch** sich zu etw zwingen/sich dazu zwingen, etw zu tun; **~ qn à faire qch** jdn dazu zwingen, etw zu tun; **~ la main à qn** jdm die Entscheidung abnehmen; **~ la dose** (*fam*) es übertreiben; **~ l'allure** die Geschwindigkeit erhöhen

forcing [fɔʀsiŋ] *nm* : **faire du ~** Druck machen

forer [fɔʀe] *vt* (*objet, rocher*) durchbohren; (*puits*) bohren

forestier, -ière [fɔʀɛstje, jɛʀ] *adj* Forst-, Wald-

foret [fɔʀɛ] *nm* Bohrer *m*

forêt [fɔʀɛ] *nf* Wald *m*; **~ vierge** Urwald *m*

Forêt-Noire [fɔʀɛnwaʀ] *nf* (*Géo*) Schwarzwald *m*

forêt-noire [fɔʀɛnwaʀ] *nf* (*Culin*) Schwarzwälder Kirschtorte *f*

foreuse [fɔʀøz] *nf* Bohrmaschine *f*

forfait [fɔʀfɛ] *nm* (*Comm*) Pauschalpreis *m*; (*de téléphone*) Flatrate *f*; (*crime*) Verbrechen *nt*, Schandtat *f*; **déclarer ~** nicht antreten, zurücktreten; **travailler à ~** für eine Pauschale arbeiten

forfaitaire [fɔʀfɛtɛʀ] *adj* Pauschal-

forfait-vacances [fɔʀfɛvakɑ̃s] (*pl* **forfaits-vacances**) *nm* Pauschalreise *f*

forge [fɔʀʒ] *nf* Schmiede *f*

forgé, e [fɔʀʒe] *adj* : **~ de toutes pièces** von A bis Z erfunden

forger [fɔʀʒe] *vt* (*métal, grille*) schmieden; (*personnalité, moral*) formen; (*prétexte, alibi*) erfinden

forgeron, ne [fɔʀʒəʀɔ̃] *nm/f* Schmied *m*

formaliser [fɔʀmalize] : **se formaliser** *vpr* gekränkt sein; **se ~ de qch** an etw Anstoß nehmen

formalité [fɔʀmalite] *nf* Formalität *f*

format [fɔʀma] *nm* Format *nt*

formater [fɔʀmate] *vt* formatieren; (*fig* : *esprits, élèves*) auf Linie bringen

formation [fɔʀmasjɔ̃] *nf* Bildung *f*; (*groupe*) Gruppe *f*; (*éducation, apprentissage*) Ausbildung *f*; (*Géo*) Formation *f*; **la ~ professionnelle** die Berufsausbildung

forme [fɔʀm] *nf* Form *f*; (*genre*) Art *f*; **formes** *nfpl* (*bonnes manières*) Umgangsformen *pl*; (*d'une femme*) Kurven *pl*; **en ~ de poire** birnenförmig; **sous ~ de** in der Form von; **être en ~, avoir la ~** gut in Form sein; **être en pleine ~** in Topform sein; **en bonne et due ~** in gebührender Form; **prendre ~** Gestalt annehmen

formel, le [fɔʀmɛl] *adj* (*preuve, décision*) klar; (*logique*) formal; (*politesse*) förmlich, formell

formellement [fɔʀmɛlmɑ̃] *adv* (*interdit*) ausdrücklich

former [fɔʀme] *vt* bilden; (*projet, idée*) entwickeln; (*personne*) ausbilden; (*caractère, intelligence, goût*) ausbilden; (*lettre etc*) gestalten; **se former** *vpr* (*apparaître*) sich bilden, entstehen; (*se développer*) sich entwickeln

formica® [fɔʀmika] *nm* Resopal® *nt*

formidable [fɔʀmidabl] *adj* (*important*) gewaltig, ungeheuer; (*excellent*) wunderbar, toll

formulaire [fɔʀmylɛʀ] *nm* Formular *nt*; **remplir un ~** ein Formular ausfüllen

formule [fɔʀmyl] *nf* (*Science*) Formel *f*; (*de crédit*) System *nt*; **~ de politesse** Höflichkeitsfloskel *f*

formuler [fɔʀmyle] *vt* ausdrücken, formulieren

forniquer [fɔʀnike] *vi* Unzucht treiben

forsythia [fɔʀsisja] *nm* Forsythie *f*

fort, e [fɔʀ, fɔʀt] *adj* stark; (*doué*) begabt; (*important*) beträchtlich; (*sauce etc*) scharf ▸ *adv* (*frapper, serrer*) kräftig; (*sonner, parler*) laut ▸ *nm* (*édifice*) Fort *nt*; **au plus ~ de** mitten in +*dat*; **les ~s** die Stärken

forteresse [fɔʀtəʀɛs] *nf* Festung *f*

fortifiant, e [fɔʀtifjɑ̃, jɑ̃t] *adj* stärkend ▸ *nm* Stärkungsmittel *nt*

fortifications [fɔʀtifikasjɔ̃] *nfpl* Befestigungsanlagen *pl*

fortifier [fɔʀtifje] *vt* stärken; (*Mil*) befestigen

fortiori [fɔʀsjɔʀi] : **à ~** *adv* um so mehr

fortuit, e [fɔʀtɥi, it] *adj* zufällig

fortune [fɔʀtyn] *nf* (*richesse*) Vermögen *nt*; (*destin*) Schicksal *nt*; **faire ~** reich werden; **de ~** improvisiert

fortuné, e [fɔʀtyne] *adj* wohlhabend

forum [fɔʀɔm] *nm* Forum *nt*; (*débat*) Diskussionsforum *nt*

fosse [fos] *nf* (*grand trou*) Grube *f*; (*Géo*) Graben *m*; (*tombe*) Grab *nt*, Gruft *f*;

~ commune Gemeinschaftsgrab *nt*; **~ d'orchestre** Orchestergraben *m*; **~ septique** Klärgrube *f*; **~s nasales** Nasennebenhöhlen *pl*

fossé [fose] *nm* Graben *m*, Kluft *f*

fossile [fosil] *nm* Fossil *nt* ▶ *adj* : **animal/ coquillage ~** versteinertes Tier *nt*/ versteinerte Muschel *f*

fossoyeur, -euse [foswajœʀ, øz] *nm/f* Totengräber(in)

fou, folle [fu, fɔl] (*devant nm commençant par voyelle ou h muet* **fol**) *adj* verrückt; (*regard, tentative, pensée*) irr; (*extrême*) wahnsinnig ▶ *nm/f* Verrückte(r) *f(m)* ▶ *nm* (*d'un roi*) Hofnarr *m*; (*Échecs*) Läufer *m*; **être ~ de** (*sport, art etc*) verrückt sein auf +*acc*; (*personne*) verrückt sein nach

foudre [fudʀ] *nf* : **la ~** der Blitz; **s'attirer les ~s de qn** jds Zorn auf sich *acc* ziehen

foudroyant, e [fudʀwajɑ̃, ɑ̃t] *adj* (*rapidité, succès*) überwältigend; (*maladie, poison*) sofort tödlich

foudroyer [fudʀwaje] *vt* erschlagen; **~ qn du regard** jdm einen vernichtenden Blick zuwerfen

fouet [fwɛ] *nm* Peitsche *f*; (*Culin*) Schneebesen *m*; **de plein ~** (*se heurter, entrer en collision*) frontal

fouetter [fwete] *vt* peitschen; (*personne*) auspeitschen; (*Culin*) schlagen

fougère [fuʒɛʀ] *nf* Farn *m*

fouille [fuj] *nf* (*de police, douane*) Durchsuchung *f*; **fouilles** *nfpl* (*archéologiques*) Ausgrabungen *pl*

fouiller [fuje] *vt* (*personne, local*) durchsuchen; (*sol*) durchwühlen; **~ dans/parmi** herumwühlen in +*dat*/ zwischen +*dat*

fouillis [fuji] *nm* Durcheinander *nt*

fouine [fwin] *nf* Steinmarder *m*

fouiner [fwine] (*fam*) *vi* : **~ dans** herumschnüffeln in +*dat*

foulard [fulaʀ] *nm* (Hals)tuch *nt*, (Kopf) tuch *nt*; **~ islamique** Schleier *m*

foule [ful] *nf* Menschenmenge *f*; **une ~ de** (*beaucoup*) eine Menge (von); **les ~s** die Massen *pl*

fouler [fule] *vt* (*raisin*) keltern; **se fouler** *vpr* (*fam : se fatiguer*) sich kaputtmachen; **se ~ la cheville/le bras** sich *dat* den Knöchel/den Arm verstauchen; **~ aux pieds** mit Füßen treten

foulure [fulyʀ] *nf* Verstauchung *f*

four [fuʀ] *nm* (Back)ofen *m*; (*échec*) Reinfall *m*; **~ à micro-ondes** Mikrowellenherd *m*

fourbe [fuʀb] *adj* (*personne*) betrügerisch; (*regard*) verschlagen

fourbi [fuʀbi] (*fam*) *nm* Krempel *m*

fourbir [fuʀbiʀ] *vt* (*polir*) blank putzen, polieren; **~ ses armes** (*fig*) sich zum Kampf rüsten

fourbu, e [fuʀby] *adj* erschöpft

fourche [fuʀʃ] *nf* (*à foin*) Heugabel *f*; (*à fumier*) Mistgabel *f*; (*de bicyclette*) Gabel *f*; (*d'une route*) Gabelung *f*

fourchette [fuʀʃɛt] *nf* Gabel *f*; (*Statistique*) Spanne *f*; (*des salaires*) Bandbreite *f*; **~ à dessert** Kuchengabel *f*; **~ de prix** Preisspanne *f*

fourchu, e [fuʀʃy] *adj* (*cheveu, langue*) gespalten; (*branche*) gegabelt; (*chemin*) verzweigt

fourgon [fuʀgɔ̃] *nm* (*Auto*) Lieferwagen *m*; **~ mortuaire** *ou* **funéraire** Leichenwagen *m*

fourgonnette [fuʀgɔnɛt] *nf* Lieferwagen *m*

fourmi [fuʀmi] *nf* Ameise *f*; **j'ai des ~s dans les jambes** mir sind die Beine eingeschlafen

fourmilière [fuʀmiljɛʀ] *nf* Ameisenhaufen *m*

fourmillement [fuʀmijmɑ̃] *nm* (*démangeaison*) Kribbeln *nt*; (*grouillement*) Wimmeln *nt*

fourmiller [fuʀmije] *vi* wimmeln; **ce texte fourmille de fautes** in diesem Text wimmelt es von Fehlern

fournaise [fuʀnɛz] *nf* Feuersbrunst *f*; (*lieu très chaud*) Treibhaus *nt*

fourneau, x [fuʀno] *nm* (*de cuisine*) Herd *m*

fournée [fuʀne] *nf* (*de pain*) Schub *m*; (*de touristes*) Schwung *m*

fourni, e [fuʀni] *adj* (*barbe, cheveux*) dicht; **bien/mal ~ (en)** gut/schlecht ausgestattet (mit)

fournir [fuʀniʀ] *vt* liefern; **se fournir** *vpr* : **se ~ chez** einkaufen bei; **~ un effort** sich anstrengen; **~ en** beliefern mit; **~ qch à qn** jdm etw geben

fournisseur, -euse [fuʀnisœʀ, øz] *nm/f* Lieferant(in); **~ d'accès à Internet** Netzbetreiber *m*, Provider *m*

fourniture [fuʀnityʀ] *nf* Lieferung *f*; **fournitures** *nfpl* Ausstattung *f*; **~s scolaires** Schreibwaren *pl* (*für die Schule*)

fourrage [fuʀaʒ] *nm* (Vieh)futter *nt*

fourrager [fuʀaʒe] *vi* : **~ dans/parmi** herumwühlen in +*dat*/zwischen +*dat*

fourré, e [fuʀe] *adj* (*bonbon, chocolat etc*) gefüllt; (*manteau, bottes etc*) gefüttert ▶ *nm* Dickicht *nt*

fourreau, x [fuʀo] *nm* (*d'épée*) Scheide *f*

fourrer [fuʀe] (*fam*) *vt* : **~ qch dans** etw stecken in +*acc*; **se fourrer** *vpr* : **se ~**

f

dans sich verkriechen in *+dat*; (*mauvaise situation*) hineingeraten in *+acc*
fourre-tout [fuʀtu] *nm inv* (*sac*) Reisetasche *f*; (*local*) Abstellkammer *f*; (*meuble*) Schrank *f*, in dem alles Mögliche verstaut wird; (*fig*) Mischmasch *m*
fourreur [fuʀœʀ] *nm* Kürschner(in) *m(f)*
fourrière [fuʀjɛʀ] *nf* (*pour chiens*) Tierheim *nt*; (*pour voitures*) Abstellplatz *m* für abgeschleppte Fahrzeuge; **ma voiture a été mise en** *ou* **à la ~** mein Auto wurde abgeschleppt
fourrure [fuʀyʀ] *nf* (*pelage*) Fell *nt*; (*matériau, manteau*) Pelz *m*; **manteau/col de ~** Pelzmantel *m*/Pelzkragen *m*
fourvoyer [fuʀvwaje]: **se fourvoyer** *vpr* sich verirren
foutraque [futʀak] (*fam*) *adj* abgedreht
foutre [futʀ] (*vulg*) *vt* = **ficher**; **je m'en fous** das ist mir scheißegal; **qu'est-ce que tu fous ?** was treibst du so?; **j'en ai rien à ~** ich habe nichts zu tun
foutu, e [futy] (*vulg*) *adj* = **fichu**; **c'est ~** alles Scheiße; **c'est bien ~** es ist gut gemacht
foyer [fwaje] *nm* (*d'une cheminée, d'un four*) Feuerstelle *f*; (*d'incendie, d'infection*) Herd *m*; (*famille, domicile*) Heim *nt*; (*Théât*) Foyer *nt*; (*résidence*) Wohnheim *nt*; (*Optique, Photo*) Brennpunkt *m*; **lunettes à double ~** Bifokalbrille *f*
fracas [fʀaka] *nm* Krach *m*, Getöse *nt*
fracasser [fʀakase] *vt* zertrümmern; (*verre*) zerschlagen; **se fracasser** *vpr*: **se ~ contre** *ou* **sur** zerschellen an *+dat*
fraction [fʀaksjɔ̃] *nf* (*Math*) Bruch *m*; (*partie*) Bruchteil *m*; **une ~ de seconde** der Bruchteil einer Sekunde
fractionner [fʀaksjɔne] *vt* aufteilen; **se fractionner** *vpr* sich spalten
fracturation [fraktyrasjɔ̃] *nf*: **~ hydraulique** Fracking *nt*
fracture [fʀaktyʀ] *nf* (*Méd*) Bruch *m*; **~ du crâne** Schädelbruch *m*; **~ ouverte** offener Bruch *m*; **~ sociale** Wohlstandsschere *f*
fracturer [fʀaktyʀe] *vt* (*coffre, serrure*) aufbrechen; (*os, membre*) brechen; **se ~ la jambe** sich *dat* ein Bein brechen; **se ~ le crâne** einen Schädelbruch erleiden
fragile [fʀaʒil] *adj* (*objet*) zerbrechlich; (*estomac*) empfindlich; (*santé*) schwach, zart; (*personne*) zart, zerbrechlich; (*équilibre, situation*) unsicher
fragilisé [fʀaʒilize]**, e** *adj* (*personne*) angegriffen
fragiliser [fʀaʒilize] *vt* schwächen
fragilité [fʀaʒilite] *nf* Zerbrechlichkeit *f*, Zartheit *f*, Unsicherheit *f*
fragment [fʀagmɑ̃] *nm* (*morceau*) (Bruch)stück *nt*, Teil *m*; (*extrait*) Auszug *m*
fragmentaire [fʀagmɑ̃tɛʀ] *adj* bruchstückhaft, unvollständig
fragmenter [fʀagmɑ̃te] *vt* aufteilen; (*roches*) spalten; **se fragmenter** *vpr* zerbrechen
fraîchement [fʀɛʃmɑ̃] *adv* (*sans enthousiasme*) kühl, zurückhaltend; (*récemment*) kürzlich, neulich
fraîcheur [fʀɛʃœʀ] *nf* Frische *f*
fraîchir [fʀeʃiʀ] *vi* abkühlen; (*vent*) auffrischen
frais[1], fraîche [fʀɛ, fʀɛʃ] *adj* frisch; (*froid*) kühl ▸ *nm*: **mettre au ~** (*au réfrigérateur*) kühl lagern; **il fait ~** es ist kühl; **le voilà ~ !** jetzt sitzt er schön in der Patsche!; **à boire/servir ~** gut gekühlt trinken/servieren; **prendre le ~** frische Luft schöpfen *ou* schnappen
frais[2] [fʀɛ] *nmpl* (*dépenses*) Kosten *pl*, Ausgaben *pl*; **faire des ~** Geld ausgeben; **faire les ~ de** die Kosten tragen für; **~ de déplacement** Fahrtkosten *pl*; **~ généraux** allgemeine Unkosten *pl*
fraise [fʀɛz] *nf* Erdbeere *f*; (*outil*) Fräse *f*; (*de dentiste*) Bohrer *m*; **~ des bois** Walderdbeere *f*
fraiser [fʀeze] *vt* fräsen
fraiseuse [fʀɛzøz] *nf* Fräse *f*
fraisier [fʀezje] *nm* Erdbeerpflanze *f*; (*gâteau*) Erdbeertorte *f*
framboise [fʀɑ̃bwaz] *nf* Himbeere *f*
franc, franche [fʀɑ̃, fʀɑ̃ʃ] *adj* (*personne*) offen, aufrichtig; (*visage*) offen; (*refus, couleur*) klar; (*coupure*) sauber; (*zone, port*) Frei- ▸ *adv*: **à parler ~** und ehrlich gesagt ▸ *nm* (*monnaie*) Franc *m*; **~ de port** portofrei, gebührenfrei; **~ suisse** Schweizer Franken *m*
français, e [fʀɑ̃sɛ, ɛz] *adj* französisch ▸ *nm* (*Ling*) Französisch *nt* ▸ *nm/f*: **Français, e** Franzose *m*, Französin *f*; **apprendre le ~** Französisch lernen; **parler ~** Französisch sprechen
France [fʀɑ̃s] *nf*: **la ~** Frankreich *nt*; **en ~** in Frankreich; **aller en ~** nach Frankreich fahren
franchement [fʀɑ̃ʃmɑ̃] *adv* ehrlich; (*tout à fait*) ausgesprochen
franchir [fʀɑ̃ʃiʀ] *vt* (*obstacle, distance*) überwinden; (*seuil, ligne, rivière*) überschreiten
franchise [fʀɑ̃ʃiz] *nf* Offenheit *f*, Aufrichtigkeit *f*; (*douanière, d'impôt*) (Gebühren)freiheit *f*; (*Assurances*) Selbstbeteiligung *f*
franciser [fʀɑ̃size] *vt* französisieren

franc-jeu [fʀɑ̃ʒø] (*pl* **francs-jeux**) *nm* : **jouer ~** fair sein
franc-maçon, ne [fʀɑ̃masɔ̃, ɔn] (*mpl* **franc-maçons**, *fpl* **franc-maçonnes**) *nm/f* Freimaurer(in)
franc-maçonnerie [fʀɑ̃masɔnʀi] (*pl* **franc-maçonneries**) *nf* Freimaurerei *f*
franco[1] [fʀɑ̃ko] *adv* : **~ (de port)** franko, gebührenfrei
franco[2] [fʀɑ̃ko] *préf* französisch
franco-canadien [fʀɑ̃kokanadjɛ̃] *nm* (*Ling*) kanadisches Französisch *nt*
francophile [fʀɑ̃kɔfil] *adj* frankophil
francophone [fʀɑ̃kɔfɔn] *adj* Französisch sprechend
francophonie [fʀɑ̃kɔfɔni] *nf Gesamtheit der Französisch sprechenden Bevölkerungsgruppen*
franc-parler [fʀɑ̃paʀle] (*pl* **francs-parlers**) *nm* Freimütigkeit *f*, Unverblümtheit *f*
franc-tireur, -euse [fʀɑ̃tiʀœʀ, øz] (*mpl* **francs-tireurs**, *fpl* **francs-tireuses**) *nm* Freischärler(in) *m(f)*; (*fig*) Einzelkämpfer(in) *m(f)*
frange [fʀɑ̃ʒ] *nf* (*de vêtement, tissu etc*) Franse *f*; (*de cheveux*) Pony(franse *f*) *m*; (*fig*) Rand *m*
frangipane [fʀɑ̃ʒipan] *nf* Mandelcreme *f*
franglais [fʀɑ̃glɛ] *nm Französisch mit vielen Anglizismen*
franquette [fʀɑ̃kɛt] : **à la bonne ~** *adv* ohne Umstände, ganz zwanglos
frappe [fʀap] *nf* Anschlag *m*; (*Boxe*) Schlag *m*; (*d'une dactylo, pianiste*) Anschlag *m*
frapper [fʀape] *vt* schlagen; (*étonner*) beeindrucken, auffallen +*dat*; (*atteindre*) treffen; (*monnaie*) prägen ▶ *vi* (*en arrivant chez qn*) klopfen; **se frapper** *vpr* (*s'inquiéter*) sich aufregen; **~ à la porte** an die Tür klopfen
frasques [fʀask] *nfpl* Eskapaden *pl*
fraternel, le [fʀatɛʀnɛl] *adj* brüderlich
fraterniser [fʀatɛʀnize] *vi* freundschaftlichen Umgang haben
fraternité [fʀatɛʀnite] *nf* Brüderlichkeit *f*
fraude [fʀod] *nf* Betrug *m*; **~ fiscale** Steuerhinterziehung *f*
frauder [fʀode] *vt, vi* betrügen; **~ le fisc** Steuern hinterziehen
fraudeur, -euse [fʀodœʀ, øz] *nm/f* Betrüger(in)
frauduleux, -euse [fʀodylø, øz] *adj* betrügerisch, unlauter
frayer [fʀeje] *vt* (*passage*) bahnen, schaffen; (*voie*) erschließen, auftun ▶ *vi* (*poisson*) laichen; **se frayer** *vpr* : **se ~ un passage/chemin dans** sich *dat* einen Weg bahnen durch; **~ avec qn** mit jdm verkehren
frayeur [fʀɛjœʀ] *nf* Schrecken *m*
fredonner [fʀədɔne] *vt* summen
free-lance [fʀilɑ̃s] *adj* freiberuflich (tätig) ▶ *nm* freiberufliche Tätigkeit *f*; **journaliste ~** freier Journalist, freie Journalistin
freezer [fʀizœʀ] *nm* Gefrierfach *nt*
frégate [fʀegat] *nf* Fregatte *f*
frein [fʀɛ̃] *nm* Bremse *f*; **mettre un ~ à** bremsen; **liquide de ~** Bremsflüssigkeit *f*; **~ à main** Handbremse *f*; **~s à disques** Scheibenbremse *f*; **~s à tambours** Trommelbremse *f*
freinage [fʀɛnaʒ] *nm* Bremsen *nt*; **distance de ~** Bremsweg *m*
freiner [fʀene] *vi, vt* bremsen
frelaté, e [fʀəlate] *adj* (*vin*) gepan(t)scht; (*produit*) verfälscht
frêle [fʀɛl] *adj* zart, zerbrechlich
frelon [fʀəlɔ̃] *nm* Hornisse *f*
frémir [fʀemiʀ] *vi* (*de peur, de froid*) zittern; (*eau*) sieden; (*feuille*) zittern
frémissement [fʀemismɑ̃] *nm* Zittern *nt*; (*frisson, agitation*) Beben *nt*
frêne [fʀɛn] *nm* Esche *f*
frénétique [fʀenetik] *adj* (*passion, sentiments*) rasend; (*musique, applaudissements*) frenetisch, rasend
fréquemment [fʀekamɑ̃] *adv* oft
fréquence [fʀekɑ̃s] *nf* Häufigkeit *f*; (*Phys*) Frequenz *f*; **haute/basse ~** Hoch-/Niederfrequenz *f*
fréquent, e [fʀekɑ̃, ɑ̃t] *adj* häufig
fréquentation [fʀekɑ̃tasjɔ̃] *nf* (*d'un lieu*) häufiger Besuch *m*; **la ~ de ces gens** der Umgang mit diesen Leuten; **mauvaises ~s** schlechter Umgang
fréquenté, e [fʀekɑ̃te] *adj* (*rue, plage*) belebt; (*établissement*) gut besucht
fréquenter [fʀekɑ̃te] *vt* (*lieu*) häufig besuchen
frère [fʀɛʀ] *nm* Bruder *m*
fresque [fʀɛsk] *nf* Fresko *nt*
fret [fʀɛ] *nm* Fracht *f*
fréter [fʀete] *vt* chartern
frétiller [fʀetije] *vi* (*poisson etc*) zappeln; (*de joie*) springen, hüpfen; **~ de la queue** mit dem Schwanz wedeln
fretin [fʀətɛ̃] *nm* : **le menu ~** kleine Fische *pl*
friable [fʀijabl] *adj* bröckelig, brüchig
friand, e [fʀijɑ̃, fʀijɑ̃d] *adj* : **être ~ de qch** etw sehr gern mögen ▶ *nm* (*Culin*) Fleischpastetchen *nt*
friandise [fʀijɑ̃diz] *nf* Leckerei *f*
Fribourg [fʀibuʀ] *nf* (*ville et canton*) Freiburg *nt*

fric [fʀik] (*fam*) *nm* Kohle *f*, Geld *nt*
fric-frac [fʀikfʀak] *nm inv* (*fam*) Einbruch *m*
friche [fʀiʃ] *nf* Brache *f* ▸ *adj* brachliegend; **en ~** brachliegend; **~ industrielle** Industriebrache *f*
friction [fʀiksjɔ̃] *nf* Abreiben *nt*; (*chez le coiffeur*) Massage *f*; (*Tech*) Reibung *f*; (*fig*) Reiberei *f*
frictionner [fʀiksjɔne] *vt* abreiben
frigidaire® [fʀiʒidɛʀ] *nm* Kühlschrank *m*
frigide [fʀiʒid] *adj* frigide
frigo [fʀigo] (*fam*) *nm* Kühlschrank *m*
frigorifier [fʀigɔʀifje] *vt* (*produit*) tiefkühlen; **être frigorifié** (*fam*) frieren wie ein Schneider
frigorifique [fʀigɔʀifik] *adj* Kühl-
frileux, -euse [fʀilø, øz] *adj* verfroren; (*péj*) übervorsichtig
frimas [fʀimɑ] *nmpl* Raureif *m*
frime [fʀim] (*fam*) *nf*: **c'est de la ~** das ist alles nur Schau
frimer [fʀime] (*fam*) *vi* eine Schau abziehen
frimeur, -euse [fʀimœʀ, øz] *nm/f* Angeber(in)
frimousse [fʀimus] (*fam*) *nf* Gesichtchen *nt*
fringale [fʀɛ̃gal] (*fam*) *nf*: **avoir la ~** Heißhunger haben
fringant, e [fʀɛ̃gɑ̃, ɑ̃t] *adj* (*personne*) munter, flott
fringues [fʀɛ̃g] (*fam*) *nfpl* Klamotten *pl*
fripé, e [fʀipe] *adj* zerknittert
friperie [fʀipʀi] *nf* Secondhandladen *m*; (*vêtements*) Kleider *pl* aus zweiter Hand
fripes [fʀip] *nfpl* Klamotten *pl*
fripier, -ière [fʀipje, jɛʀ] *nm/f* Kleiderhändler(in) (*mit Secondhandkleidern*)
fripon, ne [fʀipɔ̃, ɔn] *adj* spitzbübisch, schelmisch ▸ *nm/f* (*enfant*) Schlingel *m*
fripouille [fʀipuj] (*péj*) *nf* Schurke *m*
frire [fʀiʀ] *vt, vi* braten
Frisbee® [fʀizbi] *nm* Frisbee® *nt*; (*disque*) Frisbeescheibe *f*
frise [fʀiz] *nf* Fries *m*
frisé, e [fʀize] *adj* lockig; **(chicorée) ~e** Friséesalat *m*
friser [fʀize] *vt* (*cheveux*) Locken machen in +*acc* ▸ *vi* (*cheveux*) lockig sein, sich locken; **~ la quarantaine** fast vierzig sein
frisson [fʀisɔ̃] *nm* (*de peur*) Schaudern *nt*; (*de froid*) Schauer *m*; (*de douleur*) Erbeben *nt*
frissonner [fʀisɔne] *vi* (*personne*) schaudern; (*eau, feuillage*) rauschen
frit, e [fʀi, fʀit] *pp de* **frire** ▸ *nf* (*aussi*: **pomme frite**) Pomme frite *f*, Fritte *f*
friterie [fʀitʀi] *nf* Pommes-frites-Bude *f*
friteuse [fʀitøz] *nf* Fritteuse *f*
friture [fʀityʀ] *nf* (*huile*) Bratfett *nt*; (*Radio*) Rauschen *nt*; **~ (de poissons)** gebratene Fische *pl*
frivole [fʀivɔl] *adj* oberflächlich
froc [fʀɔk] *nm* (*Rel*) Kutte *f*; (*fam*: *pantalon*) Hosen *pl*
froid, e [fʀwa, fʀwad] *adj* kalt; (*personne, accueil*) kühl ▸ *nm*: **le ~** die Kälte *f*; **il fait ~** es ist kalt; **j'ai ~** mir ist kalt, ich friere; **prendre ~** sich erkälten; **à ~** (*démarrer*) kalt; (*sans préparation*) ohne Vorbereitung; **les grands ~s** die kalte Jahreszeit *f*; **jeter un ~** wie eine kalte Dusche wirken; **être en ~ avec qn** mit jdm zerstritten sein
froidement [fʀwadmɑ̃] *adv* kühl; (*décider*) mit kühlem Kopf; **~ assassiné/abattu** kaltblütig ermordet
froideur [fʀwadœʀ] *nf* Kühle *f*
froisser [fʀwase] *vt* zerknittern; (*vexer*) kränken; **se froisser** *vpr* knittern; (*se vexer*) gekränkt sein, beleidigt sein; **se ~ un muscle** sich *dat* einen Muskel zerren
frôler [fʀole] *vt* streifen, leicht berühren; (*catastrophe, échec*) nahe sein an +*dat*
fromage [fʀɔmaʒ] *nm* Käse *m*; **~ blanc** ≈ Quark *m*
fromager, -ère [fʀɔmaʒe, ɛʀ] *nm/f* (*marchand*) Käsehändler(in)
fromagerie [fʀɔmaʒʀi] *nf* Käserei *f*; (*boutique*) Käseladen *m*
froment [fʀɔmɑ̃] *nm* Weizen *m*
fronce [fʀɔ̃s] *nf* geraffte Falte *f*
fronde [fʀɔ̃d] *nf* (*arme*) Schleuder *f*; (*opposition*) Revolte *f*
frondeur, -euse [fʀɔ̃dœʀ, øz] *adj* aufrührerisch
front [fʀɔ̃] *nm* (*Anat*) Stirn *f*; (*Mil, Météo, Pol*) Front *f*; **avoir le ~ de faire qch** die Stirn haben, etw zu tun; **de ~** frontal; (*rouler*) Kopf an Kopf; (*simultanément*) gleichzeitig, zugleich; **~ de libération** Befreiungsfront *f*; **~ de mer** Küstenstrich *m*
frontal, e, -aux [fʀɔ̃tal, o] *adj* (*Anat*) Stirn-; (*choc, attaque*) frontal
frontalier, -ière [fʀɔ̃talje, jɛʀ] *adj* Grenz- ▸ *nm/f* Grenzgänger(in)
frontière [fʀɔ̃tjɛʀ] *nf* Grenze *f*; **poste/ville ~** Grenzposten *m*/Grenzstadt *f*; **à la ~** an der Grenze
frontispice [fʀɔ̃tispis] *nm* Titelblatt *nt*
fronton [fʀɔ̃tɔ̃] *nm* Giebel *m*
frottement [fʀɔtmɑ̃] *nm* (*friction*) Reiben *nt*

frotter [fʀɔte] *vi* reiben ▸ *vt* reiben; (*pour nettoyer*) scheuern; (*meuble*) polieren; **se frotter** *vpr* : **se ~ à qn** (*fig*) sich mit jdm einlassen; **se ~ à qch** sich auf etw *acc* einlassen
frottis [fʀɔti] *nm* (*Méd*) Abstrich *m*
frousse [fʀus] (*fam*) *nf* Muffe *f*; **avoir la ~** Muffensausen haben
fructifier [fʀyktifje] *vi* (*argent*) Zinsen tragen; (*propriété*) an Wert zunehmen; (*arbre*) Früchte tragen; **faire ~** gewinnbringend anlegen
fructueux, -euse [fʀyktɥø, øz] *adj* einträglich
frugal, e, -aux [fʀygal, o] *adj* (*repas*) frugal, einfach; (*vie, personne*) schlicht, genügsam
fruit [fʀɥi] *nm* Frucht *f*; (*fig*) Früchte *pl*; **fruits** *nmpl* Obst *nt*; **~s de mer** Meeresfrüchte *pl*; **~s secs** Dörrobst *nt*
fruité, e [fʀɥite] (*vin, goût*) *adj* fruchtig
fruiterie [fʀɥitʀi] *nf* Obstgeschäft *nt*
fruitier, -ière [fʀɥitje, jɛʀ] *adj* : **arbre ~** Obstbaum *m* ▸ *nm/f* (*marchand*) Obsthändler(in)
fruste [fʀyst] *adj* ungehobelt, roh
frustrant, e [fʀystʀɑ̃, ɑ̃t] *adj* frustrierend
frustration [fʀystʀasjɔ̃] *nf* Frustration *f*
frustré, e [fʀystʀe] *adj* frustriert
frustrer [fʀystʀe] *vt* (*Psych*) frustrieren; (*espoirs etc*) zunichtemachen; **~ qn de qch** (*priver*) jdn um etw bringen
fuchsia [fyʃja] *nm* Fuchsie *f*
fuel [fjul] *nm* Heizöl *nt*
fugace [fygas] *adj* flüchtig
fugitif, -ive [fyʒitif, iv] *adj* (*lueur, amour*) flüchtig; (*prisonnier, esclave etc*) flüchtig, entflohen ▸ *nm/f* Ausbrecher(in)
fugue [fyg] *nf* (*d'un enfant*) Ausreißen *nt*; (*Mus*) Fuge *f*; **faire une ~** ausreißen
fuir [fɥiʀ] *vt* fliehen *ou* flüchten vor; (*responsabilités*) sich entziehen *+dat* ▸ *vi* (*personne*) fliehen; (*gaz, eau*) entweichen; (*robinet*) tropfen; (*tuyau*) lecken, undicht sein
fuite [fɥit] *nf* Flucht *f*; (*écoulement*) Entweichen *nt*; (*divulgation*) Indiskretion *f*; **être en ~** auf der Flucht sein; **mettre en ~** in die Flucht schlagen; **prendre la ~** die Flucht ergreifen; **~ de gaz** undichte Stelle in der Gasleitung
fulgurant, e [fylgyʀɑ̃, ɑ̃t] *adj* atemberaubend
fulminant, e [fylminɑ̃, ɑ̃t] *adj* (*lettre*) Protest-; (*regard*) drohend; **~ de colère** wutschnaubend
fulminer [fylmine] *vi* : **~ contre** wettern gegen
fumé, e [fyme] *adj* (*Culin*) geräuchert; (*verres*) getönt
fume-cigarette [fymsigaʀɛt] (*pl* **fume-cigarettes**) *nm* Zigarettenspitze *f*
fumée [fyme] *nf* Rauch *m*
fumer [fyme] *vi* rauchen; (*liquide*) dampfen ▸ *vt* (*cigarette, pipe*) rauchen; (*jambon, poisson*) räuchern; (*terre, champ*) düngen
fumet [fymɛ] *nm* Aroma *nt*
fumeur, -euse [fymœʀ, øz] *nm/f* Raucher(in); **compartiment (pour) ~s** Raucherabteil *nt*
fumeux, -euse [fymø, øz] (*péj*) *adj* verschwommen
fumier [fymje] *nm* (*engrais*) Dünger *m*, Dung *m*
fumigation [fymigasjɔ̃] *nf* (*Méd*) Inhalieren *nt*
fumiste [fymist] *nmf* Faulpelz *m*
fumisterie [fymistəʀi] (*péj*) *nf* Schwindel *m*
fumoir [fymwaʀ] *nm* Rauchzimmer *nt*
funambule [fynɑ̃byl] *nm* Seiltänzer *m*
funèbre [fynɛbʀ] *adj* (*service, marche etc*) Trauer-; (*lugubre*) düster, finster
funérailles [fyneʀɑj] *nfpl* Begräbnis *nt*, Beerdigung *f*
funéraire [fyneʀɛʀ] *adj* Bestattungs-
funeste [fynɛst] *adj* tödlich, fatal
funiculaire [fynikylɛʀ] *nm* Seilbahn *f*
fur [fyʀ] *nm* : **au ~ et à mesure** nach und nach; **au ~ et à mesure que** sobald
furax [fyʀaks] (*fam*) *adj inv* fuchsteufelswild
fureur [fyʀœʀ] *nf* (*colère*) Wut *f*; **faire ~** Furore machen, in sein
furibard, e [fyʀibaʀ, aʀd], **furibond, e** [fyʀibɔ̃, ɔ̃d] (*fam*) *adj* stinkwütend
furie [fyʀi] *nf* Wut *f*; (*femme*) Furie *f*; **en ~** tobend
furieux, -euse [fyʀjø, jøz] *adj* wütend; (*combat*) wild, erbittert; (*tempête*) heftig
furoncle [fyʀɔ̃kl] *nm* Furunkel *m ou nt*
furtif, -ive [fyʀtif, iv] *adj* verstohlen
fusain [fyzɛ̃] *nm* Zeichenkohle *f*; (*dessin*) Kohlezeichnung *f*
fuseau, x [fyzo] *nm* (*pour filer*) Spindel *f*; (*pantalon*) Keilhose *f*; **en ~** (*colonne*) gebaucht; **~ horaire** Zeitzone *f*
fusée [fyze] *nf* Rakete *f*; **~ éclairante** Leuchtrakete *f*
fuselage [fyz(ə)laʒ] *nm* (Flugzeug)rumpf *m*
fuselé, e [fyz(ə)le] *adj* schlank
fusible [fyzibl] *nm* (*fil*) Schmelzdraht *m*; (*fiche*) Sicherung *f*
fusil [fyzi] *nm* Gewehr *nt*; **~ de chasse** Jagdflinte *f*

fusillade [fyzijad] *nf* Gewehrfeuer *nt*
fusiller [fyzije] *vt* (*exécuter*) erschießen
fusil-mitrailleur [fyzimitʀajœʀ] (*pl* **fusils-mitrailleurs**) *nm* Maschinengewehr *nt*
fusion [fyzjɔ̃] *nf* (*d'un métal*) Schmelzen *nt*; (*Comm, Science*) Fusion *f*; **entrer en ~** schmelzen, flüssig werden
fusionner [fyzjɔne] *vi* fusionieren
fustiger [fystiʒe] *vt* (*critiquer*) tadeln
fût [fy] *nm* (*tonneau*) Fass *nt*; (*de canon, de colonne*) Schaft *m*; (*d'arbre*) Stamm *m*
futaie [fytɛ] *nf* Hochwald *m*
futé, e [fyte] *adj* schlau, gerissen
futile [fytil] *adj* (*prétexte, activité, propos*) nebensächlich
futilité [fytilite] *nf* Nebensächlichkeit *f*; (*de personne*) Oberflächlichkeit *f*
futur, e [fytyʀ] *adj* zukünftig ▶ *nm* Zukunft *f*; (*Ling*) Futur *nt*; **au ~** (*Ling*) im Futur; **~ antérieur** vollendete Zukunft
futuriste [fytyʀist] *adj* futuristisch
futurologie [fytyʀɔlɔʒi] *nf* Futurologie *f*
fuyant, e [fɥijɑ̃, ɑ̃t] *adj* (*regard*) ausweichend; (*personne*) schwer fassbar; (*lignes etc*) fliehend; **perspective ~e** (*Art*) Fluchtlinien *pl*

g

G, g [ʒe] *nm inv* G, g *nt*
gabegie [gabʒi] *nf* Chaos *nt*
Gabon [gabɔ̃] *nm* : **le ~** Gabun *nt*
gâcher [gɑʃe] *vt* (*gâter*) verderben; (*gaspiller*) verschwenden; (*plâtre, mortier*) anrühren
gâchette [gɑʃɛt] *nf* Abzug *m*
gâchis [gɑʃi] *nm* (*gaspillage*) Verschwendung *f*
gadget [gadʒɛt] *nm* (technische) Spielerei *f*
gadoue [gadu] *nf* (*boue*) Schlamm *m*
gaffe [gaf] *nf* (*instrument*) Bootshaken *m*; (*fam : erreur*) Schnitzer *m*; **faire ~** (*fam*) aufpassen
gaffer [gafe] *vi* einen Schnitzer machen
gaga [gaga] (*fam*) *adj* trottelig
gage [gaʒ] *nm* Pfand *nt*; (*de fidélité etc*) Zeichen *nt*; **gages** *nmpl* (*salaire*) Lohn *m*; **mettre en ~** verpfänden
gager [gaʒe] *vt* : **~ que** wetten, dass
gageure [gaʒyʀ] *nf* Herausforderung *f*
gagnant, e [gaɲɑ̃, ɑ̃t] *nm/f* Gewinner(in)
gagne-pain [gaɲpɛ̃] *nm inv* Broterwerb *m*
gagner [gaɲe] *vt* gewinnen; (*somme d'argent, revenu*) verdienen; (*aller vers*) erreichen; (*maladie, feu*) angreifen, übergreifen auf *+acc* ▶ *vi* gewinnen; **~ de la place** Platz sparen; **~ l'amitié de qn** jds Freundschaft gewinnen; **~ sa vie** sich *dat* seinen Lebensunterhalt verdienen; **~ du terrain** (an) Boden gewinnen
gai, gaie [ge] *adj* fröhlich; (*un peu ivre*) angeheitert
gaieté [gete] *nf* Fröhlichkeit *f*; **de ~ de cœur** leichten Herzens
gaillard, e [gajaʀ, aʀd] *adj* (*robuste*) kräftig; (*grivois*) derb ▶ *nm* Kerl *m*
gain [gɛ̃] *nm* (*revenu : gén pl*) Einkünfte *pl*; (*au jeu*) Gewinn(e *pl*) *m*; **l'appât du ~** die Aussicht auf Gewinn

gaine [gɛn] *nf* (*corset*) Hüfthalter *m*; (*fourreau*) Scheide *f*
gaine-culotte [gɛnkylɔt] (*pl* **gaines-culottes**) *nf* Miederhöschen *nt*
gala [gala] *nm* Gala(veranstaltung) *f*
galant, e [galɑ̃, ɑ̃t] *adj* galant; **en ~e compagnie** in Damenbegleitung
galanterie [galɑ̃tʀi] *nf* Galanterie *f*
galantine [galɑ̃tin] *nf* (*Culin*) *Fleisch in Aspik*
galbe [galb] *nm* Rundung *f*
galbé, e [galbe] *adj* wohlgerundet
gale [gal] *nf* Krätze *f*; (*de chien*) Räude *f*
galère [galɛʀ] *nf* Galeere *f*; (*fam*) Schlamassel *m*
galérer [galeʀe] (*fam*) *vi* schuften
galerie [galʀi] *nf* Galerie *f*; (*Théât*) Rang *m*; (*de voiture*) (Dach)gepäckträger *m*
galet [galɛ] *nm* Kiesel(stein) *m*; (*Tech*) Rad *nt*
galette [galɛt] *nf* (*gâteau*) *runder flacher Kuchen*; **~ des Rois** *Kuchen zum Dreikönigstag*
galeux, -euse [galø, øz] *adj* (*chien*) räudig
galimatias [galimatja] *nm* Kauderwelsch *nt*
Galles [gal] *nfpl* : **le pays de ~** Wales *nt*
gallicisme [galisism] *nm* (*Ling*) idiomatische Redewendung *f*; (*: dans une langue étrangère*) Gallizismus *m*
gallois, e [galwa, waz] *adj* walisisch ▶ *nm/f* : **Gallois, e** Waliser(in)
galop [galo] *nm* Galopp *m*; **au ~** im Galopp
galoper [galɔpe] *vi* galoppieren
galopin [galɔpɛ̃] *nm* Strolch *m*
gambader [gɑ̃bade] *vi* herumspringen
gamberger [gɑ̃bɛʀʒe] (*fam*) *vt* grübeln
Gambie [gɑ̃bi] *nf* : **la ~** Gambia *nt*
gamelle [gamɛl] *nf* Kochgeschirr *nt*; **ramasser une ~** auf die Nase fallen
gamin, e [gamɛ̃, in] *nm/f* Kind *nt* ▶ *adj* (*puéril*) kindisch
gaminerie [gaminʀi] *nf* Kinderei *f*
gamme [gam] *nf* (*Mus*) Tonleiter *f*; (*fig*) Skala *f*
gammé, e [game] *adj* : **croix ~e** Hakenkreuz *nt*
Gange [gɑ̃ʒ] *nm* : **le ~** der Ganges
ganglion [gɑ̃glijɔ̃] *nm* Lymphknoten *m*; **avoir des ~s** geschwollene Drüsen haben
gangrène [gɑ̃gʀɛn] *nf* (*Méd*) (Wund)brand *m*
gangstérisme [gɑ̃gsteʀism] *nm* Gangsterunwesen *nt*
gant [gɑ̃] *nm* Handschuh *m*; **prendre des ~s avec qn** jdn mit Samthandschuhen anfassen; **~ de toilette** Waschhandschuh *m*; **~s de caoutchouc** Gummihandschuhe *pl*
garage [gaʀaʒ] *nm* (*abri*) Garage *f*; (*entreprise*) Autowerkstatt *f*
garagiste [gaʀaʒist] *nmf* (*propriétaire*) Werkstattbesitzer(in) *m(f)*; (*mécanicien*) Automechaniker(in) *m(f)*
garant, e [gaʀɑ̃, ɑ̃t] *nm/f* Bürge *m*, Bürgin *f*; **se porter ~ de qch/de qn** für etw/jn bürgen
garantie [gaʀɑ̃ti] *nf* Garantie *f*; **~ de qualité** Qualitätssicherung *f*
garantir [gaʀɑ̃tiʀ] *vt* garantieren; (*Comm*) eine Garantie geben für; (*attester*) versichern
garce [gaʀs] (*péj*) *nf* Schlampe *f*
garçon [gaʀsɔ̃] *nm* Junge *m*; (*jeune homme*) junger Mann; (*serveur*) Kellner *m*; **un gentil ~** (*jeune homme*) ein netter junger Mann; **~ de café** Kellner *m*; **un ~ manqué** ein halber Junge *m*; **vieux ~** Junggeselle *m*
garçonnet [gaʀsɔnɛ] *nm* kleiner Junge *m*
garçonnière [gaʀsɔnjɛʀ] *nf* Junggesellenwohnung *f*
garde [gaʀd] *nmf* Aufseher(in) *m(f)*, Wächter(in) *m(f)*; (*de domaine etc*) Aufseher(in) *m(f)*; (*soldat, sentinelle*) Wachtposten *m* ▶ *nf* Bewachung *f*; (*soldats*) Wache *f*; (*Boxe, Escrime*) Deckung *f*; (*page ou feuille de garde*) Vorsatzblatt *nt*; **de ~** im Dienst; **mettre en ~** warnen; **mise en ~** Warnung *f*; **prendre ~ à** achten auf +*acc*; **être sur ses ~s** auf der Hut sein; **monter la ~** Wache stehen; **avoir la ~ des enfants** das Sorgerecht für die Kinder haben; **jusqu'à la ~** bis zum Heft; (*fig*) bis zum Hals; **~ à vue** *nm* Polizeigewahrsam *m*; **~ champêtre** *nmf* Landpolizist(in) *m(f)*; **~ d'honneur** *nf* Ehrengarde *f*; **~ des Sceaux** *nmf* ≈ Justizminister(in) *m(f)*; **~ du corps** *nmf* Leibwache *f*; **~ forestier(ière)** *nmf* Förster(in) *m(f)*
garde-à-vous [gaʀdavu] *nm inv* : **être/se mettre au ~** stillstehen; **~ !** stillgestanden!
garde-barrière [gaʀdəbaʀjɛʀ] (*pl* **gardes-barrière(s)**) *nmf* Bahnwärter(in) *m(f)*
garde-boue [gaʀdəbu] (*pl* **garde-boues**) *nm* Schutzblech *nt*
garde-chasse [gaʀdəʃas] (*pl* **gardes-chasse(s)**) *nmf* Jagdaufseher(in) *m(f)*
garde-fou [gaʀdəfu] (*pl* **garde-fous**) *nm* Geländer *nt*

garde-malade [gaʀdəmalad] (*pl* **gardes-malade(s)**) *nmf* Krankenschwester *f* (im Hause), Krankenpfleger *m*
garde-manger [gaʀdmɑ̃ʒe] (*pl* **garde-mangers**) *nm* Speisekammer *f*
garder [gaʀde] *vt* halten; (*surveiller*) bewachen; (: *enfants*) hüten; (*réserver*) reservieren; **se garder** *vpr* (*se conserver*) sich halten; **~ le lit** das Bett hüten; **se ~ de faire qch** sich hüten, etw zu tun
garderie [gaʀdəʀi] *nf* Kinderkrippe *f*
gardien, ne [gaʀdjɛ̃, jɛn] *nm/f* (*de prison*) Aufseher(in), Wärter(in); (*de musée*) Wärter(in); (*d'immeuble*) Hausmeister(in); (*fig*) Hüter(in); **~ de but** Torwart *m*; **~ de la paix** Polizist(in)
gardon [gaʀdɔ̃] *nm* Plötze *f*
gare [gaʀ] *nf* Bahnhof *m*; **~ de triage** Verschiebebahnhof *m*; **~ routière** Busbahnhof *m*
gare [gaʀ] *excl* : **~ à toi !** pass bloß auf!
garer [gaʀe] *vt* parken; **se garer** *vpr* parken; (*pour laisser passer*) ausweichen
gargariser [gaʀgaʀize] : **se gargariser** *vpr* gurgeln; **se ~ de** (*fig*) seine helle Freude haben an *+dat*
gargarisme [gaʀgaʀism] *nm* Gurgeln *nt*; (*produit*) Gurgelwasser *nt*
gargote [gaʀgɔt] *nf* (billige) Kneipe *f*
gargouille [gaʀguj] *nf* Wasserspeier *m*
gargouiller [gaʀguje] *vi* (*estomac*) knurren; (*eau*) gurgeln
garnement [gaʀnəmɑ̃] *nm* Schlingel *m*
garni, e [gaʀni] *adj* (*plat*) mit Beilagen
garnir [gaʀniʀ] *vt* (*décorer, orner*) schmücken; (*pourvoir, approvisionner*) ausstatten; **se garnir** *vpr* (*pièce, salle*) sich füllen
garniture [gaʀnityʀ] *nf* Verzierung *f*; (*protection*) Beschlag *m*; (*Culin*) Beilagen *pl*; (: *farce*) Füllung *f*; **~ de frein** Bremsbelag *m*
garrot [gaʀo] *nm* (*Méd*) Aderpresse *f*
garrotter [gaʀɔte] *vt* fesseln
gars [ga] *nm* Bursche *m*
Gascogne [gaskɔɲ] *nf* : **la ~** die Gascogne *f*
gas-oil [gazwal] *nm* Diesel(kraftstoff) *m*
gaspillage [gaspijaʒ] *nm* Verschwendung *f*
gaspiller [gaspije] *vt* verschwenden
gaspilleur, -euse [gaspijœʀ, øz] *adj* verschwenderisch
gastrique [gastʀik] *adj* Magen-
gastro-entérite [gastʀoɑ̃teʀit] (*pl* **gastro-entérites**) *nf* Gastroenteritis *f*, Magen-Darm-Entzündung *f*
gastro-intestinal, e, -aux [gastʀoɛ̃tɛstinal, o] *adj* Magen-Darm-
gastronomie [gastʀɔnɔmi] *nf* Gastronomie *f*
gastronomique [gastʀɔnɔmik] *adj* : **menu ~** Feinschmeckermenü *nt*
gâteau, x [gɑto] *nm* Kuchen *m*; **~ sec** Keks *m ou nt*; **c'est du ~** das ist ein Kinderspiel
gâter [gɑte] *vt* (*enfant etc*) verwöhnen; (*gâcher*) verderben; **se gâter** *vpr* (*dent, fruit*) schlecht werden; (*temps, situation*) schlechter werden
gâterie [gɑtʀi] *nf* kleine Freude *f*
gâteux, -euse [gɑtø, øz] *adj* senil
gâtisme [gɑtism] *nm* Senilität *f*
gauche [goʃ] *adj* linke(r, s); (*maladroit*) linkisch ▸ *nf* (*Pol*) Linke *f*; **à ~** links; (*direction*) nach links; **à la ~ de** links von
gaucher, -ère [goʃe, ɛʀ] *adj* linkshändig ▸ *nm/f* Linkshänder(in)
gaucherie [goʃʀi] *nf* Ungeschicklichkeit *f*
gauchir [goʃiʀ] *vt* verbiegen; (*fait, idée*) verdrehen
gauchiste [goʃist] *nmf* Linke(r) *f(m)*
gaufre [gofʀ] *nf* Waffel *f*
gaufrette [gofʀɛt] *nf* Waffel *f*
gaufrier [gofʀije] *nm* Waffeleisen *nt*
Gaule [gol] *nf* : **la ~** Gallien *nt*
gaullisme [golism] *nm* Gaullismus *m*
gaulois, e [golwa, waz] *adj* gallisch; (*grivois*) derb ▸ *nm/f* : **Gaulois, e** Gallier(in)
gausser [gose] : **se ~ de** *vpr* sich lustig machen über *+acc*
gaver [gave] *vt* mästen; **se gaver** *vpr* : **se ~ de** sich vollstopfen mit; **~ de** (*fig*) vollstopfen mit
gay [gɛ] *adj* schwul
gaz [gɑz] *nm inv* Gas *nt*; **~ à effet de serre** Treibhausgas *nt*; **~ hilarant/lacrymogène** Lach-/Tränengas *nt*; **~ naturel/propane** Erd-/Propangas *nt*; **~ de pétrole liquéfié** Flüssiggas *nt*; **~ de schiste** Schiefergas *nt*
gaze [gɑz] *nf* (*pansement*) Verbandsmull *m*; (*étoffe*) Gaze *f*
gazéifié, e [gazeifje] *adj* kohlensäurehaltig
gazelle [gazɛl] *nf* Gazelle *f*
gazer [gɑze] *vt* vergasen ▸ *vi* (*fam*) (wie geschmiert) laufen
gazeux, -euse [gɑzø, øz] *adj* gasförmig; **eau/boisson gazeuse** Mineralwasser *nt*/Getränk *nt* mit Kohlensäure
gazoduc [gɑzodyk] *nm* Gasleitung *f*
gazomètre [gɑzɔmɛtʀ] *nm* Gaszähler *m*
gazon [gɑzɔ̃] *nm* (*pelouse*) Rasen *m*

gazouiller [gazuje] *vi* (*oiseau*) zwitschern; (*enfant*) plappern
geai [ʒɛ] *nm* Eichelhäher *m*
géant, e [ʒeɑ̃, ɑ̃t] *adj* riesig ▶ *nm/f* Riese *m*, Riesin *f*
geindre [ʒɛ̃dʀ] *vi* stöhnen
gel [ʒɛl] *nm* (*temps*) Frost *m*; (*produit de beauté*) Gel *nt*; (*des salaires, prix*) Einfrieren *nt*; **~ douche** Duschgel *nt*
gélatine [ʒelatin] *nf* Gelatine *f*
gelé, e [ʒ(ə)le] *adj* (*lac*) zugefroren; **je suis ~** mir ist eiskalt
gelée [ʒ(ə)le] *nf* (*Météo*) Frost *m*; (*de viande, de fruits*) Gelee *f*; **viande en ~** Fleisch *nt* in Aspik; **~ blanche** Raureif *m*
geler [ʒ(ə)le] *vt* gefrieren lassen; (*prix, salaires, crédits, capitaux*) einfrieren ▶ *vi* (*sol, eau*) gefrieren; (*personne*) frieren ▶ *vb impers* : **il gèle** es friert
gélule [ʒelyl] *nf* Kapsel *f*
Gémeaux [ʒemo] *nmpl* : **les ~** die Zwillinge *pl*; **être ~** Zwilling sein
gémir [ʒemiʀ] *vi* stöhnen
gênant, e [ʒɛnɑ̃, ɑ̃t] *adj* (*meuble, objet*) hinderlich; (*situation*) peinlich
gencive [ʒɑ̃siv] *nf* Zahnfleisch *nt*
gendarme [ʒɑ̃daʀm] *nmf* Polizist(in) *m(f)*
gendarmerie [ʒɑ̃daʀməʀi] *nf* (Land) polizei *f*
gendre [ʒɑ̃dʀ] *nm* Schwiegersohn *m*
gène [ʒɛn] *nm* Gen *nt*
gêne [ʒɛn] *nf* (*physique*) Schwierigkeit *f*; (*embarras, confusion*) Verlegenheit *f*; (*dérangement*) Störung *f*; (*manque d'argent*) (Geld)verlegenheit *f*
gêné, e [ʒene] *adj* (*embarrassé*) verlegen
gêner [ʒene] *vt* stören; (*encombrer*) behindern; (*embarrasser*) in Verlegenheit bringen; **se gêner** *vpr* sich *dat* Mühe machen
général, e, -aux [ʒeneʀal, o] *adj* allgemein ▶ *nm* (*Mil*) General *m* ▶ *nf* : **(répétition) ~e** Generalprobe *f*; **en ~** im Allgemeinen; **assemblée ~e** Vollversammlung *f*; **grève ~e** Generalstreik *m*; **culture/médecine ~e** Allgemeinbildung *f*/Allgemeinmedizin *f*
généralement [ʒeneʀalmɑ̃] *adv* allgemein
généralisation [ʒeneʀalizasjɔ̃] *nf* Verallgemeinerung *f*
généraliser [ʒeneʀalize] *vt, vi* verallgemeinern; **se généraliser** *vpr* sich verbreiten
généraliste [ʒeneʀalist] *nmf* (*Méd*) praktischer Arzt *m*, praktische Ärztin *f*
générateur, -trice [ʒeneʀatœʀ, tʀis] *adj* : **être ~ de** die Ursache sein von ▶ *nm* Generator *m*
génération [ʒeneʀasjɔ̃] *nf* Generation *f*
généreux, -euse [ʒeneʀø, øz] *adj* großzügig
générique [ʒeneʀik] *adj* artgemäß; **médicaments ~s** Generika *pl* ▶ *nm* (*Ciné, TV : au début du film*) Vorspann *m*
générosité [ʒeneʀozite] *nf* Großzügigkeit *f*
genèse [ʒənɛz] *nf* Entstehung *f*
genêt [ʒ(ə)nɛ] *nm* Ginster *m*
généticien, ne [ʒenetisjɛ̃, jɛn] *nm/f* Genetiker(in)
génétique [ʒenetik] *adj* genetisch
génétiquement [ʒenetikmɑ̃] *adv* genetisch; **~ modifié(e)** gentechnisch verändert
Genève [ʒ(ə)nɛv] *n* Genf *nt*
genévrier [ʒənevʀije] *nm* Wacholder *m*
génial, e, -aux [ʒenjal, jo] *adj* genial; (*fam*) fantastisch
génie [ʒeni] *nm* Genie *nt*; (*don*) Begabung *f*; **le ~** (*Mil*) die Pioniere *pl*; **de ~** genial; **~ civil** Hoch- und Tiefbau *m*
genièvre [ʒənjɛvʀ] *nm* Wacholder *m*; (*boisson*) Wacholder(schnaps) *m*
génital, e, -aux [ʒenital, o] *adj* genital
génitif [ʒenitif] *nm* Genitiv *m*
génocide [ʒenɔsid] *nm* Völkermord *m*
génoise [ʒenwaz] *nf* (*gâteau*) Biskuitkuchen *m*
génomique [ʒenomik] (*Biol*) *nf* Genanalyse *f*
genou, x [ʒ(ə)nu] *nm* Knie *nt*; **à ~x** auf (den) Knien; **se mettre à ~x** niederknien; **prendre qn sur ses ~x** jdn auf den Schoß nehmen
genouillère [ʒ(ə)nujɛʀ] *nf* Knieschützer *m*
genre [ʒɑ̃ʀ] *nm* Art *f*; (*Ling*) Genus *nt*; (*Art*) Genre *nt*; (*Zool etc*) Gattung *f*; **s'accorder en ~ et en nombre** (*Ling*) in Genus und Numerus angeglichen werden
gens [ʒɑ̃] *nmpl* Leute *pl*, Menschen *pl*
gentiane [ʒɑ̃sjan] *nf* Enzian *m*
gentil, le [ʒɑ̃ti, ij] *adj* nett
gentillesse [ʒɑ̃tijɛs] *nf* Nettigkeit *f*
gentiment [ʒɑ̃timɑ̃] *adv* nett
géographe [ʒeɔgʀaf] *nmf* Geograf(in) *m(f)*
géographie [ʒeɔgʀafi] *nf* Geografie *f*, Erdkunde *f*
géographique [ʒeɔgʀafik] *adj* geografisch
géologie [ʒeɔlɔʒi] *nf* Geologie *f*
géologique [ʒeɔlɔʒik] *adj* geologisch
géologue [ʒeɔlɔg] *nmf* Geologe *m*, Geologin *f*
géométrie [ʒeɔmetʀi] *nf* Geometrie *f*
géométrique [ʒeɔmetʀik] *adj* geometrisch

Géorgie [ʒeɔʀʒi] *nf*: **la ~** Georgien *nt*
géostationnaire [ʒeostasjɔnɛʀ] *adj* geostationär
géothermique [ʒeotɛʀmik] *adj*: **énergie ~** Erdwärme *f*
gérance [ʒeʀɑ̃s] *nf* Verwaltung *f*; **mettre en ~** verwalten lassen; **prendre en ~** verwalten
géranium [ʒeʀanjɔm] *nm* Geranie *f*
gérant, e [ʒeʀɑ̃, ɑ̃t] *nm/f* Leiter(in), Manager(in); **~ d'immeuble** Hausverwalter(in)
gerbe [ʒɛʀb] *nf* (*de fleurs*) Strauß *m*; (*de blé*) Garbe *f*
gercé, e [ʒɛʀse] *adj* aufgesprungen
gerçure [ʒɛʀsyʀ] *nf* Riss *m*
gérer [ʒeʀe] *vt* verwalten; (*entreprise*) leiten
gériatrie [ʒeʀjatʀi] *nf* Geriatrie *f*, Altersheilkunde *f*
gériatrique [ʒeʀjatʀik] *adj* geriatrisch
germanique [ʒɛʀmanik] *adj* germanisch
germaniste [ʒɛʀmanist] *nmf* Germanist(in) *m(f)*
germanophone [ʒɛʀmanɔfɔn] *adj* deutschsprachig
germe [ʒɛʀm] *nm* Keim *m*
germer [ʒɛʀme] *vi* keimen
gérondif [ʒeʀɔ̃dif] *nm* Gerundium *nt*
gérontologie [ʒeʀɔ̃tɔlɔʒi] *nf* Gerontologie *f*
gérontologue [ʒeʀɔ̃tɔlɔg] *nmf* Gerontologe *m*, Gerontologin *f*
gestation [ʒɛstasjɔ̃] *nf* (*d'un animal*) Trächtigkeit *f*; (*fig*) Reifungsprozess *m*; **~ pour autrui** Leihmutterschaft *f*
geste [ʒɛst] *nm* Geste *f*; **faire un ~ de refus** eine ablehnende Geste machen; **il fit un ~ de la main pour m'appeler** er rief mich mit einer Handbewegung zu sich
gesticuler [ʒɛstikyle] *vi* gestikulieren
gestion [ʒɛstjɔ̃] *nf* (*d'entreprise*) Leitung *f*; (*de budget etc*) Verwaltung *f*; (*Inform*) Steuerung *f*; **~ des coûts** Kostenmanagement *nt*
gestionnaire [ʒɛstjɔnɛʀ] *nmf* Geschäftsführer(in) *m(f)*
geyser [ʒɛzɛʀ] *nm* Geysir *m*
Ghana [gana] *nm*: **le ~** Ghana *nt*
ghetto [geto] *nm* G(h)etto *nt*
gibelotte [ʒiblɔt] *nf* Hasenpfeffer *m* (in Weißwein)
gibet [ʒibɛ] *nm* Galgen *m*
gibier [ʒibje] *nm* (*animaux*) Wild *nt*; (*fig*) Beute *f*
giboulée [ʒibule] *nf* Regenschauer *m*
Gibraltar [ʒibʀaltaʀ] *nm* Gibraltar *nt*
gicler [ʒikle] *vi* spritzen
gicleur [ʒiklœʀ] *nm* Düse *f*
gifle [ʒifl] *nf* Ohrfeige *f*
gifler [ʒifle] *vt* ohrfeigen
gigantesque [ʒigɑ̃tɛsk] *adj* riesig
gigantisme [ʒigɑ̃tism] *nm* Riesenwuchs *m*
GIGN [ʒeiʒeɛn] *sigle m* (= *Groupe d'intervention de la gendarmerie nationale*) *Antiterroristentruppe*
gigot [ʒigo] *nm* (*de mouton, d'agneau*) Keule *f*
gigoter [ʒigɔte] *vi* zappeln
gilet [ʒilɛ] *nm* (*de costume*) Weste *f*; (*pull*) Strickjacke *f*; (*sous-vêtement*) Unterhemd *nt*; **~ de sauvetage** Schwimmweste *f*; **~ pare-balles** kugelsichere Weste; **~ de sécurité** Warnweste *f*
gingembre [ʒɛ̃ʒɑ̃bʀ] *nm* Ingwer *m*
gingivite [ʒɛ̃ʒivit] *nf* Zahnfleischentzündung *f*
girafe [ʒiʀaf] *nf* Giraffe *f*
giratoire [ʒiʀatwaʀ] *adj*: **sens ~** Kreisverkehr *m*
girofle [ʒiʀɔfl] *nf*: **clou de ~** (Gewürz) nelke *f*
giroflée [ʒiʀɔfle] *nf* Goldlack *m*
girolle [ʒiʀɔl] *nf* Pfifferling *m*
Gironde [ʒiʀɔ̃d] *nf*: **la ~** die Gironde *f*
girouette [ʒiʀwɛt] *nf* Wetterfahne *f*
gisement [ʒizmɑ̃] *nm* Ablagerung *f*
gitan, e [ʒitɑ̃, an] *nm/f* Zigeuner(in)
gîte [ʒit] *nm* Unterkunft *f*; (*du lièvre*) Bau *m*; **le ~ et le couvert** Kost *f* und Logis *nt*; **~ rural** Ferienhaus *nt* auf dem Lande
givre [ʒivʀ] *nm* Raureif *m*
glabre [glabʀ] *adj* glatt rasiert
glace [glas] *nf* Eis *nt*; (*miroir*) Spiegel *m*; (*de voiture*) Fenster *nt*; **rompre la ~** das Eis brechen
glacé, e [glase] *adj* (*lac, eau*) zugefroren; (*boisson*) eisgekühlt; (*main*) eiskalt; (*rire, accueil*) eisig
glacer [glase] *vt* (*main, visage etc*) eiskalt werden lassen; (*gâteau*) mit Zuckerguss überziehen; (*papier, tissu*) appretieren
glaciaire [glasjɛʀ] *adj* Gletscher-; **ère ~** Eiszeit *f*
glacial, e, -aux [glasjal, jo] *adj* eiskalt
glacier [glasje] *nm* Gletscher *m*; (*fabricant de glaces*) Eiskonditor *m*
glacière [glasjɛʀ] *nf* Kühlbox *f*
glaçon [glasɔ̃] *nm* Eiszapfen *m*; (*pour boisson*) Eiswürfel *m*
glaïeul [glajœl] *nm* Gladiole *f*
glaire [glɛʀ] *nf* (*Méd*) Schleim *m*
glaise [glɛz] *nf* Lehm *m*
gland [glɑ̃] *nm* Eichel *f*; (*décoration*) Quaste *f*

glande [glɑ̃d] *nf* Drüse *f*
glander [glɑ̃de] (*fam*) *vi* rumhängen
glaner [glane] *vi* nachlesen ▸ *vt* (*prix, récompenses*) einsammeln
glapir [glapiʀ] *vi* kläffen
Glaris [glaʀis] *nm* Glarus *nt*
glauque [glok] *adj* meergrün; (*fig*) düster
glissant, e [glisɑ̃, ɑ̃t] *adj* rutschig; **s'aventurer sur un terrain ~** sich auf unsicheres Terrain begeben
glisse [glis] *nf* : **sports de ~** *Gleitsportarten*
glissement [glismɑ̃] *nm* : **~ de terrain** Erdrutsch *m*
glisser [glise] *vi* (*avancer, coulisser*) gleiten; (*tomber*) rutschen; (*déraper*) ausrutschen; (*être glissant*) rutschig *ou* glatt sein ▸ *vt* (*mot, conseil*) zuflüstern; **~ qch sous/dans** etw schieben unter *+acc*/in *+acc*
glissière [glisjɛʀ] *nf* Gleitschiene *f*; **porte/fenêtre à ~** Schiebetür *f*/ Schiebefenster *nt*; **~ de sécurité** (*Auto*) Leitplanke *f*
global, e, -aux [glɔbal, o] *adj* Gesamt-
globalement [glɔbalmɑ̃] *adv* insgesamt
globe [glɔb] *nm* (*Géo*) Globus *m*; **~ oculaire** Augapfel *m*
globulaire [glɔbylɛʀ] *adj* : **numération ~** Blutbild *nt*
globule [glɔbyl] *nm* : **~ blanc/rouge** weißes/rotes Blutkörperchen *nt*
globuleux, -euse [glɔbylø, øz] *adj* : **yeux ~** Glupschaugen *pl*
gloire [glwaʀ] *nf* Ruhm *m*; (*mérite*) Verdienst *nt*; (*personne*) Berühmtheit *f*
glorieux, -euse [glɔʀjø, jøz] *adj* glorreich
glorifier [glɔʀifje] *vt* rühmen
gloriole [glɔʀjɔl] *nf* Eitelkeit *f*
glossaire [glɔsɛʀ] *nm* Glossar *nt*
glotte [glɔt] *nf* Stimmritze *f*
glouglouter [gluglute] *vi* gluckern
glousser [gluse] *vi* gackern; (*rire*) glucksen
glouton, ne [glutɔ̃, ɔn] *adj* gefräßig
gloutonnerie [glutɔnʀi] *nf* Gefräßigkeit *f*
glu [gly] *nf* Kleber *m*
gluant, e [glyɑ̃, ɑ̃t] *adj* klebrig
glucide [glysid] *nm* Kohle(n)hydrat *nt*
glucose [glykoz] *nm* Glukose *f*
gluten [glytɛn] *nm* Gluten *nt*
glycérine [gliseʀin] *nf* Glyzerin *nt*
glycine [glisin] *nf* Glyzinie *f*
GN [ʒeɛn] *abr* = **gendarmerie nationale** *französische Vollzugspolizei*
gnangnan [ɲɑ̃ɲɑ̃] (*fam*) *adj* quengelig
gnome [gnom] *nm* Gnom *m*
GO [ʒeo] *sigle fpl* (= *grandes ondes*) LW
go [go] : **tout de go** *adv* ohne Umschweife
goal [gol] *nm* Torhüter(in) *m(f)*
gobelet [gɔblɛ] *nm* Becher *m*
gober [gɔbe] *vt* roh essen; (*croire facilement*) schlucken
goberger [gɔbɛʀʒe] : **se goberger** *vpr* es sich *dat* gut gehen lassen
Gobi [gɔbi] *n* : **désert de ~** Wüste *f* Gobi
godasse [gɔdas] (*fam*) *nf* Latsche *f*
godet [gɔdɛ] *nm* (*récipient*) Becher *m*
godiller [gɔdije] *vi* (*Ski*) wedeln
goéland [gɔelɑ̃] *nm* Seemöwe *f*
goémon [gɔemɔ̃] *nm* Tang *m*
gogo [gɔgo] : **à ~** *adv* in Hülle und Fülle
goguenard, e [gɔg(ə)naʀ, aʀd] *adj* spöttisch
goguette [gɔgɛt] *nf* : **en ~** angesäuselt
goinfre [gwɛ̃fʀ] *nm* Vielfraß *m*
goinfrer [gwɛ̃fʀe] : **se goinfrer** *vpr* sich vollfressen; **se ~ de** sich vollstopfen mit
goitre [gwatʀ] *nm* Kropf *m*
golf [gɔlf] *nm* Golf *nt*; (*terrain*) Golfplatz *m*
golfe [gɔlf] *nm* Golf *m*; **les États du G~** die Golfstaaten *pl*; **le ~ de Gascogne** die (Bucht von) Biskaya *f*
golfeur, -euse [gɔlfœʀ, øz] *nm/f* Golfer(in)
gommage [gɔmaʒ] *nm* (*de la peau*) Peeling *nt*
gomme [gɔm] *nf* (*à effacer*) Radiergummi *m ou nt*; **boule** *ou* **pastille de ~** Halsbonbon *nt*
gommer [gɔme] *vt* (*effacer*) ausradieren
gond [gɔ̃] *nm* (*de porte, fenêtre*) Angel *f*; **sortir de ses ~s** (*fig*) an die Decke gehen
gondole [gɔ̃dɔl] *nf* Gondel *f*; (*Comm*) Regal *nt* (*in einem Supermarkt*)
gondoler [gɔ̃dɔle] *vi* sich wellen, sich verziehen; **se gondoler** *vpr* sich wellen, sich verziehen; (*fam*) sich schieflachen
gonflable [gɔ̃flabl] *adj* (*bateau*) Gummi-; (*matelas*) Luft-
gonflage [gɔ̃flaʒ] *nm* (*des pneus*) Aufpumpen *nt*
gonflé, e [gɔ̃fle] *adj* (*yeux, visage*) geschwollen; **être ~** (*fam*) gute Nerven haben
gonflement [gɔ̃fləmɑ̃] *nm* Aufpumpen *nt*; (*de nombre*) Vergrößerung *f*; (*Méd*) Schwellung *f*
gonfler [gɔ̃fle] *vt* (*pneu, ballon*) aufpumpen; (*exagérer*) übertreiben ▸ *vi* (*partie du corps*) anschwellen
gonfleur [gɔ̃flœʀ] *nm* Luftpumpe *f*
gonzesse [gɔ̃zɛs] (*fam*) *nf* Tussi *f*
googler [gugle] *vt* googeln

goret [gɔʀɛ] *nm* Ferkel *nt*
gorge [gɔʀʒ] *nf* (*Anat*) Kehle *f*; (*poitrine*) Brust *f*; (*Géo*) Schlucht *f*; (*rainure*) Rille *f*; **avoir la ~ serrée** einen Kloß im Hals haben
gorgé, e [gɔʀʒe] *adj* : **~ de** gefüllt mit; (*d'eau*) durchtränkt mit
gorgée [gɔʀʒe] *nf* Schluck *m*
gorille [gɔʀij] *nm* Gorilla *m*
gosier [gozje] *nm* Kehle *f*
gosse [gɔs] *nmf* Kind *nt*
gothique [gɔtik] *adj* gotisch ▸ *nm* (*style*) Gotik *f*
goudron [gudʀɔ̃] *nm* Teer *m*
goudronner [gudʀɔne] *vt* asphaltieren
gouffre [gufʀ] *nm* Abgrund *m*
goujat [guʒa] *nm* Rüpel *m*
goulot [gulo] *nm* Flaschenhals *m*; **boire au ~** aus der Flasche trinken
goulu, e [guly] *adj* gierig
goulûment [gulymɑ̃] *adv* gierig
gourd, e [guʀ, guʀd] *adj* steif
gourde [guʀd] *nf* (*récipient*) Feldflasche *f*
gourdin [guʀdɛ̃] *nm* Knüppel *m*
gourmand, e [guʀmɑ̃, ɑ̃d] *adj* naschhaft
gourmandise [guʀmɑ̃diz] *nf* Gefräßigkeit *f*; (*bonbon*) Leckerei *f*
gourmet [guʀmɛ] *nm* Feinschmecker *m*
gourmette [guʀmɛt] *nf* Armband *nt*
gourou [guʀu] *nm* Guru *m*
gousse [gus] *nf* (*de vanille etc*) Schote *f*; **~ d'ail** Knoblauchzehe *f*
goût [gu] *nm* Geschmack *m*; **de bon ~** geschmackvoll; **de mauvais ~** geschmacklos; **avoir du ~** Geschmack haben; **manquer de ~** keinen Geschmack haben; **prendre ~ à** Gefallen finden an +*dat*
goûter [gute] *vt* (*essayer*) versuchen; (*apprécier*) genießen ▸ *vi* (*à 4 heures*) eine Nachmittagsmahlzeit einnehmen, vespern ▸ *nm* Vesper *f* ou *nt*, Nachmittagsmahlzeit *f*
goutte [gut] *nf* Tropfen *m*; (*Méd*) Gicht *f*; **~ à ~** tröpfchenweise
goutte-à-goutte [gutagut] *nm inv* Tropf *m*
gouttière [gutjɛʀ] *nf* Dachrinne *f*
gouvernail [guvɛʀnaj] *nm* Ruder *nt*
gouvernance [guvɛʀnɑ̃s] *nf* Führung *f*
gouverne [guvɛʀn] *nf* : **pour votre ~** zu Ihrer Orientierung
gouvernement [guvɛʀnəmɑ̃] *nm* Regierung *f*
gouvernemental, e, -aux [guvɛʀnəmɑ̃tal, o] *adj* Regierungs-
gouverner [guvɛʀne] *vt* (*pays, peuple*) regieren; (*diriger*) lenken, steuern; (*personne, conduite*) lenken
goyave [gɔjav] *nf* Gua(ja)ve *f*
GPA [ʒepea] *sigle f* (= *gestation pour autrui*) Leihmutterschaft *f*
GPL [ʒepeɛl] *sigle m* (= *gaz de pétrole liquéfié*) Flüssiggas *nt*, LPG *nt*
GPS [ʒepeɛs] *sigle m* (= *global positioning system*) GPS *nt*
GR [ʒeɛʀ] *nf abr* (= *Grande randonnée*) (Fern) wanderung *f*
grâce [gʀɑs] *nf* (*charme*) Anmut *f*; (*Rel*) Gnade *f*; (*bienfait*) Gefallen *m*; (*bienveillance*) Gunst *f*; (*Jur*) Begnadigung *f*; **grâces** *nfpl* (*Rel*) Dankgebet *nt*; **de bonne ~** bereitwillig; **de mauvaise ~** widerstrebend; **dans les bonnes ~s de qn** in jds Gunst *dat*; **rendre ~(s) à** danksagen +*dat*; **demander ~** um Gnade bitten; **droit de/recours en ~** (*Jur*) Gnadenrecht *nt*/Gnadengesuch *nt*; **~ à** dank +*gén*
gracier [gʀasje] *vt* begnadigen
gracieusement [gʀasjøzmɑ̃] *adv* (*aimablement*) freundlich; (*gratuitement*) kostenlos
gracieux, -euse [gʀasjø, jøz] *adj* graziös, anmutig; **à titre ~** kostenlos
gradation [gʀadasjɔ̃] *nf* Abstufung *f*
grade [gʀad] *nm* Rang *m*
gradé, e [gʀade] *adj* Unteroffizier *m*
gradin [gʀadɛ̃] *nm* Rang *m*
gradué, e [gʀadɥe] *adj* (*règle*) mit Zentimetereinteilung; (*thermomètre*) mit Gradteilung; **verre ~** Messbecher *m*
graduel, le [gʀadɥɛl] *adj* allmählich
graduellement [gʀadɥɛlmɑ̃] *adv* allmählich
graduer [gʀadɥe] *vt* (*règle, verre*) mit Maßzahlen versehen; (*exercices*) nach Schwierigkeitsgrad staffeln; (*effort etc*) allmählich steigern
graffiti [gʀafiti] *nm* Graffiti *pl*
grain [gʀɛ̃] *nm* Korn *nt*; **~ de beauté** Schönheitsfleck *m*; **~ de café** Kaffeebohne *f*; **~ de poussière** Staubkörnchen *nt*; **~ de raisin** Traube *f*
graine [gʀɛn] *nf* Samen *m*
graissage [gʀɛsaʒ] *nm* Ölen *nt*; (*Auto*) Abschmieren *nt*
graisse [gʀɛs] *nf* Fett *nt*; (*lubrifiant*) (Schmier)fett *nt*
graisser [gʀese] *vt* (*machine*) schmieren, ölen; (*Auto*) abschmieren; (*tacher*) fettig machen
grammaire [gʀamɛʀ] *nf* Grammatik *f*
grammatical, e, -aux [gʀamatikal, o] *adj* grammatisch
gramme [gʀam] *nm* Gramm *nt*
grand, e [gʀɑ̃, gʀɑ̃d] *adj* groß; (*voyage*)

lang ▶ *adv* : **~ ouvert** weit offen; **un ~ homme/artiste** ein großer Mann *m*/ Künstler *m*; **avoir ~ besoin de qch** etw dringend nötig haben; **il est ~ temps de** es ist höchste Zeit, zu; **au ~ air** im Freien; **~ blessé** Schwerverletzte(r) *f(m)*; **~ ensemble** Wohnsiedlung *f*; **~ magasin** Kaufhaus *nt*; **~e personne** Erwachsene(r) *f(m)*; **~e randonnée** Wanderung *f*; **sentier de ~e randonnée** markierter französischer Wanderweg; **~e surface** Supermarkt *m*

Die **grandes écoles** sind renommierte Hochschulen, die auf eine Karriere in der Politik, der Verwaltung oder der Wirtschaft vorbereiten. Um dort zu studieren, muss man die classes préparatoires absolviert haben und sich einem Auswahlverfahren unterziehen.

grand-angle [gʀɑ̃tɑ̃gl] (*pl* **grands-angles**) *nm* Weitwinkel(objektiv) *nt*
grand-chose [gʀɑ̃ʃoz] *nm/nf inv* : **pas ~** nichts Besonderes
Grande-Bretagne [gʀɑ̃dbʀətaɲ] *nf* : **la ~** Großbritannien *nt*
grandement [gʀɑ̃dmɑ̃] *adv* (*tout à fait*) völlig; (*largement*) sehr; (*généreusement*) großzügig
grandeur [gʀɑ̃dœʀ] *nf* Größe *f*; **~ nature** *adj* lebensgroß
grandiloquent, e [gʀɑ̃dilɔkɑ̃, ɑ̃t] *adj* hochtrabend
grandiose [gʀɑ̃djoz] *adj* großartig, grandios
grandir [gʀɑ̃diʀ] *vi* wachsen; (*bruit, hostilité*) zunehmen ▶ *vt* größer erscheinen lassen
grandissant, e [gʀɑ̃disɑ̃, ɑ̃t] *adj* zunehmend
grand-mère [gʀɑ̃mɛʀ] (*pl* **grand(s)-mères**) *nf* Großmutter *f*
grand-messe [gʀɑ̃mɛs] (*pl* **grand(s)-messes**) *nf* Hochamt *nt*
grand-peine [gʀɑ̃pɛn] : **à ~** *adv* mühsam
grand-père [gʀɑ̃pɛʀ] (*pl* **grands-pères**) *nm* Großvater *m*
grand-route [gʀɑ̃ʀut] *nf* Haupt(verkehrs)straße *f*
grand-rue [gʀɑ̃ʀy] *nf* Hauptstraße *f*
grands-parents [gʀɑ̃paʀɑ̃] *nmpl* Großeltern *pl*
grange [gʀɑ̃ʒ] *nf* Scheune *f*
granit [gʀanit] *nm* Granit *m*
granulaire [gʀanylɛʀ] *adj* (*Science*) granulär
granulé [gʀanyle] *nm* (*gén, Méd*) Granulat *nt*
granuleux, -euse [gʀanylø, øz] *adj* körnig
grapheur [gʀafœʀ] *nm* (*Inform*) Grafikprogramm *nt*
graphie [gʀafi] *nf* Schreibung *f*
graphique [gʀafik] *adj* grafisch ▶ *nm* Grafik *f*
graphiste [gʀafist] *nmf* Grafiker(in) *m(f)*
graphite [gʀafit] *nm* Grafit *m*
grappe [gʀap] *nf* Traube *f*; (*fig aussi*) Ansammlung *f*; **~ de raisin** (Wein)traube *f*
grappin [gʀapɛ̃] *nm* : **mettre le ~ sur** in die Finger bekommen
gras, grasse [gʀɑ, gʀɑs] *adj* fett; (*surface, main, cheveux*) fettig; (*plaisanterie*) derb ▶ *nm* (*Culin*) Fett *nt*; **faire la ~se matinée** lang ausschlafen; **en caractères ~, en ~** fett
grassement [gʀɑsmɑ̃] *adv* : **~ payé** sehr gut bezahlt
grassouillet, te [gʀɑsujɛ, ɛt] *adj* rundlich, dicklich
gratifier [gʀatifje] *vt* : **~ qn de qch** jdm etw gewähren
gratin [gʀatɛ̃] *nm* (*Culin*) Gratin *nt*; **au ~** überbacken; **le ~** (*fam*) die Crème (de la Crème)
gratiné, e [gʀatine] *adj* (*Culin*) überbacken
gratis [gʀatis] *adv, adj* gratis
gratitude [gʀatityd] *nf* Dankbarkeit *f*
gratte-ciel [gʀatsjɛl] (*pl* **gratte-ciels**) *nm* Wolkenkratzer *m*
gratte-papier [gʀatpapje] (*pl* **gratte-papiers**) (*péj*) *nm* Schreiberling *m*
gratter [gʀate] *vt* kratzen; (*enlever*) abkratzen; **se gratter** *vpr* sich kratzen
gratuit, e [gʀatɥi, ɥit] *adj* kostenlos; (*entrée*) frei; (*hypothèse, idée*) ungerechtfertigt
gratuité [gʀatɥite] *nf* Gebührenfreiheit *f*
gratuitement [gʀatɥitmɑ̃] *adv* gratis, kostenlos; (*sans preuve, motif*) unbegründet
gravats [gʀavɑ] *nmpl* Trümmer *pl*
grave [gʀav] *adj* (*maladie, accident, faute*) schwer; (*sérieux*) ernst; (*voix, son*) tief
gravement [gʀavmɑ̃] *adv* schwer
graver [gʀave] *vt* (*plaque*) gravieren; (*nom*) eingravieren; **~ qch dans son esprit** *ou* **sa mémoire** sich *dat* etw einprägen
graveur [gʀavœʀ] *nm* : **~ de CD/DVD** CD/DVD-Brenner *m*
gravier [gʀavje] *nm* Kies *m*
gravillons [gʀavijɔ̃] *nmpl* Schotter *m*
gravir [gʀaviʀ] *vt* hinaufsteigen auf +*acc*

g

gravitation [gʀavitasjɔ̃] *nf* Schwerkraft *f*
gravité [gʀavite] *nf* Ernst *m*; (*Phys*) Gravitation *f*
graviter [gʀavite] *vi* : **~ autour de** sich drehen um
gravure [gʀavyʀ] *nf* (*reproduction*) Stich *m*; (*action*) Gravieren *nt*
gré [gʀe] *nm* : **à mon ~** nach meinem Geschmack; **au ~ de qch** mit etw; **contre le ~ de qn** gegen jds Willen; **de son (plein) ~** aus freien Stücken; **de ~ ou de force** wohl oder übel; **bon ~ mal ~** wohl oder übel; **savoir ~ à qn de qch** jdm wegen etw *gén ou dat* sehr dankbar sein
grec, grecque [gʀɛk] *adj* griechisch ▶ *nm/f* : **Grec, Grecque** Grieche *m*, Griechin *f*
Grèce [gʀɛs] *nf* : **la ~** Griechenland *nt*
greffe [gʀɛf] *nf* (*Agr*) Pfropfreis *nt*; (: *action*) Pfropfen *nt*; (*Méd* : *du cœur, rein*) Transplantation *f*; (: *organe*) Transplantat *nt* ▶ *nm* (*Jur*) Kanzlei *f*
greffer [gʀefe] *vt* (*Bot*) pfropfen; (*Méd*) verpflanzen
greffier, -ière [gʀefje, jɛʀ] *nm/f* (*Jur*) Gerichtsschreiber(in)
grégaire [gʀegɛʀ] *adj* : **instinct ~** Herdentrieb *m*
grêle [gʀɛl] *adj* mager ▶ *nf* Hagel *m*
grêler [gʀele] *vb impers* : **il grêle** es hagelt
grêlon [gʀɛlɔ̃] *nm* Hagelkorn *nt*
grelotter [gʀəlɔte] *vi* (vor Kälte) zittern
grenade [gʀənad] *nf* (*explosive*) Granate *f*; (*Bot*) Granatapfel *m*
grenat [gʀəna] *adj inv* granatrot
grenier [gʀənje] *nm* Speicher *m*
grenouille [gʀənuj] *nf* Frosch *m*
grès [gʀɛ] *nm* (*roche*) Sandstein *m*; (*poterie*) Steingut *nt*
grésillement [gʀezijmɑ̃] *nm* (*Culin*) Brutzeln *nt*; (*Radio*) Rauschen *nt*
grésiller [gʀezije] *vi* (*Culin*) brutzeln; (*Radio*) knacken, rauschen
grève [gʀɛv] *nf* (*arrêt du travail*) Streik *m*; (*plage*) Ufer *nt*; **se mettre en** *ou* **faire ~** streiken; **~ de la faim** Hungerstreik *m*; **~ du zèle** ≈ Dienst *m* nach Vorschrift; **~ sur le tas** Sitzstreik *m*
grever [gʀəve] *vt* belasten
gréviste [gʀevist] *nmf* Streikende(r) *f(m)*
gribouiller [gʀibuje] *vt, vi* kritzeln
grief [gʀijɛf] *nm* : **faire ~ à qn de qch** jdm etw vorwerfen
grièvement [gʀijɛvmɑ̃] *adv* : **~ blessé** schwer verletzt
griffe [gʀif] *nf* (*d'animal*) Kralle *f*
griffer [gʀife] *vt* kratzen
griffonner [gʀifɔne] *vt* hinkritzeln
grignoter [gʀiɲɔte] *vt* herumnagen an *+dat*
gril [gʀil] *nm* Grill *m*
grillade [gʀijad] *nf* Gegrilltes *nt*
grillage [gʀijaʒ] *nm* Gitter *nt*
grille [gʀij] *nf* (*portail*) Tor *nt*; (*clôture*) Gitter(zaun *m*) *nt*
grille-pain [gʀijpɛ̃] (*pl* **grille-pains**) *nm* Toaster *m*
griller [gʀije] *vt* (*pain*) toasten; (*viande etc*) grillen; (*ampoule, résistance*) durchbrennen lassen; (*feu rouge*) überfahren
grillon [gʀijɔ̃] *nm* Grille *f*
grimace [gʀimas] *nf* Grimasse *f*; **faire des ~s** Grimassen schneiden
grimpant, e [gʀɛ̃pɑ̃, ɑ̃t] *adj* : **plante ~e** Kletterpflanze *f*
grimper [gʀɛ̃pe] *vt* hinaufsteigen ▶ *vi* (*route, terrain*) ansteigen; (*prix, nombre*) steigen; **~ à/sur** klettern auf *+acc*
grimpeur, -euse [gʀɛ̃pœʀ, øz] *nm/f* (*alpiniste*) Bergsteiger(in); (*cycliste*) Bergspezialist(in)
grinçant, e [gʀɛ̃sɑ̃, ɑ̃t] *adj* beißend, ätzend
grincement [gʀɛ̃smɑ̃] *nm* Quietschen *nt*; **~ de dents** Zähneknirschen *nt*
grincer [gʀɛ̃se] *vi* quietschen; (*plancher*) knarren; **~ des dents** mit den Zähnen knirschen
grincheux, -euse [gʀɛ̃ʃø, øz] *adj* mürrisch
gringalet [gʀɛ̃galɛ] *adj m* mickrig
griotte [gʀijɔt] *nf* Sauerkirsche *f*
grippe [gʀip] *nf* Grippe *f*; **~ A** Schweinegrippe *f*; **~ aviaire** Vogelgrippe *f*
grippé, e [gʀipe] *adj* : **être ~** die *ou* eine Grippe haben
grippe-sou [gʀipsu] (*pl* **grippe-sous**) *nm* Pfennigfuchser *m*
gris, e [gʀi, gʀiz] *adj* grau; (*ivre*) beschwipst
grisaille [gʀizɑj] *nf* Trübheit *f*
grisant, e [gʀizɑ̃, ɑ̃t] *adj* berauschend
grisâtre [gʀizɑtʀ] *adj* (*temps, ciel, jour*) trüb
griser [gʀize] *vt* berauschen
griserie [gʀizʀi] *nf* Rausch *m*
grisonnant, e [gʀizɔnɑ̃, ɑ̃t] *adj* ergrauend
grisonner [gʀizɔne] *vi* grau werden
Grisons [gʀizɔ̃] *nmpl* : **les ~** Graubünden *nt*
grisou [gʀizu] *nm* Grubengas *nt*

grive [gʀiv] *nf* Drossel *f*
grivois, e [gʀivwa, waz] *adj* derb
grivoiserie [gʀivwazʀi] *nf* Zote *f*
Groenland [gʀɔɛnlɑ̃d] *nm* : **le ~** Grönland *nt*
grogne [gʀɔɲ] *nf* Unruhe *f*
grogner [gʀɔɲe] *vi* (*animal*) knurren; (*personne*) murren
grognon, ne [gʀɔɲɔ̃, ɔn] *adj* mürrisch
groin [gʀwɛ̃] *nm* Rüssel *m*
grommeler [gʀɔm(ə)le] *vi* grummeln
grondement [gʀɔ̃dmɑ̃] *nm* (*de tonnerre*) Grollen *nt*
gronder [gʀɔ̃de] *vi* (*tonnerre*) grollen; (*animal*) knurren; (*révolte, mécontentement*) gären ▸ *vt* schimpfen mit
gros, grosse [gʀo, gʀos] *adj* dick; (*volumineux, grand*) groß; (*travaux*) umfangreich; (*orage*) schwer; (*bruit*) gewaltig ▸ *adv* : **risquer/gagner ~** viel riskieren/verdienen ▸ *nm* (*Comm*) Großhandel *m*; **par ~ temps/~se mer** bei schlechtem Wetter/stürmischer See; **le ~ de** der Großteil *+gén*; **prix de ~** Großhandelspreis *m*; **~ intestin** Dickdarm *m*; **~ lot** großes Los *nt*; **~ mot** Schimpfwort *nt*; **~ œuvre** (*Constr*) Rohbau *m*; **~ plan** (*Photo*) Nahaufnahme *f*
groseille [gʀozɛj] *nf* : **~ (rouge)** rote Johannisbeere *f*; **~ (blanche)** weiße Johannisbeere; **~ à maquereau** Stachelbeere *f*
grossesse [gʀosɛs] *nf* Schwangerschaft *f*
grosseur [gʀosœʀ] *nf* (*corpulence*) Dicke *f*; (*volume*) Größe *f*
grossier, -ière [gʀosje, jɛʀ] *adj* (*vulgaire*) derb; (*laine*) grob; (*erreur, faute*) krass
grossièrement [gʀosjɛʀmɑ̃] *adv* derb, grob; (*à peu près*) grob
grossièreté [gʀosjɛʀte] *nf* Derbheit *f*; (*mot, propos*) Grobheit *f*
grossir [gʀosiʀ] *vi* zunehmen; (*rivière, eaux*) steigen ▸ *vt* (*personne*) jdn dicker erscheinen lassen; (*nombre, importance*) erhöhen; (*exagérer*) übertreiben; (*microscope, lunette*) vergrößern
grossiste [gʀosist] *nmf* Großhändler(in) *m(f)*
grosso modo [gʀosomɔdo] *adv* ungefähr
grotesque [gʀɔtɛsk] *adj* grotesk
grotte [gʀɔt] *nf* Höhle *f*
grouiller [gʀuje] *vi* wimmeln; **se grouiller** *vpr* sich beeilen; **~ de** wimmeln vor *+dat*
groupe [gʀup] *nm* Gruppe *f*; **~ sanguin** Blutgruppe *f*
groupement [gʀupmɑ̃] *nm* Vereinigung *f*; **~ d'intérêt économique** wirtschaftliche Interessengemeinschaft *f*
grouper [gʀupe] *vt* gruppieren; **se grouper** *vpr* sich versammeln
grue [gʀy] *nf* (*de chantier*) Kran *m*; (*Zool*) Kranich *m*
grumeaux [gʀymo] *nmpl* (*Culin*) Klumpen *pl*
gruyère [gʀyjɛʀ] *nm* Gruyère *m*, Greyerzer(käse) *m*
Guadeloupe [gwadlup] *nf* : **la ~** Guadeloupe *nt*
Guatemala [gwatemala] *nm* : **le ~** Guatemala *nt*
guatémaltèque [gwatemaltɛk] *adj* guatemaltekisch
gué [ge] *nm* Furt *f*
guenilles [gənij] *nfpl* Lumpen *pl*
guenon [gənɔ̃] *nf* Äffin *f*
guépard [gepaʀ] *nm* Gepard *m*
guêpe [gɛp] *nf* Wespe *f*
guêpier [gepje] *nm* (*fig*) Wespennest *nt*
guère [gɛʀ] *adv* : **ne ... ~** kaum; **il n'y a ~ que lui qui soit resté** außer ihm ist kaum jemand dageblieben
guérilla [geʀija] *nf* Guerilla *f*
guérillero [geʀijeʀo] *nm* Guerillero *m*
guérir [geʀiʀ] *vt* (*Méd*) heilen ▸ *vi* (*personne*) gesund werden; (*plaie*) heilen
guérison [geʀizɔ̃] *nf* Genesung *f*
guérissable [geʀisabl] *adj* heilbar
guérisseur, -euse [geʀisœʀ, øz] *nm/f* Heiler(in)
Guernesey [gɛʀn(ə)zɛ] *nf* Guernsey *nt*
guerre [gɛʀ] *nf* Krieg *m*; **en ~** im Kriegszustand; **faire la ~ à** Krieg führen mit; **de ~ lasse** vom langen Hin und Her ermüdet; **~ atomique** Atomkrieg *m*; **~ civile** Bürgerkrieg *m*; **~ mondiale** Weltkrieg *m*
guerrier, -ière [gɛʀje, jɛʀ] *adj* kriegerisch ▸ *nm/f* Krieger(in)
guet [gɛ] *nm* : **faire le ~** auf der Lauer liegen
guet-apens [gɛtapɑ̃] (*pl* **guets-apens**) *nm* Hinterhalt *m*
guetter [gete] *vt* lauern auf *+acc*
gueule [gœl] *nf* (*d'animal*) Maul *nt*; (*du canon, tunnel*) Öffnung *f*; (*fam : visage*) Visage *f*; (*bouche*) Klappe *f*
gueule-de-loup [gœldəlu] (*pl* **gueules-de-loup**) *nf* Löwenmäulchen *nt*
gueuler [gœle] (*fam*) *vi* schreien, plärren
gueuleton [gœltɔ̃] (*fam*) *nm* Fresserei *f*
gui [gi] *nm* Mistel *f*
guichet [giʃɛ] *nm* Schalter *m*; (*au théâtre*) Kasse *f*; **jouer à ~s fermés** vor

ausverkauftem Haus spielen; **~ automatique** Geldautomat *m*
guide [gid] *nmf* Führer(in) *m(f)*; (*livre*) Führer *m*; **guides** *nfpl* (*d'un cheval*) Zügel *pl*; **~ de montagne** Bergführer(in) *m(f)*
guider [gide] *vt* führen
guidon [gidɔ̃] *nm* (*de vélo*) Lenkstange *f*
guigne [giɲ] (*fam*) *nf* : **avoir la ~** Pech haben
guignol [giɲɔl] *nm* Kasper *m*; (*fig*) Clown *m*
guillemets [gijmɛ] *nmpl* : **entre ~** in Anführungszeichen
guillotine [gijɔtin] *nf* Guillotine *f*
guillotiner [gijɔtine] *vt* enthaupten
guimauve [gimov] *nf* Eibisch *m*
guindé, e [gɛ̃de] *adj* gekünstelt
Guinée [gine] *nf* : **la (République de) ~** Guinea *nt*; **la ~ équatoriale** Äquatorialguinea *nt*
Guinée-Bissau [ginebiso] *nf* : **la ~** Guinea-Bissau *nt*
guirlande [giʀlɑ̃d] *nf* Girlande *f*
guise [giz] *nf* : **à votre ~** wie Sie wollen *ou* wünschen; **en ~ de** (*comme*) als; (*à la place de*) anstelle von
guitare [gitaʀ] *nf* Gitarre *f*
Gulf Stream [gɔlfstʀim] *nm* Golfstrom *m*
gustatif, -ive [gystatif, iv] *adj* Geschmacks-
Guyane [gɥijan] *nf* : **la ~** Guayana *nt*
G20 [ʒevɛ̃] *nm* (*Pol*) G-20 *f*
gymkhana [ʒimkana] *nm* ≈ Sportfest *nt*; **~ motocycliste** Geschicklichkeitswettbewerb *m* für Motorradfahrer
gymnase [ʒimnɑz] *nm* Turnhalle *f*
gymnaste [ʒimnast] *nmf* Turner(in) *m(f)*
gymnastique [ʒimnastik] *nf* (*Scol*) Turnen *nt*; (*au réveil etc*) Gymnastik *f*
gynécologie [ʒinekɔlɔʒi] *nf* Gynäkologie *f*
gynécologique [ʒinekɔlɔʒik] *adj* gynäkologisch
gynécologue [ʒinekɔlɔg] *nmf* Gynäkologe *m*, Gynäkologin *f*
gypse [ʒips] *nm* Gips *m*
gyrocompas [ʒiʀokɔ̃pɑ] *nm* Kreiselkompass *m*
gyrophare [ʒiʀofaʀ] *nm* (*sur une voiture*) ≈ Blaulicht *nt*

h

H, h [aʃ] *nm inv* H, h *nt*
h *abr* = **heure (s)** Std.
habile [abil] *adj* geschickt; (*malin*) gerissen
habileté [abilte] *nf* Geschick *nt*; (*ruse*) Gerissenheit *f*
habilité, e [abilite] *adj* : **~ à faire qch** ermächtigt, etw zu tun
habillé, e [abije] *adj* gekleidet; (*robe, costume*) elegant
habillement [abijmɑ̃] *nm* Kleidung *f*
habiller [abije] *vt* anziehen; (*fournir en vêtements*) einkleiden; **s'habiller** *vpr* sich anziehen; (*mettre des vêtements chic*) sich chic anziehen
habit [abi] *nm* (*costume*) Kostüm *nt*; **habits** *nmpl* (*vêtements*) Kleider *pl*; **~ (de soirée)** Abendanzug *m*
habitable [abitabl] *adj* bewohnbar
habitacle [abitakl] *nm* (*de voiture*) Führerhaus *nt*; (*Aviat*) Cockpit *nt*
habitant, e [abitɑ̃, ɑ̃t] *nm/f* Einwohner(in); (*d'une maison*) Bewohner(in)
habitat [abita] *nm* Lebensraum *m*
habitation [abitasjɔ̃] *nf* (*demeure*) Wohnsitz *m*; (*bâtiment*) Wohngebäude *nt*
habiter [abite] *vt* bewohnen, wohnen in *+dat*; (*sentiment, envie*) innewohnen *+dat* ▸ *vi* : **~ à/dans** wohnen in *+dat*; **~ rue Montmartre** in der rue Montmartre wohnen
habitude [abityd] *nf* Gewohnheit *f*; **avoir l'~ de faire qch** etw gewöhnlich tun; (*expérience*) gewohnt sein, etw zu tun; **d'~** gewöhnlich; **comme d'~** wie gewöhnlich
habitué, e [abitɥe] *adj* : **être ~ à** gewöhnt sein an *+acc* ▸ *nm/f* (*d'un café etc*) Stammgast *m*

habituel, le [abitɥɛl] *adj* üblich
habituer [abitɥe] *vt* : **~ qn à qch/faire qch** jdn an etw *acc* gewöhnen/jdn daran gewöhnen, etw zu tun; **s'habituer** *vpr* : **s'~ à qch** sich an etw *acc* gewöhnen
hâbleur, -euse ['ɑblœʀ, øz] *adj* angeberisch
hache ['aʃ] *nf* Axt *f*, Beil *nt*
haché, e ['aʃe] *adj* (*Culin*) gehackt; (*phrase, style*) abgehackt; **viande ~e** Hackfleisch *nt*
hache-légume ['aʃlegym] (*pl* **hache-légumes**) *nm* Gemüsezerkleinerer *m*
hacher ['aʃe] *vt* (zer)hacken; **~ menu** fein hacken
hache-viande ['aʃvjɑ̃d] (*pl* **hache-viandes**) *nm* Fleischwolf *m*; (*couteau*) Hackmesser *nt*
hachis ['aʃi] *nm* (*viande*) Hackfleisch *nt*; **~ Parmentier** *Gericht aus Hackfleisch und Kartoffelpüree*
hachisch ['aʃiʃ] *nm* = **haschisch**
hachoir ['aʃwaʀ] *nm* (*appareil*) Fleischwolf *m*; (*planche*) Hackbrett *nt*
hachurer ['aʃyʀe] *vt* schraffieren
hagard, e ['agaʀ, aʀd] *adj* verstört
haie ['ɛ] *nf* Hecke *f*; (*Sport*) Hürde *f*; (*rangée*) Reihe *f*, Spalier *nt*; **~ d'honneur** Spalier
haine ['ɛn] *nf* Hass *m*
haïr ['aiʀ] *vt* hassen
Haïti [aiti] *n* Haiti *nt*
hâlé, e ['ɑle] *adj* (sonnen)gebräunt
haleine [alɛn] *nf* Atem *m*; **hors d'~** außer Atem; **de longue ~** langwierig
haleter ['alte] *vi* keuchen
hall ['ol] *nm* Halle *f*
halle ['al] *nf* Markthalle *f*; **halles** *nfpl* städtische Markthallen *pl*
hallucinant, e [alysinɑ̃, ɑ̃t] *adj* verblüffend
hallucination [alysinasjɔ̃] *nf* Halluzination *f*, Sinnestäuschung *f*
halo ['alo] *nm* (*de lumière*) Hof *m*
halogène [alɔʒɛn] *nm* : **lampe (à) ~** Halogenlampe *f*
halte ['alt] *nf* Rast *f*; (*escale*) Zwischenstation *f*; (*Rail*) Haltestelle *f* ▸ *excl* halt; **faire ~** halten
halte-garderie ['altgaʀdəʀi] (*pl* **haltes-garderies**) *nf* Kinderkrippe *f*
haltère [altɛʀ] *nm* Hantel *f*; **faire des ~s** Gewichte heben
haltérophile [alteʀɔfil] *nm* Gewichtheber *m*
haltérophilie [alteʀɔfili] *nf* Gewichtheben *nt*
hamac ['amak] *nm* Hängematte *f*
Hambourg ['ɑ̃buʀ] *nf* Hamburg *nt*
hamburger ['ɑ̃buʀgœʀ] *nm* Hamburger *m*
hameau, x ['amo] *nm* Weiler *m*
hameçon [amsɔ̃] *nm* Angelhaken *m*
hameçonnage [amsɔnaʒ] *nm* Phishing *nt*
hamster ['amstɛʀ] *nm* Hamster *m*
hanche ['ɑ̃ʃ] *nf* Hüfte *f*
handball ['ɑ̃dbal] *nm* Handball *m*
handballeur, -euse ['ɑ̃dbalœʀ, øz] *nm/f* Handballer(in)
handicap ['ɑ̃dikap] *nm* Handicap *nt*
handicapé, e ['ɑ̃dikape] *adj* behindert ▸ *nm/f* Behinderte(r) *f(m)*; **~ mental** geistig Behinderter *m*; **~ moteur** Spastiker *m*; **~ physique** Körperbehinderter *m*
handicaper ['ɑ̃dikape] *vt* behindern
handisport ['ɑ̃dispɔʀ] *nm* Behindertensport *m*
hangar ['ɑ̃gaʀ] *nm* Schuppen *m*; (*Aviat*) Hangar *m*, Flugzeughalle *f*
hanneton ['antɔ̃] *nm* Maikäfer *m*
Hanovre ['anɔvʀ] *nf* Hannover *nt*
hanter ['ɑ̃te] *vt* (*suj* : *fantôme*) spuken in *+dat*, umgehen in *+dat*; (: *idée, souvenir*) verfolgen, keine Ruhe lassen *+dat*; **château hanté** Spukschloss
hantise ['ɑ̃tiz] *nf* (übertriebene) Angst *f*
happer ['ape] *vt* schnappen; (*train, voiture*) erfassen
haranguer ['aʀɑ̃ge] *vt* eine Rede halten *+dat*
haras ['aʀɑ] *nm* Gestüt *nt*
harassant, e ['aʀasɑ̃, ɑ̃t] *adj* erschöpfend
harcèlement ['aʀsɛlmɑ̃] *nm* Belästigung *f*; **~ sexuel** sexuelle Belästigungen *pl*; **~ moral** Mobbing *nt*
harceler ['aʀsəle] *vt* (*importuner*) belästigen; **~ de questions** mit Fragen bestürmen
hardi, e ['aʀdi] *adj* (*courageux*) kühn, tapfer
harem ['aʀɛm] *nm* Harem *m*
hareng ['aʀɑ̃] *nm* Hering *m*
hargne ['aʀɲ] *nf* Gehässigkeit *f*
haricot ['aʀiko] *nm* Bohne *f*; **~ blanc** weiße Bohne; **~ vert** grüne Bohne
harmonie [aʀmɔni] *nf* Harmonie *f*; (*Mus* : *théorie*) Harmonielehre *f*
harmonieux, -euse [aʀmɔnjø, øz] *adj* harmonisch
harmonisation [aʀmɔnizasjɔ̃] *nf* Angleichung *f*; **~ juridique** Rechtsangleichung *f*

h

harmoniser [aʀmɔnize] *vt* aufeinander abstimmen
harmonium [aʀmɔnjɔm] *nm* Harmonium *nt*
harnacher ['aʀnaʃe] *vt* anschirren
harnais ['aʀnɛ] *nm* Geschirr *nt*
harpe ['aʀp] *nf* Harfe *f*
harpiste ['aʀpist] *nmf* Harfenist(in) *m(f)*
harpon ['aʀpɔ̃] *nm* Harpune *f*
harponner ['aʀpɔne] *vt* harpunieren; (*fam*) aufhalten
hasard ['azaʀ] *nm* Zufall *m*; **au ~** auf gut Glück; **par ~** zufällig; **à tout ~** auf gut Glück
hasarder ['azaʀde] *vt* riskieren; **se hasarder** *vpr* : **se ~ à faire qch** es wagen, etw zu tun
hasardeux, -euse ['azaʀdø, øz] *adj* riskant; (*hypothèse*) gewagt
haschisch ['aʃiʃ] *nm* Haschisch *nt*
hâte ['ɑt] *nf* Eile *f*; **à la ~** hastig; **en ~** in aller Eile; **j'ai ~ de faire qch** ich kann es nicht abwarten, etw zu tun
hâter ['ɑte] *vt* beschleunigen; **se hâter** *vpr* sich beeilen
hâtif, -ive ['ɑtif, iv] *adj* (*travail*) gepfuscht; (*décision*) übereilt; (*fruit, légume*) frühreif
hausse ['os] *nf* Anstieg *m*; **en ~** steigend
hausser ['ose] *vt* erhöhen; (*voix*) erheben; **se hausser** *vpr* : **se ~ sur la pointe des pieds** sich auf die Zehenspitzen stellen; **~ les épaules** mit den Schultern zucken
haut, e ['o, 'ot] *adj* hoch ▶ *adv* : **monter/lever ~** hochsteigen/-heben ▶ *nm* (*d'un objet*) oberer Teil *m*; (*d'un arbre*) Wipfel *m*; **~ de 2 m/5 étages** 2 m/5 Stockwerke hoch; **en ~e montagne** im Hochgebirge; **en ~ lieu** an höchster Stelle; **à ~e voix** mit lauter Stimme; **à ~e résolution** *ou* **définition** hoch auflösend; **un mur de 3 m de ~** eine 3 m hohe Mauer; **des ~s et des bas** Höhen und Tiefen *pl*; **du ~ de …** von … herab; **de ~ en bas** (*regarder*) von oben bis unten; (*frapper*) von oben nach unten; **en ~** oben; (*mouvement*) nach oben; **en ~ de** auf *+dat*; (*mouvement*) auf *+acc*; **plus ~** höher; (*position, aussi dans un texte*) weiter oben; (*parler*) lauter; **~ les mains !** Hände hoch!
hautain, e ['otɛ̃, ɛn] *adj* hochmütig
hautbois ['obwɑ] *nm* Oboe *f*
hautboïste ['obɔist] *nmf* Oboist(in) *m(f)*
haut-débit ['odebi] *nm* (*Inform*) Breitband *nt*
haut-de-forme ['odfɔʀm] (*pl* **hauts-de-forme**) *nm* Zylinder *m*
hauteur ['otœʀ] *nf* Höhe *f*; (*arrogance*) Hochmut *m*; **à la ~** (*fig*) der Situation gewachsen
haut-fourneau ['ofuʀno] (*pl* **hauts-fourneaux**) *nm* Hochofen *m*
haut-le-cœur ['olkœʀ] *nm inv* Würgen *nt*, Brechreiz *m*
haut-parleur ['opaʀlœʀ] (*pl* **haut-parleurs**) *nm* Lautsprecher *m*
Haye ['ɛ] *nf* : **La ~** Den Haag *nt*
hayon ['ɛjɔ̃] *nm* Hecktür *f*
hebdo [ɛbdo] (*fam*) *nm* Wochenzeitschrift *f*
hebdomadaire [ɛbdɔmadɛʀ] *adj* wöchentlich ▶ *nm* Wochenzeitschrift *f*
hébergement [ebɛʀʒəmɑ̃] *nm* Beherbergen *nt*, Aufnahme *f*
héberger [ebɛʀʒe] *vt* (bei sich) aufnehmen
hébergeur [ebɛʀʒœʀ] *nm* (*Inform*) Host *m*
hébété, e [ebete] *adj* benommen
hébraïque [ebʀaik] *adj* hebräisch
hébreu, x [ebʀø] *adj* hebräisch
HEC ['aʃese] *sigle fpl* (*= École des hautes études commerciales*) *Eliteschule für Betriebswirte*
hécatombe [ekatɔ̃b] *nf* Blutbad *nt*
hectare [ɛktaʀ] *nm* Hektar *nt ou m*
hectolitre [ɛktolitʀ] *nm* Hektoliter *m*
hédoniste [edɔnist] *adj* hedonistisch
hégémonie [eʒemɔni] *nf* Vorherrschaft *f*
hein ['ɛ̃] *excl* was?; **tu m'approuves, ~ ?** du bist doch einverstanden, oder?
hélas ['elɑs] *excl* ach; **~ non/oui !** leider nicht/leider!
héler ['ele] *vt* herbeirufen; **~ un taxi** ein Taxi rufen
hélice [elis] *nf* Schraube *f*; (*de bateau, d'avion*) Propeller *m*
hélicoptère [elikɔptɛʀ] *nm* Hubschrauber *m*
héliport [elipɔʀ] *nm* Hubschrauberlandeplatz *m*
héliporté, e [elipɔʀte] *adj* per Hubschrauber befördert
hélium [eljɔm] *nm* Helium *nt*
helvète [ɛlvɛt] *adj* helvetisch
Helvétie [ɛlvesi] *nf* : **l'~** Helvetien *nt*
helvétique [ɛlvetik] *adj* schweizerisch
hématome [ematom] *nm* Bluterguss *m*
hémicycle [emisikl] *nm* Halbkreis *m*; **l'~** (*Pol*) *das französische Parlament*
hémiplégie [emipleʒi] *nf* halbseitige Lähmung *f*
hémisphère [emisfɛʀ] *nm* : **~ nord/sud** nördliche/südliche Hemisphäre *f ou* Halbkugel *f*

hémoglobine [emɔglɔbin] *nf* Hämoglobin *nt*
hémophile [emɔfil] *adj* bluterkrank; **il est ~** er ist Bluter
hémophilie [emɔfili] *nf* Bluterkrankheit *f*
hémorragie [emɔʀaʒi] *nf* starke Blutung *f*; **~ cérébrale** Gehirnblutung *f*
hémorroïdes [emɔʀɔid] *nfpl* Hämorr(ho)iden *pl*
hémostatique [emɔstatik] *adj* blutstillend
henné ['ene] *nm* Henna *f*
hennir ['eniʀ] *vi* wiehern
hennissement ['enismɑ̃] *nm* Wiehern *nt*
hépatique [epatik] *adj* Leber-
hépatite [epatit] *nf* Hepatitis *f*
herbe [ɛʀb] *nf* Gras *nt*; (*Culin*, *Méd*) Kraut *nt*
herbicide [ɛʀbisid] *nm* Unkrautvertilgungsmittel *nt*
herbier [ɛʀbje] *nm* Herbarium *nt*
herbivore [ɛʀbivɔʀ] *nm* Pflanzenfresser *m*
herboriste [ɛʀbɔʀist] *nmf* Naturheilkundige(r) *f(m)*
héréditaire [eʀeditɛʀ] *adj* erblich
hérédité [eʀedite] *nf* Vererbung *f*
hérésie [eʀezi] *nf* Ketzerei *f*
hérétique [eʀetik] *nmf* Ketzer(in) *m(f)*
hérissé, e ['eʀise] *adj* (*poil*, *cheveux*) borstig, struppig; **~ de** (*piquants*, *clous*) gespickt mit; (*pièges*, *difficultés*) voller
hérisser ['eʀise] *vt* : **~ qn** (*fig*) jdn aufbringen; **se hérisser** *vpr* (*poils*) sich sträuben
hérisson ['eʀisɔ̃] *nm* Igel *m*
héritage [eʀitaʒ] *nm* Erbschaft *f*; (*fig*) Erbe *nt*
hériter [eʀite] *vi*, *vt* erben; **~ de qch** etw erben
héritier, -ière [eʀitje, jɛʀ] *nm/f* Erbe *m*, Erbin *f*
hermétique [ɛʀmetik] *adj* hermetisch; (*à l'air*) luftdicht; (*à l'eau*) wasserdicht
hermine [ɛʀmin] *nf* Hermelin *nt*
hernie ['ɛʀni] *nf* Bruch *m*
héroïne [eʀɔin] *nf* Heldin *f*; (*drogue*) Heroin *nt*
héroïnomane [eʀɔinɔman] *nmf* Heroinsüchtige(r) *f(m)*
héroïque [eʀɔik] *adj* heldenhaft, heroisch
héron ['eʀɔ̃] *nm* Reiher *m*
héros ['eʀo] *nm* Held *m*
herpès [ɛʀpɛs] *nm* Herpes *m*
hésitation [ezitasjɔ̃] *nf* Zögern *nt*
hésiter [ezite] *vi* zögern
hétéroclite [eteʀɔklit] *adj* (*ensemble*) heterogen; (*objets*) zusammengewürfelt
hétérogène [eteʀɔʒɛn] *adj* heterogen
hétérosexuel, le [eteʀɔsɛksɥɛl] *adj* heterosexuell
hêtre ['ɛtʀ] *nm* Buche *f*
heure [œʀ] *nf* Stunde *f*; **quelle ~ est-il ?** wie viel Uhr ist es?; **pourriez-vous me donner l'~, s'il vous plaît ?** können Sie mir bitte sagen, wie spät es ist?; **2 ~s (du matin)** 2 Uhr (morgens); **être à l'~** pünktlich sein; (*montre*) richtig gehen; **mettre à l'~** stellen; **à toute ~** den ganzen Tag (lang); **24 ~s sur 24** rund um die Uhr; **à l'~ actuelle** gegenwärtig; **~ d'été** Sommerzeit *f*; **~ de pointe** Hauptverkehrszeit *f*; **~ locale** Ortszeit *f*; **~s supplémentaires** Überstunden *pl*
heureusement [œʀøzmɑ̃] *adv* glücklicherweise
heureux, -euse [œʀø, øz] *adj* glücklich
heurt ['œʀ] *nm* (*choc*) Zusammenstoß *m*; **heurts** *nmpl* (*désaccord*) Reibereien *pl*
heurté, e ['œʀte] *adj* sprunghaft
heurter ['œʀte] *vt* stoßen gegen; (*fig*) verletzen; **se heurter** *vpr* zusammenstoßen; **se ~ à** stoßen auf *+acc*
hexagonal, e, -aux [ɛgzagɔnal, o] *adj* sechseckig; (*français*) französisch
hexagone [ɛgzagɔn] *nm* Sechseck *nt*; **l'H~** Frankreich *nt* (*wegen seiner annähernd sechseckigen Form*)
hibernation [ibɛʀnasjɔ̃] *nf* Winterschlaf *m*
hiberner [ibɛʀne] *vi* Winterschlaf halten
hibiscus [ibiskys] *nm* Hibiskus *m*
hibou, x ['ibu] *nm* Eule *f*
hideux, -euse ['idø, øz] *adj* abscheulich
hier [jɛʀ] *adv* gestern
hiérarchie ['jeʀaʀʃi] *nf* Hierarchie *f*
hiéroglyphe ['jeʀɔglif] *nm* Hieroglyphe *f*
hi-fi ['ifi] *nf inv* Hi-Fi *nt*
hilarité [ilaʀite] *nf* Heiterkeit *f*
hindou, e [ɛ̃du] *adj* Hindu-; (*indien*) indisch ▸ *nm/f* : **Hindou, e** (*Indien*) Inder(in)
hindouisme [ɛ̃duism] *nm* Hinduismus *m*
hippique [ipik] *adj* Pferde-
hippisme [ipism] *nm* Pferdesport *m*
hippocampe [ipɔkɑ̃p] *nm* Seepferdchen *nt*
hippodrome [ipɔdʀom] *nm* Hippodrom *nt*
hippopotame [ipɔpɔtam] *nm* Nilpferd *nt*
hirondelle [iʀɔ̃dɛl] *nf* Schwalbe *f*
hirsute [iʀsyt] *adj* strubbelig, struppig
hisser ['ise] *vt* hissen; **se hisser** *vpr* : **se ~ sur** sich hochziehen auf *+acc*

histoire [istwaʀ] *nf* Geschichte *f*; **histoires** *nfpl* (*ennuis*) Scherereien *pl*, Ärger *m*; **faire des ~s** Ärger/Scherereien machen; **une drôle d'~** etw Komisches
historien, ne [istɔʀjɛ̃, ɛn] *nm/f* Historiker(in)
historique [istɔʀik] *adj* historisch
hit-parade ['itpaʀad] (*pl* **hit-parades**) *nm* Hitparade *f*
HIV ['aʃive] *abr m* (= *Human Immunodeficiency Virus*) HIV *m*
hiver [ivɛʀ] *nm* Winter *m*; **en ~** im Winter
hivernal, e, -aux [ivɛʀnal, o] *adj* winterlich
hiverner [ivɛʀne] *vi* überwintern
HLM ['aʃɛlɛm] *sigle m ou sigle f* (= *habitation à loyer modéré*) ≈ Sozialwohnung *f*
hobby ['ɔbi] *nm* Hobby *nt*
hocher ['ɔʃe] *vt* : **~ la tête** mit dem Kopf nicken; (*signe négatif ou dubitatif*) den Kopf schütteln
hochet ['ɔʃɛ] *nm* Rassel *f*
hockey ['ɔkɛ] *nm* : **~ sur glace/gazon** Eishockey *nt*/Feldhockey *nt*
hockeyeur, -euse ['ɔkɛjœʀ, øz] *nm/f* Hockeyspieler(in); (*sur glace*) Eishockeyspieler(in)
holding ['ɔldiŋ] *nm* Holding(gesellschaft *f*) *nt*
hold-up ['ɔldœp] *nm inv* Raubüberfall *m*
hollandais, e ['ɔlɑ̃dɛ, ɛz] *adj* holländisch ▸ *nm/f* : **Hollandais, e** Holländer(in)
Hollande ['ɔlɑ̃d] *nf* : **la ~** Holland *nt*
holocauste [ɔlɔkost] *nm* Holocaust *m*
hologramme [ɔlɔgʀam] *nm* Hologramm *nt*
homard ['ɔmaʀ] *nm* Hummer *m*
homélie [ɔmeli] *nf* Predigt *f*
homéopathe [ɔmeɔpat] *nmf* Homöopath(in) *m(f)*
homéopathie [ɔmeɔpati] *nf* Homöopathie *f*
homéopathique [ɔmeɔpatik] *adj* homöopathisch
homicide [ɔmisid] *nm* Totschlag *m*; **~ involontaire** fahrlässige Tötung *f*
hommage [ɔmaʒ] *nm* Huldigung *f*; **présenter ses ~s à qn** jdn grüßen; **rendre ~ à qn** jdm huldigen
homme [ɔm] *nm* (*individu*) Mann *m*; (*espèce*) Mensch *m*; **l'~ de la rue** der Mann auf der Straße; **~ d'affaires** Geschäftsmann *m*; **~ d'État** Staatsmann *m*; **~ de paille** Strohmann *m*; **~ des cavernes** Höhlenmensch *m*
homme-grenouille [ɔmgʀənuj] (*pl* **hommes-grenouilles**) *nm* Froschmann *m*
homme-orchestre [ɔmɔʀkɛstʀ] (*pl* **hommes-orchestres**) *nm* Einmannband *f*
homme-sandwich [ɔmsɑ̃dwitʃ] (*pl* **hommes-sandwichs**) *nm* Plakatträger *m*
homogène [ɔmɔʒɛn] *adj* homogen
homogénéisé, e [ɔmɔʒeneize] *adj* homogenisiert
homologue [ɔmɔlɔg] *nmf* Gegenstück *nt*
homologué, e [ɔmɔlɔge] *adj* (*Sport*) offiziell anerkannt; (*tarif*) genehmigt
homonyme [ɔmɔnim] *nm* (*Ling*) Homonym *nt*
homoparental, e, -aux [ɔmɔpaʀɑ̃tal, o] *adj* gleichgeschlechtlich
homoparentalité [ɔmɔpaʀɑ̃talite] *nf* gleichgeschlechtliche Elternschaft *f*
homosexualité [ɔmɔsɛksɥalite] *nf* Homosexualität *f*
homosexuel, le [ɔmɔsɛksɥɛl] *adj* homosexuell ▸ *nm/f* Homosexuelle(r) *f(m)*
Honduras ['ɔ̃dyʀas] *nm* : **le ~** Honduras *nt*
Hongrie ['ɔ̃gʀi] *nf* : **la ~** Ungarn *nt*
hongrois, e ['ɔ̃gʀwa, waz] *adj* ungarisch ▸ *nm/f* : **Hongrois, e** Ungar(in)
honnête [ɔnɛt] *adj* ehrlich; (*juste, satisfaisant*) anständig
honnêtement [ɔnɛtmɑ̃] *adv* ehrlich
honnêteté [ɔnɛtte] *nf* Ehrlichkeit *f*
honneur [ɔnœʀ] *nm* Ehre *f*; **en l'~ de** zu Ehren von; **faire ~ à** (*engagements*) einhalten; (*famille, professeur*) Ehre machen *+dat*; (*repas etc*) zu würdigen wissen
honorable [ɔnɔʀabl] *adj* ehrenhaft; (*suffisant*) zufriedenstellend
honoraire [ɔnɔʀɛʀ] *adj* ehrenamtlich; **honoraires** *nmpl* Honorar *nt*; **professeur ~** emeritierter Professor *m*
honorer [ɔnɔʀe] *vt* ehren; (*Comm*) bezahlen; **s'honorer** *vpr* : **s'~ de** sich rühmen *+gén*; **~ qn de** jdn beehren mit
honorifique [ɔnɔʀifik] *adj* Ehren-
honte ['ɔ̃t] *nf* Schande *f*; **avoir ~ de** sich schämen *+gén*; **faire ~ à qn** jdm Schande machen
honteux, -euse ['ɔ̃tø, øz] *adj* (*personne*) beschämt; (*conduite, acte*) schändlich
hôpital, -aux [ɔpital, o] *nm* Krankenhaus *nt*
hoquet ['ɔkɛ] *nm* Schluckauf *m*; **avoir le ~** (einen) Schluckauf haben
hoqueter ['ɔkte] *vi* (einen) Schluckauf haben
horaire [ɔʀɛʀ] *adj* Stunden- ▸ *nm* (*emploi du temps*) Zeitplan *m*; (*Scol*) Stundenplan *m*;

(*de transports*) Fahrplan *m*; (*Aviat*) Flugplan *m*; **~ à la carte** *ou* **flexible** *ou* **mobile** Gleitzeit *f*
horizon [ɔʀizɔ̃] *nm* Horizont *m*
horizontal, e, -aux [ɔʀizɔ̃tal, o] *adj* horizontal
horizontalement [ɔʀizɔ̃talmɑ̃] *adv* horizontal
horloge [ɔʀlɔʒ] *nf* Uhr *f*; **~ parlante** Zeitansage *f*
horloger, -ère [ɔʀlɔʒe, ɛʀ] *nm/f* Uhrmacher(in)
horlogerie [ɔʀlɔʒʀi] *nf* Uhrenindustrie *f*; **pièces d'~** Uhrteile *pl*
hormis ['ɔʀmi] *prép* außer *+dat*
hormonal, e, -aux [ɔʀmɔnal, o] *adj* hormonell
hormone [ɔʀmɔn] *nf* Hormon *nt*
horodatage [ɔʀɔdataʒ] *nm* Zeitangabe *f*
horodateur, -trice [ɔʀɔdatœʀ, tʀis] *adj* (*appareil*) mit Zeitstempel ▸ *nm* Automat *m* mit Zeitstempel
horoscope [ɔʀɔskɔp] *nm* Horoskop *nt*
horreur [ɔʀœʀ] *nf* Entsetzen *nt*; (*objet*) Abscheulichkeit *f*; **quelle ~ !** wie entsetzlich!; **avoir ~ de qch** etw verabscheuen; **cela me fait ~** das widert mich an
horrible [ɔʀibl] *adj* schrecklich, grauenhaft
horrifier [ɔʀifje] *vt* entsetzen
horrifique [ɔʀifik] *adj* entsetzlich
horripilant, e [ɔʀipilɑ̃, ɑ̃t] *adj* nervtötend
horripiler [ɔʀipile] *vt* zur Verzweiflung bringen
hors ['ɔʀ] *prép* außer *+dat*; **~ de** außerhalb von; **~ de propos** unpassend; **être ~ de soi** außer sich *dat* sein; **~ d'usage** defekt; **~ pair** außerordentlich; **~ service** außer Betrieb; **~ d'usage** defekt
hors-bord ['ɔʀbɔʀ] (*pl* **hors-bords**) *nm* Außenborder *m*
hors-concours ['ɔʀkɔ̃kuʀ] *adj inv* außer Konkurrenz
hors-d'œuvre ['ɔʀdœvʀ] *nm inv* Vorspeise *f*, Horsd'œuvre *nt*
hors-jeu ['ɔʀʒø] (*pl* **hors-jeux**) *nm* Abseits *nt*
hors-la-loi ['ɔʀlalwa] *nm inv* Geächteter *m*
hors-piste ['ɔʀpist] (*pl* **hors-pistes**) *nm* Skilaufen *nt* abseits der Pisten
hors taxe [ɔʀtaks] *adj* zollfrei
hors-texte ['ɔʀtɛkst] (*pl* **hors-textes**) *nm* Tafel *f*
hortensia [ɔʀtɑ̃sja] *nm* Hortensie *f*
horticulteur, -trice [ɔʀtikyltœʀ, tʀis] *nm/f* Gärtner(in)
horticulture [ɔʀtikyltyʀ] *nf* Gartenbau *m*
hospice [ɔspis] *nm* (*de vieillards*) Heim *nt*
hospitalier, -ière [ɔspitalje, jɛʀ] *adj* (*accueillant*) gastfreundlich; (*Méd*) Krankenhaus-
hospitalisation [ɔspitalizasjɔ̃] *nf* Einweisung *f* ins Krankenhaus
hospitaliser [ɔspitalize] *vt* ins Krankenhaus einweisen
hospitalité [ɔspitalite] *nf* Gastfreundschaft *f*
hostie [ɔsti] *nf* Hostie *f*
hostile [ɔstil] *adj* feindselig; **~ à** gegen *+acc*
hostilité [ɔstilite] *nf* Feindseligkeit *f*; **hostilités** *nfpl* Feindseligkeiten *pl*
hot-dog ['ɔtdɔg] (*pl* **hot-dogs**) *nm* Hotdog *m ou nt*
hôte [ot] *nm* (*maître de maison*) Gastgeber *m* ▸ *nmf* (*invité*) Gast *m*
hôtel [otɛl] *nm* Hotel *nt*; **~ de ville** Rathaus *nt*; **~ (particulier)** Villa *f*
hôtelier, -ière [otəlje, jɛʀ] *adj* Hotel- ▸ *nm/f* Hotelier *m*
hôtellerie [otɛlʀi] *nf* (*profession*) Hotelgewerbe *nt*; (*auberge*) Gasthaus *nt*
hôtesse [otɛs] *nf* (*maîtresse de maison*) Gastgeberin *f*; **~ d'accueil** Hostess *f*; **~ de l'air** Stewardess *f*
hotline ['ɔtlajn] *nf* Hotline *f*
hotspot [ɔtspɔt] *nm* (*Inform*) Hotspot *m*
hotte ['ɔt] *nf* (*de cheminée*) Abzugshaube *f*
houblon ['ublɔ̃] *nm* Hopfen *m*
houille ['uj] *nf* Kohle *f*; **~ blanche** Wasserkraft *f*
houlette ['ulɛt] *nf*: **sous la ~ de** unter der Führung von
houleux, -euse ['ulø, øz] *adj* (*mer*) wogend, unruhig; (*fig*) erregt
houspiller ['uspije] *vt* ausschimpfen
housse ['us] *nf* Bezug *m*
houx ['u] *nm* Stechpalme *f*
HS [aʃɛs] *abr* (= *hors service*) *voir* **hors**
hublot ['yblo] *nm* (*Naut*) Bullauge *nt*; (*Aviat*) Fenster *nt*
huées ['ɥe] *nfpl* Buhrufe *pl*
huer ['ɥe] *vt* ausbuhen
huile [ɥil] *nf* Öl *nt*; **~ d'arachide** Erdnussöl *nt*; **~ de foie de morue** Lebertran *m*
huiler [ɥile] *vt* ölen
huis [ɥi] *nm*: **à ~ clos** unter Ausschluss der Öffentlichkeit
huissier, -ière [ɥisje, jɛʀ] *nm/f* Amtsdiener(in); (*Jur*) ≈ Gerichtsvollzieher(in)
huit ['ɥi(t)] *num* acht; **dans ~ jours** in acht Tagen, in einer Woche; **samedi en ~** Samstag in acht Tagen

h

huitaine ['ɥitɛn] *nf*: **une ~ de jours** etwa eine Woche *ou* acht Tage
huitante ['ɥitɑ̃t] *num (Suisse)* achtzig
huitième ['ɥitjɛm] *num* achte(r, s) ▸ *nm* Achtel *nt*
huitièmement ['ɥitjɛmmɑ̃] *adv* achtens
huître [ɥitʀ] *nf* Auster *f*
hululement ['ylylmɑ̃] *nm* Schreien *nt*
humain, e [ymɛ̃, ɛn] *adj* menschlich
humainement [ymɛnmɑ̃] *adv* menschlich
humaniser [ymanize] *vt* menschlicher machen
humanitaire [ymanitɛʀ] *adj* humanitär
humanité [ymanite] *nf* Menschheit *f*; (*sensibilité*) Menschlichkeit *f*
humanoïde [ymanɔid] *nmf* menschenähnliches Wesen *nt*
humble [œ̃bl] *adj* bescheiden
humecter [ymɛkte] *vt* anfeuchten
humer ['yme] *vt* einatmen
humérus [ymeʀys] *nm* Oberarmknochen *m*
humeur [ymœʀ] *nf* (*momentanée*) Laune *f*, Stimmung *f*; (*irritation*) schlechte Laune; (*tempérament*) Wesen *nt*; **être de mauvaise/bonne ~** schlechte/gute Laune haben
humide [ymid] *adj* feucht; (*terre, route*) nass; (*saison*) regnerisch
humidificateur [ymidifikatœʀ] *nm* Verdunster *m*
humidifier [ymidifje] *vt* befeuchten
humidité [ymidite] *nf* Feuchtigkeit *f*
humiliant, e [ymiljɑ̃, ɑ̃t] *adj* demütigend
humiliation [ymiljasjɔ̃] *nf* Demütigung *f*
humilier [ymilje] *vt* demütigen
humilité [ymilite] *nf* Bescheidenheit *f*
humoriste [ymɔʀist] *nmf* Humorist(in) *m(f)*
humoristique [ymɔʀistik] *adj* humoristisch
humour [ymuʀ] *nm* Humor *m*
huppé, e ['ype] (*fam*) *adj* vornehm
hurlement ['yʀləmɑ̃] *nm* Heulen *nt*
hurler ['yʀle] *vi* heulen; (*personne*) schreien
hurluberlu [yʀlybɛʀly] (*péj*) *nm* Spinner *m*
hutte ['yt] *nf* Hütte *f*
hybride [ibʀid] *adj* : **une (voiture) ~** ein Hybridauto *nt*; **un moteur ~** ein Hybridmotor *m*
hydratant, e [idʀatɑ̃, ɑ̃t] *adj* Feuchtigkeits-
hydrate [idʀat] *nm* : **~s de carbone** Kohle(n)hydrate *pl*
hydrater [idʀate] *vt* Feuchtigkeit verleihen *+dat*
hydraulique [idʀolik] *adj* hydraulisch
hydravion [idʀavjɔ̃] *nm* Wasserflugzeug *nt*
hydrocarbure [idʀɔkaʀbyʀ] *nm* Kohlenwasserstoff *m*
hydrogène [idʀɔʒɛn] *nm* Wasserstoff *m*
hydroglisseur [idʀɔglisœʀ] *nm* Gleitboot *nt*
hydroptère [idʀɔptɛʀ] *nm* Tragflächenboot *nt*
hydropulseur [idʀɔpylsœʀ] *nm* Munddusche *f*
hyène [jɛn] *nf* Hyäne *f*
hygiène [iʒjɛn] *nf* Hygiene *f*; **~ corporelle** Körperpflege *f*; **~ intime** Intimpflege *f*
hygiénique [iʒenik] *adj* hygienisch
hymne [imn] *nm* Hymne *f*; **~ national** Nationalhymne *f*
hyperappel [ipɛʀapɛl] *nm* (*Inform*) Direktaufruf *m*
hyperlien [ipɛʀljɛ̃] *nm* Hyperlink *m*
hypermarché [ipɛʀmaʀʃe] *nm* Supermarkt *m*
hypermétrope [ipɛʀmetʀɔp] *adj* weitsichtig
hypernerveux, -euse [ipɛʀnɛʀvø, øz] *adj* hypernervös
hypersensible [ipɛʀsɑ̃sibl] *adj* hypersensibel
hypertendu, e [ipɛʀtɑ̃dy] *adj* mit zu hohem Blutdruck
hypertension [ipɛʀtɑ̃sjɔ̃] *nf* Bluthochdruck *m*
hypertexte [ipɛʀtɛkst] *nm* Hypertext *m*; **lien ~** Hyperlink *m*
hypertrophié, e [ipɛʀtʀɔfje] *adj* vergrößert
hypnose [ipnoz] *nf* Hypnose *f*
hypnotique [ipnɔtik] *adj* hypnotisch
hypnotiser [ipnɔtize] *vt* hypnotisieren
hypnotiseur [ipnɔtizœʀ] *nm* Hypnotiseur *m*
hypo-allergénique [ipoalɛʀʒenik] *adj* frei von Allergenen
hypocondriaque [ipɔkɔ̃dʀijak] *adj* hypochondrisch ▸ *nmf* Hypochonder *m*
hypocrisie [ipɔkʀizi] *nf* Heuchelei *f*
hypocrite [ipɔkʀit] *adj* heuchlerisch ▸ *nmf* Heuchler(in) *m(f)*
hypotendu, e [ipɔtɑ̃dy] *adj* mit zu niedrigem Blutdruck
hypotension [ipɔtɑ̃sjɔ̃] *nf* niedriger Blutdruck *m*

hypoténuse [ipɔtenyz] *nf* Hypotenuse *f*
hypothèque [ipɔtɛk] *nf* Hypothek *f*
hypothéquer [ipɔteke] *vt* mit einer Hypothek belasten
hypothermie [ipɔtɛʀmi] *nf* Hypothermie *f*
hypothèse [ipɔtɛz] *nf* Hypothese *f*; **dans l'~ où** gesetzt den Fall, dass
hypothétique [ipɔtetik] *adj* hypothetisch
hypothétiquement [ipɔtetikmɑ̃] *adv* hypothetisch
hystérectomie [isteʀɛktɔmi] *nf* Hysterektomie *f*, Totaloperation *f*
hystérie [isteʀi] *nf* Hysterie *f*
hystérique [isteʀik] *adj* hysterisch

I

I, i [i] *nm inv* I, i *nt*
ibère [ibɛʀ] *adj* iberisch
ibérique [ibeʀik] *adj* : **la péninsule I~** die Iberische Halbinsel *f*
iceberg [ajsbɛʀg] *nm* Eisberg *m*
ici [isi] *adv* hier
icône [ikon] *nf* Ikone *f*; (*Inform*) Ikon *nt*
iconographie [ikɔnɔgʀafi] *nf* (*illustrations*) Abbildungen *pl*
id. [id] *abr* (= *idem*) id.
idéal, e, -aux [ideal, o] *adj* ideal ▸ *nm* Ideal *nt*
idéaliser [idealize] *vt* idealisieren
idéalisme [idealism] *nm* Idealismus *m*
idéaliste [idealist] *adj* idealistisch ▸ *nmf* Idealist(in) *m(f)*
idée [ide] *nf* Idee *f*; **idées** *nfpl* (*opinions*) Denkweise *f*; **avoir dans l'~ que** das Gefühl haben, dass; **à l'~ que** beim (bloßen) Gedanken, dass; **venir à l'~ de qn** jdm in den Sinn kommen; **~s noires** schwarze Gedanken *pl*; **~s reçues** konventionelle Ansichten *pl*
identifiant [idɑ̃tifjɑ̃] *nm* (*Inform*) Login *nt*, Benutzername *m*
identifier [idɑ̃tifje] *vt* (*reconnaître*) identifizieren; **s'identifier** *vpr* : **s'~ avec** *ou* **à qch/qn** sich mit etw/jdm identifizieren; **~ à** (*assimiler*) gleichsetzen mit
identique [idɑ̃tik] *adj* identisch; **~ à** identisch mit
identité [idɑ̃tite] *nf* (*de vues, goûts*) Übereinstimmung *f*; (*d'une personne*) Identität *f*; **~ bancaire** Bankverbindung *f*
idéologie [ideɔlɔʒi] *nf* Ideologie *f*
idéologique [ideɔlɔʒik] *adj* ideologisch
idiomatique [idjɔmatik] *adj* : **expression ~** idiomatischer Ausdruck *m*
idiot, e [idjo, idjɔt] *adj* idiotisch ▸ *nm/f* Idiot(in)

idiotie [idjɔsi] *nf* Idiotie *f*
idolâtrer [idɔlɑtʀe] *vt* vergöttern
idole [idɔl] *nf* (*Rel*) Götzenbild *nt*; (*vedette*) Idol *nt*
idylle [idil] *nf* (*amourette*) Romanze *f*
idyllique [idilik] *adj* idyllisch
if [if] *nm* (*Bot*) Eibe *f*
igloo [iglu] *nm* Iglu *nt ou m*
IGN [iʒeɛn] *sigle m* (= *Institut géographique national*) *topografisches Institut*
ignare [iɲaʀ] *adj* ungebildet, unwissend
ignoble [iɲɔbl] *adj* niederträchtig
ignominie [iɲɔmini] *nf* Schmach *f*, Schande *f*; (*action*) Schandtat *f*
ignorance [iɲɔʀɑ̃s] *nf* Unkenntnis *f*, Unwissenheit *f*; **tenir qn dans l'~ de qch** jdn in Unkenntnis über etw lassen
ignorant, e [iɲɔʀɑ̃, ɑ̃t] *adj* unwissend ▸ *nm/f* Ignorant(in)
ignorer [iɲɔʀe] *vt* nie gehört haben von; (*bouder*) ignorieren; **j'ignore comment/si** ich weiß nicht, wie/ob
iguane [igwan] *nm* Leguan *m*
il [il] *pron* er; (*selon le genre du nom allemand*) er/sie/es; (*impersonnel*) es; **ils** sie; **il neige** es schneit
île [il] *nf* Insel *f*; **l'~ de Beauté** Korsika *nt*; **l'~ Maurice** Mauritius *nt*; **les ~s Britanniques** die Britischen Inseln *pl*
Île-de-France [ildəfʀɑ̃s] *nf* Île-de-France *f* (*französische Region*)
illégal, e, -aux [i(l)legal, o] *adj* illegal
illégalité [i(l)legalite] *nf* Illegalität *f*; **être dans l'~** in der Illegalität *ou* außerhalb des Gesetzes leben
illégitime [i(l)leʒitim] *adj* (*enfant*) unehelich; (*pouvoir, revendications*) unrechtmäßig
illettré, e [i(l)letʀe] *nm/f* Analphabet(in) ▸ *adj* analphabetisch
illettrisme [i(l)letʀism] *nm* Analphabetismus *m*
illicite [i(l)lisit] *adj* verboten
illico [i(l)liko] (*fam*) *adv* auf der Stelle
illimité, e [i(l)limite] *adj* unbegrenzt
illisible [i(l)lizibl] *adj* unleserlich; (*roman*) unlesbar
illisiblement [i(l)liziblәmɑ̃] *adv* unleserlich
illogique [i(l)lɔʒik] *adj* unlogisch
illumination [i(l)lyminasjɔ̃] *nf* Beleuchtung *f*; (*inspiration*) Erleuchtung *f*
illuminer [i(l)lymine] *vt* beleuchten; **s'illuminer** *vpr* (*visage, ciel*) sich erhellen
illusion [i(l)lyzjɔ̃] *nf* Illusion *f*; **se faire des ~s** sich *dat* Illusionen machen; **faire ~** täuschen, irreführen; **~ d'optique** optische Täuschung *f*
illusionniste [i(l)lyzjɔnist] *nmf* Zauberkünstler(in) *m(f)*
illusoire [i(l)lyzwaʀ] *adj* illusorisch
illustratif, -ive [i(l)lystʀatif, iv] *adj* erläuternd
illustration [i(l)lystʀasjɔ̃] *nf* Illustration *f*, Abbildung *f*; (*d'une théorie*) Erläuterung *f*
illustre [i(l)lystʀ] *adj* berühmt
illustré, e [i(l)lystʀe] *adj* illustriert ▸ *nm* Illustrierte *f*
illustrer [i(l)lystʀe] *vt* illustrieren
îlot [ilo] *nm* Inselchen *nt*; (*bloc de maisons*) (Häuser)block *m*; **un ~ de verdure** ein Grasfleckchen *nt*
îlotier, -ière [ilotje, ɛʀ] *nm/f* Kontaktbereichspolizist(in) (*für einen bestimmten Häuserblock zuständiger Polizist*)
image [imaʒ] *nf* Bild *nt*; (*reflet*) (Spiegel) bild *nt*
imaginable [imaʒinabl] *adj* vorstellbar
imaginaire [imaʒinɛʀ] *adj* imaginär
imaginatif, -ive [imaʒinatif, iv] *adj* fantasievoll
imagination [imaʒinasjɔ̃] *nf* Fantasie *f*; (*invention*) Einbildung *f*
imaginer [imaʒine] *vt* sich *dat* vorstellen; (*inventer*) sich *dat* ausdenken; **s'imaginer** *vpr* sich *dat* vorstellen; **j'imagine qu'il a voulu plaisanter** ich nehme an, er hat Spaß gemacht; **s'~ que** meinen, dass
imam [imam] *nm* Imam *m*
imbattable [ɛ̃batabl] *adj* unschlagbar
imbécile [ɛ̃besil] *adj* blödsinnig ▸ *nmf* Idiot(in) *m(f)*
imbécillité [ɛ̃besilite] *nf* Blödsinnigkeit *f*; (*action, propos, film*) Idiotie *f*
imbiber [ɛ̃bibe] *vt* tränken; **s'imbiber de** *vpr* sich vollsaugen mit; **~ qch de** etw tränken mit; **imbibé d'eau** (*chaussures, étoffe*) durchnässt
imbuvable [ɛ̃byvabl] (*fam*) *adj* (*aussi fig*) ungenießbar
imitateur, -trice [imitatœʀ, tʀis] *nm/f* (*professionnel*) Imitator(in)
imitation [imitasjɔ̃] *nf* Nachahmung *f*, Imitation *f*; **un sac ~ cuir** eine Tasche aus Kunstleder *ou* Lederimitat
imiter [imite] *vt* nachahmen, imitieren; (*contrefaire*) fälschen
immaculé, e [imakyle] *adj* blütenweiß
immatriculation [imatʀikylasjɔ̃] *nf* Einschreibung *f*
immatriculer [imatʀikyle] *vt* anmelden; (*à l'université*) einschreiben; **se faire ~** sich einschreiben; **une voiture immatriculée dans l'Ain** ein Auto mit Kennzeichen des Bezirks Ain

immature [imatyʀ] *adj* unreif
immédiat, e [imedja, jat] *adj* unmittelbar ▸ *nm* : **dans l'~** augenblicklich; **dans le voisinage ~ de** in der unmittelbaren Umgebung von
immédiatement [imedjatmɑ̃] *adv* (*aussitôt*) sofort; (*sans intermédiaire*) direkt, unmittelbar
immense [i(m)mɑ̃s] *adj* riesig; (*fig*) ungeheuer
immensément [i(m)mɑ̃semɑ̃] *adv* ungeheuer
immensité [i(m)mɑ̃site] *nf* ungeheure Größe *f*; (*de la mer*) Weite *f*
immergé, e [imɛʀʒe] *adj* unter Wasser
immerger [imɛʀʒe] *vt* eintauchen; (*déchets*) versenken; **s'immerger** *vpr* (*sous-marin*) (ab)tauchen
immersion [imɛʀsjɔ̃] *nf* Eintauchen *nt*
immeuble [imœbl] *nm* Gebäude *nt* ▸ *adj* unbeweglich; **~ locatif** Wohnblock *m*
immigrant, e [imigʀɑ̃, ɑ̃t] *nm/f* Einwanderer *m*, Einwanderin *f*
immigration [imigʀasjɔ̃] *nf* Einwanderung *f*
immigré, e [imigʀe] *nm/f* Einwanderer *m*, Einwanderin *f*
immigrer [imigʀe] *vi* einwandern
imminent, e [iminɑ̃, ɑ̃t] *adj* unmittelbar, nahe, bevorstehend
immiscer [imise] : **s'~ dans** *vpr* sich einmischen in +*acc*
immobile [i(m)mɔbil] *adj* bewegungslos; **rester** *ou* **se tenir ~** sich nicht bewegen
immobilier, -ière [imɔbilje, jɛʀ] *adj* Immobilien-; (*biens*) unbeweglich ▸ *nm* (*Comm*) Immobilienhandel *m*
immobiliser [imɔbilize] *vt* lahmlegen; (*stopper, empêcher de fonctionner*) zum Stillstand bringen; **s'immobiliser** *vpr* stehen bleiben
immodéré, e [imɔdeʀe] *adj* übermäßig, übertrieben
immonde [i(m)mɔ̃d] *adj* ekelhaft; (*trafic, propos*) widerlich
immondices [imɔ̃dis] *nfpl* (*ordures*) Müll *m*, Abfall *m*
immoral, e, -aux [i(m)mɔʀal, o] *adj* unmoralisch
immortaliser [imɔʀtalize] *vt* verewigen
immortel, le [imɔʀtɛl] *adj* unsterblich
immortelle [imɔʀtɛl] *nf* (*Bot*) Strohblume *f*
immuable [imɥabl] *adj* unveränderlich
immunisation [imynizasjɔ̃] *nf* Immunisierung *f*
immuniser [imynize] *vt* immunisieren
immunité [imynite] *nf* Immunität *f*
impact [ɛ̃pakt] *nm* (Aus)wirkung *f*; (*Inform*) Hit *m*; **point d'~** Aufprallstelle *f*
impacter [ɛ̃pakte] *vt* sich auswirken auf
impair, e [ɛ̃pɛʀ] *adj* ungerade ▸ *nm* (*gaffe*) Fehler *m*
impardonnable [ɛ̃paʀdɔnabl] *adj* unverzeihlich
imparfait, e [ɛ̃paʀfɛ, ɛt] *adj* (*inachevé, incomplet*) unvollständig; (*défectueux, grossier*) mangelhaft ▸ *nm* (*Ling*) Imperfekt *nt*
impartial, e, -aux [ɛ̃paʀsjal, jo] *adj* unparteiisch, unvoreingenommen
impartialité [ɛ̃paʀsjalite] *nf* Unparteilichkeit *f*
impartir [ɛ̃paʀtiʀ] *vt* gewähren
impasse [ɛ̃pɑs] *nf* Sackgasse *f*; **être dans l'~** (*négociations*) festgefahren sein
impassibilité [ɛ̃pasibilite] *nf* Gelassenheit *f*, Unbeweglichkeit *f*
impassible [ɛ̃pasibl] *adj* gelassen; (*fermé, impénétrable*) unbeweglich
impatiemment [ɛ̃pasjamɑ̃] *adv* ungeduldig
impatience [ɛ̃pasjɑ̃s] *nf* Ungeduld *f*
impatient, e [ɛ̃pasjɑ̃, jɑ̃t] *adj* ungeduldig
impatienter [ɛ̃pasjɑ̃te] : **s'impatienter** *vpr* ungeduldig werden
impeccable [ɛ̃pekabl] *adj* tadellos
impeccablement [ɛ̃pekabləmɑ̃] *adv* tadellos
impénétrable [ɛ̃penetʀabl] *adj* (*forêt*) undurchdringlich; (*impossible à comprendre*) unergründlich
impénitent, e [ɛ̃penitɑ̃, ɑ̃t] *adj* unverbesserlich
impensable [ɛ̃pɑ̃sabl] *adj* (*inconcevable*) undenkbar; (*incroyable*) unglaublich
imper [ɛ̃pɛʀ] (*fam*) *nm* = **imperméable**
impératif, -ive [ɛ̃peʀatif, iv] *adj* dringend; (*disposition, loi*) zwingend ▸ *nm* (*Ling*) Imperativ *m*; **impératifs** *nmpl* (*d'une charge*) Voraussetzungen *pl*, Erfordernisse *pl*
impératrice [ɛ̃peʀatʀis] *nf* Kaiserin *f*
imperceptible [ɛ̃pɛʀsɛptibl] *adj* kaum wahrnehmbar
imperfection [ɛ̃pɛʀfɛksjɔ̃] *nf* Unvollkommenheit *f*
impérial, e, -aux [ɛ̃peʀjal, jo] *adj* kaiserlich
impériale [ɛ̃peʀjal] *nf* : **autobus à ~** Doppeldecker(bus) *m*
impérialisme [ɛ̃peʀjalism] *nm* Imperialismus *m*
impérieux, -euse [ɛ̃peʀjø, jøz] *adj* (*caractère, air, ton*) herrisch, gebieterisch; (*obligation, besoin*) dringend

impérissable [ɛ̃peʀisabl] *adj* unvergänglich
imperméabiliser [ɛ̃pɛʀmeabilize] *vt* imprägnieren
imperméable [ɛ̃pɛʀmeabl] *adj* (*terrain, sol*) undurchlässig; (*toile, tissu*) wasserdicht ▸ *nm* Regenmantel *m*
impersonnel, le [ɛ̃pɛʀsɔnɛl] *adj* unpersönlich
impertinence [ɛ̃pɛʀtinɑ̃s] *nf* Unverschämtheit *f*
impertinent, e [ɛ̃pɛʀtinɑ̃, ɑ̃t] *adj* unverschämt
imperturbable [ɛ̃pɛʀtyʀbabl] *adj* unerschütterlich
impétueux, -euse [ɛ̃petɥø, øz] *adj* feurig, ungestüm
impétuosité [ɛ̃petɥozite] *nf* Ungestüm *nt*
impie [ɛ̃pi] *adj* gottlos
impitoyable [ɛ̃pitwajabl] *adj* erbarmungslos
implacable [ɛ̃plakabl] *adj* unerbittlich; (*haine*) unversöhnlich
implant [ɛ̃plɑ̃] *nm* (*Méd*) Implantat *nt*
implantation [ɛ̃plɑ̃tasjɔ̃] *nf* (*d'usine, industrie*) Ansiedlung *f*
implanter [ɛ̃plɑ̃te] *vt* (*usage, mode*) einführen; (*idée, préjugé*) einpflanzen; **s'implanter** *vpr* sich niederlassen
implication [ɛ̃plikasjɔ̃] *nf* Implikation *f*
implicite [ɛ̃plisit] *adj* implizit
impliquer [ɛ̃plike] *vt* (*compromettre*) verwickeln; (*supposer, entraîner*) voraussetzen
implorer [ɛ̃plɔʀe] *vt* (*personne, dieu*) anflehen; (*aide, faveur, appui*) flehen *ou* bitten um
imploser [ɛ̃ploze] *vi* implodieren
impoli, e [ɛ̃pɔli] *adj* unhöflich
impolitesse [ɛ̃pɔlitɛs] *nf* Unhöflichkeit *f*
impopulaire [ɛ̃pɔpylɛʀ] *adj* unbeliebt; (*gouvernement, mesure*) unpopulär
impopularité [ɛ̃pɔpylaʀite] *nf* Unbeliebtheit *f*
importance [ɛ̃pɔʀtɑ̃s] *nf* Wichtigkeit *f*, Bedeutung *f*; (*de somme, effectif*) Größe *f*; **sans ~** unbedeutend, unwichtig
important, e [ɛ̃pɔʀtɑ̃, ɑ̃t] *adj* wichtig, bedeutend; (*somme, effectifs*) bedeutend, beträchtlich; (*péj*) wichtigtuerisch ▸ *nm* : **l'~ (est de/que)** das Wichtigste (ist, zu/dass)
importateur, -trice [ɛ̃pɔʀtatœʀ, tʀis] *adj* Import- ▸ *nm/f* Importeur(in)
importation [ɛ̃pɔʀtasjɔ̃] *nf* Import *m*, Einfuhr *f*
importer [ɛ̃pɔʀte] *vt* importieren ▸ *vi* (*être important*) von Bedeutung sein; **~ à qn** für jdn wichtig sein; **il importe de/que** es ist wichtig, zu/dass
importun, e [ɛ̃pɔʀtœ̃, yn] *adj* (*curiosité, présence*) aufdringlich; (*visite*) ungelegen; (*personne*) lästig, aufdringlich ▸ *nm* Eindringling *m*
importuner [ɛ̃pɔʀtyne] *vt* belästigen
imposable [ɛ̃pozabl] *adj* steuerpflichtig
imposant, e [ɛ̃pozɑ̃, ɑ̃t] *adj* beeindruckend
imposer [ɛ̃poze] *vt* (*taxer*) besteuern; **s'imposer** *vpr* (*être nécessaire*) erforderlich sein; (*se faire connaître*) bekannt werden; (*être importun*) sich aufdrängen; **~ qch à qn** jdm etw auferlegen; **en ~ (à qn)** Eindruck machen (auf jdn)
imposition [ɛ̃pozisjɔ̃] *nf* (*taxation*) Besteuerung *f*
impossibilité [ɛ̃pɔsibilite] *nf* Unmöglichkeit *f*; **être dans l'~ de faire qch** nicht in der Lage sein, etw zu tun
impossible [ɛ̃pɔsibl] *adj* unmöglich ▸ *nm* : **l'~** das Unmögliche *nt*; **il m'est ~ de le faire** es ist mir nicht möglich, das zu machen; **faire l'~** sein Möglichstes tun
imposteur [ɛ̃pɔstœʀ] *nm* Betrüger(in) *m(f)*
impôt [ɛ̃po] *nm* Steuer *f*; **payer 1000 euros d'~s** 1.000 Euro Steuern zahlen; **~ foncier** Grundsteuer *f*; **~ sur la fortune** Vermögenssteuer *f*; **~ sur le chiffre d'affaires** Umsatzsteuer *f*; **~ sur le revenu** Einkommensteuer *f*
impotence [ɛ̃pɔtɑ̃s] *nf* Behinderung *f*
impotent, e [ɛ̃pɔtɑ̃, ɑ̃t] *adj* behindert
impraticable [ɛ̃pʀatikabl] *adj* (*projet, idée*) nicht machbar; (*route*) nicht befahrbar
imprécis, e [ɛ̃pʀesi, iz] *adj* ungenau
imprécision [ɛ̃pʀesizjɔ̃] *nf* Ungenauigkeit *f*
imprégner [ɛ̃pʀeɲe] *vt* tränken; (*lieu, air*) erfüllen; (*amertume, ironie etc*) durchziehen; **s'imprégner de** *vpr* (*d'eau*) sich vollsaugen mit
imprésario [ɛ̃pʀesaʀjo] *nm* Impresario *m*
impression [ɛ̃pʀesjɔ̃] *nf* Eindruck *m*; (*d'un ouvrage, tissu*) Druck *m*; **faire bonne/mauvaise ~** einen guten/schlechten Eindruck machen; **avoir l'~ que** den Eindruck haben, dass
impressionnable [ɛ̃pʀesjɔnabl] *adj* leicht zu beeindrucken; (*Photo*) lichtempfindlich
impressionnant, e [ɛ̃pʀesjɔnɑ̃, ɑ̃t] *adj* eindrucksvoll
impressionner [ɛ̃pʀesjɔne] *vt* (*frapper*) beeindrucken; (*Photo*) belichten

impressionnisme [ɛ̃pʀesjɔnism] *nm* Impressionismus *m*
impressionniste [ɛ̃pʀesjɔnist] *nmf* Impressionist(in) *m(f)*
imprévisible [ɛ̃pʀevizibl] *adj* unvorhersehbar
imprévoyance [ɛ̃pʀevwajɑ̃s] *nf* Sorglosigkeit *f*
imprévoyant, e [ɛ̃pʀevwajɑ̃, ɑ̃t] *adj* sorglos
imprévu, e [ɛ̃pʀevy] *adj* unvorhergesehen, unerwartet ▶ *nm* : **un ~** ein unerwartetes Ereignis *nt*; **en cas d'~** falls etw dazwischenkommt
imprimante [ɛ̃pʀimɑ̃t] *nf* Drucker *m*; **~ couleur** Farbdrucker *m*; **~ à jet d'encre** Tintenstrahldrucker *m*; **~ laser** Laserdrucker *m*
imprimé, e [ɛ̃pʀime] *adj* (*tissu*) bedruckt ▶ *nm* (*formulaire*) Formular *nt*; (*Poste*) Drucksache *f*
imprimer [ɛ̃pʀime] *vt* drucken; (*tissu*) bedrucken; (*Inform*) (aus)drucken; (*empreinte, marque*) hinterlassen; (*mouvement, impulsion, vitesse*) übermitteln
imprimerie [ɛ̃pʀimʀi] *nf* (*technique*) Drucken *nt*, Druck *m*; (*établissement*) Druckerei *f*
imprimeur, -euse [ɛ̃pʀimœʀ] *nm/f* Drucker(in)
improbable [ɛ̃pʀɔbabl] *adj* unwahrscheinlich
improductif, -ive [ɛ̃pʀɔdyktif, iv] *adj* (*terre*) unfruchtbar; (*travail, personne*) unproduktiv; (*capital, richesses*) nicht gewinnbringend
impromptu, e [ɛ̃pʀɔ̃pty] *adj* improvisiert
imprononçable [ɛ̃pʀɔnɔ̃sabl] *adj* unmöglich auszusprechen
impropre [ɛ̃pʀɔpʀ] *adj* (*incorrect*) falsch; **~ à** ungeeignet für; **~ à la consommation** (*aliments, produits*) nicht zum Verzehr geeignet
improvisation [ɛ̃pʀɔvizasjɔ̃] *nf* Improvisation *f*
improvisé, e [ɛ̃pʀɔvize] *adj* improvisiert
improviser [ɛ̃pʀɔvize] *vt, vi* improvisieren
improviste [ɛ̃pʀɔvist] : **à l'~** *adv* unerwartet
imprudence [ɛ̃pʀydɑ̃s] *nf* Leichtsinn *m*
imprudent, e [ɛ̃pʀydɑ̃, ɑ̃t] *adj* leichtsinnig; (*remarque*) unklug
impudence [ɛ̃pydɑ̃s] *nf* Unverschämtheit *f*
impudent, e [ɛ̃pydɑ̃, ɑ̃t] *adj* unverschämt
impudeur [ɛ̃pydœʀ] *nf* Schamlosigkeit *f*
impudique [ɛ̃pydik] *adj* schamlos
impuissance [ɛ̃pɥisɑ̃s] *nf* Hilflosigkeit *f*; (*sexuelle*) Impotenz *f*
impuissant, e [ɛ̃pɥisɑ̃, ɑ̃t] *adj* (*faible*) hilflos, schwach; (*sans effet*) ineffektiv; (*sexuellement*) impotent; **~ à faire qch** außerstande, etw zu tun
impulsif, -ive [ɛ̃pylsif, iv] *adj* impulsiv
impulsion [ɛ̃pylsjɔ̃] *nf* Impuls *m*; (*Phys*) Antrieb *m*; **~ donnée aux affaires** wirtschaftlicher Aufschwung *m*
impunément [ɛ̃pynemɑ̃] *adv* ungestraft
impuni, e [ɛ̃pyni] *adj* unbestraft
impunité [ɛ̃pynite] *nf* Straffreiheit *f*; **en toute ~** ungestraft
impur, e [ɛ̃pyʀ] *adj* unrein, verunreinigt
impureté [ɛ̃pyʀte] *nf* Unreinheit *f*
imputable [ɛ̃pytabl] *adj* : **~ à** (*attribuable*) zuzuschreiben +*dat*; **~ sur** (*somme*) zu berechnen +*dat*
imputer [ɛ̃pyte] *vt* (*attribuer*) zuschreiben; (*frais, dépenses*) anrechnen
inabordable [inabɔʀdabl] *adj* (*lieu*) unerreichbar; (*cher*) unerschwinglich
inacceptable [inaksɛptabl] *adj* unannehmbar
inaccessible [inaksesibl] *adj* (*endroit*) unerreichbar
inaccoutumé, e [inakutyme] *adj* ungewohnt
inachevé, e [inaʃ(ə)ve] *adj* unvollendet
inactif, -ive [inaktif, iv] *adj* untätig; (*inefficace*) wirkungslos
inaction [inaksjɔ̃] *nf* Untätigkeit *f*
inactivité [inaktivite] *nf* : **être en ~** im zeitweiligen Ruhestand sein; **se faire mettre en ~** sich in den zeitweiligen Ruhestand versetzen lassen
inadapté, e [inadapte] *adj* (*Psych*) verhaltensgestört; **~ à** nicht geeignet für
inadéquat, e [inadekwa(t), kwat] *adj* unangemessen
inadmissible [inadmisibl] *adj* unzulässig
inadvertance [inadvɛʀtɑ̃s] *nf* : **par ~** versehentlich
inaliénable [inaljenabl] *adj* unveräußerlich
inaltérable [inalteʀabl] *adj* unveränderlich; **~ à l'air/la chaleur** luft-/hitzebeständig
inanimé, e [inanime] *adj* leblos
inanition [inanisjɔ̃] *nf* Erschöpfungszustand *m*
inaperçu, e [inapɛʀsy] *adj* : **passer ~** unbemerkt bleiben
inapplicable [inaplikabl] *adj* nicht anwendbar

i

inappréciable [inapʀesjabl] *adj* unschätzbar
inapproprié, e [inapʀɔpʀije] *adj* ungeeignet
inapte [inapt] *adj* (*Mil*) untauglich; **~ à qch/faire qch** unfähig zu etw/, etw zu tun
inaptitude [inaptityd] *nf* Unfähigkeit *f*; (*Mil*) Untauglichkeit *f*
inassouvi, e [inasuvi] *adj* unbefriedigt
inattaquable [inatakabl] *adj* unangreifbar; (*argument*) unschlagbar
inattendu, e [inatɑ̃dy] *adj* unerwartet
inattentif, -ive [inatɑ̃tif, iv] *adj* unaufmerksam; **~ à qch** ohne auf etw *acc* zu achten
inattention [inatɑ̃sjɔ̃] *nf* : **une minute d'~** eine Minute der Unaufmerksamkeit; **faute** *ou* **erreur d'~** Flüchtigkeitsfehler *m*
inaudible [inodibl] *adj* unhörbar; (*murmure*) kaum hörbar
inaugural, e, -aux [inogyʀal, o] *adj* Eröffnungs-; **discours ~** Antrittsrede *f*
inauguration [inogyʀasjɔ̃] *nf* Eröffnung *f*
inaugurer [inogyʀe] *vt* einweihen; (*nouvelle politique*) einführen
inavouable [inavwabl] *adj* schändlich
inavoué, e [inavwe] *adj* uneingestanden
INC [iɛnse] *sigle m* (*= Institut national de la consommation*) *Institut für Verbraucherforschung*
inca [ɛ̃ka] *adj* Inka- ▸ *nmpl* : **les I~s** die Inkas *pl*
incalculable [ɛ̃kalkylabl] *adj* unberechenbar; (*conséquences*) unabsehbar
incandescence [ɛ̃kɑ̃desɑ̃s] *nf* Weißglut *f*; **porter qch à ~** etw zur Weißglut erhitzen
incapable [ɛ̃kapabl] *adj* unfähig; **~ de faire qch** unfähig, etw zu tun; (*empêché*) nicht in der Lage, etw zu tun
incapacité [ɛ̃kapasite] *nf* (*incompétence*) Unfähigkeit *f*; **être dans l'~ de faire qch** außerstande sein, etw zu tun; **~ de travail** Arbeitsunfähigkeit *f*
incarcération [ɛ̃kaʀseʀasjɔ̃] *nf* Inhaftierung *f*
incarcérer [ɛ̃kaʀseʀe] *vt* inhaftieren
incarné, e [ɛ̃kaʀne] *adj* eingewachsen; **ongle ~** eingewachsener Nagel *m*
incarner [ɛ̃kaʀne] *vt* (*représenter*) verkörpern; **s'incarner** *vpr* : **s'~ dans** (*Rel*) erscheinen in *+dat*
incassable [ɛ̃kɑsabl] *adj* unzerbrechlich; (*fil*) reißfest
incendiaire [ɛ̃sɑ̃djɛʀ] *adj* Brand-; (*propos, déclarations*) aufwiegelnd ▸ *nmf* Brandstifter(in) *m(f)*
incendie [ɛ̃sɑ̃di] *nm* Feuer *nt*, Brand *m*; **~ criminel** Brandstiftung *f*
incendier [ɛ̃sɑ̃dje] *vt* (*mettre le feu à*) in Brand setzen; (*brûler complètement*) niederbrennen
incertain, e [ɛ̃sɛʀtɛ̃, ɛn] *adj* (*indéterminé*) unbestimmt; (*douteux*) ungewiss; (*temps*) unbeständig; (*personne, pas, démarche*) unsicher
incertitude [ɛ̃sɛʀtityd] *nf* Ungewissheit *f*
incessamment [ɛ̃sesamɑ̃] *adj* unverzüglich
incessant, e [ɛ̃sesɑ̃, ɑ̃t] *adj* unaufhörlich
inceste [ɛ̃sɛst] *nm* Inzest *m*
inchangé, e [ɛ̃ʃɑ̃ʒe] *adj* unverändert
incidemment [ɛ̃sidamɑ̃] *adv* beiläufig
incidence [ɛ̃sidɑ̃s] *nf* Effekt *m*, Wirkung *f*; (*Phys*) Einfall *m*
incident, e [ɛ̃sidɑ̃, ɑ̃t] *adj* (*Jur, Ling*) Neben- ▸ *nm* Zwischenfall *m*
incinérateur [ɛ̃sineʀatœʀ] *nm* Müllverbrennungsanlage *f*
incinération [ɛ̃sineʀasjɔ̃] *nf* (*d'ordures*) Müllverbrennung *f*; (*crémation*) Einäscherung *f*
incinérer [ɛ̃sineʀe] *vt* verbrennen
incisif, -ive [ɛ̃sizif, iv] *adj* (*ironie, style*) scharf, beißend
incision [ɛ̃sizjɔ̃] *nf* (*Bot*) Schnitt *m*; (*Méd*) Einschnitt *m*
incisive [ɛ̃siziv] *nf* Schneidezahn *m*
incitatif, -ive [ɛ̃sitatif, iv] *adj* Förderungs-
incitation [ɛ̃sitasjɔ̃] *nf* Anstiftung *f*
inciter [ɛ̃site] *vt* : **~ qn à qch** jdn zu etw veranlassen
incivil, e [ɛ̃sivil] *adj* unhöflich
incivilité [ɛ̃sivilite] *nf* Unhöflichkeit *f*
inclassable [ɛ̃klɑsabl] *adj* nicht einzuordnen
inclinaison [ɛ̃klinɛzɔ̃] *nf* Neigung *f*
inclination [ɛ̃klinasjɔ̃] *nf* (*penchant*) Neigung *f*; **montrer de l'~ pour les sciences** eine Neigung zu den Naturwissenschaften haben; **~ de (la) tête** Neigen *nt* des Kopfes
incliner [ɛ̃kline] *vt* neigen ▸ *vi* : **~ à qch** zu etw neigen; **s'incliner** *vpr* (*personne*) sich beugen; **s'~ devant qn** sich vor jdm verbeugen; **s'~ devant qch** sich vor etw *dat* verbeugen; (*céder*) sich etw *dat* beugen
inclure [ɛ̃klyʀ] *vt* einschließen; (*joindre à un envoi*) beilegen

inclus, e [ɛ̃kly, yz] *pp de* **inclure** ▸ *adj* (*joint à un envoi*) beiliegend; (*compris*) inklusive; **jusqu'au troisième chapitre ~** bis zum dritten Kapitel einschließlich; **jusqu'au 10 mars ~** bis einschließlich 10. März
inclusivement [ɛ̃klyzivmɑ̃] *adv* inklusive
incoercible [ɛ̃kɔɛʀsibl] *adj* nicht zu unterdrücken
incognito [ɛ̃kɔɲito] *adv* inkognito
incohérence [ɛ̃kɔeʀɑ̃s] *nf* Zusammenhanglosigkeit *f*
incohérent, e [ɛ̃kɔeʀɑ̃, ɑ̃t] *adj* (*discours, ouvrage*) unzusammenhängend
incollable [ɛ̃kɔlabl] *adj* (*riz*) nicht klebend; **il est ~** (*fam*) er ist einfach unschlagbar
incolore [ɛ̃kɔlɔʀ] *adj* farblos
incomber [ɛ̃kɔ̃be] *vi* : **~ à qn** jdm obliegen
incombustible [ɛ̃kɔ̃bystibl] *adj* unbrennbar
incommensurable [ɛ̃kɔmɑ̃syʀabl] *adj* unermesslich
incommode [ɛ̃kɔmɔd] *adj* unpraktisch; (*inconfortable*) unbequem
incommoder [ɛ̃kɔmɔde] *vt* stören
incommodité [ɛ̃kɔmɔdite] *nf* Unbequemlichkeit *f*
incomparable [ɛ̃kɔ̃paʀabl] *adj* (*inégalable*) unvergleichlich
incompatibilité [ɛ̃kɔ̃patibilite] *nf* Unvereinbarkeit *f*; (*Inform*) Inkompatibilität *f*; **~ d'humeur** Unvereinbarkeit
incompatible [ɛ̃kɔ̃patibl] *adj* unvereinbar; (*Inform*) inkompatibel
incompétence [ɛ̃kɔ̃petɑ̃s] *nf* Inkompetenz *f*; (*Jur*) mangelnde Zuständigkeit *f*
incompétent, e [ɛ̃kɔ̃petɑ̃, ɑ̃t] *adj* inkompetent
incomplet, -ète [ɛ̃kɔ̃plɛ, ɛt] *adj* unvollständig
incompréhensible [ɛ̃kɔ̃pʀeɑ̃sibl] *adj* unverständlich; (*personne, accident*) unbegreiflich
incompréhensif, -ive [ɛ̃kɔ̃pʀeɑ̃sif, iv] *adj* wenig verständnisvoll
incompréhension [ɛ̃kɔ̃pʀeɑ̃sjɔ̃] *nf* Unverständnis *f*
incompris, e [ɛ̃kɔ̃pʀi, iz] *adj* unverstanden
inconcevable [ɛ̃kɔ̃s(ə)vabl] *adj* unvorstellbar; (*conduite etc*) unfassbar
inconciliable [ɛ̃kɔ̃siljabl] *adj* unvereinbar
inconditionnel, le [ɛ̃kɔ̃disjɔnɛl] *adj* bedingungslos
inconduite [ɛ̃kɔ̃dɥit] *nf* liederlicher Lebenswandel *m*
inconfortable [ɛ̃kɔ̃fɔʀtabl] *adj* unbequem
incongru, e [ɛ̃kɔ̃gʀy] *adj* unschicklich
inconnu, e [ɛ̃kɔny] *adj* unbekannt ▸ *nm/f* Fremde(r) *f(m)* ▸ *nm* : **l'~** das Unbekannte *nt* ▸ *nf* (*Math*) Unbekannte *f*
inconscience [ɛ̃kɔ̃sjɑ̃s] *nf* (*physique*) Bewusstlosigkeit *f*; (*morale*) Gedankenlosigkeit *f*
inconscient, e [ɛ̃kɔ̃sjɑ̃, jɑ̃t] *adj* (*évanoui*) bewusstlos; (*irréfléchi*) gedankenlos; (*instinctif, spontané*) unbewusst ▸ *nm* : **l'~** das Unbewusste *nt*
inconséquent, e [ɛ̃kɔ̃sekɑ̃, ɑ̃t] *adj* inkonsequent; (*irréfléchi*) gedankenlos
inconsidéré, e [ɛ̃kɔ̃sideʀe] *adj* unüberlegt, unbedacht
inconsistant, e [ɛ̃kɔ̃sistɑ̃, ɑ̃t] *adj* (*raisonnement, accusation*) nicht stichhaltig; (*crème, bouillie*) zu flüssig
inconsolable [ɛ̃kɔ̃sɔlabl] *adj* untröstlich
inconstance [ɛ̃kɔ̃stɑ̃s] *nf* Unbeständigkeit *f*
inconstant, e [ɛ̃kɔ̃stɑ̃, ɑ̃t] *adj* unbeständig
incontestable [ɛ̃kɔ̃tɛstabl] *adj* unbestreitbar
incontestablement [ɛ̃kɔ̃tɛstabləmɑ̃] *adv* unbestreitbar
incontesté, e [ɛ̃kɔ̃tɛste] *adj* unbestritten, unangefochten
incontinent, e [ɛ̃kɔ̃tinɑ̃, ɑ̃t] *adj* (*Méd*) inkontinent
incontournable [ɛ̃kɔ̃tuʀnabl] *adj* unausweichlich
incontrôlable [ɛ̃kɔ̃tʀolabl] *adj* nicht verifizierbar
inconvenant, e [ɛ̃kɔ̃v(ə)nɑ̃, ɑ̃t] *adj* unpassend, unschicklich
inconvénient [ɛ̃kɔ̃venjɑ̃] *nm* Nachteil *m*; **si vous n'y voyez pas d'~** wenn Sie nichts dagegen einzuwenden haben
incorporer [ɛ̃kɔʀpɔʀe] *vt* (*mélanger*) einrühren; (*insérer, joindre*) eingliedern; (*Mil*) einziehen
incorrect, e [ɛ̃kɔʀɛkt] *adj* falsch; (*inconvenant*) unpassend
incorrigible [ɛ̃kɔʀiʒibl] *adj* unverbesserlich
incorruptible [ɛ̃kɔʀyptibl] *adj* unbestechlich
incrédule [ɛ̃kʀedyl] *adj* (*Rel*) ungläubig; (*sceptique*) skeptisch
increvable [ɛ̃kʀəvabl] *adj* (*ballon*) unzerstörbar; (*fam : fig*) unverwüstlich

incriminer [ɛ̃kʀimine] *vt* (*personne*) belasten
incrochetable [ɛ̃kʀɔʃ(ə)tabl] *adj* einbruchsicher
incroyable [ɛ̃kʀwajabl] *adj* unglaublich
incroyablement [ɛ̃kʀwajabləmɑ̃] *adv* unglaublich
incrustation [ɛ̃kʀystasjɔ̃] *nf* (*Art*) Einlegearbeit *f*
incruster [ɛ̃kʀyste] *vt* (*Art*) einlegen; **s'incruster** *vpr* (*invité*) sich einnisten; **incrusté de (pierres précieuses)** eingelegt mit
incubation [ɛ̃kybasjɔ̃] *nf* (*Méd*) Inkubation *f*; (*d'un œuf*) Ausbrüten *nt*; **période d'~** (*Méd*) Inkubationszeit *f*
inculpation [ɛ̃kylpasjɔ̃] *nf* Anklage *f*, Anschuldigung *f*
inculpé, e [ɛ̃kylpe] *nm/f* Angeklagte(r) *f(m)*, Beschuldigte(r) *f(m)*
inculper [ɛ̃kylpe] *vt* : **~ qn (de)** Anklage erheben gegen jdn (wegen +*gén*), jdn beschuldigen +*gén*
inculquer [ɛ̃kylke] *vt* : **~ qch à qn** jdm etw einprägen
inculte [ɛ̃kylt] *adj* (*terre*) unbestellt; (*cheveux*) ungepflegt; (*personne*) ungebildet
incurable [ɛ̃kyʀabl] *adj* unheilbar
incursion [ɛ̃kyʀsjɔ̃] *nf* Einfall *m*
Inde [ɛ̃d] *nf* : **l'~** Indien *nt*
indécent, e [ɛ̃desɑ̃, ɑ̃t] *adj* unanständig
indécis, e [ɛ̃desi, iz] *adj* (*personne*) unentschlossen; (*paix, victoire*) zweifelhaft; (*contours, formes*) undeutlich
indécision [ɛ̃desizjɔ̃] *nf* Unentschlossenheit *f*
indécrottable [ɛ̃dekʀɔtabl] (*fam*) *adj* unverbesserlich
indéfini, e [ɛ̃defini] *adj* (*imprécis, incertain*) undefiniert; (*illimité, Ling*) unbestimmt
indéfiniment [ɛ̃definimɑ̃] *adv* unbegrenzt lange
indélicat, e [ɛ̃delika, at] *adj* (*grossier*) taktlos; (*malhonnête*) unredlich
indemne [ɛ̃dɛmn] *adj* unverletzt, unversehrt
indemnisation [ɛ̃dɛmnizasjɔ̃] *nf* Entschädigung *f*
indemniser [ɛ̃dɛmnize] *vt* : **~ qn de qch** jdn für etw entschädigen
indemnité [ɛ̃dɛmnite] *nf* Entschädigung *f*; (*allocation*) Zuschuss *m*; **~ de licenciement** Abfindung *f*; **~ de logement** Wohngeld *nt*
indéniable [ɛ̃denjabl] *adj* unbestreitbar
indéniablement [ɛ̃denjabləmɑ̃] *adv* zweifellos
indépendamment [ɛ̃depɑ̃damɑ̃] *adv* unabhängig; **~ de** (*en faisant abstraction de*) abgesehen von
indépendance [ɛ̃depɑ̃dɑ̃s] *nf* Unabhängigkeit *f*
indépendant, e [ɛ̃depɑ̃dɑ̃, ɑ̃t] *adj* unabhängig; (*emploi*) selb(st)ständig
indescriptible [ɛ̃dɛskʀiptibl] *adj* unbeschreiblich
indésirable [ɛ̃deziʀabl] *adj* unerwünscht
indestructible [ɛ̃dɛstʀyktibl] *adj* (*matière, chaussures*) unzerstörbar; (*lien*) unzerstörbar
indétermination [ɛ̃detɛʀminasjɔ̃] *nf* Unentschlossenheit *f*
indéterminé, e [ɛ̃detɛʀmine] *adj* unbestimmt; (*sens d'un mot, d'un passage*) ungewiss
index [ɛ̃dɛks] *nm* (*doigt*) Zeigefinger *m*; (*d'un livre etc*) Index *m*
indexation [ɛ̃dɛksasjɔ̃] *nf* Anpassung *f*
indexé, e [ɛ̃dɛkse] *adj* : **~ (sur)** gekoppelt an
indexer [ɛ̃dɛkse] *vt* : **~ (sur)** anpassen (an +*acc*)
indicateur, -trice [ɛ̃dikatœʀ, tʀis] *nm/f* (*de la police*) Informant *m*, Spitzel *m* ▶ *nm* : **~ de vitesse/de pression/de niveau** Geschwindigkeits-/Druck-/Höhenmesser *m*; **~ immobilier/des chemins de fer/des rues** Immobilienverzeichnis *nt*/Kursbuch *nt*/Straßenverzeichnis *nt*
indicatif, -ive [ɛ̃dikatif, iv] *adj* : **à titre ~** zur Information ▶ *nm* (*Ling*) Indikativ *m*; (*Radio*) Erkennungsmelodie *f*; (*Tél*) Vorwahl *f*
indication [ɛ̃dikasjɔ̃] *nf* Angabe *f*; (*mode d'emploi*) Anweisung *f*; (*marque, signe*) Zeichen *nt*; (*renseignement*) Auskunft *f*; (*Méd*) Indikation *f*
indice [ɛ̃dis] *nm* (*marque, signe*) Zeichen *nt*; (*Jur : preuve*) Indiz *nt*; (*Écon, Sciences*) Index *m*; **~ d'octane** Oktanzahl *f*; **~ des prix** Preisindex *m*
indicible [ɛ̃disibl] *adj* unsagbar
indien, ne [ɛ̃djɛ̃, jɛn] *adj* (*d'Inde*) indisch; (*d'Amérique*) indianisch ▶ *nm/f* : **Indien, ne** (*d'Inde*) Inder(in); (*d'Amérique*) Indianer(in)
indifféremment [ɛ̃difeʀamɑ̃] *adv* wahllos
indifférence [ɛ̃difeʀɑ̃s] *nf* Gleichgültigkeit *f*
indifférent, e [ɛ̃difeʀɑ̃, ɑ̃t] *adj* gleichgültig; **être ~ à qn/qch** (*insensible*) ungerührt von jdm/etw sein; **ça m'est ~** das ist mir völlig egal

indigence [ɛ̃diʒɑ̃s] *nf* Armut *f*
indigène [ɛ̃diʒɛn] *adj* einheimisch ▸ *nmf* Einheimische(r) *f(m)*
indigeste [ɛ̃diʒɛst] *adj* unverdaulich
indigestion [ɛ̃diʒɛstjɔ̃] *nf* Magenverstimmung *f*
indignation [ɛ̃diɲasjɔ̃] *nf* Entrüstung *f*
indigne [ɛ̃diɲ] *adj* unwürdig
indigné, e [ɛ̃diɲe] *adj* entrüstet
indigner [ɛ̃diɲe] *vt* aufbringen, entrüsten; **s'indigner** *vpr* : **s'~ (de qch/ contre qn)** sich (über etw/jdn) aufregen *ou* empören
indiqué, e [ɛ̃dike] *adj* (*adéquat*) angemessen; **ce n'est pas ~** das ist nicht ratsam
indiquer [ɛ̃dike] *vt* zeigen; (*recommander*) empfehlen; (*signaler*) mitteilen
indirect, e [ɛ̃diʀɛkt] *adj* indirekt
indirectement [ɛ̃diʀɛktəmɑ̃] *adv* indirekt
indiscipline [ɛ̃disiplin] *nf* Disziplinlosigkeit *f*
indiscipliné, e [ɛ̃disipline] *adj* (*écolier, troupes*) undiszipliniert
indiscret, -ète [ɛ̃diskʀɛ, ɛt] *adj* indiskret
indiscrétion [ɛ̃diskʀesjɔ̃] *nf* Indiskretion *f*; **sans ~, …** ich will nicht indiskret sein, aber …
indiscutable [ɛ̃diskytabl] *adj* unbestreitbar
indispensable [ɛ̃dispɑ̃sabl] *adj* (*essentiel*) unerlässlich; (*connaissances, objet, vêtement*) unbedingt erforderlich; (*de première nécessité*) unverzichtbar
indisponible [ɛ̃dispɔnibl] *adj* (*local*) nicht frei; (*personne*) unabkömmlich; (*capitaux*) gebunden
indisposé, e [ɛ̃dispoze] *adj* unpässlich
indisposer [ɛ̃dispoze] *vt* (*incommoder*) nicht bekommen *+dat*; (*mécontenter*) verärgern
indisposition [ɛ̃dispozisjɔ̃] *nf* Unpässlichkeit *f*
indissociable [ɛ̃disɔsjabl] *adj* nicht voneinander zu trennen
indistinct, e [ɛ̃distɛ̃(kt), ɛ̃kt] *adj* undeutlich
indistinctement [ɛ̃distɛ̃ktəmɑ̃] *adv* undeutlich
individu [ɛ̃dividy] *nm* Individuum *nt*
individualiser [ɛ̃dividɥalize] *vt* individualisieren; (*personnaliser*) individuell gestalten; **s'individualiser** *vpr* sich individuell entwickeln
individualiste [ɛ̃dividɥalist] *nmf* Individualist(in) *m(f)*
individualité [ɛ̃dividɥalite] *nf* Individualität *f*
individuel, le [ɛ̃dividɥɛl] *adj* individuell; (*personnel*) persönlich; (*isolé*) einzeln
indivisible [ɛ̃divizibl] *adj* unteilbar
Indochine [ɛ̃dɔʃin] *nf* : **l'~** Indochina *nt*
indochinois, e [ɛ̃dɔʃinwa, waz] *adj* indochinesisch
indocile [ɛ̃dɔsil] *adj* widerspenstig
indolent, e [ɛ̃dɔlɑ̃, ɑ̃t] *adj* (*personne, élève*) träge; (*regard, air, démarche*) lässig
indomptable [ɛ̃dɔ̃(p)tabl] *adj* unzähmbar; (*caractère, orgueil*) unbezähmbar
Indonésie [ɛ̃dɔnezi] *nf* : **l'~** Indonesien *nt*
indonésien, ne [ɛ̃dɔnezjɛ̃, jɛn] *adj* indonesisch ▸ *nm/f* : **Indonésien, ne** Indonesier(in)
indu, e [ɛ̃dy] *adj* : **à des heures ~es** zu einer unchristlichen Zeit
indubitable [ɛ̃dybitabl] *adj* unzweifelhaft; **il est ~ que** es steht außer Zweifel, dass
indubitablement [ɛ̃dybitabləmɑ̃] *adv* zweifellos
induire [ɛ̃dɥiʀ] *vt* : **~ qn en erreur** jdn irreführen
indulgent, e [ɛ̃dylʒɑ̃, ɑ̃t] *adj* nachsichtig; (*juge, examinateur*) milde
indûment [ɛ̃dymɑ̃] *adv* (*à tort*) ungebührlich
industrialisation [ɛ̃dystʀijalizasjɔ̃] *nf* Industrialisierung *f*
industrialiser [ɛ̃dystʀijalize] *vt* industrialisieren
industrie [ɛ̃dystʀi] *nf* (*Écon*) Industrie *f*; **petite ~** Kleingewerbe *nt*; **moyenne ~** mittlere Industrie; **~ automobile** Automobilindustrie *f*; **~ textile** Textilindustrie *f*
industriel, le [ɛ̃dystʀijɛl] *adj* Industrie-; (*activité*) industriell ▸ *nm* Industrielle(r) *f(m)*
industrieux, -euse [ɛ̃dystʀijø, ijøz] *adj* fleißig
inébranlable [inebʀɑ̃labl] *adj* unerschütterlich; (*masse, colonne*) solid, fest
inédit, e [inedi, it] *adj* (*non publié*) unveröffentlicht; (*spectacle, moyen*) neuartig
ineffaçable [inefasabl] *adj* unauslöschlich
inefficace [inefikas] *adj* wirkungslos; (*machine, employé*) wenig leistungsfähig
inefficacité [inefikasite] *nf* Wirkungslosigkeit *f*; (*d'une machine, personne*) geringe Leistungsfähigkeit *f*

i

inégal, e, -aux [inegal, o] *adj* ungleich; (*surface*) uneben; (*rythme, pouls*) unregelmäßig
inégalable [inegalabl] *adj* einzigartig
inégalité [inegalite] *nf* Ungleichheit *f*; (*de terrain*) Unebenheit *f*; **inégalités** (*nfpl économiques, sociales*) Ungleichheit *f*; **les ~s du terrain** die Unebenheiten des Geländes
inéligible [inelizibl] *adj* nicht wählbar
inéluctable [inelyktabl] *adj* unausweichlich
inepte [inɛpt] *adj* (*histoire, raisonnement*) unsinnig; (*personne*) unfähig
ineptie [inɛpsi] *nf* Unsinn *m*
inépuisable [inepɥizabl] *adj* unerschöpflich
inerte [inɛʀt] *adj* unbeweglich; (*fig*) apathisch; (*Phys*) träge
inertie [inɛʀsi] *nf* Trägheit *f*
inestimable [inɛstimabl] *adj* unschätzbar
inévitable [inevitabl] *adj* unvermeidlich
inévitablement [inevitabləmɑ̃] *adv* zwangsläufig
inexact, e [inɛgza(kt), akt] *adj* ungenau; (*calcul*) falsch; (*non ponctuel*) unpünktlich
inexactement [inɛgzaktəmɑ̃] *adv* ungenau
inexactitude [inɛgzaktityd] *nf* Ungenauigkeit *f*; (*d'un calcul*) Fehlerhaftigkeit *f*; (*erreur*) Fehler *m*
inexcusable [inɛkskyzabl] *adj* unverzeihlich
inexistant, e [inɛgzistɑ̃, ɑ̃t] *adj* nicht vorhanden
inexorable [inɛgzɔʀabl] *adj* unerbittlich
inexpérience [inɛkspeʀjɑ̃s] *nf* Unerfahrenheit *f*
inexpérimenté, e [inɛkspeʀimɑ̃te] *adj* unerfahren, ungeübt; (*objet, procédé*) unerprobt
inexplicable [inɛksplikabl] *adj* unerklärlich
inexplicablement [inɛksplikabləmɑ̃] *adv* auf unerklärliche Weise
inexploré, e [inɛksplɔʀe] *adj* unerforscht
inexpressif, -ive [inɛkspʀesif, iv] *adj* ausdruckslos
inexprimable [inɛkspʀimabl] *adj* unbeschreiblich
in extenso [inɛkstɛ̃so] *adv* ganz, vollständig
in extremis [inɛkstʀemis] *adv* in letzter Minute; (*testament*) auf dem Sterbebett
inextricable [inɛkstʀikabl] *adj* unentwirrbar; (*fig*) verwickelt
infaillible [ɛ̃fajibl] *adj* unfehlbar
infaisable [ɛ̃fəzabl] *adj* unmöglich
infalsifiable [ɛ̃falsifjabl] *adj* fälschungssicher
infâme [ɛ̃fɑm] *adj* niederträchtig, gemein; (*malpropre, sale*) übel
infamie [ɛ̃fami] *nf* Gemeinheit *f*
infanterie [ɛ̃fɑ̃tʀi] *nf* Infanterie *f*
infanticide [ɛ̃fɑ̃tisid] *nmf* Kindesmörder(in) *m(f)* ▶ *nm* (*meurtre*) Kindsmord *m*
infantile [ɛ̃fɑ̃til] *adj* kindlich; **maladie ~** Kinderkrankheit *f*
infarctus [ɛ̃faʀktys] *nm* : **~ (du myocarde)** Herzinfarkt *m*
infatigable [ɛ̃fatigabl] *adj* unermüdlich
infatué, e [ɛ̃fatɥe] *adj* eingebildet; **être ~ de son importance** sehr von sich eingenommen sein
infécond, e [ɛ̃fekɔ̃, ɔ̃d] *adj* unfruchtbar
infect, e [ɛ̃fɛkt] *adj* übel, ekelhaft
infecter [ɛ̃fɛkte] *vt* (*atmosphère, eau*) verunreinigen; (*Méd*) infizieren; **s'infecter** *vpr* (*plaie*) sich infizieren
infectieux, -euse [ɛ̃fɛksjø, jøz] *adj* ansteckend
infection [ɛ̃fɛksjɔ̃] *nf* Infektion *f*, Entzündung *f*
inférieur, e [ɛ̃feʀjœʀ] *adj* untere(r, s); (*qualité*) minderwertig; (*nombre*) niedriger; (*intelligence, esprit*) geringer; **~ à** kleiner als; (*moins bon que*) schlechter als
infériorité [ɛ̃feʀjɔʀite] *nf* Minderwertigkeit *f*; **~ en nombre** zahlenmäßige Unterlegenheit *f*
infernal, e, -aux [ɛ̃fɛʀnal, o] *adj* höllisch; (*satanique*) teuflisch; (*enfant*) unerträglich
infester [ɛ̃fɛste] *vt* : **infesté de moustiques/rats** von Mücken heimgesucht/mit Ratten verseucht
infidèle [ɛ̃fidɛl] *adj* untreu
infidélité [ɛ̃fidelite] *nf* Untreue *f*
infiltrer [ɛ̃filtʀe] : **s'infiltrer** *vpr* : **s'~ dans** eindringen in +*acc*; (*liquide*) einsickern in +*acc*; (*fig*) sich einschleichen in +*acc*
infime [ɛ̃fim] *adj* (*minuscule*) winzig; (*niveau*) niedrigste(r, s)
infini, e [ɛ̃fini] *adj* unendlich; (*bavardages, prétentions etc*) endlos ▶ *nm* Unendliche(s) *nt*; **à l'~** (*Math*) bis unendlich; (*discourir*) endlos; (*agrandir, varier, multiplier*) unendlich
infiniment [ɛ̃finimɑ̃] *adv* (*sans borne*) grenzenlos; (*extrêmement*) ungeheuer; **~ grand/petit** unendlich groß/klein

infinité [ɛ̃finite] *nf*: **une ~ de** unendliche viele
infinitif, -ive [ɛ̃finitif, iv] *adj* Infinitiv- ▶ *nm* Infinitiv *m*
infirme [ɛ̃fiʀm] *adj* behindert ▶ *nmf* Behinderte(r) *f(m)*
infirmer [ɛ̃fiʀme] *vt* entkräften
infirmerie [ɛ̃fiʀməʀi] *nf* Krankenrevier *nt*
infirmier, -ière [ɛ̃fiʀmje] *nm/f* Krankenpfleger *m*, Krankenschwester *f*
infirmité [ɛ̃fiʀmite] *nf* Behinderung *f*
inflammable [ɛ̃flamabl] *adj* leicht entzündlich
inflammation [ɛ̃flamasjɔ̃] *nf* Entzündung *f*
inflation [ɛ̃flasjɔ̃] *nf* Inflation *f*
inflexible [ɛ̃flɛksibl] *adj* unbeugsam, unerbittlich
inflexion [ɛ̃flɛksjɔ̃] *nf* (*de la voix*) Tonfall *m*; **~ de la tête** Nicken *nt*
infliger [ɛ̃fliʒe] *vt*: **~ qch à qn** jdm etw auferlegen
influençable [ɛ̃flyɑ̃sabl] *adj* beeinflussbar
influence [ɛ̃flyɑ̃s] *nf* Einfluss *m*; **sous l'~ de l'alcool** unter Alkoholeinfluss
influencer [ɛ̃flyɑ̃se] *vt* beeinflussen
info [ɛ̃fo] (*fam*) *nf* Nachricht *f*
infographie® [ɛ̃fogʀafi] *nf* Computergrafik *f*
infographiste [ɛ̃fogʀafist] *nm/f* Computergrafiker(in) *m(f)*
informaticien, ne [ɛ̃fɔʀmatisjɛ̃, jɛn] *nm/f* Informatiker(in)
information [ɛ̃fɔʀmasjɔ̃] *nf* Information *f*; (*renseignement*) Auskunft *f*; **informations** *nfpl* (*Radio, TV*) Nachrichten *pl*; **~s politiques/sportives** politische Nachrichten/Sportnachrichten *pl*
informatique [ɛ̃fɔʀmatik] *nf* Informatik *f*; (*techniques*) Datenverarbeitung *f*
informatisation [ɛ̃fɔʀmatizasjɔ̃] *nf* Umstellung *f* auf Computer
informatiser [ɛ̃fɔʀmatize] *vt* auf Computer umstellen
informe [ɛ̃fɔʀm] *adj* formlos; (*laid*) unförmig
informer [ɛ̃fɔʀme] *vt*: **~ qn (de)** jdn informieren (über *+acc*); **s'informer** *vpr*: **s'~ (de)** sich erkundigen (über *+acc*); **s'~ sur** sich informieren über *+acc*
inforoute [ɛ̃foʀut] (*fam*) *nf* Verkehrsfunk *m*
infortune [ɛ̃fɔʀtyn] *nf* Missgeschick *nt*
infraction [ɛ̃fʀaksjɔ̃] *nf*: **~ à** (*violation*) Verstoß *m* gegen; **être en ~** (*Auto*) gegen die Straßenverkehrsordnung verstoßen
infranchissable [ɛ̃fʀɑ̃ʃisabl] *adj* unüberwindlich
infrarouge [ɛ̃fʀaʀuʒ] *adj* infrarot
infrason [ɛ̃fʀasɔ̃] *nm* Ultraschall *m*
infrastructure [ɛ̃fʀastʀyktyʀ] *nf* (*Constr*) Unterbau *m*; (*Aviat*) Bodenanlagen *pl*; (*Mil, Écon*) Infrastruktur *f*
infructueux, -euse [ɛ̃fʀyktɥø, øz] *adj* fruchtlos
infuser [ɛ̃fyze] *vt* ziehen lassen ▶ *vi* ziehen
infusion [ɛ̃fyzjɔ̃] *nf* Kräutertee *m*
ingénier [ɛ̃ʒenje]: **s'ingénier** *vpr*: **s'~ à faire qch** bemüht sein, etw zu tun
ingénierie [ɛ̃ʒeniʀi] *nf* Ingenieurwesen *nt*; **~ génétique** Gentechnologie *f*
ingénieur, e [ɛ̃ʒenjœʀ] *nm/f* Ingenieur(in); **~ agronome** Agronom(in); **~ chimiste** Chemieingenieur(in); **~ du son** Toningenieur(in)
ingénieux, -euse [ɛ̃ʒenjø, jøz] *adj* genial; (*personne*) erfinderisch
ingénu, e [ɛ̃ʒeny] *adj* naiv
ingérence [ɛ̃ʒeʀɑ̃s] *nf* Einmischung *f*
ingérer [ɛ̃ʒeʀe]: **s'ingérer** *vpr*: **s'~ dans** sich einmischen in *+acc*
ingrat, e [ɛ̃gʀa, at] *adj* undankbar
ingratitude [ɛ̃gʀatityd] *nf* Undankbarkeit *f*
ingrédient [ɛ̃gʀedjɑ̃] *nm* (*Culin*) Zutat *f*; (*d'un médicament*) Bestandteil *m*
inguérissable [ɛ̃geʀisabl] *adj* unheilbar
ingurgiter [ɛ̃gyʀʒite] *vt* (*nourriture*) herunterschlingen; (*boisson*) in sich hineinschütten; **faire ~ qch à qn** jdm etw verabreichen
inhabitable [inabitabl] *adj* unbewohnbar
inhalation [inalasjɔ̃] *nf* Inhalation *f*; **faire une ~** *ou* **des ~s** inhalieren
inhérent, e [ineʀɑ̃, ɑ̃t] *adj*: **~ à** innewohnend *+dat*
inhibition [inibisjɔ̃] *nf* Hemmung *f*
inhumain, e [inymɛ̃, ɛn] *adj* unmenschlich
inhumer [inyme] *vt* bestatten
inimaginable [inimaʒinabl] *adj* unvorstellbar
inimitable [inimitabl] *adj* unnachahmlich; (*qualité*) unnachahmbar
iniquité [inikite] *nf* Ungerechtigkeit *f*
initial, e, -aux [inisjal, jo] *adj* anfänglich; (*lettre*) Anfangs-
initialiser [inisjalize] *vt* (*Inform*) initialisieren

initiateur, -trice [inisjatœʀ, tʀis] *nm/f* Initiator(in); **~ d'une mode/technique** Wegbereiter *m* einer Mode/Technik
initiative [inisjativ] *nf* Initiative *f*; **prendre l'~ de faire qch** die Initiative ergreifen, etw zu tun
initier [inisje] *vt* : **~ qn à** (*religion*) jdn feierlich aufnehmen in *+acc*; (*secret, procédé, art, jeu*) jdn einweihen in *+acc*; **s'initier à** *vpr* erlernen
injecté, e [ɛ̃ʒɛkte] *adj* : **yeux ~s de sang** blutunterlaufene Augen *pl*
injecter [ɛ̃ʒɛkte] *vt* einspritzen
injection [ɛ̃ʒɛksjɔ̃] *nf* (*Méd, Écon*) Injektion *f*; (*piqûre*) : **~ intraveineuse/sous-cutanée** intravenöse/subkutane Injektion *f ou* Spritze *f*
injonction [ɛ̃ʒɔ̃ksjɔ̃] *nf* Anordnung *f*
injure [ɛ̃ʒyʀ] *nf* (*insulte*) Schimpfwort *nt*; (*Jur*) Beleidigung *f*
injurier [ɛ̃ʒyʀje] *vt* beschimpfen
injurieux, -euse [ɛ̃ʒyʀjø, jøz] *adj* beleidigend
injuste [ɛ̃ʒyst] *adj* ungerecht
injustice [ɛ̃ʒystis] *nf* Ungerechtigkeit *f*; (*acte, jugement*) Unrecht *nt*
injustifié, e [ɛ̃ʒystifje] *adj* ungerechtfertigt
inlassable [ɛ̃lɑsabl] *adj* unermüdlich
inné, e [i(n)ne] *adj* angeboren
innocence [inɔsɑ̃s] *nf* Unschuld *f*
innocent, e [inɔsɑ̃, ɑ̃t] *adj* unschuldig ▶ *nm/f* Unschuldige(r) *f(m)*; **~ de qch** etw *gén* nicht schuldig
innocenter [inɔsɑ̃te] *vt* (*juge etc*) für unschuldig erklären; (*déclaration etc*) jds Unschuld beweisen
innovateur, -trice [inɔvatœʀ, tʀis] *adj* innovativ
innovation [inɔvasjɔ̃] *nf* Neuerung *f*
innover [inɔve] *vi* Neuerungen einführen
inoccupé, e [inɔkype] *adj* (*logement*) unbewohnt, leer stehend; (*personne, vie*) untätig
inoculer [inɔkyle] *vt* : **~ qch à qn** (*fig*) jdm etw einimpfen; **~ une maladie à qn** (*Méd*) jdn gegen eine Krankheit impfen; **~ qn contre qch** jdn gegen etw impfen
inodore [inɔdɔʀ] *adj* geruchlos
inoffensif, -ive [inɔfɑ̃sif, iv] *adj* harmlos
inondation [inɔ̃dasjɔ̃] *nf* Überschwemmung *f*; (*afflux massif*) Flut *f*
inonder [inɔ̃de] *vt* überschwemmen; (*fig*) strömen in *+acc*
inopérable [inɔpeʀabl] *adj* inoperabel
inopérant, e [inɔpeʀɑ̃, ɑ̃t] *adj* wirkungslos
inopiné, e [inɔpine] *adj* unerwartet
inopportun, e [inɔpɔʀtœ̃, yn] *adj* ungelegen
inoubliable [inublijabl] *adj* unvergesslich
inouï, e [inwi] *adj* einmalig; (*incroyable*) unglaublich
inox [inɔks] *nm* Nirosta® *nt*
inoxydable [inɔksidabl] *adj* rostfrei
inqualifiable [ɛ̃kalifjabl] *adj* unbeschreiblich, abscheulich
inquiet, -ète [ɛ̃kjɛ, ɛ̃kjɛt] *adj* besorgt; (*par nature*) unruhig
inquiétant, e [ɛ̃kjetɑ̃, ɑ̃t] *adj* beunruhigend; (*mine, visage, expression*) finster
inquiéter [ɛ̃kjete] *vt* beunruhigen, Sorgen machen *+dat*; (*harceler*) schikanieren; **s'inquiéter** *vpr* : **s'~ de** sich *dat* Sorgen *ou* Gedanken machen über *+acc*
inquiétude [ɛ̃kjetyd] *nf* Besorgnis *f*; **avoir de l'~** *ou* **des ~s au sujet de** besorgt sein wegen *+gén ou dat*
inquisition [ɛ̃kizisjɔ̃] *nf* Untersuchung *f*
insaisissable [ɛ̃sezisabl] *adj* (*fugitif, ennemi*) flüchtig; (*nuance, différence*) schwer fassbar
insalubre [ɛ̃salybʀ] *adj* ungesund
insanité [ɛ̃sanite] *nf* Wahnsinn *m*
insatiable [ɛ̃sasjabl] *adj* unersättlich
insatisfaction [ɛ̃satisfaksjɔ̃] *nf* Unzufriedenheit *f*
insatisfait, e [ɛ̃satisfɛ, ɛt] *adj* unzufrieden; (*non comblé*) unbefriedigt
inscription [ɛ̃skʀipsjɔ̃] *nf* (*sur mur, écriteau*) Inschrift *f*; (*à une institution*) Anmeldung *f*
inscrire [ɛ̃skʀiʀ] *vt* (*marquer*) aufschreiben; (*sur un mur, une affiche etc*) schreiben; (*dans la pierre, le marbre*) einmeißeln; (*sur une liste*) einschreiben; **s'inscrire** *vpr* sich anmelden; **~ qn à** (*un club, la cantine, l'université*) jdn einschreiben in *+dat*; (*l'école*) jdn anmelden in *+dat*; (*un examen, concours*) jdn anmelden für; **s'~ (à)** (*un club, parti*) beitreten (*+dat*); (*à l'université*) sich immatrikulieren *ou* einschreiben (an *+dat*); (*à un examen, concours*) sich anmelden (zu); **s'~ en faux contre qch** etw anfechten
insecte [ɛ̃sɛkt] *nm* Insekt *nt*
insecticide [ɛ̃sɛktisid] *nm* Insektenvernichtungsmittel *nt* ▶ *adj* zur Insektenvernichtung
insécurité [ɛ̃sekyʀite] *nf* Unsicherheit *f*; **vivre dans l'~** in der Ungewissheit leben

insémination [ɛ̃seminasjɔ̃] *nf* : **~ artificielle** künstliche Befruchtung *ou* Besamung *f*
insensé, e [ɛ̃sɑ̃se] *adj* wahnsinnig, unsinnig
insensibiliser [ɛ̃sɑ̃sibilize] *vt* betäuben
insensible [ɛ̃sɑ̃sibl] *adj* (*nerf, membre*) taub; (*dur, sévère*) gefühllos; (*pouls*) nicht *ou* kaum wahrnehmbar; **~ aux compliments** unempfänglich für Komplimente; **~ au froid/à la chaleur** gegen Kälte/Hitze unempfindlich
insensiblement [ɛ̃sɑ̃sibləmɑ̃] *adv* unmerklich
inséparable [ɛ̃sepaʀabl] *adj* (*amis, couple*) unzertrennlich
insérer [ɛ̃seʀe] *vt* (*dans un livre etc*) einlegen; (*dans un journal*) aufgeben; **s'insérer** *vpr* : **s'~ dans qch** (*fig*) im Rahmen etw *gén* geschehen
insertion [ɛ̃sɛʀsjɔ̃] *nf* (*d'une personne*) Integration *f*
insidieux, -euse [ɛ̃sidjø, jøz] *adj* heimtückisch
insigne [ɛ̃siɲ] *nm* (*d'un parti, club*) Abzeichen *nt* ▶ *adj* hervorragend
insignifiant, e [ɛ̃siɲifjɑ̃, jɑ̃t] *adj* unbedeutend; (*paroles, visage, roman etc*) nichtssagend
insinuation [ɛ̃sinɥasjɔ̃] *nf* Anspielung *f*
insinuer [ɛ̃sinɥe] *vt* : **que voulez-vous ~ ?** was wollen Sie damit andeuten?; **s'insinuer** *vpr* : **s'~ dans** sich einschleichen in *+acc*
insipide [ɛ̃sipid] *adj* fad(e); (*personne*) nichtssagend
insistance [ɛ̃sistɑ̃s] *nf* (*d'une personne*) Beharren *nt*
insister [ɛ̃siste] *vi* bestehen, beharren; **~ sur** (*détail, note*) betonen; **~ pour faire qch** darauf beharren, etw zu tun
insolation [ɛ̃sɔlasjɔ̃] *nf* (*Méd*) Sonnenstich *m*
insolence [ɛ̃sɔlɑ̃s] *nf* Unverschämtheit *f*
insolent, e [ɛ̃sɔlɑ̃, ɑ̃t] *adj* unverschämt, frech
insolite [ɛ̃sɔlit] *adj* ungewöhnlich; (*étrange, anormal*) ausgefallen
insoluble [ɛ̃sɔlybl] *adj* (*problème*) unlösbar; **~ dans** nicht löslich in *+dat*
insolvable [ɛ̃sɔlvabl] *adj* zahlungsunfähig
insomniaque [ɛ̃sɔmnjak] *adj* schlaflos; **être ~** an Schlaflosigkeit leiden
insomnie [ɛ̃sɔmni] *nf* Schlaflosigkeit *f*; **avoir des ~s** an Schlaflosigkeit leiden
insondable [ɛ̃sɔ̃dabl] *adj* (*mystère, secret*) unergründlich; (*maladresse, bêtise*) unermesslich
insonorisation [ɛ̃sɔnɔʀizasjɔ̃] *nf* Schalldämmung *f*
insonoriser [ɛ̃sɔnɔʀize] *vt* schalldicht machen
insouciance [ɛ̃susjɑ̃s] *nf* Sorglosigkeit *f*
insoumis, e [ɛ̃sumi, iz] *adj* (*caractère, enfant*) widerspenstig, rebellisch; (*contrée, tribu*) unbezwungen
insoupçonnable [ɛ̃supsɔnabl] *adj* über jeden Verdacht erhaben
insoupçonné, e [ɛ̃supsɔne] *adj* ungeahnt
insoutenable [ɛ̃sut(ə)nabl] *adj* (*opinion, théorie*) unhaltbar; (*effort, chaleur, spectacle*) unerträglich
inspecter [ɛ̃spɛkte] *vt* kontrollieren
inspecteur, -trice [ɛ̃spɛktœʀ, tʀis] *nm/f* Inspektor(in); **~ (de police)** (Polizei)inspektor(in); **~ des finances** Steuerprüfer(in)
inspection [ɛ̃spɛksjɔ̃] *nf* Prüfung *f*, Kontrolle *f*
inspiration [ɛ̃spiʀasjɔ̃] *nf* (*divine*) Erleuchtung *f*; (*d'un écrivain, chercheur*) Inspiration *f*; (*idée*) Eingebung *f*
inspirer [ɛ̃spiʀe] *vt* (*prophète*) erleuchten; (*poète*) inspirieren, anregen ▶ *vi* (*aspirer*) einatmen; **~ de la crainte/de l'horreur à qn** jn Furcht/einen Schrecken einjagen
instable [ɛ̃stabl] *adj* unbeständig; (*meuble*) wackelig
installateur [ɛ̃stalatœʀ] *nm* Installateur *m*
installation [ɛ̃stalasjɔ̃] *nf* (*de l'électricité, du téléphone*) Anschließen *nt*; (*appareils*) Anlage *f*, Vorrichtung *f*; (*Inform* : *logiciel*) Installation *f*; **~s électriques/sanitaires** elektrische/sanitäre Anlagen *pl*; **~s portuaires/industrielles** Hafenanlagen *pl*/Industrieanlage *f*
installer [ɛ̃stale] *vt* (*gaz, électricité, téléphone*) anschließen; (*Inform*) installieren; (*appartement*) einrichten; (*fonctionnaire, magistrat*) einsetzen; (*rideaux etc*) anbringen; (*meuble, tente*) (auf)stellen; (*caser, loger*) unterbringen; (*coucher*) legen; (*asseoir*) setzen; **s'installer** *vpr* (*s'établir*) sich niederlassen; **s'~ à l'hôtel/chez qn** sich im Hotel/bei jdm einquartieren
instamment [ɛ̃stamɑ̃] *adv* eindringlich
instance [ɛ̃stɑ̃s] *nf* (*Jur*) Verfahren *nt*; **instances** *nfpl* (*prières*) inständige Bitten *pl*; **être en ~ de divorce** in Scheidung leben
instant, e [ɛ̃stɑ̃, ɑ̃t] *adj* (*prière etc*) eindringlich ▶ *nm* Augenblick *m*; **dans un ~** in einem Augenblick; **à l'~ (même)**

i

où im (gleichen) *ou* in dem Moment, wo; **à chaque** *ou* **tout ~** jederzeit; **pour l'~** im Augenblick; **par ~s** manchmal; **de tous les ~s** ständig, fortwährend
instantané, e [ɛ̃stɑ̃tane] *adj (explosion, mort)* unmittelbar, sofortig
instar [ɛ̃staʀ] *nm* : **à l'~ de ...** dem Beispiel von ... folgend
instaurer [ɛ̃stɔʀe] *vt* einführen
instigateur, -trice [ɛ̃stigatœʀ, tʀis] *nm/f* Initiator(in), Anstifter(in)
instigation [ɛ̃stigasjɔ̃] *nf* : **à l'~ de qn** auf jds Betreiben *acc*
instinct [ɛ̃stɛ̃] *nm* Instinkt *m*; **d'~** instinktiv; **~ de conservation** Selbsterhaltungstrieb *m*
instinctif, -ive [ɛ̃stɛ̃ktif, iv] *adj* instinktiv
instituer [ɛ̃stitɥe] *vt* einführen
institut [ɛ̃stity] *nm* Institut *nt*; **~ de beauté** Schönheitsinstitut *nt*; **I~ universitaire de technologie** ≈ technische Hochschule *f ou* Universität *f*
instituteur, -trice [ɛ̃stitytœʀ, tʀis] *nm/f* ≈ Grundschullehrer(in)
institution [ɛ̃stitysjɔ̃] *nf* Einrichtung *f*, Institution *f*; *(collège, école privée)* Privatschule *f*; **institutions** *nfpl (structures)* Institutionen *pl*
institutionnaliser [ɛ̃stitysjɔnalize] *vt* institutionalisieren
instructeur [ɛ̃stʀyktœʀ] *nm* Lehrer *m*; **juge ~** Untersuchungsrichter *m*
instructif, -ive [ɛ̃stʀyktif, iv] *adj* lehrreich, instruktiv
instruction [ɛ̃stʀyksjɔ̃] *nf* Ausbildung *f*; *(enseignement)* Unterricht *m*; *(savoir, connaissances)* Bildung *f*; *(Jur)* Ermittlungen *pl*; *(Inform)* Anweisung *f*, Befehl *m*; **instructions** *nfpl (directives)* Anweisungen *pl*; *(mode d'emploi)* Gebrauchsanweisung *f*; **~ civique** Staatsbürgerkunde *f*; **~ religieuse** Religionsunterricht *m*
instruire [ɛ̃stʀɥiʀ] *vt (élèves)* unterrichten; *(Jur)* ermitteln in *+dat*; **s'instruire** *vpr* sich bilden
instruit, e [ɛ̃stʀɥi, it] *adj* gebildet
instrument [ɛ̃stʀymɑ̃] *nm* Instrument *nt*; **~ à cordes** Saiteninstrument *nt*; **~ à percussion** Schlaginstrument *nt*; **~ à vent** Blasinstrument *nt*; **~ de mesure** Messinstrument *nt*, Messgerät *nt*; **~ de musique** Musikinstrument *nt*; **~ de travail** Werkzeug *nt*
insu [ɛ̃sy] *nm* : **à l'~ de qn** ohne jds Wissen
insubordination [ɛ̃sybɔʀdinasjɔ̃] *nf (Mil)* Gehorsamsverweigerung *f*; *(d'un élève)* Aufsässigkeit *f*
insuffisamment [ɛ̃syfizamɑ̃] *adv* unzureichend
insuffisance [ɛ̃syfizɑ̃s] *nf* Unzulänglichkeit *f*; **insuffisances** *nfpl (déficiences, lacunes)* Unzulänglichkeiten *pl*, Mängel *pl*; **~ cardiaque** Herzinsuffizienz *f*, Herzschwäche *f*
insuffisant, e [ɛ̃syfizɑ̃, ɑ̃t] *adj* unzureichend; *(en nombre)* ungenügend; *(connaissances, travail)* mangelhaft, unzulänglich
insuffler [ɛ̃syfle] *vt* : **~ qch (dans)** etw einblasen (in *+acc*)
insulaire [ɛ̃sylɛʀ] *adj* Insel-
insuline [ɛ̃sylin] *nf* Insulin *nt*
insulte [ɛ̃sylt] *nf* Beleidigung *f*
insulter [ɛ̃sylte] *vt* beschimpfen, beleidigen
insupportable [ɛ̃sypɔʀtabl] *adj* unerträglich
insurgé, e [ɛ̃syʀʒe] *nm/f* Aufständische(r) *f(m)*
insurger [ɛ̃syʀʒe] : **s'insurger (contre)** *vpr* sich auflehnen (gegen)
insurmontable [ɛ̃syʀmɔ̃tabl] *adj* unüberwindlich
insurrection [ɛ̃syʀɛksjɔ̃] *nf* Aufstand *m*
intact, e [ɛ̃takt] *adj* unversehrt, intakt
intangible [ɛ̃tɑ̃ʒibl] *adj (impalpable)* nicht greifbar; *(sacré)* unantastbar
intarissable [ɛ̃taʀisabl] *adj* unerschöpflich
intégral, e, -aux [ɛ̃tegʀal, o] *adj* vollständig
intégrant, e [ɛ̃tegʀɑ̃, ɑ̃t] *adj* : **faire partie ~e de qch** ein fester Bestandteil von etw sein
intégration [ɛ̃tegʀasjɔ̃] *nf* Integration *f*
intégrationniste [ɛ̃tegʀasjɔnist] *adj (manifestation)* für die Rassenintegration; *(politique)* (Rassen)integrations-
intègre [ɛ̃tɛgʀ] *adj* rechtschaffen, integer
intégré, e [ɛ̃tegʀe] *adj* integriert; **circuit ~** integrierter Schaltkreis *m*
intégrer [ɛ̃tegʀe] *vt* integrieren; *(Univ)* aufgenommen werden; **s'intégrer** *vpr* : **s'~ à** *ou* **dans qch** sich in etw *acc* integrieren *ou* eingliedern
intégrisme [ɛ̃tegʀism] *nm* Fundamentalismus *m*
intégriste [ɛ̃tegʀist] *adj* fundamentalistisch ▶ *nmf* Fundamentalist(in) *m(f)*
intellectuel, le [ɛ̃telɛktɥɛl] *adj* intellektuell ▶ *nm/f* Intellektuelle(r) *f(m)*
intelligence [ɛ̃teliʒɑ̃s] *nf* Intelligenz *f*; **vivre en bonne ~ avec qn** mit jdm gut auskommen; **~ artificielle** künstliche Intelligenz

intelligent, e [ɛ̃teliʒɑ̃, ɑ̃t] *adj* intelligent, gescheit
intelligible [ɛ̃teliʒibl] *adj* verständlich
intello [ɛ̃telo] *(fam) adj (schrecklich)* intellektuell ▶ *nmf* Intelligenzbestie *f*
intempérant, e [ɛ̃tɑ̃peʀɑ̃, ɑ̃t] *adj* unmäßig
intempéries [ɛ̃tɑ̃peʀi] *nfpl* schlechtes Wetter *nt*
intempestif, -ive [ɛ̃tɑ̃pɛstif, iv] *adj* unpassend
intenable [ɛ̃t(ə)nabl] *adj (situation, chaleur, enfant)* unerträglich
intendant, e [ɛ̃tɑ̃dɑ̃] *nm/f* Verwalter(in)
intense [ɛ̃tɑ̃s] *adj* stark, intensiv; *(froid)* groß; *(lumière)* hell
intensif, -ive [ɛ̃tɑ̃sif, iv] *adj* intensiv
intensifier [ɛ̃tɑ̃sifje] *vt* steigern
intensité [ɛ̃tɑ̃site] *nf* Intensität *f*; *(d'un courant électrique)* Stromstärke *f*
intenter [ɛ̃tɑ̃te] *vt* : **~ un procès/une action à qn** einen Prozess/einen Vorgang gegen jdn anstrengen
intention [ɛ̃tɑ̃sjɔ̃] *nf* Absicht *f*; **avoir l'~ de faire qch** beabsichtigen *ou* die Absicht haben, etw zu tun; **à l'~ de qn** für jdn; **à cette ~** zu diesem Zweck
intentionné, e [ɛ̃tɑ̃sjɔne] *adj* : **bien/mal ~** wohlgesinnt/nicht wohlgesinnt
intentionnel, le [ɛ̃tɑ̃sjɔnɛl] *adj* absichtlich; *(Jur)* vorsätzlich
interactif, -ive [ɛ̃tɛʀaktif, iv] *adj* interaktiv
interaction [ɛ̃tɛʀaksjɔ̃] *nf* Wechselwirkung *f*
intercalaire [ɛ̃tɛʀkalɛʀ] *nm (feuille, feuillet)* Einlegblatt *nt*
intercaler [ɛ̃tɛʀkale] *vt* : **~ (dans)** einfügen (in +*acc*)
intercéder [ɛ̃tɛʀsede] *vi* : **~ en faveur de qn** sich für jdn verwenden
intercepter [ɛ̃tɛʀsɛpte] *vt* abfangen
intercepteur [ɛ̃tɛʀsɛptœʀ] *nm (Aviat)* Abfangjäger *m*
interchangeable [ɛ̃tɛʀʃɑ̃ʒabl] *adj* austauschbar
interclasse [ɛ̃tɛʀklas] *nm (Scol)* kurze Pause *f (zwischen Schulstunden)*
interconnecter [ɛ̃tɛʀkɔnɛkte] *vt* miteinander verbinden
interconnexion [ɛ̃tɛʀkɔnɛksjɔ̃] *nf* Schaltstelle *f*
interdépendance [ɛ̃tɛʀdepɑ̃dɑ̃s] *nf* wechselseitige Abhängigkeit *f*
interdiction [ɛ̃tɛʀdiksjɔ̃] *nf* Verbot *nt*; **~ de séjour** Aufenthaltsverbot *nt*
interdire [ɛ̃tɛʀdiʀ] *vt* verbieten; **s'interdire** *vpr (excès etc)* sich *dat* versagen; **~ à qn de faire qch** jdm verbieten, etw zu tun
interdit, e [ɛ̃tɛʀdi, it] *adj* verboten; *(stupéfait)* erstaunt, verblüfft; **sens/stationnement ~** Einbahnstraße *f*/Parkverbot *nt*
intéressant, e [ɛ̃teʀesɑ̃, ɑ̃t] *adj* interessant
intéressé, e [ɛ̃teʀese] *adj* interessiert; *(service, amitié, motifs)* eigennützig; *(puissances, parties, personnes)* betroffen
intéresser [ɛ̃teʀese] *vt* interessieren; *(concerner)* betreffen; *(aux bénéfices)* beteiligen; **s'intéresser** *vpr* : **s'~ à qn/qch** sich für jdn/etw interessieren
intérêt [ɛ̃teʀɛ] *nm* Interesse *nt*; *(importance, avantage)* Bedeutung *f*; *(dividende)* Zins *m*; *(cupidité, égoïsme)* Eigennutz *m*; **avoir ~ à faire qch** besser daran tun, etw zu tun; **tu as ~ à te taire !** du solltest lieber nichts sagen!; **les ~s de la dette** die Schuldzinsen *pl*; **~s composés** Zinseszins *m*
interface [ɛ̃tɛʀfas] *nf (Inform)* Schnittstelle *f*, Interface *nt*
interférer [ɛ̃tɛʀfeʀe] *vi* interferieren
intérieur, e [ɛ̃teʀjœʀ] *adj* innere(r, s); *(politique, cour)* Innen- ▶ *nm* : **l'~** das Innere *nt*; **ministère de l'I~** Innenministerium *nt*; **un ~ bourgeois/confortable** eine bürgerliche/bequeme (Innen)einrichtung *f*; **à l'~ (de)** im Inneren (von *ou* +*gén*); *(avec mouvement)* ins Innere (von *ou* +*gén*); **tourner (une scène) en ~** (eine Szene) im Studio drehen
intérim [ɛ̃teʀim] *nm* Zwischenzeit *f*; *(travail temporaire)* Zeitarbeit *f*; **assurer l'~ (de qn)** die Vertretung (für jdn) übernehmen; **par ~** vorläufig
intérimaire [ɛ̃teʀimɛʀ] *nmf (personne)* Zeitarbeiter(in) *m(f)*
intérioriser [ɛ̃teʀjɔʀize] *vt* verinnerlichen
interjection [ɛ̃tɛʀʒɛksjɔ̃] *nf* Ausruf *m*
interligne [ɛ̃tɛʀliɲ] *nm* Zeilenabstand *m*; **simple/double ~** einfacher/doppelter Zeilenabstand *m*
interlocuteur, -trice [ɛ̃tɛʀlɔkytœʀ, tʀis] *nm/f* Gesprächspartner(in)
interloquer [ɛ̃tɛʀlɔke] *vt* sprachlos machen
interlude [ɛ̃tɛʀlyd] *nm* Zwischenspiel *nt*
intermédiaire [ɛ̃tɛʀmedjɛʀ] *adj* Zwischen- ▶ *nmf (médiateur)* Vermittler(in) *m(f)*; *(Comm)* Mittelsmann *m* ▶ *nm* : **sans ~** direkt; **par l'~ de** durch (die) Vermittlung von, durch

interminable [ɛ̃tɛʀminabl] *adj* endlos
intermittence [ɛ̃tɛʀmitɑ̃s] *nf*: **par ~** zeitweilig
intermittent, e [ɛ̃tɛʀmitɑ̃, ɑ̃t] *adj* (*pouls*) unregelmäßig; (*lumière*) flackernd ▸ *nm/f* Zeitarbeiter(in); **les ~s du spectacle** die auf Produktionsdauer Beschäftigten
internat [ɛ̃tɛʀna] *nm* (*établissement*) Internat *nt*
international, e, -aux [ɛ̃tɛʀnasjɔnal, o] *adj* international ▸ *nm/f* (*Sport*) Nationalspieler(in)
internaute [ɛ̃tɛʀnot] *nmf* Internetsurfer(in) *m(f)*, Websurfer(in) *m(f)*
interne [ɛ̃tɛʀn] *adj* innere(r, s) ▸ *nmf* (*élève*) Internatsschüler(in) *m(f)*; (*Méd*) Arzt (Ärztin) *m(f)* im Praktikum
interner [ɛ̃tɛʀne] *vt* (*Pol*) internieren; (*Méd*) in eine Anstalt einweisen
Internet [ɛ̃tɛʀnɛt] *nm*: **(l')~** das Internet; **~ mobile** mobiles Internet *nt*
interpeller [ɛ̃tɛʀpəle] *vt* (*appeler*) zurufen +*dat*; (*arrêter*) festnehmen; (*Pol*) befragen
interphone [ɛ̃tɛʀfɔn] *nm* (Wechsel) sprechanlage *f*
Interpol [ɛ̃tɛʀpɔl] *sigle m* Interpol *f*
interposer [ɛ̃tɛʀpoze] *vt* dazwischentun; **s'interposer** *vpr* dazwischentreten; **par personnes interposées** durch Mittelsmänner
interprétation [ɛ̃tɛʀpʀetasjɔ̃] *nf* Interpretation *f*
interprète [ɛ̃tɛʀpʀɛt] *nmf* (*traducteur*) Dolmetscher(in) *m(f)*; (*Mus, Théât, Ciné*) Interpret(in) *m(f)*
interpréter [ɛ̃tɛʀpʀete] *vt* interpretieren; (*songes, présages*) deuten; (*traduire*) übersetzen
interrogateur, -trice [ɛ̃teʀɔgatœʀ, tʀis] *adj* fragend
interrogatif, -ive [ɛ̃teʀɔgatif, iv] *adj* fragend; (*Ling*) Frage-
interrogation [ɛ̃teʀɔgasjɔ̃] *nf* Befragung *f*; **~ écrite/orale** (*Scol*) schriftliche/mündliche Prüfung *f*; **~ directe/indirecte** direkte/indirekte Frage *f*; **~ à distance** (*répondeur*) Fernabfrage *f*
interrogatoire [ɛ̃teʀɔgatwaʀ] *nm* Verhör *nt*; (*au tribunal*) Vernehmung *f*
interrogé, e [ɛ̃teʀɔʒe] *adj* befragt; **55% des personnes ~es** 55% der Befragten
interroger [ɛ̃teʀɔʒe] *vt* befragen; (*inculpé*) verhören, vernehmen; (*données, ordinateur*) abfragen
interrompre [ɛ̃teʀɔ̃pʀ] *vt* unterbrechen; **s'interrompre** *vpr* aufhören
interrupteur [ɛ̃teʀyptœʀ] *nm* Schalter *m*
interruption [ɛ̃teʀypsjɔ̃] *nf* Unterbrechung *f*; **~ volontaire de grossesse** Schwangerschaftsabbruch *m*
intersection [ɛ̃tɛʀsɛksjɔ̃] *nf* Schnittpunkt *m*; (*croisement*) Kreuzung *f*
interstice [ɛ̃tɛʀstis] *nm* Zwischenraum *m*, Spalt *m*
intersyndical, e, -aux [ɛ̃tɛʀsɛ̃dikal, o] *adj* zwischen verschiedenen Gewerkschaften ▸ *nf* Gewerkschaftsbund *m*
interurbain, e [ɛ̃teʀyʀbɛ̃, ɛn] *adj*: **communication ~e** Ferngespräch *nt*
intervalle [ɛ̃tɛʀval] *nm* Zwischenraum *m*; **à deux mois d'~** im Abstand von zwei Monaten; **dans l'~** inzwischen
intervenir [ɛ̃tɛʀvəniʀ] *vi* eingreifen; (*Pol*) intervenieren; (*se produire*) sich ereignen; **~ auprès de qn/en faveur de qn** sich bei jdm/für jdn verwenden
intervention [ɛ̃tɛʀvɑ̃sjɔ̃] *nf* Eingreifen *nt*; (*conférence*) Vortrag *m*; **~ (chirurgicale)** (chirurgischer) Eingriff *m*
interventionnisme [ɛ̃tɛʀvɑ̃sjɔnism] *nm* Interventionismus *m*
intervertir [ɛ̃tɛʀvɛʀtiʀ] *vt* umkehren; **~ les rôles** die Rollen vertauschen
interview [ɛ̃tɛʀvju] *nf* Interview *nt*
interviewer [ɛ̃tɛʀvjuve] *vt* interviewen
intestin, e [ɛ̃tɛstɛ̃, in] *adj*: **querelles/luttes ~es** innere Kämpfe *pl* ▸ *nm* Darm *m*; **~ grêle** Dünndarm *m*
intestinal, e, -aux [ɛ̃tɛstinal, o] *adj* Darm-
intime [ɛ̃tim] *adj* intim ▸ *nmf* Vertraute(r) *f(m)*, enger Freund *m*, enge Freundin *f*
intimer [ɛ̃time] *vt* (*citer*) vorladen; **~ à qn l'ordre de faire qch** jdm den Befehl zukommen lassen, etw zu tun
intimidation [ɛ̃timidasjɔ̃] *nf* Einschüchterung *f*
intimider [ɛ̃timide] *vt* einschüchtern
intimité [ɛ̃timite] *nf*: **dans la plus stricte ~** im privaten Kreis, im engsten Familienkreis
intituler [ɛ̃tityle] *vt*: **comment a-t-il intitulé son livre ?** welchen Titel hat er seinem Buch gegeben?; **s'intituler** *vpr* (*ouvrage*) den Titel tragen
intolérable [ɛ̃tɔleʀabl] *adj* unerträglich
intolérance [ɛ̃tɔleʀɑ̃s] *nf* Intoleranz *f*
intolérant, e [ɛ̃tɔleʀɑ̃, ɑ̃t] *adj* intolerant
intoxication [ɛ̃tɔksikasjɔ̃] *nf* Vergiftung *f*; (*Pol*) Indoktrination *f*; **~ alimentaire** Lebensmittelvergiftung *f*
intoxiqué, e [ɛ̃tɔksike] *adj* süchtig ▸ *nm/f* Süchtige(r) *f(m)*

intoxiquer [ɛ̃tɔksike] *vt* vergiften; (*fig*) indoktrinieren
intraduisible [ɛ̃tʀadɥizibl] *adj* unübersetzbar
intraitable [ɛ̃tʀɛtabl] *adj* (*intransigeant*) unnachgiebig; **~ sur** unnachgiebig in Bezug auf *+acc*; **demeurer ~** nicht nachgeben
intranet [ɛ̃tʀanɛt] *nm* Intranet *nt*
intransigeant, e [ɛ̃tʀɑ̃ziʒɑ̃, ɑ̃t] *adj* unnachgiebig, stur
intransitif, -ive [ɛ̃tʀɑ̃zitif, iv] *adj* (*Ling*) intransitiv
intraveineux, -euse [ɛ̃tʀavɛnø, øz] *adj* intravenös
intrépide [ɛ̃tʀepid] *adj* mutig, beherzt
intrigue [ɛ̃tʀig] *nf* (*manœuvre*) Intrige *f*; (*scénario*) Handlung *f*
intriguer [ɛ̃tʀige] *vi* intrigieren ▸ *vt* neugierig machen
introduction [ɛ̃tʀɔdyksjɔ̃] *nf* (*d'un ouvrage, exposé*) Einleitung *f*; (*de marchandise*) Einfuhr *f*; (*dans club, auprès de qn*) Einführung *f*; **~ en Bourse** Börsengang *m*
introduire [ɛ̃tʀɔdɥiʀ] *vt* einführen; (*visiteur*) hereinführen; (*Inform*) eingeben; **s'introduire** *vpr* (*usages, idées*) in Gebrauch kommen; **~ qch dans** etw stecken in *+acc*; **s'~ dans** (*personne, eau, fumée*) eindringen in *+acc*; (*dans un groupe*) sich *dat* Zutritt verschaffen in
introspection [ɛ̃tʀɔspɛksjɔ̃] *nf* Selbstbeobachtung *f*
introuvable [ɛ̃tʀuvabl] *adj* unauffindbar; (*édition*) schwer auffindbar
introverti, e [ɛ̃tʀɔvɛʀti] *adj* introvertiert
intrus, e [ɛ̃tʀy, yz] *nm/f* Eindringling *m*
intrusion [ɛ̃tʀyzjɔ̃] *nf* Eindringen *nt*; (*ingérence*) Einmischung *f*
intuitif, -ive [ɛ̃tɥitif, iv] *adj* intuitiv
intuition [ɛ̃tɥisjɔ̃] *nf* Intuition *f*, Vorahnung *f*; (*pressentiment*) Vorgefühl *nt*
inusable [inyzabl] *adj* unverwüstlich
inusité, e [inyzite] *adj* ungebräuchlich
inutile [inytil] *adj* nutzlos; (*superflu*) unnötig
inutilisable [inytilizabl] *adj* unbrauchbar
invalide [ɛ̃valid] *adj* körperbehindert ▸ *nmf* Körperbehinderte(r) *f(m)*; **~ de guerre** Invalide(in) *m(f)*; **~ du travail** Arbeitsunfähige(r) *f(m)*
invalider [ɛ̃valide] *vt* (*donation, contrat, élection*) ungültig machen
invariable [ɛ̃vaʀjabl] *adj* unveränderlich
invasion [ɛ̃vazjɔ̃] *nf* Invasion *f*
invectiver [ɛ̃vɛktive] *vt* beschimpfen
invendable [ɛ̃vɑ̃dabl] *adj* unverkäuflich
invendu, e [ɛ̃vɑ̃dy] *adj* unverkauft
inventaire [ɛ̃vɑ̃tɛʀ] *nm* Inventar *nt*; (*Comm : liste*) Warenliste *f*; (: *opération*) Inventur *f*; (*fig*) Bestandsaufnahme *f*
inventer [ɛ̃vɑ̃te] *vt* erfinden
inventeur, -trice [ɛ̃vɑ̃tœʀ, tʀis] *nm/f* Erfinder(in)
inventif, -ive [ɛ̃vɑ̃tif, iv] *adj* schöpferisch; (*ingénieux*) einfallsreich
invention [ɛ̃vɑ̃sjɔ̃] *nf* Erfindung *f*; (*découverte*) Entdeckung *f*
inventorier [ɛ̃vɑ̃tɔʀje] *vt* eine Aufstellung machen von
inverse [ɛ̃vɛʀs] *adj* umgekehrt; (*sens*) entgegengesetzt ▸ *nm* : **l'~** das Gegenteil *nt*
inverser [ɛ̃vɛʀse] *vt* umkehren
inversion [ɛ̃vɛʀsjɔ̃] *nf* Umkehrung *f*; (*d'un groupe de mots*) Inversion *f*
invertébré, e [ɛ̃vɛʀtebʀe] *adj* wirbellos ▸ *nm* wirbelloses Tier *nt*
investigation [ɛ̃vɛstigasjɔ̃] *nf* Untersuchung *f*
investir [ɛ̃vɛstiʀ] *vt* (*Mil*) belagern; (*Fin*) investieren; (*argent*) anlegen (*dans* in *+acc*); **s'investir** *vpr* sich einbringen; **s'~ dans qch** (*travail, activité*) sich bei etw engagieren; **~ qn de** jdn betrauen mit, jdn einsetzen in *+acc*; (*d'un pouvoir*) jdn ausstatten mit
investissement [ɛ̃vɛstismɑ̃] *nm* Investition *f*, Anlage *f*
investiture [ɛ̃vɛstityʀ] *nf* Einsetzung *f*; (*à une élection*) Nominierung *f*
invincible [ɛ̃vɛ̃sibl] *adj* unbesiegbar; (*irrésistible*) unwiderstehlich
inviolable [ɛ̃vjɔlabl] *adj* unverletzlich, unantastbar
invisible [ɛ̃vizibl] *adj* unsichtbar
invitation [ɛ̃vitasjɔ̃] *nf* Einladung *f*; **à** *ou* **sur l'~ de qn** (*exhortation*) auf jds Aufforderung *acc* hin
invité, e [ɛ̃vite] *nm/f* Gast *m*
inviter [ɛ̃vite] *vt* einladen; **~ qn à faire qch** (*exhorter*) jdn auffordern, etw zu tun
involontaire [ɛ̃vɔlɔ̃tɛʀ] *adj* unabsichtlich; (*réaction*) unwillkürlich
invoquer [ɛ̃vɔke] *vt* (*Dieu, muse*) anrufen; (*excuse, argument*) anbringen; (*loi, texte, ignorance*) sich berufen auf *+acc*
invraisemblable [ɛ̃vʀɛsɑ̃blabl] *adj* unwahrscheinlich; (*fantastique, inimaginable*) unglaublich
invulnérable [ɛ̃vylneʀabl] *adj* unverletzbar; (*position*) unangreifbar
iode [jɔd] *nm* Jod *nt*
iodler [iɔdle] *vi* jodeln

ion [jɔ̃] *nm* Ion *nt*
ionique [jɔnik] *adj* (*Archit*) ionisch; (*Science*) Ionen-
iPod® [aɪpɔd, ipɔd] *nm* iPod® *m*
Irak [iʀak] *nm* : **l'~** (der) Irak *m*
irakien, ne [iʀakjɛ̃, jɛn] *adj* irakisch ▸*nm/f* : **Irakien, ne** Iraker(in)
Iran [iʀɑ̃] *nm* : **l'~** (der) Iran *m*
iranien, ne [iʀanjɛ̃, jɛn] *adj* iranisch ▸*nm/f* : **Iranien, ne** Iraner(in)
Iraq [iʀak] *nm* = **Irak**
iraquien, ne [iʀakjɛ̃, jɛn] = **irakien**
irascible [iʀasibl] *adj* jähzornig
iris [iʀis] *nm* Iris *f*
irisé, e [iʀize] *adj* (in allen Regenbogenfarben) schillernd
irlandais, e [iʀlɑ̃dɛ, ɛz] *adj* irisch ▸*nm/f* : **Irlandais, e** Ire *m*, Irin *f*
Irlande [iʀlɑ̃d] *nf* : **l'~** Irland *nt*; **l'~ du Nord** Nordirland *nt*
IRM [iɛʀɛm] *nf* (= *imagerie par résonance magnétique* : *technique*) MRT *f* (= *Magnetresonanztomographie*); (: *examen*) MRT-Untersuchung *f*; (: *image*) MRT-Bild *nt*
ironie [iʀɔni] *nf* Ironie *f*
ironique [iʀɔnik] *adj* ironisch
ironiser [iʀɔnize] *vi* spotten
IRPP [iɛʀpepe] *sigle m* (= *impôt sur le revenu des personnes physiques*) Einkommensteuer *f*
irradiation [iʀadjasjɔ̃] *nf* Bestrahlung *f*
irradier [iʀadje] *vi* ausstrahlen ▸*vt* bestrahlen; (*contaminer*) verstrahlen
irraisonné, e [iʀɛzɔne] *adj* (*geste, acte*) unüberlegt; (*crainte*) unbegründet, unsinnig
irréalisable [iʀealizabl] *adj* unerfüllbar; (*projet*) undurchführbar
irrecevable [iʀəs(ə)vabl] *adj* unannehmbar
irréconciliable [iʀekɔ̃siljabl] *adj* unversöhnlich
irrécupérable [iʀekypeʀabl] *adj* (*outil, voiture*) nicht wiederverwertbar; (*personne*) nicht mehr zu retten; **un menteur ~** ein unverbesserlicher Lügner
irrécusable [iʀekyzabl] *adj* (*personne*) glaubwürdig; (*témoignage, preuve*) unanfechtbar
irréductible [iʀedyktibl] *adj* (*obstacle*) unbezwingbar; (*opposition, ennemi*) unversöhnlich
irréel, le [iʀeɛl] *adj* unwirklich
irréfléchi, e [iʀefleʃi] *adj* unüberlegt, gedankenlos
irréfutable [iʀefytabl] *adj* unwiderlegbar
irrégularité [iʀegylaʀite] *nf* Unregelmäßigkeit *f*; (*de surface*) Unebenheit *f*; (*inconstance*) Unbeständigkeit *f*; (*illégalité*) Ungesetzlichkeit *f*
irrégulier, -ière [iʀegylje, jɛʀ] *adj* unregelmäßig; (*surface, terrain*) uneben; (*non constant*) unbeständig, wechselhaft; (*illégitime*) ungesetzlich; (*peu honnête*) zwielichtig
irrémédiable [iʀemedjabl] *adj* nicht wiedergutzumachen
irremplaçable [iʀɑ̃plasabl] *adj* unersetzlich
irrépressible [iʀepʀesibl] *adj* unbezähmbar
irréprochable [iʀepʀɔʃabl] *adj* einwandfrei, tadellos
irrésistible [iʀezistibl] *adj* unwiderstehlich; (*preuve, logique*) zwingend
irrésolu, e [iʀezɔly] *adj* unentschlossen
irrespectueux, -euse [iʀɛspɛktɥø, øz] *adj* respektlos
irresponsable [iʀɛspɔ̃sabl] *adj* unverantwortlich; (*Jur*) unmündig; (*irréfléchi*) verantwortungslos
irrévérencieux, -euse [iʀeveʀɑ̃sjø, jøz] *adj* respektlos
irréversible [iʀevɛʀsibl] *adj* nicht rückgängig zu machen
irrévocable [iʀevɔkabl] *adj* unwiderruflich
irrigation [iʀigasjɔ̃] *nf* Bewässerung *f*
irriguer [iʀige] *vt* bewässern
irritabilité [iʀitabilite] *nf* Reizbarkeit *f*
irritable [iʀitabl] *adj* reizbar
irritant, e [iʀitɑ̃, ɑ̃t] *adj* irritierend; (*Méd*) Reiz-
irritation [iʀitasjɔ̃] *nf* (*exaspération*) Gereiztheit *f*; (*inflammation*) Reizung *f*
irriter [iʀite] *vt* reizen
irruption [iʀypsjɔ̃] *nf* Eindringen *nt*, Hereinstürzen *nt*; **faire ~ dans un endroit/chez qn** plötzlich an einem Ort/bei jdm erscheinen
Islam [islam] *nm* Islam *m*
islamique [islamik] *adj* islamisch
islamisation [islamizasjɔ̃] *nf* Islamisierung *f*
islamiste [islamist] *nmf* Islamist(in) *m(f)*
islamophobie [islamɔfɔbi] *nf* Islamophobie *f*
islandais, e [islɑ̃dɛ, ɛz] *adj* isländisch ▸*nm* (*Ling*) Isländisch *nt* ▸*nm/f* : **Islandais, e** Isländer(in)
Islande [islɑ̃d] *nf* : **l'~** Island *nt*
isocèle [izɔsɛl] *adj* gleichseitig

isolant, e [izɔlɑ̃, ɑ̃t] *adj* isolierend ▸ *nm* Isoliermaterial *nt*
isolation [izɔlasjɔ̃] *nf* : **~ acoustique** Schalldämmung *f*; **~ électrique** Isolierung *f*; **~ thermique** Wärmeisolierung *f*
isolé, e [izɔle] *adj* isoliert; (*séparé*) einzeln; (*éloigné*) abgelegen; (*fait, cas*) vereinzelt
isoler [izɔle] *vt* isolieren
isoloir [izɔlwaʀ] *nm* Wahlkabine *f*
isorel® [izɔʀɛl] *nm* Pressspanplatte *f*
isotope [izɔtɔp] *nm* Isotop *nt*
Israël [isʀaɛl] *nm* Israel *nt*
israélien, ne [isʀaeljɛ̃, jɛn] *adj* israelisch ▸ *nm/f* : **Israélien, ne** Israeli *mf*
israélite [isʀaelit] *adj* jüdisch ▸ *nmf* : **Israélite** Israelit(in) *m(f)*
issu, e [isy] *adj* : **être ~ de** abstammen von; (*résulter de*) herrühren von
issue [isy] *nf* Ausgang *m*; (*résultat*) Ergebnis *nt*; **à l'~ de** am Ende von; **chemin/rue sans ~** Sackgasse *f*; **~ de secours** Notausgang *m*
isthme [ism] *nm* Landenge *f*
Italie [itali] *nf* : **l'~** Italien *nt*
italien, ne [italjɛ̃, jɛn] *adj* italienisch ▸ *nm/f* : **Italien, ne** Italiener(in)
italique [italik] *nm* : **en ~(s)** kursiv
item [itɛm] *adv* dito
itinéraire [itineʀɛʀ] *nm* Route *f*; **~ de délestage** Umleitung *f*
itinérance [itineʀɑ̃s] *nf* (*Tél*) Roaming *nt*
itinérant, e [itineʀɑ̃, ɑ̃t] *adj* Wander-
IUFM [iyɛfɛm] *nm abr* = **Institut universitaire de formation des maîtres** ≈ pädagogische Hochschule *f*
IUT [iyte] *sigle m* (= *Institut universitaire de technologie*) *voir* **institut**
IVG [iveʒe] *sigle f* (= *interruption volontaire de grossesse*) *voir* **interruption**
ivoire [ivwaʀ] *nm* Elfenbein *nt*
ivoirien, ne [ivwaʀjɛ̃, jɛn] *adj* von der Elfenbeinküste ▸ *nm/f* : **Ivoirien, ne** Einwohner(in) der Elfenbeinküste
ivraie [ivʀɛ] *nf* : **séparer le bon grain de l'~** die Spreu vom Weizen scheiden
ivre [ivʀ] *adj* betrunken; **~ de colère** wutentbrannt; **~ de bonheur** freudentrunken
ivresse [ivʀɛs] *nf* Trunkenheit *f*
ivrogne [ivʀɔɲ] *nmf* Trinker(in) *m(f)*

j

J, j [ʒi] *nm inv* J, j *nt*
jacasser [ʒakase] *vi* schwatzen
jachère [ʒaʃɛʀ] *nf* : **(être) en ~** brach(liegen)
jacinthe [ʒasɛ̃t] *nf* Hyazinthe *f*
jacuzzi® [ʒakuzi] *nm* Whirlpool® *m*
jadis [ʒadis] *adv* einst(mals)
jaillir [ʒajiʀ] *vi* herausspritzen, hervorsprudeln; (*cri*) erschallen
jalon [ʒalɔ̃] *nm* Markierungspfosten *m*
jalousie [ʒaluzi] *nf* Eifersucht *f*; (*store*) Jalousie *f*
jaloux, -se [ʒalu, uz] *adj* eifersüchtig
Jamaïque [ʒamaik] *nf* : **la ~** Jamaika *nt*
jamais [ʒamɛ] *adv* nie, niemals; (*sans négation*) je(mals); **ne ... ~** niemals
jambe [ʒɑ̃b] *nf* Bein *nt*
jambon [ʒɑ̃bɔ̃] *nm* Schinken *m*
jambonneau, x [ʒɑ̃bɔno] *nm* (gekochtes) Eisbein *nt*
jante [ʒɑ̃t] *nf* Felge *f*
janvier [ʒɑ̃vje] *nm* Januar *m*; *voir aussi* **juillet**
Japon [ʒapɔ̃] *nm* : **le ~** Japan *nt*
japonais, e [ʒapɔnɛ, ɛz] *adj* japanisch ▸ *nm/f* : **Japonais, e** Japaner(in)
jaquette [ʒakɛt] *nf* (*de livre*) Schutzumschlag *m*
jardin [ʒaʀdɛ̃] *nm* Garten *m*; **~ d'enfants** Kindergarten *m*
jardinage [ʒaʀdinaʒ] *nm* Gartenarbeit *f*
jardiner [ʒaʀdine] *vi* im Garten arbeiten
jardinier, -ière [ʒaʀdinje, jɛʀ] *nm/f* Gärtner(in) ▸ *nf* (*caisse*) Blumenkasten *m*; **jardinière d'enfants** Kindergärtnerin *f*; **jardinière (de légumes)** gemischtes Gemüse *nt*
jarret [ʒaʀɛ] *nm* (*Anat*) Kniekehle *f*; (*Culin*) Haxe *f*, Hachse *f*
jarretelle [ʒaʀtɛl] *nf* Strumpfhalter *m*

jarretière [ʒaʀtjɛʀ] *nf* Strumpfband *nt*
jars [ʒaʀ] *nm* Gänserich *m*
jaser [ʒɑze] *vi* schwatzen; (*indiscrètement*) klatschen
jasmin [ʒasmɛ̃] *nm* Jasmin *m*
jatte [ʒat] *nf* Napf *m*, Schale *f*
jauger [ʒoʒe] *vt* (*mesurer*) messen; (*juger*) beurteilen
jaunâtre [ʒonɑtʀ] *adj* gelblich
jaune [ʒon] *adj* gelb ▶ *nm* Gelb *nt*; (*d'œuf*) Eigelb *nt*, Dotter *m ou nt* ▶ *adv* : **rire ~** gezwungen lachen
java [ʒava] *nf* : **faire la ~** (*fam*) einen draufmachen
Javel [ʒavɛl] *nf* : **eau** *f* **de ~** Chlorbleiche *f*
javelot [ʒavlo] *nm* Speer *m*
jazz [dʒɑz] *nm* Jazz *m*
J.-C. *abr* = **Jésus-Christ**
JDC [ʒidese] *nf* (= *Journée défense et citoyenneté*) *siehe Info-Artikel*

> Seit 1997 ist die allgemeine Wehrpflicht in Frankreich abgeschafft. Dennoch müssen alle Sechzehnjährigen oder Siebzehnjährigen, ob männlich oder weiblich, an einem eintägigen Lehrgang teilnehmen, dem **JDC**, an dem Grundsätze und Organisation der französischen Landesverteidigung vermittelt und Informationen zu Berufsaussichten im Militär sowie Diensten im freiwilligen Sektor gegeben werden. Alle jungen Menschen müssen vor ihrem 18. Gerburtstag an diesem Ausbildungstag teilnehmen.

je [ʒə], **j'** (*avant voyelle ou h muet*) *pron* ich
jean [dʒin] *nm* Jeans *f ou pl*
jeep® [(d)ʒip] *nf* Jeep® *m*
je-ne-sais-quoi [ʒən(ə)sɛkwa] *nm inv* : **un ~** ein gewisses Etwas
jérémiades [ʒeʀemjad] *nfpl* Gejammer *nt sg*
jerrycan [dʒeʀikan] *nm* (Benzin)kanister *m*
Jersey [ʒɛʀzɛ] *nf* Jersey *nt*
jersey [ʒɛʀzɛ] *nm* (*tissu*) Jersey *m*
jésuite [ʒezɥit] *nm* Jesuit *m*; (*péj*) Heuchler *m*
Jésus-Christ [ʒezykʀi(st)] *nm* Jesus Christus *m*; **600 avant/après ~** 600 vor/nach Christus *ou* Christi Geburt
jet¹ [dʒɛt] *nm* (*avion*) Jet *m*
jet² [ʒɛ] *nm* (*action*) Werfen *nt*; (*son résultat, distance*) Wurf *m*; (*jaillissement*) Strahl *m*; **premier ~** erster Entwurf *m*; **~ d'eau** Wasserstrahl *m*; (*fontaine*) Fontäne *f*
jetable [ʒ(ə)tabl] *adj* Wegwerf-
jetée [ʒəte] *nf* Mole *f*
jeter [ʒ(ə)te] *vt* (*lancer*) werfen; (: *violemment*) schleudern; (*se défaire de*) wegwerfen; (*cri, insultes*) ausstoßen
jeton [ʒ(ə)tɔ̃] *nm* (*au jeu*) Spielmarke *f*; **avoir les ~s** (*fam*) Schiss haben; **~s de présence** Sitzungsgeld *nt*
jeu, x [ʒø] *nm* Spiel *nt*; (*marge*) Spielraum *m*; **un ~ de clés/d'aiguilles** ein Satz *m* Schlüssel/ein Spiel *nt* Nadeln; **cacher son ~** sich *dat* nicht in die Karten sehen lassen; **être en ~** (*fig*) auf dem Spiel stehen; **mettre en ~** aufs Spiel setzen; **remettre en ~** (*Football*) einwerfen; **entrer dans le ~ de qn** jds Spiel mitspielen; **~ de hasard** Glücksspiel *nt*; **~ de société** Gesellschaftsspiel *nt*; **~ télévisé** Gameshow *f*; **~ vidéo** Videospiel *nt*; **J~x olympiques** Olympische Spiele *pl*
jeu-concours [jøkɔ̃kuʀ] (*pl* **jeux-concours**) *nm* Preisausschreiben *nt*
jeudi [ʒødi] *nm* Donnerstag *m*; **~ saint** Gründonnerstag *m*
jeun [ʒœ̃] : **à ~** *adv* nüchtern; (*prendre*) auf nüchternen Magen
jeune [ʒœn] *adj* jung ▶ *adv* : **faire ~** jugendlich *ou* jung aussehen ▶ *nm* : **les ~s** die Jugend *f*, die Jugendlichen *pl*; **~ fille** (junges) Mädchen *nt*; **~ homme** junger Mann *m*
jeûne [ʒøn] *nm* Fasten *nt*
jeûner [ʒøne] *vi* fasten
jeunesse [ʒœnɛs] *nf* Jugend *f*; (*apparence*) Jugendlichkeit *f*
JO [ʒio] *sigle mpl* (= *Jeux olympiques*) *voir* **jeu** ▶ *sigle m* (= *Journal officiel*) *voir* **journal**
joaillerie [ʒɔajʀi] *nf* (*magasin*) Juweliergeschäft *nt*
joaillier, -ière [ʒɔaje, jɛʀ] *nm/f* Juwelier *m*
job [dʒɔb] (*fam*) *nm* Job *m*
jockey [ʒɔkɛ] *nm* Jockey *m*
jogging [dʒɔgiŋ] *nm* Jogging *nt*; (*vêtement*) Jogginganzug *m*; **faire du ~** joggen
joie [ʒwa] *nf* Freude *f*
joindre [ʒwɛ̃dʀ] *vt* verbinden; (*ajouter*) beifügen; (*réussir à contacter*) erreichen; **se joindre** *vpr* : **se ~ à** sich anschließen +*dat*; **~ les mains** die Hände falten; **~ les deux bouts** (gerade) eben mit seinem Geld auskommen; **~ un fichier à un mail** eine Datei an eine E-mail anhängen
joint [ʒwɛ̃] *nm* (*ligne*) Naht *f*; (*de robinet*) Dichtung *f*; (*fam* : *de cannabis*) Joint *m*; **~ de culasse** Zylinderkopfdichtung *f*

joker [(d)ʒɔkɛʀ] *nm* Joker *m*; (*Inform*) Wildcard *f*, Jokerzeichen *nt*
joli, e [ʒɔli] *adj* hübsch; **c'est du ~ !** das ist ja reizend!; **un ~ gâchis** ein schöner Schlamassel
jonc [ʒɔ̃] *nm* (Schilf)rohr *nt*
joncher [ʒɔ̃ʃe] *vt* verstreut liegen auf *+dat*; **jonché de** bestreut mit
jonction [ʒɔ̃ksjɔ̃] *nf* (*de routes*) Kreuzung *f*; (*de fleuves*) Zusammenfluss *m*; (*action de joindre*) Verbindung *f*
jongleur, -euse [ʒɔ̃glœʀ, øz] *nm/f* Jongleur(in)
jonquille [ʒɔ̃kij] *nf* Osterglocke *f*
Jordanie [ʒɔʀdani] *nf*: **la ~** Jordanien *nt*
jordanien, ne [ʒɔʀdanjɛ̃, jɛn] *adj* jordanisch
joue [ʒu] *nf* Backe *f*, Wange *f*
jouer [ʒwe] *vt* spielen; (*argent*) setzen; (*réputation etc*) aufs Spiel setzen; (*simuler*) vortäuschen ▶ *vi* spielen; (*bois, porte*) sich verziehen; **se jouer** *vpr*: **se ~ de** (*difficultés*) spielend fertig werden mit; **se ~ de qn** jdn zum Narren halten; **~ à** spielen; **~ avec** (*santé etc*) aufs Spiel setzen; **~ un tour à qn** jdm einen Streich spielen; **~ des coudes** seine Ellbogen gebrauchen; **~ de malchance/malheur** vom Pech/Unglück verfolgt sein
jouet [ʒwɛ] *nm* Spielzeug *nt*; **être le ~ de** das Opfer sein *+gén*
joueur, -euse [ʒwœʀ, øz] *nm/f* Spieler(in)
joufflu, e [ʒufly] *adj* pausbäckig
joug [ʒu] *nm* Joch *nt*; **mettre sous le ~** (*fig*) unterjochen
jouir [ʒwiʀ] *vi* (*sexuellement*) kommen; **~ de** (*avoir*) haben; (*savourer*) genießen, sich erfreuen *+gén*
jouissance [ʒwisɑ̃s] *nf* (*plaisir*) Freude *f*; (*orgasme*) Orgasmus *m*; (*usage*) Nutznießung *f*
jour [ʒuʀ] *nm* Tag *m*; (*clarté*) (Tages)licht *nt*; (*ouverture*) Öffnung *f*; (: *décorative*) Durchbruch *m*; **sous un ~ favorable/nouveau** in einem günstigen/neuen Licht; **du ~ au lendemain** von heute auf morgen; **au ~ le ~** von einem Tag zum anderen; **il fait ~** es ist Tag; **au grand ~** am helllichten Tage; **mettre à ~** auf den neuesten Stand bringen; **se faire ~** zutage treten; **~ férié** Feiertag *m*; **~ ouvrable** Arbeitstag *m*
journal, -aux [ʒuʀnal, o] *nm* Zeitung *f*; (*personnel*) Tagebuch *nt*; **~ intime** Tagebuch *nt*; **le J~ officiel (de la République française)** *das Gesetz und Verordnungsblatt Frankreichs*; **~ télévisé** (Fernseh)nachrichten *pl*; **tenir un ~** ein Tagebuch führen
journalisme [ʒuʀnalism] *nm* Journalismus *m*
journaliste [ʒuʀnalist] *nmf* Journalist(in) *m(f)*
journalistique [ʒuʀnalistik] *adj* journalistisch
journée [ʒuʀne] *nf* Tag *m*; **la ~ continue** durchgehende Arbeitszeit (*ohne Mittagspause*)
jouvence [ʒuvɑ̃s] *nf*: **bain de ~** Jungbrunnen *m*
jovial, e, -aux [ʒɔvjal, jo] *adj* jovial
joyau, x [ʒwajo] *nm* Juwel *nt*
joyeux, -euse [ʒwajø, øz] *adj* fröhlich; (*nouvelle*) freudig; **~ Noël !** frohe *ou* fröhliche Weihnachten!; **~ anniversaire !** alles Gute zum Geburtstag!
JT [ʒite] *sigle m* (= *journal télévisé*) *voir* **journal**
jubilé [ʒybile] *nm* Jubiläum *nt*
jubiler [ʒybile] *vi* jubeln, jauchzen
judaïque [ʒydaik] *adj* jüdisch
judaïsme [ʒydaism] *nm* Judentum *nt*
judas [ʒyda] *nm* (*trou*) Guckloch *nt*
judiciaire [ʒydisjɛʀ] *adj* gerichtlich, Justiz-
judicieux, -euse [ʒydisjø, jøz] *adj* klug, gescheit
judo [ʒydo] *nm* Judo *nt*
judoka [ʒydɔka] *nmf* Judokämpfer(in) *m(f)*
juge [ʒyʒ] *nmf* Richter(in) *m(f)*; (*Sport*) Kampfrichter(in) *m(f)*; (*de concours*) Preisrichter(in) *m(f)*; **~ d'instruction** Untersuchungsrichter(in) *m(f)*
jugement [ʒyʒmɑ̃] *nm* Urteil *nt*; (*perspicacité*) Urteilsvermögen *nt*; **~ de valeur** Werturteil *nt*
jugeote [ʒyʒɔt] (*fam*) *nf* Grips *m*
juger [ʒyʒe] *vt* beurteilen; (*affaire*) entscheiden über *+acc*; **~ qn/qch satisfaisant** *etc* jdn/etw für zufriedenstellend *etc* halten; **~ bon de faire qch** es für richtig halten, etw zu tun; **~ que** meinen, dass, der Ansicht sein, dass
jugulaire [ʒygylɛʀ] *nf* Halsschlagader *f*
juguler [ʒygyle] *vt* in den Griff bekommen; (*inflation*) eindämmen
juif, -ive [ʒɥif, ʒɥiv] *adj* jüdisch ▶ *nm/f* Jude *m*, Jüdin *f*
juillet [ʒɥijɛ] *nm* Juli *m*; **en ~** im Juli; **au mois de ~** im Monat Juli; **arriver le 17 ~** am 17. Juli ankommen; **Genève, le 17 ~**

J

(*lettre*) Genf, den 17. Juli; **début/fin ~** Anfang/Ende Juli

> Der **14 juillet** ist der französische Nationalfeiertag, zum Gedenken an den Sturm auf die Bastille während der französischen Revolution. Im ganzen Land finden Feste, Umzüge, Musik- und Tanzaufführungen statt. In Paris nimmt der Präsident auf den Champs-Élysées eine Militärparade, der der Präsident beiwohnt, statt. Die meisten Gemeinden organisieren den traditionellen *bal du 14 juillet* sowie ein Feuerwerk.

juin [ʒɥɛ̃] *nm* Juni *m*; *voir aussi* **juillet**
juke-box [dʒukbɔks] *nm inv* Musikbox *f*
jumeau, -elle, x [ʒymo, ɛl] *nm/f* Zwilling *m* ▸ *adj* (*frère, sœur*) Zwillings-; **maisons jumelles** Doppelhaus *nt*
jumelage [ʒym(ə)laʒ] *nm* (Städte) partnerschaft *f*
jumeler [ʒym(ə)le] *vt* (*Tech*) koppeln, miteinander verbinden; (*villes*) zu Partnerstädten machen
jumelle [ʒymɛl] *adj, nf voir* **jumeau**
jumelles [ʒymɛl] *nfpl* Fernglas *nt*
jument [ʒymɑ̃] *nf* Stute *f*
jungle [ʒœ̃gl] *nf* Dschungel *m*
junte [ʒœ̃t] *nf* Junta *f*
jupe [ʒyp] *nf* Rock *m*
jupe-culotte [ʒypkylɔt] (*pl* **jupes-culottes**) *nf* Hosenrock *m*
jupon [ʒypɔ̃] *nm* Unterrock *m*
Jura [ʒyʀa] *nm* : **le ~** der Jura
jurassien, ne [ʒyʀasjɛ̃, jɛn] *adj* aus dem Jura
juré [ʒyʀe] *nm* Geschworene(r) *f(m)*
jurer [ʒyʀe] *vt* schwören, geloben ▸ *vi* (*dire des jurons*) fluchen; **~ (avec)** (*être mal assorti*) sich beißen (mit); **~ de faire qch** schwören, etw zu tun; **~ que** schwören, dass
juridique [ʒyʀidik] *adj* juristisch
jurisprudence [ʒyʀispʀydɑ̃s] *nf* Rechtsprechung *f*; **faire ~** einen Präzedenzfall schaffen
juron [ʒyʀɔ̃] *nm* Fluch *m*
jury [ʒyʀi] *nm* Geschworene *pl*; (*Scol*) Prüfungsausschuss *m*
jus [ʒy] *nm* Saft *m*; **~ de pommes** Apfelsaft *m*; **~ de viande** Bratensaft *m*
jusqu'au-boutiste [ʒyskobutist] *adj* extremistisch ▸ *nmf* Extremist(in) *m(f)*
jusque [ʒysk] *prép* : **jusqu'à** (*endroit*) bis (an) *+acc*; (: *ville, pays*) bis (nach); (*moment*) bis (zu); (*limite*) bis zu; **jusqu'à ce que** bis; **jusqu'à présent** *ou* **maintenant** bis jetzt; **~ sur/dans** bis zu/in *+acc*; **~-là** (*temps*) bis jetzt
justaucorps [ʒystokɔʀ] *nm* Trikot *nt*
juste [ʒyst] *adj* (*équitable*) gerecht; (*légitime*) gerechtfertigt; (*exact, précis*) genau; (*vrai, correct*) richtig; (*étroit, insuffisant*) knapp ▸ *adv* (*avec exactitude*) genau, richtig; (*seulement*) nur, bloß; **~ assez** gerade genug; **au ~** genau; **à ~ titre** mit vollem *ou* gutem Recht
justement [ʒystəmɑ̃] *adv* (*avec raison*) zu Recht; **c'est ~ ce qu'il fallait faire** (*précisément*) genau das musste gemacht werden
justesse [ʒystɛs] *nf* (*exactitude*) Richtigkeit *f*; (*précision*) Genauigkeit *f*; **de ~** mit knapper Not, gerade noch
justice [ʒystis] *nf* (*équité*) Gerechtigkeit *f*; (*pouvoir judiciaire*) Justiz *f*; **rendre la ~** Recht sprechen; **obtenir ~** sein Recht bekommen; **rendre ~ à qn** jdm Recht widerfahren lassen
justiciable [ʒystisjabl] *adj* : **être ~ des tribunaux français** der französischen Gerichtsbarkeit unterworfen sein; **être ~ de** (*fig*) sich verantworten müssen vor *+dat*
justifiable [ʒystifjabl] *adj* zu rechtfertigen, vertretbar
justificatif, -ive [ʒystifikatif, iv] *adj* (*document etc*) unterstützend ▸ *nm* Beleg *m*; **~ de domicile** Wohnsitzbescheinigung *f*
justification [ʒystifikasjɔ̃] *nf* Rechtfertigung *f*
justifier [ʒystifje] *vt* rechtfertigen
jute [ʒyt] *nm* Jute *f*
juteux, -euse [ʒytø, øz] *adj* saftig
juvénile [ʒyvenil] *adj* jugendlich
juxtaposer [ʒykstapoze] *vt* nebeneinanderstellen

K

K, k [ka] *nm inv* K, k *nt*
kaki [kaki] *adj inv* kaki ▸ *nm (fruit)* Kakipflaume *f*
kaléidoscope [kaleidɔskɔp] *nm* Kaleidoskop *nt*
kangourou [kɑ̃guʀu] *nm* Känguru *nt*
kapok [kapɔk] *nm* Kapok *m*
karaoké [kaʀaoke] *nm* Karaoke *nt*
karaté [kaʀate] *nm* Karate *nt*
kart [kaʀt] *nm* Gokart *m*
karting [kaʀtiŋ] *nm* Gokartfahren *nt*
kasher [kaʃɛʀ] *adj* koscher
kayak [kajak] *nm* Kajak *m*
Kazakhstan [kazakstɑ̃] *nm* : **le ~** Kasachstan *nt*
kebab [kebab] *nm* Kebab *m*
Kenya [kenja] *nm* : **le ~** Kenia *nt*
képi [kepi] *nm* Käppi *nt*
kermesse [kɛʀmɛs] *nf (villageoise)* Kirmes *f*; *(de bienfaisance)* Wohltätigkeitsbasar *m*
kérosène [keʀozɛn] *nm* Kerosin *nt*
keuf [køf] *(fam) nm* Bulle *m*
kg *abr (= kilogramme)* kg
khmer, -ère [kmɛʀ] *adj* Khmer- ▸ *nm/f* : **Khmer, -ère** Khmer
khôl [kol] *nm* Kajal *nt*
kidnapper [kidnape] *vt* entführen, kidnappen
kidnappeur, -euse [kidnapœʀ, øz] *nm/f* Kidnapper(in)
kidnapping [kidnapiŋ] *nm* Entführung *f*
kiffer [kife] *(fam) vi* Spaß haben ▸ *vt* stehen auf; **il la kiffe** er steht auf sie
kilo [kilo] *nm* Kilo *nt*
kilocalorie [kilɔkalɔʀi] *nf* Kilokalorie *f*
kilogramme [kilɔgʀam] *nm* Kilogramm *nt*
kilométrage [kilɔmetʀaʒ] *nm (au compteur)* Kilometerstand *m*
kilomètre [kilɔmɛtʀ] *nm* Kilometer *m*; **~s à l'heure** Stundenkilometer *pl*
kilomètre-heure (*pl* **kilomètres-heures**) [kilɔmɛtʀœʀ] *nm* Stundenkilometer *m*
kilométrique [kilɔmetʀik] *adj (borne, compteur)* Kilometer-; *(distance)* in Kilometern
kilooctet [kiloɔktɛ] *nm* Kilobyte *nt*
kilowatt [kilowat] *nm* Kilowatt *nt*
kimono [kimɔno] *nm* Kimono *m*
kinésithérapeute [kineziteʀapøt] *nmf* Physiotherapeut(in) *m(f)*
kinésithérapie [kineziteʀapi] *nf* Physiotherapie *f*
kiosque [kjɔsk] *nm (à journaux, fleurs)* Kiosk *m*; *(de jardin)* Pavillon *m*
Kirghizistan [kiʀgizistɑ̃] *nm* : **le ~** Kirgistan *nt*, Kirgiesien *nt*, Kirgisistan *nt*
Kiribati [kiʀibas] *nm* : **le ~** Kiribati *nt*
kirsch [kiʀʃ] *nm* Kirschwasser *nt*
kit [kit] *nm* Bastelsatz *m*; *(pour entretien)* Set *nt*; **~ mains libres** Freisprechanlage *f*
kitchenette [kitʃ(ə)nɛt] *nf* Kochnische *f*
kitsch [kitʃ] *nm inv* Kitsch *m*
kiwi [kiwi] *nm (Zool)* Kiwi *m*; *(Bot)* Kiwi *f*
klaxon [klaksɔn] *nm* Hupe *f*
klaxonner [klaksɔne] *vi* hupen ▸ *vt* anhupen
kleenex® [klinɛks] *nm* Papiertaschentuch *nt*
kleptomane [klɛptɔman] *nmf* Kleptomane *m*, Kleptomanin *f*
km *abr (= kilomètre)* km
km/h *abr (= kilomètre-heure)* km/h
knock-out [nɔkaut] *nm inv* Knock-out *m*
Ko *abr (Inform : = kilooctet)* KB *nt*, Kilobyte *nt*
K.-O. [kao] *adj inv* k. o.
koala [kɔala] *nm* Koala(bär) *m*
kosovar [kɔsɔvaʀ] *adj* kosovarisch ▸ *nmf* : **Kosovar** *m*, Kosovarin *f*
Kosovo [kɔsɔvo] *nm* : **le ~** der Kosovo *m*
Koweit [kɔwɛt] *nm* : **le ~** Kuwait *nt*
krach [kʀak] *nm* Börsenkrach *m*
kraft [kʀaft] *nm* : **papier ~** Packpapier *nt*
Kremlin [kʀɛmlɛ̃] *nm* Kreml *m*
kurde [kyʀd] *adj* kurdisch ▸ *nmf* : **Kurde** Kurde *m*, Kurdin *f*
kW *abr (= kilowatt)* kW
K-way® [kawɛ] *nm* Windhemd *nt*
kW/h *abr (= kilowatt heure)* kWh
kyrielle [kiʀjɛl] *nf* : **une ~ de** ein Strom *m* von
kyste [kist] *nm* Zyste *f*

l

L, l [ɛl] *nm inv* L, l *nt*
l [ɛl] *abr* (*= litre*) l
l' [l] *art, pron voir* **le**
la [la] *nm* (*Mus*) A *nt* ▸ *art, pron voir* **le**
là [la] *adv* dort; (*ici*) da, hier; **elle n'est pas là** sie ist nicht da; **c'est là que** dort; **de là** (*fig*) daher; **par là ?** dort entlang?; **que veux-tu dire par là ?** was meinst du damit?
là-bas [labɑ] *adv* dort
label [labɛl] *nm* (*marque*) Marke *f*; **~ de qualité** Gütezeichen *nt ou* -siegel *nt*
labeur [labœʀ] *nm* Mühe *f*, Arbeit *f*
labo [labo] *nm* Labor *nt*; = **laboratoire**
laborantin, e [labɔʀɑ̃tɛ̃, in] *nm/f* Laborant(in)
laboratoire [labɔʀatwaʀ] *nm* Labor *nt*; **~ d'analyses** Untersuchungslabor *nt*; **~ de langues** Sprachlabor *nt*
laborieux, -euse [labɔʀjø, jøz] *adj* (*tâche*) mühsam, mühselig; (*personne*) fleißig
labour [labuʀ] *nm* Pflügen *nt*
labourer [labuʀe] *vt* pflügen; (*fig*) zerfurchen
labrador [labʀadɔʀ] *nm* (*chien*) Labrador *m*
labyrinthe [labiʀɛ̃t] *nm* Labyrinth *nt*
lac [lak] *nm* See *m*; **~ Léman** Genfer See
lacer [lase] *vt* zubinden, zuschnüren
lacérer [laseʀe] *vt* zerreißen, zerfetzen
lacet [lasɛ] *nm* (*de chaussure*) Schnürsenkel *m*; (*de route*) scharfe Kurve *f*; (*piège*) Schlinge *f*
lâche [lɑʃ] *adj* locker; (*poltron*) feige ▸ *nmf* Feigling *m*
lâchement [lɑʃmɑ̃] *adv* locker, feige
lâcher [lɑʃe] *vt* loslassen; (*ce qui tombe, remarque*) fallen lassen; (*animal*) freilassen; (*Sport : distancer*) hinter sich *dat* lassen; (*abandonner*) fallen lassen ▸ *vi* (*corde, amarres*) reißen; (*freins*) versagen; **~ les chiens après qn** die Hunde auf jdn hetzen; **~ prise** (*fig*) loslassen
lâcheté [lɑʃte] *nf* Feigheit *f*
laconique [lakɔnik] *adj* lakonisch
lacrymal, e, -aux [lakʀimal, o] *adj* Tränen-
lacrymogène [lakʀimɔʒɛn] *adj* (*bombe, grenade*) Tränengas-
lacté, e [lakte] *adj* Milch-
lactose [laktoz] *nm* Milchzucker *m*
lacune [lakyn] *nf* Lücke *f*
là-dedans [laddɑ̃] *adv* drinnen
là-derrière [ladɛʀjɛʀ] *adv* dahinter
là-dessous [ladsu] *adv* darunter; (*fig*) dahinter
là-dessus [ladsy] *adv* darüber; (*fig*) darauf
là-devant [ladvɑ̃] *adv* da vorn, vorn
lagon [lagɔ̃] *nm* Lagune *f* (*hinter einem Korallenriff*)
lagune [lagyn] *nf* Lagune *f*
là-haut [lao] *adv* da *ou* dort oben
laïc [laik] *adj, nm* = **laïque**
laïcité [laisite] *nf* Trennung *f* von Kirche und Staat
laid, e [lɛ, lɛd] *adj* hässlich
laideron [lɛdʀɔ̃] *nm* hässliches Mädchen *nt*
laideur [lɛdœʀ] *nf* Hässlichkeit *f*; (*bassesse*) Gemeinheit *f*
laie [lɛ] *nf* Wildsau *f*
lainage [lɛnaʒ] *nm* (*vêtement*) wollenes Kleidungsstück *nt*; (*linge*) Wollwäsche *f*
laine [lɛn] *nf* Wolle *f*; **~ de verre** Glaswolle *f*
laineux, -euse [lɛnø, øz] *adj* (*étoffe*) Woll-
laïque [laik] *adj* Laien-; (*école, enseignement*) staatlich ▸ *nmf* Laie *m*
laisse [lɛs] *nf* Leine *f*; **tenir en ~** an der Leine führen
laisser [lese] *vt, vb aux* lassen; **se laisser** *vpr* : **se ~ aller** sich gehen lassen
laisser-aller [leseale] *nm inv* (*désinvolture*) Unbekümmertheit *f*, Nachlässigkeit *f*
laissez-passer [lesepɑse] *nm inv* Passierschein *m*
lait [lɛ] *nm* Milch *f*; **~ concentré** *ou* **condensé** Kondensmilch *f*; **~ de beauté** Schönheitslotion *f*; **~ démaquillant** Reinigungsmilch *f*; **~ écrémé** Magermilch *f*; **~ en poudre** Milchpulver *nt*; **~ entier** Vollmilch *f*
laitage [lɛtaʒ] *nm* Milchprodukt *nt*
laiterie [lɛtʀi] *nf* (*usine*) Molkerei *f*
laiteux, -euse [lɛtø, øz] *adj* milchig

laitier, -ière [letje, lɛtjɛʀ] *adj* Milch- ▶ *nm/f* Milchmann *m*, Milchfrau *f*
laiton [lɛtɔ̃] *nm* Messing *nt*
laitue [lety] *nf* Lattich *m*; (*salade*) (Kopf) salat *m*
laïus [lajys] (*péj*) *nm* Sermon *m*
lama [lama] *nm* Lama *nt*; (*bouddhisme*) Lama *m*
lambda [lɑ̃bda] *adj* : **le lecteur ~** (*fam*) der Durchschnittsleser
lambeau, x [lɑ̃bo] *nm* Fetzen *m*; **en ~x** in Fetzen
lambiner [lɑ̃bine] *vi* trödeln
lame [lam] *nf* Klinge *f*; (*vague*) Welle *f*; **~ de rasoir** Rasierklinge *f*
lamelle [lamɛl] *nf* Lamelle *f*, Blättchen *nt*; (*petit morceau*) kleiner Streifen *m*
lamentable [lamɑ̃tabl] *adj* erbärmlich
lamentablement [lamɑ̃tabləmɑ̃] *adv* erbärmlich
lamentation [lamɑ̃tasjɔ̃] *nf* (*gémissement*) Klagen *nt*
lamenter [lamɑ̃te] : **se lamenter (sur)** *vpr* klagen (über *+acc*)
lamifié, e [lamifje] *adj* Verbund- ▶ *nm* Laminat *nt*
laminer [lamine] *vt* walzen; (*fig*) niederwalzen
laminoir [laminwaʀ] *nm* Walzwerk *nt*
lampadaire [lɑ̃padɛʀ] *nm* (*de salon*) Stehlampe *f*; (*dans la rue*) Straßenlaterne *f*
lampe [lɑ̃p] *nf* Lampe *f*; **~ de poche** Taschenlampe *f*; **~ halogène** Halogenleuchte *f*
lampée [lɑ̃pe] *nf* Schluck *m*
lampe-tempête [lɑ̃ptɑ̃pɛt] (*pl* **lampes-tempêtes**) *nf* Sturmlampe *f*
lampion [lɑ̃pjɔ̃] *nm* Lampion *m*
lamproie [lɑ̃pʀwa] *nf* Neunauge *nt*
lance [lɑ̃s] *nf* Speer *m*, Lanze *f*; **~ d'incendie** Feuerwehrschlauch *m*
lance-flamme [lɑ̃sflam] (*pl* **lance-flammes**) *nm* Flammenwerfer *m*
lance-fusée [lɑ̃sfyze] (*pl* **lance-fusées**) *nm* Raketenwerfer *m*
lancement [lɑ̃smɑ̃] *nm* (*d'un produit, d'une voiture*) Einführung *f*; (*d'un bateau*) Stapellauf *m*; (*d'une fusée*) Abschuss *m*
lance-missile [lɑ̃smisil] (*pl* **lance-missiles**) *nm* Raketenwerfer *m*
lance-pierre [lɑ̃spjɛʀ] (*pl* **lance-pierres**) *nm* Steinschleuder *f*
lancer [lɑ̃se] *vt* werfen; (*bateau*) vom Stapel lassen; (*fusée*) abschießen; (*Inform*) starten; (*produit, mode*) auf den Markt bringen; (*artiste*) herausbringen, lancieren ▶ *nm* (*Sport*) Wurf *m*; (*Pêche*) Angeln *nt*; **se lancer** *vpr* : **se ~ sur** *ou* **contre** losstürmen auf *+acc*; **~ qch à qn** jdm etw zuwerfen; (*de façon agressive*) etw auf jdn schleudern
lance-roquette [lɑ̃sʀɔkɛt] (*pl* **lance-roquettes**) *nm* Raketenwerfer *m*
lance-torpille [lɑ̃stɔʀpij] (*pl* **lance-torpilles**) *nm* Torpedorohr *nt*
lanceur, -euse [lɑ̃sœʀ, øz] *nm/f* (*Sport*) Werfer(in); **~ d'alerte** Whistleblower(in) ▶ *nm* (*fusée*) Trägerrakete *f*
lancinant, e [lɑ̃sinɑ̃, ɑ̃t] *adj* (*douleur*) stechend; (*regrets etc*) quälend
lanciner [lɑ̃sine] *vi* (*douleur*) stechen; (*fig*) quälen
landau [lɑ̃do] *nm* (*de bébé*) Kinderwagen *m*
lande [lɑ̃d] *nf* Heide *f*
langage [lɑ̃gaʒ] *nm* Sprache *f*; **~ de programmation** Programmiersprache *f*
lange [lɑ̃ʒ] *nm* Windel *f*
langer [lɑ̃ʒe] *vt* wickeln, die Windeln wechseln *+dat*; **table à ~** Wickeltisch *m*
langoureux, -euse [lɑ̃guʀø, øz] *adj* schmachtend
langouste [lɑ̃gust] *nf* Languste *f*
langoustine [lɑ̃gustin] *nf* Garnele *f*
langue [lɑ̃g] *nf* (*Anat, Culin*) Zunge *f*; (*Ling*) Sprache *f*; **tirer la ~ (à)** die Zunge herausstrecken (*+dat*); **de ~ française** französischsprachig; **~ maternelle** Muttersprache *f*; **~ de terre** Landzunge *f*; **~ vivante** lebende Sprache; **~s étrangères** Fremdsprachen *pl*
langue-de-chat [lɑ̃gdəʃa] (*pl* **langues-de-chat**) *nf* Löffelbiskuit *m*
Languedoc [lɑ̃gdɔk] *nm* : **le ~** anguedoc *nt*
languette [lɑ̃gɛt] *nf* (*de chaussure*) Zunge *f*
langueur [lɑ̃gœʀ] *nf* (*mélancolie*) Wehmut *f*
languir [lɑ̃giʀ] *vi* verkümmern; (*conversation*) erlahmen; **faire ~ qn** jdn lange schmachten lassen
lanière [lanjɛʀ] *nf* Riemen *m*; **en ~s** (*Culin*) in Streifen
lanterne [lɑ̃tɛʀn] *nf* Laterne *f*
Laos [laɔs] *nm* : **le ~** Laos *nt*
laotien, ne [laɔsjɛ̃, jɛn] *adj* laotisch
lapalissade [lapalisad] *nf* Binsenwahrheit *f*
lapidaire [lapidɛʀ] *adj* (*fig*) knapp
lapider [lapide] *vt* (*attaquer*) mit Steinen bewerfen; (*tuer*) steinigen
lapin [lapɛ̃] *nm* Kaninchen *nt*
lapis-lazuli [lapislazyli] (*pl* **lapis-lazulis**) *nm* Lapislazuli *m*
lapon, ne [lapɔ̃, ɔn] *adj* lapp(länd)isch ▶ *nm/f* : **Lapon, ne** Lappe *m*, Lappin *f*

l

Laponie [lapɔni] *nf*: **la ~** Lappland *nt*
laps [laps] *nm* : **~ de temps** Zeitraum *m*
lapsus [lapsys] *nm* Versprecher *m*; (*écrit*) Lapsus *m*
laquais [lakɛ] *nm* Lakai *m*
laque [lak] *nf* Lack *m*; (*pour cheveux*) Haarspray *nt*
larcin [laʀsɛ̃] *nm* kleiner Diebstahl *m*
lard [laʀ] *nm* Speck *m*
larder [laʀde] *vt* (*Culin*) spicken
lardon [laʀdɔ̃] *nm* (*Culin*) Speckstreifen *m*; (*fam* : *enfant*) Sprössling *m*
large [laʀʒ] *adj* breit; (*généreux*) großzügig ▸ *nm* : **5 m de ~** 5 m breit; **le ~** (*mer*) das offene Meer; **au ~ de** in Höhe von; **~ d'esprit** liberal
largement [laʀʒəmɑ̃] *adv* weit; (*au minimum, sans compter*) reichlich; **il a ~ le temps** er hat reichlich Zeit; **il a ~ de quoi vivre** er hat ein sehr gutes Auskommen
largesse [laʀʒɛs] *nf* Großzügigkeit *f*
largeur [laʀʒœʀ] *nf* Breite *f*; (*de vue, d'esprit*) Weite *f*
larguer [laʀge] (*fam*) *vt* (*se débarrasser de*) loswerden
larme [laʀm] *nf* Träne *f*; **une ~ de** ein Tröpfchen *nt*; **en ~s** in Tränen aufgelöst
larmoyant, e [laʀmwajɑ̃, ɑ̃t] *adj* weinerlich
larmoyer [laʀmwaje] *vi* (*yeux*) tränen; (*se plaindre*) jammern
larron [laʀɔ̃] *nm* Spitzbube *m*
larve [laʀv] *nf* Larve *f*
laryngite [laʀɛ̃ʒit] *nf* Kehlkopfentzündung *f*
larynx [laʀɛ̃ks] *nm* Kehlkopf *m*
las, lasse [lɑ, lɑs] *adj* müde, matt
lasagne [lazaɲ] *nf* Lasagne *f*
lascif, -ive [lasif, iv] *adj* lasziv, sinnlich
laser [lazɛʀ] *nm* Laser *m*; **rayon ~** Laserstrahl *m*
lasser [lɑse] *vt* erschöpfen; **se lasser** *vpr* : **se ~ de qch** etw leid werden
lassitude [lɑsityd] *nf* Müdigkeit *f*; (*fig*) Überdruss *m*
lasso [laso] *nm* Lasso *nt*
latent, e [latɑ̃, ɑ̃t] *adj* latent
latéral, e, -aux [lateʀal, o] *adj* seitlich
latéralement [lateʀalmɑ̃] *adv* seitlich; (*arriver*) von der Seite
latex [latɛks] *nm inv* Latex *m*
latin, e [latɛ̃, in] *adj* lateinisch ▸ *nm* Latein *nt*
latino-américain, e [latinoameʀikɛ̃, ɛn] (*pl* **latino-américains, es**) *adj* lateinamerikanisch
latitude [latityd] *nf* Breite *f*; **à 48 degrés de ~ nord** bei 48 Grad nördlicher Breite; **avoir toute ~ de faire qch** völlig freie Hand haben, etw zu tun
latte [lat] *nf* Latte *f*; (*de plancher*) Brett *nt*
lauréat, e [lɔʀea, at] *nm/f* Gewinner(in)
laurier [lɔʀje] *nm* (*Bot*) Lorbeer(baum) *m*; (*Culin*) Lorbeerblatt *nt*; **s'endormir sur ses ~s** sich auf seinen Lorbeeren ausruhen
laurier-rose [lɔʀjeʀoz] (*pl* **lauriers-roses**) *nm* Oleander *m*
lavabo [lavabo] *nm* Waschbecken *nt*; **lavabos** *nmpl* (*toilettes*) Toilette *f*
lavage [lavaʒ] *nm* Waschen *nt*; **~ d'estomac** Magenspülung *f*; **~ de cerveau** Gehirnwäsche *f*; **~ à la main** Handwäsche *f*
lavande [lavɑ̃d] *nf* Lavendel *m*
lave [lav] *nf* Lava *f*
lave-glace [lavglas] (*pl* **lave-glaces**) *nm* Scheibenwaschanlage *f*
lave-linge [lavlɛ̃ʒ] (*pl* **lave-linges**) *nm* Waschmaschine *f*
laver [lave] *vt* waschen; (*tache*) abwaschen; (*baigner*) baden; **se laver** *vpr* sich waschen; **se ~ les dents** sich *dat* die Zähne putzen; **se ~ les mains** sich *dat* die Hände waschen
laverie [lavʀi] *nf* : **~ (automatique)** Waschsalon *m*
lavette [lavɛt] *nf* (*chiffon*) Abwaschlappen *m*; (*brosse*) Spülbürste *f*; (*péj*) Waschlappen *m*
laveur, -euse [lavœʀ, øz] *nm/f* : **~ de carreaux** Fensterputzer *m*; **~ de voitures** Autowäscher *m*
lave-vaisselle [lavvɛsɛl] (*pl* **lave-vaisselles**) *nm* Geschirrspülmaschine *f*
lavoir [lavwaʀ] *nm* (*bac*) Waschzuber *m*; (*édifice*) Waschhaus *nt*
laxatif, -ive [laksatif, iv] *adj* abführend ▸ *nm* Abführmittel *nt*
laxisme [laksism] *nm* Nachlässigkeit *f*
laxiste [laksist] *adj* lax
layette [lɛjɛt] *nf* Babyausstattung *f*

MOT-CLÉ

le, la [lə, la], **l'** (*avant voyelle ou h muet*) (*pl* **les**) *art déf* **1** der *m*, die *f*, das *nt*; **le livre** das Buch; **la pomme** der Apfel; **l'amitié** die Freundschaft; **les étudiants/étudiantes** die Studenten/Studentinnen
2 (*indiquant la possession*) : **se casser la jambe** sich *dat* das *ou* ein Bein brechen; **levez la main** heben Sie die Hand; **avoir les yeux gris/le nez rouge** graue Augen/eine rote Nase haben
3 (*temps*) : **le matin/soir** am Morgen/

Abend; **le jeudi/dimanche** (*d'habitude*) donnerstags/sonntags; (*ce jeudi-là/ dimanche-là*) am Donnerstag/Sonntag
4 (*distribution, fraction*) pro; **10 euros le mètre/kilo** 10 Euro pro Meter/Kilo; **le tiers/quart de** ein Drittel/Viertel von
▸ *pron* **1** (*personne* : *mâle*) ihn; (: *femelle*) sie; (: *pluriel*) sie; **je le/la/les vois** ich sehe ihn/sie/sie; **je l'écoute/les écoute** ich höre ihm *ou* ihr/ihnen zu
2 (*animal, chose* : *singulier* : *selon le genre du mot allemand*) ihn/sie/es; (: *pluriel*) sie; **je le/la vois** ich sehe ihn/sie/es; **je les vois** ich sehe sie
3 (*remplaçant une phrase*) : **je ne le savais pas** ich wusste es *ou* das nicht

leader [lidœʀ] *nm* (*Comm*) Marktführer *m*
leasing [liziŋ] *nm* Leasing *nt*; **acheter en ~** im Mietkauf erwerben
lèche-bottes [lɛʃbɔt], **lèche-cul** [lɛʃky] (*pl* **lèche-bottes, lèche-culs**) *nm* Speichellecker *m*
lécher [leʃe] *vt* (ab)lecken
lèche-vitrine [lɛʃvitʀin] (*pl* **lèche-vitrines**) *nm* : **faire du ~** einen Schaufensterbummel machen
leçon [l(ə)sɔ̃] *nf* (*heure de classe*) Stunde *f*; (*devoir*) Lektion *f*; (*avertissement*) Lehre *f*; **faire la ~ à** einen langen Vortrag halten *+dat*; **~s particulières** Privatstunden *pl*, Nachhilfestunden *pl*
lecteur, -trice [lɛktœʀ, tʀis] *nm/f* (*de journal, livre*) Leser(in); (*de manuscrits*) Lektor(in) ▸ *nm* : **~ de disquette(s)** Diskettenlaufwerk *nt*; **~ Blu-ray** Blu-ray-Player *m*; **~ de CD/DVD** CD/ DVD-Spieler *m*; **~ de CD-ROM** CD-ROM-Laufwerk *nt*; **~ MP3** MP3-Spieler *m*
lecture [lɛktyʀ] *nf* Lesen *nt*, Lektüre *f*
ledit, ladite [lədi] (*mpl* **lesdits**, *fpl* **lesdites**) *adj* besagte(r, s)
légal, e, -aux [legal, o] *adj* gesetzlich
légalisation [legalizasjɔ̃] *nf* Legalisierung *f*
légaliser [legalize] *vt* legalisieren
légalité [legalite] *nf* Legalität *f*
légataire [legatɛʀ] *nm* : **~ universel** Alleinerbe *m*
légendaire [leʒɑ̃dɛʀ] *adj* legendär; (*fig*) berühmt
légende [leʒɑ̃d] *nf* Legende *f*; (*de dessin*) Text *m*
léger, -ère [leʒe, ɛʀ] *adj* leicht; (*peu sérieux*) oberflächlich; **à la légère** gedankenlos; **de moeurs légères** freizügig
légèrement [leʒɛʀmɑ̃] *adv* leicht, locker; (*parler, agir*) unbesonnen; **~ plus grand** ein bisschen größer; **~ en retard** leicht verspätet
légèreté [leʒɛʀte] *nf* Leichtigkeit *f*; (*d'étoffe*) Duftigkeit *f*; (*péj*) Leichtfertigkeit *f*
légion [leʒjɔ̃] *nf* Legion *f*; (*grande quantité*) Vielzahl *f*; **être ~** sehr zahlreich sein; **L~ d'honneur** Ehrenlegion *f*; **~ étrangère** Fremdenlegion *f*

> **La légion d'honneur**, die 1802 von Napoleon geschaffen wurde, ist ein hoch angesehener französischer Orden. Der Präsident der Republik, der *Grand Maître*, ist das Oberhaupt dieses Ordens. Mitglieder erhalten jedes Jahr eine nominelles, abzugsfreies Honorar.

légionnaire [leʒjɔnɛʀ] *nm* Legionär *m*
législateur [leʒislatœʀ] *nm* Gesetzgeber *m*
législatif, -ive [leʒislatif, iv] *adj* gesetzgebend
législation [leʒislasjɔ̃] *nf* Gesetzgebung *f*
législatives [leʒislativ] *nfpl* (allgemeine) Parlamentswahlen *pl*
législature [leʒislatyʀ] *nf* Legislative *f*
légitime [leʒitim] *adj* legitim; (*enfant*) ehelich; (*fig*) berechtigt; **~ défense** Notwehr *f*
legs [lɛg] *nm* Erbe *nt*
léguer [lege] *vt* : **~ qch à qn** jdm etw vermachen; (*fig*) etw an jdn vererben
légume [legym] *nm* Gemüse *nt*; **une grosse ~** (*fam*) ein hohes Tier
légumier [legymje] *nm* (*plat*) Gemüseschüssel *f*
légumineuses [legyminøz] *nfpl* Hülsenfrüchte *pl*
Léman [lemɑ̃] *nm* : **le lac ~** der Genfer See
lendemain [lɑ̃dmɛ̃] *nm* : **le ~** der nächste Tag; **le ~ matin/soir** am nächsten Morgen/Abend; **le ~ de** am Tag nach; **au ~ de** nach; **sans ~** kurzlebig
lent, e [lɑ̃, lɑ̃t] *adj* langsam
lente [lɑ̃t] *nf* Nisse *f*
lentement [lɑ̃tmɑ̃] *adv* langsam
lenteur [lɑ̃tœʀ] *nf* Langsamkeit *f*; **lenteurs** *nfpl* Schwerfälligkeit *f*
lentille [lɑ̃tij] *nf* Linse *f*; **~s (de contact)** Kontaktlinsen *pl*; **~s jetables** Einmallinsen *pl*
léopard [leɔpaʀ] *nm* Leopard *m*
lèpre [lɛpʀ] *nf* Lepra *f*
lépreux, -euse [lepʀø, øz] *nm/f* Leprakranke(r) *f*(*m*) ▸ *adj* (*mur*) abbröckelnd

MOT-CLÉ

lequel, laquelle [ləkɛl, lakɛl] (*mpl* **lesquels**, *fpl* **lesquelles**) (*à + lequel =* **auquel**, *de + lequel =* **duquel** *etc*) *pron*
1 (*interrogatif : sujet*) welcher/welche/welches; (*: accusatif*) welchen/welche/welches; (*: datif*) welchem/welcher/welchem; (*: pl*) welche; **dans lequel de ces hôtels avez-vous logé ?** in welchem dieser Hotels haben Sie gewohnt?
2 (*relatif : sujet*) der/die/das; (*: accusatif*) den/die/das; (*: datif*) dem/der/dem; (*: pl*) die; **la femme à laquelle j'ai acheté mon chien** die Frau, von der ich meinen Hund gekauft habe; **l'entreprise avec laquelle il doit travailler** das Unternehmen, für das er arbeiten soll
▶ *adj* (*relatif*) : **auquel cas** in diesem Fall; **il prit un livre, lequel livre ...** er nahm ein Buch, und dieses Buch ...

les [le] *art, pron voir* **le**
lesbienne [lɛsbjɛn] *nf* Lesbierin *f*
lésiner [lezine] *vi* : **~ (sur)** sparen (an *+dat*)
lésion [lezjɔ̃] *nf* Verletzung *f*; **~s cérébrales** Gehirnschädigung *f*
Lesotho [lezɔto] *nm* : **le ~** Lesotho *nt*
lesquels, lesquelles [lekɛl] *pron voir* **lequel**
lessive [lesiv] *nf* Waschpulver *nt*; (*linge*) Wäsche *f*; **faire la ~** (Wäsche) waschen
lessiver [lesive] *vt* (*sol*) aufwischen; (*mur*) abwaschen
leste [lɛst] *adj* flink, behände
lester [lɛste] *vt* mit Ballast beladen
léthargie [letaʀʒi] *nf* Lethargie *f*
léthargique [letaʀʒik] *adj* lethargisch
letton, ne [letɔ̃, ɔn] *adj* lettisch ▶ *nm/f* : **Letton, ne** Lette *m*, Lettin *f*
Lettonie [lɛtɔni] *nf* : **la ~** Lettland *nt*
lettre [lɛtʀ] *nf* Brief *m*; (*caractère*) Buchstabe *m*; **lettres** *nfpl* Literatur *f*; **à la ~** (*prendre*) wörtlich; **en toutes ~s** (*en entier*) ausgeschrieben; (*fig : clairement*) klar und deutlich; **~ de change** Wechsel *m*; **~ de démission** Kündigungsschreiben *nt*; **~ piégée** Briefbombe *f*
lettré, e [letʀe] *adj* gebildet, belesen
leucémie [løsemi] *nf* Leukämie *f*
leucémique [løsemik] *adj* leukämisch

MOT-CLÉ

leur [lœʀ] *adj possessif* (*selon le genre de l'objet en allemand*) ihr/ihre/ihr; (*pluriel*) ihre; **leur maison** ihr Haus; **leurs amis** ihre Freunde; **dans leur maison/cuisine** in ihrem Haus/ihrer Küche; **à leurs amis** ihren Freunden; **à leur approche** als sie näher kamen
▶ *pron* **1** (*objet indirect*) ihnen; **je leur ai dit la vérité** ich habe ihnen die Wahrheit gesagt; **je le leur ai donné** ich habe es ihnen gegeben
2 (*possessif*) : **le/la leur** ihrer/ihre/ihres; **les leurs** ihre

leurre [lœʀ] *nm* Köder *m*; (*illusion*) Blendwerk *nt*
leurrer [lœʀe] *vt* täuschen
levain [ləvɛ̃] *nm* Sauerteig *m*; **pain au ~** Sauerteigbrot
levant [ləvɑ̃] *adj m* : **soleil ~** aufgehende Sonne *f*
levé, e [ləve] *adj* : **être ~** auf sein
levée [ləve] *nf* (*Postes*) Leerung *f*; (*Cartes*) Stich *m*; **~ de boucliers** Welle *f* des Protests; **~ de troupes** Truppenaushebung *f*
lever [ləve] *vt* aufheben; (*bras*) hochheben; (*difficulté*) beseitigen; (*impôts*) erheben; (*armée*) ausheben; (*lièvre*) aufstöbern; (*perdrix*) aufscheuchen ▶ *vi* aufgehen; **se lever** *vpr* aufstehen; (*soleil*) aufgehen; (*jour*) anbrechen ▶ *nm* : **au ~** beim Aufstehen; **~ de soleil** Sonnenaufgang *m*; **~ du jour** Tagesanbruch *m*; **~ du rideau** Beginn *m* der Vorstellung
lève-tard [lɛvtaʀ] *nm/f inv* Langschläfer(in) *m(f)*
lève-tôt [lɛvto] *nm/f inv* Frühaufsteher(in) *m(f)*
levier [ləvje] *nm* Hebel *m*; **~ de changement de vitesse** Schalthebel *m*
lèvre [lɛvʀ] *nf* Lippe *f*
lévrier [levʀije] *nm* Windhund *m*
levure [l(ə)vyʀ] *nf* Hefe *f*; **~ chimique** Backpulver *nt*
lexique [lɛksik] *nm* Glossar *nt*; (*Ling*) Wortschatz *m*
lézard [lezaʀ] *nm* Eidechse *f*
lézarde [lezaʀd] *nf* Riss *m*
lézarder [lezaʀde] *vi* sich in der Sonne aalen
liaison [ljɛzɔ̃] *nf* Verbindung *f*; (*amoureuse*) Affäre *f*; **entrer/être en ~ avec** in Kontakt treten/sein mit; **avoir une ~ avec qn** eine Affäire mit jm haben
liane [ljan] *nf* Liane *f*
liasse [ljas] *nf* Bündel *nt*
Liban [libɑ̃] *nm* : **le ~** der Libanon
libanais, e [libanɛ, ɛz] *adj* libanesisch ▶ *nm/f* : **Libanais, e** Libanese *m*, Libanesin *f*

libeller [libele] *vt* (*lettre, rapport*) formulieren; **~ (au nom de)** (*chèque, mandat*) (auf jdn) ausstellen
libellule [libelyl] *nf* Libelle *f*
libéral, e, -aux [libeʀal, o] *adj* (*personne, attitude*) großzügig; (*économie, politique*) liberal
libéraliser [libeʀalize] *vt* liberalisieren
libéralisme [libeʀalism] *nm* Liberalismus *m*; (*tolérance*) Großzügigkeit *f*
libéralité [libeʀalite] *nf* Großzügigkeit *f*
libérateur, -trice [libeʀatœʀ, tʀis] *nm/f* Befreier(in)
libération [libeʀasjɔ̃] *nf* Befreiung *f*; **la L~** die Befreiung (*Frankreichs 1945*)
libéré, e [libeʀe] *adj* (*femme*) emanzipiert; **~ de** (*libre de*) befreit von; **être ~ sous caution/sur parole** gegen Kaution/auf Ehrenwort freigelassen werden
libérer [libeʀe] *vt* befreien; (*prisonnier*) freilassen; (*gaz*) freisetzen; **se libérer** *vpr* (*se rendre disponible*) sich freimachen
Libéria [libeʀja] *nm* : **le ~** Liberia *nt*
liberté [libɛʀte] *nf* Freiheit *f*; **libertés** *nfpl* (*privautés*) Freiheiten *pl*; **être en ~** frei sein; **mettre en ~** freilassen; **prendre des ~s avec qn** sich jdm gegenüber Freiheiten herausnehmen; **en ~ provisoire** auf Kaution freigelassen; **en ~ surveillée** mit Meldeverpflichtung freigelassen; **~ d'opinion** Meinungsfreiheit *f*; **~ de la presse** Pressefreiheit *f*
libertin, e [libɛʀtɛ̃, in] *adj* zügellos
libidineux, -euse [libidinø, øz] *adj* lüstern
libido [libido] *nf* Libido *f*
libraire [libʀɛʀ] *nmf* Buchhändler(in) *m(f)*
librairie [libʀeʀi] *nf* Buchhandlung *f*
libre [libʀ] *adj* frei; (*enseignement, école*) Privat-; **~ de** frei von; **être ~ de faire qch** frei sein, etw zu tun; **~ arbitre** freier Wille *m*
libre-échange [libʀeʃɑ̃ʒ] *nm* Freihandel *m*
libre-service [libʀəsɛʀvis] (*pl* **libres-services**) *nm* Selbstbedienung *f*; (*magasin*) Selbstbedienungsladen *m*
librettiste [libʀetist] *nm/f* Librettist(in) *m(f)*
Libye [libi] *nf* : **la ~** Libyen *nt*
libyen, ne [libjɛ̃, ɛn] *adj* libysch ▶ *nm/f* : **Libyen, ne** Libyer(in)
lice [lis] *nf* Turnierfeld *nt*; **entrer en ~** sich einmischen
licence [lisɑ̃s] *nf* (*permis*) Erlaubnis *f*, Befugnis *f*; (*diplôme*) Lizenz *f*; (*Univ*) Licence *f*; (*des mœurs*) Zügellosigkeit *f*; **~ monoposte/multiutilisateurs** (*Inform*) Einzelplatz-/Mehrplatzlizenz *f*; **~ poétique** dichterische Freiheit *f*
licencié, e [lisɑ̃sje] *nm/f* (*Sport*) Lizenzspieler(in); **~ ès lettres/en droit** ≈ Absolvent(in) des philosophischen/ juristischen Staatsexamens
licenciement [lisɑ̃simɑ̃] *nm* Entlassung *f*; **~ économique** konjunkturbedingte Entlassung
licencier [lisɑ̃sje] *vt* entlassen, kündigen *+dat*
lichen [likɛn] *nm* Flechte *f*
licorne [likɔʀn] *nf* Einhorn *nt*
licou [liku] *nm* Halfter *m ou nt*
lie [li] *nf* Bodensatz *m*
lié, e [lje] *adj* : **être très ~ avec qn** mit jdm sehr eng verbunden sein; **être ~ par** verpflichtet *ou* gebunden sein durch
Liechtenstein [liʃtɛnʃtajn] *nm* : **le ~** Liechtenstein *nt*
Liège [ljɛʒ] *n* Lüttich
liège [ljɛʒ] *nm* Kork *m*
liégeois, e [ljeʒwa, waz] *adj* aus Lüttich; **café/chocolat ~** Mokka-/ Schokoladeneis *nt* mit Schlagsahne
lien [ljɛ̃] *nm* Band *nt*; (*fig*) Bande *pl*, Verbindung *f*; **~s de famille** *ou* **de parenté** Familienbande *pl*; **~ hypertexte** Hyperlink *m*; **le ~ social** soziale Bindung *f*
lier [lje] *vt* (zusammen)binden; (*paquet*) zubinden; (*fig*) verbinden; **se lier** *vpr* : **se ~ (avec qn)** Freundschaft schließen (mit jdm); **~ conversation (avec)** eine Unterhaltung anknüpfen (mit); **~ connaissance (avec)** eine Bekanntschaft anknüpfen (mit)
lierre [ljɛʀ] *nm* Efeu *m*
lieu, x [ljø] *nm* Ort *m*; **lieux** *nmpl* : **vider** *ou* **quitter les ~x** die Räumlichkeiten verlassen; **arriver/être sur les ~x** am Schauplatz ankommen/sein; **en premier ~** erstens; **en dernier ~** schließlich; **avoir ~** stattfinden; **il n'y a pas ~ de s'inquiéter** es besteht kein Grund zur Besorgnis; **tenir ~ de qch** als etw fungieren *ou* dienen; **donner ~ à** Veranlassung geben zu; **au ~ de** statt *+gén ou dat*
lieu-dit [ljødi] (*pl* **lieux-dits**) *nm* Weiler *m*
lieutenant, e [ljøt(ə)nɑ̃, ɑ̃t] *nm/f* ≈ Oberleutnant *m*
lièvre [ljɛvʀ] *nm* (Feld)hase *m*
liftier [liftje] *nm* Liftboy *m*
lifting [liftiŋ] *nm* (Face)lift *m*
ligament [ligamɑ̃] *nm* Band *nt*
ligaturer [ligatyʀe] *vt* abbinden

l

ligne [liɲ] *nf* Linie *f*; (*Transports* : *liaison*) Verbindung *f*; (: *trajet*) Strecke *f*, Linie *f*; (*de texte*) Zeile *f*; **garder la ~** seine Figur halten; **en ~** (*Inform*) online; **à la ~** neue Zeile; **entrer en ~ de compte** in Betracht gezogen werden; **~ de but** Torlinie *f*; **~ médiane** Mittellinie *f*
lignée [liɲe] *nf* (*famille*) Linie *f*
lignite [liɲit] *nm* Braunkohle *f*
ligoter [ligɔte] *vt* binden, fesseln
ligue [lig] *nf* Bund *m*, Liga *f*; **la L~ arabe** die Arabische Liga
liguer [lige] : **se liguer** *vpr* : **se ~ contre** sich verbünden gegen
lilas [lilɑ] *nm* Flieder *m*
limace [limas] *nf* Nacktschnecke *f*
limaille [limɑj] *nf* : **~ de fer** Eisen(feil)späne *pl*
limande [limɑ̃d] *nf* (*poisson*) Scharbe *f*
lime [lim] *nf* (*Tech*) Feile *f*; **~ à ongles** Nagelfeile *f*
limer [lime] *vt* feilen
limier [limje] *nm* Spürhund *m*
limitation [limitasjɔ̃] *nf* Beschränkung *f*; **~ de vitesse** Geschwindigkeitsbegrenzung *f*
limite [limit] *nf* Grenze *f*; **sans ~s** grenzenlos; **vitesse ~** Höchstgeschwindigkeit *f*; **charge ~** Höchstlast *f*; **cas ~** Grenzfall *m*; **date ~ de vente** Verkaufsdatum *nt*; **date ~ de consommation** Haltbarkeitsdatum *nt*
limiter [limite] *vt* (*délimiter*) begrenzen; **~ qch (à)** (*restreindre*) etw beschränken (auf +*acc*)
limitrophe [limitʀɔf] *adj* angrenzend, Nachbar-
limoger [limɔʒe] *vt* entlassen
limon [limɔ̃] *nm* Schlick *m*
limonade [limɔnad] *nf* Limonade *f*
limpide [lɛ̃pid] *adj* klar
lin [lɛ̃] *nm* Flachs *m*, Lein *m*; (*tissu*) Leinen *nt*
linceul [lɛ̃sœl] *nm* Leichentuch *nt*
linéaire [lineɛʀ] *adj* linear; (*feuille*) länglich ▸ *nm* : **~ (de vente)** Regalplatz *m*
linge [lɛ̃ʒ] *nm* Wäsche *f*; (*pièce de tissu*) Tuch *nt*; (*aussi* : **linge de corps**) Unterwäsche *f*; (*aussi* : **linge de toilette**) Handtücher *pl*; **~ sale** schmutzige Wäsche *f*
lingerie [lɛ̃ʒʀi] *nf* Damenwäsche *f*
lingot [lɛ̃go] *nm* Barren *m*
linguiste [lɛ̃gɥist] *nmf* Linguist(in) *m(f)*
linguistique [lɛ̃gɥistik] *nf* Linguistik *f*
lino [linɔ], **linoléum** [linɔleɔm] *nm* Linoleum *nt*
linotte [linɔt] *nf* : **tête de ~** Trottel *m*
lion, ne [ljɔ̃, ljɔn] *nm/f* Löwe *m*, Löwin *f*; **être L~** (*Astrol*) Löwe sein
liquéfier [likefje] *vt* verflüssigen
liqueur [likœʀ] *nf* Likör *m*
liquidation [likidasjɔ̃] *nf* (*Comm*) Ausverkauf *m*; (*règlement*) Regelung *f*, Erledigung *f*; (*meurtre*) Beseitigung *f*
liquide [likid] *adj* flüssig ▸ *nm* Flüssigkeit *f*; **en ~** in bar; **~ vaisselle** Geschirrspülmittel *nt*
liquider [likide] *vt* (*société, biens*) verkaufen; (*compte, dettes*) regeln, bezahlen; (*affaire, travail, problème*) erledigen; (*Comm*) ausverkaufen; (*tuer*) beseitigen, liquidieren
liquidités [likidite] *nf* Liquidität *f*
liquoreux, -euse [likɔʀø, øz] *adj* likörartig
lire [liʀ] *vt, vi* lesen
lis [lis] *nm* = **lys**
Lisbonne [lisbɔn] *nf* Lissabon *nt*
liseuse [lizøz] *nf* E-Book-Leser *m*
lisible [lizibl] *adj* lesbar; (*fig*) transparent
lisiblement [lizibləmɑ̃] *adv* leserlich
lisière [lizjɛʀ] *nf* (*de forêt, bois*) Rand *m*; (*de tissu*) Kante *f*, Saum *m*
lisse [lis] *adj* glatt
lisser [lise] *vt* glätten
lisseur [liːsœʀ] *nm* Haarglätter *m*, Glätteisen *nt*
listage [listaʒ] *nm* Auflisten *nt*; (*Inform*) Ausdruck *m*
liste [list] *nf* Liste *f*; **faire la ~ de** eine Liste machen von; **~ électorale** Wählerverzeichnis *nt*; **~ rouge** : **être sur (la) ~ rouge** eine Geheimnummer haben
lister [liste] *vt* auflisten
listing [listiŋ] *nm* Ausdruck *m*; **un ~ des abonnés** eine Abonnentenliste
lit [li] *nm* Bett *nt*; **faire son ~** sein Bett machen; **aller** *ou* **se mettre au ~** ins Bett gehen; **~ de camp** Feldbett *nt*; **~s superposés** Etagenbett *nt*
litanie [litani] *nf* Litanei *f*
litchi [litʃi] *nm* Litschi *f*
literie [litʀi] *nf* Bettzeug *nt*
litière [litjɛʀ] *nf* Streu *f*; **~ pour chats** Katzenstreu *f*
litige [litiʒ] *nm* Rechtsstreit *m*
litigieux, -euse [litiʒjø, jøz] *adj* umstritten, strittig
litote [litɔt] *nf* Untertreibung *f*
litre [litʀ] *nm* Liter *m*; **un ~ de vin/bière** ein Liter Wein/Bier
littéraire [liteʀɛʀ] *adj* literarisch
littéral, e, -aux [liteʀal, o] *adj* wörtlich
littéralement [liteʀalmɑ̃] *adv* (*textuellement*) wörtlich; (*au sens propre*) buchstäblich

littérature [liteʀatyʀ] *nf* Literatur *f*
littoral, e, -aux [litɔʀal, o] *nm* Küste *f*
Lituanie [litɥani] *nf* : **la ~** Litauen *nt*
lituanien, ne [litɥanjɛ̃, jɛn] *adj* litauisch ▸ *nm/f* : **Lituanien, ne** Litauer(in)
liturgie [lityʀʒi] *nf* Liturgie *f*
livide [livid] *adj* blass, bleich
living [liviŋ] *nm* Wohnzimmer *nt*
livrable [livʀabl] *adj* lieferbar
livraison [livʀɛzɔ̃] *nf* Lieferung *f*
livre [livʀ] *nm* Buch *nt* ▸ *nf* Pfund *nt*; **~ de bord** Logbuch *nt*; **~ électronique** *ou* **numérique** E-Book *nt*; elektronisches Buch *nt*; **~ de poche** Taschenbuch *nt*
livrée [livʀe] *nf* Livree *f*
livrer [livʀe] *vt* (*marchandises*) liefern; (*otage, coupable*) ausliefern; (*secret, information*) verraten, preisgeben; **se livrer à** *vpr* (*se confier à*) sich anvertrauen +*dat*; (*se rendre*) sich stellen +*dat*; (*se consacrer à*) sich widmen +*dat*
livret [livʀɛ] *nm* (*petit livre*) Broschüre *f*; (*d'opéra*) Libretto *nt*; **~ de caisse d'épargne** Sparbuch *nt*; **~ de famille** Familienstammbuch *nt*; **~ scolaire** Zeugnisheft *nt*
livreur, -euse [livʀœʀ, øz] *nm/f* Lieferant(in)
lob [lɔb] *nm* (*Tennis*) Lob *m*
lobe [lɔb] *nm* : **~ de l'oreille** Ohrläppchen *nt*
lober [lɔbe] *vt* (*balle*) hoch spielen
local, e, -aux [lɔkal, o] *adj* lokal ▸ *nm* (*salle*) Raum *m*; **locaux** *nmpl* Räumlichkeiten *pl*
localiser [lɔkalize] *vt* lokalisieren; (*dans le temps*) datieren; (*limiter*) eindämmen
localité [lɔkalite] *nf* Örtlichkeit *f*, Ortschaft *f*
locataire [lɔkatɛʀ] *nmf* Mieter(in) *m(f)*
location [lɔkasjɔ̃] *nf* Mieten *nt*; (*par le propriétaire*) Vermieten *nt*; **~ de voitures** Autoverleih *m*; **~ de vacances** Ferienhaus *nt*/-wohnung *f*
location-vente [lɔkasjɔ̃vɑ̃t] (*pl* **locations-ventes**) *nf* Leasing *nt*
lockout [lɔkaut] *nm* Aussperrung *f*
lock-outer [lɔkaute] *vt* aussperren
locomotion [lɔkɔmosjɔ̃] *nf* Fortbewegung *f*
locomotive [lɔkɔmɔtiv] *nf* Lokomotive *f*; (*fig*) Schrittmacher *m*
locuteur, -trice [lɔkytœʀ, tʀis] *nm/f* Sprecher(in); **~ natif** Muttersprachler(in)
locution [lɔkysjɔ̃] *nf* Ausdruck *m*
logarithme [lɔgaʀitm] *nm* Logarithmus *m*
loge [lɔʒ] *nf* Loge *f*
logement [lɔʒmɑ̃] *nm* Unterkunft *f*; (*appartement*) Wohnung *f*; **~ de fonction** Dienstwohnung *f*
loger [lɔʒe] *vt* unterbringen ▸ *vi* (*habiter*) wohnen; **se loger** *vpr* : **trouver à se ~** eine Unterkunft finden; **se ~ dans** (*balle, flèche etc*) stecken bleiben in +*dat*
logeur, -euse [lɔʒœʀ, øz] *nm/f* Vermieter(in)
logiciel, le [lɔʒisjɛl] *adj* Software- ▸ *nm* Software *f*
logique [lɔʒik] *adj* logisch ▸ *nf* Logik *f*
logiquement [lɔʒikmɑ̃] *adv* logischerweise; (*de façon cohérente*) logisch; (*normalement*) eigentlich
logis [lɔʒi] *nm* Wohnung *f*
logistique [lɔʒistik] *nf* Logistik *f* ▸ *adj* : **soutien ~** (*Mil*) logistische Unterstützung *f*
logo [lɔgo] *nm* Logo *nt*
loi [lwa] *nf* Gesetz *nt*; **faire la ~** das Sagen haben
loin [lwɛ̃] *adv* (*dans l'espace*) weit; (*dans le temps : passé*) weit zurück; (: *futur*) fern; **plus ~** weiter; **moins ~ (que)** nicht so weit (wie); **~ de** weit von; **au ~** in der Ferne; **de ~** von Weitem; (*de beaucoup*) bei Weitem
lointain, e [lwɛ̃tɛ̃, ɛn] *adj* entfernt; (*dans le passé*) weit zurückliegend
loir [lwaʀ] *nm* Siebenschläfer *m*; **dormir comme un ~** wie ein Murmeltier schlafen
Loire [lwaʀ] *nf* : **la ~** die Loire
loisir [lwaziʀ] *nm* : **heures de ~** Mußestunden *pl*; **loisirs** *nmpl* (*temps libre*) Freizeit *f*; (*activités*) Freizeitgestaltung *f*; **avoir le ~ de faire qch** Zeit haben, etw zu tun
lollo rosso [lɔlɔʀɔso] *nf* Lollo rosso *m*
lombaire [lɔ̃bɛʀ] *adj* Lenden-
Londres [lɔ̃dʀ] *nf* London *nt*
long, longue [lɔ̃, lɔ̃g] *adj* lang ▸ *nm* : **de 5 m de ~** 5 m lang ▸ *nf* : **à la ~ue** auf die Dauer; **de ~ue date** alt; **être ~ à faire qch** lange dazu brauchen, etw zu tun; **en ~** längs; **(tout) le ~ de la rue** die Straße entlang; **de ~ en large** kreuz und quer
long-courrier [lɔ̃kuʀje] (*pl* **long-courriers**) *nm* (*Aviat*) Langstreckenflugzeug *nt*
longe [lɔ̃ʒ] *nf* (*corde*) Strick *m*, Longe *f*; (*Culin*) Lende *f*
longer [lɔ̃ʒe] *vt* (*en voiture*) entlangfahren an +*dat*; (*à pied*) entlanggehen; (*mur, route*) entlangführen an +*dat*
longévité [lɔ̃ʒevite] *nf* Langlebigkeit *f*

longitude [lɔ̃ʒityd] *nf* Länge *f*; **à 45 degrés de ~ nord** bei 45 Grad nördlicher Länge
longitudinal, e, -aux [lɔ̃ʒitydinal, o] *adj* Längen-
longtemps [lɔ̃tɑ̃] *adv* lange; **avant ~** bald; **pendant ~** lange; **il y a ~ que je travaille** ich arbeite schon lange; **il y a ~ que je n'ai pas travaillé** ich arbeite schon lange nicht mehr
longuement [lɔ̃gmɑ̃] *adv* lange
longueur [lɔ̃gœʀ] *nf* Länge *f*; **longueurs** *nfpl* Längen *pl*; **tirer en ~** sich in die Länge ziehen; **~ d'onde** Wellenlänge *f*
longue-vue [lɔ̃gvy] (*pl* **longues-vues**) *nf* Fernrohr *nt*
lopin [lɔpɛ̃] *nm* : **~ de terre** Stück *nt* Land
loquace [lɔkas] *adj* redselig
loquacité [lɔkasite] *nf* Gesprächigkeit *f*, Redseligkeit *f*
loque [lɔk] *nf* (*fig*) Fetzen *m*; (*personne*) Wrack *nt*; **loques** *nfpl* (*habits*) Fetzen *pl*; **tomber en ~s** in Fetzen sein
loquet [lɔkɛ] *nm* Riegel *m*
lorgner [lɔʀɲe] *vt* (*regarder*) schielen nach; (*convoiter*) liebäugeln mit
lorrain, e [lɔʀɛ̃, ɛn] *adj* lothringisch ▶ *nf* : **la L~e** Lothringen *nt* ▶ *nm/f* : **Lorrain, e** Lothringer(in); **quiche ~e** Quiche Lorraine *f*
lors [lɔʀ] *adv* : **~ de** anlässlich +*gén*, bei
lorsque [lɔʀsk] *conj* (*passé*) als; (*présent et futur*) wenn
losange [lɔzɑ̃ʒ] *nm* Raute *f*
lot [lo] *nm* (*part, portion*) Anteil *m*; (*de loterie*) Los *nt*; (*Comm*) Posten *m*; (*Inform*) Batch *nt*
loterie [lɔtʀi] *nf* Lotterie *f*
loti, e [lɔti] *adj* : **être bien/mal ~** es gut/schlecht getroffen haben
lotion [losjɔ̃] *nf* Lotion *f*
lotir [lɔtiʀ] *vt* (*diviser*) parzellieren; (*vendre*) parzellenweise verkaufen
lotissement [lɔtismɑ̃] *nm* Siedlung *f*; (*parcelle*) Parzelle *f*
loto [lɔto] *nm* Lotto *nt*
lotte [lɔt] *nf* (*de mer*) Seeteufel *m*
louage [lwaʒ] *nm* : **voiture de ~** Mietwagen *m*
louanges [lwɑ̃ʒ] *nfpl* Lob *nt*
loubard [lubaʀ] (*fam*) *nm* (junger) Rowdy *m*
louche [luʃ] *adj* zwielichtig, dubios ▶ *nf* Schöpflöffel *m*
loucher [luʃe] *vi* schielen
louer [lwe] *vt* (*suj* : *propriétaire*) vermieten; (: *locataire*) mieten; (*réserver*) reservieren; (*faire l'éloge de*) loben; **à ~** zu vermieten
loufoque [lufɔk] (*fam*) *adj* verrückt
loup [lu] *nm* Wolf *m*
loupe [lup] *nf* Lupe *f*
louper [lupe] (*fam*) *vt* (*train etc*) verpassen; (*examen etc*) durchfallen durch
lourd, e [luʀ, luʀd] *adj* schwer; (*démarche, gestes*) schwerfällig; (*chaleur, temps*) drückend; **~ de conséquences** folgenschwer
lourdaud, e [luʀdo, od] (*fam*) *adj* (*au physique*) schwerfällig; (*au moral*) flegelhaft
lourdeur [luʀdœʀ] *nf* Schwere *f*; (*de démarche, gestes, style*) Schwerfälligkeit *f*; **~ d'estomac** Magendrücken *nt*
loutre [lutʀ] *nf* (Fisch)otter *m*
louve [luv] *nf* Wölfin *f*
louvoyer [luvwaje] *vi* (*Naut*) kreuzen; (*fig*) geschickt taktieren
loyal, e, -aux [lwajal, o] *adj* (*fidèle*) loyal, treu; (*fair-play*) fair
loyauté [lwajote] *nf* Loyalität *f*, (*fidélité*) Treue *f*
loyer [lwaje] *nm* Miete *f*
lu [ly] *pp de* **lire**
lubie [lybi] *nf* Marotte *f*
lubrifiant [lybʀifjɑ̃] *nm* Schmiermittel *nt*
lubrifier [lybʀifje] *vt* schmieren
lucarne [lykaʀn] *nf* kleines Dachfenster *nt*
Lucerne [lysɛʀn] *nf* Luzern *nt*
lucide [lysid] *adj* (*esprit*) klar; (*personne*) bei klarem Verstand
lucidité [lysidite] *nf* (*esprit*) Scharfsinn *m*; (*conscience*) klares Bewusstsein *nt*
luciole [lysjɔl] *nf* Glühwürmchen *nt*
lucratif, -ive [lykʀatif, iv] *adj* lukrativ; **à but non ~** ≈ gemeinnützig
ludique [lydik] *adj* Spiel-
ludothèque [lydɔtɛk] *nf* Spielothek *f*
luette [lɥɛt] *nf* Zäpfchen *nt*
lueur [lɥœʀ] *nf* Schimmer *m*
luge [lyʒ] *nf* Schlitten *m*; **faire de la ~** Schlitten fahren
lugubre [lygybʀ] *adj* finster; (*voix, musique*) düster
lui[1] [lɥi] *pp de* **luire**

MOT-CLÉ

lui[2] [lɥi] *pron* **1** (*objet indirect* : *personne* : *mâle*) ihm; (: *femelle*) ihr; (: *chose, animal* : *selon le genre du mot allemand*) ihm/ihr/ihm; **il lui a offert un cadeau** er hat ihm/ihr ein Geschenk gemacht
2 (*après préposition* : *avec accusatif*) ihn; (: *avec datif*) ihm; **elle est contente de lui** sie ist zufrieden mit ihm

3 (*dans comparaison*) : **je la connais mieux que lui** (*que je ne le connais*) ich kenne sie besser als ihn; (*qu'il ne la connaît*) ich kenne sie besser als er; **elle est comme lui** sie ist wie er
4 (*forme emphatique*) er; **lui, il est à Paris** er, er ist in Paris; **c'est lui qui l'a fait** er hat es gemacht

luire [lɥiʀ] *vi* scheinen, leuchten
lumbago [lɔ̃bago] *nm* Hexenschuss *m*
lumière [lymjɛʀ] *nf* Licht *nt*; **lumières** *nfpl* (*18e siècle*) Aufklärung *f*; **à la ~ de** (*fig*) im Lichte *+gén*; **faire (toute) la ~ sur** gänzlich aufklären *+acc*
luminaire [lyminɛʀ] *nm* (*appareil*) Lampe *f*
luminescent, e [lyminesɑ̃, ɑ̃t] *adj* (*tube*) Leuchtstoff-
lumineux, -euse [lyminø, øz] *adj* leuchtend; (*corps, cadran, enseigne*) Leucht-; (*ciel, journée, couleur*) hell; (*Phys*) Licht-
luminosité [lyminozite] *nf* (*Tech*) Lichtstärke *f*
lunaire [lynɛʀ] *adj* Mond-
lunatique [lynatik] *adj* launisch
lundi [lœ̃di] *nm* Montag *m*; **on est ~** heute ist Montag; **il est venu ~** er ist am Montag gekommen; **le ~** (*chaque lundi*) montags; **à ~ !** bis Montag!; **~ de Pâques** Ostermontag *m*; **~ de Pentecôte** Pfingstmontag *m*
lune [lyn] *nf* Mond *m*; **~ de miel** Flitterwochen *pl*
luné, e [lyne] *adj* : **bien/mal ~** gut/schlecht gelaunt
lunette [lynɛt] *nf* : **lunettes** *nfpl* Brille *f*; (*protectrices*) Schutzbrille *f*; **~ arrière** (*Auto*) Heckscheibe *f*; **~ d'approche** Teleskop *nt*; **~s de plongée** Taucherbrille *f*; **~s de soleil** Sonnenbrille *f*
lupin [lypɛ̃] *nm* Lupine *f*
lustre [lystʀ] *nm* (*de plafond*) Kronleuchter *m*; (*fig : éclat*) Glanz *m*
lustrer [lystʀe] *vt* polieren; (*poil d'un animal*) striegeln
luth [lyt] *nm* Laute *f*
luthier, ère [lytje, jɛʀ] *nm/f* Geigenbauer *m*
lutin [lytɛ̃] *nm* Kobold *m*
lutte [lyt] *nf* Kampf *m*; (*Sport*) Ringen *nt*
lutter [lyte] *vi* kämpfen; (*Sport*) ringen
luxation [lyksasjɔ̃] *nf* Ausrenken *nt*
luxe [lyks] *nm* Luxus *m*; **de ~** Luxus-; **l'industrie du ~** Luxusartikelindustrie *f*
Luxembourg [lyksɑ̃buʀ] *nm* : **le ~** Luxemburg *nt*
luxembourgeois, e [lyksɑ̃buʀʒwa, waz] *adj* luxemburgisch ▶ *nm/f* : **Luxembourgeois, e** Luxemburger(in) *m(f)*
luxer [lykse] *vpr* : **se ~ l'épaule/le genou** sich *dat* die Schulter/das Knie ausrenken
luxueux, -euse [lyksɥø, øz] *adj* luxuriös
luxuriant, e [lyksyʀjɑ̃, jɑ̃t] *adj* üppig
luzerne [lyzɛʀn] *nf* Luzerne *f*
lycée [lise] *nm* Gymnasium *nt*

> **Le lycée** ist eine Art Oberstufengymnasium, an dem französische Schüler die letzten drei Jahre vor ihrem *baccalauréat* verbringen. Es gibt neben dem *lycée général* andere Arten von *lycées*, wie z.B. die *lycées d'enseignement technologique*, die technische Kurse, und die *lycées d'enseignement professionnel*, die berufsbildende Kurse anbieten.

lycéen, ne [liseɛ̃, ɛn] *nm/f* Gymnasiast(in)
lymphatique [lɛ̃fatik] *adj* apathisch
lymphe [lɛ̃f] *nf* Lymphe *f*
lyncher [lɛ̃ʃe] *vt* lynchen
lynx [lɛ̃ks] *nm* Luchs *m*
lyophilisé, e [ljɔfilize] *adj* gefriergetrocknet
lyre [liʀ] *nf* Leier *f*
lyrique [liʀik] *adj* lyrisch; **comédie ~** komische Oper *f*
lyrisme [liʀism] *nm* (*mode d'expression*) Lyrismus *m*; (*manière de vivre*) Poesie *f*
lys [lis] *nm* Lilie *f*

m

M, m [ɛm] *nm inv* (*lettre*) M, m *nt*
M *abr* = **Monsieur**
m *abr* (= *mètre*) m
m' [m] *pron voir* **me**
ma [ma] *adj possessif voir* **mon**
macaron [makaʀɔ̃] *nm* (*gâteau*) Makrone *f*; (*insigne*) rundes Etikett *nt*
macaroni [makaʀɔni] *nm* : **des ~s** Makkaroni *pl*; **~s au fromage** Käsemakkaroni *pl*; **~s au gratin** Makkaroniauflauf *m*
Macédoine [masedwan] *nf* : **la ~** Mazedonien *nt*
macédoine [masedwan] *nf* : **~ de fruits** Obstsalat *m*; **~ de légumes** gemischtes Gemüse *nt*
macérer [maseʀe] *vi* : **faire ~** einlegen
mâché, e [mɑʃe] *adj* : **papier ~** Pappmaschee *nt*, Papiermaschee *nt*
mâcher [mɑʃe] *vt* kauen; **ne pas ~ ses mots** kein Blatt vor den Mund nehmen; **~ le travail à qn** jdm alles vorkauen
machin [maʃɛ̃] (*fam*) *nm* Ding(s) *nt*, Dingsda *nt*
machinal, e, -aux [maʃinal, o] *adj* mechanisch
machinations [maʃinasjɔ̃] *nfpl* Machenschaften *pl*
machine [maʃin] *nf* Maschine *f*; **la ~ administrative/économique** der Verwaltungs-/Wirtschaftsapparat; **~ à coudre** Nähmaschine *f*; **~ à écrire** Schreibmaschine *f*; **~ à laver** Waschmaschine *f*
machine-outil [maʃinuti] (*pl* **machines-outils**) *nf* Werkzeugmaschine *f*
machinerie [maʃinʀi] *nf* Maschinen *pl*; (*d'un navire*) Maschinenraum *m*
machinisme [maʃinism] *nm* Mechanisierung *f*
machiniste [maʃinist] *nm/f* (*Théât*) Bühnentechniker(in) *m(f)*; (*conducteur, mécanicien*) Maschinist(in) *m(f)*
machisme [maʃism] *nm* männlicher Chauvinismus *m*
macho [matʃo] (*fam*) *nm* Macho *m* ▶ *adj* Macho-
mâchoire [mɑʃwaʀ] *nf* Kiefer *m*; (*Tech*) Backe *f*; **~ de frein** Bremsbacke *f*
maçon, ne [masɔ̃, ɔn] *nm/f* Maurer(in)
maçonnerie [masɔnʀi] *nf* (*activité*) Maurerarbeit *f*; (*murs*) Mauerwerk *nt*
macramé [makʀame] *nm* Makramee *nt*
macro [makʀo] *nf* (*Inform*) Makro *nt*
macrobiotique [makʀobjɔtik] *adj* makrobiotisch
macroéconomique [makʀoekɔnɔmik] *adj* gesamtwirtschaftlich
maculer [makyle] *vt* beschmutzen; (*Typo*) verschmieren
Madagascar [madagaskaʀ] *nf* Madagaskar *nt*
Madame [madam] (*pl* **Mesdames**) *nf* : **~ Dupont** Frau Dupont; **occupez-vous de ~** würden Sie bitte die Dame bedienen; **bonjour, ~** guten Tag; (*si le nom est connu*) guten Tag, Frau X; **madame !** (*pour appeler*) Entschuldigung!; **~ (Dupont)** (*sur lettre*) sehr geehrte Frau Dupont; **chère ~ (Dupont)** sehr geehrte Frau Dupont; **~ la directrice** Frau Direktorin; **Mesdames** meine Damen
madeleine [madlɛn] *nf* Madeleine *nt* (*kleines rundes Sandplätzchen*)
Mademoiselle [madmwazɛl] (*pl* **Mesdemoiselles**) *nf* Fräulein *nt* (*ne s'utilise pratiquement plus*), Frau *f*; **~ Dupont** Frau Dupont; **bonjour, ~** guten Tag; (*si le nom est connu*) guten Tag, Frau X; **~ (Dupont)** (*sur lettre*) sehr geehrte Frau Dupont; **chère ~ (Dupont)** sehr geehrte Frau Dupont
madère [madɛʀ] *nm* Madeira *m*
madone [madɔn] *nf* Madonna *f*
madré, e [mɑdʀe] *adj* schlau, raffiniert
maffia, mafia [mafja] *nf* Maf(f)ia *f*
magasin [magazɛ̃] *nm* (*boutique*) Geschäft *nt*, Laden *m*; (*entrepôt*) Lager *nt*; (*d'une arme, Photo*) Magazin *nt*; **en ~** auf Lager; **grand ~** Kaufhaus *nt*
magazine [magazin] *nm* Zeitschrift *f*
mage [maʒ] *nm* : **les Rois ~s** die Heiligen Drei Könige *pl*
Maghreb [magʀɛb] *nm* : **le ~** der Maghreb
maghrébin, e [magʀebɛ̃, in] *adj* maghrebinisch ▶ *nm/f* : **Maghrébin, e** Maghrebiner(in) m(f), ≈ Nordafrikaner(in) m(f)

magicien, ne [maʒisjɛ̃, jɛn] *nm/f* Zauberer *m*, Zauberin *f*
magie [maʒi] *nf* (*alchimie, sorcellerie*) Magie *f*; (*charme, séduction*) Zauber *m*
magique [maʒik] *adj* (*occulte*) magisch; (*fig*) wunderbar
magistral, e, -aux [maʒistʀal, o] *adj* (*œuvre, adresse*) meisterhaft; (*ton*) meisterlich; **enseignement/cours ~** Vorlesung *f*/Kursus *m*
magistrat, e [maʒistʀa, at] *nm/f* (*Jur*) ≈ (Friedens)richter(in)
magistrature [maʒistʀatyʀ] *nf* (*charge*) Richteramt *nt*; (*corps*) Gerichtswesen *nt*
magma [magma] *nm* Magma *nt*; (*fig*) (unentwirrbares) Durcheinander *nt*
magnanime [maɲanim] *adj* großmütig
magnat [magna] *nm* Magnat *m*; **~ de la presse** Pressezar *m*
magner [maɲe] : **se magner** *vpr* (*fam*) sich beeilen
magnésium [maɲezjɔm] *nm* Magnesium *nt*
magnétique [maɲetik] *adj* magnetisch; (*champ*) Magnet-
magnétiser [maɲetize] *vt* magnetisieren; (*fig* : *fasciner*) faszinieren
magnétisme [maɲetism] *nm* Magnetismus *m*
magnéto [maɲeto] *nf* Magnetzünder *m*
magnifier [maɲifje] *vt* verherrlichen
magnifique [maɲifik] *adj* großartig; (*splendide*) herrlich
magnolia [maɲɔlja] *nm* Magnolie *f*
magnum [magnɔm] *nm* Magnum(flasche) *f*
magot [mago] *nm* (*fam* : *argent*) Knete *f*; (*économies*) Erspartes *nt*
magouille [maguj] (*fam*) *nf* finstere Geschäfte *pl*
mai [mɛ] *nm* Mai *m*; *voir aussi* **juillet**

Le premier mai ist wie in vielen Ländern ein gesetzlicher Feiertag in Frankreich zum Tag der Arbeit. Es ist Tradition, an diesem Tag kleine Maiglöckchensträuße zu verschenken. Man sieht auf den Straßen und Plätzen dann zahlreiche Maiglöckchenverkäufer. *Le 8 mai* ist ebenfalls ein gesetzlicher Feiertag in Frankreich, zur Erinnerung an das Ende des Zweiten Weltkriegs im Mai 1945. Die sozialen Unruhen im Mai und Juni 1968, mit Studentendemonstrationen, Streiks und allgemeinem Aufruhr werden mit *les événements de mai 68* umschrieben. De Gaulles Regierung überlebte, aber die Ereignisse führten zu Reformen im Ausbildungssystem und größerer Dezentralisierung.

maigre [mɛgʀ] *adj* mager; (*repas, végétation, moisson etc*) dürftig, spärlich
maigreur [mɛgʀœʀ] *nf* (*de personne, viande*) Magerkeit *f*, Magerheit *f*; (*de repas, végétation*) Spärlichkeit *f*, Dürftigkeit *f*
maigrichon, -ne [megʀiʃɔ̃, ɔn] *adj* etw dünn
maigrir [megʀiʀ] *vi* abnehmen
mail [mɛl] *nm* E-mail *f*
mailing [meliŋ] *nm* Postwurfsendung *f*, Mailing *nt*
maille [mɑj] *nf* Masche *f*; **~ à l'endroit/à l'envers** rechte/linke Masche
maillon [mɑjɔ̃] *nm* (*d'une chaîne*) Glied *nt*
maillot [majo] *nm* Trikot *nt*; **~ de bain** Badeanzug *m*
main [mɛ̃] *nf* Hand *f*; **la ~ dans la ~** Hand in Hand; **à deux ~s** mit beiden Händen; **à la ~** (*faire, tricoter etc*) von Hand; **sous la ~** unter der Hand; **haut les ~s !** Hände hoch!; **attaque à ~ armée** bewaffneter Überfall *m*; **à ~ droite/gauche** nach rechts/links; **prendre qch en ~** etw in die Hand nehmen; **forcer la ~ à qn** jdn zwingen; **un kit ~s libres** eine Freisprechanlage *f*
main-d'œuvre [mɛ̃dœvʀ] (*pl* **mains-d'œuvre**) *nf* (*façon*) Arbeit *f*; (*ouvriers*) Arbeitskräfte *pl*
main-forte [mɛ̃fɔʀt] *nf* : **prêter ~ à qn** jdm beistehen
maint, e [mɛ̃, mɛ̃t] *adj* : **à ~es reprises** immer wieder
maintenance [mɛ̃t(ə)nɑ̃s] *nf* Wartung *f*
maintenant [mɛ̃t(ə)nɑ̃] *adv* jetzt; **~ que** jetzt, wo *ou* da
maintenir [mɛ̃t(ə)niʀ] *vt* halten; (*garder, entretenir*) aufrechterhalten; (*affirmer*) behaupten; **se maintenir** *vpr* anhalten, andauern; (*santé*) gleich bleiben; (*préjugé, malade*) sich halten
maintien [mɛ̃tjɛ̃] *nm* Haltung *f*, Aufrechterhaltung *f*; (*allure*) Haltung *f*; **cours de ~** Kurs für Anstandsregeln
maire [mɛʀ] *nmf* Bürgermeister(in) *m(f)*
mairie [meʀi] *nf* Rathaus *nt*; (*administration*) Stadtverwaltung *f*
mais [mɛ] *conj* aber
maïs [mais] *nm* Mais *m*
maison [mɛzɔ̃] *nf* Haus *nt*; (*chez-soi, demeure*) Zuhause *nt*; (*Comm*) Firma *f* ▸ *adj inv* (*fam*) : **pâté/tarte ~** Pastete *f*/Torte *f* Hausmacherart; **à la ~** zu Hause; (*direction*) nach Hause; **~ close** Freudenhaus *nt*; **~ de campagne** Landhaus *nt*; **~ de correction** Besserungsanstalt *f*; **~ de passe** Freudenhaus *nt*; **~ de repos**

m

Erholungsheim *nt*; **~ de retraite** Altersheim *nt*; **~ de santé** Heilanstalt *f*; **~ des jeunes et de la culture** Jugend- und Kulturzentrum *nt*; **~ mère** Stammhaus *nt*

maître, -esse [mɛtʀ, mɛtʀɛs] *nm/f* (*dirigeant*) Herr(in); (*propriétaire*) Eigentümer(in); (*Scol*) Lehrer(in) ▶ *nm* (*artiste*) Meister(in) ▶ *nf* (*amante*) Geliebte *f* ▶ *adj* : **carte ~sse** (*fig*) höchste Karte *f*; **M~/M~sse** (*titre* : *Jur*) Herr *m*, Frau *f* (*vor dem Namen eines Rechtsanwaltes oder Notars*); **maison de ~** Herrenhaus *nt*; **être/rester ~ de la situation** Herr der Lage sein/bleiben; **être passé ~ dans l'art de qch** etw meisterhaft beherrschen; **~ à penser** geistiges Vorbild; **~/~sse d'école** Lehrer(in); **~/~sse d'hôtel** Oberkellner(in); **~/~sse d'œuvre** (*Constr*) Vorarbeiter(in); **~/~sse de conférences** (*Univ*) Dozent(in); **~/~sse de maison** Hausherr(in); **~/~sse nageur(-euse)** Rettungsschwimmer(in)

maîtrise [metʀiz] *nf* (*aussi* : **maîtrise de soi**) Selbstbeherrschung *f*; (*habileté*) Können *nt*; (*domination*) Herrschaft *f*; (*diplôme*) ≈ Master *m*; (*contremaîtres et chefs d'équipe*) Aufsicht *f*

maîtriser [metʀize] *vt* (*cheval forcené etc*) bändigen; (*incendie*) unter Kontrolle bringen; (*sujet*) meistern; (*émotion*) beherrschen; **se maîtriser** *vpr* sich beherrschen

majesté [maʒɛste] *nf* Majestät *f*; **Sa/Votre M~** Seine/Eure Majestät

majestueux, -euse [maʒɛstɥø, øz] *adj* majestätisch

majeur, e [maʒœʀ] *adj* (*important*) wichtig; (*Jur*) volljährig; **en ~e partie** größtenteils; **la ~e partie de** der größere Teil *+gén*

major [maʒɔʀ] *nm* : **~ de promotion** Jahrgangsbester *m*

majoration [maʒɔʀasjɔ̃] *nf* Erhöhung *f*

majorer [maʒɔʀe] *vt* erhöhen

majoritaire [maʒɔʀitɛʀ] *adj* Mehrheits-; **système** *ou* **scrutin ~** Mehrheitssystem *nt*

majorité [maʒɔʀite] *nf* Mehrheit *f*; (*Jur*) Volljährigkeit *f*; **~ absolue** absolute Mehrheit; **~ relative** relative Mehrheit; **la ~ silencieuse** die schweigende Mehrheit

Majorque [maʒɔʀk] *nf* Mallorca *nt*

majuscule [maʒyskyl] *nf* Großbuchstabe *m* ▶ *adj* : **un A ~** ein großes A

mal, maux [mal, mo] *nm* Böse *nt*; (*malheur*) Übel *nt*; (*douleur physique*) Schmerz *m*; (*maladie*) Krankheit *f*; (*difficulté, peine*) Schwierigkeit *f*, Mühe *f*; (*souffrance morale*) Leiden *nt* ▶ *adv* schlecht ▶ *adj inv* (*opposé à bien*) : **c'est ~ (de faire qch)** es ist schlecht(, etw zu tun); **être ~** sich nicht wohlfühlen; **~ en point** nicht in Höchstform; **dire du ~ de qn** schlecht von jdm reden; **il n'a rien fait de ~** er hat nichts Böses getan; **avoir du ~ à faire qch** Mühe haben, etw zu tun; **faire du ~ à qn** (*nuire*) jdm schaden; **se donner du ~ pour faire qch** sich Mühe geben, etw zu tun; **se faire ~** sich wehtun; **se faire ~ au pied** sich am Fuß verletzen; **ça fait ~** das tut weh; **j'ai ~ (ici)** mir tut es (hier) weh; **avoir ~ à la tête/à la gorge/au dos** Kopf-/Hals-/Rückenschmerzen haben; **j'ai ~ au cœur** mir ist schlecht; **avoir le ~ du pays** Heimweh haben; **~ de mer** Seekrankheit *f*

malabar [malabaʀ] (*fam*) *nm* Muskelprotz *m*

malade [malad] *adj* krank ▶ *nmf* Kranke(r) *f(m)*; **tomber ~** krank werden; **être ~ du cœur** herzleidend *ou* herzkrank sein; **j'en suis ~** das macht mich ganz krank; **grand ~** Schwerkranke(r) *f(m)*; **~ mental** Geisteskranke(r) *f(m)*

maladie [maladi] *nf* Krankheit *f*; **~ d'Alzheimer** Alzheimerkrankheit *f*; **~ héréditaire** Erbkrankheit *f*; **~ infantile** Kinderkrankheit *f*; **~ de Parkinson** parkinsonsche Krankheit *f*; **~ professionnelle** Berufskrankheit *f*; **~ sexuellement transmissible** Geschlechtskrankheit *f*

maladif, -ive [maladif, iv] *adj* (*personne*) kränkelnd; (*pâleur*) kränklich; (*curiosité, besoin, peur*) krankhaft

maladresse [maladʀɛs] *nf* Ungeschicklichkeit *f*

maladroit, e [maladʀwa, wat] *adj* ungeschickt

maladroitement [maladʀwatmɑ̃] *adv* ungeschickt

mal-aimé, e [maleme] (*pl* **mal-aimés, es**) *nm/f* Ungeliebte(r) *f(m)*

malaise [malɛz] *nm* (*Méd*) Unwohlsein *nt*; (*inquiétude*) Unbehagen *nt*; **~ cardiaque** Herzbeschwerden *pl*

Malaisie [malɛzi] *nf* : **la ~** Malaysia *nt*

malaria [malaʀja] *nf* Malaria *f*

malavisé, e [malavize] *adj* unbedacht

Malawi [malawi] *nm* : **le ~** Malawi *nt*

malbouffe [malbuf] (*fam*) *nf* : **la ~** Junkfood *nt*

malchance [malʃɑ̃s] *nf* Pech *nt*; **par ~** unglücklicherweise
malcommode [malkɔmɔd] *adj* unpraktisch
Maldives [maldiv] *nfpl* : **les ~** die Malediven *pl*
mâle [mɑl] *nm* (*animal*) Männchen *nt*; (*fam*) männliches Wesen *nt* ▶ *adj* männlich; **prise ~** (*Élec*) Stecker *m*
malédiction [malediksjɔ̃] *nf* Fluch *m*
malentendant, e [malɑ̃tɑ̃dɑ̃, ɑ̃t] *adj* schwerhörig ▶ *nm/f* : **les ~s** die Schwerhörigen *pl*
malentendu [malɑ̃tɑ̃dy] *nm* Missverständnis *nt*
malfaisant, e [malfəzɑ̃, ɑ̃t] *adj* boshaft; (*idées, influence*) schädlich
malfaiteur, trice [malfɛtœʀ, tʀis] *nm/f* Übeltäter(in)
malfamé, e [malfame] *adj* verrufen
malformation [malfɔʀmasjɔ̃] *nf* Missbildung *f*
malfrat [malfʀa] (*fam*) *nm* Gauner *m*
malgache [malgaʃ] *adj* madegassisch ▶ *nmf* : **Malgache** Madegasse *m*, Madegassin *f*
malgré [malgʀe] *prép* trotz *+gén ou dat*; **~ soi/lui** gegen seinen Willen; **~ tout** trotz allem
malheur [malœʀ] *nm* Unglück *nt*
malheureusement [maløʀøzmɑ̃] *adv* leider
malheureux, -euse [maløʀø, øz] *adj* unglücklich; (*regrettable*) bedauerlich ▶ *nm/f* Arme(r) *f(m)*; **la malheureuse femme/victime** die arme Frau/das arme Opfer
malhonnête [malɔnɛt] *adj* unredlich
malhonnêteté [malɔnɛtte] *nf* Unehrlichkeit *f*
Mali [mali] *nm* : **le ~** Mali *nt*
malice [malis] *nf* Schalkhaftigkeit *f*
malicieux, -euse [malisjø, jøz] *adj* schelmisch
malien, ne [maljɛ̃, ɛn] *adj* aus Mali ▶ *nm/f* : **Malien, ne** Malier(in)
malin, -igne [malɛ̃, maliɲ] *adj* clever, schlau; (*Méd*) bösartig
malle [mal] *nf* großer Reisekoffer *m*
malléable [maleabl] *adj* formbar
mallette [malɛt] *nf* (*valise*) Köfferchen *nt*
malmener [malməne] *vt* (*maltraiter*) grob behandeln; (*fig*) hart angreifen
malnutrition [malnytʀisjɔ̃] *nf* Unterernährung *f*; (*mauvaise alimentation*) schlechte Ernährung *f*
malodorant, e [malɔdɔʀɑ̃, ɑ̃t] *adj* übelriechend
malotru, e [malɔtʀy] *nm/f* Lümmel *m*, Flegel *m*
malpoli, e [malpɔli] *adj* unhöflich
malpropre [malpʀɔpʀ] *adj* schmutzig; (*travail*) gepfuscht; (*malhonnête*) unanständig
malsain, e [malsɛ̃, ɛn] *adj* ungesund; (*esprit, curiosité*) krankhaft
malséant, e [malseɑ̃, ɑ̃t] *adj* unschicklich
malt [malt] *nm* Malz *nt*
maltais, e [maltɛ, ɛz] *adj* maltesisch ▶ *nm/f* : **Maltais, e** Malteser(in)
Malte [malt] *nf* Malta *nt*
maltraitance [maltʀɛtɑ̃s] *nf* Misshandlung *f*
maltraiter [maltʀete] *vt* misshandeln; (*fig*) hart angreifen
malus [malys] *nm* *Erhöhung der Versicherungsprämie nach Autounfällen*
malveillance [malvɛjɑ̃s] *nf* (*hostilité*) Feindseligkeit *f*; (*intention de nuire*) Böswilligkeit *f*
malveillant, e [malvɛjɑ̃, ɑ̃t] *adj* feindselig
malvenu, e [malvəny] *adj* : **être ~ de** *ou* **à faire qch** nicht das Recht haben, etw zu tun
maman [mamɑ̃] *nf* Mama *f*
mamelle [mamɛl] *nf* Zitze *f*
mamelon [mam(ə)lɔ̃] *nm* (*Anat*) Brustwarze *f*; (*petite colline*) Hügel *m*
mamie [mami] (*fam*) *nf* Oma *f*
mammifère [mamifɛʀ] *nm* Säugetier *nt*
mammouth [mamut] *nm* Mammut *nt*
management [manadʒmɑ̃] *nm* Management *nt*
manche [mɑ̃ʃ] *nf* Ärmel *m*; (*d'un jeu, tournoi*) Runde *f* ▶ *nm* Griff *m*; (*de violon, guitare*) Hals *m*; **la M~** (*Géo*) der Ärmelkanal; **à ~s courtes/longues** kurzärmelig/langärmelig; **~ à air** *nf* Windsack *m*; **~ à balai** *nm* (*Aviat*) Steuerknüppel *m*; (*Inform*) Joystick *m*
manchette [mɑ̃ʃɛt] *nf* Manschette *f*; (*titre*) Schlagzeile *f*
manchon [mɑ̃ʃɔ̃] *nm* (*de fourrure*) Muff *m*; **~ (à incandescence)** Glühstrumpf *m*
manchot, e [mɑ̃ʃo, ɔt] *adj* einarmig ▶ *nm* (*Zool*) Pinguin *m*
mandarine [mɑ̃daʀin] *nf* Mandarine *f*
mandat [mɑ̃da] *nm* (*postal*) Postanweisung *f*; (*d'un député, président*) Mandat *nt*; (*procuration*) Vollmacht *f*; **toucher un ~** eine Postanweisung erhalten; **~ d'amener** Vorladung *f*; **~ d'arrêt** Haftbefehl *m*; **~ de perquisition** Durchsuchungsbefehl *m*

mandataire [mɑ̃datɛʀ] *nmf* Bevollmächtigte(r) *f(m)*
mandat-carte [mɑ̃dakaʀt] (*pl* **mandats-cartes**) *nm* Anweisung *f* als Postkarte
mandater [mɑ̃date] *vt* bevollmächtigen; (*député*) ein Mandat geben +*dat*
mandat-lettre [mɑ̃dalɛtʀ] (*pl* **mandats-lettres**) *nm* Postanweisung *f*
manège [manɛʒ] *nm* Manege *f*; (*d'un cirque*) Karussell *nt*; (*fig : manœuvre*) Schliche *pl*; **faire un tour de ~** Karussell fahren; **~ de chevaux de bois** Pferdekarussell *nt*
manette [manɛt] *nf* Hebel *m*; **~ de jeu** Joystick *m*
mangeable [mɑ̃ʒabl] *adj* essbar
mangeoire [mɑ̃ʒwaʀ] *nf* Futtertrog *m*
manger [mɑ̃ʒe] *vt* essen; (*animal*) fressen; (*ronger, attaquer*) zerfressen ▸ *vi* essen
mange-tout [mɑ̃ʒtu] *nm inv* : **pois ~** Zuckererbse *f*; **haricot ~** Gartenbohne *f*
mangue [mɑ̃g] *nf* Mango *f*
maniable [manjabl] *adj* handlich; (*voiture, voilier*) wendig; (*personne*) lenksam, fügsam
maniaque [manjak] *adj* pingelig ▸ *nmf* (*obsédé, fou*) Wahnsinnige(r) *f(m)*
manie [mani] *nf* Manie *f*; (*Méd*) Wahn *m*
maniement [manimɑ̃] *nm* Umgang *m*; **~ d'armes** Waffenübung *f*
manier [manje] *vt* umgehen mit
manière [manjɛʀ] *nf* Art *f*, Weise *f*; (*style*) Stil *m*; **manières** *nfpl* (*attitude*) Benehmen *nt*; (*chichis*) Theater *nt*; **de ~ à** sodass, damit; **de telle ~ que** sodass; **de cette ~** auf diese Weise; **d'une ~ générale** ganz allgemein; **de toute ~** auf alle Fälle; **d'une certaine ~** in gewisser Weise; **faire des ~s** Theater machen; **complément/adverbe de ~** Attribut *nt*/Adverb *nt* der Art und Weise
maniéré, e [manjeʀe] *adj* manieriert
manif [manif] *nf* (*= manifestation*) Demo *f*
manifestant, e [manifɛstɑ̃, ɑ̃t] *nm/f* Demonstrant(in)
manifestation [manifɛstasjɔ̃] *nf* (*de joie, mécontentement*) Ausdruck *m*; (*fête, réunion etc*) Ereignis *nt*; (*Pol*) Demonstration *f*
manifeste [manifɛst] *adj* offenbar ▸ *nm* Manifest *nt*
manifester [manifɛste] *vt* (*intentions etc*) kundtun; (*révéler*) zeigen ▸ *vi* demonstrieren; **se manifester** *vpr* sich zeigen; (*difficultés*) auftauchen; (*personne, témoin etc*) sich melden
manioc [manjɔk] *nm* Maniok *m*
manipulateur, -trice [manipylatœʀ, tʀis] *nm/f* (*technicien*) Techniker(in); (*prestidigitateur*) Zauberkünstler(in); (*péj*) Manipulator(in)
manipulation [manipylasjɔ̃] *nf* (*Tech*) Handhabung *f*; (*Phys, Chim*) Versuch *m*; (*fig*) Manipulation *f*; **~ génétique** Genmanipulierung *f*
manipuler [manipyle] *vt* handhaben
manivelle [manivɛl] *nf* Kurbel *f*
mannequin [mankɛ̃] *nm* (*Couture*) Schneiderpuppe *f*; (*d'un étalage*) Schaufensterpuppe *f* ▸ *nmf* (*Mode*) Modell *nt*, Mannequin *nt*
manœuvre [manœvʀ] *nf* (*opération*) Bedienung *f*; (*Auto*) Steuern *nt*; (*Mil, fig*) Manöver *nt* ▸ *nmf* (*profession*) Hilfsarbeiter(in) *m(f)*
manœuvrer [manœvʀe] *vt* (*bateau, voiture*) steuern; (*levier, machine*) bedienen; (*personne*) manipulieren ▸ *vi* manövrieren
manoir [manwaʀ] *nm* Landsitz *m*
manque [mɑ̃k] *nm* Mangel *m*; **manques** *nmpl* Mängel *pl*; **par ~ de** aus Mangel an; **être en ~** Entzugserscheinungen haben
manqué, e [mɑ̃ke] *adj* verfehlt; (*essai*) gescheitert; **garçon ~** halber Junge *m*
manquement [mɑ̃kmɑ̃] *nm* : **~ à** Verstoß *m ou* Verfehlung *f* gegen
manquer [mɑ̃ke] *vi* fehlen ▸ *vt* verpassen, verfehlen ▸ *vb impers* : **il manque des pages** es fehlen Seiten
mansarde [mɑ̃saʀd] *nf* Mansarde *f*
mante [mɑ̃t] *nf* : **~ religieuse** Femme fatale *f*
manteau, x [mɑ̃to] *nm* Mantel *m*; **sous le ~** heimlich
manucure [manykyʀ] *nf* Maniküre *f*
manuel, le [manɥɛl] *adj* manuell; (*commande*) Hand- ▸ *nm* Handbuch *nt*; **travailleur ~** Arbeiter *m*
manuellement [manɥɛlmɑ̃] *adv* von Hand
manufacture [manyfaktyʀ] *nf* (*établissement*) Fabrik *f*
manufacturé, e [manyfaktyʀe] *adj* : **produit ~** Fertigerzeugnis *nt*
manuscrit, e [manyskʀi, it] *adj* handschriftlich ▸ *nm* Manuskript *nt*
manutention [manytɑ̃sjɔ̃] *nf* (*Comm*) Verladen *nt*
mappemonde [mapmɔ̃d] *nf* (*carte*) Weltkarte *f*; (*sphère*) Globus *m*
maquereau, x [makʀo] *nm* (*Zool*) Makrele *f*; (*souteneur*) Zuhälter *m*
maquette [makɛt] *nf* Modell *nt*; (*Typo*) Layout *nt*

maquillage [makijaʒ] *nm* Schminken *nt*; (*de passeport, papiers*) Fälschen *nt*; (*produits*) Make-up *nt*
maquiller [makije] *vt* schminken; (*falsifier*) fälschen; **se maquiller** *vpr* sich schminken
maquis [maki] *nm* Dickicht *nt*; (*Hist*) *französische Widerstandsbewegung im 2. Weltkrieg*
maquisard, e [makizaʀ] *nm/f* französischer Widerstandskämpfer(in) (*im 2. Weltkrieg*)
marabout [maʀabu] *nm* Marabu *m*
maraîcher, -ère [maʀeʃe, ɛʀ] *adj* (*culture*) Gemüse- ▸ *nm/f* Gemüsegärtner(in)
marais [maʀɛ] *nm* Sumpf *m*, Moor *nt*; **~ salant** Salzsumpf *m*
marasme [maʀasm] *nm* (*économique*) Stagnation *f*
marathon [maʀatɔ̃] *nm* Marathon *m*
maraudeur, -euse [maʀodœʀ, øz] *nm/f* Dieb(in)
marbre [maʀbʀ] *nm* Marmor *m*
marbrer [maʀbʀe] *vt* marmorieren
marc [maʀ] *nm* (*de raisin, pommes*) Obstwasser *nt*; **~ de café** Kaffeesatz *m*
marchand, e [maʀʃɑ̃, ɑ̃d] *nm/f* Händler(in) ▸ *adj* : **valeur ~e** Marktwert *m*; **~ au détail** Einzelhändler *m*; **~ de poisson** Fischhändler *m*; **~ des quatre saisons** Obst- und Gemüsehändler *m*; **~ en gros** Großhändler *m*
marchandage [maʀʃɑ̃daʒ] *nm* Handeln *nt*, Feilschen *nt*
marchander [maʀʃɑ̃de] *vt* handeln *ou* feilschen um ▸ *vi* handeln, feilschen
marchandise [maʀʃɑ̃diz] *nf* Ware *f*
marche [maʀʃ] *nf* (*d'escalier*) Stufe *f*; (*activité*) Gehen *nt*; (*promenade*) Spaziergang *m*; (*allure, démarche, fonctionnement*) Gang *m*; (*d'un train, navire*) Fahrt *f*; (*du temps, du progrès*) Lauf *m*; (*d'un service*) Verlauf *m*; (*Mil, Mus*) Marsch *m*; **à une heure de ~** zu Fuß eine Stunde entfernt; **prendre le train en ~** während der Fahrt aufspringen; **mettre en ~** in Gang setzen; **~ à suivre** (*sur notice*) Gebrauchsanweisung *f*; **~ arrière** Rückwärtsgang *m*; **faire ~ arrière** (*Auto*) rückwärtsfahren; (*fig*) einen Rückzieher machen
marché [maʀʃe] *nm* Markt *m*; (*accord, affaire*) Geschäft *nt*; **par dessus le ~** obendrein, noch dazu; **bon ~** billig; **~ aux puces** Flohmarkt *m*; **~ du travail** Arbeitsmarkt *m*; **~ noir** Schwarzmarkt *m*
marchepied [maʀʃəpje] *nm* Trittbrett *nt*; **servir de ~ à qn** jdm als Sprungbrett dienen
marcher [maʀʃe] *vi* (*personne*) gehen; (*Mil*) marschieren; (*fonctionner*) laufen; (*fam : consentir*) mitmachen; (*: croire naïvement*) darauf hereinfallen; **~ sur** gehen auf *+dat*; (*mettre le pied sur*) treten auf *+acc*; (*ville etc*) zumarschieren auf *+acc*; **~ dans** (*herbe etc*) gehen in *+dat*; (*flaque*) treten in *+acc*; **faire ~ qn** jdn auf den Arm nehmen
marcheur, -euse [maʀʃœʀ, øz] *nm/f* Wanderer *m*, Wanderin *f*
mardi [maʀdi] *nm* Dienstag *m*; **M~ gras** Fastnachtsdienstag *m*; *voir aussi* **lundi**
mare [maʀ] *nf* Tümpel *m*; **~ de sang** Blutlache *f*
marécage [maʀekaʒ] *nm* Sumpf *m*, Moor *nt*
marécageux, -euse [maʀekaʒø, øz] *adj* sumpfig
maréchal, -e, -aux [maʀeʃal, o] *nm/f* Marschall(in)
marée [maʀe] *nf* Gezeiten *pl*; (*poissons*) frische Seefische *pl*; **~ basse** Niedrigwasser *nt*; **~ haute** Hochflut *f*; **~ noire** Ölteppich *m*
marelle [maʀɛl] *nf* : **jouer à la ~** ≈ Himmel und Hölle spielen
marémotrice [maʀemɔtʀis] *adj* : **usine/énergie ~** Gezeitenkraftwerk *nt*/-energie *f*
margarine [maʀgaʀin] *nf* Margarine *f*
marge [maʀʒ] *nf* Rand *m*; (*fig*) Spielraum *m*; (*de salaires, de prix*) Bandbreite *f*; **en ~** am Rande; **en ~ de** am Rande *+gén*; **~ bénéficiaire** Gewinnspanne *f*
marginal, e, -aux [maʀʒinal, o] *adj* Rand-; (*secondaire*) nebensächlich ▸ *nm/f* Aussteiger(in) *m(f)*
marguerite [maʀgəʀit] *nf* (*Bot*) Margerite *f*
mari [maʀi] *nm* (Ehe)mann *m*
mariage [maʀjaʒ] *nm* (*union, état*) Ehe *f*; (*noce*) Heirat *f*, Hochzeit *f*; (*fig*) Verbindung *f*; **~ blanc** Scheinehe *f*; **~ civil** standesamtliche Trauung *f*; **~ religieux** kirchliche Trauung *f*
marié, e [maʀje] *adj* verheiratet ▸ *nm/f* Bräutigam *m*, Braut *f*; **les jeunes ~s** die Frisch- *ou* Jungvermählten *pl*; **vive la ~e !** ein Hoch auf die Braut!
marier [maʀje] *vt* (*prêtre etc*) trauen; (*parents*) verheiraten; (*fig*) vereinen; **se marier** *vpr* heiraten; **se ~ avec qn** jdn heiraten
marijuana [maʀiʒɥana] *nf* Marihuana *nt*
marin, e [maʀɛ̃, in] *adj* (*sel*) Meeres- ▸ *nm/f* (*navigateur*) Seemann *m*; (*matelot*) Matrose (Matrosin) ▸ *nf* Marine *f*;

m

(bleu) ~e marineblau; **~e de guerre** Kriegsmarine *f*; **~e marchande** Handelsmarine *f*

marina [marina] *nf* Jachthafen *m*

marinade [marinad] *nf* Marinade *f*

mariner [marine] *vi* : **faire ~** marinieren

marionnette [marjɔnɛt] *nf* Marionette *f*; **marionnettes** *nfpl* (*spectacle*) Puppentheater *nt*

maritime [maritim] *adj* See-

marjolaine [marʒɔlɛn] *nf* Majoran *m*

mark [mark] *nm* (*Hist*) Mark *f*

marketing [marketiŋ] *nm* Marketing *nt*

marmelade [marməlad] *nf* (*compote*) Kompott *nt*; (*confiture*) Marmelade *f*

marmite [marmit] *nf* Topf *m*

marmonner [marmɔne] *vt, vi* murmeln

marmot [marmo] (*fam*) *nm* Kind *nt*

marmotte [marmɔt] *nf* Murmeltier *nt*

Maroc [marɔk] *nm* : **le ~** Marokko *nt*

marocain, e [marɔkɛ̃, ɛn] *adj* marokkanisch ▸ *nm/f* : **Marocain, e** Marokkaner(in)

maroquinerie [marɔkinri] *nf* (*industrie*) Lederverarbeitung *f*; (*boutique*) Lederwarengeschäft *nt*; (*articles*) Lederwaren *pl*

marotte [marɔt] *nf* Marotte *f*

marquant, e [markɑ̃, ɑ̃t] *adj* markant

marque [mark] *nf* Zeichen *nt*; (*de pas, doigts*) Abdruck *m*; (*décompte des points*) (Spiel)stand *m*; (*Comm*) Marke *f*; **à vos ~s !** (*Sport*) auf die Plätze!; **de ~** (*Comm*) Marken-; (*fig*) bedeutend; **~ de fabrique** Marken- *ou* Firmenzeichen *nt*; **~ déposée** eingetragenes Warenzeichen *nt*; **~ du pluriel** (*Ling*) Pluralzeichen *nt*

marqué, e [marke] *adj* (*linge, drap, visage*) gezeichnet; (*taille*) betont; (*différence, préférence*) deutlich; **il n'y a rien de ~** hier steht nichts

marquer [marke] *vt* (*noter*) aufschreiben; (*: frontières*) einzeichnen; (*linge, drap etc*) zeichnen; (*bétail*) brandmarken; (*endommager*) beschädigen; (*impressionner*) beeindrucken; (*indiquer*) anzeigen; (*but, essai, panier*) schießen; (*: joueur*) decken; (*différence*) aufzeigen; (*manifester*) ausdrücken, zeigen ▸ *vi* (*coup*) sitzen; (*événement, personnalité*) von Bedeutung sein; (*Sport*) ein Tor schießen

marqueterie [markɛtri] *nf* Intarsienarbeit *f*

marqueur, -euse [markœr, øz] *nm/f* (*de but*) Torschütze(Torschützin) *m(f)* ▸ *nm* (*feutre*) Marker *m*

marquis, e [marki] *nm/f* Marquis *m*, Marquise *f* ▸ *nf* (*auvent*) Markise *f*

marraine [marɛn] *nf* Patentante *f*

marrant, e [marɑ̃, ɑ̃t] (*fam*) *adj* lustig

marre [mar] (*fam*) *adv* : **en avoir ~ de** die Nase vollhaben von

marrer [mare] (*fam*) : **se marrer** *vpr* (*rire*) sich kugeln; (*s'amuser*) sich kugeln vor Lachen

marron [marɔ̃] *nm* Esskastanie *f*; **~ d'Inde** (Ross)kastanie *f* ▸ *adj inv* (*couleur*) braun; **avocat ~** (*péj*) Winkeladvokat *m*; **médecin ~** (*péj*) Kurpfuscher *m*

marronnier [marɔnje] *nm* Rosskastanie(nbaum *m*) *f*

Mars [mars] *nm ou nf* Mars *m*

mars [mars] *nm* März *m*; *voir aussi* **juillet**

marseillais, e [marsɛjɛ, ɛz] *adj* aus Marseille ▸ *nf* : **la M~e** die Marseillaise *f*

> **La Marseillaise** ist seit 1879 die Nationalhymne Frankreichs. Den Text des *Chant de guerre de l'armée du Rhin*, wie das Lied ursprünglich hieß, wurde zu einer anonymen Melodie von dem Hauptmann Rouget de Lisle 1792 geschrieben. Das Bataillon von Marseille sang es als Marschlied und machte es schließlich unter dem Namen **Marseillaise** bekannt.

marsupiaux [marsypjo] *nmpl* Beuteltiere *pl*

marteau, x [marto] *nm* Hammer *m*; (*de porte*) Türklopfer *m*

marteau-piqueur [martopikœr] (*pl* **marteaux-piqueurs**) *nm* Presslufthammer *m*

marteler [martəle] *vt* hämmern

martial, e, -aux [marsjal, jo] *adj* kriegerisch; **arts martiaux** Kampfsportarten *pl*; **loi ~e** Kriegsgesetz *nt*; **cour ~e** Kriegsgericht *nt*

martien, ne [marsjɛ̃, jɛn] *nm/f* Marsmensch *m*

martinet [martinɛ] *nm* (*fouet*) (mehrschwänzige) Peitsche *f*; (*Zool*) Mauersegler *m*

Martinique [martinik] *nf* : **la ~** Martinique *nt*

martin-pêcheur (*pl* **martins-pêcheurs**) [martɛ̃peʃœr] *nm* Eisvogel *m*

martre [martr] *nf* Marder *m*

martyr, e [martir] *nm/f* Märtyrer(in) *m(f)* ▸ *nm* Martyrium *nt*; **souffrir le ~** Höllenqualen erleiden

martyriser [martirize] *vt* martern; (*fig*) peinigen

marxisme [marksism] *nm* Marxismus *m*

marxiste [marksist] *adj* marxistisch ▸ *nmf* Marxist(in) *m(f)*

mascara [maskara] *nm* Wimperntusche *f*

mascarade [maskaʀad] *nf* Maskerade *f*; (*hypocrisie*) Heuchelei *f*
mascotte [maskɔt] *nf* Maskottchen *nt*
masculin, e [maskylɛ̃, in] *adj* männlich; (*équipe, vêtements, métier*) Männer- ▶ *nm* Maskulinum *nt*
masochisme [mazɔʃism] *nm* Masochismus *m*
masochiste [mazɔʃist] *adj* masochistisch ▶ *nmf* Masochist(in) *m(f)*
masque [mask] *nm* Maske *f*; **~ à gaz** Gasmaske *f*; **~ de plongée** Tauchermaske *f*
masquer [maske] *vt* (*cacher*) verbergen; (*goût, odeur*) übertönen
massacre [masakʀ] *nm* Massaker *nt*; **jeu de ~** Ballwurfspiel *nt*
massacrer [masakʀe] *vt* massakrieren; (*fig*) verschandeln
massage [masaʒ] *nm* Massage *f*; **~ cardiaque** Herzmassage *f*
masse [mas] *nf* Masse *f*; (*quantité*) Menge *f*; **une ~** *ou* **des ~s de** (*fam*) jede Menge; **les ~s (populaires)** die (Volks-)Massen; **en ~** en masse, in Scharen
massepain [maspɛ̃] *nm* Marzipan *nt*
masser [mase] *vt* massieren; (*assembler*) versammeln; **se masser** *vpr* sich versammeln
masseur, -euse [masœʀ, øz] *nm/f* Masseur(in)
massif, -ive [masif, iv] *adj* massiv; (*visage, silhouette*) massig ▶ *nm* (*montagneux*) Massiv *nt*; (*de fleurs*) Beet *nt*
mass média [masmedja] *nmpl* Massenmedien *pl*
massue [masy] *nf* Keule *f*; **argument ~** schlagendes Argument *nt*
master [mastɛʀ] *nm* (*Scol*) Master *m*
mastic [mastik] *nm* (*pour vitres*) Kitt *m*; (*pour fentes*) Spachtelmasse *f*
mastiquer [mastike] *vt* (*aliment*) kauen; (*vitre*) kitten
mastoc [mastɔk] (*fam*) *adj* feist
mastodonte [mastɔdɔ̃t] *nm* (*personne*) Koloss *m*; (*machine, véhicule*) Gigant *m*
masturbation [mastyʀbasjɔ̃] *nf* Masturbation *f*
masturber [mastyʀbe]: **se masturber** *vpr* masturbieren
m'as-tu-vu [matyvy] *nm/f inv* Wichtigtuer(in) *m(f)*
masure [mɑzyʀ] *nf* Bruchbude *f*
mat, e [mat] *adj* matt; (*bruit, son*) dumpf ▶ *adj inv*: **être ~** (*Échecs*) schachmatt sein
mât [mɑ] *nm* Mast *m*
match [matʃ] *nm* Spiel *nt*; **~ aller** Hinspiel *nt*; **~ nul**: **faire ~ nul** unentschieden spielen; **~ retour** Rückspiel *nt*
matelas [mat(ə)la] *nm* Matratze *f*; **~ pneumatique** Luftmatratze *f*
matelot [mat(ə)lo] *nm* Matrose (Matrosin) *m(f)*
mater [mate] *vt* (*personne, prisonniers*) bändigen; (*incendie, révolte, passions*) unter Kontrolle bringen
matérialisme [mateʀjalism] *nm* Materialismus *m*
matérialiste [mateʀjalist] *adj* materialistisch ▶ *nmf* Materialist(in) *m(f)*
matériau, x [mateʀjo] *nm* Material *nt*; (*Constr*) Baumaterial *nt*; **~x de construction** Baumaterialien *pl*
matériel, le [mateʀjɛl] *adj* materiell; (*impossibilité, organisation, aide*) praktisch; (*preuve*) greifbar ▶ *nm* Material *nt*; (*de camping, pêche*) Ausrüstung *f*; (*Inform*) Hardware *f*
matériellement [mateʀjɛlmɑ̃] *adv* (*effectivement*) praktisch; (*physiquement*) körperlich; **c'est ~ impossible** das ist praktisch unmöglich
maternel, le [matɛʀnɛl] *adj* mütterlich; (*grand-père, oncle*) mütterlicherseits ▶ *nf* (*aussi*: **école maternelle**) Kindergarten *m*
maternité [matɛʀnite] *nf* (*état, qualité de mère*) Mutterschaft *f*; (*grossesse*) Schwangerschaft *f*; (*établissement*) Entbindungsheim *nt*; (*service*) Entbindungsstation *f*
mathématicien, ne [matematisjɛ̃, jɛn] *nm/f* Mathematiker(in)
mathématique [matematik] *adj* mathematisch ▶ *nf* Mathematik *f*; **mathématiques** *nfpl* Mathematik *f*
maths [mat] *nfpl* (*fam*) Mathe
matière [matjɛʀ] *nf* Materie *f*, Stoff *m*; **~s premières** Rohstoffe *pl*
Matignon [matiɲɔ̃] *nm* *Amtssitz des französischen Premierministers*

L'hôtel Matignon ist der Pariser Amts- und Wohnsitz des französischen Premierministers. Die Bezeichnung **Matignon** wird oft für den Premierminister oder seinen Stab verwendet.

matin [matɛ̃] *nm* Morgen *m*, Vormittag *m*; **le ~** (*moment*) morgens; **jusqu'au ~** bis (früh)morgens; **le lendemain ~** am nächsten Morgen; **hier ~** gestern Morgen; **demain ~** morgen früh; **du ~ au soir** von morgens bis abends; **tous les ~s** jeden Morgen; **une heure du ~** ein Uhr nachts; **un beau ~** eines schönen Morgens; **de grand** *ou* **bon ~** am frühen Morgen
matinal, e, -aux [matinal, o] *adj* morgendlich; **être ~** Frühaufsteher sein

matinée [matine] *nf* Morgen *m*, Vormittag *m*; (*spectacle*) Matinee *f*, Frühvorstellung *f*
matois, e [matwa, waz] *adj* schlau
matou [matu] *nm* Kater *m*
matraquage [matʀakaʒ] *nm* Knüppeln *nt*; **~ publicitaire** massive Werbung *f*
matraque [matʀak] *nf* Knüppel *m*
matraquer [matʀake] *vt* (nieder) knüppeln; (*touristes etc*) ausnehmen; (*disque etc*) immer wieder spielen
matricule [matʀikyl] *nf* (*aussi* : **registre matricule**) Aufnahmeregister *nt* ▸ *nm* (*aussi* : **numéro matricule**) Kennnummer *f*
matrimonial, e, -aux [matʀimɔnjal, jo] *adj* ehelich; **agence ~e** Heiratsvermittlung *f*
matrone [matʀɔn] *nf* Matrone *f*
mature [matyʀ] *adj* reif
maturité [matyʀite] *nf* Reife *f*; (*Suisse* : *baccalauréat*) ≈ Abitur *nt*
maudire [modiʀ] *vt* verfluchen
maudit, e [modi, it] *adj* verflucht
mauresque [mɔʀɛsk] *adj* maurisch
Maurice [mɔʀis] *nf* : **l'île ~** Mauritius *nt*
mauricien, ne [mɔʀisjɛ̃, jɛn] *adj* mauritisch
Mauritanie [mɔʀitani] *nf* : **la ~** Mauretanien *nt*
mausolée [mozɔle] *nm* Mausoleum *nt*
maussade [mosad] *adj* mürrisch; (*ciel, temps*) unfreundlich; **(être) d'humeur ~** mürrisch (sein)
mauvais, e [mɔvɛ, ɛz] *adj* schlecht; (*faux*) falsch; (*méchant, malveillant*) böse ▸ *adv* : **sentir ~** schlecht riechen; **la mer est ~e** das Meer ist stürmisch; **il fait ~** es ist schlechtes Wetter
mauve [mov] *nf* (*Bot*) Malve *f* ▸ *adj* (*couleur*) malvenfarbig, mauve
maximal, e, -aux [maksimal, o] *adj* maximal
maxime [maksim] *nf* Maxime *f*
maximiser [maksimize] *vt* maximieren
maximum [maksimɔm] *adj* maximal, Höchst- ▸ *nm* Maximum *nt*; **au ~** (*le plus possible*) bis zum Äußersten; (*tout au plus*) höchstens, maximal
Mayence [majɑ̃s] *nf* Mainz *nt*
mayonnaise [majɔnɛz] *nf* Mayonnaise *f*
mazout [mazut] *nm* Heizöl *nt*
mazouté, e [mazute] *adj* ölverschmiert
Me *abr* (*= Maître*) *Titel eines Rechtsanwalts oder Notars*
me [mə], **m'** (*avant voyelle ou h muet*) *pron* (*acc*) mich; (*dat*) mir
mec [mɛk] (*fam*) *nm* Typ *m*
mécanicien, ne [mekanisjɛ̃, jɛn] *nm/f* Mechaniker(in)
mécanique [mekanik] *adj* mechanisch ▸ *nf* Mechanik *f*; **ennui ~** Motorschaden *m*
mécanisation [mekanizasjɔ̃] *nf* Mechanisierung *f*
mécaniser [mekanize] *vt* mechanisieren
mécanisme [mekanism] *nm* Mechanismus *m*
mécanographie [mekanɔgʀafi] *nf* maschinelle Datenverarbeitung *f*
mécanographique [mekanɔgʀafik] *adj* (*fiche*) Buchungs-
mécène [mesɛn] *nmf* Mäzen(in) *m(f)*
méchamment [meʃamɑ̃] *adv* böse
méchanceté [meʃɑ̃ste] *nf* Gemeinheit *f*
méchant, e [meʃɑ̃, ɑ̃t] *adj* boshaft, gemein; (*enfant*) unartig, böse; (*animal*) bösartig; (*fam* : *avant le nom*) übel; **attention, chien ~** Vorsicht, bissiger Hund
mèche [mɛʃ] *nf* (*d'une lampe, bougie*) Docht *m*; (*d'un explosif*) Zündschnur *f*; (*de vilebrequin, perceuse, de dentiste*) Bohrer *m*; (*de cheveux* : *coupés*) Locke *f*; (: *d'une autre couleur*) Strähne *f*
Mecklembourg-Poméranie (Occidentale) [mɛklɑ̃buʀpɔmeʀani(ɔksidɑ̃tal)] *nm* : **le ~** Mecklenburg-Vorpommern *nt*
méconnaissable [mekɔnɛsabl] *adj* unkenntlich
méconnaître [mekɔnɛtʀ] *vt* verkennen
mécontent, e [mekɔ̃tɑ̃, ɑ̃t] *adj* : **~ (de)** unzufrieden (mit) ▸ *nm/f* Miesepeter *m*
mécontenter [mekɔ̃tɑ̃te] *vt* enttäuschen
Mecque [mɛk] *nf* : **La ~** Mekka *nt*
médaille [medaj] *nf* Medaille *f*; **~ d'argent/de bronze/d'or** Silber-/Bronze-/Goldmedaille *f*
médaillon [medajɔ̃] *nm* Medaillon *nt*
médecin [med(ə)sɛ̃] *nmf* Arzt *m*, Ärztin *f*; **~ de famille** Hausarzt *m*; **~ généraliste** praktischer Arzt *m*; **~ traitant** behandelnder Arzt *m*
médecine [med(ə)sin] *nf* Medizin *f*; (*profession*) Arztberuf *m*; **~ douce** Alternativmedizin *f*, Naturmedizin *f*
médias [medja] *nmpl* Medien *pl*
médiateur, -trice [medjatœʀ, tʀis] *nm/f* Vermittler(in)
médiathèque [medjatɛk] *nf* Mediothek *f*
médiation [medjasjɔ̃] *nf* Schlichtung *f*
médiatique [medjatik] *adj* Medien-
médiatisation [medjatizasjɔ̃] *nf* Vermarktung *f* durch die Medien
médiatiser [medjatize] *vt* in den Medien vermarkten

médical, e, -aux [medikal, o] *adj* ärztlich
médicalement [medikalmɑ̃] *adv* ärztlich
médicament [medikamɑ̃] *nm* Medikament *nt*
médication [medikasjɔ̃] *nf* medikamentöse Behandlung *f*
médicinal, e, -aux [medisinal, o] *adj* Heil-
médicolégal, e, -aux [medikɔlegal, o] *adj* gerichtsmedizinisch
médiéval, e, -aux [medjeval, o] *adj* mittelalterlich
médiocre [medjɔkʀ] *adj* mittelmäßig
médiocrité [medjɔkʀite] *nf* Mittelmäßigkeit *f*
médire [mediʀ] : **~ de** *vt* herziehen über *+acc*
médisance [medizɑ̃s] *nf* üble Nachrede *f*
méditatif, -ive [meditatif, iv] *adj* nachdenklich
méditation [meditasjɔ̃] *nf* Meditation *f*; (*fig*) Nachdenken *nt*
méditer [medite] *vt* meditieren *ou* nachdenken über *+acc*; (*préparer*) planen ▸ *vi* nachdenken; (*Rel*) meditieren
Méditerranée [mediteʀane] *nf* : **la (mer) ~** das Mittelmeer
méditerranéen, ne [mediteʀaneɛ̃, ɛn] *adj* Mittelmeer-
médium [medjɔm] *nm* Medium *nt*
médius [medjys] *nm* Mittelfinger *m*
méduse [medyz] *nf* Qualle *f*
méduser [medyze] *vt* sprachlos machen
meeting [mitiŋ] *nm* Treffen *nt*; **~ aérien** Flugschau *f*
méfait [mefɛ] *nm* (*faute*) Missetat *f*; **méfaits** *nmpl* (*ravages*) Schäden *pl*
méfiance [mefjɑ̃s] *nf* Misstrauen *nt*
méfiant, e [mefjɑ̃, jɑ̃t] *adj* misstrauisch
méfier [mefje] : **se méfier** *vpr* sich in Acht nehmen; **se ~ de** misstrauen *+dat*
mégadonnées [megadɔne] *nfpl* (*Inform*) Massendaten *pl*
mégalomane [megalɔman] *adj* größenwahnsinnig ▸ *nmf* Größenwahnsinnige(r) *f(m)*
mégalomanie [megalɔmani] *nf* Größenwahn *m*
mégalopole [megalɔpɔl] *nf* Riesenstadt *f*
méga-octet [megaɔktɛ] *nm* Megabyte *nt*
mégarde [megaʀd] *nf* : **par ~** aus Versehen
mégatonne [megatɔn] *nf* Megatonne *f*
mégot [mego] *nm* Kippe *f*
mégoter [megɔte] (*fam*) *vi* kleinlich sein; **~ sur** knausern mit
meilleur, e [mɛjœʀ] *adj* (*comparatif*) bessere(r, s); (*superlatif*) beste(r, s) ▸ *nm/f* : **le ~, la ~e** der/die/das Beste ▸ *adv* : **il fait ~ qu'hier** es ist schöner als gestern; **c'est la ~e !** das/sie ist die Beste!; **le ~ élève de la classe** der beste Schüler der Klasse; **~ marché** billiger
méjuger [meʒyʒe] *vt* falsch beurteilen
mél [mɛl] *nm* E-Mail *f*
mélancolie [melɑ̃kɔli] *nf* Melancholie *f*
mélancolique [melɑ̃kɔlik] *adj* melancholisch
Mélanésie [melanezi] *nf* : **la ~** Melanesien *nt*
mélange [melɑ̃ʒ] *nm* Mischung *f*
mélanger [melɑ̃ʒe] *vt* mischen; (*mettre en désordre, confondre*) durcheinanderbringen
mélasse [melas] *nf* Melasse *f*
mêlée [mele] *nf* (*bataille, cohue*) (Hand)gemenge *nt*; (*Rugby*) offenes Gedränge *nt*; **entrer dans la ~** sich ins Getümmel stürzen; **dans la ~ générale** im allgemeinen Durcheinander
mêler [mele] *vt* (ver)mischen; (*embrouiller*) verwirren; **se mêler** *vpr* sich vermischen; **~ à** (hinzu)mischen zu; **se ~ à** *ou* **avec** (*chose*) sich vermischen mit; **se ~ à** (*personne*) sich mischen unter *+acc*; **se ~ de** sich mischen in *+acc*; **~ qn à une affaire** jdn in eine Sache verwickeln; **mêle-toi de tes affaires !** kümmere dich um deine eigenen Angelegenheiten!
mélo [melo] (*fam*) *adj* theatralisch
mélodie [melɔdi] *nf* Melodie *f*
mélodieux, -euse [melɔdjø, jøz] *adj* melodisch
mélodramatique [melɔdʀamatik] *adj* melodramatisch
mélodrame [melɔdʀam] *nm* Melodrama *nt*
melon [m(ə)lɔ̃] *nm* Melone *f*
membrane [mɑ̃bʀan] *nf* Membran *f*
membre [mɑ̃bʀ] *nm* (*Anat*) Glied *nt*; (*personne, pays, élément*) Mitglied *nt* ▸ *adj* Mitglieds-; **~ de phrase** Satzglied *nt*; **~s inférieurs** untere Gliedmaßen *pl*; **les Etats ~s de l'Union européenne** die Mitgliedstaaten *pl* der Europäischen Union
mémé [meme] (*fam*) *nf* Oma *f*

MOT-CLÉ

même [mɛm] *adj* 1 (*identique*) gleich; **le/la même ...** der/die/das gleiche ...; **en même temps** gleichzeitig
2 (*semblable*) derselbe/dieselbe/dasselbe ...; **ils ont les mêmes goûts** sie haben den gleichen Geschmack
3 (*après le nom : renforcement*) : **il est la loyauté même** er ist die Treue selbst; **ce sont ses paroles mêmes** das sind genau

m

seine Worte; **ce sont celles-là mêmes** das sind dieselben
▸ *pron* : **le/la même** (*semblable*) der/die/das Gleiche; (*identique*) derselbe/dieselbe/dasselbe; **les mêmes** (*semblables*) die Gleichen; (*identiques*) dieselben; **cela revient au même** das kommt aufs Gleiche heraus; **ce sont toujours les mêmes qui …** es sind immer dieselben, die …
▸ *adv* **1** (*renforcement*) : **il n'a même pas pleuré** er hat nicht einmal geweint; **même André l'a dit** sogar André hat es gesagt; **ici même** genau hier; **même si** auch wenn
2 : **à même la bouteille** direkt aus der Flasche; **à même la peau** direkt auf der Haut; **être à même de faire qch** in der Lage sein, etw zu tun
3 : **faire de même** das Gleiche tun; **lui de même** er auch; **de même que** wie auch

mémento [memɛ̃to] *nm* (*note*) Notiz *f*
mémoire [memwaʀ] *nf* Gedächtnis *nt*; (*Inform*) Speicher *m*; (*souvenir*) Erinnerung *f* ▸ *nm* (*Admin, Jur*) Memorandum *nt*; (*Scol*) Aufsatz *m*; **mémoires** *nmpl* Memoiren *pl*; **avoir la ~ des visages/chiffres** ein gutes Personengedächtnis/Zahlengedächtnis haben; **à la ~ de** zur Erinnerung an *+acc*; **pour ~** übrigens; **de ~** auswendig; **~ disponible** Speicherplatz *m*; **~ de master** (*Scol*) Masterarbeit *f*, Master-Thesis *f*; **~ morte** ROM *nt*, Lesespeicher *m*; **~ principale** Hauptspeicher *m*; **~ tampon** (*Inform*) Zwischenspeicher *m*; **~ vive** RAM *nt*, Lese-Schreibspeicher *m*
mémorable [memɔʀabl] *adj* denkwürdig
mémorandum [memɔʀɑ̃dɔm] *nm* Memorandum *nt*
mémorial, e, -aux [memɔʀjal, jo] *nm* Denkmal *nt*
mémoriser [memɔʀize] *vt* sich *dat* einprägen; (*Inform*) (ab)speichern
menaçant, e [mənasɑ̃, ɑ̃t] *adj* drohend; (*temps*) bedrohlich
menace [mənas] *nf* Drohung *f*; (*danger*) Bedrohung *f*
menacer [mənase] *vt* drohen *+dat*
ménage [menaʒ] *nm* (*travail*) Haushalt *m*; (*couple*) (Ehe)paar *nt*; (*famille, Admin*) Haushalt *m*; **faire le ~** den Haushalt machen
ménagement [menaʒmɑ̃] *nm* Rücksicht *f*; **ménagements** *nmpl* Umsicht *f*
ménager¹ [menaʒe] *vt* schonen; (*temps, argent*) sparen; (*arranger*) sorgen für; (*installer*) anbringen; **~ ses forces** mit seinen Kräften haushalten
ménager², -ère [menaʒe, ɛʀ] *adj* Haushalts- ▸ *nf* (*femme*) Hausfrau *f*
ménagerie [menaʒʀi] *nf* (*lieu*) Tierpark *m*; (*animaux*) Menagerie *f*
mendiant, e [mɑ̃djɑ̃, jɑ̃t] *nm/f* Bettler(in)
mendicité [mɑ̃disite] *nf* Bettelei *f*
mendier [mɑ̃dje] *vi* betteln ▸ *vt* betteln um
mener [m(ə)ne] *vt* führen; (*enquête*) durchführen ▸ *vi* (*Sport*) führen; **~ à/chez** (*suj : personne*) mitnehmen nach/zu; (*: train, bus, métro*) fahren nach/zu; **~ à rien** zu nichts führen; **~ à tout** alle Möglichkeiten bieten
meneur, -euse [mənœʀ, øz] *nm/f* Anführer(in); (*péj : agitateur*) Rädelsführer(in); **~ de jeu** (*Radio, TV*) Quizmaster(in); (*Sport*) Spielmacher(in)
menhir [meniʀ] *nm* Menhir *m*
méningite [menɛ̃ʒit] *nf* Hirnhautentzündung *f*
ménisque [menisk] *nm* Meniskus *m*
ménopause [menopoz] *nf* Wechseljahre *pl*
menotte [mənɔt] *nf* (*main*) Händchen *nt*; **menottes** *nfpl* Handschellen *pl*
mensonge [mɑ̃sɔ̃ʒ] *nm* Lüge *f*
mensonger, -ère [mɑ̃sɔ̃ʒe, ɛʀ] *adj* verlogen
menstruation [mɑ̃stʀyasjɔ̃] *nf* Menstruation *f*, Monatsblutung *f*
mensualiser [mɑ̃sɥalize] *vt* (*salaire*) monatlich zahlen; (*ouvrier, salarié*) monatlich bezahlen
mensualité [mɑ̃sɥalite] *nf* Monatsrate *f*; (*d'ouvrier*) Monatslohn *m*; (*: de salarié*) Monatsgehalt *nt*
mensuel, le [mɑ̃sɥɛl] *adj* monatlich ▸ *nm* Monatszeitschrift *f*
mensuellement [mɑ̃sɥɛlmɑ̃] *adv* monatlich
mental, e, -aux [mɑ̃tal, o] *adj* (*calcul*) Kopf-; (*maladie*) Geistes-; (*âge*) geistig; (*restriction*) innerlich ▸ *nm* geistige Verfassung *f*; **avoir un ~ d'acier/à toute épreuve** unerschütterlich sein
mentalement [mɑ̃talmɑ̃] *adv* (*réciter*) auswendig; (*compter*) im Kopf
mentalité [mɑ̃talite] *nf* Denkweise *f*, Mentalität *f*
menteur, -euse [mɑ̃tœʀ, øz] *nm/f* Lügner(in)
menthe [mɑ̃t] *nf* Minze *f*

mention [mɑ̃sjɔ̃] *nf* (*note*) Vermerk *m*; **~ passable/assez bien/bien/très bien** (*Scol*) ≈ Note ausreichend/befriedigend/gut/sehr gut; **« rayer la ~ inutile »** „Nichtzutreffendes bitte streichen"
mentionner [mɑ̃sjɔne] *vt* erwähnen
mentir [mɑ̃tiʀ] *vi* lügen; **~ à qn** jdn belügen *ou* anlügen
menton [mɑ̃tɔ̃] *nm* Kinn *nt*; **double ~** Doppelkinn *nt*
menu, e [məny] *adj* (*très petit*) winzig; (*mince*) dünn; (*peu important*) gering(fügig) ▸ *adv* : **hacher ~** fein hacken ▸ *nm* (*liste de mets*) Speisekarte *f*; (*à prix fixe, Inform*) Menü *nt*; **~ déroulant** Pull-down-Menü *nt*; **~ de démarrage** Startmenü *nt*; **~ touristique** Touristenmenü *nt*; **~e monnaie** Kleingeld *nt*
menuiserie [mənɥizʀi] *nf* Schreinerei *f*; **plafond en ~** Holzdecke *f*
menuisier [mənɥizje] *nm* Schreiner *m*
méprendre [mepʀɑ̃dʀ] : **se méprendre** *vpr* sich irren; **se ~ sur** sich täuschen in +*dat*
mépris [mepʀi] *nm* Verachtung *f*; **au ~ de** ohne Rücksicht auf +*acc*
méprisable [mepʀizabl] *adj* verachtenswert
méprise [mepʀiz] *nf* Irrtum *m*; (*malentendu*) Missverständnis *nt*
mépriser [mepʀize] *vt* verachten
mer [mɛʀ] *nf* Meer *nt*; **en haute** *ou* **pleine ~** auf hoher See; **la ~ du Nord** die Nordsee *f*
mercantilisme [mɛʀkɑ̃tilism] *nm* Gewinnsucht *f*
mercatique [mɛʀkatik] *nf* Marketing *nt*
mercenaire [mɛʀsənɛʀ] *nm* Söldner *m*
mercerie [mɛʀsəʀi] *nf* (*boutique*) Kurzwarengeschäft *nt*; **articles de ~** Kurzwaren *pl*
merci [mɛʀsi] *excl* danke; **~ de** *ou* **pour** vielen Dank für; **à la ~ de qn/qch** jdm/etw ausgeliefert
mercredi [mɛʀkʀədi] *nm* Mittwoch *m*; *voir aussi* **lundi**
mercure [mɛʀkyʀ] *nm* Quecksilber *nt*
merde [mɛʀd] (*vulg*) *nf, excl* Scheiße *f*
merdeux, -euse [mɛʀdø, øz] (*vulg*) *nm/f* (kleiner) Scheißer *m*
mère [mɛʀ] *nf* Mutter *f*; **maison ~** Muttergesellschaft *f*; **~ adoptive** Adoptivmutter *f*; **~ célibataire** ledige Mutter; **~ porteuse** Leihmutter *f*
merguez [mɛʀgɛz] *nf pikante nordafrikanische Wurst aus Lamm- und Rindfleisch*
méridional, e, -aux [meʀidjɔnal, o] *adj* südlich; (*du Midi*) südfranzösisch ▸ *nm/f* (*du Midi*) Südfranzose *m*, Südfranzösin *f*
meringue [məʀɛ̃g] *nf* Baiser *nt*
mérinos [meʀinos] *nm* (*Zool*) Merinoschaf *nt*; (*laine*) Merinowolle *f*
merisier [məʀizje] *nm* Vogelkirsche *f*
méritant, e [meʀitɑ̃, ɑ̃t] *adj* verdienstvoll
mérite [meʀit] *nm* Verdienst *nt*
mériter [meʀite] *vt* verdienen; **~ que** es verdienen, dass
méritocratie [meʀitɔkʀasi] *nf* Leistungsgesellschaft *f*
merlan [mɛʀlɑ̃] *nm* Weißling *m*
merle [mɛʀl] *nm* Amsel *f*
merluche [mɛʀlyʃ] *nf* Meerhecht *m*
mérou [meʀu] *nm* Riesenbarsch *m*
merveille [mɛʀvɛj] *nf* Wunder *nt*; **faire ~** *ou* **des ~s** Wunder vollbringen; **les Sept M~s du monde** die sieben Weltwunder *pl*
merveilleux, -euse [mɛʀvɛjø, øz] *adj* herrlich, wunderbar
mes [me] *adj possessif voir* **mon**
mésange [mezɑ̃ʒ] *nf* Meise *f*
mésaventure [mezavɑ̃tyʀ] *nf* Missgeschick *nt*
Mesdames [medam] *nfpl voir* **Madame**
Mesdemoiselles [medmwazɛl] *nfpl voir* **Mademoiselle**
mésentente [mezɑ̃tɑ̃t] *nf* Unstimmigkeit *f*
mesquin, e [mɛskɛ̃, in] *adj* kleinlich; **esprit ~** Kleingeist *m*
mesquinerie [mɛskinʀi] *nf* Kleinlichkeit *f*
mess [mɛs] *nm* Kasino *nt*
message [mesaʒ] *nm* Nachricht *f*; (*fig*) Botschaft *f*; **~ publicitaire** Werbung *f*; **~ SMS** SMS *f*
messager, -ère [mesaʒe, ɛʀ] *nm/f* Bote *m*, Botin *f*
messagerie [mesaʒʀi] *nf* (*Inform*) Mailsystem *nt*; (*sur Internet*) Bulletinboard *nt*; **~ instantanée** Instant Messaging *nt*, IM *nt*; **~ vocale** Voicemail *f*
messe [mɛs] *nf* Messe *f*; **~ de minuit** Mitternachtsmesse *f*
messie [mesi] *nm* : **le M~** der Messias *m*
Messieurs [mesjø] *nmpl voir* **Monsieur**
mesure [m(ə)zyʀ] *nf* Maß *nt*; (*Mus*) Takt *m*; (*fait de mesurer*) Messen *nt*; (*disposition, acte*) Maßnahme *f*; **~ de longueur/capacité** Längenmaß *nt*/Hohlmaß *nt*; **sur ~** nach Maß; **à la ~ de** angemessen +*dat*; **dans la ~ où** soweit *ou* insofern, als; **à la ~ de** nach Art von; **à ~ que** so wie; **être en ~ de faire qch** imstande sein, etw zu tun; **~ de sécurité** Sicherheitsmaßnahme *f*
mesuré, e [məzyʀe] *adj* gemäßigt

m

mesurer [məzyʀe] *vt* messen; (*juger*) ermessen, einschätzen; (*modérer*) mäßigen; **se mesurer** *vpr* : **se ~ avec** *ou* **à qn** sich mit jdm messen
métabolisme [metabɔlism] *nm* Stoffwechsel *m*
métal, -aux [metal, o] *nm* Metall *nt*
métallique [metalik] *adj* Metall-; (*éclat, reflet, son*) metallisch
métallisé, e [metalize] *adj* : **peinture ~e** Metalliclackierung *f*
métallurgiste [metalyʀʒist] *nmf* Metallarbeiter(in) *m(f)*
métamorphose [metamɔʀfoz] *nf* Metamorphose *f*; (*fig*) Verwandlung *f*
métaphore [metafɔʀ] *nf* Metapher *f*
métaphorique [metafɔʀik] *adj* metaphorisch, bildlich
métaphysique [metafizik] *nf* Metaphysik *f* ▸ *adj* metaphysisch
métastase [metastɑz] *nf* Metastase *f*
métempsycose [metɑ̃psikoz] *nf* Seelenwanderung *f*
météo [meteo] *nf* Wetterbericht *m*
météore [meteɔʀ] *nm* Meteor *m*
météorite [meteɔʀit] *nm ou nf* Meteorit *m*
météorologie [meteɔʀɔlɔʒi] *nf* (*étude*) Wetterkunde *f*, Meteorologie *f*; (*service*) Wetterdienst *m*
météorologique [meteɔʀɔlɔʒik] *adj* meteorologisch, Wetter-
météorologiste [meteɔʀɔlɔʒist], **météorologue** [meteɔʀɔlɔg] *nmf* Meteorologe *m*, Meteorologin *f*
métèque [metɛk] (*péj*) *nm* Kaffer *m*
méthadone [metadɔn] *nf* Methadon *nt*
méthane [metan] *nm* Methan *nt*
méthode [metɔd] *nf* Methode *f*; (*ouvrage*) Lehrbuch *nt*
méthodique [metɔdik] *adj* methodisch
méthodiquement [metɔdikmɑ̃] *adv* methodisch
méthodiste [metɔdist] *nmf* Methodist(in) *m(f)*
méticuleux, -euse [metikylø, øz] *adj* gewissenhaft
métier [metje] *nm* Beruf *m*; (*technique, expérience*) Erfahrung *f*; **avoir du ~** Geschick haben; **être du ~** vom Fach sein; **~ à tisser** Webstuhl *m*
métis, se [metis] *adj* Mischlings- ▸ *nm/f* Mischling *m*
métisser [metise] *vt* kreuzen
métrage [metʀaʒ] *nm* (*mesure*) Vermessen *nt*; (*longueur de tissu*) Länge *f*; **long ~** (langer) Spielfilm *m*; **moyen ~** Film *m* mittlerer Länge; **court ~** Kurzfilm *m*
mètre [mɛtʀ] *nm* Meter *m ou nt*; (*règle, ruban*) Metermaß *nt*; **un cent/huit cents ~s** (*Sport*) ein Hundert-/Achthundertmeterlauf *m*; **~ carré** Quadratmeter *m*; **~ cube** Kubikmeter *m*
métrer [metʀe] *vt* vermessen
métrique [metʀik] *adj* metrisch
métro [metʀo] *nm* U-Bahn *f*
métronome [metʀɔnɔm] *nm* Metronom *nt*
métropole [metʀɔpɔl] *nf* (*capitale*) Hauptstadt *f*; (*France*) Frankreich *nt*
métropolitain, e [metʀɔpɔlitɛ̃, ɛn] *adj* (*territoire, troupe*) französisch
mets [mɛ] *nm* Gericht *nt*
metteur, -euse [metœʀ, øz] *nm/f* : **~ en scène** Regisseur(in)

MOT-CLÉ

mettre [mɛtʀ] *vt* **1** (*placer*) tun, setzen, stellen, legen; **mettre ses gants dans un tiroir** die Handschuhe in eine Schublade legen; **mettre le couvercle sur une casserole** den Deckel auf einen Topf tun; **mettre une lettre dans une enveloppe** einen Brief in einen Umschlag stecken; **mettre en bouteille** in Flaschen (ab)füllen; **mettre à la poste** zur Post geben; **mettre debout/assis** hinstellen/hinsetzen
2 (*vêtements : revêtir*) anziehen; (: *porter*) tragen; **mets ton bonnet** zieh eine Mütze an; **je ne mets plus mon manteau** ich trage meinen Mantel nicht mehr
3 (*faire fonctionner : chauffage, électricité*) anmachen, anstellen; (: *réveil, minuteur*) stellen; **faire mettre le gaz/l'électricité** Gas/Elektrizität legen lassen; **mettre en marche** in Gang setzen
4 (*consacrer*) : **mettre du temps/deux heures à faire qch** lang/zwei Stunden brauchen, um etw zu machen; **y mettre du sien** sich einsetzen
5 (*écrire*) schreiben; **mettez ... au pluriel** bilden Sie den Plural von ...
6 (*supposer*) : **mettons que ...** angenommen, ...
▸ **se mettre** *vpr* **1** (*réfléchi : se placer*) sich setzen; (: *debout*) sich hinstellen; (: *dans une situation*) sich bringen; **vous pouvez vous mettre là** Sie können sich dort hinsetzen; **se mettre au lit** sich ins Bett legen; **se mettre bien avec qn** sich mit jdm gut stellen; **se mettre qn à dos** jdn gegen sich aufbringen
2 (*s'habiller*) : **se mettre en maillot de bain** sich *dat* einen Badeanzug anziehen; **n'avoir rien à se mettre** nichts

anzuziehen haben
3 : **se mettre à** sich machen an *+acc*; **se mettre au travail** sich an die Arbeit machen; **se mettre à faire qch** anfangen, etw zu tun; **se mettre au piano** (*s'asseoir*) sich ans Klavier setzen; (*apprendre*) anfangen, Klavierspielen zu lernen; **se mettre au régime** eine Diät anfangen

meuble [mœbl] *nm* Möbelstück *nt*; **~s** Möbel *pl* ▶ *adj* (*sol, terre*) locker; **biens ~s** (*Jur*) bewegliches Gut *nt*
meublé, e [mœble] *adj* : **chambre ~e** möbliertes Zimmer *nt*; (*appartement, chambre*) möbliert ▶ *nm* (*chambre*) möbliertes Zimmer *nt*; (*appartement*) möblierte Wohnung *f*
meubler [mœble] *vt* möblieren; (*fig*) erfüllen
meuf [mœf] (*fam*) *nf* Tussi *f*
meunier, -ière [mønje, jɛʀ] *nm/f* Müller(in); **truite meunière** Forelle *f* Müllerin
meurtre [mœʀtʀ] *nm* Mord *m*
meurtrier, -ière [mœʀtʀije, ijɛʀ] *nm/f* Mörder(in) ▶ *adj* mörderisch; (*arme*) Mord-
meurtrir [mœʀtʀiʀ] *vt* quetschen; (*fig*) verletzen
meurtrissure [mœʀtʀisyʀ] *nf* blauer Fleck *m*; (*d'un fruit, légume*) Druckstelle *f*
Meuse [møz] *nf* : **la ~** die Maas *f*
meute [møt] *nf* Meute *f*
mexicain, e [mɛksikɛ̃, ɛn] *adj* mexikanisch ▶ *nm/f* : **Mexicain, e** Mexikaner(in)
Mexico [mɛksiko] *nm* Mexiko *nt*
Mexique [mɛksik] *nm* : **le ~** Mexiko *nt*
mi [mi] *nm* (*Mus*) E *nt* ▶ *préf* halb-; **à la mi-janvier** Mitte Januar; **à mi-hauteur** auf halber Höhe
miaulement [mjolmɑ̃] *nm* Miauen *nt*
miauler [mjole] *vi* miauen
miche [miʃ] *nf* Laib *m* (Brot)
mi-chemin [miʃmɛ̃] : **à ~** *adv* auf halbem Wege
mi-clos, e [miklo, kloz] (*pl* **mi-clos, es**) *adj* halb geschlossen
micmac [mikmak] (*fam*) *nm* Tricks *pl*
micro [mikʀo] *nm* (*microphone*) Mikrofon *nt*
microbe [mikʀɔb] *nm* Mikrobe *f*
microbiologie [mikʀobjɔlɔʒi] *nf* Mikrobiologie *f*
microchirurgie [mikʀoʃiʀyʀʒi] *nf* Mikrochirurgie *f*
microcosme [mikʀɔkɔsm] *nm* Mikrokosmos *m*
microédition [mikʀoedisjɔ̃] *nf* Desktop-Publishing *nt*
microélectronique [mikʀoelɛktʀɔnik] *nf* Mikroelektronik *f*
microfibre [mikʀɔfibʀə] *nf* Mikrofaser *f*
microfiche [mikʀofiʃ] *nf* Mikrofiche *nt ou m*
microfilm [mikʀofilm] *nm* Mikrofilm *m*
Micronésie [mikʀonezi] *nf* : **la ~** Mikronesien *nt*
micro-onde [mikʀoɔ̃d] (*pl* **micro-ondes**) *nf* Mikrowelle *f*; **(four à) ~s** Mikrowellenherd *m* ▶ *nm* : **un ~(s)** ein Mikrowellenherd *m*
micro-organisme [mikʀoɔʀganism] (*pl* **micro-organismes**) *nm* Mikroorganismus *m*
microphone [mikʀɔfɔn] *nm* Mikrofon *nt*
microplaquette [mikʀoplakɛt] *nf* Mikrochip *m*
microprocesseur [mikʀopʀɔsesœʀ] *nm* Mikroprozessor *m*
microscope [mikʀɔskɔp] *nm* Mikroskop *nt*; **~ électronique** Elektronenmikroskop *nt*
microsillon [mikʀosijɔ̃] *nm* Langspielplatte *f*
midi [midi] *nm* (*milieu du jour*) Mittag *m*; (*sud*) Süden *m*; **à ~** um zwölf Uhr; **tous les ~s** jeden Mittag; **le M~** (*de la France*) Südfrankreich *nt*
midinette [midinɛt] *nf* dummes Gänschen *nt*
mie [mi] *nf* weiches Inneres *nt* (*des Brotes*)
miel [mjɛl] *nm* Honig *m*
mielleux, -euse [mjelø, øz] (*péj*) *adj* zuckersüß
mien, ne [mjɛ̃, mjɛn] *pron* : **le/la ~(ne)** meine(r, s); **les ~s** meine
miette [mjɛt] *nf* Krümel *m*; **ne pas perdre une ~ de qch** kein Quäntchen von etw versäumen

MOT-CLÉ

mieux [mjø] *adv* **1** (*comparatif*) : **mieux (que)** besser (als); **elle travaille/mange mieux** sie arbeitet/isst besser; **elle travaille mieux que lui** sie arbeitet besser als er; **elle va mieux** es geht ihr besser; **aimer mieux** lieber mögen; **j'attendais mieux de vous** ich hatte etw Besseres von Ihnen erwartet; **de mieux en mieux** immer besser
2 (*superlatif*) am besten; **ce que je sais le mieux faire** was ich am besten kann; **les travaux les mieux faits** die am besten ausgeführten Arbeiten; **au mieux** bestenfalls; **être au mieux avec qn** mit jdm bestens stehen
▶ *adj* **1** (*comparatif*) besser; **se sentir**

m

mieux sich besser fühlen; **c'est mieux ainsi** so ist es besser
2 (*superlatif*) : **le mieux des deux** der/die/das Bessere von beiden; **le/la mieux** der/die/das Beste; **les mieux** die Besten
3 (*plus joli*) : **il est mieux sans moustache/que son frère** er sieht besser aus ohne Schnurrbart/als sein Bruder
▸ *nm* **1** (*amélioration, progrès*) Verbesserung *f*
2 (*qch de mieux*) : **faute de mieux** in Ermangelung einer besseren Lösung; **pour le mieux** zum Besten
3 : **de mon/ton mieux** so gut wie ich kann/du kannst; **faire de son mieux** sein Bestes tun

mieux-être [mjøzɛtʀ] *nm inv* höherer Lebensstandard *m*
mièvre [mjɛvʀ] *adj* geziert
mignon, ne [miɲɔ̃, ɔn] *adj* niedlich, süß; (*aimable, gentil*) nett
migraine [migʀɛn] *nf* Migräne *f*
migrant, e [migʀɑ̃, ɑ̃t] *nm/f* Wanderarbeiter(in)
migrateur, -trice [migʀatœʀ, tʀis] *adj* (*oiseau*) Zug-
migration [migʀasjɔ̃] *nf* (*de populations*) Wanderung *f*; (*d'oiseaux, de poissons*) Zug *m*
mijoter [miʒɔte] *vt* (*plat*) schmoren; (*: préparer avec soin*) liebevoll zubereiten; (*tramer*) aushecken ▸ *vi* schmoren
milice [milis] *nf* Miliz *f*
milieu, x [miljø] *nm* Mitte *f*; (*Biol, Géo*) Lebensraum *m*; (*entourage*) Milieu *nt*; (*pègre*) Unterwelt *f*; **au ~ de** mitten in *+dat*; **au beau** *ou* **en plein ~ (de)** mitten in *+dat*; **le juste ~** die goldene Mitte
militaire [militɛʀ] *adj* Militär- ▸ *nmf* Soldat(in) *m(f)*; **marine ~** Marine *f*; **service ~** Militärdienst *m*
militant, e [militɑ̃, ɑ̃t] *nm/f* Militante(r) *f(m)*
militantisme [militɑ̃tism] *nm* militante Haltung *f*
militariser [militaʀize] *vt* militarisieren
militarisme [militaʀism] *nm* Militarismus *m*
militariste [militaʀist] *adj* militaristisch
militer [milite] *vi* : **~ pour/contre** sich einsetzen für/gegen
milk-shake [milkʃɛk] (*pl* **milk-shakes**) *nm* Milchshake *m*
mille [mil] *num* (ein)tausend ▸ *nm* : **mettre dans le ~** ins Schwarze treffen; **~ marin** *nm* Seemeile *f*
millefeuille [milfœj] *nm* (*Culin*) Blätterteiggebäck *nt* mit Cremefüllung
millénaire [milenɛʀ] *nm* Jahrtausend *nt* ▸ *adj* tausendjährig
millepatte [milpat] *nm* Tausendfüßler *m*
millésime [milezim] *nm* (*d'un vin*) Jahrgang *m*
millésimé, e [milezime] *adj* mit Jahrgangsangabe
millet [mijɛ] *nm* Hirse *f*
milliard [miljaʀ] *nm* Milliarde *f*
milliardaire [miljaʀdɛʀ] *nmf* Milliardär(in) *m(f)*
millième [miljɛm] *num* tausendstel ▸ *adj* tausendste(r, s) ▸ *nm* Tausendstel *nt*
millier [milje] *nm* Tausend *nt*; **un ~ (de)** etwa tausend; **par ~s** zu Tausenden
milligramme [miligʀam] *nm* Milligramm *nt*
millilitre [mililitʀ] *nm* Milliliter *m*
millimètre [milimɛtʀ] *nm* Millimeter *m*
millimétré, e [milimetʀe] *adj* : **papier ~** Millimeterpapier *nt*
million [miljɔ̃] *nm* Million *f*
millionnaire [miljɔnɛʀ] *nmf* Millionär(in) *m(f)*
mime [mim] *nmf* (*acteur*) Pantomime *m*, Pantomimin *f* ▸ *nm* (*art*) Pantomime *f*
mimer [mime] *vt* pantomimisch darstellen; (*imiter*) nachmachen
mimétisme [mimetism] *nm* Mimese *f*
mimique [mimik] *nf* Mimik *f*
mimosa [mimoza] *nm* Mimose *f*
minable [minabl] *adj* erbärmlich
minaret [minaʀɛ] *nm* Minarett *nt*
minauder [minode] *vi* sich geziert benehmen
minauderies [minodʀi] *nfpl* Getue *nt*
mince [mɛ̃s] *adj* dünn; (*svelte*) schlank; (*profit, connaissances*) gering; (*prétexte*) fadenscheinig; **~ alors !** verflixt!
minceur [mɛ̃sœʀ] *nf* Dünne *f*, Schlankheit *f*
mincir [mɛ̃siʀ] *vi* abnehmen
mine [min] *nf* (*figure, physionomie*) Miene *f*; (*allure*) Aussehen *nt*; (*gisement*) Bergwerk *nt*; (*de crayon, explosif*) Mine *f*; **une ~ de** (*fig*) eine Fundgrube an *+dat*; **avoir bonne ~** gut aussehen; **avoir mauvaise ~** schlecht aussehen; **faire ~ de faire qch** so tun, als täte man etw; **faire des ~s** sich auffällig benehmen; **~ de rien** mit einer Unschuldsmiene; **~ antipersonnel** Landmine *f*
miner [mine] *vt* (*saper*) aushöhlen; (*fig*) unterminieren; (*Mil*) verminen
minerai [minʀɛ] *nm* Erz *nt*
minéral, e, -aux [mineʀal, o] *adj* Mineral- ▸ *nm* Mineral *nt*
minéralogique [mineʀalɔʒik] *adj* :

plaque ~ Nummernschild *nt*
minet, te [minɛ, ɛt] *nm/f* (*chat*) Kätzchen *nt* ▸ *nf* (*péj*) Modepüppchen *nt*
mineur, e [minœʀ] *adj* zweitrangig; (*Jur*) minderjährig ▸ *nm/f* (*Jur*) Minderjährige(r) *f(m)* ▸ *nm* (*travailleur*) Bergmann *m*
miniature [minjatyʀ] *adj* Miniatur- ▸ *nf* Miniatur *f*; **en ~** im Kleinformat
miniaturiser [minjatyʀize] *vt* miniaturisieren
minibus [minibys] *nm* Minibus *m*
minichaîne [miniʃɛn] *nf* Kompaktanlage *f*
minier, -ière [minje, jɛʀ] *adj* (*gisement, industrie*) Bergwerks-, Bergbau-; (*pays, bassin*) Bergbau-
minijupe [miniʒyp] *nf* Minirock *m*
minimal, e, -aux [minimal, o] *adj* (*dose*) Mindest-, minimal, Tiefst-
minimaliste [minimalist] *adj* minimalistisch
minime [minim] *adj* sehr klein ▸ *nmf* (*Sport*) Junior(in) *m(f)*
minimiser [minimize] *vt* bagatellisieren
minimum, -ma [minimɔm, a] *adj* (*âge*) Mindest- ▸ *nm* Minimum *nt*; **un ~ de** ein Minimum an *+dat*; **au ~** mindestens; **minima sociaux** Mindestsozialleistungen *fpl*; **~ vital** Existenzminimum *nt*
ministère [ministɛʀ] *nm* Ministerium *nt*; (*portefeuille*) Ministerposten *m*; (*gouvernement*) Regierung *f*; (*Rel*) Priesteramt *nt*; **~ des Affaires étrangères** Außenministerium *nt*; **~ public** (*Jur*) Staatsanwaltschaft *f*
ministériel, le [ministeʀjɛl] *adj* Regierungs-
ministre [ministʀ] *nmf* Minister(in) *m(f)*; (*Rel*) Pfarrer(in) *m(f)*; **~ d'État** Staatsminister(in) *m(f)*
minoritaire [minɔʀitɛʀ] *adj* Minderheits-; (*en sociologie*) Minderheiten-
minorité [minɔʀite] *nf* Minderheit *f*; (*d'une personne : période*) Minderjährigkeit *f*; **être en ~** in der Minderheit sein
Minorque [minɔʀk] *nf* Menorca *nt*
minuit [minɥi] *nm* Mitternacht *f*
minuscule [minyskyl] *adj* winzig, sehr klein; **un a ~** ein kleines a ▸ *nf* : **(lettre) ~** kleiner Buchstabe *m*
minute [minyt] *nf* Minute *f*; (*Jur*) Urschrift *f*; **d'une ~ à l'autre** jeden Augenblick; **entrecôte** *ou* **steak ~** Minutensteak *nt*
minuter [minyte] *vt* zeitlich genau festlegen
minuterie [minytʀi] *nf* Schaltuhr *f*
minutie [minysi] *nf* Gewissenhaftigkeit *f*
minutieusement [minysjøzmɑ̃] *adv* sehr genau
minutieux, -euse [minysjø, jøz] *adj* gewissenhaft, äußerst genau
mirabelle [miʀabɛl] *nf* (*fruit*) Mirabelle *f*
miracle [miʀɑkl] *nm* Wunder *nt*
miraculeux, -euse [miʀakylø, øz] *adj* wunderbar
mirage [miʀaʒ] *nm* Fata Morgana *f*
mire [miʀ] *nf* (*TV*) Testbild *nt*; **être le point de ~** (*fig*) der Mittelpunkt sein
miroir [miʀwaʀ] *nm* Spiegel *m*
miroiter [miʀwate] *vi* spiegeln; **faire ~ qch à qn** jdm etw in den leuchtendsten Farben ausmalen
miroiterie [miʀwatʀi] *nf* Glaserei *f*
mis, e [mi, miz] *adj* (*table*) gedeckt
misanthrope [mizɑ̃tʀɔp] *nm* Menschenfeind *m*
mise [miz] *nf* (*au jeu*) Einsatz *m*; (*tenue*) Kleidung *f*; **~ à jour** Aktualisierung *f*; (*Inform*) Update *nt*; **~ au point** (*Photo*) Scharfstellen *nt*; (*fig*) Richtigstellung *f*; **~ de fonds** Investition *f*; **~ en scène** Inszenierung *f*
miser [mize] *vt* (*enjeu*) setzen; **~ sur** setzen auf *+acc*; (*fig*) rechnen mit
misérable [mizeʀabl] *adj* elend; (*insignifiant*) kümmerlich; (*honteux, mesquin*) jämmerlich ▸ *nmf* Elende(r) *f(m)*
misère [mizɛʀ] *nf* Armut *f*; **misères** *nfpl* (*malheurs*) Elend *nt*; (*ennuis*) Sorgen *pl*; **salaire de ~** Hungerlohn *m*; **faire des ~s à qn** jdn quälen *ou* schikanieren
miséricorde [mizeʀikɔʀd] *nf* Barmherzigkeit *f*
misogyne [mizɔʒin] *adj* frauenfeindlich ▸ *nmf* Frauenfeind(in) *m(f)*
missel [misɛl] *nm* Messbuch *nt*
missile [misil] *nm* Rakete *f*; **~ de croisière** Marschflugkörper *m*, Cruise-Missile *nt*; **~ téléguidé** Lenkflugkörper *m*
mission [misjɔ̃] *nf* (*charge, tâche*) Auftrag *m*; (*Rel*) Mission *f*; **~ de reconnaissance** Aufklärungsmission *f*
missionnaire [misjɔnɛʀ] *nmf* Missionar(in) *m(f)*
missive [misiv] *nf* Schreiben *nt*
mistral [mistʀal] *nm* Mistral *m*
mite [mit] *nf* Motte *f*
mité, e [mite] *adj* mottenzerfressen
mi-temps [mitɑ̃] *nf inv* (*Sport*) Halbzeit *f* ▸ *nm inv* Halbtagsarbeit *f*; **travailler à ~** halbtags arbeiten
mitigation [mitigasjɔ̃] *nf* : **~ des peines** Strafmilderung *f*
mitigé, e [mitiʒe] *adj* gemäßigt

mitraille [mitʀaj] *nf* (*décharge*) Geschützfeuer *nt*
mitrailler [mitʀaje] *vt* (*avion, train*) (mit Maschinengewehren) beschießen; (*photographier*) (immer wieder) knipsen; **~ qn de questions** jdn mit Fragen bombardieren
mitraillette [mitʀajɛt] *nf* Maschinenpistole *f*
mitrailleur [mitʀajœʀ] *nm* MG-Schütze *m*
mitrailleuse [mitʀajøz] *nf* Maschinengewehr *nt*
mi-voix [mivwa] : **à ~** *adv* halblaut
mixage [miksaʒ] *nm* Tonmischung *f*
mixer, mixeur [miksœʀ] *nm* (*Culin*) Mixer *m*
mixité [miksite] *nf* Mischung *f*; **~ sociale** soziale Mischung *f*
mixte [mikst] *adj* gemischt; **mariage ~** Mischehe *f*; **à usage ~** Mehrzweck-; **double ~** gemischtes Doppel *nt*
mixture [mikstyʀ] *nf* Mixtur *f*; (*péj* : *boisson*) Gesöff *nt*
MJC [ɛmʒise] *sigle f* = **Maison des jeunes et de la culture**
ml *abr* (= *millilitre*) ml
MLF [ɛmɛlɛf] *sigle m* (= *Mouvement de libération de la femme*) Frauenbewegung *f*
Mlle (*pl* **Mlles**) *abr* (= *Mademoiselle*) Frl
MM *abr* = **Messieurs**
mm *abr* (= *millimètre*) mm
Mme (*pl* **Mmes**) *abr* (= *Madame*) Fr
mn *abr* (= *minute*) Min
Mo *abr* (*Inform* : = *méga-octet*) MB, Megabyte *nt*
mobile [mɔbil] *adj* beweglich; (*nomade*) Wander-, mobil ▸ *nm* (*motif*) Beweggrund *m*; (*téléphone*) Handy *nt*
mobilier, -ière [mɔbilje, jɛʀ] *adj* (*Jur*) beweglich ▸ *nm* (*meubles*) Mobiliar *nt*; **effets ~s** übertragbare Effekte *pl*; **valeurs mobilières** übertragbare Werte *pl*; **vente mobilière** Eigentumsverkauf *m*; **saisie mobilière** Eigentumspfändung *f*
mobilisation [mɔbilizasjɔ̃] *nf* Mobilisieren *nt*; **~ générale** allgemeine Mobilmachung *f*
mobiliser [mɔbilize] *vt* mobilisieren; (*fig* : *enthousiasme, courage*) wecken
mobilité [mɔbilite] *nf* Mobilität *f*, Beweglichkeit *f*
mobylette® [mɔbilɛt] *nf* Mofa *nt*
mocassin [mɔkasɛ̃] *nm* Mokassin *m*
moche [mɔʃ] (*fam*) *adj* hässlich
modalité [mɔdalite] *nf* Modalität *f*; **~s de paiement** Zahlungsbedingungen *pl*
mode [mɔd] *nf* Mode *f* ▸ *nm* Art *f*, Weise *f*; (*Ling, Inform*) Modus *m*; **à la ~** modisch; **~ autonome** (*Inform*) Offline-Betrieb *m*; **~ connecté** (*Inform*) Online-Betrieb *m*; **~ d'emploi** Gebrauchsanweisung *f*; **~ de paiement** Zahlungsweise *f*
modèle [mɔdɛl] *nm* Modell *nt*; (*exemple*) Beispiel *nt* ▸ *adj* mustergültig; (*cuisine, ferme*) Muster-; **~ déposé** eingetragenes Warenzeichen *nt*; **~ réduit** : **(avion/ voiture) ~ réduit** Modellflugzeug *nt*/ Modellauto *nt*
modeler [mɔd(ə)le] *vt* modellieren; **~ sa conduite sur celle de son père** sich *dat* ein Beispiel am Verhalten des Vaters nehmen
modem [mɔdɛm] *nm* Modem *nt*
modérateur, -trice [mɔdeʀatœʀ, tʀis] *nm/f* Schlichter(in)
modération [mɔdeʀasjɔ̃] *nf* (*qualité*) Mäßigung *f*
modéré, e [mɔdeʀe] *adj* gemäßigt; (*prix, vent, température*) mäßig ▸ *nm/f* (*Pol*) Gemäßigte(r)
modérément [mɔdeʀemɑ̃] *adv* in Maßen
modérer [mɔdeʀe] *vt* mäßigen; (*dépenses*) einschränken; (*allure, vitesse*) drosseln; **se modérer** *vpr* sich mäßigen
moderne [mɔdɛʀn] *adj* modern; (*langues, histoire*) neuere(r, s)
modernisation [mɔdɛʀnizasjɔ̃] *nf* Modernisierung *f*
moderniser [mɔdɛʀnize] *vt* modernisieren
modeste [mɔdɛst] *adj* bescheiden; (*employé, commerçant*) klein
modestement [mɔdɛstəmɑ̃] *adv* bescheiden
modestie [mɔdɛsti] *nf* Bescheidenheit *f*
modification [mɔdifikasjɔ̃] *nf* (Ver) änderung *f*
modifier [mɔdifje] *vt* (ver)ändern, modifizieren; **se modifier** *vpr* sich ändern, sich wandeln
modique [mɔdik] *adj* gering
modulation [mɔdylasjɔ̃] *nf* : **~ de fréquence** Frequenzmodulation *f*
module [mɔdyl] *nm* Modul *nt*; (*élément*) (Bau)element *nt*; **~ de commande** Kommandokapsel *f*
moduler [mɔdyle] *vt* modulieren
moelle [mwal] *nf* Mark *nt*
moelleux, -euse [mwalø, øz] *adj* weich; (*aliment*) cremig
mœurs [mœʀ(s)] *nfpl* Sitten *pl*; (*pratiques sociales, coutumes*) Bräuche *pl*; **~ simples** einfaches Leben *nt*; **contraire aux bonnes ~** gegen die guten Sitten

MOT-CLÉ

moi [mwa] *pron* **1** (*sujet*) ich; **c'est moi** ich bins; **c'est moi qui l'ai fait** das habe ich gemacht; **il l'a fait mieux que moi** er hat es besser als ich gemacht
2 (*objet direct: après prép avec acc*) mich; **c'est moi que vous avez appelé ?** haben Sie mich gerufen?; **pour moi** für mich
3 (*objet indirect: après prép avec dat*) mir; **apporte-le-moi** bring es mir; **donnez-m'en** geben Sie mir etw davon; **à moi** mir; **avec moi** mit mir; **chez moi** bei mir (zu Hause); **le livre est à moi** das is mein Buch
4 (*emphatique*) : **moi, je ...** ich (für mein Teil) ...
▸ *nm* (*Psych*) Ich *nt*

moignon [mwaɲɔ̃] *nm* Stumpf *m*
moindre [mwɛ̃dʀ] *adj* geringer; **le/la ~** der/die/das Geringste
moine [mwan] *nm* Mönch *m*
moineau (*pl* **moineaux**) [mwano] *nm* Spatz *m*

MOT-CLÉ

moins [mwɛ̃] *adv* **1** (*comparatif*) : **moins (que)** weniger (als); **elle travaille moins que moi** sie arbeitet weniger als ich; **il a 3 ans de moins que moi** er ist 3 Jahre jünger als ich; **moins grand que** kleiner als; **moins je travaille, mieux je me porte** je weniger ich arbeite, desto besser geht es mir
2 (*superlatif*) : **le moins** am wenigsten; **c'est ce que j'aime le moins** das mag ich am wenigsten; **le moins doué** der am wenigsten Begabte, der Unbegabteste; **au moins** wenigstens; **du moins** wenigstens; **pour le moins** mindestens
3 : **moins de** weniger; **moins de sable/de livres** weniger Sand/Bücher; **moins de 2 ans/100 euros** weniger als 2 Jahre/100 Euro
4 : **100 euros/3 jours de moins** 100 Euro/3 Tage weniger; **de l'argent en moins** weniger Geld; **le soleil en moins** ohne die Sonne; **à moins que** *conj* es sei denn, dass; **à moins de** ≈ ausgenommen; **à moins de prendre un taxi, nous serons en retard** wenn wir kein Taxi nehmen, kommen wir zu spät; **à moins que tu ne fasses** wenn du nicht etw tust; **à moins que tu ne te maries** es sei denn, du heiratest; **à moins d'un accident** wenn kein Unfall passiert
▸ *prép* weniger, minus; **4 moins 2** 4 weniger *ou* minus 2; **il est (six heures) moins cinq** es ist fünf vor (sechs); **il était moins cinq** (*fig*) es war fünf vor zwölf; **il fait moins 5** es ist minus 5 (Grad)

mois [mwa] *nm* Monat *m*; (*salaire*) Monatsgehalt *nt*
moisi, e [mwazi] *adj* schimmelig ▸ *nm* Schimmel *m*
moisir [mwaziʀ] *vi* schimmeln; (*fig*) gammeln
moisissure [mwazisyʀ] *nf* Schimmel *m*
moisson [mwasɔ̃] *nf* Ernte *f*
moissonner [mwasɔne] *vt* (*céréales*) ernten; (*champ*) abernten
moissonneur, -euse [mwasɔnœʀ, øz] *nm/f* Erntearbeiter(in) ▸ *nf* (*machine*) Mähmaschine *f*
moite [mwat] *adj* feucht
moitié [mwatje] *nf* Hälfte *f*; **sa ~** (*épouse*) seine bessere Hälfte
molaire [mɔlɛʀ] *nf* Backenzahn *m*
Moldavie [mɔldavi] *nf* : **la ~** Moldawien *nt*
môle [mol] *nm* Mole *f*
moléculaire [mɔlekylɛʀ] *adj* molekular
molécule [mɔlekyl] *nf* Molekül *nt*
molester [mɔlɛste] *vt* misshandeln
molle [mɔl] *adj f voir* **mou**
mollement [mɔlmɑ̃] *adv* (*faiblement*) schwach; (*nonchalamment*) lässig
mollet [mɔlɛ] *nm* Wade *f* ▸ *adj m* : **œuf ~** weich gekochtes Ei *nt*
molleton [mɔltɔ̃] *nm* Molton *m*
molletonné, e [mɔltɔne] *adj* gefüttert
mollir [mɔliʀ] *vi* weich werden; (*vent*) abflauen; (*courage*) nachlassen
mollusque [mɔlysk] *nm* Weichtier *nt*
môme [mom] (*fam*) *nmf* (*enfant*) Knirps *m*
moment [mɔmɑ̃] *nm* Moment *m*, Augenblick *m*; **les grands ~s de l'histoire** die großen Augenblicke *ou* Momente der Geschichte; **un ~ de gêne/bonheur** ein peinlicher/glücklicher Moment *ou* Augenblick; **profiter du ~** die Gelegenheit beim Schopf packen; **ce n'est pas le ~** jetzt ist nicht der richtige Zeitpunkt; **à un ~ donné** zu einem bestimmten Zeitpunkt; **pour un bon ~** eine ganze Zeit lang; **pour le ~** im Moment *ou* Augenblick; **au ~ de partir** beim Gehen; **au ~ où** in dem Moment, als; **à tout ~** jederzeit; **en ce ~** jetzt; **sur le ~** zu der Zeit; **par ~s** ab und zu; **d'un ~ à l'autre** jeden Augenblick; **du ~ où** *ou* **que** da
momentané, e [mɔmɑ̃tane] *adj* momentan, augenblicklich

momie [mɔmi] *nf* Mumie *f*
mon, ma [mɔ̃, ma] (*pl* **mes**) *adj possessif* mein(e)
Monaco [mɔnako] *nm* : **(la principauté de) ~** (das Fürstentum) Monaco *nt*
monarchie [mɔnaʀʃi] *nf* Monarchie *f*
monarque [mɔnaʀk] *nm* Monarch(in) *m(f)*
monastère [mɔnastɛʀ] *nm* Kloster *nt*
monceau, x [mɔ̃so] *nm* Haufen *m*
mondain, e [mɔ̃dɛ̃, ɛn] *adj* gesellschaftlich; (*peintre, soirée*) Gesellschafts-; **carnet ~** Klatschblatt *nt*
mondanités [mɔ̃danite] *nfpl* gesellschaftliches Leben *nt*
monde [mɔ̃d] *nm* Welt *f*; (*gens*) Leute *pl*; **le ~** (*la bonne société*) die (feine) Gesellschaft *f*, die High Society *f*; **le ~ capitaliste** die kapitalistische Welt; **le ~ végétal** die Pflanzewelt; **il y a du ~** es sind viele Leute da; **beaucoup/peu de ~** viele/wenige Leute; **l'autre ~** das Jenseits; **tout le ~** alle, jedermann; **pas le moins du ~** nicht im Geringsten; **homme/femme du ~** Mann *m*/Frau *f* von Welt
mondial, e, -aux [mɔ̃djal, jo] *adj* Welt-; **à l'échelon ~** weltweit
mondialement [mɔ̃djalmɑ̃] *adv* weltweit
mondialisation [mɔ̃djalizasjɔ̃] *nf* Globalisierung *f*
mondialiser [mɔ̃djalize] *vt* globalisieren; **se mondialiser** *vpr* sich globalisieren
mondovision [mɔ̃dɔvizjɔ̃] *nf* weltweite Fernsehsendung *f*
monégasque [mɔnegask] *adj* monegassisch
monétaire [mɔnetɛʀ] *adj* (*unité*) Währungs-; (*circulation*) Geld-
monétique [mɔnetik] *nf* Plastikgeld *nt*
monétiser [mɔnetize] *vt* monetarisieren
mongol, e [mɔ̃gɔl] *adj* mongolisch ▸ *nm/f* : **Mongol, e** Mongole *m*, Mongolin *f*
Mongolie [mɔ̃gɔli] *nf* : **la ~** die Mongolei
mongolien, ne [mɔ̃gɔljɛ̃, jɛn] *adj* mongoloid ▸ *nm/f* Mongoloide(r) *f(m)*
moniteur, -trice [mɔnitœʀ, tʀis] *nm/f* (*Sport*) Lehrer(in); (*de ski*) Skilehrer(in); (*de colonie de vacances*) Animateur(in) ▸ *nm* (*Inform*) Monitor *m*, Bildschirm *m*
monnaie [mɔnɛ] *nf* (*pièce*) Münze *f*; (*Écon*) Währung *f*; (*petites pièces*) Kleingeld *nt*; **faire de la ~** Geld wechseln; **faire** *ou* **donner à qn la ~ de 20 euros** jdm 20 Euro wechseln; **rendre à qn la ~ (sur 20 euros)** jdm (auf 20 Euro) herausgeben
monnayeur [mɔnɛjœʀ] *nm* (*appareil*) Geldwechselautomat *m*
monochrome [mɔnokʀom] *adj* einfarbig; (*écran*) monochrom
monocle [mɔnɔkl] *nm* Monokel *nt*
monocorde [mɔnɔkɔʀd] *adj* monoton
monoculture [mɔnɔkyltyʀ] *nf* Monokultur *f*
monogamie [mɔnɔgami] *nf* Monogamie *f*
monogramme [mɔnɔgʀam] *nm* Monogramm *nt*
monolingue [mɔnɔlɛ̃g] *adj* einsprachig
monologue [mɔnɔlɔg] *nm* Selbstgespräch *nt*; (*Théât*) Monolog *m*
monologuer [mɔnɔlɔge] *vi* Selbstgespräche führen
monoparental, e, -aux [mɔnɔpaʀɑ̃tal, o] *adj* mit nur einem Elternteil
monoplace [mɔnɔplas] *adj* einsitzig ▸ *nm, nf* Einsitzer *m*
monopole [mɔnɔpɔl] *nm* Monopol *nt*
monopoliser [mɔnɔpɔlize] *vt* monopolisieren; (*fig*) für sich allein beanspruchen
monoski [mɔnɔski] *nm* Monoski *m*
monospace [mɔnɔspas] *nm* Van *m*
monosyllabe [mɔnɔsi(l)lab] *nm* einsilbiges Wort *nt*
monotone [mɔnɔtɔn] *adj* monoton
monotonie [mɔnɔtɔni] *nf* Monotonie *f*
monseigneur [mɔ̃sɛɲœʀ] *nm* Seine Exzellenz
Monsieur [məsjø] (*pl* **Messieurs**) *nm* Herr *m*; **un ~** ein Herr; **~ Dupont** Herr Dupont; **occupez-vous de ~** würden Sie bitte den Herrn bedienen; **bonjour, ~** guten Tag; (*si le nom est connu*) guten Tag, Herr X; **~ !** (*pour appeler*) Entschuldigung!; **~ (Dupont)** (*sur lettre*) sehr geehrter Herr Dupont; **cher ~ (Dupont)** sehr geehrter Herr Dupont; **m~ le directeur** Herr Direktor; **Messieurs** meine Herren
monstre [mɔ̃stʀ] *nm* (*être anormal*) Monstrum *nt*; (*Mythologie*) Ungeheuer *nt* ▸ *adj* (*fam*) kolossal; **~ sacré** (*Théât, Ciné*) Superstar *m*
monstrueux, -euse [mɔ̃stʀyø, øz] *adj* (*difforme*) missgebildet; (*colossal*) Riesen-; (*abominable*) ungeheuerlich, grauenhaft
monstruosité [mɔ̃stʀyozite] *nf* Ungeheuerlichkeit *f*; (*Méd*) Missbildung *f*
mont [mɔ̃] *nm* Berg *m*; **par ~s et par vaux** über Berg und Tal
montage [mɔ̃taʒ] *nm* Aufbau *m*; (*Photo*) Fotomontage *f*; (*Ciné*) Montage *f*
montagnard, e [mɔ̃taɲaʀ, aʀd] *adj* Berg-, Gebirgs- ▸ *nm/f* Gebirgsbewohner(in)

montagne [mɔ̃taɲ] *nf* Berg *m*; (*région*) Gebirge *nt*, Berge *pl*; **la haute/ moyenne ~** das Hoch-/Mittelgebirge *nt*; **~s russes** Achterbahn *f*
montagneux, -euse [mɔ̃taɲø, øz] *adj* bergig, gebirgig
montant, e [mɔ̃tɑ̃, ɑ̃t] *adj* (*mouvement*) aufwärts; (*marée*) steigend; (*robe, col, corsage*) hochgeschlossen ▶ *nm* (*somme*) Betrag *m*; (*d'une fenêtre, d'un lit*) Pfosten *m*; (*d'une échelle*) Sprosse *f*
mont-de-piété [mɔ̃dpjete] (*pl* **monts-de-piété**) *nm* Pfandleihanstalt *f*
monte-charge [mɔ̃tʃaʀʒ] (*pl* **monte-charges**) *nm* Lastenaufzug *m*
montée [mɔ̃te] *nf* Aufstieg *m*; (*côte*) Steigung *f*, Anstieg *m*
monte-plat [mɔ̃tpla] (*pl* **monte-plats**) *nm* Speiseaufzug *m*
monter [mɔ̃te] *vi* steigen; (*passager*) einsteigen; (*avion*) aufsteigen; (*voiture*) hochfahren; (*chemin, route*) ansteigen; (*niveau, température, prix*) (an)steigen; (*bruit*) anschwellen; (*à cheval*) reiten ▶ *vt* (*escalier, marches, côte*) hinaufgehen; (*valise, déjeuner, courrier*) hinauftragen; (*tente*) aufschlagen; (*machine, échafaudage, étagère etc*) aufstellen; (*bijou*) fassen; (*manches, col*) annähen; (*film*) schneiden; (*pièce*) aufführen; (*société*) aufbauen; **se monter** *vpr* (*s'équiper*) sich ausrüsten; **~ sur/à un arbre/une échelle** auf einen Baum/eine Leiter steigen; **~ à cheval** reiten; **~ à bord** an Bord gehen; **se ~ à** (*frais, réparation*) sich belaufen auf *+acc*
monteur, -euse [mɔ̃tœʀ, øz] *nm/f* (*Tech*) Monteur(in); (*Ciné*) Cutter(in)
montgolfière [mɔ̃gɔlfjɛʀ] *nf* Heißluftballon *m*
monticule [mɔ̃tikyl] *nm* Hügel *m*; (*tas*) Haufen *m*
montre [mɔ̃tʀ] *nf* Uhr *f*; **faire ~ de** (*étaler*) zur Schau stellen; (*faire preuve de*) unter Beweis stellen
montre-bracelet [mɔ̃tʀəbʀaslɛ] (*pl* **montres-bracelets**) *nf* Armbanduhr *f*
montrer [mɔ̃tʀe] *vt* zeigen; **se montrer** *vpr* (*paraître*) erscheinen; **se ~ habile/à la hauteur** sich geschickt/kompetent zeigen, sich als geschickt/kompetent erweisen
montreur, -euse [mɔ̃tʀœʀ, øz] *nm/f*: **~ de marionnettes** Marionettenspieler(in) *m(f)*
monture [mɔ̃tyʀ] *nf* (*animal*) Reittier *nt*; (*d'une bague*) Fassung *f*; (*de lunettes*) Gestell *nt*
monument [mɔnymɑ̃] *nm* Denkmal *nt*, Monument *nt*; **~ aux morts** Kriegerdenkmal *nt*
monumental, e, -aux [mɔnymɑ̃tal, o] *adj* monumental; (*énorme*) gewaltig
mooc [muk] *nm* (= *massive online open course*) MOOC *m*
moquer [mɔke]: **se moquer** *vpr*: **se ~ de** sich lustig machen über *+acc*; (*se désintéresser de*) sich nicht kümmern um
moquerie [mɔkʀi] *nf* Spott *m*
moquette [mɔkɛt] *nf* Teppichboden *m*
moqueur, -euse [mɔkœʀ, øz] *adj* spöttisch
moraine [mɔʀɛn] *nf* Moräne *f*
moral, e, -aux [mɔʀal, o] *adj* moralisch; (*force, douleur*) seelisch ▶ *nm* (*état d'esprit*) Stimmung *f*; **avoir le ~ à zéro** überhaupt nicht in Stimmung sein
morale [mɔʀal] *nf* Moral *f*; **faire la ~ à qn** jdm eine Strafpredigt halten
moraliser [mɔʀalize] *vi* Moralpredigten halten
moraliste [mɔʀalist] *nmf* (*auteur*) Moralist(in) *m(f)*; (*moralisateur*) Moralprediger(in) *m(f)*
moralité [mɔʀalite] *nf* Moral *f*
moratoire [mɔʀatwaʀ] *adj*: **intérêts ~s** Verzugszinsen *pl*
morceau, x [mɔʀso] *nm* Stück *nt*
mordant, e [mɔʀdɑ̃, ɑ̃t] *adj* bissig; (*froid*) beißend
mordicus [mɔʀdikys] (*fam*) *adv* steif und fest
mordiller [mɔʀdije] *vt* knabbern an *+dat*
mordoré, e [mɔʀdɔʀe] *adj* goldbraun
mordre [mɔʀdʀ] *vt* beißen; (*lime, ancre, vis*) fassen ▶ *vi* (*poisson*) anbeißen; **~ à l'hameçon** anbeißen; **~ sur** (*ligne de départ, marge*) übertreten
mordu, e [mɔʀdy] *nm/f*: **un ~ de** (*fam*) ein Fan *m* von
morfondre [mɔʀfɔ̃dʀ]: **se morfondre** *vpr* sich zu Tode langweilen; (*de soucis*) bedrückt sein
morgue [mɔʀg] *nf* (*arrogance*) Dünkel *m*; (*lieu*) Leichenschauhaus *nt*
morille [mɔʀij] *nf* Morchel *f*
mormon, e [mɔʀmɔ̃, ɔn] *nm/f* Mormone *m*, Mormonin *f*
morne [mɔʀn] *adj* trübsinnig
morose [mɔʀoz] *adj* mürrisch; (*marché*) schleppend
morphine [mɔʀfin] *nf* Morphium *nt*
morphologie [mɔʀfɔlɔʒi] *nf* Morphologie *f*
morse [mɔʀs] *nm* (*Zool*) Walross *nt*; (*Tél*) Morsealphabet *nt*

morsure [mɔʀsyʀ] *nf* Biss *m*
mort, e [mɔʀ] *adj* tot ▸ *nf* Tod *m*; (*fig*) Ende *nt* ▸ *nm/f* Tote(r) *f*(*m*); **à la ~ de qn** bei jds Tod; **à la vie, à la ~** in guten und schlechten Zeiten; **~ ou vif** tot oder lebendig; **~ de peur** zu Tode erschrocken; **~ de fatigue** todmüde; **faire le ~** sich tot stellen; **~ clinique** klinischer Tod
mortalité [mɔʀtalite] *nf* Sterblichkeit *f*; (*chiffre*) Sterblichkeitsziffer *f*
mort-aux-rats [mɔʀ(t)oʀa] *nf inv* Rattengift *nt*
mortel, le [mɔʀtɛl] *adj* (*entraînant la mort*) tödlich; (*Rel*) sterblich
mortellement [mɔʀtɛlmɑ̃] *adv* (*blessé etc*) tödlich; (*pâle etc*) toten-; (*ennuyeux etc*) sterbens-
morte-saison [mɔʀt(ə)sɛzɔ̃] (*pl* **mortes-saisons**) *nf* Saure-Gurken-Zeit *f*
mortier [mɔʀtje] *nm* (*mélange*) Mörtel *m*; (*récipient, canon*) Mörser *m*
mortifier [mɔʀtifje] *vt* zutiefst treffen
mort-né, e [mɔʀne] (*pl* **mort-nés, es**) *adj* tot geboren
mortuaire [mɔʀtɥɛʀ] *adj* Toten-; **drap ~** Leichentuch *nt*
morue [mɔʀy] *nf* Kabeljau *m*
morveux, -euse [mɔʀvø, øz] (*fam*) *adj* rotznäsig
mosaïque [mɔzaik] *nf* Mosaik *nt*
Moscou [mɔsku] *nf* Moskau *nt*
mosquée [mɔske] *nf* Moschee *f*
mot [mo] *nm* Wort *nt*; **bon ~** geistreiches Wort *nt*; **mettre/écrire/recevoir un ~** ein paar Zeilen schreiben/erhalten; **le ~ de la fin** das letzte Wort; **~ à ~** wortwörtlich; **en un ~** mit einem Wort; **~ pour ~** wortwörtlich; **avoir le dernier ~** das letzte Wort haben; **prendre qn au ~** jdn beim Wort nehmen; **~ de passe** Kennwort *nt*, Passwort *nt*; **~s croisés** Kreuzworträtsel *nt*
motard, e [mɔtaʀ, aʀd] *nm/f* Motorradfahrer(in); (*de la police*) Motorradpolizist(in)
mot-dièse [modjɛz] *nm* (*Inform : Twitter*) Hashtag *m*
motel [mɔtɛl] *nm* Motel *nt*
moteur, -trice [mɔtœʀ, tʀis] *adj* (*force, roue*) treibend; (*Méd*) motorisch ▸ *nm* Motor *m*; **à ~** Motor-; **~ à deux temps** Zweitaktmotor *m*; **~ à explosion** Verbrennungsmotor *m*; **~ à injection** Einspritzmotor *m*; **~ à quatre temps** Viertaktmotor *m*; **~ de recherche** (*Inform*) Suchmaschine *f*; **~ thermique** Verbrennungsmotor
motif [mɔtif] *nm* Motiv *nt*; (*raison*) Grund *m*; **motifs** *nmpl* (*Jur*) Begründung *f*; **sans ~** *adj* grundlos; **un ~ à fleurs** ein Blumenmotiv
motion [mosjɔ̃] *nf* Antrag *m*; **~ de censure** Misstrauensantrag *m*
motivation [mɔtivasjɔ̃] *nf* Begründung *f*; (*Psych*) Motivation *f*
motivé, e [mɔtive] *adj* (*personne*) motiviert
motiver [mɔtive] *vt* begründen; (*Psych*) motivieren
moto [mɔto] *nf* Motorrad *nt*
motocross [mɔtɔkʀɔs] *nm inv* Motocross *nt*
motoculteur [mɔtɔkyltœʀ] *nm* kleiner Traktor *m* zum Schieben per Hand
motocyclette [mɔtɔsiklɛt] *nf* Motorrad *nt*
motocyclisme [mɔtɔsiklism] *nm* Motorradsport *m*
motocycliste [mɔtɔsiklist] *nmf* Motorradfahrer(in) *m*(*f*)
motoneige [mɔtɔnɛʒ] *nf* Motorbob *m*
motorisé, e [mɔtɔʀize] *adj* motorisiert
motoriser [mɔtɔʀize] *vt* motorisieren
motus [mɔtys] *excl* : **~ (et bouche cousue) !** still, nichts verraten!
mou, molle [mu, mɔl] (*devant nom masculin commençant par une voyelle et un h muet* **mol**, *mpl* **mous**) *adj* weich; (*poignée de main*) schlaff; (*résistance, protestations*) schwach ▸ *nm* (*abats*) Lunge *f*
mouchard, e [muʃaʀ, aʀd] *nm/f* Spion(in); (*Scol*) Petze *f*; (*Police*) Spitzel *m*
mouche [muʃ] *nf* Fliege *f*
moucher [muʃe] *vt* (*enfant*) schnäuzen; (*chandelle, lampe*) putzen; **se moucher** *vpr* sich *dat* die Nase putzen, sich schnäuzen
moucheron [muʃʀɔ̃] *nm* Mücke *f*
moucheté, e [muʃ(ə)te] *adj* (*cheval*) gescheckt
mouchoir [muʃwaʀ] *nm* Taschentuch *nt*; **~ en papier** Papiertaschentuch *nt*
moudre [mudʀ] *vt* mahlen
moue [mu] *nf* : **faire la ~** einen Flunsch ziehen
mouette [mwɛt] *nf* Möwe *f*
moufle [mufl] *nf* (*gant*) Fausthandschuh *m*
mouflon [muflɔ̃] *nm* Mufflon *m*
mouillage [mujaʒ] *nm* (*lieu*) Liegeplatz *m*
mouillé, e [muje] *adj* feucht
mouiller [muje] *vt* nass machen; (*humecter*) anfeuchten; (*diluer*) verdünnen; (*ragoût, sauce*) mit Flüssigkeit verdünnen; (*mine*) legen ▸ *vi* ankern
moule [mul] *nf* (*mollusque*) Miesmuschel *f* ▸ *nm* Form *f*; **~ à gâteaux** Kuchenform *f*
mouler [mule] *vt* (*reproduire*) einen Abguss machen von; **~ qch sur qch** (*fig*) etw nach dem Vorbild von etw machen

moulin [mulɛ̃] *nm* Mühle *f*; **~ à café** Kaffeemühle *f*; **~ à légumes** Gemüsezerkleinerer *m*; **~ à poivre** Pfeffermühle *f*; **~ à vent** Windmühle *f*
moulinet [mulinɛ] *nm* : **faire des ~s avec les bras** die Arme herumwirbeln
moulinette® [mulinɛt] *nf* Küchenmaschine *f*
moulu, e [muly] *pp de* **moudre**
moulure [mulyʀ] *nf* Stuckverzierung *f*
mourant, e [muʀɑ̃, ɑ̃t] *adj* sterbend; (*feu, son, voix*) ersterbend
mourir [muʀiʀ] *vi* sterben; (*civilisation, pays*) untergehen; (*flamme*) erlöschen; **~ de faim** verhungern; (*fig*) vor Hunger beinahe umkommen; **~ de froid** erfrieren; **~ d'ennui** sich zu Tode langweilen; **~ d'envie de faire qch** darauf brennen, etw zu tun
mousquetaire [muskətɛʀ] *nm* Musketier *m*
moussant, e [musɑ̃, ɑ̃t] *adj* : **bain ~** Schaumbad *nt*
mousse [mus] *nf* Schaum *m*; (*Bot*) Moos *nt*; (*dessert*) Mousse *f* ▸ *nm* (*Naut*) Schiffsjunge *m*; **~ à raser** Rasierschaum *m*; **~ carbonique** Feuerlöschschaum *m*
mousseline [muslin] *nf* Musselin *m*; **pommes ~** Kartoffelpüree *nt*
mousser [muse] *vi* schäumen
mousseux, -euse [musø, øz] *adj* schaumig ▸ *nm* Schaumwein *m*
mousson [musɔ̃] *nf* Monsun *m*
moustache [mustaʃ] *nf* Schnurrbart *m*
moustiquaire [mustikɛʀ] *nf* (*rideau*) Moskitonetz *nt*; (*fenêtre*) Fliegenfenster *nt*
moustique [mustik] *nm* Stechmücke *f*; **~ tigre** Tigermücke *f*
moutarde [mutaʀd] *nf* Senf *m*
moutardier [mutaʀdje] *nm* Senftopf *m*
mouton [mutɔ̃] *nm* Schaf *nt*; (*peau*) Schafsleder *nt*; (*fourrure*) Schaffell *nt*; (*Culin*) Hammelfleisch *nt*; **moutons** *nmpl* (*de poussière*) Wollmäuse *pl*
mouvement [muvmɑ̃] *nm* Bewegung *f*; (*trafic*) Betrieb *m*; (*d'une phrase, d'un récit*) Rhythmus *m*; (*Mus* : *mesure, rythme*) Tempo *nt*; (: *partie*) Satz *m*; (*de montre*) Uhrwerk *nt*; **en ~** in Bewegung; **~ d'opinion** Stimmungsumschwung *m*
mouvementé, e [muvmɑ̃te] *adj* (*terrain*) uneben; (*vivant*) lebhaft; (*agité*) turbulent
mouvoir [muvwaʀ] *vt* bewegen; (*fig* : *personne*) antreiben, animieren; **se mouvoir** *vpr* sich bewegen
moyen, ne [mwajɛ̃, jɛn] *adj* mittlere(r, s); (*de grandeur moyenne, passable*) durchschnittlich; (*lecteur, spectateur, température*) Durchschnitts- ▸ *nm* (*procédé*) Mittel *nt*; **moyens** *nmpl* (*ressources pécuniaires*) Mittel *pl*; (*intellectuels, physiques*) Fähigkeiten *pl*; **au ~ de** mithilfe von; **par tous les ~s** auf Biegen und Brechen; **employer les grands ~s** zum Äußersten greifen; **par ses propres ~s** allein, selbst; **~ de transport** Transportmittel *nt*
Moyen Âge [mwajɛnɑʒ] *nm* : **le ~** das Mittelalter
moyenâgeux, -euse [mwajɛnɑʒø, øz] *adj* mittelalterlich
moyen-courrier [mwajɛ̃kuʀje] (*pl* **moyen-courriers**) *nm* Mittelstreckenflugzeug *nt*
moyennant [mwajɛnɑ̃] *prép* (*prix*) für; (*travail, effort*) durch
Moyen-Orient [mwajɛnɔʀjɑ̃] *nm* : **le ~** der Mittlere Osten
Mozambique [mɔzɑ̃bik] *nm* : **le ~** Mosambik *nt*
MP3 [ɛmpetʀwa] *nm* MP3 *nt*
MST [ɛmɛste] *sigle f* (= *maladie sexuellement transmissible*) sexuell übertragbare Krankheit *f*
mû, mue [my] *pp de* **mouvoir**
mucosité [mykozite] *nf* Schleim *m*
mucus [mykys] *nm* Schleim *m*
muer [mɥe] *vi* (*oiseau*) sich mausern; (*serpent, mammifère*) sich häuten; (*adolescent*) im Stimmbruch sein; (*voix*) brechen; **se muer** *vpr* : **se ~ en** sich verwandeln in +*acc*
muet, te [mɥɛ, mɥɛt] *adj* stumm ▸ *nm/f* Stumme(r) *f(m)* ▸ *nm* : **le ~** (*Ciné*) der Stummfilm *m*
mufle [myfl] *nm* (*d'animal*) Maul *nt*; (*fam* : *péj*) Flegel *m*
mugir [myʒiʀ] *vi* (*bœuf, vache*) muhen; (*vent, sirène*) heulen
mugissement [myʒismɑ̃] *nm* (*bœuf, vache*) Muhen *nt*; (*vent, sirène*) Geheul *nt*
muguet [mygɛ] *nm* (*Bot*) Maiglöckchen *nt*
mulâtre, -tresse [mylɑtʀ, mylɑtʀɛs] *nm/f* Mulatte *m*, Mulattin *f*
mule [myl] *nf* (*Zool*) Maulesel *m*; **mules** *nfpl* (*pantoufles*) Pantoffeln *pl*
mulet [mylɛ] *nm* Maulesel *m*; (*poisson*) Meerbarbe *f*
mulot [mylo] *nm* Feldmaus *f*
multicolore [myltikɔlɔʀ] *adj* bunt
multiculturel, le [myltikyltyʀɛl] *adj* multikulturell
multidisciplinaire [myltidisiplinɛʀ] *adj* : **enseignement ~** fachübergreifender Unterricht *m*
multifenêtre [myltif(ə)nɛtʀ] *adj* mit mehreren Bildschirmfenstern

multifonctionnel, le [myltifɔ̃ksjɔnɛl] *adj* multifunktional
multilatéral, e, -aux [myltilateʀal, o] *adj* mehrseitig, multilateral
multimédia [myltimedja] *adj* Multimedia-, multimedial
multimillionnaire [myltimiljɔnɛʀ] *nmf* Multimillionär(in) *m(f)*
multinational, e, -aux [myltinasjɔnal, o] *adj* multinational
multiple [myltipl] *adj* vielfältig; (*nombre*) vielfach, mehrfach ▸ *nm* Vielfaches *nt*
multiplex [myltiplɛks] *nm* (*programme*) Konferenzschaltung *f*
multiplexe [myltiplɛks] *nm* (*cinéma*) Multiplexkino *nt*
multiplicateur [myltiplikatœʀ] *nm* Multiplikator *m*
multiplication [myltiplikasjɔ̃] *nf* (*augmentation*) Zunahme *f*, Vermehrung *f*; (*Math*) Multiplikation *f*
multiplicité [myltiplisite] *nf* Vielfalt *f*
multiplier [myltiplije] *vt* vermehren; (*exemplaires*) vervielfältigen; (*Math*) multiplizieren; **se multiplier** *vpr* (*ouvrages, partis, accidents*) zunehmen; (*être vivant*) sich vermehren
multiprogrammation [myltipʀɔgʀamasjɔ̃] *nf* Mehrprogrammbetrieb *m*, M ultitasking *nt*
multipropriété [myltipʀɔpʀijete] *nf* Timesharing *nt*
multitâche [myltitaʃ] *adj* (*aussi Inform*) Multitasking-; **travail ~** Multitasking *nt*
multitraitement [myltitʀɛtmɑ̃] *nm* (*Inform*) Mehrprozessorbetrieb *m*, Parallelverarbeitung *f*
multitude [myltityd] *nf* Menge *f*; **une ~ de** eine Vielzahl von, sehr viele
Munich [mynik] *nf* München *nt*
municipal, e, -aux [mynisipal, o] *adj* Stadt-, Gemeinde-
municipalité [mynisipalite] *nf* (*corps municipal*) Stadtverwaltung *f*, Gemeinderat *m*; (*commune*) Gemeinde *f*
munir [myniʀ] *vt* : **~ de** ausstatten *ou* versehen mit
munitions [mynisjɔ̃] *nfpl* Munition *f*
muqueuse [mykøz] *nf* Schleimhaut *f*
mur [myʀ] *nm* Mauer *f*; (*à l'intérieur*) Wand *f*; **~ d'escalade** Kletterwand; **~ par-feu** (*Inform*) Firewall *f*; **~ du son** Schallmauer *f*
mûr, e [myʀ] *adj* reif
muraille [myʀɑj] *nf* Mauer *f*; (*fortification*) Festungsmauer *f*
mural, e, -aux [myʀal, o] *adj* Wand-, Mauer-
mûre [myʀ] *nf* (*de la ronce*) Brombeere *f*; (*du mûrier*) Maulbeere *f*
mûrement [myʀmɑ̃] *adv* : **ayant ~ réfléchi** nach reiflicher Überlegung
murène [myʀɛn] *nf* Muräne *f*
murer [myʀe] *vt* (*enclos*) ummauern; (*porte, issue*) zumauern; (*personne*) einmauern
muret [myʀɛ] *nm* Mäuerchen *nt*
mûrier [myʀje] *nm* Maulbeerbaum *m*; (*ronce*) Brombeerstrauch *m*
mûrir [myʀiʀ] *vi* reifen ▸ *vt* reifen lassen
murmure [myʀmyʀ] *nm* (*de ruisseau, vagues*) Plätschern *nt*; **murmures** *nmpl* (*plaintes*) Murren *nt*; **~ d'approbation/d'admiration** beifälliges/bewunderndes Murmeln *nt*; **~ de protestation** Protestgemurmel *nt*
murmurer [myʀmyʀe] *vi* (*chuchoter*) murmeln; (*protester, se plaindre*) murren; (*ruisseau, vagues*) plätschern
musaraigne [myzaʀɛɲ] *nf* Spitzmaus *f*
musarder [myzaʀde] *vi* die Zeit vertrödeln; (*en marchant*) herumtrödeln
musc [mysk] *nm* Moschus *m*
muscade [myskad] *nf* : **(noix de) ~** Muskatnuss *f*
muscat [myska] *nm* (*raisin*) Muskatellertraube *f*; (*vin*) Muskateller *m*
muscle [myskl] *nm* Muskel *m*
musclé, e [myskle] *adj* muskulös; (*discussion*) scharf
musculaire [myskylɛʀ] *adj* Muskel-
musculation [myskylasjɔ̃] *nf* : **(travail** *ou* **exercices de) ~** Muskeltraining *nt*
musculature [myskylatyʀ] *nf* Muskulatur *f*
muse [myz] *nf* Muse *f*
museau, x [myzo] *nm* Schnauze *f*
musée [myze] *nm* Museum *nt*
museler [myz(ə)le] *vt* einen Maulkorb anlegen *+dat*
muselière [myzəljɛʀ] *nf* Maulkorb *m*
musette [myzɛt] *nf* (*sac*) Proviantbeutel *m* ▸ *adj* : **bal ~** Tanzvergnügen *nt* mit Akkordeonmusik
musical, e, -aux [myzikal, o] *adj* musikalisch, Musik-; (*phrase, voix*) klangvoll
music-hall [myzikol] (*pl* **music-halls**) *nm* Varieté *nt*
musicien, ne [myzisjɛ̃, jɛn] *adj* musikalisch ▸ *nm/f* Musiker(in)
musique [myzik] *nf* Musik *f*; (*notation écrite*) Noten *pl*; (*d'un vers, d'une phrase*) Melodie *f*; **~ de chambre** Kammermusik *f*; **~ de film** Filmmusik *f*
must [mœst] *nm* Muss *nt*

musulman, e [myzylmɑ̃, an] *adj* moslemisch ▸ *nm/f* Moslem (Moslime) *m(f)*
mutation [mytasjɔ̃] *nf* (*Biol*) Mutation *f*; (*d'un fonctionnaire*) Versetzung *f*; **~ génétique** Genmutation *f*
muter [myte] *vt* (*Admin*) versetzen
mutilation [mytilasjɔ̃] *nf* Verstümmelung *f*
mutilé, e [mytile] *nm/f* Krüppel *m*; **~ de guerre** Kriegsversehrte(r) *f(m)*
mutiler [mytile] *vt* verstümmeln
mutin, e [mytɛ̃, in] *adj* verschmitzt ▸ *nm* Meuterer *m*
mutiner [mytine] : **se mutiner** *vpr* meutern
mutinerie [mytinʀi] *nf* Meuterei *f*
mutisme [mytism] *nm* Stummheit *f*
mutuel, le [mytɥɛl] *adj* gegenseitig ▸ *nf* Versicherungsverein *m* auf Gegenseitigkeit
Myanmar [mianmaʀ] *nm* : **le ~** Myanmar *nt*
myope [mjɔp] *adj* kurzsichtig ▸ *nmf* Kurzsichtige(r) *f(m)*
myopie [mjɔpi] *nf* Kurzsichtigkeit *f*
myosotis [mjɔzɔtis] *nm* Vergissmeinnicht *nt*
myriade [miʀjad] *nf* Unzahl *f*
myrtille [miʀtij] *nf* Heidelbeere *f*
mystère [mistɛʀ] *nm* Geheimnis *nt*; (*énigme*) Rätsel *nt*
mystérieusement [misteʀjøzmɑ̃] *adv* auf geheimnisvolle Weise
mystérieux, -euse [misteʀjø, jøz] *adj* geheimnisvoll; (*inexplicable*) rätselhaft; (*secret*) geheim
mysticisme [mistisism] *nm* Mystik *f*
mystificateur, -trice [mistifikatœʀ, tʀis] *nm/f* Schwindler(in)
mystification [mistifikasjɔ̃] *nf* (*tromperie*) Täuschung *f*; (*mythe*) Mythos *m*
mystifier [mistifje] *vt* narren, irreführen, täuschen
mystique [mistik] *adj* mystisch ▸ *nmf* Mystiker(in) *m(f)*
mythe [mit] *nm* Mythos *m*; (*légende*) Sage *f*
mythique [mitik] *adj* mythisch
mythologie [mitɔlɔʒi] *nf* Mythologie *f*
mythologique [mitɔlɔʒik] *adj* mythologisch
mythomane [mitɔman] *adj* lügensüchtig ▸ *nmf* Fantast(in) *m(f)*

n

N, n [ɛn] *nm inv* N, n *nt*
n' [n] *adv voir* **ne**
nabot [nabo] (*péj*) *nm* Knirps *m*
nacelle [nasɛl] *nf* (*de ballon*) Korb *m*
nacre [nakʀ] *nf* Perlmutt *nt*
nacré, e [nakʀe] *adj* perlmutterfarben, schimmernd
nage [naʒ] *nf* Schwimmen *nt*; (*style*) (Schwimm)stil *m*; **traverser/s'éloigner à la ~** durchschwimmen/ wegschwimmen; **en ~** schweißgebadet; **~ libre** Freistil *m*
nageoire [naʒwaʀ] *nf* Flosse *f*
nager [naʒe] *vi* schwimmen; (*fig*) in der Luft hängen, ins Schwimmen kommen ▸ *vt* : **~ le crawl** (im) Kraulstil schwimmen; **il nage dans ses vêtements** die Kleider sind ihm viel zu groß; **~ dans le bonheur** im Glück schwimmen
nageur, -euse [naʒœʀ, øz] *nm/f* Schwimmer(in)
naguère [nagɛʀ] *adv* unlängst
naïf, -ïve [naif, naiv] *adj* naiv
nain, e [nɛ̃, nɛn] *nm/f* Zwerg(in)
naissance [nɛsɑ̃s] *nf* Geburt *f*; (*fig*) Entstehung *f*; **donner ~ à** gebären; (*fig*) entstehen lassen
naître [nɛtʀ] *vi* geboren werden; **~ (de)** (*fig*) entstehen (aus); **il est né en 1960** er ist 1960 geboren; **faire ~** (*fig*) erwecken
naïveté [naivte] *nf* Naivität *f*
Namibie [namibi] *nf* : **la ~** Namibia *nt*
nana [nana] (*fam*) *nf* Biene *f*
nanoparticule [nanopaʀtikyl] *nf* Nanopartikel *f*
nanotechnologie [nanoteknɔlɔʒi] *nf* Nanotechnologie *f*
napalm [napalm] *nm* Napalm *nt*
naphtaline [naftalin] *nf* : **boules de ~** Mottenkugeln *pl*

Naples [napl] *nf* Neapel *nt*
nappe [nap] *nf* Tischdecke *f*; **~ d'eau** glatte Wasserfläche *f*; **~ phréatique** Grundwasserspiegel *m*
napper [nape] *vt* : **~ qch de** etw bedecken mit
napperon [napʀɔ̃] *nm* Untersetzer *m*
narcisse [naʀsis] *nm* Narzisse *f*
narcissisme [naʀsisism] *nm* Narzissmus *m*
narcodollars [naʀkɔdɔlaʀ] *nmpl* Drogendollars *pl*
narcotique [naʀkɔtik] *nm* Betäubungsmittel *nt*
narcotrafic [naʀkɔtʀafik] *nm* Drogenhandel *m*
narguer [naʀge] *vt* spöttisch ansehen
narine [naʀin] *nf* Nasenloch *nt*
narquois, e [naʀkwa, waz] *adj* spöttisch
narrateur, -trice [naʀatœʀ, tʀis] *nm/f* Erzähler(in)
narration [naʀasjɔ̃] *nf* Erzählung *f*
nasal, e, -aux [nazal, o] *adj* (*Anat*) Nasen-; (*Ling*) nasal
naseau, x [nazo] *nm* Nüster *f*
natal, e [natal] *adj* Geburts-
natalité [natalite] *nf* Geburtenrate *f*
natation [natasjɔ̃] *nf* Schwimmen *nt*; **faire de la ~** Schwimmsport betreiben
natif, -ive [natif, iv] *adj* : **~ (de)** gebürtig (aus) ▶ *nm/f* : **~ numérique** Digital Native *m*
nation [nasjɔ̃] *nf* Nation *f*, Volk *nt*; **les N~s unies** die Vereinten Nationen *pl*
national, e, -aux [nasjɔnal, o] *adj* national
nationalisation [nasjɔnalizasjɔ̃] *nf* Verstaatlichung *f*
nationaliser [nasjɔnalize] *vt* verstaatlichen
nationalisme [nasjɔnalism] *nm* Nationalismus *m*
nationaliste [nasjɔnalist] *adj* nationalistisch ▶ *nmf* Nationalist(in) *m(f)*
nationalité [nasjɔnalite] *nf* Nationalität *f*, Staatsbürgerschaft *f*; **il est de ~ française** er ist französischer Staatsbürger
natte [nat] *nf* (*tapis*) Matte *f*; (*cheveux*) Zopf *m*
natter [nate] *vt* flechten
naturalisation [natyʀalizasjɔ̃] *nf* (*de personne*) Einbürgerung *f*
naturaliser [natyʀalize] *vt* einbürgern, naturalisieren
naturaliste [natyʀalist] *nmf* Naturforscher(in) *m(f)*
nature [natyʀ] *nf* Natur *f* ▶ *adj inv* (*sans affectation*) natürlich; **payer en ~** in Naturalien zahlen; **omelette ~** (*Culin*) Omelette *f* ohne Füllung; **yaourt ~** Naturjoghurt *m ou nt*
naturel, le [natyʀɛl] *adj* natürlich ▶ *nm* (*caractère*) Wesen *nt*; (*spontanéité*) Natürlichkeit *f*
naturellement [natyʀɛlmɑ̃] *adv* natürlich
naturisme [natyʀism] *nm* Freikörperkultur *f*, FKK *sigle f*
naturiste [natyʀist] *nmf* FKK-Anhänger(in) *m(f)*
naufrage [nofʀaʒ] *nm* Schiffbruch *m*; **faire ~** Schiffbruch erleiden
naufragé, e [nofʀaʒe] *adj* schiffbrüchig ▶ *nm/f* Schiffbrüchige(r) *f(m)*
nauséabond, e [nozeabɔ̃, ɔ̃d] *adj* widerlich
nausée [noze] *nf* : **j'ai la ~** mir ist übel
nautique [notik] *adj* nautisch
nautisme [notism] *nm* Wassersport *m*
navet [navɛ] *nm* (Steck)rübe *f*; (*péj : film*) schlechter Film *m*
navette [navɛt] *nf* (*pour tisser*) (Weber)schiffchen *nt*; (*transport*) Pendelverkehr *m*; (*véhicule*) Shuttle *m*; **faire la ~ (entre)** pendeln (zwischen); **~ aéroportuaire** Flughafenzubringerdienst *m*; **~ spatiale** Raumfähre *f*
navigable [navigabl] *adj* schiffbar
navigateur, trice [navigatœʀ, tʀis] *nm/f* (*Aviat*) Navigator(in); (*Naut*) Seefahrer(in) ▶ *nm* (*Inform*) Browser *m*
navigation [navigasjɔ̃] *nf* Schifffahrt *f*
naviguer [navige] *vi* fahren; **~ sur Internet** im Internet surfen
navire [naviʀ] *nm* Schiff *nt*
navire-citerne [naviʀsitɛʀn] (*pl* **navires-citernes**) *nm* Tanker *m*
navrant, e [navʀɑ̃, ɑ̃t] *adj* (*affligeant*) betrüblich; (*consternant*) bedauerlich
navrer [navʀe] *vt* betrüben; **je suis navré (que)** es tut mir leid(, dass)
NB [ɛnbe] *abr* (= *nota bene*) NB
ne [n(ə)] *adv* nicht; (*explétif*) *wird nicht übersetzt*; **je ne dors pas/plus** ich schlafe nicht/nicht mehr
né, e [ne] *adj* geboren; **un comédien né** der geborene Schauspieler; **née Dupont** geborene Dupont
néanmoins [neɑ̃mwɛ̃] *adv* trotzdem
néant [neɑ̃] *nm* Nichts *nt*; **réduire à ~** vernichten
nébuleux, -euse [nebylø, øz] *adj* (*fig*) nebulös
nébuliseur [nebylizœʀ] *nm* Zerstäuber *m*
nécessaire [nesesɛʀ] *adj* notwendig, nötig ▶ *nm* : **faire le ~** alles Nötige tun; **n'emporter que le strict ~** nur das

Nötigste mitnehmen; **~ de couture** Nähzeug *nt*; **~ de toilette** (*sac*) Kulturbeutel *m*
nécessairement [nesesɛʀmɑ̃] *adv* zwangsläufig; **pas ~** nicht unbedingt
nécessité [nesesite] *nf* Notwendigkeit *f*; **se trouver dans la ~ de faire qch** sich gezwungen sehen, etw zu tun; **par ~** notgedrungen
nécessiter [nesesite] *vt* erfordern
nécessiteux, -euse [nesesitø, øz] *adj* bedürftig
nectar [nɛktaʀ] *nm* Nektar *m*
nectarine [nɛktaʀin] *nf* Nektarine *f*
néerlandais, e [neɛʀlɑ̃dɛ, ɛz] *adj* niederländisch ▸ *nm/f*: **Néerlandais, e** Niederländer(in)
nef [nɛf] *nf* Schiff *nt*
néfaste [nefast] *adj* (*influence*) schlecht; (*jour*) unglückselig
négatif, -ive [negatif, iv] *adj* negativ ▸ *nm* (*Photo*) Negativ *nt* ▸ *nf*: **répondre par la négative** mit Nein antworten
négation [negasjɔ̃] *nf* Negieren *nt*; (*Ling*) Verneinung *f*
négligé, e [negliʒe] *adj* (*en désordre*) schlampig ▸ *nm* (*vêtement*) Negligé *nt*
négligeable [negliʒabl] *adj* minimal, bedeutungslos
négligence [negliʒɑ̃s] *nf* Nachlässigkeit *f*; (*faute, erreur*) Versehen *nt*
négligent, e [negliʒɑ̃, ɑ̃t] *adj* nachlässig
négliger [negliʒe] *vt* vernachlässigen; (*avis, précautions*) nicht beachten; **~ de faire qch** es versäumen, etw zu tun
négoce [negɔs] *nm* Handel *m*
négociable [negɔsjabl] *adj* übertragbar
négociant, e [negɔsjɑ̃, jɑ̃t] *nm/f* Händler(in)
négociateur, -trice [negɔsjatœʀ, tʀis] *nm/f* Unterhändler(in)
négociation [negɔsjasjɔ̃] *nf* Verhandlung *f*
négocier [negɔsje] *vt* aushandeln; (*virage, obstacle*) nehmen ▸ *vi* (*Pol*) verhandeln
nègre [nɛgʀ] (*péj*) *nm* Neger *m*; (*écrivain*) Ghostwriter *m*
négresse [negʀɛs] (*péj*) *nf* Negerin *f*
neige [nɛʒ] *nf* Schnee *m*; **battre les œufs en ~** Eiweiß zu Schnee schlagen; **~ carbonique** Trockenschnee *m*
neiger [neʒe] *vb impers*: **il neige** es schneit
nem [nɛm] *nm* kleine Frühlingsrolle *f*
nénuphar [nenyfaʀ] *nm* Seerose *f*
néologisme [neɔlɔʒism] *nm* Neologismus *m*
néon [neɔ̃] *nm* Neon *nt*
néonazi [neonazi] *adj* neonazistisch ▸ *nmf* Neonazi *m*
néophyte [neɔfit] *nmf* Neuling *m*
néo-zélandais, e [neoʒelɑ̃dɛ, ɛz] (*pl* **néo-zélandais, es**) *adj* neuseeländisch ▸ *nm/f*: **Néo-Zélandais, e** Neuseeländer(in)
Népal [nepal] *nm*: **le ~** Nepal *nt*
népalais, e [nepalɛ, ɛz] *adj* nepalesisch ▸ *nm/f*: **Népalais, e** Nepalese *m*, Nepalesin *f*
néphrétique [nefʀetik] *adj* (*colique*) Nieren-
néphrite [nefʀit] *nf* Nierenentzündung *f*
népotisme [nepɔtism] *nm* Vetternwirtschaft *f*
nerf [nɛʀ] *nm* Nerv *m*; (*vigueur*) Elan *m*, Schwung *m*
nerveux, -euse [nɛʀvø, øz] *adj* nervös; (*Méd, Anat*) Nerven-; (*tendineux*) sehnig; (*voiture*) sensibel
nervosité [nɛʀvozite] *nf* Nervosität *f*
n'est-ce pas [nɛspɑ] *adv* nicht wahr
Net [nɛt] *nm* (*Internet*): **le ~** das (Inter)net *nt*
net, nette [nɛt] *adj* deutlich; (*propre*) sauber; (*Comm*) Netto- ▸ *adv* (*refuser*) glatt ▸ *nm*: **mettre au ~** ins Reine schreiben; **s'arrêter ~** plötzlich stehen bleiben
nétiquette [nɛtikɛt] *nf* Netiquette *f*
nettement [nɛtmɑ̃] *adv* klar; (*distinctement*) deutlich; **~ mieux/meilleur** deutlich besser; **~ plus grand** deutlich größer
netteté [nɛtte] *nf* Klarheit *f*
nettoyage [netwajaʒ] *nm* Reinigung *f*, Säuberung *f*; **~ à sec** chemische Reinigung *f*
nettoyer [netwaje] *vt* reinigen, säubern
Neuchâtel [nøʃatɛl] *nf* Neuenburg *nt*
neuf[1] [nœf] *num* neun
neuf[2], **neuve** [nœf, nøv] *adj* neu; (*pensée, idée*) neu(artig) ▸ *nm*: **remettre à ~** renovieren; **n'acheter que du ~** nur Neues kaufen; **quoi de ~ ?** was gibts Neues?
neurologique [nøʀɔlɔʒik] *adj* neurologisch
neurologue [nøʀɔlɔg] *nmf* Neurologe *m*, Neurologin *f*
neutraliser [nøtʀalize] *vt* (*adversaire etc*) lähmen; (*Chim*) neutralisieren
neutralité [nøtʀalite] *nf* Neutralität *f*
neutre [nøtʀ] *adj* neutral; (*Ling*) sächlich ▸ *nm* (*Ling*) Neutrum *nt*
neutron [nøtʀɔ̃] *nm* Neutron *nt*

neuvième [nœvjɛm] *num* neunte(r, s)
neuvièmement [nœvjɛmmɑ̃] *adv* neuntens
neveu, x [n(ə)vø] *nm* Neffe *m*
névralgie [nevʀalʒi] *nf* Neuralgie *f*
névralgique [nevʀalʒik] *adj* neuralgisch; **centre ~** Nervenzentrum *nt*
névrite [nevʀit] *nf* Nervenentzündung *f*
névrose [nevʀoz] *nf* Neurose *f*
névrosé, e [nevʀoze] *adj* neurotisch
névrotique [nevʀɔtik] *adj* neurotisch
nez [ne] *nm* Nase *f*; **rire au ~ de qn** jdm ins Gesicht lachen; **~ à ~ avec qn** Auge in Auge mit jdm
NF *sigle f* (= *norme française*) ≈ DIN
ni [ni] *conj* : **ni ... ni ...** weder ... noch ...; **ni l'un ni l'autre ne sont ...** weder der eine noch der andere sind ...; **il n'a rien vu ni entendu** er hat weder etw gesehen noch etw gehört
niais, e [njɛ, njɛz] *adj* dümmlich
niaiserie [njɛzʀi] *nf* Einfältigkeit *f*; (*action, parole niaise*) Dummheit; (*futilité*) Albernheit *f*
Nicaragua [nikaʀagwa] *nm* : **le ~** Nicaragua *nt*
Nice [nis] *nf* Nizza *nt*
niche [niʃ] *nf* (*de chien*) (Hunde)hütte *f*; (*dans mur*) Nische *f*
nicher [niʃe] *vi* brüten; **se ~ dans** (s)ein Nest bauen in +*dat*; (*se blottir*) sich kuscheln in +*acc*; (*se cacher*) sich verstecken in +*dat*
nichon [niʃɔ̃] (*fam*) *nm* Titte *f*
nickel [nikɛl] *nm* Nickel *nt*
niçois, e [niswa, waz] *adj* aus Nizza
nicotine [nikɔtin] *nf* Nikotin *nt*
nid [ni] *nm* Nest *nt*
nid-de-poule [nidpul] (*pl* **nids-de-poule**) *nm* Schlagloch *nt*
nièce [njɛs] *nf* Nichte *f*
nième [ɛnjɛm] *adj* : **la ~ fois** das zigste Mal
nier [nje] *vt* leugnen
Niger [niʒɛʀ] *nm* : **le ~** Niger *nt*; (*fleuve*) der Niger
Nigéria [niʒeʀja] *nm* : **le ~** Nigeria *nt*
nigérian, e [niʒeʀjɑ̃, an] *adj* (*du Nigéria*) nigerianisch
nigérien, ne [niʒeʀjɛ̃, jɛn] *adj* aus Niger
night-club [najtklœb] (*pl* **night-clubs**) *nm* Nachtklub *m*
nihilisme [niilism] *nm* Nihilismus *m*
nihiliste [niilist] *adj* nihilistisch
Nil [nil] *nm* : **le ~** der Nil
n'importe [nɛ̃pɔʀt] *adv* : **~ qui** jeder; **il dit ~ quoi** er redet irgendwelchen Unsinn; **à ~ quel prix** zu jedem Preis; **~ comment** schlampig
nippes [nip] *nfpl* Klamotten *pl*
nippon, e [nipɔ̃, ɔn] *adj* japanisch
nique [nik] *nf* : **faire la ~ à** auslachen
nitouche [nituʃ] *nf* : **une sainte ~** (*péj*) eine Scheinheilige
nitrate [nitʀat] *nm* Nitrat *nt*
nitroglycérine [nitʀogliseʀin] *nf* Nitroglyzerin *nt*
niveau, x [nivo] *nm* Höhe *f*; (*fig*) Niveau *nt*; **au ~ de** auf gleicher Höhe mit; **de ~ (avec)** gleich hoch (wie); **le ~ de la mer** der Meeresspiegel; **~ (d'eau)** Wasserstand *m*; **~ de vie** Lebensstandard *m*
niveler [niv(ə)le] *vt* einebnen; (*fig*) angleichen
n° *abr* (= *numéro*) Nr.
noble [nɔbl] *adj* edel; (*généreux*) nobel ▸ *nmf* Adlige(r) *f(m)*
noblesse [nɔblɛs] *nf* Adel *m*; (*d'une action etc*) Großmütigkeit *f*
noce [nɔs] *nf* Hochzeit *f*; **en secondes ~s** in zweiter Ehe; **faire la ~** (*fam*) einen draufmachen; **~s d'argent** Silberhochzeit *f*; **~s d'or** goldene Hochzeit *f*
nocif, -ive [nɔsif, iv] *adj* schädlich
nocivité [nɔsivite] *nf* Schädlichkeit *f*
nocturne [nɔktyʀn] *adj* nächtlich
Noël [nɔɛl] *nm* Weihnachten *nt*
nœud [nø] *nm* Knoten *m*; (*en ruban*) Schleife *f*; (*d'une question*) Kernpunkt *m*; **~ papillon** Fliege *f*
noir, e [nwaʀ] *adj* schwarz; (*sombre*) dunkel; (*ivre*) besoffen ▸ *nm/f* (*personne*) Schwarze(r) *f(m)* ▸ *nm* (*couleur*) Schwarz *nt*; (*obscurité*) Dunkel *nt*; **au ~** (*travailler*) schwarz; **dans le ~** im Dunkeln
noirceur [nwaʀsœʀ] *nf* Schwärze *f*
noircir [nwaʀsiʀ] *vt* schwärzen
noire [nwaʀ] *nf* (*Mus*) Viertelnote *f*
noisetier [nwaz(ə)tje] *nm* Haselnussstrauch *m*
noisette [nwazɛt] *nf* Haselnuss *f* ▸ *adj inv* (*yeux*) nussbraun
noix [nwa] *nf* Walnuss *f*; **à la ~** (*fam*) wertlos; **une ~ de beurre** ein kleines Stück Butter; **~ de cajou** Cashewnuss *f*; **~ de coco** Kokosnuss *f*; **~ de veau** Kalbsnüsschen *nt*; **~ muscade** Muskatnuss *f*
nom [nɔ̃] *nm* Name *m*; (*Ling*) Substantiv *nt*; **au ~ de qn** in jds Namen; **~ d'une pipe** *ou* **d'un chien !** (*fam*) verdammt noch mal!; **~ de famille** Familienname *m*; **~ de jeune fille** Mädchenname *m*; **~ d'utilisateur** Benutzername *m*
nomade [nɔmad] *adj* nomadisch ▸ *nmf* Nomade *m*, Nomadin *f*

nombre [nɔ̃bʀ] *nm* Zahl *f*; (*singulier et pluriel*) Numerus *m*; **sans ~** zahllos; **(bon) ~ de** viele; **au ~ de mes amis** unter meinen Freunden
nombreux, -euse [nɔ̃bʀø, øz] *adj* (*avec pluriel*) viele; (*avec singulier*) groß; **être ~** zahlreich sein
nombril [nɔ̃bʀi(l)] *nm* Nabel *m*
nominal, e, -aux [nɔminal, o] *adj* (*autorité, valeur*) nominell; (*appel, liste*) namentlich; (*Ling*) Nominal-
nominatif [nɔminatif] *nm* Nominativ *m*
nomination [nɔminasjɔ̃] *nf* Ernennung *f*
nommer [nɔme] *vt* nennen; (*citer*) erwähnen; (*désigner, élire*) ernennen
nomophobe [nɔmɔfɔb] *nmf* Handysüchtige(r) *f(m)* ▶ *adj* handysüchtig
non [nɔ̃] *adv* nicht; (*réponse*) nein ▶ *nm* Nein *nt*
non- [nɔ̃] *préf* nicht-
nonagénaire [nɔnaʒenɛʀ] *adj, nmf* Neunzigjährige(r) *f(m)*
non-agression [nɔnagʀesjɔ̃] *nf* : **pacte de ~** Nichtangriffspakt *m*
non alcoolisé, e [nɔnalkɔlize] *adj* alkoholfrei
non aligné, e [nɔnaliɲe] *adj* blockfrei
non-alignement [nɔnaliɲmɑ̃] *nm* Blockfreiheit *f*
nonante [nɔnɑ̃t] *num* (*Belgique, Suisse*) neunzig
non-assistance [nɔnasistɑ̃s] *nf* : **~ à personne en danger** unterlassene Hilfeleistung *f*
nonchalance [nɔ̃ʃalɑ̃s] *nf* Lässigkeit *f*
nonchalant, e [nɔ̃ʃalɑ̃, ɑ̃t] *adj* lässig
non-conformisme [nɔ̃kɔ̃fɔʀmism] *nm* Nonkonformismus *m*
non-conformité [nɔ̃kɔ̃fɔʀmite] *nf* mangelnde Übereinstimmung *f*
non-croyant, e [nɔ̃kʀwajɑ̃, ɑ̃t] (*pl* **non-croyants, es**) *nm/f* Ungläubige(r) *f(m)*
non-européen, ne (*pl* **non-européens, nes**) [nɔnøʀɔpeɛ̃, ɛn] *nm/f* Nichteuropäer(in) *m(f)*
non-fumeur, -euse [nɔ̃fymœʀ, øz] (*pl* **non-fumeurs, -euses**) *nm/f* Nichtraucher(in)
non-ingérence [nɔnɛ̃ʒeʀɑ̃s] *nf* Nichteinmischung *f*
non-initié, e [nɔ̃ninisje] (*pl* **non-initiés, es**) *adj* laienhaft ▶ *nmpl* : Uneingeweihte *pl*
non-inscrit, e [nɔnɛ̃skʀi, it] (*pl* **non-inscrits, es**) *nm/f* (*Pol*) Unabhängige(r) *f(m)*
non-intervention [nɔnɛ̃tɛʀvɑ̃sjɔ̃] *nf* Nichteinmischung *f*
non-lieu [nɔ̃ljø] *nm* : **il y a eu ~** das (Straf)verfahren wurde eingestellt
nonne [nɔn] *nf* Nonne *f*
nonobstant [nɔnɔpstɑ̃] *prép* trotz *+gén ou dat* ▶ *adv* trotzdem
non-paiement [nɔ̃pɛmɑ̃] (*pl* **non-paiements**) *nm* Nichtzahlung *f*
non-prolifération [nɔ̃pʀɔlifeʀasjɔ̃] *nf* Nichtverbreitung *f* (von Atomwaffen)
non-résident, e [nɔ̃ʀesidɑ̃] (*pl* **non-résidents, es**) *nm/f* Nicht(orts)ansässige(r) *f(m)*
non-retour [nɔ̃ʀətuʀ] *nm* : **le point de ~** der Punkt, von dem es kein Zurück mehr gibt
non-sens [nɔ̃sɑ̃s] *nm* Unsinn *m*
non-spécialiste [nɔ̃spesjalist] (*pl* **non-spécialistes**) *nmf* Laie *m*
non-stop [nɔnstɔp] *adj inv* nonstop
non-syndiqué, e [nɔ̃sɛ̃dike] (*pl* **non-syndiqués, es**) *nm/f* nicht gewerkschaftlich organisierte(r) Arbeitnehmer(in)
non-violence [nɔ̃vjɔlɑ̃s] *nf* Gewaltlosigkeit *f*
non-violent, e [nɔ̃vjɔlɑ̃, ɑ̃t] *adj* gewaltfrei
non voyant, e (*pl* **non voyants, es**) [nɔ̃vwajɑ̃, ɑ̃t] *adj* blind
nord [nɔʀ] *nm* Norden *m* ▶ *adj inv* nördlich, Nord-; **au ~ de** nördlich von
nord-africain, e [nɔʀafʀikɛ̃, ɛn] (*pl* **nord-africains, es**) *adj* nordafrikanisch ▶ *nm/f* : **Nord-Africain, e** Nordafrikaner(in)
nord-américain, e [nɔʀameʀikɛ̃, ɛn] (*pl* **nord-américains, es**) *adj* nordamerikanisch ▶ *nm/f* : **Nord-Américain, e** Nordamerikaner(in)
nord-coréen, ne [nɔʀkɔʀeɛ̃, ɛn] (*pl* **nord-coréens, nes**) *adj* nordkoreanisch
nord-est [nɔʀɛst] *nm inv* Nordosten *m*
nordique [nɔʀdik] *adj* nordisch
nord-ouest [nɔʀwɛst] *nm inv* Nordwesten *m*
normal, e, -aux [nɔʀmal, o] *adj* normal
normale [nɔʀmal] *nf* Norm *f*
normalement [nɔʀmalmɑ̃] *adv* normalerweise
normaliser [nɔʀmalize] *vt* normen; (*Pol*) normalisieren
normand, e [nɔʀmɑ̃, ɑ̃d] *adj* aus der Normandie ▶ *nm/f* : **Normand, e** Mann *m*/Frau *f* aus der Normandie; **une réponse de N~** eine unklare Antwort
Normandie [nɔʀmɑ̃di] *nf* : **la ~** die Normandie
norme [nɔʀm] *nf* Norm *f*

Norvège [nɔʀvɛʒ] *nf* : **la ~** Norwegen *nt*
norvégien, ne [nɔʀveʒjɛ̃, jɛn] *adj* norwegisch ▶ *nm/f* : **Norvégien, ne** Norweger(in)
nos [no] *adj possessif voir* **notre**
nostalgie [nɔstalʒi] *nf* Nostalgie *f*
nostalgique [nɔstalʒik] *adj* nostalgisch
notable [nɔtabl] *adj* bedeutend ▶ *nmf* Prominente(r) *f(m)*
notaire [nɔtɛʀ] *nmf* Notar(in) *m(f)*
notamment [nɔtamɑ̃] *adv* besonders
notariat [nɔtaʀja] *nm* Notariat *nt*
notarié [nɔtaʀje] *adj m* : **acte ~** (notariell) beglaubigte Urkunde *f*
notation [nɔtasjɔ̃] *nf* (*Scol*) Zensierung *f*; (*note, trait*) Note *f*
note [nɔt] *nf* Note *f*; (*facture*) Rechnung *f*; (*billet*) Zettel *m*; (*annotation*) Anmerkung *f*; **prendre des ~s** sich *dat* Notizen machen; **prendre ~ de qch** sich *dat* etw merken
noté, e [nɔte] *adj* : **être bien/mal ~** gut/schlecht bewertet werden
notebook [nɔtbuk] *nm* Notebook *nt*
noter [nɔte] *vt* notieren; (*remarquer*) bemerken; (*évaluer*) bewerten; **notez bien que ...** beachten Sie bitte, dass ...
notice [nɔtis] *nf* Notiz *f*; **~ explicative** Erläuterung *f*
notification [nɔtifikasjɔ̃] *nf* Benachrichtigung *f*; (*acte*) Bekanntgabe *f*
notifier [nɔtifje] *vt* : **~ qch à qn** jdn von etw benachrichtigen
notion [nosjɔ̃] *nf* Vorstellung *f*; **avoir des ~s de** Grundkenntnisse haben in
notoire [nɔtwaʀ] *adj* bekannt; (*en mal*) notorisch
notoirement [nɔtwaʀmɑ̃] *adv* bekanntlich
notoriété [nɔtɔʀjete] *nf* allgemeine Bekanntheit *f*; **c'est de ~ publique** das ist ja allgemein bekannt
notre [nɔtʀ] (*pl* **nos**) *adj possessif* (*selon le genre de l'objet en allemand*) unser/unsere/unser; (*pl*) unsere
nôtre [notʀ] *pron* : **le/la ~** der/die/das Unsere; **les ~s** unsere; (*famille, groupe*) die Unsrigen *pl*; **serez-vous des ~s ?** schließen Sie sich uns an?
nouba [nuba] *nf* : **faire la ~** einen draufmachen
nouer [nwe] *vt* binden
nougat [nuga] *nm Süßigkeit aus Honig und Mandeln*
nougatine [nugatin] *nf* ≈ Krokant *m*
nouille [nuj] *nf* Nudel *f*; (*fam*) Blödmann *m*
nounours [nunuʀs] (*fam*) *nm* Teddybär *m*
nourrice [nuʀis] *nf* Amme *f*; (*sens moderne*) Tagesmutter *f*
nourrir [nuʀiʀ] *vt* (*alimenter*) füttern; (*donner les moyens de subsister*) ernähren; (*espoir, haine*) nähren; **se nourrir** *vpr* : **se ~ de légumes** sich von Gemüse ernähren; **nourri logé** mit Übernachtung und Verpflegung; **bien nourri** gut genährt; **mal nourri** schlecht ernährt
nourrissant, e [nuʀisɑ̃, ɑ̃t] *adj* nahrhaft
nourrisson [nuʀisɔ̃] *nm* Säugling *m*
nourriture [nuʀityʀ] *nf* Nahrung *f*
nous [nu] *pron* (*sujet*) wir; (*objet, après préposition*) uns; **~-mêmes** wir selbst
nouveau, nouvelle [nuvo, nuvɛl] (*devant nom masculin commençant par une voyelle et un h muet* **nouvel**, *mpl* **nouveaux**) *adj* neu ▶ *nm/f* Neue(r) *f(m)* ▶ *nm* : **il y a du ~** es gibt was Neues; **de ~, à ~** nochmals; **~ riche** neureich; **~ venu/nouvelle venue** Neuankömmling *m*
nouveau-né, e [nuvone] (*pl* **nouveau-nés, es**) *adj* neugeboren ▶ *nm/f* Neugeborene *nt*
nouveauté [nuvote] *nf* Neuheit *f*
nouvelle [nuvɛl] *adj f voir* **nouveau** ▶ *nf* Nachricht *f*; (*Litt*) Novelle *f*; **nouvelles** *nfpl* Nachrichten *pl*; **je suis sans ~s de lui** ich habe nichts (mehr) von ihm gehört
Nouvelle-Calédonie [nuvɛlkaledɔni] *nf* : **la ~** Neukaledonien *nt*
Nouvelle-Guinée [nuvɛlgine] *nf* : **la ~** Neuguinea *nt*
Nouvelle-Zélande [nuvɛlzelɑ̃d] *nf* : **la ~** Neuseeland *nt*
novembre [nɔvɑ̃bʀ] *nm* November *m*; *voir aussi* **juillet**

> **Le 11 novembre** ist ein gesetzlicher Feiertag in Frankreich, an dem an die Unterzeichnung des Waffenstillstands bei Compiègne am Ende des Ersten Weltkriegs gedacht wird.

novice [nɔvis] *adj* unerfahren ▶ *nmf* Neuling *m*
noyau, x [nwajo] *nm* Kern *m*
noyauter [nwajote] *vt* (*Pol*) unterwandern
noyer [nwaje] *nm* (*Bot*) Walnussbaum *m* ▶ *vt* ertränken; (*submerger*) überschwemmen; **se noyer** *vpr* ertrinken; **~ son moteur** den Motor absaufen lassen
N/Réf. *abr* (= *notre référence*) unser Zeichen
NTIC [ɛnteise] *sigle fpl* (= *nouvelles technologies de l'information et de la communication*) neue Informations- und Kommunikationstechnologien *fpl*

nu, e [ny] *adj* nackt; (*chambre*) leer ▶ *nm* (*Art*) Akt *m*; **(les) pieds nus** barfuß; **à mains nues** mit bloßen Händen; **se mettre nu** sich (nackt) ausziehen; **mettre à nu** entblößen
nuage [nɥaʒ] *nm* Wolke *f*; **le ~** (*Inform*) die Cloud *f*
nuageux, -euse [nɥaʒø, øz] *adj* wolkig, bewölkt
nuance [nɥɑ̃s] *nf* Nuance *f*; **il y a une ~ entre** es gibt einen feinen Unterschied zwischen *+dat*
nuancer [nɥɑ̃se] *vt* nuancieren
nubuck [nybyk] *nm* Nubukleder *nt*
nucléaire [nykleɛʀ] *adj* Kern-
nudisme [nydism] *nm* Freikörperkultur *f*
nudiste [nydist] *nmf* Nudist(in) *m(f)*
nudité [nydite] *nf* Nacktheit *f*
nuée [nɥe] *nf* : **une ~ de** eine Wolke von, ein Schwarm von
nues [ny] *nfpl* : **tomber des ~** aus allen Wolken fallen; **porter qn aux ~** jdn in den Himmel loben
nuire [nɥiʀ] *vi* schädlich sein; **~ à** schaden *+dat*
nuisible [nɥizibl] *adj* schädlich
nuit [nɥi] *nf* Nacht *f*; (*à l'hôtel*) Übernachtung *f*; **il fait ~** es ist Nacht; **cette ~** heute Nacht; **de ~** (*vol, service*) Nacht-; **~ blanche** schlaflose Nacht *f*; **~ de noces** Hochzeitsnacht *f*
nul, nulle [nyl] *adj* (*aucun*) kein; (*non valable*) ungültig; (*péj*) unnütz ▶ *pron* niemand; **résultat** *ou* **match ~** unentschieden; **~le part** nirgends
nullement [nylmɑ̃] *adv* keineswegs
nullité [nylite] *nf* (*de document, mariage*) Ungültigkeit *f*; (*péj : personne*) Null *f*
numéraire [nymeʀɛʀ] *nm* Bargeld *nt*
numérateur [nymeʀatœʀ] *nm* Zähler *m*
numération [nymeʀasjɔ̃] *nf* : **~ décimale** Dezimalsystem *nt*; **~ binaire** Binärsystem *nt*
numérique [nymeʀik] *adj* numerisch; (*technologie*) Digital-
numériquement [nymeʀikmɑ̃] *adv* (*en nombres*) numerisch
numérisation [nymeʀizasjɔ̃] *nf* Digitalisierung *f*
numériser [nymeʀize] *vt* digitalisieren
numéro [nymeʀo] *nm* Nummer *f*; **~ d'identification personnel** (persönliche) Geheimzahl *f*; **~ vert** ≈ gebührenfreier Anruf *m*
numéroter [nymeʀɔte] *vt* nummerieren
nuque [nyk] *nf* Nacken *m*
nutritif, -ive [nytʀitif, iv] *adj* (*fonction, valeur*) Nähr-; (*élément, aliment*) nahrhaft
nutrition [nytʀisjɔ̃] *nf* Ernährung *f*
nutritionniste [nytʀisjɔnist] *nmf* Ernährungswissenschaftler(in) *m(f)*
nylon [nilɔ̃] *nm* Nylon *nt*
nymphe [nɛ̃f] *nf* Nymphe *f*
nymphomane [nɛ̃fɔman] *nf* Nymphomanin *f*

O

O, o [o] *nm inv* O, o *nt*
oasis [ɔazis] *nf ou nm* Oase *f*
obéir [ɔbeiʀ] *vi* gehorchen; **~ à** gehorchen *+dat*; (*ordre, loi, impulsion*) folgen *+dat*; (*force*) nachgeben *+dat*
obéissance [ɔbeisɑ̃s] *nf* Gehorsam *m*
obéissant, e [ɔbeisɑ̃, ɑ̃t] *adj* gehorsam
obélisque [ɔbelisk] *nm* Obelisk *m*
obèse [ɔbɛz] *adj* fettleibig
obésité [ɔbezite] *nf* Fettleibigkeit *f*
objecter [ɔbʒɛkte] *vt* (*prétexter*) vorgeben; **~ qch à qch** etw gegen etw einwenden; **~ qch à qn** jdm etw entgegenhalten
objecteur [ɔbʒɛktœʀ] *nm* : **~ de conscience** Wehrdienstverweigerer *m*
objectif, -ive [ɔbʒɛktif, iv] *adj* objektiv ▸ *nm* (*but, Photo*) Objektiv *nt*; (*Mil, fig*) Ziel *nt*
objection [ɔbʒɛksjɔ̃] *nf* Einwand *m*, Widerspruch *m*
objectivement [ɔbʒɛktivmɑ̃] *adv* objektiv
objectivité [ɔbʒɛktivite] *nf* Objektivität *f*
objet [ɔbʒɛ] *nm* Gegenstand *m*; (*sujet, but*) Objekt *nt*; **être** *ou* **faire l'~ de qch** Gegenstand etw *gén* sein; **sans ~** gegenstandslos; **(bureau des) ~s trouvés** Fundbüro *nt*; **~ d'art** Kunstgegenstand *m*; **~s personnels** persönliche Habe *f*; **~s de toilette** Toilettenartikel *pl*
obligation [ɔbligasjɔ̃] *nf* Pflicht *f*; (*Fin*) Obligation *f*; **sans ~ d'achat** ohne Kaufzwang; **sans ~ de votre part** unverbindlich; **être dans l'~ de faire qch** verpflichtet sein, etw zu tun
obligatoire [ɔbligatwaʀ] *adj* obligatorisch
obligatoirement [ɔbligatwaʀmɑ̃] *adv* (*nécessairement*) unbedingt; (*fatalement*) zwangsläufig
obligé, e [ɔbliʒe] *adj* : **~ de faire qch** verpflichtet, etw zu tun; **être très ~ à qn** (*redevable*) jdm sehr verbunden *ou* verpflichtet sein
obligeance [ɔbliʒɑ̃s] *nf* : **avoir l'~ de faire qch** so freundlich sein, etw zu tun
obliger [ɔbliʒe] *vt* : **~ qn** (*rendre service*) jdm einen Gefallen tun; **~ qn à qch** (*contraindre*) jdn zu etw zwingen; **~ qn à faire qch** jdn zwingen, etw zu tun; (*Jur : engager*) jdn verpflichten, etw zu tun
oblique [ɔblik] *adj* schief, schräg; **en ~** diagonal
obliquer [ɔblike] *vi* : **~ vers** (seitwärts) abbiegen in Richtung auf *+acc*
oblitération [ɔbliteʀasjɔ̃] *nf* (*de timbre*) Entwerten *nt*
oblitérer [ɔbliteʀe] *vt* stempeln; (*Méd*) blockieren
oblong, oblongue [ɔblɔ̃, ɔ̃g] *adj* länglich
obscène [ɔpsɛn] *adj* obszön
obscénité [ɔpsenite] *nf* Obszönität *f*
obscur, e [ɔpskyʀ] *adj* (*sombre*) finster, dunkel; (*raisons, point, exposé*) obskur; (*médiocre*) unscheinbar; (*inconnu*) obskur
obscurcir [ɔpskyʀsiʀ] *vt* (*assombrir*) verdunkeln; (*fig*) unklar machen; **s'obscurcir** *vpr* : **le ciel s'obscurcit** es wird dunkel
obscurité [ɔpskyʀite] *nf* Dunkelheit *f*; **dans l'~** im Dunkeln
obsédé, e [ɔpsede] *nm/f* : **~ sexuel** Sexbesessene(r) *f(m)*
obséder [ɔpsede] *vt* verfolgen; **être obsédé par** besessen sein von
obsèques [ɔpsɛk] *nfpl* Begräbnis *nt*; **~ nationales** Staatsbegräbnis *nt*
observateur, -trice [ɔpsɛʀvatœʀ, tʀis] *adj* aufmerksam ▸ *nm/f* Beobachter(in)
observation [ɔpsɛʀvasjɔ̃] *nf* Beobachtung *f*; (*d'un règlement etc*) Befolgen *nt*; (*commentaire, critique*) Bemerkung *f*
observatoire [ɔpsɛʀvatwaʀ] *nm* Observatorium *nt*; (*lieu élevé*) Beobachtungsstand *m*
observer [ɔpsɛʀve] *vt* beobachten; (*remarquer*) bemerken; (*respecter*) befolgen; **faire ~ qch à qn** jdn auf etw *acc* aufmerksam machen
obsession [ɔpsesjɔ̃] *nf* Besessenheit *f*
obsolescence [ɔpsɔlesɑ̃s] *nf* Veralten *nt*; **l'~ programmée (d'un appareil)** die gewollte Kurzlebigkeit (eines Geräts)
obsolète [ɔpsɔlɛt] *adj* veraltet

obstacle [ɔpstakl] *nm* Hindernis *nt*; (*Sport*) Hürde *f*; **faire ~ à qch** sich etw *dat* entgegenstellen
obstétricien, ne [ɔpstetʀisjɛ̃, jɛn] *nm/f* Geburtshelfer(in)
obstétrique [ɔpstetʀik] *nf* Geburtshilfe *f*
obstination [ɔpstinasjɔ̃] *nf* Eigensinn *m*
obstiné, e [ɔpstine] *adj* eigensinnig; (*effort, travail, résistance*) stur
obstiner [ɔpstine] : **s'obstiner** *vpr* nicht nachgeben, stur bleiben; **s'~ à faire qch** hartnäckig darauf bestehen, etw zu tun; **s'~ sur qch** sich auf etw *acc* versteifen
obstruction [ɔpstʀyksjɔ̃] *nf* (*Sport*) Sperren *nt*; (*Méd*) Verschluss *m*; (*Pol*) Obstruktion *f*; **faire de l'~** (*fig*) sich querstellen
obstructionnisme [ɔpstʀyksjɔnism] *nm* Obstruktionspolitik *f*
obstruer [ɔpstʀye] *vt* verstopfen
obtenir [ɔptəniʀ] *vt* bekommen, erhalten; (*total, résultat*) erreichen; **~ de qn qu'il fasse qch** erreichen, dass jd etw macht; **~ satisfaction** Genugtuung erhalten
obturateur [ɔptyʀatœʀ] *nm* (*Photo*) Verschluss *m*
obturation [ɔptyʀasjɔ̃] *nf* Verstopfen *nt*; **~ (dentaire)** Füllung *f*
obturer [ɔptyʀe] *vt* zustopfen; (*dent*) plombieren
obtus, e [ɔpty, yz] *adj* (*angle*) stumpf; (*fig*) abgestumpft
obus [ɔby] *nm* Granate *f*
occasion [ɔkazjɔ̃] *nf* Gelegenheit *f*; (: *acquisition avantageuse*) Gelegenheitskauf *m*; **à plusieurs ~s** mehrfach; **à cette/la première ~** bei dieser/bei der ersten *ou* nächsten Gelegenheit; **à l'~** gelegentlich; **à l'~ de** anlässlich *+gén*; **être l'~ de qch** der Anlass für etw sein; **d'~** gebraucht
occasionnel, le [ɔkazjɔnɛl] *adj* (*fortuit*) zufällig; (*non régulier*) gelegentlich
occasionnellement [ɔkazjɔnɛlmɑ̃] *adv* gelegentlich
occasionner [ɔkazjɔne] *vt* verursachen; **~ qch à qn** jdm etw verursachen
occident [ɔksidɑ̃] *nm* : **l'~** der Westen
occidental, e, -aux [ɔksidɑ̃tal, o] *adj* westlich
occiput [ɔksipyt] *nm* Hinterkopf *m*
occlusion [ɔklyzjɔ̃] *nf* : **~ intestinale** Darmverschluss *m*
occulte [ɔkylt] *adj* okkult
occulter [ɔkylte] *vt* (*fig*) überschatten, verdunkeln
occultisme [ɔkyltism] *nm* Okkultismus *m*
occupant, e [ɔkypɑ̃, ɑ̃t] *adj* (*armée, autorité*) Besatzungs- ▸ *nm/f* (*d'un appartement*) Bewohner(in)
occupation [ɔkypasjɔ̃] *nf* (*de pays, usine*) Besetzung *f*; (*passe-temps, emploi*) Beschäftigung *f*; **l'O~** (1941–44) *die Besetzung Frankreichs durch deutsche Truppen*
occupé, e [ɔkype] *adj* besetzt; (*personne*) beschäftigt; (*esprit: occupé*) völlig in Anspruch genommen
occuper [ɔkype] *vt* (*pays, territoire, usine*) besetzen; (*place, endroit*) einnehmen; (*appartement, maison*) bewohnen; (*surface, période*) ausfüllen; (*heure, loisirs*) in Anspruch nehmen; (*poste, fonction*) innehaben; (*personne, main d'œuvre*) beschäftigen; **s'occuper** *vpr* : **s'~ de** sich kümmern um; (*s'intéresser à, pratiquer*) sich beschäftigen mit
OCDE [ɔsedeə] *sigle f* (= *Organisation de coopération et de développement économique*) OECD *f* (= *Organisation für wirtschaftliche Zusammenarbeit und Entwicklung*)
océan [ɔseɑ̃] *nm* Ozean *m*
Océanie [ɔseani] *nf* : **l'~** Ozeanien *nt*
océanique [ɔseanik] *adj* Meeres-; (*climat*) See-
océanographe [ɔseanɔgʀaf] *nmf* Meeresforscher(in) *m(f)*
océanographie [ɔseanɔgʀafi] *nf* Meeresforschung *f*
océanographique [ɔseanɔgʀafik] *adj* ozeanografisch
ocelot [ɔs(ə)lo] *nm* Ozelot *m*
ocre [ɔkʀ] *adj inv* ocker(farben)
octane [ɔktan] *nm* Oktan *nt*
octante [ɔktɑ̃t] *num* (*Suisse*) achtzig
octave [ɔktav] *nf* Oktave *f*
octet [ɔktɛ] *nm* Byte *nt*
octobre [ɔktɔbʀ] *nm* Oktober *m*; *voir aussi* **juillet**
octogénaire [ɔktɔʒenɛʀ] *adj* achtzigjährig ▸ *nmf* Achtzigjährige(r) *f(m)*
octogone [ɔktɔgɔn] *nm* Achteck *nt*
octroyer [ɔktʀwaje] *vt* : **~ qch à qn** jdm etw gewähren *ou* bewilligen; **s'octroyer** *vpr* sich *dat* genehmigen
oculaire [ɔkylɛʀ] *adj* Augen-
oculiste [ɔkylist] *nmf* Augenarzt (Augenärztin) *m(f)*
odeur [ɔdœʀ] *nf* Geruch *m*; **mauvaise ~** Gestank *m*
odieux, -euse [ɔdjø, jøz] *adj* widerlich, ekelhaft; (*enfant*) unerträglich
odontologie [ɔdɔ̃tɔlɔʒi] *nf* Zahnheilkunde *f*

O

odorant, e [ɔdɔʀɑ̃, ɑ̃t] *adj* duftend
odorat [ɔdɔʀa] *nm* Geruchssinn *m*; **avoir l'~ fin** eine feine Nase haben
œcuménique [ekymenik] *adj* ökumenisch
œdème [edɛm] *nm* Ödem *nt*
œil [œj] (*pl* **yeux**) *nm* Auge *nt*; (*d'une aiguille*) Öhr *nt*; **avoir un ~ au beurre noir** *ou* **un ~ poché** ein blaues Auge haben; **tenir qn à ~** jdn im Auge behalten; **voir qch d'un bon ~** etw gut finden; **voir qch d'un mauvais ~** etw nicht gerne sehen; **à mes yeux** in meinen Augen; **de ses propres yeux** mit eigenen Augen; **fermer les yeux (sur qch)** (bei etw) ein Auge zudrücken; **à l'~** (*fam : gratuitement*) umsonst
œillade [œjad] *nf* : **lancer une ~ à qn** jdm zuzwinkern; **faire des ~s à qn** jdm schöne Augen machen
œillères [œjɛʀ] *nfpl* Scheuklappen *pl*
œillet [œjɛ] *nm* Nelke *f*; (*trou, bordure rigide*) Öse *f*
œstrogène [ɛstʀɔʒɛn] *adj* Östrogen *nt*
œuf [œf, *pl* ø] *nm* Ei *nt*; **~ à la coque** weiches *ou* weich gekochtes Ei; **~ à repriser** Stopfpilz *m*; **~ dur** hartes *ou* hart gekochtes Ei; **~ mollet** wachsweiches Ei; **~ de Pâques** Osterei *nt*; **~ au plat** Spiegelei *nt*; **~ poché** pochiertes Ei; **~s brouillés** Rührei *nt*
œuvre [œvʀ] *nf* Werk *nt*; (*organisation charitable*) Stiftung *f* ▸ *nm* (*d'un artiste*) Werk *nt*; **œuvres** *nfpl* (*Rel : actions, actes*) Werke *pl*; **bonnes ~s, ~s de bienfaisance** gute Werke; **le gros ~** der Rohbau; **être/se mettre à l'~** arbeiten/sich an die Arbeit machen; **mettre en ~** (*moyens*) einsetzen, Gebrauch machen von; **~ d'art** Kunstwerk *nt*
œuvrer [œvʀe] *vi* : **~ (pour)** arbeiten (für)
offense [ɔfɑ̃s] *nf* (*affront*) Beleidigung *f*; (*Rel*) Sünde *f*
offenser [ɔfɑ̃se] *vt* (*personne*) beleidigen; (*bon sens, bon goût, principes*) verletzen; (*Dieu*) sündigen gegen; **s'offenser** *vpr* : **s'~ de qch** an etw *dat* Anstoß nehmen
offensif, -ive [ɔfɑ̃sif, iv] *adj* Offensiv-
offensive [ɔfɑ̃siv] *nf* (*Mil*) Offensive *f*, Angriff *m*; **l'~ de l'hiver** der Einbruch des Winters; **passer à l'~** zum Angriff übergehen
office [ɔfis] *nm* (*charge*) Amt *nt*; (*bureau, agence*) Büro *nt*; (*messe*) Gottesdienst *m* ▸ *nm ou nf* (*pièce*) Vorratskammer *f*; **faire ~ de** fungieren als; **avocat désigné d'~** Pflichtverteidiger *m*; **bons ~s** Vermittlung *f*; **~ du tourisme** Fremdenverkehrsamt *nt*
officiel, le [ɔfisjɛl] *adj* offiziell ▸ *nm/f* Offizielle(r) *f(m)*; (*Sport*) Funktionär(in)
officier [ɔfisje] *nm* Offizier *m* ▸ *vi* (*Rel*) einen Gottesdienst (ab)halten; **~ de police** Polizeibeamte(r) *m*, -beamtin *f*; **~ ministériel** Ministerialbeamte(r) *m*, -beamtin *f*
officieux, -euse [ɔfisjø, jøz] *adj* halbamtlich, halb amtlich
officinal, e, -aux [ɔfisinal, o] *adj* : **plantes ~es** Heilpflanzen *pl*
offrande [ɔfʀɑ̃d] *nf* Gabe *f*; (*Rel*) Opfergabe *f*
offrant [ɔfʀɑ̃] *nm* : **vendre/adjuger au plus ~** an den Meistbietenden verkaufen/versteigern
offre [ɔfʀ] *nf* Angebot *nt*; (*aux enchères*) Gebot *nt*; (*Admin : soumission*) Angebot, Offerte *f*; **~ d'emploi** Stellenangebot *nt*; **« ~s d'emploi »** „Stellenmarkt"; **~ publique d'achat** Übernahmeangebot *nt*
offrir [ɔfʀiʀ] *vt* schenken; (*choix, avantage, etc*) bieten; (*aspect, spectacle*) darbieten; **s'offrir** *vpr* (*se payer*) sich *dat* leisten *ou* genehmigen; **~ (à qn) de faire qch** (jdm) anbieten, etw zu tun; **~ à boire à qn** jdm etw zu trinken anbieten; **~ ses services à qn** jdm seine Dienste anbieten; **~ le bras à qn** jdm den Arm reichen; **s'~ aux regards** sich den Blicken aussetzen
offset [ɔfsɛt] *nm* Offsetdruck *m*
ogive [ɔʒiv] *nf* (*Archit*) Spitzbogen *m*; (*Mil*) Sprengkopf *m*
ogre [ɔgʀ] *nm* Menschenfresser *m*
oie [wa] *nf* Gans *f*; **~ blanche** (*péj : jeune fille candide*) Unschuld *f* vom Lande
oignon [ɔɲɔ̃] *nm* Zwiebel *f*
oiseau, x [wazo] *nm* Vogel *m*; **~ de nuit** Nachtvogel *m*; **~ de proie** Greifvogel *m*
oiseau-mouche [wazomuʃ] (*pl* **oiseaux-mouches**) *nm* Kolibri *m*
oisif, -ive [wazif, iv] *adj* müßig ▸ *nm/f* (*péj*) Müßiggänger(in)
oisiveté [wazivte] *nf* Müßiggang *m*
ola [ɔla] *nf* (*Sport*) La-Ola-Welle *f*
oléiculture [ɔleikyltyʀ] *nf* Olivenanbau *m*
oléoduc [ɔleɔdyk] *nm* (Öl)pipeline *f*
oligoélément [ɔligoelemɑ̃] *nm* Spurenelement *nt*
olive [ɔliv] *nf* Olive *f* ▸ *adj inv* olivgrün
oliveraie [ɔlivʀɛ] *nf* Olivenhain *m*
olivier [ɔlivje] *nm* Olivenbaum *m*; (*bois*) Olivenholz *nt*
OLP [ɔɛlpe] *sigle f* (= *Organisation de libération de la Palestine*) PLO (= *Palästinensische Befreiungsorganisation*)

olympique [ɔlɛ̃pik] *adj* olympisch
Oman [ɔman] *nm* : **le sultanat d'~** das Sultanat Oman
ombilical, e, -aux [ɔ̃bilikal, o] *adj* Nabel-
ombrage [ɔ̃bʀaʒ] *nm* (*ombre*) Schatten *m*; **ombrages** *nmpl* (*feuillage*) (schattiges) Blätterwerk *nt*
ombragé, e [ɔ̃bʀaʒe] *adj* schattig
ombrageux, -euse [ɔ̃bʀaʒø, øz] *adj* (*cheval, âne*) unruhig; (*personne*) empfindlich
ombre [ɔ̃bʀ] *nf* Schatten *m*; **à l'~** im Schatten; **à l'~ de** im Schatten *+gén*; **donner/faire de l'~** Schatten spenden/werfen; **dans l'~** im Dunkeln; **~ à paupières** Lidschatten *m*
ombrelle [ɔ̃bʀɛl] *nf* Sonnenschirmchen *nt*
OMC [oɛmse] *sigle f* (= *organisation mondiale du commerce*) WTO *f*, Welthandelsorganisation *f*
omelette [ɔmlɛt] *nf* Omelett *nt*; **~ au fromage** Käseomelett *nt*; **~ aux herbes** Kräuteromelett *nt*; **~ au jambon** Omelett mit Schinken
omettre [ɔmɛtʀ] *vt* unterlassen; (*oublier*) vergessen; (*de liste*) auslassen; **~ de faire qch** etw nicht tun
omission [ɔmisjɔ̃] *nf* Unterlassung *f*, Vergessen *nt*, Auslassen *nt*
omnibus [ɔmnibys] *nm* : **(train) ~** Personenzug *m*
omnipotent, e [ɔmnipɔtɑ̃, ɑ̃t] *adj* allmächtig
omnipraticien, ne [ɔmnipʀatisjɛ̃, jɛn] *nm/f* Allgemeinarzt (Allgemeinärztin)
omniprésent, e [ɔmnipʀezɑ̃, ɑ̃t] *adj* allgegenwärtig
omniscient, e [ɔmnisjɑ̃, jɑ̃t] *adj* allwissend
omnisports [ɔmnispɔʀ] *adj inv* Sport-
omnivore [ɔmnivɔʀ] *adj* alles fressend
omoplate [ɔmɔplat] *nf* Schulterblatt *nt*
OMS [oɛmɛs] *sigle f* (= *Organisation mondiale de la santé*) WHO *f*

MOT-CLÉ

on [ɔ̃] *pron* **1** (*indéterminé, les gens*) man; **on peut le faire ainsi** man kann es so machen; **autrefois, on croyait que** früher glaubte man, dass
2 (*quelqu'un*) : **on frappe à la porte** es klopft an der Tür; **on les a attaqués** man hat sie angegriffen, sie wurden angegriffen; **on vous demande au téléphone** Sie werden am Telefon verlangt
3 (*fam* : *nous*) wir; **on va y aller demain** wir gehen morgen hin
4 : **on ne peut plus** bis zum Gehtnichtmehr

oncle [ɔ̃kl] *nm* Onkel *m*
onction [ɔ̃ksjɔ̃] *nf voir* **extrême-onction**
onctueux, -euse [ɔ̃ktɥø, øz] *adj* cremig
onde [ɔ̃d] *nf* Welle *f*; **sur les ~s** (*la radio*) im Radio; **mettre en ~s** für den Rundfunk bearbeiten; **grandes ~s** Langwellen *pl*; **~s courtes** Kurzwellen *pl*; **~s moyennes** Mittelwellen *pl*
ondée [ɔ̃de] *nf* Regenguss *m*
on-dit [ɔ̃di] *nm inv* Gerücht *nt*
ondulation [ɔ̃dylasjɔ̃] *nf* (*des cheveux*) Welle *f*; **~ du sol** Bodenwelle *f*
ondulé, e [ɔ̃dyle] *adj* wellig
onduler [ɔ̃dyle] *vi* (*cheveux*) sich wellen; (*vagues, houle, blés*) wogen
onéreux, -euse [ɔneʀø, øz] *adj* kostspielig
ONG [oɛnʒe] *sigle f* (= *organisation non-gouvernementale*) Nichtregierungsorganisation *f*
ongle [ɔ̃gl] *nm* Nagel *m*; **se ronger les ~s** Nägel kauen; **se faire les ~s** sich *dat* die Fingernägel maniküren
onguent [ɔ̃gɑ̃] *nm* Salbe *f*
ONU [ɔny] *sigle f* (= *Organisation des Nations unies*) UNO *f*
onyx [ɔniks] *nm* Onyx *m*
onze ['ɔ̃z] *num* elf
onzième ['ɔ̃zjɛm] *num* elfte(r, s)
OPA [ɔpea] *sigle f* (= *offre publique d'achat*) Übernahmeangebot *nt*; **~ hostile** feindliche Übernahme *f*
opacité [ɔpasite] *nf* (*voir opaque*) Undurchsichtigkeit *f*; Undurchdringlichkeit *f*
opale [ɔpal] *nf* Opal *m*
opaque [ɔpak] *adj* undurchsichtig; (*brouillard*) undurchdringlich; (*fig*) : **des pratiques ~s** undurchsichtige Methoden; **~ à** undurchdringlich für
OPEP [ɔpɛp] *sigle f* (= *Organisation des pays exportateurs de pétrole*) OPEC *f*
opéra [ɔpeʀa] *nm* Oper *f*
opéra-comique [ɔpeʀakɔmik] (*pl* **opéras-comiques**) *nm* komische Oper *f*
opérateur, -trice [ɔpeʀatœʀ, tʀis] *nm/f* (*machiniste, manipulateur*) Operator(in), Bediener(in); **les ~s de téléphonie mobile** die Mobilfunkanbieter; **~ de prise de vues** Kameramann *m*
opération [ɔpeʀasjɔ̃] *nf* Operation *f*; (*processus*) Vorgang *m*; **~ de sauvetage** Rettungsaktion *f*; **~s de bourse** Börsengeschäfte *pl*

O

opérationnel, le [ɔpeʀasjɔnɛl] *adj* (*organisation, usine*) funktionsfähig; (*Mil*) einsatzfähig
opératoire [ɔpeʀatwaʀ] *adj* operativ; **bloc ~** OP-Bereich *m*
opérer [ɔpeʀe] *vt* (*Méd*) operieren; (*faire, exécuter*) durchführen; (*choix*) treffen ▶ *vi* (*faire effet*) wirken; (*procéder, agir*) vorgehen; **s'opérer** *vpr* stattfinden, sich ereignen; **~ qn des amygdales** jdm die Mandeln herausnehmen; **se faire ~** sich operieren lassen; **se faire ~ des amygdales** sich *dat* die Mandeln herausnehmen lassen
opérette [ɔpeʀɛt] *nf* Operette *f*
ophtalmique [ɔftalmik] *adj* (*nerf*) Seh-; (*migraine*) Augen-
ophtalmologie [ɔftalmɔlɔʒi] *nf* Augenheilkunde *f*
ophtalmologue [ɔftalmɔlɔg] *nmf* Augenarzt (Augenärztin) *m(f)*
opiner [ɔpine] *vi* : **~ de la tête** zustimmend mit dem Kopf nicken
opiniâtre [ɔpinjɑtʀ] *adj* hartnäckig
opinion [ɔpinjɔ̃] *nf* Meinung *f*; **opinions** *nfpl* (*philosophiques, religieuses*) Anschauungen *pl*; **avoir bonne/ mauvaise ~ de** eine gute/schlechte Meinung haben von; **l'~ (publique)** die öffentliche Meinung
opium [ɔpjɔm] *nm* Opium *nt*
opportun, e [ɔpɔʀtœ̃, yn] *adj* günstig
opportunisme [ɔpɔʀtynism] *nm* Opportunismus *m*
opportuniste [ɔpɔʀtynist] *nmf* Opportunist(in) *m(f)* ▶ *adj* opportunistisch
opposant, e [ɔpozɑ̃, ɑ̃t] *adj* (*parti*) gegnerisch; (*minorité*) opponierend ▶ *nm* (*à un régime, projet*) Gegner *m*
opposé, e [ɔpoze] *adj* (*contraire*) entgegengesetzt; (*rive*) gegenüberliegend; (*couleurs*) kontrastierend; (*faction*) gegnerisch ▶ *nm* : **l'~** (*contraire*) das Gegenteil; **il est tout l'~ de son frère** er ist das genaue Gegenteil von seinem Bruder; **à l'~ de** (*du côté opposé à*) gegenüber von; (*fig*) im Gegensatz zu; **être ~ à qch** gegen etw sein; **à l'~** dagegen, andererseits
opposer [ɔpoze] *vt* einander gegenüberstellen; (*résistance*) entgegenstellen; **s'opposer** *vpr* (*l'un à l'autre*) entgegengesetzt sein; (*: couleurs*) kontrastieren; **~ qch à** (*comme objection, contraste*) etw entgegenhalten *+dat*; (*comme obstacle, défense*) etw entgegensetzen *+dat*; **s'~ à** (*interdire, empêcher*) Widerspruch erheben gegen; (*tenir tête à*) sich auflehnen gegen; **sa religion s'y oppose** das kann er mit seiner Religion nicht in Einklang bringen; **s'~ à ce que qn fasse qch** dagegen sein, dass jd etw tut
opposition [ɔpozisjɔ̃] *nf* Opposition *f*; (*contraste*) Gegensatz *m*; (*d'intérêts*) Konflikt *m*; (*idées, conduite*) im Widerspruch stehen zu; (*objection*) Widerspruch *m*; **par ~ à** im Gegensatz zu; **entrer en ~ avec qn** in Konflikt mit jdm geraten; **être en ~ avec** (*parents, directeur*) sich widersetzen *+dat*; **faire ~ à un chèque** einen Scheck sperren; **membres de l'~** Oppositionsmitglieder
oppressant, e [ɔpʀesɑ̃, ɑ̃t] *adj* (*chaleur*) drückend; (*atmosphère*) bedrückend
oppresser [ɔpʀese] *vt* (*chaleur, angoisse*) bedrücken; **se sentir oppressé** sich beklommen fühlen
oppressif, -ive [ɔpʀesif, iv] *adj* drückend
oppression [ɔpʀesjɔ̃] *nf* (*gêne, malaise*) Beklemmung *f*; (*asservissement*) Unterdrückung *f*
opprimer [ɔpʀime] *vt* unterdrücken
opprobre [ɔpʀɔbʀ] *nm* Schande *f*; **vivre dans l'~** in Schande leben
opter [ɔpte] *vi* : **~ pour** sich entscheiden für
opticien, ne [ɔptisjɛ̃, jɛn] *nm/f* Optiker(in)
optimal, e, -aux [ɔptimal, o] *adj* optimal
optimisation [ɔptimizasjɔ̃] *nf* Optimierung *f*
optimiser [ɔptimize] *vt* optimieren; (*ressources*) optimal (aus)nutzen
optimisme [ɔptimism] *nm* Optimismus *m*
optimiste [ɔptimist] *nmf* Optimist(in) *m(f)*
optimum [ɔptimɔm] *nm* Optimum *nt* ▶ *adj* optimal, beste(r, s)
option [ɔpsjɔ̃] *nf* Wahl *f*; (*Scol*) Wahlfach *nt*; (*supplément*) (optionales) Extra *nt*; **matière à ~** Wahlfach; **texte à ~** wahlweiser Zusatztext *m*
optionnel, le [ɔpsjɔnɛl] *adj* (*matière*) Wahl-; (*accessoire etc*) zusätzlich
optique [ɔptik] *adj* optisch ▶ *nf* Optik *f*; (*fig*) Sehweise *f*
opulence [ɔpylɑ̃s] *nf* Reichtum *m*; **vivre dans l'~** im Überfluss leben
opulent, e [ɔpylɑ̃, ɑ̃t] *adj* üppig; (*pays*) reich
or [ɔʀ] *nm* Gold *nt* ▶ *conj* nun, aber; **en or** golden; (*occasion*) einmalig; **plaqué or** vergoldet; **or blanc** Weißgold *nt*; **or jaune** Gelbgold *nt*; **or noir** flüssiges Gold

oracle [ɔʀɑkl] *nm* Orakel *nt*
orage [ɔʀaʒ] *nm* Gewitter *nt*; (*fig*) Sturm *m*
orageux, -euse [ɔʀaʒø, øz] *adj* Gewitter-; (*fig*) stürmisch
oraison [ɔʀɛzɔ̃] *nf* Gebet *nt*; **~ funèbre** Grabrede *f*
oral, e, -aux [ɔʀal, o] *adj* mündlich; (*Ling*) oral ▶ *nm* mündliche Prüfung *f*; **par voie ~e** oral
oralement [ɔʀalmɑ̃] *adv* mündlich
orange [ɔʀɑ̃ʒ] *nf* Orange *f*, Apfelsine *f* ▶ *adj inv* orange; **~ pressée** frisch gepresster Orangensaft *m*; **~ sanguine** Blutorange *f*
orangé, e [ɔʀɑ̃ʒe] *adj* orange(farben)
orangeade [ɔʀɑ̃ʒad] *nf* Orangeade *f*
oranger [ɔʀɑ̃ʒe] *nm* Orangenbaum *m*
orangeraie [ɔʀɑ̃ʒʀɛ] *nf* Orangenhain *m*
orangerie [ɔʀɑ̃ʒʀi] *nf* Orangerie *f*
orang-outan [ɔʀɑ̃utɑ̃] (*pl* **orangs-outans**), **orang-outang** (*pl* **orangs-outangs**) *nm* Orang-Utan *m*
orateur, -trice [ɔʀatœʀ, tʀis] *nm/f* Redner(in) *m(f)*
orbital, e, -aux [ɔʀbital, o] *adj* : **station ~e** Raumstation *f*
orbite [ɔʀbit] *nf* (*Phys*) Umlaufbahn *f*; (*Anat*) Augenhöhle *f*; **placer** *ou* **mettre un satellite sur** *ou* **en ~** einen Satelliten in *ou* auf die Umlaufbahn bringen
orchestre [ɔʀkɛstʀ] *nm* (*Mus*) Orchester *nt*; (*Théât, Ciné*) Parkett *nt*
orchestrer [ɔʀkɛstʀe] *vt* (*Mus*) orchestrieren; (*fig*) inszenieren
orchidée [ɔʀkide] *nf* Orchidee *f*
ordi [ɔʀdi] (*fam*) *nm* Computer *m*, Kiste *f*
ordinaire [ɔʀdinɛʀ] *adj* gewöhnlich; (*de tous les jours*) alltäglich ▶ *nm* : **d'~** gewöhnlich
ordinal, e, -aux [ɔʀdinal, o] *adj* : **adjectif ~** Zahlwort *nt*; **nombre ~** Ordnungszahl *f*
ordinateur [ɔʀdinatœʀ] *nm* Computer *m*; **~ individuel** *ou* **personnel** Personal Computer, PC *m*; **~ portable** Laptop *m*
ordonnance [ɔʀdɔnɑ̃s] *nf* (*disposition*) Anordnung *f*; (*Méd*) Rezept *nt*; (*décret, loi*) Verordnung *f*; (*Mil*) Ordonnanz *f*; **d'~** (*arme*) Dienst-
ordonné, e [ɔʀdɔne] *adj* (*en bon ordre*) (wohl)geordnet; (*personne*) ordentlich
ordonner [ɔʀdɔne] *vt* (*arranger, agencer*) anordnen; (*Rel*) weihen; (*Méd*) verordnen; (*donner un ordre*) : **~ à qn de faire qch** jdm befehlen, etw zu tun
ordre [ɔʀdʀ] *nm* Ordnung *f*; (*succession* : *alphabétique etc*) Reihenfolge *f*; (*directive*) Befehl *m*; (*association*) Verband *m*; (*Rel*) Orden *m*; (*Archit*) (Säulen)ordnung *f*; **être/entrer dans les ~s** einem Orden angehören/in einen Orden eintreten; **en ~** in Ordnung; **mettre en ~** in Ordnung bringen; **rentrer dans l'~** wieder in Ordnung kommen; **par ~ d'entrée en scène** in der Reihenfolge des Auftrittes; **être aux ~s** *ou* **sous les ~s de qn** jds Befehlsgewalt *dat* unterstellt sein; **jusqu'à nouvel ~** bis auf Weiteres; **donner (à qn) l'~ de faire qch** (jdm) den Befehl geben, etw zu tun; **libeller à l'~ de** ausstellen auf *+acc*; **~ de grandeur** Größenordnung *f*; **~ du jour** Tagesordnung *f*; **à l'~ du jour** (*fig*) auf der Tagesordnung
ordure [ɔʀdyʀ] *nf* Unrat *m*; **ordures** *nfpl* (*déchets*) Abfall *m*; **~s ménagères** Müll *m*
ordurier, -ière [ɔʀdyʀje, jɛʀ] *adj* vulgär
oreille [ɔʀɛj] *nf* Ohr *nt*; (*d'un écrou*) Öhr *nt*; **avoir de l'~** ein gutes Gehör haben; **dire qch à l'~ de qn** jdm etw ins Ohr sagen
oreiller [ɔʀeje] *nm* Kopfkissen *nt*
oreillons [ɔʀɛjɔ̃] *nmpl* Ziegenpeter *m*, Mumps *m ou f*
orfèvre [ɔʀfɛvʀ] *nmf* Goldschmied *m*; **être ~ en la matière** (*fig*) sich bestens auskennen
orfèvrerie [ɔʀfɛvʀəʀi] *nf* Goldschmiedekunst *f*
organe [ɔʀgan] *nm* Organ *nt*; (*porte-parole*) Sprachrohr *nt*; **~ génital** Geschlechtsorgan *nt*
organigramme [ɔʀganigʀam] *nm* Organisationsplan *m*
organique [ɔʀganik] *adj* organisch
organisateur, -trice [ɔʀganizatœʀ, tʀis] *nm/f* Organisator(in)
organisation [ɔʀganizasjɔ̃] *nf* Organisation *f*; **l'O~ mondiale de la santé** die Weltgesundheitsorganisation; **l'O~ des Nations unies** die Vereinten Nationen *pl*; **l'O~ du traité de l'Atlantique Nord** der Nordatlantikpakt, die NATO
organiser [ɔʀganize] *vt* organisieren; (*mettre sur pied aussi*) veranstalten
organisme [ɔʀganism] *nm* Organismus *m*; (*Admin, Pol*) Organ *nt*; (*association, organisation*) Organisation *f*; **~ génétiquement modifié** genmanipulierter Organismus *m*
organiste [ɔʀganist] *nmf* Organist(in) *m(f)*
orgasme [ɔʀgasm] *nm* Orgasmus *m*
orge [ɔʀʒ] *nf* Gerste *f*
orgeat [ɔʀʒa] *nm* : **sirop d'~** Mandelmilch *f*

O

orgelet [ɔʀʒəlɛ] *nm* (*Méd*) Gerstenkorn *nt*
orgie [ɔʀʒi] *nf* Orgie *f*
orgue [ɔʀg] *nm* Orgel *f*; **~ de Barbarie** Drehorgel *f*; **~ électrique** *ou* **électronique** elektronische Orgel
orgueil [ɔʀgœj] *nm* (*amour-propre*) Stolz *m*; (*péj*) Hochmut *m*
orgueilleux, -euse [ɔʀgøjø, øz] *adj* hochmütig, überheblich
oriel [ɔʀjɛl] *nm* Erkerfenster *nt*
Orient [ɔʀjɑ̃] *nm* : **l'~** der Orient; **le Proche-/le Moyen-/l'Extrême-~** der Nahe/Mittlere/Ferne Osten
oriental, e, -aux [ɔʀjɑ̃tal, o] *adj* orientalisch ▸ *nm/f* : **Oriental, e** Orientale (Orientalin)
orientation [ɔʀjɑ̃tasjɔ̃] *nf* Orientierung *f*; (*d'un journal etc*) Tendenz *f*; **avoir le sens de l'~** einen guten Orientierungssinn haben; **~ professionnelle** Berufsberatung *f*
orienté, e [ɔʀjɑ̃te] *adj* (*Pol*) tendenziös; **~ au sud** nach Süden gelegen
orienter [ɔʀjɑ̃te] *vt* ausrichten; (*maison*) legen; (*voyageur, touriste*) die Richtung weisen *+dat*; (*élève*) beraten; **~ vers** (*recherches*) richten auf *+acc*; **s'orienter** *vpr* (*se repérer*) sich zurechtfinden; **s'~ vers** (*recherches, étudiant*) sich ausrichten auf *+acc*
orifice [ɔʀifis] *nm* Öffnung *f*
origan [ɔʀigɑ̃] *nm* Oregano *m*
originaire [ɔʀiʒinɛʀ] *adj* : **être ~ de** stammen aus
original, e, -aux [ɔʀiʒinal, o] *adj* (*pièce, document etc*) original; (*idée, auteur etc*) ursprünglich; (*bizarre*) originell ▸ *nm/f* (*excentrique, fantaisiste*) Original *nt* ▸ *nm* (*document, œuvre*) Original *nt*
originalité [ɔʀiʒinalite] *nf* Originalität *f*; (*d'un nouveau modèle*) Besonderheit *f*
origine [ɔʀiʒin] *nf* (*de personne, message, vin*) Herkunft *f*; (*d'un animal*) Abstammung *f*; (*d'un mot*) Ursprung *m*; **dès l'~** von Anfang an; **à l'~** am Anfang, anfänglich; **être à l'~ de qch** der Grund für etw sein; **avoir son ~ dans qch** seinen Ursprung in etw *dat* haben
originel, le [ɔʀiʒinɛl] *adj* ursprünglich; **le péché ~** die Erbsünde
ORL [oɛʀɛl] *sigle m/f* (= *oto-rhino-laryngologiste*) HNO-Arzt *m*, HNO-Ärztin *f*
orme [ɔʀm] *nm* Ulme *f*
orné, e [ɔʀne] *adj* (*style, discours*) ausgeschmückt; **~ de** geschmückt mit
ornement [ɔʀnəmɑ̃] *nm* Verzierung *f*; **~s sacerdotaux** Priestergewänder *pl*
ornementer [ɔʀnəmɑ̃te] *vt* verzieren
orner [ɔʀne] *vt* schmücken
ornière [ɔʀnjɛʀ] *nf* Spurrille *f*; **sortir de l'~** (*fig : impasse*) wieder aus der Sackgasse herauskommen
ornithologie [ɔʀnitɔlɔʒi] *nf* Vogelkunde *f*
ornithologique [ɔʀnitɔlɔʒik] *adj* ornithologisch
ornithologue [ɔʀnitɔlɔg] *nmf* Ornithologe (Ornithologin) *m(f)*
orphelin, e [ɔʀfəlɛ̃, in] *adj* verwaist ▸ *nm/f* Waisenkind *nt*, Waise *f*; **~ de mère/de père** Halbwaise *f*
orphelinat [ɔʀfəlina] *nm* Waisenhaus *nt*
ORSEC [ɔʀsɛk] *sigle f* = *Organisation des secours*; **le plan ~** ≈ der Plan für den Katastrophenfall
orteil [ɔʀtɛj] *nm* Zehe *f*; **gros ~** große *ou* dicke Zehe
orthodontiste [ɔʀtodɔ̃tist] *nmf* Kieferorthopäde (Kieferorthopädin) *m(f)*
orthodoxe [ɔʀtɔdɔks] *adj* orthodox
orthographe [ɔʀtɔgʀaf] *nf* Rechtschreibung *f*
orthographier [ɔʀtɔgʀafje] *vt* (richtig) schreiben
orthopédie [ɔʀtɔpedi] *nf* Orthopädie *f*
orthopédique [ɔʀtɔpedik] *adj* orthopädisch
orthopédiste [ɔʀtɔpedist] *nmf* Orthopäde (Orthopädin) *m(f)*
orthophonie [ɔʀtɔfɔni] *nf* Logopädie *f*
orthophoniste [ɔʀtɔfɔnist] *nmf* Logopäde (Logopädin) *m(f)*
ortie [ɔʀti] *nf* Brennnessel *f*
OS [oɛs] *sigle m* (= *ouvrier spécialisé*) Hilfsarbeiter *m*
os [ɔs] *nm* Knochen *m*
oscar [ɔskaʀ] *nm* Oscar *m*
OSCE [oɛsseə] *nf abr* (= *Organisation de sécurité et de coopération européenne*) OSZE *f*
osciller [ɔsile] *vi* schwingen; **~ entre** (*hésiter*) schwanken zwischen *+dat*
osé, e [oze] *adj* gewagt
oseille [ozɛj] *nf* (*Bot*) Sauerampfer *m*
oser [oze] *vi* : **~ faire qch** es wagen, etw zu tun; **je n'ose pas** ich traue mich nicht
osier [ozje] *nm* (Korb)weide *f*; **d'~, en ~** Korb-
osmose [ɔsmoz] *nf* Osmose *f*
ossature [ɔsatyʀ] *nf* Skelett *nt*; (*d'un bâtiment etc*) Gerippe *nt*; (*fig*) Struktur *f*
osseux, -euse [ɔsø, øz] *adj* Knochen-; (*main, visage*) knochig
ostensible [ɔstɑ̃sibl] *adj* ostentativ

ostentation [ɔstɑ̃tasjɔ̃] *nf* Prahlerei *f*
ostentatoire [ɔstɑ̃tatwaʀ] *adj* prahlerisch
ostraciser [ɔstʀasize] *vt* ächten
ostracisme [ɔstʀasism] *nm* Ächtung *f*
ostréicole [ɔstʀeikɔl] *adj* Austern-
ostréiculteur, -trice [ɔstʀeikyltœʀ, tʀis] *nm/f* Austernzüchter(in)
ostréiculture [ɔstʀeikyltyʀ] *nf* Austernzucht *f*
otage [ɔtaʒ] *nm* Geisel *f*; **prendre qn en ~** jdn als Geisel nehmen
OTAN [ɔtɑ̃] *sigle f* (= *Organisation du traité de l'Atlantique Nord*) NATO *f*
otarie [ɔtaʀi] *nf* Seelöwe *m*
ôter [ote] *vt* wegnehmen; (*vêtement*) ausziehen; (*tache, noyau*) herausmachen; (*arête*) herausziehen; **~ qch à qn** jdm etw wegnehmen; **6 ôté de 10 égale 4** 10 weniger 6 ist 4
otite [ɔtit] *nf* Mittelohrentzündung *f*
oto-rhino [ɔtɔʀino] *nmf* Hals-Nasen-Ohrenarzt (Hals-Nasen-Ohrenärztin) *m(f)*
oto-rhino-laryngologiste [ɔtɔʀinolaʀɛ̃gɔlɔʒist(ə)] *nmf* Hals-Nasen-Ohrenarzt (Hals-Nasen-Ohrenärztin) *m(f)*
ou [u] *conj* oder; **ou ... ou** entweder ... oder; **ou bien** oder (auch)

MOT-CLÉ

où [u] *pron relatif* **1** (*lieu*) wo; (: *direction*) wohin; **la ville où je l'ai rencontré** die Stadt, wo ich ihn kennenlernte; **le pays où il est né** das Land, in dem er geboren ist; **la chambre où il était** das Zimmer, in dem er war; **la ville où je vais** die Stadt, in die ich *ou* wohin ich fahre; **la pièce d'où il est sorti** das Zimmer, aus dem er herausging; **le village d'où je viens** das Dorf, aus dem ich komme; **les villes par où il est passé** die Städte, durch die er gefahren ist; **où que l'on aille** wohin man auch geht
2 (*temps, état*) : **le jour où il est parti** der Tag, an dem er wegging; **au prix où sont les choses** bei den Preisen heutzutage
▶ *adv* **1** (*interrogatif* : *situation*) wo; **où est-elle ?** wo ist sie?
2 (*direction*) wohin; **où va-t-il ?** wohin geht er?; **par où est-elle entrée/sortie ?** wo ist sie hereingekommen/hinausgegangen?; **par où est-elle partie/venue ?** in welche Richtung ist sie gegangen/aus welcher Richtung ist sie gekommen?
3 (*relatif* : *situation*) wo; (: *direction*) wohin; **je sais où il est** ich weiß, wo er ist; **où que l'on aille** wohin man auch geht

ouate ['wat] *nf* Watte *f*
oubli [ubli] *nm* (*acte*) Vergessen *nt*; (*étourderie, négligence*) Vergesslichkeit *f*; **le droit à l'~** (*Méd, Inform*) Recht *m* auf Vergessenwerden; **tomber dans l'~** in Vergessenheit geraten
oublier [ublije] *vt* vergessen; **s'oublier** *vpr* sich vergessen; **~ que/de faire qch** vergessen, dass/vergessen, etw zu tun; **~ l'heure** die Zeit vergessen
oubliettes [ublijɛt] *nfpl* Verlies *nt*
ouest [wɛst] *nm* Westen *m* ▶ *adj inv* West-, westlich; **l'O~** (*région de France*) Westfrankreich *nt*; (*Pol* : *l'Occident*) der Westen; **à l'~ de** westlich von
Ouganda [ugɑ̃da] *nm* : **l'~** Uganda *nt*
ougandais, e [ugɑ̃dɛ, ɛz] *adj* ugandisch
oui ['wi] *adv* ja; **répondre (par) ~** mit Ja antworten
ouï-dire ['widiʀ] *nm inv* : **par ~** vom Hörensagen
ouïe [wi] *nf* Gehör *nt*; **ouïes** *nfpl* (*de poisson*) Kiemen *pl*
ouragan [uʀagɑ̃] *nm* Orkan *m*
ourler [uʀle] *vt* säumen
ourlet [uʀlɛ] *nm* Saum *m*; (*de l'oreille*) Rand *m*; **faire un ~ à** säumen
ours [uʀs] *nm* Bär *m*; **~ blanc** Eisbär *m*; **~ brun** Braunbär *m*; **~ en peluche** Teddybär *m*
oursin [uʀsɛ̃] *nm* Seeigel *m*
ourson [uʀsɔ̃] *nm* Bärenjunge(s) *nt*
ouste [ust] *excl* raus
outil [uti] *nm* Werkzeug *nt*; **~ de travail** Arbeitsgerät *nt*
outillage [utijaʒ] *nm* Ausrüstung *f*
outiller [utije] *vt* ausrüsten
outrage [utʀaʒ] *nm* Beleidigung *f*; **~ à la pudeur** Erregung *f* öffentlichen Ärgernisses
outragé, e [utʀaʒe] *adj* empört
outrager [utʀaʒe] *vt* (schwer) beleidigen
outrageusement [utʀaʒøzmɑ̃] *adv* (*excessivement*) übertrieben
outrance [utʀɑ̃s] *nf* : **à ~** bis zum Exzess
outre [utʀ] *nf* Schlauch *m* ▶ *prép* außer *+dat* ▶ *adv* : **passer ~** weitergehen; **passer ~ à** hinweggehen über *+acc*; **en ~** außerdem; **~ que** abgesehen davon, dass; **~ mesure** über die *ou* alle Maßen
outré, e [utʀe] *adj* (*excessif*) übertrieben; (*indigné*) empört
outremer [utʀəmɛʀ] *adj* ultramarin(blau)

O

outre-mer [utʀəmɛʀ] *adv* : **d'~** Übersee-
outrepasser [utʀəpɑse] *vt* überschreiten
outrer [utʀe] *vt* übertreiben; (*indigner*) aufbringen
outre-Rhin [utʀəʀɛ̃] *adv* auf der anderen Rheinseite
ouvert, e [uvɛʀ, ɛʀt] *pp de* **ouvrir** ▶ *adj* (*aussi fig*) offen; (*robinet, gaz*) aufgedreht
ouvertement [uvɛʀtəmɑ̃] *adv* offen, freiheraus
ouverture [uvɛʀtyʀ] *nf* (*action*) Öffnen *nt*; (*orifice, Pol*) Öffnung *f*; (*commencement*) Eröffnung *f*; (*Mus*) Ouverture *f*; **~ (du diaphragme)** (*Photo*) Blende *f*
ouvrable [uvʀabl] *adj* : **jour ~** Werktag *m*
ouvrage [uvʀaʒ] *nm* (*objet, œuvre*) Werk *nt*; (*Tricot etc*) Arbeit *f*; **panier** *ou* **corbeille à ~** Handarbeitskorb *m*; **se mettre à l'~** sich an die Arbeit machen
ouvragé, e [uvʀaʒe] *adj* (fein) verziert
ouvrant, e [uvʀɑ̃, ɑ̃t] *adj* : **toit ~** (*Auto*) Schiebedach *nt*
ouvré, e [uvʀe] *adj* (*Admin*) : **jour ~** Arbeitstag *m*
ouvre-boîte [uvʀəbwat] (*pl* **ouvre-boîtes**) *nm* Büchsenöffner *m*
ouvre-bouteille [uvʀəbutɛj] (*pl* **ouvre-bouteilles**) *nm* Flaschenöffner *m*
ouvrier, -ière [uvʀije, ijɛʀ] *nm/f* Arbeiter(in) ▶ *adj* Arbeiter-; **~ spécialisé** Hilfsarbeiter(in)
ouvrir [uvʀiʀ] *vt* öffnen; (*Méd : abcès*) incidere; (*exposition, débat etc*) eröffnen; (*eau, électricité, chauffage*) anmachen; (*robinet*) aufdrehen ▶ *vi* (*magasin, théâtre*) aufmachen, öffnen; **s'ouvrir** *vpr* aufgehen, sich öffnen; (*procès*) anfangen; **~ l'œil** (*fig*) die Augen aufmachen; **~ des horizons/perspectives** neue Horizonte/Perspektiven (er)öffnen; **~ à cœur/trèfle** (*Cartes*) mit Herz/Kreuz herauskommen; **~** *ou* **s'~ sur** sich öffnen nach; **s'~ à qn de ses soucis** jdn in seine Probleme einbeziehen
Ouzbékistan [uzbekistɑ̃] *nm* : **l'~** Usbekistan *nt*
ovaire [ɔvɛʀ] *nm* Eierstock *m*
ovale [ɔval] *adj* oval
ovation [ɔvasjɔ̃] *nf* Ovation *f*
ovationner [ɔvasjɔne] *vt* : **~ qn** jdm zujubeln
overdose [ɔvœʀdoz] *nf* Überdosis *f*
ovni [ɔvni] *sigle m* (= *objet volant non identifié*) UFO *nt*
ovulation [ɔvylasjɔ̃] *nf* Eisprung *m*
ovule [ɔvyl] *nm* Ei *nt*, Eizelle *f*; (*Méd*) Zäpfchen *nt*
oxyde [ɔksid] *nm* Oxid *nt*; **~ de carbone** Kohlenmonoxid *nt*
oxyder [ɔkside] : **s'oxyder** *vpr* oxidieren
oxygène [ɔksiʒɛn] *nm* Sauerstoff *m*
oxygéné, e [ɔksiʒene] *adj* : **eau ~e** Wasserstoff(su)peroxid *nt*
ozone [ozon] *nm* Ozon *m ou nt*

P

P, p [pe] *nm inv* P, p *nt*
p *abr* (= *page*) S.
PAC [pak] *sigle f* (= *politique agricole commune*) gemeinsame Agrarpolitik *f* der EG
pacemaker [pɛsmɛkœʀ] *nm* (Herz)schrittmacher *m*
pachyderme [paʃidɛʀm] *nm* Dickhäuter *m*
pacifier [pasifje] *vt* (*pays, peuple*) Ruhe und Frieden stiften in +*dat*; (*fig*) beruhigen
pacifique [pasifik] *adj* friedlich; (*personne*) friedfertig ▸ *nm* : **le P~** der Pazifische Ozean
pacifisme [pasifism] *nm* Pazifismus *m*
pacifiste [pasifist] *nmf* Pazifist(in) *m(f)*
pacotille [pakɔtij] *nf* Billigware *f*
PACS [paks] *sigle m* (= *pacte civil de solidarité*) (standesamtlich) eingetragene Lebensgemeinschaft *f*
pacsé, e [pakse] *nm/f* Partner(in) einer eingetragenen Lebensgemeinschaft
pacser [pakse] : **se pacser** *vpr* eine eingetragene Lebensgemeinschaft eingehen
pacte [pakt] *nm* Pakt *m*; **~ d'alliance** Bündnis *nt*; **~ de non-agression** Nichtangriffspakt *m*
pactiser [paktize] *vi* : **~ avec** sich einigen mit
PAF [paf] *sigle m* (= *paysage audiovisuel français*) *die französische Medienlandschaft*
pagaie [pagɛ] *nf* Paddel *nt*
pagaille [pagaj] *nf* Durcheinander *nt*, Unordnung *f*
paganisme [paganism] *nm* Heidentum *nt*
pagayer [pageje] *vi* paddeln
page [paʒ] *nf* Seite *f* ▸ *nm* Page *m*; **mettre en ~s** layouten; **mise en ~s** Layout *nt*; **être à la ~** auf dem Laufenden sein; **~ blanche** leere Seite; **~ d'accueil** (*Internet*) Homepage *f*; **~ de démarrage** (*Inform*) Startseite *f*; **~ de garde** Vorsatzpapier *nt*; **~ Web** Webseite *f*
page-écran [paʒekʀɑ̃] (*pl* **pages-écrans**) *nf* Bildschirmseite *f*
pagination [paʒinasjɔ̃] *nf* Paginierung *f*
pagode [pagɔd] *nf* Pagode *f*
paie [pɛ] *nf* = **paye**
paiement [pɛmɑ̃] *nm* Zahlung *f*; (*d'employé*) Bezahlung *f*
païen, ne [pajɛ̃, pajɛn] *adj* heidnisch ▸ *nm/f* Heide *m*, Heidin *f*
paillard, e [pajaʀ, aʀd] *adj* derb
paillasse [pajas] *nf* (*matelas*) Strohsack *m*
paillasson [pajasɔ̃] *nm* (*de porte*) Fußmatte *f*
paille [pɑj] *nf* Stroh *nt*; (*pour boire*) Strohhalm *m*; **être sur la ~** ruiniert sein; **~ de fer** Stahlwolle *f*
paillette [pɑjɛt] *nf* Paillette *f*; **lessive en ~s** Seifenflocken *pl*
pain [pɛ̃] *nm* Brot *nt*; **~ bis** Graubrot *nt*; **~ complet** Vollkornbrot *nt*; **~ d'épice(s)** Lebkuchen *m*; **~ de cire** Stück *nt* Wachs; **~ au chocolat** *mit Schokolade gefülltes Gebäckstück*; **~ de mie** Weißbrot *nt* (*ohne Kruste*); **~ de seigle** Roggenbrot *nt*; **~ de sucre** Zuckerhut *m*; **~ grillé** Toast *m*
pair, e [pɛʀ] *adj* gerade ▸ *nf* Paar *nt*; **au ~** (*Fin*) zum Nennwert; **jeune fille au ~** Aupairmädchen *nt*; **une ~e de lunettes** eine Brille; **une ~e de tenailles** eine Beißzange; **aller** *ou* **marcher de ~ (avec)** Hand in Hand gehen (mit)
paisible [pezibl] *adj* friedlich; (*sommeil, lac*) ruhig
paisiblement [peziblәmɑ̃] *adv* friedlich
paître [pɛtʀ] *vi* weiden, grasen
paix [pɛ] *nf* Frieden *m*; **faire la ~ avec** sich versöhnen mit; **avoir la ~** Ruhe haben
Pakistan [pakistɑ̃] *nm* : **le ~** Pakistan *nt*
pakistanais, e [pakistanɛ, ɛz] *adj* pakistanisch ▸ *nm/f* : **Pakistanais, e** Pakistaner(in)
palabrer [palabʀe] *vi* palavern
palace [palas] *nm* Luxushotel *nt*
palais [palɛ] *nm* Palast *m*; (*Anat*) Gaumen *m*; **le ~ de Justice** *der Pariser Gerichtshof*
palan [palɑ̃] *nm* Flaschenzug *m*
Palatinat [palatina] *nm* : **le ~** die Pfalz *f*
pâle [pɑl] *adj* blass; (*personne, teint*) bleich, blass; **bleu/vert ~** blassblau/blassgrün
Palestine [palɛstin] *nf* : **la ~** Palästina *nt*
palestinien, ne [palɛstinjɛ̃, jɛn] *adj* palästinensisch ▸ *nm/f* : **Palestinien, ne** Palästinenser(in)
palet [palɛ] *nm* Scheibe *f*; (*Hockey*) Puck *m*
paletot [palto] *nm* (kurzer) Mantel *m*

palette [palɛt] *nf* Palette *f*
palétuvier [paletyvje] *nm* Mangrovenbaum *m*
pâleur [pɑlœʀ] *nf* Blässe *f*
palier [palje] *nm* (*d'escalier*) Treppenabsatz *m*; (*d'un graphique, fig*) Plateau *nt*; **par ~s** in Stufen
pâlir [pɑliʀ] *vi* (*personne*) erbleichen; (*couleur*) verblassen; **faire ~ qn** jdn blass werden lassen
palissade [palisad] *nf* Zaun *m*
palissandre [palisɑ̃dʀ] *nm* Palisander *m*
palliatif, -ive [paljatif, iv] *adj* lindernd ▶ *nm* Überbrückungsmaßnahme *f*; **soins ~s** palliative Behandlung
pallier [palje] *vt* ausgleichen
palmarès [palmaʀɛs] *nm* Preisträgerliste *f*
palme [palm] *nf* (*Bot*) Palmzweig *m*; (*symbole de la victoire*) Siegespalme *f*; (*de plongeur*) Schwimmflosse *f*
palmeraie [palməʀɛ] *nf* Palmenhain *m*
palmier [palmje] *nm* Palme *f*
palmipède [palmipɛd] *nm* (*oiseau*) Schwimmvogel *m*
palombe [palɔ̃b] *nf* Ringeltaube *f*
pâlot, te [pɑlo, ɔt] *adj* blass, blässlich
palourde [paluʀd] *nf* Venusmuschel *f*
palper [palpe] *vt* befühlen, (ab)tasten
palpitant, e [palpitɑ̃, ɑ̃t] *adj* spannend, aufregend
palpitation [palpitasjɔ̃] *nf*: **avoir des ~s** Herzklopfen haben
palpiter [palpite] *vi* (*cœur, pouls*) schlagen
paludisme [palydism] *nm* Malaria *f*
pâmer [pɑme] : **se pâmer** *vpr* : **se ~ d'amour/d'admiration** vor Liebe/ Bewunderung vergehen
pampa [pɑ̃pa] *nf* Pampa *f*
pamphlet [pɑ̃flɛ] *nm* Schmähschrift *f*
pamplemousse [pɑ̃pləmus] *nm* Grapefruit *f*, Pampelmuse *f*
pan [pɑ̃] *excl* peng ▶ *nm* : **~ de chemise** Hemdschoß *m*
panacée [panase] *nf* Allheilmittel *nt*
panache [panaʃ] *nm* (*faisceau de plumes*) Federbusch *m*; **se battre avec ~** beherzt kämpfen; **~ de fumée** Rauchfahne *f*
panaché, e [panaʃe] *adj* : **glace ~e** gemischtes Eis *nt* ▶ *nm* (*bière*) Radler *m*, Alsterwasser *nt*
panais [panɛ] *nm* Pastinake *f*
Panama [panama] *nm* : **le ~** Panama *nt*
panaméen, ne [panameɛ̃, ɛn] *adj* panamaisch
panaris [panaʀi] *nm* Nagelbettentzündung *f*
pancarte [pɑ̃kaʀt] *nf* Schild *nt*; (*dans un défilé*) Transparent *nt*
pancréas [pɑ̃kʀeɑs] *nm* Bauchspeicheldrüse *f*
panda [pɑ̃da] *nm* Panda(bär) *m*
pandémie [pɑ̃demi] *nf* Pandemie *f*
pané, e [pane] *adj* paniert
panier [panje] *nm* Korb *m*; **mettre au ~** wegwerfen; **~ à provisions** Einkaufskorb *m*; **~ à salade** (*Culin*) Salatschleuder *f*; (*Police*) grüne Minna *f*; **le ~ de la ménagère** der Warenkorb; **~ de crabes** (*fig*) Schlangengrube *f*; **~ percé** (*fig*) Verschwender(in) *m(f)*
panier-repas [panjeʀ(ə)pɑ] (*pl* **paniers-repas**) *nm* Lunchpaket *nt*
panique [panik] *nf* Panik *f*
paniquer [panike] *vi* in Panik geraten
panne [pan] *nf* Panne *f*; **mettre en ~** (*Naut*) stoppen; **être** *ou* **tomber en ~** eine Panne haben; **être en ~ d'essence** kein Benzin mehr haben; **~ d'électricité** Stromausfall *m*; **~ de courant** Stromausfall
panneau, x [pano] *nm* Tafel *f*; **tomber dans le ~** (*fig*) in die Falle gehen; **~ d'affichage** Anschlagbrett *nt*; **~ de signalisation** Straßenschild *nt*; **~ électoral** Wahlplakat *nt*; **~ indicateur** Straßenschild *nt*; **~ publicitaire** Plakatwand *f*
panonceau [panɔ̃so] *nm* Schild *nt*
panoplie [panɔpli] *nf* (*d'armes*) Waffensammlung *f*; (*d'arguments etc*) (ansehnliche) Reihe *f*; **~ de pompier/d'infirmière** (*jouet*) Feuerwehrmann-/ Krankenschwesterausrüstung *f*
panorama [panɔʀama] *nm* (*vue*) Panorama *nt*; (*fig*) Übersicht *f*
panoramique [panɔʀamik] *adj* Panorama-
pansement [pɑ̃smɑ̃] *nm* Verband *m*
panser [pɑ̃se] *vt* verbinden; (*cheval*) striegeln
pantalon [pɑ̃talɔ̃] *nm* Hose *f*; **~ de golf** Golfhose *f*; **~ de pyjama** Schlafanzughose *f*; **~ de ski** Skihose *f*
pantelant, e [pɑ̃t(ə)lɑ̃, ɑ̃t] *adj* keuchend
panthère [pɑ̃tɛʀ] *nf* (*d'Afrique*) Leopard *m*
pantin [pɑ̃tɛ̃] *nm* Hampelmann *m*
pantois [pɑ̃twa] *adj m* : **rester ~** sprachlos sein
pantomime [pɑ̃tɔmim] *nf* Pantomime *f*
pantouflard, e [pɑ̃tuflaʀ, aʀd] *adj* stubenhockerisch
pantoufle [pɑ̃tufl] *nf* Pantoffel *m*
panure [panyʀ] *nf* Paniermehl *nt*
PAO [peao] *sigle f* (= *publication assistée par ordinateur*) DTP *nt*
paon [pɑ̃] *nm* Pfau *m*

papa [papa] *nm* Papa *m*
paparazzi [papaʀadzi] *nmpl* Paparazzi *pl*
papauté [papote] *nf* Papsttum *nt*
papaye [papaj] *nf* Papaya(frucht) *f*
pape [pap] *nm* : **le ~** der Papst
paperasse [papʀas] *nf* Papierwust *m*
paperasserie [papʀasʀi] *nf* Papierwust *m*
papeterie [papɛtʀi] *nf* (*magasin*) Schreibwarenladen *m*
papetier, -ière [pap(ə)tje, jɛʀ] *nm/f* (*commerçant*) Schreibwarenhändler(in)
papi [papi] (*fam*) *nm* Opa *m*
papier [papje] *nm* Papier *nt*; (*feuille*) Blatt *nt* (Papier); **papiers** *nmpl* (*d'identité*) (Ausweis)papiere *pl*; **sur le ~** auf dem Papier; **~ à lettres** Briefpapier *nt*; **~ bible** Dünndruckpapier *nt*; **~ buvard** Löschpapier *nt*; **~ calque** Transparentpapier *nt*; **~ carbone** Kohlepapier *nt*; **~ collant** Klebestreifen *m*; **~ couché** Kunstdruckpapier *nt*; **~ (d') aluminium** Alufolie *f*; **~ d'Arménie** Räucherpapier *nt*; **~ d'emballage** Packpapier *nt*; **~ de brouillon** Schmierpapier *nt*; **~ de verre** Sandpapier *nt*; **~ glacé** appretiertes Papier; **~ gommé** gummiertes Papier; **~ hygiénique** Toilettenpapier *nt*; **~ journal** Zeitungspapier *nt*; **~ kraft** Packpapier *nt*; **~ mâché** Papiermaschee *nt*; **~ machine** Schreibmaschinenpapier *nt*; **~ peint** Tapete *f*
papier-filtre [papjefiltʀ] *nm* Filterpapier *nt*
papier-monnaie [papjemɔnɛ] *nm* Papiergeld *nt*
papillon [papijɔ̃] *nm* Schmetterling *m*; (*contravention*) Strafzettel *m*; (*écrou*) Flügelmutter *f*
papillonner [papijɔne] *vi* herumflattern
papilloter [papijɔte] *vi* (*yeux, paupières*) zwinkern; (*lumière, étoiles*) funkeln
papoter [papɔte] *vi* schwatzen
Papouasie-Nouvelle-Guinée [papwazinuvɛlgine] *nf* : **la ~** Papua-Neuguinea *nt*
paprika [papʀika] *nm* Paprika *m*
papyrus [papiʀys] *nm* Papyrus *m*
pâque [pɑk] *nf* Passahfest *nt*; **Pâques** *nfpl* Ostern *nt*
paquebot [pak(ə)bo] *nm* Passagierschiff *nt*
pâquerette [pɑkʀɛt] *nf* Gänseblümchen *nt*
Pâques [pɑk] *nfpl voir* **pâque**
paquet [pakɛ] *nm* Paket *nt*; (*de cigarettes*) Päckchen *nt*; **mettre le ~** (*fam*) sein Bestes tun; **~ fiscal** Steuerpaket *nt*
paquet-cadeau [pakɛkado] (*pl* **paquets-cadeaux**) *nm* : **pourriez-vous me faire un ~ ?** können Sie es bitte als Geschenk einpacken?

MOT-CLÉ

par [paʀ] *prép* **1** (*agent*) von; **la souris a été mangée par le chat** die Maus ist von der Katze gefressen worden
2 (*lieu*) : **passer par Lyon** über Lyon fahren; **passer par la côte** an der Küste entlangfahren; **par la fenêtre** aus dem Fenster; **par terre** auf dem Boden; **par le haut/bas** von oben/unten; **par ici** hierher; (*dans la région*) hier; **par-ci, par-là** hier und da
3 (*fréquence, distribution*) pro; **trois fois par semaine** dreimal pro Woche *ou* in der Woche; **trois par jour/personne** drei am Tag/pro Person; **par centaines** zu hunderten *ou* Hunderten; **deux par deux** (*marcher, entrer*) zu zweit; (*prendre*) jeweils zwei
4 (*cause*) : **par amour** aus Liebe
5 (*moyen*) mit; **par la poste** mit der Post; **finir/commencer par faire qch** schließlich/anfangs etw tun

parabole [paʀabɔl] *nf* (*Rel*) Gleichnis *nt*; (*Math*) Parabel *f*
parabolique [paʀabɔlik] *adj* Parabol-
parachever [paʀaʃ(ə)ve] *vt* vollenden
parachutage [paʀaʃytaʒ] *nm* (*fig*) plötzliches Auftauchen *nt*
parachute [paʀaʃyt] *nm* Fallschirm *m*
parachuter [paʀaʃyte] *vt* mit dem Fallschirm absetzen; (*fam : fig*) hineinkatapultieren
parachutisme [paʀaʃytism] *nm* Fallschirmspringen *nt*
parachutiste [paʀaʃytist] *nmf* Fallschirmspringer(in) *m(f)*
parade [paʀad] *nf* Parade *f*; (*Boxe*) Abwehr *f*; **trouver la ~ à une attaque/mesure** einen Angriff/eine Maßnahme parieren
parader [paʀade] *vi* herumstolzieren
paradis [paʀadi] *nm* Paradies *nt*; **~ fiscal** Steueroase *f*; **le P~ terrestre** das Paradies auf Erden
paradisiaque [paʀadizjak] *adj* paradiesisch, himmlisch
paradoxal, e, -aux [paʀadɔksal, o] *adj* paradox
paradoxe [paʀadɔks] *nm* Paradox *nt*
parafer [paʀafe] *vt voir* **parapher**
paraffine [paʀafin] *nf* Paraffin *nt*
parages [paʀaʒ] *nmpl* (*Naut*) Gewässer *pl*; **dans les ~ (de)** in der unmittelbaren Umgebung (von)

paragraphe [paʀagʀaf] *nm* Absatz *m*, Abschnitt *m*
Paraguay [paʀagwɛ] *nm* : **le ~** Paraguay *nt*
paraître [paʀɛtʀ] *vi* (*Presse, Édition*) erscheinen; (*sembler*) scheinen; (*un certain âge*) wirken; (*soleil*) herauskommen; **aimer/vouloir ~** gern Aufmerksamkeit erregen/Aufmerksamkeit erregen wollen; **il paraît que** es scheint, dass; **il me paraît que** mir scheint, dass; **il paraît absurde de/préférable que ...** es scheint absurd zu/es ist wohl vorzuziehen, dass ...; **laisser ~ qch** etw zeigen; **il ne paraît pas son âge** man sieht ihm sein Alter nicht an
parallèle [paʀalɛl] *adj* parallel; (*comparable*) vergleichbar ▸ *nf* Parallele *f* ▸ *nm* : **faire un ~ entre** eine Parallele ziehen zwischen; **~ (de latitude)** Breitengrad *m*; **en ~** parallel; **mettre en ~** (*fig*) vergleichen
parallélogramme [paʀalelɔgʀam] *nm* Parallelogramm *nt*
paralympique [paʀalɛpik] *adj* paralympisch; **Jeux ~s** paralympische Spiele
paralyser [paʀalize] *vt* lähmen; (*grève*) lahmlegen
paralysie [paʀalizi] *nf* Lähmung *f*
paramédical, e, -aux [paʀamedikal, o] *adj* : **personnel ~** medizinisches Hilfspersonal *nt*
paramètre [paʀamɛtʀ] *nm* Parameter *m*
paramilitaire [paʀamilitɛʀ] *adj* paramilitärisch
paranoïa [paʀanɔja] *nf* Verfolgungswahn *m*
paranoïaque [paʀanɔjak] *nmf* Paranoiker(in) *m(f)*
parapente [paʀapɑ̃t] *nm* (*sport*) Gleitschirmfliegen *nt*
parapet [paʀapɛ] *nm* Brüstung *f*
parapher [paʀafe] *vt* paraphieren
paraphrase [paʀafʀɑz] *nf* Umschreibung *f*, Paraphrasierung *f*
paraphraser [paʀafʀɑze] *vt* umschreiben, paraphrasieren
paraplégie [paʀapleʒi] *nf* doppelseitige Lähmung *f*
parapluie [paʀaplɥi] *nm* Regenschirm *m*; **~ atomique** *ou* **nucléaire** Nuklearschutz *m*
parapsychique [paʀapsiʃik] *adj* parapsychologisch
parapsychologie [paʀapsikɔlɔʒi] *nf* Parapsychologie *f*
parascolaire [paʀaskɔlɛʀ] *adj* außerschulisch
parasite [paʀazit] *nm* Parasit *m*, Schmarotzer *m*; **parasites** *nmpl* (*Tél*) Störung *f*
parasol [paʀasɔl] *nm* Sonnenschirm *m*
paratonnerre [paʀatɔnɛʀ] *nm* Blitzableiter *m*
paravent [paʀavɑ̃] *nm* (*meuble*) spanische Wand *f*; (*fig*) Schirm *m*
parc [paʀk] *nm* Park *m*; (*pour le bétail*) Pferch *m*; **~ à huîtres** Austernbank *f*; **~ automobile** (*d'un pays*) Wagenbestand *m*; **~ d'attractions** Vergnügungspark *m*; **~ éolien** Windfarm *f*; **~ national** Nationalpark *m*; **~ naturel** Naturpark *m*; **~ zoologique** Zoo *m*, zoologischer Garten *m*
parcelle [paʀsɛl] *nf* (*de terrain*) Parzelle *f*; (*d'or, de vérité*) Stückchen *nt*
parce que [paʀs(ə)kə] *conj* weil
parchemin [paʀʃəmɛ̃] *nm* Pergament *nt*
parcimonie [paʀsimɔni] *nf* Sparsamkeit *f*; **avec ~** äußerst sparsam
parcimonieux, -euse [paʀsimɔnjø, jøz] *adj* äußerst sparsam
parcmètre [paʀkmɛtʀ], **parcomètre** [paʀkɔmɛtʀ] *nm* Parkuhr *f*
parcourir [paʀkuʀiʀ] *vt* gehen durch; (*trajet, distance*) zurücklegen; (*en lisant*) überfliegen
parcours [paʀkuʀ] *nm* Strecke *f*, Route *f*; (*Sport*) Parcours *m*; (*Golf*) Runde *f*; **sur le ~** auf der Strecke; **~ du combattant** (*Mil*) Truppenübungsgelände *nt*; (*fig*) Hindernisrennen *nt*
par-dessous [paʀdəsu] *prép* unter +*dat*; (*avec mouvement*) unter +*acc* ▸ *adv* darunter
pardessus [paʀdəsy] *nm* Mantel *m*
par-dessus [paʀdəsy] *prép* über +*dat*; (*avec mouvement*) über +*acc* ▸ *adv* darüber
par-devant [paʀdəvɑ̃] *adv* vorne
pardon [paʀdɔ̃] *nm* Verzeihung *f* ▸ *excl* Verzeihung, Entschuldigung; (*contradiction, pour interpeller*) entschuldigen Sie; **demander ~ à qn (de qch)** jdn (wegen etw *gén*) um Verzeihung bitten; **demander ~ à qn d'avoir fait qch** jdn um Verzeihung bitten, weil man etw getan hat; **je vous demande ~** verzeihen *ou* entschuldigen Sie
pardonnable [paʀdɔnabl] *adj* entschuldbar
pardonner [paʀdɔne] *vt* verzeihen, vergeben; **~ qch à qn** jdm etw verzeihen
pare-balles [paʀbal] *adj inv* kugelsicher
parebrise [paʀbʀiz] *nm* Windschutzscheibe *f*
pare-chocs [paʀʃɔk] *nm inv* Stoßstange *f*
pare-étincelles [paʀetɛ̃sɛl] *nm inv* Schutzgitter *nt*
pare-feu [paʀfø] (*pl* **pare-feux**) *nm* Feuerschneise *f*; (*Inform*) Firewall *f*

pareil, le [paʀɛj] *adj* (*identique*) gleich ▸ *adv* : **habillés ~** gleich angezogen ▸ *nm/f* : **ne pas avoir son ~** nicht seinesgleichen haben, ohnegleichen sein; **~ à** wie; **un courage ~** so großer Mut; **de ~s livres** solche Bücher; **j'en veux un ~** ich möchte auch so etw haben; **rien de ~** nichts dergleichen; **en ~ cas** in einem solchen Fall; **sans ~** ohnegleichen; **c'est du ~ au même** das ist gehupft wie gesprungen; **rendre la ~le à qn** jdm Gleiches mit Gleichem vergelten
pareillement [paʀɛjmɑ̃] *adv* ebenso
parent, e [paʀɑ̃, ɑ̃t] *nm/f* Verwandte(r) *f(m)* ▸ *adj* : **être ~ de qn** mit jdm verwandt sein; **parents** *nmpl* (*père et mère*) Eltern *pl*
parental, e, -aux [paʀɑ̃tal, o] *adj* elterlich
parenté [paʀɑ̃te] *nf* Verwandtschaft *f*; **une ~ entre** eine Verwandtschaft zwischen
parenthèse [paʀɑ̃tɛz] *nf* Klammer *f*; (*digression*) Einschub *m*; **entre ~s** in Klammern
parer [paʀe] *vt* schmücken, zieren; (*Culin*) vorbereiten; (*éviter*) abwehren; **~ à** abwenden; **~ à toute éventualité** auf alle Eventualitäten vorbereitet sein; **~ au plus pressé** sich um die dringendsten Probleme kümmern
pare-soleil [paʀsɔlɛj] *nm inv* Sonnenblende *f*
paresse [paʀɛs] *nf* Faulheit *f*
paresser [paʀese] *vi* faulenzen
paresseux, -euse [paʀesø, øz] *adj* (*personne, esprit*) faul; (*estomac*) träge ▸ *nm* (*Zool*) Faultier *nt*
parfaire [paʀfɛʀ] *vt* vervollkommnen
parfait, e [paʀfɛ, ɛt] *adj* perfekt, vollkommen; (*accompli*) völlig, total ▸ *nm* (*Ling*) Perfekt *nt*; (*Culin*) Parfait *nt*
parfaitement [paʀfɛtmɑ̃] *adv* perfekt, ausgezeichnet; **cela lui est ~ égal** das ist ihm völlig *ou* vollkommen egal; **~ !** doch!
parfois [paʀfwa] *adv* manchmal
parfum [paʀfœ̃] *nm* (*produit*) Parfüm *nt*; (*odeur* : *de fleur*) Duft *m*; (: *d'un tabac, d'un vin*) Aroma *nt*; (*d'une glace, d'un yaourt*) Sorte *f*
parfumé, e [paʀfyme] *adj* (*papier à lettres etc, femme*) parfümiert; (*fleur, fruit*) duftend, wohlriechend; **~ au café** mit Kaffeegeschmack
parfumer [paʀfyme] *vt* parfümieren; (*crème, gâteau*) aromatisieren; **se parfumer** *vpr* sich parfümieren
parfumerie [paʀfymʀi] *nf* (*boutique*) Parfümerie *f*; **rayon ~** Toilettenartikel *pl*
pari [paʀi] *nm* Wette *f*
parier [paʀje] *vt* wetten
Paris [paʀi] *nf* Paris *nt*
parisien, ne [paʀizjɛ̃, jɛn] *adj* Pariser ▸ *nm/f* : **Parisien, ne** Pariser(in)
paritaire [paʀitɛʀ] *adj* : **commission ~** gemeinsamer Ausschuss *m*
parité [paʀite] *nf* Gleichheit *f*; (*hommes-femmes*) Parität *f*; **~ de change** Wechselkursparität *f*
parjure [paʀʒyʀ] *nm* Meineid *m*
parjurer [paʀʒyʀe] : **se parjurer** *vpr* einen Meineid schwören
parka [paʀka] *nm* Parka *m*
parking [paʀkiŋ] *nm* Parkplatz *m*; (*souterrain*) Tiefgarage *f*
parlant, e [paʀlɑ̃, ɑ̃t] *adj* (*portrait, image*) ausdrucksvoll; (*chiffres, résultats*) vielsagend ▸ *adv* : **généralement/humainement ~** allgemein/menschlich gesprochen; **le cinéma ~** der Tonfilm
parlé, e [paʀle] *adj* : **langue ~e** gesprochene Sprache *f*
parlement [paʀləmɑ̃] *nm* Parlament *nt*; **P~ européen** Europaparlament *nt*
parlementaire [paʀləmɑ̃tɛʀ] *adj* parlamentarisch ▸ *nmf* Parlamentarier
parlementer [paʀləmɑ̃te] *vi* verhandeln
parler [paʀle] *vi, vt* reden, sprechen; (*avouer*) reden; **les faits parlent d'eux-mêmes** die Tatsachen sprechen für sich; **~ de** sprechen *ou* reden von; **~ (à qn) de** (mit jdm) reden über +*acc*; **~ de faire qch** davon sprechen, dass man etw tun will; **~ (le) français** Französisch sprechen; **~ en français** französisch sprechen; **~ affaires/politique** über Geschäfte/Politik reden; **~ en dormant** im Schlaf sprechen; **~ du nez** durch die Nase sprechen; **~ par gestes** sich mit Gesten verständlich machen; **~ en l'air** ins Blaue hinein reden; **sans ~ de** ganz abgesehen von; **tu parles !** von wegen!; **n'en parlons plus** reden wir nicht mehr davon
parloir [paʀlwaʀ] *nm* (*d'une prison*) Besuchszimmer *nt*
parmesan [paʀməzɑ̃] *nm* Parmesan *m*
parmi [paʀmi] *prép* unter +*dat*
parodie [paʀɔdi] *nf* Parodie *f*
parodier [paʀɔdje] *vt* parodieren
paroi [paʀwa] *nf* Wand *f*; (*cloison*) Trennwand *f*; **~ rocheuse** Felswand *f*
paroisse [paʀwas] *nf* Pfarrei *f*
parole [paʀɔl] *nf* (*faculté*) Sprache *f*; (*engagement*) Wort *nt*; **paroles** *nfpl* (*Mus*) Text *m*; **tenir ~** sein Wort halten; **n'avoir**

qu'une ~ zu seinem Wort stehen; **avoir/obtenir la ~** das Wort haben/erhalten; **prendre la ~** das Wort ergreifen; **demander la ~** ums Wort bitten; **donner la ~ à qn** jdm das Wort geben; **perdre la ~** die Sprache verlieren; **croire qn sur ~** jdm aufs Wort glauben; **temps de ~** Sprechzeit *f*, Redezeit *f*; **histoire sans ~s** Zeichenwitz *m* ohne Worte; **ma ~ !** (*surprise*) du meine Güte!; **~ d'honneur** Ehrenwort *nt*

parquer [parke] *vt* (*voiture*) parken; (*bestiaux*) einsperren, einpferchen

parquet [parkɛ] *nm* (*plancher*) Parkett *nt*; **le ~** (*Jur*) die Staatsanwaltschaft *f*

parrain [parɛ̃] *nm* Pate *m*; (*d'un nouvel adhérent*) Bürge *m*; (*sponsor*) Sponsor *m*

parrainage [parɛnaʒ] *nm* (*d'un enfant*) Patenschaft *f*; (*patronage*) Schirmherrschaft *f*; (*financier*) Förderung *f*, Sponsering *nt*

parrainer [parene] *vt* sponsern

parsemer [parsəme] *vt* : **~ qch de** etw bestreuen mit

part [par] *nf* Teil *m*; (*d'efforts, de peines*) Anteil *m*; **prendre ~ à** teilnehmen an *+dat*; **faire ~ de qch à qn** jdm etw mitteilen; **pour ma ~** was mich betrifft; **à ~ entière** mit vollen Rechten; **de la ~ de qn** von jdm; **c'est de la ~ de qui ?** (*au téléphone*) wer ist am Apparat, bitte?; **de toute(s) ~(s)** von allen Seiten; **de ~ et d'autre** auf beiden Seiten; **de ~ en ~** durch und durch; **d'une ~ ... d'autre ~** einerseits ..., andererseits; **nulle ~** nirgendwo; **autre ~** anderswo; **quelque ~** irgendwo; **à ~** (*adv*) gesondert; (*de côté*) beiseite; **à ~ cela** abgesehen davon; **pour une large** *ou* **bonne ~** zum großen Teil; **prendre qch en mauvaise ~** schlecht auf etw *acc* reagieren; **faire la ~ des choses** Zugeständnisse machen

partage [partaʒ] *nm* Aufteilung *f*; **donner/recevoir qch en ~** etw als Anteil geben/bekommen

partagé, e [partaʒe] *adj* geteilt; (*opinions*) geteilt; **être ~ entre** (*fig*) hin und her gerissen sein zwischen; **l'amour est ~** die Liebe wird erwidert; **les torts sont ~s** nicht einer allein ist schuld; **être ~ sur** geteilter Meinung sein über

partager [partaʒe] *vt* teilen; **se partager** *vpr* sich *dat* (auf)teilen

partance [partɑ̃s] *nf* : **le train en ~ pour Poitiers** der Zug nach Poitiers

partant, e [partɑ̃, ɑ̃t] *adj* : **être ~ pour qch** bereit sein für etw ▸ *nm/f* (*Sport*) Teilnehmer(in)

partenaire [partənɛr] *nmf* Partner(in) *m(f)*; **~s sociaux** Sozialpartner *pl*

parterre [partɛr] *nm* (*de fleurs*) Blumenbeet *nt*; (*Théât*) Parkett *nt*

parti [parti] *nm* (*personne à marier*) : **un beau/riche ~** eine gute Partie; **tirer ~ de** Nutzen ziehen aus; **prendre le ~ de faire qch** sich entschließen, etw zu tun; **prendre ~ (pour/contre qn)** (für/gegen jdn) Partei ergreifen; **prendre son ~ de qch** sich mit etw abfinden; **~ pris** Voreingenommenheit *f*

partial, e, -aux [parsjal, jo] *adj* voreingenommen, parteiisch

partialité [parsjalite] *nf* Voreingenommenheit *f*

participant, e [partisipɑ̃, ɑ̃t] *nm/f* Teilnehmer(in)

participation [partisipasjɔ̃] *nf* Teilnahme *f*; (*Comm*) Beteiligung *f*; (*Pol*) Mitbestimmung *f*; **~ aux frais** Beteiligung an den Kosten; **~ aux bénéfices** Gewinnbeteiligung *f*; **avec la ~ de** unter Mitwirkung von

participe [partisip] *nm* Partizip *nt*; **~ passé** Partizip Perfekt *nt*; **~ présent** Partizip Präsens *nt*

participer [partisipe] *vi* (*Scol*) sich beteiligen; **~ à** teilnehmen an *+dat*; (*frais, entreprise etc*) sich beteiligen an *+dat*

particularité [partikylarite] *nf* Besonderheit *f*

particule [partikyl] *nf* Teilchen *nt*; (*Ling*) Partikel *f*; **~s fines** Feinstaub *m*

particulier, -ière [partikylje, jɛr] *adj* besondere(r, s); (*personnel, privé*) privat; (*individuel*) eigene(r, s); (*cas*) Einzel- ▸ *nm* (*individu*) Privatperson *f*; **être ~ à** eigen sein *+dat*; **en ~** (*à part*) gesondert; (*en privé*) vertraulich; (*surtout*) besonders

particulièrement [partikyljɛrmɑ̃] *adv* besonders

partie [parti] *nf* Teil *m*; (*spécialité*) Gebiet *nt*; (*Mus*) Partie *f*; (*de cartes, tennis etc*) Spiel *nt*, Partie *f*; (*fig : lutte, combat*) Kampf *m*; **en ~** teilweise; **faire ~ de qch** zu etw gehören; **prendre qn à ~** jdn ins Gebet nehmen; **en grande ~** zu einem großen Teil; **en majeure ~** hauptsächlich; **ce n'est que ~ remise** aufgeschoben ist nicht aufgehoben; **avoir ~ liée avec qn** mit jdm gemeinsame Sache machen; **~ de campagne/de pêche** Ausflug *m* aufs Land/gemeinsames Angeln; **~ civile** (*Jur*) Privatkläger *m*; **~ de pêche** Angeltour *f*; **~ publique** (*Jur*) Staatsanwaltschaft *f*

partiel, le [paRsjɛl] *adj* Teil-, teilweise ▶ *nm* (*Scol*) Teilprüfung *f*
partir [paRtiR] *vi* gehen, weggehen; (*en voiture*) wegfahren; (*train, bus*) abfahren; (*avion*) abfliegen; (*lettre, bouton*) abgehen; (*pétard, fusil, affaire*) losgehen; (*tache*) herausgehen; (*moteur*) anspringen; **~ de** (*lieu* : *personne*) aufbrechen von; (: *route, principe*) ausgehen von; **~ pour/à** (*lieu*) aufbrechen nach; **~ de rien** mit nichts anfangen; **à ~ de ...** von ... an, ab ...
partisan, e [paRtizɑ̃, an] *nm/f* Anhänger(in) ▶ *adj* : **être ~ de qch** für etw sein; **être ~ de faire qch** dafür sein, etw zu tun
partition [paRtisjɔ̃] *nf* Partitur *f*
partout [paRtu] *adv* überall; **de ~** von überall her; **trente ~** (*Tennis*) dreißig beide
paru, e [paRy] *pp de* **paraître**
parure [paRyR] *nf* (*vêtements, ornements*) Staat *m*, Aufmachung *f*; (*de table, sous-vêtements*) Garnitur *f*; **~ de diamants** Diamantschmuck *m*
parution [paRysjɔ̃] *nf* (*d'un livre*) Veröffentlichung *f*
parvenir [paRvəniR] : **~ à** *vt* erreichen; **~ à ses fins/à un âge avancé** sein Ziel/ein fortgeschrittenes Alter erreichen; **~ à faire qch** es schaffen, etw zu tun
parvenu, e [paRvəny] (*péj*) *nm/f* Emporkömmling *m*
parvis [paRvi] *nm* Vorplatz *m*
pas[1] [pa] *nm* Schritt *m*; (*de vis, d'écrou*) Gewinde *nt*; **~ à ~** Schritt für Schritt; **s'approcher à ~ de loup** sich heranschleichen; **rouler au ~** im Schritttempo fahren; **sur le ~ de la porte** auf der Schwelle

MOT-CLÉ

pas[2] [pa] *adv* **1** (*avec ne, non etc*) nicht; **pas de** (*avec nom*) kein, keine, kein; **je ne vais pas à l'école** ich gehe nicht in die Schule; **il ne la voit pas/ne l'a pas vue/ne la verra pas** er sieht sie nicht/hat sie nicht gesehen/wird sie nicht sehen; **je ne mange pas de pain** ich esse kein Brot; **ils n'ont pas d'enfants** sie haben keine Kinder; **il m'a dit de ne pas le faire** er hat mir gesagt, dass ich es nicht tun soll; **non pas que ...** nicht dass ...; **je n'en sais pas plus** mehr weiß ich nicht darüber; **il n'y avait pas plus de 200 personnes** es waren nicht mehr als 200 Leute da; **ce n'est pas sans peine/hésitation que ...** nicht ohne Mühe/Zögern ...; **ils sont quatre et non pas trois** sie sind zu viert, nicht zu dritt; **je ne reviendrai/il ne recommencera pas de sitôt** so bald komme ich nicht wieder/fängt er nicht wieder damit an
2 (*sans ne*) : **pas moi** ich nicht; **pas encore** noch nicht; **pas du tout** überhaupt nicht; **tu viens ou pas ?** kommst du oder nicht?; **elle travaille, lui pas** *ou* **pas lui** sie arbeitet, er nicht; **pas de sucre, merci !** danke, keinen Zucker!; **une pomme pas mûre** ein unreifer Apfel; **pas plus tard qu'hier** nicht später als gestern; **pas mal** nicht schlecht; **pas mal de problèmes/d'argent** ziemlich viele Probleme/viel Geld

passable [pɑsabl] *adj* passabel, leidlich (gut)
passablement [pɑsabləmɑ̃] *adv* (*pas trop mal*) ganz passabel; **~ de** ziemlich viel(e)
passage [pɑsaʒ] *nm* (*traversée*) Überquerung *f*; (*prix de la traversée*) Überfahrt *f*; (*d'un état à l'autre, lieu*) Übergang *m*; (*extrait*) Passage *f*; (*petite rue*) Passage *f*; **au ~** (*en passant*) im Vorübergehen; **~ à niveau** Bahnübergang *m*; **~ à vide** Leerlauf *m*; **~ clouté** Fußgängerüberweg *m*; **« ~ interdit »** „Durchfahrt verboten"; **~ protégé** Vorfahrtsstraße *f*
passager, -ère [pɑsaʒe, ɛR] *adj* vorübergehend ▶ *nm/f* Passagier(in); **~ clandestin** blinder Passagier *m*
passant, e [pɑsɑ̃, ɑ̃t] *adj* (*rue, endroit*) belebt ▶ *nm/f* Passant(in); **bande ~e** (*Inform*) Bandbreite *f*
passation [pɑsasjɔ̃] *nf* : **~ des pouvoirs** Übergabe *f* der Macht
passe [pɑs] *nf* (*Sport*) Pass *m* ▶ *nm* (*passe-partout*) Hauptschlüssel *m*
passé, e [pɑse] *adj* vergangen; (*couleur, tapisserie*) verblasst ▶ *prép* : **~ 10 heures** nach 10 Uhr ▶ *nm* Vergangenheit *f*; **il est midi ~** es ist schon nach 12 Uhr; **~ de mode** unmodern; **par le ~** früher, in der Vergangenheit; **~ composé** Perfekt *nt*; **~ simple** historisches Präteritum *nt*
passe-montagne [pɑsmɔ̃taɲ] (*pl* **passe-montagnes**) *nm* Kapuzenmütze *f*
passe-partout [pɑspaRtu] *nm inv* (*clé*) Hauptschlüssel *m* ▶ *adj inv* : **tenue/phrase ~** Allzweckkleidung *f*/Allzweckwendung *f*
passe-passe [pɑspɑs] *nm inv* : **tour de ~** Taschenspielertrick *m*; (*fig*) Trick *m*

P

passe-plat [pɑspla] (*pl* **passe-plats**) *nm* Durchreiche *f*
passeport [pɑspɔʀ] *nm* Pass *m*
passer [pɑse] *vi* (*se rendre, aller*) gehen; (*voiture*) vorbeifahren; (*piétons, jours*) vorbeigehen; (*chez qn, à travers un obstacle*) vorbeikommen; (*courant électrique*) durchfließen; (*air, soleil, lumière*) durchkommen; (*temps, douleur*) vergehen; (*liquide, café*) durchlaufen; (*projet de loi*) angenommen werden; (*réplique, plaisanterie*) durchgehen; (*film, pièce*) laufen; (*couleur, papier*) verblassen; (*mode, maladie*) vorübergehen; (*Cartes*) passen ▶ *vt* (*frontière, rivière etc*) überqueren; (*examen*) ablegen; (*temps, journée*) verbringen; (*faute, bêtise, caprice*) durchgehen lassen; (*donner*) geben; (: *message*) übermitteln; (*vêtement*) anziehen; (*dépasser*) vorbeigehen an +*dat*; (: *en voiture etc*) vorbeifahren an +*dat*; (*café*) filtern; (*thé, soupe*) durchseihen; (*film*) zeigen; (*pièce, disque*) spielen; **se passer** *vpr* (*scène, action*) stattfinden, sich abspielen; (*arriver*) passieren, geschehen; (*s'écouler*) vergehen; **~ par** gehen durch; (*véhicule*) fahren durch; (*intermédiaire, organisme*) gehen über +*acc*; (*expérience*) durchmachen; **~ chez qn** bei jm vorbeigehen; **~ sur** (*ne pas tenir compte de*) übergehen; **~ dans les mœurs** *ou* **l'usage** üblich *ou* gebräuchlich werden; **~ avant** kommen vor; **laisser ~** durchlassen; (*affaire, erreur*) durchgehen lassen; **~ dans la classe supérieure** (in die nächste Klasse) versetzt werden; **~ la** *ou* **en seconde/troisième** (*Auto*) in den zweiten/dritten Gang schalten; **~ à la radio/télévision** im Radio/Fernsehen kommen; **~ aux aveux** ein Geständnis ablegen; **~ à l'action** zur Tat schreiten; **~ inaperçu** unbemerkt bleiben; **~ pour riche/un imbécile** für reich/einen Idioten gehalten werden *ou* gelten; **~ à table** sich zu Tisch setzen; **~ au salon** ins Wohnzimmer gehen; **~ à l'opposition/à l'ennemi** zur Opposition/zum Feind überlaufen; **je ne fais que ~** ich bin nur auf einen Sprung hier; **passe encore d'arriver en retard, mais** es mag ja noch angehen, dass man zu spät kommt, aber; **dire qch en passant** etw beiläufig sagen; **faire ~ à qn le goût** *ou* **l'envie de qch** jdm den Geschmack an etw *dat* verderben; **faire ~ pour** ausgeben für; **passons** nun aber weiter; **~ la visite médicale** ärztlich untersucht werden; **~ une maladie à qn** jdn mit einer Krankheit anstecken; **~ son chemin** seiner Wege gehen; **~ son tour** aussetzen; **~ en fraude** schmuggeln; **~ la tête/la main par la portière** den Kopf/die Hand aus der Tür strecken; **~ le balai/l'aspirateur** fegen/staubsaugen *ou* Staub saugen; **je vous passe M. Blanc** ich verbinde Sie mit Herrn Blanc; **~ la parole à qn** jdm das Wort geben; **~ qn par les armes** jdn erschießen; **~ commande de** bestellen; **~ un marché/accord** einen Vertrag/ein Abkommen schließen; **se ~ les mains sous l'eau** die Hände unter das Wasser halten; **se ~ de l'eau sur le visage** sich Wasser über das Gesicht laufen lassen; **cela se passe de commentaires** da erübrigt sich jeglicher Kommentar; **se ~ de qch** (*s'en priver*) auf etw *acc* verzichten; **que s'est-il passé ?** was ist passiert *ou* geschehen?
passereau, x [pɑsʀo] *nm* Spatz *m*
passerelle [pɑsʀɛl] *nf* (*pont étroit*) Fußgängerbrücke *f*; (*d'un navire, avion*) Gangway *f*
passe-temps [pɑstɑ̃] *nm inv* Zeitvertreib *m*
passette [pɑsɛt] *nf* Teesieb *nt*
passeur, -euse [pɑsœʀ, øz] *nm/f* (*de personnes*) Menschenschmuggler(in)
passible [pasibl] *adj* : **~ de** zu bestrafen mit
passif, -ive [pasif, iv] *adj* passiv ▶ *nm* (*Ling*) Passiv *nt*; (*Comm*) Passiva *pl*, Schulden *pl*
passion [pasjɔ̃] *nf* Leidenschaft *f*; **avoir la ~ de** eine Leidenschaft haben für; **la ~ du jeu** die Spielleidenschaft *f*; **fruit de la ~** Maracuja *f*
passionnant, e [pasjɔnɑ̃, ɑ̃t] *adj* spannend
passionné, e [pasjɔne] *adj* leidenschaftlich
passionnément [pasjɔnemɑ̃] *adv* leidenschaftlich
passionner [pasjɔne] *vt* (*suj*) faszinieren, fesseln; (*débat, discussion*) begeistern; **se passionner** *vpr* : **se ~ pour qch** sich leidenschaftlich für etw interessieren
passivement [pasivmɑ̃] *adv* passiv
passivité [pasivite] *nf* Passivität *f*
passoire [pɑswaʀ] *nf* Sieb *nt*
pastèque [pastɛk] *nf* Wassermelone *f*
pasteur [pastœʀ] *nm* Pfarrer(in) *m(f)*
pasteuriser [pastœʀize] *vt* pasteurisieren
pastiche [pastiʃ] *nm* Persiflage *f*
pastille [pastij] *nf* Pastille *f*
pastis [pastis] *nm* Pastis *m*

patate [patat] (*fam*) *nf* Kartoffel *f*
patauger [patoʒe] *vi* plan(t)schen; (*fig : exposé, explications*) ins Schwimmen geraten in *+dat*; **~ dans** (*en marchant*) waten durch
pâte [pɑt] *nf* Teig *m*; (*autre substance molle*) Brei *m*, Paste *f*; **pâtes** *nfpl* (*macaroni etc*) Teigwaren *pl*; **~ à modeler** Knetmasse *f*; **~ à papier** Papierbrei *m*; **~ brisée** Mürbeteig *m*; **~ d'amandes** Marzipan *nt*; **~ de fruits** Geleeschnitte *f*; **~ feuilletée** Blätterteig *m*
pâté [pɑte] *nm* (*charcuterie*) Pastete *f*; (*tache d'encre*) Tintenfleck *m*; **~ de foie** Leberpastete *f*; **~ de maisons** Häuserblock *m*; **~ de sable** Sandkuchen *m*; **~ en croûte** Fleischpastete *f*
pâtée [pɑte] *nf* Futterbrei *m*
patelin [patlɛ̃] (*fam*) *nm* Örtchen *nt*
paternaliste [patɛʀnalist] *adj* paternalistisch
paternel, le [patɛʀnɛl] *adj* väterlich
paternité [patɛʀnite] *nf* Vaterschaft *f*
pâteux, -euse [pɑtø, øz] *adj* zähflüssig
pathétique [patetik] *adj* ergreifend
pathologie [patɔlɔʒi] *nf* Pathologie *f*
pathologique [patɔlɔʒik] *adj* pathologisch
patiemment [pasjamɑ̃] *adv* geduldig
patience [pasjɑ̃s] *nf* Geduld *f*; **perdre ~** die Geduld verlieren
patient, e [pasjɑ̃, jɑ̃t] *adj* geduldig ▶ *nm/f* Patient(in)
patienter [pasjɑ̃te] *vi* sich gedulden, geduldig warten
patin [patɛ̃] *nm* : **~s (à glace)** Schlittschuhe *pl*; **~s à roulettes** Rollschuhe *pl*
patinage [patinaʒ] *nm* Schlittschuhlaufen *nt*; **~ artistique** Eiskunstlaufen *nt*; **~ de vitesse** Eisschnelllaufen *nt*
patine [patin] *nf* Patina *f*
patiner [patine] *vi* (*personne*) Schlittschuh laufen; (*embrayage*) schleifen; (*roue, voiture*) nicht fassen
patineur, -euse [patinœʀ, øz] *nm/f* Schlittschuhläufer(in)
patinoire [patinwaʀ] *nf* Eisbahn *f*
pâtisserie [pɑtisʀi] *nf* (*boutique*) Konditorei *f*; (*à la maison*) Backen *nt*; **pâtisseries** *nfpl* (*gâteaux*) feine Kuchen *pl*, Gebäck *nt*
pâtissier, -ière [pɑtisje, jɛʀ] *nm/f* Konditor(in)
patois [patwa] *nm* Mundart *f*
patriarche [patʀijaʀʃ] *nm* Patriarch *m*
patrie [patʀi] *nf* Vaterland *nt*, Heimat *f*
patrimoine [patʀimwan] *nm* Erbe *nt*; **~ génétique** *ou* **héréditaire** Erbgut *nt*
patriote [patʀijɔt] *adj* patriotisch ▶ *nmf* Patriot(in) *m(f)*
patriotique [patʀijɔtik] *adj* patriotisch
patriotisme [patʀijɔtism] *nm* Patriotismus *m*
patron, ne [patʀɔ̃, ɔn] *nm/f* (*chef*) Chef(in); (*propriétaire*) Besitzer(in); (*Rel : saint*) Namenspatron(in) ▶ *nm* (*Couture*) Schnittmuster *nt*; **~s et employés** Arbeitgeber und Arbeitnehmer
patronage [patʀɔnaʒ] *nm* Schirmherrschaft *f*; (*club*) Jugendklub *m*
patronal, e, -aux [patʀɔnal, o] *adj* Arbeitgeber-
patronat [patʀɔna] *nm* Arbeitgeber *pl*
patronner [patʀɔne] *vt* (*personne, entreprise*) protegieren, sponsern
patronyme [patʀɔnim] *nm* Familienname *m*
patrouille [patʀuj] *nf* (*Mil*) Patrouille *f*; (*de police*) Streife *f*; **~ de reconnaissance** Aufklärungspatrouille *f*
patrouiller [patʀuje] *vi* patrouillieren
patte [pat] *nf* (*pied : de chien, chat*) Pfote *f*; (*fam : jambe*) Bein *nt*; (*: main*) Pfote; (*languette de cuir, d'étoffe*) Streifen *m*; **~s (de lapin)** Koteletten *pl*; **à ~s d'éléphant** (*pantalon*) mit Schlag; **à quatre ~s** auf allen vieren; **en avoir plein les ~s** (*fam*) alle sein; **~s d'oie** (*rides*) Krähenfüße *pl*
pâturage [pɑtyʀaʒ] *nm* Weide *f*
paume [pom] *nf* Handfläche *f*, Handteller *m*
paumé, e [pome] (*fam*) *adj* : **être ~(e)** nicht durchblicken; (*désorienté*) sich verirrt haben; **habiter dans un coin (complètement) ~** am Ende der Welt wohnen
paumer [pome] (*fam*) *vt* (*perdre*) verlieren
paupière [popjɛʀ] *nf* Lid *nt*
paupiette [popjɛt] *nf* : **~ de veau** Kalbsroulade *f*
pause [poz] *nf* Pause *f*
pause-café [pozkafe] (*pl* **pauses-café**) *nf* Kaffeepause *f*
pauvre [povʀ] *adj* arm
pauvrement [povʀəmɑ̃] *adv* ärmlich
pauvreté [povʀəte] *nf* Armut *f*
pavaner [pavane] : **se pavaner** *vpr* umherstolzieren
pavé, e [pave] *adj* gepflastert ▶ *nm* (*bloc*) Pflasterstein *m*; (*fam : livre*) Wälzer *m*
paver [pave] *vt* pflastern
pavillon [pavijɔ̃] *nm* Pavillon *m*; (*maisonnette, villa*) Häuschen *nt*; (*drapeau*) Flagge *f*

pavot [pavo] *nm* Mohn *m*
payable [pɛjabl] *adj* zahlbar
payant, e [pɛjɑ̃, ɑ̃t] *adj* (*hôte, spectateur*) zahlend; (*parking*) gebührenpflichtig; (*entreprise, coup*) gewinnbringend
paye [pɛj] *nf* Lohn *m*
payer [peje] *vt* (*personne*) bezahlen, zahlen *+dat*; (*rente, loyer, impôts, appartement*) zahlen; (*faute, crime*) bezahlen für ▸ *vi* sich auszahlen : **se ~ qch** sich *dat* etw leisten; **~ qch à qn** jdm etw (be)zahlen; **~ comptant** *ou* **en espèces** bar zahlen; **cela ne paie pas de mine** das macht nicht viel her; **se ~ la tête de qn** jdn auf die Schippe nehmen
pays [pei] *nm* Land *nt*; **du ~** *adj* einheimisch; **~ en voie de développement** Entwicklungsland *nt*
paysage [peizaʒ] *nm* Landschaft *f*
paysagiste [peizaʒist] *nmf* (*Art*) Landschaftsmaler(in) *m(f)*; (*de jardin*) Landschaftsarchitekt(in) *m(f)*
paysan, ne [peizɑ̃, an] *nm/f* Bauer *m*, Bäuerin *f* ▸ *adj* bäuerlich
Pays-Bas [peiba] *nmpl* : **les ~** die Niederlande *pl*
PC [pese] *sigle m* (*= personal computer*) PC *m*
pcc *abr* (*= pour copie conforme*) DD
PCV [peseve] *abr* (*= percevoir*) R-Gespräch *nt*
PDA [pedea] *sigle m* (*= personal digital assistant*) PDA *m*
PDG [pedeʒe] *sigle m/f* (*= président-directeur général*) *voir* **président**
péage [peaʒ] *nm* (*sur autoroute*) Straßenzoll *m*, Maut *f*; (*sur pont*) Brückenzoll *m*; **autoroute à ~** Autobahn *f* mit Straßenzoll
peau, x [po] *nf* Haut *f*; **gants de ~** Handschuhe *pl* aus feinem Leder; **être bien/mal dans sa ~** sich in seiner Haut wohlfühlen/nicht wohlfühlen; **se mettre dans la ~ de qn** sich in jds Lage versetzen; **faire ~ neuve** seinen Stil völlig ändern; **~ d'orange** (*aussi fig*) Orangenhaut *f*; **~ de banane** Bananenschale *f*; **~ de chamois** (*chiffon*) Fensterleder *nt*
peccadille [pekadij] *nf* lässliche Sünde *f*
pêche [pɛʃ] *nf* (*fruit*) Pfirsich *m*; (*au poisson*) Fischen *nt*; (*: à la ligne*) Angeln *nt*; (*poissons pêchés*) Fang *m*; **aller à la ~** fischen/angeln gehen; **avoir la ~** (*fam*) in Spitzenform sein; **~ à la ligne** Angeln; **~ sous-marine** Unterwasserfischen *nt*
péché [peʃe] *nm* Sünde *f*
pécher [peʃe] *vi* sündigen
pêcher [peʃe] *nm* (*Bot*) Pfirsichbaum *m* ▸ *vi* (*en mer*) fischen; (*en rivière*) angeln
pécheur, -eresse [peʃœʀ, peʃʀɛs] *nm/f* Sünder(in)
pêcheur, -euse [pɛʃœʀ, øz] *nm/f* Fischer(in), Angler(in); **~ de perles** Perlenfischer(in) *m/f*
pectoral, e, -aux [pɛktɔʀal, o] *adj* (*sirop*) zum Einreiben der Brust; (*muscle*) Brust-; **pectoraux** *nmpl* (*Anat*) Brustmuskulatur(in) *m(f)*
pécule [pekyl] *nm* Ersparnisse *pl*
pécuniaire [pekynjɛʀ] *adj* finanziell
pédagogie [pedagɔʒi] *nf* Pädagogik *f*
pédagogique [pedagɔʒik] *adj* pädagogisch
pédagogue [pedagɔg] *nmf* Pädagoge *m*, Pädagogin *f*
pédale [pedal] *nf* Pedal *nt*; (*fam*) Schwuler *m*
pédaler [pedale] *vi* in die Pedale treten
pédalo [pedalo] *nm* Tretboot *nt*
pédant, e [pedɑ̃, ɑ̃t] *adj* wichtigtuerisch
pédé [pede] (*fam*) *nm* Schwule(r) *m*
pédéraste [pedeʀast] *nm* Päderast *m*
pédestre [pedɛstʀ] *adj* : **randonnée ~** (*excursion*) Wanderung *f*
pédiatre [pedjatʀ] *nmf* Kinderarzt *m*, Kinderärztin *f*
pédiatrie [pedjatʀi] *nf* Pädiatrie *f*
pédicure [pedikyʀ] *nmf* Fußpfleger(in) *m(f)*
pédophile [pedɔfil] *adj* pädophil ▸ *nmf* Pädophile(r) *f(m)*
peeling [piliŋ] *nm* Peeling *nt*
pègre [pɛgʀ] *nf* Unterwelt *f*
peigne [pɛɲ] *nm* Kamm *m*
peigner [peɲe] *vt* kämmen; **se peigner** *vpr* sich kämmen
peignoir [pɛɲwaʀ] *nm* Bademantel *m*; (*déshabillé*) Morgenmantel *m*
peinard, e [pɛnaʀ, aʀd] (*fam*) *adj* gemütlich, geruhsam
peindre [pɛ̃dʀ] *vt* malen; (*mur*) streichen
peine [pɛn] *nf* (*effort*) Mühe *f*; (*chagrin*) Kummer *m*; (*punition*) Strafe *f*; **faire de la ~ à qn** jds Mitleid erwecken; **prendre la ~ de faire qch** sich *dat* die Mühe machen, etw zu tun; **se donner de la ~** sich *dat* Mühe geben; **ce n'est pas la ~** es ist nicht nötig; **à ~** kaum; **défense d'afficher sous ~ d'amende** Plakatieren wird strafrechtlich verfolgt; **~ capitale** *ou* **de mort** Todesstrafe *f*
peiner [pene] *vi* sich quälen ▸ *vt* betrüben
peintre [pɛ̃tʀ] *nmf* (*ouvrier*) Anstreicher(in) *m(f)*; (*Art*) Maler(in) *m(f)*; **~ en bâtiment** Anstreicher(in)
peinture [pɛ̃tyʀ] *nf* (*Art*) Malerei *f*; (*tableau*) Bild *nt*; (*matière*) Farbe *f*; (*action* :

de mur) Anstreichen *nt*; (: *de paysage, personne*) Malen *nt*; **« ~ fraîche »** „frisch gestrichen"; **~ brillante** *ou* **laquée** Glanzlack *m*; **~ mate** Mattlack *m*
péjoratif, ive [peʒɔʀatif, iv] *adj* pejorativ, abwertend
Pékin [pekɛ̃] *nf* Peking *nt*
pelage [pəlaʒ] *nm* Fell *nt*
pêle-mêle [pɛlmɛl] *adv* durcheinander
peler [pəle] *vt* schälen ▶ *vi* sich schälen
pèlerin [pɛlʀɛ̃] *nm* Pilger(in) *m(f)*
pèlerinage [pɛlʀinaʒ] *nm* Wallfahrt *f*
pélican [pelikɑ̃] *nm* Pelikan *m*
pelle [pɛl] *nf* Schaufel *f*; **~ à gâteau** *ou* **à tarte** Tortenheber *m*; **~ mécanique** Schaufelbagger *m*
pelleteuse [pɛltøz] *nf* (*pelle mécanique*) Schaufelbagger *m*
pellicule [pelikyl] *nf* (*couche fine*) Häutchen *nt*; (*Photo, Ciné*) Film *m*; **pellicules** *nfpl* Schuppen *pl*
pelote [p(ə)lɔt] *nf* (*de fil, laine*) Knäuel *nt*; **~ d'épingles** Nadelkissen *nt*; **~ basque** Pelota *f*
peloter [p(ə)lɔte] (*fam*) *vt* begrapschen; **se peloter** *vpr* Petting machen
peloton [p(ə)lɔtɔ̃] *nm* (*Sport*) (Haupt)feld *nt*; **~ d'exécution** Hinrichtungskommando *nt*
pelotonner [p(ə)lɔtɔne] : **se pelotonner** *vpr* sich zusammenrollen
pelouse [p(ə)luz] *nf* Rasen *m*
peluche [p(ə)lyʃ] *nf* : **animal en ~** Stofftier *nt*
pelure [p(ə)lyʀ] *nf* (*de fruit, légume*) Schale *f*
pénal, e, -aux [penal, o] *adj* Straf-
pénalisation [penalizasjɔ̃] *nf* (*Sport*) Bestrafung *f*
pénalité [penalite] *nf* Strafe *f*; (*Rugby*) Strafstoß *m*
penalty [penalti] (*pl* **penalties**) *nm* Elfmeter *m*
penchant [pɑ̃ʃɑ̃] *nm* : **avoir un ~ pour qch** eine Vorliebe für etw haben
pencher [pɑ̃ʃe] *vi* sich neigen ▶ *vt* neigen; **se pencher** *vpr* sich vorbeugen; **~ pour** neigen zu; **se ~ sur** sich vertiefen in *+acc*
pendaison [pɑ̃dɛzɔ̃] *nf* (*de personne*) Erhängen *nt*
pendant, e [pɑ̃dɑ̃, ɑ̃t] *adj* schwebend ▶ *prép* während; **faire ~ à** entsprechen *+dat*; **~ que** während; **~s d'oreilles** Ohrringe *pl*
pendentif [pɑ̃dɑ̃tif] *nm* (*bijou*) Anhänger *m*
penderie [pɑ̃dʀi] *nf* (*meuble*) Kleiderschrank *m*
pendre [pɑ̃dʀ] *vt* aufhängen; (*personne*) hängen ▶ *vi* hängen; **se pendre** *vpr* : **se ~ (à)** (*se suicider*) sich aufhängen (an *+dat*); **se ~ à** (*se suspendre*) sich hängen an *+acc*
pendu, e [pɑ̃dy] *pp de* **pendre** ▶ *nm/f* Gehängte(r) *f(m)*
pendule [pɑ̃dyl] *nf* (Wand)uhr *f* ▶ *nm* Pendel *nt*
pénétrer [penetʀe] *vi* eindringen ▶ *vt* eindringen in *+acc*; (*mystère, secret*) herausfinden; **~ dans** *ou* **à l'intérieur de** eindringen in *+acc*
pénible [penibl] *adj* mühsam, schwierig; (*douloureux, affligeant*) schmerzlich; (*personne*) lästig
péniblement [penibləmɑ̃] *adv* mühsam; (*avec douleur*) schmerzlich
péniche [peniʃ] *nf* Frachtkahn *m*, Lastkahn *m*
pénicilline [penisilin] *nf* Penizillin *nt*
péninsule [penɛ̃syl] *nf* Halbinsel *f*
pénis [penis] *nm* Penis *m*
pénitence [penitɑ̃s] *nf* (*peine*) Buße *f*; (*punition*) Strafe *f*; **faire ~** Buße tun
pénitencier [penitɑ̃sje] *nm* (*prison*) Zuchthaus *nt*
pénombre [penɔ̃bʀ] *nf* Halbdunkel *nt*
pense-bête [pɑ̃sbɛt] (*pl* **pense-bêtes**) *nm* Eselsbrücke *f*
pensée [pɑ̃se] *nf* Gedanke *m*; (*faculté*) Denken *nt*; (*doctrine*) Lehre *f*; (*Bot*) Stiefmütterchen *nt*; **par la ~/en ~** im Geist; **~ claire/obscure/organisée** klares/verworrenes/strukturiertes Denken
penser [pɑ̃se] *vi* denken; (*réfléchir aussi*) nachdenken ▶ *vt* denken; (*imaginer*) sich *dat* denken; **~ à** denken an *+acc*; (*problème, offre*) nachdenken über *+acc*; **~ que** denken, dass; **~ faire qch** vorhaben, etw zu tun; **~ du bien/du mal de qn/qch** gut/schlecht über jdn/etw denken; **qu'en pensez-vous ?** was denken *ou* halten Sie davon?; **je le pense aussi** das denke ich auch; **je ne le pense pas** ich denke, nicht; **je pense que oui/non** ich denke ja/nein; **j'aurais pensé que si/non** ich hätte gedacht ja/nein; **vous n'y pensez pas !** daran ist nicht zu denken!; **sans ~ à mal** ohne etw Böses zu denken
penseur, -euse [pɑ̃sœʀ, øz] *nm/f* Denker(in)
pensif, -ive [pɑ̃sif, iv] *adj* nachdenklich
pension [pɑ̃sjɔ̃] *nf* (*allocation*) Rente *f*; (*prix du logement*) Unterkunft *f*; (*petit hôtel*) Pension *f*; (*école*) Internat *nt*; **prendre ~ chez qn/dans un hôtel** sich bei jdm/in einem Hotel einquartieren; **prendre qn en ~** jdm ein Zimmer vermieten; **mettre en ~** (*enfant*) in ein Internat schicken; **~ alimentaire** (*de*

divorcée) Unterhalt *m*; **~ complète** Vollpension *f*; **~ de famille** Familienpension *f*

pensionnaire [pɑ̃sjɔnɛʀ] *nmf* (*dans hôtel*) Pensionsgast *m*; (*dans une école*) Internatsschüler(in) *m(f)*

pensionnat [pɑ̃sjɔna] *nm* Internat *nt*

pensum [pɛ̃sɔm] *nm* (*Scol*) Strafarbeit *f*; (*fig*) lästige Arbeit *f*

pentagone [pɛ̃tagɔn] *nm* Fünfeck *nt*; **le P~** das Pentagon

pentathlon [pɛ̃tatlɔ̃] *nm* (moderner) Fünfkampf *m*

pente [pɑ̃t] *nf* (*descente*) Abhang *m*; (*inclinaison*) Gefälle *nt*; **en ~** schräg, abfallend

Pentecôte [pɑ̃tkot] *nf* : **la ~** Pfingsten *nt*

pénurie [penyʀi] *nf* Mangel *m*

people [pipɔl] *adj inv* = **pipole**

pépé [pepe] (*fam*) *nm* Opa *m*

pépier [pepje] *vi* zwitschern

pépin [pepɛ̃] *nm* (*Bot*) Kern *m*; (*fam : ennui*) Haken *m*; (*: parapluie*) Regenschirm *m*

pépinière [pepinjɛʀ] *nf* Baumschule *f*

pépite [pepit] *nf* Goldklumpen *m*

perçant, e [pɛʀsɑ̃, ɑ̃t] *adj* (*vue*) scharf; (*cri, voix*) schrill

percée [pɛʀse] *nf* Durchbruch *m*; (*trouée*) Öffnung *f*

perce-neige [pɛʀsənɛʒ] (*pl* **perce-neiges**) *nm ou nf* Schneeglöckchen *nt*

percepteur, -trice [pɛʀsɛptœʀ, tʀis] *nm/f* Steuereinnehmer(in)

perceptible [pɛʀsɛptibl] *adj* wahrnehmbar

perception [pɛʀsɛpsjɔ̃] *nf* Wahrnehmung *f*; (*bureau*) Finanzamt *nt*

percer [pɛʀse] *vt* ein Loch machen in *+acc*; (*oreilles, narines*) durchstechen; (*abcès*) aufschneiden; (*coffre-fort*) sprengen; (*pneu*) zum Platzen bringen; (*trou, tunnel*) bohren; (*fenêtre*) ausbrechen; (*avenue*) anlegen; (*mystère, énigme*) auflösen ▶ *vi* durchkommen, durchdringen; (*réussir*) den Durchbruch schaffen; **~ une dent** zahnen

perceuse [pɛʀsøz] *nf* Bohrer *m*

percevable [pɛʀsəvabl] *adj* zahlbar, zu zahlen

percevoir [pɛʀsəvwaʀ] *vt* (*discerner*) wahrnehmen; (*taxe, impôt*) einnehmen

perche [pɛʀʃ] *nf* (*Zool*) Flussbarsch *m*; (*pièce de bois, métal*) Stange *f*; **~ à selfie** Selfiestick *m*

percher [pɛʀʃe] : **se percher** *vpr* (*oiseau*) hocken, sitzen

perchiste [pɛʀʃist] *nmf* (*Sport*) Stabhochspringer(in) *m(f)*; (*TV, Ciné*) Tontechniker(in) *m(f)*

perchoir [pɛʀʃwaʀ] *nm* Stange *f*

percolateur [pɛʀkɔlatœʀ] *nm* Kaffeemaschine *f*

percussion [pɛʀkysjɔ̃] *nf* : **instrument à ~** Schlaginstrument *nt*

percussionniste [pɛʀkysjɔnist] *nmf* Schlagzeuger(in) *m(f)*

percutant, e [pɛʀkytɑ̃, ɑ̃t] *adj* (*article, discours*) schlagkräftig

percuter [pɛʀkyte] *vt* stoßen auf *+acc*, schlagen auf *+acc* ▶ *vi* : **~ contre** knallen gegen

perdant, e [pɛʀdɑ̃, ɑ̃t] *nm/f* Verlierer(in)

perdition [pɛʀdisjɔ̃] *nf* : **en ~** (*Naut*) in Seenot; **lieu de ~** Sündenpfuhl *m*

perdre [pɛʀdʀ] *vt* verlieren; (*gaspiller*) verschwenden; (*manquer*) verpassen; (*moralement*) verderben ▶ *vi* verlieren; (*fuir*) undicht sein, lecken; **se perdre** *vpr* (*s'égarer*) sich verirren; (*rester inutilisé*) liegen bleiben; (*disparaître*) sich verlieren; **~ son chemin** sich verirren; **~ de vue** aus den Augen verlieren; **~ connaissance/l'équilibre** das Bewusstsein/das Gleichgewicht verlieren; **~ la raison/la parole/la vue** den Verstand/die Sprache/das Augenlicht verlieren

perdreau, x [pɛʀdʀo] *nm* junges Rebhuhn *nt*

perdrix [pɛʀdʀi] *nf* Rebhuhn *nt*

perdu, e [pɛʀdy] *pp de* **perdre** ▶ *adj* verloren; (*enfant, chien, balle*) verirrt; (*isolé*) abgelegen, gottverlassen; (*emballage*) Einweg-; (*occasion*) vertan; **il est ~** (*malade, blessé*) er ist nicht zu retten

père [pɛʀ] *nm* Vater *m*; **de ~ en fils** vom Vater auf den Sohn; **~ de famille** Familienvater *m*; **le ~ Noël** der Weihnachtsmann

péremption [peʀɑ̃psjɔ̃] *nf* : **date de ~** Verfallsdatum *nt*

péremptoire [peʀɑ̃ptwaʀ] *adj* kategorisch; (*ton*) schneidend

pérenne [peʀɛn] *adj* (*emploi, agriculture, développement*) dauerhaft

perfection [pɛʀfɛksjɔ̃] *nf* Vollkommenheit *f*; **à la ~** tadellos

perfectionner [pɛʀfɛksjɔne] *vt* vervollkommnen; **se perfectionner** *vpr* : **se ~ en anglais** sein Englisch verbessern

perfectionniste [pɛʀfɛksjɔnist] *nmf* Perfektionist(in) *m(f)*

perfide [pɛʀfid] *adj* heimtückisch

perforatrice [pɛʀfɔʀatʀis] *nf* (*perceuse*) Bohrer *m*

perforer [pɛʀfɔʀe] *vt* (*Tech, Méd*) perforieren; (*ticket, carte*) lochen

perforeuse [pɛʀfɔʀøz] *nf* Bohrer *m*

performance [pɛʀfɔʀmɑ̃s] *nf* Leistung *f*; **performances** *nfpl* (*d'une machine, d'un véhicule*) Leistung *f*
performant, e [pɛʀfɔʀmɑ̃, ɑ̃t] *adj* leistungsfähig
perfusion [pɛʀfyzjɔ̃] *nf* Infusion *f*
péricliter [peʀiklite] *vi* bergab gehen
péridurale [peʀidyʀal] *nf* Epiduralanästhesie *f*
périf [peʀif] (*fam*) *nm voir* **périphérique**
péril [peʀil] *nm* Gefahr *f*; **à ses risques et ~s** auf eigene Gefahr
périlleux, -euse [peʀijø, øz] *adj* gefährlich
périmé, e [peʀime] *adj* (*conception, idéologie*) überholt; (*passeport*) abgelaufen
périmètre [peʀimɛtʀ] *nm* (*Math*) Umfang *m*; (*ligne*) Grenze *f*; **~ de sécurité** abgeriegeltes Gebiet
période [peʀjɔd] *nf* Zeit *f*, Zeitraum *m*; **~ d'essai** (*d'un emploi*) Probezeit *f*
périodique [peʀjɔdik] *adj* periodisch; (*journal, publication*) regelmäßig erscheinend ▸ *nm* (*revue*) Zeitschrift *f*; **serviette ~** (Damen)binde *f*
péripéties [peʀipesi] *nfpl* Ereignisse *pl*, Vorfälle *pl*
périphérie [peʀifeʀi] *nf* Peripherie *f*; (*d'une ville*) Stadtrand *m*
périphérique [peʀifeʀik] *adj* Außen- ▸ *nm* (*Inform*) Peripheriegerät *nt*; **(boulevard) ~** Umgehungsstraße *f*
périphrase [peʀifʀɑz] *nf* Umschreibung *f*
périple [peʀipl] *nm* Reise *f*
périr [peʀiʀ] *vi* umkommen, sterben
périscolaire [peʀiskɔlɛʀ] *adj* außerschulisch
périscope [peʀiskɔp] *nm* Periskop *nt*
périssable [peʀisabl] *adj* (*denrée*) verderblich
perle [pɛʀl] *nf* Perle *f*; (*de liquide*) Tropfen *m*
perler [pɛʀle] *vi* (*sueur*) herabperlen, herabtropfen
permanence [pɛʀmanɑ̃s] *nf* Beständigkeit *f*; (*local*) Bereitschaft(szentrale) *f*; **en ~** permanent, ständig; **être de ~** Bereitschaft(sdienst) haben
permanent, e [pɛʀmanɑ̃, ɑ̃t] *adj* ständig; (*constant, stable*) beständig, dauerhaft ▸ *nf* Dauerwelle *f* ▸ *nm/f* (*d'un syndicat, parti*) Funktionär(in)
perméable [pɛʀmeabl] *adj* durchlässig; **~ à** (*fig*) offen für
permettre [pɛʀmɛtʀ] *vt* erlauben; **se permettre** *vpr* : **se ~ qch** sich *dat* etw erlauben *ou* herausnehmen; **~ qch à qn** jdm etw erlauben; **se ~ de faire qch** sich *dat* erlauben, etw zu tun
permis, e [pɛʀmi, iz] *nm* Genehmigung *f*; **~ d'inhumer** Totenschein *m*; **~ de chasse** Jagdschein *m*; **~ de conduire** Führerschein *m*; **~ de construire** Baugenehmigung *f*; **~ de pêche** Angelschein *m*; **~ de séjour** Aufenthaltsgenehmigung *f*; **~ de travail** Arbeitsgenehmigung *f*; **~ poids lourds** Lkw-Führerschein *m*
permissif, -ive [pɛʀmisif, iv] *adj* freizügig
permission [pɛʀmisjɔ̃] *nf* Erlaubnis *f*; (*Mil*) Urlaub *m*; (: *papier*) Urlaubsschein *m*; **avoir la ~ de faire qch** die Erlaubnis haben, etw zu tun
permissivité [pɛʀmisivite] *nf* Permissivität *f*
permuter [pɛʀmyte] *vt* austauschen ▸ *vi* tauschen
pernicieux, -euse [pɛʀnisjø, jøz] *adj* (*Méd*) bösartig; (*fig*) gefährlich
Pérou [peʀu] *nm* : **le ~** Peru *nt*
perpendiculaire [pɛʀpɑ̃dikylɛʀ] *adj* senkrecht ▸ *nf* Senkrechte *f*; **~ à** senkrecht zu
perpète [pɛʀpɛt] (*fam*) *nf* : **à ~** (*longtemps*) ewig; **être condamné à ~** lebenslänglich bekommen
perpétrer [pɛʀpetʀe] *vt* begehen, verüben
perpétuel, le [pɛʀpetɥɛl] *adj* ständig, fortwährend; (*fonction*) lebenslang
perpétuellement [pɛʀpetɥɛlmɑ̃] *adv* ständig
perpétuité [pɛʀpetɥite] *nf* : **à ~** lebenslänglich; **être condamné à ~** zu lebenslänglich verurteilt werden
perplexe [pɛʀplɛks] *adj* ratlos
perplexité [pɛʀplɛksite] *nf* Ratlosigkeit *f*
perquisition [pɛʀkizisjɔ̃] *nf* Haussuchung *f*
perquisitionner [pɛʀkizisjɔne] *vi* eine Haussuchung vornehmen
perron [peʀɔ̃] *nm* Freitreppe *f*
perroquet [peʀɔkɛ] *nm* Papagei *m*
perruche [peʀyʃ] *nf* Wellensittich *m*
perruque [peʀyk] *nf* Perücke *f*
persan, e [pɛʀsɑ̃, an] *adj* Perser-, persisch
Perse [pɛʀs] *nf* : **la ~** Persien *nt*
persécuter [pɛʀsekyte] *vt* verfolgen
persécution [pɛʀsekysjɔ̃] *nf* Verfolgung *f*
persévérance [pɛʀseveʀɑ̃s] *nf* Ausdauer *f*
persévérant, e [pɛʀseveʀɑ̃, ɑ̃t] *adj* ausdauernd, beharrlich

P

persévérer [pɛʀseveʀe] *vi* nicht aufgeben; **~ dans qch** etw nicht aufgeben; (*dans une erreur*) auf etw *dat* beharren
persiennes [pɛʀsjɛn] *nfpl* Fensterläden *pl* (*mit schrägen Latten*)
persiflage [pɛʀsiflaʒ] *nm* Spott *m*
persil [pɛʀsi] *nm* Petersilie *f*
persistant, e [pɛʀsistɑ̃, ɑ̃t] *adj* anhaltend; (*feuilles*) immergrün; **arbre à feuillage ~** immergrüner Baum *m*
persister [pɛʀsiste] *vi* fortdauern; (*personne*) nicht aufhören; **~ dans qch** auf etw *dat* beharren; **~ à faire qch** etw weiterhin tun
personnage [pɛʀsɔnaʒ] *nm* Persönlichkeit *f*; (*Litt*) Person *f*
personnaliser [pɛʀsɔnalize] *vt* (*voiture, appartement*) eine persönliche Note geben +*dat*; (*impôt, assurance, crédit*) auf den Einzelnen abstimmen
personnalité [pɛʀsɔnalite] *nf* Persönlichkeit *f*
personne [pɛʀsɔn] *nf* Person *f* ▸ *pron* niemand; **personnes** *nfpl* Menschen *pl*; **10 euros par ~** 10 Euro pro Person; **en ~** persönlich; **il n'y a ~** es ist niemand da; **mieux que ~** besser als alle anderen; **~ à charge** Abhängige(r) *f(m)*; **~ âgée** älterer Mensch *m*; **~ civile** *ou* **morale** (*Jur*) juristische Person *f*
personnel, le [pɛʀsɔnɛl] *adj* persönlich ▸ *nm* (*employés*) Personal *nt*
personnellement [pɛʀsɔnɛlmɑ̃] *adv* persönlich
personnification [pɛʀsɔnifikasjɔ̃] *nf* Verkörperung *f*
personnifier [pɛʀsɔnifje] *vt* verkörpern
perspective [pɛʀspɛktiv] *nf* Perspektive *f*; (*point de vue*) Blickwinkel *m*; **perspectives** *nfpl* Aussichten *pl*; **en ~** in Aussicht
perspicace [pɛʀspikas] *adj* scharfsinnig
perspicacité [pɛʀspikasite] *nf* Scharfsinn *m*
persuader [pɛʀsɥade] *vt* überzeugen; **~ qn de qch** jdn von etw überzeugen; **~ qn de faire qch** jdn dazu überreden, etw zu tun; **j'en suis persuadé** davon bin ich überzeugt
persuasif, -ive [pɛʀsɥazif, iv] *adj* überzeugend
persuasion [pɛʀsɥazjɔ̃] *nf* Überzeugung(skraft) *f*
perte [pɛʀt] *nf* Verlust *m*, Ruin *m*; **pertes** *nfpl* Verluste *pl*; **à ~** (*Comm*) mit Verlust; **à ~ de vue** so weit das Auge reicht; (*fig*) endlos; **en pure ~** für nichts und wieder nichts; **courir à sa ~** auf den Ruin zusteuern; **être en ~ de vitesse** auf dem absteigenden Ast sein; **avec ~ et fracas** mit Gewalt; **~ de chaleur/d'énergie** Hitzeverlust *m*/Energieverlust *m*; **~ sèche** Totalverlust *m*; **~s blanches** Ausfluss *m*
pertinemment [pɛʀtinamɑ̃] *adv* treffend; (*savoir*) genau
pertinence [pɛʀtinɑ̃s] *nf* Genauigkeit *f*
pertinent, e [pɛʀtinɑ̃, ɑ̃t] *adj* treffend
perturbation [pɛʀtyʀbasjɔ̃] *nf* Störung *f*; (*agitation*) Unruhe *f*; **~ (atmosphérique)** atmosphärische Störungen *pl*
perturber [pɛʀtyʀbe] *vt* stören; (*personne*) beunruhigen
péruvien, ne [peʀyvjɛ̃, jɛn] *adj* peruanisch ▸ *nm/f*: **Péruvien, ne** Peruaner(in)
pervers, e [pɛʀvɛʀ, ɛʀs] *adj* pervers ▸ *nm/f* perverser Mensch *m*
perversion [pɛʀvɛʀsjɔ̃] *nf* Perversion *f*
perversité [pɛʀvɛʀsite] *nf* Perversität *f*
perverti, e [pɛʀvɛʀti] *nm/f* perverser Mensch *m*
pervertir [pɛʀvɛʀtiʀ] *vt* verderben
pesage [pəzaʒ] *nm* Wiegen *nt*; (*Hippisme : enceinte*) Wiegeplatz *m*
pesamment [pəzamɑ̃] *adv* schwerfällig
pesant, e [pəzɑ̃, ɑ̃t] *adj* schwer; (*pas*) schwer(fällig); (*présence*) lästig; (*sommeil*) tief
pesanteur [pəzɑ̃tœʀ] *nf* (*Phys*) Schwerkraft *f*
pèse-bébé [pɛzbebe] (*pl* **pèse-bébé(s)**) *nm* Säuglingswaage *f*
pèse-lettre [pɛzlɛtʀ] (*pl* **pèse-lettre(s)**) *nm* Briefwaage *f*
pèse-personne [pɛzpɛʀsɔn] (*pl* **pèse-personne(s)**) *nm* Personenwaage *f*
peser [pəze] *vt* wiegen; (*considérer, comparer*) abwägen ▸ *vi* wiegen; (*fig*) schwer wiegen; **~ cent kilos** 100 kg wiegen; **~ sur** (*accabler*) lasten auf +*dat*; (*influencer*) beeinflussen
pessimisme [pesimism] *nm* Pessimismus *m*
pessimiste [pesimist] *adj* pessimistisch ▸ *nmf* Pessimist(in) *m(f)*
peste [pɛst] *nf* Pest *f*; **une ~** (*fig*) eine Nervensäge *f*
pester [pɛste] *vi* : **~ contre** schimpfen auf +*acc*
pesticide [pɛstisid] *nm* Schädlingsbekämpfungsmittel *nt*, Pestizid *nt*
pet [pɛ] (*fam*) *nm* Furz *m*
pétale [petal] *nm* Blütenblatt *nt*

pétanque [petɑ̃k] *nf südfranzösisches Kugelspiel*
pétarade [petaʀad] *nf* Fehlzündungen *pl*
pétarader [petaʀade] *vi* Fehlzündungen haben
pétard [petaʀ] *nm* Knallkörper *m*
péter [pete] *vi* (*personne*) furzen
pétiller [petije] *vi* (*mousse, écume, champagne*) perlen; (*joie, yeux*) funkeln; **~ d'intelligence** vor Intelligenz sprühen
petit, e [p(ə)ti, it] *adj* klein; (*pluie*) fein; (*court*) kurz; (*bruit, cri*) schwach ▸ *nm/f* (*petit enfant*) Kleinkind *nt* ▸ *nm* (*d'un animal*) Junge(s) *nt*; **mon ~** mein Kleiner; **ma ~e** meine Kleine; **pour ~s et grands** für Groß und Klein; **les tout-~s** die Kleinen; **~ à ~** nach und nach; **~(e) ami(e)** Freund(in); **~ doigt** kleiner Finger *m*; **~ écran** Fernsehen *nt*; **~ four** Petit four *nt*; **~ pain** Brötchen *nt*; **~e monnaie** Kleingeld *nt*; **~s pois** Erbsen *pl*; **les ~es annonces** die Kleinanzeigen *pl*; **~es gens** kleine Leute *pl*
petit-bourgeois, petite-bourgeoise [p(ə)tibuʀʒwa] (*pl* **petits-bourgeois, petites-bourgeoises**) (*péj*) *adj* kleinbürgerlich ▸ *nm/f* Kleinbürger(in), Spießbürger(in)
petit-déjeuner (*pl* **petits-déjeuners**) [p(ə)tideʒœne] *nm* Frühstück *nt*
petite-fille [p(ə)titfij] (*pl* **petites-filles**) *nf* Enkelin *f*
petitesse [p(ə)titɛs] *nf* Kleinheit *f*; (*de somme*) Geringfügigkeit *f*; (*mesquinerie*) Gemeinheit *f*
petit-fils [p(ə)tifis] (*pl* **petits-fils**) *nm* Enkel *m*
pétition [petisjɔ̃] *nf* Petition *f*
pétitionnaire [petisjɔnɛʀ] *nmf* Bittsteller(in) *m(f)*
petit-lait [p(ə)tilɛ] (*pl* **petits-laits**) *nm* Molke *f*
petit-nègre [p(ə)tinɛgʀ] (*péj*) *nm* Kauderwelsch *nt*
petits-enfants [p(ə)tizɑ̃fɑ̃] *nmpl* Enkelkinder *pl*, Enkel *pl*
petit-suisse [p(ə)tisɥis] (*pl* **petits-suisses**) *nm Frischkäse in Portionstöpfchen*
pétoche [petɔʃ] (*fam*) *nf* : **avoir la ~** Muffensausen haben
pétrifier [petʀifje] *vt* versteinern
pétrin [petʀɛ̃] *nm* Backtrog *m*; **dans le ~** (*fam*) in der Klemme
pétrir [petʀiʀ] *vt* kneten
pétrochimie [petʀoʃimi] *nf* Petrochemie *f*
pétrodollar [petʀodɔlaʀ] *nm* Petrodollar *m*
pétrole [petʀɔl] *nm* Öl *nt*; **lampe à ~** Paraffinlampe *f*
pétrolier, -ière [petʀɔlje, jɛʀ] *adj* Öl- ▸ *nm* (*navire*) Öltanker *m*
pétrolifère [petʀɔlifɛʀ] *adj* ölhaltig, Öl führend
pétulant, e [petylɑ̃, ɑ̃t] *adj* ausgelassen
pétunia [petynja] *nm* Petunie *f*

MOT-CLÉ

peu [pø] *adv* **1** wenig; **il boit peu** er trinkt wenig; **il est peu bavard** er ist nicht gerade geschwätzig; **peu avant/après** kurz davor/danach
2 : **peu de** (*nombre*) wenige; (*quantité*) wenig; **peu de femmes** wenige Frauen; **il a peu de pain/d'espoir** er hat wenig Brot/Hoffnung; **peu de gens le savent** nur wenige wissen das; **à peu de frais** billig; **pour peu de temps** (für) kurze Zeit; **c'est (si) peu de chose** das ist (doch) eine Kleinigkeit
3 (*locutions*) : **peu à peu** nach und nach; **à peu près** ungefähr; **à peu près 10 kg/10 euros** ungefähr 10 kg/10 Euro; **avant** *ou* **sous peu** bald, binnen Kurzem; **de peu** knapp; **il a gagné de peu** er hat nur knapp gewonnen; **il s'en est fallu de peu** es wäre beinahe passiert; **éviter qch de peu** etw *dat* knapp entgehen; **depuis peu** seit Kurzem
▸ *nm* **1** : **le peu de gens qui** die wenigen Leute, die; **le peu de courage qui nous restait** das bisschen Mut, das uns noch blieb
2 : **un peu** ein bisschen, etw, ein wenig; **un peu d'espoir** eine Spur von Hoffnung, ein bisschen Hoffnung; **un petit peu** ein kleines bisschen; **elle est un peu grande** sie ist ein bisschen groß; **essayez un peu !** versucht ihr es einmal!; **un peu plus/moins de** etw mehr/weniger

peuple [pœpl] *nm* Volk *nt*; **il y a du ~** es sind viele Leute da
peuplé, e [pœple] *adj* bevölkert; **très/peu ~** dicht/schwach bevölkert
peupler [pœple] *vt* bevölkern; (*habiter*) leben in +*dat*; (*imagination, rêves*) erfüllen
peuplier [pøplije] *nm* Pappel *f*
peur [pœʀ] *nf* Angst *f*; **avoir ~ (de)** Angst haben (vor); **avoir ~ de faire qch** Angst haben, etw zu tun; **avoir ~ que** fürchten, dass; **faire ~ à qn** jdm Angst machen *ou* einjagen; **de ~ que** aus Furcht, dass
peureux, -euse [pøʀø, øz] *adj* ängstlich
peut-être [pøtɛtʀ] *adv* vielleicht; **~ bien** es kann gut sein; **~ que** es kann sein, dass

P

p. ex. *abr* (= *par exemple*) z. B.
pH [peaʃ] *abr m* (= *potentiel d'hydrogène*) pH-Wert *m*
phalange [falɑ̃ʒ] *nf* (*des doigts*) Fingerglied *nt*; (*des orteils*) Zehenglied *nt*; (*Mil*) Phalanx *f*
phallique [falik] *adj* phallisch
phallocrate [falɔkʀat] *nm* Macho *m*
phallocratie [falɔkʀasi] *nf* Phallokratie *f*
phallus [falys] *nm* Phallus *m*
phare [faʀ] *nm* (*en mer*) Leuchtturm *m*; (*d'un aéroport*) Leuchtfeuer *nt*; (*de véhicule*) Scheinwerfer *m*; **se mettre en** *ou* **mettre ses ~s** Fernlicht einschalten
pharmaceutique [faʀmasøtik] *adj* pharmazeutisch
pharmacie [faʀmasi] *nf* (*science*) Pharmazie *f*; (*magasin*) Apotheke *f*; (*produits*) Arzneimittel *pl*
pharmacien, ne [faʀmasjɛ̃, jɛn] *nm/f* Apotheker(in)
pharmacologie [faʀmakɔlɔʒi] *nf* Arzneimittelkunde *f*
pharyngite [faʀɛ̃ʒit] *nf* Rachenkatarrh *m*
pharynx [faʀɛ̃ks] *nm* Rachen *m*
phase [fɑz] *nf* Phase *f*
phénoménal, e, -aux [fenɔmenal, o] *adj* phänomenal
phénomène [fenɔmɛn] *nm* Phänomen *nt*; (*excentrique*) (komischer) Kauz *m*
philanthrope [filɑ̃tʀɔp] *nmf* Menschenfreund(in) *m(f)*
philanthropie [filɑ̃tʀɔpi] *nf* Menschenfreundlichkeit *f*
philatélie [filateli] *nf* Briefmarkensammeln *nt*
philharmonique [filaʀmɔnik] *adj* philharmonisch
philippin, e [filipɛ̃, in] *adj* philippinisch
Philippines [filipin] *nfpl* : **les ~** die Philippinen *pl*
philistin [filistɛ̃] *nm* Banause *m*
philosophe [filɔzɔf] *nmf* Philosoph(in) *m(f)* ▸ *adj* philosophisch
philosophie [filɔzɔfi] *nf* Philosophie *f*; (*calme, résignation*) Gelassenheit *f*
philosophique [filɔzɔfik] *adj* philosophisch
phlébite [flebit] *nf* Venenentzündung *f*
phobie [fɔbi] *nf* Phobie *f*; (*horreur*) Abscheu *m*
phonétique [fɔnetik] *adj* phonetisch ▸ *nf* Phonetik *f*
phoque [fɔk] *nm* Seehund *m*
phosphate [fɔsfat] *nm* Phosphat *nt*
phosphore [fɔsfɔʀ] *nm* Phosphor *m*
phosphorer [fɔsfɔʀe] (*fam*) *vi* mit dem Kopf arbeiten
photo¹ [fɔto] *nf* Foto *nt*; **prendre qn en ~** ein Foto von jdm machen; **faire de la ~** fotografieren; **~ d'identité** Passbild *nt*
photo² [fɔto] *préf* foto-, Foto-
photocopie [fɔtɔkɔpi] *nf* Fotokopie *f*
photocopier [fɔtɔkɔpje] *vt* fotokopieren
photocopieur [fɔtɔkɔpjœʀ] *nm*, **photocopieuse** [fɔtɔkɔpjøz] ▸ *nf* (*machine*) Fotokopierer *m*, Kopiergerät *nt*
photo-finish [fɔtofiniʃ] (*pl* **photos-finish**) *nf* (*appareil*) Zielkamera *f*; (*photo*) Zielfoto *nt*
photogénique [fɔtɔʒenik] *adj* fotogen
photographe [fɔtɔgʀaf] *nmf* Fotograf(in) *m(f)*
photographie [fɔtɔgʀafi] *nf* Fotografie *f*
photographier [fɔtɔgʀafje] *vt* fotografieren
photographique [fɔtɔgʀafik] *adj* fotografisch
photomontage [fɔtomɔ̃taʒ] *nm* Fotomontage *f*
photo-robot [fɔtɔʀɔbo] (*pl* **photos-robots**) *nf* Phantombild *nt*
photosensible [fɔtosɑ̃sibl] *adj* lichtempfindlich
photostat [fɔtɔsta] *nm* Fotokopie *f*
phrase [fʀɑz] *nf* Satz *m*
phraseur, -euse [fʀɑzœʀ, øz] *nm/f* Schwätzer(in)
physicien, ne [fizisjɛ̃, jɛn] *nm/f* Physiker(in)
physiologique [fizjɔlɔʒik] *adj* physiologisch
physionomie [fizjɔnɔmi] *nf* Gesichtsausdruck *m*; (*fig*) Gestalt *f*
physiothérapie [fizjoteʀapi] *nf* Physiotherapie *f*
physique [fizik] *adj* physisch; (*Phys*) physikalisch; (*douleur, peur, amour*) körperlich ▸ *nm* (*d'une personne*) Statur *f* ▸ *nf* : **la ~** die Physik; **au ~** körperlich
physiquement [fizikmɑ̃] *adv* (*au physique*) körperlich
phytothérapie [fitoteʀapi] *nf* Pflanzen- *ou* Naturheilkunde *f*
piailler [pjɑje] *vi* piepsen
pianiste [pjanist] *nmf* Pianist(in) *m(f)*
piano [pjano] *nm* Klavier *nt*
pianoter [pjanɔte] *vi* (*jouer du piano*) (auf dem Klavier) klimpern; **~ sur** mit den Fingern trommeln auf *+acc*
PIB [peibe] *sigle m* (= *produit intérieur brut*) Bruttoinlandsprodukt *nt*, BIP *nt*
pic [pik] *nm* (*instrument*) Spitzhacke *f*; (*montagne, cime*) Gipfel *m*; (*Zool*) Specht *m*; **à ~** (*verticalement*) senkrecht; **arriver à ~** wie gerufen kommen; **tomber à ~** sich gut treffen

Picardie [pikaʀdi] *nf* Picardie *f*
pichenette [piʃnɛt] *nf* Schnipsen *nt*
pichet [piʃɛ] *nm* Krug *m*
pickpocket [pikpɔkɛt] *nmf* Taschendieb(in) *m(f)*
picorer [pikɔʀe] *vt* picken
picoter [pikɔte] *vt* picken ▶ *vi* (*piquer, irriter*) stechen, prickeln
pictogramme [piktɔgʀam] *nm* Piktogramm *nt*
pie [pi] *nf* Elster *f*
pièce [pjɛs] *nf* Stück *nt*; (*d'un logement*) Zimmer *nt*; (*d'un mécanisme, d'une machine, Couture*) Teil *nt*; (*de monnaie*) Münze *f*; (*d'un jeu d'échecs*) Figur *f*; **mettre en ~s** in Stücke zerschlagen; **dix euros ~** je zehn Euro, zehn Euro das Stück; **vendre à la ~** stückweise verkaufen; **travailler à la ~** Akkord arbeiten; **payer à la ~** Stücklohn zahlen; **inventer de toutes ~s** frei erfinden; **un deux-~s cuisine** eine Zweizimmerwohnung mit Küche; **~ d'identité** Ausweis *m*; **~ à conviction** Beweisstück *nt*; **~ d'eau** Zierteich *m*; **~ de rechange** Ersatzteil *nt*; **~ de résistance** (*plat*) Hauptgericht *nt*; **~ jointe** (*de lettre*) Anlage *f*; (*Inform*) Attachment *nt*; **~ montée** Baumkuchen *m*; **~s détachées** Einzelteile *pl*; **en ~s détachées** in Einzelteilen; **~s justificatives** zusätzliche Dokumente *pl*
pied [pje] *nm* Fuß *m*; (*d'un verre*) Stiel *m*; (*de meuble*) Bein *nt*; (*Poésie*) Versfuß *m*; **~s nus** barfuß; **à ~** zu Fuß; **à ~ d'œuvre** startbereit; **au ~ de la lettre** buchstäblich; **de ~ en cap** von Kopf bis Fuß; **perdre ~** den Boden unter den Füßen verlieren; **être sur ~** wieder auf den Beinen sein; **mettre sur ~** auf die Beine stellen; **mettre à ~** entlassen; **sur le ~ de guerre** schlagbereit; **sur un ~ d'égalité** auf gleicher Basis; **faire du ~ à qn** (*galamment*) mit jdm füßeln; **mettre les ~s quelque part** irgendwo hingehen; **faire des ~s et des mains** Himmel und Erde in Bewegung setzen; **mettre qn au ~ du mur** jdn in die Enge treiben; **c'est le ~ !** (*fam*) das ist ja toll *ou* spitze!; **se lever du bon ~** den Tag gut gelaunt beginnen; **il s'est levé du ~ gauche** er ist mit dem linken Bein zuerst aufgestanden; **~ de nez** : **faire un ~ de nez à qn** jdm eine lange Nase drehen; **~ de lit** Fußende *nt* des Bettes; **~ de salade** Kopf *m* Salat; **~ de vigne** Weinstock *m*
pied-à-terre [pjetatɛʀ] *nm inv* Zweitwohnung *f*
pied-de-biche [pjedbiʃ] (*pl* **pieds-de-biche**) *nm* Steppfuß *m*
piédestal, -aux [pjedɛstal, o] *nm* Sockel *m*
pied-noir [pjenwaʀ] (*pl* **pieds-noirs**) *nm* *in Algerien geborener Franzose*
piège [pjɛʒ] *nm* Falle *f*; **prendre au ~** in einer Falle fangen; **tomber dans le ~** in die Falle gehen
piéger [pjeʒe] *vt* in der Falle fangen; (*avec une bombe, mine*) verminen; **lettre piégée** Briefbombe *f*; **voiture piégée** Autobombe *f*
piercing [pjɛʀsiŋ] *nm* Piercing *nt*
pierrade [pjɛʀad] *nf* Tischgrill *m*
pierre [pjɛʀ] *nf* Stein *m*; **~ à briquet** Feuerstein *m*; **~ de taille** Quaderstein *m*; **~ ponce** Bimsstein *m*; **~ précieuse** Edelstein *m*; **~ tombale** Grabstein *m*
pierreries [pjɛʀʀi] *nfpl* Edelsteine *pl*
piété [pjete] *nf* Frömmigkeit *f*
piétiner [pjetine] *vi* auf der Stelle treten; (*fig*) stocken ▶ *vt* herumtrampeln auf *+dat*
piéton, ne [pjetɔ̃, ɔn] *nm/f* Fußgänger(in)
piétonnier, -ière [pjetɔnje, jɛʀ] *adj* Fußgänger-
pieu, x [pjø] *nm* Pfahl *m*
pieuvre [pjœvʀ] *nf* Tintenfisch *m*
pieux, -euse [pjø, pjøz] *adj* fromm
pif [pif] (*fam*) *nm* Riechkolben *m*; **au ~** nach dem Gefühl
piffer [pife] (*fam*) *vt* : **je ne peux pas le ~** ich kann ihn nicht riechen
pifomètre [pifɔmɛtʀ] (*fam*) *nm* Gefühl *nt*; **au ~** nach dem Gefühl
pigeon [piʒɔ̃] *nm* (*Zool*) Taube *f*
pigeonnier [piʒɔnje] *nm* Taubenschlag *m*
piger [piʒe] (*fam*) *vt, vi* kapieren
pigiste [piʒist] *nmf* (*journaliste*) freiberufliche(r) Journalist(in) *m(f)* (*der/die nach Zeilen bezahlt wird*)
pigment [pigmɑ̃] *nm* Pigment *nt*
pignon [piɲɔ̃] *nm* (*d'un mur*) Giebel *m*; (*d'un engrenage*) Zahnrad *nt*; **avoir ~ sur rue** gut etabliert sein
pile [pil] *nf* (*tas*) Stapel *m*, Stoß *m*; (*Élec*) Batterie *f* ▶ *adv* (*brusquement*) plötzlich, abrupt; **à deux heures ~** (um) Punkt zwei Uhr; **jouer à ~ ou face** (mit Münzen) knobeln; **~ ou face ?** Kopf oder Zahl?; **une ~ de livres** ein Bücherstapel *m*; **~ alcaline/électrique** Solarzelle *f*/Batterie *f*; **~ solaire** Solar-Batterie *f*
piler [pile] *vt* (*écraser*) zerdrücken
pileux, -euse [pilø, øz] *adj* : **système ~** Behaarung *f*
pilier [pilje] *nm* Pfeiler *m*; (*personne*) Stütze *f*; **~ de bar** Barhocker *m*
piller [pije] *vt* plündern

P

pilon [pilɔ̃] *nm* (*instrument*) Stößel *m*
pilori [pilɔʀi] *nm* : **mettre** *ou* **clouer qn au ~** jdn an den Pranger stellen
pilotage [pilɔtaʒ] *nm* (*d'avion*) Fliegen *nt*; **~ automatique** Autopilot *m*
pilote [pilɔt] *nmf* (*Naut*) Lotse (Lotsin) *m(f)*; (*Aviat*) Pilot(in) *m(f)*; **appartement-~** Musterwohnung; **~ d'essai** Versuchspilot(in) *m(f)*; **~ de chasse** Jagdflieger(in) *m(f)*; **~ de course** Rennfahrer(in) *m(f)*; **~ de ligne** Linienpilot(in) *m(f)*
piloter [pilɔte] *vt* (*navire*) lotsen; (*automobile*) fahren
pilule [pilyl] *nf* Pille *f*; **~ anticonceptionnelle** Antibabypille *f*; **~ du lendemain** Pille *f* danach
pimbêche [pɛ̃bɛʃ] (*péj*) *nf* Ziege *f*
piment [pimɑ̃] *nm* Peperoni *f*; (*fig*) Würze *f*
pin [pɛ̃] *nm* Kiefer *f*; (*bois*) Kiefernholz *nt*; **~ parasol** Pinie *f*
pinard [pinaʀ] (*fam*) *nm* Wein *m*
pince [pɛ̃s] *nf* (*outil*) Zange *f*; (*d'un homard, crabe*) Schere *f*; (*Couture*) Abnäher *m*; **~ à épiler** Pinzette *f*; **~ à linge** Wäscheklammer *f*; **~ à sucre** Zuckerzange *f*; **~s de cycliste** Hosenklammern *pl*
pincé, e [pɛ̃se] *adj* (*air*) steif; (*sourire, bouche*) verkniffen ▸ *nf* : **une ~e de sel/poivre** eine Prise Salz/Pfeffer
pinceau, x [pɛ̃so] *nm* (*instrument*) Pinsel *m*
pince-monseigneur [pɛ̃smɔ̃sɛɲœʀ] (*pl* **pinces-monseigneur**) *nf* Brechstange *f*
pincer [pɛ̃se] *vt* kneifen; (*cordes*) zupfen; (*fam : malfaiteur*) schnappen; **se pincer** *vpr* : **se ~ le doigt** sich *dat* den Finger klemmen; **se ~ le nez** sich *dat* die Nase zuhalten
pince-sans-rire [pɛ̃ssɑ̃ʀiʀ] *nm inv* *Mensch, der mit unerschütterlicher Miene Witze erzählt*
pincettes [pɛ̃sɛt] *nfpl* Pinzette *f*; (*pour le feu*) Feuerzange *f*
pingouin [pɛ̃gwɛ̃] *nm* Pinguin *m*
ping-pong [piŋpɔ̃g] *nm* Pingpong *nt*, Tischtennis *nt*
pingre [pɛ̃gʀ] *adj* knauserig
pin's [pinz] *nm* Pin *m*, Anstecker *m*
pinson [pɛ̃sɔ̃] *nm* Buchfink *m*
pintade [pɛ̃tad] *nf* Perlhuhn *nt*
pin-up [pinœp] *nf inv* Pin-up-Girl *nt*
pioche [pjɔʃ] *nf* (*outil*) Spitzhacke *f*
piocher [pjɔʃe] *vt* (*terre, sol*) aufhacken; **~ dans** herumwühlen in +*dat*
pion, ne [pjɔ̃, pjɔn] *nm/f* (*fam : Scol : surveillant*) Aufsicht *f* ▸ *nm* (*de jeu*) Figur *f*; (*Échecs*) Bauer *m*
pionnier, -ère [pjɔnje, jɛʀ] *nm/f* Pionier(in)
pipe [pip] *nf* Pfeife *f*; **fumer la ~/une ~** Pfeife/eine Pfeife rauchen
pipeau, x [pipo] *nm* (*flûte*) (Weiden)flöte *f*
pipeline [piplin] *nm* Pipeline *f*
piper [pipe] *vt* : **sans ~ mot** (*fam*) ohne einen Pieps (zu sagen); **les dés sont pipés** das ist ein abgekartetes Spiel
pipérade [pipeʀad] *nf* Omelett *nt* mit Tomaten und Paprika
pipette [pipɛt] *nf* Pipette *f*
pipi [pipi] (*fam*) *nm* : **faire ~** Pipi machen
pipole [pipɔl] (*fam*) *adj inv* Promi-, Celebrity- ▸ *nmf* Promi *mf*
piquant, e [pikɑ̃, ɑ̃t] *adj* (*barbe*) kratzig; (*plante*) stachelig; (*saveur, fig*) scharf ▸ *nm* (*épine*) Dorne *f*; (*fig*) Würze *f*
pique [pik] *nf* (*arme*) Pike *f*, Spieß *m* ▸ *nm* (*Cartes*) Pik *nt*
piqué, e [pike] *adj* (*tissu*) gesteppt; (*livre, glace*) fleckig; (*vin*) sauer
pique-assiette [pikasjɛt] (*pl* **pique-assiettes**) (*péj*) *nm/f* Schmarotzer(in) *m(f)*
pique-fleur [pikflœʀ] (*pl* **pique-fleurs**) *nm* Blumenigel *m*
pique-nique [piknik] (*pl* **pique-niques**) *nm* Picknick *nt*
pique-niquer [piknike] *vi* ein Picknick machen
pique-olive [pikɔliv] (*pl* **pique-olives**) *nm* Partyspießchen *nt*
piquer [pike] *vt* stechen; (*animal*) eine Spritze geben +*dat*; (*serpent, fumée, froid*) beißen; (*barbe*) kratzen; (*ortie, poivre, piment*) brennen; (*Couture*) steppen; (*fam : voler*) klauen; (*fixer*) : **~ qch à/sur** etw heften an ▸ *vi* (*oiseau, avion*) einen Sturzflug machen; (*saveur*) scharf sein; **se piquer** *vpr* (*avec une aiguille*) sich stechen; (*avec une seringue*) sich spritzen; **se ~ de faire qch** sich *dat* viel darauf einbilden, dass man etw tut; **~ sur** (*suj : avion*) einen Sturzflug machen auf +*acc*; **~ du nez** einnicken; **~ une tête** (*plonger*) einen Kopfsprung machen; **~ un galop** galoppieren; **~ un cent mètres** losrennen; **~ une crise** (*fam*) einen Anfall bekommen; **~ au vif** (*fig*) bis ins Mark treffen
piquet [pikɛ] *nm* (*pieu*) Pflock *m*; (*de tente*) Hering *m*; **mettre un élève au ~** einen Schüler in die Ecke stellen; **~ de grève** Streikposten *m*
piquette [pikɛt] (*fam*) *nf* (*vin*) Beerenwein *m*
piqûre [pikyʀ] *nf* (*d'insecte*) Stich *m*; (*d'ortie*) Brennen *nt*; (*Méd*) Spritze *f*;

(*Couture*) Naht *f*; **faire une ~ à qn** jdm eine Spritze setzen *ou* geben
piranha [piʀana] *nm* Piranha *m*
piratage [piʀataʒ] *nm* (*Inform*) Hacken *nt*
pirate [piʀat] *nm* Pirat(in) *m(f)* ▸ *adj* : **émetteur ~** Piratensender *m*; **édition ~** Raubdruck *m*; **~ de l'air** Luftpirat *m*; **~ informatique** Hacker(in) *m(f)*
pirater [piʀate] *vt* eine Raubkopie machen von
pire [piʀ] *adj* (*comparatif*) schlechter, schlimmer ▸ *nm* : **le ~ (de)** der/die/das Schlechteste (unter +*dat*); **le/la ~ …** (*adjectif*) der/die/das schlechteste …
pirogue [piʀɔg] *nf* Einbaum *m*
pirouette [piʀwɛt] *nf* Pirouette *f*; **répondre par une ~** geschickt ausweichen
pis [pi] *nm* (*de vache*) Euter *nt* ▸ *adj* schlimm ▸ *adv* schlimmer; **de mal en ~** immer schlimmer
pis-aller [pizale] *nm inv* Notlösung *f*, Notbehelf *m*
pisciculteur [pisikyltœʀ] *nm* Fischzüchter *m*
pisciculture [pisikyltyʀ] *nf* Fischzucht *f*
piscine [pisin] *nf* Schwimmbad *nt*; **~ couverte** Hallenbad *nt*; **~ en plein air** Freibad *nt*
pissenlit [pisɑ̃li] *nm* Löwenzahn *m*; **manger les ~s par la racine** (*fam*) die Gänseblümchen von unten besehen
pisser [pise] (*fam*) *vi* pinkeln
pistache [pistaʃ] *nf* Pistazie *f*
piste [pist] *nf* Spur *f*; (*d'un hippodrome, vélodrome*) Bahn *f*; (*de stade*) Rennbahn *f*; (*de cirque*) Ring *m*; (*de danse*) Tanzfläche *f*; (*de ski*) Piste *f*; (*sentier*) Weg *m*; (*Aviat*) Start- und Landebahn *f*; **être sur la ~ de qn** jdm auf der Spur sein, auf jds Spur sein; **~ cyclable** Radweg *m*
pistil [pistil] *nm* Stempel *m*
pistolet [pistɔlɛ] *nm* Pistole *f*; (*à peinture, vernis*) Spritzpistole *f*; **~ à air comprimé** Luftgewehr *nt*
pistolet-mitrailleur [pistɔlɛmitʀajœʀ] (*pl* **pistolets-mitrailleurs**) *nm* Maschinenpistole *f*
piston [pistɔ̃] *nm* (*Tech*) Kolben *m*
pistonner [pistɔne] (*fam*) *vt* Beziehungen spielen lassen für
piteusement [pitøzmɑ̃] *adv* jämmerlich
piteux, -euse [pitø, øz] *adj* jämmerlich
pitié [pitje] *nf* Mitleid *nt*; **avoir ~ de qn** Mitleid mit jdm haben; **faire ~** Mitleid erregen
piton [pitɔ̃] *nm* Haken *m*; **~ rocheux** Felsnase *f*
pitoyable [pitwajabl] *adj* erbärmlich
pitre [pitʀ] *nm* Clown *m*
pitrerie [pitʀəʀi] *nf* Unsinn *m*
pittoresque [pitɔʀɛsk] *adj* (*lieu*) malerisch; (*expression, détail*) anschaulich, bildhaft
pivert [pivɛʀ] *nm* Grünspecht *m*
pivoine [pivwan] *nf* Pfingstrose *f*
pivot [pivo] *nm* (*axe*) Lagerzapfen *m*, Drehzapfen *m*; (*fig*) Dreh- und Angelpunkt *m*
pivoter [pivɔte] *vi* sich drehen
pixel [piksɛl] *nm* Pixel *nt*
pixéliser [pikselize] *vt* (*Inform*) pixeln
pizza [pidza] *nf* Pizza *f*
PJ [peʒi] *sigle f* (= *police judiciaire*) Kriminalpolizei *f*; (= *pièce jointe*) Anl.
pl. *abr* = **place**
placard [plakaʀ] *nm* Schrank *m*; **~ publicitaire** Großanzeige *f*; **mettre qn/qch au ~** (*fig*) jn/etw aufs Abstellgleis schieben
place [plas] *nf* Platz *m*; (*endroit*) Ort *m*, Platz; (*situation*) Lage *f*; (*emploi*) Stelle *f*; **sur ~** an Ort und Stelle; **faire ~ à qch** etw *dat* weichen; **à votre ~** an Ihrer Stelle; **à la ~ de** anstelle von; **il y a 20 ~s assises/debout** es gibt 20 Sitzplätze/Stehplätze; **~ d'honneur** Ehrenplatz *m*
placé, e [plase] *adj* : **haut ~** von hohem Rang; **être bien/mal ~ pour faire qch** gut/kaum in der Lage sein, etw zu tun
placebo [plasebo] *nm* Placebo *nt*
placement [plasmɑ̃] *nm* (*investissement*) Anlage *f*
placenta [plasɛ̃ta] *nm* Plazenta *f*
placer [plase] *vt* setzen, stellen, legen; (*procurer un emploi, un logement*) unterbringen; (*marchandises, valeurs*) absetzen; (*capital, argent*) anlegen; (*mot, histoire*) anbringen; (*Courses*) sich platzieren; **se ~ au premier rang/devant qch** sich in die erste Reihe/vor etw *acc* stellen *ou* setzen; **~ qn chez qn** jdn bei jdm unterbringen; **~ qn sous les ordres de qn** jdn unter jds Befehl stellen
placide [plasid] *adj* ruhig, gelassen
plafond [plafɔ̃] *nm* Decke *f*; (*altitude maximum*) Steig- *ou* Gipfelhöhe *f*; (*fig*) Obergrenze *f*
plafonnier [plafɔnje] *nm* Deckenlicht *nt*; (*Auto*) Innenbeleuchtung *f*
plage [plaʒ] *nf* Strand *m*; (*d'un lac, fleuve*) Ufer *nt*; (*horaire*) Zeitabschnitt *m*; (*musicale*) Zwischenmusik *f*; **~ arrière** (*Auto*) Hutablage *f*
plagier [plaʒje] *vt* plagiieren
plaider [plede] *vi* das Plädoyer halten ▸ *vt* (*cause*) verteidigen, vertreten;

~ coupable/non coupable schuldig/ nicht schuldig plädieren; **~ pour** *ou* **en faveur de qn** für jdn sprechen

plaie [plɛ] *nf* Wunde *f*

plaignant, e [plɛɲɑ̃, ɑ̃t] *adj* klagend ▸ *nm/f* Kläger(in)

plaindre [plɛ̃dʀ] *vt* bedauern; **se plaindre** *vpr* : **se ~ à qn de qn/qch** sich bei jdm über jdn/etw beklagen; **se ~ que** sich beklagen, dass

plaine [plɛn] *nf* Ebene *f*

plain-pied [plɛ̃pje] : **de ~** *adv* auf gleicher Höhe; **de ~ avec** auf gleicher Höhe mit

plainte [plɛ̃t] *nf* Klage *f*; **porter ~** klagen

plaire [plɛʀ] *vi* gefallen; **se plaire** *vpr* (*quelque part*) sich wohlfühlen; **elle plaît aux hommes** sie gefällt den Männern; **s'il vous plaît** bitte

plaisance [plɛzɑ̃s] *nf* (*aussi* : **navigation de plaisance**) Hobbysegeln *nt*

plaisant, e [plɛzɑ̃, ɑ̃t] *adj* (*maison, décor, site*) schön; (*personne*) angenehm; (*histoire, anecdote*) amüsant, unterhaltend

plaisanter [plɛzɑ̃te] *vi* Spaß machen, scherzen; **pour ~** zum Spaß; **on ne plaisante pas avec cela** damit scherzt man nicht; **tu plaisantes !** mach keine Witze!

plaisanterie [plɛzɑ̃tʀi] *nf* Scherz *m*, Spaß *m*

plaisir [plezir] *nm* Vergnügen *nt*; (*joie*) Freude *f*; **boire/manger avec ~** mit Genuss trinken/essen; **faire ~ à qn** jdm eine Freude machen; **ça me fait ~** das freut mich; **prendre ~ à qch** Gefallen an etw *dat* finden; **prendre ~ à faire qch** Gefallen daran finden, etw zu tun; **j'ai le ~ de** es ist mir eine Freude, zu; **M et Mme Lesucre ont le ~ de vous faire part de ...** Herr und Frau Lesucre beehren sich, Ihnen ... bekannt zu geben; **se faire un ~ de faire qch** etw sehr gern *ou* mit großem Vergnügen tun; **au ~ (de vous revoir)** bis hoffentlich bald einmal; **pour le ~** zum reinen Vergnügen

plan, e [plɑ̃, an] *adj* eben ▸ *nm* Plan *m*; (*Géom*) Ebene *f*; (*Ciné*) Einstellung *f*; **sur tous les ~s** in jeder Hinsicht; **au premier/second ~** im Vordergrund/ Hintergrund; **à l'arrière ~** im Hintergrund; **mettre qch au premier ~** etw *dat* den Vorrang geben; **de premier/ second ~** erst-/zweitrangig; **sur le ~ sexuel** was das Sexuelle betrifft; **~ d'action** Aktionsplan *m*; **~ d'eau** Wasserfläche *f*; **~ de cuisson** Herdfläche *f*; **~ de travail** Arbeitsfläche *f*; **~ de vol** Flugplan *m*; **~ directeur** (*Mil*) Generalstabskarte *f*

planche [plɑ̃ʃ] *nf* Brett *nt*; (*dans un livre*) Abbildung *f*; (*de salades etc*) Beet *nt*; (*d'un plongeoir*) Sprungbrett *nt*; **planches** *nfpl* (*Théât*) Bretter *pl*, Bühne *f sg*; **en ~s** aus Brettern; **faire la ~** (*dans l'eau*) den toten Mann machen; **avoir du pain sur la ~** alle Hände voll zu tun haben; **~ à découper** Schneidbrett *nt*; **~ à dessin** Reißbrett *nt*; **~ à pain** Schneidbrett; **~ à repasser** Bügelbrett *nt*; **~ à roulettes** Skateboard *nt*; **~ à voile** Surfbrett *nt*; (*sport*) Windsurfen *nt*; **~ de salut** (*fig*) Rettungsanker *m*

plancher [plɑ̃ʃe] *nm* Fußboden *m*; **~ des cotisations/salaires** untere Grenze *f ou* Untergrenze *f* der Beiträge/Gehälter

planchiste [plɑ̃ʃist] *nmf* Windsurfer(in) *m(f)*

plancton [plɑ̃ktɔ̃] *nm* Plankton *nt*

planer [plane] *vi* gleiten; (*fumée, odeur*) in der Luft hängen; (*fam*) schweben; **~ sur** schweben über *+dat*

planétaire [planetɛʀ] *adj* Planeten-

planétarium [planetaʀjɔm] *nm* Planetarium *nt*

planète [planɛt] *nf* Planet *m*

planeur [planœʀ] *nm* Segelflugzeug *nt*

planification [planifikasjɔ̃] *nf* Planung *f*

planifier [planifje] *vt* planen

planning [planiŋ] *nm* (*plan de travail*) Planung *f*; **~ familial** Familienplanung *f*

planque [plɑ̃k] (*fam*) *nf* (*emploi*) ruhige Kugel *f*; (*cachette*) Versteck *nt*

plantage [plɑ̃taʒ] *nm* (*d'ordinateur*) Absturz *m*

plantation [plɑ̃tasjɔ̃] *nf* Pflanzung *f*, Plantage *f*

plante [plɑ̃t] *nf* Pflanze *f*; **~ du pied** Fußsohle *f*

planter [plɑ̃te] *vt* pflanzen; (*lieu*) bepflanzen, einschlagen; (*drapeau, échelle, décors*) aufstellen; (*tente*) aufschlagen ▸ *vi* (*fam* : *ordinateur*) abstürzen; **se planter** *vpr* (*fam* : *se tromper*) sich irren; **~ là** stehen lassen; **planté d'arbres** (*terrain*) bewaldet; (*avenue*) von Bäumen gesäumt; **se ~ devant qn/qch** sich vor jdn/etw hinpflanzen

plantureux, -euse [plɑ̃tyʀø, øz] *adj* (*repas*) reichlich; (*femme, poitrine*) üppig

plaque [plak] *nf* Platte *f*; (*d'eczéma, rouge etc*) Fleck *m*; (*avec inscription*) Schild *nt*; **~ d'immatriculation** *ou* **minéralogique** Nummernschild *nt*, Kraftfahrzeugkennzeichen *nt*;

~ d'identité Erkennungsmarke *f*; **~ de cuisson** Kochplatte *f*; **~ de four** Herdplatte *f*; **~ de propreté** Türbeschlag *m*; **~ tournante** (*fig*) Drehscheibe *f*
plaquer [plake] *vt* (*laisser tomber : fam*) sitzen lassen; **se plaquer** *vpr* : **se ~ contre** sich pressen gegen
plasma [plasma] *nm* Plasma *nt*
plastic [plastik] *nm* Plastiksprengstoff *m*
plastifié, e [plastifje] *adj* plastiküberzogen
plastique [plastik] *adj* plastisch ▸ *nm* Plastik *nt*; **en ~** Plastik-
plastiquer [plastike] *vt* sprengen
plat, e [pla, at] *adj* flach; (*cheveux*) glatt; (*style, livre*) langweilig ▸ *nm* (*récipient*) Schale *f*; (*mets*) Gericht *nt*; **le premier/deuxième ~** (*d'un repas*) der erste/zweite Gang; **le ~ de la main** die Handfläche *f*; **à ~ ventre** bäuchlings; **à ~** (*horizontalement*) horizontal; (*batterie*) leer; (*personne*) völlig fertig; **pneu à ~** platter Reifen *m*; **~ cuisiné** Fertiggericht *nt*; **~ de résistance** Hauptgericht *nt*; **~ du jour** Tagesgericht *nt*
platane [platan] *nm* Platane *f*
plateau, x [plato] *nm* Platte *f*; (*d'une balance*) Waagschale *f*; (*Géo*) Plateau *nt*; (*Radio, TV*) Studiobühne *f*; **~ de fromages** Käseplatte *f*
plate-bande [platbɑ̃d] (*pl* **plates-bandes**) *nf* Rabatte *f*, Beet *nt*
plate-forme [platfɔʀm] (*pl* **plates-formes**) *nf* : **~ de forage** Bohrinsel *f*; **~ pétrolière** Ölbohrinsel *f*
platine [platin] *nm* (*métal*) Platin *nt*; **~ laser** CD-Player *m*
platonique [platɔnik] *adj* platonisch
plâtre [plɑtʀ] *nm* (*matériau*) Gips *m*; (*statue*) Gipsstatue *f*; (*Méd*) Gips(verband) *m*; **avoir un bras dans le ~** den Arm in *ou* im Gips haben
plâtrer [plɑtʀe] *vt* (*mur*) verputzen; (*Méd*) in Gips legen
plausibilité [plozibilite] *nf* Plausibilität *f*
plausible [plozibl] *adj* plausibel
play-back [plɛbak] *nm inv* Play-back *nt*
play-boy [plɛbɔj] (*pl* **play-boys**) *nm* Playboy *m*
plébiscite [plebisit] *nm* Volksentscheid *m*
plein, e [plɛ̃, plɛn] *adj* voll; (*porte, roue*) massiv; (*joues, visage, formes*) voll, rund; (*chienne, jument*) trächtig ▸ *nm* : **faire le ~** (*d'essence*) volltanken; **~ de** voller; **avoir de l'argent ~ les poches** die Taschen voller Geld haben; **avoir les mains ~es** die Hände voll haben; **à ~es mains** (*ramasser*) mit vollen Händen; **à** *ou* **en ~** völlig; **à ~ régime** mit Vollgas; **à ~ temps** *ou* **temps ~** ganztags; **en ~ air** im Freien; **jeux de ~ air** Spiele im Freien; **en ~ soleil** in der prallen Sonne; **en ~e mer** auf hoher See; **en ~e rue** mitten auf der Straße; **en ~ milieu** genau in der Mitte; **en ~ jour** am hellichten Tag; **en ~e nuit** mitten in der Nacht; **en ~e croissance** stark wachsend; **en ~ sud** im tiefsten Süden; **en avoir ~ le dos** (*fam*) die Nase vollhaben; **~s pouvoirs** Vollmacht *f*
plein-emploi [plɛnɑ̃plwa] *nm* Vollbeschäftigung *f*
plénière [plenjɛʀ] *adj f* : **assemblée** *ou* **réunion ~** Plenarsitzung *f*
plénitude [plenityd] *nf* (*d'un son, des formes*) Fülle *f*
pleurer [plœʀe] *vi* weinen; (*yeux*) tränen ▸ *vt* (*regretter*) nachtrauern *+dat*; **~ de rire** Tränen lachen
pleurésie [plœʀezi] *nf* Brustfellentzündung *f*
pleurnicher [plœʀniʃe] *vi* flennen
pleuvoir [pløvwaʀ] *vb impers* : **il pleut** es regnet ▸ *vi* (*coups, critiques*) niederhageln; (*nouvelles, lettres*) in Fluten hereinkommen; **il pleut des cordes** es regnet Bindfäden; **il pleut à verse** es regnet in Strömen
pli [pli] *nm* Falte *f*; (*dans un papier*) Kniff *m*; (*Admin : lettre*) Brief *m*; (*Cartes*) Stich *m*; **prendre le ~ de faire qch** sich *dat* angewöhnen, etw zu tun; **ça ne va pas faire un ~** das geht glatt; **faux ~** Falte; **~ d'aisance** Kellerfalte *f*
pliable [plijabl] *adj* faltbar
pliant, e [plijɑ̃, jɑ̃t] *adj* Klapp- ▸ *nm* Klappstuhl *m*
plier [plije] *vt* zusammenfalten; (*nappe*) falten; (*tente*) abschlagen; (*table pliante*) zusammenklappen; (*ranger*) aufräumen; (*genou, bras*) beugen, biegen ▸ *vi* (*branche, arbre*) sich biegen; (*fig : personne*) nachgeben; **se plier** *vpr* : **se ~ à** sich beugen *+dat*; **~ bagage** (*fig*) seine Siebensachen zusammenpacken, seine Zelte abbrechen
plinthe [plɛ̃t] *nf* (*au bas d'une cloison*) Fußleiste *f*, Scheuerleiste *f*
plissé, e [plise] *adj* (*jupe, robe*) plissiert; (*peau*) faltig, runzlig
plisser [plise] *vt* (*jupe*) fälteln; (*front*) runzeln; (*bouche*) verziehen; **se plisser** *vpr* (*se froisser*) Falten bekommen
plomb [plɔ̃] *nm* (*métal*) Blei *nt*; (*d'une cartouche*) Schrot *m ou nt*; (*Pêche*) Senker *m*; (*sceau*) Plombe *f*; (*Élec*) Sicherung *f*; **sans ~** (*essence*) bleifrei, unverbleit

P

plomber [plɔ̃be] *vt* (*canne, ligne*) mit Blei beschweren; (*colis, wagon, marchandises*) verplomben; (*mur*) (aus)loten; (*dent*) plombieren; (*fam : compromettre : finances, comptes, relations*) beeinträchtigen; **~ l'ambiance** die Stimmung verderben; **~ les finances** ein Loch in die Finanzen reißen

plomberie [plɔ̃bʀi] *nf* (*installation*) Rohre und Leitungen *pl*

plombier, -ère [plɔ̃bje, jɛʀ] *nm/f* Installateur(in)

plombifère [plɔ̃bifɛʀ] *adj* bleihaltig

plonge [plɔ̃ʒ] *nf* : **faire la ~** Geschirr spülen

plongeant, e [plɔ̃ʒɑ̃, ɑ̃t] *adj* (*vue*) von oben; (*décolleté*) tief (ausgeschnitten)

plongée [plɔ̃ʒe] *nf* (*Sport*) Tauchen *nt*; (*Ciné, TV*) Aufnahme *f* von oben; **~ sous-marine** Tauchen *nt*

plongeoir [plɔ̃ʒwaʀ] *nm* Sprungbrett *nt*

plongeon [plɔ̃ʒɔ̃] *nm* Sprung *m*

plonger [plɔ̃ʒe] *vi* (*personne, sous-marin*) tauchen; (*oiseau, avion*) einen Sturzflug machen; (*gardien de but*) hechten ▶ *vt* (*immerger*) tauchen ▶ *vpr* : **se ~ dans un livre** sich in ein Buch vertiefen; **~ qn dans l'embarras** jdn in Verlegenheit bringen

plongeur, -euse [plɔ̃ʒœʀ, øz] *nm/f* Taucher(in); (*de restaurant*) Tellerwäscher(in)

plouc [pluk] (*fam*) *nm* Proll *m*

ployer [plwaje] *vi* sich biegen, nachgeben; **~ sous le joug** (*fig*) unter dem Joch zusammenbrechen

plu [ply] *pp de* **plaire** ; **pleuvoir**

pluie [plɥi] *nf* Regen *m*; **une ~ de** (*pierres, baisers*) ein Hagel *m* von; **retomber en ~** niederprasseln; **sous la ~** im Regen; **~s acides** saurer Regen *m*

plumage [plymaʒ] *nm* Gefieder *nt*

plume [plym] *nf* Feder *f*

plumeau, x [plymo] *nm* Staubwedel *m*

plumer [plyme] *vt* rupfen

plupart [plypaʀ] *nf* : **la ~** die meisten; **la ~ des hommes/d'entre nous** die meisten Menschen/die meisten von uns; **la ~ du temps** meistens; **dans la ~ des cas** in den meisten Fällen; **pour la ~** meistens

pluralisme [plyʀalism] *nm* Pluralismus *m*

pluriel [plyʀjɛl] *nm* Plural *m* ▶ *adj* (*gauche, société*) pluralistisch; **au ~** im Plural

MOT-CLÉ

plus [ply] *adv* **1** (*forme négative*) : **ne ... plus** nicht mehr; **je n'ai plus d'argent** ich habe kein Geld mehr; **il ne travaille plus** er arbeitet nicht mehr; **il ne reste plus que deux tomates** es sind nur noch zwei Tomaten da

2 (*comparatif*) mehr; (*superlatif*) : **le plus** am meisten; **plus grand/intelligent (que)** größer/intelligenter (als); **le plus grand/intelligent** der Größte/Intelligenteste

3 : **plus de** (*d'avantage*) mehr; **plus de pain** mehr Brot; **plus de 3 heures/4 kilos** mehr als 3 Stunden/4 Kilo; **plus d'argent/de possibilités (que)** mehr Geld/Möglichkeiten (als); **plus de 10 personnes** mehr als 10 Personen; **il était plus de minuit** es war schon nach Mitternacht

4 : **plus que** (*d'avantage*) mehr als; **il travaille plus que moi** er arbeitet mehr als ich; **3 heures/kilos de plus que** 3 Stunden/Kilo mehr als; **il a 3 ans de plus que moi** er ist 3 Jahre älter als ich

5 (*locutions*) : **sans plus** aber mehr (auch) nicht; **de plus** (*en supplément*) zusätzlich; (*en outre*) außerdem; **de plus en plus** mehr und mehr, immer mehr; **3 kilos en plus** 3 Kilo mehr; **en plus de** zusätzlich zu; **(tout) au plus** (aller)höchstens; **d'autant plus que** umso mehr als; **qui plus est** und außerdem; **plus ou moins** mehr oder weniger; **ni plus ni moins** nicht mehr und nicht weniger

▶ *prép* : **4 plus 2** 4 plus 2

plusieurs [plyzjœʀ] *pron, adj* mehrere, einige

plus-que-parfait [plyskəpaʀfɛ] *nm* Plusquamperfekt *nt*

plus-value [plyvaly] (*pl* **plus-values**) *nf* (*Écon*) Mehrwert *m*

plutonium [plytɔnjɔm] *nm* Plutonium *nt*

plutôt [plyto] *adv* eher, vielmehr; **je ferais ~ cela** ich würde lieber das machen; **fais ~ comme ça** mach es lieber so; **~ que (de) faire qch** (an)statt etw zu tun; **~ grand/rouge** eher groß/rot

pluvieux, -euse [plyvjø, jøz] *adj* regnerisch

PME [peɛmə] *sigle fpl ou fsg* (*= petites et moyennes entreprises*) kleine und mittelständische Betriebe *pl*

PMI [peɛmi] *sigle f* (*= (centre de) protection maternelle et infantile*) *voir* **protection**

PMU [peɛmy] *sigle m* (*= pari mutuel urbain*) Wettannahmestelle *f*

PNB [peɛnbe] *sigle m* (*= produit national brut*) BSP *nt*, Bruttosozialprodukt *nt*

pneu, x [pnø] *nm* Reifen *m*; **~s neige** Winterreifen *pl*

pneumonie [pnømɔni] *nf* Lungenentzündung *f*
p.o. *abr* (= *pour ordre*) i. A.
poche [pɔʃ] *nf* Tasche *f* ▶ *nm* (*livre*) Taschenbuch *nt*; **faire une ~** *ou* **des ~s** sich ausbeulen; **carnet/couteau/lampe de ~** Taschenbuch *nt*/Taschenmesser *nt*/Taschenlampe *f*; **en être** *ou* **y être de sa ~** Geld verloren haben; **c'est dans la ~** das haben wir in der Tasche
poché, e [pɔʃe] *adj* : **œuf ~** pochiertes Ei *nt*; **œil ~** blaues Auge *nt*
pocher [pɔʃe] *vt* (Culin) pochieren
poche-revolver [pɔʃʀəvɔlvɛʀ] (*pl* **poches-revolver**) *nf* Gesäßtasche *f*
pochette [pɔʃɛt] *nf* (*mouchoir*) Ziertuch *nt*; **~ d'allumettes** Streichholzheftchen *nt*; **~ de disque** Plattenhülle *f*
podcast [pɔdkast] *nm* Podcast *m*
podcaster [pɔdkaste] *vi* podcasten
podcasting [pɔdkastiŋ] *nm* Podcasting *nt*
podium [pɔdjɔm] *nm* Podest *nt*; (*estrade*) Podium *nt*
poêle [pwɑl] *nm* (*appareil de chauffage*) Ofen *m*; **~ à accumulation** Speicherofen ▶ *nf* : **~ (à frire)** Bratpfanne *f*
poêlon [pwalɔ̃] *nm* Schmortopf *m*
poème [pɔɛm] *nm* Gedicht *nt*
poésie [pɔezi] *nf* Gedicht *nt*; (*art*) Dichtung *f*
poète [pɔɛt] *nmf* Dichter(in) *m(f)* ▶ *adj* dichterisch veranlagt
poétesse [pɔetɛs] *nf* Dichterin *f*
poétique [pɔetik] *adj* poetisch; (*œuvres, talent, licence*) dichterisch
pognon [pɔɲɔ̃] (*fam*) *nm* Kohle *f*, Kies *m*
poids [pwɑ] *nm* Gewicht *nt*; (*fardeau*) Last *f*; (*responsabilité*) Belastung *f*; (*importance*) Bedeutung *f*; **~ et haltères** *nmpl* Gewichtheben *nt*; **vendre qch au ~** etw nach Gewicht verkaufen; **prendre du ~** zunehmen; **perdre du ~** abnehmen; **faire le ~** (*fig*) sich messen können; **de ~** (*important*) gewichtig; **~ et haltères** *nmpl* Gewichtheben *nt*; **~ coq** (*Boxe*) Bantamgewicht *nt*; **~ lourd** (*camion*) Lastkraftwagen *m*; **~ mort** (*Tech*) Leergewicht *nt*; (*fig : péj*) Ballast *m*; **~ mouche** (*Boxe*) Fliegengewicht *nt*; **~ moyen** (*Boxe*) Mittelgewicht *nt*; **~ net** Nettogewicht *nt*; **~ plume** (*Boxe*) Federgewicht *nt*; **~ utile** Nutzlast *f*
poignant, e [pwaɲɑ̃, ɑ̃t] *adj* (*émotion, souvenir*) schmerzlich; (*lecture*) ergreifend
poignard [pwaɲaʀ] *nm* Dolch *m*
poignarder [pwaɲaʀde] *vt* erdolchen
poignée [pwaɲe] *nf* (*de couvercle, porte, etc*) Griff *m*; (*quantité*) Handvoll *f*; **~ de main** Händedruck *m*
poignet [pwaɲɛ] *nm* Handgelenk *nt*; (*d'une chemise*) Manschette *f*
poil [pwal] *nm* Haar *nt*; (*de tissu, tapis*) Flor *m*; (*pelage*) Fell *nt*; (*ensemble des poils*) Haare *pl*; **de tout ~** aller Sorten; **être de bon/mauvais ~** (*fam*) gut/schlecht drauf sein; **~ à gratter** Juckpulver *nt*
poilu, e [pwaly] *adj* haarig
poinçon [pwɛ̃sɔ̃] *nm* (*outil*) Pfriem *m*; (*marque de contrôle*) Stempel *m*
poinçonner [pwɛ̃sɔne] *vt* (*marchandise, bijou etc*) stempeln; (*billet, ticket*) knipsen
poing [pwɛ̃] *nm* Faust *f*
point [pwɛ̃] *nm* Punkt *m*; (*endroit*) Stelle *f*, Ort *m*; (*moment*) Zeitpunkt *m*; (*Couture*) Stich *m*; (*Tricot*) Masche *f*; **ne ... ~** nicht; **faire le ~** (*Naut, Aviat*) die Position bestimmen; **faire le ~ de la situation** die Lage zusammenfassen; **en tous ~s** in jeder Hinsicht; **être sur le ~ de faire qch** im Begriff sein, etw zu tun; **au ~** *ou* **à tel ~ que** so sehr, dass; **mettre au ~** (*mécanisme, procédé*) entwickeln; (*appareil-photo*) scharf einstellen; (*affaire*) klären; **à ~** (*viande*) medium; **à ~ nommé** zur rechten Zeit; **~ chaud** Krisenherd *m*; **~ de contact** Kontaktpunkt *m*; **~ culminant** Höhepunkt *m*; **~ d'eau** Wasserstelle *f*; **~ d'exclamation** Ausrufungszeichen *nt*; **~ d'interrogation** Fragezeichen *nt*; **~ de chute** (*fig*) Haltepunkt *m*; **~ de côté** Seitenstechen *nt*; **~ de croix** Kreuzstich *m*; **~ de repère** Orientierungspunkt *m*; **~ de vente** Verkaufsstelle *f*; **~ de vue** (*paysage*) Aussichtspunkt *m*; (*fig*) Meinung *f*; **du ~ de vue de** (*paysage*) von ... aus; (*fig*) vom Standpunkt +*gén*; **~ faible** schwacher Punkt; **~ final** Schlusspunkt *m*; **~ noir** (*sur le visage*) Mitesser *m*; (*Auto*) gefährliche Stelle *f*; **~s cardinaux** (vier) Himmelsrichtungen *pl*; **~s de suspension** Auslassungspunkte *pl*
pointe [pwɛ̃t] *nf* Spitze *f*; **faire des ~s** (*Danse*) Spitzentanz machen; **une ~ d'ail** ein Hauch *m* Knoblauch; **une ~ d'accent/d'ironie** ein Anflug *m* von einem Akzent/von Ironie; **faire** *ou* **pousser une ~ jusqu'à** einen Abstecher machen nach +*acc*; **sur la ~ des pieds** auf Zehenspitzen; **en ~** spitz; **de ~** (*industries, recherches*) führend; (*vitesse*) Spitzen-; (*heures*) Stoß-
pointer [pwɛ̃te] *vt* (*cocher*) abhaken; (*employés, ouvriers*) kontrollieren; (*diriger*)

P

richten ▸ *vi* (*ouvrier, employé*) stempeln; **~ qch vers qch** etw auf etw *acc* richten; **~ les oreilles** die Ohren spitzen
pointeur, -euse [pwɛ̃tœʀ, øz] *nm/f* (*personne*) Aufsicht *f*; (*Sport*) Zeitnehmer(in) ▸ *nm* (*Inform*) Cursor *m* ▸ *nf* (*machine*) Stechuhr *f*
pointillé [pwɛ̃tije] *nm* (*trait*) punktierte Linie *f*
pointilleux, -euse [pwɛ̃tijø, øz] *adj* pingelig
pointu, e [pwɛ̃ty] *adj* spitz; (*question*) hoch spezialisiert
pointure [pwɛ̃tyʀ] *nf* Größe *f*
point-virgule [pwɛ̃viʀgyl] (*pl* **points-virgules**) *nm* Strichpunkt *m*
poire [pwaʀ] *nf* (*fruit*) Birne *f*
poireau, x [pwaʀo] *nm* Lauch *m*
poirier [pwaʀje] *nm* (*Bot*) Birnbaum *m*
pois [pwɑ] *nm* (*Bot*) Erbse *f*; **à ~** gepunktet; **~ chiche** Kichererbse *f*
poison [pwazɔ̃] *nm* Gift *nt*
poisse [pwas] (*fam*) *nf* Pech *nt*
poisson [pwasɔ̃] *nm* Fisch *m*; **les P~s** (*Astrol*) die Fische *pl*; **être P~s** Fisch sein; **~ d'avril** ≈ Aprilscherz *m*; **~ d'avril !** April, April!; **~ rouge** Goldfisch *m*
poisson-chat [pwasɔ̃ʃa] (*pl* **poissons-chats**) *nm* Wels *m*
poissonnerie [pwasɔnʀi] *nf* Fischgeschäft *nt*
poisson-scie [pwasɔ̃si] (*pl* **poissons-scies**) *nm* Sägefisch *m*
poitrine [pwatʀin] *nf* Brust *f*; (*seins aussi*) Busen *m*
poivre [pwavʀ] *nm* Pfeffer *m*; **~ blanc** weißer Pfeffer; **~ et sel** (*cheveux*) grau meliert; **~ de Cayenne** Cayennepfeffer *m*; **~ en grains** Pfefferkörner *pl*; **~ gris** schwarzer Pfeffer; **~ vert** grüner Pfeffer
poivré, e [pwavʀe] *adj* gepfeffert
poivrer [pwavʀe] *vt* pfeffern
poivrier [pwavʀije] *nm* (*Bot*) Pfefferstrauch *m*; (*ustensile*) Pfefferstreuer *m*
poivrière [pwavʀijɛʀ] *nf* Pfefferstreuer *m*
poivron [pwavʀɔ̃] *nm* Paprika *m*; **~ rouge/vert** roter/grüner Paprika
poix [pwɑ] *nf* Pech *nt*
polaire [pɔlɛʀ] *adj* Polar-; (*froid*) Eises- ▸ *nf* (*vêtement*) Fleecejacke *f*
polar [pɔlaʀ] (*fam*) *nm* Krimi *m*
polariser [pɔlaʀize] *vt* (*Élec*) polarisieren
pôle [pol] *nm* Pol *m*; **le ~ Nord/Sud** der Nord-/Südpol *m*; **~ positif/négatif** (*Élec*) Plus-/Minuspol *m*; **~ d'attraction** Anziehungspunkt *m*
polémique [pɔlemik] *adj* polemisch ▸ *nf* (*controverse*) Streit *m*
poli, e [pɔli] *adj* höflich; (*lisse*) poliert, glatt
police [pɔlis] *nf* Polizei *f*; **~ d'assurance** Versicherungspolice *f*; **~ judiciaire** Kriminalpolizei *f*; **~ secours** Notdienst *m*; **~ secrète** Geheimpolizei *f*
polichinelle [pɔliʃinɛl] *nm* Kasper *m*
policier, -ière [pɔlisje, jɛʀ] *adj* Polizei-; (*mesures*) polizeilich; (*roman, film*) Kriminal- ▸ *nm/f* Polizist(in) ▸ *nm* (*aussi* : **roman policier**) Krimi *m*
policlinique [pɔliklinik] *nf* ≈ Ambulanz *f*
poliment [pɔlimɑ̃] *adv* höflich
polio [pɔljɔ], **poliomyélite** [pɔljɔmjelit] *nf* Kinderlähmung *f*, Polio *f*
polir [pɔliʀ] *vt* polieren
polisson, ne [pɔlisɔ̃, ɔn] *adj* frech
politesse [pɔlitɛs] *nf* Höflichkeit *f*
politicien, ne [pɔlitisjɛ̃, jɛn] *nm/f* Politiker(in)
politique [pɔlitik] *adj* politisch ▸ *nf* Politik *f* ▸ *nm* (*politicien*) Politiker *m*; **homme/femme ~** Politiker(in) *m(f)*
politiser [pɔlitize] *vt* politisieren
pollen [pɔlɛn] *nm* Blütenstaub *m*
polluant, e [pɔlɥɑ̃, ɑ̃t] *adj* umweltbelastend ▸ *nm* Schadstoff *m*
polluer [pɔlɥe] *vt* verschmutzen
pollueur, -euse [pɔlɥœʀ, øz] *nm/f* Umweltverschmutzer(in)
pollution [pɔlysjɔ̃] *nf* Umweltverschmutzung *f*; **~ atmosphérique** Luftverschmutzung *f*; **~ sonore** Lärmbelastung *f*
polo [pɔlo] *nm* (*sport*) Polo *nt*; (*tricot*) Polohemd *nt*
Pologne [pɔlɔɲ] *nf* : **la ~** Polen *nt*
polonais, e [pɔlɔnɛ, ɛz] *adj* polnisch ▸ *nm/f* : **Polonais, e** Pole *m*, Polin *f*
poltron, ne [pɔltʀɔ̃, ɔn] *adj* feige
polyamide [pɔliamid] *nm* Polyamid *nt*
polyclinique [pɔliklinik] *nf* Poliklinik *f*
polycopié, e [pɔlikɔpje] *adj* vervielfältigt ▸ *nm* Vorlesungsskript *nt*
polyester [pɔliɛstɛʀ] *nm* Polyester *nt*
polygamie [pɔligami] *nf* Polygamie *f*
polyglotte [pɔliglɔt] *adj* vielsprachig
Polynésie [pɔlinezi] *nf* : **la ~** Polynesien *nt*
polynésien, ne [pɔlinezjɛ̃, jɛn] *adj* polynesisch
polype [pɔlip] *nm* (*Zool*) Polyp *m*; (*Méd*) Polype *f*
polystyrène [pɔlistiʀɛn] *nm* Styropor® *nt*

polyvalent, e [pɔlivalɑ̃, ɑ̃t] *adj* (*personne*) vielseitig; (*salle*) Mehrzweck-; (*Chim*) mehrwertig
pomélo [pɔmelo] *nm* Pomelo *m*
Poméranie [pɔmeʀani] *nf*: **la ~** Pommern *nt*
pommade [pɔmad] *nf* Salbe *f*
pomme [pɔm] *nf* Apfel *m*; (*pomme de terre*) Kartoffel *f*; **~ d'Adam** Adamsapfel *m*; **~ de pin** Tannenzapfen *m*; **~ de terre** Kartoffel *f*; **~s frites** Pommes frites *pl*
pommeau, x [pɔmo] *nm* (*de canne, parapluie*) Knauf *m*; (*de selle*) Knopf *m*
pommette [pɔmɛt] *nf* Backenknochen *m*
pommier [pɔmje] *nm* Apfelbaum *m*
pompe [pɔ̃p] *nf* (*appareil*) Pumpe *f*; (*faste*) Pomp *m*; **~ à eau** Wasserpumpe *f*; **~ (à essence)** Zapfsäule *f*; **~ à huile** Ölpumpe *f*; **~ à incendie** Feuerspritze *f*; **~ de bicyclette** Fahrradpumpe *f*; **~s funèbres** Beerdigungsinstitut *nt*
pomper [pɔ̃pe] *vt* pumpen
pompeux, -euse [pɔ̃pø, øz] (*péj*) *adj* bombastisch, schwülstig
pompier, -ère [pɔ̃pje, jɛʀ] *nm/f* Feuerwehrmann *m* ▶ *adj m* (*péj*) schwülstig, aufgeblasen
pompiste [pɔ̃pist] *nmf* Tankwart(in) *m(f)*
pompon [pɔ̃pɔ̃] *nm* Bommel *m*, Pompon *m*
pomponner [pɔ̃pɔne]: **se pomponner** *vpr* sich fein machen
ponce [pɔ̃s] *nf*: **pierre ~** Bimsstein *m*
poncer [pɔ̃se] *vt* schleifen
ponceuse [pɔ̃søz] *nf* (*machine*) Schleifmaschine *f*
ponctionner [pɔ̃ksjɔne] *vt* (*Méd*) punktieren
ponctualité [pɔ̃ktɥalite] *nf* Pünktlichkeit *f*
ponctuation [pɔ̃ktɥasjɔ̃] *nf* Interpunktion *f*
ponctuel, le [pɔ̃ktɥɛl] *adj* pünktlich; (*opération, intervention*) punktuell
ponctuellement [pɔ̃ktɥɛlmɑ̃] *adv* (*à l'heure*) pünktlich
ponctuer [pɔ̃ktɥe] *vt* (*texte*) mit Satzzeichen versehen
pondéré, e [pɔ̃deʀe] *adj* (*esprit, personne*) ausgeglichen
pondre [pɔ̃dʀ] *vt* (*œufs*) legen
poney [pɔnɛ] *nm* Pony *nt*
pongiste [pɔ̃ʒist] *nmf* Tischtennisspieler(in) *m(f)*
pont [pɔ̃] *nm* Brücke *f*; (*Naut*) Deck *nt*; **~ arrière/avant** (*Auto*) Hinter-/Vorderachse *f*; **faire le ~** einen Fenstertag nehmen; **faire un ~ d'or à qn** jdm goldene Brücken bauen; **P~s et Chaussées** *Amt für Straßenbau*
pontage [pɔ̃taʒ] *nm* Bypassoperation *f*
ponte [pɔ̃t] *nf* (*action*) Legen *nt* ▶ *nm* (*fam : personnage*) hohes Tier *nt*
pontifier [pɔ̃tifje] *vi* dozieren
pont-levis [pɔ̃lvi] (*pl* **ponts-levis**) *nm* Zugbrücke *f*
ponton [pɔ̃tɔ̃] *nm* Ponton *m*
pop [pɔp] *adj inv* Pop- ▶ *nm* (*Mus*) Popmusik *f*
popcorn [pɔpkɔʀn] *nm* Popkorn *nt*
populace [pɔpylas] (*péj*) *nf* Pöbel *m*
populaire [pɔpylɛʀ] *adj* Volks-; (*croyances, traditions, bon sens*) volkstümlich; (*Ling*) umgangssprachlich; (*milieu, classes, clientèle*) Arbeiter-; (*mesure, écrivain, roi, politique*) populär
populariser [pɔpylaʀize] *vt* populär machen
popularité [pɔpylaʀite] *nf* Beliebtheit *f*, Popularität *f*
population [pɔpylasjɔ̃] *nf* Bevölkerung *f*; (*d'une ville*) Einwohner *pl*; **~ active** arbeitende Bevölkerung *f*
populeux, -euse [pɔpylø, øz] *adj* dicht bevölkert
porc [pɔʀ] *nm* (*Zool*) Schwein *nt*; (*Culin*) Schweinefleisch *nt*
porcelaine [pɔʀsəlɛn] *nf* Porzellan *nt*
porcelet [pɔʀsəlɛ] *nm* Ferkel *nt*
porc-épic [pɔʀkepik] (*pl* **porcs-épics**) *nm* Stachelschwein *nt*
porche [pɔʀʃ] *nm* Vorhalle *f*
porcherie [pɔʀʃəʀi] *nf* Schweinestall *m*
pore [pɔʀ] *nm* Pore *f*
poreux, -euse [pɔʀø, øz] *adj* porös
porno [pɔʀno] *adj* Porno-
pornographie [pɔʀnɔgʀafi] *nf* Pornografie *f*
pornographique [pɔʀnɔgʀafik] *adj* pornografisch
port [pɔʀ] *nm* Hafen *m*; (*ville*) Hafenstadt *f*; (*Inform*) Port *m*, Ausgang *m*; (*poste*) Porto *nt*; **~ de pêche** Fischereihafen *m*; **~ dû** unfrei; **~ franc** Freihafen *m*; **~ payé** frei; **~ de plaisance** Jachthafen *m*
portable [pɔʀtabl] *adj* tragbar ▶ *nm* (*Tél*) Handy *nt*; (*ordinateur*) Laptop *m*
portail [pɔʀtaj] *nm* (*gén, Internet*) Eingangsportal *nt*; (*d'une cathédrale*) Portal *nt*
portant, e [pɔʀtɑ̃, ɑ̃t] *adj* tragend; **bien ~** gesund; **mal ~** krank
portatif, -ive [pɔʀtatif, iv] *adj* tragbar
porte [pɔʀt] *nf* Tür *f*; (*d'une ville, forteresse, Ski*) Tor *nt*; **mettre qn à la ~** jdn hinauswerfen; **journée ~s ouvertes** Tag *m* der offenen Tür; **~ d'entrée** Eingangstür *f*; **~ d'embarquement**

P

(*Aviat*) Flugsteig *m*; **~ de secours** Notausgang *m*

porte-avion [pɔʀtavjɔ̃] (*pl* **porte-avions**) *nm* Flugzeugträger *m*

porte-bagage [pɔʀtbagaʒ] (*pl* **porte-bagages**) *nm* (*d'une bicyclette, moto*) Gepäckträger *m*; (*Auto*) Dachgepäckträger *m*

porte-bébé [pɔʀtbebe] (*pl* **porte-bébés**) *nm* Babytrage *f*

porte-bonheur [pɔʀtbɔnœʀ] (*pl* **porte-bonheur(s)**) *nm* Glücksbringer *m*

porte-bouteille [pɔʀtbutɛj] (*pl* **porte-bouteilles**) *nm* (*à anse*) Flaschenkorb *m*; (*à casiers*) Flaschenregal *nt*

porte-cigarette [pɔʀtsigaʀɛt] (*pl* **porte-cigarettes**) *nm* Zigarettenetui *nt*

porte-clef, porte-clé [pɔʀtəkle] (*pl* **porte-clefs, porte clés**) *nm* Schlüsselring *m*

porte-conteneurs [pɔʀtəkɔ̃tnœʀ] (*pl* **porte-conteneurs**) *nm* Containerschiff *nt*

porte-documents [pɔʀtdɔkymɑ̃] *nm inv* Aktenmappe *f*

porte-drapeau [pɔʀtdʀapo] (*pl* **porte-drapeaux**) *nmf* (*Mil*) Fahnenträger(in) *m(f)*

portée [pɔʀte] *nf* (*d'une arme*) Reichweite *f*; (*fig : importance*) Tragweite *f*; (*d'un animal etc*) Wurf *m*; (*Mus*) Notenlinien *pl*; **hors de ~ (de)** außer Reichweite (von); **à ~ de la main** in Reichweite; **à la ~ de qn** in jds Reichweite; (*fig*) auf jds Niveau; **à la ~ de toutes les bourses** für jeden Geldbeutel (erschwinglich)

porte-fenêtre [pɔʀtfənɛtʀ] (*pl* **portes-fenêtres**) *nf* Verandatür *f*

portefeuille [pɔʀtəfœj] *nm* (*porte-monnaie*) Brieftasche *f*; (*d'un ministre*) Ministerposten *m*; (*Bourse*) Portfolio *nt*

porte-jarretelles [pɔʀtʒaʀtɛl] *nm inv* Strumpfgürtel *m*

portemanteau, x [pɔʀt(ə)mɑ̃to] *nm* Garderobenständer *m*

portemine [pɔʀtəmin] *nm* Drehbleistift *m*

portemonnaie [pɔʀtmɔnɛ] *nm* Geldbeutel *m*

porte-parapluie [pɔʀtpaʀaplɥi] (*pl* **porte-parapluies**) *nm* Schirmständer *m*

porte-parole [pɔʀtpaʀɔl] (*pl* **porte-parole(s)**) *nm/f* Wortführer(in) *m(f)*

porteplume [pɔʀtəplym] *nm* Federhalter *m*

porter [pɔʀte] *vt* tragen; (*apporter*) bringen ▶ *vi* (*voix*) tragen; (*regard, cri, arme*) reichen; (*reproche, coup*) die gewünschte Wirkung erzielen; **se porter** *vpr* : **se ~ bien/mal** sich gut/schlecht fühlen; **~ secours à qn** jdm Hilfe leisten; **~ bonheur à qn** jdm Glück bringen; **~ un toast** einen Toast ausbringen; **~ un jugement sur qn/qch** über jdn/etw ein Urteil fällen; **~ une cuillère à sa bouche** einen Löffel zum Mund führen; **~ son attention/regard sur** die Aufmerksamkeit/den Blick richten auf *+acc*; **~ un fait à la connaissance de qn** jdn von etw in Kenntnis setzen; **~ sur** (*peser*) getragen werden von; (*accent*) liegen auf *+dat*; (*suj : conférence*) behandeln; (*avoir pour objet*) behandeln

porte-savon [pɔʀtsavɔ̃] (*pl* **porte-savons**) *nm* Seifenschale *f*

porte-serviettes [pɔʀtsɛʀvjɛt] (*pl* **porte-serviettes**) *nm* Handtuchhalter *m*

porte-skis [pɔʀtski] *nm inv* (*Auto*) Skiträger *m*

porteur, -euse [pɔʀtœʀ, øz] *nm/f* (*de messages*) Überbringer(in); (*Fin : d'une action, obligation*) Inhaber(in); (*dans une gare etc*) Gepäckträger *m* ▶ *adj* zukunftsträchtig; **être ~ de** (*bonnes nouvelles*) überbringen; (*de microbes*) übertragen; **créneau ~** Marktlücke *f*; **les petits ~s** (*Fin*) die Kleinaktionäre *pl*

porte-vélos [pɔʀtvelo] *nm inv* Fahrradträger *m*

porte-voix [pɔʀtəvwa] *nm inv* Megafon *nt*

portier, -ère [pɔʀtje, jɛʀ] *nm/f* Portier *m*, Pförtner(in) *m(f)*

portillon [pɔʀtijɔ̃] *nm* Sperre *f*

portion [pɔʀsjɔ̃] *nf* Teil *m*; (*de nourriture*) Portion *f*; (*d'héritage*) Anteil *m*

portique [pɔʀtik] *nm* (*Archit*) Säulenhalle *f*; **~ de sécurité** *ou* **électronique** elektronische Sicherheitskontrolle *f*

porto [pɔʀto] *nm* Portwein *m*

portoricain, e [pɔʀtɔʀikɛ̃, ɛn] *adj* puerto-ricanisch

Porto Rico [pɔʀtɔʀiko] *nf* Puerto Rico *nt*

portrait [pɔʀtʀɛ] *nm* Porträt *nt*; **c'est tout le ~ de sa mère** sie ist das Ebenbild ihrer Mutter

portrait-robot [pɔʀtʀɛʀɔbo] (*pl* **portraits-robots**) *nm* Phantombild *nt*

portuaire [pɔʀtɥɛʀ] *adj* Hafen-

portugais, e [pɔʀtygɛ, ɛz] *adj* portugiesisch ▶ *nm/f* : **Portugais, e** Portugiese *m*, Portugiesin *f*

Portugal [pɔʀtygal] *nm* : **le ~** Portugal *nt*

POS [peoɛs] *sigle m* (= *plan d'occupation des sols*) Flächennutzungsplan *m*
pose [poz] *nf* (*attitude*) Haltung *f*, Pose *f*; (*de moquette*) Verlegen *nt*; (*de rideau, papier peint*) Anbringen *nt*; **(temps de) ~** (*Photo*) Belichtungszeit *f*
posé, e [poze] *adj* (*réfléchi*) gesetzt
posemètre [pozmɛtʀ] *nm* Belichtungsmesser *m*
poser [poze] *vt* legen; (*debout*) stellen; (*déposer : personne*) absetzen; (*rideaux, papier peint*) anbringen; (*principe, conditions*) aufstellen; (*question, problème*) stellen ▸ *vi* (*modèle*) posieren, sitzen; **se poser** *vpr* (*oiseau, avion*) landen; (*question, problème*) sich stellen; **~ son regard sur qn/qch** den Blick auf jdm/etw ruhen lassen; **~ sa candidature** sich bewerben; (*Pol*) kandidieren; **se ~ en** sich aufspielen als
poseur, -euse [pozœʀ, øz] (*péj*) *nm/f* Angeber(in)
positif, -ive [pozitif, iv] *adj* positiv; (*incontestable*) bestimmt, sicher; (*objectif*) nüchtern; **pôle ~** Pluspol *m*
position [pozisjɔ̃] *nf* Lage *f*; (*attitude, posture*) Stellung *f*; (*Mil*) Haltung *f*; (*emplacement*) Stelle *f*; (: *d'un navire*) Position *f*; (*dans un classement*) Platz *m*; (*point de vue, attitude*) Meinung *f*, Haltung *f*; (*d'un compte en banque*) Stand *m*; **être dans une ~ difficile/délicate** in einer schwierigen/heiklen Lage sein; **prendre ~** (*fig*) Stellung beziehen
positionnement [pozisjɔnmɑ̃] *nm* (*Inform*) Positionierung *f*
positionner [pozisjɔne] *vt* (*navire, etc*) lokalisieren; (*Inform : publicité*) positionieren
posséder [pɔsede] *vt* besitzen; (*bien connaître*) beherrschen
possessif, -ive [pɔsesif, iv] *adj* (*Ling*) Possessiv-; (*personne*) besitzergreifend ▸ *nm* (*Ling*) Possessiv(pronomen) *nt*
possession [pɔsesjɔ̃] *nf* Besitz *m*, Eigentum *nt*; **être en ~ de qch** im Besitz etw *gén* sein
possibilité [pɔsibilite] *nf* Möglichkeit *f*
possible [pɔsibl] *adj* möglich; (*réalisable*) durchführbar ▸ *nm* : **faire (tout) son ~** sein Möglichstes tun; **pas ~** unmöglich; **autant que ~** so viel wie möglich; **(ce n'est) pas ~ !** (*étonnement*) das darf doch nicht wahr sein!; **comme c'est pas ~** (*fam*) wie verrückt; **le plus/moins ~ de livres** so wenige/viele Bücher wie möglich; **le plus/moins ~ d'eau** so viel/so wenig Wasser wie möglich; **aussitôt ou dès que ~** so bald wie möglich, baldmöglichst; **gentil au ~** ungeheuer *ou* äußerst nett
postal, e, -aux [pɔstal, o] *adj* Post-
postdater [pɔstdate] *vt* (zu)rückdatieren
poste [pɔst] *nf* Post *f*; (*bureau*) Post *f*, Postamt *nt* ▸ *nm* (*Mil : charge, fonction*) Posten *m*; (*de radio, télévision*) Gerät *nt*; **agent/employé(e) des ~s** Postbeamte (Postbeamtin) *m(f)*; **mettre à la ~** zur Post bringen; **~ à essence** Tankstelle *f*; **~ d'incendie** Feuerlöschstelle *f*; **~ de police** Polizeiwache *f*; **~ de secours** Erste-Hilfe-Station *f*; **~ de télévision** Fernsehgerät *nt*; **~ de travail** Arbeitsstelle *f*; **~ restante** *nf* postlagernde Post
poster[1] [pɔste] *vt* (*lettre, colis*) aufgeben; (*soldats, policiers etc*) postieren; (*sur internet*) posten
poster[2] [pɔstɛʀ] *nm* Poster *nt*
postérieur, e [pɔsteʀjœʀ] *adj* (*date, document*) spätere(r, s); (*partie*) hintere(r, s) ▸ *nm* (*fam*) Hintern *m*
postérieurement [pɔsteʀjœʀmɑ̃] *adv* später; **~ à** nach *+dat*
postérité [pɔsteʀite] *nf* Nachwelt *f*; **passer à la ~** in die Geschichte eingehen
posthume [pɔstym] *adj* (*enfant*) nach dem Tod des Vaters geboren; (*œuvre, décoration, gloire*) posthum; **à titre ~** posthum
postiche [pɔstiʃ] *nm* Haarteil *nt*
postillonner [pɔstijɔne] *vi* eine feuchte Aussprache haben
postmoderne [pɔstmɔdɛʀn] *adj* postmodern
postnatal, e [pɔstnatal] *adj* postnatal
post-scriptum [pɔstskʀiptɔm] *nm inv* Postskriptum *nt*
postulant, e [pɔstylɑ̃, ɑ̃t] *nm/f* Bewerber(in)
postuler [pɔstyle] *vt* (*emploi*) sich bewerben um
posture [pɔstyʀ] *nf* (*attitude*) Haltung *f*; **être en bonne/mauvaise ~** in einer guten/schlechten Lage sein
pot [po] *nm* Topf *m*; (*pour liquide*) Kanne *f*, Krug *m*; **avoir du ~** (*fam : chance*) Schwein *ou* Glück haben; **boire** *ou* **prendre un ~** (*fam*) einen trinken; **~ catalytique** Katalysator *m*; **~ d'échappement** Auspufftopf *m*; **~ de chambre** Nachttopf *m*; **~ de fleurs** Blumentopf *m*
potable [pɔtabl] *adj* trinkbar; **eau (non) ~** (kein) Trinkwasser
potage [pɔtaʒ] *nm* Suppe *f*

potager, -ère [pɔtaʒe, ɛʀ] *adj* (*plante, cultures*) Gemüse- ▸ *nm* (*jardin*) Gemüsegarten *m*
potasser [pɔtase] (*fam*) *vt* (*examen*) büffeln für
potassium [pɔtasjɔm] *nm* Kalium *nt*
pot-au-feu [pɔtofø] (*pl* **pot(s)-au-feu**) *nm* Potaufeu *nt*
pot-de-vin [podvɛ̃] (*pl* **pots-de-vin**) *nm* Schmiergeld *nt*, Bestechungsgeld *nt*
pote [pɔt] (*fam*) *nm* Kumpel *m*
poteau, x [pɔto] *nm* Pfosten *m*, Pfahl *m*; **~ indicateur** Wegweiser *m*; **~ télégraphique** Telegrafenmast *m*
potelé, e [pɔt(ə)le] *adj* rundlich, mollig
potentiel, le [pɔtɑ̃sjɛl] *adj* potenziell ▸ *nm* Potenzial *nt*
poterie [pɔtʀi] *nf* (*fabrication*) Töpferei *f*; (*objet*) Töpferware *f*
potiche [pɔtiʃ] *nf* große Porzellanvase *f*; (*fig : fam*) Aushängeschild *nt*
potier, -ière [pɔtje, jɛʀ] *nm/f* Töpfer(in)
potion [posjɔ̃] *nf* Trank *m*
potiron [pɔtiʀɔ̃] *nm* Kürbis *m*
pot-pourri [popuʀi] (*pl* **pots-pourris**) *nm* Potpourri *nt*
pou, x [pu] *nm* Laus *f*
poubelle [pubɛl] *nf* Mülleimer *m*
pouce [pus] *nm* Daumen *m*
poudre [pudʀ] *nf* Pulver *nt*; (*fard*) Puder *m*; (*explosif*) (Schieß)pulver *nt*; **café en ~** Pulverkaffee *m*; **lait en ~** Milchpulver *nt*; **savon en ~** Seifenpulver *nt*
poudrer [pudʀe] *vt* pudern
poudreux, -euse [pudʀø, øz] *adj* (*neige*) pulverig ▸ *nf* (*neige*) Pulverschnee *m*
poudrier [pudʀije] *nm* Puderdose *f*
pouffer [pufe] *vi* : **~ (de rire)** kichern
pouilleux, -euse [pujø, øz] *adj* verlaust; (*sordide*) heruntergekommen
poulailler [pulɑje] *nm* Hühnerstall *m*; (*fam : Théât*) Galerie *f*
poulain [pulɛ̃] *nm* Fohlen *nt*
poularde [pulaʀd] *nf* Poularde *f*
poule [pul] *nf* (*Zool*) Henne *f*; (*Culin*) Huhn *nt*; **~ pondeuse** Legehenne *f*
poulet [pulɛ] *nm* (*Culin*) Hühnchen *nt*; (*fam : policier*) Bulle *m*
poulie [puli] *nf* Flaschenzug *m*
poulpe [pulp] *nm* Tintenfisch *m*
pouls [pu] *nm* Puls *m*; **prendre le ~ de qn** jdm den Puls fühlen
poumon [pumɔ̃] *nm* Lunge *f*; **~ artificiel** *ou* **d'acier** eiserne Lunge
poupe [pup] *nf* (*Naut*) Heck *nt*; **avoir le vent en ~** (*fig*) Rückenwind *ou* den Wind im Rücken haben
poupée [pupe] *nf* Puppe *f*; **maison de ~** Puppenhaus *nt*; **jardin de ~** winziger Garten *m*
poupin, e [pupɛ̃, in] *adj* pummelig

MOT-CLÉ

pour [puʀ] *prép* **1** für; **pour Marie/moi** für Marie/mich; **pour trois jours** für drei Tage; **pour 10 euros d'essence** für 10 Euro Benzin; **un livre pour les enfants de cinq ans** ein Buch für Fünfjährige; **mauvais pour la santé** schlecht für die Gesundheit; **être pour la peine de mort** für die Todesstrafe sein; **payer pour qn** für jdn zahlen; **il a parlé pour moi** (*à ma place*) er hat für mich gesprochen
2 (*direction*) nach; **partir pour Rouen** nach Rouen fahren; **le train pour Rouen** der Zug nach Rouen
3 (*en vue de, intention*) zu; **pour le plaisir** zum Vergnügen; **pour ton anniversaire** zu deinem Geburtstag; **pour de bon** wirklich; **pour quoi faire ?** wozu?; **pour que** damit
4 (*à cause de*) wegen; **fermé pour (cause de) travaux** wegen Reparaturarbeiten/Bauarbeiten geschlossen; **c'est pour cela que j'ai démissionné** deswegen habe ich gekündigt
5 (*comme*) als; **la femme qu'il a eue pour mère** die Frau, die er zur Mutter hatte
6 (*point de vue*) : **pour moi** (*quant à moi*) was mich betrifft; **pour moi, il a tort** meiner Meinung nach hat er unrecht; **pour ce qui est de nos vacances** was unseren Urlaub betrifft
7 (*avec infinitif : but*) : **pour faire qch** um etw zu tun; (: *cause*) : **pour avoir fait qch** dafür, etw getan zu haben
8 (*locutions*) : **10 pour cent** 10 Prozent; **10 pour cent des gens** 10 Prozent aller Menschen; **je n'y suis pour rien** ich kann nichts dafür; **être pour beaucoup dans qch** wesentlich zu etw beigetragen haben; **pour autant que je sache** soweit ich weiß; **ce n'est pas pour dire, mais …** (*fam*) ich will ja nichts sagen, aber …
▸ *nm* : **le pour et le contre** das Für und Wider

pourboire [puʀbwaʀ] *nm* Trinkgeld *nt*
pourcentage [puʀsɑ̃taʒ] *nm* Prozentsatz *m*
pourlécher [puʀleʃe] : **se pourlécher** *vpr* sich *dat* die Lippen lecken
pourparlers [puʀpaʀle] *nmpl* Verhandlungen *pl*

pourpre [puʀpʀ] *adj* purpurrot
pourquoi [puʀkwa] *adv, conj* warum ▸ *nm* : **le ~ (de)** der Grund *m* (für); **c'est ~** darum
pourri, e [puʀi] *adj* faul; (*arbre, bois, câble*) morsch; (*temps, climat, hiver*) scheußlich; (*fig*) verdorben ▸ *nm* : **sentir le ~** faulig *ou* nach Verwesung riechen
pourriel [puʀjɛl] *nm* (*Inform*) Spam *nt*
pourrir [puʀiʀ] *vi* (*fruit, arbre*) verfaulen; (*cadavre*) verwesen; (*fig* : *situation*) immer schlimmer werden; (: *personne*) verderben; (: *enfant*) verziehen
poursuite [puʀsɥit] *nf* Verfolgung *f*; **poursuites** *nfpl* (*Jur*) Strafverfahren *nt*
poursuivant, e [puʀsɥivɑ̃, ɑ̃t] *nm/f* Verfolger(in)
poursuivre [puʀsɥivʀ] *vt* verfolgen; (*continuer*) fortsetzen; **se poursuivre** *vpr* fortgeführt werden
pourtant [puʀtɑ̃] *adv* trotzdem; **c'est ~ facile** es ist doch einfach
pourvoi [puʀvwa] *nm* : **~ en cassation/en grâce/en révision** Berufung *f*/Gnadengesuch *nt*/Wiederaufnahmeantrag *m*
pourvoir [puʀvwaʀ] *vt* (*poste*) besetzen; **~ en** versehen mit ▸ *vi* : **~ à qch** für etw sorgen; **se pourvoir** *vpr* : **se ~ en cassation** Berufung einlegen
pourvoyeur, -euse [puʀvwajœʀ, øz] *nm/f* (*de drogue*) Dealer(in)
pourvu, e [puʀvy] *adj* : **~ de** versehen mit; **~ que** vorausgesetzt dass; **~ qu'il vienne !** hoffentlich kommt er!
pousse [pus] *nf* (*croissance*) Wachsen *nt*; (*bourgeon*) Sproß *m*, Trieb *m*; **jeune ~** (*Internet* : *entreprise*) Start-up *n*
poussée [puse] *nf* (*pression*) Druck *m*; (*de la foule, l'ennemi*) Ansturm *m*; (*Méd*) Ausbruch *m*
pousse-pousse [puspus] *nm inv* Rikscha *f*
pousser [puse] *vt* schieben; (*bousculer*) stoßen; (*exhorter*) drängen; (*émettre*) ausstoßen ▸ *vi* (*croître*) wachsen; **faire ~** (*plante*) anbauen; **~ un moteur/une voiture** einen Motor/Wagen auf Hochtouren fahren; **~ jusqu'à un endroit/plus loin** bis zu einem Ort/weiter vorstoßen
poussette [pusɛt] *nf* Kinderwagen *m*; (*des courses*) Einkaufstrolley *m*
poussette-canne [pusɛtkan] (*pl* **poussettes-cannes**) *nf* Buggy *m*
poussière [pusjɛʀ] *nf* Staub *m*; **une ~** ein Staubkorn *nt*; **et des ~s** (*fig*) und ein paar Zerquetschte
poussiéreux, -euse [pusjeʀø, øz] *adj* staubig; (*teint*) grau
poussin [pusɛ̃] *nm* Küken *nt*
poutre [putʀ] *nf* (*en bois*) Balken *m*; (*en fer, ciment armé*) Träger *m*

MOT-CLÉ

pouvoir [puvwaʀ] *nm* Macht *f*; (*propriété, capacité*) Fähigkeit *f*; (*législatif, exécutif*) Gewalt *f*; (*Jur* : *d'un tuteur, mandataire*) Befugnis *f*; **pouvoir absorbant** Saugfähigkeit *f*; **pouvoir d'achat** Kaufkraft *f*; **pouvoirs** *nmpl* (*surnaturels, extraordinaires*) Kräfte *pl*; (*attributions* : *d'un préfet etc*) Befugnisse *pl*; **les pouvoirs publics** die öffentliche Hand *f*
▸ *vb semi-aux* **1** können; **je ne peux pas le réparer** ich kann es nicht reparieren; **tu ne peux pas savoir !** du kannst es dir gar nicht vorstellen!; **je ne peux pas dire le contraire** ich kann kaum das Gegenteil behaupten; **je n'en peux plus** (*épuisé*) ich kann nicht mehr; (*à bout de nerfs*) ich halt es nicht mehr aus; **tu peux le dire !** das kannst du wohl sagen!; **il aurait pu le dire !** er hätte es sagen können!
2 (*avoir le droit, la permission*) dürfen, können; **vous pouvez aller au cinéma** ihr könnt *ou* dürft ins Kino gehen; **qu'est-ce que je pouvais bien faire ?** was hätte ich (schon) tun können?
▸ *vb impers* können; **il peut arriver que ...** es kann vorkommen, dass ...; **il pourrait pleuvoir** es könnte Regen geben
▸ *vt* können; **il a fait (tout) ce qu'il a pu** er hat (alles) getan, was er konnte; **on ne peut mieux** so gut wie irgend möglich
▸ *vpr* : **il se peut que ...** es könnte sein, dass ...; **cela se pourrait** das könnte sein

pp *abr* (= *pages*) S.
p.p. *abr* (= *par procuration*) i. A.
pragmatique [pʀagmatik] *adj* pragmatisch
Prague [pʀag] *nf* Prag *nt*
prairie [pʀeʀi] *nf* Wiese *f*
praline [pʀalin] *nf* Zuckermandel *f*
praliné, e [pʀaline] *adj* (*amande*) mit Zuckerguss; (*feuilleté*) mit Mandelfüllung; (*chocolat, crème, glace*) mit gerösteten Mandeln
praticable [pʀatikabl] *adj* (*route*) befahrbar
praticien, ne [pʀatisjɛ̃, jɛn] *nm/f* (*médecin*) praktizierender Arzt *m*, praktizierende Ärztin *f*

P

pratiquant, e [pʀatikɑ̃, ɑ̃t] *adj* (*Rel*) praktizierend
pratique [pʀatik] *nf* (*opposé à théorie*) Praxis *f*; (*d'une religion, d'un métier*) Ausübung *f* ▸ *adj* praktisch; **mettre en ~** in die Praxis umsetzen
pratiquement [pʀatikmɑ̃] *adv* (*dans la pratique*) in der Praxis; (*à peu près*) praktisch
pratiquer [pʀatike] *vt* ausüben; (*méthode, le chantage etc*) anwenden; (*sport*) betreiben; (*opération*) durchführen; (*ouverture, abri*) machen ▸ *vi* (*Rel*) praktizieren
pré [pʀe] *nm* Wiese *f*
préado [pʀeado] *nm* Heranwachsende(r) *f(m)* (*vor der Pubertät*), Kid *nt*
préalable [pʀealabl] *adj* vorhergehend ▸ *nm* (*condition*) Voraussetzung *f*; **sans avis ~** ohne Vorankündigung; **au ~** vorerst
préalablement [pʀealabləmɑ̃] *adv* vorerst
Préalpes [pʀealp] *nfpl* : **les ~** das Alpenvorland
préambule [pʀeɑ̃byl] *nm* Einleitung *f*; (*d'un texte de loi*) Präambel *f*
préau, x [pʀeo] *nm* Schulhof *m*
préavis [pʀeavi] *nm* (*avertissement*) Vorankündigung *f*; **~ (de licenciement)** Kündigungsfrist *f*; **sans ~** fristlos
précaire [pʀekɛʀ] *adj* prekär; (*bonheur*) flüchtig ▸ *nmf* befristet Angestellte(r) *f(m)*
précarité [pʀekaʀite] *nf* Unsicherheit *f*, Prekarität *f*
précaution [pʀekosjɔ̃] *nf* (*mesure*) Vorsichtsmaßnahme *f*; (*prudence*) Vorsicht *f*; **principe de ~** Vorsorgeprinzip *nt*; **avec ~** vorsichtig; **prendre des** *ou* **ses ~s** Vorsichtsmaßnahmen *ou* Sicherheitsvorkehrungen treffen
précédemment [pʀesedamɑ̃] *adv* vorher
précédent, e [pʀesedɑ̃, ɑ̃t] *adj* vorhergehend ▸ *nm* Präzedenzfall *m*; **le jour ~** der Vortag *m*; **sans ~** erstmalig, einmalig
précéder [pʀesede] *vt* kommen vor +*dat*; (*dans le temps*) vorangehen +*dat*; (*rouler devant*) vorausfahren
précepte [pʀesɛpt] *nm* Grundsatz *m*
précepteur, -trice [pʀesɛptœʀ, tʀis] *nm/f* Hauslehrer(in)
préchauffer [pʀeʃofe] *vt* (*four*) vorheizen
prêcher [pʀeʃe] *vt, vi* (*Rel*) predigen; **~ un converti** offene Türen einrennen
précieux, -euse [pʀesjø, jøz] *adj* kostbar, wertvoll; (*littérature, style, écrivain*) preziös
précipice [pʀesipis] *nm* Abgrund *m*
précipitamment [pʀesipitamɑ̃] *adv* überstürzt
précipitation [pʀesipitasjɔ̃] *nf* (*hâte*) Hast *f*; (*Chim*) Niederschlag *m*; **~s (atmosphériques)** Niederschläge *pl*
précipité, e [pʀesipite] *adj* (*respiration*) beschleunigt; (*pas*) hastig; (*démarche, départ, entreprise*) überstürzt
précipiter [pʀesipite] *vt* (*faire tomber*) hinabstürzen; (*accélérer*) beschleunigen; (*départ, événements*) überstürzen; **se précipiter** *vpr* (*battements du cœur, respiration*) schneller werden; (*événements*) sich überstürzen; **se ~ sur qn/qch** sich auf jdn/etw stürzen; **se ~ au-devant de qn** jdm entgegenstürzen
précis, e [pʀesi, iz] *adj* genau; (*bruit, contours, point*) deutlich
précisément [pʀesizemɑ̃] *adv* genau
préciser [pʀesize] *vt* präzisieren; **se préciser** *vpr* konkreter werden
précision [pʀesizjɔ̃] *nf* Genauigkeit *f*; (*détail*) Einzelheit *f*; **précisions** *nfpl* weitere Einzelheiten *pl*
précoce [pʀekɔs] *adj* (*plante, animal*) früh; (*enfant, jeune fille*) frühreif
précocité [pʀekɔsite] *nf* (*de plante, animal*) Frühe *f*
préconiser [pʀekɔnize] *vt* empfehlen, befürworten
précurseur [pʀekyʀsœʀ] *nm* Vorläufer(in) *m(f)*
prédateur [pʀedatœʀ] *nm* Raubtier *nt*
prédécesseur, -e [pʀedesesœʀ] *nm/f* Vorgänger(in)
prédestiner [pʀedɛstine] *vt* : **~ qn à qch** jdn zu etw vorbestimmen; **~ qn à faire qch** jdn dazu vorbestimmen, etw zu tun
prédiction [pʀediksjɔ̃] *nf* Prophezeiung *f*
prédilection [pʀedilɛksjɔ̃] *nf* : **avoir une ~ pour qn/qch** eine Vorliebe für etw/jdn haben; **de ~** Lieblings-
prédire [pʀediʀ] *vt* prophezeien, vorhersagen; **~ l'avenir** die Zukunft voraussagen
prédisposer [pʀedispoze] *vt* : **~ qn à qch** jdn auf etw vorbereiten; **~ qn à faire qch** jdn darauf vorbereiten, etw zu tun
prédisposition [pʀedispozisjɔ̃] *nf* Veranlagung *f*
prédominance [pʀedɔminɑ̃s] *nf* Vorherrschaft *f*
prédominant, e [pʀedɔminɑ̃, ɑ̃t] *adj* vorherrschend
prédominer [pʀedɔmine] *vi* vorherrschen
préemption [pʀeɑ̃psjɔ̃] *nf* : **droit de ~** (*Jur*) Vorkaufsrecht *nt*

préfabriqué, e [pʀefabʀike] *adj* : **élément ~** Fertigteil *nt*; **maison ~e** Fertighaus *nt* ▸ *nm* Fertigbauteil *nt*

préface [pʀefas] *nf* Vorwort *nt*

préfecture [pʀefɛktyʀ] *nf* Präfektur *f*; (*bureau*) Präfektur, ≈ Rathaus *nt*; **~ de police** Polizeihauptquartier *nt*

Die **préfecture** ist das Verwaltungszentrum eines *département*. Der *préfet* ist ein von der Regierung ernannter hoher Beamter, der dafür verantwortlich ist, dass Regierungserlasse ausgeführt werden. Die 18 jeweils mehrere départements umfassenden Regionen haben ebenfalls einen *préfet*: den *préfet de région*.

préférable [pʀefeʀabl] *adj* vorzuziehen; **être ~ à** vorzuziehen sein *+dat*

préféré, e [pʀefeʀe] *adj* Lieblings-

préférence [pʀefeʀɑ̃s] *nf* Vorliebe *f*; **de ~** am liebsten; **donner la ~ à qn** jdm den Vorzug geben

préférentiel, le [pʀefeʀɑ̃sjɛl] *adj* Vorzugs-

préférer [pʀefeʀe] *vt* : **~ qn/qch (à)** jdn/etw vorziehen (*+dat*), jdn/etw lieber mögen (als); **~ faire qch** etw lieber tun; **je ~ais du thé** ich hätte lieber Tee

préfet, -ète [pʀefɛ, ɛt] *nm, nf* Präfekt *m*; **~ de police** Polizeipräfekt *m*

préfixe [pʀefiks] *nm* Präfix *nt*, Vorsilbe *f*

préhistoire [pʀeistwaʀ] *nf* : **la ~** die Urgeschichte *f*

préhistorique [pʀeistɔʀik] *adj* prähistorisch

préinstallé, e [pʀeɛ̃stale] *adj* (*logiciel, appli*) vorinstalliert

préjudice [pʀeʒydis] *nm* Schaden *m*

préjudiciable [pʀeʒydisjabl] *adj* : **~ à** schädlich für

préjugé [pʀeʒyʒe] *nm* Vorurteil *nt*

prélavage [pʀelavaʒ] *nm* Vorwäsche *f*

prélèvement [pʀelɛvmɑ̃] *nm* (*Méd*) Entnahme *f*; (*Fin*) Abbuchung *f*; **~ automatique** Lastschriftverfahren *nt*; **~ à la source** (*Fin : des impôts*) Quellensteuerabzugsverfahren *nt*; **~s obligatoires** (*Admin*) Abgaben *pl*

prélever [pʀel(ə)ve] *vt* (*échantillon, organe, tissu etc*) entnehmen; **~ (sur)** (*argent*) abheben (von)

préliminaire [pʀeliminɛʀ] *adj* Vor-, vorbereitend; **préliminaires** *nmpl* (*négociations*) Vorgespräche *pl*; (*prélude*) Vorspiel *nt*

prématuré, e [pʀematyʀe] *adj* verfrüht, vorzeitig; (*enfant*) früh geboren ▸ *nm/f* Frühgeburt *f*

préméditation [pʀemeditasjɔ̃] *nf* : **avec ~** vorsätzlich

préméditer [pʀemedite] *vt* vorsätzlich planen

prémices [pʀemis] *nfpl* Anfänge *pl*

premier, -ière [pʀəmje, jɛʀ] *adj* erste(r, s); (*branche, marche, barreau*) unterste(r, s); (*cause, donnée, principe*) grundlegend ▸ *nm/f* Erste(r) *f(m)* ▸ *nm* (*premier étage*) erster Stock *m* ▸ *nf* (*Auto*) erster Gang *m*; (*première classe*) erste Klasse *f*; (*Théât, Ciné*) Premiere *f*; (*exploit*) Weltpremiere *f*; **au ~ abord** auf den ersten Blick; **du ~ coup** gleich, auf Anhieb; **à la première occasion** bei der ersten (besten) Gelegenheit; **de première qualité** von bester Qualität; **de ~ choix** *ou* **ordre** erstklassig; **le ~ venu** der Erstbeste; **le ~ de l'an** der Neujahrstag *m*; **en ~ lieu** in erster Linie; **P~ ministre** Premierminister(in); **première communion** Erstkommunion *f*

premièrement [pʀəmjɛʀmɑ̃] *adv* erstens; (*d'abord*) zuerst, zunächst; (*introduisant une objection*) zunächst einmal

premier-né, première-née [pʀəmjene, pʀəmjɛʀne] (*pl* **premiers-nés, -nées**) *nm/f* Erstgeborene(r) *f(m)*

prémonition [pʀemɔnisjɔ̃] *nf* Vorahnung *f*

prémonitoire [pʀemɔnitwaʀ] *adj* warnend

prémunir [pʀemyniʀ] : **se prémunir** *vpr* : **se ~ contre qch** sich gegen etw schützen *ou* wappnen

prénatal, e [pʀenatal] *adj* (*soins, visite*) vorgeburtlich

prendre [pʀɑ̃dʀ] *vt* nehmen; (*enlever*) wegnehmen; (*aller chercher*) holen; (*emporter, emmener*) mitnehmen; (*malfaiteur, poisson*) fangen; (*surprendre*) ertappen; (*aliment, boisson*) zu sich nehmen; (*médicament*) einnehmen; (*engagement, risques*) eingehen; (*mesures, précautions*) ergreifen; (*voix, ton, attitude, pose, client*) annehmen; (*dispositions*) treffen; (*temps*) kosten ▸ *vi* (*ciment, pâte*) fest werden; (*bouture, semis, greffe, vaccin*) anschlagen; (*feu, allumette*) angehen; **se prendre** *vpr* : **se ~ pour** sich halten für; **~ qn par la main/dans ses bras** jdn an der Hand/in die Arme nehmen; **~ l'air** (in der frischen Luft) spazieren gehen; **~ son temps** sich *dat* Zeit lassen; **~ feu** Feuer fangen; **~ sa retraite** in den Ruhestand *ou* in Pension gehen; **~ qn comme** *ou* **pour amant/associé** sich *dat* jdn zum Liebhaber/Partner nehmen; **~ sur soi** (*supporter*) auf sich *acc* nehmen; **~ à**

P

gauche (nach) links abbiegen; **s'en ~ à** (*agresser*) angreifen; **s'y ~ bien/mal** sich geschickt/ungeschickt anstellen; **il faudra s'y ~ à l'avance** damit muss man früh anfangen

preneur, -euse [pʀənœʀ, øz] *nm/f*: **trouver ~** einen Käufer *ou* Abnehmer finden

prénom [pʀenɔ̃] *nm* Vorname *m*

préoccupation [pʀeɔkypasjɔ̃] *nf* Sorge *f*

préoccuper [pʀeɔkype] *vt* (*personne*) Sorgen machen *+dat*; (*esprit, attention*) stark beschäftigen

préparatifs [pʀepaʀatif] *nmpl* Vorbereitungen *pl*

préparation [pʀepaʀasjɔ̃] *nf* Vorbereitung *f*; (*de repas, café, viande*) Zubereitung *f*; (*Chim, Pharm*) Präparat *nt*; (*devoir*) Hausaufgabe *f*

préparatoire [pʀepaʀatwaʀ] *adj* vorbereitend

> **Classes préparatoires** sind zweijährige Kurse, in denen intensiv gelernt wird, um die Aufnahmeprüfungen für die *grandes écoles* zu bestehen. Es handelt sich dabei um äußerst anstrengende Kurse, die man nach dem bestandenen *baccalauréat*, im *lycée* belegt. Schulen, die solche Kurse anbieten, sind besonders hoch angesehen.

préparer [pʀepaʀe] *vt* vorbereiten; (*repas, café, viande*) zubereiten; **se préparer** *vpr* (*orage, tragédie*) sich anbahnen; **se ~ à qch/faire qch** sich auf etw *acc* vorbereiten/darauf vorbereiten, etw zu tun

préposition [pʀepozisjɔ̃] *nf* Präposition *f*

préquel *nm*, **préquelle** *nf* [pʀekɛl] Prequel *nt*

préretraite [pʀeʀ(ə)tʀɛt] *nf* vorgezogener Ruhestand *m*

prérogative [pʀeʀɔgativ] *nf* Vorrecht *nt*

près [pʀɛ] *adv* nahe, in der Nähe; **~ de** bei; **de ~** genau; **à 5 mm ~** auf 5 mm genau; **à cela ~ que** abgesehen davon, dass

présage [pʀezaʒ] *nm* Vorzeichen *nt*; **un mauvais ~ (pour qn/qch)** ein böses Vorzeichen (für jn/etw)

présager [pʀezaʒe] *vt* (*prévoir*) voraussehen; (*annoncer*) voraussagen

presbyte [pʀɛsbit] *adj* weitsichtig

presbytère [pʀɛsbitɛʀ] *nm* Pfarrhaus *nt*

prescription [pʀɛskʀipsjɔ̃] *nf* (*instruction*) Vorschrift *f*; (*Jur*) Verjährung *f*; (*Méd*) Anweisung *f*

prescrire [pʀɛskʀiʀ] *vt* (*repos, médicament, traitement*) verordnen

présence [pʀezɑ̃s] *nf* Gegenwart *f*, Anwesenheit *f*; (*d'un acteur, écrivain*) Ausstrahlung *f*; **en ~ de** in Gegenwart von, vor *+dat*; **~ d'esprit** Geistesgegenwart *f*

présent, e [pʀezɑ̃, ɑ̃t] *adj* anwesend; (*actuel*) gegenwärtig ▶ *nm* (*partie du temps*) Gegenwart *f*; (*Ling*) Präsens *nt*; (*cadeau*) Geschenk *nt* ▶ *nf*: **la ~e** (*Comm*) das vorliegende Schreiben; **présents** *nmpl* (*personnes*) Anwesende *pl*; **« ~ ! »** „hier!"; **à ~** jetzt; **dès à ~** von nun an; **jusqu'à ~** bis jetzt; **à ~ que** jetzt, wo

présentable [pʀezɑ̃tabl] *adj* vorzeigbar

présentateur, -trice [pʀezɑ̃tatœʀ, tʀis] *nm/f* (*animateur*) Moderator(in)

présentation [pʀezɑ̃tasjɔ̃] *nf* (*de personne*) Vorstellung *f*; (*de thèse, projet, note*) Vorlegen *nt*; (*apparence*) Erscheinung *f*; **faire les ~s** die Vorstellung übernehmen

présenter [pʀezɑ̃te] *vt* (*personne, collection*) vorstellen; (*candidature, candidat*) anmelden; (*spectacle, vue*) (dar) bieten; (*émission*) ansagen; (*thèse, projet, note*) vorlegen; (*étalage, vitrine*) ausstellen; (*défense, théorie, doctrine*) darlegen; (*condoléances, félicitations, excuses*) aussprechen; (*symptômes, avantages, danger*) haben, aufweisen ▶ *vi*: **~ mal/bien** einen guten/schlechten Eindruck machen; **se présenter** *vpr* (*arriver*) ankommen; (*se faire connaître*) sich vorstellen; (*doute, solution, difficulté*) auftauchen; (*occasion*) sich bieten; **se ~ bien/mal** (*affaire*) gut/schlecht aussehen

préservatif [pʀezɛʀvatif] *nm* Präservativ *nt*

préservation [pʀezɛʀvasjɔ̃] *nf* Erhaltung *f*

préserver [pʀezɛʀve] *vt*: **~ de** schützen vor *+dat*

président, e [pʀezidɑ̃] *nm/f* Vorsitzende(r) *f(m)*; (*Pol*) Präsident(in); **~ de la République** Staatspräsident *m*; **~-directeur général** Generaldirektor *m*

présidentiel, le [pʀezidɑ̃sjɛl] *adj* Präsidentschafts-; **présidentielles** *nfpl* Präsidentschaftswahlen *pl*

présider [pʀezide] *vt* leiten, den Vorsitz führen bei; (*dîner*) Ehrengast sein bei

présomption [pʀezɔ̃psjɔ̃] *nf* (*prétention*) Anmaßung *f*; (*supposition*) Vermutung *f*, Annahme *f*; **~ d'innocence** Unschuldsannahme *f*

présomptueux, -euse [pʀezɔ̃ptɥø, øz] *adj* anmaßend

presque [pRɛsk] *adv* fast, beinahe
presqu'île [pRɛskil] *nf* Halbinsel *f*
pressant, e [pRɛsɑ̃, ɑ̃t] *adj* dringend
presse [pRɛs] *nf* Presse *f*; **ouvrage sous ~** Werk *nt* im Druck
pressé, e [pRese] *adj* eilig ▶ *nm* : **aller au plus ~** das Wichtigste zuerst erledigen; **être ~** es eilig haben; **orange ~e** frisch gepresster Orangensaft *m*
presse-citron [pRɛssitRɔ̃] (*pl* **presse-citrons**) *nm* Zitronenpresse *f*
presse-fruit [pRɛsfRɥi] (*pl* **presse-fruits**) *nm* Saftpresse *f*
pressentiment [pRɛsɑ̃timɑ̃] *nm* Vorgefühl *nt*, Vorahnung *f*
pressentir [pRɛsɑ̃tiR] *vt* ahnen; **~ qn comme ministre** bei jdm wegen des Ministeramtes vorfühlen
presse-papiers [pRɛspapje] *nm inv* Briefbeschwerer *m*
presser [pRese] *vt* (*fruit*) auspressen; (*interrupteur, bouton*) drücken auf *+acc*; (*harceler*) drängen ▶ *vi* drängen; **se presser** *vpr* (*se hâter*) sich beeilen; **~ le pas** *ou* **l'allure** seinen Schritt *ou* Gang beschleunigen; **~ qn de questions** jdn mit Fragen bestürmen; **le temps presse** es eilt; **se ~ contre qn** sich an jdn drücken
pressing [pRɛsiŋ] *nm* (*magasin*) chemische Reinigung *f*
pression [pRɛsjɔ̃] *nf* Druck *m*; (*bouton*) Druckknopf *m*; **faire ~ sur qn/qch** auf jdn/etw Druck ausüben; **~ artérielle** Blutdruck *m*; **~ atmosphérique** Luftdruck *m*
pressoir [pRɛswaR] *nm* (*machine*) Presse *f*
prestataire [pRɛstatɛR] *nmf* (*bénéficiaire*) Leistungsempfänger(in) *m(f)*; **~ de services** Dienstleistende(r) *f(m)*
prestation [pRɛstasjɔ̃] *nf* Leistung *f*; **~s familiales** Familienbeihilfe *f*
prestidigitateur, -trice [pRɛstidiʒitatœR, tRis] *nm/f* Zauberkünstler(in)
prestige [pRɛstiʒ] *nm* Prestige *nt*
prestigieux, -euse [pRɛstiʒjø, jøz] *adj* angesehen
présumer [pRezyme] *vt* : **~ que** annehmen, dass; **~ de qn/qch** jdn/etw überschätzen *ou* zu hoch einschätzen; **~ qn coupable/innocent** jdn für schuldig/unschuldig halten
présupposer [pResypoze] *vt* voraussetzen
prêt, e [pRɛ, pRɛt] *adj* fertig, bereit ▶ *nm* (*action*) Verleihen *nt*; (*somme*) Anleihe *f*; **~ à faire qch** bereit, etw zu tun; **~ à tout** zu allem bereit; **~ à toute éventualité** auf alles vorbereitet; **~ sur gages** Pfandleihe *f*
prêt-à-porter [pRɛtapɔRte] (*pl* **prêts-à-porter**) *nm* Konfektion *f*
prétendant [pRetɑ̃dɑ̃] *nm* (*à un trône*) Prätendent *m*; (*d'une femme*) Freier *m*
prétendre [pRetɑ̃dR] *vt* (*affirmer*) behaupten; **~ faire qch** (*avoir l'intention*) beabsichtigen, etw zu tun; **~ à** Anspruch erheben auf *+acc*
prétendu, e [pRetɑ̃dy] *adj* (*supposé*) angeblich
prête-nom [pRɛtnɔ̃] (*pl* **prête-noms**) *nm* Strohmann *m*
prétentieux, -euse [pRetɑ̃sjø, jøz] *adj* anmaßend; (*maison, villa*) protzig
prétention [pRetɑ̃sjɔ̃] *nf* (*arrogance*) Überheblichkeit *f*; (*exigence*) Anspruch *m*, Forderung *f*; (*ambition*) Ambition *f*; **sans ~** bescheiden
prêter [pRete] *vt* leihen; (*attribuer*) unterstellen; **se prêter** *vpr* : **se ~ à qch** (*personne*) bei etw mitmachen; (*chose*) sich eignen für; **~ aux commentaires/à équivoque/à rire** Anlass zu Kommentaren/zu Missverständnissen/zum Lachen geben; **~ assistance à** helfen *+dat*; **~ attention** aufpassen; **~ serment** einen Eid leisten; **~ de l'importance à qch** etw *dat* Wichtigkeit beimessen
prétexte [pRetɛkst] *nm* Vorwand *m*; **sous aucun ~** keinesfalls
prêtre [pRɛtR] *nm* Priester *m*
preuve [pRœv] *nf* Beweis *m*; **jusqu'à ~ du contraire** bis zum Beweis des Gegenteils; **faire ~ de** zeigen, beweisen; **faire ses ~s** seine Fähigkeiten beweisen *ou* unter Beweis stellen
prévaloir [pRevalwaR] *vi* sich durchsetzen, siegen; **se ~ de qch** *vpr* (*tirer vanité de*) sich *dat* etw einbilden auf etw *+acc*
prévenant, e [pRev(ə)nɑ̃, ɑ̃t] *adj* aufmerksam
prévenir [pRev(ə)niR] *vt* (*éviter*) verhindern; **~ qn (de qch)** (*avertir*) jdn (vor etw) warnen; (*informer*) jdn (von etw) benachrichtigen; **~ les besoins/désirs/questions de qn** jds Bedürfnissen/Wünschen/Fragen *dat* zuvorkommen
préventif, -ive [pRevɑ̃tif, iv] *adj* vorbeugend
prévention [pRevɑ̃sjɔ̃] *nf* Verhütung *f*
prévenu, e [pRev(ə)ny] *nm/f* Angeklagte(r) *f(m)* (*in Untersuchungshaft*)

P

prévisible [pʀevizibl] *adj* vorhersehbar
prévision [pʀevizjɔ̃] *nf*: **en ~ de qch** in Erwartung etw *gén*; **~s météorologiques** Wettervorhersage *f*
prévoir [pʀevwaʀ] *vt* vorhersehen
prévoyance [pʀevwajɑ̃s] *nf* Vorsorge *f*; **société/caisse de ~** Rentenversicherung *f*/Rentenfonds *m*
prévoyant, e [pʀevwajɑ̃, ɑ̃t] *adj* vorsorgend, vorausschauend
prier [pʀije] *vi* beten ▶ *vt* (*Dieu*) beten zu; (*personne*) inständig bitten; **~ qn de faire qch** jdn ersuchen *ou* bitten, etw zu tun; **je vous en prie** bitte
prière [pʀijɛʀ] *nf* (*Rel*) Gebet *nt*; (*demande instante*) Bitte *f*; **dire une ~/ses ~s** beten; **« ~ de sonner avant d'entrer »** „bitte erst läuten und dann eintreten"
primaire [pʀimɛʀ] *adj* (*Scol*) Grundschul-; (*péj*) simpel ▶ *nm* (*Scol*) Grundschulausbildung *f*; **secteur ~** (*Écon*) Primarsektor *m*; **primaires** *fpl* (*élections*) Vorwahlen *pl*
primauté [pʀimote] *nf* Vorrang *m*
prime [pʀim] *nf* Prämie *f*; (*cadeau*) Werbegeschenk *nt* ▶ *adj*: **de ~ abord** auf den ersten Blick; **~ de risque** Gefahrenzulage *f*
primer [pʀime] *vt* (*récompenser*) prämieren ▶ *vi* überwiegen; **~ sur qch** etw *dat* überlegen sein
primeur [pʀimœʀ] *nf*: **avoir la ~ de qch** der/die Erste sein, der etw erfährt; **primeurs** *nfpl* (*fruits*) Frühobst *nt*; (*légumes*) Frühgemüse *nt*; **marchand de ~s** Obst- und Gemüsehändler *m*
primevère [pʀimvɛʀ] *nf* Schlüsselblume *f*
primitif, -ive [pʀimitif, iv] *adj* primitiv; (*forme, état, texte*) Ur-, ursprünglich
primo [pʀimo] *adv* erstens
primordial, e, -aux [pʀimɔʀdjal, jo] *adj* wesentlich, unerlässlich
prince [pʀɛ̃s] *nm* Prinz *m*; **~ charmant** Märchenprinz *m*
princier, -ière [pʀɛ̃sje, jɛʀ] *adj* fürstlich
principal, e, -aux [pʀɛ̃sipal, o] *adj* Haupt- ▶ *nm* (*essentiel*) das Wesentliche; (*d'un collège*) Rektor *m*
principalement [pʀɛ̃sipalmɑ̃] *adv* hauptsächlich
principauté [pʀɛ̃sipote] *nf*: **la ~ de Monaco/du Liechtenstein** das Fürstentum Monaco/Liechtenstein
principe [pʀɛ̃sip] *nm* Prinzip *nt*; (*d'une discipline, d'une science*) Grundsatz *m*; **principes** *nmpl* Prinzipien *pl*; **partir du ~ que** davon ausgehen, dass; **par ~** aus Prinzip; **pour le ~** aus Prinzip; **en ~** im Prinzip; **de ~** prinzipiell
printemps [pʀɛ̃tɑ̃] *nm* Frühling *m*, Frühjahr *nt*; **au ~** im Frühling
prioritaire [pʀijɔʀitɛʀ] *adj* (*personne, industrie*) bevorrechtigt; (*véhicule*) mit Vorfahrt; (*Inform*) mit Vorrang
priorité [pʀijɔʀite] *nf*: **avoir la ~ (sur)** (*Auto*) Vorfahrt haben (vor +*dat*); **en ~** vorrangig, zuerst; **~ à droite** rechts vor links
pris, e [pʀi, pʀiz] *pp de* **prendre** ▶ *adj* (*place*) besetzt; (*journée, mains*) voll; (*personne*) beschäftigt; **avoir la gorge ~e** einen entzündeten Hals haben
prise [pʀiz] *nf* (*d'une ville*) Einnahme *f*; (*Sport*) Griff *m*; (*Pêche*) Fang *m*; (*Élec*) Stecker *m*; (: *femelle*) Steckdose *f*; **être aux ~s avec qn** sich *dat* mit jdm in den Haaren liegen; **lâcher ~** loslassen; **~ de sang** Blutabnahme *f*; **~ de son** Tonaufnahme *f*; **~ de terre** Erdung *f*; **~ en charge** (*par la sécurité sociale*) Kostenübernahme *f*; **~ multiple** Mehrfachsteckdose *f*; **~ péritel** SCART-Anschluss *m*
priser [pʀize] *vt* (*prendre*) schnupfen
prisme [pʀism] *nm* Prisma *nt*
prison [pʀizɔ̃] *nf* Gefängnis *nt*
prisonnier, -ière [pʀizɔnje, jɛʀ] *nm/f* (*détenu*) Häftling *m*, Gefangene(r) *f(m)* ▶ *adj* gefangen; **faire qn ~** jdn gefangen nehmen
privations [pʀivasjɔ̃] *nfpl* Entbehrungen *pl*
privatisation [pʀivatizasjɔ̃] *nf* Privatisierung *f*
privatiser [pʀivatize] *vt* privatisieren
privautés [pʀivote] *nfpl* Freiheiten *pl*
privé, e [pʀive] *adj* privat, Privat-; (*correspondance, vie*) persönlich ▶ *nm*: **en ~** privat; **~ de** ohne; **dans le ~** (*Écon*: *secteur*) im Privatsektor
priver [pʀive] *vt* (*droits*) jdm etw entziehen; **se priver** *vpr*: **se ~ de qch/faire qch** sich *dat* etw versagen/sich *dat* versagen, etw zu tun
privilège [pʀivilɛʒ] *nm* Privileg *nt*
privilégié, e [pʀivileʒje] *adj* privilegiert; (*favorisé*) begünstigt
privilégier [pʀivileʒje] *vt* (*personne*) begünstigen, bevorzugen; (*méthode, chose*) den Vorzug geben +*dat*
prix [pʀi] *nm* Preis *m*; **au ~ fort** zum Höchstpreis; **hors de ~** sehr teuer; **à aucun ~** um keinen Preis; **à tout ~** um jeden Preis; **~ de revient** Selbstkostenpreis *m*
pro [pʀo] (*fam*) *nmf* (= *professionnel*) Profi *m*

probabilité [pʀɔbabilite] *nf* Wahrscheinlichkeit *f*; **probabilités** *nfpl* Wahrscheinlichkeit; **selon toute ~** aller Wahrscheinlichkeit nach
probable [pʀɔbabl] *adj* wahrscheinlich
probablement [pʀɔbabləmɑ̃] *adv* wahrscheinlich
probant, e [pʀɔbɑ̃, ɑ̃t] *adj* beweiskräftig, überzeugend
probité [pʀɔbite] *nf* Redlichkeit *f*
problématique [pʀɔblematik] *adj* problematisch ▸ *nf* Problematik *f*
problème [pʀɔblɛm] *nm* Problem *nt*; (*Scol*) Rechenaufgabe *f*
procédé [pʀɔsede] *nm* Verfahren *nt*, Prozess *m*
procéder [pʀɔsede] *vi* (*agir*) vorgehen; **~ à** durchführen
procédure [pʀɔsedyʀ] *nf* Verfahrensweise *f*; (*Jur*) Prozessordnung *f*; **~ civile/pénale** Zivil-/Strafprozessordnung *f*
procès [pʀɔsɛ] *nm* Prozess *m*; **être en ~ avec qn** mit jdm prozessieren; **~ d'intention** Unterstellung *f*
processeur [pʀɔsesœʀ] *nm* Prozessor *m*
processus [pʀɔsesys] *nm* Prozess *m*
procès-verbal [pʀɔsɛvɛʀbal] (*pl* **procès-verbaux**) *nm* Protokoll *nt*; (*contravention*) Strafmandat *nt*
prochain, e [pʀɔʃɛ̃, ɛn] *adj* nächste(r, s); **la ~e fois** das nächste Mal; **la semaine ~e** nächste Woche
prochainement [pʀɔʃɛnmɑ̃] *adv* demnächst
proche [pʀɔʃ] *adj* nah; **proches** *nmpl* (*parents*) nächste Verwandte *pl*; **~ de** nah bei; **de ~ en ~** nach und nach
Proche-Orient [pʀɔʃɔʀjɑ̃] *nm* : **le ~** der Nahe Osten *m*
proclamation [pʀɔklamasjɔ̃] *nf* Bekanntgabe *f*
proclamer [pʀɔklame] *vt* (*annoncer*) erklären, verkündigen; (*la république, un roi*) ausrufen, proklamieren; (*résultats d'un examen*) bekannt geben; (*son innocence etc*) erklären, beteuern
procréation [pʀɔkʀeasjɔ̃] *nf* : **~ assistée** künstliche Befruchtung *f*
procréer [pʀɔkʀee] *vt* zeugen, hervorbringen
procuration [pʀɔkyʀasjɔ̃] *nf* Vollmacht *f*
procurer [pʀɔkyʀe] *vt* (*fournir*) verschaffen; (*causer*) bereiten, machen; **se procurer** *vpr* sich *dat* verschaffen
procureur, e [pʀɔkyʀœʀ] *nm/f* : **~ (de la République)** ≈ Staatsanwalt *m*; **~ général** ≈ Generalstaatsanwalt *m*
prodige [pʀɔdiʒ] *nm* Wunder *nt*; **un/une enfant ~** ein Wunderkind
prodigieux, -euse [pʀɔdiʒjø, jøz] *adj* fantastisch, wunderbar
prodigue [pʀɔdig] *adj* verschwenderisch; **le fils ~** der verlorene Sohn
prodiguer [pʀɔdige] *vt* (*argent, biens etc*) vergeuden; **~ qch à qn** jdn überhäufen *ou* überschütten mit etw
producteur, -trice [pʀɔdyktœʀ, tʀis] *adj* : **~ de blé/pétrole** Weizen erzeugend/Öl produzierend ▸ *nm/f* (*de biens, denrées*) Hersteller(in); (*Ciné, Radio, TV*) Produzent(in)
productif, -ive [pʀɔdyktif, iv] *adj* (*activité, sol*) fruchtbar, ertragreich; (*investissement, capital, personnel*) produktiv
production [pʀɔdyksjɔ̃] *nf* Produktion *f*, Erzeugung *f*
productivité [pʀɔdyktivite] *nf* Produktivität *f*
produire [pʀɔdɥiʀ] *vt* erzeugen; (*suj : entreprise*) produzieren, herstellen; (*: vigne, terre*) hervorbringen; (*résultat, changement, impression, sensation*) bewirken; (*documents, témoins*) liefern, beibringen ▸ *vi* Gewinn bringen, arbeiten; **se produire** *vpr* (*acteur*) sich produzieren; (*changement, événement*) sich ereignen
produit, e [pʀɔdɥi] *nm* Produkt *nt*; **~ d'entretien** Putzmittel *nt*; **~ fini** Fertigprodukt *nt*; **~ national brut** Bruttosozialprodukt *nt*; **~ net** Reingewinn *m*; **~ (pour la) vaisselle** Geschirrspülmittel *nt*; **~s de beauté** Kosmetika *pl*
prof [pʀɔf] (*fam*) *nm/f* (*Scol : = professeur*) Lehrer(in) *m(f)*
profane [pʀɔfan] *adj* (*Rel*) weltlich; (*non initié*) laienhaft ▸ *nmf* Laie *m*; **être ~** (ein) Laie sein
professer [pʀɔfese] *vt* (*déclarer*) bekunden; (*enseigner*) unterrichten
professeur [pʀɔfesœʀ] *nm/f* (*nf aussi* **professeure**) Lehrer(in) *m(f)*; (*à l'université*) Professor(in) *m(f)*
profession [pʀɔfesjɔ̃] *nf* Beruf *m*; **de ~** von Beruf
professionnel, -le [pʀɔfesjɔnɛl] *adj* Berufs-, beruflich ▸ *nm/f* Profi *m*; (*ouvrier*) Facharbeiter(in)
professorat [pʀɔfesɔʀa] *nm* Lehrberuf *m*
profil [pʀɔfil] *nm* Profil *nt*; (*section*) Längsschnitt *m*; **de ~** im Profil
profiler [pʀɔfile] *vt* (*Tech*) stromlinienförmig machen; **se profiler** *vpr* sich abzeichnen

P

profit [pʀɔfi] *nm* (*avantage*) Nutzen *m*, Vorteil *m*; (*Comm*) Profit *m*, Gewinn *m*; **au ~ de qn/qch** zugunsten von jdm/etw *gén*; **tirer** *ou* **retirer ~ de qch** aus etw Gewinn schlagen; **pertes et ~s** (*Comm*) Gewinn-und-Verlustrechung *f*
profitable [pʀɔfitabl] *adj* gewinnbringend, nützlich
profiter [pʀɔfite] *vi* : **~ de** ausnutzen; **~ à qn/qch** jdm/etw *dat* nutzen *ou* nützlich sein
profond, e [pʀɔfɔ̃, ɔ̃d] *adj* tief; (*esprit, écrivain, signification*) tiefsinnig; (*erreur*) schwer; (*indifférence*) vollkommen
profondément [pʀɔfɔ̃demɑ̃] *adv* (*creuser, pénétrer etc*) tief; (*choqué, convaincu etc*) vollkommen; **~ endormi** fest eingeschlafen
profondeur [pʀɔfɔ̃dœʀ] *nf* Tiefe *f*
profusément [pʀɔfyzemɑ̃] *adv* stark
profusion [pʀɔfyzjɔ̃] *nf* Fülle *f*; **à ~** in Hülle und Fülle
progéniture [pʀɔʒenityʀ] *nf* Nachwuchs *m*
progiciel [pʀɔʒisjɛl] *nm* (Software)paket *nt*
programmable [pʀɔgʀamabl] *adj* programmierbar
programmateur, -trice [pʀɔgʀamatœʀ, tʀis] *nm/f* (*Ciné, Radio, TV*) Programmdirektor(in) ▸ *nm* (*de machine à laver*) Programmschalter *m*
programmation [pʀɔgʀamasjɔ̃] *nf* (*Ciné, Radio, TV*) Programm *nt*; (*Inform*) Programmieren *nt*
programme [pʀɔgʀam] *nm* Programm *nt*; (*Scol, Univ*) Lehrplan *m*
programmer [pʀɔgʀame] *vt* (*Inform*) programmieren; (*TV, Radio*) aufs Programm setzen
programmeur, -euse [pʀɔgʀamœʀ, øz] *nm/f* Programmierer(in)
progrès [pʀɔgʀɛ] *nm* Fortschritt *m*; (*d'un incendie, d'une inondation etc*) Fortschreiten *nt*
progresser [pʀɔgʀese] *vi* vorrücken, vordringen; (*élève, recherche*) Fortschritte machen
progressif, -ive [pʀɔgʀesif, iv] *adj* (*impôt, taux*) progressiv; (*développement*) fortschreitend; (*difficulté*) zunehmend
progression [pʀɔgʀesjɔ̃] *nf* Entwicklung *f*; (*d'une armée*) Vorrücken *nt*; (*Math*) Progression *f*
progressivement [pʀɔgʀesivmɑ̃] *adv* nach und nach
prohiber [pʀɔibe] *vt* verbieten
prohibitif, -ive [pʀɔibitif, iv] *adj* (*tarifs, prix*) unerschwinglich
proie [pʀwɑ] *nf* Beute *f*; **être en ~ à** leiden unter *+dat*
projecteur [pʀɔʒɛktœʀ] *nm* Projektor *m*; (*de théâtre, cirque*) Scheinwerfer *m*
projectile [pʀɔʒɛktil] *nm* Geschoss *nt*
projection [pʀɔʒɛksjɔ̃] *nf* (*de film, photos*) Vorführen *nt*; **conférence avec ~** Diavortrag *m*
projectionniste [pʀɔʒɛksjɔnist] *nmf* (Film)vorführer(in) *m(f)*
projet [pʀɔʒɛ] *nm* Plan *m*; (*ébauche*) Entwurf *m*; **faire des ~s** Pläne machen; **~ de loi** Gesetzentwurf *m*
projeter [pʀɔʒ(ə)te] *vt* (*envisager*) planen; (*film, photos*) projizieren, vorführen
prolétaire [pʀɔletɛʀ] *nmf* Proletarier(in) *m(f)*
prolétariat [pʀɔletaʀja] *nm* Proletariat *nt*
prolétarien, ne [pʀɔletaʀjɛ̃, jɛn] *adj* proletarisch
prolifération [pʀɔlifeʀasjɔ̃] *nf* Vermehrung *f*, Verbreitung *f*
proliférer [pʀɔlifeʀe] *vi* sich stark vermehren
prolifique [pʀɔlifik] *adj* fruchtbar
prolo [pʀolo] (*fam*) *nmf* Prolo *m*
prolongation [pʀɔlɔ̃gasjɔ̃] *nf* Verlängerung *f*; **jouer les ~s** (*Sport*) in die Verlängerung gehen
prolongement [pʀɔlɔ̃ʒmɑ̃] *nm* Verlängerung *f*; **prolongements** *nmpl* Folgen *pl*, Auswirkungen *pl*; **dans le ~ de** weiterführend von
prolonger [pʀɔlɔ̃ʒe] *vt* verlängern; (*rue, voie ferrée, piste*) weiterführen; (*être dans le prolongement de*) die Verlängerung sein von; **se prolonger** *vpr* (*leçon, repas, effet*) andauern; (*route, chemin*) weitergehen
promenade [pʀɔm(ə)nad] *nf* Spaziergang *m*; (*en voiture, à vélo*) Spazierfahrt *f*
promener [pʀɔm(ə)ne] *vt* spazieren führen; **se promener** *vpr* spazieren gehen; (*en voiture*) spazieren fahren; **~ qch sur** (*doigts, main, regards*) etw gleiten lassen über *+acc*
promeneur, -euse [pʀɔm(ə)nœʀ, øz] *nm/f* Spaziergänger(in)
promesse [pʀɔmɛs] *nf* Versprechen *nt*
prometteur, -euse [pʀɔmetœʀ, øz] *adj* vielversprechend
promettre [pʀɔmɛtʀ] *vt* versprechen ▸ *vi* (*enfant, musicien etc*) vielversprechend sein; **se promettre** *vpr* : **se ~ de faire qch** sich *dat* versprechen, etw zu tun
promiscuité [pʀɔmiskɥite] *nf* Mangel *m* an Privatsphäre

promo [pʀɔmo] *(fam) nf (Scol)* Jahrgang *m*
promoteur, -trice [pʀɔmɔtœʀ, tʀis] *nm/f (instigateur)* Initiator(in); **~ (immobilier)** (Immobilien)makler(in)
promotion [pʀɔmosjɔ̃] *nf (avancement)* Beförderung *f*; *(élèves d'une même année)* Jahrgang(sstufe *f*) *m*; **article en ~** Sonderangebot *nt*; **~ des ventes** Absatzförderung *f*
promotionnel, le [pʀɔmosjɔnɛl] *adj* Werbe-
promouvoir [pʀɔmuvwaʀ] *vt (personne)* befördern; *(politique, réforme, recherche)* fördern, sich einsetzen für
prompt, e [pʀɔ̃(pt), pʀɔ̃(p)t] *adj* schnell
prompteur [pʀɔ̃ptœʀ] *nm* Teleprompter *m*
pronom [pʀɔnɔ̃] *nm* Pronomen *nt*
pronominal, e, -aux [pʀɔnɔminal, o] *adj* : **verbe ~** reflexives Verb *nt*
prononcé, e [pʀɔnɔ̃se] *adj* ausgeprägt
prononcer [pʀɔnɔ̃se] *vt* aussprechen; *(jugement, sentence)* verkünden; *(discours)* sprechen; **se prononcer** *vpr (se décider)* sich entscheiden; **se ~ sur qch** seine Meinung über etw *acc* äußern; **se ~ en faveur de/contre** sich aussprechen für/gegen; **ça se prononce comment ?** wie spricht man das aus?
prononciation [pʀɔnɔ̃sjasjɔ̃] *nf* Aussprache *f*
pronostic [pʀɔnɔstik] *nm* Prognose *f*
pronostiquer [pʀɔnɔstike] *vt (Méd)* prognostizieren; *(annoncer)* voraussagen
propagande [pʀɔpagɑ̃d] *nf* Propaganda *f*
propager [pʀɔpaʒe] *vt* verbreiten; **se propager** *vpr* sich ausbreiten
propane [pʀɔpan] *nm* Propan *nt*
prophète, prophétesse [pʀɔfɛt, pʀɔfetɛs] *nm/f* Prophet(in)
prophétie [pʀɔfesi] *nf* Prophezeiung *f*
prophétiser [pʀɔfetize] *vt* prophezeien
prophylactique [pʀɔfilaktik] *adj* vorbeugend, prophylaktisch
prophylaxie [pʀɔfilaksi] *nf* Prophylaxe *f*
propice [pʀɔpis] *adj* günstig
proportion [pʀɔpɔʀsjɔ̃] *nf (relation)* Verhältnis *nt*; **proportions** *nfpl* Proportionen *pl*; **en ~ de** im Verhältnis zu; **il n'y a aucune ~ entre la faute et la peine** die Strafe steht in keinem Verhältnis zum Verbrechen; **toute(s) ~(s) gardée(s)** den Verhältnissen entsprechend
proportionnel, le [pʀɔpɔʀsjɔnɛl] *adj* proportional, anteilmäßig; **~ à** proportional zu; **représentation ~le** Verhältniswahlrecht *nt*
proportionner [pʀɔpɔʀsjɔne] *vt* : **~ qch à qch** etw auf etw *acc* abstimmen
propos [pʀɔpo] *nm (paroles)* Worte *pl*; *(intention)* Absicht *f*; **à quel ~ ?** in welcher Angelegenheit?; **à ~ de** bezüglich *+gén*; **à tout ~** ständig, bei jeder Gelegenheit; **à ~** gelegen, günstig
proposer [pʀɔpoze] *vt (suggérer)* vorschlagen; *(offrir)* anbieten; *(loi, motion)* einbringen; **se proposer** *vpr* : **se ~ pour faire qch** sich anbieten, etw zu tun; **se ~ de faire qch** sich *dat* vornehmen, etw zu tun
proposition [pʀɔpozisjɔ̃] *nf (offre)* Angebot *nt*; *(suggestion)* Vorschlag *m*; *(Pol)* Antrag *m*; *(Ling)* Satz *m*; **~ de loi** Gesetzesantrag *m*; **~ principale/subordonnée** Haupt-/Nebensatz *m*
propre [pʀɔpʀ] *adj* sauber; *(cahier, copie, travail)* ordentlich; *(intensif possessif)* eigene(r, s) ▸ *nm* : **mettre** *ou* **recopier au ~** *(Scol)* ins Reine schreiben; **le ~ de** *(qualité distinctive)* eine Eigenschaft *+gén*; **~ à** *(particulier)* typisch für, eigen *+dat*; **~ à faire qch** *(de nature à)* dazu geeignet, etw zu tun
proprement [pʀɔpʀəmɑ̃] *adv (avec propreté)* sauber, ordentlich; **à ~ parler** eigentlich, streng genommen
propreté [pʀɔpʀəte] *nf* Sauberkeit *f*
propriétaire [pʀɔpʀijetɛʀ] *nmf* Besitzer(in) *m(f)*, Eigentümer(in) *m(f)*; *(pour le locataire)* Vermieter(in) *m(f)*, Hausbesitzer(in) *m(f)*
propriété [pʀɔpʀijete] *nf (Jur)* Besitz *m*; *(immeuble, objet etc)* Eigentum *nt*; *(qualité, Chimie, Math)* Eigenschaft *f*; **~ industrielle** Patentrechte *pl*
propulser [pʀɔpylse] *vt (missile, engin)* antreiben; *(projeter)* schleudern
propulsion [pʀɔpylsjɔ̃] *nf* Antrieb *m*
prorata [pʀɔʀata] *nm* : **au ~ de** im Verhältnis zu
proroger [pʀɔʀɔʒe] *vt (renvoyer)* aufschieben; *(prolonger)* verlängern; *(assemblée)* vertagen
proscrire [pʀɔskʀiʀ] *vt (bannir)* verbannen; *(interdire)* verbieten
prose [pʀoz] *nf* Prosa *f*
prosélytisme [pʀɔzelitism] *nm* : **faire du ~** andere zu bekehren versuchen
prospecter [pʀɔspɛkte] *vt (terrain)* nach Bodenschätzen suchen in *dat*; *(Comm)* erforschen
prospecteur-placier [pʀɔspɛktœʀplasje] *(pl* **prospecteurs-placiers***) nm* Arbeitsvermittler(in) *m(f)*
prospectus [pʀɔspɛktys] *nm* Prospekt *m*

P

prospère [pʀɔspɛʀ] *adj* (*année, période*) erfolgreich; (*finances, entreprise*) florierend, gut gehend
prospérer [pʀɔspeʀe] *vi* gut gedeihen; (*entreprise, ville, science*) blühen, florieren
prospérité [pʀɔspeʀite] *nf* Wohlstand *m*
prostate [pʀɔstat] *nf* Prostata *f*
prostitué, e [pʀɔstitɥe] *nm/f* Prostituierte(r) *f(m)*
prostitution [pʀɔstitysjɔ̃] *nf* Prostitution *f*
protagoniste [pʀɔtagɔnist] *nmf* Protagonist(in) *m(f)*
protecteur, -trice [pʀɔtɛktœʀ, tʀis] *adj* beschützend; (*péj : air, ton*) gönnerhaft ▸ *nm/f* Beschützer(in); (*des arts*) Mäzen(in)
protection [pʀɔtɛksjɔ̃] *nf* Schutz *m*; (*d'un personnage influent, Écon*) Protektion *f*; **(centre de) ~ maternelle et infantile** *Wohlfahrtsorganisation für Schwangere und Kleinkinder*; **~ de l'environnement** Umweltschutz *m*
protectionnisme [pʀɔtɛksjɔnism] *nm* Protektionismus *m*
protégé, e [pʀɔteʒe] *nm/f* Schützling *m*, Protegé *m*
protège-cahier [pʀɔtɛʒkaje] (*pl* **protège-cahiers**) *nm* Schutzumschlag *m*
protéger [pʀɔteʒe] *vt* schützen; (*physiquement*) beschützen; (*intérêt, liberté*) wahren; (*Inform*) sichern; **se protéger** *vpr* : **se ~ de qch/contre qch** sich vor etw *dat*/gegen etw schützen
protège-slip [pʀɔtɛʒslip] (*pl* **protège-slips**) *nm* Slipeinlage *f*
protéine [pʀɔtein] *nf* Protein *nt*
protestant, e [pʀɔtɛstɑ̃, ɑ̃t] *adj* protestantisch ▸ *nm/f* Protestant(in)
protestation [pʀɔtɛstasjɔ̃] *nf* (*plainte*) Protest *m*; (*déclaration*) Beteuerung *f*
protester [pʀɔtɛste] *vi* protestieren; **~ de son innocence/sa loyauté** seine Unschuld/Treue beteuern
prothèse [pʀɔtɛz] *nf* (*appareil*) Prothese *f*; **~ dentaire** Zahnprothese *f*, Gebiss *nt*
protocole [pʀɔtɔkɔl] *nm* Protokoll *nt*; **~ d'accord** Vereinbarungsprotokoll *nt*; **~ de transfert** (*Inform*) Übertragungsprotokoll *nt*
prototype [pʀɔtɔtip] *nm* Prototyp *m*
protubérance [pʀɔtybeʀɑ̃s] *nf* Beule *f*
protubérant, e [pʀɔtybeʀɑ̃, ɑ̃t] *adj* vorstehend
proue [pʀu] *nf* Bug *m*
prouesse [pʀuɛs] *nf* (*acte de courage*) Heldentat *f*; (*exploit*) Kunststück *nt*, Meisterleistung *f*
prouver [pʀuve] *vt* beweisen
provenance [pʀɔv(ə)nɑ̃s] *nf* Herkunft *f*, Ursprung *m*; **avion/train en ~ de** Flugzeug *nt*/Zug *m* aus
provençal, e, -aux [pʀɔvɑ̃sal, o] *adj* provenzalisch
Provence [pʀɔvɑ̃s] *nf* : **la ~** die Provence
provenir [pʀɔv(ə)niʀ] *vi* : **~ de** (*venir de*) (her)kommen aus; (*tirer son origine de*) stammen von; (*résulter de*) kommen von
proverbe [pʀɔvɛʀb] *nm* Sprichwort *nt*
proverbial, e, -aux [pʀɔvɛʀbjal, jo] *adj* sprichwörtlich
providence [pʀɔvidɑ̃s] *nf* Vorsehung *f*
providentiel, le [pʀɔvidɑ̃sjɛl] *adj* glücklich, unerwartet
province [pʀɔvɛ̃s] *nf* Provinz *f*; **Paris et la ~** Paris und das übrige Frankreich; **la Belle P~** Quebec *nt*
provincial, e, -aux [pʀɔvɛ̃sjal, jo] *adj* Provinz-; (*péj*) provinzlerisch
proviseur, e [pʀɔvizœʀ] *nm/f* (*Scol*) Direktor(in)
provision [pʀɔvizjɔ̃] *nf* Vorrat *m*; (*acompte*) Anzahlung *f*, Vorschuss *m*; (*dans un compte*) Deckung *f*; **provisions** *nfpl* Vorräte *pl*; **faire ~ de qch** einen Vorrat von etw anlegen
provisoire [pʀɔvizwaʀ] *adj* vorläufig; **mise en liberté ~** vorläufige Haftentlassung *f*
provisoirement [pʀɔvizwaʀmɑ̃] *adv* vorläufig
provocant, e [pʀɔvɔkɑ̃, ɑ̃t] *adj* provozierend
provocateur, -trice [pʀɔvɔkatœʀ, tʀis] *nm/f* (*meneur*) Provokateur(in)
provocation [pʀɔvɔkasjɔ̃] *nf* Provokation *f*
provoquer [pʀɔvɔke] *vt* (*inciter*) provozieren; (*défier*) herausfordern; (*causer*) hervorrufen; (*révolte, troubles*) verursachen
proxénète [pʀɔksenɛt] *nmf* Zuhälter(in) *m(f)*
proximité [pʀɔksimite] *nf* Nähe *f*; **à ~ (de)** in der Nähe (von)
prude [pʀyd] *adj* prüde
prudence [pʀydɑ̃s] *nf* Vorsicht *f*, Umsicht *f*; **par (mesure de) ~** als Vorsichtsmaßnahme
prudent, e [pʀydɑ̃, ɑ̃t] *adj* vorsichtig; (*sage*) umsichtig
prune [pʀyn] *nf* Pflaume *f*
pruneau, x [pʀyno] *nm* Backpflaume *f*
prunelle [pʀynɛl] *nf* (*de l'œil*) Pupille *f*
prunier [pʀynje] *nm* Pflaumenbaum *m*
Prusse [pʀys] *nf* : **la ~** Preußen *nt*

PS [peɛs] *sigle m (= parti socialiste)* sozialistische Partei *f*; *(= post-scriptum)* PS *nt*
psaume [psom] *nm* Psalm *m*
pseudo [psœdo] *nm* Nick *m*, Nickname *m*
pseudonyme [psødɔnim] *nm* Pseudonym *nt*
psychanalyse [psikanaliz] *nf* Psychoanalyse *f*
psychanalyser [psikanalize] *vt* einer Psychoanalyse unterziehen
psychanalyste [psikanalist] *nmf* Psychoanalytiker(in) *m(f)*
psychanalytique [psikanalitik] *adj* psychoanalytisch
psychédélique [psikedelik] *adj* psychedelisch
psychiatre [psikjatʀ] *nmf* Psychiater(in) *m(f)*
psychiatrie [psikjatʀi] *nf* Psychiatrie *f*
psychiatrique [psikjatʀik] *adj* psychiatrisch
psychique [psiʃik] *adj* psychisch
psychologie [psikɔlɔʒi] *nf* Psychologie *f*; *(intuition)* Menschenkenntnis *f*
psychologique [psikɔlɔʒik] *adj* psychologisch; *(psychique)* psychisch
psychologue [psikɔlɔg] *nmf* Psychologe *m*, Psychologin *f*
psychopathe [psikɔpat] *nmf* Psychopath(in) *m(f)*
psychose [psikoz] *nf* Psychose *f*
psychosomatique [psikosɔmatik] *adj* psychosomatisch
psychothérapie [psikoteʀapi] *nf* Psychotherapie *f*
psychotique [psikɔtik] *adj* psychotisch
puanteur [pɥɑ̃tœʀ] *nf* Gestank *m*
pub [pyb] *(fam) abr (publicité)* Werbung *f*
puberté [pybɛʀte] *nf* Pubertät *f*
pubis [pybis] *nm* Schambein *nt*
public, -ique [pyblik] *adj* öffentlich ▸ *nm (population)* Öffentlichkeit *f*; *(assistance)* Publikum *nt*; **en ~** öffentlich; **interdit au ~** für die Öffentlichkeit nicht zugänglich; **le grand ~** die (große) Öffentlichkeit
publication [pyblikasjɔ̃] *nf* Veröffentlichung *f*
publicitaire [pyblisitɛʀ] *adj* Werbe-
publicité [pyblisite] *nf* Werbung *f*; *(annonce)* Annonce *f*
publier [pyblije] *vt* veröffentlichen; *(éditeur)* herausgeben, herausbringen; *(nouvelle)* verbreiten
publiphone® [pyblifɔn] *nm* Kartentelefon *nt*
puce [pys] *nf* Floh *m*; *(Inform)* Chip *m*; **les puces** *nmpl*: **le marché aux ~s** der Flohmarkt; **mettre la ~ à l'oreille de qn** einen Verdacht in jdm erwecken
pucelle [pysɛl] *nf* Jungfrau *f*
pudeur [pydœʀ] *nf* Schamhaftigkeit *f*
pudique [pydik] *adj (chaste)* schamhaft; *(discret)* dezent, diskret
puer [pɥe] *vi* stinken
puériculteur, -trice [pɥeʀikyltœʀ, tʀis] *nm/f* Betreuer(in) von Kleinkindern, Säuglingsschwester *f*
puériculture, -trice [pɥeʀikyltyʀ] *nf* Säuglingspflege *f*
puéril, e [pɥeʀil] *adj* kindisch
pugilat [pyʒila] *nm* Faustkampf *m*
puis [pɥi] *adv* dann; *(en outre)* : **et ~** und dann; **et ~ après ?** na und?; **et ~ quoi encore ?** sonst noch was?
puiser [pɥize] *vt* : **~ qch dans qch** etw aus etw schöpfen; *(exemple, renseignement)* etw etw *dat* entnehmen
puisque [pɥisk] *conj* da; **~ je te le dis !** und wenn ich es dir sage!
puissance [pɥisɑ̃s] *nf* Macht *f*; *(de personnalité)* Stärke *f*; **deux (à la) ~ cinq** zwei hoch fünf; **en ~** potenziell
puissant, e [pɥisɑ̃, ɑ̃t] *adj* mächtig; *(musculature)* stark, kräftig
puits [pɥi] *nm (d'eau)* Brunnen *m*; *(de pétrole)* Bohrloch *nt*
pull [pyl], **pull-over** [pylɔvɛʀ] *(pl* **pull-overs***)* *nm* Pullover *m*, Pulli *m*
pulluler [pylyle] *vi* wimmeln
pulmonaire [pylmɔnɛʀ] *adj* Lungen-
pulpe [pylp] *nf* Fleisch *nt*
pulser [pylse] *vt (air)* blasen ▸ *vi (fam)* Wirkung zeigen
pulvérisateur [pylveʀizatœʀ] *nm* Zerstäuber *m*
pulvériser [pylveʀize] *vt (solide)* pulverisieren; *(liquide)* sprühen; *(adversaire)* fertigmachen; *(record)* brechen
puma [pyma] *nm* Puma *m*
punaise [pynɛz] *nf (Zool)* Wanze *f*; *(clou)* Reißzwecke *f*
punch [pœnʃ] *nm (Boxe)* Schlagkraft *f*; *(dynamisme)* Pfeffer *m*
punir [pyniʀ] *vt* bestrafen; **~ qn de qch** jdn für etw bestrafen
punition [pynisjɔ̃] *nf* Bestrafung *f*
pupille [pypij] *nf (Anat)* Pupille *f*; *(enfant)* Mündel *nt*; **~ de l'État** Fürsorgekind *nt*
pupitre [pypitʀ] *nm* Pult *nt*; *(Rel)* Kanzel *f*; *(de chef d'orchestre)* (Dirigenten)pult *nt*
pupitreur, -euse [pypitʀœʀ, øz] *nm/f* *(Inform)* Operator(in)
pur, e [pyʀ] *adj* rein; *(vin)* unverdünnt; *(whisky, gin)* pur; *(air, ciel)* klar; *(intentions)*

lauter; **~ et simple** schlicht und einfach; **en ~e perte** vergeblich
purée [pyʀe] *nf* : **~ (de pommes de terre)** Kartoffelbrei *m*, Kartoffelpüree *nt*; **~ de marrons** Kastanienpüree *nt*; **~ de pois** (*brouillard*) Waschküche *f*
pureté [pyʀte] *nf* Reinheit *f*
purgatif [pyʀgatif] *nm* Abführmittel *nt*
purgatoire [pyʀgatwaʀ] *nm* Fegefeuer *nt*
purge [pyʀʒ] *nf* (*Pol*) Säuberungsaktion *f*; (*Méd*) starkes Abführmittel *nt*
purger [pyʀʒe] *vt* (*conduite, radiateur etc*) entlüften; (*Méd*) entschlacken; (*peine*) verbüßen; (*Pol*) säubern
purification [pyʀifikasjɔ̃] *nf* Reinigung *f*; **~ ethnique** ethnische Säuberung(saktionen *pl*) *f*
purifier [pyʀifje] *vt* reinigen
puriste [pyʀist] *nmf* Purist(in) *m(f)*
pur-sang [pyʀsɑ̃] (*pl* **pur-sangs**) *nm* Vollblut *nt*
purulent, e [pyʀylɑ̃, ɑ̃t] *adj* eitrig
pus [py] *nm* Eiter *m*
pusillanime [pyzi(l)lanim] *adj* zaghaft, ängstlich
pustule [pystyl] *nf* Pustel *f*
putain [pytɛ̃] (*fam*) *nf* Hure *f*
putois [pytwa] *nm* Iltis *m*; **crier comme un ~** schreien wie am Spieß
putréfier [pytʀefje] *vt* verwesen lassen; (*fruit*) faulen lassen; **se putréfier** *vpr* verwesen; (*fruit*) verfaulen
putsch [putʃ] *nm* Putsch *m*
puzzle [pœzl] *nm* Puzzle *nt*
PV [peve] *sigle m* = **procès-verbal**
pyjama [piʒama] *nm* Schlafanzug *m*
pylône [pilon] *nm* (*d'un pont*) Pfeiler *m*; (*mât, poteau*) Mast *m*
pyramide [piʀamid] *nf* Pyramide *f*
Pyrénées [piʀene] *nfpl* : **les ~** die Pyrenäen *pl*
pyrex® [piʀɛks] *nm* Jenaer Glas® *nt*
pyrolyse [piʀɔliz] *nf* Pyrolyse *f*
pyromane [piʀɔman] *nmf* Pyromane *m*, Pyromanin *f*
python [pitɔ̃] *nm* Python(schlange *f*) *m*

q

Q, q [ky] *nm inv* Q, q *nt*
Qatar [kataʀ] *nm* : **le ~** Katar *nt*
QCM [kyseɛm] *sigle m* (*= questionnaire à choix multiples*) Multiple-Choice-Test *m*
QI [kyi] *sigle m* (*= quotient intellectuel*) IQ *m*
quadragénaire [k(w)adʀaʒenɛʀ] *nmf* Person *f* in den Vierzigern
quadrangulaire [k(w)adʀɑ̃gylɛʀ] *adj* viereckig
quadrichromie [k(w)adʀikʀɔmi] *nf* Vierfarbendruck *m*
quadrilatère [k(w)adʀilatɛʀ] *nm* Viereck *nt*
quadrillage [kadʀijaʒ] *nm* (*de la police, Mil*) Bewachung *f*
quadriller [kadʀije] *vt* (*papier, page*) karieren; (*Police : ville, région etc*) *ein Netz aus Kontrollpunkten errichten in*
quadripartite [kwadʀipaʀtit] *adj* (*entre pays*) Viermächte-; (*entre partis*) Vierer-
quadriphonie [k(w)adʀifɔni] *nf* Quadrofonie *f*
quadriréacteur [k(w)adʀiʀeaktœʀ] *nm* vierstrahlige Düsenmaschine *f*
quadrupède [k(w)adʀypɛd] *nm* Vierfüßer *m* ▸ *adj* vierfüßig
quadruple [k(w)adʀypl] *adj* vierfach ▸ *nm* : **le ~ de** das Vierfache von
quadrupler [k(w)adʀyple] *vt* vervierfachen ▸ *vi* sich vervierfachen
quadruplés, -ées [k(w)adʀyple] *nmpl/nfpl* Vierlinge *pl*
quai [ke] *nm* (*d'un port*) Kai *m*; (*d'une gare*) Bahnsteig *m*; (*d'un cours d'eau*) Uferstraße *f*; **être à ~** im Hafen liegen; **le Q~ d'Orsay** *Sitz des französischen Außenministeriums*
qualificatif, -ive [kalifikatif, iv] *adj* (*Ling*) erläuternd ▸ *nm* (*terme*) Bezeichnung *f*

qualification [kalifikasjɔ̃] *nf* nähere Bestimmung *f*; (*aptitude*) Qualifikation *f*, Befähigung *f*; (*Sport*) Qualifikation *f*; **~ professionnelle** berufliche Qualifikation
qualifier [kalifje] *vt* näher bestimmen; (*appeler*) bezeichnen; (*Sport*) qualifizieren; **se qualifier** *vpr* (*Sport*) sich qualifizieren
qualitatif, -ive [kalitatif, iv] *adj* qualitativ
qualité [kalite] *nf* Qualität *f*; (*d'une personne*) (gute) Eigenschaft *f*; **en ~ de** in der Eigenschaft als
quand [kɑ̃] *conj, adv* wenn; **~ je serai riche** wenn ich (einmal) reich bin; **~ pars-tu ?** wann reist du ab?; **~ même** trotzdem; **~ même ! tu exagères** also wirklich, da übertreibst du aber
quant [kɑ̃t] *adv* : **~ à moi/cette affaire** was mich/diese Angelegenheit betrifft; **il n'a rien dit ~ à ses projets** er hat mir nichts über seine Pläne gesagt
quant-à-soi [kɑ̃taswa] *nm inv* : **rester sur son ~** reserviert bleiben
quantitatif, -ive [kɑ̃titatif, iv] *adj* quantitativ
quantité [kɑ̃tite] *nf* (*opposé à qualité*) Menge *f*, Quantität *f*; **une ~/des ~s de** (*grand nombre*) eine Unmenge/Unmengen von; **~ négligeable** vernachlässigbare Größe *f*; **en grande ~** in großen Mengen
quarantaine [kaʀɑ̃tɛn] *nf* (*isolement*) Quarantäne *f*; **une ~ (de)** ungefähr vierzig; **avoir la ~** um die vierzig sein; **mettre en ~** unter Quarantäne stellen; (*fig*) schneiden
quarante [kaʀɑ̃t] *num* vierzig
quart [kaʀ] *nm* Viertel *nt*; (*surveillance*) Wache *f*; **un ~ de beurre** ein halbes Pfund *nt* Butter; **un ~ de vin** ein Viertel Wein; **le ~ de** ein Viertel von; **deux heures et ~** *ou* **un ~** Viertel nach zwei; **une heure moins le ~** Viertel vor eins; **les trois ~s du temps** die meiste Zeit; **être de ~** Wache schieben; **prendre le ~** die Wache übernehmen; **~ d'heure** Viertelstunde *f*; **~s de finale** Viertelfinale *nt*
quartier [kaʀtje] *nm* Viertel *nt*; **quartiers** *nmpl* (*Mil*) Quartier *nt*; **avoir ~ libre** Ausgang haben; **~ général** Hauptquartier *nt*
quartz [kwaʀts] *nm* Quarz *m*
quasi [kazi] *adv* quasi ▸ *préf* : **la ~-totalité de** fast die Gesamtheit *+gén*
quasiment [kazimɑ̃] *adv* fast
quatorze [katɔʀz] *num* vierzehn
quatre [katʀ] *num* vier; **à ~ pattes** auf allen vieren; **se mettre en ~ pour qn** sich *dat* für jdn ein Bein ausreißen
quatre-vingt-dix [katʀəvɛ̃dis] *num* neunzig
quatre-vingts [katʀəvɛ̃] *num* achtzig
quatrième [katʀijɛm] *num* vierte(r, s)
quatrièmement [katʀijɛmmɑ̃] *adv* viertens
quatuor [kwatɥɔʀ] *nm* Quartett *nt*

MOT-CLÉ

que [kə] *conj* **1** (*après comparatif*) als; **plus grand que** größer als
2 (*seulement*) : **ne ... que** nur; **il ne boit que de l'eau** er trinkt nur Wasser
3 (*introduisant complétive*) dass; **il sait que tu es là** er weiß, dass du hier bist; **je voudrais que tu acceptes** ich möchte, dass du annimmst
4 (*temps*) : **elle venait à peine de sortir qu'il se mit à pleuvoir** sie war kaum aus dem Haus, als es zu regnen anfing; **il y a 4 ans qu'il est parti** es ist 4 Jahre her, dass er weggegangen ist, er ist nun schon 4 Jahre weg
5 (*reprise d'autres conjonctions*) : **quand il rentrera et qu'il aura mangé** wenn er zurück ist und gegessen hat; **si vous y allez ou que vous téléphoniez** wenn Sie dorthin gehen oder anrufen
6 (*en tête de phrase : hypothèse, souhait, ordre etc*) : **qu'il le veuille ou non** ob er will oder nicht; **qu'il fasse ce qu'il voudra !** er soll doch machen, was er will!
7 (*attribut*) : **c'est une erreur que de croire ...** es ist ein Fehler, zu glauben ...
8 (*but*) damit; **tenez-le qu'il ne tombe pas** halten Sie es fest, damit es nicht hinfällt
▸ *adv* (*exclamation*) : **(qu'est-ce) qu'il est bête !** wie dumm er ist!, ist der dumm!; **(qu'est-ce) qu'il court vite !** wie schnell er läuft!, läuft der schnell!; **que de livres !** sind das viele Bücher!
▸ *pron* **1** (*relatif : personne*) den/die; (: *chose*) den/die/das; **le livre que tu lis** das Buch, das du liest; **le journal que tu lis** die Zeitung, die du liest; **l'homme que je vois** der Mann, den ich sehe; **la femme que je vois** die Frau, die ich sehe
2 (*interrogatif*) was; **que fais-tu ?, qu'est-ce que tu fais ?** was machst du?; **je ne sais pas que faire** ich weiß nicht, was ich tun soll; **que préfères-tu ?** was magst du lieber?; **que fait-il dans la vie ?** was macht er (beruflich)?; **qu'est-ce que c'est ?** (*ceci*) was ist das?

q

Québec [kebɛk] *nm* : **le ~** Quebec *nt*
québécois, e [kebekwa, waz] *adj* aus Quebec ▸ *nm/f* : **Québécois, e** Bewohner(in) von Quebec

MOT-CLÉ

quel, quelle [kɛl] (*mpl* **quels**, *fpl* **quelles**) *adj* **1** (*interrogatif*) welche(r, s); (: *pluriel*) welche; **quel livre ?** welches Buch?; **dans quel pays êtes-vous allé ?** in welches Land sind Sie gefahren?; **quels acteurs préfères-tu ?** welche Schauspieler magst du am liebsten?; **de quel auteur va-t-il parler ?** über welchen Autor spricht er?; **quel est ce livre ?** was ist das für ein Buch?
2 (*exclamatif*) : **quelle surprise/ coïncidence !** so eine Überraschung/ein Zufall!; **quel dommage !** wie schade!
3 : **quel que soit le coupable** wer auch immer der Schuldige ist, ganz gleich, wer der Schuldige ist; **quel que soit votre avis** was auch immer Ihre Meinung ist, ganz gleich, was Ihre Meinung ist
▸ *pron interrogatif* welche(r,s); **de ces enfants, quel est le plus intelligent ?** welches von diesen Kindern ist das intelligenteste?

quelconque [kɛlkɔ̃k] *adj* (*n'importe quel*) irgendein(e); (*sans attrait*) gewöhnlich

MOT-CLÉ

quelque [kɛlk] *adj* **1** (*avec pl*) einige; **il a quelques amis** er hat einige Freunde; **a-t-il quelques amis ?** hat er Freunde?
2 (*avec sg*) einige(r, s); **cela fait quelque temps que je ne l'ai (pas) vu** ich habe ihn schon einige Zeit nicht mehr gesehen; **il habite à quelque distance d'ici** er wohnt ziemlich weit von hier entfernt
3 (*pl avec article*) : **les quelques enfants/ livres qui …** die paar *ou* wenigen Kinder/ Bücher, die …
4 : **quelque livre qu'il choisisse** welches Buch er auch auswählt, ganz gleich, welches Buch er auswählt; **quelque temps qu'il fasse** ganz gleich *ou* egal, wie das Wetter ist
5 (*locutions*) : **quelque chose** etw; **quelque chose d'autre** etw anderes; **puis-je faire quelque chose pour vous ?** kann ich etw für Sie tun?; **y être pour quelque chose** etw dazu beigetragen haben; **quelque part** irgendwo; **en quelque sorte** gewissermaßen, sozusagen
▸ *adv* (*environ, à peu près*) etwa; **une rue de quelque 100 mètres** eine Straße von etwa 100 Metern (Länge); **20 kg et quelque(s)** etw über 20 Kilo; **quelque peu** ziemlich

quelquefois [kɛlkəfwa] *adv* manchmal
quelques-uns, quelques-unes [kɛlkəzœ̃, yn] *pron* einige, manche; **~ de nos lecteurs** manche von unseren Lesern
quelqu'un, quelqu'une [kɛlkœ̃, yn] *pron* jemand; **~ d'autre** jemand anders *ou* anderer
quémander [kemɑ̃de] *vt* betteln um
quenelle [kənɛl] *nf* Klößchen *nt* (*aus Fleisch oder Fisch*)
querelle [kəʀɛl] *nf* Streit *m*
quereller [kəʀele] : **se quereller** *vpr* sich streiten
querelleur, -euse [kəʀelœʀ, øz] *adj* streitsüchtig, zankend
qu'est-ce que [kɛskə] *pron* was
question [kɛstjɔ̃] *nf* Frage *f*; **il a été ~ de** es ging um; **de quoi est-il ~ ?** worum geht es?; **il n'en est pas ~** das steht außer Frage; **c'est hors de ~** (das) kommt nicht infrage; **en ~** fraglich; **(re) mettre en ~** infrage stellen
questionnaire [kɛstjɔnɛʀ] *nm* Fragebogen *m*
questionner [kɛstjɔne] *vt* befragen, Fragen stellen *+dat*
quête [kɛt] *nf* (*collecte*) Sammlung *f*; (*recherche*) Suche *f*; **faire la ~** (*à l'église*) sammeln; **en ~ de** auf der Suche nach
quêter [kete] *vi* sammeln ▸ *vt* (*suffrages, argent*) bitten um; (*sourire, regard*) betteln um
quetsche [kwɛtʃ] *nf* Zwetsch(g)e *f*
queue [kø] *nf* Schwanz *m*; (*d'une casserole, d'un fruit, d'une feuille*) Stiel *m*; (*file de personnes*) Schlange *f*; (*fin*) Ende *nt*; **faire la ~** Schlange stehen; **histoire sans ~ ni tête** hirnrissige Geschichte; **~ de cheval** Pferdeschwanz *m*

MOT-CLÉ

qui [ki] *pron* **1** (*interrogatif* : *sujet*) wer; **qui (est-ce qui) est venu ?** wer ist gekommen?; **je ne sais pas qui c'est** ich weiß nicht, wer das ist
2 (*objet direct, après préposition avec accusatif*) wen; **qui as-tu vu ?** wen hast du gesehen?; **qui est-ce que tu as vu ?** wen hast du gesehen?; **pour qui ?** für wen?
3 (*objet indirect, après préposition avec datif*) wem; **à qui est ce sac ?** wem gehört diese Tasche?; **avec qui parlais-tu ?** mit

wem hast du gesprochen?
▸ *pron relatif* **1** (*sujet : personne*) der/die; (*: chose, animal*) der/die/das; **la femme/fleur qui** die Frau/Blume, die; **qu'est-ce qui est sur la table ?** was ist auf dem Tisch?
2 (*après prép*) : **l'homme pour qui je travaille** der Mann, für den ich arbeite; **la dame avec qui je t'ai vu** die Dame, mit der ich dich gesehen habe
3 (*sans antécédent*) : **amenez qui vous voulez** bringen Sie mit, wen Sie wollen

quiche [kiʃ] *nf* : **~ lorraine** Quiche *f* Lorraine
quiconque [kikɔ̃k] *pron* (*rel*) wer auch immer; (*indéf*) : **mieux que ~** besser als irgendein(e) anderer (andere)
quiétude [kjetyd] *nf* (*d'un lieu*) Stille *f*; **en toute ~** in aller Ruhe
quille [kij] *nf* Kegel *m*; **(jeu de) ~s** Kegeln *nt*
quincaillerie [kɛ̃kɑjʀi] *nf* Eisen- und Haushaltswaren *pl*; (*magasin*) Eisen- und Haushaltswarenhandlung *f*
quinconce [kɛ̃kɔ̃s] *nm* : **en ~** *jeweils vier an den Ecken eines Quadrats und eines in der Mitte*
quinine [kinin] *nf* Chinin *nt*
quinquagénaire [kɛ̃kaʒenɛʀ] *nmf* Person *f* in den Fünfzigern
quinquennat [kɛ̃kena] *nm fünfjährige Amtszeit des „Président de la République"*
quintette [k(ɥ)ɛ̃tɛt] *nm* Quintett *nt*
quintuple [kɛ̃typl] *adj* fünffach ▸ *nm* : **le ~ de** das Fünffache von
quintuplés, -ées [kɛ̃typle] *nmpl/nfpl* Fünflinge *pl*
quinzaine [kɛ̃zɛn] *nf* : **une ~ (de)** etwa fünfzehn; **une ~ (de jours)** vierzehn Tage *pl*
quinze [kɛ̃z] *num* fünfzehn ▸ *nm* : **le ~ de France** die französische Rugbymannschaft *f*; **demain/lundi en ~** morgen/Montag in vierzehn Tagen; **dans ~ jours** in vierzehn Tagen
quiproquo [kipʀɔko] *nm* Missverständnis *nt*
quittance [kitɑ̃s] *nf* Quittung *f*
quitte [kit] *adj* : **être ~ envers qn** mit jdm quitt sein; **être ~ de qch** etw los sein; **~ à faire qch** selbst wenn das bedeutet, dass man etw tun muss
quitter [kite] *vt* verlassen; (*vêtement*) ausziehen; (*renoncer à*) aufgeben; **se quitter** *vpr* auseinandergehen; **ne quittez pas** (*Tél*) bleiben Sie am Apparat
quitus [kitys] *nm* : **donner ~ à** entlasten

qui-vive [kiviv] *nm inv* : **être sur le ~** auf der Hut sein

MOT-CLÉ

quoi [kwa] *pron interrog* **1** (*interrogation directe*) was; **quoi de plus beau que … ?** was ist schöner als …?; **quoi ?** (*qu'est-ce que tu dis?*) was?, wie?; **quoi de neuf ?** gibt es etw Neues?
2 (*avec prép*) : **à quoi penses-tu ?** woran denkst du?; **de quoi parlez-vous ?** wovon reden Sie?; **en quoi puis-je vous aider ?** was kann ich für Sie tun?; **à quoi bon ?** wozu das Ganze?
3 (*interrogation indirecte*) : **dis-moi à quoi ça sert** sag mir, wozu das gut ist; **je ne sais pas à quoi il pense** ich weiß nicht, woran er denkt; **j'aimerais savoir de quoi il est question** ich wüsste gern, wovon die Rede ist
▸ *pron rel* **1** was; **ce à quoi tu m'obliges** das, was du von mir verlangst; **emporter de quoi écrire** etw zum Schreiben mitnehmen; **merci — il n'y a pas de quoi** danke — gern geschehen
2 (*locutions*) : **après quoi** wonach; **sur quoi** woraufhin; **sans quoi** ansonsten; **faute de quoi** ansonsten, andernfalls; **moyennant quoi** wofür; **comme quoi** wie man sieht
3 : **quoi que** : **quoi qu'il arrive** was auch passiert; **quoi qu'il en soit** wie dem auch sein mag; **quoi qu'elle fasse** was auch immer sie tut; **si vous avez besoin de quoi que ce soit** falls Sie irgendeinen Wunsch haben sollten
▸ *excl* : **quoi !** was?

quoique [kwak] *conj* obwohl
quolibet [kɔlibɛ] *nm* spöttische Bemerkung *f*
quorum [k(w)ɔʀɔm] *nm* beschlussfähige Anzahl *f*, Quorum *nt*
quota [kɔta] *nm* Quote *f*
quote-part [kɔtpaʀ] (*pl* **quotes-parts**) *nf* Anteil *m*
quotidien, ne [kɔtidjɛ̃, jɛn] *adj* täglich; (*banal*) alltäglich ▸ *nm* (*journal*) Tageszeitung *f*
quotient [kɔsjɑ̃] *nm* Quotient *m*; **~ intellectuel** Intelligenzquotient *m*

r

R, r [ɛʀ] *nm inv* R, r *nt*
rab [ʀab] (*fam*) *nm* Extraportion *f*
rabâcher [ʀabɑʃe] *vt* dauernd wiederholen
rabais [ʀabɛ] *nm* Rabatt *m*; **au ~** mit Rabatt
rabaisser [ʀabese] *vt* herabsetzen
rabat [ʀaba] *vb voir* **rabattre** ▸ *nm* Beffchen *nt*
rabat-joie [ʀabaʒwa] (*pl* **rabat-joie(s)**) *nm/f* Spielverderber(in) *m(f)*
rabattre [ʀabatʀ] *vt* (*couvercle, siège*) herunterklappen; (*gibier, balle*) treiben; **se rabattre** *vpr* (*bords, couvercle*) herunterfallen; (*véhicule, coureur*) einscheren; **se ~ sur** vorliebnehmen mit
rabbin [ʀabɛ̃] *nm* Rabbiner(in) *m(f)*
rabiot [ʀabjo] (*fam*) *nm voir* **rab**
râble [ʀɑbl] *nm* Rücken *m*
râblé, e [ʀɑble] *adj* stämmig
rabot [ʀabo] *nm* Hobel *m*
raboter [ʀabɔte] *vt* (ab)hobeln
raboteux, -euse [ʀabɔtø, øz] *adj* holprig
rabougri, e [ʀabugʀi] *adj* (*végétal*) verkümmert; (*personne*) mickrig
racaille [ʀakɑj] (*péj*) *nf* Gesindel *nt*
raccommodage [ʀakɔmɔdaʒ] *nm* Flicken *nt*
raccommoder [ʀakɔmɔde] *vt* flicken, stopfen; (*fam : réconcilier*) (miteinander) versöhnen
raccompagner [ʀakɔ̃paɲe] *vt* zurückbringen
raccord [ʀakɔʀ] *nm* (*pièce*) Verbindungsstück *nt*; (*Ciné*) Übergang *m*
raccordement [ʀakɔʀdəmɑ̃] *nm* Verbindung *f*
raccorder [ʀakɔʀde] *vt* verbinden
raccourci [ʀakuʀsi] *nm* Abkürzung *f*; (*fig : tour elliptique etc*) Verkürzung *f*; **en ~** kurz gesagt; **~ clavier** (*Inform*) Tastenkombination *f*
raccourcir [ʀakuʀsiʀ] *vt* kürzen ▸ *vi* (*au lavage*) eingehen; (*jours*) kürzer werden
raccrocher [ʀakʀɔʃe] *vt* wieder aufhängen; (*récepteur*) auflegen ▸ *vi* (*Tél*) auflegen; **se raccrocher** *vpr* : **se ~ à** sich klammern an *+acc*
race [ʀas] *nf* Rasse *f*; (*origine*) Geschlecht *nt*; (*espèce*) Gattung *f*; **de ~** Rasse-
rachat [ʀaʃa] *nm* Rückkauf *m*; (*fig*) Sühne *f*
racheter [ʀaʃ(ə)te] *vt* (*acheter de nouveau*) wieder kaufen, noch einmal kaufen; (*acheter davantage de*) nachkaufen; (*acheter après avoir vendu*) zurückkaufen; (*acheter d'occasion*) kaufen; (*pension, rente*) ablösen; (*Rel*) erlösen; (*: péché*) sühnen; **se racheter** *vpr* es wiedergutmachen
rachitisme [ʀaʃitism] *nm* Rachitis *f*
racial, e, -aux [ʀasjal, jo] *adj* Rassen-
racine [ʀasin] *nf* Wurzel *f*; **~ carrée/cubique** Quadrat-/Kubikwurzel *f*; **prendre ~** Wurzeln schlagen
racisme [ʀasism] *nm* Rassismus *m*
raciste [ʀasist] *adj* rassistisch ▸ *nmf* Rassist(in) *m(f)*
racket [ʀakɛt] *nm* Erpressung *f*
racketteur [ʀakɛtœʀ] *nm* Erpresser *m*
racler [ʀɑkle] *vt* (*os, tache, boue*) abkratzen; (*casserole, plat*) auskratzen; (*instrument de musique*) herumkratzen auf *+dat*; (*frotter contre*) reiben an *+dat*
racoler [ʀakɔle] *vt* (*prostituée*) ansprechen; (*fig*) (aufdringlich) werben
racontars [ʀakɔ̃taʀ] *nmpl* Geschichten *pl*
raconter [ʀakɔ̃te] *vt* erzählen
radar [ʀadaʀ] *nm* Radar *m ou nt*
rade [ʀad] *nf* (*bassin*) Reede *f*; **en ~ de Toulon** im Hafen von Toulon; **laisser en ~** (*fig*) im Stich lassen; **rester en ~** (*fig*) auf dem Trockenen sitzen
radeau, x [ʀado] *nm* Floß *nt*; **~ de sauvetage** Rettungsfloß *nt*
radial, e, -aux [ʀadjal, jo] *adj* : **pneu à carcasse ~e** Gürtelreifen *m*
radiateur [ʀadjatœʀ] *nm* Heizkörper *m*; (*Auto*) Kühler *m*; **~ électrique** elektrischer Ofen *m*
radiation [ʀadjasjɔ̃] *nf* (*Phys*) Strahlung *f*; (*du barreau*) Ausschluss *m*
radical, e, -aux [ʀadikal, o] *adj* radikal ▸ *nm* (*Ling*) Stamm *m*; (*Math*) Wurzelzeichen *nt*; **le Parti ~** *konservative politische Partei*
radicalisation [ʀadikalizasjɔ̃] *nf* (*Pol*) Radikalisierung *f*

radicaliser [Radikalize] *vt* radikalisieren; **se radicaliser** *vpr* radikaler werden
radier [Radje] *vt* (*du barreau*) ausschließen
radiesthésie [Radjɛstezi] *nf* Radiästhesie *f*
radieux, -euse [Radjø, jøz] *adj* strahlend
radin, e [Radɛ̃, in] (*fam*) *adj* knauserig
radio [Radjo] *nf* (*appareil*) Radio(gerät) *nt*; (*Méd*) Röntgenaufnahme *f* ▸ *nm* (*personne*) Bordfunker *m*; **à la ~** im Radio; **passer une ~** geröntgt werden
radioactif, -ive [Radjoaktif, iv] *adj* radioaktiv
radioactivité [Radjoaktivite] *nf* Radioaktivität *f*
radioamateur [Radjoamatœr] *nm* Amateurfunker *m*
radiobalise [Radjobaliz] *nf* Funkfeuer *nt*
radiocassette [Radjokasɛt] *nf* Radiorekorder *m*
radiodiffuser [Radjodifyze] *vt* senden, übertragen
radiodiffusion [Radjodifyzjɔ̃] *nf* Rundfunk *m*
radiographie [Radjɔgrafi] *nf* Röntgenaufnahme *f*
radiographier [Radjɔgrafje] *vt* röntgen
radioguidage [Radjogidaʒ] *nm* Funksteuerung *f*; (*diffusion d'informations*) Verkehrsfunk *m*
radiologie [Radjɔlɔʒi] *nf* Radiologie *f*
radiologique [Radjɔlɔʒik] *adj* radiologisch
radiologue [Radjɔlɔg] *nmf* Radiologe *m*, Radiologin *f*
radiophare [Radjofar] *nm* Funkfeuer *nt*
radiophonique [Radjɔfɔnik] *adj* (*programme, émission*) Radio-; **jeu ~** Spielprogramm *nt*
radioreportage [Radjor(ə)pɔrtaʒ] *nm* Funkreportage *f*
radio-réveil [Radjorevɛj] (*pl* **radios-réveils**) *nm* Radiowecker *m*
radioscopie [Radjɔskɔpi] *nf* Durchleuchten *nt*
radio-taxi [Radjotaksi] (*pl* **radio-taxis**) *nm* Funktaxi *nt*
radiotéléphone [Radjotelefɔn] *nm* Funktelefon *nt*, Mobilfunk *m*
radiotélévisé, e [Radjotelevize] *adj* in Funk und Fernsehen gesendet
radiothérapie [Radjoterapi] *nf* Strahlentherapie *f*
radis [Radi] *nm* Radieschen *nt*; **~ noir** Rettich *m*
radium [Radjɔm] *nm* Radium *nt*
radoter [Radɔte] *vi* faseln
radoucir [Radusir]: **se radoucir** *vpr* (*température, temps*) wärmer werden; (*personne, voix*) sich beruhigen
rafale [Rafal] *nf* (*de vent*) Bö(e) *f*, Windstoß *m*; (*de balles, d'obus*) Salve *f*
raffermir [Rafɛrmir] *vt* stärken
raffiné, e [Rafine] *adj* (*sucre, pétrole*) raffiniert; (*élégance, éducation*) erlesen; (*personne*) kultiviert
raffinement [Rafinmɑ̃] *nm* Erlesenheit *f*
raffiner [Rafine] *vt* (*sucre, pétrole*) raffinieren
raffinerie [Rafinri] *nf* Raffinerie *f*
raffoler [Rafɔle]: **~ de** *vt* ganz wild *ou* versessen sein auf *+acc*
raffut [Rafy] (*fam*) *nm* Radau *m*
rafle [Rɑfl] *nf* (*de police*) Razzia *f*
rafler [Rɑfle] (*fam*) *vt* an sich *acc* raffen; **~ la mise** (*fig*) alle anderen aus dem Feld schlagen
rafraîchir [Rafreʃir] *vt* (*atmosphère, température*) abkühlen; (*boisson, dessert*) kühlen; (*personne*) erfrischen; (*rénover*) auffrischen ▸ *vi*: **mettre du vin/une boisson à ~** Wein/ein Getränk kalt stellen; **se rafraîchir** *vpr* (*temps, température*) sich abkühlen
rafraîchissant, e [Rafreʃisɑ̃, ɑ̃t] *adj* erfrischend
rafraîchissement [Rafreʃismɑ̃] *nm* (*de la température*) Abkühlung *f*; (*boisson*) Erfrischung *f*
rafting [Raftiŋ] *nm* Rafting *nt*
rage [Raʒ] *nf* (*Méd*) Tollwut *f*; (*fureur*) Wut *f*; **faire ~** wüten; **~ de dents** rasende Zahnschmerzen *pl*
rageur, -euse [Raʒœr, øz] *adj* jähzornig
ragots [Rago] (*fam*) *nmpl* Klatsch *m*
ragoût [Ragu] *nm* Ragout *nt*
raid [Rɛd] *nm* (*Mil*) Überfall *m*; (*: attaque aérienne*) Luftangriff *m*
raide [Rɛd] *adj* steif; (*cheveux*) glatt; (*tendu*) gespannt; (*escarpé*) steil; (*osé*) gewagt; (*fam : surprenant*) unglaublich ▸ *adv*: **tomber ~ mort** auf der Stelle tot umfallen
raidir [Redir] *vt* (*muscles, membres*) anspannen; (*câble, fil de fer*) straff anziehen; **se raidir** *vpr* sich anspannen; (*se montrer plus intransigeant*) sich verhärten
raie [Rɛ] *nf* (*Zool*) Rochen *m*; (*rayure*) Streifen *m*; (*des cheveux*) Scheitel *m*
raifort [Rɛfɔr] *nm* Meerrettich *m*
rail [Rɑj] *nm* Schiene *f*; **par ~** per Bahn
railler [Rɑje] *vt* verspotten
raillerie [RɑjRi] *nf* Spott *m*

railroute [ʀajʀut] *adj* : **transport ~** Schienen- und Straßentransport *m*
rainure [ʀenyʀ] *nf* Rille *f*
raisin [ʀɛzɛ̃] *nm* Traube *f*; **~ blanc/noir** weiße/blaue Trauben *pl*; **~s secs** Rosinen *pl*
raison [ʀɛzɔ̃] *nf* (*faculté*) Vernunft *f*, Verstand *m*; (*motif*) Grund *m*; **avoir ~** recht haben; **donner ~ à qn** jdm recht geben; **se faire une ~** sich damit abfinden; **perdre la ~** den Verstand verlieren; **ramener qn à la ~** jdn wieder zur Vernunft bringen; **à plus forte ~** umso mehr; **en ~ de** wegen *+gén ou dat*; **à ~ de** (*au taux de*) in Höhe von; (*à proportion de*) entsprechend; **sans ~** grundlos; **~ d'État** Staatsräson *f*; **~ d'être** Lebensinhalt *m*; **~ sociale** Firmenname *m*
raisonnable [ʀɛzɔnabl] *adj* vernünftig
raisonné, e [ʀɛzɔne] *adj* (*projet, décision*) durchdacht; **agriculture ~e** umweltfreundliche Landwirtschaft *f*
raisonnement [ʀɛzɔnmɑ̃] *nm* Überlegung *f*; (*argumentation*) Argumentation *f*
raisonner [ʀɛzɔne] *vi* (*penser*) denken; (*argumenter*) argumentieren; (*discuter*) Einwände machen ▸ *vt* (*personne*) gut zureden *+dat*
rajeunir [ʀaʒœniʀ] *vt* jünger machen, verjüngen; (: *installation, mobilier*) modernisieren ▸ *vi* jünger aussehen
rajouter [ʀaʒute] *vt* hinzufügen; **en ~** dick auftragen
rajustement [ʀaʒystəmɑ̃] *nm* Angleichung *f*
rajuster [ʀaʒyste] *vt* (*cravate*) zurechtrücken; (*coiffure*) wieder in Ordnung bringen; (*salaires, prix*) anpassen
ralenti [ʀalɑ̃ti] *nm* : **au ~** (*Auto*) im Leerlauf; (*Ciné*) in Zeitlupe
ralentir [ʀalɑ̃tiʀ] *vt* verlangsamen; (*production, expansion*) drosseln; **se ralentir** *vpr* langsamer werden
ralentissement [ʀalɑ̃tismɑ̃] *nm* Verlangsamung *f*; **le ~ de l'économie** die Schwächung der Wirtschaft
râler [ʀɑle] *vi* röcheln; (*fam : protester*) schimpfen
ralliement [ʀalimɑ̃] *nm* (*rassemblement*) Versammlung *f*; (*adhésion*) Anschluss *m* (*à* an *+acc*)
rallier [ʀalje] *vt* (*rassembler*) versammeln; (*rejoindre*) sich wieder anschließen *+dat*; (*gagner à sa cause*) für sich gewinnen; **se rallier** *vpr* : **se ~ à** sich anschließen *+dat*
rallonge [ʀalɔ̃ʒ] *nf* (*de table*) Ausziehplatte *f*; (*Élec*) Verlängerungsschnur *f*
rallonger [ʀalɔ̃ʒe] *vt* verlängern
rallye [ʀali] *nm* Rallye *f*
ramadan [ʀamadɑ̃] *nm* (*Rel*) Ramadan *m*
ramassage [ʀamɑsaʒ] *nm* : **~ scolaire** Schulbusdienst *m*
ramassé, e [ʀamɑse] *adj* (*trapu*) stämmig, gedrungen
ramasser [ʀamɑse] *vt* aufheben; (*recueillir*) einsammeln; (*récolter*) sammeln; (: *pommes de terre*) ernten; **se ramasser** *vpr* (*sur soi-même*) sich zusammenkauern
ramasseur, -euse [ʀamɑsœʀ, øz] *nm/f* : **~ de balles** Balljunge *m*; **ramasseuse de balles** Ballmädchen *nt*
rambarde [ʀɑ̃baʀd] *nf* Geländer *nt*
rame [ʀam] *nf* (*aviron*) Ruder *nt*; (*de métro*) Zug *m*; (*de papier*) Ries *nt*
rameau, x [ʀamo] *nm* Zweig *m*; **les R~x** Palmsonntag *m*
ramener [ʀam(ə)ne] *vt* zurückbringen; (*en voiture*) nach Hause fahren; (*rétablir*) wiederherstellen; **se ramener** *vpr* (*fam : arriver*) aufkreuzen; **~ qch à** etw reduzieren auf *+acc*; **se ~ à** hinauslaufen auf *+acc*
ramer [ʀame] *vi* rudern
rameur, -euse [ʀamœʀ] *nm/f* Ruderer *m*, Ruderin *f*
ramification [ʀamifikasjɔ̃] *nf* Verzweigung *f*
ramollir [ʀamɔliʀ] *vt* weich machen; **se ramollir** *vpr* weich werden
ramoneur [ʀamɔnœʀ] *nm* Schornsteinfeger *m*
rampe [ʀɑ̃p] *nf* (*d'escalier*) (Treppen)geländer *nt*; (*dans un garage, Théâtre*) Rampe *f*; **~ de lancement** Abschussrampe *f*
ramper [ʀɑ̃pe] *vi* kriechen
rancard [ʀɑ̃kaʀ] (*fam*) *nm* : **avoir ~ avec qn** sich mit jdm treffen
rancart [ʀɑ̃kaʀ] (*fam*) *nm* : **mettre au ~** ausrangieren
rance [ʀɑ̃s] *adj* ranzig
rancœur [ʀɑ̃kœʀ] *nf* Groll *m*
rançon [ʀɑ̃sɔ̃] *nf* Lösegeld *nt*
rancune [ʀɑ̃kyn] *nf* Groll *m*; **garder ~ à qn (de qch)** gegen jdn (wegen etw *gén*) einen Groll hegen; **sans ~ !** nichts für ungut!
randonnée [ʀɑ̃dɔne] *nf* Ausflug *m*; **~ pédestre** Wanderung *f*; **ski de ~** Skiwandern
randonneur, -euse [ʀɑ̃dɔnœʀ, øz] *nm/f* Wanderer *m*, Wanderin *f*

rang [Rɑ̃] *nm* (*rangée*) Reihe *f*; (*grade, position*) Rang *m*; **se mettre en ~s** sich in einer Reihe aufstellen; **se mettre sur les ~s** (*fig*) sich unter die Bewerber einreihen; **au premier/dernier ~** (*de sièges*) in der ersten/letzten Reihe
rangé, e [Rɑ̃ʒe] *adj* (*personne*) ordentlich
rangée [Rɑ̃ʒe] *nf* Reihe *f*
rangement [Rɑ̃ʒmɑ̃] *nm* Aufräumen *nt*; (*classement*) Ordnen *nt*; **faire du ~** aufräumen
ranger [Rɑ̃ʒe] *vt* (*classer*) ordnen; (*mettre à sa place*) wegräumen; (*: voiture*) parken; (*mettre de l'ordre dans*) aufräumen; (*disposer*) anordnen; **se ranger** *vpr* (*s'écarter*) ausweichen; (*se garer*) parken; (*s'assagir*) sich beruhigen
ranimer [Ranime] *vt* wiederbeleben; (*forces, courage, souvenirs*) wiederaufleben lassen; (*feu*) schüren
rap [Rap] *nm* (*Mus*) Rap *m*
rapace [Rapas] *nm* Raubvogel *m* ▶ *adj* (*péj*) geldgierig
râpe [Rɑp] *nf* (*Culin*) Reibe *f*, Raspel *f*
râpé, e [Rɑpe] *adj* (*Culin*) gerieben; (*vêtement, tissu*) abgeschabt
râper [Rɑpe] *vt* reiben, raspeln
rapetisser [Rap(ə)tise] *vt* (*vêtement*) kürzer machen; (*faire paraître plus petit*) kleiner erscheinen lassen
raphia [Rafja] *nm* (Raphia)bast *m*
rapide [Rapid] *adj* schnell ▶ *nm* (*d'un cours d'eau*) Stromschnelle *f*; (*train*) Schnellzug *m*
rapidement [Rapidmɑ̃] *adv* schnell
rapidité [Rapidite] *nf* Schnelligkeit *f*
rapiécer [Rapjese] *vt* flicken
rappel [Rapɛl] *nm* (*d'un exilé, d'un ambassadeur*) Zurückberufung *f*; (*Mil*) Einberufung *f*; (*vaccination*) Wiederholungsimpfung *f*; (*Théât etc*) Vorhang *m*; (*d'une aventure, d'un nom, d'une date*) Erinnerung *f*; (*sur écriteau*) Wiederholung *f*
rappeler [Rap(ə)le] *vt* zurückrufen; (*évoquer*) erinnern an +*acc*; **se rappeler** *vpr* (*se souvenir*) sich erinnern; **se ~ que/de** sich erinnern, dass/an +*acc*
rapport [RapɔR] *nm* (*compte rendu*) Bericht *m*; (*: de médecin légiste, d'expert*) Gutachten *nt*; (*profit*) Ertrag *m*; (*lien*) Zusammenhang *m*; (*proportion*) Verhältnis *nt*; **rapports** *nmpl* Beziehungen *pl*; **être en ~ avec** im Zusammenhang stehen mit; **être en ~ avec qn** mit jdm in Verbindung stehen; **se mettre en ~ avec qn** sich mit jdm in Verbindung setzen; **par ~ à** im Vergleich zu; **sous le ~ de** hinsichtlich +*gén*; **~ annuel** (*comptabilité*) Jahresbericht; **~s (sexuels)** (Geschlechts)verkehr *m*
rapporter [RapɔRte] *vt* (*remettre à sa place, rendre*) zurückbringen; (*apporter davantage*) noch einmal bringen; (*revenir avec, ramener*) mitbringen; (*Couture*) aufnähen; (*produire*) abwerfen, einbringen; (*relater*) berichten ▶ *vi* (*investissement, propriété*) Gewinn abwerfen; (*moucharder*) petzen; **se ~ à** *vpr* sich beziehen auf +*acc*
rapporteur, -euse [RapɔRtœR, øz] *nm/f* (*d'un procès, d'une commission*) Berichterstatter(in); (*péj*) Petze *f* ▶ *nm* (*Géom*) Winkelmesser *m*
rapprochement [RapRɔʃmɑ̃] *nm* (*réconciliation*) Versöhnung *f*; (*analogie*) Parallele *f*
rapprocher [RapRɔʃe] *vt* (*approcher*) heranrücken; (*deux objets*) zusammenrücken; (*personnes*) zusammenbringen; (*associer, comparer*) vergleichen, gegenüberstellen; **se rapprocher** *vpr* sich nähern; **se ~ de** sich nähern +*dat*; (*présenter une analogie avec*) vergleichbar sein mit
rapt [Rapt] *nm* Entführung *f*
raquette [Rakɛt] *nf* Schläger *m*; (*à neige*) Schneeschuh *m*
rare [RɑR] *adj* selten; (*cheveux, herbe*) dünn; **il est ~ que** es kommt selten vor, dass
rarement [RɑRmɑ̃] *adv* selten
RAS [ɛRaɛs] *abr* (*= rien à signaler*) nichts zu berichten
ras, e [Rɑ, Rɑz] *adj* kurz geschoren; (*poil, herbe*) kurz ▶ *adv* (*couper*) kurz; **~ du cou** (*pull, robe*) mit rundem Halsausschnitt
raser [Rɑze] *vt* (*barbe, cheveux*) abrasieren; (*menton, personne*) rasieren; (*fam : ennuyer*) langweilen; (*démolir*) dem Erdboden gleichmachen; (*frôler*) streifen; **se raser** *vpr* sich rasieren; (*fam : s'ennuyer*) sich langweilen, sich mopsen
ras-le-bol [Rɑlbɔl] *nm* : **en avoir ~ (de qch)** (*fam*) (von etw) die Nase vollhaben
rasoir [RɑzwaR] *nm* : **~ électrique** Rasierapparat *m*; **~ mécanique** Nassrasierer *m*
rassemblement [Rasɑ̃bləmɑ̃] *nm* Versammlung *f*; (*Mil*) Sammeln *nt*
rassembler [Rasɑ̃ble] *vt* versammeln; (*troupes*) zusammenziehen; (*regrouper, accumuler*) (an)sammeln; **se rassembler** *vpr* sich versammeln
rassis, e [Rasi, iz] *adj* (*pain, brioche*) altbacken

r

rassurant, e [ʀasyʀɑ̃, ɑ̃t] *adj* beruhigend
rassurer [ʀasyʀe] *vt* beruhigen; **se rassurer** *vpr* sich beruhigen; **rassure-toi** beruhige dich
rat [ʀa] *nm* Ratte *f*
ratatiné, e [ʀatatine] *adj* runzelig
rate [ʀat] *nf* (*Anat*) Milz *f*
raté, e [ʀate] *adj* (*tentative, opération*) misslungen; (*spectacle*) missraten ▶ *nm/f* (*personne*) Versager(in) ▶ *nm* (*Auto*) Fehlzündung *f*
râteau, x [ʀɑto] *nm* (*de jardinage*) Rechen *m*
rater [ʀate] *vi* (*affaire, projet etc*) fehlschlagen, schiefgehen ▶ *vt* (*cible, balle*) verfehlen; (*train, occasion*) verpassen; (*démonstration, devoir, plat*) verpfuschen; (*examen*) durchfallen bei *ou* durch
raticide [ʀatisid] *nm* Rattengift *nt*
ratification [ʀatifikasjɔ̃] *nf* Ratifizierung *f*
ratifier [ʀatifje] *vt* ratifizieren
ratio [ʀasjo] *nm* Verhältnis *nt*
ration [ʀasjɔ̃] *nf* Ration *f*; (*fig*) Teil *m*
rationalisation [ʀasjɔnalizasjɔ̃] *nf* Rationalisierung *f*
rationaliser [ʀasjɔnalize] *vt* rationalisieren
rationnel, le [ʀasjɔnɛl] *adj* rational; (*procédé, méthode*) rationell
rationnement [ʀasjɔnmɑ̃] *nm* Rationierung *f*
rationner [ʀasjɔne] *vt* (*vivres*) rationieren; (*personne*) auf (feste) Rationen setzen; **se rationner** *vpr* sich einteilen
ratisser [ʀatise] *vt* harken, rechen; **~ large** ein breites Publikum ansprechen wollen
raton [ʀatɔ̃] *nm* : **~ laveur** Waschbär *m*
RATP [ɛʀatepe] *sigle f* (= *Régie autonome des transports parisiens*) *Pariser Verkehrsverbund*
rattacher [ʀataʃe] *vt* (*animal*) wieder anbinden; (*cheveux*) wieder festbinden; **se ~ à** *vpr* (*avoir un lien avec*) verbunden sein mit
rattraper [ʀatʀape] *vt* (*fugitif, animal*) wieder einfangen; (*empêcher de tomber*) auffangen; (*rejoindre*) einholen; (*réparer*) wiedergutmachen; **se rattraper** (*de temps perdu*) aufholen
rature [ʀatyʀ] *nf* Korrektur *f*
raturer [ʀatyʀe] *vt* ausstreichen
rauque [ʀok] *adj* heiser, rau
ravager [ʀavaʒe] *vt* verwüsten; (*maladie, chagrin etc*) verheeren
ravages [ʀavaʒ] *nmpl* (*de la guerre, de l'alcoolisme*) Verheerungen *pl*; (*d'un incendie, orage etc*) Verwüstung *f*
ravaler [ʀavale] *vt* (*mur, façade*) restaurieren; (*déprécier*) erniedrigen; (*avaler de nouveau*) (wieder) hinunterschlucken
rave [ʀav] *nf* (*légume*) Rübe *f*
rave [ʀeiv] *nf* (*aussi* : **rave-party**) Rave *m*
ravi, e [ʀavi] *adj* begeistert; **être ~ de/que** hocherfreut sein über *+acc*/darüber, dass
ravin [ʀavɛ̃] *nm* Schlucht *f*
ravir [ʀaviʀ] *vt* (*enchanter*) hinreißen; (*enlever de force*) rauben
raviser [ʀavize] : **se raviser** *vpr* seine Meinung ändern
ravissant, e [ʀavisɑ̃, ɑ̃t] *adj* hinreißend, entzückend
ravissement [ʀavismɑ̃] *nm* Entzücken *nt*
ravisseur, -euse [ʀavisœʀ, øz] *nm/f* Entführer(in)
ravitaillement [ʀavitajmɑ̃] *nm* Versorgung *f*; (*provisions*) Vorräte *pl*; **~ en vol** Auftanken *nt* während des Fluges
ravitailler [ʀavitaje] *vt* versorgen; (*véhicule*) auftanken; **se ravitailler** *vpr* sich versorgen
raviver [ʀavive] *vt* (*feu, flamme*) neu beleben; (*couleurs*) auffrischen
rayé, e [ʀeje] *adj* gestreift; (*éraflé*) zerkratzt
rayer [ʀeje] *vt* (*érafler*) zerkratzen; (*barrer, radier*) streichen
rayon [ʀɛjɔ̃] *nm* Strahl *m*; (*Math*) Radius *m*; (*d'une roue*) Speiche *f*; (*étagère*) Regal *nt*; (*de grand magasin*) Abteilung *f*; (*d'une ruche*) Wabe *f*; **dans un ~ de** in einem Umkreis von; **~ de braquage** Wendekreis *m*; **~ de soleil** (*aussi fig*) Sonnenstrahl *m*; **~s X** Röntgenstrahlen *pl*
rayonnage [ʀɛjɔnaʒ] *nm* Regal *nt*
rayonnant, e [ʀɛjɔnɑ̃, ɑ̃t] *adj* strahlend; **~ de** (*joie*) strahlend vor; **~ de bonheur** strahlend vor Glück
rayonnement [ʀɛjɔnmɑ̃] *nm* Strahlung *f*; (*fig*) Einfluss *m*
rayonner [ʀɛjɔne] *vi* (*chaleur, énergie*) ausgestrahlt werden; (*être radieux*) strahlen; (*touristes*) (von einem Ausgangspunkt aus) Ausflüge machen
rayure [ʀejyʀ] *nf* (*motif*) Streifen *m*; (*éraflure*) Schramme *f*, Kratzer *m*; (*rainure*) Rille *f*; **à ~s** gestreift
raz-de-marée [ʀadmaʀe] *nm inv* Flutwelle *f*; (*fig*) Welle *f*

razzia [Ra(d)zja] *nf* Razzia *f*
R-D [ɛRde] *sigle f* (= *Recherche-Développement*) FE
ré [Re] *nm* (*Mus*) D *nt*
réacteur [ReaktœR] *nm* (*Aviat*) Düsentriebwerk *nt*; **~ nucléaire** (Kern- *ou* Atom)reaktor *m*
réaction [Reaksjɔ̃] *nf* Reaktion *f*; **avion/moteur à ~** Düsenflugzeug *nt*/Düsentriebwerk *nt*; **~ en chaîne** Kettenreaktion *f*
réactionnaire [ReaksjɔnɛR] *adj* reaktionär
réadapter [Readapte] *vt* (wieder) anpassen; (*Méd*) rehabilitieren
réagir [ReaʒiR] *vi* reagieren; **~ à/contre** reagieren auf *+acc*; **~ sur** sich auswirken auf *+acc*
réalisateur, -trice [RealizatœR, tRis] *nm/f* Regisseur(in)
réalisation [Realizasjɔ̃] *nf* Verwirklichung *f*, Erfüllung *f*; (*œuvre*) Werk *nt*
réaliser [Realize] *vt* (*projet*) verwirklichen; (*rêve, souhait*) wahr machen, erfüllen; (*exploit*) vollbringen; (*achat, vente*) tätigen; (*film*) machen, produzieren; (*bien, capital*) zu Geld machen; (*comprendre*) begreifen; **se réaliser** *vpr* (*projet*) verwirklicht werden
réalisme [Realism] *nm* Realismus *m*
réaliste [Realist] *adj* realistisch ▸ *nmf* Realist(in) *m(f)*
réalité [Realite] *nf* Realität *f*; **en ~** in Wirklichkeit; **dans la ~** in der Wirklichkeit; **~ augmentée** (*Inform*) erweiterte Realität *f*
réanimation [Reanimasjɔ̃] *nf* Wiederbelebung *f*; **service de ~** Intensivstation *f*
réanimer [Reanime] *vt* wiederbeleben
réarmement [ReaRməmɑ̃] *nm* Wiederbewaffnung *f*
rébarbatif, -ive [RebaRbatif, iv] *adj* abstoßend
rebattu, e [R(ə)baty] *adj* abgedroschen
rebelle [Rəbɛl] *nmf* Rebell(in) *m(f)* ▸ *adj* (*troupes*) aufständisch; (*enfant, mèche etc*) widerspenstig; **~ à** (*un art, un sujet*) nicht zugänglich für
rebeller [R(ə)bele] : **se rebeller** *vpr* rebellieren
rébellion [Rebeljɔ̃] *nf* Rebellion *f*, Aufruhr *m*
rebiffer [R(ə)bife] : **se rebiffer** (*fam*) *vpr* sich sträuben
reboisement [R(ə)bwazmɑ̃] *nm* Aufforsten *nt*
reboiser [R(ə)bwaze] *vt* aufforsten
rebond [R(ə)bɔ̃] *nm* Aufprall *m*
rebord [R(ə)bɔR] *nm* Rand *m*
rebours [R(ə)buR] : **à ~** *adv* (*brosser, caresser*) gegen den Strich; (*comprendre etc*) verkehrt
rebrousser [R(ə)bRuse] *vt* : **~ chemin** kehrtmachen, umkehren
rebuter [R(ə)byte] *vt* (*suj*) abschrecken
récalcitrant, e [RekalsitRɑ̃, ɑ̃t] *adj* störrisch
recaler [R(ə)kale] *vt* (*Scol*) durchfallen lassen
récapituler [Rekapityle] *vt* (*résumer*) zusammenfassen; (*passer en revue*) rekapitulieren
recel [Rəsɛl] *nm* Hehlerei *f*
receleur, -euse [R(ə)səlœR, øz] *nm/f* Hehler(in)
récemment [Resamɑ̃] *adv* kürzlich
recensement [R(ə)sɑ̃smɑ̃] *nm* Volkszählung *f*
recenser [R(ə)sɑ̃se] *vt* (*population*) zählen; (*inventorier*) auflisten
récent, e [Resɑ̃, ɑ̃t] *adj* neu
récépissé [Resepise] *nm* Empfangsbescheinigung *f*
récepteur, -trice [ResɛptœR, tRis] *adj* Empfangs- ▸ *nm* (*Radio, TV*) Apparat *m*, Empfänger *m*
réception [Resɛpsjɔ̃] *nf* Empfang *m*; **heures de ~** (*Méd*) Sprechzeiten *pl*
réceptionniste [Resɛpsjɔnist] *nmf* Empfangsdame *f*, Empfangschef *m*
récession [Resesjɔ̃] *nf* Rezession *f*
recette [R(ə)sɛt] *nf* (*Culin, fig*) Rezept *nt*; (*bureau des impôts*) Finanzamt *nt*; **recettes** *nfpl* (*Comm*) Einnahmen *pl*
receveur, -euse [R(ə)səvœR, øz] *nm/f* (*des contributions*) Eintreiber(in); (*des postes*) Vorsteher(in); (*d'autobus*) Schaffner(in)
recevoir [R(ə)səvwaR] *vt* erhalten, bekommen; (*accueillir*) empfangen; (*candidat*) zulassen ▸ *vi* Gäste empfangen
rechange [R(ə)ʃɑ̃ʒ] *nf* : **de ~** Reserve-; (*politique, plan, solution*) Ausweich-
rechaper [R(ə)ʃape] *vt* runderneuern
recharge [R(ə)ʃaRʒ] *nf* (*de briquet*) Nachfüllpatrone *f*; (*de stylo*) Tintenpatrone *f*
recharger [R(ə)ʃaRʒe] *vt* (*camion*) wieder beladen; (*fusil*) wieder laden; (*appareil de photo*) laden; (*briquet, stylo*) nachfüllen; (*batterie*) wiederaufladen
réchaud [Reʃo] *nm* Rechaud *m*, Stövchen *nt*
réchauffement [Reʃofmɑ̃] *nm* : **le ~ climatique** die globale Erwärmung

r

réchauffer [Reʃofe] *vt* aufwärmen; **se réchauffer** *vpr* (*personne*) sich aufwärmen; (*température*) wieder wärmer werden

recherche [R(ə)ʃɛRʃ] *nf* Suche *f*; (*scientifique*) Forschung *f*; (*raffinement*) Eleganz *f*; **recherches** *nfpl* (*de la police*) Nachforschungen *pl*; **être à la ~ de qch** auf der Suche nach etw sein; **se mettre à la ~ de qch** sich auf die Suche nach etw machen

recherché, e [R(ə)ʃɛRʃe] *adj* begehrt, gesucht; (*raffiné*) erlesen; (*précieux*) affektiert

rechercher [R(ə)ʃɛRʃe] *vt* suchen

rechute [R(ə)ʃyt] *nf* Rückfall *m*

récidive [Residiv] *nf* Rückfall *m*

récidiver [Residive] *vi* rückfällig werden; (*Méd*) wieder auftreten

récidiviste [Residivist] *nmf* Wiederholungstäter(in) *m(f)*

récif [Resif] *nm* Riff *nt*

récipient [Resipjɑ̃] *nm* Behälter *m*

réciproque [ResipRɔk] *adj* gegenseitig; (*Ling*) reflexiv

récit [Resi] *nm* Erzählung *f*

récital [Resital] *nm* Konzert *nt*

récitation [Resitasjɔ̃] *nf* Vortrag *m*; (*texte*) Text *m* (*zum auswendigen Vortragen*)

réciter [Resite] *vt* vortragen; (*péj*) herunterleiern

réclamation [Reklamasjɔ̃] *nf* Reklamation *f*, Beschwerde *f*; **service des ~s** Beschwerdeabteilung *f*

réclame [Reklɑm] *nf* : **article en ~** Sonderangebot *nt*

réclamer [Reklɑme] *vt* verlangen; (*nécessiter*) erfordern ▶ *vi* (*protester*) sich beschweren

réclusion [Reklyzjɔ̃] *nf* (*Jur*) Freiheitsstrafe *f*

recoin [Rəkwɛ̃] *nm* verborgener Winkel *m*; (*fig*) geheimer Winkel

récolte [Rekɔlt] *nf* Ernte *f*

récolter [Rekɔlte] *vt* ernten

recommandation [R(ə)kɔmɑ̃dasjɔ̃] *nf* Empfehlung *f*; **lettre de ~** Empfehlungsschreiben *nt*

recommandé, e [R(ə)kɔmɑ̃de] *adj* empfohlen; **en ~** eingeschrieben

recommander [R(ə)kɔmɑ̃de] *vt* empfehlen; (*envoi*) als Einschreiben schicken; **se recommander** *vpr* : **se ~ à qn** sich jdm empfehlen

recommencer [R(ə)kɔmɑ̃se] *vt* wieder anfangen; (*refaire*) noch einmal anfangen ▶ *vi* wieder anfangen

récompense [Rekɔ̃pɑ̃s] *nf* Belohnung *f*

récompenser [Rekɔ̃pɑ̃se] *vt* belohnen

recomposé, e [Rəkɔ̃poze] *adj* : **famille ~e** neue Familienkonstellation *f* mit Scheidungskindern

réconciliation [Rekɔ̃siljasjɔ̃] *nf* Versöhnung *f*

réconcilier [Rekɔ̃silje] *vt* versöhnen, aussöhnen; (*opinions, doctrines*) in Einklang bringen; **se réconcilier** *vpr* sich versöhnen

reconduire [R(ə)kɔ̃dɥiR] *vt* (*à la maison*) nach Hause bringen; (*Jur, Pol*) verlängern

réconfort [Rekɔ̃fɔR] *nm* Trost *m*

réconfortant, e [Rekɔ̃fɔRtɑ̃, ɑ̃t] *adj* tröstlich

réconforter [Rekɔ̃fɔRte] *vt* (*consoler*) trösten

reconnaissance [R(ə)kɔnɛsɑ̃s] *nf* (*gratitude*) Dankbarkeit *f*; (*de gouvernement, pays*) Anerkennung *f*; (*Mil*) Aufklärung *f*

reconnaissant, e [R(ə)kɔnɛsɑ̃, ɑ̃t] *adj* dankbar; **je vous serais ~ de bien vouloir faire qch** ich wäre Ihnen sehr dankbar, wenn Sie etw tun könnten

reconnaître [R(ə)kɔnɛtR] *vt* erkennen; (*distinguer*) auseinanderhalten; (*pays, enfant, valeur etc*) anerkennen; (*Mil*) erkunden; **~ que** zugeben *ou* zugestehen, dass; **~ qn/qch à** jdn/etw erkennen an *+dat*

reconnu, e [R(ə)kɔny] *pp de* **reconnaître** ▶ *adj* anerkannt

reconsidérer [R(ə)kɔ̃sideRe] *vt* noch einmal überdenken

reconstituer [R(ə)kɔ̃stitɥe] *vt* rekonstruieren; (*fortune, patrimoine*) wiederherstellen; (*tissus etc*) erneuern

recontacter [R(ə)kɔ̃takte] *vt* sich wieder in Verbindung setzen mit

record [R(ə)kɔR] *nm* Rekord *m* ▶ *adj* Rekord-; **battre tous les ~s** alle Rekorde schlagen; **~ du monde** Weltrekord *m*

recouper [R(ə)kupe] : **se recouper** *vpr* (*témoignages, déclarations*) übereinstimmen

recourbé, e [R(ə)kuRbe] *adj* gebogen, krumm

recourir [R(ə)kuRiR] *vi* : **~ à** (*personne, agence*) sich wenden an *+acc*; (*force, ruse, emprunt*) zurückgreifen auf *+acc*

recours [R(ə)kuR] *nm* : **le ~ à la violence** die Gewaltanwendung *f*; **le ~ à la ruse** die Verwendung einer List; **avoir ~ à** sich wenden an *+acc*; **en dernier ~** als letzter Ausweg

recouvrer [R(ə)kuvRe] *vt* (*retrouver*) wiedererlangen; (*impôts, créance*) eintreiben, einziehen

recouvrir [R(ə)kuvRiR] *vt* (*couvrir à nouveau*) wieder zudecken; (*couvrir*

entièrement) zudecken; (*cacher*) verbergen; (*embrasser*) umfassen; **se recouvrir** *vpr* (*idées, concepts*) sich decken
récréatif, -ive [ʀekʀeatif, iv] *adj* unterhaltsam
récréation [ʀekʀeasjɔ̃] *nf* (*détente*) Erholung *f*; (*Scol*) Pause *f*
récrier [ʀekʀije] : **se récrier** *vpr* protestieren
recroqueviller [ʀ(ə)kʀɔk(ə)vije] : **se recroqueviller** *vpr* (*plantes, feuilles*) sich aufrollen; (*personne*) sich zusammenkauern
recruter [ʀ(ə)kʀyte] *vt* (*Mil*) ausheben; (*personnel, collaborateurs*) einstellen; (*clients, partisans, adeptes*) anwerben
recruteur, euse [ʀ(ə)kʀytœʀ, øz] *nm/f* (*aussi Sport*) Headhunter(in)
rectal, e, -aux [ʀɛktal, o] *adj* : **par voie ~e** rektal
rectangle [ʀɛktɑ̃gl] *nm* Rechteck *nt*
rectangulaire [ʀɛktɑ̃gylɛʀ] *adj* rechteckig
rectifier [ʀɛktifje] *vt* (*tracé, virage*) begradigen; (*calcul, compte, adresse*) berichtigen; (*erreur, faute*) richtigstellen
rectiligne [ʀɛktiliɲ] *adj* gerade (verlaufend); (*Géom*) geradlinig
reçu, e [ʀ(ə)sy] *pp de* **recevoir** ▸ *adj* (*idées*) althergebracht ▸ *nm* Quittung *f*
recueil [ʀəkœj] *nm* Sammlung *f*
recueillir [ʀ(ə)kœjiʀ] *vt* sammeln; (*accueillir*) (bei sich) aufnehmen; **se recueillir** *vpr* sich sammeln
recul [ʀ(ə)kyl] *nm* (*d'une armée, épidémie etc*) Rückzug *m*; (*d'une arme à feu*) Rückschlag *m*; **avoir un mouvement de ~** zurückschrecken *ou* -fahren; **prendre du ~** Abstand nehmen
reculade [ʀ(ə)kylad] *nf* Rückzieher *m*
reculé, e [ʀ(ə)kyle] *adj* (*isolé*) zurückgezogen; (*lointain*) entfernt
reculer [ʀ(ə)kyle] *vi* sich rückwärtsbewegen; (*conducteur*) rückwärtsfahren; (*épidémie, civilisation*) Boden verlieren; (*se dérober*) sich zurückziehen ▸ *vt* (*meuble*) zurückschieben; (*véhicule*) zurücksetzen; (*mur, frontières*) verschieben
reculons [ʀ(ə)kylɔ̃] : **à ~** *adv* rückwärts
récupérer [ʀekypeʀe] *vt* wiederbekommen; (*forces*) wiedererlangen; (*déchets etc*) wiederverwerten; (*journée, heure de travail*) aufholen; (*Pol*) übernehmen ▸ *vi* sich erholen
récurer [ʀekyʀe] *vt* scheuern
récuser [ʀekyze] *vt* (*témoin, juré*) ablehnen; (*argument, témoignage*) zurückweisen; **se récuser** *vpr* sich für nicht zuständig erklären
recyclable [ʀ(ə)siklabl] *adj* recycelbar
recyclage [ʀ(ə)siklaʒ] *nm* Umschulung *f*; (*de déchets*) Wiederverwertung *f*; **cours de ~** Umschulung *f*
recyclé, e [ʀ(ə)sikle] *adj* Recycling-; **papier ~** Umwelt(schutz)papier *nt*, Recyclingpapier *nt*
recycler [ʀ(ə)sikle] *vt* (*matériaux, eaux usées etc*) wiederverwerten
rédacteur, -trice [ʀedaktœʀ, tʀis] *nm/f* Redakteur(in); **~ en chef** Chefredakteur(in); **~ publicitaire** Werbetexter(in)
rédaction [ʀedaksjɔ̃] *nf* Schreiben *nt*; (*Journalisme*) Redaktion *f*; (*Scol*) Aufsatz *m*
redémarrage [ʀ(ə)demaʀaʒ] *nm* (*Inform*) Neustart *m*; **~ à chaud** Warmstart
redémarrer [ʀ(ə)demaʀe] *vi* (*véhicule*) wieder losfahren; (*ordinateur*) neu starten; (*fig*) neuen Aufschwung nehmen
rédemption [ʀedɑ̃psjɔ̃] *nf* Erlösung *f*
redessiner [ʀ(ə)desine] *vt* (*paysage, jardin*) neu gestalten; (*frontière*) neu ziehen
redevable [ʀ(ə)dəvabl] *adj* : **être ~ de qch à qn** (*somme*) jdm etw schulden; (*vie*) jdm etw verdanken
rédiger [ʀediʒe] *vt* abfassen
redire [ʀ(ə)diʀ] *vt* wiederholen; **avoir** *ou* **trouver à ~ à qch** an etw *dat* etw auszusetzen haben
redoubler [ʀ(ə)duble] *vt* verdoppeln; (*Scol*) wiederholen ▸ *vi* (*tempête, vent, violence*) zunehmen; (*Scol*) sitzen bleiben; **~ de** (*amabilité, efforts, soins*) verdoppeln
redoutable [ʀ(ə)dutabl] *adj* furchtbar
redouter [ʀ(ə)dute] *vt* fürchten
redressement [ʀ(ə)dʀɛsmɑ̃] *nm* (*Écon*) (Wieder)aufschwung *m*
redresser [ʀ(ə)dʀese] *vt* (*arbre, mât*) wieder aufrichten; (*pièce tordue*) wieder gerade richten; (*situation, économie*) sanieren, wiederherstellen; **se redresser** *vpr* (*se remettre droit*) sich wieder aufrichten; (*se tenir très droit*) sich gerade aufrichten
réduction [ʀedyksjɔ̃] *nf* Reduzierung *f*, Verkleinerung *f*; (*rabais, remise*) Rabatt *m*; **~ du personnel** Personalabbau *m*; **~ du temps de travail** Arbeitszeitverkürzung *f*
réduire [ʀedɥiʀ] *vt* reduzieren; (*salaires, budget, texte, fraction*) kürzen; (*carte, photographie*) verkleinern; (*jus, sauce*) einkochen; **se réduire** *vpr* : **se ~ à** sich reduzieren auf *+acc*; **~ qn au silence** jdn

r

zum Schweigen bringen; **~ qn au désespoir** jdn zur Verzweiflung treiben; **~ qch à** etw zurückführen auf *+acc*; **~ qch en** etw verwandeln in *+acc*; **se ~ en** sich verwandeln in *+acc*

réduit, e [ʀedɥi, it] *pp de* **réduire** ▶ *adj* (*prix, tarif*) reduziert; (*échelle*) verkleinert; (*vitesse*) gedrosselt ▶ *nm* (*local*) Abstellkammer *f*

redynamiser [ʀ(ə)dinamize] *vt* (*économie, secteur, tourisme*) neu beleben, neuen Aufschwung geben *+dat*

rééducation [ʀeedykasjɔ̃] *nf* (*Méd*) Physiotherapie *f*; (*de la parole*) Sprechtherapie *f*; (*de délinquants*) Rehabilitation *f*

rééduquer [ʀeedyke] *vt* (*blessé etc*) physiotherapeutisch behandeln; (*délinquant*) rehabilitieren

réel, le [ʀeɛl] *adj* (*non fictif*) real, tatsächlich; (*intensif*) wirklich

réélection [ʀeelɛksjɔ̃] *nf* Wiederwahl *f*

réélire [ʀeeliʀ] *vt* wiederwählen

réellement [ʀeɛlmɑ̃] *adv* wirklich

réévaluer [ʀeevalɥe] *vt* aufwerten

réexpédier [ʀeɛkspedje] *vt* (*à l'envoyeur*) zurücksenden; (*au destinataire*) nachsenden

réf. *abr* (= *référence*) Bez.

refaire [ʀ(ə)fɛʀ] *vt* noch einmal machen, wiederholen; (*recommencer, faire autrement*) neu machen; (*réparer*) reparieren; (*restaurer*) restaurieren; (*rétablir*) wiederherstellen; **se refaire** *vpr* (*en santé, argent etc*) sich erholen

réfectoire [ʀefɛktwaʀ] *nm* Speisesaal *m*; (*de caserne*) Kantine *f*

référence [ʀefeʀɑ̃s] *nf* (*renvoi*) Verweis *m*; (*Comm*) Bezug(nahme *f*) *m*; **références** *nfpl* (*recommandation*) Referenzen *pl*; **faire ~ à** Bezug nehmen auf *+acc*; **ouvrage de ~** Nachschlagewerk *nt*

référendum [ʀefeʀɛ̃dɔm] *nm* Referendum *nt*

référer [ʀefeʀe] *vi* : **en ~ à qn** jdm die Entscheidung überlassen; **se référer** *vpr* : **se ~ à** (*ami, avis*) sich beziehen auf *+acc*

réfléchi, e [ʀefleʃi] *adj* (*personne, caractère*) besonnen; (*action, décision*) überlegt; (*Ling*) reflexiv

réfléchir [ʀefleʃiʀ] *vt* (*lumière, image*) reflektieren ▶ *vi* nachdenken, überlegen; **~ à** *ou* **sur** nachdenken über *+acc*

reflet [ʀ(ə)flɛ] *nm* Spiegelbild *nt*, Spiegelung *f*; **reflets** *nmpl* (*du soleil, de la lumière*) Widerschein *m*; (*d'une étoffe, d'un métal, des cheveux*) Schimmern *nt*

refléter [ʀ(ə)flete] *vt* reflektieren; (*exprimer*) erkennen lassen; **se refléter** *vpr* sich spiegeln; (*fig*) sich widerspiegeln

reflex [ʀeflɛks] *adj inv* (*Photo*) Spiegelreflex-

réflexe [ʀeflɛks] *nm* Reflex *m* ▶ *adj* : **mouvement ~** Reflexbewegung *f*; **avoir de bons ~s** gute Reflexe haben; **~ conditionné** bedingter Reflex

réflexion [ʀeflɛksjɔ̃] *nf* (*Phys*) Reflexion *f*; (*fait de penser*) (Nach)denken *nt*; (*pensée*) Gedanke *m*; (*remarque*) Bemerkung *f*

refluer [ʀ(ə)flye] *vi* zurückfließen; (*foule, manifestants*) zurückströmen

reflux [ʀəfly] *nm* Ebbe *f*

refondre [ʀ(ə)fɔ̃dʀ] *vt* (*texte, manuel*) völlig umarbeiten *ou* neu bearbeiten

réformateur, -trice [ʀefɔʀmatœʀ, tʀis] *nm/f* Reformer(in); (*Rel*) Reformer(in) ▶ *adj* Reform-

réforme [ʀefɔʀm] *nf* Reform *f*; (*Mil*) Ausmusterung *f*; (*Rel*) Reformation *f*

réformé, e [ʀefɔʀme] *adj* (*Rel*) reformiert ▶ *nm* (*Mil*) Untauglicher *m*

réformer [ʀefɔʀme] *vt* reformieren; (*Mil*) ausmustern

refoulé, e [ʀ(ə)fule] *adj* verklemmt

refoulement [ʀ(ə)fulmɑ̃] *nm* (*d'envahisseurs*) Zurückdrängen *nt*; (*de liquide : Psych*) Verdrängung *f*

refouler [ʀ(ə)fule] *vt* (*envahisseurs*) zurückdrängen; (*liquide, Psych*) verdrängen; (*larmes, colère*) unterdrücken

réfractaire [ʀefʀaktɛʀ] *adj* (*rebelle*) aufsässig; (*Tech*) hitzebeständig; **être ~ à** sich widersetzen *+dat*

refrain [ʀ(ə)fʀɛ̃] *nm* Refrain *m*; (*fig*) Lied *nt*

réfréner [ʀefʀene] *vt* zügeln

réfrigérateur [ʀefʀiʒeʀatœʀ] *nm* Kühlschrank *m*

réfrigération [ʀefʀiʒeʀasjɔ̃] *nf* Kühlung *f*

réfrigérer [ʀefʀiʒeʀe] *vt* kühlen; (*fam : glacer*) unterkühlen; (*fig*) abkühlen

refroidir [ʀ(ə)fʀwadiʀ] *vt* abkühlen lassen ▶ *vi* abkühlen; **se refroidir** *vpr* abkühlen; (*prendre froid*) sich erkälten

refroidissement [ʀ(ə)fʀwadismɑ̃] *nm* (*grippe, rhume*) Erkältung *f*

refuge [ʀ(ə)fyʒ] *nm* Zuflucht *f*; (*de montagne*) (Schutz)hütte *f*; (*pour piétons*) Verkehrsinsel *f*

réfugié, e [ʀefyʒje] *adj* geflüchtet ▶ *nm/f* Flüchtling *m*; **~ économique** Wirtschaftsflüchtling *m*

réfugier [ʀefyʒje] : **se réfugier** *vpr* (*s'abriter*) sich flüchten; **se ~ en France** nach Frankreich flüchten *ou* fliehen

refus [R(ə)fy] *nm* Ablehnung *f*; **ce n'est pas de ~** (*fam*) da sage ich nicht Nein
refuser [R(ə)fyze] *vt* ablehnen; (*ne pas accorder*) verweigern; **se refuser** *vpr* : **se ~ à faire qch** sich weigern, etw zu tun; **~ de faire qch** sich weigern, etw zu tun; **se ~ à qn** sich jdm verweigern; **il ne se refuse rien** er lässt es sich an nichts fehlen
réfuter [Refyte] *vt* widerlegen
regagner [R(ə)gaɲe] *vt* zurückgewinnen; (*lieu, place*) zurückkommen nach
regain [Rəgɛ̃] *nm* : **un ~ de** (*fig*) ein neuer Aufschwung in *+dat*
régal [Regal] *nm* Köstlichkeit *f*; **c'est un (vrai) ~** das ist (wirklich) köstlich; **un ~ pour les yeux** ein Augenschmaus *m*; **ce paysage est un ~ pour les yeux** diese Landschaft ist wunderschön
régaler [Regale] *vt* : **~ qn** jdn fürstlich bewirten; **se régaler** *vpr* (*faire un bon repas*) schlemmen
regard [R(ə)gaR] *nm* Blick *m*; **menacer du ~** drohend ansehen; **au ~ de la loi** dem Gesetz nach
regardant, e [R(ə)gaRdɑ̃, ɑ̃t] *adj* (*économe*) knauserig; **être très/peu ~ sur** geizen/nicht geizen mit; (*dépensier*) nicht knauserig (mit)
regarder [R(ə)gaRde] *vt* ansehen, betrachten; (*livre, film, match*) sich *dat* ansehen; (*situation, avenir*) betrachten; (*considérer*) im Auge haben, bedacht sein auf *+acc*; **~ la télévision** fernsehen; **~ dans le dictionnaire/l'annuaire** im Wörterbuch/im Telefonbuch nachsehen; **~ par la fenêtre** aus dem Fenster sehen; **~ à** achten auf *+acc*; **dépenser sans ~** mit seinem Geld verschwenderisch umgehen; **ça ne vous regarde pas** das geht Sie nichts an
régénérant, e [Reʒeneʀɑ̃, ɑ̃t] *adj* (*lait, crème*) revitalisierend
régie [Reʒi] *nf* (*Admin*) Verwaltung *f*; (*Ciné, Théât*) Produktion *f*; (*Radio, TV*) Regie *f*; **~ d'État** *staatlich geführtes Unternehmen*
regimber [R(ə)ʒɛ̃be] *vi* sich sträuben
régime [Reʒim] *nm* Regime *nt*; (*Admin*) System *nt*; (*Méd*) Diät *f*; (*d'un moteur*) Drehzahl *f*; (*de bananes, dattes*) Büschel *nt*; **suivre un/se mettre au ~** Diät leben/auf Diät gehen; **à plein ~** auf vollen Touren; **~ matrimonial** Ehe(schließungs)abkommen *nt*
régiment [Reʒimɑ̃] *nm* (*Mil*) Regiment *nt*; **un ~ de** (*fam*) Heerscharen von; **un copain de ~** ein Freund aus der Militärzeit
région [Reʒjɔ̃] *nf* Gegend *f*; (*Anat*) Bereich *m*; **la ~ parisienne** die Gegend um Paris
régional, e, -aux [Reʒjɔnal, o] *adj* regional
régir [ReʒiR] *vt* bestimmen; (*Ling aussi*) regieren
régisseur, -euse [ReʒisœR, øz] *nm/f* Verwalter(in); (*Ciné, Théât, TV*) Produktionsassistent(in)
registre [RəʒistR] *nm* Register *nt*, Verzeichnis *nt*; (*Ling*) Stilebene *f*
réglable [Reglabl] *adj* (*siège, flamme*) regulierbar; (*payable : achat*) zahlbar
réglage [Reglaʒ] *nm* Einstellen *nt*
règle [Rɛgl] *nf* Regel *f*; (*instrument*) Lineal *nt*; **règles** *nfpl* (*Méd*) Periode *f*; **en ~** (*papiers*) in Ordnung; **dans** *ou* **selon les ~s** den Regeln entsprechend; **en ~ générale** generell, im Allgemeinen
réglé, e [Regle] *adj* (*affaire, vie, personne*) geregelt; (*papier*) liniert
règlement [Rɛgləmɑ̃] *nm* Regelung *f*; (*paiement*) Bezahlung *f*
réglementaire [Rɛgləmɑ̃tɛR] *adj* vorschriftsmäßig
réglementation [Rɛgləmɑ̃tasjɔ̃] *nf* Regulierung *f*
réglementer [Rɛgləmɑ̃te] *vt* regeln
régler [Regle] *vt* regeln; (*mécanisme, machine*) regulieren, einstellen; (*note, facture, dette*) bezahlen
réglisse [Reglis] *nf* Lakritz *m ou nt*
règne [Rɛɲ] *nm* Herrschaft *f*; **le ~ végétal/animal** das Pflanzen-/Tierreich *nt*
régner [Reɲe] *vi* herrschen
régression [RegResjɔ̃] *nf* Rückgang *m*; **être en ~** zurückgehen, abnehmen
regret [R(ə)gRɛ] *nm* (*nostalgie*) Sehnsucht *f*; (*repentir*) Reue *f*; (*d'un projet non réalisé*) Bedauern *nt*; **à ~** ungern; **avec ~** mit Bedauern; **à mon grand ~** zu meinem großen Bedauern; **j'ai le ~ de vous informer que** bedauerlicherweise *ou* leider muss ich Ihnen mitteilen, dass
regrettable [R(ə)gRetabl] *adj* bedauerlich
regretter [R(ə)gRete] *vt* bedauern; (*action commise*) bereuen; (*époque passée, personne partie*) nachtrauern *+dat*; **je regrette** es tut mir leid
regroupement [R(ə)gRupmɑ̃] *nm* Zusammenfassung *f*; (*groupe*) Gruppe *f*
regrouper [R(ə)gRupe] *vt* (*grouper*) zusammenfassen; (*contenir*) umfassen
régularité [RegylaRite] *nf* Regelmäßigkeit *f*; (*de pression etc*) Gleichmäßigkeit *f*; (*constance*)

gleichbleibende Leistung *f*; (*caractère légal*) Legalität *f*; (*honnêteté*) Anständigkeit *f*
régulation [ʀegylasjɔ̃] *nf* Regelung *f*; **~ des naissances** Geburtenregelung *f*
régulier, -ière [ʀegylje, jɛʀ] *adj* regelmäßig; (*uniforme*) gleichmäßig; (*constant*) gleichbleibend; (*légal*) ordnungsgemäß; (*fam : correct*) anständig; **troupes régulières** reguläre Truppen *pl*
rehausser [ʀəose] *vt* erhöhen; (*dessin, portrait*) hervorheben
rein [ʀɛ̃] *nm* Niere *f*; **reins** *nmpl* (*dos*) Kreuz *nt*; **avoir mal aux ~s** Kreuzschmerzen haben
reine [ʀɛn] *nf* Königin *f*; (*Échecs*) Dame *f*
reine-claude [ʀɛnklod] (*pl* **reines-claudes**) *nf* Reneklode *f*
reinette [ʀɛnɛt] *nf* Renette *f*
réinitialisation [ʀeinisjalizasjɔ̃] *nf* (*Inform*) Resetten *nt*, Neustart *m*
réinscriptible [ʀeɛ̃skʀiptibl] *adj* (*CD, DVD*) wiederbeschreibbar
réinscription [ʀeɛ̃skʀipsjɔ̃] *nf* (*Scol*) Rückmeldung *f*
réinsérer [ʀeɛ̃seʀe] *vt* rehabilitieren
réinsertion [ʀeɛ̃sɛʀsjɔ̃] *nf* Rehabilitation *f*
réintégrer [ʀeɛ̃tegʀe] *vt* (*lieu*) zurückkehren nach *+acc*; (*fonctionnaire*) wieder einsetzen
réitérer [ʀeiteʀe] *vt* wiederholen
rejet [ʀəʒɛ] *nm* Ablehnung *f*; **rejets** *nmpl* Emissionen *pl*; **~s industriels/polluants** Industrie-/umweltschädliche Emissionen
rejeter [ʀəʒ(ə)te] *vt* (*refuser*) ablehnen; (*renvoyer*) zurückwerfen; **~ la tête en arrière** den Kopf nach hinten werfen; **~ la responsabilité de qch sur qn** die Verantwortung für etw auf jdn abwälzen
rejeton [ʀəʒ(ə)tɔ̃] (*fam*) *nm* Sprössling *m*
rejoindre [ʀ(ə)ʒwɛ̃dʀ] *vt* zurückkehren zu; (*rattraper*) einholen; (*route etc*) münden in *+acc*; **se rejoindre** *vpr* (*personnes*) sich treffen; (*routes*) zusammenlaufen; (*observations, arguments*) übereinstimmen; **je te rejoins au café** ich treffe dich im Café
réjouir [ʀeʒwiʀ] *vt* erfreuen; **se réjouir** *vpr* sich freuen; **se ~ de qch** sich über etw *acc* freuen
réjouissances [ʀeʒwisɑ̃s] *nfpl* (*fête*) Freudenfest *nt*
relâche [ʀəlɑʃ] *nf* : **jour de ~** Ruhetag *m*; **sans ~** ohne Unterbrechung, ohne Pause
relâchement [ʀ(ə)lɑʃmɑ̃] *nm* (*de cordes, discipline*) Lockerung *f*; (*d'élève etc*) Nachlassen *nt*
relâcher [ʀ(ə)lɑʃe] *vt* (*ressort, cordes, discipline*) lockern; (*animal, prisonnier*) freilassen; **se relâcher** *vpr* locker werden; (*élève etc*) nachlassen
relais [ʀ(ə)lɛ] *nm* (*Sport : course*) Staffel(lauf *m*) *f*; (*Radio, TV*) Übertragung *f*; **équipe de ~** (*dans une usine*) Schicht *f*; **prendre le ~ de qn** jdn ablösen; **~ routier** Raststätte *f* (*für Lkw-Fahrer*)
relance [ʀəlɑ̃s] *nf* Aufschwung *m*
relancer [ʀ(ə)lɑ̃se] *vt* (*balle*) zurückwerfen; (*moteur*) wieder anlassen; (*Inform*) neu starten; (*économie, agriculture, projet*) ankurbeln; (*débiteur*) ermahnen
relater [ʀ(ə)late] *vt* erzählen
relatif, -ive [ʀ(ə)latif, iv] *adj* relativ; (*positions, situations*) gegenseitig; (*Ling*) Relativ-; **~ à qch** etw betreffend
relation [ʀ(ə)lasjɔ̃] *nf* (*récit*) Erzählung *f*; (*rapport*) Beziehung *f*, Verhältnis *nt*; **relations** *nfpl* Beziehungen *pl*; **être/entrer en ~(s) avec** in Verbindung *ou* Kontakt stehen/treten mit; **avoir** *ou* **entretenir des ~s avec** Beziehungen haben *ou* unterhalten zu *ou* mit; **~s publiques** Public Relations *pl*
relationnel, le [ʀ(ə)lasjɔnɛl] *adj* (*Inform*) relational; (*Psych*) Beziehungs-
relativement [ʀ(ə)lativmɑ̃] *adv* relativ; **~ à** verglichen mit
relativité [ʀ(ə)lativite] *nf* Relativität *f*
relax [ʀəlaks] *adj inv* (*personne*) gelassen; **fauteuil ~** Ruhesessel *m*
relaxant, e [ʀ(ə)laksɑ̃, ɑ̃t] *adj* entspannend
relaxation [ʀ(ə)laksasjɔ̃] *nf* Entspannung *f*
relaxer [ʀəlakse] *vt* (*détendre*) entspannen; (*détenu*) freilassen, entlassen; **se relaxer** *vpr* sich entspannen
relayer [ʀ(ə)leje] *vt* ablösen; (*Radio, TV*) übertragen; **se relayer** *vpr* sich *ou* einander ablösen
reléguer [ʀ(ə)lege] *vt* (*confiner*) verbannen; **~ au second plan** an die zweite Stelle verweisen; **être relégué** (*Sport*) absteigen
relève [ʀəlɛv] *nf* Ablösung *f*; (*personnes*) Ablösung(smannschaft *f*) *f*; **prendre la ~** übernehmen
relevé, e [ʀəl(ə)ve] *adj* (*manches*) hochgekrempelt; (*virage*) überhöht; (*conversation, style*) gehoben; (*sauce, plat*) scharf, stark gewürzt ▶ *nm* (*liste*) Aufstellung *f*; (*d'un compteur*) Stand *m*; **~ d'identité bancaire** Bankverbindung

und Kontonummer *f*; **~ de compte** Kontoauszug *m*
relever [Rəl(ə)ve] *vt* (*redresser*) aufheben; (*statue, meuble*) wieder aufstellen, wieder aufrichten; (*personne tombée*) wieder auf die Beine helfen *+dat*; (*vitre*) hochdrehen; (*store*) hochziehen; (*plafond, niveau de vie, salaire*) erhöhen; (*économie, entreprise*) einen Aufschwung geben *+dat*; (*sentinelle, équipe*) ablösen; (*souligner*) betonen, hervorheben; (*remarquer*) bemerken; (*répliquer à*) erwidern auf *+acc*; (*défi*) annehmen; (*noter*) aufschreiben; (*compteur*) ablesen; (*cahiers, copies*) einsammeln; **se relever** *vpr* aufstehen; **~ qn de** (*fonctions, vœux*) jdn entbinden von; **~ la tête** den Kopf heben; **~ de** (*être du ressort de*) eine Angelegenheit sein von
relief [Rəljɛf] *nm* Relief *nt*; (*de pneu*) Profil *nt*; **reliefs** *nmpl* (*restes*) Überreste *pl*; **en ~** erhaben; (*photographie*) dreidimensional; **mettre en ~** hervorheben
relier [Rəlje] *vt* verbinden; (*livre*) binden; **~ qch à** etw verbinden mit; **livre relié cuir** in Leder gebundenes Buch
relieur, -euse [RəljœR, jøz] *nm/f* Buchbinder(in)
religieusement [R(ə)liʒjøzmɑ̃] *adv* (*vivre*) fromm; (*enterré, mariés*) kirchlich; (*scrupuleusement*) gewissenhaft; (*écouter*) ganz genau
religieux, -euse [R(ə)liʒjø, jøz] *adj* religiös; (*respect, silence*) andächtig ▶ *nm* Mönch *m* ▶ *nf* Nonne *f*; (*gâteau*) *doppelter Windbeutel*
religion [R(ə)liʒjɔ̃] *nf* Religion *f*
relire [R(ə)liR] *vt* (*à nouveau*) noch einmal lesen; (*vérifier*) durchlesen, überprüfen
reliure [RəljyR] *nf* (*art, métier*) Buchbinderei *f*; (*couverture*) Einband *m*
relooker [Rəluke] *vt* : **~ qn** jdm ein neues Aussehen verpassen
reluire [R(ə)lɥiR] *vi* glänzen, schimmern
remaniement [R(ə)manimɑ̃] *nm* : **~ ministériel** Kabinettsumbildung *f*
remanier [R(ə)manje] *vt* (*texte*) völlig umarbeiten; (*cabinet*) umbilden
remarier [R(ə)maRje] : **se marier** *vpr* wieder heiraten
remarquable [R(ə)maRkabl] *adj* bemerkenswert
remarquablement [R(ə)maRkabləmɑ̃] *adv* außerordentlich
remarque [R(ə)maRk] *nf* Bemerkung *f*
remarquer [R(ə)maRke] *vt* bemerken; **se remarquer** *vpr* auffallen; **se faire ~** auffallen; **faire ~ à qn que** jdn darauf hinweisen, dass; **faire ~ qch à qn** jdn auf etw *+acc* hinweisen; **remarquez que** übrigens
remblai [Rɑ̃blɛ] *nm* Böschung *f*, Damm *m*; **travaux de ~** Aufschüttungsarbeiten *pl*
rembourrer [Rɑ̃buRe] *vt* polstern
remboursable [Rɑ̃buRsabl] *adj* zurückzahlbar
remboursement [Rɑ̃buRsəmɑ̃] *nm* Rückerstattung *f*, Rückzahlung *f*; **envoi contre ~** Nachnahme *f*
rembourser [Rɑ̃buRse] *vt* zurückzahlen; (*personne*) bezahlen
remède [R(ə)mɛd] *nm* Heilmittel *nt*, Arzneimittel *nt*; (*fig*) (Heil)mittel *nt*; **un ~ à la crise** ein Mittel gegen die Krise
remémorer [R(ə)memɔRe] : **se remémorer** *vpr* sich *dat* ins Gedächtnis zurückrufen
remerciements [RəmɛRsimɑ̃] *nmpl* Dank *m*; **(avec) tous mes ~** mit herzlichem *ou* bestem Dank
remercier [R(ə)mɛRsje] *vt* danken *+dat*; (*congédier*) entlassen; **~ qn de qch** jdm für etw danken; **~ qn d'avoir fait qch** jdm dafür danken, dass er/sie etw gemacht hat
remettre [R(ə)mɛtR] *vt* (*replacer*) zurückstellen, zurücktun; (*rétablir : courant, eau*) wieder anstellen; (*vêtement*) wieder anziehen; (*ajouter*) hinzufügen, hinzugeben; (*rendre*) zurückgeben; (*confier*) übergeben; (*ajourner*) verschieben; **se remettre** *vpr* (*personne malade*) sich erholen; (*temps*) (wieder) besser werden; **~ qch en place** etw (an seinen Platz) zurücklegen *ou* zurückstellen; **~ sa démission** seine Kündigung einreichen, kündigen; **~ les pendules à l'heure** (*fig*) klare Verhältnisse schaffen; **~ à plus tard** auf später verschieben; **~ à neuf** wieder wie neu machen; **s'en ~ à** sich richten nach; **se ~ à faire qch** wieder anfangen, etw zu tun; **~ qn** (*fam : reconnaître*) sich erinnern an
réminiscence [Reminisɑ̃s] *nf* Erinnerung *f*
remise [R(ə)miz] *nf* (*d'un colis, d'une récompense etc*) Übergabe *f*; (*rabais*) Rabatt *m*; (*local*) Schuppen *m*, Remise *f*; **~ de peine** Strafnachlass *m*
rémission [Remisjɔ̃] *nf* : **sans ~** unerbittlich
remontant [R(ə)mɔ̃tɑ̃] *nm* Stärkung *f*
remontée [R(ə)mɔ̃te] *nf* (*de pente, côte*) Wiederaufstieg *m*; (*plongeur*) Auftauchen *nt*; **~s mécaniques** (*Ski*) Skilift *m*

remonte-pente [R(ə)mɔ̃tpɑ̃t] (*pl* **remonte-pentes**) *nm* (*Ski*) Skilift *m*
remonter [R(ə)mɔ̃te] *vi* (*sur un cheval*) wieder aufsteigen; (*après une descente*) wieder hinaufsteigen; (*dans une voiture*) wieder einsteigen; (*au deuxième étage etc*) wieder hinaufgehen; (*jupe*) hochrutschen; (*baromètre, fièvre*) (wieder) steigen ▸ *vt* (*escalier*) wieder hinaufgehen; (*fleuve*) hinauffahren; (*pantalon, manches*) hochkrempeln; (*col*) hochschlagen; (*limite, niveau*) erhöhen; (*réconforter*) aufmuntern; (*garde-robe, collection*) erneuern; (*montre, mécanisme*) aufziehen; **~ à** zurückgehen auf *+acc*
remontrer [R(ə)mɔ̃tRe] *vt* (*montrer de nouveau*) wieder zeigen; **en ~ à qn** es jdm zeigen
remords [R(ə)mɔR] *nm* schlechtes Gewissen *nt*; **avoir des ~** Gewissensbisse haben
remorque [R(ə)mɔRk] *nf* Anhänger *m*; **prendre en ~** abschleppen
remorquer [R(ə)mɔRke] *vt* (*véhicule*) abschleppen; (*bateau*) schleppen
rémoulade [Remulad] *nf* Remoulade *f*
rémouleur [RemulœR] *nm* Scherenschleifer *m*
rempart [Rɑ̃paR] *nm* (Schutz)wall *m*; **remparts** *nmpl* Stadtmauer *f*
remplaçant, e [Rɑ̃plasɑ̃, ɑ̃t] *nm/f* Ersatz *m*; (*temporaire*) Vertretung *f*
remplacement [Rɑ̃plasmɑ̃] *nm* Vertretung *f*
remplacer [Rɑ̃plase] *vt* ersetzen; (*temporairement*) vertreten; (*pneu*) wechseln; (*ampoule*) auswechseln; **~ par** ersetzen durch
remplir [Rɑ̃pliR] *vt* füllen; (*journée, vacances, vie, questionnaire*) ausfüllen; (*obligations, promesses, conditions*) erfüllen; (*fonction, rôle*) ausüben; **se remplir** *vpr* sich füllen; **~ qch de** etw füllen mit; **~ qn de** jdn erfüllen mit
remporter [Rɑ̃pɔRte] *vt* (*livre, marchandise*) (wieder) mitnehmen; (*victoire, succès*) davontragen
remuant, e [Rəmɥɑ̃, ɑ̃t] *adj* (*enfant etc*) lebhaft
remue-ménage [R(ə)mymenaʒ] (*pl* **remue-ménage(s)**) *nm* Tohuwabohu *nt*
remue-méninges [R(ə)mymenɛ̃ʒ] *nm inv* (*fam*) Brainstorming *nt*
remuer [Rəmɥe] *vt* (*partie du corps*) bewegen; (*objet*) verschieben; (*café*) umrühren; (*salade*) mischen; (*émouvoir*) rühren, bewegen ▸ *vi* (*feuille, personne*) sich bewegen; (*fig*) sich bemerkbar machen; **se remuer** *vpr* sich bewegen
rémunération [RemyneRasjɔ̃] *nf* Bezahlung *f*, Entlohnung *f*
rémunérer [RemyneRe] *vt* bezahlen, entlohnen
renaissance [R(ə)nɛsɑ̃s] *nf* Wiedergeburt *f*; **la R~** die Renaissance
renaître [R(ə)nɛtR] *vi* wiedergeboren werden; **~ à la vie/à l'espoir** wieder auf die Beine kommen/wieder Hoffnung schöpfen
renard [R(ə)naR] *nm* Fuchs *m*
renchérir [Rɑ̃ʃeRiR] *vi* teurer werden, sich verteuern; **~ (sur)** übertreffen
renchérissement [Rɑ̃ʃeRismɑ̃] *nm* Verteuerung *f*
rencontre [Rɑ̃kɔ̃tR] *nf* Begegnung *f*; (*congrès*) Treffen *nt*; **faire la ~ de qn** jds Bekanntschaft machen; **aller à la ~ de qn** jdm entgegengehen
rencontrer [Rɑ̃kɔ̃tRe] *vt* treffen; (*mot, expression, difficultés, opposition*) stoßen auf *+acc*; **se rencontrer** *vpr* sich treffen; (*fleuves*) zusammenfließen
rendement [Rɑ̃dmɑ̃] *nm* Leistung *f*; (*d'un investissement*) Ertrag *m*; **à plein ~** auf vollen Touren
rendez-vous [Rɑ̃devu] *nm inv* Verabredung *f*; (*lieu*) Treffpunkt *m*; **prendre ~ (avec qn)** sich (mit jdm) verabreden; **donner un ~ à qn** sich mit jdm verabreden; **avoir ~ (avec qn)** (mit jdm) verabredet sein
rendormir [Rɑ̃dɔRmiR] : **se rendormir** *vpr* wieder einschlafen
rendre [Rɑ̃dR] *vt* zurückgeben; (*salut, visite etc*) erwidern; (*honneurs*) erweisen; (*vomir*) erbrechen; (*exprimer*) ausdrücken; (*verdict, jugement, etc*) erlassen; (*produire*) hervorbringen; **se rendre** *vpr* (*capituler*) sich ergeben; (*aller*) sich begeben, gehen; **se ~ à l'évidence** der Realität ins Auge schauen; **~ qn célèbre/qch possible** jdn berühmt/etw möglich machen; **~ la monnaie** (Wechsel)geld herausgeben; **se ~ insupportable/malade** unerträglich werden/sich krank machen
rênes [Rɛn] *nfpl* Zügel *pl*
renfermé, e [Rɑ̃fɛRme] *adj* (*personne*) verschlossen ▸ *nm* : **sentir le ~** muffig riechen
renfermer [Rɑ̃fɛRme] *vt* (*contenir*) enthalten; **se renfermer** *vpr* : **se ~ (sur soi-même)** sich (in sich selbst) zurückziehen
renflouer [Rɑ̃flue] *vt* (*aussi fig*) wieder flott machen; (*caisses*) wieder füllen; (*finances*) sanieren

renfoncement [ʀɑ̃fɔ̃smɑ̃] *nm* Vertiefung *f*, Nische *f*
renforcer [ʀɑ̃fɔʀse] *vt* verstärken; (*expression, argument*) bekräftigen; **~ qn dans ses opinions** jdn in seiner Meinung bestätigen *ou* bestärken
renfort [ʀɑ̃fɔʀ] *nm* : **à grand ~ de** mit (einem) großen Aufwand an +*dat*; **renforts** *nmpl* Verstärkung *f*
rengaine [ʀɑ̃gɛn] (*péj*) *nf* altes Lied *nt*
rengorger [ʀɑ̃gɔʀʒe] : **se rengorger** *vpr* sich aufplustern
renier [ʀənje] *vt* verleugnen; (*engagements*) nicht anerkennen
renifler [ʀ(ə)nifle] *vi* schnüffeln ▸ *vt* (*odeur*) riechen, schnüffeln
renne [ʀɛn] *nm* Ren(tier) *nt*
renom [ʀənɔ̃] *nm* Ruf *m*
renommé, e [ʀ(ə)nɔme] *adj* renommiert, berühmt ▸ *nf* Ruhm *m*
renoncement [ʀ(ə)nɔ̃smɑ̃] *nm* Verzicht *m*
renoncer [ʀ(ə)nɔ̃se] *vi* : **~ à** aufgeben; (*droit, succession*) verzichten auf +*acc*; **~ à faire qch** darauf verzichten, etw zu tun
renouer [ʀənwe] *vt* neu binden; (*conversation, liaison*) wieder anknüpfen; **~ avec** (*tradition, habitude*) wiederaufnehmen; **~ avec qn** sich mit jdm wieder anfreunden
renouvelable [ʀ(ə)nuv(ə)labl] *adj* verlängerbar; (*expérience*) wiederholbar; (*énergie*) erneuerbar
renouveler [ʀ(ə)nuv(ə)le] *vt* erneuern; (*personnel, membres d'un comité*) austauschen; (*passeport, bail, contrat*) verlängern; (*usage, mode, style*) wiederbeleben; (*demande, remerciements, exploit, méfait*) wiederholen; **se renouveler** *vpr* (*incident*) sich wiederholen
renouvellement [ʀ(ə)nuvɛlmɑ̃] *nm* Erneuern *nt*, Austausch *m*, Verlängerung *f*, Wiederbelebung *f*, Wiederholung *f*
rénovation [ʀenɔvasjɔ̃] *nf* Renovierung *f*
rénover [ʀenɔve] *vt* renovieren; (*quartier*) sanieren
renseignement [ʀɑ̃sɛɲmɑ̃] *nm* Auskunft *f*; **prendre des ~s sur** sich erkundigen über +*acc*
renseigner [ʀɑ̃seɲe] *vt* : **~ qn (sur)** jdn informieren (über +*acc*); **se renseigner** *vpr* sich erkundigen
rentabiliser [ʀɑ̃tabilize] *vt* rentabel machen
rentabilité [ʀɑ̃tabilite] *nf* Rentabilität *f*
rentable [ʀɑ̃tabl] *adj* rentabel
rente [ʀɑ̃t] *nf* (*revenu d'un bien, capital*) Einkommen *nt*; (*retraite*) Rente *f*; (*titre*) Staatsanleihe *f*; **~ viagère** Leibrente *f*
rentier, -ière [ʀɑ̃tje, jɛʀ] *nm/f* Rentner(in)
rentrée [ʀɑ̃tʀe] *nf* (*retour*) Rückkehr *f*; **~ (d'argent)** Einnahmen *pl*; **la ~ (des classes)** der Schuljahrsbeginn; **la ~ parlementaire** das Wiederzusammentreten *nt* des Parlamentes (*nach den Ferien*)

> **La rentrée (des classes)** jedes Jahr im September bedeutet mehr als nur der Schulbeginn für Schüler und Lehrer. Es ist auch die Zeit nach den langen Sommerferien, wenn das politische und soziale Leben wieder beginnt.

rentrer [ʀɑ̃tʀe] *vi* (*entrer de nouveau : venir*) wieder hereinkommen; (*: aller*) wieder hineingehen; (*entrer : venir*) hereinkommen; (*: aller*) hineingehen; (*chez soi : venir*) nach Hause kommen; (*: aller*) nach Hause gehen; (*pénétrer*) eindringen; (*revenu, argent*) hereinkommen ▸ *vt* hineinbringen, hereinbringen; (*foins*) einbringen; (*véhicule etc*) abstellen; (*griffes*) einziehen; (*train d'atterrissage*) einfahren; (*larmes, rage*) hinunterschlucken; **~ dans un arbre** gegen einen Baum prallen; **~ dans ses frais** auf seine Kosten kommen; **~ le ventre** den Bauch einziehen
renverse [ʀɑ̃vɛʀs] *nf* : **à la ~** nach hinten
renversé, e [ʀɑ̃vɛʀse] *adj* (*écriture*) nach links geneigt; (*image*) umgekehrt
renversement [ʀɑ̃vɛʀsəmɑ̃] *nm* (*d'un régime*) Umsturz *m*; **~ de la situation** Umkehrung *f* der Lage
renverser [ʀɑ̃vɛʀse] *vt* (*faire tomber*) umwerfen, umstoßen, umkippen; (*piéton*) anfahren; (*: tuer*) totfahren; (*liquide, contenu d'un récipient*) verschütten; (*inverser*) umkehren; (*fig*) umstoßen; (*ministère, gouvernement*) stürzen; (*stupéfier*) umwerfen
renvoi [ʀɑ̃vwa] *nm* (*référence*) Verweis *m*; (*éructation*) Rülpser *m*
renvoyer [ʀɑ̃vwaje] *vt* zurückschicken; (*congédier*) entlassen; (*Tennis*) zurückschlagen; (*lumière, son*) reflektieren; (*ajourner*) verschieben; **~ qn à** (*référer*) jdn verweisen auf +*acc*; **~ qch au lendemain** etw auf den nächsten Tag verschieben
réorganiser [ʀeɔʀganize] *vt* umorganisieren
repaire [ʀ(ə)pɛʀ] *nm* Höhle *f*
répandre [ʀepɑ̃dʀ] *vt* (*renverser*) verschütten; (*gravillons, sable*) streuen;

r

(*étaler*) streichen; **se répandre** *vpr* sich verbreiten; **se ~ en** sich ergehen in *+dat*
réparation [ʀepaʀasjɔ̃] *nf* Reparatur *f*; (*compensation*) Wiedergutmachung *f*; **réparations** *nfpl* (*travaux*) Reparaturarbeiten *pl*
réparer [ʀepaʀe] *vt* reparieren; (*fig*) wiedergutmachen
repartie [ʀepaʀti] *nf* schlagfertige Antwort *f*; **avoir de la ~** schlagfertig sein
repartir [ʀ(ə)paʀtiʀ] *vi* (wieder) gehen; (*retourner*) zurückgehen; (*affaire*) sich wieder erholen; **~ à zéro** noch einmal von vorne anfangen
répartir [ʀepaʀtiʀ] *vt* verteilen, aufteilen; **se répartir** *vpr* (*travail*) sich *dat* teilen; (*rôles*) aufteilen
répartition [ʀepaʀtisjɔ̃] *nf* Aufteilung *f*, Verteilung *f*
repas [ʀ(ə)pɑ] *nm* Mahlzeit *f*; **à l'heure des ~** zur Essenszeit
repassage [ʀ(ə)pɑsaʒ] *nm* Bügeln *nt*
repasser [ʀ(ə)pɑse] *vi* (*passer de nouveau*) wieder vorbeikommen ▸ *vt* (*vêtement, tissu*) bügeln; (*examen*) noch einmal machen; (*film*) noch einmal zeigen; (*leçon, rôle*) wiederholen
repenser [ʀ(ə)pɑ̃se] *vi* : **~ à qch** (*par hasard*) sich an etw *acc* erinnern; (*considérer à nouveau*) etw noch einmal überdenken
repentir [ʀəpɑ̃tiʀ] *nm* Reue *f*; **se repentir** *vpr* Reue empfinden; **se ~ de qch** etw bereuen; **se ~ d'avoir fait qch** bereuen, etw getan zu haben
répercussions [ʀepɛʀkysjɔ̃] *nfpl* Auswirkungen *pl*, Folgen *pl*
répercuter [ʀepɛʀkyte] *vt* (*consignes, charges etc*) weiterleiten; **se répercuter** *vpr* (*bruit, écho*) widerhallen; **se ~ sur** sich auswirken auf *+acc*
repère [ʀ(ə)pɛʀ] *nm* Zeichen *nt*, Markierung *f*; **point de ~** Bezugspunkt *m*
repérer [ʀ(ə)peʀe] *vt* entdecken; (*abri, ennemi*) auskundschaften; **se repérer** *vpr* (*s'orienter*) sich zurechtfinden; **se faire ~** entdeckt werden
répertoire [ʀepɛʀtwaʀ] *nm* Verzeichnis *nt*, Register *nt*; (*Inform*) Verzeichnis *nt*; (*d'un artiste, chanteur*) Repertoire *nt*
répéter [ʀepete] *vt* wiederholen; (*rapporter*) weitersagen ▸ *vi* (*Théât etc*) proben; **se répéter** *vpr* sich wiederholen
répétition [ʀepetisjɔ̃] *nf* Wiederholung *f*; (*Théât*) Probe *f*
répit [ʀepi] *nm* Erholungspause *f*; **sans ~** ununterbrochen, unablässig
repli [ʀəpli] *nm* (*d'une étoffe*) Falte *f*; (*retraite*) Rückzug *m*
replier [ʀ(ə)plije] *vt* (*vêtement*) zusammenfalten; **se replier** *vpr* (*troupes, armée*) sich zurückziehen, zurückweichen
réplique [ʀeplik] *nf* (*repartie*) Antwort *f*, Erwiderung *f*; (*objection*) Einwand *m*; (*Théât*) Replik *f*; (*copie*) Nachahmung *f*; **sans ~** (*ton*) keine Widerrede duldend; (*argument*) nicht zu widerlegen
répliquer [ʀeplike] *vi* erwidern
répondeur [ʀepɔ̃dœʀ] *nm* automatischer Anrufbeantworter *m*
répondre [ʀepɔ̃dʀ] *vi* antworten; (*avec impertinence*) Widerworte geben; (*freins, mécanisme*) ansprechen; **~ à** (*question, remarque, invitation etc*) antworten auf *+acc*; (*avec impertinence*) Widerworte geben *+dat*; (*convocation*) Folge leisten *+dat*; (*excitation, provocation*) reagieren auf *+acc*; (*correspondre à*) entsprechen *+dat*; **~ de** bürgen für
réponse [ʀepɔ̃s] *nf* Antwort *f*; (*solution*) Lösung *f*; (*réaction*) Reaktion *f*; **en ~ à** als Antwort auf *+acc*
reportage [ʀ(ə)pɔʀtaʒ] *nm* Reportage *f*
reporter¹ [ʀəpɔʀtɛʀ] *nmf* Reporter(in) *m(f)*
reporter² [ʀəpɔʀte] *vt* (*ajourner*) verschieben; (*transférer*) übertragen; **se reporter** *vpr* : **se ~ à** (*époque*) sich zurückversetzen in *+acc*; (*document, texte*) sich beziehen auf *+acc*
repos [ʀ(ə)po] *nm* Ruhe *f*
reposant, e [ʀ(ə)pozɑ̃, ɑ̃t] *adj* erholsam
reposé, e [ʀ(ə)poze] *adj* ausgeruht, frisch; **à tête ~e** in aller Ruhe
reposer [ʀ(ə)poze] *vt* (*verre*) wieder hinstellen *ou* absetzen; (*livre*) wieder hinlegen; (*rideaux, carreaux*) wieder anbringen; (*question*) erneut stellen; (*délasser*) entspannen ▸ *vi* (*liquide, pâte*) ruhen; **se reposer** *vpr* (*se délasser*) sich ausruhen; **ici repose** hier ruht; **~ sur** ruhen auf *+dat*; **se ~ sur qn** sich auf jdn verlassen
repousser [ʀ(ə)puse] *vi* nachwachsen ▸ *vt* (*personne*) abstoßen; (*ennemi, attaque*) zurückschlagen; (*offre, proposition, tentation*) ablehnen; (*rendez-vous, entrevue*) aufschieben
répréhensible [ʀepʀeɑ̃sibl] *adj* tadelnswert
reprendre [ʀ(ə)pʀɑ̃dʀ] *vt* (*prisonnier*) wieder festnehmen *ou* ergreifen; (*Mil : ville*) zurückerobern; (*aller chercher*) wieder abholen; (*prendre à nouveau*) wieder nehmen; (*récupérer*) zurücknehmen; (*se resservir de*) noch einmal nehmen; (*firme, entreprise, argument, idée*) übernehmen; (*travail,

études) wiederaufnehmen; (*refaire: article etc*) bearbeiten; (*: jupe, pantalon*) ändern; (*réprimander*) tadeln; (*corriger*) verbessern ▸ *vi* (*cours, classes*) wieder anfangen, wieder beginnen; (*froid, pluie etc*) wieder einsetzen; (*affaires, industrie*) sich erholen; **se reprendre** *vpr* (*se corriger*) sich verbessern; (*se ressaisir*) sich fangen; **s'y ~ à deux/plusieurs fois** es zweimal/mehrmals versuchen; **~ courage** neuen Mut schöpfen; **~ des forces** neue Kraft schöpfen; **~ la route/l'air** sich wieder auf den Weg machen/weiterfliegen; **~ connaissance** wieder zu Bewusstsein *ou* zu sich kommen; **~ haleine** *ou* **son souffle** verschnaufen

repreneur [R(ə)pRənœR] *nm* Sanierer *m* (*der marode Unternehmen aufkauft*)

représailles [R(ə)pRezaj] *nfpl* Repressalien *pl*

représentant, e [R(ə)pRezɑ̃tɑ̃, ɑ̃t] *nm/f* Vertreter(in)

représentatif, -ive [R(ə)pRezɑ̃tatif, iv] *adj* repräsentativ

représentation [R(ə)pRezɑ̃tasjɔ̃] *nf* (*symbole, image*) Darstellung *f*; (*de pièce, opéra*) Aufführung *f*; (*de pays, syndicat, maison de commerce*) Vertretung *f*; **frais de ~** Aufwandsentschädigung *f*

représenter [R(ə)pRezɑ̃te] *vt* darstellen; (*pièce, opéra*) aufführen; (*pays, syndicat, maison de commerce*) vertreten; **se représenter** *vpr* (*occasion*) sich wieder bieten; (*s'imaginer*) sich *dat* vorstellen; **se ~ à** (*examen*) sich noch einmal melden zu; (*élections*) sich noch einmal aufstellen lassen zu

répression [RepResjɔ̃] *nf* Unterdrückung *f*; (*d'une révolte*) Niederschlagen *nt*; (*punition*) Bestrafung *f*

réprimande [RepRimɑ̃d] *nf* Tadel *m*, Verweis *m*

réprimer [RepRime] *vt* (*désirs, passions, envie*) unterdrücken; (*révolte*) niederschlagen; (*abus, désordres*) vorgehen gegen, bestrafen

reprise [R(ə)pRiz] *nf* (*Mil*) Rückeroberung *f*; (*recommencement*) Wiederbeginn *m*; (*économique*) (Wieder)aufschwung *m*; (*Théât, TV, Ciné*) Wiederholung *f*; (*Auto*) Beschleunigung *f*; (*d'un article usagé*) Inzahlungnahme *f*; (*raccommodage*) Kunststopfen *nt*; **à plusieurs ~s** mehrmals

repriser [R(ə)pRize] *vt* (*raccommoder*) stopfen

réprobation [RepRɔbasjɔ̃] *nf* Missbilligung *f*

reproche [R(ə)pRɔʃ] *nm* Vorwurf *m*; **sans ~(s)** tadellos

reprocher [R(ə)pRɔʃe] *vt* vorwerfen; **se reprocher** *vpr* sich *dat* vorwerfen

reproduction [R(ə)pRɔdyksjɔ̃] *nf* (*de nature, son*) Wiedergabe *f*; (*tableau, dessin*) Reproduktion *f*; (*d'un texte*) Nachdruck *m*, Kopie *f*; (*Biol*) Fortpflanzung *f*; **droits de ~** (Vervielfältigungs)rechte *pl*; **~ interdite** alle Rechte vorbehalten

reproduire [R(ə)pRɔdɥiR] *vt* (*nature, réalité, son*) wiedergeben; (*dessin etc*) reproduzieren; **se reproduire** *vpr* (*Biol*) sich fortpflanzen; (*faits, erreurs*) sich wiederholen

réprouver [RepRuve] *vt* missbilligen

reptile [Rɛptil] *nm* Reptil *nt*

repu, e [Rəpy] *adj* satt

république [Repyblik] *nf* Republik *f*; **R~ centrafricaine** Zentralafrikanische Republik; **R~ dominicaine** Dominikanische Republik

répudier [Repydje] *vt* (*femme*) verstoßen; (*opinion, doctrine*) verwerfen

répugnance [Repyɲɑ̃s] *nf* Ekel *m*, Abscheu *m ou f*

répugner [Repyɲe]: **~ à** *vt* (*nourriture*) anekeln; (*comportement*) anwidern; **~ à faire qch** etw sehr ungern tun

répulsion [Repylsjɔ̃] *nf* Abscheu *m ou f*

réputation [Repytasjɔ̃] *nf* Ruf *m*

réputé, e [Repyte] *adj* berühmt

requérir [RəkeRiR] *vt* erfordern; (*Jur*) fordern

requête [Rəkɛt] *nf* Bitte *f*, Ersuchen *nt*

requin [Rəkɛ̃] *nm* Hai *m*

requinquer [R(ə)kɛ̃ke] (*fam*) *vt* aufmöbeln

requis, e [Rəki, iz] *adj* erforderlich

réquisitionner [Rekizisjɔne] *vt* beschlagnahmen; (*civils etc*) dienstverpflichten

RER [ɛRəɛR] *sigle m* (= *Réseau express régional*) *Schnellzugnetz von Paris*

rescapé, e [Rɛskape] *nm/f* Überlebende(r) *f(m)*

réseau, x [Rezo] *nm* Netz *nt*; (*Inform*) Netzwerk *nt*; **~ social** soziales Netzwerk; **mettre en ~** (*ordinateurs*) ans Netz anschließen; (*ressources*) ins Netz stellen

réseautage [rezotaʒ] *nm* Netzwerken *nt*

réseauter [rezote] *vi* netzwerken

réservation [RezɛRvasjɔ̃] *nf* Reservierung *f*

réserve [RezɛRv] *nf* Reserve *f*; (*entrepôt*) Lager *nt*; (*zoologique, botanique, d'Indiens etc*) Reservat *nt*, Schutzgebiet *nt*; (*de pêche, chasse*) Revier *nt*; (*Mil*)

Reserve(truppen *pl*) *f*; **réserves** *nfpl* (*de gaz, pétrole etc*) Reserven *pl*; (*nutritives*) Vorräte *pl*, Reserven; **officier de ~** Reserveoffizier *m*; **sous toutes ~s** mit allen Vorbehalten; **sous ~ de** unter Vorbehalt *+gén*; **sans ~** vorbehaltlos; **avoir qch en ~** etw in Reserve haben; **de ~** Reserve-; **~ naturelle** Naturschutzgebiet *nt*

réservé, e [ʀezɛʀve] *adj* reserviert; (*chasse, pêche*) privat; **~ à** *ou* **pour** reserviert für

réserver [ʀezɛʀve] *vt* reservieren, vorbestellen; (*réponse, diagnostic*) sich *dat* vorbehalten; **se réserver** *vpr*: **se ~ qch** sich *dat* etw reservieren; **~ qch pour/à** etw vorsehen *ou* reservieren für; **~ qch à qn** etw für jdn reservieren; (*surprise, accueil etc*) jdm etw bereiten; **se ~ le droit de faire qch** sich *dat* das Recht vorbehalten, etw zu tun

réservoir [ʀezɛʀvwaʀ] *nm* Reservoir *nt*; (*d'essence*) Tank *m*

résidence [ʀezidɑ̃s] *nf* (*Admin*) Wohnsitz *m*; (*habitation luxueuse*) Residenz *f*; **~ secondaire** Nebenwohnsitz *m*, zweiter Wohnsitz *m*; **~ universitaire** Studentenwohnheim *nt*

résident, e [ʀezidɑ̃, ɑ̃t] *nm/f* (*étranger*) ausländische(r) Bürger(in)

résidentiel, le [ʀezidɑ̃sjɛl] *adj* Wohn-; **quartier ~** gutes Wohnviertel *nt*

résider [ʀezide] *vi* (*habiter*) wohnen; **~ en** (*problème etc*) bestehen in *+dat*

résidu [ʀezidy] *nm* (*Chim, Phys*) Rückstand *m*; (*fig*) Überbleibsel *nt*

résignation [ʀeziɲasjɔ̃] *nf* Resignation *f*

résigner [ʀeziɲe]: **se résigner** *vpr*: **se ~ à qch** sich mit etw abfinden; **se ~ à faire qch** sich damit abfinden, etw zu tun

résilier [ʀezilje] *vt* auflösen

résine [ʀezin] *nf* Harz *nt*

résistance [ʀezistɑ̃s] *nf* Widerstand *m*; (*endurance*) Widerstandsfähigkeit *f*; (*fil*) Heizelement *nt*; (*Pol*): **la R~** *die französische Widerstandsbewegung im 2. Weltkrieg*

résister [ʀeziste] *vi* standhalten; **~ à** (*effort, souffrance*) aushalten; (*personne*) sich widersetzen *+dat*; (*tentation, péché*) widerstehen *+dat*

résolu, e [ʀezɔly] *adj* entschlossen

résolution [ʀezɔlysjɔ̃] *nf* (*de problème*) Lösung *f*; (*fermeté*) Entschlossenheit *f*; (*décision*) Beschluss *m*; **prendre la ~ de faire qch** den Entschluss fassen, etw zu tun

résonance [ʀezɔnɑ̃s] *nf* (*d'une cloche*) Klang *m*; (*d'une salle*) Akustik *f*

résonner [ʀezɔne] *vi* (*cloche*) klingen; (*pas*) hallen; (*voix*) erklingen, schallen; (*salle, rue*) widerhallen

résorber [ʀezɔʀbe]: **se résorber** *vpr* (*tumeur, abcès*) sich zurückbilden; (*déficit, chômage*) abgebaut werden

résoudre [ʀezudʀ] *vt* lösen; **se résoudre** *vpr*: **se ~ à faire qch** sich dazu durchringen, etw zu tun

respect [ʀɛspɛ] *nm* Respekt *m*, Achtung *f*; (*pour les morts*) Ehrfurcht *f*; **tenir qn en ~** jdn in Schach halten

respectable [ʀɛspɛktabl] *adj* (*personne*) achtbar, anständig; (*scrupules etc*) ehrenhaft; (*quantité*) ansehnlich, beachtlich

respecter [ʀɛspɛkte] *vt* achten, respektieren; (*tradition, convenances, loi*) achten; (*consignes, hiérarchie, ordre alphabétique*) beachten

respectif, -ive [ʀɛspɛktif, iv] *adj* jeweilig

respectivement [ʀɛspɛktivmɑ̃] *adv* beziehungsweise

respectueux, -euse [ʀɛspɛktɥø, øz] *adj* respektvoll; **être ~ de** achten

respiration [ʀɛspiʀasjɔ̃] *nf* Atem *m*; (*fonction*) Atmung *f*; **retenir sa ~** den Atem anhalten; **~ artificielle** künstliche Beatmung *f*

respirer [ʀɛspiʀe] *vi* atmen; (*être soulagé*) aufatmen ▶ *vt* einatmen; (*santé, calme etc*) ausstrahlen

responsabilité [ʀɛspɔ̃sabilite] *nf* Verantwortung *f*; (*légale*) Haftung *f*; **~ civile** Haftpflicht *f*

responsable [ʀɛspɔ̃sabl] *adj* verantwortlich; (*légalement*) haftbar ▶ *nmf* Verantwortliche(r) *f*(*m*); (*d'un parti, syndicat etc*) Vertreter(in) *m*(*f*); **~ de** verantwortlich für

resquiller [ʀɛskije] *vi* (*au cinéma, au stade*) keinen Eintritt zahlen; (*dans le train*) schwarzfahren

resquilleur, -euse [ʀɛskijœʀ, øz] *nm/f* Schwarzfahrer(in) schwarzfahren

ressaisir [ʀ(ə)seziʀ]: **se ressaisir** *vpr* sich fassen, sich fangen

ressemblance [ʀ(ə)sɑ̃blɑ̃s] *nf* Ähnlichkeit *f*

ressemblant, e [ʀ(ə)sɑ̃blɑ̃, ɑ̃t] *adj* ähnlich

ressembler [ʀ(ə)sɑ̃ble]: **~ à** *vt* ähnlich sein *+dat*; **se ressembler** *vpr* sich ähneln, einander ähnlich sein

ressemeler [ʀ(ə)səm(ə)le] *vt* neu besohlen

ressentiment [ʀ(ə)sɑ̃timɑ̃] *nm* Groll *m*, Ressentiment *nt*

ressentir [R(ə)sɑ̃tiR] *vt* empfinden; **se ressentir** *vpr* : **se ~ de qch** (*travail etc*) unter den Folgen von etw leiden
resserrer [R(ə)seRe] *vt* (*nœud, boulon*) anziehen; (*liens d'amitié*) stärken; **se resserrer** *vpr* (*route, vallée*) sich verengen
resservir [R(ə)sɛRviR] *vt* (*servir à nouveau*) wieder auftischen ▶ *vi* noch einmal gebraucht werden; **~ qn (d'un plat)** jdm (von einem Gericht) nachgeben
ressort [RəsɔR] *nm* (*pièce*) Feder *f*; **avoir du/manquer de ~** innere Kraft/keine innere Kraft haben; **en dernier ~** als letzten Ausweg; **être du ~ de qn** in jds Ressort *ou* Bereich fallen
ressortir [RəsɔRtiR] *vi* (*venir*) wieder herauskommen; (*partir*) wieder hinausgehen; (*contraster*) sich abheben; **il ressort de ceci que** daraus ergibt sich, dass
ressortissant, e [R(ə)sɔRtisɑ̃, ɑ̃t] *nm/f* Staatsbürger(in)
ressource [R(ə)suRs] *nf* (*recours*) Möglichkeit *f*; **ressources** *nfpl* Mittel *pl*; **~s d'énergie** Energiequellen *pl*
ressusciter [Resysite] *vt* wiederbeleben ▶ *vi* (*Christ*) auferstehen
restant, e [Rɛstɑ̃, ɑ̃t] *adj* restlich, übrig ▶ *nm* : **le ~ (de)** der Rest (von *ou* +*gén*)
restaurant [Rɛstɔʀɑ̃] *nm* Restaurant *nt*; **~ universitaire** Mensa *f*
restaurateur, -trice [RɛstɔRatœR, tRis] *nm/f* (*aubergiste*) Gastronom(in); (*de tableaux*) Restaurator(in)
restauration [RɛstɔRasjɔ̃] *nf* (*Art*) Restauration *f*; **la ~** (*hôtellerie*) das Gastronomiegewerbe *nt*; **~ rapide** Fast Food *nt*
restaurer [RɛstɔRe] *vt* wiederherstellen; (*œuvre d'art*) restaurieren; **se restaurer** *vpr* etw essen
reste [Rɛst] *nm* Rest *m*; **restes** *nmpl* (*Culin*) Reste *pl*; (*d'une cité, fortune*) Überreste *pl*; **utiliser un ~ de poulet/soupe/tissu** einen Rest Huhn/Suppe/Stoff verwerten; **le ~ du temps** die restliche *ou* übrige Zeit; **le ~ des gens** die übrigen Leute; **et tout le ~** und so weiter; **du ~** außerdem; **au ~** außerdem
rester [Rɛste] *vi* bleiben; (*subsister*) übrig bleiben ▶ *vb impers* : **il reste du pain** es ist noch Brot übrig; **il reste deux œufs** es sind noch zwei Eier übrig; **il reste du temps** es ist noch Zeit; **il me reste du pain/deux œufs** ich habe noch Brot/zwei Eier; **il me reste assez de temps/10 minutes** ich habe noch genug Zeit/noch 10 Minuten Zeit; **ce qui (me) reste à faire** was ich noch tun muss; **(il) reste à savoir/établir si** es wäre noch abzuwarten/festzustellen, ob; **restons-en là** lassen wir es dabei; **~ immobile** sich nicht bewegen; **~ assis** sitzen bleiben
restituer [Rɛstitɥe] *vt* zurückgeben; (*texte, inscription*) wiederherstellen; (*énergie*) wieder abgeben
restitution [Rɛstitysjɔ̃] *nf* Rückgabe *f*
resto, restau [Rɛsto] (*fam*) *nm* Restaurant *nt*; **~ U** (= *restaurant universitaire*) Mensa *f*
restoroute [RɛstoRut] *nm* (Autobahn) raststätte *f*
restreindre [RɛstRɛ̃dR] *vt* einschränken
restriction [RɛstRiksjɔ̃] *nf* Einschränkung *f*, Beschränkung *f*; **restrictions** *nfpl* (*rationnement*) Beschränkungen *pl*; **sans ~** uneingeschränkt
restructurer [RəstRyktyRe] *vt* umstrukturieren
résultat [Rezylta] *nm* Ergebnis *nt*; **~ de recherche** (*Inform*) Suchergebnis *nt*
résulter [Rezylte] : **~ de** *vt* herrühren von; **il en résulte que** daraus ergibt sich, dass
résumé [Rezyme] *nm* Zusammenfassung *f*; (*ouvrage*) Übersicht *f*; **en ~** zusammenfassend
résumer [Rezyme] *vt* zusammenfassen; (*récapituler*) rekapitulieren; **se résumer** *vpr* (*personne*) zusammenfassen
rétablir [RetabliR] *vt* wiederherstellen; (*faits*) richtigstellen; (*monarchie*) wiedereinsetzen; (*guérir*) gesund werden lassen; **se rétablir** *vpr* (*personne*) gesund werden; (*silence, calme*) wieder eintreten; **~ qn dans ses droits** jdm seine Rechte wieder zusprechen
rétablissement [Retablismɑ̃] *nm* Wiederherstellung *f*; (*guérison*) Besserung *f*, Genesung *f*
retaper [R(ə)tape] *vt* herrichten; (*redactylographier*) noch einmal tippen; (*fam : revigorer*) wieder auf die Beine bringen
retard [R(ə)taR] *nm* Verspätung *f*; (*dans un paiement, sur un programme*) Rückstand *m*; (*mental, industriel*) Zurückgebliebenheit *f*; **être en ~** (*personne*) zu spät kommen; (*train*) Verspätung haben; (*dans paiement, travail*) im Rückstand sein; (*pays*) rückständig sein; **être en ~ (de deux heures)** (zwei Stunden) Verspätung haben; **avoir du ~** Verspätung haben; **prendre du ~** sich verspäten; **sans ~** unverzüglich

r

retardement [R(ə)taRdəmɑ̃] *nm* : **à ~** (*mine, mécanisme*) mit Zeitauslöser; **bombe à ~** Zeitbombe *f*

retarder [R(ə)taRde] *vt* (*mettre en retard*) aufhalten, verspäten; (: *sur un programme*) in Rückstand bringen; (*montre*) zurückstellen; (*départ, date*) verschieben ▸ *vi* (*horloge, montre*) nachgehen; **je retarde (d'une heure)** meine Uhr geht (eine Stunde) nach

retenir [Rət(ə)niR] *vt* zurückhalten; (*garder*) dabehalten; (*retarder*) aufhalten; (*saisir, maintenir*) halten; (*se rappeler*) behalten; (*accepter*) annehmen; (*réserver*) reservieren; **se retenir** *vpr* sich beherrschen; **~ un rire/sourire** sich *dat* ein Lachen/Lächeln verkneifen; **~ son souffle** *ou* **haleine** die Luft anhalten; **~ qn de faire qch** jdn daran hindern, etw zu tun; **se ~ à** (*se raccrocher*) sich halten an *+acc*; **se ~ de faire qch** es sich *dat* verkneifen, etw zu tun

rétention [Retɑ̃sjɔ̃] *nf* : **~ d'urine** Harnverhaltung *f*

retentir [R(ə)tɑ̃tiR] *vi* (*bruit, paroles*) hallen; **~ de** widerhallen von

retentissant, e [R(ə)tɑ̃tisɑ̃, ɑ̃t] *adj* (*voix*) schallend; (*succès etc*) aufsehenerregend

retentissement [R(ə)tɑ̃tismɑ̃] *nm* (*répercussion*) Auswirkung *f*; (*d'une nouvelle, d'un discours*) durchschlagende Wirkung *f*

retenu, e [Rət(ə)ny] *adj* (*place*) reserviert; (*personne*) verhindert ▸ *nf* (*modération, réserve*) Zurückhaltung *f*; (*somme*) Abzug *m*; (*Math*) (im Kopf) behaltene Zahl *f*; (*Scol*) Arrest *m*

réticence [Retisɑ̃s] *nf* (*hésitation*) Zögern *nt*; **sans ~** bedenkenlos

réticent, e [Retisɑ̃, ɑ̃t] *adj* zögernd

rétine [Retin] *nf* Netzhaut *f*

retiré, e [R(ə)tiRe] *adj* (*personne, vie*) zurückgezogen; (*quartier*) abgelegen

retirer [R(ə)tiRe] *vt* (*candidature, plainte*) zurückziehen; (*vêtement*) ausziehen; (*lunettes*) abnehmen; (*enlever*) wegnehmen; (*bagages, objet en gage, billet réservé*) abholen; (*somme d'argent*) abheben; **se retirer** *vpr* (*partir*) sich zurückziehen, weggehen; (*Pol : d'une compétition*) zurücktreten; (*reculer*) zurückweichen

retombées [Rətɔ̃be] *nfpl* (*radioactives*) Niederschlag *m*; (*d'un événement*) Auswirkungen *pl*

retomber [R(ə)tɔ̃be] *vi* noch einmal fallen; (*atterrir*) aufkommen; (*redescendre*) herunterkommen; (*pendre*) fallen; **~ sur qn** (*responsabilité, frais*) auf jdn fallen

retoquer [R(ə)tɔke] *vt* kippen

rétorquer [RetɔRke] *vt* erwidern

rétorsion [RetɔRsjɔ̃] *nf* : **mesures de ~** Vergeltungsmaßnahmen *pl*

retouche [R(ə)tuʃ] *nf* (*à une peinture, photographie*) Retusche *f*; (*à un vêtement*) Änderung *f*

retoucher [R(ə)tuʃe] *vt* (*photographie, tableau, texte*) retuschieren; (*vêtement*) ändern

retour [R(ə)tuR] *nm* Rückkehr *f*; (*voyage*) Rückreise *f*; (*de marchandise*) Rückgabe *f*; (*par la poste*) Rücksendung *f*; **à mon/ton ~** bei meiner/deiner Rückkehr; **être de ~ (de)** zurück sein (von/aus *+dat*); **« de ~ dans 10 minutes »** „bin in 10 Minuten zurück"; **en ~** dafür; **par ~ du courrier** postwendend; **match ~** Rückspiel *nt*; **~ en arrière** (*Cinéma, Littérature*) Rückblende *f*; (*mesure*) Rückschritt *m*; **« ~ à l'envoyeur »** „zurück an Absender"

retourner [R(ə)tuRne] *vt* (*dans l'autre sens*) umdrehen; (*terre, sol*) umgraben; (*renvoyer : lettre*) zurückschicken; (: *marchandise*) zurückgeben, umtauschen; (*restituer*) zurückgeben; (*émouvoir*) erschüttern ▸ *vi* (*aller de nouveau*) wieder gehen; **se retourner** *vpr* (*personne*) sich umdrehen; (*voiture*) sich überschlagen; **~ à** (*état initial, activité*) zurückkehren zu; **~ en arrière** *ou* **sur ses pas** umkehren; **~ quelque part** wieder irgendwohin gehen; **~ chez soi** heimgehen; **~ à l'école** wieder in die Schule gehen

rétracter [RetRakte] *vt* (*affirmation, promesse*) zurücknehmen; (*antenne etc*) einziehen; **se rétracter** *vpr* (*sur ses promesses*) sein Versprechen zurücknehmen

retrait [R(ə)tRɛ] *nm* (*de candidature, plainte*) Zurückziehen *nt*; (*de bagage, billet réservé*) Abholung *f*; (*de somme d'argent*) Abheben *nt*; (*Pol : d'une compétition*) Rücktritt *m*; (*de personne, armée, eaux*) Zurückweichen *nt*; **en ~** zurückgesetzt; **~ du permis (de conduire)** Führerscheinentzug *m*

retraite [R(ə)tRɛt] *nf* (*d'une armée*) Rückzug *m*; (*d'un employé, fonctionnaire*) Ruhestand *m*; (: *pension*) Rente *f*; (*asile, refuge*) Zuflucht(sort *m*) *f*; **être à la ~** im Ruhestand sein; **mettre à la ~** in den Ruhestand versetzen; **prendre sa ~** in den Ruhestand gehen; **~ anticipée** vorgezogener Ruhestand

retraité, e [R(ə)tRete] *adj* pensioniert ▸ *nm/f* Rentner(in)

retraitement [ʀ(ə)tʀɛtmɑ̃] *nm* Wiederaufbereitung *f*
retraiter [ʀ(ə)tʀete] *vt* wiederaufbereiten
retrancher [ʀ(ə)tʀɑ̃ʃe] *vt* entfernen; (*nombre, somme*) abziehen
retransmettre [ʀ(ə)tʀɑ̃smɛtʀ] *vt* übertragen
retransmission [ʀ(ə)tʀɑ̃smisjɔ̃] *nf* (*Radio, TV*) Übertragung *f*
rétrécir [ʀetʀesiʀ] *vt* enger machen ▶ *vi* (*vêtement*) eingehen; **se rétrécir** *vpr* sich verengen
rétribution [ʀetʀibysjɔ̃] *nf* Bezahlung *f*
rétro [ʀetʀo] *adj* : **mode/style ~** Nostalgiemode *f*/-stil *m* ▶ *nm* (*fam*) = **rétroviseur**
rétroactif, -ive [ʀetʀoaktif, iv] *adj* rückwirkend
rétroéclairé, e [ʀetʀoeklɛʀe] *adj* (*écran*) hintergrundbeleuchtet
rétrograde [ʀetʀɔgʀad] *adj* rückschrittlich
rétrograder [ʀetʀɔgʀade] *vi* (*élève, économie*) zurückfallen; (*Auto*) hinunterschalten
rétroprojecteur [ʀetʀopʀɔʒɛktœʀ] *nm* Overheadprojektor *m*
rétrospectif, -ive [ʀetʀɔspɛktif, iv] *adj* (*étude*) zurückblickend; (*jalousie, peur*) im Nachhinein ▶ *nf* Retrospektive *f*, Rückschau *f*
rétrospectivement [ʀetʀɔspɛktivmɑ̃] *adv* im Nachhinein
retrousser [ʀ(ə)tʀuse] *vt* (*pantalon, jupe, manches*) hochkrempeln
retrouver [ʀ(ə)tʀuve] *vt* wiederfinden; (*occasion, travail*) (wieder) finden; (*reconnaître*) wiedererkennen; (*revoir*) wiedersehen; (*rejoindre*) wiedertreffen; **se retrouver** *vpr* (*s'orienter*) sich zurechtfinden; **se ~ seul/sans argent** auf einmal allein/ohne Geld dastehen; **s'y ~** (*rentrer dans ses frais*) auf seine Kosten kommen
rétrovirus [ʀetʀoviʀys] *nm* Retrovirus *nt*
rétroviseur [ʀetʀɔvizœʀ] *nm* Rückspiegel *m*
retweeter [ʀ(ə)twite] *vt* (*Inform*) retweeten
réunification [ʀeynifikasjɔ̃] *nf* (*Pol*) Wiedervereinigung *f*
Réunion [ʀeynjɔ̃] *nf* : **la ~** Réunion *nt*
réunion [ʀeynjɔ̃] *nf* Versammlung *f*; (*de famille etc*) Treffen *nt*; **~ électorale** Wahlveranstaltung *f*
réunir [ʀeyniʀ] *vt* (*convoquer*) versammeln; (*rapprocher*) zusammenbringen; (*rassembler*) sammeln; (*États, tendances*) vereinigen; (*raccorder, relier*) verbinden; **se réunir** *vpr* (*se rencontrer*) zusammenkommen; (*s'associer*) sich verbünden
réussi, e [ʀeysi] *adj* gelungen
réussir [ʀeysiʀ] *vi* gelingen; (*personne*) Erfolg haben ▶ *vt* (*examen*) bestehen; **~ à faire qch** es schaffen, etw zu tun; **le travail/le mariage lui réussit** die Arbeit/die Ehe bekommt ihm gut; **elle a bien réussi sa sauce** die Soße ist ihr gut gelungen
réussite [ʀeysit] *nf* Erfolg *m*
revaloriser [ʀ(ə)valɔʀize] *vt* (*monnaie*) aufwerten; (*salaires, pensions*) erhöhen; (*doctrine, institution, tradition*) wiederaufwerten
revanche [ʀ(ə)vɑ̃ʃ] *nf* Rache *f*; (*Sport*) Revanche *f*; **prendre sa ~ (sur)** sich rächen (an +*dat*); **en ~** andererseits
rêve [ʀɛv] *nm* Traum *m*; (*activité*) Träumen *nt*; **de ~** traumhaft; **la voiture/maison de ses ~s** das Auto/Haus seiner Träume
revêche [ʀəvɛʃ] *adj* mürrisch
réveil [ʀevɛj] *nm* Aufwachen *nt*; (*de la nature*) Erwachen *nt*; (*d'un volcan*) Aktivwerden *nt*; (*pendule*) Wecker *m*; **au ~** beim Aufwachen; **sonner le ~** zum Wecken blasen
réveiller [ʀeveje] *vt* (*personne*) (auf) wecken; (*douleur*) wecken; **se réveiller** *vpr* aufwachen; (*douleur, animosité*) wiederaufleben; (*volcan*) wieder aktiv werden
réveillon [ʀevɛjɔ̃] *nm* Heiligabend *m*; (*du Nouvel An*) Silvester *nt*; (*dîner*) Abendessen *nt* am Heiligabend/an Silvester
réveillonner [ʀevɛjɔne] *vi* Heiligabend/Silvester feiern
révélateur, -trice [ʀevelatœʀ, tʀis] *adj* : **~ (de qch)** bezeichnend (für etw) ▶ *nm* (*Photo*) Entwickler *m*
révélation [ʀevelasjɔ̃] *nf* (*information*) Enthüllung *f*; (*prise de conscience*) Erkenntnis *f*; (*artiste etc*) Sensation *f*; (*d'un secret, projet*) Bekanntgabe *f*
révéler [ʀevele] *vt* (*divulguer*) enthüllen, bekannt geben; (*témoigner de*) zeigen; (*faire connaître*) bekannt machen; (*Rel*) offenbaren; **se révéler** *vpr* sich zeigen; **se ~ facile/faux** sich als leicht/falsch erweisen
revenant, e [ʀ(ə)vənɑ̃, ɑ̃t] *nm/f* Gespenst *nt*, Geist *m*
revendeur, -euse [ʀ(ə)vɑ̃dœʀ, øz] *nm/f* (*détaillant*) Einzelhändler(in); (*d'occasion*) Gebrauchtwarenhändler(in)
revendication [ʀ(ə)vɑ̃dikasjɔ̃] *nf* Forderung *f*; **journée de ~** ≈ Aktionstag *m*; **~ salariale** Gehaltsforderung *f*

r

revendiquer [ʀ(ə)vɑ̃dike] *vt* fordern; (*responsabilité*) beanspruchen; (*attentat*) sich bekennen zu
revendre [ʀ(ə)vɑ̃dʀ] *vt* (*d'occasion*) weiterverkaufen; (*détailler*) (im Einzelhandel) verkaufen; **avoir du talent/de l'énergie à ~** mehr als genug Talent/Energie haben
revenir [ʀəv(ə)niʀ] *vi* (*venir de nouveau, réapparaître*) wiederkommen; (*rentrer*) zurückkommen; (*calme*) wieder eintreten; **faire ~** (*Culin*) anbräunen; **~ cher** teuer kommen; **~ à** (*études, conversation, projet*) wiederaufnehmen; (*équivaloir à*) hinauslaufen auf *+acc*; **~ à qn** (*part, honneur, responsabilité*) jdm zufallen; (*souvenir, nom*) jdm einfallen; **~ à 100 euros** 100 Euro kosten; **~ à soi** wieder zu sich kommen; **~ de** sich erholen von; **~ sur** (*question, sujet*) zurückkehren zu; (*promesse*) zurücknehmen; **je n'en reviens pas** ich kann es nicht fassen; **~ sur ses pas** umkehren
revente [ʀ(ə)vɑ̃t] *nf* Weiterverkauf *m*, Wiederverkauf *m*
revenu [ʀəv(ə)ny] *nm* (*d'un individu*) Einkommen *nt*; (*de l'État*) Einnahmen *pl*; (*d'une terre*) Ertrag *m*; (*d'un capital*) Rendite *f*; **~ minimum d'insertion** ≈ Sozialhilfe *f*
rêver [ʀeve] *vi, vt* träumen; **~ de** träumen von; **~ à** träumen von
réverbère [ʀevɛʀbɛʀ] *nm* Straßenlaterne *f*
révérence [ʀeveʀɑ̃s] *nf* (*salut*) Verbeugung *f*; (*: de femme*) Knicks *m*
rêverie [ʀɛvʀi] *nf* Träumerei *f*
revers [ʀ(ə)vɛʀ] *nm* Rückseite *f*; (*d'une étoffe*) linke Seite *f*; (*de pantalon*) Aufschlag *m*; (*échec*) Rückschlag *m*; (*Tennis etc*) Rückhand *f*; **le ~ de la médaille** die Kehrseite der Medaille
revêtement [ʀ(ə)vɛtmɑ̃] *nm* (*d'une paroi*) Verkleidung *f*; (*des sols, d'une chaussée*) Belag *m*; (*enduit*) Überzug *m*
revêtir [ʀ(ə)vetiʀ] *vt* (*vêtement*) anziehen; (*forme, caractère*) annehmen; **~ qn de qch** (*autorité*) jdm etw verleihen; **~ qch de** (*carreaux*) etw auslegen mit; (*boiserie*) etw verkleiden mit; (*asphalte, enduit etc*) etw überziehen mit
rêveur, -euse [ʀɛvœʀ, øz] *adj* verträumt ▸ *nm/f* Träumer(in)
revigorer [ʀ(ə)vigɔʀe] *vt* beleben
revirement [ʀ(ə)viʀmɑ̃] *nm* (*changement d'avis*) (Meinungs)umschwung *m*
réviser [ʀevize] *vt* (*texte, ouvrage*) überprüfen; (*comptes*) prüfen; (*Scol*) wiederholen; (*machine, moteur etc*) überholen; (*procès*) wiederaufnehmen
révision [ʀevizjɔ̃] *nf* (*de texte*) Überprüfung *f*; (*de comptes*) Prüfung *f*; (*de leçon*) Wiederholung *f*; (*de machine*) Überholen *nt*; (*de procès*) Wiederaufnahme *f*, Revision *f*; (*de voiture*) Inspektion *f*; **faire des ~s** (*Scol*) den Stoff wiederholen
révisionnisme [ʀevizjɔnism] *nm* Revisionismus *m*
revitaliser [ʀ(ə)vitalize] *vt* neu beleben
revivre [ʀ(ə)vivʀ] *vi* wiederaufleben ▸ *vt* noch einmal durchleben
revoir [ʀ(ə)vwaʀ] *vt* wiedersehen; (*être à nouveau le témoin de*) noch einmal erleben; (*en imagination*) vor sich *dat* sehen; (*texte, édition*) durchsehen, korrigieren; (*Scol*) wiederholen ▸ *nm* : **au ~** auf Wiedersehen; **se revoir** *vpr* sich wiedersehen; **dire au ~ à qn** sich von jdm verabschieden
révolte [ʀevɔlt] *nf* Aufstand *m*
révolter [ʀevɔlte] *vt* entrüsten, empören; **se révolter** *vpr* : **se ~ (contre)** rebellieren (gegen)
révolution [ʀevɔlysjɔ̃] *nf* (*rotation*) Umdrehung *f*; (*Pol*) Revolution *f*; **la ~ industrielle** die industrielle Revolution; **la R~ française** die Französische Revolution
révolutionnaire [ʀevɔlysjɔnɛʀ] *adj* Revolutions-; (*opinions, méthodes*) revolutionär
revolver [ʀevɔlvɛʀ] *nm* Revolver *m*
révoquer [ʀevɔke] *vt* (*fonctionnaire*) seines Amtes entheben; (*arrêt, contrat*) annullieren, aufheben; (*donation*) rückgängig machen
revue [ʀ(ə)vy] *nf* (*défilé*) Parade *f*; (*satirique*) Kabarett *nt*; (*de music-hall*) Revue *f*; (*périodique*) Zeitschrift *f*; **passer en ~** (*problèmes, possibilités*) durchgehen
rez-de-chaussée [ʀed(ə)ʃose] *nm inv* Erdgeschoss *nt*
RF [ɛʀɛf] *sigle f* (= *République française*) Frankreich *nt*
RFA [ɛʀɛfa] *sigle f* (= *République fédérale d'Allemagne*) BRD *f*
Rhénanie [ʀenani] *nf* Rheinland *nt*; **la ~-Palatinat** Rheinland-Pfalz *nt*; **la ~-(du-Nord-)Westphalie** Nordrhein-Westfalen *nt*
rhésus [ʀezys] *adj* Rhesus- ▸ *nm* Rhesusfaktor *m*
Rhin [ʀɛ̃] *nm* : **le ~** der Rhein

rhinite [Rinit] *nf* Nasenkatarrh *m*
rhinocéros [RinɔseRɔs] *nm* Nashorn *nt*, Rhinozeros *nt*
rhododendron [Rɔdɔdɛ̃dRɔ̃] *nm* Rhododendron *m*
Rhône [Ron] *nm* : **le ~** die Rhone *f*
rhubarbe [RybaRb] *nf* Rhabarber *m*
rhum [Rɔm] *nm* Rum *m*
rhumatisant, e [Rymatizɑ̃, ɑ̃t] *nm/f* Rheumatiker(in)
rhumatisme [Rymatism] *nm* Rheuma(tismus *m*) *nt*
rhumatologie [Rymatɔlɔʒi] *nf* Rheumatologie *f*
rhume [Rym] *nm* Schnupfen *m*; **le ~ des foins** Heuschnupfen *m*; **~ de cerveau** Kopfgrippe *f*
ri [Ri] *pp de* **rire**
riant, e [R(i)jɑ̃, R(i)jɑ̃t] *adj* lachend; (*campagne, paysage*) strahlend
RIB [Rib] *sigle m* (= *relevé d'identité bancaire*) *voir* **relevé**
ricain, e [Rikɛ̃, ɛn] (*péj*) *adj* amerikanisch
ricanement [Rikanmɑ̃] *nm* (*méchant*) boshaftes Lachen *nt*; (*bête*) Kichern *nt*
ricaner [Rikane] *vi* boshaft lachen; (*bêtement*) blöde kichern
riche [Riʃ] *adj* reich; (*somptueux*) prächtig; (*aliment*) nahrhaft; (*fertile*) fruchtbar; (*sujet, matière*) ergiebig; (*documentation, vocabulaire*) umfangreich ▸ *nmf* : **les ~s** die Reichen *pl*; **~ en** reich an +*dat*; **~ de** voller
richesse [Riʃɛs] *nf* Reichtum *m*; **richesses** *nfpl* Reichtümer *pl*
ricocher [Rikɔʃe] *vi* : **~ (sur)** hüpfen (auf +*dat*); (*balle*) abprallen (von); **faire ~** (*pierre*) schnalzen *ou* hüpfen lassen
ricochet [Rikɔʃɛ] *nm* : **faire des ~s** Steine auf dem Wasser hüpfen lassen; (*fig*) indirekte Auswirkungen haben; **par ~** (*fig*) indirekt
rictus [Riktys] *nm* Grinsen *nt*
ride [Rid] *nf* Falte *f*, Runzel *f*
ridé, e [Ride] *adj* faltig, runzlig
rideau, x [Rido] *nm* Vorhang *m*; **tirer/ouvrir les ~x** die Vorhänge zuziehen/aufziehen; **~ de fer** (*d'une devanture*) Eisenrouleau *nt*; (*Pol*) Eiserner Vorhang
rider [Ride] *vt* (*peau, front*) runzeln; (*eau, sable etc*) kräuseln; **se rider** *vpr* (*avec l'âge*) Falten bekommen
ridicule [Ridikyl] *adj* lächerlich ▸ *nm* : **le ~** (*état*) das Lächerliche *nt*; (*absurdité*) die lächerliche Seite *f*
ridiculiser [Ridikylize] *vt* lächerlich machen; **se ridiculiser** *vpr* sich lächerlich machen

MOT-CLÉ

rien [Rjɛ̃] *pron* **1** : **(ne) ... rien** nichts; **il n'a rien dit/fait** er hat nichts gesagt/gemacht; **il n'a rien** er hat nichts; **qu'est-ce que vous avez ? — rien** was haben Sie? — nichts; **de rien !** bitte!, keine Ursache!; **n'avoir peur de rien** vor nichts zurückschrecken
2 (*quelque chose*) : **a-t-il jamais rien fait pour nous ?** hat er je etw für uns getan?
3 : **rien d'intéressant** nichts Interessantes; **rien d'autre** nichts anderes; **rien du tout** überhaupt nichts
4 : **rien que** nichts als; **rien que la vérité** nichts als die Wahrheit; **rien que cela** nur das; **rien que pour lui faire plaisir** nur um ihm eine Freude zu machen
▸ *nm* : **un petit rien** (*cadeau*) eine Kleinigkeit; **des riens** Nichtigkeiten *pl*; **un rien de** ein Hauch (von)

rieur, -euse [R(i)jœR, R(i)jøz] *adj* fröhlich
rigide [Riʒid] *adj* steif; (*personne, éducation*) streng
rigolade [Rigɔlad] *nf* Spaß *m*; **c'est de la ~** das ist ein Witz
rigoler [Rigɔle] (*fam*) *vi* (*rire*) lachen; (*s'amuser*) sich amüsieren; (*plaisanter*) Spaß machen
rigolo, -ote [Rigɔlo, ɔt] (*fam*) *adj* komisch ▸ *nm/f* Scherzbold *m*
rigoureusement [RiguRøzmɑ̃] *adv* ganz genau; **~ vrai/interdit** genau der Wahrheit entsprechend/strengstens verboten
rigoureux, -euse [RiguRø, øz] *adj* streng; (*climat*) rau, hart; (*démonstration, analyse, preuves*) genau
rigueur [RigœR] *nf* Strenge *f*; (*du climat*) Härte *f*; (*exactitude*) Genauigkeit *f*; **être de ~** vorgeschrieben sein, Pflicht sein; **à la ~** zur Not
rillettes [Rijɛt] *nfpl* ≈ Schmalzfleisch *nt*
rime [Rim] *nf* Reim *m*
rimer [Rime] *vi* sich reimen; **ne ~ à rien** völlig ungereimt sein; **~ avec** sich reimen mit
rimmel® [Rimɛl] *nm* Wimperntusche *f*
rinçage [Rɛ̃saʒ] *nm* Spülen *nt*; **liquide de ~** (*pour lave-vaisselle*) Klarspülmittel
rince-doigts [Rɛ̃sdwa] *nm inv* Fingerschale *f*
rincer [Rɛ̃se] *vt* (*récipient*) ausspülen; (*objet*) abspülen; (*linge*) spülen; **se rincer** *vpr* : **se ~ la bouche** (sich *dat*) den Mund ausspülen
ring [Riŋ] *nm* Boxring *m*; **monter sur le ~** in den Ring steigen *ou* gehen

r

ringard, e [ʀɛ̃gaʀ, aʀd] *(fam) adj* altmodisch
RIP [ɛʀi'e] *nm abr (= relevé d'identité postale)* Nachweis *m* der Bankverbindung beim Postgiroamt
ripaille [ʀipɑj] *nf* : **faire ~** schmausen
riposte [ʀipɔst] *nf* (schlagfertige) Antwort *f*; *(contre-attaque)* Gegenschlag *m*
riposter [ʀipɔste] *vi (répondre)* antworten; *(contre-attaquer)* zurückschlagen; **~ que** erwidern, dass; **~ à** erwidern *+acc*
ripou [ʀipu] *nm* korrupter Beamter ▶ *adj* korrupt
rire [ʀiʀ] *vi* lachen; *(se divertir)* Spaß haben; *(plaisanter)* Spaß machen ▶ *nm* Lachen *nt*; **se rire** *vpr* : **se ~ de** nicht ernst nehmen; **~ de** lachen über *+acc*; **~ aux éclats/aux larmes** schallend/Tränen lachen; **~ jaune** gezwungen lachen; **pour ~** zum Spaß
ris [ʀi] *nm* : **~ de veau** Kalbsbries *m*
risible [ʀizibl] *adj* lächerlich
risque [ʀisk] *nm* Risiko *nt*; **prendre un ~/des ~s** ein Risiko/Risiken eingehen; **à ses ~s et périls** auf eigene Gefahr, auf eigenes Risiko; **au ~ de faire qch** auf die Gefahr hin, etw zu tun; **~ d'incendie** Feuergefahr *f*
risqué, e [ʀiske] *adj* riskant, gewagt
risquer [ʀiske] *vt* riskieren, aufs Spiel setzen; *(hasarder, tenter)* wagen; **se risquer** *vpr* : **se ~ dans** sich wagen in *+acc*; **ça ne risque rien** da kann nichts passieren; **il a risqué de se tuer** er wäre beinahe dabei umgekommen; **ce qui risque de se produire** was passieren könnte; **se ~ à faire qch** es wagen, etw zu tun
risque-tout [ʀiskətu] *nm/f inv* Draufgänger(in) *m(f)*
rissoler [ʀisɔle] *vi, vt* : **(faire) ~ de la viande/des légumes** Fleisch/Gemüse anbräunen
ristourne [ʀistuʀn] *nf* Rabatt *m*
rite [ʀit] *nm* Ritus *m*; *(fig)* Ritual *nt*
ritournelle [ʀituʀnɛl] *nf* : **c'est toujours la même ~** *(fam)* immer das gleiche Lied
rituel, le [ʀitɥɛl] *adj* rituell; *(fig)* üblich ▶ *nm* Ritual *nt*
rivage [ʀivaʒ] *nm* Ufer *nt*
rival, e, -aux [ʀival, o] *adj* gegnerisch ▶ *nm/f (adversaire)* Gegner(in), Rivale *m*, Rivalin *f*; **sans ~** unerreicht
rivaliser [ʀivalize] *vi* : **~ avec** *(personne)* rivalisieren mit, sich messen mit; *(choses)* sich messen können mit
rivalité [ʀivalite] *nf* Rivalität *f*
rive [ʀiv] *nf* Ufer *nt*
river [ʀive] *vt* nieten
riverain, e [ʀiv(ə)ʀɛ̃, ɛn] *nm/f (d'un fleuve, lac)* Uferbewohner(in); *(d'une route, rue)* Anlieger(in)
rivet [ʀivɛ] *nm* Niete *f*
riveter [ʀiv(ə)te] *vt* nieten
rivière [ʀivjɛʀ] *nf* Fluss *m*; **~ de diamants** Diamantencollier *nt*
rixe [ʀiks] *nf* Rauferei *f*
riz [ʀi] *nm* Reis *m*; **~ au lait** Milchreis *m*
RN [ɛʀɛn] *sigle f (= route nationale) voir* **route**
RNIS [ɛʀɛniɛs] *sigle m (= Réseau numérique à intégration de service)* ISDN *nt*
robe [ʀɔb] *nf* Kleid *nt*; *(de juge, d'avocat)* Robe *f*, Talar *m*; *(d'ecclésiastique)* Gewand *nt*; *(d'un animal)* Fell *nt*; **~ de chambre** Morgenrock *m*; **~ de grossesse** Umstandskleid *nt*; **~ de mariée** Brautkleid *nt*; **~ de soirée** Abendkleid *nt*
robinet [ʀɔbinɛ] *nm* Hahn *m*; **~ du gaz** Gashahn *m*; **~ mélangeur** Mischbatterie *f*
robot [ʀɔbo] *nm* Roboter *m*; **~ de cuisine** Küchenmaschine *f*
robotique [ʀɔbɔtik] *nf* Robotik *f*
robuste [ʀɔbyst] *adj* robust
roc [ʀɔk] *nm* Fels(en) *m*
rocade [ʀɔkad] *nf* Umgehungsstraße *f*
rocaille [ʀɔkaj] *nf (pierraille)* Geröll *nt*; *(terrain)* steiniges Gelände *nt*; *(jardin)* Steingarten *m* ▶ *adj* : **style ~** Rokokostil *m*
rocailleux, -euse [ʀɔkajø, øz] *adj* steinig; *(style, voix)* hart
roche [ʀɔʃ] *nf* Fels(en) *m*
rocher [ʀɔʃe] *nm (bloc)* Felsen *m*; *(matière)* Fels(en *m*) *m*
rocheux, -euse [ʀɔʃø, øz] *adj* felsig
rodage [ʀɔdaʒ] *nm (Auto)* Einfahren *nt*; *(fig)* Erprobungsphase *f*; **« en ~ »** „wird eingefahren"
roder [ʀɔde] *vt (moteur, voiture)* einfahren; *(spectacle, service)* aus den Anfangsschwierigkeiten herausbringen
rôder [ʀode] *vi* herumziehen; *(péj)* sich herumtreiben
rogne [ʀɔɲ] *nf* : **être en ~** gereizt *ou* wütend sein; **se mettre en ~** wütend *ou* gereizt werden
rogner [ʀɔɲe] *vt (cuir, plaque de métal, pages)* beschneiden ▶ *vi* : **~ sur** kürzen
rognons [ʀɔɲɔ̃] *nmpl* Nieren *pl*
rognures [ʀɔɲyʀ] *nfpl* Schnitzel *pl*, Abfälle *pl*

roi [ʀwa] *nm* König *m*; **les R~s mages** die Heiligen Drei Könige *pl*; **le jour** *ou* **la fête des R~s, les R~s** das Dreikönigsfest *nt*

La fête des Rois ist das Dreikönigsfest am 6. Januar. Man isst *la galette des Rois*, einen einfachen, flachen Kuchen, in dem ein Porzellantalisman (la fève) versteckt ist. Wer den Talisman findet, ist König bzw. Königin für den Tag und wählt sich einen Partner aus.

roitelet [ʀwat(ə)lɛ] *nm* Zaunkönig *m*
rôle [ʀol] *nm* Rolle *f*; **jouer un ~ important dans** eine wichtige Rolle spielen bei
Rom [ʀɔm] *nmf* (Sinti und) Roma
rom [ʀɔm] *adj* (*populations*) Roma-
romain, e [ʀɔmɛ̃, ɛn] *adj* römisch; (*Typo*) mager ▶ *nm/f* : **Romain, e** Römer(in) ▶ *nf* (*laitue*) Romagnasalat *m*
roman, e [ʀɔmɑ̃, an] *adj* romanisch ▶ *nm* Roman *m*; **~ d'espionnage** Spionageroman *m*; **~ policier** Kriminalroman *m*
romance [ʀɔmɑ̃s] *nf* sentimentale Ballade *f*
romancer [ʀɔmɑ̃se] *vt* romantisch verklären
romanche [ʀɔmɑ̃ʃ] *adj* rätoromanisch
romancier, -ière [ʀɔmɑ̃sje, jɛʀ] *nm/f* Romanschriftsteller(in)
romand, e [ʀɔmɑ̃, ɑ̃d] *adj* aus der französischen Schweiz, französischschweizerisch ▶ *nm/f* : **Romand, e** Französischschweizer(in)
romanesque [ʀɔmanɛsk] *adj* (*fantastique*) sagenhaft; (*sentimental*) romantisch, sentimental
roman-feuilleton [ʀɔmɑ̃fœjtɔ̃] (*pl* **romans-feuilletons**) *nm* Fortsetzungsroman *m*
romanichel, le [ʀɔmaniʃɛl] *nm/f* Zigeuner(in)
roman-photo [ʀɔmɑ̃fɔto] (*pl* **romans-photos**) *nm* Fotoroman *m*
romantique [ʀɔmɑ̃tik] *adj* romantisch
romantisme [ʀɔmɑ̃tism] *nm* Romantik *f*
romarin [ʀɔmaʀɛ̃] *nm* Rosmarin *m*
rombière [ʀɔ̃bjɛʀ] (*péj*) *nf* alte Schachtel *f*
Rome [ʀɔm] *nf* Rom *nt*
rompre [ʀɔ̃pʀ] *vt* brechen; (*digue*) sprengen; (*silence*) unterbrechen; (*entretien, relations*) abbrechen; (*fiançailles*) lösen; (*équilibre*) stören ▶ *vi* (*couple*) sich trennen; **se rompre** *vpr* (*corde*) reißen; (*digue, branche*) brechen; **~ avec** (*personne*) brechen mit; (*habitude, tradition*) aufgeben
rompu, e [ʀɔ̃py] *pp de* **rompre** ▶ *adj* (*fourbu*) erschöpft; **~ à** beschlagen in *+dat*
romsteck [ʀɔmstɛk] *nm* Rumpsteak *nt*
ronce [ʀɔ̃s] *nf* (*Bot*) Brombeerstrauch *m*; **ronces** *nfpl* (*branches*) Dornen(zweige) *pl*
ronchonner [ʀɔ̃ʃɔne] (*fam*) *vi* meckern
rond, e [ʀɔ̃, ʀɔ̃d] *adj* rund; (*fam : ivre*) voll ▶ *nm* Kreis *m*; **en ~** im Kreis; **je n'ai plus un ~** (*fam*) ich habe keinen roten Heller mehr; **~ de serviette** Serviettenring *m*
rond-de-cuir [ʀɔ̃dkɥiʀ] (*pl* **ronds-de-cuir**) (*péj*) *nm* Bürohengst *m*
ronde [ʀɔ̃d] *nf* (*de surveillance*) Runde *f*, Rundgang *m*; (*danse*) Ringelreihen *m*; (*Mus*) ganze Note *f*; **à 10 km à la ~** im Umkreis von 10 km
rondelet, te [ʀɔ̃dlɛ, ɛt] *adj* rundlich; (*somme*) stattlich
rondelle [ʀɔ̃dɛl] *nf* (*tranche*) Scheibe *f*; (*Tech*) Unterlegscheibe *f*
rondement [ʀɔ̃dmɑ̃] *adv* (*promptement*) zügig, prompt; (*franchement*) ohne Umschweife
rondin [ʀɔ̃dɛ̃] *nm* Klotz *m*
rond-point [ʀɔ̃pwɛ̃] (*pl* **ronds-points**) *nm* Kreisverkehr *m*
ronfler [ʀɔ̃fle] *vi* (*personne*) schnarchen; (*moteur*) brummen; (*poêle*) bullern
ronger [ʀɔ̃ʒe] *vt* annagen, nagen an *+dat*; (*mal, pensée*) quälen; **se ronger** *vpr* : **se ~ les ongles** an den Fingernägeln kauen; **se ~ d'inquiétude/de souci** von Unruhe/Sorgen verzehrt werden; **se ~ les sangs** vor Sorgen fast umkommen
rongeur [ʀɔ̃ʒœʀ] *nm* Nagetier *nt*
ronronner [ʀɔ̃ʀɔne] *vi* schnurren
roquette [ʀɔkɛt] *nf* (*Mil*) Rakete *f*; (*salade*) Salatrauke *f*, Rucola *f*
rosace [ʀozas] *nf* Rosette *f*
rosaire [ʀozɛʀ] *nm* Rosenkranz *m*
rosbif [ʀɔsbif] *nm* Roastbeef *nt*
rose [ʀoz] *nf* Rose *f* ▶ *adj* rosa, rosarot ▶ *nm* (*couleur*) Rosa(rot) *nt*; **~ des vents** Windrose *f*
rosé, e [ʀoze] *adj* rosa(farben), zartrosa ▶ *nm* : **(vin) ~** Rosé(wein *m*) *m*
roseau, x [ʀozo] *nm* Schilf *nt*
rosée [ʀoze] *nf* Tau *m*
roseraie [ʀozʀɛ] *nf* Rosengarten *m*
rosier [ʀozje] *nm* Rosenstrauch *m*
rosse [ʀɔs] *adj* scharf
rosser [ʀɔse] (*fam*) *vt* verprügeln
rossignol [ʀɔsiɲɔl] *nm* Nachtigall *f*; (*crochet*) Dietrich *m*
rot [ʀo] *nm* Rülpser *m*; (*de bébé*) Bäuerchen *nt*
rotation [ʀɔtasjɔ̃] *nf* Umdrehung *f*, Rotation *f*; **par ~** im Turnus; **~ des cultures** Fruchtwechsel *m*; **~ des stocks** (*Comm*) Lagerumschlag *m*

rôti [Roti] *nm* Braten *m*; **~ de bœuf/porc** Rinder-/Schweinebraten *m*
rotin [Rɔtɛ̃] *nm* Rattan *nt*
rôtir [RotiR] *vt, vi* braten; **faire ~** braten
rôtisserie [RɔtisRi] *nf* (*restaurant*) Steakhaus *nt*
rôtissoire [RɔtiswaR] *nf* Grill *m*
rotonde [Rɔtɔ̃d] *nf* (*Archit*) Rundbau *m*
rotule [Rɔtyl] *nf* Kniescheibe *f*
rouage [Rwaʒ] *nm* (*d'un mécanisme*) Zahnrad *nt*; (*fig*) Rädchen *nt* im Getriebe
roublard, e [RublaR, aRd] (*péj*) *adj* durchtrieben
rouble [Rubl] *nm* Rubel *m*
roucouler [Rukule] *vi* gurren; (*amoureux*) turteln
roue [Ru] *nf* Rad *nt*; **faire la ~** ein Rad schlagen; **descendre en ~ libre** im Leerlauf herunterfahren; **~s avant/arrière** Vorder-/Hinterräder *pl*; **grande ~** Riesenrad *nt*; **~ de secours** Reserverad *nt*; **~ dentée** Zahnrad *nt*
roué, e [Rwe] *adj* gerissen
rouer [Rwe] *vt* : **~ de coups** verprügeln
rouet [Rwɛ] *nm* Spinnrad *nt*
rouge [Ruʒ] *adj* rot ▶ *nmf* (*Pol*) Rote(r) *f(m)* ▶ *nm* (*couleur*) Rot *nt*; (*fard*) Rouge *nt*; **(vin) ~** Rotwein *m*; **passer au ~** (*signal*) auf Rot schalten; **porter au ~** (*métal*) rot glühend werden lassen; **~ (à lèvres)** Lippenstift *m*
rougeâtre [Ruʒɑtr] *adj* rötlich
rouge-gorge [Ruʒgɔrʒ] (*pl* **rouges-gorges**) *nm* Rotkehlchen *nt*
rougeole [Ruʒɔl] *nf* Masern *pl*
rouget [Ruʒɛ] *nm* Seebarbe *f*
rougeur [Ruʒœr] *nf* Röte *f*
rougir [Ruʒir] *vi* rot werden; (*de honte, timidité*) erröten
rouille [Ruj] *nf* Rost *m*; (*Culin*) *pikante provenzalische Knoblauchmayonnaise zu Fischsuppe* ▶ *adj inv* (*couleur*) rostrot
rouillé, e [Ruje] *adj* verrostet, rostig
rouiller [Ruje] *vt* rosten lassen; (*corps, esprit*) einrosten lassen ▶ *vi* rosten; **se rouiller** *vpr* rosten; (*fig*) einrosten
roulade [Rulad] *nf* (*Culin*) Roulade *f*; (*Mus*) Koloratur *f*; (*Sport*) Rolle *f*
roulage [Rulaʒ] *nm* Straßentransport *m*
roulant, e [Rulɑ̃, ɑ̃t] *adj* (*surface, trottoir, chaise*) Roll-
rouleau, x [Rulo] *nm* Rolle *f*; (*bigoudi*) Lockenwickler *m*; (*vague*) Roller *m*; **être au bout du ~** (*fam*) am Ende sein; **~ à pâtisserie** Nudelrolle *f*; **~ compresseur** Dampfwalze *f*; **~ de printemps** Frühlingsrolle *f*
roulement [Rulmɑ̃] *nm* (*d'ouvriers*) Schichtwechsel *m*; **par ~** im Turnus; **~ à billes** Kugellager *nt*
rouler [Rule] *vt* rollen; (*tissu, papier, tapis*) aufrollen; (*cigarette*) drehen; (*pâte*) ausrollen; (*fam : tromper*) reinlegen ▶ *vi* rollen; (*voiture, train, automobiliste, cycliste*) fahren; (*bateau*) rollen, schlingern; **se rouler** *vpr* : **se ~ dans** (*boue*) sich wälzen in +*dat*; (*couverture*) sich einrollen in +*acc*; **~ sa bosse** (*fam*) ständig unterwegs sein
roulette [Rulɛt] *nf* (*d'un meuble*) Rolle *f*; (*de dentiste*) Bohrer *m*; (*à pâtisserie*) Teigrädchen *nt*; **la ~** (*jeu*) Roulette *nt*
roulotte [Rulɔt] *nf* Planwagen *m*
roumain, e [Rumɛ̃, ɛn] *adj* rumänisch ▶ *nm/f* : **Roumain, e** Rumäne *m*, Rumänin *f*
Roumanie [Rumani] *nf* : **la ~** Rumänien *nt*
roupiller [Rupije] (*fam*) *vi* pennen
rouquin, e [Rukɛ̃, in] (*péj*) *nm/f* Rotschopf *m*
rouspéter [Ruspete] (*fam*) *vi* schimpfen
rousse [Rus] *adj voir* **roux**
rousseur [Rusœr] *nf* : **tache de ~** Sommersprosse *f*
roussi [Rusi] *nm* : **ça sent le ~** es riecht angebrannt; (*fig*) da ist etw faul
roussir [Rusir] *vt* (*herbe, linge*) ansengen ▶ *vi* (*feuilles*) braun werden; **faire ~** (*Culin*) anbräunen
routard, e [RutaR, aRd] *nm/f* Tramper(in)
route [Rut] *nf* Straße *f*; (*itinéraire, fig*) Weg *m*; **par (la) ~** auf dem Landweg; **il y a 3 heures de ~** es ist eine Strecke von 3 Stunden; **en ~** unterwegs; **en ~ !** auf gehts!; **en cours de ~** unterwegs; **se mettre en ~** sich auf den Weg machen; **faire fausse ~** sich verirren; **~ nationale** ≈ Bundesstraße *f*
router [Rute] *vt* nach Versandgebieten sortieren
routeur [Rutœr] *nm* (*Inform*) Router *m*
routier, -ière [Rutje, jɛR] *adj* Straßen- ▶ *nm* (*camionneur*) Lastwagenfahrer(in) *m(f)*
routine [Rutin] *nf* Routine *f*
routinier, -ière [Rutinje, jɛR] *adj* (*travail, procédé*) eingefahren; (*personne, esprit*) starr
rouvrir [RuvRiR] *vt* wieder öffnen; (*débat etc*) wiedereröffnen; **se rouvrir** *vpr* (*porte*) sich wieder öffnen; (*blessure*) wieder aufgehen
roux, rousse [Ru, Rus] *adj* (*barbe, cheveux*) rot; (*personne*) rothaarig ▶ *nm/f*

Rothaarige(r) *f(m)* ▸ *nm* (*Culin*) Mehlschwitze *f*
royal, e, -aux [ʀwajal, o] *adj* königlich; (*festin, cadeau*) fürstlich; (*fam : paix*) göttlich
royaume [ʀwajom] *nm* Königreich *nt*; (*fig*) Reich *nt*
Royaume-Uni [ʀwajomyni] *nm* : **le ~** das Vereinigte Königreich
royauté [ʀwajote] *nf* (*dignité*) Königswürde *f*; (*régime*) Monarchie *f*
RSA [ɛʀɛsa] *sigle m* (*= revenu de solidarité active*) *Sozialhilfeprogramm*
RSVP [ɛʀɛsvepe] *abr* (*= répondez s'il vous plaît*) u. A. w. g.
RTL [ɛʀteɛl] *sigle f* (*= Radio-Télévision Luxembourg*) RTL
RTT [ɛʀtete] *abr f* (*= réduction du temps de travail*) Arbeitszeitverkürzung *f*
ruban [ʀybɑ̃] *nm* Band *nt*; (*d'acier etc*) Streifen *m*; **~ adhésif** Klebestreifen *m*
rubéole [ʀybeɔl] *nf* Röteln *pl*
rubis [ʀybi] *nm* Rubin *m*
rubrique [ʀybʀik] *nf* Rubrik *f*; (*Presse*) Spalte *f*
ruche [ʀyʃ] *nf* Bienenstock *m*
rude [ʀyd] *adj* rau, hart; **un hiver très ~** ein strenger Winter; **une ~ journée** ein harter Tag
rudement [ʀydmɑ̃] *adv* hart
rudimentaire [ʀydimɑ̃tɛʀ] *adj* (*ameublement, équipement*) elementar; (*insuffisant*) unzureichend; (*connaissances*) rudimentär, Grundlagen-
rudiments [ʀydimɑ̃] *nmpl* Grundlagen *pl*
rudoyer [ʀydwaje] *vt* grob behandeln
rue [ʀy] *nf* Straße *f*; (*Bot*) Raute *f*
ruée [ʀɥe] *nf* Gedränge *nt*; **la ~ vers l'or** der Goldrausch
ruelle [ʀɥɛl] *nf* Sträßchen *nt*
ruer [ʀɥe] *vi* (*cheval, âne*) ausschlagen; **se ruer** *vpr* : **se ~ sur** sich stürzen auf *+acc*; **~ dans les brancards** auf die Barrikaden gehen; **se ~ vers** sich stürzen auf *+acc*; **se ~ dans** sich stürzen in *+acc*; **se ~ hors de** sich hinausstürzen aus
rugby [ʀygbi] *nm* Rugby *nt*
rugir [ʀyʒiʀ] *vi, vt* brüllen
rugueux, -euse [ʀygø, øz] *adj* rau
ruine [ʀɥin] *nf* (*d'un édifice*) Ruine *f*; (*fig*) Ruin *m*; **tomber en ~** zerfallen
ruiner [ʀɥine] *vt* ruinieren; **se ruiner** *vpr* sich ruinieren
ruineux, -euse [ʀɥinø, øz] *adj* ruinös, sehr kostspielig
ruisseau, x [ʀɥiso] *nm* Bach *m*; (*caniveau*) Gosse *f*
ruisseler [ʀɥis(ə)le] *vi* (*eau, larmes*) strömen; (*pluie*) in Strömen fließen; (*mur, arbre*) tropfen; **~ de larmes/sueur** tränenüberströmt/schweißgebadet sein
rumeur [ʀymœʀ] *nf* (*nouvelle*) Gerücht *nt*; (*bruit confus*) Lärm *m*, Gemurmel *nt*
ruminer [ʀymine] *vt* (*herbe*) wiederkäuen; (*chagrin, projet*) mit sich herumtragen ▸ *vi* wiederkäuen
rumsteck [ʀɔmstɛk] *nm* = **romsteck**
rupture [ʀyptyʀ] *nf* (*d'un câble*) Zerreißen *nt*; (*d'une digue, d'un contrat*) Bruch *m*; (*d'un tendon*) Riss *m*; (*des négociations etc*) Abbruch *m*; (*séparation, désunion*) Trennung *f*
rural, e, -aux [ʀyʀal, o] *adj* ländlich
ruse [ʀyz] *nf* List *f*; **par ~** durch eine List
rusé, e [ʀyze] *adj* listig, gewitzt
russe [ʀys] *adj* russisch ▸ *nm* (*Ling*) Russisch *nt* ▸ *nmf* : **Russe** Russe *m*, Russin *f*
Russie [ʀysi] *nf* : **la ~** Russland *nt*
rustique [ʀystik] *adj* (*mobilier etc*) rustikal; (*vie*) ländlich; (*plante*) widerstandsfähig
rustre [ʀystʀ] *nm* Flegel *m*
rutabaga [ʀytabaga] *nm* Kohlrübe *f*, Steckrübe *f*
RV *sigle m* = **rendez-vous**
Rwanda [ʀwɑ̃da] *nm* : **le ~** Ruanda *nt*
rythme [ʀitm] *nm* Rhythmus *m*; (*de la vie*) Tempo *nt*
rythmé, e [ʀitme] *adj* rhythmisch
rythmique [ʀitmik] *adj* rhythmisch

S

S, s [ɛs] *nm inv* S, s *nt*
s *abr* (= *siècle*) Jh
s' [s] *pron voir* **se**
SA [ɛsa] *sigle f* (= *société anonyme*) AG *f*
sa [sa] *adj possessif voir* **son**
sable [sɑbl] *nm* Sand *m*; **~s mouvants** Treibsand *m*
sablé [sɑble] *nm* ≈ Butterkeks *m*
sabler [sɑble] *vt* mit Sand bestreuen; (*contre le verglas*) streuen; **~ le champagne** Champagner schlürfen
sablier [sɑblije] *nm* Sanduhr *f*; (*de cuisine*) Eieruhr *f*
sablière [sɑblijɛʀ] *nf* Sandgrube *f*
sablonneux, -euse [sɑblɔnø, øz] *adj* sandig
sabot [sabo] *nm* (*de cheval, bœuf*) Huf *m*; (*chaussure*) Holzschuh *m*; **~ (de Denver)** Hemmschuh *m*
sabotage [sabɔtaʒ] *nm* Sabotage *f*
saboter [sabɔte] *vt* sabotieren
sabre [sɑbʀ] *nm* Säbel *m*
sac [sak] *nm* Tasche *f*; (*à charbon, plâtre etc*) Sack *m*; (*en papier*) Tüte *f*; (*pillage*) Plünderung *f*; **mettre à ~** plündern; **~ à dos** Rucksack *m*; **~ à main** Handtasche *f*; **~ à provisions** Einkaufstasche *f*; **~ de couchage** Schlafsack *m*
saccade [sakad] *nf* Ruck *m*; **par ~s** ruckweise
saccager [sakaʒe] *vt* plündern; (*dévaster*) verwüsten
saccharine [sakaʀin] *nf* Sa(c)charin *nt*, Süßstoff *m*
SACEM [sasɛm] *sigle f* (= *Société des auteurs, compositeurs et éditeurs de musique*) ≈ GEMA *f*
sachet [saʃɛ] *nm* Tütchen *nt*; **~ de thé** Teebeutel *m*
sacoche [sakɔʃ] *nf* Tasche *f*; (*de bicyclette, motocyclette*) Satteltasche *f*
sacré, e [sakʀe] *adj* heilig; (*fam*) verdammt
sacrement [sakʀəmɑ̃] *nm* Sakrament *nt*
sacrifice [sakʀifis] *nm* Opfer *nt*
sacrifier [sakʀifje] *vt* opfern; **se sacrifier** *vpr* sich aufopfern; **~ à** (*obéir à*) sich unterordnen *+dat*
sacrilège [sakʀilɛʒ] *nm* Sakrileg *nt*; (*fig*) Frevel ▸ *adj* frevelhaft
sacristain [sakʀistɛ̃] *nm* Küster *m*
sacristie [sakʀisti] *nf* Sakristei *f*
sacro-saint, e [sakʀosɛ̃, sɛ̃t] (*pl* **sacro-saints, es**) *adj* hochheilig
sadique [sadik] *adj* sadistisch ▸ *nmf* Sadist(in) *m(f)*
sadisme [sadism] *nm* Sadismus *m*
sadomasochisme [sadomazɔʃism] *nm* Sadomasochismus *m*
sadomasochiste [sadomazɔʃist] *adj* sadomasochistisch
safari [safaʀi] *nm* Safari *f*
safran [safʀɑ̃] *nm* Safran *m*
sagace [sagas] *adj* scharfsinnig
sage [saʒ] *adj* klug, weise; (*enfant*) brav, artig ▸ *nmf* Weiser(in) *f(m)*; **comité des ~s** Expertenkomitee
sage-femme [saʒfam] (*pl* **sages-femmes**) *nf* Hebamme *f*
sagement [saʒmɑ̃] *adv* (*raisonnablement*) klug; (*tranquillement*) artig
sagesse [saʒɛs] *nf* Weisheit *f*, Klugheit *f*
Sagittaire [saʒitɛʀ] *nm* (*Astrol*) Schütze *m*
Sahara [saaʀa] *nm* Sahara *f*
Sahel [saɛl] *nm* Sahel *m*
saignant, e [sɛɲɑ̃, ɑ̃t] *adj* blutend, blutig; (*viande*) blutig
saignée [seɲe] *nf* (*Méd*) Aderlass *m*; (*fig*) schwere Verluste *pl*; **la ~ du bras** die Armbeuge *f*
saignement [sɛɲmɑ̃] *nm* Blutung *f*; **~ de nez** Nasenbluten *nt*
saigner [seɲe] *vi* bluten ▸ *vt* (*Méd*) Blut abnehmen *+dat*; (*animal*) ausbluten lassen; (*fig*) ausnehmen
saillie [saji] *nf* (*d'une construction*) Vorsprung *m*
saillir [sajiʀ] *vi* (*faire saillie*) herausragen
sain, e [sɛ̃, sɛn] *adj* gesund; **~ et sauf** unversehrt
saindoux [sɛ̃du] *nm* Schweineschmalz *nt*
saint, e [sɛ̃, sɛ̃t] *adj* heilig ▸ *nm/f* Heilige(r) *f(m)*; **~ Pierre** der heilige Petrus; (*église*) Sankt Peter
saint-bernard [sɛ̃bɛʀnaʀ] (*pl* **saint-bernards**) *nm* (*chien*) Bernhardiner *m*

Saint-Esprit [sɛ̃tɛspʀi] *nm* : **le ~** der Heilige Geist *m*
sainteté [sɛ̃tte] *nf* Heiligkeit *f*
Saint-Laurent [sɛ̃lɔʀɑ̃] *nm* : **le ~** der Sankt-Lorenz-Strom *m*
Saint-Marin [sɛ̃maʀɛ̃] *nm* San Marino *nt*
Saint-Siège [sɛ̃sjɛʒ] *nm inv* : **le ~** der Heilige Stuhl *m*
Saint-Sylvestre [sɛ̃silvɛstʀ] *nf* : **la ~** Silvester *nt*
saisie [sezi] *nf* (*Jur*) Beschlagnahmung *f*; **~ de données** Dateneingabe *f*
saisir [seziʀ] *vt* ergreifen; (*comprendre, entendre*) erfassen; (*Inform*) eingeben; (*Culin*) scharf anbraten; (*Jur*) beschlagnahmen; **~ un tribunal d'une affaire** ein Gericht wegen etw anrufen
saisissant, e [sezisɑ̃, ɑ̃t] *adj* ergreifend
saisissement [sezismɑ̃] *nm* : **muet de ~** überwältigt
saison [sɛzɔ̃] *nf* Jahreszeit *f*; (*des moissons, semailles*) Zeit *f*; (*touristique*) Saison *f*; **en/hors ~** in/außerhalb der Saison; **haute/basse/morte ~** Hoch-/Neben-/Nachsaison *f*; **les quatre ~s** die vier Jahreszeiten
saisonnier, -ière [sɛzɔnje, jɛʀ] *adj* (*produits*) der Jahreszeit ▶ *nm/f* (*travailleur*) Saisonarbeiter(in)
salace [salas] *adj* schlüpfrig
salade [salad] *nf* Salat *m*; **raconter des ~s** (*fam*) Märchen erzählen; **~ de fruits** Obstsalat *m*
saladier [saladje] *nm* Salatschüssel *f*
salaire [salɛʀ] *nm* Gehalt *nt*; (*hebdomadaire, journalier*) Lohn *m*; **~ de base** Grundgehalt *nt*; **~ minimum interprofessionnel de croissance** gesetzlicher Mindestlohn *m*
salaison [salɛzɔ̃] *nf* (*opération*) Einsalzen *nt*; **salaisons** *nfpl* (*produits*) Gepökeltes *nt*
salamandre [salamɑ̃dʀ] *nf* Salamander *m*
salami [salami] *nm* Salami *f*
salariat [salaʀja] *nm* Gehaltsempfänger *pl*, Lohnempfänger *pl*
salarié, e [salaʀje] *nm/f* Gehaltsempfänger(in), Lohnempfänger(in)
salaud [salo] (*vulg*) *nm* Scheißkerl *m*
sale [sal] *adj* dreckig
salé, e [sale] *adj* salzig; (*assaisonné de sel* : *note, facture*) gesalzen
salement [salmɑ̃] *adv* (*manger etc*) wie ein Schwein
saler [sale] *vt* (*plat*) salzen; (*pour conserver*) einpökeln
saleté [salte] *nf* Schmutz *m*; (*action vile, obscénité*) Schweinerei *f*; (*chose sans valeur*) Mist *m*
salière [saljɛʀ] *nf* Salzfässchen *nt*
saligaud [saligo] (*vulg*) *nm* Schweinehund *m*
salin, e [salɛ̃, in] *adj* Salz- ▶ *nf* Saline *f*
salir [saliʀ] *vt* beschmutzen, schmutzig machen; (*fig*) in den Dreck *ou* Schmutz ziehen
salissant, e [salisɑ̃, ɑ̃t] *adj* leicht schmutzend, empfindlich; (*métier*) schmutzig; **le blanc, c'est ~** Weiß wird leicht schmutzig
salive [saliv] *nf* Speichel *m*
saliver [salive] *vi* sabbern
salle [sal] *nf* Zimmer *nt*; (*de musée, d'un cinéma, public*) Saal *m*; **faire ~ comble** (ein) volles Haus haben; **~ à manger** Esszimmer *nt*; **~ d'attente** Wartesaal *m*; **~ de bain(s)** Badezimmer *nt*; **~ de séjour** Wohnzimmer *nt*
salmonellose [salmɔneloz] *nf* Salmonellenvergiftung *f*
salon [salɔ̃] *nm* Wohnzimmer *nt*; (*mobilier*) Wohnzimmer(möbel *pl*) *nt*; **~ de coiffure** Friseursalon *m*; **~ de thé** Café *nt*
salopard [salɔpaʀ] (*vulg*) *nm* Scheißkerl *m*
salope [salɔp] (*vulg*) *nf* Miststück *nt*
saloper [salɔpe] (*vulg*) *vt* versauen
saloperie [salɔpʀi] (*vulg*) *nf* Schweinerei *f*, Sauerei *f*
salopette [salɔpɛt] *nf* (*de travail*) Overall *m*; (*pantalon*) Latzhose *f*
salpêtre [salpɛtʀ] *nm* Salpeter *m*
salsa [salsa] *nf* Salsamusik *f*
salsifis [salsifi] *nm* Schwarzwurzel *f*
saltimbanque [saltɛ̃bɑ̃k] *nmf* Schausteller(in) *m(f)*
salubre [salybʀ] *adj* gesund
saluer [salɥe] *vt* grüßen; (*pour dire au revoir*) sich verabschieden von; (*Mil*) salutieren *+dat*
salut [saly] *nm* (*sauvegarde*) Wohl *nt*; (*Rel*) Heil *nt*, Erlösung *f*; (*geste, parole d'accueil etc*) Gruß *m*; (*Mil*) Salut *m* ▶ *excl* (*fam*) hallo; (*pour dire au revoir*) tschüs(s)
salutaire [salytɛʀ] *adj* heilsam, nützlich
salutations [salytasjɔ̃] *nfpl* Grüße *pl*; **veuillez agréer, Monsieur, mes ~ distinguées** *ou* **respectueuses** ≈ mit freundlichen Grüßen
Salvador [salvadɔʀ] *nm* : **le ~** El Salvador *nt*
salvadorien, ne [salvadɔʀjɛ̃, ɛn] *adj* salvadorianisch
samedi [samdi] *nm* Samstag *m*; *voir aussi* **lundi**
SAMU [samy] *sigle m* (*= service d'assistance médicale d'urgence*) ≈ medizinischer Notdienst *m*

S

sanatorium [sanatɔʀjɔm] *nm* Sanatorium *nt*
sanctifier [sɑ̃ktifje] *vt* heiligen
sanction [sɑ̃ksjɔ̃] *nf* Sanktion *f*
sanctuaire [sɑ̃ktɥɛʀ] *nm* (*d'une église*) Allerheiligstes *nt*; (*édifice, lieu saint*) heiliger Ort *m*
sandale [sɑ̃dal] *nf* Sandale *f*
sandwich [sɑ̃dwi(t)ʃ] *nm* Sandwich *nt*; **être pris en ~ entre** eingeklemmt sein zwischen *+dat*
sang [sɑ̃] *nm* Blut *nt*; **se faire du mauvais ~** sich aufregen
sang-froid [sɑ̃fʀwa] *nm inv* Kaltblütigkeit *f*; **garder son ~** einen kühlen Kopf bewahren; **perdre son ~** seinen kühlen Kopf verlieren
sanglant, e [sɑ̃glɑ̃, ɑ̃t] *adj* blutig; (*reproche, affront*) verletzend
sangle [sɑ̃gl] *nf* Gurt *m*
sanglier [sɑ̃glije] *nm* Wildschwein *nt*
sangloter [sɑ̃glɔte] *vi* schluchzen
sangria [sɑ̃gʀija] *nf* Sangria *f*
sangsue [sɑ̃sy] *nf* Blutegel *m*
sanguin, e [sɑ̃gɛ̃, in] *adj* Blut-; (*tempérament*) feurig
sanguinaire [sɑ̃ginɛʀ] *adj* blutrünstig
sanguine [sɑ̃gin] *nf* (*orange*) Blutorange *f*; (*Art*) Rötelzeichnung *f*
sanisette® [sanizɛt] *nf* (*automatische*) *öffentliche Toilette*
sanitaire [sanitɛʀ] *adj* (*Méd*) Gesundheits-; **sanitaires** *nmpl* Sanitäreinrichtungen *pl*; **installation ~** sanitäre Anlagen *pl*
sans [sɑ̃] *prép* ohne; **~ qu'il s'en aperçoive** ohne dass er es merkt
sans-abri [sɑ̃zabʀi] (*pl* **sans-abris**) *nmf* Obdachlose(r) *f(m)*
sans-emploi [sɑ̃zɑ̃plwa] (*pl* **sans-emplois**) *nmf* Arbeitslose(r) *f(m)*
sans-faute [sɑ̃fot] (*pl* **sans-fautes**) *nm* (*Sport*) fehlerfreier Lauf *m*; (*fig*) Glanzleistung *f*
sans-gêne [sɑ̃ʒɛn] *adj inv* ungeniert ▶ *nm inv* Ungeniertheit *f*
sans-logis [sɑ̃lɔʒi] *nmf inv* Obdachlose(r) *f(m)*
sans-papiers [sɑ̃papje] *nmf inv* statusloser Einwanderer *m*, statuslose Einwanderin *f* ▶ *adj inv* (*travailleur, mineur*) ohne Papiere
sans-souci [sɑ̃susi] *adj inv* sorglos
santal [sɑ̃tal] *nm* Sandelholz *nt*
santé [sɑ̃te] *nf* Gesundheit *f*; **être en bonne ~** gesund sein; **boire à la ~ de qn** auf jds Wohl trinken; **(à votre/ta) ~ !** zum Wohl!
santon [sɑ̃tɔ̃] *nm* Krippenfigur *f*
saoudien, ne [saudjɛ̃, jɛn] *adj* saudi-arabisch ▶ *nm/f*: **Saoudien, ne** Saudi-Araber(in)
saoul, e [su, sul] *adj* = **soûl**
saper [sape] *vt* untergraben; (*fig*) unterminieren
sapeur [sapœʀ] *nm* (*Mil*) Pionier *m*
sapeur-pompier, sapeuse-pompière [sapœʀpɔ̃pje, sapøzpɔ̃pjeʀ] (*pl* **sapeurs-pompiers , sapeuses-pompières**) *nm/f* Feuerwehrmann (Feuerwehrfrau) *m(f)*
saphir [safiʀ] *nm* Saphir *m*
sapin [sapɛ̃] *nm* Tanne *f*; **~ de Noël** Weihnachtsbaum *m*
sarbacane [saʀbakan] *nf* Blasrohr *nt*; (*jouet*) Pusterohr *nt*
sarcasme [saʀkasm] *nm* Sarkasmus *m*
sarcastique [saʀkastik] *adj* sarkastisch
sarcler [saʀkle] *vt* jäten
sarcome [saʀkom] *nm* Sarkom *nt*; **~ de Kaposi** Kaposisarkom *nt*
sarcophage [saʀkɔfaʒ] *nm* Sarkophag *m*
Sardaigne [saʀdɛɲ] *nf*: **la ~** Sardinien *nt*
sarde [saʀd] *adj* sardisch
sardine [saʀdin] *nf* Sardine *f*
sari [saʀi] *nm* Sari *m*
SARL [ɛsaɛʀɛl] *sigle f* (= *société à responsabilité limitée*) GmbH *f*
sarment [saʀmɑ̃] *nm* : **~ (de vigne)** Weinranke *f*
sarrau [saʀo] *nm* Kittel *m*
Sarre [saʀ] *nf*: **la ~** das Saarland; (*rivière*) die Saar *f*
Sarrebruck [saʀbʀyk] *n* Saarbrücken *nt*
sarriette [saʀjɛt] *nf* Bohnenkraut *nt*
sas [sɑs] *nm* (*d'un sous-marin, d'un engin spatial*) Luftschleuse *f*; (*d'une écluse*) Schleusenkammer *f*
satané, e [satane] *adj* verflucht
satanique [satanik] *adj* teuflisch
satelliser [satelize] *vt* in die Umlaufbahn schießen; (*pays*) zu seinem Satelliten machen
satellite [satelit] *nm* Satellit *m*
satellite-espion [satelitɛspjɔ̃] (*pl* **satellites-espions**) *nm* Spionagesatellit *m*
satellite-observatoire [satelitɔpsɛʀvatwaʀ] (*pl* **satellites-observatoires**) *nm* Beobachtungssatellit *m*
satellite-relais [satelitʀəlɛ] (*pl* **satellites-relais**) *nm* Übertragungssatellit *m*
satiété [sasjete] *nf*: **manger à ~** sich satt essen; **boire à ~** seinen Durst löschen; **répéter à ~** bis zum Überdruss wiederholen

satin [satɛ̃] *nm* Satin *m*
satiné, e [satine] *adj* satiniert; (*peau*) seidig
satirique [satiʀik] *adj* satirisch
satisfaction [satisfaksjɔ̃] *nf* (*d'un besoin, désir*) Befriedigung *f*; (*état*) Zufriedenheit *f*; **obtenir ~** Genugtuung erlangen; **donner ~ (à qn)** (jdn) zufriedenstellen
satisfaire [satisfɛʀ] *vt* befriedigen; **~ à** erfüllen
satisfaisant, e [satisfəzɑ̃, ɑ̃t] *adj* befriedigend
satisfait, e [satisfɛ, ɛt] *adj* zufrieden; **~ de** zufrieden mit
saturation [satyʀasjɔ̃] *nf* (*Phys*) Sättigung *f*; (*de l'emploi, du marché*) Übersättigung *f*
saturer [satyʀe] *vt* übersättigen
sauce [sos] *nf* Soße *f*; **en ~** mit Soße; **~ tomate** Tomatensoße *f*
saucière [sosjɛʀ] *nf* Soßenschüssel *f*, Sauciere *f*
saucisse [sosis] *nf* Wurst *f*
saucisson [sosisɔ̃] *nm* Wurst *f*; **~ à l'ail** Knoblauchwurst *f*; **~ sec** Hartwurst *f*
saucissonner [sosisɔne] (*fam*) *vi* einen Happen essen
sauf¹ [sof] *prép* außer +*dat*; **~ si** außer, wenn; **~ avis contraire** sofern nichts Gegenteiliges gesagt wird; **~ empêchement** wenn sich keine Probleme ergeben; **~ erreur** wenn ich mich nicht irre
sauf², sauve [sof, sov] *adj* unbeschadet; **laisser la vie sauve à qn** jds Leben verschonen
sauf-conduit [sofkɔ̃dɥi] (*pl* **sauf-conduits**) *nm* Geleitbrief *m*
sauge [soʒ] *nf* Salbei *m*
saugrenu, e [sogʀəny] *adj* absurd
saule [sol] *nm* Weide *f*; **~ pleureur** Trauerweide *f*
saumon [somɔ̃] *nm* Lachs *m*; **~ fumé** Räucherlachs *m*
saumure [somyʀ] *nf* Salzlake *f*
sauna [sona] *nm* Sauna *f*
saupoudrer [sopudʀe] *vt* : **~ qch de** etw bestreuen mit
saut [so] *nm* Sprung *m*; (*Sport*) Springen *nt*; **faire un ~ chez qn** auf einen Sprung bei jdm vorbeischauen; **au ~ du lit** beim Aufstehen; **~ en hauteur/longueur/à la perche** Hoch-/Weit-/Stabhochsprung *m*; **~ à l'élastique** Bungeejumping *nt*; **~ en parachute** Fallschirm(ab)sprung *m*; **~ périlleux** Salto mortale *m*
saute [sot] *nf* : **~ de température** Temperaturumschwung *m*; **avoir des ~s d'humeur** launisch sein
sauté, e [sote] *adj* (*Culin*) gebraten ▶ *nm* : **~ de veau** ≈ Kalbsbraten *m*
saute-mouton [sotmutɔ̃] (*pl* **saute-moutons**) *nm* : **jouer à ~** Bockspringen spielen
sauter [sote] *vi* springen; (*exploser*) in die Luft fliegen; (*fusibles*) durchbrennen; (*corde etc*) reißen ▶ *vt* (*obstacle*) überspringen; **faire ~** in die Luft sprengen; (*Culin*) braten; **~ en parachute** mit dem Fallschirm abspringen; **~ à la corde** seilspringen; **~ de joie** vor Freude hüpfen
sauterelle [sotʀɛl] *nf* Heuschrecke *f*
sautiller [sotije] *vi* hüpfen
sauvage [sovaʒ] *adj* wild; (*insociable*) ungesellig ▶ *nmf* (*primitif*) Wilde(r) *f(m)*; (*brute*) Barbar(in) *m(f)*
sauve [sov] *adj f voir* **sauf**
sauvegarde [sovgaʀd] *nf* Schutz *m*; (*Inform*) Speichern *nt*, Sichern *nt*; **logiciel de ~** Sicherungssoftware *f*; **faire une ~** (*Inform*) ein Back-up durchführen
sauvegarder [sovgaʀde] *vt* schützen; (*Inform*) sichern
sauve-qui-peut [sovkipø] *nm inv* Panik *f* ▶ *excl* rette sich, wer kann
sauver [sove] *vt* retten; **se sauver** *vpr* (*s'enfuir*) weglaufen; (*fam : partir*) abhauen; **~ qn de** jdn retten aus
sauvetage [sov(ə)taʒ] *nm* Rettung *f*
sauveteur, -euse [sov(ə)tœʀ, øz] *nm/f* Retter(in)
sauvette [sovɛt] *nf* : **à la ~** (*se marier etc*) überstürzt; **vente à la ~** illegaler Verkauf *m*
sauveur [sovœʀ] *nm* Retter *m*; **le S~** (*Rel*) der Erlöser *m*
SAV [ɛsave] *sigle m* (= *service après-vente*) Kundendienst *m*
savamment [savamɑ̃] *adv* (*avec érudition*) gelehrt; (*habilement*) geschickt
savane [savan] *nf* Savanne *f*
savant, e [savɑ̃, ɑ̃t] *adj* (*érudit, instruit*) gelehrt; (*édition, revue, travaux*) wissenschaftlich; (*démonstration, combinaison*) geschickt ▶ *nm* Gelehrter *m*; **animal ~** dressiertes Tier *nt*
saveur [savœʀ] *nf* Geschmack *m*; (*fig*) Reiz *m*
Savoie [savwa] *nf* : **la ~** Savoyen *nt*
savoir [savwaʀ] *vt* wissen; (*le grec, la grammaire, sa leçon, son rôle etc : être capable de*) können ▶ *nm* Wissen *nt*; **~ nager** schwimmen können; **sans le ~** unbewusst
savoir-faire [savwaʀfɛʀ] *nm inv* : **le ~** das Know-how

S

savoir-vivre [savwaʀvivʀ] *nm inv* gute Manieren *pl*
savon [savɔ̃] *nm* Seife *f*; **passer un ~ à qn** (*fam*) jdm ordentlich den Kopf waschen
savonner [savɔne] *vt* einseifen
savonnette [savɔnɛt] *nf* Toilettenseife *f*
savonneux, -euse [savɔnø, øz] *adj* seifig
savourer [savuʀe] *vt* genießen
savoureux, -euse [savuʀø, øz] *adj* köstlich
Saxe [saks] *nf*: **la ~** Sachsen *nt*; **la ~-Anhalt** Sachsen-Anhalt *nt*
saxo [saksɔ], **saxophone** [saksɔfɔn] *nm* Saxofon *nt*
scalpel [skalpɛl] *nm* Skalpell *nt*
scalper [skalpe] *vt* skalpieren
scampi [skɑ̃pi] *nmpl* Scampi *pl*
scandale [skɑ̃dal] *nm* Skandal *m*; **faire ~** Anstoß erregen
scandaleux, -euse [skɑ̃dalø, øz] *adj* skandalös
scandaliser [skɑ̃dalize] *vt* entsetzen
scandinave [skɑ̃dinav] *adj* skandinavisch ▸ *nmf*: **Scandinave** Skandinavier(in) *m(f)*
Scandinavie [skɑ̃dinavi] *nf*: **la ~** Skandinavien *nt*
scanner[1] [skanɛʀ] *nm* Scanner *m*; (*Méd*) Tomografie *f*
scanner[2] [skane] *vt* (ein)scannen
scaphandre [skafɑ̃dʀ] *nm* (*de plongeur*) Taucheranzug *m*
scaphandrier, ère [skafɑ̃dʀije] *nm/f* Taucher(in) *m(f)*
scarabée [skaʀabe] *nm* Mistkäfer *m*
scarlatine [skaʀlatin] *nf*: **la ~** Scharlach *m*
sceau, x [so] *nm* Siegel *nt*; (*fig*) Stempel *m*
scélérat, e [seleʀa, at] *nm/f* Schurke *m*, Schurkin *f*
sceller [sele] *vt* besiegeln; (*fermer*) versiegeln
scénario [senaʀjo] *nm* Skript *nt*, Drehbuch *nt*
scène [sɛn] *nf* Szene *f*; (*lieu de l'action*) Schauplatz *m*; (*Théât*) Bühne *f*; **entrer en ~** auftreten; **mettre en ~** inszenieren; **~ de ménage** Ehekrach *m*
sceptique [sɛptik] *adj* skeptisch
sceptre [sɛptʀ] *nm* Zepter *nt*
Schaffhouse [ʃafuz] *nf* Schaffhausen *nt*
schéma [ʃema] *nm* Schema *nt*
schématique [ʃematik] *adj* schematisch
schisme [ʃism] *nm* Spaltung *f*
schiste [ʃist] *nm* Schiefer *m*; **gaz de ~** Schiefergas *nt*
schizophrène [skizɔfʀɛn] *nmf* Schizophrene(r) *f(m)*
schizophrénie [skizɔfʀeni] *nf* Schizophrenie *f*
Schleswig-Holstein [ʃlɛsvikɔlʃtajn] *nm*: **le ~** Schleswig-Holstein *nt*
sciatique [sjatik] *nf* Ischias *m*
scie [si] *nf* Säge *f*; **~ à bois** Holzsäge *f*; **~ à métaux** Metallsäge *f*; **~ circulaire** Kreissäge *f*
sciemment [sjamɑ̃] *adv* wissentlich
science [sjɑ̃s] *nf* Wissenschaft *f*; (*savoir*) Wissen *nt*; **les ~s** die Naturwissenschaften *pl*; **~s politiques** politische Wissenschaft
science-fiction [sjɑ̃sfiksjɔ̃] (*pl* **sciences-fictions**) *nf* Science-Fiction *f*
scientifique [sjɑ̃tifik] *adj* wissenschaftlich ▸ *nmf* (*savant*) Wissenschaftler(in) *m(f)*
scier [sje] *vt* sägen
scierie [siʀi] *nf* Sägewerk *nt*
scinder [sɛ̃de] *vt* aufspalten; **se scinder** *vpr* (*parti*) sich spalten
scintiller [sɛ̃tije] *vi* funkeln
sciure [sjyʀ] *nf*: **~ (de bois)** Sägemehl *nt*
sclérose [skleʀoz] *nf* Sklerose *f*; (*fig*) Verknöcherung *f*; **~ artérielle** Arterienverkalkung *f*; **~ en plaques** multiple Sklerose *f*
scléroser [skleʀoze]: **se scléroser** *vpr* sklerotisch werden; (*fig*) verknöchern
scolaire [skɔlɛʀ] *adj* Schul-, schulisch; **l'année ~** das Schuljahr *nt*; **d'âge ~** im schulpflichtigen Alter
scolarisation [skɔlaʀizasjɔ̃] *nf* (*d'un enfant*) Einschulung *f*
scolariser [skɔlaʀize] *vt* mit Schulen versorgen; (*enfant*) einschulen
scolarité [skɔlaʀite] *nf* Schulbesuch *m*, Schulzeit *f*; **frais de ~** Schulgeld *nt*; **la ~ obligatoire** die Schulpflicht *f*
scoop [skup] *nm* Knüller *m*
scooter [skutœʀ] *nm* Motorroller *m*; **~ des neiges** Schneebob *m*
score [skɔʀ] *nm* Punktestand *m*
scorpion [skɔʀpjɔ̃] *nm* Skorpion *m*; **être S~** (*Astrol*) Skorpion sein
scotch [skɔtʃ] *nm* (*whisky*) Scotch *m*; **S~**® Tesafilm® *m*
scotché, e [skɔtʃe] *adj* (*fam: immobilisé*): **il reste des heures ~ devant la télévision** er sitzt Stunden wie angenagelt vor dem Fernsehe; (*: stupéfait*): **je suis resté ~** ich war baff
scotcher [skɔtʃe] *vt* mit Tesafilm® kleben; (*fam: stupéfier*) vom Hocker hauen
scout [skut] *nm* Pfadfinder *m*
scoutisme [skutism] *nm* Pfadfinderbewegung *f*
scribe [skʀib] *nm* Schreiber(in) *m(f)*; (*péj*) Schreiberling *m*
script [skʀipt] *nm* (*écriture*) Druckschrift *f*; (*Ciné*) Drehbuch *nt*

scrupule [skrypyl] *nm* Skrupel *m*
scrupuleusement [skrypyløzmɑ̃] *adv* gewissenhaft
scrupuleux, -euse [skrypylø, øz] *adj* gewissenhaft
scrutateur, -trice [skrytatœr, tris] *adj* forschend
scruter [skryte] *vt* erforschen
scrutin [skrytɛ̃] *nm* Wahl *f*; **~ à deux tours** Wahl mit zwei Wahlgängen; **~ majoritaire** Mehrheitswahl *f*
sculpter [skylte] *vt* in Stein hauen; (*matière*) behauen
sculpteur [skyltœr] *nm* (*nf aussi* **sculpteure, sculptrice**) Bildhauer(in) *m(f)*
sculpture [skyltyr] *nf* Skulptur *f*
SDF *sigle m/f* (*= sans domicile fixe*) Obdachlose(r) *f(m)*

MOT-CLÉ

se, s' [sə] *pron* **1** (*réfléchi*) sich; **se voir dans un miroir** sich in einem Spiegel sehen; **se casser la jambe/laver les mains** sich *dat* das Bein brechen/die Hände waschen
2 (*réciproque*) sich, einander; **ils s'aiment** sie lieben sich *ou* einander
3 (*passif*) : **cela se répare facilement** das ist leicht zu reparieren

séance [seɑ̃s] *nf* Sitzung *f*; (*Ciné, Théât*) Vorstellung *f*; **~ tenante** unverzüglich
séant, e [seɑ̃, ɑ̃t] *adj* anständig ▶ *nm* (*postérieur*) Hinterteil *nt*
seau, x [so] *nm* Eimer *m*; **~ à glace** (Eis)kühler *m*
sébum [sebɔm] *nm* Hauttalg *m*
sec, sèche [sɛk, sɛʃ] *adj* trocken; (*fruits*) getrocknet; (*bruit*) kurz; (*réponse, ton*) schroff; (*cœur*) hart ▶ *nm* : **tenir au ~** trocken aufbewahren ▶ *adv* (*démarrer*) hart
sécateur [sekatœr] *nm* Gartenschere *f*
sécession [sesesjɔ̃] *nf* : **faire ~** sich abspalten
sèche [sɛʃ] *adj voir* **sec**
sèche-cheveux [sɛʃʃəvø] *nm inv* Haartrockner *m*
sèche-linge [sɛʃlɛ̃ʒ] (*pl* **sèche-linge(s)**) *nm* Wäschetrockner *m*
sèche-mains [sɛʃmɛ̃] *nm inv* Händetrockner *m*
sécher [seʃe] *vt* trocknen; (*peau, blé, bois*) austrocknen; (*fam : Scol*) schwänzen ▶ *vi* trocknen; (*fam : candidat*) ins Rotieren kommen
sécheresse [sɛʃrɛs] *nf* Trockenheit *f*
séchoir [seʃwar] *nm* Wäschetrockner *m*; (*à cheveux*) Haartrockner *m*
second, e [s(ə)gɔ̃, ɔ̃d] *adj* zweite(r, s) ▶ *nm* (*adjoint*) zweiter Mann *m*; (*Naut*) ≈ Unteroffizier *m*, Maat *m*; (*étage*) zweiter Stock *m* ▶ *nf* Sekunde *f*; (*Scol*) ≈ Obersekunda *f*, elfte Klasse *f*; **voyager en ~e** zweiter Klasse reisen
secondaire [s(ə)gɔ̃dɛr] *adj* zweitrangig, sekundär; (*Scol*) höher
secondement [s(ə)gɔ̃dmɑ̃] *adv* zweitens
seconder [s(ə)gɔ̃de] *vt* helfen *+dat*, unterstützen
secouer [s(ə)kwe] *vt* schütteln; (*tapis*) ausschütteln; (*passagers*) durchschütteln; (*explosion, séisme*) erschüttern
secourir [s(ə)kurir] *vt* helfen
secourisme [s(ə)kurism] *nm* Erste Hilfe *f*
secouriste [s(ə)kurist] *nmf* Sanitäter(in) *m(f)*
secours [s(ə)kur] *nm* Hilfe *f*; **secours** *nmpl* (*soins à un malade, blessé*) Hilfe *f*; **appeler au ~** um Hilfe rufen; **aller au ~ de qn** jdm zu Hilfe eilen; **porter ~ à qn** jdm helfen; **les premiers ~** Erste Hilfe
secousse [s(ə)kus] *nf* Erschütterung *f*; (*électrique*) Schock *m*; **~ sismique** *ou* **tellurique** Erdstoß *m*
secret, -ète [səkrɛ, ɛt] *adj* geheim; (*renfermé*) reserviert ▶ *nm* Geheimnis *nt*; **en ~** insgeheim; **~ médical** ärztliche Schweigepflicht *f*
secrétaire [s(ə)kretɛr] *nmf* Sekretär(in) *m(f)* ▶ *nm* (*meuble*) Sekretär *m*; **~ d'État** Staatssekretär(in) *m(f)*; **~ de direction** Direktionssekretär(in) *m(f)*; **~ général** Generalsekretär(in) *m(f)*
secrétariat [s(ə)kretarja] *nm* (*profession*) Sekretärinnenberuf *m*; (*bureau*) Sekretariat *nt*
sécréter [sekrete] *vt* absondern
sectaire [sɛktɛr] *adj* sektiererisch
sectarisme [sɛktarism] *nm* Sektierertum *nt*
secte [sɛkt] *nf* Sekte *f*
secteur [sɛktœr] *nm* Sektor *m*; **branché sur le ~** (*Élec*) ans Stromnetz angeschlossen; **le ~ privé/public** der private/öffentliche Sektor
section [sɛksjɔ̃] *nf* Schnitt *m*; (*tronçon*) Abschnitt *m*; (: *de parcours*) Teilstrecke *f*; (*d'une entreprise, école*) Abteilung *f*; (*Mil, Scol*) Zug *m*
sectionner [sɛksjɔne] *vt* durchschneiden; (*membre*) abtrennen
sécu [seky] *abr f* (*= sécurité sociale*) *voir* **sécurité**
séculaire [sekylɛr] *adj* (*qui a lieu tous les cent ans*) Jahrhundert-; (*très vieux*) uralt
séculier, -ière [sekylje, jɛr] *adj* weltlich

S

secundo [s(ə)gɔ̃do] *adv* zweitens
sécuriser [sekyʀize] *vt* ein Gefühl der Sicherheit geben *+dat*
sécurité [sekyʀite] *nf* Sicherheit *f*; **la ~ de l'emploi** ein sicherer Arbeitsplatz *m*; **~ routière** Sicherheit *f* im Straßenverkehr; **la S~ sociale** die Sozialversicherung *f*
sédatif, -ive [sedatif, iv] *adj* beruhigend ▶ *nm* Beruhigungsmittel *nt*
sédentaire [sedɑ̃tɛʀ] *adj* sesshaft; (*profession*) sitzend
sédiment [sedimɑ̃] *nm* Bodensatz *m*; **sédiments** *nmpl* (*alluvions*) Ablagerungen *pl*
séducteur, -trice [sedyktœʀ, tʀis] *nm/f* Verführer(in)
séduction [sedyksjɔ̃] *nf* Verführung *f*; (*charme, attrait*) Reiz *m*
séduire [sedɥiʀ] *vt* (*personne*) erobern; (*péj*) verführen; (*chose*) ansprechen
séduisant, e [sedɥizɑ̃, ɑ̃t] *adj* verführerisch
segment [sɛgmɑ̃] *nm* (*Math*) Segment *nt*; (*section, morceau*) Abschnitt *m*; **~ (de piston)** Kolbenring *m*
segmenter [sɛgmɑ̃te] *vt* teilen
ségrégation [segʀegasjɔ̃] *nf* Absonderung *f*
seiche [sɛʃ] *nf* Tintenfisch *m*
seigle [sɛgl] *nm* Roggen *m*
seigneur [sɛɲœʀ] *nm* (*féodal*) (Guts)herr *m*; **le S~** (*Rel*) der Herr *m*
sein [sɛ̃] *nm* Brust *f*; **au ~ de** inmitten *+gén*; **nourrir au ~** stillen
Seine [sɛn] *nf* : **la ~** die Seine *f*
séisme [seism] *nm* Erdbeben *nt*
seize [sɛz] *num* sechzehn
séjour [seʒuʀ] *nm* Aufenthalt *m*; (*pièce*) Wohnzimmer *nt*
séjourner [seʒuʀne] *vi* sich aufhalten
sel [sɛl] *nm* Salz *nt*; (*fig*) Würze *f*
sélection [selɛksjɔ̃] *nf* Auswahl *f*
sélectionner [selɛksjɔne] *vt* auswählen
sélectivité [selɛktivite] *nf* (*Radio*) Trennschärfe *f*
self [sɛlf] (*fam*) *nm* SB-Restaurant *nt*
selfie [sɛlfi] (*fam*) *nm* Selfie *nt*
self-service [sɛlfsɛʀvis] (*pl* **self-services**) *adj* Selbstbedienungs- ▶ *nm* (*magasin*) Selbstbedienungsladen *m*; (*restaurant*) Selbstbedienungsrestaurant *nt*
selle [sɛl] *nf* Sattel *m*; (*Culin*) Rücken *m*; **selles** *nfpl* (*Méd*) Stuhlgang *m*; **se mettre en ~** aufsitzen
seller [sele] *vt* satteln
sellier [selje] *nm* Sattler *m*
selon [s(ə)lɔ̃] *prép* gemäß *+dat*; **~ que** je nachdem, ob; **~ moi** meiner Meinung nach; **c'est ~** (*fam*) es kommt darauf an
semailles [s(ə)mɑj] *nfpl* (Aus)saat *f*
semaine [s(ə)mɛn] *nf* Woche *f*; **en ~** werktags; **la ~ sainte** die Karwoche *f*
semblable [sɑ̃blabl] *adj* ähnlich ▶ *nm* (*prochain*) Mitmensch *m*; **être ~ à** ähneln *+dat*; **de ~s mésaventures/calomnies** dergleichen *ou* solche Missgeschicke/Verleumdungen
semblant [sɑ̃blɑ̃] *nm* Anschein *m*; **faire ~** nur so tun; **faire ~ de faire qch** so tun, als ob man etw machte
sembler [sɑ̃ble] *vi* scheinen ▶ *vb impers* : **il (me) semble inutile/bon de** es scheint (mir) unnötig/ratsam, zu; **il semble (bien) que** es hat den Anschein, dass; **cela leur semblait cher/pratique** es kam ihnen teuer/praktisch vor; **comme/quand bon lui semble** nach seinem Gutdünken
semelle [s(ə)mɛl] *nf* Sohle *f*
semence [s(ə)mɑ̃s] *nf* (*graine*) Samen(korn *nt*) *m*
semer [s(ə)me] *vt* (aus)säen; (*poursuivants*) abschütteln; **~ la confusion** Verwirrung säen *ou* stiften; **~ la terreur parmi** Angst und Schrecken verbreiten unter *+dat*
semestre [s(ə)mɛstʀ] *nm* Halbjahr *nt*; (*Scol*) Semester *nt*
semi- [səmi] *préf* halb-
semi-conducteur [səmikɔ̃dyktœʀ] (*pl* **semi-conducteurs**) *nm* Halbleiter *m*
séminaire [seminɛʀ] *nm* Seminar *nt*
semi-remorque [səmiʀəmɔʀk] (*pl* **semi-remorques**) *nm* (*camion*) Sattelschlepper *m*
sémite [semit], **sémitique** [semitik] *adj* semitisch
semonce [səmɔ̃s] *nf* (*réprimande*) Verweis *m*
semoule [s(ə)mul] *nf* Grieß *m*
sénat [sena] *nm* Senat *m*

Der **Sénat** ist das Oberhaus des französischen Parlaments, das im Palais du Luxembourg in Paris zusammenkommt. Die *sénateurs* sind sechs Jahre im Amt; alle drei Jahre wird ein Drittel von ihnen von einem aus *députés* und anderen gewählten Volksvertretern bestehenden Wahlausschuss neu bestimmt. Der **Sénat** besitzt weitreichende Befugnisse; bei Unstimmigkeiten kann sich die *Assemblée nationale* jedoch über ihn hinwegsetzen.

sénateur, -trice [senatœʀ, tʀis] *nm/f* Senator(in)
Sénégal [senegal] *nm* : **le ~** Senegal *nt*

sénégalais, e [senegalɛ, ɛz] *adj* senegalesisch ▸ *nm/f* : **Sénégalais, e** Senegalese *m*, Senegalesin *f*
sénescence [senesɑ̃s] *nf* Alterung *f*
sénile [senil] *adj* Alters-; (*péj*) senil
sénilité [senilite] *nf* Senilität *f*
senior [senjɔʀ] *nmf* Senior(in) *m(f)*; **le taux de chômage des ~s** die Arbeitslosenrate bei älteren Menschen
sens¹ [sɑ̃s] *vb voir* **sentir**
sens² [sɑ̃s] *nm* Sinn *m*; (*signification aussi*) Bedeutung *f*; (*direction*) Richtung *f*; **avoir le ~ des affaires** (einen guten) Geschäftssinn haben; **avoir le ~ de la mesure** einen Sinn für das rechte Maß haben; **dans le ~ de la longueur/largeur** der Länge/Breite nach; **dans le mauvais ~** verkehrt herum; **bon ~** gesunder Menschenverstand *m*; **~ dessus dessous** völlig durcheinander; **~ commun** gesunder Menschenverstand *m*; **~ figuré** übertragener (Wort)sinn *m*; **~ interdit** Einbahnstraße *f*; **~ propre** eigentlicher Wortsinn *m*; **~ unique** Einbahnstraße *f*; **un sixième ~** ein sechster Sinn
sensas [sɑ̃sas] (*fam*) *adj* irre
sensation [sɑ̃sasjɔ̃] *nf* Gefühl *nt*; (*effet*) Sensation *f*; **faire ~** Aufsehen erregen
sensationnel, le [sɑ̃sasjɔnɛl] *adj* fantastisch
sensé, e [sɑ̃se] *adj* vernünftig
sensibiliser [sɑ̃sibilize] *vt* : **~ qn (à)** jdn sensibilisieren (für)
sensibilité [sɑ̃sibilite] *nf* Empfindlichkeit *f*; (*affectivité, émotivité*) Sensibilität *f*
sensible [sɑ̃sibl] *adj* sensibel, empfindlich; (*perceptible*) wahrnehmbar; (*appréciable*) spürbar; (*Photo*) lichtempfindlich; **~ à** (*flatterie, musique*) empfänglich für; (*chaleur, radiations*) empfindlich gegen
sensiblement [sɑ̃sibləmɑ̃] *adv* (*notablement*) merklich; (*à peu près*) so etwa
sensitif, -ive [sɑ̃sitif, iv] *adj* (*nerf*) sensorisch
sensualité [sɑ̃sɥalite] *nf* Sinnlichkeit *f*
sensuel, le [sɑ̃sɥɛl] *adj* sinnlich
sentence [sɑ̃tɑ̃s] *nf* (*jugement*) Urteil *nt*; (*adage*) Maxime *f*
sentencieux, -euse [sɑ̃tɑ̃sjø, jøz] *adj* dozierend
sentier [sɑ̃tje] *nm* Pfad *m*, Weg *m*
sentiment [sɑ̃timɑ̃] *nm* Gefühl *nt*; **veuillez agréer l'expression de mes ~s respectueux/dévoués** ≈ mit freundlichen Grüßen; **faire du ~** auf die Tränendrüsen drücken
sentimental, e, -aux [sɑ̃timɑ̃tal, o] *adj* sentimental; (*vie, aventure*) Liebes-
sentimentalité [sɑ̃timɑ̃talite] *nf* Sentimentalität *f*
sentinelle [sɑ̃tinɛl] *nf* Wachposten *m*
sentir [sɑ̃tiʀ] *vt* fühlen, spüren; (*par l'odorat*) riechen; (*avoir la même odeur que*) riechen wie ▸ *vi* (*exhaler une mauvaise odeur*) stinken; **se sentir** *vpr* : **se ~ bien** sich wohlfühlen; **~ bon/mauvais** gut/schlecht riechen; **se ~ mal** sich krank *ou* unwohl fühlen; **se ~ le courage/la force de faire qch** den Mut/die Kraft verspüren, etw zu tun; **ne plus se ~ de joie** vor Freude außer sich *dat* sein
SEP *abr f* (= *sclérose en plaques*) MS *f*
séparation [sepaʀasjɔ̃] *nf* Trennung *f*; (*cloison*) Trennwand *f*; **~ de biens** Gütertrennung *f*; **~ de corps** gesetzliche Trennung
séparatisme [sepaʀatism] *nm* Separatismus *m*
séparé, e [sepaʀe] *adj* getrennt; (*appartements, maisons*) separat; **~ de** getrennt von
séparément [sepaʀemɑ̃] *adv* getrennt
séparer [sepaʀe] *vt* trennen; **se séparer** *vpr* sich trennen; (*se diviser*) sich teilen; **~ une pièce/un jardin en deux** ein Zimmer/einen Garten in zwei Teile aufteilen; **~ qch de** (*détacher*) etw (ab)trennen von; **~ qch par** *ou* **au moyen de** etw teilen durch *ou* mit
sépia [sepja] *nf* (*colorant*) Sepia *f*; (*dessin*) Sepiazeichnung *f*
sept [sɛt] *num* sieben
septante [sɛptɑ̃t] *num* (*Belgique, Suisse*) siebzig
septembre [sɛptɑ̃bʀ] *nm* September *m*; *voir aussi* **juillet**
septentrional, e, -aux [sɛptɑ̃tʀijɔnal, o] *adj* nördlich
septicémie [sɛptisemi] *nf* Blutvergiftung *f*
septième [sɛtjɛm] *adj* siebte(r, s) ▸ *nm* (*fraction*) Siebtel *nt*
septièmement [sɛtjɛmmɑ̃] *adv* siebtens
septique [sɛptik] *adj* : **fosse ~** Klärgrube *f*
septuagénaire [sɛptɥaʒenɛʀ] *adj* siebzigjährig ▸ *nmf* Siebzigjährige(r) *f(m)*
sépulture [sepyltyʀ] *nf* Grabstätte *f*
séquelles [sekɛl] *nfpl* Folgen *pl*
séquençage [sekɑ̃saʒ] *nm* Sequenzierung *f*

S

séquence [sekɑ̃s] *nf* (*Ciné*) Sequenz *f*; (*Inform*) Folge *f*
séquenceur [sekɑ̃sœʀ] *nm* (*Inform*) Sequenzer *m*
séquentiel, le [sekɑ̃sjɛl] *adj* sequenziell
séquestre [sekɛstʀ] *nm* Beschlagnahmung *f*
séquestrer [sekɛstʀe] *vt* (*personne*) der Freiheit berauben; (*biens*) beschlagnahmen
serbe [sɛʀb] *adj* serbisch ▸ *nmf* : **Serbe** Serbe *m*, Serbin *f*
Serbie [sɛʀbi] *nf* : **la ~** Serbien *nt*
serbo-croate [sɛʀbokʀɔat] *nm* (*Ling*) Serbokroatisch *nt*
serein, e [səʀɛ̃, ɛn] *adj* (*visage, regard, personne*) ruhig, gelassen; (*ciel*) wolkenlos
sérénade [seʀenad] *nf* Serenade *f*; (*fam*) Radau *m*
sérénité [seʀenite] *nf* Gelassenheit *f*
sergent, e [sɛʀʒɑ̃, ɑ̃t] *nm/f* Unteroffizier(in), ≈ Feldwebel(in)
sériciculture [seʀisikyltyʀ] *nf* Seidenraupenzucht *f*
série [seʀi] *nf* Reihe *f*, Serie *f*; (*Sport*) Klasse *f*; **en ~** serienweise; (*fabrication*) in Serie; **hors ~** (*Comm*) speziell gefertigt; (*fig*) außergewöhnlich; **~ noire** (*suite de malheurs*) Pechsträhne *f*
sériel, -le [seʀjɛl] *adj* seriell
sérieusement [seʀjøzmɑ̃] *adv* ernst; **~ ?** im Ernst?
sérieux, -euse [seʀjø, jøz] *adj* ernst; (*élève, employé, travail, études*) gewissenhaft; (*client, renseignement*) zuverlässig; (*maison, proposition*) seriös; (*important*) bedeutend ▸ *nm* Ernst *m*; (*conscience*) Gewissenhaftigkeit *f*; (*sur qui on peut compter*) Zuverlässigkeit *f*; **garder son ~** ernst bleiben; **prendre au ~** ernst nehmen ▸ *adv* (*fam*) : **il s'est marié. — ~ ?** er hat geheiratet. — echt?
sérigraphie [seʀigʀafi] *nf* Siebdruck *m*
serin [s(ə)ʀɛ̃] *nm* Zeisig *m*
seringue [s(ə)ʀɛ̃g] *nf* Spritze *f*
serment [sɛʀmɑ̃] *nm* Schwur *m*; (*juré aussi*) Eid *m*; **prêter ~** schwören; **témoigner sous ~** unter Eid aussagen
sermon [sɛʀmɔ̃] *nm* Predigt *f*
séronégatif, -ive [seʀɔnegatif, iv] *adj* HIV-negativ
séropositif, -ive [seʀɔpɔzitif, iv] *adj* HIV-positiv
sérotonine [seʀɔtɔnin] *nf* Serotonin *nt*
serpe [sɛʀp] *nf* Sichel *f*
serpent [sɛʀpɑ̃] *nm* Schlange *f*
serpenter [sɛʀpɑ̃te] *vi* sich schlängeln
serpentin [sɛʀpɑ̃tɛ̃] *nm* (*ruban*) Papierschlange *f*
serpillière [sɛʀpijɛʀ] *nf* Putz- *ou* Scheuerlappen *m*
serre [sɛʀ] *nf* (*construction*) Gewächshaus *nt*; **serres** *nfpl* (*griffes*) Krallen *pl*; **l'effet de ~** der Treibhauseffekt; **~ chaude** Treibhaus *nt*; **~ froide** Kühlhaus *nt*
serré, e [seʀe] *adj* eng; (*passagers etc*) dicht gedrängt; (*lutte, partie, match*) knapp; (*café*) sehr stark ▸ *adv* : **jouer ~** vorsichtig spielen
serre-livres [sɛʀlivʀ] *nm inv* Bücherstütze *f*
serrer [seʀe] *vt* (*tenir*) festhalten; (*comprimer, coincer*) drücken, pressen; (*corde, ceinture, nœud*) zuziehen; (*frein, vis*) anziehen; (*robinet*) fest zudrehen; (*poings*) ballen; (*mâchoires*) zusammenbeißen; (*vêtement*) zu eng sein +*dat*; (*rapprocher*) zusammenrücken ▸ *vi* : **~ à droite/gauche** sich rechts/links halten; **se serrer** *vpr* (*personnes*) zusammenrücken; **~ la main à qn** jdm die Hand schütteln; **~ qn dans ses bras/contre son cœur** jdn in die Arme schließen/an sein Herz drücken; **~ qn de près** jdm auf den Fersen sein; **se ~ contre qn** sich eng an jdn schmiegen; **se ~ les coudes** zusammenhalten
serre-tête [sɛʀtɛt] (*pl* **serre-têtes**) *nm* Stirnband *nt*
serrure [seʀyʀ] *nf* Schloss *nt*
serrurerie [seʀyʀʀi] *nf* Schlosserei *f*; **~ d'art** Kunstschmiedearbeit *f*
serrurier, -ère [seʀyʀje] *nm/f* Schlosser(in)
sertir [sɛʀtiʀ] *vt* (*pierre précieuse*) fassen; (*deux pièces métalliques*) mit einem Falz verbinden
sérum [seʀɔm] *nm* Serum *nt*; **~ antitétanique** Tetanusserum *nt*; **~ physiologique** Serumersatz *m*
servante [sɛʀvɑ̃t] *nf* Dienstmädchen *nt*
serveur, -euse [sɛʀvœʀ, øz] *nm/f* (*de restaurant*) Kellner(in) ▸ *nm* (*Inform*) Server *m*; **~ de données** Server *m*
serviable [sɛʀvjabl] *adj* gefällig, hilfsbereit
service [sɛʀvis] *nm* (*des convives, clients, pour boire*) Bedienung *f*; (*série de repas*) Sitzung *f*; (*aide, faveur*) Gefallen *m*; (*fonction, travail*) Dienst *m*; (*département*) Abteilung *f*; (*de bus, bateau etc*) Verbindung *f*; (*Rel*) Gottesdienst *m*; (*de vaisselle*) Service *nt*; (*Tennis, Volley-Ball*) Aufschlag *m*; **services** *nmpl* (*travail, prestations*) Dienst *m*; (*secteur*) Dienstleistungsbetriebe *pl*; **~ compris/non compris** inklusive Bedienung/

Bedienung nicht enthalten; **être au ~ de qn** jdm zur Verfügung stehen; **rendre un ~ à qn** jdm einen Gefallen tun; **être/mettre en ~** in Betrieb sein/nehmen; **hors ~** außer Betrieb; **~ après-vente** Kundendienst *m*; **~ d'ordre** Ordner *pl*; **~ militaire** Militärdienst *m*; **~s secrets** Geheimdienst *m*; **~s sociaux** Sozialdienste *pl*

servlette [sɛʀvjɛt] *nf* (*de table*) Serviette *f*; (*de toilette*) Handtuch *nt*; (*porte-documents*) Aktentasche *f*; **~ hygiénique** Monatsbinde *f*

servile [sɛʀvil] *adj* unterwürfig

servir [sɛʀviʀ] *vt* dienen +*dat*; (*domestique*) arbeiten für; (*convive, client*) bedienen; (*plat, boisson*) servieren; (*aider*) helfen ▸ *vi* (*Tennis*) aufschlagen; (*Cartes*) geben; **se servir** *vpr* (*prendre d'un plat*) sich bedienen; **~ à qn** jdm nutzen; **à quoi cela sert-il ?** wozu soll das gut sein?; **se ~ de** (*plat*) sich *dat* nehmen von; (*voiture, outil, relations, amis*) benutzen

servitude [sɛʀvityd] *nf* Knechtschaft *f*; (*fig*) Zwang *m*

servocommande [sɛʀvokɔmɑ̃d] *nf* Servolenkung *f*

servofrein [sɛʀvofʀɛ̃] *nm* Servobremse *f*

ses [se] *adj possessif voir* **son**

sésame [sezam] *nm* Sesam *m*; **le ~ de la réussite/du bonheur** der Schlüssel zum Erfolg/Glück

session [sesjɔ̃] *nf* Sitzung *f*

set [sɛt] *nm* (*Sport*) Satz *m*; **~ de table** (*napperons*) Sets *pl*

seuil [sœj] *nm* Schwelle *f*

seul, e [sœl] *adj* allein; (*isolé*) einsam; (*unique*) einzig ▸ *adv* allein ▸ *nm/f* : **j'en veux un ~** ich möchte nur einen/eine/eins; **lui ~ peut** nur er allein kann; **à lui (tout) ~** ganz allein; **d'un ~ coup** mit einem Schlag; **parler tout ~** Selbstgespräche führen; **il en reste un ~** es ist nur noch einer/eine/eines da

seulement [sœlmɑ̃] *adv* nur; (*pas avant*) erst

sève [sɛv] *nf* (*d'une plante*) Saft *m*; (*fig*) Lebenskraft *f*

sévère [sevɛʀ] *adj* streng; (*punition, mesures*) hart; (*pertes, échec*) schwer

sévérité [seveʀite] *nf* Strenge *f*; (*du climat*) Härte *f*

sévices [sevis] *nmpl* Misshandlung *f*

sexagénaire [sɛksaʒenɛʀ] *adj* sechzigjährig ▸ *nmf* Sechzigjährige(r) *f*(*m*)

sexe [sɛks] *nm* Geschlecht *nt*; (*sexualité*) Sex *m*

sexisme [sɛksism] *nm* Sexismus *m*

sexiste [sɛksist] *adj* sexistisch

sexto [sɛksto] *nm* Sex-SMS *f*

sextuple [sɛkstypl] *adj* sechsfach

sexualité [sɛksɥalite] *nf* Sexualität *f*

sexuel, le [sɛksɥɛl] *adj* sexuell

seyant, e [sɛjɑ̃, ɑ̃t] *adj* kleidsam

Seychelles [seʃɛl] *nfpl* : **les ~** die Seychellen *pl*

shampooiner [ʃɑ̃pwine] *vt* shampoonieren

shampoing, shampooing [ʃɑ̃pwɛ̃] *nm* (*lavage*) Haarwäsche *f*; (*produit*) Shampoo *nt*, Haarwaschmittel *nt*

shooter [ʃute] : **se shooter** *vpr* (*drogué*) fixen, spritzen

shopping [ʃɔpiŋ] *nm* : **faire du ~** einkaufen gehen

short [ʃɔʀt] *nm* Shorts *pl*

MOT-CLÉ

si [si] *adv* **1** (*oui*) doch; **Paul n'est pas venu ? — si !** Paul ist nicht gekommen? — doch!; **mais si !** doch, doch!; **je suis sûr que si** ich bin ganz sicher; **je vous assure que si** ich versichere es Ihnen
2 (*tellement*) so; **si gentil/vite** so nett/schnell; **ce n'est pas si facile** so einfach ist das nicht; **si rapide qu'il soit** so schnell er auch sein mag
▸ *conj* **1** (*éventualité, hypothèse, souhait*) wenn; **si j'étais riche** wenn ich reich wäre; **si tu veux** wenn du willst; **si seulement** wenn (doch) nur; **s'il pouvait (seulement) venir !** wenn er doch (nur) kommen könnte!
2 (*interrogation indirecte*) ob; **je me demande si** ich frage mich, ob
3 (*opposition*) während; **s'il est aimable, sa femme par contre ...** während er freundlich ist, ist seine Frau ...
4 (*explication*) : **s'il le fait, c'est que ...** er macht es nur, weil ...
5 (*locutions*) : **si ce n'est ...** außer ...; **si ce n'est que** außer dass; **si bien que** so (sehr), dass; **(tant et) si bien que** so sehr, dass
▸ *nm* (*Mus*) H *nt*; (: *en chantant la gamme*) Si *nt*

siamois, e [sjamwa, waz] *adj* siamesisch

Sibérie [sibeʀi] *nf* : **la ~** Sibirien *nt*

sibérien, ne [sibeʀjɛ̃, jɛn] *adj* sibirisch

SICAV [sikav] *sigle f* (= *société d'investissement à capital variable*) Investmentgesellschaft *f*

Sicile [sisil] *nf* : **la ~** Sizilien *nt*

sicilien, ne [sisiljɛ̃, jɛn] *adj* sizilianisch

sida [sida] *sigle m* (= *syndrome immunodéficitaire acquis*) AIDS *nt*

side-car [sidkaʀ] (*pl* **side-cars**) *nm* Beiwagen *m*
sidéen, -ne [sideɛ̃, ɛn] *nm/f* Aidskranke(r) *f(m)*
sidéré, e [sideʀe] *adj* verblüfft
sidérurgie [sideʀyʀʒi] *nf* Eisenverhüttung *f*
siècle [sjɛkl] *nm* Jahrhundert *nt*
siège [sjɛʒ] *nm* Sitz *m*; (*d'une douleur, maladie*) Herd *m*; (*Mil*) Belagerung *f*; **~ arrière** (*Auto*) Rücksitz *m*; **~ avant** (*Auto*) Vordersitz *m*; **~ social** (*Comm*) Firmensitz *m*
siéger [sjeʒe] *vi* (*député*) einen Sitz haben; (*assemblée, tribunal*) tagen
sien, ne [sjɛ̃, sjɛn] *pron* : **le/la ~(ne)** seine(r, s); (*possesseur féminin*) ihre(r, s); **les ~s/~nes** seine; (*possesseur féminin*) ihre; **y mettre du ~** das seinige *ou* Seinige tun; **faire des ~nes** (*fam*) etw anstellen
Sierra Leone [sjeʀa leɔn(e)] *nf* : **la ~** Sierra Leone *nt*
sieste [sjɛst] *nf* Mittagsschlaf *m*; **faire la ~** Mittagsschlaf halten
sifflement [sifləmɑ̃] *nm* Pfeifen *nt*
siffler [sifle] *vi* pfeifen; (*merle, serpent, projectile, vapeur*) zischen ▸*vt* pfeifen; (*pièce, orateur*) auspfeifen; (*faute, fin d'un match, départ*) abpfeifen; (*fam : verre, bouteille*) kippen
sifflet [siflɛ] *nm* (*instrument*) Pfeife *f*; (*sifflement*) Pfiff *m*; **coup de ~** Pfiff *m*
siffloter [siflɔte] *vi, vt* vor sich hinpfeifen
sigle [sigl] *nm* Abkürzung *f*
signal, -aux [siɲal, o] *nm* Zeichen *nt*; (*indice, signe précurseur*) (An)zeichen *nt*; (*écriteau*) Schild *nt*; (*appareil*) Signal *nt*; **donner le ~ de** das Signal *ou* Zeichen geben zu; **~ d'alarme** Alarm(signal *nt*) *m*; **~ de détresse** Notruf *m*; **~ optique** Lichtsignal *nt*; **~ sonore** Tonsignal *nt*
signalement [siɲalmɑ̃] *nm* Personenbeschreibung *f*
signaler [siɲale] *vt* (*être l'indice de*) ankündigen; (*à la police*) melden; **se signaler** *vpr* : **se ~ (par)** sich hervortun (durch); **~ qch à qn** jdn auf etw hinweisen; **~ (à qn) que** jdn darauf hinweisen, dass
signalétique [siɲaletik] *adj* : **fiche ~** Personalbogen *m*
signalisation [siɲalizasjɔ̃] *nf* (*ensemble des signaux*) Verkehrszeichen *pl*; **panneau de ~** Verkehrsschild *nt*
signaliser [siɲalize] *vt* beschildern
signataire [siɲatɛʀ] *nmf* Unterzeichnende(r) *f(m)*
signature [siɲatyʀ] *nf* Unterschrift *f*; (*action*) Unterzeichnung *f*
signe [siɲ] *nm* Zeichen *nt*; **c'est bon/mauvais ~** das ist ein gutes/schlechtes Zeichen; **faire un ~ de la tête/main** ein Zeichen mit dem Kopf/der Hand geben; **faire ~ à qn** sich bei jdm melden; **le ~ de la croix** das Kreuzzeichen; **~ de ponctuation** Satzzeichen *nt*; **~ du zodiaque** Sternzeichen *nt*
signer [siɲe] *vt* unterschreiben; (*œuvre*) signieren; **se signer** *vpr* sich bekreuzigen
signet [siɲɛ] *nm* Lesezeichen *nt*
significatif, -ive [siɲifikatif, iv] *adj* bezeichnend, vielsagend
signification [siɲifikasjɔ̃] *nf* Bedeutung *f*
signifier [siɲifje] *vt* (*vouloir dire*) bedeuten; **~ qch à qn** (jdm) etw zu verstehen geben
silence [silɑ̃s] *nm* Schweigen *nt*; (*absence de bruit*) Stille *f*; (*Mus*) Pause *f*; **garder le ~ sur qch** über etw *acc* Stillschweigen bewahren; **~ !** Ruhe!
silencieux, -euse [silɑ̃sjø, jøz] *adj* still, leise; (*personne*) schweigsam ▸*nm* (*d'arme*) Schalldämpfer *m*
silex [silɛks] *nm* Feuerstein *m*
silhouette [silwɛt] *nf* Silhouette *f*; (*lignes, contour*) Umriss *m*
silicium [silisjɔm] *nm* Silizium *nt*
silicone [silikon] *nf* Silikon *nt*
sillage [sijaʒ] *nm* Kielwasser *nt*; **dans le ~ de** (*fig*) im Kielwasser von
sillon [sijɔ̃] *nm* (*d'un champ*) Furche *f*; (*d'un disque*) Rille *f*
sillonner [sijɔne] *vt* (*creuser*) furchen; (*parcourir*) durchstreifen
silo [silo] *nm* Silo *nt*
simagrées [simagʀe] *nfpl* Getue *nt*
similaire [similɛʀ] *adj* ähnlich
similarité [similaʀite] *nf* Ähnlichkeit *f*
similicuir [similikɥiʀ] *nm* Kunstleder *nt*
similitude [similityd] *nf* Ähnlichkeit *f*
simple [sɛ̃pl] *adj* einfach; (*péj*) einfältig, simpel ▸*nm* : **~ messieurs/dames** (*Tennis*) Herren-/Dameneinzel *nt*; **une ~ objection/formalité** nur ein Einwand/eine bloße Formsache
simplement [sɛ̃pləmɑ̃] *adv* einfach
simplicité [sɛ̃plisite] *nf* Einfachheit *f*; (*candeur*) Naivität *f*
simplification [sɛ̃plifikasjɔ̃] *nf* Vereinfachung *f*
simplifier [sɛ̃plifje] *vt* vereinfachen; (*Math*) kürzen
simplissime [sɛ̃plisim] *adj* kinderleicht

simpliste [sɛ̃plist] *adj* allzu einfach, simpel
simulacre [simylakʀ] *nm* : **un ~ de procès** ein Scheinprozess *m*
simulateur, -trice [simylatœʀ, tʀis] *nm/f* Simulant(in) ▸ *nm* : **~ de vol** Flugsimulator *m*
simulation [simylasjɔ̃] *nf* Vortäuschung *f*
simuler [simyle] *vt* vortäuschen; (*maladie, fatigue, ivresse*) simulieren
simultané, e [simyltane] *adj* gleichzeitig, simultan
simultanément [simyltanemɑ̃] *adv* gleichzeitig
sincère [sɛ̃sɛʀ] *adj* aufrichtig, ehrlich; **mes ~s condoléances** mein aufrichtiges Beileid
sincèrement [sɛ̃sɛʀmɑ̃] *adv* aufrichtig, ehrlich
sincérité [sɛ̃seʀite] *nf* Aufrichtigkeit *f*; **en toute ~** ganz offen
sine qua non [sinekwanɔn] *adj* : **condition ~** unbedingt notwendige Voraussetzung *f*
Singapour [sɛ̃gapuʀ] *nf* Singapur *nt*
singe [sɛ̃ʒ] *nm* Affe *m*
singer [sɛ̃ʒe] *vt* nachäffen
singeries [sɛ̃ʒʀi] *nfpl* Faxen *pl*
singulariser [sɛ̃gylaʀize] *vt* auszeichnen; **se singulariser** *vpr* auffallen
singularité [sɛ̃gylaʀite] *nf* Einzigartigkeit *f*
singulier, -ière [sɛ̃gylje, jɛʀ] *adj* eigenartig; (*Ling*) Singular- ▸ *nm* (*Ling*) Singular *m*
sinistre [sinistʀ] *adj* unheimlich ▸ *nm* Katastrophe *f*; (*Assurances*) Schadensfall *m*
sinistré, e [sinistʀe] *adj* (*maison, région*) von einer Katastrophe heimgesucht ▸ *nm/f* Katastrophenopfer *nt*
sinon [sinɔ̃] *adv* sonst, andernfalls ▸ *conj* (*sauf*) außer; (*si ce n'est*) wenn nicht
sinueux, -euse [sinɥø, øz] *adj* gewunden; (*fig*) umständlich
sinus [sinys] *nm* (*Anat*) Höhle *f*; (*Math*) Sinus *m*
sinusite [sinyzit] *nf* Stirnhöhlenentzündung *f*
sionisme [sjɔnism] *nm* Zionismus *m*
siphon [sifɔ̃] *nm* Siphon *m*; (*tube*) Saugheber *m*
siphonner [sifɔne] *vt* absaugen; (*fig : voix*) abwerben
sirène [siʀɛn] *nf* Sirene *f*
sirop [siʀo] *nm* Sirup *m*; **~ contre la toux** Hustensirup *m ou* -saft *m*
siroter [siʀɔte] *vt* schlürfen
sismique [sismik] *adj* seismisch
sismographe [sismɔgʀaf] *nm* Seismograf *m*
sismologie [sismɔlɔʒi] *nf* Seismologie *f*
sitcom [sitkɔm] *nf* Situationskomödie *f*
site [sit] *nm* (*environnement*) Umgebung *f*; (*emplacement*) Lage *f*; **~s touristiques** (touristische) Sehenswürdigkeiten *pl*; **~ Web** Website *f*
sitôt [sito] *adv* sogleich; **~ parti, il est revenu** kaum war er gegangen, kam er wieder; **~ après** kurz danach; **pas de ~** nicht so bald; **~ (après) que** sobald
situation [sitɥasjɔ̃] *nf* Lage *f*, Situation *f*; (*emploi*) Stellung *f*; **~ de famille** Familienstand *m*
situé, e [sitɥe] *adj* gelegen
situer [sitɥe] *vt* legen; (*en pensée*) einordnen; **se situer** *vpr* (*être, se trouver*) liegen
six [sis] *num* sechs
sixième [sizjɛm] *adj* sechste(r, s) ▸ *nm* (*fraction*) Sechstel *nt*
sixièmement [sizjɛmmɑ̃] *adv* sechstens
skate [skɛt], **skateboard** [skɛtbɔʀd] *nm* (*planche*) Skateboard *nt*; (*sport*) Skateboardfahren *nt*
ski [ski] *nm* Ski *m*; **faire du ~** Ski laufen; **~ de fond** (Ski)langlauf *m*; **~ de piste** Abfahrtslauf *m*; **~ de randonnée** (Ski)langlauf; **~ nautique** Wasserski *nt*
ski-bob [skibɔb] (*pl* **ski-bobs**) *nm* Skibob *m*
skier [skje] *vi* Ski laufen
skieur, -euse [skjœʀ, skjøz] *nm/f* Skifahrer(in)
skin [skin], **skinhead** [skinɛd] *nm* Skinhead *m*
Skype® [skajp] *nm* (*Inform*) Skype® *nt*
slalom [slalɔm] *nm* Slalom *m*; **faire du ~ entre** (*fig*) sich durchschlängeln durch; **~ géant/spécial** Riesen-/Spezialslalom *m*
slalomer [slalɔme] *vi* Slalom fahren
slalomeur, -euse [slalɔmœʀ, øz] *nm/f* Slalomfahrer(in)
slave [slav] *adj* slawisch ▸ *nmf* : **Slave** Slawe *m*, Slawin *f*
slip [slip] *nm* Unterhose *f*; (*de bain*) Badehose *f*; (*de bikini*) Unterteil *m ou nt*
slogan [slɔgɑ̃] *nm* Slogan *m*
slovaque [slɔvak] *adj* slowakisch ▸ *nmf* : **Slovaque** Slowake *m*, Slowakin *f*
Slovaquie [slɔvaki] *nf* : **la ~** die Slowakei *f*
slovène [slɔvɛn] *adj* slowenisch ▸ *nmf* : **Slovène** Slowene *m*, Slowenin *f*
Slovénie [slɔveni] *nf* : **la ~** Slowenien *nt*

slow [slo] *nm (danse)* langsamer Tanz *m*
smartphone [smaʀtfɔn] *nm (Inform)* Internethandy *nt*, Smartphone *nt*
smasher [sma(t)ʃe] *vi, vt (Tennis)* schmettern
SMIC [smik] *sigle m (= salaire minimum interprofessionnel de croissance)* gesetzlicher Mindestlohn *m*

Le SMIC ist ein Mindeststundenlohn für Arbeitnehmer über 18 Jahren. Der **SMIC** wird immer, wenn die Lebenshaltungskosten um zwei Prozent steigen, angehoben.

smicard, e [smikaʀ, aʀd] *nm/f* Mindestlohnempfänger(in)
smiley [smaili] *nm* Smiley *m*
smoking [smɔkiŋ] *nm* Smoking *m*
SMS [ɛsɛmɛs] *sigle m (= short message service)* SMS *f*; **envoyer un ~** eine SMS schicken
snack [snak] *nm (endroit)* Imbissstube *f*, Schnellgaststätte *f*
SNCF [ɛsɛnseɛf] *sigle f (= Société nationale des chemins de fer français) französische Eisenbahn*
snob [snɔb] *adj* versnobt ▸ *nmf* Snob *m*
snobisme [snɔbism] *nm* Snobismus *m*
snowboard [snobɔʀd] *nm (planche)* Snowboard *nt*; *(sport)* Snowboarden *nt*
snowboardeur, -euse [snobɔʀdœʀ, øz] *nm/f* Snowboardfahrer(in)
sobre [sɔbʀ] *adj (personne)* mäßig; *(élégance, style)* schlicht
sobriété [sɔbʀijete] *nf* Enthaltsamkeit *f*, Schlichtheit *f*
sobriquet [sɔbʀikɛ] *nm* Spitzname *m*
sociable [sɔsjabl] *adj* gesellig
social, e, -aux [sɔsjal, jo] *adj* sozial; *(de la société)* gesellschaftlich; **réseau ~** soziales Netzwerk *nt*
socialiser [sɔsjalize] *vt* sozialisieren; *(Pol)* vergesellschaften
socialisme [sɔsjalism] *nm* Sozialismus *m*
socialiste [sɔsjalist] *adj* sozialistisch ▸ *nmf* Sozialist(in) *m(f)*
société [sɔsjete] *nf* Gesellschaft *f*; **la ~ d'abondance/de consommation** die Wohlstands-/Konsumgesellschaft *f*; **~ à responsabilité limitée** Gesellschaft mit beschränkter Haftung; **~ anonyme** Aktiengesellschaft *f*; **~ d'investissement à capital variable** Investmenttrust *m*
socioculturel, le [sɔsjokyltyʀɛl] *adj* soziokulturell
socio-éducatif, -ive [sɔsjoedykatif, -iv] *(pl* **socio-educatifs, -ives***) adj* sozialpädagogisch
sociolinguistique [sɔsjolɛ̃gɥistik] *adj* soziolinguistisch
sociologie [sɔsjɔlɔʒi] *nf* Soziologie *f*
sociologique [sɔsjɔlɔʒik] *adj* soziologisch
sociologue [sɔsjɔlɔg] *nmf* Soziologe *m*, Soziologin *f*
socioprofessionnel, le [sɔsjopʀɔfesjɔnɛl] *adj* : **catégorie ~le** Berufsgruppe *f*
socle [sɔkl] *nm* Sockel *m*
socquette [sɔkɛt] *nf* Söckchen *nt*
soda [sɔda] *nm* Limo *f*; *(eau gazéifiée)* Mineralwasser *nt*
sodium [sɔdjɔm] *nm* Natrium *nt*
sodomie [sɔdɔmi] *nf* Sodomie *f*
sodomiser [sɔdɔmize] *vt* Sodomie treiben mit
sœur [sœʀ] *nf* Schwester *f*; *(religieuse)* Nonne *f*; **~ aînée** ältere Schwester; **~ cadette** jüngere Schwester
sofa [sɔfa] *nm* Sofa *nt*
SOFRES [sɔfʀɛs] *sigle f (= Société française d'enquête par sondage) französisches Meinungsforschungsinstitut*
soi [swa] *pron* sich; **cela va de ~** das versteht sich von selbst
soi-disant [swadizɑ̃] *adj inv* sogenannt ▸ *adv* angeblich
soie [swa] *nf* Seide *f*; *(poil)* Borste *f*
soierie [swaʀi] *nf* Seidenindustrie *f*; *(tissu)* Seide *f*
soif [swaf] *nf* Durst *m*; **avoir ~** Durst haben; **donner ~ (à qn)** (jdn) durstig machen; **~ de** *(fig)* Gier *f* auf *+acc ou* nach *+dat*
soigné, e [swaɲe] *adj* gepflegt; *(travail)* sorgfältig
soigner [swaɲe] *vt* pflegen; *(docteur)* behandeln; *(travail)* sorgfältig machen; *(clientèle, invités)* gut sorgen für
soigneusement [swaɲøzmɑ̃] *adv* sorgfältig
soigneux, -euse [swaɲø, øz] *adj* sorgfältig; **être ~ de** sorgfältig umgehen mit *ou* achten auf *+acc*
soi-même [swamɛm] *pron* (sich) selbst
soin [swɛ̃] *nm* Sorgfalt *f*; *(charge, responsabilité)* Verantwortung *f*; **soins** *nmpl* Pflege *f*; *(prévenance)* Fürsorge *f*; **avoir** *ou* **prendre ~ de qch/qn** sich um etw/jdn kümmern; **avoir** *ou* **prendre ~ de faire qch** darauf achten, etw zu tun; **~s du cheveu/de beauté/du corps** Haar-/Schönheits-/Körperpflege *f*; **aux bons ~s de** bei, per Adresse; **être aux petits ~s pour qn** jdn bemuttern; **confier qn aux ~s de qn** jdm jdn anvertrauen

soir [swaʀ] *nm* Abend *m*; **dimanche ~** Sonntag Abend; **il fait frais/il travaille le ~** abends ist es kühl/er arbeitet abends; **ce ~** heute Abend; **à ce ~ !** bis heute Abend!; **hier ~** gestern Abend; **demain ~** morgen Abend; **la veille au ~** am Vorabend; **sept heures du ~** sieben Uhr abends; **le repas du ~** das Abendessen *nt*; **le journal du ~** die Abendzeitung *f*
soirée [swaʀe] *nf* Abend *m*; (*réception*) Abendgesellschaft *f*
soit [swa] *adv* in Ordnung, einverstanden ▶ *conj* (*à savoir*) das heißt; **~ ..., ~ ...** entweder ... oder ...; **~ que ..., ~ que ...** sei es, dass ..., oder dass ...
soixantaine [swasɑ̃tɛn] *nf*: **une ~ (de)** etwa sechzig; **avoir la ~** um die sechzig (Jahre alt) sein
soixante [swasɑ̃t] *num* sechzig
soixante-dix [swasɑ̃tdis] *num* siebzig
soixante-huitard, e [swasɑ̃tɥitaʀ, aʀd] (*pl* **soixante-huitards, es**) *nm/f* Achtundsechziger(in)
soja [sɔʒa] *nm* Soja *nt*
sol [sɔl] *nm* Boden *m*; (*Mus*) G *nt*
solaire [sɔlɛʀ] *adj* Sonnen-; (*cadran, chauffage*) Solar-
solarium [sɔlaʀjɔm] *nm* Solarium *nt*
soldat, e [sɔlda] *nm/f* Soldat(in); **S~ inconnu** unbekannter Soldat; **~ de plomb** Bleisoldat *m*
solde [sɔld] *nf* (*Mil*) Sold *m* ▶ *nm* (*Comm*) Saldo *m*; **soldes** *nmpl* (*Comm*) Ausverkauf *m*; **à la ~ de qn** in jds Sold *dat*; **en ~** zu reduzierten Preisen; **~ créditeur** Schuld *f*; **~ débiteur** Guthaben *nt*
solder [sɔlde] *vt* (*marchandise*) ausverkaufen; (*compte*) saldieren; **se solder** *vpr*: **se ~ par** enden mit
sole [sɔl] *nf* Seezunge *f*
soleil [sɔlɛj] *nm* Sonne *f*; **il y a** *ou* **il fait du ~** die Sonne scheint; **au ~** in der Sonne; **en plein ~** in der prallen Sonne; **le ~ levant/couchant** die aufgehende/untergehende Sonne
solennel, le [sɔlanɛl] *adj* feierlich
solennité [sɔlanite] *nf* Feierlichkeit *f*
Soleure [sɔlœʀ] *nf* Solothurn *nt*
solidaire [sɔlidɛʀ] *adj* (*personnes*) solidarisch; (*choses, pièces mécaniques*) miteinander verbunden
solidariser [sɔlidaʀize]: **se solidariser (avec)** *vpr* sich solidarisch erklären (mit)
solidarité [sɔlidaʀite] *nf* Solidarität *f*
solide [sɔlid] *adj* (*mur, maison, meuble, outil*) stabil; (*connaissances*) solid; (*argument*) solid, handfest; (*personne, estomac*) kräftig, robust; (*nourriture, aliment, Phys*) fest ▶ *nm* Festkörper *m*
solidifier [sɔlidifje] *vt* fest werden lassen; **se solidifier** *vpr* sich verfestigen
solidité [sɔlidite] *nf* (*voir adj*) Stabilität *f*; (*d'amitié etc*) Dauerhaftigkeit *f*
soliste [sɔlist] *nmf* Solist(in) *m(f)*
solitaire [sɔlitɛʀ] *adj* einsam; (*isolé*) einzeln (stehend) ▶ *nmf* Einsiedler(in) *m(f)* ▶ *nm* (*diamant*) Solitär *m*
solitude [sɔlityd] *nf* Einsamkeit *f*
sollicitations [sɔlisitasjɔ̃] *nfpl* dringende Bitten *pl*
solliciter [sɔlisite] *vt* (*personne*) sich wenden an; (*emploi*) sich bewerben um; (*faveur, audience*) bitten um; (*occupations, attractions etc*) reizen
sollicitude [sɔlisityd] *nf* Fürsorge *f*
solo [sɔlo] *nm* Solo *nt*
solstice [sɔlstis] *nm* Sonnenwende *f*
soluble [sɔlybl] *adj* löslich
solution [sɔlysjɔ̃] *nf* Lösung *f*; **~ de continuité** Unterbrechung *f*; **~ de facilité** bequeme Lösung
solutionner [sɔlysjɔne] *vt* lösen
solvable [sɔlvabl] *adj* zahlungsfähig
solvant [sɔlvɑ̃] *nm* Lösungsmittel *nt*
Somalie [sɔmali] *nf*: **la ~** Somalia *nt*
somalien, ne [sɔmaljɛ̃, jɛn] *adj* somalisch
sombre [sɔ̃bʀ] *adj* dunkel; (*péj*) düster; (*personne*) finster; (*humeur*) schwarz
sombrer [sɔ̃bʀe] *vi* (*bateau*) untergehen, sinken; **~ dans la misère/le désespoir/la folie** im Elend verkommen/in Verzweiflung sinken/dem Wahnsinn verfallen
sommaire [sɔmɛʀ] *adj* (*simple*) einfach ▶ *nm* Zusammenfassung *f*; **exécution ~** Standgericht *nt*
sommation [sɔmasjɔ̃] *nf* (*Jur*) Aufforderung *f*; (*avant de faire feu*) Vorwarnung *f*
somme [sɔm] *nf* Summe *f* ▶ *nm*: **faire un ~** ein Nickerchen machen; **en ~** insgesamt; **~ toute** letzten Endes
sommeil [sɔmɛj] *nm* Schlaf *m*; **avoir ~** müde *ou* schläfrig sein
sommeiller [sɔmeje] *vi* schlafen; (*fig*) schlummern
sommelier, -ière [sɔməlje, jɛʀ] *nm/f* Getränkekellner(in)
sommer [sɔme] *vt* (*Jur*) vorladen; **~ qn de faire qch** jdn auffordern, etw zu tun
sommet [sɔmɛ] *nm* Gipfel *m*; (*d'un arbre*) Wipfel *m*; (*de la hiérarchie*) Spitze *f*; (*Math*) Scheitelpunkt *m*; (*conférence*) Gipfel(konferenz *f*) *m*; **atteindre des ~s** (*prix, taux*) ins Unermessliche steigen; (*bêtise, égoïsme*) keine Grenzen kennen

sommier [sɔmje] *nm* Bettrost *m*; **~ à lattes** Lattenrost *m*; **~ métallique** Metallrost *m*; **~ à ressorts** Sprungfederrost *m*
somnambule [sɔmnɑ̃byl] *nmf* Schlafwandler(in) *m(f)*
somnifère [sɔmnifɛʀ] *nm* Schlafmittel *nt*
somnoler [sɔmnɔle] *vi* dösen
somptueux, -euse [sɔ̃ptɥø, øz] *adj* prunkvoll, prächtig
son¹, sa [sɔ̃, sa] (*pl* **ses**) *adj possessif* (*possesseur masculin*) sein(e); (*possesseur féminin*) ihr(e)
son² [sɔ̃] *nm* Ton *m*; (*résidu de mouture*) Kleie *f*
sonar [sɔnaʀ] *nm* Echolot *nt*
sonate [sɔnat] *nf* Sonate *f*
sondage [sɔ̃daʒ] *nm* (*de terrain*) Bohrung *f*; **~ (d'opinion)** Meinungsumfrage *f*
sonde [sɔ̃d] *nf* Sonde *f*
sonder [sɔ̃de] *vt* untersuchen; (*terrain*) bohren in *+dat*; (*fig*) erforschen, ergründen; (: *personne*) ausfragen
songer [sɔ̃ʒe] : **~ à** *vt* (*penser à, envisager*) denken an *+acc*; **~ à faire qch** daran denken, etw zu tun; **~ que** bedenken, dass
songeur, -euse [sɔ̃ʒœʀ, øz] *adj* nachdenklich
sonnant, e [sɔnɑ̃, ɑ̃t] *adj* : **à huit heures ~es** Schlag acht Uhr
sonné, e [sɔne] (*fam*) *adj* (*fou*) bekloppt; **il a quarante ans bien ~s** er ist gut über vierzig
sonner [sɔne] *vi* (*cloche*) läuten; (*réveil, téléphone, à la porte*) klingeln ▸ *vt* (*cloche, tocsin*) läuten *+dat*; (*messe, réveil*) läuten zu; (*étourdir*) umwerfen; **~ les heures** die Stunden schlagen; **~ du clairon** ins Horn stoßen; **~ faux** falsch klingen; **~ chez qn** bei jdm klingeln
sonnerie [sɔnʀi] *nf* (*son : de téléphone*) Klingeln *nt*; (: *de portable*) Ringtone *m*; (: *d'horloge*) Schlagen *nt*; (*mécanisme*) Schlagwerk *nt*, Läutwerk *nt*; (*sonnette*) Klingel *f*
sonnet [sɔnɛ] *nm* Sonett *nt*
sonnette [sɔnɛt] *nf* Klingel *f*; **~ d'alarme** Alarm *m*; **~ de nuit** Nachtglocke *f*
sono [sɔno] *nf voir* **sonorisation**
sonore [sɔnɔʀ] *adj* (*film, signal*) Ton-; (*métal*) klingend; (*voix*) laut; (*salle, pièce*) mit einer guten Akustik; **effets ~s** Klangeffekte *pl*
sonorisation [sɔnɔʀizasjɔ̃] *nf* (*matériel*) Lautsprecheranlage *f*
sonoriser [sɔnɔʀize] *vt* (*salle*) mit einer Lautsprecheranlage versehen
sonorité [sɔnɔʀite] *nf* Klang *m*; (*d'un lieu*) Akustik *f*; **sonorités** *nfpl* Klänge *pl*
sonothèque [sɔnɔtɛk] *nf* Tonarchiv *nt*
sophistication [sɔfistikasjɔ̃] *nf* (*de personne*) Kultiviertheit *f*
sophistiqué, e [sɔfistike] *adj* (*personne*) kultiviert; (*style, élégance*) gesucht; (*complexe*) hoch entwickelt
soporifique [sɔpɔʀifik] *adj* einschläfernd; (*péj*) langweilig
soprano [sɔpʀano] *nm* Sopran *m* ▸ *nmf* (*personne*) Sopran *m*, Sopranistin *f*
sorbetière [sɔʀbətjɛʀ] *nf* Eismaschine *f*
sorbier [sɔʀbje] *nm* Eberesche *f*
sorcellerie [sɔʀsɛlʀi] *nf* Hexerei *f*
sorcier, -ière [sɔʀsje, jɛʀ] *adj* : **ce n'est pas ~** das ist keine Zauberei ▸ *nm* Zauberer *m* ▸ *nf* Hexe *f*
sordide [sɔʀdid] *adj* (*logement, quartier*) verkommen; (*gains, affaire*) schmutzig
sornettes [sɔʀnɛt] (*péj*) *nfpl* Gefasel *nt*
sort [sɔʀ] *nm* Schicksal *nt*; (*situation*) Los *nt*; **jeter un ~ à qn** jdn verhexen; **tirer au ~** losen; **tirer qch au ~** etw verlosen
sorte [sɔʀt] *nf* Sorte *f*, Art *f*; **une ~ de** eine Art (von); **de la ~** so; **en quelque ~** gewissermaßen; **de (telle)** *ou* **en ~ que** so, dass
sortie [sɔʀti] *nf* Ausgang *m*; (*Mil*) Ausfall *m*; (*attaque verbale*) Schimpfkanonade *f*; (*écoulement*) Austreten *nt*; (*de livre*) Veröffentlichung *f*; (*promenade*) Spaziergang *m*; (*somme dépensée*) Ausgabe *f*; **à sa ~** als er/sie ging; **~ papier** Ausdruck *m*; **~ de secours** Notausgang *m*
sortilège [sɔʀtilɛʒ] *nm* Zauber *m*
sortir [sɔʀtiʀ] *vi* hinausgehen; (*partir, se retirer*) (weg)gehen; (*aller au spectacle, dans le monde*) ausgehen; (*apparaître*) herauskommen ▸ *vt* ausführen; (*produit, ouvrage, modèle*) herausbringen; (*fam : chasser*) hinauswerfen; **se sortir** *vpr* : **se ~ de** sich ziehen aus; **~ de** (*d'un endroit*) kommen aus; **~ de ses gonds** (*fig*) aus der Haut fahren; **s'en ~** durchkommen
sosie [sɔzi] *nm* Doppelgänger(in) *m(f)*
sot, sotte [so, sɔt] *adj* dumm ▸ *nm/f* Dummkopf *m*
sottise [sɔtiz] *nf* Dummheit *f*
sou [su] *nm* : **les ~s** (*fam*) das Geld; **être près de ses ~s** sein Geld zusammenhalten; **être sans le ~** keinen blanken *ou* roten Heller haben
souahéli [swaeli] *nm* Kisuaheli *nt*
souche [suʃ] *nf* (*d'un arbre*) Stumpf *m*; (*d'un registre, carnet*) Abschnitt *m*; **de vieille ~** aus altem Geschlecht

souci [susi] *nm* Sorge *f*; (*Bot*) Ringelblume *f*; **se faire du ~** sich *dat* Sorgen machen
soucier [susje] : **se ~ de** *vpr* sich sorgen um
soucieux, -euse [susjø, jøz] *adj* bekümmert; **être ~ de son apparence** großen Wert auf sein Äußeres legen
soucoupe [sukup] *nf* Untertasse *f*; **~ volante** fliegende Untertasse *f*
soudain, e [sudɛ̃, ɛn] *adj, adv* plötzlich
Soudan [sudɑ̃] *nm* : **le ~** der Sudan
soudanais, e [sudanɛ, ɛz] *adj* sudanesisch
soude [sud] *nf* Natron *nt*
soudé, e [sude] *adj* (*pétales, organes*) verbunden; (*fig*) : **avoir les pieds ~s au plancher** wie angewurzelt dastehen
souder [sude] *vt* (*avec fer à souder*) löten; (*par soudure autogène*) schweißen
soudure [sudyʀ] *nf* Löten *nt*, Schweißen *nt*; (*joint*) Lötstelle *f*, Schweißnaht *f*
souffle [sufl] *nm* Atemzug *m*; (*respiration*) Atem *m*; (*d'une explosion*) Druckwelle *f*; **retenir son ~** die Luft *ou* den Atem anhalten; **être à bout de ~** außer Atem sein; **avoir le ~ court** kurzatmig sein
soufflé, e [sufle] *adj* (*fam* : *surpris*) baff ▸ *nm* (Culin) Soufflé *nt*; **mais ~** Popcorn
souffler [sufle] *vi* (*vent, personne*) blasen; (*respirer avec peine*) schnaufen ▸ *vt* (*feu, bougie*) ausblasen; (*chasser*) wegblasen, wegpusten; (*verre*) blasen; (*explosion*) umblasen, in die Luft sprengen; (*dire*) jdm etw zuflüstern; (: *rôle*) soufflieren; (*fam* : *voler*) klauen; **~ sur** blasen auf *+acc*
soufflet [suflɛ] *nm* (*instrument*) Blasebalg *m*; (*entre wagons*) Verbindungsgang *m*
souffrance [sufʀɑ̃s] *nf* Leiden *nt*; **en ~** unerledigt
souffrant, e [sufʀɑ̃, ɑ̃t] *adj* (*personne*) unwohl; (*air*) leidend
souffrir [sufʀiʀ] *vi* leiden ▸ *vt* (*éprouver*) erleiden; (*supporter*) ertragen, aushalten; **~ de** leiden unter *+dat*; **ne pas pouvoir ~** nicht leiden können
soufre [sufʀ] *nm* Schwefel *m*
souhait [swɛ] *nm* Wunsch *m*; **tous nos ~s de réussite** unsere besten Erfolgswünsche; **à vos ~s !** Gesundheit!; **onctueux à ~** weich, wie man es sich nur wünschen kann
souhaitable [swɛtabl] *adj* wünschenswert
souhaiter [swete] *vt* wünschen
souiller [suje] *vt* schmutzig machen; (*fig*) beschmutzen
soûl, e [su, sul] *adj* betrunken ▸ *nm* : **boire/manger tout son ~** nach Herzenslust trinken/essen
soulagement [sulaʒmɑ̃] *nm* Erleichterung *f*
soulager [sulaʒe] *vt* (*personne*) erleichtern; (*douleur, peine*) lindern; **~ qn de** (*fardeau*) jdm abnehmen
soûler [sule] *vt* betrunken machen; (*fig*) benebeln, berauschen; **se soûler** *vpr* sich betrinken
soulèvement [sulɛvmɑ̃] *nm* (*insurrection*) Aufstand *m*
soulever [sul(ə)ve] *vt* hochheben; (*vagues*) erzeugen; (*poussière*) aufwirbeln; (*pousser à la révolte*) aufhetzen; (*indigner*) empören; (*enthousiasme, protestations*) auslösen; (*question, problème*) aufwerfen; **se soulever** *vpr* (*personne couchée*) sich aufrichten; (*s'insurger*) sich auflehnen
soulier [sulje] *nm* Schuh *m*; **~s à talons** Schuhe *pl* mit Absatz; **~s plats** flache Schuhe *pl*
souligner [suliɲe] *vt* unterstreichen
soumettre [sumɛtʀ] *vt* (*subjuguer*) unterwerfen; (*à traitement, épreuve, analyse, examen*) unterziehen; **se soumettre** *vpr* : **se ~ (à)** sich unterwerfen (*+dat*); **~ qch à qn** (*projet, problème, article*) jdm etw vorlegen
soumis, e [sumi, iz] *pp de* **soumettre** ▸ *adj* (*personne, air*) unterwürfig
soumission [sumisjɔ̃] *nf* (*de rebelles etc*) Unterwerfung *f*; (*docilité*) Unterwürfigkeit *f*; (*Comm*) Angebot *nt*
soupape [supap] *nf* Ventil *nt*; **~ de sûreté** Sicherheitsventil *nt*
soupçon [supsɔ̃] *nm* Verdacht *m*; (*petite quantité*) : **un ~ de** eine Spur
soupçonner [supsɔne] *vt* (*personne*) verdächtigen; (*qch*) vermuten
soupçonneux, -euse [supsɔnø, øz] *adj* misstrauisch
soupe [sup] *nf* Suppe *f*; **~ à l'oignon** Zwiebelsuppe *f*; **~ au lait** : **être ~ au lait** jähzornig sein; **~ populaire** Volksküche *f*
souper [supe] *vi* (*régional* : *dîner*) zu Abend essen, Abendbrot essen; **avoir soupé de qch** (*fam*) die Nase von etw vollhaben
soupière [supjɛʀ] *nf* Suppenschüssel *f*
soupir [supiʀ] *nm* Seufzer *m*; (*Mus*) Viertelpause *f*
soupirant [supiʀɑ̃] *nm* Verehrer *m*
soupirer [supiʀe] *vi* seufzen
souple [supl] *adj* weich; (*membres, corps, personne*) geschmeidig, gelenkig; (*branche*) biegsam; (*col, cuir*) weich, geschmeidig; (*fig* : *règlement, esprit, caractère*) flexibel; (*gracieux*) anmutig
souplesse [suplɛs] *nf* (*de branches*) Biegsamkeit *f*; (*d'un col, de cuir*)

S

Weichheit *f*; (*d'une personne*) Gelenkigkeit *f*; (*intellectuelle, élasticité*) Flexibilität *f*; (*adresse*) Anmut *f*

source [suʀs] *nf* Quelle *f*; **prendre sa ~ à/dans** entspringen in *+dat*; **~ d'eau minérale** Mineralquelle *f*; **~ de chaleur** Wärmequelle *f*; **~ lumineuse** Lichtquelle *f*; **~ thermale** Thermalquelle *f*

sourcil [suʀsi] *nm* Augenbraue *f*

sourciller [suʀsije] *vi* : **sans ~** ohne mit der Wimper zu zucken

sourcilleux, -euse [suʀsijø, øz] *adj* (*pointilleux*) pingelig, kleinlich

sourd, e [suʀ, suʀd] *adj* taub; (*bruit, voix, gémissement*) leise; (*douleur, bruit*) dumpf; (*lutte*) stumm ▸ *nm/f* Taube(r) *f(m)*; **être ~ à** taub sein für

sourd-muet, sourde-muette [suʀmyɛ, suʀdmyɛt] (*pl* **sourds-muets, sourdes-muettes**) *adj* taubstumm ▸ *nm/f* Taubstumme(r) *f(m)*

sourdre [suʀdʀ] *vi* (*eau*) sprudeln; (*fig*) aufsteigen

souricière [suʀisjɛʀ] *nf* Mausefalle *f*; (*fig*) Falle *f*

sourire [suʀiʀ] *vi* lächeln ▸ *nm* Lächeln *nt*; **~ à qn** jdn anlächeln; **garder le ~** sich nicht unterkriegen lassen

souris [suʀi] *nf* Maus *f*

sournois, e [suʀnwa, waz] *adj* heimtückisch

sous¹ [su] *prép* unter *+dat*; (*avec mouvement*) unter *+acc*; **~ la pluie/le soleil** im Regen/in der Sonne; **~ mes yeux** vor meinen Augen; **~ terre** unterirdisch; **~ peu** in Kürze

sous² [su] *préf* unter-, Unter-

sous-alimentation [suzalimɑ̃tasjɔ̃] (*pl* **sous-alimentations**) *nf* Unterernährung *f*

sous-bois [subwa] *nm inv* Unterholz *nt*

sous-catégorie [sukategɔʀi] (*pl* **sous-catégories**) *nf* Unterabteilung *f*

sous-chef [suʃɛf] (*pl* **sous-chefs**) *nm* stellvertretender Leiter *m*

sous-continent [sukɔ̃tinɑ̃] (*pl* **sous-continents**) *nm* Subkontinent *m*

souscription [suskʀipsjɔ̃] *nf* Subskription *f*

souscrire [suskʀiʀ] : **~ à** *vt* (*emprunt*) zeichnen; (*publication*) subskribieren; (*approuver*) gutheißen

sous-développé, e [sudevlɔpe] (*pl* **sous-développés, es**) *adj* unterentwickelt

sous-directeur, -trice [sudiʀɛktœʀ, tʀis] (*pl* **sous-directeurs, -trices**) *nm/f* stellvertretender Direktor *m*, stellvertretende Direktorin *f*

sous-effectif [suzefɛktif] *nm* Unterbesetzung *f*; **être en ~** unterbesetzt sein

sous-emploi [suzɑ̃plwa] *nm* Unterbeschäftigung *f*

sous-entendre [suzɑ̃tɑ̃dʀ] *vt* andeuten

sous-entendu, e [suzɑ̃tɑ̃dy] (*pl* **sous-entendus, es**) *adj* unausgesprochen; (*Ling*) ausgelassen ▸ *nm* Andeutung *f*

sous-estimer [suzɛstime] *vt* unterschätzen

sous-exposer [suzɛkspoze] *vt* unterbelichten

sous-jacent, e [suʒasɑ̃, ɑ̃t] (*pl* **sous-jacents, es**) *adj* (*fig*) latent

sous-location [sulɔkasjɔ̃] (*pl* **sous-locations**) *nf* Untermiete *f*; **en ~** zur Untermiete

sous-louer [sulwe] *vt* : **~ à qn** (*locataire principal*) an jdn untervermieten; (*sous-locataire*) jds Untermieter sein

sous-main [sumɛ̃] (*pl* **sous-mains**) *nm* Schreibunterlage *f*; **racheter des actions en ~** Aktien unter der Hand weiterverkaufen

sous-marin, e [sumaʀɛ̃, in] (*pl* **sous-marins, es**) *adj* Unterwasser-; (*flore*) Meeres- ▸ *nm* U-Boot *nt*

sous-payé, e [supeje] (*pl* **sous-payés, es**) *adj* unterbezahlt

sous-préfecture [supʀefɛktyʀ] (*pl* **sous-préfectures**) *nf* Unterpräfektur *f*

sous-produit [supʀɔdɥi] (*pl* **sous-produits**) *nm* Nebenprodukt *nt*; (*péj*) schwacher Abklatsch *m*

sous-pull [supul] (*pl* **sous-pulls**) *nm* Unterziehpulli *m*

sous-répertoire [suʀepɛʀtwaʀ] (*pl* **sous-répertoires**) *nm* (*Inform*) Unterverzeichnis *nt*

soussigné, e [susiɲe] *adj* : **je ~ ...** ich, der/die Unterzeichnete, ... ▸ *nm/f* : **le ~** der Unterzeichnete *m*; **les ~s** die Unterzeichneten *pl*

sous-sol [susɔl] (*pl* **sous-sols**) *nm* Untergeschoss *nt*; (*Géo*) Untergrund *m*; **en ~** im Untergeschoss

sous-titre [sutitʀ] (*pl* **sous-titres**) *nm* Untertitel *m*

sous-titré, e [sutitʀe] (*pl* **sous-titrés, es**) *adj* (*film*) mit Untertiteln

soustraction [sustʀaksjɔ̃] *nf* Subtraktion *f*

soustraire [sustʀɛʀ] *vt* subtrahieren, abziehen; **se soustraire** *vpr* : **se ~ à** (*dérober*) sich entziehen *+dat*; **~ qch à qn** jdm etw wegnehmen; **~ qn à** jdn schützen vor *+dat*

sous-traitance [sutʀɛtɑ̃s] (*pl* **sous-traitances**) *nf* vertraglich geregelte Weitervergabe *f* von Arbeit
sous-traitant [sutʀɛtɑ̃] (*pl* **sous-traitants**) *nm* Zulieferer *m*
sous-verre [suvɛʀ] (*pl* **sous-verres**) *nm* Bilderrahmen *m*
sous-vêtement [suvɛtmɑ̃] (*pl* **sous-vêtements**) *nm* Stück *nt* Unterwäsche; **sous-vêtements** *nmpl* Unterwäsche *f*
soutenable [sut(ə)nabl] *adj* vertretbar
soutenance [sut(ə)nɑ̃s] *nf* : **~ de thèse** Rigorosum *nt*
soutènement [sutɛnmɑ̃] *nm* : **mur de ~** Stützmauer *f*
souteneur [sut(ə)nœʀ] *nm* Zuhälter *m*
soutenir [sut(ə)niʀ] *vt* (*supporter*) tragen; (*consolider, empêcher de tomber*) stützen; (*réconforter, aider*) beistehen *+dat*; (*assaut, choc*) aushalten; (*intérêt, effort*) aufrechterhalten; (*argument, doctrine, thèse*) verfechten, verteidigen; **~ que** behaupten, dass
soutenu, e [sut(ə)ny] *pp de* **soutenir** ▸ *adj* (*attention, efforts*) anhaltend; (*style*) gehoben
souterrain, e [sutеʀɛ̃, ɛn] *adj* unterirdisch ▸ *nm* unterirdischer Gang *m*
soutien [sutjɛ̃] *nm* Stütze *f*; **apporter son ~ à** unterstützen; **~ scolaire** Nachhilfe
soutien-gorge [sutjɛ̃gɔʀʒ] (*pl* **soutiens-gorge**) *nm* Büstenhalter *m*
soutirer [sutiʀe] *vt* : **~ qch à qn** jdm etw entlocken
souvenir [suv(ə)niʀ] *nm* (*réminiscence*) Erinnerung *f*; (*objet, marque*) Andenken *nt*; **se souvenir** *vpr* : **se ~ de** sich erinnern an *+acc*; **en ~ de** zur Erinnerung an *+acc*; **amical ~** (*en fin de lettre*) ≈ mit herzlichen Grüßen; **se ~ que** sich erinnern, dass
souvent [suvɑ̃] *adv* oft; **peu ~** selten
souverain, e [suv(ə)ʀɛ̃, ɛn] *adj* (*Pol*) souverän, unabhängig; (*suprême*) höchste(r, s) ▸ *nm/f* Herrscher(in); **le ~ pontife** der Papst *m*
souveraineté [suv(ə)ʀɛnte] *nf* Souveränität *f*
soviétique [sɔvjetik] *adj* sowjetisch
soyeux, -euse [swajø, øz] *adj* seidig
SPA [ɛspea] *sigle f* (= *Société protectrice des animaux*) Tierschutzbund *m*
spacieux, -euse [spasjø, jøz] *adj* geräumig
spaghettis [spageti] *nmpl* Spag(h)etti *pl*
spam [spam] *nm* (*Inform*) Spam *nt*
sparadrap [spaʀadʀa] *nm* Heftpflaster *nt*
spasme [spasm] *nm* Krampf *m*
spatial, e, -aux [spasjal, jo] *adj* (*Aviat*) (Welt)raum-; (*Psych*) räumlich
spatule [spatyl] *nf* Spachtel *m*
spécial, e, -aux [spesjal, jo] *adj* speziell, besondere(r, s); (*bizarre*) eigenartig
spécialement [spesjalmɑ̃] *adv* speziell, besonders; (*tout exprès*) eigens, speziell; **pas ~** nicht besonders
spécialiser [spesjalize] : **se spécialiser** *vpr* sich spezialisieren
spécialiste [spesjalist] *nmf* Spezialist(in) *m(f)*; (*Méd*) Facharzt (Fachärztin) *m(f)*
spécialité [spesjalite] *nf* (*sujet*) Spezialgebiet *nt*; (*d'un cuisinier etc*) Spezialität *f*
spécification [spesifikasjɔ̃] *nf* genauere Angabe *f*, Spezifizierung *f*
spécifier [spesifje] *vt* spezifizieren; **~ que** betonen, dass
spécifique [spesifik] *adj* spezifisch
spécifiquement [spesifikmɑ̃] *adv* spezifisch; (*tout exprès*) eigens
spécimen [spesimɛn] *nm* Probeexemplar *nt*
spectacle [spɛktakl] *nm* Anblick *m*; (*représentation*) Vorstellung *f*, Aufführung *f*; (*industrie*) Unterhaltungsindustrie *f*; **se donner en ~** (*péj*) sich zur Schau stellen
spectaculaire [spɛktakylɛʀ] *adj* spektakulär
spectateur, -trice [spɛktatœʀ, tʀis] *nm/f* Zuschauer(in)
spectre [spɛktʀ] *nm* Gespenst *nt*; (*Phys*) Spektrum *nt*
spéculateur, -trice [spekylatœʀ, tʀis] *nm/f* Spekulant(in)
spéculation [spekylasjɔ̃] *nf* Spekulation *f*
spéculer [spekyle] *vi* spekulieren; **~ sur** (*tabler sur*) spekulieren auf *+acc*
speedé, e [spide] (*fam*) *adj* : **être ~** (*fig*) unter Strom stehen
spéléologie [speleɔlɔʒi] *nf* Höhlenforschung *f*
spermatozoïde [spɛʀmatɔzɔid] *nm* Spermium *nt*
sperme [spɛʀm] *nm* Sperma *nt*, Samenflüssigkeit *f*
spermicide [spɛʀmisid] *nm* Spermizid *nt*
sphère [sfɛʀ] *nf* Kugel *f*; (*domaine*) Sphäre *f*, Bereich *m*; **~ d'activité/d'influence** Wirkungs-/Einflussbereich *m*
sphérique [sfeʀik] *adj* rund
sphinx [sfɛ̃ks] *nm* Sphinx *f*
spirale [spiʀal] *nf* Spirale *f*
spiritisme [spiʀitism] *nm* Spiritismus *m*
spirituel, le [spiʀitɥɛl] *adj* geistlich; (*intellectuel*) geistig; (*plein d'esprit*) geistreich

spiritueux [spiʀitɥø] *nmpl* Spirituosen *pl*
splendeur [splɑ̃dœʀ] *nf* Herrlichkeit *f*, Pracht *f*
splendide [splɑ̃did] *adj* herrlich
spongieux, -euse [spɔ̃ʒjø, jøz] *adj* schwammig
sponsor [spɔ̃sɔʀ] *nm* Sponsor *m*
sponsoriser [spɔ̃sɔʀize] *vt* sponsern
spontané, e [spɔ̃tane] *adj* spontan
spontanéité [spɔ̃taneite] *nf* Spontaneität *f*
spontanément [spɔ̃tanemɑ̃] *adv* spontan
sport [spɔʀ] *nm* Sport *m*; **faire du ~** Sport treiben; **~ d'hiver** Wintersport *m*
sportif, -ive [spɔʀtif, iv] *adj* sportlich; (*association, épreuve*) Sport- ▶ *nm/f* Sportler(in)
sportivité [spɔʀtivite] *nf* Sportlichkeit *f*
spot [spɔt] *nm* (*lampe*) Scheinwerfer *m*; **~ (publicitaire)** Werbespot *m*
spray [spʀɛ] *nm* Spray *m ou nt*
sprint [spʀint] *nm* (*en fin de course*) Endspurt *m*; (*épreuve*) Sprint *m*; **piquer un ~** zum Endspurt ansetzen
square [skwaʀ] *nm* Grünanlage *f*
squash [skwaʃ] *nm* Squash *nt*
squat [skwat] *nm* (*maison*) besetztes Haus *nt*
squatter¹ [skwate] *vt* besetzen
squatter², squatteur [skwatœʀ] *nm* Hausbesetzer(in) *m(f)*
squelette [skəlɛt] *nm* Skelett *nt*
squelettique [skəletik] *adj* spindeldürr; (*fig*) dürftig, kümmerlich
Sri Lanka [sʀilɑ̃ka] *nm* : **le ~** Sri Lanka *nt*
St, Ste *abr* = **saint**, **sainte**
stabiliser [stabilize] *vt* stabilisieren; (*terrain*) befestigen
stabilité [stabilite] *nf* Stabilität *f*
stable [stabl] *adj* stabil
stade [stad] *nm* (*Sport*) Stadion *nt*; (*phase*) Stadium *nt*
stage [staʒ] *nm* Praktikum *nt*; (*de perfectionnement*) Fortbildungskurs *m*; (*d'avocat, d'enseignant*) ≈ Referendarzeit *f*
stagiaire [staʒjɛʀ] *nmf* Praktikant(in) *m(f)*
stagnant, e [stagnɑ̃, ɑ̃t] *adj* stehend; (*fig*) stagnierend
stalactite [stalaktit] *nf* Stalaktit *m*
stalagmite [stalagmit] *nf* Stalagmit *m*
stand [stɑ̃d] *nm* (*d'exposition*) Stand *m*; **~ de ravitaillement** (*Auto*) Box *f*; **~ de tir** Schießstand *m*
standard [stɑ̃daʀ] *adj* Standard- ▶ *nm* Standard *m*; (*téléphonique*) Telefonzentrale *f*
standardiser [stɑ̃daʀdize] *vt* standardisieren
standardiste [stɑ̃daʀdist] *nmf* Telefonist(in) *m(f)*
standing [stɑ̃diŋ] *nm* Status *m*; **immeuble de grand ~** Luxuswohnungen *pl*
star [staʀ] *nf* : **~ (de cinéma)** (Film)star *m*
starter [staʀtɛʀ] *nm* (*Auto*) Choke *m*
station [stasjɔ̃] *nf* (*lieu d'arrêt*) Haltestelle *f*; (*Radio, TV*) Sender *m*; (*d'observation scientifique, Rel*) Station *f*; (*de villégiature*) Ferienort *m*; **la ~ debout** die aufrechte Haltung, das Stehen; **~ balnéaire** Badeort *m*; **~ de sports d'hiver** Wintersportort *m*; **~ de taxis** Taxistand *m*; **~ thermale** Thermalbad *nt*
stationnaire [stasjɔnɛʀ] *adj* gleichbleibend
stationnement [stasjɔnmɑ̃] *nm* Parken *nt*; **~ alterné** *Parken abwechselnd auf der einen und der anderen Straßenseite*
stationner [stasjɔne] *vi* parken
station-service [stasjɔ̃sɛʀvis] (*pl* **stations-service**) *nf* Tankstelle *f*
statique [statik] *adj* (*Élec*) statisch; (*fig*) unbewegt, starr
statistique [statistik] *nf* Statistik *f*; **statistiques** *nfpl* (*données*) statistische Angaben *pl*
statue [staty] *nf* Statue *f*
stature [statyʀ] *nf* (*taille*) Größe *f*; (*fig*) Bedeutung *f*
statut [staty] *nm* Status *m*; **statuts** *nmpl* (*règlement*) Satzung *f*
statutaire [statytɛʀ] *adj* satzungsgemäß
Ste *abr voir* **St, sainte**
Sté *abr* (= *société*) Ges.
steak [stɛk] *nm* Steak *nt*
sténo [steno] *nf* (*aussi* : **sténographie**) Stenografie *f*; **prendre en ~** stenografieren
stéréo [steʀeɔ] *adj* Stereo- ▶ *nf* Stereo *nt*, Stereofonie *f*; **en ~** in Stereo
stéréotype [steʀeɔtip] *nm* Klischee *nt*
stéréotypé, e [steʀeɔtipe] *adj* klischeehaft
stérile [steʀil] *adj* unfruchtbar; (*aseptique*) steril
stérilet [steʀilɛ] *nm* Spirale *f*
stériliser [steʀilize] *vt* sterilisieren
stérilité [steʀilite] *nf* Unfruchtbarkeit *f*
sternum [stɛʀnɔm] *nm* Brustbein *nt*
stick [stik] *nm* Stift *m*; (*déodorant*) Deostift *m*
stigmates [stigmat] *nmpl* (*Rel*) Wundmal *nt*; (*fig*) Stigma *nt*

stigmatiser [stigmatize] *vt* brandmarken
stimulant, e [stimylɑ̃, ɑ̃t] *adj* (*réussite, succès*) aufmunternd; (*potion*) anregend ▸ *nm* (*fig*) Ansporn *m*
stimulateur [stimylatœʀ] *nm* : **~ cardiaque** Herzschrittmacher *m*
stimuler [stimyle] *vt* (*personne*) stimulieren, anregen; (*estomac, appétit*) anregen; (*exportations etc*) beleben
stipulation [stipylasjɔ̃] *nf* Bedingung *f*
stipuler [stipyle] *vt* (*condition*) vorschreiben; (*détail*) genau angeben
stock [stɔk] *nm* (*de marchandises*) Lagerbestand *m*; (*réserve*) Reserve *f*; (*fig*) Vorrat*m*
stockage [stɔkaʒ] *nm* Lagerung *f*; **~ d'informations** (*Inform*) Datenspeicherung *f*
stocker [stɔke] *vt* (*marchandises*) auf Lager legen, einlagern; (*déchets*) lagern
stoïque [stɔik] *adj* stoisch
stomacal, e, -aux [stɔmakal, o] *adj* Magen-
stomatite [stɔmatit] *nf* Mundfäule *f*
stop [stɔp] *nm* (*panneau*) Stoppschild *nt*; (*feux arrière*) Bremslicht *nt*; (*auto-stop*) Anhalterfahren *nt* ▸ *excl* halt!, stop!; **faire du ~** trampen
stoppage [stɔpaʒ] *nm* (Kunst)stopfen *nt*
stopper [stɔpe] *vt* anhalten; (*mouvement, attaque*) aufhalten; (*machine*) abstellen; (*vêtement, bas*) stopfen ▸ *vi* anhalten
store [stɔʀ] *nm* Rollo *nt*, Rollladen *m*
strabisme [stʀabism] *nm* Schielen *nt*
strapontin [stʀapɔ̃tɛ̃] *nm* (*siège*) Klappsitz *m*
stratagème [stʀataʒɛm] *nm* List *f*
stratégie [stʀateʒi] *nf* Strategie *f*
stratégique [stʀateʒik] *adj* strategisch
stratifié, e [stʀatifje] *adj* (*Géo*) geschichtet; (*Tech*) beschichtet
stratosphère [stʀatɔsfɛʀ] *nf* Stratosphäre *f*
stress [stʀɛs] *nm* Stress *m*
stressant, e [stʀesɑ̃, ɑ̃t] *adj* stressig
stressé, e [stʀese] *adj* gestresst
stresser [stʀese] *vt* stressen
strict, e [stʀikt] *adj* streng; (*obligation, interprétation*) strikt; (*tenue*) schlicht; **c'est son droit le plus ~** das ist sein/ihr gutes Recht; **dans la plus ~e intimité** im engsten Familienkreis; **au sens ~ du mot** im wahrsten Sinn des Wortes; **le ~ nécessaire** *ou* **minimum** das Allernotwendigste
strictement [stʀiktəmɑ̃] *adv* streng; (*vêtu*) konservativ
strident, e [stʀidɑ̃, ɑ̃t] *adj* schrill, kreischend
strie [stʀi] *nf* Streifen *m*
strié, e [stʀije] *adj* gerillt
strip-tease [stʀiptiz] (*pl* **strip-teases**) *nm* Striptease *m*
strip-teaseuse [stʀiptizøz] (*pl* **strip-teaseuses**) *nf* Stripteasetänzerin *f*, Stripperin *f*
strophe [stʀɔf] *nf* Strophe *f*
structuration [stʀyktyʀasjɔ̃] *nf* Strukturierung *f*
structure [stʀyktyʀ] *nf* Struktur *f*; **~s d'accueil** Empfangseinrichtungen *pl*
stuc [styk] *nm* Stuck *m*
studieux, -euse [stydjø, jøz] *adj* fleißig; (*vacances, retraite*) den Studien gewidmet
studio [stydjo] *nm* (*logement*) Einzimmerwohnung *f*; (*d'artiste, de photographe*) Atelier *nt*; (*de danse, Cinéma, Radio, TV*) Studio *nt*
stupéfaction [stypefaksjɔ̃] *nf* Verblüffung *f*
stupéfait, e [stypefɛ, ɛt] *adj* verblüfft
stupéfiant, e [stypefjɑ̃, jɑ̃t] *adj* verblüffend ▸ *nm* Rauschgift *nt*
stupéfier [stypefje] *vt* verblüffen
stupeur [stypœʀ] *nf* Verblüffung *f*; (*Méd*) Benommenheit *f*
stupide [stypid] *adj* dumm
stupidité [stypidite] *nf* Dummheit *f*
style [stil] *nm* Stil *m*; **meuble de ~** Stilmöbel *nt*; **en ~ télégraphique** im Telegrammstil; **~ de vie** Lebensstil *m*
stylé, e [stile] *adj* (*domestique*) geschult
stylisé, e [stilize] *adj* stilisiert
stylo [stilo] *nm* Kugelschreiber *m*; **~ (à) bille** Kugelschreiber *m*; **~ à encre** Füller *m*
stylo-feutre [stilɔføtʀ] (*pl* **stylos-feutres**) *nm* Filzstift *m*
su, e [sy] *pp de* **savoir** ▸ *nm* : **au vu et au su de qn** mit jds Wissen
suave [sɥav] *adj* (*odeur*) süß; (*voix, coloris*) süß, lieblich
subalterne [sybaltɛʀn] *adj* (*employé, officier*) untergeben; (*rôle*) untergeordnet ▸ *nmf* Untergebene(r) *f(m)*
subconscient, e [sypkɔ̃sjɑ̃, ɑ̃t] *adj* unterbewusst ▸ *nm* Unterbewusstsein *nt*
subdiviser [sybdivize] *vt* unterteilen
subir [sybiʀ] *vt* erleiden; (*influence, charme*) erliegen *+dat*; (*traitement, opération, examen*) sich unterziehen *+dat*; (*personne*) ertragen
subit, e [sybi, it] *adj* plötzlich
subitement [sybitmɑ̃] *adv* plötzlich
subjectif, -ive [sybʒɛktif, iv] *adj* subjektiv

S

subjonctif [sybʒɔ̃ktif] *nm* Konjunktiv *m*
subjuguer [sybʒyge] *vt* erobern
sublime [syblim] *adj* wunderbar, wunderschön
submerger [sybmɛʀʒe] *vt* (*inonder*) überschwemmen
submersible [sybmɛʀsibl] *nm* U-Boot *nt*
subordonné, e [sybɔʀdɔne] *adj* untergeordnet ▸ *nm/f* Untergebene(r) *f(m)* ▸ *nf* (*Ling*) Nebensatz *m*
subside [sybid] *nm* Zuschuss *m*, Beihilfe *f*
subsidiaire [sybzidjɛʀ] *adj* : **question ~** entscheidende Frage *f*
subsistance [sybzistɑ̃s] *nf* Unterhalt *m*; **pourvoir à la ~ de qn** für jds Unterhalt sorgen
subsister [sybziste] *vi* (*rester*) (weiter) bestehen; (*vivre*) leben
substance [sypstɑ̃s] *nf* Substanz *f*, Stoff *m*; (*fig*) Substanz *f*, Gehalt *m*; **en ~** im Wesentlichen
substantiel, le [sypstɑ̃sjɛl] *adj* (*aliment, repas*) nahrhaft; (*fig : avantage, bénéfice*) wesentlich, bedeutend
substantif [sypstɑ̃tif] *nm* Substantiv *nt*
substituer [sypstitɥe] *vt* : **~ qn/qch à** jdn/etw ersetzen durch; **se substituer** *vpr* : **se ~ à qn** jdn ersetzen
substitut [sypstity] *nm* (*Jur : magistrat*) Vertreter *m*; (*succédané*) Ersatz *m*
substitution [sypstitysjɔ̃] *nf* Ersetzen *nt*
subterfuge [syptɛʀfyʒ] *nm* List *f*; (*échappatoire*) Ausrede *f*
subtil, e [syptil] *adj* (*personne, esprit, réponse*) fein; (*raisonnement, manœuvre, nuance*) subtil
subtilité [syptilite] *nf* (*de personne*) Feinsinn *m*; (*de raisonnement, manœuvre*) Subtilität *f*
subtropical, e, -aux [sybtʀɔpikal, o] *adj* subtropisch
subvenir [sybvəniʀ] : **~ à** *vt* sorgen für
subvention [sybvɑ̃sjɔ̃] *nf* Subvention *f*, Zuschuss *m*
subventionner [sybvɑ̃sjɔne] *vt* subventionieren
suc [syk] *nm* Saft *m*; **~s gastriques** Magensaft *m*
succédané [syksedane] *nm* Ersatz *m*
succéder [syksede] : **~ à** *vt* (*qn*) nachfolgen *+dat*; (*dans une série, énumération etc*) folgen auf *+acc*; **se succéder** *vpr* aufeinanderfolgen
succès [syksɛ] *nm* Erfolg *m*; **avec ~** erfolgreich; **sans ~** erfolglos; **auteur à ~** Erfolgsautor *m*
successeur [syksesœʀ] *nm* Nachfolger(in) *m(f)*; (*héritier*) Erbe *m*, Erbin *f*
successif, -ive [syksesif, iv] *adj* aufeinanderfolgend
succession [syksesjɔ̃] *nf* (*patrimoine*) Erbe *nt*; (*Pol*) Nachfolge *f*
successivement [syksesivmɑ̃] *adv* nacheinander
succinct, e [syksɛ̃, ɛ̃t] *adj* knapp, kurz und bündig
succomber [sykɔ̃be] *vi* (*mourir*) umkommen; **~ à** erliegen *+dat*
succulent, e [sykylɑ̃, ɑ̃t] *adj* köstlich
succursale [sykyʀsal] *nf* Filiale *f*; **magasin à ~s multiples** Ladenkette *f*
sucer [syse] *vt* lutschen; **~ son pouce** am Daumen lutschen
sucette [sysɛt] *nf* (*bonbon*) Lutscher *m*; (*de bébé*) Schnuller *m*
sucre [sykʀ] *nm* Zucker *m*; **~ de betterave** Rübenzucker *m*; **~ de canne** Rohrzucker *m*; **~ en morceaux** Würfelzucker *m*; **~ en poudre, ~ glace** Puderzucker *m*
sucré, e [sykʀe] *adj* (*au goût*) süß; (*tasse de thé etc*) gezuckert; (*produit alimentaire*) gesüßt; (*péj*) zuckersüß
sucrer [sykʀe] *vt* zuckern, süßen; **se sucrer** *vpr* (*fam*) sich gesundstoßen
sucrerie [sykʀəʀi] *nf* (*usine*) Zuckerraffinerie *f*; **sucreries** *nfpl* (*bonbons*) Süßigkeiten *pl*
sucrette [sykʀɛt] *nf* Süßstofftablette *f*
sucrier, -ière [sykʀije, ijɛʀ] *adj* Zucker- ▸ *nm* (*récipient*) Zuckerdose *f*
sud [syd] *nm* Süden *m* ▸ *adj inv* Süd-; **au ~ de** im Süden *ou* südlich von
sud-américain, e [sydameʀikɛ̃, ɛn] (*pl* **sud-américain, es**) *adj* südamerikanisch
sudation [sydasjɔ̃] *nf* Schwitzen *nt*
sud-coréen, ne (*pl* **sud-coréens**) [sydkɔʀeɛ̃, ɛn] *adj* südkoreanisch
sud-est [sydɛst] *nm inv* Südosten *m*
sud-ouest [sydwɛst] *nm inv* Südwesten *m*
Suède [sɥɛd] *nf* : **la ~** Schweden *nt*
suédois, e [sɥedwa, waz] *adj* schwedisch ▸ *nm/f* : **Suédois, e** Schwede *m*, Schwedin *f*
suer [sɥe] *vi* schwitzen; (*fam : se fatiguer*) sich abquälen
sueur [sɥœʀ] *nf* Schweiß *m*; **en ~** schweißgebadet; **avoir des ~s froides** in kaltem Schweiß gebadet sein
suffire [syfiʀ] *vi* (aus)reichen, genügen ▸ *vb impers* : **il suffit d'une négligence pour que** man braucht nur einmal unachtsam zu sein und; **se suffire** *vpr* unabhängig sein; **ça suffit !** jetzt reichts aber!

suffisamment [syfizamɑ̃] *adv* ausreichend, genügend; **~ de** genug, genügend
suffisance [syfizɑ̃s] *nf* (*vanité*) Selbstgefälligkeit *f*
suffisant, e [syfizɑ̃, ɑ̃t] *adj* ausreichend; (*vaniteux*) selbstgefällig
suffocation [syfɔkasjɔ̃] *nf* Ersticken *nt*
suffoquer [syfɔke] *vt* (*chaleur*) erdrücken; (*fumée*) ersticken; (*émotion, colère, nouvelles*) überwältigen ▸ *vi* ersticken
suffrage [syfʀaʒ] *nm* (*voix*) Stimme *f*; **~ universel/direct/indirect** allgemeines Wahlrecht *nt*/direkte/indirekte Wahl *f*
suggérer [sygʒeʀe] *vt* (*conseiller*) vorschlagen; (*évoquer, faire penser à*) erinnern an *+acc*
suggestif, -ive [sygʒɛstif, iv] *adj* (*évocateur*) stimmungsvoll; (*érotique*) aufreizend
suggestion [sygʒɛstjɔ̃] *nf* Vorschlag *m*; (*Psych*) Suggestion *f*
suicidaire [sɥisidɛʀ] *adj* selbstmörderisch
suicide [sɥisid] *nm* Selbstmord *m*
suicider [sɥiside] : **se suicider** *vpr* sich umbringen
suif [sɥif] *nm* Talg *m*
suisse [sɥis] *adj* schweizerisch ▸ *nmf* : **Suisse** Schweizer(in) *m(f)* ▸ *nf* : **la S~** die Schweiz; **la S~ allemande** *ou* **alémanique** die deutsch(sprachig)e Schweiz; **~ romand(e)** *adj* französischschweizerisch; **S~ romand(e)** *nmf* Französischschweizer(in) *m(f)*; **la S~ romande** die französisch(sprachig)e Schweiz
suite [sɥit] *nf* Folge *f*; (*série*) Reihe *f*; (*cohérence*) Zusammenhang *m*; (*escorte*) Gefolgschaft *f*; (*Mus*) Suite *f*; **suites** *nfpl* (*d'une maladie, chute*) Folgen *pl*; **prendre la ~ de** (*directeur etc*) jds Nachfolge antreten; **donner ~ à** weiterverfolgen; **(faisant) ~ à votre lettre du** mit Bezug auf Ihr Schreiben vom; **de ~** (*d'affilée*) nacheinander; (*immédiatement*) unmittelbar; **par la ~** später; **à la ~ de** (*en conséquence de*) aufgrund von; **avoir de la ~ dans les idées** zielstrebig sein
suivant, e [sɥivɑ̃, ɑ̃t] *adj* folgend ▸ *nm/f* : **au ~ !** der Nächste bitte! ▸ *prép* (*selon*) gemäß *+dat*; **l'exercice ~** (*ci-après*) die folgende Übung
suiveur, euse [sɥivœʀ, øz] *nm/f* (*péj*) Mitläufer(in) *m(f)*; (*réseaux sociaux*) Follower(in) *m(f)*
suivi, e [sɥivi] *pp de* **suivre** ▸ *adj* (*régulier*) regelmäßig; (*cohérent*) logisch; (*politique*) konsequent ▸ *nm* (*Méd*) Nachuntersuchung *f*; **très/peu ~** (*cours*) sehr/nicht sehr gut besucht; (*mode*) die großen/kaum Anklang findet
suivre [sɥivʀ] *vt* folgen *+dat*; (*bagages*) (nach)folgen *+dat*; (*consigne*) befolgen; (*cours*) teilnehmen an *+dat*; (*être attentif à*) aufpassen bei; (*observer l'évolution de*) beobachten; (*Comm : article*) weiter führen ▸ *vi* folgen; (*écouter attentivement*) (gut) aufpassen; **se suivre** *vpr* aufeinanderfolgen; **~ des yeux** mit den Augen folgen *+dat ou* verfolgen; **faire ~** (*lettre*) nachsenden; **~ son cours** seinen/ihren Lauf nehmen; **à ~** Fortsetzung folgt
sujet, te [syʒɛ, ɛt] *adj* : **être ~ à** (*accidents*) neigen zu; (*vertige etc*) leiden unter *+dat* ▸ *nm/f* (*d'un souverain*) Untertan(in) ▸ *nm* (*matière*) Gegenstand *m*; (*thème*) Thema *nt*; (*raison*) Anlass *m*; (*Ling*) Subjekt *nt*; **avoir ~ de se plaindre** allen Grund zur Klage haben; **au ~ de** über *+acc*; **~ à caution** fragwürdig, zweifelhaft; **~ d'examen** Prüfungsstoff *m*; **~ d'expérience** (*animal*) Versuchstier *nt*; **~ de conversation** Gesprächsthema *nt*
sulfamide [sylfamid] *nm* Sulfonamid *nt*
sulfureux, -euse [sylfyʀø, øz] *adj* schwefelig, Schwefel-
sulfurique [sylfyʀik] *adj* : **acide ~** Schwefelsäure *f*
summum [sɔmɔm] *nm* : **le ~ de** der Gipfel *+gén*
super [sypɛʀ] *adj* (*fam*) super
superbe [sypɛʀb] *adj* (*très beau*) wundervoll, herrlich; (*remarquable*) fantastisch
superbement [sypɛʀbəmɑ̃] *adv* herrlich
supercarburant [sypɛʀkaʀbyʀɑ̃] *nm* Super(benzin *nt*) *nt*
supercherie [sypɛʀʃəʀi] *nf* Betrug *m*
superficie [sypɛʀfisi] *nf* (*mesure*) (Grund) fläche *f*; (*aspect extérieur*) Oberfläche *f*
superficiel, le [sypɛʀfisjɛl] *adj* oberflächlich; (*plaie, brûlure*) leicht
superflu, e [sypɛʀfly] *adj* überflüssig ▸ *nm* : **le ~** das Überflüssige *nt*
supérieur, e [sypeʀjœʀ] *adj* obere(r, s); (*plus élevé*) höher; (*meilleur*) besser; (*excellent, hautain*) überlegen ▸ *nm/f* (*hiérarchique*) Vorgesetzte(r) *f(m)*; **~ à** höher als; (*meilleur*) besser als; **Mère ~e** Oberin *f*; **~ en nombre** zahlenmäßig überlegen, in der Überzahl
supériorité [sypeʀjɔʀite] *nf* Überlegenheit *f*
superlatif [sypɛʀlatif] *nm* Superlativ *m*

supermarché [sypɛʀmaʀʃe] *nm* Supermarkt *m*
superposer [sypɛʀpoze] *vt* aufeinanderlegen; (*meubles, caisses*) stapeln; **se superposer** *vpr* (*images, souvenirs*) sich vermischen; **lits superposés** Etagenbett *nt*
superproduction [sypɛʀpʀɔdyksjɔ̃] *nf* (*film*) Monumentalfilm *m*
superpuissance [sypɛʀpɥisɑ̃s] *nf* Supermacht *f*
supersonique [sypɛʀsɔnik] *adj* Überschall-
superstar [sypɛʀstaʀ] *nf* Megastar *m*
superstitieux, -euse [sypɛʀstisjø, jøz] *adj* abergläubisch
superstition [sypɛʀstisjɔ̃] *nf* Aberglaube *m*
superstructure [sypɛʀstʀyktyʀ] *nf* Überbau *m*
superviser [sypɛʀvize] *vt* beaufsichtigen
supervision [sypɛʀvizjɔ̃] *nf* Aufsicht *f*
suppléance [sypleɑ̃s] *nf* Vertretung *f*
suppléant, e [sypleɑ̃, ɑ̃t] *adj* stellvertretend ▸ *nm/f* (Stell)vertreter(in)
suppléer [syplee] *vt* (*ce qui manque*) ergänzen; (*lacune*) ausfüllen; (*défaut*) ausgleichen; (*remplacer*) vertreten; **~ à** (*compenser*) ausgleichen; (*chose manquante*) ersetzen
supplément [syplemɑ̃] *nm* Ergänzung *f*; (*à payer*) Zuschlag *m*; (*d'un livre*) Anhang *m*; (*d'un journal*) Beilage *f*; **être en ~** (*au menu etc*) extra kosten; **un ~ d'information** zusätzliche Informationen *pl*; **un ~ de frites** eine Extraportion Pommes frites
supplémentaire [syplemɑ̃tɛʀ] *adj* zusätzlich
supplication [syplikasjɔ̃] *nf* (Für)bitte *f*; **supplications** *nfpl* Flehen *nt*
supplice [syplis] *nm* (*peine corporelle*) Folter *f*; (*souffrance*) Qual *f*; **être au ~** Folterqualen erleiden
supplier [syplije] *vt* anflehen
support [sypɔʀ] *nm* Stütze *f*; (*pour outils*) Ständer *m*; (*Inform*) Support *m*; **~ audiovisuel** audiovisuelles Hilfsmittel *nt*; **~ de données** Datenträger *m*; **~ publicitaire** Werbemittel *nt*
supportable [sypɔʀtabl] *adj* erträglich
supporter[1] [sypɔʀte] *vt* (*porter*) tragen; (*mur, édifice*) stützen; (*endurer*) ertragen; (*résister à*) vertragen
supporter[2] [sypɔʀtɛʀ], **supporteur, -trice** *nm/f* Fan *m*
supposé, e [sypoze] *adj* mutmaßlich
supposer [sypoze] *vt* annehmen; (*suj : chose*) voraussetzen; **en supposant** *ou* **à ~ que** angenommen *ou* vorausgesetzt, (dass)
supposition [sypozisjɔ̃] *nf* Annahme *f*
suppositoire [sypozitwaʀ] *nm* Zäpfchen *nt*
suppression [sypʀesjɔ̃] *nf* Abschaffung *f*
supprimer [sypʀime] *vt* abschaffen; (*obstacle*) beseitigen, entfernen; (*clause, mot*) weglassen; (*douleur, anxiété*) beheben; **~ qch à qn** jdm etw entziehen
suppurer [sypyʀe] *vi* eitern
supranational, e, -aux [sypʀanasjɔnal, ɔno] *adj* übernational
suprématie [sypʀemasi] *nf* (*Pol*) Vormachtstellung *f*; (*intellectuelle, morale*) Überlegenheit *f*
suprême [sypʀɛm] *adj* oberste(r, s); (*bonheur, habileté*) höchste(r, s); **un ~ espoir** eine letzte Hoffnung; **un ~ effort** eine äußerste Anstrengung

MOT-CLÉ

sur[1] [syʀ] *prép* **1** (*position*) auf *+dat*; (*au-dessus*) über *+dat*; **tes lunettes sont sur la table** deine Brille ist auf dem Tisch; **je n'ai pas d'argent sur moi** ich habe kein Geld dabei *ou* bei mir
2 (*direction*) auf *+acc*; (*au-dessus*) über *+acc*; **pose-le sur la table** lege es auf den Tisch; **en rentrant sur Paris** auf dem Rückweg nach Paris; **sur votre droite** zu Ihrer Rechten, rechts; **avoir de l'influence/un effet sur** Einfluss/Wirkung haben auf *+acc*
3 (*après*) : **avoir accident sur accident** einen Unfall nach dem anderen haben; **sur ce** daraufhin
4 (*à propos de*) über *+acc*; **un livre/une conférence sur Balzac** ein Buch/Vortrag über Balzac
5 (*proportion*) : **un sur 10** einer von 10; **avoir un sur dix** (*Scol*) ≈ eine Sechs bekommen; **sur vingt, deux sont venus** von 20 sind 2 gekommen; **4 m sur 2** 4 mal 2 m

sur[2]**, e** [syʀ] *adj* (*aigre*) sauer
sûr, e [syʀ] *adj* sicher; (*digne de confiance*) zuverlässig; **être ~ de qn** sich *dat* jds sicher sein; **~ de soi** selbstsicher; **le plus ~ est de** das Sicherste ist, zu
surabondance [syʀabɔ̃dɑ̃s] *nf* (*de produits, richesse*) Überfluss *m*; (*de couleurs, détails*) Überfülle *f*
suraigu, -uë [syʀegy] *adj* schrill
surajouter [syʀaʒute] *vt* hinzufügen

suranné, e [syʀane] *adj* veraltet
surbooké, e [syʀbuke] *adj* überbucht
surcharge [syʀʃaʀʒ] *nf* Überlastung *f*
surchargé, e [syʀʃaʀʒe] *adj* überladen; **~ de travail/soucis** mit Arbeit überlastet/mit Sorgen überladen
surcharger [syʀʃaʀʒe] *vt* überladen
surchauffé, e [syʀʃofe] *adj* überhitzt
surchoix [syʀʃwa] *adj inv* von bester Qualität
surclasser [syʀklɑse] *vt* übertreffen
surcouper [syʀkupe] *vt* übertrumpfen
surcroît [syʀkʀwa] *nm* : **un ~ de travail/d'inquiétude** zusätzliche Arbeit/Unruhe; **par** *ou* **de ~** zu allem Überfluss, obendrein
surdité [syʀdite] *nf* Taubheit *f*
surdose [syʀdoz] *nf* Überdosis *f*
surdoué, e [syʀdwe] *adj* höchst begabt
sureau, x [syʀo] *nm* Holunder *m*
surélever [syʀel(ə)ve] *vt* (*immeuble*) aufstocken
sûrement [syʀmɑ̃] *adv* sicher
suremploi [syʀɑ̃plwa] *nm* Überbeschäftigung *f*
surenchère [syʀɑ̃ʃɛʀ] *nf* höheres Gebot *nt*; **~ électorale** gegenseitiges Übertrumpfen *nt* im Wahlkampf
surenchérir [syʀɑ̃ʃeʀiʀ] *vi* höher bieten
surendettement [syʀɑ̃dɛtmɑ̃] *nm* Überschuldung *f*
surestimer [syʀɛstime] *vt* überschätzen
sûreté [syʀte] *nf* Sicherheit *f*; **être/mettre en ~** in Sicherheit *dat* sein/in Sicherheit *acc* bringen; **pour plus de ~** zur Sicherheit; **la S~ (nationale)** der staatliche Sicherheitsdienst *m*
surexciter [syʀɛksite] *vt* überreizen
surexposer [syʀɛkspoze] *vt* überbelichten
surf [sœʀf] *nm* Surfen *nt*; **faire du ~** surfen
surface [syʀfas] *nf* Oberfläche *f*; (*Math*) Fläche *f*; **faire ~** auftauchen; **la pièce fait 100 mètres carrés de ~** das Zimmer hat eine Fläche von 100 Quadratmetern; **grande ~** Einkaufszentrum *nt*; **~ de réparation** Strafraum *m*
surfait, e [syʀfɛ, ɛt] *adj* überbewertet
surfer [sœʀfe] *vi* (*Inform*) (im Internet) surfen
surfeur, -euse [sœʀfœʀ, øz] *nm/f* Surfer(in)
surfin, e [syʀfɛ̃, in] *adj* hochfein
surgelé, e [syʀʒəle] *adj* tiefgekühlt
surgénérateur [syʀʒeneʀatœʀ] *nm* Schneller Brüter *m*, Hochtemperaturreaktor *m*
surgir [syʀʒiʀ] *vi* plötzlich auftauchen; (*jaillir*) hervorschießen
surhumain, e [syʀymɛ̃, ɛn] *adj* übermenschlich
surimpression [syʀɛ̃pʀesjɔ̃] *nf* (*Photo*) Doppelbelichtung *f*
Surinam [syʀinam] *nm* : **le ~** Surinam *nt*
sur-le-champ [syʀləʃɑ̃] *adv* sofort, auf der Stelle
surlendemain [syʀlɑ̃d(ə)mɛ̃] *nm* : **le ~** der übernächste Tag; (*quand?*) am übernächsten Tag; **le ~ de** der zweite Tag nach
surligneur [syʀliɲœʀ] *nm* Leuchtstift *m*
surmédiatisation [syʀmediatizasjɔ̃] *nf* Medienrummel *m*
surmédiatiser [syʀmediatize] *vt* in den Medien aufbauschen
surmenage [syʀmənaʒ] *nm* Überanstrengung *f*
surmené, e [syʀməne] *adj* überanstrengt
surmener [syʀməne] *vt* überanstrengen, überfordern; **se surmener** *vpr* sich überanstrengen
surmonter [syʀmɔ̃te] *vt* (*suj : coupole etc*) sich erheben über *+dat*; (*vaincre*) überwinden
surmultiplié, e [syʀmyltiplije] *adj* : **vitesse ~e** Overdrive *m*
surnaturel, le [syʀnatyʀɛl] *adj* übernatürlich
surnom [syʀnɔ̃] *nm* Spitzname *m*
surnombre [syʀnɔ̃bʀ] *nm* : **être en ~** in der Überzahl sein
surnommer [syʀnɔme] *vt* taufen
surpasser [syʀpɑse] *vt* übertreffen; **se surpasser** *vpr* sich selbst übertreffen
surpeuplé, e [syʀpœple] *adj* (*région*) überbevölkert; (*maison*) überfüllt
surpeuplement [syʀpœpləmɑ̃] *nm* Überbevölkerung *f*
surplace [syʀplas] *nm* : **faire du ~** im Schneckentempo fahren
surplomb [syʀplɔ̃] *nm* Überhang *m*
surplomber [syʀplɔ̃be] *vi, vt* überragen
surplus [syʀply] *nm* (*Comm*) Überschuss *m*
surprenant, e [syʀpʀənɑ̃, ɑ̃t] *adj* überraschend
surprendre [syʀpʀɑ̃dʀ] *vt* überraschen; (*secret*) herausfinden; (*conversation*) mithören; (*clin d'œil etc*) mitbekommen; **se surprendre** *vpr* : **se ~ à faire qch** sich dabei ertappen, wie man etw tut
surprime [syʀpʀim] *nf* Zuschlagsprämie *f*
surpris, e [syʀpʀi, iz] *pp de* **surprendre** ▶ *adj* überrascht

surprise [syʀpʀiz] *nf* Überraschung *f*; **faire une ~ à qn** jdn überraschen; **voyage sans ~s** ereignislose Reise *f*; **par ~** unvorbereitet
surproduction [syʀpʀɔdyksjɔ̃] *nf* Überproduktion *f*
surréaliste [syʀʀealist] *adj* surrealistisch
sursaut [syʀso] *nm* Zusammenzucken *nt*; **se réveiller en ~** aus dem Schlaf auffahren; **~ d'énergie** Energieanwandlung *f ou* -anfall *m*; **~ d'indignation** plötzlicher Ausbruch *m* von Entrüstung
sursauter [syʀsote] *vi* zusammenfahren
sursis [syʀsi] *nm* (*Jur*) Bewährung *f*; (*: de condamnation à mort*) Aufschub *m*; **condamné à 5 mois (de prison) avec ~** zu 5 Monaten (Haftstrafe) mit Bewährung verurteilt
surtaxe [syʀtaks] *nf* Zuschlag *m*; (*Poste*) Nachporto *nt*
surtout [syʀtu] *adv* besonders; **cet été, il a ~ fait de la pêche** diesen Sommer hat er hauptsächlich geangelt; **~ ne dites rien !** sagen Sie bloß nichts!; **~ pas !** bitte nicht!; **~ que ...** umso mehr, als ...
surveillance [syʀvɛjɑ̃s] *nf* Überwachung *f*; (*d'un gardien*) Aufsicht *f*; **être sous la ~ de qn** unter jds Aufsicht stehen; **sous ~ médicale** unter ärztlicher Aufsicht
surveillant, e [syʀvɛjɑ̃, ɑ̃t] *nm/f* Aufseher(in)
surveiller [syʀveje] *vt* (*enfant*) aufpassen auf *+acc*; (*malade, bagages, suspect*) überwachen; (*élèves, prisonnier, travaux, cuisson*) beaufsichtigen; **se surveiller** *vpr* sich zurückhalten; **~ son langage/sa ligne** auf seine Sprache/Linie achten
survenir [syʀvəniʀ] *vi* eintreten, vorkommen
survêtement [syʀvɛtmɑ̃] *nm* Trainingsanzug *m*
survie [syʀvi] *nf* Überleben *nt*; (*Rel*) Leben *nt* nach dem Tode
survivant, e [syʀvivɑ̃, ɑ̃t] *nm/f* (*d'un accident*) Überlebende(r) *f(m)*; (*d'une personne*) Hinterbliebene(r) *f(m)*
survivre [syʀvivʀ] *vi* überleben
survoler [syʀvɔle] *vt* überfliegen
survolté, e [syʀvɔlte] *adj* (*Élec*) hinauftransformiert; (*fig*) überreizt
sus [sy] *adv* : **en ~ de** zusätzlich zu; **en ~** zusätzlich
susceptible [sysɛptibl] *adj* (*trop sensible*) empfindlich; **~ d'améliorations** *ou* **d'être amélioré** verbesserungsfähig; **être ~ de faire qch** (*capacité*) in der Lage sein, etw zu tun; (*probabilité*) imstande sein, etw zu tun
susciter [sysite] *vt* hervorrufen
suspect, e [syspɛ(kt), ɛkt] *adj* (*personne, attitude etc*) verdächtig; (*témoignage, opinions*) zweifelhaft ▶ *nm/f* (*Jur*) Verdächtige(r) *f(m)*; **être ~/peu ~ de qch** etw *gén* verdächtigt/nicht verdächtigt werden können
suspecter [syspɛkte] *vt* (*personne*) verdächtigen; (*honnêteté etc*) anzweifeln; **~ qn de qch** jdn etw *gén* verdächtigen; **~ qn de faire qch** jdn verdächtigen, etw zu tun
suspendre [syspɑ̃dʀ] *vt* (*accrocher*) aufhängen; (*interrompre*) einstellen; (*interdire*) verbieten; (*démettre*) suspendieren; (*: séance*) vertagen; **se suspendre** *vpr* : **se ~ à** sich hängen an *+acc*
suspendu, e [syspɑ̃dy] *pp de* **suspendre** ▶ *adj* : **être ~ à** hängen an *+dat*; **être ~ au-dessus de** schweben über *+dat*; **voiture bien/mal ~e** gut/schlecht gefedertes Auto *nt*; **être ~ aux lèvres de qn** an jds Lippen *dat* hängen
suspens [syspɑ̃] *nm* : **en ~** (*affaire, question*) in der Schwebe
suspense [syspɛns] *nm* Spannung *f*
suspension [syspɑ̃sjɔ̃] *nf* (*Auto*) Federung *f*; (*lustre*) Hängelampe *f*; (*de travaux, paiements*) Einstellung *f*; (*de journal*) Verbot *nt*; (*de prêtre, fonctionnaire*) Suspendierung *f*; **en ~** schwebend; **~ d'audience** Vertagung *f*
suspicion [syspisjɔ̃] *nf* Verdacht *m*
susurrer [sysyʀe] *vt* flüstern
suture [sytyʀ] *nf* : **point de ~** Stich *m*
suturer [sytyʀe] *vt* nähen
svelte [svɛlt] *nf* schlank
SVP [ɛsvepe] *sigle* (= *s'il vous plaît*) bitte
Swaziland [swazilɑ̃d] *nm* : **le ~** Swasiland *nt*
sweat-shirt [switʃœʀt] (*pl* **sweat-shirts**) *nm* Sweatshirt *nt*
syllabe [silab] *nf* Silbe *f*
sylviculture [silvikyltyʀ] *nf* Forstwirtschaft *f*
symbole [sɛ̃bɔl] *nm* Symbol *nt*
symbolique [sɛ̃bɔlik] *adj* symbolisch
symboliser [sɛ̃bɔlize] *vt* symbolisieren
symétrie [simetʀi] *nf* Symmetrie *f*
symétrique [simetʀik] *adj* symmetrisch
sympa [sɛ̃pa] (*fam*) *adj voir* **sympathique**

sympathie [sɛ̃pati] *nf* Sympathie *f*; (*participation à douleur*) Mitgefühl *nt*; **témoignages de ~** Beileidsbekundungen *pl*; **croyez à toute ma ~** mein aufrichtiges Beileid
sympathique [sɛ̃patik] *adj* sympathisch; (*déjeuner, endroit etc*) nett
sympathisant, e [sɛ̃patizɑ̃, ɑ̃t] *nm/f* Sympathisant(in)
sympathiser [sɛ̃patize] *vi* (*s'entendre*) sich gut verstehen
symphonie [sɛ̃fɔni] *nf* Sinfonie *f*
symphonique [sɛ̃fɔnik] *adj* sinfonisch
symptôme [sɛ̃ptom] *nm* Symptom *nt*
synagogue [sinagɔg] *nf* Synagoge *f*
synchronisation [sɛ̃kʀɔnizasjɔ̃] *nf* Synchronisierung *f*
synchroniser [sɛ̃kʀɔnize] *vt* synchronisieren
syncope [sɛ̃kɔp] *nf* Ohnmacht *f*; (*Mus*) Synkope *f*; **tomber en ~** in Ohnmacht fallen
syndic [sɛ̃dik] *nm* (*d'immeuble*) Verwalter *m*
syndical, e, -aux [sɛ̃dikal, o] *adj* gewerkschaftlich; **centrale ~e** Gewerkschaftshaus *nt*
syndicaliste [sɛ̃dikalist] *nmf* Gewerkschaftler(in) *m(f)*
syndicat [sɛ̃dika] *nm* Gewerkschaft *f*; **~ d'initiative** Fremdenverkehrsbüro *nt*; **~ de propriétaires** Eigentümerverband *m*; **~ patronal** Arbeitgeberverband *m*
syndiqué, e [sɛ̃dike] *adj* gewerkschaftlich organisiert; (*personne*) einer Gewerkschaft angeschlossen
syndiquer [sɛ̃dike] : **se syndiquer** *vpr* sich gewerkschaftlich organisieren; (*adhérer*) in eine/die Gewerkschaft eintreten
syndrome [sɛ̃dʀom] *nm* Syndrom *nt*
synergie [sinɛʀʒi] *nf* Synergie *f*
synonyme [sinɔnim] *adj* synonym ▸ *nm* Synonym *nt*; **être ~ de** synonym sein mit
synoptique [sinɔptik] *adj* : **tableau ~** Übersicht(stabelle *f*) *f*
syntaxe [sɛ̃taks] *nf* Syntax *f*, Satzbau *m*
synthèse [sɛ̃tɛz] *nf* Synthese *f*
synthétique [sɛ̃tetik] *adj* synthetisch
synthétiseur [sɛ̃tetizœʀ] *nm* Synthesizer *m*
syphilis [sifilis] *nf* Syphilis *f*
Syrie [siʀi] *nf* : **la ~** Syrien *nt*
syrien, ne [siʀjɛ̃, jɛn] *adj* syrisch ▸ *nm/f* : **Syrien, ne** Syrier(in)
systématique [sistematik] *adj* systematisch
systématiser [sistematize] *vt* systematisieren
système [sistɛm] *nm* System *nt*; **le ~ D** Einfallsreichtum *m*; **~ décimal** Dezimalsystem *nt*; **~ d'exploitation** (*Inform*) Betriebssystem *nt*; **~ expert** Expertensystem *nt*; **~ métrique** metrisches System; **~ nerveux** Nervensystem *nt*; **~ solaire** Sonnensystem *nt*

S

t

T, t [te] *nm inv* T, t *nt*
t *abr* (= *tonne*) t
t' [t] *pron voir* **te**
ta [ta] *adj possessif voir* **ton**
tabac [taba] *nm* Tabak *m*; (*magasin*) Tabakwaren- und Zeitungshandlung *f*; **faire un ~** (*fam*) groß einschlagen; **~ à priser** Schnupftabak *m*; **~ blond** heller Tabak; **~ brun** dunkler Tabak
tabagisme [tabaʒism] *nm* Nikotinabhängigkeit *f*
tabernacle [tabɛʀnakl] *nm* Tabernakel *m*
table [tabl] *nf* Tisch *m*; (*liste*) Verzeichnis *nt*; (*numérique*) Tabelle *f*; **à ~ !** zu Tisch!, (das) Essen ist fertig!; **se mettre à ~** sich zu Tisch setzen; (*fam* : *parler*) auspacken; **faire ~ rase de** Tabula rasa machen mit; **~ de chevet** Nachttisch(chen *nt*) *m*; **~ de multiplication** Multiplikationstabelle *f* *ou* -tafel *f*; **~ de nuit** Nachttisch(chen); **~ des matières** Inhaltsverzeichnis *nt*; **~ ronde** (*débat*) runder Tisch
tableau, x [tablo] *nm* (*Art*) Bild *nt*, Gemälde *nt*; (*description*) Schilderung *f*; (*panneau*) Tafel *f*; (*schéma*) Tabelle *f*; **~ blanc (interactif)** (interaktive) Weißwandtafel *f*; **~ d'affichage** Anschlagbrett *nt*; **~ de bord** Armaturenbrett *nt*; **~ noir** Schwarzes Brett *nt*
tablette [tablɛt] *nf* (*planche*) Regalbrett *nt*; **~ de chocolat** Tafel *f* Schokolade; **~ (tactile)** Tablet-Computer *m*
tableur [tablœʀ] *nm* (*Inform*) Tabelle *f*
tablier [tablije] *nm* Schürze *f*
tabou, e [tabu] *adj* tabu ▶ *nm* Tabu *nt*
tabouret [tabuʀɛ] *nm* Schemel *m*, Hocker *m*
tabulateur [tabylatœʀ] *nm* Tabulator *m*
tac [tak] *nm* : **répondre du ~ au ~** mit gleicher Münze zurückzahlen
tache [taʃ] *nf* Fleck *m*; **~s de rousseur** *ou* **de son** Sommersprossen *pl*
tâche [tɑʃ] *nf* Aufgabe *f*; **travailler à la ~** im Stücklohn arbeiten
tacher [taʃe] *vt* schmutzig *ou* fleckig machen, beschmutzen; (*fig*) beflecken; **se tacher** *vpr* (*fruits*) Flecken bekommen
tâcher [tɑʃe] *vi* : **~ de faire qch** versuchen, etw zu machen
tacite [tasit] *adj* stillschweigend
taciturne [tasityʀn] *adj* schweigsam
tacot [tako] (*fam*) *nm* Karre *f*
tact [takt] *nm* Takt *m*, Feingefühl *nt*; **avoir du ~** Takt haben
tactile [taktil] *adj* Tast-
tactique [taktik] *adj* taktisch ▶ *nf* Taktik *f*
tag [tag] *nm* Graffito *m ou nt*
tagueur, -euse [tagœʀ, øz] *nm/f* Graffiti-Sprüher(in)
Tahiti [taiti] *nf* Tahiti *nt*
taï chi [tajtʃi] *nm* Tai-Chi *nt*
taie [tɛ] *nf* : **~ (d'oreiller)** Kopfkissenbezug *m*
taille [tɑj] *nf* (*grandeur, grosseur*) Größe *f*; (*milieu du corps*) Taille *f*; (*de pierre*) Behauen *nt*; (*de diamant*) Schleifen *nt*; (*de plante, arbre*) Beschneiden *nt*; **être de ~ à faire qch** imstande *ou* fähig sein, etw zu tun; **de ~** von Format; **quelle ~ faites-vous ?** welche Größe haben Sie?
taillé, e [tɑje] *adj* (*moustache, arbre*) gestutzt; (*ongles*) geschnitten; **~ pour** gemacht für; **~ en pointe** spitz zugeschnitten
taille-crayon [tɑjkʀɛjɔ̃] (*pl* **taille-crayons**) *nm* Bleistiftspitzer *m*
tailler [tɑje] *vt* (*pierre*) behauen; (*diamant*) schleifen; (*plante*) beschneiden; (*arbre*) stutzen; (*vêtement*) zuschneiden; (*crayon*) anspitzen; **se tailler** *vpr* (*barbe*) sich *dat* stutzen; (*fam* : *s'enfuir*) abhauen
tailleur, -euse [tɑjœʀ] *nm/f* (*couturier*) Schneider(in) *m*; (*vêtement*) Kostüm *nt*; **en ~** (*assis*) im Schneidersitz; **~ de pierre** Steinmetz
tailleur-pantalon [tɑjœʀpɑ̃talɔ̃] (*pl* **tailleurs-pantalons**) *nm* Hosenanzug *m*
taillis [tɑji] *nm* Dickicht *nt*
taire [tɛʀ] *vt* für sich behalten ▶ *vi* : **faire ~ qn** jdn zum Schweigen bringen; **se taire** *vpr* schweigen; (*s'arrêter de parler ou de crier*) verstummen; **tais-toi !** sei ruhig!; **taisez-vous !** seid ruhig!
taiseux, euse [tɛzø, øz] (*fam*) *adj* schweigsam ▶ *nm/f* Schweiger(in)
Taiwan [tajwan] *n* Taiwan *nt*

talc [talk] *nm* Talkum(puder *m*) *nt*
talent [talɑ̃] *nm* Talent *nt*
talisman [talismɑ̃] *nm* Talisman *m*
talkie-walkie [tokiwoki] (*pl* **talkies-walkies**) *nm* Walkie-Talkie *nt*
talon [talɔ̃] *nm* Ferse *f*; (*de chaussure, chaussette*) Absatz *m*; (*de chèque, billet*) Abschnitt *m*; **~s aiguilles** Pfennigabsätze *pl*
talonner [talɔne] *vt* dicht folgen +*dat*; (*cheval*) die Fersen geben +*dat*; (*harceler*) hart verfolgen; (*Rugby*) hetzen
talus [taly] *nm* Böschung *f*
tambour [tɑ̃buʀ] *nm* Trommel *f*; (*musicien*) Trommler *m*; (*porte*) Drehtür *f*
tambourin [tɑ̃buʀɛ̃] *nm* Tamburin *nt*
tamis [tami] *nm* Sieb *nt*
tamisé, e [tamize] *adj* gedämpft
tamiser [tamize] *vt* sieben
tampon [tɑ̃pɔ̃] *nm* (*en coton*) Wattebausch *m*; (*hygiénique*) Tampon *m*; (*bouchon*) Stöpsel *m*; (*timbre*) Stempel *m*; (*amortisseur*) Puffer *m*; (*Inform*) Pufferspeicher *m*
tamponner [tɑ̃pɔne] *vt* (*essuyer*) abtupfen; (*avec un timbre*) stempeln; (*heurter*) zusammenstoßen mit; **se tamponner** *vpr* (*voitures*) aufeinanderfahren
tamponneuse [tɑ̃pɔnøz] *adj f* : **autos ~s** Autoskooter *pl*
tandem [tɑ̃dɛm] *nm* Tandem *nt*
tandis [tɑ̃di] *conj* : **~ que** während
tangent, e [tɑ̃ʒɑ̃, ɑ̃t] *adj* (*Math*) tangential ▸ *nf* (*Math*) Tangente *f*; **c'était ~** (*fam*) es war knapp
tangible [tɑ̃ʒibl] *adj* greifbar
tango [tɑ̃go] *nm* Tango *m*
tank [tɑ̃k] *nm* (*char*) Panzer *m*; (*citerne*) Tank *m*
tanker [tɑ̃kœʀ] *nm* Tanker *m*
tankini [tɑ̃kini] *nm* Tankini *m*
tanné, e [tane] *adj* (*cuir*) gegerbt; (*peau*) wettergegerbt
tanner [tane] *vt* gerben; (*fam : harceler*) auf die Nerven gehen
tannerie [tanʀi] *nf* Gerberei *f*
tanneur [tanœʀ] *nm* Gerber *m*
tant [tɑ̃] *adv* so viel, so sehr; **~ de** (*quantité*) so viel; (*nombre*) so viele; **~ que** (*tellement*) so, dass; (*aussi longtemps que*) so lange; **~ mieux** umso besser; **~ pis** macht nichts; **~ pis pour lui** Pech für ihn; **~ bien que mal** einigermaßen
tante [tɑ̃t] *nf* Tante *f*
tantôt [tɑ̃to] *adv* (*cet après-midi*) heute Nachmittag; **~ ... ~** bald ... bald
Tanzanie [tɑ̃zani] *nf* : **la ~** Tansania *nt*
taon [tɑ̃] *nm* Bremse *f*
tapage [tapaʒ] *nm* (*bruit*) Lärm *m*; **~ nocturne** nächtliche Ruhestörung *f*
tapageur, -euse [tapaʒœʀ, øz] *adj* (*bruyant*) lärmend, laut; (*voyant*) auffällig
tape-à-l'œil [tapalœj] *adj inv* protzig
tapenade [tapnad] *nf* *Paste aus Kapern, schwarzen Oliven und Sardellen*
taper [tape] *vt* schlagen; (*dactylographier*) tippen, schreiben; (*Inform*) eingeben ▸ *vi* (*soleil*) stechen; **se taper** *vpr* (*fam : travail*) am Hals haben; **~ qn de 10 euros** (*fam*) jdn um 10 Euro anpumpen; **~ sur qn** jdn verhauen; (*fig*) jdn schlechtmachen; **~ à la porte** an die Tür klopfen; **~ dans** (*fam : se servir*) anzapfen; **~ des mains** in die Hände klatschen; **~ des pieds** mit den Füßen trampeln *ou* stampfen
tapir [tapiʀ] : **se tapir** *vpr* (*se blottir*) kauern; (*se cacher*) sich verstecken; **tapi dans/derrière** hockend *ou* kauernd in/hinter +*dat*; (*caché*) versteckt in/hinter +*dat*
tapis [tapi] *nm* Teppich *m*; **mettre sur le ~** aufs Tapet bringen; **aller/envoyer au ~** zu Boden gehen/schicken; **~ de prière** Gebetsteppich *m*; **~ de sol** Bodenplane *f*; **~ de souris** Mauspad *nt*; **~ roulant** Fließband *nt*
tapis-brosse [tapibʀɔs] (*pl* **tapis-brosses**) *nm* Fußmatte *f*
tapisser [tapise] *vt* tapezieren; **~ (de)** beziehen (mit)
tapisserie [tapisʀi] *nf* (*papier peint*) Tapete *f*; (*tenture*) Wandteppich *m*; (*broderie*) Gobelinarbeit *f*
tapissier, -ière [tapisje, jɛʀ] *nm/f* (*aussi* : **tapissier-décorateur**) Tapezierer(in)
tapoter [tapɔte] *vt* leicht klopfen auf +*acc*
taquet [takɛ] *nm* : **~ de tabulation** (*Inform*) Tabstopp *m*
taquiner [takine] *vt* necken
taquinerie [takinʀi] *nf* Neckerei *f*
tarabiscoté, e [taʀabiskɔte] *adj* überladen
tarama [taʀama] *nm* Taramasalata *f*
tard [taʀ] *adv* spät ▸ *nm* : **sur le ~** spät im Leben; **au plus ~** spätestens; **plus ~** später
tarder [taʀde] *vi* lange auf sich *acc* warten lassen ▸ *vb impers* : **il me tarde de le revoir** ich kann es kaum erwarten, ihn wiederzusehen; **~ à faire qch** etw hinausschieben; **sans (plus) ~** ohne (weitere) Verzögerung
tardif, -ive [taʀdif, iv] *adj* spät
tardivement [taʀdivmɑ̃] *adv* spät
tare [taʀ] *nf* (*poids*) Tara *f*; (*défaut*) Schaden *m*

targuer [taʀge] : **se targuer de** *vpr* sich rühmen *+gén*
tarif [taʀif] *nm* (*liste*) Preisliste *f*; (*barème*) Tarif *m*
tarifer [taʀife] *vt* einen Tarif festsetzen für
tarir [taʀiʀ] *vi* versiegen ▶ *vt* (*source*) austrocknen; (*fig*) erschöpfen
tartare [taʀtaʀ] *adj* : **sauce ~** ≈ Remouladensoße *f*; **steak ~** Steak Tartare *nt*
tarte [taʀt] *nf* Kuchen *m*; **~ à la crème** Sahnetorte *f*; **~ aux pommes/abricots** Apfel-/Aprikosenkuchen *m*
tartelette [taʀtəlɛt] *nf* Törtchen *nt*
tartine [taʀtin] *nf* (*de pain*) Schnitte *f*, Butterbrot *nt*; **~ beurrée** Butterbrot *nt*; **~ de** *ou* **au miel** Honigbrot *nt*
tartiner [taʀtine] *vt* streichen; (*pain*) bestreichen; **fromage à ~** Streichkäse *m*
tartre [taʀtʀ] *nm* (*des dents*) Zahnstein *m*; (*de chaudière*) Kesselstein *m*
tas [tɑ] *nm* Haufen *m*; **un ~ de** (*fam*) eine Menge, ein Haufen; **en ~** auf einem Haufen; **dans le ~** (*fig*) darunter; **formé sur le ~** am Arbeitsplatz ausgebildet
tasse [tɑs] *nf* Tasse *f*; **boire la ~** (*en nageant*) Wasser schlucken; **~ à café** Kaffeetasse *f*; **~ à thé** Teetasse *f*
tasser [tɑse] *vt* (*terre, neige*) festtreten, feststampfen; (*entasser*) stopfen; **se tasser** *vpr* (*sol, terrain*) sich setzen; (*personne avec l'âge*) zusammenfallen; (*problème*) sich geben
tâter [tɑte] *vt* abtasten ▶ *vi* : **~ de** erfahren; **se tâter** *vpr* (*hésiter*) sich *dat* unschlüssig sein
tâtonnement [tɑtɔnmɑ̃] *nm* : **par ~s** durch Probieren
tâtonner [tɑtɔne] *vi* herumtappen; (*fig*) im Dunkeln tappen
tâtons [tɑtɔ̃] : **à ~** *adv* : **chercher à ~** tasten nach; **avancer à ~** sich vorantasten
tatouage [tatwaʒ] *nm* Tätowierung *f*; (*action*) Tätowieren *nt*
tatouer [tatwe] *vt* tätowieren
taudis [todi] *nm* Bruchbude *f*
taule [tol] (*fam*) *nf* Kittchen *nt*
taupe [top] *nf* Maulwurf *m*
taupinière [topinjɛʀ] *nf* Maulwurfshügel *m*
taureau, x [tɔʀo] *nm* Stier *m*; **être T~** (*Astrol*) Stier sein
tauromachie [tɔʀɔmaʃi] *nf* Stierkampf *m*
taux [to] *nm* Rate *f*; **~ d'alcool (dans le sang)** Alkoholspiegel *m*; **~ d'intérêt** Zinssatz *m*, Zinsfuß *m*; **~ de mortalité** Sterblichkeitsrate *f ou* -ziffer *f*
taxe [taks] *nf* (*impôt*) Steuer *f*; (*douanière*) Zoll *m*; **toutes ~s comprises** alle Abgaben inklusive; **~ à** *ou* **sur la valeur ajoutée** Mehrwertsteuer *f*
taxer [takse] *vt* besteuern; **~ qn de qch** (*accuser*) jdn etw *gén* beschuldigen; (*qualifier*) jdn etw nennen
taxi [taksi] *nm* Taxi *nt*
taxidermiste [taksidɛʀmist] *nmf* Tierpräparator(in) *m(f)*
taximètre [taksimɛtʀ] *nm* Taxameter *nt*
TB [tebe] *abr* (= *très bien*) ≈ sehr gut
Tchad [tʃad] *nm* : **le ~** (der) Tschad
tchao [tʃao] (*fam*) *excl* tschüss
tchatche [tʃatʃ] (*fam*) *nf* Geplapper *nt*; **avoir la ~** ein ziemlich flinkes Mundwerk haben
tchatcher [tʃatʃe] (*fam*) *vt* quatschen
tchèque [tʃɛk] *adj* tschechisch ▶ *nmf* : **Tchèque** Tscheche *m*, Tschechin *f*; **la République ~** die Tschechische Republik, Tschechen *nt*
Tchétchénie [tʃetʃeni] *nf* : **la ~** Tschetschenien *nt*
TD [tede] *nmpl abr* (= *travaux dirigés*) Seminar *nt*
te [tə] *pron* (*objet direct, accusatif*) dich; (*objet indirect, datif*) dir
technicien, ne [tɛknisjɛ̃, jɛn] *nm/f* Techniker(in)
technico-commercial, e, -aux [tɛknikokɔmɛʀsjal, jo] *adj* : **employé ~** technisch ausgebildeter Verkäufer *m*
technique [tɛknik] *adj* technisch ▶ *nf* Technik *f*
techniquement [tɛknikmɑ̃] *adv* technisch
techno [tɛkno] *nf* Techno *nt ou m*
technocrate [tɛknɔkʀat] *nmf* Technokrat(in) *m(f)*
technologie [tɛknɔlɔʒi] *nf* Technologie *f*
technologique [tɛknɔlɔʒik] *adj* technologisch
teck [tɛk] *nm* Teakholz *nt*
teckel [tekɛl] *nm* Dackel *m*
tee-shirt [tiʃœʀt] (*pl* **tee-shirts**) *nm* T-Shirt *nt*
teindre [tɛ̃dʀ] *vt* färben; **se teindre** *vpr* : **se ~ (les cheveux)** sich *dat* die Haare färben
teint, e [tɛ̃, tɛ̃t] *pp de* **teindre** ▶ *adj* gefärbt ▶ *nm* (*du visage*) Teint *m* ▶ *nf* (*couleur*) Farbe *f*; **grand ~** farbecht
teinté, e [tɛ̃te] *adj* (*verres*) getönt
teinter [tɛ̃te] *vt* färben

teinture [tɛ̃tyʀ] *nf* (*substance*) Farbe *f*; (*action*) Färben *nt*; **~ d'iode** Jodtinktur *f*; **~ d'arnica** Arnikatinktur *f*
teinturerie [tɛ̃tyʀʀi] *nf* Reinigung *f*
tel, telle [tɛl] *adj* : **un ~/une ~le** (*pareil*) so ein/so eine; (*indéfini*) ein gewisser/eine gewisse; (*intensif*) ein solcher/eine solche; **~ un miroir** wie ein Spiegel; **~ quel** so; **~ que** so wie
tél. *abr* (= *téléphone*) Tel.
télé[1] [tele] *nf* (*télévision*) Fernsehen *nt*; (*poste*) Fernseher *m*
télé[2] [tele] *préf* Tele-, tele-
téléachat [teleaʃa] *nm* Teleshopping *nt*
télébanking [telebɑ̃kiŋ] *nm* elektronisches Banking
télécabine [telekabin] *nf* Kabinenbahn *f*
télécarte [telekaʀt] *nf* Telefonkarte *f*
téléchargeable [teleʃaʀʒabl] *adj* (*Inform*) herunterladbar
téléchargement [teleʃaʀʒəmɑ̃] *nm* (*Inform*) Download *m*; **la lutte contre le ~ illégal** der Kampf gegen illegale Downloads
télécharger [teleʃaʀʒe] *vt* (*Inform*) herunterladen, downloaden
télécommande [telekɔmɑ̃d] *nf* Fernsteuerung *f*; (*TV*) Fernbedienung *f*
télécommander [telekɔmɑ̃de] *vt* fernsteuern
télécommunications [telekɔmynikasjɔ̃] *nfpl* Fernmeldewesen *nt*
téléconférence [telekɔ̃feʀɑ̃s] *nf* Telekonferenz *f*
télécopie [telekɔpi] *nf* (Tele)fax *nt*
télécopier [telekɔpje] *vt* faxen
télécopieur [telekɔpjœʀ] *nm* Faxgerät *nt*
télédiffuser [teledifyze] *vt* ausstrahlen, übertragen
télédistribution [teledistʀibysjɔ̃] *nf* Kabelfernsehen *nt*
téléenseignement [teleɑ̃sɛɲmɑ̃] *nm* Fern(lehr)kurs *m*
téléférique [telefeʀik] *nm* = **téléphérique**
téléfilm [telefilm] *nm* Fernsehfilm *m*
télégramme [telegʀam] *nm* Telegramm *nt*
télégraphier [telegʀafje] *vt, vi* telegrafieren
télégraphique [telegʀafik] *adj* telegrafisch; (*style*) Telegramm-
téléguider [telegide] *vt* fernsteuern
télématique [telematik] *nf* Telematik *f*
téléobjectif [teleɔbʒɛktif] *nm* Teleobjektiv *nt*
télépathie [telepati] *nf* Telepathie *f*
télépathique [telepatik] *adj* telepathisch
téléphérique [telefeʀik] *nm* Seilbahn *f*
téléphone [telefɔn] *nm* Telefon *nt*; **avoir le ~** (ein) Telefon haben; **au ~** am Telefon; **~ arabe** Buschtelefon *nt*; **~ à carte** Kartentelefon *nt*; **~ mobile** *ou* **portable** Handy *nt*, Mobiltelefon *nt*; **~ sans fil** schnurloses Telefon *nt*
téléphoner [telefɔne] *vi* telefonieren ▸ *vt* telefonieren; **~ à qn** jdn anrufen
téléphonie [telefɔni] *nf* Telefonie *f*; **~ mobile** Mobilfunk *m*
téléphonique [telefɔnik] *adj* telefonisch; **cabine/appareil ~** Telefonzelle *f*/-apparat *m*
téléphoniste [telefɔnist] *nmf* Telefonist(in) *m(f)*
téléprospection [telepʀɔspɛksjɔ̃] *nf* Telefonverkauf *m*
téléréalité [teleʀealite] *nf* Reality-TV *nt*
télescopage [telɛskɔpaʒ] *nm* Zusammenstoß *m*
télescope [telɛskɔp] *nm* Teleskop *nt*
télescoper [telɛskɔpe] *vt* hineinfahren in +*acc*, zusammenstoßen mit; **se télescoper** *vpr* zusammenstoßen
télescopique [telɛskɔpik] *adj* (*qui s'emboîte*) ausziehbar
téléscripteur [teleskʀiptœʀ] *nm* Fernschreiber *m*
télésiège [telesjɛʒ] *nm* Sessellift *m*
téléski [teleski] *nm* Skilift *m*
téléspectateur, -trice [telespɛktatœʀ, tʀis] *nm/f* (Fernseh)zuschauer(in)
télétraitement [teletʀɛtmɑ̃] *nm* Datenfernverarbeitung *f*
télétransmission [teletʀɑ̃smisjɔ̃] *nf* Datenübertragung *f*
télétravail [teletʀavaj] *nm* Telearbeit *f*
télétravailleur, -euse [teletʀavayjœʀ, øz] *nm/f* Telearbeiter(in)
téléverser [televɛʀse] *vt* (*fichier, photo*) hochladen, uploaden
téléviser [televize] *vt* im Fernsehen senden *ou* übertragen
téléviseur [televizœʀ] *nm* Fernseher *m*, Fernsehgerät *nt*
télévision [televizjɔ̃] *nf* (*système*) Fernsehen *nt*; **(poste de) ~** Fernsehgerät *nt*, Fernseher *m*; **avoir la ~** Fernsehen haben; **à la ~** im Fernsehen; **~ à la demande** Video-on-Demand *nt*; **~ numérique** Digitalfernsehen *nt*; **~ par câble** Kabelfernsehen *nt*
télex [telɛks] *nm* Telex *nt*, Fernschreiben *nt*

tellement [tɛlmɑ̃] *adv* (*tant*) so sehr, so viel; (*si*) so; **~ plus grand/cher (que)** so viel größer/teurer (als); **~ de** (*quantité*) so viel; (*nombre*) so viele; **il était ~ fatigué qu'il s'est endormi** er war so müde, dass er eingeschlafen ist; **pas ~** nicht besonders
tellurique [telyʀik] *adj* tellurisch; **planète ~** erdähnlicher Planet; **secousse ~** Erdstoß *m*
téméraire [temeʀɛʀ] *adj* tollkühn
témérité [temeʀite] *nf* Tollkühnheit *f*
témoignage [temwaɲaʒ] *nm* Zeugnis *nt*; (*déclaration*) Zeugenaussage *f*
témoigner [temwaɲe] *vt* (*manifester*) zeigen, beweisen ▶ *vi* (*Jur*) als Zeuge aussagen; **~ que** aussagen *ou* bezeugen, dass; **~ de** bezeugen
témoin [temwɛ̃] *nm* Zeuge *m*, Zeugin *f*; (*Sport*) Staffelholz *nt* ▶ *adj* Kontroll-, Test-; **être ~ de** Zeuge/Zeugin sein von; **appartement ~** Musterwohnung *f*; **~ de connexion** (*Internet*) Cookie *nt*; **~ oculaire** Augenzeuge *m*/-zeugin *f*
tempe [tɑ̃p] *nf* Schläfe *f*
tempérament [tɑ̃peʀamɑ̃] *nm* Temperament *nt*; (*caractère*) Wesen *nt*; **à ~** (*vente*) Teilzahlungs-
température [tɑ̃peʀatyʀ] *nf* Temperatur *f*; (*Méd*) Fieber *nt*; **prendre la ~ de** die Temperatur messen bei; (*fig*) die Stimmung erkunden bei; **avoir** *ou* **faire de la ~** Fieber *ou* erhöhte Temperatur haben
tempéré, e [tɑ̃peʀe] *adj* gemäßigt
tempérer [tɑ̃peʀe] *vt* mildern
tempête [tɑ̃pɛt] *nf* Unwetter *nt*; **~ de neige** Schneesturm *m*; **~ de sable** Sandsturm *m*
temple [tɑ̃pl] *nm* Tempel *m*; (*protestant*) Kirche *f*
temporaire [tɑ̃pɔʀɛʀ] *adj* vorübergehend
temporiser [tɑ̃pɔʀize] *vi* Zeit schinden
temps [tɑ̃] *nm* Zeit *f*; (*atmosphériques, conditions*) Wetter *nt*; (*Mus*) Takt *m*; **les ~ changent/sont durs** die Zeiten ändern sich/sind hart; **il fait beau/mauvais ~** es ist schönes/schlechtes Wetter; **avoir le ~/tout le ~/juste le ~** Zeit/viel Zeit/gerade genug Zeit haben; **en ~ de paix/guerre** in Friedens-/Kriegszeiten; **en ~ utile** *ou* **voulu** zu gegebener Zeit; **de ~ en ~, de ~ à autre** von Zeit zu Zeit, dann und wann; **en même ~** zur gleichen Zeit; **à ~** rechtzeitig; **à plein ~** (*travailler*) ganztags; **à ~ partiel** (*travailler*) Teilzeit; (*travail*) Teilzeit-; **dans le ~** früher; **~ d'accès** (*Inform*) Zugriffszeit *f*; **~ d'arrêt** Pause *f*; **~ réel** (*Inform*) Echtzeit *f*
tenable [t(ə)nabl] *adj* erträglich
tenace [tənas] *adj* beharrlich, hartnäckig
ténacité [tenasite] *nf* Beharrlichkeit *f*
tenailles [tənɑj] *nfpl* Kneifzange *f*
tenancier, -ière [tənɑ̃sje, jɛʀ] *nm/f* Inhaber(in)
tendance [tɑ̃dɑ̃s] *nf* Tendenz *f*; (*inclination aussi*) Hang *m* ▶ *adj inv* trendig; **~ à la hausse/baisse** Aufwärts-/Abwärtstrend *m*; **il a ~ à oublier que** er neigt dazu, zu vergessen, dass
tendancieux, -euse [tɑ̃dɑ̃sjø, jøz] *adj* tendenziös
tendinite [tɑ̃dinit] *nf* Sehnenscheidenentzündung *f*
tendon [tɑ̃dɔ̃] *nm* Sehne *f*
tendre [tɑ̃dʀ] *adj* zart; (*bois, roche*) weich; (*affectueux*) zärtlich ▶ *vt* (*raidir, allonger*) spannen; (: *muscle*) anspannen; **~ qch à qn** (*présenter*) jdm etw geben, jdm etw reichen; (*offrir*) jdm etw anbieten; (*piège, embuscade*) jdm etw stellen; **se tendre** *vpr* (*relations, atmosphère*) angespannt werden; **~ à qch** etw anstreben; **~ à faire qch** danach streben, etw zu tun; **~ la main à qn** jdm die Hand reichen
tendrement [tɑ̃dʀəmɑ̃] *adv* zärtlich
tendresse [tɑ̃dʀɛs] *nf* Zärtlichkeit *f*
tendu, e [tɑ̃dy] *pp de* **tendre** ▶ *adj* angespannt
ténébreux, -euse [tenebʀø, øz] *adj* finster
teneur [tənœʀ] *nf* (*contenu*) Inhalt *m*; (*d'une lettre*) Wortlaut *m*
ténia [tenja] *nm* Bandwurm *m*
tenir [t(ə)niʀ] *vt* halten; (*magasin, hôtel*) haben, führen ▶ *vi* halten; (*neige, gel*) andauern; **se tenir** *vpr* (*avoir lieu*) stattfinden; **~ à** (*aimer*) hängen an +*dat*; (*avoir pour cause*) herrühren *ou* kommen von; **~ à faire qch** etw unbedingt tun wollen; **~ de** (*ressembler à*) ähneln +*dat*; **~ qn pour** jdn halten für; **~ qch de qn** etw von jdm haben; **~ l'alcool** Alkohol gut vertragen; **~ le coup** durchhalten, es aushalten; **~ chaud** warm machen; **tiens, voilà le stylo !** hier ist ja der Füller!; **tiens, Pierre !** guck mal, Pierre!; **tiens ?** ach, wirklich?; **bien/mal se ~** (*se conduire*) sich gut/schlecht benehmen; **s'en ~ à qch** sich an etw +*acc* halten
tennis [tenis] *nm* Tennis *nt*; (*court*) Tennisplatz *m* ▶ *nmpl ou nfpl* (*aussi* : **chaussures de tennis**) Tennisschuhe *pl*; **~ de table** Tischtennis *nt*
tennisman [tenisman] *nm* Tennisspieler *m*

ténor [tenɔʀ] *nm* Tenor *m*
tension [tɑ̃sjɔ̃] *nf* Spannung *f*; (*Méd*) Blutdruck *m*; **faire** *ou* **avoir de la ~** (einen) hohen Blutdruck haben
tentacule [tɑ̃takyl] *nm* (*de pieuvre*) Tentakel *nt ou m*, Fangarm *m*
tentant, e [tɑ̃tɑ̃, ɑ̃t] *adj* verlockend
tentation [tɑ̃tasjɔ̃] *nf* Versuchung *f*
tentative [tɑ̃tativ] *nf* Versuch *m*; **~ d'évasion** Ausbruchsversuch *m*
tente [tɑ̃t] *nf* Zelt *nt*; **~ à oxygène** Sauerstoffzelt *nt*
tenter [tɑ̃te] *vt* in Versuchung führen; (*essayer*) versuchen
tenture [tɑ̃tyʀ] *nf* Wandbehang *m*
tenu, e [t(ə)ny] *pp de* **tenir** ▸ *adj* : **bien/mal ~** gut/schlecht geführt ▸ *nf* (*vêtements*) Kleidung *f*; (*comportement*) Benehmen *nt*; **être ~ de faire qch** gehalten sein, etw zu tun; **avoir de la ~e** (*personne*) sich gut benehmen; (*journal*) Niveau haben; **~e de route** Straßenlage *f*; **~e de soirée** Abendkleidung *f*; **~e de ville** Straßenbekleidung *f*; **~e correcte exigée** Eintritt nur mit angemessener Kleidung
ter [tɛʀ] *adj* : **16 ~** 16b
térébenthine [teʀebɑ̃tin] *nf* : **(essence de) ~** Terpentin *nt*
tergiversations [tɛʀʒivɛʀsasjɔ̃] *nfpl* Ausflüchte *pl*
terme [tɛʀm] *nm* (*Ling*) Ausdruck *m*; (*élément*) Glied *nt*; (*fin*) Ende *nt*; (*échéance*) Frist *f*, Termin *m*; **vente/achat à ~** Terminverkauf *m*/Terminkauf *m*; **au ~ de** am Ende *+gén*; **à court/moyen/long ~** kurz-/mittel-/langfristig; **naissance avant ~** Frühgeburt *f*; **mettre un ~ à** ein Ende setzen *+dat*
terminaison [tɛʀminɛzɔ̃] *nf* Endung *f*
terminal, e, -aux [tɛʀminal, o] *adj* End-, letzte(r, s) ▸ *nm* Terminal *nt* ▸ *nf* (*Scol*) ≈ Abschlussklasse *f*
terminer [tɛʀmine] *vt* beenden; (*nourriture*) aufessen; (*être le dernier élément*) abschließen; **se terminer** *vpr* zu Ende sein; **se ~ par/en** aufhören mit
terminus [tɛʀminys] *nm* Endstation *f*
termite [tɛʀmit] *nm* Termite *f*
terne [tɛʀn] *adj* matt, trüb; (*regard, œil*) stumpf
ternir [tɛʀniʀ] *vt* matt *ou* glanzlos machen; (*honneur, réputation*) beflecken; **se ternir** *vpr* stumpf *ou* glanzlos werden
terrain [teʀɛ̃] *nm* Boden *m*; (*parcelle*) Grundstück *nt*; (*fig*) Gebiet *nt*, Bereich *m*; **gagner/perdre du ~** Boden gewinnen/verlieren; **~ de camping** Zeltplatz *m*, Campingplatz *m*; **~ de football** Fußballplatz *m*; **~ de jeu** Spielplatz *m*; **~ de rugby** Rugbyfeld *nt*; **~ vague** unbebautes Gelände *nt*
terrasse [teʀas] *nf* Terrasse *f*; **culture en ~s** Terrassenanbau *m*
terrassement [teʀasmɑ̃] *nm* (*activité*) Erdarbeiten *pl*; (*terres creusées*) Erdaufschüttung *f*
terrasser [teʀase] *vt* (*suj : adversaire*) niederschlagen; (*: maladie, crise cardiaque etc*) niederstrecken
terrassier [teʀasje] *nm* Straßenarbeiter *m*
terre [tɛʀ] *nf* Erde *f*; (*opposé à mer*) Land *nt*; **terres** *nfpl* (*propriété*) Landbesitz *m*; **la T~** die Erde; **une ~ d'élection/d'exil** ein Wahl-/Exilland *nt*; **pipe/vase en ~** Tonpfeife *f*/-vase *f*; **mettre en ~** (*plante etc*) einpflanzen; (*personne*) begraben; **à** *ou* **par ~** auf dem Boden; (*avec mouvement*) auf den Boden; **~ cuite** Terrakotta *f*; **la ~ ferme** das Festland; **~ glaise** Ton *m*; **la T~ promise** das Gelobte Land; **la T~ Sainte** das Heilige Land
terre-à-terre [tɛʀatɛʀ] *adj* nüchtern, prosaisch
terreau, x [teʀo] *nm* Kompost(erde *f*) *m*
Terre-Neuve [tɛʀnœv] *nf* Neufundland *nt*
terre-plein [tɛʀplɛ̃] (*pl* **terre-pleins**) *nm* (*sur route*) Mittelstreifen *m*
terrer [teʀe] : **se terrer** *vpr* sich verkriechen
terrestre [teʀɛstʀ] *adj* (*surface, croûte*) Erd-; (*Zool, Bot, Mil*) Land-; (*Rel*) weltlich, irdisch
terreur [teʀœʀ] *nf* Schrecken *m*
terrible [teʀibl] *adj* furchtbar; (*violent*) fürchterlich; **pas ~** (*fam*) nicht so toll
terriblement [teʀibləmɑ̃] *adv* (*très*) furchtbar
terrien, ne [teʀjɛ̃, jɛn] *nm/f* (*habitant de la Terre*) Erdbewohner(in)
terrier [tɛʀje] *nm* (*de lapin*) Bau *m*; (*chien*) Terrier *m*
terrifier [teʀifje] *vt* in Schrecken versetzen
terrine [teʀin] *nf* Terrine *f*
territoire [teʀitwaʀ] *nm* Territorium *nt*; (*de pays aussi*) Hoheitsgebiet *nt*; **les ~s d'Outre-mer** *die französischen Überseegebiete*
territorial, e, -aux [teʀitɔʀjal, jo] *adj* territorial-; **eaux ~es** Hoheitsgewässer *pl*
terroir [tɛʀwaʀ] *nm* (*Agr*) Ackerboden *m*; **accent du ~** ländlicher Akzent *m*
terroriser [teʀɔʀize] *vt* terrorisieren

terrorisme [tɛʀɔʀism] *nm* Terrorismus *m*
terroriste [tɛʀɔʀist] *nmf* Terrorist(in) *m(f)*
tertiaire [tɛʀsjɛʀ] *adj* (*Écon*) Dienstleistungs-; (*Géo*) tertiär ▸ *nm* Dienstleistungssektor *m*
tertio [tɛʀsjo] *adv* drittens
tertre [tɛʀtʀ] *nm* Anhöhe *f*, Hügel *m*
tes [te] *adj possessif voir* **ton**
Tessin [tɛsɛ̃] *nm* : **le ~** das Tessin
test [tɛst] *nm* Test *m*; **~ de grossesse** Schwangerschaftstest *m*; **~ de niveau** Einstufungstest *m*
testament [tɛstamɑ̃] *nm* Testament *nt*
testicule [tɛstikyl] *nm* Hoden *m*
tétanie [tetani] *nf* Muskelkrampf *m*
tétanos [tetanos] *nm* Tetanus *m*
têtard [tɛtaʀ] *nm* Kaulquappe *f*
tête [tɛt] *nf* Kopf *m*; (*d'un cortège, d'une armée*) Spitze *f*; (*Football*) Kopfball *m*; **il a une ~ sympathique** er sieht sympathisch aus; **de ~** (*wagon, voiture*) vorderste(r, s); (*concurrent*) führend; (*calculer*) im Kopf; **être à la ~ de qch** an der Spitze etw *gén* stehen; **perdre la ~** (*s'affoler*) den Kopf verlieren; (*devenir fou*) verrückt werden; **se mettre en ~ de faire qch** es sich *dat* in den Kopf setzen, etw zu tun; **tenir ~ à qn** jdm die Stirn bieten; **la ~ la première** kopfüber; **faire la ~** schmollen; **arriver en ~** Erste(r, s) sein *ou* werden; **de la ~ aux pieds** von Kopf bis Fuß; **~ chercheuse** Lenkkopf *m*; **~ d'affiche** Hauptdarsteller(in) *m(f)*; **~ de lecture** Tonkopf *m*; **~ de liste** (*Pol*) Spitzenkandidat *m*; **~ de mort** Totenkopf *m*
tête-à-queue [tɛtakø] *nm inv* : **faire un ~** sich um 180 Grad drehen
tête-à-tête [tɛtatɛt] *nm inv* Gespräch *nt* unter vier Augen; **en ~** unter vier Augen
téter [tete] *vt* : **~ (sa mère)** (von der Mutter) gestillt *ou* gesäugt werden
tétine [tetin] *nf* (*de vache*) Euter *nt*; (*sucette*) Schnuller *m*
téton [tetɔ̃] (*fam*) *nm* Brust *f*
têtu, e [tety] *adj* störrisch
teuf [tøf] (*fam*) *nf* Party *f*
texte [tɛkst] *nm* Text *m*; **apprendre son ~** seinen Text *ou* seine Rolle lernen
texter [tɛkste] *vt* : **texter qn** jm eine SMS schicken ▸ *vi* simsen
textile [tɛkstil] *adj* Textil- ▸ *nm* Stoff *m*; (*industrie*) Textilindustrie *f*
texto® [tɛksto] *nm* SMS *f*, Textnachricht *f*
textuel, le [tɛkstɥɛl] *adj* wörtlich
texture [tɛkstyʀ] *nf* (*d'une matière*) Textur *f*, Struktur *f*
thaï, e [taj] *adj* thailändisch
thaïlandais, e [tajlɑ̃dɛ, ɛz] *adj* thailändisch ▸ *nm/f* : **Thaïlandais, e** Thailänder(in)
Thaïlande [tailɑ̃d] *nf* : **la ~** Thailand *nt*
thalassothérapie [talasoteʀapi] *nf* Meerwassertherapie *f*
thé [te] *nm* Tee *m*; (*réunion*) Teegesellschaft *f*; **prendre le ~** Tee trinken; **faire du ~** Tee kochen; **~ au citron** Tee mit Zitrone; **~ au lait** Tee mit Milch
théâtral, e, -aux [teɑtʀal, o] *adj* dramatisch; (*péj*) theatralisch
théâtre [teɑtʀ] *nm* Theater *nt*; (*œuvres*) Dramen *pl*, Theaterstücke *pl*; (*fig*) Schauplatz *m*; **faire du ~** Theater spielen
théière [tejɛʀ] *nf* Teekanne *f*
thème [tɛm] *nm* Thema *nt*; (*Scol : traduction*) Übersetzung *f* in die Fremdsprache
théologie [teɔlɔʒi] *nf* Theologie *f*
théologique [teɔlɔʒik] *adj* theologisch
théorème [teɔʀɛm] *nm* Lehrsatz *m*
théoricien, ne [teɔʀisjɛ̃, jɛn] *nm/f* Theoretiker(in)
théorie [teɔʀi] *nf* Theorie *f*; **en ~** theoretisch
théorique [teɔʀik] *adj* theoretisch
théoriser [teɔʀize] *vi* theoretisieren
thérapeute [teʀapøt] *nmf* Therapeut(in) *m(f)*
thérapeutique [teʀapøtik] *adj* therapeutisch ▸ *nf* Therapie *f*
thérapie [teʀapi] *nf* Therapie *f*; **~ génique** Gentherapie *f*
thermal, e, -aux [tɛʀmal, o] *adj* Thermal-; **station ~e** Thermalbad *nt*
thermes [tɛʀm] *nmpl* (*établissement thermal*) Thermalbad *nt*; (*romains*) Thermen *pl*
thermique [tɛʀmik] *adj* thermisch
thermoélectrique [tɛʀmoelɛktʀik] *adj* thermoelektrisch
thermomètre [tɛʀmɔmɛtʀ] *nm* Thermometer *nt*
thermonucléaire [tɛʀmonykleɛʀ] *adj* thermonuklear
thermoplongeur [tɛʀmɔplɔ̃ʒœʀ] *nm* Tauchsieder *m*
thermos® [tɛʀmos] *nm ou nf* Thermosflasche *f*
thermostat [tɛʀmɔsta] *nm* Thermostat *m*
thésauriser [tezɔʀize] *vi* horten
thèse [tɛz] *nf* These *f*; (*de doctorat*) Dissertation *f*
thon [tɔ̃] *nm* T(h)unfisch *m*
thoracique [tɔʀasik] *adj* : **cage ~** Brustkorb *m*
thorax [tɔʀaks] *nm* Brustkorb *m*

thrombose [tRɔ̃boz] *nf* Thrombose *f*
Thurgovie [tyRgovi] *nf*: **la ~** der Thurgau
Thuringe [tyRɛ̃ʒ] *nf*: **la ~** Thüringen *nt*
thym [tɛ̃] *nm* Thymian *m*
thyroïde [tiRɔid] *nf* Schilddrüse *f*
tiare [tjaR] *nf* Tiara *f*
Tibet [tibɛ] *nm*: **le ~** Tibet *nt*
tibétain, e [tibetɛ̃, ɛn] *adj* tibetanisch ▸ *nm/f*: **Tibétain, e** Tibetaner(in)
tibia [tibja] *nm* Schienbein *nt*
TIC [teise] *sigle fpl* (= *technologies de l'informatique et de la communication*) ICT
tic [tik] *nm* (*mouvement nerveux*) Zucken *nt*; (*manie*) Eigenart *f*, Tick *m*
ticket [tikɛ] *nm* Fahrschein *m*
ticket-repas [tikɛRəpa] (*pl* **tickets-repas**) *nm* Essensbon *m*
tiède [tjɛd] *adj* lauwarm; (*vent, air*) lau
tiédir [tjediR] *vi* (*refroidir*) abkühlen
tien [tjɛ̃] *pron*: **le/la ~(ne)** deine(r, s); **les ~s** deine
tiens [tjɛ̃] *vb voir* **tenir**
tierce [tjɛRs] *adj voir* **tiers**
tiercé [tjɛRse] *nm* (*aux courses*) Dreierwette *f*
tiers, tierce [tjɛR, tjɛRs] *adj* dritte(r, s) ▸ *nm* (*fraction*) Drittel *nt*; (*Jur*) Dritte(r) *m(f)* ▸ *nf* (*Mus*) Terz *f*; (*Cartes*) Dreierreihe *f*
tiers-monde [tjɛRmɔ̃d] *nm*: **le ~** die Dritte Welt *f*
tige [tiʒ] *nf* Stiel *m*, Stängel *m*; (*baguette*) Stab *m*
tigre [tigR] *nm* Tiger *m*
tigré, e [tigRe] *adj* (*tacheté*) gefleckt; (*rayé*) getigert
tilleul [tijœl] *nm* (*arbre*) Linde *f*; (*boisson*) Lindenblütentee *m*
timbre [tɛ̃bR] *nm* (*timbre-poste*) Briefmarke *f*; (*tampon*) Stempel *m*; (*sonnette*) Klingel *f*; (*Mus*) Klang *m*
timbre-poste [tɛ̃bRpɔst] *nm* Briefmarke *f*
timbrer [tɛ̃bRe] *vt* stempeln
timide [timid] *adj* schüchtern; (*fig*) zögernd
timidement [timidmɑ̃] *adv* schüchtern
timidité [timidite] *nf* Schüchternheit *f*
tinter [tɛ̃te] *vi* klingeln
Tipp-Ex® [tipɛks] *nm* Tipp-Ex® *nt*
tique [tik] *nf* Zecke *f*
tir [tiR] *nm* Schießen *nt*; (*trajectoire*) Schuss *m*; (*stand*) Schießbude *f*; **~ à l'arc** Bogenschießen *nt*; **~ au pigeon** Tontaubenschießen *nt*
tirade [tiRad] (*péj*) *nf* Tirade *f*
tirage [tiRaʒ] *nm* (*Photo*) Abzug *m*; (*Typo, Inform*) Drucken *nt*; (*de journal, livre*) Auflage *f*; (*d'une cheminée, d'un poêle*) Zug *m*; (*de loterie*) Ziehung *f*; (*fam*: *désaccord*) Unstimmigkeiten *f*; **~ au sort** Auslosung *f*
tirailler [tiRɑje] *vt* (*suj*) quälen
tiré, e [tiRe] *adj* (*visage, traits*) abgespannt ▸ *nm* (*Comm*) Bezogene(r) *f(m)*, Trassat *m*; **~ à part** Sonderdruck *m*
tire-au-flanc [tiRoflɑ̃] *nm inv* Drückeberger *m*
tire-bouchon [tiRbuʃɔ̃] (*pl* **tire-bouchons**) *nm* Korkenzieher *m*
tire-fesses [tiRfɛs] *nm inv* Schlepplift *m*
tirelire [tiRliR] *nf* Sparbüchse *f*
tirer [tiRe] *vt* ziehen; (*fermer*) zuziehen; (*balle, coup*) abschießen; (*animal, Football*) schießen; (*journal, livre*) drucken; (*Photo*) abziehen ▸ *vi* schießen; (*cheminée*) ziehen; **se tirer** *vpr* (*fam*) sich verziehen; **~ qch de** (*extraire*) etw herausziehen aus; **~ sur** ziehen an *+dat*; (*faire feu sur*) schießen auf *+acc*; (*couleur*) grenzen an *+acc*; **~ la langue** die Zunge herausstrecken; **~ avantage/parti de** Nutzen ziehen aus/ausnutzen; **~ qn de** (*embarras*) jdm heraushelfen aus; **~ les cartes** die Karten legen; **~ une substance d'une matière première** einem Rohstoff eine Substanz entziehen; **~ à l'arc** bogenschießen; **~ en longueur** sich in die Länge ziehen; **s'en ~** durchkommen
tiret [tiRɛ] *nm* Gedankenstrich *m*; **~ bas** Unterstrich *m*
tireur, -euse [tiRœR, øz] *nm/f* (*Mil*) Schütze *m*, Schützin *f*; (*Comm*) Trassant *m*
tiroir [tiRwaR] *nm* Schublade *f*
tiroir-caisse [tiRwaRkɛs] (*pl* **tiroirs-caisses**) *nm* Registrierkasse *f*
tisane [tizan] *nf* Kräutertee *m*
tisser [tise] *vt* weben; (*fig*) spinnen
tisserand, e [tisRɑ̃, ɑ̃d] *nm/f* Weber(in)
tissu, e [tisy] *nm* Stoff *m*; (*Anat, Biol*) Gewebe *nt*; **~ de mensonges** Lügengespinst *nt*
titre [titR] *nm* Titel *m*; (*de journal*) Schlagzeile *f*; (*diplôme*) Diplom *nt*, Qualifikation *f*; (*Chim*) Titer *m*, Gehalt *m*; **en ~** offiziell; **à juste ~** mit vollem Recht; **au même ~ (que)** genauso (wie); **à ~ d'essai** versuchsweise; **à ~ exceptionnel** ausnahmsweise; **à ~ provisoire** provisorisch; **à ~ privé** privat; **~ de transport** Fahrausweis *m*
tituber [titybe] *vi* taumeln, (sch)wanken
titulaire [tityləR] *adj*: **professeur ~** ordentlicher Professor ▸ *nmf* (*Admin*) Amtsinhaber(in) *m(f)*; **être ~ de** (*poste*) innehaben; (*permis*) besitzen
titulariser [titylaRize] *vt* (*fonctionnaire*)

verbeamten; (*professeur d'université*) berufen

TMS [teɛmɛs] *sigle mpl* (= *troubles musculo-squelettiques*) RSI-Syndrom *nt*

TNT [teɛnte] *sigle f* (= *Télévision numérique terrestre*) Digitalfernsehen *nt*

toast [tost] *nm* Toast *m*; **porter un ~ à qn** auf jds Wohl *acc* trinken

toasteur [tostœʀ] *nm* Toaster *m*

toboggan [tɔbɔgɑ̃] *nm* (*pour enfants*) Rutschbahn *f*

tocsin [tɔksɛ̃] *nm* Alarmglocke *f*

tofu [tɔfu] *nm* Tofu *m*

Togo [tɔgo] *nm* : **le ~** Togo *nt*

togolais, e [tɔgɔlɛ, ɛz] *adj* togolesisch

toi [twa] *pron* du; (*objet direct, accusatif*) dich; (*objet indirect, datif*) dir

toile [twal] *nf* (*tissu*) Stoff *m*, Tuch *nt*; (*grossière, de chanvre*) Leinwand *f*; (*Art*) Gemälde *nt*; **la T~** (*le Web*) das Netz; **~ cirée** Wachstuch *nt*; **~ d'araignée** Spinnennetz *nt*; **~ de fond** (*fig*) Hintergrund *m*; **~ de tente** Zeltplane *f*

toilette [twalɛt] *nf* (*vêtements*) Kleidung *f*; **toilettes** *nfpl* Toiletten *pl*; **faire sa ~** sich waschen; **articles de ~** Toilettenartikel *pl*

toi-même [twamɛm] *pron* du selbst; (*objet indirect, datif*) dir selbst

toiser [twaze] *vt* von oben bis unten mustern

toison [twazɔ̃] *nf* (*de mouton*) Vlies *nt*

toit [twa] *nm* Dach *nt*; (*de véhicule*) Verdeck *nt*; **~ ouvrant** Schiebedach *nt*

toiture [twatyʀ] *nf* Bedachung *f*, Dach *nt*

tôle [tol] *nf* Blech *nt*; **~ d'acier** Stahlblech *nt*; **~ ondulée** Wellblech *nt*

tolérable [tɔleʀabl] *adj* erträglich

tolérance [tɔleʀɑ̃s] *nf* Toleranz *f*, Duldsamkeit *f*

tolérer [tɔleʀe] *vt* ertragen, tolerieren; (*Méd*) vertragen; (*erreur, marge*) zulassen

TOM [tɔm] *sigle m ou mpl* (= *territoire(s) d'outre-mer*) *französische Überseegebiete*

tomate [tɔmat] *nf* Tomate *f*

tombant, e [tɔ̃bɑ̃, ɑ̃t] *adj* (*fig*) : **épaules ~es** Hängeschultern *pl*

tombe [tɔ̃b] *nf* Grab *nt*

tombeau, x [tɔ̃bo] *nm* Grabmal *nt*

tombée [tɔ̃be] *nf* : **à la ~ du jour** *ou* **de la nuit** bei(m) Einbruch der Nacht

tomber [tɔ̃be] *vi* fallen; (*fruit, feuille*) herunterfallen, herabfallen; **~ sur** (*rencontrer*) zufällig treffen; (*attaquer*) herfallen über *+acc*; **~ de fatigue/de sommeil** vor Erschöpfung/Müdigkeit fast umfallen; **~ en panne** eine Panne haben; **ça tombe bien/mal** das trifft sich gut/schlecht; **il est bien/mal tombé** er hat Glück/Pech gehabt; **laisser ~** fallen lassen

tombeur [tɔ̃bœʀ] *nm* Frauenheld *m*

tombola [tɔ̃bɔla] *nf* Tombola *f*

tome [tɔm] *nm* (*d'un livre*) Band *m*

tomographie [tɔmɔgʀafi] *nf* (Computer)tomografie *f*

ton¹, ta [tɔ̃, ta] (*pl* **tes**) *adj possessif* dein(e)

ton² [tɔ̃] *nm* Ton *m*; (*d'un morceau*) Tonart *f*; (*style*) Stil *m*; **il est de bon ~ de faire qch** es gehört zum guten Ton, etw zu tun; **~ sur ~** Ton in Ton

tonalité [tɔnalite] *nf* (*au téléphone*) Freizeichen *nt*; (*Mus*) Tonart *f*; (*de couleur*) (Farb)ton *m*

tondeuse [tɔ̃døz] *nf* (*à gazon*) Rasenmäher *m*; (*de coiffeur*) Haarschneidemaschine *f*

tondre [tɔ̃dʀ] *vt* (*pelouse, herbe*) mähen; (*haie, cheveux*) schneiden; (*mouton, toison*) scheren

toner [tɔnɛʀ] *nm* Toner *m*

tonifier [tɔnifje] *vt* stärken

tonique [tɔnik] *adj* stärkend ▶ *nm* Tonikum *nt*

tonne [tɔn] *nf* Tonne *f*

tonneau, x [tɔno] *nm* Fass *nt*; **jauger 2000 ~x** 2.000 Bruttoregistertonnen haben; **faire un ~** (*voiture*) sich überschlagen

tonnelier [tɔnəlje] *nm* Böttcher *m*, Küfer *m*

tonnelle [tɔnɛl] *nf* Gartenlaube *f*

tonner [tɔne] *vi* donnern ▶ *vb impers* : **il tonne** es donnert

tonnerre [tɔnɛʀ] *nm* Donner *m*

tonus [tɔnys] *nm* (*des muscles*) Tonus *m*; (*d'une personne*) Energie *f*

top [tɔp] *nm* : **au 3ème ~** beim dritten Ton

topaze [tɔpɑz] *nf* Topas *m*

toper [tɔpe] *vi* : **tope-là/topez-là !** topp!, abgemacht!

topinambour [tɔpinɑ̃buʀ] *nm* Topinambur *m*

topographique [tɔpɔgʀafik] *adj* topografisch

toque [tɔk] *nf* : **~ de cuisinier** Kochmütze *f*; **~ de juge** Barett *nt*

torche [tɔʀʃ] *nf* Fackel *f*; **~ électrique** Taschenlampe *f*

torchon [tɔʀʃɔ̃] *nm* Lappen *m*; (*à vaisselle*) Geschirrtuch *nt*

tordre [tɔʀdʀ] *vt* (*chiffon, vêtement*) auswringen; (*barre*) verbiegen; (*visage, bouche*) verziehen; **se tordre** *vpr* (*barre*) sich biegen; (*roue*) sich verbiegen; (*ver, serpent*) sich winden; **~ le bras à qn** jdm den Arm verdrehen; **se ~ le pied/bras** sich *dat* den Fuß/Arm verrenken; **se ~ de**

douleur/rire sich vor Schmerzen krümmen/vor Lachen biegen
tordu, e [tɔʀdy] *pp de* **tordre** ▸ *adj (fig)* verdreht
tornade [tɔʀnad] *nf* Tornado *m*
torpeur [tɔʀpœʀ] *nf* Betäubung *f*
torpille [tɔʀpij] *nf* Torpedo *m*
torpiller [tɔʀpije] *vt* torpedieren
torréfier [tɔʀefje] *vt* rösten
torrent [tɔʀɑ̃] *nm* Sturzbach *m*; **il pleut à ~s** es regnet *ou* gießt in Strömen
torrentiel, le [tɔʀɑ̃sjɛl] *adj* strömend
torride [tɔʀid] *adj* glühend heiß
torse [tɔʀs] *nm* Oberkörper *m*; *(Art)* Torso *m*; **~ nu** mit nacktem Oberkörper
torsion [tɔʀsjɔ̃] *nf (Tech, Phys)* Torsion *f*; *(action de tordre)* Verdrehen *nt*
tort [tɔʀ] *nm (défaut)* Fehler *m*; *(préjudice)* Unrecht *nt*; **torts** *nmpl (Jur)* Schuld *f*; **avoir ~** unrecht haben; **être dans son ~** im Unrecht sein; **donner ~ à qn** jdm unrecht geben; **causer du ~ à** schaden *+dat*; **à ~** zu Unrecht; **à ~ et à travers** aufs Geratewohl, wild drauflos
tortellini [tɔʀtelini] *nmpl* Tortellini *pl*
torticolis [tɔʀtikɔli] *nm* steife(r) Hals *m*
tortiller [tɔʀtije] *vt (corde, mouchoir)* zwirbeln; *(cheveux, cravate)* zwirbeln an; *(doigts)* drehen; **se tortiller** *vpr* sich winden
tortue [tɔʀty] *nf* Schildkröte *f*
tortueux, -euse [tɔʀtɥø, øz] *adj* gewunden, sich schlängelnd; *(fig)* kompliziert
torture [tɔʀtyʀ] *nf* Folter *f*
torturer [tɔʀtyʀe] *vt* foltern; *(problème, question)* quälen
Toscane [tɔskan] *nf*: **la ~** die Toskana
tôt [to] *adv* früh; **~ ou tard** früher oder später; **si ~** so bald; **au plus ~** so bald wie möglich
total, e, -aux [tɔtal, o] *adj* völlig; *(somme, hauteur)* gesamt ▸ *nm (somme)* Summe *f*; **au ~** im Ganzen; **faire le ~ (de)** zusammenzählen, zusammenrechnen
totalement [tɔtalmɑ̃] *adv* völlig, total
totaliser [tɔtalize] *vt (avoir au total)* insgesamt erreichen
totalitaire [tɔtalitɛʀ] *adj* totalitär
totalité [tɔtalite] *nf*: **la ~ des élèves** alle Schüler; **la ~ de mes biens** mein gesamtes Vermögen *nt*
toubib [tubib] *(fam) nmf* Doktor *m*
touchant, e [tuʃɑ̃, ɑ̃t] *adj* rührend
touche [tuʃ] *nf (de piano, de machine à écrire etc)* Taste *f*; *(Peinture etc)* Pinselstrich *m*; *(fig)* Hauch *m*, Anflug *m*; *(Football : remise en touche)* Einwurf *m*; *(: ligne de touche)* Auslinie *f*; *(Escrime)* Treffer *m*; **~ d'accès direct** Kurzwahltaste; **~ à effleurement** Folientaste *f*; **~ de commande** Steuertaste *f*; **~ Contrôle** Controltaste *f*; **~ dièse** Doppelkreuztaste *f*; **~ de retour** Return-Taste *f*
toucher [tuʃe] *nm (sens)* Tastsinn *m*; *(Mus)* Anschlag *m* ▸ *vt* berühren; *(atteindre, affecter)* betreffen; *(émouvoir)* ergreifen; *(concerner)* betreffen, angehen; *(recevoir)* bekommen; **au ~** anzufühlen; **~ à** berühren; *(modifier)* ändern; *(concerner)* betreffen; **je vais lui en ~ un mot** ich werde ein Wörtchen mit ihm darüber reden
touffe [tuf] *nf* Büschel *nt*
touffu, e [tufy] *adj (haie, forêt, cheveux)* dicht; *(cheveux)* dick
toujours [tuʒuʀ] *adv* immer; *(encore)* immer noch; **pour ~** für immer; **depuis ~** schon immer; **~ est-il que** die Tatsache bleibt bestehen, dass; **essaie ~** du kannst es ja mal versuchen
toupet [tupɛ] *nm* Toupet *nt*; *(fam)* Frechheit *f*
toupie [tupi] *nf (jouet)* Kreisel *m*
tour [tuʀ] *nf* Turm *m*; *(immeuble)* Hochhaus *nt* ▸ *nm (excursion)* Ausflug *m*; *(Sport)* Runde *f*; *(rotation)* Drehung *f*; *(de la situation, conversation)* Wende *f*; *(Auto)* Umdrehung *f*; *(Pol)* Wahlgang *m*; *(ruse)* Trick *m*; *(de prestidigitation, d'acrobatie)* Kunststück *nt*; *(de potier)* Töpferscheibe *f*; *(à bois, métaux)* Drehscheibe *f*; **faire le ~ de** *(à pied)* herumgehen um; *(en voiture)* herumfahren um; *(fig)* durchspielen; **fermer à double ~** zweimal abschließen; **c'est mon/ton ~** ich bin/du bist dran *ou* an der Reihe; **c'est au ~ de Philippe** Philippe ist an der Reihe *ou* dran; **à ~ de rôle, ~ à ~** abwechselnd; **~ d'horizon** *nm* Überblick *m*; **~ de chant** *nm* Tournee *f*; **~ de contrôle** *nf* Kontrollturm *m*; **~ de force** *nm* Gewaltaktion *f*; **~ de main** *nm* : **en un ~ de main** im Handumdrehen; **~ de poitrine** *nm* Brustumfang *m ou* -weite *f*; **~ de reins** *nm* verrenkte(s) Kreuz *nt*; **~ de taille** *nm* Taillenweite *f*
tourbière [tuʀbjɛʀ] *nf* Torfmoor *nt*
tourbillon [tuʀbijɔ̃] *nm (d'eau)* Strudel *m*; *(de vent)* Wirbelwind *m*; *(de poussière)* Gestöber *nt*; *(fig)* Herumwirbeln *nt*
tourbillonner [tuʀbijɔne] *vi* herumwirbeln; *(eau, rivière)* strudeln
tourelle [tuʀɛl] *nf* Türmchen *nt*; *(de*

t

véhicule) Turm *m*
tourisme [tuʀism] *nm* Tourismus *m*; **office du ~** Verkehrsbüro *nt*; **faire du ~** auf Besichtigungstour gehen
touriste [tuʀist] *nmf* Tourist(in) *m(f)*
touristique [tuʀistik] *adj* (*région*) touristisch; **menu ~** Touristenmenü *nt*
tourment [tuʀmɑ̃] *nm* Qual *f*
tourmenté, e [tuʀmɑ̃te] *adj* aufgewühlt; (*mer*) stürmisch
tourmenter [tuʀmɑ̃te] *vt* quälen; **se tourmenter** *vpr* sich quälen
tournage [tuʀnaʒ] *nm* (*d'un film*) Dreharbeiten *pl*
tournant, e [tuʀnɑ̃, ɑ̃t] *adj* (*feu, scène, mouvement*) Dreh- ▸ *nm* (*de route*) Kurve *f*; (*fig*) Wende(punkt *m*) *f*
tourne-disque [tuʀnədisk] (*pl* **tourne-disques**) *nm* Plattenspieler *m*
tournedos [tuʀnədo] *nm* Tournedo(s) *nt*
tournée [tuʀne] *nf* Runde *f*; (*d'artiste*) Tournee *f*; **payer une ~** eine Runde zahlen *ou* ausgeben; **~ électorale** Wahlkampfreise *f*
tourner [tuʀne] *vt* drehen; (*sauce, mélange*) umrühren; (*cap*) umsegeln; (*obstacle, difficulté*) umgehen ▸ *vi* sich drehen; (*changer de direction*) drehen; (*moteur, compteur*) laufen; (*lait etc*) sauer werden; (*chance*) sich wenden; **se tourner** *vpr* sich umdrehen; **~ le dos à** den Rücken kehren *+dat*; **~ de l'œil** (*fam*) umkippen; **bien/mal ~** sich zum Guten/Schlechten entwickeln; **~ autour de** herumlaufen um; (*planète*) sich drehen um; **~ à/en** sich verwandeln in *+acc*; **~ à la pluie/au rouge** regnerisch/rot werden; **se ~ vers** sich zuwenden *+dat*; (*pour demander aide, conseil*) sich wenden an *+acc*
tournesol [tuʀnəsɔl] *nm* Sonnenblume *f*
tournevis [tuʀnəvis] *nm* Schraubenzieher *m*
tourniquet [tuʀnikɛ] *nm* (*pour arroser*) Rasensprenger *m*; (*portillon*) Drehkreuz *nt*; (*présentoir*) Drehständer *m*
tournoi [tuʀnwa] *nm* Turnier *nt*
tournoyer [tuʀnwaje] *vi* (*oiseau*) kreisen; (*fumée*) herumwirbeln
tournure [tuʀnyʀ] *nf* (*Ling*) Ausdruck *m*; **la ~ des événements** der Gang der Ereignisse
tour-opérateur [tuʀɔpeʀatœʀ] (*pl* **tour-opérateurs**) *nm* Reiseveranstalter(in) *m(f)*
tourte [tuʀt] *nf* (*Culin*) Pastete *f*
tourterelle [tuʀtəʀɛl] *nf* Turteltaube *f*
tous [tu] *adj, pron voir* **tout**
Toussaint [tusɛ̃] *nf*: **la ~** Allerheiligen *nt*

> **La Toussaint** (Allerheiligen) am 1. November, ist ein gesetzlicher Feiertag in Frankreich. Man besucht die Gräber von Freunden und Verwandten und schmückt sie mit Chrysanthemen.

tousser [tuse] *vi* husten
toussoter [tusɔte] *vi* hüsteln

MOT-CLÉ

tout, e [tu, tut] (*mpl* **tous**, *fpl* **toutes**) *adj*
1 (*avec article singulier*) : **tout le/toute la ...** der/die/das ganze ...; **tout le lait** die ganze Milch; **tout l'argent** das ganze Geld; **toute la nuit/semaine** die ganze Nacht/Woche lang *ou* über; **tout le livre/bureau** das ganze Buch/Büro; **tout un pain/un livre** ein ganzes Brot/Buch; **tout le monde** alle; **tout le temps** dauernd; **c'est tout le contraire** ganz im Gegenteil
2 (*avec article pluriel*) : **tous/toutes les ...** alle ...; **tous les livres/enfants** alle Bücher/Kinder; **tous les deux** alle beide; **toutes les trois** alle drei; **toutes les nuits** (*chaque*) jede Nacht; **toutes les fois que ...** jedes Mal wenn ...; **toutes les trois semaines** alle drei Wochen
3 (*sans article*) : **à tout âge** in jedem Alter; **à toute heure** zu jeder Stunde; **à toute vitesse** mit Höchstgeschwindigkeit; **de tous côtés** *ou* **toutes parts** von allen Seiten; **à tout hasard** auf gut Glück
▸ *pron* **1** : **tout** alles; **il a tout fait** er hat alles gemacht; **tout ou rien** alles oder nichts; **c'est tout** (*fini*) das ist alles; **en tout** insgesamt; **en tout et pour tout** alles in allem; **tout ce qu'il sait** alles, was er weiß; **tout ce qu'il y a de plus aimable** sehr liebenswürdig
2 : **tous/toutes** alle; **je les vois tous/toutes** ich sehe sie alle; **nous y sommes tous allés** wir sind alle hingegangen
▸ *nm* Ganzes *nt*; **le tout** alles; **pas du tout** gar nicht; **du tout au tout** ganz und gar, völlig; **le tout est de ...** die Hauptsache ist, zu ...
▸ *adv* (*« toute » avant adj f commençant par consonne ou h aspiré*) **1** (*très, complètement*) ganz; **elle était tout émue/toute petite** sie war ganz gerührt/klein; **le tout premier** der Allererste; **tout seul** ganz allein; **le livre tout entier** das ganze *ou* gesamte Buch; **tout ouvert/rouge** ganz offen/rot; **tout près** *ou* **à côté** ganz in der Nähe; **tout en haut** ganz oben; **tout droit** geradeaus; **parler tout bas** ganz leise sprechen;

tout simplement ganz einfach
2 : **tout en travaillant, il écoutait la radio** während er arbeitete, *ou* bei der Arbeit hörte er Radio; **tout en mangeant, il écoutait la radio** während er aß, *ou* beim Essen hörte er Radio
3 (*locutions*) : **tout d'abord** zuallererst; **tout à coup** plötzlich; **tout à fait** völlig; (*exactement*) genau; **tout à l'heure** (*passé*) soeben, gerade; (*futur*) gleich; **à tout à l'heure !** bis gleich!; **tout de même** trotzdem; **tout de suite** sofort

toutefois [tutfwa] *adv* jedoch, dennoch
toutou [tutu] (*fam*) *nm* Hündchen *nt*
tout-terrain [tuteʀɛ̃] *adj inv* : **voiture ~** Geländewagen *m*; **vélo ~** Mountainbike *nt*
toux [tu] *nf* Husten *m*
toxémie [tɔksemi] *nf* Blutvergiftung *f*
toxicité [tɔksisite] *nf* Giftigkeit *f*
toxicologie [tɔksikɔlɔʒi] *nf* Toxikologie *f*
toxicologique [tɔksikɔlɔʒik] *adj* toxikologisch
toxicomane [tɔksikɔman] *adj*, *nm/f* Rauschgiftsüchtige(r) *f(m)*
toxicomanie [tɔksikɔmani] *nf* Drogensucht *f*
toxine [tɔksin] *nf* Gift(stoff *m*) *nt*
toxique [tɔksik] *adj* giftig
toxoplasmose [tɔksoplasmoz] *nf* Toxoplasmose *f*
TP [tepe] *sigle mpl* (= *travaux pratiques*) Übungsseminar *nt*; (= *travaux publics*) öffentliche Bauvorhaben *pl*
trac [tʀak] *nm* (*aux examens etc*) Prüfungsangst *f*; (*Théât*) Lampenfieber *nt*
traçabilité [tʀasabilite] *nf* Rückverfolgbarkeit *f* der Herkunft
tracas [tʀaka] *nmpl* Scherereien *pl*
tracasser [tʀakase] *vt* plagen, quälen; **se tracasser** *vpr* sich *dat* Sorgen machen
tracasseries [tʀakasʀi] *nfpl* Schikanen *pl*
trace [tʀas] *nf* Spur *f*; **~s de freinage** Bremsspuren *pl*; **~s de pas** Fußspuren *pl*; **~s de pneus** Reifenspuren *pl*
tracer [tʀase] *vt* zeichnen; (*piste*) markieren; (*fig : chemin, voie*) weisen
traceur [tʀasœʀ] *nm* (*Inform*) Plotter *m*
tract [tʀakt] *nm* Flugblatt *nt*
tractations [tʀaktasjɔ̃] *nfpl* Handeln *nt*, Feilschen *nt*
tracteur [tʀaktœʀ] *nm* Traktor *m*
traction [tʀaksjɔ̃] *nf* (*Tech*) Ziehen *nt*; (*Auto*) Antrieb *m*; **~ arrière** Hinterradantrieb *m*; **~ avant** Vorderradantrieb *m*; **~ électrique** Elektroantrieb *m*; **~ mécanique** mechanischer Antrieb
tradition [tʀadisjɔ̃] *nf* Tradition *f*
traditionalisme [tʀadisjɔnalism] *nm* Traditionalismus *m*
traditionnel, le [tʀadisjɔnɛl] *adj* traditionell
traducteur, -trice [tʀadyktœʀ, tʀis] *nm/f* Übersetzer(in)
traduction [tʀadyksjɔ̃] *nf* (*action*) Übersetzen *nt*; (*texte*) Übersetzung *f*; **~ assistée par ordinateur** computergestützte Übersetzung *f*; **~ simultanée** Simultanübersetzung *f*
traduire [tʀadɥiʀ] *vt* übersetzen; (*exprimer*) ausdrücken; **se ~ par** (*s'exprimer*) sich ausdrücken in *+dat*; **~ en/du français** ins Französische/aus dem Französischen übersetzen
traduisible [tʀadɥizibl] *adj* übersetzbar
trafic [tʀafik] *nm* (*commerce*) Handel *m*; **~ routier/aérien** Straßen-/Flugverkehr *m*; **~ d'armes** Waffenhandel *m*, Waffenschieberei *f*; **~ de drogue** Drogenhandel *m*, Drogenschieberei *f*
trafiquant, e [tʀafikɑ̃, ɑ̃t] *nm/f* Schieber(in)
trafiquer [tʀafike] (*péj*) *vt* (*moteur*) frisieren ▶ *vi* ein Schieber sein
tragédie [tʀaʒedi] *nf* Tragödie *f*
tragique [tʀaʒik] *adj* tragisch
tragiquement [tʀaʒikmɑ̃] *adv* tragisch
trahir [tʀaiʀ] *vt* verraten; **se trahir** *vpr* sich verraten
trahison [tʀaizɔ̃] *nf* Verrat *m*
train [tʀɛ̃] *nm* (*Rail*) Zug *m*; (*allure*) Tempo *nt*; **être en ~ de faire qch** gerade etw tun; **~ à grande vitesse** Hochgeschwindigkeitszug *m*; **~ arrière** Hinterachse *f*; **~ autos-couchettes** Autoreisezug *m*; **~ avant** Vorderachse *f*; **~ d'atterrissage** Fahrgestell *nt*; **~ de vie** Lebensstil *m*; **~ électrique** (*jouet*) Modelleisenbahn *f*; **~ spécial** Sonderzug *m*
traîneau, x [tʀɛno] *nm* Schlitten *m*
traîner [tʀene] *vt* ziehen, schleppen; (*enfant, chien*) hinter sich *dat* herziehen ▶ *vi* (*aller ou agir lentement*) bummeln, trödeln; (*vagabonder*) sich herumtreiben; (*durer*) sich hinziehen; (*être en désordre*) herumliegen; **se traîner** *vpr* (*ramper*) kriechen; (*durer*) sich hinziehen; **~ les pieds** schlurfen; **~ par terre** auf dem Boden schleifen; **~ en longueur** sich in die Länge ziehen
train-train [tʀɛ̃tʀɛ̃] *nm inv* tägliches

t

Einerlei *nt*, Trott *m*
traire [tRɛR] *vt* melken
trait, e [tRɛ] *nm* (*ligne*) Strich *m*; (*caractéristique*) Zug *m*; **traits** *nmpl* (*du visage*) Gesichtszüge *pl*; **d'un ~** in einem Zug; **de ~** (*animal*) Zug-; **avoir ~ à** sich beziehen auf *+acc*; **~ d'esprit** Geistesblitz *m*; **~ d'union** Bindestrich *m*; (*fig*) Verbindung *f*; **~ de caractère** Charakterzug *m*
traitant, e [tRɛtɑ̃, ɑ̃t] *adj* : **votre médecin ~** Ihr Hausarzt *m*; **shampo(o)ing ~** Pflegeshampoo *nt*
traite [tRɛt] *nf* (*Comm*) Tratte *f*; (*Agr*) Melken *nt*; **d'une (seule) ~** ohne Unterbrechung; **la ~ des blanches** der Mädchenhandel; **la ~ des noirs** der Sklavenhandel
traité [tRete] *nm* Vertrag *m*
traitement [tRɛtmɑ̃] *nm* Behandlung *f*; (*d'affaire, difficulté*) Handhabung *f*; (*Inform, Tech*) Verarbeitung *f*; (*salaire*) Gehalt *nt*; **~ de données** Datenverarbeitung *f*; **~ de texte** Textverarbeitung *f*; **~ par lots** (*Inform*) Stapelverarbeitung *f*
traiter [tRete] *vt* behandeln ▸ *vi* verhandeln; **~ de qch** von etw handeln, etw behandeln; **~ qn d'idiot** jdn einen Idioten nennen
traiteur [tRɛtœR] *nm* ≈ Partyservice *m*; (*charcutier*) *Geschäft für Fleischspezialitäten und Fertiggerichte*
traître, -esse [tRɛtR, tRɛtRɛs] *adj* (heim)tückisch ▸ *nm/f* Verräter(in)
traîtrise [tRetRiz] *nf* (*caractère*) Heimtücke *f*; (*acte*) Verrat *m*
trajectoire [tRaʒɛktwaR] *nf* Flugbahn *f*
trajet [tRaʒɛ] *nm* Strecke *f*; (*voyage*) Reise *f*; (*d'un nerf, d'une artère*) Verlauf *m*
tram [tRam] *nm* = **tramway**
trame [tRam] *nf* (*d'un tissu*) Schuss *m*; (*d'un roman*) Grundgerüst *nt*
trampoline [tRɑ̃pɔlin] *nm* Trampolin *nt*; (*sport*) Trampolinspringen *nt*
tramway [tRamwɛ] *nm* Straßenbahn *f*
tranchant, e [tRɑ̃ʃɑ̃, ɑ̃t] *adj* scharf; (*personne, ton*) kategorisch ▸ *nm* (*d'un couteau*) Schneide *f*; **à double ~** zweischneidig
tranche [tRɑ̃ʃ] *nf* (*morceau*) Scheibe *f*; (*arête*) Kante *f*; (*de travaux, temps, vie*) Abschnitt *m*; (*d'actions, de bons*) Tranche *f*; (*de revenus, d'impôts*) Stufe *f*; **~ d'âge/de salaires** Alters-/Gehaltsstufe *f*
tranché, e [tRɑ̃ʃe] *adj* deutlich
tranchée [tRɑ̃ʃe] *nf* Graben *m*
trancher [tRɑ̃ʃe] *vt* (in Scheiben) schneiden; (*corde*) durchschneiden; (*résoudre*) entscheiden ▸ *vi* : **~ avec** *ou* **sur** sich deutlich unterscheiden von
tranchoir [tRɑ̃ʃwaR] *nm* (*couteau*) Hackmesser *nt*; (*planche*) Hackbrett *nt*
tranquille [tRɑ̃kil] *adj* ruhig; (*rassuré*) beruhigt; **se tenir ~** (*enfant*) stillhalten; **avoir la conscience ~** ein ruhiges *ou* gutes Gewissen haben; **laisse-moi ~ !** lass mich in Ruhe!
tranquillement [tRɑ̃kilmɑ̃] *adv* ruhig
tranquillisant, e [tRɑ̃kilizɑ̃, ɑ̃t] *adj* beruhigend ▸ *nm* Beruhigungsmittel *nt*
tranquillité [tRɑ̃kilite] *nf* Ruhe *f*; **~ d'esprit** Gemütsruhe *f*
transaction [tRɑ̃zaksjɔ̃] *nf* Transaktion *f*, Geschäft *nt*
transat [tRɑ̃zat] *nm* Liegestuhl *m*
transatlantique [tRɑ̃zatlɑ̃tik] *adj* überseeisch ▸ *nm* (*bateau*) Überseedampfer *m*
transbordement [tRɑ̃sbɔRdəmɑ̃] *nm* Umladen *nt*
transborder [tRɑ̃sbɔRde] *vt* umladen
transcodeur [tRɑ̃skɔdœR] *nm* (*Inform*) Compiler *m*
transcription [tRɑ̃skRipsjɔ̃] *nf* (*de texte*) Abschrift *f*
transférer [tRɑ̃sfeRe] *vt* (*prisonnier*) überführen; (*Psych*) übertragen; (*société, bureau*) verlegen; (*argent*) überweisen; (*fonctionnaire*) versetzen
transfert [tRɑ̃sfɛR] *nm* (*de prisonnier*) Überführung *f*; (*Psych*) Übertragung *f*; **~ de fonds** Überweisung *f*
transformateur [tRɑ̃sfɔRmatœR] *nm* Transformator *m*
transformation [tRɑ̃sfɔRmasjɔ̃] *nf* (*de personne*) Veränderung *f*; (*de maison, magasin*) Umbau *m*
transformer [tRɑ̃sfɔRme] *vt* verändern; (*maison, magasin*) umbauen; (*matière première*) verwandeln; **se transformer** *vpr* sich verändern; **~ du plomb en or** Blei in Gold verwandeln *ou* zu Gold machen
transfrontalier, -ière [tRɑ̃sfRɔ̃talje, ɛR] *adj* grenzüberschreitend
transfuge [tRɑ̃sfyʒ] *nm* Überläufer *m*
transfusion [tRɑ̃sfyzjɔ̃] *nf* : **~ sanguine** Bluttransfusion *f*
transgénique [tRɑ̃sʒenik] *adj* transgen; **maïs ~** Genmais *m*
transgresser [tRɑ̃sgRese] *vt* übertreten
transhumanisme [tRɑ̃symanism] *nm* Transhumanismus *m*
transistor [tRɑ̃zistɔR] *nm* Transistor *m*
transit [tRɑ̃zit] *nm* Transitverkehr *m*
transitif, -ive [tRɑ̃zitif, iv] *adj* transitiv

transition [tʀɑ̃zisjɔ̃] *nf* Übergang *m*; **de ~** Übergangs-; **la ~ énergétique** der Energiewandel
transitoire [tʀɑ̃zitwaʀ] *adj* vorläufig; (*fugitif*) kurzlebig
translucide [tʀɑ̃slysid] *adj* durchscheinend
transmetteur [tʀɑ̃smɛtœʀ] *nm* Sender *m*
transmettre [tʀɑ̃smɛtʀ] *vt* übertragen; (*secret, recette*) mitteilen; (*vœux, amitiés, ordre, message*) übermitteln
transmissible [tʀɑ̃smisibl] *adj* übertragbar
transmission [tʀɑ̃smisjɔ̃] *nf* Übertragung *f*; (*de message, d'ordre*) Übermittlung *f*; **~ de données** Datenübertragung *f*; **~ de pensée** Gedankenübertragung *f*
transparaître [tʀɑ̃spaʀɛtʀ] *vi* durchscheinen
transparence [tʀɑ̃spaʀɑ̃s] *nf* Durchsichtigkeit *f*, Transparenz *f*; **regarder qch par ~** etw gegen das Licht halten
transparent, e [tʀɑ̃spaʀɑ̃, ɑ̃t] *adj* durchsichtig
transpercer [tʀɑ̃spɛʀse] *vt* durchbohren; (*froid, insulte*) durchdringen; **~ un vêtement/mur** durch ein Kleidungsstück/durch eine Mauer hindurchgehen
transpiration [tʀɑ̃spiʀasjɔ̃] *nf* Schweiß *m*
transpirer [tʀɑ̃spiʀe] *vi* schwitzen
transplanter [tʀɑ̃splɑ̃te] *vt* verpflanzen
transport [tʀɑ̃spɔʀ] *nm* Beförderung *f*, Transport *m*; **~ aérien** Lufttransport *m*; **~ de marchandises** Warentransport *m*; **~ de voyageurs** Beförderung von Passagieren; **~s publics** *ou* **en commun** öffentliche Verkehrsmittel *pl*; **~s routiers** Transport auf der Straße
transporter [tʀɑ̃spɔʀte] *vt* befördern, transportieren; (*énergie*) übertragen; **être transporté de bonheur/joie** vor Glück/Freude hingerissen sein
transporteur [tʀɑ̃spɔʀtœʀ] *nm* (*entrepreneur*) Spediteur *m*
transposer [tʀɑ̃spoze] *vt* versetzen, umwandeln; (*Mus*) transponieren
transsexuel, le [tʀɑ̃(s)sɛksɥɛl] *nm/f* Transsexuelle(r) *f(m)*
transsibérien, ne [tʀɑ̃(s)sibeʀjɛ̃, jɛn] *adj* transsibirisch
transversal, e, -aux [tʀɑ̃svɛʀsal, o] *adj* Quer-
trapèze [tʀapɛz] *nm* Trapez *nt*
trappe [tʀap] *nf* (*porte*) Falltür *f*; (*piège*) Falle *f*; **passer à la ~** gekippt werden *fam*
trappeur [tʀapœʀ] *nm* Trapper *m*
trapu, e [tʀapy] *adj* untersetzt, stämmig
traumatiser [tʀomatize] *vt* einen Schock versetzen *+dat*, traumatisieren
traumatisme [tʀomatism] *nm* (*Méd*) Trauma *nt*; (*Psych*) Schock *m*; **~ crânien** Gehirntrauma *nt*
travail, -aux [tʀavaj, o] *nm* Arbeit *f*; (*Méd*) Wehen *pl*; **travaux** *nmpl* (*sur route*) Straßenarbeiten *pl*; (*de construction*) Bauarbeiten *pl*; **~ (au) noir** Schwarzarbeit *f*; **~ d'intérêt général** *sozialer Dienst (für Straftäter)*; **travaux forcés** Zwangsarbeit; **~ posté** Schichtarbeit *f*; **travaux des champs** Feldarbeit *f*; **travaux dirigés** (*à l'université*) Seminar *nt*; **travaux forcés** ≈ Zuchthaus *nt*; **travaux manuels** (*Scol*) Werken *nt*; **travaux ménagers** Hausarbeit *f*; **travaux pratiques** Übungsseminar *nt*; (*en laboratoire*) Laborarbeit *f*; **travaux publics** öffentliche Bauvorhaben *pl*, Hoch- und Tiefbau *m*
travaillé, e [tʀavaje] *adj* poliert
travailler [tʀavaje] *vi* arbeiten; (*bois*) sich verziehen *ou* werfen ▸ *vt* (*bois, métal*) bearbeiten; (*discipline*) arbeiten an *+dat*; **cela le travaille** das geht ihm im Kopf herum; **~ la terre** den Boden bestellen; **~ son piano** Klavier üben; **~ à** arbeiten an *+dat*; (*contribuer à*) hinarbeiten auf *+acc*
travailleur, -euse [tʀavajœʀ, øz] *adj* fleißig ▸ *nm/f* Arbeiter(in)
travée [tʀave] *nf* (*rangée*) Reihe *f*
travelling [tʀavliŋ] *nm* Kamerafahrt *f*; **~ optique** Zoomaufnahmen *pl*
travelo [tʀavlo] (*fam*) *nm* Transvestit *m*
travers [tʀavɛʀ] *nm* (*défaut*) Schwäche *f*; **en ~ (de)** quer (zu); **à ~** quer durch; **au ~ (de)** quer (durch); **de ~** schief
traverse [tʀavɛʀs] *nf* (*Rail*) Schwelle *f*; **chemin de ~** Abkürzung *f*
traversée [tʀavɛʀse] *nf* (*de salle, forêt*) Durchquerung *f*; (*de ville, tunnel*) Durchfahrt *f*; (*en mer*) Überfahrt *f*
traverser [tʀavɛʀse] *vt* (*rue, mer, frontière*) überqueren; (*salle, forêt*) gehen durch; (*ville, tunnel*) durchfahren; (*percer, passer à travers*) durchgehen durch; (*vivre*) durchmachen
traversin [tʀavɛʀsɛ̃] *nm* Kopf- *ou* Nackenrolle *f*
travesti [tʀavɛsti] *nm* Transvestit *m*

t

travestir [tʀavɛstiʀ] *vt* verzerren; **se travestir** *vpr* sich verkleiden
trébucher [tʀebyʃe] *vi* : **~ (sur)** stolpern (über *+acc*)
trèfle [tʀɛfl] *nm* Klee *m*; (*Cartes*) Kreuz *nt*; **~ à quatre feuilles** vierblättriges Kleeblatt *nt*
treille [tʀɛj] *nf* Weinlaube *f*
treillis [tʀeji] *nm* (*métallique, en bois*) Gitter *nt*
treize [tʀɛz] *num* dreizehn
treizième [tʀɛzjɛm] *adj* dreizehnte(r, s)
trekking [tʀɛkiŋ] *nm* Trekking *nt*; **~ à poney** Pony-Trekking *nt*
tréma [tʀema] *nm* Trema *nt*
tremblant, e [tʀɑ̃blɑ̃, ɑ̃t] *adj* zitternd
tremblement [tʀɑ̃bləmɑ̃] *nm* Zittern *nt*; **~ de terre** Erdbeben *nt*
trembler [tʀɑ̃ble] *vi* zittern; (*flamme*) flackern; (*terre*) beben; **~ de** (*froid, fièvre*) zittern vor *+dat*
trémousser [tʀemuse] : **se trémousser** *vpr* herumzappeln
trempe [tʀɑ̃p] *nf* : **un homme de cette/sa ~** ein Mann von diesem/seinem Schlag
trempé, e [tʀɑ̃pe] *adj* patschnass; **acier ~** gehärteter Stahl *m*
tremper [tʀɑ̃pe] *vt* durchnässen, nass machen ▸ *vi* (*lessive*) eingeweicht sein; **se tremper** *vpr* (*dans la mer, piscine etc*) kurz hineingehen *ou* hineintauchen; **faire ~** einweichen; **mettre à ~** einweichen; **~ dans** (*affaire, crime*) verwickelt sein in *+dat*
tremplin [tʀɑ̃plɛ̃] *nm* Sprungbrett *nt*; (*Ski*) Sprungschanze *f*
trentaine [tʀɑ̃tɛn] *nf* : **une ~ (de)** etwa dreißig
trente [tʀɑ̃t] *num* dreißig; **être/se mettre sur son ~ et un** seine besten Kleider tragen/anziehen
trentenaire [tʀɑ̃tənɛʀ] *adj* dreißigjährig, zwischen dreißig und vierzig
trépied [tʀepje] *nm* (*d'appareil*) Stativ *nt*; (*meuble*) Dreifuß *m*
trépigner [tʀepiɲe] *vi* : **~ (de colère/d'impatience)** (vor Zorn/Ungeduld) stampfen *ou* trampeln
très [tʀɛ] *adv* sehr; **~ critiqué/admiré** viel kritisiert/bewundert; **j'ai ~ envie de chocolat** ich habe große Lust auf Schokolade
trésor [tʀezɔʀ] *nm* Schatz *m*, Finanzverwaltung *f*
trésorerie [tʀezɔʀʀi] *nf* (*gestion*) Kassenführung *f*; (*bureaux*) Kasse *f*
trésorier, -ière [tʀezɔʀje, jɛʀ] *nm/f* (*d'une association, société*) Schatzmeister(in), Kassenführer(in)
tressaillir [tʀesajiʀ] *vi* beben
tresse [tʀɛs] *nf* (*de cheveux*) Zopf *m*
tresser [tʀese] *vt* flechten; (*corde*) drehen
trêve [tʀɛv] *nf* Waffenstillstand *m*; (*fig*) Ruhe *f*; **~ de plaisanteries** Schluss *m* mit den Witzen; **sans ~** unaufhörlich
Trêves [tʀɛv] *nf* Trier *nt*
tri [tʀi] *nm* Sortieren *nt*; (*sélection*) Auswahl *f*; **~ sélectif des déchets** Mülltrennung
triage [tʀijaʒ] *nm* Sortieren *nt*; **gare de ~** Rangierbahnhof *m*
triangle [tʀijɑ̃gl] *nm* Dreieck *nt*; (*Mus*) Triangel *m*
tribord [tʀibɔʀ] *nm* : **à ~** steuerbord(s)
tribu [tʀiby] *nf* Stamm *m*
tribunal, -aux [tʀibynal, o] *nm* Gericht *nt*; **~ de grande instance** ≈ oberster Gerichtshof *m*; **~ de police** Polizeigericht *nt*; **~ pour enfants** ≈ Jugendgericht *nt*
tribune [tʀibyn] *nf* Tribüne *f*; (*d'église*) Empore *f*; (*de tribunal*) Galerie *f*; (*débat*) Diskussion *f*
tribut [tʀiby] *nm* Abgabe *f*
tributaire [tʀibytɛʀ] *adj* : **être ~ de** abhängig sein von; (*fleuve*) einmünden in *+acc*
tricher [tʀiʃe] *vi* schummeln
tricherie [tʀiʃʀi] *nf* Betrug *m*
tricheur, -euse [tʀiʃœʀ, øz] *nm/f* Betrüger(in)
tricolore [tʀikɔlɔʀ] *adj* dreifarbig; (*français*) französisch; **le drapeau ~** die Trikolore *f*
tricot [tʀiko] *nm* (*technique*) Stricken *nt*; (*ouvrage*) Strickarbeit *f*, Strickzeug *nt*; (*tissu*) Strickware *f*, Trikot *nt*; (*vêtement*) Pullover *m*
tricoter [tʀikɔte] *vt* stricken; **machine/aiguille à ~** Strickmaschine *f*/-nadel *f*
tricycle [tʀisikl] *nm* Dreirad *nt*
triennal, e, -aux [tʀijenal, o] *adj* dreijährlich; (*charge, mandat, plan*) dreijährig
trier [tʀije] *vt* sortieren; (*choisir*) auswählen; (*fruits*) aussortieren; (*déchets*) trennen
trimaran [tʀimaʀɑ̃] *nm* Trimaran *m*
trimestre [tʀimɛstʀ] *nm* (*Scol*) Trimester *nt*; (*Comm*) Quartal *nt*, Vierteljahr *nt*
trimestriel, le [tʀimɛstʀijɛl] *adj* vierteljährlich
tringle [tʀɛ̃gl] *nf* Stange *f*
Trinité [tʀinite] *nf* : **la ~** die Heilige Dreifaltigkeit *f*
trinquer [tʀɛ̃ke] *vi* anstoßen; (*fam*)

büßen müssen; **~ à qch/la santé de qn** auf etw *acc*/jds Gesundheit anstoßen
trio [tʀijo] *nm* Trio *nt*
triomphe [tʀijɔ̃f] *nm* Triumph *m*
triompher [tʀijɔ̃fe] *vi* triumphieren; **~ de qch/qn** über etw/jdn triumphieren
tripes [tʀip] *nfpl* (*Culin*) Kutteln *pl*, Kaldaunen *pl*
triple [tʀipl] *adj* dreifach ▸ *nm* : **le ~ (de)** das Dreifache (von); **en ~ exemplaire** in dreifacher Ausfertigung
triplé [tʀiple] *nm* (*Hippisme*) *Wette auf drei Pferde in drei verschiedenen Rennen*; (*Sport*) Hattrick *m*; **triplés, -es** *nmpl/nfpl* Drillinge *pl*
tripler [tʀiple] *vi* sich verdreifachen ▸ *vt* verdreifachen
tripoter [tʀipɔte] *vt* herumfummeln mit; (*femme*) herumfummeln an
trique [tʀik] *nf* Knüppel *m*
trisomie [tʀizɔmi] *nf* Downsyndrom *nt*
triste [tʀist] *adj* traurig
tristesse [tʀistɛs] *nf* Traurigkeit *f*
trivial, e, -aux [tʀivjal, jo] *adj* (*commun*) trivial, alltäglich
troc [tʀɔk] *nm* Tauschhandel *m*
troglodyte [tʀɔglɔdit] *nmf* Höhlenbewohner(in) *m(f)*
trognon [tʀɔɲɔ̃] *nm* (*de fruit*) Kerngehäuse *nt*; (*de légume*) Strunk *m*
trois [tʀwɑ] *num* drei; **les ~ quarts de** drei Viertel *+gén*
troisième [tʀwɑzjɛm] *adj* dritte(r, s); **le ~ âge** das Seniorenalter
troisièmement [tʀwɑzjɛmmɑ̃] *adv* drittens
trolleybus [tʀɔlɛbys] *nm* Obus *m*
trombe [tʀɔ̃b] *nf* : **en ~** wie ein Wirbelwind; **~s d'eau** Regenguss *m*
trombone [tʀɔ̃bɔn] *nm* (*instrument*) Posaune *f*; (*de bureau*) Büroklammer *f*
trompe [tʀɔ̃p] *nf* (*d'éléphant*) Rüssel *m*; (*Mus*) Horn *nt*
tromper [tʀɔ̃pe] *vt* betrügen; (*espoir, attente*) enttäuschen; (*vigilance, poursuivants*) irreführen; **se tromper** *vpr* sich irren; **se ~ de voiture/jour** sich im Auto/im Tag täuschen; **se ~ de 3 cm/20 euros** sich um 3 cm/20 Euro vertun
tromperie [tʀɔ̃pʀi] *nf* Betrug *m*
trompette [tʀɔ̃pɛt] *nf* Trompete *f*
trompettiste [tʀɔ̃petist] *nmf* Trompeter(in) *m(f)*
trompeur, -euse [tʀɔ̃pœʀ, øz] *adj* täuschend
tronc [tʀɔ̃] *nm* (*Bot*) Stamm *m*; (*Anat*) Rumpf *m*; (*d'église*) Opferstock *m*; **~ commun** (*Scol*) gemeinsamer Unterricht *m*; **~ d'arbre** Baumstamm *m*
tronçon [tʀɔ̃sɔ̃] *nm* Teilstrecke *f*
tronçonner [tʀɔ̃sɔne] *vt* zersägen
tronçonneuse [tʀɔ̃sɔnøz] *nf* Kettensäge *f*
trône [tʀon] *nm* Thron *m*; **monter sur le ~** den Thron besteigen
trop [tʀo] *adv* zu; (*avec verbe*) zu viel; (*avect adverbe*) zu; (*avec adjectif*) (viel) zu; (*aimer, chauffer, insister*) zu sehr; **~ (nombreux)** zu viele, zu zahlreich; **~ peu (nombreux)** zu wenige; **~ souvent** zu oft; **~ longtemps** zu lange; **~ de** (*nombre*) zu viele; (*quantité*) zu viel; **du lait en ~** zu viel Milch
trophée [tʀɔfe] *nm* Trophäe *f*
tropical, e, -aux [tʀɔpikal, o] *adj* tropisch
tropique [tʀɔpik] *nm* Wendekreis *m*; **tropiques** *nmpl* (*région*) die Tropen *pl*; **~ du Cancer/Capricorne** Wendekreis *m* des Krebses/des Steinbocks
trop-plein [tʀoplɛ̃] (*pl* **trop-pleins**) *nm* Überlauf *m*
troquer [tʀɔke] *vt* eintauschen
trot [tʀo] *nm* Trab *m*; **aller au ~** im Trab reiten
trotter [tʀɔte] *vi* traben; (*souris, enfants*) herumtrippeln
trotteuse [tʀɔtøz] *nf* (*de montre*) Sekundenzeiger *m*
trottiner [tʀɔtine] *vi* trippeln
trottinette [tʀɔtinɛt] *nf* Roller *m*
trottoir [tʀɔtwaʀ] *nm* Gehweg *m*; **faire le ~** auf den Strich gehen; **~ roulant** Rollsteig *m*
trou [tʀu] *nm* Loch *nt*; **~ d'air** Luftloch *nt*; **~ de la serrure** Schlüsselloch *nt*; **~ de mémoire** Gedächtnislücke *f*
trouble [tʀubl] *adj* trüb; (*louche*) zwielichtig ▸ *adv* : **voir ~** undeutlich sehen ▸ *nm* (*désarroi, embarras*) Verwirrung *f*; (*émoi sensuel*) Erregung *f*; (*zizanie*) Unruhe *f*; **troubles** *nmpl* (*Pol*) Aufruhr *m*, Unruhen *pl*; (*Méd*) Störung *f*; **~s obsessionnels compulsifs** Zwangshandlung *f*
trouble-fête [tʀubləfɛt] (*pl* **trouble-fêtes**) *nm/f* Spielverderber(in) *m(f)*
troubler [tʀuble] *vt* verwirren; (*inquiéter*) beunruhigen; (*émouvoir*) bewegen; (*liquide*) trüben; (*perturber*) stören; **se troubler** *vpr* (*personne*) verlegen werden
troué, e [tʀue] *adj* durchlöchert ▸ *nf* (*dans un mur, une haie*) Lücke *f*; (*Géo*) Spalte *f*
trouer [tʀue] *vt* ein Loch machen in *+acc*;

t

(*mur*) durchbohren; (*silence, air, nuit*) durchbrechen

trouille [tʀuj] (*fam*) *nf* : **avoir la ~** einen Mordsbammel haben

troupe [tʀup] *nf* (*Mil*) Truppe *f*; (*groupe*) Gruppe *f*, Schar *f*; **~ (de théâtre)** Theatertruppe *f*

troupeau, x [tʀupo] *nm* Herde *f*

trousse [tʀus] *nf* (*étui*) Etui *nt*; (*d'écolier*) (Feder)mäppchen *nt*; (*de docteur*) Arzttasche *f*; **aux ~s de** auf den Fersen von; **~ à outils** Werkzeugtasche *f*; **~ de toilette** *ou* **de voyage** Kulturbeutel *m*

trousseau, x [tʀuso] *nm* (*de mariée*) Aussteuer *f*; **~ de clefs** Schlüsselbund *m*

trouvaille [tʀuvaj] *nf* Entdeckung *f*

trouver [tʀuve] *vt* finden; **se trouver** *vpr* (*être*) sein; (*être soudain*) sich finden ▸ *vb impers* : **il se trouve que** zufälligerweise; **aller/venir ~ qn** jdn besuchen gehen/kommen; **je trouve que** ich finde, dass; **~ à boire/critiquer** etw zu Trinken/etw auszusetzen finden; **se ~ mal** in Ohnmacht fallen

truand [tʀyɑ̃] *nm* Gangster *m*

truander [tʀyɑ̃de] (*fam*) *vt* übers Ohr hauen

truc [tʀyk] *nm* (*astuce*) Dreh *m*; (*de cinéma, de prestidigitateur*) Trick *m*; (*fam : chose*) Ding *nt*

truffe [tʀyf] *nf* Trüffel *f*; (*nez*) Nase *f*

truffer [tʀyfe] *vt* : **truffé de** gespickt mit

truie [tʀɥi] *nf* Sau *f*

truite [tʀɥit] *nf* Forelle *f*

truquer [tʀyke] *vt* fälschen; (*Ciné*) Trickaufnahmen anwenden bei

tsétsé [tsetse] *nf* : **(mouche) ~** Tsetsefliege *f*

t-shirt [tiʃœʀt] (*pl* **t-shirts**) *nm* T-Shirt *nt*

tsigane [tsigan] *adj, nm/f* = **tzigane**

TSVP [teɛsvepe] *abr* (= *tournez s'il vous plaît*) b.w.

TTC [tetese] *abr* (= *toutes taxes comprises*) alles inbegriffen

tu[1] [ty] *pron* du

tu[2], e [ty] *pp de* **taire**

tuant, e [tɥɑ̃, tɥɑ̃t] *adj* (*épuisant*) erschöpfend; (*énervant*) unausstehlich

tuba [tyba] *nm* (*Mus*) Tuba *f*; (*Sport*) Schnorchel *m*

tube [tyb] *nm* Röhre *f*; (*de canalisation, métallique etc*) Rohr *nt*; (*de comprimés*) Röhrchen *nt*; (*de dentifrice etc*) Tube *f*; (*chanson*) Hit *m*; **~ à essai** Reagenzglas *nt*; **~ digestif** Verdauungskanal *m*

tuberculose [tybɛʀkyloz] *nf* Tuberkulose *f*

tubulaire [tybylɛʀ] *adj* Stahlrohr-

tue-mouche [tymuʃ] *adj* : **papier ~** Fliegenfänger *m*

tuer [tɥe] *vt* töten; (*commerce*) ruinieren; **se tuer** *vpr* (*se suicider*) sich *dat* das Leben nehmen; (*dans un accident*) umkommen

tuerie [tyʀi] *nf* Blutbad *nt*, Gemetzel *nt* ; (*fam : délice*) Leckerbissen *m*

tue-tête [tytɛt] : **à ~** *adv* aus Leibeskräften

tueur, -euse [tɥœʀ, øz] *nm/f* (*assassin*) Mörder(in); **~ à gages** Auftragskiller(in)

tuile [tɥil] *nf* Dachziegel *m*; (*fam : ennui*) Pech *nt*

tulipe [tylip] *nf* Tulpe *f*

tulle [tyl] *nm* Tüll *m*

tumeur [tymœʀ] *nf* Tumor *m*

tumultueux, -euse [tymyltɥø, øz] *adj* tobend, lärmend

tuner [tynɛʀ] *nm* Tuner *m*

tunique [tynik] *nf* Tunika *f*

Tunisie [tynizi] *nf* : **la ~** Tunesien *nt*

tunisien, ne [tynizjɛ̃, jɛn] *adj* tunesisch ▸ *nm/f* : **Tunisien, ne** Tunesier(in)

tunnel [tynɛl] *nm* Tunnel *m*

turban [tyʀbɑ̃] *nm* Turban *m*

turbine [tyʀbin] *nf* Turbine *f*

turbo [tyʀbo] *nm* Turbolader *m*; **un moteur ~** ein Turbomotor *m*

turbocompresseur [tyʀbɔkɔ̃pʀɛsœʀ] *nm* Turbolader *m*

turbopropulseur [tyʀbopʀɔpylsœʀ] *nm* Turboantrieb *m*

turboréacteur [tyʀboʀeaktœʀ] *nm* Turbotriebwerk *nt*

turbot [tyʀbo] *nm* Steinbutt *m*

turbulent, e [tyʀbylɑ̃, ɑ̃t] *adj* (*enfant*) wild, ausgelassen

turc, turque [tyʀk] *adj* türkisch ▸ *nm/f* : **Turc, Turque** Türke *m*, Türkin *f*; **à la turque** (*cabinet*) Steh-

turf [tyʀf] *nm* Pferderennen *pl*

Turkménistan [tyʀkmenistɑ̃] *nm* : **le ~** Turkmenistan *nt*

turque [tyʀk] *adj f voir* **turc**

Turquie [tyʀki] *nf* : **la ~** die Türkei *f*

turquoise [tyʀkwaz] *adj inv* türkis ▸ *nf* Türkis *m*

tutelle [tytɛl] *nf* (*Jur*) Vormundschaft *f*; (*de l'État, d'une société*) Treuhandschaft *f*; **être sous la ~ de qn** unter jds Aufsicht *dat* stehen

tuteur, -trice [tytœʀ, tʀis] *nm/f* (*Jur*) Vormund *m* ▸ *nm* (*de plante*) Stütze *f*

tutoiement [tytwamɑ̃] *nm* Duzen *nt*

tutoriel [tytɔʀjɛl] *nm* Tutorial *nt*

tutoyer [tytwaje] *vt* duzen

tutu [tyty] *nm* Ballettröckchen *nt*

tuyau, x [tɥijo] *nm* Rohr *nt*, Röhre *f*; (*flexible*) Schlauch *m*; (*fam : conseil*) Wink *m*, Tipp *m*; **~ d'arrosage** Gartenschlauch

m; **~ d'échappement** Auspuffrohr *nt*
tuyauterie [tɥijɔtʀi] *nf* Rohrsystem *nt*
tuyère [tyjɛʀ] *nf* Düse *f*
TV [teve] *sigle f* (= *télévision*) TV *nt*
TVA [tevea] *sigle f* (= *taxe à ou sur la valeur ajoutée*) MwSt. *f*
TVHD *abr f* (= *télévision haute définition*) HDTV *nt*
tweet [twit] *nm* Tweet *m*
tweeter [twite] *vt* twittern
tweetos [twitos] *nmf inv* = **twittos**
tweetosphère [twitosfɛʀ] *nf* = **twittosphère**
Twitter® [twitɛʀ] *nm* (*Inform*) Twitter® *nt*
twittos *nmf inv* Twitterer(in) *m(f)*
twittosphère [twitosfɛʀ] *nf* Twitterer *mpl*
tympan [tɛ̃pɑ̃] *nm* (*Anat*) Trommelfell *nt*
type [tip] *nm* Typ *m* ▸ *adj* typisch; **avoir le ~ nordique** ein nordischer Typ sein
typé, e [tipe] *adj* ausgeprägt
typhoïde [tifɔid] *nf* Typhus *m*
typhon [tifɔ̃] *nm* Taifun *m*
typhus [tifys] *nm* Flecktyphus *m*
typique [tipik] *adj* typisch
typographie [tipɔgʀafi] *nf* Typografie *f*
typographique [tipɔgʀafik] *adj* typografisch
tyran [tiʀɑ̃] *nm* Tyrann *m*
tyrannie [tiʀani] *nf* Tyrannei *f*
tyrannique [tiʀanik] *adj* tyrannisch
tyranniser [tiʀanize] *vt* tyrannisieren
Tyrol [tiʀɔl] *nm* : **le ~** Tirol *nt*
tyrolien, ne [tiʀɔljɛ̃, jɛn] *adj* Tiroler
tzigane [dzigan] *adj* Zigeuner- ▸ *nmf* Zigeuner(in) *m(f)*

U

U, u [y] *nm inv* U, u *nt*
ubériser [ybeʀize] *vt* uberisieren
uchronie [ykʀɔni] *nf* Alternativweltgeschichte *f*
UE [ye] *sigle f* (= *Union européenne*) EU *f*
UER [yeɛʀ] *sigle f* (= *unité d'enseignement et de recherche*) Fachbereich *m*
Ukraine [ykʀɛn] *nf* : **l'~** die Ukraine *f*
ukrainien, ne [ykʀɛnjɛ̃, jɛn] *adj* ukrainisch
ulcère [ylsɛʀ] *nm* Geschwür *nt*
ulcérer [ylseʀe] *vt* (*fig*) zutiefst verärgern
ulna [ylna] *nm* (*Anat*) Elle *f*
ultérieur, e [ylteʀjœʀ] *adj* später; **reporté à une date ~e** auf einen späteren Zeitpunkt verschoben
ultérieurement [ylteʀjœʀmɑ̃] *adv* später
ultimatum [yltimatɔm] *nm* Ultimatum *nt*
ultime [yltim] *adj* letzte(r, s)
ultra [yltʀa] *préf* ultra-
ultrasensible [yltʀasɑ̃sibl] *adj* hoch empfindlich
ultrasons [yltʀasɔ̃] *nmpl* Ultraschall *m*
ultraviolet, te [yltʀavjɔlɛ, ɛt] *adj* ultraviolett
ululer [ylyle] *vi* schreien
UMP [yɛmpe] *sigle f* (= *Union pour un mouvement populaire*) politische Partei

MOT-CLÉ

un, une [œ̃, yn] *art indéf* eine(r, s); **un homme** ein Mann; **une femme** eine Frau; **une chaussure** ein Schuh; **une tulipe** eine Tulpe; **un chocolat** eine Schokolade
▸ *pron* eine(r, s); **l'un des meilleurs** einer der Besten; **l'un ..., l'autre ...** der eine ..., der andere ...; **les uns ..., les**

autres ... die einen ..., die anderen ...; **l'un et l'autre** beide; **l'un ou l'autre** eine(r, s) von beiden; **l'un, l'autre** einander; **les uns les autres** einander; **pas un seul** kein Einziger; **un par un** einer nach dem anderen
▶ *num* eins
▶ *nf* : **la une** (*Presse*) die Titelseite

unanime [ynanim] *adj* einstimmig
unanimité [ynanimite] *nf* Einstimmigkeit *f*; **à l'~** einstimmig
UNESCO [ynɛsko] *sigle f* (= *United Nations Educational, Scientific and Cultural Organization*) UNESCO *f*
uni, e [yni] *adj* (*tissu, couleur*) einfarbig, uni; (*surface, terrain*) eben; (*famille, groupe*) eng verbunden; (*pays*) vereinigt
UNICEF [ynisɛf] *sigle m* (= *United Nations International Children's Emergency Fund*) UNICEF *f*
unification [ynifikasjɔ̃] *nf* Vereinigung *f*
unifier [ynifje] *vt* vereinigen
uniforme [ynifɔʀm] *adj* gleichmäßig; (*surface*) eben; (*objets, maisons*) gleichartig; (*fig*) einförmig ▶ *nm* Uniform *f*
uniformiser [ynifɔʀmize] *vt* vereinheitlichen
uniformité [ynifɔʀmite] *nf* Gleichmäßigkeit *f*; (*de surface*) Ebenheit *f*; (*d'objets*) Gleichartigkeit *f*; (*péj*) Einförmigkeit *f*
unilatéral, e, -aux [ynilateʀal, o] *adj* einseitig; **stationnement ~** Parken *nt* nur auf einer Straßenseite
union [ynjɔ̃] *nf* Vereinigung *f*; (*d'éléments, couleurs, mariage*) Verbindung *f*; **l'U~ soviétique** die Sowjetunion *f*; **l'U~ européenne** die Europäische Union; **~ libre** freie Liebe *f*
unique [ynik] *adj* (*seul*) einzig; (*exceptionnel*) einzigartig; **prix/ système ~** Einheitspreis *m*/-system *nt*; **route à sens ~** Einbahnstraße *f*; **fils ~** einziger Sohn; **fille ~** einzige Tochter
uniquement [ynikmɑ̃] *adv* nur, bloß
unir [yniʀ] *vt* vereinen, vereinigen; (*éléments, couleurs, qualités*) verbinden; **s'unir** *vpr* sich vereinigen; **~ qch à** etw vereinigen/verbinden mit
unisexe [ynisɛks] *adj* Einheits-; (*coiffure*) für Damen und Herren
unisson [ynisɔ̃] *nm* : **à l'~** einstimmig
unitaire [ynitɛʀ] *adj* vereinigend; **prix ~** Einzelpreis *m*
unité [ynite] *nf* Einheit *f*; (*harmonie*) Einigkeit *f*; **~ centrale** (*Inform*) Zentraleinheit *f*; **~ de valeur** (*Scol*) Unterrichtseinheit *f*
univers [ynivɛʀ] *nm* Universum *nt*; (*fig*) Welt *f*
universel, le [ynivɛʀsɛl] *adj* allgemein; (*esprit, outil, système*) vielseitig; **remède ~** Allheilmittel *nt*
universitaire [ynivɛʀsitɛʀ] *adj* Universitäts- ▶ *nmf* Lehrkraft *f* an der Universität, Akademiker(in) *m(f)*
université [ynivɛʀsite] *nf* Universität *f*
Untel [œ̃tɛl] *nm* : **Monsieur ~** Herr Soundso; **Madame ~** Frau Soundso
uranium [yʀanjɔm] *nm* Uran *nt*
urbain, e [yʀbɛ̃, ɛn] *adj* städtisch
urbanisme [yʀbanism] *nm* Städtebau *m*
urbaniste [yʀbanist] *nmf* Stadtplaner(in) *m(f)*
urbanité [yʀbanite] *nf* Weltgewandtheit *f*
urgence [yʀʒɑ̃s] *nf* Dringlichkeit *f*; (*Méd*) Notfall *m*; **d'~** dringend; **en cas d'~** im Notfall; **service des ~s** Unfallstation *f*
urgent, e [yʀʒɑ̃, ɑ̃t] *adj* dringend
urgentiste [yʀʒɑ̃tist] *nmf* Notarzt *m*, Notärztin *f*
urine [yʀin] *nf* Urin *m*
urinoir [yʀinwaʀ] *nm* Pissoir *nt*
urne [yʀn] *nf* Urne *f*; **aller aux ~s** zur Wahl gehen; **~ funéraire** Urne
urologie [yʀɔlɔʒi] *nf* Urologie *f*
URSS [yʀs] *sigle f* (*Hist* : = *Union des Républiques Socialistes Soviétiques*) UdSSR *f*
urticaire [yʀtikɛʀ] *nf* Nesselsucht *f*
Uruguay [yʀygwɛ] *nm* : **l'~** Uruguay *nt*
uruguayen, ne [yʀygwajɛ̃, ɛn] *adj* uruguayisch
us [ys] *nmpl* : **us et coutumes** Sitten und Gebräuche *pl*
USA [yɛsa] *sigle mpl* (= *United States of America*) USA *pl*
usage [yzaʒ] *nm* Benutzung *f*, Gebrauch *m*; (*coutume*) Sitte *f*; (*Ling*) Gebrauch; (*bonnes manières*) (gute) Manieren *pl*; **c'est l'~** das ist (der) Brauch; **faire ~ de** Gebrauch machen von; **avoir l'~ de** benutzen können; **à l'~** mit dem Gebrauch; **à l'~ de** zum Gebrauch von, für; **en ~** in Gebrauch; **hors d'~** nicht mehr zu gebrauchen
usagé, e [yzaʒe] *adj* (*usé*) abgenutzt; (*d'occasion*) gebraucht
usager, -ère [yzaʒe, ɛʀ] *nm/f* Benutzer(in)
usé, e [yze] *adj* abgenutzt; (*santé, personne*) verbraucht; (*rebattu*) abgedroschen

user [yze] *vt* abnutzen; (*santé, personne*) mitnehmen, verschleißen; (*consommer*) verbrauchen; **s'user** *vpr* sich abnutzen; (*facultés, santé*) nachlassen; **~ de** gebrauchen, anwenden; **s'~ à la tâche** *ou* **au travail** sich bei der Arbeit aufreiben
usine [yzin] *nf* Fabrik *f*, Werk *nt*; **~ à gaz** (*fig*) Dickicht *nt*
usiner [yzine] *vt* verarbeiten, maschinell bearbeiten
usité, e [yzite] *adj* gebräuchlich
ustensile [ystɑ̃sil] *nm* Gerät *nt*; **~ de cuisine** Küchengerät *nt*
usuel, le [yzɥɛl] *adj* üblich
usurier, -ière [yzyʀje, jɛʀ] *nm/f* Wucherer *m*, Wucherin *f*
usurper [yzyʀpe] *vt* (*pouvoir*) widerrechtlich an sich reißen; (*titre*) widerrechtlich annehmen; **réputation usurpée** nicht gerechtfertigtes Ansehen
ut [yt] *nm* (*Mus*) C *nt*
utérus [yteʀys] *nm* Gebärmutter *f*
utile [ytil] *adj* nützlich
utilisateur, -trice [ytilizatœʀ, tʀis] *nm/f* Benutzer(in)
utilisation [ytilizasjɔ̃] *nf* Benutzung *f*
utiliser [ytilize] *vt* benutzen; (*force, moyen*) anwenden; (*restes*) verwenden, verwerten
utilitaire [ytilitɛʀ] *adj* Gebrauchs-; (*but*) auf Nützlichkeit ausgerichtet; **véhicules ~s** Nutzfahrzeuge *pl*
utilité [ytilite] *nf* Nützlichkeit *f*, Nutzen *m*; **reconnu d'~ publique** staatlich zugelassen
utopie [ytɔpi] *nf* Utopie *f*

V

V, v [ve] *nm inv* V, v *nt*
V *abr* (= *volt*) V
va [va] *vb voir* **aller**
vacance [vakɑ̃s] *nf* (*poste*) freie Stelle *f*; **vacances** *nfpl* Ferien *pl*; **les grandes ~s** die großen Ferien; **prendre des/ses ~s (en juin)** (im Juni) Ferien machen; **aller en ~s** in die Ferien fahren; **~s de Noël** Weihnachtsferien *pl*; **~s de Pâques** Osterferien *pl*
vacancier, -ière [vakɑ̃sje, jɛʀ] *nm/f* Urlauber(in)
vacant, e [vakɑ̃, ɑ̃t] *adj* (*poste, chaire*) frei; (*appartement*) leer stehend, frei
vacarme [vakaʀm] *nm* Lärm *m*, Getöse *nt*
vacataire [vakatɛʀ] *nmf* Vertretung *f*
vaccin [vaksɛ̃] *nm* Impfstoff *m*; **~ antirabique** Tollwutimpfung *f*
vaccination [vaksinasjɔ̃] *nf* Impfung *f*
vacciner [vaksine] *vt* impfen
vache [vaʃ] *nf* Kuh *f*; (*cuir*) Rindsleder *nt* ▶ *adj* (*fam : méchant*) gemein; **manger de la ~ enragée** (*fam*) am Hungertuch nagen; (*fig*) : **période de ~s maigres** magere Zeiten; **~ laitière** Milchkuh *f*
vachement [vaʃmɑ̃] (*fam*) *adv* unheimlich
vacherin [vaʃʀɛ̃] *nm* (*fromage*) *Art Weichkäse aus dem Jura*; **~ glacé** Eismeringue *f* mit Schlagsahne
vachette [vaʃɛt] *nf* Kalbsleder *nt*
vaciller [vasije] *vi* schwanken; (*bougie, flamme, lumière*) flackern; (*mémoire, raison, intelligence*) unzuverlässig sein
vadrouille [vadʀuj] (*fam*) *nf* : **être en ~** einen Bummel machen; **être/partir en ~** bummeln (gehen)
VAE [veaə] *sigle m* (= *vélo à assistance électrique*) Elektrofahrrad *nt*, E-Bike *nt*
va-et-vient [vaevjɛ̃] *nm inv* Kommen und Gehen *nt*; (*Élec*) Zweiwegschalter *m*

vagabond, e [vagabɔ̃, ɔ̃d] *adj* (*chien*) streunend; (*vie*) unstet; (*peuple*) nomadenhaft; (*imagination, pensées*) umherschweifend
vagabonder [vagabɔ̃de] *vi* (*errer*) umherziehen; (*pensées, imagination*) schweifen
vagin [vaʒɛ̃] *nm* Scheide *f*, Vagina *f*
vaginal, e, -aux [vaʒinal, o] *adj* Scheiden-, vaginal
vague [vag] *nf* Welle *f* ▶ *adj* (*imprécis*) unbestimmt, vage; (*flou*) verschwommen; (*vêtement*) weit, lose ▶ *nm* : **être/rester dans le ~** im Unklaren sein/bleiben; **un ~ bureau/cousin** irgendein Büro *nt*/Vetter *m*; **~ souvenir/notion** vage Erinnerung *f*/Vorstellung *f*
vaguement [vagmɑ̃] *adv* vage
vaillant, e [vajɑ̃, ɑ̃t] *adj* (*courageux*) mutig, tapfer; (*vigoureux*) gesund
vain, e [vɛ̃, vɛn] *adj* (*illusoire*) vergeblich; (*personne*) eitel, eingebildet; **en ~** vergeblich
vaincre [vɛ̃kʀ] *vt* besiegen; (*fig*) überwinden
vaincu, e [vɛ̃ky] *pp de* **vaincre** ▶ *nm/f* Besiegte(r) *f*(*m*)
vainement [vɛnmɑ̃] *adv* vergeblich
vainqueur [vɛ̃kœʀ] *nmf* Sieger(in) *m*(*f*) ▶ *adj m* siegreich
vaisseau, x [vɛso] *nm* (*Anat*) Gefäß *nt*; **~ sanguin** Blutgefäß *nt*; **~ spatial** Raumschiff *nt*
vaisselle [vɛsɛl] *nf* Geschirr *nt*; (*lavage*) Abwasch *m*; **faire la ~** (das) Geschirr spülen, abwaschen
val [val] (*pl* **vaux** *ou* **vals**) *nm* : **par monts et (par) vaux** über Berg und Tal
valable [valabl] *adj* gültig; (*motif, excuse, solution*) annehmbar; (*interlocuteur, écrivain*) fähig
Valais [valɛ] *nm* : **le ~** das Wallis
valet [valɛ] *nm* Diener *m*; (*Cartes*) Bube *m*; **~ de chambre** Kammerdiener *m*
valeur [valœʀ] *nf* Wert *m*; (*titre*) Wertpapier *nt*; **valeurs** *nfpl* (*morales*) (sittliche) Werte *pl*; **mettre en ~** nutzbar machen; (*fig*) zur Geltung bringen; **prendre de la ~** an Wert gewinnen *ou* zunehmen; **sans ~** wertlos; **~ absolue** Absolutwert *m*; **~ d'échange** Tauschwert *m*; **~s mobilières** bewegliche Habe *f*
valide [valid] *adj* gesund; (*passeport, billet*) gültig
valider [valide] *vt* für gültig erklären
validité [validite] *nf* Gültigkeit *f*
valise [valiz] *nf* Koffer *m*; **faire sa ~** (den Koffer) packen; **~ diplomatique** diplomatisches Gepäck *nt*
vallée [vale] *nf* Tal *nt*
valoir [valwaʀ] *vi* (*un certain prix*) wert sein; (*être valable*) taugen ▶ *vt* (*équivaloir à*) so gut sein wie; (*causer, procurer*) : **~ qch à qn** jdm etw einbringen; **se valoir** *vpr* gleichwertig sein; **faire ~** (*ses droits, prérogatives*) geltend machen; (*domaine, capitaux*) nutzbar machen; **~ la peine** sich lohnen; **ça ne vaut rien** das taugt nichts; **~ cher** teuer sein
valoriser [valɔʀize] *vt* aufwerten
valse [vals] *nf* Walzer *m*
valve [valv] *nf* (*Zool*) Muschelschale *f*; (*Tech*) Ventil *nt*
vampire [vɑ̃piʀ] *nm* Vampir *m*
vandale [vɑ̃dal] *nmf* Vandale *m*, Vandalin *f*
vandalisme [vɑ̃dalism] *nm* Vandalismus *m*
vanille [vanij] *nf* Vanille *f*; **glace/crème à la ~** Vanilleeis *nt*/Vanillecreme *f*
vanité [vanite] *nf* (*inutilité*) Vergeblichkeit *f*, Nutzlosigkeit *f*; (*orgueil*) Eitelkeit *f*, Einbildung *f*
vaniteux, -euse [vanitø, øz] *adj* eitel, eingebildet
vanity-case [vanitikɛz] (*pl* **vanity-cases**) *nm* Kosmetikkoffer *m*
vannerie [vanʀi] *nf* (*fabrication*) Korbmacherei *f*; (*objets*) Korbwaren *pl*
vantard, e [vɑ̃taʀ, aʀd] *adj* angeberisch, großsprecherisch
vantardise [vɑ̃taʀdiz] *nf* Aufschneiderei *f*
vanter [vɑ̃te] *vt* (an)preisen; **se vanter** *vpr* (*péj*) angeben; **se ~ de qch** sich etw *gén* rühmen; (*péj*) mit etw angeben; **se ~ d'avoir fait/de pouvoir faire qch** damit angeben, dass man etw gemacht hat/dass man etw kann; **~ les mérites de qch** die Vorzüge von etw preisen
vapeur [vapœʀ] *nf* Dampf *m*; (*brouillard, buée*) Dunst *m*; **vapeurs** *nfpl* (*bouffées de chaleur*) Wallungen *pl*; **machine/locomotive à ~** Dampfmaschine *f*/-lokomotive *f*; **renverser la ~** (*fig*) eine Kehrtwendung machen
vaporeux, -euse [vapɔʀø, øz] *adj* (*lumière*) dunstig; (*tissu*) duftig
vaporisateur [vapɔʀizatœʀ] *nm* Zerstäuber *m*
vaporiser [vapɔʀize] *vt* (*Chim*) verdampfen; (*parfum etc*) zerstäuben
vaquer [vake] *vi* (*Admin*) Urlaub machen; **~ à ses occupations** seinen Beschäftigungen nachgehen
varappe [vaʀap] *nf* Felsklettern *nt*
varech [vaʀɛk] *nm* Tang *m*
vareuse [vaʀøz] *nf* (*de marin*) Matrosenbluse *f*; (*d'uniforme*) Uniformjacke *f*

variable [vaʀjabl] *adj (temps)* veränderlich; *(divers : résultats)* unterschiedlich ▸ *nf (Math)* Variable *f*; **~ d'ajustement** Anpassungsvariable
variante [vaʀjɑ̃t] *nf* Variante *f*
variateur [vaʀjatœʀ] *nm* : **~ de lumière** Dimmer *m*
variation [vaʀjasjɔ̃] *nf* Variation *f*; **variations** *nfpl (changements)* Veränderungen *pl*; *(de température etc)* Schwankungen *pl*; *(différences)* Unterschiede *pl*
varice [vaʀis] *nf* Krampfader *f*
varicelle [vaʀisɛl] *nf* Windpocken *pl*
varié, e [vaʀje] *adj (divers)* abwechslungsreich; *(non monotone)* unterschiedlich
varier [vaʀje] *vi (temps, humeur)* sich ändern; *(Tech, Math)* variieren; *(être divers)* unterschiedlich sein; *(changer d'avis)* seine Meinung ändern; *(différer d'opinion)* verschiedener Meinung sein ▸ *vt (diversifier)* variieren; *(faire alterner)* abwechseln
variété [vaʀjete] *nf* Abwechslungsreichtum *m*; *(type)* Spielart *f*; **une (grande) ~ de** eine große Auswahl an *+dat*; **spectacle/émission de ~s** Varietéstück *nt*/-programm *nt*
variole [vaʀjɔl] *nf* Pocken *pl*
vase [vɑz] *nm* Vase *f* ▸ *nf* Schlamm *m*, Morast *m*; **~ de nuit** Nachttopf *m*; **~s communicants** kommunizierende Röhren *pl*
vasectomie [vazɛktɔmi] *nf* Vasektomie *f*
vaseline [vaz(ə)lin] *nf* Vaseline *f*
vaseux, -euse [vɑzø, øz] *adj* schlammig; *(raisonnement)* schwammig; *(fatigué)* schlapp
vasistas [vazistɑs] *nm* kleines Oberlicht *nt*
vaste [vast] *adj* weit; *(connaissances, expérience)* umfangreich, groß
Vatican [vatikɑ̃] *nm* : **le ~** der Vatikan
va-tout [vatu] *nm inv* : **jouer son ~** alles auf eine Karte setzen
Vaud [vo] *nm* Waadt *f*
vaudeville [vod(ə)vil] *nm* Lustspiel *nt*
vaurien, ne [voʀjɛ̃, jɛn] *nm/f (fam)* Satansbraten *m*
vaut [vo] *vb voir* **valoir**
vautour [votuʀ] *nm* Geier *m*
vautrer [votʀe] : **se vautrer** *vpr* sich (herum)wälzen; *(dans le vice)* sich suhlen
VDQS [vedekyɛs] *abr m (= vin délimité de qualité supérieure)* Qualitätswein

> **VDQS** auf einer Flasche französischen Weins bedeutet, dass es sich um einen Wein von hoher Qualität von einem empfohlenen Weingut handelt. Es ist die zweithöchste Weinklassifikation nach der *AOC* und wird von der *vin de pays* gefolgt.

vds *abr (= vends)* verkaufe
veau, x [vo] *nm* Kalb *nt*; *(Culin)* Kalbfleisch *nt*; *(peau)* Kalbsleder *nt*
vécu, e [veky] *pp de* **vivre** ▸ *nm* Erfahrungen *pl*
vedette [vədɛt] *nf* Star *m*; *(canot)* Motorboot *nt*; **mettre qn en ~** jdn groß herausstreichen; **avoir la ~** im Mittelpunkt des Interesses stehen
végétal, e, -aux [veʒetal, o] *adj* Pflanzen-; *(graisse, teinture)* pflanzlich ▸ *nm* Pflanze *f*
végétalien, ne [veʒetaljɛ̃, jɛn] *nm/f* Veganer(in)
végétalisé, e [veʒetalize] *adj* : **toit ~** begrüntes Dach *nt*, Gründach *nt*; **mur ~** begrünte Wand *f*, Grünwand *f*
végétalisme [veʒetalism] *nm* strenger Vegetarismus *m*
végétarien, ne [veʒetaʀjɛ̃, jɛn] *adj* vegetarisch ▸ *nm/f* Vegetarier(in)
végétarisme [veʒetaʀism] *nm* Vegetarismus *m*
végétation [veʒetasjɔ̃] *nf* Vegetation *f*; **végétations** *nfpl* Polypen *pl*
véhément, e [veemɑ̃, ɑ̃t] *adj* heftig
véhicule [veikyl] *nm* Fahrzeug *nt*; *(fig)* Mittel *nt*; **~ utilitaire** Nutzfahrzeug *nt*
veille [vɛj] *nf (garde)* Wache *f*; *(Psych)* Wachzustand *m*; **la ~** *(jour)* der Vortag, der Tag davor; *(quand?)* am Vortag; **la ~ de** der Tag vor; *(quand?)* am Tag vor; **à la ~ de** am Vorabend *+gén*; **l'état de ~** der Wachzustand; **~ technologique/concurentielle** Erfassung der technologischen Entwicklungen/Wettbewerbsanalyse
veillée [veje] *nf* : **~ funèbre** Totenwache *f*
veiller [veje] *vi* wachen ▸ *vt* wachen *ou* Wache halten bei; **~ à** *(s'occuper de)* sich kümmern um; **~ à faire qch/à ce que** aufpassen, dass man etw tut/aufpassen, dass; **~ sur** aufpassen auf *+acc*
veilleur, -euse [vɛjœʀ, øz] *nm/f* : **~ de nuit** Nachtwächter(in) *m(f)*
veilleuse [vɛjøz] *nf (lampe)* Nachtlicht *nt*; **en ~** *(fig)* auf Sparflamme
veinard, e [vɛnaʀ, aʀd] *nm/f* Glückspilz *m*
veine [vɛn] *nf (Anat)* Vene *f*; *(filon minéral)* Ader *f*; *(du bois, marbre etc)* Maserung *f*; *(fam : chance)* Glück *nt*

Velcro® [vɛlkʀo] *nm* : **fermeture ~** Klettverschluss *m*
vélin [velɛ̃] *nm* : **(papier) ~** weiches Pergament *nt*
véliplanchiste [veliplɑ̃ʃist] *nmf* Windsurfer(in) *m(f)*
vélo [velo] *nm* Fahrrad *nt*; **faire du ~** Rad fahren; **~ de course** Rennrad *nt*; **~ tout terrain** Mountainbike *nt*
vélocité [velɔsite] *nf* Geschwindigkeit *f*
vélodrome [velodʀom] *nm* Radrennbahn *f*
vélomoteur [velɔmɔtœʀ] *nm* Mofa *nt*
véloski [veloski] *nm* Skibob *m*
velours [v(ə)luʀ] *nm* Samt *m*; **~ côtelé** Cordsamt *m*
velouté, e [vəlute] *adj* samtig; (*au goût*) cremig ▸ *nm* : **~ d'asperges/de tomates** Spargel-/Tomatencremesuppe *f*
velu, e [vəly] *adj* haarig
vénal, e, -aux [venal, o] *adj* bestechlich, käuflich
venant [v(ə)nɑ̃] *nm* : **à tout ~** jedem
vendange [vɑ̃dɑ̃ʒ] *nf* Weinlese *f*
vendanger [vɑ̃dɑ̃ʒe] *vi* Wein lesen ▸ *vt* lesen
vendeur, -euse [vɑ̃dœʀ, øz] *nm/f* Verkäufer(in)
vendre [vɑ̃dʀ] *vt* verkaufen; (*trahir*) verraten
vendredi [vɑ̃dʀədi] *nm* Freitag *m*; **~ saint** Karfreitag *m*; *voir aussi* **lundi**
vendu, e [vɑ̃dy] *pp de* **vendre** ▸ *adj* gekauft
vénéneux, -euse [venenø, øz] *adj* giftig
vénérable [veneʀabl] *adj* ehrwürdig
vénérer [veneʀe] *vt* (*Rel*) verehren; (*maître, traditions*) ehren
vénérien, ne [veneʀjɛ̃, jɛn] *adj* Geschlechts-
Venezuela [venezɥɛla] *nm* : **le ~** Venezuela *nt*
vénézuélien, ne [venezɥeljɛ̃, jɛn] *adj* venezolanisch
vengeance [vɑ̃ʒɑ̃s] *nf* Rache *f*
venger [vɑ̃ʒe] *vt* rächen; (*affront*) sich rächen für; **se venger** *vpr* sich rächen; **se ~ de qch** sich für etw rächen; **se ~ sur qch/qn** sich an etw/jdm rächen
vengeur, -eresse [vɑ̃ʒœʀ, ʒ(ə)ʀɛs] *nm/f* Rächer(in) ▸ *adj* rächend
venimeux, -euse [vənimø, øz] *adj* giftig
venin [vənɛ̃] *nm* Gift *nt*; (*fig*) Bosheit *f*
venir [v(ə)niʀ] *vi* kommen; **~ de** kommen von; **je viens d'y aller/de le voir** ich bin gerade dorthin gegangen/ich habe ihn gerade gesehen; **s'il vient à pleuvoir** falls es regnen sollte; **j'en viens à croire que** ich glaube langsam, dass; **il en est venu à mendier** es kam so weit, dass er betteln musste; **les années/générations à ~** die kommenden Jahre/Generationen; **il me vient une idée** ich habe eine Idee; **faire ~ qn** jdn kommen lassen; **voir ~** abwarten
Venise [vəniz] *n* Venedig *nt*
vent [vɑ̃] *nm* Wind *m*; **il y a du ~** es ist windig; **avoir le ~ debout** *ou* **en face/arrière** *ou* **en poupe** Gegenwind/Rückenwind haben
vente [vɑ̃t] *nf* Verkauf *m*; **~ aux enchères** Versteigerung *f*; **~ de charité** Wohltätigkeitsbasar *m*; **~ par correspondance** Versandhandel *m*
venteux, -euse [vɑ̃tø, øz] *adj* windig
ventilateur [vɑ̃tilatœʀ] *nm* Ventilator *m*
ventilation [vɑ̃tilasjɔ̃] *nf* Belüftung *f*; (*installation*) Lüftung *f*; (*Comm*) Aufschlüsselung *f*
ventiler [vɑ̃tile] *vt* (*local*) belüften; (*répartir*) aufgliedern
ventouse [vɑ̃tuz] *nf* (*Méd*) Schröpfkopf *m*; (*de caoutchouc*) Saugnapf *m*; (*pour déboucher*) Saugglocke *f*; (*Zool*) Saugnapf
ventre [vɑ̃tʀ] *nm* Bauch *m*
ventriloque [vɑ̃tʀilɔk] *nmf* Bauchredner(in) *m(f)*
ventru, e [vɑ̃tʀy] *adj* dickbäuchig
venu, e [v(ə)ny] *pp de* **venir** ▸ *nf* (*arrivée*) Ankunft *f* ▸ *adj* : **être mal ~ de faire qch** keinen Grund *ou* keine Ursache haben, etw zu tun
ver [vɛʀ] *nm* Wurm *m*; **~ à soie** Seidenraupe *f*; **~ blanc** Made *f*; **~ de terre** Regenwurm *m*; **~ luisant** Glühwürmchen *nt*; **~ solitaire** Bandwurm *m*
véracité [veʀasite] *nf* Wahrhaftigkeit *f*
verbal, e, -aux [vɛʀbal, o] *adj* (*oral*) mündlich; (*Ling*) verbal
verbe [vɛʀb] *nm* (*Ling*) Verb *nt*; **avoir le ~ sonore** laut reden
verdâtre [vɛʀdɑtʀ] *adj* grünlich
verdeur [vɛʀdœʀ] *nf* (*vigueur*) Vitalität *f*; (*crudité*) Derbheit *f*; (*de fruit, vin*) Unreife *f*
verdict [vɛʀdik(t)] *nm* Urteil *nt*
verdir [vɛʀdiʀ] *vi* grün werden ▸ *vt* grün werden lassen
verdure [vɛʀdyʀ] *nf* (*arbres, feuillages*) Laub *nt*
verge [vɛʀʒ] *nf* (*Anat*) Penis *m*, Glied *nt*
verger [vɛʀʒe] *nm* Obstgarten *m*
vergeture [vɛʀʒətyʀ] *nf* (*gén pl*) Schwangerschaftsstreifen *m*
verglacé, e [vɛʀglase] *adj* vereist
verglas [vɛʀglɑ] *nm* Glatteis *nt*
vergogne [vɛʀgɔɲ] *nf* : **sans ~** schamlos
véridique [veʀidik] *adj* (*témoin*) ehrlich; (*récit*) wahrheitsgemäß

vérification [veʀifikasjɔ̃] *nf* Überprüfung *f*
vérifier [veʀifje] *vt* überprüfen; (*hypothèse*) verifizieren; (*prouver*) beweisen; **se vérifier** *vpr* sich bewahrheiten
véritable [veʀitabl] *adj* echt; (*nom, identité, histoire*) wahr; **un ~ miracle** ein wahres Wunder
vérité [veʀite] *nf* Wahrheit *f*; (*d'un portrait*) Naturtreue *f*; (*sincérité*) Aufrichtigkeit *f*; **en ~, à la ~** in Wirklichkeit
vermeil, le [vɛʀmɛj] *adj* karminrot
vermicelles [vɛʀmisɛl] *nmpl* Fadennudeln *pl*
vermifuge [vɛʀmifyʒ] *nm* Wurmmittel *nt*
vermillon [vɛʀmijɔ̃] *adj* zinnoberrot
vermine [vɛʀmin] *nf* Ungeziefer *nt*; (*fig*) Pack *nt*, Gesindel *nt*
vermoulu, e [vɛʀmuly] *adj* wurmstichig
vermout, vermouth [vɛʀmut] *nm* Wermut *m*
verni, e [vɛʀni] *adj* lackiert; **souliers ~s** Lackschuhe *pl*
vernir [vɛʀniʀ] *vt* lackieren
vernis [vɛʀni] *nm* Lack *m*; (*fig*) Schliff *m*; **~ à ongles** Nagellack *m*
vernissage [vɛʀnisaʒ] *nm* (*d'une exposition*) Vernissage *f*; (*d'un tableau etc*) Lackieren *nt*
vérole [veʀɔl] *nf* (*aussi* : **petite vérole**) Pocken *pl*
verre [vɛʀ] *nm* Glas *nt*; **boire** *ou* **prendre un ~** etw trinken gehen; **~ à dents** Zahnputzbecher *m*
verrerie [vɛʀʀi] *nf* (*fabrique*) Glashütte *f*; (*activité*) Glasbläserei *f*; (*objets*) Glas *nt*
verrière [vɛʀjɛʀ] *nf* (*grand vitrage*) großes Fenster *nt*; (*toit vitré*) Glasdach *nt*
verrou [veʀu] *nm* Riegel *m*
verrouillage [veʀujaʒ] *nm* Verriegelung *f*; (*Inform*) Sperren *nt*; **~ central** Zentralverriegelung *f*
verrouiller [veʀuje] *vt* (*porte*) verriegeln
verrue [veʀy] *nf* Warze *f*
vers¹ [vɛʀ] *nm* Vers *m* ▸ *nmpl* Gedichte *pl*
vers² [vɛʀ] *prép* (*en direction de*) in Richtung auf +*acc*; (*près de, dans les environs de*) in der Nähe von; (*temporel*) gegen, etwa um
versant [vɛʀsɑ̃] *nm* Abhang *m*
versatile [vɛʀsatil] *adj* unbeständig, wankelmütig
verse [vɛʀs] *nf* : **il pleut à ~** es gießt in Strömen
Verseau [vɛʀso] *nm* : **le ~** Wassermann *m*
versement [vɛʀsəmɑ̃] *nm* (*paiement*) Zahlung *f*; (*sur un compte*) Einzahlung *f*
verser [vɛʀse] *vt* (*liquide, grains*) schütten; (*servir*) gießen; (*larmes, sang*) vergießen; (*argent : à qn*) zahlen; (: *sur un compte*) einzahlen ▸ *vi* : **~ dans le mélo** immer melodramatischer werden
verset [vɛʀsɛ] *nm* (*Rel*) Vers *m*
version [vɛʀsjɔ̃] *nf* Version *f*; (*traduction*) Übersetzung *f* (*aus der Fremdsprache*); **film en ~ originale** Film *m* in Originalfassung
verso [vɛʀso] *nm* Rückseite *f*; **voir au ~** siehe Rückseite
vert, e [vɛʀ, vɛʀt] *adj* grün; (*écologique : croissance, économie*) grün; (*personne*) rüstig; (*cru, âpre*) derb ▸ *nm* Grün *nt*; **les V~s** (*Pol*) die Grünen; **en voir/dire des ~es et des pas mûres** unerhörte Dinge erzählen/erleben
vert-de-gris [vɛʀdəgʀi] *nm inv* Grünspan *m*
vertébral, e, -aux [vɛʀtebʀal, o] *adj* : **colonne ~e** Wirbelsäule *f*
vertèbre [vɛʀtɛbʀ] *nf* (Rücken)wirbel *m*
vertébré, e [vɛʀtebʀe] *adj* Wirbel-; **vertébrés** *nmpl* Wirbeltiere *pl*
vertement [vɛʀtəmɑ̃] *adv* scharf
vertical, e, -aux [vɛʀtikal, o] *adj* vertikal, senkrecht
verticalement [vɛʀtikalmɑ̃] *adv* senkrecht
vertige [vɛʀtiʒ] *nm* : **j'ai le ~** ich bin nicht schwindelfrei; **j'ai des ~s** mir ist schwindlig; **ça me donne le ~** davon wird mir schwindlig
vertigineux, -euse [vɛʀtiʒinø, øz] *adj* schwindelerregend
vertu [vɛʀty] *nf* (*propriété*) Eigenschaft *f*; (*opposé à vice*) Tugend *f*; **en ~ de** kraft +*gén*
vertueux, -euse [vɛʀtɥø, øz] *adj* tugendhaft; (*action, conduite*) ehrenhaft
verveine [vɛʀvɛn] *nf* Eisenkraut *nt*; (*infusion*) Eisenkrauttee *m*
vésicule [vezikyl] *nf* Bläschen *nt*; **~ biliaire** Gallenblase *f*
vessie [vesi] *nf* (Harn)blase *f*
veste [vɛst] *nf* Jacke *f*; **retourner sa ~** (*fig*) sein Fähnchen nach dem Wind drehen; **~ croisée** Zweireiher *m*; **~ droite** Einreiher *m*
vestiaire [vɛstjɛʀ] *nm* (*au théâtre etc*) Garderobe *f*; (*Sport etc*) Umkleideraum *m*
vestibule [vɛstibyl] *nm* Diele *f*; (*d'hôtel, temple etc*) Vorhalle *f*
vestige [vɛstiʒ] *nm* (*objet*) Überrest *m*; (*fragment*) Spur *f*
veston [vɛstɔ̃] *nm* Jacke *f*

vêtement [vɛtmɑ̃] *nm* Kleidungsstück *nt*; **vêtements** *nmpl (habits)* Kleider *pl*
vétérinaire [veteʀinɛʀ] *nmf* Tierarzt *m*, Tierärztin *f*
vêtir [vetiʀ] *vt* anziehen; **se vêtir** *vpr* sich anziehen
véto [veto] *nm* Veto *nt*; **droit de ~** Vetorecht *nt*
vêtu, e [vety] *pp de* **vêtir**
veuf, veuve [vœf, vœv] *adj* verwitwet ▸ *nm* Witwer *m* ▸ *nf* Witwe *f*
vexations [vɛksasjɔ̃] *nfpl* Demütigungen *pl*
vexer [vɛkse] *vt* beleidigen; **se vexer** *vpr* beleidigt sein
VF [veɛf] *sigle f (= version française) in französischer Sprache*
viabiliser [vjabilize] *vt* erschließen
viabilité [vjabilite] *nf (d'une route, d'un chemin)* Befahrbarkeit *f*
viable [vjabl] *adj (enfant)* lebensfähig; *(entreprise)* durchführbar
viaduc [vjadyk] *nm* Viadukt *m ou nt*
viager, -ère [vjaʒe, ɛʀ] *adj* : **rente viagère** Leibrente *f*
viagra® [vjagʀa] *nm* Viagra® *nt*
viande [vjɑ̃d] *nf* Fleisch *nt*
vibrant, e [vibʀɑ̃, ɑ̃t] *adj* vibrierend; *(fig : de colère)* bebend
vibraphone [vibʀafɔn] *nm* Vibrafon *nt*
vibration [vibʀasjɔ̃] *nf* Schwingung *f*, Vibration *f*
vibrer [vibʀe] *vi* schwingen, vibrieren ▸ *vt (Tech : béton)* schütteln; **faire ~** zum Schwingen bringen; *(personne, auditoire)* mitreißen, fesseln
vibromasseur [vibʀomasœʀ] *nm* Vibrator *m*
vice¹ [vis] *nm (immoralité)* Laster *nt*; **~ de fabrication/construction** Fabrikations-/Konstruktionsfehler *m*; **~ de forme** Formfehler *m*
vice² [vis] *préf* Vize-
vice-président, e [vispʀezidɑ̃, ɑ̃t] *(pl* **vice-présidents, es**) *nm/f* Vizepräsident *m*
vice-versa [viseveʀsa] *adv* umgekehrt
vicieux, -euse [visjø, jøz] *adj (pervers)* pervers; *(fautif)* inkorrekt, falsch
vicinal, e, -aux [visinal, o] *adj* : **chemin ~** Gemeindeweg *m*, Gemeindestraße *f*
victime [viktim] *nf* Opfer *nt*; **être (la) ~ de** ein Opfer *+gén* sein, zum Opfer fallen *+dat*
victoire [viktwaʀ] *nf* Sieg *m*
victorieux, -euse [viktɔʀjø, jøz] *adj* siegreich; *(sourire, attitude)* triumphierend
vidange [vidɑ̃ʒ] *nf (d'un fossé, réservoir)* Entleerung *f*; *(Auto)* Ölwechsel *m*
vidanger [vidɑ̃ʒe] *vt* entleeren; **faire ~ la voiture** einen Ölwechsel machen lassen
vide [vid] *adj* leer ▸ *nm (Phys)* Vakuum *nt*; *(espace)* Lücke *f*; *(sous soi)* Abgrund *m*; *(fig)* Leere *f*; **~ de** ohne; **emballé sous ~** vakuumverpackt; **regarder dans le ~** ins Leere starren; **à ~** *(sans occupants)* leer; *(Tech)* im Leerlauf
vidéo [video] *nf* Video *nt* ▸ *adj inv* Video-
vidéocassette [videokasɛt] *nf* Videokassette *f*
vidéoclip [videoklip] *nm* Videoclip *m*
vidéoclub [videoklœb] *nm* Videoklub *m*
vidéoconférence [videokɔ̃feʀɑ̃s] *nf* Videokonferenz *f*
vidéophone [videofɔn] *nm* Bildtelefon *nt*
vide-ordures [vidɔʀdyʀ] *nm inv* Müllschlucker *m*
vidéosurveillance [videosyʀvɛjɑ̃s] *nf* Videoüberwachung *f*
vidéothèque [videotɛk] *nf* Videothek *f*
vide-poche [vidpɔʃ] *(pl* **vide-poches**) *nm (Auto)* Handschuhfach *nt*
vider [vide] *vt (récipient)* (aus)leeren; *(salle, lieu)* räumen; *(volaille, poisson)* ausnehmen; *(querelle)* beilegen; **se vider** *vpr* sich leeren
videur [vidœʀ] *nm (de boîte de nuit)* Rausschmeißer *m*
vie [vi] *nf* Leben *nt*; **sans ~** leblos; **à ~** auf Lebenszeit
vieillard [vjɛjaʀ] *nm* alter Mann *m*; **les vieillards** *nmpl* die alten Leute *pl*
vieilleries [vjɛjʀi] *nfpl* alte Sachen *pl*; *(fig)* alter Kram *m*
vieillesse [vjɛjɛs] *nf* Alter *nt*; *(vieillards)* alte Leute *pl*
vieillir [vjejiʀ] *vi* alt werden; *(se flétrir)* altern; *(institutions, doctrine)* veralten; *(vin, alcool)* reifen ▸ *vt* alt machen
vieillissement [vjejismɑ̃] *nm* Altern *nt*
Vienne [vjɛn] Wien *nt*
viennois, e [vjenwa, waz] *adj* wienerisch
vierge [vjɛʀʒ] *adj* jungfräulich; *(page, feuille)* unbeschrieben; *(espaces, neige, terres)* unberührt; *(film)* unbelichtet; *(casier judiciaire)* ohne Vorstrafen ▸ *nf* Jungfrau *f*; **être V~** *(Astrol)* Jungfrau sein
Viêt-Nam, Vietnam [vjɛtnam] *nm* : **le ~** Vietnam *nt*
vietnamien, ne [vjɛtnamjɛ̃, jɛn] *adj* vietnamesisch ▸ *nm/f* : **Vietnamien, ne** Vietnamese *m*, Vietnamesin *f*

vieux, vieille [vjø, vjɛj] (*devant nom masculin commençant par une voyelle et un h muet* **vieil**, *mpl* **vieux**) *adj* alt ▸ *nm/f* Alte(r) *f(m)*; **vieux** *nmpl* (*péj*) alte Menschen *pl*; **mon ~/ma vieille** (*fam*) mein Lieber/meine Liebe; **prendre un coup de ~** über Nacht altern; **vieille fille** alte Jungfer *f*; **~ garçon** Junggeselle *m*; **~ jeu** altmodisch; **~ rose** altrosa

vif, vive [vif, viv] *adj* (*animé*) lebhaft; (*alerte*) rege, wach; (*emporté*) aufbrausend; (*aigu*) scharf; (*lumière, couleur*) grell; (*air*) frisch; (*vent*) scharf; (*froid*) schneidend; (*sentiment*) tief ▸ *nm* : **toucher** *ou* **piquer qn au ~** jdn tief treffen; **de vive voix** mündlich; **à ~** (*plaie*) offen; **avoir les nerfs à ~** aufs Äußerste gespannt sein; **brûlé ~** bei lebendigem Leibe verbrannt; **sur le ~** (*Art*) nach der Natur

vigilant, e [viʒilɑ̃, ɑ̃t] *adj* wachsam

vigne [viɲ] *nf* (*plante*) Weinstock *m*, Weinrebe *f*; (*plantation*) Weinberg *m*; **~ vierge** Wilder Wein *m*

vigneron, ne [viɲ(ə)ʀɔ̃] *nm/f* Winzer(in)

vignette [viɲɛt] *nf* Vignette *f*; (*de marque*) Markenzeichen *nt*; (*Auto*) ≈ Kfz-Steuerplakette *f*; (*sur médicament*) Gebührenmarke *f* (*auf Medikamenten, die bei Vorlage von der Krankenkasse ersetzt werden*)

vignoble [viɲɔbl] *nm* (*plantation*) Weinberg *m*; (*vignes d'une région*) Weinberge *pl*

vigoureux, -euse [viguʀø, øz] *adj* kräftig; (*style, dessin*) kraftvoll

vigueur [vigœʀ] *nf* Kraft *f*, Stärke *f*; (*fig*) Ausdruckskraft *f*; **être/entrer en ~** (*Jur*) in Kraft sein/treten; **selon la loi en ~** nach dem geltenden Gesetz

vil, e [vil] *adj* abscheulich, gemein; **à ~ prix** spottbillig

vilain, e [vilɛ̃, ɛn] *adj* (*laid*) hässlich; (*temps, affaire, blessure*) scheußlich; (*enfant*) ungezogen; **~ mot** Grobheit *f*

villa [villa] *nf* Villa *f*

village [vilaʒ] *nm* Dorf *nt*; **~ de vacances** Feriendorf *nt*

villageois, e [vilaʒwa, waz] *adj* ländlich ▸ *nm/f* Dorfbewohner(in)

ville [vil] *nf* Stadt *f*; **habiter en ~** in der Stadt wohnen

villégiature [vi(l)leʒjatyʀ] *nf* Urlaub *m*

vin [vɛ̃] *nm* Wein *m*; **avoir le ~ gai/triste** nach ein paar Gläschen lustig/traurig werden; **~ blanc** Weißwein *m*; **~ d'honneur** kleiner Empfang *m*; **~ de messe** Messwein *m*; **~ de pays** Landwein *m*; **~ de table** *ou* **ordinaire** Tafelwein *m*; **~ rosé** Rosé(wein) *m*; **~ rouge** Rotwein *m*

vinaigre [vinɛgʀ] *nm* Essig *m*

vinaigrette [vinɛgʀɛt] *nf* Vinaigrette *f*, Salatsoße *f*

vinaigrier [vinɛgʀije] *nm* (*fabricant*) Essighersteller *m*; (*flacon*) Essigflasche *f*

vindicatif, -ive [vɛ̃dikatif, iv] *adj* rachsüchtig

vingt [vɛ̃] *num* zwanzig; **~ et un** einundzwanzig

vingtaine [vɛ̃tɛn] *nf* : **une ~ (de)** etwa zwanzig

vingt-deux [vɛ̃tdø] *num* zweiundzwanzig

vingt-quatre [vɛ̃tkatʀ] *num* : **~ heures sur ~** rund um die Uhr

vinicole [vinikɔl] *adj* Weinbau-

vinyle [vinil] *nm* Vinyl *nt*

viol [vjɔl] *nm* (*d'une femme*) Vergewaltigung *f*; (*d'un lieu sacré*) Entweihung *f*, Schändung *f*

violation [vjɔlasjɔ̃] *nf* (*d'un traité, d'une loi*) Verstoß *m* (*de* gegen); **~ de sépulture** Grabschändung *f*

violemment [vjɔlamɑ̃] *adv* (*brutalement*) brutal

violence [vjɔlɑ̃s] *nf* Gewalt *f*; (*de personne*) Gewalttätigkeit *f*, Brutalität *f*; **~ conjugale** häusliche Gewalt zwischen Partnern

violent, e [vjɔlɑ̃, ɑ̃t] *adj* (*personne, instincts*) gewalttätig; (*langage*) brutal; (*choc, effort, bruit, vent*) gewaltig; (*colère, besoin, désir*) heftig

violenter [vjɔlɑ̃te] *vt* vergewaltigen

violer [vjɔle] *vt* (*femme*) vergewaltigen; (*lieu, sépulture*) schänden; (*loi, traité, secret, serment*) brechen

violet, te [vjɔlɛ, ɛt] *adj* violett ▸ *nm* Violett *nt* ▸ *nf* Veilchen *nt*

violeur [vjɔlœʀ] *nm* Vergewaltiger *m*

violon [vjɔlɔ̃] *nm* Geige *f*; (*musicien*) Geiger(in) *m(f)*; **~ d'Ingres** Hobby *nt*

violoncelle [vjɔlɔ̃sɛl] *nm* Cello *nt*

violoncelliste [vjɔlɔ̃selist] *nmf* Cellist(in) *m(f)*

violoniste [vjɔlɔnist] *nmf* Geiger(in) *m(f)*

vipère [vipɛʀ] *nf* Viper *f*

virage [viʀaʒ] *nm* Kurve *f*; (*Chim*) Farbänderung *f*; (*Photo*) Tönung *f*; **prendre un ~** eine Kurve nehmen

virago [viʀago] (*péj*) *nf* Mannweib *nt*

viral, e, -aux [viʀal, o] *adj* Virus-; (*Inform*) viral

virée [viʀe] *nf* Spritztour *f*; (*: à pied*) Bummel *m*

virement [viʀmɑ̃] *nm* (*Fin*) Überweisung *f*; **~ bancaire** Banküberweisung *f*; **~ postal** Postüberweisung *f*
virer [viʀe] *vt* (*Fin*) überweisen; (*Photo*) tönen; (*fam : renvoyer*) rausschmeißen ▸ *vi* (*changer de direction*) wenden, umdrehen; (*changer de couleur*) umschlagen; (*cuti-réaction*) positiv ausfallen
virevolte [viʀvɔlt] *nf* (*d'une danseuse*) schnelle Drehung *f*; (*fig*) plötzlicher Umschwung *m*
virginité [viʀʒinite] *nf* Jungfräulichkeit *f*; (*fig*) Reinheit *f*
virgule [viʀgyl] *nf* Komma *nt*
viril, e [viʀil] *adj* männlich; (*attitude, air etc*) mannhaft
virilité [viʀilite] *nf* Männlichkeit *f*; (*vigueur sexuelle*) Potenz *f*, Manneskraft *f*; (*courage*) Entschlossenheit *f*
virologie [viʀɔlɔʒi] *nf* Virologie *f*
virologiste [viʀɔlɔʒist] *nmf* Virologe *m*, Virologin *f*
virtualité [viʀtɥalite] *nf* Möglichkeit *f*
virtuel, le [viʀtɥɛl] *adj* virtuell; (*potentiel*) potenziell
virtuellement [viʀtɥɛlmɑ̃] *adv* (*presque*) praktisch
virtuose [viʀtɥoz] *nmf* Virtuose *m*, Virtuosin *f*
virtuosité [viʀtɥozite] *nf* Virtuosität *f*
virulent, e [viʀylɑ̃, ɑ̃t] *adj* (*microbe, poison*) bösartig; (*poison*) stark; (*satire, critique*) geharnischt, scharf
virus [viʀys] *nm* Virus *m ou nt*; **~ informatique** (Computer)virus *m ou nt*
vis [vis] *vb voir* **voir**; **vivre** ▸ *nf* Schraube *f*; **~ à tête plate** Flachkopfschraube *f*; **~ à tête ronde** Rundkopfschraube *f*; **~ platinées** (*Auto*) Kontakte *pl*; **~ sans fin** Endlosschraube *f*
visa [viza] *nm* (*sceau*) Stempel *m*; (*dans passeport*) Visum *nt*; **~ de censure** (*Ciné*) Zensurvermerk *m* (*zur Altersbeschränkung*)
visage [vizaʒ] *nm* Gesicht *nt*
visagiste [vizaʒist] *nmf* (Gesichts) kosmetiker(in) *m(f)*
vis-à-vis [vizavi] *adv* gegenüber ▸ *nm inv* Gegenüber *nt*; **~ de** gegenüber von; (*en comparaison de*) im Vergleich zu; **en ~** gegenüberliegend
viscéral, e, -aux [viseʀal, o] *adj* Eingeweide-; (*fig*) tief wurzelnd
viscères [visɛʀ] *nmpl* Eingeweide *pl*
viscose [viskoz] *nf* Viskose *f*
visée [vize] *nf* (*avec une arme*) Zielen *nt*; (*Arpentage*) Anpeilen *nt*; **visées** *nfpl* Absichten *pl*; **avoir des ~s sur qn/qch** es auf jdn/etw abgesehen haben
viser [vize] *vi* zielen ▸ *vt* (*objectif, cible*) anpeilen; (*carrière etc*) anstreben; (*concerner*) betreffen; (*apposer un visa sur*) mit einem Sichtvermerk versehen; **~ à qch** auf etw *acc* hinzielen
viseur [vizœʀ] *nm* (*d'arme*) Kimme *f*; (*Photo*) Sucher *m*
visibilité [vizibilite] *nf* Sicht *f*; **sans ~** (*pilotage*) Blind-; (*virage*) unübersichtlich
visible [vizibl] *adj* sichtbar; (*évident*) sichtlich; (*disponible*) zu sprechen
visiblement [viziblәmɑ̃] *adv* (*ostensiblement*) sichtlich, sichtbar; (*manifestement*) offensichtlich
visière [vizjɛʀ] *nf* (Mützen)schirm *m*
vision [vizjɔ̃] *nf* (*sens*) Sehvermögen *nt*; (*image mentale : conception*) Vorstellung *f*, Bild *nt*; (*apparition*) Halluzination *f*
visite [vizit] *nf* Besuch *m*; (*touristique, d'inspection*) Besichtigung *f*; (*Méd : à domicile*) Hausbesuch *m*; (*consultation*) Visite *f*; (*Mil*) Musterung *f*; **faire une ~** *ou* **rendre ~ à qn** jdn besuchen; **être en ~ (chez qn)** (bei jdm) zu Besuch sein
visiter [vizite] *vt* (*prisonniers, malades*) besuchen; (*musée, ville*) besichtigen
visiteur, -euse [vizitœʀ, øz] *nm/f* Besucher(in)
visqueux, -euse [viskø, øz] *adj* zähflüssig; (*surface*) glitschig
visser [vise] *vt* festschrauben
visualisation [vizɥalizasjɔ̃] *nf* : **écran de ~** Bildschirm *m*
visualiser [vizɥalize] *vt* (*Inform*) (auf dem Bildschirm) anzeigen
visuel, le [vizɥɛl] *adj* visuell; **champ ~** Gesichtsfeld *nt* ▸ *nm* (*Inform*) Display *nt*
visuellement [vizɥɛlmɑ̃] *adv* visuell
vital, e, -aux [vital, o] *adj* Lebens-; (*indispensable*) lebensnotwendig
vitalité [vitalite] *nf* (*d'une personne*) Vitalität *f*; (*d'une entreprise, région*) Dynamik *f*
vitamine [vitamin] *nf* Vitamin *nt*
vite [vit] *adv* schnell
vitesse [vitɛs] *nf* Geschwindigkeit *f*; (*Auto : dispositif*) Gang *m*; **prendre qn de ~** jdm zuvorkommen; **à toute ~** mit Volldampf; **~ de croisière** Reisegeschwindigkeit *f*; **~ de pointe** Spitzengeschwindigkeit *f*
viticole [vitikɔl] *adj* Weinbau-
viticulteur, -trice [vitikyltœʀ, tʀis] *nm/f* Weinbauer(in)
viticulture [vitikyltyʀ] *nf* Weinbau *m*
vitrage [vitʀaʒ] *nm* (*cloison*) Glaswand *f*; (*toit*) Glasdach *nt*; **double ~** Doppelverglasung

vitrail, -aux [vitʀaj, o] *nm* buntes Kirchenfenster *nt*; (*technique*) Glasmalerei *f*
vitre [vitʀ] *nf* Fensterscheibe *f*; (*Auto*) Scheibe *f*
vitrer [vitʀe] *vt* verglasen
vitreux, -euse [vitʀø, øz] *adj* Glas-; (*œil*) glasig
vitrier [vitʀije] *nm* Glaser *m*
vitrifier [vitʀifje] *vt* zu Glas verschmelzen; (*parquet*) versiegeln
vitrine [vitʀin] *nf* Schaufenster *nt*; (*petite armoire*) Vitrine *f*; **en ~** im Schaufenster; **~ publicitaire** Schaukasten *m*
vitupérations [vitypeʀasjɔ̃] *nfpl* Geschimpfe *nt sg*
vivable [vivabl] *adj* (*personne*) verträglich; (*endroit*) bewohnbar
vivace [vivas] *adj* widerstandsfähig; (*haine*) tief verwurzelt; (*Bot*) : **plante ~** mehrjährige Pflanze
vivacité [vivasite] *nf* Lebhaftigkeit *f*
vivant, e [vivɑ̃, ɑ̃t] *adj* lebendig; (*langue*) lebend ▸ *nm* : **du ~ de qn** zu jds Lebzeiten
vivarium [vivaʀjɔm] *nm* Terrarium *nt*
vivats [viva] *nmpl* Hochrufe *pl*
vive [viv] *excl* : **~ le roi/la république !** es lebe der König/die Republik!; **~ les vacances/la liberté !** ein Hoch auf die Ferien/die Freiheit!
vivement [vivmɑ̃] *adv* (*brusquement*) brüsk; (*regretter, s'intéresser*) sehr ▸ *excl* : **~ qu'il s'en aille !** wenn er doch nur ginge!
viveur [vivœʀ] *nm* Lebemann *m*
vivier [vivje] *nm* (*réservoir*) Fischtank *m*; (*étang*) Fischteich *m*
vivifiant, e [vivifjɑ̃, jɑ̃t] *adj* belebend, erfrischend; (*fig*) anregend
vivisection [viviseksjɔ̃] *nf* Vivisektion *f*
vivre [vivʀ] *vi* leben ▸ *vt* erleben; (*une certaine vie*) führen; **vivres** *nmpl* (*nourriture*) Verpflegung *f*; **se laisser ~** das Leben nehmen, wie es kommt; **il est facile à ~** mit ihm ist gut Kirschen essen; **faire ~ qn** (*pourvoir à sa subsistance*) jdn ernähren
vlan [vlɑ̃] *excl* peng
VO [veo] *sigle f* (= *version originale*) OF *f*, Originalfassung *f*
vocabulaire [vɔkabylɛʀ] *nm* Wortschatz *m*; (*livre*) Wörterverzeichnis *nt*
vocal, e, -aux [vɔkal, o] *adj* Stimm-
vocation [vɔkasjɔ̃] *nf* Berufung *f*; **avoir la ~ de l'enseignement** sich zum Lehrer berufen fühlen
vociférations [vɔsifeʀasjɔ̃] *nfpl* Geschrei *nt*
vociférer [vɔsifeʀe] *vi* brüllen, (wütend) schreien ▸ *vt* schreien, brüllen
vodka [vɔdka] *nf* Wodka *m*
vœu, x [vø] *nm* (*souhait*) Wunsch *m*; (*à Dieu*) Gelübde *nt*; **faire ~ de faire qch** geloben, etw zu tun; **avec nos meilleurs ~x** mit den besten Wünschen; **~x de bonheur** Glückwünsche *pl*; **~x de bonne année** Glückwünsche zum neuen Jahr
vogue [vɔg] *nf* : **en ~** in Mode, in
voici [vwasi] *prép* hier ist/sind; **~ mon bureau/des fleurs** hier ist mein Büro/sind Blumen; **~ deux ans que j'habite ici** ich lebe nun seit zwei Jahren hier; **me ~** da *ou* hier bin ich; **en ~ un** hier ist eine(r, s); **~** (*en offrant qch*) hier
voie [vwa] *nf* Weg *m*; (*Rail*) Gleis *nt*; (*Auto*) (Fahr)spur *f*; **par ~ buccale** *ou* **orale** oral; **par ~ rectale** rektal; **être en bonne ~** auf dem besten Weg sein; **mettre qn sur la ~** jdm auf die Sprünge helfen; **route à deux/trois ~s** zwei-/dreispurige Fahrbahn *f*; **~ d'eau** Leck *nt*; **~ ferrée** Schienenweg *m*; **la ~ lactée** die Milchstraße *f*
voilà [vwala] *prép* da ist/sind; **~ le livre/les livres que vous cherchiez** da ist das Buch/da sind die Bücher, die Sie gesucht haben; **les ~** da sind sie; **en ~ un** hier ist eine(r, s); **~ deux ans** vor/seit zwei Jahren; **~ deux ans que** nun sind es zwei Jahre, dass; **~ tout** das ist alles, das wärs; **~ !** (*en apportant qch*) hier, bitte
voile [vwal] *nm* Schleier *m*; (*tissu léger*) Tüll *m*; (*Photo : défaut*) dunkler Schleier ▸ *nf* (*de bateau*) Segel *nt*; (*sport*) Segeln *nt*
voiler [vwale] *vt* verschleiern; (*roue*) verbiegen, verbeulen; **se voiler** *vpr* (*lune*) sich verschleiern; (*regard, ciel*) sich trüben; (*voix*) heiser werden; (*roue, disque*) sich verbiegen; (*planche*) sich verziehen; **se ~ la face** sein Gesicht verhüllen
voilier [vwalje] *nm* Segelschiff *nt*; (*plus petit*) Segelboot *nt*
voir [vwaʀ] *vi* sehen; (*comprendre*) verstehen ▸ *vt* sehen; (*être témoin de*) erleben; (*fréquenter*) verkehren mit; **se voir** *vpr* : **se ~ critiquer/transformer** kritisiert/verändert werden; **cela se voit** (*cela arrive*) das kommt vor; (*c'est évident*) das sieht man; **~ que/comme** sehen, dass/wie; **~ loin** vorausschauen; **faire ~ qch à qn** jdm etw zeigen; **en faire ~ à qn** jdm die Hölle heißmachen; **ne pas pouvoir ~ qn** (*fig*) jdn nicht ausstehen können; **montrez ~** zeigen Sie mal!; **voyons !** na, hör/hört mal!; **a ~ quelque chose à ~ avec qch** mit etw zu tun haben

voire [vwaʀ] *adv* ja sogar
voisin, e [vwazɛ̃, in] *adj* (*proche*) benachbart; (*ressemblant*) nah verwandt ▸ *nm/f* Nachbar(in)
voisinage [vwazinaʒ] *nm* (*proximité*) Nähe *f*; (*quartier, voisins*) Nachbarschaft *f*; **relations de bon ~** gutnachbarliche Beziehungen *pl*
voisiner [vwazine] *vi* : **~ avec qn/qch** (*être proche*) sich in jds Nähe/in der Nähe von etw befinden
voiture [vwatyʀ] *nf* Wagen *m*, Auto *nt*; (*wagon*) Wagen *m*; **en ~ !** alles einsteigen!; **~ de course** Rennwagen *m*; **~ d'enfant** Kinderwagen *m*; **~ de fonction** Dienstwagen *m*; **~ de location** Mietwagen *m*; **~ d'occasion** Gebrauchtwagen *m*; **~ de sport** Sportwagen *m*
voiture-lit [vwatyʀli] (*pl* **voitures-lits**) *nf* Schlafwagen *m*
voiture-restaurant [vwatyʀʀɛstɔʀɑ̃] (*pl* **voitures-restaurants**) *nf* Speisewagen *m*
voix [vwɑ] *nf* Stimme *f*; **à haute ~** laut, mit lauter Stimme; **à ~ basse** leise, mit leiser Stimme; **à deux/quatre ~** zwei-/vierstimmig
vol[1] [vɔl] *nm* Flug *m*; **à ~ d'oiseau** (in der) Luftlinie; **en ~** im Flug; **attraper qch au ~** etw im Flug erwischen; **de haut ~** (*fig*) großen Stils; **~ à voile** Segelflug *m*; **~ libre** (*Sport*) Drachenfliegen *nt*; **~ plané** Gleitflug *m*
vol[2] [vɔl] *nm* (*délit*) Diebstahl *m*; **~ à l'étalage** Ladendiebstahl *m*; **~ à la tire** Taschendiebstahl *m*; **~ à main armée** bewaffneter Raubüberfall *m*; **~ de données** Datendiebstahl *m*
vol. *abr* (= *volume*) Vol.
volaille [vɔlɑj] *nf* Geflügel *nt*
volailler [vɔlɑje] *nm* Geflügelhändler *m*
volant, e [vɔlɑ̃, ɑ̃t] *adj* fliegend; (*feuille*) lose; (*personnel*) Flug- ▸ *nm* (*Auto*) Lenkrad *nt*; (*Tech : de commande*) Steuer(rad) *nt*; (*balle*) Federball *m*; (*jeu*) Federball(spiel) *nt*; (*de tissu*) Volant *m*
volatil, e [vɔlatil] *adj* flüchtig
volatiliser [vɔlatilize] : **se volatiliser** *vpr* (*Chim*) sich verflüchtigen; (*fig*) sich in Luft auflösen
vol-au-vent [vɔlovɑ̃] (*pl* **vol(s)-au-vent**) *nm* Königinpastete *f*
volcan [vɔlkɑ̃] *nm* Vulkan *m*
volcanique [vɔlkanik] *adj* vulkanisch; (*tempérament*) aufbrausend
volcanologie [vɔlkanɔlɔʒi] *nf* Vulkanforschung *f*
volée [vɔle] *nf* (*d'oiseaux*) Schwarm *m*; (*Tennis*) Flugball *m*; **rattraper qch à la ~** etw im Flug erwischen; **à toute ~** mit voller Kraft; **~ de coups** Hagel *m* von Schlägen; **~ de flèches** Pfeilhagel *m*; **~ d'obus** Granathagel *m*
voler [vɔle] *vi* fliegen; (*voleur*) stehlen; (*aller vite*) eilen ▸ *vt* (*dérober*) stehlen; (*personne*) bestehlen
volet [vɔlɛ] *nm* (*de fenêtre*) Fensterladen *m*; (*Aviat : sur l'aile*) Landeklappe *f*; (*fig : d'un plan etc*) Teil *m*
voleter [vɔl(ə)te] *vi* (umher)flattern
voleur, -euse [vɔlœʀ, øz] *nm/f* Dieb(in) ▸ *adj* diebisch
volière [vɔljɛʀ] *nf* Voliere *f*
volley [vɔlɛ], **volley-ball** [vɔlɛbol] *nm* Volleyball *m*
volleyeur, -euse [vɔlɛjœʀ, øz] *nm/f* Volleyballspieler(in)
volontaire [vɔlɔ̃tɛʀ] *adj* freiwillig; (*décidé*) entschlossen ▸ *nmf* Freiwillige(r) *f(m)*
volontairement [vɔlɔ̃tɛʀmɑ̃] *adv* freiwillig; (*exprès*) absichtlich
volonté [vɔlɔ̃te] *nf* Wille *m*; (*fermeté*) Willenskraft *f*; **à ~** nach Belieben; **bonne ~** guter Wille; **mauvaise ~** Mangel *m* an gutem Willen; **les dernières ~s de qn** jds letzter Wille
volontiers [vɔlɔ̃tje] *adv* gern
volt [vɔlt] *nm* Volt *nt*
voltage [vɔltaʒ] *nm* Spannung *f*; (*d'un appareil*) Voltzahl *f*
volte-face [vɔltəfas] (*pl* **volte-faces**) *nf* Kehrtwendung *f*
voltige [vɔltiʒ] *nf* (*au cirque*) Akrobatik *f*; (*Équitation*) Voltigieren *nt*; (*Aviat*) Luftakrobatik *f*
voltiger [vɔltiʒe] *vi* herumflattern
voltigeur, -euse [vɔltiʒœʀ, øz] *nm/f* (*au cirque*) Trapezkünstler(in)
voltmètre [vɔltmɛtʀ] *nm* Voltmeter *nt*
volume [vɔlym] *nm* Volumen *nt*, Rauminhalt *m*; (*Géom : solide*) Körper *m*; (*quantité, importance*) Umfang *m*; (*intensité*) Lautstärke *f*; (*livre*) Band *m*
volumineux, -euse [vɔlyminø, øz] *adj* umfangreich; (*courrier etc*) reichlich
volupté [vɔlypte] *nf* (*des sens*) Lust *f*; (*esthétique etc*) Genuss *m*
voluptueux, -euse [vɔlyptɥø, øz] *adj* wollüstig, sinnlich
vomir [vɔmiʀ] *vi* brechen, erbrechen ▸ *vt* spucken, speien; (*vapeurs, injures*) ausstoßen; (*exécrer*) verabscheuen
vomissement [vɔmismɑ̃] *nm* Erbrechen *nt*

vomitif [vɔmitif] *nm* Brechmittel *nt*
vorace [vɔʀas] *adj* gefräßig; (*fig*) unersättlich
voracité [vɔʀasite] *nf* Gefräßigkeit *f*; (*fig*) Unersättlichkeit *f*
vos [vo] *adj possessif voir* **votre**
Vosges [voʒ] *nfpl* : **les ~** die Vogesen *pl*
VOST [veoɛste] *sigle f* (= *version originale sous-titrée*) OmU (= *Original mit Untertiteln*)
votant, e [vɔtɑ̃, ɑ̃t] *nm/f* Wähler(in)
vote [vɔt] *nm* (*consultation*) Abstimmung *f*; (*suffrage*) Stimme *f*; (*élection*) Wahl *f*; **~ par correspondance** Briefwahl *f*
voter [vɔte] *vi* abstimmen; (*élection*) wählen ▸ *vt* (*loi, décision*) annehmen; **~ pour qn** für jdn stimmen
votre [vɔtʀ] (*pl* **vos**) *adj possessif* euer/eu(e)re; (*forme de politesse*) Ihr(e); **vos** eure; (*forme de politesse*) Ihre
vôtre [votʀ] *pron* : **le/la ~** eure(r, s); (*forme de politesse*) Ihre(r, s); **les ~s** eure; (*forme de politesse*) Ihre; (*famille*) Ihre Familie; **à la ~ !** (*toast*) auf euer/Ihr Wohl!
voué, e [vwe] *adj* : **~ à l'échec** zum Scheitern verurteilt
vouer [vwe] *vt* (*Rel*) weihen; (*vie, temps*) widmen; **se vouer** *vpr* : **se ~ à** sich widmen *+dat*; **~ une haine/amitié éternelle à qn** jdm ewigen Hass/ewige Freundschaft schwören

MOT-CLÉ

vouloir [vulwaʀ] *vi, vt* **1** (*exiger*) wollen; **vouloir faire qch** etw tun wollen; **vouloir que qn fasse qch** wollen, dass jd etw tut; **que me veut-il ?** was will er von mir?; **sans le vouloir** unabsichtlich; **je voudrais ceci** ich möchte das; **je voudrais faire qch** ich möchte etw tun; **le hasard a voulu que ...** wie es der Zufall so wollte ...; **la tradition veut que ...** die Tradition verlangt, dass ...
2 (*désirer*) wollen, mögen; **voulez-vous du thé ?** möchten Sie Tee?; **comme vous voudrez** wie Sie wünschen *ou* möchten
3 (*consentir*) : **je veux bien** (*bonne volonté*) gern; (*concession*) von mir aus, na gut; **oui, si on veut** ja, wenn man so will; **veuillez attendre** bitte warten Sie; **veuillez agréer, Madame** *ou* **Monsieur, l'expression de mes sentiments distingués** (*formule épistolaire*) mit freundlichen Grüßen
4 : **en vouloir** : **en vouloir à qn** es auf jdn abgesehen haben; **s'en vouloir d'avoir fait qch** sich darüber ärgern, dass man etw getan hat; **il en veut à mon argent** er ist auf mein Geld aus
5 : **vouloir de** : **l'entreprise ne veut plus de lui** die Firma will ihn nicht mehr; **elle ne veut pas de son aide** sie will seine Hilfe nicht
6 : **vouloir dire (que)** bedeuten(, dass)
▸ *nm* : **le bon vouloir de qn** jds guter Wille

voulu, e [vuly] *pp de* **vouloir** ▸ *adj* (*délibéré*) absichtlich; (*requis*) erforderlich

MOT-CLÉ

vous [vu] *pron* (*sujet* : *pl*) ihr; (: *forme de politesse* : *sg et pl*) Sie; (*objet direct, après préposition gouvernant l'accusatif* : *pl*) euch; (: *forme de politesse* : *sg et pl*) Sie; (*objet indirect, après préposition gouvernant le datif* : *pl*) euch; (: *forme de politesse*) Ihnen; (*réfléchi, réciproque*) euch; (: *forme de politesse*) sich; **vous pouvez vous asseoir** ihr könnt euch/Sie können sich setzen; **je vous prie de ...** ich bitte euch/Sie, zu ...; **je vous le jure** ich schwöre es euch/Ihnen; **vous-même(s)** Sie selbst; **vous devez y aller vous-même** Sie müssen selbst hingehen
▸ *nm* : **employer le vous** die Sie-Form benutzen

voûte [vut] *nf* Gewölbe *nt*; **la ~ céleste** das Himmelsgewölbe; **~ du palais** (*Anat*) harter Gaumen *m*; **~ plantaire** (*Anat*) Fußgewölbe *nt*
voûté, e [vute] *adj* gewölbt; (*dos*) gekrümmt; (*personne*) gebeugt
voûter [vute] *vt* (*Archit*) wölben; **se voûter** *vpr* krumm werden
vouvoiement [vuvwamɑ̃] *nm* Siezen *nt*
vouvoyer [vuvwaje] *vt* siezen
voyage [vwajaʒ] *nm* Reise *f*; (*trajet*) Weg *m*; (*course*) Fahrt *f*; (*fait de voyager*) Reisen *nt*; **être en ~** auf Reisen sein; **partir en ~** verreisen; **elle aime les ~s** sie ist reiselustig; **les gens du ~** das fahrende Volk; **~ d'affaires** Geschäftsreise *f*, Dienstreise *f*; **~ de noces** Hochzeitsreise *f*; **~ organisé** Gesellschaftsreise *f*
voyager [vwajaʒe] *vi* reisen; (*marchandises*) transportiert werden
voyageur, -euse [vwajaʒœʀ, øz] *nm/f* Reisende(r) *f(m)* ▸ *adj* : **pigeon ~** Brieftaube *f*
voyagiste [vwajaʒist] *nmf* Reiseveranstalter(in) *m(f)*
voyance [vwajɑ̃s] *nf* Hellsehen *nt*

V

voyant, e [vwajɑ̃, ɑ̃t] *adj* grell, schreiend ▸ *nm/f* (*personne*) Hellseher(in) ▸ *nm* (*signal*) Warnlicht *nt*
voyelle [vwajɛl] *nf* Vokal *m*
voyou [vwaju] *nm* Rowdy *m*; (*enfant*) Flegel *m*
VPC [vepese] *sigle f* (= *vente par correspondance*) Versandhandel *m*
vrac [vʀak] : **en ~** *adv* (*pêle-mêle*) durcheinander; (*Comm*) lose
vrai, e [vʀɛ] *adj* wahr; (*réel*) echt ▸ *nm* : **le ~** das Wahre; **son ~ nom** sein wirklicher Name; **un ~ comédien/sportif** ein echter Schauspieler/Sportler; **à dire ~, à ~ dire** offen gestanden
vraiment [vʀɛmɑ̃] *adv* wirklich
vraisemblable [vʀɛsɑ̃blabl] *adj* (*plausible*) einleuchtend; (*probable*) wahrscheinlich
vraisemblance [vʀɛsɑ̃blɑ̃s] *nf* Wahrscheinlichkeit *f*; **selon toute ~** aller Wahrscheinlichkeit nach
V/Réf. *abr* (= *votre référence*) Ihr Zeichen
vrombir [vʀɔ̃biʀ] *vi* dröhnen, brummen
VRP [veɛʀpe] *sigle m* (= *voyageur, représentant, placier*) Vertreter *m*
VTT [vetete] *sigle m* (= *vélo tout terrain*) Mountainbike *nt*
vu, e [vy] *pp de* **voir** ▸ *adj* : **bien/mal vu** gut/schlecht angesehen ▸ *prép* wegen *+gén*, angesichts *+gén*
vue [vy] *nf* (*fait de voir, spectacle*) Anblick *m*; (*sens*) Sehvermögen *nt*; (*panorama*) Aussicht *f*; (*image*) Ansicht *f*; **vues** *nfpl* (*idées*) Ansichten *pl*; (*desseins*) Absichten *pl*; **perdre la ~** erblinden; **perdre de ~** aus den Augen verlieren; **à la ~ de tous** vor aller Augen; **hors de ~** außer Sicht(weite); **à première ~** auf den ersten Blick; **connaître qn de ~** jdn vom Sehen kennen; **à ~** (*Comm*) bei Empfang; **tirer à ~** ohne Vorwarnung schießen; **à ~ d'œil** merklich, sichtlich; **avoir ~ sur** (einen) Ausblick haben auf *+acc*; **en ~** (*homme*) angesehen; **avoir qch en ~** etw anvisieren; **en ~ de faire qch** mit der Absicht, etw zu tun
vulgaire [vylgɛʀ] *adj* ordinär, vulgär; (*trivial*) banal; **de ~s chaises de cuisine** ganz ordinäre Küchenstühle
vulgariser [vylgaʀize] *vt* (*connaissances etc*) allgemein zugänglich machen
vulgarité [vylgaʀite] *nf* Vulgarität *f*
vulnérable [vylneʀabl] *adj* (*physiquement*) verwundbar; (*moralement*) verletzlich; (*stratégiquement*) ungeschützt
vulve [vylv] *nf* Vulva *f*

W

W, w [dubləve] *nm inv* W, W *nt*
wagon [vagɔ̃] *nm* Wagen *m*; **~ de marchandises** Güterwagen *m*
wagon-citerne [vagɔ̃sitɛʀn] (*pl* **wagons-citernes**) *nm* Tankwagen *m*
wagon-lit [vagɔ̃li] (*pl* **wagons-lits**) *nm* Schlafwagen *m*
wagon-restaurant [vagɔ̃ʀɛstɔʀɑ̃] (*pl* **wagons-restaurants**) *nm* Speisewagen *m*
walkyrie [valkiʀi] *nf* Walküre *f*
wallon, ne [walɔ̃, ɔn] *adj* wallonisch ▸ *nm/f* : **Wallon, ne** Wallone *m*, Wallonin *f*
Wallonie [walɔni] *nf* : **la ~** Wallonien *nt*
water-polo [watɛʀpɔlo] *nm* Wasserball *m*
waters [watɛʀ] *nmpl* Toilette *f*
watt [wat] *nm* Watt *nt*
w.-c., WC [vese] *nmpl* WC *nt*, Toilette *f*
web [wɛb] (*pl* **webs**) *nm* : **le ~** das (World Wide) Web
webcam [wɛbkam] *nf* Webcam *f*
webmaster [wɛbmastœʀ], **webmestre** [wɛbmɛstʀ] *nmf* Webmaster(in) *m(f)*
week-end [wikɛnd] (*pl* **week-ends**) *nm* Wochenende *nt*
western [wɛstɛʀn] *nm* Western *m*
whisky [wiski] (*pl* **whiskies**) *nm* Whisky *m*
white-spirit [wajtspiʀit] *nm* Terpentinersatz *m*
widget [widʒɛt] *nm* (*Inform*) Minianwendung *f*, Widget *nt*
wifi, wi-fi [wifi] *nm inv* Wi-Fi *nt* ▸ *adj inv* kabellos

X

X, x [iks] *nm inv* X, x *nt*; **plainte contre X** (*Jur*) Klage *f* gegen Unbekannt
xénophobe [gzenɔfɔb] *adj* ausländerfeindlich, fremdenfeindlich
xénophobie [gzenɔfɔbi] *nf* Ausländerfeindlichkeit *f*
xérès [gzeʀɛs] *nm* Sherry *m*
xylographie [gzilɔgʀafi] *nf* Holzschnitt *m*
xylophone [gzilɔfɔn] *nm* Xylofon *nt*

Y

Y, y¹ [igʀɛk] *nm inv* Y *nt*, y *nt*

MOT-CLÉ

y² [i] *adv* **1** (*à cet endroit : situation*) da, dort; **nous y sommes restés une semaine** wir blieben eine Woche dort; **nous y sommes** wir sind da
2 (*à cet endroit : mouvement*) dahin, dorthin; **nous y allons demain** wir fahren morgen dorthin
▸ *pron* (*vérifier la syntaxe du verbe employé*) : **j'y pense** ich denke daran; **s'y connaître** sich (da) auskennen; **il y a** *voir* **avoir**

yacht ['jɔt] *nm* Jacht *f*
yaourt ['jauʀt] *nm* Joghurt *m ou nt*
yaourtière ['jauʀtjɛʀ] *nf* Joghurtmaschine *f*
Yémen ['jemɛn] *nm* : **le ~** Yemen *m*
yéménite ['jemenit] *adj* yemenitisch
yeux [jø] *nmpl de* **œil**
yoga ['jɔga] *nm* Yoga *m ou nt*
yoghourt, yogourt ['jɔguʀt] *nm* = **yaourt**
yole ['jɔl] *nf* Skiff *nt*
yourte ['juʀt] *nf* Jurte *f*
yoyo ['jojo] *nm* Jo-Jo *nt*
yucca ['juka] *nm* Yuccapalme *f*
yuppie ['jupi] *nm* Yuppie *m*

Z

Z, z [zɛd] *nm inv* Z, z *nt*
ZAC [zak] *sigle f (= zone d'aménagement concerté) städtisches Entwicklungsgebiet*
ZAD [zad] *nf (= zone d'aménagement différé)* Bauerwartungsgebiet *nt*; *(= zone à défendre) zu verteidigendes (und zu besetzendes) Gebiet*
zadiste [zadist] *nmf* Besetzer(in) *m(f)* (eines ZAD)
Zaïre [zaiʀ] *nm* : **le ~** Zaire *nt*
zaïrois, e [zaiʀwa, waz] *adj* zairisch
Zambie [zɑ̃bi] *nf* : **la ~** Sambia *nt*
zapette [zapɛt] *(fam) nf* Fernbedienung *f*
zapper [zape] *vi* zappen ▸ *vt (fam : oublier)* vergessen
zappette [zapɛt] *(fam) nf* = **zapette**
zapping [zapiŋ] *nm* Zappen *nt*
zèbre [zɛbʀ] *nm* Zebra *nt*
zébré, e [zebʀe] *adj* gestreift
zébrure [zebʀyʀ] *nf (gén pl)* Streifen *m*
zèle [zɛl] *nm* Eifer *m*; **faire du ~** übereifrig sein
zélé, e [zele] *adj* eifrig
zénith [zenit] *nm* Zenit *m*
ZEP [zɛp] *sigle f (= zone d'éducation prioritaire) Gebiet für gezielte Erziehungsförderung*
zéro [zeʀo] *num* Null *f* ▸ *nm (Scol)* ≈ Sechs *f*
zeste [zɛst] *nm (Culin)* Schale *f*; *(fig)* : **un ~ de** ein Quäntchen
zézayer [zezeje] *vi* lispeln
ZI [ʒɛdi] *sigle f* Industriegebiet *nt*
zigouiller [ziguje] *(fam) vt* abmurksen
zigzag [zigzag] *nm* Zickzack *m*; *(point)* Zickzackstich *m*
Zimbabwe [zimbabwe] *nm* : **le ~** Zimbabwe *nt*
zimbabwéen, ne [zimbabweɛ̃, ɛn] *adj* Zimbabwisch
zinc [zɛ̃g] *nm* Zink *nt*; *(comptoir)* Theke *f*, Tresen *m*
zipper [zipe] *vt (Inform)* zippen
zizanie [zizani] *nf* : **mettre** *ou* **semer la ~** Zwietracht säen
zizi [zizi] *(fam) nm* Pimmel *m*
zodiaque [zɔdjak] *nm* Tierkreis *m*; **les signes du ~** die Sternzeichen
zona [zona] *nm* Gürtelrose *f*
zonard [zonaʀ] *(fam) nm* Rowdy *m*
zone [zon] *nf* Zone *f*, Gebiet *nt*; **~ à urbaniser en priorité** *Gebiet für städtebauliche Sanierungs- und Entwicklungsmaßnahmen*; **~ blanche** Mobilfunkloch *nt*; **~ bleue** ≈ Kurzparkzone *f*; **~ d'aménagement concerté** städtebauliches Erschließungsgebiet *nt*; **~ d'éducation prioritaire** schulisches Notstandsgebiet *nt*; **~ franche** Freizone *f*; **~ industrielle** Industriegebiet *nt*
zoner [zone] *(fam) vt* herumhängen
zoo [zo] *nm* Zoo *m*
zoologie [zɔɔlɔʒi] *nf* Zoologie *f*
zoologique [zɔɔlɔʒik] *adj* zoologisch
zoologiste [zɔɔlɔʒist] *nmf* Zoologe *m*, Zoologin *f*
zoom [zum] *nm* Zoom *m*, Zoomobjektiv *nt*
zootechnicien, ne [zootɛknisjɛ̃, jɛn] *nm/f* Tierzüchter(in)
zootechnique [zootɛknik] *nf* Tierzucht *f*
Zoug [zug] Zug *nt*
zozo [zozo] *(fam) nm* Doofi *m*
ZUP [zyp] *sigle f (= zone à urbaniser en priorité) Gebiet für städtebauliche Sanierungs- und Entwicklungsmaßnahmen*
Zurich [zyʀik] *n* Zürich *nt*
zut [zyt] *excl* Mist

Perspectives sur l'allemand

Introduction

Perspectives sur l'allemand vous propose de découvrir différents aspects de l'Allemagne, de l'Autriche et d'autres régions germanophones. Les pages qui suivent vous offrent la possibilité de faire connaissance avec les pays où l'on parle l'allemand et avec leurs habitants.

Des conseils pratiques sur la langue et des notes abordant les problèmes de traduction les plus fréquents vous aideront à parler l'allemand avec davantage d'assurance. Une partie très utile consacrée à la correspondance vous fournit toutes les informations dont vous avez besoin pour pouvoir communiquer efficacement.

Nous avons également inclus un certain nombre de liens vers des ressources en ligne qui vous permettront d'approfondir vos connaissances sur l'Europe germanophone et la langue allemande.

Nous espérons que vous prendrez plaisir à consulter votre supplément *Perspectives sur l'allemand*. Nous sommes sûrs qu'il vous aidera à mieux connaître les pays germanophones et à prendre confiance en vous, à l'écrit comme à l'oral.

L'Allemagne et ses régions

L'Allemagne et ses régions

Les dix plus grandes villes allemandes

Ville	*Nom des habitants*	*Population*
Berlin	die Berliner	3 520 031
Hamburg	die Hamburger	1 787 408
München	die Münchner	1 450 381
Köln	die Kölner	1 060 582
Frankfurt	die Frankfurter	732 688
Stuttgart	die Stuttgarter	623 738
Düsseldorf	die Düsseldorfer	612 178
Dortmund	die Dortmunder	586 181
Essen	die Essener	582 624
Leipzig	die Leipziger	560 472

Source : https://de.statista.com

Berlin a été la capitale de l'Allemagne de 1871 à 1945. Après la Seconde Guerre mondiale, et ce jusqu'en 1990, le pays a été divisé en deux : l'Allemagne de l'Ouest et l'Allemagne de l'Est. On retrouvait cette division à Berlin, qu'un mur partageait en secteur ouest et secteur est. L'Allemagne (Berlin compris) s'est réunifiée en 1990 et Berlin est redevenue la capitale de tout le pays en 1999.

L'Allemagne est une république composée de 16 États fédérés (*Länder*) dont beaucoup ont une longue histoire. Trois villes ont le statut de *Land* : Berlin et les villes libres hanséatiques de Brême et de Hambourg. Les treize autres *Länder* sont des régions : le Bade-Wurtemberg, la Bavière, le Brandebourg, la Hesse, le Mecklembourg-Poméranie-Occidentale, la Rhénanie-Westphalie, la Rhénanie-Palatinat, la Sarre, la Saxe, la Saxe-Anhalt, la Basse-Saxe, le Schleswig-Holstein, la Thuringe.

Le chef de l'État allemand est le président (*der Bundespräsident*) et c'est le chancelier (*der Bundeskanzler*) qui est à la tête du gouvernement. La forme féminine de ce mot (*die Bundeskanzlerin*) a été utilisée pour la première fois en 2005, quand une femme, Angela Merkel, est devenue chancelière.

Lien utile :
https://de.statista.com
Informations sur l'Allemagne.

Portrait de l'Allemagne

- En superficie, l'Allemagne (357 045 km²) est plus petite que la France (549 000 km²).

- Avec 82,2 millions d'habitants, la population allemande dépasse celle de la France. Son taux de natalité est bas (1,43 enfant par femme).

- L'économie allemande est la première d'Europe et l'une des plus importantes du monde.

- Le Rhin, qui prend sa source en Suisse et se jette dans la mer du Nord en Hollande, fait 1 320 km de long. La majeure partie de ce fleuve imposant coule en Allemagne (865 km).

- L'Allemagne compte autant de catholiques que de protestants.

- La plus haute montagne allemande est la Zugspitze (2 962 m).

- L'Allemagne a des frontières avec neuf autres pays : le Danemark, les Pays-Bas, la Belgique, le Luxembourg, la France, la Suisse, l'Autriche, la République tchèque et la Pologne.

- La bière allemande est réputée pour sa pureté et sa grande qualité. Il existe des centaines de petites brasseries indépendantes qui produisent des bières originales. L'Oktoberfest de Munich, une fête de la bière qui s'étale sur deux semaines, accueille six millions de personnes chaque année.

Quelques liens utiles :
www.destatis.de
Office fédéral de la statistique.
www.muenchen.de
Office du tourisme de Munich.

L'Autriche et ses régions

La Suisse et ses régions

Portraits de l'Autriche et de la Suisse

- L'allemand est la langue principale de l'Autriche et il est parlé par 65% de la population suisse.

- L'Autriche a une superficie de 83 870 km². Environ un cinquième des 8,7 millions d'Autrichiens habitent la capitale Vienne (*Wien*) ou ses alentours.

- L'Autriche est membre de l'Union européenne et utilise l'euro, contrairement à la Suisse qui ne fait pas partie de l'Union européenne et a gardé le franc suisse comme monnaie.

- L'Autriche est une république fédérale composée de neuf États. La Suisse, autre État fédéral, compte 26 cantons. Son appellation officielle est la Confédération suisse. Les lettres CH que l'on voit à l'arrière des voitures suisses sont le sigle de l'appellation latine : Confoederatio Helvetica.

- La montagne la plus haute d'Autriche est le Grossglockner (3 797 m).

- Le pic suisse le plus élevé est la Dufourspitze (4 643 m) : il est tout proche de la frontière avec l'Italie.

- La Suisse a une superficie de 41 290 km² seulement, soit environ la moitié de celle de l'Autriche, mais sa population est à peine moins nombreuse que celle de l'Autriche : 8,3 millions d'habitants.

- Il y a trois langues officielles en Suisse – l'allemand, le français et l'italien. 22,5% de la population parle le français et 8% l'italien. Il existe une quatrième langue nationale, le romanche, qui est parlé par 0,5 % de la population.

- La plus grande ville suisse est Zurich (410 404 habitants) mais la capitale est Berne (140 567 habitants).

- La banque est l'un des secteurs économiques les plus importants en Suisse. Les banques suisses sont légendaires pour leur discrétion.

Quelques liens utiles :
www.bfs.admin.ch
Office fédéral suisse de la statistique.
www.austria.info
Service autrichien de presse et d'information.

Les variétés d'allemand

L'allemand que nous apprenons est l'allemand standard ou *Hochdeutsch*. Les dialectes régionaux sont nombreux en Allemagne, mais il y en a aussi beaucoup en Autriche et en Suisse, où l'on peut rencontrer un certain nombre de mots et d'expressions qui ne correspondent pas à ceux de l'allemand standard. En voici quelques exemples :

Allemand autrichien (*Österreichisch*)	**Français**	**Allemand**
die Aschanti	la cacahuète	*die Erdnuss*
das Beisel	le (petit) bar	*das Wirtshaus*
das Best	le prix (récompense)	*der Preis*
die Bim	le tramway	*die Straßenbahn*
der Karfiol	le chou-fleur	*der Blumenkohl*
die Marille	l'abricot	*die Aprikose*
das Obers	la crème	*die Sahne*
der Paradeiser	la tomate	*die Tomate*
die Ribisel	la groseille (rouge)	*die Johannisbeere*

Certains des mots de la liste ci-dessous sont employés aussi bien par les Suisses qui parlent l'allemand standard que par les locuteurs du *Schweizerdeutsch*. Celui-ci est un dialecte parlé, tandis que l'allemand standard est la langue écrite de la Suisse germanophone.

Suisse allemand (*Schweizerdeutsch*)	**Français**	**Allemand**
der Abwart	le concierge	*der Hausmeister*
das Bébé	le bébé	*das Baby*
das Billett	le billet	*die (Fahr)karte*
der Goalie	le gardien de but	*der Torwart*
grüezi!	bonjour !	*guten Tag!*
das Morgenessen	le petit-déjeuner	*das Frühstück*
parkieren	se garer	*parken*
die Serviertochter	la serveuse	*die Kellnerin*
salü!	salut ! (au revoir)	*tschüs(s)!*
das Velo	le vélo	*das Fahrrad*

Les mots allemands du français

Si le français et l'allemand appartiennent à des familles linguistiques distinctes, les échanges entre ces deux langues ont été d'une grande richesse à tous les stades de leurs évolutions respectives. On a souvent tendance à sous-estimer le nombre de mots d'origine germanique que l'on utilise quotidiennement ; « bretelle », « brèche » ou « chope » en font partie depuis très longtemps.

Pour un francophone, il n'est pas difficile de deviner que des mots tels que *ersatz*, *leitmotiv*, *schuss*, *bock* ou même *vasistas* (de *was ist das?*) sont d'origine allemande, car leur orthographe et leur prononciation donnent une indication de leur provenance.

Il existe pourtant de nombreux emprunts à l'allemand d'usage courant et parfois familier qui sont susceptibles de passer inaperçus : c'est le cas de « halte » (du verbe *halten* « s'arrêter »), de « trinquer » (du verbe *trinken* « boire »), ou de « valse » (de *Walzer*).

Certains mots qui sont intimement liés aux représentations les plus répandues de la culture française proviennent également de l'allemand : c'est le cas d'« accordéon » (de *Akkordeon*) et de « croissant », une « viennoiserie » dont on attribue parfois la paternité aux Autrichiens. Ces mots d'origine allemande ont subi des transformations phonétiques et orthographiques qui ont contribué à les franciser. Dans le cas de « jardin d'enfants », on voit que le procédé a consisté à traduire mot à mot *Kindergarten*.

Naturellement, l'engouement pour la littérature allemande ou les avancées de la science outre-Rhin ont favorisé l'afflux de mots allemands en français. Pour les sciences, on retiendra « diesel », de l'inventeur Rudolf Diesel, ou « compteur Geiger », du nom du chercheur en physique nucléaire Hans Geiger.

Les mots français de l'allemand

De nombreux mots français sont entrés dans le vocabulaire allemand et sont d'usage courant, avec, pour certains, une orthographe un peu différente.

Beaucoup ont le même sens en allemand et en français :

das Blouson	*die Garage*
das Budget	*die Grippe*
die Chance	*die Konfitüre*
das Eau de Cologne	*das Niveau*
die Fassade	*das Parfüm*
der Fauxpas	*die Pommes frites*

Méfiez-vous cependant d'autres termes provenant du français, ou d'apparence française, et dont le sens n'est pas celui auquel on pourrait s'attendre :

die Bagage	la canaille
die Balance	l'équilibre
der Etat	le budget
der Intendant	le directeur (*Théât, TV*)
das Parterre	le rez-de-chaussée
das Souterrain	le sous-sol

Un peu d'allemand familier

Il est naturel d'adapter son registre de langue en fonction des situations dans lesquelles on se trouve. Lorsque vous visiterez un pays germanophone, les situations de la vie quotidienne vous donneront certainement l'occasion d'entendre des expressions familières.

Voici quelques exemples de mots familiers allemands :

bescheuert	fou
flennen	pleurer
geil	fantastique
die Glotze	la télévision
das Klo	les toilettes
der Knast	la prison
die Kneipe	le bistrot
die Kohle	l'argent
quatschen	parler
schummeln	tricher
tschüs(s)	salut (au revoir)
der Typ	le type
der Zoff	les ennuis, les problèmes

La langue familière est indiquée très clairement dans le dictionnaire pour que vous puissiez choisir les termes les mieux adaptés à la situation.

Employez avec prudence ce qui est signalé comme « familier » (*fam*) dans votre dictionnaire, et évitez ce qui comporte la mention « vulgaire » (*vulg*).

Améliorez votre prononciation

Il existe différentes méthodes pour améliorer votre prononciation et prendre confiance en vous à l'oral :

- écouter la radio allemande et regarder la télévision allemande
- regarder des films allemands en version originale
- parler avec des germanophones

Quelques liens utiles :
http://www.ard.de/home/radio/Radio/22550/index.html
Site d'une des radios allemandes qui donne aussi des informations sur différents événements culturels.
http://www.dw.com/de/themen/s-9077
DeutscheWelle est l'équivalent allemand de Radio France Internationale et France 24.

Quelques points à retenir pour une meilleure prononciation

Les lettres qui sont propres à l'allemand :

- **ä** – se prononce comme le ***ê*** de être.
- **ö** – se prononce comme le ***eu*** de beurre.
- **ü** – se prononce comme le ***u*** de salut.
- **ß** – se prononce comme le ***s*** de sel.

Notez aussi les points suivants :

- **j** – se prononce généralement comme ***ill*** dans mouillé ou ***y*** dans yeux.
- **v** – se prononce en général ***f***.
- **w** – se prononce ***v***.

Exprimez-vous avec plus de naturel

Les mots et expressions de la conversation

En français, nous émaillons nos conversations de mots et de formules comme « donc », « alors », « au fait » pour structurer notre réflexion et souvent aussi pour exprimer un état d'esprit. Les mots allemands ci-dessous jouent le même rôle. En les employant, vous gagnerez en aisance et en naturel.

- ***also***
  *Kommst du **also** mit (ja oder nein)?*
  (= alors, donc)
  ***Also**, wie ich schon sagte, …* (= donc)

- ***übrigens***
  ***Übrigens**, du schuldest mir zehn Euro.*
  (= au fait)
  *Ich habe sie **übrigens** gestern getroffen.*
  (= au fait, d'ailleurs)

- ***schließlich***
  *Er hat es mir **schließlich** doch gesagt.*
  (= finalement)
  *Sie ist **schließlich** erst drei Jahre alt.*
  (= après tout)

- ***stimmt!, stimmts?***
  *Er ist doch in Australien. – **Stimmt!***
  (= voilà !, c'est ça !)
  *Du hast mich belogen, **stimmts?***
  (= c'est ça ?)

- ***wirklich***
  *Bist du mir böse? – Nicht **wirklich**.*
  (= vraiment)
  *Das hat mich **wirklich** geärgert.*
  (= vraiment)

- ***jedenfalls***
  *Es ist **jedenfalls** schon zu spät.*
  (= en tout cas)
  *Er hat nichts gesagt, **jedenfalls** nichts Neues.* (= en tout cas)

- ***eigentlich***
  *Wer hat das Spiel **eigentlich** gewonnen?*
  (= réellement)
  *Bist du müde? – **Eigentlich** nicht.*
  (= réellement)

- ***nämlich***
  *Wir bleiben zu Hause, es ist **nämlich** sehr regnerisch.* (= en effet)
  *Er ist **nämlich** mein bester Freund.*
  (= en effet)

- ***überhaupt***
  *Hörst du mir **überhaupt** zu?*
  (= vraiment)
  *Ich habe **überhaupt** keinen Grund dazu.*
  (= vraiment)

Exprimez-vous avec plus de naturel

En variant les mots que vous employez pour faire passer une idée, vous contribuerez également à donner le sentiment que vous êtes à l'aise en allemand. À titre d'exemple, vous connaissez déjà *Ich mag diesen Film*, mais pour changer vous pourriez exprimer la même idée avec *Dieser Film gefällt mir*. Voici d'autres suggestions :

Pour dire ce que vous aimez ou n'aimez pas

Die CD ***hat mir sehr gut gefallen****.*	J'ai adoré...
Der Frankreichurlaub ***hat uns Spaß gemacht****.*	Nous avons bien aimé...
Ich mag *ihn.*	J'aime bien...
Ich mag keinen *Fisch.*	Je n'aime pas...
Ich hasse *Fußball.*	Je déteste...
Ich kann *ihn* ***nicht ausstehen****.*	Je ne supporte pas...

Pour exprimer votre opinion

Ich denke*, wir sollten gehen.*	Je pense que...
Ich glaube*, er hat richtig gehandelt.*	Je crois que...
Ich finde*, wir sollten es versuchen.*	Je pense que...
Ich bin sicher, dass *er gelogen hat.*	Je suis sûr que...
Meiner Meinung nach *hat er einen Fehler gemacht.*	À mon avis...

Pour exprimer votre accord ou votre désaccord

Du hast recht.	Tu as raison.
Ich stimme Ihnen zu.	Je suis d'accord avec vous.
Ich bin ganz Ihrer Meinung.	Je suis entièrement d'accord avec vous.
Er hat unrecht.	Il a tort.
Ich bin anderer Meinung.	Je ne suis pas de cet avis.

La correspondance

Le chapitre suivant sur la correspondance a été conçue pour vous aider à communiquer en toute confiance en allemand, à l'écrit comme à l'oral. Grâce à des exemples de lettres et d'e-mail, ainsi qu'aux parties consacrées aux SMS et aux conversations téléphoniques, vous pouvez être sûr que vous disposez de tout le vocabulaire nécessaire à une correspondance réussie en allemand.

La correspondance privée

Datei | Bearbeiten | Ansicht | Extras | **Verfassen** | Hilfe | Senden

An: erika.schmidt@euronet.de

Cc:

Bcc:

Betreff: Danke

Pas de majuscule au début de la lettre

Liebe Tante Erika,

ich möchte mich ganz herzlich für dein tolles Geburtstagsgeschenk bedanken. Diese DVD habe ich mir schon seit langem gewünscht. Harrison Ford war schon immer mein Lieblingsschauspieler und ich habe mir den Film bereits zweimal angesehen.

Den Sommerurlaub habe ich mit meiner Freundin in Frankreich verbracht. Aber in den nächsten Monaten muss ich mich intensiv auf mein Abitur vorbereiten. Ich hoffe, dass ich danach in München Medizin studieren kann. Vielleicht gehe ich aber vorher noch für ein Jahr ins Ausland.

Ich habe gehört, dass Onkel Heinz vor kurzem krank war. Ich hoffe, es geht ihm inzwischen besser, und meine Eltern und ich freuen uns auf unseren Besuch bei euch im Oktober.

Viele Grüße

Jens

La correspondance privée

Autres manières de commencer une lettre ou un e-mail à un ami ou parent	Autres manières de terminer une lettre ou un e-mail à un ami ou parent
Liebe Freunde *Liebe Anita, lieber Andreas* *Liebe Eltern*	*Herzliche Grüße* *Liebe Grüße* *Viele Grüße auch von…*

Quelques formules utiles

Vielen Dank für deinen Brief.	Merci beaucoup pour ta lettre.
Schön, von dir zu hören.	Ça m'a fait plaisir d'avoir de tes nouvelles.
Tut mir leid, dass ich erst jetzt antworte.	Désolé(e) de ne pas avoir répondu plus tôt.
Bitte grüße Silvia von mir.	Salue Silvia de ma part, s'il te plaît.
Mutti lässt schön grüßen.	Maman te dit bonjour.
Bitte schreib mir bald.	Écris-moi vite, s'il te plaît.

La correspondance commerciale

Vos nom et adresse → Ina Grünewald
Augustinstr. 24
69321 Heidelberg

La ville d'où vous écrivez et la date → Heidelberg, 14. August 2017

Fuhrmann GmbH
Personalabteilung
Friedrich-Schiller-Str. 10
70569 Stuttgart
← Le nom et l'adresse de la personne ou de l'entreprise à laquelle vous écrivez

Bewerbung als Fremdsprachenkorrespondentin

Sehr geehrte Damen und Herren,

ich beziehe mich auf Ihr Stellenangebot in der Stuttgarter Zeitung vom 12. August und möchte mich als Fremdsprachenkorrespondentin in Ihrer Firma bewerben.

Ich verfüge über ausgezeichnete Englisch- und Französischkenntnisse sowie Grundkenntnisse in den Sprachen Spanisch und Portugiesisch. Darüber hinaus habe ich gute Erfahrung bei der Texterfassung am PC (ca. 220 Anschläge pro Minute).

Weitere Einzelheiten entnehmen Sie bitte dem beigefügten Lebenslauf.

Mit freundlichen Grüßen

Ina Grünewald

La correspondance commerciale

Autres manières de commencer une lettre ou un e-mail d'ordre professionnel	Autres manières de terminer une lettre ou un e-mail d'ordre professionnel
Sehr geehrter Herr Franzen *Sehr geehrte Frau Meinhardt* *Sehr geehrter Herr Dr. Bleibtreu* *Sehr geehrter Herr Professor Schmitt*	*...und verbleibe mit freundlichen Grüßen* *Mit freundlichem Gruß* *Hochachtungsvoll*

Quelques formules utiles

Vielen Dank für Ihr Schreiben vom...	Merci beaucoup pour votre lettre du...
Mit Bezug auf...	Suite à...
Anbei schicke ich Ihnen...	Veuillez trouver ci-joint...
Ich würde mich freuen, von Ihnen zu hören.	Dans l'attente de votre réponse...
Ich danke Ihnen im Voraus für...	Merci d'avance pour...

Herrn
Prof. Günter Seiffarth
Salamanderstr. 57
04989 Leipzig
DEUTSCHLAND

Ceci est la forme dative de *Herr* - le mot *an* (= à) est sous-entendu. Utilisez *Frau* si le destinataire est une femme.

Le numéro du bâtiment vient après le nom de la rue, et le code postal vient avant le nom de la ville.

Les SMS

Abréviation	Allemand	Français
8ung	*Achtung*	attention
akla	*alles klar*	OK
bb	*bis bald*	à bientôt
bd	*bis dann*	à plus *ou* à+
DaD	*denk an dich*	je pense à toi
div	*danke im Voraus*	merci d'avance
GA	*Gruß an*	bonjour/salutations à
GiE	*Ganz im Ernst*	sérieusement
GLG	*Ganz liebe Grüße*	grosses bises
gn8	*gute Nacht*	bonne nuit
GuK, G&K	*Gruß und Kuss*	bisous
HDL	*Hab dich lieb*	je t'aime (beaucoup)
HEGL	*Herzlichen Glückwunsch*	félicitations, joyeux anniversaire
ild	*Ich liebe dich*	je t'aime
mediwi	*melde dich wieder*	donne des nouvelles
mfg	*mit freundlichen Grüßen*	amitiés
rumian	*ruf mich an*	appelle-moi
sfh	*Schluss für heute*	c'est tout pour aujourd'hui
siw	*soweit ich weiß*	à ma connaissance
sTn	*schönen Tag noch*	passe une bonne journée
sz	*schreib zurück*	réponds-moi
vlg	*viele Grüße*	amitiés
vv	*viel Vergnügen*	amuse-toi bien

Vocabulaire des e-mails et d'Internet

Datei | Bearbeiten | Ansicht | Extras | **Verfassen** | Hilfe | Senden

Neue Nachricht
Antworten
Allen antworten
Weiterleiten
Anlage

An: markus.mueller@euronet.de
Cc:
Bcc:
Betreff: Unsere Verabredung

En allemand, lorsqu'on donne son adresse électronique à quelqu'un, on dit : *markus punkt mueller ät euronet punkt de-e*

Hallo Markus,

hast du vergessen, dass wir uns gestern treffen wollten? Anke und ich waren da und haben über eine Stunde auf dich gewartet. Bitte melde dich so bald wie möglich bei mir, damit wir einen neuen Termin vereinbaren können.

Viele Grüße

Thomas

Datei (f)	fichier
Bearbeiten	réviser
Ansicht (f)	affichage
Extras (ntpl)	outils
Verfassen	écrire
Hilfe (f)	aide
Senden	envoyer
Neue Nachricht (f)	nouveau message
Antworten	répondre

Allen antworten	répondre à tous
Weiterleiten	transférer
Anlage (f)	pièce jointe
An	à
Cc	cc (copie carbone)
Bcc	cci (copie carbone invisible)
Betreff (m)	objet, sujet
Von	de
Datum (nt)	date

Vocabulaire des e-mails et d'Internet

D'autres termes peuvent vous être utiles sur Internet :

abmelden	se déconnecter, fermer sa session
anmelden	se connecter, ouvrir une session
ausloggen	se déconnecter, fermer sa session
Bildschirm (m)	écran
Breitband (nt)	haut débit
Browser (m)	navigateur
chatten	chatter
Datenbank (f)	base de données
doppelklicken	double-cliquer
drucken	imprimer
einfügen	coller
einloggen	se connecter, ouvrir une session
ersetzen	remplacer
FAQ (nt)	FAQ
Favoriten (mpl)	favoris
Fenster (nt)	fenêtre
herunterladen	télécharger
Homepage (f)	page d'accueil
Icon (nt)	icone
Internet (nt)	Internet
Internetprovider (m)	fournisseur d'accès à Internet, FAI
klicken	cliquer
Links (mpl)	liens
Menü (nt)	menu
Ordner (m)	dossier
Papierkorb (m)	corbeille
Pfeiltasten (fpl)	flèches (sur un clavier)
Provider (m)	fournisseur d'accès
speichern	sauvegarder
suchen	rechercher
Suchmaschine (f)	moteur de recherche
(im Internet) surfen	surfer (sur le web)
Tabellenkalkulation (f)	feuille de calcul
Tastatur (f)	clavier
Verzeichnis (nt)	répertoire
Webseite (f)	page web
Website (f)	site web
weiter	page suivante
(World Wide) Web (nt)	le web
zurück	page précédente

Au téléphone

Pour demander des renseignements

Was ist die Vorwahl für Freiburg?	Quel est l'indicatif de Fribourg ?
Wie bekomme ich eine Amtsleitung?	Qu'est-ce que je dois faire pour avoir la ligne extérieure ?
Können Sie mir die Durchwahl von Herrn Faltermeier geben?	Est-ce que vous pouvez me donner le numéro de poste de monsieur Faltermeier ?

Quand on répond à votre appel

Hallo! Ist Barbara da?	Bonjour ! Est-ce que Barbara est là ?
Kann ich bitte mit Peter Martin sprechen?	Est-ce que je pourrais parler à Peter Martin, s'il vous plaît ?
Spreche ich mit Frau Schuster?	Mademoiselle/Madame Schuster ?
Könnten Sie sie bitten, mich zurückzurufen?	Est-ce que vous pouvez lui demander de me rappeler ?
Ich rufe in einer halben Stunde wieder an.	Je rappellerai dans une demi-heure.
Kann ich bitte eine Nachricht hinterlassen?	Est-ce que je pourrais laisser un message, s'il vous plaît ?

Quand vous répondez au téléphone

Wer spricht bitte?	Qui est à l'appareil ?
Hier ist Marion.	C'est Marion.
Am Apparat.	Lui-même/elle-même.

Ce que vous entendrez peut-être

Wer ist am Apparat?	C'est de la part de qui ?
Ich verbinde Sie mit...	Je vous mets en relation avec.../ Je vous passe...
Bitte bleiben Sie am Apparat.	Ne quittez pas.
Es meldet sich niemand.	Ça ne répond pas.
Es ist besetzt.	La ligne est occupée.
Möchten Sie eine Nachricht hinterlassen?	Est-ce que vous voulez laisser un message ?

En cas de problème

Tut mir leid, ich habe mich verwählt.	Pardon, je me suis trompé(e) de numéro.
Die Verbindung ist sehr schlecht.	La ligne est très mauvaise.
Hier ist kein Netz.	On ne capte pas ici.
Mein Akku ist fast leer.	Je n'ai presque plus de batterie.
Ich kann Sie nicht verstehen.	Je ne vous entends pas.

Pour donner votre numéro de téléphone

Pour donner son numéro de téléphone à quelqu'un en allemand, on regroupe généralement les chiffres par deux. Par exemple :

01 80 45 23 12 *null-eins / achtzig / fünfundvierzig / dreiundzwanzig / zwölf*

Si le nombre de chiffres est impair, c'est le premier que l'on donne séparément :

238 47 32 94

zwei / achtunddreißig / siebenundvierzig / zweiunddreißig / vierundneunzig

Locutions allemandes

En allemand comme dans bien d'autres langues, les gens ont recours à des expressions vivantes qui viennent d'images basées sur leur perception de la vie réelle. Les expressions courantes ci-dessous ont été regroupées en fonction du type d'images qu'elles évoquent. Pour rendre le tout plus amusant, nous vous donnons la traduction mot à mot ainsi que l'équivalent en français.

Les fruits et légumes

für einen Apfel und ein Ei → pour une bouchée de pain
mot à mot : *pour une pomme et un œuf*

Mit ihm ist nicht gut Kirschen essen. → C'est un mauvais coucheur.
mot à mot : *On ne mange pas de cerises avec lui.*

Das macht den Kohl nicht fett. → Ce n'est pas ça qui va nous aider.
mot à mot : *Ce n'est pas ça qui engraissera le chou.*

sich die Radieschen von unten ansehen → manger les pissenlits par la racine
mot à mot : *regarder les radis par en dessous*

Les animaux

Da liegt der Hund begraben. → C'est là que le bât blesse.
mot à mot : *C'est là que le chien est enterré.*

Die Spatzen pfeifen es von den Dächern. → C'est connu comme le loup blanc.
mot à mot : *Les moineaux le chantent sur les toits.*

wo sich Fuchs und Hase gute Nacht sagen → au milieu de nulle part
mot à mot : *là où le renard et le lièvre se disent bonne nuit*

seine Schäfchen ins Trockene bringen → faire sa pelote
mot à mot : *rentrer ses petits moutons au sec*

die Sau rauslassen → se laisser aller
mot à mot : *laisser la truie partir*

Les parties du corps

Hals über Kopf → précipitamment
mot à mot : *le cou par-dessus la tête*

sich kein Bein ausreißen → ne pas se casser la tête
mot à mot : *ne pas s'arracher la jambe*

Es brennt mir auf der Zunge. → Je meurs d'envie de le dire.
mot à mot : *Ça me brûle la langue.*

auf freiem Fuß sein → être libre
mot à mot : *être sur un pied libre*

Locutions allemandes

Le climat

Das ist Schnee von gestern. → C'est vieux comme le monde.
mot à mot : *C'est de la neige d'hier.*

ein Gesicht wie drei Tage Regenwetter → une tête d'enterrement
mot à mot : *une tête comme trois jours de pluie*

Hier ist dicke Luft. → Il y a de l'orage dans l'air.
mot à mot : *L'air est épais ici.*

etwas in den Wind schreiben → faire une croix sur quelque chose
mot à mot : *écrire quelque chose dans le vent*

Es regnet Bindfäden. → Il pleut des cordes.
mot à mot : *Il pleut des bouts de ficelle.*

Les vêtements

Mir ist der Kragen geplatzt. → Là, c'en est trop.
mot à mot : *Mon col a craqué.*

Das ist Jacke wie Hose. → C'est kif-kif bourricot.
mot à mot : *C'est comme la veste et le pantalon.*

jemandem auf den Schlips treten → marcher sur les pieds de quelqu'un
mot à mot : *marcher sur la cravate de quelqu'un*

Das sind zwei Paar Stiefel. → Ce sont deux choses tout à fait différentes.
mot à mot : *Ce sont deux paires de bottes.*

eine weiße Weste haben → n'avoir rien à se reprocher
mot à mot : *avoir un gilet blanc*

Les couleurs

das Blaue vom Himmel versprechen → promettre la lune
mot à mot : *promettre le bleu du ciel*

Sie sind sich nicht grün. → Ils ne se font pas de cadeaux.
mot à mot : *Ils ne sont pas verts l'un pour l'autre.*

Du kannst warten, bis du schwarz wirst. → Tu peux attendre jusqu'à la Saint-Glinglin.
mot à mot : *Tu peux attendre jusqu'à ce que tu deviennes noir.*

eine Fahrt ins Blaue → un voyage surprise
mot à mot : *un voyage dans le bleu*

sich eine goldene Nase verdienen → faire fortune
mot à mot : *gagner un nez en or*

Quelques problèmes de traduction courants

Dans les pages suivantes, nous abordons quelques-unes des difficultés de traduction que vous risquez de rencontrer. Nous espérons que les astuces que nous vous donnons vous permettront d'éviter les pièges classiques de l'allemand écrit et parlé.

Masculin, féminin et neutre

Les mots allemands peuvent appartenir à trois genres différents : le masculin, le féminin ou le neutre. Lorsque vous apprenez un mot, il est important de retenir son genre aussi.

• Les mots masculins prennent l'article ***der*** :

le père	➜ *der Vater*
l'âne	➜ *der Esel*
le moteur	➜ *der Motor*
le métier	➜ *der Beruf*

Parmi eux, on trouve notamment les êtres de sexe masculin, les jours, les mois et les saisons, ainsi que les noms de monnaies.

• Les mots féminins prennent l'article ***die*** :

la mère	➜ *die Mutter*
la soie	➜ *die Seide*
la scie	➜ *die Säge*
la voix	➜ *die Stimme*

Les êtres de sexe féminin, les chiffres, ainsi qu'un grand nombre d'arbres et de fleurs comptent parmi les mots féminins.

• Les mots neutres ont l'article ***das*** :

la voiture	➜ *das Auto*
la maison	➜ *das Haus*
le tableau (peinture d'art)	➜ *das Bild*
le livre	➜ *das Buch*

Parmi les neutres, on retrouve notamment les petits des êtres vivants (l'enfant : *das Kind*) et les noms de couleurs.

Quelques problèmes de traduction courants

- Un mot peut être masculin en français et féminin en allemand, et inversement :

le chat	➜ *die Katze*
le nuage	➜ *die Wolke*
la volonté	➜ *der Wille*
la lune	➜ *der Mond*

- Il est d'autant plus important de bien connaître le genre d'un mot qu'il existe des cas où le même mot va prendre des sens différents selon son genre :

der Kiefer	➜ la mâchoire
die Kiefer	➜ le pin
der See	➜ le lac
die See	➜ la mer
der Gehalt	➜ le contenu
das Gehalt	➜ le salaire
der Band	➜ le volume (livre)
die Band	➜ le groupe (de rock, jazz)
das Band	➜ le bandeau

Du et Sie

En allemand, il existe un équivalent du vouvoiement mais qui fonctionne de façon un peu différente.

- Employez ***du*** comme « tu », avec une personne que vous connaissez bien ou un enfant :

Est-ce que **tu** peux me prêter ce livre ? ➜ *Kannst* ***du*** *mir dieses Buch leihen?*

- Employez ***ihr*** pour vous adresser à un groupe de personnes que vous connaissez bien ou à des enfants par exemple :

Vous comprenez, les enfants ? ➜ *Versteht* ***ihr*** *das, Kinder?*

- Avec une ou plusieurs personnes que vous ne connaissez pas bien, utilisez ***Sie*** :

Est-ce que **vous** connaissez ma femme ? ➜ *Kennen* ***Sie*** *meine Frau?*

Quelques problèmes de traduction courants

Contrairement au français, l'allemand permet de faire la distinction que l'on connaît avec le tutoiement et le vouvoiement au pluriel, grâce au pronom ***Sie***. Attention à bien faire la différence entre le ***Sie*** de politesse, le ***sie*** singulier (elle) et le ***sie*** pluriel (ils/elles).

Quelqu'un avec qui vous avez fait connaissance vous demandera peut-être :

Wollen wir uns duzen?	→	On peut se tutoyer ?

L'ordre des mots dans la phrase

L'ordre des mots dans la phrase est beaucoup plus variable en allemand qu'en français. Par exemple, si une phrase débute par autre chose que le sujet en allemand, l'ordre du sujet et du verbe change :

Aujourd'hui, **nous** n'**avons** pas cours.	→	*Heute **haben wir** keinen Unterricht.*
À trois heures, **mon oncle vient** nous rendre visite.	→	*Um 3 Uhr **kommt mein Onkel** zu Besuch.*

Dans les propositions subordonnées (dans une phrase, la partie qui commence par « que », « si », « parce que » etc.), le verbe se place toujours à la fin de la proposition en allemand :

Je sais qu'elle **est** professeur.	→	*Ich weiß, dass **sie** Lehrerin **ist**.*
Je l'aime bien parce qu'il m'**achète** toujours des cadeaux.	→	*Ich mag ihn, weil **er** mir immer Geschenke **kauft**.*

L'ordre des mots est également un moyen d'insister sur un aspect ou un autre de la phrase :

Il a donné l'argent à sa sœur.	→	*Er gab seiner Schwester das Geld.*
C'est à sa sœur qu'il a donné l'argent.	→	*Er gab das Geld **seiner Schwester**.*
Elle est passée me prendre hier pour aller nager.	→	*Sie hat mich gestern zum Schwimmen abgeholt.*
C'est hier qu'elle est passée me prendre pour aller nager.	→	***Gestern** hat sie mich zum Schwimmen abgeholt.*
C'est pour aller nager qu'elle est passée me prendre hier.	→	*Sie hat mich gestern abgeholt, **zum Schwimmen**.*
C'est moi qu'elle est passée prendre hier pour aller nager.	→	***Mich** hat sie gestern zum Schwimmen abgeholt.*

Quelques problèmes de traduction courants

Traduction de l'article défini

Il existe un certain nombre de cas dans lesquels l'article défini français (« le », « la », « les ») n'est pas traduit en allemand.

- Entre ***Herr***, ***Frau*** (« Monsieur », « Madame/Mademoiselle ») et un titre ou un nom de fonction (« président », « docteur », « directeur ») :

Madame **la** chancelière ➜ *Frau Bundeskanzlerin*
Monsieur **le** directeur ➜ *Herr Direktor*
Mademoiselle **la** présidente ➜ *Frau Präsidentin*

- Avant un titre suivi d'un nom propre :

La chancelière Merkel est en visite à Paris. ➜ ***Bundeskanzlerin Merkel*** *ist zu Besuch in Paris.*
La reine Élisabeth a fait un discours. ➜ ***Königin Elisabeth*** *hat eine Rede gehalten.*

- Après « tous » (***alle***) :

Tous les enfants de la classe sont venus. ➜ ***Alle*** *Schüler der Klasse sind gekommen.*
Ils ont dit oui **tous les** deux. ➜ *Sie haben* ***alle*** *beide Ja gesagt.*

- Dans les tournures du type « le mois dernier » (***letzte***), « l'année prochaine » (***nächste***) etc. :

Je t'appelle **la** semaine **prochaine**. ➜ *Ich rufe dich* ***nächste*** *Woche an.*
J'ai vu ce film **l'**année **dernière**. ➜ *Ich habe diesen Film* ***letztes*** *Jahr gesehen.*

Du, de la, des...

L'article partitif (« du », « de la », « des ») dans les tournures telles que « je voudrais du thé », « j'ai demandé du vin » ne se traduit pas en allemand :

Est-ce que l'on peut avoir **du** pain, s'il vous plaît ? ➜ *Könnten wir bitte Brot haben?*
Il y a **de la** neige sur la route. ➜ *Auf der Straße liegt Schnee.*
Je suis allé chercher **de la** farine. ➜ *Ich bin Mehl holen gegangen.*

Quelques problèmes de traduction courants

• Le « de » de « combien de... ? » (***wie viel***) n'est pas non plus traduit en allemand :

Combien de paquets as-tu achetés ? ➜ ***Wie viele*** *Packungen hast du gekauft?*
Combien d'enfants ont-ils ? ➜ ***Wie viele*** *Kinder haben sie?*

Traduction de « quand »

Le mot français « quand » se traduit de différentes façons en allemand.

• En tant qu'interrogatif, il se traduit par ***wann*** :

Quand est-ce que le train arrive ? ➜ ***Wann*** *kommt der Zug an?*
Quand viendra-t-elle nous voir ? ➜ ***Wann*** *kommt sie uns besuchen?*
Quand es-tu arrivé en Allemagne ? ➜ ***Wann*** *bist du in Deutschland angekommen?*

• Quand il évoque une répétition dans le présent ou le passé, il se traduit par ***wenn*** :

Quand je le vois, il me fait signe de la main. ➜ ***Wenn*** *ich ihn sehe, winkt er mir zu.*
Quand je vois cette maison, je pense à lui. ➜ ***Wenn*** *ich dieses Haus sehe, denke ich an ihn.*
Quand j'allais à l'école, je passais par ici. ➜ ***Wenn*** *ich zur Schule ging, kam ich hier vorbei.*

• Lorsqu'on veut faire référence à un événement unique du passé, on traduit « quand » par ***als*** :

Quand je l'ai vu, il m'a fait signe de la main. ➜ ***Als*** *ich ihn sah, winkte er mir zu.*
Ils sont partis en Allemagne **quand** elle avait cinq ans. ➜ *Sie sind nach Deutschland gegangen,* ***als*** *sie fünf Jahre alt war.*
Quand ils sont arrivés, il faisait nuit. ➜ ***Als*** *sie ankamen, war es dunkel.*

Traduction de « il y a »

En allemand, on emploie ***es gibt*** pour dire « il y a » dans le sens de « quelque chose existe » :

Il y a un problème. ➜ ***Es gibt*** *ein Problem.*
Il n'y a pas de Dieu. ➜ ***Es gibt*** *keinen Gott.*
Il y a deux raisons à cela. ➜ ***Es gibt*** *zwei Gründe dafür.*

Quelques problèmes de traduction courants

Es gibt peut aussi s'employer pour décrire le temps qu'il va faire :

Il va y avoir de la pluie. ➜ ***Es gibt*** *Regen.*
Il va y avoir un orage demain. ➜ *Morgen* ***gibt es*** *ein Gewitter.*

Dans de nombreux cas cependant, l'allemand va recourir à un verbe beaucoup plus spécifique au contexte que le français, par exemple quand « il y a » signifie « se trouve » :

Il y a quelqu'un à la porte. ➜ *Jemand* ***steht*** *vor der Tür.*
Il y a cinq livres sur la table. ➜ *Fünf Bücher* ***liegen*** *auf dem Tisch.*
Il y a encore du pain. ➜ *Es* ***ist*** *noch Brot* ***da***.
Il y a un malentendu. ➜ *Es* ***liegt*** *ein Missverständnis* ***vor***.

Traduction de « aller »

« Aller » est, en général, traduit par ***gehen***, mais comme nous l'avons vu plus haut, en allemand on emploie généralement des verbes plus spécifiques qu'en français. Ainsi, les verbes de déplacement varient en fonction du mode de transport.

- Pour les déplacements en voiture, en train ou en bateau, employez le verbe ***fahren*** :

Nous **allons** à Vienne demain. ➜ *Morgen* ***fahren*** *wir nach Wien.*
Il **va** à Strasbourg toutes les semaines. ➜ *Er* ***fährt*** *jede Woche nach Straßburg.*
Nous voulons **aller** au Groenland en bateau. ➜ *Wir wollen mit dem Schiff nach Grönland* ***fahren***.

- Pour les déplacements en avion, utilisez ***fliegen*** :

Cet avion **va** à Toronto. ➜ *Dieses Flugzeug* ***fliegt*** *nach Toronto.*

Traduction de « mettre »

« Mettre » est un autre exemple de verbe français qui donne lieu à des traductions différentes en allemand.

- Lorsqu'il s'agit de poser quelque chose à plat, employez ***legen*** :

Mets le livre dans le tiroir. ➜ ***Leg*** *das Buch in die Schublade.*
Où est-ce que je dois **mettre** mes affaires ? ➜ *Wohin soll ich meine Sachen* ***legen***?

Quelques problèmes de traduction courants

• Pour un objet posé à la verticale, employez ***stellen*** :

Mettez le livre sur l'étagère. ➜ ***Stellt*** *das Buch ins Regal.*
Elle **a mis** le vase sur la table. ➜ *Sie* ***stellte*** *die Vase auf den Tisch.*

• Lorsque « mettre » signifie « asseoir » ou « placer », on utilise ***setzen*** :

Elle **a mis** l'enfant sur la chaise. ➜ *Sie* ***setzte*** *das Kind auf den Stuhl.*
Mets la balle rouge derrière la noire. ➜ ***Setz*** *die rote Kugel hinter die schwarze.*

Faux amis

Un certain nombre de termes allemands et français se ressemblent mais certains n'ont pas du tout le même sens : ce sont des faux amis. Le mot allemand *das Baiser*, par exemple, n'a pas le même sens que le mot « baiser » en français, puisqu'il se traduit par « meringue » (« le baiser » se dit *der Kuss* en allemand). Voici quelques autres exemples de faux amis :

Der junge ***Dirigent*** *hatte einen Riesenerfolg.* ➜ Le jeune **chef d'orchestre** a fait un triomphe.
Les **dirigeants** se réunissent aujourd'hui. ➜ *Die* ***Vorsitzenden*** *treffen sich heute.*

Der Bräutigam trägt eine weiße ***Weste***. ➜ Le marié porte un **gilet** blanc.
La **veste** est un peu grande pour elle. ➜ *Die* ***Jacke*** *ist etwas zu groß für sie.*

Er stellt seine Bücher in ein ***Regal***. ➜ Il range ses livres sur une **étagère**.
Le gâteau à la cannelle est un vrai **régal** ! ➜ *Der Zimtkuchen ist ein richtiges* ***Festessen***!

Wir müssen dieser ***Route*** *folgen.* ➜ Il faut que l'on suive cet **itinéraire**.
La **route** est inondée. ➜ *Die* ***Straße*** *ist überflutet.*

Der neue Lehrer ist sehr ***nett***. ➜ Le nouveau professeur est très **gentil**.

La photo n'est pas très **nette**. ➜ *Das Foto ist nicht sehr* ***scharf***.

DEUTSCH – FRANZÖSISCH
ALLEMAND – FRANÇAIS

a

A, a *nt* A, a *m inv* ; (*Mus*) la *m*
Aachen (**-s**) *nt* Aix-la-Chapelle
Aal (**-(e)s, -e**) *m* anguille *f*
Aas (**-es, -e** *od* **Äser**) *nt* charogne *f*
Aasgeier *m* vautour *m*

SCHLÜSSELWORT

ab *präp* +*Dat* dès ; **Kinder ab 12 Jahren** les enfants de plus de 12 ans ; **ab morgen/ Montag/Januar** dès demain/lundi/(le mois de) janvier ; **ab sofort** dès maintenant ; **ab Werk** (*Écon*) départ usine ▸ *adv* **1** (*weg, entfernt*) loin ; (*herunter*) : **der Knopf ist ab** le bouton est parti ; **ab ins Bett!** (ouste,) au lit ! ; **links ab** à gauche ; **Hut ab!** (*alle Achtung!*) chapeau !
2 (*zeitlich*) : **von da ab** dès ce moment, dès lors ; **von heute ab** dès aujourd'hui, à partir d'aujourd'hui
3 (*auf Fahrplänen*) : **München ab 12.20** Munich (départ) 12h20 ; **der Zug fährt ab Hauptbahnhof** le train part de la gare principale
4 : **ab und zu** *od* **an** de temps en temps, parfois

ab|ändern *vt* modifier ; (*Gesetzentwurf*) amender ; (*Strafe*) commuer ; (*Urteil*) réviser
Abänderung *f* modification *f* ; (*von Kleid*) retouche *f* ; (*von Programm*) changement *m*
Abart *f* variante *f*
abartig *adj* anormal(e)
Abbau (**-(e)s**) *m* (*Zerlegung*) démontage *m* ; (*von Personal, Preisen*) réduction *f* ; (*von Kräften*) déclin *m* ; (*Mines*) exploitation *f* ; (*Chim*) décomposition *f* • **abbaubar** *adj* : **biologisch ~** biodégradable
ab|bauen *vt* (*zerlegen*) démonter ; (*verringern*) réduire ; (*Mines*) extraire ; (*Chim*) décomposer
ab|beißen *irr vt* : **vom Butterbrot ~** mordre dans une tartine ; **ein Stück von etw ~** mordre un bout de qch
ab|bekommen *irr vt* recevoir ; (*Regen*) prendre ; (*fam* : *Farbe, Aufkleber*) arriver à enlever ; **etw ~** (*beschädigt werden*) être abîmé(e) ; (*verletzt werden*) être blessé(e)
ab|berufen *irr vt* rappeler
ab|bestellen *vt* (*Zeitung*) résilier son abonnement à
ab|bezahlen *vt* payer
ab|biegen *irr vi* tourner
Abbiegespur *f* voie *f* de sélection
Abbild *nt* image *f* • **ab|bilden** *vt* reproduire • **Abbildung** *f* reproduction *f*
ab|binden *irr vt* (*Méd* : *Arm, Bein etc*) poser un garrot à
Abbitte *f* : **~ leisten** *od* **tun** demander pardon
ab|blasen *irr vt* (*Staub*) enlever en soufflant ; (*fam* : *absagen*) annuler
ab|blenden *vt* : **die Scheinwerfer ~** se mettre en code
Abblendlicht *nt* feux *mpl* de croisement
ab|brechen *irr vt* (*Ast, Henkel*) casser ; (*Beziehungen, Verhandlungen*) rompre ; (*Spiel*) interrompre ; (*Gebäude, Brücke*) démolir ; (*Zelt*) démonter ; (*Lager*) lever ; (*Inform*) abandonner ▸ *vi* se casser ; (*aufhören*) arrêter
ab|brennen *irr vt* brûler ; (*Feuerwerk*) tirer ▸ *vi* brûler
ab|bringen *irr vt* : **jdn davon ~, etw zu tun** dissuader qn de faire qch
ab|bröckeln *vi* s'effriter ; (*Börsenkurse*) être en baisse
Abbruch *m* rupture *f* ; (*von Gebäude*) démolition *f* ; (*Inform*) abandon *m* ; **einer Sache** *Dat* **keinen ~ tun** (*geh*) ne pas nuire à qch • **abbruchreif** *adj* en ruine
ab|brühen *vt* blanchir
ab|buchen *vt* prélever
ab|bürsten *vt* brosser
ab|danken *vi* démissionner ; (*König etc*) abdiquer
ab|decken *vt* (*Haus*) arracher le toit de ; (*Tisch*) débarrasser ; (*Loch, Beet*) couvrir
ab|dichten *vt* colmater ; (*Naut*) calfater
ab|drängen *vt* pousser de côté
ab|drehen *vt* (*abstellen*) fermer ; (*Film*) tourner ▸ *vi* changer de cap
ab|drosseln *vt* (*Auto* : *Motor*) faire tourner au ralenti
Abdruck (**-s, Abdrücke**) *m* (*Gipsabdruck, Wachsabdruck*) moulage *m* ; (*Fingerabdruck*) empreinte *f*
ab|drucken *vt* publier

ab|drücken *vt* (*Ader*) comprimer ; (*Waffe*) faire partir ▶ *vi* (*beim Schießen*) tirer ▶ *vr* s'imprimer
ab|ebben *vi* (*Wasser*) reculer ; (*fig*) diminuer
Abend (**-s, -e**) *m* soir *m* ; **zu ~ essen** dîner ; **heute/gestern/morgen ~** ce/hier/demain soir • **Abendbrot** *nt* repas *m* du soir • **Abendessen** *nt* dîner *m* • **abendfüllend** *adj* qui dure toute la *od* une soirée • **Abendkleid** *nt* robe *f* du soir • **Abendkurs** *m* cours *m* du soir • **Abendland** *nt* Occident *m* • **abendlich** *adj* du soir • **Abendmahl** *nt* (*Sakrament*) communion *f* • **Abendrot** *nt ciel rose le soir*
abends *adv* le soir
Abenteuer (**-s, -**) *nt* aventure *f* • **abenteuerlich** *adj* (*gefährlich*) risqué(e) ; (*seltsam*) excentrique • **Abenteuerspielplatz** *m* aire *f* de jeux
Abenteurer(in) (**-s, -**) *m(f)* aventurier(-ière)
aber *konj* mais ▶ *adv*: **das ist ~ schön!** que c'est beau ! ; **nun ist ~ Schluss!** ça suffit comme ça !
Aberglaube *m* superstition *f*
abergläubisch *adj* superstitieux(-euse)
ab|erkennen *irr vt*: **jdm etw ~** priver qn de qch
abermalig *adj* nouveau(nouvelle)
abermals *adv* une nouvelle fois
aberwitzig *adj* insensé(e), absurde
ab|fahren *irr vi* partir ▶ *vt* (*Schutt*) enlever ; (*Strecke*) parcourir ; (*Arm, Bein*) arracher ; (*Reifen*) user ; (*Fahrkarte*) utiliser ; **voll auf jdn ~** (*fam*) en pincer pour qn
Abfahrt *f* départ *m* ; (*Ski*) descente *f* ; (*von Autobahn*) sortie *f*
Abfahrtslauf *m* descente *f*
Abfahrtstag *m* jour *m* du départ
Abfahrtszeit *f* heure *f* du départ
Abfall *m* (*Rest*) déchets *mpl* ; (*Rückstand*) résidus *mpl* ; (*von Leistung*) baisse *f* • **Abfallbeseitigung** *f* traitement *m* des déchets • **Abfalleimer** *m* poubelle *f*
ab|fallen *irr vi* tomber ; (*übrig bleiben*) rester ; **gegen jdn/etw ~** mal supporter la comparaison avec qn/qch
abfällig *adj* désobligeant(e)
Abfallprodukt *nt* sous-produit *m*
ab|fangen *irr vt* intercepter ; (*Auto, Flugzeug*) reprendre le contrôle de ; (*Aufprall, Stoß*) amortir
ab|färben *vi* déteindre
ab|fassen *vt* rédiger
ab|fertigen *vt* (*fertig machen*) préparer ; (*Flugzeug*) préparer pour le décollage ; (*bedienen*) s'occuper de ; **jdn schroff ~** envoyer promener qn
Abfertigung *f* traitement *m* ; (*von Kunden*) service *m* ; (*von Antragstellern*) *fait de s'occuper de*
ab|feuern *vt* tirer
ab|finden *irr vt* dédommager ▶ *vr*: **sich mit etw ~/nicht ~** être/ne pas être satisfait(e) de qch
Abfindung *f* (*von Gläubigern*) remboursement *m* ; (*Geld*) indemnité *f*
ab|flachen *vt* aplatir ▶ *vi* (*fig*) être en baisse
ab|flauen *vi* (*Wind, Erregung*) tomber ; (*Nachfrage*) baisser ; (*Geschäft*) aller moins bien
ab|fliegen *irr vi* (*Flugzeug*) décoller ; (*Passagier*) partir ▶ *vt* (*Gebiet*) survoler
ab|fließen *irr vi* couler ; (*Verkehr*) passer ; **ins Ausland ~** (*Geld*) sortir du pays
Abflug *m* décollage *m* • **Abflughalle** *f* salle *f* d'embarquement • **Abflugzeit** *f* heure *f* du départ
Abfluss *m* (*Vorgang*) écoulement *m* ; (*Öffnung*) voie *f* d'écoulement
Abfolge *f* ordre *m*
ab|fragen *vt* interroger
Abfuhr (**-, -en**) *f* enlèvement *m* ; **sich** *Dat* **eine ~ holen** (*fam*) se faire remettre en place
ab|führen *vt* (*Verbrecher*) emmener au poste ; (*Gelder, Steuern*) payer ▶ *vi* (*Méd*) avoir des propriétés laxatives ; **von etw ~** (*von Thema, Weg*) détourner de qch
Abführmittel *nt* laxatif *m*
ab|füllen *vt* (*Flaschen*) remplir ; (*Flüssigkeit*) mettre en bouteille
Abgabe *f* (*von Waren*) vente *f* ; (*von Wärme*) émission *f* ; (*von Prüfungsarbeit, Stimmzettel*) remise *f* ; (*von Ball*) passe *f* ; (*gew pl*: *Steuer*) impôt *m*
abgabenfrei *adj* exonéré(e)
abgabenpflichtig *adj* soumis(e) à l'impôt
Abgang *m* départ *m* ; (*Théât*) sortie *f* ; (*Méd*: *von Nierenstein etc*) évacuation *f* ; (: *Fehlgeburt*) fausse couche *f* ; (*kein pl*: *der Post, von Waren*) expédition *f* ; **reißenden ~ finden** se vendre comme des petits pains
Abgas *nt* gaz *m inv* d'échappement • **abgasarm** *adj* à gaz d'échappement réduits • **abgasfrei** *adv*: **~ verbrennen** ne pas produire de gaz toxiques à la combustion
ab|geben *irr vt* remettre ; (*an Garderobe*: *Erklärung*) donner ; (*Ball*) passer ; (*Wärme*)

émettre ; (*Waren*) vendre ; (*Amt, Vorsitz*) quitter ; (*Schuss*) tirer ; (*Urteil*) rendre ▶ *vr*: **sich mit jdm/etw ~** s'occuper de qn/qch ; **jdm etw ~** (*teilen*) donner qch à qn

abgebrüht (*fam*) *adj* (*skrupellos*) cynique

abgedroschen *adj* usé(e) ; (*Witz*) éculé(e)

abgefeimt *adj* perfide

abgegriffen *adj* usé(e)

ab|gehen *irr vi* partir ; (*Théât*) quitter la scène ; (*von der Schule*) quitter l'école ▶ *vt* (*Strecke, Weg*) parcourir ; **ihm geht jedes Taktgefühl ab** (*fam: fehlt*) il manque vraiment de tact

abgelegen *adj* éloigné(e)

abgemacht *adj*: **~!** d'accord !

abgeneigt *adj +Dat*: **jdm/einer Sache nicht ~ sein** n'avoir rien contre qn/qch

Abgeordnete(r) *f(m)* député(e) *m/f*

Abgesandte(r) *f(m)* envoyé(e) *m/f*

abgeschmackt *adj* (*Preis*) exorbitant(e)

abgesehen *adv*: **~ von ...** à part ...

abgespannt *adj* épuisé(e)

abgestanden *adj* (*Flüssigkeit*) pas frais(fraîche)

abgestorben *adj* engourdi(e) ; (*Pflanze, Ast, Gewebe*) mort(e)

abgetragen *adj* (*Kleidung, Schuhe*) usé(e)

ab|gewinnen *irr vt*: **jdm etw ~** (*Geld*) faire perdre qch à qn ; **einer Sache** *Dat* **etw/nichts ~ können** trouver qch intéressant/sans intérêt

abgewogen *adj* (*Urteil*) équitable ; (*Worte*) bien pesé(e)

ab|gewöhnen *vt*: **jdm etw ~** faire perdre l'habitude de qch à qn ; **sich** *Dat* **etw ~** perdre l'habitude de qch

ab|gießen *irr vt* (*Flüssigkeit*) jeter ; (*Kartoffeln, Eier*) jeter l'eau de

ab|gleiten *irr vi* glisser

Abgott *m* idole *f*

abgöttisch *adv*: **~ lieben** idolâtrer

ab|grenzen *vt* séparer ; (*Pflichten*) déterminer ; (*Bereich*) délimiter ; (*Begriffe*) définir ▶ *vr* prendre ses distances

Abgrund *m* abîme *m*

abgründig *adj* (*Lächeln*) mystérieux(-euse)

Abguss *m* (*Form*) copie *f* ; (*Vorgang*) fonte *f*

ab|hacken *vt* couper (à la hache)

ab|haken *vt* (*auf Papier*) cocher

ab|halten *irr vt* (*Versammlung*) tenir ; (*Besprechung*) avoir ; (*Gottesdienst*) célébrer ; **jdn von etw ~** empêcher qn de faire qch

ab|handeln *vt* (*Thema*) traiter ; **jdm die Waren ~** conclure un marché avec qn

abhanden|kommen *vi* s'égarer ; **mir ist mein Schirm abhandengekommen** j'ai égaré mon parapluie

Abhandlung *f* traité *m*

Abhang *m* pente *f*

ab|hängen *vt* décrocher ; (*Verfolger*) se débarrasser de ▶ *vi*: **von jdm/etw ~** dépendre de qn/qch

abhängig *adj* dépendant(e) • **Abhängigkeit** *f* dépendance *f*

ab|härten *vt* endurcir ▶ *vr* s'endurcir ; **sich gegen etw ~** s'endurcir à qch

ab|hauen *irr vt* (*Kopf, Ast*) couper ▶ *vi* (*fam*) filer ; **hau ab!** fiche le camp !

ab|heben *irr vt* (*Dach, Deckel, Schicht*) enlever ; (*Telefonhörer*) décrocher ; (*Karten*) couper ; (*Masche*) glisser ; (*Geld*) prélever ▶ *vi* (*Flugzeug, Rakete*) décoller ; (*Kartenspiel*) couper ▶ *vr* se distinguer ; **sich von etw ~** ressortir sur qch

ab|helfen *irr vi +Dat* (*Fehler*) réparer

ab|hetzen *vr* s'épuiser

Abhilfe *f* secours *m*

ab|holen *vt* aller chercher

ab|holzen *vt* déboiser

ab|horchen *vt* (*Méd*) ausculter

ab|hören *vt* (*Vokabeln*) faire réciter ; (*Telefongespräch, Tonband etc*) écouter

Abhörgerät *nt* appareil *m* d'écoute

Abi *nt abk* (= *Abitur*) ≈ bac *m*

Abitur (**-s, -e**) *nt* ≈ baccalauréat *m*

L'**Abitur** est un examen équivalent au baccalauréat qui sanctionne, après 12 ou 13 ans passés sur les bancs de l'école, la fin des études secondaires en Allemagne et ouvre la porte des études universitaires.

Abiturient(in) *m(f)* bachelier(-ière)

Abk. *abk* (= *Abkürzung*) abréviation *f*

ab|kämmen *vt* (*Gegend*) passer au peigne fin

ab|kanzeln (*fam*) *vt*: **jdn ~** enguirlander qn

ab|kapseln *vr* se couper du monde, s'isoler

ab|kaufen *vt* acheter ; **jdm alles ~** (*fam: glauben*) gober tout ce que qn raconte

ab|kehren *vt* détourner ▶ *vr* se détourner

ab|klären *vt* clarifier

Abklatsch (**-es, -e**) *m* (*fig*) pâle imitation *f*

ab|klingen *irr vi* diminuer d'intensité

ab|knöpfen *vt* (*Kragen, Bezug*) déboutonner ; **jdm etw ~** (*fam*) prendre qch à qn

ab|kochen *vt* faire bouillir

ab|kommen *irr vi* (*sich frei machen*) se libérer ; **von der Straße/vom Weg ~** s'égarer ; **vom Kurs ~** dévier ; **vom Thema ~** s'écarter du sujet

Abkommen (**-s, -**) *nt* accord *m*

abkömmlich *adj* disponible
ab|kratzen *vt* (*Schmutz, Lack*) gratter ▶ *vi* (*fam*) crever
ab|kriegen (*fam*) *vt siehe* **abbekommen**
ab|kühlen *vt* (*Getränk, Essen*) refroidir ▶ *vr* se rafraîchir ; (*Zuneigung, Beziehung*) se refroidir
ab|kürzen *vt* abréger ; (*Strecke*) raccourcir
Abkürzung *f* (*Wort*) abréviation *f* ; (*Weg*) raccourci *m*
ab|laden *irr vt* décharger
Ablage *f* (*Aktenordnung*) classement *m*
ab|lagern *vi* (*Wein*) se faire ; (*Holz*) sécher ▶ *vr* se déposer
Ablagerung *f* dépôt *m*
ab|lassen *irr vt* (*Wasser*) vider ; (*Luft*) faire sortir ; (*vom Preis*) remettre
Ablauf *m* (*Abfluss*) écoulement *m* ; (*von Ereignissen*) déroulement *m* ; (*einer Frist*) expiration *f*
ab|laufen *irr vi* (*abfließen*) s'écouler ; (*Ereignisse*) se dérouler ; (*Frist*) arriver à échéance ; (*Pass*) expirer ▶ *vt* (*Sohlen*) user ; **jdm den Rang ~** dépasser qn
ab|legen *vt* (*Gegenstand*) poser ; (*Kleider*) enlever ; (*Gewohnheit*) perdre ; (*Prüfung*) passer
Ableger (**-s, -**) *m* (*Bot*) bouture *f*
ab|lehnen *vt* (*Angebot, Verantwortung, Einladung*) décliner ; (*Hilfe, Amt*) refuser
ablehnend *adj* négatif(-ive) ; (*Geste*) de refus
Ablehnung *f* refus *m*
ab|leiten *vt* (*Wasser, Rauch, Blitz*) détourner ; (*herleiten*) tirer ; (*Math, Ling*) dériver
Ableitung *f* détournement *m* ; (*Wort*) dérivé *m*
ab|lenken *vt* détourner ; (*Schuss, Strahlen*) dévier ; (*zerstreuen*) distraire ▶ *vi* (*vom Thema*) changer de sujet
Ablenkung *f* distraction *f*
Ablenkungsmanöver *nt* diversion *f*
ab|lesen *irr vt* (*Text, Rede*) lire ; (*Messgeräte, Werte*) relever
ab|leugnen *vt* nier (catégoriquement)
ab|liefern *vt* (*Ware*) livrer ; (*Geld*) remettre ; (*abgeben*) rendre
Ablieferung *f* (*von Waren*) livraison *f*
ab|liegen *irr vi* (*entfernt sein, auch fig*) être éloigné(e) *od* loin
ab|lösen *vt* (*Briefmarke*) décoller ; (*Pflaster, Fleisch*) enlever ; (*im Amt, Methode, System*) remplacer ▶ *vr* (*abgehen*) se détacher ; (*sich abwechseln*) se relayer
Ablösung *f* relève *f*
ABM *pl abk* (= *Arbeitsbeschaffungsmaßnahmen*) *mesures de création d'emplois*
ab|machen *vt* (*entfernen*) enlever ; (*vereinbaren*) convenir de ; (*in Ordnung bringen*) régler
Abmachung *f* (*Vereinbarung*) accord *m*
ab|magern *vi* maigrir
Abmagerungskur *f* régime *m* ; **eine ~ machen** suivre un régime
Abmarsch *m* départ *m*
abmarschbereit *adj* prêt(e) (*à partir*)
ab|marschieren *vi* se mettre en marche
ab|melden *vt* annoncer le départ de ; (*Auto*) faire annuler l'immatriculation de ; (*Telefon*) faire couper ▶ *vr* annoncer son départ ; (*im Hotel*) régler sa note ; (*bei Verein*) démissionner ; **sich bei der Polizei ~** annoncer son départ au commissariat
ab|messen *irr vt* mesurer
Abmessung *f* mesure *f*, détermination *f*
ab|montieren *vt* démonter
ab|mühen *vr* se donner beaucoup de peine
ab|nabeln *vt* couper le cordon ombilical de
Abnäher (**-s, -**) *m* pince *f*
Abnahme *f* (*Verringerung*) baisse *f* ; (*Entfernen*) *fait d'enlever* ; (*Écon*) achat *m*
ab|nehmen *irr vt* enlever ; (*Bild, Telefonhörer*) décrocher ; (*Führerschein*) retirer ; (*Geld*) prendre ; (*Prüfung*) faire passer ; (*glauben*) croire ; (*Maschen*) diminuer ▶ *vi* (*schlanker werden*) maigrir
Abnehmer (**-s, -**) *m* (*Écon*) acheteur *m*
Abneigung *f*: **~ (gegen)** aversion *f* (pour)
abnorm *adj* anormal(e)
ab|nutzen *vt* user
Abnutzung *f* usure *f*
Abo (**-s, -s**) (*fam*) *nt abk* = **Abonnement**
Abonnement (**-s, -s**) *nt* abonnement *m*
Abonnent(in) *m(f)* abonné(e)
abonnieren *vt* être abonné(e) à
ab|ordnen *vt* déléguer ; **jdn zu einer Konferenz/nach Genf ~** envoyer qn à une conférence/à Genève
ab|packen *vt* emballer
ab|passen *vt* attendre ; (*jdm auflauern*) guetter ; **etw gut ~** bien choisir son moment pour qch
ab|pfeifen *irr vt*: **das Spiel ~** siffler la fin du match ▶ *vi* siffler
Abpfiff *m* coup *m* de sifflet (*indiquant la fin du match*)
ab|plagen *vr* peiner
ab|prallen *vi* (*Ball, Geschoss*) rebondir ; **an jdm ~** (*Vorwürfe*) ne pas toucher qn
ab|putzen *vt* (*Schuhe, Füße*) essuyer
ab|quälen *vr* peiner ; (*Patient*) souffrir ; **sich mit einem Aufsatz ~** peiner sur une rédaction

ab|rackern (*fam*) *vr* se mettre en quatre
ab|raten *irr vi*: **jdm von etw ~** déconseiller qch à qn
ab|räumen *vt* (*Tisch*) débarrasser ; (*Geschirr*) enlever
ab|reagieren *vt* (*Zorn*) passer ▶ *vr* se défouler
ab|rechnen *vt* (*abziehen*) déduire ▶ *vi* (*Rechnung begleichen, auch fig*) régler ses comptes ; (*Rechnung aufstellen*) préparer l'addition *od* la facture ; **mit jdm ~** régler ses comptes avec qn
Abrechnung *f* (*Bilanz*) bilan *m* ; (*Rache*) vengeance *f*
ab|regen (*fam*) *vr* se calmer
ab|reiben *irr vt* (*Schmutz*) frotter ; (*Rost*) gratter ; (*Hände*) s'essuyer ; (*trocken reiben*) essuyer ; **jdn mit einem Handtuch ~** frotter qn avec une serviette
Abreise *f* départ *m*
ab|reisen *vi* partir (en voyage) ; (*Rückreise antreten*) partir
ab|reißen *irr vt* (*Haus, Brücke*) démolir ; (*Blatt, Faden, Blumen*) arracher ▶ *vi* (*Faden*) casser ; (*Gespräch*) s'arrêter net, être interrompu(e)
ab|richten *vt* dresser
ab|riegeln *vt* (*Tür*) verrouiller ; (*Straße, Gebiet*) interdire l'accès à
Abriss *m* (*Übersicht*) aperçu *m*
Abruf *m*: **auf ~** à disposition ; **Ware auf ~ verkaufen** vendre des marchandises à terme
ab|rufen *irr vt* (*Ware*) faire livrer
ab|runden *vt* arrondir ; (*Eindruck, Geschmack*) parfaire
ab|rüsten *vi* (*Mil*) désarmer
Abrüstung *f* désarmement *m*
ab|rutschen *vi* glisser ; (*Leistung*) baisser
Abs. *abk* (= *Absender*) exp. ; (= *Absatz*) §
Absage *f* réponse *f* négative
ab|sagen *vt* annuler ; (*Einladung*) décliner ▶ *vi* dire non
ab|sägen *vt* scier
ab|sahnen *vt* écrémer ; **das Beste für sich ~** tirer la couverture à soi
Absatz *m* (*Schuhabsatz*) talon *m* ; (*neuer Abschnitt*) alinéa *m* ; (*Treppenabsatz*) palier *m* ; (*von Ware*) ventes *fpl* • **Absatzflaute** *f* forte baisse *f* des ventes • **Absatzgebiet** *nt* secteur *m* de vente
ab|schaben *vt* gratter
ab|schaffen *vt* (*Todesstrafe, Gesetz*) abolir ; (*Angestellte, Haustier, Auto*) se défaire de
Abschaffung *f* abolition *f*
ab|schalten (*fam*) *vt* éteindre ▶ *vi* (*nicht mehr konzentrieren*) décrocher
ab|schätzen *vt* évaluer
abschätzig *adj* (*Blick*) méprisant(e) ; (*Bemerkung*) peu flatteur(-euse)
Abschaum (**-(e)s**) *m* rebut *m*
Abscheu (**-(e)s**) *m od f* dégoût *m*
• **abscheuerregend** *adj* dégoûtant(e)
• **abscheulich** *adj* épouvantable
ab|schicken *vt* expédier
ab|schieben *irr vt* (*Ausländer*) expulser ; **~ auf** +*Akk* (*Verantwortung, Schuld*) rejeter sur
Abschied (**-(e)s, -e**) *m* adieu *m* ; (*von Armee*) retour *m* à la vie civile ; **~ nehmen** prendre congé ; **zum ~** en guise d'adieu
Abschiedsbrief *m* lettre *f* d'adieu
Abschiedsfeier *f* fête *f* (*à l'occasion d'un départ*)
ab|schießen *irr vt* (*Vogel, Geschoss*) tirer ; (*Pfeil*) décocher ; (*fam*: *Minister*) se débarrasser de
ab|schirmen *vt* protéger
ab|schlagen *irr vt* (*wegschlagen*) arracher ; (*ablehnen*) rejeter
abschlägig *adj* négatif(-ive)
Abschlagszahlung *f* acompte *m*
ab|schleifen *irr vt* raboter ; (*Rost*) gratter ; (*Parkett*) poncer
Abschleppdienst *m* service *m* de dépannage
ab|schleppen *vt* remorquer ▶ *vr*: **sich mit etw ~** traîner qch (à grand-peine)
Abschleppseil *nt* câble *m* de remorquage
ab|schließen *irr vt* fermer à clé ; (*beenden, eingehen*) conclure ▶ *vr* (*sich isolieren*) se couper du monde
abschließend *adj* de conclusion ▶ *adv* en conclusion
Abschluss *m* (*Beendigung*) fin *f* ; (*Écon*: *Bilanz*) solde *m* ; (*Geschäftsabschluss*: *von Vertrag*) conclusion *f* • **Abschlussfeier** *f* distribution *f* des prix
• **Abschlussrechnung** *f* décompte *m* final
ab|schmieren *vt* (*Auto*) graisser, lubrifier
ab|schminken *vt, vr* se démaquiller ; **das kannst du dir gleich ~!** (*fam*) il n'en est pas question !
ab|schnallen *vt* détacher ▶ *vi* (*fam*: *nicht mehr folgen können*) décrocher ; (*fassungslos sein*) être éberlué(e)
ab|schneiden *irr vt* couper ; (*Stadtteil*) interdire l'accès à ▶ *vi*: **bei etw gut/schlecht ~** (*fam*) bien/mal réussir qch
Abschnitt *m* (*von Strecke*) section *f* ; (*von Buch*) passage *m* ; (*Kontrollabschnitt*) talon *m* ; (*Zeitabschnitt*) époque *f*
ab|schöpfen *vt* enlever
ab|schrauben *vt* dévisser
ab|schrecken *vt* (*Menschen*) faire peur à ; (*Ei*) passer sous l'eau froide

• **abschreckend** *adj* (*Anblick*) effroyable ; **ein ~es Beispiel** un exemple à ne pas suivre ; **eine ~e Wirkung haben** avoir un effet de dissuasion
Abschreckung *f* (*Mil*) dissuasion *f*
ab|schreiben *irr vt* copier ; (*Écon*) déduire ; (*fam: verloren geben*) mettre une croix sur
Abschreibung *f* déduction *f*
Abschrift *f* copie *f*
Abschuss *m* (*von Rakete*) lancement *m* ; (*von Waffe*) tir *m*
abschüssig *adj* en pente
ab|schütteln *vt* (*Staub*) secouer ; (*Verfolger*) semer ; (*Müdigkeit*) surmonter ; (*Erinnerung*) chasser
ab|schwächen *vt* (*Wirkung*) diminuer ; (*Eindruck, Behauptung, Kritik*) atténuer ▸ *vr* diminuer
ab|schweifen *vi* (*Redner*) s'éloigner du sujet ; (*Gedanken*) errer
Abschweifung *f* digression *f*
ab|schwellen *irr vi* désenfler ; (*Lärm*) diminuer
ab|schwören *irr vi* +*Dat* renoncer à ; (*seinem Glauben*) renier
absehbar *adj* (*Folgen*) prévisible ; **in ~er Zeit** dans un proche avenir
ab|sehen *irr vt* prévoir ▸ *vi*: **von etw ~** renoncer à qch ; (*nicht berücksichtigen*) ne pas tenir compte de qch ; **jdm etw ~** (*erlernen*) apprendre qch de qn ; **es auf jdn/etw abgesehen haben** avoir jeté son dévolu sur qn/qch
abseits *adv* à l'écart ▸ *präp* +*Gen* à l'écart de
Abseits *nt* (*Sport*) hors-jeu *m*
ab|senden *irr vt* envoyer
Absender(in) *m(f)* expéditeur(-trice)
absetzbar *adj* (*Beamter*) qui peut être licencié(e) ; (*Waren*) vendable ; (*von Steuer*) déductible
ab|setzen *vt* poser ; (*aussteigen lassen: König*) déposer ; (*verkaufen*) écouler ; (*abziehen*) déduire ; (*entlassen*) destituer de ses fonctions ; (*hervorheben*) mettre en valeur ▸ *vr* (*fam: sich entfernen*) se tirer ; (*sich ablagern*) se déposer
ab|sichern *vt* protéger ▸ *vr* se couvrir
Absicht *f* intention *f* ; **mit ~** délibérément
• **absichtlich** *adj* voulu(e)
ab|sinken *irr vi* (*Wasserspiegel, Temperatur, Leistungen*) baisser ; (*Geschwindigkeit, Interesse*) diminuer
ab|sitzen *irr vt* (*Strafe*) purger ▸ *vi* (*vom Pferd*) descendre
absolut *adj* absolu(e) ▸ *adv* absolument
Absolutismus *m* absolutisme *m*
absolvieren *vt* (*Pensum*) finir ; (*Prüfung*) réussir
absonderlich *adj* étrange
ab|sondern *vt* isoler ; (*ausscheiden*) sécréter ▸ *vr* s'isoler
ab|sparen *vt*: **sich** *Dat* **etw ~** acheter qch avec ses économies
ab|specken (*fam*) *vt* perdre ▸ *vi* maigrir
ab|speichern *vt* (*Inform*) sauvegarder, mémoriser
ab|speisen *vt* (*fig*) consoler
abspenstig *adj*: **~ machen** soutirer
ab|sperren *vt* (*Gebiet*) fermer ; (*Tür*) fermer à clé
Absperrung *f* (*Vorgang*) interdiction *f* d'accès ; (*Sperre*) barrière *f*
ab|spielen *vt* (*Platte, Tonband*) jouer ▸ *vr* se dérouler
Absprache *f* accord *m*
ab|sprechen *irr vt* (*vereinbaren*) convenir de ; **jdm etw ~** (*aberkennen*) priver qn de qch ; **jdm die Begabung ~** contester le talent de qn
ab|springen *irr vi* sauter ; (*Farbe, Lack*) partir ; (*fam: sich distanzieren*) renoncer
Absprung *m* saut *m* ; **den ~ schaffen** (*fam*) arriver à rompre avec le passé
ab|spülen *vt* faire partir ; (*Geschirr*) rincer
ab|stammen *vi* descendre ; (*Wort*) être dérivé(e)
Abstammung *f* origine *f*
Abstand *m* distance *f* ; (*zeitlich*) intervalle *m* ; **von etw ~ nehmen** (*geh*) prendre ses distances par rapport à qch ; **mit ~ der Beste** de loin le meilleur
Abstandssumme *f* compensation *f*
ab|statten *vt* (*Dank*) présenter ; (*Besuch*) rendre
ab|stauben *vt* épousseter ; (*fam: stehlen*) piquer
Abstecher (-s, -) *m* détour *m*
ab|stecken *vt* (*Fläche*) délimiter ; (*Saum*) épingler
ab|stehen *irr vi* (*Ohren*) être décollé(e) ; (*Haare*) se dresser sur la tête
ab|steigen *irr vi* descendre ; (*Sport*) être relégué(e)
ab|stellen *vt* poser ; (*ausschalten: Maschine*) éteindre ; (*: Strom*) couper ; (*beenden*) mettre fin à ; (*ausrichten*) adapter à
Abstellgleis *nt* voie *f* de garage
ab|stempeln *vt* (*Briefmarke*) oblitérer ; (*Menschen*) étiqueter
ab|sterben *irr vi* mourir ; (*Körperteil*) s'engourdir
Abstieg (-(e)s, -e) *m* descente *f* ; (*Sport*) relégation *f* ; (*Niedergang*) déclin *m*

ab|stimmen *vi* voter ▸ *vt* (*Farben*) marier ; (*Interessen*) concilier ; (*Termine, Ziele*) faire coïncider ▸ *vr* se mettre d'accord
Abstimmung *f* (*Stimmenabgabe*) vote *m*
abstinent *adj* abstinent(e)
Abstinenz *f* abstinence *f*
Abstinenzler(in) **(-s, -)** *m(f) personne qui ne boit jamais d'alcool*, abstinent(e)
ab|stoßen *irr vt* (*fortbewegen, anekeln*) repousser ; (*beschädigen*) abîmer ; (*Écon: Ware*) écouler
abstoßend *adj* repoussant(e)
abstrakt *adj* abstrait(e) ▸ *adv* d'une manière abstraite
Abstraktion *f* abstraction *f*
ab|streifen *vt* (*Asche*) faire tomber ; (*Schuhe, Füße*) essuyer ; (*Schmuck*) enlever ; (*Gegend*) passer au peigne fin
ab|streiten *irr vt* nier
Abstrich *m* (*Méd*) frottis *m* ; **~e machen** (*fig*) devenir moins exigeant(e)
ab|stufen *vt* (*Hang*) arranger en terrasses ; (*Farben*) arranger en dégradés ; (*Gehälter*) échelonner
ab|stumpfen *vt* émousser ; (*fig*) rendre insensible ▸ *vi* s'émousser ; (*fig*) devenir insensible
Absturz *m* chute *f*
ab|stürzen *vi* faire une chute ; (*Aviat*) s'écraser
ab|suchen *vt* fouiller
absurd *adj* absurde
Abszess **(-es, -e)** *m* abcès *m*
Abt **(-(e)s, ¨-e)** *m* abbé *m*
ab|tasten *vt* palper
ab|tauen *vi* (*Schnee, Eis*) fondre ; (*Straße*) dégeler ▸ *vt* dégivrer
Abtei *f* abbaye *f*
Abteil **(-(e)s, -e)** *nt* compartiment *m*
ab|teilen *vt* diviser ; (*abtrennen*) cloisonner
Abteilung *f* (*in Firma, in Krankenhaus*) service *m* ; (*in Kaufhaus*) rayon *m* ; (*Mil*) unité *f* • **Abteilungsleiter(in)** *m(f)* chef *m* de service ; (*in Kaufhaus*) chef *m* de rayon
Äbtissin *f* abbesse *f*
ab|tragen *irr vt* (*Hügel*) aplanir ; (*Erde, Geschirr*) enlever ; (*Kleider*) user
abträglich *adj*: **einer Sache** *Dat* **~ sein** nuire à qch
ab|treiben *irr vt* (*Boot, Flugzeug*) faire dériver ▸ *vi* (*Schiff*) dériver ; (*Schwimmer*) être emporté(e) par le courant ; **(ein Kind) ~** avorter
Abtreibung *f* avortement *m*
Abtreibungsbefürworter(in) *m(f)* partisan(e) de l'avortement
Abtreibungsgegner(in) *m(f)* opposant(e) à l'avortement
Abtreibungsversuch *m* tentative *f* d'avortement
ab|trennen *vt* (*lostrennen*) découdre ; (*entfernen, abteilen*) séparer
ab|treten *irr vt* (*überlassen*) céder ▸ *vi* (*Wache*) être relevé(e) ; (*zurücktreten*) démissionner ; (*Théât*) quitter la scène
ab|trocknen *vt* essuyer ▸ *vi* sécher
abtrünnig *adj* déloyal(e)
ab|tun *irr vt* (*ablegen*) enlever ; (*fig*) rejeter
ab|urteilen *vt* juger
ab|wägen *irr vt* peser
ab|wählen *vt* (*Vorsitzenden*) ne pas réélire ; (*Scol: Fach*) arrêter
ab|wandeln *vt* modifier
ab|wandern *vi* émigrer ; (*Météo: Tief*) se déplacer
Abwärme *f* chaleur *f* dégagée
ab|warten *vt, vi* attendre ; **~ und Tee trinken** (*fam*) voir venir
abwärts *adv* vers le bas
Abwasch **(-(e)s)** *m* vaisselle *f*
abwaschbar *adj* lavable
ab|waschen *irr vt* (*Schmutz*) enlever (en lavant) ; (*Geschirr*) laver
Abwasser **(-s, Abwässer)** *nt* eaux *fpl* usées
ab|wechseln *vi* alterner ; (*Menschen*) se relayer
abwechselnd *adv* tour à tour
Abwechslung *f* changement *m* ; (*Zerstreuung*) distraction *f*
abwechslungsreich *adj* varié(e)
Abweg *m*: **auf ~e geraten** s'égarer ; **auf ~e führen** détourner du droit chemin
abwegig *adj* étrange
Abwehr *f* défense *f* ; (*Schutz*) protection *f* ; (*Geheimdienst*) contre-espionnage *m* • **ab|wehren** *vt* (*Feind, Angriff*) repousser ; (*Neugierige*) renvoyer ; (*Gefahr*) éviter ; (*Ball*) dégager ; (*Verdacht*) écarter ; (*Vorwurf*) répondre à ; **~de Geste** geste *m* de refus
ab|weichen *irr vi* (*Werte*) être différent(e) ; (*von Kurs, Straße*) s'écarter ; (*Meinung*) différer
abweichend *adj* divergent(e)
ab|weisen *irr vt* (*Besucher*) renvoyer ; (*Bewerber, Hilfe*) refuser ; (*Klage, Antrag*) rejeter
abweisend *adj* (*Haltung*) de rejet
ab|wenden *irr vt* (*Blick, Kopf*) détourner ; (*verhindern*) éviter ▸ *vr* se détourner
ab|werben *irr vt*: **einer Firma einen Mitarbeiter ~** débaucher un cadre d'une autre entreprise

ab|werfen *irr vt* (*Kleidungsstück*) se débarrasser de ; (*Reiter*) désarçonner ; (*Profit*) rapporter ; (*Ballast, Bomben, Flugblätter*) lâcher
ab|werten *vt* (*Fin*) dévaluer
abwesend *adj* absent(e)
Abwesenheit *f* absence *f*
ab|wickeln *vt* (*Garn, Verband*) dérouler ; (*Geschäft*) conclure
ab|wiegen *irr vt* peser
ab|wimmeln (*fam*) *vt* (*Menschen*) se débarrasser de ; (*Auftrag*) se défiler de
ab|winken *vi* refuser
ab|wischen *vt* essuyer ; (*Hände*) s'essuyer
Abwurf *m* (*von Bomben etc*) largage *m* ; (*Fußball, Handball*) lancer *m*
ab|würgen (*fam*) *vt* (*Motor*) caler ; **etw von vornherein ~** étouffer qch dans l'œuf
ab|zahlen *vt* payer, rembourser
ab|zählen *vt* compter ; **abgezähltes Fahrgeld** monnaie *f* pour le ticket
Abzahlung *f*: **auf ~ kaufen** acheter à tempérament
ab|zäunen *vt* clôturer
Abzeichen *nt* insigne *m* ; (*Orden*) ordre *m*
ab|zeichnen *vt* dessiner ; (*unterschreiben*) signer ▸ *vr* se dessiner ; (*bevorstehen*) se préciser
Abziehbild *nt* décalcomanie *f*
ab|ziehen *irr vt* (*entfernen*) retirer ; (*Tierfell*) dépouiller de ; (*Bett*) défaire ; (*subtrahieren*) déduire ▸ *vi* (*Rauch*) s'échapper ; (*Truppen*) se retirer, partir ; (*fam: weggehen*) se tirer
ab|zocken (*fam*) *vt* arnaquer
Abzug *m* retrait *m* ; (*von Waffen*) gâchette *f* ; (*Photo*) épreuve *f* ; (*gew pl: Steuern, Abgaben*) retenue *f* ; (*Rauchabzug*) conduit *m* d'évacuation
abzüglich *präp +Gen* moins, sans
ab|zweigen *vi* bifurquer ▸ *vt* utiliser
Abzweigung *f* embranchement *m*
Accessoires *pl* accessoires *mpl*
ach *interj* oh ; **~ ja?** c'est vrai ? ; **mit A~ und Krach** à grand-peine
Achse *f* axe *m* ; (*Auto*) essieu *m* ; **auf ~ sein** (*fam*) être en voyage
Achsel (**-, -n**) *f* épaule *f* • **Achselhöhle** *f* aisselle *f* • **Achselzucken** (**-s**) *nt* haussement *m* d'épaules
acht *num* huit ; **~ Tage** huit jours
Acht[1] (**-, -en**) *f* huit *m inv*
Acht[2] *f*: **~ geben** = **achtgeben**; **sich in ~ nehmen** faire attention ; **etw völlig außer ~ lassen** ne pas tenir compte de qch
achtbar *adj* (*Erfolg, Leistung*) remarquable ; (*Eltern*) honorable
achte(r, s) *adj* huitième
Achtel *nt* huitième *m*
achten *vt* respecter ▸ *vi*: **auf etw** *Akk* **~** faire attention à qch ; **darauf ~, dass ...** veiller à ce que ...
ächten *vt* bannir
Achterbahn *f* montagnes *fpl* russes
Achterdeck *nt* pont *m* arrière
achtfach *adj* octuple
acht|geben *vi*: **~ (auf** *+Akk***)** faire attention (à)
achthundert *num* huit cent(s)
achtlos *adv* sans faire attention
achtmal *adv* huit fois
achtsam *adj* attentif(-ive)
Achtung *f*: **~ vor jdm/etw** respect *m* pour qn/qch ▸ *interj*: **~!** attention ! ; **„~ Hochspannung!"** « attention, haute tension ! »
achtzehn *num* dix-huit
achtzig *num* quatre-vingts
ächzen *vi* (*Mensch*) gémir ; (*Holz, Balken*) craquer
Acker (**-s, ¨**) *m* champ *m* • **Ackerbau** *m* agriculture *f*
ackern *vi* (*Bauer*) labourer ; (*fam*) peiner
Acryl (**-s**) *nt* acrylique *m*, fibre *f* acrylique
Action (**-, -s**) (*fam*) *f* action *f*
Actionfilm *m* film *m* d'action
ADAC *abk* (= *Allgemeiner Deutscher Automobil-Club*) ≈ Touring Club de France
Adapter *m* adaptateur *m*
addieren *vt* additionner
Addition *f* addition *f*
ade *interj* adieu
Adel (**-s**) *m* noblesse *f*
adelig *adj* = **adlig**
Ader (**-, -n**) *f* veine *f* ; (*Bot*) nervure *f* ; (*Mines*) filon *m* ; (*fig: Veranlagung*) aptitude *f*
ADHS (**-**) *nt abk* (= *Aufmerksamkeitsdefizit/Hyperaktivitätsstörung*) TDA *m*
Adjektiv *nt* adjectif *m*
Adler (**-s, -**) *m* aigle *m*
adlig *adj* (*Familie*) noble
Admiral (**-s, -e**) *m* amiral *m*
adoptieren *vt* adopter
Adoption *f* adoption *f*
Adoptiveltern *pl* parents *mpl* adoptifs
Adoptivkind *nt* enfant *m* adoptif
Adrenalin (**-s**) *nt* adrénaline *f*
Adressat (**-en, -en**) *m* destinataire *m*
Adresse *f* adresse *f*
adressieren *vt* adresser
Adria *f* Adriatique *f*
ADSL *f abk* (= *Asymmetric Digital Subscriber Line*) ADSL *m*
Advent (**-(e)s, -e**) *m* Avent *m*
Adventskalender *m* calendrier *m* de l'Avent

Adventskranz *m* couronne *f* de l'Avent (*comportant quatre bougies pour les quatre dimanches de l'Avent*)
Adverb *nt* adverbe *m*
adverbial *adj* adverbial(e)
aerodynamisch *adj* aérodynamique
Affäre *f* (*Angelegenheit*) affaire *f* ; (*Verhältnis*) aventure *f*
Affe (**-n, -n**) *m* singe *m*
affektiert *adj* affecté(e)
affenartig *adj*: **mit ~er Geschwindigkeit** (*fam*) rapide comme l'éclair
affengeil (*fam*) *adj* génial(e)
Affenhitze (*fam*) *f* chaleur *f* tropicale
Affenschande (*fam*) *f* scandale *m*
Affentempo (*fam*) *f*: **in** *od* **mit einem ~** à fond de train ; (*laufen*) à toute allure
affig *adj* affecté(e)
Afghane (**-n, -n**) *m*, **Afghanin** *f* Afghan(e)
afghanisch *adj* afghan(e)
Afghanistan (**-s**) *nt* l'Afghanistan *m*
Afrika (**-s**) *nt* l'Afrique *f*
Afrikaner(in) (**-s, -**) *m(f)* Africain(e)
afrikanisch *adj* africain(e)
After (**-s, -**) *m* anus *m*
AG *abk* (= *Aktiengesellschaft*) SARL *f*
Ägäis *f* mer *f* Égée
Agent(in) *m(f)* (*Spion*) agent *m* secret ; (*Vertreter*) agent *m*, représentant(e) ; (*Vermittler*) imprésario *m*
Agentur *f* agence *f*
Aggregat (**-(e)s, -e**) *nt* (*Tech*) groupe *m*
Aggregatzustand *m* état *m*
Aggression *f* agression *f* ; **seine ~en abreagieren** se défouler
aggressiv *adj* agressif(-ive)
Aggressivität *f* agressivité *f*
Agitation *f* agitation *f*
Agrarpolitik *f* politique *f* agraire
Agrarstaat *m* pays *m* agricole
Ägypten (**-s**) *nt* l'Égypte *f*
Ägypter(in) (**-s, -**) *m(f)* Égyptien(ne)
ägyptisch *adj* égyptien(ne)
aha *interj* ah
Aha-Erlebnis *nt* déclic *m*
Ahn (**-en, -en**) *m* ancêtre *m*
ähneln *vi* +*Dat* ressembler à ▸ *vr* se ressembler
ahnen *vt* deviner ; (*Tod, Gefahr*) pressentir ; **nichts Böses ~** ne se douter de rien
ähnlich *adj* semblable ; **das sieht ihm ~!** (*fam*) c'est bien de lui ! • **Ähnlichkeit** *f* ressemblance *f*
Ahnung *f* (*Vorgefühl*) pressentiment *m* ; (*Vermutung*) idée *f* ; **keine ~!** aucune idée !
ahnungslos *adv*: **er kam ~ herein/an** il est entré/arrivé sans se douter de rien
Ahorn (**-s, -e**) *m* érable *m*
Ähre *f* épi *m*
Aids *nt* sida *m*
aidsinfiziert *adj* séropositif(-ive)
aidskrank *adj* atteint(e) du sida
aidspositiv *adj* séropositif(-ive)
Aidstest *m* test *m* de dépistage du sida
Airbag (**-s, -s**) *m* airbag *m*
Akademie *f établissement d'enseignement supérieur*
Akademiker(in) (**-s, -**) *m(f)* universitaire *mf*
akademisch *adj* (*Scol*) universitaire
akklimatisieren *vr* s'acclimater
Akkord (**-(e)s, -e**) *m* (*Mus*) accord *m* ; **im ~ arbeiten** travailler à la pièce • **Akkordarbeit** *f* travail *m* à la pièce
Akkordeon (**-s, -s**) *nt* accordéon *m*
Akkusativ *m* accusatif *m*
Akne *f* acné *f*
Akrobat(in) (**-en, -en**) *m(f)* acrobate *mf*
Akt (**-(e)s, -e**) *m* acte *m* ; (*Zeremonie*) cérémonie *f* ; (*Art*) nu *m*
Akte *f* dossier *m* ; **etw zu den ~n legen** classer qch
Aktenkoffer *m* attaché-case *m*
aktenkundig *adj* notoire ; **das ist ~ geworden** c'est un fait avéré
Aktenschrank *m* classeur *m* (*meuble*)
Aktentasche *f* serviette *f*
Aktie *f* action *f*
Aktienemission (**-, -en**) *f* émission *f* d'actions
Aktienfonds *m* fonds *m* social
Aktiengesellschaft *f* société *f* à responsabilité limitée
Aktienkurs *m* cours *m* des actions
Aktion *f* action *f* ; (*Polizeiaktion, Suchaktion*) opération *f* ; **in ~** en action
Aktionär(in) (**-s, -e**) *m(f)* actionnaire *mf*
aktiv *adj* actif(-ive) • **Aktiv** (**-s, -e**) *nt* (*Ling*) voix *f* active
Aktiva *pl* actif *msg*
aktivieren *vt* activer
Aktivität *f* activité *f*
Aktivurlaub *m* vacances *fpl* actives
aktualisieren *vt* (*Inform*) mettre à jour
Aktualität *f* actualité *f*
aktuell *adj* (*Thema, Problem*) actuel(le)
Akupunktur *f* acupuncture *f*
Akustik *f* acoustique *f*
akut *adj* (*Frage*) urgent(e) ; (*Gefahr*) imminent(e) ; (*Méd*) aigu (aiguë)
AKW (**-s, -s**) *nt abk* = **Atomkraftwerk**
Akzent (**-(e)s, -e**) *m* accent *m*
akzeptabel *adj* (*Preise*) acceptable

akzeptieren *vt* accepter
Alarm (**-(e)s, -e**) *m* alarme *f*
• **Alarmanlage** *f* système *m* d'alarme
• **alarmbereit** *adj* en état d'alerte
• **Alarmbereitschaft** *f* état *m* d'alerte ; **in ~ sein** être prêt(e) à intervenir
alarmieren *vt* alerter ; (*beunruhigen*) alarmer
Alaska (**-s**) *nt* l'Alaska *m*
Albaner(in) (**-s, -**) *m(f)* Albanais(e)
Albanien (**-s**) *nt* l'Albanie *f*
albanisch *adj* albanais(e)
albern *adj* sot(te), idiot(e)
Albtraum *m* cauchemar *m*
Album (**-s, Alben**) *nt* album *m*
Alge *f* algue *f*
Algebra *f* algèbre *f*
Algerien (**-s**) *nt* l'Algérie *f*
Algerier(in) (**-s, -**) *m(f)* Algérien(ne)
algerisch *adj* algérien(ne)
Algorithmus (**-, -men**) *m* algorithme *m*
alias *adv* alias
Alibi (**-s, -s**) *nt* alibi *m*
Alimente *pl* pension *fsg* alimentaire
alkalisch *adj* alcalin(e)
Alkohol (**-s, -e**) *m* alcool *m* • **alkoholfrei** *adj* sans alcool
Alkoholiker(in) (**-s, -**) *m(f)* alcoolique *mf*
alkoholisch *adj* (*Getränke*) alcoolisé(e)
Alkoholismus *m* alcoolisme *m*
Alkoholverbot *nt* interdiction *f* de boire de l'alcool
All (**-s**) *nt* univers *m*
allabendlich *adj* de tous les soirs

SCHLÜSSELWORT

alle(r, s) *pron* **1** (*substantivisch: nt sg*): **alles** tout ; **das alles** tout cela ; **alles Gute** mes meilleurs vœux ; **alles in allem** l'un dans l'autre, à tout prendre ; **trotz allem** malgré tout ; **vor allem** avant tout, surtout ; **ist das alles?** (*im Geschäft*) ce sera tout ? ; **das wäre alles** ce sera tout ; **was hast du alles gesehen?** raconte-moi tout ce que tu as vu ; **was es nicht alles gibt!** qu'est-ce qu'il ne faut pas entendre ! ; **wer alles weiß davon?** qui d'autre est au courant ? ; **alles aussteigen!** tout le monde descend !
2 (*substantivisch: pl: sämtliche*) tous (toutes) ; **alle sind gekommen** tout le monde est venu, ils (elles) sont tous (toutes) venu(e)s ; **alle beide** (tous (toutes)) les deux ; **wir alle** nous tous (toutes) ; **wir alle möchten** nous aimerions tous (toutes) ; **sie sind alle nicht gekommen** aucun(e) d'entre eux (elles) n'est venu(e) ; **alle die** tous (toutes) ceux (celles) qui
3 (*adjektivisch: sg*) tout(e) le (la) ; (*pl*) tous (toutes) les ; **alles Geld** tout l'argent ; **alle Kinder** tous les enfants ; **trotz aller Bemühungen** malgré tous nos/ses *etc* efforts ; **ohne allen Zweifel** sans aucun doute
4 (*mit Zeit- oder Maßangaben*): **alle 10 Minuten** toutes les 10 minutes ; **alle fünf Meter** tous les cinq mètres
▶ *adj* (*fam: aufgebraucht*) fini(e) ; **die Milch ist alle** il n'y a plus de lait ; **etw alle machen** finir qch

Allee *f* allée *f*
allein *adj* seul(e) ; **nicht ~** (*nicht nur*) pas seulement • **alleinerziehend** *adj* célibataire, seul(e)
• **Alleinerziehende(r)** *f(m)* parent *m* seul
• **Alleingang** *m*: **im ~** tout(e) seul(e)
• **Alleinherrscher(in)** *m(f)* monarque *m*
alleinig *adj* (*Erbe*) unique ; (*Vertreter, Hersteller*) exclusif(-ive)
alleinstehend *adj* célibataire
Alleinstehende(r) *f(m)* personne *f* (qui vit) seule
allemal *adv* (*ohne Weiteres*) sans problème
allenfalls *adv* (*höchstens*) au plus ; (*möglicherweise*) le cas échéant
allerbeste(r, s) *adj* de loin le(la) meilleur(e)
allerdings *adv* (*einschränkend*) toutefois ; (*bekräftigend*) bien sûr
Allergie *f* allergie *f*
Allergiker(in) (**-s, -**) *m(f)*: **er ist ~** il est allergique
allergisch *adj* allergique ; **gegen etw ~ sein** être allergique à qch
allerhand (*fam*) *adj inv* toutes sortes de ; **das ist doch ~!** (*entrüstet*) c'est un comble ! ; **~!** (*lobend*) bravo !
Allerheiligen *nt* Toussaint *f*

Allerheiligen est l'équivalent de la Toussaint française. C'est un jour chômé dans 5 *Länder* allemands et en Autriche. *Allerseelen* ou jour des défunts, est une fête catholique célébrée le 2 novembre. Il est d'usage de se rendre au cimetière et de déposer des bougies allumées sur les tombes des parents et des amis.

allerhöchste(r, s) *adj* (*Berg*) le(la) plus haut(e) de tous(toutes) ; **es wird** *od* **ist ~ Zeit** *od* **Eisenbahn, dass ...** il est grand temps que ...
allerhöchstens *adv* au plus
allerlei *adj inv* toutes sortes de
allerletzte(r, s) *adj* tout(e) dernier(-ière)
allerseits *adv*: **prost ~!** à votre santé à tous !

allerwenigste(r, s) *adj*: **von uns allen hat er das ~ Geld** de nous tous, c'est lui qui a le moins d'argent
Allesfresser (**-s, -**) *m* omnivore *mf*
Alleskleber (**-s, -**) *m* colle *f* universelle
Alleswisser (**-s, -**) (*péj*) *m* (monsieur *m*) je-sais-tout *m*
allgegenwärtig *adj* omniprésent(e)
allgemein *adj* général(e) ▶ *adv* (*beliebt, bekannt*) de tous ; **das ~e Wahlrecht** le suffrage universel ; **im A~en** en général • **Allgemeinbildung** *f* culture *f* générale • **allgemeingültig** *adj* universellement reconnu(e) • **Allgemeinheit** *f* (*Öffentlichkeit*) communauté *f* ; **Allgemeinheiten** *pl* généralités *fpl* • **Allgemeinmedizin** *f* médecine *f* générale
Alliierte(r) *f(m)* allié(e) *m/f*
alljährlich *adj* annuel(le)
allmählich *adj* progressif(-ive) ▶ *adv* petit à petit
Allradantrieb *m*: **mit ~** à quatre roues motrices
allseits *adv*: **sie war ~ beliebt** elle était aimée de tous
Alltag *m* quotidien *m*
alltäglich *adj* quotidien(ne)
alltags *adv* en semaine
allwissend *adj* omniscient(e)
allzu *adv* beaucoup trop
Alm (**-, -en**) *f* alpage *m*
Almosen (**-s, -**) *nt* aumône *f*
Alpen *pl* Alpes *fpl* • **Alpenblume** *f* fleur *f* des Alpes • **Alpenvorland** *nt* Préalpes *fpl*
Alphabet (**-(e)s, -e**) *nt* alphabet *m*
alphabetisch *adj* alphabétique
alphanumerisch *adj* alphanumérique
alpin *adj* alpin(e)
Alptraum *m* = **Albtraum**

SCHLÜSSELWORT

als *konj* **1** (*zeitlich*) au moment où, quand ; **als er merkte, dass** quand il a remarqué que ; **damals als ...** à cette époque, où ... ; **gerade als ...** juste au moment où ...
2 (*in der Eigenschaft*) en tant que, comme ; **als Clown verkleidet** déguisé(e) en clown ; **als Kind war ich immer sehr ängstlich** quand j'étais petit(e), j'étais très peureux(-euse) ; **als Antwort** en tant que *od* comme réponse ; **als Beweis** pour *od* comme preuve
3 (*bei Vergleichen*): **schöner als** plus beau (belle) que ; **so viel als möglich** autant que possible ; **so weit als möglich** dans la mesure du possible ; **nichts als Ärger** rien que des ennuis ; **alles andere als** tout sauf
4: **als ob** *od* **wenn** comme si ; **als wäre nichts geschehen** comme s'il ne s'était rien passé

also *adv* donc ; **~ gut** *od* **schön!** bon, d'accord ! ; **~, so was!** ça alors ! ; **na ~!** tu vois/vous voyez bien !
alt *adj* vieux(vieille) ; (*antik, ehemalig*) ancien(ne) ; (*Witz*) éculé(e) ; **sie ist drei Jahre ~** elle a trois ans ; **alles beim A~en lassen** ne rien changer ; **wie in ~en Zeiten** comme au bon vieux temps ; **~ aussehen** (*fam: fig*) avoir l'air bête • **Alt** (**-s, -e**) *m* (*Mus*) contralto *m*
Altar (**-(e)s, -äre**) *m* autel *m*
Altbau *m* vieil immeuble *m*
altbekannt *adj* bien connu(e)
Altbier *nt bière brune allemande*
Alteisen *nt* ferraille *f*
Alter (**-s, -**) *nt* âge *m* ; (*letzter Lebensabschnitt*) vieillesse *f* ; **im ~ von** à l'âge de
altern *vi* vieillir
alternativ *adj* (*Medizin*) parallèle, alternatif(-ive) ▶ *adv*: **~ leben** avoir un mode de vie alternatif
Alternative *f* solution *f* de rechange
Alternativmedizin *f* médecine *f* douce
Alternativweltgeschichte *f* uchronie *f*
altersbedingt *adj* dû (due) à l'âge
Alterserscheinung *f* signe *m* de vieillesse
Altersgrenze *f* limite *f* d'âge
Altersheim *nt* maison *f* de retraite
Altersrente *f* retraite *f*
altersschwach *adj* (*Mensch*) invalide ; (*Möbel*) branlant(e)
Altersversicherung *f* assurance *f* vieillesse
Altersversorgung *f* retraite *f*
Altertum (**-s**) *nt* (*kein pl: Zeit*) antiquité *f* ; **Altertümer** *pl* (*Gegenstände*) antiquités *fpl*
Altglas *nt* verre *m* usagé
Altglascontainer *m* conteneur *m* à verre
altklug *adj* précoce
Altlasten *pl* déchets *mpl* toxiques
Altlastsanierung *f* décontamination *f* d'un terrain
Altmaterial *nt* déchets *mpl*
altmodisch *adj* démodé(e)
Altöl *nt* (*Auto*) huile *f* de vidange
Altpapier *nt* vieux papiers *mpl*
Altstadt *f* vieille ville *f*
Altweibersommer *m* été *m* indien
Alufolie *f* papier *m* aluminium
Aluminium (**-s**) *nt* aluminium *m*

Alzheimerkrankheit *f* maladie *f* d'Alzheimer
am = **an dem**
Amalgam (**-s, -s**) *nt* amalgame *m*
Amateur *m, in zW* amateur *m*
Amazonas *m* Amazone *f*
Amboss (**-es, -e**) *m* enclume *f*
Ambrosia (**-, -en**) *f* ambroisie *f*
ambulant *adj* (*Méd*) ambulatoire
Ameise *f* fourmi *f*
Amerika (**-s**) *nt* l'Amérique *f*
Amerikaner(in) (**-s, -**) *m(f)* Américain(e)
amerikanisch *adj* américain(e)
Amnestie *f* amnistie *f*
Ampel (**-, -n**) *f* (*Verkehrsampel*) feu(x) *m(pl)* (*de signalisation*)
amputieren *vt* amputer
Amsel (**-, -n**) *f* merle *m*
Amt (**-(e)s, ⸚er**) *nt* (*Posten*) fonction *f*, poste *m* ; (*Aufgabe*) fonction ; (*Behörde*) office *m*
amtieren *vi* être en fonction
amtlich *adj* officiel(le)
Amtsperson *f* officiel *m*
Amtsrichter(in) *m(f)* juge *m* au tribunal civil
Amtszeichen *nt* (*Tél*) tonalité *f*
Amtszeit (**-, -en**) *f* mandature *f*
amüsant *adj* amusant(e)
Amüsement (**-s, -s**) *nt* divertissement *m*
amüsieren *vt* amuser ▸ *vr* s'amuser ; **sich über etw** *Akk* **~** rire de qch
Amüsierviertel *nt* quartier *m* des boîtes (de nuit)

SCHLÜSSELWORT

an *präp +Dat* **1** (*räumlich: wo?*): **am Bahnhof** à la gare ; **an der Wand** au mur ; **am Fenster** à la fenêtre ; **an diesem Ort** à cet endroit ; **zu nahe an etw** trop près de qch ; **am Fluss** au bord de la rivière ; **Frankfurt am Main** Francfort sur le Main ; **Köln liegt am Rhein** Cologne est située au bord du *od* sur le Rhin ; **an der Autobahn** près *od* au bord de l'autoroute ; **sie wohnen Tür an Tür** ils (elles) habitent sur le même palier, ils (elles) sont voisin(e)s
2 (*zeitlich: wann?*): **am kommenden Sonntag** le dimanche suivant ; **am vergangenen** *od* **letzten Sonntag** dimanche dernier ; **an diesem Tag** ce jour-là ; **an Ostern** à Pâques ; **am 1. Mai** le 1er mai ; **am Morgen/Abend** le matin/soir
3: **an etw sterben** mourir de qch ; **an Masern erkranken** attraper la rougeole ; **arm an Fett** pauvre en matières grasses ; **an der ganzen Sache ist nichts** ce n'est pas si compliqué que ça ; **jdn an der Hand nehmen** prendre qn par la main ; **an (und für) sich** à vrai dire
4 (*als Superlativ*): **sie singt am besten** c'est elle qui chante le mieux ; **sie sieht am schönsten aus** c'est elle la plus belle
5 (*als Verlaufsform: fam*): **ich bin am Arbeiten** je suis en train de travailler
▸ *präp +Akk* **1** (*räumlich: wohin?*): **etw an die Wand hängen** accrocher qch au mur ; **an die Wand schreiben** écrire sur le mur ; **er ging an die Tür** il est allé ouvrir la porte ; **sie ging ans Telefon** elle est allée répondre au téléphone ; **sich an die Arbeit machen** se mettre au travail
2 (*zeitlich*): **bis an sein Lebensende/80. Lebensjahr** jusqu'à la fin de sa vie/à l'âge de 80 ans
3 (*gerichtet an*): **ein Brief an meine Mutter** une lettre à ma mère ; **einen Brief an jdn schreiben** écrire une lettre à qn ; **ein Päckchen an jdn schicken** envoyer un colis à qn ; **ich habe eine Frage an dich** j'ai une question pour toi ; **an etw denken** penser à qch
▸ *adv* **1** (*ungefähr*) environ ; **an die Hundert** environ cent ; **an die 10 Euro/3 Stunden** environ 10 euros/trois heures
2 (*auf Fahrplänen*): **Frankfurt an 18.17** arrivée à Francfort à 18h17
3 (*ab*): **von dort an** à partir de là ; **von heute an** dorénavant, dès aujourd'hui
4 (*angeschaltet, angezogen*): **das Licht ist an** la lumière est allumée ; **er hatte einen dunklen Anzug an** il portait un costume sombre ; **sie hatte nichts an** (*fam*) elle était toute nue

analog *adj* analogue
Analogie *f* analogie *f*
Analogrechner *m* calculateur *m* analogique
Analyse *f* analyse *f*
analysieren *vt* analyser
Ananas (**-, -** *od* **-se**) *f* ananas *m*
Anarchie *f* anarchie *f*
Anarchist(in) *m(f)* anarchiste *mf*
Anatomie *f* anatomie *f*
an|baggern (*fam*) *vt* draguer
an|bahnen *vr* (*Beziehungen*) s'établir
an|bändeln (*fam*) *vi*: **~ mit** s'amouracher de
Anbau *m* (*Agr*) culture *f* ; (*Gebäude*) annexe *f*
an|bauen *vt* (*Agr*) planter ; (*Gebäudeteil*) ajouter
an|behalten *irr vt* garder
anbei *adv* ci-joint

an|beißen *irr vi* (*Fisch*) mordre
an|belangen *vt*: **was mich anbelangt** en ce qui me concerne
an|beraumen *vt* arranger
an|beten *vt* être en adoration devant
Anbetracht *m*: **in ~** *+Gen* en considération de
an|biedern *vr*: **sich bei jdm ~** chercher à gagner la faveur de qn
an|bieten *irr vt* proposer ; (*Speise, Getränk*) offrir ▶ *vr* (*Mensch*) se proposer ; (*Gelegenheit*) se présenter
an|binden *irr vt* attacher
Anblick *m* spectacle *m* • **an|blicken** *vt* regarder
an|braten *irr vt* (*Fleisch*) faire rissoler
an|brechen *irr vt* (*Vorräte*) entamer ▶ *vi* (*Zeitalter*) commencer ; (*Tag*) se lever ; (*Nacht*) tomber
an|brennen *irr vi* prendre feu, se mettre à brûler ; (*Culin*) attacher
an|bringen *irr vt* (*herbeibringen*) ramener ; (*Bitte*) faire ; (*Wissen, Witz, Ware*) placer ; (*festmachen*) poser
Anbruch *m*: **bei ~ der Dunkelheit** à la tombée de la nuit ; **bei ~ des Tages** au lever du jour
an|brüllen (*fam*) *vt* enguirlander
Andacht (**-, -en**) *f* recueillement *m* ; (*Gottesdienst*) office *m*
andächtig *adj* (*Beter*) recueilli(e) ; (*Zuhörer*) captivé(e) ; (*Stille*) religieux(-euse)
an|dauern *vi* se poursuivre, durer
andauernd *adj* continuel(le) ▶ *adv* continuellement
Anden *pl*: **die ~** les Andes *fpl*
Andenken (**-s, -**) *nt* souvenir *m*
andere(r, s) *pron* autre ; **am ~n Tage** le lendemain ; **ein ~s Mal** une autre fois ; **kein ~r** nul autre ; **von etw ~m sprechen** parler d'autre chose ; **unter ~m** notamment ; **niemand ander(e)s** personne d'autre
andererseits, anderenteils *adv* d'autre part
andermal *adv*: **ein ~** une autre fois
ändern *vt* changer, modifier ▶ *vr* changer
andernfalls *adv* sinon, autrement
anders *adv* autrement ; **irgendwo ~** autre part ; **~ aussehen** avoir l'air *od* être différent(e)
andersartig *adj* différent(e)
andersgläubig *adj* d'une autre confession
andersherum *adv* dans l'autre sens
anderswo *adv* ailleurs
anderswoher *adv* d'ailleurs
anderswohin *adv* ailleurs
anderthalb *adj* un(e) et demi(e)
Änderung *f* changement *m*, modification *f*
anderweitig *adj* autre ▶ *adv* (*anders*) à quelqu'un d'autre
an|deuten *vt* indiquer
Andeutung *f* (*Hinweis*) allusion *f* ; (*Spur*) ombre *f*
andeutungsweise *adv* (*als Anspielung*) par allusion ; (*undeutlich*) indistinctement ; (*als flüchtiger Hinweis*) en passant
Andorra (**-s**) *nt* Andorre *f*
Andrang *m* afflux *m*
an|drehen *vt* (*Licht etc*) allumer ; **jdm etw ~** (*fam*) refiler qch à qn
an|drohen *vt*: **jdm etw ~** menacer qn de qch
an|eignen *vt*: **sich** *Dat* **etw ~** s'approprier qch ; (*lernen*) acquérir qch
aneinander *adv* (*vorbeifahren*) l'un(e) à côté de l'autre ; (*denken*) l'un(e) à l'autre • **aneinander|fügen** *vt* joindre • **aneinander|geraten** *vt* en venir aux mains • **aneinander|legen** *vt* poser côte à côte
an|ekeln *vt* dégoûter
Anemone *f* anémone *f*
anerkannt *adj* reconnu(e) (de tous)
an|erkennen *irr vt* (*Regierung*) reconnaître ; (*Bemühungen*) apprécier
anerkennend *adj* élogieux(-euse)
anerkennenswert *adj* louable
Anerkennung *f* (*eines Staates*) reconnaissance *f* ; (*Würdigung*) appréciation *f*
an|fahren *irr vt* (*herbeibringen*) amener ; (*umfahren und verletzen*) renverser ; (*Ort*) aller *od* se rendre à ; (*Kurve*) prendre ; (*zurechtweisen*) remettre à sa place ▶ *vi* (*losfahren*) démarrer
Anfall *m* (*Méd*) crise *f* ; (*fig*) accès *m*
an|fallen *irr vt* (*angreifen*) attaquer ▶ *vi* (*Arbeit*) se présenter
anfällig *adj*: **~ für etw** sujet(te) à qch
Anfang (**-(e)s, Anfänge**) *m* début *m*, commencement *m* ; **von ~ an** dès le début *od* départ ; **am** *od* **zu ~** au début ; **für den ~** pour commencer ; **~ Mai** (au) début (du mois de) mai ; **~ des Monats** au début du mois
an|fangen *irr vt* commencer ; (*machen*) faire ▶ *vi* commencer
Anfänger(in) (**-s, -**) *m(f)* débutant(e)
anfänglich *adj* initial(e)
anfangs *adv* au début • **Anfangsbuchstabe** *m* initiale *f* • **Anfangsstadium** *nt* première phase *f*

an|fassen *vt* (*ergreifen*) prendre ; (*berühren*) toucher ; (*Angelegenheit*) aborder ▸ *vi* (*helfen*) mettre la main à la pâte
an|fechten *irr vt* (*Urteil*) faire appel de ; (*Meinung, Vertrag*) contester ; (*beunruhigen*) troubler
an|fertigen *vt* (*Gutachten, Protokoll*) rédiger
an|feuern *vt* (*fig*) aiguillonner, pousser
an|flehen *vt* implorer
an|fliegen *irr vt* (*Land*) atterrir en ; (*Stadt*) atterrir à
Anflug *m* (*Aviat*) arrivée *f* ; (*Spur*) pointe *f*, touche *f*
an|fordern *vt* demander
Anforderung *f* (*Beanspruchung*) demande *f*
Anfrage *f* demande *f* ; (*Pol*) question *f*
an|fragen *vi* s'enquérir
an|freunden *vr* (*mit Menschen*) se lier d'amitié ; **sich mit etw ~** (*fig*) se faire à qch
an|fügen *vt* ajouter
an|fühlen *vr*: **sich kalt/weich ~** être froid(e)/doux(douce) (au toucher)
an|führen *vt* (*leiten*) être à la tête de ; (*zitieren*) citer
Anführer(in) *m(f)* meneur(-euse)
Anführungsstriche, Anführungszeichen *pl* guillemets *mpl*
Angabe *f* (*Auskunft*) indication *f* ; (*Tech*) spécification *f* ; (*Prahlerei*) vantardise *f*
an|geben *irr vt* donner ; (*Zeuge*) citer ▸ *vi* (*fam*) se vanter
Angeber(in) (**-s, -**) (*fam*) *m(f)* vantard(e)
Angeberei (*fam*) *f* vantardise *f*
angeblich *adj* soi-disant *inv* ▸ *adv* apparemment, paraît-il
angeboren *adj* inné(e) ; (*Méd*) congénital(e)
Angebot *nt* offre *f* ; (*Auswahl*) choix *m*
angebracht *adj* (*Bemerkung*) judicieux(-euse)
angegriffen *adj* (*Gesundheit, Nerven*) fragile
angeheitert *adj* éméché(e)
an|gehen *irr vt* (*betreffen*) regarder ; (*Aufgabe, Probleme*) s'attaquer à ; (*Gegner*) attaquer ▸ *vi* (*Radio, Licht*) s'allumer ; (*fam: beginnen*) commencer ▸ *vt unpers*: **es geht nicht an, dass …** il est hors de question que … ; **gegen etw ~** (*Missstände*) lutter contre qch
angehend *adj* (*Lehrer*) futur(e)
an|gehören *vi* +*Dat* appartenir à
Angehörige(r) *f(m)* proche parent(e)
Angeklagte(r) *f(m)* accusé(e) *m/f*
Angel (**-, -n**) *f* (*zum Fischfang*) canne *f* à pêche ; (*Türangel, Fensterangel*) gond *m*, charnière *f*
Angelegenheit *f* affaire *f*
Angelhaken *m* hameçon *m*
angeln *vt, vi* pêcher
Angelrute *f* canne *f* à pêche
angemessen *adj* approprié(e)
angenehm *adj* agréable ; **~!** (*bei Vorstellung*) enchanté(e) ! ; **es wäre mir sehr ~, wenn …** je vous serais reconnaissant(e) de …
angenommen *adj*: **~, wir …** supposons que nous …
angepasst *adj* conformiste
angesagt (*fam*) *adj* tendance *inv*
angeschrieben (*fam*) *adj*: **bei jdm gut/schlecht ~ sein** être bien/mal vu(e) de qn
angesehen *adj* respecté(e)
angesichts *präp* +*Gen* en raison de
angespannt *adj* tendu(e) ; (*Aufmerksamkeit*) soutenu(e)
Angestellte(r) *f(m)* employé(e) *m/f*
angestrengt *adv* (*nachdenken*) très fort ; (*arbeiten*) dur
angetan *adj*: **von jdm/etw ~ sein** être séduit(e) par qn/qch ; **es jdm ~ haben** avoir impressionné *od* séduit qn
angewiesen *adj*: **auf jdn/etw ~ sein** dépendre de qn/qch
an|gewöhnen *vt*: **jdm/sich etw ~** habituer qn/s'habituer à qch
Angewohnheit *f* habitude *f*
Angler(in) (**-s, -**) *m(f)* pêcheur(-euse) (à la ligne)
Angola (**-s**) *nt* l'Angola *m*
an|greifen *irr vt* attaquer ; (*Gesundheit*) atteindre
Angreifer(in) (**-s, -**) *m(f)* agresseur *m*
Angriff *m* attaque *f* ; **etw in ~ nehmen** s'attaquer à qch
angriffslustig *adj* agressif(-ive)
angst *adj*: **ihm ist/wird (es) ~ (und bange)** il a de plus en plus peur • **Angst** (**-, ¨-e**) *f* (*Furcht*) peur *f* ; (*Sorge*) crainte *f* ; **jdm ~ machen** faire peur à qn • **Angsthase** (*fam*) *m* poule *f* mouillée
ängstigen *vt* faire peur à ▸ *vr* se faire du souci
ängstlich *adj* (*furchtsam*) peureux(-euse) ; (*besorgt*) inquiet(-ète) • **Ängstlichkeit** *f* caractère *m* craintif
an|haben *irr vt* avoir mis(e) ; **jdm nichts ~ können** ne rien faire à qn
an|halten *irr vt* (*Fahrzeug*) arrêter ; (*Luft, Atem*) retenir ▸ *vi* s'arrêter ; (*andauern*) continuer ; **um die Hand eines**

Mädchens ~ demander la main d'une jeune fille ; **jdn zur Arbeit/ Pünktlichkeit ~** encourager qn à travailler/à être ponctuel(le)
anhaltend *adj* (*Beifall*) interminable ; (*Regen*) ininterrompu(e)
Anhalter(in) **(-s, -)** *m(f)* auto-stoppeur(-euse) ; **per ~ fahren** faire du stop
Anhaltspunkt *m*: **jdm einen ~ für etw geben** donner une idée à qn sur qch
anhand *präp +Gen* en se fondant sur
Anhang *m* (*Buch, Vertrag*) appendice *m* ; (*von E-Mail*) pièce *f* jointe, fichier *m* joint ; (*Leute*) disciples *mpl* ; (*Kinder*) enfants *mpl*
an|hängen *vt* accrocher ; (*anfügen: Inform*) ajouter ▶ *vr*: **sich an jdn ~** suivre qn ; **jdm etw ~** (*fam*) mettre qch sur le dos de qn ; **eine Datei an eine E-Mail ~** (*Inform*) joindre un fichier à un mail
Anhänger **(-s, -)** *m* (*Mensch*) partisan *m* ; (*Auto*) caravane *f* ; (*am Koffer*) étiquette *f* ; (*Schmuck*) pendentif *m*
• **Anhängerschaft** *f* partisans *mpl*
anhängig *adj* (*Jur*) devant les tribunaux ; **~ machen** intenter
anhänglich *adj* affectueux(-euse)
Anhänglichkeit *f* attachement *m*
Anhängsel **(-s, -)** *nt* breloque *f*
Anhäufung *f* accumulation *f*
an|heben *irr vt* (*Gegenstand*) soulever ; (*Preise, Steuern*) augmenter
anheimelnd *adj* familier(-ière)
anheim|stellen *vt*: **jdm etw ~** s'en remettre à qn de qch
an|heuern *vt* engager
Anhieb *m*: **auf ~** tout de suite
Anhöhe *f* colline *f*
an|hören *vt* écouter ▶ *vr* s'entendre ; **sich** *Dat* **etw ~** écouter qch
Animateur *m* animateur *m*
animieren *vt*: **(zu etw) ~** inciter (à qch)
Anis **(-(es), -e)** *m* anis *m*
Ank. *abk* (= *Ankunft*) arrivée *f*
Ankauf *m* achat *m*
an|kaufen *vt* acheter
Anker **(-s, -)** *m* ancre *f* ; **vor ~ gehen** jeter l'ancre
ankern *vi* mouiller
Ankerplatz *m* mouillage *m*
Anklage *f* accusation *f* • **Anklagebank** *f* banc *m* des accusés
an|klagen *vt* accuser
Anklang *m*: **(bei jdm) ~ finden** être bien reçu(e) (par qn)
Ankleidekabine *f* cabine *f*
an|klicken *vt* (*Inform*) cliquer
an|klopfen *vi* frapper
an|knüpfen *vt* attacher, nouer ; (*fig: Beziehungen*) établir ▶ *vi*: **~ an** *+Dat* reprendre
an|kommen *irr vi* arriver ▶ *vi unpers*: **es kommt darauf an** ça dépend ; (*wichtig sein*) c'est ce qui compte ; **bei jdm ~** (*Anklang finden*) avoir du succès chez qn ; **gegen jdn/etw ~** s'opposer à qn/qch
an|kreuzen *vt* cocher
an|kündigen *vt* annoncer
Ankündigung *f* annonce *f*
Ankunft *f* arrivée *f*
Ankunftszeit *f* heure *f* d'arrivée
an|kurbeln *vt* (*Écon, Produktion*) relancer
Anlage *f* (*Fabrik, Gebäudekomplex*) installations *fpl* ; (*Park*) parc *m* ; (*Tech, Mil, Sport etc*) équipement *m* ; (*Fin*) placement *m* ; (*Begabung, Veranlagung*) talent *m* ; (*Beilage*) annexe *f* ; (*Veranlagung*): **~ zu** tendance *f* à
Anlass **(-es, Anlässe)** *m* (*Ursache*) cause *f* ; (*Gelegenheit, Ereignis*) occasion *f* ; **aus ~** *+Gen* à l'occasion de ; **~ zur Besorgnis/ Freude geben** être inquiétant(e)/ réjouissant(e) ; **etw zum ~ nehmen** profiter de qch
an|lassen *irr vt* (*Motor*) mettre en marche, démarrer ; (*Mantel etc*) garder ; (*Licht, Radio etc*) laisser allumé(e) ▶ *vr* commencer
Anlasser **(-s, -)** *m* (*Auto*) démarreur *m*
anlässlich *präp +Gen* à l'occasion de
an|lasten *vt*: **jdm etw ~** imputer qch à qn
Anlauf *m* (*Sport*) élan *m* ; (*Versuch*) tentative *f*
an|laufen *irr vi* (*beginnen*) commencer ; (*Metall*) se ternir ; (*Fenster*) se couvrir de buée ▶ *vt* (*Hafen*) faire escale à ; **angelaufen kommen** arriver
Anlaufstelle *f* endroit *m* où s'adresser
an|läuten *vt* téléphoner à
an|legen *vt* (*Lineal*) placer ; (*Maßstab*) appliquer ; (*Leiter*) poser ; (*anziehen*) revêtir ; (*Park, Garten*) aménager ; (*Liste*) établir ; (*Kartei, Akte*) constituer ; (*Geld: investieren*) placer ; (*: ausgeben*) dépenser ; (*Gewehr*) épauler ▶ *vi* (*Schiff*) mouiller ; **es auf einen Streit ~** chercher la bagarre ; **sich mit jdm ~** (*fam*) chercher noise à qn
Anlegeplatz *m* mouillage *m*
Anlegestelle *f* mouillage *m*
an|lehnen *vt* (*Leiter, Fahrrad*) appuyer ; (*Tür, Fenster*) entrebâiller ▶ *vr* s'appuyer ; (*an Vorbild*) imiter
an|leiern (*fam*) *vt* commencer
an|leiten *vt*: **jdn bei einer Arbeit ~** montrer (comment faire) un travail à qn ; **jdn zu etw ~** encourager qn à qch

Anleitung *f* instructions *fpl*
an|liegen *irr vi* (*Kleidung*) être moulant(e)
Anliegen (**-s, -**) *nt* problème *m* ; (*Wunsch*) demande *f*
Anlieger (**-s, -**) *m* riverain *m*
an|lügen *irr vt* mentir à
an|machen *vt* (*anschalten, anzünden*) allumer ; (*befestigen*) fixer ; (*Salat*) assaisonner ; **jdn ~** (*fam*) draguer qn
an|maßen *vr*: **sich** *Dat* **etw ~** s'attribuer qch
anmaßend *adj* arrogant(e)
Anmaßung *f* suffisance *f*
Anmeldeformular *nt* formulaire *m* d'inscription
an|melden *vt* (*Besucher, Besuch*) annoncer ; (*Radio*) payer la redevance pour ; (*Auto*) faire immatriculer ▶ *vr* s'annoncer ; (*polizeilich*) annoncer son arrivée
Anmeldeschluss *m* clôture *f* des inscriptions
Anmeldung *f* (*Büro*) réception *f*
an|merken *vt* (*hinzufügen*) ajouter ; (*anstreichen*) noter ; **jdm seine Unsicherheit ~** remarquer le manque d'assurance de qn ; **sich** *Dat* **nichts ~ lassen** ne rien laisser paraître
Anmerkung *f* remarque *f*
Anmut *f* charme *m*
anmutig *adj* charmant(e)
an|nähen *vt* coudre
annähernd *adj* (*Wert, Betrag*) approximatif(-ive)
Annäherung *f* rapprochement *m*
Annäherungsversuch *m* avance *f*
Annahme *f* (*Vermutung*) supposition *f* ; (*von Gesetz, Kind, Namen*) adoption *f*
annehmbar *adj* acceptable
an|nehmen *irr vt* accepter ; (*vermuten*) admettre ▶ *vr*: **sich einer Sache** *Gen* **~** (*sich kümmern um*) s'occuper de qch ; **angenommen, das ist so** admettons que ce soit vrai
Annehmlichkeit *f* commodité *f*
annektieren *vt* annexer
Annonce *f* annonce *f*
annoncieren *vt* annoncer ▶ *vi* mettre *od* insérer une annonce
annullieren *vt* annuler
Anode *f* anode *f*
an|öden (*fam*) *vt* casser les pieds à
anonym *adj* anonyme
Anonymität *f* anonymat *m*
Anorak (**-s, -s**) *m* anorak *m*
an|ordnen *vt* ranger, classer ; (*befehlen*) ordonner
Anordnung *f* (*Befehl*) ordre *m*
anorganisch *adj* inorganique
an|packen *vt* (*anfassen*) saisir ; (*in Angriff nehmen*) s'attaquer à ; **mit ~** mettre la main à la pâte
an|passen *vt* (*angleichen*) adapter ▶ *vr* s'adapter
Anpassung *f* adaptation *f*
anpassungsfähig *adj* adaptable
Anpfiff *m* (*Sport*) coup *m* de sifflet (*annonçant le début d'un match*) ; (*fam: Zurechtweisung*) savon *m*
an|pöbeln (*fam*) *vt* s'en prendre à
an|prangern *vt* dénoncer
an|preisen *irr vt* recommander (chaleureusement)
Anprobe *f* essayage *m*
an|probieren *vt* essayer
an|rechnen *vt* compter ; (*altes Gerät*) accorder une remise pour ; **jdm etw hoch ~** avoir une haute opinion de qn à cause de qch
Anrecht *nt* droit *m*
Anrede *f* titre *m*
an|reden *vt* (*ansprechen*) s'adresser à ; (*belästigen*) aborder ; **jdn mit Frau/Exzellenz ~** appeler qn « Madame/Excellence » ; **jdn mit „Sie" ~** vouvoyer qn
an|regen *vt* (*stimulieren*) stimuler ; (*vorschlagen*) suggérer ; **angeregte Unterhaltung** conversation *f* animée
anregend *adj* (*Mittel*) excitant(e) ; (*Luft*) qui réveille ; (*Gespräch*) stimulant(e)
Anregung *f* suggestion *f*
an|reichern *vt* (*Chim*) enrichir ; (*Culin*) rendre plus riche
Anreise *f* (voyage *m* d')aller *m*
an|reisen *vi* arriver
Anreiz *m* motivation *f*
Anrichte *f* buffet *m*
an|richten *vt* (*Essen*) servir ; (*Verwirrung*) provoquer ; (*Schaden*) faire
anrüchig *adj* louche
an|rücken *vi* arriver ; (*Mil*) avancer
Anruf *m* appel *m* • **Anrufbeantworter** *m* répondeur *m*
an|rufen *irr vt* (*Tél*) appeler
an|rühren *vt* (*anfassen*) toucher ; (*mischen*) préparer
ans = **an das**
Ansage *f* annonce *f*
an|sagen *vt* (*Zeit*) donner ; (*Programm*) annoncer ▶ *vr* annoncer sa visite
Ansager(in) (**-s, -**) *m(f)* (*Radio, TV*) speaker(ine)
an|sammeln *vr* s'accumuler ; (*Menschen*) se rassembler
Ansammlung *f* accumulation *f*, amas *m* ; (*Leute*) rassemblement *m*

ansässig *adj* établi(e)
Ansatz *m* (*Beginn*) début *m* ; (*Versuch*) tentative *f* ; (*Haaransatz*) racine *f* ; (*Rostansatz, Kalkansatz*) dépôt *m* ; (*Verlängerungsstück*) rallonge *f* • **Ansatzpunkt** *m* point *m* de départ
an|schaffen *vt* acquérir, acheter
Anschaffung *f* acquisition *f*
an|schalten *vt* allumer
an|schauen *vt* regarder
anschaulich *adj* vivant(e)
Anschauung *f* (*Meinung*) opinion *f* ; **aus eigener ~** par expérience
Anschauungsmaterial *nt* matériel *m* documentaire
Anschein *m* apparence *f* ; **allem ~ nach** selon toute apparence ; **es hat den ~, dass ...** il semble que ...
anscheinend *adv* apparemment
Anschlag *m* (*Plakat*) affiche *f* ; (*Attentat*) attentat *m* ; (*Écon*) devis *m* ; (*auf Klavier*) toucher *m* ; (*auf Schreibmaschine*) frappe *f*
an|schlagen *irr vt* (*Zettel*) afficher ; (*beschädigen*: *Tasse*) ébrécher ; (*Akkord*) frapper
an|schließen *irr vt* (*Gerät*) brancher ; (*Sender*) relayer ; (*Fahrrad etc*) enchaîner ; (*folgen lassen, hinzufügen*) ajouter ▸ *vi*: **an etw** *Akk* **~** (*räumlich*) être contigu(ë) à qch ; (*zeitlich*) suivre qch ▸ *vr*: **sich jdm ~** se joindre à qn ; (*beipflichten*) se ranger à l'avis de qn
anschließend *adj* (*räumlich*) contigu(ë) ; (*zeitlich*) qui suit ▸ *adv* ensuite
Anschluss *m* (*Élec*) branchement *m* ; (*von Wasser etc*) branchement ; (*Rail, Aviat*) correspondance *f* ; (*Tél*: *Verbindung*) communication *f* ; (: *Apparat*) ligne *f* ; (*Inform*) connexion *f* ; **im ~ an** +*Akk* (immédiatement) après ; **~ finden** se faire des amis
Anschlussflug *m* correspondance *f*
anschmiegsam *adj* (*Mensch*) câlin(e) ; (*Stoff*) souple
an|schnallen *vr* attacher sa ceinture
Anschnallpflicht *f*: **in Taxis ist jetzt ~** *le port de la ceinture (de sécurité) est devenu obligatoire dans les taxis*
an|schneiden *irr vt* entamer
an|schreiben *irr vt* écrire ; (*Behörde etc*) écrire à ▸ *vi* (*Kredit geben*) faire crédit ; **können Sie es mir ~?** pouvez-vous le mettre sur mon compte ?
an|schreien *irr vt* crier après
Anschrift *f* adresse *f*
an|schwellen *irr vi* (*Körperteil*) enfler, gonfler ; (*Fluss*) être en crue, monter ; (*Lärm*) s'enfler
an|schwemmen *vt* charrier
an|schwindeln *vt* raconter des bobards à
an|sehen *irr vt* regarder ; **jdm etw ~** lire qch sur le visage de qn ; **jdn/etw als etw ~** considérer qn/qch comme qch
Ansehen (**-s**) *nt* (*Ruf*) réputation *f*
ansehnlich *adj* (*Mensch*) de belle apparence *od* stature ; (*Betrag*) considérable
an sein (*fam*) *irr vi siehe* **an**
an|setzen *vt* (*Wagenheber*) mettre, placer ; (*Trompete*) emboucher ; (*anfügen*) ajouter ; (*Knospen, Frucht*) faire, produire ; (*Bowle*) faire macérer ; (*Termin*) fixer ; (*Kosten*) calculer ▸ *vi* (*beginnen*) commencer ▸ *vr* (*Rost*) se former
Ansicht *f* (*sichtbarer Teil*) vue *f* ; (*Meinung*) avis *m*, opinion *f* ; (*Inform*) affichage *m* ; **zur ~** à l'examen ; **meiner ~ nach** à mon avis
Ansichtskarte *f* carte *f* postale
Ansichtssache *f*: **das ist ~** c'est une affaire d'opinion
ansonsten *adv* à part cela, par ailleurs
an|spannen *vt* (*Tiere, Wagen*) atteler ; (*Muskel*) bander
Anspannung *f* tension *f*
Anspiel *nt* (*Spielbeginn*) commencement *m* du match
an|spielen *vi* (*Sport*) ouvrir le jeu ; **auf etw** *Akk* **~** faire allusion à qch
Anspielung *f*: **~ auf** +*Akk* allusion *f* à
Ansporn (**-(e)s**) *m* stimulation *f*
Ansprache *f* allocution *f*
an|sprechen *irr vt* (*reden mit*) adresser la parole à ; (*gefallen*) plaire à ▸ *vi* (*gefallen*) plaire ; (*reagieren*) réagir ; (*wirken*) faire de l'effet ; **jdn auf etw** *Akk* **(hin) ~** parler de qch à qn
ansprechend *adj* charmant(e)
Ansprechpartner *m* interlocuteur *m*
an|springen *irr vi* (*Auto*) démarrer
Anspruch *m* (*Recht*) droit *m* ; (*Forderung*) exigence *f*, revendication *f* ; **hohe Ansprüche stellen** *od* **haben** être très exigeant(e) ; **~ auf etw** *Akk* **haben** avoir droit à qch ; **etw in ~ nehmen** avoir recours à qch
anspruchslos *adj* sans prétentions, modeste
anspruchsvoll *adj* exigeant(e)
an|spucken *vt* cracher sur
an|stacheln *vt* inciter, stimuler
Anstalt (**-, -en**) *f* (*Schule, Heim, Gefängnis*) établissement *m* ; (*Heilanstalt*) maison *f* de santé ; **~en machen, etw zu tun** se préparer *od* s'apprêter à faire qch
Anstand *m* décence *f*

anständig *adj* (*Mensch, Benehmen*) honnête ; (*Leistung, Arbeit*) satisfaisant(e)
anstandslos *adv* sans problème
an|starren *vt* regarder fixement, fixer du regard
anstatt *präp* +*Gen* à la place de ▶ *konj*: **~ etw zu tun** au lieu de faire qch
an|stechen *irr vt* (*Blase, Reifen*) crever ; (*Fass*) mettre en perce
an|stecken *vt* (*Abzeichen, Blume, Ring*) mettre ; (*Méd*) contaminer ; (*Pfeife, Kerzen*) allumer ; (*Haus*) mettre le feu à ▶ *vr*: **ich habe mich bei ihm angesteckt** il m'a contaminé(e) ▶ *vi* être contagieux(-euse)
ansteckend *adj* contagieux(-euse)
Ansteckung *f* contagion *f*
an|stehen *irr vi* faire la queue ; (*Verhandlungspunkt*) être à l'ordre du jour
anstelle, an Stelle *präp* +*Gen*: **~ von** à la place de
an|stellen *vt* (*einschalten*: *Gerät*) allumer ; (*Wasser*) ouvrir ; (*anlehnen*) poser, placer ; (*Arbeit geben*) engager ; (*vornehmen*) faire ▶ *vr* (*Schlange stehen*) faire la queue ; **sich dumm/geschickt ~** mal/bien s'y prendre
Anstellung *f* emploi *m*
Anstieg (**-(e)s, -e**) *m* montée *f*
an|stiften *vt*: **jdn zu etw ~** pousser qn à qch
Anstifter(in) *m(f)* instigateur(-trice)
an|stimmen *vt* (*Lied*) entonner ; (*Geschrei*) pousser
Anstoß *m* (*Impuls*) impulsion *f* ; (*Sport*) coup *m* d'envoi ; **~ nehmen an** +*Dat* être choqué(e) par *od* de
an|stoßen *irr vt* pousser ▶ *vi* (*Sport*) donner le coup d'envoi ; (*mit Gläsern*) trinquer ; (*sich stoßen*) se cogner ; **an etw** *Akk* **~** (*angrenzen*) être attenant(e) à qch
anstößig *adj* choquant(e)
an|streben *vt* aspirer à
an|streichen *irr vt* peindre ; (*markieren*) marquer
Anstreicher(in) (**-s, -**) *m(f)* peintre *m* (en bâtiment)
an|strengen *vt* (*Augen, Person*) fatiguer ; (*Jur*: *Prozess*) intenter ▶ *vr* faire des efforts
anstrengend *adj* fatigant(e)
Anstrengung *f* effort *m*
Anstrich *m* couche *f* de peinture ; (*fig*: *Note*) apparence *f*
Ansturm *m* assaut *m*
Antagonismus *m* antagonisme *m*
Antarktis (-) *f* Antarctique *m*
antarktisch *adj* antarctique
an|tasten *vt* (*berühren, angreifen*) toucher ; (*Recht, Ehre*) porter atteinte à
Anteil *m* (*Teil*) part *f* ; **~ an etw** *Dat* **nehmen** (*sich interessieren*) s'intéresser à qch
Anteilnahme (-) *f* (*Mitleid*) compassion *f*, sympathie *f*
Antenne *f* antenne *f*
Anthrazit (**-s, -e**) *m* anthracite *m*
Antialkoholiker(in) *m(f)* personne *f* qui ne boit jamais d'alcool
antiautoritär *adj* non autoritaire
Antibiotikum (**-s, -biotika**) *nt* antibiotique *m*
Antiblockiersystem *nt* (*Auto*) système *m* (de freinage) antiblocage
Antiglobalisierung *f* altermondialisation *f*
Antihistaminikum *nt* (**-s, Antihistaminika**) (*Méd*) antihistaminique *m*
antik *adj* ancien(ne)
Antike *f* antiquité *f*
Antikörper *m* anticorps *m*
Antilope *f* antilope *f*
Antipathie *f* antipathie *f*
Antiquariat *nt* librairie *f* d'occasion
Antiquitäten *pl* antiquités *fpl* • **Antiquitätenhandel** *m* commerce *m* d'antiquités • **Antiquitätenhändler(in)** *m(f)* antiquaire *mf*
Antisemitismus *m* antisémitisme *m*
Antiviren- *adj* (*Inform*) antivirus
Antivirenprogramm *nt* (*Inform*) antivirus *m*
Antivirensoftware *f* antivirus *m*
an|törnen (*fam*) *vt* faire flasher, exciter
Antrag (**-(e)s, Anträge**) *m* (*Pol*) motion *f* ; (*Gesuch*) requête *f*, demande *f* ; (*Formular*) formulaire *m* ; (*Heiratsantrag*) demande *f* en mariage
an|treffen *irr vt* trouver
an|treiben *irr vt* pousser ; (*Motor*) entraîner, faire marcher ; (*fig*) entraîner
an|treten *irr vt* (*Amt, Regierung, Stellung*) prendre ; (*Erbschaft*) recueillir ; (*Strafe*) commencer à purger ; (*Beweis*) fournir ; (*Reise, Urlaub*) partir en ▶ *vi* s'aligner
Antrieb *m* impulsion *f* ; (*Tech*) entraînement *m* ; **aus eigenem ~** de sa propre initiative
an|trinken *irr vt* (*Flasche, Glas*) entamer ; **sich** *Dat* **Mut/einen Rausch ~** boire pour se donner du courage/se soûler ; **angetrunken sein** être en état d'ébriété
Antritt *m* (*Beginn*) début *m* ; (*eines Amtes*) entrée *f* en fonction
an|tun *irr vt*: **jdm etw ~** faire qch à qn ; **sich** *Dat* **Zwang ~** se faire violence

Antwort (**-, -en**) *f* réponse *f* ; **um ~ wird gebeten** répondez s'il vous plaît (= R.S.V.P.)
antworten *vi* répondre ; **jdm ~** répondre à qn
an|vertrauen *vt*: **jdm etw ~** confier qch à qn ▶ *vr*: **sich jdm ~** se confier à qn
an|wachsen *irr vi* augmenter ; (*Pflanze*) prendre racine
Anwalt (**-(e)s, Anwälte**) *m* avocat *m*
Anwaltskosten *pl* frais *mpl* de justice
Anwandlung *f* caprice *m*, passade *f* ; **eine ~ von Furcht/Reue** une peur passagère/un remords passager
Anwärter(in) *m(f)* candidat(e)
an|weisen *irr vt* (*zuweisen*) assigner, attribuer ; (*befehlen*) ordonner à ; (*anleiten*) diriger ; (*Fin*: *überweisen*) virer
Anweisung *f* (*Zuweisung*) attribution *f*, assignation *f* ; (*Befehl*) ordre *m* ; (*Anleitung*) mode *m* d'emploi ; (*Postanweisung*) mandat *m*
anwendbar *adj* applicable
an|wenden *irr vt* (*Gerät*) utiliser ; (*Mittel, Therapie, Gewalt*) recourir à ; (*Gesetz, Regel*): **etw auf etw ~** appliquer qch à qch
Anwender(in) (**-s, -**) *m(f)* utilisateur(-trice)
Anwenderprogramm *nt* (*Inform*) programme *m* d'application
Anwendung *f* application *f* ; (*Inform*) application *f*, appli *f*
Anwendungsprogramm *nt* (*Inform*) programme *m* d'application
anwesend *adj* présent(e) ; **die A~en** les personnes présentes
Anwesenheit *f* présence *f*
Anwesenheitsliste *f* liste *f* de présence
an|widern *vt* dégoûter
Anwohner(in) (**-s, -**) *m(f)* riverain(e)
Anzahl *f* (*Menge*) quantité *f* ; (*Gesamtzahl*) nombre *m*
an|zahlen *vt* (*Betrag*) payer ; (*Gekauftes*) payer un acompte pour
Anzahlung *f* acompte *m*
an|zapfen *vt* (*Fass*) mettre en perce ; (*Tél*) mettre sur écoute ; (*fam*): **ich habe ihn um 200 Euro angezapft** je l'ai tapé de 200 euros
Anzeichen *nt* signe *m*, indice *m*
Anzeige *f* annonce *f* ; (*Messgerät*) affichage *m* ; (*bei Polizei*) dénonciation *f* ; **~ gegen jdn erstatten** dénoncer qn
an|zeigen *vt* (*Zeit*) indiquer ; (*Geburt*) faire part de ; (*bei Polizei*) dénoncer
Anzeigenblatt *nt* journal *m* de petites annonces
Anzeigenteil *m* (rubrique *f* des) annonces *fpl*
Anzeiger *m* (*Tech*) indicateur *m*
an|zetteln (*fam*) *vt* tramer
an|ziehen *irr vt* (*Kleidung*) mettre ; (*anlocken*) attirer ; (*Schraube, Handbremse*) serrer ; (*Seil*) tirer (sur) ; (*Knie, Beine*) plier ; (*Feuchtigkeit*) absorber ▶ *vr* s'habiller ▶ *vi* (*Preise, Aktien*) monter, être en hausse ; (*sich nähern*) s'approcher ; (*Mil*) avancer
anziehend *adj* attirant(e), attrayant(e)
Anziehung *f* (*Reiz*) attrait *m*, charme *m*
Anziehungskraft *f* attirance *f* ; (*Phys*) force *f* d'attraction
Anzug *m* costume *m* ; **im ~ sein** menacer
anzüglich *adj* (*Bemerkung*) désobligeant(e) ; (*Witz*) de mauvais goût • **Anzüglichkeit** *f* caractère *m* désobligeant ; (*Bemerkung*) allusion *f* désobligeante
an|zünden *vt* allumer ; (*Haus*) mettre le feu à
Anzünder *m* allume-gaz *m inv*
an|zweifeln *vt* mettre en doute
apart *adj* chic
Apartment (**-s, -s**) *nt* appartement *m*
Apathie *f* apathie *f*
apathisch *adj* apathique
Apfel (**-s, ¨**) *m* pomme *f* • **Apfelmus** *nt* purée *f* de pommes • **Apfelsaft** *m* jus *m* de pommes
Apfelsine *f* orange *f*
Apfelwein *m* cidre *m*
Apostel (**-s, -**) *m* apôtre *m*
Apostroph (**-s, -e**) *m* apostrophe *f*
Apotheke *f* pharmacie *f*

> Une **Apotheke** est une pharmacie où l'on vend comme en France, principalement des médicaments sur ordonnance, mais aussi des produits de toilette. Le pharmacien est qualifié pour aider et donner des conseils sur les médicaments et les traitements à suivre.

Apotheker(in) (**-s, -**) *m(f)* pharmacien(ne)
App *f* (*Inform*) appli *f*
Apparat (**-(e)s, -e**) *m* appareil *m* ; **wer ist am ~?** (*Tél*) qui est à l'appareil ?
Apparatur *f* appareillage *m*
Appartement (**-s, -s**) *nt* appartement *m*
Appell (**-s, -e**) *m* (*Mil*) appel *m* ; (*fig*): **~ (an +*Akk*)** appel (à)
appellieren *vi*: **~ an** +*Akk* faire appel à
Appenzell-Innerrhoden (**-s**) *nt* Appenzell Rhodes-Intérieures *m*
Appetit (**-(e)s, -e**) *m* appétit *m* ; **guten ~!** bon appétit ! • **appetitlich** *adj* appétissant(e) • **Appetitlosigkeit** *f* manque *m* d'appétit

Appetitzügler (**-s, -**) *m* coupe-faim *m*
Applaus (**-es, -e**) *m* applaudissements *mpl*
Applikation *f* (*Inform*) application *f*
Appretur *f* apprêt *m*
Aprikose *f* abricot *m*
April (**-(s), -e**) *m* avril *m*
Aprilwetter *nt* giboulées *fpl* de mars
Aquaplaning (**-(s)**) *nt* aquaplaning *m*
Aquarell (**-s, -e**) *nt* aquarelle *f*
Aquarium *nt* aquarium *m*
Äquator *m* équateur *m*
Araber(in) (**-s, -**) *m(f)* Arabe *mf*
Arabien (**-s**) *nt* l'Arabie *f*
arabisch *adj* (*Géo*) arabe
Arabisch *nt* (*Ling*) arabe *m*
Arbeit (**-, -en**) *f* travail *m* ; (*Klassenarbeit*) devoir *m*
arbeiten *vi* travailler ; (*funktionieren*) fonctionner
Arbeiter(in) (**-s, -**) *m(f)* travailleur(-euse) ; (*ungelernt*) ouvrier(-ière) • **Arbeiterschaft** *f* ouvriers *mpl*
Arbeitgeber(in) (**-s, -**) *m(f)* employeur(-euse)
Arbeitnehmer(in) (**-s, -**) *m(f)* salarié(e)
arbeitsam *adj* travailleur(-euse)
Arbeitsamt *nt* ≈ Agence *f* nationale pour l'emploi
Arbeitserlaubnis *f* permis *m* de travail
arbeitsfähig *adj* apte au travail
Arbeitsgang *m* phase *f*, opération *f*
Arbeitsgemeinschaft *f* groupe *m* de travail, équipe *f*
Arbeitskraft *f* énergie *f*; **Arbeitskräfte** *pl* (*Mitarbeiter*) main-d'œuvre *f*
arbeitslos *adj* au chômage
Arbeitslose(r) *f(m)* chômeur(-euse) *m/f*
Arbeitslosengeld *nt* allocation *f* (de) chômage
Arbeitslosenhilfe *f* ≈ allocation *f* de fin de droits
Arbeitslosigkeit *f* chômage *m*
Arbeitsmarkt *m* marché *m* du travail
Arbeitsplatz *m* lieu *m* de travail ; (*Stelle*) emploi *m*
arbeitsscheu *adj* fainéant(e)
Arbeitssuche *f*: **auf ~ sein** être à la recherche d'un emploi
Arbeitstag *m* journée *f* de travail
Arbeitsteilung *f* division *f od* répartition *f* du travail
arbeitsunfähig *adj* inapte au travail
Arbeitszeit *f* temps *m od* heures *fpl* de travail
Arbeitszeitverkürzung *f* réduction *f* du temps de travail
Archäologe (**-n, -n**) *m*, **Archäologin** *f* archéologue *mf*
Architekt(in) (**-en, -en**) *m(f)* architecte *mf*
Architektur *f* architecture *f*
Archiv (**-s, -e**) *nt* archives *fpl*
arg *adj* (*heftig*) terrible ▶ *adv* très
Argentinien (**-s**) *nt* l'Argentine *f*
Argentinier(in) (**-s, -**) *m(f)* Argentin(e)
argentinisch *adj* (*Géo*) argentin(e)
Ärger (**-s**) *m* (*Wut*) colère *f* ; (*Unannehmlichkeit*) ennuis *mpl* • **ärgerlich** *adj* (*zornig*) en colère, furieux(-euse) ; (*lästig*) fâcheux(-euse), ennuyeux(-euse)
ärgern *vt* fâcher, contrarier ▶ *vr* se fâcher, s'énerver
Ärgernis *nt* contrariété *f*; (*Anstoß*) scandale *m* ; **Erregung öffentlichen ~ses** attentat à la pudeur
Argument *nt* argument *m*
Argwohn *m* soupçons *mpl*, méfiance *f*
argwöhnisch *adj* soupçonneux(-euse)
Arie *f* aria *f*
Aristokrat(in) (**-en, -en**) *m(f)* aristocrate *mf*
Aristokratie *f* aristocratie *f*
aristokratisch *adj* aristocratique
arithmetisch *adj* arithmétique
Arktis (**-**) *f* (*Géo*) Arctique *m*
arktisch *adj* arctique
arm *adj* pauvre ; **~ an etw sein** être pauvre en qch ; **~ dran sein** (*fam*) être à plaindre
Arm (**-(e)s, -e**) *m* bras *m* ; (*von Leuchter*) branche *f*; (*von Polyp*) tentacule *m* ; **~ in ~** bras dessus, bras dessous
Armatur *f* (*Élec*) induit *m*
Armaturenbrett *nt* tableau *m* de bord
Armband *nt* bracelet *m* • **Armbanduhr** *f* montre(-bracelet) *f*
Arme(r) *f(m)* pauvre *mf*
Armee *f* armée *f*
Ärmel (**-s, -**) *m* manche *f*; **etw aus dem ~ schütteln** (*fig*) faire qch en un tour de main
Ärmelkanal *m* Manche *f*
Armenien (**-s**) *nt* l'Arménie *f*
armenisch *adj* arménien(ne)
ärmlich *adj* pauvre
armselig *adj* misérable ; (*schlecht*) minable
Armut (**-**) *f* pauvreté *f*
Armutszeugnis *nt*: **jdm ein ~ ausstellen** montrer l'incompétence de qn ; **sich ein ~ ausstellen** se révéler incompétent
Aroma (**-s, Aromen**) *nt* arôme *m*
Aromatherapie *f* aromathérapie *f*
aromatisch *adj* aromatique
arrangieren *vt* organiser ▶ *vr* s'arranger

a

Arrest (**-(e)s, -e**) *m* (*Mil*) arrêts *mpl* ; (*Scol*) retenue *f*, colle *f*
arrogant *adj* arrogant(e)
Arroganz *f* arrogance *f*
Arsch (**-es, ¨-e**) (*vulg*) *m* cul *m* • **Arschkriecher** (*vulg*) *nt* lèche-cul *m*
Art (**-, -en**) *f* (*Weise*) manière *f*, façon *f* ; (*Sorte*) sorte *f* ; (*Wesen*) caractère *m*, nature *f* ; (*Biol*) espèce *f* ; **Sauerkraut nach ~ des Hauses** (*Culin*) choucroute maison
Artenschutz *m* protection *f* des espèces animales et végétales
Artenschwund *m*, **Artensterben** (**-s**) ▸ *nt* disparition *f* des espèces
Artenvielfalt *f* biodiversité *f*
Arterie *f* artère *f*
Arterienverkalkung *f* artériosclérose *f*
artig *adj* (*folgsam*) sage
Artikel (**-s, -**) *m* article *m*
Artischocke *f* artichaut *m*
Arznei *f*, **Arzneimittel** *nt* médicament *m*
Arzt (**-es, ¨-e**) *m* médecin *m* ; **praktischer ~** généraliste *m*
Ärztin *f* (femme *f*) médecin *m*
ärztlich *adj* médical(e)
As *nt* = **Ass**
Asbest (**-(e)s, -e**) *m* amiante *m*
Asche *f* cendre *f*
Aschenbahn *f* (*Sport*) cendrée *f*
Aschenbecher *m* cendrier *m*
Aschenbrödel, Aschenputtel (**-s, -**) *nt* Cendrillon *f*
Aschermittwoch *m* mercredi *m* des Cendres
Aserbaidschan, Aserbeidschan *nt* l'Azerbaïdjan *m*
Asiat(in) (**-en, -en**) *m(f)* Asiatique *mf*
asiatisch *adj* asiatique
Asien (**-s**) *nt* l'Asie *f*
asozial *adj* asocial(e)
Aspekt (**-(e)s, -e**) *m* aspect *m*
Asphalt (**-s, -e**) *m* asphalte *m*
asphaltieren *vt* asphalter
Asphaltstraße *f* route *f* goudronnée
aß *etc vb siehe* **essen**
Ass (**-es, -e**) *nt* as *m*
Assistent(in) *m(f)* assistant(e)
Assoziation *f* association *f*
Ast (**-(e)s, ¨-e**) *m* branche *f*
Aster (**-, -n**) *f* aster *m*
ästhetisch *adj* esthétique
Asthma (**-s**) *nt* asthme *m*
Asthmatiker(in) (**-s, -**) *m(f)* asthmatique *mf*
Astrologe (**-n, -n**) *m*, **Astrologin** *f* astrologue *m*
Astrologie *f* astrologie *f*
Astronaut(in) (**-en, -en**) *m(f)* astronaute *mf*
Astronom(in) *m(f)* astronome *mf*
Astronomie *f* astronomie *f*
ASU *abk* (= *Abgassonderuntersuchung*) *contrôle annuel du niveau de pollution des véhicules automobiles*
Asyl (**-s, -e**) *nt* asile *m* ; (*Heim*) hospice *m* ; (*Obdachlosenasyl*) refuge *m* pour les sans-abri
Asylant(in) (**-en, -en**) *m(f)* demandeur(-euse) *m/f* d'asile
Asylantrag *m* demande *f* d'asile
Asylbewerber(in) *m(f)* demandeur(-euse) d'asile
Asylrecht *nt* droit *m* d'asile
Atelier (**-s, -s**) *nt* atelier *m*
Atem (**-s**) *m* (*Luft*) haleine *f*, souffle *m* ; (*Atmen*) respiration *f* ; **außer ~** hors d'haleine ; **jdn in ~ halten** (*fig*) tenir qn en haleine ; **jdm den ~ verschlagen** couper le souffle à qn • **atemberaubend** *adj* (*Spannung*) à vous couper le souffle, incroyable ; (*Tempo*) vertigineux(-euse) ; (*Schönheit*) époustouflant(e) • **atemlos** *adj* (*Mensch*) hors d'haleine • **Atempause** *f* temps *m* d'arrêt • **Atemzug** *m* souffle *m* ; **in einem ~** (*fig*) en même temps
Atheismus *m* athéisme *m*
Atheist(in) *m(f)* athée *mf* • **atheistisch** *adj* athée
Äther (**-s, -**) *m* éther *m*
Äthiopien (**-s**) *nt* l'Éthiopie *f*
äthiopisch *adj* éthiopien(ne)
Athlet(in) (**-en, -en**) *m(f)* athlète *mf*
Athletik *f* athlétisme *m*
Atlantik (**-s**) *m* Atlantique *m*
atlantisch *adj*: **der A~e Ozean** l'océan *m* Atlantique
Atlas (**-ses, Atlanten**) *m* atlas *m*
atmen *vi* respirer
Atmosphäre *f* atmosphère *f*
atmosphärisch *adj* atmosphérique
Atmung *f* respiration *f*
Ätna (**-s**) *m* Etna *m*
Atom (**-s, -e**) *nt* atome *m*
atomar *adj* nucléaire
Atombombe *f* bombe *f* atomique
Atomenergie *f* énergie *f* nucléaire
Atomkraft *f* énergie *f* nucléaire
Atomkraftwerk *nt* centrale *f* nucléaire
Atomkrieg *m* guerre *f* atomique
Atommacht *f* puissance *f* nucléaire
Atommüll *m* déchets *mpl* radioactifs
Atomsperrvertrag *m* (*Pol*) traité *m* de non-prolifération des armes nucléaires
Atomsprengkopf *m* ogive *f* nucléaire
Atomversuch *m* essai *m* nucléaire

Atomwaffen *pl* armes *fpl* nucléaires
atomwaffenfrei *adj* dénucléarisé(e)
Atomzeitalter *nt* ère *f* atomique
Attachment **(-s, -s)** *nt* (*von E-Mail*) pièce *f* jointe, fichier *m* joint
Attentat **(-(e)s, -e)** *nt* attentat *m*
Attentäter(in) *m(f)* auteur *m* d'un attentat
Attest **(-(e)s, -e)** *nt* certificat *m*
attraktiv *adj* (*Mensch*) séduisant(e) ; (*Angebot, Beruf*) attrayant(e)
Attrappe *f* imitation *f*
Attribut **(-(e)s, -e)** *nt* (*Ling*) modificatif *m*
At-Zeichen *nt* ar(r)obase *f*
ätzen *vi* être caustique *od* corrosif
ätzend (*fam*) *adj* incroyable
Aubergine *f* aubergine *f*

SCHLÜSSELWORT

auch *adv* **1** (*ebenfalls*) aussi ; **das ist auch schön** c'est joli aussi ; **er kommt — ich auch** il va venir — moi aussi ; **nicht nur ..., sondern auch ...** non seulement ..., mais aussi ... ; **auch nicht** pas non plus ; **ich auch nicht** moi non plus ; **das habe ich auch vergessen** ça aussi, je l'ai oublié ; **oder auch** ou encore ; **auch das noch!** il ne manquait plus que ça !
2 (*selbst, sogar*) même ; **auch wenn das Wetter schlecht ist** même s'il fait mauvais temps ; **ohne auch nur zu fragen** sans même demander
3 (*wirklich*): **du siehst müde aus — bin ich auch** tu as l'air fatigué — je le suis ; **so sieht es auch aus** ça se voit
4 (*auch immer*): **was auch geschehen mag** quoi qu'il arrive ; **wie dem auch sei** quoi qu'il en soit ; **wie sehr er sich auch bemühte, es ging alles schief** malgré tous ses efforts, tout est allé de travers

Audiodeskription *f* audiodescription *f*
audiovisuell *adj* audiovisuel(le)

SCHLÜSSELWORT

auf *präp +Dat* **1** (*wo?*) sur ; **auf dem Tisch** sur la table ; **auf der Post** à la poste ; **auf der Straße** dans la rue ; **auf dem Land** à la campagne ; **auf der ganzen Welt** dans le monde entier ; **was hat es damit auf sich?** de quoi s'agit-il ?
2 (*während*): **auf der Reise/dem Heimweg** pendant le voyage/voyage de retour
▸ *präp +Akk* **1** (*wohin?*) sur ; **auf den Tisch** sur la table ; **auf die Post gehen** aller à la poste ; **auf die Schule gehen** aller à l'école ; **aufs Land ziehen** aller habiter à la campagne ; **etw auf einen Zettel schreiben** écrire qch sur un billet ; **auf den Boden fallen** tomber par terre
2 (*mit Zeit- und Maßangaben*): **auf Lebenszeit** à vie ; **auf 2 Jahre** pour 2 ans ; **auf die Sekunde genau** à la seconde près ; **jdn auf eine Tasse Kaffee/eine Zigarette(nlänge) einladen** inviter qn à boire un café/ fumer une cigarette ; **jdn auf 10 Uhr zu sich bestellen** faire venir qn pour *od* à 10 heures
3 (*als Reaktion*): **auf seinen Vorschlag (hin)** suivant son conseil ; **auf meinen Brief/meine Bitte hin** en réponse à ma lettre/demande
4: **auf Deutsch** en allemand ; **bis auf ihn** sauf *od* à part lui ; **auf einmal** (*plötzlich*) tout à coup ; **zwei auf einmal** deux à la fois ; **auf unseren lieben Onkel Albert!** buvons à la santé de notre cher oncle Albert ! ; **die Nacht (von Montag) auf Dienstag** la nuit de lundi à mardi ; **es geht auf Weihnachten** Noël approche ; **auf einen Polizisten kommen 1.000 Bürger** il y a un agent de police pour 1000 habitants
▸ *adv* **1** (*offen*): **auf sein** (*Tür, Geschäft etc*) être ouvert(e) ; **das Fenster ist auf** la fenêtre est ouverte ; **Augen auf!** ouvre(z) l'œil !
2 (*aufgestanden*): **auf sein** (*Mensch*) être debout ; **ist er schon auf?** il est déjà levé ?
3: **auf und ab gehen** faire les cent pas ; **auf und davon gehen** partir ; **auf!** (*los!*) allons ! ; **auf nach Rom!** on part pour Rome !
▸ *konj*: **auf dass** (pour) que ; **auf dass wir nie vergessen, wem wir dies zu verdanken haben!** n'oublions jamais à qui nous en sommes redevables !

auf|atmen *vi* pousser un soupir de soulagement, respirer
auf|bahren *vt* exposer
Aufbau *m* (*Bauen*) construction *f* ; (*kein pl: Gliederung, Struktur*) structure *f* ; (*: Schaffung*) création *f* ; (*Aut*) carrosserie *f*
auf|bauen *vt* (*Zelt, Maschine, Gerüst*) monter ; (*Stadt*) reconstruire ; (*Vortrag, Aufsatz*) structurer ; (*Gruppe*) fonder ; (*Sportler, Politiker*) lancer ; (*Beziehungen*) établir
auf|bauschen *vt* (*fig*) gonfler
auf|behalten (*fam*) *irr vt* garder
auf|bekommen *irr vt* (*öffnen*) réussir à ouvrir ; (*Hausaufgaben*) avoir à faire

auf|bereiten *vt* (*Text etc*) préparer
auf|bessern *vt* (*Gehalt*) augmenter
auf|bewahren *vt* garder, conserver
Aufbewahrung *f* (*Gepäckaufbewahrung*) consigne *f*; **jdm etw zur ~ geben** donner qch à garder à qn
auf|bieten *irr vt* (*Kraft, Verstand*) rassembler ; (*Armee, Polizei*) mobiliser
auf|blasen *irr vt* gonfler ▶ *vr* (*fam: péj*) faire l'important
auf|bleiben *irr vi* (*Laden, Fenster*) rester ouvert(e) ; (*Mensch*) rester debout, veiller
auf|blenden *vt*: **die Scheinwerfer ~** se mettre pleins phares *od* en phares ▶ *vi* (*Auto*) se mettre pleins phares *od* en phares
auf|blühen *vi* (*Blume*) éclore ; (*Mensch*) s'épanouir ; (*Écon*) prospérer
auf|brauchen *vt* dépenser, épuiser
auf|brausen *vi* (*fig*) se mettre en colère, s'emporter
aufbrausend *adj* emporté(e)
auf|brechen *irr vt* (*Kiste, Auto*) ouvrir (en forçant) ; (*Schloss*) fracturer ▶ *vi* (*Wunde*) se rouvrir ; (*gehen*) partir
auf|bringen *irr vt* (*öffnen*) réussir à ouvrir ; (*in Umlauf setzen: Mode*) lancer ; (*beschaffen*) trouver ; (*ärgern*) mettre en colère ; (*aufwiegeln*): **~ gegen** monter contre ; **Verständnis für jdn ~** se montrer compréhensif(-ive) envers qn
Aufbruch *m* départ *m*
auf|brühen *vt* faire
auf|bürden *vt*: **jdm etw ~** charger qn de qch, mettre qch sur le dos de qn
auf|decken *vt* (*Bett*) ouvrir ; (*enthüllen*) révéler
auf|drängen *vt*: **jdm etw ~** imposer qch à qn ▶ *vr*: **sich jdm ~** (*Mensch*) imposer sa présence à qn ; (*Gedanke, Verdacht*) ne pas sortir de la tête de qn
aufdringlich *adj* importun(e)
aufeinander *adv* l'un(e) sur l'autre ; **sich ~ verlassen** compter l'un sur l'autre • **aufeinander|folgen** *vi* se succéder • **aufeinander|legen** *vi* mettre l'un(e) sur l'autre • **aufeinander|prallen** *vi* se heurter
Aufenthalt (-s, -e) *m* séjour *m* ; (*Unterbrechung von Fahrt od Flug*) arrêt *m*
Aufenthaltserlaubnis, **Aufenthaltsgenehmigung** *f* permis *m* de séjour
Auferstehung *f* résurrection *f*
auf|essen *irr vt* finir (de manger)
auf|fahren *irr vi* (*dicht aufschließen*) suivre de très près ; (*wütend werden*) s'emporter ; (*Auto*): **~ auf** *+Akk* heurter, tamponner
Auffahrt *f* (*Hausauffahrt*) allée *f* ; (*Autobahnauffahrt*) bretelle *f* d'accès
Auffahrunfall *m* collision *f* en chaîne
auf|fallen *irr vi* se faire remarquer ; **jdm fällt etw** *Akk* **auf** qn remarque qch
auffallend *adj* remarquable, extraordinaire ; (*Kleid*) voyant(e)
auffällig *adj* voyant(e), frappant(e)
auf|fangen *irr vt* (*Ball*) attraper ; (*Wasser*) recueillir ; (*Funkspruch*) capter ; (*Preise*) arrêter la hausse de
Auffanglager *nt* camp *m od* centre *m* d'accueil
auf|fassen *vt* (*verstehen*) comprendre ; (*auslegen*) interpréter
Auffassung *f* (*Meinung*) opinion *f*, avis *m* ; (*Auslegung*) conception *f* ; (*auch*: **Auffassungsgabe**) intelligence *f*
auffindbar *adj* trouvable
auf|fordern *vt* (*befehlen*) exhorter ; (*bitten*) inviter, prier
Aufforderung *f* (*Befehl*) exhortation *f* ; (*Einladung*) invitation *f*
auf|frischen *vt* (*Farbe, Kenntnisse*) rafraîchir ; (*Erinnerungen*) raviver ▶ *vi* (*Wind*) fraîchir
auf|führen *vt* (*Théât*) jouer ; (*in einem Verzeichnis*) mentionner ▶ *vr* (*sich benehmen*) se conduire, se comporter
Aufführung *f* (*Théât*) représentation *f* ; (*Liste*) énumération *f*
Aufgabe *f* (*Auftrag, Arbeit*) tâche *f* ; (*Pflicht, Schulaufgabe*) devoir *m* ; (*Verzicht*) abandon *m* ; (*von Gepäck*) expédition *f* ; (*von Post*) envoi *m*, expédition ; (*von Inserat*) publication *f*
Aufgabenbereich *m* ressort *m*, compétence *f*
Aufgang *m* (*Sonnenaufgang*) lever *m* ; (*Treppe*) escalier *m*
auf|geben *irr vt* (*Paket, Telegramm*) envoyer, expédier ; (*Gepäck*) expédier ; (*Bestellung*) passer ; (*Inserat*) mettre ; (*Schularbeit*) donner ; (*verzichten*) abandonner ; (*Verlorenes*) renoncer à ▶ *vi* abandonner
Aufgebot *nt* mobilisation *f* ; (*Eheaufgebot*) publication *f* des bans
aufgedreht (*fam*) *adj* (complètement) excité(e)
aufgedunsen *adj* enflé(e), boursouflé(e)
auf|gehen *irr vi* (*Sonne, Théât: Vorhang*) se lever ; (*Teig, Saat*) lever ; (*sich öffnen*) s'ouvrir ; (*Knospe*) éclore ; (*Math*) être divisible ; (*klar werden*): **jdm ~** devenir clair(e) pour qn ; **in etw** *Dat* **~** se consacrer entièrement à qch ; **in Flammen ~** être la proie des flammes

aufgeklärt *adj* éclairé(e) ; (*sexuell*) qui a reçu une éducation sexuelle
aufgekratzt (*fam*) *adj* gai(e)
aufgelegt *adj*: **gut/schlecht ~ sein** être de bonne/mauvaise humeur ; **zu etw ~ sein** être d'humeur à qch
aufgeregt *adj* énervé(e), excité(e)
aufgeschlossen *adj* ouvert(e)
aufgeschmissen (*fam*) *adj* fichu(e), cuit(e)
aufgeweckt *adj* éveillé(e)
auf|gießen *irr vt* (*Wasser*) verser ; (*Tee*) faire
auf|greifen *irr vt* (*Thema, Punkt*) reprendre ; (*Verdächtige*) appréhender
aufgrund, auf Grund *präp +Gen* (*wegen*) en raison de
auf|haben *irr vt* (*Hut, Brille*) porter ; (*Scol*) avoir à faire ▶ *vi* être ouvert(e)
auf|halsen *vt*: **jdm etw ~** mettre qch sur le dos de qn
auf|halten *irr vt* arrêter ; (*Entwicklung*) freiner ; (*Katastrophe*) empêcher ; (*Menschen*) retenir ; (*Betrieb*) perturber ; (*Tür, Hand, Sack, Augen*) garder *od* tenir ouvert(e) ▶ *vr* (*bleiben*) s'attarder, rester ; (*wohnen*) séjourner ; **sich über jdn/etw ~** (*aufregen*) être énervé(e) par qn/qch ; **sich mit etw ~** perdre son temps avec qch
auf|hängen *vt* accrocher ; (*Hörer*) raccrocher ; (*Menschen*) pendre ▶ *vr* se pendre
Aufhänger (**-s, -**) *m* (*am Mantel*) attache *f* ; (*fig: für Aufsatz, Geschichte*) point *m* de départ
auf|heben *irr vt* (*hochheben*) soulever ; (*aufbewahren*) conserver ; (*Sitzung, Belagerung*) lever ; (*Urteil*) casser ; (*Gesetz*) abroger ▶ *vr* se compenser ; **bei jdm gut aufgehoben sein** être en de bonnes mains avec qn ; **sich** *Dat* **etw für später ~** garder qch pour plus tard ; **viel A~(s) machen** faire beaucoup de bruit
auf|heitern *vr* (*Himmel*) s'éclaircir ; (*Miene*) se dérider ; (*Stimmung*) s'améliorer ▶ *vt* (*Menschen*) égayer
auf|hellen *vt* éclaircir ▶ *vr* s'éclaircir
auf|hetzen *vt*: **~ gegen** dresser *od* monter contre
auf|holen *vi* rattraper son retard
auf|horchen *vi* dresser l'oreille
auf|hören *vi* (*enden*) s'arrêter
auf|klären *vt* (*Geheimnis, Fall*) élucider ; (*Irrtum*) expliquer ; (*sexuell*) donner une éducation sexuelle à ▶ *vr* (*Wetter, Geheimnis*) s'éclaircir ; (*Irrtum*) s'expliquer ; **~ über** *+Akk* mettre au courant de
Aufklärung *f* (*von Geheimnis*) éclaircissement *m* ; (*Unterrichtung*) information *f* ; (*sexuell*) éducation *f* sexuelle ; (*Zeitalter*) Siècle *m* des lumières ; (*Mil, Aviat*) reconnaissance *f*
auf|kleben *vt* coller
Aufkleber (**-s, -**) *m* autocollant *m*
auf|knöpfen *vt* déboutonner
auf|kommen *irr vi* (*Wind*) se lever ; (*Zweifel, Gefühl, Mode*) naître ; **für jdn/etw ~** prendre qn/qch à sa charge
auf|laden *irr vt* (*Last, Batterie*) charger ; (*Verantwortung*): **jdm etw ~** charger qn de qch
Auflage *f* (*Buch*) édition *f* ; (*von Zeitung etc*) tirage *m* ; (*Bedingung*) condition *f* ; **jdm etw zur ~ machen** imposer qch à qn
auf|lassen (*fam*) *irr vt* (*offen lassen*) laisser ouvert(e)
auf|lauern *vi*: **jdm ~** guetter qn
Auflauf *m* (*Culin*) soufflé *m* ; (*Menschenauflauf*) attroupement *m*
auf|leben *vi* (*Mensch*) reprendre du poil de la bête ; (*Pflanze*) se remettre ; (*Gespräch*) reprendre ; (*Interesse*) renaître
auf|legen *vt* mettre ; (*Telefonhörer*) raccrocher ; (*Buch etc*) publier
auflehnen *vr*: **sich gegen jdn/etw ~** se révolter contre qn/qch
auf|lesen *irr vt* ramasser
auf|leuchten *vi* s'allumer ; (*Augen*) s'illuminer
auf|liegen *irr vi* être posé(e) ; (*zur Einsicht ausliegen: Zeitung etc*) être disponible
auf|lockern *vt* détendre
auf|lösen *vt* (*in Wasser*) diluer, délayer ; (*Ehe, Versammlung, Partei, Parlament*) dissoudre ; (*Geschäft*) liquider ▶ *vr* se dissoudre
auf|machen *vt* (*öffnen*) ouvrir ; (*gründen*) fonder ; (*zurechtmachen*) arranger ▶ *vr* (*gehen*) se mettre en route
Aufmachung *f* (*Kleidung*) tenue *f* ; (*Gestaltung*) présentation *f*
aufmerksam *adj* attentif(-ive) ; (*höflich*) aimable ; **jdn auf jdn/etw ~ machen** attirer l'attention de qn sur qn/qch • **Aufmerksamkeit** *f* attention *f* ; (*Höflichkeit*) égard *m*
auf|muntern *vt* (*ermutigen*) encourager ; (*erheitern*) égayer
Aufnahme *f* (*Empfang, Reaktion*) accueil *m* ; (*in Verein, Krankenhaus etc*) admission *f* ; (*in Liste, Programm etc*) insertion *f* ; (*von Beziehungen etc*) établissement *m* ; (*Photo*) photo *f* ; (*auf Tonband etc*) enregistrement *m* • **aufnahmefähig** *adj* réceptif(-ive) • **Aufnahmeprüfung** *f* examen *m* d'entrée

auf|nehmen *irr vt* (*Kampf, Verhandlungen, Fährte*) ouvrir ; (*empfangen, reagieren auf*) accueillir ; (*in Verein, Krankenhaus etc*) admettre ; (*in Liste etc*) insérer ; (*erfassen: Eindrücke*) assimiler ; (*Fin: Geld*) emprunter ; (*notieren: Diktat*) prendre ; (*: Unfall*) dresser un constat de ; (*auf Tonband, Platte*) enregistrer ; (*fotografieren*) prendre en photo ; (*Maschen*) reprendre ; **es mit jdm ~ können** pouvoir se mesurer à qn
auf|opfern *vt* sacrifier ▶ *vr* se sacrifier
aufopfernd *adj* dévoué(e)
auf|passen *vi* (*aufmerksam sein*) faire attention ; **aufgepasst!** attention !
Aufprall (**-(e)s, -e**) *m* choc *m*, impact *m*
auf|prallen *vi*: **auf etw** *Akk* **~** heurter qch
Aufpreis *m* majoration *f*
auf|pumpen *vt* gonfler
auf|putschen *vt* (*aufhetzen*) soulever ; (*erregen*) exciter, stimuler
Aufputschmittel *nt* stimulant *m*
auf|raffen (*fam*) *vr*: **sich zu einer Arbeit** *etc* **~** trouver l'énergie pour faire un travail *etc*
auf|räumen *vt, vi* ranger
aufrecht *adj* droit(e)
aufrecht|erhalten *irr vt* maintenir
auf|regen *vt* (*ärgerlich machen*) irriter ; (*in Erregung versetzen*) exciter ▶ *vr* s'énerver
aufregend *adj* excitant(e)
Aufregung *f* émotion *f* (forte) ; (*Durcheinander*) émoi *m*
auf|reiben *irr vt* (*Haut*) écorcher ; (*erschöpfen*) épuiser ; (*Mil*) anéantir ▶ *vr* s'épuiser
aufreibend *adj* épuisant(e)
auf|reißen *irr vt* (*Umschlag*) déchirer ; (*Augen*) écarquiller ; (*Mund*) ouvrir grand ; (*Tür*) ouvrir brusquement
auf|reizen *vt* exciter
aufreizend *adj* provocant(e)
auf|richten *vt* redresser ; (*moralisch*) remonter ▶ *vr* se redresser ; (*moralisch*) reprendre courage
aufrichtig *adj* sincère • **Aufrichtigkeit** *f* sincérité *f*
auf|rücken *vi* avancer ; (*beruflich*) être promu
Aufruf *m* (*zur Hilfe, des Namens*) appel *m*
auf|rufen *irr vt* appeler ; **einen Schüler ~** interroger un élève ; **jds Namen ~** appeler qn
Aufruhr (**-(e)s, -e**) *m* (*Erregung*) émoi *m*, trouble *m* ; (*Pol*) révolte *f*, insurrection *f*
auf|runden *vt* (*Summe*) arrondir
auf|rüsten *vt* armer
Aufrüstung *f* armement *m*
auf|rütteln *vt* secouer
aufs = **auf das**
auf|sagen *vt* (*Gedicht*) réciter ; **jdm die Freundschaft ~** rompre avec qn
aufsässig *adj* rebelle
Aufsatz *m* (*auf Schrank etc*) dessus *m* ; (*Schulaufsatz*) rédaction *f*, dissertation *f*
auf|saugen *irr vt* absorber
auf|schauen *vi* lever les yeux
auf|scheuchen *vt* effrayer
auf|schieben *irr vt* (*öffnen*) ouvrir ; (*verzögern*) remettre
Aufschlag *m* (*an Kleidungsstück*) revers *m* ; (*Aufprall*) choc *m* ; (*Preisaufschlag*) supplément *m* ; (*Tennis*) service *m*
auf|schlagen *irr vt* (*Buch, Augen*) ouvrir ; (*Zelt*) dresser, monter ; (*Wohnsitz, Lager*) installer ; (*Ärmel*) retrousser ; (*Kragen*) relever ▶ *vi* (*teurer werden*) augmenter ; (*Tennis*) servir ; (*aufprallen*) percuter
auf|schließen *irr vt* ouvrir ▶ *vi* (*aufrücken*) se serrer, se pousser
Aufschluss *m* renseignement *m*, information *f*
aufschlussreich *adj* révélateur(-trice)
auf|schnappen (*fam*) *vt* saisir au vol
auf|schneiden *irr vt* (*Knoten, Paket*) ouvrir (en coupant) ; (*Brot, Wurst*) découper ; (*Méd*) inciser ▶ *vi* (*prahlen*) se vanter
Aufschnitt *m* (*Wurstaufschnitt*) charcuterie *f* ; (*Käseaufschnitt*) fromage *m* en tranches
auf|schrauben *vt* (*festschrauben*) visser ; (*lösen*) dévisser
auf|schrecken *vt* faire sursauter ▶ *vi* sursauter
Aufschrei *m* cri *m*
auf|schreiben *irr vt* noter
auf|schreien *irr vi* pousser des cris
Aufschrift *f* inscription *f*
Aufschub (**-(e)s, Aufschübe**) *m* délai *m*
auf|schwatzen (*fam*) *vt*: **jdm etw ~** persuader qn de prendre qch
Aufschwung *m* (*Auftrieb, Elan*) élan *m*, essor *m* ; (*wirtschaftlich*) relance *f*, reprise *f*
auf|sehen *irr vi* lever les yeux • **Aufsehen** (**-s**) *nt* sensation *f* • **aufsehenerregend** *adj* qui fait sensation
Aufseher(in) (**-s, -**) *m(f)* surveillant(e) ; (*Museumsaufseher, Parkaufseher*) gardien(ne)
auf sein (*fam*) *irr vi siehe* **auf**
auf|setzen *vt* (*Hut, Brille*) mettre ; (*Essen*) mettre à cuire ; (*Fuß*) poser ; (*Dokument, Schreiben*) rédiger (le brouillon de) ▶ *vr* se redresser ▶ *vi* (*Flugzeug*) atterrir
Aufsicht *f* (*Kontrolle*) surveillance *f* ; (*Person*) garde *m*, surveillant(e) *m/f*

Aufsichtsrat *m* conseil *m* d'administration
auf|sitzen *irr vi* (*auf Pferd, Motorrad*) monter en selle ; **jdm ~** (*fam*) se faire avoir par qn
auf|sparen *vt* mettre de côté
auf|sperren *vt* ouvrir ; (*Mund*) ouvrir tout(e) grand(e) ; **die Ohren ~** dresser l'oreille
auf|spielen *vr* se donner de grands airs ; **sich als Chef ~** jouer les chefs
auf|springen *irr vi* (*hochspringen*) bondir, sauter ; (*Ball*) rebondir ; (*sich öffnen*) s'ouvrir (brusquement) ; (*Hände, Lippen*) se gercer ; **~ auf** +*Akk* sauter sur
auf|spüren *vt* dépister
auf|stacheln *vt* soulever, exciter
Aufstand *m* soulèvement *m*
aufständisch *adj* séditieux(-euse), rebelle
auf|stechen *irr vt* (*Blase etc*) percer
auf|stehen *irr vi* se lever ; (*Tür*) être ouvert(e)
auf|steigen *irr vi* monter ; (*Flugzeug*) prendre de l'altitude ; (*Rauch*) s'élever ; (*beruflich*) monter en grade, être promu(e) ; (*Sport*) monter, être promu(e)
auf|stellen *vt* (*hinstellen*) mettre (en place), poser ; (*Gerüst*) monter ; (*Wachen*) poster ; (*Heer, Mannschaft*) constituer ; (*Kandidaten*) proposer ; (*Programm etc*) établir ; (*Rekord*) battre
Aufstellung *f* (*Sport*) composition *f* ; (*Liste*) liste *f*
Aufstieg (**-(e)s, -e**) *m* (*auf Berg*) ascension *f* ; (*Weg*) montée *f* ; (*beruflich*) avancement *m*
auf|stoßen *irr vt* pousser ▸ *vi* roter ; **jdm ~** (*fig*) frapper qn
Aufstrich *m* pâte *f* à tartiner
auf|stützen *vr* s'appuyer ▸ *vt* (*Körperteil*) appuyer
auf|suchen *vt* (*besuchen*) rendre visite à ; (*konsultieren*) consulter
auf|takeln *vt* (*Naut*) gréer ▸ *vr* (*fam*) s'attifer
Auftakt *m* (*fig*) prélude *m*
auf|tanken *vi, vt* (*Flugzeug*) ravitailler ; (*Auto*) remplir le réservoir de
auf|tauchen *vi* émerger, faire surface, apparaître ; (*Zweifel, Fragen, Problem*) apparaître
auf|tauen *vt* (*Gefrorenes*) décongeler ▸ *vi* (*Eis*) fondre ; (*fig: Mensch*) se dégeler
auf|teilen *vt* répartir ; (*Raum*) diviser
Aufteilung *f* répartition *f* ; (*von Raum*) division *f*
auf|tischen *vt* (*Essen*) servir ; (*péj: Lügen*) sortir
Auftrag (**-(e)s, Aufträge**) *m* (*Bestellung*) commande *f* ; (*Anweisung*) instruction *f* ; (*Aufgabe*) tâche *f*, mission *f* ; **im ~** +*Gen* par ordre de, de la part de
auf|tragen *irr vt* (*Farbe, Salbe*) mettre, appliquer ; (*Essen*) servir ▸ *vi* (*dick machen*) grossir ; **jdm etw ~** charger qn de qch ; **dick ~** (*fig*) forcer la dose
Auftraggeber(in) (**-s, -**) *m(f)* client(e)
auf|treiben (*fam*) *irr vt* dénicher
auf|treten *irr vi* (*erscheinen*) se présenter ; (*Théât*) entrer en scène ; (*sich verhalten*) se conduire
Auftreten (**-s**) *nt* (*Vorkommen*) existence *f* ; (*Benehmen*) conduite *f*, attitude *f*
Auftrieb *m* (*Phys*) poussée *f* verticale ; (*fig*) essor *m*, impulsion *f*
Auftritt *m* scène *f* ; (*von Schauspieler*) entrée *f* en scène
auf|wachen *vi* s'éveiller, se réveiller
auf|wachsen *irr vi* grandir
Aufwand (**-(e)s**) *m* (*an Kraft, Geld etc*) dépense *f* ; (*Kosten*) frais *mpl* ; (*Luxus*) luxe *m*, faste *m*
aufwändig *adj* = **aufwendig**
auf|wärmen *vt* (*Essen*) réchauffer ; (*alte Geschichten*) ressasser
aufwärts *adv* (*in Rangordnung*) à partir de
• **aufwärts|gehen** *vi*: **mit seiner Gesundheit geht es aufwärts** il reprend du poil de la bête ; **mit der Wirtschaft geht es aufwärts** l'économie est en pleine reprise
Aufwasch *m* vaisselle *f* ; **alles in einem ~** (*fam*) tout à la fois
auf|wecken *vt* réveiller
auf|weichen *vt* faire tremper ; (*Boden*) détremper ; (*System*) miner
auf|weisen *irr vt* montrer
auf|wenden *irr vt* consacrer ; (*Geld*) dépenser
aufwendig *adj* coûteux(-euse)
auf|werfen *irr vt* (*Probleme*) soulever ; (*Fenster etc*) ouvrir (brusquement) ▸ *vr*: **sich zum Richter ~** s'ériger en juge
auf|werten *vt* (*Fin*) réévaluer ; (*fig*) rehausser
auf|wiegeln *vt* soulever
auf|wiegen *irr vt* compenser
Aufwind *m* vent *m* ascendant
auf|wirbeln *vt* soulever (des tourbillons de) ; **Staub ~** (*fig*) provoquer des remous
auf|wischen *vt* essuyer
auf|zählen *vt* énumérer
auf|zeichnen *vt* dessiner ; (*schriftlich*) noter ; (*auf Band*) enregistrer
Aufzeichnung *f* (*schriftlich*) note *f* ; (*Tonbandaufzeichnung, Filmaufzeichnung*) enregistrement *m*
auf|zeigen *vt* montrer

auf|ziehen *irr vt* (*öffnen*) ouvrir ; (*Uhr*) remonter ; (*Fest, Unternehmung*) organiser ; (*Kinder, Tiere*) élever ; (*fam: necken*) taquiner ▶ *vi* (*aufmarschieren*) arriver au pas ; (*Sturm, Gewitter*) se préparer

Aufzug *m* (*Fahrstuhl*) ascenseur *m* ; (*Aufmarsch*) défilé *m* ; (*Kleidung*) accoutrement *m* ; (*Théât*) acte *m*

auf|zwingen *irr vt*: **jdm etw ~** imposer qch à qn

Augapfel *m* globe *m* oculaire ; **jdn/etw wie seinen ~ hüten** tenir à qn/qch comme à la prunelle de ses yeux

Auge (**-s, -n**) *nt* œil *m* ; (*auf Würfel*) point *m* ; **ein ~/beide ~n zudrücken** (*fam*) fermer les yeux ; **das kann leicht ins ~ gehen** (*fam*) ça risque de mal finir ; **jdm etw vor ~n führen** montrer qch à qn

Augenarzt *m* ophtalmologue *m*, oculiste *m*

Augenblick *m* instant *m* • **augenblicklich** *adj* (*sofort*) immédiat(e) ; (*gegenwärtig*) présent(e), actuel(le)

Augenbraue *f* sourcil *m*

Augenschein (*geh*) *m kein pl*: **jdn/etw in ~ nehmen** examiner qn/qch de près

augenscheinlich (*geh*) *adj* évident(e), apparent(e)

Augentropfen *pl* (*Méd*) gouttes *fpl* pour les yeux

Augenweide *f* régal *m* pour les yeux

Augenzeuge *m*, **Augenzeugin** *f* témoin *m* oculaire

August (**-(e)s** *od* **-, -e**) *m* août *m*

Auktion *f* vente *f* aux enchères

Auktionator *m* commissaire-priseur *m*

Aula (**-, Aulen** *od* **-s**) *f* salle *f* des fêtes

SCHLÜSSELWORT

aus *präp +Dat* **1** (*räumlich*) de ; **aus dem Zimmer kommen** sortir de la chambre ; **aus dem Garten/der Stadt kommen** venir du jardin/de la ville ; **er ist aus Berlin** il vient de Berlin ; **aus dem Fenster** par la fenêtre

2 (*Material*) de, en ; **eine Statue aus Marmor** une statue de *od* en marbre ; **ein Herz aus Stein** un cœur de pierre

3 (*auf Ursache deutend*) par ; **aus Mitleid** par pitié ; **aus Erfahrung** (*wissen*) par expérience ; **aus Versehen** par mégarde ; **aus Spaß** pour plaisanter *od* rire

▶ *adv* **1** (*zu Ende*) fini(e) ; **aus sein** (*fam: zu Ende sein*) être fini(e) ; (*: nicht zu Hause sein*) être sorti(e) ; (*: nicht brennen, abgeschaltet sein*) être éteint(e) ; **es ist aus mit ihm** c'en est fait de lui, il est fichu ; **aus und vorbei** fini(e)

2: **bei ihr gehen Gerichtsvollzieher aus und ein** c'est un vrai défilé d'huissiers chez elle ; **weder aus noch ein wissen** ne plus savoir que faire ; **auf etw** *Akk* **aus sein** viser qch ; **sie ist doch nur auf dein Geld aus** c'est ton argent qui l'intéresse

3 (*ausgeschaltet*): **ist der Herd aus?** le four est-il éteint ? ; **ist das Licht aus?** la lumière est-elle éteinte ?

4 (*in Verbindung mit von*): **von Rom aus** depuis Rome ; **vom Fenster aus** de la fenêtre ; **von sich aus** (*selbstständig*) de lui-même/d'elle-même ; **o. k., von mir aus** d'accord(, si tu veux) ; **von ihm aus geht es in Ordnung** il est d'accord

Aus *nt* (*Sport*) élimination *f* ; (*fig: Ende*) fin *f*

aus|arbeiten *vt* élaborer

aus|arten *vi* dégénérer

aus|atmen *vi* expirer

aus|baden (*fam*) *vt*: **etw ~ müssen** devoir payer les pots cassés pour qch

Ausbau *m* (*Erweitern*) agrandissement *m*

aus|bauen *vt* (*vergrößern, erweitern*) agrandir ; (*herausnehmen*) démonter

ausbaufähig *adj* (*fig*) qui peut être développé(e)

aus|bedingen *irr vt*: **sich** *Dat* **etw ~** se réserver qch

aus|bessern *vt* réparer

aus|beulen *vt* débosseler

Ausbeute *f* rendement *m*

aus|beuten *vt* exploiter

aus|bilden *vt* former ; (*Fähigkeiten*) développer ; (*Geschmack*) cultiver

Ausbilder(in) (**-s, -**) *m(f)* formateur(-trice)

Ausbildung *f* (*beruflich*) formation *f*

Ausbildungsplatz *m* stage *m*

aus|bitten *irr vt*: **sich** *Dat* **etw ~** demander qch

aus|bleiben *irr vi* (*Personen*) ne pas venir ; (*Ereignisse*) ne pas se produire

Ausblick *m* vue *f* ; (*fig*) perspective *f*

aus|bomben *vt* bombarder la maison de

aus|brechen *irr vi* (*Gefangener*) s'évader ; (*Krieg, Feuer*) éclater ; (*Krankheit*) se déclarer ; (*Vulkan*) entrer en éruption ; **in Tränen ~** fondre en larmes ; **in Gelächter ~** éclater de rire

aus|breiten *vt* (*Waren*) étaler ; (*Tuch*) étendre ; (*Karte*) déplier ; (*Arme*) écarter, étendre ; (*Flügel*) déployer ▶ *vr* (*Nebel, Wärme*) se répandre ; (*Seuche, Feuer*) se propager ; (*Ebene, péj: über Thema*) s'étendre

aus|brennen *irr vi* (*Haus, Auto*) être réduit(e) en cendres ; (*zu Ende brennen*) finir de brûler, s'éteindre ; **er ist (völlig) ausgebrannt** (*fig*) il est à bout

Ausbruch *m* (*von Gefangenen*) évasion *f* ; (*eines Krieges, einer Epidemie*) début *m* ; (*von Vulkan*) éruption *f* ; (*Gefühlsausbruch*) débordement *m* ; **zum ~ kommen** se déclarer

aus|brüten *vt* couver

aus|buhen *vt* siffler, huer

aus|bürsten *vt* brosser

Ausdauer *f* endurance *f*, persévérance *f*

ausdauernd *adj* persévérant(e), tenace

aus|dehnen *vt* étendre ; (*Gummi*) étirer ; (*zeitlich*) prolonger ▸ *vr* s'étendre

aus|denken *irr vt* (*zu Ende denken*) considérer à fond ; **sich** *Dat* **etw ~** imaginer qch

aus|diskutieren *vt* discuter dans les moindres détails

aus|drehen *vt* (*Gas*) fermer ; (*Licht*) éteindre

Ausdruck *m* expression *f* ; (*Inform*) sortie *f* (sur imprimante)

aus|drucken *vt* (*Inform*) imprimer

aus|drücken *vt* exprimer ; (*Zigarette*) écraser ; (*Zitrone, Schwamm*) presser ▸ *vr* s'exprimer

ausdrücklich *adj* exprès(-esse)

ausdruckslos *adj* sans expression

Ausdrucksweise *f* manière *f* de s'exprimer

auseinander *adv* (*räumlich, zeitlich*): **~ sein** (*Paar, Ehe*) être séparé(e)

auseinander|gehen *irr vi* (*Menschen*) se séparer ; (*Meinungen*) diverger ; (*Gegenstand*) tomber en morceaux ; (*fam: dick werden*) grossir, s'empâter

auseinander|halten *irr vt* (*unterscheiden*) distinguer

auseinandersetzen *vt* (*erklären*) expliquer ▸ *vr* (*sich verständigen*) s'expliquer ; (*sich befassen*): **sich mit etw ~** réfléchir à qch, se pencher sur qch ; **Schüler ~** séparer des élèves

Auseinandersetzung *f* (*Diskussion*) discussion *f* ; (*Streit*) dispute *f*

auserlesen *adj* (*Wein, Speisen*) exquis(e), de choix

ausfahrbar *adj* (*Antenne, Fahrgestell*) escamotable

aus|fahren *irr vt* (*spazieren fahren*) (aller) promener ; (*liefern*) (aller) livrer ; (*Tech: Fahrwerk*) sortir ▸ *vi* (*spazieren fahren*) (aller) faire un tour ; (*Naut*) prendre la mer

Ausfahrt *f* (*Autobahnausfahrt, Garagenausfahrt*) sortie *f* ; (*des Zuges etc*) départ *m* ; (*Spazierfahrt*) tour *m*

Ausfall *m* (*Wegfall, Verlust*) perte *f* ; (*Nichtstattfinden*) annulation *f* ; (*Tech*) panne *f* ; (*Produktionsstörung*) arrêt de la production

aus|fallen *irr vi* (*Zähne, Haare*) tomber ; (*nicht stattfinden*) ne pas avoir lieu ; (*wegbleiben: Person*) être absent(e) ; (*nicht funktionieren*) tomber en panne ; **wie ist das Spiel ausgefallen?** qui a gagné ?

ausfallend *adj* blessant(e)

Ausfallstraße *f* (route *f* de) sortie *f*

aus|feilen *vt* limer ; (*Stil*) polir

aus|fertigen *vt* (*Pass*) délivrer ; (*Urkunde, Rechnung*) établir ; **doppelt ~** faire en deux exemplaires

Ausfertigung *f* (*von Pass*) délivrance *f* ; (*Exemplar*) exemplaire *m* ; **in doppelter/dreifacher ~** en deux/trois exemplaires

ausfindig *adv*: **jdn/etw ~ machen** (finir par) trouver qn/qch

aus|fliegen *irr vi* (*Jungvögel*) quitter le nid ; **sie war ausgeflogen** (*fam*) elle était sortie

aus|flippen (*fam*) *vi* flipper

Ausflucht (**-, Ausflüchte**) *f* prétexte *m*

Ausflug *m* excursion *f*

Ausflügler(in) (**-s, -**) *m(f)* excursionniste *mf*

Ausfluss *m* (*Méd*) écoulement *m*

aus|fragen *vt* interroger

aus|fransen *vi* s'effilocher

aus|fressen *irr vt*: **etw ~** (*fam: anstellen*) faire des bêtises

Ausfuhr (**-, -en**) *f* exportation *f*

ausführbar *adj* (*durchführbar*) faisable ; (*Écon*) exportable

aus|führen *vt* (*spazieren führen*) sortir, (aller) promener ; (*Écon*) exporter ; (*verwirklichen*) réaliser ; (*erledigen, gestalten*) exécuter ; (*erklären*) expliquer

ausführlich *adj* détaillé(e) ▸ *adv* en détail

Ausführung *f* (*Durchführung*) exécution *f* ; (*Modell*) modèle *m* ; (*Herstellungsart*) version *f* ; (*Erklärung*) explication *f*

aus|füllen *vt* (*Loch*) combler ; (*Zeit*) occuper, employer ; (*Platz*) occuper ; (*Fragebogen etc, Beruf*) remplir ; **jdn (ganz) ~** (*in Anspruch nehmen*) absorber qn (complètement)

Ausgabe *f* (*Geld*) dépense *f* ; (*Aushändigung*) distribution *f* ; (*Gepäckausgabe*) consigne *f* (*où on retire les bagages*) ; (*Buch*) édition *f* ; (*Nummer*) numéro *m* ; (*Ausführung*) modèle *m*, version *f* ; (*Inform*) sortie *f*

Ausgang *m* (*Stelle*) sortie *f* ; (*kein pl: Ende*) fin *f* ; (*: Ausgangspunkt*) point *m* de départ ; (*: Ergebnis*) issue *f* ; (*Ausgehtag*) jour *m* de sortie ; **kein ~** sortie interdite

Ausgangssperre *f* consigne *f*
aus|geben *irr vt* (*Geld*) dépenser ; (*austeilen*) distribuer ▸ *vr*: **sich für etw/jdn ~** se faire passer pour qch/qn
ausgebucht *adj* complet(-ète)
ausgedient *adj* (*Soldat*) libéré(e) ; (*verbraucht*) usé(e) ; **~ haben** avoir fait son temps
ausgefallen *adj* (*ungewöhnlich*) inhabituel(le), insolite
ausgeglichen *adj* (*Mensch, Temperament*) équilibré(e) • **Ausgeglichenheit** *f* équilibre *m*
aus|gehen *irr vi* (*weggehen, sich vergnügen*) sortir ; (*Haare, Zähne*) tomber ; (*Feuer, Ofen, Licht*) s'éteindre ; (*Resultat haben*) finir ; **von etw ~** se fonder sur qch ; (*herrühren*) venir de qch ; **gut/schlecht ~** bien/mal finir
ausgelassen *adj* débordant(e) de gaieté, enjoué(e)
ausgelastet *adj* surchargé(e)
ausgelernt *adj* qualifié(e)
ausgemacht *adj* (*vereinbart*) convenu(e) ; **ein ~er Dummkopf** un parfait imbécile ; **es gilt als ~, dass ...** il est entendu que ... ; **es war eine ~e Sache, dass ...** c'était chose convenue que ...
ausgenommen *präp +Gen od Dat* sauf ▸ *konj* sauf si
ausgepowert (*fam*) *adj*: **~ sein** être vidé(e), être vanné(e)
ausgeprägt *adj* marqué(e), prononcé(e)
ausgerechnet *adv*: **~ heute kommt er** il ne pouvait arriver à un pire moment !
ausgeschlossen *adj* (*unmöglich*) exclu(e)
ausgesprochen *adj* prononcé(e) ▸ *adv*: **~ schlecht/schön** vraiment très mauvais(e)/beau(belle)
ausgezeichnet *adj* excellent(e)
ausgiebig *adj* (*Essen*) copieux(-euse)
Ausgleich (**-(e)s, -e**) *m* (*Gleichgewicht*) équilibre *m* ; (*Sport*) égalisation *f* ; **zum ~** en compensation
aus|gleichen *irr vt* (*Höhenunterschied*) égaliser ; (*Unterschied*) aplanir, équilibrer ; (*Mangel, Verlust*) compenser ; (*Konto*) équilibrer ▸ *vr* s'équilibrer, se compenser
Ausgleichssport *m* (exercices *mpl* de) gymnastique *f* (*pour quelqu'un qui fait un travail sédentaire*)
Ausgleichstor *nt* but *m* égalisateur
aus|graben *irr vt* déterrer ; (*Leichen*) exhumer ; (*fig*) ressortir
Ausgrabung *f* (*archäologisch*) fouilles *fpl*
aus|grenzen *vt* exclure
Ausguss *m* (*Spüle*) évier *m* ; (*Abfluss*) bonde *f* ; (*Tülle*) bec *m*
aus|haben (*fam*) *irr vt* (*Kleidung*) avoir enlevé ; (*Buch*) avoir fini (de lire) ▸ *vi* (*Schule*) sortir (de classe)
aus|halten *irr vt* (*Schmerzen, Hunger, Vergleich*) supporter ; (*Blick*) soutenir ; (*péj*: *Geliebte*) entretenir ▸ *vi* (*durchhalten*) tenir bon
aus|handeln *vt* négocier
aus|händigen *vt* remettre
Aushang *m* avis *m*
aus|hängen *vt* (*Meldung*) afficher ; (*Fenster*) décrocher ▸ *vi* (*Meldung*) être affiché(e) ▸ *vr* (*Kleidung, Falten*) se défroisser
Aushängeschild *nt* (*fig*) pub *f* (ambulante)
aus|harren *vi* patienter
aus|hecken (*fam*) *vt* inventer, élaborer
aus|helfen *irr vi +Dat*: **jdm ~** donner un coup de main à qn
Aushilfe *f* aide *f*
Aushilfskraft *f* intérimaire *mf*
aushilfsweise *adv* à titre provisoire, temporairement
aus|holen *vi* (*zum Schlag, Wurf*) lever le bras ; (*zur Ohrfeige*) lever la main ; (*beim Gehen*) allonger le pas ; **weit ~** (*fig*) remonter au déluge
aus|horchen *vt* faire parler
aus|hungern *vt* affamer
aus|kennen *irr vr* s'y connaître
aus|kippen *vt* vider
aus|klammern *vt* (*Thema*) laisser de côté
Ausklang *m* (*von Fest*) fin *f*
aus|klingen *irr vi* (*Ton, Lied*) s'éteindre ; (*Fest*) se terminer
aus|klopfen *vt* (*Teppich*) battre ; (*Pfeife*) débourrer
aus|kochen *vt* (*Wäsche*) faire bouillir ; (*Knochen*) cuire ; (*Méd*) stériliser
aus|kommen *irr vi*: **mit jdm (gut) ~** (bien) s'entendre avec qn ; **mit etw ~** se débrouiller avec qch ; **ohne jdn/etw ~** (pouvoir) se passer de qn/qch • **Auskommen** (**-s**) *nt*: **sein ~ haben** avoir de quoi vivre
aus|kosten *vt* savourer
aus|kugeln *vt*: **sich** *Dat* **den Arm ~** se démettre le bras
aus|kundschaften *vt* (*Gegend*) explorer
Auskunft (**-, Auskünfte**) *f* (*Mitteilung*) renseignement *m* ; (*Stelle*) bureau *m* de renseignements *od* d'information ; (*Tél*) renseignements
aus|kuppeln *vi* débrayer
aus|kurieren *vt* guérir complètement
aus|lachen *vt* se moquer de
aus|laden *irr vt* décharger ; (*Gäste*) décommander

Auslage *f* (*Waren*) étalage *m*, éventaire *m* ; (*Schaufenster*) vitrine *f* ; **Auslagen** *pl* (*Kosten*) frais *mpl*
Ausland *nt* étranger *m* ; **im ~, ins ~** à l'étranger
Ausländer(in) (**-s, -**) *m(f)* étranger(-ère)
ausländerfeindlich *adj* hostile aux étrangers, xénophobe
Ausländerfeindlichkeit *f* xénophobie *f*
ausländisch *adj* étranger(-ère)
Auslandsgespräch *m* communication *f* internationale
Auslandskorrespondent(in) *m(f)* correspondant(e) permanent(e) (à l'étranger)
Auslandsschutzbrief *m contrat de garantie automobile pour voyages à l'étranger*
aus|lassen *irr vt* omettre ; (*Fett*) faire fondre ; (*fam*: *Radio, Heizung*) ne pas allumer ; (: *Kleidungsstück*: *nicht anziehen*) ne pas mettre ▶ *vr*: **sich über etw** *Akk* **~** s'étendre sur qch
Auslauf *m* espace *m* ; (*Ausflussstelle*) voie *f* d'écoulement
aus|laufen *irr vi* (*Flüssigkeit*) s'écouler, couler ; (*Behälter*) fuir ; (*Naut*) appareiller ; (*zu Ende sein*) se terminer
Ausläufer *m* (*von Gebirge*) contrefort *m* ; (*Pflanze*) pousse *f*
aus|leeren *vt* vider
aus|legen *vt* étaler ; (*Köder, Schlinge*) placer, poser ; (*Geld*) avancer ; (*Zimmer, Boden*) revêtir ; (*Text etc*) interpréter
Auslegung *f* interprétation *f*
Ausleihe *f* prêt *m* ; (*Stelle*) salle *f* de prêt
aus|leihen *irr vt* (*verleihen*) prêter ; **sich** *Dat* **etw ~** emprunter qch
Auslese *f* (*Vorgang*) choix *m*, sélection *f* ; (*Elite*) élite *f* ; (*Wein*) grand cru *m*
aus|lesen *irr vt* (*aussondern*) trier ; (*auswählen*) sélectionner ; (*fam*: *zu Ende lesen*) finir de lire
aus|liefern *vt* livrer ▶ *vr*: **sich jdm ~** se livrer à qn ; **jdm/etw ausgeliefert sein** être à la merci de qn/qch
Auslieferung *f* livraison *f* ; (*von Gefangenen*) extradition *f*
aus|liegen *irr vi* (*Waren*) être exposé(e), être en vitrine ; (*Zeitschrift*) être à la disposition du public
aus|loggen *vi* (*Inform*) se déconnecter
aus|löschen *vt* éteindre
aus|losen *vt* tirer au sort
aus|lösen *vt* (*Explosion, Schuss, Alarm*) déclencher ; (*Reaktion*) provoquer ; (*Panik*) jeter, semer ; (*Gefühle, Heiterkeit*) susciter ; (*Gefangene*) racheter ; (*Pfand*) dégager
Auslöser (**-s, -**) *m* (*Photo*) déclencheur *m*
aus|machen *vt* (*Licht, Feuer*) éteindre ; (*entdecken*) repérer ; (*erkennen*) distinguer ; (*vereinbaren*) convenir de, fixer ; (*Anteil darstellen, bedeuten*) constituer, représenter ; **das macht ihm nichts aus** ça ne lui fait rien ; **macht es Ihnen etw aus, wenn ...?** ça vous dérange si ... ?
aus|malen *vt* (*Bild, Umrisse*) colorier ; (*schildern*) décrire, dépeindre ; **sich** *Dat* **etw ~** s'imaginer qch
Ausmaß *nt* (*von Katastrophe*) ampleur *f* ; (*von Liebe etc*) grandeur *f*
aus|merzen *vt* supprimer ; (*Erinnerung*) chasser
aus|messen *irr vt* mesurer
Ausnahme *f* exception *f* ; **mit ~ von** à l'exception de • **Ausnahmefall** *m* exception *f* • **Ausnahmezustand** *m* état *m* d'exception
ausnahmslos *adv* sans exception
ausnahmsweise *adv* exceptionnellement
aus|nehmen *irr vt* (*Tier, Fisch, Nest*) vider ; (*fam*) plumer ▶ *vr* avoir l'air
ausnehmend *adv* extrêmement
aus|nutzen *vt* profiter de
aus|packen *vt* (*Koffer*) défaire ; (*Kleider, Geschenk*) déballer
aus|pfeifen *irr vt* siffler
aus|plaudern *vt* révéler
aus|probieren *vt* essayer
Auspuff (**-(e)s, -e**) *m* (*Auto*) échappement *m* • **Auspuffrohr** *nt*, **Auspufftopf** *m* pot *m* d'échappement
aus|pumpen *vt* pomper ; **jdm den Magen ~** faire un lavage d'estomac à qn
aus|radieren *vt* effacer
aus|rangieren (*fam*) *vt* mettre au rancart
aus|rasten *vi* (*Tech*) se décliqueter ; (*fam*: *durchdrehen*) paniquer
aus|rauben *vt* dévaliser
aus|räumen *vt* (*Dinge*) enlever ; (*Schrank, Zimmer*) vider ; (*Bedenken*) écarter
aus|rechnen *vt* calculer ; **sich** *Dat* **etw ~ können** pouvoir s'imaginer qch
Ausrede *f* excuse *f*, prétexte *m*
aus|reden *vi* finir (de parler) ▶ *vt*: **jdm etw ~** dissuader qn de qch
aus|reichen *vi* suffire
ausreichend *adj* suffisant(e)
Ausreise *f*: **bei der ~** en quittant le pays • **Ausreiseerlaubnis** *f* autorisation *f* de quitter le territoire
aus|reisen *vi* sortir du pays
aus|reißen *irr vt* arracher ▶ *vi* (*Riss bekommen*) se déchirer ; (*fam*: *weglaufen*) se tirer

aus|renken *vt*: **sich** *Dat* **das Knie ~** se déboîter le genou ; **jdm den Arm ~** déboîter le bras de qn
aus|richten *vt* (*Botschaft, Gruß*) transmettre ; (*in gerade Linie bringen*) aligner ; **jdm etw ~** faire savoir qch à qn
aus|rotten *vt* détruire
aus|rücken *vi* (*Mil*) se mettre en marche ; (*Feuerwehr, Polizei*) sortir ; (*fam: weglaufen*) décamper
Ausruf *m* (*Schrei*) exclamation *f* ; (*Verkünden*) proclamation *f*
aus|rufen *irr vt* (*schreien*) crier ; (*Stationen, Schlagzeile*) annoncer ; (*Streik, Revolution*) proclamer
Ausrufezeichen *nt* point *m* d'exclamation
aus|ruhen *vt* reposer ▶ *vi, vr* se reposer
aus|rüsten *vt* équiper
Ausrüstung *f* équipement *m*
aus|rutschen *vi* glisser, déraper
Aussage *f* déclaration *f* ; (*Zeugenaussage*) déposition *f*
aus|sagen *vt*: **viel ~ über** +*Akk* en dire long sur ▶ *vi* (*Jur*) déposer
aus|schalten *vt* (*Maschine*) arrêter ; (*Licht*) éteindre ; (*Strom*) couper ; (*fig: Gegner, Fehlerquelle*) éliminer
Ausschank (**-(e)s, Ausschänke**) *m* vente *f* ; (*Theke*) comptoir *m*
Ausschau *f*: **~ halten nach** guetter
aus|schauen *vi*: **nach jdm ~** guetter qn
aus|scheiden *irr vt* éliminer ; (*Méd*) excréter, éliminer ▶ *vi* (*nicht in Betracht kommen*) ne pas entrer en ligne de compte ; (*Sport*) être éliminé(e)
aus|schenken *vt* servir
aus|schimpfen *vt* gronder
aus|schlachten *vt* (*Auto*) démonter (pour récupérer des pièces) ; (*fam: Ereignis*) exploiter
aus|schlafen *irr vi, vr* dormir tant qu'on veut
Ausschlag *m* (*Méd*) éruption *f* ; (*Pendelausschlag*) oscillation *f* ; (*Nadelausschlag*) déviation *f* ; **den ~ geben** être déterminant(e)
aus|schlagen *irr vt* (*Zähne*) casser ; (*auskleiden*) revêtir ; (*verweigern*) refuser ▶ *vi* (*Pferd*) ruer ; (*Bot*) bourgeonner ; (*Zeiger*) osciller
ausschlaggebend *adj* déterminant(e)
aus|schließen *irr vt* exclure
ausschließlich *adj* exclusif(-ive) ▶ *adv* exclusivement ▶ *präp* +*Gen* à l'exclusion de
Ausschluss *m* exclusion *f* ; **unter ~ der Öffentlichkeit stattfinden** se tenir à huis clos
aus|schmücken *vt* décorer ; (*fig*) enjoliver, embellir
aus|schneiden *irr vt* découper ; (*Büsche*) élaguer, tailler
Ausschnitt *m* (*Teil*) fragment *m*, morceau *m* ; (*von Kleid*) décolleté *m* ; (*Zeitungsausschnitt*) coupure *f* ; (*aus Film etc*) extrait *m*
aus|schreiben *irr vt* (*ganz schreiben*) écrire en toutes lettres ; (*Scheck, Rezept, Rechnung*) établir ; (*Wettbewerb*) annoncer ; (*Projekt*) lancer un appel d'offre pour ; **eine Stelle ~** faire paraître une annonce pour pourvoir un poste
Ausschreitung *f* acte *m* de violence ; **es kam zu ~en** il y a eu des scènes de violence *od* des excès
Ausschuss *m* (*Gremium*) comité *m*, commission *f* ; (*Écon: auch:* **Ausschussware**) articles *mpl* de second choix
aus|schütten *vt* (*Flüssigkeit*) verser ; (*: wegschütten, leeren*) vider ; (*Geld*) payer ▶ *vr*: **sich (vor Lachen) ~** se tordre de rire
ausschweifend *adj* (*Leben*) dissolu(e) ; (*Fantasie*) débordant(e)
Ausschweifung *f* excès *m*
aus|schweigen *irr vr* garder le silence
aus|schwitzen *vt* (*Fieber*) exsuder ; (*Flüssigkeit*) éliminer
aus|sehen *irr vi* sembler ; **es sieht nach Regen aus** on dirait qu'il va pleuvoir ; **es sieht schlecht aus** ça se présente mal • **Aussehen** (**-s**) *nt* apparence *f*
aus sein (*fam*) *irr vi siehe* **aus**
außen *adv* à l'extérieur, dehors
Außenantenne *f* antenne *f* extérieure
Außenbordmotor *m* (moteur *m*) hors-bord *m*
aus|senden *irr vt* envoyer ; (*Signale, Strahlen*) émettre
Außendienst *m*: **im ~ sein** être affecté(e) au service extérieur
Außenhandel *m* commerce *m* extérieur
Außenminister *m* ministre *m* des Affaires étrangères
Außenministerium *nt* ministère *m* des Affaires étrangères
Außenpolitik *f* politique *f* extérieure
Außenseite *f* extérieur *m*
Außenseiter(in) (**-s, -**) *m(f)* (*Sport*) outsider *m*
Außenspiegel *m* rétroviseur *m*
Außenstände *pl* (*surtout Écon*) créances *fpl*
Außenstehende(r) *f(m)* observateur(-trice) *m/f* extérieur(e)
außer *präp* +*Dat* (*abgesehen von*) sauf ; (*räumlich*) en dehors de ▶ *konj*

(*ausgenommen*) sauf ; **~ Gefahr sein** être hors de danger ; **das steht völlig ~ Zweifel** ça ne fait pas l'ombre d'un doute, c'est certain ; **~ wenn** sauf quand ; **~ dass** sauf que
außerdem *konj* en outre, en plus
außerdienstlich *adj* privé(e)
äußere(r, s) *adj* extérieur(e) ; **das Äußere** (*äußere Erscheinung*) les apparences *fpl*
außerehelich *adj* extraconjugal(e)
außergewöhnlich *adj* inhabituel(le) ; (*außerordentlich*) extraordinaire, exceptionnel(le)
außerhalb *präp +Gen* en dehors de ▶ *adv* au dehors, à l'extérieur
Außerkraftsetzung *f* annulation *f*
äußerlich *adj* extérieur(e), externe ▶ *adv* en apparence • **Äußerlichkeit** *f* formalité *f*
äußern *vt* (*aussprechen*) exprimer ▶ *vr* (*sich aussprechen*) s'exprimer ; (*sich zeigen*) se manifester
außerordentlich *adj* extraordinaire
außerparlamentarisch *adj* extraparlementaire
außerplanmäßig *adj* qui n'était pas prévu(e)
äußerst *adv* extrêmement
außerstande, außer Stande *adv*: **~ sein, etw zu tun** être incapable de faire qch
äußerste(r, s) *adj* extrême ; (*Termin, Preis*) dernier(-ière)
äußerstenfalls *adv* à la rigueur
Äußerung *f* propos *mpl*
aus|setzen *vt* (*Kind, Tier*) abandonner ; (*Boote*) mettre à l'eau ; (*Belohnung*) offrir ; (*Urteil, Verfahren*) suspendre ▶ *vi* (*Herz*) cesser de battre ; (*Motor*) avoir des ratés, caler ; (*Mensch: bei Arbeit*) s'interrompre ; (: *Pause machen*) prendre congé ; **jdn/sich etw** *Dat* **~** (*preisgeben*) exposer qn/s'exposer à qch ; **an jdm/einer Sache etw auszusetzen haben** avoir qch à reprocher à qn/qch
Aussicht *f* (*Blick*) vue *f* ; (*in Zukunft*) perspective *f* ; **etw in ~ haben** avoir qch en vue
aussichtslos *adj* sans espoir
Aussichtspunkt *m* point *m* de vue
aussichtsreich *adj* prometteur(-euse)
Aussichtsturm *m* belvédère *m*
Aussiedler(in) (**-s, -**) *m(f)* émigrant(e)
aus|söhnen *vr* se réconcilier
Aussöhnung *f* réconciliation *f*
aus|sondern *vt* sélectionner
aus|sortieren *vt* trier
aus|spannen *vt* (*Tuch*) étendre, étaler ; (*Netz*) étendre, déployer ; (*Pferd, Kutsche*) dételer ; (*fam: Mädchen*): **jdm ~** piquer à qn ▶ *vi* (*sich erholen*) se détendre
aus|sparen *vt* (*Platz*) ménager, réserver
aus|sperren *vt* (*ausschließen*) fermer la porte à ; (*Streikende*) lock-outer
Aussperrung *f* lock-out *m*
aus|spielen *vt* (*Karte*) jouer ; (*Erfahrung, Wissen*) faire valoir ; **jdn gegen jdn ~** se servir de qn contre qn
Aussprache *f* prononciation *f* ; (*Unterredung*) discussion *f*
aus|sprechen *irr vt* (*Wort, Urteil, Strafe*) prononcer ; (*zu Ende sprechen*) finir ; (*äußern*) exprimer ; (*Warnung*) donner ▶ *vr* (*sich äußern*) s'exprimer ; (*sich anvertrauen*) se confier, s'épancher ; (*diskutieren*) s'expliquer ; **sich für/gegen jdn/etw ~** se prononcer en faveur de/contre qn/qch
Ausspruch *m* mots *mpl* ; (*geflügeltes Wort*) adage *m*
aus|spülen *vt* rincer
Ausstand *m* (*Streik*) grève *f*
aus|statten *vt*: **jdn mit etw ~** doter qn de qch
Ausstattung *f* (*Ausstatten*) équipement *m* ; (*Aufmachung*) présentation *f* ; (*von Zimmer*) décoration *f* ; (*von Auto*) équipement *m*
aus|stechen *irr vt* (*Rasenstück*) découper ; (*Graben*) creuser ; (*Augen*) crever ; (*Kekse*) découper ; (*übertreffen*) supplanter
aus|stehen *irr vt* (*ertragen*) supporter ▶ *vi* (*noch nicht da sein*) ne pas (encore) être arrivé(e), manquer ; **jdn/etw nicht ~ können** ne pas supporter qn/qch ; **etw ist ausgestanden** qch est enfin terminé
aus|steigen *irr vi* (*aus Fahrzeug*) descendre ; (*fam: aus Geschäft*) se retirer
Aussteiger(in) (*fam*) *m(f)* marginal(e)
aus|stellen *vt* (*Waren, Bilder*) exposer ; (*Pass, Zeugnis*) délivrer ; (*Scheck*) émettre, établir ; (*Rechnung etc*) établir ; (*fam: ausschalten*) éteindre
Ausstellung *f* (*Kunstausstellung etc*) exposition *f* ; (*eines Passes etc*) délivrance *f* ; (*einer Rechnung*) établissement *m*
aus|sterben *irr vi* disparaître
Aussteuer *f* trousseau *m*, dot *f*
Ausstieg (**-(e)s, -e**) *m* descente *f* ; **~ aus der Gesellschaft** marginalisation *f*
aus|stopfen *vt* empailler
aus|stoßen *irr vt* (*Luft, Rauch*) émettre ; (*Drohungen*) proférer ; (*Seufzer, Schrei*) pousser ; (*aus Partei*) exclure ; (*herstellen*) produire

aus|strahlen *vt* répandre ; (*Radio, TV*) émettre, diffuser ▸ *vi* (*Radio, TV*) émettre
Ausstrahlung *f* rayonnement *m*
aus|strecken *vt* (*Arme, Beine*) étendre ; (*Fühler*) déployer ▸ *vr* s'étendre
aus|streichen *irr vt* rayer, barrer ; (*Falten*) faire disparaître
aus|strömen *vi* (*Gas*) fuir, s'échapper
aus|suchen *vt* choisir
Austausch *m* échange *m* • **austauschbar** *adj* échangeable ; (*gleichwertig*) interchangeable
aus|tauschen *vt* échanger
Austauschmotor *m* moteur *m* de rechange
aus|teilen *vt* distribuer
Auster (**-, -n**) *f* huître *f*
aus|toben *vr* (*Kind*) se dépenser ; (*Erwachsene*) se défouler
aus|tragen *irr vt* (*Poste*) distribuer ; (*Streit etc*) régler ; (*Wettkämpfe*) disputer
Australien (**-s**) *nt* l'Australie *f*
Australier(in) (**-s, -**) *m(f)* Australien(ne)
australisch *adj* australien(ne)
aus|treiben *irr vt* (*Geister*) exorciser ; **jdm etw ~** faire passer qch à qn
aus|treten *irr vi* (*aus Verein, Partei*) quitter ; (*herauskommen: Flüssigkeit*) fuir, s'échapper ; (*fam: zur Toilette*) aller aux toilettes ▸ *vt* (*Feuer*) éteindre (avec les pieds) ; (*Schuhe, Treppe*) éculer
aus|trinken *irr vt* (*Glas*) finir
Austritt *m* (*aus Verein, Partei etc*) départ *m*
aus|trocknen *vi* se dessécher ; (*Bach*) tarir ▸ *vt* (*Gläser*) essuyer
aus|üben *vt* exercer
Ausübung *f* exercice *m*, pratique *f*
Ausverkauf *m* soldes *mpl*
aus|verkaufen *vt* solder ; (*Geschäft*) liquider
ausverkauft *adj* épuisé(e) ; (*Théât*): **vor ~em Haus spielen** afficher « complet »
Auswahl *f* choix *m*, sélection *f* ; (*Sport*) sélection ; (*Écon: Angebot*) choix
aus|wählen *vt* choisir
aus|wandern *vi* émigrer
Auswanderung *f* émigration *f*
auswärtig *adj* étranger(-ère) ; **A~e(s) Amt** ministère *m* des Affaires étrangères
auswärts *adv* à l'extérieur ; (*nach außen*) vers l'extérieur • **Auswärtsspiel** *nt* match *m* à l'extérieur
aus|wechseln *vt* remplacer
Ausweg *m* issue *f* • **ausweglos** *adj* sans issue
aus|weichen *irr vi*: **jdm/etw** *Dat* **~** éviter qn/qch
ausweichend *adj* évasif(-ive)
aus|weinen *vr* pleurer un bon coup
Ausweis (**-es, -e**) *m* (*Personalausweis*) carte *f* d'identité ; (*Mitgliedsausweis, Bibliotheksausweis etc*) carte
aus|weisen *irr vt* (*aus dem Land weisen*) expulser ▸ *vr* (*Identität nachweisen*) montrer ses papiers
Ausweispapiere *pl* papiers *mpl* (d'identité)
Ausweisung *f* expulsion *f*
auswendig *adv* par cœur
aus|werten *vt* (*Berichte*) analyser ; (*Daten*) exploiter
Auswertung *f* analyse *f* ; (*von Daten*) exploitation *f*
aus|wirken *vr*: **sich auf/in etw** *Akk* **~** se répercuter sur qch
Auswirkung *f* effet *m*
aus|wischen *vt* (*säubern*) essuyer ; (*löschen*) effacer ; **jdm eins ~** (*fam*) rendre la monnaie de sa pièce à qn
Auswuchs *m* excroissance *f* ; (*fig*) produit *m* (monstrueux)
aus|wuchten *vt* (*Auto: Räder*) équilibrer
aus|zahlen *vt* payer ▸ *vr* être payant(e)
aus|zählen *vt*: **die Stimmen ~** dépouiller le scrutin ; (*Boxen*): **ausgezählt werden** être envoyé(e) au tapis pour le compte
aus|zeichnen *vt* (*mit Preisschild versehen*) étiqueter ; (*ehren*) décorer ▸ *vr* se distinguer
Auszeichnung *f* (*Ehrung*) distinction *f* ; (*Ehre*) honneur *m* ; (*Orden*) décoration *f* ; (*Écon*) étiquetage *m* ; **mit ~** avec mention
aus|ziehen *irr vt* (*Kleidung*) enlever ; (*Tisch*) rallonger ; (*Antenne*) sortir ▸ *vr* se déshabiller ▸ *vi* (*aus Wohnung*) déménager
Auszubildende(r) *f(m)* stagiaire *mf* ; (*als Handwerker auch*) apprenti(e) *m/f*
Auszug *m* (*aus Wohnung*) déménagement *m* ; (*aus Buch etc*) extrait *m* ; (*Kontoauszug*) relevé *m*
autistisch *adj* autiste
Auto (**-s, -s**) *nt* voiture *f* ; **~ fahren** conduire
Autobahn *f* autoroute *f*

> **Autobahn** désigne une autoroute en allemand. Le réseau autoroutier est très développé dans tout le pays. On peut noter deux grandes caractéristiques : En général, la vitesse n'est pas limitée sur les autoroutes allemandes. De plus, elles sont gratuites, sauf pour les camions qui doivent s'acquitter d'un droit de passage.

Autobahndreieck *nt* échangeur *m*
Autobahngebühr *f* péage *m*

Autobahnkreuz *nt* échangeur *m*
Autofahrer(in) *m(f)* automobiliste *mf*
Autofahrt *f* tour *m* en voiture
Autogas *nt* gaz *m inv* de pétrole liquéfié, GPL *nt*
autogen *adj* autogène
Autogramm *nt* autographe *m*
Autokino *nt* drive-in *m*
Automat (**-en, -en**) *m* distributeur *m* (automatique)
Automatikwagen *m* voiture *f* (à embrayage) automatique
automatisch *adj* automatique
autonom *adj* autonome
Autonome(r) *f(m)* autonomiste *mf*
Autopsie *f* autopsie *f*
Autor(in) *m(f)* auteur *m*
Autoradio *nt* autoradio *m*
Autoreifen *m* pneu *m* (de voiture)
Autoreisezug *m* train *m* auto-couchettes
Autorennen *nt* course *f* d'automobiles
autorisieren *vt* autoriser
autoritär *adj* autoritaire
Autorität *f* autorité *f*
Autostopp *m*: **per ~ fahren** faire du stop
Autounfall *m* accident *m* de voiture
Autoverleih *m*, **Autovermietung** *f* location *f* de voitures
Avocado (**-, -s**) *f* avocat *m*
Axt (**-, ¨e**) *f* hache *f*
Azoren *pl* (*Géo*): **die ~** les Açores *fpl*
Azubi (**-s, -s**) (*fam*) *m abk*/*f abk* = **Auszubildende(r)**

b

B, b *nt* B, b *m inv* ; (*Mus: Note*) si *m*
Baby (**-s, -s**) *nt* bébé *m* • **Babyklappe** *f* *endroit pour déposer les bébés abandonnés* • **Babynahrung** *f* aliments *mpl* pour bébé • **Babysitter(in)** (**-s, -**) *m(f)* baby-sitter *mf*
Bach (**-(e)s, ¨e**) *m* ruisseau *m*
Backblech *nt* plaque *f* à gâteaux
Backbord *nt* (*Naut*) bâbord *m*
Backe *f* joue *f*
backen *irr vt* faire (cuire) ; (*Fisch*) faire frire ▸ *vi* (*Person*) faire de la pâtisserie
Backenbart *m* favoris *mpl*
Backenzahn *m* molaire *f*
Bäcker(in) (**-s, -**) *m(f)* boulanger(-ère)
Bäckerei *f* boulangerie *f*
Backform *f* moule *m* (à pâtisserie)
Backhähnchen *nt* poulet *m* rôti
Backobst *nt* fruits *mpl* secs
Backofen *m* four *m*
Backpflaume *f* pruneau *m*
Backpulver *nt* levure *f* (chimique)
Backspacetaste *f* touche *f* retour
Backstein *m* brique *f*
Bad (**-(e)s, ¨er**) *nt* bain *m* ; (*Raum*) salle *f* de bains ; (*Schwimmbad*) piscine *f* ; (*Kurort*) station *f* thermale ; **ein ~ im Meer** un bain de mer
Badeanstalt *f* piscine *f*
Badeanzug *m* maillot *m* de bain
Badehose *f* slip *m od* maillot *m* de bain
Badekappe *f* bonnet *m* de bain
Bademantel *m* peignoir *m*
Bademeister *m* maître nageur *m*
Bademütze *f* bonnet *m* de bain
baden *vi* se baigner ▸ *vt* baigner
Baden-Württemberg *nt* le Bade-Wurtemberg
Badeort *m* station *f* balnéaire
Badetuch *nt* drap *m* de bain

Badewanne *f* baignoire *f*
Badezimmer *nt* salle *f* de bains
baff (*fam*) *adj*: **~ sein** être sidéré(e)
BAföG, Bafög (-) *nt abk* (= *Bundesausbildungsförderungsgesetz*) *bourse d'études*

Bafög est un système qui accorde, en fonction des revenus des parents, des bourses d'études aux étudiants des universités et de certaines écoles professionnelles. Une partie du montant octroyé doit être remboursée quelques années après la fin des études.

Bagatelle *f* bagatelle *f*
Bagger (**-s, -**) *m* excavateur *m*, pelle *f* mécanique
baggern *vt* excaver ▸ *vi* (*Naut*) draguer
Baggersee *m lac artificiel dans une ancienne gravière*
Bahamas *pl*: **die ~** les Bahamas *fpl*
Bahn (**-, -en**) *f* (*Eisenbahn*) train *m* ; (*Straßenbahn*) tram(way) *m* ; (*Spur*) voie *f* ; (*Rennbahn*) piste *f* ; (*von Gestirn, Geschoss auch*) trajectoire *f* ; (*Stoffbahn*) panneau *m* • **bahnbrechend** *adj* novateur(-trice) • **BahnCard®** (**-, -s**) *f* carte *f* de réduction • **Bahndamm** *m* remblai *m*
bahnen *vt*: **sich einen Weg ~** se frayer un chemin ; **jdm einen Weg ~** frayer un chemin à qn
Bahnfahrt *f* voyage *m* en train
Bahnhof *m* gare *f* • **Bahnhofshalle** *f* hall *m* de gare • **Bahnhofsrestaurant** *nt* buffet *m* de gare
Bahnlinie *f* ligne *f* de chemin de fer
Bahnpolizei *f* police *f* des chemins de fer
Bahnsteig *m* quai *m*
Bahnstrecke *f* voie *f* de chemin de fer
Bahnübergang *m* passage *m* à niveau
Bahnwärter *m* garde-barrière *m*
Bahrain *nt* Bahreïn *m*
Bahre *f* brancard *m*, civière *f*
Baiser (**-s, -s**) *nt* meringue *f*
Bakterie *f* bactérie *f*
Balance *f* équilibre *m*
balancieren *vt* faire tenir en équilibre ▸ *vi* se tenir en équilibre
bald *adv* (*zeitlich*) bientôt ; (*leicht*) vite ; (*fast, beinahe*) presque ; **~ ... ~ ...** tantôt ... tantôt ...
baldig *adj* prompt(e), rapide
baldmöglichst *adv* le plus tôt possible
Baldrian (**-s, -e**) *m* valériane *f*
Balearen *pl*: **die ~** les Baléares *fpl*
Balkan *m*: **der ~** les Balkans *mpl*
Balken (**-s, -**) *m* poutre *f*
Balkon (**-s, -s** *od* **-e**) *m* balcon *m*
Ball (**-(e)s, ⸚e**) *m* ballon *m*, balle *f* ; (*Tanz*) bal *m*
Ballade *f* ballade *f*
Ballast (**-(e)s, -e**) *m* lest *m* ; (*fig*) charge *f* • **Ballaststoffe** *pl* (*Méd*) fibres *fpl* alimentaires
ballen *vt* (*Papier*) mettre en boule ; (*Faust*) serrer ▸ *vr* s'amonceler ; (*Industrieanlage*) se concentrer
Ballen (**-s, -**) *m* balle *f* ; (*Anat*: *an Daumen*) thénar *m* ; (: *an Zehen*) *partie antérieure de la plante du pied*
Ballett (**-(e)s, -e**) *nt* ballet *m* • **Balletttänzer(in)** *m(f)* danseur(-euse) (de ballet)
Balljunge *m* ramasseur *m* de balles
Ballkleid *nt* robe *f* de bal
Ballmädchen *nt* ramasseuse *f* de balles
Ballon (**-s, -s** *od* **-e**) *m* ballon *m*
Ballspiel *nt* jeu *m* de balle *od* ballon
Ballung *f* concentration *f*
Ballungsgebiet *nt*, **Ballungsraum** *m* agglomération *f*
Ballungszentrum *nt* centre *m*
Balsam (**-s, -e**) *m* baume *m*
Balte (**-n, -n**) *m* Balte *m*
Baltikum (**-s**) *nt*: **das ~** les pays *mpl* baltes
Baltin *f* Balte *f*
Bambus (**-ses, -se**) *m* bambou *m* • **Bambusrohr** *nt* canne *f* de bambou • **Bambussprossen** *pl* pousses *fpl* de bambou
banal *adj* banal(e)
Banalität *f* banalité *f*
Banane *f* banane *f*
Bananenrepublik *f* république *f* bananière
Banause (**-n, -n**) *m* beauf *m*
band *etc vb siehe* **binden**
Band[1] (**-(e)s, ⸚e**) *m* (*Buchband*) volume *m*
Band[2] (**-(e)s, ⸚er**) *nt* (*Stoffband, Ordensband*) ruban *m* ; (*Fließband*) chaîne *f* ; (*Tonband*) bande *f* ; (*Anat*) ligament *m* ; **etw auf ~ aufnehmen** enregistrer qch ; **am laufenden ~** sans arrêt
Band[3] (**-(e)s, -e**) *nt* (*Freundschaftsband etc*) lien *m*
Band[4] (**-, -s**) *f* (*Mus*) orchestre *m* ; (*Popband*) groupe *m*
bandagieren *vt* bander
Bandbreite *f* (*Radio*) largeur *f* de bande ; (*von Meinungen etc*) éventail *m*
Bande *f* bande *f*
bändigen *vt* (*Tier*) apprivoiser ; (*Trieb, Leidenschaft*) maîtriser
Bandit (**-en, -en**) *m* bandit *m*
Bandmaß *nt* mètre *m* à ruban
Bandsäge *f* scie *f* à ruban

Bandscheibe *f* (*Anat*) disque *m* intervertébral
Bandwurm *m* ténia *m*, ver *m* solitaire
bange *adj* angoissé(e) ; **mir wird es ~** je commence à m'inquiéter ; **jdm B~ machen** faire peur à qn
bangen *vi*: **um jdn/etw ~** se faire du souci pour qn/qch
Bangladesch (**-s**) *nt* le Bangladesh
Banjo (**-s, -s**) *nt* banjo *m*
Bank[1] (**-, ¨e**) *f* (*Sitzbank, Sandbank*) banc *m*
Bank[2] (**-, -en**) *f* (*Geldbank*) banque *f* • **Bankanweisung** *f* virement *m* (bancaire)
Bankett (**-(e)s, -e**) *nt* (*Essen*) banquet *m* ; **Bankette** *pl* (*Straßenrand*) accotement *m*
Bankier (**-s, -s**) *m* banquier *m*
Bankkarte *f* carte *f* bancaire
Bankkonto *nt* compte *m* en banque
Bankleitzahl *f* code *m* de la banque
Banknote *f* billet *m* de banque
Bankraub *m* hold-up *m inv* (*d'une banque*)
Bankräuber(in) *m(f)* cambrioleur(-euse) de banque
bankrott *adj* en faillite • **Bankrott** (**-(e)s, -e**) *m* faillite *f* ; **~ machen** faire faillite
Banküberfall *m* hold-up *m inv* (*d'une banque*)
Bankverbindung *f* identité *f* bancaire
bannen *vt* (*Gefahr*) conjurer ; (*bezaubern*) ensorceler, captiver ; (*Geister*) exorciser
Banner (**-s, -**) *nt* bannière *f*
bar *adj* (*unbedeckt*) découvert(e) ; (*offenkundig*): **~er Unsinn** folie pure ; **etw (in) ~ bezahlen** payer qch comptant *od* en espèces ; **gegen ~ kaufen** acheter (au) comptant
Bar (**-, -s**) *f* bar *m*
Bär (**-en, -en**) *m* (*Zool*) ours *m*
Baracke *f* baraque *f*
Barbados *nt* la Barbade *f*
barbarisch *adj* barbare
barfuß *adj* pieds nus
barg *etc vb siehe* **bergen**
Bargeld *nt* argent *m* liquide, espèces *fpl*
bargeldlos *adj*: **~er Zahlungsverkehr** transaction *f* par virement
Barhocker *m* tabouret *m* de bar
Bariton *m* baryton *m*
Barkauf *m* achat *m* au comptant
Barkeeper (**-s, -**) *m* tenancier *m* de bar
Barmann (**-(e)s, ¨er**) *m* barman *m*
barmherzig *adj* miséricordieux(-euse)
Barmherzigkeit *f* miséricorde *f*
Barometer (**-s, -**) *nt* baromètre *m*
Barren (**-s, -**) *m* (*Sport*) barres *fpl* parallèles ; (*Goldbarren*) lingot *m*
Barriere *f* barrière *f*
Barrikade *f* barricade *f*
barsch *adj* brusque
Barsch (**-(e)s, -e**) *m* (*Zool*) perche *f*
Barscheck *m* chèque *m* non barré
barst *etc vb siehe* **bersten**
Bart (**-(e)s, ¨e**) *m* barbe *f* ; (*Schlüsselbart*) panneton *m*
bärtig *adj* barbu(e)
Barzahlung *f* paiement *m* comptant
Basar (**-s, -e**) *m* (*Markt*) bazar *m* ; (*Wohltätigkeitsbasar*) vente *f* de charité
Base *f* (*Chim*) base *f*
Basedow, Basedowsche Krankheit *f* maladie *f* de Basedow
Basel *nt* Bâle
Basel-Stadt (**-s**) *nt* Bâle-Ville
basieren *vi*: **auf etw** *Dat* **~** se fonder sur qch
Basis (**-, Basen**) *f* base *f*
basisch *adj* (*Chim*) basique
Baskenland *nt* pays *m* basque
Basketball *m* (*Ball*) ballon *m* de basket ; (*Spiel*) basket *m*, basket-ball *m*
Bass (**-es, ¨sse**) *m* basse *f*
Bassin (**-s, -s**) *nt* bassin *m*
Bassist *m* bassiste *m*
Bassschlüssel *m* clé *f* de fa
Bast (**-(e)s, -e**) *m* raphia *m*
basteln *vt, vi* bricoler
Bastler (**-s, -**) *m* bricoleur *m*
bat *etc vb siehe* **bitten**
Batterie *f* (*in Gerät*) pile *f*
Bau (**-(e)s**) *m* construction *f* ; (*Baustelle*) chantier *m* ; (*pl*: *Baue*: *Tier*) terrier *m*, tanière *f* ; (*pl*: *Bauten*: *Gebäude*) bâtiment *m*, édifice *m* ; **sich im ~ befinden** être en construction • **Bauarbeiten** *pl* (*Straßenbau*) travaux *mpl* • **Bauarbeiter** *m* ouvrier *m* du bâtiment
Bauch (**-(e)s, Bäuche**) *m* ventre *m* • **Bauchfell** *m* (*Anat*) péritoine *m*
Bauchgefühl *nt*: **ein ~ haben** sentir quelque chose au fond de soi
bauchig *adj* (*Gefäß*) ventru(e)
Bauchmuskel *m* muscle *m* abdominal
Bauchnabel *m* nombril *m*
Bauchredner *m* ventriloque *m*
Bauchschmerzen *pl* mal *m* au *od* maux *mpl* de ventre
Bauchtanz *m* danse *f* du ventre
Bauchweh *nt* mal *m* au ventre
Bauelement *nt* élément *m* préfabriqué ; (*für Möbel*) élément *m* ; (*Inform*) composant *m*
bauen *vt* construire ; (*Nest*) faire ; (*Mus*: *Instrumente*) fabriquer ▸ *vi* construire ; **auf jdn/etw ~** compter sur qn/qch ; **gut gebaut sein** (*Mensch*) être bien bâti(e) ; **kräftig gebaut sein** être solidement charpenté(e)

Bauer[1] (**-n** *od* **-s, -n**) *m* paysan *m* ; (*péj*) rustre *m* ; (*Schach*) pion *m*
Bauer[2] (**-s, -**) *nt od m* (*Vogelbauer*) cage *f*
Bäuerin *f* paysanne *f*, agricultrice *f*
bäuerlich *adj* paysan(ne) ; (*Art*) rustique
Bauernbrot *nt* pain *m* paysan
Bauernfängerei *f* attrape-nigaud *m*
Bauernhaus *nt*, **Bauernhof** *m* ferme *f*
baufällig *adj* délabré(e)
Baufälligkeit *f* délabrement *m*
Baufirma *f* entreprise *f* de construction
Baugelände *nt* terrain *m* à bâtir
Baugenehmigung *f* permis *m* de construire
Bauherr *m* maître *m* d'ouvrage
Baujahr *nt* année *f* de construction
Baukasten *m* jeu *m* de construction
Baukosten *pl* coût *msg* de la construction
Bauland *nt* terrain *m* à bâtir
baulich *adj*: **in gutem/schlechtem ~em Zustand** d'une construction solide/peu solide
Baum (**-(e)s, Bäume**) *m* arbre *m*
Baumarkt *m* magasin *m* de bricolage
baumeln *vi* pendre
bäumen *vr* se cabrer
Baumschule *f* pépinière *f*
Baumstamm *m* tronc *m* d'arbre
Baumstumpf *m* souche *f*
Baumwolle *f* coton *m*
Bauplan *m* plan *m*
Bauplatz *m* terrain *m* à bâtir
Bausch (**-(e)s, Bäusche**) *m* (*Wattebausch*) tampon *m*
bauschen *vt* gonfler ▸ *vr* gonfler
bauschig *adj* bouffant(e)
Bausparkasse *f* caisse *f* d'épargne-logement
Bausparvertrag *m* plan *m* d'épargne-logement
Baustein *m* pierre *f* ; (*Spielzeug*) cube *m* ; (*fig*) composante *f*
Baustelle *f* chantier *m*
Bauteil *nt* élément *m*
Bauunternehmer *m* entrepreneur *m*
Bauweise *f* style *m* de construction
Bauwerk *nt* édifice *m*
Bauzaun *m* clôture *f* de chantier
Bayer(in) (**-n, -n**) *m(f)* Bavarois(e)
Bayern *nt* la Bavière
Bazillus (**-, Bazillen**) *m* bacille *m*
beabsichtigen *vt*: **~, etw zu tun** avoir l'intention de faire qch
beachten *vt* (*befolgen*) respecter ; (: *Vorfahrt*) observer
beachtenswert *adj* remarquable
beachtlich *adj* important(e) ; (*Leistung*) remarquable
Beachtung *f* (*von Regeln etc*) respect *m*
Beachvolleyball *nt* beach-volley *m*
Beamte(r) (**-n, -n**) *m* fonctionnaire *m* ; (*Bankbeamte*) employé *m*
beängstigend *adj* (*Lage, Zustand*) inquiétant(e) ; (*Geschwindigkeit*) effrayant(e)
beanspruchen *vt* (*Recht, Erbe*) revendiquer ; (*Zeit, Platz*) prendre ; (*Benzin*) consommer ; (*Reifen, Stoff*) user
beanstanden *vt* critiquer ; (*Rechnung*) contester
beantragen *vt* demander
beantworten *vt* répondre à
bearbeiten *vt* s'occuper de ; (*Thema, Chim*) traiter ; (*Buch, Film*) adapter ; (*Material*) travailler ; (*fam: beeinflussen wollen*) travailler
Bearbeitung *f* (*von Thema*) traitement *m* ; (*von Buch, Film*) adaptation *f*
Bearbeitungsgebühr *f* frais *mpl* administratifs
Beatmung *f* respiration *f* artificielle
beaufsichtigen *vt* surveiller
beauftragen *vt* charger ; **jdn mit etw ~** charger qn de faire qch
bebauen *vt* (*Grundstück*) construire sur ; (*Agr*) cultiver
beben *vi* trembler
Beben (**-s, -**) *nt* tremblement *m*
bebildern *vt* illustrer
Becher (**-s, -**) *m* gobelet *m* ; (*für Joghurt*) pot *m*
bechern (*fam*) *vi* picoler
Becken (**-s, -**) *nt* bassin *m* ; (*Waschbecken*) lavabo *m* ; (*Mus*) cymbale *f*
bedacht *adj* réfléchi(e) ; **auf etw** *Akk* **~ sein** faire attention à qch
bedächtig *adj* (*umsichtig*) réfléchi(e) ; (*langsam*) lent(e), posé(e)
bedanken *vr*: **sich bei jdm für etw ~** remercier qn de *od* pour qch
Bedarf (**-(e)s**) *m* besoin *m* ; (*Écon*) demande *f* ; **je nach ~** selon les besoins ; **bei ~** en cas de besoin ; **~ an etw** *Dat* **haben** avoir besoin de qch
Bedarfsfall *m*: **im ~** en cas de besoin
Bedarfsgüter *pl* biens *mpl* de consommation
Bedarfshaltestelle *f* arrêt *m* facultatif
bedauerlich *adj* regrettable
bedauern *vt* regretter ; (*bemitleiden*) plaindre • **Bedauern** (**-s**) *nt* regret *m* ; **zu meinem ~** à mon regret
bedauernswert *adj* (*Zustände*) regrettable ; (*Mensch*) à plaindre
bedecken *vt* couvrir
bedeckt *adj* couvert(e)

bedenken *irr vt* (*Folgen*) réfléchir à ; **jdn mit etw ~** gratifier qn de qch • **Bedenken** (**-s, -**) *nt* (*Überlegen*) réflexion *f* ; (*Zweifel*) doute *m* ; (*Skrupel*) scrupule *m*
bedenklich *adj* (*besorgt*) préoccupé(e) ; (*bedrohlich*) inquiétant(e), menaçant(e) ; (*zweifelhaft*) douteux(-euse)
Bedenkzeit *f* délai *m* de réflexion
bedeuten *vt* signifier
bedeutend *adj* important(e) ; (*beträchtlich*) considérable
Bedeutung *f* signification *f*, sens *m* ; (*Wichtigkeit*) importance *f*
bedeutungslos *adj* (*Wort, Zeichen*) dépourvu(e) de sens ; (*Mensch, Ereignis*) sans importance
bedeutungsvoll *adj* (*vielsagend*) éloquent(e) ; (*wichtig*) important(e)
bedienen *vt* servir ; (*Maschine*) faire marcher ▸ *vr* (*beim Essen*): **bitte ~ Sie sich!** servez-vous !
bedienerfreundlich *adj* facile d'emploi ; (*Inform*) convivial(e)
Bedienung *f* service *m* ; (*von Maschinen*) maniement *m* ; (*Kellnerin*) serveuse *f*
Bedienungsanleitung *f* mode *m* d'emploi
bedingen *vt* (*verursachen*) causer ; (*voraussetzen*) exiger
bedingt *adj* (*Richtigkeit, Tauglichkeit*) limité(e) ; (*Lob*) réservé(e) ; (*Zusage, Annahme*) conditionnel(le) ; (*Reflex*) conditionné(e)
Bedingung *f* condition *f*
bedingungslos *adj* sans condition
bedrängen *vt* harceler ; **jdn mit Fragen ~** presser qn de questions
bedrohen *vt* menacer
bedrohlich *adj* menaçant(e)
Bedrohung *f* menace *f*
bedrucken *vt* imprimer
bedrücken *vt* accabler
Bedürfnis *nt* besoin *m* ; **ein ~ nach etw haben** avoir besoin de qch
bedürftig *adj* (*arm*) dans le besoin
beeilen *vr* se dépêcher
beeindrucken *vt* impressionner
beeindruckend *adj* impressionnant(e)
beeinflussen *vt* influencer
beeinträchtigen *vt* (*Freude, Genuss*) gâcher ; (*Sehvermögen, Wert, Qualität*) porter préjudice à
beenden, beendigen *vt* terminer
Beendigung, Beendung *f* (*Ende*) fin *f*
beengen *vt* (*Kleidung*) serrer ; (*fig: jdn*) gêner
beerben *vt* hériter de
beerdigen *vt* enterrer
Beerdigung *f* enterrement *m*
Beerdigungsunternehmen *nt* entreprise *f* de pompes funèbres
Beerdigungsunternehmer(in) *m(f)* entrepreneur(-euse) de pompes funèbres
Beere *f* baie *f* ; (*Traubenbeere*) grain *m*
Beet (**-(e)s, -e**) *nt* plate-bande *f*
Befähigung *f* (*Können*) compétences *fpl*
befahl *etc vb siehe* **befehlen**
befahrbar *adj* (*Straße*) carrossable ; (*Wasserweg*) navigable
befahren *irr vt* (*Straße, Route*) emprunter ; (*Naut*) naviguer sur ▸ *adj* (*Straße*) fréquenté(e)
befallen *irr vt* (*Krankheit*) frapper ; (*Übelkeit, Fieber, Ekel*) prendre ; (*Angst, Zweifel*) saisir ; (*Ungeziefer*) envahir
befangen *adj* (*schüchtern*) intimidé(e) ; (*voreingenommen*) partial(e) ; **in etw** *Dat* **~ sein** être immuable dans qch • **Befangenheit** *f* (*Schüchternheit*) gêne *f*, timidité *f* ; (*Voreingenommenheit*) parti *m* pris
befassen *vr*: **sich ~ mit** s'occuper de
Befehl (**-(e)s, -e**) *m* (*Anordnung*) ordre *m* ; (*Befehlsgewalt*) commandement *m* ; (*Inform*) commande *f*
befehlen *irr vt* ordonner ; **über jdn/ etw ~** commander qn/qch
Befehlsempfänger *m* exécutant *m*
Befehlsform *f* (*Ling*) impératif *m*
Befehlshaber (**-s, -**) *m* (*Mil*) commandant *m*
Befehlsverweigerung *f* (*Mil*) refus *m* d'obéissance
befestigen *vt* (*anbringen, festmachen*) fixer ; (*Straße, Ufer*) stabiliser, consolider ; (*Stadt*) fortifier
Befestigung *f* (*das Anbringen*) fixation *f* ; (*von Stadt*) fortification *f*
befeuchten *vt* humecter, mouiller
befinden *irr vr* se trouver ▸ *vt*: **jdn für schuldig ~** déclarer qn coupable
Befinden (**-s**) *nt* (*Zustand*) état *m* de santé ; (*Meinung*) opinion *f*
befohlen *pp von* **befehlen**
befolgen *vt* suivre
befördern *vt* (*Güter, Gepäck*) transporter ; (*im Beruf*) promouvoir
Beförderung *f* (*von Gütern*) transport *m* ; (*beruflich*) promotion *f*
befragen *vt* interroger ; (*um Stellungnahme bitten, Wörterbuch*) consulter
Befragung *f* interrogation *f* ; (*Umfrage*) sondage *m*
befreien *vt* libérer ; (*freistellen*) exempter ▸ *vr* se libérer

Befreiung *f* libération *f* ; (*Erlassen*) exemption *f*
befreunden *vr*: **sich ~ mit** se lier d'amitié avec ; (*mit Idee etc*) se familiariser avec
befreundet *adj* ami(e)
befriedigen *vt* satisfaire
befriedigend *adj* satisfaisant(e)
Befriedigung *f* satisfaction *f*
befristet *adj* à durée limitée
befruchten *vt* féconder ; (*Diskussion, Gedanken*) stimuler
Befugnis *f* pouvoir *m*
befugt *adj* autorisé(e), habilité(e)
befühlen *vt* palper
Befund (**-(e)s, -e**) *m* (*von Sachverständigen*) conclusions *fpl* ; (*Méd*) diagnostic *m* ; **ohne ~** test *m* négatif
befürchten *vt* craindre
Befürchtung *f* crainte *f*
befürworten *vt* (*Gesetz, Vorschlag*) soutenir ; (*Neuerung*) être favorable à
Befürworter(in) (**-s, -**) *m(f)* défenseur *m*
Befürwortung *f* (*von Gesetz, Vorschlag*) soutien *m*
begabt *adj* doué(e)
Begabung *f* don *m*
begann *etc vb siehe* **beginnen**
begeben *irr vr* (*gehen*) se rendre ; (*geschehen*) se passer • **Begebenheit** *f* événement *m*
begegnen *vi* +*Dat* rencontrer ; (*behandeln*) traiter ; **ihre Blicke begegneten sich** leurs regards se sont rencontrés
Begegnung *f* rencontre *f*
begehen *irr vt* (*Straftat, Fehler, Dummheit*) commettre ; (*Feier*) célébrer
begehren *vt* désirer
begehrenswert *adj* désirable
begehrt *adj* (*Posten*) convoité(e) ; (*Reiseziel*) en vogue
begeistern *vr*: **sich an etw** *Dat od* **für etw ~** s'enthousiasmer pour qch ▶ *vt* remplir d'enthousiasme
begeistert *adj* enthousiaste
Begeisterung *f* enthousiasme *m*
Begierde *f* désir *m*
begierig *adj* avide
begießen *irr vt* arroser
Beginn (**-(e)s**) *m* commencement *m*, début *m* ; **zu ~** au commencement *od* début
beginnen *irr vt, vi* commencer
beglaubigen *vt* (*Dokument, Abschrift*) authentifier ; (*Echtheit*) certifier
Beglaubigung *f* authentification *f*
Beglaubigungsschreiben *nt* lettres *fpl* de créance
begleichen *irr vt* régler
begleiten *vt* accompagner ; (*zum Schutz*) escorter
Begleiter(in) (**-s, -**) *m(f)* compagnon (compagne)
Begleiterscheinung *f* effet *m* secondaire
Begleitmusik *f* musique *f* d'accompagnement
Begleitschreiben *nt* lettre *f* jointe
Begleitung *f* compagnie *f* ; (*Mus*) accompagnement *m*
beglückwünschen *vt*: **jdn zu etw ~** féliciter qn pour *od* de qch
begnadigen *vt* gracier
Begnadigung *f* grâce *f*
begnügen *vr*: **sich mit etw ~** se contenter de qch
Begonie *f* bégonia *m*
begonnen *pp von* **beginnen**
begraben *irr vt* (*Toten*) enterrer ; (*Streit*) oublier
Begräbnis *nt* enterrement *m*
begradigen *vt* (*Straße*) refaire en éliminant les tournants
begreifen *irr vt* (*verstehen*) comprendre
begreiflich *adj* compréhensible ; **jdm etw ~ machen** expliquer qch à qn
Begrenztheit *f* limitation *f* ; (*von Menschen*) étroitesse *f* d'esprit
Begriff (**-(e)s, -e**) *m* notion *f*, concept *m* ; (*Meinung, Vorstellung*) idée *f* ; **im ~ sein, etw zu tun** être sur le point de faire qch
begriffsstutzig *adj* bouché(e)
begründen *vt* (*Tat, Abwesenheit*) justifier ; (*beginnen*) fonder
begründet *adj* justifié(e) ; (*Aussicht*) raisonnable
Begründung *f* justification *f*
begrüßen *vt* accueillir • **begrüßenswert** *adj* bienvenu(e)
Begrüßung *f* accueil *m* ; **zur ~ der Gäste** pour accueillir les invités
begünstigen *vt* favoriser
begutachten *vt* expertiser ; (*fam: ansehen*) examiner
behaart *adj* poilu(e) ; (*Pflanze*) velu(e)
behäbig *adj* (*dick*) corpulent(e) ; (*geruhsam*) lent(e)
behagen *vi*: **jd/etw behagt ihm nicht** qn/qch ne lui plaît pas • **Behagen** (**-s**) *nt* sensation *f* de bien-être
behaglich *adj* (*Atmosphäre*) douillet(te) ; (*Wärme*) agréable • **Behaglichkeit** *f* bien-être *m*
behalten *irr vt* garder ; (*Mehrheit, Recht*) conserver ; (*im Gedächtnis*) retenir ; **die Nerven ~** garder son sang-froid

Behälter (**-s, -**) *m* récipient *m*
behandeln *vt* traiter ; (*Méd*) soigner
Behandlung *f* traitement *m* ; (*von Maschine*) maniement *m*
beharren *vi*: **auf etw** *Dat* **~** ne pas démordre de qch
beharrlich *adj* (*ausdauernd*) résolu(e), persévérant(e) ; (*hartnäckig*) opiniâtre, tenace • **Beharrlichkeit** *f* persévérance *f* ; (*Hartnäckigkeit*) ténacité *f*
behaupten *vt* affirmer ; (*Recht, Position*) défendre ▶ *vr* s'affirmer
Behauptung *f* (*Äußerung*) affirmation *f*
Behausung *f* habitation *f* ; (*armselig*) taudis *m*
beheimatet *adj*: **diese Pflanze/dieses Tier ist in den Alpen ~** cette plante/cet animal vient des Alpes
beheizen *vt* chauffer
Behelf (**-(e)s, -e**) *m* expédient *m*
behelfen *irr vr*: **sich mit etw ~** se débrouiller avec qch
behelfsmäßig *adj* improvisé(e) ; (*vorübergehend*) provisoire
behelligen *vt* importuner
beherbergen *vt* héberger
beherrschen *vt* (*Volk, Land*) gouverner ; (*Situation, Markt, Szene, Landschaft*) dominer ; (*Gefühle*) refréner ; (*Sprache, Handwerk*) posséder ▶ *vr* se maîtriser
beherrscht *adj* (*Mensch*) maître(sse) de soi
Beherrschung *f* (*Selbstbeherrschung*) maîtrise *f* de soi ; **die ~ verlieren** perdre son sang-froid
beherzigen *vt* prendre à cœur
behilflich *adj*: **jdm (bei etw) ~ sein** aider qn (à faire qch)
behindern *vt* (*Bewegung, Verkehr*) entraver ; (*Sicht, Arbeit*) gêner
Behinderte(r) *f(m)* handicapé(e) *m/f*
behindertengerecht *adj* adapté(e) aux handicapés ▶ *adv* (spécialement) pour les handicapés
Behinderung *f* (*Körperbehinderung*) handicap *m*
Behörde *f* autorité *f*
behördlich *adj* officiel(le)
behüten *vt* garder, surveiller ; **jdn vor etw** *Dat* **~** préserver qn de qch
behutsam *adv* (*berühren*) doucement

SCHLÜSSELWORT

bei *präp +Dat* **1** chez ; **beim Friseur** chez le coiffeur ; **bei seinen Eltern wohnen** habiter chez ses parents ; **H. Schmitt, bei Neumeier** (*in Adresse*) H. Schmitt, chez Neumeier ; **bei Collins arbeiten** travailler chez Collins ; **etw bei sich haben** avoir qch sur soi ; **jdn bei sich haben** avoir qn avec soi ; **bei Goethe** chez Goethe ; **beim Militär** à l'armée ; **bei seinem Talent** avec un talent pareil
2 (*Zustand, Tätigkeit ausdrückend*): **bei Nacht/Tag** de nuit/jour ; **bei Nebel** par temps de brouillard ; **bei Regen** sous la pluie ; **bei meiner Ankunft** quand je suis arrivé(e), à mon arrivée ; **bei der Arbeit** pendant le travail ; **ich habe ihm bei der Arbeit geholfen** je l'ai aidé dans son travail ; **bei guter Gesundheit sein** être en bonne santé ; **bei offenem Fenster schlafen** dormir avec la fenêtre ouverte ; **bei Gefahr Scheibe einschlagen** en cas de danger, casser la vitre ; **er war gerade beim Essen/Lesen** il était en train de manger/lire

bei|behalten *irr vt* conserver
bei|bringen *irr vt* (*Beweis, Gründe*) fournir ; (*Zeugen*) produire ; **jdm etw ~** (*Wunde, Niederlage*) infliger qch à qn ; (*Ordnung, Manieren*) apprendre qch à qn ; (*fam: zu verstehen geben*) faire comprendre qch à qn
Beichte *f* confession *f*
beichten *vt* (*Sünden*) confesser ▶ *vi* se confesser
Beichtgeheimnis *nt* secret *m* de la confession
Beichtstuhl *m* confessionnal *m*
beide *pron* les deux ; **meine ~n Brüder** mes deux frères ; **alle ~** tous(toutes) les deux ; **alles ~s** les deux (choses) ; **wir ~** nous deux ; **einer von ~n** l'un des deux
beiderlei *adj*: **Menschen ~ Geschlechts** des personnes des deux sexes
beiderseitig *adj* (*Lungenentzündung*) double ; **im ~en Einverständnis** d'un commun accord
beiderseits *adv*: **die Regierungen stimmten ~ zu** les gouvernements ont tous deux donné leur accord ▶ *präp +Gen* de part et d'autre de
beieinander *adv* ensemble
Beifahrer(in) *m(f)* passager(-ère) • **Beifahrersitz** *m* place *f* à côté du conducteur
Beifall *m* applaudissements *mpl* ; (*Zustimmung*) approbation *f*
bei|fügen *vt* joindre
beige *adj* beige
bei|geben *irr vt* (*zufügen*) ajouter ; (*mitgeben*) adjoindre ▶ *vi*: **klein ~** capituler
Beigeschmack *m* arrière-goût *m*

Beihilfe *f (für Bedürftige)* aide *f* ; *(Studienbeihilfe)* bourse *f* ; *(Jur)* complicité *f*
bei|kommen *irr vi +Dat* venir à bout de
Beil (**-(e)s, -e**) *nt* hache *f*
Beilage *f (Zeitungsbeilage etc)* supplément *m* ; *(Culin)* garniture *f*
beiläufig *adj (Bemerkung)* fait(e) en passant ▸*adv* en passant
bei|legen *vt (hinzufügen)* joindre ; *(beimessen)* accorder ; *(enden)* régler
beileibe *adv*: **~ nicht** sûrement pas
Beileid *nt* condoléances *fpl*
beiliegend *adj* ci-joint(e)
beim = **bei dem**
bei|messen *irr vt* accorder
Bein (**-(e)s, -e**) *nt* jambe *f* ; *(von Tier)* patte *f* ; *(vom Möbelstück)* pied *m*
beinah, beinahe *adv* presque
Beinbruch *m* fracture *f* de la jambe
beinhalten *vt* contenir
Beipackzettel *m* notice *f* (explicative)
bei|pflichten *vi*: **jdm/einer Sache ~** être d'accord avec qn/qch
Beirat *m* conseil *m* ; *(Körperschaft)* comité *m* consultatif
beirren *vt*: **sich nicht ~ lassen** ne pas se laisser troubler
beisammen *adv* ensemble
• **Beisammensein** (**-s**) *nt* réunion *f*
Beischlaf *m* rapports *mpl* sexuels
Beisein (**-s**) *nt* présence *f*
beiseite *adv* de côté ; *(Théât)* en aparté ; *(stehen, gehen)* à l'écart
beiseite|legen *vt*: **etw ~** *(sparen)* mettre qch de côté
beiseite|schaffen *vt*: **jdn/etw ~** faire disparaître qn/qch
bei|setzen *vt* enterrer ; *(Urne)* inhumer
Beisetzung *f* enterrement *m* ; *(von Urne)* inhumation *f*
Beisitzer(in) (**-s, -**) *m(f)* assesseur *m*
Beispiel (**-s, -e**) *nt* exemple *m* ; **zum ~** par exemple ; **sich** *Dat* **an jdm ein ~ nehmen** prendre exemple sur qn
• **beispielhaft** *adj* exemplaire
• **beispiellos** *adj* sans précédent
beispielsweise *adv* par exemple
beißen *irr vt, vi* mordre ; *(Rauch, Säure)* piquer ▸*vr (Farben)* jurer
beißend *adj* piquant(e) ; *(Hohn, Spott)* mordant(e)
Beißzange *f* pince *f* coupante
Beistand (**-(e)s, ¨-e**) *m* assistance *f* ; *(Jur)* avocat *m*
bei|stehen *irr vi*: **jdm ~** soutenir qn
bei|steuern *vt (Geld, Beitrag)* donner
Beitrag (**-(e)s, ¨-e**) *m* contribution *f* ; *(Mitgliedsbeitrag)* cotisation *f*
bei|tragen *irr vt* donner ▸*vi*: **~ zu** contribuer à
beitragspflichtig *adj* soumis(e) à contribution
Beitragssatz *m* taux *m* de cotisation
bei|treten *irr vi* adhérer
Beitritt *m* adhésion *f*
Beitrittserklärung *f* déclaration *f* d'adhésion
Beiwagen *m* side-car *m*
bei|wohnen *vi*: **einer Sache** *Dat* **~** assister à qch
Beize *f (Culin)* marinade *f* ; *(Holzbeize)* teinture *f*
beizeiten *adv* à temps
bejahen *vt (Frage, Vorschlag)* répondre par l'affirmative à ; *(gutheißen: Leben)* approuver
bekämpfen *vt* combattre ; *(Schädlinge, Unkraut, Seuche, Missstände)* lutter contre ▸*vr* se battre
Bekämpfung *f* lutte *f*
bekannt *adj* connu(e) ; *(nicht fremd)*: **mit jdm ~ sein** connaître qn ; **~ geben** annoncer ; **jdn mit jdm ~ machen** présenter qn à qn ; **das ist mir ~** je suis au courant ; **es kommt mir ~ vor** ça me rappelle qch
Bekannte(r) *f(m)* connaissance *f*
Bekanntenkreis *m* cercle *m* d'amis
bekannt|geben *vt siehe* **bekannt**
Bekanntheitsgrad *m* degré *m* de célébrité
bekanntlich *adv* comme chacun sait
bekannt|machen *vt siehe* **bekannt**
Bekanntmachung *f* annonce *f* ; *(Anschlag etc)* avis *m*
Bekanntschaft *f* connaissance *f*
bekehren *vt* convertir
Bekehrung *f* conversion *f*
bekennen *irr vt* reconnaître ; *(seinen Glauben)* affirmer ▸*vr*: **sich zu einem Glauben ~** faire profession d'une *od* professer une croyance ; **sich schuldig ~** s'avouer coupable
Bekennerbrief *m*, **Bekennerschreiben** *nt* lettre *f* revendiquant un attentat
Bekenntnis *nt* aveu *m* ; *(Religion)* confession *f*
beklagen *vt* plaindre ; *(Verluste, Toten)* déplorer ▸*vr* se plaindre
beklagenswert *adj (Mensch)* à plaindre ; *(Situation, Umstände, Zustände)* déplorable ; *(Unfall)* terrible
bekleben *vt*: **etw mit Bildern/Plakaten ~** coller des images/des affiches sur qch
bekleiden *vt* habiller ; *(Amt)* occuper

Bekleidung *f (Kleidung)* habillement *m*
beklemmen *vt* oppresser
beklommen *adj* angoissé(e)
• **Beklommenheit** *f* angoisse *f*
bekommen *irr vt* recevoir ; *(Angst, Hunger)* avoir (de plus en plus) ; *(Krankheit, Zug)* attraper ; *(Kind, Fieber)* avoir ▸ *vi*: **jdm ~** convenir à qn ; **jdm gut/schlecht ~** faire du bien/mal à qn ; **Hunger ~** commencer à avoir faim
bekömmlich *adj* digeste
bekräftigen *vt* confirmer
bekreuzigen *vr* se signer
bekümmern *vt* inquiéter
bekunden *vt (sagen)* exprimer ; *(zeigen)* manifester
belächeln *vt* sourire de
beladen *irr vt* charger
Belag (-(e)s, ⸚e) *m* revêtement *m* ; *(Zahnbelag)* tartre *m* ; *(Bremsbelag)* garniture *f*
belagern *vt* assiéger
Belagerung *f* siège *m*
• **Belagerungszustand** *m* état *m* de siège
belämmert *(fam) adj (betreten)* hébété(e)
Belang (-(e)s) *m*: **von/ohne ~ sein** être important(e)/sans importance ; **Belange** *pl* intérêts *mpl*
belangen *vt (Jur)*: **jdn gerichtlich ~** poursuivre qn en justice
belanglos *adj* insignifiant(e)
Belanglosigkeit *f* futilité *f*
belassen *irr vt* laisser ; **es dabei ~** en rester là
Belastbarkeit *f (von Brücke, Aufzug)* charge *f* admissible ; *(von Menschen, Nerven)* résistance *f*
belasten *vt* charger ; *(Organ, Körper)* surmener ; *(Stromnetz)* surcharger ; *(Umwelt)* polluer ; *(fig: bedrücken)* accabler ; *(Konto)* débiter ; *(Haus, Etat, Steuerzahler)* grever ▸ *vr (mit Arbeit, Sorgen)* s'accabler de
belastend *adj* pénible ; **~es Material** pièces *fpl* à conviction
belästigen *vt* harceler
Belästigung *f* désagrément *m* ; *(körperlich)* harcèlement *m*
Belastung *f* charge *f* ; *(Gewicht, Sorge)* poids *m* ; *(Écon)* débit *m* ; *(Fin)* charges *fpl*
belaufen *irr vr*: **sich auf etw** *Akk* **~** s'élever à qch
belauschen *vt* écouter, épier
belebt *adj* animé(e)
Beleg (-(e)s, -e) *m (Écon)* reçu *m* ; *(Beweis)* pièce *f* justificative, attestation *f* ; *(Beispiel)* exemple *m*
belegen *vt (Boden)* recouvrir ; *(Kuchen, Brot)* garnir ; *(Platz, Zimmer)* occuper ; *(Kurs, Vorlesung)* s'inscrire à ; *(Ausgaben)* justifier ; *(urkundlich beweisen)* prouver ; *(mit Strafe, Zoll)* infliger
Belegschaft *f* personnel *m*
belegt *adj (besetzt)* occupé(e) ; *(Zunge)* chargé(e) ; **~e Brote** canapés *mpl*
belehren *vt* instruire ; *(informieren)* informer
Belehrung *f* formation *f* ; *(Zurechtweisung)* leçon *f*
beleidigen *vt* vexer, blesser ; *(Jur)* diffamer
beleidigt *adj* offensé(e) ; *(gekränkt)* vexé(e) ; **die ~e Leberwurst spielen** *(fam)* prendre la mouche
Beleidigung *f* insulte *f* ; *(Jur)* diffamation *f*
belemmert *adj* = **belämmert**
belesen *adj* cultivé(e)
beleuchten *vt* illuminer ; *(mit Licht versehen)* éclairer ; *(Problem)* éclaircir
Beleuchtung *f* éclairage *m* ; *(von Gebäude)* illumination *f*
Belgien (-s) *nt* la Belgique
Belgier(in) (-s, -) *m(f)* Belge *mf*
belgisch *adj* belge
belichten *vt* exposer
Belichtung *f (Photo)* exposition *f*
Belichtungsmesser (-s, -) *m* posemètre *m*
Belieben *nt*: **nach ~** *(Antwort)* comme vous voulez ; *(Culin)* à volonté
beliebig *adj*: **ein ~er/eine ~e/ein ~es ...** n'importe quel(le) ..., un(e) ... quelconque ▸ *adv*: **~ viel** autant qu'il vous *etc* plaira
beliebt *adj* populaire ; **sich bei jdm ~ machen** se faire apprécier de qn
• **Beliebtheit** *f* popularité *f*
beliefern *vt* fournir
bellen *vi* aboyer
belohnen *vt* récompenser
Belohnung *f* récompense *f*
belügen *irr vt* mentir à
belustigen *vt* amuser
Belustigung *f* divertissement *m* ; **zu meiner ~** à mon grand amusement
bemalen *vt* peindre ; *(Papier)* peindre sur ; *(verzieren)* décorer
bemängeln *vt* critiquer
bemannt *adj* pourvu(e) d'un équipage
bemerkbar *adj* sensible ; **sich ~ machen** *(Person)* se faire remarquer ; *(Unruhe, Müdigkeit)* se faire sentir
bemerken *vt* remarquer
bemerkenswert *adj* remarquable
Bemerkung *f* remarque *f*

bemitleiden *vt* plaindre
bemühen *vr* (*sich Mühe geben*) faire des efforts ; (*beanspruchen*) mettre à contribution ; **sich ~, etw zu tun** s'efforcer de faire qch ; **sich um jdn/etw ~** prendre soin de qn/de qch
Bemühung *f* (*Anstrengung*) effort *m* ; (*Dienstleistung*) services *mpl*
bemuttern *vt* dorloter
benachbart *adj* voisin(e)
benachrichtigen *vt* informer
Benachrichtigung *f* avis *m*
benachteiligen *vt* désavantager
benehmen *irr vr* se comporter
• **Benehmen** (**-s**) *nt* comportement *m*
beneiden *vt* envier
beneidenswert *adj* enviable
Beneluxländer *pl* Benelux *m*
benennen *irr vt* (*Pflanze, Straße*) donner un nom à ; (*Täter*) nommer ; **etw/jdn nach jdm ~** donner à qch/qn le nom de qn
Bengel (**-s, -**) *m* garnement *m*
benommen *adj* hébété(e)
benoten *vt* noter
benötigen *vt* avoir besoin de
benutzen, benützen *vt* utiliser ; (*Bücherei*) fréquenter ; (*Zug, Taxi*) prendre
Benutzer(in) (**-s, -**) *m(f)* (*von Gegenstand*) utilisateur(-trice) ; (*von Bücherei etc*) usager(-ère) *m(f)*
benutzerdefiniert *adj* (*Inform*) définissable par l'utilisateur
benutzerfreundlich *adj* (*Inform*) convivial(e)
Benutzerkennung *f* identité *f* de l'utilisateur
Benutzerkonto *nt* (*Inform*) compte *m* utilisateur
Benutzername *m* login *m*
Benutzerpasswort *nt* mot *m* de passe
Benutzerprofil *nt* profil *m* utilisateur
Benutzung *f* utilisation *f*
Benzin (**-s, -e**) *nt* (*Auto*) essence *f* ; (*Reinigungsbenzin*) benzine *f*
• **Benzinkanister** *m* bidon *m* d'essence
• **Benzintank** *m* réservoir *m* (d'essence)
• **Benzinuhr** *f* jauge *f*
• **Benzinverbrauch** *m* consommation *f* d'essence
beobachten *vt* observer ; (*überwachen: verdächtige Person*) surveiller ; (*bemerken*) remarquer
Beobachter(in) (**-s, -**) *m(f)* observateur(-trice) ; (*Presse, TV*) correspondant(e)
Beobachtung *f* observation *f* ; (*polizeilich*) surveillance *f*
bepacken *vt* charger
bepflanzen *vt* planter
bequem *adj* confortable ; (*Lösung, Ausrede, Schüler*) facile ; (*Untergebene*) docile ; (*träge*) paresseux(-euse) ; **machen Sie sich's ~** mettez-vous à l'aise
Bequemlichkeit *f* confort *m* ; (*Faulheit*) paresse *f*
beraten *irr vt* conseiller ; (*besprechen*) débattre ▸ *vr* tenir conseil ; **gut/schlecht ~ sein** être bien/mal avisé(e)
Berater(in) (**-s, -**) *m(f)* conseiller(-ère)
beratschlagen *vi* délibérer
Beratung *f* (*Auskunft, Ratschlag*) conseils *mpl* ; (*ärztlich*) consultation *f* ; (*Besprechung*) délibération *f*
Beratungsstelle *f* bureau *m* d'information
berauben *vt* voler
berechenbar *adj* calculable ; (*Verhalten*) prévisible
berechnen *vt* calculer ; (*anrechnen*) facturer • **berechnend** *adj* calculateur(-trice)
Berechnung *f* calcul *m* ; (*Écon*) facturation *f*
berechtigen *vt* donner droit à ; (*fig*) justifier
berechtigt *adj* justifié(e), fondé(e)
Berechtigung *f* autorisation *f* ; (*fig*) justification *f*
bereden *vt* (*besprechen*) discuter ; (*überreden*) convaincre
beredt *adj* éloquent(e)
Bereich (**-(e)s, -e**) *m* (*Bezirk*) région *f* ; (*Sachgebiet*) domaine *m*
bereichern *vt* enrichir ▸ *vr* s'enrichir
bereinigen *vt* (*Angelegenheit*) régler ; (*Missverständnis*) dissiper ; (*Verhältnis*) normaliser
bereisen *vt* parcourir
bereit *adj* prêt(e) ; **zu etw ~ sein** être prêt(e) à qch
bereiten *vt* préparer ; (*Kummer, Freude*) causer
bereit|halten *irr vt* avoir sous la main ▸ *vr* se tenir prêt(e)
bereit|legen *vt* préparer
bereit|machen *vt* préparer
bereits *adv* déjà
Bereitschaft *f* disponibilité *f* ; **in ~ sein** être prêt(e) ; (*Polizei*) être prêt(e) à intervenir ; (*Arzt*) être de garde
Bereitschaftsdienst *m* permanence *f* ; **~ haben** être de permanence
bereit|stehen *irr vi* être prêt(e)
bereit|stellen *vt* préparer ; (*Truppen, Maschinen*) mettre à disposition ; (*Geld etc*): **etw für etw ~** affecter qch à qch

bereitwillig *adj* obligeant(e)
bereuen *vt* regretter
Berg (**-(e)s, -e**) *m* montagne *f* • **bergab** *adv*: **~ gehen/fahren** descendre • **bergan** *adv*: **es geht steil ~** la pente est très raide • **Bergarbeiter** *m* mineur *m* • **bergauf** *adv*: **~ gehen/fahren** monter • **Bergbahn** *f* chemin *m* de fer de montagne • **Bergbau** *m* exploitation *f* minière
bergen *irr vt* sauver ; (*enthalten*) contenir
Bergführer *m* guide *m* de montagne
Berggipfel *m* sommet *m*
bergig *adj* montagneux(-euse)
Bergkamm *m* crête *f*
Bergkette *f* chaîne *f* de montagnes
Bergmann (**-(e)s, -leute**) *m* mineur *m*
Bergrutsch *m* glissement *m* de terrain
Bergschuh *m* chaussure *f* de montagne
Bergsteigen (**-s**) *nt* alpinisme *m*
Bergsteiger(in) (**-s, -**) *m(f)* alpiniste *mf*
Bergung *f* sauvetage *m*
Bergwacht *f* secours *m* en montagne
Bergwerk *nt* mine *f*
Bericht (**-(e)s, -e**) *m* rapport *m* • **berichten** *vt* (*schriftlich*) faire un rapport sur ▶ *vi* faire un rapport ; **jdm etw ~** rapporter qch à qn ; **über etw** *Akk* **~** faire un rapport sur qch • **Berichterstatter(in)** *m(f)* reporter *m* ; (*im Ausland*) correspondant(e) • **Berichterstattung** *f* rapport *m*
berichtigen *vt* corriger
beritten *adj*: **die ~e Polizei** la police montée
Berlin (**-s**) *nt* Berlin
Berliner(in) (**-s, -**) *m(f)* Berlinois(e) ▶ *m* (*Culin*) beignet *m* à la confiture ▶ *adj attrib* berlinois(e)
Bermudashorts *pl* bermuda *m*
Bern (**-s**) *nt* Berne
Bernstein *m* ambre *m* (jaune)
bersten *irr vi* (*Behälter, Mauer*) se fendre ; **vor Neugierde ~** brûler de curiosité
berüchtigt *adj* (*Gegend, Lokal*) mal famé(e) ; (*Verbrecher*) notoire
berücksichtigen *vt* (*jdn, Bedürfnisse*) prendre en considération
Berücksichtigung *f* prise *f* en compte
Beruf (**-(e)s, -e**) *m* profession *f*, métier *m* ; **ohne ~** sans profession ; **von ~** de métier ; **was sind Sie von ~?** que faites-vous dans la vie ?
berufen *irr vt* nommer ▶ *vr*: **sich auf jdn ~** se réclamer de qn ; **sich auf etw ~** se prévaloir de qch ▶ *adj* très compétent(e) ; **sich zu etw ~ fühlen** se sentir destiné(e) à qch
beruflich *adj* professionnel(le) ; **~ unterwegs sein** être en voyage d'affaires
Berufsausbildung *f* formation *f* professionnelle
Berufsberater(in) *m(f)* conseiller(-ère) d'orientation
Berufsberatung *f* orientation *f* professionnelle
Berufsbezeichnung *f* dénomination *f* professionnelle
Berufserfahrung *f* expérience *f* professionnelle
Berufskrankheit *f* maladie *f* professionnelle
Berufsleben *nt* vie *f* professionnelle ; **im ~ stehen** travailler
Berufsrisiko *nt* risques *mpl* du métier
Berufsschule *f* école *f* professionnelle
Berufssoldat *m* militaire *m* de carrière
Berufssportler *m* sportif *m* professionnel
berufstätig *adj*: **~ sein** exercer une activité professionnelle, travailler
Berufsverkehr *m* heures *fpl* de pointe
Berufswahl *f* choix *m* d'une profession
Berufung *f* nomination *f* ; (*Jur*) appel *m*, recours *m* ; **~ einlegen** faire appel
beruhen *vi*: **auf etw** *Dat* **~** être fondé(e) sur qch ; **eine Sache auf sich ~ lassen** ne pas poursuivre qch
beruhigen *vt* calmer ; (*Gewissen*) soulager ▶ *vr* se calmer ; **beruhigt sein** être rassuré(e)
Beruhigung *f* (*des Gewissens*) soulagement *m* ; **zu Ihrer ~** pour vous rassurer
Beruhigungsmittel *nt* calmant *m*
berühmt *adj* célèbre • **Berühmtheit** *f* célébrité *f*
berühren *vt* toucher ; (*flüchtig erwähnen*) effleurer ▶ *vr* se toucher
Berührung *f* contact *m*
Berührungsbildschirm *m* écran *m* tactile
Berührungspunkt *m* point *m* de contact
besagen *vt* signifier
besänftigen *vt* apaiser
Besänftigung *f* apaisement *m*
Besatz *m* bordure *f*
Besatzung *f* (*Mil*) armée *f* d'occupation ; (*Naut, Aviat*) équipage *m*
Besatzungsmacht *f* force *f* d'occupation
besaufen (*fam*) *irr vr* se soûler, prendre une cuite
beschädigen *vt* endommager, abîmer
Beschädigung *f* endommagement *m* ; (*Stelle*) dégât *m*

beschaffen *vt* procurer, fournir ▶ *adj*: **so ~ sein, dass ...** être tel(le) que ... ; **sich** *Dat* **etw ~** se procurer qch • **Beschaffenheit** *f* nature *f*
Beschaffung *f* acquisition *f*
Beschaffungskriminalität *f* délits *mpl* commis pour se procurer de la drogue
beschäftigen *vt* occuper ; (*beruflich*) employer ; (*innerlich*) préoccuper ▶ *vr* s'occuper
beschäftigt *adj* occupé(e) ; (*angestellt*) employé(e)
Beschäftigung *f* (*Beruf, Arbeitsstelle*) emploi *m* ; (*Tätigkeit*) occupation *f*
Beschäftigungstherapie *f* ergothérapie *f*
beschämen *vt* faire honte à
beschämend *adj* honteux(-euse) ; (*Hilfsbereitschaft, Gefühl*) gênant(e)
beschämt *adj* honteux(-euse)
beschatten *vt* ombrager ; (*Verdächtige*) surveiller
beschaulich *adj* (*Abend, Leben, Mensch*) tranquille ; (*Rel*) contemplatif(-ive)
Bescheid **(-(e)s, -e)** *m*: **~ bekommen** être informé(e) ; (*Jur*) être notifié(e) ; **~ wissen** être au courant ; **jdm ~ geben** *od* **sagen** renseigner qn ; **auf ~ der Behörde** par ordre des autorités
bescheiden *adj* modeste • **Bescheidenheit** *f* modestie *f*
bescheinen *irr vt* (*Sonne*) briller sur ; (*Licht, Lampe*) éclairer
bescheinigen *vt* attester
Bescheinigung *f* attestation *f* ; (*Quittung*) reçu *m*
bescheißen (*vulg*) *irr vt* rouler
beschenken *vt* faire un cadeau à
bescheren *vt*: **jdm etw ~** offrir qch à qn ; **mal sehen, was uns das neue Jahr beschert!** je me demande ce que nous réserve l'année prochaine
Bescherung *f* distribution *f* des cadeaux de Noël ; (*fam*) tuile *f* ; **da haben wir die ~!** nous voilà dans de beaux draps !
beschildern *vt* signaliser
beschimpfen *vt* insulter
Beschimpfung *f* insulte *f*
Beschiss **(-es)** (*vulg*) *m*: **das ist ~!** c'est de la triche !
beschissen (*vulg*) *adj* chiant(e)
Beschlag *m* (*Metallband*) armature *f* ; (*Überzug: auf Metall*) ternissure *f* ; (*Hufeisen*) fers *mpl* (à cheval) ; **jdn/etw in ~ nehmen** *od* **mit ~ belegen** accaparer qn/qch
beschlagen *irr vt* (*Pferd, Schuhe*) ferrer ▶ *vi, vr* (*Fenster, Spiegel*) se couvrir de buée ; (*Metall*) se ternir ▶ *adj*: **in etw** *Dat* **~ sein** être ferré(e) en qch
beschlagnahmen *vt* saisir, confisquer
beschleunigen *vt* accélérer ▶ *vi* (*Auto*) accélérer
Beschleunigung *f* accélération *f*
beschließen *irr vt* décider ; (*beenden*) terminer
Beschluss *m* décision *f*
beschmutzen *vt* salir
beschneiden *irr vt* (*Hecke*) tailler ; (*Flügel*) couper ; (*Rel*) circoncire ; (*jds Rechte, Freiheit*) restreindre
beschönigen *vt* embellir
beschränken *vt* limiter, restreindre ▶ *vr* se limiter ; **sich auf etw** *Akk* **~** s'en tenir à qch
beschrankt *adj* (*Bahnübergang*) gardé(e)
beschränkt *adj* limité(e) ; (*Mensch*) borné(e) • **Beschränktheit** *f* (*geistig*) étroitesse *f* d'esprit ; (*von Raum*) exiguïté *f*
Beschränkung *f* limitation *f* ; **jdm ~en auferlegen** imposer des restrictions à qn
beschreiben *irr vt* décrire ; (*Papier*) écrire sur
Beschreibung *f* description *f*
beschriften *vt* étiqueter
Beschriftung *f* (*das Beschriften*) étiquetage *m* ; (*Aufbeschriftung, Unterschrift*) inscription *f*
beschuldigen *vt* accuser
Beschuldigung *f* accusation *f*
beschummeln (*fam*) *vt* rouler ▶ *vi* tricher
beschützen *vt*: **~ (vor** +*Dat***)** protéger (de)
Beschützer(in) **(-s, -)** *m(f)* protecteur(-trice)
Beschwerde *f* plainte *f* ; (*pl: Leiden*) souffrance *f*
beschweren *vt* rendre plus lourd(e), alourdir ; (*fig*) peiner ▶ *vr* se plaindre
beschwerlich *adj* pénible
beschwichtigen *vt* apaiser, calmer
beschwindeln *vt* (*betrügen*) duper ; (*belügen*) raconter des bobards à
beschwingt *adj* gai(e), enjoué(e) ; (*Schritt*) léger(-ère)
beschwipst *adj* éméché(e)
beschwören *irr vt* (*Aussage*) jurer, affirmer sous serment ; (*anflehen*) implorer, supplier ; (*Geister*) conjurer
besehen *irr vt* regarder (de près)
beseitigen *vt* se débarrasser de ; (*Fehler*) supprimer ; (*Zweifel*) lever ; **jdn ~** supprimer qn
Beseitigung *f* élimination *f*
Besen **(-s, -)** *m* balai *m* • **Besenstiel** *m* manche *m* à balai

besessen *adj* obsédé(e)
besetzen *vt* occuper ; (*Rolle*) attribuer ; (*mit Edelstein, Spitzen*) garnir
besetzt *adj* occupé(e) • **Besetztzeichen** *nt* tonalité *f* occupée
Besetzung *f* occupation *f* ; (*Gesamtheit der Schauspieler*) distribution *f*
besichtigen *vt* visiter
Besichtigung *f* visite *f*
besiegen *vt* vaincre
Besiegte(r) *f(m)* vaincu(e) *m/f*
besinnen *irr vr* (*nachdenken*) réfléchir ; (*erinnern*): **sich auf etw** *Akk* **~** se rappeler de qch
besinnlich *adj* paisible
Besinnung *f* (*Bewusstsein*) connaissance *f* ; **die ~ verlieren** perdre connaissance ; **zur ~ kommen** reprendre connaissance ; (*fig*) revenir à la raison
besinnungslos *adj* (*bewusstlos*) sans connaissance ; (*fig*) hors de soi
Besitz (**-es**) *m* (*das Besitzen*) possession *f* ; (*Landgut*) propriété *f* • **besitzanzeigend** *adj* possessif(-ive)
besitzen *irr vt* posséder
Besitzer(in) (**-s, -**) *m(f)* propriétaire *mf*
besoffen (*fam*) *adj* bourré(e)
besohlen *vt* ressemeler
Besoldung *f* (*von Beamten*) traitement *m* ; (*von Soldaten*) solde *f*
besondere(r, s) *adj* exceptionnel(le) ; (*ausgefallen, speziell, separat*) particulier(-ière) ; (*Auftrag*) spécial(e) ; **nichts/etw B~s** rien/quelque chose de spécial ; **im B~n** en particulier
Besonderheit *f* particularité *f*
besonders *adv* (*hauptsächlich*) principalement, surtout ; (*nachdrücklich*) expressément ; (*außergewöhnlich*) particulièrement ; (*sehr*) énormément ; (*extra*) séparément ; **nicht ~** pas particulièrement
besonnen *adj* (*Mensch*) réfléchi(e) ; (*Verhalten, Vorgehen*) sage • **Besonnenheit** *f* sagesse *f*
besorgen *vt* (*beschaffen*) se procurer ; (*erledigen, sich kümmern um*) s'occuper de
Besorgnis *f* inquiétude *f*
besorgniserregend *adj* inquiétant(e)
besorgt *adj* inquiet(-ète)
Besorgung *f* acquisition *f* ; **~en machen** faire des courses
bespaßen *vt* amuser, divertir
bespitzeln *vt* espionner
besprechen *irr vt* discuter ; (*Tonband etc*) enregistrer sur ; (*Buch, Theaterstück*) faire la critique de ▸ *vr*: **sich mit jdm ~** se concerter avec qn
Besprechung *f* (*Unterredung*) entretien *m*, discussion *f* ; (*von Buch*) critique *f*
besser *komp adj* meilleur(e) ▸ *adv* mieux ; **du hättest ~ ...** tu aurais mieux fait de ... ; **er hält sich für etw B~es** il se croit supérieur ; **~ gesagt ...** ou plutôt ... ; **jdn eines B~en belehren** détromper qn
bessern *vt* améliorer ▸ *vr* s'améliorer
Besserung *f* amélioration *f* ; **gute ~!** prompt rétablissement !
Besserwisser(in) (**-s, -**) *m(f)* bêcheur(-euse)
Bestand (**-(e)s, ¨-e**) *m* (*Fortbestehen*) persistance *f*, continuité *f* ; (*Kassenbestand*) encaisse *f* ; (*Vorrat*) stock *m* ; **~ haben** *od* **von ~ sein** durer, persister
beständig *adj* constant(e) ; (*Wetter*) stable ; (*Stoffe*) résistant(e)
Bestandsaufnahme *f* inventaire *m*
Bestandteil *m* (*Einzelteil*) partie *f*, élément *m*
bestärken *vt*: **jdn in etw** *Dat* **~** confirmer qn dans qch
bestätigen *vt* confirmer ; (*Empfang*) accuser réception de ; (*anerkennen*) reconnaître ▸ *vr* se confirmer ; **jdm etw ~** confirmer qch à qn
Bestätigung *f* confirmation *f*
bestatten *vt* inhumer
Bestattung *f* inhumation *f*
Bestattungsinstitut *nt* pompes *fpl* funèbres
bestäuben *vt* (*Kuchen*) saupoudrer ; (*Pflanze*) féconder (avec du pollen)
bestaunen *vt* admirer
beste(r, s) *superl adj* meilleur(e) ▸ *adv*: **am ~n** le mieux ; **jdn zum B~n haben** se moquer de qn ; **eine Geschichte zum B~n geben** raconter une histoire ; **aufs B~** au mieux ; **zu jds B~n** pour le bien de qn ; **sie singt am ~n** c'est elle qui chante le mieux ; **am ~n gehst du gleich** il vaut mieux que tu partes tout de suite
bestechen *irr vt* (*Zeugen*) suborner ; (*Beamte*) corrompre ▸ *vi* (*Eindruck machen*) séduire
bestechlich *adj* corruptible, vénal(e) • **Bestechlichkeit** *f* corruption *f*
Bestechung *f* corruption *f*, subornation *f*
Besteck (**-(e)s, -e**) *nt* couverts *mpl* ; (*Méd*) instruments *mpl*
bestehen *irr vi* (*existieren*) exister ; (*andauern*) durer ▸ *vt* (*Probe, Prüfung*) réussir ; (*Kampf*) soutenir ; **aus etw ~** se composer de qch ; **auf etw** *Dat* **~** insister sur qch

bestehlen *irr vt* voler
besteigen *irr vt* (*Berg*) escalader ; (*Fahrzeug*) monter dans ; (*Pferd*) monter ; (*Thron*) accéder à
Bestellbuch *nt* carnet *m* de commandes
bestellen *vt* (*Waren*) commander ; (*reservieren lassen*) réserver ; (*jdn*) faire venir ; (*ausrichten*) transmettre ; (*nominieren*) nommer, désigner ; (*Acker*) cultiver ; **es ist schlecht um ihn bestellt** ça se présente mal pour lui
Bestellnummer *f* numéro *m* de commande
Bestellschein *m* bon *m* de commande
Bestellung *f* commande *f*
bestenfalls *adv* dans le meilleur des cas
bestens *adv* parfaitement (bien)
besteuern *vt* imposer
Bestie *f* bête *f* féroce ; (*fig*) brute *f*
bestimmen *vt* (*entscheiden, anordnen*) décréter, ordonner ; (*festsetzen*) fixer, déterminer ; (*beherrschen, prägen*) marquer ; (*vorsehen*) destiner ; (*ernennen*) désigner ; (*definieren*) déterminer
bestimmt *adj* (*feststehend, gewiss*) certain(e) ; (*entschlossen*) décidé(e) ; (*Artikel*) défini(e) ▶ *adv* sûrement, certainement • **Bestimmtheit** *f* (*Entschlossenheit*) détermination *f*
Bestimmung *f* (*Verordnung*) décret *m*, ordonnance *f* ; (*Festsetzen*) fixation *f* ; (*Verwendungszweck*) destination *f* ; (*Schicksal*) destin *m* ; (*Definition*) définition *f*
Bestimmungsort *m* destination *f*
Bestleistung *f* record *m*
bestmöglich *adj* le(la) meilleur(e) possible
Best.-Nr. *abk* = **Bestellnummer**
bestrafen *vt* punir
Bestrafung *f* punition *f*
bestrahlen *vt* (*subj*) éclairer ; (*Méd*) traiter par radiothérapie
Bestrahlung *f* (*Méd*) séance *f* de radiothérapie
Bestreben (**-s**) *nt* effort *m*
bestreichen *irr vt* (*Brot*) tartiner ; (*Oberfläche*) enduire
bestreiken *vt* faire grève dans ; **die Fabrik wird zur Zeit bestreikt** l'usine est en grève
bestreiten *irr vt* (*abstreiten*) nier, contester ; (*finanzieren*) financer
bestreuen *vt*: **etw mit etw ~** répandre qch sur qch ; (*mit Zucker etc*) saupoudrer qch sur qch
Bestseller (**-s, -**) *m* best-seller *m*
bestürmen *vt* (*mit Fragen, Bitten etc*) assaillir
bestürzen *vt* bouleverser, consterner
bestürzt *adj* bouleversé(e), consterné(e)
Bestürzung *f* consternation *f*
Besuch (**-(e)s, -e**) *m* visite *f* ; (*Teilnahme*) fréquentation *f* ; **einen ~ bei jdm machen** rendre visite à qn ; **~ haben** avoir de la visite *od* des visites ; **bei jdm auf** *od* **zu ~ sein** être en visite chez qn
besuchen *vt* (*jdn*) rendre visite à ; (*Ort, Museum, Patienten, Kunden*) visiter ; (*Vorstellung, Gottesdienst*) assister à ; (*Schule, Universität*) aller à ; (*Kurs*) suivre ; **gut besucht** fréquenté(e)
Besucher(in) (**-s, -**) *m(f)* visiteur(-euse)
Besuchserlaubnis *f* autorisation *f* de visite
Besuchszeit *f* heures *fpl* de visite
Betablocker (**-s, -**) *m* bêtabloquant *m*
betagt (*geh*) *adj* d'un âge avancé
betasten *vt* palper
betätigen *vt* actionner ▶ *vr* exercer une activité ; **sich politisch/künstlerisch ~** exercer une activité politique/artistique
Betätigung *f* activité *f* ; (*Tech*) actionnement *m*
betäuben *vt* (*Nerv*) endormir ; (*durch Narkose*) anesthésier ; (*durch Schlag*) assommer ; (*durch Geruch*) griser, enivrer
Betäubungsmittel *nt* anesthésique *m*
Bete *f*: **Rote ~** betterave *f* rouge
beteiligen *vr*: **sich ~ an** +*Dat* participer à, prendre part à ▶ *vt*: **jdn ~ an** +*Dat* faire participer qn à
Beteiligung *f* participation *f*
beten *vt, vi* prier
beteuern *vt* déclarer ; (*Unschuld*) protester de
Beteuerung *f* déclaration *f*
Beton (**-s, -s**) *m* béton *m*
betonen *vt* accentuer ; (*bekräftigen*) insister sur ; (*farblich*) faire ressortir
betonieren *vt* bétonner
Betonung *f* accentuation *f*
betr. *abk* (= *betreffend, betreffs*) concernant
Betracht *m*: **(nicht) in ~ kommen** (ne pas) entrer en ligne de compte ; **jdn/etw in ~ ziehen** prendre qn/qch en considération
betrachten *vt* contempler ; **jdn als etw ~** considérer qn comme qch
Betrachter(in) (**-s, -**) *m(f)* observateur(-trice)
beträchtlich *adj* considérable
Betrag (**-(e)s, ⸚e**) *m* montant *m* • **betragen** *irr vi* (*ausmachen*) s'élever à ▶ *vr* se comporter
Betragen (**-s**) *nt* conduite *f*

betrauen *vt*: **jdn mit etw ~** confier qch à qn
betreffen *irr vt* concerner ; **was mich betrifft** en ce qui me concerne
betreffend *adj* (*erwähnt*) mentionné(e) ; (*zuständig*) compétent(e)
betreffs *präp* +*Gen* concernant
betreiben *irr vt* (*Gewerbe*) exercer ; (*Handel, Studien, Politik*) faire
Betreiber(in) *m(f)* (*von Spielhalle, Hotel*) tenancier(-ière) ▸ *nm* (*Firma*) société *f* d'exploitation
betreten *irr vt* (*Haus, Baustelle*) entrer dans ; (*Rasen, Gelände*) marcher sur ; (*Bühne*) entrer en ▸ *adj* embarrassé(e), gêné(e)
betreuen *vt* s'occuper de ; (*Reisegruppe*) accompagner
Betreuung *f* (*Méd*) soins *mpl* (médicaux) ; (: *Person*) garde-malade *mf* ; **er wurde mit der ~ der Gruppe beauftragt** on lui a confié le groupe
Betrieb (**-(e)s, -e**) *m* (*Unternehmen*) entreprise *f* ; (*von Maschine*) fonctionnement *m* ; (*Treiben, Trubel*) animation *f* ; **außer ~ sein** être hors service ; **in ~ sein/nehmen** être/mettre en service
Betriebsausflug *m sortie organisée pour le personnel d'une entreprise*
betriebsbereit *adj* en état de marche
Betriebsferien *pl* fermeture *f* annuelle
Betriebsklima *nt* ambiance *f* de travail
Betriebskosten *pl* charges *fpl* (d'exploitation)
Betriebsrat *m* comité *m* d'entreprise
betriebssicher *adj* fiable
Betriebsstörung *f* panne *f*
Betriebssystem *nt* (*Inform*) système *m* d'exploitation
Betriebsunfall *m* accident *m* du travail
Betriebswirtschaft *f* gestion *f* d'entreprise
betrinken *irr vr* s'enivrer
betroffen *adj* (*bestürzt*) bouleversé(e)
betrüben *vt* attrister
betrübt *adj* affligé(e)
Betrug (**-(e)s**) *m* tromperie *f* ; (*Jur*) fraude *f*
betrügen *irr vt* tromper ▸ *vr* se faire des illusions
Betrüger(in) (**-s, -**) *m(f)* escroc *m*
betrügerisch *adj* frauduleux(-euse)
betrunken *adj* ivre
Bett (**-(e)s, -en**) *nt* lit *m* ; **ins** *od* **zu ~ gehen** aller se coucher • **Bettbezug** *m* housse *f* d'édredon • **Bettdecke** *f* couverture *f* ; (*Daunenbett*) couette *f* ; (*Überwurf*) couvre-lit *m*
bettelarm *adj* pauvre comme Job
Bettelei *f* mendicité *f*
betteln *vi* mendier
betten *vt* (*Verletzten*) coucher ; (*Kopf*) poser
bettlägerig *adj* alité(e)
Bettlaken *nt* drap *m*
Bettler(in) (**-s, -**) *m(f)* mendiant(e)
Bettnässer (**-s, -**) *m* enfant *m* incontinent *od* énurétique
Bettvorleger *m* descente *f* de lit
Bettwäsche *f* draps *mpl*
Bettzeug *nt* literie *f* (*sans matelas*)
beugen *vt* (*Körperteil*) plier ; (*Ling*) décliner ; (: *Verb*) conjuguer ▸ *vr* (*sich lehnen*) se pencher
Beule *f* bosse *f*
beunruhigen *vt* inquiéter ▸ *vr* s'inquiéter
Beunruhigung *f* inquiétude *f*
beurkunden *vt* certifier
beurlauben *vt* donner un congé à ; (*suspendieren*) donner son congé à
beurteilen *vt* juger
Beurteilung *f* jugement *m*
Beute (**-**) *f* butin *m* ; (*fig*: *Opfer*) victime *f*
Beutekunst *f* œuvres *fpl* d'art spoliées
Beutel (**-s, -**) *m* (*Tasche*) sac *m* ; (*Waschbeutel, Kosmetikbeutel*) trousse *f* ; (*Geldbeutel*) porte-monnaie *m* ; (*Tabaksbeutel*) blague *f* ; (*von Känguru*) poche *f*
bevölkern *vt* peupler ; (*füllen*) envahir
Bevölkerung *f* population *f*
Bevölkerungsexplosion *f* explosion *f* démographique
bevollmächtigen *vt* autoriser, mandater
Bevollmächtigte(r) *f(m)* mandataire *mf*
Bevollmächtigung *f* procuration *f*
bevor *konj* avant de +*inf*, avant que +*sub* • **bevormunden** *vt* maintenir en tutelle • **bevor|stehen** *irr vi* être imminent(e) • **bevorstehend** *adj* imminent(e)
bevorzugen *vt* préférer
Bevorzugung *f* préférence *f*
bewachen *vt* surveiller ; (*Schatz*) garder
Bewachung *f* (*das Bewachen*) surveillance *f* ; (*Leute*) garde *f*
bewaffnen *vt* armer ▸ *vr* s'armer
bewaffnet *adj* armé(e) ; (*Überfall*) à main armée
Bewaffnung *f* armement *m*
bewahren *vt* garder ; **jdn vor etw ~** préserver qn de qch
bewähren *vr* (*Mensch*) faire ses preuves ; (*Regelung*) se révéler efficace
bewahrheiten *vr* se vérifier
bewährt *adj* éprouvé(e)

Bewährung *f (Jur)* sursis *m*
Bewährungsfrist *f* délai *m* probatoire
bewaldet *adj* boisé(e)
bewältigen *vt* surmonter ; *(Arbeit, Aufgabe)* venir à bout de ; *(Strecke)* parcourir
bewandert *adj*: **in etw** *Dat* **~ sein** s'y connaître en qch
bewässern *vt* irriguer
Bewässerung *f* irrigation *f*
bewegen[1] *vt* bouger, remuer ; *(jdn: rühren)* émouvoir, toucher ; (: *beschäftigen)* préoccuper ▸ *vr* bouger
bewegen[2] *irr vt*: **jdn zu etw ~** décider qn à faire qch
Beweggrund *m* mobile *m*
beweglich *adj* mobile ; *(flink)* agile ; *(geistig wendig)* vif(vive)
bewegt *adj (unruhig: Leben, Vergangenheit)* agité(e), mouvementé(e) ; *(ergriffen)* ému(e)
Bewegung *f* mouvement *m* ; *(körperliche Betätigung)* exercice *m* ; **keine ~!** pas un geste ! ; **etw in ~ setzen** mettre qch en branle
Bewegungsfreiheit *f* liberté *f* de mouvement
bewegungslos *adj* immobile
Bewegungsmelder (**-s, -**) *m* détecteur *m* de mouvement
Beweis (**-es, -e**) *m* preuve *f* ; *(Math)* démonstration *f* • **beweisbar** *adj* que l'on peut prouver
beweisen *irr vt* prouver ; *(Math)* démontrer ; *(Mut, Geschmack, Charakter)* faire preuve de
Beweismittel *nt (Jur)* preuve *f*
bewenden *vi*: **es bei etw ~ lassen** se contenter de qch
bewerben *irr vr* poser sa candidature
Bewerber(in) (**-s, -**) *m(f)* candidat(e)
Bewerbung *f* candidature *f*, demande *f* d'emploi
Bewerbungsunterlagen *pl* dossier *m* de candidature
bewerten *vt* évaluer ; *(Note geben)* noter
bewilligen *vt* accorder
bewirken *vt* provoquer ; *(erreichen)* obtenir
bewirten *vt* régaler
bewirtschaften *vt (Hotel)* gérer ; *(Agr)* exploiter
Bewirtung *f* accueil *m*
bewohnbar *adj* habitable
bewohnen *vt* habiter
Bewohner(in) *m(f)* habitant(e)
bewölkt *adj* nuageux(-euse)
Bewölkung *f* nuages *mpl*
Bewunderer(in) (**-s, -**) *m(f)* admirateur(-trice)
bewundern *vt* admirer
bewundernswert *adj* admirable
Bewunderung *f* admiration *f*
bewusst *adj (absichtlich)* intentionnel(le) ; *(geistig wach)* conscient(e) ; *(bereits erwähnt)* nommé(e) ; **sich** *Dat* **einer Sache** *Gen* **~ sein/werden** être conscient(e)/prendre conscience de qch ; **sich** *Dat* **etw ~ machen** se rendre compte de qch • **bewusstlos** *adj* sans connaissance ; **~ werden** perdre connaissance • **Bewusstlosigkeit** *f* perte *f* de connaissance • **Bewusstsein** (**-s**) *nt* conscience *f* ; *(Méd)* connaissance *f* ; **im ~, dass ...** conscient(e) du fait que ...
bezahlen *vt* payer ; **etw macht sich bezahlt** qch en vaut la peine ; **bitte ~!** l'addition, s'il vous plaît !
Bezahlung *f* paiement *m*
bezähmen *vt (Leidenschaft, Neugierde)* réfréner
bezaubern *vt* charmer
bezeichnen *vt (kennzeichnen)* marquer ; *(beschreiben)* décrire ; *(nennen, bedeuten)* désigner ; **jdn als Lügner ~** qualifier qn de menteur
bezeichnend *adj* caractéristique
Bezeichnung *f (kein pl: Markierung, Kennzeichnung)* marquage *m* ; *(Benennung)* désignation *f*
bezeugen *vt* confirmer ; *(Jur)* attester
beziehen *irr vt (Möbel)* recouvrir ; *(Haus, Wohnung)* emménager dans ; *(Standpunkt, Position)* adopter ; *(Zeitung)* être abonné(e) à ; *(Gehalt)* percevoir ▸ *vr (Himmel)* se couvrir ; *(betreffen)*: **sich auf jdn/etw ~** concerner qn/qch
Beziehung *f (Verbindung)* relation *f* ; *(Zusammenhang)* rapport *m* ; *(Verhältnis)* lien *m* ; *(Hinsicht)* sens *m* ; **~en zu jdm haben** *(vorteilhaft)* avoir de bonnes relations avec qn
beziehungsweise *konj (genauer gesagt)* ou plutôt ; *(im anderen Fall)* ou
Bezirk (**-(e)s, -e**) *m (Stadtbezirk)* quartier *m* ; *(Polizeibezirk)* district *m*
Bezug (**-(e)s, ¨-e**) *m (Überzug)* garniture *f* ; *(von Waren)* achat *m* ; *(von Zeitung)* abonnement *m* ; *(von Rente)* perception *f* ; *(Beziehung)* rapport *m* ; **Bezüge** *pl (Gehalt)* appointements *mpl* ; **in ~ auf** *+Akk* en ce qui concerne ; **~ nehmen auf** *(förmlich)* se référer à
bezüglich *präp +Gen* concernant ▸ *adj* concernant ; *(Ling)* relatif(-ive)

Bezugnahme *f*: **unter ~ auf Ihr Schreiben** (*förmlich*) (comme) suite à votre courrier
Bezugspreis *m* prix *m* d'achat
Bezugsquelle *f* source *f* d'approvisionnement
bezwecken *vt* avoir pour but ; **was bezweckst du damit?** à quoi veux-tu en venir ?
bezweifeln *vt* douter de
BH (**-s, -(s)**) *m abk* (= *Büstenhalter*) soutien-gorge *m*
Bhf. *abk* = **Bahnhof**
Bibel (**-, -n**) *f* Bible *f*
Biber (**-s, -**) *m* castor *m*
Bibliografie *f* bibliographie *f*
Bibliothek (**-, -en**) *f* bibliothèque *f*
Bibliothekar(in) (**-s, -e**) *m(f)* bibliothécaire *mf*
biblisch *adj* biblique
bieder *adj* (*rechtschaffen*) honnête ; (*péj*) niais(e)
biegen *irr vt* plier ; (*Ast*) courber ▸ *vr* (*Ast, Blech*) plier ; (*Mensch, Körper*) ployer ▸ *vi* (*Auto, Straße*) tourner ; **auf B~ oder Brechen** coûte que coûte
biegsam *adj* flexible ; (*Körper*) souple
Biene *f* abeille *f*
Bienenhonig *m* miel *m* (d'abeille)
Bienenwachs *nt* cire *f* d'abeille
Bier (**-(e)s, -e**) *nt* bière *f* • **Bierbrauer** (**-s, -**) *m* brasseur *m* • **Bierdeckel** *m* dessous *m* de verre • **Bierkrug** *m* chope *f*
Biest (**-s, -er**) (*fam*) *nt* (*Tier*) (sale) bête *f* ; (*Mensch*) brute *f*
bieten *irr vt* présenter ; (*Hand*) donner ; (*Film, Schauspiel, Anblick*) présenter ▸ *vr* se présenter ▸ *vi* (*bei Versteigerung*) faire une enchère ; **sich** *Dat* **etw ~ lassen** accepter qch
Bikini (**-s, -s**) *m* bikini *m*
Bilanz *f* bilan *m*
Bild (**-(e)s, -er**) *nt* (*Gemälde*) tableau *m* ; (*Photo*) photo *f* ; (*Zeichnung*) dessin *m* ; (*Fernsehbild, Metapher*) image *f* ; (*Anblick*) vue *f* ; **über etw** *Akk* **im ~ sein** être au courant de qch • **Bildbericht** *m* reportage *m* photographique
bilden *vt* former ; (*Regierung, Verein: sein, ausmachen*) constituer ; (*modellieren*) façonner ▸ *vr* (*entstehen*) se former, se développer ; (*geistig*) s'instruire
Bilderbuch *nt* livre *m* d'images
Bilderrahmen *m* cadre *m*
Bildfläche *f* (*fig*): **auf der ~ erscheinen** apparaître ; **von der ~ verschwinden** disparaître
Bildhauer(in) (**-s, -**) *m(f)* sculpteur *m*
bildhübsch *adj* ravissant(e)
bildlich *adj* (*Ausdrucksweise*) figuré(e) ; (*Vorstellung*) concret(-ète) ; (*Schilderung*) vivant(e) ; **sich** *Dat* **etw ~ vorstellen** se représenter qch (concrètement)
Bildpunkt *m* pixel *m*
Bildschirm *m* écran *m*
Bildschirmgerät *nt* visuel *m*, unité *f* de visualisation
Bildschirmschoner *m* (*Inform*) économiseur *m* d'écran
Bildschirmtext *m* ≈ Minitel® *m*
bildschön *adj* très beau(belle)
Bildung *f* (*Wissen, Benehmen*) éducation *f* ; (*von Wörtern, Sätzen, Schaum, Wolken etc*) formation *f* ; (*von Ausschuss, Regierung etc*) constitution *f*
Bildungslücke *f* lacune *f* (*dans les connaissances*)
Bildungspolitik *f* politique *f* de l'éducation
Bildungsurlaub *m* congé-formation *m*
Bildungsweg *m*: **auf dem zweiten ~** en cours du soir
Bildungswesen *nt* enseignement *m*
Bildverarbeitung *f* (*Inform*) traitement *m* d'images
Billard (**-s, -e**) *nt* billard *m*
Billardball *m* boule *f* de billard
billig *adj* bon marché *inv* ; (*schlecht*) mauvais(e) ; (*fig*) piètre ; (*gerecht*) justifié(e)
billigen *vt* approuver
Billiglohnland *nt* pays *m* à faibles coûts salariaux
Billigung *f* approbation *f*
Billion *f* billion *m*
bimmeln *vi* sonner
Bimsstein *m* pierre *f* ponce
binär *adj* binaire
Binde *f* (*Méd*) bandage *m* ; (*Armbinde*) brassard *m* ; (*Damenbinde*) serviette *f* (périodique) • **Bindegewebe** *nt* tissu *m* conjonctif • **Bindeglied** *nt* lien *m*
binden *irr vt* attacher ; (*Blumen*) attacher ensemble ; (*Buch*) relier ; (*fesseln*) ligoter ; (*verpflichten*) obliger ▸ *vr* s'engager ; **sich an jdn ~** s'engager vis-à-vis de qn
Bindestrich *m* trait *m* d'union
Bindewort *nt* conjonction *f*
Bindfaden *m* ficelle *f*
Bindung *f* (*menschliche Beziehung*) relation *f* ; (*Verbundenheit*) lien *m* ; (*Skibindung*) fixation *f*
Binnenhafen *m* port *m* intérieur *od* fluvial
Binnenhandel *m* commerce *m* intérieur
Binnenmarkt *m*: **der Europäische ~** le marché unique européen

Binnenschifffahrt *f* navigation *f* fluviale
Binnensee *m* lac *m* intérieur
Binse *f* jonc *m* ; **in die ~n gehen** (*fam*) s'en aller à vau-l'eau
Binsenweisheit *f* vérité *f* de La Palice, lapalissade *f*
Biochemie *f* biochimie *f*
Biodiesel *m* diesel *m* biologique
biodynamisch *adj* biologique
Biogas *nt* biogaz *m*
Biografie *f* biographie *f*
Biokraftstoff *m* biocarburant *m*
Biologe *m* biologiste *m*
Biologie *f* biologie *f*
Biologin *f* biologiste *f*
biologisch *adj* biologique
biometrisch *adj* biométrique
Biorhythmus *m* biorythme *m*
Biosphäre *f* biosphère *f*
Biotechnik *f* biotechnologie *f*
Biotechnologie *f* biotechnologie *f*
Bioterrorismus *m* bioterrorisme *m*
Biotonne *f* container *m od* conteneur *m* à compost
Biotop *m od nt* biotope *m*
bipolar *adj* bipolaire
Birke *f* bouleau *m*
Birma **(-s)** *nt* la Birmanie
Birnbaum *m* poirier *m*
Birne *f* poire *f* ; (*Élec*) ampoule *f* (électrique)
bis *präp +Akk* jusqu'à ▸ *konj*: **von ... ~ ...** de ... à ; **~ in die Nacht (hinein)** jusque tard dans la nuit ; **~ bald/gleich** à bientôt/tout à l'heure ; **~ hierher** jusqu'ici ; **~ auf** *+Akk* (*außer*) sauf
Bischof **(-s, ¨-e)** *m* évêque *m*
bischöflich *adj* épiscopal(e)
bisexuell *adj* bisexuel(le)
bisher *adv* jusqu'à présent
bisherig *adj* précédent(e)
Biskaya *f*: **der Golf von ~** le golfe de Gascogne
Biskuit **(-(e)s, -s** *od* **-e)** *m od nt* ≈ biscuit *m* de Savoie • **Biskuitteig** *m* ≈ pâte *f* à biscuit de Savoie
bislang *adv* jusqu'à présent
biss *etc vb siehe* **beißen**
Biss **(-es, -e)** *m* morsure *f*
bisschen: **ein ~** *adj* un peu de ▸ *adv* un peu ; **kein ~** (*fam*) pas du tout ; **ein klein(es) ~** un petit peu
Bissen **(-s, -)** *m* bouchée *f*
bissig *adj* (*Bemerkung*) acerbe, caustique ; **„Vorsicht, ~er Hund"** « attention, chien méchant »
Bistum **(-s, ¨-er)** *nt* évêché *m*
Bit **(-(s), -(s))** *nt* (*Inform*) bit *m*
bitte *interj* s'il vous/te plaît ; **vielen Dank! — ~ sehr!** merci beaucoup ! — je vous en/t'en prie ! ; **wie ~?** comment ? • **Bitte** *f* prière *f*, demande *f*
bitten *irr vt* demander ; **jdn zu Tisch/zum Tanz ~** inviter qn à passer à table/à danser • **bittend** *adj* suppliant(e), implorant(e)
bitter *adj* amer(-ère) ; (*Erfahrung, Wahrheit*) cruel(le) ; (*Not, Unrecht*) extrême • **bitterböse** *adj* (*Mensch*) fâché(e) ; (*Blick*) mauvais(e) • **Bitterkeit** *f* amertume *f*
Bizeps **(-(e)s, -e)** *m* biceps *m*
blähen *vt* gonfler ▸ *vr* se gonfler ▸ *vi* (*Méd*) ballonner
Blähungen *pl* (*Méd*) flatulence *f*
blamabel *adj* honteux(-euse)
Blamage *f* honte *f*
blamieren *vr* se ridiculiser ▸ *vt* couvrir de honte
blank *adj* (*glänzend*) brillant(e) ; (*unbedeckt*) nu(e) ; (*abgewetzt*) lustré(e) ; (*sauber*) propre ; (*offensichtlich*) pur(e) ; **~ sein** (*fam*: *ohne Geld*) être fauché(e)
blanko *adv*: **einen Scheck ~ unterschreiben** signer un chèque en blanc
Blankoscheck *m* chèque *m* en blanc
Bläschen *nt* (*Méd*) petite ampoule *f*, vésicule *f*
Blase *f* bulle *f* ; (*Anat*: *Harnblase*) vessie *f* ; (*Méd*) ampoule *f*
Blasebalg *m* soufflerie *f* ; (*klein*) soufflet *m*
blasen *irr vt* souffler ; (*Mus*: *Instrument*) jouer de ; (: *Melodie*) jouer ▸ *vi* souffler ; (*auf Instrument*) jouer
blasiert (*péj*) *adj* hautain(e)
Blasinstrument *nt* instrument *m* à vent
Blaskapelle *f* orchestre *m* de cuivres
Blasphemie *f* blasphème *m*
blass *adj* pâle
Blässe **(-)** *f* pâleur *f*
Blatt **(-(e)s, ¨-er)** *nt* feuille *f* ; (*Seite*) page *f* ; (*Zeitung*) journal *m* ; (*von Säge, Axt*) lame *f*
blättern *vi* (*Farbe, Verputz*) s'écailler ; **in etw** *Dat* **~** feuilleter qch
Blätterteig *m* pâte *f* feuilletée
blau *adj* bleu(e) ; (*Auge*) au beurre noir ; (*fam*: *betrunken*) noir(e) ; (*Culin*) au bleu ; **~er Fleck** bleu *m*
blauäugig *adj* aux yeux bleus
Blauhelm *m* casque *m* bleu
Blaukraut *nt* chou *m* rouge
Blaulicht *nt* gyrophare *m*
blau|machen *vi* ne pas aller travailler
Blaustrumpf *m* bas-bleu *m*

b

Blech (**-(e)s, -e**) *nt* tôle *f*; (*Backblech*) plaque *f*; (*Mus*) cuivres *mpl* • **Blechdose** *f* boîte *f* (en fer-blanc)
blechen (*fam*) *vt* cracher ▶ *vi* casquer
Blechlawine *f flot de voitures qui roulent pare-choc contre pare-choc*
Blechschaden *m* (*Auto*) dégât *m* matériel mineur
Blei (**-(e)s, -e**) *nt* plomb *m* ▶ *m* (*Bleistift*) crayon *m*
Bleibe *f* gîte *m*, *endroit où loger*
bleiben *irr vi* rester ; (*Einstellung nicht ändern*): **bei etw ~** persister dans qch ; (*umkommen*) mourir • **bleiben lassen** *irr vt*: **etw ~** ne pas faire qch
bleich *adj* très pâle, blême • **bleichen** *vt* (*Wäsche*) blanchir ; (*Haare*) décolorer
bleiern *adj* en plomb ; (*Schwere, Müdigkeit, Schlaf*) de plomb
bleifrei *adj* (*Benzin*) sans plomb
Bleistift *m* crayon *m*
Bleistiftspitzer *m* taille-crayon *m*
Blende *f* (*Photo*) diaphragme *m*
blenden *vi* éblouir ▶ *vt* aveugler, éblouir
blendend (*fam*) *adj* formidable ; **~ aussehen** avoir très bonne mine
Blick (**-(e)s, -e**) *m* regard *m* ; (*Aussicht*) vue *f*; (*Urteilsfähigkeit*) jugement *m* ; **einen ~ auf etw werfen** jeter un coup d'œil à qch
blicken *vi* regarder ; **sich ~ lassen** se montrer
Blickfeld *nt* champ *m* visuel
blieb *etc vb siehe* **bleiben**
blies *etc vb siehe* **blasen**
blind *adj* aveugle ; (*Spiegel, Glas etc*) terni(e) ; **~er Passagier** passager *m* clandestin ; **~er Alarm** fausse alerte *f*
Blinddarm *m* appendice *m* • **Blinddarmentzündung** *f* appendicite *f*
Blindenschrift *f* braille *m*
Blindgänger *m* (*Mil*) obus *m* non éclaté ; (*fig*) nullité *f*
Blindheit *f* cécité *f*
blindlings *adv* aveuglément
Blindschleiche *f* orvet *m*
blind|schreiben *irr vi* taper au toucher
Bling-Bling *nt* bling-bling *m*
blinken *vi* scintiller ; (*Leuchtturm*) clignoter ; (*Auto*) mettre son clignotant
Blinker (**-s, -**) *m* (*Auto*) clignotant *m*
blinzeln *vi* cligner des yeux
Blitz (**-es, -e**) *m* éclair *m* • **Blitzableiter** (**-s, -**) *m* paratonnerre *m* • **blitzen** *vi* (*Metall*) briller, étinceler ; (*Augen*) flamboyer ; **es blitzt** il y a des éclairs • **Blitzlicht** *nt* (*Photo*) flash *m* • **blitzschnell** *adj* rapide comme l'éclair
Block (**-(e)s, ¨e**) *m* bloc *m* ; (*Häuser*) pâté *m*
Blockade *f* blocus *m*
Blockflöte *f* flûte *f* à bec
blockfrei *adj* (*Pol*) non aligné(e)
blockieren *vt* bloquer ; (*Verhandlungen*) entraver ▶ *vi* (*Räder*) se bloquer
Blockschrift *f* majuscules *fpl* d'imprimerie
blöd, blöde *adj* idiot(e)
blödeln (*fam*) *vi* débloquer
Blödheit *f* stupidité *f*
Blödsinn *m* idiotie *f*
blödsinnig (*fam*) *adj* stupide
Blog (**-s, -s**) *m* blog *m*
bloggen *vi* bloguer
Blogging *nt* blogging *m*
blond *adj* blond(e)
bloß *adj* nu(e) ; (*alleinig, nur*) simple ▶ *adv* uniquement ; **lass das ~!** garde-t'en bien !
Blöße *f*: **sich** *Dat* **eine ~ geben** montrer un point faible
bloß|stellen *vt* couvrir de honte
blühen *vi* fleurir ; (*fig*) prospérer ; (*fam*: *bevorstehen*) attendre
blühend *adj* (*Pflanze*) en fleurs ; (*Aussehen*) radieux(-euse) ; (*Handel*) florissant(e)
Blume *f* fleur *f*; (*von Wein*) bouquet *m* ; (*von Bier*) mousse *f*
Blumenkohl *m* chou-fleur *m*
Blumentopf *m* pot *m* de fleurs
Blumenzwiebel *f* bulbe *m*
Bluse *f* chemisier *m*
Blut (**-(e)s**) *nt* sang *m* • **blutarm** *adj* anémique • **blutbefleckt** *adj* taché(e) de sang • **Blutbuche** *f* hêtre *m* pourpre • **Blutdruck** *m* tension *f* (artérielle)
Blüte *f* fleur *f*; (*fig*: *Blütezeit*) apogée *m*
Blutegel *m* sangsue *f*
bluten *vi* saigner
Blütenstaub *m* pollen *m*
Bluter (**-s, -**) *m* (*Méd*) hémophile *mf*
Bluterguss *m* hématome *m*
Blütezeit *f* floraison *f*; (*fig*) apogée *m*
Blutgruppe *f* groupe *m* sanguin
blutig *adj* sanglant(e)
blutjung *adj* tout jeune
Blutkonserve *f sang provenant des donneurs, conservé en sachet ou flacon*
Blutprobe *f* prise *f* de sang
Blutspender(in) *m(f)* donneur(-euse) de sang
Bluttransfusion *f* transfusion *f* (sanguine)
Blutung *f* saignement *m*
Blutvergiftung *f* septicémie *f*
Blutwurst *f* boudin *m*
Blutzuckerspiegel *m* taux *m* de glycémie

BLZ *abk* = **Bankleitzahl**
BND (**-s, -**) *m abk* = **Bundesnachrichtendienst**
Bö (**-, -en**) *f* rafale *f*
Bob (**-s, -s**) *m* bob(sleigh) *m*
Bock (**-(e)s, ⸚e**) *m* (*Rehbock*) cerf *m* ; (*Ziegenbock*) bouc *m* ; (*Gestell*) tréteau *m* ; **total/keinen ~ auf Arbeit haben** (*fam*) avoir très envie/ne pas avoir envie de bosser
Boden (**-s, ⸚**) *m* terrain *m* ; (*Fußboden*) sol *m*, plancher *m* ; (*unterste Fläche*) fond *m* ; (*Dachboden, Speicher*) grenier *m* • **bodenlos** *adj* (*Frechheit*) incroyable • **Bodensatz** *m* (*Wein*) lie *f* ; (*Kaffee*) marc *m* • **Bodenschätze** *pl* ressources *fpl* naturelles
Bodensee *m*: **der ~** le lac de Constance
Bodenturnen *nt* gymnastique *f* au sol
Bodybuilding *nt* body-building *m*
Böe (**-, -n**) *f* = **Bö**
bog *etc vb siehe* **biegen**
Bogen (**-s, -**) *m* (*Biegung*) courbe *f* ; (*Archit, Math, Mil*) arc *m* ; (*Mus*) archet *m* ; (*Papier*) feuille *f* • **Bogengang** *m* arcade *f* • **Bogenschütze** *m* archer *m*
Bohle *f* madrier *m*
Böhmen *nt* la Bohême
Bohne *f* haricot *m* ; (*Kaffeebohne*) grain *m* (de café)
Bohnenkaffee *m* café *m* (en grains)
Bohnerwachs *nt* cire *f* à parquet
bohren *vt* (*Loch*) percer ; (*Brunnen*) creuser ; (*mit Bohrer, Maschine*) forer ; (*hineinbohren*): **~ in** +*Akk* enfoncer dans ▶ *vi* (*mit Werkzeug*) forer ; (*Zahnarzt*) passer la roulette ; **in der Nase ~** se mettre les doigts dans le nez
Bohrer (**-s, -**) *m* perceuse *f* ; (*von Zahnarzt*) fraise *f*
Bohrinsel *f* plate-forme *f* de forage
Bohrmaschine *f* perceuse *f*
Bohrturm *m* derrick *m*
Boiler (**-s, -**) *m* chauffe-eau *m inv*
Boje *f* balise *f*
Bolivianer(in) *m(f)* Bolivien(ne)
bolivianisch *adj* bolivien(ne)
Bolivien *nt* la Bolivie
Bolzen (**-s, -**) *m* boulon *m*
bombardieren *vt* bombarder
Bombe *f* bombe *f*
Bombenangriff *m* raid *m* aérien
Bombenanschlag *m* attentat *m* à la bombe
Bombenerfolg (*fam*) *m* succès *m* fou
Bonbon (**-s, -s**) *m od nt* bonbon *m*
Bonus (**-, -se**) *m* (*Écon*) bonification *f* ; (*von Versicherung*) bonus *m*
Boom (**-s, -s**) *m* boom *m*
Boot (**-(e)s, -e**) *nt* bateau *m* ; **in einem** *od* **im gleichen ~ sitzen** être logé(e) à la même enseigne
booten *vt, vi* (*Inform*) booter
Bootsektor *m* (*Inform*) secteur *m* de démarrage *od* de boot
Bord (**-(e)s, -e**) *m* (*Naut*): **an ~** à bord ▶ *nt* (*Brett*) étagère *f* ; **über ~ gehen** passer par-dessus bord ; **von ~ gehen** débarquer
Bordell (**-s, -e**) *nt* bordel *m*
Bordfunk *m*, **Bordfunkanlage** *f* radio *f* de bord
Bordkarte *f* carte *f* d'embarquement
Bordstein *m* bord *m* du trottoir
borgen *vt*: **jdm etw ~** prêter qch à qn ; **sich** *Dat* **etw ~** emprunter qch
Borke *f* écorce *f*
borniert *adj* borné(e)
Börse *f* (*Fin*) Bourse *f* ; (*Geldbörse*) porte-monnaie *m*
Börsenkrach *m* krach *m* (boursier)
Börsenkurs *m* cours *m* de la Bourse
Borste *f* soie *f* (*de porc ou de sanglier*)
Borte *f* bordure *f*
bösartig *adj* méchant(e) ; (*Geschwulst*) malin(-igne)
Böschung *f* (*Straßenböschung, Bahndamm*) talus *m* ; (*Uferböschung*) berge *f*
böse *adj* mauvais(e) ; (*schlimm: Krankheit*) grave ; **~ werden** se fâcher
boshaft *adj* méchant(e)
Bosheit *f* méchanceté *f*
Bosnien *nt* la Bosnie
Bosnien-Herzegowina (**-s**) *nt* la Bosnie-Herzégovine
Bosnier(in) (**-s, -**) *m(f)* Bosniaque *mf*
bosnisch *adj* bosnien(ne)
böswillig *adj* malveillant(e)
bot *etc vb siehe* **bieten**
Botanik *f* botanique *f*
botanisch *adj* botanique
Bote (**-n, -n**) *m* messager *m* ; (*Laufbursche*) garçon *m* de courses
Botschaft *f* message *m* ; (*Pol*) ambassade *f* • **Botschafter(in)** (**-s, -**) *m(f)* ambassadeur(-drice)
Bottich (**-(e)s, -e**) *m* cuve *f*, baquet *m*
Bouillon (**-, -s**) *f* bouillon *m*
Bowle *f* punch *m*
boxen *vi* boxer
Boxer (**-s, -**) *m* boxeur *m*
Boxershorts *pl* boxer-short *m*
Boxhandschuh *m* gant *m* de boxe
Boxkampf *m* match *m* de boxe
Boykott (**-(e)s, -s**) *m* boycott *m*
boykottieren *vt* boycotter

brach *etc vb siehe* **brechen**
brachte *etc vb siehe* **bringen**
Branche *f* (*Geschäftszweig*) succursale *f*
Branchenverzeichnis *nt* ≈ pages *fpl* jaunes
Brand (**-(e)s, ⸚e**) *m* incendie *m* ; (*Méd*) gangrène *f*
branden *vi* (*Meer*) déferler
Brandenburg *nt* le Brandebourg
brandmarken *vt* (*fig*) stigmatiser
Brandsalbe *f* pommade *f* pour brûlures
Brandstifter *m* incendiaire *mf*, pyromane *mf*
Brandstiftung *f* incendie *m* criminel
Brandung *f* ressac *m*
Brandwunde *f* brûlure *f*
brannte *etc vb siehe* **brennen**
Branntwein *m* eau-de-vie *f*, spiritueux *m*
Brasilianer(in) (**-s, -**) *m(f)* Brésilien(ne)
brasilianisch *adj* brésilien(ne)
Brasilien *nt* le Brésil
braten *irr vt* rôtir ; (*in Pfanne*) (faire) frire
Braten (**-s, -**) *m* rôti *m*
Brathähnchen, **Brathuhn** *nt* poulet *m* rôti
Bratkartoffeln *pl* pommes *fpl* de terre sautées
Bratpfanne *f* poêle *f* (à frire)
Bratrost *m* gril *m*
Bratsche *f* alto *m*
Bratspieß *m* broche *f*
Bratwurst *f* (*zum Braten*) saucisse *f* (à griller) ; (*gebraten*) saucisse grillée
Brauch (**-(e)s, Bräuche**) *m* coutume *f*
brauchbar *adj* utilisable ; (*Vorschlag*) utile ; (*Mensch*) capable
brauchen *vt* avoir besoin de ; (*benutzen*) utiliser ; (*verbrauchen*) consommer
Braue *f* sourcil *m*
brauen *vt* brasser
Brauerei *f* brasserie *f*
braun *adj* brun(e), marron *inv* ; (*von Sonne*) bronzé(e) ; **~ gebrannt** bronzé(e)
Bräune *f* (*Sonnenbräune*) hâle *m*
bräunen *vt* (*Culin*) faire revenir, faire rissoler ; (*Sonne*) hâler, bronzer
Brause *f* (*Dusche*) douche *f* ; (*von Gießkanne*) pomme *f* (d'arrosoir) ; (*Getränk*) limonade *f*
brausen *vi* (*Wind, Wellen*) rugir ; (*schnell fahren*) foncer
Brausetablette *f* comprimé *m* effervescent
Braut (**-, Bräute**) *f* mariée *f* ; (*Verlobte*) fiancée *f*
Bräutigam (**-s, -e**) *m* marié *m*
Brautjungfer *f* demoiselle *f* d'honneur
Brautpaar *nt* mariés *mpl*
brav *adj* (*artig*) sage
bravo *interj* bravo
BRD *f abk* (= *Bundesrepublik Deutschland*) RFA *f*

> **Bundesrepublik Deutschland** est le nom officiel de la République fédérale d'Allemagne. La fédération comprend 16 *Länder* (voir *Land*). Jusqu'à la réunification, il y avait 11 *Länder* dans la fédération (10 en Allemagne de l'Ouest plus Berlin-Ouest), auxquels sont venus s'ajouter le 3 octobre 1990 les 5 nouveaux *Länder* de l'ex-RDA.

Brecheisen *nt* levier *m*
brechen *irr vt* (*zerbrechen*) casser ; (*Licht*) réfracter ; (*Widerstand, Trotz*) vaincre ; (*Schweigen, Vertrag, Versprechen*) rompre ; (*Rekord*) battre ; (*Blockade*) forcer ; (*speien*) vomir ▸ *vi* (*zerbrechen: Rohr etc*) crever ; (*speien*) vomir ▸ *vr* (*Strahlen*) être réfracté(e) ; (*Brandung*) se briser ; **sich den Arm/das Bein ~** se casser le bras/la jambe
Brecher (**-s, -**) *m* brisant *m*
Brechreiz *m* nausée *f*
Brei (**-(e)s, -e**) *m* pâte *f* ; (*für Kinder, Kranke*) bouillie *f*
breit *adj* large ; (*Lachen*) gras(se) ; **10 m ~ sein** avoir 10 mètres de large ; **die ~e Masse** les masses *fpl* • **Breitband** *nt* (*Inform*) haut-débit *m*
Breite *f* largeur *f* ; (*Géo*) latitude *f*
breiten *vt*: **etw über jdn/etw ~** étendre qch sur qn/qch
Breitengrad *m* latitude *f*
breit|machen (*fam*) *irr vr* s'étaler
breit|treten (*fam*) *irr vt* rabâcher
Breitwandfilm *m* film *m* en cinémascope
Bremen *nt* Brême
Bremsbelag *m* garniture *f* de frein
Bremse *f* frein *m* ; (*Zool*) taon *m*
bremsen *vi* freiner ▸ *vt* freiner ; (*jdn*) arrêter
Bremsflüssigkeit *f* liquide *m* de freins
Bremslicht *nt* feu *m* (de) stop
Bremspedal *nt* pédale *f* de frein
Bremsspur *f* trace *f* de dérapage
Bremsweg *m* distance *f* de freinage
brennbar *adj* combustible
Brennelement *nt* élément *m* combustible
brennen *irr vi* brûler ▸ *vt* brûler ; (*Ziegel, Ton*) (faire) cuire ; (*Branntwein*) distiller ; (*Kaffee*) torréfier ; **darauf ~, etw zu tun** brûler (d'envie) de faire qch ; **es brennt!** au feu !
Brennmaterial *nt* combustible *m*
Brennnessel *f* ortie *f*

Brennpunkt *m* foyer *m* ; (*Mittelpunkt*) centre *m*
Brennspiritus *m* alcool *m* à brûler
Brennstab *m* (barre *f* de) combustible *m* nucléaire
Brennstoff *m* combustible *m*
brenzlig *adj* (*Geruch*) de brûlé ; (*Situation*) qui sent le roussi
Brett (**-(e)s, -er**) *nt* planche *f* ; (*Bücherbrett*) étagère *f* ; (*Spielbrett*) plateau *m* ; **Bretter** *pl* (*Skier*) skis *mpl* ; **Schwarze(s) ~** tableau *m* d'affichage
Bretterzaun *m* palissade *f*
Brezel (**-, -n**) *f* bretzel *m*
Brief (**-(e)s, -e**) *m* lettre *f* • **Briefbeschwerer** (**-s, -**) *m* presse-papiers *m inv* • **Briefbombe** *f* lettre *f* piégée • **Brieffreund(in)** *m(f)* correspondant(e) • **Briefkasten** *m* boîte *f* aux lettres • **brieflich** *adv* par écrit • **Briefmarke** *f* timbre *m* • **Brieföffner** *m* coupe-papier *m* • **Briefpapier** *nt* papier *m* à lettres • **Brieftasche** *f* portefeuille *m* • **Briefträger(in)** *m(f)* facteur *m* • **Briefumschlag** *m* enveloppe *f* • **Briefwechsel** *m* correspondance *f*
briet *etc vb siehe* **braten**
brillant *adj* (*ausgezeichnet*) excellent(e) • **Brillant** *m* brillant *m*
Brille *f* lunettes *fpl* ; (*WC-Brille*) lunette *f*
bringen *irr vt* apporter ; (*mitnehmen*) emporter ; (*begleiten*) emmener ; (*einbringen*) rapporter ; (*veröffentlichen*) sortir ; (*Théât, Ciné*) donner ; (*Radio, TV*) passer ; (*fam: tun können, schaffen*) arriver à (faire) ; **jdn dazu ~, etw zu tun** convaincre qn de faire qch ; **jdn nach Hause ~** ramener qn ; **jdn um etw ~** faire perdre qch à qn ; **es zu etw ~** réussir ; **jdn auf eine Idee ~** donner une idée à qn ; **er bringt es nicht** (*fam*) il n'y arrive pas
Brise *f* brise *f*
Brite *m*, **Britin** *f* Britannique *mf*
britisch *adj* britannique ; **die B~en Inseln** les îles *fpl* Britanniques
bröckelig *adj* friable
Brocken (**-s, -**) *m* (*Stückchen*) morceau *m* ; (*Bissen*) bouchée *f* ; (*Felsbrocken*) fragment *m*
Brokat (**-(e)s, -e**) *m* brocart *m*
Brokkoli *pl* brocoli *m*
Brombeere *f* mûre *f*
Bronchien *pl* bronches *fpl*
Bronchitis *f* bronchite *f*
Bronze *f* bronze *m* • **Bronzemedaille** *f* médaille *f* de bronze
Brosame *f* miette *f*
Brosche *f* broche *f*
Broschüre *f* brochure *f*
Brot (**-(e)s, -e**) *nt* pain *m* ; (*belegtes Brot*) tartine *f*
Brötchen *nt* petit pain *m*
brotlos *adj* (*Mensch*) sans travail ; (*Arbeit etc*) peu lucratif(-ive)
browsen *vi* (*Inform*) surfer *od* naviguer sur le Net
Browser *m* (*Inform*) navigateur *m*
Bruch (**-(e)s, ¨-e**) *m* cassure *f* ; (*Vertragsbruch: zwischen Menschen, Ländern*) rupture *f* ; (*Méd: Eingeweidebruch*) hernie *f* ; (*: Beinbruch etc*) fracture *f* ; (*Math*) fraction *f* • **Bruchbude** (*fam*) *f* taudis *m*
brüchig *adj* (*Material*) cassant(e), fragile ; (*Stein*) friable
Bruchlandung *f* atterrissage *m* forcé (*avec des dégâts*)
Bruchstrich *m* (*Math*) barre *f* de fraction
Bruchstück *nt* fragment *m*
Bruchteil *m* fraction *f*
Brücke *f* pont *m* ; (*Zahnbrücke*) bridge *m* ; (*Naut*) passerelle *f* ; (*Teppich*) petit tapis *m*
Bruder (**-s, ¨**) *m* frère *m*
brüderlich *adj* fraternel(le) ; **~ teilen** partager fraternellement
Brüderschaft *f* fraternité *f* ; **~ trinken** boire à une nouvelle amitié
Brühe *f* bouillon *m* ; (*péj: Getränk*) lavasse *f* ; (*: Wasser*) eau *f* sale
Brühwürfel *m* bouillon *m* cube
brüllen *vi* (*Mensch*) hurler ; (*Ochse*) mugir ; (*Löwe*) rugir
brummen *vi* grogner ; (*Insekt*) bourdonner ; (*Motor*) vrombir, ronfler ; (*murren*) ronchonner ▶ *vt* (*Antwort, Worte*) grommeler ; (*Lied*) chantonner ; **jdm brummt der Kopf** qn a mal au crâne
Brunei (**-s**) *nt* (l'État *m* de) Brunéi
brünett *adj* brun(e)
Brunft (**-, ¨-e**) *f* rut *m*
Brunnen (**-s, -**) *m* fontaine *f* ; (*tief*) puits *m* ; (*natürlich*) source *f* • **Brunnenkresse** *f* cresson *m* de fontaine
brüsk *adj* brusque
Brüssel (**-s**) *nt* Bruxelles
Brust (**-, ¨-e**) *f* poitrine *f* ; (*weibliche Brust*) sein *m*
brüsten *vr* se vanter
Brustfellentzündung *f* pleurésie *f*
Brustkasten *m* coffre *m*
Brustschwimmen *nt* brasse *f*
Brüstung *f* balustrade *f*
Brustwarze *f* mamelon *m*
Brut (**-, -en**) *f* (*Tiere*) couvée *f* ; (*Brüten*)

incubation *f* ; (*péj*: *Gesindel*) engeance *f*
brutal *adj* brutal(e) • **Brutalität** *f* brutalité *f*
Brutapparat *m* couveuse *f*
brüten *vi* (*Vogel*) couver ; **über etw** *Dat* **~** (*fig*) ruminer qch ; **~de Hitze** chaleur *f* accablante
Brüter (**-s, -**) *m*: **Schneller ~** surgénérateur *m*
Brutkasten *m* couveuse *f*
brutto *adv* brut • **Bruttogehalt** *nt* salaire *m* brut • **Bruttogewicht** *nt* poids *m* brut • **Bruttolohn** *m* salaire *m* brut • **Bruttosozialprodukt** *nt* produit *m* national brut, P.N.B. *m*
Btx *abk* = **Bildschirmtext**
Bubikopf *m* ≈ coupe *f* au carré
Buch (**-(e)s, ¨er**) *nt* livre *m* ; (*Écon*) livre de comptes • **Buchbinder** (**-s, -**) *m* relieur *m* • **Buchdrucker** *m* imprimeur *m*
Buche *f* hêtre *m*
buchen *vt* réserver, retenir ; (*Betrag*) inscrire
Bücherbrett *nt* étagère *f* (*de bibliothèque*)
Bücherei *f* bibliothèque *f*
Bücherregal *nt* bibliothèque *f* (*rayonnage*)
Bücherschrank *m* bibliothèque *f* (*armoire*)
Buchfink *m* pinson *m*
Buchführung *f* comptabilité *f*
Buchhalter(in) (**-s, -**) *m(f)* comptable *mf*
Buchhandel *m* marché *m* du livre ; **im ~ erhältlich** (disponible) en librairie
Buchhändler(in) *m(f)* libraire *mf*
Buchhandlung *f* librairie *f*
Buchse *f* (*Élec*) prise *f* (femelle)
Büchse *f* boîte *f* (de conserve) ; (*Gewehr*) fusil *m*
Büchsenfleisch *nt* viande *f* en conserve
Büchsenöffner *m* ouvre-boîtes *m*
Buchstabe (**-ns, -n**) *m* lettre *f* (*de l'alphabet*)
buchstabieren *vt* épeler
buchstäblich *adv* (*geradezu, regelrecht*) littéralement
Bucht (**-, -en**) *f* baie *f* ; (*Parkbucht*) place *f* de stationnement
Buchung *f* (*Reservierung*) réservation *f* ; (*Écon*) écriture *f*
Buckel (**-s, -**) (*fam*) *m* (*Rücken*) dos *m*
bücken *vr* se baisser
Bückling *m* (*Culin*) hareng *m* saur ; (*Verbeugung*) courbette *f*
Buddhismus *m* bouddhisme *m*
Bude *f* baraque *f*
Budget (**-s, -s**) *nt* budget *m*
Büfett (**-s, -s**) *nt* (*Anrichte*) buffet *m* ; **kaltes ~** buffet froid
Büffel (**-s, -**) *m* buffle *m*
Bug (**-(e)s, -e**) *m* (*Naut*) proue *f*
Bügel (**-s, -**) *m* (*Kleiderbügel*) cintre *m* ; (*Steigbügel*) étrier *m* ; (*Brillenbügel*) branche *f* ; (*Griff*) poignée *f* • **Bügel-BH** *m* soutien-gorge *m* à armatures • **Bügelbrett** *nt* planche *f* à repasser • **Bügeleisen** *nt* fer *m* à repasser • **Bügelfalte** *f* pli *m* (*de pantalon*)
bügeln *vt, vi* repasser
Buggy *m* poussette *f*
Bühne *f* (*Podium*) estrade *f* ; (*Théât*) scène *f*
Bühnenbild *nt* décor *m*
Buhruf *m* huée *f*
Bulgare *m* Bulgare *m*
Bulgarien *nt* la Bulgarie
Bulgarin *f* Bulgare *f*
bulgarisch *adj* bulgare
Bulimie (-) *f* boulimie *f*
Bulldogge *f* bouledogue *m*
Bulldozer (**-s, -**) *m* bulldozer *m*
Bulle (**-n, -n**) *m* taureau *m*
Bummel (**-s, -**) *m* balade *f* ; (*Schaufensterbummel*) lèche-vitrine *m*
bummeln *vi* (*gehen*) se balader, flâner ; (*trödeln*) lambiner ; (*faulenzen*) se la couler douce
Bummelstreik *m* grève *f* du zèle
Bummelzug *m* tortillard *m*
Bummler(in) (**-s, -**) *m(f)* (*langsamer Mensch*) lambin(e) ; (*Faulenzer*) flemmard(e)
bumsen *vi* (*schlagen, stoßen*) cogner ; (*vulg*: *koitieren*) baiser
Bund[1] (**-(e)s, ¨e**) *m* (*Vereinigung*) alliance *f* ; (*Pol*) fédération *f* ; (*Hosenbund, Rockbund*) ceinture *f*
Bund[2] (**-(e)s, -e**) *nt* (*Strohbund, Spargelbund etc*) botte *f*
Bündchen *nt* (*Kragenbündchen*) col *m* ; (*Ärmelbündchen*) poignet *m*
Bündel (**-s, -**) *nt* paquet *m* ; (*von Papieren*) liasse *f* ; (*Strahlenbündel*) faisceau *m*
Bundesbank *f* banque *f* nationale (allemande)
Bundesbürger *m* citoyen *m* allemand
Bundeskanzler(in) *m(f)* chancelier(-ière) allemand(e), ≈ premier ministre *m*

Le chancelier fédéral **Bundeskanzler** ou la chancelière fédérale **Bundeskanzlerin** est le chef du gouvernement allemand pour une période de quatre ans qui peut être reconduite sans limite. Il (ou elle) est élu(e) par le Parlement (à la majorité absolue) sur proposition officielle du président allemand (*Bundespräsident*).

Bundesland *nt* land *m*, État *m*
Bundesliga *f* (*Sport*) ligue *f* nationale
Bundesnachrichtendienst *m* services *mpl* secrets allemands
Bundespräsident *m* président *m*

Le **Bundespräsident** est à la tête de la République fédérale d'Allemagne. Il est élu pour cinq ans par les membres du *Bundestag* (Parlement) et par les délégués des *Landtage* (assemblées régionales). Bien qu'il soit le chef de l'État, son rôle n'est pas politique, mais essentiellement moral et honorifique. Il représente l'Allemagne à l'interieur du pays et à l'étranger. Son mandat ne peut être renouvelé qu'une fois.

Bundesrat *m* conseil *m* fédéral

La Chambre haute du Parlement allemand, le **Bundesrat**, est constituée de 69 membres nommés par les gouvernements des *Länder*. Elle légifère essentiellement pour les lois fédérales et la juridiction des *Länder*, mais peut intervenir dans d'autres projets de lois. Dans ce cas, elle peut être mise en minorité par le *Bundestag*.

Bundesregierung *f* gouvernement *m* fédéral (d'un État)
Bundesrepublik *f* République *f* fédérale d'Allemagne
Bundesstaat *m* État *m* fédéral
Bundesstraße *f* route *f* nationale
Bundestag *m* Parlement *m* allemand, Bundestag *m*

La Chambre basse du Parlement allemand, le **Bundestag**, est élue au suffrage universel direct. Elle se compose de 631 membres : la moitié est élue au vote majoritaire (*Erststimme*), et l'autre moitié à la représentation proportionnelle selon la liste régionale parlementaire (*Zweitstimme*). Ses attributions sont législatives et politiques : il contrôle le travail du gouvernement. De plus, il décide du budget, de l'intervention ou non de l'armée allemande *Bundeswehr* à l'étranger et élit le chancelier ou la chancelière.

Bundestagswahl *f* élections *fpl* parlementaires
Bundesverfassungsgericht *nt* cour *f* suprême
Bundeswehr *f* armée *f* allemande

La **Bundeswehr** désigne les forces armées allemandes. En temps de paix, le Ministre de la Défense dirige la **Bundeswehr** mais en temps de guerre, le *Bundeskanzler* la prend en charge. La **Bundeswehr** est placée sous la juridiction de l'OTAN.

bündig *adj* (*kurz*) concis(e), succint(e)
Bündnis (**-ses, -se**) *nt* alliance *f*
Bundweite *f* taille *f*
Bungalow (**-s, -s**) *m* bungalow *m*
Bunker (**-s, -**) *m* bunker *m*
bunt *adj* aux couleurs variées ; **jdm wird es zu ~** c'en est trop pour qn • **Buntstift** *m* crayon *m* de couleur • **Buntwäsche** *f* linge *m* de couleur
Burg (**-, -en**) *f* (*Festung*) château *m* fort
Bürge (**-n, -n**) *m*, **Bürgin** *f* garant(e)
bürgen *vi*: **für jdn/etw ~** se porter garant pour qn/de qch
Bürger(in) (**-s, -**) *m(f)* (*von Ort, Stadt*) citoyen(ne) ; (*Sociologie*) bourgeois(e) • **Bürgerinitiative** *f* initiative *f* populaire • **Bürgerkrieg** *m* guerre *f* civile • **bürgerlich** *adj* (*Rechte*) civique ; (*Klasse*: *péj*) bourgeois(e) • **Bürgermeister(in)** *m(f)* maire *m* • **Bürgerrechte** *pl* droits *mpl* civils • **Bürgerrechtler(in)** (**-s, -**) *m(f)* défenseur *m* des droits civils • **Bürgerschaft** *f* citoyens *mpl* • **Bürgersteig** *m* trottoir *m* • **Bürgertum** (**-s**) *nt* bourgeoisie *f*
Bürgin *f siehe* **Bürge**
Bürgschaft *f* caution *f*
Burgund (**-(s)**) *nt* la Bourgogne
Burkina Faso *nt* le Burkina-Faso
Büro (**-s, -s**) *nt* bureau *m* • **Büroangestellte(r)** *f(m)* employé(e) *m/f* de bureau • **Büroautomatisierung** *f* bureautique *f* • **Büroklammer** *f* trombone *m* • **Bürokommunikation** *f* bureautique *f*
Bürokrat (**-en, -en**) *m* bureaucrate *m*
Bürokratie *f* bureaucratie *f*
bürokratisch *adj* bureaucratique
Bursche (**-n, -n**) *m* garçon *m*, gars *m*
burschikos *adj* (*Mädchen*) garçon manqué *inv* ; (*unbekümmert*) désinvolte
Bürste *f* brosse *f*
bürsten *vt* brosser
Bus (**-ses, -se**) *m* (auto)bus *m*
Busbahnhof *m* gare *f* routière
Busch (**-(e)s, ¨-e**) *m* buisson *m* ; (*in Tropen*) brousse *f*
Büschel (**-s, -**) *nt* (*Gras, Haar*) touffe *f*
buschig *adj* touffu(e)
Busen (**-s, -**) *m* poitrine *f* • **Busenfreund(in)** *m(f)* ami(e) intime
Buslinie *f* ligne *f* de bus
Bussard (**-s, -e**) *m* buse *f*
Buße *f* pénitence *f* ; (*Geldbuße*) amende *f*
büßen *vi*: **für etw ~** expier qch ▸ *vt* payer

Bußgeld *nt* amende *f*
Bußgeldbescheid *m* contravention *f*
Büste *f* buste *m*
Büstenhalter (**-s, -**) *m* soutien-gorge *m*
Butter *f* beurre *m* • **Butterblume** *f* bouton *m* d'or • **Butterbrot** *nt* tartine *f* (beurrée) • **Butterbrotpapier** *nt* papier *m* sulfurisé • **Butterdose** *f* beurrier *m* • **Buttermilch** *f* babeurre *m* • **butterweich** *adj* très tendre, fondant(e) ; (*fam*: *fig*) mou(molle)
b. w. *abk* (= *bitte wenden*) TSVP
Bypassoperation *f* pontage *m*
Byte (**-s, -s**) *nt* (*Inform*) octet *m*
bzgl. *abk* (= *bezüglich*) concernant
bzw. *abk* (= *beziehungsweise*) resp.

C

C, c *nt* C, c *m inv* ; (*Mus*) do *m*
ca. *abk* (= *circa*) env.
CAD (**-**) *nt abk* (= *Computer Aided Design*) CAO *f*
Café (**-s, -s**) *nt* salon *m* de thé
Cafeteria (**-, -s**) *f* cafétéria *f*
Callboy (**-s, -s**) *m* call-boy *m*
Callcenter *nt* centre *m* d'appels
Camcorder (**-s, -**) *m* caméscope *m*
campen *vi* faire du camping
Camper(in) (**-s, -**) *m(f)* campeur(-euse)
Camping (**-s**) *nt* camping *m* • **Campingbus** *m* camping-car *m* • **Campingkocher** *m* réchaud *m* de camping, camping-gaz® *m* • **Campingplatz** *m* (terrain *m* de) camping *m*
Canyoning (**-s**) *nt* canyoning *m*
Cape (**-s, -**) *nt* cape *f*
Caravan (**-s, -s**) *m* caravane *f*
Carsharing (**-s**) *nt* covoiturage *m*
Carving (**-s**) *nt* carve *m*
Cäsium *nt* césium *m*
CD *f abk* (= *Compact Disc*) CD *m* • **CD-Brenner** *m* graveur *m* de CD • **CD-Player** (**-s, -**) *m* platine *f* laser • **CD-ROM** (**-, -s**) *f* CD-ROM *m* • **CD-Spieler** *m* lecteur *m* laser
CDU *f abk* (= *Christlich-Demokratische Union (Deutschlands)*) *parti chrétien-démocrate allemand*
Celebrity (**-s, -s**) *f* pipole *mf*
Celebrity- *in zW* pipole
Cellist(in) *m(f)* violoncelliste *mf*
Cello (**-s, -s** *od* **Celli**) *nt* violoncelle *m*
Celsius *adj* Celsius
Cent (**-s, -s**) *m* (*Untereinheit des Euro*) cent *m*, centime *m* ; (*Untereinheit des Dollar*) cent *m*
Chamäleon (**-s, -s**) *nt* caméléon *m*

Champagner (**-s, -**) *m* champagne *m*
Champignon (**-s, -s**) *m* champignon *m* de Paris
Chance *f* chance *f*
Chancengleichheit *f* égalité *f* des chances
Chaos (-) *nt* chaos *m*
Chaot(in) (**-en, -en**) (*péj*) *m(f)* personne *f* désordonnée ; (*Pol*) ≈ anarchiste *mf*
chaotisch *adj* chaotique
Charakter (**-s, -e**) *m* caractère *m*
• **charakterfest** *adj* qui a du caractère
charakterisieren *vt* caractériser
Charakteristik *f* description *f*
charakteristisch *adj* caractéristique
charakterlich *adj* de caractère
charakterlos *adj* sans caractère
Charakterlosigkeit *f* manque *m* de caractère
Charakterschwäche *f* faiblesse *f* de caractère
Charakterstärke *f* force *f* de caractère
Charakterzug *m* trait *m* de caractère
Charisma *nt* charisme *m*
charmant *adj* charmant(e)
Charme (**-s**) *m* charme *m*
Charterflug *m* vol *m* charter
Charterflugzeug *nt* charter *m*
Chassis (**-, -**) *nt* châssis *m*
Chat (**-s, -s**) *m* (*Inform*) chat *m*
Chatprogramm *nt* programme *m* de causeries en ligne directe
Chatroom (**-s, -s**) *m* salon *m* de conversation
chatten *vi* chatter
Chauffeur *m* chauffeur *m*
Chauvi (**-s, -s**) (*fam*) *m* macho *m*
Chauvinismus *m* (*Pol*) chauvinisme *m* ; **männlicher ~** machisme *m*
Chauvinist *m* chauvin *m*
chauvinistisch *adj* (*Pol*) chauvin(e) ; (*männlich chauvinistisch*) phallocrate
checken *vt* (*überprüfen*) vérifier ; (*fam: verstehen*) piger
Check-in (**-s, -s**) *m* enregistrement *m*
Check-in-Schalter *m* guichet *m* d'enregistrement
Chef(in) (**-s, -s**) *m(f)* patron(ne)
• **Chefarzt** *m* chef *m* de clinique
• **Chefredakteur(in)** *m(f)* rédacteur(-trice) en chef
Chemie (-) *f* chimie *f* • **Chemiefaser** *f* fibre *f* synthétique
Chemikalie *f* produit *m* chimique
Chemiker(in) (**-s -**) *m(f)* chimiste *mf*
chemisch *adj* chimique ; **~e Reinigung** nettoyage *m* à sec
Chemotherapie *f* chimiothérapie *f*
chic *adj inv* chic
Chicorée (**-s**) *m od f* chicorée *f*
Chiffon (**-s, -s**) *m* mousseline *f* (de soie)
Chiffre *f* chiffre *m*
Chile (**-s**) *nt* le Chili
Chilene (**-n, -n**) *m*, **Chilenin** *f* Chilien(ne) *m/f*
chilenisch *adj* chilien(ne)
China (**-s**) *nt* la Chine
Chinese (**-n, -n**) *m*, **Chinesin** *f* Chinois(e) *m/f*
chinesisch *adj* chinois(e)
Chinin (**-s**) *nt* quinine *f*
Chip (**-s, -s**) *m* (*Inform*) puce *f* ; **~s** (*Kartoffelchips*) chips *fpl*
Chipkarte *f* carte *f* à puce
Chirurg(in) (**-en, -en**) *m(f)* chirurgien(ne)
Chirurgie *f* chirurgie *f*
chirurgisch *adj* chirurgical(e)
Chlor (**-s**) *nt* chlore *m*
Chloroform (**-s**) *nt* chloroforme *m*
chloroformieren *vt* chloroformer
Chlorophyll (**-s**) *nt* chlorophylle *f*
Choke (**-s, -s**) *m* (*Auto*) starter *m*
Cholera (-) *f* choléra *m*
cholerisch *adj* colérique
Cholesterin (**-s**) *nt* cholestérol *m*
Chor (**-(e)s, ¨-e**) *m* chœur *m*
Choreograf(in) *m(f)* chorégraphe *mf*
Choreografie *f* chorégraphie *f*
Chorgestühl *nt* stalles *fpl* du chœur
Chorknabe *m* petit chanteur *m*
Christ (**-en, -en**) *m* chrétien *m*
• **Christbaum** *m* arbre *m* de Noël
Christenheit *f* chrétienté *f*
Christentum (**-s**) *nt* christianisme *m*
Christkind *nt* ≈ père *m* Noël ; (*Jesus*) enfant *m* Jésus
christlich *adj* chrétien(ne)
Christrose *f* rose *f* de Noël
Christus (**Christi**) *m* le Christ
Chrom (**-s**) *nt* chrome *m*
Chromosom (**-s, -en**) *nt* chromosome *m*
Chronik *f* chronique *f*
chronisch *adj* chronique
chronologisch *adj* chronologique
Chrysantheme (**-, -n**) *f* chrysanthème *m*
circa *adv* environ
clever *adj* malin(-igne), rusé(e)
Clique *f* bande *f*
Clou (**-s, -s**) *m* clou *m*
Cloud *f*: **die ~** le nuage
Clown (**-s, -s**) *m* clown *m*
CO2-Bilanz *f* bilan *m* carbone
Cockerspaniel (**-s, -s**) *m* cocker *m*
Cocktail (**-s, -s**) *m* cocktail *m*
• **Cocktailkleid** *nt* robe *f* de cocktail
• **Cocktailparty** *f* cocktail *m*

Code (**-s, -s**) *m* code *m*
Cola (**-, -s**) (*fam*) *f od nt* coca® *m*
Comic (**-s, -s**) *m* bande *f* dessinée, bédé *f*, BD *f*
Compact Disc, Compact Disk (**-, -s**) *f* disque *m* compact
Compiler (**-s, -**) *m* (*Inform*) compilateur *m*
Computer (**-s, -**) *m* ordinateur *m* • **Computerarbeitsplatz** *m* poste *m* de travail informatisé • **computergesteuert, computergestützt** *adj* assisté(e) par ordinateur • **Computergrafik, Computergraphik** *f* dessin *m* fait par infographie • **Computernetz** *nt* réseau *m* informatique • **Computerspiel** *nt* jeu *m* informatique • **Computerspieler(in)** *m(f)* joueur(-euse) (de jeux vidéo) • **Computertomografie, Computertomographie** *f* tomographie *f* • **Computervirus** *m* virus *m* informatique
Conférencier (**-s, -s**) *m* animateur *m*
Container (**-s, -s**) *m* conteneur *m*, container *m*
Controltaste *f* touche *f* Contrôle
Cookie (**-s, -s**) *nt* (*Inform*) cookie *m*
cool (*fam*) *adj* cool
Copyshop (**-s, -s**) *m* copyshop *m*
Cord (**-(e)s, -e**) *m* velours *m* côtelé
Cordsamt *m* velours *m* côtelé
Costa Rica *nt* le Costa Rica
Couch (**-, -es** *od* **-en**) *f* canapé *m*
Countdown, Count-down (**-s, -s**) *m* compte *m* à rebours
Coupé (**-s, -s**) *nt* (*Auto*) coupé *m*
Coupon (**-s, -s**) *m* coupon *m*
Cousin(e) (**-s, -s**) *m(f)* cousin(e)
Creme (**-, -s**) *f* crème *f*; (*Schuhcreme*) cirage *m* • **cremefarben** *adj* crème *inv*
Creutzfeldt-Jakob-Krankheit *f* maladie *f* de Creutzfeldt-Jakob
Crowdfunding *nt* financement *m* participatif
CSU *f abk* (= *Christlich-Soziale Union*) *équivalent bavarois du parti chrétien-démocrate*
Cup (**-s, -s**) *m* (*Sport*) coupe *f*
Currywurst *f* saucisse *f* au curry
Cursor (**-s**) *m* (*Inform*) curseur *m*
Cutter(in) (**-s, -**) *m(f)* monteur(-euse)
Cyberangriff *m* cyberattaque *f*
Cybercafé *nt* cybercafé *m*
Cybermobbing (**-s**) *nt* cyberintimidation *f*, cyberharcèlement *m*
Cyberspace *m* cyberespace *m*

d

D, d *nt* D, d *m inv*; (*Mus*) ré *m*

SCHLÜSSELWORT

da *adv* **1** (*örtlich*) là; (*hier*) ici; **das Stück Kuchen da!** ce morceau de gâteau-là!; **da sein** (*anwesend*) être là, être présent(e); **wieder da sein** être de retour; **noch da sein** être encore là; (*übrig bleiben*) rester; **ist Post/sind Briefe für mich da?** y a-t-il du courrier/des lettres pour moi?; **es ist noch Suppe da** il reste de la soupe; **so etw ist noch nie da gewesen** ça ne s'est jamais vu; **ist er schon da?** est-il arrivé?; **da draußen** là dehors; **da bin ich** me voici; **ich bin schon 2 Stunden da** ça fait deux heures que je suis ici; **da, wo** (là) où; **ist noch Milch da?** il reste du lait?; **da hast du dein Geld!** voilà ton argent!
2 (*dann*) alors, là; **da sagte sie ...** alors elle a dit ...
3: **da haben wir aber Glück gehabt** là, nous avons vraiment eu de la chance; **da kann man nichts machen** il n'y a rien à faire; **es war niemand im Zimmer, da habe ich ...** il n'y avait personne dans la pièce, alors j'ai ...; **was gibts denn da zu lachen?** qu'est-ce qui vous fait rire?; **was hast du dir denn da gedacht?** qu'es-tu allé(e) imaginer?
▸ *konj* (*weil*) comme; **da er keine Zeit hatte, fuhren wir gleich nach Hause** comme il était pressé, nous sommes rentrés tout de suite

da|behalten *irr vt* (*Kranken, Besuch*) garder
dabei *adv* (*räumlich*) à côté; (*zeitlich*) en même temps; (*obwohl, obgleich*) pourtant; **~ sein** (*anwesend*) assister;

(*beteiligt*) participer ; **~ sein, etw zu tun** être en train de faire qch ; **was ist schon ~?** et alors ? ; **es ist doch nichts ~, wenn ...** qu'est-ce que cela peut faire que ... ? ; **ich finde gar nichts ~** moi, ça ne me dérange pas ; **es bleibt ~** un point c'est tout • **dabei|stehen** *irr vi* être présent(e)
Dach (**-(e)s, ⸚er**) *nt* toit *m* • **Dachboden** *m* grenier *m* • **Dachdecker** (**-s, -**) *m* couvreur *m* • **Dachfenster** *nt* lucarne *f* • **Dachpappe** *f* carton *m* bitumé • **Dachrinne** *f* gouttière *f*
Dachs (**-es, -e**) *m* (*Zool*) blaireau *m*
dachte *etc vb siehe* **denken**
Dachziegel *m* tuile *f*
Dackel (**-s, -**) *m* basset *m*
dadurch *adv* (*durch diesen Umstand*) de ce fait ; (*aus diesem Grund*) ainsi ; (*räumlich*) à travers ▶ *konj*: **~, dass** du fait que
dafür *adv* pour (cela) ; (*als Ersatz*) en échange ; **~, dass er ...** quand on pense qu'il ... ; **er kann nichts ~, dass ...** ce n'est pas de sa faute si ... ; **~ sein** (*zustimmen*) être d'accord ; (*gerne haben*) être pour *od* favorable ; **~ sein, dass ...** (*der Meinung sein*) être d'avis que ... • **Dafürhalten** (**-s**) *nt*: **nach meinem ~** à mon avis
dagegen *adv* contre (cela) ; (*im Vergleich*) par contre ▶ *konj* par contre ; **ich habe nichts ~** je ne suis pas contre (cela) ; **ich war ~** j'étais contre
daheim *adv* à la maison • **Daheim** (**-s**) *nt* foyer *m*
daher *adv* de là ▶ *konj* (*deshalb*) c'est pourquoi ; **~ kommt es, dass ...** c'est pour cela que ... ; **~ rühren unsere Probleme** voilà l'origine de nos problèmes ; **~ die Schwierigkeiten** d'où les difficultés
dahin *adv* (*räumlich*) vers cet endroit ; **ich fahre heute ~** j'y vais aujourd'hui ; **sich ~ einigen, dass ...** être d'accord sur le fait que ... ; **~ gehend** en ce sens ; **sich ~ gehend einigen, dass ...** trouver un accord en ce sens que ... ; **~ sein** être perdu(e) • **dahingestellt** *adv*: **~ bleiben** rester en suspens ; **etw ~ sein lassen** passer qch sous silence
dahinten *adv* (*weit entfernt*) là-bas
dahinter *adv* derrière ; **~ kommen** découvrir le pot aux roses ; (*langsam verstehen*) finir par comprendre ; **~ stecken** se cacher derrière
Dahlie *f* dahlia *m*
da|lassen *irr vt* laisser (ici)
damalig *adj* d'alors
damals *adv* à cette époque ; **~ und heute** autrefois et aujourd'hui
Damast (**-(e)s, -e**) *m* damas *m*
Dame *f* dame *f* ; (*Schach*) reine *f* ; **meine ~n und Herren!** mesdames et messieurs !
Damenbinde *f* serviette *f* hygiénique
damenhaft *adj* distingué(e)
Damenwahl *f*: **bei ~** quand c'est aux dames d'inviter les messieurs
Damespiel *nt* jeu *m* de dames
damit *adv* avec cela ; (*begründend*) de ce fait ▶ *konj* pour que *+sub* ; **was ist ~?** qu'en est-il ? ; **genug ~!** (*fam*) ça suffit comme ça !
dämlich (*fam*) *adj* idiot(e)
Damm (**-(e)s, ⸚e**) *m* (*Staudamm*) barrage *m* ; (*Hafendamm*) quai *m* ; (*Bahndamm, Straßendamm*) remblai *m*
dämmerig, dämmrig *adj* (*Zimmer*) sombre ; (*Licht*) faible
dämmern *vi* (*Tag*) se lever ; (*Abend*) tomber ; **es dämmert schon** (*Morgen werden*) le jour se lève ; (*Abend werden*) la nuit tombe
Dämmerung *f* (*Morgendämmerung*) aube *f* ; (*Abenddämmerung*) crépuscule *m*
dämmrig *adj* = **dämmerig**
Dämon (**-s, -en**) *m* démon *m*
dämonisch *adj* démoniaque
Dampf (**-(e)s, ⸚e**) *m* vapeur *f* • **dampfen** *vi* (*Dampf abgeben*) dégager de la vapeur ; (*E-Zigarette rauchen*) vapoter
dämpfen *vt* (*Culin*) cuire à la vapeur ; (*bügeln*) repasser (à la vapeur) ; (*Lärm*) étouffer
Dampfer (**-s, -**) *m* bateau *m* à vapeur
Dampfkochtopf *m* cocotte-minute *f*
Dampfmaschine *f* machine *f* à vapeur
Dampfschiff *nt* bateau *m* à vapeur
Dampfwalze *f* rouleau *m* compresseur
danach *adv* (*räumlich*) derrière ; (*in Richtung*) vers cela ; **er griff ~** il tendit la main pour s'en emparer ; **~ kann man nicht gehen** on ne peut pas s'y fier ; **ich werde mich ~ richten** je m'y conformerai ; **mir ist nicht ~** je n'en ai pas envie ; **er sieht auch ~ aus** il en a bien l'air
Däne (**-n, -n**) *m* Danois *m*
daneben *adv* à côté ; (*im Vergleich damit*) en comparaison ; (*außerdem*) en outre • **daneben|benehmen** *irr vr* se conduire de façon inadmissible • **daneben|gehen** *irr vi* (*Ziel verfehlen*) manquer la cible
Dänemark (**-s**) *nt* le Danemark
Dänin *f* Danoise *f*
dänisch *adj* danois(e)

d

dank *präp +Dat od Gen* grâce à • **Dank** (**-(e)s**) *m* remerciement *m* ; **vielen** *od* **schönen** *od* **besten** *od* **herzlichen ~** merci beaucoup • **dankbar** *adj* reconnaissant(e) ; (*lohnend*) qui en vaut la peine • **Dankbarkeit** *f* gratitude *f*
danke *interj* merci ; **~ schön** *od* **sehr!** merci beaucoup !
danken *vi* dire merci ▶ *vt* (*geh*) savoir gré à ; **jdm für etw ~** remercier qn de qch ; **ich danke** merci ; **niemand wird dir das ~** personne ne t'en sera reconnaissant
dankenswert *adj* (*Aufgabe, Arbeit*) qui en vaut la peine ; (*Bemühung*) louable
dann *adv* alors ; (*außerdem*) en outre ; **~ und wann** de temps en temps
daran *adv* à cela, y ; **im Anschluss ~** ensuite ; **~ zweifeln** en douter ; **das liegt ~, dass ...** c'est parce que ... ; **mir liegt viel ~** j'y tiens beaucoup ; **das Dümmste ~ ist, dass ...** le pire *od* ce qui est bête, c'est que ... ; **ich war nahe ~, zu ...** j'étais sur le point de ... ; **er ist ~ gestorben** il en est mort • **daran|setzen** *vt* mettre en œuvre ; **er hat alles darangesetzt, von dort wegzukommen** il a tout mis en œuvre pour quitter cet endroit
darauf *adv* (*räumlich*) dessus ; (*danach*) ensuite ; **es kommt ganz ~ an, ob sie mitmacht** cela dépend si elle participe ; **ich komme nicht ~** cela m'échappe ; **die Tage ~** les jours suivants ; **~ folgend** suivant(e) ; **am Tag ~** le lendemain • **daraufhin** *adv* (*aus diesem Grund*) en conséquence ; **wir müssen es ~ prüfen, ob ...** nous devons l'examiner pour savoir si ...
daraus *adv* en ; **was ist ~ geworden?** qu'en est-il advenu ? ; **~ geht hervor, dass ...** il en ressort que ... ; **mach dir nichts ~!** ne t'en fais pas !
Darbietung *f* spectacle *m*
darin *adv* là-dedans, y ; (*in dieser Beziehung*) en cela
dar|legen *vt* présenter
Darlehen (**-s, -**) *nt* prêt *m*
Darm (**-(e)s, ¨-e**) *m* intestin *m* ; (*für Saiten, Schläger, Wurstdarm*) boyau *m* • **Darmsaite** *f* corde *f* (en boyau)
dar|stellen *vt* représenter ; (*beschreiben, schildern*) décrire ▶ *vr* se présenter
Darsteller(in) (**-s, -**) *m(f)* interprète *mf*
Darstellung *f* représentation *f* ; (*Beschreibung, Geschichte*) description *f*
darüber *adv* au-dessus ; (*direkt auf etw*) par-dessus ; (*in Bezug auf Thema*) à ce sujet ; **~ sprechen** en parler ; **er hat sich ~ geärgert/gefreut** cela l'a irrité/réjoui ; **~ geht nichts** il n'y a rien de mieux
darum *adv* (*räumlich*) autour ; (*hinsichtlich einer Sache*) pour cela ▶ *konj* c'est pourquoi ; **wir bitten ~** nous vous le demandons ; **ich bemühe mich ~** je m'y efforce ; **es geht ~, dass ...** voici ce dont il s'agit : ... ; **er würde viel ~ geben, wenn** *od* **dass ...** il donnerait beaucoup pour que ...
darunter *adv* dessous ; (*dazwischen, dabei*) parmi eux(elles) ; (*weniger, niedriger*) au-dessous ; **was verstehen Sie ~?** qu'entendez-vous par là ?
das *art, pron siehe* **der**
Dasein (**-s**) *nt* existence *f* ; (*Anwesenheit*) présence *f*
da sein *irr vi siehe* **da**
dass *konj* que ; (*damit*) pour que ; **ausgenommen** *od* **außer ~ ...** sauf que ... ; **ohne ~ ...** sans que ... ; **zu teuer, als ~ ...** trop cher(chère) pour que ...
dasselbe *pron siehe* **derselbe**
da|stehen *irr vi* (*Mensch*) rester ; (*in Situation, Lage befinden*) se trouver ; (*fig*): **gut/schlecht ~** être en bonne/mauvaise posture
Datei *f* fichier *m* • **Dateimanager** *m* gestionnaire *m* de fichiers • **Dateiname** *m* nom *m* de fichier
Daten *pl* (*Inform*) données *fpl* • **Datenaustausch** *m* échange *m* des données • **Datenautobahn** *f* autoroute *f* de l'information • **Datenbank** *f* banque *f* de données • **Datenbestand** *m* ensemble *m* des données • **Datendiebstahl** *m* vol *m* de données • **Datenerfassung** *f* saisie *f* (des données) • **Datenfluss** *m* flux *m* de données • **Datenmissbrauch** *m* fraude *f* informatique • **Datenschutz** *m* protection *f* des données • **Datenschutzbeauftragte(r)** *f(m)* personne *f* chargée de la protection des données • **Datenträger** *m* support *m* de données • **Datenübertragung** *f* transfert *m* de données • **Datenverarbeitung** *f* traitement *m* de données • **Datenverwaltung** *m* gestion *f* de données
datieren *vt* dater ▶ *vi*: **von ... ~** dater de ...
Dativ *m* datif *m*
Dattel (**-, -n**) *f* datte *f*
Datum (**-s, Daten**) *nt* date *f*
Dauer (**-, -n**) *f* durée *f* ; **auf die ~** à la longue • **Dauerauftrag** *m* prélèvement *m* automatique • **Dauerbeschäftigung**

f emploi *m* stable *od* permanent • **dauerhaft** *adj* durable • **Dauerkarte** *f* abonnement *m* • **Dauerlauf** *m* course *f* de fond
dauern *vi* durer ; **es hat sehr lange gedauert, bis er …** il lui a fallu beaucoup de temps pour …
dauernd *adj* constant(e) ; (*andauernd*) permanent(e) ▶ *adv* constamment
Dauerregen *m* pluie *f* incessante
Dauerwelle *f* permanente *f*
Dauerwurst *f* ≈ saucisson *m* sec
Dauerzustand *m* état *m* permanent
Daumen (**-s, -**) *m* pouce *m* ; **~ lutschen** sucer son pouce • **Daumenlutscher** (*péj*) *m enfant qui suce son pouce*
Daune *f* duvet *m*
Daunendecke *f* édredon *m*
davon *adv* (*von dieser Stelle entfernt, weg von*) de là, en ; (*dadurch*) à cause de cela, en ; (*Trennung, Teil, Material, Thema*) de cela ; **die Hälfte/das Doppelte ~** la moitié/le double (de cela) ; **das kommt ~!** c'est bien fait ! ; **~ abgesehen** à part cela ; **~ wissen** être au courant ; **das hast du nun ~!** tu vois le résultat ! ; **was habe ich ~?** à quoi cela m'avance ? • **davon|kommen** *irr vi* s'en tirer ; **mit dem Schrecken ~** en être quitte pour la peur • **davon|laufen** *irr vi* se sauver • **davon|tragen** *irr vt* (*Sieg*) remporter ; **eine Verletzung ~** être blessé(e)
davor *adv* devant ; (*zeitlich*) auparavant, avant ; **das Jahr ~** l'année précédente ; **~ warnen** mettre en garde (contre cela) ; **Angst ~ haben** en avoir peur
dazu *adv* (*dabei, damit*) avec cela ; (*zu diesem Zweck, dafür*) pour cela ; (*zum Thema, darüber*) sur cela ; **sich ~ äußern** donner son opinion (sur cela) ; **und ~ noch** et en plus ; **~ fähig sein** en être capable ; **~ bereit sein, etw zu tun** être prêt(e) à faire qch • **dazu|gehören** *vi* en faire partie • **dazu|kommen** *irr vi* (*eintreffen, erscheinen*) survenir
dazwischen *adv* (*räumlich*) au milieu ; (*zeitlich*) entre-temps ; (*dabei*) dans le tas, parmi eux/elles ; (*bei Maß-, Mengenangaben*) entre les deux • **dazwischen|kommen** *irr vi*: **es ist etw dazwischengekommen** il y a eu un contretemps • **dazwischen|reden** *vi* (*unterbrechen*) interrompre
DDR (**-**) *f abk* (= *Deutsche Demokratische Republik*) RDA *f*

La **DDR** (*Deutsche Demokratische Republik*) désigne l'ancienne République démocratique allemande, fondée en 1949 à partir de la zone d'occupation soviétique. La construction du mur de Berlin en 1961 scella la partition de l'Allemagne en deux pays ennemis et ancra la **DDR** dans le bloc communiste. À la fin des années 1980, des mouvements d'opposition et notamment d'importantes manifestations à l'automne 1989 réclamant la démocratisation du régime provoquèrent l'ouverture des frontières le 9 novembre 1989, ce qu'on appelle couramment « la chute du mur de Berlin ». La **DDR** disparut le jour de la réunification de l'Allemagne, le 3 octobre 1990.

deaktivieren *vt* (*Inform*) désactiver
Dealer(in) (**-s, -**) (*fam*) *m(f)* dealer *m*
Debatte *f* débat *m*
Deck (**-(e)s, -s** *od* **-e**) *nt* pont *m* • **Deckbett** *nt* édredon *m*
Decke *f* couverture *f* ; (*Tischdecke*) nappe *f* ; (*Zimmerdecke*) plafond *m* ; **unter einer ~ stecken** être de mèche
Deckel (**-s, -**) *m* couvercle *m* ; (*Buchdeckel*) couverture *f*
decken *vt* couvrir ; (*Sport*) marquer ▶ *vi* (*Farbe*) être suffisamment épais(se) ▶ *vr* (*Meinung, Interesse*) être semblable(s) ; (*Math*) coïncider ; **den Tisch ~** mettre le couvert
Deckmantel *m*: **unter dem ~ von** sous le couvert de
Deckname *m* pseudonyme *m*
Deckung *f* (*Schutz*) abri *m* ; (*Sport: von Gegner*) marquage *m* ; (*von Meinung*) accord *m* ; (*Math*) coïncidence *f* ; (*Fin*) couverture *f* ; **in ~ gehen** se mettre à l'abri ; **zur ~ seiner Schulden** pour couvrir ses dettes
deckungsgleich *adj* (*Ansichten*) qui coïncide ; (*Math*) congruent(e)
Decoder (**-s, -**) *m* décodeur *m*
defekt *adj* (*Maschine etc*) défectueux(-euse) • **Defekt** (**-(e)s, -e**) *m* défaut *m*
defensiv *adj* défensif(-ive)
definieren *vt* définir
Definition *f* définition *f*
definitiv *adj* définitif(-ive)
Defizit (**-s, -e**) *nt* déficit *m*
deftig *adj* (*Essen*) consistant(e) ; (*Witz*) grossier(-ière)
Degen (**-s, -**) *m* épée *f*
degenerieren *vi* dégénérer ; (*Sitten*) se corrompre
degradieren *vt* dégrader
dehnbar *adj* extensible, élastique

d

dehnen *vt* (*Stoff, Glieder*) étirer ; (*Vokal*) allonger ▶ *vr* (*Stoff*) s'étirer, prêter ; (*Mensch*) s'étirer ; (*Strecke*) s'étendre
Dehnung *f* (*von Stoff*) élasticité *f* ; (*von Vokal*) allongement *m*
Deich (**-(e)s, -e**) *m* digue *f*
Deichsel (**-, -n**) *f* timon *m*
deichseln (*fam*) *vt*: **wir werden es schon ~!** nous allons arranger ça !
dein(e) *pron* (*possessiv*) ton(ta)
deine(r, s) *pron* le(la) tien(ne) ; **der/die/das D~** le(la) tien(ne) ; **die D~n** (*Angehörige*) les tiens
deiner *pron* (*Gen von du*) de toi
deinerseits *adv* de ton côté
deinesgleichen *pron* les gens comme toi
deinetwegen *adv* pour toi ; (*wegen dir*) à cause de toi
deinstallieren *vt* (*Programm*) désinstaller
dekadent *adj* décadent(e)
Dekadenz *f* décadence *f*
Dekan (**-s, -e**) *m* doyen *m*
Deklination *f* déclinaison *f*
deklinieren *vt* décliner
Dekolleté, Dekolletee (**-s, -s**) *nt* décolleté *m*
Dekorateur(in) *m(f)* étalagiste *mf*
Dekoration *f* décoration *f*
dekorativ *adj* décoratif(-ive)
dekorieren *vt* décorer
Delegation *f* délégation *f*
delegieren *vt*: **~ an** *+Akk* (*Aufgaben*) déléguer à
Delfin (**-s, -e**) *m* dauphin *m*
delikat *adj* délicat(e) ; (*Essen*) délicieux(-euse)
Delikatesse *f* (*Feinkost*) mets *m* exquis ; (*geh: Zartgefühl*) délicatesse *f*
• **Delikatessengeschäft** *nt* épicerie *f* fine
Delikt (**-(e)s, -e**) *nt* délit *m*
Delle (*fam*) *f* bosse *f*
Delphin (**-s, -e**) *m* = **Delfin**
Delta (**-s, -s**) *nt* delta *m*
dem *art, pron siehe* **der**
Demagoge (**-n, -n**) *m* démagogue *m*
dementieren *vt* démentir
dementsprechend *adj* conforme à cela ▶ *adv* conformément à cela ; (*demnach*) en conséquence
demgemäß *adv* = **dementsprechend**
demnach *adv* donc
demnächst *adv* (*bald*) sous peu
Demo (**-s, -s**) (*fam*) *f* manif *f*
Demokrat(in) *m(f)* démocrate *mf*
Demokratie *f* démocratie *f*
demokratisch *adj* démocratique
demokratisieren *vt* démocratiser
demolieren *vt* démolir
Demonstrant(in) *m(f)* manifestant(e)
Demonstration *f* (*Protestkundgebung*) manifestation *f* ; (*Zurschaustellung*) démonstration *f*
demonstrativ *adj* démonstratif(-ive)
demonstrieren *vi* manifester ▶ *vt* (*vorführen*) faire une démonstration de ; (*guten Willen*) manifester
Demoskopie *f* sondage *m* d'opinion
Demut *f* humilité *f*
demütig *adj* humble
demütigen *vt* humilier ▶ *vr*: **sich ~ vor** *+Dat* s'humilier devant
Demütigung *f* humiliation *f*
demzufolge *adv* par conséquent
den *art, pron siehe* **der**
denen *Dat von die pl* *pron* (*demonstrativ*) à ceux-ci (celles-ci) ; (*relativ*) auxquels (auxquelles)
Denglisch (**-**) *nt allemand anglicisé*
Den Haag (**-s**) *nt* La Haye
denkbar *adj* concevable ▶ *adv* (*äußerst*) extrêmement
denken *irr vi* penser ▶ *vt* penser ; (*glauben, vermuten*) croire ; **gut/schlecht über jdn/etw ~** penser du bien/mal de qn/qch ; **an jdn/etw ~** penser à qn/qch ; **denke daran!** penses-y !
Denken (**-s**) *nt* (*Überlegen*) réflexion *f* ; (*Denkfähigkeit*) pensée *f*
Denker(in) (**-s, -**) *m(f)* penseur(-euse)
Denkfähigkeit *f* intelligence *f*
denkfaul *adj* à l'esprit paresseux
Denkfehler *m* faute *f* de raisonnement
Denkmal (**-s, ¨-er**) *nt* monument *m*
• **Denkmalschutz** *m*: **etw unter ~ stellen** classer qch monument historique
denkwürdig *adj* mémorable
Denkzettel *m*: **jdm einen ~ verpassen** donner une leçon à qn
denn *konj* car ; **es sei ~(, dass)** à moins que *+sub* ▶ *adv*: **wann/wer/wie/wo ~?** quand/qui/comment/où donc ? ; **mehr/besser ~ je** plus/mieux que jamais
dennoch *konj* pourtant, cependant ▶ *adv*: **und ~, ...** et pourtant ...
Denunziant(in) *m(f)* dénonciateur(-trice)
Deo (**-s, -s**), **Deodorant** (**-s, -e** *od* **-s**) *nt* déodorant *m*
Deospray *nt od m* spray *m* déodorant
Deponie *f* décharge *f*
deponieren *vt* déposer
Depot (**-s, -s**) *nt* dépôt *m*
Depression *f* dépression *f*
depressiv *adj* dépressif(-ive)
deprimieren *vt* déprimer

SCHLÜSSELWORT

der (*f* **die**, *nt* **das**, *Gen* **des, der, des**, *Dat* **dem, der, dem**, *Akk* **den, die, das**, *pl* **die, der, den, die**) *art* le (la) ; **der Tisch** la table ; **das Haus** la maison ; **die Blume** la fleur ; **die Fenster/Kinder** les fenêtres *fpl*/enfants *mpl* ; **der Rhein** le Rhin ; **der Klaus** (*fam*) Klaus
▶ *pron* (*relativ: Subjekt*) qui ; (*: Akk*) que ; (*: Dat*) à qui ; **die Frau, die hier wohnt** la femme qui habite ici ; **der Mann, den ich gesehen habe** l'homme que j'ai vu ; **das Kind, dem ich das Buch gegeben hatte** l'enfant à qui j'avais donné le livre
▶ *pron* (*demonstrativ*) celui-ci (celle-ci) ; (*: jener, dieser*) celui-là (celle-là) ; (*: pl*) ceux-ci (celles-ci) ; (*: jene*) ceux-là (celles-là) ; **der/die war es** c'est celui-ci (celle-ci) ; (*Mensch*) c'est lui (elle) ; **der mit der Brille** celui avec les lunettes ; **ich will den (da)** j'aimerais celui-ci (celle-ci) ; **unser Chef? der ist schon weg!** le patron ? il est déjà parti ! ; **der und der** un tel ; **wie dem auch sei** quoi qu'il en soit

derart *adv* tellement ; **er hat sich ~ geärgert** il s'est tellement fâché • **derartig** *adj* tel(le), pareil(le)
derb *adj* (*Kost*) fruste ; (*Mensch, Spaß*) grossier(-ière)
deren *Gen von die pron* (*relativ: sg*) dont, duquel(de laquelle) ; (*: pl*) dont, desquels(desquelles)
dergleichen *pron inv* (*adjektivisch*) tel(le)
derjenige (*f* **diejenige**, *nt* **dasjenige**) *pron* celui(celle) ; **diejenigen, die** ceux(celles) qui
dermaßen *adv* tellement
derselbe (*f* **dieselbe**, *nt* **dasselbe**) *pron* le(la) même
derzeit *adj* (*jetzt*) en ce moment
derzeitig *adj* (*jetzig*) actuel(le) ; (*damalig*) de l'époque
des *art, pron siehe* **der**
Deserteur *m* déserteur *m*
desertieren *vi* déserter
desgleichen *adv* (*ebenso*) de même
deshalb *adv* pour cette raison
Design (**-s, -s**) *nt* style *m* ; (*als Fach*) design *m*, stylisme *m*
Designer(in) *m(f)* styliste *mf*
Designerdroge *f* drogue *f* de synthèse
Desinfektion *f* désinfection *f*
Desinfektionsmittel *nt* désinfectant *m*
desinfizieren *vt* désinfecter
Desinteresse (**-s**) *nt*: **~ an** *+Dat* manque *m* d'intérêt pour
Desktop-Publishing, Desktoppublishing (**-, -(s)**) *nt* publication *f* assistée par ordinateur
dessen *Gen von der, das pron* (*relativ*) dont, duquel(de laquelle) ; **~ ungeachtet** néanmoins
Dessert (**-s, -s**) *nt* dessert *m*
Destillation *f* distillation *f*
destillieren *vt* distiller
desto *konj* d'autant ; **~ besser!** tant mieux !
deswegen *adv* pour cette raison
Detail (**-s, -s**) *nt* détail *m*
detaillieren *vt* détailler
Detektiv(in) *m(f)* détective *mf*
Detektor *m* (*Tech*) détecteur *m*
deuten *vt* interpréter ▶ *vi*: **~ auf** *+Akk* indiquer
deutlich *adj* clair(e) ; (*Unterschied*) net(te) ▶ *adv*: **jdm etw ~ machen** faire comprendre qch à qn • **Deutlichkeit** *f* netteté *f*
deutsch *adj* allemand(e) • **Deutsch** (**-(s)**) *nt* (*Ling*) (l')allemand *m* ; **sie spricht fließend D~** elle parle couramment l'allemand ; **ins D~e übersetzen** traduire en allemand • **Deutsche** *nt* (*Ling*) allemand *m* • **Deutsche(r)** *f(m)* (*Géo*) Allemand(e) *m/f* • **Deutschland** *nt* l'Allemagne *f*
Deutung *f* interprétation *f*
Devise *f* devise *f* ; **Devisen** *pl* (*Fin*) devises *fpl*
Devisenkurs *m* cours *m* du change
Dezember (**-(s), -**) *m* décembre *m*
dezent *adj* discret(-ète)
dezentral *adj* décentralisé(e)
dezimal *adj* décimal(e)
Dezimalbruch *m* fraction *f* décimale
Dezimalsystem *nt* système *m* décimal
DGB *m abk* (*= Deutscher Gewerkschaftsbund*) *fédération des syndicats allemands*
d. h. *abk* (*= das heißt*) c.-à-d.
Dia (**-s, -s**) *nt* diapo(sitive) *f*
Diabetes *m* diabète *m*
Diabetiker(in) *m(f)* diabétique *mf*
Diagnose *f* diagnostic *m*
diagonal *adj* diagonal(e)
Diagonale *f* diagonale *f*
Diagramm *nt* diagramme *m*
Dialekt (**-(e)s, -e**) *m* dialecte *m* • **dialektisch** *adj* dialectique
Dialog (**-(e)s, -e**) *m* dialogue *m*
Dialyse (**-, -n**) *f* (*Méd*) dialyse *f*
Diamant *m* diamant *m*
Diapositiv *nt* diapositive *f*
Diät (**-, -en**) *f* régime *m* ; **~ halten** suivre un régime ; **Diäten** *pl* indemnité *f* parlementaire ; **~ leben** suivre un régime

dich *Akk von du pron* te ; (*vor Vokal, stummem h*) t' ; (*nach präp*) toi
dicht *adj* (*Nebel, Haar, Wald*) épais(se) ; (*Gewebe*) serré(e) ; (*Dach*) étanche ▶ *adv*: **~ an/bei** tout près de ; **~ bevölkert** à forte densité de population
dichten *vt* (*Leitung, Dach, Leck*) rendre étanche ; (*Naut*) calfater ▶ *vi* (*reimen*) écrire des poèmes
Dichter(in) (**-s, -**) *m(f)* poète *m* • **dichterisch** *adj* poétique
dicht|halten (*fam*) *irr vi* la boucler
dicht|machen (*fam*) *vt* (*schließen*) boucler
Dichtung *f* (*Tech, Auto*) joint *m* ; (*Gedichte*) poésie *f* ; (*Prosa*) œuvre *f* littéraire
dick *adj* épais(se) ; (*Mensch*) gros(se) ; **miteinander durch ~ und dünn gehen** se tenir les coudes
Dicke *f* épaisseur *f*
dickfellig (*péj*) *adj* blindé(e)
dickflüssig *adj* visqueux(-euse)
Dickicht (**-s, -e**) *nt* fourré *m*
Dickkopf *m* tête *f* de mule
dickköpfig *adj* cabochard(e)
Dickmilch *f* lait *m* caillé
die *art, pron siehe* **der**
Dieb(in) (**-(e)s, -e**) *m(f)* voleur(-euse) • **diebisch** *adj* voleur(-euse) ; (*fam: Vergnügen*) malin(-igne) • **Diebstahl** (**-(e)s, ⸚e**) *m* vol *m*
diejenige *pron siehe* **derjenige**
Diele *f* (*Brett*) planche *f* (*de plancher*) ; (*Flur*) entrée *f*
dienen *vi* servir
Diener (**-s, -**) *m* domestique *m*
Dienst (**-(e)s, -e**) *m* service *m* ; **außer ~** à la retraite ; **im ~** en service ; **~ haben** être de service ; **~ habend** *od* **tuend** de service ; **der öffentliche ~** le service public
Dienstag *m* mardi *m* ; **am ~** mardi
dienstags *adv* le mardi
Dienstbote *m* domestique *m*
diensteifrig *adj* empressé(e)
dienstfrei *adj*: **~ haben** avoir congé
Dienstgeheimnis *nt* secret *m* professionnel
Dienstgespräch *nt* communication *f* de service
Dienstgrad *m* grade *m*
diensthabend *adj* de garde
Dienstleistung *f* (prestation *f* de) service *m*
Dienstleistungsgewerbe *nt* (secteur *m*) tertiaire *m*
Dienstleistungssektor *m* secteur *m* tertiaire
dienstlich *adj* officiel(le)
Dienstmädchen *nt* bonne *f*
Dienstreise *f* voyage *m* d'affaires
Dienststelle *f* service *m*
Dienstvorschrift *f* règlement *m* (de service)
Dienstweg *m* voie *f* hiérarchique
Dienstzeit *f* heures *fpl* de travail
dies *pron* ceci ; **~ sind meine Eltern** voici *od* voilà mes parents
diesbezüglich *adj* à ce sujet
diese(r, s) *pron* (*adjektivisch*) ce(cette) ; (*substantivisch*) celui-là(celle-là)
Diesel *m* (*Kraftstoff*) gazole *m*, gas-oil *m* ; (*Fahrzeug*) diesel *m*
diesig *adj* brumeux(-euse)
diesjährig *adj* de cette année
diesmal *adv* cette fois-ci
diesseits *präp +Gen* de ce côté de
Diesseits *nt*: **das ~** ce monde *m*
Dietrich (**-s, -e**) *m* crochet *m*
Differenz (**-, -en**) *f* différence *f* ; **Differenzen** *pl* (*Meinungsverschiedenheit*) différend *m*
Differenzialgetriebe *nt* engrenage *m* différentiel
Differenzialrechnung *f* calcul *m* différentiel
differenzieren *vt* différencier ▶ *vi* faire la différence
digital *adj* numérique • **Digitalanzeige** *f* affichage *m* numérique • **Digitalfernsehen** *nt* télévision *f* numérique • **digitalisieren** *vt* numériser • **Digitalkamera** *f* appareil *m* (photo) numérique • **Digitalrechner** *m* calculateur *m* numérique • **Digitaluhr** *f* montre *f* à affichage numérique
Digital Native *m* natif(-ive) numérique
Diktat *nt* dictée *f* ; (*von Mode etc*) tyrannie *f*
Diktator *m* dictateur *m* • **diktatorisch** *adj* dictatorial(e)
Diktatur *f* dictature *f*
diktieren *vt* dicter
Dilemma (**-s, -s** *od* **-ta**) *nt* dilemme *m*
Dilettant(in) *m(f)* dilettante *mf*
dilettantisch *adj* de dilettante
Dimension *f* dimension *f*
Ding (**-(e)s, -e**) *nt* chose *f*
Dings (*fam*) *nt* machin *m*, truc *m*
Dingsbums (*fam*) *nt siehe* **Dings**
Dinosaurier *m* dinosaure *m*
Diözese *f* diocèse *m*
Diphtherie *f* diphtérie *f*
Diplom (**-(e)s, -e**) *nt* diplôme *m*
Diplomat (**-en, -en**) *m* diplomate *m*

Diplomatie *f* diplomatie *f*
diplomatisch *adj* diplomatique
Diplom-Ingenieur *m* ingénieur *m* diplômé
dir *Dat von du pron* te ; (*vor Vokal, stummem h*) t' ; (*nach präp*) toi ; **mit ~** avec toi
direkt *adj* direct(e) ▶ *adv* (*regelrecht*) vraiment ; **~ fragen** demander franchement • **Direktbank** *f* banque *f* directe • **Direktflug** *m* vol *m* direct
Direktor(in) *m(f)* directeur(-trice)
Direktübertragung *f* émission *f* en direct
Dirigent(in) *m(f)* chef *m* d'orchestre
dirigieren *vt* diriger
Dirne *f* prostituée *f*
Discjockey, Diskjockey (**-s, -s**) *m* disc-jockey *m*
Disco (**-s, -s**) *f* discothèque *f*, boîte *f*
Diskette *f* disquette *f*
Diskettenlaufwerk *nt* lecteur *m* de disquettes
Diskont (**-s, -e**) *m* (*Fin*) escompte *m*
Diskontsatz *m* (*Fin*) taux *m* d'escompte
Diskothek (**-, -en**) *f* discothèque *f*
Diskrepanz *f* divergence *f*
diskret *adj* discret(-ète)
Diskretion *f* discrétion *f*
diskriminieren *vt* faire de la discrimination contre
Diskriminierung *f* discrimination *f*
Diskussion *f* discussion *f* ; **(nicht) zur ~ stehen** (ne pas) être à l'ordre du jour
diskutabel *adj* discutable
diskutieren *vt* discuter ▶ *vi*: **~ über** *+Akk* discuter de
Display (**-s, -s**) *nt* afficheur *m*
disqualifizieren *vt* disqualifier
dissen (*fam*) *vt* débiner
Dissertation *f* thèse *f* (de doctorat)
Distanz *f* distance *f* ; **~ halten** garder ses distances
distanzieren *vr*: **sich von jdm/etw ~** prendre ses distances par rapport à *od* avec qn/qch
Distel (**-, -n**) *f* chardon *m*
Disziplin *f* discipline *f*
divers *adj*: **~e** plusieurs ; **„D~es"** « divers » ; **wir haben noch D~es vor** on a encore pas mal de choses à faire
Dividende *f* dividende *m*
dividieren *vt*: **etw ~ (durch)** diviser qch (par)
DM *f abk* (*Hist*: = *Deutsche Mark*) DM *m*
DNS *f abk* (= *Desoxyribo(se)nukleinsäure*) ADN *m*

SCHLÜSSELWORT

doch *adv* **1** (*dennoch, trotzdem*) malgré tout, quand même ; (*sowieso*) de toute façon ; **er kam doch noch** finalement, il est quand même venu ; **es war doch ganz interessant** finalement, c'était assez intéressant ; **und doch** et pourtant ; **also doch!** (*tatsächlich*) c'était donc vrai !
2 (*als bejahende Antwort*) si ; **das ist nicht wahr — doch!** ce n'est pas vrai — si !
3 (*auffordernd*): **komm doch!** viens donc ! ; **lass ihn doch** mais laisse-le donc tranquille ! ; **nicht doch!** mais non !
4 (*zur Betonung*): **sie ist/war doch noch so jung** (mais) elle est/était si jeune ; **Sie wissen doch, wie das ist** vous savez ce que c'est ; **wenn doch** si seulement
▶ *konj* (*aber*) pourtant ; **es war schon spät, doch er kam noch** il était déjà tard, mais il est venu quand même ; **und doch hat er es getan** il l'a fait malgré tout

Docht (**-(e)s, -e**) *m* mèche *f*
Dock (**-s, -s** *od* **-e**) *nt* dock *m*, bassin *m* ; (*Inform*) dock *m*
Dogge *f* dogue *m*
Dogma (**-s, Dogmen**) *nt* dogme *m*
dogmatisch *adj* dogmatique
Doktor (**-s, -en**) *m* (*akademischer Grad*) docteur *m* ; (*Arzt*) docteur *m*
Doktorand(in) (**-en, -en**) *m(f)* candidat(e) au doctorat
Doktorarbeit *f* thèse *f* de doctorat
Doktortitel *m* titre *m* de docteur
Dokument *nt* document *m*
Dokumentarbericht *m* (émission *f*) documentaire *m*
Dokumentarfilm *m* documentaire *m*
dokumentarisch *adj* documentaire
dokumentieren *vt* documenter
Dolch (**-(e)s, -e**) *m* poignard *m*
Dollar (**-s, -**) *m* dollar *m*
dolmetschen *vt* interpréter, traduire ▶ *vi* servir d'interprète
Dolmetscher(in) (**-s, -**) *m(f)* interprète *mf*
Dolomiten *pl*: **die ~** les Dolomites *fpl*
Dom (**-(e)s, -e**) *m* cathédrale *f*
Domain (**-s, -s**) *nt* domaine *m*
Domain-Name *m* nom *m* de domaine
Domäne *f* domaine *m*
dominieren *vt, vi* dominer
Dominikanische Republik *f* République *f* dominicaine
Dompfaff (**-en, -en**) *m* bouvreuil *m*
Dompteur *m*, **Dompteuse** *f* dompteur(-euse) *m/f*

Donau *f*: **die ~** le Danube
Döner (Kebab) (**-s, -**) *m* kebab *m*
Dongle *m* dongle *m*
Donner (**-s, -**) *m* tonnerre *m*
donnern *vi unpers* tonner
Donnerstag *m* jeudi *m* • **donnerstags** *adv* le jeudi
Donnerwetter *nt* (*fig*) engueulade *f* ▸ *interj* (*verärgert*) bon sang ! ; (*überrascht*) ça alors !
doof (*fam*) *adj* idiot(e)
dopen *vt* doper
Doping (**-s**) *nt* dopage *m*
Dopingkontrolle *f* contrôle *m* antidopage
Doppel (**-s, -**) *nt* double *m* • **Doppelbett** *nt* grand lit *m* • **Doppelgänger(in)** (**-s, -**) *m(f)* sosie *m* • **Doppelklick** (**-s, -s**) *m* double-clic *m* • **doppelklicken** *vi* (*Inform*): **~ (auf** *Akk***)** double-cliquer (sur) • **Doppelpunkt** *m* deux points *mpl* • **Doppelstecker** *m* prise *f* double
doppelt *adj* double ; (*Buchführung*) en partie double ▸ *adv*: **die Karte habe ich ~** cette carte, je l'ai en double ; **in ~er Ausführung** en deux exemplaires ; **sich ~ freuen** se réjouir doublement
Doppelverdiener *mpl* foyer *m* à deux salaires
Doppelzimmer *nt* chambre *f* pour deux personnes
Dorf (**-(e)s, ¨er**) *nt* village *m* • **Dorfbewohner(in)** *m(f)* villageois(e)
Dorn[1] (**-(e)s, -en**) *m* (*Bot*) épine *f*
Dorn[2] (**-(e)s, -e**) *m* (*an Schnalle*) ardillon *m*
dornig *adj* épineux(-euse)
Dornröschen *nt* la Belle au bois dormant
dörren *vt* (faire) sécher
Dörrobst *nt* fruits *mpl* secs
Dorsch (**-(e)s, -e**) *m* jeune morue *f*
dort *adv* (*da*) là ; **~ drüben/oben/hinten** là-bas/-haut/-derrière • **dorther** *adv* de là • **dorthin** *adv* là-bas • **dortig** *adj* de là-bas
Dose *f* boîte *f*
dösen (*fam*) *vi* somnoler
Dosenbier *nt* bière *f* en boîte
Dosenöffner *m* ouvre-boîte *m*
Dosenpfand *nt* consigne *f* sur les canettes et les bouteilles jetables
Dosis (**-, Dosen**) *f* dose *f*
Dotter (**-s, -**) *m od nt* jaune *m* d'œuf
Download (**-s, -s**) *m* (*Inform*) téléchargement *m*
downloaden *vt, vi* (*Inform*) télécharger
Downsyndrom, Down-Syndrom (**-(e)s, -e**) *nt* (*Méd*) trisomie *f* 21
Dozent(in) *m(f)*: **~ für** ≈ maître *m* de conférences en
Drache (**-n, -n**) *m* dragon *m*
Drachen (**-, -**) *m* (*Spielzeug*) cerf-volant *m* ; (*Sport*) deltaplane *m* ; (*péj*: *fam*: *Frau*) dragon *m* • **Drachenfliegen** *nt* (*Sport*) deltaplane *m*, vol *m* libre
Draht (**-(e)s, ¨e**) *m* fil *m* de fer ; **auf ~ sein** (*fam*) ouvrir l'œil
drahtig *adj* (*Mann*) sportif(-ive)
Drahtseil *nt* câble *m* métallique
Drahtseilbahn *f* funiculaire *m*
drall *adj* robuste ; (*Busen*) ferme
Drama (**-s, Dramen**) *nt* drame *m*
Dramatiker(in) (**-s, -**) *m(f)* dramaturge *mf*
dramatisch *adj* dramatique
dran (*fam*) *siehe* **daran** *adv*: **jetzt bin ich ~!** c'est mon tour ! ; **früh/spät ~ sein** être en avance/en retard
drang *etc vb siehe* **dringen**
Drang (**-(e)s, ¨e**) *m* (*Antrieb*) impulsion *f* ; (*Druck*) pression *f*
drängeln (*péj*) *vt* presser ▸ *vi* pousser
drängen *vt* presser ▸ *vi* presser ; **auf etw** *Akk* **~** insister sur qch
drastisch *adj* (*Maßnahme*) draconien(ne) ; (*Schilderung*) cru(e)
drauf (*fam*) *adv siehe* **darauf**
Draufgänger(in) (**-s, -**) *m(f)* fonceur(-euse)
draußen *adv* dehors
Dreck (**-(e)s**) *m* saleté *f*
dreckig *adj* sale ; (*Bemerkung*) grossier(-ière) ; (*Witz*) cochon(ne)
Dreharbeiten *pl* tournage *m*
Drehbank *f* tour *m*
drehbar *adj* rotatif(-ive)
Drehbuch *nt* (*Ciné*) scénario *m*
drehen *vt* tourner ; (*Zigaretten*) rouler ▸ *vi* tourner ▸ *vr* tourner ; (*Mensch*) se tourner ; **es dreht sich darum, dass ...** voici ce dont il s'agit : ...
Drehorgel *f* orgue *m* de Barbarie
Drehtür *f* tambour *m*
Drehung *f* (*Rotation*) rotation *f* ; (*Umdrehung, Wendung*) tour *m*
Drehwurm *m*: **den ~ haben/bekommen** avoir/attraper le tournis
Drehzahl *f* nombre *m* de tours
drei *num* trois • **Dreieck** *nt* triangle *m* • **dreieckig** *adj* triangulaire • **dreieinhalb** *num* trois et demi(e) • **Dreieinigkeit** *f* Trinité *f*
dreierlei *adj inv* trois sortes de
dreifach *adj* triple
dreihundert *num* trois cents
Dreikönigsfest *nt* Épiphanie *f*, fête *f* des Rois

dreimal *adv* trois fois
drein|reden *vi*: **jdm ~** (*dazwischenreden*) interrompre qn ; (*sich einmischen*) se mêler des affaires de qn
dreißig *num* trente
dreist *adj* impudent(e)
Dreistigkeit *f* impudence *f*
drei viertel *num* trois quarts
Dreiviertelstunde *f* trois quarts *mpl* d'heure
dreizehn *num* treize
dreschen *irr vt* (*Getreide*) battre ; **Phrasen ~** (*fam*) débiter de belles phrases
Dresden *nt* Dresde
dressieren *vt* dresser
dribbeln *vi* dribbler
Drillbohrer *m* perceuse *f*
Drilling *m* triplé *m*
drin (*fam*) *adv siehe* **darin**
dringen *irr vi* pénétrer ; **auf etw** *Akk* **~** insister sur qch ; **in jdn ~** (*geh*) presser qn
dringend *adj* urgent(e), pressant(e) ; (*Verdacht*) fort(e)
Dringlichkeit *f* urgence *f*
Drink (**-s, -s**) *m* drink *m*
drinnen *adv* à l'intérieur, dedans
dritt *adv*: **zu ~** à trois ; **wir kommen zu ~** nous serons trois
dritte(r, s) *adj* troisième ; **die D~ Welt** le tiers monde • **Dritte(r)** *f(m)* troisième *mf*
Drittel (**-s, -**) *nt* tiers *m*
drittens *adv* troisièmement
droben *adv* là-haut
Droge *f* drogue *f*
drogenabhängig *adj* toxicomane
Drogenabhängige(r) *f(m)* toxicomane *mf*
Drogenhandel *m* narcotrafic *m*
Drogensüchtige(r) *f(m)* toxicomane *mf*
Drogenszene *f* milieu *m* de la drogue
Drogentote(r) *f(m)* victime *f* de la drogue
Drogerie *f* droguerie *f*

Une **Drogerie** est un supermarché où l'on trouve des produits d'entretien, des cosmétiques, de la parfumerie et des articles de toilette, ainsi que des médicaments en vente libre. Il existe plusieurs chaînes de drogueries en Allemagne et en Autriche.

Drogist(in) *m(f)* droguiste *mf*
drohen *vi* menacer ; **jdm (mit etw) ~** menacer qn (de qch)
dröhnen *vi* (*Motor*) vrombir ; (*Stimme, Musik*) retentir
Drohung *f* menace *f*
drollig *adj* drôle
drosch *etc vb siehe* **dreschen**
Droschke *f* fiacre *m*
Drossel (**-, -n**) *f* grive *f*
drüben *adv* de l'autre côté
drüber (*fam*) *adv siehe* **darüber**
Druck[1] (**-(e)s, ¨-e**) *m* pression *f*
Druck[2] (**-(e)s, -e** *od* **-s**) *m* (*Typo*) impression *f* ; **im ~ sein** être sous presse • **Druckbuchstabe** *m* caractère *m* d'imprimerie
Drückeberger (**-s, -**) *m* tire-au-flanc *m inv*
drucken *vt, vi* imprimer
drücken *vt* (*herabsetzen*) baisser ; (*wehtun: Schuhe, Rucksack*) faire mal à ; (*Hand*) serrer ; (*Klinke*) tourner ; (*Knopf*) appuyer sur ; (*bedrücken*) oppresser ▸ *vi* (*Schuhe etc*) faire mal ▸ *vr*: **sich vor etw** *Dat* **~** s'esquiver devant qch
drückend *adj* (*Hitze, Armut*) accablant(e) ; (*Last, Steuern*) écrasant(e)
Drucker (**-s, -**) *m* (*Inform*) imprimante *f*
Drücker (**-s, -**) *m* (*Türdrücker*) poignée *f* ; (*Gewehrdrücker*) détente *f*
Druckerei *f* imprimerie *f*
Druckerschwärze *f* encre *f* d'imprimerie
Druckertreiber *m* (*Inform*) driver *m*, pilote *m* d'imprimante
Druckfehler *m* faute *f* d'impression
Druckknopf *m* bouton-pression *m*
Druckmittel *nt* moyen *m* de pression
Drucksache *f* imprimé *m*
Druckschrift *f* caractères *mpl* d'imprimerie
drunten *adv* (*im Tal*) en bas ; (*auf der Erde*) sur terre
Drüse *f* glande *f*
Dschungel (**-s, -**) *m* jungle *f*
DSD *nt abk* (= *Duales System Deutschland*)

Le **DSD** (*Duales System Deutschland*) désigne la formation par alternance, c'est à dire l'apprentissage durant lequel le jeune bénéficie à la fois d'un enseignement théorique au lycée professionnel *Berufsschule* et d'une formation en entreprise. Ce système est très développé en Allemagne où il jouit d'une forte reconnaissance sociale.

du *pron* tu ; **du hast es mir gesagt** c'est toi qui me l'as dit
Duales System *nt système de tri et de recyclage des emballages*
ducken *vr* se baisser ; (*fig*) courber l'échine
Duckmäuser (**-s, -**) *m* lâche *m*
Dudelsack *m* cornemuse *f*
Duell (**-s, -e**) *nt* duel *m*
Duett (**-(e)s, -e**) *nt* duo *m*
Duft (**-(e)s, ¨-e**) *m* parfum *m* ; (*von Parfüm*) senteur *f*

d

duften *vi* sentir bon
duftig *adj* (*Stoff, Kleid*) léger(-ère)
Duftnote *f* senteur *f*
dulden *vt* (*zulassen*) tolérer ; (*leiden*) endurer ▸ *vi* souffrir
duldsam *adj* patient(e)
dumm *adj* bête, stupide ; **das wird mir zu ~!** j'en ai marre ! ; **der D~e sein** être le dindon de la farce • **dummdreist** *adj* insolent(e)
dummerweise *adv* bêtement
Dummheit *f* bêtise *f*, stupidité *f*
Dummkopf *m* imbécile *m*
dumpf *adj* (*Ton*) sourd(e) ; (*Luft*) étouffant(e) ; (*Erinnerung, Schmerz*) vague
Düne *f* dune *f*
Dung *m* = **Dünger**
düngen *vt* fertiliser, amender
Dünger (**-s, -**) *m* engrais *m*
dunkel *adj* sombre ; (*Farbe*) foncé(e) ; (*Stimme*) grave ; (*Ahnung*) vague ; (*verdächtig*) louche ; **im D~n tappen** (*fig*) tâtonner
Dünkel (**-s**) *m* suffisance *f*
dünkelhaft *adj* prétentieux(-euse)
Dunkelheit *f* obscurité *f*
Dunkelkammer *f* chambre *f* noire
Dunkelziffer *f* cas *mpl* non enregistrés
dünn *adj* mince ; (*Haar, Bevölkerung*) clairsemé(e) ; (*Suppe, Kaffee*) clair(e) ; **~ gesät** clairsemé(e) • **dünnflüssig** *adj* fluide
Dunst (**-es, ¨-e**) *m* brume *f* ; (*durch Abgase, Zigaretten, Essen*) (nuage *m* de) fumée *f*
dünsten *vt* cuire à l'étuvée
dunstig *adj* (*Herbstmorgen*) brumeux(-euse) ; (*Luft, Raum*) enfumé(e)
Duplikat *nt* duplicata *m*
Dur (**-, -**) *nt* (*Mus*) majeur *m*

SCHLÜSSELWORT

durch *präp +Akk* **1** (*hindurch*) par, à travers ; **durch die ganze Welt reisen** faire le tour du monde
2 (*mittels*) par ; **Tod durch Herzschlag/den Strang** mort par crise cardiaque/pendaison ; **durch seine Ablehnung ist das Projekt gescheitert** le projet a dû être enterré à cause de son refus ; **durch seine Bemühungen** grâce à son intervention, par son entremise
3 (*Math*): **8 durch 4 = 2** 8 (divisé) par 4 = 2
▸ *adv* **1** (*hindurch*): **die ganze Nacht durch** toute la nuit ; **den Sommer durch** tout l'été ; **durch und durch verfault** complètement pourri(e)
2 (*durchgebraten*): **(gut) durch** bien cuit(e)
3 (*fam*): **durch sein** (*fam: durchgekommen sein: Gesetz, Schüler bei Prüfung*) avoir passé ; (*fertig sein*) avoir fini ; **bei jdm unten durch sein** ne plus avoir la cote auprès de qn

durch|arbeiten *vt* (*Akten, Buch*) étudier à fond ; (*ausarbeiten: Text*) travailler ▸ *vi* (*ohne Pause arbeiten*) travailler sans interruption ▸ *vr*: **sich durch etw ~** se frayer un chemin à travers qch ; (*fig*) venir à bout de qch
durchaus *adv* (*unbedingt: als Antwort*) absolument ; **das lässt sich ~ machen** c'est tout à fait possible
durch|beißen *irr vt* couper avec les dents ▸ *vr* (*fig*) se débrouiller
durch|blättern *vt* feuilleter
Durchblick *m* vue *f* ; **den (vollen) ~ haben** être au clair ; **keinen ~ haben** (*fam*) rien (y) piger • **durch|blicken** *vi* regarder ; (*fam: verstehen*): **bei etw ~** piger qch ; **etw ~ lassen** laisser entendre qch
durchbohren *vt insép* (*mit Bohrer*) percer ; (*mit Kugel*) transpercer
durch|brechen *irr vt* (*in zwei Teile brechen*) casser en deux
durch|brennen *irr vi* (*Draht*) fondre ; (*Sicherung*) sauter ; (*fam: weglaufen*): **~ mit** filer avec
durch|bringen *irr vt* (*Kranken*) tirer d'affaire ; (*Familie*) nourrir ; (*Antrag*) faire accepter ; (*vergeuden*) dilapider
durchdacht *adj* réfléchi(e)
durchdenken *irr vt insép* considérer dans tous ses détails
durch|diskutieren *vt* discuter à fond
durch|drehen *vt* (*Fleisch*) hacher ▸ *vi* (*fam*) craquer
durcheinander *adv* pêle-mêle ; **~ sein** ne pas s'y retrouver ; (*Zimmer*) être en désordre • **Durcheinander** (**-s**) *nt* (*Verwirrung*) confusion *f* ; (*Unordnung*) désordre *m* • **durcheinanderbringen** *vt* déranger, mettre en désordre ; (*verwechseln*) confondre • **durcheinanderreden** *vi* parler (tous(toutes)) en même temps
Durchfahrt *f* passage *m* ; (*Durchreise*) traversée *f* ; **auf der ~ sein** être de passage
Durchfall *m* (*Méd*) diarrhée *f*
durch|fallen *irr vi* tomber (à travers) ; (*in Prüfung*) échouer

durch|fragen *vr* demander son chemin
durchführbar *adj* réalisable
durch|führen *vt* (*ausführen*) réaliser ; (*hindurchleiten*) guider
Durchführung *f* (*von Plan, Experiment*) exécution *f* ; (*von Kurs, Reise*) organisation *f*
Durchgang *m* passage *m* ; (*Phase*) phase *f* ; (*Sport*) partie *f* ; (*bei Wahl*) tour *m* (de scrutin) ; **„~ verboten!"** « passage interdit ! »
Durchgangslager *nt* camp *m* volant
Durchgangsverkehr *m* circulation *f* (de passage)
durchgefroren *adj* (*Mensch*) transi(e) (de froid)
durch|gehen *irr vt* (*gründlich besprechen*) examiner point par point ▶ *vi* passer ; (*Zug*) être direct(e) ; (*Pferd*) s'emballer ; (*Mensch*) filer ; **~ durch** (*durch Haus, Stadt etc: Flüssigkeit, Lärm etc*) traverser ; (*durch Kontrolle*) passer ; **mein Temperament ging mit mir durch** je me suis emporté(e) ; **jdm etw ~ lassen** laisser passer qch à qn
durchgehend *adj* (*Zug*) direct(e) ▶ *adv* (*geöffnet*) sans interruption
durch|greifen *irr vi* intervenir (énergiquement)
durch|halten *irr vi* tenir bon ▶ *vt* supporter
durch|hecheln (*fam*) *vt* éreinter
durch|kommen *irr vi* passer ; (*Nachricht*) parvenir ; (*auskommen*) y arriver ; (*bestehen im Examen*) être reçu(e) ; (*überleben*) s'en tirer
durchkreuzen *vt insép* (*Plan*) contrarier
durch|lassen *irr vt* laisser passer ; **jdm etw ~** passer qch à qn
Durchlauf *m* (*Inform*) passage *m*
Durchlauferhitzer (**-s, -**) *m* chauffe-eau *m inv*
durchleben *vt insép* vivre
durch|lesen *irr vt* lire d'un bout à l'autre
durchleuchten *vt insép* radiographier
durchlöchern *vt insép* trouer ; (*mit Kugeln*) cribler ; (*fig*) miner
durch|machen *vt* (*Leiden*) endurer ; **wir machen die Nacht durch** nous allons passer une nuit blanche, nous allons faire la fête toute la nuit
Durchmesser (**-s, -**) *m* diamètre *m*
durch|nehmen *irr vt* traiter
durch|nummerieren *vt* numéroter (en continu)
durch|pausen *vt* calquer
durchqueren *vt insép* traverser
Durchreiche *f* passe-plat *m*
Durchreise *f* passage *m* ; **auf der ~ sein** être de passage
durch|ringen *irr vr*: **sich zu einem Entschluss ~** se résoudre à prendre une décision
durch|rosten *vi* rouiller complètement
durchs = **durch das**
Durchsage *f* communiqué *m*
durch|schauen *vt insép* (*jdn*) ne pas se laisser tromper par
durch|scheinen *irr vi* (*Sonne*) briller (à travers les nuages) ; (*Schrift, Untergrund*) se voir
durchscheinend *adj* transparent(e)
Durchschlag *m* (*Doppel*) copie *f*
durch|schlagen *irr vt* (*entzweischlagen*) casser en deux ▶ *vr* se débrouiller
durchschlagend *adj* (*Erfolg*) retentissant(e)
durch|schneiden *irr vt* couper
Durchschnitt *m* moyenne *f* ; **im ~** en moyenne • **durchschnittlich** *adj* moyen(ne) ▶ *adv* en moyenne
Durchschnittsgeschwindigkeit *f* vitesse *f* moyenne
Durchschnittsmensch *m*: **der ~ ist ja kein Millionär** la plupart des gens ne sont pas millionnaires
Durchschnittswert *m* valeur *f* moyenne
Durchschrift *f* copie *f*
durch|sehen *irr vt* (*flüchtig ansehen*) parcourir ; (*prüfen*) examiner ▶ *vi*: **durch etw ~** voir à travers qch
durch|setzen *vt* imposer ▶ *vr* s'imposer ; **seinen Kopf ~** arriver à ses fins
Durchsicht *f* examen *m*
durchsichtig *adj* (*Stoff*) transparent(e) ; (*Lügen*) évident(e) • **Durchsichtigkeit** *f* transparence *f* ; (*von Manöver*) manque *m* de subtilité
durch|sickern *vi* suinter ; (*fig*) s'ébruiter
durch|sprechen *irr vt* discuter (à fond)
durch|stehen *irr vt* endurer
durchstöbern *vt* fouiller
durch|streichen *irr vt* barrer, rayer
durchsuchen *vt insép* fouiller ; (*Jur*) perquisitionner ; **~ nach** fouiller pour trouver
Durchsuchung *f* perquisition *f*
Durchsuchungsbefehl *m* mandat *m* de perquisition
durchtrieben *adj* rusé(e)
durchwachsen *adj* (*Speck*) maigre ; (*fam: mittelmäßig*) mi-figue, mi-raisin *inv*
Durchwahl *f* (*Tél*) automatique *m* ; (*Anschluss*) appel *m* direct
durchweg *adv* complètement

durch|zählen *vt* faire le compte de ▸ *vi* compter
durch|ziehen *irr vt* faire passer ▸ *vi* passer
Durchzug *m* (*Luft*) courant *m* d'air ; (*von Truppen, Vögeln*) passage *m*
durch|zwängen *vt*: **~ durch** faire passer de force à travers ▸ *vr*: **sich ~ durch** se frayer un passage à travers

SCHLÜSSELWORT

dürfen (*pt* **dürfte**, *pp* **gedurft** *od (als Hilfsverb)* **dürfen**) *vi* **1** (*Erlaubnis haben*): **ich darf das** j'ai le droit ; **darf ich?** je peux ? ; **darf ich ins Kino (gehen)?** je peux aller au cinéma ? ; **du darfst** d'accord ; **es darf geraucht werden** on peut fumer ; **das darf nicht geschehen** il faut l'éviter à tout prix
2 (*in Höflichkeitsformeln*): **darf ich Sie bitten, das zu tun?** auriez-vous l'amabilité de faire cela ? ; **was darf es sein?** et pour Monsieur/Madame ?
3 (*können*): **das dürfen Sie mir glauben** vous pouvez me croire
4 (*Möglichkeit*): **das dürfte genug sein** ça devrait suffire ; **es dürfte Ihnen bekannt sein, dass ...** vous savez sans doute que ... ; **das darf doch nicht wahr sein!** ce n'est pas possible ! ; **da darf sie sich nicht wundern** c'est bien fait pour elle

dürftig *adj* (*ärmlich*) misérable ; (*unzulänglich*) insuffisant(e)
dürr *adj* (*Ast*) mort(e) ; (*Land*) aride ; (*mager*) décharné(e)
Dürre *f* sécheresse *f*
Durst (**-(e)s**) *m* soif *f*
durstig *adj* assoiffé(e)
Dusche *f* douche *f*
duschen *vi, vr* se doucher, prendre une douche
Duschgel *nt* gel *m* pour la douche
Duschvorhang *m* rideau *m* de douche
Düse *f* (*Flugzeugdüse*) réacteur *m*
Düsenantrieb *m* propulsion *f* par réacteur
Düsenflugzeug *nt* avion *m* à réaction
Düsenjäger *m* chasseur *m* à réaction
Dussel (**-s, -**) (*fam*) *m* crétin *m*
düster *adj* sombre • **Düsterkeit** *f* obscurité *f*
Dutzend (**-s, -e**) *nt* douzaine *f* ; **im ~** à la douzaine ; **~(e) Mal** des dizaines de fois • **dutzendweise** *adv* par douzaines
duzen *vt* tutoyer
DVD *f abk* (= *Digital Versatile Disc*) DVD *m*
DVD-Brenner *m* graveur *m* de DVD
DVD-Spieler *m* lecteur *m* de DVD
Dynamik *f* dynamique *f* ; (*von Mensch*) dynamisme *m*
dynamisch *adj* dynamique
Dynamit (**-s**) *nt* dynamite *f*
Dynamo (**-s, -s**) *m* dynamo *f*
D-Zug *m* train *m* direct

e

E, e *nt* E, e *m inv* ; (*Mus*) mi *m*
Ebbe *f* marée *f* basse
eben *adj* plat(e) ▸ *adv* (*gerade*) juste ; (*bestätigend*) justement ; **sie ist ~ erst angekommen** elle vient d'arriver ; **das ist ~ so** c'est comme ça
ebenbürtig *adj*: **jdm (an** *od* **in** *Dat***) ~ sein** égaler qn (en)
Ebene *f* plaine *f* ; (*fig*) niveau *m* ; (*Math, Phys*) plan *m*
ebenerdig *adj* (*Wohnung*) au rez-de-chaussée
ebenfalls *adv* également ; **danke, ~!** merci, moi de même !
Ebenheit *f* (*von Land, Fläche*) aspect *m* plat
ebenso *adv* de la même manière ; **~ gut/schön wie** aussi bien/beau que
Eber (**-s, -**) *m* verrat *m*
E-Bike (*fam*) *nt* VAE *f* (*= vélo à assistance électrique*)
ebnen *vt* aplanir, niveler ; **jdm/etw den Weg ~** (*fig*) aplanir le terrain pour qn/qch
E-Book (**-s, -s**) *nt* e-book *m*, livre *m* électronique, livre *m* numérique
E-Card (**-, -s**) *f* carte *f* électronique
Echo (**-s, -s**) *nt* écho *m*
echt *adj* vrai(e) • **Echtheit** *f* authenticité *f* • **Echtzeit** *f* (*Inform*) temps *m* réel
EC-Karte *f* Carte *f* Bleue®
Eckball *m* corner *m*
Ecke *f* coin *m* ; (*von Kragen*) pointe *f* ; (*Sport*) corner *m*
eckig *adj* anguleux(-euse) ; (*Bewegung*) gauche
Eckzahn *m* canine *f*
E-Commerce (**-**) *m* commerce *m* électronique
Ecuador (**-s**) *nt* l'Équateur *m*
edel *adj* (*Holz*) précieux(-euse) ; (*Wein*) fin(e) ; (*Pferd*) de race ; (*Tat, Mensch*) noble • **Edelmetall** *nt* métal *m* précieux • **Edelstein** *m* pierre *f* précieuse
editieren *vt* (*Inform*) éditer
Editor (**-s, -en**) *m* (*Inform*) éditeur *m* (de texte)
Edutainment *nt* *éducation et information par le divertissement*
EDV *f abk* (*= elektronische Datenverarbeitung*) traitement *m* électronique des données
EEG (**-**) *nt abk* (*= Elektroenzephalogramm*) électroencéphalogramme *m*
Efeu (**-s**) *m* lierre *m*
Effekt (**-s, -e**) *m* effet *m*
Effekten *pl* (*Fin*) titres *mpl*, valeurs *fpl*
Effektenbörse *f* Bourse *f* des valeurs
Effekthascherei *f*: **das ist reine ~** c'est du vent
effektiv *adj* effectif(-ive)
effizient *adj* efficace
EG *f abk* (*= Europäische Gemeinschaft*) CE *f*
egal *adj* égal(e) ; **das ist mir ganz ~** ça m'est complètement égal
Egoismus *m* égoïsme *m*
Egoist(in) *m(f)* égoïste *mf*
egoistisch *adj* égoïste
egozentrisch *adj* égocentrique
ehe *konj* avant que *+sub*
Ehe *f* mariage *m* • **Ehebrecher(in)** *m(f)* homme(femme) adultère • **Ehebruch** *m* adultère *m* • **Ehefrau** *f* épouse *f*, femme *f* • **Ehekrise** *f* crise *f* conjugale • **Eheleute** *pl* époux *mpl* • **ehelich** *adj* (*Beziehungen*) conjugal(e) ; (*Kind*) légitime
ehemalig *adj* ancien(ne)
ehemals *adv* autrefois
Ehemann *m* époux *m*, mari *m*
Ehepaar *nt* couple *m* (marié)
eher *adv* (*früher*) plus tôt ; (*lieber, mehr*) plutôt
Ehering *m* alliance *f*
Ehescheidung *f* divorce *m*
Eheschließung *f* mariage *m*
eheste(r, s) *adj*: **am ~n Termin** le plus tôt possible ▸ *adv*: **am ~n** (*am liebsten*) de préférence
ehrbar *adj* (*Person*) honnête ; (*Beruf*) honorable
Ehre *f* honneur *m* ; **zu ~n von** en l'honneur de
ehren *vt* (*Sieger*) récompenser
Ehrengast *m* invité *m* d'honneur
ehrenhaft *adj* honorable
Ehrenmann *m* homme *m* d'honneur
Ehrenmitglied *nt* membre *m* honoraire
Ehrenplatz *m* place *f* d'honneur
ehrenrührig *adj* diffamatoire
Ehrenrunde *f* (*Sport*) tour *m* d'honneur

Ehrensache *f* affaire *f* d'honneur
ehrenvoll *adj* honorable
Ehrenwort *nt* parole *f* d'honneur
Ehrfurcht *f* (profond) respect *m*
Ehrgefühl *nt* sens *m* de l'honneur
Ehrgeiz *m* ambition *f*
ehrgeizig *adj* ambitieux(-euse)
ehrlich *adj* honnête ; **es ~ meinen** avoir des intentions honnêtes ; **~ gesagt** à vrai dire
Ehrlichkeit *f* honnêteté *f*
Ehrung *f* honneur *m*, hommage *m*
ehrwürdig *adj* vénérable
ei *interj* tiens
Ei (**-(e)s, -er**) *nt* œuf *m*
Eibe *f* if *m*
Eiche *f* chêne *m*
Eichel (**-, -n**) *f* (*Bot, Anat*) gland *m*
eichen *vt* étalonner ; **auf etw geeicht sein** (*fam: fig*) s'y connaître en qch
Eichhörnchen *nt* écureuil *m*
Eichmaß *nt* étalon *m*
Eichung *f* étalonnage *m*
Eid (**-(e)s, -e**) *m* serment *m* ; **unter ~ stehen** être sous serment *od* assermenté(e) ; **eine Erklärung an ~es statt abgeben** faire une déclaration solennelle
Eidechse *f* lézard *m*
eidesstattlich *adj*: **~e Erklärung** déclaration *f* solennelle (*tenant lieu de serment*)
Eidgenosse *m* confédéré *m* ; (*Schweizer*) Suisse *m*
eidlich *adj* sous (la foi du) serment
Eidotter *m od nt* jaune *m* d'œuf
Eierbecher *m* coquetier *m*
Eierkuchen *m* crêpe *f*
Eierschale *f* coquille *f* d'œuf
Eierstock *m* ovaire *m*
Eieruhr *f* sablier *m*
Eifer (**-s**) *m* zèle *m* • **Eifersucht** *f* jalousie *f* • **eifersüchtig** *adj*: **(auf jdn/etw) ~** jaloux(-ouse) (de qn/qch)
eifrig *adj* zélé(e) ; (*Anhänger*) fervent(e)
Eigelb *nt* jaune *m* d'œuf
eigen *adj* propre (*vorgestellt*) ; (*Meinung*) personnel(le) ; (*typisch*) particulier(-ière) ; (*eigenartig*) étrange ; **mein/sein ~es Fahrrad** mon/son propre vélo ; **sich** *Dat* **etw zu ~ machen** faire sien(ne) qch • **Eigenart** *f* particularité *f* • **eigenartig** *adj* étrange, bizarre • **Eigenbedarf** *m* besoins *mpl* personnels • **Eigengewicht** *nt* (*Tech*) poids *m* mort ; (*Nettogewicht*) poids net • **eigenhändig** *adj* autographe • **Eigenheim** *nt* maison *f* dont on est propriétaire • **Eigenheit** *f* particularité *f* • **Eigenlob** *nt* éloge *m* de soi-même • **eigenmächtig** *adj* (*selbstherrlich*) autoritaire ▸ *adv*: **~ entscheiden** décider de son propre chef • **Eigenname** *m* nom *m* propre
eigens *adv* exprès
Eigenschaft *f* (*Merkmal*) qualité *f*, propriété *f* ; **in seiner ~ als** en (sa) qualité de
Eigenschaftswort *nt* adjectif *m*
Eigensinn *m* obstination *f*
eigensinnig *adj* têtu(e)
eigentlich *adj* (*Grund*) vrai(e) ; (*Bedeutung*) propre ▸ *adv* en fait ; (*überhaupt*) au fait
Eigentor *nt* but *m* contre son propre camp
Eigentum *nt* propriété *f*
Eigentümer(in) (**-s, -**) *m(f)* propriétaire *mf*
eigentümlich *adj* bizarre, étrange
Eigentümlichkeit *f* (*Kennzeichen*) propriété *f* ; (*Besonderheit*) particularité *f*
Eigentumswohnung *f* appartement *m* dont on est propriétaire
eignen *vr*: **sich ~ (für/als)** convenir (pour/comme)
Eignung *f* aptitude *f*
Eilbote *m*: **per** *od* **durch ~n** (en) exprès *od* par Chronopost®
Eilbrief *m* lettre *f* envoyée (en) exprès *od* par Chronopost®
Eile *f* hâte *f*, précipitation *f* ; **es hat keine ~** ça ne presse pas
eilen *vi* (*Mensch*) se presser, se dépêcher ; (*dringend sein*) être urgent(e)
Eilgut *nt* colis *m* exprès
eilig *adj* (*in Eile, schnell*) pressé(e) ; (*dringlich*) urgent(e) ; **es ~ haben** être pressé(e)
Eilzug *m* train *m* rapide
Eimer (**-s, -**) *m* seau *m*
ein *adv*: **nicht ~ noch aus wissen** ne plus savoir quoi faire *od* à quel saint se vouer ; **er geht bei uns ~ und aus** il vient très souvent à la maison
ein(e) *num, indéf art* un(e)
einander *pron* l'un(e) l'autre
ein|arbeiten *vt*: **jdn in etw** *Akk* **~** apprendre qch à qn ; **sich** *Akk* **~** apprendre le métier
einarmig *adj* manchot(e)
ein|atmen *vt* respirer ▸ *vi* inspirer
einäugig *adj* borgne
Einbahnstraße *f* (rue *f* à) sens *m* unique
Einband *m* couverture *f*, reliure *f*
einbändig *adj* en un volume

ein|bauen *vt* (*Schrank etc*) encastrer ; (*Küche*) (faire) installer
Einbauküche *f* cuisine *f* à éléments
Einbaumöbel *pl* meubles *mpl* encastrés
ein|berufen *irr vt* (*Versammlung*) convoquer ; (*Soldaten*) appeler sous les drapeaux
Einberufung *f* convocation *f* ; (*Mil*) appel *m* (sous les drapeaux)
Einbettzimmer *nt* (*in Krankenhaus*) chambre *f* particulière
ein|beziehen *irr vt* inclure
ein|biegen *irr vi* tourner
ein|bilden *vr*: **sich** *Dat* **etw ~** s'imaginer qch ; (*stolz sein*): **sich** *Dat* **viel auf etw** *Akk* **~** être très fier(fière) de qch
Einbildung *f* imagination *f* ; (*Dünkel*) suffisance *f* • **Einbildungskraft** *f* imagination *f*
ein|binden *irr vt* (*Buch*) relier
ein|bläuen (*fam*) *vt*: **jdm etw ~** faire entrer qch dans la tête de qn
ein|blenden *vt* insérer
Einblick *m* aperçu *m*, idée *f* ; **jdm ~ in etw** *Akk* **gewähren** permettre à qn de consulter qch
ein|brechen *irr vi* (*Einbruch verüben*) cambrioler, faire un cambriolage ; (*Nacht*) tomber ; (*Winter*) arriver ; (*einstürzen*) s'effondrer ; (*durchbrechen*: *in Eis*) passer à travers la couche de glace
Einbrecher (**-s, -**) *m* cambrioleur *m*
ein|bringen *irr vt* (*Geld, Vorteil*) rapporter ; (*Ernte*) rentrer ; (*Kapital, Kenntnisse*) apporter ; **das bringt nichts ein** (*fig*) ça ne sert à rien
Einbruch *m* (*Hauseinbruch*) cambriolage *m* ; (*des Winters*) arrivée *f* ; (*Einsturz*: *finanziell*) effondrement *m* ; **bei ~ der Dunkelheit** à la tombée de la nuit
einbruchssicher *adj* (*Schloss*) incrochetable ; (*Haus*) muni(e) d'un système d'alarme
ein|bürgern *vt* naturaliser ▸ *vr*: **das hat sich so eingebürgert** c'est entré dans les mœurs
Einbuße *f* perte *f*
ein|büßen *vt* (*verlieren*) perdre ▸ *vi*: **an etw** *Dat* **~** perdre de qch
ein|checken *vt* enregistrer
ein|cremen *vt* enduire de crème
ein|decken *vr*: **sich (mit etw) ~** s'approvisionner (en qch)
eindeutig *adj* (*Beweis*) incontestable ; (*Absage*) clair(e)
ein|dringen *irr vi*: **~ in** *+Akk* pénétrer dans ; **auf jdn ~** attaquer qn ; (*mit Bitten*) presser qn
eindringlich *adj* (*Bitte*) pressant(e)
Eindringling *m* intrus *m*
Eindruck *m* impression *f*
eindrucksvoll *adj* impressionnant(e)
eine(r, s) *pron* un(une) ; **~r von uns** l'un d'entre nous
eineiig *adj*: **~e Zwillinge** des vrais jumeaux/vraies jumelles
eineinhalb *num* un(e) et demi
Eineltern(teil)familie *f* famille *f* monoparentale
ein|engen *vt* restreindre
einerlei *adj* (*gleichartig*) le(la) même
Einerlei (**-s**) *nt* monotonie *f*
einerseits *adv*: **~ ... andererseits** d'une part ... d'autre part
einfach *adj* simple ▸ *adv* simplement ; **etw ~ tun** faire qch (sans hésiter) ; **~ großartig** vraiment extraordinaire • **Einfachheit** *f* simplicité *f*
ein|fädeln *vt* enfiler ; (*fig*) tramer, manigancer ▸ *vr* (*Auto*) prendre la bonne file
ein|fahren *irr vt* (*Ernte, Antenne*) rentrer ; (*Barriere*) enfoncer, emboutir ; (*Auto*) roder ▸ *vi* (*Zug*) entrer en gare
Einfahrt *f* entrée *f* ; (*Weg*) entrée
Einfall *m* (*Idee*) idée *f* ; (*von Licht*) incidence *f* ; (*Mil*) invasion *f* • **ein|fallen** *irr vi* (*einstürzen*) s'écrouler ; (*Licht*) entrer, tomber ; (*einstimmen*) joindre sa voix ; **~ in** *+Akk* (*Mil*) envahir ; **etw fällt jdm ein** qn pense (soudain) à qch ; **das fällt mir gar nicht ein!** il n'en est pas question ! ; **sich** *Dat* **etw ~ lassen** trouver une solution
einfallsreich *adj* ingénieux(-euse)
einfältig *adj* niais(e)
Einfamilienhaus *nt* maison *f* individuelle
ein|fangen *irr vt* attraper ; (*Stimmung*) rendre
einfarbig *adj* d'une seule couleur ; (*Stoff etc*) uni(e)
ein|fassen *vt* (*Beet*) entourer ; (*Stoff*) border ; (*Edelstein*) enchâsser
Einfassung *f* bordure *f*
ein|fetten *vt* (*Backblech*) beurrer ; (*Hände*) enduire de crème ; (*Leder, Schuhe*) cirer
ein|finden *irr vr* arriver
ein|fliegen *vt* acheminer par avion ; (*neues Flugzeug*) faire un vol d'essai sur
ein|fließen *irr vi* (*Wasser*) couler ; (*Luft*) arriver ; (*beiläufig bemerken*): **etw ~ lassen** mentionner qch en passant
ein|flößen *vt*: **jdm etw ~** faire prendre qch à qn ; (*fig*: *Angst etc*) inspirer qch à qn

Einfluss *m* influence *f* • **Einflussbereich** *m* zone *f* d'influence • **einflussreich** *adj* influent(e)
einförmig *adj* monotone • **Einförmigkeit** *f* monotonie *f*
ein|frieren *irr vi* geler ▸ *vt* (*Lebensmittel*) congeler
ein|fügen *vt* insérer ; (*zusätzlich*) ajouter
Einfühlungsvermögen *nt* capacité *f* à se mettre à la place des autres
Einfuhr *f* importation *f*
ein|führen *vt* introduire ; (*importieren*) importer ; (*Mensch*) présenter ; (*in Arbeit, Idee*) : **jdn in etw** *Akk* **~** initier qn à qch
Einführung *f* introduction *f* ; (*von Mensch*) présentation *f* ; (*in Amt*) installation *f*
Einführungspreis *m* prix *m* de lancement
Eingabe *f* (*Gesuch*) requête *f* ; (*Inform*) entrée *f*
Eingabetaste *f* (*Inform*) touche *f* Entrée
Eingang *m* entrée *f* ; (*Wareneingang, Posteingang*) arrivée *f* ; (*Erhalt*) réception *f*
eingangs *adv* au début ▸ *präp +Gen* au début de
Eingangsbestätigung *f* accusé *m* de réception, récépissé *m*
Eingangshalle *f* hall *m* d'entrée
ein|geben *irr vt* (*Arznei*) administrer ; (*Inform*) entrer ; (*Gedanken*) inspirer
eingebildet *adj* (*Krankheit*) imaginaire ; (*Mensch, Benehmen*) vaniteux(-euse), prétentieux(-euse)
Eingeborene(r) *f(m)* indigène *mf*
Eingebung *f* inspiration *f*
eingefallen *adj* (*Gesicht*) creux(creuse)
eingefleischt *adj* invétéré(e) ; **~er Junggeselle** célibataire *m* endurci
ein|gehen *irr vi* (*Eingang finden*) entrer ; (*eintreffen*) arriver ; (*sterben*) mourir ; (*Firma*) faire faillite ; (*Stoff*) rétrécir ; **auf jdn/etw ~** prêter attention à qn/qch ; **auf einen Vorschlag ~** accepter une proposition ▸ *vt* (*Vertrag*) conclure ; (*Risiko*) prendre
eingehend *adj* détaillé(e)
Eingemachte(s) *nt* conserves *fpl*
ein|gemeinden *vt* : **~ in** *+Akk* rattacher à
eingenommen *adj* : **von jdm/etw ~ sein** être séduit(e) par qn/qch ; **gegen jdn/etw ~ sein** être prévenu(e) contre qn/qch
eingeschrieben *adj* (*Brief*) recommandé(e)
eingespielt *adj* : **aufeinander ~ sein** bien s'entendre
Eingeständnis *nt* aveu *m*
ein|gestehen *irr vt* avouer
eingestellt *adj* : **fortschrittlich/ausländerfeindlich ~ sein** avoir des idées progressistes/xénophobes
eingetragen *adj* (*Verein*) reconnu(e) (par les autorités) ; **~es Warenzeichen** marque *f* déposée
Eingeweide (**-s, -**) *nt* (*gew pl*) viscères *mpl*
Eingeweihte(r) *f(m)* initié(e) *m/f*
ein|gewöhnen *vr* : **sich ~ in** *+Akk* s'habituer à
ein|gießen *irr vt* verser
eingleisig *adj* à voie unique ; **er denkt sehr ~** il est très étroit d'esprit
ein|graben *irr vt* (*Pflanze*) mettre en terre ; (*Pfahl*) enfoncer ▸ *vr* (*Tier*) se terrer
ein|greifen *irr vi* intervenir
Eingreiftruppe *f* : **schnelle ~** force *f* d'intervention rapide
Eingriff *m* intervention *f* ; (*Operation*) intervention (chirurgicale)
ein|haken *vt* accrocher ▸ *vr* : **sich bei jdm ~** prendre le bras de qn ▸ *vi* (*sich einmischen*) mettre son grain de sel
Einhalt *m* : **jdm ~ gebieten** (*geh*) arrêter qn ; **etw** *Dat* **~ gebieten** mettre un terme à qch
ein|halten *irr vt* suivre ; (*Frist*) respecter
einhändig *adv* d'une (seule) main
ein|hängen *vt* (*Tür*) monter ; (*Telefon*) raccrocher ; **sich bei jdm ~** prendre le bras de qn
einheimisch *adj* (*Ware*) du pays ; (*Bevölkerung*) indigène, autochtone • **Einheimische(r)** *f(m)* autochtone *mf*
Einheit *f* unité *f* • **einheitlich** *adj* (*Kleidung, Gestaltung*) uniformisé(e) ; (*Preis*) unique ; (*genormt*) standard
Einheitspreis *m* prix *m* unique
einhellig *adj* unanime ; **~ ablehnen** rejeter à l'unanimité
ein|holen *vt* (*aufholen*) rattraper ; (*Rat, Erlaubnis*) demander ; (*Tau*) haler ; (*Netz, Segel, Fahne*) amener ▸ *vi* (*fam : einkaufen*) faire les courses
Einhorn *nt* licorne *f*
einhundert *num* cent
einig *adj* (*vereint*) uni(e) ; **(sich** *Dat***) ~ sein** être d'accord ; **~ werden** tomber d'accord
einige(r, s) *pron* (*etw : adjektivisch*) un peu de ; (*: substantivisch*) un peu ; **~ Mal(e)/Tage** plusieurs fois/jours ; **es gibt noch ~s zu regeln** il reste encore plusieurs questions à régler
einigen *vt* unir ▸ *vr* : **sich ~ auf** *+Akk* se mettre d'accord sur
einigermaßen *adv* assez, plutôt

Einigkeit *f* unité *f* ; (*Übereinstimmung*) accord *m*
Einigung *f* (*Übereinstimmung*) accord *m* ; (*von Ländern*) unification *f*
einjährig *adj* d'un an
ein|kalkulieren *vt* prévoir, inclure dans ses calculs
Einkauf *m* achat *m*
ein|kaufen *vt* acheter ▸ *vi* faire les courses *od* des achats
Einkaufsbummel *m* : **einen ~ machen** faire du shopping
Einkaufsgutschein *m* bon *m* d'achat
Einkaufsnetz *nt* filet *m* à provisions
Einkaufspreis *m* prix *m* d'achat
Einkaufswagen *m* caddie *m*
Einkaufszentrum *nt* centre *m* commercial
ein|kerben *vt* (*Stock*) entailler ; (*Zeichen*) graver
ein|klammern *vt* mettre entre parenthèses
Einklang *m* harmonie *f* ; **in ~ bringen** harmoniser
ein|kleiden *vt* habiller ; (*Gedanken*) formuler ▸ *vr* : **sich ~** se constituer une garde-robe
ein|klemmen *vt* coincer
ein|knicken *vt* casser (à demi) ; (*Papier*) corner ▸ *vi* fléchir
ein|kochen *vt* (*Marmelade*) faire ; (*Obst*) faire des conserves de
Einkommen **(-s, -)** *nt* revenu *m*
einkommensschwach *adj* à faible revenu
einkommensstark *adj* à revenu élevé
Einkommenssteuer *f* impôt *m* sur le revenu
ein|kreisen *vt* encercler
Einkünfte *pl* revenus *mpl*
ein|laden *irr vt* (*Person*) inviter ; (*Gepäck*) charger
Einladung *f* invitation *f*
Einlage *f* (*Programmeinlage*) intermède *m* ; (*Spareinlage*) dépôt *m* ; (*in Schuh*) support *m* ; (*Zahneinlage*) plombage *m* provisoire
ein|lagern *vt* (*Kartoffel*) entreposer, mettre en réserve ; (*Möbel*) mettre en dépôt
Einlass **(-es, ⸚e)** *m* admission *f* ; **jdm ~ gewähren** laisser entrer qn
ein|lassen *irr vt* (*Mensch*) laisser entrer ; (*Wasser*) faire couler ; (*einsetzen*: *Platte*) encastrer ▸ *vr* : **sich auf etw** *Akk* **~** s'aventurer dans qch ; **sich mit jdm ~** se commettre avec qn
Einlauf *m* arrivée *f* ; (*Méd*) lavement *m*
ein|laufen *irr vi* arriver ; (*in Hafen*) entrer dans le port ; (*Wasser*) couler ; (*Stoff*) rétrécir ▸ *vt* (*Schuhe*) porter pour s'y habituer, faire ▸ *vr* (*Sport*) s'échauffer ; (*Motor, Maschine*) se roder
ein|leben *vr* s'acclimater
Einlegearbeit *f* marqueterie *f*
ein|legen *vt* (*Blatt*) insérer ; (*Culin*: *Gurken, Heringe*) mariner ; (*in Holz etc*) incruster, appliquer ; (*Fin*: *einzahlen*) déposer ; (*Pause*) faire ; (*Protest*) formuler ; (*Veto*) opposer ; (*Berufung*) faire, interjeter ; **ein gutes Wort für jdn ~** intercéder en faveur de qn
Einlegesohle *f* semelle *f* orthopédique
ein|leiten *vt* (*Feier, Rede*) commencer ; (*Geburt*) provoquer
Einleitung *f* introduction *f*
ein|leuchten *vi* : **(jdm) ~** paraître évident(e) (à qn)
einleuchtend *adj* convaincant(e)
ein|liefern *vt* livrer ; **jdn ins Krankenhaus ~** hospitaliser qn
ein|loggen *vi* (*Inform*) ouvrir une session
ein|lösen *vt* (*Scheck*) encaisser ; (*Schuldschein, Pfand*) retirer ; (*Versprechen*) tenir
ein|machen *vt* mettre en conserve
einmal *adv* (*ein einziges Mal*) une (seule) fois ; (*später, irgendwann*) un jour ; (*früher, vorher*) jadis, une fois ; **nehmen wir ~ an** supposons ; **erst ~** (tout) d'abord ; **noch ~** encore une fois ; **nicht ~** même pas ; **auf ~** tout à coup ; **es war ~** il était une fois
Einmaleins *nt* tables *fpl* de multiplication
einmalig *adj* unique
Einmannbetrieb *m* entreprise *f* individuelle
Einmarsch *m* (*Mil*) invasion *f* ; (*von Sportlern*) entrée *f*
ein|marschieren *vi* (*Truppen*) : **~ (in** *+Akk***)** envahir ; (*Sportler*) faire son entrée (dans)
ein|mischen *vr* : **sich ~ in** *+Akk* se mêler de
ein|münden *vi* : **~ in** *+Akk* (*Fluss*) se jeter dans ; (*Straße*) déboucher sur
einmütig *adj* unanime
Einnahme *f* (*Geld*) recette *f*, revenu *m* ; (*von Medizin*) absorption *f* ; (*Mil*) prise *f*
• **Einnahmequelle** *f* source *f* de revenu
ein|nehmen *irr vt* (*Geld*) gagner ; (*Medizin, Mahlzeit, Mil*: *Stadt*) prendre ; (*Raum, Platz*) occuper ; **jdn für/gegen jdn/etw ~** prévenir qn en faveur de/contre qn/qch
einnehmend *adj* (*Wesen*) charmant(e)
ein|nicken *vi* piquer un petit somme
ein|nisten *vr* (*fig*) s'incruster

Einöde *f* désert *m*
ein|ordnen *vt* (*Karteikarten etc*) classer ▸ *vr* (*sich anpassen*) s'intégrer ; (*Auto*) prendre la bonne file
ein|packen *vt* (*Geschenke*) emballer ; (*in Koffer, Paket*) mettre
ein|parken *vt* garer ▸ *vi* se garer
ein|pendeln *vr* se stabiliser
ein|pferchen *vt* parquer
ein|pflanzen *vt* planter
ein|planen *vt* prévoir
ein|prägen *vt* (*Zeichen*) graver ; (*beibringen*): **jdm ~** inculquer à qn ▸ *vr* (*Spuren*) s'imprimer ; (*Erlebnisse*) rester gravé(e) dans la mémoire ; **sich** *Dat* **etw ~** mémoriser qch
einprägsam *adj* facile à retenir
ein|rahmen *vt* encadrer
ein|rasten *vi* s'enclencher
ein|räumen *vt* (*ordnen*) ranger ; (*überlassen*) laisser, céder ; (*zugestehen*) concéder
ein|rechnen *vt* comprendre ; (*berücksichtigen*) tenir compte de
ein|reden *vt*: **jdm/sich etw ~** persuader qn/se persuader de qch
ein|reiben *irr vt* frictionner
ein|reichen *vt* présenter
Einreise *f* entrée *f*
• **Einreisebestimmungen** *pl dispositions relatives à l'entrée dans un pays*
• **Einreiseerlaubnis**, **Einreisegenehmigung** *f* visa *m* d'entrée
ein|reisen *vi* (*in ein Land*) entrer
ein|reißen *irr vt* (*Papier*) déchirer ; (*Gebäude*) raser ▸ *vi* se déchirer ; (*Gewohnheit werden*) s'enraciner
ein|richten *vt* (*Wohnung*) aménager ; (*eröffnen*) ouvrir ; (*arrangieren*) arranger ▸ *vr* (*in Haus*) s'installer ; (*sich anpassen*) se débrouiller ; **es (sich** *Dat*) **so ~, dass ...** s'arranger pour que ...
Einrichtung *f* (*Wohnungseinrichtung*) aménagement *m* ; (*Laboreinrichtung, Praxiseinrichtung*) équipement *m* ; (*öffentliche Anstalt*) institution *f* ; (*Dienste*) service *m*
ein|rosten *vi* rouiller ; (*fig*) se rouiller
ein|rücken *vt* (*Zeile, Text*) renfoncer, faire commencer en retrait ▸ *vi* (*in Land*) entrer
eins *num* un(e) ; **es ist mir alles ~** ça m'est égal • **Eins** (**-, -en**) *f* un *m*
ein|salzen *vt* saler
einsam *adj* seul(e), solitaire • **Einsamkeit** *f* solitude *f*
ein|sammeln *vt* (*Geld*) recueillir ; (*Hefte*) ramasser
Einsatz *m* (*Koffereinsatz*) compartiment *m* amovible ; (*Stoffeinsatz*) empiècement *m* ; (*Spieleinsatz*) mise *f*, enjeu *m* ; (*Bemühung*) effort *m* ; (*Risiko*) risque *m* ; (*Mil*) opération *f* ; (*Mus*) entrée *f*
• **einsatzbereit** *adj* (*Maschine*) opérationnel(le) ; (*Helfer*) disponible
ein|schalten *vt* (*Radio, Licht etc*) allumer ; (*Pause*) faire ; (*Anwalt*) faire appel à ▸ *vr* (*dazwischentreten*) intervenir
ein|schärfen *vt*: **jdm etw ~** inculquer qch à qn
ein|schätzen *vt* juger ; (*Situation, Arbeit*) évaluer ▸ *vr* se juger
ein|schenken *vt* verser
ein|schicken *vt* envoyer
ein|schieben *irr vt* mettre ; (*Sonderzug etc*) ajouter ; (*Patienten*) prendre (entre deux) ; (*Diskussion*) avoir le temps pour ; **eine Pause ~** faire une pause
ein|schiffen *vt* embarquer ▸ *vr* s'embarquer
ein|schlafen *irr vi* s'endormir ; (*Glieder*) s'engourdir
einschläfernd *adj* (*Méd*) narcotique ; (*langweilig*) ennuyeux(-euse)
ein|schlagen *irr vt* (*Nagel*) enfoncer ; (*Fenster, Zähne*) casser ; (*Schädel*) fracasser ; (*Auto: Räder*) braquer ; (*Ware*) emballer ; (*Weg, Richtung*) prendre ; (*Laufbahn*) suivre, embrasser ▸ *vi* (*sich einigen*) toper ; (*Anklang finden*) avoir du succès ; (*Blitz, Bombe*): **~ (in** +*Akk*) tomber (sur)
einschlägig *adj* (*Geschäft*) spécialisé(e) ; (*Literatur*) concernant ce sujet
ein|schleichen *irr vr* (*in Haus*) s'introduire (subrepticement) ; (*Fehler*) se glisser ; **sich in jds Vertrauen ~** s'insinuer dans la confiance de qn
ein|schließen *irr vt* (*Kind, Häftling*) enfermer ; (*Gegenstand*) mettre sous clef ; (*Mil*) encercler ; (*einbegreifen*) inclure, comprendre
einschließlich *adv, präp* +*Gen* y compris
ein|schmeicheln *vr*: **sich ~ bei** s'insinuer dans les bonnes grâces de
ein|schnappen *vi* (*Tür*) se fermer ; (*fam: beleidigt sein*) se vexer ; **eingeschnappt sein** avoir pris la mouche
einschneidend *adj* (*Veränderung*) profond(e) ; (*Bedeutung*) primordial(e)
Einschnitt *m* découpure *f* ; (*Méd*) incision *f*
ein|schränken *vt* réduire ; (*Freiheit, Rechte, Begriff*) limiter, restreindre ; (*Behauptung*) nuancer ▸ *vr* (*sich bescheiden*) réduire ses dépenses

Einschränkung *f* (*von Freiheit*) limitation *f*, restriction *f* ; (*von Kosten*) réduction *f* ; **nur mit/ohne ~** sous/sans réserve
ein|schreiben *irr vt* inscrire ; (*Poste*) recommander ▸ *vr* s'inscrire
Einschreiben *nt* envoi *m* recommandé
ein|schreiten *vi* intervenir
Einschub (**-s, ⸚e**) *m* insertion *f*
ein|schüchtern *vt* intimider
ein|schweißen *vt* (*in Plastik*) emballer sous plastique
ein|sehen *irr vt* (*hineinsehen in, verstehen*) voir ; (*prüfen*) examiner • **Einsehen** (**-s**) *nt*: **ein/kein ~ haben** se montrer compréhensif(-ive)/intransigeant(e)
ein|seifen *vt* savonner ; (*fig*) embobiner
einseitig *adj* (*Lähmung*) partiel(le) ; (*Erklärung, Pol*) unilatéral(e) ; (*Ausbildung*) trop spécialisé(e) ; (*Darstellung*) peu objectif(-ive) • **Einseitigkeit** *f* (*von Beurteilung, Bericht*) partialité *f* ; (*von Ausbildung*) caractère *m* trop spécialisé
ein|senden *irr vt* envoyer
Einsender(in) *m(f)* expéditeur(-trice)
Einsendung *f* envoi *m*
ein|setzen *vt* (*einfügen*) mettre, poser ; (*in Amt*) nommer ; (*verwenden*) avoir recours à ▸ *vi* (*Kälte*) arriver ; (*Fieber*) se déclarer ▸ *vr* (*bemühen*) payer de sa personne ; **sich für jdn/etw ~** se battre pour qn/qch
Einsicht *f* (*Einblick*) aperçu *m* ; (*Verständnis*) compréhension *f* ; **zu der ~ kommen, dass ...** en arriver à la conclusion que ...
einsichtig *adj* (*vernünftig*) compréhensif(-ive)
Einsiedler (**-s, -**) *m* ermite *m*
einsilbig *adj* (*fig*) laconique
Einsilbigkeit *f* (*fig*) laconisme *m*
ein|sinken *irr vi* s'enfoncer ; (*Boden*) s'affaisser
Einsitzer (**-s, -**) *m* monoplace *m*
ein|spannen *vt* (*Papier*) mettre ; (*Pferde*) atteler ; (*fam: Person*) embringuer
ein|sperren *vt* enfermer
ein|spielen *vr* s'échauffer ▸ *vt* (*Film: Geld*) rapporter ; **gut eingespielt** (*Team*) soudé(e)
einsprachig *adj* monolingue
ein|springen *irr vi* (*aushelfen*): **für jdn ~** remplacer qn au pied levé
ein|spritzen *vt* injecter
Einspritzmotor *m* moteur *m* à injection
Einspruch *m* objection *f*
Einspruchsrecht *nt* droit *m* d'appel
einspurig *adj* à une (seule) voie
einst *adv* autrefois, jadis ; (*zukünftig*) un jour
Einstand *m* (*Tennis*) égalité *f* ; (*Antritt*) entrée *f* en fonction
ein|stecken *vt* (*Gerät*) brancher ; (*mitnehmen in Tasche etc*) prendre ; (*Prügel, Niederlage*) encaisser
ein|stehen *irr vi*: **~ (für** +*Akk***)** se porter garant(e) (de) ; **für einen Schaden ~** réparer un dommage
ein|steigen *irr vi* (*sich beteiligen*) participer ; **~ in** +*Akk* (*in Fahrzeug*) monter dans ; (*in Schiff*) s'embarquer sur
Einsteiger(in) (**-s, -**) (*fam*) *m(f)* débutant(e), novice *mf*
einstellbar *adj* réglable
ein|stellen *vt* (*Arbeit*) arrêter ; (*Zahlungen*) cesser, suspendre ; (*Geräte, Kamera*) régler, mettre au point ; (*Radio*) allumer ; (*unterstellen*) entreposer ▸ *vr* (*erscheinen*) se manifester ; **sich auf jdn/etw ~** s'adapter à qn/qch
Einstellung *f* (*von Arbeitskräften*) embauche *f* ; (*das Regulieren*) réglage *m*, mise *f* au point ; (*das Aufhören*) arrêt *m*, cessation *f* ; (*Haltung, Ansicht*) attitude *f*
Einstieg (**-(e)s, -e**) *m* (*das Einsteigen*) montée *f* ; (*fig*) entrée *f*
einstig *adj* ancien(ne)
ein|stimmen *vi* (*mitmachen*) se mettre de la partie ▸ *vt* (*in Stimmung bringen*) mettre dans l'ambiance
einstimmig *adj* unanime • **Einstimmigkeit** *f* unanimité *f*
einstmalig *adj* ancien(ne)
einstmals *adv* autrefois
einstöckig *adj* (*Haus*) à un (seul) étage
ein|studieren *vt* (*Rolle*) apprendre ; (*Lied*) répéter
einstündig *adj* d'une heure
ein|stürmen *vi*: **auf jdn mit Fragen/ Eindrücken ~** assaillir qn de questions/ d'impressions
Einsturz *m* (*von Gebäude*) effondrement *m*
ein|stürzen *vi* s'effondrer, s'écrouler
Einsturzgefahr *f* danger *m* d'effondrement
einstweilen *adv* en attendant
einstweilig *adj* provisoire
eintägig *adj* d'un jour
ein|tauchen *vt* (*in Flüssigkeit*) tremper ▸ *vi* plonger
ein|tauschen *vt* échanger
eintausend *num* mille
ein|teilen *vt* (*in Teile*) diviser ; (*sinnvoll aufteilen*) répartir
einteilig *adj* (*Badeanzug*) une pièce *inv*
eintönig *adj* monotone • **Eintönigkeit** *f* monotonie *f*
Eintopf *m* plat *m* unique

Eintracht *f* concorde *f*, harmonie *f*
einträchtig *adv* en (bonne) harmonie
Eintrag (**-(e)s, ¨-e**) *m* inscription *f*; **amtlicher ~** enregistrement *m*
ein|tragen *irr vt* (*einschreiben, einzeichnen*) inscrire ; (*einbringen*) rapporter ▶ *vr* (*in Liste*): **sich ~ (in** +*Akk*) s'inscrire (sur) ; **jdm etw ~** valoir qch à qn
einträglich *adj* lucratif(-ive)
ein|treffen *irr vi* (*ankommen*) arriver ; (*wahr werden*) se réaliser
ein|treten *irr vi* entrer ; (*sich ereignen*) se produire ; **für jdn/etw ~** intervenir en faveur de qn/qch
Eintritt *m* entrée *f*; **bei ~ der Dunkelheit** à la tombée de la nuit
Eintrittsgeld *nt* prix *m* du billet
Eintrittskarte *f* billet *m*
Eintrittspreis *m* prix *m* du billet
ein|trocknen *vi* se dessécher
ein|üben *vt* étudier ; (*Théât*) répéter
ein|verleiben *vt* incorporer ; **sich** *Dat* **etw ~** (*Land, Gebiet*) annexer qch
Einvernehmen (**-s, -**) *nt* accord *m*
einverstanden *interj* d'accord ▶ *adj*: **~ sein (mit)** être d'accord (avec)
Einverständnis (**-ses**) *nt* accord *m*
Einwand (**-(e)s, ¨-**) *m* objection *f*
Einwanderer *m* immigrant *m*, immigré *m*
ein|wandern *vi*: **~ (in** +*Akk od* **nach)** immigrer (en)
Einwanderung *f* immigration *f*
Einwanderungsland *nt* pays *m* d'immigration
einwandfrei *adj* (*Ware*) impeccable, sans défaut ; (*Benehmen*) irréprochable ; (*Beweis*) irréfutable
einwärts *adv* vers l'intérieur
ein|wecken *vt* mettre en conserve
Einwegflasche *f* bouteille *f* non consignée
Einwegspritze *f* seringue *f* jetable
Einwegverpackung *f* emballage *m* jetable
ein|weichen *vt* faire tremper
ein|weihen *vt* (*Brücke, Gebäude*) inaugurer ; (*fam: zum ersten Mal benutzen*) étrenner ; **jdn in etw** *Akk* **~** initier qn à qch
Einweihung *f* inauguration *f*
ein|weisen *irr vt* (*in Amt*) installer ; (*in Arbeit*) initier ; **~ (in** +*Akk*) (*in Anstalt, Krankenhaus*) envoyer *od* faire admettre (à *od* dans)
Einweisung *f* (*in Amt*) installation *f*; (*in Arbeit*) initiation *f*; (*in Krankenhaus*) hospitalisation *f*
ein|wenden *irr vt* objecter
ein|werfen *irr vt* (*Brief*) mettre à la boîte, poster ; (*Münze*) introduire ; (*Sport: Ball*) remettre en jeu ; (*Fenster*) casser ; (*äußern*) objecter
ein|wickeln *vt* (*Ware*) emballer
ein|willigen *vi*: **~ (in** +*Akk*) consentir (à)
Einwilligung *f* consentement *m*
ein|wirken *vi*: **auf jdn/etw ~** influer sur qn/qch ; **etw ~ lassen** (*Méd*) attendre l'effet de qch
Einwirkung *f* influence *f*; (*Méd*) effet *m*
Einwohner(in) (**-s, -**) *m(f)* habitant(e) • **Einwohnermeldeamt** *nt en Allemagne, administration chargée d'enregistrer les changements de domicile* • **Einwohnerschaft** *f* population *f*, habitants *mpl*
Einwurf *m* (*Einwand*) objection *f*; (*Sport*) remise *f* en jeu ; (*Öffnung*) ouverture *f*
Einzahl *f* singulier *m*
ein|zahlen *vt* (*Geld*) verser
Einzahlung *f* versement *m*
ein|zäunen *vt* clôturer
ein|zeichnen *vt* inscrire
Einzel (**-s, -**) *nt* (*Tennis*) simple *m* • **Einzelbett** *nt* lit *m* à une place • **Einzelfahrschein** *m* billet *m* simple • **Einzelfall** *m* cas *m* isolé • **Einzelgänger(in)** *m(f)* solitaire *mf* • **Einzelhaft** *f* régime *m* cellulaire • **Einzelhandel** *m* commerce *m* de détail, petit commerce • **Einzelheit** *f* détail *m* • **Einzelkind** *nt* enfant *mf* unique
einzeln *adj* seul(e), unique ; (*vereinzelt*) isolé(e) ▶ *adv*: **~ angeben** spécifier ; **der/die E~e** l'individu *m* ; **ins E~e gehen** entrer dans les détails
Einzelteil *nt* pièce *f* détachée
Einzelzimmer *nt* (*in Hotel*) chambre *f* à un lit
ein|ziehen *irr vt* (*Kopf*) baisser ; (*Fühler*) rétracter ; (*Zwischenwand*) dresser ; (*Steuern*) percevoir ; (*Erkundigungen*) prendre ; (*Rekruten*) appeler (sous les drapeaux) ▶ *vi* (*in Wohnung*) emménager ; (*in Land, Stadion etc*) entrer ; (*Friede, Ruhe*) s'établir ; (*Flüssigkeit, Salbe*) pénétrer
einzig *adj* unique, seul(e) ; (*ohnegleichen*) unique ▶ *adv* (*nur*) seulement • **einzigartig** *adj* unique, extraordinaire
Einzug *m* (*in Haus*) emménagement *m*
Eis (**-es, -**) *nt* glace *f* • **Eisbahn** *f* patinoire *f* • **Eisbär** *m* ours *m* blanc • **Eisbecher** *m* coupe *f* glacée • **Eisbein** *nt* jarret *m* de porc • **Eisberg** *m* iceberg *m* • **Eisbergsalat** *m* batavia *f* • **Eisblumen** *pl* cristaux *mpl* de glace • **Eisdecke** *f* couche *f* de glace • **Eisdiele** *f* glacier *m*

Eisen (**-s, -**) *nt* fer *m*
Eisenbahn *f* chemin *m* de fer
• **Eisenbahner** (**-s, -**) *m* cheminot *m*
• **Eisenbahnschaffner** *m* contrôleur *m* des chemins de fer
• **Eisenbahnübergang** *m* passage *m* à niveau • **Eisenbahnwagen** *m* wagon *m*, voiture *f* (de chemin de fer)
Eisenerz *nt* minerai *m* de fer
eisenhaltig *adj* ferrugineux(-euse)
eisern *adj* de fer ▸ *adv* tenacement, avec ténacité
Eisfach *nt* freezer *m*
eisfrei *adj* (*Straße*) non verglacé(e)
Eishockey *nt* hockey *m* sur glace
eisig *adj* glacial(e)
eiskalt *adj* (*Wasser*) glacé(e) ; (*Miene, Typ*) glacial(e)
Eiskunstlauf *m* patinage *m* artistique
Eislauf *m* patinage *m*
Eispickel *m* piolet *m*
Eisschießen *nt* curling *m*
Eisschrank *m* frigidaire® *m*
Eiswürfel *m* glaçon *m*
Eiszapfen *m* glaçon *m*
Eiszeit *f* période *f* glaciaire
eitel *adj* (*Mensch*) vaniteux(-euse) ; (*Freude*) pur(e) • **Eitelkeit** *f* vanité *f*
Eiter (**-s**) *m* pus *m*
eitern *vi* suppurer
Eiweiß (**-es, -e**) *nt* blanc *m* d'œuf ; (*Chim*) albumine *f*
Eizelle *f* ovule *m*
Ekel[1] (**-s**) *m* dégoût *m*
Ekel[2] (**-s, -**) (*fam*) *nt* (*Mensch*) individu *m* répugnant
ekelerregend *adj* dégoûtant(e)
ekelhaft, **ek(e)lig** *adj* dégoûtant(e)
ekeln *vt* dégoûter ▸ *vr*: **sich vor etw** *Dat* **~** trouver qch dégoûtant *od* répugnant
EKG (**-**) *nt abk* (= *Elektrokardiogramm*) électrocardiogramme *m*
Ekstase *f* extase *f*
Ekzem (**-s, -e**) *nt* eczéma *m*
Elan (**-s**) *m* enthousiasme *m*
elastisch *adj* élastique ; (*Bewegung*) souple
Elastizität *f* élasticité *f*
Elbe *f* Elbe *f*
Elch (**-(e)s, -e**) *m* élan *m*
Elefant *m* éléphant *m*
elegant *adj* élégant(e)
Eleganz *f* élégance *f*
Elektriker (**-s, -**) *m* électricien *m*
elektrisch *adj* électrique
elektrisieren *vt* électriser ▸ *vr* recevoir une décharge électrique
Elektrizität *f* électricité *f*
Elektrizitätswerk *nt* centrale *f* électrique
Elektroartikel *m* appareil *m* électroménager
Elektroauto *nt* voiture *f* électrique
Elektrode *f* électrode *f*
Elektrofahrrad *nt* VAE *f* (= *vélo à assistance électrique*)
Elektroherd *m* cuisinière *f* électrique
Elektrokardiogramm *nt* électrocardiogramme *m*
Elektrolyse *f* électrolyse *f*
Elektromotor *m* moteur *m* électrique
Elektron (**-s, -en**) *nt* électron *m*
Elektronik *f* électronique *f*
elektronisch *adj* électronique
Elektrorasierer *m* rasoir *m* électrique
Elektrosmog *m* émissions *fpl* électromagnétiques
Elektrotechnik *f* électrotechnique *f*
Element (**-s, -e**) *nt* élément *m* ; **in seinem ~ sein** être dans son élément
elementar *adj* élémentaire
elend *adj* misérable ; (*krank*) malade ; (*fam*: *Hunger*) terrible ▸ *adv*: **~ aussehen** avoir très mauvaise mine ; **es war ~ kalt** il faisait un froid de loup ; **mir ist ganz ~** je ne me sens vraiment pas bien • **Elend** (**-(e)s**) *nt* misère *f*
elendiglich *adv* misérablement
Elendsviertel *nt* bidonville *m*
elf *num* onze • **Elf** (**-, -en**) *f* (*Sport*) onze *m*
Elfe *f* elfe *m*, lutin *m*
Elfenbein *nt* ivoire *m* • **Elfenbeinküste** *f*: **die ~** la Côte d'Ivoire
Elfmeter *m* (*Sport*) penalty *m*
Elfmeterschießen (**-s**) *nt* tir *m* au but
eliminieren *vt* éliminer
Elite *f* élite *f*
Elixier (**-s, -e**) *nt* élixir *m*
Ellbogen *m* = **Ellenbogen**
Elle *f* (*Maßeinheit, Messstab*) aune *f*
Ellenbogen, Ellbogen *m* coude *m*
Ellipse *f* ellipse *f*
Elsass *nt* (**-**): **das ~** l'Alsace *f*
Elsässer(in) *m(f)* Alsacien(ne)
Elster (**-, -n**) *f* pie *f*
elterlich *adj* des parents, parental(e)
Eltern *pl* parents *mpl* • **Elterngeld** *nt* ≈ allocation *f* de congé parental
• **Elternhaus** *nt* maison *f* familiale
• **elternlos** *adj* sans parents • **Elternzeit** *f* ≈ congé *m* parental d'éducation
Email (**-s, -s**) *nt* émail *m*
E-Mail (**-**) *f* courrier *m* électronique, e-mail *m*
E-Mail-Adresse *f* adresse *f* e-mail, adresse *f* électronique
emaillieren *vt* émailler

Emanze *f* féministe *f*
Emanzipation *f* émancipation *f*
emanzipieren *vt* émanciper ▸ *vr* s'émanciper
Embargo (**-s, -s**) *nt* embargo *m*
Embryo (**-s, -s** *od* **-nen**) *m* embryon *m*
Embryonenforschung *f* recherche *f* embryons
Emigrant(in) *m(f)* émigré(e)
Emigration *f* émigration *f*
emigrieren *vi* émigrer
Emoticon (**-s, -s**) *nt* icône *f* émotive
emotional *adj* émotif(-ive)
empfahl *etc vb siehe* **empfehlen**
empfand *etc vb siehe* **empfinden**
Empfang (**-(e)s, ¨-e**) *m* (*Radio, TV*) réception *f* ; (*Begrüßung*) accueil *m* ; **ein Päckchen in ~ nehmen** prendre livraison d'un colis ; **nach** *od* **bei ~ zahlbar** payable à la livraison
empfangen *irr vt* recevoir ▸ *vi* (*schwanger werden*) concevoir
Empfänger(in) (**-s, -**) *m(f)* (*von Brief, Paket etc*) destinataire *mf*
empfänglich *adj* : **~ (für)** sensible (à)
Empfängnis (**-, -se**) *f* conception *f* • **Empfängnisverhütung** *f* contraception *f*
Empfangsbestätigung *f* accusé *m* de réception
Empfangsdame *f* réceptionniste *f*
Empfangsschein *m* reçu *m*
empfehlen *irr vt* recommander ; **es empfiehlt sich ...** il est recommandé de ...
empfehlenswert *adj* à recommander
Empfehlung *f* recommandation *f*
Empfehlungsschreiben *nt* lettre *f* de recommandation
empfinden *irr vt* ressentir, éprouver
empfindlich *adj* (*Stelle, Gerät*) sensible ; (*Stoff*) fragile ; (*leicht beleidigt*) susceptible ; (*hart, schmerzlich*) sensible • **Empfindlichkeit** *f* sensibilité *f* ; (*leichte Reizbarkeit*) susceptibilité *f*
empfindsam *adj* sensible
Empfindung *f* sensation *f* ; (*Seelenempfindung*) sentiment *m*
empfindungslos *adj* insensible
empfing *vb siehe* **empfangen**
empfohlen *pp von* **empfehlen**
empor *adv* vers le haut
empören *vt* indigner
empörend *adj* scandaleux(-euse)
empor|kommen *irr vi* s'élever ; (*vorankommen*) réussir
Emporkömmling *m* parvenu *m*
Empörung *f* indignation *f*
emsig *adj* (*Mensch*) affairé(e)
Endbahnhof *m* (gare *f*) terminus *m*
Ende (**-s, -n**) *nt* fin *f* ; (*Stelle, wo etw aufhört*) bout *m*, extrémité *f* ; **am ~** à la fin ; **am ~ sein** être au bout du rouleau ; **~ Dezember** fin décembre ; **zu ~ gehen** toucher à sa fin, prendre fin ; **der Film/die Pause ist (gleich) zu ~** le film/la récréation est (presque) terminé(e) ; **ich bin mit meiner Geduld am ~** je suis à bout de patience
enden *vi* finir, se terminer
endgültig *adj* définitif(-ive)
Endivie *f* chicorée *f*
Endlager *nt* centre *m* de stockage définitif
Endlagerung *f* stockage *m* des déchets radioactifs
endlich *adj* (*Math, Philos*) fini(e) ▸ *adv* enfin, finalement
endlos *adj* sans fin ; (*langwierig*) interminable
Endlospapier *nt* papier *m* en continu
Endspiel *nt* finale *f*
Endspurt *m* sprint *m* final
Endstation *f* terminus *m*
Endung *f* terminaison *f*
Energie *f* énergie *f* • **Energiebedarf** *m* besoins *mpl* énergétiques • **Energiekrise** *f* crise *f* de l'énergie • **energielos** *adj* sans énergie • **energiesparend** *adj* qui consomme peu d'énergie
Energiewende *f voir article*

> **Energiewende** désigne la politique du gouvernement fédéral destinée à renoncer peu à peu aux énergies fossiles, et surtout au nucléaire afin d'atteindre une énergie produite à 35% par des énergies renouvelables d'ici 2020. Elle implique également des économies d'énergie, notamment d'électricité qui devrait être produite à 80% par des énergies renouvelables d'ici à 2050.

Energiewirtschaft *f* secteur *m* de la production d'énergie
energisch *adj* énergique
eng *adj* étroit(e) ; (*fig* : *Horizont*) limité(e)
Engadin *nt* : **das ~** l'Engadine *f*
Engagement (**-s, -s**) *nt* (*von Künstler*) engagement *m* ; (*Einsatz*) engagement (personnel)
engagieren *vt* (*Künstler*) engager ▸ *vr* s'engager
Enge *f* étroitesse *f* ; (*Meerenge*) détroit *m* ; **jdn in die ~ treiben** acculer qn
Engel (**-s, -**) *m* ange *m* • **engelhaft** *adj* angélique

engherzig *adj* mesquin(e)
England *nt* l'Angleterre *f*
Engländer(in) (-s, -) *m(f)* Anglais(e)
englisch *adj* anglais(e) • **Englisch** *nt* (*Ling*) l'anglais *m*
Engpass *m* (*Versorgungsschwierigkeiten*) difficultés *fpl* d'approvisionnement ; (*Verkehr*) rétrécissement *m*
en gros *adv* en gros
engstirnig *adj* (*Mensch*) borné(e) ; (*Entscheidung*) d'un esprit borné
Enkel (-s, -) *m* petit-fils *m* • **Enkelin** *f* petite-fille *f* • **Enkelkind** *nt*: **meine ~er** mes petits-enfants
en masse *adv* en masse
enorm *adj* énorme
Ensemble (-s, -s) *nt* (*Théât*) troupe *f* ; (*Mus, Kleidung*) ensemble *m*
entarten *vi* dégénérer
entbehren *vt* se passer de
entbehrlich *adj* superflu(e)
Entbehrung *f* privation *f*
entbinden *irr vt* (*Méd*) accoucher ▸ *vi* (*Méd*) accoucher ; **~ (von)** dispenser (de)
Entbindung *f* (*Méd*) accouchement *m*
Entbindungsheim *nt* clinique *f* obstétrique
entblößen *vt* dénuder ▸ *vr* se déshabiller
entdecken *vt* découvrir
Entdecker(in) (-s, -) *m(f)* découvreur(-euse)
Entdeckung *f* découverte *f*
Ente *f* canard *m*
entehren *vt* déshonorer
enteignen *vt* exproprier
enteisen *vt* (*auftauen*) dégivrer
enterben *vt* déshériter
entfachen *vt* attiser
entfallen *irr vi* (*wegfallen, ausfallen*) être supprimé(e) ; **jdm ~** (*vergessen*) échapper à qn ; **auf jdn ~** revenir à qn
entfalten *vt* déployer ; (*Karte auch*) déplier ▸ *vr* s'épanouir ; (*Talente*) se développer
entfernen *vt*: **~ (aus** *od* **von)** enlever (de) ▸ *vr* s'éloigner
entfernt *adj* éloigné(e) ; **weit (davon) ~ sein, etw zu tun** être loin de faire qch
Entfernung *f* (*Abstand*) distance *f* ; (*Wegschaffen*) enlèvement *m*
Entfernungsmesser *m* (*Photo*) télémètre *m*
entfesseln *vt* déclencher
entfremden *vt* (+*Dat*) éloigner (de) ▸ *vr*: **sich jdm/einer Sache ~** se détacher de qn/qch
Entfremdung *f* aliénation *f*
entfrosten *vt* dégivrer
Entfroster (-s, -) *m* (*Auto*) dégivreur *m*
entführen *vt* enlever ; (*Flugzeug*) détourner
Entführer(in) *m(f)* ravisseur(-euse) ; (*von Flugzeug*) pirate *m* de l'air
Entführung *f* enlèvement *m*, rapt *m* ; (*von Flugzeug*) détournement *m*
entgegen *präp* +*Dat* contre ▸ *adv*: **neuen Ufern ~!** en avant vers de nouveaux rivages ! • **entgegen|bringen** *irr vt*: **jdm etw ~** faire preuve de *od* témoigner de qch envers qn • **entgegen|gehen** *irr vi* +*Dat* aller à la rencontre de • **entgegengesetzt** *adj* opposé(e), contraire ; (*widersprechend*) contradictoire • **entgegen|halten** *irr vt* (*fig*) objecter • **entgegen|kommen** *irr vi* +*Dat* venir à la rencontre de ; (*Zugeständnisse machen*) accéder à • **Entgegenkommen** (-s) *nt* (*Freundlichkeit*) prévenance *f* ; (*Zugeständnis*) concession *f* • **entgegenkommend** *adj* obligeant(e) • **entgegen|nehmen** *irr vt* recevoir, accepter • **entgegen|sehen** *irr vi*: **einer Sache** *Dat* **~** attendre qch • **entgegen|treten** *irr vi* +*Dat* (*sich in den Weg stellen*) s'opposer à ; (*einem Vorurteil*) combattre • **entgegen|wirken** *vi* +*Dat* contrecarrer
entgegnen *vt, vi* (*antworten*) répliquer
Entgegnung *f* riposte *f*
entgehen *irr vi* +*Dat* échapper à ; **sich** *Dat* **etw ~ lassen** manquer qch
entgeistert *adj* hébété(e)
Entgelt (-(e)s, -e) *nt* rémunération *f*
entgelten *irr vt*: **jdm etw ~** récompenser qn de *od* pour qch
entgleisen *vi* dérailler
Entgleisung *f* déraillement *m*
entgleiten *irr vi* échapper
entgräten *vt* enlever les arêtes de
Enthaarungscreme *f* dépilatoire *m*
enthalten *irr vt* contenir ▸ *vr* s'abstenir ; **sich der Stimme ~** s'abstenir
enthaltsam *adj* sobre ; (*sexuell*) chaste • **Enthaltsamkeit** *f* sobriété *f* ; (*sexuell*) chasteté *f*
enthemmen *vt, vi* désinhiber
enthüllen *vt* dévoiler
Enthüllung *f* révélation *f*
Enthusiasmus *m* enthousiasme *m*
enthusiastisch *adj* enthousiaste
entkernen *vt* dénoyauter
entkommen *irr vi* réussir à s'échapper
entkorken *vt* déboucher
entkräften *vt* (*Mensch*) épuiser ; (*Argument*) réfuter

entladen *irr vt* décharger ▶ *vr* (*Élec*) se décharger ; (*Gewitter, Ärger etc*) éclater
entlang *präp* (*+Akk od Dat*) le long de
• **entlang|gehen** *irr vt* marcher le long de ▶ *vi*: **an etw** *Dat* **~** longer qch
entlarven *vt* (*Betrüger*) démasquer ; (*Absicht*) dévoiler
entlassen *irr vt* (*Arbeiter*) licencier
Entlassung *f* (*von Arbeiter*) licenciement *m*
entlasten *vt* décharger ; (*Verkehr*) délester ; (*Angeklagten*) disculper ; (*Konto*) créditer
Entlastung *f* (*von Arbeit*) décharge *f* ; (*des Verkehrs*) délestage *m* ; (*des Angeklagten*) disculpation *f* ; (*des Vorstandes*) approbation *f*
Entlastungszeuge *m* témoin *m* à décharge
entledigen *vr +Gen* (*einer Person*) se débarrasser de ; (*eines Auftrags*) s'acquitter de
entlegen *adj* (*Ort*) isolé(e)
entlocken *vt*: **jdm etw ~** arracher qch à qn
entlüften *vt* aérer, ventiler ; (*Heizung etc*) purger
entmachten *vt* destituer
entmenscht *adj* déshumanisé(e)
entmündigen *vt* (*Jur*) frapper d'incapacité
entmutigen *vt* décourager
Entnahme *f* prélèvement *m*
entnehmen *irr vt*: **~ (aus)** (*Waren*) prendre (dans) ; (*folgern*) conclure ; **wie ich Ihren Worten entnehme, ...** d'après ce que vous venez de dire, ...
entpacken *vt* (*Inform*) décompacter
entpuppen *vr*: **sich als etw ~** s'avérer être qch
entradikalisieren *vt* déradicaliser
entrahmen *vt* écrémer
entreißen *irr vt* arracher
entrichten *vt* acquitter
entrosten *vt* débarrasser de sa rouille
entrüsten *vt* indigner ▶ *vr*: **sich ~ (über** *+Akk***)** s'indigner (de)
entrüstet *adj* indigné(e)
Entrüstung *f* indignation *f*
entsagen *vi +Dat* renoncer à
entschädigen *vt*: **~ (für)** dédommager (de)
Entschädigung *f* dédommagement *m*, indemnité *f*
entschärfen *vt* désamorcer
Entscheid **(-(e)s, -e)** *m* décision *f*
entscheiden *irr vt* décider ▶ *vr* se décider ; **sich für/gegen jdn/etw ~** se décider pour/contre qn/qch
entscheidend *adj* décisif(-ive) ; (*Unterschied*) capital(e)
Entscheidung *f* décision *f*
Entscheidungsspiel *nt* belle *f*
Entscheidungsträger(in) *m(f)* décideur(-euse)
entschieden *adj* (*Gegner*) résolu(e) ; (*Meinung*) catégorique ; (*klar, entschlossen*) net(te) ; **das geht ~ zu weit** cela dépasse vraiment les bornes
• **Entschiedenheit** *f* détermination *f*
entschlacken *vt* (*Méd*) débarrasser de ses toxines
entschleunigen *vt* ralentir (le rythme)
entschließen *irr vr* se décider
entschlossen *adj* décidé(e)
• **Entschlossenheit** *f* résolution *f*
Entschluss *m* décision *f*
entschlüsseln *vt* (*Text*) déchiffrer ; (*Geheimnachricht, Funkspruch*) décoder
entschlussfreudig *adj* qui se décide facilement
Entschlusskraft *f* résolution *f*
entschuldbar *adj* pardonnable
entschuldigen *vt* excuser ▶ *vr*: **sich ~ für** s'excuser de
Entschuldigung *f* excuse *f* ; **jdn um ~ bitten** demander pardon à qn
entsetzen *vt* horrifier • **Entsetzen** **(-s)** *nt* (*von Mensch*) horreur *f*
entsetzlich *adj* effroyable
entsetzt *adj* horrifié(e)
entsichern *vt* armer
entsinnen *irr vr*: **sich (einer Sache** *Gen od* **an etw** *Akk***) ~** se souvenir (de qch), se rappeler (qch)
entsorgen *vt* éliminer les déchets produits par
Entsorgung *f* élimination *f* des déchets
entspannen *vt* détendre ▶ *vr* se détendre
Entspannung *f* détente *f*
Entspannungspolitik *f* politique *f* de détente
Entspannungsübungen *pl* exercices *mpl* de relaxation
entsprechen *irr vi +Dat* correspondre à ; **den Anforderungen** *Dat* **~** répondre *od* satisfaire aux exigences ; **den Wünschen** *Dat* **~** correspondre aux désirs
entsprechend *adj* (*angemessen*) correspondant(e) ▶ *adv* en conséquence
entspringen *irr vi* (*Fluss*) prendre sa source ; (*sich aus etw erklären lassen*) être dû (due) à
entstehen *irr vi* naître ; (*Unruhe*) se produire ; (*Kosten*) être occasionné(e)

Entstehung *f* origine *f*
entstellen *vt* (*Mensch*) défigurer ; (*Bericht, Wahrheit*) déformer
entstören *vt* (*Radio, Tél*) déparasiter ; (*Auto*) munir d'un dispositif antiparasite
enttäuschen *vt* décevoir
Enttäuschung *f* déception *f*
entwaffnen *vt* désarmer • **entwaffnend** *adj* désarmant(e)
Entwarnung *f* fin *f* d'alerte
entwässern *vt* drainer, assainir
Entwässerung *f* drainage *m*
entweder *konj*: **~ ... oder ...** soit ... soit ..., ou (bien) ... ou (bien) ...
entweichen *irr vi* fuir
entweihen *vt* profaner
entwenden *vt* dérober
entwerfen *irr vt* (*Zeichnung*) esquisser ; (*Modell*) concevoir ; (*Plan*) dresser ; (*Gesetz*) rédiger
entwerten *vt* dévaluer ; (*Fahrschein*) composter
Entwerter (**-s, -**) *m* composteur *m*
entwickeln *vt* développer ▸ *vr* se développer
Entwickler (**-s, -**) *m* révélateur *m*
Entwicklung *f* développement *m*
Entwicklungshelfer(in) *m(f)* coopérant(e)
Entwicklungshilfe *f* aide *f* au développement
Entwicklungsjahre *pl* puberté *f*
Entwicklungsland *nt* pays *m* en voie de développement
entwirren *vt* démêler, débrouiller
entwöhnen *vt* sevrer ; (*Süchtige*) désintoxiquer
Entwöhnung *f* sevrage *m*
entwürdigend *adj* dégradant(e)
Entwurf *m* (*Zeichnung*) croquis *m* ; (*Konzept, Vertragsentwurf*) projet *m*
entwurzeln *vt* déraciner
entziehen *irr vt* +*Dat* (*Führerschein, Erlaubnis, Unterstützung*) retirer (à) ▸ *vr*: **sich jdm/einer Sache ~** échapper à qn/à qch ; **sich der Pflicht/Verantwortung ~** se dérober à ses obligations/son devoir
Entziehungskur *f* cure *f* de désintoxication
entziffern *vt* déchiffrer
entzücken *vt* ravir • **Entzücken** (**-s**) *nt* ravissement *m*
entzückend *adj* ravissant(e) ; (*Kind*) adorable
Entzug (**-(e)s**) *m* (*einer Lizenz etc*) retrait *m* ; (*Méd*) désintoxication *f*
Entzugserscheinung *f* symptôme *m* de manque
entzünden *vt* (*Fackel, Feuer*) allumer ; (*Begeisterung*) déchaîner ; (*Streit*) déclencher ▸ *vr* s'enflammer
Entzündung *f* (*Méd*) inflammation *f*
entzwei *adv* cassé(e) • **entzwei|brechen** *irr vt* casser (en deux) ▸ *vi* se casser
entzweien *vt* (*Familie*) désunir ; (*Freunde*) brouiller ▸ *vr* (*Familie*) être désuni(e) ; **sich mit jdm ~** se brouiller avec qn
entzwei|gehen *irr vi* se casser ; (*Freundschaft*) se briser
Enzian (**-s, -e**) *m* gentiane *f*
Enzyklopädie *f* encyclopédie *f*
Enzym (**-s, -e**) *nt* enzyme *m*
E-Paper (**-s, -(s)**) *nt* papier *m* électronique
Epidemie *f* épidémie *f*
Epilepsie *f* épilepsie *f*
Epileptiker(in) (**-s, -**) *m(f)* épileptique *mf*
episch *adj* épique
Episode *f* épisode *m*
Epoche *f* époque *f*
Epos (**-, Epen**) *nt* épopée *f*
er *pron* il
erachten (*geh*) *vt*: **etw als/für etw ~** considérer qch comme qch
erbarmen *vr* +*Gen* avoir pitié de • **Erbarmen** (**-s**) *nt* pitié *f*
erbärmlich *adj* (*Zustände*) lamentable, déplorable ; (*gemein*) misérable
Erbärmlichkeit *f* (*von Zuständen*) état *m* lamentable ; (*Gemeinheit*) bassesse *f*
erbarmungslos *adj* sans pitié
erbarmungswürdig *adj* pitoyable ; (*Mensch*) digne de pitié
erbauen *vt* (*Stadt*) bâtir ; (*fig*) édifier ▸ *vr*: **sich an etw** *Dat* **~** être édifié(e) par qch
Erbauer (**-s, -**) *m* bâtisseur *m*
erbaulich *adj* édifiant(e)
Erbauung *f*: **etw zur ~ lesen/hören** lire/écouter qch pour son édification
Erbe[1] (**-n, -n**) *m* héritier *m*
Erbe[2] (**-s**) *nt* héritage *m*
erben *vt, vi* hériter (de)
erbeuten *vt* prendre
Erbfaktor *m* facteur *m* héréditaire
Erbfolge *f* ordre *m* de succession
Erbin *f* héritière *f*
erbittert *adj* acharné(e)
erblassen *vi* pâlir
erblich *adj* héréditaire
Erbmasse *f* (*Jur*) masse *f* successorale ; (*Biol*) génotype *m*
erbrechen *irr vt, vr* vomir
Erbrecht *nt* droit *m* successoral
Erbschaft *f* héritage *m*
Erbse *f* petit pois *m*
Erbstück *nt* objet *m* hérité
Erbteil *nt* (*Jur*) part *f* d'héritage

Erdachse *f* axe *m* de la terre
Erdapfel (*Österr*) *m* pomme *f* de terre
Erdbahn *f* orbite *f* terrestre
Erdbeben *nt* tremblement *m* de terre
Erdbeere *f* fraise *f*
Erdboden *m* sol *m*
Erde *f* terre *f*; (*Boden*) sol *m* • **erden** *vt* (*Élec*) relier à la terre
erdenkbar *adj* imaginable ; **sich** *Dat* **alle ~e Mühe geben** se donner toutes les peines du monde
erdenklich *adj* = **erdenkbar**
Erderwärmung *f* réchauffement *m* de la planète
Erdgas *nt* gaz *m inv* naturel
Erdgeschoss *nt* rez-de-chaussée *m inv*
Erdkunde *f* géographie *f*
Erdnuss *f* cacahuète *f*
Erdoberfläche *f* surface *f* de la terre
Erdöl *nt* pétrole *m*
erdreisten *vr*: **sich ~, etw zu tun** avoir l'audace de faire qch
erdrosseln *vt* étrangler
erdrücken *vt* écraser ; (*fig*) accabler
Erdrutsch *m* glissement *m* de terrain
Erdteil *m* continent *m*
erdulden *vt* endurer
ereifern *vr*: **sich über etw** *Akk od* **wegen einer Sache** *Gen* **~** s'exciter à cause de qch
ereignen *vr* se produire, survenir
Ereignis *nt* événement *m* • **ereignisreich** *adj* mouvementé(e)
erfahren *irr vt* apprendre ; (*erleben*) éprouver ▶ *adj* expérimenté(e)
Erfahrung *f* expérience *f*
erfahrungsgemäß *adv* par expérience
erfassen *vt* saisir ; (*einbeziehen*) comprendre ; (*registrieren*) recenser
erfinden *irr vt* inventer
Erfinder(in) *m(f)* inventeur(-trice)
erfinderisch *adj* inventif(-ive)
Erfindung *f* invention *f*
Erfindungsgabe *f* imagination *f*
Erfolg (**-(e)s, -e**) *m* succès *m* ; **~ versprechend** (*Versuch, Unternehmen*) prometteur(-euse)
erfolglos *adj* (*Mensch*) qui n'a pas de succès ; (*Versuch, Unternehmen*) infructueux(-euse)
Erfolglosigkeit *f* (*von Mensch*) manque *m* de succès ; (*von Versuch, Unternehmen*) échec *m*
erfolgreich *adj* (*Mensch*) qui a du succès ; (*Versuch, Unternehmen*) couronné(e) de succès
Erfolgserlebnis *nt* succès *m*
erfolgversprechend *adj siehe* **Erfolg**
erforderlich *adj* nécessaire ; (*Kenntnisse*) requis(e)
erfordern *vt* demander, requérir
Erfordernis *nt* exigence *f*
erforschen *vt* (*Land*) explorer ; (*Problem*) étudier
Erforscher(in) *m(f)* explorateur(-trice)
Erforschung *f* exploration *f*
erfragen *vt* demander
erfreuen *vr*: **sich an etw ~** se réjouir de qch ▶ *vt* faire plaisir à ; **sich bester Gesundheit** *Gen etc* **~** être en parfaite santé *etc*
erfreulich *adj* (*Ergebnis*) qui fait plaisir
erfreulicherweise *adv* heureusement
erfrieren *irr vi* (*Mensch*) mourir de froid ; (*Pflanzen*) geler
erfrischen *vt* rafraîchir ▶ *vr* se rafraîchir
Erfrischung *f* rafraîchissement *m*
Erfrischungsraum *m* buvette *f*
Erfrischungstuch *nt* serviette *f* rafraîchissante
erfüllen *vt* remplir ; (*Bitte*) satisfaire ; (*Erwartung*) répondre à ▶ *vr* se réaliser
Erfüllung *f* (*von Wunsch*) réalisation *f* ; **in ~ gehen** se réaliser, devenir réalité ; **~ finden** s'épanouir
ergänzen *vt* compléter ▶ *vr* se compléter
Ergänzung *f* complément *m* ; (*Zusatz*) supplément *m*
ergattern (*fam*) *vt* réussir à avoir
ergaunern (*fam*) *vt* se procurer de manière malhonnête
ergeben *irr vt* (*Betrag, Summe*) rapporter ; (*Bild*) donner ▶ *vr* (*kapitulieren*) se rendre ; (*folgen*) s'ensuivre, en résulter ▶ *adj* dévoué(e) • **Ergebenheit** *f* dévouement *m*
Ergebnis *nt* résultat *m* • **ergebnislos** *adj* sans résultat
ergehen *irr vi* (*Befehl*) être donné(e) ; (*Gesetz*) paraître ▶ *vi unpers*: **es erging ihm gut/schlecht** cela s'est bien/mal passé pour lui ; **etw über sich ~ lassen** supporter *od* subir qch patiemment
ergiebig *adj* (*Quelle*) abondant(e) ; (*Untersuchung*) fructueux(-euse) ; (*Boden*) fertile
Ergonomie *f* ergonomie *f*
ergonomisch *adj* ergonomique
Ergotherapie *f* ergothérapie *f*
ergreifen *irr vt* saisir ; (*Täter*) arrêter ; (*Beruf*) embrasser ; (*Maßnahmen*) prendre ; (*innerlich rühren*) toucher
ergreifend *adj* émouvant(e)
ergriffen *adj*: **~ sein** être ému(e) ▶ *pp von* **ergreifen**

erhaben *adj* en relief ; (*Anblick*) sublime ; **über etw** *Akk* **~ sein** être au-dessus de qch
erhalten *irr vt* recevoir ; (*bewahren*) conserver ▶ *adj*: **gut ~** bien conservé(e)
erhältlich *adj* (*Ware*) disponible, en vente
Erhaltung *f* (*Bewahrung*) maintien *m* ; (: *von Gebäude, Energie*) conservation *f*
erhängen *vt* pendre
erhärten *vt* durcir ; (*Behauptung*) confirmer
erheben *irr vt* lever ; (*rangmäßig*: *Protest*) élever ; (*Klage*) porter ▶ *vr* (*aufstehen, ausbrechen*) se lever ; (*Frage*) se poser ; (*sich auflehnen*) se soulever ; **Anspruch auf etw** *Akk* **~** revendiquer qch
erheblich *adj* considérable
erheitern *vt* égayer
Erheiterung *f* amusement *m* ; **zur allgemeinen ~** à la grande joie de tous
erhellen *vt* (*Zimmer*) éclairer ; (*Geheimnis*) éclaircir ▶ *vr* s'éclaircir ; (*Gesicht*) s'illuminer
erhitzen *vt* chauffer ; (*erregen*) échauffer ▶ *vr* chauffer ; (*fig*) s'exciter
erhoffen *vt* espérer ; **was erhoffst du dir davon?** qu'est-ce que tu espères y gagner ?
erhöhen *vt* (*Mauer, Gebäude*) réhausser ; (*Steuern, Geschwindigkeit, Risiko*) augmenter
Erhöhung *f* (*von Gehalt, Risiko*) augmentation *f*
erholen *vr* (*von Krankheit*) se remettre ; (*entspannen*) se reposer
erholsam *adj* reposant(e)
Erholung *f* (*Gesundung*) rétablissement *m* ; (*Entspannung*) repos *m*
erholungsbedürftig *adj* qui a besoin de repos
Erholungsgebiet *nt* région *f* de villégiature
Erholungsheim *nt* maison *f* de repos
erhören *vt* exaucer
Erika (**-, Eriken**) *f* bruyère *f*
erinnern *vt*: **~ (an** +*Akk*) rappeler ▶ *vr*: **sich ~ (an** +*Akk*) se souvenir (de)
Erinnerung *f* souvenir *m* ; **Erinnerungen** *pl* (*Litt*) mémoires *mpl* ; **zur ~ an** +*Akk* en souvenir de
Erinnerungstafel *f* plaque *f* commémorative
erkälten *vr* prendre froid
erkältet *adj* enrhumé(e) ; **~ sein** être enrhumé(e)
Erkältung *f* rhume *m*, refroidissement *m*
erkennbar *adj* reconnaissable
erkennen *irr vt* reconnaître ; (*Krankheit*) diagnostiquer ; (*wahrnehmen*) distinguer
erkenntlich *adj*: **sich für etw** *Akk* **~ zeigen** exprimer sa reconnaissance pour qch • **Erkenntlichkeit** *f* reconnaissance *f* ; (*Geschenk*) marque *f* de reconnaissance
Erkenntnis *f* connaissance *f* ; **zu der ~ kommen** *od* **gelangen, dass …** en arriver à la conclusion que …
Erkennung *f* reconnaissance *f*
Erkennungsmarke *f* plaque *f* d'identité
Erker (**-s, -**) *m* encorbellement *m* • **Erkerfenster** *nt* oriel *m*
erklärbar *adj* explicable
erklären *vt* expliquer
erklärlich *adj* explicable ; (*verständlich*) compréhensible
Erklärung *f* explication *f* ; (*Mitteilung*) déclaration *f*
erklecklich *adj* considérable
erklingen *irr vi* retentir
erkranken *vi* tomber malade
Erkrankung *f* maladie *f*
erkunden *vt* (*bes Mil*: *Gelände*) reconnaître ; (*herausfinden*) apprendre
erkundigen *vr*: **sich nach etw ~** se renseigner sur *od* s'informer de qch
Erkundigung *f* demande *f* de renseignements
Erkundung *f* reconnaissance *f*
erlahmen *vi* (*Kräfte*) diminuer ; (*Interesse*) faiblir ; (*Eifer*) fléchir
erlangen *vt* (*Vorteil, Mehrheit*) obtenir ; (*Bedeutung*) prendre ; (*Gewissheit*) acquérir
Erlass (**-es, ¨-e**) *m* décret *m* ; (*von Strafe*) remise *f*
erlassen *irr vt* (*verkünden*) publier ; (*aufheben*: *Strafe*) remettre ; **jdm etw ~** faire grâce de qch à qn
erlauben *vt* permettre ▶ *vr* se permettre ; **jdm etw ~** permettre qch à qn ; **sich** *Dat* **etw ~** se permettre qch
Erlaubnis (**-, -se**) *f* permission *f*
erläutern *vt* expliquer
Erläuterung *f* explication *f*
Erle *f* aune *m*, aulne *m*
erleben *vt* (*erfahren*) avoir ; (*durchleben*) vivre ; (*miterleben*) voir
Erlebnis *nt* expérience *f*
erledigen *vt* (*Arbeit*) faire, exécuter ; (*fam*: *erschöpfen*) épuiser ; (: *ruinieren*) ruiner ; (: *umbringen*) liquider ; **das** *od* **die Sache ist erledigt** c'est chose faite
erlegen *vt* tuer
erleichtern *vt* (*Arbeit, Leben*) faciliter ; (*Last*) alléger ; (*Mensch*) soulager

e

erleichtert *adj* soulagé(e) ; (*Seufzer*) de soulagement
Erleichterung *f* soulagement *m*
erleiden *irr vt* subir ; (*Schmerzen*) endurer
erlernbar *adj* qui peut s'apprendre
erlernen *vt* apprendre
erlesen *adj* (*Speisen*) exquis(e) ; (*Publikum*) choisi(e)
erleuchten *vt* éclairer
Erleuchtung *f* inspiration *f*
Erlös (**-es, -e**) *m* produit *m*
erlöschen *irr vi* (*Feuer*) s'éteindre ; (*Interesse*) faiblir ; (*Vertrag, Recht*) expirer ; **ein erloschener Vulkan** un volcan éteint
erlösen *vt* (*Mensch*) délivrer ; (*Rel*) sauver
Erlösung *f* délivrance *f* ; (*Rel*) rédemption *f*
ermächtigen *vt* autoriser, habiliter
Ermächtigung *f* autorisation *f*
ermahnen *vt* exhorter
Ermahnung *f* exhortation *f*
ermäßigen *vt* (*Gebühr*) accorder une réduction sur
Ermäßigung *f* réduction *f*
ermessen *irr vt* se rendre compte de
Ermessen (**-s**) *nt* jugement *m* ; **in jds ~ liegen** être à la discrétion de qn
ermitteln *vt* (*Wert*) calculer ; (*Täter*) retrouver ▶ *vi*: **gegen jdn ~** faire une enquête sur qn
Ermittlung *f* (*Polizeiermittlung*) enquête *f*
ermöglichen *vt* rendre possible, permettre
ermorden *vt* assassiner
Ermordung *f* assassinat *m*
ermüden *vt* fatiguer ▶ *vi* se fatiguer
ermüdend *adj* fatigant(e)
Ermüdung *f* fatigue *f*
Ermüdungserscheinung *f* effet *m* de la fatigue
ermuntern *vt* (*ermutigen*) encourager ; (*beleben*) vivifier ; (*aufmuntern*) remonter le moral à
ermutigen *vt* encourager
ernähren *vt* nourrir ▶ *vr*: **sich ~ von** se nourrir de
Ernährer(in) (**-s, -**) *m(f)* soutien *m* de famille
Ernährung *f* (*das Ernähren*) alimentation *f* ; (*Nahrung*) nourriture *f* ; (*Unterhalt*) entretien *m*
ernennen *irr vt* nommer
Ernennung *f* nomination *f*
erneuern *vt* (*Reifen, Verband*) changer ; (*Vertrag, Pass*) renouveler ; (*Gebäude*) rénover
Erneuerung *f* (*von Gebäude*) rénovation *f* ; (*von Teil*) remplacement *m*
erneut *adj* nouveau(nouvelle) ▶ *adv* à *od* de nouveau
erniedrigen *vt* (*Preise, Druck*) baisser ; (*demütigen*) humilier
ernst *adj* sérieux(-euse) ; (*bedrohlich*) grave • **Ernst** (**-es**) *m* sérieux *m* ; **das ist mein ~** je parle sérieusement ; **im ~** sérieusement ; **mit etw ~ machen** mettre qch à exécution • **Ernstfall** *m*: **im ~** en cas d'urgence • **ernsthaft** *adj* sérieux(-euse) • **Ernsthaftigkeit** *f* sérieux *m* ; (*von Krankheit*) gravité *f* • **ernstlich** *adj* sérieux(-euse)
Ernte *f* récolte *f* • **Erntedankfest** *nt* fête *f* des moissons
ernten *vt* récolter
ernüchtern *vt* dégriser ; (*fig*) désillusionner
Ernüchterung *f* désillusion *f*
Eroberer (**-s, -**) *m* conquérant *m*
erobern *vt* conquérir
Eroberung *f* conquête *f*
eröffnen *vt* ouvrir ▶ *vr* (*Möglichkeiten*) se présenter
Eröffnung *f* ouverture *f* ; (*Mitteilung*) déclaration *f*
Eröffnungsansprache *f* discours *m od* allocution *f* d'ouverture
Eröffnungsfeier *f* cérémonie *f* d'ouverture
erogen *adj* (*Zone*) érogène
erörtern *vt* (*Vorschlag*) discuter
Erörterung *f* discussion *f*
Erotik *f* érotisme *m*
erotisch *adj* érotique
erpicht *adj*: **~ (auf** *+Akk***)** avide (de)
erpressen *vt* (*Geld etc*) extorquer ; (*Mensch*) faire chanter
Erpresser(in) (**-s, -**) *m(f)* maître *m* chanteur
Erpressung *f* chantage *m*
erproben *vt* mettre à l'essai
erraten *irr vt* deviner
erregbar *adj* (*reizbar*) irritable
Erregbarkeit *f* irritabilité *f*
erregen *vt* (*hervorrufen*) susciter ; (*aufregen, sinnlich erregen*) exciter ▶ *vr*: **sich ~ (über** *+Akk***)** s'énerver (à cause de)
Erreger (**-s, -**) *m* (*von Krankheit*) agent *m*
Erregtheit *f* excitation *f*
Erregung *f* excitation *f*
erreichbar *adj* (*Ziel*) que l'on peut atteindre ; **in ~er Nähe bleiben** rester à proximité ; **er ist jederzeit telefonisch ~** on peut le joindre au téléphone à n'importe quel moment
erreichen *vt* atteindre ; (*Zug*) attraper ; (*sich in Verbindung setzen mit*) joindre

errichten *vt* (*Gebäude*) ériger, construire ; (*gründen*) fonder
erringen *irr vt* remporter
erröten *vi* rougir
Errungenschaft *f* conquête *f* ; (*fam*: *Anschaffung*) acquisition *f*
Ersatz (**-es**) *m* remplacement *m* ; (*Schadensersatz*) dédommagement *m*
• **Ersatzbefriedigung** *f*: **eine ~ sein** combler un manque affectif
• **Ersatzdienst** *m* (*Mil*) service *m* civil
• **Ersatzmann** *m* remplaçant *m*
• **Ersatzreifen** *m* roue *f* de secours
• **Ersatzteil** *nt* pièce *f* de rechange
ersaufen (*fam*) *irr vi* se noyer
ersäufen *vt* noyer
erschaffen *irr vt* créer
erscheinen *irr vi* (*sich zeigen*) apparaître ; (*auftreten*) se présenter ; (*veröffentlicht werden*) paraître ; **das erscheint mir vernünftig** cela me paraît raisonnable
Erscheinung *f* (*das Erscheinen, Geist*) apparition *f* ; (*Gestalt*) personnage *m* ; (*äußere Erscheinung*) aspect *m*
erschießen *irr vt* tuer (d'un coup de revolver *od* de fusil)
erschlagen *irr vt* assommer
erschöpfen *vt* épuiser
erschöpfend *adj* (*ausführlich*) exhaustif(-ive) ; (*ermüdend*) épuisant(e)
erschöpft *adj* épuisé(e)
Erschöpfung *f* épuisement *m*
erschrak *etc vb siehe* **erschrecken**
erschrecken *vt* effrayer, faire peur à ▸ *vi* s'effrayer
erschreckend *adj* effrayant(e)
erschrocken *adj* effrayé(e)
erschüttern *vt* ébranler ; (*ergreifen*) bouleverser
Erschütterung *f* (*von Gebäude*) ébranlement *m* ; (*von Mensch*) bouleversement *m*
erschweren *vt* rendre (plus) difficile
erschwinglich *adj* abordable
ersetzbar *adj* remplaçable
ersetzen *vt* remplacer ; (*erstatten*) rembourser
ersichtlich *adj* (*Grund*) apparent(e)
ersparen *vt* (*Geld*) économiser ; **jdm etw ~** épargner qch à qn
Ersparnis *f* économie *f* ; **~ an** *+Dat* économie de
ersprießlich *adj* (*fruchtbar*) fructueux(-euse) ; (*angenehm*) agréable

SCHLÜSSELWORT

erst *adv* **1** d'abord ; (*anfänglich*) au début ; **mach erst einmal deine Hausaufgaben, ehe du spielen gehst** fais tes devoirs avant d'aller jouer ; **wenn du das erst mal hinter dir hast, dann geht schon alles leichter** une fois que tu l'auras fait, tout ira mieux ; **da gings erst richtig los** ça ne faisait que commencer
2 (*nicht früher als*) pas avant ;
erst gestern pas plus tard qu'hier ;
erst morgen pas avant demain ;
erst als seulement quand, ce n'est que quand ; **wir fahren erst später** nous partons plus tard (que prévu) ; **gerade erst** tout juste ; **er ist (gerade) erst angekommen** il vient (seulement *od* tout juste) d'arriver
3: **wäre er doch erst zurück!** si seulement il pouvait être de retour ! ; **damit fange ich erst gar nicht an!** ça ne vaut même pas la peine de commencer ! ; **jetzt erst recht!** à plus forte raison !

erstarren *vi* (*vor Kälte*) s'engourdir ; (*vor Furcht*) se figer ; (*Materie*) se solidifier
erstatten *vt* (*Unkosten*) rembourser ; **Anzeige (gegen jdn) ~** porter plainte (contre qn) ; **Bericht ~** faire un rapport
Erstaufführung *f* première *f*
erstaunen *vt* étonner • **Erstaunen** (**-s**) *nt* étonnement *m*
erstaunlich *adj* étonnant(e)
Erstausgabe *f* première édition *f*
erstbeste(r, s) *adj* premier(-ière) venu(e)
erste(r, s) *adj* premier(-ière) ; **der E~ des Monats** le premier du mois ; **das ~ Mal** la première fois
erstechen *irr vt* poignarder
ersteigen *irr vt* escalader
erstellen *vt* (*Gebäude*) construire ; (*Gutachten*) établir
erstens *adv* premièrement, primo
erstere(r, s) *pron* le(la) premier(-ière)
ersticken *vt* étouffer ▸ *vi*: **an etw** *Dat* **~** s'étouffer avec qch
Erstickung *f* étouffement *m*
erstklassig *adj* (*Ware*) de premier choix ; (*Hotel*) de première classe ; (*Essen*) de première qualité
Erstkommunion *f* première communion *f*
erstmalig *adj* premier(-ière)
erstmals *adv* pour la première fois
erstrebenswert *adj* enviable
erstrecken *vr* s'étendre
Erststimme *f* *première voix donnée à un candidat local lors d'une élection au parlement fédéral*

Le système de l'**Erststimme** et de la *Zweitstimme* (premier et deuxième vote) est utilisé pour l'élection des membres du *Bundestag*. Chaque électeur est pourvu de deux voix. La première lui sert à choisir un candidat dans sa circonscription électorale ; le candidat qui obtient la majorité des voix est élu membre du Parlement. La deuxième lui permet de choisir un parti. L'ensemble des deuxièmes voix est comptabilisé dans chaque *Land*, aboutissant à une représentation proportionnelle de chaque parti pour le *Bundestag*.

Ersttagsstempel *m* oblitération *f* « premier jour »
ersuchen *vt* solliciter
ertappen *vt* surprendre
erteilen *vt* donner
Ertrag (**-(e)s, ⸚e**) *m* (*Ergebnis von Arbeit*) rendement *m* ; (*Gewinn*) bénéfice *m*, revenu *m*
ertragen *irr vt* supporter
erträglich *adj* supportable
ertränken *vt* noyer
erträumen *vt*: **sich** *Dat* **etw ~** rêver qch
ertrinken *irr vi* se noyer • **Ertrinken** (**-s**) *nt* noyade *f*
erübrigen *vt* (*Geld*) économiser, épargner ; (*Zeit*) trouver ▸ *vr* être inutile
erwachsen *adj* adulte
Erwachsene(r) *f(m)* adulte *mf*
Erwachsenenbildung *f* formation *f* continue
erwägen *irr vt* (*Plan*) examiner ; (*Möglichkeiten*) considérer
Erwägung *f* considération *f* ; **etw in ~ ziehen** prendre qch en considération
erwähnen *vt* mentionner • **erwähnenswert** *adj* digne d'être mentionné(e)
Erwähnung *f* mention *f*
erwärmen *vt* chauffer ▸ *vr*: **sich für jdn/ etw ~** commencer à trouver qn sympathique/à s'intéresser à qch
erwarten *vt* (*warten auf*) attendre ; **etw kaum ~ können** attendre qch avec impatience
Erwartung *f* attente *f*
erwartungsgemäß *adv* comme il fallait s'y attendre
erwartungsvoll *adj* plein(e) d'espoir
erwecken *vt* éveiller ; **den Anschein** *od* **Eindruck ~** donner l'impression ; **etw zu neuem Leben ~** faire revivre qch
erweichen *vt* attendrir ; **sich nicht ~ lassen** être inexorable
Erweis (**-es, -e**) *m* preuve *f*
erweisen *irr vt* (*Ehre, Dienst*) rendre ▸ *vr*: **sich als etw ~** s'avérer être qch ; **es hat sich erwiesen, dass ...** il s'est avéré que ...
erweitern *vt* élargir ; (*Geschäft*) agrandir ; (*Méd*) dilater ; (*Kenntnisse*) approfondir ; (*Macht*) étendre
Erweiterung *f* élargissement *m* ; développement *m* ; dilatation *f* ; extension *f*
Erwerb (**-(e)s, -e**) *m* (*Kauf*) acquisition *f* ; (*Beruf*) travail *m*
erwerben *irr vt* acquérir
erwerbslos *adj* sans emploi
Erwerbsquelle *f* source *f* de revenus, ressource *f*
erwerbstätig *adj* actif(-ive)
erwerbsunfähig *adj* invalide
erwidern *vt* répondre ; (*Besuch*) rendre ; **er erwidert ihre Gefühle** c'est un amour partagé
Erwiderung *f* réponse *f*
erwischen (*fam*) *vt* attraper, choper
erwünscht *adj* (*Gelegenheit*) rêvé(e)
erwürgen *vt* étrangler
Erz (**-es, -e**) *nt* minerai *m*
erzählen *vt* raconter
Erzähler(in) (**-s, -**) *m(f)* narrateur(-trice)
Erzählung *f* récit *m*
Erzbischof *m* archevêque *m*
Erzengel *m* archange *m*
erzeugen *vt* produire ; (*Angst*) provoquer
Erzeugnis *nt* produit *m*
Erzeugung *f* production *f*
Erzgebirge *nt* Erzgebirge *m*, monts *mpl* Métallifères
erziehen *irr vt* (*Kind*) élever ; (*bilden*) éduquer
Erzieher(in) (**-s, -**) *m(f)* éducateur(-trice)
Erziehung *f* éducation *f*
Erziehungsberechtigte(r) *f(m)* *personne qui a l'autorité parentale*
Erziehungsheim *nt* centre *m* d'éducation surveillée
Erziehungsurlaub *m* congé *m* parental d'éducation
erzielen *vt* (*Ergebnis*) obtenir
erzwingen *irr vt* forcer, obtenir de force
es *pron* (*Subjekt*) il (elle) ; (*Objekt*) le (la) ; (*unpersönlich*) il ; **es regnet/schneit** il pleut/neige
Esche *f* frêne *m*
Esel (**-s, -**) *m* âne *m*
Eselsbrücke *f* (*Gedächtnishilfe*) moyen *m* mnémotechnique
Eselsohr (*fam*) *nt* (*in Buch*) corne *f*
Eskalation *f* escalade *f*

Eskimo (**-s, -s**) *m* Esquimau *m*
Espresso (**-(s), -s** *od* **Espressi**) *m* express *m*
essbar *adj* mangeable ; (*Pilz*) comestible
essen *irr vt, vi* manger • **Essen** (**-s, -**) *nt* repas *m*
Essensmarke *f* ticket-repas *m*
Essenszeit *f* heure *f* du repas
Essig (**-s, -e**) *m* vinaigre *m* • **Essiggurke** *f* cornichon *m* (au vinaigre)
Esskastanie *f* marron *m*
Esslöffel *m* cuiller *f od* cuillère *f* à soupe
Esstisch *m* table *f*
Esswaren *pl* aliments *mpl*
Esszimmer *nt* salle *f* à manger
Estland *nt* l'Estonie *f*
estnisch *adj* estonien(ne)
etablieren *vr* s'établir
Etage *f* étage *m*
Etagenbett *nt* lits *mpl* superposés
Etagenwohnung *f appartement qui fait tout un étage*
Etappe *f* étape *f*
Etat (**-s, -s**) *m* budget *m*
etepetete (*fam*) *adj* guindé(e)
Ethik *f* éthique *f*
ethisch *adj* éthique
ethnisch *adj* ethnique ; **~e Säuberung(saktionen** *pl***)** *f* purification *f* ethnique
Etikett (**-(e)s, -e**) *nt* étiquette *f*
Etikette *f* étiquette *f*
etikettieren *vt* étiqueter
etliche *pron* (*sg*) considérable ; **~s** pas mal de choses
Etui (**-s, -s**) *nt* étui *m*
etwa *adv* (*ungefähr*) environ ; (*zum Beispiel*) par exemple ; (*möglicherweise, vielleicht*) par hasard ; **nicht ~** non pas
etwaig *adj* éventuel(le)
etwas *pron* quelque chose ▸ *adv* un peu ; **noch ~ Kaffee/Wein?** encore un peu de café/vin ?
Etymologie *f* étymologie *f*
EU (**-**) *f abk* (= *Europäische Union*) UE *f*
EU-Befürworter(in) *m(f)* europhile *mf*
euch *Akk, Dat von ihr pron* vous
euer *pron* (*possessiv*) votre ; **eure Bücher** vos livres
euere(r, s) *pron* = **eure(r, s)**
EU-Erweiterung *f* élargissement *m* de l'UE
EU-Gegner(in) *m(f)* europhobe *mf*
EU-kritisch *adj* europhobe
Eule *f* chouette *f*, hibou *m*
euphorisch *adj* euphorique
eure(r, s) *pron* le(la) vôtre ▸ *pron* (*possessiv*) = **euer**
eurerseits *adv* de votre côté
euresgleichen *pron* des gens comme vous
euretwegen *adv* (*für euch*) pour vous ; (*wegen euch*) à cause de vous
Euro *m* euro *m*
Eurocent *m* euro-cent *m*, euro centime *m*
Eurokrat (**-en, -en**) *m* eurocrate *m*
Euroland (*fam*) *nt* zone *f* euro
Europa *nt* l'Europe *f*
Europaabgeordnete(r) *f(m)* eurodéputé(e) *m/f*
Europäer(in) (**-s, -**) *m(f)* Européen(ne)
europäisch *adj* européen(ne) ; **E~e Union** Union *f* européenne ; **das E~e Parlament** le Parlement européen ; **E~er Gerichtshof** Cour *f* de justice de l'Union européenne
Europameister *m* champion *m* d'Europe
Europaparlament *nt* Parlement *m* européen
Europarat *m* Conseil *m* de l'Europe
Europawahl *f* élections *fpl* européennes
Eurozone *f* Euroland *m*
Euter (**-s, -**) *nt* pis *m*
evakuieren *vt* évacuer
evangelisch *adj* protestant(e)
Evangelium *nt* évangile *m*
Eventmanagement *nt* évènementiel *m*
eventuell *adj* éventuel(le) ▸ *adv* éventuellement
ewig *adj* éternel(le) • **Ewigkeit** *f* éternité *f*
EWS *nt abk* (= *Europäisches Währungssystem*) SME *m*
EWU (**-**) *f abk* (= *Europäische Währungsunion*) UME *f*
exakt *adj* (*Zahl*) exact(e) ; (*Arbeit*) précis(e)
Examen (**-s, -** *od* **Examina**) *nt* examen *m*
Exempel (**-s, -**) *nt*: **um ein ~ zu statuieren** pour l'exemple
Exemplar (**-s, -e**) *nt* exemplaire *m* • **exemplarisch** *adj* exemplaire
exerzieren *vi* être à l'entraînement
Exhibitionist(in) *m(f)* exhibitionniste *mf*
Exil (**-s, -e**) *nt* exil *m*
Existenz *f* existence *f*
Existenzkampf *m* lutte *f* pour la survie
Existenzminimum *nt* minimum *m* vital
existieren *vi* exister
exklusiv *adj* (*Bericht*) exclusif(-ive) ; (*Gesellschaft*) chic
exklusive *präp +Gen* non compris(e), sans
exotisch *adj* exotique
Expansion *f* expansion *f*
Expedition *f* expédition *f* ; (*Écon*) service *m* des expéditions
Experiment *nt* expérience *f*

experimentell *adj* expérimental(e)
experimentieren *vi* faire une expérience *od* des expériences
Experte (**-n, -n**) *m*, **Expertin** *f* expert *m*
Expertensystem *nt* (*Inform*) système *m* expert
explodieren *vi* exploser
Explosion *f* explosion *f*
explosiv *adj* explosif(-ive) ; (*Mensch*) d'un tempérament explosif
Exponent *m* (*Math*) exposant *m*
Export (**-(e)s, -e**) *m* exportation *f*
Exporteur *m* exportateur *m*
Exporthandel *m* commerce *m* d'exportation
exportieren *vt* exporter
Exportland *nt* pays *m* exportateur
Expressgut *nt* ≈ colis *m* express
extra (*fam*) *adj inv* (*gesondert*) à part ; (*besondere*) spécial(e) ▸ *adv* (*gesondert*) à part ; (*speziell*) spécialement ; (*absichtlich*) exprès • **Extra** (**-s, -s**) *nt* option *f* • **Extraausgabe** *f* édition *f* spéciale
Extrakt (**-(e)s, -e**) *m* extrait *m*
Extrawurst (*fam*) *f*: **er will immer eine ~ (gebraten haben)** il ne veut jamais faire comme tout le monde
extrem *adj* extrême
extremistisch *adj* extrémiste
Extremitäten *pl* extrémités *fpl*
exzentrisch *adj* excentrique
Exzess (**-es, -e**) *m* excès *m*
EZB *f abk* (= *Europäische Zentralbank*) BCE *f*
E-Zigarette *f* cigarette *f* électronique ; **eine ~ rauchen** *od* (*fam*) **dampfen** vapoter

f

F, f *nt* F, f *m inv* ; (*Mus*) fa *m*
Fabel (**-, -n**) *f* fable *f* • **fabelhaft** *adj* extraordinaire
Fabrik *f* usine *f*
Fabrikant *m* (*Hersteller*) fabricant *m* ; (*Besitzer*) industriel *m*
Fabrikarbeiter(in) *m(f)* ouvrier(-ière) (*d'usine*)
Fabrikat *nt* produit *m*
Fabrikbesitzer(in) *m(f)* propriétaire *mf* d'usine
Fabrikgelände *nt* terrain *m* industriel ; (*einer bestimmten Fabrik*) terrain *m* de l'usine
Fabrikverkauf *m* vente *f* d'usine
Fach (**-(e)s, ¨-er**) *nt* rayon *m* ; (*Schulfach*) matière *f*, discipline *f* • **Facharbeiter(in)** *m(f)* ouvrier(-ière) spécialisé(e) • **Facharzt** *m*, **Fachärztin** *f* spécialiste *mf* (*médecin*) • **Fachausdruck** *m* terme *m* technique
Fächer (**-s, -**) *m* éventail *m*
Fachfrau *f* spécialiste *f*
Fachhochschule *f* ≈ institut *m* universitaire de technologie (= *I.U.T.*)
fachkundig *adj* expert(e)
fachlich *adj* professionnel(le)
Fachmann (**-(e)s, -leute**) *m* spécialiste *m*
fachmännisch *adj* de spécialiste
Fachschule *f* école *f* professionnelle
fachsimpeln (*fam*) *vi* parler boutique *od* métier
Fachwerk *nt* colombage *m*
Fachwerkhaus *nt* maison *f* à colombage
Fackel (**-, -n**) *f* flambeau *m*
fad, fade *adj* fade
Faden (**-s, ¨-**) *m* fil *m* ; **der rote ~** le fil conducteur • **Fadennudeln** *pl* vermicelle *msg* • **fadenscheinig** *adj* (*Lüge, Ausrede*) cousu(e) de fil blanc

fähig *adj* capable ; **zu allem ~ sein** être capable de tout • **Fähigkeit** *f* capacité *f*
Fähnchen *nt* fanion *m*
fahnden *vi*: **~ nach** rechercher
Fahndung *f* recherches *fpl*
Fahndungsliste *f* liste *f* des personnes recherchées par la police
Fahne *f* (*Flagge*) drapeau *m* ; **eine ~ haben** (*fam*) empester l'alcool
Fahrausweis *m* titre *m* de transport
Fahrbahn *f* chaussée *f*
fahrbar *adj*: **~er Untersatz** bagnole *f*
Fähre *f* bac *m* ; (*Autofähre*) ferry(-boat) *m*
fahren *irr vt* (*lenken*) conduire ; (: *Rad, Motorrad*) faire de ; (*befördern*) transporter ▶ *vi* aller ; (*fahren können*) conduire ; (*abfahren*) partir ; **mit dem Zug/Auto ~** aller en train/en voiture ; **mit der Hand über den Tisch ~** passer la main sur la table ; **ein Gedanke fuhr ihm durch den Kopf** une idée lui passa par la tête
Fahrer(in) (**-s, -**) *m(f)* conducteur(-trice) • **Fahrerflucht** *f* délit *m* de fuite
Fahrgast *m* passager(-ère) *m/f*
Fahrgeld *nt* prix *m* du billet
Fahrgestell *nt* châssis *m* ; (*Aviat*) train *m* d'atterrissage
Fahrkarte *f* billet *m*
Fahrkartenausgabe *f* guichet *m*
Fahrkartenautomat *m* distributeur *m* de billets *od* de tickets
Fahrkartenschalter *m* guichet *m*
fahrlässig *f* négligent(e)
Fahrlässigkeit *f* négligence *f*
Fahrlehrer(in) *m(f)* moniteur(-trice) d'auto-école
Fahrplan *m* horaire *m*
fahrplanmäßig *adj, adv* à l'heure prévue
Fahrpreis *m* prix *m* du billet
Fahrprüfung *f* examen *m* du permis de conduire
Fahrrad *nt* bicyclette *f*, vélo *m*
Fahrradweg *m* piste *f* cyclable
Fahrschein *m* ticket *m*
Fahrscheinautomat *m* distributeur *m* automatique, billeterie *f*
Fahrscheinentwerter *m* composteur *m*
Fahrschule *f* auto-école *f*
Fahrschüler(in) *m(f)* apprenti(e) conducteur(-trice)
Fahrstuhl *m* ascenseur *m*
Fahrt (**-, -en**) *f* voyage *m* ; **in voller ~** à toute vitesse ; **in ~ kommen** (*fam*) se mettre en train
Fährte *f* piste *f*
Fahrtkosten *pl* frais *mpl* de déplacement
Fahrtrichtung *f* sens *m* de la marche
Fahrverbot *nt* retrait *m* du permis de conduire
Fahrzeug *nt* véhicule *m*
Fahrzeugbrief *m* ≈ carte *f* grise
Fahrzeughalter (**-s, -**) *m* propriétaire *m* d'un véhicule
Fahrzeugschein *m* ≈ carte *f* grise
fair *adj* équitable
faktisch *adj* effectif(-ive), réel(le)
Faktor *m* facteur *m*
Faktum (**-s, Fakten**) *nt* fait *m*
Fakultät *f* faculté *f*
Falke (**-n, -n**) *m* faucon *m*
Fall (**-(e)s, ¨-e**) *m* (*Sturz, Untergang*) chute *f* ; (*Sachverhalt, Ling, Méd*) cas *m* ; (*Jur*) affaire *f* ; **auf jeden ~, auf alle Fälle** en tout cas ; **gesetzt den ~** *od* **für den ~, dass ...** au cas où ... ; **auf keinen ~!** il n'en est pas question !
Falle *f* piège *m*
fallen *irr vi* tomber ; (*Bemerkung*) être fait(e) ; (*Tor*) être marqué(e) ; **~ lassen** (*Bemerkung*) laisser échapper ; (*Plan*) renoncer à
fällen *vt* (*Baum*) abattre ; (*Urteil*) rendre
fällig *adj* (*Wechsel, Zinsen*) dû(due), arrivé(e) à échéance ; (*Bus, Zug*) attendu(e)
Fälligkeit *f* (*Écon*) échéance *f*
Fallobst *nt* fruits *mpl* tombés
Fallout (**-s, -s**) *m* retombées *fpl* radioactives
falls *konj* au cas où
Fallschirm *m* parachute *m*
Fallschirmspringer(in) *m(f)* parachutiste *mf*
Falltür *f* trappe *f*
falsch *adj* faux(fausse)
fälschen *vt* contrefaire
Fälscher(in) (**-s, -**) *m(f)* faussaire *mf*
Falschfahrer(in) *m(f)* automobiliste *mf* circulant à contresens
Falschgeld *nt* fausse monnaie *f*
Falschheit *f* fausseté *f*
fälschlich *adj* faux(fausse), erroné(e)
fälschlicherweise *adv* par erreur
Fälschung *f* contrefaçon *f*
fälschungssicher *adj* infalsifiable
Faltblatt *nt* dépliant *m*
Faltboot *nt* canot *m* pliant
Fältchen *nt* petite ride *f*
Falte *f* pli *m* ; (*in Haut*) ride *f*
falten *vt* plier ; (*Hände*) joindre
Falter (**-s, -**) *m* papillon *m*
faltig *adj* (*Hände, Haut*) ridé(e) ; (*Rock*) froissé(e)
familiär *adj* de famille ; (*Ton, Atmosphäre, Verhältnis*) familier(-ière)

Familie *f* famille *f*
Familienkreis *m* cercle *m* de famille
Familienmitglied *nt* membre *m* de la famille
Familienname *m* nom *m* de famille
Familienplanung *f* planning *m* familial
Familienstand *m* état *m* civil
Familienvater *m* père *m* de famille
Fan (**-s, -s**) *m* fan *m*
Fanatiker(in) (**-s, -**) *m(f)* fanatique *mf*
fanatisch *adj* fanatique
Fanatismus *m* fanatisme *m*
fand *etc vb siehe* **finden**
Fang (**-(e)s, ⸚e**) *m* capture *f*; (*Beute*) prise *f*; **Fänge** *pl* (*Zähne*) crocs *mpl*; (*Krallen*) serres *fpl*
fangen *irr vt* attraper ▸ *vr* (*nicht fallen*) retrouver son équilibre ; (*seelisch*) se reprendre
Fanmeile *f* fan zone *f*
Fantasie *f* imagination *f* • **fantasielos** *adj* sans imagination
fantasieren *vi* fantasmer ; (*Méd*) délirer
fantasievoll *adj* plein(e) d'imagination
fantastisch *adj* fantastique
Farbabzug *m* tirage *m* couleur
Farbaufnahme *f* photo *f* en couleurs
Farbband *nt* ruban *m* encreur
Farbdrucker *m* imprimante *f* couleur
Farbe *f* couleur *f*; (*Malerfarbe*) peinture *f*
farbecht *adj* grand teint
färben *vi* déteindre ▸ *vt* teindre ▸ *vr* (*Blätter*) jaunir
farbenblind *adj* daltonien(ne)
Farbfilm *m* film *m* en couleur
Farbfoto *nt* photo *f* en couleur
Farbfotografie *f* photographie *f* en couleur
farbig *adj* (*bunt*) coloré(e) ; (*Mensch*) de couleur
Farbige(r) *f(m)* homme(femme) *m/f* de couleur
Farbkasten *m* boîte *f* de couleurs
farblos *adj* incolore ; (*fig*) terne
Farbstift *m* crayon *m* de couleur
Farbstoff *m* colorant *m*
Farbton *m* ton *m*
Färbung *f* coloration *f*; (*fig: Tendenz*) tendance *f*
Farn (**-(e)s, -e**) *m* fougère *f*
Fasan (**-(e)s, -e(n)**) *m* faisan *m*
Fasching (**-s, -e** *od* **-s**) *m* carnaval *m*
Faschismus *m* fascisme *m*
Faschist(in) *m(f)* fasciste *mf*
faschistisch *adj* fasciste
faseln *vi* (*Unsinn reden*) radoter
Faser (**-, -n**) *f* fibre *f*
fasern *vi* s'effilocher
Fass (**-es, ⸚er**) *nt* tonneau *m*
Fassade *f* façade *f*
fassbar *adj* (*begreifbar*) compréhensible
Fassbier *nt* bière *f* à la pression
fassen *vt* (*ergreifen, angreifen, begreifen*) saisir ; (*Verbrecher*) arrêter ; (*enthalten*) contenir ; (*Beschluss, Vertrauen*) prendre ; (*Plan*) concevoir ▸ *vr* se ressaisir
fasslich *adj* compréhensible
Fassung *f* (*Umrahmung, Einfassung*) monture *f*; (*bei Lampe*) douille *f*; (*Textversion*) version *f*; (*Beherrschung*) contenance *f*; **jdn aus der ~ bringen** faire perdre contenance à qn
fassungslos *adj* consterné(e)
Fassungsvermögen *nt* (*bei Behälter*) contenance *f*; (*bei Mensch*) compréhension *f*
fast *adv* presque
fasten *vi* jeûner • **Fasten** (**-s**) *nt* jeûne *m* • **Fastenzeit** *f* carême *m*
Fastnacht *f* carnaval *m*
faszinieren *vt* fasciner
fatal *adj* fatal(e)
fauchen *vi* (*Katze*) feuler
faul *adj* (*Person*) paresseux(-euse) ; (*Essen, Obst etc*) pourri(e) ; (*péj: Witz, Ausrede*) mauvais(e)
faulen *vi* pourrir
faulenzen *vi* paresser
Faulenzer(in) (**-s, -**) *m(f)* paresseux(euse)
Faulheit *f* paresse *f*
faulig *adj* putride
Fäulnis *f* putréfaction *f*
Faust (**-, Fäuste**) *f* poing *m* ; **auf eigene ~** de sa propre initiative
Fausthandschuh *m* moufle *f*
Favorit(in) (**-en, -en**) *m(f)* favori(-ite)
Fax (**-es, -e**) *nt* fax *m*
faxen *vt, vi* faxer
Fazit (**-s, -s**) *nt* bilan *m*
FCKW (**-s, -s**) *m abk* (= *Fluorchlorkohlenwasserstoff*) CFC *m*
FDP *f abk* (= *Freie Demokratische Partei*) *le parti libéral allemand*
Februar (**-(s), -e**) *m* février *m*
fechten *irr vi* (*kämpfen*) se battre ; (*Sport*) faire de l'escrime
Feder (**-, -n**) *f* plume *f*; (*Tech*) ressort *m* • **Federball** *m* volant *m* ; (*Spiel*) badminton *m* • **Federbett** *nt* édredon *m* • **Federhalter** *m* porte-plume *m* • **federleicht** *adj* léger(-ère) comme une plume
federn *vi* (*nachgeben*) faire ressort ▸ *vt* (*Auto*) équiper d'une suspension ; (*Sessel*) monter sur ressorts ; **das Bett ist gut gefedert** le lit a un bon sommier

Federung *f (bei Auto)* suspension *f* ; *(bei Bett, Polster)* ressorts *mpl*
Fee *f* fée *f*
Fegefeuer *nt* purgatoire *m*
fegen *vt* balayer
fehl *adj*: **~ am Platz** *od* **Ort sein** être déplacé(e)
fehlen *vi* manquer ; *(Mensch)* être absent(e) ; **du fehlst mir** tu me manques ; **an etw** *Dat* **~** manquer de qch ; **was fehlt Ihnen?** qu'est-ce qui ne va pas ?
Fehler (**-s, -**) *m* faute *f*, erreur *f* ; *(Mangel, Schwäche)* défaut *m* • **Fehlerbeseitigung** *f (Inform)* débogage *m* • **fehlerfrei** *adj* irréprochable, impeccable • **fehlerhaft** *adj* défectueux(-euse) • **Fehlermeldung** *f (Inform)* message *m* d'erreur
Fehlgeburt *f* fausse couche *f*
Fehlgriff *m* erreur *f*
Fehlkonstruktion *f*: **eine ~ sein** être mal conçu(e)
Fehlschlag *m* échec *m*
fehl|schlagen *irr vi* échouer
Fehlschluss *m* conclusion *f* erronée
Fehlstart *m (Sport)* faux départ *m*
Fehltritt *m* faux pas *m*
Fehlzündung *f (Auto)* raté *m*
Feier (**-, -n**) *f* fête *f* • **Feierabend** *m* fin *f* du travail ; **~ machen** avoir fini sa journée de travail ; **bei mir** *od* **damit ist ~!** *(fam)* ça suffit comme ça !
feierlich *adj* solennel(le) • **Feierlichkeit** *f* solennité *f*
feiern *vt, vi* fêter
Feiertag *m* jour *m* férié
feig, feige *adj* lâche
Feige *f* figue *f*
Feigheit *f* lâcheté *f*
Feigling *m* lâche *m*
Feile *f* lime *f*
feilen *vt, vi* limer
feilschen *vi* marchander
fein *adj* fin(e) ; *(vornehm)* distingué(e) ; **~!** très bien !
Feind(in) (**-(e)s, -e**) *m(f)* ennemi(e) • **Feindbild** *nt* idée *f* préconçue de l'ennemi • **feindlich** *adj* hostile • **Feindschaft** *f* inimitié *f* • **feindselig** *adj* hostile • **Feindseligkeit** *f* hostilité *f*
feinfühlig *adj* sensible
Feingefühl *nt* délicatesse *f*, tact *m*
Feinheit *f* finesse *f*
Feinkostgeschäft *nt* épicerie *f* fine
Feinschmecker (**-s, -**) *m* gourmet *m*
Feinstaub *m* particules *fpl* fines
Feinwäsche *f* linge *m* fin
feist *adj (Gesicht)* replet(-ète)
Feld (**-(e)s, -er**) *nt (Acker)* champ *m* ; *(Gebiet)* domaine *m* ; *(auf Formular, bei Brettspiel, Schach)* case *f* ; *(Sport)* peloton *m* • **Feldblume** *f* fleur *f* des champs • **Feldherr** *m* commandant *m* en chef • **Feldsalat** *m* mâche *f*
Feldwebel (**-s, -**) *m* sergent *m*
Feldweg *m* sentier *m*
Feldzug *m* campagne *f*
Felge *f* jante *f*
Felgenbremse *f* frein *m* sur jante
Fell (**-(e)s, -e**) *nt* poil *m*, pelage *m* ; *(von Schaf)* toison *f* ; *(verarbeitetes Fell)* fourrure *f*
Fels (**-en, -en**) *m* = **Felsen**
Felsen (**-s, -**) *m* rocher *m*
felsenfest *adj* ferme, inébranlable
Felsenvorsprung *m* saillie *f* rocheuse
felsig *adj* rocheux(-euse)
Felsspalte *f* anfractuosité *f*
feminin *adj* féminin(e)
Feminismus *m* féminisme *m*
Feministin *f* féministe *f*
feministisch *adj* féministe
Fenchel (**-s**) *m* fenouil *m*
Fenster (**-s, -**) *nt* fenêtre *f* • **Fensterladen** *m* volet *m* • **Fensterputzer** (**-s, -**) *m* laveur *m* de carreaux • **Fensterscheibe** *f* vitre *f*
Ferien *pl* vacances *fpl* ; **~ haben** être en vacances ; **~ machen** prendre des vacances • **Ferienhaus** *nt* maison *f* de vacances • **Ferienkurs** *m* cours *m* d'été *od* de vacances • **Ferienlager** *nt* colonie *f* de vacances • **Ferienreise** *f* voyage *m* • **Ferienwohnung** *f* appartement *m* (pour les vacances) • **Ferienzeit** *f* temps *m* des vacances
Ferkel (**-s, -**) *nt* porcelet *m*
fern *adj* lointain(e) ▶ *präp +Gen* loin de ; **~ von hier** loin d'ici • **Fernbedienung** *f* télécommande *f*
Ferne *f* lointain *m*
ferner *konj (außerdem)* en outre
Ferngespräch *nt* communication *f* interurbaine
ferngesteuert *adj* téléguidé(e)
Fernglas *nt* jumelles *fpl*
fern|halten *irr vt*: **(sich) ~** (se) tenir à l'écart
Fernheizung *f* chauffage *m* urbain
Fernkopie *f* télécopie *f*
Fernkopierer *m* télécopieur *m*
Fernlenkung *f* téléguidage *m*
fern|liegen *irr vi*: **es liegt mir fern, das zu tun** loin de moi, la pensée de faire cela
Fernrohr *nt* longue-vue *f*
Fernsehapparat *m* poste *m* de télévision

fern|sehen *irr vi* regarder la télévision • **Fernsehen** (**-s**) *nt* télévision *f*; **im ~** à la télévision
Fernseher *m* télé *f*
Fernsehgebühr *f* redevance *f*
Fernsehgerät *nt* téléviseur *m*
Fernsehüberwachungsanlage *f* télévision *f* en circuit fermé
Fernsehzeitschrift *f* programme *m* télé
Fernsprecher *m* téléphone *m*
Fernsprechzelle *f* cabine *f* téléphonique
Fernsteuerung *f* télécommande *f*
Fernstraße *f* ≈ route *f* nationale
Fernstudium *nt voir article*

> **Fernstudium** désigne l'enseignement universitaire à distance. Les étudiants ne vont pas à l'université mais suivent leurs cours en ligne. Le premier télé-enseignement vit le jour en 1974. Ce système permet ainsi de concilier des études avec une carrière professionnelle ou des enfants.

Fernverkehr *m* trafic *m* longue distance
Fernweh *m* virus *m* des voyages
Ferse *f* talon *m*
fertig *adj* prêt(e) ; (*beendet, vollendet*) fini(e) ; (*fam: ausgebildet*) qui a fini sa formation ; **~ machen** (*beenden*) terminer ; **sich ~ machen** se préparer ; **mit jdm ~ sein** (*fam*) avoir rompu avec qn ; **mit jdm/etw ~ werden** venir à bout de qn/qch ; **mit den Nerven ~ sein** être à bout de nerfs • **Fertigbau** *m* construction *f* en préfabriqué • **fertig|bringen** *irr vt*: **es ~, etw zu tun** arriver à faire qch
Fertiggericht *nt* plat *m* cuisiné
Fertigkeit *f* adresse *f*, dextérité *f*
fertig|machen (*fam*) *vt* (*ermüden*) épuiser ; (*abkanzeln*) démolir
fertig|stellen *vi* achever
fesch (*fam: Südd, Österr*) *adj* (*hübsch*) séduisant(e)
Fessel (**-, -n**) *f* lien *m*
fesseln *vt* (*Gefangenen*) ligoter ; (*fig*) captiver
fesselnd *adj* captivant(e)
fest *adj* ferme ; (*Nahrung, Stoff*) solide ; (*Schuhe*) bon(ne) ; (*Preis, Wohnsitz, Anstellung*) fixe ; (*Bindung*) sérieux(-euse) ; (*Schlaf*) profond(e) ; **~ anstellen** CDIser ; **~ angestellt** qui a un emploi fixe
Fest (**-(e)s, -e**) *nt* fête *f*
Festbeleuchtung *f* illumination *f*
fest|binden *irr vi* attacher
fest|bleiben *irr vi* rester inébranlable
Festessen *nt* banquet *m*
fest|fahren *irr vr* s'enliser
fest|halten *irr vt* (*Gegenstand*) tenir ; (*Ereignis*) immortaliser ▶ *vi*: **an etw** *Dat* **~** (*Meinung, Glauben*) ne pas démordre de qch ▶ *vr*: **sich an etw** *Dat* **~** s'accrocher à qch
festigen *vt* consolider, renforcer ▶ *vr* (*Beziehung*) se consolider ; (*Gesundheit*) s'améliorer
Festiger *m* fixateur *m*
Festigkeit *f* (*Entschlossenheit*) fermeté *f*
Festival (**-s, -s**) *nt* festival *m*
fest|klammern *vr*: **sich ~ an** +*Dat* s'accrocher à
Festland *nt* continent *m*
fest|legen *vt* fixer ▶ *vr* (*sich entscheiden*) se décider
festlich *adj* de fête
fest|machen *vt* fixer
Festnahme *f* arrestation *f*
fest|nehmen *irr vt* arrêter
Festnetz *nt* téléphonie *f* fixe
Festplatte *f* (*Inform*) disque *m* dur
Festrede *f* discours *m* solennel
fest|setzen *vt* fixer
Festspiele *pl* festival *msg*
fest|stehen *irr vi* être fixé(e)
fest|stellen *vt* constater
Festung *f* forteresse *f*
fett *adj* gras(se) ; **~ gedruckt** en caractères gras
Fett (**-(e)s, -e**) *nt* graisse *f*
fettarm *adj* pauvre en graisse
fetten *vt* graisser
Fettfleck *m* tache *f* de gras
Fettgehalt *m* teneur *f* en graisse
fettig *adj* gras(se)
Fettnäpfchen *nt*: **ins ~ treten** mettre les pieds dans le plat
Fetzen (**-s, -**) *m* lambeau *m*
feucht *adj* humide • **Feuchtigkeit** *f* humidité *f* • **Feuchtigkeitscreme** *f* crème *f* hydratante
Feuer (**-s, -**) *nt* feu *m* ; **~ fangen** prendre feu ; (*fig*) s'enflammer ; **~ und Flamme sein (für)** être tout feu tout flamme (pour) • **Feueralarm** *m* alerte *f* au feu • **Feuereifer** *m* enthousiasme *m* • **feuerfest** *adj* (*Geschirr*) allant au four • **Feuergefahr** *f* danger *m* d'incendie • **feuergefährlich** *adj* inflammable • **Feuerleiter** *f* échelle *f* d'incendie • **Feuerlöscher** (**-s, -**) *m* extincteur *m* • **Feuermelder** (**-s, -**) *m* avertisseur *m* d'incendie
feuern *vi* (*schießen*) tirer ; (*heizen*): **mit Öl/Holz ~** se chauffer au fioul/au bois ▶ *vt* (*schleudern*) balancer ; (*entlassen*) virer ; **jdm eine ~** (*fam*) donner une baffe à qn
feuersicher *adj* à l'épreuve du feu

Feuerstein *m* silex *m*, pierre *f* à briquet
Feuerwehr (-, -en) *f* sapeurs-pompiers *mpl*
Feuerwehrauto *nt* voiture *f* de pompiers
Feuerwehrmann *m* pompier *m*
Feuerwerk *nt* feu *m* d'artifice
Feuerzeug *nt* briquet *m*
feurig *adj* (*Liebhaber*) passionné(e)
Fichte *f* épicéa *m*
ficken (*vulg*) *vt*, *vi* baiser
fidel (*fam*) *adj* joyeux(-euse)
Fieber (-s, -) *nt* fièvre *f* • **fieberhaft** *adj* fiévreux(-euse)
Fieberthermometer *nt* thermomètre *m* (médical)
fiel *etc vb siehe* **fallen**
fies (*fam*) *adj* dégoûtant(e)
Figur (-, -en) *f* (*Körperform*) silhouette *f*, stature *f* ; (*Mensch*) personnage *m* ; (*Spielfigur*) pion *m* ; (: *Schachfigur*) pièce *f*
Filiale *f* succursale *f*
Film (-(e)s, -e) *m* (*Spielfilm*) film *m* ; (*Photo*) pellicule *f* • **Filmaufnahme** *f* prise *f* de vue
filmen *vt* filmer
Filmkamera *f* caméra *f*
Filter (-s, -) *m* filtre *m*
filtern *vt* filtrer
Filterpapier *nt* papier-filtre *m*
Filtertüte *f* filtre *m*
Filterzigarette *f* cigarette *f* à bout filtre
Filz (-es, -e) *m* feutre *m*
filzen *vt* (*fam*: *durchsuchen*) fouiller ▸ *vi* (*Wolle*) feutrer
Filzschreiber, **Filzstift** *m* feutre *m*, stylo-feutre *m*
Finale (-s, -(s)) *nt* finale *f*
Finanzamt *nt* perception *f*
Finanzbeamte(r) *m* agent *m* du fisc
Finanzen *pl* finances *fpl*
finanziell *adj* financier(-ière)
finanzieren *vt* financer
Finanzminister *m* ministre *m* des Finances
finden *irr vt* trouver ; **ich finde nichts dabei, wenn ...** je ne trouve rien de mal à ce que ...
Finder(in) (-s, -) *m(f)* celui(celle) qui trouve • **Finderlohn** *m* récompense *f*
findig *adj* ingénieux(-euse)
fing *etc vb siehe* **fangen**
Finger (-s, -) *m* doigt *m* ; **lass die ~ davon!** (*fam*) ne t'en mêle pas ! ; **jdm auf die ~ sehen** avoir qn à l'œil • **Fingerabdruck** *m* empreinte *f* digitale • **Fingerhandschuh** *m* gant *m* • **Fingerhut** *m* dé *m* à coudre ; (*Bot*) digitale *f* • **Fingernagel** *m* ongle *m* • **Fingerring** *m* bague *f* • **Fingerspitze** *f* bout *m* du doigt • **Fingerspitzengefühl** *nt* doigté *m* • **Fingerzeig** (-(e)s, -e) *m* signe *m*
fingieren *vt* feindre
fingiert *adj* fictif(-ive)
Fink (-en, -en) *m* pinson *m*
Finne (-n, -n) *m*, **Finnin** *f* Finnois(e) *m/f*, Finlandais(e) *m/f*
finnisch *adj* finnois(e), finlandais(e)
Finnland *nt* la Finlande
finster *adj* sombre ; (*unheimlich*) sinistre • **Finsternis** *f* obscurité *f*
Finte *f* ruse *f*
Firewall (-, -s) *f* (*Inform*) pare-feu *m*
Firma (-, **Firmen**) *f* entreprise *f*
Firmenschild *nt* enseigne *f*
Firmenzeichen *nt* marque *f* de fabrique
Firnis (-ses, -se) *m* vernis *m*
Fisch (-(e)s, -e) *m* poisson *m* ; **Fische** *pl* (*Astrol*) Poissons *mpl*
fischen *vt*, *vi* pêcher
Fischer (-s, -) *m* pêcheur *m*
Fischerei *f* pêche *f*
Fischfang *m* pêche *f*
Fischgeschäft *nt* poissonnerie *f*
Fischgräte *f* arête *f*
Fischstäbchen *nt* bâtonnet *m* de poisson
Fischzucht *f* pisciculture *f*
fit *adj* en forme
Fitness (-) *f* forme *f* physique • **Fitnesscenter** *nt* centre *m* de remise en forme • **Fitnesstrainer(in)** *m(f)* professeur *mf* de fitness
fix *adj* (*flink*) rapide ; (*gleichbleibend*) fixe ; **~ und fertig** (*völlig fertig*) tout(e) prêt(e) ; (*fam*: *erschöpft*) complètement crevé(e)
fixen (*fam*) *vi* (*Drogen spritzen*) se shooter
Fixer(in) (-s, -) *m(f)* drogué(e) (*qui se shoote*)
fixieren *vt* fixer
flach *adj* plat(e)
Flachbildschirm *m* écran *m* plat
Fläche *f* surface *f*, superficie *f*
flächendeckend *adj* (*Telefonnetz*, *Verkehrsnetz*) qui couvre l'ensemble du territoire
Flächeninhalt *m* superficie *f*
Flachheit *f* aspect *m* plat
Flachland *nt* plaine *f*
flackern *vi* vaciller
Fladen (-s, -) *m* galette *f*
Fladenbrot *nt* pain *m* plat
Flagge *f* pavillon *m*
flagrant *adj* flagrant(e) ; *siehe auch* **in flagranti**
flämisch *adj* flamand(e)

Flamme *f* flamme *f*; **in ~n stehen** être en flammes
Flandern *nt* la Flandre, les Flandres *fpl*
Flanell (**-s, -e**) *m* flanelle *f*
Flanke *f* flanc *m*; (*Sport*) aile *f*
Flasche *f* bouteille *f*; (*fam: Versager*) cloche *f*
Flaschenbier *nt* bière *f* en bouteille *od* canette
Flaschenöffner *m* ouvre-bouteilles *m*, décapsuleur *m*
Flaschenpfand *nt* consigne *f*
Flaschenzug *m* palan *m*
flatterhaft *adj* volage
flattern *vi* voleter; (*Wäsche*) flotter au vent
flau *adj* (*schwach: Brise*) faible; (*Écon, Fin*) stagnant(e); **jdm ist ~** qn se sent mal
Flaum (**-(e)s**) *m* duvet *m*
flauschig *adj* duveteux(-euse)
Flausen *pl* (*Unsinn*) bêtises *fpl*
Flaute *f* calme *m* (plat); (*Écon*) stagnation *f*
Flechte *f* tresse *f*, natte *f*; (*Bot*) lichen *m*; (*Méd*) lichen *m* (*dermatose à pellicules ou à croûtes*)
flechten *irr vt* tresser
Fleck (**-(e)s, -e**) *m* tache *f*; (*fam: Ort, Stelle*) endroit *m*; **nicht vom ~ kommen** ne pas avancer
fleckenlos *adj* sans tache; (*fig*) immaculé(e)
Fleckenmittel *nt* détachant *m*
fleckig *adj* (*schmutzig*) taché(e)
Fledermaus *f* chauve-souris *f*
Flegel (**-s, -**) *m* (*Mensch*) mufle *m*
flegelhaft *adj* grossier(-ière)
Flegeljahre *pl* âge *msg* ingrat
flegeln *vr* se vautrer
flehen *vi*: **um Gnade ~** implorer l'indulgence
flehentlich *adj* suppliant(e)
Fleisch (**-(e)s**) *nt* (*Culin*) viande *f*; (*Anat*) chair *f* • **Fleischbrühe** *f* bouillon *m* (gras)
Fleischer (**-s, -**) *m* boucher *m*
Fleischerei *f* boucherie *f*
fleischig *adj* charnu(e)
fleischlich *adj* charnel(le)
Fleischwolf *m* hachoir *m* (à viande) (*appareil*)
Fleischwunde *f* blessure *f* ouverte
Fleiß (**-es**) *m* application *f*
fleißig *adj* assidu(e) ▶ *adv*: **~ studieren/arbeiten** bien travailler
flektieren *vt* décliner; (*Verb*) conjuguer
flennen (*fam*) *vi* pleurnicher
fletschen *vt* (*Zähne*) montrer
flexibel *adj* flexible, souple
flexibilisieren *vt* flexibiliser
Flexibilität *f* flexibilité *f*, souplesse *f*
flicken *vt* raccommoder, rapiécer
Flicken (**-s, -**) *m* pièce *f*
Flieder (**-s, -**) *m* lilas *m*
Fliege *f* mouche *f*; (*Querbinder*) nœud *m* papillon
fliegen *irr vi* voler; (*fam: herausgeworfen werden*) être viré(e); (*: hinfallen*) s'étaler ▶ *vt* (*Flugzeug*) piloter; (*Menschen*) transporter (par avion); **auf jdn/etw ~** (*fam*) avoir un faible pour qn/qch
Fliegenpilz *m* tue-mouches *m*
Flieger (**-s, -**) *m* (*Pilot*) aviateur *m* • **Fliegeralarm** *m* alerte *f* aérienne
fliehen *irr vi* fuir; **vor etw** *Dat* **~** fuir (devant) qch
Fliese *f* carreau *m*
Fließband *nt* chaîne *f* (de montage)
fließen *irr vi* couler
fließend *adj* (*Wasser, Rede, Deutsch*) courant(e) ▶ *adv*: **sie spricht ~ Deutsch** elle parle couramment l'allemand
Fließheck *nt* arrière *m* profilé
flimmern *vi* scintiller; **das Bild flimmert** (*TV, Ciné*) l'image est mal réglée
flink *adj* agile, vif(vive)
Flinte *f* fusil *m*
Flipflop (**-s, -s**) *m* tong *f*
Flirt (**-s, -s**) *m* flirt *m*
flirten *vi* flirter
Flitterwochen *pl* lune *fsg* de miel
flitzen (*fam*) *vi* filer (comme une flèche)
flocht *etc vb siehe* **flechten**
Flocke *f* flocon *m*
flog *etc vb siehe* **fliegen**
floh *etc vb siehe* **fliehen**
Floh (**-(e)s, ⸚e**) *m* puce *f*; **jdm einen ~ ins Ohr setzen** donner des idées à qn
Flohmarkt *m* marché *m* aux puces
Flop (**-s, -s**) *m* (*Misserfolg*) flop *m*
Florenz *nt* Florence
florieren *vi* prospérer
Floskel (**-, -n**) *f* formule *f* (toute faite)
floss *etc vb siehe* **fließen**
Floß (**-es, ⸚e**) *nt* radeau *m*
Flosse *f* (*Fischflosse, Robbenflosse*) nageoire *f*; (*Taucherflosse*) palme *f*
Flöte *f* flûte *f*
flöten *vi* jouer de la flûte; **~ gehen** (*fam*) être perdu(e) *od* paumé(e)
Flötist(in) *m(f)* flûtiste *mf*
flott *adj* (*schnell*) rapide; (*Musik*) entraînant(e); (*chic*) chic, élégant(e); (*Naut*) à flot
Flotte *f* flotte *f*, marine *f*
Fluch (**-(e)s, ⸚e**) *m* juron *m*
fluchen *vi* jurer; **auf jdn/über etw ~** pester contre qn/qch

Flucht (**-, -en**) *f* fuite *f*; **auf der ~ sein** être en fuite
fluchtartig *adj* précipité(e)
flüchten *vi* fuir ▸ *vr* (*Schutz suchen*) se réfugier
flüchtig *adj* (*oberflächlich*) superficiel(le); (*kurz*: *Blick, Besuch*) rapide; (*geflohen*) en fuite • **Flüchtigkeit** *f* (*Unkonzentriertheit*) inattention *f* • **Flüchtigkeitsfehler** *m* faute *f* d'inattention
Flüchtling *m* réfugié(e) *m/f*
Flüchtlingslager *nt* camp *m* de réfugiés
Flug (**-(e)s, ¨-e**) *m* vol *m* • **Flugabwehr** *f* défense *f* aérienne • **Flugbegleiter(in)** *m(f)* steward *m*, hôtesse *f* de l'air • **Flugblatt** *nt* tract *m*
Flügel (**-s, -**) *m* aile *f*; (*Fensterflügel, Türflügel*) battant *m*; (*Konzertflügel*) piano *m* à queue
Fluggast *m* passager(-ère) *m/f*
flügge *adj* (*Vogel*) prêt(e) à quitter le nid; (*Mensch*) capable de voler de ses propres ailes
Fluggeschwindigkeit *f* vitesse *f* de vol
Fluggesellschaft *f* compagnie *f* aérienne
Flughafen *m* aéroport *m*
Flughöhe *f* altitude *f* de vol
Flugkarte *f* billet *m* d'avion
Fluglotse *m* aiguilleur *m* du ciel
Flugmodus *m* mode *m* avion
Flugnummer *f* numéro *m* de vol
Flugplan *m* horaire *m* des vols
Flugplatz *m* aérodrome *m*
Flugschein *m* billet *m* d'avion; (*des Piloten*) brevet *m* de pilote
Flugschreiber *m* boîte *f* noire
Flugsimulator *m* simulateur *m* de vol
Flugsteig *m* salle *f* d'embarquement
Flugstrecke *f* itinéraire *m* (de vol)
Flugticket *nt* billet *m* d'avion
Flugverkehr *m* trafic *m* aérien
Flugzeug *nt* avion *m* • **Flugzeugentführer(in)** *m(f)* pirate *mf* de l'air • **Flugzeugentführung** *f* détournement *m* d'avion • **Flugzeughalle** *f* hangar *m* • **Flugzeugträger** *m* porte-avions *m inv*
Flunder (**-, -n**) *f* flet *m*
flunkern *vi* raconter des bobards
Fluor (**-s**) *nt* fluor *m*
Flur[1] (**-(e)s, -e**) *m* (*Wohnungsflur*) corridor *m*
Flur[2] (**-, -en**) (*geh*) *f* campagne *f*, champs *mpl*
Flussdiagramm *nt* organigramme *m*
flüssig *adj* liquide; (*Verkehr*) fluide; (*Stil*) coulant(e) • **Flüssigkeit** *f* liquide *m*; (*von Metall, Stil*) fluidité *f* • **flüssig|machen** *vt* (*Geld*) débloquer

flüstern *vi, vt* chuchoter
Flüsterpropaganda *f* bouche à oreille *m*
Flut (**-, -en**) *f* (*Gezeiten*) marée *f* haute; (*Wassermassen, fig*) flot *m*
fluten *vi*: **in etw** *Akk* **~** (*Wasser, Menschen*) envahir qch
Flutlicht *nt* projecteurs *mpl*
focht *etc vb siehe* **fechten**
Fohlen (**-s, -**) *nt* poulain *m*
Föhn (**-(e)s, -e**) *m* (*Wind*) foehn *m*; (*Haartrockner*) sèche-cheveux *m inv*
föhnen *vt* sécher (au sèche-cheveux)
Föhre *f* pin *m* (sylvestre)
Folge *f* (*Reihenfolge*) série *f*; (*Auswirkung, Ergebnis*) suite *f*; **etw zur ~ haben** entraîner qch; **~n haben** avoir des conséquences; **einer Sache** *Dat* **~ leisten** donner suite à qch • **Folgeerscheinung** *f* conséquence *f*, effet *m*
folgen *vi +Dat* suivre; (*gehorchen*) obéir
folgend *adj* suivant(e)
folgendermaßen *adv* de la manière suivante
folgenschwer *adj* lourd(e) de conséquences
folgerichtig *adj* logique
folgern *vt* conclure à
Folgerung *f* conclusion *f*
folglich *adv* en conséquence, par conséquent
folgsam *adj* obéissant(e)
Folie *f* film *m*, pellicule *f*
Follower(in) *m(f)* (*Internet*) suiveur(-euse)
Folter (**-, -n**) *f* torture *f*
foltern *vt* torturer
Fonds (**-, -**) *m* fonds *m*
Fondue (**-s, -s** *od* **-, -s**) *nt od f* fondue *f*
Fontäne *f* jet *m* d'eau
foppen *vt* faire marcher
Förderband *nt* tapis *m* roulant
Förderkorb *m* cage *f* d'extraction
förderlich *adj +Dat* bon(ne) pour
fordern *vt* exiger
fördern *vt* (*Mensch, Talent, Neigung*) encourager; (*Plan*) favoriser; (*Kohle*) extraire
Forderung *f* exigence *f*
Förderung *f* encouragement *m*; (*von Kohle*) extraction *f*
Forelle *f* truite *f*
Form (**-, -en**) *f* forme *f*; (*Gussform, Backform*) moule *m*; **in ~ sein** être en forme; **in ~ von** sous forme de; **die ~ wahren** respecter les convenances
formal *adj* formel(le); (*Grund*) de forme ▸ *adv* sur le papier

f

formalisieren *vt* formaliser
Formalität *f* formalité *f*
Format *nt* format *m* ; (*fig: Niveau*) niveau *m*
formatieren *vt* formater
Formation *f* formation *f*
formbar *adj* malléable
Formel *f* formule *f*
formell *adj* formel(le)
formen *vt* former
Formfehler *m* faux pas *m* ; (*Jur*) vice *m* de forme
förmlich *adj* (*offiziell*) officiel(le) ▸ *adv* (*fam: geradezu*) pratiquement • **Förmlichkeit** *f* formalité *f* ; (*Benehmen*) cérémonie *f*
formlos *adj* informe ; (*Antrag, Brief*) tout(e) simple, sans (aucune) formalité
Formular (**-s, -e**) *nt* formulaire *m*
formulieren *vt* formuler
Formulierung *f* formulation *f*
forsch *adj* résolu(e), énergique
forschen *vi* (*wissenschaftlich*) faire de la recherche
forschend *adj* scrutateur(-trice)
Forscher(in) (**-s, -**) *m(f)* chercheur(-euse)
Forschung *f* recherche *f*
Forschungsreise *f* voyage *m* d'étude
Forschungssatellit *m* satellite *m* d'observation
Forst (**-(e)s, -e**) *m* forêt *f*
Forstarbeiter *m* employé *m* des eaux et forêts
Förster(in) (**-s, -**) *m(f)* garde *m* forestier
Forstwirtschaft *f* sylviculture *f*
fort *adv* (*weg*) loin ; **und so ~** et ainsi de suite ; **in einem ~** sans s'arrêter • **fort|bestehen** *irr vi* persister, survivre • **fort|bewegen** *vt* déplacer ▸ *vr* se déplacer • **fort|bilden** *vr* poursuivre sa formation • **Fortbildung** *f*: **berufliche ~** formation *f* professionnelle • **fort|bleiben** *irr vi* ne pas revenir • **fort|bringen** *irr vt* (*Person*) emmener ; **etw ~** emporter qch • **Fortdauer** *f* prolongation *f* • **fort|fahren** *irr vi* (*wegfahren*) partir ; (*weitermachen, fortsetzen*) continuer • **fort|führen** *vt* (*Arbeit etc*) poursuivre ; (*wegführen*) emmener • **fort|gehen** *irr vi* s'en aller, partir • **fortgeschritten** *adj* avancé(e) • **fort|kommen** *irr vi* (*wegkommen*) parvenir à s'en aller ; (*vorankommen*) progresser ; (*verloren gehen*) disparaître • **fort|können** *irr vi* pouvoir s'en aller • **fort|lassen** *irr vt*: **jdn ~** (*weggehen lassen*) laisser partir qn • **fort|müssen** *irr vi* devoir partir • **fort|pflanzen** *vr* se reproduire • **Fortpflanzung** *f* reproduction *f* • **fort|schreiten** *irr vi* (*Krankheit*) progresser ; (*Alter, Arbeit*) avancer
Fortschritt *m* progrès *m* • **fortschrittlich** *adj* progressiste
fort|setzen *vt* continuer
Fortsetzung *f* continuation *f*, suite *f* ; **~ folgt** à suivre
fortwährend *adj* constant(e), continuel(le)
fort|ziehen *irr vt* tirer ▸ *vi* (*umziehen*) déménager
Foto (**-s, -s**) *nt* photo *f* • **Fotoapparat** (**-s, -s**) *m* appareil-photo *m* • **Fotobuch** *nt* livre *m* photo • **Fotograf(in)** (**-en, -en**) *m(f)* photographe *mf* • **Fotografie** *f* photographie *f* • **fotografieren** *vt* photographier ▸ *vi* faire de la photo • **Fotokopie** *f* photocopie *f* • **fotokopieren** *vt* photocopier • **Fotokopierer** *m* photocopieuse *f*
Foul (**-s, -s**) *nt* faute *f*
Fracht (**-, -en**) *f* chargement *m* ; (*Naut*) cargaison *f*
Frachter (**-s, -**) *m* cargo *m*
Frachtgut *nt* fret *m*
Frack (**-(e)s, ¨-e**) *m* frac *m*, habit *m*
Frage *f* question *f* ; **jdm eine ~ stellen** poser une question à qn ; *siehe auch* **infrage** • **Fragebogen** *m* questionnaire *m*
fragen *vt* interroger ▸ *vi* demander
Fragezeichen *nt* point *m* d'interrogation
fraglich *adj* (*zweifelhaft*) incertain(e) ; (*betreffend*) en question
fraglos *adv* incontestablement
Fragment *nt* fragment *m*
fragmentarisch *adj* fragmentaire
fragwürdig *adj* douteux(-euse)
Fraktion *f* (*Pol*) groupe *m* parlementaire
Franken (**-, -**) *m* (*Schweizer Franken*) franc *m* (suisse)
Frankfurt (**-s**) *nt* Francfort
frankieren *vt* affranchir
franko *adv* (*Poste*) franco
Frankreich *nt* la France
Franse *f* frange *f*
fransen *vi* s'effranger, s'effilocher
Franzose (**-n, -n**) *m*, **Französin** *f* Français(e) *m/f*
französisch *adj* français(e) • **Französisch** *nt* (*Ling*) français *m*
fraß *etc vb siehe* **fressen**
Fratze *f* (*Grimasse*) grimace *f*
Frau (**-, -en**) *f* femme *f* ; (*Anrede*) Madame *f* ; **~ Doktor** Docteur *m*
Frauenarzt *m* gynécologue *m*

Frauenbewegung *f* mouvement *m* de libération de la femme
frauenfeindlich *adj* misogyne
Frauenhaus *nt* centre *m* d'hébergement pour femmes battues
Fräulein *nt* demoiselle *f* ; (*Anrede*) Mademoiselle *f*
fraulich *adj* féminin(e)
Freak (**-s, -s**) (*fam*) *m* enragé(e) *m/f*, mordu(e) *m/f*
frech *adj* insolent(e) ; (*keck*) coquin(e) • **Frechdachs** *m* petit impertinent *m* • **Frechheit** *f* insolence *f*
Freeganer(in) *m(f)* déchétarien(ne)
Fregatte *f* frégate *f*
frei *adj* libre ; (*Arbeitsstelle*) vacant(e), à pourvoir ; (*Mitarbeiter*) indépendant(e), free-lance *inv* ; (*Aussicht*) dégagé(e) ; **von etw ~ sein** être sans qch ; **im F~en** en plein air ; **~ von Komplexen** décomplexé(e) • **Freibad** *nt* piscine *f* en plein air • **frei|bekommen** *irr vt*: **jdn ~** obtenir la libération de qn ; **einen Tag ~** obtenir un jour de congé • **freiberuflich** *adj* indépendant(e) • **Freibetrag** *m* dégrèvement *m* fiscal
freigebig *adj* généreux(-euse)
Freigebigkeit *f* générosité *f*
frei|halten *irr vt* (*für jdn bezahlen*) régaler
freihändig *adv* (*fahren*) sans tenir le guidon
Freiheit *f* liberté *f* • **freiheitlich** *adj* libéral(e)
Freiheitsstrafe *f* peine *f* de prison
Freikarte *f* billet *m* gratuit
frei|kommen *irr vi* être libéré(e)
frei|lassen *irr vt* (*Gefangenen*) libérer ; (*Tier*) remettre en liberté
Freilauf *m* (*von Fahrrad*) roue *f* libre
frei|legen *vt* mettre à jour, dégager
freilich *adv* cependant ; **ja ~!** mais certainement !
Freilichtbühne *f* théâtre *m* en plein air
frei|machen *vt* (*Poste*) affranchir ▸ *vr* (*entkleiden, beim Arzt*) se déshabiller ; (*freie Zeit erübrigen*) se libérer
Freiminuten *fpl* forfait *m* téléphonique
freimütig *adj* franc(franche)
frei|nehmen *irr vt*: **sich** *Dat* **einen Tag ~** prendre un jour de congé
Freisprechanlage *f* (*Tél*) kit *m* mains libres
frei|sprechen *irr vt*: **jdn (von etw) ~** acquitter *od* décharger qn (de qch)
Freispruch *m* acquittement *m*
frei|stellen *vt*: **jdm etw ~** laisser qn décider qch
Freistoß *m* coup *m* franc
Freitag *m* vendredi *m*
freitags *adv* le vendredi
freiwillig *adj* volontaire
Freiwillige(r) *f(m)* volontaire *mf*
Freizeichen *nt* (*Tél*) tonalité *f*
Freizeit *f* temps *m* libre
Freizeitgestaltung *f* organisation *f* des loisirs
Freizeithemd *nt* chemise *f* sport
Freizeitpark *m* parc *m* de loisirs, parc *m* d'attractions
freizügig *adj* (*unbürgerlich*) libre ; (*mit Geld*) généreux(-euse)
fremd *adj* étranger(-ère) ; **sich ~ fühlen** se sentir dépaysé(e) • **fremdartig** *adj* étrange
Fremde(r) *f(m)* étranger(-ère) *m/f*
fremdenfeindlich *adj* hostile aux étrangers
Fremdenführer(in) *m(f)* guide *m*
Fremdenlegion *f* légion *f* étrangère
Fremdenverkehr *m* tourisme *m*
Fremdenverkehrsamt *nt* office *m* du tourisme
Fremdenzimmer *nt*: **„~"** « chambres à louer »
fremd|gehen (*fam*) *irr vi* être infidèle
Fremdkörper *m* corps *m* étranger
fremdländisch *adj* étranger(-ère)
Fremdling *m* étranger(-ère) *m*
Fremdsprache *f* langue *f* étrangère
fremdsprachig *adj attrib* de langue étrangère ; (*Unterricht*) en langue étrangère ; (*Literatur*) étranger(-ère)
Fremdwort *nt* mot *m* étranger
Frequenz *f* fréquence *f*
fressen *irr vt* (*subj*: *Tier*) manger ; (: *Mensch*: *fam*) bouffer
Freude *f* joie *f* ; **~ an etw** *Dat* **haben** trouver plaisir à qch ; **jdm eine ~ machen** *od* **bereiten** faire plaisir à qn
freudig *adj* joyeux(-euse)
freudlos *adj* triste
freuen *vt unpers* faire plaisir à ▸ *vr* être content(e) *od* enchanté(e), se réjouir ; **es freut mich, dass ...** je suis heureux(-euse) que ... ; **sich auf etw** *Akk* **~** attendre qch avec impatience
Freund (**-(e)s, -e**) *m* ami *m* • **Freundin** *f* amie *f* • **freundlich** *adj* (*Mensch, Miene*) aimable ; (*Wohnung, Gegend*) accueillant(e) ; (*Farbe, Wetter*) agréable ; **würden Sie bitte so ~ sein und das tun?** auriez-vous l'amabilité de faire cela ? • **freundlicherweise** *adv* aimablement • **Freundlichkeit** *f* amabilité *f* • **Freundschaft** *f* amitié *f* • **freundschaftlich** *adj* amical(e)
Frevel (**-s, -**) *m* offense *f* ; (*fig*) crime *m*
frevelhaft *adj* coupable

Frieden (**-s, -**) *m* paix *f*; **im ~** en temps de paix
Friedensbewegung *f* mouvement *m* pour la paix
Friedensschluss *m* conclusion *f* de la paix
Friedenstruppe *f* force *f* d'interposition
Friedensverhandlungen *pl* négociations *fpl* de paix
Friedensvertrag *m* traité *m* de paix
Friedenszeit *f* temps *m* de paix
friedfertig *adj* pacifique
Friedhof *m* cimetière *m*
friedlich *adj* paisible
Friedwald *m* cimetière *m* naturel (en forêt)
frieren *irr vi* avoir froid ▸ *vi unpers* geler ; **ich friere, es friert mich** j'ai froid
Fries (**-es, -e**) *m* (*Archit*) frise *f*
frigid, frigide *adj* frigide
Frikadelle *f* boulette *f* de viande hachée
Frisbee (**-, -s**) *nt* frisbee *m*
frisch *adj* frais(fraîche) ; **~ gestrichen!** peinture fraîche ! ; **sich ~ machen** faire un brin de toilette
Frische *f* fraîcheur *f*
Frischhaltefolie *f* film *m* alimentaire
Friseur (**-s, -e**) *m*, **Friseuse** *f* coiffeur(-euse)
frisieren *vt* coiffer ; (*Abrechnung*) truquer ; (*Motor*) trafiquer ▸ *vr* se coiffer
Frisiersalon *m* salon *m* de coiffure
Frisör *m* = **Friseur**
Frist (**-, -en**) *f* délai *m* ; (*Termin*) date *f* limite
fristen *vt*: **ein kümmerliches Dasein ~** mener une existence misérable
fristlos *adj* sans préavis
Frisur *f* coiffure *f*
frittieren *vt* (faire) frire
frivol *adj* frivole ; (*Witz*) léger(-ère)
Frl. *abk* (= *Fräulein*) Mlle
froh *adj* joyeux(-euse) ; **ich bin ~, dass ...** je suis content(e) que ...
fröhlich *adj* joyeux(-euse), gai(e) • **Fröhlichkeit** *f* gaieté *f*
frohlocken *vi* exulter
Frohsinn *m* enjouement *m*
fromm *adj* pieux(-euse) ; **ein ~er Wunsch** un vain espoir
Frömmigkeit *f* piété *f*
frönen *vi* +*Dat* s'adonner à
Fronleichnam (**-(e)s**) *m* Fête-Dieu *f*
Front (**-, -en**) *f* (*von Gebäude*) façade *f* ; (*Mil*) front *m*
frontal *adj, adv* de plein fouet, de front
fror *etc vb siehe* **frieren**
Frosch (**-(e)s, ¨-e**) *m* grenouille *f* ; (*Feuerwerk*) pétard *m* • **Froschmann** *m* homme-grenouille *m* • **Froschschenkel** *m* cuisse *f* de grenouille
Frost (**-(e)s, ¨-e**) *m* gel *m* • **Frostbeule** *f* engelure *f*
frösteln *vi* frissonner ; **es fröstelt mich** j'ai des frissons
frostig *adj* glacial(e)
Frostschutzmittel *nt* antigel *m*
Frottee (**-(s), -s**) *nt od m* tissu *m* éponge
frottieren *vt* frictionner
Frottierhandtuch, Frottiertuch *nt* serviette *f* éponge
Frucht (**-, ¨-e**) *f* fruit *m* • **fruchtbar** *adj* fertile ; (*Frau, Tier*) fécond(e) ; (*fig*) fructueux(-euse) • **Fruchtbarkeit** *f* fertilité *f* ; (*von Frau, Tier*) fécondité *f*
fruchten *vi* porter ses fruits
fruchtig *adj* fruité(e)
Fruchtsaft *m* jus *m* de fruit
früh *adj* (*Winter, Tod, Obst*) précoce ▸ *adv* tôt, de bonne heure ; **in ~er Kindheit** dès la prime enfance ; **heute ~** ce matin • **Frühaufsteher** (**-s, -**) *m* lève-tôt *m inv*
Frühe *f* (*Morgen*) matin *m* ; **in aller ~** de bonne heure
früher *adj* ancien(ne) ▸ *adv* autrefois
frühestens *adv* au plus tôt
Frühgeborene(s) *nt* prématuré(e) *m/f*
Frühgeburt *f* naissance *f* avant terme ; (*Kind*) prématuré(e) *m/f*
Frühjahr *nt* printemps *m*
Frühjahrsmüdigkeit *f* fatigue *f* de printemps
Frühling *m* printemps *m* ; **im ~** au printemps
Frühlingsrolle *f* pâté *m* impérial ; (*klein*) nem *m*
frühreif *adj* précoce
Frührentner(in) *m(f)* préretraité(e)
Frühstück *nt* petit déjeuner *m*
frühstücken *vi* prendre le petit déjeuner
Frühstücksbüfett *nt* buffet *m* pour le petit déjeuner
frühzeitig *adj* précoce ▸ *adv* (*rechtzeitig*) de bonne heure ; (*vorzeitig*) prématurément
Frust (**-(e)s**) (*fam*) *m* frustration *f*
frustrieren *vt* frustrer
Fuchs (**-es, ¨-e**) *m* renard *m*
fuchsen (*fam*) *vt* énerver, agacer ▸ *vr* en faire une jaunisse
Füchsin *f* renarde *f*
fuchsteufelswild *adj* furieux(-euse)
fuchteln *vi* gesticuler
Fuge *f* interstice *m* ; (*Mus*) fugue *f*
fügen *vt* (*setzen*) joindre ▸ *vr* (+*Dat*) se soumettre (à), se plier (à) ; **sich in sein Schicksal ~** se résigner à son sort

fügsam *adj* docile
fühlbar *adj* sensible
fühlen *vt* sentir ; (*abtasten*) tâter ▸ *vi* sentir ▸ *vr* se sentir ; **mit jdm ~** comprendre les sentiments de qn
Fühler (**-s, -**) *m* antenne *f*
fuhr *etc vb siehe* **fahren**
Fuhre *f* (*Ladung*) cargaison *f*
führen *vt* (*leiten*) être à la tête de ; (*begleiten, beeinflussen*) conduire ; (*als Fremdenführer*) guider ; (*Geschäft, Haushalt, Liste*) tenir ; (*Waren*) avoir, vendre ; (*Name*) porter ▸ *vi* mener ▸ *vr* (*sich benehmen*) se conduire ; **etw mit sich ~** avoir qch sur soi
Führer(in) *m(f)* (*von Land, Gruppe*) leader *m* ; (*Fremdenführer*) guide *m* • **Führerschein** *m* permis *m* de conduire
Führung *f* conduite *f* ; (*eines Unternehmens*) direction *f* ; (*Mil*) commandement *m* ; (*Besichtigung mit Führer*) visite *f* guidée
Führungskraft (**-, ¨-e**) *f* cadre *m* supérieur
Führungszeugnis *nt* certificat *m* de bonne vie et mœurs *od* de moralité
Fuhrwerk *nt* char *m*
Fülle *f* (*Menge, Vielfalt*) abondance *f*, masse *f*
füllen *vt* remplir ; (*Zahn*) plomber ; (*Culin*) farcir ▸ *vr*: **sich mit etw ~** se remplir de qch
Füller (**-s, -**) *m* stylo *m* plume *od* à encre
füllig *adj* rondelet(te)
Füllung *f* remplissage *m* ; (*Culin*) farce *f*
fummeln (*fam*) *vi*: **an etw** *Dat* **~** tripoter qch
Fund (**-(e)s, -e**) *m* trouvaille *f*, découverte *f*
Fundament *nt* (*von Gebäude*) fondations *fpl* ; (*Grundlage, Basis*) fondement *m* • **fundamental** *adj* fondamental(e)
Fundamentalismus *m* fondamentalisme *m*
Fundbüro *nt* bureau *m* des objets trouvés
Fundgrube *f* (*fig*) mine *f*
fundieren *vt* fonder
fundiert *adj* (*Wissen*) approfondi(e), solide
fünf *num* cinq • **fünfhundert** *num* cinq cent(s) • **fünfjährig** *adj* de cinq ans • **Fünfprozentklausel** *f* clause *f* des cinq pour cent • **Fünftagewoche** *f* semaine *f* de cinq jours
fünfte(r, s) *adj* cinquième
Fünftel (**-s, -**) *nt* cinquième *m*
fünfzehn *num* quinze
fünfzig *num* cinquante
fungieren *vi*: **als etw ~** faire fonction de qch
Funk (**-s**) *m* radio *f*
Funke (**-ns, -n**) *m* étincelle *f* ; (*Funken sprühen*) lancer des étincelles
funkeln *vi* étinceler
funken *vi* (*durch Funk*) transmettre par radio ▸ *vt* envoyer (par radio)
Funken (**-s, -**) *m* = **Funke**
Funker (**-s, -**) *m* opérateur *m* radio
Funkgerät *nt* poste *m* de radio
Funkhaus *nt* maison *f* de la radio
Funkspruch *m* message *m* radio
Funkstation *f* station *f* (de) radio
Funkstreife *f* voiture *f* de police (*munie d'une radio*)
Funktaxi *nt* radio-taxi *m*
Funktion *f* fonction *f*
Funktionär(in) *m(f)* fonctionnaire *mf*
funktionieren *vi* fonctionner
funktionsfähig *adj* capable de fonctionner
Funktionskleidung *f* vêtements *mpl* techniques
Funktionstaste *f* touche *f* de fonction
für *präp +Akk* pour ; **~ sich leben** (*allein*) vivre seul(e) ; **was ~ ein/eine ...?** quelle sorte de ... ? ; **was ~ eine Frechheit!** (*fam*) quelle impertinence ! ; **das hat etw ~ sich** cela a du bon ; **~s Erste** pour le moment ; **Schritt ~ Schritt** pas à pas ; **Tag ~ Tag** jour après jour • **Für** *nt*: **das ~ und Wider** le pour et le contre • **Fürbitte** *f* intercession *f*
Furche *f* sillon *m*
furchen *vt* sillonner
Furcht *f* crainte *f* • **furchtbar** *adj* terrible, effroyable ; (*fam: schrecklich*) affreux(-euse)
fürchten *vt* craindre ▸ *vr*: **sich (vor jdm/etw) ~** avoir peur (de qn/qch)
fürchterlich *adj* terrible
furchtlos *adj* sans peur, intrépide
furchtsam *adj* craintif(-ive)
füreinander *adv* l'un(e) pour l'autre
Furnier (**-s, -e**) *nt* placage *m*
furnieren *vt* plaquer
fürs = **für das**
Fürsorge *f* (*persönlich*) soins *mpl* ; (*Sozialfürsorge*) assistance *f*
Fürsorger(in) (**-s, -**) *m(f)* travailleur(-euse) social(e)
Fürsorgeunterstützung *f* prestations *fpl* sociales
fürsorglich *adj* plein(e) de sollicitude
Fürsprache *f* recommandation *f*
Fürsprecher(in) *m(f)* défenseur *m*
Fürst (**-en, -en**) *m* prince *m*
Fürstentum *nt* principauté *f*
fürstlich *adj* princier(-ière)
Furt (**-, -en**) *f* gué *m*
Furunkel (**-s, -**) *nt od m* furoncle *m*
Fürwort *nt* pronom *m*

Furz (**-es, ¨-e**) (*vulg*) *m* pet *m*
furzen (*vulg*) *vi* péter
Fusion *f* fusion *f*
Fuß (**-es, ¨-e**) *m* pied *m* ; (*von Tier*) patte *f* ; **zu ~** à pied ; **(festen) ~ fassen** (re)prendre pied • **Fußball** *m* football *m* ; (*Ball*) ballon *m* de football • **Fußballplatz** *m* terrain *m* de football • **Fußballspiel** *nt* match *m* de football • **Fußballspieler** *m* footballeur *m* • **Fußboden** *m* plancher *m* • **Fußbremse** *f* (*Auto*) pédale *f* de frein
fußen *vi*: **auf etw** *Dat* **~** reposer *od* être fondé(e) sur qch
Fußende *nt* pied *m* (*d'un lit*)
Fußgänger(in) (**-s, -**) *m(f)* piéton(ne)
Fußgängerzone *f* zone *f* piétonne
Fußnote *f* note *f* (en bas de page)
Fußpfleger(in) *m(f)* pédicure *mf*
Fußspur *f* trace *f* (de pas)
Fußtritt *m* coup *m* de pied
Fußweg *m* (*Pfad*) sentier *m*
Futter (**-s, -**) *nt* nourriture *f* (*pour animaux*), fourrage *m* ; (*Stoff*) doublure *f*
Futteral (**-s, -e**) *nt* étui *m*
futtern (*fam*) *vt, vi* bouffer
füttern *vt* donner à manger à
Fütterung *f*: **die nächste ~ der Raubtiere findet um 17 Uhr statt** le prochain repas des fauves est à 17 heures
Futur (**-s, -e**) *nt* futur *m*

g

G, g *nt* G, g *m inv* ; (*Mus*) sol *m*
G8 (-) *nt cursus scolaire d'une durée de 12 ans jusqu'au Abitur*
G9 (-) *nt cursus scolaire d'une durée de 13 ans jusqu'au Abitur*
gab *etc vb siehe* **geben**
Gabe *f* don *m*
Gabel (**-, -n**) *f* (*Essgabel*) fourchette *f* ; (*Mistgabel, Heugabel, Astgabel*) fourche *f*
gabeln *vr* bifurquer
Gabelung *f* bifurcation *f*
Gabun *nt* le Gabon *m*
gackern *vi* caqueter
gaffen *vi* regarder bouche bée
Gage *f* cachet *m*
gähnen *vi* bâiller
Gala *f* gala *m*
galant *adj* galant(e)
Galavorstellung *f* représentation *f* de gala
Galerie *f* galerie *f*
Galgen (**-s, -**) *m* (*zur Todesstrafe*) potence *f* • **Galgenfrist** *f* répit *m* • **Galgenhumor** *m* humour *m* noir
Galle *f* (*Organ*) vésicule *f* biliaire
Gallenstein *m* calcul *m* biliaire
Galopp (**-s, -s** *od* **-e**) *m* galop *m*
galoppieren *vi* galoper
galt *etc vb siehe* **gelten**
galvanisieren *vt* galvaniser
Gambia *nt* la Gambie
Gamer(in) (**-s, -**) *m(f)* (*Inform*) joueur(-euse) (de jeux vidéo)
Gameshow (**-, -s**) *f* jeu *m* télévisé
gammeln (*fam*) *vi* (*Mensch*) glander
Gämse (**-, -n**) *f* chamois *m*
gang *adj*: **~ und gäbe sein** être courant
Gang (**-(e)s, ¨-e**) *m* (*Gangart*) démarche *f* ; (*Ablauf, Verlauf*) cours *m* ; (*in Haus, Zug*) couloir *m* ; (*Auto*) vitesse *f* ; **in ~ bringen**

(*Motor, Maschine*) mettre en marche ; (*Sache, Vorgang*) lancer ; **in ~ kommen** démarrer ; **in ~ sein** (*Sache*) être en cours
Gangart *f* allure *f* ; **eine härtere ~ einschlagen** prendre des mesures (plus sévères)
gangbar *adj* (*Weg*) praticable ; (*Methode*) habituel(le)
gängeln *vt* tenir en laisse
gängig *adj* courant(e) ; (*Methode, Meinung*) répandu(e)
Gangschaltung *f* (*an Fahrrad*) dérailleur *m*
Gangway (**-, -s**) *f* passerelle *f*
Ganove (**-n, -n**) (*fam*) *m* truand *m*
Gans (**-s, ¨-e**) *f* oie *f* ; **dumme ~** (*fam*) sotte *f*
Gänseblümchen *nt* pâquerette *f*
Gänsebraten *m* oie *f* rôtie
Gänsefüßchen *pl* guillemets *mpl*
Gänsehaut *f*: **eine ~ haben** *od* **bekommen** avoir la chair de poule
Gänsemarsch *m*: **im ~** à la file indienne
Gänserich *m* jars *m*
ganz *adj*: **der/die ~e ...** tout(e) le(la) ... ; (*vollständig, auch Zahl*) entier(-ière) ; (*nicht kaputt*) intact(e) ▶ *adv* (*ziemlich*) assez ; (*völlig*) complètement ; **sein ~es Geld** tout son argent ; **die ~e Stadt/Wahrheit** toute la ville/vérité ; **eine ~e Menge** beaucoup (de) ; **~e fünf Wochen** (*so lange*) pendant cinq (longues) semaines ; (*nur*) cinq semaines en tout et pour tout ; **sie ist ~ die Mutter** elle est tout le portrait de sa mère ; **~ und gar** complètement ; **~ und gar nicht** absolument pas
gänzlich *adv* complètement
ganztags *adv* (*arbeiten*) à plein temps
Ganztagsschule *f* école *f* toute la journée
gar *adj* (*durchgekocht*) cuit(e) ▶ *adv*: **~ nicht/nichts** pas/rien du tout ; **~ keiner** personne ; **~ nicht schlecht** pas mal du tout ; **er wäre ~ zu gern noch länger geblieben** il aurait bien aimé rester ; **oder ~** ou même
Garage *f* garage *m*
Garantie *f* garantie *f*
garantieren *vt* garantir ▶ *vi*: **für etw ~** garantir qch
Garbe *f* gerbe *f*
Garde *f* garde *f* ; **die alte ~** la vieille garde
Garderobe *f* (*Kleidung*) garde-robe *f*, vestiaire *m*
Garderobenständer *m* portemanteau *m*
Gardine *f* rideau *m*
gären *irr vi* (*Wein*) fermenter ; **es gärt im Volk** le peuple est en effervescence
Garn (**-(e)s, -e**) *nt* fil *m*
Garnele *f* crevette *f*
garnieren *vt* garnir
Garnison (**-, -en**) *f* garnison *f*
Garnitur *f* (*Satz*) ensemble *m*
garstig *adj* épouvantable
Garten (**-s, ¨**) *m* jardin *m* • **Gartenarbeit** *f* jardinage *m* • **Gartenbau** *m* horticulture *f* • **Gartenfest** *nt* garden-party *f* • **Gartengerät** *nt* outil *m* de jardinage • **Gartenhaus** *nt* pavillon *m* • **Gartenkresse** *f* cresson *m* • **Gartenlokal** *nt* restaurant *m* avec jardin • **Gartenschere** *f* sécateur *m*
Gärtner(in) (**-s, -**) *m(f)* jardinier(-ière)
Gärtnerei *f* établissement *m* horticole
gärtnern *vi* jardiner
Gärung *f* fermentation *f*
Gas (**-es, -e**) *nt* gaz *m inv* ; **~ geben** (*Auto*) accélérer
gasförmig *adj* gazeux(-euse)
Gasherd *m* cuisinière *f* à gaz
Gasleitung *f* conduite *f* de gaz
Gasmaske *f* masque *m* à gaz
Gaspedal *nt* accélérateur *m*
Gasse *f* ruelle *f*
Gast (**-es, ¨-e**) *m* (*in Familie*) invité(e) *m/f*, hôte *mf* ; (*in Lokal*) client(e) *m/f* ; (*in Land*) visiteur(-euse) *m/f* ; **bei jdm zu ~ sein** être l'hôte de qn • **Gastarbeiter(in)** *m(f)* travailleur(-euse) immigré(e)
Gästebuch *nt* livre *m* d'or
Gästezimmer *nt* chambre *f* d'ami(s)
gastfreundlich *adj* hospitalier(-ière)
Gastgeber(in) (**-s, -**) *m(f)* hôte(hôtesse)
Gasthaus *nt*, **Gasthof** *m* auberge *f*
gastieren *vi* donner une représentation *od* des représentations en vedette américaine
gastlich *adj* hospitalier(-ière)
Gastronomie *f* (*Gaststättengewerbe*) hôtellerie *f*
gastronomisch *adj* gastronomique
Gastspiel *nt* (*Théât*) représentation *f* (*au cours d'une tournée*) ; (*Sport*) match *m* à l'extérieur
Gaststätte *f* auberge *f*
Gastwirt(in) *m(f)* patron(ne)
Gastwirtschaft *f* auberge *f*
Gasvergiftung *f* intoxication *f* par le gaz
Gaswerk *nt* usine *f* à gaz
Gaszähler *m* compteur *m* à gaz
Gatte (**-n, -n**) *m* époux *m*
Gatter (**-s, -**) *nt* (*Zaun*) barrière *f*
Gattin *f* épouse *f*
Gattung *f* (*bei Tieren, Pflanzen*) espèce *f* ; (*Art, Literaturgattung*) genre *m*

GAU *abk* (*= größter anzunehmender Unfall*) *problème le plus grave envisageable pour lequel des mesures de sécurité ont été prises (lors de la construction d'une centrale nucléaire)*
Gaul (**-(e)s, Gäule**) *m* canasson *m*, cheval *m*
Gaumen (**-s, -**) *m* palais *m*
Gauner (**-s, -**) *m* escroc *m*, filou *m*
Gaunerei *f* escroquerie *f*
Gaze *f* gaze *f*
geb. *abk* = **geboren**
Gebäck (**-(e)s, -e**) *nt* pâtisserie *f*
gebacken *pp von* **backen**
Gebälk (**-(e)s**) *nt* charpente *f*
gebar *etc vb siehe* **gebären**
Gebärde *f* geste *m*
gebärden *vr* se conduire, se comporter
gebären *irr vt* mettre au monde
Gebärmutter *f* utérus *m*
Gebäude (**-s, -**) *nt* bâtiment *m*
• **Gebäudeautomation** *f* domotique *f*
• **Gebäudekomplex** *m* ensemble *m od* complexe *m* immobilier
Gebell (**-(e)s**) *nt* aboiement *m*
geben *irr vt* donner ; (*schicken*) mettre ; (*in Obhut, zur Aufbewahrung*) confier ▸ *vi unpers*: **es gibt** il y a ▸ *vr* (*sich verhalten*) se conduire ; (*aufhören*) cesser ; **jdm etw ~** donner qch à qn ; **jdm etw zu essen ~** donner qch à manger à qn ; **dem werde ich es ~** (*fam*) il va voir ce qu'il va voir ; **darauf kann man nichts ~** on ne peut pas tabler là-dessus ; **etw verloren ~** faire une croix sur qch ; **5 plus 3 gibt 8** 5 plus 3 font *od* égalent 8 ; **er gäbe alles darum, sie noch einmal wiederzusehen** il donnerait tout pour la revoir ; **etw von sich ~** (*Laute etc*) émettre qch ; **~ Sie mir Herrn Braun** (*Tél*) passez-moi Monsieur Braun ; **was gibts?** qu'est-ce qu'il y a ? ; **was gibt es zu Mittag?** qu'y a-t-il pour le déjeuner *od* à manger ce midi ? ; **es wird Frost ~** il va geler ; **das gibt es nicht!** c'est impossible ! ; **das gibts doch nicht!** c'est pas vrai ! ; **das wird sich ~** cela va s'arranger
Gebet (**-(e)s, -e**) *nt* prière *f*
gebeten *pp von* **bitten**
Gebiet (**-(e)s, -e**) *nt* région *f* ; (*Hoheitsgebiet*) territoire *m* ; (*Fachgebiet*) domaine *m*
gebieten *irr vt* (*befehlen*) ordonner ; (*Lage etc*) exiger
gebieterisch *adj* impérieux(-euse)
Gebilde (**-s, -**) *nt* structure *f*
gebildet *adj* cultivé(e)
Gebirge (**-s, -**) *nt* montagne *f*
gebirgig *adj* montagneux(-euse)
Gebiss (**-es, -e**) *nt* (*von Mensch, Tier*) denture *f* ; (*künstlich*) dentier *m*
gebissen *pp von* **beißen**
Gebläse (**-s, -**) *nt* (*Auto*) compresseur *m*
geblasen *pp von* **blasen**
geblieben *pp von* **bleiben**
geblümt *adj* fleuri(e)
gebogen *pp von* **biegen**
geboren *pp von* **gebären** ▸ *adj* né(e) ; **Anna Müller, ~e Schulz** Anna Müller, née Schulz ; **er ist der ~e Musiker** c'est un musicien-né
geborgen *pp von* **bergen** ▸ *adj*: **sich (bei jdm) ~ fühlen** se sentir en sécurité (auprès de qn)
geborsten *pp von* **bersten**
Gebot (**-(e)s, -e**) *nt* (*Rel*) commandement *m*
geboten *pp von* **bieten**
Gebr. *abk* (*= Gebrüder*) frères *mpl*
gebracht *pp von* **bringen**
gebrannt *pp von* **brennen**
gebraten *pp von* **braten**
Gebräu (**-(e)s, -e**) *nt* breuvage *m*
Gebrauch (**-(e)s, Gebräuche**) *m* (*Benutzung*) utilisation *f*, usage *m* ; (*Sitte*) coutume *f*
gebrauchen *vt* employer, utiliser ; **etw gut ~ können** avoir grand besoin de qch
gebräuchlich *adj* courant(e)
Gebrauchsanweisung *f* mode *m* d'emploi
Gebrauchsartikel *m* article *m* utilitaire
gebrauchsfertig *adj* prêt(e) à l'emploi
Gebrauchsgegenstand *m* objet *m* d'usage courant
gebraucht *adj* usagé(e)
• **Gebrauchtwagen** *m* voiture *f* d'occasion
Gebrechen (**-s, -**) *nt* infirmité *f*
gebrechlich *adj* (*Mensch*) infirme, invalide
gebrochen *pp von* **brechen**
Gebrüder *pl* frères *mpl*
Gebrüll (**-(e)s**) *nt* hurlements *mpl* ; (*von Löwe*) rugissement *m*
Gebühr (**-, -en**) *f* tarif *m* ; **über ~** (*fig*) exagérément, outre mesure
gebühren *vi*: **jdm ~** être dû (due) à qn ▸ *vr*: **das gebührt sich nicht** ça ne se fait pas ; **wie es sich gebührt** comme il faut
gebührend *adj* dû (due)
Gebühreneinheit *f* (*Tél*) unité *f* (Télécom)
Gebührenerlass *m* exonération *f od* exemption *f* des taxes
Gebührenermäßigung *f* réduction *f* (*accordée sur les tarifs*)
gebührenfrei *adj* franco de port, en franchise

gebührenpflichtig *adj* soumis(e) à la taxe, payant(e) ; **~e Verwarnung** (*Jur*) amende *f*
gebunden *pp von* **binden**
Geburt (**-, -en**) *f* naissance *f*
Geburtenkontrolle *f* contrôle *m* des naissances
Geburtenrückgang *m* baisse *f* de la natalité
geburtenschwach *adj* (*Jahrgang*) à faible natalité
gebürtig *adj* originaire ; **sie ist ~e Schweizerin** elle est d'origine suisse
Geburtsanzeige *f* faire-part *m inv* de naissance
Geburtsdatum *nt* date *f* de naissance
Geburtshelfer(in) *m(f)* accoucheur *m*, sage-femme *f*
Geburtsjahr *nt* année *f* de naissance
Geburtsort *m* lieu *m* de naissance
Geburtstag *m* anniversaire *m* ; (*auf Formularen*) date *f* de naissance
Geburtsurkunde *f* acte *m* de naissance
Gebüsch (**-(e)s, -e**) *nt* buissons *mpl*, broussailles *fpl*
gedacht *pp von* **denken**
Gedächtnis *nt* (*Erinnerungsvermögen*) mémoire *f* ; (*Andenken*) souvenir *m* • **Gedächtnisfeier** *f* commémoration *f* • **Gedächtnisschwund** *m* pertes *fpl* de mémoire • **Gedächtnisverlust** *m* amnésie *f*
Gedanke (**-ns, -n**) *m* idée *f* ; (*Denken*) pensée *f* ; **sich über etw** *Akk* **~n machen** se faire du souci pour qch
Gedankenaustausch *m* échange *m* d'idées *od* de vues
gedankenlos *adv* sans réfléchir
Gedankenlosigkeit *f* étourderie *f*
Gedankenstrich *m* tiret *m*
Gedankenübertragung *f* transmission *f* de pensée, télépathie *f*
gedankenverloren *adj* perdu(e) dans ses pensées, absent(e)
Gedeck (**-(e)s, -e**) *nt* (*Teller und Besteck*) couvert *m* ; (*Menü*) menu *m* (à prix fixe)
gedeihen *irr vi* (*Pflanze*) bien pousser ; (*Mensch, Tier*) grandir ; (*Werk etc*) (bien) avancer
gedenken *irr vi +Gen* (*geh: denken an*) penser à ; **~, etw zu tun** compter faire qch, avoir l'intention de faire qch
Gedenkfeier *f* commémoration *f*
Gedenkminute *f* minute *f* de silence
Gedenkstätte *f* monument *m* (commémoratif)
Gedenktag *m* anniversaire *m*
Gedicht (**-(e)s, -e**) *nt* poème *m* ; **das ist ein ~** (*fig*) quelle merveille !
gediegen *adj* (*Schulwerk, Verarbeitung, Kenntnisse*) solide ; (*Metall*) pur(e) ; (*Arbeit, Charakter*) sérieux(-euse) ; (*rechtschaffen*) honnête
gedieh *etc vb siehe* **gedeihen**
gediehen *pp von* **gedeihen**
Gedränge (**-s**) *nt* (*das Drängeln*) bousculade *f* ; (*Menschen, Menge*) foule *f*, cohue *f*
gedrängt *adj* (*Übersicht*) concis(e) ; **~ voll** bondé(e)
gedroschen *pp von* **dreschen**
gedrückt *adj* (*Stimmung, Miene*) déprimé(e)
gedrungen *pp von* **dringen**
Geduld *f* patience *f*
gedulden *vr* patienter
geduldig *adj* patient(e)
Geduldsprobe *f*: **das stellte ihn auf eine harte ~** cela a mis sa patience à rude épreuve
gedurft *pp von* **dürfen**
geehrt *adj*: **Sehr ~e Damen und Herren!** Mesdames et Messieurs
geeignet *adj* (*Mittel, Methode*) approprié(e) ; **für etw/jdn ~ sein** être bon (bonne) pour qch/qn
Gefahr (**-, -en**) *f* danger *m* ; **~ laufen, etw zu tun** risquer de faire qch ; **auf eigene ~** à ses risques et périls
gefährden *vt* (*Mensch*) mettre en danger ; (*Plan, Fortschritt etc*) compromettre
Gefährdung *f* menace *f*
gefahren *pp von* **fahren**
Gefahrenquelle *f* facteur *m* de risque
Gefahrenzulage *f* prime *f* de risque
gefährlich *adj* dangereux(-euse) ; (*Krankheit*) grave
Gefährte (**-n, -n**) *m*, **Gefährtin** *f* compagnon(compagne) *m/f*
Gefälle (**-s, -**) *nt* (*Neigungsgrad*) inclinaison *f*, pente *f* ; (*soziales Gefälle*) disparités *fpl*
gefallen *irr pp von* **gefallen**; **fallen** ▸ *vi*: **jdm ~** plaire à qn ; **er/es gefällt mir** il/ça me plaît ; **sich** *Dat* **etw ~ lassen** endurer qch
Gefallen[1] (**-s, -**) *m* (*Gefälligkeit*) service *m* ; **jdm einen ~ tun** rendre service à qn
Gefallen[2] (**-s**) *nt*: **an etw** *Dat* **~ finden** trouver *od* prendre plaisir à qch
gefällig *adj* (*hilfsbereit*) serviable ; (*ansprechend*) agréable
Gefälligkeit *f* (*Hilfsbereitschaft*) obligeance *f* ; **etw aus ~ tun** faire qch pour rendre service
gefälligst *adv*: **warten Sie ~, bis Sie an der Reihe sind** attendez votre tour, s'il vous plaît

gefangen *pp von* **fangen** ▶ *adj*: **~ halten** détenir ; **~ nehmen** faire prisonnier(-ière)
Gefangene(r) *f(m)* (*Verbrecher*) détenu(e) *m/f* ; (*Kriegsgefangene*) prisonnier(-ière) *m/f* (de guerre)
Gefangenenlager *nt* camp *m* de prisonniers
Gefangennahme *f* capture *f*
Gefangenschaft *f* (*Haft*) détention *f* ; (*Kriegsgefangenschaft*) captivité *f*
Gefängnis *nt* prison *f* • **Gefängnisstrafe** *f* peine *f* de prison • **Gefängniswärter** *m* gardien *m* de prison
Gefasel (**-s**) *nt* radotage *m*
Gefäß (**-es, -e**) *nt* récipient *m* ; (*Blutgefäß*) vaisseau *m* (sanguin)
gefasst *adj* (*beherrscht*) calme ; **auf etw** *Akk* **~ sein** s'attendre à qch
Gefecht (**-(e)s, -e**) *nt* combat *m*
gefeit *adj*: **gegen etw ~ sein** être à l'abri de qch
Gefieder (**-s, -e**) *nt* plumage *m*
gefiedert *adj* à plumes
gefiel *etc vb siehe* **gefallen**
gefleckt *adj* tacheté(e), moucheté(e)
geflissentlich *adv* volontairement
geflochten *pp von* **flechten**
geflogen *pp von* **fliegen**
geflohen *pp von* **fliehen**
geflossen *pp von* **fließen**
Geflügel (**-s**) *nt* volaille *f*
gefochten *pp von* **fechten**
Gefolge (**-s, -**) *nt* suite *f*
Gefolgschaft *f* (*Anhänger*) partisans *mpl* ; (*Gefolge*) suite *f*
Gefolgsmann (**-(e)s, -leute**) *m* partisan *m*
gefragt *adj* (très) demandé(e)
gefräßig *adj* vorace
Gefreite(r) *m* (*Mil*) caporal *m*
gefressen *pp von* **fressen**
gefrieren *irr vi* geler
Gefrierfach *nt* freezer *m*
Gefrierfleisch *nt* viande *f* congelée
gefriergetrocknet *adj* lyophilisé(e)
Gefrierpunkt *m* point *m* de congélation
Gefrierschrank *m* congélateur-armoire *m*
Gefriertruhe *f* congélateur *m*
gefroren *pp von* **frieren**; **gefrieren**
Gefüge (**-s, -**) *nt* structure *f*
gefügig *adj* docile
Gefühl (**-(e)s, -e**) *nt* (*physisch*) sensation *f* ; (*seelisch*) sentiment *m* • **gefühllos** *adj* insensible
gefühlsbetont *adj* émotif(-ive)
Gefühlsduselei (*fam*) *f* sensiblerie *f*
gefühlsmäßig *adj* instinctif(-ive)
gefüllt *adj* (*Culin*) farci(e) ; (*: Pralinen*) fourré(e)
gefunden *pp von* **finden**
gegangen *pp von* **gehen**
gegeben *pp von* **geben**
gegebenenfalls *adv* le cas échéant

SCHLÜSSELWORT

gegen *präp +Akk* **1** contre ; **gegen einen Baum fahren** rentrer dans *od* percuter un arbre ; **X gegen Y** (*Sport, Jur*) X contre Y ; **gegen den Wind** contre le vent ; **nichts gegen jdn haben** n'avoir rien contre qn ; **ein Mittel gegen Schnupfen** un remède contre *od* pour le rhume
2 (*in Richtung auf*) vers ; **gegen Osten** vers l'est
3 (*ungefähr*) vers ; **gegen 3 Uhr** vers 3 heures ; **gegen Abend** vers le soir
4 (*gegenüber*) envers ; **gerecht gegen alle** juste envers tous
5 (*im Austausch für*) contre, pour ; **einen alten Wagen gegen einen neuen austauschen** échanger une vieille voiture contre une neuve ; **gegen bar kaufen** payer cash
6 (*verglichen mit*) par rapport à, à côté de

Gegenangriff *m* contre-attaque *f*
Gegenbeweis *m* preuve *f* du contraire
Gegend (**-, -en**) *f* région *f*
Gegendarstellung *f* (*Presse*) réponse *f*
gegeneinander *adv* l'un(e) contre l'autre
Gegenfahrbahn *f* voie *f* opposée
Gegenfinanzierung *f* compensation *f* financière, financement *m* réciproque
Gegenfrage *f* autre question *f*
Gegengewicht *nt* contrepoids *m*
Gegengift *nt* antidote *m*
Gegenleistung *f* contrepartie *f*, compensation *f*
Gegenlichtaufnahme *f* photographie *f* à contre-jour
Gegenmaßnahme *f* contre-mesure *f*
Gegenprobe *f* contre-épreuve *f*
Gegensatz *m* (*bei Begriff, Wort*) contraire *m* ; (*bei Meinung etc*) contradiction *f*
gegensätzlich *adj* opposé(e), contraire
Gegenschlag *m* contre-attaque *f*
Gegenseite *f* (*Gegenpartei*) partie *f* adverse
gegenseitig *adj* (*Einverständnis, Abmachung*) commun(e) ; **sich ~ helfen** s'entraider
Gegenseitigkeit *f* réciprocité *f*
Gegenspieler(in) *m(f)* adversaire *mf* ; (*Sport*) homologue *m*
Gegenstand *m* objet *m* ; (*Thema*) sujet *m*

gegenständlich *adj* (*Art*) figuratif(-ive)
Gegenstimme *f* (*bei Abstimmung*) non *m*
Gegenstück *nt* (*passendes Stück bei Paar*) pendant *m* ; (*gegensätzliches Stück*) contraire *m*
Gegenteil *nt* contraire *m* ; **im ~!** au contraire !
gegenteilig *adj* contraire
gegenüber *präp +Dat* (*räumlich*) en face de ; (*angesichts*) vis-à-vis de ; (*im Vergleich zu*) par rapport à ▸ *adv* en face ; **allen Fragen ~ aufgeschlossen** très ouvert(e) ; **jdm ~ freundlich sein** être aimable envers *od* avec qn ; **du bist ihm ~ im Nachteil** tu es désavantagé(e) par rapport à lui • **Gegenüber** (**-s, -**) *nt* (*Mensch, der gegenüber sitzt*) vis-à-vis *m inv* • **gegenüber|liegen** *irr vr* se faire face • **gegenüber|stehen** *irr vr* s'affronter • **gegenüber|stellen** *vt* (*Menschen*) confronter ; (*zum Vergleich*) comparer • **Gegenüberstellung** *f* confrontation *f* ; (*von Begriffen, Vergleich*) comparaison *f* • **gegenüber|treten** *irr vi +Dat*: **jdm ~** se présenter devant qn, affronter qn
Gegenverkehr *m* circulation *f* en sens inverse
Gegenvorschlag *m* contre-proposition *f*
Gegenwart *f* (*Ling*) présent *m* ; (*Anwesenheit*) présence *f*
gegenwärtig *adj* actuel(le), présent(e) ; (*anwesend*) présent(e) ▸ *adv* actuellement
Gegenwert *m* équivalent *m*
Gegenwind *m* vent *m* contraire
Gegenwirkung *f* réaction *f*
gegen|zeichnen *vt* contresigner
Gegenzug *m* riposte *f* ; (*Rail*) train *m* en sens inverse
gegessen *pp von* **essen**
geglichen *pp von* **gleichen**
geglitten *pp von* **gleiten**
geglommen *pp von* **glimmen**
Gegner (**-s, -**) *m* adversaire *m* ; (*militärisch*) ennemi *m* • **gegnerisch** *adj* adverse • **Gegnerschaft** *f* opposition *f*
gegolten *pp von* **gelten**
gegoren *pp von* **gären**
gegossen *pp von* **gießen**
gegraben *pp von* **graben**
gegriffen *pp von* **greifen**
gegrillt *adj* grillé(e)
Gehabe (**-s**) (*fam*) *nt* manières *fpl*
gehabt *pp von* **haben**
Gehackte(s) *nt* viande *f* hachée
Gehalt¹ (**-(e)s, -e**) *m* (*Inhalt*) contenu *m* ; (*Anteil*) teneur *f*
Gehalt² (**-s, ¨-er**) *nt* (*Bezahlung*) salaire *m*, traitement *m*
gehalten *pp von* **halten**
Gehaltsabrechnung *f* bulletin *m* de paie
Gehaltsempfänger(in) *m(f)* salarié(e)
Gehaltserhöhung *f* augmentation *f* (de salaire)
Gehaltszulage *f* augmentation *f* (de salaire)
gehangen *pp von* **hängen**
geharnischt *adj* (*fig*) énergique
gehässig *adj* malveillant(e) • **Gehässigkeit** *f* méchanceté *f*, malveillance *f*
gehauen *pp von* **hauen**
Gehäuse (**-s, -**) *nt* (*von Wecker, Radio*) boîtier *m* ; (*von Apfel etc*) trognon *m*
Gehege (**-s, -**) *nt* (*im Zoo*) enclos *m* ; (*Jagd*) réserve *f* ; **jdm ins ~ kommen** (*fig*) marcher sur les plates-bandes de qn
geheim *adj* secret(-ète) ; **~ halten** ne pas révéler ; **im G~en** en secret • **Geheimdienst** *m* services *mpl* secrets
Geheimnis *nt* secret *m* • **Geheimniskrämer** *m* (petit) cachottier *m* • **geheimnisvoll** *adj* mystérieux(-euse)
Geheimnummer *f* (*Tél*) numéro *m* confidentiel *od* inscrit sur liste rouge
Geheimpolizei *f* police *f* secrète
Geheimschrift *f* code *m*
Geheimzahl *f* (*für Geldautomat*) code *m* confidentiel
geheißen *pp von* **heißen**
gehemmt *adj* complexé(e)
gehen *irr vi* aller ; (*zu Fuß gehen*) marcher ; (*funktionieren*) marcher ; (*weggehen*) s'en aller ; (*abfahren*) partir ; (*Teig*) lever ; (*florieren*) bien marcher ; (*dauern*) durer ▸ *vt* parcourir ▸ *vi unpers*: **wie geht es Ihnen?** comment allez-vous ? ; **~ lassen** laisser partir ; **sich ~ lassen** se laisser aller ; **mit einem Mädchen ~** sortir avec une (jeune) fille ; **das Zimmer geht nach Süden** la chambre donne sur le sud ; **mir/ihm geht es gut** je vais/il va bien ; **geht das?** c'est possible ? ; **es geht um etw** il s'agit de qch
geheuer *adj*: **nicht ~** inquiétant(e)
Geheul (**-(e)s**) *nt* hurlements *mpl*
Gehilfe (**-n, -n**) *m*, **Gehilfin** *f* assistant(e) *m/f*
Gehirn (**-(e)s, -e**) *nt* cerveau *m* • **Gehirnerschütterung** *f* commotion *f* cérébrale • **Gehirnwäsche** *f* lavage *m* de cerveau
gehoben *pp von* **heben** ▸ *adj* (*Position*) supérieur(e)
geholfen *pp von* **helfen**
Gehör (**-(e)s**) *nt* (*Hörvermögen*) ouïe *f* ; **kein musikalisches ~ haben** ne pas

g

avoir d'oreille ; **jdm ~ schenken** écouter qn
gehorchen *vi +Dat*: **jdm ~** obéir à qn
gehören *vi (als Eigentum)* appartenir ; **das gehört mir/Gisela** c'est à moi/à Gisela ; **er gehört ins Bett** il devrait être couché ; **zu etw ~** faire partie de qch ; **dazu gehört Mut** cela demande du courage
gehörig *adj (gebührend)* convenable ; *(stark)* gros(se) ; **zu etw ~** appartenant à qch ; **jdm ~** appartenant à qn
gehorsam *adj* obéissant(e) • **Gehorsam (-s)** *m* obéissance *f*
Gehsteig, Gehweg *m* trottoir *m*
Geier (-s, -) *m* vautour *m*
Geige *f* violon *m*
Geiger(in) (-s, -) *m(f)* violoniste *mf*
Geigerzähler *m* compteur *m* Geiger
geil *adj* excité(e) ; *(fam: gut)* super
Geisel (-, -n) *f* otage *m* • **Geiselnahme** *f* prise *f* d'otage(s) • **Geiselnehmer(in) (-s, -)** *m(f)* preneur(-euse) d'otage(s)
Geißel (-, -n) *f* fouet *m* ; *(fig)* fléau *m*
geißeln *vt* flageller ; *(fig)* fustiger
Geist (-(e)s, -er) *m* esprit *m*
Geisterfahrer *(fam) m automobiliste qui a pris l'autoroute à contresens*
geisterhaft *adj* fantomatique
geistesabwesend *adj* distrait(e)
Geistesblitz *m* idée *f* géniale
Geistesgegenwart *f* présence *f* d'esprit
geistesgegenwärtig *adv* avec beaucoup de présence d'esprit
geisteskrank *adj* atteint(e) d'une maladie mentale
Geisteskranke(r) *f(m)* malade *mf* mental(e)
Geisteskrankheit *f* maladie *f* mentale
Geisteswissenschaften *pl* sciences *fpl* humaines
Geisteszustand *m* état *m* mental
geistig *adj (intellektuell)* intellectuel(le) ; *(Psych)* mental(e) ; **~ behindert** handicapé(e) mental(e)
geistlich *adj* spirituel(le) ; *(religiös)* religieux(-euse) • **Geistliche(r)** *m* ecclésiastique *m* • **Geistlichkeit** *f* clergé *m*
geistlos *adj* stupide
geistreich *adj* spirituel(le)
geisttötend *adj* abrutissant(e)
Geiz (-es) *m* avarice *f*
geizen *vi*: **(mit etw) ~** être avare (de qch)
Geizhals *m* avare *m*
geizig *adj* avare
Geizkragen *m* grigou *m*
gekannt *pp von* **kennen**
geklungen *pp von* **klingen**
gekniffen *pp von* **kneifen**
gekommen *pp von* **kommen**
gekonnt *adj* habile, adroit(e) ▶ *pp von* **können**
Gekritzel (-s) *nt* gribouillage *m*
gekrochen *pp von* **kriechen**
gekünstelt *adj* affecté(e)
Gel (-s, -e) *nt* gel *m*
Gelächter (-s, -) *nt* rires *mpl*
geladen *pp von* **laden** ▶ *adj* chargé(e) ; *(fam: wütend)* furax
Gelage (-s, -) *nt* beuverie *f*
gelähmt *adj* paralysé(e)
Gelände (-s, -) *nt* terrain *m* • **Geländefahrzeug** *nt* véhicule *m* tout terrain • **geländegängig** *adj* tout-terrain *inv* • **Geländelauf** *m* cross-country *m*
Geländer (-s, -) *nt* balustrade *f* ; *(Treppengeländer)* rampe *f*
gelang *etc vb siehe* **gelingen**
gelangen *vi*: **~ an** *+Akk od* **zu** arriver à, atteindre ; *(erwerben)* acquérir ; **in jds Besitz ~** tomber entre les mains de qn
gelangweilt *adj* qui s'ennuie
gelassen *pp von* **lassen** ▶ *adj* calme • **Gelassenheit** *f* calme *m*
Gelatine *f* gélatine *f*
gelaufen *pp von* **laufen**
geläufig *adj* courant(e)
gelaunt *adj*: **schlecht/gut ~** de mauvaise/bonne humeur
gelb *adj* jaune ; *(Ampellicht)* orange • **gelblich** *adj* jaunâtre
Gelbsucht *f* jaunisse *f*
Geld (-(e)s, -er) *nt* argent *m* • **Geldanlage** *f* placement *m* • **Geldautomat** *m* distributeur *m* automatique de billets • **Geldbeutel** *m* porte-monnaie *m* • **Geldbörse** *f* porte-monnaie *m* • **Geldbuße** *f* amende *f* • **Geldeinwurf** *m* introduction *f* de la monnaie • **Geldgeber (-s, -)** *m* bailleur *m* de fonds • **geldgierig** *adj* cupide • **Geldmittel** *pl* moyens *mpl* financiers • **Geldschein** *m* billet *m* de banque • **Geldschrank** *m* coffre-fort *m* • **Geldstrafe** *f* amende *f* • **Geldstück** *nt* pièce *f* de monnaie • **Geldwechsel** *m* change *m*
Gelee (-s, -s) *nt od m* gelée *f*
gelegen *pp von* **liegen** ▶ *adj* situé(e) ; *(passend)* opportun(e) ; **das kommt mir sehr ~** ça m'arrange
Gelegenheit *f* occasion *f* ; **bei jeder ~** à tout propos ; **bei ~** à l'occasion
Gelegenheitsarbeit *f* travail *m* intermittent
Gelegenheitsarbeiter *m* travailleur *m* temporaire

Gelegenheitskauf *m* occasion *f*
gelegentlich *adj* qui a lieu de temps en temps ▶ *adv* (*ab und zu*) de temps en temps ; (*bei Gelegenheit*) à l'occasion
gelehrig *adj* qui apprend facilement, intelligent(e)
gelehrt *adj* savant(e), érudit(e) • **Gelehrte(r)** *f(m)* érudit(e) *m/f* • **Gelehrtheit** *f* érudition *f*
Geleit (**-s, -e**) *nt* escorte *f* ; **freies** *od* **sicheres ~** sauf-conduit *m*
geleiten *vt* escorter, accompagner
Geleitschutz *m* escorte *f*
Gelenk (**-(e)s, -e**) *nt* (*von Mensch*) articulation *f* ; (*von Maschine*) joint *m*
gelenkig *adj* souple
gelernt *adj* qualifié(e)
gelesen *pp von* **lesen**
Geliebte(r) *f(m)* amant *m*, maîtresse *f*
geliehen *pp von* **leihen**
gelind, gelinde *adv*: **~e gesagt** c'est le moins qu'on puisse dire
gelingen *irr vi* réussir ; **die Arbeit gelingt mir nicht** je n'arrive pas à faire ce travail ; **es ist mir gelungen, etw zu tun** j'ai réussi *od* je suis arrivé(e) à faire qch
gelitten *pp von* **leiden**
geloben *vt, vi* promettre (solennellement) ; **sich** *Dat* **etw ~** prendre la résolution de faire qch
gelogen *pp von* **lügen**
gelten *irr vi* être valable ▶ *vi unpers*: **es gilt, etw zu tun** il s'agit de faire qch ▶ *vt* (*wert sein*) valoir ; **das gilt nicht!** ce n'est pas de jeu ! ; **jdm ~** être destiné(e) à qn ; **als** *od* **für etw ~** (*angesehen werden als*) passer pour qch
geltend *adj* en vigueur ; (*Meinung*) répandu(e) ; **etw ~ machen** faire valoir qch ; **sich ~ machen** se manifester
Geltung *f*: **~ haben** être valable ; **etw** *Dat* **~ verschaffen** imposer qch ; **sich** *Dat* **~ verschaffen** s'imposer ; **etw zur ~ bringen** mettre qch en valeur
Geltungsbedürfnis *nt* besoin *m* de se faire valoir
Gelübde (**-s, -**) *nt* vœu *m*
gelungen *pp von* **gelingen** ▶ *adj* réussi(e) ; (*witzig*) drôle
gemächlich *adj* tranquille
Gemahl (**-(e)s, -e**) *m* époux *m*
gemahlen *pp von* **mahlen**
Gemälde (**-s, -**) *nt* tableau *m*
gemäß *präp +Dat* (*zufolge*) conformément à, selon ▶ *adj*: **jdm/einer Sache ~ sein** convenir à qn/qch ; **~ den Bestimmungen** selon le règlement
gemäßigt *adj* modéré(e) ; (*Klima*) tempéré(e)
gemein *adj* (*niederträchtig*) ignoble ; (*allgemein*) commun(e) ; **etw ~ haben (mit)** avoir qch en commun (avec)
Gemeinde *f* commune *f* ; (*Pfarrgemeinde*) paroisse *f* • **Gemeinderat** *m* conseil *m* municipal ; (*Mitglied*) conseiller *m* municipal • **Gemeindeverwaltung** *f* administration *f* municipale • **Gemeindezentrum** *nt* foyer *m* municipal ; (*Rel*) centre *m* paroissial
gemeingefährlich *adj* (*Verbrecher*) qui constitue un danger public
Gemeingut *nt* domaine *m* public
Gemeinheit *f* méchanceté *f*
gemeinsam *adj* commun(e) ; **etw ~ tun** faire qch ensemble
Gemeinschaft *f* communauté *f* ; **~ Unabhängiger Staaten** Communauté des États indépendants
gemeinschaftlich *adj* = **gemeinsam**
Gemeinschaftsarbeit *f* travail *m* d'équipe
Gemeinwohl *nt* bien *m* public
Gemenge (**-s, -**) *nt* (*Handgemenge*) bagarre *f*
gemessen *pp von* **messen** ▶ *adj* (*Schritt, Bewegung*) mesuré(e)
Gemetzel (**-s, -**) *nt* carnage *m*
gemieden *pp von* **meiden**
Gemisch (**-es, -e**) *nt* mélange *m*
gemischt *adj* mélangé(e) ; (*Gesellschaft, Gruppe*) hétérogène ; (*Gefühle*) mitigé(e)
gemocht *pp von* **mögen**
gemolken *pp von* **melken**
Gemse (**-, -n**) *f* = **Gämse**
Gemunkel (**-s**) *nt* ragots *mpl*
Gemüse (**-s, -**) *nt* légumes *mpl* • **Gemüsegarten** *m* potager *m* • **Gemüsehändler(in)** *m(f)* marchand(e) de fruits et légumes
gemusst *pp von* **müssen**
gemustert *adj* à motifs
Gemüt (**-(e)s, -er**) *nt* (*seelisch, von Mensch*) nature *f* ; **sich** *Dat* **etw zu ~e führen** (*fam*) se régaler de qch
gemütlich *adj* (*Haus, Lokal*) où on se sent bien, accueillant(e) ; (*Abend*) très agréable ; (*Tempo, Spaziergang*) tranquille ; (*Mensch*) sympathique • **Gemütlichkeit** *f* confort *m* ; (*Behaglichkeit*) tranquillité *f*
Gemütsbewegung *f* émotion *f*
Gemütsmensch *m* père *m* peinard
Gemütsruhe *f* calme *m*
Gemütszustand *m* état *m* d'âme, disposition *f* d'esprit

gemütvoll *adv* avec beaucoup de sensibilité
Gen (**-s, -e**) *nt* gène *m*
genannt *pp von* **nennen**
genas *etc vb siehe* **genesen**
genau *adj* exact(e), précis(e) ▶ *adv* avec précision ; (*sorgfältig*) soigneusement ; **er kam ~, als ...** il est arrivé juste au moment où ... ; **das reicht ~** il y en a juste assez ; **etw ~ nehmen** prendre qch au sérieux ; **~ genommen** à strictement parler
Genauigkeit *f* (*Exaktheit*) exactitude *f* ; (*Sorgfältigkeit*) soin *m*
genauso *adv* de la même manière *od* façon ; **~ gut** aussi bien
genehm *adj* : **jdm ~ sein** convenir à qn
genehmigen *vt* autoriser ; **sich** *Dat* **etw ~** s'offrir qch
Genehmigung *f* autorisation *f*
geneigt *adj* : **~ sein, etw zu tun** être prêt(e) à faire qch ; **jdm ~ sein** être bien disposé(e) envers qn
General (**-s, -e** *od* **¨-e**) *m* général *m* • **Generaldirektor** *m* P.D.G. *m* • **Generalkonsulat** *nt* consulat *m* général • **Generalprobe** *f* (répétition *f*) générale *f* • **Generalstreik** *m* grève *f* générale • **generalüberholen** *vt* effectuer une révision générale de
Generation *f* génération *f*
Generationskonflikt *m* conflit *m* de générations
Generator *m* générateur *m*
generell *adj* général(e)
genesen *irr vi* se rétablir
Genesung *f* guérison *f*
genetisch *adj* génétique
Genf *nt* Genève
genial *adj* génial(e), de génie
Genialität *f* génie *m*
Genick (**-(e)s, -e**) *nt* nuque *f*
Genie (**-s, -e**) *nt* génie *m*
genieren *vr* se gêner ; **~ Sie sich nicht!** ne vous gênez pas !
genießbar *adj* mangeable ; (*trinkbar*) buvable
genießen *irr vt* aimer (beaucoup) ; (*Essen, Trinken*) savourer ; (*erhalten: Erziehung, Bildung*) jouir de, avoir ; **das ist nicht zu ~** c'est immangeable
Genießer(in) (**-s, -**) *m(f)* épicurien(ne), bon(ne) vivant(e) • **genießerisch** *adv* avec délectation
Genitiv *m* génitif *m*
Genlebensmittel *nt* aliments *mpl* transgéniques
Genmanipulation *f* manipulation *f* génétique
genmanipuliert *adj* génétiquement modifié(e)
Genom (**-s, -e**) *nt* génome *m*
Genomik *f* génomique *f*
genommen *pp von* **nehmen**
genoss *etc vb siehe* **genießen**
Genosse (**-n, -n**) *m* camarade *m*
genossen *pp von* **genießen**
Genossenschaft *f* coopérative *f*
Genossin *f* camarade *f*
Gentechnik *f* génétique *f*
gentechnisch *adj* génétique ; **~ verändert** génétiquement modifié(e)
Gentechnologie *f* génie *m* génétique
Gentherapie *f* thérapie *f* génique
gentrifizieren *vt* se boboïser
genug *adv* assez, suffisamment ; **ich habe ~ (davon)** j'en ai assez
Genüge *f* : **etw zur ~ kennen** (*abwertend*) connaître qch par cœur
genügen *vi* (*ausreichen*) suffire ; (*Anforderungen*) satisfaire ; **das genügt** ça suffit
genügend *adj* suffisant(e)
genügsam *adj* modeste
Genügsamkeit *f* modestie *f*
Genugtuung *f* satisfaction *f*
Genuss (**-es, ¨-e**) *m* (*kein pl*) consommation *f* ; (*Vergnügen*) plaisir *m* ; **in den ~ einer Sache** *Gen* **kommen** bénéficier de qch
genüsslich *adv* avec délectation
Genussmittel *pl alimentation fine, confiserie, tabac etc*
geöffnet *adj* ouvert(e)
Geograf (**-en, -en**) *m* géographe *m*
Geografie *f* géographie *f*
geografisch *adj* géographique
Geologe (**-n, -n**) *m* géologue *m*
Geologie *f* géologie *f*
geologisch *adj* géologique
Geometrie *f* géométrie *f*
Georgien (**-s**) *nt* la Géorgie
Gepäck (**-(e)s**) *nt* bagages *mpl* • **Gepäckabfertigung** *f* (*Aviat*) enregistrement *m* des bagages • **Gepäckaufbewahrung** *f* consigne *f* • **Gepäckausgabe** *f* (*Aviat*) livraison *f* des bagages • **Gepäcknetz** *nt* filet *m* • **Gepäckschein** *m* bulletin *m* de consigne • **Gepäckschließfach** *nt* consigne *f* automatique • **Gepäckträger** *m* porteur *m* ; (*beim Fahrrad*) porte-bagage *m* • **Gepäckwagen** *m* fourgon *m*
Gepard (**-(e)s, -e**) *m* guépard *m*
gepfiffen *pp von* **pfeifen**
gepflegt *adj* soigné(e) ; (*Park*) bien entretenu(e)

Gepflogenheit *f* coutume *f*
Geplapper (**-s**) *nt* babillage *m*
Geplauder (**-s**) *nt* bavardage *m*
gepriesen *pp von* **preisen**
gequollen *pp von* **quellen**

SCHLÜSSELWORT

gerade *adj* (*nicht krumm, aufrecht*) droit(e) ; **eine gerade Zahl** un chiffre pair
▶ *adv* **1** (*genau*) justement ; (*speziell*): **gerade deshalb** précisément pour cela ; **das ist es ja gerade!** justement ! ; **warum gerade ich?** pourquoi moi ? ; **jetzt gerade nicht!** pas maintenant ! ; **nicht gerade schön** pas précisément beau(belle) ; **da wir gerade von Geld sprechen** à propos d'argent
2 (*nicht krumm, aufrecht*): **gerade biegen** redresser ; **gerade stehen** se tenir droit(e)
3 (*eben, soeben*): **er wollte gerade aufstehen** il allait justement se lever ; **gerade erst** tout juste ; **gerade noch** tout juste ; **gerade weil** justement *od* précisément parce que

Gerade *f* (*Math*) droite *f*
geradeaus *adv* tout droit
geradeheraus *adv* franchement
geradeso *adv* de la même manière *od* façon ; **~ dumm** *etc* (tout) aussi bête *etc* ; **~ wie** (tout) comme
geradezu *adv* pour ainsi dire
gerann *etc vb siehe* **gerinnen**
gerannt *pp von* **rennen**
Gerät (**-(e)s, -e**) *nt* appareil *m* ; (*landwirtschaftliches Gerät*) machine *f* ; (*Werkzeug*) outil *m* ; **die ~e** (*Sport*) les agrès *mpl*
geraten *pp von* **raten**; **geraten** ▶ *vi irr* (*gelingen*) réussir ; (*mit präp: zufällig gelangen*) se retrouver ; **gut/schlecht ~** bien/ne pas réussir ; **an jdn ~** tomber sur qn ; **in etw** *Akk* **~** se retrouver dans qch ; **in Angst ~** prendre peur ; **nach jdm ~** ressembler à qn ; **außer sich** *Dat* **~** être hors de soi
Geratewohl *nt*: **aufs ~** au hasard
geräuchert *adj* fumé(e)
geraum *adj*: **seit ~er Zeit** depuis un certain temps
geräumig *adj* spacieux(-euse)
Geräusch (**-(e)s, -e**) *nt* bruit *m* • **geräuschlos** *adj* silencieux(-euse) • **geräuschvoll** *adj* bruyant(e)
Gerber (**-s, -**) *m* tanneur *m*
Gerberei *f* tannerie *f*
gerecht *adj* juste, équitable ; **jdm/etw ~ werden** apprécier qn/qch à sa juste valeur
Gerechtigkeit *f* justice *f*
Gerede (**-s**) *nt* bavardage *m*
geregelt *adj* régulier(-ière) ; (*Leben*) réglé(e)
gereizt *adj* irrité(e), énervé(e) • **Gereiztheit** *f* irritation *f*
Gericht (**-(e)s, -e**) *nt* (*Jur*) tribunal *m* ; (*Essen*) plat *m* ; **das Letzte** *od* **Jüngste ~** le Jugement dernier • **gerichtlich** *adj* judiciaire
Gerichtsbarkeit *f* juridiction *f*
Gerichtshof *m* cour *f* (de justice)
Gerichtskosten *pl* frais *mpl* de justice
Gerichtssaal *m* salle *f* du *od* de tribunal
Gerichtsverfahren *nt* procédure *f* judiciaire
Gerichtsverhandlung *f* procès *m*
Gerichtsvollzieher *m* huissier *m*
gerieben *pp von* **reiben**
geriet *etc vb siehe* **geraten**
gering *adj* (*Entfernung, Höhe*) faible ; **~es Interesse** peu d'intérêt ; **~e Bedeutung/Zeit/Kosten** peu d'importance/de temps/de frais • **geringfügig** *adj* insignifiant(e) ; **~ Beschäftigte** ≈ travailleurs à temps partiel • **geringschätzig** *adj* méprisant(e) • **Geringschätzung** *f* mépris *m*, dédain *m*
geringste(r, s) *adj* moindre ; **nicht im G~n** pas le moins du monde
gerinnen *irr vi* (*Milch*) cailler ; (*Blut*) se coaguler
Gerinnsel (**-s, -**) *nt* (*Blutgerinnsel*) caillot *m*
Gerippe (**-s, -**) *nt* squelette *m* ; (*von Schiff, Gebäude*) carcasse *f*
gerissen *pp von* **reißen** ▶ *adj* rusé(e)
geritten *pp von* **reiten**
Germanistik *f*: **~ studieren** faire des études d'allemand
gern(e) *adv*: **jdn/etw ~ haben** *od* **mögen** aimer bien qn/qch ; **etw ~ tun** (*mögen*) aimer faire qch ; **~!** volontiers !, avec plaisir ! ; **~ geschehen!** il n'y a pas de quoi !
Gernegroß (**-, -e**) *m* frimeur *m*
gerochen *pp von* **riechen**
Geröll (**-(e)s, -e**) *nt* éboulis *mpl*
geronnen *pp von* **gerinnen**; **rinnen**
Gerste *f* orge *f*
Gerstenkorn *nt* (*in Auge*) orgelet *m*
Gerte *f* baguette *f*
gertenschlank *adj* très mince
Geruch (**-(e)s, ¨-e**) *m* odeur *f* • **geruchlos** *adj* inodore
Gerücht (**-(e)s, -e**) *nt* rumeur *f*
geruchtilgend *adj* désodorisant(e)
gerufen *pp von* **rufen**

g

geruhen (*geh*) *vi* daigner
geruhsam *adj* tranquille
Gerümpel (**-s**) *nt* bric-à-brac *m inv*
gerungen *pp von* **ringen**
Gerüst (**-(e)s, -e**) *nt* échafaudage *m* ; (*von Plan*) grandes lignes *fpl*
gesalzen *pp von* **salzen**
gesamt *adj*: **der/die/das ~e ...** tout(e) le(la) ..., le(la) ... tout(e) entier(-ière) ; **die ~en Kosten** l'ensemble des frais • **Gesamtausgabe** *f* édition *f* complète • **Gesamteindruck** *m* impression *f* d'ensemble • **Gesamtheit** *f* ensemble *m*
Gesamthochschule *f voir article*

Une **Gesamthochschule** est une institution regroupant différents organismes d'enseignement supérieur tels qu'une université, un institut de formation des maîtres et un institut des sciences appliquées, par exemple. Les étudiants peuvent préparer plusieurs diplômes dans la même matière et les changements d'orientation s'y font plus aisément que dans le cadre d'un parcours universitaire classique.

Gesamtschule *f voir article*

La **Gesamtschule** est un établissement polyvalent d'enseignement secondaire, accueillant des élèves de 10 à 18 ans. Traditionnellement les élèves allemands fréquentent un *Gymnasium* ou une *Hauptschule* selon leurs aptitudes. La **Gesamtschule** a été créée par opposition au système sélectif des lycées classiques, les *Gymnasien*.

gesandt *pp von* **senden**
Gesandte(r) *f(m)* représentant *m* (permanent)
Gesandtschaft *f* représentation *f* diplomatique
Gesang (**-(e)s, ⸚e**) *m* chant *m* • **Gesangbuch** *nt* (*Rel*) recueil *m* de cantiques • **Gesangverein** *m* chorale *f*
Gesäß (**-es, -e**) *nt* derrière *m*, postérieur *m*
gesch. *abk* (= *geschieden*) divorcé(e)
geschaffen *pp von* **schaffen**
Geschäft (**-(e)s, -e**) *nt* affaire *f* ; (*Laden*) magasin *m* ; (*fam*) boulot *m* ; (*Aufgabe*) tâche *f*
Geschäftemacher *m* affairiste *m*
Geschäftsessen *nt* repas *m* d'affaires
geschäftig *adj* affairé(e)
geschäftlich *adj* d'affaires, commercial(e) ▸ *adv* pour affaires ; **~ unterwegs** en voyage d'affaires
Geschäftsbericht *m* rapport *m* de gestion
Geschäftsfrau *f* femme *f* d'affaires
Geschäftsführer(in) *m(f)* gérant(e) ; (*von Klub*) directeur(-trice)
Geschäftsjahr *nt* exercice *m*
Geschäftslage *f* situation *f* financière
Geschäftsleitung *f* direction *f*, gestion *f*
Geschäftsmann (**-(e)s, -leute**) *m* homme *m* d'affaires
geschäftsmäßig *adj* sec(sèche)
Geschäftspartner(in) *m(f)* associé(e)
Geschäftsreise *f* voyage *m* d'affaires
Geschäftsschluss *m* heure *f* de fermeture
Geschäftssinn *m* sens *m* des affaires
Geschäftsstelle *f* bureau *m*, agence *f*
geschäftstüchtig *adj* habile en affaires
Geschäftszeiten *pl* heures *fpl* d'ouverture
geschah *etc vb siehe* **geschehen**
geschehen *irr vi* arriver, se produire ; **etw geschieht jdm** qch arrive à qn ; **das geschieht ihm (ganz) recht** c'est bien fait pour lui ; **es war um ihn ~** c'en était fait de lui
gescheit *adj* intelligent(e)
Geschenk (**-(e)s, -e**) *nt* cadeau *m* • **Geschenkgutschein** *m* chèque-cadeau *m* • **Geschenkpackung** *f* emballage-cadeau *m*
Geschichte *f* histoire *f*
Geschichtenerzähler (**-s, -**) *m* conteur *m*
geschichtlich *adj* historique
Geschichtsschreiber *m* historien *m*
Geschick (**-(e)s, -e**) *nt* (*Geschicklichkeit*) adresse *f* ; (*geh: Schicksal*) destin *m*, sort *m*
Geschicklichkeit *f* adresse *f*
geschickt *adj* habile, adroit(e) ; (*beweglich*) agile
geschieden *adj* divorcé(e) ▸ *pp von* **scheiden**
geschienen *pp von* **scheinen**
Geschirr (**-(e)s, -e**) *nt* vaisselle *f* ; (*für Pferd*) harnais *m* • **Geschirrspüler** *m* lave-vaisselle *m* • **Geschirrspülmaschine** *f* lave-vaisselle *m* • **Geschirrtuch** *nt* torchon *m*
geschlafen *pp von* **schlafen**
geschlagen *pp von* **schlagen**
Geschlecht (**-(e)s, -er**) *nt* sexe *m* ; (*Generation*) génération *f* ; (*Familie*) famille *f* ; (*Ling*) genre *m* • **geschlechtlich** *adj* sexuel(le)

Geschlechtskrankheit *f* maladie *f* sexuellement transmissible
Geschlechtsorgan *nt* organe *m* sexuel
Geschlechtsteil *nt od m* organe *m* sexuel
Geschlechtsverkehr *m* rapports *mpl* sexuels
Geschlechtswort *nt* (*Ling*) article *m*
geschlichen *pp von* **schleichen**
geschliffen *pp von* **schleifen**
geschlossen *pp von* **schließen**
geschlungen *pp von* **schlingen**
Geschmack (**-(e)s, ¨-e**) *m* goût *m* ; **nach jds ~** au goût de qn ; **auf den ~ kommen** y prendre goût • **geschmacklos** *adj* (*fig*) de mauvais goût • **Geschmacksinn** *m* goût *m*
geschmackvoll *adj* de bon goût ▸ *adv* avec goût
geschmeidig *adj* souple ; (*Haut*) doux(douce)
geschmissen *pp von* **schmeißen**
geschmolzen *pp von* **schmelzen**
geschnitten *pp von* **schneiden**
geschoben *pp von* **schieben**
gescholten *pp von* **schelten**
Geschöpf (**-(e)s, -e**) *nt* créature *f*
geschoren *pp von* **scheren**
Geschoss (**-es, -e**) *nt* (*Mil*) projectile *m* ; (*Stockwerk*) étage *m*
geschossen *pp von* **schießen**
Geschrei (**-s**) *nt* cris *mpl* ; (*Aufhebens*) histoires *fpl*
geschrieben *pp von* **schreiben**
geschritten *pp von* **schreiten**
geschunden *pp von* **schinden**
Geschütz (**-es, -e**) *nt* pièce *f* d'artillerie ; **schwere ~e auffahren** employer les grands moyens
geschützt *adj* protégé(e)
Geschwader (**-s, -**) *nt* escadre *f*
Geschwafel (**-s**) *nt* verbiage *m*
Geschwätz (**-es**) *nt* bavardage *m*
geschwätzig *adj* bavard(e)
geschweige *adv*: **~ (denn)** et encore moins
geschwiegen *pp von* **schweigen**
geschwind *adj* rapide
Geschwindigkeit *f* vitesse *f*
Geschwindigkeitsbegrenzung, Geschwindigkeitsbeschränkung *f* limitation *f* de vitesse
Geschwindigkeitskontrolle *f* contrôle *m* de vitesse
Geschwindigkeitsmesser *m* (*Auto*) compteur *m*
Geschwindigkeitsüberschreitung *f* excès *m* de vitesse
Geschwister *pl* frères *mpl* et sœurs *fpl*
geschwollen *pp von* **schwellen** ▸ *adj* enflé(e) ; (*Redeweise etc*) ampoulé(e)
geschwommen *pp von* **schwimmen**
geschworen *pp von* **schwören**
Geschworene(r) *f(m)* juré(e) *m/f* ; **die ~n** les membres *mpl* du jury
Geschwulst (**-, ¨-e**) *f* tumeur *f*
geschwunden *pp von* **schwinden**
geschwungen *pp von* **schwingen**
Geschwür (**-(e)s, -e**) *nt* ulcère *m*
gesehen *pp von* **sehen**
Geselle (**-n, -n**) *m* (*Handwerksgeselle*) compagnon *m* ; (*Bursche*) type *m*
gesellig *adj* (*Mensch, Wesen*) sociable ; **~es Beisammensein** rencontre *f* informelle • **Geselligkeit** *f* sociabilité *f*
Gesellschaft *f* société *f* ; (*Begleitung*) compagnie *f*
Gesellschafter(in) (**-s, -**) *m(f)* associé(e)
gesellschaftlich *adj* social(e)
gesellschaftsfähig *adj* sortable
Gesellschaftsordnung *f* structures *fpl* sociales
Gesellschaftsschicht *f* couche *f* sociale
gesessen *pp von* **sitzen**
Gesetz (**-es, -e**) *nt* loi *f* • **Gesetzbuch** *nt* code *m* • **Gesetzentwurf** *m* projet *m* de loi
gesetzgebend *adj* législatif(-ive)
Gesetzgeber *m* législateur *m*
Gesetzgebung *f* législation *f*
gesetzlich *adj* légal(e)
gesetzlos *adj* (*Zustände*) anarchique
gesetzmäßig *adj* légal(e) ; **eine ~e Entwicklung** une évolution naturelle
gesetzt *adj* posé(e)
gesetzwidrig *adj* illégal(e)
ges. gesch. *abk* (= *gesetzlich geschützt*) marque déposée
Gesicht (**-(e)s, -er**) *nt* visage *m* ; (*Miene*) mine *f* ; **ein langes ~ machen** faire triste *od* grise mine
Gesichtsausdruck *m* expression *f*
Gesichtsfarbe *f* teint *m*
Gesichtspunkt *m* point *m* de vue
Gesichtswasser *nt* démaquillant *m*
Gesichtszüge *pl* traits *mpl* (du visage)
Gesindel (**-s**) *nt* canaille *f*
gesinnt *adj*: **jdm böse/gut ~ sein** être mal/bien disposé(e) envers qn
Gesinnung *f* (*Ansichten*) opinions *fpl*
Gesinnungsgenosse *m*: **jds ~** *personne qui pense comme qn*
Gesinnungslosigkeit *f* manque *m* de principes
Gesinnungswandel *m* volte-face *f inv*
gesittet *adj* bien élevé(e)
gesoffen *pp von* **saufen**

gesogen *pp von* **saugen**
gesonnen *pp von* **sinnen**
Gespann (**-(e)s, -e**) *nt* attelage *m* ; (*fam*) tandem *m*
gespannt *adj* (*voll Erwartung*) impatient(e), curieux(-euse) ; (*einem Streit nahe*) tendu(e) ; **ich bin ~, ob ...** j'aimerais bien savoir si ..., je me demande si ... ; **auf etw/jdn ~ sein** attendre qch/l'arrivée de qn avec impatience
Gespenst (**-(e)s, -er**) *nt* fantôme *m*
gespensterhaft *adj* fantomatique
Gespiele (**-n, -n**) *m*, **Gespielin** *f* partenaire *mf*
gespien *pp von* **speien**
gesponnen *pp von* **spinnen**
Gespött (**-(e)s**) *nt* moqueries *fpl* ; **zum ~ werden** se couvrir de ridicule
Gespräch (**-(e)s, -e**) *nt* (*Unterhaltung*) conversation *f* ; (*Anruf*) appel *m*
gesprächig *adj* bavard(e), loquace • **Gesprächigkeit** *f* loquacité *f*
Gesprächspartner *m* interlocuteur *m*
Gesprächsstoff *m*, **Gesprächsthema** *nt* sujet *m* de conversation
gesprochen *pp von* **sprechen**
gesprungen *pp von* **springen**
Gespür (**-s**) *nt* flair *m*
gest. *abk* (= *gestorben*) décédé(e)
Gestalt (**-, -en**) *f* (*von Personen*) stature *f*, apparence *f* ; (*Form*) forme *f* ; **in ~ von** sous forme de ; **~ annehmen** prendre corps
gestalten *vt* (*Kunstwerk*) créer ; (*Einrichtung*) agencer ; (*organisieren*) organiser ▸ *vr* se révéler
Gestaltung *f* organisation *f*
gestanden *pp von* **stehen**
geständig *adj*: **~ sein** avouer
Geständnis *nt* aveu *m*
Gestank (**-(e)s**) *m* puanteur *f*
gestatten *vt* permettre ; **~ Sie?** vous permettez ? ; **sich** *Dat* **~, etw zu tun** se permettre de faire qch
Geste *f* geste *m*
gestehen *irr vt* avouer
Gestein (**-(e)s, -e**) *nt* roche *f*
Gestell (**-(e)s, -e**) *nt* support *m* ; (*Fahrgestell*) châssis *m*
gestern *adv* hier ; **~ Abend/Morgen** hier soir/matin
gestiegen *pp von* **steigen**
gestikulieren *vi* gesticuler
Gestirn (**-(e)s, -e**) *nt* astre *m* ; (*Sternbild*) constellation *f*
gestochen *pp von* **stechen**
gestohlen *pp von* **stehlen**
gestorben *pp von* **sterben**
gestört *adj* perturbé(e)
gestoßen *pp von* **stoßen**
Gesträuch (**-(e)s, -e**) *nt* branchages *mpl*
gestreift *adj* rayé(e), à rayures
gestrichen *pp von* **streichen**
gestrig *adj* d'hier
gestritten *pp von* **streiten**
Gestrüpp (**-(e)s, -e**) *nt* broussailles *fpl*
gestunken *pp von* **stinken**
Gestüt (**-(e)s, -e**) *nt* haras *m*
gestylt *adj* chic
Gesuch (**-(e)s, -e**) *nt* (*Antrag*) demande *f*, requête *f*
gesucht *adj* demandé(e) ; (*Verbrecher, Ausdrucksweise*) recherché(e)
gesund *adj* (*körperlich*) en bonne santé
Gesundheit *f* santé *f* ; **~!** à tes *od* vos souhaits ! • **gesundheitlich** *adj* de santé ▸ *adv* pour ce qui est de la santé ; **wie geht es Ihnen ~?** comment va la santé ?
gesundheitsschädlich *adj* mauvais(e) pour la santé
Gesundheitswesen *nt* (services *mpl* de la) santé *f* publique
Gesundheitszustand *m* état *m* de santé
gesund|schreiben *irr vt*: **jdn ~** déclarer qn en bonne santé
gesungen *pp von* **singen**
gesunken *pp von* **sinken**
getan *pp von* **tun**
Getöse (**-s**) *nt* vacarme *m*
getragen *pp von* **tragen**
Getränk (**-(e)s, -e**) *nt* boisson *f*
Getränkeautomat *m* distributeur *m* de boissons
Getränkekarte *f* (*in Restaurant*) carte *f* des vins ; (*in Café*) liste *f* des boissons
getrauen *vr* oser
Getreide (**-s, -**) *nt* céréales *fpl* • **Getreidespeicher** *m* silo *m* (à céréales)
getrennt *adj* séparé(e) ; **~ leben** être séparés
getreten *pp von* **treten**
Getriebe (**-s, -**) *nt* (*Auto*) boîte *f* de vitesses ; (*Leute*) foule *f*
getrieben *pp von* **treiben**
Getriebeöl *nt* huile *f* de graissage
getroffen *pp von* **treffen**
getrogen *pp von* **trügen**
getrost *adv* en toute tranquillité
getrunken *pp von* **trinken**
Getue (**-s**) (*péj*) *nt* chichis *mpl*
geübt *adj* expert(e)
Gewächs (**-es, -e**) *nt* (*Méd*) tumeur *f* ; (*Pflanze*) plante *f*
gewachsen *pp von* **wachsen** ▸ *adj*: **etw** *Dat* **~ sein** être à la hauteur de qch ; **jdm ~ sein** être capable de tenir tête à qn

Gewächshaus *nt* serre *f*
gewagt *adj* osé(e) ; (*Unternehmen*) risqué(e)
gewählt *adj* (*Sprache*) châtié(e)
Gewähr *f* garantie *f* ; **keine ~ übernehmen für etw** ne pas répondre de qch ; **ohne ~** sans garantie
gewähren *vt* (*Wunsch*) accéder à ; (*bewilligen*) accorder
gewährleisten *vt* garantir
Gewahrsam (**-s**) *m* : **in ~ bringen** mettre en lieu sûr ; (*Polizeigewahrsam*) placer en détention préventive ; **etw in ~ nehmen** se voir confier qch
Gewährsmann (**-(e)s, -leute**) *m* source *f*
Gewalt (**-, -en**) *f* (*Macht*) pouvoir *m* ; (*Kontrolle*) contrôle *m* ; (*Gewalttaten*) violence *f* ; **~ in der Beziehung** violence conjugale ; **~ über etw** *Akk* **haben** contrôler qch ; **~ über etw** *Akk* **verlieren** perdre le contrôle de qch
• **Gewaltanwendung** *f* recours *m* à la force
gewaltfrei *adj* non-violent(e)
Gewaltherrschaft *f* dictature *f*
gewaltig *adj* (*groß*) énorme ; (*mächtig*) puissant(e) ▸ *adv* (*fam*) sacrément
Gewaltmarsch *m* marche *f* forcée
gewaltsam *adj* violent(e)
gewalttätig *adj* violent(e)
Gewaltverbrechen *nt* crime *m* violent
Gewaltverzicht *m* non-agression *f*
Gewand (**-(e)s, ¨-er**) *nt* vêtement *m*
gewandt *adj* agile ; (*Stil*) élégant(e) ; (*Auftreten*) sûr(e) de soi ▸ *pp von* **wenden**
• **Gewandtheit** *f* aisance *f*
gewann *etc vb siehe* **gewinnen**
gewaschen *pp von* **waschen**
Gewässer (**-s, -**) *nt* eau *f*
Gewebe (**-s, -**) *nt* tissu *m*
Gewehr (**-(e)s, -e**) *nt* fusil *m*
• **Gewehrlauf** *m* canon *m* de fusil
Geweih (**-(e)s, -e**) *nt* bois *mpl*
Gewerbe (**-s, -**) *nt* métier *m* ; **Handel und ~** le commerce et l'industrie
• **Gewerbegebiet** *nt* zone *f* industrielle
• **Gewerbeschule** *f* école *f* professionnelle • **Gewerbesteuer** *f* ≈ taxe *f* professionnelle
gewerblich *adj* commercial(e)
gewerbsmäßig *adj* professionnel(le)
Gewerkschaft *f* syndicat *m*
gewerkschaftlich *adj* : **wir haben uns ~ organisiert** nous sommes syndiqué(e)s
Gewerkschaftsbund *m* confédération *f* syndicale
gewesen *pp von* **sein**
gewichen *pp von* **weichen**
Gewicht (**-(e)s, -e**) *nt* poids *m*
gewichtig *adj* important(e)
gewieft *adj* futé(e)
gewiesen *pp von* **weisen**
gewillt *adj* : **~ sein, etw zu tun** être décidé(e) à faire qch
Gewimmel (**-s**) *nt* fourmillement *m*
Gewinde (**-s, -**) *nt* (*von Schraube*) pas *m* de vis
Gewinn (**-(e)s, -e**) *m* (*Écon*) bénéfice *m* ; (*Preis*) lot *m* ; (*fig*) gain *m* ; **etw mit ~ verkaufen** vendre qch à profit
• **Gewinnbeteiligung** *f* participation *f* aux bénéfices • **gewinnbringend** *adj* lucratif(-ive)
gewinnen *irr vt* gagner ; (*Kohle, Öl*) extraire ▸ *vi* gagner ; **jdn (für etw) ~** obtenir le soutien de qn (pour qch) ; **an Zuversicht/Weisheit ~** gagner en assurance/sagesse
gewinnend *adj* charmant(e)
Gewinner(in) (**-s, -**) *m(f)* vainqueur *m*, gagnant(e)
Gewinnspanne *f* marge *f* bénéficiaire
Gewinnsucht *f* cupidité *f*
Gewinnung *f* (*von Kohle etc*) extraction *f* ; (*von Energie, Zucker etc*) production *f*
Gewirr (**-(e)s, -**) *nt* enchevêtrement *m* ; (*von Straßen*) dédale *m*
gewiss *adj* certain(e) ▸ *adv* (*sicherlich*) sûrement
Gewissen (**-s, -**) *nt* conscience *f* ; **ein gutes/schlechtes ~ haben** avoir bonne/mauvaise conscience
• **gewissenhaft** *adj* consciencieux(-euse)
• **Gewissenhaftigkeit** *f* minutie *f*
• **gewissenlos** *adj* sans scrupules
Gewissensbisse *pl* remords *mpl*
Gewissensfrage *f* cas *m* de conscience
Gewissenskonflikt *m* cas *m* de conscience
gewissermaßen *adv* en quelque sorte
Gewissheit *f* certitude *f*
Gewitter (**-s, -**) *nt* orage *m*
gewittern *vi unpers* : **es gewittert** il y a de l'orage
gewitzt *adj* futé(e)
gewoben *pp von* **weben**
gewogen *pp von* **wiegen** ▸ *adj* : **jdm ~ sein** être bien disposé(e) envers qn ; **etw** *Dat* **~ sein** être favorable à qch
gewöhnen *vt* : **jdn an etw** *Akk* **~** habituer qn à qch ▸ *vr* : **sich an etw** *Akk* **~** s'habituer à qch
Gewohnheit *f* habitude *f* ; **aus ~** par habitude ; **zur ~ werden** devenir une habitude
Gewohnheitsmensch *m* esclave *mf* de ses habitudes

g

Gewohnheitstier (*fam*) *nt* esclave *mf* de ses habitudes
gewöhnlich *adj* (*durchschnittlich, normal*) ordinaire, banal(e) ; (*ordinär*) vulgaire ▶ *adv*: **wie ~** comme d'habitude
gewohnt *adj* habituel(le) ; **etw ~ sein** avoir l'habitude de qch
Gewöhnung *f* habitude *f* ; (*Sucht*) accoutumance *f*
Gewölbe (**-s, -**) *nt* (*Decke*) voûte *f* ; (*Kellerraum*) cave *f* voûtée
gewonnen *pp von* **gewinnen**
geworben *pp von* **werben**
geworden *pp von* **werden**
geworfen *pp von* **werfen**
gewrungen *pp von* **wringen**
Gewühl (**-(e)s**) *nt* (*Gedränge*) cohue *f*
gewunden *pp von* **winden**
Gewürz (**-es, -e**) *nt* épice *f* • **Gewürzgurke** *f* cornichon *m* • **Gewürznelke** *f* clou *m* de girofle
gewusst *pp von* **wissen**
Gezeiten *pl* marées *fpl*
gezielt *adj* ciblé(e)
geziert *adj* affecté(e)
gezogen *pp von* **ziehen**
Gezwitscher (**-s, -**) *nt* gazouillis *m*
gezwungen *adj* forcé(e) ▶ *pp von* **zwingen**
gezwungenermaßen *adv*: **etw ~ tun** être obligé(e) de faire qch
ggf. *abk* = **gegebenenfalls**
Ghana *nt* le Ghana *m*
Gibraltar (**-s**) *nt* Gibraltar
Gicht *f* goutte *f*
Giebel (**-s, -**) *m* pignon *m* • **Giebeldach** *nt* toit *m* en pente • **Giebelfenster** *nt fenêtre au dernier étage d'une maison à pignon*
Gier *f* cupidité *f*
gierig *adj* avide
gießen *irr vt* verser ; (*Blumen, Garten*) arroser ; (*Metall*) couler ▶ *vi unpers*: **es gießt (in Strömen)** (*fam*) il pleut à verse
Gießerei *f* fonderie *f*
Gießkanne *f* arrosoir *m*
Gift (**-(e)s, e**) *nt* poison *m*
giftig *adj* toxique ; (*Pflanze, Pilz*) vénéneux(-euse) ; (*Schlange, fig*) venimeux(-euse)
Giftmüll *m* déchets *mpl* toxiques
Giftstoff *m* produit *m* toxique
Giftzahn *m* crochet *m* à venin
Gigabyte *nt* giga-octet *m*
gigantisch *adj* gigantesque ; (*Erfolg*) immense
Gilde *f* corporation *f*
ging *etc vb siehe* **gehen**
Ginster (**-s, -**) *m* genêt *m*
Gipfel (**-s, -**) *m* sommet *m* ; **das ist der ~ der Unverschämtheit!** c'est un comble !
gipfeln *vi*: **in etw** *Dat* **~** se terminer par qch
Gipfeltreffen *nt* (conférence *f* au) sommet *m*
Gips (**-es, -e**) *m* plâtre *m* • **Gipsabdruck** *m* moulage *m* en plâtre
gipsen *vt* plâtrer
Gipsfigur *f* plâtre *m*
Gipsverband *m* plâtre *m*
Giraffe *f* girafe *f*
Girlande *f* guirlande *f*
Giro (**-s, -s**) *nt* virement *m* • **Girokonto** *nt* compte *m* courant
Gischt (**-(e)s, -e**) *m od f* écume *f*
Gitarre *f* guitare *f*
Gitter (**-s, -**) *nt* grille *f* ; (*für Pflanzen*) treillage *m* • **Gitterbett** *nt* lit *m* d'enfant • **Gitterfenster** *nt* fenêtre *f* à barreaux • **Gitterzaun** *m* clôture *f*
Glacéhandschuh *m* gant *m* de chevreau ; **jdn mit ~en anfassen** prendre des gants avec qn
Gladiole *f* glaïeul *m*
Glanz (**-es**) *m* éclat *m* ; (*fig*) splendeur *f*
glänzen *vi* briller
glänzend *adj* brillant(e)
Glanzleistung *f* brillante performance *f*
glanzlos *adj* terne
Glanzzeit *f* apogée *m*
Glas (**-es, ¨-er**) *nt* verre *m* • **Glasbläser** (**-s, -**) *m* souffleur *m* (*de verre*) • **Glaser** (**-s, -**) *m* vitrier *m*
gläsern *adj* de *od* en verre
glasieren *vt* (*Tongefäß*) vernisser ; (*Gebäck*) glacer
glasig *adj* (*Blick, Augen*) vitreux(-euse)
Glasscheibe *f* vitre *f*
Glasur *f* vernis *m* ; (*Culin*) glaçage *m*
glatt *adj* lisse ; (*rutschig*) glissant(e) ; (*Absage*) catégorique ; (*Lüge*) évident(e) ; **das habe ich ~ vergessen** j'ai complètement oublié
Glätte *f* (*von Fläche*) aspect *m* lisse ; (*Schneeglätte, Eisglätte*) état *m* glissant
Glatteis *nt* verglas *m*
Glätteisen *nt* lisseur *m*
glätten *vt* lisser ▶ *vr* (*Wogen, Meer*) se calmer
Glatze *f* calvitie *f* ; **eine ~ bekommen** devenir chauve
glatzköpfig *adj* chauve
Glaube (**-ns, -n**) *m* (*Rel*) foi *f* ; (*Überzeugung*) croyance *f*
glauben *vt, vi +Dat* croire ; **an etw** *Akk* **~** croire à qch ; **an Gott ~** croire en Dieu ; **jdm aufs Wort ~** croire qn sur parole

Glaubensbekenntnis *nt* profession *f* de foi
glaubhaft *adj* crédible
gläubig *adj* (*Rel*) croyant(e) ; (*vertrauensvoll*) confiant(e) • **Gläubige(r)** *f(m)* (*Rel*) croyant(e) *m/f* ; **die ~n** les fidèles *mpl*
Gläubiger(in) (**-s, -**) *m(f)* créancier(-ière)
glaubwürdig *adj* crédible ; **~ sein** (*Mensch*) être digne de foi
Glaubwürdigkeit *f* crédibilité *f*
gleich *adj*: **der/die/das ~e ... (wie)** le(la) même ... (que) ▸ *adv* (*ebenso*) tout aussi ; (*sofort, bald*) tout de suite ; **das bleibt sich doch ~!** ça revient au même ! ; **~ gesinnt** qui a les mêmes idées ; **es ist mir ~** ça m'est égal ; **2 mal 2 ist ~ 4** 2 fois 2 font *od* égalent 4 ; **~ groß** de la même taille • **gleichaltrig** *adj* du même âge • **gleichartig** *adj* semblable • **gleichbedeutend** *adj* synonyme • **gleichberechtigt** *adj* égal(e) • **Gleichberechtigung** *f* égalité *f* • **gleichbleibend** *adj* constant(e)
gleichen *irr vi*: **jdm/etw ~** ressembler à qn/qch ▸ *vr* se ressembler
gleichfalls *adv* pareillement
Gleichförmigkeit *f* uniformité *f*
gleichgeschlechtlich *adj* de même sexe (*famille, couple*)
Gleichgewicht *nt* équilibre *m*
gleichgültig *adj* indifférent(e) ; (*belanglos*) sans intérêt ; **das ist mir ~** ça m'est égal
Gleichgültigkeit *f* indifférence *f*
Gleichheit *f* égalité *f*
gleich|kommen *irr vi +Dat* correspondre à ; **jdm an etw** *Akk* **~** égaler qn en qch
Gleichmacherei *f* nivellement *m* (par le bas)
gleichmäßig *adj* régulier(-ière)
Gleichmut *m* égalité *f* d'humeur
Gleichnis *nt* (*in der Bibel*) parabole *f*
gleich|sehen *irr vi +Dat* ressembler à
gleich|stellen *vt*: **jdn jdm ~** (*rechtlich etc*) assimiler qn à qn
Gleichstrom *m* courant *m* continu
Gleichung *f* équation *f*
gleichwertig *adj* équivalent(e)
gleichzeitig *adj* simultané(e)
Gleis (**-es, -e**) *nt* (*Schiene*) voie *f* (ferrée), rails *mpl* ; (*Bahnsteig*) quai *m*
gleiten *irr vi* glisser
Gleitflug *m* vol *m* plané
Gleitschirmfliegen (**-s**) *nt* parapente *m*
Gleitzeit *f* horaire *m* flexible *od* à la carte
Gletscher (**-s, -**) *m* glacier *m* • **Gletscherspalte** *f* crevasse *f*
glich *etc vb siehe* **gleichen**
Glied (**-(e)s, -er**) *nt* (*Körperglied, Penis*) membre *m* ; (*einer Kette*) maillon *m*
gliedern *vt* structurer ; (*Arbeit*) organiser
Gliederung *f* organisation *f*
Gliedmaßen *pl* membres *mpl*
glimmen *irr vi* (*Feuer, Asche*) rougeoyer
Glimmer (**-s, -**) *m* mica *m*
Glimmstängel (*fam*) *m* clope *f*
glimpflich *adj* (*nachsichtig*) clément(e) ; **~ davonkommen** s'en tirer à bon compte
glitschig *adj* glissant(e)
glitt *etc vb siehe* **gleiten**
glitzern *vi* scintiller
global *adj* (*weltweit*) mondial(e) ; (*ungefähr, pauschal*) général(e) ; **~e Erwärmung** réchauffement *m* de la planète
globalisiert *adj* (*Wirts*) mondialisé(e)
Globalisierung *f* globalisation *f*
Globalisierungsgegner(in) *m(f)* altermondialiste *mf*
Globus (**-** *od* **-ses, Globen** *od* **-se**) *m* mappemonde *f*
Glocke *f* cloche *f* ; **etw an die große ~ hängen** crier qch sur les toits
Glockenspiel *nt* carillon *m*
Glockenturm *m* clocher *m*
glomm *etc vb siehe* **glimmen**
Glosse *f* commentaire *m*
Glotze (*fam*) *f* télé *f*
glotzen (*fam*) *vi* regarder bêtement
Glück (**-(e)s**) *nt* (*guter Zufall*) chance *f* ; (*Freude, Zustand*) bonheur *m* ; **~ haben** avoir de la chance ; **viel ~!** bonne chance ! ; **zum ~!** heureusement ! ; **auf gut ~** au petit bonheur
glücken *vi* réussir
gluckern *vi* (*Bach, Wasser*) clapoter
glücklich *adj* heureux(-euse) • **glücklicherweise** *adv* heureusement
Glücksbringer *m* porte-bonheur *m*
Glücksfall *m* coup *m* de chance
Glückskind *nt personne qui a de la chance*
Glückssache *f*: **das ist ~** c'est une question de chance
Glücksspiel *nt* jeu *m* de hasard
Glücksstern *m* bonne étoile *f*
Glückwunsch *m* félicitations *fpl* ; **herzlichen ~ zum Geburtstag!** bon anniversaire !
Glühbirne *f* ampoule *f* (électrique)
glühen *vi* (*Draht, Kohle*) rougeoyer ; (*vor Begeisterung*) brûler d'enthousiasme
glühend *adj* brûlant(e) ; (*Metall*) chauffé(e) au rouge ; (*Hass*) implacable
Glühwein *m* vin *m* chaud
Glühwürmchen *nt* ver *m* luisant

g

Glut (**-, -en**) *f* (*Feuersglut*) braise *f* ; (*Hitze*) chaleur *f* torride ; (*von Leidenschaft, Liebe*) ardeur *f*
GmbH (**-, -s**) *f abk* (= *Gesellschaft mit beschränkter Haftung*) SARL *f*
Gnade *f* (*Gunst*) faveur *f* ; (*Erbarmen, Rel*) grâce *f*
Gnadenfrist *f* délai *m* de grâce
Gnadengesuch *nt* recours *m* en grâce
gnadenlos *adj* sans pitié
Gnadenstoß *m* coup *m* de grâce
gnädig *adj* clément(e) ; **~e Frau** (*Anrede*) chère Madame
Gold (**-(e)s**) *nt* or *m* • **golden** *adj* d'or • **Goldfisch** *m* poisson *m* rouge • **Goldgrube** *f* mine *f* d'or
goldig *adj* adorable
Goldmedaille *f* médaille *f* d'or
Goldregen *m* cytise *m*
Goldschmied *m* orfèvre *m*
Goldschnitt *m* dorure *f* sur tranche
Golf[1] (**-(e)s, -e**) *m* (*Géo*) golfe *m*
Golf[2] (**-s**) *nt* (*Sport*) golf *m* • **Golfplatz** *m* terrain *m* de golf • **Golfschläger** *m* club *m* • **Golfspieler** *m* joueur *m* de golf
Golfstrom *m* Gulf Stream *m*
Gondel (**-, -n**) *f* (*Boot*) gondole *f* ; (*bei Seilbahn*) cabine *f*
gondeln (*fam*) *vi*: **durch die Welt ~** rouler sa bosse
gönnen *vt*: **jdm etw ~** trouver que qn a mérité qch ; **sich** *Dat* **etw ~** s'accorder qch
Gönner (**-s, -**) *m* bienfaiteur *m*
gönnerhaft *adj* condescendant(e)
Gönnerin *f* bienfaitrice *f*
Gönnermiene *f* air *m* condescendant
googeln *vt* googler
gor *etc vb siehe* **gären**
goss *etc vb siehe* **gießen**
Gosse *f* caniveau *m* ; (*fig*) rue *f*
Gott (**-es, ¨-er**) *m* dieu *m* ; (*als Name, Anruf*) Dieu *m* ; **~ sei Dank!** Dieu merci !, Dieu soit loué ! ; **grüß ~!** (*gew Südd, Österr*) bonjour ! ; **um ~es willen!** mon Dieu ! ; **leider ~es** malheureusement
Gottesdienst *m* (*katholisch*) messe *f* ; (*evangelisch*) culte *m*
Gotteshaus *nt* maison *f* de Dieu
Gotteskrieger(in) *m(f)* terroriste *mf* religieux(-euse)
Göttin *f* déesse *f*
göttlich *adj* divin(e)
gottlos *adj* athée ; (*verwerflich*) impie
Gottvertrauen *nt* foi *f*
Götze (**-n, -n**) *m* idole *f*
GPS (**-**) *f abk* (= *Grüne Partei der Schweiz*) *parti écologiste suisse* ▶ *nt abk* (= *Global Positioning System*) GPS *m*
Grab (**-(e)s, ¨-er**) *nt* tombe *f*
graben *irr vt, vi* creuser ; **nach etw ~** creuser pour trouver qch
Graben (**-s, ¨-**) *m* fossé *m* ; (*Mil*) tranchée *f*
Grabrede *f* oraison *f* funèbre
Grabstein *m* pierre *f* tombale
Grad (**-(e)s, -e**) *m* degré *m* ; (*Rang*) grade *m* ; (*akademischer Grad*) titre *m* • **Gradeinteilung** *f* graduation *f*
gradweise *adv* graduellement
Graf (**-en, -en**) *m* comte *m*
Graffiti *pl* graffiti *mpl*
Grafik *f* (*Kunst, Technik*) arts *mpl* graphiques
Grafiker(in) (**-s, -**) *m(f)* graphiste *mf*
Grafikkarte *f* (*Inform*) carte *f* graphique
Gräfin *f* comtesse *f*
grafisch *adj* graphique
Gram (**-(e)s**) *m* chagrin *m*
grämen *vr* être rongé(e) de chagrin
Gramm (**-s, -**) *nt* gramme *m*
Grammatik *f* grammaire *f*
grammatisch *adj* grammatical(e)
Granat (**-(e)s -e**) *m* (*Stein*) grenat *m*
Granatapfel *m* grenade *f*
Granate *f* (*Mil*) grenade *f*
Granit (**-s, -e**) *m* granit *m* ; **auf ~ beißen** se heurter à un mur
granulär *adj* granulaire
Graphic Novel (**-, -s**) *f* roman *m* graphique
Graphik *f* = **Grafik**
Gras (**-es, ¨-er**) *nt* herbe *f* • **grasen** *vi* (*Tiere*) paître • **Grashalm** *m* brin *m* d'herbe
grasig *adj* herbeux(-euse)
Grasnarbe *f* gazon *m*
grassieren *vi* (*Gerücht*) courir ; (*Virus, Grippe*) sévir
grässlich *adj* terrible
Grat (**-(e)s, -e**) *m* arête *f*
Gräte *f* arête *f*
gratis *adv* gratuitement • **Gratisprobe** *f* échantillon *m* gratuit
Gratulation *f* félicitations *fpl*
gratulieren *vi*: **jdm (zu etw) ~** féliciter qn (de qch) ; **ich gratuliere!** (toutes mes) félicitations !
Gratwanderung *f*: **sich auf einer ~ befinden** (*fig*) être sur la corde raide
grau *adj* gris(e) ; **~ meliert** grisonnant(e)
Gräuel (**-s, -**) *m* horreur *f* • **Gräueltat** *f* atrocité *f*
grauen[1] *vi* (*Tag*) se lever
grauen[2] *vi unpers*: **es graut jdm vor etw** qn frémit à l'idée de qch ▶ *vr*: **sich** *Dat od Akk* **vor etw ~** frémir à l'idée de qch
Grauen (**-s**) *nt* horreur *f*
grauenhaft *adj* horrible
grauhaarig *adj* aux cheveux blancs

grausam *adj* (*Mensch, Tat, Sitten*) cruel(e)
• **Grausamkeit** *f* cruauté *f*
gravieren *vt* graver
gravierend *adj* déterminant(e)
Grazie *f* grâce *f*
graziös *adj* gracieux(-euse)
Greencard (**-, -s**) *f* permis *m* de travail
greifbar *adj* tangible ; **in ~er Nähe** à portée de main
greifen *irr vt* saisir ; (*auf Musikinstrument*) jouer ▶ *vi* (*mit der Hand*) tendre la main ; (*Reifen*) adhérer ; **nach etw ~** tendre la main pour prendre *od* saisir qch ; **um sich ~** (*Panik, Feuer, Seuche*) se propager
Greis (**-es, -e**) *m* vieillard *m*
Greisenalter *nt* vieillesse *f*
Greisin *f* vieille femme *f*
grell *adj* (*Licht*) aveuglant(e) ; (*Farbe*) criard(e) ; (*Stimme, Ton*) strident(e)
Gremium *nt* commission *f*
Grenzbeamte(r) *m* douanier *m*
Grenze *f* frontière *f* ; (*fig*) limite *f* ; **sich in ~n halten** être limité(e)
grenzen *vi*: **an etw** *Akk* **~** être voisin(e) de qch
grenzenlos *adj* infini(e) ; (*Frechheit*) qui dépasse les bornes
Grenzfall *m* cas *m* limite
Grenzlinie *f* ligne *f* de démarcation ; (*Sport*) limite *f* du terrain
Grenzübergang *m* poste-frontière *m*
Grenzwert *m* valeur *f* limite
Greuel *etc* (**-s, -**) *m* = **Gräuel** *etc*
Grieche *m* Grec *m*
Griechenland *nt* la Grèce
Griechin *f* Grecque *f*
griechisch *adj* grec(grecque)
griesgrämig *adj* grincheux(-euse)
Grieß (**-es, -e**) *m* semoule *f*
griff *etc vb siehe* **greifen**
Griff (**-(e)s, -e**) *m* (*an Tür, Topf, Koffer*) poignée *f*
griffbereit *adj*: **etw ~ haben** avoir qch à portée de main
Griffel (**-s, -**) *m* crayon *m* d'ardoise ; (*Bot*) style *m*
Grill (**-s, -s**) *m* gril *m*
Grille *f* grillon *m*
grillen *vt* griller
Grimasse *f* grimace *f*
Grimm (**-(e)s**) *m* courroux *m*
grimmig *adj* furieux(-euse) ; (*Kälte*) terrible
grinsen *vi* sourire ; (*höhnisch*) ricaner
Grippe *f* grippe *f*
grob *adj* grossier(-ière) ; (*Netz*) à grosses mailles ; (*nicht exakt*) approximatif(-ive)
• **Grobheit** *f* grossièreté *f*
Grobian (**-s, -e**) *m* brute *f*
Grog (**-s, -s**) *m* grog *m*
grölen *vt* brailler
Groll (**-(e)s**) *m* ressentiment *m*
grollen *vi* (*Donner*) gronder ; (*geh*) être de mauvaise humeur
Grönland *nt* le Groenland
groß *adj* grand(e) ; **im G~en und Ganzen** dans l'ensemble ; **er ist 1,80 m ~** il mesure 1,80 m ; **die ~e Zehe** le gros orteil ; **~er Lärm** beaucoup de bruit
• **großartig** *adj* remarquable
• **Großaufnahme** *f* gros plan *m*
• **Großbritannien** *nt* la Grande-Bretagne
Größe *f* taille *f* ; (*von Haus auch*) dimensions *fpl* ; (*Math*) valeur *f* ; (*von Ereignis*) importance *f*
Großeinkauf *m*: **~ machen** faire ses achats *mpl* de la semaine
Großeltern *pl* grands-parents *mpl*
Größenordnung *f* ordre *m* de grandeur
großenteils *adv* en grande partie
Größenunterschied *m* différence *f* de taille
Größenwahn *m* mégalomanie *f*
Großformat *nt* grand format *m*
Großhandel *m* commerce *m* de gros
Großhändler *m* grossiste *m*
großherzig *adj* magnanime
Großmacht *f* grande puissance *f*
Großmaul *nt* grande gueule *f*
Großmut *f* magnanimité *f*
großmütig *adj* magnanime
Großmutter *f* grand-mère *f*
Großraumbüro *nt* bureau *m* paysager
Großraumwagen *m* voiture *f* à couloir central (*sans compartiments*)
Großrechner *m* gros ordinateur *m*
großspurig *adj* (*Mensch*) qui se donne de grands airs
Großstadt *f* grande ville *f*
größte(r, s) *adj* (*superl von* **groß**) le(la) plus grand(e)
größtenteils *adv* pour la plupart
Großvater *m* grand-père *m*
groß|ziehen *irr vt* élever
großzügig *adj* généreux(-euse) ; (*Stadt, Anlage*) vaste
grotesk *adj* grotesque
Grotte *f* grotte *f* (*artificielle*)
grub *etc vb siehe* **graben**
Grübchen *nt* fossette *f*
Grube *f* fosse *f* ; (*Mines*) mine *f*
grübeln *vi* ruminer ; **über etw** *Akk* **~** ruminer qch
Grubengas *nt* grisou *m*
Grübler (**-s, -**) *m* personne *f* soucieuse
grüblerisch *adj* soucieux(-euse), sombre
Gruft (**-, ¨-e**) *f* tombe *f*

grün *adj* vert(e) ; (*unreif*) qui manque de maturité ; **die G~en** (*Pol*) les verts *mpl od* écologistes *mpl* ; **G~er Punkt** *voir article*

Le **Grüner Punkt** est un symbole représentant un point vert. On le trouve sur certains emballages qui doivent être séparés des ordures ménagères pour être recyclés par le système *DSD* (*Duales System Deutschland*). Les fabricants financent le recyclage des emballages en achetant des licences à la *DSD* et répercutent souvent le coût sur les consommateurs.

Grünanlage *f* espace *m* vert
Grund (**-(e)s, ¨-e**) *m* (*von Gewässer, Gefäß*) fond *m* ; (*Motiv, Ursache*) raison *f* ; **im ~e (genommen)** au fond ; **einer Sache** *Dat* **auf den ~ gehen** essayer d'élucider qch ; *siehe auch* **zugrunde**
• **Grundausbildung** *f* formation *f* de base
• **Grundbedeutung** *f* sens *m* premier
• **Grundbesitz** *m* propriété *f* foncière
• **Grundbuch** *nt* registre *m* foncier
• **grundehrlich** *adj* foncièrement honnête
gründen *vt* fonder ▸ *vr*: **sich auf etw** *Akk* **~** se fonder sur qch
Gründer(in) (**-s, -**) *m(f)* fondateur(-trice)
grundfalsch *adj* complètement faux(fausse)
Grundgebühr *f* taxe *f* de base
Grundgedanke *m* idée *f* fondamentale
Grundgesetz *nt* (*Verfassung*) constitution *f* allemande
Grundkurs *m* (*Scol*) cours *m* de base
Grundlage *f* base *f*
grundlegend *adj* fondamental(e)
gründlich *adj* (*Mensch, Arbeit*) consciencieux(-euse) ; (*Vorbereitung*) minutieux(-euse) ; (*Kenntnisse*) approfondi(e) ▸ *adv* (*fam*) complètement
grundlos *adj* sans fondement
Grundmauer *f* fondation *f*
Grundregel *f* règle *f* de base
Grundriss *m* plan *m* ; (*fig*) aperçu *m*
Grundsatz *m* principe *m*
grundsätzlich *adj* fondamental(e) ▸ *adv* en principe
Grundschule *f* école *f* primaire

En Allemagne, l'école primaire, **Grundschule**, dure 4 ans, sauf à Berlin où sa durée est de 6 ans. A l'âge de 10 ans, les enfants sont orientés selon leurs résultats scolaires et la volonté des parents dans les trois types de collèges et lycées existant : *Hauptschule*, *Realschule* et *Gymnasium*.

Grundstein *m* première pierre *f*
Grundsteuer *f* taxe *f* foncière
Grundstück *nt* terrain *m*
Gründung *f* fondation *f*
grundverschieden *adj* fondamentalement différent(e)
Grundwasser *nt* nappe *f* phréatique
Grundzug *m* trait *m* fondamental ; **etw in seinen Grundzügen darstellen** présenter les grandes lignes de qch
Grüne(s) *nt*: **im ~n wohnen** vivre à la campagne ; **ins ~ fahren** aller à la campagne ; *siehe auch* **grün**
Grünkohl *m* chou *m* frisé
Grünschnabel *m* blanc-bec *m*
Grünspan *m* vert-de-gris *m*
Grünstreifen *m* terre-plein *m* central
grunzen *vi* grogner
Gruppe *f* groupe *m*
Gruppenarbeit *f* travail *m* d'équipe
Gruppenreise *f* voyage *m* organisé
gruppenweise *adv* en groupes
gruppieren *vt* regrouper ▸ *vr* se regrouper
Gruselfilm *m* film *m* d'horreur
gruselig *adj* qui donne des frissons
gruseln *unpers vi*: **es gruselt jdm vor etw** qch donne des frissons à qn ▸ *vr* avoir des frissons
Gruß (**-es, ¨-e**) *m* salutations *fpl*, salut *m* ; **Grüße an** *+Akk* (bien le) bonjour à ; **viele** *od* **liebe Grüße** amitiés *fpl* ; **mit freundlichen Grüßen** veuillez agréer, Monsieur/Madame, l'expression de mes sentiments distingués
grüßen *vt* saluer ; **jdn von jdm ~** saluer qn de la part de qn ; **jdn ~ lassen** envoyer ses amitiés à qn
Guatemala *nt* le Guatemala
gucken *vi* regarder
Guinea *nt* la Guinée
Gulasch (**-(e)s, -e**) *nt* goulasch *m*
gültig *adj* valable, valide • **Gültigkeit** *f* validité *f* • **Gültigkeitsdauer** *f* durée *f* de validité
Gummi (**-s, -s**) *nt od m* caoutchouc *m*
• **Gummiband** *nt* élastique *m*
• **Gummibärchen** *nt bonbon à la gélatine en forme d'ours*
gummieren *vt* gommer
Gummiknüppel *m* matraque *f*
Gummireifen *m* pneu *m*
Gummistiefel *m* botte *f* en caoutchouc
Gummistrumpf *m* bas *m* à varices
Gunst *f* faveur *f*
günstig *adj* favorable ; (*Angebot, Preis*) avantageux(-euse)
Gurgel (**-, -n**) *f* gorge *f*

gurgeln *vi* (*Mensch*) se gargariser ; (*Wasser*) gargouiller
Gurke *f* concombre *m* ; **saure ~** cornichon *m*
Gurt (**-(e)s, -e**) *m* ceinture *f*
Gürtel (**-s, -**) *m* ceinture *f* • **Gürtelreifen** *m* pneu *m* à carcasse radiale • **Gürtelrose** *f* zona *m* • **Gürteltier** *nt* tatou *m*
GUS *f abk* (= *Gemeinschaft Unabhängiger Staaten*) CEI *f*
Guss (**-es, ¨-e**) *m* fonte *f* ; (*Regenguss*) averse *f* ; (*Culin*) glaçage *m*
Gusseisen *nt* fonte *f*

SCHLÜSSELWORT

gut *adj* bon(ne) ; **alles Gute** meilleurs vœux ; **das ist gut gegen Husten** (*fam*) c'est bon contre *od* pour la toux ; **sei so gut (und) gib mir das Buch** passe-moi le livre, s'il te plaît ; **das ist alles gut und schön, aber ...** c'est bien joli, mais ... ; **du bist gut!** (*fam*) tu en as de bonnes ! ; **das ist so gut wie fertig** c'est pratiquement terminé ; **ich sags dir im Guten!** je t'avertis !
▶ *adv* bien ; **es geht ihm/uns gut** il va/nous allons bien ; **das ist noch einmal gut gegangen** on l'a échappé belle (une fois de plus) ; **es wird schon alles gut gehen** ne vous faites pas de souci ; **gut gehend** qui marche bien, florissant(e) ; **gut gelaunt** de bonne humeur ; **gut gemeint** qui part d'une bonne intention ; **gut schmecken** être bon(ne) ; **gut unterrichtet** bien informé(e) ; **also gut** bon, d'accord ; **gut, aber ...** d'accord, mais ... ; **(na) gut, ich komme** bon, d'accord, je viens ; **du hast es gut!** tu as de la chance ! ; **gut und gern** en tout cas ; **gut drei Stunden** trois bonnes heures ; **das kann gut sein** c'est bien possible ; **lass es gut sein** ça ira comme ça ; **machs gut!** (*fam*) bonne chance ! ; *siehe auch* **guttun**

Gut (**-(e)s, ¨-er**) *nt* (*Landgut*) propriété *f* ; (*Besitz*) bien *m* ; (*Ware*) marchandise *f*
Gutachten (**-s, -**) *nt* expertise *f*
Gutachter (**-s, -**) *m* expert *m*
gutartig *adj* (*Méd*) bénin(bénigne)
gutbürgerlich *adj* bourgeois(e)
Gutdünken *nt*: **nach ~** à sa *etc* guise
Güte *f* (*charakterlich*) bonté *f* ; (*Qualität*) qualité *f*
Güterabfertigung *f* expédition *f* des marchandises
Güterbahnhof *m* gare *f* de marchandises
Güterwagen *m* wagon *m* de marchandises
Güterzug *m* train *m* de marchandises
gutgläubig *adj* crédule
gut|haben *irr vt* avoir à son crédit
Guthaben (**-s, -**) *nt* avoir *m*
gut|heißen *irr vt* approuver
gutherzig *adj* qui a bon cœur
gütig *adj* bon(bonne), gentil(le)
gütlich *adj, adv* à l'amiable
Gutmensch (*umg, pej*) *m* bien-pensant(e) *m/f*
gutmütig *adj* facile à vivre
Gutmütigkeit *f* bonhomie *f*
Gutsbesitzer *m* propriétaire *m* foncier
Gutschein *m* bon *m*
gut|schreiben *irr vt* créditer
Gutschrift *f* inscription *f* au crédit
gut|tun *irr vi*: **jdm ~** faire du bien à qn
gutwillig *adj* plein(e) de bonne volonté
Guyana (**-s**) *nt* la Guyane
Gymnasiallehrer(in) *m(f)* professeur *m* de lycée
Gymnasium *nt* lycée *m*

Le **Gymnasium** est une école secondaire d'enseignement général. Au bout de huit ans, les élèves y passent l'*Abitur*, diplôme qui permet l'accès à l'université.

Gymnastik *f* gymnastique *f*
Gynäkologe (**-n, -n**) *m*, **Gynäkologin** *f* gynécologue *mf*
G-20 *f abk* (*Pol*) G20 *m*

h

H, h *nt* H, h *m inv* ; (*Mus*) si *m*
Haar (**-(e)s, -e**) *nt* (*Kopfhaar*) cheveu *m* ; (*von Tier, Pflanze, Brusthaar, Schamhaar*) poil *m* ; **sie hat schöne ~e** elle a de beaux cheveux ; **um ein ~** à un cheveu près • **Haarbürste** *f* brosse *f* à cheveux
haaren *vi, vr* perdre ses poils
Haaresbreite *f*: **um ~** à un cheveu près
Haarfestiger *m* fixateur *m*
haargenau *adv* (*übereinstimmen*) exactement ; (*erklären*) jusque dans les moindres détails ; **das trifft ~ zu** c'est très juste
Haarglätter *m* lisseur *m*
haarig *adj* poilu(e) ; (*fam*) difficile
Haarklemme *f* pince *f* à cheveux
Haarnadel *f* épingle *f* à cheveux
Haarnadelkurve *f* virage *m* en épingle à cheveux
haarscharf *adj* (*Beobachtung*) très attentif(-ive) ▶ *adv*: **~ danebengehen** (*Schuss*) passer de justesse à côté
Haarschnitt *m* coupe *f* de cheveux
Haarschopf *m* tignasse *f*
Haarspalterei *f* ergotage *m*
Haarspange *f* barrette *f*
Haarspray *nt* laque *f*
haarsträubend *adj* à faire dresser les cheveux sur la tête
Haarteil *nt* postiche *m*
Haartrockner (**-s, -**) *m* sèche-cheveux *m*
Haarwaschmittel *nt* shampo(o)ing *m*
Habe (**-**) *f* biens *mpl*
haben *irr aux, vt* avoir ▶ *vr* (*fam: sich zieren*) faire des chichis ▶ *vr unpers*: **und damit hats sich!** un point, c'est tout ! ; **was hast du denn?** qu'as-tu donc ? ; **es im Hals/am Herzen ~** avoir mal à la gorge/des ennuis cardiaques ; **zu ~ sein** (*erhältlich*) être disponible ; (*Mädchen, Mann*) être libre ; **für etw zu ~ sein** (*begeistert sein*) être amateur de qch ; **etw von jdm ~** avoir obtenu qch de qn
Haben (**-s, -**) *nt* (*Écon*) avoir *m*
Habgier *f* cupidité *f*
habgierig *adj* cupide
Habicht (**-(e)s, -e**) *m* faucon *m*
Habseligkeiten *pl* affaires *fpl*
Hachse *f* (*Culin*) jarret *m*
Hacke *f* pioche *f* ; (*Ferse, Absatz*) talon *m*
hacken *vi* piocher ; (*Vogel*) picorer ▶ *vt* (*Erde*) piocher ; (*Holz*) couper (à la hache) ; (*Fleisch*) hacher ; **ein Loch ~ in** +*Akk* faire un trou dans
Hacker (**-s, -**) *m* (*Inform*) pirate *m*
Hackfleisch *nt* viande *f* hachée
hadern *vi*: **mit etw ~** s'en prendre à qch
Hafen (**-s, ⸚**) *m* port *m* • **Hafenarbeiter** *m* docker *m* • **Hafenstadt** *f* ville *f* portuaire
Hafer (**-s, -**) *m* avoine *f* • **Haferflocken** *pl* flocons *mpl* d'avoine • **Haferschleim** *m* bouillie *f* d'avoine
Haft (**-**) *f* détention *f* • **haftbar** *adj*: **für jdn/etw ~ sein** être responsable de qn/qch • **Haftbefehl** *m* mandat *m* d'arrêt
haften *vi*: **für jdn/etw ~** (*Jur*) se porter garant(e) de qn/qch ; (*verantwortlich sein*) être responsable de qn/qch ▶ *vi* (*kleben*): **(an etw** *Dat***) ~** coller (à qch)
Häftling *m* détenu *m*
Haftpflicht *f* responsabilité *f* civile
Haftpflichtversicherung *f* assurance *f* responsabilité civile
Haftung *f* responsabilité *f*
Hagebutte *f* cynorhodon *m*
Hagel (**-s**) *m* grêle *f*
hageln *vi unpers* grêler ▶ *vt unpers* (*fig*) pleuvoir
hager *adj* décharné(e)
Häher (**-s, -**) *m* geai *m*
Hahn (**-(e)s, ⸚e**) *m* coq *m* ; (*Wasserhahn, Gashahn*) robinet *m*
Hähnchen *nt* poulet *m*
Haiti *nt* Haïti *m*
Häkchen *nt* agrafe *f*
häkeln *vt* faire au crochet ▶ *vi* faire du crochet
Häkelnadel *f* crochet *m*
Haken (**-s, -**) *m* crochet *m* ; (*Angelhaken*) hameçon *m* ; (*Nachteil*) hic *m* • **Hakenkreuz** *nt* croix *f* gammée • **Hakennase** *f* nez *m* crochu
halb *adj* demi(e) ▶ *adv* (*nur teilweise*) à moitié, à demi ; **~ eins** midi et demie ; **eine ~e Stunde** une demi-heure ; **ein ~es Jahr** six mois ; **ein ~es Dutzend** une demi-douzaine ; **~ offen** entrouvert(e) ; **~ voll** à moitié plein(e) ; **mit jdm ~e-~e**

machen couper la poire en deux ; **~ ... ~ ...** moitié ... moitié ..., mi-... mi-... ; **~ und ~** moitié-moitié • **Halbdunkel** *nt* pénombre *f*
halber *präp +Gen* pour (cause de)
Halbfinale *nt* demi-finale *f*
Halbheit *f* demi-mesure *f*
halbieren *vt* partager en deux
Halbinsel *f* presqu'île *f*
Halbjahr *nt* semestre *m*
halbjährlich *adv* tous les six mois
Halbkreis *m* demi-cercle *m*
Halbkugel *f* hémisphère *m*
halblaut *adj, adv* à mi-voix
Halbleiter *m* semi-conducteur *m*
halbmast *adv*: **auf ~ stehen** être en berne
Halbmond *m* croissant *m* (de lune) ; (*von Islam*) croissant
Halbschuh *m* chaussure *f* basse
halbstündlich *adj, adv* toutes les demi-heures
halbtags *adv*: **~ arbeiten** travailler à mi-temps
Halbtagsarbeit *f* travail *m* à mi-temps
Halbwaise *f* orphelin(e) *m/f* de père *od* de mère
halbwegs (*fam*) *adv* (*einigermaßen*) plus ou moins
Halbwertzeit *f* demi-vie *f*
Halbwüchsige(r) *f(m)* adolescent(e) *m/f*
Halbzeit *f* mi-temps *f*
Halde *f* (*Schlackenhalde*) terril *m* ; (*Schutthalde*) tas *m*, amas *m*
half *etc vb siehe* **helfen**
Hälfte *f* moitié *f*
Halfter[1] **(-s, -)** *nt od m* (*für Tiere*) licou *m*
Halfter[2] **(-, -n** *od* **-s, -)** *f od nt* (*für Pistole*) étui *m*
Halle *f* hall *m* ; (*für Flugzeuge*) hangar *m* ; (*Sporthalle*) salle *f*
hallen *vi* résonner
Hallenbad *nt* piscine *f* couverte
hallo *interj* (*zur Begrüßung*) salut ; (*Ruf: überrascht*) hé ; (*am Telefon*) allô
Halluzination *f* hallucination *f*
Halm (-(e)s, -e) *m* tige *f*, brin *m*
Halogenlampe *f* lampe *f* (à) halogène
Hals (-es, ¨-e) *m* cou *m* ; (*innen auch*) gorge *f* ; (*von Flasche*) col *m* ; (*von Instrument*) manche *m* ; **~ über Kopf** précipitamment • **Halsband** *nt* collier *m* • **Halsentzündung** *f* angine *f* • **Halskette** *f* collier *m* • **Hals-Nasen-Ohren-Arzt** *m* oto-rhino(-laryngologiste) *mf* • **Halsschlagader** *f* carotide *f* • **Halsschmerzen** *pl* mal *msg* à la gorge • **halsstarrig** *adj* obstiné(e) • **Halstuch** *nt* foulard *m* • **Halsweh** *nt* mal *m* à la gorge • **Halswirbel** *m* vertèbre *f* cervicale
halt *interj* stop • **Halt (-(e)s, -e)** *m* (*kurzes Anhalten*) arrêt *m* ; (*für Füße, Hände*) prise *f* ; (*fig*) appui *m*, soutien *m* ; **keinen inneren ~ haben** manquer d'équilibre ; **~ machen = haltmachen** • **haltbar** *adj* (*Material*) résistant(e) ; (*Lebensmittel*) longue conservation *inv* ; (*fig*) tenable • **Haltbarkeit** *f* (*von Lebensmitteln*) conservation *f* • **Haltbarkeitsdatum** *nt* date *f* limite de consommation
halten *irr vt* tenir ; (*Rede*) prononcer ; (*Takt: in bestimmten Zustand*) garder ; (*verteidigen*) défendre ; (*zurückhalten*) retenir ; (*Haustiere, Angestellte*) avoir ▸*vi* tenir ; (*frisch bleiben*) se garder ; (*stoppen*) s'arrêter ▸*vr* (*frisch bleiben*) se garder ; (*Wetter*) durer, tenir ; (*sich behaupten*) tenir bon ; **viel auf etw** *Akk* **~** attacher beaucoup d'importance à qch ; **viel auf jdn ~** avoir une haute opinion de qn ; **jdn/etw für jdn/etw ~** considérer qn/qch comme qn/qch ; **davon halt(e) ich nichts** ça n'est pas une bonne idée ; **an sich** *Akk* **~** (*sich beherrschen*) se retenir ; **sich rechts/links ~** tenir sa droite/gauche ; **sich an jdn ~** (*richten nach*) s'en remettre à qn ; (*wenden an*) s'adresser à qn ; **sich an etw ~** (*an Regel, Vorschrift*) respecter qch
Haltestelle *f* arrêt *m*
Halteverbot *nt*: **absolutes ~** stationnement *m* strictement interdit, arrêt *m* interdit
haltlos *adj* (*Mensch*) instable ; (*Behauptung*) sans fondement
Haltlosigkeit *f* (*Schwäche*) caractère *m* instable
halt|machen *vi* s'arrêter ; **vor nichts ~** ne reculer devant rien
Haltung *f* (*Körperhaltung*) posture *f* ; (*Einstellung*) attitude *f* ; (*Selbstbeherrschung*) maîtrise *f* de soi
Halunke (-n, -n) *m* canaille *f*
Hamburg (-s) *nt* Hambourg
Hamburger (-s, -) *m* (*Culin*) hamburger *m*
hämisch *adj* méchant(e)
Hammel (-s, ¨- *od* -) *m* mouton *m* • **Hammelfleisch** *nt* mouton *m*
Hammer (-s, ¨-) *m* marteau *m*
hämmern *vt* (*Metall*) marteler ▸*vi* (*Herz, Puls*) battre (fort)
Hämoglobin (-s) *nt* hémoglobine *f*
Hampelmann *m* pantin *m*
Hamster (-s, -) *m* hamster *m*

h

hamstern *vi* faire des provisions ▶ *vt* faire des stocks de
Hand (-, ¨-e) *f* main *f* ; **zu Händen von** à l'attention de ; **freie Hand haben** avoir carte blanche • **Handarbeit** *f* travail *m* manuel ; (*Nadelarbeit*) travaux *mpl* d'aiguille • **Handball** *m* handball *m* • **Handbesen** *m* balayette *f* • **Handbremse** *f* frein *m* à main • **Handbuch** *nt* manuel *m*
Händedruck *m* poignée *f* de main
Handel (-s) *m* commerce *m* ; **der Faire ~** le commerce équitable
handeln *vt* (*handhaben*) utiliser; (*erledigen*) régler ▶ *vi* (*tätig werden*) agir ; **~ von** traiter de ▶ *vr unpers*: **es handelt sich um jdn/etw** il s'agit de qn/qch ; **mit etw ~** (*Handel treiben*) faire commerce de qch
Handelsbilanz *f* balance *f* commerciale
handelseinig *adj*: **mit jdm ~ werden/sein** conclure/avoir conclu une affaire avec qn
Handelsgesellschaft *f* société *f* commerciale
Handelskammer *f* chambre *f* de commerce
Handelsmarine *f* marine *f* marchande
Handelsrecht *nt* droit *m* commercial
Handelsreisende(r) *f(m)* représentant(e) *m/f*
Handelsschule *f* école *f* de commerce
handelsüblich *adj* standard ; **~e Preise** prix *mpl* courants
Handelsvertreter *m* représentant(e) (de commerce)
Handfeger (-s, -) *m* balayette *f*
handfest *adj* (*Mahlzeit*) nourrissant(e) ; (*Ideen, Pläne*) solide, fondé(e)
handgearbeitet *adj* fait(e) (à la) main
Handgelenk *nt* poignet *m*
Handgemenge *nt* mêlée *f*
Handgepäck *nt* bagages *mpl* à main
handgeschrieben *adj* manuscrit(e)
handgreiflich *adj*: **~ werden** en venir aux mains
Handgriff *m* (*Gegenstand*) poignée *f* ; (*Handhabung, Bewegung*) geste *m*
handhaben *vt* (*Maschine*) manipuler, se servir de ; (*Gesetze, Regeln*) appliquer
Handkuss *m* baisemain *m*
Händler(in) (-s, -) *m(f)* commerçant(e)
handlich *adj* maniable
Handlung *f* action *f* ; (*Geschäft*) magasin *m*
Handlungsbevollmächtigte(r) *f(m)* fondé *m* de pouvoir
Handlungsweise *f* manière *f* d'agir
Handpflege *f* soins *mpl* des mains
Handschelle *f* menotte *f*
Handschlag *m*: **per** *od* **mit ~** par une poignée de main
Handschrift *f* écriture *f* ; (*Text*) manuscrit *m*
Handschuh *m* gant *m*
Handschuhfach *nt* boîte *f* à gants
Handtasche *f* sac *m* à main
Handtuch *nt* serviette *f* de toilette ; **das ~ werfen** *od* (*fam*) **schmeißen** jeter l'éponge
Handvoll *f* poignée *f*
Handwerk *nt* métier *m*
Handwerker (-s, -) *m* ouvrier *m*
Handwerkszeug *nt* outils *mpl*
Handy (-s, -s) *nt* portable *m* • **handysüchtig** *adj* nomophobe
Hanf (-(e)s) *m* chanvre *m*
Hang (-(e)s, ¨-e) *m* (*Berghang*) pente *f* ; **einen ~ zu etw haben** (*Vorliebe*) avoir un penchant pour qch
Hängebrücke *f* pont *m* suspendu
Hängematte *f* hamac *m*
hängen *irr vi* (*befestigt sein*) être accroché(e) ; (*gehenkt werden*) être pendu(e) ▶ *vt* (*aufhängen*) accrocher ; **an etw** *Dat* **~** être accroché(e) à qch ; **an jdm/etw ~** (*abhängig sein von*) dépendre de qn/qch ; (*gernhaben*) tenir à qn/qch ; **~ bleiben (an** +*Dat***)** rester accroché(e) (à) ; (*im Gedächtnis*) rester gravé(e) (dans)
Hannover (-s) *nt* Hanovre
hänseln *vt* taquiner
Hansestadt *f* ville *f* hanséatique
Hantel (-, -n) *f* haltère *m*
hantieren *vi* s'affairer ; **mit etw ~** manier qch
hapern *vi unpers*: **es hapert an etw** *Dat* on manque de qch
Happen (-s, -) *m* bouchée *f*
Hardware (-, -s) *f* hardware *m*, matériel *m*
Harfe *f* harpe *f*
Harke *f* râteau *m*
harken *vt, vi* ratisser
harmlos *adj* inoffensif(-ive) ; (*Krankheit*) bénin(bénigne) ; (*Vergnügen, Bemerkung*) innocent(e)
Harmlosigkeit *f* (*eines Medikaments*) caractère *m* inoffensif ; (*einer Krankheit*) bénignité *f*
Harmonie *f* harmonie *f*
harmonieren *vi* (*Farben, Töne*) s'harmoniser ; (*Menschen*) bien s'entendre
Harmonika (-, -s) *f* (*Ziehharmonika*) accordéon *m*

harmonisch *adj* harmonieux(-euse)
Harmonium (**-s, -nien** *od* **-s**) *nt* harmonium *m*
Harn (**-(e)s, -e**) *m* urine *f* • **Harnblase** *f* vessie *f*
Harnisch (**-(e)s, -e**) *m* armure *f*; **jdn in ~ bringen** mettre qn en colère ; **in ~ geraten** se mettre en colère
Harpune *f* harpon *m*
harren *vi*: **auf jdn/etw ~** attendre qn/qch
hart *adj* dur(e) ; (*Währung*) fort(e) ; (*Winter, Gesetze*) rigoureux(-euse) ; (*Aufprall*) violent(e) ▸ *adv*: **~ gekocht** (*Ei*) dur(e) ; **das ist ~ an der Grenze (des Erlaubten)** c'est à la limite de ce qui est permis
Härte *f* dureté *f*
härten *vt* durcir ▸ *vr* s'endurcir
hartgesotten *adj* dur(e) à cuire
hartherzig *adj* dur(e)
hartnäckig *adj* (*Mensch*) obstiné(e) ; (*Husten*) persistant(e)
Hartz IV *f voir article*

Hartz IV fait partie des mesures Hartz prises entre 2003 et 2005, sous le gouvernement Schröder. Elles constituent une réforme du marché du travail. Le dispositif **Hartz IV** fait fusionner les indemnités du chômage et l'aide sociale et réduit ainsi les allocations chômage *Arbeitslosengeld* lors d'un chômage de longue durée.

Harz (**-es, -e**) *nt* résine *f*
Haschee (**-s, -s**) *nt* hachis *m*
haschen *vt* attraper
Haschisch (**-**) *nt od m* haschisch *m*
Hase (**-n, -n**) *m* lièvre *m*
Haselnuss *f* noisette *f*
Hasenfuß *m* poule *f* mouillée
Hasenscharte *f* bec-de-lièvre *m*
Hass (**-es**) *m* haine *f*
hassen *vt* haïr, détester ; **etw wie die Pest ~** (*fam*) ne pas pouvoir sentir qch
hässlich *adj* laid(e) ; (*gemein*) méchant(e)
Hässlichkeit *f* laideur *f*
Hast (**-**) *f* hâte *f*
hastig *adj* (*Schritte*) pressé(e) ; (*Bewegung*) nerveux(-euse)
hätscheln *vt* chouchouter ; (*zärtlich*) câliner
hatte *etc vb siehe* **haben**
Haube *f* (*Kopfbedeckung*) coiffe *f*; (*von Nonne*) cornette *f*, bonnet *m* ; (*Auto*) capot *m* ; (*Trockenhaube*) casque *m* (*séchoir*)
Hauch (**-(e)s, -e**) *m* souffle *m* ; (*leichter Duft*) vague odeur *f*; (*fig*) soupçon *m* • **hauchdünn** *adj* (*Scheiben*) très mince *od* fin(e) • **hauchen** *vi* souffler • **hauchfein** *adj* (*Schleier, Nebel*) très fin(e) ; (*Scheibe*) très mince ; (*Schokolade*) en fines lamelles
Haue *f* (*Hacke*) pioche *f*; (*fam: Schläge*) raclée *f*
hauen *irr vt* (*fam: schlagen*) frapper ; (*verprügeln*) rosser ; (*Stein*) tailler ▸ *vi* (*fam: schlagen*) frapper ; **ein Loch in etw** *Akk* **~** faire un trou dans qch ; **jdm auf die Schulter ~** taper sur l'épaule de qn
Haufen (**-s, -**) *m* tas *m* ; (*Leute*) foule *f*; **ein ~ Leute/Bücher** (*fam*) un tas de gens/bouquins ; **auf einem ~** ensemble ; **etw über den ~ werfen** chambouler qch
häufen *vt* accumuler ▸ *vr* s'accumuler
haufenweise *adv* en masse
häufig *adj* fréquent(e) ▸ *adv* fréquemment • **Häufigkeit** *f* fréquence *f*
Haupt (**-(e)s, Häupter**) *nt* (*Kopf*) tête *f*; (*Oberhaupt*) chef *m* ▸ *in zW* principal(e)
Hauptbahnhof *m* gare *f* centrale
hauptberuflich *adv* à plein temps
Hauptbuch *nt* (*Écon*) grand livre *m*
Hauptdarsteller(in) *m(f)* acteur(-trice) principal(e)
Haupteingang *m* entrée *f* principale
Hauptfach *nt* matière *f* principale
Hauptfilm *m* long métrage *m*
Hauptgeschäftszeit *f* heures *fpl* d'affluence
Hauptgewinn *m* gros lot *m*
Häuptling *m* chef *m*
Hauptmann (**-(e)s, -leute**) *m* (*Mil*) capitaine *m*
Hauptperson *f* personnage *m* principal
Hauptpostamt *nt* poste *f* centrale
Hauptquartier *nt* quartier *m* général
Hauptrolle *f* rôle *m* principal
Hauptsache *f* essentiel *m*
hauptsächlich *adv* surtout
Hauptsaison *f* haute saison *f*
Hauptsatz *m* proposition *f* principale
Hauptschlagader *f* aorte *f*
Hauptschule *f premier cycle de l'enseignement secondaire (5e à 9e année)*

La **Hauptschule** est un établissement secondaire d'enseignement général à une orientation technique. Les élèves restent cinq ans dans une **Hauptschule**, y passent un examen équivalent au Brevet des Collèges et la majorité d'entre eux commence ensuite un apprentissage.

Hauptspeicher *m* (*Inform*) mémoire *f* centrale
Hauptstadt *f* capitale *f*

Hauptstraße *f* grand-route *f*; (*in Stadt*) rue *f* principale
Hauptverkehrszeit *f* heures *fpl* de pointe
Hauptwort *nt* substantif *m*, nom *m*
Haus (**-es, Häuser**) *nt* maison *f*; (*von Schnecke*) coquille *f*; (*Théât*) salle *f*; **nach ~e** à la maison ; **zu ~e** à la maison ; **~ halten** (*sparen*) être économe ; **mit den Kräften ~ halten** ménager ses forces • **Hausapotheke** *f* pharmacie *f* • **Hausarbeit** *f* travaux *mpl* ménagers ; (*Scol*) devoirs *mpl* • **Hausarzt** *m*, **Hausärztin** *f* médecin *m* de famille • **Hausaufgabe** *f* (*Scol*) devoir *m* • **Hausbesetzer(in)** (**-s, -**) *m(f)* squatter *m* • **Hausbesetzung** *f* squat *m* • **Hausbesitzer(in)** *m(f)* propriétaire *mf* • **Hauseigentümer(in)** *m(f)* propriétaire *mf*
hausen *vi* (*wohnen*) nicher ; (*fam: wüten*) faire des dégâts
Häuserblock *m* pâté *m* de maisons
Häusermakler *m* agent *m* immobilier
Hausfrau *f* ménagère *f*, femme *f* au foyer
Hausfreund *m* ami *m* de la maison ; (*fam: Liebhaber*) ami de madame
Hausfriedensbruch *m* violation *f* de domicile
hausgemacht *adj* maison *inv*
Haushalt *m* ménage *m* ; (*Pol, Écon*) budget *m*
haus|halten *irr vi* (*sparen*) être économe
Haushälterin *f* gouvernante *f*
Haushaltsgeld *nt* argent *m* du ménage
Haushaltsgerät *nt* appareil *m* ménager
Haushaltsplan *m* budget *m*
Hausherr(in) *m(f)* maître(maîtresse) de maison ; (*Vermieter*) propriétaire *mf*
haushoch *adv*: **~ verlieren** être battu(e) à plate couture
hausieren *vi* faire du porte à porte
Hausierer (**-s, -**) *m* colporteur *m*
häuslich *adj* (*Pflichten*) familial(e) ; (*Mensch*) casanier(-ière) • **Häuslichkeit** *f* vie *f* de famille
Hausmann (**-(e)s, -männer**) *m* homme *m* au foyer
Hausmeister(in) *m(f)* concierge *mf*
Hausnummer *f* numéro *m* (*de la maison*)
Hausordnung *f* règlement *m* intérieur
Hausputz *m* nettoyage *m*
Hausratversicherung *f* assurance *f* multirisque habitation
Hausschlüssel *m* clé *f* de la maison
Hausschuh *m* pantoufle *f*
Haussuchung *f* perquisition *f*
Haustier *nt* animal *m* domestique
Haustür *f* porte *f* de la maison *od* d'entrée
Hausverwalter(in) *m(f)* gérant(e) d'immeuble(s)
Hauswirt(in) *m(f)* propriétaire *mf*
Hauswirtschaft *f* économie *f* domestique
Haut (**-, Häute**) *f* peau *f*; (*von Zwiebel*) pelure *f* • **Hautarzt** *m*, **Hautärztin** *f* dermatologue *m*
häuten *vt* (*Tier*) dépouiller ▶ *vr* (*Schlange*) muer
hauteng *adj* collant(e)
Hautfarbe *f* couleur *f* de (la) peau
Haxe *f* = **Hachse**
Hbf. *abk* = **Hauptbahnhof**
HDTV *abk* (= *high-definition television*) TVHD *f*
Headhunter(in) *m(f)* chasseur(-euse) de têtes
Hebamme *f* sage-femme *f*
Hebel (**-s, -**) *m* levier *m*
heben *irr vt* soulever ; (*Arm, Hand, Augen*) lever ; (*Niveau, Stimmung*) améliorer ▶ *vr* (*Vorhang*) se lever ; (*Wasserspiegel*) s'élever ; (*Stimmung*) s'améliorer
hecheln *vi* haleter
Hecht (**-(e)s, -e**) *m* brochet *m* ; (*Schwimmen: Hechtsprung*) plongeon *m* droit
Heck (**-(e)s, -e**) *nt* arrière *m*
Hecke *f* haie *f*
Heckenrose *f* églantine *f*
Heckenschütze *m* franc-tireur *m*
Heckklappe *f* hayon *m* (arrière)
Heckmotor *m* (*Auto*) moteur *m* à l'arrière
Heckscheibe *f* lunette *f* arrière, vitre *f* arrière
Heer (**-(e)s, -e**) *nt* armée *f*; (*Unmenge*) foule *f*
Hefe *f* levure *f*
Heft[1] (**-(e)s, -e**) *nt* (*Schreibheft*) cahier *m* ; (*Zeitschrift*) numéro *m*
Heft[2] (**-(e)s, -e**) *nt* (*von Messer*) manche *m*
heften *vt* (*befestigen*) épingler ; (*nähen*) bâtir ▶ *vr*: **sich an jds Fersen ~** ne pas lâcher qn d'une semelle ; **~ an** +*Akk* fixer à
Hefter (**-s, -**) *m* classeur *m*
heftig *adj* violent(e) ; (*Worte*) dur(e) • **Heftigkeit** *f* violence *f*
Heftklammer *f* agrafe *f*
Heftmaschine *f* agrafeuse *f*
Heftpflaster *nt* sparadrap *m*
Heftzwecke *f* punaise *f*
hegen *vt* (*Wild, Bäume*) protéger ; (*Wunsch, Misstrauen*) caresser
Hehl *m od nt*: **kein(en) ~ aus etw** *Dat* **machen** ne pas faire mystère de qch
Hehler(in) (**-s, -**) *m(f)* receleur(-euse)
Heide[1] (**-n, -n**) *m* (*Rel*) païen *m*

Heide² *f (Gebiet)* lande *f*; *(Heidekraut)* bruyère *f* • **Heidekraut** *nt* bruyère *f*
Heidelbeere *f* myrtille *f*
Heidentum *nt* paganisme *m*
Heidin *f* païenne *f*
heidnisch *adj* païen(ne)
heikel *adj* délicat(e); *(wählerisch)* difficile
heil *adj (nicht kaputt)* intact(e); *(unverletzt)* sain(e) et sauf(sauve)
Heil **(-(e)s)** *nt (Glück)* bonheur *m*; *(Rel)* salut *m*
Heiland **(-(e)s, -e)** *m* Sauveur *m*
heilbar *adj* guérissable
heilen *vt, vi* guérir
heilfroh *adj* ravi(e)
heilig *adj* saint(e); *siehe auch* **heiligsprechen** • **Heiligabend** *m* veille *f* *od* réveillon *m* de Noël
Heilige(r) *f(m)* saint(e) *m/f*
Heiligenschein *m* auréole *f*
Heiligkeit *f* sainteté *f*
heilig|sprechen *irr vt* canoniser
Heiligtum *nt (Ort)* lieu *m* saint
heillos *adj* épouvantable
Heilmittel *nt* remède *m*
Heilpraktiker(in) *m(f)* guérisseur(-euse)
heilsam *adj (fig)* salutaire
Heilsarmee *f* armée *f* du Salut
Heilung *f* guérison *f*
heim *adv* à la maison, chez moi/soi *etc*
Heim **(-(e)s, -e)** *nt* foyer *m*, chez soi *m*; *(Altersheim)* maison *f* (de retraite); *(Kinderheim)* maison pour enfants
Heimat **(-, -en)** *f (von Mensch)* patrie *f*; *(von Tier, Pflanze)* pays *m* d'origine • **Heimatland** *nt* pays *m* natal • **heimatlich** *adj* du pays; *(Gefühle)* nostalgique; *(Klänge)* qui rappelle le pays natal • **heimatlos** *adj* sans patrie • **Heimatort** *nt* lieu *m* d'origine • **Heimatvertriebene(r)** *f(m)* réfugié(e) *m/f*
heim|begleiten *vt* raccompagner
Heimcomputer *m* ordinateur *m* familial
heimelig *adj où l'on se sent chez soi*
heim|fahren *irr vi* rentrer chez soi
Heimfahrt *f* retour *m*
heim|gehen *irr vi* rentrer chez soi
heimisch *adj* régional(e), local(e); **sich ~ fühlen** se sentir chez soi
Heimkehr **(-, -en)** *f* retour *m*
heim|kehren *vi* rentrer
heimlich *adj* secret(-ète) • **Heimlichkeit** *f* secret *m*
Heimreise *f* (voyage *m* de) retour *m*
Heimspiel *nt* match *m* à domicile
heim|suchen *vt* frapper
Heimtrainer *m* home-trainer *m*
heimtückisch *adj* insidieux(-euse); *(Tat, Blick)* sournois(e)
heimwärts *adv* (vers) chez soi
Heimweg *m* (chemin *m* du) retour *m*
Heimweh *nt* mal *m* du pays
Heimwerker(in) *m(f)* bricoleur(-euse)
heim|zahlen *vt*: **jdm etw ~** se venger de qch sur qn
Heirat **(-, -en)** *f* mariage *m* • **heiraten** *vi* se marier ▸ *vt* épouser
Heiratsantrag *m* demande *f* en mariage
heiser *adj* enroué(e) • **Heiserkeit** *f* enrouement *m*
heiß *adj* chaud(e); *(Kampf, Diskussion)* acharné(e); *(leidenschaftlich)* passionné(e); *(aufreizend)* excitant(e) • **heißblütig** *adj* passionné(e), ardent(e)
heißen *irr vi (Namen haben)* s'appeler; *(lauten)* être ▸ *vt (nennen)* appeler; *(befehlen)* dire à ▸ *vi unpers*: **es heißt, dass ...** on dit que ...; **das heißt** c'est-à-dire
Heißhunger *m* faim *f* de loup
heiß|laufen *irr vi, vr* chauffer
Heißluftherd *m* four *m* à chaleur tournante
Heißwasserbereiter **(-s, -)** *m* chauffe-eau *m inv*
heiter *adj (Wetter)* clair(e); *(fröhlich)* gai(e) • **Heiterkeit** *f* gaieté *f*
heizen *vt, vi* chauffer
Heizer **(-s, -)** *m* chauffeur *m (de chaudière)*
Heizkörper *m* radiateur *m*
Heizmaterial *nt* combustible *m*
Heizöl *nt* mazout *m*
Heizpilz *m* parasol *m* chauffant
Heizung *f* chauffage *m*
Heizungsanlage *f* chauffage *m*
Hektar **(-s, -)** *nt od m* hectare *m*
hektisch *adj* fébrile
Held **(-en, -en)** *m* héros *m*
heldenhaft *adj* héroïque
helfen *irr vi +Dat* aider ▸ *vi unpers*: **es hilft nichts, du musst ...** il n'y a rien à faire, il faut que tu ...; **sich** *Dat* **zu ~ wissen** savoir s'y prendre, se débrouiller
Helfer(in) **(-s, -)** *m(f)* aide *mf*; *(Mitarbeiter)* assistant(e)
Helfershelfer *m* complice *m*
Helgoland *nt petite île rocheuse de la mer du Nord*
hell *adj* clair(e); *(fam: Aufregung, Wahnsinn, Freude)* énorme ▸ *adv (sehr)* absolument • **hellblau** *adj* bleu clair *inv* • **hellblond** *adj* blond pâle
hellhörig *adj (Wohnung)* mal insonorisé(e); **~ werden** dresser l'oreille
Helligkeit *f* clarté *f*
Hellseher(in) *m(f)* voyant(e)

hellwach *adj* bien éveillé(e)
Helm (**-(e)s, -e**) *m* casque *m*
Hemd (**-(e)s, -en**) *nt* chemise *f* ; (*Unterhemd*) gilet *m* • **Hemdbluse** *f* chemisier *m*
Hemdenknopf *m* bouton *m* de chemise
hemmen *vt* entraver ; (*Menschen*) inhiber
Hemmung *f* (*Psych*) complexe *m*
hemmungslos *adj* (*Mensch*) sans aucune retenue ; (*weinen*) sans retenue
Hengst (**-es, -e**) *m* étalon *m*
Henkel (**-s, -**) *m* anse *f*
henken *vt* pendre
Henker (**-s, -**) *m* bourreau *m*
Henne *f* poule *f*
Hepatitis (**-, Hepatitiden**) *f* hépatite *f*

SCHLÜSSELWORT

her *adv* **1** (*Richtung*): **komm her** viens ici ; **komm her zu mir** viens vers moi ; **von England her** d'Angleterre ; **von weit her** de loin ; **wo bist du her?** d'où viens-tu *od* es-tu ? ; **her damit!** donne ! ; **wo hat er das her?** où a-t-il trouvé ça ? ; **wo ist das her?** d'où est-ce que ça vient ? ; **hinter jdm her sein** (*fam*) courir après qn ; **hinter etw** *Dat* **her sein** être à la recherche de qch ; **es ist nicht weit her mit jdm/etw** qn/qch n'est vraiment pas extraordinaire
2 (*Blickpunkt*): **von der Form her** du point de vue de la forme
3 (*zeitlich*): **das ist 5 Jahre her** ça s'est passé il y a cinq ans

herab *adv*: **er kam den Hügel/die Treppe ~** il descendait la colline/l'escalier • **herab|hängen** *irr vi* pendre • **herab|lassen** *irr vr*: **sich ~, etw zu tun** s'abaisser à faire qch • **herablassend** *adj* condescendant(e) • **Herablassung** *f* attitude *f* condescendante • **herab|sehen** *irr vi*: **~ auf** *+Akk* regarder (d'en haut) ; (*fig*) regarder de haut • **herab|setzen** *vt* (*Preise*) baisser ; (*Geschwindigkeit*) réduire • **Herabsetzung** *f* (*von Preisen, Kosten*) baisse *f* • **herab|würdigen** *vt* rabaisser
heran *adv*: **näher ~!** approche-toi !, approchez-vous ! • **heran|bilden** *vt* former • **heran|fahren** *irr vi* s'approcher • **heran|kommen** *irr vi*: **(an jdn/etw) ~** s'approcher (de qn/qch) ; **alle Probleme an sich** *Akk* **~ lassen** avoir une attitude attentiste • **heran|machen** *vr*: **sich an jdn ~** entreprendre qn • **heran|wachsen** *irr vi* grandir • **heran|ziehen** *irr vt* tirer à soi ; (*Pflanzen*) cultiver ; (*Nachwuchs*) former ; (*Sachverständige*) faire appel à ; **jdn zur Hilfe/Unterstützung ~** demander l'aide/le soutien de qn
herauf *adv*: **er kam die Treppe ~** il a monté l'escalier • **herauf|beschwören** *irr vt* (*Unheil*) provoquer ; (*Erinnerung*) évoquer • **herauf|bringen** *irr vt* monter • **herauf|ziehen** *irr vt* tirer (à soi) ▸ *vi* (*Sturm, Gewitter*) se préparer ; (*nach oben umziehen*) déménager à l'étage supérieur
heraus *adv*: **~ sein** (*aus Stadt, Land etc*: *Buch, Briefmarke etc*) être sorti(e) ; (*Gesetz*) être promulgué(e) *od* publié(e) ; **aus etw ~ sein** (*überstanden haben*) avoir surmonté qch ; **es ist noch nicht ~** (*entschieden*) ce n'est pas encore décidé ; **~ damit!** donne ! ; **~ mit der Sprache!** parle ! • **heraus|arbeiten** *vt* (*Problem, Wesentliches*) souligner ; (*Arbeitszeit*) rattraper • **heraus|bekommen** *irr vt* (*Wechselgeld*) recevoir ; (*erfahren*) réussir à découvrir ; (*lösen können*) trouver la solution de • **heraus|bringen** *irr vt* sortir ; (*Geheimnis*) découvrir ; **jdn/etw ganz groß ~** faire beaucoup de battage autour de qn/qch • **heraus|finden** *irr vt* découvrir • **heraus|fordern** *vt* provoquer • **Herausforderung** *f* provocation *f* • **heraus|geben** *irr vt* (*zurückgeben*) rendre ; (*veröffentlichen*) publier • **Herausgeber(in)** *m(f)* éditeur(-trice) • **heraus|gehen** *irr vi*: **aus sich ~** sortir de sa coquille • **heraus|halten** *irr vr*: **sich aus etw ~** ne pas se mêler de qch • **heraus|holen** *vt* sortir ; (*Ergebnis*) arriver à obtenir ; (*Sieg*) remporter • **heraus|kommen** *irr vi* sortir ; (*Gesetz*) être publié(e) *od* promulgué(e) • **heraus|nehmen** *irr vt* (*entfernen*) sortir • **heraus|reißen** *irr vt* arracher • **heraus|rücken** *vt*: **Geld ~** casquer ▸ *vi*: **mit etw ~** (*sagen*) révéler *od* dire qch • **heraus|rutschen** *vi*: **das ist mir leider herausgerutscht!** ça m'a échappé ! • **heraus|schlagen** *irr vt* (*Nagel*) arracher ; (*Staub*) enlever ; (*fam*: *Vorteile, Geld*) se procurer • **heraus|stellen** *vr* (*sich zeigen*) s'avérer ; **sich als etw ~** se révéler qch • **heraus|wachsen** *irr vi* (*aus Kleidern*) devenir trop grand(e) pour, ne plus pouvoir mettre • **heraus|ziehen** *irr vt* tirer ; (*Zahn*) arracher ; (*Splitter*) enlever
herb *adj* (*Geschmack, Duft*) âcre ; (*Wein*) sec (sèche) ; (*Enttäuschung*) amer(-ère) ; (*Verlust*) douloureux(-euse) ; (*Worte, Kritik*) acerbe ; (*Gesicht, Schönheit*) austère
herbei *adv* ici
Herberge *f* auberge *f*

Herbergsmutter *f* mère *f* aubergiste
Herbergsvater *m* père *m* aubergiste
her|bitten *irr vt* inviter
her|bringen *irr vt* apporter ; (*jdn*) amener
Herbst (**-(e)s, -e**) *m* automne *m*
• **herbstlich** *adj* automnal(e)
• **Herbstzeitlose** *f* colchique *m*
Herd (**-(e)s, -e**) *m* cuisinière *f*
Herde *f* troupeau *m*
herein *adv*: **er kam ins Zimmer ~** il est entré dans la pièce ; **~!** entrez !
• **herein|bitten** *irr vt* prier d'entrer
• **herein|brechen** *irr vi* (*Krieg*) éclater ; **die Dunkelheit brach herein** la nuit est tombée ; **über jdn ~** s'abattre sur qn
• **herein|bringen** *irr vt* apporter ; (*jdn*) amener • **herein|fallen** (*fam*) *irr vi* (*getäuscht werden*) se faire avoir ; **auf jdn/etw ~** être dupé(e) par qn/qch
• **herein|kommen** *irr vi* entrer
• **herein|lassen** *irr vt* laisser entrer
• **herein|legen** (*fam*) *vt* (*betrügen*) rouler
• **herein|platzen** *vi* arriver à l'improviste
Herfahrt *f* trajet *m*
her|fallen *irr vi*: **über etw** *Akk* **~** se précipiter sur qch ; **über jdn ~** se jeter sur qn
Hergang *m* déroulement *m* des faits
her|geben *irr vt* (*übergeben*) donner ; (*zurückgeben*) rendre ; **sich zu etw ~** prêter son nom à qch
hergebracht *adj*: **in ~er Weise** selon la coutume
her|gehen *irr vi*: **hinter jdm ~** suivre qn ; **es geht hoch/laut her** il y a de l'ambiance/du bruit
her|halten *irr vt* tendre, rapprocher ▶ *vi*: **(für jdn/etw) ~ müssen** payer (pour qn/qch)
her|hören *vi* écouter
Hering (**-s, -e**) *m* hareng *m*
her|kommen *irr vi* (*näher kommen*) s'approcher ; (*herrühren*) venir
herkömmlich *adj* conventionnel(le)
Herkunft (**-, -künfte**) *f* origine *f*
her|laufen *irr vi*: **hinter/neben jdm ~** suivre/accompagner qn
her|leiten *vt* (*Rechte etc*) faire découler
her|machen *vr*: **sich über jdn/etw ~** attaquer qn/qch
hermetisch *adj* hermétique
Heroin (**-s**) *nt* héroïne *f*
heroisch *adj* héroïque
Herr (**-(e)n, -en**) *m* (*Herrscher*) seigneur *m* ; (*Mann*) monsieur *m* ; (*Rel*) Seigneur *m* ; (*vor Namen*) Monsieur ; **meine ~en!** Messieurs !
Herrenbekanntschaft *f* ami *m*
Herrendoppel *nt* double *m* messieurs
Herreneinzel *nt* simple *m* messieurs
Herrenhaus *nt* maison *f* de maître
herrenlos *adj* sans maître
her|richten *vt* (*Essen, Kleid*) préparer ; (*Bett*) faire
Herrin *f* maîtresse *f*
herrisch *adj* autoritaire
herrlich *adj* merveilleux(-euse)
Herrlichkeit *f* splendeur *f*
Herrschaft *f* pouvoir *m* ; (*Herr und Herrin*) maîtres *mpl* ; **meine ~en!** Mesdames et Messieurs !
herrschen *vi* régner
Herrscher(in) (**-s, -**) *m(f)* souverain(e)
her|rühren *vi*: **von etw ~** provenir de qch
her|stellen *vt* fabriquer
Hersteller(in) (**-s, -**) *m(f)* fabricant(e), producteur(trice)
Herstellung *f* fabrication *f*, production *f*
Herstellungskosten *f* frais *mpl* de production
herüber *adv*: **hier ~, bitte!** par ici, je vous prie !
herum *adv*: **um etw ~** autour de qch
• **herum|ärgern** *vr* s'énerver
• **herum|führen** *vt*: **jdn in der Stadt ~** faire faire le tour de la ville *od* un tour de ville à qn ▶ *vi*: **die Autobahn führt um die Stadt herum** l'autoroute contourne la ville • **herum|gehen** *irr vi* (*auf und ab gehen*) faire les cent pas ; (*vergehen*) passer ; **um etw ~** faire le tour de qch ; **etw ~ lassen** faire passer qch
• **herum|irren** *vi* errer • **herum|kommen** *irr vi* (*vermeiden*) arriver à éviter ; **viel/wenig ~** voir beaucoup/peu de monde
• **herum|kriegen** (*fam*) *vt* (*überreden*) convaincre • **herum|lungern** *vi* traînasser • **herum|sprechen** *irr vr* s'ébruiter • **herum|treiben** *irr vr* se traîner • **herum|werfen** *irr vt* (*Gegenstände*) lancer ; (*Kopf*) tourner brusquement ; (*Steuer*) donner un brusque coup de ; (*Hebel*) tirer brusquement • **herum|ziehen** *irr vi* se déplacer
herunter *adv*: **~ (mit euch)!** descendez ! ; **vom Himmel ~** du (haut du) ciel
• **heruntergekommen** *adj* (*Mensch*) dans un triste état ; (*Haus*) délabré(e)
• **herunter|kommen** *irr vi* descendre ; (*gesundheitlich*) s'affaiblir ; (*moralisch*) se laisser aller ; (*Firma*) péricliter
• **herunterladbar** *adj* (*Inform*) téléchargeable • **herunter|laden** *irr vt* (*Inform*) télécharger
hervor|bringen *irr vt* produire

h

hervor|gehen *irr vi* (*als Sieger*) sortir ; (*als Resultat*) résulter ; **aus dem Brief/daraus geht hervor, dass ...** il ressort de cette lettre/il en ressort que ...
hervor|heben *irr vt* souligner
hervorragend *adj* (*ausgezeichnet*) excellent(e)
hervor|rufen *irr vt* (*bewirken*) provoquer
hervor|treten *irr vi* sortir ; (*Adern*) saillir
hervor|tun *irr vr*: **sich mit etw ~** se distinguer par qch
Herz (**-ens, -en**) *nt* cœur *m* • **Herzanfall** *m* crise *f* cardiaque
Herzenslust *f*: **nach ~** à cœur joie
Herzfehler *m* malformation *f* cardiaque
herzhaft *adj* (*Essen*) nourrissant(e) ; (*Lachen*) joyeux(-euse)
Herzinfarkt *m* infarctus *m* (du myocarde)
Herzklopfen *nt* palpitations *fpl*
herzkrank *adj* cardiaque
herzlich *adj* chaleureux(-euse) ; **~en Glückwunsch!** tous mes vœux ! ; **~e Grüße** amitiés
Herzlichkeit *f* gentillesse *f*
herzlos *adj* sans cœur
Herzog(in) (**-(e)s, ¨-e**) *m(f)* duc(duchesse)
herzoglich *adj* ducal(e)
Herzogtum *nt* duché *m*
Herzschlag *m* battement *m* de cœur ; (*Méd*) rythme *m* cardiaque
Herzschrittmacher *m* stimulateur *m* cardiaque
herzzerreißend *adv* à fendre l'âme
Hessen (**-s**) *nt* (*Géo*) la Hesse
heterogen *adj* hétérogène
heterosexuell *adj* hétérosexuel(le)
Heterosexuelle(r) *f(m)* hétérosexuel(le) *m/f*
Hetze *f* (*Eile*) hâte *f*, précipitation *f* ; (*Verleumdung*) campagne *f* de calomnie
hetzen *vt* (*jagen*) traquer ▸ *vr* (*sich eilen*) se dépêcher
Hetzerei *f* = **Hetze**
Heu (**-(e)s**) *nt* foin *m* • **Heuboden** *m* grenier *m* à foin
Heuchelei *f* hypocrisie *f*
heucheln *vt* simuler, feindre ▸ *vi* être hypocrite
Heuchler(in) (**-s, -**) *m(f)* hypocrite *mf* • **heuchlerisch** *adj* hypocrite
heuer (*Südd, Österr, Schweiz*) *adv* cette année
Heugabel *f* fourche *f* à foin
heulen *vi* hurler ; **das ~de Elend bekommen** avoir le cafard
heurig (*Südd, Österr, Schweiz*) *adj* de cette année
Heuschnupfen *m* rhume *m* des foins
Heuschrecke *f* sauterelle *f*
heute *adv* aujourd'hui ; **~ Abend** ce soir ; **~ früh** *od* **Morgen** ce matin
heutig *adj* d'aujourd'hui ; (*Problem*) actuel(le)
heutzutage *adv* de nos jours
Hexe *f* sorcière *f*
hexen *vi* avoir des pouvoirs magiques ; **ich kann doch nicht ~!** je ne peux pas faire de miracles !
Hexenmeister *m* sorcier *m*
Hexenschuss *m* (*Méd*) lumbago *m*
Hexerei *f* sorcellerie *f*
hieb *etc vb siehe* **hauen**
Hieb (**-(e)s, -e**) *m* coup *m*
hielt *etc vb siehe* **halten**
hier *adv* ici
hierauf *adv* là-dessus
hier|behalten *irr vt* garder
hierbei *adv* ce faisant ; **~ handelt es sich um ...** il s'agit (ici) de ...
hier|bleiben *irr vi* rester (ici)
hierdurch *adv* ainsi ; (*örtlich*) par ici
hierher *adv* ici
hier|lassen *irr vt* laisser ici
hiermit *adv* avec cela
hiernach *adv* (*später*) plus tard ; (*folglich*) en conséquence
hiervon *adv* de cela
hierzulande, hier zu Lande *adv* par ici
hiesig *adj* d'ici
hieß *etc vb siehe* **heißen**
Hi-Fi-Anlage *f* chaîne *f* hi-fi
Hilfe *f* aide *f*; **Erste ~** premiers secours *mpl od* soins *mpl* ; **~!** à l'aide ! • **Hilfeleistung** *f* assistance *f*; **unterlassene ~** (*Jur*) non-assistance *f* à personne en danger
hilflos *adj* perdu(e)
Hilflosigkeit *f* air *m* perdu
hilfreich *adj* serviable
Hilfsaktion *f* opération *f* de secours
Hilfsarbeiter(in) *m(f)* ouvrier(-ière) spécialisé(e)
hilfsbedürftig *adj* (*schwach*) invalide ; (*Not leidend*) dans le besoin
hilfsbereit *adj* serviable
Hilfskraft *f* assistant(e) *m/f*
Hilfsorganisation *f* organisation *f* humanitaire
Himbeere *f* framboise *f*
Himmel (**-s, -**) *m* ciel *m* • **himmelangst** *adj*: **es ist mir ~** j'ai des sueurs froides • **himmelblau** *adj* bleu(e) ciel
Himmelfahrt *f* Ascension *f*
himmelschreiend *adj* (*Ungerechtigkeit*) criant(e) ; (*Dummheit*) consternant(e)

Himmelsrichtung *f* direction *f*; **die vier ~en** les quatre points *mpl* cardinaux
himmlisch *adj* céleste, divin(e)

SCHLÜSSELWORT

hin *adv* **1** (*räumlich*): **bis zur Mauer hin** jusqu'au mur ; **nach Westen hin** vers l'ouest ; **geh doch zu ihr hin** va vers elle ; **er summte eine Melodie vor sich hin** il fredonnait une mélodie ; **wo ist er hin?** (*fam*) où est-il passé ? ; **einmal Basel, hin und zurück** Bâle, aller (et) retour ; **hin und her gehen** faire les cent pas ; **etw hin und her überlegen** tourner et retourner qch dans son esprit ; **hin und wieder** de temps en temps ; **Regen hin, Regen her** qu'il pleuve ou non
2: **auf ... hin**: **auf meine Bitte hin** à ma demande ; **auf seinen Rat hin** sur son conseil ; **auf meinen Brief hin** suite à ma lettre ; **nichts wie hin!** (*fam*) allons-y ! ; **nach außen hin** (*fig*) en apparence
3: **hin sein** (*fam*: *kaputt sein*) être fichu(e) ; **mein Glück ist hin** c'en est fait de mon bonheur

hinab|gehen *irr vi* descendre
hinab|sehen *irr vi* regarder (vers le bas)
hinauf *adv* vers le haut • **hinauf|arbeiten** *vr* gravir les échelons (de la hiérarchie) • **hinauf|steigen** *irr vi* monter
hinaus *adv* dehors ; **~ mit dir!** dehors ! • **hinaus|befördern** *vt*: **jdn (zur Tür) ~** jeter qn dehors • **hinaus|gehen** *irr vi* sortir ; **das geht über meine Kräfte hinaus** c'est au-delà de mes forces • **hinaus|laufen** *irr vi* sortir ; **~ auf** +*Akk* (*fig*) revenir à • **hinaus|schieben** *irr vt* remettre • **hinaus|werfen** *irr vt* (*Gegenstand*) jeter (dehors) ; (*Person*) mettre dehors *od* à la porte • **hinaus|wollen** *irr vi* vouloir sortir ; **worauf wollen Sie damit hinaus?** où voulez-vous en venir ? • **hinaus|ziehen** *irr vt* faire durer ▸ *vr* (ne cesser d')être remis(e)
Hinblick *m*: **in** *od* **im ~ auf** +*Akk* eu égard à
hinderlich *adj*: **einer Sache** *Dat* **~ sein** faire obstacle à qch
hindern *vt* gêner ; **jdn an etw** *Dat* **~** empêcher qn de faire qch
Hindernis *nt* obstacle *m*
hin|deuten *vi*: **auf etw** *Akk* **~** (*schließen lassen*) indiquer
Hinduismus *m* hindouisme *m*
hindurch *adv*: **durch den Wald ~** à travers la forêt ; **die ganze Nacht ~** toute la nuit
hinein *adv*: **in etw** *Akk* **~** dans qch ; **bis in die Nacht ~** jusqu'à la tombée de la nuit • **hinein|fallen** *irr vi*: **in etw** *Akk* **~** tomber dans qch • **hinein|gehen** *irr vi*: **~ in** +*Akk* entrer dans • **hinein|passen** *vi* entrer, aller • **hinein|reden** *vi*: **jdm in etw** *Akk* **~** donner des conseils à qn au sujet de qch • **hinein|stecken** *vt* (*Schlüssel*) mettre ; (*investieren*) consacrer • **hinein|steigern** *vr*: **sich in eine Hysterie ~** devenir complètement hystérique ; **sich in ein Problem ~** être accaparé(e) par un problème • **hinein|versetzen** *vr*: **sich in jds Lage** *od* **jdn ~** se mettre à la place de qn
hin|fahren *irr vi* (*mit Fahrzeug*) se rendre ▸ *vt* conduire
Hinfahrt *f* aller *m*
hin|fallen *irr vi* tomber
hinfällig *adj* (*Mensch*) frêle, invalide ; (*Argument*) non valable ; (*Pläne*) tombé(e) à l'eau
Hinflug *m* aller *m*
hing *etc vb siehe* **hängen**
Hingabe *f* dévouement *m*
hingegen *konj* par contre
hin|gehen *irr vi* (*Mensch*) y aller
Hingucker (**-s, -**) *m personne ou chose qui attire le regard*
hin|halten *irr vt* (*Gegenstand*) tendre ; (*vertrösten, warten lassen*) faire attendre
hinken *vi* (*Mensch*) boiter ; (*Vergleich*) être boiteux(-euse)
hin|kommen *irr vi* (*an Ort*) y arriver ; **wo ist das hingekommen?** où diable est-il/elle ? ; **wo kämen wir da hin?** ce serait un comble ! ; **mit den Vorräten ~** avoir suffisamment de provisions
hinlänglich *adv* suffisamment
hin|legen *vt* (*aus der Hand legen*) poser ; (*Person*) coucher ; (*bezahlen*) sortir ▸ *vr* se coucher
hin|nehmen *irr vt* (*fig*) accepter
Hinreise *f* aller *m*
hin|reißen *irr vt* (*begeistern*) enthousiasmer ; **sich ~ lassen, etw zu tun** se laisser entraîner à faire qch
hin|richten *vt* exécuter
Hinrichtung *f* exécution *f*
hin|setzen *vr* s'asseoir
hinsichtlich *präp* +*Gen* en ce qui concerne
Hinspiel *nt* match *m* aller
hin|stellen *vt* poser, mettre ▸ *vr* se mettre ; **jdn/etw als etw ~** présenter qn/qch comme qch
hintan|stellen *vt* mettre au second plan

hinten *adv* derrière ; (*am Ende*) à la fin ; **das reicht ~ und vorn nicht** cela ne suffit en aucun cas • **hintenherum** *adv* par derrière
hinter *präp +Dat* derrière ; (*nach*) après ▶ *präp +Akk* derrière ; **etw ~ sich** *Dat* **haben** avoir qch derrière soi ; **etw ~ sich** *Akk* **bringen** se débarrasser une bonne fois pour toutes de qch ; **~ die Wahrheit/ein Geheimnis kommen** découvrir la vérité/un secret • **Hinterachse** *f* essieu *m* arrière • **Hinterbliebene(r)** *f(m)*: **die ~n** la famille du défunt
hintere(r, s) *adj* (*an der Rückseite*) arrière *inv* ; (*am Ende*) dernier(-ière)
hintereinander *adv* (*räumlich*) l'un(e) derrière l'autre ; (*zeitlich*) l'un(e) après l'autre
Hintergedanke *m* arrière-pensée *f*
hintergehen *irr vt insép* tromper
Hintergrund *m* fond *m* ; (*von Bühne*) arrière-plan *m* ; (*Zusammenhang*) antécédents *mpl* • **hintergrundbeleuchtet** *adj* rétroéclairé(e)
Hinterhalt *m* embuscade *f*
hinterhältig *adj* sournois(e)
hinterher *adv* (*hinter jdm*) derrière ; (*danach*) ensuite
Hinterhof *m* arrière-cour *f*
Hinterkopf *m* occiput *m*
hinterlassen *irr vt insép* laisser ; (*nach Tod*) léguer
Hinterlassenschaft *f* héritage *m*
hinterlegen *vt insép* déposer
Hinterlist *f* ruse *f*
hinterlistig *adj* trompeur(-euse), sournois(e)
Hintermann (**-(e)s, -männer**) *m* instigateur *m* ; **mein ~** la personne derrière moi
Hintern (**-s, -**) *m* postérieur *m*
Hinterrad *nt* roue *f* arrière
Hinterradantrieb *m* roues *fpl* arrière motrices
hinterrücks *adv* par derrière
Hinterteil *nt* postérieur *m*
Hintertreffen *nt*: **ins ~ kommen** être en perte de vitesse
hintertreiben *irr vt* faire échouer
Hintertür *f* (*fig*) porte *f* de sortie
hinterziehen *irr vt insép*: **Steuern ~** frauder le fisc
hinüber *adv* de l'autre côté • **hinüber|gehen** *irr vi*: **~ über** *+Akk* (*Straße*) traverser ; **ich geh schnell mal hinüber** j'y vais deux minutes
hinunter *adv*: **jdn bis ~ begleiten** accompagner qn jusqu'en bas • **hinunter|bringen** *irr vt* descendre • **hinunter|schlucken** *vt* avaler • **hinunter|steigen** *irr vi* descendre
Hinweg *m* aller *m*
hinweg|helfen *irr vi*: **jdm über etw** *Akk* **~** aider qn à surmonter qch
hinweg|setzen *vr*: **sich ~ über** *+Akk* passer outre à
Hinweis (**-es, -e**) *m* indication *f* ; (*Anhaltspunkt*) indice *m*
hin|weisen *irr vi*: **auf etw** *Akk* **~** (*zeigen*) indiquer qch ▶ *vt*: **jdn auf etw** *Akk* **~** (*aufmerksam machen*) attirer l'attention de qn sur qch
hin|ziehen *irr vr* (*lange dauern*) traîner en longueur ; (*sich erstrecken*) s'étendre
hinzu *adv* en plus • **hinzu|fügen** *vt* ajouter • **hinzu|kommen** *irr vi* (*Mensch*) s'y joindre ; (*Umstand*) s'y ajouter • **hinzu|ziehen** *irr vt* faire appel à
Hirn (**-(e)s, -e**) *nt* cerveau *m* ; (*Culin*) cervelle *f* • **Hirngespinst** *nt* chimère *f* • **hirnverbrannt** *adj* complètement fou(folle)
Hirsch (**-(e)s, -e**) *m* cerf *m*
Hirse *f* millet *m*
Hirt(in) (**-en, -en**) *m(f)* berger(-ère)
hissen *vt* hisser
Historiker(in) (**-s, -**) *m(f)* historien(ne)
historisch *adj* historique
Hit (**-s, -s**) *m* (*Mus*) tube *m* ; (*fig*) (gros) succès *m* • **Hitparade** *f* hit-parade *m*
Hitze (-) *f* chaleur *f* • **hitzebeständig** *adj* résistant(e) à la chaleur • **Hitzefrei** *nt*: **~ haben** avoir congé à cause de la canicule • **Hitzewelle** *f* vague *f* de chaleur
hitzig *adj* (*Mensch, Temperament*) fougueux(-euse) ; (*Debatte*) houleux(-euse)
Hitzkopf *m* tête *f* brûlée
Hitzschlag *m* coup *m* de chaleur
HIV (**-(s), -(s)**) *nt abk* (= *Human Immunodeficiency Virus*) HIV *m*
HIV-negativ *adj* séronégatif(-ive)
HIV-positiv *adj* séropositif(-ive)
H-Milch *f* lait *m* longue conservation *od* UHT
hob *etc vb siehe* **heben**
Hobby (**-s, -s**) *nt* hobby *m*
Hobel (**-s, -**) *m* rabot *m* • **Hobelbank** *f* établi *m*
hobeln *vt* (*Holz*) raboter ; (*Gurken etc*) couper en tranches
Hobelspäne *pl* copeaux *mpl*
hoch (*attrib* **hohe(r, s)**) *adj* haut(e) ; (*Preis, Besucherzahl, Gewicht*) élevé(e) ; (*Fieber*) fort(e) ; (*Offizier*) supérieur(e) ; (*Bildung*)

grand(e) ▶ *adv* haut ; (*sehr*) très ; **~ dotiert** bien rémunéré(e) ; **das ist mir zu ~** (*fam*) ça me dépasse ; **Hände ~!** haut les mains ! ; **Kopf ~!** courage ! ; **acht Mann ~** à huit
Hoch (**-s, -s**) *nt* (*Ruf*) vivat *m* ; (*Météo*) anticyclone *m*
Hochachtung *f* considération *f*
hochachtungsvoll *adv* (*Briefschluss*) veuillez agréer, Monsieur/Madame, mes salutations distinguées
Hochamt *nt* grand-messe *f*
hoch|arbeiten *vr* réussir à force de travail
hochbegabt *adj* extrêmement doué(e)
hochbetagt *adj* très âgé(e)
Hochbetrieb *m* activité *f* intense
hoch|bringen *irr vt* monter
Hochburg *f* (*fig*) fief *m*
Hochdeutsch *nt* haut allemand *m*
Hochdruck *m* (*Météo*) haute pression *f*
Hochebene *f* haut plateau *m*
hoch|fahren *irr vi* (*erschreckt*) sursauter ▶ *vt* (*Inform*) amorcer, initialiser
hochfliegend *adj* (*fig*) ambitieux(-euse)
Hochform *f* pleine forme *f*
Hochgebirge *nt* haute montagne *f*
hochgradig *adj* extrême
hoch|halten *irr vt* tenir en l'air ; (*fig*) tenir en haute estime
Hochhaus *nt* tour *f* (d'habitation)
hoch|heben *irr vt* soulever
Hochkonjunktur *f* boom *m*
hoch|laden *irr vt* (*Inform*) télécharger
Hochland *nt* régions *fpl* montagneuses
hoch|leben *vi*: **jdn ~ lassen** porter un toast à la santé de qn
Hochleistungssport *m* sport *m* de haut niveau
Hochmut *m* arrogance *f*
hochmütig *adj* arrogant(e)
hochnäsig *adj* prétentieux(-euse)
Hochofen *m* haut-fourneau *m*
hochprozentig *adj* (*Alkohol*) fort(e)
Hochrechnung *f* extrapolation *f*
Hochsaison *f* haute saison *f*
Hochschätzung *f* haute estime *f*
Hochschulabschluss *m* diplôme *m* de fin d'études supérieures
Hochschule *f* établissement *m* d'enseignement supérieur
hochschwanger *adj* en état de grossesse avancée
Hochsicherheitstrakt *m* bâtiment *m* de haute sécurité
Hochsommer *m* plein été *m*
Hochspannung *f* haute tension *f*
Hochspannungsleitung *f* ligne *f* à haute tension
hoch|springen *irr vi* sauter
Hochsprung *m* saut *m* en hauteur
höchst *adv* extrêmement
Hochstapler (**-s, -**) *m* imposteur *m*
höchste(r, s) *adj* le(la) plus haut(e) ; **aufs H~ erstaunt/erfreut** extrêmement étonné(e)/content(e)
höchstens *adv* (tout) au plus, au maximum
Höchstform *f*: **in ~** au top de sa *etc* forme
Höchstgeschwindigkeit *f* vitesse *f* maximum *od* maximale
höchstpersönlich *adv* en personne
Höchstpreis *m* prix *m* maximum
höchstwahrscheinlich *adv* (très) vraisemblablement
hochtrabend *adj* pompeux(-euse)
Hochverrat *m* haute trahison *f*
Hochwasser *nt* (*Flut*) marée *f* haute ; (*Überschwemmung*) inondation *f*
hochwertig *adj* de très bonne qualité
Hochzahl *f* exposant *m*
Hochzeit (**-, -en**) *f* mariage *m* • **Hochzeitsreise** *f* voyage *m* de noces
Hocke *f* (*Stellung*) position *f* accroupie ; (*Sport*) saut *m* fléchi
hocken *vi* être accroupi(e)
Hocker (**-s, -**) *m* tabouret *m*
Höcker (**-s, -**) *m* bosse *f*
Hockey (**-s**) *nt* hockey *m*
Hoden (**-s, -**) *m* testicule *m*
Hof (**-(e)s, ¨-e**) *m* cour *f* ; (*von Mond*) halo *m*
hoffen *vi, vt* espérer ; **auf jdn/etw ~** compter sur qn/qch
hoffentlich *adv*: **~ regnet es morgen** j'espère qu'il pleuvra demain
Hoffnung *f* espoir *m*
hoffnungslos *adj* désespéré(e)
Hoffnungslosigkeit *f* caractère *m* désespéré
Hoffnungsschimmer *m* lueur *f* d'espoir
hoffnungsvoll *adj* plein(e) d'espoir
höflich *adj* poli(e) • **Höflichkeit** *f* politesse *f*
hohe(r, s) *adj attrib siehe* **hoch**
Höhe *f* hauteur *f* ; (*von Mieten, Gehalt, Preisen*) montant *m*
Hoheit *f* (*Pol*) souveraineté *f* ; (*Titel*) altesse *f*
Hoheitsgebiet *nt* territoire *m* national
Hoheitsgewässer *pl* eaux *fpl* territoriales
Hoheitszeichen *nt* emblème *m* national
Höhenangabe *f* indication *f* de l'altitude ; (*auf Karte*) cote *f*
Höhenmesser (**-s, -**) *m* altimètre *m*
Höhensonne *f* lampe *f* à rayons ultraviolets

Höhenunterschied *m* différence *f* d'altitude
Höhenzug *m* chaîne *f* de montagnes
Höhepunkt *m* apogée *m*
höher *adj* plus haut(e) ▶ *adv* plus haut
hohl *adj* creux(-euse)
Höhle *f* grotte *f*, caverne *f*; (*Zool*, *fig*) antre *m*, tanière *f*
Hohlmaß *nt* mesure *f* de capacité
Hohn (**-(e)s**) *m* dérision *f*
höhnen *vt*, *vi* railler
höhnisch *adj* méprisant(e)
holen *vt* aller chercher ; **Atem** *od* **Luft ~** reprendre son souffle ; **sich** *Dat* **Rat/Hilfe/Erlaubnis ~** demander conseil/de l'aide/la permission ; **sich** *Dat* **eine Lungenentzündung ~** attraper une pneumonie ; **jdn/etw ~ lassen** envoyer chercher qn/qch
Holland *nt* la Hollande
Holländer(in) *m(f)* Hollandais(e)
holländisch *adj* hollandais(e)
Hölle *f* enfer *m*
höllisch *adj* infernal(e)
Holocaust (**-(s), -s**) *m* holocauste *m*
Hologramm (**-s, -e**) *nt* hologramme *m*
holperig *adj* cahoteux(-euse) ; (*Vortrag*) hésitant(e)
holpern *vi* (*Wagen*, *Rad*) cahoter
Holunder (**-s, -**) *m* sureau *m*
Holz (**-es, ¨-er**) *nt* bois *m*
hölzern *adj* en bois ; (*fig*) gauche
Holzfäller (**-s, -**) *m* bûcheron *m*
holzig *adj* (*Spargel*) filandreux(-euse)
Holzklotz *m* billot *m* ; (*Spielzeug*) cube *m* en bois
Holzkohle *f* charbon *m* de bois
Holzscheit *nt* bûche *f*
Holzschuh *m* sabot *m*
Holzweg *m*: **auf dem ~ sein** se tromper
Holzwolle *f* copeaux *mpl* de bois
Holzwurm *m* ver *m* du bois
Homeoffice, Home-Office (-) *nt* home office *m*
Homepage *f* page *f* d'accueil
Homöopathie *f* homéopathie *f*
homöopathisch *adj* homéopathique
Homosexualität *f* homosexualité *f*
homosexuell *adj* homosexuel(le)
Homosexuelle(r) *f(m)* homosexuel(le) *m/f*
Honig (**-s, -e**) *m* miel *m* • **Honigmelone** *f* melon *m* d'hiver *od* d'Antibes • **Honigwabe** *f* rayon *m* de miel
Honorar (**-s, -e**) *nt* honoraires *mpl*
honorieren *vt* (*bezahlen*) rétribuer ; (*anerkennen*) honorer
Hopfen (**-s, -**) *m* houblon *m*
hopsen *vi* sautiller
hörbar *adj* audible
horchen *vi* écouter
Horde *f* horde *f*
hören *vt* entendre ; (*anhören*, *reden lassen*) écouter ▶ *vi* entendre ; (*erfahren*) apprendre ; **auf jdn/etw ~** écouter qn/qch ; **von jdm ~** avoir des nouvelles de qn • **Hörensagen** *nt*: **vom ~** par ouï-dire
Hörer(in) (**-s, -**) *m(f)* (*Zuhörer*, *Rundf*) auditeur(-trice) ▶ *m* (*Telefonhörer*) écouteur *m*
Hörgerät *nt*, *f* appareil *m* acoustique
Horizont (**-(e)s, -e**) *m* horizon *m*
horizontal *adj* horizontal(e)
Hormon (**-s, -e**) *nt* hormone *f*
Horn (**-(e)s, ¨-er**) *nt* corne *f*; (*Mus*) cor *m*
Hornhaut *f* callosité *f*
Hornisse *f* frelon *m*
Horoskop (**-s, -e**) *nt* horoscope *m*
Hörrohr *nt* (*Méd*) stéthoscope *m*
Horror *m*: **einen ~ vor jdm/etw haben** avoir horreur de qn/qch
Horrorfilm *m* film *m* d'horreur
Hörsaal *m* amphithéâtre *m*
Hörspiel *nt* pièce *f* radiophonique
Hort (**-(e)s, -e**) *m* (*Scol*) garderie *f* • **horten** *vt* stocker, amasser
Hose *f* pantalon *m* ; (*Unterhose*) slip *m* ; **in die ~ gehen** (*fam*) foirer
Hosenanzug *m* tailleur-pantalon *m*
Hosenrock *m* jupe-culotte *f*
Hosentasche *f* poche *f* de pantalon
Hosenträger *pl* bretelles *fpl*
Hostie *f* hostie *f*
Hotel (**-s, -s**) *nt* hôtel *m*
Hotelier (**-s, -s**) *m* hôtelier *m*
Hotline (**-, -s**) *f* hotline *f*
Hotspot (**-s, -s**) *m* borne *f* wifi, hotspot *m*
HTML (-) *nt abk* (= *Hypertext Markup Language*) HTML *m*
Hub (**-(e)s, ¨-e**) *m* (*Tech*) course *f*
hüben *adv*: **~ und drüben** des deux côtés
Hubraum *m*: **ein Auto mit 1600 cm3 ~** une voiture de 1600 cm3 de cylindrée
hübsch *adj* joli(e)
Hubschrauber (**-s, -**) *m* hélicoptère *m*
Huf (**-(e)s, -e**) *m* sabot *m* • **Hufeisen** *nt* fer *m* à cheval
Hüfte *f* hanche *f*
Hüfthalter *m* gaine *f*
Hügel (**-s, -**) *m* colline *f*; (*Erdhügel*) monticule *m*
hügelig *adj* vallonné(e)
Huhn (**-(e)s, ¨-er**) *nt* poule *f*
Hühnerauge *nt* cor *m* (au pied)
Hühnerbrühe *f* bouillon *m* de poule

Hülle *f* enveloppe *f*; **in ~ und Fülle** en abondance
hüllen *vt*: **~ in** *+Akk* envelopper dans
Hülse *f* (*von Pflanze, Erbse etc*) gousse *f*; (*von Geschoss*) douille *f*; (*Behälter, Etui*) étui *m*
Hülsenfrucht *f* légumineuse *f*
human *adj* humain(e)
humanitär *adj* humanitaire
Humanität *f* humanité *f*
Hummel (**-, -n**) *f* bourdon *m*
Hummer (**-s, -**) *m* homard *m*
Humor (**-s, -e**) *m* humour *m*
• **Humorist(in)** *m(f)* humoriste *mf*
• **humoristisch** *adj* humoristique
• **humorlos** *adj* sans humour
• **humorvoll** *adj* plein(e) d'humour
humpeln *vi* boiter
Humpen (**-s, -**) *m* hanap *m*
Hund (**-(e)s, -e**) *m* chien *m*
Hundehütte *f* niche *f*
Hundekuchen *m* biscuit *m* pour chien
hundemüde (*fam*) *adj* crevé(e)
hundert *num* cent
Hundertjahrfeier *f* centenaire *m*
hundertmal *adv* cent fois
hundertprozentig *adj* à cent pour cent
Hündin *f* chienne *f*
Hunger (**-s**) *m* faim *f*; **~ haben** avoir faim
• **Hungerlohn** *m* salaire *m* de misère
hungern *vi* souffrir de la faim ; **nach etw ~** avoir soif de qch
Hungersnot *f* famine *f*
Hungerstreik *m* grève *f* de la faim
hungrig *adj* affamé(e)
Hupe *f* klaxon *m*
hupen *vi* klaxonner
Hüpfburg *f château en structure gonflable pour enfants*
hüpfen *vi* sautiller
Hürde *f* (*Sport*) haie *f*; (*fig*) obstacle *m*
Hürdenlauf *m* course *f* de haies
Hure *f* putain *f*
huschen *vi* passer furtivement
husten *vi* tousser • **Husten** (**-s**) *m* toux *f*
• **Hustenanfall** *m* quinte *f* de toux
• **Hustenbonbon** *nt od m* pastille *f* contre la toux • **Hustensaft** *m* sirop *m* contre la toux
Hut[1] (**-(e)s, ⸚e**) *m* chapeau *m*
Hut[2] (-) *f* garde *f*; **vor etw** *Dat* **auf der ~ sein** prendre garde à qch
hüten *vt* garder ▸ *vr*: **sich vor etw** *Dat* **~** prendre garde à qch ; **sich ~, etw zu tun** se garder de faire qch
Hütte *f* cabane *f*; (*im Gebirge*) refuge *m* ; (*Eisenhütte*) usine *f* sidérurgique
Hüttenschuh *m* chausson *m*
Hüttenwerk *nt* usine *f* métallurgique
hutzelig *adj* ridé(e)
Hyäne *f* hyène *f*
Hyazinthe *f* jacinthe *f*
Hydrant *m* bouche *f* d'incendie
hydraulisch *adj* hydraulique
Hygiene (-) *f* hygiène *f*
hygienisch *adj* hygiénique
Hymne *f* hymne *m*
hyper- *préf* hyper-
Hyperlink *m* hyperlien *m*, lien *m* hypertexte
Hypertext *m* hypertexte *m*
Hypnose *f* hypnose *f*
hypnotisch *adj* hypnotique
Hypnotiseur *m* hypnotiseur *m*
hypnotisieren *vt* hypnotiser
Hypothek (**-, -en**) *f* hypothèque *f*
Hypothese *f* hypothèse *f*
hypothetisch *adj* hypothétique
Hysterie *f* hystérie *f*
hysterisch *adj* hystérique

I

I, i *nt* I, i *m inv*
i. A. *abk* (= *im Auftrag*) p.p.
IC (-) *m abk* (= *Intercity-Zug*) rapide *m*
ICE (-) *m abk* (= *Intercityexpresszug*) ≈ TGV *m*
ich *pron* je ; (*vor Vokal od stummem h*) j' ; **~ bins!** c'est moi ! • **Ich** (**-(s), -(s)**) *nt* moi *m*
Icon (**-s, -s**) *nt* (*Inform*) icône *f*
ideal *adj* idéal(e) • **Ideal** (**-s, -e**) *nt* idéal *m*
Idealismus *m* idéalisme *m*
Idealist(in) *m(f)* idéaliste *mf*
idealistisch *adj* idéaliste
Idee *f* idée *f* ; **eine ~** (*ein bisschen*) un peu
ideell *adj* idéel(le)
identifizieren *vt* identifier
identisch *adj* : **mit jdm/etw ~ sein** être identique à qn/qch
Identität *f* identité *f*
Identitätsdiebstahl *m* vol *m* d'identité
Ideologe (**-n, -n**) *m* idéologue *m*
Ideologie *f* idéologie *f*
ideologisch *adj* idéologique
idiomatisch *adj* idiomatique
Idiot(in) (**-en, -en**) *m(f)* idiot(e)
idiotisch *adj* idiot(e)
idyllisch *adj* idyllique
IG *f abk* (= *Industriegewerkschaft*) syndicat *m*
Igel (**-s, -**) *m* hérisson *m*
ignorieren *vt* (*jdn*) ignorer ; (*etw*) ne pas tenir compte de
IHK *f abk* (= *Industrie- und Handelskammer*) ≈ CCI *f*
ihm *Dat von er, es pron* lui ; (*nach präp*) lui (elle) ; **ich habe es ~ gesagt** je le lui ai dit ; **mit ~** avec lui
ihn *Akk von er pron* le (la) ; **ich schreibe an ~** je lui écris
ihnen *Dat von sie pl pron* leur ; (*nach präp*) eux (elles) • **Ihnen** *Dat von Sie pron* vous, à vous ; (*nach präp*) vous

SCHLÜSSELWORT

ihr *pers pron* **1** (*2. Person pl nom, Akk, Dat* **euch**) vous ; **ihr schlaft** vous dormez
2 (*3. Person f sg Dat*) lui ; (*: nach präp*) lui (elle) ; **mit ihr** avec elle

SCHLÜSSELWORT

ihr(e) *poss pron* **1** (*3. Person sg f*) son(sa) ; **ihr Hund** son chien ; **ihr Auto** sa voiture ; **ihre Mutter** sa mère ; **ihre Schuhe** ses chaussures
2 (*3. Person pl*) leur ; **ihr Leben** leur vie ; **ihre Freude** leur joie ; **ihre Schuhe** leurs chaussures

Ihr(e) *poss pron* votre
ihre(r, s) *pron* (*sg*) le(la) sien(ne) ; (*pl*) les siens (siennes) ; (*von mehreren*) le(la) leur ; (*: pl*) les leurs ; **der/die/das I~** le(la) sien(ne) ; **sie tat das I~** (*geh*) elle a fourni sa part d'effort • **Ihre(r, s)** *pron* le(la) vôtre ; (*pl*) les vôtres
ihrer *pron* : **wir gedenken ~** (*geh*) nous pensons à elle ; (*pl*) nous pensons à eux/elles
Ihrer *Gen von Sie pron* : **wir gedenken ~** (*geh*) nous pensons à vous
ihrerseits *adv* (*sg*) de son côté ; (*pl*) de leur côté
Ihrerseits *adv* de votre côté
ihresgleichen *pron* des gens comme elle ; (*von mehreren*) des gens comme eux (elles)
ihretwegen *adv* (*für sie sg*) pour elle ; (*für sie pl*) pour eux (elles) ; (*wegen ihr*) à cause d'elle ; (*wegen ihnen*) à cause d'eux (elles)
Ikone *f* icône *f*
illegal *adj* illégal(e)
Illusion *f* illusion *f*
illusorisch *adj* illusoire
illustrieren *vt* illustrer
Illustrierte *f* illustré *m*, magazine *m*
Iltis (**-ses, -se**) *m* putois *m*
im = **in dem**
IM (**-s,** *no pl*) *nt abk* (= *instant messaging*) MI *f*, messagerie *f* instantanée
Image (**-(s), -s**) *nt* image *f* de marque
imaginär *adj* imaginaire
Imam *m* imam *m*
Imbiss (**-es, -e**) *m* casse-croûte *m*
Imbisshalle, Imbissstube *f* snack(-bar) *m*
imitieren *vt* imiter
Imker (**-s, -**) *m* apiculteur *m*
Immatrikulation *f* inscription *f*
immatrikulieren *vr* s'inscrire
immer *adv* toujours ; (*jeweils*) chaque fois ; **~ vier zusammen** quatre par quatre ; **~ wieder** toujours, constamment ; **~ noch** toujours,

encore ; **~ noch nicht** (ne ...) toujours pas ; **für ~** pour toujours, à tout jamais ; **~ wenn ich ...** chaque fois que je ... ; **~ schöner/trauriger** de plus en plus beau(belle)/triste ; **was (auch) ~ geschieht** quoi qu'il arrive ; **wer (auch) ~ kommt** peu importe qui viendra
• **immerhin** *adv* tout de même
• **immerzu** *adv* sans arrêt, continuellement

Immobilien *pl* biens *mpl* immobiliers
immun *adj* immunisé(e)
Immunität *f* immunité *f*
Immunschwäche *f* immunodéficience *f*
Immunsystem *nt* système *m* immunitaire
Imperativ *m* impératif *m*
Imperfekt *nt* imparfait *m*
imperialistisch *adj* impérialiste
impfen *vt* vacciner ; **jdn gegen etw ~** vacciner qn contre qch
Impfpass *m* carnet *m* de vaccination
Impfstoff *m* vaccin *m*
Impfung *f* vaccination *f*
Impfzwang *m* vaccination *f* obligatoire
implizieren *vt* impliquer
imponieren *vi*: **jdm ~** impressionner qn
Import **(-(e)s, -e)** *m* importation *f*
importieren *vt* importer
imposant *adj* imposant(e)
impotent *adj* impuissant(e)
Impotenz *f* impuissance *f*
imprägnieren *vt* (*wasserdicht machen*) imperméabiliser
Improvisation *f* improvisation *f*
improvisieren *vt, vi* improviser
Impuls **(-es, -e)** *m* impulsion *f*
impulsiv *adj* impulsif(-ive)
imstande *adj*: **~ sein, etw zu tun** (*in der Lage*) être en mesure de faire qch ; (*fähig*) être capable de faire qch

SCHLÜSSELWORT

in *präp +Akk* **1** (*räumlich*: *wohin?*) dans ; **etw in eine Schublade legen** mettre qch dans un tiroir ; **in den Garten gehen** aller dans le jardin ; **in die Stadt** en ville ; **in die Schule gehen** aller à l'école
2 (*zeitlich*): **bis ins 20. Jahrhundert** jusqu'au XXe siècle
▸ *präp +Dat* **1** (*räumlich*: *wo?*) dans ; **in einer Schublade liegen** être dans un tiroir ; **im Garten sitzen** être assis(e) dans le jardin ; **in der Stadt** en ville ; **in der Schule sein** être à l'école ; **es in sich haben** (*fam*: *Text*) être coriace ; (: *Whisky*) être corsé(e) ; **er handelt in Holz** il est dans le commerce du bois
2 (*zeitlich*: *wann?*): **in diesem Jahr** cette année ; **in jenem Jahr** cette année-là ; **heute in zwei Wochen** dans quinze jours
3 (*als Verlaufsform*): **etw im Liegen/Stehen tun** faire qch couché(e)/debout
▸ *adj*: **in sein** (*fam*) être in

Inanspruchnahme *f +Gen*: **im Falle einer ~ der Arbeitslosenunterstützung** en cas de recours aux allocations de chômage
Inbegriff *m* incarnation *f*
inbegriffen *adv* y compris
Inbetriebnahme *f* (*von Maschine*) mise *f* en service ; (*von Gebäude, U-Bahn etc*) inauguration *f*
inbrünstig *adj* fervent(e)
indem *konj* (*dadurch, dass*) grâce au fait que ; (*während*) pendant que ; **~ man etw macht** en faisant qch
Inder(in) *m(f)* Indien(ne)
Indianer(in) **(-s, -)** *m(f)* Indien(ne) (d'Amérique)
indianisch *adj* indien(ne)
Indien **(-s)** *nt* l'Inde *f*
Indikativ *m* indicatif *m*
indirekt *adj* indirect(e)
indisch *adj* indien(ne) ; **der I~e Ozean** l'océan *m* Indien
indiskret *adj* indiscret(-ète)
Indiskretion *f* indiscrétion *f*
indiskutabel *adj* hors de question
Individualist(in) *m(f)* individualiste *mf*
Individualität *f* individualité *f*
individuell *adj* individuel(le)
Individuum **(-s, Individuen)** *nt* individu *m*
Indiz **(-es, -ien)** *nt* indice *m*
Indizienbeweis *m* preuve *f* indirecte
Indochina *nt* l'Indochine *f*
indoktrinieren *vt* endoctriner
Indonesien **(-s)** *nt* l'Indonésie *f*
indonesisch *adj* indonésien(ne)
industrialisieren *vt* industrialiser
Industrie *f* industrie *f* • **Industriegebiet** *nt* zone *f* industrielle
industriell *adj* industriel(le)
Industrie- und Handelskammer *f* Chambre *f* de commerce et d'industrie
Industriezweig *m* branche *f* od secteur *m* de l'industrie
ineinander *adj*: **~ verliebt sein** être amoureux (l'un de l'autre)
Infanterie *f* infanterie *f*
Infarkt **(-(e)s, -e)** *m* infarctus *m*
Infektion *f* infection *f*

i

Infektionskrankheit *m* maladie *f* infectieuse
Infinitiv *m* infinitif *m*
infizieren *vt* infecter ▶ *vr*: **sich ~ (bei)** être infecté(e) (par)
in flagranti *adv* en flagrant délit
Inflation *f* inflation *f*
inflationär *adj* inflationniste
Inflationsrate *f* taux *m* d'inflation
Info (**-s, -s**) *nt* documentation *f*
infolge *präp +Gen* à la suite de • **infolgedessen** *adv* par conséquent
Informatik *f* informatique *f* • **Informatiker(in)** *m(f)* informaticien(ne)
Information *f* information *f*
Informationstechnik *f* technique *f* de l'information
Informationstechnologie *f* technologies *fpl* de l'information
informieren *vt* informer ▶ *vr*: **sich ~ über** *+Akk* s'informer de
Infotainment *nt* programme *m* d'information
infrage *adv*: **etw ~ stellen** remettre qch en question ; **~ kommend** possible ; **das kommt nicht ~!** il n'en est pas question !
Infrarotbestrahlung *f* traitement *m* aux infrarouges
Infrastruktur *f* infrastructure *f*
Infusion *f* perfusion *f*
Ingenieur(in) *m(f)* ingénieur *m* • **Ingenieurschule** *f* école *f* d'ingénieurs
Ingwer (**-s**) *m* gingembre *m*
Inhaber(in) (**-s, -**) *m(f)* (*von Rekord, Genehmigung, Konzession, Titel, Lizenz*) détenteur(-trice) ; (*von Pass, Führerschein*) titulaire *mf* ; (*von Restaurant, Hotel*) propriétaire *mf* ; (*von Scheck*) porteur(-euse)
inhaftieren *vt* incarcérer
inhalieren *vt* (*Méd*) inhaler ; (*beim Rauchen*) avaler ▶ *vi* faire des inhalations
Inhalt (**-(e)s, -e**) *m* contenu *m* ; (*Volumen*) volume *m* ; (*von Wort*) contenu ; (*von Leben*) sens *m* • **inhaltlich** *adv* en ce qui concerne le contenu
Inhaltsangabe *f* résumé *m*
inhaltslos *adj* creux(creuse)
inhaltsreich *adj* très intéressant(e)
Inhaltsverzeichnis *nt* indication *f* du contenu ; (*in Buch*) table *f* des matières
inhuman *adj* inhumain(e)
Initiative *f* initiative *f*
Injektion *f* injection *f*
Inklusionsklasse (-) *f* (*Sch*) classe *f* inclusive
inklusive *präp +Gen* y compris
inkognito *adv* incognito
inkompetent *adj* incompétent(e)
inkonsequent *adj* inconséquent(e)
inkorrekt *adj* incorrect(e)
Inkrafttreten (**-s**) *nt* entrée *f* en vigueur
Inland *nt* intérieur *m* (des terres) ; (*Pol*) intérieur (du pays) ; **im ~ und Ausland** ici *od* dans le pays et à l'étranger
Inlandsporto *nt* tarif *m* postal intérieur
Inline-Skates *fpl* rollers *mpl* (en ligne)
Inlineskating (**-s**) *nt* patin *m* en ligne
inmitten *präp +Gen* au milieu de ▶ *adv*: **~ von** au milieu de
inne|haben *irr vt* (*Amt*) exercer ; (*Titel*) porter ; (*Rekord*) détenir
innen *adv* à l'intérieur ; **nach ~** vers l'intérieur • **Innenarchitekt(in)** *m(f)* décorateur(-trice) • **Innenaufnahme** *f* (prise *f* en) intérieur *m* • **Inneneinrichtung** *f* aménagement *m* intérieur • **Innenminister** *m* ministre *m* de l'Intérieur • **Innenpolitik** *f* politique *f* intérieure • **innenpolitisch** *adj* de politique intérieure • **Innenstadt** *f* centre-ville *m* • **Innentasche** *f* poche *f* intérieure
innere(r, s) *adj* intérieur(e) ; (*Méd*) interne
Innere(s) *nt* intérieur *m*
Innereien *pl* abats *mpl*
innerhalb *adv*: **~ von** (*räumlich*) à l'intérieur de ; (*zeitlich*) en ▶ *präp +Gen* (*räumlich*) à l'intérieur de ; (*zeitlich*) en
innerlich *adj* intérieur(e), interne ; (*geistig*) profond(e)
innerste(r, s) *adj* central(e) ; (*Gedanken, Gefühle*) le(la) plus profond(e)
Innerste(s) *nt* fond *m* de soi-même ; (*von Land*) centre *m*
innig *adj* (*Freundschaft*) profond(e)
innovativ *adj* innovateur(-trice)
inoffiziell *adj* non officiel(le)
ins = **in das**
Insasse (**-n, -n**) *m*, **Insassin** *f* (*von Anstalt*) pensionnaire *mf* ; (*von Auto*) passager(-ère)
insbesondere *adv* en particulier
Inschrift *f* inscription *f*
Insekt (**-(e)s, -en**) *nt* insecte *m*
Insel *f* île *f* ; (*Verkehrsinsel*) refuge *m* (pour piétons)
Inserat (**-(e)s, -e**) *nt* (petite) annonce *f*
Inserent *m* annonceur *m*
inserieren *vi* passer une annonce ▶ *vt* passer une annonce pour
insgeheim *adv* en secret
insgesamt *adv* en tout
insofern *adv* sur ce point ; (*deshalb*) dans cette mesure ▶ *konj* (*wenn*) dans la mesure où, si ; **~ als** dans la mesure où

insoweit *adv* = **insofern**
Installateur *m* (*Wasserinstallateur*) plombier *m* ; (*Elektroinstallateur*) monteur *m* électricien
Installation *f* (*Inform*) installation *f*
installieren *vt* installer
Instandhaltung *f* entretien *m*
Instandsetzung *f* remise *f* en état ; (*eines Gebäudes*) restauration *f*
Instant Messaging (**-, -**) *nt* messagerie *f* instantanée
Instanz *f* instance *f*
Instanzenweg *m* voie *f* hiérarchique
Instinkt (**-(e)s, -e**) *m* instinct *m*
instinktiv *adj* instinctif(-ive)
Institut (**-(e)s, -e**) *nt* institut *m*
Institution *f* institution *f*
Instrument *nt* instrument *m*
Insulin (**-s**) *nt* insuline *f*
inszenieren *vt* mettre en scène ; (*fig*) orchestrer
Inszenierung *f* mise *f* en scène
Integration *f* intégration *f*
integrieren *vt* intégrer ; **integrierte Gesamtschule** établissement *m* secondaire polyvalent
intellektuell *adj* intellectuel(le)
intelligent *adj* intelligent(e)
Intelligenz *f* intelligence *f* ; (*Gruppe, Schicht*) intelligentsia *f*
Intendant *m* directeur *m*
Intensität *f* intensité *f*
intensiv *adj* intense ; (*Gespräch*) approfondi(e) • **Intensivkurs** *m* cours *m* intensif • **Intensivmedizin** *f* médecine *f* intensive • **Intensivstation** *f* service *m* de réanimation
interaktiv *adj* interactif(-ive)
Intercity (**-s, -s**) *m* Intercité *m*
Intercityzug *m* rapide *m*
interessant *adj* intéressant(e)
interessanterweise *adv* curieusement
Interesse (**-s, -n**) *nt* intérêt *m* ; **~ haben an** *+Dat* être intéressé(e) par
Interessent(in) *m(f)* personne *f* intéressée
interessieren *vt* intéresser ▸ *vr*: **sich ~ (für)** s'intéresser (à) ; **jdn für etw ~** intéresser qn à qch ; **an jdm/etw interessiert sein** s'intéresser à qn/qch
Internat *nt* internat *m*
international *adj* international(e)
Internet *nt*: **das ~** l'Internet *m* ; **ins ~ stellen** mettre *od* poster sur Internet • **Internetadresse** *f* adresse *f* Internet • **Internetanschluss** *m* connexion *f* Internet • **Internetcafé** *nt* cybercafé *m* • **Internethandy** *nt* smartphone *m* • **Internetzugang** *m* accès *m* à Internet
internieren *vt* interner
Internist(in) *m(f)* spécialiste *mf* en médecine interne
Interpretation *f* interprétation *f*
interpretieren *vt* interpréter
Interpunktion *f* ponctuation *f*
Interrailkarte *f* carte *f* Inter-Rail
Intervall (**-s, -e**) *nt* intervalle *m*
intervenieren *vi* intervenir
Interview (**-s, -s**) *nt* interview *f*
interviewen *vt* interviewer
intim *adj* intime
Intimität *f* intimité *f*
intolerant *adj* intolérant(e)
Intranet *nt* intranet *m*
intransitiv *adj* intransitif(-ive)
Intrige *f* intrigue *f*
introvertiert *adj* introverti(e)
Intuition *f* intuition *f*
Invalide (**-n, -n**) *m* invalide *m*
Invasion *f* invasion *f*
Inventar (**-s, -e**) *nt* inventaire *m*
Inventur *f*: **~ machen** faire l'inventaire
investieren *vt* investir
Investition *f* investissement *m*
Investmentfonds *m* fonds *m* d'investissement
In-vitro-Fertilisation *f* fécondation *f* in vitro
inwiefern, inwieweit *adv, konj* dans quelle mesure
inzwischen *adv* entre-temps
iPod® *m* iPod® *m*
Irak (**-s**) *m*: **der ~** l'Irak *m*, l'Iraq *m*
irakisch *adj* irakien(ne)
Iran (**-s**) *m*: **der ~** l'Iran *m*
iranisch *adj* iranien(ne)
irdisch *adj* terrestre
Ire (**-n, -n**) *m* Irlandais *m*
irgend *adv*: **~ so ein Vertreter/Bettler** un de ces représentants/mendiants ; **ich tue, was ich ~ kann** je vais faire tout mon possible • **irgendein(e)** *adj* un(e) (quelconque) • **irgendeine(r, s)** *pron* quelqu'un ; (*ein Beliebiger*) n'importe qui • **irgendeinmal** *adv* (*fragend*) jamais • **irgendetwas** *pron* quelque chose • **irgendjemand** *pron* quelqu'un • **irgendwann** *adv* un jour • **irgendwer** *pron* quelqu'un ; **er ist nicht ~, er ist der Bundeskanzler** ce n'est pas n'importe qui, c'est le premier ministre • **irgendwie** *adv* d'une façon ou d'une autre • **irgendwo** *adv* quelque part ; (*verneinend*) nulle part • **irgendwohin** *adv* quelque part ; (*verneinend*) n'importe où
Irin *f* Irlandaise *f*

irisch *adj* irlandais(e)
Irland *nt* l'Irlande *f*
Ironie *f* ironie *f*
ironisch *adj* ironique
irre *adj* fou(folle) ; **~ gut** (*fam*) super
Irre(r) *f(m)* fou(folle) *m/f*
irre|führen *vt* induire en erreur
irre|machen *vt* rendre fou(folle)
irren *vi* (*umherirren*) errer ▸ *vr* se tromper ; **wenn ich mich nicht irre** si je ne m'abuse ; **sich in jdm/etw ~** se tromper sur le compte de qn/sur qch • **Irrenanstalt** *f* asile *m* d'aliénés
irrig *adj* erroné(e)
Irrsinn *m* folie *f*
irrsinnig *adj* fou(folle)
Irrtum (**-s, -tümer**) *m* erreur *f*
irrtümlich *adj* erroné(e)
ISBN *f abk* (= *Internationale Standardbuchnummer*) ISBN *m*
Ischias (**-**) *f od nt* sciatique *f*
ISDN *nt abk* (= *Integrated Services Digital Network*) RNIS *m*
Islam (**-s**) *m* islam *m*
islamisch *adj* islamique
Islamisierung *f* islamisation *f*
Island *nt* l'Islande *f*
Isländer(in) (**-s, -**) *m(f)* Islandais(e)
isländisch *adj* islandais(e)
Isolation *f* = **Isolierung**
Isolator *m* isolant *m*
Isolierband *nt* ruban *m* isolant
isolieren *vt* isoler ▸ *vr* s'isoler
Isolierstation *f* (*Méd*) salle *f* des contagieux
Isolierung *f* isolement *m*
Isomatte *f* tapis *m* de sol
Israel (**-s**) *nt* Israël *m*
Israeli (**-(s), -s**) *f od m* Israélien(ne) *m/f*
israelisch *adj* israélien(ne)
IT *f abk* (= *Informationstechnologie*) informatique *f*, TIC *fpl*
Italien (**-s**) *nt* l'Italie *f*
Italiener(in) (**-s, -**) *m(f)* Italien(ne)
italienisch *adj* italien(ne)
IWF *m abk* (= *Internationaler Währungsfonds*) FMI *m*

J

J, j *nt* J, j *m inv*

SCHLÜSSELWORT

ja *adv* **1** oui ; **ich glaube ja** je crois que oui ; **Ja und Amen zu allem sagen** (*fam*) dire amen à tout
2 (*fragend*): **ich habe gekündigt — ja?** j'ai donné ma démission — c'est vrai ?
3 (*unbedingt*): **sei ja vorsichtig** fais bien attention ; **tu das ja nicht!** ne le fais surtout pas !
4 (*schließlich*): **Sie wissen ja, dass ...** vous n'êtes pas sans savoir que ... ; **sie ist ja erst fünf** (n'oubliez pas qu')elle n'a que cinq ans
5 (*feststellend*): **ich habe es ja gewusst** j'en étais sûr(e) ; **das sag ich ja!** c'est bien ce que je disais !
6 (*vergewissernd*): **du kommst doch, ja?** tu ne viens pas ?
7 (*verstärkend*): **das ist ja schlimm** c'est vraiment grave ; **ja, also ich gehe dann mal!** bon, eh bien je vais partir ; **ja, also so geht das nicht** non, non, ça ne va pas comme ça

Jacht (**-, -en**) *f* yacht *m*
Jacke *f* veste *f*
Jackett (**-s, -s** *od* **-e**) *nt* veston *m*
Jackpot (**-s, -s**) *m* jackpot *m*
Jagd (**-, -en**) *f* chasse *f* • **Jagdbeute** *f* tableau *m* de chasse • **Jagdflugzeug** *nt* avion *m* de chasse • **Jagdgewehr** *nt* fusil *m* de chasse
jagen *vi* chasser ; (*rennen, schnell fahren*) aller à toute vitesse ▸ *vt* chasser ; (*verfolgen*) poursuivre
Jäger(in) (**-s, -**) *m(f)* chasseur(-euse)
jäh *adj* subit(e) ; (*steil*) abrupt(e)
Jahr (**-(e)s, -e**) *nt* année *f*, an *m* ; **im ~e**

2014 en 2014 ; **mit dreißig ~en** à trente ans ; **mit den ~en** avec le temps
jahrelang *adv* pendant des années
Jahresabonnement *nt* abonnement *m* annuel
Jahresabschluss *m* bilan *m* annuel
Jahresausgleich *m* péréquation *f* des impôts
Jahresbericht *m* rapport *m* annuel
Jahrestag *m* anniversaire *m*
Jahreswechsel *m* nouvel an *m*
Jahreszahl *f* date *f*
Jahreszeit *f* saison *f*
Jahrgang *m* année *f*
Jahrhundert *nt* siècle *m*
Jahrhundertwende *f* tournant *m* du siècle
jährlich *adj* annuel(le) ▶ *adv* chaque année
Jahrmarkt *m* foire *f*
Jahrtausend *nt* millénaire *m*
Jahrzehnt *nt* décennie *f*
Jähzorn *m* rage *f*
jähzornig *adj* colérique
Jalousie *f* persiennes *fpl*
Jamaika (**-s**) *nt* la Jamaïque
Jammer (**-s**) *m* (*Klagen*) lamentations *fpl* ; (*Elend*) misère *f* ; **es ist ein ~, dass ...** c'est vraiment dommage que ...
jämmerlich *adj* misérable ; (*Weinen, Geschrei*) de douleur
jammern *vi* se lamenter ▶ *vt unpers*: **es jammert jdn** qn est pris de pitié
jammerschade (*fam*) *adj*: **das ist ~** c'est vraiment dommage
Januar (**-s, -e**) *m* janvier *m*
Japan (**-s**) *nt* le Japon
Japaner(in) (**-s, -**) *m(f)* Japonais(e)
japanisch *adj* japonais(e)
Jargon (**-s, -s**) *m* jargon *m*
jäten *vt* sarcler
jauchzen *vi* pousser des cris de joie
Jauchzer (**-s, -**) *m* cri *m* de joie
jaulen *vi* hurler
Jause (*Österr*) *f* ≈ goûter *m*
jawohl *adv* oui
Jawort *nt*: **jdm das ~ geben** (*bei Trauung*) dire « oui »
Jazz (-) *m* jazz *m*
je *adv* (*jemals*) jamais ▶ *konj*: **je nach ...** selon le/la ... ; **sie zahlten je 5 Euro** ils ont payé chacun 5 euros ; **je nachdem** selon ; **je nachdem, ob ...** selon que ... ; **je eher, desto besser** le plus tôt possible
Jeans *pl* jean *m*
jede(r, s) *pron* chacun(e) ; **~s Mal** chaque fois ; **ohne ~n Zweifel** sans aucun doute
jedenfalls *adv* de toute manière
jedermann *pron* tout le monde
jederzeit *adv* à tout moment
jedoch *adv, konj* cependant, pourtant
jeher *adv*: **von** *od* **seit ~** depuis toujours
jemals *adv* jamais
jemand *pron* quelqu'un
Jemen (**-s**) *m*: **der ~** le Yémen
jene(r, s) *pron* (*adjektivisch*) ce(cette) ; (*substantivisch*) celui-là (celle-là)
jenseits *adv* de l'autre côté ▶ *präp* +*Gen* de l'autre côté de, au-delà de
jetzig *adj* actuel(le)
jetzt *adv* maintenant
jeweilig *adj* respectif(-ive)
jeweils *adv* chaque fois
Job (**-s, -s**) *m* boulot *m*
jobben (*fam*) *vi* faire des petits boulots
Joch (**-(e)s, -e**) *nt* joug *m*
Jockey, Jockei (**-s, -s**) *m* jockey *m*
Jod (**-(e)s**) *nt* iode *m*
jodeln *vi* iodler
joggen *vi* faire du jogging
Jogger(in) (**-s, -**) *m(f)* adepte *mf* du jogging
Jogging (**-s**) *nt* jogging *m*
Joghurt, Jogurt (**-s, -s**) *m od nt* yaourt *m*
Johannisbeere *f* groseille *f* (rouge) ; **Schwarze ~** cassis *m*
johlen *vi* brailler
Joint (**-s, -s**) *m* joint *m*
Jolle *f* yole *f*
jonglieren *vi*: **~ mit** jongler avec
Jordanien (**-s**) *nt* la Jordanie
jordanisch *adj* jordanien(ne)
Journalismus *m* journalisme *m*
Journalist(in) *m(f)* journaliste *mf*
journalistisch *adj* journalistique
Joystick (**-s, -s**) *m* (*Inform*) manche *m* à balai
Jubel (**-s**) *m* cris *mpl* de joie
jubeln *vi* pousser des cris de joie
Jubiläum (**-s, Jubiläen**) *nt* anniversaire *m*
jucken *vi* démanger ; **es juckt mich am Arm** mon bras me démange
Juckreiz *m* démangeaisons *fpl*
Jude (**-n, -n**) *m* juif *m*
Judentum *nt* judaïsme *m*
Judenverfolgung *f* persécution *f* des juifs
Jüdin *f* juive *f*
jüdisch *adj* juif(juive)
Judo (**-(s)**) *nt* judo *m*
Jugend (-) *f* jeunesse *f* • **Jugendherberge** *f* auberge *f* de jeunesse • **Jugendkriminalität** *f* délinquance *f* juvénile • **jugendlich** *adj* jeune • **Jugendliche(r)** *f(m)* adolescent(e) *m/f*, jeune *mf* • **Jugendrichter** *m* juge *m* pour enfants

J

Jugoslawe (**-n, -n**) *m* Yougoslave *m*
Jugoslawien (**-s**) *nt* la Yougoslavie
Jugoslawin *f* Yougoslave *f*
jugoslawisch *adj* yougoslave
Juli (**-(s), -s**) *m* juillet *m*
jung *adj* jeune
Junge (**-n, -n**) *m* garçon *m*
Junge(s) *nt* petit *m*
jünger *adj* plus jeune
Jünger (**-s, -**) *m* disciple *m*
Jungfer (**-, -n**) *f*: **alte ~** vieille fille *f*
Jungfernfahrt *f* premier voyage *m*
Jungfrau *f* vierge *f* ; (*Astrol*) Vierge *f* ; **~ sein** (*sexuell*) être vierge
Junggeselle *m* célibataire *m*
Jüngling *m* jeune homme *m*
jüngste(r, s) *adj* le(la) plus jeune ; (*neueste*) dernier(-ière)
Juni (**-(s), -s**) *m* juin *m*
Junior (**-s, -en**) *m* (*humoristique*: *Kind*) rejeton *m* ; (*Sport*) junior *m*
Junkfood (**-s**) *nt* bouffe *f* industrielle
Junkie (**-s, -s**) *m* junkie *mf*
Jura *m* droit *nm* ; **~ studieren** faire du droit
Jurist(in) *m(f)* juriste *mf* • **juristisch** *adj* juridique
Jurte *f* yourte *f*
Jury (**-, -s**) *f* jury *m*
Justiz (**-**) *f* justice *f* • **Justizbeamte(r)** *m* fonctionnaire *m* au tribunal • **Justizirrtum** *nt* erreur *f* judiciaire
Jute (**-**) *f* jute *m*
Juwel (**-s, -en**) *nt od m* bijou *m*, joyau *m*
Juwelier (**-s, -e**) *m* joaillier *m*, bijoutier *m* • **Juweliergeschäft** *nt* bijouterie *f*
Jux (**-es, -e**) *m* blague *f* ; **nur aus ~** juste pour rigoler

K

K, k *nt* K, k *m inv*
Kabarett (**-s, -e** *od* **-s**) *nt* cabaret *m* • **Kabarettist(in)** *m(f)* chansonnier *m*
Kabel (**-s, -**) *nt* câble *m* • **Kabelfernsehen** *nt* (télévision *f* par) câble *m*
Kabeljau (**-s, -e** *od* **-s**) *m* morue *f*
kabellos *adj* (*Inform*) sans fil, wifi, wi-fi *inv*
Kabine *f* cabine *f* ; (*in Flugzeug*) carlingue *f*
Kabinett (**-s, -e**) *nt* (*Pol*) cabinet *m*
Kachel (**-, -n**) *f* carreau *m*
kacheln *vt* carreler
Kachelofen *m* poêle *m* en faïence
Kadaver (**-s, -**) *m* charogne *f*
Kadett (**-en, -en**) *m* élève *m* officier
Käfer (**-s, -**) *m* coléoptère *m*
Kaff (**-s, -s** *od* **-e**) (*péj*) *nt* patelin *m*
Kaffee (**-s, -s**) *m* café *m* ; (*Nachmittagskaffee*) ≈ goûter *m* • **Kaffeebohne** *f* grain *m* de café • **Kaffeehaus** *nt* café *m* • **Kaffeekanne** *f* cafetière *f* • **Kaffeekapsel** *f* capsule *f* de café • **Kaffeeklatsch** *m*: **sich zum ~ treffen** se retrouver pour papoter autour d'un café • **Kaffeekränzchen** *nt*: **sich zum ~ treffen** se retrouver régulièrement pour papoter autour d'un café • **Kaffeelöffel** *m* cuiller *f* à café, petite cuiller • **Kaffeemaschine** *f* cafetière *f* électrique • **Kaffeemühle** *f* moulin *m* à café • **Kaffeepause** *f* pause-café *f* • **Kaffeesatz** *m* marc *m* de café
Käfig (**-s, -e**) *m* cage *f*
kahl *adj* chauve ; (*Landschaft*) désolé(e) ; (*Raum*) vide ; **~ geschoren** tondu(e) • **Kahlheit** *f* calvitie *f* • **kahlköpfig** *adj* chauve
Kahn (**-(e)s, ⸚e**) *m* barque *f* ; (*Lastkahn*) péniche *f*, chaland *m*
Kai (**-s, -s**) *m* quai *m*

Kaiser (**-s, -**) *m* empereur *m* • **Kaiserin** *f* impératrice *f* • **kaiserlich** *adj* impérial(e) • **Kaiserreich** *nt* empire *m* • **Kaiserschnitt** *m* césarienne *f*
Kajüte *f* cabine *f*
Kakao (**-s, -s**) *m* cacao *m*
Kaktee (**-, -n**) *f*, **Kaktus** (**-, -se** *od* **-n**) *m* cactus *m inv*
Kalb (**-(e)s, ¨-er**) *nt* veau *m*
kalben *vi* vêler
Kalbfleisch *nt* veau *m* (*viande*)
Kalbsleder *nt* vachette *f*
Kalender (**-s, -**) *m* calendrier *m* ; (*Taschenkalender*) agenda *m*
Kali (**-s, -s**) *nt* potasse *f*
Kaliber (**-s, -**) *nt* calibre *m*
Kalk (**-(e)s, -e**) *m* (*zum Tünchen*) chaux *f* ; (*im Körper*) calcium *m*
Kalkstein *m* calcaire *m*
Kalkulation *f* calcul *m*
kalkulieren *vt* calculer
Kalorie *f* calorie *f*
kalorienarm *adj* pauvre en calories, (à) basses calories
kalt *adj* froid(e) ; **mir ist (es) ~** j'ai froid ; **~ bleiben** (*fig*) rester impassible • **kaltblütig** *adj* (*Mensch*) sans pitié ; (*Tat*) commis(e) de sang-froid • **Kaltblütigkeit** *f* sang-froid *m*
Kälte (**-**) *f* froid *m* ; (*fig*) froideur *f* • **Kälteeinbruch** *m* forte chute *f* de la température • **Kältegrad** *m* degré *m* au-dessous de zéro • **Kältewelle** *f* vague *f* de froid
kaltherzig *adj* froid(e)
kaltschnäuzig (*fam*) *adj* froid(e)
kalt|stellen *vt* (*fig*) écarter
Kalzium (**-s**) *nt* calcium *m*
kam *etc vb siehe* **kommen**
Kambodscha *nt* le Cambodge
Kamel (**-(e)s, -s**) *nt* chameau *m*
Kamera (**-, -s**) *f* caméra *f*
Kamerad(in) (**-en, -en**) *m(f)* camarade *mf* • **Kameradschaft** *f* camaraderie *f* • **kameradschaftlich** *adj* amical(e)
Kameraführung *f* prises *fpl* de vue
Kamerahandy *nt* téléphone *m* avec appareil photo
Kameramann (**-(e)s, -männer**) *m* cameraman *m*
Kamerun (**-s**) *nt* le Cameroun
Kamille *f* camomille *f*
Kamillentee *m* (infusion *f* de) camomille *f*
Kamin (**-s, -e**) *m* cheminée *f* • **Kaminfeger** (**-s, -**), **Kaminkehrer** (**-s, -**) *m* ramoneur *m*
Kamm (**-(e)s, ¨-e**) *m* peigne *m* ; (*Bergkamm, Hahnenkamm*) crête *f*
kämmen *vt* peigner
Kammer (**-, -n**) *f* chambre *f* ; (*Herzkammer*) ventricule *m* • **Kammerton** *m* la *m* du diapason
Kampf (**-(e)s, ¨-e**) *m* combat *m*, lutte *f* • **kampfbereit** *adj* prêt(e) au combat
kämpfen *vi* se battre ; **mit dem Schlaf ~** lutter contre le sommeil ; **mit jdm/sich selbst ~** lutter contre qn/soi-même ; **um etw ~** se battre pour qch
Kampfer (**-s**) *m* camphre *m*
Kämpfer(in) (**-s, -**) *m(f)* combattant(e) ; (*in Wettkampf*) concurrent(e)
Kampfhandlung *f* opération *f*
kampflos *adv* sans combattre
kampflustig *adj* bagarreur(-euse)
Kampfrichter *m* arbitre *m*
kampieren *vi* camper
Kanada (**-s**) *nt* le Canada
Kanadier(in) (**-s, -**) *m(f)* Canadien(ne)
kanadisch *adj* canadien(ne)
Kanal (**-s, Kanäle**) *m* canal *m* ; (*für Abwässer, zur Entwässerung*) égout *m* ; **der ~** (*Ärmelkanal*) la Manche • **Kanalinseln** *pl* les îles *fpl* anglo-normandes
Kanalisation *f* égouts *mpl*
kanalisieren *vt* canaliser
Kanaltunnel *m* tunnel *m* sous la Manche
Kanarienvogel *m* canari *m*
Kandidat(in) (**-en, -en**) *m(f)* candidat(e)
Kandidatur *f* candidature *f*
kandidieren *vi* poser sa candidature
Känguru (**-s, -s**) *nt* kangourou *m*
Kaninchen *nt* lapin *m*
Kanister (**-s, -**) *m* bidon *m*
Kännchen *nt* (*für Kaffee*) petite cafetière *f*
Kanne *f* cruche *f* ; (*Kaffeekanne*) cafetière *f*
Kannibale (**-n, -n**) *m*, **Kannibalin** *f* cannibale *mf*
kannte *etc vb siehe* **kennen**
Kanon (**-s, -s**) *m* canon *m*
Kanone *f* (*Waffe*) canon *m* ; (*fam: Könner*) as *m*
Kante *f* bord *m* ; (*Webkante*) lisière *f* ; (*Rand, Borte*) bord
kantig *adj* (*Holz*) équarri(e) ; (*Gesicht*) anguleux(-euse)
Kantine *f* cantine *f*
Kanton (**-s, -e**) *m* canton *m*
Kanu (**-s, -s**) *nt* canoë *m*
Kanzel (**-, -n**) *f* (*in Kirche*) chaire *f* ; (*Aviat*) cockpit *m*
Kanzlei *f* chancellerie *f* ; (*Büro eines Anwalts*) étude *f*
Kanzler(in) (**-s, -**) *m(f)* chancelier(-ière)
Kap (**-s, -s**) *nt* cap *m* ; **das ~ der Guten Hoffnung** le cap de Bonne Espérance

Kapazität *f* capacité *f* ; (*Fachmann*) sommité *f*
Kapelle *f* chapelle *f* ; (*Mus*) (petit) orchestre *m*
Kaper *f* câpre *f*
kapieren (*fam*) *vt*, *vi* piger
Kapital (**-s, -e** *od* **-ien**) *nt* capital *m* • **Kapitalanlage** *f* placement *m*
Kapitalismus *m* capitalisme *m*
Kapitalist *m* capitaliste *m*
kapitalistisch *adj* capitaliste
kapitalkräftig *adj* riche
Kapitalmarkt *m* marché *m* monétaire
Kapitän (**-s, -e**) *m* capitaine *m* ; (*von Flugzeug*) commandant *m*
Kapitel (**-s, -**) *nt* chapitre *m*
Kapitell (**-s, -e**) *nt* chapiteau *m*
Kapitulation *f* capitulation *f*
kapitulieren *vi* capituler
Kaplan (**-s, Kapläne**) *m* vicaire *m*
Kappe *f* (*Mütze*) bonnet *m* ; (*auf Füllfederhalter*) capuchon *m* ; (*auf Flasche*) capsule *f*
kappen *vt* couper
Kapsel (**-, -n**) *f* capsule *f*
kaputt *adj* cassé(e) ; (*erschöpft*) crevé(e) ; **~ machen** (*Gegenstand*) casser ; *siehe auch* **kaputtmachen** • **kaputt|gehen** *irr vi* (*Auto, Gerät*) se détraquer ; (*Schuhe, Stoff*) s'abîmer ; (*Firma*) faire faillite ; **~ an** *+Dat* crever de • **kaputt|lachen** *vr* mourir de rire • **kaputt|machen** (*fam*) *vt siehe* **kaputt** ▸ *vr* se tuer (au travail)
Kapuze *f* capuchon *m*
Karaffe *f* carafe *f*
Karambolage *f* carambolage *m*
Karamell (**-s**) *m* caramel *m*
Karaoke (**-(s)**) *nt* karaoké *m*
Karat *nt* carat *m*
Karate (**-s**) *nt* karaté *m*
Karawane *f* caravane *f*
Kardinal (**-s, Kardinäle**) *m* cardinal *m* • **Kardinalzahl** *f* nombre *m* cardinal
Karfiol (**-s**) (*Österr*) *m* chou-fleur *m*
Karfreitag *m* vendredi *m* saint
karg *adj* (*Landschaft, Boden*) ingrat(e) ; (*Lohn, Vorräte*) maigre ; (*Mahlzeit*) frugal(e)
kärglich *adj* misérable
Karibik (-) *f*: **die ~** la mer des Antilles
kariert *adj* (*Stoff, Kleidungsstück*) à carreaux ; (*Papier*) quadrillé(e)
Karies (-) *f* carie *f*
Karikatur *f* caricature *f* • **Karikaturist(in)** *m(f)* caricaturiste *mf*
karikieren *vt* caricaturer
kariös *adj* carié(e)
karitativ *adj* charitable
Karneval (**-s, -e** *od* **-s**) *m* carnaval *m*

> Le **Karneval** est une tradition encore très vivante dans certaines régions de l'Allemagne. Les gens se retrouvent pour chanter, danser, manger, boire et s'amuser avant le début du carême. La veille de Mardi gras, *Rosenmontag*, marque l'apogée du **Karneval** dans la région rhénane. La plupart des entreprises chôment ce jour pour permettre à leurs employés d'admirer les défilés et de prendre part aux festivités. Dans le sud de l'Allemagne, cette période s'appelle *Fasching* ou *Fastnacht*.

Kärnten (**-s**) *nt* la Carinthie
Karo (**-s, -s**) *nt* carreau *m*
Karosserie *f* carosserie *f*
Karotte *f* carotte *f*
Karpfen (**-s, -**) *m* carpe *f*
Karren (**-s, -**) *m* charrette *f*
Karriere *f* carrière *f* • **Karrieremacher(in)** (**-s, -**) (*péj*) *m(f)* arriviste *mf*
Karte *f* carte *f* ; (*Eintrittskarte, Fahrkarte*) billet *m* ; (*Karteikarte*) fiche *f*
Kartei *f* fichier *m* • **Karteikarte** *f* fiche *f*
Kartell (**-s, -e**) *nt* cartel *m*
Kartenhaus *nt* château *m* de cartes
Kartenprüfnummer *f* cryptogramme *m*
Kartenspiel *nt* jeu *m* de cartes
Kartentelefon *nt* téléphone *m* à carte
Kartenvorverkauf *m* location *f*
Kartoffel (**-, -n**) *f* pomme *f* de terre • **Kartoffelbrei** *m* purée *f* (de pommes de terre) • **Kartoffelchips** *pl* chips *mpl* • **Kartoffelpuffer** *m pommes de terre râpées rissolées* • **Kartoffelpüree** *nt* purée *f* (de pommes de terre) • **Kartoffelsalat** *m* salade *f* de pommes de terre
Karton (**-s, -s**) *m* carton *m*
kartoniert *adj* cartonné(e)
Karussell (**-s, -s**) *nt* manège *m*
Karwoche *f* semaine *f* sainte
Karzinom (**-s, -e**) *nt* carcinome *m*
Kaschemme (*péj*) *f* bouge *m*
kaschieren *vt* dissimuler
Käse (**-s, -**) *m* fromage *m* ; (*fam: Unsinn*) bêtises *fpl* • **Käseblatt** (*fam*) *nt* feuille *f* de chou • **Käsekuchen** *m tourte au fromage blanc*
Kaserne *f* caserne *f*
Kasernenhof *m* cour *f* de caserne
Kasino (**-s, -s**) *nt* (*Mil*) mess *m* ; (*Spielkasino*) casino *m*
Kasper (**-s, -**) *m* guignol *m*
Kasse *f* caisse *f* ; (*Krankenkasse*) caisse d'assurance-maladie ; (*Sparkasse*) caisse d'épargne ; **getrennte ~ machen** *od*

haben payer séparément ; **gut bei ~ sein** avoir des sous
Kassenarzt *m* ≈ médecin *m* conventionné
Kassenbestand *m* encaisse *f*
Kassenpatient *m* patient *m* membre d'une caisse d'assurance-maladie
Kassenprüfung *f* vérification *f* des comptes
Kassensturz *m*: **~ machen** faire les comptes
Kassenzettel *m* ticket *m* de caisse
Kasserolle *f* casserole *f*
Kassette *f* cassette *f*, chargeur *m* ; (*Bücherkassette*) coffret *m* ; (*Archit*) caisson *m*
kassieren *vt* (*Geld*) encaisser ; (*wegnehmen*) confisquer ▶ *vi*: **darf ich ~?** puis-je encaisser ?
Kassierer(in) (**-s, -**) *m(f)* caissier(-ière) ; (*von Klub*) trésorier(-ière)
Kastanie *f* (*Baum: Rosskastanie*) marronnier *m* ; (: *Edelkastanie*) châtaignier *m* ; (*Frucht*) marron *m* ; (*Edelkastanie, Esskastanie*) châtaigne *f*
Kastanienbaum *m* châtaignier *m* ; (*Rosskastanienbaum*) marronnier *m*
Kästchen *nt* coffret *m*
Kaste *f* caste *f*
Kasten (**-s, ¨**) *m* caisse *f* ; (*Briefkasten*) boîte *f* (aux lettres) • **Kastenwagen** *m* camionnette *f*
kastrieren *vt* châtrer
Katalog (**-(e)s, -e**) *m* catalogue *m*
katalogisieren *vt* cataloguer
Katalysator *m* pot *m* catalytique
Katapult (**-(e)s, -e**) *m od nt* fronde *f* ; (*für Flugzeug*) catapulte *f*
Katar *nt* le Qatar
Katarrh, Katarr (**-s, -e**) *m* catarrhe *m*
katastrophal *adj* catastrophique
Katastrophe *f* catastrophe *f*
Katastrophenschutz *m* ≈ plan *m* ORSEC
Kategorie *f* catégorie *f*
kategorisch *adj* catégorique
kategorisieren *vt* classer par catégories
Kater (**-s, -**) *m* matou *m* ; (*fam*) gueule *f* de bois
Katheder (**-s, -**) *nt* (*Univ*) chaire *f*
Kathedrale *f* cathédrale *f*
Kathode *f* cathode *f*
Katholik(in) (**-en, -en**) *m(f)* catholique *mf*
katholisch *adj* catholique
Katholizismus *m* catholicisme *m*
Kätzchen *nt* chaton *m*
Katze *f* chat *m* ; (*weiblich*) chatte *f*
Katzenauge *nt* (*Auto*) catadioptre *m*
Katzenjammer (*fam*) *m* déprime *f*
Katzensprung *m*: **es ist nur ein ~** c'est à deux pas
Katzenwäsche *f* brin *m* de toilette
Kauderwelsch (**-(s)**) *nt* charabia *m*
kauen *vt, vi* mâcher
kauern *vi* être accroupi(e) ▶ *vr* s'accroupir
Kauf (**-(e)s, Käufe**) *m* achat *m* ; **ein günstiger ~** une affaire ; **etw in ~ nehmen** s'accommoder de qch
kaufen *vt* acheter ▶ *vi* faire des achats
Käufer(in) (**-s, -**) *m(f)* acheteur(-euse)
Kauffrau *f* commerçante *f*
Kaufhaus *nt* grand magasin *m*
Kaufkraft *f* pouvoir *m* d'achat
Kaufladen *m* (*Spielzeug*) épicerie *f* (*jeu*)
käuflich *adj* achetable, à acheter ; (*bestechlich*) vénal(e), corruptible
kauflustig *adj* désireux(-euse) d'acheter
Kaufmann (**-(e)s, -leute**) *m* commerçant *m*
kaufmännisch *adj* commercial(e)
Kaufvertrag *m* contrat *m* de vente
Kaugummi *m od nt* chewing-gum *m*
Kaukasus *m*: **der ~** le Caucase
Kaulquappe *f* têtard *m*
kaum *adv* à peine, (ne ...) presque pas ; **~ dass** à peine
Kaution *f* caution *f*
Kautschuk (**-s, -e**) *m* caoutchouc *m*
Kauz (**-es, Käuze**) *m* (*Zool*) chat-huant *m* ; (*Mensch*) excentrique *m*
Kavalier (**-s, -e**) *m* (*höflicher Mann*) gentleman *m*
Kavaliersdelikt *nt* peccadille *f*
Kavallerie *f* cavalerie *f*
Kaviar *m* caviar *m*
keck *adj* (*Antwort, Benehmen*) effronté(e) ; (*Hut*) pimpant(e) ; (*Frisur*) coquet(te) • **Keckheit** *f* impertinence *f*
Kegel (**-s, -**) *m* cône *m* ; (*Spielfigur*) quille *f* • **Kegelbahn** *f* bowling *m* • **kegelförmig** *adj* conique
kegeln *vi* jouer au quilles
Kehle *f* gorge *f*
Kehlkopf *m* larynx *m*
Kehre *f* virage *m* ; (*Sport*) demi-tour *m* dorsal
kehren *vt* (*drehen*) tourner ; (*mit Besen*) balayer ; **jdm den Rücken ~** tourner le dos à qn
Kehricht (**-s**) *m od nt* balayures *fpl*
Kehrmaschine *f* balayeuse *f*
Kehrreim *m* refrain *m*
Kehrseite *f* (*einer Münze*) côté *m* pile ; (*fig*) désavantage *m*
kehrt|machen *vi* faire demi-tour

keifen *vi* criailler
Keil (**-(e)s, -e**) *m* coin *m* ; (*Auto*) cale *f*
Keilriemen *m* courroie *f* du ventilateur
Keim (**-(e)s, -e**) *m* germe *m* ; **etw im ~ ersticken** étouffer qch dans l'œuf
keimen *vi* germer
keimfrei *adj* stérile, stérilisé(e)
keimtötend *adj* antiseptique
Keimzelle *f* (*fig*) point *m* de départ
kein(e) *pron* pas de ; **ich habe ~e Kinder/~en Hund** je n'ai pas d'enfants/ de chien
keine(r, s) *pron* aucun(e) ; (*niemand*) personne
keinerlei *adj attrib* (ne ...) aucun(e)
keinesfalls *adv* (ne ...) en aucun cas
keineswegs *adv* (ne ...) pas du tout
keinmal *adv* (ne ...) pas une seule fois
Keks (**-es, -e**) *m od nt* biscuit *m*
Kelch (**-(e)s, -e**) *m* (*Glas*) coupe *f* ; (*Rel, Bot*) calice *m*
Kelle *f* (*Schöpfkelle*) louche *f* ; (*Maurerkelle*) truelle *f* ; (*Signalstab*) bâton *m* (*de contractuel*)
Keller (**-s, -**) *m* cave *f*
Kellerwohnung *f* appartement *m* en sous-sol
Kellner(in) (**-s, -**) *m(f)* serveur(-euse)
Kelte (**-n, -n**) *m*, **Keltin** *f* Celte *mf*
keltern *vt* presser
keltisch *adj* celtique
Kenia (**-s**) *nt* le Kenya
kennen *irr vt* connaître ; (*Sprache, jds Alter*) savoir
kennen|lernen *vt* (*jdn*) faire la connaissance de ▶ *vr* faire connaissance ; (*zum ersten Mal treffen*) être présentés(-ées)
Kenner(in) (**-s, -**) *m(f)* connaisseur(-euse)
kenntlich *adj*: **etw ~ machen** marquer qch
Kenntnis *f* connaissance *f* ; **etw zur ~ nehmen** prendre note de qch ; **von etw ~ nehmen** prendre connaissance de qch ; **jdn in ~ setzen** informer qn
Kennwort *nt* (*Chiffre*) code *m* ; (*Losungswort*) mot *m* de passe
Kennzeichen *nt* caractéristique *f*, signe *m* distinctif ; (*Markierung*) marque *f* ; **(amtliches** *od* **polizeiliches) ~** (*Auto*) numéro *m* d'immatriculation
kennzeichnen *vt* caractériser
Kennziffer *f* code *m* ; (*Écon*) référence *f*
kentern *vi* chavirer
Keramik (**-, -en**) *f* céramique *f*
Kerbe *f* encoche *f*
Kerbel (**-s, -**) *m* cerfeuil *m*
Kerbholz *nt*: **etw auf dem ~ haben** avoir qch à se reprocher
Kerker (**-s, -**) *m* cachot *m*
Kerl (**-s, -e**) *m* (*Mann*) type *m* ; **sie ist ein netter ~** elle est sympa
Kern (**-(e)s, -e**) *m* noyau *m* ; (*von Apfel, Orange, Zitrone*) pépin *m* ; (*fig: von Problem*) cœur *m*, fond *m* • **Kernenergie** *f* énergie *f* nucléaire • **Kernforschung** *f* recherche *f* (en physique) nucléaire • **Kernfrage** *f* question *f* essentielle • **Kerngehäuse** *nt* trognon *m* • **kerngesund** *adj* en parfaite santé
kernig *adj* robuste ; (*Ausspruch*) piquant(e)
Kernkraft *f* énergie *f* nucléaire
Kernkraftwerk *nt* centrale *f* nucléaire
kernlos *adj* sans pépins
Kernphysik *f* physique *f* nucléaire
Kernpunkt *m* point *m* essentiel
Kernseife *f* savon *m* de Marseille
Kernspaltung *f* fission *f* de l'atome
Kerze *f* bougie *f*
kerzengerade *adj* droit(e) comme un i
Kerzenständer *m* bougeoir *m* ; (*mit mehreren Kerzen*) chandelier *m*
kess *adj* (*Mädchen*) joli(e)
Kessel (**-s, -**) *m* (*Wasserkessel*) bouilloire *f* ; (*Mulde*) cuvette *f* ; (*von Lokomotive etc*) chaudière *f*
Ketchup, Ketschup (**-(s), -s**) *m od nt* ketchup *m*
Kette *f* chaîne *f*
ketten *vt* enchaîner
Kettenfahrzeug *nt* véhicule *m* à chenilles
Kettenreaktion *f* réaction *f* en chaîne
Ketzer(in) (**-s, -**) *m(f)* hérétique *mf*
ketzerisch *adj* hérétique
keuchen *vi* haleter
Keuchhusten *m* coqueluche *f*
Keule *f* massue *f* ; (*Culin*) cuisse *f* ; (*: von Wild*) cuissot *m*
keusch *adj* chaste
Keuschheit *f* chasteté *f*
Kfz (**-(s), -(s)**) *nt abk* = **Kraftfahrzeug**
Kfz-Steuer *f* taxe *f* sur les véhicules à moteur
kichern *vi* glousser ; (*boshaft*) ricaner
kidnappen *vt* kidnapper
Kiebitz (**-es, -e**) *m* (*Zool*) vanneau *m*
Kiefer[1] (**-s, -**) *m* (*Anat*) mâchoire *f*
Kiefer[2] (**-, -n**) *f* (*Bot*) pin *m*
Kiefernzapfen *m* pomme *f* de pin
Kieferorthopäde *m* orthodontiste *m*
Kiel (**-(e)s, -e**) *m* (*Naut*) quille *f* • **Kielwasser** *nt* sillage *m*
Kieme *f* branchie *f*
Kies (**-es, -e**) *m* gravier *m*
Kiesel (**-s, -**) *m* caillou *m* • **Kieselstein** *m* caillou *m*

Kiesgrube *f* gravière *f*
Kiesweg *m* allée *f* de gravier
kiffen (*fam*) *vt* fumer de l'herbe
Kilo (**-s, -(s)**) *nt* kilo *m* • **Kilobyte** *nt* kilo-octet *m* • **Kilogramm** *nt* kilogramme *m*
Kilometer *m* kilomètre *m* • **Kilometerzähler** *m* compteur *m*
Kimme *f* (*an Gewehr*) cran *m* de mire
Kind (**-(e)s, -er**) *nt* enfant *mf* ; **von ~ auf** dès l'enfance ; **sich bei jdm lieb ~ machen** se faire bien voir de qn
Kinderarzt *m* pédiatre *m*
Kinderbett *nt* lit *m* d'enfant
Kinderbuch *nt* livre *m* pour enfant
Kinderei *f* enfantillage *m*
kinderfeindlich *adj* qui n'aime pas les enfants ; (*Architektur, Planung*) peu adapté(e) aux besoins de l'enfant
Kindergarten *m* jardin *m* d'enfants, école *f* maternelle

Un **Kindergarten** est un jardin d'enfants pour les enfants de 3 à 6 ans. L'enseignement n'y est pas scolaire mais surtout ludique (chants, activités manuelles, etc.). Ces établissements sont financés non par l'État, mais par la ville ou par les églises, ainsi que par les parents.

Kindergärtner(in) *m(f)* jardinier(-ière) d'enfants
Kindergeld *nt* allocations *fpl* familiales
Kinderkrankheit *f* maladie *f* infantile
Kinderkrippe *f* crèche *f*
Kinderlähmung *f* polio(myélite) *f*
kinderleicht *adj* enfantin(e)
kinderlos *adj* sans enfant
Kindermädchen *nt* nurse *f*
kinderreich *adj* (*Familie*) nombreux(-euse)
Kindersicherung *f* verrou *m* de sécurité enfants
Kinderspiel *nt*: **das ist ein ~** c'est un jeu d'enfant
Kinderstube *f*: **eine gute ~ haben** être bien élevé(e)
Kindertagesstätte *f* crèche *f* (*à plein temps*)
Kinderwagen *m* landau *m*
Kinderzimmer *nt* chambre *f* d'enfants
Kindesalter *nt*: **im ~** dans l'enfance
Kindesbeine *pl*: **von ~n an** depuis la plus tendre enfance
Kindheit *f* enfance *f*
kindisch *adj* puéril(e)
kindlich *adj* d'enfant, enfantin(e)
Kinn (**-(e)s, -e**) *nt* menton *m* • **Kinnhaken** *m* crochet *m* (à la mâchoire) • **Kinnlade** *f* mâchoire *f* inférieure
Kino (**-s, -e**) *nt* cinéma *m* • **Kinobesucher(in)** *m(f)* spectateur(-trice) • **Kinoprogramm** *nt* programme *m* de cinéma
Kiosk (**-(e)s, -e**) *m* kiosque *m*
Kippe (*fam*) *f* (*Zigarettenstummel*) mégot *m* ; **auf der ~ stehen** être tangent(e)
kippen *vt* faire basculer ; (*Fenster*) faire pivoter ; (*Schüler, Kandidat*) retoquer ▶ *vi* se renverser
Kippschalter *m* interrupteur *m* à bascule
Kirche *f* église *f*
Kirchendiener *m* sacristain *m*
Kirchenlied *nt* cantique *m*
Kirchensteuer *f* impôt *m* ecclésiastique
Kirchgänger(in) (**-s, -**) *m(f)* pratiquant(e)
Kirchhof *m* cimetière *m*
kirchlich *adj* (*Trauung, Beerdigung*) religieux(-euse) ; (*Amt*) ecclésiastique
Kirchturm *m* clocher *m*
Kirchweih (**-, -en**) *f* fête *f* villageoise
Kirschbaum *m* cerisier *m*
Kirsche *f* cerise *f*
Kirschwasser *nt* kirsch *m*
Kissen (**-s, -**) *nt* coussin *m* ; (*Kopfkissen*) oreiller *m* • **Kissenbezug** *m* taie *f* d'oreiller
Kiste *f* caisse *f*
Kita *f abk* (= *Kindertagesstätte*) halte-garderie *f* ; (*für Kleinkinder*) crèche *f*

Une **Kita** désigne une *Kindertagesstätte*, c'est-à-dire, dans la plupart des cas, un lieu de garde pour les petits avant 3 ans. Depuis 2013, un loi prévoit d'assurer une place ou de trouver une solution financière de garde pour tous les petits afin de permettre aux femmes de continuer à travailler si elles le désirent.

Kitsch (**-(e)s**) *m* kitsch *m*
kitschig *adj* kitsch *inv*
Kitt (**-(e)s, -e**) *m* mastic *m*
Kittchen (*fam*) *nt* taule *f*
Kittel (**-s, -**) *m* blouse *f*
kitten *vt* recoller ; (*Ehe etc*) replâtrer
Kitz (**-es, -e**) *nt* chevreau *m* ; (*Rehkitz*) faon *m*
kitzelig *adj* chatouilleux(-euse) ; (*fig*) délicat(e)
kitzeln *vt* chatouiller
Kiwi (**-, -s**) *f* kiwi *m*
KKW (**-s, -s**) *nt abk* = **Kernkraftwerk**
klaffen *vi* bâiller
kläffen *vi* japper
Klage *f* plainte *f*
klagen *vi* (*jammern*) se lamenter ; (*sich beschweren*) se plaindre ; (*Jur*) porter plainte

Kläger(in) **(-s, -)** *m(f)* plaignant(e) ; (*in Scheidung*) demandeur(-deresse)
kläglich *adj* (*Ton, Stimme*) plaintif(-ive) ; (*Gesichtsausdruck*) pitoyable
klamm *adj* (*Finger*) engourdi(e) ; (*Wäsche*) humide et froid(e)
Klamm **(-, -en)** *f* gorge *f*
Klammer **(-, -n)** *f* (*Wäscheklammer*) pince *f* (à linge) ; (*in Text, Math*) parenthèse *f* ; (*Büroklammer*) trombone *m* ; (*Heftklammer*) agrafe *f* ; (*Zahnklammer*) appareil *m* (dentaire) • **Klammeraffe** *m* (*Inform*) arobase *f*
klammern *vr*: **sich an etw** *Akk* **~** se cramponner à qch ; **sich an jdn ~** se cramponner à qn
klang *etc vb siehe* **klingen**
Klang **(-(e)s, ¨-e)** *m* son *m* • **klangvoll** *adj* (*Stimme*) harmonieux(-euse)
Klappe *f* clapet *m* ; (*Herzklappe*) valve *f* ; **eine große ~ haben** (*fam*) être grande gueule
klappen *vt*: **nach oben/unten ~** (*Sitz*) soulever/rabattre ▸ *vi* (*gelingen*) marcher
Klapper **(-, -n)** *f* hochet *m*
klappern *vi* claquer, mit den Zähnen klappern ; **claquer des dents**
Klapperschlange *f* serpent *m* à sonnettes
Klapperstorch *m* cigogne *f*
Klappmesser *nt* couteau *m* de poche
Klapprad *nt* vélo *m* pliant
Klappstuhl *m* chaise *f* pliante
Klaps **(-es, -e)** *m* tape *f*
klar *adj* clair(e) ; (*Naut, Mil*) prêt(e) ; **(na) ~!** bien sûr ! ; **sich** *Dat* **über etw** *Akk* **im K~en sein** être tout à fait conscient(e) de qch
Kläranlage *f* station *f* d'épuration
klären *vt* (*Problem*) résoudre ; (*Missverständnis*) dissiper ▸ *vr* (re)devenir clair(e)
Klarheit *f* clarté *f*
Klarinette *f* clarinette *f*
klar|kommen *irr vi*: **mit jdm ~** arriver à s'entendre avec qn ; **mit etw ~** venir à bout de qch
klar|legen (*fam*) *vt* (bien) expliquer
klar|machen *vt*: **jdm etw ~** faire comprendre qch à qn
Klarsichtfolie *f* cellophane® *f*
klar|stellen *vt* éclaircir
Klärung *f* (*von Abwässern*) épuration *f* ; (*von Frage, Problem*) éclaircissement *m*
klasse (*fam*) *adj* super
Klasse *f* classe *f* ; (*Warenklasse, Qualitätsklasse: Sport*) catégorie *f*
Klassenarbeit *f* interrogation *f* (écrite)
Klassenbewusstsein *nt* conscience *f* de classe
Klassengesellschaft *f* société *f* de classes
Klassenkampf *m* lutte *f* des classes
Klassenlehrer(in) *m(f)* professeur *m* principal
klassenlos *adj* sans classes
Klassensprecher(in) *m(f)* délégué(e) de classe
Klassentreffen *nt* réunion *f* d'anciens élèves
Klassenzimmer *nt* salle *f* de classe
klassifizieren *vt* classer
Klassifizierung *f* classification *f*
Klassik **(-)** *f* (*Epoche*) époque *f* classique ; (*Antike*) Antiquité *f* classique • **Klassiker** **(-s, -)** *m* classique *m*
klassisch *adj* classique
Klatsch **(-(e)s, -e)** *m* (*Gerede*) potins *mpl*, ragots *mpl* • **Klatschbase** *f* commère *f*
Klatsche *f* (*Fliegenklatsche*) tapette *f*
klatschen *vi* (*applaudieren*) applaudir ; (*péj: reden*) cancaner
Klatschmohn *m* coquelicot *m*
klatschnass *adj* trempé(e)
Klatschspalte *f* chronique *f* mondaine
Klaue *f* (*von Raubvogel*) serre *f* ; (*fam: Schrift*) gribouillis *m*
klauen (*fam*) *vt* piquer, faucher
Klausel **(-, -n)** *f* clause *f*
Klausur *f* (*Rel*) clôture *f* ; (*Abgeschlossenheit*) isolement *m* ; (*Univ*) examen *m* écrit • **Klausurarbeit** *f* examen *m* écrit
Klaviatur *f* clavier *m*
Klavier **(-s, -e)** *nt* piano *m*
Klebemittel *nt* colle *f*
kleben *vt* coller ▸ *vi* coller ; **an etw** *Akk* **~** coller *od* adhérer à qch
klebrig *adj* collant(e)
Klebstoff *m* colle *f*
Klebstreifen *m* papier *m* collant
kleckern *vi* faire des taches
Klecks **(-es, -e)** *m* tache *f*
klecksen *vi* faire des taches
Klee **(-s)** *m* trèfle *m* • **Kleeblatt** *nt* feuille *f* de trèfle ; (*drei Personen*) trio *m* ; (*vier Personen*) quatuor *m*
Kleid **(-(e)s, -er)** *nt* robe *f* ; **Kleider** *pl* (*Kleidung*) vêtements *mpl*
kleiden *vt* habiller ▸ *vr* s'habiller
Kleiderbügel *m* cintre *m*
Kleiderbürste *f* brosse *f* à habits
Kleiderschrank *m* armoire *f*
Kleidung *f* vêtements *mpl*
Kleidungsstück *nt* vêtement *m*
Kleie *f* son *m*

klein *adj* petit(e) ▸ *adv*: **ein ~ wenig** un petit peu ; **~ anfangen** partir de rien ; **~ hacken** hacher menu(e) ; **~ schneiden** couper en petits morceaux
• **Kleinanzeige** *f* petite annonce *f*
• **Kleinasien** *nt* l'Asie *f* Mineure
• **Kleine(r)** *f(m)* petit(e) • **Kleine(s)** *nt* petit *m*
Kleinformat *nt* petit format *m*
Kleingedruckte(s) *nt* clauses *fpl*
Kleingeld *nt* monnaie *f*
kleingläubig *adj* défaitiste
klein|hacken *vt siehe* **klein**
Kleinholz *nt* petit bois *m* ; **~ aus jdm machen** réduire qn en bouillie
Kleinigkeit *f* petite chose *f* ; (*Einzelheit*) détail *m*
Kleinkind *nt* petit enfant *m*
Kleinkram *m* babioles *fpl*
kleinlaut *adj* penaud(e)
kleinlich *adj* mesquin(e)
Kleinlichkeit *f* mesquinerie *f*
klein|schneiden *vt siehe* **klein**
Kleinstadt *f* petite ville *f*
kleinstädtisch *adj* provincial(e)
kleinstmöglich *adj*: **der/die/das ~e ...** le(la) plus petit(e) ... possible
Kleister (**-s, -**) *m* colle *f*
kleistern *vt* coller
Klemme *f* pince *f* ; (*Haarklemme*) pince crocodile ; (*schwierige Situation*) pétrin *m*
klemmen *vt* (*festhalten*) coincer ; (*quetschen*) pincer ▸ *vi* (*Tür, Schloss*) être bloqué(e) *od* coincé(e) ▸ *vr*: **sich hinter jdn ~** tenter d'obtenir le soutien de qn ; **sich hinter etw** *Akk* **~** se mettre (sérieusement) à qch
Klempner (**-s, -**) *m* plombier *m*
Kleptomanie *f* cleptomanie *f*
Klerus (**-**) *m* clergé *m*
Klette *f* bardane *f* ; (*fam*: *Mensch*) pot *m* de colle
Kletterer (**-s, -**) *m*, **Kletterin** *f* grimpeur(-euse) *m/f*
klettern *vi* grimper
Kletterpflanze *f* plante *f* grimpante
Klettverschluss *m* fermeture *f* velcro
Klick (**-s, -s**) *m* clic *m*
klicken *vi* (*Inform*) cliquer
Klient(in) (**-en, -en**) *m(f)* client(e)
Klima (**-s, -s** *od* **-te**) *nt* climat *m*
• **Klimaanlage** *f* climatisation *f*
• **Klimaschutz** *m* protection *f* de climat
klimatisieren *vt* climatiser
Klimaveränderung *f* modification *f* climatique
Klimawandel *m* changement *m* climatique
Klimawechsel *m* changement *m* d'air
klimpern *vi* (*auf Klavier*) pianoter ; (*mit Gitarre*) gratter sa guitare ; **mit Münzen/Schlüsseln ~** faire cliqueter des pièces de monnaie/des clés
Klinge *f* lame *f*
Klingel (**-, -n**) *f* sonnette *f*
• **Klingelbeutel** *m* bourse *f* de la quête
klingeln *vi* sonner
Klingelton *m* (*Telefon, Handy*) sonnerie *f*
klingen *irr vi* (*Glocken*) sonner ; (*Gläser*) tinter ; **seine Stimme klingt ruhig** sa voix est calme
Klinik *f* clinique *f*
klinisch *adj* clinique
Klinke *f* poignée *f*
Klinker (**-s, -**) *m* brique *f* recuite
Klippe *f* (*im Meer*) écueil *m*, récif *m* ; (*fig*) écueil
klirren *vi* (*Ketten, Waffen*) cliqueter ; (*Gläser*) tinter ; **~de Kälte** froid *m* de canard
Klischee (**-s, -s**) *nt* cliché *m*
• **Klischeevorstellung** *f* stéréotype *m*
Klo (**-s, -s**) (*fam*) *nt* toilettes *fpl*
Kloake *f* cloaque *m*
klobig *adj* (*Gegenstand*) massif(-ive)
Klon (**-s, -e**) *m* clone *m*
klonen *vt* cloner
klopfen *vi* frapper ; (*Herz*) battre ; (*Motor*) cogner ▸ *vt* battre ; (*Fleisch*) attendrir ; **es klopft** on frappe ; **jdm auf die Schulter ~** taper sur l'épaule de qn
Klopfer (**-s, -**) *m* (*Teppichklopfer*) tapette *f* ; (*Türklopfer*) heurtoir *m*
Klöppel (**-s, -**) *m* (*von Glocke*) battant *m*
klöppeln *vi* faire de la dentelle
Klops (**-es, -e**) *m* boulette *f* de viande
Klosett (**-s, -e** *od* **-s**) *nt* W.-C. *mpl*
Kloß (**-es, ¨-e**) *m* (*Culin*) boulette *f* (*de pâte*) ; (*im Hals*) boule *f*
Kloster (**-s, ¨-e**) *nt* couvent *m*
Klotz (**-es, ¨-e**) *m* (*aus Holz*) bloc *m* ; (*Spielzeug*) cube *m* ; (*Mensch*) rustre *m* ; **jdm ein ~ am Bein sein** être un boulet pour qn
Klub (**-s, -s**) *m* club *m* • **Klubsessel** *m* (fauteuil *m*) club *m*
Kluft (**-, ¨-e**) *f* (*Spalt*) fissure *f* ; (*fig*: *Gegensatz*) fossé *m* ; (*kein pl*: *Kleidung*: *fam*) attirail *m* ; (: *Uniform*) uniforme *m*
klug *adj* (*intelligent, schlau*) intelligent(e) ; (*weise*) sage ; **aus jdm nicht ~ werden** ne pas savoir que penser de qn
• **Klugheit** *f* intelligence *f* ; (*von Entscheidung*) sagesse *f*
Klümpchen *nt* petit morceau *m*
klumpen *vi* (*Culin*) faire des grumeaux

K

Klumpen (**-s, -**) *m* (*Erdklumpen*) motte *f* ; (*Blutklumpen*) caillot *m* ; (*Goldklumpen*) pépite *f* ; (*Culin*) grumeau *m*
Klumpfuß *m* pied *m* bot
knabbern *vt* grignoter ▸ *vi*: **an etw** *Dat* **zu ~ haben** (*fam*) ne pas être au bout de ses peines avec qch
Knabe (**-n, -n**) *m* garçon *m*
knabenhaft *adj* de garçon
Knäckebrot *nt* galette *f* suédoise
knacken *vt* (*Nüsse*) casser ; (*Tresor, Autos*) cambrioler ▸ *vi* craquer ; (*Radio*) grésiller
Knacks (**-es, -e**) *m* (*Laut*) craquement *m* ; (*Sprung*) fêlure *f* ; **einen ~ weghaben** (*fam*) ne plus être le même
Knall (**-(e)s, -e**) *m* (*von Explosion*) détonation *f* ; (*von Aufprall*) fracas *m* ; (*Peitschenknall*) claquement *m* ; **einen ~ haben** (*fam*) être fêlé(e) ; **~ und Fall** (*fam*) sur-le-champ • **Knallbonbon** *nt od m* diablotin *m* (*pétard*) • **Knalleffekt** *m*: **einen ~ haben** faire l'effet d'une bombe • **knallen** *vi* (*Schuss*) partir ; (*Tür, Peitsche*) claquer ; (*Korken*) sauter ▸ *vt* (*werfen*) flanquer ; (*schießen*) tirer ; **gegen etw ~** (*Auto*) percuter qch • **knallhart** *adj* (*schonungslos*) très dur(e) • **knallrot** *adj* rouge vif *inv*
knapp *adj* (*Kleidungsstück*) juste ; (*Portionen*) maigre ; (*Sprache, Bericht*) concis(e) ; (*Sieg*) remporté(e) de justesse ; (*Mehrheit*) faible ; **eine ~e Stunde** une petite heure ; **ein ~es Meter** à peine un mètre ; **meine Zeit ist ~ bemessen** j'ai très peu de temps ; **~ neben/unter** juste à côté de/sous • **knapp|halten** *irr vt*: **jdn ~** (*mit Geld*) donner peu d'argent à qn • **Knappheit** *f* (*von Geld, Vorräten*) pénurie *f* ; (*von Zeit*) manque *m* ; (*von Kleidungsstück*) étroitesse *f* ; (*von Ausdrucksweise*) concision *f*
knarren *vi* craquer
Knast (**-(e)s**) (*fam*) *m* taule *f*
knattern *vi* (*Motorrad*) pétarader ; (*Maschinengewehr*) crépiter
Knäuel (**-s, -**) *m od nt* (*Wollknäuel*) pelote *f* ; (*Menschenknäuel*) grappe *f*
Knauf (**-(e)s, Knäufe**) *m* pommeau *m* ; (*Türknauf*) bouton *m*
knauserig *adj* radin(e)
knausern (*péj*) *vi* être radin(e)
knautschen *vt* froisser ▸ *vi* se froisser
Knebel (**-s, -**) *m* bâillon *m*
knebeln *vt* bâillonner
Knecht (**-(e)s, -e**) *m* valet *m* de ferme
Knechtschaft *f* servitude *f*
kneifen *irr vt* pincer ▸ *vi* (*Kleidung*) serrer ; **vor etw ~** esquiver qch
Kneipe (*fam*) *f* bistro *m*
Knete (*fam*) *f* pognon *m*
kneten *vt* (*Teig*) pétrir ; (*Muskeln*) masser
Knetmasse *f* pâte *f* à modeler
Knick (**-(e)s, -e**) *m* pli *m* ; (*in Blume*) cassure *f* ; (*Kurve, Biegung*) coude *m*
knicken *vt* (*brechen*) casser ; (*falten*) plier ▸ *vi* (se) casser ; **geknickt sein** (*fig*) être déprimé(e)
Knicks (**-es, -e**) *m* révérence *f*
knicksen *vi* faire la révérence
Knie (**-s, -**) *nt* genou *m* ; (*in Rohr*) coude *m* ; **etw übers ~ brechen** décider qch à la va-vite • **Kniebeuge** *f* flexion *f* (du genou) • **Kniefall** *m* génuflexion *f* • **Kniegelenk** *nt* articulation *f* du genou • **Kniekehle** *f* jarret *m*
knien *vi* être à genoux ▸ *vr* se mettre à genoux, s'agenouiller ; **sich in die Arbeit ~** se plonger dans son travail
Kniescheibe *f* rotule *f*
Kniestrumpf *m* chaussette *f* (montante)
kniff *etc vb siehe* **kneifen**
Kniff (**-(e)s, -e**) *m* (*Falte*) pli *m* ; (*fig*) truc *m*
knipsen *vt* (*Fahrkarte*) poinçonner ; (*fotografieren*) prendre en photo ▸ *vi* prendre des photos
Knirps (**-es, -e**) *m* (*kleiner Junge*) petit bonhomme *m* ; (*kleiner Mensch*) nabot *m* ; **~®** (*Schirm*) parapluie *m* téléscopique *od* pliant
knirschen *vi* crisser ; **mit den Zähnen ~** grincer des dents
knistern *vi* (*Feuer*) crépiter ; **mit Papier ~** froisser du papier
knitterfrei *adj* infroissable
knittern *vi* se froisser
Knoblauch *m* ail *m* • **Knoblauchpresse** *f* presse-ail *m* • **Knoblauchzehe** *f* gousse *f* d'ail
Knöchel (**-s, -**) *m* (*Fingerknöchel*) jointure *f* (des doigts) ; (*Fußknöchel*) cheville *f*
Knochen (**-s, -**) *m* os *m* • **Knochenbau** *m* ossature *f* • **Knochenbruch** *m* fracture *f* • **Knochengerüst** *nt* squelette *m* • **Knochenmark** *nt* moelle *f*
knöchern *adj* en os
knochig *adj* osseux(-euse)
Knödel (**-s, -**) *m boulette de pâte cuite dans du potage*
Knolle *f* bulbe *m*
Knopf (**-(e)s, ¨-e**) *m* bouton *m*
knöpfen *vt* boutonner
Knopfloch *nt* boutonnière *f*
Knorpel (**-s, -**) *m* cartilage *m*
knorpelig *adj* nerveux(-euse)
knorrig *adj* noueux(-euse)
Knospe *f* bourgeon *m*

knospen *vi* bourgeonner
knoten *vt* nouer
Knoten (**-s, -**) *m* nœud *m* ; (*Méd, Bot*) nodosité *f* ; (*Haarknoten*) chignon *m* • **Knotenpunkt** *m* (*im Verkehr*) carrefour *m*
Know-how (**-(s)**) *nt* savoir-faire *m*
Knüller (**-s, -**) (*fam*) *m* succès *m* fou ; (*Reportage*) scoop *m*
knüpfen *vt* nouer ; **Hoffnungen an etw** *Akk* **~** fonder des espoirs sur qch ; **Bedingungen an etw** *Akk* **~** faire qch à certaines conditions
Knüppel (**-s, -**) *m* bâton *m* ; (*Polizeiknüppel*) matraque *f* ; (*Aviat*) manche *m* à balai • **Knüppelschaltung** *f* vitesses *fpl* au plancher
knurren *vi* (*Hund*) gronder ; (*Mensch*) grogner ; (*Magen*) gargouiller
knutschen (*fam*) *vi, vr* se peloter
k. o. *adj* (*Boxe*) K.-O. *m* ; **~ sein** être K.-O.
Koalition *f* coalition *f*
Kobalt (**-s**) *nt* cobalt *m*
Kobold (**-(e)s, -e**) *m* lutin *m*
Kobra (**-, -s**) *f* cobra *m*
Koch (**-(e)s, ⸚e**) *m* cuisinier *m* • **Kochbuch** *nt* livre *m* de cuisine
kochen *vt* (faire) cuire ; (*Kaffee, Tee*) faire ; (*Wasser, Wäsche*) faire bouillir ▶ *vi* (*Essen bereiten*) faire la cuisine ; (*wütend sein*) bouillir
Kocher (**-s, -**) *m* réchaud *m*
Köcher (**-s, -**) *m* carquois *m*
Kochgelegenheit *f* possibilité *f* de faire la cuisine
Köchin *f* cuisinière *f*
Kochlöffel *m* cuiller *f* de *od* en bois
Kochnische *f* coin-cuisine *m*
Kochplatte *f* plaque *f* de cuisson
Kochsalz *nt* sel *m* de cuisine
Kochtopf *m* casserole *f*
Kochwäsche *f* linge *m* à bouillir
Kode (**-s, -s**) *m* code *m*
Köder (**-s, -**) *m* appât *m*
ködern *vt* appâter
Koexistenz *f* coexistence *f*
Koffein (**-s**) *nt* caféine *f* • **koffeinfrei** *adj* décaféiné(e)
Koffer (**-s, -**) *m* valise *f* • **Kofferkuli** *m* chariot *m* à bagages • **Kofferradio** *nt* transistor *m* • **Kofferraum** *m* coffre *m*
Kognak (**-s, -s**) *m* cognac *m*
Kohl (**-(e)s, -e**) *m* chou *m*
Kohle *f* charbon *m* ; **wie auf glühenden ~n sitzen** être sur des charbons ardents • **Kohlehydrat** (**-(e)s, -e**) *nt* hydrate *m* de carbone • **Kohlekraftwerk** *nt* centrale *f* électrique au charbon
Kohlendioxid (**-(e)s, -e**) *nt* gaz *m* carbonique
Kohlenmonoxid *nt* oxyde *m* de carbone
Kohlensäure *f* acide *m* carbonique ; **ein Getränk mit/ohne ~** une boisson gazeuse/non gazeuse
Kohlenstoff *m* carbone *m*
Kohlepapier *nt* papier *m* carbone
Kohlestift *m* fusain *m*
Kohlrabi (**-s, -s**) *m* chou *m* rave
kohlschwarz *adj* noir(e) comme du jais ; (*Hände*) très sale
Koje *f* (*Nische*) alcôve *f* ; (*Bett*) pieu *m*
Kokain (**-s**) *nt* cocaïne *f*
kokett *adj* coquet(te)
kokettieren *vi* (*flirten*) flirter
Kokosnuss *f* noix *f* de coco
Kokospalme *f* cocotier *m*
Koks (**-es, -e**) *m* coke *m*
Kolben (**-s, -**) *m* (*Gewehrkolben*) crosse *f* ; (*Tech*) piston *m* ; (*Maiskolben*) épi *m* ; (*Chim*) cornue *f*
Kolik *f* colique *f*
Kollaps (**-es, -e**) *m* grave malaise *m* cardiovasculaire
Kolleg (**-s, -s** *od* **-ien**) *nt* cours *m*
Kollege (**-n, -n**) *m*, **Kollegin** *f* collègue *mf*
Kollegium *nt* (*Lehrerkollegium*) corps *m* enseignant
Kollekte *f* (*in der Kirche*) quête *f*
kollektiv *adj* collectif(-ive)
kollidieren *vi* entrer en collision ; (*zeitlich*) se chevaucher
Köln (**-s**) *nt* Cologne
Kölnischwasser *nt* eau *f* de Cologne
kolonial *adj* colonial(e)
Kolonie *f* colonie *f*
kolonisieren *vt* coloniser
Kolonne *f* colonne *f* ; (*von Fahrzeugen*) convoi *m*
Koloss (**-es, -e**) *m* colosse *m*
kolossal *adj* (*riesig*) gigantesque ▶ *adv*: **~ reich** extrêmement riche
Kölsch (**-(s)**) *nt* (*Culin*) *bière blonde et forte de Cologne*
Kolumbianer(in) *m(f)* Colombien(ne)
Kolumbien *nt* la Colombie
kolumbisch *adj* colombien(ne)
Koma (**-s, -s** *od* **-ta**) *nt* coma *m*
Kombi (**-s, -s**) *m* break *m*
Kombination *f* combinaison *f* ; (*Vermutung*) raisonnement *m* ; (*Hose und Jackett, Kleid mit Jacke*) ensemble *m*
kombinieren *vt* combiner ▶ *vi* (*schlussfolgern, vermuten*) réfléchir
Kombiwagen *m* break *m*
Kombizange *f* pince *f* universelle
Komet (**-en, -en**) *m* comète *f*

Komfort (**-s**) *m* confort *m* • **Komfortzone** *f* zone *f* de confort
Komik (**-**) *f* comique *m* • **Komiker** (**-s, -**) *m* comique *m*
komisch *adj* (*lustig*) drôle ; (*merkwürdig*) bizarre
Komitee (**-s, -s**) *nt* comité *m*
Komma (**-s, -s** *od* **-ta**) *nt* virgule *f*
Kommandant, Kommandeur *m* commandant *m*
kommandieren *vt, vi* commander
Kommando (**-s, -s**) *nt* commandement *m* ; (*Truppeneinheit*) commando *m* ; **auf ~** sur commande
kommen *irr vi* venir ; (*ankommen, näher kommen, eintreffen, geschehen*) arriver ; (*Blumen*) apparaître ; (*Zähne*) percer ; **in die Schule ~** commencer sa scolarité ; **ins Krankenhaus ~** être hospitalisé(e) ; **ihm ~ die Tränen** il (en) a les larmes aux yeux ; **jetzt kommt er an die Reihe** c'est (à) son tour ; **wie kommt es, dass du ...?** comment se fait-il que tu ... ? ; **und so kam es dann auch** ça n'a pas manqué ; **nichts auf jdn/etw ~ lassen** n'admettre aucune critique au sujet de qn/qch ; **um etw ~** perdre qch ; **hinter etw** *Akk* **~** (*entdecken*) découvrir qch ; **(wieder) zu sich ~** (*Bewusstsein wiedererlangen*) reprendre connaissance
Kommen (**-s**) *nt* venue *f*
kommend *adj* prochain(e) ; (*Generationen, Ereignisse*) futur(e)
Kommentar *m* commentaire *m* ; **kein ~** je n'ai rien à dire • **kommentarlos** *adj* sans commentaire
Kommentator *m* commentateur *m*
kommentieren *vt* commenter
kommerziell *adj* commercial(e)
Kommilitone (**-n, -n**) *m*, **Kommilitonin** *f* camarade *mf* d'université
Kommiss (**-es**) *m* armée *f*
Kommissar(in) *m(f)* (*Polizeikommissar*) commissaire *mf*
Kommission *f* (*Ausschuss*) commission *f* ; **etw in ~ geben** confier qch à un commissionnaire
Kommode *f* commode *f*
Kommune *f* commune *f*
Kommunikation *f* communication *f*
Kommunion *f* communion *f*
Kommuniqué (**-s, -s**) *nt* communiqué *m*
Kommunismus *m* communisme *m*
Kommunist(in) *m(f)* communiste *mf* • **kommunistisch** *adj* communiste
kommunizieren *vi* (*Rel*) communier ; (*geh*) communiquer
Komödiant(in) *m(f)* comédien(ne)
Komödie *f* comédie *f*
Kompagnon (**-s, -s**) *m* associé *m*
kompakt *adj* compact(e)
Kompanie *f* compagnie *f*
Komparativ *m* comparatif *m*
Kompass (**-es, -e**) *m* boussole *f*
kompatibel *adj* compatible
Kompatibilität *f* compatibilité *f*
kompetent *adj* compétent(e)
Kompetenz *f* compétence *f*
komplett *adj* complet(-ète)
komplex *adj* complexe • **Komplex** (**-es, -e**) *m* complexe *m* ; (*Zusammengehöriges*) ensemble *m*
Komplikation *f* complication *f*
Kompliment *nt* compliment *m*
Komplize (**-n, -n**) *m*, **Komplizin** *f* complice *mf*
komplizieren *vt* compliquer
kompliziert *adj* compliqué(e)
Komplizin *f siehe* **Komplize**
Komplott (**-(e)s, -e**) *nt* complot *m*
komponieren *vt* composer
Komponist(in) *m(f)* compositeur(-trice)
Komposition *f* composition *f*
Kompost (**-(e)s, -e**) *m* compost *m* • **Komposthaufen** *m* tas *m* de compost
Kompott (**-(e)s, -e**) *nt* compote *f*
Kompresse *f* compresse *f*
Kompressor *m* compresseur *m*
komprimiert *adj* comprimé(e)
Kompromiss (**-es, -e**) *m* compromis *m* • **kompromissbereit** *adj* conciliant(e) • **Kompromisslösung** *f* compromis *m*
kompromittieren *vt* compromettre
Kondensation *f* condensation *f*
Kondensator *m* condensateur *m*
kondensieren *vt* condenser
Kondensmilch *f* lait *m* concentré
Kondensstreifen *m* traînée *f* de condensation
Kondenswasser *nt* condensation *f*
Kondition *f* (*Bedingung*) condition *f* ; (*Sport*) condition physique, forme *f*
Konditor(in) *m(f)* pâtissier(-ière)
Konditorei *f* pâtisserie *f*
kondolieren *vi*: **jdm ~** présenter ses condoléances à qn
Kondom (**-s, -e**) *nt* préservatif *m*
Konfektion *f* confection *f*
Konferenz *f* conférence *f* • **Konferenzschaltung** *f* multiplex *m*
Konfession *f* confession *f* • **konfessionell** *adj* confessionnel(le)
konfessionslos *adj* sans confession
Konfessionsschule *f* école *f* libre
Konfetti (**-(s)**) *nt* confettis *mpl*

Konfiguration *f* configuration *f*
Konfirmand(in) (**-en, -en**) *m(f)* confirmand(e)
Konfirmation *f* confirmation *f*
konfirmieren *vt* confirmer
konfiszieren *vt* confisquer
Konfitüre *f* confiture *f*
Konflikt (**-(e)s, -e**) *m* conflit *m*
konform *adj* identique ; **mit jdm (in etw** *Dat*) **~ gehen** *od* **sein** être entièrement d'accord avec qn (sur qch)
konfrontieren *vt* confronter
konfus *adj* confus(e)
Kongo (**-s**) *m* Congo *m*
Kongress (**-es, -e**) *m* congrès *m*
Kongruenz *f* congruence *f*
König (**-es, -e**) *m* roi *m*
Königin *f* reine *f* • **Königinpastete** *f* bouchée *f* à la reine
königlich *adj* royal(e)
Königreich *nt* royaume *m*
Königtum (**-(e)s, -tümer**) *nt* royauté *f*
konisch *adj* conique
Konjugation *f* conjugaison *f*
konjugieren *vt* conjuguer
Konjunktion *f* conjonction *f*
Konjunktiv *m* subjonctif *m*
Konjunktur *f* conjoncture *f*
konkav *adj* concave
konkret *adj* concret(-ète)
Konkurrent(in) *m(f)* concurrent(e)
Konkurrenz *f* concurrence *f*
• **konkurrenzfähig** *adj* compétitif(-ive)
• **Konkurrenzkampf** *m* concurrence *f*
konkurrieren *vi* être en concurrence
Konkurs (**-es, -e**) *m* faillite *f* ; **~ machen** faire faillite

SCHLÜSSELWORT

können (*pt* **konnte**, *pp* **gekonnt** *od* (*als Hilfsverb*) **können**) *vt, vi* **1** (*vermögen*) pouvoir ; **ich kann nichts dafür** je n'y peux rien
2 (*wissen, beherrschen*) savoir ; **was können Sie?** que savez-vous faire ? ; **können Sie Deutsch?** vous parlez l'allemand ? ; **können Sie Auto fahren?** vous savez conduire ? ; **sie kann keine Mathematik** elle n'est pas douée en math
3 (*dürfen*) pouvoir ; **kann ich gehen?** je peux partir ? ; **könnte ich ...?** (est-ce que) je pourrais ... ? ; **kann ich mit?** (*fam*) je peux venir ? ; **du kannst mich (mal)!** (*vulg*) va te faire foutre !
4 (*möglich sein*): **das kann sein** c'est possible ; **kann sein** (*fam*) c'est possible, peut-être

Können (**-s**) *nt* capacités *fpl*
konsequent *adj* (*logisch*) logique ; (*unbeirrbar*) résolu(e), inébranlable
Konsequenz *f* (*Unbeirrbarkeit*) détermination *f* ; (*Folge*) conséquence *f*
konservativ *adj* conservateur(-trice)
Konservatorium *nt* conservatoire *m*
Konserve *f* conserve *f*
Konservenbüchse *f* boîte *f* de conserve
konservieren *vt* conserver
Konservierung *f* conservation *f*
Konservierungsmittel *nt* agent *m* conservateur
Konsonant *m* consonne *f*
konstant *adj* constant(e), obstiné(e)
Konstellation *f* (*fig*) situation *f* ; (*Astron*) constellation *f*
konstruieren *vt* construire ; (*fig*) imaginer
Konstrukteur(in) *m(f)* constructeur(-trice)
Konstruktion *f* construction *f*
konstruktiv *adj* constructif(-ive) ; (*Tech*) de construction
Konsul (**-s, -n**) *m* consul *m*
Konsulat *nt* consulat *m*
konsultieren *vt* consulter
Konsum (**-s, -s**) *m* consommation *f*
• **Konsumartikel** *m* bien *m* de consommation
Konsument *m* consommateur *m*
Konsumgesellschaft *f* société *f* de consommation
konsumieren *vt* consommer
Kontakt (**-(e)s, -e**) *m* contact *m*
• **kontaktarm** *adj* qui a du mal à se faire des amis • **kontaktfreudig** *adj* sociable
• **Kontaktmann** (**-(e)s, -männer**) *m* contact *m*
kontern *vi* contre-attaquer
Konterrevolution *f* contre-révolution *f*
Kontinent (**-(e)s, -e**) *m* continent *m*
Kontingent (**-(e)s, -e**) *nt* quota *m* ; (*Mil*) contingent
kontinuierlich *adj* continu(e), constant(e)
Kontinuität *f* continuité *f*
Konto (**-s, Konten**) *nt* compte *m* ; **das geht auf mein ~** (*fam: ich bin schuldig*) c'est de ma faute • **Kontoauszug** *m* relevé *m* de compte • **Kontoinhaber(in)** *m(f)* titulaire *mf* d'un compte
• **Kontonummer** *f* numéro *m* de compte
• **Kontostand** *m* position *f od* solde *m* d'un compte
Kontra (**-s, -s**) *nt*: **jdm ~ geben** (*fam*) contredire qn • **Kontrabass** *m* contrebasse *f*

k

Kontrahent *m* adversaire *m*
kontraproduktiv *adj* nuisible, néfaste
Kontrapunkt *m* contrepoint *m*
Kontrast (**-(e)s, -e**) *m* contraste *m*
Kontrolle *f* contrôle *m*
Kontrolleur *m* (*Fahrkartenkontrolleur*) contrôleur *m*
kontrollieren *vt* contrôler
Kontur *f* contour *m*
Konvention *f* convention *f*
konventionell *adj* conventionnel(le)
Konversation *f* conversation *f*
Konversationslexikon *nt* encyclopédie *f*
konvertieren *vi* convertir
konvex *adj* convexe
Konvoi (**-s, -s**) *m* convoi *m*
Konzentrat *nt* concentré *m*
Konzentration *f* concentration *f*
Konzentrationslager *nt* camp *m* de concentration
konzentrieren *vt* concentrer ▶ *vr* se concentrer
konzentriert *adj* concentré(e) ▶ *adv* attentivement
Konzept (**-(e)s, -e**) *nt* plan *m*, programme *m* ; (*Entwurf, Rohfassung*) brouillon *m* ; **jdn aus dem ~ bringen** faire perdre le fil à qn
Konzern (**-s, -e**) *m* consortium *m*
Konzert (**-(e)s, -e**) *nt* concert *m*
konzertiert *adj* concerté(e)
Konzertsaal *m* salle *f* de concert
Konzession *f* concession *f*, licence *f*
Konzil (**-s, -e** *od* **-ien**) *nt* concile *m*
konzipieren *vt* concevoir ; (*Aufsatz, Rede*) ébaucher
Kooperation *f* coopération *f*
koordinieren *vt* coordonner
Kopf (**-(e)s, ¨-e**) *m* tête *f* ; **pro ~** par tête *od* personne ; **sich** *Dat* **(über etw** *Akk***) den ~ zerbrechen** se creuser la tête (à propos de qch) ; **den ~ hängen lassen** baisser les bras ; **etw aus dem ~ wissen** savoir qch par cœur ; **im ~ rechnen** calculer de tête • **Kopfbedeckung** *f* couvre-chef *m*
köpfen *vt* (*Person*) décapiter ; (*Ei*) ouvrir ; (*Flasche*) déboucher ; **den Ball ~** faire une tête
Kopfhaut *f* cuir *m* chevelu
Kopfhörer *m* écouteurs *mpl*
Kopfkissen *nt* oreiller *m*
kopflos *adj* paniqué(e)
Kopfsalat *m* laitue *f*
Kopfschmerzen *pl* mal *m* à la tête
Kopfsprung *m* plongeon *m*
Kopfstand *m* poirier *m*
Kopftuch *nt* foulard *m* • **Kopftuchverbot** *nt* interdiction *f* du port du voile
kopfüber *adv* la tête la première
Kopfweh *nt* mal *m* de tête
Kopfzerbrechen *nt*: **jdm ~ machen** être un souci pour qn
Kopie *f* copie *f*
kopieren *vt* copier ; (*Person*) imiter
Kopierer (**-s, -**) *m*, **Kopiergerät** *nt* photocopieuse *f*
Kopierschutz *m* (*Inform*) protection *f* contre copie
koppeln *vt* (*Tech*) coupler ; (*Unternehmungen*) combiner
Koppelung *f* couplage *m*
Koppelungsmanöver *nt* arrimage *m*
Koralle *f* corail *m*
Korallenriff *nt* récif *m* de corail
Koran (**-s**) *m* Coran *m*
Korb (**-(e)s, ¨-e**) *m* panier *m* ; **jdm einen ~ geben** (*fig*) rembarrer qn • **Korbball** *m* basket-ball *m* • **Korbstuhl** *m* chaise *f* de rotin
Kord *m* = **Cord**
Kordel (**-, -n**) *f* cordelette *f*
Kordsamt *m* = **Cordsamt**
Korea (**-s**) *nt* la Corée
Koreaner(in) (**-s, -**) *m(f)* Coréen(ne)
koreanisch *adj* coréen(ne)
Korfu (**-s**) *nt* Corfou *f*
Kork (**-(e)s, -e**) *m* (*Material*) liège *m*
Korken (**-s, -**) *m* bouchon *m* • **Korkenzieher** (**-s, -**) *m* tire-bouchon *m*
Korn (**-(e)s, ¨-er**) *nt* grain *m* ; (*Getreide*) blé *m* ; (*von Gewehr*) guidon *m*
Kornblume *f* bleuet *m*
Körnchen *nt* petit grain *m*
Kornkammer *f* grenier *m*
Körper (**-s, -**) *m* corps *m* • **Körperbau** *m* physique *m* • **körperbehindert** *adj* handicapé(e) physique • **Körpergeruch** *m* odeur *f* (corporelle) • **Körpergewicht** *nt* poids *m* • **Körpergröße** *f* taille *f* • **Körperhaltung** *f* maintien *m* • **körperlich** *adj* physique • **Körperpflege** *f* hygiène *f* corporelle • **Körperschaft** *f* personne *f* morale • **Körperteil** *m* partie *f* du corps
Korps (**-, -**) *nt* (*Mil*) corps *m* ; (*Univ*) corporation *f* d'étudiants
korpulent *adj* corpulent(e)
korrekt *adj* correct(e) • **Korrektheit** *f* correction *f*
Korrektor(in) *m(f)* correcteur(-trice)
Korrektur *f* correction *f*
Korrespondent(in) *m(f)* (*von Zeitung*) correspondant(e)
Korrespondenz *f* correspondance *f*
korrespondieren *vi* correspondre
Korridor (**-s, -e**) *m* corridor *m*
korrigieren *vt* corriger

Korrosion *f* corrosion *f*
korrumpieren *vt* corrompre
Korruption *f* corruption *f*
Korsett (**-(e)s, -e**) *nt* corset *m*
Korsika (**-s**) *nt* la Corse
Koseform *f* diminutif *m*
Kosename *m* petit nom *m*
Kosewort *nt* mot *m* tendre
Kosmetik *f* soins *mpl* de beauté
kosmetisch *adj* cosmétique ; (*Chirurgie*) esthétique, plastique
kosmisch *adj* cosmique
Kosmonaut(in) (**-en, -en**) *m(f)* cosmonaute *mf*
Kosmopolit (**-en, -en**) *m* (personne *f*) cosmopolite *m*
kosmopolitisch *adj* cosmopolite
Kosmos (**-**) *m* cosmos *m*
Kosovo (**-s**) *nt* le Kosovo
Kost (**-**) *f* (*Nahrung*) nourriture *f* ; (*Verpflegung*) pension *f* ; **er bekommt ~ und Logis frei** il est nourri et logé gratuitement
kostbar *adj* précieux(-euse)
Kostbarkeit *f* valeur *f* ; (*Wertstück*) objet *m* de valeur
kosten *vt* (*Preis haben*) coûter ▸ *vi* (*versuchen*) déguster ; **jdn Zeit ~** prendre du temps à qn
Kosten *pl* coût *msg* ; (*Ausgaben*) frais *mpl* ; **auf jds ~** (*von jds Geld*) aux frais de qn ; (*zu jds Nachteil*) au détriment de qn • **kostenlos** *adj* gratuit(e) • **Kostenvoranschlag** *m* devis *m*
köstlich *adj* (*Essen*) délicieux(-euse) ; (*Geschichte, Einfall*) très amusant(e) ; **sich ~ amüsieren** beaucoup s'amuser
Kostprobe *f* échantillon *m*
kostspielig *adj* coûteux(-euse)
Kostüm (**-s, -e**) *nt* costume *m* ; (*Damenkostüm auch*) tailleur *m* • **Kostümfest** *nt* bal *m* costumé
kostümieren *vr* se déguiser
Kostümverleih *m* location *f* de costumes
Kot (**-(e)s**) *m* excréments *mpl*
Kotelett (**-s, -s**) *nt* côtelette *f*
Koteletten *pl* (*Bart*) favoris *mpl*
Köter (**-s, -**) *m* clebs *m*
Kotflügel *m* aile *f*
kotzen (*vulg*) *vi* dégobiller
Krabbe *f* crabe *m*
krabbeln *vi* ramper
Krach (**-(e)s, ⸚e**) *m* fracas *m* ; (*andauernd*) bruit *m* ; (*fam: Streit*) dispute *f*
krachen *vi* (*brechen*) craquer ; **gegen etw ~** se cogner contre qch
krächzen *vi* (*Vogel*) croasser ; (*Mensch*) parler d'une voix rauque
kraft *präp +Gen* en vertu de
Kraft (**-, ⸚e**) *f* force *f* ; (*Arbeitskraft*) travailleur(-euse) *m/f* ; **außer ~ sein** (*Jur*) ne plus être valable ; **in ~ treten/sein** entrer/être en vigueur ; **mit vereinten Kräften werden wir ...** tous ensemble, nous ... • **Kraftausdruck** *m* gros mot *m*
Kraftfahrer(in) *m(f)* automobiliste *mf*
Kraftfahrzeug *nt* voiture *f* • **Kraftfahrzeugbrief, Kraftfahrzeugschein** *m* ≈ carte *f* grise • **Kraftfahrzeugsteuer** *f* *impôt sur les automobiles*, ≈ vignette *f* • **Kraftfahrzeugversicherung** *f* assurance-auto(mobile) *f*
kräftig *adj* fort(e) ; (*Suppe, Essen*) nourrissant(e) ▸ *adv* (*gebaut*) solidement
kräftigen *vt* fortifier
kraftlos *adj* sans force, faible
Kraftprobe *f* épreuve *f* de force
Kraftrad *nt* moto(cyclette) *f*
kraftvoll *adj* vigoureux(-euse)
Kraftwagen *m* automobile *f*
Kraftwerk *nt* centrale *f* (électrique)
Kragen (**-s, -**) *m* (*von Kleidung*) col *m* • **Kragenweite** *f* encolure *f*
Krähe *f* corneille *f*
krähen *vi* (*Hahn*) chanter ; (*Säugling*) gazouiller
krakeelen (*fam*) *vi* brailler
Kralle *f* (*von Tier*) griffe *f* ; (*Vogelkralle*) serre *f*
krallen *vt, vr*: **die Finger in etw** *Akk* **~, sich an etw** *Akk* **~** s'agripper à qch
Kram (**-(e)s**) *m* (*Plunder, Sachen*) fourbi *m*
kramen *vi*: **in etw** *Dat* **~** fouiller dans qch ; **nach etw ~** fouiller pour trouver qch
Kramladen (*péj*) *m* petit magasin *m*
Krampf (**-(e)s, ⸚e**) *m* crampe *f* • **Krampfader** *f* varice *f*
krampfhaft *adj* convulsif(-ive) ; (*Versuche*) désespéré(e)
Kran (**-(e)s, ⸚e**) *m* grue *f* ; (*Wasserkran*) robinet *m*
Kranich (**-s, -e**) *m* grue *f*
krank *adj* malade
Kranke(r) *f(m)* malade *mf* ; (*Patient*) patient(e) *m/f*
kränkeln *vi* être souffreteux(-euse)
kranken *vi*: **an etw** *Dat* **~** souffrir de qch
kränken *vt* blesser
Krankenbericht *m* bulletin *m* de santé
Krankengeld *nt* prestations *fpl* de l'assurance maladie
Krankengeschichte *f* passé *m* médical
Krankengymnastik *f* kinésithérapie *f*
Krankenhaus *nt* hôpital *m*

k

Krankenkasse *f* caisse *f* (d'assurance-)maladie
Krankenpfleger *m* infirmier *m*
Krankenschein *m* ≈ feuille *f* de maladie
Krankenschwester *f* infirmière *f*
Krankenversicherung *f* assurance-maladie *f*
Krankenwagen *m* ambulance *f*
krank|feiern *vi* être soit-disant malade
krankhaft *adj* maladif(-ive)
Krankheit *f* maladie *f*
Krankheitserreger *m* agent *m* pathogène
kränklich *adj* souffreteux(-euse)
krank|melden *vr* se faire porter malade
krank|schreiben *vt* mettre qn en arrêt-maladie
Kränkung *f* offense *f*, insulte *f*
Kranz (**-es, ⸚e**) *m* couronne *f*
Kränzchen *nt* petite couronne *f* ; (*fig*) *groupe de femmes qui se réunissent régulièrement pour bavarder autour d'une tasse de café*
Krapfen (**-s, -**) *m* beignet *m*
krass *adj* grossier(-ière)
Krater (**-s, -**) *m* cratère *m*
Kratzbürste *f* (*fig*) mégère *f*
kratzen *vt* (*mit Nägeln, Krallen*) griffer ; (*einritzen*) graver ; (*fam: stören*) turlupiner ▸ *vi* (*Katze*) griffer
Kratzer (**-s, -**) *m* (*Wunde*) égratignure *f* ; (*Werkzeug*) grattoir *m*
kraulen *vi* (*schwimmen*) nager le crawl, crawler ▸ *vt* (*streicheln*) caresser
kraus *adj* (*Haar*) crêpu(e) ; (*Stirn*) plissé(e) ; (*verworren*) confus(e)
Krause *f* (*Halskrause*) fraise *f*
kräuseln *vt* (*Haar*) friser ; (*Stoff*) froncer ; (*Stirn*) plisser ; (*Wasser*) rider ▸ *vr* (*Haar*) friser ; (*Stirn*) se plisser ; (*Wasser*) se rider
Kraut (**-(e)s, Kräuter**) *nt* (*Blätter*) fane *f* ; **Kräuter** *pl* (*Culin*) fines herbes *fpl* ; (*Heilkraut*) herbes médicinales
Krawall (**-s, -e**) *m* émeute *f* ; (*Lärm*) tapage *m*
Krawatte *f* cravate *f*
kreativ *adj* créatif(-ive)
Kreatur *f* créature *f*
Krebs (**-es, -e**) *m* (*Zool*) écrevisse *f* ; (*Méd*) cancer *m* ; (*Astrol*) Cancer *m* ; **~ sein** (*Astrol*) être Cancer • **krebserregend** *adj* cancérigène • **Krebsvorsorge** *f* dépistage *m* du cancer
Kredit (**-(e)s, -e**) *m* crédit *m*
• **Kreditkarte** *f* carte *f* de crédit
• **kreditwürdig** *adj* solvable
Kreide *f* craie *f* • **kreidebleich** *adj* blanc(blanche) comme un linge
kreieren *vt* créer
Kreis (**-es, -e**) *m* cercle *m* ; (*Verwaltungskreis*) circonscription *f*, district *m* ; **im ~ gehen** tourner en rond
kreischen *vi* (*Vogel*) piailler ; (*Mensch*) pousser des cris perçants
Kreisel (**-s, -**) *m* toupie *f* ; (*Verkehrskreisel*) rond-point *m*
kreisen *vi* tourner ; (*herumgereicht werden*) passer de main en main ; **~ um** tourner autour de
kreisförmig *adj* circulaire
Kreislauf *m* (*Méd*) circulation *f* ; (*der Natur etc*) cycle *m*
Kreislaufstörungen *pl* troubles *mpl* circulatoires
Kreissäge *f* scie *f* circulaire
Kreißsaal *m* salle *f* d'accouchement
Kreisstadt *f* chef-lieu *m* de circonscription *od* de district
Kreisverkehr *m* sens *m* giratoire
Krem *f* = **Creme**
Krematorium *nt* crématorium *m*
Kreml (**-s**) *m*: **der ~** le Kremlin
Krempe *f* bord *m* (*d'un chapeau*)
Krempel (**-s**) (*fam: péj*) *m* bazar *m*
Kren (**-(e)s**) (*Österr*) *m* raifort *m*
krepieren *vi* (*fam: sterben*) crever ; (*Bombe*) éclater
Krepp (**-s, -s** *od* **-e**) *m* crêpe *m*
• **Krepppapier** *nt* papier *m* crêpé
• **Kreppsohle** *f* semelle *f* de crêpe
Kresse *f* cresson *m*
Kreta (**-s**) *nt* la Crète
Kreuz (**-es, -e**) *nt* croix *f* ; (*Mus*) dièse *m* ; (*Anat*) reins *mpl* ; (*Cartes*) trèfle *m*
kreuzen *vt* croiser ▸ *vr* (*Linien*) se couper ; (*Meinungen, Ansichten etc*) s'opposer ▸ *vi* (*Naut*) croiser
Kreuzfahrt *f* croisière *f*
Kreuzfeuer *nt*: **ins ~ geraten/im ~ stehen** être attaqué(e) de toutes parts
Kreuzgang *m* cloître *m*
kreuzigen *vt* crucifier
Kreuzigung *f* crucifixion *f*
Kreuzotter *f* vipère *f*
Kreuzung *f* croisement *m*
Kreuzverhör *nt* contre-interrogatoire *m*
Kreuzweg *m* carrefour *m* ; (*Rel*) chemin *m* de croix
Kreuzworträtsel *nt* mots *mpl* croisés
Kreuzzeichen *nt* signe *m* de croix
Kreuzzug *m* croisade *f*
kriechen *irr vi* ramper ; (*Verkehr*) rouler au pas
Kriecher (**-s, -**) *m* lèche-botte *m*
Kriechspur *f* (*auf Autobahn*) *voie pour véhicules lents*

Kriechtier *nt* reptile *m*
Krieg (**-(e)s, -e**) *m* guerre *f*
kriegen (*fam*) *vt* (*Hunger, Angst etc*) avoir (de plus en plus) ; (*erwischen*) attraper
Krieger (**-s, -**) *m* guerrier *m* • **kriegerisch** *adj* guerrier(-ière) ; (*Aktion*) militaire
Kriegführung *f* stratégie *f*
Kriegsbemalung *f* peinture *f* de guerre ; **in voller ~** (*fam*) peinturluré(e)
Kriegsdienstverweigerer *m* objecteur *m* de conscience
Kriegserklärung *f* déclaration *f* de guerre
Kriegsfuß *m*: **mit jdm auf (dem) ~ stehen** être fâché(e) avec qn ; **mit etw** *Dat* **auf (dem) ~ stehen** avoir des problèmes avec qch
Kriegsgefangene(r) *f(m)* prisonnier(-ière) *m/f* de guerre
Kriegsgefangenschaft *f* captivité *f*
Kriegsgericht *nt* cour *f* martiale
Kriegsschiff *nt* navire *m* de guerre
Kriegsverbrechen *m* crime *m* de guerre
Kriegsverbrecher *m* criminel *m* de guerre
Kriegsversehrte(r) *f(m)* mutilé(e) *m/f* de guerre
Kriegszustand *m* état *m* de guerre
Krim *f*: **die ~** la Crimée
Krimi (**-s, -s**) (*fam*) *m* polar *m*
Kriminalbeamte(r) *m* inspecteur *m* de la police judiciaire
Kriminalität *f* criminalité *f*
Kriminalpolizei *f* police *f* judiciaire
Kriminalroman *m* roman *m* policier
kriminell *adj* criminel(le)
Kriminelle(r) *f(m)* criminel(le) *m/f*
Krimskrams (**-es**) (*fam*) *m* camelote *f*
Kripo (-) (*fam*) *f abk* = **Kriminalpolizei**
Krippe *f* (*Futterkrippe*) mangeoire *f* ; (*Rel, Kinderkrippe*) crèche *f*
Krise *f* crise *f*
kriseln *vi unpers*: **es kriselt** il y a de l'eau dans le gaz
Krisengebiet *nt* point *m* chaud
Krisenherd *m* foyer *m* de crise
Krisenstab *m* cellule *f* de crise
Kristall (**-s, -e**) *m od nt* cristal *m*
Kriterium *nt* critère *m*
Kritik *f* critique *f* ; **unter jeder** *od* **aller ~ sein** être en-dessous de tout
Kritiker(in) (**-s, -**) *m(f)* critique *mf*
kritiklos *adj* dénué(e) d'esprit critique
kritisch *adj* critique
kritisieren *vt* critiquer
kritzeln *vt, vi* griffonner
Kroate (**-n, -n**) *m*, **Kroatin** *f* Croate *mf*
Kroatien (**-s**) *nt* la Croatie
kroatisch *adj* croate
kroch *etc vb siehe* **kriechen**
Krokodil (**-s, -e**) *nt* crocodile *m*
Krokus (**-, -** *od* **-se**) *m* crocus *m*
Krone *f* couronne *f*
krönen *vt* couronner
Kronkorken *m* capsule *f*
Kronleuchter *m* lustre *m*
Kronprinz *m* prince *m* héritier
Kronprinzessin *f* princesse *f* héritière
Krönung *f* couronnement *m*
Kropf (**-(e)s, ¨-e**) *m* (*Méd*) goitre *m* ; (*von Vogel*) jabot *m*
Kröte *f* (*Zool*) crapaud *m*
Krücke *f* béquille *f*
Krug (**-(e)s, ¨-e**) *m* cruche *f* ; (*Bierkrug*) chope *f*
Krümel (**-s, -**) *m* miette *f*
krümeln *vi* s'émietter
krumm *adj* (*gebogen*) tordu(e) ; (*kurvig*) courbe, courbé(e) ; (*zwielichtig*) louche • **krummbeinig** *adj* aux jambes torses
krümmen *vt* (*Finger, Rücken*) plier ; (*Draht*) tordre ▸ *vr* (*Straße*) tourner ; (*Rücken*) se courber ; **sich vor Schmerzen/ Lachen ~** se tordre de douleur/rire
krumm|lachen (*fam*) *vr* se tordre de rire
krumm|nehmen (*fam*) *irr vt*: **jdm etw ~** en vouloir à qn de qch
Krümmung *f* (*das Krümmen*) torsion *f* ; (*von Fluss*) boucle *f* ; (*von Weg*) virage *m* ; (*Math*) courbe *f* ; (*Méd*) déviation *f*
Krüppel (**-s, -**) *m* infirme *m*
Kruste *f* croûte *f*
Kruzifix (**-es, -e**) *nt* crucifix *m*
Krypta (**-, Krypten**) *f* crypte *f*
Kuba (**-s**) *nt* Cuba *f*
Kubaner(in) *m(f)* Cubain(e)
kubanisch *adj* cubain(e)
Kübel (**-s, -**) *m* seau *m*
Kubikmeter *m* mètre *m* cube
Küche *f* cuisine *f*
Kuchen (**-s, -**) *m* gâteau *m*
• **Kuchenblech** *nt* plaque *f* à gâteaux
• **Kuchenform** *f* moule *m* à pâtisserie
• **Kuchengabel** *f* fourchette *f* à gâteaux *od* à dessert
Küchenherd *m* cuisinière *f*
Küchenmaschine *f* robot *m*
Küchenschabe *f* cafard *m*, blatte *f*
Küchenschrank *m* buffet *m* de cuisine
Kuchenteig *m* pâte *f* à gâteau
Kuckuck (**-s, -e**) *m* (*Zool*) coucou *m*
Kufe *f* (*Fass*) cuve *f* ; (*Schlittenkufe*) patin *m*
Kugel (**-, -n**) *f* (*Körper*) boule *f* ; (*Math*) sphère *f* ; (*Erdkugel*) globe *m* ; (*Gewehrkugel*) balle *f* • **kugelförmig** *adj* sphérique • **Kugelkopf** *m* boule *f*

k

• **Kugellager** *nt* roulement *m* à billes • **kugelrund** *adj* rond(e) comme un ballon ; (*fam: Mensch*) grassouillet(te)
Kugelschreiber *m* stylo *m* à bille
kugelsicher *adj* pare-balles
Kugelstoßen **(-s)** *nt* lancer *m* du poids
Kuh **(-, ¨-e)** *f* vache *f* ; (*péj: Frau*) chameau *m* • **Kuhhandel** *m* marchandage *m*
kühl *adj* frais(fraîche) ; (*leicht abweisend, nüchtern*) froid(e) • **Kühlanlage** *f* système *m* frigorifique
Kühle *f* fraîcheur *f*
kühlen *vt* refroidir, rafraîchir
Kühler **(-s, -)** *m* (*Auto*) radiateur *m* • **Kühlerhaube** *f* capot *m*
Kühlhaus *nt* entrepôt *m* frigorifique
Kühlraum *m* chambre *f* froide
Kühlschrank *m* réfrigérateur *m*
Kühltruhe *f* congélateur *m*
Kühlturm *m* tour *f* de refroidissement
Kühlung *f* (*das Kühlen*) réfrigération *f*, refroidissement *m*
Kühlwasser *nt* (*Auto*) eau *f* de refroidissement
kühn *adj* (*mutig*) hardi(e) ; (*gewagt*) audacieux(-euse)
Küken **(-s, -)** *nt* poussin *m*
kulant *adj* arrangeant(e)
Kuli **(-s, -s)** *m* coolie *m* ; (*fam: Kugelschreiber*) bic® *m*
Kulisse *f* coulisse *f* ; (*Rahmen*) cadre *m*
kullern *vi* rouler
Kult **(-(e)s, -e)** *m* culte *m* ; **mit etw einen ~ treiben** avoir le culte de qch
kultivieren *vt* cultiver
kultiviert *adj* cultivé(e)
Kultur *f* culture *f* • **Kulturbeutel** *m* trousse *f* de toilette
kulturell *adj* culturel(le)
Kultusminister *m* ministre *m* de la Culture
Kultusministerium *nt* ministère *m* de la Culture
Kümmel **(-s, -)** *m* cumin *m*
Kummer **(-s)** *m* chagrin *m*
kümmerlich *adj* misérable ; (*schwächlich*) chétif(-ive)
kümmern *vt* regarder ▶ *vr*: **sich um jdn/etw ~** s'occuper de qn/qch ; **das kümmert mich nicht** ça m'est égal
Kumpan(in) **(-s, -e)** *m(f)* copain(copine) ; (*Kerl, Mittäter*) complice *mf*
Kumpel **(-s, -)** *m* (*fam: Freund*) copain *m* ; (*Bergmann*) mineur *m*
kündbar *adj* résiliable
Kunde **(-n, -n)** *m* client *m*
Kundendienst *m* service *m* après-vente
kund|geben *irr vt* annoncer
Kundgebung *f* manifestation *f*
kundig *adj* expérimenté(e) ; (*Rat, Blick*) d'expert ; **sich ~ machen** se mettre à jour
kündigen *vi* (*Arbeitnehmer*) démissionner ▶ *vt* (*Wohnung*) résilier le bail de ; (*Mietvertrag, Sparvertrag*) résilier
Kündigung *f* (*durch Arbeitgeber*) licenciement *m* ; (*durch Arbeitnehmer, Vermieter*) congé
Kündigungsfrist *f* préavis *m* (de congé)
Kundin *f* cliente *f*
Kundschaft *f* clientèle *f*
künftig *adj* futur(e) ▶ *adv* désormais, à l'avenir
Kunst **(-, ¨-e)** *f* art *m* ; **das ist (doch) keine ~** ça n'est pas compliqué • **Kunstakademie** *f* (école *f* des) beaux-arts *mpl* • **Kunstdruck** *m* reproduction *f* • **Kunstdünger** *m* engrais *m* chimique • **Kunstfaser** *f* fibre *f* synthétique • **Kunstfehler** *m* faute *f* professionnelle (d'un médecin) • **Kunstfertigkeit** *f* adresse *f*, habileté *f* • **Kunstgeschichte** *f* histoire *f* de l'art • **Kunstgewerbe** *nt* arts *mpl* décoratifs • **Kunstgriff** *m* truc *m* • **Kunsthändler** *m* marchand *m* d'objets d'art • **Kunsthandwerk** *nt* artisanat *m* • **Kunstharz** *nt* résine *f* synthétique
Künstler(in) **(-s, -)** *m(f)* artiste *mf* • **künstlerisch** *adj* artistique • **Künstlername** *m* pseudonyme *m*
künstlich *adj* artificiel(le) ; **~e Intelligenz/Befruchtung** intelligence *f*/insémination *f* artificielle
Kunstsammler *m* collectionneur *m* d'objets d'art
Kunstseide *f* soie *f* artificielle
Kunststoff *m* plastique *m*
Kunststopfen **(-s)** *nt* stoppage *m*
Kunststück *nt* (*von Zauberer*) tour *m* de magie ; **das ist kein ~** ce n'est vraiment pas difficile
Kunstturnen *nt* gymnastique *f*
kunstvoll *adj* réussi(e)
Kunstwerk *nt* œuvre *f* d'art
kunterbunt *adj* (*farbig*) bariolé(e) ▶ *adv* (*durcheinander*) pêle-mêle
Kupfer **(-s, -)** *nt* cuivre *m*
kupfern *adj* de *od* en cuivre
Kupferstich *m* taille-douce *f*
Kuppe *f* (*Bergkuppe*) sommet *m* ; (*Fingerkuppe*) bout *m*
Kuppel **(-, -n)** *f* coupole *f*
Kuppelei *f* (*Jur*) proxénétisme *m*
kuppeln *vi* (*Auto*) embrayer
Kuppler(in) *m(f)* proxénète *mf*

Kupplung *f* (*Auto*) embrayage *m*
Kur (**-, -en**) *f* cure *f*
Kür (**-, -en**) *f* (*Sport*) figures *fpl* libres
Kurbel (**-, -**) *f* manivelle *f*
Kurbelwelle *f* vilebrequin *m*
Kürbis (**-ses, -se**) *m* citrouille *f*, potiron *m*
Kurgast *m* curiste *mf*
Kurier (**-s, -e**) *m* messager *m*
Kurierdienst *m* service *m* de messageries
kurieren *vt* guérir
kurios *adj* curieux(-euse)
Kuriosität *f* curiosité *f*
Kurort *m* station *f* thermale
Kurpfuscher (*péj*) *m* charlatan *m*
Kurs (**-es, -e**) *m* (*Richtung*) route *f* ; (*Lehrgang, Finanz*) cours *m* ; **hoch im ~ stehen** (*fig*) être très en vogue
• **Kursbuch** *nt* indicateur *m* *od* horaire *m* (des chemins de fer)
kursieren *vi* (*Banknoten*) être en circulation ; (*Gerüchte*) courir
kursiv *adj* (*Schrift*) italique
Kurswagen *m* voiture *f* directe
Kurtaxe *f* taxe *f* de séjour
Kurve *f* (*Math etc*) courbe *f* ; (*Straßenkurve*) virage *m* ; (*von Frau*) rondeur *f*
kurvenreich *adj* : **„~e Strecke"** « attention, virages (dangereux) »
kurz *adj* court(e) ; (*knapp*) bref(brève) ; (*unfreundlich*) sec(sèche) ; **zu ~ kommen** être défavorisé(e) ; **den Kürzeren ziehen** perdre au change
Kurzarbeit *f* chômage *m* partiel

> **Kurzarbeit** désigne une semaine de travail courte imposée par une pénurie de travail. Ce type de semaine a été créé en tant qu'alternative au licenciement. La semaine de travail courte doit recueillir l'approbation de l'agence pour l'emploi, équivalent allemand du Pôle emploi, qui verse alors une compensation financière aux salariés.

Kürze *f* brièveté *f* ; (*Unfreundlichkeit*) sécheresse *f*
kürzen *vt* raccourcir ; (*Gehalt etc*) diminuer, réduire
kurzerhand *adv* brusquement
Kurzfassung *f* version *f* abrégée
kurzfristig *adj* (*ohne Vorankündigung*) brusque ; (*für kurze Zeit*) à court terme
Kurzgeschichte *f* nouvelle *f*
kurz|halten *irr vt* tenir la bride haute à
kurzlebig *adj* éphémère
kürzlich *adv* récemment
Kurzschluss *m* court-circuit *m*
Kurzschrift *f* sténographie *f*
kurzsichtig *adj* myope
Kurzwaren *pl* (articles *mpl* de) mercerie *f*
Kurzwelle *f* ondes *fpl* courtes
kuscheln *vr* se blottir
Kusine *f* cousine *f*
Kuss (**-es, ¨-e**) *m* baiser *m*
küssen *vt* embrasser ; **jdm die Hand ~** baiser la main de qn
Küste *f* côte *f*
Küster (**-s, -**) *m* sacristain *m*
Kutsche *f* diligence *f*
Kutscher (**-s, -**) *m* cocher *m*
Kutte *f* froc *m*
Kuvert (**-s, -e** *od* **-s**) *nt* enveloppe *f*
Kuwait (**-s**) *nt* le Koweït
Kybernetik *f* cybernétique *f*
kybernetisch *adj* cybernétique
kyrillisch *adj* cyrillique
KZ (**-s, -s**) *nt abk* = **Konzentrationslager**

l

L, l *nt* L, l *m inv*
labil *adj* (*Méd*: *Konstitution*) fragile ; (: *Kreislauf*) mauvais(e), instable
Labor (**-s, -e** *od* **-s**) *nt* laboratoire *m*
Laborant(in) *m(f)* laborantin(e)
Laboratorium *nt* laboratoire *m*
laborieren *vi*: **an einer Bronchitis ~** (*fam*) traîner une bronchite
Labyrinth (**-s, -e**) *nt* labyrinthe *m*
Lache[1] *f* (*von Flüssigkeit*) flaque *f* ; (*Blutlache*) mare *f*
Lache[2] *f* (*Gelächter*) rire *m*
lächeln *vi* sourire • **Lächeln** (**-s**) *nt* sourire *m*
lachen *vi* rire ; **~ über** *+Akk* rire de ; **das wäre doch gelacht, wenn ...** ce serait ridicule si ...
Lachen (**-s**) *nt* rire *m* ; **dir wird das ~ schon noch vergehen!** rira bien qui rira le dernier
lächerlich *adj* ridicule ; **jdn ~ machen** ridiculiser qn
Lachgas *nt* gaz *m* hilarant
lachhaft *adj* ridicule
Lachs (**-es, -e**) *m* saumon *m*
Lack (**-(e)s, -e**) *m* laque *f*, vernis *m* ; (*von Auto*) peinture *f*
lackieren *vt* (*Möbel*) vernir ; (*Auto*) refaire la peinture de
Lackleder *nt* cuir *m* verni
laden *irr vt* charger ; (*einladen*) inviter ; (*Jur*) citer
Laden (**-s, ¨**) *m* (*Geschäft*) magasin *m* ; (*Fensterladen*) volet *m* • **Ladenbesitzer** *m* propriétaire *m* (de magasin) • **Ladendieb** *m* *personne qui fait du vol à l'étalage* • **Ladendiebstahl** *m* vol *m* à l'étalage • **Ladenhüter** (**-s, -**) *m* rossignol *m* • **Ladenpreis** *m* prix *m* de vente • **Ladenschluss** *m* heure *f* de fermeture • **Ladentisch** *m* comptoir *m* ; **unter dem ~** sous le manteau
Laderaum *m* cale *f*
lädieren *vt* endommager
Ladung *f* charge *f* ; (*Naut, Aviat*) cargaison *f* ; (*das Beladen*) chargement *m* ; (*fam*: *große Menge*) paquet *m*
lag *etc vb siehe* **liegen**
Lage *f* situation *f* ; (*Position*) position *f* ; (*Schicht*) couche *f* ; **in der ~ sein, etw zu tun** être en mesure de faire qch
lagenweise *adv* par couches
Lager (**-s, -**) *nt* camp *m* ; (*Écon*) entrepôt *m* ; (*Schlaflager*) lit *m* ; (*Tech*) palier *m* ; (*von Bodenschätzen*) gisement *m* • **Lagerarbeiter** *m* magasinier *m* • **Lagerbestand** *m* stock *m* • **Lagerhaus** *nt* entrepôt *m*
lagern *vt* stocker ; (*betten*) mettre ▸ *vi* (*Vorräte*) être entreposé(e) ; (*Menschen*) camper ▸ *vi* (*rasten*) faire une halte, s'arrêter ; **„kühl ~"** « conserver au frais »
Lagerstätte *f* gisement *m*
Lagerung *f* (*von Waren*) entreposage *m*
Lagune *f* lagune *f*
lahm *adj* paralysé(e) ; (*langsam, langweilig*) mou(molle) ; (*Ausrede*) mauvais(e) • **lahmen** *vi* traîner la jambe
lähmen, lahmlegen *vt* paralyser
Lähmung *f* paralysie *f*
Laib (**-s, -e**) *m*: **ein ~ Brot** une miche de pain, un pain
Laich (**-(e)s, -e**) *m* frai *m* • **laichen** *vi* frayer
Laie (**-n, -n**) *m* profane *m* ; (*Rel*) laïc *m*
laienhaft *adj* de profane
Lakai (**-en, -en**) *m* laquais *m*
Laken (**-s, -**) *nt* (*Betttuch*) drap *m*
lallen *vi* (*Betrunkener*) bafouiller ; (*Baby*) gazouiller
Lamelle *f* lamelle *f* ; (*von Jalousie*) lame *f*
Lametta (**-s**) *nt* *guirlande de Noël en papier d'argent*
Lamm (**-(e)s, ¨er**) *nt* agneau *m* • **Lammfell** *nt* agneau *m* • **lammfromm** *adj* doux(douce) comme un agneau • **Lammwolle** *f* lambswool *f*
Lampe *f* lampe *f*
Lampenfieber *nt* trac *m*
Lampenschirm *m* abat-jour *m*
Lampion (**-s, -s**) *m* lampion *m*
Land (**-(e)s, ¨er**) *nt* (*Festland*) terre *f* ; (*Gelände, Erdboden*) terrain *m* ; (*nicht Stadt*) campagne *f* ; (*Staatsgebiet, Nation*) pays *m* ; (*Bundesland*) land *m* ; **auf dem ~(e)** à la campagne

L'Allemagne est une république fédérale et est ainsi divisée en 16 **Länder** : Bade-Wurtemberg,

Basse-Saxe, Bavière, Berlin, Brandebourg, Brême, Hambourg, Hesse, Mecklembourg-Poméranie-Occidentale, Rhénanie-du-Nord-Westphalie, Rhénanie-Palatinat, Sarre, Saxe, Saxe-Anhalt, Schleswig-Holstein, Thuringe. Chaque **Land** a son assemblée et sa constitution.

Landbesitz *m* propriété *f* foncière
Landebahn *f* piste *f* d'atterrissage
landeinwärts *adv* vers l'intérieur du pays *od* des terres
landen *vi* (*Flugzeug*) atterrir ; (*Schiff*) accoster ; (*Passagier*) débarquer ; (*fam: geraten*) atterrir
Ländereien *pl* terres *fpl*
Landesfarben *pl* couleurs *fpl* nationales
Landesinnere(s) *nt* intérieur *m* du pays
Landesregierung *f* gouvernement *m* de/du *Land*
Landessprache *f* langue *f* nationale
Landestracht *f* costume *m* national
landesüblich *adj* (*Tracht*) du pays ; **das ist dort ~** c'est la coutume là-bas *od* dans ce pays
Landesverrat *m* haute trahison *f*
Landeswährung *f* monnaie *f* nationale
Landhaus *nt* maison *f* de campagne
Landkarte *f* carte *f* (*géographique*)
Landkreis *m* district *m* (administratif)
landläufig *adj* courant(e)
ländlich *adj* rural(e)
Landmine *f* mine *f* terrestre
Landschaft *f* paysage *m* ; (*Landstrich*) région *f*
landschaftlich *adj* du paysage ; (*Besonderheiten*) régional(e)
Landsmann (**-(e)s, -leute**) *m*, **Landsmännin** *f* compatriote *mf*
Landstraße *f* route *f* départementale
Landstreicher(in) (**-s, -**) *m(f)* vagabond(e)
Landstrich *m* contrée *f*, région *f*
Landtag *m* parlement *m* (d'un *Land*)
Landtagswahlen *pl* élections *fpl* au landtag
Landung *f* (*von Flugzeug*) atterrissage *m* ; (*von Schiff*) accostage *m*
Landungsboot *nt* péniche *f* de débarquement
Landungsbrücke *f* débarcadère *m*
Landvermesser *m* arpenteur(-géomètre) *m*
Landwirt(in) *m(f)* agriculteur(-trice)
Landwirtschaft *f* agriculture *f*
Landzunge *f* langue *f* de terre
lang *adj* long(ue) ; (*fam: Mensch*) grand(e) ; **sein Leben ~** toute sa vie • **langatmig** *adj* interminable
lange *adv* longtemps
Länge *f* longueur *f* ; (*Géo*) longitude *f* ; **sich in die ~ ziehen** tirer en longueur
langen *vi* (*ausreichen*) suffire ; (*sich erstrecken*) s'étendre, aller ; (*fassen*) tendre la main ; **es langt mir!** (*fam*) j'en ai assez !
Längengrad *m* longitude *f*
Längenmaß *nt* unité *f* de longueur
Langeweile (-) *f* ennui *m*
langfristig *adj, adv* à long terme
Langlauf, Langlaufski *m* ski *m* de fond
langlebig *adj* qui vit longtemps
länglich *adj* long(longue)
Langmut (-) *f* patience *f*
langmütig *adj* patient(e)
längs *präp* (*+Gen od Dat*) le long de ▸ *adv* dans le sens de la longueur
langsam *adj* lent(e) ▸ *adv* (*allmählich*) peu à peu • **Langsamkeit** *f* lenteur *f*
Langschläfer(in) *m(f)* lève-tard *mf*
längst *adv* depuis longtemps
Languste *f* langouste *f*
langweilen *vt* ennuyer
langweilig *adj* ennuyeux(-euse)
Langwelle *f* grandes ondes *fpl*
langwierig *adj* prolongé(e)
Langzeitarbeitslose *pl* chômeurs *mpl* de longue durée
Lanze *f* lance *f*
Laos *nt* le Laos
lapidar *adj* lapidaire
Lappalie *f* bagatelle *f*
Lappen (**-s, -**) *m* chiffon *m*
läppisch *adj* puéril(e)
Lappland *nt* la Laponie
Lapsus (**-, -**) (*geh*) *m* lapsus *m*
Laptop (**-, -**) *m* (*Inform*) portable *m*
Lärche *f* mélèze *m*
Lärm (**-(e)s**) *m* bruit *m* • **lärmen** *vi* faire du bruit
Lärmschutz *m* protection *f* contre le bruit
Larve *f* larve *f*
las *etc vb siehe* **lesen**
lasch *adj* (*schlaff*) mou (molle) ; (*Behandlung, Einstellung*) laxiste ; (*Geschmack*) fade
Lasche *f* (*Schuhlasche*) languette *f* ; (*Tech*) élément *m* de raccord
Laser (**-s, -**) *m* laser *m* • **Laserdrucker** *m* imprimante *f* laser
Laserstrahl *m* rayon *m* laser

SCHLÜSSELWORT

lassen (*pt* **ließ**, *pp* **gelassen** *od* (*als Hilfsverb*) **lassen**) *vt* **1** (*unterlassen*) arrêter ; **lass das (sein)!** arrête ! ;

lassen wir das! arrêtons !, ça suffit comme ça ! ; **er kann das Trinken nicht lassen** il n'arrive pas à arrêter de boire ; **tu, was du nicht lassen kannst!** fais-le, si tu ne peux pas t'en empêcher!
2 (*zurücklassen*) laisser ; **etw zu Hause lassen** laisser qch à la maison
3 (*überlassen*): **jdm etw lassen** laisser qch à qn
4 (*zugestehen*): **das muss man ihr lassen, sie ist eine tolle Hausfrau** il faut reconnaître qu'elle est une ménagère accomplie
▶ *vi*: **lass mal, ich mache das schon** laisse, je m'en occupe
▶ *Hilfsverb* **1** (*veranlassen*): **etw machen lassen** faire faire qch ; **sich** *Dat* **etw schicken lassen** se faire envoyer qch ; **jdn etw wissen lassen** faire savoir qch à qn
2 (*zulassen, belassen*): **jdn gewinnen lassen** laisser qn gagner ; **ich lasse mich nicht beleidigen!** je ne supporterai pas cet affront ! ; **das Licht brennen lassen** laisser la lumière allumée ; **jdn ins Haus lassen** laisser entrer qn ; **jdn warten lassen** faire attendre qn ; **lass es dir gut gehen!** bonne chance !
3: **lass uns gehen** partons !
4 (*möglich sein*): **die Tür lässt sich nicht schließen** la porte ne ferme pas ; **das lässt sich machen** c'est possible

lässig *adj* décontracté(e) • **Lässigkeit** *f* décontraction *f*
Last (**-, -en**) *f* (*Gegenstand*) fardeau *m*, charge *f* ; (*Naut, Aviat*) cargaison *f* ; (*Gewicht*) poids *m* ; **jdm zur ~ fallen** importuner qn
lasten *vi*: **auf jdm/etw ~** peser sur qn/qch
Laster (**-s, -**) *nt* vice *m* ▶ *m* (*fam*: *Lkw*) poids lourd *m*
lasterhaft *adj* dépravé(e)
lästerlich *adj* calomniateur(-trice)
lästern *vi*: **über jdn/etw ~** médire de qn/qch ▶ *vt* (*Gott*) blasphémer
Lästerung *f* médisance *f* ; (*Gotteslästerung*) blasphème *m*
lästig *adj* importun(e) ; **jdm ~ werden** importuner qn
Lastkahn *m* péniche *f*
Lastkraftwagen *m* poids lourd *m*
Lastschrift *f* inscription *f* au débit ; **per ~ bezahlen** payer par prélèvement automatique/bancaire
Lasttier *nt* bête *f* de somme
Lastwagen *m* camion *m*
Latein (**-s**) *nt* latin *m*
Lateinamerika (**-s**) *nt* l'Amérique *f* latine
lateinisch *adj* latin(e)
latent *adj* latent(e)
Laterne *f* lanterne *f* ; (*Straßenlaterne*) réverbère *m*
Laternenpfahl *m* lampadaire *m*
Latrine *f* latrines *fpl*
Latsche *f* pin *m* nain
latschen (*fam*) *vi* (*lässig gehen*) se traîner
Latte *f* latte *f* ; (*Foot*) barre *f* transversale
Lattenzaun *m* clôture *f* à claire-voie
Latz (**-es, -e**) *m* (*für Säugling*) bavette *f* ; (*an Kleidungsstück, Hosenlatz*) plastron *m*
Lätzchen *nt* bavoir *m*
Latzhose *f* salopette *f*
lau *adj* tiède ; (*Wetter, Wind, Nacht*) doux (douce)
Laub (**-es**) *nt* feuillage *m*, feuilles *fpl* • **Laubbaum** *m* arbre *m* à feuilles caduques
Laube *f* tonnelle *f*
Laubfrosch *m* rainette *f*
Laubsäge *f* scie *f* à chantourner
Lauch (**-(e)s, -e**) *m* poireau *m*
Lauer *f*: **auf der ~ sein** *od* **liegen** être aux aguets
lauern *vi*: **auf jdn/etw ~** épier qn/qch
Lauf (**-(e)s, Läufe**) *m* cours *m* ; (*das Laufen, Sport*) course *f* ; (*Gewehrlauf*) canon *m* ; **einer Sache** *Dat* **ihren ~ lassen** laisser qch suivre son cours • **Laufbahn** *f* carrière *f*
laufen *irr vi* marcher ; (*rennen*) courir ; (*fließen*) couler ; (*gültig sein*) être valide ; (*gezeigt werden*: *Film*) passer ; (*im Gang sein*) être en cours ▶ *vt* (*Strecke*) parcourir ; (*Rennen*) participer à ; **auf jds Namen** *Akk* **~** être au nom de qn ; **sich** *Dat* **Blasen ~** attraper des ampoules en marchant
laufend *adj* (*ständig*) continuel(le) ; (*gegenwärtig*) courant(e), en cours ; **auf dem L~en sein/halten** être/tenir au courant (des derniers développements) ; **am ~en Band** sans arrêt ; **~e Nummer** dernier numéro *m* ; (*von Konto*) numéro d'ordre ; **~e Kosten** frais *mpl* d'exploitation
Läufer (**-s, -**) *m* (*Sport*) coureur *m* ; (*Schach*) fou *m* ; (*Teppich*) chemin *m*
Läuferin *f* (*Sport*) coureuse *f*
Laufkundschaft *f* clientèle *f* de passage
Laufmasche *f* maille *f* filée
Laufpass *m*: **jdm den ~ geben** (*fam*) plaquer qn
Laufstall *m* parc *m* (*pour bébés*)
Laufsteg *m* passerelle *f*
Laufwerk *nt* (*Inform*) lecteur *m* de CD-ROM *od* de DVD

Lauge *f* (*Chim*) solution *f* alcaline ; (*Seifenlauge*) eau *f* savonneuse
Laune *f* humeur *f* ; (*Einfall*) caprice *m*
launenhaft *adj* lunatique
launisch (*péj*) *adj* lunatique
Laus (**-, Läuse**) *f* pou *m* • **Lausbub** *m* petit garnement *m*
lauschen *vi* écouter
lauschig *adj* tranquille
lausen *vt* épouiller
lausig (*fam*) *adj* minable ; (*Kälte, Zeit*) épouvantable
laut *adj* bruyant(e) ; (*Stimme*) fort(e) ▶ *präp* +*Gen* d'après ; **~ werden** (*bekannt*) se faire jour
Laut (**-(e)s, -e**) *m* son *m*
Laute *f* luth *m*
lauten *vi*: **wie lautet das englische Original?** que dit l'original anglais ? ; **wie lautet das Urteil?** quel est le verdict ?
läuten *vi, vt* (*Glocke*) sonner ; **es hat geläutet** on a sonné
lauter *adj* pur(e) ; (*aufrichtig*) sincère ▶ *adv*: **das sind ~ Lügen** c'est un tissu de mensonges
läutern *vt* purifier
lauthals *adv* (*lachen*) à gorge déployée ; (*schreien*) à tue-tête
lautlos *adj* silencieux(-euse)
lautmalend *adj* onomatopéique
Lautschrift *f* transcription *f* phonétique
Lautsprecher *m* haut-parleur *m*
Lautsprecherwagen *m* voiture *f* (à) haut-parleur
lautstark *adj* très fort(e)
Lautstärke *f* (*Radio*) volume *m*
lauwarm *adj* tiède
Lava (**-, Laven**) *f* lave *f*
Lavendel (**-s, -**) *m* lavande *f*
Lawine *f* avalanche *f*
Lawinengefahr *f* danger *m* d'avalanches
lax *adj* relâché(e)
Layout, Lay-out (**-s, -s**) *nt* mise *f* en page
Lazarett (**-(e)s, -e**) *nt* hôpital *m* militaire
LCD-Anzeige *f*, **LCD-Display** *nt* afficheur *m* LCD
leasen *vt* louer (à bail)
Leasing (**-s, -s**) *nt* leasing *m*
leben *vi* vivre ; **von etw ~** vivre de qch
Leben (**-s, -**) *nt* vie *f*
lebend *adj* vivant(e)
lebendig *adj* vivant(e) ; (*lebhaft auch*) plein(e) de vie • **Lebendigkeit** *f* vivacité *f*
Lebensart *f* mode *m* de vie ; **seine ~ haben** manquer de savoir-vivre
Lebenserfahrung *f* expérience *f* de la vie
Lebenserwartung *f* espérance *f* de vie
lebensfähig *adj* viable
Lebensgefahr *f* danger *m* de mort ; **in ~ schweben** *od* **sein** être entre la vie et la mort *od* dans un état critique
lebensgefährlich *adj* très dangereux(-euse) ; (*Verletzung, Krankheit*) grave
Lebenshaltung *f* coût *m* de vie
Lebenshaltungskosten *pl* coût *msg* de la vie
Lebensjahr *nt*: **mit dem vollendeten 18. ~** à 18 ans révolus
Lebenslage *f* situation *f*
lebenslänglich *adj* à perpétuité
Lebenslauf *m* curriculum *m* vitae
lebenslustig *adj* heureux(-euse) de vivre
Lebensmittel *pl* aliments *mpl*
Lebensmittelgeschäft *nt* épicerie *f*
lebensmüde *adj* las(se) de vivre
Lebensqualität *f* qualité *f* de (la) vie
Lebensretter(in) *m(f)* sauveteur(-euse)
Lebensstandard *m* niveau *m* de vie
Lebensstellung *f* situation *f* pour la vie
Lebensunterhalt *m* subsistance *f*
Lebensversicherung *f* assurance-vie *f*
Lebenswandel *m* vie *f*
Lebensweise *f* mode *m* de vie
lebenswichtig *adj* vital(e)
Lebenszeichen *nt* signe *m* de vie
Lebenszeit *f*: **auf ~** à vie
Leber (**-, -n**) *f* foie *m* • **Leberfleck** *m* grain *m* de beauté • **Lebertran** *m* huile *f* de foie de morue • **Leberwurst** *f* saucisse *f* au pâté de foie
Lebewesen *nt* être *m* vivant
lebhaft *adj* vif(vive) ; (*Straße*) animé(e) ; (*Verkehr*) dense
Lebhaftigkeit *f* vivacité *f*
Lebkuchen *m* pain *m* d'épice
leblos *adj* inanimé(e)
lechzen *vi*: **nach etw ~** être avide de qch
leck *adj* (*Boot*) qui prend l'eau ; (*Rohr*) qui fuit • **Leck** (**-(e)s, -s**) *nt* fuite *f*
lecken[1] *vi* (*Loch haben*) fuir
lecken[2] *vt* (*schlecken*) lécher
lecker *adj* délicieux(-euse) • **Leckerbissen** *m* délice *m* • **Leckermaul** *nt* (petit(e)) gourmand(e) *m/f*
led. *abk* = **ledig**
Leder (**-s, -**) *nt* cuir *m* • **Lederhose** *f* (*von Tracht*) culotte *f* de cuir
ledern *adj* en *od* de cuir
Lederwaren *pl* articles *mpl* de maroquinerie
ledig *adj* célibataire • **lediglich** *adv* uniquement, ne ... que
leer *adj* vide ; (*Seite*) blanc (blanche) ; **~ stehend** vide
Leere (**-**) *f* vide *m*

L

leeren *vt* vider
Leergewicht *nt* poids *m* à vide
Leergut *nt* emballages *mpl* à recycler
Leerlauf *m* point *m* mort
Leertaste *f* barre *f* d'espacement
Leerung *f* vidage *m* ; (*Poste*) levée *f*
Leerzeichen *nt* blanc *m*, espace *f*
legal *adj* légal(e) • **legalisieren** *vt* légaliser • **Legalität** *f* légalité *f*
Legasthenie *f* dyslexie *f*
Legebatterie *f* batterie *f* (*pour l'élevage de poules pondeuses*)
legen *vt* (*tun*) mettre, poser ; (*in flache Lage*) coucher ; (*Kabel, Schienen*) poser ; (*Ei*) pondre ; (*Haare*) mettre en pli ▶ *vr* (*Mensch*) s'allonger ; (*Betrieb, Interesse*) baisser ; (*Schmerzen, Sturm*) se calmer
Legende *f* légende *f*
leger *adj* décontracté(e)
legieren *vt* (*Metalle*) allier
Legierung *f* alliage *m*
Legislative *f* législatif *m*
Legislaturperiode *f* législature *f*, mandature *f*
legitim *adj* légitime • **Legitimation** *f* légitimation *f* • **legitimieren** *vt* légitimer ▶ *vr* prouver son identité • **Legitimität** *f* légitimité *f*
Lehm (**-(e)s, -e**) *m* terre *f* glaise • **lehmig** *adj* glaiseux(-euse)
Lehne *f* (*Rückenlehne*) dossier *m* ; (*Armlehne*) accoudoir *m*
lehnen *vt*: **etw an etw** *Akk* **~** appuyer qch contre qch ▶ *vr*: **sich an etw** *Akk***/auf etw** *Akk* **~** s'appuyer contre/à qch
Lehnstuhl *m* fauteuil *m*
Lehramt *nt* enseignement *m*
Lehrbuch *nt* manuel *m*
Lehre *f* (*Ausbildung*) apprentissage *m* ; (*Gedankenlehre, Glaubenssystem*) doctrine *f* ; (*Gesetzmäßigkeit*) théorie *f* ; (*Erfahrung*) leçon *f* ; (*Tech*) jauge *f*, calibre *m*
lehren *vt* (*unterrichten*) enseigner
Lehrer(in) (**-s, -**) *m(f)* professeur *mf* ; (*Grundschullehrer*) instituteur(-trice) • **Lehrerzimmer** *nt* salle *f* des professeurs
Lehrgang *m* cours *m*
Lehrjahre *pl* années *fpl* d'apprentissage
Lehrkraft *f* enseignant(e) *m/f*
Lehrling *m* apprenti *m*
Lehrplan *m* programme *m* (scolaire)
lehrreich *adj* instructif(-ive)
Lehrsatz *m* théorème *m*
Lehrstelle *f* place *f* d'apprentissage
Lehrstuhl *m* chaire *f*
Lehrzeit *f* apprentissage *m*
Leib (**-(e)s, -er**) *m* corps *m*
Leibeserziehung *f* éducation *f* physique
leibhaftig *adj* en chair et en os ; (*Teufel*) incarné(e)
leiblich *adj* (*Sohn*) vrai(e)
Leiche *f* cadavre *m*
Leichenbeschauer (**-s, -**) *m* médecin *m* légiste
Leichenwagen *m* corbillard *m*
Leichnam (**-(e)s, -e**) *m* dépouille *f*
leicht *adj* léger(-ère) ; (*nicht schwierig*) facile ▶ *adv* (*schnell*) facilement ; **es jdm ~ machen** faciliter les choses à qn • **Leichtathletik** *f* athlétisme *m* • **leicht|fallen** *irr vi*: **jdm ~** être facile pour qn • **leichtfertig** *adj* irréfléchi(e) • **leichtgläubig** *adj* crédule • **Leichtgläubigkeit** *f* crédulité *f* • **leichthin** *adv* à la légère
Leichtigkeit *f* (*Mühelosigkeit*) facilité *f*
leichtlebig *adj* insouciant(e)
Leichtmetall *nt* métal *m* léger
leicht|nehmen *irr vt* prendre à la légère
Leichtsinn *m* légèreté *f*
leichtsinnig *adj* imprudent(e)
leid *adj*: **etw ~ haben** *od* **sein** en avoir assez de qch ; *siehe auch* **leidtun**
Leid (**-(e)s**) *nt* peine *f*
leiden *irr vt* souffrir de ▶ *vi* souffrir ; **jdn/etw nicht ~ können** ne pas pouvoir souffrir qn/qch ; **unter etw** *Dat* **~** souffrir de qch • **Leiden** (**-s, -**) *nt* (*Krankheit*) maladie *f*
Leidenschaft *f* passion *f* • **leidenschaftlich** *adj* passionné(e)
leider *adv* malheureusement
leidig *adj* fâcheux(-euse)
leidlich *adj* passable ▶ *adv* à peu près
Leidtragende(r) *f(m)* (*Opfer*) victime *f*
leid|tun *irr vi*: **es tut mir leid** je suis désolé(e) ; **er tut mir leid** il me fait pitié
Leidwesen *nt*: **zu jds ~** au grand regret de qn
Leier (**-, -n**) *f* lyre *f* ; **immer die alte ~!** (*fam*) c'est toujours la même rengaine !
Leierkasten *m* orgue *m* de Barbarie
Leihbibliothek *f* bibliothèque *f* de prêt
leihen *irr vt* prêter ; **sich** *Dat* **etw ~** emprunter qch
Leihgabe *f* prêt *m*
Leihgebühr *f* frais *mpl* de location
Leihhaus *nt* mont-de-piété *m*
Leihmutterschaft *f* gestation *f* pour autrui, GPA *f*
Leihwagen *m* voiture *f* de location
Leim (**-(e)s, -e**) *m* colle *f* • **leimen** *vt* coller
Leine *f* corde *f* ; (*Hundeleine*) laisse *f*
Leinen (**-s, -**) *nt* toile *f*
Leintuch *nt* drap *m*
Leinwand *f* toile *f* ; (*Ciné*) écran *m*

leise *adj* (*Stimme*) bas (basse) ; (*Geräusch, Wind, Regen, Zweifel*) léger(-ère)
Leiste *f* bordure *f* ; (*Zierleiste*) garniture *f* ; (*Anat*) aine *f*
leisten *vt* faire ; (*vollbringen*) accomplir ; **sich** *Dat* **etw ~ können** pouvoir se permettre qch ; **sich** *Dat* **eine Frechheit ~** être insolent(e)
Leistenbruch *m* hernie *f* (inguinale)
Leistung *f* (*Geleistetes*) performance *f* ; (*Kapazität*) rendement *m* ; (*von Motor, Maschine*) puissance *f* ; (*finanziell*) prestations *fpl*
Leistungsdruck *m* obligation *f* de réussir
leistungsfähig *adj* performant(e)
Leistungsfähigkeit *f* capacité *f*, efficacité *f*
Leistungsgesellschaft *f* méritocratie *f*
Leistungssport *m* sport *m* de compétition
Leistungszulage *f* prime *f* de rendement
Leitartikel *m* éditorial *m*
Leitbild *nt* modèle *m*
leiten *vt* être à la tête de ; (*Firma, Orchester etc*) diriger ; (*Gas, Wasser*) amener ; (*Wärme, Strom*) conduire ; **sich von jdm/etw ~ lassen** suivre qn/qch • **leitend** *adj* (*Stellung*) de cadre, à responsabilité ; (*Gedanke, Idee*) directeur(-trice) ; **~er Angestellter** cadre *m* supérieur
Leiter[1] (**-s, -**) *m* (*Direktor*) directeur *m*
Leiter[2] (**-, -n**) *f* échelle *f*
Leiterin *f* directrice *f*
Leitfaden *m* précis *m*
Leitfähigkeit *f* conductibilité *f*
Leitmotiv *nt* leitmotiv *m*
Leitplanke *f* glissière *f* de sécurité
Leitung *f* (*Führung, die Leitenden*) direction *f* ; (*für Wasser, Gas, Strom*) conduite *f* ; (*Kabel*) câble *m* ; (*Telefonleitung*) ligne *f* ; **eine lange ~ haben** (*fig*) avoir la comprenette un peu dure
Leitungsrohr *nt* conduite *f*
Leitungswasser *nt* eau *f* du robinet
Leitwerk *nt* (*Aviat*) empennage *m*
Lektion *f* leçon *f* ; **jdm eine ~ erteilen** faire la leçon à qn
Lektor(in) *m(f)* lecteur(-trice)
Lektüre *f* lecture *f*
Lende *f* reins *mpl* ; (*Culin*) filet *m*
Lendenbraten *m* filet *m* rôti
lenken *vt* (*Fahrzeug*) conduire ; (*Kind*) guider ; (*Blick, Aufmerksamkeit*) tourner
Lenkrad *nt* volant *m*
Lenkstange *f* (*Fahrradlenkstange*) guidon *m*
Leopard (**-en, -en**) *m* léopard *m*
Lepra (-) *f* lèpre *f*
Lerche *f* alouette *f*
lernbegierig *adj* studieux(-euse)
lernbehindert *adj* attardé(e)
lernen *vt* apprendre ; (*Handwerk*) faire un apprentissage de ▸ *vi* travailler ; (*in der Ausbildung sein*) suivre une formation
Lernplattform *f* ENT *m* (= *espace numérique de travail*)
Lernprogramm *nt*, **Lernsoftware** *f* didacticiel *m*
lesbar *adj* lisible
Lesbe (**-, -n**) *f* (*fam*), **Lesbierin** *f* lesbienne *f*
lesbisch *adj* lesbien(ne)
Lese *f* (*Weinlese*) vendanges *fpl*
Lesebrille *f* lunettes *fpl* pour lire
Lesebuch *nt* livre *m* de lecture
lesen *irr vt* (*Text*) lire ; (*ernten*) récolter ; (*auslesen*) trier ▸ *vi* lire ; (*Univ*) donner un cours
Leser(in) (**-s, -**) *m(f)* lecteur(-trice)
Leserbrief *m* lettre *f* de lecteur ; **„~e"** « courrier des lecteurs »
leserlich *adj* lisible
Lesesaal *m* salle *f* de lecture
Lesezeichen *nt* signet *m*
Lesotho *nt* le Lesotho
Lesung *f* lecture *f*
lettisch *adj* letton(ne)
Lettland *nt* la Lettonie
letzte(r, s) *adj* dernier(-ière) ; **zum ~n Mal** pour la dernière fois
letztens *adv* récemment ; (*zuletzt*) finalement
letztere(r, s) *adj* ce(cette) dernier(-ière)
letztlich *adv* en fin de compte
Leuchte *f* lampe *f* ; (*kluger Kopf*) lumière *f*
leuchten *vi* briller ; (*mit Lampe*) éclairer
Leuchter (**-s, -**) *m* chandelier *m*
Leuchtfarbe *f* couleur *f* fluorescente
Leuchtfeuer *nt* balise *f*
Leuchtkugel *f* balle *f* traçante
Leuchtreklame *f* enseigne *f* lumineuse
Leuchtröhre *f* tube *m* fluorescent
Leuchtturm *m* phare *m*
Leuchtzifferblatt *nt* cadran *m* lumineux
leugnen *vt, vi* nier
Leukämie *f* leucémie *f*
Leumund (**-(e)s**) *m* réputation *f*
Leumundszeugnis *nt* certificat *m* de bonne vie et mœurs
Leute *pl* gens *mpl* ; (*Personal*) subordonnés *mpl* ; (*Mil*) hommes *mpl*
Leutnant (**-s, -s** *od* **-e**) *m* lieutenant *m*
leutselig *adj* bienveillant(e) • **Leutseligkeit** *f* affabilité *f*
Lexikon (**-s, Lexiken** *od* **Lexika**) *nt* (*Konversationslexikon*) encyclopédie *f* ; (*Wörterbuch*) dictionnaire *m*
Libanese (**-n, -n**) *m*, **Libanesin** *f* Libanais(e) *m/f*

Libanon (**-s**) *m*: **der ~** le Liban
Libelle *f* libellule *f*
liberal *adj* libéral(e)
Liberalisierung *f* libéralisation *f*
Liberia *nt* le Libéria, le Liberia
Libero (**-s, -s**) *m* arrière *m* volant
Libyen (**-s**) *nt* la Libye
Licht (**-(e)s, -er**) *nt* lumière *f*; (*Kerze*) bougie *f*
Lichtbild *nt* (*Passbild*) photo *f* d'identité
Lichtblick *m* (*Hoffnung*) lueur *f* d'espoir
lichtempfindlich *adj* sensible à la lumière
lichten *vt* (*Wald*) éclaircir ; (*Anker*) lever ▸ *vr* (*Nebel*) se lever ; (*Reihen*) s'éclaircir
lichterloh *adv*: **~ brennen** flamber
Lichtgriffel *m* crayon *m* optique
Lichthupe *f* appel *m* de phares
Lichtjahr *nt* année-lumière *f*
Lichtmaschine *f* dynamo *f*
Lichtmess *nt* la Chandeleur
Lichtschalter *nt* interrupteur *m*
Lichtschutzfaktor *m* indice *m* de protection
Lichtung *f* clairière *f*
Lid (**-(e)s, -er**) *nt* paupière *f* • **Lidschatten** *m* fard *m* à paupières
lieb *adj* gentil(le) ; (*artig*) sage ; (*willkommen*) bienvenu(e) ; (*geliebt*) cher (chère) ; **L~e Anne, ~er Klaus! …** Chère Anne, cher Klaus … ; **würden Sie so ~ sein** auriez-vous l'amabilité ; **~ gewinnen** se mettre à aimer ; **~ haben** aimer beaucoup
liebäugeln *vi*: **mit dem Gedanken ~, etw zu tun** caresser l'idée de faire qch
Liebe *f* amour *m* • **liebebedürftig** *adj*: **~ sein** avoir besoin d'affection
lieben *vt* aimer
liebenswert *adj* très sympathique
liebenswürdig *adj* aimable
liebenswürdigerweise *adv* aimablement
Liebenswürdigkeit *f* amabilité *f*
lieber *adv*: **etw ~ tun** préférer faire qch ; **ich gehe ~ nicht** je préfère ne pas y aller
Liebesbrief *m* lettre *f* d'amour
Liebesdienst *m* faveur *f*
Liebeskummer *m*: **~ haben** avoir un chagrin d'amour
Liebespaar *nt* amoureux *mpl*
Liebesschloss *nt* cadenas *m* d'amour
liebevoll *adj* affectueux(-euse)
Liebhaber(in) (**-s, -**) *m(f)* amant *m* ; (*Kenner*) amateur(-trice)
Liebhaberei *f* violon *m* d'Ingres
liebkosen *vt insép* câliner
lieblich *adj* (*Landschaft*) charmant(e) ; (*Duft, Wein*) doux(douce)
Liebling *m* (*von Eltern, Publikum*) préféré(e) *m/f*; (*Anrede*) chéri(e) *m/f*
Lieblings- *in zW* préféré(e)
lieblos *adj* sans cœur
Liebschaft *f* aventure *f*
Liechtenstein (**-s**) *nt* le Liechtenstein
Lied (**-(e)s, -er**) *nt* chanson *f*; (*Kirchenlied*) chant *m*
Liederbuch *nt* recueil *m* de chansons ; (*Rel*) recueil *m* de chants
liederlich *adj* (*unordentlich*) négligé(e) ; (*unmoralisch*) dissolu(e)
Liedermacher *m* auteur-compositeur *m*
lief *etc vb siehe* **laufen**
Lieferant *m* fournisseur *m*
liefern *vt* (*Waren*) livrer ; (*Rohstoffe*) produire ; (*versorgen mit*) fournir
Lieferschein *m* bon *m* de livraison
Liefertermin *m* délai *m* de livraison
Lieferung *f* livraison *f*
Lieferwagen *m* voiture *f* de livraison
Liege *f* divan *m*
liegen *irr vi* (*waagerecht sein*) être couché(e) ; (*sich befinden*) se trouver ; **jdm schwer im Magen ~** peser sur l'estomac de qn ; **an etw** *Dat* **~** (*Ursache*) tenir à qch ; **mir liegt viel daran** j'y tiens beaucoup ; **Sprachen ~ mir nicht** je ne suis pas doué(e) pour les langues ; **~ bleiben** (*nicht aufstehen*) rester couché(e) ; (*nicht ausgeführt werden*) rester en plan ; **~ lassen** (*vergessen*) oublier • **Liegenschaft** *f* terrain *m*
Liegesitz *m* siège *m* à dossier réglable
Liegestuhl *m* chaise *f* longue
Liegewagen *m* wagon-couchette *m*
lieh *etc vb siehe* **leihen**
ließ *etc vb siehe* **lassen**
Lift (**-(e)s, -e** *od* **-s**) *m* ascenseur *m*
Like (**-s, -s**) *nt* Like *m*
Likör (**-s, -e**) *m* liqueur *f*
lila *adj* mauve
Lilie *f* lis *m*
Liliputaner(in) (**-s, -**) *m(f)* nain(e)
Limo *f* = **Limonade**
Limonade *f* limonade *f*
lind *adj* doux(douce)
Linde *f* tilleul *m*
lindern *vt* soulager
Linderung *f* soulagement *m*
Lineal (**-s, -e**) *nt* règle *f*
Linguistik *f* linguistique *f*
Linie *f* ligne *f*
Linienblatt *nt* transparent *m*
Linienflug *m* vol *m* de ligne
Linienrichter *m* juge *m* de touche
linieren *vt* régler
Link *m* (*Inform*) lien *m*
linke(r, s) *adj* gauche ; **die ~ Seite** l'envers *m* ; **~ Masche** maille *f* à l'envers

Linke *f* (*Hand*) main *f* gauche ; (*Pol*) gauche *f*
linkisch *adj* gauche
links *adv* à gauche ; (*verkehrt herum*) à l'envers ; (*mit der linken Hand*) de la main gauche ; **~ von mir** à ma gauche ; **~ vom Eingang** à gauche de l'entrée • **Linksaußen** (**-s, -**) *m* (*Sport*) ailier *m* gauche • **Linkshänder(in)** (**-s, -**) *m(f)* gaucher(-ère) • **Linkskurve** *f* virage *m* à gauche • **linksradikal** *adj* d'extrême gauche • **Linksverkehr** *m* circulation *f* à gauche
Linoleum (**-s**) *nt* linoléum *m*
Linse *f* lentille *f*
Lippe *f* lèvre *f*
Lippenbekenntnis *nt* engagement *m* purement verbal
Lippenstift *m* rouge *m* à lèvres
liquidieren *vt* liquider
lispeln *vi* zézayer
List (**-, -en**) *f* ruse *f*
Liste *f* liste *f*
listig *adj* rusé(e)
Litanei *f* litanie *f*
Litauen (**-s**) *nt* la Lituanie
Litauer(in) (**-s, -**) *m(f)* Lituanien(ne)
litauisch *adj* lituanien(ne)
Liter (**-s, -**) *m od nt* litre *m*
literarisch *adj* littéraire
Literatur *f* littérature *f* • **Literaturpreis** *m* prix *m* littéraire
Litfaßsäule *f* colonne *f* Morris
Lithografie *f* lithographie *f*
litt *etc vb siehe* **leiden**
Liturgie *f* liturgie *f*
liturgisch *adj* liturgique
Litze *f* cordon *m* ; (*Élec*) fil *m*
live *adj, adv* (*Radio, TV*) en direct
Livree *f* livrée *f*
Lizenz *f* licence *f*
Lkw, LKW (**-(s), -(s)**) *m abk* = **Lastkraftwagen**
Lob (**-(e)s**) *nt* éloge *m*
loben *vt* faire l'éloge de, louer
lobenswert *adj* louable
Loch (**-(e)s, ¨-er**) *nt* trou *m* ; (*péj: Wohnung*) taudis *m*
lochen *vt* (*Papier*) perforer ; (*Fahrkarte*) poinçonner
Locher (**-s, -**) *m* perforatrice *f*
löcherig *adj* troué(e)
Locke *f* boucle *f*
locken[1] *vt* (*herbeilocken*) attirer
locken[2] *vt* (*Haare*) boucler
Lockenwickler *m* bigoudi *m*
locker *adj* (*Schraube*) desserré(e) ; (*Zahn*) qui branle ; (*Band etc*) lâche ; (*nicht streng*) relâché(e) ; (*fam*) cool • **locker|lassen** *irr vi*: **nicht ~** ne pas céder (d'un pouce)
lockern *vt* desserrer ; (*Vorschriften etc*) assouplir
lockig *adj* bouclé(e)
Lockruf *m* cri *m*
Lockung *f* attrait *m*
Lockvogel *m* leurre *m*
Lodenmantel *m* loden *m*
lodern *vi* flamber
Löffel (**-s, -**) *m* cuillère *f*, cuiller *f*
löffeln *vt* manger à la cuillère
löffelweise *adv* par cuillerées
log *etc vb siehe* **lügen**
Logarithmentafel *f* table *f* de logarithmes
Logarithmus *m* logarithme *m*
Loge *f* loge *f*
Logik *f* logique *f*
Log-in *nt* (**-s, -s**) (*Inform*) identifiant *m*
logisch *adj* logique
Logo (**-s, -s**) *nt* logo *m*
Lohn (**-(e)s, ¨-e**) *m* récompense *f*, salaire *m* • **Lohnarbeit** *f* main-d'œuvre *f* • **Lohnausfall** *m* perte *f* de salaire • **Lohnausgleich** *m* compensation *f* de salaire • **Lohnempfänger(in)** *m(f)* salarié(e)
lohnen *vr* en valoir la peine ; **es lohnt sich nicht, das zu tun** ça ne vaut pas la peine de le faire
lohnend *adj* qui en vaut la peine
Lohnforderung *f* revendication *f* salariale
Lohnfortzahlung *f* *droit au salaire en cas de maladie, accident etc*
Lohnpolitik *f* politique *f* salariale
Lohnsteuer *f* impôt *m* sur le revenu
Lohnsteuerjahresausgleich *m* *demande de remboursement de trop-perçu (au fisc)*
Lohnsteuerkarte *f* *carte de contribuable*
Lohnstreifen *m* fiche *f* de paie
Lohntüte *f* enveloppe *f* de paie
Loipe *f* piste *f* de ski de fond
lokal *adj* local(e)
Lokal (**-(e)s, -e**) *nt* (*Gaststätte*) café *m* ; (*Restaurant*) restaurant *m*
lokalisieren *vt* localiser
Lokalisierung *f* localisation *f*
Lokomotive *f* locomotive *f*
Lokomotivführer *m* conducteur *m* de locomotive
lol *abk* (= *laugh(ing) out loud*) (*Internet, Tél*) LOL, MDR
London (**-s**) *nt* Londres
Lorbeer (**-s, -en**) *m* laurier *m* • **Lorbeerblatt** *nt* feuille *f* de laurier
Lore *f* truc *m*
los *adj* (*nicht befestigt*) détaché(e) ▶ *adv*: **~!** (*vorwärts*) en avant ! ; (*Beeilung*) allons ! ;

was ist ~? qu'est-ce qu'il y a ? ; **was ist (denn) mit ihm ~?** qu'est-ce qu'il a ? ; **mit ihm ist nichts ~** (*er taugt nichts*) ce n'est vraiment pas une lumière ; **dort ist nichts ~!** c'est un trou ! ; **jdn/etw ~ sein** être débarrassé(e) de qn/qch

Los (**-es, -e**) *nt* (*Schicksal*) sort *m*, destin *m* ; (*Lotterielos*) billet *m* de loterie

los|binden *irr vt* détacher

löschen *vt* (*Feuer, Licht*) éteindre ; (*Durst*) étancher ; (*Datei, Tonband*) effacer ; (*Fracht*) décharger ▸ *vi* (*Feuerwehr*) éteindre l'incendie

Löschfahrzeug *nt* voiture *f* de pompiers

Löschgerät *nt* extincteur *m*

Löschpapier *nt* papier *m* buvard

Löschtaste *f* touche *f* d'effacement

Löschung *f* (*von Fracht*) déchargement *m*

lose *adj* (*Knopf*) qui se découd ; (*Schraube*) desserré(e) ; (*Blatt*) volant(e) ; (*nicht verpackt*) en vrac ; (*moralisch*) dissolu(e)

Lösegeld *nt* rançon *f*

losen *vi* tirer au sort

lösen *vt* (*abtrennen*) détacher ; (*Rätsel, Problem*) résoudre ; (*Fahrkarte*) acheter ▸ *vr* (*aufgehen*) se défaire ; (*Zucker etc*) se dissoudre

Loser(in) (*umg, pej*) *m(f)* boloss *mf*, bolosse *mf*, bolos *mf*

los|fahren *irr vi* (*Fahrzeug*) démarrer, partir

los|gehen *irr vi* (*beginnen*) commencer ; (*aufbrechen: Bombe, Gewehr*) partir ; **auf jdn ~** se jeter sur qn

los|kaufen *vt* payer une rançon pour

los|kommen *irr vi*: **von jdm ~** arriver à se détacher de qn

los|lassen *irr vt* lâcher

los|legen (*fam*) *vi*: **nun leg mal los und erzähl(e) ...** vas-y, raconte ...

löslich *adj* soluble

los|machen *vt* détacher ; (*Boot*) démarrer

los|sagen *vr*: **sich von jdm/etw ~** rompre avec qn/qch

Losung *f* slogan *m* ; (*Kennwort*) mot *m* de passe

Lösung *f* solution *f* ; (*von Verlobung*) rupture *f*

Lösungsmittel *nt* solvant *m*

los|werden *irr vt* se débarrasser de ; (*verkaufen*) écouler

Lot (**-(e)s, -e**) *nt* (*Senkblei*) fil *m* à plomb ; (*Math*) perpendiculaire *f* ; **(nicht) im ~ sein** (ne pas) être d'aplomb ; (*Sachen*) (ne pas) être en ordre

löten *vt* souder

Lothringen (**-s**) *nt* la Lorraine

Lötkolben *m* fer *m* à souder

Lotse (**-n, -n**) *m* (*Naut*) pilote *m* ; (*Aviat*) aiguilleur *m* du ciel

lotsen *vt* piloter, diriger ; (*fam*): **jdn ins Kino/in die Stadt ~** traîner qn au cinéma/en ville

Lotterie *f* loterie *f*

Lotto (**-s, -s**) *nt* loto *m* • **Lottozahlen** *pl* numéros *mpl* gagnants (*à la loterie*)

Löwe (**-n, -n**) *m* lion *m* ; (*Astrol*) Lion *m* ; **~ sein** être Lion

Löwenanteil *m* part *f* du lion

Löwenzahn *m* pissenlit *m*

Löwin *f* lionne *f*

loyal *adj* loyal(e)

Loyalität *f* loyauté *f*

LP (**-, -s**) *f abk* (= *Langspielplatte*) 33-tours *m*

Luchs (**-es, -e**) *m* lynx *m*

Lücke *f* (*in Zaun*) brèche *f* ; (*in Wissen, Gesetz*) lacune *f*

Lückenbüßer (**-s, -**) *m* bouche-trou *m*

lückenhaft *adj* (*Wissen, Beweise*) incomplet(-ète) ; (*Versorgung*) intermittent(e)

lückenlos *adj* complet(-ète)

lud *etc vb siehe* **laden**

Luder (**-s, -**) (*péj*) *nt* (*Frau*) garce *f*

Luft (**-, ¨-e**) *f* air *m* ; (*Atem*) souffle *m* ; **in die ~ fliegen** exploser ; **jdn wie ~ behandeln** ignorer qn ; **hier ist dicke ~** (*fam: fig*) il y a de l'orage dans l'air • **Luftangriff** *m* attaque *f* aérienne • **Luftballon** *m* ballon *m* • **Luftblase** *f* bulle *f* d'air • **Luftbrücke** *f* pont *m* aérien • **luftdicht** *adj* hermétique • **Luftdruck** *m* pression *f* atmosphérique

lüften *vt* aérer ; (*Geheimnis*) révéler ▸ *vi* aérer

Luftfahrt *f* aviation *f*

luftgekühlt *adj* à refroidissement par air

luftig *adj* (*Zimmer*) (bien) aéré(e) ; (*Kleider*) léger(-ère)

Luftkissenfahrzeug *nt* aéroglisseur *m*

Luftkurort *m* station *f* climatique

luftleer *adj*: **~er Raum** vide *m*

Luftlinie *f*: **100 km ~** 100 km à vol d'oiseau

Luftloch *nt* trou *m* d'air

Luftmatratze *f* matelas *m* pneumatique

Luftpirat *m* pirate *m* de l'air

Luftpost *f* poste *f* aérienne

Luftröhre *f* trachée *f*

Luftschlange *f* serpentin *m*

Luftschutz *m* défense *f* antiaérienne

Luftschutzkeller *m* abri *m* antiaérien

Luftsprung *m* galipette *f* ; **einen ~ machen** sauter de joie

Lüftung *f* aération *f*

Luftverkehr *m* trafic *m* aérien

Luftverschmutzung *f* pollution *f* atmosphérique
Luftwaffe *f* armée *f* de l'air
Luftzug *m* courant *m* d'air
Lüge *f* mensonge *m* ; **jdn ~n strafen** accuser qn de mentir ; **eine Behauptung ~n strafen** démentir une affirmation
lügen *irr vi* mentir
Lügner(in) (-s, -) *m(f)* menteur(-euse)
Luke *f* lucarne *f*
lukrativ *adj* lucratif(-ive)
Lümmel (-s, -) *m* vaurien *m*
lümmeln *(péj) vr* se vautrer
Lump (-en, -en) *m* gredin *m*
lumpen *vt*: **sich nicht ~ lassen** faire les choses comme il faut
Lumpen (-s, -) *m* chiffon *m*
lumpig *adj (gemein)* ignoble ; *(wenig)* minable ; **~e 10 Euro** seulement 10 euros
Lunge *f* poumon *m* ; **eiserne ~** poumon *m* d'acier
Lungenentzündung *f* pneumonie *f*
lungenkrank *adj* malade des poumons
Lungenkrebs *m* cancer *m* du poumon
Lunte *f* mèche *f* ; **ich rieche ~** ça sent le roussi
Lupe *f* loupe *f* ; **jdn/etw unter die ~ nehmen** examiner qn/qch de très près
Lupine *f* lupin *m*
Lust (-, ¨-e) *f (Freude, auch sexuell)* plaisir *m* ; *(Begierde, auch sexuell)* désir *m* ; *(Neigung)* envie *f* ; **~ haben zu** *od* **auf etw** *Akk***/etw zu tun** avoir envie de qch/de faire qch
lüstern *adj* lascif(-ive), lubrique
Lustgefühl *nt* plaisir *m*
lustig *adj (komisch)* drôle ; *(fröhlich)* gai(e)
lustlos *adj* sans enthousiasme
Lustspiel *nt* comédie *f*
lutschen *vt* sucer ▸ *vi*: **am Daumen ~** sucer son pouce
Lutscher (-s, -) *m* sucette *f*
Luxemburg (-s) *nt* le Luxembourg
Luxemburger(in) (-s, -) *m(f)* Luxembourgeois(e)
luxemburgisch *adj* luxembourgeois(e)
luxuriös *adj* luxueux(-euse)
Luxus (-) *m* luxe *m* • **Luxusartikel** *m* article *m* de luxe • **Luxussteuer** *f* taxe *f* de luxe
Lymphe *f* lymphe *f*
lynchen *vt* lyncher
Lyrik *f* poésie *f* lyrique • **Lyriker(in)** (-s, -) *m(f)* poète *m* lyrique
lyrisch *adj* lyrique

m

M, m *nt* M, m *m inv*
Machart *f* façon *f*
machbar *adj* faisable, réalisable
Mache (-) *(fam) f (Vortäuschung)* frime *f* ; **etw in der ~ haben** travailler à qch

SCHLÜSSELWORT

machen *vt* **1** *(tun)* faire ; **was machen Sie (beruflich)?** qu'est-ce que vous faites dans la vie ? ; **was macht die Arbeit?** comment va le travail ?, et le travail, ça marche ? ; **das lass ich nicht mit mir machen!** ça, je ne le tolérerai pas ! ; **Schluss machen** arrêter
2 *(herstellen, anfertigen, richten)* faire ; **Essen machen** faire *od* préparer à manger ; **sein Bett machen** faire son lit ; **ein Foto machen** faire *od* prendre une photo ; **aus Holz gemacht** en bois ; **etw machen lassen** *(herstellen lassen)* faire faire qch ; *(reparieren lassen)* faire réparer qch
3 *(ablegen: Examen, Abitur)* passer
4 *(teilnehmen)*: **einen Kurs machen** suivre un cours ; **eine Reise machen** faire un voyage
5 *(verursachen, bereiten)*: **jdm Angst/Freude machen** faire peur/plaisir à qn ; **das macht die Kälte** c'est dû au froid ; **jdn lachen machen** faire rire qn
6 *(ausmachen, schaden)* faire ; **macht nichts!** ça ne fait rien ! ; **die Kälte/der Rauch macht mir nichts** le froid/la fumée ne me dérange pas
7 *(mit Präpositionen)*: **jdm zum Sklaven/zu seiner Frau machen** faire de qn un esclave/sa femme ; **aus jdm etw machen** faire qch de qn
8 *(Math)*: **wie viel macht das?** ça fait combien ? ; **3 und 5 macht 8** 3 plus 5

égalent 8 ; **das macht 15 Euro** ça fait 15 euros
9 (*fam*: *Kindersprache*): **groß/klein machen** (*Kindersprache*) faire la grosse/petite commission ; **Pipi/Aa machen** (*Kindersprache*) faire pipi/caca
▶ *vi*: **mach schnell!** dépêche-toi ! ; **mach schon** *od* **schneller!** (*fam*) plus vite que ça ! ; **mach, dass du wegkommst!** ouste, va-t'en ! ; **machs gut!** bonne chance ! ; **das macht müde** ça fatigue ; **das macht hungrig/durstig** ça donne faim/soif ; **das macht dick** ça fait grossir ; **er macht in Politik** (*fam*) il fait de la politique ; **lass mich mal machen** (*fam*) laisse-moi faire
▶ *vr*: **sich an etw** *Akk* **machen** (*beginnen*) se mettre à qch ; **sich** *Dat* **viel aus jdm/etw machen** tenir (beaucoup) à qn/qch ; **mach dir nichts daraus** ne t'en fais pas ; **sich auf den Weg machen** se mettre en route ; **das macht sich gut** c'est bien ; **sich wichtig machen** faire l'important(e)

Machenschaften *pl* intrigues *fpl*
Macher(in) (**-s, -**) (*fam*) *m(f)* battant(e)
Macht (**-, ⸚e**) *f* pouvoir *m* • **Machthaber** (**-s, -**) *m* dirigeant *m*
mächtig *adj* puissant(e) ; (*ungeheuer*) énorme
machtlos *adj* impuissant(e) ; (*hilflos*) désarmé(e)
Machtprobe *f* épreuve *f* de force
Machtwort *nt*: **ein ~ sprechen** faire acte d'autorité
Machwerk *nt* travail *m* bâclé
Madagaskar (**-s**) *nt* Madagascar *m od f*
Mädchen *nt* jeune fille *f* ; (*Kind*) petite fille *f* • **mädchenhaft** *adj* de petite fille • **Mädchenname** *m* nom *m* de jeune fille
Made *f* asticot *m*
madig *adj* (*Obst*) véreux(-euse)
madig|machen *vt*: **jdm etw ~** (*fam*) gâcher qch à qn
Magazin (**-s, -e**) *nt* magazine *m*
Magd (**-, ⸚e**) *f* servante *f*
Magen (**-s, -** *od* **⸚**) *m* estomac *m* • **Magengeschwür** *nt* ulcère *m* de *od* à l'estomac • **Magenschmerzen** *pl* maux *mpl* d'estomac
mager *adj* maigre • **Magerkeit** *f* maigreur *f* • **Magersucht** *f* anorexie *f*
Magie *f* magie *f*
Magier (**-s, -**) *m* magicien *m*
magisch *adj* magique
Magnet (**-s** *od* **-e, -en**) *m* aimant *m* • **Magnetband** *nt* bande *f* magnétique • **magnetisch** *adj* magnétique
magnetisieren *vt* aimanter
Magnetnadel *f* aiguille *f* aimantée
Magnetstreifen *m* piste *f* magnétique
Mahagoni (**-s**) *nt* acajou *m*
Mähdrescher (**-s, -**) *m* moissonneuse-batteuse *f*
mähen *vt* (*Rasen*) tondre ; (*Gras*) faucher
Mahl (**-(e)s, -e**) *nt* repas *m*
mahlen *vt* moudre
Mahlzeit *f* repas *m* ▶ *interj* bon appétit
Mahnbrief *m* rappel *m*
Mähne *f* crinière *f*
mahnen *vt* (*warnend*) avertir ; (*wegen Schuld*) mettre en demeure
Mahnmal *nt* mémorial *m*
Mahnung *f* avertissement *m* ; (*mahnende Worte*) exhortation *f*
Mai (**-(e)s, -e**) *m* mai *m* • **Maiglöckchen** *nt* muguet *m* • **Maikäfer** *m* hanneton *m*
Mail (**-, -s**) *f* (*Inform*) e-mail *m*, courrier *m* électronique
Mailbox (**-, -en**) *f* boîte *f* aux lettres
mailen *vt* (*Inform*): **jdm etw ~** envoyer qch à qn par mail
Mailprogramm *nt* logiciel *m* de courrier électronique
Main (**-(e)s**) *m* Main *m*
Mainz *nt* Mayence
Mais (**-es, -e**) *m* maïs *m* • **Maiskolben** *m* épi *m* de maïs
Majestät *f* majesté *f*
majestätisch *adj* majestueux(-euse)
Majo (**-, -s**) *f* = **mayonnaise**
Majonäse (**-, -n**) *f* mayonnaise *f*
Majoran (**-s, -e**) *m* marjolaine *f*
makaber *adj* macabre
Makel (**-s, -**) *m* défaut *m* ; (*moralisch*) tare *f*
makellos *adj* sans défaut ; (*Sauberkeit*) immaculé(e) ; (*Vergangenheit*) irréprochable
mäkeln *vi*: **an jdm/etw ~** trouver à redire à qn/qch
Make-up (**-s, -s**) *nt* maquillage *m*
Makkaroni *pl* macaronis *mpl*
Makler(in) (**-s, -**) *m(f)* (*Fin*) courtier(-ière) *m*
Makrele *f* maquereau *m*
Makrone *f* macaron *m*
mal *adv* (*Math*) fois ; (*fam*) *siehe* **einmal**
Mal (**-(e)s, -e**) *nt* (*Zeitpunkt, Anlass*) fois *f* ; (*Zeichen*) marque *f*
Malaria (**-**) *f* paludisme *m*
Malawi (**-s**) *nt* le Malawi
Malaysia (**-s**) *nt* la Malaysia
Malediven *pl*: **die ~** les Maldives *fpl*
malen *vt, vi* peindre
Maler(in) (**-s, -**) *m(f)* peintre *m*
Malerei *f* peinture *f*

malerisch *adj* pittoresque
Malkasten *m* boîte *f* de couleurs
Mallorca (**-s**) *nt* Majorque *f*
mal|nehmen *irr vt, vi* multiplier
Malta (**-s**) *nt* Malte *f*
maltesisch *adj* maltais(e)
Malz (**-es**) *nt* malt *m* • **Malzkaffee** *m* *succédané de café à base de malt grillé*
Mama (**-, -s**), **Mami** (**-, -s**) (*fam*) *f* maman *f*
Mammut (**-s, -e** *od* **-s**) *nt* mammouth *m*
man *pron* on
Management (**-s, -s**) *nt* management *m* ; (*Führungskräfte*) cadres *mpl* supérieurs
managen *vt* gérer ; (*Sportler*) être le manager de ; **das werden wir schon ~!** on se débrouillera !
Manager(in) *m(f)* chef *m*
manche(r, s) *pron* plus d'un(e) ; **~ (Leute)** certains
mancherlei *pron inv* (*adjektivisch*) toutes sortes de ; (*substantivisch*) toutes sortes de choses
manchmal *adv* parfois
Mandant(in) *m(f)* (*Jur*) mandant(e)
Mandarine *f* mandarine *f*
Mandat *nt* mandat *m*
Mandel (**-, -n**) *f* amande *f* ; (*Anat*) amygdale *f* • **Mandelentzündung** *f* amygdalite *f*
Manege *f* (*im Zirkus*) piste *f* ; (*in einer Reitschule*) manège *m*
Mangel[1] (**-, -n**) *f* (*für Wäsche*) calandre *f*
Mangel[2] (**-s, ¨**) *m* (*Fehler*) défaut *m* ; **~ (an** *+Dat***)** (*Knappheit*) manque *m* (de)
Mangelerscheinung *f* maladie *f* de carence
mangelhaft *adj* (*ungenügend*) insuffisant(e) ; (*Material*) défectueux(-euse)
mangeln *vi unpers*: **es mangelt jdm an etw** *Dat* qn manque de qch ▸ *vt* (*Wäsche*) calandrer
mangels *präp +Gen* à défaut de, faute de
Mango (**-, -s**) *f* mangue *f*
Manie *f* obsession *f*
Manier (**-**) *f* manière *f* ; (*péj*) affectation *f* ; **Manieren** *pl* manières *fpl*
manierlich *adj* bien élevé(e) ; (*ordentlich*) correct(e)
Manifest (**-es, -e**) *nt* manifeste *m*
Maniküre *f* soins *mpl* des mains
maniküren *vt* faire les mains *od* les ongles de
Manipulation *f* manipulation *f*
manipulieren *vt* manipuler
Manko (**-s, -s**) *nt* défaut *m* ; (*Écon*) déficit *m*

Mann (**-(e)s, ¨er**) *m* homme *m* ; (*Ehemann*) mari *m* ; **seinen ~ stehen** être à la hauteur, se débrouiller
Männchen *nt* petit homme *m* ; (*Tier*) mâle *m*
Mannequin (**-s, -s**) *nt* mannequin *m*
mannigfaltig *adj* (*Erlebnisse, Eindrücke*) varié(e)
männlich *adj* mâle ; (*Ling*) masculin(e)
Mannschaft *f* (*Sport*) équipe *f* ; (*Naut, Aviat*) équipage *m* ; (*Mil*) homme *m* (de troupe)
Manöver (**-s, -**) *nt* manœuvre *f*
manövrieren *vt, vi* manœuvrer
Mansarde *f* mansarde *f*
Manschette *f* manchette *f*
Manschettenknopf *m* bouton *m* de manchette
Mantel (**-s, ¨**) *m* manteau *m* ; (*Tech*) gaine *f*
Manuskript (**-(e)s, -e**) *nt* manuscrit *m*
Mappe *f* (*Aktenordner*) classeur *m* ; (*Aktentasche*) serviette *f*
Maracuja (**-, -s**) *f* fruit *m* de la passion
Märchen *nt* conte *m* (de fées) ; (*Lüge*) histoire *f* • **märchenhaft** *adj* fabuleux(-euse) ; (*wunderschön*) merveilleux(-euse) • **Märchenprinz** *m* prince *m* charmant
Marder (**-s, -**) *m* martre *f*
Margarine *f* margarine *f*
Marienkäfer *m* coccinelle *f*
Marihuana (**-s**) *nt* marijuana *f*
Marille (*Österr*) *f* abricot *m*
Marine *f* marine *f*
marinieren *vt* mariner
Marionette *f* marionnette *f*
Mark[1] (**-, -**) *f* (*Hist: Münze*) mark *m*
Mark[2] (**-(e)s**) *nt* (*Knochenmark*) moelle *f* ; **das geht mir durch ~ und Bein** je trouve ça insupportable
markant *adj* (*Gesicht, Erscheinung*) marquant(e) ; (*Stil*) caractéristique
Marke *f* (*Warensorte, Fabrikat*) marque *f* ; (*Rabattmarke, Briefmarke*) timbre *m* ; (*Essensmarke*) ticket *m* ; (*aus Metall etc*) jeton *m*
Markenname *m* nom *m* de marque
Marker (**-s, -**) *m* marqueur *m*
Marketing (**-s**) *nt* marketing *m*
markieren *vt* (*kennzeichnen*) marquer ; (*fam*) simuler ▸ *vi* (*fam: sich verstellen*) faire semblant
Markierung *f* marque *f*
markig *adj* (*Person*) énergique ; (*Stil, Worte*) vigoureux(-euse)
Markise *f* store *m*
Markt (**-(e)s, ¨e**) *m* marché *m* • **Marktanteil** *m* part *f* de marché

• **Marktforschung** *f* étude *f* de marché
• **Marktplatz** *m* place *f* du marché
• **Marktwirtschaft** *f* économie *f* de marché
Marmelade *f* confiture *f*
Marmor (**-s, -e**) *m* marbre *m*
marmorieren *vt* marbrer
Marokkaner(in) (**-s, -**) *m(f)* Marocain(e)
marokkanisch *adj* marocain(e)
Marokko (**-s**) *nt* le Maroc
Marone (**-, -n** *od* **Maroni**) *f* marron *m*
Marotte *f* marotte *f*
marsch *interj*: **~ ins Bett!** ouste, au lit !
Marsch (**-(e)s, ¨-e**) *m* marche *f*
• **Marschbefehl** *m* ordre *m* de marche
• **marschbereit** *adj* (*Truppe etc*) prêt(e) à partir
marschieren *vi* marcher
Märtyrer(in) (**-s, -**) *m(f)* martyr(e)
März (**-(es), -e**) *m* mars *m*
Marzipan (**-s, -e**) *nt* massepain *m*
Masche *f* maille *f* ; **das ist die neueste ~** (*fam*) c'est le dernier cri
Maschendraht *m* treillis *m* métallique
Maschine *f* machine *f*
maschinell *adj* automatique
Maschinenbau *m* construction *f* mécanique
Maschinenbauer *m* ingénieur *m* mécanicien
Maschinengewehr *nt* mitrailleuse *f*
maschinenlesbar *adj* (*Inform*) exploitable par ordinateur
Maschinenpistole *f* mitraillette *f*
Maschinenraum *m* salle *f* des machines ; (*Naut*) machinerie *f*
Maschinenschaden *m* panne *f*
Maschinenschlosser *m* ajusteur-mécanicien *m*
Maschinenschrift *f* dactylographie *f*
Maschinist *m* mécanicien *m*
Maser (**-, -n**) *f* (*von Holz*) fibre *f*
Masern *pl* (*Méd*) rougeole *f sg*
Maserung *f* fibres *fpl*
Maske *f* masque *m*
Maskenball *m* bal *m* masqué
Maskerade *f* déguisement *m*
maskieren *vt* (*verkleiden*) déguiser ; (*fig*) cacher ▸ *vr* se déguiser
Maskulinum (**-s, Maskulina**) *nt* masculin *m*
maß *vb siehe* **messen**
Maß[1] (**-es, -e**) *nt* mesure *f* ; **~ halten** = **maßhalten**
Maß[2] (**-, -(e)**) *f* (*Bier*) ≈ litre *m* (*de bière*)
Massage *f* massage *m*
Massaker (**-s, -**) *nt* massacre *m*
Maßanzug *m* complet *m* sur mesure
Maßarbeit *f* (*fig*) travail impeccable
Masse *f* masse *f*
Massenartikel *m* article *m* fabriqué en série
Massendaten *pl* (*Inform*) mégadonnées *fpl*
Massengrab *nt* fosse *f* commune
massenhaft *adj* en masse
Massenkarambolage *f* carambolage *m*
Massenmedien *pl* mass media *mpl*
Massenvernichtungswaffen *pl* armes *fpl* de destruction massive
Masseur(in) *m(f)* masseur(-euse)
Masseuse *f* masseuse *f*
maßgebend *adj* compétent(e)
maßgeblich *adj* prépondérant(e) ▸ *adv*: **an etw ~ beteiligt sein** jouer un rôle prépondérant dans qch
maßgeschneidert *adj* (*Anzug*) fait(e) sur mesure
maß|halten *irr vi* être modéré(e)
massieren *vt* masser
massig *adj* massif(-ive) ▸ *adv* (*fam: massenhaft*) en masse
mäßig *adj* (*Preise*) modéré(e) ; (*Qualität etc*) moyen(ne) ▸ *adv*: **~ trinken/essen** boire/manger avec modération
• **mäßigen** *vt* modérer ▸ *vr* se modérer
• **Mäßigkeit** *f* modération *f* ; (*Mittelmäßigkeit*) médiocrité *f*
massiv *adj* massif(-ive) ; (*Beleidigung*) grossier(-ière) • **Massiv** (**-s, -e**) *nt* massif *m*
Maßkrug *m chope d'un litre*
maßlos *adj* (*unmäßig*) excessif(-ive) ; (*äußerst*) énorme
Maßnahme *f* mesure *f*
Maßstab *m* (*Géo*) échelle *f* ; (*Richtlinie, Norm*) norme *f*
maßvoll *adj* modéré(e)
Mast (**-(e)s, -e(n)**) *m* mât *m* ; (*Élec*) pylône *m*
Master *m* master *m*
mästen *vt* (*Tier*) engraisser
Material (**-s, -ien**) *nt* (*Stoff, Rohstoff*) matière *f* ; (*Hilfsmittel, Ausrüstung*) matériel *m* • **Materialfehler** *m* défaut *m*
Materialismus *m* matérialisme *m*
Materialist(in) *m(f)* matérialiste *mf*
materialistisch *adj* matérialiste
Materie *f* matière *f*
materiell *adj* matériel(le) ; **~ eingestellt sein** être matérialiste
Mathematik *f* mathématiques *fpl*
• **Mathematiker(in)** (**-s, -**) *m(f)* mathématicien(ne)
mathematisch *adj* mathématique
Matjeshering *m* (jeune) hareng *m*
Matratze *f* matelas *m*
Matrixdrucker *m* imprimante *f* matricielle
Matrose (**-n, -n**) *m* marin *m*

Matsch (**-(e)s**) *m* boue *f* ; (*Schneematsch*) neige *f* fondante *od* fondue
matschig *adj* boueux(-euse) ; (*Schnee*) fondu(e) ; (*Obst*) blet(te)
matt *adj* (*Schimmer*) faible ; (*Photo*) mat(e) ; (*Lächeln*) faible ; (*Schach*) mat *inv*
Matte *f* (*an der Tür*) paillasson *m* ; (*Sport*) tapis *m*
Mattscheibe *f* (*TV*) écran *m* ; **~ haben** (*fam*) être dans les vapes
Matura (-) (*Österr, Schweiz*) *f* (*Abitur*) ≈ baccalauréat *m*
Mauer (**-, -n**) *f* mur *m*
mauern *vt* maçonner, construire ▶ *vi* faire de la maçonnerie ; (*Sport*) bétonner
Mauerwerk *nt* murs *mpl* ; (*Stein*) maçonnerie *f*
Maul (**-(e)s, Mäuler**) *nt* gueule *f* • **maulen** (*fam*) *vi* râler • **Maulesel** *m* mulet *m* • **Maulkorb** *m* muselière *f* • **Maultier** *nt* mulet *m* • **Maul- und Klauenseuche** *f* fièvre *f* aphteuse
Maulwurf *m* (*Zool*) taupe *f*
Maulwurfshaufen *m* taupinière *f*
Maurer (**-s, -**) *m* maçon *m*
Mauretanien *nt* la Mauritanie
Mauritius *nt* l'île *f* Maurice
Maus (**-, Mäuse**) *f* (*auch Inform*) souris *f*
mäuschenstill *adj* : **~ sein** ne pas piper mot
Mausefalle *f* souricière *f*
mausern *vr* (*Vogel*) muer ; (*fam*) faire peau neuve
mausetot (*fam*) *adj* raide mort(e)
Mausklick *m* clic *m* sur la souris
Maustaste *f* bouton *m* de la souris
Maut *f* péage *m*
maximal *adj* maximum
Maxime *f* maxime *f*
maximieren *vt* (*Gewinn, Nutzen etc*) maximiser
Mayonnaise (**-, -n**) *f* mayonnaise *f*
Mazedonien (**-s**) *nt* la Macédoine
Mechanik *f* mécanique *f*
Mechaniker(in) (**-s, -**) *m(f)* mécanicien(ne)
mechanisch *adj* mécanique
Mechanismus *m* mécanisme *m*
meckern *vi* (*Ziege*) chevroter ; (*fam*) râler
Medaille *f* médaille *f*
Medaillon (**-s, -s**) *nt* médaillon *m*
mediatisiert *adj* médiatisé(e)
Medien *pl von* **Medium**
Medikament *nt* médicament *m*
Meditation *f* méditation *f*
meditieren *vi* méditer
Medium *nt* (*Phys*) milieu *m* ; **die Medien** les média(s) *fpl*
Medizin (**-, -en**) *f* (*Wissenschaft*) médecine *f*
medizinisch *adj* médical(e)
Meer (**-(e)s, -e**) *nt* mer *f* • **Meerbusen** *m* golfe *m* • **Meerenge** *f* détroit *m*
Meeresspiegel *m* niveau *m* de la mer
Meerrettich *m* raifort *m*
Meerschweinchen *nt* cobaye *m*
Mega- *in zW* méga
Megabyte *nt* mégaoctet *m*
Megafon (**-s, -e**) *nt* mégaphone *m*
Mehl (**-(e)s, -e**) *nt* farine *f*
mehlig *adj* (*Hände, Schürze*) couvert(e) de farine ; (*Obst, Kartoffeln*) farineux(-euse)
Mehlspeise (*Österr*) *f* (*Culin*) entremets *m*
mehr *pron* plus de ▶ *adv* plus • **Mehraufwand** *m* dépense *f* supplémentaire • **mehrdeutig** *adj* (*Wort*) ambigu(ë)
mehrere *pron* plusieurs
mehreres *pron* plusieurs choses
mehrfach *adj* (*Hinsicht*) divers(e) ; (*wiederholt*) répété(e)
Mehrfamilienhaus *nt* petit immeuble *m*
Mehrgenerationenhaus *nt* maison *f* intergénérationnelle
Mehrheit *f* majorité *f*
mehrheitlich *adj* majoritaire ▶ *adv* à la majorité
mehrmalig *adj* répété(e)
mehrmals *adv* plusieurs fois
mehrsprachig *adj* polyglotte
mehrstimmig *adj, adv* à plusieurs voix
Mehrwertsteuer *f* taxe *f* sur la valeur ajoutée, TVA *f*
Mehrzahl *f* (*Ling*) pluriel *m* ; **die ~ (von)** (*größerer Teil*) la majorité (de)
Mehrzweck- *in zW* à usages multiples, polyvalent(e)
meiden *irr vt* éviter
Meile *f* mille *m*
Meilenstein *m* borne *f* ; (*fig*) événement *m* marquant
meilenweit *adv* très loin
mein(e) *poss pron* mon(ma) ; (*pl*) mes
meine(r, s) *pron* le (la) mien(ne)
Meineid *m* parjure *m*
meinen *vt* (*der Ansicht sein*) penser ; (*sagen*) dire ; (*sagen wollen*) vouloir dire ; **das will ich ~!** je pense bien !
meiner (*geh*) *Gen von ich pron* : **erinnert ihr euch ~?** vous souvenez-vous de moi ?
meinerseits *adv* pour ma part
meinesgleichen *pron* des gens comme moi
meinetwegen *adv* (*mir zuliebe*) pour moi ; (*wegen mir*) à cause de moi ; **~!** si tu veux !
Meinung *f* opinion *f* ; **jdm die ~ sagen** dire ses quatre vérités à qn

m

Meinungsaustausch *m* échange *m* de vues
Meinungsfreiheit *f* liberté *f* d'opinion
Meinungsumfrage *f* sondage *m* d'opinion
Meinungsverschiedenheit *f* divergence *f* de vues
Meise *f* mésange *f*
Meißel (-s, -) *m* ciseau *m*
meißeln *vt* (*Stein*) tailler
meist *adv* généralement
meiste(r, s) *adj*: **die ~n Leute** la plupart des gens
meistens *adv* la plupart du temps
Meister(in) (-s, -) *m(f)* maître *m* ; (*Sport*) champion(ne) • **meisterhaft** *adj* (*Arbeit*) parfait(e) ; (*Können*) magistral(e)
meistern *vt* maîtriser ; **sein Leben ~** bien se débrouiller dans la vie
Meisterschaft *f* maîtrise *f* ; (*Sport*) championnat *m*
Meisterstück, Meisterwerk *nt* chef-d'œuvre *m*
Melancholie *f* mélancolie *f*
melancholisch *adj* mélancolique
Meldefrist *f* délai *m*
melden *vt* annoncer, signaler ; (*registrieren*) déclarer ▶ *vr* s'annoncer ; (*Scol*) lever la main ; (*freiwillig*) se porter volontaire ; (*auf etw, am Telefon*) répondre ; **sich zu Wort ~** demander la parole
Meldepflicht *f* déclaration *f* obligatoire
Meldestelle *f* bureau *m*
Meldung *f* avis *m* ; (*Bericht*) information *f*
meliert *adj* (*Haar*) grisonnant(e) ; (*Wolle*) chiné(e)
melken *irr vt* traire
Melodie *f* mélodie *f*
melodisch *adj* mélodieux(-euse)
Melone *f* melon *m* ; (*Hut*) (chapeau *m*) melon *m*
Membran, Membrane *f* membrane *f*
Memoiren *pl* mémoires *mpl*
Menge *f* quantité *f* ; (*Menschenmenge*) foule *f* ; (*große Anzahl*) masse *f*, tas *m*
mengen *vt* mélanger ▶ *vr*: **sich in etw** *Akk* **~** (*fam*) se mêler de qch ; **sich unter eine Gruppe ~** se mêler à un groupe
Mengenlehre *f* (*Math*) théorie *f* des ensembles
Mengenrabatt *m* remise *f* sur la quantité
Menorca *nt* Minorque *f*
Mensa (-, -s *od* **Mensen**) *f* restaurant *m* universitaire
Mensch[1] (-en, -en) *m* homme *m*, être *m* humain ; **kein ~** personne
Mensch[2] (-(e)s, -er) (*fam*) *nt* salope *f*
Menschenfeind *m* misanthrope *m*
menschenfreundlich *adj* bienveillant(e)
Menschenkenner *m* fin psychologue *m*
Menschenliebe *f* amour *m* du prochain
menschenmöglich *adj* humainement possible
Menschenrechte *pl* droits *mpl* de l'homme
menschenscheu *adj* farouche
menschenunwürdig *adj* dégradant(e)
Menschenverstand *m*: **gesunder ~** bon sens *m*
Menschheit *f* humanité *f*
menschlich *adj* humain(e)
Menschlichkeit *f* humanité *f*
Menstruation *f* règles *fpl*
Mentalität *f* mentalité *f*
Menü (-s, -s) *nt* (*Culin, Inform*) menu *m* • **menügesteuert** *adj* (*Inform*) guidé(e) par le menu
Menüleiste, **Menüzeile** *f* barre *f* de menu
Merkblatt *nt* notice *f*
merken *vt* remarquer ▶ *vr*: **sich** *Dat* **jdn/etw ~** ne pas oublier qn/qch
merklich *adj* visible
Merkmal *nt* caractéristique *f*
merkwürdig *adj* étrange
messbar *adj* mesurable
Messbecher *m* verre *m* gradué
Messbuch *nt* missel *m*
Messe *f* (*Ausstellung*) foire *f* ; (*Rel*) messe *f* ; (*Mil*) mess *m* • **Messegelände** *nt* parc *m* des expositions
messen *irr vt* mesurer ▶ *vr*: **sich ~ mit** se mesurer à
Messer (-s, -) *nt* couteau *m* • **Messerspitze** *f* pointe *f* du couteau ; (*in Rezept*) pointe *f* de couteau
Messestand *m* stand *m*
Messgerät *nt* appareil *m* de mesure
Messgewand *nt* chasuble *f*
Messing (-s) *nt* laiton *m*
Metall (-s, -e) *nt* métal *m*
metallen *adj* métallique
Metaphysik *f* métaphysique *f*
Metastase *f* (*Méd*) métastase *f*
Meteor (-s, -e) *m* météore *m*
Meter (-s, -) *m od nt* mètre *m* • **Metermaß** *nt* mètre *m*
Methode *f* méthode *f*
methodisch *adj* méthodique
Metropole *f* métropole *f*
Metzger (-s, -) *m* boucher *m*
Metzgerei *f* boucherie *f*
Meuchelmord *m* assassinat *m*
Meute *f* meute *f*
Meuterei *f* mutinerie *f*
Meuterer (-s, -) *m* mutin *m*
meutern *vi* se mutiner
Mexikaner(in) (-s, -) *m(f)* Mexicain(e)

mexikanisch *adj* mexicain(e)
Mexiko (**-s**) *nt* le Mexique
MHz *abk* (*= Megahertz*) MHz
miauen *vi* miauler
mich *Akk von ich pron* me ; (*nach präp*) moi
mied *etc vb siehe* **meiden**
Miene *f* mine *f*
mies (*fam*) *adj* mauvais(e)
Miesmuschel *f* moule *f*
Mietauto *nt* voiture *f* de location
Miete *f* loyer *m* ; **zur ~ wohnen** être locataire
mieten *vt* louer
Mieter(in) (**-s, -**) *m(f)* (*von Wohnung*) locataire *mf*
Mietshaus *nt* immeuble *m* de rapport
Mietvertrag *m* contrat *m* de location
Mietwagen *m* voiture *f* de location
Mietwohnung *f* logement *m* en location
Migräne *f* migraine *f*
Migrationshintergrund *m*: **mit ~** issu(e) de l'immigration
Mikrobe *f* microbe *m*
Mikrochip *m* puce *f*
Mikrocomputer *m* micro-ordinateur *m*
Mikrofon (**-s, -e**) *nt* microphone *m*
Mikroprozessor *m* microprocesseur *m*
Mikroskop (**-s, -e**) *nt* microscope *m*
mikroskopisch *adj* microscopique
Mikrowelle *f* micro-onde *f*
Mikrowellenherd *m* four *m* à micro-ondes
Milch (-) *f* lait *m* • **Milchglas** *nt* verre *m* dépoli
milchig *adj* laiteux(-euse)
Milchkaffee *m* café *m* au lait
Milchmixgetränk *nt* milk-shake *m*
Milchpulver *nt* lait *m* en poudre
Milchstraße *f* voie *f* lactée
Milchzahn *m* dent *f* de lait
mild *adj* doux(douce) ; (*Gabe*) charitable
Milde *f* douceur *f* ; (*Güte*) bienveillance *f*
mildern *vt* atténuer ; **~de Umstände** circonstances *fpl* atténuantes
Milieu (**-s, -s**) *nt* milieu *m* • **milieugeschädigt** *adj* victime de son milieu
militant *adj* militant(e)
Militär (**-s**) *nt* armée *f* • **Militärgericht** *nt* tribunal *m* militaire • **militärisch** *adj* militaire
Militarismus *m* militarisme *m*
militaristisch *adj* militariste
Militärpflicht *f* service *m* militaire obligatoire
Milliardär(in) *m(f)* milliardaire *mf*
Milliarde *f* milliard *m*
Millimeter *m od nt* millimètre *m*
Million (**-, -en**) *f* million *m*
Millionär(in) *m(f)* millionnaire *mf*
Milz (**-, -en**) *f* rate *f*
Mimik *f* mimique *f*
Mimose *f* mimosa *m* ; (*fig*) hypersensible *mf*
minder *adj* (*Qualität, Ware*) inférieur(e) ▶ *adv* moins
Minderheit *f* minorité *f*
minderjährig *adj* mineur(e)
Minderjährigkeit *f* minorité *f*
mindern *vt, vr* diminuer
Minderung *f* (*von Wert, Qualität*) baisse *f*
minderwertig *adj* (*Ware*) de qualité inférieure
Minderwertigkeitsgefühl *nt* sentiment *m* d'infériorité
Minderwertigkeitskomplex *m* complexe *m* d'infériorité
Mindestalter *nt* âge *m* minimum
Mindestbetrag *m* montant *m* minimum
mindeste(r, s) *adj* le(la) plus petit(e) possible ; (*nach Verneinung*) le(la) moindre
mindestens *adv* au moins
Mindestlohn *m* salaire *m* minimum
Mindestmaß *nt* minimum *m*
Mine *f* mine *f* ; (*Kugelschreibermine*) cartouche *f*
Minenfeld *nt* champ *m* de mines
Mineral (**-s, -e** *od* **-ien**) *nt* minéral *m* • **mineralisch** *adj* minéral(e) • **Mineralölsteuer** *f* taxe *f* sur les produits pétroliers • **Mineralwasser** *nt* eau *f* minérale
Miniatur *f* miniature *f*
minimal *adj* minimal(e), minimum
Minimum (**-s, -ma**) *nt* minimum *m*
Minirock *m* mini-jupe *f*
Minister(in) (**-s, -**) *m(f)* ministre *mf*
ministeriell *adj* ministériel(le)
Ministerium *nt* ministère *m*
Ministerpräsident(in) *m(f)* Premier ministre *m*
minus *adv, präp +Gen* moins • **Minus** (**-, -**) *nt* déficit *m* • **Minuspol** *m* (*Élec*) pôle *m* négatif • **Minuszeichen** *nt* signe *m* moins
Minute *f* minute *f*
Minutenzeiger *m* aiguille *f* des minutes
mir *Dat von ich pron* (à) moi ; (*nach präp*) moi ; (*reflexiv*) me
Mischehe *f* mariage *m* mixte
mischen *vt* mélanger ▶ *vr* (*Menschen*) se mêler
Mischling *m* métis *m*
Mischpult *nt* table *f* de mixage
Mischung *f* mélange *m*
miserabel *adj* (*Essen, Film*) minable ; (*Gesundheit*) pitoyable ; (*Benehmen*) lamentable

missachten *vt insép* ne pas tenir compte de
Missachtung *f* mépris *m*
Missbehagen *nt* malaise *m*
Missbildung *f* malformation *f*
missbilligen *vt insép* désapprouver
Missbilligung *f* désapprobation *f*
Missbrauch *m* abus *m* ; **sexueller ~** abus sexuels
missbrauchen *vt insép* abuser de
Misserfolg *m* échec *m*
Missetat *f* méfait *m*
Missetäter(in) *m(f)* coupable *mf*
missfallen *irr vi insép* (+*Dat*) déplaire à
Missfallen (**-s**) *nt* mécontentement *m*, déplaisir *m*
Missgeburt *f* monstre *m*
Missgeschick *nt* mésaventure *f*
missglücken *vi insép* (*Versuch*) échouer
Missgriff *m* erreur *f*
Missgunst *f* ressentiment *m*
missgünstig *adj* (*Mensch, Blick, Worte*) plein(e) de ressentiment
misshandeln *vt* maltraiter
Misshandlung *f* maltraitance *f*, mauvais traitements *mpl*
Mission *f* mission *f*
Missionar(in) *m(f)* missionnaire *mf*
Missklang *m* dissonance *f* ; (*Unstimmigkeit*) désaccord *m*
Misskredit *m* discrédit *m*
misslingen *irr vi* (*Experiment etc*) échouer
Missmanagement *nt* mauvaise gestion *f*
Missmut *nt* mauvaise humeur *f*
missmutig *adj* maussade
missraten *irr vi insép* (*Essen*) rater ▸ *adj* (*Essen*) raté(e) ; (*Kind*) qui a mal tourné
Missstand *m* anomalie *f*
Missstimmung *f* mésentente *f*
misstrauen *vi insép* (+*Dat*) se méfier de
Misstrauen (**-s**) *nt*: **~ gegenüber** méfiance *f* à l'égard de
Misstrauensantrag *m* (*Pol*) motion *f* de censure
Misstrauensvotum *nt* (*Pol*) adoption *f* d'une motion de censure
misstrauisch *adj* méfiant(e)
Missverhältnis *nt* disproportion *f*
Missverständnis *nt* malentendu *m*
missverstehen *irr vt insép* mal comprendre
Mist (**-(e)s**) *m* fumier *m* ; (*fam*) bêtises *fpl* ; **~!** c'est de la foutaise !
Mistel (**-, -n**) *f* gui *m*
Misthaufen *m* tas *m* de fumier
mit *präp* +*Dat* avec ▸ *adv* (*außerdem, auch*) aussi ; **~ der Bahn/dem Flugzeug** en train/avion ; **~ dem nächsten Flugzeug/Bus kommen** venir par le prochain avion/car ; **~ 10 Jahren sollte man das wissen** à 10 ans il devrait le savoir ; **~ Tinte schreiben** écrire à l'encre ; **willst du ~?** (*fam*) tu viens avec nous ? ; **er ist ~ der Beste in der Gruppe** il est l'un des meilleurs du groupe
Mitarbeit *f* collaboration *f*
• **mit|arbeiten** *vi*: **~ (an** *Dat od* **bei)** collaborer (à) ; **seine Frau arbeitet mit** sa femme travaille aussi
Mitarbeiter(in) *m(f)* collaborateur(-trice) ; **Mitarbeiter** *pl* (*Personal*) collaborateurs *mpl* ; **freier/ständiger ~** collaborateur *m* indépendant/engagé à titre permanent
Mitbestimmung *f* participation *f*
mit|bringen *irr vt* (*Mensch*) amener ; **(jdm) etw ~** apporter qch (à qn)
Mitbringsel (**-s, -**) *nt* petit cadeau *m*
Mitbürger(in) *m(f)* concitoyen(ne)
mit|denken *irr vi* réfléchir
miteinander *adv* ensemble
mit|erleben *vt* assister à ; (*als Zeitgenosse*) vivre
Mitesser (**-s, -**) *m* point *m* noir
mit|fahren *irr vi* venir *od* y aller aussi ; **er fährt nach Norwegen und ich fahre mit** il va en Norvège et je l'accompagne
Mitfahrgelegenheit *f* place *f* dans une voiture
mit|geben *irr vt*: **jdm etw ~** donner qch (à emporter) à qn
Mitgefühl *nt* compassion *f*
mit|gehen *irr vi* venir ; **überall wo ich hingehe, geht er mit** il m'accompagne *od* me suit partout où je vais
mitgenommen *adj*: **~ sein/aussehen** (*Mensch*) être/avoir l'air épuisé(e) ; (*Möbel, Auto etc*) endommagé(e)
Mitgift *f* dot *f*
Mitglied *nt* membre *m*
Mitgliedsbeitrag *m* cotisation *f*
Mitgliedschaft *f* affiliation *f*
mit|halten *irr vi* suivre
mit|helfen *irr vi* aider, donner un coup de main
Mithilfe *f* concours *m*
mit|hören *vt, vi* écouter
mit|kommen *irr vi* venir ; (*mithalten, verstehen*) suivre
Mitläufer(in) *m(f)* (*pej*) suiveur *m* ; (*Pol*) sympathisant(e)
Mitleid *nt* pitié *f*
Mitleidenschaft *f*: **jdn/etw in ~ ziehen** toucher qn/qch
mitleidig *adj* compatissant(e)
mitleidslos *adj* impitoyable

mit|machen *vt* prendre part à ▸ *vi* participer
Mitmensch *m* prochain *m*
mit|nehmen *irr vt* (*Person*) emmener ; (*Sache*) emporter ; (*anstrengen*) épuiser
mitsamt *präp* +*Dat* avec
Mitschuld *f* complicité *f*
mitschuldig *adj*: **an etw** *Dat* **~ sein** être complice de qch ; (*an Unfall*) participer la responsabilité de qch
Mitschuldige(r) *f(m)* complice *mf*
Mitschüler(in) *m(f)* camarade *mf* d'école
mit|spielen *vi* prendre part au jeu ; (*fig*) être de la partie
Mitspieler(in) *m(f)* autre joueur(-euse)
Mitspracherecht *nt* droit *m* d'intervention
Mittag (**-(e)s, -e**) *m* midi *m* ; **(zu) ~ essen** déjeuner ; **gestern/heute/Sonntag ~** hier/aujourd'hui/dimanche à midi • **Mittagessen** *nt* déjeuner *m*
mittags *adv* à midi • **Mittagspause** *f* pause *f* de midi ; (*in Geschäften*) ≈ fermeture *f* entre midi et deux heures • **Mittagsschlaf** *m* sieste *f*
Mittäter(in) *m(f)* complice *mf*
Mitte *f* milieu *m* ; **einer aus unserer ~** l'un d'entre nous
mit|teilen *vt*: **jdm etw ~** annoncer qch à qn
mitteilsam *adj* communicatif(-ive)
Mitteilung *f* communication *f* ; (*Nachricht*) nouvelle *f*
Mittel (**-s, -**) *nt* moyen *m* ; (*Méd*) remède *m* ; (*Math*) moyenne *f* • **Mittelalter** *nt* moyen âge *m* • **mittelalterlich** *adj* médiéval(e) ; (*Zustände*) moyenâgeux(-euse) • **Mittelamerika** *nt* l'Amérique *f* centrale • **mittelbar** *adj* indirect(e) • **Mitteleuropa** (**-s**) *nt* l'Europe *f* centrale • **Mittelfinger** *m* majeur *m* • **mittellos** *adj* sans argent • **mittelmäßig** *adj* moyen(ne) • **Mittelmäßigkeit** *f* médiocrité *f* • **Mittelmeer** *nt* Méditerranée *f* • **Mittelpunkt** *m* centre *m*
mittels *präp* +*Gen* au moyen de
Mittelstand *m* classes *fpl* moyennes
Mittelstreckenrakete *f* fusée *f* de moyenne portée
Mittelstreifen *m* bande *f* médiane
Mittelstürmer *m* avant-centre *m*
Mittelweg *m* moyen terme *m*
Mittelwelle *f* (*Radio*) ondes *fpl* moyennes
Mittelwert *m* moyenne *f*
mitten *adv* au milieu ; **~ auf der Straße/in der Nacht** en pleine rue/nuit
Mitternacht *f* minuit *m*
mittlere(r, s) *adj* du milieu ; (*durchschnittlich*) moyen(ne) ; **mittlerer Bildungsabschluss** *voir article*

> Le **mittlerer Bildungsabschluss** est un diplôme obtenu après dix années d'études à l'école qui autorise à rejoindre un *Gymnasium* ou une autre école sécondaire pour préparer l'*Abitur*.

mittlerweile *adv* entre-temps
Mittwoch (**-(e)s, -e**) *m* mercredi *m*
mittwochs *adv* le mercredi
mitunter *adv* de temps en temps
mitverantwortlich *adj* (*Mensch*) coresponsable
mit|wirken *vi*: **~ (bei** *od* **an** +*Dat***)** collaborer (à) ; (*Théât*) participer (à)
Mitwirkung *f* collaboration *f* ; **unter ~ von** avec le concours de
Mitwisser *m* complice *m*
Mixer (**-s, -**) *m* (*Küchenmixer*) mixer *m*
mobben *vt* harceler
Mobbing (**-s**) *nt* harcèlement *m* moral
Möbel (**-s, -**) *nt* meuble *m* • **Möbelwagen** *m* camion *m* de déménagement
mobil *adj* mobile ; (*fam*: *munter*) alerte ; **~es Internet** Internet *m* mobile
Mobilfunk *m* téléphonie *f* mobile
Mobilfunknetz *nt* réseau *m* de téléphonie mobile
Mobiliar (**-s, -e**) *nt* mobilier *m*
möblieren *vt* meubler ; **möbliert wohnen** habiter un appartement meublé
Moçambique (**-s**) *nt* = **Mosambik**
mochte *etc vb siehe* **mögen**
Mode *f* mode *f*
Model (**-s, -s**) *nt* (*Mannequin*) mannequin *m*
Modell (**-s, -e**) *nt* modèle *m* ; (*Mannequin*) mannequin *m*
modellieren *vt* modeler
Modem (**-s, -s**) *nt* (*Inform*) modem *m*
Modenschau *f* défilé *m* de mode
Moderator(in) *m(f)* (*Radio, TV*) présentateur(-trice) *m(f)*
modern *adj* moderne ; (*Kleid, Frisur*) à la mode
modernisieren *vt* moderniser
Modeschmuck *m* bijou *m* fantaisie
Modewort *nt* mot *m* à la mode
modisch *adj* à la mode
Modul (**-s, -e**) *nt* module *m*
Modus (**-, Modi**) *m* mode *m*
Mofa (**-s, -s**) *nt* mobylette *f*
mogeln (*fam*) *vi* tricher

SCHLÜSSELWORT

mögen (*pt* **mochte**, *pp* **gemocht** *od (als Hilfsverb)* **mögen**) *vt, vi* **1** (*gernhaben*): **ich mag ihn** je l'aime bien ; **ich mag Blumen/Schokolade** j'aime les fleurs/le chocolat ; **ich mag (es) nicht, wenn man mir immer widerspricht** je n'aime pas qu'on me contredise constamment ; **ich mag nicht mehr** (*ich habe genug*) j'en ai assez ; (*ich kann nicht mehr*) je n'en peux plus
2 (*wollen*): **möchtest du einen Drink?** (aimerais-tu) quelque chose à boire ? ; **ich möchte nicht, dass du nach 10 Uhr draußen spielst** je ne veux pas que tu joues dehors après 10 heures du soir
▸ *Hilfsverb* **1** (*Wunsch*: *wollen*): **möchtest du etw essen?** aimerais-tu manger quelque chose ? ; **ich möchte nach Rom reisen** j'aimerais aller à Rome ; **ich möchte das gern haben** j'aimerais *od* je voudrais bien l'avoir ; **man möchte meinen, dass ...** on dirait que ... ; **sie mag** *od* **möchte nicht bleiben** elle n'a pas envie de rester ; **das mag wohl sein** c'est bien possible ; **was mag das (wohl) heißen?** qu'est-ce que ça signifie ?
2 (*Aufforderung*: *sollen*): **sag ihr, sie möchte zu Hause anrufen** dis-lui de téléphoner à la maison

möglich *adj* possible
möglicherweise *adv* peut-être
Möglichkeit *f* possibilité *f* ; **nach ~** si possible
möglichst *adv* dans la mesure du possible
Mohn (**-(e)s, -e**) *m* pavot *m* ; (*Klatschmohn*) coquelicot *m*
Möhre (**-, -n**) *f* carotte *f*
mokieren *vr*: **sich über jdn/etw ~** se moquer de qn/qch
Moldawien *nt* la Moldavie
Mole *f* môle *m*
Molekül (**-s, -e**) *nt* molécule *f*
molk *etc vb siehe* **melken**
Molkerei *f* laiterie *f*
Moll (**-, -**) *nt* (*Mus*) mode *m* mineur
mollig *adj* douillet(te) ; (*dicklich*: *Figur*) potelé(e)
Moment[1] (**-(e)s, -e**) *m* moment *m* ; **im ~** en ce moment
Moment[2] (**-(e)s, -e**) *nt* (*Umstand*) facteur *m*
momentan *adj* (*augenblicklich*) actuel(le) ▸ *adv* actuellement
Monaco (**-s**) *nt* Monaco
Monarch(in) (**-en, -en**) *m(f)* monarque *m*
Monarchie *f* monarchie *f*
Monat (**-(e)s, -e**) *m* mois *m*
monatelang *adv* pendant des mois
monatlich *adj* mensuel(le)
Monatsgehalt *nt*: **das dreizehnte ~** le treizième mois
Monatskarte *f* (carte *f* d')abonnement *m* mensuel
Mönch (**-(e)s, -e**) *m* moine *m*
Mond (**-(e)s, -e**) *m* lune *f*
Mondfähre *f* module *m* lunaire
Mondfinsternis *f* éclipse *f* de lune
mondhell *adj* éclairé(e) par la lune
Mondlandung *f* alunissage *m*
Mondschein *m* clair *m* de lune
Mondsonde *f* sonde *f* lunaire
monegassisch *adj* monégasque
monetarisieren *vt* monétiser
Mongole (**-n, -n**) *m* Mongol *m*
Mongolei *f*: **die ~** la Mongolie
Mongolin *f* Mongole *f*
mongolisch *adj* mongol(e)
mongoloid *adj* mongolien(ne)
Monitor *m* moniteur *m*
Monolog (**-s, -e**) *m* monologue *m*
Monopol (**-s, -e**) *nt* monopole *m*
monopolisieren *vt* monopoliser
monoton *adj* monotone
Monotonie *f* monotonie *f*
Monster (**-s, -**) *nt* monstre *m*
Monsun (**-s, -e**) *m* mousson *f*
Montag *m* lundi *m*
Montage *f* montage *m*
montags *adv* le lundi
Monteur(in) *m(f)* installateur(-trice)
montieren *vt* monter
Monument *nt* monument *m*
monumental *adj* monumental(e)
MOOC *m abk* (= *Massive Online Open Course*) mooc *m*
Moor (**-(e)s, -e**) *nt* marécage *m*
Moos (**-es, -e**) *nt* mousse *f*
Moped (**-s, -s**) *nt* vélomoteur *m*, mobylette *f*
Mopp (**-s, -s**) *m* balai *m* à franges
Mops (**-es, ⸚e**) *m* carlin *m*
Moral (**-, -en**) *f* morale *f* • **moralisch** *adj* moral(e)
Moräne *f* moraine *f*
Morast (**-(e)s, -e**) *m* bourbier *m*
morastig *adj* boueux(-euse)
Mord (**-(e)s, -e**) *m* meurtre *m* • **Mordanschlag** *m* attentat *m*
Mörder(in) (**-s, -**) *m(f)* meurtrier(-ière)
Mordkommission *f* ≈ brigade *f* criminelle
Mordsglück (*fam*) *nt* chance *f* inouïe
mordsmäßig (*fam*) *adj* énorme
Mordsschreck (*fam*) *m* peur *f* bleue

Mordverdacht *m*: **unter ~ stehen** être soupçonné(e) de meurtre
Mordwaffe *f* arme *f* du crime
morgen *adv* demain ; **~ früh** demain matin • **Morgen** (**-s, -**) *m* matin *m* • **Morgenmantel**, **Morgenrock** *m* robe *f* de chambre • **Morgenröte** *f* aurore *f*
morgens *adv* le matin
morgig *adj* de demain ; **der ~e Tag** demain
Morphium *nt* morphine *f*
morsch *adj* (*Holz*) pourri(e) ; (*Knochen*) fragile
Morsealphabet *nt* (alphabet *m*) morse *m*
morsen *vt* envoyer en morse ▶ *vi* envoyer un message en morse
Mörtel (**-s, -**) *m* mortier *m*
Mosaik (**-s, -en** *od* **-e**) *nt* mosaïque *f*
Mosambik (**-s**) *nt* le Mozambique
Moschee *f* mosquée *f*
Mosel *f* Moselle *f*
Moskau (**-s**) *nt* Moscou
Moskito (**-s, -s**) *m* (*Zool*) moustique *m* (tropical) • **Moskitonetz** *nt* moustiquaire *f*
Moslem (**-s, -s**) *m*, **Moslime** *f* musulman(e) *m/f*
Most (**-(e)s, -e**) *m* moût *m* ; (*Apfelwein*) cidre *m*
Motel (**-s, -s**) *nt* motel *m*
Motiv *nt* motif *m*
Motivation *f* motivation *f*
motivieren *vt* motiver
Motor (**-s, -en**) *m* moteur *m* • **Motorboot** *nt* bateau *m* à moteur • **Motorhaube** *f* capot *m*
motorisieren *vt* motoriser
Motorrad *nt* moto *f*
Motorradfahrer(in) *m(f)* motocycliste *mf*
Motorroller *m* scooter *m*
Motorschaden *m* panne *f* de moteur
Motorsport *m* sport *m* automobile
Motte *f* mite *f*
Mottenkugel *f* boule *f* de naphtaline
Motto (**-s, -s**) *nt* devise *f*
Mountainbike (**-s, -s**) *nt* V.T.T. *m*, vélo tout-terrain *m*
Möwe *f* mouette *f*
MP3 (**-**) *nt* MP3 *m*
MP3-Spieler (**-s, -**) *m* lecteur *m* MP3
MRT *f abk* (= *Magnetresonanztomographie*) IRM *f*
MS *abk* = **multiple Sklerose**
Mücke *f* moustique *m*
Mucken *pl*: **seine ~ haben** avoir des sautes d'humeur ; (*Sache*) clocher
Mückenstich *m* piqûre *f* de moustique
mucksen *vr*: **sich nicht ~** ne pas bouger ; (*Laut geben*) ne pas piper mot
müde *adj* fatigué(e) ; **einer Sache** *Gen* **~ sein** *od* **werden** être las(se) de qch
Müdigkeit *f* fatigue *f*
Muff (**-(e)s, -e**) *m* manchon *m*
Muffel (**-s, -**) (*fam*) *m* grognon *m*
muffig *adj* qui sent le renfermé
Mühe *f* peine *f* ; **mit ~ und Not** à grand-peine ; **sich** *Dat* **~ geben** se donner de la peine • **mühelos** *adv* sans peine
muhen *vi* meugler
mühevoll *adj* pénible
Mühle *f* moulin *m*
Mühsal (**-, -e**) *f* tribulations *fpl*
mühsam *adj* pénible
Mulatte (**-n, -n**) *m*, **Mulattin** *f* mulâtre(-esse) *m/f*
Mulde *f* petite cuvette *f*
Mull (**-(e)s, -e**) *m* gaze *f*
Müll (**-(e)s**) *m* ordures *fpl* • **Müllabfuhr** *f* ramassage *m* des ordures ; (*Leute*) voirie *f* • **Müllabladeplatz** *m* décharge *f* publique
Mullbinde *f* bande *f* de gaze
Mülldeponie *f* décharge *f* publique
Mülleimer *m* poubelle *f*
Müller (**-s, -**) *m* meunier *m*
Müllhaufen *m* tas *m* d'ordures
Müllkippe *f* décharge *f*
Müllschlucker (**-s, -**) *m* vide-ordures *m inv*
Mülltonne *f* poubelle *f*
Müllverbrennungsanlage *f* usine *f* d'incinération
Müllwagen *m* camion *m* de la voirie
mulmig *adj* (*Gefühl*) bizarre ; **ihm ist ~** (*leicht übel*) il se sent mal
Multi (**-s, -s**) *m* multinationale *f*
multikulturell *adj* multiculturel(le), pluriculturel(le)
multiple Sklerose *f* sclérose *f* en plaques
multiplizieren *vt* multiplier
Mumie *f* momie *f*
Mumm (**-s**) (*fam*) *m* cran *m*
Mumps (**-**) *m od f* oreillons *mpl*
München (**-s**) *nt* Munich
Mund (**-(e)s, ¨-er**) *m* bouche *f* • **Mundart** *f* dialecte *m*
Mündel (**-s, -**) *nt* pupille *mf*
münden *vi*: **~ in** *+Akk* se jeter dans
mundfaul *adj* peu loquace
Mundfäule *f* (*Méd*) stomatite *f*
Mundgeruch *m* mauvaise haleine *f*
Mundharmonika *f* harmonica *m*
mündig *adj* majeur(e) • **Mündigkeit** *f* majorité *f*

m

mündlich *adj* (*Absprache*) verbal(e) ; (*Prüfung*) oral(e) ▶ *adv*: **alles Weitere ~!** je t'expliquerai le reste de vive voix !
Mundstück *nt* (*von Instrument*) embouchure *f* ; (*von Zigarette*) bout *m*
mundtot *adj*: **jdn ~ machen** réduire qn au silence
Mündung *f* embouchure *f* ; (*von Gewehr*) gueule *f*
Mundwasser *nt* bain *m* de bouche
Mundwerk (*fam*) *nt*: **ein großes ~ haben** avoir une grande gueule
Mundwinkel *m* commissure *f* des lèvres
Munition *f* munitions *fpl*
Munitionslager *nt* dépôt *m* de munitions
munkeln *vt, vi* chuchoter
Münster (**-s, -**) *nt* cathédrale *f*
munter *adj* (*unbekümmert*) gai(e) ; (*wach*) éveillé(e) • **Munterkeit** *f* gaîté *f*
Münze *f* pièce *f* de monnaie
münzen *vt* (*Metall*) monnayer ; (*Geldstück*) battre, frapper ; **auf jdn/etw gemünzt sein** viser qn/qch
mürb, mürbe *adj* (*Holz*) pourri(e) ; (*Gebäck*) friable • **Mürbeteig** *m* pâte *f* brisée
murmeln *vt, vi* murmurer
Murmeltier *nt* marmotte *f*
murren *vi* grogner
mürrisch *adj* grincheux(-euse)
Mus (**-es, -e**) *nt* compote *f*
Muschel (**-, -n**) *f* coquillage *m* ; (*Telefonmuschel*) écouteur *m*
Muse *f* muse *f*
Museum (**-s, Museen**) *nt* musée *m*
Musik *f* musique *f*
musikalisch *adj* (*Mensch*) musicien(ne) ; (*Verständnis*) musical(e)
Musiker(in) (**-s, -**) *m(f)* musicien(ne)
Musikhochschule *f* conservatoire *m* (de musique)
Musikinstrument *nt* instrument *m* de musique
musizieren *vi* jouer de la musique
Muskat *m* muscade *f*
Muskel (**-s, -n**) *m* muscle *m* • **Muskelkater** *m*: **einen ~ haben** être courbaturé(e)
Muskulatur *f* musculature *f*
muskulös *adj* musclé(e)
Müsli (**-s, -**) *nt* muesli *m*
Muslim *m* (**-s, -s**), **Muslimin** *f* musulman(e) *m/f*
Muss *nt* nécessité *f*
Muße (**-**) *f* loisir *m*
müssen (*pt* **musste**, *pp* **gemusst** *od* (*als Hilfsverb*) **müssen**) *vi* devoir ; **ich muss es tun** je dois le faire ; **er hat gehen ~** il a dû partir
müßig *adj* (*untätig*) oisif(-ive) ; (*zwecklos*) vain(e)
Müßiggang *m* oisiveté *f*
musste *etc vb siehe* **müssen**
Muster (**-s, -**) *nt* modèle *m* ; (*Dessin*) motif *m* ; (*Probe*) échantillon *m* • **mustergültig** *adj* exemplaire
mustern *vt* (*betrachten*) dévisager ; (*Truppen*) passer en revue
Musterschüler(in) *m(f)* élève *mf* modèle
Musterung *f* (*Mil*) inspection *f*
Mut *m* courage *m* ; **nur ~!** courage ! ; **jdm ~ machen** encourager qn
mutig *adj* courageux(-euse)
mutlos *adj* découragé(e)
mutmaßlich *adj* (*Täter*) présumé(e)
Mutprobe *f* épreuve *f* de courage
Mutter (**-, ⸚**) *f* mère *f* ; (*Tech*) écrou *m*
mütterlich *adj* maternel(le)
mütterlicherseits *adv* du côté de ma *etc* mère
Mutterliebe *f* amour *m* maternel
Muttermal *nt* envie *f*
Mutterschaft *f* maternité *f*
Mutterschutz *m dispositions légales visant à protéger les femmes enceintes et les enfants en bas âge*
mutterseelenallein *adj* absolument seul(e)
Muttersprache *f* langue *f* maternelle
Muttersprachler(in) (**-s, -**) *m(f)* locuteur(-trice) natif(-ive)
Muttertag *m* fête *f* des mères
Mutti (**-, -s**) (*fam*) *f* maman *f*
mutwillig *adj* (*Zerstörung*) intentionnel(le)
Mütze *f* (*Wollmütze*) bonnet *m* ; (*mit Schirm*) casquette *f*
MwSt, Mw.-St. *abk* (= *Mehrwertsteuer*) ≈ T.V.A. *f*
mysteriös *adj* mystérieux(-euse)
Mystik *f* mystique *f*
Mystiker(in) (**-s, -**) *m(f)* mystique *mf*
Mythos (**-, Mythen**) *m* mythe *m*

n

N, n *nt* N, n *m inv*
na *interj* eh bien
Nabel (**-s, -**) *m* nombril *m* • **Nabelschnur** *f* cordon *m* ombilical

SCHLÜSSELWORT

nach *präp +Dat* **1** (*örtlich*) à ; **nach Köln fahren/umziehen** aller/déménager à Cologne ; **nach links/rechts** à gauche/droite ; **etw nach oben ziehen/schieben** tirer/pousser qch vers le haut ; **etw nach hinten schieben** pousser qch en arrière ; **von A nach B** de A à B
2 (*zeitlich*) après ; **zehn (Minuten) nach drei** trois heures dix ; **immer schön einer nach dem anderen!** ne poussez pas ! ; **bitte nach Ihnen!** après vous !
3 (*gemäß*) selon ; **nach dem Gesetz** selon la loi ; **die Uhr nach dem Radio stellen** régler sa montre d'après la radio ; **jdn/etw nur dem Namen nach kennen** ne connaître qn/qch que de nom ; **ihrer Sprache nach (zu urteilen)** d'après *od* à en juger par la manière dont elle s'exprime ; **nach allem, was ich weiß** d'après ce que je sais
▶ *adv*: **nach und nach** peu à peu, progressivement ; **ihm nach!** suivons-le !, suivez-le ! ; **nach wie vor** toujours

nach|äffen *vt* singer
nach|ahmen *vt* imiter
Nachahmung *f* imitation *f*
Nachbar(in) (**-s, -n**) *m(f)* voisin(e) • **Nachbarhaus** *nt* maison *f* voisine • **nachbarlich** *adj* (*Beziehung*) de bon voisinage • **Nachbarschaft** *f* voisinage *m* • **Nachbarstaat** *m* État *m* voisin
nach|bestellen *vt* faire une seconde commande de
Nachbestellung *f* commande *f* renouvelée
nach|bilden *vt* faire une copie de
Nachbildung *f* reproduction *f*, copie *f*
nach|blicken *vi +Dat* suivre des yeux
nach|datieren *vt* postdater
nachdem *konj* après que ; (*weil*) puisque, comme
nach|denken *irr vi*: **~ über** *+Akk* réfléchir à
nachdenklich *adj* pensif(-ive)
Nachdruck *m* insistance *f* ; (*Typo*) réimpression *f* ; **etw mit ~ sagen** insister sur qch
nachdrücklich *adj* explicite
nach|eifern *vi +Dat* imiter
nacheinander *adv* l'un(e) après l'autre
nach|empfinden *irr vt* ressentir ; **das kann ich (Ihnen) ~** je comprends ce que vous ressentez
Nacherzählung *f* compte *m* rendu
Nachfolge *f* succession *f*
nach|folgen *vi*: **jdm ~** (*hinterherkommen*) suivre qn ; (*in Amt etc*) succéder à qn ; **etw** *Dat* **~** suivre qch
Nachfolger(in) (**-s, -**) *m(f)* successeur *m*
nach|forschen *vi* faire des recherches
Nachforschung *f* recherche *f*
Nachfrage *f* demande *f*
nach|fragen *vi* se renseigner
nach|fühlen *vt* = **nachempfinden**
nach|füllen *vt* (*Behälter*) remplir ; (*Flüssigkeit etc*) rajouter
nach|geben *irr vi* céder
Nachgebühr *f* surtaxe *f*
Nachgeburt *f* placenta *m*
nach|gehen *irr vi* (*Uhr*) retarder ; **jdm/etw ~** (*folgen*) suivre qn/qch ; **einer Sache** *Dat* **~** se renseigner sur qch
Nachgeschmack *m* arrière-goût *m*
nachgiebig *adj* (*Mensch, Haltung*) indulgent(e) ; (*Boden, Material etc*) mou (molle)
nachhaltig *adj* (*Eindruck*) durable ; (*Widerstand*) tenace
nachhause *adv* à la maison
nach|helfen *irr vi* (*+Dat*) aider
nachher *adv* (*anschließend*) ensuite
Nachhilfeunterricht *m* cours *mpl* particuliers
Nachholbedarf *m*: **einen ~ (an etw** *Dat***) haben** avoir un retard (en qch) à combler
nach|holen *vt* (*Versäumtes*) rattraper
Nachkomme (**-n, -n**) *m* descendant *m*
nach|kommen *irr vi* (*+Dat*) suivre ; (*einer Verpflichtung*) ne pas manquer à

Nachkommenschaft *f* descendance *f*
Nachkriegs- *in zW* d'après-guerre
Nachkriegszeit *f* après-guerre *m od f*
Nachlass (**-es, -lässe**) *m* (*Écon*) remise *f* ; (*Erbe*) héritage *m*
nach|lassen *irr vt* (*Strafe, Schulden*) remettre ; (*Summe*) rabattre ; (*Preis*) diminuer ▶ *vi* (*Sturm*) se calmer ; (*Gehör, Gedächtnis, Augen*) baisser, se détériorer ; (*Leistung*) devenir moins bon (bonne)
nachlässig *adj* (*Arbeit*) bâclé(e) ; (*Mensch*) négligent(e)
Nachlässigkeit *f* laisser-aller *m*
nach|laufen *irr vi +Dat* courir après
nach|lösen *vi* (*Zuschlag*) acheter un supplément (dans le train)
nach|machen *vt* (*Person, Gebärde*) imiter ; (*Geld*) contrefaire ; (*Fotos*) faire refaire ; **jdm alles ~** imiter tout ce que fait qn
Nachmittag *m* après-midi *m od f* ; **am ~** l'après-midi
nachmittags *adv* l'après-midi
Nachnahme *f*: **per ~** contre remboursement
Nachname *m* nom *m* de famille
Nachporto *nt* surtaxe *f*
nach|prüfen *vt* vérifier
nach|rechnen *vt* (*Zahlen*) vérifier
Nachrede *f*: **üble ~** diffamation *f*
Nachricht (**-, -en**) *f* nouvelle *f* ; **Nachrichten** *pl* informations *fpl*
Nachrichtenagentur *f* agence *f* de presse
Nachrichtendienst *m* (*Geheimdienst*) service *m* secret *od* de renseignements
Nachrichtensprecher(in) *m(f)* présentateur(-trice)
Nachrichtentechnik *f* télécommunications *fpl*
nach|rücken *vi* avancer ; **auf einen Posten ~** accéder à un poste
Nachruf *m* nécrologie *f*
nach|rüsten *vt* moderniser ▶ *vi* se moderniser
Nachrüstung *f* (*von Gerät, Auto*) équipement *m* supplémentaire *od* ultérieur ; (*Mil*) armement *m* additionnel *od* complémentaire
nach|sagen *vt*: **jdm etw ~** (*wiederholen*) répéter qch après qn ; (*vorwerfen*) reprocher qch à qn
nach|schicken *vt* = **nachsenden**
nach|schlagen *irr vt* (*Wort, Sache*) vérifier ▶ *vi*: **jdm ~** tenir de qn ; **in einem Wörterbuch ~** consulter un dictionnaire
Nachschlagewerk *nt* ouvrage *m* de référence
Nachschlüssel *m* double *m* (*d'une clé*)
Nachschub *m* ravitaillement *m*
nach|sehen *irr vi +Dat* (*hinterherblicken*) suivre du regard ; (*kontrollieren*) vérifier ▶ *vt* vérifier ; **jdm etw ~** (*nicht übel nehmen*) passer qch à qn
nach|senden *irr vt* faire suivre
Nachsicht *f* indulgence *f*
nachsichtig *adj* indulgent(e)
nach|sitzen *vi* être en retenue
Nachspeise *f* dessert *m*
Nachspiel *nt* suites *fpl*
nach|sprechen *irr vt*: **jdm etw ~** répéter qch après qn
nächstbeste(r, s) *adj attrib* premier(-ière) venu(e)
nächste(r, s) *adj* suivant(e) ; (*Verwandte*) proche
Nächste(r) *f(m)* prochain(e) *m/f*
Nächstenliebe *f* amour *m* du prochain
nächstens *adv* prochainement
nächstliegend *adj* (*Grundstück*) voisin(e) ; (*Antwort, Grund*) évident(e)
nächstmöglich *adj*: **zum ~en Termin** le plus tôt possible
Nacht (**-, ¨-e**) *f* nuit *f*
Nachteil *m* inconvénient *m*, désavantage *m*
nachteilig *adj* défavorable
Nachthemd *nt* chemise *f* de nuit
Nachtigall (**-, -en**) *f* rossignol *m*
Nachtisch *m* (*Culin*) = **Nachspeise**
Nachtleben *nt* vie *f* nocturne
nächtlich *adj* nocturne
Nachtmahl (*Österr*) *nt* dîner *m*
Nachtrag (**-(e)s, -träge**) *m* supplément *m*
nach|tragen *irr vt* (*ergänzen*) compléter ; **jdm etw ~** (*übel nehmen*) garder rancune de qch à qn
nachtragend *adj* rancunier(-ière)
nachträglich *adj* (*später*) ultérieur(e) ; (*verspätet: Glückwünsche*) tardif(-ive) ▶ *adv* ultérieurement
nach|trauern *vi*: **jdm/etw ~** regretter qn/qch
Nachtruhe *f*: **angenehme ~!** bonne nuit !
nachts *adv* la nuit
Nachtschicht *f* poste *m* de nuit
nachtsüber *adv* (pendant) la nuit
Nachttarif *m* tarif *m* de nuit
Nachttisch *m* table *f* de chevet
Nachtwächter *m* veilleur *m* de nuit
Nachuntersuchung *f* contrôle *m* médical
nach|wachsen *irr vi* repousser
Nachwehen *pl* tranchées *fpl* utérines ; (*fig*) suites *fpl* fâcheuses

Nachweis (**-es, -e**) *m* preuve *f* • **nachweisbar** *adj* (*Schuld, Tat*) qui peut être prouvé(e) • **nach|weisen** *irr vt* prouver ; **jdm etw ~** (*Zimmer*) trouver qch pour qn ; (*Straftat*) prouver que qn a commis qch
nach|wirken *vi* avoir un effet prolongé
Nachwirkung *f* séquelles *fpl*
Nachwort *nt* postface *f*
Nachwuchs *m* (*Kinder*) progéniture *f* ; (*beruflich etc*) nouvelles recrues *fpl*
nach|zahlen *vt, vi* payer
nach|zählen *vi* recompter, vérifier
Nachzahlung *f* (*zusätzlich*) supplément *m*
Nachzügler (**-s, -**) *m* retardataire *mf* ; (*Nachkömmling*) enfant *mf* venu(e) sur le tard
Nacken (**-s, -**) *m* nuque *f*
nackt *adj* nu(e) ; (*Fels*) vif(vive) ; (*Tatsachen*) cru(e) • **Nacktheit** *f* nudité *f*
Nadel (**-, -n**) *f* aiguille *f* ; (*Stecknadel*) épingle *f* • **Nadelbaum** *m* conifère *m* • **Nadelkissen** *nt* pelote *f* à épingles • **Nadelöhr** *nt* chas *m* • **Nadelwald** *m* forêt *f* de conifères
Nagel (**-s, ¨-**) *m* clou *m* ; (*Fingernagel*) ongle *m* ; **Nägel mit Köpfen machen** (*fam*) ne pas faire les choses à moitié • **Nagelbürste** *f* brosse *f* à ongles • **Nagelfeile** *f* lime *f* à ongles • **Nagelhaut** *f* cuticule *f* • **Nagellack** *m* vernis *m* à ongles • **Nagellackentferner** (**-s, -**) *m* dissolvant *m*
nageln *vt* (*Kiste etc*) clouer ; (*benageln*) clouter
nagelneu *adj* flambant neuf (neuve)
Nagelschere *f* ciseaux *mpl* à ongles
nagen *vt* ronger ▸ *vi*: **~ an** +*Dat* ronger
Nagetier *nt* rongeur *m*
nah *adj, adv* = **nahe**
Nahaufnahme *f* gros plan *m*
nahe *adj* proche ▸ *adv* (tout) près ▸ *präp* +*Dat* près de ; **jdm zu ~ treten** (*fig*) blesser qn
Nähe (**-**) *f* proximité *f* ; (*Umgebung*) environs *mpl* ; **in der ~** tout près ; **aus der ~** de près
nahebei *adv* à proximité
nahe|gehen *irr vi* +*Dat* (*fig*) bouleverser
nahe|legen *vt*: **jdm etw ~** suggérer qch à qn
nahe|liegen *irr vi* (*fig: Verdacht, Gedanke*) s'imposer • **naheliegend** *adj* (*Grund*) évident(e)
nahen *vi* approcher
nähen *vt* coudre ; (*Wunde*) recoudre ▸ *vi* coudre
näher *adj* plus proche ; (*Erklärung, Auskünfte*) plus précis(e)
Nähere(s) *nt* détails *mpl*
Naherholungsgebiet *nt région de villégiature à proximité d'une grande ville*
Näherin *f* couturière *f*
näher|kommen (*fig*) *irr vr* se rapprocher
nähern *vr* s'approcher
Näherungswert *m* valeur *f* approximative
nahe|stehen (*fig*) *irr vi*: **jdm ~** être proche de qn • **nahestehend** *adj* (*Freund*) intime
nahezu *adv* presque
Nähgarn *nt* fil *m* (à coudre)
Nähkasten *m* boîte *f* à couture *od* à ouvrage
nahm *etc vb siehe* **nehmen**
Nähmaschine *f* machine *f* à coudre
Nähnadel *f* aiguille *f*
nähren *vt* nourrir ▸ *vr* se nourrir
nahrhaft *adj* nourrissant(e)
Nährstoffe *pl* substances *fpl* nutritives
Nahrung *f* nourriture *f*
Nahrungsmittel *nt* aliment *m*, denrée *f* alimentaire
Nahrungsmittelindustrie *f* industrie *f* agro-alimentaire
Nahrungssuche *f* recherche *f* de nourriture
Nährwert *m* valeur *f* nutritive
Naht (**-, ¨-e**) *f* couture *f* ; (*Méd*) suture *f* ; (*Tech*) soudure *f* • **nahtlos** *adj* sans couture ; (*Tech*) sans soudure
Nahverkehr *m* trafic *m* urbain
Nahverkehrszug *m* train *m* de banlieue
Nahziel *nt* but *m od* objectif *m* immédiat
naiv *adj* naïf(naïve)
Naivität *f* naïveté *f*
Name (**-ns, -n**) *m* nom *m* ; **im ~n von** au nom de
namens *adv* du nom de ▸ *präp* +*Gen* (*förmlich*) au nom de
Namenstag *m* fête *f*
namentlich *adj* (*Abstimmung*) nominal(e) ▸ *adv* (*besonders*) surtout
namhaft *adj* (*berühmt*) connu(e) ; (*beträchtlich*) considérable ; **jdn ~ machen** identifier qn
Namibia *nt* la Namibie
nämlich *adv* à savoir ; (*denn*) en effet
nannte *etc vb siehe* **nennen**
nanu *interj* eh bien
Napf (**-(e)s, ¨-e**) *m* écuelle *f*
Narbe *f* cicatrice *f*
narbig *adj* couvert(e) de cicatrices
Narkose *f* anesthésie *f*
Narr (**-en, -en**) *m* fou *m* • **narren** *vt* duper, berner

n

närrisch *adj* fou(folle)
Narzisse *f* narcisse *m* ; (*gelbe*) jonquille *f*
naschen *vt* (*Schokolade etc*) grignoter
naschhaft *adj* gourmand(e)
Nase *f* nez *m* ; **(von jdm/etw) die ~ vollhaben** en avoir ras le bol (de qn/qch)
Nasenbluten *nt* saignement *m* de nez
Nasenloch *nt* narine *f*
Nasentropfen *pl* gouttes *fpl* pour le nez
naseweis *adj* effronté(e), impertinent(e) ; (*neugierig*) curieux(-euse)
Nashorn *nt* rhinocéros *m*
nass *adj* mouillé(e)
Nässe (-) *f* humidité *f*
nässen *vi* (*Wunde*) suinter
nasskalt *adj* froid(e) et humide
Nassrasur *f* rasage *m* mécanique
Nation *f* nation *f*
national *adj* national(e)
• **Nationalfeiertag** *m* fête *f* nationale
• **Nationalhymne** *f* hymne *m* national
nationalisieren *vt* nationaliser
Nationalismus *m* nationalisme *m*
nationalistisch *adj* nationaliste
Nationalität *f* nationalité *f*
Nationalmannschaft *f* équipe *f* nationale
Nationalpark *m* parc *m* national
Nationalsozialismus *m* national-socialisme *m*, nazisme *m*
NATO *f abk* (= *North Atlantic Treaty Organization*) OTAN *f*
Natrium *nt* sodium *m*
Natron (**-s**) *nt* bicarbonate *m* de soude
Natter (**-, -n**) *f* vipère *f*
Natur *f* nature *f*
Naturalien *pl*: **in ~ bezahlt werden** être payé(e) en nature
Naturalismus *m* naturalisme *m*
Naturerscheinung *f* phénomène *m* naturel
naturgemäß *adj* naturel(le)
Naturgesetz *nt* loi *f* de la nature
Naturkatastrophe *f* catastrophe *f* naturelle
natürlich *adj* naturel(le) ▶ *adv* naturellement
natürlicherweise *adv* naturellement
Natürlichkeit *f* naturel *m*
Naturmedizin *f* médecine *f* naturelle
Naturpark *m* parc *m* naturel
Naturprodukt *nt* (*Rohstoff*) matière *f* première ; (*landwirtschaftliches Erzeugnis*) produit *m* naturel
naturrein *adj* naturel(le)
Naturschutz *m*: **unter ~ stehen** être une espèce protégée
Naturschutzgebiet *nt* réserve *f* naturelle
Naturwissenschaftler(in) *m(f)* scientifique *mf*
Naturzustand *m* état *m* naturel
nautisch *adj* nautique
Navelorange *f* orange *f* navel
Navi (**-s, -s**) *m* GPS *m*
Navigation *f* navigation *f*
Navigationsinstrumente *pl* instruments *mpl* de navigation
Navigationssystem *nt* système *m* de navigation
Nazi (**-s, -s**) *m* nazi *m*
n. Chr. *abk* (= *nach Christus*) apr. J.-C.
Neapel (**-s**) *nt* Naples
Nebel (**-s, -**) *m* brouillard *m*
nebelig *adj* de brouillard
Nebelleuchte, Nebelschlussleuchte *f* (feu *m*) antibrouillard *m* arrière
Nebelscheinwerfer *m* (phare *m*) antibrouillard *m*
Nebelschlussleuchte *f* = **Nebelleuchte**
neben *präp +Dat* (*räumlich*) à côté de ; (*außer*) à côté de • **nebenan** *adv* à côté • **Nebenanschluss** *m* (*Tél*) ligne *f* supplémentaire • **nebenbei** *adv* en outre ; (*beiläufig*) en passant • **Nebenbeschäftigung** *f* activité *f* secondaire • **Nebenbuhler(in)** (**-s, -**) *m(f)* rival(e) • **nebeneinander** *adv* l'un(e) à côté de l'autre • **nebeneinanderher** *adv* l'un(e) à côté de l'autre, côte à côte • **nebeneinander|legen** *vt* poser l'un(e) à côté de l'autre • **Nebeneingang** *m* entrée *f* latérale • **Nebenerscheinung** *f* effet *m* secondaire • **Nebenfach** *nt* matière *f* secondaire • **Nebenfluss** *m* affluent *m* • **Nebengeräusch** *nt* parasites *mpl*, interférences *fpl* • **nebenher** *adv* (*zusätzlich*) en plus ; (*gleichzeitig*) en même temps ; (*daneben*) à côté • **nebenher|fahren** *irr vi* rouler à côté • **Nebenkosten** *pl* charges *fpl* • **Nebenprodukt** *nt* sous-produit *m* • **Nebenrolle** *f* rôle *m* secondaire • **Nebensache** *f* chose *f* secondaire • **nebensächlich** *adj* insignifiant(e) • **Nebensaison** *f* basse saison *f* • **Nebensatz** *m* (proposition *f*) subordonnée *f* • **Nebenstraße** *f* rue *f* latérale • **Nebenzimmer** *nt* pièce *f* voisine
neblig *adj* = **nebelig**
Necessaire (**-s, -s**) *nt* (*Reisenecessaire*) trousse *f* de voyage *od* de toilette ; (*Nagelnecessaire*) trousse *f* de manucure
necken *vt* taquiner
Neckerei *f* taquinerie *f*
neckisch *adj* (*Spielchen, Kleidungsstück*) espiègle

Neffe (**-n, -n**) *m* neveu *m*
negativ *adj* négatif(-ive) • **Negativ** *nt* négatif *m*
negieren *vt* nier
nehmen *irr vt* prendre ; **etw an sich** *Akk* **~** garder qch ; **~ Sie doch bitte** servez-vous, je vous en prie ; **sich ernst ~** se prendre au sérieux
Neid (**-(e)s**) *m* jalousie *f*
Neider(in) (**-s, -**) *m(f)* jaloux(-ouse), envieux(-euse)
neidisch *adj* envieux(-euse)
neigen *vt* incliner ▶ *vi*: **zu etw ~** avoir tendance à qch
Neigung *f* (*des Geländes*) inclinaison *f* ; (*Zuneigung*) affection *f* ; **~ zu** (*Tendenz*) tendance *f* à ; (*Vorliebe*) penchant *m* pour
Neigungswinkel *m* angle *m* d'inclinaison
nein *adv* non
Nektarine *f* nectarine *f*
Nelke *f* (*Bot*) œillet *m* ; (*Culin*) clou *m* de girofle
nennen *irr vt* (*Kind*) appeler ; (*angeben: Namen, Betrag, Sache*) indiquer
nennenswert *adj* notable
Nenner (**-s, -**) *m* (*Math*) dénominateur *m*
Nennung *f*: **ohne ~ von Namen** sans mentionner personne
Nennwert *m* (*Fin*) valeur *f* nominale
Neon (**-s**) *nt* néon *m*
Neonazi *m* néonazi(e) *m/f*
Neonlicht *nt* éclairage *m* au néon
Neonröhre *f* tube *m* au néon *od* fluorescent
Nepal *nt* le Népal
Nerv (**-s, -en**) *m* nerf *m* ; **jdm auf die ~en gehen** *od* **fallen** énerver qn
nerven (*fam*) *vt* taper sur les nerfs de
nervenaufreibend *adj* éprouvant(e) (pour les nerfs)
Nervenbündel *nt* paquet *m* de nerfs
Nervenheilanstalt *f* maison *f* de santé
Nervenklinik *f* clinique *f* psychiatrique ; (*Neurologie*) clinique *f* neurologique
nervenkrank *adj* (*geistig*) atteint(e) d'une maladie mentale ; (*körperlich*) qui souffre d'une maladie du système nerveux
Nervensäge (*fam*) *f* casse-pied *m/f*
Nervenschwäche *f* neurasthénie *f* ; (*fam: schwache Nerven*) nerfs *mpl* fragiles
Nervensystem *nt* système *m* nerveux
Nervenzusammenbruch *m* dépression *f* nerveuse
nervig (*fam*) *adj* musclé(e)
nervös *adj* nerveux(-euse)
Nervosität *f* nervosité *f*
nervtötend *adj* abrutissant(e)
Nerz (**-es, -e**) *m* vison *m*
Nessel (**-, -n**) *f* ortie *f*
Nessessär (**-s, -s**) *nt* = **Necessaire**
Nest (**-(e)s, -er**) *nt* nid *m* ; (*fam: kleiner Ort*) trou *m* ; (*von Dieben etc*) repaire *m*
Netiquette (**-, -**) *f* nétiquette *f*
nett *adj* joli(e) ; (*Abend*) sympathique ; (*freundlich*) gentil(le)
netterweise *adv* gentiment
netto *adv* net (nette)
Netz (**-es, -e**) *nt* filet *m* ; (*Spinnennetz*) toile *f* ; (*System, Strom*) réseau *m* • **Netzanschluss** *m* raccordement *m* au réseau • **Netzhaut** *f* rétine *f* • **Netzkarte** *f* abonnement *m*
Netzwerk *nt* réseau *m*
Netzwerken *nt* réseaux *mpl* sociaux
Netzwerkkarte *f* adaptateur *m* de réseau
neu *adj* nouveau(nouvelle) ; (*noch nicht gebraucht*) neuf (neuve) ; (*Sprachen, Geschichte*) moderne ▶ *adv*: **~ schreiben** réécrire ; **~ machen** refaire ; **seit Neuestem** depuis peu • **Neuanschaffung** *f* nouvelle acquisition *f* • **neuartig** *adj* inédit(e) • **Neuauflage** *f* réédition *f* • **Neuausgabe** *f* nouvelle édition *f* (*revue*) • **Neubau** *m* maison *f* neuve
Neue(r) *f(m)* nouveau(nouvelle)
neuerdings *adv* (*seit Kurzem*) depuis peu ; (*von Neuem*) de nouveau
Neuerung *f* innovation *f*
Neufundland *nt* Terre-Neuve *f*
Neugier *f* curiosité *f*
neugierig *adj* curieux(-euse)
Neuguinea *nt* la Nouvelle-Guinée
Neuheit *f* nouveauté *f*
Neuigkeit *f* nouvelle *f*
Neujahr *nt* nouvel an *m*
neulich *adv* l'autre jour
Neuling *m* novice *mf*, débutant(e) *m/f*
Neumond *m* nouvelle lune *f*
neun *num* neuf • **Neun** (**-, -en**) *f*: **ach du grüne ~e!** (*fam*) ça alors ! • **neunte(r, s)** *adj* neuvième • **Neuntel** (**-s, -**) *nt* neuvième *m* • **neunzehn** *num* dix-neuf • **neunzig** *num* quatre-vingt-dix
neureich (*péj*) *adj* nouveau riche *inv*
Neurose *f* névrose *f*
Neurotiker(in) (**-s, -**) *m(f)* névrosé(e)
neurotisch *adj* névrosé(e)
Neuseeland (**-s**) *nt* la Nouvelle-Zélande
Neuseeländer(in) (**-s, -**) *m(f)* Néo-Zélandais(e)
neuseeländisch *adj* néo-zélandais(e)
neutral *adj* neutre
neutralisieren *vt* neutraliser
Neutralität *f* neutralité *f*
Neutron (**-s, -en**) *nt* neutron *m*

Neutrum (**-s, -a** *od* **-en**) *nt* neutre *m*
Neuwert *m* valeur *f* à l'état neuf
neuwertig *adj* à l'état neuf
Neuzeit *f* temps *mpl* modernes
neuzeitlich *adj* moderne
Nicaragua (**-s**) *nt* le Nicaragua
nicaraguanisch *adj* nicaraguayen(ne)

SCHLÜSSELWORT

nicht *adv* **1** (*Verneinung*) ne ... pas ; **nicht amtlich** non officiel(le) ; **nicht rostend** inoxydable ; **er raucht nicht** il ne fume pas ; **er hat nicht geraucht** il n'a pas fumé ; **ich auch nicht** moi non plus ; **noch nicht** pas encore ; **nicht mehr** plus ; **nicht mehr als** pas plus de
2 (*Bitte, Verbot*) : **nicht!** non ! ; **bitte nicht berühren!** (prière de) ne pas toucher ! ; **nicht rauchen** défense de fumer ; **nicht doch!** arrête(z) !
3 (*rhetorisch*) : **du bist müde/das ist schön, nicht (wahr)?** tu es fatigué(e)/c'est beau, n'est-ce pas ?
4 : **was du nicht sagst!** ça alors !

Nichtangriffspakt *m* pacte *m* de non-agression
Nichte *f* nièce *f*
nichtig *adj* (*ungültig*) nul(le) ; (*wertlos*) vain(e) ; (*belanglos*) futile • **Nichtigkeit** *f* nullité *f* ; (*Sinnlosigkeit*) futilité *f*
Nichtraucher(in) *m(f)* non-fumeur(-euse)
nichtrostend *adj siehe* **nicht**
nichts *pron* rien ; **~ ahnend** qui ne se doute de rien ; **~ sagend** = **nichtssagend** • **Nichts** (**-s**) *nt* néant *m* ; (*péj: Person*) nullité *f*
Nichtschwimmer *m* : **er ist ~** il ne sait pas nager
nichtsdestoweniger *adv* néanmoins
nichtsnutzig *adj* (*Mensch*) bon(ne) à rien
nichtssagend *adj* (*Gesicht*) sans expression ; (*Worte*) creux (creuse)
Nichtstun *nt* oisiveté *f*
Nichtzutreffende(s) *nt* : **~s (bitte) streichen!** rayer les mentions inutiles
Nick *m* pseudo *m*
Nickel (**-s**) *nt* nickel *m*
nicken *vi* faire un signe de tête affirmatif
Nickerchen (*fam*) *nt* roupillon *m*
Nickname *m* pseudo *m*
nie *adv* jamais ; **~ wieder** *od* **mehr** jamais plus, plus jamais ; **~ und nimmer** jamais de la vie
nieder *adj* bas (basse) ▸ *adv* : **~ mit den Tyrannen!** à bas les tyrans !
• **Niedergang** *m* déclin *m*
• **nieder|gehen** *irr vi* (*Sonne*) se coucher ; (*Regen*) s'abattre • **niedergeschlagen** *adj* abattu(e), découragé(e)
• **Niedergeschlagenheit** *f* abattement *m* • **Niederlage** *f* défaite *f*
Niederlande *pl* : **die ~** les Pays-Bas *mpl*
Niederländer(in) (**-s, -**) *m(f)* Néerlandais(e)
niederländisch *adj* néerlandais(e)
nieder|lassen *irr vr* s'établir
Niederlassung *f* (*Écon*) filiale *f*
nieder|legen *vt* poser ; (*Arbeit*) cesser ; (*Amt*) démissionner de
Niederösterreich *nt* la Basse-Autriche
Niedersachsen *nt* la Basse-Saxe
Niederschlag *m* (*Chim*) précipité *m* ; (*Météo*) précipitations *fpl*
nieder|schlagen *irr vt* (*Gegner*) terrasser ; (*Aufstand*) réprimer ; (*Augen*) baisser ▸ *vr* (*Chim*) former un précipité ; **das Verfahren wurde niedergeschlagen** l'affaire a été classée ; **sich in etw** *Dat* **~** s'exprimer dans qch
niederträchtig *adj* ignoble, vil(e)
Niederung *f* (*Senke*) cuvette *f*
niedlich *adj* mignon(ne), adorable
niedrig *adj* bas (basse) ; (*Geschwindigkeit*) faible
niemals *adv* jamais
niemand *pron* personne
Niemandsland *nt* no man's land *m*
Niere *f* rein *m*
Nierenentzündung *f* néphrite *f*
nieseln *vi unpers* : **es nieselt** il bruine
niesen *vi* éternuer
Niete *f* (*Tech*) rivet *m* ; (*Los*) numéro *m* perdant ; (*fam: Mensch*) raté(e) *m/f*
• **nieten** *vt* riveter
Niger *nt* (*Land*) le Niger
Nigeria (**-s**) *nt* le Nigéria
Nihilismus *m* nihilisme *m*
Nihilist *m* nihiliste *mf*
nihilistisch *adj* nihiliste
Nikolaus (**-, -e** *od* (*humoristique : fam*) **Nikoläuse**) *m* saint Nicolas *m*
Nikotin (**-s**) *nt* nicotine *f* • **nikotinarm** *adj* pauvre en nicotine
Nil (**-s**) *m* Nil *m* • **Nilpferd** *nt* hippopotame *m*
Nimmersatt (**-(e)s, -e**) *m* glouton(ne) *m/f*
nippen *vt, vi* siroter
nirgends *adv* nulle part
nirgendwo *adv* nulle part
nirgendwohin *adv* nulle part
Nische *f* niche *f*
nisten *vi* nicher

Nitrat *nt* nitrate *m*
Niveau (**-s, -s**) *nt* niveau *m*
Nixe *f* sirène *f*
Nizza (**-s**) *nt* Nice

SCHLÜSSELWORT

noch *adv* **1** (*weiterhin, wie zuvor*) encore, toujours ; **noch nicht** pas encore ; **noch nie** encore jamais ; **noch immer, immer noch** toujours ; **bleiben Sie doch noch** restez encore un peu ; **ich möchte gern(e) noch bleiben** j'aimerais bien rester (encore un moment) ; **ich gehe kaum noch aus** je ne sors presque plus
2 (*irgendwann*) encore ; **das kann noch passieren** ça peut encore arriver ; **er wird noch kommen** il va venir
3 (*nicht später als*): **noch vor einer Woche** il y a seulement une semaine ; **noch am selben Tag** le jour-même ; **noch im 19. Jahrhundert** encore au XIXe siècle ; **können Sie das heute noch erledigen?** pouvez-vous le faire aujourd'hui ? ; **gerade noch** tout juste
4 (*zusätzlich*): **wer noch?** qui d'autre ? ; **was noch?** quoi encore ? ; **noch (ein)mal** encore une fois ; **noch dreimal** encore trois fois ; **noch einen Tee?** encore une tasse de thé ? ; **noch einer** encore un(e) ; **und es regnete auch noch** pour tout arranger, il a plu
5 (*zuerst*): **ich muss erst noch (etw) essen** il faut d'abord que je mange quelque chose
6 (*bei Vergleichen*): **noch größer** encore plus grand(e) ; **das ist noch besser** c'est encore mieux ; **und wenn es noch so schwer ist** même si c'est très difficile
7: **Geld noch und noch** (*fam*) un tas d'argent, de l'argent à la pelle ; **das ist noch (lange) kein Grund!** ce n'est pas une raison !
▶ *konj*: **weder A noch B** ni A ni B

nochmal *adv siehe* **noch**
nochmalig *adj* nouveau(nouvelle)
nochmals *adv* encore une fois
Nockenwelle *f* arbre *m* à cames
Nominalwert *m* valeur *f* nominale
Nominativ *m* nominatif *m*
nominell *adj* nominal(e)
Nonne *f* religieuse *f*
Nonnenkloster *nt* couvent *m* (de religieuses)
Nordamerika *nt* l'Amérique *f* du Nord
norddeutsch *adj* d'Allemagne du Nord
Norddeutschland *nt* l'Allemagne *f* du Nord
Norden (**-s**) *m* nord *m*
Nordic Walking (**-**) *nt* marche *f* nordique
Nordirland *nt* l'Irlande *f* du Nord
nordisch *adj* nordique
Nordkorea *nt* la Corée du Nord
nördlich *adj* du nord, septentrional(e) ▶ *präp +Gen* au nord de ; **~ von** au nord de
Nordosten *m* nord-est *m* ; (*Region*) Nord-Est *m*
Nordpol *m* pôle *m* Nord
Nordrhein-Westfalen (**-s**) *nt* la Rhénanie-Westphalie
Nordsee *f* mer *f* du Nord
Nordwesten *m* nord-ouest *m* ; (*Region*) Nord-Ouest *m*
Nörgelei *f* récriminations *fpl*, remarques *fpl* continuelles
nörgeln *vi* ronchonner
Nörgler(in) (**-s, -**) *m(f)* ronchonneur(-euse)
Norm (**-, -en**) *f* norme *f*
normal *adj* normal(e)
normalerweise *adv* normalement
normalisieren *vt* (*Lage*) normaliser ▶ *vr* revenir à la normale
normen *vt* standardiser
Norwegen (**-s**) *nt* la Norvège
Norweger(in) (**-s, -**) *m(f)* Norvégien(ne)
norwegisch *adj* norvégien(ne)
Not (**-, ¨-e**) *f* détresse *f* ; (*Mangel*) misère *f*, dénuement *m* ; (*Sorge, Mühe*) peine *f* ; (*Notwendigkeit*) nécessité *f* ; **zur ~** à la rigueur ; **~ leidend** nécessiteux(-euse)
Notar(in) *m(f)* notaire *m* • **notariell** *adj* notarié(e)
Notarzt *m* médecin *m* urgentiste
Notausgang *m* sortie *f* de secours
Notbehelf *m* moyen *m* de fortune, expédient *m*
Notbremse *f* signal *m* d'alarme
Notdienst *m* service *m* d'urgence
notdürftig *adj* (*kaum ausreichend*) piètre ; (*behelfsmäßig*) provisoire ▶ *adv*: **sich ~ verständigen** se débrouiller
Note *f* note *f* ; (*Banknote*) billet *m* (de banque) ; (*Gepräge*) touche *f*
Notebook (**-(s), -s**) *nt* (*Inform*) ordinateur *m* portable, portable *m*
Notenbank *f* banque *f* d'émission
Notenblatt *nt* partition *f*
Notenschlüssel *m* clef *f*
Notenständer *m* pupitre *m* (à musique)
Notfall *m*: **im ~** en cas d'urgence
notfalls *adv* au besoin, si besoin est
notgedrungen *adv*: **etw ~ machen** être contraint(e) de faire qch
notieren *vt* noter ; (*Fin*) coter

Notierung *f* (*Fin*) cotation *f*
nötig *adj* nécessaire ; **etw ~ haben** avoir besoin de qch
nötigen *vt* obliger
nötigenfalls *adv* au besoin, si besoin est
Notiz (**-, -en**) *f* note *f* ; **~ von jdm/etw nehmen** prêter attention à qn/qch
• **Notizblock** *m* bloc-notes *m*
• **Notizbuch** *nt* calepin *m*, carnet *m*
• **Notizzettel** *m* bout *m* de papier
Notlage *f* situation *f* critique, détresse *f*
notlanden *vi* faire un atterrissage forcé
Notlandung *f* atterrissage *m* forcé
Notlösung *f* solution *f* provisoire
Notlüge *f* pieux mensonge *m*
notorisch *adj* notoire
Notruf *m* appel *m* d'urgence
Notrufsäule *f* *téléphone réservé aux appels d'urgence*
Notstand *m* état *m* d'urgence
Notstandsgesetz *nt* *loi en vigueur lors d'un état d'urgence*
Notunterkunft *f* logement *m* *od* hébergement *m* provisoire
Notverband *m* pansement *m* provisoire
Notwehr (-) *f* légitime défense *f*
notwendig *adj* nécessaire ; (*zwangsläufig*) inéluctable
Notwendigkeit *f* nécessité *f*
Notzucht *f* viol *m*
Novelle *f* nouvelle *f* ; (*Jur, Pol*) amendement *m*
November (**-(s), -**) *m* novembre *m*
Nr. *abk* (= *Nummer*) n°, N°
Nu *m* : **im Nu** en un clin d'œil
Nuance *f* nuance *f* ; (*Kleinigkeit*) soupçon *m*
nüchtern *adj* (*nicht betrunken*) pas ivre ; (*ohne Essen* : *Person*) à jeun ; (*Einrichtung*) sobre ; (*Urteil*) objectif(-ive)
• **Nüchternheit** *f* sobriété *f*
Nudeln *pl* pâtes *fpl*
null *num* zéro ; **~ und nichtig** nul(nulle) et non avenu(e) • **Null** (**-, -en**) *f* zéro *m*
Nullerjahre *pl* les années *fpl* 2000
Nullpunkt *m* (point *m*) zéro *m*
Nulltarif *m* gratuité *f* (*des transports en commun*)
numerisch *adj* numérique
Nummer (**-, -n**) *f* numéro *m*
nummerieren *vt* numéroter
Nummernkonto *nt* compte *m* numéroté
Nummernscheibe *f* cadran *m*
Nummernschild *nt* (*Auto*) plaque *f* minéralogique
nun *adv* maintenant ▸ *interj* alors
nur *adv* seulement
Nürnberg (**-s**) *nt* Nuremberg
Nuss (**-, ¨-e**) *f* noix *f* ; (*Haselnuss*) noisette *f*
Nussbaum *m* noyer *m*
Nussknacker (**-s, -**) *m* casse-noix *m inv* ; (*für Haselnüsse*) casse-noisette *m*
Nüster (**-, -n**) *f* naseau *m*
Nutte *f* putain *f*
nutzbar *adj* (*Boden*) cultivable ; **etw ~ machen** exploiter qch
Nutzbarmachung *f* exploitation *f*
nutzbringend *adj* profitable ▸ *adv* : **etw ~ anwenden** mettre qch à profit
nütze *adj* : **zu nichts ~ sein** n'être bon (bonne) à rien
nutzen *vi* (*Maßnahme etc*) être utile, servir ▸ *vt* exploiter ; (*Gelegenheit*) profiter de ; **es nutzt nichts** ça ne sert à rien
• **Nutzen** (**-s**) *m* utilité *f*
nützen *vt, vi* = **nutzen**
nützlich *adj* utile • **Nützlichkeit** *f* utilité *f*
nutzlos *adj* inutile
Nutzlosigkeit *f* inutilité *f*
Nutznießer(in) (**-s, -**) *m(f)* bénéficiaire *mf*
Nutzung *f* (*Gebrauch*) utilisation *f* ; (*das Ausnutzen*) exploitation *f*
Nymphe *f* nymphe *f*

O

O, o *nt* O, o *m inv*
Oase *f* oasis *f*
ob *konj* si ; **ob das wohl wahr ist?** je me demande si c'est vrai ; **und ob!** et comment !
OB (-s, -s) *m abk (= Oberbürgermeister)* maire *m*
Obacht *f*: **(auf jdn/etw) ~ geben** faire attention (à qn/qch)
ÖBB *f abk (= Österreichische Bundesbahnen) chemins de fer autrichiens*
Obdach *nt* abri *m*, refuge *m*
obdachlos *adj* sans-abri
Obdachlose(r) *f(m)* sans-abri *m/f*
Obduktion *f* autopsie *f*
obduzieren *vt* autopsier
O-Beine *pl* jambes *fpl* arquées
oben *adv* en haut ; **nach ~** vers le haut ; **~ erwähnt, ~ genannt** mentionné(e) ci-dessus ; **~ ohne** les seins nus ; **Befehl von ~** ordre d'en haut • **obenan** *adv* tout en haut • **obenauf** *adv* dessus ; *(munter)* en forme • **obendrein** *adv* par-dessus le marché
Ober (-s, -) *m (Kellner)* serveur *m*
Oberarm *m* avant-bras *m inv*
Oberarzt *m* chef *m* de clinique
Oberaufsicht *f* surveillance *f* générale
Oberbefehl *m* haut commandement *m*
Oberbefehlshaber *m* commandant *m* en chef
Oberbegriff *m* terme *m* générique
Oberbekleidung *f* vêtements *mpl* (de dessus)
Oberbett *nt* couette *f*
Oberbürgermeister *m* maire *m*
Oberdeck *nt (Schiff)* pont *m* supérieur ; *(Bus)* impériale *f*
obere(r, s) *adj* supérieur(e)
Oberfläche *f* surface *f*
oberflächlich *adj* superficiel(le)
Obergeschoss *nt* étage *m*
oberhalb *adv*: **~ von Köln** au-dessus de Cologne ▸ *präp +Gen* au-dessus de
Oberhaupt *nt* chef *m*
Oberhaus *nt* Chambre *f* haute
Oberhemd *nt* chemise *f*
Oberherrschaft *f* suprématie *f*
Oberin *f (Rel)* mère *f* supérieure
Oberkellner *m* maître *m* d'hôtel
Oberkiefer *m* mâchoire *f* supérieure
Oberkommando *nt* haut commandement *m*
Oberkörper *m* haut *m* du corps
Oberleitung *f* direction *f* générale ; *(Élec)* câble *m* aérien
Oberlippe *f* lèvre *f* supérieure
Oberösterreich *nt* la Haute-Autriche
Oberschenkel *m* cuisse *f*
Oberschicht *f* couches *fpl* supérieures (de la société)
Oberschule *f* lycée *m*
Oberschwester *f (Méd)* infirmière *f* en chef
Oberst (-en *od* **-s, -en** *od* **-e)** *m* colonel *m*
oberste(r, s) *adj (Knopf, Regal)* du haut ; *(Stockwerk)* dernier(-ière) ; *(Befehlshaber, Gesetz, Prinzip)* suprême ; *(Klasse)* supérieur(e)
Oberstufe *f* second cycle *m*
Oberteil *nt* partie *f* supérieure
Oberwasser *nt*: **wieder ~ haben/ bekommen** avoir repris/reprendre le dessus
Oberweite *f* tour *m* de poitrine
obgleich *konj* bien que *+sub*
Obhut (-) *f* garde *f*
obig *adj* ci-dessus
Objekt (-(e)s, -e) *nt* objet *m*
objektiv *adj* objectif(-ive)
Objektiv *nt* objectif *m*
Objektivität *f* objectivité *f*
obligatorisch *adj* obligatoire
Oboe *f* hautbois *m*
Obrigkeit *f* autorité *f* ; *(Behörden, Rel)* autorités *fpl*
obschon *konj* quoique *+sub*
Observatorium *nt* observatoire *m*
obskur *adj* obscur(e) ; *(verdächtig)* louche
Obst (-(e)s) *nt* fruits *mpl* • **Obstbau** *m* arboriculture *f* fruitière • **Obstbaum** *m* arbre *m* fruitier • **Obstgarten** *m* verger *m* • **Obsthändler** *m* marchand *m* de fruits • **Obstkuchen** *m* tarte *f* aux fruits • **Obstsalat** *m* salade *f* de fruits
obszön *adj* obscène
Obszönität *f* obscénité *f*
obwohl *konj* bien que *+sub*

Ochse (**-n, -n**) *m* bœuf *m*
Ochsenschwanzsuppe *f* soupe *f* à la queue de bœuf
Ochsenzunge *f* langue *f* de bœuf
öd, öde *adj* (*karg*) inculte ; (*verlassen*) désert(e) ; **öd und leer** désolé(e)
Öde *f* solitude *f* ; (*fig*) ennui *m*
oder *konj* ou
Ofen (**-s, ⸗**) *m* (*Heizofen*) poêle *m* ; (*Backofen*) four *m* ; (*Hochofen*) haut fourneau *m* • **Ofenrohr** *nt* tuyau *m* de poêle
offen *adj* ouvert(e) ; (*Stelle*) vacant(e) ; (*aufrichtig*) franc (franche) ▸ *adv*: **~ gesagt** à vrai dire ; **~ bleiben** (*Fenster*) rester ouvert(e) ; **~ lassen** (*Tür etc*) laisser ouvert(e) ; **~ stehen** (*Tür etc*) être ouvert(e)
offenbar *adj* manifeste, évident(e) ▸ *adv* apparemment
offenbaren *vt* révéler
Offenbarung *f* révélation *f*
offen|bleiben *irr vi* (*fig*: *Frage, Entscheidung*) rester en suspens
Offenheit *f* franchise *f*, sincérité *f*
offenherzig *adj* (*Mensch, Bekenntnis*) sincère ; (*Kleid*) décolleté(e)
offenkundig *adj* manifeste
offen|lassen *irr vt* (*Frage*) laisser en suspens
offensichtlich *adj* manifeste
offensiv *adj* offensif(-ive)
Offensive *f* offensive *f*
offen|stehen (*fig*) *irr vi*: **es steht Ihnen offen, es zu tun** vous êtes libre de le faire
öffentlich *adj* public(-ique)
Öffentlichkeit *f* public *m* ; **in aller ~** en public ; **an die ~ dringen** transpirer
Offerte *f* offre *f*
offiziell *adj* officiel(le)
Offizier (**-s, -e**) *m* officier *m*
Offizierskasino *nt* mess *m*
offline *adj* (*Inform*) hors ligne
öffnen *vt, vi* ouvrir ▸ *vr* s'ouvrir
Öffner (**-s, -**) *m* (*Büchsenöffner*) ouvre-boîte *m* ; (*Türöffner*) ouvre-porte *m*
Öffnung *f* ouverture *f*
Öffnungszeiten *pl* heures *fpl* d'ouverture
oft *adv* souvent
öfter, **öfters** *adv* assez souvent
OHG *abk* (= *offene Handelsgesellschaft*) société *f* en nom collectif
ohne *präp* +*Akk* sans ▸ *konj*: **~ dass** sans que ; **das ist nicht (so) ~** (*fam*) ce n'est pas si simple ; **~ Weiteres** sans aucune difficulté ; (*sofort*) sans hésiter
• **ohnedies** *adv* de toute façon
• **ohnegleichen** *adv* sans pareil(le)
• **ohnehin** *adv* de toute façon
Ohnmacht *f* évanouissement *m* ; (*Machtlosigkeit*) impuissance *f* ; **in ~ fallen** s'évanouir
ohnmächtig *adj* évanoui(e) ; (*fig*) impuissant(e)
Ohr (**-(e)s, -en**) *nt* oreille *f* ; (*Gehör*) oreille *f*
Öhr (**-(e)s, -e**) *nt* chas *m*
Ohrenarzt *m* oto-rhino(-laryngologiste) *m*
ohrenbetäubend *adj* assourdissant(e)
Ohrenschmalz *nt* cérumen *m*
Ohrenschmerzen *pl* mal *msg* à l'oreille *od* aux oreilles
Ohrenschützer *pl* cache-oreilles *msg inv*
Ohrfeige *f* gifle *f*
ohrfeigen *vt* gifler
Ohrläppchen *nt* lobe *m* de l'oreille
Ohrwurm *m* perce-oreille *m* ; (*Mus*) mélodie *f* entêtante
oje *interj* hélas
okkupieren *vt* occuper
Ökologie *f* écologie *f*
ökologisch *adj* écologique ; **~er Fußabdruck** empreinte *f* écologique
ökonomisch *adj* économique
Ökopax (**-en, -en**) *m* écolo *m* (pacifiste)
Ökostrom *m* électricité *f* verte
Ökosystem *nt* écosystème *m*
Oktave *f* octave *f*
Oktober (**-(s), -**) *m* octobre *m*
Oktoberfest *nt voir article*

La fête de la bière ou **Oktoberfest** a lieu tous les ans de fin septembre à début octobre à Munich, dans un grand champ où l'on installe tentes à bière, montagnes russes et autres attractions. Les participants prennent place le long de grandes tables de bois, boivent de la bière dans d'énormes chopes d'un litre et savourent des bretzels tout en écoutant des orchestres de cuivre. Cette grande fête est autant appréciée par les touristes que par les Bavarois.

ökumenisch *adj* œcuménique
Öl (**-(e)s, -e**) *nt* huile *f* ; (*Erdöl*) pétrole *m*
• **Ölbaum** *m* olivier *m*
ölen *vt* (*Tech*) lubrifier
Ölfarbe *f* peinture *f* à l'huile
Ölfeld *nt* gisement *m* de pétrole
Ölfilm *m* pellicule *f* d'huile
Ölfilter *m* filtre *m* à huile
Ölheizung *f* chauffage *m* au mazout
ölig *adj* (*ölhaltig*) oléagineux(-euse) ; (*schmierig*) huileux(-euse) ; (*Stimme*) mielleux(-euse)

Olive *f* olive *f*
Ölmessstab *m* jauge *f* (de niveau d'huile)
Ölpest *f* marée *f* noire
Ölsardine *f* sardine *f* à l'huile
Ölscheich (*fam*) *m* prince *m* du pétrole
Ölteppich *m* nappe *f* de pétrole
Ölung *f* lubrification *f*; **die Letzte ~** (*Rel*) l'extrême-onction *f*
Ölwechsel *m* vidange *f*
Olympiade *f* olympiade *f*
Olympiasieger(in) *m(f)* champion(ne) olympique
Olympiateilnehmer(in) *m(f) sportif ou sportive qui participe aux jeux olympiques*
olympisch *adj* olympique
Ölzeug *nt* ciré *m*
Oma (**-, -s**) (*fam*) *f* mamie *f*, mémé *f*
Oman *nt* Oman *m*
Omelett (**-(e)s, -s**) *nt*, **Omelette** *f* omelette *f*
Omen (**-s, -** *od* **Omina**) *nt* présage *m*
Omnibus *m* (auto)bus *m*
onanieren *vi* se masturber
Onkel (**-s, -**) *m* oncle *m*
online *adj* (*Inform*) en ligne
Onlinebanking *nt* système *m* de banque en ligne
Onlinedienst *m* service *m* en ligne
Opa (**-s, -s**) (*fam*) *m* papy *m*, pépé *m*
Opal (**-s, -e**) *m* opale *f*
Oper *f* opéra *m*
Operation *f* opération *f*
Operationssaal *m* salle *f* d'opération
operieren *vt, vi* opérer ; **sich ~ lassen** être opéré(e)
Opernglas *nt* jumelles *fpl* de théâtre
Opernhaus *nt* opéra *m*
Opernsänger(in) *m(f)* chanteur(-euse) *m/f* d'opéra
Opfer (**-s, -**) *nt* (*Gabe*) offrande *f*; (*Verzicht*) sacrifice *m* ; (*bei Unfall*) victime *f*; (*Loser*) bolos *mf*
opfern *vt* sacrifier
Opferstock *m* tronc *m* (*boîte*)
Opferung *f* sacrifice *m*
Opium *nt* opium *m*
opponieren *vi*: **(gegen jdn/etw) ~** s'opposer (à qn/qch)
opportun *adj* opportun(e)
Opportunismus *m* opportunisme *m*
Opportunist(in) *m(f)* opportuniste *mf*
Opposition *f* opposition *f*
oppositionell *adj* d'opposition
Optik *f* optique *f*
Optiker(in) (**-s, -**) *m(f)* opticien(ne)
optimal *adj* optimal(e)
optimieren *vt* optimiser
Optimismus *m* optimisme *m*
Optimist(in) *m(f)* optimiste *mf* • **optimistisch** *adj* optimiste
Option *f* option *f*
optisch *adj* optique
Orakel (**-s, -**) *nt* oracle *m*
orange *adj* orange *inv* • **Orange** (**-, -n**) *f* orange *f*
Orangeade *f* orangeade *f*
Orangeat *nt* écorce *f* d'orange confite
Orangenmarmelade *f* marmelade *f* d'orange
Orangensaft *m* jus *m* d'orange
Orangenschale *f* écorce *f* d'orange
Orchester (**-s, -**) *nt* orchestre *m*
Orchidee *f* orchidée *f*
Orden (**-s, -**) *m* (*Rel*) ordre *m* ; (*Mil etc*) décoration *f*
Ordensschwester *f* religieuse *f*
ordentlich *adj* (*ordnungsliebend*) ordonné(e) ; (*geordnet*) (bien) rangé(e) ; (*anständig*) honnête ; (*fam: annehmbar*) pas mal *inv* ▶ *adv* (*fam: sehr*) vraiment • **Ordentlichkeit** *f* (*von Mensch*) caractère *m* ordonné ; (*von Zimmer*) aspect *m* rangé
Ordinalzahl *f* nombre *m* ordinal
ordinär *adj* (*vulgär*) vulgaire ; (*alltäglich, gewöhnlich*) ordinaire
ordnen *vt* (*Papiere, Bücher etc*) ranger ; (*Gedanken*) mettre de l'ordre dans
Ordner (**-s, -**) *m* (*Mensch*) membre *m* du service d'ordre ; (*Aktenordner*) classeur *m*
Ordnung *f* ordre *m* ; (*Ordnen*) rangement *m*
ordnungsgemäß *adj* (*Erledigung*) réglementaire ; (*Verhalten*) correct(e)
ordnungshalber *adv* pour la forme
Ordnungsliebe *f* goût *m* de l'ordre
Ordnungsstrafe *f* amende *f*
ordnungswidrig *adj* non réglementaire
Ordnungszahl *f* nombre *m* ordinal
Organ (**-s, -e**) *nt* organe *m*
Organisation *f* organisation *f*
Organisationstalent *nt* talent *m* d'organisateur ; (*Person*) organisateur(-trice) *m/f* de premier ordre
Organisator(in) *m(f)* organisateur(-trice)
organisatorisch *adj* (*Talent*) d'organisateur(-trice) ; (*Aufgabe*) d'organisation
organisch *adj* organique
organisieren *vt* organiser ▶ *vr* s'organiser
Organismus *m* organisme *m*
Organist(in) *m(f)* organiste *mf*
Organspender(in) *m(f)* donneur(-euse) d'organe
Organverpflanzung *f* greffe *f* d'organe
Orgasmus *m* orgasme *m*

Orgel *f* orgue *m* • **Orgelpfeife** *f* tuyau *m* d'orgue ; **wie die ~n stehen** être alignés(-ées) par ordre de grandeur
Orgie *f* orgie *f*
Orient (**-s**) *m* Orient *m*
Orientale (**-n, -n**) *m*, **Orientalin** *f* Oriental(e) *m/f*
orientalisch *adj* oriental(e)
orientieren *vt* (*unterrichten*) informer, mettre au courant ▶ *vr*: **sich an** *od* **nach etw** *Dat* **~** se servir de qch pour s'orienter ; **sich über etw** *Akk* **~** (*sich erkundigen*) se mettre au courant de qch
Orientierung *f* orientation *f* ; (*Unterrichtung*) information *f*
Orientierungssinn *m* sens *m* de l'orientation
Orientierungsstufe *f* cycle *m* d'orientation

> **Orientierungsstufe** est le nom donné aux deux premières années de collège, équivalant au CM2 et à la 6ème en France. Durant ces deux années, l'élève est évalué sur ses capacités et peut, au bout de ces deux ans, passer dans un type d'école qui lui correspond mieux : *Gymnasium*, *Realschule* ou *Hauptschule*.

original *adj* original(e) • **Original** (**-s, -e**) *nt* original *m* • **Originalfassung** *f* version *f* originale
Originalität *f* (*Echtheit*) authenticité *f* ; (*von Idee, Mensch*) originalité *f*
originell *adj* original(e)
Orkan (**-(e)s, -e**) *m* ouragan *m*
Ornament *nt* ornement *m*
ornamental *adj* ornemental(e)
Ort[1] (**-(e)s, -e**) *m* endroit *m*, lieu *m* ; (*Ortschaft*) endroit *m* ; **an ~ und Stelle** sur place
Ort[2] (**-(e)s, ¨-er**) *m*: **vor ~** (*Mines*) au fond ; (*fig*) sur place
orten *vt* repérer
orthodox *adj* orthodoxe
Orthografie *f* orthographe *f*
orthografisch *adj* orthographique
Orthopäde (**-n, -n**) *m*, **Orthopädin** *f* orthopédiste *m*
Orthopädie *f* orthopédie *f*
orthopädisch *adj* orthopédique
örtlich *adj* local(e) • **Örtlichkeit** *f* endroit *m* ; **die Örtlichkeiten** *pl* (*humoristique*) les toilettes *pl* ; **sich mit den ~en vertraut machen** se familiariser avec les lieux
Ortsangabe *f* indication *f* du lieu
ortsansässig *adj* (*Mitarbeiter, Familie*) qui habite à proximité ; (*Industrie*) local(e)
Ortschaft *f* localité *f* ; **geschlossene ~** agglomération *f*
ortsfremd *adj* étranger(-ère) ; **ich bin hier ~** je ne suis pas d'ici
Ortsgespräch *nt* communication *f* locale
Ortsname *m* nom *m* de lieu
Ortsnetz *nt* réseau *m* local *od* urbain
Ortssinn *m* sens *m* de l'orientation
Ortszeit *f* heure *f* locale
Ortung *f* repérage *m*
Öse *f* œillet *m*
Ossi *m voir article*

> **Ossi** est un terme familier et irrespectueux désignant un Allemand de l'ancienne *DDR*.

Ostblock *m* pays *mpl* de l'Est
Osten (**-s**) *m* est *m* ; **der Ferne ~** l'Extrême-Orient *m* ; **der Mittlere ~** le Moyen-Orient ; **der Nahe ~** le Proche-Orient ; **im ~** à l'est
ostentativ *adj* ostensible
Osterei *nt* œuf *m* de Pâques
Osterfest *nt* Pâques *fpl*
Osterglocke *f* jonquille *f*
Osterhase *m* lapin *m* de Pâques
Ostermontag *m* lundi *m* de Pâques
Ostern (**-, -**) *nt* Pâques *fpl*
Österreich (**-s**) *nt* l'Autriche *f*
Österreicher(in) (**-s, -**) *m(f)* Autrichien(ne)
österreichisch *adj* autrichien(ne)
Ostersonntag *m* dimanche *m* de Pâques
östlich *adj* de l'est ▶ *adv*: **~ von Hamburg/der Elbe** à l'est de Hambourg/l'Elbe
Ostsee *f*: **die ~** la Baltique
Ostwind *m* vent *m* d'est
OSZE *f abk* (*= Organisation für Sicherheit und Zusammenarbeit in Europa*) OSCE *f*
oszillieren *vi* osciller
Otter[1] (**-s, -**) *m* (*Marder*) loutre *f*
Otter[2] (**-, -n**) *f* (*Schlange*) vipère *f*
outsourcen *vt* externaliser
Ouvertüre *f* ouverture *f*
oval *adj* oval(e)
Overall (**-s, -s**) *m* combinaison *f* (*de travail*)
Overheadprojektor *m* rétroprojecteur *m*
ÖVP (**-**) *f abk* (*= Österreichische Volkspartei*) *parti conservateur autrichien*
Ovulation *f* ovulation *f*
Oxid (**-(e)s, -e**) *nt* oxyde *m*
oxidieren *vt* oxyder ▶ *vi* s'oxyder
Ozean (**-s, -e**) *m* océan *m* • **Ozeandampfer** *m* paquebot *m* (transatlantique)
ozeanisch *adj* océanien(ne)
Ozon (**-s**) *nt od m* ozone *m* • **Ozonloch** *nt* trou *m* dans la couche d'ozone • **Ozonschicht** *f* couche *f* d'ozone

P

P, p *nt* P, p *m inv*
paar *adj inv*: **ein ~** quelques ; **ein P~ mal** plusieurs fois • **Paar** (**-(e)s, -e**) *nt* paire *f* ; (*Ehepaar*) couple *m*
paaren *vt* (*Tiere*) accoupler ▶ *vr* (*Tiere*) s'accoupler ; (*fig*) s'allier
Paarlauf *m* patinage *m* par couples
Paarung *f* (*von Tieren*) accouplement *m* ; (*fig*) combinaison *f*
paarweise *adv* par couples, deux par deux
Pacht (**-, -en**) *f* bail *m* • **pachten** *vt* louer
Pächter(in) (**-s, -**) *m(f)* tenancier(-ière)
Pack[1] (**-(e)s, -e** *od* **¨-e**) *m* pile *f* ; (*zusammengeschnürt*) liasse *f*
Pack[2] (**-(e)s**) (*péj*) *nt* racaille *f*
Päckchen *nt* petit paquet *m* ; (*Zigaretten*) paquet
packen *vt* (*Koffer, Paket*) faire ; (*fassen*) saisir ; (*Inform*) tasser ; (*fam: schaffen*) arriver à faire ▶ *vi* faire ses bagages
Packen (**-s, -**) *m* pile *f* ; (*fig: Menge*) tas *m*
Packesel (*fig*) *m* bête *f* de somme
Packpapier *nt* papier *m* d'emballage
Packung *f* paquet *m* ; (*Pralinenpackung*) boîte *f* ; (*Méd*) compresse *f*
Pädagoge *m* pédagogue *m*
Pädagogik *f* pédagogie *f*
pädagogisch *adj* pédagogique
Paddel (**-s, -**) *nt* pagaie *f* • **Paddelboot** *nt* canoë *m*
paddeln *vi* pagayer
paffen (*fam*) *vt, vi* cloper
Page (**-, -n**) *m* (*in Hotel*) groom *m*
Pagenkopf *m* coiffure *f* à la Jeanne d'Arc
Paillette *f* paillette *f*
Paket (**-(e)s, -e**) *nt* paquet *m* ; (*Postpaket auch*) colis *m* • **Paketkarte** *f* récépissé *m* (*pour l'envoi d'un colis*) • **Paketpost** *f* service *m* des colis postaux • **Paketschalter** *m* guichet *m* des colis
Pakistan (**-s**) *nt* le Pakistan
pakistanisch *adj* pakistanais(e)
Pakt (**-(e)s, -e**) *m* pacte *m*
Palast (**-es, ¨-e**) *m* palais *m*
Palästina (**-s**) *nt* la Palestine
Palästinenser(in) (**-s, -**) *m(f)* Palestinien(ne)
palästinensisch *adj* palestinien(ne)
Palette *f* (*zum Malen, Ladepalette*) palette *f* ; (*fig*) gamme *f*
Palliativmedizin *f* soins *mpl* palliatifs
Palme *f* palmier *m*
Palmsonntag *m* dimanche *m* des Rameaux
Pampelmuse *f* pamplemousse *m*
pampig (*fam*) *adj* (*frech*) insolent(e)
Panama (**-s**) *nt* le Panama
Panamakanal *m* canal *m* de Panama
Pandemie *f* pandémie *f*
panieren *vt* paner
Paniermehl *nt* chapelure *f*
Panik *f* panique *f*
panisch *adj* (*Angst*) panique ; **in ~er Eile** pris(e) de panique
Panne *f* (*Auto*) panne *f* ; (*Missgeschick*) problème *m*
Pannendienst *m*, **Pannenhilfe** *f* service *m* de dépannage
Panorama (**-s, -men**) *nt* panorama *m*
panschen *vi* patauger ▶ *vt* (*Wein etc*) couper (d'eau)
Pantoffel (**-s, -n**) *m* pantoufle *f* • **Pantoffelheld** (*fam*) *m mari dominé par sa femme*
Pantomime *f* pantomime *f*
Panzer (**-s, -**) *m* (*von Schildkröte etc*) carapace *f* ; (*Fahrzeug*) char *m* (d'assaut) • **Panzerglas** *nt* verre *m* pare-balles
panzern *vt* blinder ▶ *vr* (*fig*) se blinder
Panzerschrank *m* coffre-fort *m*
Papa (**-s, -s**) (*fam*) *m* papa *m*
Papagei (**-s, -en**) *m* perroquet *m*
Paparazzi *pl* paparazzi *mpl*
Papaya (**-, -s**) *f* papaye *f*
Papier (**-s, -e**) *nt* papier *m* ; (*Wertpapier*) titre *m*
Papierfabrik *f* usine *f* de papeterie
Papiergeld *nt* billets *mpl* de banque
Papierkorb *m* corbeille *f* à papier ; (*Inform*) corbeille *f*
Papierkrieg *m* démêlés *mpl* avec la bureaucratie
Papiertaschentuch *nt* kleenex® *m*
Papiertüte *f* sac *m* en papier
Pappbecher *m* gobelet *m* en carton
Pappdeckel *m* carton *m*
Pappel *f* peuplier *m*
Pappenstiel *m*: **keinen ~ wert sein** valoir que dalle ; **etw für einen ~**

bekommen avoir qch pour une bouchée de pain
papperlapapp *interj* n'importe quoi
pappig *adj* poisseux(-euse)
Pappmaschee, Pappmaché (**-s, -s**) *nt* papier *m* mâché
Pappteller *m* assiette *f* en carton
Paprika (**-s, -(s)**) *m* (*Gewürz*) paprika *m* ; (*Paprikaschote*) poivron *m*
Papst (**-(e)s, ¨-e**) *m* pape *m*
päpstlich *adj* papal(e)
Papua-Neuguinea *nt* la Papouasie-Nouvelle-Guinée
Parabel *f* parabole *f*
Parabolantenne *f* antenne *f* parabolique
Parade *f* (*Mil*) défilé *m* ; (*Fechten*) parade *f* • **Paradeschritt** *m* pas *m* de l'oie
Paradies (**-es, -e**) *nt* paradis *m* • **paradiesisch** *adj* paradisiaque
paradox *adj* paradoxal(e)
Paradox (**-es, -e**) *nt* paradoxe *m*
Paragraf (**-en, -en**) *m* paragraphe *m* ; (*Jur*) article *m*
Paraguay (**-s**) *nt* le Paraguay
Paraguayer(in) *m(f)* Paraguayen(ne)
paraguayisch *adj* paraguayen(ne)
parallel *adj* parallèle
Parallele *f* parallèle *f*
paralympisch *adj* paralympique
Parameter *m* paramètre *m*
paramilitärisch *adj* paramilitaire
Paranuss *f* noix *f* du Brésil
paraphieren *vt* parapher
Parasit (**-en, -en**) *m* parasite *m*
parat *adj* prêt(e)
Pärchen *nt* couple *m* (d'amoureux)
Parfüm (**-s, -s** *od* **-e**) *nt* parfum *m*
Parfümerie *f* parfumerie *f*
Parfümflasche *f* flacon *m* de parfum
parfümieren *vt* parfumer ▸ *vr* se parfumer
parieren *vt* parer ▸ *vi* obéir
Paris *nt* Paris
Pariser (**-s, -**) (*fam*) *m* (*Kondom*) capote *f*
Parität *f* (*von Währung*) parité *f*
Park (**-s, -s**) *m* parc *m*
Parka (**-(s), -s**) *m* parka *m od f*
Park-and-ride-System *nt parkings situés à la périphérie des grandes villes, permettant aux banlieusards de se rendre au centre par les transports en commun*
Parkanlage *f* parc *m*
parken *vt* garer ▸ *vi* se garer
Parkett (**-(e)s, -e**) *nt* parquet *m* ; (*Théât*) orchestre *m*
Parkhaus *nt* parking *m* couvert
Parklücke *f* place *f* de stationnement
Parkplatz *m* parking *m*
Parkscheibe *f* disque *m* de stationnement
Parkuhr *f* parcmètre *m*
Parkverbot *nt* interdiction *f* de stationner
Parlament *nt* parlement *m*
Parlamentarier(in) (**-s, -**) *m(f)* parlementaire *mf*
parlamentarisch *adj* parlementaire
Parlamentsmitglied *nt* membre *m* du parlement
Parmesan (**-(s)**) *m* parmesan *m*
Parodie *f*: **~ (auf** *+Akk***)** parodie *f* (de) • **parodieren** *vt* parodier
Parodontose *f* déchaussement *m* des dents
Parole *f* mot *m* de passe ; (*Wahlspruch*) slogan *m*
Partei *f* parti *m* ; **für jdn ~ ergreifen** prendre parti pour qn
Parteiführung *f* direction *f* du parti
parteiisch *adj* partial(e)
parteilos *adj* non inscrit(e)
Parteimitglied *nt* membre *m* du parti
Parteinahme *f* prise *f* de position
Parteitag *m* congrès *m* du parti
Parteivorsitzende(r) *f(m)* dirigeant(e) *m/f* du parti
Parterre (**-s, -s**) *nt* rez-de-chaussée *m inv* ; (*Théât*) orchestre *m*
Partie *f* partie *f* ; (*Écon*) lot *m* ; **mit von der ~ sein** en être ; **eine gute/ schlechte ~ sein** être/ne pas être un beau parti
Partikel (**-, -n**) *f* particule *f*
Partisan(in) (**-s** *od* **-en, -en**) *m(f)* partisan(e)
Partitur *f* partition *f*
Partizip (**-s, -ien**) *nt* participe *m*
Partner(in) (**-s, -**) *m(f)* associé(e) ; (*Spielpartner*) partenaire *mf* • **Partnerschaft** *f* association *f* ; **eingetragene ~** pacte *m* civil de solidarité • **partnerschaftlich** *adj* d'égal à égal ; **~es Verhalten** égard(s) *m(pl)* pour les autres • **Partnerstadt** *f* ville *f* jumelée
Party (**-, -s**) *f* fête *f*
Parzelle *f* parcelle *f* (de terrain)
Pass (**-es, ¨-e**) *m* (*Ausweis*) passeport *m* ; (*Bergpass*) col *m*
passabel *adj* acceptable
Passage *f* passage *m*
Passagier (**-s, -e**) *m* passager(-ère) *m/f* • **Passagierdampfer** *m* paquebot *m* • **Passagierflugzeug** *nt* avion *m* (*affecté au transport de passagers*)
Passamt *nt* service *m* des passeports
Passant(in) *m(f)* passant(e)
Passbild *nt* photo *f* d'identité

passen *vi* aller (bien) ; (*auf Frage, beim Kartenspiel*) passer ; **Sonntag passt uns nicht** dimanche ne nous convient pas ; **zu etw** *Dat* **~** aller bien avec qch
passend *adj* (*in Farbe, Stil*) assorti(e) ; (*genehm, angemessen*) approprié(e)
passierbar *adj* (*Weg*) praticable ; (*Fluss, Kanal*) franchissable
passieren *vt* passer ▶ *vi* (*geschehen*) se passer, arriver
Passierschein *m* laissez-passer *m inv*
Passion *f* passion *f* ; (*Rel*) Passion *f*
passioniert *adj* passionné(e)
Passionsspiel *nt* mystère *m* de la Passion
passiv *adj* passif(-ive) • **Passiv** (**-s, -e**) *nt* passif *m*
Passiva *pl* passif *msg*
Passivität *f* passivité *f*
Passkontrolle *f* contrôle *m* des passeports
Passstraße *f route passant par un col*
Passwort *nt* (*Inform*) mot *m* de passe
Passwortschutz *m* accès *m* codé
Paste *f* pâte *f*
Pastell (**-(e)s, -e**) *nt* (*Bild*) pastel *m*
Pastete *f* (*Leberpastete etc*) pâté *m* ; (*Pastetchen*) vol-au-vent *m*
pasteurisieren *vt* pasteuriser
Pastor(in) *m(f)* pasteur *m*
Pate (**-n, -n**) *m* parrain *m*
Patenkind *nt* filleul(e) *m/f*
patent *adj* (*Mensch*) super
Patent (**-(e)s, -e**) *nt* brevet *m*
• **Patentamt** *nt* ≈ Institut *m* national de la propriété industrielle
patentieren *vt* (*Erfindung*) breveter
Patentinhaber *m* détenteur(-trice) *m,f* d'un brevet
Patentschutz *m* droit *m* d'exploitation exclusif
Pater (**-s** *od* **Patres**) *m* père *m*
pathetisch *adj* pathétique
Pathologe (**-n, -n**) *m*, **Pathologin** *f* pathologiste *mf*
pathologisch *adj* pathologique
Pathos (**-**) *nt* pathétique *m*
Patient(in) *m(f)* patient(e)
Patin *f* marraine *f*
Patina (**-**) *f* patine *f*
Patriarch (**-en, -en**) *m* patriarche *m*
patriarchalisch *adj* patriarcal(e)
Patriot(in) (**-en, -en**) *m(f)* patriote *mf*
patriotisch *adj* patriotique
Patriotismus *m* patriotisme *m*
Patron(in) (**-s, -e**) *m(f)* (*Rel*) saint(e) patron(ne)
Patrone *f* cartouche *f*
Patrouille *f* patrouille *f*
patrouillieren *vi* patrouiller
Patsche (*fam*) *f* (*Notlage*) pétrin *m*
patschen *vi* (*im Wasser*) patauger
patschnass (*fam*) *adj* trempé(e)
patzig (*fam*) *adj* insolent(e)
Pauke *f* timbale *f* ; **auf die ~ hauen** (*fam*) faire la bringue
pauken *vt, vi* bûcher
Pauker (**-s, -**) (*fam*) *m* prof *mf*
pausbäckig *adj* joufflu(e)
pauschal *adj* forfaitaire ; (*fig: Urteil*) hâtif(e)
Pauschale *f* (*Einheitspreis*) forfait *m*
Pauschalreise *f* voyage *m* organisé
Pauschalsumme *f* forfait *m*
Pause *f* pause *f* ; (*Scol*) récréation *f*
pausen *vt* décalquer
pausenlos *adj* ininterrompu(e)
Pausenzeichen *nt* (*Radio*) indicatif *m*
Pauspapier *nt* papier-calque *m*
Pavian (**-s, -e**) *m* babouin *m*
Pay-TV (**-s, -s**) *nt* télévision *f* payante
Pazifik (**-s**) *m* Pacifique *m*
Pazifist(in) *m(f)* pacifiste *mf*
pazifistisch *adj* pacifiste
PC *abk* = **Personal Computer**
PDA (**-**) *f abk* (*Med:* = *Periduralanästhesie*) (anesthésie *f*) péridurale *f*
Pech (**-s, -e**) *nt* poix *f* ; (*fig*) malchance *f* ; **~ haben** ne pas avoir de chance • **pechschwarz** *adj* (*Haar*) noir(e) comme jais ; (*Nacht*) noir(e) • **Pechsträhne** (*fam*) *f* série *f* noire • **Pechvogel** (*fam*) *m*: **er ist ein ~** il n'a vraiment pas de chance
Pedal (**-s, -e**) *nt* pédale *f*
Pedant *m* personne *f* pointilleuse
Pedanterie *f* minutie *f* excessive
pedantisch *adj* (*Mensch*) pointilleux(-euse) ; (*Arbeit*) minutieux(-euse)
Peddigrohr *nt* rotin *m*
Pegel (**-s, -**) *m* indicateur *m* de niveau
• **Pegelstand** *m* niveau *m* de l'eau
peilen *vt* sonder ; **die Lage ~** sonder le terrain
Pein (**-**) *f* tourments *mpl*
peinigen *vt* tourmenter
peinlich *adj* (*unangenehm*) gênant(e) ▶ *adv*: **~ genau** avec une précision méticuleuse
Peitsche *f* fouet *m*
peitschen *vt, vi* fouetter
Peking (**-s**) *nt* Pékin
Pelikan (**-s, -e**) *m* pélican *m*
Pelle *f* (*von Wurst, Kartoffel*) peau *f*
pellen *vt* (*Wurst*) peler ; (*Kartoffel*) éplucher
Pellkartoffeln *pl* pommes *fpl* de terre en robe des champs
Pelz (**-es, -e**) *m* fourrure *f*

Pendel (**-s, -**) *nt* pendule *m*
pendeln *vi* faire la navette
Pendelverkehr *m* (*von Bus etc*) navette *f*
Pendler(in) (**-s, -**) *m(f)* banlieusard(e) (*qui se rend à son travail par les transports en commun*)
penetrant *adj* (*Geruch*) fort(e) ; (*péj: Person*) envahissant(e)
Penis (**-, -se** *od* **Penes**) *m* pénis *m*
pennen (*fam*) *vi* (*schlafen*) pioncer
Penner (*fam*) *m* (*Landstreicher*) clochard *m* ; (*verschlafener Mensch*) endormi *m*
Pension *f* pension *f* ; (*Ruhestand*) retraite *f*
Pensionär(in) *m(f)* (fonctionnaire *mf*) retraité(e)
pensionieren *vt* mettre à la retraite
pensioniert *adj* retraité(e)
Pensionierung *f* départ *m* à la retraite
Pensionsgast *m* pensionnaire *m*
Pensum (**-s, Pensen**) *nt* tâche *f* ; (*Scol*) programme *m*
per *präp +Akk* par ; (*bis*) d'ici à
perfekt *adj* parfait(e)
Perfekt (**-(e)s, -e**) *nt* passé *m* composé
Perfektionismus *m* perfectionnisme *m*
perforieren *vt* perforer
Pergament *nt* parchemin *m* • **Pergamentpapier** *nt* papier *m* surfurisé
Periode *f* période *f* ; (*Méd*) règles *fpl*
periodisch *adj* périodique
Peripherie *f* périphérie *f* • **Peripheriegerät** *nt* (*Inform*) périphérique *m*
Perle *f* perle *f*
perlen *vi* (*Sekt, Wein*) pétiller ; (*Schweiß*) perler
Perlmutt (**-s**) *nt* nacre *f*
perplex *adj* perplexe
Persianer (**-s, -**) *m* astrakan *m*
Persien (**-s**) *nt* la Perse
persisch *adj* persan(e)
Person (**-, -en**) *f* personne *f* ; **ich für meine ~** quant à moi
Personal (**-s**) *nt* personnel *m* • **Personalabteilung** *f* service *m* du personnel • **Personalausweis** *m* carte *f* d'identité • **Personal Computer** *m* P.C. *m*
Personalien *pl*: **die ~ feststellen** faire un contrôle d'identité
Personalpronomen *nt* pronom *m* personnel
Personenaufzug *m* ascenseur *m*
Personenkraftwagen *m* voiture *f* de tourisme
Personenkreis *m* groupe *m* de personnes
Personenschaden *m* victime(s) *f(pl)*
Personenwaage *f* pèse-personne *m*
Personenzug *m* train *m* de voyageurs
personifizieren *vt* personnifier
persönlich *adj* personnel(le) ▶ *adv* (*erscheinen*) en personne ; **jdn ~ angreifen** attaquer qn sur le plan personnel • **Persönlichkeit** *f* personnalité *f*
Perspektive *f* perspective *f*
Peru (**-s**) *nt* le Pérou
Peruaner(in) (**-s, -**) *m(f)* Péruvien(ne)
peruanisch *adj* péruvien(ne)
Perücke *f* perruque *f*
pervers *adj* pervers(e) • **Perversität** *f* perversité *f*
Pessimismus *m* pessimisme *m*
Pessimist(in) *m(f)* pessimiste *mf*
pessimistisch *adj* pessimiste
Pest (**-**) *f* peste *f*
Pestizid (**-s, -e**) *nt* pesticide *m*
Petersilie *f* persil *m*
Petrodollar *m* pétrodollar *m*
Petroleum (**-s**) *nt* pétrole *m*
petzen *vi* rapporter
Pfad (**-(e)s, -e**) *m* sentier *m*, chemin *m* • **Pfadfinder(in)** *m(f)* scout *m*, guide *f*
Pfahl (**-(e)s, ¨-e**) *m* poteau *m* • **Pfahlbau** *m* bâtiment *m* sur pilotis
Pfalz (**-**) *f* Palatinat *m*
Pfand (**-(e)s, ¨-er**) *nt* gage *m* ; (*Flaschenpfand*) consigne *f* • **Pfandbrief** *m* (*Fin*) obligation *f*
pfänden *vt* hypothéquer ; (*Mensch*) saisir les biens de
Pfänderspiel *nt jeu de société avec des gages*
Pfandleiher (**-s, -**) *m* prêteur *m* sur gages
Pfandschein *m* reconnaissance *f* (*de dépôt de gage*)
Pfändung *f* saisie *f*
Pfanne *f* poêle *f*
Pfannkuchen *m* crêpe *f* ; (*Berliner*) beignet *m*
Pfarrei *f* paroisse *f*
Pfarrer (**-s, -**) *m* curé *m* ; (*evangelisch, von Freikirchen*) pasteur *m*
Pfarrhaus *nt* presbytère *m*
Pfau (**-(e)s, -en**) *m* paon *m*
Pfauenauge *nt* paon-de-jour *m*, paon-de-nuit *m*
Pfeffer (**-s, -**) *m* poivre *m* • **Pfefferkorn** *nt* grain *m* de poivre • **Pfefferkuchen** *m* pain *m* d'épice • **Pfefferminz** (**-es, -e**) *nt* bonbon *m* à la menthe • **Pfefferminze** *f* menthe *f* • **Pfeffermühle** *f* moulin *m* à poivre
pfeffern *vt* poivrer ; (*fam: werfen*) balancer ; **gepfefferte Preise** des prix exorbitants

Pfeife *f (Tabakpfeife)* pipe *f* ; *(von Schiedsrichter etc)* sifflet *m* ; *(Orgelpfeife)* tuyau *m*
pfeifen *vt, vi* siffler
Pfeil (**-(e)s, -e**) *m* flèche *f*
Pfeiler (**-s, -**) *m* pilier *m* ; *(Brückenpfeiler)* pile *f*
Pfennig (**-(e)s, -e**) *m (Hist)* pfennig *m*
Pferd (**-(e)s, -e**) *nt* cheval *m*
Pferderennen *nt* courses *fpl* de chevaux
Pferdeschwanz *m* queue *f* de cheval
Pferdestall *m* écurie *f*
pfiff *etc vb siehe* **pfeifen**
Pfiff (**-(e)s, -e**) *m* coup *m* de sifflet ; *(besonderer Reiz)* touche *f* (originale)
Pfifferling *m* chanterelle *f*
pfiffig *adj* futé(e)
Pfingsten (**-, -**) *nt* Pentecôte *f*
Pfingstrose *f* pivoine *f*
Pfirsich (**-s, -e**) *m* pêche *f*
Pflanze *f* plante *f*
pflanzen *vt* planter
Pflanzenfett *nt* graisse *f* végétale
pflanzlich *adj* végétal(e)
Pflanzung *f* plantation *f*
Pflaster (**-s, -**) *nt* pansement *m* ; *(von Straße)* chaussée *f* • **pflastermüde** *(fam) adj* fatigué(e) (d'avoir trop marché)
pflastern *vt* paver
Pflasterstein *m* pavé *m*
Pflaume *f* prune *f*
Pflege *f (von Mensch, Tier)* soins *mpl* ; *(von Maschine)* entretien *m* ; **in ~ sein** *(Kind)* être chez des parents nourriciers • **pflegebedürftig** *adj* qui a besoin de soins • **Pflegeeltern** *pl* parents *mpl* nourriciers • **Pflegekind** *nt enfant placé dans une famille d'accueil ou chez des parents nourriciers* • **pflegeleicht** *adj* d'entretien facile • **Pflegemutter** *f* mère *f* nourricière
pflegen *vt* soigner ; *(Kleidung, Auto, Beziehungen)* entretenir ▸ *vi (gewöhnlich tun)*: **ich pflege mittags ein Stündchen zu schlafen** j'ai l'habitude de faire une sieste d'une petite heure l'après-midi
Pfleger (**-s, -**) *m*, **Pflegerin** *f* aide-soignant(e) *m/f*
Pflegevater *m* père *m* nourricier
Pflegeversicherung *f* assurance *f* dépendance
Pflicht (**-, -en**) *f* devoir *m* ; *(Sport)* figures *fpl* imposées • **pflichtbewusst** *adj* consciencieux(-euse) • **Pflichtfach** *nt* matière *f* obligatoire • **Pflichtgefühl** *nt* sens *m* du devoir • **pflichtgemäß** *adj* consciencieux(-euse) ▸ *adv* consciencieusement • **pflichtvergessen** *adj* oublieux(-euse) de ses devoirs • **Pflichtversicherung** *f* assurance *f* obligatoire
Pflock (**-(e)s, ¨-e**) *m* pieu *m*
pflücken *vt* cueillir
Pflug (**-(e)s, ¨-e**) *m* charrue *f*
pflügen *vt (Feld)* labourer
Pforte *f* porte *f*
Pförtner(in) (**-s, -**) *m(f)* concierge *mf*, portier(ière)
Pfosten (**-s, -**) *m (senkrechter Balken)* montant(ière)
Pfote *f* patte *f*
Pfropf (**-(e)s, -e**) *m (in Rohr)* bouchon *m (accidentel)* ; *(Blutpfropf)* caillot *m* (de sang)
pfropfen *vt (stopfen)* boucher ; *(Baum)* greffer
Pfropfen (**-s, -**) *m* = **Propf**
pfui *interj* pouah
Pfund (**-(e)s, -e**) *nt* livre *f*
pfuschen *(fam) vi (liederlich arbeiten)* faire du travail bâclé ; **jdm in etw** *Akk* **~** se mêler des affaires de qn
Pfuscher(in) (**-s, -**) *(fam: péj) m(f)* bousilleur(-euse) ; *(Kurpfuscher)* charlatan *m*
Pfuscherei *(fam) f* travail *m* bâclé
Pfütze *f* flaque *f* (d'eau)
Phänomen (**-s, -e**) *nt* phénomène *m*
phänomenal *adj (Erfindung)* génial(e) ; *(Gedächtnis)* phénoménal(e)
Phantasie *etc f* = **Fantasie** *etc*
Phantombild *nt* portrait-robot *m*
Pharmaindustrie *f* industrie *f* pharmaceutique
Pharmazeut(in) (**-en, -en**) *m(f)* pharmacien(ne)
Phase *f* phase *f*
Philanthrop (**-en, -en**) *m* philanthrope *m*
philanthropisch *adj* philanthropique
Philippinen *pl* Philippines *fpl*
philippinisch *adj* philippin(e)
Philologe (**-n, -n**) *m* philologue *m*
Philologie *f* philologie *f*
Philosoph(in) (**-en, -en**) *m(f)* philosophe *mf*
Philosophie *f* philosophie *f*
philosophisch *adj* philosophique ; *(besinnlich)* contemplatif(-ive)
Phishing *nt* hameçonnage *m*
Phlegma (**-s**) *nt* apathie *f*
phlegmatisch *adj* apathique
Phonetik *f* phonétique *f*
phonetisch *adj* phonétique
Phosphat *nt* phosphate *m*
phosphatfrei *adj* sans phosphate(s)
Phosphor (**-s**) *m* phosphore *m*

P

Photo *nt* = **Foto**
pH-Wert *m* pH *m*
Physalis (**-, -**) *f* physalis *m*, amour *m* en cage
Physik *f* physique *f*
physikalisch *adj* physique
Physiker(in) (**-s, -**) *m(f)* physicien(ne)
Physiologe (**-n, -n**) *m* physiologiste *m*
Physiologie *f* physiologie *f*
Physiologin *f* physiologiste *f*
physisch *adj* physique
Pianist(in) *m(f)* pianiste *mf*
picheln (*fam*) *vi* picoler
Pickel (**-s, -**) *m* (*auf der Haut*) bouton *m* ; (*Werkzeug*) pioche *f* ; (*Eispickel*) piolet *m*
pickelig *adj* boutonneux(-euse)
picken *vt, vi* picorer
Picknick (**-s, -e** *od* **-s**) *nt* pique-nique *m* ; **~ machen** pique-niquer
piepen *vi* (*Vogel*) piailler
piesacken (*fam*) *vt* tourmenter
Pietät *f* respect *m*
pietätlos *adj* irrévérencieux(-euse)
Pigment *nt* pigment *m*
Pik[1] (**-s, -s**) *nt* (*Cartes*) pique *m*
Pik[2] (**-s, -e** *od* **-s**) *m*: **einen ~ auf jdn haben** (*fam*) avoir une dent contre qn
pikant *adj* (*Speise*) épicé(e), relevé(e) ; (*Geschichte*) piquant(e)
pikiert *adj* froissé(e)
Piktogramm *nt* pictogramme *m*
Pilger(in) (**-s, -**) *m(f)* pèlerin(e)
 • **Pilgerfahrt** *f* pèlerinage *m*
Pille *f* pilule *f*
Pilot(in) (**-en, -en**) *m(f)* pilote *m*
Pils (**-, -**) *nt bière blonde à fort goût de houblon*
Pilz (**-es, -e**) *m* champignon *m*
 • **Pilzkrankheit** *f* mycose *f*
Pimmel (**-s, -**) (*fam*) *m* queue *f*
PIN (**-, -s**) *f abk* (= *personal identification number*) code *m* confidentiel
pingelig (*fam*) *adj* pinailleur(-euse)
Pinguin (**-s, -e**) *m* pingouin *m*
Pinie *f* pin *m*
pink *adj* rose bonbon
pinkeln (*fam*) *vi* pisser
Pinnwand *f* panneau *m* d'affichage
Pinsel (**-s, -**) *m* pinceau *m*
Pinzette *f* pincettes *fpl*
Pionier (**-s, -e**) *m* pionnier *m*
Pirat (**-en, -en**) *m* pirate *m*
Piratensender *m* émetteur *m* pirate
Pirsch (**-**) *f* traque *f*
Piste *f* piste *f*
Pistole *f* pistolet *m*
Pixel (**-s, -s**) *nt* (*Inform*) pixel *m*
Pizza (**-, -s**) *f* pizza *f*
Pkw (**-(s), -(s)**) *m abk* (= *Personenkraftwagen*) voiture *f* de tourisme
Plackerei (*fam*) *f* boulot *m* épuisant
plädieren *vi* plaider
Plädoyer (**-s, -s**) *nt* plaidoyer *m*
Plage *f* fléau *m* ; (*Mühe*) soucis *mpl*
 • **Plagegeist** *m* plaie *f*
plagen *vt* tourmenter ▸ *vr* peiner, trimer
Plakat *nt* affiche *f*
Plakette *f* badge *m* ; (*an Wänden*) plaque *f*
Plan (**-(e)s, ¨-e**) *m* plan *m*
Plane *f* bâche *f*
planen *vt* (*Haus*) concevoir ; (*Entwicklung*) planifier ; (*Mord*) préméditer
Planer(in) (**-s, -**) *m(f)* urbaniste *mf*
Planet (**-en, -en**) *m* planète *f*
Planetenbahn *f* orbite *f* (planétaire)
planieren *vt* aplanir, niveler
Planierraupe *f* bulldozer *m*
Planke *f* (*Brett*) poutre *f*
Plankton (**-s**) *nt* plancton *m*
planlos *adj, adv* sans méthode, sans but
planmäßig *adj* (*nach Fahrplan od Flugplan*) à l'heure ▸ *adv* à l'heure
Planschbecken *nt* pataugeoire *f*
planschen *vi* barboter
Plansoll *nt* objectif *m* de production
Planstelle *f poste prévu au budget*
Plantage *f* plantation *f*
Plantschbecken *nt* = **Planschbecken**
plantschen *vi* = **planschen**
Planung *f* planification *f*
Planwagen *m* chariot *m* bâché
Planwirtschaft *f* économie *f* planifiée
plappern *vi* jacasser
plärren *vi* (*Mensch*) brailler ; (*Radio*) beugler
Plasma (**-s, Plasmen**) *nt* (*Méd*) plasma *m* (sanguin)
Plastik[1] *f* (*Art*) sculpture *f*
Plastik[2] (**-s**) *nt* (*Kunststoff*) plastique *m*
 • **Plastikbeutel** *m* sac *m* en plastique
 • **Plastikfolie** *f* film *m* plastique
 • **Plastiktüte** *f* sac *m* en plastique
Plastilin (**-s**) *nt* pâte *f* à modeler
plastisch *adj* plastique, malléable ; **stell dir das ~ vor!** imagine la scène !
Platane *f* platane *m*
Platin (**-s**) *nt* platine *m*
platonisch *adj* (*Liebe*) platonique ; (*von Plato*) platonicien(ne)
platsch *interj* flac
platschen *vi* (*Regen etc*) tambouriner ; (*fallen*) tomber (bruyamment)
plätschern *vi* (*Wasser*) clapoter
platschnass *adj* trempé(e)
platt *adj* plat(e) ; (*Reifen*) à plat ; **~ sein** (*fam: völlig überrascht*) être ébahi(e)
 • **plattdeutsch** *adj* en bas allemand
Platte *f* plaque *f* ; (*Schallplatte*) disque *m* ; (*Steinplatte*) bloc *m* ; (*Servierteller*) plat *m*

plätten *vt, vi* repasser
Plattenspieler *m* tourne-disque *m*
Plattenteller *m* platine *f*
Plattfuß *m* pied *m* plat ; (*Reifenpanne*) crevaison *f*
Plattitüde *f* platitude *f*
Platz (**-es, ¨-e**) *m* place *f* ; (*Sportplatz*) terrain *m* ; **jdm ~ machen** faire de la place à qn ; **~ nehmen** prendre place • **Platzangst** *f* agoraphobie *f* ; (*fam*) claustrophobie *f* • **Platzanweiser(in)** (**-s, -**) *m(f)* placeur *m*, ouvreuse *f*
Plätzchen *nt* (*Gebäck*) biscuit *m*
platzen *vi* éclater ; (*aufplatzen*) craquer ; **vor Wut ~** (*fam*) être furax
platzieren *vt* placer ▶ *vr* (*Sport*) se placer ; (: *Tennis*) se placer en tête de série
Platzkarte *f* réservation *f*
Platzmangel *m* manque *m* de place
Platzpatrone *f* cartouche *f* à blanc
Platzregen *m* averse *f*
Platzwunde *f* plaie *f* béante
Plauderei *f* bavardage *m*
plaudern *vi* bavarder
plausibel *adj* plausible
Play-back, Playback (**-s, -s**) *nt* play-back *m inv*
Playboy *m* play-boy *m*
plazieren *vt, vr* = **platzieren**
pleite *adj* : **~ sein** (*Firma*) avoir fait faillite ; (*Person*) être fauché(e) • **Pleite** *f* faillite *f* ; (*Reinfall*) bide *m*
Plenum (**-s, Plenen**) *nt* assemblée *f* plénière
Pleuelstange *f* bielle *f*
Plissee (**-s, -s**) *nt* plissé *m*
Plombe *f* plomb *m* ; (*Zahnplombe*) plombage *m*
plombieren *vt* plomber
Plotter (**-s -s**) *m* traceur *m* de courbes
plötzlich *adj* soudain(e) ▶ *adv* soudain
plump *adj* (*Mensch*) lourdaud(e) ; (*Hände, Körper*) épais(se), lourd(e) ; (*Bewegung*) gauche
plumpsen (*fam*) *vi* tomber (comme une masse)
Plunder (**-s**) (*fam*) *m* camelotte *f*
plündern *vt, vi* piller
Plünderung *f* pillage *m*
Plural (**-s, -e**) *m* pluriel *m*
pluralistisch *adj* pluraliste
plus *konj, präp +Gen, adv* plus • **Plus** (**-, -**) *nt* excédent *m* ; (: *Gewinn*) bénéfice *m* ; (*Vorteil*) avantage *m*
Plüsch (**-(e)s, -e**) *m* peluche *f* • **Plüschtier** *nt* (animal *m* en) peluche *f*
Pluspol *m* pôle *m* positif
Pluspunkt (*fig*) *m* avantage *m*
Plusquamperfekt *nt* plus-que-parfait *m*
Plutonium *nt* plutonium *m*
PLZ *f abk* (= *Postleitzahl*) code *m* postal
Po (**-s, -s**) (*fam*) *m* postérieur *m*
Pöbel (**-s**) *m* populace *f*
Pöbelei *f* grossièreté *f*
pöbelhaft *adj* vulgaire
pochen *vi* frapper ; (*Herz*) battre ; **auf etw** *Akk* **~** (*fig*) insister sur qch
Pocken *pl* (*Méd*) variole *fsg*
Podcast (**-s, -s**) *m* podcast *m*
Podium *nt* estrade *f*
Podiumsdiskussion *f* débat *m* public
Poesie *f* poésie *f*
Poet (**-en, -en**) *m* poète *m* • **poetisch** *adj* poétique
Pointe *f* chute *f*
Pokal (**-s, -e**) *m* coupe *f* • **Pokalspiel** *nt* match *m* de coupe
Pökelfleisch *nt* viande *f* salée (*par salaison*)
pökeln *vt* saler (*pour conserver*)
Pol (**-s, -e**) *m* pôle *m*
polar *adj* polaire
Polarkreis *m* cercle *m* polaire
Pole (**-n, -n**) *m* Polonais *m*
Polemik *f* polémique *f*
polemisch *adj* polémique
polemisieren *vi* polémiquer
Polen (**-s**) *nt* la Pologne
Police *f* police *f* (d'assurance)
Polier (**-s, -e**) *m* chef *m* d'équipe
polieren *vt* (*Boden, Möbel*) cirer ; (*Silber*) astiquer
Poliklinik *f* policlinique *f*
Polin *f* Polonaise *f*
Politik *f* politique *f*
Politiker(in) (**-s, -**) *m(f)* homme *m*/femme *f* politique
politisch *adj* politique
politisieren *vi* faire de la politique ▶ *vt* politiser
Politur *f* (*Mittel*) encaustique *f*
Polizei *f* police *f* • **Polizeibeamte(r)** *m* agent *m* de police • **polizeilich** *adj* policier(-ière) ; (*Anordnung*) de police ; **~es Kennzeichen** plaque *f* minéralogique • **Polizeirevier** *nt* secteur *m* ; (*Polizeiwache*) commissariat *m* • **Polizeistaat** *m* État *m* policier • **Polizeistunde** *f heure de fermeture légale des cafés etc* • **polizeiwidrig** *adj* illégal(e)
Polizist(in) *m(f)* agent *m* de police
Pollen (**-s, -**) *m* pollen *m*
polnisch *adj* polonais(e)
Polohemd *nt* polo *m*
Polster (**-s, -**) *nt* (*Polsterung*) rembourrage *m* ; (*in Kleidung*) épaulette *f* ; (*fig: Geld*)

matelas *m* financier • **Polsterer** (**-s, -**) *m* tapissier *m* • **Polstermöbel** *pl* meubles *mpl* rembourrés
polstern *vt* rembourrer
Polsterung *f* rembourrage *m*
Polterabend *m fête, la veille d'un mariage, où l'on casse de la vaisselle pour porter bonheur aux mariés*
poltern *vi* (*Krach machen*) faire du vacarme ; (*schimpfen*) gronder
Polygamie *f* polygamie *f*
Polynesien (**-s**) *nt* la Polynésie
Polyp (**-en, -en**) *m* (*Zool*) polype *m* ; (*fam: Polizist*) flic *m* ; **Polypen** *pl* végétations *fpl*
Pomade *f* brillantine *f*
Pommern (**-s**) *nt* la Poméranie
Pommes frites *pl* frites *fpl*
Pomp (**-(e)s**) *m* faste *m*
pompös *adj* somptueux(-euse)
Pony (**-s, -s**) *nt* (*Zool*) poney *m* ► *m* (*Frisur*) frange *f*
Ponyhof *m*: **das Leben ist kein ~** on n'est pas au pays des Bisounours
Popcorn (**-s**) *nt* pop-corn *m*
Popmusik *f* musique *f* pop
Popo (**-s, -s**) (*fam*) *m* postérieur *m*
poppig *adj* (*Farbe*) criard(e)
populär *adj* (*Mensch, Lied*) populaire ; (*Ort*) en vogue ; (*Methode*) à la portée de tous
Popularität *f* popularité *f*
populärwissenschaftlich *adj* de vulgarisation
Pore *f* pore *m*
Pornografie *f* pornographie *f*
porös *adj* poreux(-euse)
Porree (**-s, -s**) *m* poireau *m*
Portal (**-s, -e**) *nt* portail *m*
Portemonnaie (**-s, -s**) *nt* porte-monnaie *m*
Portier (**-s, -s**) *m* portier *m*
Portion *f* portion *f* ; (*fig: Menge*) dose *f*
Porto (**-s, -s** *od* **Porti**) *nt* port *m*, affranchissement *m* • **portofrei** *adj* franco *inv* de port
Porträt (**-s, -s**) *nt* portrait *m*
porträtieren *vt* faire le portrait de
Portugal (**-s**) *nt* le Portugal
Portugiese (**-n, -n**) *m*, **Portugiesin** *f* Portugais(e) *m/f*
portugiesisch *adj* portugais(e)
Porzellan (**-s, -e**) *nt* porcelaine *f*
Posaune *f* trombone *m*
Pose *f* pose *f*
posieren *vi* poser (pour la galerie)
Position *f* position *f* ; (*beruflich*) situation *f* ; (*auf Liste*) poste *m*
positionieren *vt* (*Inform*) positionner
Positionierung *f* (*Inform*) positionnement *m*
Positionslichter *pl* feux *mpl* de position
positiv *adj* positif(-ive) • **Positiv** (**-s, -e**) *nt* (*Photo*) épreuve *f* positive
Positur *f* pose *f* ; **sich in ~ setzen** *od* **stellen** prendre une attitude étudiée, poser pour la galerie
possessiv *adj* possessif(-ive)
possierlich *adj* comique
Post (**-, -en**) *f* poste *f* ; (*Briefe*) courrier *m* • **Postamt** *nt* bureau *m* de poste • **Postanweisung** *f* mandat *m* postal, mandat-poste *m* • **Postbote** *m*, **Postbotin** *f* facteur(-trice) *m/f*
Postausgang *m* boîte *f* d'envoi
Posteingang *m* boîte *f* de réception
posten *vt* poster (*sur Internet*)
Posten (**-s, -**) *m* poste *m* ; (*Warenmenge*) lot *m* ; (*auf Liste*) article *m* ; (*Mil*) sentinelle *f*
Poster (**-s, -(s)**) *nt* poster *m*
Postf. *abk* (= *Postfach*) B.P.
Postfach *nt* boîte *f* postale
Postkarte *f* carte *f* postale
postlagernd *adj* en poste restante
Postleitzahl *f* code *m* postal
postmodern *adj* postmoderne
Postscheckkonto *nt* compte *m* chèque postal
Postsparkasse *f* Caisse *f* nationale d'épargne
Poststempel *m* cachet *m* de la poste
Postwachstum *nt* décroissance *f*
postwendend *adv* par retour de courrier
potent *adj* viril(e)
Potenz *f* (*Math*) puissance *f* ; (*eines Mannes*) virilité *f*
Potenzial (**-s, -e**) *nt* potentiel *m*
potenziell *adj* potentiel(le), possible
PR *abk* (= *Public Relations*) relations *fpl* publiques
Pracht (**-**) *f* splendeur *f*
prächtig *adj* magnifique, superbe
Prachtstück *nt* merveille *f*
prachtvoll *adj* magnifique
Prädikat *nt* (*Bewertung*) mention *f* ; (*Ling*) prédicat *m* ; **Wein mit ~** vin *m* de qualité
Präfix (**-es, -e**) *nt* préfixe *m*
Prag (**-s**) *nt* Prague
prägen *vt* (*Münze*) frapper ; (*Ausdruck*) créer ; (*Charakter*) forger
prägnant *adj* concis(e)
Prägnanz *f* concision *f*
Prägung *f* (*von od auf Münzen*) frappe *f* ; (*des Charakters*) formation *f* ; (*auf Leder*) empreinte *f* (gaufrée) ; (*Eigenart*) caractère *m*
prahlen *vi* se vanter
Prahlerei *f* vantardise *f*
prahlerisch *adj* fanfaron(ne)

Praktik *f* pratique *f*
praktikabel *adj* réaliste
Praktikant(in) *m(f)* stagiaire *mf*
Praktikum (**-s, Praktika** *od* **Praktiken**) *nt* stage *m*
praktisch *adj* pratique ; **~er Arzt** généraliste *mf*
praktizieren *vt* (*Methode, Idee*) mettre en pratique ▸ *vi* exercer
Praline *f* chocolat *m*
prall *adj* (*Sack*) rebondi(e) ; (*Ball*) bien gonflé(e) ; (*Segel*) tendu(e) ; (*Arme*) dodu(e) ; **in der ~en Sonne** en plein soleil
prallen *vi*: **~ gegen** *od* **auf** *+Akk* heurter
Prämie *f* prime *f*
prämieren *vt* (*belohnen*) primer ; (*auszeichnen*) donner un prix à
Pranger (**-s, -**) *m* pilori *m*
Pranke *f* patte *f*
Präparat *nt* préparation *f*
Präposition *f* préposition *f*
Präsens (**-**) *nt* présent *m*
präsentieren *vt* présenter
Präservativ *nt* préservatif *m*
Präsident(in) *m(f)* président(e) • **Präsidentschaft** *f* présidence *f* • **Präsidentschaftskandidat** *m* candidat *m* à la présidence
Präsidium *nt* (*Vorsitz*) présidence *f* ; (*Polizeipräsidium*) ≈ préfecture *f* de police
prasseln *vi* (*Feuer*) crépiter ; (*Regen, Hagel*) tambouriner
prassen *vi* festoyer
Pratze *f* patte *f*
Praxis (**-, Praxen**) *f* pratique *f* ; (*von Arzt*) cabinet *m* ; (*von Anwalt*) étude *f*
Präzedenzfall *m* précédent *m*
präzis *adj* précis(e)
Präzision *f* précision *f*
predigen *vt, vi* prêcher
Prediger (**-s, -**) *m* prédicateur *m*
Predigt (**-, -en**) *f* sermon *m*
Preis (**-es, -e**) *m* prix *m* ; **um keinen/jeden ~** à aucun/tout prix • **Preisausschreiben** *nt* concours *m*
Preiselbeere *f* airelle *f*
preisen *irr vt* louer
preis|geben *irr vt* (*aufgeben*) abandonner ; (*ausliefern*) livrer ; (*verraten*) révéler
preisgekrönt *adj* couronné(e)
Preisgericht *nt* jury *m*
preisgünstig *adj* avantageux(-euse)
Preislage *f* gamme *f* de prix
preislich *adj* (*Lage*) des prix ; (*Unterschied*) de prix
Preisrichter *m* membre *m* du jury
Preisschild *nt* étiquette *f*
Preissturz *m* chute *f* des prix
Preisträger(in) *m(f)* lauréat(e)
preiswert *adj* avantageux(-euse)
prekär *adj* précaire
Prellbock *m* (*Rail*) butoir *m* ; **als ~ dienen** (*fam*) servir de tampon
prellen *vt* (*stoßen*) heurter ; (*betrügen*) escroquer
Prellung *f* contusion *f*
Premiere *f* première *f*
Premierminister(in) *m(f)* Premier ministre *m*
Prequel *nt* préquel *m*, préquelle *f*
Presse *f* (*für Obst*) presse-citron *m* ; (*kein pl: Zeitungen etc*) presse *f* • **Pressefreiheit** *f* liberté *f* de la presse • **Pressekonferenz** *f* conférence *f* de presse • **Pressemeldung** *f* communiqué *m* de presse
pressen *vt* presser
Pressluft *f* air *m* comprimé • **Pressluftbohrer** *m* marteau-piqueur *m*
Prestige (**-s**) *nt* prestige *m*
Preußen (**-s**) *nt* la Prusse
preußisch *adj* prussien(ne)
prickeln *vi* (*Haut*) démanger ; (*Sekt*) pétiller
pries *etc vb siehe* **preisen**
Priester(in) (**-s, -**) *m(f)* prêtre(-esse)
prima *adj inv* de première qualité ; (*fam*) super
primär *adj* (*wesentlich*) primordial(e) ; (*: ursprünglich*) initial(e) ; (*: Ursache*) principal(e)
Primel (**-, -n**) *f* primevère *f*
primitiv *adj* primitif(-ive)
Prinz (**-en, -en**) *m* prince *m*
Prinzessin *f* princesse *f*
Prinzip (**-s, -ien**) *nt* principe *m*
prinzipiell *adj* de principe ▸ *adv* par principe
prinzipienlos *adj* sans principes
Priorität *f* priorité *f* ; **~en setzen** fixer des priorités
Prise *f* pincée *f*
Prisma (**-s, Prismen**) *nt* prisme *m*
privat *adj* privé(e)
Privatpatient(in) *m(f)* patient(e) du secteur privé
Privatschule *f* école *f* privée *od* libre
Privatsender *m* chaîne *f* privée
Privileg (**-(e)s, -ien**) *nt* privilège *m*
pro *präp +Akk* par
Pro (**-s**) *nt* pour *m*
Probe *f* essai *m* ; (*Teststück*) échantillon *m* ; (*Théât*) répétition *f* ; **jdn auf die ~ stellen** mettre qn à l'épreuve • **Probeexemplar** *nt* échantillon *m* • **Probefahrt** *f* essai *m* sur route
proben *vt* répéter
probeweise *adv* à l'essai

P

Probezeit *f* période *f* d'essai
probieren *vt, vi* essayer ; (*Wein, Speise*) goûter
Problem (**-s, -e**) *nt* problème *m*
Problematik *f* problématique *f*
problematisch *adj* problématique
problemlos *adj, adv* sans problèmes
Produkt (**-(e)s, -e**) *nt* produit *m*
Produktion *f* production *f*
produktiv *adj* productif(-ive)
Produktivität *f* productivité *f*
Produzent(in) *m(f)* producteur(-trice)
produzieren *vt* produire
professionell *adj* professionnel(le)
Professor(in) *m(f)* professeur *mf*
Professur *f*: **~ (für)** chaire *f* (de)
Profi (**-s, -s**) *m* pro *mf*
Profil (**-s, -e**) *nt* (*Seitenansicht*) profil *m* ; (*fig*) personnalité *f* ; (*von Reifen*) (dessin *m* de la) bande *f* de roulement
profilieren *vr* se distinguer
Profit (**-(e)s, -e**) *m* profit *m*
profitieren *vi*: **von etw ~** profiter de qch
Prognose (**-, -n**) *f* pronostic *m*
Programm (**-s, -e**) *nt* programme *m* ; (*Sender*) chaîne *f*
programmieren *vt* (*Inform*) programmer
Programmierer(in) (**-s, -**) *m(f)* programmeur(-euse)
Programmiersprache *f* langage *m* de programmation
Programmkino *nt* cinéma *m* d'art et d'essai
programmmäßig *adj* selon le programme
Programmzeitschrift *f* programme *m*
progressiv (*geh*) *adj* progressiste
Projekt (**-(e)s, -e**) *nt* projet *m*
Projektor *m* projecteur *m*
projizieren *vt* projeter
proklamieren *vt* proclamer
Prolet (**-en, -en**) *m* prolo *m*
Proletariat *nt* prolétariat *m*
Proletarier (**-s, -**) *m* prolétaire *m*
Prolog (**-(e)s, -e**) *m* prologue *m*
Promenade *f* promenade *f*
Promi *nf* pipole *mf*
Promi- *in zW* pipole
Promille (**-(s), -**) *nt* alcoolémie *f* • **Promillegrenze** *f* taux *m* maximum légal d'alcoolémie
prominent *adj* important(e)
Prominenz *f* personnalités *fpl*
Promotion *f* (obtention *f* du) doctorat *m*
promovieren *vi* obtenir son doctorat
prompt *adj* rapide ▸ *adv* (*wie erwartet*) évidemment
Pronomen (**-s, -**) *nt* pronom *m*
Propaganda (**-**) *f* propagande *f*
Propeller (**-s, -**) *m* hélice *f*
Prophet(in) (**-en, -en**) *m(f)* prophète (prophétesse)
prophezeien *vt* prédire
Prophezeiung *f* prophétie *f*
Proportion *f* proportion *f*
proportional *adj* proportionnel(le) • **Proportionalschrift** *f* espacement *m* proportionnel
Prosa (**-**) *f* prose *f*
prosaisch *adj* (*Mensch*) prosaïque
prosit *interj* à la vôtre ; **~ Neujahr!** bonne année !
Prospekt (**-(e)s, -e**) *m* prospectus *m*
prost *interj* à la vôtre/tienne, santé
Prostituierte (**-n, -n**) *f* prostituée *f*
Prostitution *f* prostitution *f*
Protein (**-s, -e**) *nt* protéine *f*
Protest (**-(e)s, -e**) *m* protestation *f*
Protestant(in) *m(f)* protestant(e) • **protestantisch** *adj* protestant(e)
protestieren *vi* protester
Protestkundgebung *f* manifestation *f*
Prothese *f* prothèse *f* ; (*Zahnprothese*) dentier *m*
Protokoll (**-s, -e**) *nt* procès-verbal *m* ; (*diplomatisch*) protocole *m* ; **etw zu ~ geben** (*bei Polizei*) signaler qch
protokollieren *vt* (*Sitzung*) rédiger le procès-verbal de
Proton (**-s, -en**) *nt* proton *m*
Prototyp *m* prototype *m*
Protz (**-en, -e(n)**) (*fam*) *m* (*Mensch*) frimeur *m*
protzen (*fam*) *vi* se frimer ; **mit etw ~** faire étalage de qch
protzig *adj* tape-à-l'œil *inv* ; (*neureich*) ▸ *adj* bling-bling *inv*
Proviant (**-s, -e**) *m* provisions *fpl*
Provider (**-s, -**) *m* (*Inform*) fournisseur *m* d'accès
Provinz (**-, -en**) *f* province *f*
provinziell *adj* provincial(e)
Provision *f* (*Écon*) commission *f*
provisorisch *adj* provisoire
Provokation *f* provocation *f*
provozieren *vt* provoquer
Prozedur *f* procédure *f* ; (*péj*) histoires *fpl*
Prozent (**-(e)s, -e**) *nt*: **5 ~** 5 pour cent • **Prozentrechnung** *f* calcul *m* du pourcentage • **Prozentsatz** *m* pourcentage *m* • **prozentual** *adj*: **~e Beteiligung** pourcentage *m*
Prozess (**-es, -e**) *m* (*Jur*) procès *m* ; (*Vorgang*) processus *m*
prozessieren *vi*: **~ (mit** *od* **gegen)** être en procès (avec)

Prozession *f* procession *f*
Prozesskosten *pl* frais *mpl* de justice
Prozessor (**-s, -en**) *m* (*Inform*) processeur *m*
prüde *adj* prude
Prüderie *f* pruderie *f*
prüfen *vt* (*Kandidat*) faire passer un examen à ; (*Gerät*) tester ; (*nachprüfen*) vérifier
Prüfer(in) (**-s, -**) *m(f)* examinateur(-trice)
Prüfling *m* candidat(e) *m/f*
Prüfung *f* examen *m* ; (*Heimsuchung*) épreuve *f*
Prüfungskommission *f* jury *m* (d'examen)
Prüfungsordnung *f* règlement *m* (*d'un examen*)
Prügel *pl* raclée *fsg*
Prügelei *f* bagarre *f*
Prügelknabe *m* bouc *m* émissaire
prügeln *vt* battre ▸ *vr* se battre
Prügelstrafe *f* châtiment *m* corporel
Prunk (**-(e)s**) *m* faste *m* (excessif)
prunkvoll *adj* fastueux(-euse)
PS *abk* (= *Pferdestärke*) CV ; (= *Postskript(um)*) P-S
Psalm (**-s, -en**) *m* psaume *m*
pseudo- *in zW* pseudo
Psychiater(in) (**-s, -**) *m(f)* psychiatre *mf*
Psychiatrie *f* psychiatrie *f*
psychisch *adj* psychologique, psychique
Psychoanalyse *f* psychanalyse *f*
Psychologe *m* psychologue *m*
Psychologie *f* psychologie *f*
Psychologin *f* psychologue *f*
psychologisch *adj* psychologique
Psychotherapeut(in) *m(f)* psychothérapeute *mf*
Psychotherapie *f* psychothérapie *f*
Pubertät *f* puberté *f*
Publikum (**-s**) *nt* public *m* ; (*Sport*) spectateurs *mpl*
publizieren *vt* (*Buch etc*) publier
Pudding (**-s, -e** *od* **-s**) *m* ≈ flan *m*
Pudel (**-s, -**) *m* caniche *m*
Puder (**-s, -**) *m* poudre *f* • **Puderdose** *f* poudrier *m*
pudern *vt* poudrer
Puderzucker *m* sucre *m* glace
Puff[1] (**-(e)s, ¨-e**) (*fam*) *m* (*Stoß*) gnon *m*
Puff[2] (**-(e)s, -e**) *m* (*Wäschepuff*) panier *m* à linge (capitonné) ; (*Sitzpuff*) pouf *m*
Puff[3] (**-s, -s**) (*fam*) *nt od m* (*Bordell*) bordel *m*
Puffer (**-s, -**) *m* (*Rail, Inform*) tampon *m* • **Pufferspeicher** *m* (*Inform*) mémoire *f* tampon *od* intermédiaire • **Pufferstaat** *m* État *m* tampon
Pulli (**-s, -s**) *m* pull *m*
Puls (**-es, -e**) *m* pouls *m* • **Pulsader** *f* artère *f*
pulsieren *vi* battre ; (*fig*) vibrer
Pult (**-(e)s, -e**) *nt* pupitre *m* ; (*Schaltpult*) pupitre *m* de commande
Pulver (**-s, -**) *nt* poudre *f*
pulverig *adj* poudreux(-euse)
pulverisieren *vt* pulvériser
Pulverschnee *m* poudreuse *f*
pummelig *adj* rondelet(te)
Pumpe *f* pompe *f*
pumpen *vt* pomper ; (*fam: leihen*) prêter ; (*: entleihen*) emprunter
Punkt (**-(e)s, -e**) *m* point *m*
punktieren *vt* (*Méd*) ponctionner ; **eine punktierte Linie** des pointillés *mpl*
pünktlich *adj* ponctuel(le) • **Pünktlichkeit** *f* ponctualité *f*
Punktsieg *m* victoire *f* aux points
Punktzahl *f* score *m*
Pupille *f* pupille *f*
Puppe *f* poupée *f* ; (*Marionette*) marionnette *f* ; (*Insektenpuppe*) chrysalide *f*
Puppenspieler(in) *m(f)* marionnettiste *mf*
Puppenstube *f* maison *f* de poupée
Puppenwagen *m* landau *m* de poupée
pur *adj* pur(e)
Püree (**-s, -s**) *nt* purée *f*
Purzelbaum (*fam*) *m* culbute *f*
purzeln *vi* tomber
Puste (**-**) (*fam*) *f* souffle *m*
Pustel (**-, -n**) *f* bouton *m* (*sur la peau*)
pusten *vi* souffler
Pute *f* dinde *f*
Puter (**-s, -**) *m* dindon *m*
Putsch (**-(e)s, -e**) *m* putsch *m*, coup *m* d'État • **putschen** *vi* faire un putsch • **Putschist(in)** *m(f)* putschiste *mf*
Putz (**-es**) *m* (*Mörtel*) crépi *m*
putzen *vt* nettoyer ; (*Schuhe*) cirer ▸ *vr* faire sa toilette
Putzfrau *f* femme *f* de ménage
putzig *adj* mignon(ne)
Putzlappen *m* chiffon *m*
Putztag *m* jour *m* de nettoyage
Putzzeug *nt* matériel *m* de nettoyage
Puzzle (**-s, -s**) *nt* puzzle *m*
Pyjama (**-s, -s**) *m* pyjama *m*
Pyramide *f* pyramide *f*
Python (**-s, -s**) *m* python *m*

q

Q, q *nt* Q, q *m inv*
Quacksalber (**-s, -**) (*fam*) *m* charlatan *m*
Quader (**-s, -**) *m* pierre *f* de taille
Quadrat *nt* carré *m* • **quadratisch** *adj* carré(e) ; (*Gleichung*) du second degré • **Quadratmeter** *m* mètre *m* carré
quaken *vi* (*Frosch*) coasser ; (*Ente*) cancaner
quäken (*fam*) *vi* brailler
Qual *f* torture *f* ; (*seelisch*) tourment *m*
quälen *vt* torturer ; (*mit Bitten*) harceler ▶ *vr* (*sich abmühen*) peiner ; (*geistig*) se tourmenter
Quälerei *f* (*das Quälen*) torture *f*
Quälgeist (*fam*) *m* casse-pieds *m/f*
Qualifikation *f* qualification *f*
qualifizieren *vt* qualifier ▶ *vr* se qualifier
Qualität *f* qualité *f*
Qualitätskontrolle *f* contrôle *m* de qualité
Qualitätsware *f* produit *m* de qualité
Qualle *f* méduse *f*
Qualm (**-(e)s**) *m* épaisse fumée *f*
qualmen *vi* fumer ; (*fam: Mensch*) fumer comme un sapeur
qualvoll *adj* atroce
Quantentheorie *f* théorie *f* quantique *od* des quanta
Quantität *f* quantité *f*
quantitativ *adj* quantitatif(-ive)
Quantum (**-s, Quanten**) *nt* (*Phys*) quantum *m* ; (*Anteil*) quota *m*
Quarantäne *f* quarantaine *f*
Quark (**-s**) *m* (*Culin*) *sorte de fromage blanc* ; (*fam*) foutaise *f*
Quartal (**-s, -e**) *nt* trimestre *m*
Quartier (**-s, -e**) *nt* logement *m* ; (*Mil*) quartiers *mpl*
Quarz (**-es, -e**) *m* quartz *m*
Quarzuhr *f* montre *f* à quartz
quasi *adv* quasiment, quasi
quasseln (*fam*) *vi* jacasser
Quatsch (**-es**) *m* bêtises *fpl*
quatschen *vi* papoter
Quatschkopf (*fam*) *m* (*Schwätzer*) moulin *m* à paroles
Quecksilber *nt* mercure *m*
Quelle *f* source *f*
quellen *irr vi* (*hervorquellen*) jaillir ; (*schwellen*) gonfler
Quellensteuer *f* retenue *f* à la source
Quengelei (*fam*) *f* pleurnicheries *fpl*
quengelig (*fam*) *adj* pleurnichard(e)
quengeln (*fam*) *vi* pleurnicher
quer *adv* (*der Breite nach*) en travers ; (*rechtwinklig*) transversalement ; **~ durch den Wald** à travers la forêt • **Querbalken** *m* poutre *f* transversale
querfeldein *adv* à travers champs
Querflöte *f* flûte *f* traversière
Querformat *nt* format *m* oblong
Querkopf *m* empêcheur *m* de tourner en rond
Querschiff *nt* transept *m*
Querschnitt *m* coupe *f od* section *f* transversale ; (*repräsentative Auswahl*) échantillon *m*
querschnittsgelähmt *adj* paraplégique
Querstraße *f* rue *f* transversale
Quertreiber (**-s, -**) *m* empêcheur *m* de tourner en rond
Querverbindung (*fig*) *f* lien *m*
quetschen *vt* presser, écraser ; (*Finger etc*) écraser, meurtrir
Quetschung *f* contusion *f*
quieken *vi* (*Schwein*) couiner ; (*Mensch*) pousser des cris perçants
quietschen *vi* grincer ; (*Mensch*) pousser des cris
Quintessenz *f* quintessence *f*
Quintett (**-(e)s, -e**) *nt* quintette *m*
Quirl (**-(e)s, -e**) *m* (*Küchengerät*) fouet *m* (électrique)
quitt *adj*: **(mit jdm) ~ sein** être quitte (envers qn)
Quitte *f* coing *m*
quittieren *vt* donner un reçu pour ; (*Dienst*) quitter
Quittung *f* quittance *f*, reçu *m*
Quiz (**-, -**) *nt* jeu-concours *m* (*télévisé ou radiophonique*)
quoll *etc vb siehe* **quellen**
Quote *f* proportion *f*, taux *m*

r

R, r *nt* R, r *m inv*
Rabatt (**-(e)s, -e**) *m* rabais *m*, remise *f*
Rabatte *f* plate-bande *f*
Rabe (**-n, -n**) *m* corbeau *m*
Rabenmutter *f* marâtre *f*
rabiat *adj* furieux(-euse)
Rache *f* vengeance *f*
Rachen (**-s, -**) *m* gorge *f*
rächen *vt* venger ▶ *vr* se venger ; (*Leichtsinn, Faulheit*) coûter cher
Rachitis (**-**) *f* rachitisme *m*
rachsüchtig *adj* vindicatif(-ive)
Rad (**-(e)s, ¨-er**) *nt* roue *f* ; (*Fahrrad*) vélo *m* ; **~ fahren** faire du vélo
Radar (**-s**) *m od nt* radar *m* • **Radarfalle** *f* contrôle-radar *m* • **Radarkontrolle** *f* contrôle-radar *m*
Radau (**-s**) (*fam*) *m* boucan *m*
Raddampfer *m* bateau *m* à vapeur
radebrechen *vt, vi* baragouiner
radeln (*fam*) *vi* faire du vélo ; **zur Post ~** aller à la poste à *od* en vélo
Rädelsführer *m* meneur *m*
Radfahrer(in) *m(f)* cycliste *mf*
Radfahrweg *m* piste *f* cyclable
radieren *vt, vi* gommer, effacer
Radiergummi *m* gomme *f*
Radierung *f* (*Art*) gravure *f* ; (*Abdruck*) eau-forte *f*
Radieschen *nt* radis *m*
radikal *adj* (*extrem*) extrémiste ; (*Maßnahme*) radical(e)
Radikale(r) *f(m)* extrémiste *mf*
Radio (**-s, -s**) *nt* radio *f* • **radioaktiv** *adj* radioactif(-ive) • **Radioaktivität** *f* radioactivité *f* • **Radioapparat** *m* poste *m* de radio
Radiowecker *m* radio-réveil *m*
Radium *nt* radium *m*
Radius (**-, Radien**) *m* rayon *m*
Radkappe *f* enjoliveur *m*
Radler(in) *m(f)* cycliste *mf*
Radrennbahn *f* vélodrome *m*
Radrennen *nt* course *f* cycliste
Radsport *m* cyclisme *m*
Radweg *m* piste *f* cyclable
RAF (**-**) *f abk* (= *Rote-Armee-Faktion*) Fraction *f* armée rouge
raffen (**-**) *vt* (*Besitz, Geld*) amasser ; (*Stoff*) froncer
Raffinade *f* sucre *m* raffiné
raffinieren *vt* raffiner
raffiniert *adj* (*Mensch, Trick*) subtil(e), astucieux(-euse) ; (*Kleid*) chic
ragen *vi* s'élever
Rahm (**-s**) *m* crème *f*
rahmen *vt* encadrer
Rahmen (**-s, -**) *m* cadre *m* ; **im ~ des Möglichen** dans le domaine du possible
Rakete *f* fusée *f*
RAM (**-(s), -(s)**) *nt* (*Inform*) mémoire *f* vive
rammen *vt* (*Pfahl*) enfoncer ; (*Schiff*) heurter ; (*Auto*) emboutir
Rampe *f* rampe *f*
Rampenlicht *nt* feux *mpl* de la rampe
ramponieren (*fam*) *vt* esquinter
Ramsch (**-(e)s, -e**) *m* camelote *f*
ran (*fam*) *adv* = **heran**
Rand (**-(e)s, ¨-er**) *m* bord *m* ; (*von Wald*) lisière *f* ; (*von Stadt*) périphérie *f* ; (*auf Papier*) marge *f* ; (*unter Augen*) cerne *f* ; **außer ~ und Band** déchaîné(e) ; **am ~e bemerkt** soit dit en passant
randalieren *vi* faire du tapage
Randbemerkung *f* note *f* en marge ; (*fig*) remarque *f* en passant
Randerscheinung *f* phénomène *m* secondaire
rang *etc vb siehe* **ringen**
Rang (**-(e)s, ¨-e**) *m* rang *m* ; (*Wert*) calibre *m* ; (*Théât*) balcon *m*
Rangierbahnhof *m* gare *f* de triage
rangieren *vt* (*Rail*) aiguiller ▶ *vi* (*fig*) se classer
Rangiergleis *nt* voie *f* de garage
Rangordnung *f* ordre *m* hiérarchique
Ranke *f* vrille *f*
rann *etc vb siehe* **rinnen**
rannte *etc vb siehe* **rennen**
Ranzen (**-s, -**) *m* cartable *m* ; (*fam: Bauch*) panse *f*
ranzig *adj* (*Butter*) rance
Rap (**-(s), -s**) *m* (*Mus*) rap *m*
rapid *adj* rapide
Rappe (**-n, -n**) *m* (*Pferd*) cheval *m* noir
Rappen (**-s, -**) *m* (*Schweiz*) centime *m* (suisse)
Rapper(in) (**-s, -**) *m(f)* (*Mus*) rappeur(-euse)

Raps (**-es, -e**) *m* colza *m*
rar *adj* rare
Rarität *f* rareté *f*
rasant *adj* très rapide
rasch *adj* rapide
rascheln *vi*: **das Laub raschelt im Wind** on entend le vent dans les feuilles ; **mit der Zeitung ~** faire du bruit en tournant les pages du journal
rasen (*fam*) *vi* (*schnell fahren*) foncer ; **vor Zorn ~** être fou(folle) de colère
Rasen (**-s, -**) *m* gazon *m*, pelouse *f*
rasend *adj* (*Eifersucht*) fou(folle) ; (*Entwicklung, Tempo*) très rapide ; **~e Kopfschmerzen** de violents maux de tête
Rasenmäher (**-s, -**) *m* tondeuse *f* (à gazon)
Rasenplatz *m* pelouse *f*
Raserei *f* (*Wut*) fureur *f* ; (*Schnelle*) vitesse *f* folle
Rasierapparat *m* rasoir *m*
Rasiercreme *f* crème *f* à raser
rasieren *vt* raser ▸ *vr* se raser
Rasierklinge *f* lame *f* de rasoir
Rasiermesser *nt* rasoir *m*
Rasierpinsel *m* blaireau *m*
Rasierseife *f* savon *m* à barbe
Rasierwasser *nt* lotion *f* après-rasage
Rasse *f* race *f* • **Rassehund** *m* chien *m* de race
Rassel (**-, -n**) *f* crécelle *f* ; (*für Baby*) hochet *m*
rasseln *vi* (*Wecker*) sonner ; **~ mit** faire tinter
Rassenhass *m* racisme *m*
Rassentrennung *f* ségrégation *f* raciale
Rassismus *m* racisme *m*
Rassist(in) *m(f)* raciste *mf*
rassistisch *adj* raciste
Rast (**-, -en**) *f* arrêt *m* • **rasten** *vi* s'arrêter
Rasthaus *nt*, **Rasthof** *m* (*an Autobahn*) aire *f* de repos équipée, relais *m* d'autoroute
rastlos *adj* (*unermüdlich*) infatigable ; (*unruhig*) agité(e)
Rastplatz *m* (*an Autobahn*) aire *f* de repos
Raststätte *f* = **Rasthaus**
Rasur *f* rasage *m*
Rat (**-(e)s, -schläge**) *m* conseil *m* ; (*pl Räte: Ratsversammlung*) conseil *m* ; (*: Mitglied*) conseiller *m* ; **(sich** *Dat***) keinen ~ wissen** ne savoir que faire ; *siehe auch* **zurate**
Rate *f* acompte *m* ; **auf ~n kaufen** acheter à crédit
raten *irr vt* deviner ; **jdm ~** (*empfehlen*) conseiller qn
ratenweise *adv* à tempérament
Ratenzahlung *f* paiement *m* par acomptes
Ratgeber (**-s, -**) *m* conseiller *m* ; (*Buch*) manuel *m*
Rathaus *nt* mairie *f*
ratifizieren *vt* ratifier
Ratifizierung *f* ratification *f*
Ration *f* ration *f*
rational *adj* rationnel(le)
rationalisieren *vt* rationaliser
rationell *adj* rationnel(le)
rationieren *vt* rationner
ratlos *adj* perplexe
Ratlosigkeit *f* perplexité *f*
ratsam *adj* indiqué(e)
Ratschlag *m* conseil *m*
Rätsel (**-s, -**) *nt* devinette *f* ; (*Geheimnis*) énigme *f* • **rätselhaft** *adj* mystérieux(-euse)
Ratskeller *m* restaurant *m* de l'hôtel de ville
Ratte *f* rat *m*
rattern *vi* (*Maschinengewehr*) crépiter ; (*Auto*) pétarader
rau *adj* rêche, rugueux(-euse) ; (*Stimme*) rauque ; (*Hals*) enroué(e) ; (*Klima*) rude
Raub (**-(e)s**) *m* (*von Gegenstand*) vol *m* (à main armée) ; (*von Mensch*) enlèvement *m* ; (*Beute*) proie *f* • **Raubbau** *m* exploitation *f* abusive
rauben *vt* (*wegnehmen*) voler ; (*entführen*) enlever
Räuber (**-s, -**) *m* voleur *m*, brigand *m* • **räuberisch** *adj* (*Bande*) de malfaiteurs ; (*Tier*) prédateur(-trice) ; **in ~er Absicht** avec l'intention de voler
Raubkopie *f* piratage *m*
Raubmord *m* vol *m* avec homicide
Raubtier *nt* prédateur *m*
Raubüberfall *m* attaque *f* à main armée
Raubvogel *m* rapace *m*
Rauch (**-(e)s**) *m* fumée *f*
rauchen *vt, vi* fumer
Raucher(in) (**-s, -**) *m(f)* fumeur(-euse) • **Raucherabteil** *nt* compartiment *m* fumeurs
räuchern *vt* (*Fleisch*) fumer
Rauchfang *m* (*Rauchabzug*) hotte *f*
Rauchfleisch *nt* viande *f* fumée
rauchig *adj* (*Geschmack*) fumé(e) ; (*Zimmer, Luft*) enfumé(e)
Rauchmelder (**-s, -**) *m* détecteur *m* de fumée
Rauchverbot *nt* interdiction *f* de fumer
räudig *adj* galeux(-euse)
rauf (*fam*) *adv siehe* **herauf**
Raufasertapete *f* papier *m* peint ingrain

Raufbold (**-(e)s, -e**) *m* brute *f*
raufen *vt* (*Haar*) arracher ▶ *vi, vr* se bagarrer
Rauferei *f* bagarre *f*
rauflustig *adj* bagarreur(-euse)
rauh *adj* = **rau**
Raum (**-(e)s, Räume**) *m* (*Zimmer*) pièce *f*; (*Platz*) place *f*; (*Gebiet*) région *f*; (*Weltraum*) espace *m*
räumen *vt* (*Wohnung*) quitter; (*Platz, Stadt, Gebiet*) évacuer; (*Schnee, Schutt*) enlever
Raumfähre *f* navette *f* spatiale
Raumfahrt *f* astronautique *f*
Rauminhalt *m* (*Math*) volume *m*
räumlich *adj* (*Darstellung*) en relief • **Räumlichkeiten** *pl* locaux *mpl*
Raummangel *m* manque *m* de place
Raummeter *m* mètre *m* cube
Raumschiff *nt* vaisseau *m* spatial
Raumstation *f* station *f* spatiale
Räumung *f fait de quitter*; (*unter Zwang*) évacuation *f*
Räumungsverkauf *m* liquidation *f* des stocks
raunen *vt, vi* murmurer
Raupe *f* chenille *f*
Raupenschlepper *m* véhicule *m* à chenilles
Raureif *m* givre *m*
raus (*fam*) *adv* = **heraus**; **hinaus**
Rausch (**-(e)s, Räusche**) *m* ivresse *f*
rauschen *vi* (*Wasser*) murmurer; (*Bäume*) bruire
rauschend *adj* (*Fest*) éblouissant(e); **~er Beifall** une salve d'applaudissements
Rauschgift *nt* drogue *f* • **Rauschgiftsüchtige(r)** *(f)m* drogué(e) *m/f*
räuspern *vr* se racler la gorge
Raute *f* losange *m*
rautenförmig *adj* en (forme de) losange
Razzia (**-, Razzien**) *f* rafle *f*
Reagenzglas *nt* éprouvette *f*
reagieren *vi* réagir; **~ auf** +*Akk* réagir à
Reaktion *f* réaction *f*
reaktionär *adj* réactionnaire
Reaktionsgeschwindigkeit *f* vitesse *f* de réaction
Reaktor *m* réacteur *m* • **Reaktorkern** *m* cœur *m* du réacteur
real *adj* réel(le); (*wirklichkeitsbezogen*) réaliste
realisieren *vt* réaliser
Realismus *m* réalisme *m*
Realist(in) *m(f)* réaliste *mf* • **realistisch** *adj* réaliste
Realität *f* réalité *f*; **erweiterte ~** réalité augmentée
Realschule *f* école *f* secondaire, collège *m*

> La **Realschule** est un établissement secondaire d'enseignement général dans lequel les élèves, après six années d'études, obtiennent un diplôme, correspondant à un niveau de fin de Seconde, la *mittlere Bildungsabschluss*. Ils peuvent ensuite soit entrer en apprentissage soit continuer leurs études dans une *Fachoberschule* ou un *Gymnasium*.

Rebe *f* vigne *f*
Rebell(in) (**-en, -en**) *m(f)* rebelle *mf*
Rebellion *f* rébellion *f*
rebellisch *adj* rebelle
Rebhuhn *nt* perdrix *f*
Rebstock *m* vigne *f*
rechen *vt, vi* ratisser
Rechen (**-s, -**) *m* râteau *m*
Rechenaufgabe *f* problème *m* d'arithmétique
Rechenfehler *m* erreur *f* de calcul
Rechenmaschine *f* calculatrice *f*
Rechenschaft *f* comptes *mpl*; **jdm über etw** *Akk* **~ ablegen** rendre compte de qch à qn; **~ verlangen** demander des comptes • **Rechenschaftsbericht** *m* rapport *m*
Rechenschieber *m* règle *f* à calcul
Rechenzentrum *nt* centre *m* informatique
rechnen *vt* calculer; (*einberechnen, veranschlagen*) compter ▶ *vi* calculer; (*Haus halten*) compter; **jdn/etw zu** *od* **unter etw** +*Akk* **~** compter qn/qch parmi qch; **mit etw ~** s'attendre à qch; **auf jdn/etw ~** compter sur qn/qch • **Rechnen** *nt* calcul *m*
Rechner (**-s, -**) *m* calculatrice *f*; (*Inform*) ordinateur *m*
Rechnung *f* calcul *m*; (*von Waren*) facture *f*; (*in Restaurant etc*) addition *f*; **jdm/etw ~ tragen** tenir compte de qn/qch
Rechnungsjahr *nt* exercice *m*
Rechnungsprüfer *m* vérificateur *m*
Rechnungsprüfung *f* vérification *f* des comptes
recht *adj* juste; (*echt*) vrai(e) ▶ *adv* (*vor adj*) vraiment; **das ist mir ~** cela me convient; **jetzt erst ~** plus que jamais; **~ haben** avoir raison; **jdm ~ geben** donner raison à qn
Recht (**-(e)s, -e**) *nt* droit *m*; **~ auf** +*Akk* droit à; **~ sprechen** rendre la justice; **mit** *od* **zu ~** à bon droit

r

rechte(r, s) *adj* droit(e)
Rechte (**-n, -n**) *f* (*Pol*) droite *f*
Rechteck (**-s, -e**) *nt* rectangle *m*
rechteckig *adj* rectangulaire
rechtfertigen *vt* justifier ▶ *vr*: **sich ~ (vor)** se justifier (devant)
Rechtfertigung *f* justification *f*
rechthaberisch *adj* qui veut toujours avoir raison
rechtlich *adj* (*gesetzlich*) légal(e)
rechts *adv* à droite ▶ *präp +Gen*: **~ der Straße** sur le côté droit de la rue ; **~ stricken** faire du point à l'endroit • **Rechtsanwalt** *m*, **Rechtsanwältin** *f* avocat(e) *m/f* • **Rechtsaußen** (**-, -**) *m* (*Sport*) ailier *m* droit • **Rechtsbeistand** *m* conseiller *m* juridique
rechtschaffen *adj* droit(e), honnête
Rechtschreibprüfung *f* (*Inform*) vérification *f* d'orthographe
Rechtschreibreform *f* réforme *f* de l'orthographe
Rechtschreibung *f* orthographe *f*
Rechtsextremist *m* extrémiste *m* de droite
Rechtsfall *m* (*Jur*) affaire *f*
Rechtsfrage *f* problème *m* juridique
Rechtshänder(in) (**-s, -**) *m(f)* droitier(-ière)
rechtskräftig *adj* (*Urteil*) irrévocable
Rechtskurve *f* virage *m* à droite
Rechtsprechung *f* juridiction *f*
rechtsradikal *adj* d'extrême droite
Rechtsstreit *m* litige *m*
Rechtsverkehr *m* circulation *f* à droite
Rechtsweg *m* voie *f* judiciaire
rechtswidrig *adj* illégal(e)
rechtwinklig *adj* à angle droit ; (*Dreieck*) rectangle
rechtzeitig *adv* à temps
Reck (**(e)s, -e**) *nt* barre *f* fixe
recken *vt* (*Hals*) tendre ▶ *vr* s'étirer
recycelbar *adj* recyclable
recyceln *vt* recycler
Recycling (**-s**) *nt* recyclage *m*
Redakteur(in) *m(f)* rédacteur(-trice)
Redaktion *f* rédaction *f*
Rede *f* discours *m* ; **jdn zur ~ stellen** demander des explications à qn • **Redefreiheit** *f* liberté *f* d'expression • **redegewandt** *adj* éloquent(e)
reden *vi* parler ▶ *vt* dire ▶ *vr*: **sich heiser ~** s'enrouer à force de parler ; **sich in Wut ~** s'énerver de plus en plus
Redensart *f* manière *f* de parler
Redewendung *f* expression *f*
redlich *adj* honnête
Redner(in) *m(f)* orateur(-trice)
redselig *adj* bavard(e)
reduzieren *vt* réduire
Reede *f* mouillage *m*
Reeder (**-s, -**) *m* armateur *m*
Reederei *f* compagnie *f* de navigation
reell *adj* (*ehrlich*) honnête ; (*tatsächlich*) véritable ; (*Math*) réel(le)
Referat *nt* (*Vortrag*) exposé *m* ; (*Verwaltung*) service *m*
Referent(in) *m(f)* (*Vortragender*) conférencier(-ière) ; (*Sachbearbeiter*) expert(e)
Referenz *f* référence *f*
referieren *vi*: **~ über** *+Akk* faire un compte-rendu de
reflektieren *vt* réfléchir ▶ *vi* réfléchir la lumière ; **~ auf** *+Akk* viser
Reflex (**-es, -e**) *m* réflexe *m*
reflexiv *adj* réfléchi(e)
Reform (**-, -en**) *f* réforme *f*
Reformation *f* Réformation *f*
Reformator(in) *m(f)* réformateur(-trice)
reformatorisch *adj* réformateur(-trice)
Reformhaus *nt* magasin *m* de produits diététiques
reformieren *vt* réformer
Refrain (**-s, -s**) *m* refrain *m*
Regal (**-s, -e**) *nt* étagère *f*
Regatta (**-, Regatten**) *f* régate *f*
rege *adj* (*lebhaft*) animé(e) ; (*wach, lebendig*) vif(vive)
Regel (**-, -n**) *f* règle *f* ; (*Méd*) règles *fpl* • **regelmäßig** *adj* régulier(-ière) ▶ *adv*: régulièrement ; **er kommt ~ zu spät** il arrive régulièrement en retard • **Regelmäßigkeit** *f* régularité *f*
regeln *vt* régler ▶ *vr* se régler
regelrecht *adj* (*Verfahren*) en règle ; (*fam: Frechheit etc*) sacré(e)
Regelung *f* (*Vereinbarung*) règlement *m* ; (*das Regeln*) régulation *f*
regelwidrig *adj* (*Verhalten*) contraire au règlement
regen *vr* (*bewegen*) bouger ; (*Widerspruch*) se faire sentir
Regen (**-s, -**) *m* pluie *f*
Regenbogen *m* arc-en-ciel *m* • **Regenbogenhaut** *f* iris *m* • **Regenbogenpresse** *f* presse *f* à sensation
Regenguss *m* averse *f*
Regenmantel *m* imperméable *m*
Regenschauer *m* averse *f*
Regenschirm *m* parapluie *m*
Regent(in) *m(f)* (*Stellvertreter*) régent(e)
Regentag *m* jour *m* de pluie
Regentschaft *f* régence *f*

Regenwald *m* forêt *f* tropicale
Regenwurm *m* ver *m* de terre
Regenzeit *f* saison *f* des pluies
Regie *f* (*Film etc*) réalisation *f* ; (*Théât*) mise *f* en scène ; (*fig*) direction *f*
regieren *vt* gouverner ▶ *vi* régner
Regierung *f* gouvernement *m*
Regierungswechsel *m* changement *m* de gouvernement
Regierungszeit *f*: **während seiner ~** lorsqu'il était au pouvoir ; (*von König*) pendant son règne
Regime (**-s, -**) *nt* régime *m*
Regiment (**-s, -er**) *nt* (*Mil*) régiment *m*
Region *f* région *f*
regional *adj* régional(e)
Regisseur(in) *m(f)* (*Ciné*) réalisateur(-trice) ; (*Théât*) metteur(-euse) en scène
Register (**-s, -**) *nt* (*Verzeichnis*) répertoire *m* ; (*Stichwortverzeichnis*) index *m*
Registratur *f* (*Raum*) archives *fpl* ; (*Schrank*) fichier *m*
registrieren *vt* enregistrer
Registrierkasse *f* caisse *f* enregistreuse
Regler (**-s, -**) *m* régulateur *m*
regnen *vi unpers*: **es regnet** il pleut
regnerisch *adj* pluvieux(-euse)
regulär *adj* (*Arbeitszeit*) normal(e) ; (*Preis*) courant(e)
regulieren *vt* régler ; (*Fluss*) régulariser
Regung *f* mouvement *m* ; (*Gefühl auch*) sentiment *m*
regungslos *adj* immobile
Reh (**-(e)s, -e**) *nt* chevreuil *m*
Reha (**-, -s**) *f* (*Méd*) rééducation *f*
rehabilitieren *vt* (*Kranken etc*) rééduquer ; (*Ruf, Ehre*) réhabiliter
Rehbock *m* chevreuil *m*
Reibe *f*, **Reibeisen** *nt* râpe *f*
Reibekuchen *m pommes de terre râpées rôties*
reiben *irr vt* (*scheuern*) frotter ; (*Culin*) râper ▶ *vr* (*Flächen etc*) frotter ; **sich** *Dat* **die Hände/Augen ~** se frotter les mains/les yeux
Reibfläche *f* frottoir *m*
Reibung *f* frottement *m* ; (*fig*) friction *f*
reibungslos (*fig*) *adj* sans heurts
reich *adj* riche
Reich (**-(e)s, -e**) *nt* empire *m* ; (*fig*) royaume *m* ; **das Dritte ~** le troisième Reich
reichen *vi* (*sich erstrecken*) s'étendre, aller ; (*genügen*) suffire ▶ *vt* (*hinhalten*) tendre ; (*bei Tisch*) passer ; (*anbieten*) offrir
reichhaltig *adj* (*Auswahl*) très grand(e) ; (*Essen*) riche
reichlich *adj* (*Geschenke*) à profusion ▶ *adv* largement ; **~ Zeit** largement assez de temps
Reichstag *m* (*Gebäude, Regierungssitz*) Reichstag *m*
Reichtum (**-s, -tümer**) *m* richesse *f*
Reichweite *f* portée *f* ; **etw ist in ~** qch est à portée de main
reif *adj* mûr(e)
Reif (**-(e)s, -e**) *m* (*Raureif*) givre *m* ; (*Ringreif*) anneau *m*
Reife (**-**) *f* maturité *f* ; **mittlere ~** (*Scol*) ≈ brevet *m* de collèges
reifen *vi, vt* mûrir
Reifen (**-s, -**) *m* (*Fahrzeugreifen*) pneu *m* ; (*von Fass*) cercle *m* • **Reifenpanne** *f* crevaison *f* • **Reifenschaden** *m* crevaison *f*
Reifeprüfung *f* baccalauréat *m*
Reihe *f* rangée *f* ; (*von Menschen*) rang *m* ; (*von Beispielen etc: Serie*) série *f* ; **der ~ nach** à tour de rôle ; **er ist an der** *od* **kommt an die ~** c'est son tour
reihen *vt* (*Perlen*) enfiler ; (*beim Nähen*) faufiler ▶ *vr*: **B reiht sich an A** B suit A
Reihenfolge *f* ordre *m* ; **alphabetische ~** ordre *m* alphabétique
Reihenhaus *nt maison attenante aux maisons voisines*
Reiher (**-s, -**) *m* héron *m*
Reim (**-(e)s, -e**) *m* rime *f*
reimen *vr* rimer
rein *adj* pur(e) ; (*sauber*) propre ▶ *adv* (*fam*) = **herein**; **hinein**; **~ gar nichts** vraiment rien du tout ; **etw ins R~e bringen** tirer qch au clair
Rein- *in zW* (*Écon*) net(te)
Reinemachefrau *f* femme *f* de ménage
Reinfall (*fam*) *m* échec *m*
Reingewinn *m* bénéfice *m* net
Reinheit *f* pureté *f* ; (*von Wäsche*) propreté *f*
reinigen *vt* nettoyer
Reinigung *f* (*Geschäft*) teinturerie *f* ; **chemische ~** nettoyage *m* à sec
reinlich *adj* propre
Reinlichkeit *f* propreté *f*
reinrassig *adj* de race
Reinschrift *f* copie *f* au propre
Reis[1] (**-es, -e**) *m* (*Culin*) riz *m*
Reis[2] (**-es, -er**) *nt* (*Zweig*) brindille *f*
Reise *f* voyage *m* • **Reiseandenken** *nt* souvenir *m* (de voyage) • **Reisebüro** *nt* agence *f* de voyages • **reisefertig** *adj* prêt(e) pour le départ • **Reiseführer** *m* guide *m* • **Reisegepäck** *nt* bagages *mpl* • **Reisegesellschaft** *f* groupe *m* de touristes • **Reisekosten** *pl* frais *mpl* de

déplacement • **Reiseleiter(in)** *m(f)* guide *mf* • **Reiselektüre** *f* livres *mpl* à lire en voyage
reisen *vi* voyager
Reisende(r) *f(m)* voyageur(-euse) *m/f*
Reisepass *m* passeport *m*
Reisepläne *pl* projets *mpl* de voyage
Reiseproviant *m* casse-croûte *m*
Reisescheck *m* chèque *m* de voyage
Reisetasche *f* sac *m* de voyage
Reiseveranstalter *m* voyagiste *m*
Reiseverkehr *m* circulation *f* (*des départs en vacances od des rentrées de vacances*)
Reiseversicherung *f* assurance *f* voyage
Reisewetter *nt* temps *m* de vacances
Reiseziel *nt* destination *f*
Reißaus *m*: **~ nehmen** prendre la poudre d'escampette
Reißbrett *nt* planche *f* à dessin
reißen *irr vi* (*Stoff*) se déchirer ; (*Seil*) casser ; (*zerren*) tirer ▶ *vt* (*ziehen*) tirer ; (*Witz*) faire ; **etw an sich** *Akk* **~** s'emparer de qch ; **sich um jdn/etw ~** s'arracher qn/qch
reißend *adj* (*Fluss*) impétueux(-euse) ; **~en Absatz finden** partir comme des petits pains
reißerisch (*péj*) *adj* tape-à-l'œil
Reißleine *f* poignée *f* d'ouverture (*pour parachute*)
Reißnagel *m* punaise *f*
Reißschiene *f* té *m*
Reißverschluss *m* fermeture *f* éclair
Reißzeug *nt* matériel *m* de dessin (industriel)
Reißzwecke *f* = **Reißnagel**
reiten *irr vt* monter ▶ *vi*: **(auf einem Pferd) ~** monter (à cheval) ; **Schritt/Trab ~** aller au pas/trot
Reiter(in) (**s, -**) *m(f)* cavalier(-ière)
Reithose *f* culotte *f* de cheval
Reitpferd *nt* cheval *m* de selle
Reitstiefel *m* botte *f* d'équitation
Reitzeug *nt* équipement *m* d'équitation
Reiz (**-es, -e**) *m* stimulation *f* ; (*Verlockung*) charme *m* ; **Reize** *pl* (*von Frau etc*) charmes *mpl*
reizbar *adj* (*aufbrausend*) irritable
reizen *vt* stimuler ; (*verlocken*) attirer ; (*Aufgabe, Angebot*) intéresser ; (*irritieren, ärgern*) irriter
reizend *adj* charmant(e)
reizlos *adj* peu attrayant(e)
reizvoll *adj* (*Anblick*) charmant(e) ; (*Angebot*) alléchant(e)
Reizwäsche *f* lingerie *f* sexy
rekeln *vr* s'étirer ; (*lümmeln*) se prélasser
Reklamation *f* réclamation *f*
Reklame *f* publicité *f*
reklamieren *vt* se plaindre de ; (*zurückfordern*) réclamer ▶ *vi* se plaindre
rekonstruieren *vt* (*Gebäude*) reconstruire ; (*Vorfall*) reconstituer
Rekonvaleszenz *f* convalescence *f*
Rekord (**-es, -e**) *m* record *m* • **Rekordleistung** *f* record *m*
Rekrut (**-en, -en**) *m* recrue *f*
rekrutieren *vt* recruter ▶ *vr*: **sich ~ aus** (*Team*) être recruté(e) parmi
Rektor(in) *m(f)* (*Univ*) recteur *m* ; (*Scol*) directeur(-trice)
Rektorat *nt* (*Univ*) rectorat *m* ; (*Scol*) directorat *m*
Relais (**-, -**) *nt* relais *m*
relativ *adj* relatif(-ive) • **Relativität** *f* relativité *f*
relaxen *vi* se relaxer
relevant *adj* pertinent(e)
Relief (**-s, -s**) *nt* relief *m*
Religion *f* religion *f*
Religionsunterricht *m* instruction *f* religieuse
religiös *adj* religieux(-euse)
Relikt (**-(e)s, -e**) *nt* vestige *m*
Reling (**-, -s**) *f* bastingage *m*
Reliquie *f* relique *f*
Remoulade *f* rémoulade *f*
Ren (**-s, -s** *od* **-e**) *nt* renne *m*
Rendezvous (**-, -**) *nt* rendez-vous *m inv*
Rendite *f* rapport *m*
Rennbahn *f* (*Pferderennbahn*) champ *m* de courses ; (*Radrennbahn*) vélodrome *m* ; (*Auto*) circuit *m* automobile
rennen *vi, vt* courir • **Rennen** (**-s, -**) *nt* course *f*
Renner (**-s, -**) *m* (*Verkaufsschlager*) gros succès *m*
Rennfahrer *m* coureur *m*
Rennpferd *nt* cheval *m* de course
Rennplatz *m* champ *m* de courses
Rennrad *nt* vélo *m* de course
Rennwagen *m* voiture *f* de course
renovieren *vt* rénover
Renovierung *f* rénovation *f*
rentabel *adj* rentable, lucratif(-ive)
Rentabilität *f* rentabilité *f*
Rente *f* retraite *f*, pension *f*
Rentenalter *nt* âge *m* de la retraite
Rentenempfänger(in) *m(f)* retraité(e)
Rentenversicherung *f* assurance *f* retraite
Rentier *nt* renne *m*
rentieren *vr* être rentable
Rentner(in) (**-s, -**) *m(f)* retraité(e)
Reparatur *f* réparation *f* • **reparaturbedürftig** *adj* en mauvais

état • **Reparaturwerkstatt** *f* atelier *m* de réparation ; (*Auto*) garage *m*
reparieren *vt* réparer
Repertoire (**-s, -s**) *nt* répertoire *m*
Reportage *f* reportage *m*
Reporter(in) (**-s, -**) *m(f)* reporter *m*
Repräsentant(in) *m(f)* représentant(e)
repräsentativ *adj* représentatif(-ive) ; (*beeindruckend*) de prestige
repräsentieren *vt* représenter
Reproduktion *f* reproduction *f*
reproduzieren *vt* reproduire
Reptil (**-s, -ien**) *nt* reptile *m*
Republik *f* république *f*
Republikaner(in) (**-s, -**) *m(f)* républicain(e) ; **die ~** *un parti d'extrême droite en Allemagne*
republikanisch *adj* républicain(e)
Reservat *nt* (*Gebiet*) réserve *f*
Reserve *f* réserve *f* ; **etw/jdn in ~ haben/halten** avoir/garder qch/qn en réserve • **Reserverad** *nt* roue *f* de secours • **Reservespieler** *m* remplaçant *m* • **Reservetank** *m* réservoir *m* de secours
reservieren *vt* réserver
Reservist *m* réserviste *m*
Reservoir (**-s, -e**) *nt* réservoir *m*
Residenz *f* résidence *f*
Resignation *f* résignation *f*
resignieren *vi* se résigner
resolut *adj* résolu(e)
Resolution *f* résolution *f*
Resonanz *f* résonance *f* • **Resonanzboden** *m* table *f* d'harmonie
resozialisieren *vt* réinsérer dans la société
Resozialisierung *f* réinsertion *f* sociale
Respekt (**-(e)s**) *m* respect *m*
respektabel *adj* respectable
respektieren *vt* respecter
respektlos *adj* irrespectueux(-euse)
Respektsperson *f* personne *f* importante
respektvoll *adj* respectueux(-euse)
Ressort (**-s, -s**) *nt*: **in jds ~ fallen** être du ressort de qn
Ressourcen *pl* ressources *fpl*
Rest (**-(e)s, -e**) *m* reste *m* ; (*von Stoff*) coupon *m* ; (*Essensreste*) restes *mpl*
Restaurant (**-s, -s**) *nt* restaurant *m*
restaurieren *vt* restaurer
Restbetrag *m* solde *m*
restlich *adj* qui reste
restlos *adv* complètement
Restmüll *m* déchets *mpl* non recyclables
Resultat *nt* résultat *m*
Retorte *f* cornue *f*
Retortenbaby *nt* bébé-éprouvette *m*
retten *vt* sauver ▶ *vr* se sauver
Retter(in) *m(f)* sauveur *m*
Rettich (**-s, -e**) *m* radis *m*
Rettung *f* (*das Retten*) sauvetage *m* ; (*Hilfe*) secours *m* ; **jds letzte ~ sein** être le dernier espoir de qn
Rettungsboot *nt* canot *m* de sauvetage
Rettungsgürtel *m* bouée *f* (de sauvetage)
Rettungsinsel *f* radeau *m* de sauvetage
Rettungsring *m* bouée *f* (de sauvetage)
Rettungswagen *m* ambulance *f*
retuschieren *vt* retoucher
Reue (**-**) *f* remords *mpl*
reuen (*geh*) *vt*: **es reut ihn** il le regrette
reuig *adj* (*Sünder*) repentant(e) ; (*Miene*) contrit(e)
Revanche *f* revanche *f*
revanchieren *vr*: **sich für etw ~** (*sich rächen*) se venger de qch ; (*erwidern*) revaloir qch
Revers (**-, -**) *m od nt* revers *m*
revidieren *vt* (*abändern, korrigieren*) réviser ; (*überprüfen*) vérifier
Revier (**-s, -e**) *nt* (*Territorium*) territoire *m* ; (*Jagdrevier*) (terrain *m* de) chasse *f* ; (*Polizeidienststelle*) commissariat *m*
Revision *f* (*von Ansichten etc*) révision *f* ; (*Écon*) vérification *f* ; (*Jur*) appel *m*
Revolte *f* révolte *f*
Revolution *f* révolution *f*
revolutionär *adj* révolutionnaire
Revolutionär(in) (**-s, -e**) *m(f)* révolutionnaire *mf*
revolutionieren *vt* révolutionner
Revolver (**-s, -**) *m* revolver *m*
Rezensent(in) *m(f)* critique *mf* (littéraire)
rezensieren *vt* faire un compte-rendu de
Rezension *f* critique *f*
Rezept (**-(e)s, -e**) *nt* recette *f* ; (*Méd*) ordonnance *f* • **rezeptfrei** *adj* délivré(e) sans ordonnance
Rezeption *f* réception *f*
rezeptpflichtig *adj* délivré(e) uniquement sur ordonnance
Rezession *f* récession *f*
rezitieren *vt* réciter
Rhabarber (**-s**) *m* rhubarbe *f*
Rhein (**-(e)s**) *m* Rhin *m*
Rheinland-Pfalz *nt* la Rhénanie-Palatinat
Rhesusfaktor *m* facteur *m* rhésus
Rhetorik *f* rhétorique *f*
rhetorisch *adj* rhétorique
Rheuma *nt* (**-s**) rhumatisme *m*
Rhinozeros (**-** *od* **-ses, -se**) *nt* rhinocéros *m*

Rhodos (-) *nt* Rhodes
rhythmisch *adj* rythmique
Rhythmus (-) *m* rythme *m*
richten *vt* (*lenken*) diriger ; (*einstellen*) régler ; (*instand setzen*) réparer ; (*zurechtmachen*) préparer ; (*bestrafen*) juger ▶ *vi* (*urteilen*): **~ über** +*Akk* juger ▶ *vr*: **sich nach jdm ~** faire comme cela convient à qn
Richter(in) (**-s, -**) *m(f)* juge *mf* • **richterlich** *adj* du juge
richtig *adj* bon (bonne) ; (*echt, ordentlich*) vrai(e) ▶ *adv* (*korrekt*) correctement, juste ; **das R~e** ce qu'il faut • **Richtigkeit** *f* (*von Antwort*) exactitude *f* ; (*von Verhalten*) justesse *f* • **Richtigstellung** *f* correction *f*
Richtlinie *f* directive *f*
Richtpreis *m* prix *m* indicatif
Richtung *f* direction *f* ; (*Tendenz*) tendance *f*
Richtungstaste *f* touche *f* directionnelle
rieb *etc vb siehe* **reiben**
riechen *irr vt, vi* sentir ; **ich kann das/ihn nicht ~** (*fam*) je ne peux sentir ça/le sentir ; **an etw** *Dat* **~** sentir *od* renifler qch ; **es riecht nach Gas** ça sent le gaz
rief *etc vb siehe* **rufen**
Riege *f* équipe *f*
Riegel (**-s, -**) *m* (*Schieber*) verrou *m* ; (*von Schokolade*) barre *f*
Riemen (**-s, -**) *m* (*Treibriemen*) courroie *f* ; (*Band*) ceinture *f*
Riese (**-n, -n**) *m* géant *m*
rieseln *vi* (*Wasser*) couler ; (*Schnee, Staub*) tomber doucement
Riesenerfolg *m* succès *m* fou
riesengroß *adj* énorme, gigantesque
Riesenrad *nt* grande roue *f*
riesig *adj* énorme
Riesin *f* géante *f*
riet *etc vb siehe* **raten**
Riff (**-(e)s, -e**) *nt* récif *m*
Rille *f* rainure *f*
Rind (**-(e)s, -er**) *nt* bœuf *m*
Rinde *f* (*Baumrinde*) écorce *f* ; (*Brotrinde, Käserinde*) croûte *f*
Rinderbraten *m* rôti *m* de bœuf
Rindfleisch *nt* viande *f* de bœuf
Rindsbraten *m* rôti *m* de bœuf
Rindvieh *nt* bétail *m* ; (*fam*) imbécile *m*
Ring (**-(e)s, -e**) *m* anneau *m* ; (*Schmuck*) bague *f* ; (*Kreis, Vereinigung*) cercle *m* ; (*Boxring*) ring *m* • **Ringbuch** *nt* classeur *m*
Ringelnatter *f* couleuvre *f*
ringen *irr vi* lutter ; **~ um** lutter pour • **Ringen** (**-s**) *nt* lutte *f*
Ringfinger *m* annulaire *m*
ringförmig *adj* circulaire
Ringkampf *m* lutte *f*
Ringrichter *m* arbitre *m*
rings *adv* tout autour ; **~ um das Haus standen Bäume** il y avait des arbres tout autour de la maison
ringsherum *adv* tout autour
Ringstraße *f* boulevard *m* périphérique
Rinne *f* rigole *f*
rinnen *irr vi* (*Gefäß*) fuir ; (*Flüssigkeit*) couler
Rinnsal (**-s, -e**) *nt* filet *m* d'eau
Rinnstein *m* caniveau *m*
Rippchen *nt* côte *f* de porc
Rippe *f* côte *f*
Rippenfellentzündung *f* pleurésie *f*
Risiko (**-s, -s** *od* **Risiken**) *nt* risque *m*
riskant *adj* risqué(e)
riskieren *vt* risquer
riss *etc vb siehe* **reißen**
Riss (**-es, -e**) *m* (*in Mauer etc*) fissure *f* ; (*in Haut*) gerçure *f* ; (*in Papier, Stoff*) déchirure *f*
rissig *adj* (*Mauer*) fissuré(e) ; (*Hände*) gercé(e)
ritt *etc vb siehe* **reiten**
Ritt (**-(e)s, -e**) *m* chevauchée *f*
Ritter (**-s, -**) *m* chevalier *m* • **ritterlich** *adj* chevaleresque • **Rittertum** *nt* chevalerie *f* • **Ritterzeit** *f* âge *m* de la chevalerie
rittlings *adv* à cheval
Ritus (**-, Riten**) *m* rite *m*
Ritze *f* fissure *f*
ritzen *vt* graver
Rivale (**-n, -n**) *m*, **Rivalin** *f* rival(e) *m/f*
Rivalität *f* rivalité *f*
Rizinusöl *nt* huile *f* de ricin
Robbe *f* phoque *m*
Robe *f* (*Festkleid*) robe *f* de soirée
Roboter (**-s, -**) *m* robot *m*
roch *etc vb siehe* **riechen**
röcheln *vi* respirer bruyamment ; (*Sterbender*) râler
Rock (**-(e)s, ¨-e**) *m* jupe *f* ; (*Jackett*) veston *m*
Rockgruppe *f* groupe *m* de rock
Rockmusik *f* rock *m*
Rodel (**-s, -**) *m* luge *f* • **Rodelbahn** *f* piste *f* de luge
rodeln *vi* luger
roden *vt* déboiser ; (*Bäume*) abattre
Rogen (**-s, -**) *m* œufs *mpl* de poisson
Roggen (**-s, -**) *m* seigle *m* • **Roggenbrot** *nt* pain *m* de seigle
roh *adj* (*ungekocht*) cru(e) ; (*unbearbeitet*) brut(e) ; (*grob*) grossier(-ière) • **Rohbau** *m* gros œuvre *m* • **Roheisen** *nt* fonte *f* • **Rohling** *m* (*Mensch*) brute *f* • **Rohöl** *nt* pétrole *m* brut

Rohr (**-(e)s, -e**) *nt* tuyau *m* ; (*Bot*) roseau *m* • **Rohrbruch** *m* tuyau *m* crevé
Röhre *f* tube *m* ; (*für Wasser*) tuyau *m* ; (*Backröhre*) four *m*
Rohrleitung *f* conduite *f*
Rohrstock *m* canne *f*
Rohrstuhl *m* chaise *f* en osier
Rohrzucker *m* sucre *m* de canne
Rohseide *f* soie *f* grège
Rohstoff *m* matière *f* première
Rokoko (**-(s)**) *nt* rococo *m*
Rollbrett *nt* skate(board) *m*
Rolle *f* rouleau *m* ; (*Garnrolle etc*) bobine *f* ; (*unter Möbeln etc*) roulette *f* ; (*Théât*) rôle *m* ; **eine ~ spielen** jouer un rôle ; **das spielt keine ~** ça n'a pas d'importance
rollen *vt, vi* rouler
Rollenbesetzung *f* distribution *f* des rôles
Rollenspiel *nt* jeu *m* de rôles
Rollentausch *m* permutation *f* des rôles
Roller (**-s, -**) *m* (*für Kinder*) trottinette *f* ; (*Motorroller*) scooter *m*
Rollfeld *nt* piste *f*
Rollladen *m* store *m*
Rollmops *m* rollmops *m*
Rollschuh *m* patin *m* à roulettes
Rollstuhl *m* fauteuil *m* roulant
rollstuhlgerecht *adj* accessible aux fauteuils roulants
Rolltreppe *f* escalator *m*, escalier *m* roulant
Rom (**-s**) *nt* Rome
Roman (**-s, -e**) *m* roman *m*
Romantik *f* romantisme *m*
Romantiker(in) (**-s, -**) *m(f)* romantique *mf*
romantisch *adj* romantique
Romanze *f* romance *f* ; (*Liebelei*) histoire *f* d'amour
Römer(in) (**-s, -**) *m(f)* Romain(e)
römisch *adj* romain(e) • **römisch-katholisch** *adj* catholique romain(e)
röntgen *vt* radiographier • **Röntgenaufnahme** *f* radio(graphie) *f* • **Röntgenstrahlen** *pl* rayons *mpl* X
rosa *adj inv* rose
Rose *f* rose *f*
Rosé (**-s, -s**) *m* (*Wein*) rosé *m*
Rosenkohl *m* choux *mpl* de Bruxelles
Rosenkranz *m* chapelet *m*
Rosenmontag *m* lundi *m* de carnaval
Rosette *f* (*Fenster*) rosace *f* ; (*aus Papier*) rosette *f*
rosig *adj* rose
Rosine *f* raisin *m* sec
Rosmarin (**-s**) *m* romarin *m*
Ross (**-es, -e**) *nt* cheval *m*
Rosskastanie *f* marronnier *m* ; (*Frucht*) marron *m*
Rost (**-(e)s, -e**) *m* rouille *f* ; (*Gitter*) grille *f* ; (*Bettrost*) sommier *m* • **Rostbraten** *m rôti cuit sur le gril*
rosten *vi* rouiller
rösten *vt* griller
rostfrei *adj* inoxydable
Rösti *pl* rösti *mpl*
rostig *adj* rouillé(e)
Rostschutz *m* (*Mittel*) antirouille *m*
rot *adj* rouge
Rotation *f* rotation *f*
rotbäckig *adj* aux joues rouges
rotblond *adj* blond roux
Röte (**-**) *f* rougeur *f*
Röteln *pl* rubéole *fsg*
röten *vt, vr* rougir
rothaarig *adj* roux (rousse)
rotieren *vi* tourner ; (*fam: sich aufregen*) paniquer
Rotkäppchen *nt* le petit chaperon rouge
Rotkehlchen *nt* rouge-gorge *m*
Rotstift *m* crayon *m* rouge
Rotwein *m* vin *m* rouge
Rotz (**-es, -e**) (*fam*) *m* morve *f* • **rotzfrech** (*fam*) *adj* effronté(-e)
Roulade *f* paupiette *f*
Route *f* itinéraire *m*
Routine *f* expérience *f* ; (*Gewohnheit*) routine *f*
Rowdy (**-s, -s**) *m* voyou *m*
RSI-Syndrom *nt abk* (= *Repetitive-Strain-Injury-Syndrom*) TMS *mpl*
rubbeln *vt, vi* frotter
Rübe *f*: **Gelbe ~** carotte *f* ; **Rote ~** betterave *f* (rouge)
Rübenzucker *m* sucre *m* de betterave
Rubin (**-s, -e**) *m* rubis *m*
Rubrik *f* (*Kategorie*) rubrique *f* ; (*Spalte*) colonne *f*
Ruck (**(e)s, -e**) *m* secousse *f* ; **sich** *Dat* **einen ~ geben** se secouer
Rückantwort *f* réponse *f*
rückbezüglich *adj* réfléchi(e)
Rückblende *f* flash-back *m*
rückblickend *adv* avec le recul
rücken *vt* (*Möbel*) déplacer ; (*Spielfiguren*) jouer ▶ *vi* bouger, se déplacer ; (*Platz machen*) se pousser ; **an jds Stelle ~** prendre la place de qn
Rücken (**-s, -**) *m* dos *m* ; (*Nasenrücken*) arête *f* ; (*Bergrücken*) crête *f*
Rückendeckung *f* soutien *m*
Rückenlehne *f* dossier *m*
Rückenmark *nt* moelle *f* épinière
Rückenschwimmen *nt* nage *f* sur le dos
Rückenwind *m* vent *m* arrière
Rückerstattung *f* remboursement *m*
Rückfahrkarte *f* billet *m* aller-retour

r

Rückfahrt *f* retour *m*
Rückfall *m* (*von Patient*) rechute *f* ; (*von Verbrecher*) récidive *f*
rückfällig *adj* (*Kranker*) qui fait une rechute ; (*Verbrecher*) récidiviste ; **~ werden** récidiver
Rückflug *m* (vol *m* de) retour *m*
Rückfrage *f* demande *f* de précisions
Rückgabe *f* (*von Dingen*) restitution *f*
Rückgang *m* baisse *f*
rückgängig *adj*: **etw ~ machen** annuler qch
Rückgrat (**-(e)s, -e**) *nt* colonne *f* vertébrale
Rückgriff *m*: **~ auf** +*Akk* recours à
Rückhalt *m* (*Unterstützung*) soutien *m* ; (*Einschränkung*) réserve *f*
rückhaltlos *adj* (*Offenheit*) total(e)
Rückhand *f* revers *m*
Rückkehr (**-, -en**) *f* retour *m*
Rückkoppelung *f* rétroaction *f*
Rücklage *f* (*Reserve*) réserve *f*
rückläufig *adj* (*Entwicklung*) régressif(-ive) ; (*Preise*) en baisse
Rücklicht *nt* feu *m* arrière
rücklings *adv* par derrière
Rücknahme *f* reprise *f*
Rückporto *nt* port *m* pour la réponse
Rückreise *f* (voyage *m* de) retour *m*
Rückruf *m* rappel *m*
Rucksack *m* sac *m* à dos
Rückschau *f* rétrospective *f*
Rückschluss *m* conclusion *f*
Rückschritt *m* régression *f*
rückschrittlich *adj* rétrograde
Rückseite *f* dos *m* ; (*von Papier*) verso *m* ; (*von Münze etc*) revers *m*
Rücksicht *f* considération *f* ; **~ auf jdn/etw nehmen** tenir compte de qn/qch
rücksichtslos *adj* (*Mensch*) qui manque d'égards ; (*Fahren*) imprudent(e) ; (*unbarmherzig*) impitoyable
rücksichtsvoll *adj* prévenant(e)
Rücksitz *m* siège *m* arrière
Rückspiegel *m* rétroviseur *m*
Rückspiel *nt* match *m* retour
Rücksprache *f* entretien *m*
Rückstand *m* (*Außenstände*) arriéré *m* ; **im ~ sein** être en retard
rückständig *adj* (*Methoden*) dépassé(e) ; (*Zahlungen*) dû (due)
Rückstoß *m* (*von Gewehr*) recul *m*
Rückstrahler (**-s, -**) *m* catadioptre *m*
Rücktaste *f* touche *f* retour
Rücktritt *m* démission *f*
Rücktrittbremse *f* frein *m* à rétropédalage
Rückvergütung *f* remboursement *m*
rückwärts *adv* en arrière
Rückwärtsgang *m* marche *f* arrière
Rückweg *m* retour *m*
rückwirkend *adj* rétroactif(-ive)
Rückwirkung *f* effet *m* rétroactif ; **eine Gesetzesänderung mit ~ vom …** un amendement avec effet rétroactif à compter du …
Rückzahlung *f* remboursement *m*
Rückzieher *m*: **einen ~ machen** se défiler
Rückzug *m* retraite *f*
Rucola (-) *f* roquette *f*
rüde *adj* brutal(e)
Rüde (**-n, -n**) *m* (*Zool*) mâle *m* (*du chien, du loup etc*)
Rudel (**-s, -**) *nt* (*von Wölfen*) bande *f* ; (*von Hirschen*) troupeau *m*
Ruder (**-s, -**) *nt* rame *f* ; (*Steuer*) gouvernail *m* • **Ruderboot** *nt* bateau *m* à rames • **Ruderer** (**-s, -**) *m* rameur(-euse) *m/f*
rudern *vt* (*Boot*) faire avancer (en ramant) ▶ *vi* ramer
Ruf (**-(e)s, -e**) *m* cri *m* ; (*Ansehen*) réputation *f*
rufen *irr vt* appeler ▶ *vi* appeler, crier ; **nach jdm/etw ~** appeler qn/qch
Rufname *m* prénom *m* (usuel)
Rufnummer *f* numéro *m* de téléphone
Rufzeichen *nt* (*Tél*) tonalité *f*
Rüge *f* réprimande *f*
rügen *vt* réprimander
Ruhe (-) *f* calme *m* ; (*Schweigen*) silence *m* ; (*Ausruhen, Stillstand*) repos *m* ; (*Ungestörtheit*) tranquillité *f* ; **~!** silence ! ; **sich zur ~ setzen** prendre sa retraite • **ruhelos** *adj* agité(e)
ruhen *vi* (*ausruhen*) se reposer ; (*begraben sein*) reposer
Ruhepause *f* pause *f*
Ruhestand *m* retraite *f*
Ruhestätte *f*: **letzte ~** dernière demeure *f*
Ruhestörung *f* atteinte *f* à la tranquillité ; **nächtliche ~** tapage *m* nocturne
Ruhetag *m* jour *m* de repos
ruhig *adj* calme ; (*Wochenende, Leben*) tranquille ; **kommen Sie ~ herein** mais entrez donc !
Ruhm (**-(e)s**) *m* gloire *f*
rühmen *vt* louer, vanter ▶ *vr* se vanter
rühmlich *adj* glorieux(-euse)
ruhmlos *adj* sans gloire
ruhmreich *adj* glorieux(-euse)
Ruhr (-) *f* (*Méd*) dysenterie *f*
Rührei *nt* œufs *mpl* brouillés

rühren *vt* remuer ; (*Gemüt bewegen*) toucher ▶ *vr* bouger ; **von etw ~** provenir de qch ; **~ an** +*Akk* toucher à
rührend *adj* touchant(e)
Ruhrgebiet *nt* Ruhr *f*
rührig *adj* actif(-ive)
rührselig *adj* sentimental(e)
Rührung *f* émotion *f*
Ruin (**-s, -e**) *m* ruine *f*
Ruine *f* ruine *f*
ruinieren *vt* (*Person*) ruiner ; (*Stoff*) abîmer
rülpsen (*fam*) *vi* roter
Rum (**-s, -s**) *m* rhum *m*
Rumäne (**-n, -n**) *m* Roumain *m*
Rumänien (**-s**) *nt* la Roumanie
Rumänin *f* Roumaine *f*
rumänisch *adj* roumain(e)
Rummel (**-s**) (*fam*) *m* tapage *m* ; (*Jahrmarkt*) foire *f* • **Rummelplatz** *m* champ *m* de foire
rumoren *vi* faire du bruit
Rumpelkammer *f* débarras *m*
rumpeln *vi* (*Donner*) gronder ; (*Wagen*) cahoter
Rumpf (**-(e)s, ⸚e**) *m* tronc *m* ; (*Aviat*) fuselage *m* ; (*Naut*) coque *f*
rümpfen *vt* froncer
rund *adj* rond(e) ▶ *adv* (*ungefähr*) environ ; **~ um die Welt reisen** faire le tour du monde • **Rundbogen** *m* arc *m* en plein cintre • **Rundbrief** *m* circulaire *f*
Runde *f* (*Rundgang*) ronde *f* ; (*in Rennen*) tour *m* ; (*Gesellschaft*) cercle *m* ; (*von Getränken*) tournée *f*
runden *vt* arrondir ▶ *vr* (*fig*) se préciser
runderneuert *adj* rechapé(e)
Rundfahrt *f* circuit *m*
Rundfunk *m* radio *f* ; **im ~** à la radio • **Rundfunkanstalt** *f* station *f* de radio • **Rundfunkempfang** *m* réception *f* • **Rundfunkgebühr** *f* redevance *f* radio • **Rundfunkgerät** *nt* radio *f* • **Rundfunksendung** *f* émission *f* de radio
rundlich *adj* rondelet(te) ; (*Gesicht*) rond(e)
Rundmail *f* mail *m* groupé
Rundreise *f* circuit *m*
Rundschreiben *nt* circulaire *f*
Rundung *f* (*von Gewölbe*) courbure *f* ; (*von Wange*) rondeur *f*
runter (*fam*) *adv* = **herunter**; **hinunter**
Runzel (**-, -n**) *f* ride *f*
runzelig *adj* ridé(e)
runzeln *vt* plisser ; **die Stirn ~** froncer les sourcils
Rüpel (**-s, -**) *m* mufle *m* • **rüpelhaft** *adj* grossier(-ière)
rupfen *vt* (*Huhn*) plumer ; (*Federn, Gras, Unkraut*) arracher
Rupfen (**-s, -**) *m* (toile *f* de) jute *m*
ruppig *adj* (*unhöflich*) brusque
Rüsche *f* ruche *f*
Ruß (**-es**) *m* suie *f*
Russe (**-n, -n**) *m* Russe *m*
Rüssel (**-s, -**) *m* trompe *f*
rußen *vi* fumer
rußig *adj* couvert(e) de suie
Russin *f* Russe *f*
russisch *adj* russe
Russland *nt* la Russie
rüsten *vi* (*Mil*) s'armer ▶ *vr* se préparer
rüstig *adj* alerte • **Rüstigkeit** *f* vigueur *f*
Rüstung *f* armement *m* ; (*Ritterrüstung*) armure *f*
Rüstungskontrolle *f* contrôle *m* des armements
Rüstungswettlauf *m* course *f* à l'armement
Rüstzeug *nt* outils *mpl* ; (*Wissen*) connaissances *fpl*
Rute *f* baguette *f*
Rutsch (**-(e)s, -e**) *m*: **~ nach links/rechts** (*Pol*) glissement *m* à gauche/droite • **Rutschbahn** *f* toboggan *m*
rutschen *vi* glisser ; (*ausrutschen, Auto*) déraper
rutschfest *adj* antidérapant(e)
rutschig *adj* glissant(e)
rütteln *vt* secouer

S

S, s *nt* S, s *m inv*
Saal (**-(e)s, Säle**) *m* salle *f*
Saarland *nt*: **das ~** la Sarre
Saat (**-, -en**) *f* (*Pflanzen*) semis *mpl* ; (*Säen*) semailles *fpl*
sabbern (*fam*) *vi* baver
Säbel (**-s, -**) *m* sabre *m*
Sabotage *f* sabotage *m*
sabotieren *vt* saboter
Sachbearbeiter(in) *m(f)* spécialiste *mf* ; (*Beamter*) responsable *mf*
sachdienlich *adj* utile
Sache *f* affaire *f* ; (*Ding*) chose *f* ; (*Thema*) sujet *m* ; **zur ~!** venons-en au fait !
sachgemäß *adj* adéquat(e)
sachkundig *adj* compétent(e)
Sachlage *f* circonstances *fpl*
sachlich *adj* objectif(-ive)
sächlich *adj* neutre
Sachschaden *m* dommage *m* matériel
Sachsen (**-s**) *nt* la Saxe
Sachsen-Anhalt *nt* la Saxe-Anhalt
sächsisch *adj* saxon(ne)
sacht, sachte *adv* doucement ; (*allmählich*) peu à peu
Sachverständige(r) *f(m)* expert(e) *m/f*
Sack (**-(e)s, ¨-e**) *m* sac *m*
Sackgasse *f* cul-de-sac *m*
Sadismus *m* sadisme *m*
Sadist(in) *m(f)* sadique *mf*
sadistisch *adj* sadique
säen *vt, vi* semer
Safe (**-s, -s**) *m od nt* coffre-fort *m*
Saft (**-(e)s, ¨-e**) *m* jus *m* ; (*Bot*) sève *f*
saftig *adj* juteux(-euse) ; (*Ohrfeige*) retentissant(e) ; (*Rechnung*) salé(e)
saftlos *adj* sans jus
Sage *f* légende *f*
Säge *f* scie *f* • **Sägemehl** *nt* sciure *f*
sagen *vt, vi* dire
sägen *vt* scier
sagenhaft *adj* légendaire ; (*fam: Glück etc*) incroyable
Sägewerk *nt* scierie *f*
sah *etc vb siehe* **sehen**
Sahara *f* Sahara *m*
Sahne (**-**) *f* crème *f* ; **saure ~** crème *f* fraîche
Saison (**-, -s**) *f* saison *f*
Saisonarbeiter(in) *m(f)* saisonnier(-ière)
Saite *f* corde *f*
Saiteninstrument *nt* instrument *m* à cordes
Sakko (**-s, -s**) *m od nt* veste *f*
Sakrament *nt* sacrement *m*
Sakristei *f* sacristie *f*
Salat (**-(e)s, -e**) *m* salade *f* ; (*Kopfsalat auch*) laitue *f* • **Salatsoße** *f* vinaigrette *f*
Salbe *f* pommade *f*
Salbei (**-s** *od* **-**) *m od f* sauge *f*
salbungsvoll *adj* onctueux(-euse)
Saldo (**-s, Salden**) *m* solde *m*
Salmiak (**-s**) *m* chlorure *m* d'ammonium • **Salmiakgeist** *m* ammoniaque *f*
Salmonellen *pl* salmonelles *fpl*
Salon (**-s, -s**) *m* salon *m*
salopp *adj* (*Kleidung, Manieren*) décontracté(e) ; (*Ausdrucksweise, Sprache*) familier(-ière)
Salpeter (**-s**) *m* salpêtre *m* • **Salpetersäure** *f* acide *m* nitrique
Salut (**-(e)s, -e**) *m* salut *m*
salutieren *vt* saluer
Salve *f* salve *f*
Salz (**-es, -e**) *nt* sel *m*
Salzburg *nt* Salzbourg
salzen *vt* saler
salzig *adj* salé(e)
Salzkartoffeln *pl* pommes *fpl* de terre à l'eau
Salzsäure *f* acide *m* chlorhydrique
Salzstange *f pâtisserie salée, semblable au bretzel, mais de forme allongée*
Salzstreuer *m* salière *f*
Salzwasser *nt* (*Meerwasser*) eau *f* de mer
Sambia (**-s**) *nt* la Zambie
Samen (**-s, -**) *m* (*Bot*) graine *f* ; (*Sperma*) sperme *m*
Sammelband *m* anthologie *f*
Sammelbecken *nt* réservoir *m* ; (*fig*) ramassis *m*
Sammelbegriff *m* terme *m* générique
Sammelbestellung *f* commande *f* groupée
sammeln *vt* (*Beeren*) ramasser ; (*Geld*) collecter ; (*Unterschriften*) recueillir ; (*Truppen*) rassembler ; (*als Hobby*) collectionner ▶ *vr* se rassembler ; (*konzentrieren*) se concentrer

Sammlung *f (das Sammeln)* collecte *f* ; *(das Gesammelte)* collection *f* ; *(Konzentration)* concentration *f*
Samstag *m* samedi *m*
samstags *adv* le samedi
samt *präp +Dat* avec ▶ *adv*: **~ und sonders** tous sans exception
Samt (**-(e)s, -e**) *m* velours *m*
Sand (**-(e)s, -e**) *m* sable *m*
Sandale *f* sandale *f*
Sandbank *f* banc *m* de sable
Sandelholz *nt* bois *m* de santal
sandig *adj (Boden)* sablonneux(-euse)
Sandkasten *m* bac *m* à sable
Sandkuchen *m* ≈ gâteau *m* de Savoie
Sandpapier *nt* papier *m* de verre
Sandstein *m* grès *m*
sandstrahlen *vt* décaper à la sableuse
Sandstrand *m* plage *f* de sable
sandte *etc vb siehe* **senden**
Sanduhr *f* sablier *m*
sanft *adj* doux(douce) • **sanftmütig** *adj* doux(douce)
sang *etc vb siehe* **singen**
Sänger(in) (**-s, -**) *m(f)* chanteur(-euse)
sanieren *vt (Stadt, Haus)* rénover ; *(Betrieb)* remettre à flot ▶ *vr (Unternehmen)* se remettre à flot
Sanierung *f (von Stadt)* rénovation *f* ; *(von Betrieb)* renflouement *m*
sanitär *adj* sanitaire ; **~e Anlagen** (installations *fpl*) sanitaires *mpl*
Sanitäter (**-s, -**) *m* secouriste *mf*
sank *etc vb siehe* **sinken**
Sanktion *f* sanction *f*
sanktionieren *vt* sanctionner
sann *etc vb siehe* **sinnen**
Saphir (**-s, -e**) *m* saphir *m*
Sardelle *f* anchois *m*
Sardine *f* sardine *f*
Sarg (**-(e)s, ¨-e**) *m* cercueil *m*
Sarkasmus *m* sarcasme *m*
sarkastisch *adj* sarcastique
SARS, Sars *abk (= Schweres Akutes Respiratorisches Syndrom)* SRAS *m*
saß *etc vb siehe* **sitzen**
Satellit (**-en, -en**) *m* satellite *m*
Satellitenfernsehen *nt* télévision *f* par satellite
Satellitenfoto *nt* photo *f* satellite
Satellitenstadt *f* cité-satellite *f*
Satellitenübertragung *f* transmission *f* par satellite
Satire *f* satire *f*
satirisch *adj* satirique
satt *adj* rassasié(e) ; *(Farbe)* vif(vive) ; **jdn/etw ~ sein** *(fam)* en avoir marre de qn/qch ; **sich ~ essen** manger à sa faim
Sattel (**-s, ¨-e**) *m* selle *f* • **sattelfest** *adj (fig)*: **in etw** *Dat* **~ sein** être ferré(e) en qch
satteln *vt* seller
sättigen *vt* rassasier ; *(Chim)* saturer
Satz (**-es, ¨-e**) *m* phrase *f* ; *(Lehrsatz)* principe *m* ; *(Math)* théorème *m* ; *(der gesetzte Text)* composition *f* ; *(Mus)* mouvement *m* ; *(von Töpfen, Briefmarken etc)* série *f* ; *(Sport)* set *m* ; *(Kaffeesatz)* marc *m* ; *(großer Sprung)* bond *m* • **Satzgegenstand** *m* sujet *m* • **Satzlehre** *f* syntaxe *f* • **Satzteil** *m* syntagme *m*
Satzung *f* statuts *mpl*
satzungsgemäß *adj* conforme aux statuts
Satzzeichen *nt* signe *m* de ponctuation
Sau (**-, Säue**) *f* truie *f* ; *(vulg: schmutzig)* cochon(ne) *m/f*
sauber *adj* propre ; *(anständig)* honnête ; *(ironisch)* joli(e) • **Sauberkeit** *f* propreté *f*
säuberlich *adv* soigneusement
Saubermann *m homme qui prétend être honnête*
säubern *vt* nettoyer ; *(Pol etc)* purger
Sauce *f* = **Soße**
Saudi-Arabien (**-s**) *nt* l'Arabie *f* saoudite
sauer *adj* acide ; *(Wein)* aigre ; *(Milch)* caillé(e) ; *(fam: verdrießlich)* fâché(e) ; **saurer Regen** pluies *fpl* acides
Sauerei *(fam) f* cochonnerie *f*
Sauerkraut *nt* choucroute *f*
säuerlich *adj (Geschmack)* aigrelet(te) ; *(Gesicht)* vexé(e)
Sauermilch *f* lait *m* caillé
Sauerstoff *m* oxygène *m*
Sauerstoffgerät *nt (im Flugzeug)* masque *m* à oxygène
Sauerteig *m* levain *m*
saufen *irr vt* boire ▶ *vi* s'abreuver ; *(fam: viel trinken)* picoler
Säufer(in) (**-s, -**) *(fam) m(f)* ivrogne *mf*
Sauferei *(fam) f (Saufgelage)* beuverie *f*
saugen *irr vt (Flüssigkeit)* sucer, aspirer ▶ *vi*: **~ an** *+Dat (Pfeife)* tirer sur
säugen *vt* allaiter
Sauger (**-s, -**) *m (auf Flasche)* tétine *f*
Säugetier *nt* mammifère *m*
Säugling *m* nourrisson *m*
Säule *f* colonne *f*, pilier *m*
Saum (**-(e)s, Säume**) *m (von Kleid etc)* ourlet *m*
säumen *vt (Kleid)* ourler ; *(umgeben)* border
Sauna (**-, -s**) *f* sauna *m*
Säure (**-, -n**) *f (Chim)* acide *m* ; *(Geschmack)* acidité *f* • **säurebeständig** *adj* résistant(e) aux acides

säurehaltig *adj* acide
säuseln *vi* (*Wind*) murmurer ; (*sprechen*) susurrer
sausen *vi* mugir ; (*Ohren*) bourdonner ; (*fam: eilen*) foncer
Saustall (*fam*) *m* porcherie *f*
Saxofon, Saxophon (**-s, -e**) *nt* saxophone *m*
S-Bahn *f abk* (= *Schnellbahn, Stadtbahn*) train *m* de banlieue
scannen *vt* (*Inform*) scanner
Scanner (**-s, -**) *m* (*Inform*) scanner *m*
Schabe *f* blatte *f*, cafard *m*
schaben *vt* gratter ; (*reiben, scheuern*) racler
Schabernack (**-(e)s, -e**) *m* farce *f*
schäbig *adj* miteux(-euse) ; (*gemein*) infect(e)
Schablone *f* pochoir *m* ; (*fig*) stéréotype *m*
schablonenhaft *adj* stéréotypé(e)
Schach (**-s, -s**) *nt* échecs *mpl* ; (*Stellung*) échec *m* • **Schachbrett** *nt* échiquier *m*
Schachfigur *f* pièce *f* d'échecs
schachmatt *adj* échec et mat
Schachpartie *f* partie *f* d'échecs
Schacht (**-(e)s, ⸚e**) *m* puits *m* ; (*für Aufzug*) cage *f*
Schachtel (**-, -n**) *f* boîte *f*
schade *adj*: **das ist ~** c'est dommage ; **für etw zu ~ sein** être trop beau(belle) pour qch ; **sich** *Dat* **für etw zu ~ sein** ne pas s'abaisser à faire qch
Schädel (**-s, -**) *m* crâne *m* • **Schädelbruch** *m* fracture *f* du crâne
schaden *vi* nuire
Schaden (**-s, ⸚**) *m* dommages *mpl*, dégâts *mpl* ; (*körperlich*) lésion *f* ; (*Nachteil*) perte *f*
Schadenersatz *m* dommages et intérêts *mpl*
schadenersatzpflichtig *adj* tenu(e) de payer des dommages et intérêts
Schadenfreiheitsrabatt *m* bonus *m*
Schadenfreude *f* joie *f* malveillante
schadenfroh *adj* qui se réjouit du malheur des autres
schadhaft *adj* endommagé(e)
schädigen *vt* nuire à
schädlich *adj* (*Stoffe*) dangereux(-euse), nocif(-ive) ; (*Tier*) nuisible
Schädlichkeit *f* (*von Stoffen*) nocivité *f*
Schädling *m* animal *m* nuisible
Schädlingsbekämpfungsmittel *nt* pesticide *m*
schadlos *adj*: **sich ~ halten an** +*Dat* se venger sur
Schadstoff *m* substance *f* toxique • **schadstoffarm** *adj* qui contient peu de substances nocives
Schaf (**-(e)s, -e**) *nt* mouton *m* ; (*Mutterschaf*) brebis *f* • **Schafbock** *m* bélier *m*
Schäfchen *nt* agneau *m* ; **sein ~ ins Trockene bringen** (*fig*) faire sa pelote
Schäfchenwolken *pl* nuages *mpl* moutonnés
Schäfer(in) (**-s, -**) *m(f)* berger(-ère) • **Schäferhund** *m* berger *m* allemand
schaffen[1] *irr vt* (*Werk*) créer ; (*Ordnung*) rétablir ; (*Platz*) faire ; **sich** *Dat* **Feinde ~** se faire des ennemis
schaffen[2] *vt* (*bewältigen*) arriver à faire ; (*: Prüfung*) réussir ; (*transportieren*) transporter
Schaffensdrang *m* impulsion *f* créatrice
Schaffenskraft *f* créativité *f*
Schaffner(in) (**-s, -**) *m(f)* contrôleur(-euse)
Schaffung *f* création *f*
Schaft (**-(e)s, ⸚e**) *m* (*von Werkzeug etc*) manche *m* ; (*von Gewehr*) crosse *f* ; (*von Stiefel*) tige *f*
Schaftstiefel *m* botte *f* haute
Schakal (**-s, -e**) *m* chacal *m*
schäkern (*fam*) *vi* (*scherzen*) blaguer
schal *adj* (*Geschmack*) pas frais(fraîche)
Schal (**-s, -e** *od* **-s**) *m* écharpe *f*
Schälchen *nt* coupelle *f*
Schale *f* (*Kartoffelschale, Obstschale*) peau *f* ; (*: abgeschält*) pelure *f* ; (*Nussschale, Muschelschale, Eischale*) coquille *f* ; (*Schüssel*) coupe *f*
schälen *vt* (*Kartoffeln, Obst*) éplucher ▶ *vr* (*Haut*) peler
Schall (**-(e)s, -e**) *m* son *m* • **Schalldämpfer** *m* (*Auto*) pot *m* d'échappement ; (*an Gewehr*) silencieux *m* • **schalldicht** *adj* insonorisé(e)
schallen *vi* résonner
schallend *adj* (*Ton*) sonore ; (*Ohrfeige*) retentissant(e)
Schallplatte *f* disque *m*
Schalotte *f* échalote *f*
schalt *etc vb siehe* **schelten**
Schaltbild *nt* schéma *m* des circuits
Schaltbrett *nt* tableau *m* de commande
schalten *vt* mettre ▶ *vi* (*Auto*) changer de vitesse ; (*fam: begreifen*) piger ; **ein Gerät auf ein/aus ~** mettre en marche/arrêter un appareil ; **~ und walten** faire à sa guise
Schalter (**-s, -**) *m* (*Élec*) interrupteur *m* ; (*bei Post, Bank: Fahrkartenschalter*) guichet *m* • **Schalterbeamter** *m* guichetier(-ière) *m/f* • **Schalterstunden** *pl* heures *fpl* d'ouverture (des guichets)
Schaltfläche *f* (*Inform*) bouton *m*

Schalthebel *m* levier *m* de commande ; (*Auto*) levier *m* (de changement) de vitesse
Schaltjahr *nt* année *f* bissextile
Schaltkreis *m* circuit *m* intégré
Schaltung *f* (*Élec*) circuit *m* ; (*Auto*) changement *m* de vitesse
Scham (-) *f* honte *f* ; (*Organe*) parties *fpl* génitales
schämen *vr* avoir honte ; **sich jds/einer Sache** *od* **für jdn/etw ~** avoir honte de qn/qch
Schamhaare *pl* poils *mpl* du pubis
schamhaft *adj* honteux(-euse)
schamlos *adj* éhonté(e)
Schande (-) *f* honte *f*
schänden *vt* (*Frau, Kind*) violer ; (*Grab*) profaner ; (*Namen, Ansehen*) souiller
schändlich *adj* honteux(-euse)
Schandtat *f* infamie *f* ; (*fam*) folie *f*
Schändung *f* (*von Frau, Kind*) viol *m* ; (*von Grab*) profanation *f* ; (*von Namen*) discrédit *m*
Schankerlaubnis *f* licence *f* (de débit de boissons)
Schanktisch *m* comptoir *m*
Schanze *f* (*Sprungschanze*) tremplin *m*
Schar (**-, -en**) *f* (*von Personen*) foule *f* ; (*von Vögeln*) volée *f* ; **in ~en** en grand nombre
scharen *vr* s'assembler, se rassembler
scharenweise *adv* en grand nombre
scharf *adj* (*Klinge*) tranchant(e) ; (*Wind, Kälte*) glacial(e) ; (*Ton*) aigu(ë) ; (*Essen*) épicé(e) ; (*Worte*) dur(e) ; (*Kritik*) acerbe ; (*Vorgesetzter, Maßnahmen*) sévère ; (*Hund*) méchant(e) ; (*Auge*) perçant(e) ; (*Ohr*) fin(e) ; (*Verstand*) vif(vive) ; (*Photo*) net(te) ; **~ nachdenken** bien réfléchir ; **auf etw** *Akk* **~ sein** (*fam*) être fou(folle) de qch
Scharfblick *m* (*fig*) perspicacité *f*
Schärfe *f* tranchant *m* ; (*Strenge*) dureté *f*, sévérité *f*
schärfen *vt* aiguiser
Scharfrichter *m* bourreau *m*
Scharfschütze *m* tireur *m* d'élite
Scharfsinn *m* perspicacité *f*
scharfsinnig *adj* (*Mensch*) perspicace ; (*Überlegung*) fin(e)
Scharnier (**-s, -e**) *nt* charnière *f*
Schärpe *f* écharpe *f*
scharren *vt, vi* gratter
Scharte *f* entaille *f*
schartig *adj* (*Klinge*) ébréché(e)
Schaschlik (**-s, -s**) *m od nt* brochette *f*
Schatten (**-s, -**) *m* ombre *f* • **Schattenbild** *nt* silhouette *f* • **Schattenseite** *f* (*Nachteil*) revers *m* de la médaille
schattieren *vt* ombrer
Schattierung *f* nuance *f*
schattig *adj* ombragé(e)
Schatulle *f* coffret *m* ; (*Geldschatulle*) cassette *f*
Schatz (**-es, ¨-e**) *m* trésor *m* • **Schatzamt** *nt* Trésor *m* (public)
schätzbar *adj* évaluable
Schätzchen *nt* petit trésor *m*
schätzen *vt* estimer ; **~ lernen** apprécier de plus en plus
Schätzung *f* estimation *f*, évaluation *f*
schätzungsweise *adv* approximativement
Schätzwert *m* valeur *f* estimée
Schau (-) *f* spectacle *m* ; (*Ausstellung*) exposition *f* ; **etw zur ~ stellen** faire étalage de qch • **Schaubild** *nt* diagramme *m*
Schauder (**-s, -**) *m* frissons *mpl*
schauderhaft *adj* épouvantable
schaudern *vi* frissonner ; **es schaudert mich vor etw** qch me donne des frissons
schauen *vi* regarder
Schauer (**-s, -**) *m* (*Regenschauer*) averse *f* ; (*vor Schreck*) frisson *m* • **Schauergeschichte** *f* histoire *f* épouvantable • **schauerlich** *adj* épouvantable
Schaufel (**-, -n**) *f* pelle *f*
schaufeln *vt* (*Sand etc*) pelleter ; (*Schnee*) enlever à la pelle
Schaufenster *nt* vitrine *f* • **Schaufensterauslage** *f* étalage *m* • **Schaufensterbummel** *m* lèche-vitrine *m* • **Schaufensterdekorateur(in)** *m(f)* étalagiste *mf*
Schaugeschäft *nt* show-business *m*
Schaukasten *m* vitrine *f*
Schaukel (**-, -n**) *f* balançoire *f*
schaukeln *vi* se balancer
Schaukelpferd *nt* cheval *m* à bascule
Schaukelstuhl *m* fauteuil *m* à bascule
Schaulustige(r) *f(m)* badaud(e) *m/f*
Schaum (**-(e)s, Schäume**) *m* écume *f* ; (*Seifenschaum: von Getränken*) mousse *f*
schäumen *vi* mousser ; **er schäumte vor Wut** il écumait (de rage)
Schaumgummi *m* caoutchouc *m* mousse®
Schaumkrone *f* (*auf Bier*) mousse *f*
Schaumschlägerei *f* fanfaronnade *f*
Schaumwein *m* mousseux *m*
Schauplatz *m* scène *f*
schaurig *adj* épouvantable
Schauspiel *nt* spectacle *m* ; (*Théât*) pièce *f*
Schauspieler(in) *m(f)* acteur(-trice)

S

schauspielern *vi* jouer la comédie
Scheck (**-s, -s**) *m* chèque *m* • **Scheckbuch**, **Scheckheft** *nt* carnet *m* de chèques, chéquier *m*
scheckig *adj* pie
Scheckkarte *f* carte *f* d'identité bancaire
scheel *adv*: **jdn ~ ansehen** regarder qn de travers
scheffeln *vt* amasser
Scheibe *f* disque *m* ; (*Brot, Wurst, Zitrone etc*) tranche *f* ; (*Glasscheibe*) vitre *f* ; (*Schießscheibe*) cible *f*
Scheibenbremse *f* frein *m* à disque
Scheibenwaschanlage *f* lave-glace *m*
Scheibenwischer *m* essuie-glace *m*
Scheich (**-s, -e** *od* **-s**) *m* cheik *m*
Scheide *f* (*Anat*) vagin *m* ; (*für Schwert etc*) gaine *f*
scheiden *irr vt* séparer ; (*Ehe*) dissoudre ▸ *vi* partir
Scheidung *f* (*Ehescheidung*) divorce *m* ; **die ~ einreichen** demander le divorce
Scheidungsgrund *m* motif *m* du divorce
Scheidungsklage *f* demande *f* de divorce
Schein (**-(e)s, -e**) *m* (*Licht*) lumière *f* ; (*Anschein*) apparence *f* ; (*Geldschein*) billet *m* ; (*Bescheinigung*) attestation *f* ; **den ~ wahren** sauver les apparences ; **etw nur zum ~ tun** faire semblant de faire qch • **scheinbar** *adv* apparemment
scheinen *irr vi* briller ; **mir scheint ...** il me semble ...
scheinheilig *adj* hypocrite
Scheintod *m* mort *f* apparente
Scheinwerfer (**-s, -**) *m* projecteur *m* ; (*Auto*) phare *m*
Scheiße (-) (*vulg*) *f* merde *f*
scheißen (*vulg*) *vi* chier
Scheit (**-(e)s, -e** *od* **-er**) *nt* bûche *f*
Scheitel (**-s, -**) *m* (*von Kurve etc*) sommet *m* ; (*Haarscheitel*) raie *f*
scheiteln *vt*: **jdm das Haar ~** faire une raie dans les cheveux de qn
Scheitelpunkt *m* (*einer Kurve*) sommet *m* ; (*einer Karriere*) tournant *m* décisif
scheitern *vi* échouer
Schellfisch *m* églefin *m*
Schelm (**-(e)s, -e**) *m* farceur(-euse) *m/f*
schelmisch *adj* espiègle
Schelte *f* réprimande *f*
schelten *irr vt* gronder
Schema (**-s, -s** *od* **-ta**) *nt* plan *m* ; (*Darstellung*) schéma *m* ; **nach ~ F** comme d'habitude
schematisch *adj* schématique ; (*mechanisch*) machinal(e)
Schemel (**-s, -**) *m* tabouret *m*
Schenkel (**-s, -**) *m* cuisse *f* ; (*von Winkel*) côté *m* ; (*von Zirkel*) branche *f*
schenken *vt* offrir ; **sich** *Dat* **etw ~** (*fam*) se dispenser de qch ; **das ist geschenkt!** (*billig*) c'est vraiment donné !
Schenkung *f* donation *f*
Scherbe *f* tesson *m*, débris *m* ; **Scherben** *pl* débris *mpl*
Schere *f* ciseaux *mpl* ; (*groß*) cisailles *fpl* ; (*Zool*) pince *f*
scheren[1] *irr vt* (*Schaf etc*) tondre
scheren[2] *vr* (*sich kümmern*) se préoccuper ; **sich nicht um jdn/etw ~** ne pas se soucier de qn/qch
Schererei (*fam*) *f* tracasserie *f*
Scherflein *nt* obole *f*
Scherz (**-es, -e**) *m* plaisanterie *f*
scherzen *vi* plaisanter
Scherzfrage *f* devinette *f*
scherzhaft *adj* (*Antwort*) drôle
scheu *adj* (*ängstlich*) craintif(-ive) ; (*schüchtern*) timide
Scheu *f* (*Angst*) crainte *f* ; **~ vor** +*Dat* (*Ehrfurcht*) respect *m* de
scheuchen *vt* chasser
scheuen *vr*: **sich vor etw** *Dat* **~** craindre qch ▸ *vt* (*Gefahr*) reculer devant ; (*Anstrengung, Öffentlichkeit*) éviter ; (*Aufgabe*) se dérober à ▸ *vi* (*Pferd*) s'emballer
Scheuerbürste *f* brosse *f* (*à carrelage*)
Scheuerlappen *m* serpillière *f*
Scheuerleiste *f* plinthe *f*
scheuern *vt* (*putzen*) récurer ; (*reiben*) frotter
Scheuklappe *f* œillère *f*
Scheune *f* grange *f*
Scheusal (**-s, -e**) *nt* monstre *m*
scheußlich *adj* épouvantable • **Scheußlichkeit** *f* (*von Anblick*) laideur *f* ; (*von Verbrechen*) atrocité *f*
Schi *m* = **Ski**
Schicht (**-, -en**) *f* couche *f* ; (*in Fabrik etc*) poste *m* • **Schichtarbeit** *f* travail *m* posté *od* par roulement • **schichten** *vt* empiler
schick *adj* chic
schicken *vt* envoyer ; **sich ~ in** +*Akk* (*fügen*) se faire à, accepter ; **das schickt sich nicht** ce n'est pas convenable
schicklich *adj* convenable
Schicksal (**-s, -e**) *nt* destin *m*
Schicksalsschlag *m* coup *m* du destin
Schiebedach *nt* toit *m* ouvrant
schieben *irr vt* pousser ; (*fam: handeln mit*) faire du trafic de ; **die Schuld auf jdn ~** rejeter la responsabilité sur qn
Schieber (**-s, -**) *m* (*Riegel*) loquet *m*
Schiebetür *f* porte *f* coulissante

Schiebung *f* (*Parteilichkeit*) favoritisme *m*
schied *etc vb siehe* **scheiden**
Schiedsgericht *nt* tribunal *m* d'arbitrage ; (*bei Sport, Wettbewerb*) commission *f* d'arbitrage
Schiedsrichter *m* arbitre *m*
schiedsrichtern *vt* arbitrer
Schiedsspruch *m* décision *f* du tribunal d'arbitrage
schief *adj* (*Ebene*) en pente, incliné(e) ; (*Turm*) penché(e) ▸ *adv* de travers ; **jdn ~ ansehen** regarder qn de travers ; **auf die ~e Bahn geraten** *od* **kommen** s'écarter du droit chemin ; **ein ~es Bild der Wirklichkeit zeichnen** donner une image fausse de *od* déformer la réalité ; *siehe auch* **schiefgehen**; **schiefliegen**
Schiefer (**-s, -**) *m* ardoise *f*
Schieferdach *nt* toit *m* d'ardoise
Schiefergas *nt* gaz *m* de schiste
Schiefertafel *f* ardoise *f*
schief|gehen (*fam*) *irr vi* mal tourner
schief|lachen (*fam*) *vr* se tordre de rire
schief|liegen (*fam*) *irr vi* se tromper
schielen *vi* loucher ; **nach etw ~** lorgner qch
schien *etc vb siehe* **scheinen**
Schienbein *nt* tibia *m*
Schiene *f* rail *m* ; (*Méd*) attelle *f*
schienen *vt* éclisser
Schienenstrang *m* ligne *f* de chemin de fer
schier *adj* pur(e) ; (*Fleisch*) maigre ▸ *adv* presque
Schießbude *f* stand *m* de tir
Schießbudenfigur (*fam*) *f*: **du bist die reinste ~** tu es complètement ridicule
schießen *irr vt, vi* tirer ; (*Flüssigkeit*) jaillir ; (*Salat*) monter en graine
Schießerei *f* fusillade *f*
Schießplatz *m* champ *m* de tir
Schießpulver *nt* poudre *f* à canon
Schießscharte *f* meurtrière *f*
Schießstand *m* stand *m* de tir
Schiff (**-(e)s, -e**) *nt* bateau *m* ; (*Kirchenschiff*) nef *f* • **schiffbar** *adj* navigable • **Schiffbau** *m* construction *f* navale • **Schiffbruch** *m* naufrage *m* • **schiffbrüchig** *adj* naufragé(e)
Schiffchen *nt* (*Weben*) navette *f*
Schiffer (**-s, -**) *m* batelier *m*
Schifffahrt *f* navigation *f*
Schifffahrtslinie *f* ligne *f* maritime
Schiffsjunge *m* mousse *m*
Schiffsladung *f* cargaison *f*
Schikane *f* tracasserie *f* ; **mit allen ~n** (*fam*) avec tous les gadgets
schikanieren *vt* brimer
Schild[1] (**-(e)s, -e**) *m* (*Schutz*) bouclier *m* ; (*von Tier*) carapace *f* ; (*Mützenschild*) visière *f* ; **etw im ~e führen** tramer qch
Schild[2] (**-(e)s, -er**) *nt* écriteau *m* ; (*Verkehrsschild*) panneau *m* ; (*Etikett*) étiquette *f*
Schildbürger *m* béotien *m*
Schilddrüse *f* thyroïde *f*
schildern *vt* décrire
Schilderung *f* description *f*
Schildkröte *f* tortue *f*
Schilf (**-(e)s, -e**), **Schilfrohr** *nt* roseau *m*
schillern *vi* chatoyer, miroiter
schillernd *adj* chatoyant(e) ; (*Charakter*) énigmatique
Schilling *m* schilling *m*
Schimmel (**-s, -**) *m* moisissure *f* ; (*Pferd*) cheval *m* blanc
schimmelig *adj* moisi(e)
schimmeln *vi* moisir
Schimmer (**-s**) *m* lueur *f*
schimmern *vi* (*Kerze*) jeter une faible lueur
Schimpanse (**-n, -n**) *m* chimpanzé *m*
schimpfen *vi* pester ▸ *vt* (*nennen*) appeler ; **mit jdm ~** gronder qn
Schimpfwort *nt* gros mot *m*
Schindel (**-, -n**) *f* bardeau *m*
schinden *irr vt* maltraiter ▸ *vr* (*sich abmühen*) peiner
Schinderei *f* corvée *f*
Schindluder *nt*: **mit jdm ~ treiben** malmener qn ; **mit seiner Gesundheit ~ treiben** détruire sa santé
Schinken (**-s, -**) *m* jambon *m*
Schippe *f* pelle *f*
schippen *vt* pelleter
Schirm (**-(e)s, -e**) *m* (*Regenschirm*) parapluie *m* ; (*Sonnenschirm*) parasol *m* ; (*Bildschirm, Wandschirm*) écran *m* ; (*Lampenschirm*) abat-jour *m* ; (*Mützenschirm*) visière *f* ; (*von Pilz*) chapeau *m* • **Schirmbildaufnahme** *f* radiographie *f* • **Schirmherr(in)** *m(f)* patron(ne) • **Schirmherrschaft** *f* patronage *m* • **Schirmmütze** *f* casquette *f* • **Schirmständer** *m* porte-parapluie *m*
schizophren *adj* schizophrène ; (*absurd, widersprüchlich*) absurde
Schlacht (**-, -en**) *f* bataille *f*
schlachten *vt* (*Tier*) tuer
Schlachtenbummler *m supporter d'une équipe jouant à l'extérieur*
Schlachter (**-s, -**) *m* boucher *m*
Schlachtfeld *nt* champ *m* de bataille
Schlachthaus *nt*, **Schlachthof** *m* abattoir *m*

S

Schlachtplan *m* plan *m* de bataille
Schlachtruf *m* cri *m* de guerre
Schlachtschiff *nt* cuirassé *m*
Schlachtvieh *nt* animaux *mpl* de boucherie
Schlacke *f* scorie *f*
Schlaf (**-(e)s**) *m* sommeil *m* • **Schlafanzug** *m* pyjama *m*
Schläfchen *nt* (petite) sieste *f*
Schläfe *f* tempe *f*
schlafen *irr vi* dormir ; **~ gehen** aller se coucher • **Schlafengehen** *nt* coucher *m* ; **vor dem ~** avant d'aller me/se *etc* coucher
Schlafenszeit *f*: **es ist ~** c'est l'heure d'aller se coucher
Schläfer(in) (**-s, -**) *m(f)* dormeur(-euse)
schlaff *adj* (*Haut*) flasque ; (*erschöpft*) épuisé(e) ; (*péj*: *energielos*) mou(molle) • **Schlaffheit** *f* (*von Haut, Muskeln*) flaccidité *f* ; (*Erschöpftheit*) épuisement *m*
Schlafgelegenheit *f* endroit *m* où dormir
Schlaflied *nt* berceuse *f*
schlaflos *adj*: **eine ~e Nacht** une nuit blanche
Schlaflosigkeit *f* insomnie *f*
Schlafmittel *nt* somnifère *m*
schläfrig *adj* (*Mensch*) qui a sommeil ; (*Stimmung*) soporifique
Schlafsaal *m* dortoir *m*
Schlafsack *m* sac *m* de couchage
Schlaftablette *f* somnifère *m*
schlaftrunken *adj* ensommeillé(e)
Schlafwagen *m* wagon-lit *m*
schlafwandeln *vi* être somnambule
Schlafzimmer *nt* chambre *f* à coucher
Schlag (**-(e)s, ¨-e**) *m* (*Hieb*) coup *m* ; (*Méd*: *Hirnschlag*) attaque *f* (d'apoplexie) ; (*Stromschlag*) secousse *f* ; (*Blitzschlag*) foudre *f* ; (*Schicksalsschlag*) coup *m* du destin ; (*Österr*: *Schlagsahne*) chantilly *f* ; (*fam*: *Portion*) portion *f* ; (*Art*) type *m*, espèce *f* ; **Schläge** *pl* (*Tracht Prügel*) raclée *fsg* ; **mit einem ~** tout d'un coup • **Schlagabtausch** *m* (*Boxe*) échange *m* de coups ; (*fig*) joute *f* oratoire • **Schlagader** *f* artère *f* • **Schlaganfall** *m* attaque *f* (d'apoplexie) • **schlagartig** *adj* brusque • **Schlagbaum** *m* barrière *f*
Schlägel (**-s, -**) *m* (*Trommelschlägel*) baguette *f*
schlagen *irr vt* battre ; (*einschlagen*) enfoncer ; (*Kreis, Bogen*) décrire, faire ; (*Schlacht*) livrer ▸ *vi* battre ; (*Uhr*) sonner ▸ *vr* se battre ; **sich geschlagen geben** s'avouer battu(e) ; **gegen etw ~** heurter qch ; **um sich ~** se débattre ; **nach jdm ~** (*geraten*) ressembler à qn
schlagend *adj* (*Beweis*) concluant(e)
Schlager (**-s, -**) *m* (*Mus*) tube *m* ; (*Erfolg*) succès *m*
Schläger (**-s, -**) *m* (*Tennisschläger*) raquette *f* ; (*Hockeyschläger*) crosse *f* ; (*Golfschläger*) club *m*
Schlägerei *f* bagarre *f*
Schlagersänger(in) *m(f)* chanteur(-euse) de variété
schlagfertig *adj* qui a de la repartie
Schlagfertigkeit *f* repartie *f*
Schlaginstrument *nt* instrument *m* à percussion
Schlagloch *nt* nid *m* de poules
Schlagobers (*Österr*) *nt* = **Schlagsahne**
Schlagrahm *m*, **Schlagsahne** *f* crème *f* fouettée, chantilly *f*
Schlagseite *f* (*Naut*) bande *f* ; **~ haben** donner de la bande
Schlagwort *nt* slogan *m*
Schlagzeile *f* manchette *f*
Schlagzeug *nt* batterie *f*
Schlagzeuger(in) (**-s, -**) *m(f)* batteur(-euse)
Schlamassel (**-s, -**) (*fam*) *m od nt* pagaille *f*
Schlamm (**-(e)s, -e**) *m* boue *f*
schlammig *adj* boueux(-euse)
Schlampe(r) (*péj*: *fam*) *f(m)* souillon *f*
schlampen (*fam*) *vi* bâcler
Schlamperei (*fam*) *f* (*Unordnung*) pagaille *f* ; (*schlechte Arbeit*) travail *m* bâclé
schlampig (*fam*) *adj* (*Mensch*) débraillé(e) ; (*Arbeit*) bâclé(e)
schlang *etc vb siehe* **schlingen**
Schlange *f* serpent *m* ; (*Menschenschlange*) queue *f* ; (*von Autos*) file *f* ; **~ stehen** faire la queue
schlängeln *vr* (*Schlange*) ramper ; (*Fluss, Weg*) serpenter
Schlangenbiss *m* morsure *f* de serpent
Schlangengift *nt* venin *m*
Schlangenlinie *f* ligne *f* sinueuse
schlank *adj* mince • **Schlankheit** *f* minceur *f* • **Schlankheitskur** *f* cure *f* d'amaigrissement
schlapp *adj* (*erschöpft*) épuisé(e) ; (*fam*: *energielos*) mou(molle)
Schlappe (*fam*) *f* veste *f*
Schlappheit *f* mollesse *f*
Schlapphut *m* chapeau *m* mou
schlapp|machen (*fam*) *vi* flancher
Schlaraffenland *nt* pays *m* de cocagne
schlau *adj* (*Mensch*) malin(-igne) ; (*Plan*) astucieux(-euse)
Schlauch (**-(e)s, Schläuche**) *m* tuyau *m* ; (*in Reifen*) chambre *f* à air ; (*fam*: *Anstrengung*) corvée *f* • **Schlauchboot** *nt* canot *m* pneumatique

schlauchen (*fam*) *vt* pomper
schlauchlos *adj* sans chambre à air
Schläue (-) *f* ruse *f*
Schlaukopf (*fam*) *m* petit malin *m*
schlecht *adj* mauvais(e) ; (*verdorben*) avarié(e) ▸ *adv* mal ; (*kaum*) difficilement ; **jdm geht es ~** (*gesundheitlich*) qn va mal ; (*wirtschaftlich*) qn est dans le besoin ; **jdm ist (es) ~** qn se sent mal ; **~ und recht** tant bien que mal
schlechthin *adv* tout simplement ; **der Dramatiker ~** le type même du dramaturge
Schlechtigkeit *f* méchanceté *f*
schlecht|machen *vt* calomnier
schlecken *vt* lécher ▸ *vi* manger des sucreries
Schlegel (**-s, -**) *m* (*Culin*) cuisse *f*
schleichen *irr vi* se glisser ; (*heimlich*) marcher à pas de loup
schleichend *adj* (*Krankheit, Gift*) insidieux(-euse)
Schleichwerbung *f* publicité *f* indirecte
Schleier (**-s, -**) *m* voile *m* • **schleierhaft** *adj*: **jdm ~ sein** échapper à qn
Schleife *f* boucle *f* ; (*auf Schuh auch, im Haar*) nœud *m*
schleifen[1] *vi* traîner ▸ *vt* (*ziehen*) traîner ; (*niederreißen*) raser
schleifen[2] *vt irr* (*Messer*) aiguiser ; (*Edelstein*) tailler
Schleifstein *m* pierre *f* à aiguiser
Schleim (**-(e)s, -e**) *m* (*Méd*) mucosité *f* ; (*Culin*) gruau *m* • **Schleimhaut** *f* muqueuse *f*
schleimig *adj* visqueux(-euse)
schlemmen *vi* festoyer
Schlemmer(in) *m(f)* gourmand(e)
Schlemmerei *f* festins *mpl* (continus)
schlendern *vi* flâner
Schlendrian (**-(e)s**) (*fam*) *m* laisser-aller *m*
schlenkern *vt* balancer
Schleppe *f* traîne *f*
schleppen *vt* traîner ; (*Auto, Schiff*) remorquer ▸ *vr* se traîner
schleppend *adj* (*Gang*) traînant(e) ; (*Bedienung, Abfertigung*) très lent(e)
Schlepper (**-s, -**) *m* (*Schiff*) remorqueur *m*
Schlepplift *m* remonte-pente *m*
Schlepptau *nt* câble *m* de remorquage ; **jdn ins ~ nehmen** (*fam*) prendre qn sous son aile
Schlesien (**-s**) *nt* la Silésie
Schleswig-Holstein *nt* le Schleswig-Holstein
Schleuder (**-, -n**) *f* (*Steinschleuder*) fronde *f* ; (*Wäscheschleuder*) essoreuse *f* ; (*Zentrifuge*) centrifugeuse *f* • **schleudern** *vt* lancer ; (*Wäsche*) essorer ▸ *vi* (*Auto*) déraper
Schleuderpreis *m* prix *m* sacrifié
Schleudersitz *m* siège *m* éjectable
Schleuderware *f* marchandise *f* bradée
schleunigst *adv* au plus vite
Schleuse *f* écluse *f*
Schleusenwärter *m* éclusier *m*
schlich *vb siehe* **schleichen**
Schlich (**-(e)s, -e**) *m* truc *m* ; **jdm auf die ~e kommen** comprendre le petit jeu de qn
schlicht *adj* simple
schlichten *vt* (*Streit*) régler
Schlichter(in) (**-s, -**) *m(f)* médiateur(-trice)
Schlichtung *f* conciliation *f*
Schlick (**-(e)s, -e**) *m* vase *f*
schlief *etc vb siehe* **schlafen**
Schließe *f* fermeture *f*
schließen *irr vt* fermer ; (*Sitzung*) clore ; (*Lücke*) boucher ; (*Frieden*) conclure ; (*Ehe*) conclure, contracter ; (*Vertrag*) passer ▸ *vr* se fermer ; (*enden*) se terminer ▸ *vi* se fermer ; (*folgern*) conclure
Schließfach *nt* consigne *f* automatique
schließlich *adv* finalement ; (*immerhin*) après tout
schliff *etc vb siehe* **schleifen**
Schliff (**-(e)s, -e**) *m* taille *f* ; (*fig*) savoir-vivre *m*
schlimm *adj* mauvais(e) ; (*Zeiten*) difficile • **schlimmer** *adj* pire • **schlimmste(r, s)** *adj* pire
schlimmstenfalls *adv* au pire
Schlinge *f* boucle *f* ; (*Falle*) collet *m* ; (*als Verband*) écharpe *f*
Schlingel (**-s, -**) *m* vaurien *m*
schlingen *irr vt* (*binden*) mettre, attacher ▸ *vi* (*essen*) s'empiffrer
schlingern *vi* tanguer
Schlips (**-es, -e**) *m* cravate *f*
Schlitten (**-s, -**) *m* luge *f* ; (*Pferdeschlitten*) traîneau *m* • **Schlittenfahren** (**-s**) *nt* luge *f*
schlittern *vi* patiner
Schlittschuh *m* patin *m* à glace • **Schlittschuhbahn** *f* patinoire *f* • **Schlittschuhläufer(in)** *m(f)* patineur(-euse)
Schlitz (**-es, -e**) *m* fente *f* ; (*Hosenschlitz*) braguette *f* • **schlitzäugig** *adj* aux yeux bridés • **schlitzen** *vt* ouvrir • **Schlitzohr** (*fam*) *nt* filou *m*
schlohweiß *adj* (*Haar*) blanc (blanche) comme neige
schloss *etc vb siehe* **schließen**

Schloss (**-es, ⸚er**) *nt* (*Bau*) château *m* ; (*Vorrichtung*) serrure *f*
Schlosser (**-s, -**) *m* (*für Schlüssel*) serrurier *m*
Schlosserei *f* (*in Fabrik*) atelier *m* de métallurgie
Schlot (**-(e)s, -e**) *m* cheminée *f*
schlottern *vi* (*vor Angst*) trembler ; (*Kleidung*) flotter
Schlucht (**-, -en**) *f* gorge *f*
schluchzen *vi* sangloter
Schluck (**-(e)s, -e**) *m* gorgée *f*
Schluckauf (**-s**) *m* hoquet *m*
schlucken *vt, vi* avaler
schludern *vi* bâcler
schlug *etc vb siehe* **schlagen**
schlummern *vi* faire un petit somme ; (*fig*) être caché(e)
Schlund (**-(e)s, ⸚e**) *m* gosier *m*
schlüpfen *vi* se glisser ; (*Küken, Vogel etc*) éclore
Schlüpfer (**-s, -**) *m* culotte *f*, slip *m*
Schlupfloch *nt* cachette *f* ; (*fig*) refuge *m*
schlüpfrig *adj* glissant(e) ; (*péj*) obscène • **Schlüpfrigkeit** *f* surface *f* glissante ; (*péj*) obscénité *f*
schlurfen *vi* traîner les pieds, se traîner
schlürfen *vt* (*Suppe*) manger bruyamment ▸ *vi* boire bruyamment
Schluss (**-es, ⸚e**) *m* fin *f* ; (*Schlussfolgerung*) conclusion *f* ; **am ~** à la fin ; **~ machen** arrêter ; (*Freundschaft beenden*) rompre
Schlüssel (**-s, -**) *m* clé *f*, clef *f* ; (*Lösungsheft*) corrigé *m* • **Schlüsselbein** *nt* clavicule *f* • **Schlüsselblume** *f* primevère *f* • **Schlüsselbund** *m* trousseau *m* de clés • **Schlüsseldienst** *m* serrurerie *f* express • **Schlüsselkind** *nt enfant qui rentre à la maison avant ses parents* • **Schlüsselloch** *nt* trou *m* de la serrure • **Schlüsselposition** *f* position *f* clé
Schlussfolgerung *f* conclusion *f*
schlüssig *adj* (*folgerichtig*) concluant(e) ; **sich** *Dat* **(über etw** *Akk***) ~ sein** être sûr(e) (de qch)
Schlusslicht *nt* feu *m* arrière
Schlussstrich *m*: **einen ~ unter etw** *Akk* **ziehen** tirer un trait sur qch
Schlussverkauf *m* soldes *mpl*
Schlusswort *nt* conclusion *f*
Schmach (**-**) *f* honte *f*, ignominie *f*
schmachten *vi* languir ; **nach jdm/etw ~** languir loin de qn/après qch
schmächtig *adj* frêle
schmachvoll *adj* honteux(-euse)
schmackhaft *adj* (*Essen*) délicieux(-euse) ; **jdm etw ~ machen** faire un tableau flatteur de qch à qn
schmählich *adj* honteux(-euse)
schmal *adj* étroit(e) ; (*Person, Buch etc*) mince ; (*karg*) maigre
schmälern *vt* (*Ertrag, Lohn*) diminuer ; (*Ruf, Verdienst*) rabaisser
Schmalfilm *m* film *m* de format réduit (*8 mm*)
Schmalspur *f* (*Rail*) voie *f* étroite
Schmalz (**-es, -e**) *nt* graisse *f* (fondue) ; (*Schweineschmalz*) saindoux *m*
schmalzig *adj* (*Lied etc*) à l'eau de rose
schmarotzen *vi* (*Bot*) être parasite ; (*fig*) vivre en parasite
Schmarotzer (**-s, -**) *m* parasite *m*
Schmarren (**-s, -**) *m crêpe sucrée coupée en morceaux* ; (*fam: fig*) idioties *fpl*
schmatzen *vi* manger bruyamment
Schmaus (**-es, Schmäuse**) *m* festin *m*
schmausen *vi* se régaler
schmecken *vt* goûter ▸ *vi* (*Essen*) être bon(ne) ; **schmeckt es (Ihnen)?** vous aimez ?
Schmeichelei *f* flatterie *f*
schmeichelhaft *adj* flatteur(-euse)
schmeicheln *vi +Dat* flatter
schmeißen (*fam*) *irr vt* jeter, balancer
Schmeißfliege *f* mouche *f* bleue
schmelzen *irr vt* faire fondre ▸ *vi* fondre
Schmelzpunkt *m* point *m* de fusion
Schmelzwasser *nt* neige *f* fondue
Schmerz (**-es, -en**) *m* douleur *f* ; (*Trauer*) chagrin *m* • **schmerzempfindlich** *adj* sensible
schmerzen *vt* faire mal à ; (*fig*) blesser
Schmerzensgeld *nt* dommages *mpl* et intérêts *mpl*
schmerzhaft *adj* douloureux(-euse)
schmerzlich *adj* douloureux(-euse)
schmerzlindernd *adj* calmant(e), analgésique
schmerzlos *adj* indolore
Schmerzmittel *nt* analgésique *m*
schmerzstillend *adj* analgésique
Schmerztablette *f* calmant *m*
Schmetterling *m* papillon *m*
schmettern *vt* (*werfen*) lancer, projeter ; (*singen*) chanter à tue-tête
Schmied (**-(e)s, -e**) *m* forgeron *m*
Schmiede *f* forge *f*
Schmiedeeisen *nt* fer *m* forgé
schmieden *vt* forger
schmiegen *vt* (*Kopf*) poser ▸ *vr* (*Mensch*) se blottir ; **sich ~ an** *+Akk* (*Stoff*) épouser la forme de
schmiegsam *adj* flexible, souple
Schmiere *f* graisse *f*
schmieren *vt* étaler ; (*Aufstrich, Butter*) tartiner ; (*ölen, fetten*) graisser ; (*fam:*

bestechen) graisser la patte à ; (*schreiben*) griffonner ▶ *vi* (*Kuli, Scheibenwischer*) couler ; (*schreiben*) griffonner
Schmierfett *nt* lubrifiant *m*
Schmierfink *m* (*schmutziges Kind*) petit(e) cochon(ne) *m/f*
Schmiergeld *nt* pot-de-vin *m*
schmierig *adj* (*Hände*) gras(se) ; (*fig: eklig*) obséquieux(-euse)
Schmiermittel *nt* lubrifiant *m*
Schmierseife *f* savon *m* noir
Schminke *f* maquillage *m*
schminken *vt* maquiller ▶ *vr* se maquiller
schmirgeln *vt* poncer
Schmirgelpapier (**-s**) *nt* papier *m* émeri
schmiss *etc vb siehe* **schmeißen**
Schmöker (**-s, -**) (*fam*) *m* (gros) bouquin *m*
schmökern *vi* bouquiner
schmollen *vi* bouder
schmollend *adj* boudeur(-euse)
schmolz *etc vb siehe* **schmelzen**
Schmorbraten *m* rôti *m* braisé
schmoren *vt* braiser ▶ *vi* cuire à feu doux
Schmuck (**-(e)s, -e**) *m* (*Ringe etc*) bijoux *mpl* ; (*Verzierung*) décoration *f*
schmücken *vt* décorer
schmucklos *adj* (*Kleid*) sobre ; (*Raum*) dépouillé(e)
Schmucksachen *pl* bijoux *mpl*
Schmuggel (**-s**) *m* contrebande *f*
schmuggeln *vt* passer en contrebande ▶ *vi* faire de la contrebande
Schmuggler(in) (**-s, -**) *m(f)* contrebandier(-ière)
schmunzeln *vi* sourire
schmusen *vi* se faire des câlins
Schmutz (**-es**) *m* saleté *f* • **schmutzen** *vi* (*Stoff*) être salissant(e) • **Schmutzfink** *m* souillon *f* • **Schmutzfleck** *m* tache *f*
schmutzig *adj* sale ; (*Witz*) cochon(ne) ; (*Geschäfte*) louche
Schnabel (**-s, ⸚**) *m* bec *m*
Schnake *f* (*Insekt*) cousin *m* ; (*Stechmücke*) moustique *m*
Schnalle *f* boucle *f*
schnallen *vt* attacher ; **den Gürtel enger ~** se serrer la ceinture
schnalzen *vi*: **mit etw ~** faire claquer qch
Schnäppchen (*fam*) *nt* bonne affaire *f*
schnappen *vt* saisir ▶ *vi*: **nach etw ~** essayer d'attraper qch ; **wollen wir noch frische Luft ~?** on va prendre l'air ?
Schnappschloss *nt* cadenas *m*
Schnappschuss *m* instantané *m*
Schnaps (**-es, ⸚e**) *m* eau-de-vie *f*
schnarchen *vi* ronfler
schnattern *vi* (*Gänse: fam: schwatzen*) jacasser ; (*vor Kälte*) frissonner
schnaufen *vi* haleter
Schnauzbart *m* moustache *f*
Schnauze *f* museau *m* ; (*Ausguss*) bec *m* ; (*fam*) gueule *f*
schnäuzen *vr* se moucher
Schnecke *f* escargot *m* ; (*Nacktschnecke*) limace *f*
Schneckenhaus *nt* coquille *f*
Schneckentempo *nt*: **im ~** au ralenti
Schnee (**-s**) *m* neige *f* ; **das ist ~ von gestern** c'est de l'histoire ancienne • **Schneeball** *m* boule *f* de neige • **Schneeflocke** *f* flocon *m* de neige • **Schneegestöber** *nt* tempête *f* de neige • **Schneeglöckchen** *nt* perce-neige *m od f* • **Schneekette** *f* chaîne *f* • **Schneemann** *m* bonhomme *m* de neige • **Schneepflug** *m* chasse-neige *m* • **Schneeschmelze** *f* fonte *f* des neiges • **Schneeverwehung** *f* congère *f* • **Schneewittchen** *nt* Blanche-Neige *f*
Schneid (**-(e)s**) (*fam*) *m* cran *m*
Schneide *f* tranchant *m*
schneiden *irr vt* couper ▶ *vr* se couper ; **Gesichter scheiden** faire des grimaces
schneidend *adj* (*Wind*) cinglant(e) ; (*Spott*) mordant(e)
Schneider(in) (**-s, -**) *m(f)* tailleur *m*, couturière *f*
schneidern *vt, vi* coudre
Schneidezahn *m* incisive *f*
schneidig *adj* fringant(e) ; (*mutig*) qui a du cran
schneien *vi unpers*: **es schneit** il neige
Schneise *f* laie *f*
schnell *adj* rapide ; **machen Sie ~!** faites vite !
schnellen *vi* bondir ; (*Preise*) faire un bond
Schnellhefter *m* chemise *f* (*classeur*)
Schnelligkeit *f* rapidité *f*
Schnellimbiss *m* snack *m*
schnellstens *adv* au plus vite
Schnellstraße *f* voie *f* rapide
Schnellzug *m* (train *m*) rapide *m*
schneuzen *vr* = **schnäuzen**
Schnickschnack (**-(e)s**) (*fam: péj*) *m* (*Überflüssiges*) camelote *f*
schnippisch *adj* insolent(e)
schnitt *etc vb* = **schneiden**
Schnitt (**-(e)s, -e**) *m* coupure *f* ; (*Schnittpunkt*) intersection *f* ; (*Durchschnitt*) moyenne *f* ; (*Schnittmuster*) patron *m* ; (*von Gesicht*) forme *f* ; (*fam: Gewinn*) bénéfice *m* • **Schnittblumen** *pl* fleurs *fpl* coupées
Schnitte *f* tranche *f*
Schnittfläche *f* coupe *f*
Schnittlauch *m* ciboulette *f*

Schnittmuster *nt* patron *m*
Schnittpunkt *m* intersection *f*
Schnittstelle *f* (*Inform*) interface *f*
Schnittwunde *f* coupure *f*
Schnitzel (**-s, -**) *nt* (*Papierschnitzel*) petit morceau *m* ; (*Culin*) escalope *f*
schnitzen *vt* sculpter
Schnitzer (**-s, -**) (*fam*) *m* (*Fehler*) gaffe *f*
Schnitzerei *f* sculpture *f* (sur bois)
schnodderig (*fam*) *adj* sans-gêne *inv*
schnöde *adj* (*Behandlung*) ignoble ; (*Gewinn*) méprisable
Schnorchel (**-s, -**) *m* tuba *m*
schnorcheln *vi* faire de la plongée (avec un tuba)
Schnorcheln (**-s**) *nt* nage *f* sous l'eau avec un tuba
Schnörkel (**-s, -**) *m* fioriture *f*
schnorren *vt* taper
schnüffeln *vi* flairer, renifler ; (*fam: spionieren*) fouiner ; **an etw** *Dat* **~** renifler qch
Schnüffler (**-s, -**) *m* (*Spion*) espion *m* ; (*fam: von Klebstoff etc*) sniffeur *m*
Schnuller (**-s, -**) *m* tétine *f*
Schnupfen (**-s, -**) *m* rhume *m*
schnuppern *vi*: **an etw** *Dat* **~** renifler qch
Schnur (**-, ¨-e**) *f* ficelle *f* ; (*Élec*) fil *m*
schnüren *vt* (*Paket*) ficeler ; (*Schuhe*) lacer
schnurgerade *adj* tout(e) droit(e)
schnurlos *adj* sans fil ; **~es Telefon** téléphone *m* sans fil
Schnurrbart *m* moustache *f*
schnurren *vi* ronronner
Schnürschuh *m* chaussure *f* à lacets
Schnürsenkel *m* lacet *m*
schnurstracks (*fam*) *adv* tout droit
schob *etc vb siehe* **schieben**
Schock (**-(e)s, -s**) *m* choc *m*
schocken *vt*, **schockieren** (*fam*) *vt* choquer
Schöffe (**-n, -n**) *m* juré *m*
Schöffengericht *nt tribunal composé d'un juge et d'assesseurs non-professionnels*
Schöffin *f* jurée *f*
Schokolade *f* chocolat *m*
Schokoriegel *m* barre *f* chocolatée
Scholle *f* (*Erdscholle*) motte *f* de terre ; (*Eisscholle*) glace *f* flottante ; (*Fisch*) plie *f*

SCHLÜSSELWORT

schon *adv* **1** (*bereits*) déjà ; **schon vor 100 Jahren** il y a cent ans déjà ; **warst du schon einmal in Paris?** tu es déjà allé(e) à Paris ? ; **ich war schon einmal da** (*früher*) j'y suis déjà allé(e) ; **das war schon immer so** ça a toujours été comme ça ; **wartest du schon lange?** il y a longtemps que tu attends ? ; **schon oft** (déjà) souvent ; **wie schon so oft** comme déjà souvent ; **schon immer** toujours ; **was, schon wieder?** quoi, encore ? ; **ich habe das schon mal gehört** j'ai déjà entendu ça quelque part ; **hast du schon gehört?** tu as entendu la nouvelle ? ; **er wollte schon die Hoffnung aufgeben, als ...** il avait presque renoncé quand ...
2 (*bestimmt*): **du wirst schon sehen** tu verras bien ; **das wird schon noch gut** ça va (sûrement) s'arranger
3 (*bloß*): **allein schon der Gedanke an ...** rien que de penser à ... ; **wenn ich das schon höre** rien que d'entendre des choses pareilles ; **hör schon auf damit!** arrête ! ; **was macht das schon, wenn ...?** qu'est-ce que ça peut bien faire que ... ?
4 (*einschränkend*): **ja schon, aber ...** d'accord, mais ...
5: **(das ist) schon möglich** c'est bien possible ; **schon gut!** bon(, d'accord) ! ; **du weißt schon** tu sais bien ; **komm schon!** allez, viens ! ; **und wenn schon!** et alors ?

schön *adj* beau(belle) ; **~e Grüße** meilleures salutations ; **~e Ferien!** bonnes vacances ! ; **~en Dank!** merci beaucoup !
schonen *vt* ménager ▸ *vr* se ménager
schonend *adj* (*Behandlung*) doux(douce) ▸ *adv*: **jdm etw ~ beibringen** annoncer qch à qn avec ménagement
Schöngeist *m* bel esprit *m*
Schönheit *f* beauté *f*
Schönheitsfehler *m* imperfection *f*
Schönheitsoperation *f* opération *f* de chirurgie esthétique
Schonung *f* (*Nachsicht*) égards *mpl* ; (*von Gegenstand*) ménagement *m* ; (*Forst*) pépinière *f*
schonungslos *adj* impitoyable
Schonzeit *f* période *f* de fermeture de la chasse
schöpfen *vt* (*Flüssigkeit*) puiser ; (*Mut, Luft*) prendre
Schöpfer (**-s, -**) *m* créateur *m*
schöpferisch *adj* créateur(-trice)
Schöpfkelle *f*, **Schöpflöffel** *m* louche *f*
Schöpfung *f* création *f*
schor *etc vb siehe* **scheren**
Schorf (**-(e)s, -e**) *m* croûte *f*
Schornstein *m* cheminée *f*
• **Schornsteinfeger** (**-s, -**) *m* ramoneur *m*
schoss *etc vb siehe* **schießen**

Schoß **(-es, ¨-e)** *m* (*von Rock*) basque *f*; **auf jds ~** sur les genoux de qn
Schoßhund *m* chien *m* d'appartement
Schote *f* (*Bot*) cosse *f*
Schotte **(-n, -n)** *m* Écossais *m*
Schotter *m* cailloutis *m*; (*Rail*) ballast *m*
Schottin *f* Écossaise *f*
schottisch *adj* écossais(e)
Schottland *nt* l'Écosse *f*
schraffieren *vt* hachurer
schräg *adj* (*Wand*: *schief, geneigt*) penché(e); (*Linie*) oblique; **etw ~ stellen** mettre qch de biais
Schräge *f* inclinaison *f*
Schrägschrift *f* italique *m*
Schrägstreifen *m* biais *m*
Schrägstrich *m* barre *f* oblique
Schramme *f* éraflure *f*
schrammen *vt* érafler
Schrank **(-(e)s, ¨-e)** *m* placard *m*; (*Kleiderschrank*) armoire *f* • **Schranke** *f* barrière *f* • **Schrankenwärter** *m* garde-barrière *m*
Schrankkoffer *m* malle *f* penderie
Schraube *f* vis *f*; (*Schiffsschraube*) hélice *f*
schrauben *vt* visser
Schraubenschlüssel **(-s, -)** *m* clé *f* à molette
Schraubenzieher **(-s, -)** *m* tournevis *m*
Schraubstock *m* étau *m*
Schraubverschluss *m* capsule *f* vissée
Schrebergarten *m* jardin *m* ouvrier
Schreck **(-(e)s, -e)** *m* frayeur *f*
Schreckgespenst *nt* spectre *m*
schreckhaft *adj* craintif(-ive)
schrecklich *adj* épouvantable
Schreckschuss *m* coup *m* en l'air
Schrei **(-(e)s, -e)** *m* cri *m*
Schreibblock *m* bloc-notes *m*
Schreibdichte *f* (*von Diskette*) densité *f*
schreiben *irr vt, vi* écrire • **Schreiben** **(-s, -)** *nt* lettre *f*
Schreiber(in) **(-s, -)** *m(f)* auteur *m*
schreibfaul *adj* trop paresseux(-euse) pour écrire
Schreibfehler *m* faute *f* d'orthographe
Schreibkraft *f* dactylo *f*
Schreibmaschine *f* machine *f* à écrire
Schreibpapier *nt* papier *m*
Schreibschutz *m* (*Inform*) protection *f* d'écriture
Schreibtisch *m* bureau *m*
Schreibung *f* orthographe *f*
Schreibwaren *pl* fournitures *fpl* de bureau
Schreibweise *f* orthographe *f*; (*Stil*) style *m*
Schreibzeug *nt* matériel *m* (pour écrire)
schreien *irr vi, vt* crier
schreiend *adj* (*Ungerechtigkeit*) criant(e); (*Farbe*) criard(e)
Schreiner **(-s, -)** *m* (*von Möbeln*) menuisier *m*; (*Zimmermann*) charpentier *m*
Schreinerei *f* menuiserie *f*
schreiten *irr vi* marcher; **zum Angriff/zur Tat ~** passer à l'attaque/l'acte
schrie *etc vb siehe* **schreien**
schrieb *etc vb siehe* **schreiben**
Schrift **(-, -en)** *f* écriture *f*; (*Buch, Gedrucktes*) écrit *m* • **Schriftart** *f* (*Handschrift*) écriture *f*; (*Typo*) caractères *mpl* • **Schriftbild** *nt* écriture *f* • **Schriftdeutsch** *nt* bon allemand *m* • **Schriftführer(in)** *m(f)* secrétaire *mf* • **schriftlich** *adj* écrit(e) ▸ *adv* par écrit • **Schriftsetzer(in)** *m(f)* typographe *mf* • **Schriftsprache** *f* langue *f* écrite
Schriftsteller(in) **(-s, -)** *m(f)* écrivain *m*
Schriftstück *nt* document *m*
schrill *adj* (*Stimme*) perçant(e); (*Ton*) aigu(ë) • **schrillen** *vi* (*Stimme*) être perçant(e); (*Telefon*) retentir
schritt *etc vb siehe* **schreiten**
Schritt **(-(e)s, -e)** *m* pas *m*; (*Gangart*) démarche *f*; (*von Hose*) entrejambes *m* • **Schrittmacher** *m* stimulateur *m* cardiaque • **Schritttempo** *nt*: **im ~ fahren** rouler au pas
schroff *adj* brusque; (*Felswand*) abrupt(e); (*Gegensatz*) prononcé(e)
schröpfen (*fig*) *vt* plumer
Schrot **(-(e)s, -e)** *m od nt* (*Blei*) plomb *m*; (*Getreide*) farine *f* brute • **Schrotflinte** *f* fusil *m* (de chasse)
Schrott **(-(e)s, -e)** *m* ferraille *f* • **Schrotthaufen** *m* tas *m* de ferraille • **schrottreif** *adj* bon(ne) pour la casse
schrubben *vt* frotter
Schrubber **(-s, -)** *m* balai-brosse *m*
Schrulle *f* lubie *f*
schrumpfen *vi* (*Apfel, Mensch*) se ratatiner; (*Kapital*) fondre
Schubkarren *m* brouette *f*
Schublade *f* tiroir *m*
schüchtern *adj* timide • **Schüchternheit** *f* timidité *f*
schuf *etc vb siehe* **schaffen**[1]
Schuft **(-(e)s, -e)** *m* canaille *f*
schuften (*fam*) *vi* bosser
Schuh **(-(e)s, -e)** *m* chaussure *f* • **Schuhband** *nt* lacet *m* • **Schuhcreme** *f* cirage *m* • **Schuhgeschäft** *nt* magasin *m* de chaussures • **Schuhgröße** *f* pointure *f* • **Schuhlöffel** *m* chausse-pied *m* • **Schuhmacher** *m* cordonnier *m* • **Schuhwerk** *nt* chaussures *fpl*

Schulbesuch *m* fréquentation *f* de l'école
Schulbuch *nt* livre *m* scolaire
schuld *adj*: **(an etw** *Dat***) ~ sein** être responsable (de qch) • **Schuld (-, -en)** *f* responsabilité *f*; (*Verschulden*) faute *f*
schulden *vt* devoir • **schuldenfrei** *adj* (*Mensch*) qui n'a pas de dettes ; (*Besitz*) non hypothéqué(e)
Schuldgefühl *nt* culpabilité *f*
schuldig *adj* coupable ; **jdm etw ~ sein** *od* **bleiben** devoir qch à qn ; **jdm den ~en Respekt erweisen** traiter qn avec le respect qui lui est dû
schuldlos *adj* innocent(e)
Schuldner(in) (-s, -) *m(f)* débiteur(-trice)
Schuldschein *m* reconnaissance *f* de dette
Schuldspruch *m* verdict *m* de culpabilité
Schule *f* école *f*
schulen *vt* former ; (*Geist, Ohr*) exercer
Schüler(in) (-s, -) *m(f)* élève *mf* • **Schülerausweis** *m* carte *f* de lycéen
Schulferien *pl* vacances *fpl* scolaires
schulfrei *adj*: **~er Tag** jour *m* où il n'y a pas classe ; **~ haben** ne pas avoir cours *od* classe
Schulfunk *m* radio *f* scolaire
Schulgeld *nt* frais *mpl* de scolarité
Schulhof *m* cour *f* de l'école
Schuljahr *nt* année *f* scolaire
Schuljunge *m* écolier *m*
Schulmädchen *nt* écolière *f*
Schulmedizin *f* médecine *f* officielle
schulpflichtig *adj* (*Alter*) scolaire ; (*Kind*) d'âge scolaire
Schulschiff *nt* navire-école *m*
Schulstunde *f* heure *f* de cours *od* classe
Schultasche *f* cartable *m*
Schulter (-, -n) *f* épaule *f* • **Schulterblatt** *nt* omoplate *f*
schultern *vt* (*Gewehr*) épauler ; (*Rucksack*) mettre sur ses épaules
Schulung *f* formation *f*
Schulzeugnis *nt* bulletin *m* (scolaire)
Schund (-(e)s) *m* camelote *f*
Schundroman *m* roman *m* de gare
Schuppe *f* (*von Fisch, Schlange*) écaille *f*; **Schuppen** *pl* (*Haarschuppen*) pellicules *fpl*
schuppen *vt* (*Fisch*) enlever les écailles de ▸ *vr* (*Haut*) peler
Schuppen (-s, -) *m* remise *f*
schuppig *adj* (*Haut*) qui pèle ; (*Haar*) pelliculeux(-euse)
Schur (-, -en) *f* tonte *f*
schüren *vt* attiser
schürfen *vt* (*Mines*) extraire ; (*Haut, Knie*) écorcher, égratigner
Schürfung *f* éraflure *f*
Schürhaken *m* tisonnier *m*
Schurke (-n, -n) *m* vaurien *m*
Schürze *f* tablier *m*
Schuss (-es, ⸚e) *m* (*Gewehrschuss*) coup *m* de feu ; (*Foot etc*) tir *m*
Schüssel (-, -n) *f* saladier *m*
schusselig (*fam*) *adj* distrait(e)
Schusslinie *f* ligne *f* de tir
Schussverletzung *f* blessure *f* par balles
Schusswaffe *f* arme *f* à feu
Schuster (-s, -) *m* cordonnier *m*
Schutt (-(e)s) *m* (*Trümmer, Bauschutt*) décombres *mpl* • **Schuttabladeplatz** *m* décharge *f* (publique)
Schüttelfrost *m* frissons *mpl*
schütteln *vt* secouer ▸ *vr* (*vor Kälte*) frissonner
schütten *vt* verser ▸ *vi unpers* pleuvoir à verse
schütter *adj* (*Haar*) clairsemé(e)
Schutz (-es) *m* protection *f*; (*Zuflucht*) abri *m* ; **jdn in ~ nehmen** prendre la défense de qn • **Schutzanzug** *m* combinaison *f* de protection • **Schutzbefohlene(r)** *f(m)* protégé(e) *m/f* • **Schutzblech** *nt* garde-boue *m* • **Schutzbrief** *m* certificat *m* d'assurance auto • **Schutzbrille** *f* lunettes *fpl* de protection
Schütze (-n, -n) *m* tireur *m* ; (*Schießsportler*) marqueur *m* ; (*Astrol*) Sagittaire *m*
schützen *vt* protéger ▸ *vr* se protéger ; **~ vor** *+Dat od* **gegen** protéger de *od* contre
Schutzengel *m* ange *m* gardien
Schutzgebiet *nt* (*Pol*) protectorat *m* ; (*Naturschutzgebiet*) parc *m* naturel
Schutzhaft *f* détention *f* préventive
Schutzhelm *m* casque *m*
Schutzimpfung *f* vaccination *f* préventive
schutzlos *adj* sans défense
Schutzmann (-(e)s, -leute *od* **-männer)** *m* agent *m* de police
Schutzmaßnahme *f* mesure *f* de sécurité
Schutzpatron(in) *m(f)* (saint(e)) patron(ne)
Schutzumschlag *m* jaquette *f*
Schutzvorrichtung *f* dispositif *m* de protection
Schwabe (-n, -n) *m* Souabe *m*
Schwaben (-s) *nt* la Souabe
Schwäbin *f* Souabe *f*
schwäbisch *adj* souabe
schwach *adj* faible ; (*Tee, Gift*) léger(-ère) ; (*Gedächtnis*) mauvais(e)
Schwäche *f* faiblesse *f*; **~ für** *+Akk* faible *m* pour

schwächeln *vi* faiblir, mollir
schwächen *vt* affaiblir
Schwachkopf *(fam) m* imbécile *m*
schwächlich *adj* maladif(-ive), chétif(-ive)
Schwächling *(péj) m* gringalet *m*
Schwachsinn *m (Méd)* débilité *f* mentale ; *(fam: Unsinn)* bêtises *fpl*
schwachsinnig *adj* débile
Schwachstelle *f* point *m* faible
Schwachstrom *m* courant *m* de faible intensité
Schwächung *f* affaiblissement *m*
Schwaden (**-s, -**) *m* nuage *m*
schwafeln *(fam) vi* radoter
Schwager (**-s, ¨-**) *m* beau-frère *m*
Schwägerin *f* belle-sœur *f*
Schwalbe *f* hirondelle *f*
Schwall (**-(e)s, -e**) *m* flot *m*
schwamm *etc vb siehe* **schwimmen**
Schwamm (**-(e)s, ¨-e**) *m* éponge *f*
schwammig *adj* spongieux(-euse) ; *(Gesicht)* bouffi(e)
Schwan (**-(e)s, ¨-e**) *m* cygne *m*
schwand *etc vb siehe* **schwinden**
schwanen *vi unpers*: **jdm schwant etw** qn a le pressentiment de qch
schwang *etc vb siehe* **schwingen**
schwanger *adj* enceinte
schwängern *vt* mettre enceinte
Schwangerschaft *f* grossesse *f*
Schwangerschaftsabbruch *m* interruption *f* de grossesse
Schwank (**-(e)s, ¨-e**) *m* farce *f* ; *(Geschichte)* histoire *f* drôle
schwanken *vi* se balancer ; *(Preise, Zahlen, Temperatur)* fluctuer ; *(taumeln)* chanceler ; *(zögern)* hésiter
Schwankung *f* fluctuation *f*, variation *f*
Schwanz (**-es, ¨-e**) *m* queue *f*
schwänzen *(fam) vt* sécher ; **die Stunde ~** sécher les cours, faire l'école buissonnière
Schwarm (**-(e)s, ¨-e**) *m* essaim *m* ; *(fam)* idole *f*
schwärmen *vi*: **für jdn/etw ~** adorer qn/qch
schwärmerisch *adj (Verehrung)* passionné(e) ; *(Blick, Worte)* d'adoration
Schwarte *f* couenne *f* ; *(fam: Buch)* vieux bouquin *m*
schwarz *adj* noir(e) ; **ins S~e treffen** mettre dans le mille • **Schwarzarbeit** *f* travail *m* au noir • **Schwarzbrot** *nt pain de seigle très noir* • **Schwarze(r)** *f(m)* Noir(e) *m/f*
Schwärze *f* noirceur *f* ; *(Druckerschwärze)* encre *f* d'imprimerie
schwärzen *vt* noircir
schwarz|fahren *irr vi* resquiller
Schwarzfahrer(in) *m(f)* resquilleur(-euse)
Schwarzhandel *m* marché *m* noir
schwarz|hören *vi écouter la radio sans avoir payé sa redevance*
Schwarzmarkt *m* marché *m* noir
schwarz|sehen *vi (TV) regarder la télé sans avoir payé sa redevance* ; *(fam: Pessimist)* tout voir en noir
Schwarzseher *m* pessimiste *mf* ; *(TV) téléspectateur qui n'a pas payé sa redevance*
Schwarzwald *m* Forêt-Noire *f*
schwatzen *vi*, **schwätzen** *vi* bavarder
Schwätzer(in) (**-s, -**) *(péj) m(f)* bavard(e)
schwatzhaft *adj* bavard(e)
Schwebe *f*: **in der ~** *(fig)* en suspens
Schwebebahn *f* téléphérique *m*
Schwebebalken *m (Sport)* poutre *f*
schweben *vi* planer ; *(aufgehängt sein)* être suspendu(e)
Schwede (**-n, -n**) *m* Suédois *m*
Schweden (**-s**) *nt* la Suède
Schwedin *f* Suédoise *f*
schwedisch *adj* suédois(e)
Schwefel (**-s**) *m* soufre *m*
schwefelig *adj (Säure)* sulfureux(-euse) ; *(Geruch)* de soufre
Schwefelsäure *f* acide *m* sulfurique
Schweif (**-(e)s, -e**) *m* queue *f*
Schweigegeld *nt* pot-de-vin *m*
schweigen *irr vi* se taire • **Schweigen** (**-s**) *nt* silence *m*
schweigsam *adj* silencieux(-euse) • **Schweigsamkeit** *f* silence *m*
Schwein (**-(e)s, -e**) *nt* cochon *m* ; *(Culin)* porc *m* ; *(fam: Glück)* bol *m*
Schweinefleisch *nt* viande *f* de porc
Schweinegrippe *f* grippe *f* porcine *od* A
Schweinehund *(fam) m* salaud *m*
Schweinerei *(fam) f (Gemeinheit)* vacherie *f* ; **so eine ~!** c'est dégoûtant !
Schweinestall *m* porcherie *f*
schweinisch *adj* cochon(ne)
Schweinsleder *nt* peau *f* de porc
Schweiß (**-es**) *m* sueur *f*
Schweißbrenner (**-s, -**) *m* chalumeau *m*
schweißen *vt* souder
Schweißer(in) (**-s, -**) *m(f)* soudeur(-euse)
Schweißfüße *pl*: **~ haben** transpirer des pieds
Schweißnaht *f* (cordon *m* de) soudure *f*
Schweiz *f*: **die ~** la Suisse
Schweizer (**-s, -**) *m* Suisse *m* • **Schweizerdeutsch** *nt* suisse *m* alémanique *od* allemand • **Schweizerin** *f* Suisse *f*, Suissesse *f* • **schweizerisch** *adj* suisse

S

schwelen *vi* couver
schwelgen *vi* faire ripaille ; **in Erinnerungen ~** se laisser aller à ses souvenirs
Schwelle *f* seuil *m* ; (*Rail*) traverse *f*
schwellen *irr vi* (*Méd*) enfler ; (*Fluss*) grossir
Schwellenland *nt* pays *m* émergent
Schwellung *f* (*Méd*) enflure *f*
schwenkbar *adj* pivotant(e)
schwenken *vt* agiter ▸ *vi* (*Mil*) effectuer une conversion
schwer *adj* lourd(e) ; (*schwierig, hart*) difficile ; (*Gold*) massif(-ive) ; (*Wein*) capiteux(-euse) ; (*Schmerzen*) fort(e) ; (*Gewitter*) violent(e) ▸ *adv* (*sehr*) vraiment ; **~ erziehbar** difficile ; **jdm etw ~ machen** rendre qch difficile pour qn ; **es sich** *Dat* **~ machen** se compliquer la vie ; **~ verdaulich** (*Speise*) indigeste, lourd(e) ; **~ verletzt** grièvement blessé(e) • **Schwerarbeiter** *m* travailleur *m* de force
Schwere (-) *f* gravité *f* ; (*Gewicht*) poids *m* • **schwerelos** *adj* (*Zustand*) d'apesanteur • **Schwerelosigkeit** *f* apesanteur *f*
schwer|fallen *irr vi*: **jdm ~** être difficile pour qn
schwerfällig *adj* lourd(e) ; (*Mensch*) lourdaud(e)
Schwergewicht (*fig*) *nt* accent *m*
schwerhörig *adj* dur(e) d'oreille
Schwerindustrie *f* industrie *f* lourde
Schwerkraft *f* pesanteur *f*
Schwerkranke(r) *f(m)* grand(e) malade *m/f*
schwerlich *adv* difficilement
Schwermetall *nt* métal *m* lourd
schwermütig *adj* mélancolique
schwer|nehmen *irr vt* mal supporter
Schwerpunkt *m* centre *m* de gravité ; (*fig*) essentiel *m*
Schwert (**-(e)s, -er**) *nt* épée *f* • **Schwertlilie** *f* iris *m*
schwertun *irr vr*: **sich** *Dat od Akk* **(mit** *od* **bei etw) ~** avoir des difficultés (avec qch)
Schwerverbrecher(in) *m(f)* criminel(le)
schwerwiegend *adj* (*Grund*) important(e) ; (*Fehler*) grave
Schwester (**-, -n**) *f* sœur *f* ; (*Krankenschwester*) infirmière *f* • **schwesterlich** *adj* de sœur
schwieg *etc vb siehe* **schweigen**
Schwiegereltern *pl* beaux-parents *mpl*
Schwiegermutter *f* belle-mère *f*
Schwiegersohn *m* gendre *m*
Schwiegertochter *f* belle-fille *f*
Schwiegervater *m* beau-père *m*
Schwiele *f* cal *m*
schwierig *adj* difficile • **Schwierigkeit** *f* difficulté *f*
Schwimmbad, Schwimmbecken *nt* piscine *f*
schwimmen *irr vi* nager ; (*treiben, nicht sinken*) flotter
Schwimmer (**-s, -**) *m* nageur *m* ; (*Angeln*) flotteur *m*
Schwimmerin *f* nageuse *f*
Schwimmflosse *f* palme *f*
Schwimmsport *m* natation *f*
Schwimmweste *f* gilet *m* de sauvetage
Schwindel (**-s**) *m* vertige *m* ; (*Betrug*) escroquerie *f* • **schwindelfrei** *adj*: **~ sein** ne pas avoir le vertige
schwindeln *vi* (*fam: lügen*) mentir ; **jdm schwindelt es** qn a le vertige
schwinden *irr vi* (*Hoffnung*) s'évanouir ; (*Kräfte*) décliner
Schwindler(in) (**-s -**) *m(f)* escroc *m* ; (*Lügner*) menteur(-euse)
schwindlig *adj*: **mir ist ~** j'ai le vertige
schwingen *irr vt* balancer ; (*Waffe etc*) brandir ▸ *vi* (*Pendel*) osciller ; (*klingen*) résonner ; (*vibrieren*) vibrer
Schwingtür *f* porte *f* battante
Schwingung *f* (*Phys*) oscillation *f*
Schwips (**-es, -e**) *m*: **einen ~ haben** être éméché(e)
schwirren *vi* (*Fliegen*) bourdonner
schwitzen *vi* transpirer
schwoll *etc vb siehe* **schwellen**
schwor *etc vb siehe* **schwören**
schwören *irr vi* jurer ▸ *vt*: **einen Eid ~** prêter serment
schwul (*fam*) *adj* homo
schwül *adj* lourd(e)
Schwule(r) (*fam*) *m* homo *m*
Schwüle (-) *f* temps *m* lourd
schwülstig *adj* pompeux(-euse)
Schwund (**-(e)s**) *m* (*Abnahme*) diminution *f*
Schwung (**-(e)s, ⸚e**) *m* élan *m* ; (*Energie*) énergie *f* ; (*fam: Menge*) tapée *f* • **schwunghaft** *adj* florissant(e) • **schwungvoll** *adj* (*mitreißend*) entraînant(e)
Schwur (**-(e)s, ⸚e**) *m* serment *m* • **Schwurgericht** *nt* ≈ cour *f* d'assises (*avec des jurés*)
scrollen *vi* faire défiler
sechs *num* six • **Sechseck** *nt* hexagone *m* • **sechshundert** *num* six cents
sechste(r, s) *adj* sixième
Sechstel (**-s, -**) *nt* sixième *m*
sechzehn *num* seize
sechzig *num* soixante
Secondhandladen *m* magasin *m* de vêtements d'occasion

See[1] **(-s, -n)** *m* lac *m*
See[2] *f* mer *f* • **Seebad** *nt* station *f* balnéaire • **Seefahrt** *f* navigation *f* maritime • **Seegang** *m* mer *f* houleuse • **Seehund** *m* phoque *m*, veau *m* marin • **Seeigel** *m* oursin *m* • **seekrank** *adj*: **~ sein** avoir le mal de mer • **Seekrankheit** *f* mal *m* de mer
Seelachs *m* colin *m*
Seele *f* âme *f*
seelenruhig *adv* tranquillement
Seeleute *pl von* **Seemann**
seelisch *adj* psychique, psychologique
Seelsorge *f* soutien *m* moral
Seelsorger **(-s, -)** *m* directeur *m* de conscience
Seemacht *f* puissance *f* maritime
Seemann **(-(e)s, -leute)** *m* marin *m*
Seemeile *f* mille *m* marin
Seenot *f* détresse *f* (en mer)
Seeräuber *m* pirate *m*
Seerose *f* nénuphar *m*
Seestern *m* étoile *f* de mer
seetüchtig *adj* (*Schiff*) en état de naviguer
Seeweg *m* voie *f* maritime ; **auf dem ~** par mer
Seezunge *f* sole *f*
Segel **(-s, -)** *nt* voile *f* • **Segelboot** *nt* voilier *m* • **Segelfliegen** **(-s)** *nt* vol *m* à voile • **Segelflieger(in)** *m(f)* pilote *mf* de planeur, vélivole *mf* • **Segelflugzeug** *nt* planeur *m*
segeln *vi* naviguer ; (*Segler*) faire de la voile
Segelschiff *nt* voilier *m*
Segelsport *m* voile *f*
Segeltuch *nt* toile *f*
Segen **(-s, -)** *m* bénédiction *f*
Segler **(-s, -)** *m* (*Person*) plaisancier *m*
segnen *vt* bénir
sehen *irr vt, vi* voir ; (*in bestimmte Richtung*) regarder
sehenswert *adj* à voir
Sehenswürdigkeiten *pl* attractions *fpl* touristiques, choses *fpl* à voir
Sehfehler *m* trouble *m* de la vue
Sehne *f* tendon *m* ; (*an Bogen, Math*) corde *f*
sehnen *vr*: **sich ~ nach** (*jdm, Heimat*) s'ennuyer de ; (*etw*) avoir très envie de
sehnig *adj* nerveux(-euse)
sehnlich *adj* (*Wunsch*) le(la) plus cher (chère) ▶ *adv* ardemment
Sehnsucht *f* désir *m* ardent ; (*nach Vergangenem*) nostalgie *f*
sehnsüchtig *adj* (*Blick, Augen, Wunsch*) ardent(e) ▶ *adv* (*erwarten*) avec impatience
sehr *adv* très ; (*mit Verben*) beaucoup ; **zu ~** trop
seicht *adj* (*Wasser*) peu profond(e) ; (*fig*) superficiel(le)
Seide *f* soie *f*
Seidel **(-s, -)** *nt* chope *f*
seiden *adj* en soie ; (*wie Seide*) soyeux(-euse)
Seidenpapier *nt* papier *m* de soie
seidig *adj* soyeux(-euse)
Seife *f* savon *m*
Seifenlauge *f* eau *f* savonneuse
Seifenschale *f* porte-savon *m*
Seifenschaum *m* mousse *f* (de savon)
seifig *adj* (*Geschmack*) de savon ; (*Substanz*) savonneux(-euse)
seihen *vt* filtrer, passer
Seil **(-(e)s, -e)** *nt* corde *f*, câble *m* • **Seilbahn** *f* téléphérique *m* • **Seilhüpfen** **(-s)**, **Seilspringen** **(-s)** *nt* saut *m* à la corde • **Seiltänzer(in)** *m(f)* funambule *mf*

SCHLÜSSELWORT

sein (*pt* **war**, *pp* **gewesen**) *vi* **1** être ; **sie ist 20 (Jahre)** elle a 20 ans ; **es ist Mitternacht/16.15 Uhr** il est minuit/16h15
2: **seien Sie mir bitte nicht böse** il ne faut pas m'en vouloir ; **was sind Sie (beruflich)?** que faites-vous dans la vie ? ; **wenn ich Sie/du wäre** à votre/ta place ; **das wärs** voilà ; (*in Geschäft*) ce sera tout
3 (*Resultat*): **3 und 5 ist 8** 3 plus 5 égalent 8 ; **dem ist nicht so** il n'en est pas ainsi ; **es sei denn, dass ...** à moins que ... ; **wie dem auch sei** quoi qu'il en soit ; **wie wäre es mit einem Kaffee?** que diriez-vous d'un café ? ; **damit ist nichts** (*fam: es klappt nicht*) ça ne marche pas ; **ach, sei nicht so!** (*fam*) ne fais pas d'histoires ! ; **ist was?** qu'est-ce qu'il y a ? ; **mir ist kalt** j'ai froid ; **mir ist nicht gut** je ne me sens pas (très) bien ; **mir ist, als hätte ich geträumt** j'ai l'impression d'avoir rêvé ; **mir ist heute nicht nach Alkohol** (*fam*) je n'ai pas envie d'alcool aujourd'hui, je ne suis pas d'humeur à boire aujourd'hui ; **etw sein lassen** (*fam: aufhören*) arrêter qch ; (*nicht tun*) ne pas faire qch ; **lass das sein!** arrête !
4 (*Hilfsverb*) être ; **er ist angekommen** il est arrivé ; **sie ist angekommen** elle est arrivée ; **er ist jahrelang krank gewesen** il a été malade pendant des années ; **wie ist das zu verstehen?** comment faut-il l'interpréter ?
5 (*Anweisung*): **die Frage ist auf einem gesonderten Blatt zu beantworten** veuillez répondre à cette question sur une feuille séparée

sein(e) *poss pron* son(sa) ; (*pl*) ses ; **er ist gut ~e zwei Meter** (*fam*) il fait bien deux mètres
seine(r, s) *pron* le(la) sien(ne) ; **die S~n** les siens
seiner *pron Gen von* **er, es**
seinerseits *adv* de son côté
seinerzeit *adv* à cette époque
seinesgleichen *pron* (*Leute*) les gens comme lui
seinetwegen *adv* (*für ihn*) pour lui ; (*von ihm aus*) en ce qui le concerne
Seismograf (**-en, -en**) *m* sismographe *m*
seit *konj* depuis que ▸ *präp +Dat* depuis ; **~ Langem** depuis longtemps ; **er ist ~ einer Woche hier** cela fait une semaine qu'il est ici • **seitdem** *adv* depuis ▸ *konj* depuis que
Seite *f* côté *m* ; (*von Angelegenheit*) aspect *m* ; (*Buchseite*) page *f*
Seitenansicht *f* vue *f* de côté
Seitenhieb (*fig*) *m* coup *m* de bec
Seitenruder *nt* (*Aviat*) gouvernail *m* de direction
seitens *präp +Gen* du côté de
Seitenschiff *nt* nef *f* latérale
Seitensprung *m* infidélité *f*
Seitenstechen *nt* point *m* de côté
Seitenstraße *f* rue *f* latérale
Seitenstreifen *m* bande *f* latérale
Seitenzahl *f* numéro *m* de page ; (*Gesamtzahl*) nombre *m* de pages
seither *adv* depuis
seitlich *adj* latéral(e)
seitwärts *adv* de côté
Sekretär *m* secrétaire *m*
Sekretariat *nt* secrétariat *m*
Sekretärin *f* secrétaire *f*
Sekt (**-(e)s, -e**) *m* ≈ champagne *m*
Sekte *f* secte *f*
Sektor *m* secteur *m* ; (*Sachgebiet*) domaine *m*
sekundär *adj* secondaire
Sekundarschule *f* (*Schweiz*) collège *m*
Sekundarstufe *f* (*Scol*) niveau *m* secondaire
Sekunde *f* seconde *f*
selber *pron* = **selbst**

SCHLÜSSELWORT

selbst *pron* **1**: **ich/er selbst** moi/lui-même ; **wir selbst** nous-mêmes ; **sie ist die Tugend selbst** c'est la vertu même *od* personnifiée ; **wie gehts? — gut, und selbst?** comment ça va ? — bien, et toi/vous ?
2 (*ohne Hilfe*) tout(e) seul(e) ; **von selbst** de lui-même (d'elle-même) ; (*ich*) de moi-même ; **sie näht ihre Kleider selbst** elle fait ses vêtements elle-même ; **selbst gebacken** maison *inv* ; **selbst gemacht** (*Kleidung*) qu'on a fait soi-même ; (*Marmelade etc*) maison *inv* ; **selbst gestrickt** tricoté(e) à la main ; (*fam: Methode etc*) artisanal(e) ; **selbst verdientes Geld** de l'argent qu'on a gagné soi-même ; **selbst ist der Mann/die Frau!** on n'est jamais mieux servi que par soi-même ! ; **das muss er selbst wissen** c'est à lui de décider
▸ *adv* même ; **selbst wenn** même si ; **selbst Gott** même Dieu

Selbst (-) *nt* moi *m*
Selbstachtung *f* dignité *f* personnelle
selbständig *etc adj* = **selbstständig** *etc*
Selbstauslöser *m* (*Photo*) obturateur *m* à retardement
Selbstbedienung *f* self-service *m*
Selbstbefriedigung *f* masturbation *f*
Selbstbeherrschung *f* maîtrise *f* de soi
selbstbewusst *adj* sûr(e) de soi
Selbstbewusstsein *nt* confiance *f* en soi
Selbsterhaltung *f* (instinct *m* de) survie *f*
Selbsterkenntnis *f* connaissance *f* de soi
selbstgefällig *adj* suffisant(e)
Selbstgespräch *nt* monologue *m*
selbstklebend *adj* autocollant(e)
Selbstkostenpreis *m* prix *m* coûtant *od* de revient
selbstlos *adj* (*Mensch*) altruiste
Selbstmord *m* suicide *m*
Selbstmordanschlag *m* attentat *m* suicide
Selbstmordattentäter(in) *m(f)* terroriste *mf* suicidaire
Selbstmörder(in) *m(f)* suicidé(e)
selbstmörderisch *adj* suicidaire
selbstsicher *adj* sûr(e) de soi
selbstständig *adj* indépendant(e) ; **~er Einzelunternehmer** auto-entrepreneur *mf* • **Selbstständige(r)** *f(m)* travailleur(-euse) *m/f* indépendant(e) • **Selbstständigkeit** *f* indépendance *f*
selbstsüchtig *adj* égoïste
selbsttätig *adj* automatique
Selbstversorger *m*: **~ sein** subvenir à ses propres besoins ; **Urlaub für ~** vacances *fpl* en appartement *etc*
selbstverständlich *adj* évident(e) ▸ *adv* bien sûr • **Selbstverständlichkeit** *f* évidence *f*
Selbstverteidigung *f* autodéfense *f*
Selbstvertrauen *nt* confiance *f* en soi
Selbstverwaltung *f* autogestion *f*
Selbstzweck *m* fin *f* en soi

Selfie *nt* selfie *m*
Selfiestick *m* perche *f* à selfie
selig *adj* (*glücklich*) aux anges ; (*Rel*) bienheureux(-euse) ; (*tot*) défunt(e) • **Seligkeit** *f* béatitude *f*
Sellerie (**-s, -(s)**) *m* céleri(-rave) *m*
selten *adj* rare ▶ *adv* rarement
Seltenheit *f* rareté *f*
Selterswasser *nt* eau *f* de Seltz
seltsam *adj* étrange
seltsamerweise *adv* étrangement
Seltsamkeit *f* étrangeté *f*
Semester (**-s, -**) *nt* semestre *m*
Semikolon (**-s, -s**) *nt* point-virgule *m*
Seminar (**-s, -e**) *nt* (*Institut*) département *m* ; (*Kurs*) séminaire *m*
Semmel (**-, -n**) *f* petit pain *m*
Senat (**-(e)s, -e**) *m* sénat *m*
Sendebereich *m* zone *f* d'émission
Sendefolge *f* série *f* d'émissions
senden *irr vt* (*Brief etc*) envoyer ; (*ausstrahlen*) émettre ▶ *vi* (*ausstrahlen*) émettre
Sender (**-s, -**) *m* émetteur *m*
Sendereihe *f* série *f* d'émissions
Sendung *f* (*Brief, Paket*) envoi *m* ; (*Aufgabe*) mission *f* ; (*Radio, TV*) émission *f*
Senegal *m* le Sénégal
Senf (**-(e)s, -e**) *m* moutarde *f*
sengen *vt* (*Haare*) brûler légèrement ; (*Federn*) flamber ▶ *vi* (*Sonne*) taper
Senior (**-s, -en**) *m* (*Mensch im Rentenalter*) personne *f* du troisième âge
Seniorenheim *nt* maison *f* de retraite
Seniorenpass *m* ≈ carte *f* Senior
Senkblei *nt* fil *m* à plomb
Senke *f* cuvette *f*
Senkel (**-s, -**) *m* lacet *m*
senken *vt* baisser ; (*Steuern*) diminuer ▶ *vr* s'affaisser
Senkfuß *m* pied *m* plat
senkrecht *adj* vertical(e)
Senkrechte *f* perpendiculaire *f*
Senkrechtstarter *m* (*Aviat*) avion *m* à décollage vertical ; (*fig*) *personne qui a fait une carrière fulgurante*, jeune loup *m*
Senkung *f* (*das Senken*) abaissement *m*
Sensation *f* sensation *f*
sensationell *adj* sensationnel(le)
Sense *f* faux *f*
sensibel *adj* sensible
sensibilisieren *vt* sensibiliser
Sensibilität *f* sensibilité *f*
Sensor *m* détecteur *m*
sentimental *adj* sentimental(e)
Sentimentalität *f* sentimentalisme *m*
separat *adj* indépendant(e) ; (*Eingang*) particulier(-ière)
September (**-(s), -**) *m* septembre *m* ; **im ~** en septembre ; **am 2. ~** le 2 septembre
septisch *adj* (*Wunde*) infecté(e)
sequentiell *adj* = **sequenziell**
Sequenz *f* série *f* ; (*Ciné, Inform*) séquence *f*
sequenziell *adj* : **~e Datei** fichier *m* séquentiel
Serbe (**-n, -n**) *m* Serbe *m*
Serbien (**-s**) *nt* la Serbie
Serbin *f* Serbe *f*
serbisch *adj* serbe
Serie *f* série *f*
seriell *adj* (*Inform*) série *inv*
serienweise *adv* en série
seriös *adj* sérieux(-euse) ; (*anständig*) convenable
Serpentine *f* (*Straße*) route *f* en lacets
Serum (**-s, Seren**) *nt* sérum *m*
Server (**-s, -**) *m* (*Inform*) serveur *m*
Service (**-(s), -** *od* **-, -s**) *nt od m* service *m*
servieren *vt, vi* servir
Serviette *f* serviette *f* (*de table*)
Servolenkung *f* direction *f* assistée
Sessel (**-s, -**) *m* fauteuil *m* • **Sessellift** *m* télésiège *m*
sesshaft *adj* (*Leben*) sédentaire ; (*ansässig*) établi(e)
Set (**-s, -s**) *nt od m* série *f* ; (*Deckchen*) set *m* (de table)
setzen *vt* poser ; (*Gast*) asseoir, placer ; (*Hoffnung, Segel, Komma*) mettre ; (*Termin, Frist, Ziel*) fixer ; (*pflanzen*) planter ; (*Typo*) composer ; (*Geld*) miser ▶ *vr* s'asseoir ▶ *vi* (*springen*) sauter ; (*wetten*) miser ; **auf ein Pferd ~** miser sur un cheval
Setzer (**-s, -**) *m* (*Typo*) compositeur *m*
Setzerei *f* atelier *m* de composition
Setzkasten *m* (*Typo*) casse *f* ; (*an Wand*) *étagère pour ranger de tout petits bibelots*
Setzling *m* semis *m*
Seuche *f* épidémie *f*
Seuchengebiet *nt zone où sévit une épidémie*
seufzen *vi* soupirer
Seufzer (**-s, -**) *m* soupir *m*
Sex (**-(es)**) *m* sexe *m* • **Sex-SMS** *f* sexto *m*
Sexualität *f* sexualité *f*
sexuell *adj* sexuel(le)
sexy *adj* sexy
Seychellen *pl* Seychelles *fpl*
sezieren *vt* disséquer
Shampoo (**-s, -s**) *nt* shampo(o)ing *m*
Sharing Economy *f* économie *f* collaborative
Sherry (**-s, -s**) *m* xérès *m*, sherry *m*
shoppen *vi* faire du shopping
Shorts *pl* short *msg*
sich *pron* se

Sichel (**-, -n**) *f* faucille *f* ; (*Mondsichel*) croissant *m*
sicher *adj* sûr(e) ; (*geschützt, ungefährdet*) en sécurité ; (*zuverlässig*) sûr(e) ▸ *adv* certainement ; **~ vor** +*Dat* à l'abri de ; **sich** *Dat* **einer Sache/jds ~ sein** être sûr(e) de qch/qn
sichergehen *irr vi* assurer ses arrières
Sicherheit *f* sécurité *f* ; (*Gewissheit*) certitude *f* ; (*Zuverlässigkeit*) sûreté *f* ; (*Selbstsicherheit*) assurance *f*
Sicherheitsabstand *m* distance *f* de sécurité
Sicherheitsglas *nt* verre *m* sécurit®
Sicherheitsgurt *m* ceinture *f* de sécurité
sicherheitshalber *adv* par mesure de sécurité
Sicherheitsnadel *f* épingle *f* de sûreté *od* à nourrice
Sicherheitsschloss *nt* serrure *f* de sécurité
Sicherheitsverschluss *m* cran *m* de sécurité
Sicherheitsvorkehrung *f* mesure *f* de sécurité
sicherlich *adv* certainement
sichern *vt* (*Tür, Fenster*) bien fermer ; (*Inform*) sauvegarder ; (*Bergsteiger: garantieren*) assurer ; **~ gegen** *od* **vor** +*Dat* protéger contre *od* de ; **sich etw ~** se procurer qch
sicher|stellen *vt* (*Beute*) mettre en sécurité
Sicherung *f* protection *f* ; (*an Waffen*) cran *m* de sécurité ; (*Élec*) plombs *mpl*
Sicherungskopie *f* (copie *f* de) sauvegarde *f*
Sicht *f* vue *f* ; **auf lange** *od* **weite ~** à long terme • **sichtbar** *adj* visible
sichten *vt* apercevoir ; (*durchsehen*) examiner
sichtlich *adj* évident(e)
Sichtverhältnisse *pl* visibilité *fsg*
Sichtvermerk *m* visa *m*
Sichtweite *f* visibilité *f*
sickern *vi* (*Flüssigkeit*) suinter ; (*Nachricht*) transpirer
sie (*Akk* ~) (*Dat sg* **ihr**) (*Dat pl* **ihnen**) *pron* (*weiblich: sg: Nom*) elle ; (*: Akk*) la ; (*pl: Nom*) elles ; (*: Akk*) les ; (*männlich: Nom*) il ; (*: Akk*) le ; (*: Dat*) lui ; (*: pl: Nom*) ils ; (*: pl: Akk*) les
Sie (*Akk* **Sie**, *Dat* **Ihnen**) *pron* vous
Sieb (**-(e)s, -e**) *nt* tamis *m* ; (*Gemüsesieb, Teesieb*) passoire *f*
sieben[1] *vt* tamiser ; (*fig*) trier
sieben[2] *num* sept • **siebenhundert** *num* sept cents • **Siebensachen** *pl* affaires *fpl* • **Siebenschläfer** *m* loir *m*
siebte(r, s) *adj* septième
Siebtel (**-s, -**) *nt* septième *m*
siebzehn *num* dix-sept
siebzig *num* soixante-dix
sieden *vi* (*Wasser*) bouillir
Siedepunkt *m* point *m* d'ébullition
Siedewasserreaktor *m* réacteur *m* à eau bouillante
Siedlung *f* établissement *m*, agglomération *f* ; (*Neubausiedlung etc*) cité *f*
Sieg (**-(e)s, -e**) *m* victoire *f*
Siegel (**-s, -**) *nt* sceau *m* • **Siegellack** *m* cire *f* à cacheter • **Siegelring** *m* chevalière *f*
siegen *vi* remporter la *od* une victoire, vaincre ; **über jdn/etw ~** battre qn/qch
Sieger(in) (**-s, -**) *m(f)* vainqueur *m*
siegessicher *adj* sûr(e) de réussir
Siegeszug *m* marche *f* victorieuse
siegreich *adj* victorieux(-euse)
siehe *etc vb siehe* **sehen**
Sierra Leone *nt* la Sierra Leone
siezen *vt* vouvoyer
Signal (**-s, -e**) *nt* signal *m*
signalisieren *vt* signaler
Signatur *f* (*Unterschrift*) signature *f* ; (*Bibliothekssignatur*) cote *f*
signieren *vt* signer
Silbe *f* syllabe *f*
Silber (**-s**) *nt* argent *m* • **Silberbergwerk** *nt* mine *f* d'argent • **Silberblick** *m*: **einen ~ haben** avoir un léger strabisme
Silbermedaille *f* médaille *f* d'argent
silbern *adj* d'argent ; (*Klang*) argentin(e)
Silhouette *f* silhouette *f*
Silo (**-s, -s**) *nt od m* silo *m*
Silvester (**-s, -**) *nt* Saint-Sylvestre *f*

> **Silvester** désigne le réveillon du nouvel an en allemand. Bien que ce ne soit pas un jour férié officiel, dans la plupart des entreprises on termine le travail plus tôt. La majorité des Allemands allume feux d'artifices et fusées à minuit et font la fête jusqu'au petit matin.

Simbabwe (**-s**) *nt* le Zimbabwe
SIM-Karte *f* carte *f* SIM
simpel *adj* très simple
Sims (**-es, -e**) *m od nt* (*Fenstersims*) rebord *m* (de fenêtre)
Simulant(in) *m(f)* faux(fausse) malade *mf*
simulieren *vt* simuler ▸ *vi* faire semblant
simultan *adj* simultané(e)
Sinfonie *f* symphonie *f*
Singapur (**-s**) *nt* Singapour
singen *irr vi, vt* chanter

Singular m singulier m

Single (**-s, -s**) m (*Alleinlebender*) célibataire mf
Singular *m* singulier *m*
Singvogel *m* oiseau *m* chanteur
sinken *irr vi* (*Schiff*) couler ; (*Sonne*) se coucher ; (*niedriger werden, abnehmen*) baisser ; **den Mut/die Hoffnung ~ lassen** perdre courage/espoir
Sinn (**-(e)s, -e**) *m* sens *m* ; (*Bewusstsein*) conscience *f* ; **~ für etw haben** avoir le sens de qch ; **es hat keinen/wenig ~** ça ne sert à rien/pas à grand-chose ; **das war nicht der ~ der Sache** ce n'est pas ce qui était prévu ; **von ~en sein** avoir tous ses esprits • **Sinnbild** *nt* symbole *m* • **sinnbildlich** *adj* symbolique
sinnen *irr vi*: **auf etw** *Akk* **~** méditer qch
Sinnenmensch *m* épicurien(ne) *m/f*
Sinnestäuschung *f* hallucination *f*
sinngemäß *adj* (*Übersetzung, Wiedergabe*) qui respecte l'esprit plutôt que la lettre, libre
sinnig *adj* (*Verhalten*) raisonnable ; (*Geschenk*) pratique
sinnlich *adj* sensuel(le)
Sinnlichkeit *f* sensualité *f*
sinnlos *adj* (*unsinnig*) insensé(e)
Sinnlosigkeit *f* inutilité *f*
sinnvoll *adj* (*Leben, Arbeit*) qui a un sens
Sintflut *f* déluge *m*
Sinus (**-, -** *od* **-se**) *m* sinus *m*
Siphon (**-s, -s**) *m* siphon *m*
Sippe *f* tribu *f*
Sippschaft (*péj*) *f* (*Verwandtschaft*) tribu *f* ; (*Bande*) équipe *f*
Sirene *f* sirène *f*
Sirup (**-s, -e**) *m* sirop *m*
Sitte *f* (*Gewohnheit*) coutume *f* ; (*Sittlichkeit*) mœurs *fpl*
Sittenpolizei *f* brigade *f* des mœurs
sittlich *adj* moral(e)
Sittlichkeitsverbrechen *nt* crime *m* d'ordre sexuel
Situation *f* situation *f*
Sitz (**-es, -e**) *m* siège *m* ; **der Anzug hat einen guten ~** ce costume lui/vous *etc* va bien
sitzen *irr vi* être assis(e) ; (*Kleidung*) aller (bien) ; (*Bemerkung*) faire de l'effet ; **~ bleiben** rester assis(e) ; (*Scol*) redoubler ; **auf etw** *Dat* **~ bleiben** ne pas arriver à vendre qch ; **~ lassen** (*Mädchen*) laisser tomber ; (*Wartenden*) poser un lapin à ; **etw (nicht) auf sich** *Dat* **~ lassen** (ne pas) encaisser qch
sitzend *adj* (*Tätigkeit*) sédentaire
Sitzgelegenheit *f* siège *m*
Sitzplatz *m* siège *m*
Sitzstreik *m* sit-in *m*
Sitzung *f* séance *f*
sizilianisch *adj* sicilien(ne)
Sizilien (**-s**) *nt* la Sicile
Skala (**-, Skalen**) *f* échelle *f*
Skalpell (**-s, -e**) *nt* scalpel *m*
Skandal (**-s, -e**) *m* scandale *m*
skandalös *adj* scandaleux(-euse)
Skandinavien (**-s**) *nt* la Scandinavie
Skateboard (**-s, -s**) *nt* skate(board) *m*
skateboarden *vi* faire du skate(board)
skaten *vi* (*mit Inlineskates*) faire du roller ; (*mit Skateboards*) faire du skateboard
Skelett (**-(e)s, -e**) *nt* squelette *m*
Skepsis (**-**) *f* scepticisme *m*
skeptisch *adj* sceptique
Ski (**-s, -er**) *m* ski *m* ; **~ laufen** *od* **fahren** faire du ski • **Skifahrer(in)** *m(f)* skieur(-euse) • **Skiläufer(in)** *m(f)* skieur(-euse) • **Skilehrer(in)** *m(f)* moniteur(-trice) de ski • **Skilift** *m* téléski *m*
Skin(head) (**-s, -s**) *m* skin(head) *mf*
Skipass *f* forfait *m* de ski
Skipiste *f* piste *f* de ski
Skispringen *nt* saut *m* à ski
Skistock *m* bâton *m* de ski
Skiurlaub *m* vacances *fpl* de neige
Skizze *f* esquisse *f*
skizzieren *vt* esquisser ; (*Bericht*) rédiger le brouillon de
Sklave (**-n, -n**) *m* esclave *m*
Sklaverei *f* esclavage *m*
Sklavin *f* esclave *f*
Skonto (**-s, -s**) *m od nt* escompte *m*
Skorpion (**-s, -e**) *m* scorpion *m* ; (*Astrol*) Scorpion *m*
Skrupel (**-s, -**) *m* scrupule *m* • **skrupellos** *adj* sans scrupules
Skulptur *f* sculpture *f*
Skype® *nt* Skype® *m*
skypen® *vt* appeler via Skype®
Slalom (**-s, -s**) *m* slalom *m*
Slip (**-s, -s**) *m* slip *m*
Slowake *m* Slovaque *m*
Slowakei *f* Slovaquie *f*
Slowakin *f* Slovaque *f*
slowakisch *adj* slovaque
Slowenien *nt* la Slovénie
Slush (**-(e)s, -(e)s**) *nt* barbotine f
Smaragd (**-(e)s, -e**) *m* émeraude *f*
Smartphone *nt* smartphone *m*
Smog (**-(s), -s**) *m* smog *m*
Smoking (**-s, -s**) *m* smoking *m*
Smoothie (**-s, -s**) *m* smoothie *m*
SMS (**-, -**) *f abk* (= *Short Message Service*) SMS *m*
Snowboard (**-s, -s**) *nt* snowboard *m*, surf *m* des neiges
snowboarden *vi* faire du snowboard, faire du surf (des neiges)

S

SCHLÜSSELWORT

so *adv* **1** (*so sehr*) tellement ; **das hat ihn so geärgert, dass ...** ça l'a tellement irrité que ... ; **ein so altes Haus** une maison tellement vieille ; **so groß/schön wie ...** (*im Vergleich*) aussi grand(e)/beau (belle) que ... ; **so viel** (*ebenso viel*) autant ; **so viel für heute!** ça suffit pour aujourd'hui ! ; **halb/doppelt so viel** deux fois moins/plus ; **rede nicht so viel** tu parles trop ; **so weit sein** (*fam*: *fertig*) être prêt(e) ; **so weit wie** *od* **als möglich** autant que possible, dans la mesure du possible ; **ich bin so weit zufrieden** en gros, je suis satisfait ; **das ist ja so weit ganz gut** jusqu'ici, ça n'est pas mal ; **es ist bald so weit** ça y est presque ; **so wenig wie möglich** le moins possible

2 (*auf diese Weise*) ainsi, comme ça ; **mach es nicht so wie ich** ne suis pas mon exemple ; **so oder so** de toute façon ; **und so weiter** etc. ; **oder so was** ou quelque chose du même genre ; **das ist gut so** ça va bien comme ça ; **so ist sie nun einmal** elle est comme ça ; **so genannt** = **sogenannt**; **das habe ich nur so gesagt** je plaisantais ; **so gut es geht** de mon/ton *etc* mieux

3 (*solch*): **so etw ist noch nie passiert!** ça n'est encore jamais arrivé !, c'est la première fois que ça se produit ! ; **so ein Haus habe ich noch nie gesehen** je n'ai jamais vu une maison pareille ; **so ein Gauner/eine Unverschämtheit!** quel escroc/culot ! ; **so jemand wie ich** les gens comme moi ; **so etw Schönes!** que c'est beau ! ; **na so was!** ça alors !

4 (*fam*: *umsonst*): **ich habe es so bekommen** je l'ai eu pour rien

▸ *konj*: **so wie es jetzt ist** dans les circonstances actuelles ; *siehe auch* **sodass**

▸ *interj*: **so?** ah oui ? ; **so, das wärs** bon, voilà

sobald *konj* aussitôt que, dès que
Söckchen *nt* socquette *f*
Socke *f* chaussette *f*
Sockel (**-s, -**) *m* socle *m*
sodass *konj* si bien que
Sodawasser *nt* eau *f* de Seltz
Sodbrennen *nt* brûlures *fpl* d'estomac
soeben *adv* (*vor sehr kurzer Zeit*) justement
Sofa (**-s, -s**) *nt* canapé *m*
sofern *konj* à condition que
soff *etc vb siehe* **saufen**
sofort *adv* immédiatement, tout de suite
sofortig *adj* immédiat(e)
Softeis *nt* crème *f* glacée
Softie *m* tendre *m*
Software *f* logiciel *m*
sog *etc vb siehe* **saugen**
Sog (**-(e)s, -e**) *m* aspiration *f*
sogar *adv* même
sogenannt *adj attrib* soi-disant *inv*
sogleich *adv* immédiatement
Sohle *f* (*Fußsohle*) plante *f* (du pied) ; (*Schuhsohle*) semelle *f* ; (*Talsohle etc*) fond *m*
Sohn (**-(e)s, ⸚e**) *m* fils *m*
Sojasoße *f* sauce *f* au soja
solang, solange *konj* tant que
Solarium *nt* solarium *m*
Solbad *nt* (*Kurort*) centre *m* d'hydrothérapie (*eau salée*)
solch *adj inv* tel(le)
solche(r, s) *adj* tel(le) ; **ein ~r Mensch** une telle personne
Sold (**-(e)s, -e**) *m* solde *f*
Soldat (**-en, -en**) *m* soldat *m* • **soldatisch** *adj* (*Haltung*) de soldat ; (*Disziplin*) militaire
Söldner (**-s, -**) *m* mercenaire *m*
solidarisch *adj* solidaire
solidarisieren *vr*: **sich ~ mit** se solidariser avec
Solidarität *f* solidarité *f*
solide *adj* (*Material*) solide ; (*Leben, Person*) respectable ; (*Arbeit, Wissen*) approfondi(e)
Solist(in) *m(f)* soliste *mf*
Soll (**-(s), -(s)**) *nt* (*Fin*) débit *m* ; (*Arbeitsmenge*) objectif *m* (de production)

SCHLÜSSELWORT

sollen (*pt* **sollte**, *pp* **gesollt** *od* (*als Hilfsverb*) **sollen**) *vi* **1** (*Pflicht, Befehl*) devoir ; **was soll ich tun?** que (dois-je) faire ? ; **du hättest nicht gehen sollen** tu n'aurais pas dû y aller ; **komm, ruf einfach bei ihm an! — soll ich?** allez, appelle-le ! — tu crois ? ; **soll ich dir helfen?** je peux t'aider ? ; **ich soll dich von ihm grüßen** il m'a demandé de bien te saluer ; **du sollst nicht töten** (*Bibel*) tu ne tueras pas ; **sag ihm, er soll warten** dis-lui d'attendre ; **das sollst du nicht (machen** *od* **tun)** c'est défendu

2 (*Vermutung*): **sie soll verheiratet sein** elle serait mariée ; **was soll das (heißen)?** qu'est-ce que ça signifie ? ; **was soll das sein?** qu'est-ce que c'est que ça ? ; **was solls?** et puis zut ! ; **man sollte glauben, dass ...** on dirait presque que ... ; **sollte das passieren, ...**

si cela devait se produire *od* le cas échéant, … ; **mir soll es gleich sein** pour moi, c'est du pareil au même
3 (*konjunktivisch*): **er sollte sie nie wiedersehen** il ne devait jamais la revoir

Solo (**-s, -s** *od* **Soli**) *nt* solo *m*
Somalia *nt* la Somalie
somit *konj* donc
Sommer (**-s, -**) *m* été *m* • **sommerlich** *adj* (*Wetter*) estival(e) ; (*Kleidung*) d'été • **Sommerschlussverkauf** *m* soldes *mpl* d'automne • **Sommersprossen** *pl* taches *fpl* de rousseur • **Sommerzeit** *f* été *m*
Sonate *f* sonate *f*
Sonde *f* sonde *f*
Sonder- *in zW* spécial(e)
Sonderangebot *nt* offre *f* spéciale
sonderbar *adj* étrange
Sonderfahrt *f* excursion *f* spéciale
Sonderfall *m* exception *f*
sondergleichen *adj inv*: **eine Frechheit ~** une impertinence sans pareille
sonderlich *adj* (*sonderbar*) étrange ▶ *adv* (*besonders*) particulièrement
Sonderling *m* original *m*
Sondermüll *m* déchets *mpl* spéciaux *od* toxiques
sondern *konj* mais
Sonderzug *m* train *m* spécial
sondieren *vt, vi* sonder
Sonett (**-(e)s, -e**) *nt* sonnet *m*
Sonnabend *m* samedi *m*
Sonne *f* soleil *m*
sonnen *vt* mettre au soleil ▶ *vr* se bronzer
Sonnenaufgang *m* lever *m* du *od* de soleil
sonnen|baden *vi* prendre un bain *od* des bains de soleil
Sonnenblume *f* tournesol *m*
Sonnenbrand *m* coup *m* de soleil
Sonnenbrille *f* lunettes *fpl* de soleil
Sonnencreme *f* crème *f* solaire
Sonnenenergie *f* énergie *f* solaire
Sonnenfinsternis *f* éclipse *f* (de soleil)
Sonnenöl *nt* huile *f* solaire
Sonnenschein *m* soleil *m*
Sonnenschirm *m* parasol *m*
Sonnenschutzcreme *f* crème *f* solaire
Sonnenstich *m* insolation *f*
Sonnenuhr *f* cadran *m* solaire
Sonnenuntergang *m* coucher *m* de *od* du soleil
Sonnenwende *f* solstice *m*
sonnig *adj* ensoleillé(e) ; (*Gemüt*) heureux(-euse)
Sonntag *m* dimanche *m*
sonntags *adv* le dimanche
Sonntagsfahrer (*péj*) *m* conducteur *m* du dimanche
sonst *adv* (*außerdem*) sinon ; (*zu anderer Zeit*) une autre fois ; (*gewöhnlich*) d'habitude ▶ *konj* sinon ; **wer/was ~?** qui/quoi d'autre ? ; **~ noch etw?** et avec ça ?, ce sera tout ? ; **~ nichts** c'est tout ; **~ woher** de quelque part (d'autre) ; **~ wohin** quelque part
sonstig *adj* autre ; **„~es"** « divers »
sooft *konj* aussi souvent que
Sopran (**-s, -e**) *m* (voix *f* de) soprano *m* ; (*Mensch*) soprano *f*
Sopranistin *f* soprano *f*
Sorge *f* souci *m* ; (*Fürsorge*) soin *m*
sorgen *vi*: **für jdn ~** s'occuper de qn ▶ *vr* se faire du souci ; **dafür ~, dass …** veiller à ce que … ; **für Ruhe ~** rétablir le calme • **sorgenfrei** *adj* sans souci(s) • **Sorgenkind** *nt* enfant *mf* à problèmes • **sorgenvoll** *adj* soucieux(-euse) ; (*Worte*) plein(e) d'inquiétude
Sorgerecht *nt* droit *m* de garde
Sorgfalt (**-**) *f* soin *m*
sorgfältig *adj* (*Arbeit*) soigné(e)
sorglos *adj* sans souci ; (*Mensch*) insouciant(e)
sorgsam *adj* attentif(-ive)
Sorte *f* sorte *f* ; (*Warensorte*) variété *f* ; **Sorten** *pl* (*Fin*) devises *fpl*
sortieren *vt* trier
Sortiment *nt* assortiment *m*
sosehr *konj* malgré le fait que
Soße *f* sauce *f* ; (*Salatsoße*) vinaigrette *f*
Souffleur *m*, **Souffleuse** *f* souffleur(-euse) *m/f*
soufflieren *vt* souffler ▶ *vi* jouer les souffleurs
Soundkarte *f* (*Inform*) carte *f* son
souverän *adj* souverain(e) ; (*Überlegen*) supérieur(e)
soviel *konj* autant que ; **~ ich weiß, …** autant que je sache, …
soweit *konj* (pour) autant que
sowie *konj* (*sobald*) dès que ; (*ebenso, und*) ainsi que
sowieso *adv* de toute façon
sowjetisch *adj* soviétique
Sowjetunion *f* Union *f* soviétique
sowohl *konj*: **~ … als** *od* **wie auch …** aussi bien … que …
sozial *adj* social(e) ; **~e Medien** médias *mpl* sociaux ; **~es Netzwerk** réseau *m* social • **Sozialabgaben** *pl* charges *fpl* sociales • **Sozialarbeiter(in)** *m(f)* travailleur(-euse) social(e) • **Sozialdemokrat** *m* social-démocrate *m*

• **sozialdemokratisch** *adj* social(e)-démocrate • **Sozialhilfe** *f* aide *f* sociale, prestations *fpl* sociales
Sozialismus *m* socialisme *m*
Sozialist(in) *m(f)* socialiste *mf* • **sozialistisch** *adj* socialiste
Sozialpartner *m* partenaire *m* social
Sozialpolitik *f* politique *f* sociale
Sozialprodukt *nt* produit *m* national
Sozialstaat *m* État-providence *m*
Sozialversicherung *f* ≈ Sécurité *f* sociale
Sozialwohnung *f* ≈ HLM *f*
Soziologe (**-n, -n**) *m* sociologue *m*
Soziologie *f* sociologie *f*
Soziologin *f* sociologue *f*
soziologisch *adj* sociologique
Sozius (**-, -se**) *m* (*Écon*) associé *m*
Soziussitz *m* siège *m* du passager
sozusagen *adv* pour ainsi dire
Spachtel (**-s, -**) *m* spatule *f*
Spagetti, Spaghetti *pl* spaghettis *mpl*
spähen *vi* regarder
Spalier (**-s, -e**) *nt* (*Gerüst*) espalier *m* ; (*Leute*) haie *f*
Spalt (**-(e)s, -e**) *m* ouverture *f* ; (*fig*: *Kluft*) fossé *m*
Spalte *f* fissure *f* ; (*Gletscherspalte*) crevasse *f* ; (*in Text*) colonne *f*
spalten *vt* fendre ; (*fig*) diviser ▸ *vr* se fendre ; (*Gruppe*) se diviser
Spaltung *f* division *f* ; (*Phys*) fission *f*
Spam (**-s, -s**) *nt* (*Inform*) spam *m*
Span (**(e)s, ¨-e**) *m* copeau *m*
Spanferkel *nt* cochon *m* de lait
Spange *f* (*Haarspange*) barrette *f* ; (*Schnalle*) boucle *f* ; (*Armreif*) bracelet *m*
Spanien (**-s**) *nt* l'Espagne *f*
Spanier(in) (**-s, -**) *m(f)* Espagnol(e)
spanisch *adj* espagnol(e)
spann *etc vb siehe* **spinnen**
Spannbetttuch *nt* drap-housse *m*
Spanne *f* (*Zeitspann*) intervalle *m* ; (*Differenz*) marge *f* (bénéficiaire)
spannen *vt* (*straffen*) tendre ; (*Bogen*) bander ; (*Werkstück*) monter, fixer ; (: *Briefbogen*) mettre ▸ *vi* (*Kleidung*) être trop serré(e)
spannend *adj* passionnant(e)
Spannung *f* tension *f* ; (*Neugier*) suspense *m*
Sparbuch *nt* livret *m* d'épargne
Sparbüchse *f* tirelire *f*
sparen *vt, vi* économiser ; **sich** *Dat* **etw ~** (*Arbeit*) éviter qch ; (*Bemerkung*) garder qch pour soi ; **mit etw ~** économiser (sur) qch, faire des économies de qch ; **an etw** *Dat* **~** économiser (sur) qch
Sparer(in) (**-s, -**) *m(f)* épargnant(e)
Spargel (**-s, -**) *m* asperge *f*
Sparkasse *f* caisse *f* d'épargne
Sparkonto *nt* compte *m* d'épargne
spärlich *adj* maigre ; (*Haar*) rare
Sparmaßnahme *f* mesure *f* d'économie
sparsam *adj* (*Mensch*) économe ; (*Gerät, Auto*) économique
Sparsamkeit *f* sens *m* de l'économie
Sparschwein *nt* tirelire *f* (*en forme de petit cochon*)
Sparte *f* secteur *m* ; (*Presse*) rubrique *f*
Spaß (**-es, ¨-e**) *m* plaisanterie *f* ; (*Freude*) plaisir *m* ; **jdm ~ machen** amuser qn • **spaßen** *vi* plaisanter ; **mit ihm ist nicht zu ~** c'est quelqu'un qui ne plaisante pas
spaßeshalber *adv* pour rire
spaßhaft *adj* drôle
Spaßmacher *m* plaisantin *m*
Spaßverderber(in) (**-s, -**) *m(f)* rabat-joie *mf*
spät *adj* tardif(-ive) ▸ *adv* tard
Spaten (**-s, -**) *m* bêche *f*
später *adj* ultérieur(e) ▸ *adv* plus tard
spätestens *adv* au plus tard
Spätlese *f* *vin vendangé tardivement*
Spatz (**-en, -en**) *m* moineau *m*
Spätzle *pl* *pâtes fraîches*
spazieren *vi* se promener ; **~ fahren** (aller) faire un tour ; **~ gehen** aller se promener
Spaziergang *m* promenade *f* ; **einen ~ machen** aller se promener
Spazierstock *m* canne *f*
Spazierweg *m* sentier *m*
SPD *f abk* (*= Sozialdemokratische Partei Deutschlands*) *parti social-démocrate allemand*
Specht (**-(e)s, -e**) *m* pic *m*
Speck (**-(e)s, -e**) *m* lard *m*
Spediteur *m* transporteur *m* ; (*Möbelspediteur*) déménageur *m*
Spedition *f* (*Speditionsfirma*) entreprise *f* de transports
Speer (**-(e)s, -e**) *m* lance *f* ; (*Sport*) javelot *m*
Speiche *f* rayon *m*
Speichel (**-s**) *m* salive *f*
Speicher (**-s, -**) *m* grenier *m* ; (*Wasserspeicher*) réservoir *m* ; (*Inform*) mémoire *f*
Speicherkapazität *f* (*Inform*) capacité *f* de stockage
Speicherkarte *f* (*Inform, Foto*) carte *f* mémoire
speichern *vt* mettre en réserve, entreposer ; (*Wasser*) accumuler ; (*Inform*) enregistrer
Speicherplatz *m* (*Inform*) mémoire *f* disponible ; (*auf USB-Stick/Festplatte*)

espace *m* disque ; (*bestimmter Ort*) logement *m*
speien *irr vt, vi* cracher ; (*sich übergeben*) vomir
Speise *f* mets *m*, plat *m* • **Speiseeis** *nt* glace *f* • **Speisekammer** *f* garde-manger *m* • **Speisekarte** *f* menu *m*, carte *f*
speisen *vi* manger ▶ *vt* (*versorgen*): **~ mit** alimenter en
Speiseröhre *f* œsophage *m*
Speisesaal *m* salle *f* à manger
Speisewagen *m* wagon-restaurant *m*
Speisezettel *m* menu *m*
Spektakel (**-s, -**) *nt* (*Veranstaltung*) spectacle *m* ▶ *m* (*fam: Lärm*) tohu-bohu *m*, boucan *m*
Spekulant(in) *m(f)* spéculateur(-trice)
Spekulation *f* spéculation *f*
spekulieren *vi* (*Fin*) faire de la spéculation
Spelunke *f* bouge *m*
Spende *f* don *m*
spenden *vt* donner ; (*Schatten*) faire ; (*Seife*) distribuer
Spender(in) (**-s, -**) *m(f)* donateur(-trice) ; (*Méd*) donneur(-euse) ▶ *m* (*Gerät*) distributeur(-trice)
spendieren *vt* offrir
Spengler (**-s, -**) *m* plombier *m*
Sperling *m* moineau *m*
Sperma (**-s, Spermen**) *nt* sperme *m*
Sperre *f* barrière *f* ; (*Verbot*) interdiction *f* ; (*Polizeisperre*) barrage *m*
sperren *vt* fermer ; (*verbieten*) interdire ; (*Konto*) bloquer ; (*Sport*) suspendre ; (*einschließen*) enfermer ▶ *vr*: **sich ~ gegen** s'opposer à
Sperrgebiet *nt* zone *f* interdite
Sperrholz *nt* contre-plaqué *m*
sperrig *adj* encombrant(e)
Sperrmüll *m* encombrants *mpl*
Sperrsitz *m* (*Théât*) fauteuil *m* d'orchestre
Sperrstunde *f heure de fermeture légale des cafés etc*, couvre-feu *m*
Spesen *pl* frais *mpl*
Spezial- *in zW* spécial(e)
spezialisieren *vr*: **sich auf etw** +*Akk* **~** se spécialiser dans qch
Spezialisierung *f* spécialisation *f*
Spezialist(in) *m(f)*: **ein ~ für etw** un spécialiste de qch
Spezialität *f* spécialité *f*
speziell *adj* spécial(e)
spezifisch *adj* spécifique
Sphäre *f* sphère *f*
Sphinx (**-, -e**) *f* sphinx *m*
spicken *vt* (*Culin: Rede*) entrelarder ▶ *vi* (*Scol*) copier
spie *etc vb siehe* **speien**
Spiegel (**-s, -**) *m* miroir *m* ; (*Wasserstand*) niveau *m* • **Spiegelbild** *nt* reflet *m* • **spiegelbildlich** *adj* inversé(e)
Spiegelei *nt* œuf *m* au plat
spiegeln *vr* se refléter ▶ *vi* briller ; (*blenden*) éblouir ; (*reflektieren*) réfléchir la lumière
Spiegelreflexkamera *f* appareil *m* reflex
Spiegelschrift *f* écriture *f* inversée
Spiegelung *f* reflet *m*
Spiel (**-(e)s, -e**) *nt* jeu *m* ; (*Sport*) match *m* ; (*Schauspiel*) pièce *f* • **Spieldose** *f* boîte *f* à musique
Spielekonsole *f* console *f* de jeux
spielen *vt, vi* jouer
spielend *adv* avec une grande facilité
Spieler(in) (**-s, -**) *m(f)* joueur(-euse)
Spielerei *f* (*nichts Anstrengendes*) jeu *m* d'enfant ; (*unwichtiges Extra*) gadget *m*
spielerisch *adj* enjoué(e) ; **~es Können** (*Sport*) aisance *f*, excellent jeu *m*
Spielfeld *nt* terrain *m*
Spielfilm *m* film *m* (*long métrage*)
Spielhalle *f* salle *f* de jeux électroniques *od* d'arcade
Spielplan *m* (*Théât*) programme *m*
Spielplatz *m* aire *f* de jeu
Spielraum *m* jeu *m*, liberté *f*
Spielregel *f* règle *f* du jeu
Spielsachen *pl* jouets *mpl*
Spielverderber (**-s, -**) *m* trouble-fête *m*
Spielwaren *pl* jouets *mpl*
Spielzeug *nt* jouets *mpl*
Spieß (**-es, -e**) *m* lance *f* ; (*Bratspieß*) broche *f*
Spießbürger (*péj*) *m* (petit) bourgeois *m*
Spießer (**-s,-**) (*péj*) *m* (petit) bourgeois *m*
spießig (*péj*) *adj* (petit(e)-)bourgeois(e)
Spikes *pl* (*Sport*) chaussures *fpl* à crampons ; (*Auto*) pneus *mpl* à clous
Spinat (**-(e)s, -e**) *m* épinards *mpl*
Spind (**-(e)s, -e**) *m od nt* (petite) armoire *f*
Spinne *f* araignée *f*
spinnen *irr vt* filer ; (*Netz*) tisser ▶ *vi* (*fam: verrückt sein*) dérailler
Spinner(in) (**-s, -**) (*fam*) *m(f)* cinglé(e)
Spinnerei *f* filature *f* ; (*fam*) folie *f*
Spinnrad *nt* rouet *m*
Spinnwebe *f* toile *f* d'araignée
Spion (**-s, -e**) *m* espion *m* ; (*Guckloch*) judas *m*
Spionage *f* espionnage *m*
spionieren *vi* espionner
Spirale *f* spirale *f* ; (*Méd*) stérilet *m*
Spirituosen *pl* spiritueux *mpl*
Spiritus (**-, -se**) *m* alcool *m*
Spital (**-s, ¨-er**) *nt* hôpital *m*

spitz *adj* pointu(e) ; (*Winkel*) obtus(e) ; (*Zunge*) bien pendu(e) ; (*Bemerkung*) acerbe
Spitz (**-es, -e**) *m* loulou *m* (de Poméranie)
Spitzbogen *m* arc *m* en ogive
Spitzbube *m* filou *m*
Spitze *f* pointe *f* ; (*vorderer Teil, erster Platz*) tête *f* ; (*gew pl: Gewebe*) dentelle *f* ; (*Bemerkung*) remarque *f* acerbe
Spitzel (**-s, -**) *m* indicateur *m* (de police)
spitzen *vt* (*Bleistift*) tailler ; (*Ohren*) dresser
Spitzen- *in zW* (*erstklassig, höchste*) excellent(e) ; (*aus Spitze*) en dentelle
Spitzensportler(in) *m(f)* sportif(-ive) de première catégorie
spitzfindig *adj* subtil(e)
spitzig *adj siehe* **spitz**
Spitzname *m* surnom *m*
Splitter (**-s, -**) *m* éclat *m*
splitternackt *adj* nu(e) comme un ver
SPÖ (**-**) *f abk* (*= Sozialdemokratische Partei Österreichs*) *parti social-démocrate autrichien*
sponsern *vt* sponsoriser
Sponsor (**-s, -en**) *m* sponsor *m*
spontan *adj* spontané(e)
Sport (**-(e)s, -e**) *m* sport *m* • **Sportlehrer(in)** *m(f)* professeur *mf* d'éducation physique
Sportler(in) (**-s, -**) *m(f)* sportif(-ive)
sportlich *adj* sportif(-ive) ; (*Kleidung, Auto*) de sport
Sportplatz *m* terrain *m* de sport
Sportschuh *m* chaussure *f* de sport
Sportverein *m* club *m* sportif
Sportwagen *m* voiture *f* de sport
Sportzeug *nt* affaires *fpl* de sport
Spott (**-(e)s**) *m* railleries *fpl* • **spottbillig** (*fam*) *adj* (*Ware*) donné(e) • **spotten** *vi* : **~ über** *+Akk* se moquer de
spöttisch *adj* moqueur(-euse)
sprach *etc vb siehe* **sprechen**
sprachbegabt *adj* doué(e) pour les langues
Sprache *f* langue *f* ; (*Sprechfähigkeit*) parole *f*
Sprachfehler *m* défaut *m* d'élocution
Sprachführer *m* manuel *m* de conversation
Sprachgebrauch *m* usage *m*
Sprachgefühl *nt* sens *m* linguistique
Sprachkenntnisse *pl* connaissances *fpl* linguistiques ; **mit guten englischen ~n** avec de bonnes connaissances d'anglais
Sprachkurs *m* cours *m* de langue
Sprachlabor *nt* laboratoire *m* de langues
sprachlich *adj* linguistique
sprachlos *adj* muet(te) ; (*erschrocken*) héberlué(e)
Sprachrohr (*fig*) *nt* voix *f*
Sprachsteuerung *f* commande *f* vocale
Sprachwissenschaft *f* linguistique *f*
sprang *etc vb siehe* **springen**
Spray (**-s, -s**) *m od nt* spray *m* • **Spraydose** *f* aérosol *m*, spray *m*
Sprechanlage *f* interphone *m*
sprechen *irr vi, vt* parler ; (*jdn*) parler à ; **mit jdm ~** parler avec qn ; **das spricht für ihn** c'est tout à son honneur
Sprecher(in) (**-s, -**) *m(f)* locuteur(-trice) ; (*für Gruppe*) porte-parole *m* ; (*Radio, TV*) speaker(ine)
Sprechstunde *f* consultation *f*
Sprechzimmer *nt* cabinet *m* (de consultation)
spreizen *vt* écarter
sprengen *vt* (*mit Sprengstoff: Spielbank*) faire sauter ; (*Versammlung*) dissoudre ; (*Rasen*) arroser
Sprengladung *f* charge *f* d'explosifs
Sprengstoff *m* explosif *m*
Spreu (**-**) *f* balle *f* (*de céréales*)
Sprichwort *nt* proverbe *m*
sprichwörtlich *adj* proverbial(e)
Springbrunnen *m* jet *m* d'eau
springen *irr vi* sauter ; (*zerspringen*) se casser, se fêler
Springer (**-s, -**) *m* (*Schach*) cavalier *m*
Sprit (**-(e)s, -e**) (*fam*) *m* essence *f*
Spritze *f* piqûre *f*
spritzen *vt* (*anspritzen*) arroser ; (*Méd*) faire une piqûre de, injecter ▶ *vi* (*Wasser, heißes Fett*) gicler
Spritzpistole *f* pistolet *m*
spröde *adj* (*Material*) cassant(e) ; (*Haut*) sec(sèche) ; (*Person*) austère
Sprosse *f* barreau *m*
Sprössling *m* rejeton *m*
Spruch (**-(e)s, ¨-e**) *m* dicton *m* ; (*Jur*) jugement *m*
Sprudel (**-s, -**) *m* eau *f* minérale gazeuse
sprudeln *vi* jaillir
Sprühdose *f* spray *m*, aérosol *m*
sprühen *vt* vaporiser ▶ *vi* jaillir ; **~ vor** pétiller de
Sprühregen *m* petite pluie *f* fine, bruine *f*
Sprung (**-(e)s, ¨-e**) *m* saut *m* • **Sprungbrett** *nt* tremplin *m* • **sprunghaft** *adj* (*Mensch*) qui ne tient pas en place ; (*Aufstieg*) fulgurant(e) • **Sprungschanze** *f* tremplin *m* (de ski)
Spucke (**-**) *f* salive *f*
spucken *vt, vi* cracher
Spuk (**-(e)s, -e**) *m* esprit *m* ; (*fig*) horreur *f*
spuken *vi* (*Geist*) hanter les lieux ; **hier spukt es** cet endroit est hanté

Spule *f* bobine *f*
Spüle *f* évier *m*
spülen *vt* (*Geschirr*) laver, faire ; **(die Toilette) ~** tirer la chasse (d'eau)
Spülmaschine *f* lave-vaisselle *m*
Spülmittel *nt* produit *m* pour la vaisselle
Spülstein *m* évier *m*
Spülung *f* rinçage *m*
Spur (**-, -en**) *f* trace *f* ; (*Fußspuren, Radspur, Tonbandspur*) piste *f* ; (*Fahrspur*) voie *f*
spürbar *adj* sensible
spüren *vt* sentir
Spurenelement *nt* oligo-élément *m*
Spürhund *m* chien *m* policier ; (*fig*) indicateur *m*
spurlos *adv* sans laisser de traces
Spurt (**-(e)s, -s** *od* **-e**) *m* sprint *m*
sputen *vr* se dépêcher
Squash (**-**) *nt* squash *m*
Sri Lanka *nt* le Sri Lanka
Staat (**-(e)s, -en**) *m* État *m* ; **mit etw ~ machen** afficher qch
Staatenbund *m* confédération *f*
staatenlos *adj* apatride
staatlich *adj attrib* de l'État
Staatsangehörigkeit *f* nationalité *f*
Staatsanwalt *m* ≈ procureur *m* de la République
Staatsbürger(in) *m(f)* citoyen(ne)
Staatsdienst *m* fonction *f* publique
staatseigen *adj* étatisé(e)
Staatsexamen *nt* (*Univ*) *examen dont l'obtention donne accès aux carrières de l'enseignement*
staatsfeindlich *adj* subversif(-ive)
Staatsmann (**-(e)s, -männer**) *m* homme *m* d'État, femme *f* d'État
Staatsoberhaupt *nt* chef *m* de l'État *od* d'État
Staatssekretär(in) *m(f)* secrétaire *mf* d'État
Staatsstreich *m* coup *m* d'État
Staatsverschuldung *f* endettement *m* public
Stab (**-(e)s, ¨-e**) *m* bâton *m* ; (*Gitterstab*) barreau *m* ; (*von Menschen*) équipe *f*
Stäbchen *nt* (*Essstäbchen*) baguette *f*
Stabhochsprung *m* saut *m* à la perche
stabil *adj* stable ; (*Möbel*) solide ; (*Gesundheit*) robuste
stabilisieren *vt* stabiliser
Stabilität *f* stabilité *f*
stach *etc vb siehe* **stechen**
Stachel (**-s, -n**) *m* épine *f* ; (*von Biene etc*) dard *m* • **Stachelbeere** *f* groseille *f* à maquereau • **Stacheldraht** *m* fil *m* de fer barbelé
stachelig *adj* (*Tier*) à piquants ; (*Pflanze*) épineux(-euse)
Stachelschwein *nt* porc-épic *m*
Stadion (**-s, Stadien**) *nt* stade *m*
Stadium *nt* stade *m*
Stadt (**-, ¨-e**) *f* ville *f*
Städtchen *nt* bourg *m*
Städtebau *m* urbanisme *m*
Städter(in) *m(f)* citadin(e)
städtisch *adj* (*Leben*) en ville ; (*Anlagen*) municipal(e)
Stadtmauer *f* remparts *mpl*
Stadtmitte *f* centre-ville *m*
Stadtplan *m* plan *m* (de ville)
Stadtrand *m* périphérie *f*
Stadtrundfahrt *f* tour *m* de ville
Stadtteil *m* quartier *m*
Staffel (**-, -n**) *f* (*Sport*) équipe *f* (*de course de relais*)
Staffelei *f* chevalet *m*
staffeln *vt* échelonner
Staffelung *f* échelonnement *m*
stahl *etc vb siehe* **stehlen**
Stahl (**-(e)s, ¨-e**) *m* acier *m* • **Stahlhelm** *m* casque *m* lourd
Stall (**-(e)s, ¨-e**) *m* étable *f* ; (*Pferdestall*) écurie *f* ; (*Kaninchenstall*) clapier *m* ; (*Schweinestall*) porcherie *f* ; (*Hühnerstall*) poulailler *m*
Stamm (**-(e)s, ¨-e**) *m* (*Baumstamm*) tronc *m* ; (*Volksstamm*) tribu *f* ; (*Ling*) racine *f* • **Stammbaum** *m* arbre *m* généalogique
stammeln *vt, vi* bégayer
stammen *vi* : **~ von** *od* **aus** venir de
Stammgast *m* habitué *m*
Stammhalter *m* héritier *m* (mâle)
stämmig *adj* trapu(e)
Stammtisch *m* (*Tisch in Gasthaus*) *table réservée aux habitués d'un café*
Stammzelle *f* cellule *f* souche
stampfen *vi* taper du pied ; (*gehen*) marcher d'un pas lourd ▶ *vt* (*zerkleinern*) réduire en purée
stand *etc vb siehe* **stehen**
Stand (**-(e)s, ¨-e**) *m* (*Stehen*) position *f* debout ; (*Zustand, Stufe, Pol: Klasse*) état *m* ; (*Spielstand*) score *m* ; (*Messestand etc*) stand *m* ; (*Beruf*) profession *f*
Standard (**-s, -s**) *m* norme *f*
Ständchen *nt* sérénade *f*
Ständer (**-s, -**) *m* (*Kleiderständer*) portemanteau *m* ; (*Kerzenständer*) bougeoir *m* ; (*Notenständer*) pupitre *m*
Standesamt *nt* bureau *m* de l'état civil (*à la mairie*)
Standesbeamte(r) *m* officier *m* de l'état civil
Standesunterschied *m* différence *f* de classe
standhaft *adj* imperturbable

stand|halten *irr vi +Dat* tenir tête à
ständig *adj* permanent(e) ▶ *adv* constamment
Standlicht *nt* feu *m* de position
Standort *m* emplacement *m* ; (*Mil*) garnison *f*
Standpunkt *m* point *m* de vue
Standspur *f* (*Auto*) bande *f* d'arrêt d'urgence
Stange *f* barre *f* ; (*Zigaretten*) cartouche *f* ; **von der ~** (*nicht Einzelanfertigung*) en prêt-à-porter
Stängel (**-s, -**) *m* tige *f*
Stangenbrot *nt* baguette *f* (de pain)
stank *etc vb siehe* **stinken**
Stanniol (**-s, -e**) *nt* papier *m* aluminium
stanzen *vt* (*Leder*) estamper ; (*Löcher*) faire (au poinçon)
Stapel (**-s, -**) *m* pile *f* ; (*Naut*) cale *f* sèche • **Stapellauf** *m* (course *f* de) relais *m*
stapeln *vt* empiler
Stapelverarbeitung *f* traitement *m* par lots
Star[1] (**-(e)s, -e**) *m* (*Zool*) étourneau *m* ; (*Méd*) cataracte *f*
Star[2] (**-s, -s**) *m* star *f*, vedette *f*
starb *etc vb siehe* **sterben**
stark *adj* fort(e) ; (*mächtig*) puissant(e) ; **dieses Brett ist 15 mm ~** cette planche fait 15 mm d'épaisseur ; **er ist ein ~er Raucher** c'est un grand fumeur
Stärke *f* force *f* ; (*von Brille*) puissance *f* ; (*Culin*) amidon *m*
stärken *vt* (*Mensch*) fortifier ; (*Selbstbewusstsein*) renforcer ; (*Wäsche*) amidonner
stark|machen *vr*: **sich für jdn/etw ~** (*fam*) tout mettre en œuvre pour qn/qch
Starkstrom *m* courant *m* à haute tension
Stärkung *f* renforcement *m* ; (*Essen*) en-cas *m inv*, quelque chose à manger
starr *adj* rigide ; (*Haltung*) inflexible ; (*Blick*) fixe
starren *vi* (*blicken*) regarder fixement ; **vor sich** *Akk* **hin ~** regarder fixement devant soi
Starrheit *f* rigidité *f* ; (*von Blick*) fixité *f*
starrköpfig *adj* têtu(e)
Starrsinn *m* obstination *f*
Start (**-(e)s, -e**) *m* départ *m* ; (*Aviat*) décollage *m* • **Startautomatik** *f* starter *m* automatique • **Startbahn** *f* piste *f* d'envol • **starten** *vt* (*Auto*) mettre en marche ; (*Aviat*) lancer ▶ *vi* (*Aviat*) décoller ; (*Sport*) prendre le départ • **Starter** (**-s, -**) *m* starter *m* • **Starterlaubnis** *f* autorisation *f* de décoller • **Starthilfekabel** *nt* câble *m* de démarrage • **Startseite** *f* (*im Internet*) page *f* de démarrage • **Startzeichen** *nt* signal *m* du départ
Stasi *f abk voir article*

> **Stasi** est l'abréviation de *Staatssicherheitsdienst*, les services secrets de la *DDR*, fondés en 1950 et démantelés en 1989. Ces services secrets avaient organisé un important réseau d'espionnage de ceux qui occupaient une position de confiance dans la *BRD* et dans la *DDR*, ainsi que de surveillance de la population dans le but de prévenir toute tentative d'opposition au régime communiste. Des dossiers sur plus de six millions de personnes avaient été constitués.

Station *f* (*Haltestelle*) arrêt *m* ; (*Krankenstation*) service *m* ; **~ machen** faire halte
stationieren *vt* (*Truppen*) cantonner ; (*Atomwaffen etc*) entreposer
Statist(in) *m(f)* figurant(e)
Statistik *f* statistique *f* • **Statistiker(in)** *m(f)* statisticien(ne)
statistisch *adj* statistique
Stativ *nt* trépied *m*
statt *konj* au lieu de ▶ *präp +Gen od Dat* à la place de
stattdessen *adv* au lieu de cela
Stätte *f* endroit *m*
statt|finden *irr vi* avoir lieu
statthaft *adj* licite
stattlich *adj* imposant(e) ; (*Summe*) considérable
Statue *f* statue *f*
Statur *f* stature *f*
Status (**-, -**) *m* statut *m* • **Statussymbol** *nt* signe *m* extérieur de richesse
Statuszeile *f* (*Inform*) barre *f* d'état
Stau (**-(e)s, -e**) *m* blocage *m* ; (*Verkehrsstau*) embouteillage *m*
Staub (**-(e)s**) *m* poussière *f*
stauben *vi* faire de la poussière
Staubfaden *m* filet *m*
staubig *adj* (*Straße*) poussiéreux(-euse) ; (*Kleidung*) couvert(e) de poussière
staub|saugen *vi* passer l'aspirateur
Staubsauger (**-s, -**) *m* aspirateur *m*
Staubtuch *nt* chiffon *m* (à poussière)
Staudamm *m* barrage *m*
Staude *f* (*Bot*) arbuste *m*
stauen *vt* (*Wasser*) endiguer ; (*Blut*) arrêter (une effusion de) ▶ *vr* (*Wasser*) s'accumuler ; (*Verkehr*) être bloqué(e)
staunen *vi* s'étonner, être étonné(e) • **Staunen** (**-s**) *nt* étonnement *m*
Stausee *m* lac *m* artificiel (*d'un barrage*)

Stauung *f (von Wasser)* accumulation *f* ; *(von Verkehr)* embouteillage *m*
stdl. *abk = stündlich*
Steak *nt* steak *m*
stechen *irr vt* piquer ; *(mit Messer)* donner un coup de couteau à *od* dans ; *(Cartes)* prendre ; *(in Kupfer etc)* graver ; *(Spargel)* récolter ▶ *vi* piquer ; *(Sonne)* taper dur ; **in See ~** prendre le large
Stechen (**-s, -**) *nt (Sport)* belle *f* ; *(Schmerz)* douleur *f* lancinante
stechend *adj (Hitze)* torride ; *(Geruch)* pénétrant(e)
Stechginster *m* genêt *m* (épineux)
Stechpalme *f* houx *m*
Stechuhr *f* pointeuse *f*
Steckbrief *m* signalement *m*
Steckdose *f* prise *f*
stecken *vt* mettre ; *(Nadel)* enfoncer ; *(beim Nähen)* épingler ▶ *vi irr* être bloqué(e) ; *(Nadeln)* être enfoncé(e) ; *(fam: sein)* être ; **~ bleiben** être immobilisé(e) ; *(fam: beim Reden)* avoir un blanc
Steckenpferd *nt* passe-temps *m inv* favori
Stecker (**-s, -**) *m (Élec)* prise *f*
Stecknadel *f* épingle *f*
Steckplatz *m (Inform)* emplacement *m*
Steg (**-(e)s, -e**) *m* passerelle *f* ; *(Bootssteg)* débarcadère *m*
Stegreif *m*: **aus dem ~** en improvisant
stehen *irr vi (sich befinden)* être, se trouver ; *(stillstehen, angehalten haben)* être arrêté(e) ▶ *vi unpers*: **es steht schlecht um ihn/seine Karriere** ça s'annonce mal pour lui/sa carrière ; **wie stehts?** comment ça va ? ; **zu seinem Wort ~** s'en tenir à sa parole ; **wie ~ Sie dazu?** qu'en pensez-vous ? ; **~ bleiben** s'arrêter ; **~ lassen** laisser ; *(Bart)* laisser pousser
stehlen *irr vt* voler
Stehplatz *m* place *f* debout
steif *adj* raide ; *(Stoff)* rigide ; *(Gesellschaft)* guindé(e) • **Steifheit** *f* raideur *f*
Steigbügel *m* étrier *m*
Steigeisen *nt* crampon *m*
steigen *irr vi (klettern)* grimper ; *(Flugzeug, Ballon)* monter, prendre de l'altitude
steigern *vt (Leistung)* améliorer ; *(Ling)* former les degrés de comparaison de ▶ *vr (Spannung)* augmenter ; *(Leistung)* s'améliorer
Steigerung *f* augmentation *f*
Steigung *f* montée *f* ; *(Hang)* pente *f*
steil *adj (Abhang)* raide ; *(Fels)* escarpé(e)
Stein (**-(e)s, -e**) *m* pierre *f* ; *(in Uhr)* rubis *m* • **steinalt** *adj* vieux(vieille) comme Mathusalem • **Steinbock** *m (Zool)* bouquetin *m* ; *(Astrol)* Capricorne *m* • **Steinbruch** *m* carrière *f* • **Steinbutt** (**-s, -e**) *m* turbot *m*
steinern *adj* en *od* de pierre ; *(Miene)* impassible
Steingut *nt* grès *m*
steinhart *adj* dur(e) comme la pierre
steinig *adj* rocailleux(-euse)
steinigen *vt* lapider
Steinkohle *f* anthracite *m*
Steinmetz (**-es, -e**) *m* tailleur *m* de pierre
Steiß (**-es, -e**) *m* bas *m* du dos
Stelle *f* endroit *m*, emplacement *m* ; *(Position)* place *f* ; *(Abschnitt)* passage *m* ; *(Arbeit)* emploi *m* ; *(Amt)* poste *m*
stellen *vt* mettre ; *(Bedingungen, Falle)* poser ; *(Antrag, Diagnose)* faire ; *(Dieb)* prendre ▶ *vr* se mettre ; *(bei Polizei)* se livrer ; **sich dumm ~** faire l'idiot(e)
Stellenangebot *nt* offre *f* d'emploi
Stellenanzeige *f (Gesuch)* demande *f* d'emploi ; *(Angebot)* offre *f* d'emploi
Stellengesuch *nt* demande *f* d'emploi
Stellennachweis *m*, **Stellenvermittlung** *f* ≈ Pôle *m* emploi
Stellenwert *m (fig)*: **einen hohen ~ haben** être très en vue
Stellung *f* position *f* ; *(Posten)* poste *m* ; **~ nehmen zu** prendre position à propos de • **Stellungnahme** *f* prise *f* de position
stellvertretend *adj attrib* remplaçant(e)
Stellvertreter(in) *m(f)* remplaçant(e)
Stellwerk *nt (Rail)* poste *m* d'aiguillage
Stelze *f* échasse *f*
Stemmbogen *m (Ski)* virage *m* en chasse-neige
stemmen *vt (Gewicht)* soulever ▶ *vr*: **sich ~ gegen** *(fig)* être violemment opposé(e) à
Stempel (**-s, -**) *m* tampon *m* ; *(Bot)* pistil *m* • **Stempelkissen** *nt* tampon *m* encreur
stempeln *vt* tamponner ; *(Briefmarke)* oblitérer
Stengel *m* = **Stängel**
Stenografie *f* sténo(graphie) *f*
stenografieren *vt, vi* sténographier
Stenogramm *nt* texte *m* en sténo
Stenotypist(in) *m(f)* sténodactylo *mf*
Steppdecke *f* couette *f*
Steppe *f* steppe *f*
steppen *vt* surpiquer ▶ *vi* faire des claquettes
Sterbefall *m* décès *m*
Sterbehilfe *f* euthanasie *f*
sterben *irr vi* mourir
Sterbeurkunde *f* acte *m* de décès
sterblich *adj* mortel(le)

Sterblichkeit *f* condition *f* de mortel
Sterblichkeitsziffer *f* taux *m* de mortalité
stereo- *in zW* stéréo
Stereoanlage *f* chaîne *f* stéréo
stereotyp *adj* (*Antwort*) tout(e) fait(e) ; (*Lächeln*) figé(e)
steril *adj* stérile
Sterilisation *f* stérilisation *f*
sterilisieren *vt* stériliser
Sterilisierung *f* stérilisation *f*
Stern (**-(e)s, -e**) *m* étoile *f* • **Sternbild** *nt* constellation *f* • **Sternchen** *nt* (*Zeichen*) astérisque *m* • **Sternfahrt** *f* rallye *m* • **Sternschnuppe** *f* étoile *f* filante • **Sternstunde** *f* moment *m* déterminant
stet *adj* constant(e)
stetig *adj* continu(e)
stets *adv* toujours
Steuer¹ (**-s,-**) *nt* (*Naut*) barre *f* ; (*Auto*) volant *m*
Steuer² (**-, -n**) *f* impôt *m*
Steuerberater(in) *m(f)* conseiller(-ère) fiscal(e)
Steuerbord *nt* tribord *m*
Steuererklärung *f* déclaration *f* d'impôts
Steuerflucht *f* exil *m* fiscal
Steuerflüchtling *m* exilé(e) *m/f* fiscal(e)
Steuergerät *nt* (*Radio*) amplificateur *m* ; (*Inform*) unité *f* de contrôle, contrôleur *m*
Steuerhinterziehung *f* fraude *f* fiscale
Steuerklasse *f* tranche *f* du barème fiscal
Steuerknüppel *m* (*Flug*) manche *m* à balai
Steuermann (**-(e)s, -männer** *od* **-leute**) *m* timonier *m*, barreur *m*
steuern *vt* (*Auto*) conduire ; (*Flugzeug*) piloter ; (*Entwicklung*) contrôler ; (*Tonstärke*) régler ▸ *vi* se diriger
steuerpflichtig *adj* imposable
Steuerrad *nt* volant *m*
Steuerung *f* (*Vorrichtung*) direction *f* ; (*Steuervorgang*) conduite *f* ; (*Tech, Inform*) commande *f*
Steuerzahler(in) *m(f)* contribuable *mf*
Steward (**-s, -s**) *m* steward *m*
Stewardess (**-, -en**) *f* hôtesse *f* de l'air
stibitzen (*fam*) *vt* subtiliser
Stich (**-e**) *m* (*Insektenstich*) piqûre *f* ; (*Messerstich*) coup *m* de couteau ; (*beim Nähen*) point *m* ; (*Cartes*) levée *f* ; (*Art*) gravure *f* ; **jdn im ~ lassen** laisser tomber qn
Stichelei *f* remarques *fpl* désobligeantes
sticheln *vi* (*fig*) faire des remarques désobligeantes
stichhaltig *adj* concluant(e)
Stichprobe *f* échantillonnage *m*
Stichwahl *f* second tour *m*
Stichwort *nt* mot-clé *m*
Stichwortverzeichnis *nt* index *m* (des mots-clés)
sticken *vt, vi* broder
Sticker (**-s, -**) *m* autocollant *m*
Stickerei *f* broderie *f*
stickig *adj*: **hier ist aber ~e Luft** ça sent vraiment le renfermé ici
Stickstoff *m* azote *m*
Stiefel (**-s, -**) *m* botte *f*
Stiefkind *nt* beau-fils(belle-fille) *m/f* ; (*fig*) enfant *mf* mal aimé(e) *m/f*
Stiefmutter *f* belle-mère *f*
Stiefmütterchen *nt* pensée *f*
Stiefvater *m* beau-père *m*
stieg *etc vb siehe* **steigen**
Stiel (**-(e)s, -e**) *m* (*von Gerät*) manche *m* ; (*von Glas*) pied *m* ; (*Bot*) tige *f*
Stier (**-(e)s, -e**) *m* taureau *m* ; (*Astrol*) Taureau *m*
stieren *vi* regarder fixement
stieß *etc vb siehe* **stoßen**
Stift (**-(e)s, -e**) *m* (*Farbstift, Bleistift*) crayon *m* ; (*Metallstift*) cheville *f* ; (*Nagel*) petit clou *m*
stiften *vt* (*Orden*) fonder ; (*Preis*) créer ; (*Unruhe etc*) provoquer ; (*Geld*) donner
Stifter(in) (**-s, -**) *m(f)* donateur(-trice)
Stiftung *f* (*Schenkung*) donation *f* ; (*Spende*) don *m* ; (*Organisation*) fondation *f*
Stiftzahn *m* dent *f* artificielle
Stil (**-(e)s, -e**) *m* style *m* • **Stilblüte** *f* perle *f* (*erreur*)
still *adj* calme ; (*Liebe*) secret(-ète)
Stille *f* calme *m*
stillen *vt* (*Blut*) arrêter ; (*Schmerzen*) calmer ; (*Säugling*) allaiter
stillgestanden *interj* halte
still|legen *vt* (*Betrieb*) fermer
Stilllegung *f* fermeture *f*
Stillschweigen *nt* silence *m* absolu
stillschweigend *adj* tacite
Stillstand *m*: **zum ~ bringen** arrêter
still|stehen *irr vi* être arrêté(e) ; (*Verkehr*) être bloqué(e)
Stimmabgabe *f* vote *m*
Stimmbänder *pl* cordes *fpl* vocales
stimmberechtigt *adj* qui a le droit de vote
Stimme *f* voix *f*
stimmen *vi* (*richtig sein*) être juste *od* vrai(e) ▸ *vt* (*Mus*) accorder ; **für/gegen etw ~** voter pour/contre qch ; **jdn traurig ~** rendre qn triste
Stimmenmehrheit *f* majorité *f* (*à une élection*)

Stimmenthaltung *f* abstention *f*
Stimmgabel *f* diapason *m*
stimmhaft *adj* sonore
Stimmlage *f* registre *m*
stimmlos *adj* sourd(e)
Stimmrecht *nt* droit *m* de vote
Stimmung *f* (*Gemütsstimmung*) humeur *f*; (*Atmosphäre*) atmosphère *f*; (*vorherrschende Meinung*) opinion *f* publique
stimmungsvoll *adj* (*Gedicht*) émouvant(e) ; (*Abend*) animé(e)
Stimmzettel *m* bulletin *m* de vote
stinken *irr vi* puer
Stipendium *nt* bourse *f* (d'études)
Stirn (**-, -en**) *f* front *m* • **Stirnhöhle** *f* sinus *m* (frontal) • **Stirnrunzeln** *nt* froncement *m* de sourcils
stöbern *vi* (*herumsuchen*) fouiner
stochern *vi*: **in den Zähnen ~** se curer les dents ; **im Essen ~** chipoter
Stock (**-(e)s, ⸚e**) *m* bâton *m* ; (*Etage*: *pl* - *od* -*werke*) étage *m*
stocken *vi* s'arrêter ; (*beim Sprechen*) hésiter ; (*Milch*) tourner
stockend *adj* (*Verkehr*) qui avance au ralenti
stocktaub *adj* sourd(e) comme un pot
Stockung *f* (*von Arbeit etc*) interruption *f*; (*von Verkehr*) embouteillage *m*
Stockwerk *nt* étage *m*
Stoff (**-(e)s, -e**) *m* étoffe *f*; (*Substanz, Materie*) matière *f*; (*von Buch etc*) sujet *m* ; (*fam*: *Rauschgift*) came *f*
stofflich *adj* matériel(le), physique ; **die ~e Fülle** la quantité de matière
Stofftier *nt* animal *m* en tissu
Stoffwechsel *m* métabolisme *m*
stöhnen *vi* soupirer
stoisch *adj* (*Ruhe*) olympien(ne)
Stollen (**-s, -**) *m* (*Mines*) galerie *f*; (*Culin*) *sorte de cake de Noël*
stolpern *vi* trébucher
stolz *adj* fier(fière) • **Stolz** (**-es**) *m* (*Hochmut*) orgueil *m* ; (*große Befriedigung*) fierté *f* • **stolzieren** *vi* se pavaner
stopfen *vt* (*hineinstopfen*) enfoncer ; (*nähen*) raccommoder ▸ *vi* (*Méd*) constiper
Stopfgarn *nt* fil *m* à repriser
Stoppel (**-, -n**) *f* chaume *m* ; (*Bartstoppel*) barbe *f* de trois jours
stoppen *vt* arrêter ; (*mit Stoppuhr*) chronométrer ▸ *vi* s'arrêter
Stoppschild *nt* stop *m*
Stoppuhr *f* chronomètre *m*
Stöpsel (**-s, -**) *m* (*von Waschbecken*) bonde *f*; (*für Flasche*) bouchon *m*
Stör (**-(e)s, -e**) *m* esturgeon *m*
Storch (**-(e)s, ⸚e**) *m* cigogne *f*
stören *vt* déranger ; (*behindern*) entraver ; (*Radio*) perturber ▸ *vr*: **sich an etw** *Dat* **~** prendre ombrage de qch
störend *adj* (*Geräusch*) désagréable ; **ein ~er Umstand** un ennui *od* désagrément
Störenfried (**-(e)s, -e**) *m* importun *m*
Störfall *m* accident *m* (*dans une centrale nucléaire*)
stornieren *vt* annuler
störrisch *adj* récalcitrant(e)
Störsender *m* brouilleur *m*
Störung *f* dérangement *m* ; (*Radio*) perturbation *f*; (*Tech, Inform*) panne *f*
Stoß (**-es, ⸚e**) *m* coup *m* ; (*Erdstoß*) secousse *f*; (*Haufen*) pile *f* • **Stoßdämpfer** (**-s, -**) *m* amortisseur *m*
stoßen *irr vt* (*mit Druck*) pousser ; (*mit Schlag*) donner un coup à ; (*mit Fuß*) donner un coup de pied à ; (*mit Hörnern*) donner un coup de corne à ; (*zerkleinern*) piler ; (*anstoßen*): **sich** *Dat* **(an etw** *Dat***) den Kopf ~** se cogner la tête (contre qch) ▸ *vr* (*fig*) se heurter à ; (*sich verletzen*): **er hat sich** *Dat* **am Regal gestoßen** il s'est cogné à l'étagère ▸ *vi*: **~ an** *od* **auf** +*Akk* (*finden*) tomber sur ; (*angrenzen*) être à côté de
Stoßstange *f* pare-chocs *m inv*
Stotterer (**-s, -**) *m*, **Stotterin** *f* bègue *mf*
stottern *vt, vi* bégayer
Stövchen *nt* chauffe-plat *m*
Str. *abk* (= *Straße*) rue *f*
stracks *adv* tout droit
Strafanstalt *f* établissement *m* pénitentiaire
Strafarbeit *f* (*Scol*) punition *f*
strafbar *adj* punissable
Strafbarkeit *f* caractère *m* punissable
Strafe *f* punition *f*; (*Jur*) peine *f*; (*Geldstrafe*) amende *f*
strafen *vt* punir
straff *adj* tendu(e) ; (*Stil*) concis(e)
straffen *vt* tendre ; (*Rede*) rendre plus concis(e)
Strafgefangene(r) *f(m)* détenu(e) *m/f*
Strafgesetzbuch *nt* Code *m* pénal
Strafkolonie *f* bagne *m*
sträflich *adj* impardonnable
Sträfling *m* bagnard *m*
Strafporto *nt* supplément *m* d'affranchissement
Strafpredigt *f* sermon *m*
Strafraum *m* (*Sport*) surface *f* de réparation
Strafrecht *nt* droit *m* pénal
Strafstoß *m* penalty *m*

Straftat *f* délit *m*
Strafzettel *m* P.-V. *m*
Strahl (**-(e)s, -en**) *m* rayon *m* ; (*Wasserstrahl*) jet *m*
strahlen *vi* briller ; (*Mensch*) avoir le visage rayonnant
Strahlenbehandlung *f* radiothérapie *f*
Strahlenbelastung *f* irradiation *f*
Strahlendosis *f* dose *f* de rayonnements
Strahlenkrankheit *f* mal *m* des rayons
Strahlentherapie *f* radiothérapie *f*
Strahlung *f* (*Phys*) radiation *f*
Strähne *f* mèche *f*
stramm *adj* (*Haltung*) (bien) droit(e) • **stramm|stehen** *irr vi* être au garde-à-vous
strampeln *vi* gigoter
Strand (**-(e)s, ¨-e**) *m* plage *f* • **Strandbad** *nt* plage *f* aménagée
stranden *vi* échouer
Strandgut *nt* épaves *fpl*
Strandkorb *m grand fauteuil de plage en osier*
Strang (**-(e)s, ¨-e**) *m* (*Strick, Seil*) corde *f* ; (*Nervenstrang*) cordon *m* ; (*Schienenstrang*) ligne *f* ; **über die Stränge schlagen** dépasser les bornes
Strapaze *f* épreuve *f*
strapazieren *vt* user ; (*Mensch, Kräfte*) épuiser
strapazierfähig *adj* solide
strapaziös *adj* épuisant(e)
Straßburg (**-s**) *nt* Strasbourg
Straße *f* (*über Land*) route *f* ; (*in Ortschaft, Stadt*) rue *f*
Straßenbahn *f* tramway *m*
Straßenbeleuchtung *f* éclairage *m* public
Straßenfeger(in) (**-s, -**) *m(f)* balayeur(-euse)
Straßenkarte *f* carte *f* routière
Straßenkehrer(in) *m(f)* balayeur(-euse)
Straßensperre *f* barrage *m*
Straßenverkehr *m* circulation *f*
Straßenverkehrsordnung *f* code *m* de la route
Strategie *f* stratégie *f*
strategisch *adj* stratégique
Stratosphäre *f* stratosphère *f*
sträuben *vr* (*Haar etc*) se hérisser ; (*Mensch*) : **sich gegen etw ~** s'opposer (avec acharnement) à qch
Strauch (**-(e)s, Sträucher**) *m* buisson *m* • **straucheln** *vi* trébucher
Strauß[1] (**-es, Sträuße**) *m* (*Blumenstrauß*) bouquet *m*
Strauß[2] (**-es, -e**) *m* (*Zool*) autruche *f*
Strebe *f* étai *m*
Strebebalken *m* étai *m*
streben *vi* : **~ nach** aspirer à ; **~ zu** *od* **nach** (*sich bewegen*) se diriger vers
Streber (**-s, -**) (*péj*) *m* (*Scol*) fayot *m*, carriériste *m*
strebsam *adj* (*Mensch*) travailleur(-euse)
Strecke *f* trajet *m* ; (*Entfernung*) distance *f* ; (*Rail, Math*) ligne *f*
strecken *vt* (*Glieder*) étendre ; (*Waffen*) déposer ; (*Culin*) allonger ▸ *vr* s'étirer
Streich (**-(e)s, -e**) *m* (*Scherz*) farce *f* ; (*Schlag*) coup *m*
streicheln *vt* caresser
streichen *irr vt* (*auftragen*) étaler ; (*anmalen*) peindre ; (*durchstreichen*) barrer ; (*Schulden*) annuler ▸ *vi* (*Wind*) souffler ; (*berühren*) : **jdm über die Haare ~** passer la main dans les cheveux de qn
Streicher *pl* (*Mus: Musiker*) cordes *fpl*
Streichholz *nt* allumette *f*
Streichinstrument *nt* instrument *m* à cordes
Streife *f* patrouille *f*
streifen *vt* effleurer ; (*abstreifen*) enlever ▸ *vi* (*gehen*) errer
Streifen (**-s, -**) *m* (*Linie*) rayure *f* ; (*Stück, auf Fahrbahn*) bande *f* ; (*Film*) film *m* • **Streifenwagen** *m* voiture *f* de police
Streifschuss *m* blessure *f* superficielle (*par balle*)
Streifzug *m* expédition *f* ; (*Bummel*) tour *m* ; (*kurzer Überblick*) tour *m* d'horizon, aperçu *m*
Streik (**-(e)s, -s**) *m* grève *f* • **Streikbrecher** (**-s, -**) *m* briseur *m* de grève • **streiken** *vi* faire la grève • **Streikkasse** *f* fonds *m* de solidarité pour grévistes • **Streikposten** *m* piquet *m* de grève
Streit (**-(e)s, -e**) *m* dispute *f*
streiten *irr vi, vr* se disputer
Streitfrage *f* question *f* épineuse
streitig *adj* : **jdm etw ~ machen** contester qch à qn
Streitigkeiten *pl* conflit *msg*
Streitkräfte *pl* belligérants *mpl*
streitlustig *adj* querelleur(-euse)
Streitsucht *f* humeur *f* querelleuse
streitsüchtig *adj* querelleur(-euse)
streng *adj* sévère ; (*Vorschrift, Anweisungen*) strict(e) ; (*Geruch*) fort(e)
Strenge *f* sévérité *f*
strenggläubig *adj* strict(e)
Stress (**-es, -e**) *m* stress *m*
stressen *vt* stresser
stressfrei *adj* sans stress
stressig *adj* stressant(e)
Streu *f* litière *f*

streuen *vt* répandre
Streugut *nt* (*Sand*) sable *m* (*pour chaussées verglacées*)
Streuung *f* (*Phys*) dispersion *f*, diffusion *f*
strich *etc vb siehe* **streichen**
Strich (**-(e)s, -e**) *m* trait *m* ; (*von Fell*) (sens *m* du) poil *m* ; **einen ~ durch etw machen** barrer *od* rayer qch ; **das geht mir gegen den ~** (*fam*) ça me rend malade ; **auf den ~ gehen** (*fam*) se prostituer • **Strichcode** *m* code *m* barres
Strichjunge (*fam*) *m* jeune prostitué *m*
Strichmädchen (*fam*) *nt* jeune prostituée *f*
Strichpunkt *m* point-virgule *m*
strichweise *adv* par endroits
Strick (**-(e)s, -e**) *m* corde *f*
stricken *vi, vt* tricoter
Strickjacke *f* cardigan *m*
Strickleiter *f* échelle *f* de corde
Stricknadel *f* aiguille *f* à tricoter
Strickwaren *pl* lainages *mpl*
Strieme *f* marque *f* de coup
strikt *adj* (*Befehl*) formel(le) ; (*Ordnung*) méticuleux(-euse)
strippen *vi* faire un strip-tease
Striptease (**-**) *m* strip-tease *m*
stritt *etc vb siehe* **streiten**
strittig *adj* (*Punkt, Frage*) litigieux(-euse)
Stroh (**-(e)s**) *nt* paille *f* • **Strohblume** *f* immortelle *f* • **Strohdach** *nt* toit *m* de chaume • **Strohhalm** *m* fétu *m* de paille ; (*Trinkhalm*) paille *f* • **Strohmann** (**-(e)s, -männer**) *m* homme *m* de paille • **Strohwitwe** *f femme dont le mari est absent* • **Strohwitwer** *m homme dont l'épouse est absente*
Strolch (**-(e)s, -e**) *m* chenapan *m*
Strom (**-(e)s, ¨-e**) *m* fleuve *m* ; (*Strömung, Élec*) courant *m* • **stromabwärts** *adv* en aval • **stromaufwärts** *adv* en amont
strömen *vi* (*Wasser*) couler (à flots) ; (*Menschen*) se précipiter (en masse)
Stromkreis *m* circuit *m* (électrique)
stromlinienförmig *adj* aérodynamique
Stromsperre *f* coupure *f* de courant
Stromstärke *f* intensité *f* du courant
Strömung *f* courant *m*
Strophe *f* strophe *f*
strotzen *vi*: **~ vor** *+Dat od* **von** déborder de
Strudel (**-s, -**) *m* tourbillon *m* ; (*Culin*) strudel (*m*)
strudeln *vi* tourbillonner
Struktur *f* structure *f* ; (*von Gewebe*) contexture *f*
strukturell *adj* de structure
Strumpf (**-(e)s, ¨-e**) *m* bas *m* • **Strumpfband** *nt* jarretière *f* • **Strumpfhose** *f* collant *m*
Strunk (**-(e)s, ¨-e**) *m* trognon *m*
struppig *adj* hirsute
Stube *f* chambre *f*
Stubenhocker(in) (*fam*) *m(f)* pantouflard(e)
stubenrein *adj* propre
Stuck (**-(e)s**) *m* stuc *m*
Stück (**-(e)s, -e**) *nt* morceau *m* ; (*Einzelteil, Théât*) pièce *f*
Stücklohn *m* paiement *m* à la pièce
stückweise *adv* séparément
Stückwerk *nt* chose *f* inachevée
Student(in) *m(f)* étudiant(e)
Studentenausweis *m* carte *f* d'étudiant
Studentenwohnheim *nt* résidence *f* universitaire
studentisch *adj* estudiantin(e)
Studie *f* étude *f*
Studienplatz *m* place *f* à l'université
studieren *vt* étudier ▶ *vi* faire des études
Studio (**-s, -s**) *nt* atelier *m* ; (*TV etc*) studio *m*
Studium *nt* études *fpl*
Stufe *f* marche *f* ; (*Entwicklungsstufe*) stade *m*
Stufenleiter *f*: **die ~ des Erfolgs** le chemin du succès
Stufenplan *m* plan *m* étape par étape
stufenweise *adv* par étapes
Stuhl (**-(e)s, ¨-e**) *m* chaise *f*
Stuhlgang *m* selles *fpl*
stülpen *vt* (*umdrehen*) retourner ; **etw über etw** *Akk* **~** mettre qch sur qch
stumm *adj* muet(te) ; (*Gebärde*) silencieux(-euse)
Stummel (**-s, -**) *m* bout *m* ; (*Zigarettenstummel*) mégot *m*
Stummfilm *m* film *m* muet
Stümper (**-s, -**) *m* incapable *m*
stümperhaft *adj* bâclé(e)
stümpern *vi* faire du travail bâclé, bâcler
stumpf *adj* (*Messer etc*) émoussé(e) ; (*Metall, Blick*) terne ; (*Mensch*) amorphe ; (*Winkel*) obtus(e)
Stumpf (**-(e)s, ¨-e**) *m* (*Baumstumpf*) souche *f* ; (*Beinstumpf*) moignon *m*
Stumpfsinn (**-(e)s**) *m* abrutissement *m*
stumpfsinnig *adj* (*Arbeit*) stupide ; (*Leben*) morne
Stunde *f* heure *f*
stunden *vt*: **jdm etw ~** prolonger un délai de paiement accordé à qn
Stundengeschwindigkeit *f* vitesse *f* horaire *od* à l'heure
Stundenkilometer *pl* kilomètres *mpl* à l'heure, kilomètres/heure *mpl*
stundenlang *adv* pendant des heures
Stundenlohn *m* salaire *m* horaire

Stundenplan *m* emploi *m* du temps
stundenweise *adv* à l'heure
stündlich *adv* toutes les heures
Stups (**-es, -e**) (*fam*) *m* petit coup *m* (de coude *etc*)
Stupsnase *f* nez *m* retroussé
stur *adj* (*Mensch*) borné(e) ; (*Arbeit*) stupide
Sturm (**-(e)s, ⸚e**) *m* tempête *f* ; (*Mil etc*) assaut *m*
stürmen *vi* (*Wind*) tempêter ; (*rennen*) se précipiter ▸ *vt* prendre d'assaut ▸ *vb unpers*: **es stürmt** le vent souffle en tempête
Stürmer (**-s, -**) *m* (*Sport*) avant *m*
Sturmflut *f* onde *f* de tempête ; (*Flutwelle*) raz *m* de marée
stürmisch *adj* (*Meer*) houleux(-euse) ; (*Empfang*) enthousiaste ; **~es Wetter** (temps *m* de) tempête *f*, gros temps *m* ; **nicht so ~!** du calme !
Sturmwarnung *f* avis *m* de coup de vent
Sturz (**-es, ⸚e**) *m* chute *f*
stürzen *vt* (*werfen, absetzen*) faire tomber ▸ *vi* (*fallen*) tomber ; (*rennen*) se précipiter ▸ *vr* se précipiter
Sturzflug *m* piqué *m*
Sturzhelm *m* casque *m* de protection
Stute *f* jument *f*
Stützbalken *m* poutre *f* (de support)
Stütze *f* support *m* ; (*Hilfe*) soutien *m*
stutzen *vt* tailler ▸ *vi* (*innehalten*) s'arrêter net
stützen *vt* soutenir ; (*Ellbogen, Kinn etc*) mettre
stutzig *adj*: **~ werden** devenir méfiant(e)
Stützmauer *f* mur *m* de soutènement
Stützpunkt *m* base *f* ; (*fig*) point *m* d'appui
Stützungskäufe *pl* achats *mpl* de soutien
Styropor® (**-s**) *nt* polystyrène *m* (expansé)
Subjekt (**-(e)s, -e**) *nt* sujet *m* ; (*Mensch*) personnage *m*
subjektiv *adj* subjectif(-ive)
Subjektivität *f* subjectivité *f*
Substantiv *nt* substantif *m*
Substanz *f* substance *f* ; (*Kapital*) capital *m*
subtil *adj* subtile
subtrahieren *vt* soustraire
Subvention *f* subvention *f*
subventionieren *vt* subventionner
subversiv *adj* subversif(-ive)
Suche *f* recherche *f*
suchen *vt, vi* chercher ; **~ und ersetzen** (*Inform*) rechercher-remplacer
Sucher (**-s, -**) *m* (*Photo*) viseur *m*
Suchmaschine *f* moteur *m* de recherche
Sucht (**-, ⸚e**) *f* besoin *m* irrésistible ; (*Méd*) dépendance *f*
süchtig *adj* intoxiqué(e) • **Süchtige(r)** *f(m)* drogué(e) *m/f*
Suchtkranke(r) *f(m)* intoxiqué(e) *m/f* ; (*rauschgiftsüchtig*) toxicomane *mf* ; (*drogensüchtig*) drogué(e) *m/f*
Südafrika *nt* l'Afrique *f* du Sud
Südamerika *nt* l'Amérique *f* du Sud
Sudan (**-s**) *m* le Soudan
Sudanese (**-n, -n**) *m*, **Sudanesin** *f* Soudanais(e) *m/f*
süddeutsch *adj* d'Allemagne du Sud
Süddeutschland *nt* l'Allemagne *f* du Sud
Süden (**-s**) *m* sud *m* ; **im ~ (von)** au sud (de)
Südfrankreich *nt* le Midi
Südkorea *nt* la Corée du Sud
südlich *adj* du sud, méridional(e) ▸ *präp +Gen*: **~ von** au sud de
Südosten *m* sud-est *m* ; (*Region*) Sud-Est *m*
Südpol *m* pôle *m* Sud
Südsee *f* Pacifique *m* (sud)
Südtirol *nt* le Tyrol italien
Südwesten *m* sud-ouest *m* ; (*Region*) Sud-Ouest *m*
Sueskanal *m* canal *m* de Suez
süffig *adj* (*Wein*) qui se laisse boire
süffisant *adj* suffisant(e)
suggerieren *vt*: **jdm etw ~** influencer qn à propos de qch
Sühne *f* pénitence *f*
sühnen *vt* expier
Sulfonamid (**-(e)s, -e**) *nt* sulfamide *m*
Sultan (**-s, -e**) *m* sultan *m*
Sultanine *f* (gros) raisin *m* sec
Sülze *f* aspic *m*
summarisch *adj* sommaire
Summe *f* somme *f*
summen *vi* bourdonner ▸ *vt* fredonner
summieren *vt* additionner ▸ *vr* s'accumuler
Sumpf (**-(e)s, ⸚e**) *m* marais *m*
sumpfig *adj* marécageux(-euse)
Sünde *f* péché *m*
Sündenbock (*fam*) *m* bouc *m* émissaire
Sündenfall *m* péché *m* originel
Sünder(in) *m(f)* pécheur(-eresse)
super (*fam*) *adj* super ▸ *adv* super bien
Super (**-s**) *nt* (*Benzin*) super *m*
Superlativ *m* superlatif *m*
Supermarkt *m* supermarché *m*
Suppe *f* soupe *f*
Support (**-s, -s**) *m* (*technische Unterstützung*) support *m*

Surfbrett *nt* planche *f* de surf
surfen *vi* surfer
Surfer(in) *m(f)* surfeur(-euse)
suspekt *adj* suspect(e)
süß *adj* sucré(e) ; (*lieblich*) mignon(ne)
Süße (-) *f* douceur *f*
süßen *vt* sucrer
Süßigkeit *f* (*Bonbon etc*) sucrerie *f*
süßlich *adj* (*Geschmack*) doucereux(-euse) ; (*fig*) mièvre
Süßspeise *f* dessert *m*
Süßstoff *m* édulcorant *m*
Süßwasser *nt* eau *f* douce
Swasiland *nt* le Swaziland
Sweatshirt (**-s, -s**) *nt* sweat-shirt *m*
Symbol (**-s, -e**) *nt* symbole *m*
symbolisch *adj* symbolique
Symmetrie *f* symétrie *f*
Symmetrieachse *f* axe *m* de symétrie
symmetrisch *adj* symétrique
Sympathie *f* sympathie *f*
Sympathisant(in) *m(f)* sympathisant(e)
sympathisch *adj* sympathique
sympathisieren *vi* sympathiser
Symptom (**-s, -e**) *nt* symptôme *m*
symptomatisch *adj* symptomatique
Synagoge *f* synagogue *f*
synchron *adj* synchrone • **Synchrongetriebe** *nt* vitesses *fpl* synchronisées
synchronisieren *vt* synchroniser
Syndrom (**-s, -e**) *nt* syndrome *m*
synonym *adj* synonyme • **Synonym** (**-s, -e**) *nt* synonyme *m*
Syntax (**-, -en**) *f* syntaxe *f*
Synthese *f* synthèse *f*
synthetisch *adj* synthétique
Syphilis (-) *f* syphilis *f*
Syrer(in) (**-s, -**) *m(f)* Syrien(ne)
Syrien (**-s**) *nt* la Syrie
System (**-s, -e**) *nt* système *m* • **Systemanalyse** *f* analyse *f* fonctionnelle
systematisch *adj* systématique
systematisieren *vt* systématiser
Systemkritiker *m personne qui critique le système*
Szenario *nt* scénario *m*
Szene *f* scène *f* ; (*Drogenszene etc*) milieu *m*
Szenerie *f* décor *m*

t

T, t *nt* T, t *m inv*
Tabak (**-s, -e**) *m* tabac *m*
tabellarisch *adj* graphique
Tabelle *f* tableau *m*
Tabellenführer *m* équipe *f* en tête du classement
Tabellenkalkulation *f* (*Programm*) tableur *m*
Tabernakel (**-s, -**) *m* tabernacle *m*
Tablet-Computer (**-s, -**) *m* (*Inform*) tablette *f* (tactile)
Tablette *f* comprimé *m*
Tabu (**-s, -s**) *nt* tabou *m*
Tabulator *m* tabulateur *m*
Tachometer *m od nt* compteur *m* (de vitesse)
Tadel (**-s, -**) *m* (*Rüge*) réprimande *f*, blâme *m* ; (*Makel*) faute *f* • **tadellos** *adj* irréprochable
tadeln *vt* critiquer
tadelnswert *adj* répréhensible
Tadschikistan *nt* le Tadjikistan
Tafel (**-, -n**) *f* tableau *m* ; (*Anschlagtafel*) panneau *m* d'affichage ; (*Schiefertafel*) ardoise *f* ; (*Gedenktafel*) plaque *f* ; (*Illustration*) planche *f* ; (*Schokolade etc*) tablette *f*
täfeln *vt* lambrisser
Täfelung *f* lambris *mpl*, revêtement *m*
Taft (**-(e)s, -e**) *m* taffetas *m*
Tag (**-(e)s, -e**) *m* jour *m* ; **am ~** pendant la journée ; **bei ~(e)** de jour ; **eines (schönen) ~es** un (beau) jour ; **von ~ zu ~** de jour en jour ; **~ für ~** jour après jour ; **guten ~!** bonjour ! ; **an den ~ kommen** se faire jour • **Tagdienst** *m* service *m* de jour
Tagebau *m* exploitation *f* à ciel ouvert
Tagebuch *nt* journal *m* (intime)
Tagedieb *m* fainéant *m*

Tagegeld *nt* indemnité *f* journalière
tagelang *adv* des journées entières
tagen *vi* siéger ▶ *vb unpers*: **es tagt** le jour se lève
Tagesablauf *m* journée *f*
Tagesanbruch *m* lever *m* du jour
Tageskarte *f* carte *f* journalière ; (*Speisekarte*) menu *m* du jour
Tageslicht *nt* lumière *f* du jour
Tageslichtprojektor *m* rétroprojecteur *m*
Tagesmutter *f* nourrice *f*
Tagesordnung *f* ordre *m* du jour
Tagessatz *m* prix *m* de la journée
Tagesschau *f* journal *m* télévisé
Tageszeit *f* heure *f* (du jour)
Tageszeitung *f* quotidien *m*
tägl. *abk* = *täglich*
täglich *adj* quotidien(ne) ▶ *adv* quotidiennement
tagsüber *adv* pendant la journée
Tagung *f* congrès *m*
Tai-Chi (-) *nt* taï chi *m*
Taille *f* taille *f*
tailliert *adj* cintré(e)
Taiwan (**-s**) *nt* Taiwan *f*
takeln *vt* gréer
Takt (**-(e)s, -e**) *m* tact *m* ; (*Mus*) mesure *f* • **Taktfrequenz** *f* (*Inform*) fréquence *f* d'horloge • **Taktgefühl** *nt* tact *m*
Taktik (**-, -en**) *f* tactique *f*
taktisch *adj* tactique
taktlos *adj* qui manque de tact
Taktlosigkeit *f* manque *m* de tact ; (*Bemerkung*) remarque *f* blessante
Taktstock *m* baguette *f* (de chef d'orchestre)
Taktstrich *m* barre *f* de mesure
taktvoll *adj* plein(e) de tact
Tal (**-(e)s, ¨er**) *nt* vallée *f*
Talent (**-(e)s, -e**) *nt* talent *m*
talentiert *adj* talentueux(-euse)
Talg (**-(e)s, -e**) *m* suif *m*
Talgdrüse *f* glande *f* sébacée
Talisman (**-s, -e**) *m* talisman *m*
Talkshow (**-, -s**) *f* talk-show *m*
Talsohle *f* fond *m* de (la) vallée
Talsperre *f* barrage *m*
Tamburin (**-s,-e**) *nt* tambourin *m*
Tampon (**-s, -s**) *m* tampon *m*
TAN *f abk* (= *Transaktionsnummer*) numéro *m* secret de transaction
Tang (**-(e)s, -e**) *m* algues *fpl*
Tangente *f* tangente *f*
tangieren *vt* toucher
Tank (**-s, -s**) *m* réservoir *m*
tanken *vi* faire le plein (d'essence) ▶ *vt* prendre
Tanker (**-s, -**) *m* pétrolier *m*
Tankstelle *f* station-service *f*
Tanne *f* sapin *m*
Tannenzapfen *m* pomme *f* de pin
Tansania (**-s**) *nt* la Tanzanie
Tante *f* tante *f*
Tantieme *f* part *f* de bénéfice ; (*für Künstler etc*) droits *mpl* d'auteur
Tanz (**-es, ¨e**) *m* danse *f*
tanzen *vi, vt* danser
Tänzer(in) (**-s, -**) *m(f)* danseur(-euse)
Tanzfläche *f* piste *f* (de danse)
Tanzschule *f* école *f* de danse
Tapete *f* papier *m* peint
Tapetenwechsel *m* (*fig*) changement *m* d'air
tapezieren *vt* tapisser ▶ *vi* poser des papiers peints
Tapezierer (**-s, -**) *m* tapissier *m*
tapfer *adj* courageux(-euse) ▶ *adv* courageusement • **Tapferkeit** *f* courage *m*
tappen *vi* aller à tâtons ; **im Dunklen ~** tâtonner
Tarif (**-s, -e**) *m* tarif *m* ; (*Lohntarif, Steuertarif*) barème *m* • **Tarifpartner** *m*: **die ~** les partenaires *mpl* sociaux • **Tarifverhandlungen** *pl* négociations *fpl* salariales • **Tarifvertrag** *m* convention *f* collective
tarnen *vt* camoufler ; (*jdn, Absicht*) déguiser
Tarnfarbe *f* peinture *f* de camouflage
Tarnung *f* camouflage *m*
Tasche *f* (*an Kleidung*) poche *f* ; (*Handtasche, Einkaufstasche*) sac *m* ; (*Aktentasche*) serviette *f*
Taschen- *in zW* de poche
Taschenbuch *nt* livre *m* de poche
Taschendieb *m* pickpocket *m*
Taschengeld *nt* argent *m* de poche
Taschenlampe *f* lampe *f* de poche
Taschenmesser *nt* canif *m*
Taschenrechner *m* calculatrice *f* de poche, calculette *f*
Taschentuch *nt* mouchoir *m*
Taskleiste *f* (*Inform*) barre *f* des tâches
Tasse *f* tasse *f*
Tastatur *f* clavier *m*
Taste *f* touche *f*
tasten *vi* tâtonner ▶ *vt* (*Méd*) palper ; **nach etw ~** chercher qch à tâtons • **Tastentelefon** *nt* téléphone *m* à touches
Tastsinn *m* (sens *m* du) toucher *m*
tat *etc vb siehe* **tun**
Tat (**-, -en**) *f* acte *m*, action *f* ; (*Verbrechen*) méfait *m* ; **in der ~** en effet ; **jdn auf**

frischer ~ ertappen prendre qn sur le fait
Tatbestand *m* faits *mpl*
Tatendrang *m* besoin *m* d'agir
tatenlos *adv*: **~ zusehen** regarder sans rien faire
Täter(in) (**-s, -**) *m(f)* coupable *mf* • **Täterschaft** *f* culpabilité *f*
tätig *adj* actif(-ive) ; **~ sein** (*beruflich*) travailler
tätigen *vt* effectuer ; (*Geschäft*) conclure
Tätigkeit *f* activité *f*; **in ~** (*Maschine*) en marche
tätlich *adj*: **~ werden** se livrer à des voies de fait
Tätlichkeit *f* voie *f* de fait
tätowieren *vt* tatouer
Tätowierung *f* tatouage *m*
Tatsache *f* fait *m*
tatsächlich *adj* vrai(e) ▸ *adv* vraiment
Tatze *f* patte *f*
Tau[1] (**-(e)s, -e**) *nt* cordage *m*
Tau[2] (**-(e)s**) *m* rosée *f*
taub *adj* sourd(e) ; (*Körperglied*) engourdi(e)
Taube *f* pigeon *m*
Taubenschlag *m* pigeonnier *m*
Taubheit *f* surdité *f*
taubstumm *adj* sourd(e)-muet(te)
tauchen *vi* plonger ▸ *vt* (*kurz eintauchen*) tremper
Taucher(in) (**-s, -**) *m(f)* plongeur(-euse) • **Taucheranzug** *m* scaphandre *m* • **Taucherbrille** *f* lunettes *fpl* de plongée
Tauchsieder (**-s, -**) *m* thermoplongeur *m*
tauen *vi unpers* fondre ▸ *vi unpers*: **es taut** il dégèle
Taufbecken *nt* fonts *mpl* baptismaux
Taufe *f* baptême *m*
taufen *vt* baptiser
Taufpate *m* parrain *m*
Taufpatin *f* marraine *f*
Taufschein *m* extrait *m* de baptême
taugen *vi* convenir ; **~ für** être fait(e) pour
Taugenichts (**-es, -e**) *m* vaurien(ne) *m/f*
tauglich *adj* (*Mil*) apte au service ; **~ für etw sein** convenir pour qch • **Tauglichkeit** *f* aptitude *f*
Taumel (**-s**) *m* vertige *m* ; (*fig*) transport *m*
taumeln *vi* chanceler
Tausch (**-(e)s, -e**) *m* échange *m*
tauschen *vt* échanger ▸ *vi* faire un échange
täuschen *vt, vi* tromper ▸ *vr* se tromper
täuschend *adj* trompeur(-euse)
Tauschhandel *m* troc *m*
Täuschung *f* tromperie *f*; (*Irrtum*) illusion *f*
tausend *num* mille • **Tausendfüßler** (**-s, -**) *m* millepatte *m*
Tauwetter *nt* dégel *m*
Tauziehen *nt* lutte *f* à la corde ; (*fig*) lutte *f* acharnée
Taxi (**-(s), -(s)**) *nt* taxi *m*
Taxifahrer(in) *m(f)* chauffeur *m* de taxi
Taxistand *m* station *f* de taxis
Teakholz *nt* teck *m*
Team (**-s, -s**) *nt* équipe *f* • **Teamarbeit** *f*, **Teamwork** (**-s**) *nt* travail *m* en équipe
Technik *f* technique *f*
Techniker(in) (**-s, -**) *m(f)* technicien(ne)
technisch *adj* technique
Technologie *f* technologie *f*; **neue Informations- und Kommunikationstechnologien (NIKT)** NTIC *fpl* (*= nouvelles technologies de l'information et de la communication*)
Technologietransfer (**-s, -s**) *m* transfert *m* de technologie
technologisch *adj* technologique
Teddybär *m* ours *m* en peluche
Tee (**-s, -s**) *m* thé *m* ; (*aus anderen Pflanzen*) tisane *f*, infusion *f* • **Teebeutel** *m* sachet *m* de thé • **Teekanne** *f* théière *f* • **Teelöffel** *m* ≈ cuillère *f* à café
Teenager (**-s, -**) *m* adolescent *m*
Teer (**-(e)s, -e**) *m* goudron *m*
teeren *vt* goudronner
Teesieb *nt* passe-thé *m*
Teewagen *m* table *f* roulante
Teich (**-(e)s, -e**) *m* mare *f*
Teig (**-(e)s, -e**) *m* pâte *f*
teigig *adj* (*Kuchen*) mal cuit(e)
Teigwaren *pl* pâtes *fpl*
Teil (**-(e)s, -e**) *m* partie *f* ▸ *m od nt* (*Anteil*) part *f* ▸ *nt* (*Ersatzteil*) pièce *f*; **zum ~** en partie • **teilbar** *adj* divisible • **Teilbetrag** *m* montant *m* partiel • **Teilchen** *nt* particule *f*; (*Gebäckstück*) (petit) gâteau *m*
teilen *vt* (*in zwei oder mehrere Teile: Math*) diviser ; (*aufteilen, gemeinsam haben*) partager ▸ *vi*: **mit jdm ~** partager avec qn ▸ *vr* (*Vorhang*) s'ouvrir ; (*Weg*) bifurquer ; (*Meinungen*) diverger ; **sich etw ~** se partager qch
teil|haben *irr vi*: **~ an** *+Dat* participer à
Teilhaber(in) (**-s, -**) *m(f)* associé(e)
Teilkaskoversicherung *f assurance responsabilité civile, vol et incendie*
Teilnahme (**-**) *f* participation *f*; (*Interesse*) intérêt *m* ; (*Mitleid*) sympathie *f*; **jdm seine herzliche ~ aussprechen** présenter ses sincères condoléances à qn
teilnahmslos *adj* indifférent(e)
teil|nehmen *irr vi*: **~ an** *+Dat* participer à

t

Teilnehmer(in) (**-s, -**) *m(f)* participant(e)
teils *adv* en partie
Teilung *f* partage *m*
teilweise *adv* en partie
Teilzahlung *f* acompte *m*
Teilzeitarbeit *f* travail *m* à temps partiel
Teilzeitbeschäftigung *f* activité *f* à temps partiel
Teint (**-s, -s**) *m* teint *m*
Telearbeit *m* télétravail *m*
Telefon (**-s, -e**) *nt* téléphone *m* • **Telefonanruf** *m*, **Telefonat** *nt* appel *m* téléphonique, coup *m* de fil
Telefonbuch *nt* annuaire *m* (du téléphone)
Telefongespräch *nt* conversation *f* téléphonique
Telefonhörer *m* écouteur *m*
telefonieren *vi* téléphoner ; **mit jdm ~** téléphoner à qn
telefonisch *adj* téléphonique ; (*Benachrichtigung*) par téléphone ▶ *adv*: **ich bin ~ zu erreichen** je suis joignable par téléphone
Telefonist(in) *m(f)* standardiste *mf*
Telefonleitung *f* ligne *f* (téléphonique)
Telefonnummer *f* numéro *m* de téléphone
Telefonzelle *f* cabine *f* téléphonique
Telefonzentrale *f* standard *m*
Telegraf (**-en, -en**) *m* télégraphe *m*
Telegrafenleitung *f* ligne *f* télégraphique
Telegrafenmast *m* poteau *m* télégraphique
telegrafieren *vt, vi* télégraphier
telegrafisch *adj* télégraphique
Telegramm (**-s, -e**) *nt* télégramme *m* • **Telegrammadresse** *f* adresse *f* télégraphique • **Telegrammformular** *nt* formulaire *m* pour télégramme
Telegraph *etc* = **Telegraf** *etc*
Telekolleg *nt* ≈ télé-enseignement *m* universitaire
Teleobjektiv *nt* téléobjectif *m*
Telepathie *f* télépathie *f*
telepathisch *adj* télépathique
Teleskop (**-s, -e**) *nt* télescope *m*
Telex (**-es, -e**) *nt* télex *m*
Teller (**-s, -**) *m* assiette *f*
Tempel (**-s, -**) *m* temple *m*
Temperafarbe *f* détrempe *f*
Temperament *nt* tempérament *m* • **temperamentlos** *adj* mou(molle) • **temperamentvoll** *adj* plein(e) d'entrain
Temperatur *f* température *f*
Tempo (**-s, -s**) *nt* vitesse *f* ; (*Mus*) tempo *m*
Tempolimit (**-s, -s**) *nt* limitation *f* de vitesse
temporär *adj* temporaire
Tendenz *f* tendance *f*
tendenziös *adj* tendancieux(-euse)
tendieren *vi*: **zu etw ~** avoir tendance à qch
Tenne *f* aire *f* de battage
Tennis (**-**) *nt* tennis *m* • **Tennisplatz** *m* court *m* (de tennis) • **Tennisschläger** *m* raquette *f* de tennis • **Tennisspieler(in)** *m(f)* joueur(-euse) de tennis
Tenor (**-s, ¨-e**) *m* ténor *m*
Teppich (**-s, -e**) *m* tapis *m* • **Teppichboden** *m* moquette *f* • **Teppichkehrmaschine** *f* balai *m* mécanique • **Teppichklopfer** (**-s, -**) *m* tapette *f*
Termin (**-s, -e**) *m* (*Zeitpunkt*) date *f* ; (*Arzttermin etc*) rendez-vous *m inv* ; (*Jur*) audience *f* ; **den ~ einhalten** être dans les délais
Terminal (**-s, -s**) *nt* (*Aviat, Inform*) terminal *m*
Termingeschäft *nt* opération *f* à terme
Terminkalender *m* agenda *m*
Terminologie *f* terminologie *f*
Terminplaner *m* agenda *m*
Termite *f* termite *m*
Terpentin (**-s, -e**) *nt* térébenthine *f*
Terrasse *f* terrasse *f*
Terrier (**-s, -**) *m* terrier *m* (*chien*)
Terrine *f* terrine *f*
Territorium *nt* territoire *m*
Terror (**-s**) *m* terreur *f* • **Terroranschlag** *m* attentat *m* terroriste
terrorisieren *vt* terroriser
Terrorismus *m* terrorisme *m*
Terrorist(in) *m(f)* terroriste *mf*
Terz (**-, -en**) *f* tierce *f*
Terzett (**-(e)s, -e**) *nt* trio *m*
Test (**-s, -s**) *m* test *m*
Testament *nt* testament *m*
testamentarisch *adj* testamentaire
Testamentsvollstrecker (**-s, -**) *m* exécuteur *m* testamentaire
Testbild *nt* (*TV*) mire *f*
testen *vt* tester
Tetanus (**-**) *m* tétanos *m* • **Tetanusimpfung** *f* vaccination *f* antitétanique
teuer *adj* cher (chère)
Teuerung *f* hausse *f* des prix
Teuerungszulage *f* indemnité *f* de vie chère
Teufel (**-s, -**) *m* diable *m* ; **pfui ~!** pouah ! ; **dann ist der ~ los** ça va barder
Teufelei *f* méchanceté *f*

Teufelsaustreibung *f* exorcisme *m*
Teufelskreis *m* cercle *m* vicieux
teuflisch *adj* diabolique
Text (**-(e)s, -e**) *m* texte *m* ; (*zu Bildern*) légende *f* ; (*Liedertext*) paroles *fpl* ; (*Bibeltext*) passage *m* • **texten** *vi* (*Schlagertexte*) écrire des chansons ; (*Werbetexte*) être rédacteur publicitaire
textil *adj* textile
Textilien *pl* textiles *mpl*
Textilindustrie *f* industrie *f* textile
Textilwaren *pl* textiles *mpl*
Textverarbeitung *f* traitement *m* de texte
TH (**-, -s**) *f abk* = **technische Hochschule**
Thailand *nt* la Thaïlande
Theater (**-s, -**) *nt* théâtre *m* ; (*fam: Aufregung*) cinéma *m* ; **~ spielen** faire du théâtre ; (*fig*) jouer la comédie ; **(ein) ~ machen** faire des histoires • **Theaterbesucher(in)** *m(f)* spectateur(-trice) • **Theaterkasse** *f* guichet *m* • **Theaterstück** *nt* pièce *f* de théâtre
theatralisch *adj* théâtral(e)
Theke *f* (*Schanktisch*) comptoir *m*, bar *m* ; (*Ladentisch*) comptoir
Thema (**-s, Themen** *od* **-ta**) *nt* sujet *m* ; (*Mus*) thème *m*
thematisch *adj* thématique
Themenpark *m* parc *m* à thème
Themse *f*: **die ~** la Tamise
Theologe (**-n, -n**) *m*, **Thelogin** *f* théologien(ne) *m/f*
Theologie *f* théologie *f*
theologisch *adj* théologique
Theoretiker(in) (**-s, -**) *m(f)* théoricien(ne)
theoretisch *adj* théorique
Theorie *f* théorie *f*
Therapeut(in) (**-en, -en**) *m(f)* thérapeute *mf*
therapeutisch *adj* thérapeutique
Therapie *f* thérapie *f*
Thermalbad *nt* station *f* thermale
Thermodrucker *m* imprimante *f* thermique
Thermometer (**-s, -**) *nt* thermomètre *m*
Thermosflasche® *f* thermos® *m*
Thermostat (**-(e)s** *od* **-en, -e(n)**) *m* thermostat *m*
These *f* thèse *f*
Thrombose *f* thrombose *f*
Thron (**-(e)s, -e**) *m* trône *m*
thronen *vi* trôner
Thronfolge *f* succession *f* au trône
Thunfisch *m* thon *m*
Thüringen (**-s**) *nt* la Thuringe
Thymian (**-s, -e**) *m* thym *m*
Tibet (**-s**) *nt* le Tibet
Tick (**-(e)s, -s**) *m* (*nervöser*) tic *m* ; (*Eigenart, Fimmel*) manie *f*
ticken *vi* (*Uhr*) faire tic tac
Ticket (**-s, -s**) *nt* billet *m*
tief *adj* profond(e) ; (*Stimme*) grave ▶ *adv* profondément ; **im ~en Winter** en plein hiver ; **bis ~ in die Nacht** jusque tard dans la nuit ; **das lässt ~ blicken** c'est révélateur ; **~ greifend** profond(e) ; **~ schürfend** approfondi(e) • **Tief** (**-s, -s**) *nt* (*von Wetter, Stimmung*) dépression *f* • **Tiefdruck** *m* (*Météo*) basses pressions *fpl*
Tiefe *f* profondeur *f*
Tiefebene *f* bassin *m*
Tiefenpsychologie *f* psychologie *f* des profondeurs
Tiefenschärfe *f* profondeur *f* de champ
Tiefgang *m* (*Naut*) tirant *m* d'eau ; (*geistig*) profondeur *f*
Tiefgarage *f* garage *m* souterrain
tiefgekühlt *adj* surgelé(e)
Tiefkühlfach *nt* freezer *m*
Tiefkühlkost *f* surgelés *mpl*
Tiefkühltruhe *f* congélateur *m*
Tiefland *nt* plaine *f*
Tiefpunkt *m* (*fig*) creux *m* de la vague
Tiefschlag *m* (*Boxe*) coup *m* bas
Tiefsee *f* grands fonds *mpl*
tiefsinnig *adj* profond(e)
Tiefstand *m* niveau *m* le plus bas
tief|stapeln *vi* être trop modeste
Tiefstart *m* départ *m* accroupi
Tiefstwert *m* valeur *f* la plus basse
Tiegel (**-s, -**) *m* poêle *f* ; (*Chim*) creuset *m*
Tier (**-(e)s, -e**) *nt* animal *m* • **Tierarzt** *m*, **Tierärztin** *f* vétérinaire *mf* • **Tiergarten** *m* jardin *m* zoologique • **tierisch** *adj* animal(e) ; (*péj*) bestial(e) ; **mit ~em Ernst** avec le plus grand sérieux • **Tierkreis** *m* zodiaque *m* • **Tierkunde** *f* zoologie *f* • **Tierquälerei** *f* cruauté *f* envers les animaux
Tierschutz *m* protection *f* des animaux • **Tierschützer(in)** (**-s, -**) *m(f)* protecteur(-trice) des animaux • **Tierschutzverein** *m* Société *f* protectrice des animaux
Tierversuch *m* expérimentation *f* sur des animaux
Tiger(in) (**-s, -**) *m(f)* tigre(tigresse)
Tigermücke *f* moustique *m* tigre
tilgen *vt* effacer ; (*Schulden*) rembourser
Tilgung *f* suppression *f* ; (*von Schulden*) remboursement *m*
timen *vt* choisir le moment de
Tinktur *f* teinture *f*
Tinnitus (**-**) *m* (*Méd*) acouphène *m*

Tinte *f* encre *f*
Tintenfass *nt* encrier *m*
Tintenfisch *m* seiche *f*
Tintenstift *m* crayon *m* à copier
Tintenstrahldrucker *m* imprimante *f* à jet d'encre
Tipp (**-s, -s**) *m* tuyau *m*
tippen *vt* (*auf Schreibmaschine*) taper ▶ *vi* (*schreiben*) taper ; (*raten*): **~ auf** +*Akk* parier sur
Tippfehler *m* faute *f* de frappe
Tippse (*fam*) *f* dactylo *f*
tipptopp (*fam*) *adj* impeccable
Tippzettel *m* grille *f* de loterie ; (*für Fußballtoto*) grille *f* de loto sportif
Tirol (**-s**) *nt* le Tyrol
Tisch (**-(e)s, -e**) *m* table *f* ; **bei ~** à table ; **vor/nach ~** avant/après le repas ; **bitte, zu ~!** à table ! ; **unter den ~ fallen** (*fig*) tomber à l'eau • **Tischdecke** *f* nappe *f*
Tischler(in) (**-s, -**) *m(f)* menuisier *m*
Tischlerei *f* menuiserie *f*
tischlern *vi* faire de la menuiserie
Tischrechner *m* calculatrice *f*
Tischrede *f* discours *m* (*lors d'un repas de fête*)
Tischtennis *nt* ping-pong *m*
Tischtuch *nt* nappe *f*
Titel (**-s, -**) *m* titre *m* • **Titelanwärter(in)** *m(f)* candidat(e) au titre • **Titelbild** *nt* (*auf Zeitschriften*) photo *f* de couverture ; (*von Buch*) frontispice *m* • **Titelrolle** *f* rôle *m* principal • **Titelseite** *f* (*von Zeitung*) couverture *f* ; (*Buchtitel*) page *f* de titre • **Titelverteidiger(in)** *m(f)* détenteur(-trice) du titre
titulieren *vt* appeler
Toast (**-(e)s, -s** *od* **-e**) *m* (*Brot*) toast *m*, pain *m* grillé ; (*Trinkspruch*) toast *m* • **Toastbrot** *nt* pain *m* de mie
toasten *vt* (*Brot*) griller
Toaster (**-s, -**) *m* grille-pain *m*
toben *vi* (*Meer*) être très agité(e) ; (*Wind*) souffler en tempête ; (*Kampf*) faire rage ; (*Kinder, Publikum*) être déchaîné(e)
Tobsucht *f* folie *f* furieuse
tobsüchtig *adj* fou(folle) furieux(-euse)
Tobsuchtsanfall *m* accès *m* de folie furieuse
Tochter (**-, ¨**) *f* fille *f* • **Tochtergesellschaft** *f* filiale *f*
Tod (**-(e)s, -e**) *m* mort *f* ; **jdn/etw auf den ~ nicht leiden können** (*fam*) ne pas pouvoir sentir qn/qch • **todernst** (*fam*) *adj* sérieux(-euse) comme un pape ▶ *adv* très sérieusement
Todesangst *f* peur *f* panique
Todesanzeige *f* faire-part *m inv* de décès
Todesfall *m* décès *m*
Todeskampf *m* agonie *f*
Todesopfer *nt* victime *f* (*qui trouve la mort dans un accident*)
Todesstoß *m* coup *m* de grâce
Todesstrafe *f* peine *f* de mort
Todestag *m* anniversaire *m* de la mort
Todesursache *f* cause *f* de la mort
Todesurteil *nt* condamnation *f* à mort
Todesverachtung *f*: **mit ~** avec dégoût
todkrank *adj* condamné(e)
tödlich *adj* mortel(le)
todmüde *adj* mort(e) de fatigue
todschick (*fam*) *adj* très chic
todsicher (*fam*) *adj* absolument sûr(e) ▶ *adv* sûrement
Todsünde *f* péché *m* mortel
Tofu (**-(s)**) *m* tofu *m*
Toilette *f* (*WC*) toilettes *fpl*, W.C. *mpl* ; (*Körperpflege, Kleidung*) toilette *f*
Toilettenartikel *m* article *m* de toilette
Toilettenpapier *nt* papier *m* hygiénique
Toilettentisch *m* coiffeuse *f*
Toilettenwasser *nt* eau *f* de toilette
tolerant *adj* tolérant(e)
Toleranz *f* tolérance *f*
tolerieren *vt* tolérer
toll (*fam*) *adj* (*verrückt*) fou(folle) ; (*ausgezeichnet*) super, formidable
Tollkirsche *f* belladone *f*
tollkühn *adj* téméraire
Tollwut *f* rage *f*
Tölpel (**-s, -**) *m* balourd *m*
Tomate *f* tomate *f*
Tomatenmark *nt* concentré *m* de tomate
Ton[1] (**-(e)s, -e**) *m* (*Erde*) argile *f*
Ton[2] (**-(e)s, ¨e**) *m* ton *m* ; (*Laut*) son *m* ; (*Betonung*) accent *m* • **Tonabnehmer** *m* pick-up *m inv* • **tonangebend** *adj* qui donne le ton • **Tonart** *f* tonalité *f* • **Tonband** *nt* bande *f* magnétique • **Tonbandgerät** *nt* magnétophone *m*
tönen *vt* (*Haare*) teindre
Toner (**-s, -**) *m* toner *m*
tönern *adj* en terre cuite
Tonfall *m* intonations *fpl*
Tonfilm *m* film *m* parlant
Tonhöhe *f* ton *m*
Tonleiter *f* gamme *f*
tonlos *adj* sourd(e)
Tonne (**-, -n**) *f* (*Fass*) tonneau *m* ; (*Maß*) tonne *f* ; **gelbe ~** bac *m* jaune
Tontaube *f* pigeon *m* d'argile
Tontaubenschießen *nt* tir *m* au pigeon d'argile
Tontechniker(in) *m(f)* technicien(ne) du son

Tonwaren *pl* poteries *fpl*
Top (**-s, -s**) *nt* (*Kleidungsstück*) haut *m*
Topas (**-es, -e**) *m* topaze *f*
Topf (**-(e)s, ⸚e**) *m* pot *m* ; (*Kochtopf*) marmite *f*, casserole *f* • **Topfblume** *f* fleur *f* en pot
Topfen (**-s, -**) (*Österr*) *m sorte de fromage blanc*
Töpfer(in) (**-s, -**) *m(f)* potier(-ière)
Töpferei *f* poterie *f*
töpfern *vi* faire de la poterie
Töpferscheibe *f* tour *m* (de potier)
Topflappen *m* gant *m* isolant
topografisch *adj* topographique
Tor (**-(e)s, -e**) *nt* (*Tür*) portail *m* ; (*Stadttor, Skitor*) porte *f* ; (*Sport*) but *m* • **Torbogen** *m* (arc *m* d'un) portail *m*
Torf (**-(e)s**) *m* tourbe *f*
Torheit *f* sottise *f*
töricht *adj* sot(te)
torkeln *vi* tituber
torpedieren *vt* torpiller
Torpedo (**-s, -s**) *m* torpille *f*
Torte *f* gâteau *m*
Tortur (*fig*) *f* torture *f*
Torwart (**-(e)s, -e**) *m* gardien *m* de but
tosen *vi* (*Wasser, Wellen, Meer*) être très agité(e) ; **~der Beifall** une tempête d'applaudissements
tot *adj* mort(e) ; (*Kapital*) improductif(-ive) ; (*erschöpft*) mort(e) de fatigue ; **~ geboren** mort-né(e) ; **sich ~ stellen** faire le(la) mort(e)
total *adj* total(e) ▶ *adv* complètement
totalitär *adj* totalitaire
Totalschaden *m* dommages *mpl* irréparables
tot|arbeiten *vr* se tuer au travail
tot|ärgern (*fam*) *vr* se fâcher tout rouge
Tote(r) *f(m)* mort(e) *m/f*
töten *vt, vi* tuer
Totenbett *nt* lit *m* de mort
totenblass *adj* blême
Totengräber (**-s, -**) *m* fossoyeur *m*
Totenhemd *nt* linceul *m*
Totenkopf *m* tête *f* de mort
Totenschein *m* certificat *m* de décès
Totenstille *f* silence *m* de mort
Totentanz *m* danse *f* macabre
tot|fahren *irr vt* écraser (*et tuer*)
tot|lachen (*fam*) *vr* se marrer, être mort(e) de rire
Toto (**-s, -s**) *m od nt* loto *m* sportif • **Totoschein** *m* ≈ grille *f* de loto sportif
Totschlag *m* homicide *m* volontaire
tot|schlagen *irr vt* (*jdn, Zeit*) tuer
Totschläger *m* meurtrier *m* ; (*Waffe*) matraque *f*
tot|schweigen *irr vt* passer sous silence
Tötung *f* meurtre *m*
Touchscreen (**-, -s**) *m* écran *m* tactile
Touchscreen-Handy *nt* portable *m* à écran tactile
Toupet (**-s, -s**) *nt* postiche *m*
toupieren *vt* crêper
Tour (**-, -en**) *f* (*Ausflug, Reise*) tour *m*, voyage *m* ; (*Bergtour*) excursion *f* ; **auf ~en kommen** (*sich aufregen*) s'énerver ; **in einer ~** sans arrêt
Tourenzahl *f* nombre *m* de tours
Tourenzähler *m* compte-tour *m*
Tourismus *m* tourisme *m*
Tourist(in) *m(f)* touriste *mf* • **Touristenklasse** *f* classe *f* touriste
Tournee (**-, -s** *od* **-n**) *f* tournée *f* ; **auf ~ gehen** partir en tournée
Trab (**-(e)s**) *m* (*Gangart*) trot *m* ; **auf ~ sein** (*Mensch*) être très occupé(e)
Trabant *m* (*Astron*) satellite *m*
Trabantenstadt *f* cité-satellite *f*
traben *vi* trotter, aller au trot
Tracht (**-, -en**) *f* (*Kleidung*) costume *m* ; **eine ~ Prügel** une volée de coups
trachten *vi*: **~ nach** aspirer à ; **jdm nach dem Leben ~** vouloir attenter aux jours de qn
trächtig *adj* (*Tier*) plein(e)
Tradition *f* tradition *f*
traditionell *adj* traditionnel(le)
traf *etc vb siehe* **treffen**
Tragbahre *f* brancard *m*, civière *f*
tragbar *adj* (*Gerät*) portatif(-ive), portable ; (*Kleidung*) mettable ; (*erträglich*) supportable
träge *adj* (*Mensch*) mou(molle), léthargique ; (*Bewegung*) indolent(e) ; (*Masse*) inerte
tragen *irr vt* porter ; (*Brücke, Dach*) soutenir ; (*Unternehmen, Klub*) financer ; (*Folgen, Risiko, Kosten*) supporter ▶ *vi* (*schwanger sein*) être enceinte
Träger (**-s, -**) *m* porteur *m* ; (*an Kleidung*) bretelle *f* ; (*Körperschaft etc*) responsable *m* ; (*Stahlträger, Holzträger, Betonträger*) poutre *f* • **Trägerrakete** *f* fusée *f* porteuse • **Trägerrock** *m* jupe *f* à bretelles
Tragetasche *f* sac *m*
Tragfähigkeit *f* charge *f* admissible
Tragfläche *f* (*Aviat*) aile *f*
Tragflügelboot *nt* hydrofoil *m*
Trägheit *f* (*von Mensch*) indolence *f* ; (*von Bewegung*) lenteur *f* ; (*geistig*) paresse *f* ; (*Phys*) inertie *f*
Tragik *f* tragique *m*
tragisch *adj* tragique

Tragödie *f* tragédie *f*
Tragweite *f* portée *f*
Tragwerk *nt* surface *f* portante
Trainee (**-s, -s**) *mf* stagiaire *mf*
Trainer(in) (**-s, -**) *m(f)* entraîneur *m*
trainieren *vt* entraîner ▶ *vi* s'entraîner
Training (**-s, -s**) *nt* entraînement *m*
Trainingsanzug *m* survêtement *m*
Traktor *m* tracteur *m*
trällern *vt, vi* fredonner
trampeln *vi* trépigner ; **über** *od* **durch das Gras ~** marcher sur la pelouse
trampen *vi* faire du stop
Tramper(in) (**-s, -**) *m(f)* auto-stoppeur(-euse)
Trampolin (**-s, -e**) *nt* trampoline *m*
Tran (**-(e)s, -e**) *m* (*Öl*) huile *f* de poisson ; **im ~ sein** être hébété(e)
Trance *f* transe *f*
Tranchierbesteck *nt* service *m* à découper
tranchieren *vt* découper
Träne *f* larme *f*
tränen *vi* larmoyer
Tränengas *nt* gaz *m* lacrymogène
trank *etc vb siehe* **trinken**
Tränke *f* abreuvoir *m*
tränken *vt* (*nass machen*) imbiber ; (*Tiere*) donner à boire à
Transformator *m* transformateur *m*
Transfusion *f* transfusion *f* (sanguine)
Transhumanismus *m* transhumanisme *m*
Transistor *m* transistor *m*
Transit *m* transit *m*
transitiv *adj* transitif(-ive)
transparent *adj* transparent(e) • **Transparent** (**-(e)s, -e**) *nt* (*Bild*) transparent *m* ; (*Spruchband*) banderole *f*
transpirieren *vi* transpirer
Transplantation *f* greffe *f*
Transport (**-(e)s, -e**) *m* transport *m*
transportieren *vt* transporter
Transportkosten *pl* frais *mpl* de transport
Transportmittel *nt* moyen *m* de transport
Transportunternehmen *nt* entreprise *f* de transports
Transvestit (**-en, -en**) *m* travesti *m*
Trapez (**-es, -e**) *nt* trapèze *m*
trat *etc vb siehe* **treten**
Traube *f* grappe *f* ; (*Beere*) raisin *m*
Traubenlese *f* vendanges *fpl*
Traubenzucker *m* sucre *m* de raisin
trauen *vi* +*Dat*: **jdm ~** faire confiance à qn ▶ *vr* oser ▶ *vt* marier ; **etw** *Dat* **~** croire qch ; **jdm nicht über den Weg ~** se méfier de qn ; **sich ~ lassen** se marier
Trauer (**-**) *f* chagrin *m* ; (*für Verstorbenen*) deuil *m* • **Trauerfall** *m* décès *m* • **Trauerkleidung** *f*: **~ tragen** porter le deuil • **Trauermarsch** *m* marche *f* funèbre
trauern *vi*: **~ um** pleurer (la mort de)
Trauerrand *m* bordure *f* noire (*de faire-part de décès*)
Trauerspiel *nt* tragédie *f*
Trauerweide *f* saule *m* pleureur
Traufe *f* gouttière *f*
träufeln *vt* verser goutte à goutte
Traum (**-(e)s, Träume**) *m* rêve *m* ; **das fällt mir nicht im ~ ein** cette idée ne m'effleure même pas
Trauma (**-s, -men** *od* **-ta**) *nt* traumatisme *m*
träumen *vi, vt* rêver ; **das hätte ich mir nicht ~ lassen** je ne me le serais jamais imaginé
Träumer(in) (**-s, -**) *m(f)* rêveur(-euse)
Träumerei *f* rêverie *f*
träumerisch *adj* rêveur(-euse)
traumhaft *adj* fantastique
traurig *adj* triste • **Traurigkeit** *f* tristesse *f*
Trauschein *m* extrait *m* d'acte de mariage
Trauung *f* mariage *m*
Trauzeuge *m*, **Trauzeugin** *f* témoin *m* (de mariage)
treffen *irr vi* (*Geschoss, Hieb*) atteindre son but ; (*Schütze*) viser juste ▶ *vt* toucher ; (*begegnen*) rencontrer ; (*Entscheidung, Maßnahmen*) prendre ; (*Vorbereitungen, Auswahl*) faire ▶ *vr* se rencontrer ; **eine Vereinbarung ~** se mettre d'accord ; **ihn trifft keine Schuld** il n'a aucun reproche à se faire ; **~ auf** +*Akk* (*in Wettkampf*) être opposé(e) à ; **es traf sich, dass ...** le hasard voulut que ... ; **es trifft sich gut** cela tombe bien ; **wie es sich so trifft** comme cela se trouve
Treffen (**-s, -**) *nt* rencontre *f* • **treffend** *adj* pertinent(e) ; (*Beschreibung*) excellent(e)
Treffer (**-s, -**) *m* (*Schuss etc*) tir *m* réussi *od* dans le mille ; (*Foot, Hockey etc*) but *m* ; (*Los*) billet *m* gagnant
Treffpunkt *m* lieu *m* de rendez-vous
Treibeis *nt* glaces *fpl* flottantes
treiben *irr vt* (*Tiere, Menschen*) mener ; (*Rad*) actionner ; (*Maschine*) faire marcher ; (*drängen, anspornen*) pousser ; (*Studien, Sport*) faire ; (*Blüten, Knospen*) pousser ▶ *vi* (*Pflanzen*) pousser ; (*Culin: aufgehen*) lever ; (*harn-, schweißtreibend wirken*) être diurétique ; **Unsinn ~** faire des bêtises ; **es wild ~** être déchaîné(e) ; **es zu weit ~** aller trop loin • **Treiben** (**-s**) *nt* (*Tätigkeit*) activité *f* ; (*lebhafter Verkehr etc*) animation *f*

Treiber (**-s, -**) *m* (*Inform*) driver *m*
Treibgas *nt* gaz *m* propulseur
Treibhaus *nt* serre *f*
Treibhauseffekt *m* effet *m* de serre
Treibhausgase *pl* gaz *mpl* à effet de serre
Treibjagd *f* battue *f*
Treibstoff *m* carburant *m*
Trend (**-s, -s**) *m* tendance *f*
trendig, trendy (*fam*) *adj* tendance *inv*
trennbar *adj* séparable
trennen *vt* séparer ; (*zerteilen*) diviser ; (*abtrennen, lösen*) détacher ; (*Begriffe*) distinguer ▶ *vr* se séparer ; (*Ideen*) différer ; **sich von jdm/etw ~** se séparer de qn/qch
Trennschärfe *f* (*Radio*) sélectivité *f*
Trennung *f* séparation *f* ; (*von Begriffen*) distinction *f*
Trennwand *f* cloison *f*
treppab *adv*: **~ laufen** descendre (l'escalier)
treppauf *adv*: **~ steigen** monter (l'escalier)
Treppe *f* escalier *m*
Treppengeländer *nt* rampe *f* (d'escalier)
Treppenhaus *nt* cage *f* d'escalier
Tresor (**-s, -e**) *m* coffre-fort *m* ; (*Raum*) salle *f* des coffres
Tretboot *nt* pédalo *m*
treten *irr vi* (*gehen*) marcher ▶ *vt* (*mit Fußtritt*) donner un coup de pied à ; (*niedertreten*) piétiner ; **nach jdm/etw ~** donner un coup de pied à qn/dans qch ; **auf etw** *Akk* **~** marcher sur qch ; **in etw** *Akk* **~** marcher dans qch ; **in Verbindung ~** entrer en contact ; **in Erscheinung ~** apparaître
treu *adj* (*Diener, Hund, Ehemann, Dienste*) fidèle
Treue (**-**) *f* fidélité *f*
Treuhänder (**-s, -**) *m* fidéicommissaire *m*
Treuhandgesellschaft *f* société *f* fiduciaire
treuherzig *adj* naïf (naïve)
treulich *adv* fidèlement
treulos *adj* déloyal(e)
Tribüne *f* tribune *f*
Trichter (**-s, -**) *m* entonnoir *m*
Trick (**-s, -e** *od* **-s**) *m* truc *m* • **Trickfilm** *m* dessin *m* animé
trieb *etc vb siehe* **treiben**
Trieb (**-(e)s, -e**) *m* (*instinkthaft*) instinct *m* ; (*geschlechtlich*) pulsion *f* ; (*Neigung*) tendance *f* ; (*an Baum etc*) pousse *f* • **Triebfeder** *f* (*fig*) instigateur(-trice) *m/f* • **triebhaft** *adj* maladif(-ive) • **Triebkraft** *f* (*Tech*) force *f* motrice ; (*fig*) moteur *m* • **Triebtäter** *m* auteur *mf* d'un crime sexuel • **Triebwagen** *m* autorail *m* • **Triebwerk** *nt* groupe *m* moteur
triefen *vi* ruisseler
triftig *adj* convaincant(e)
Trigonometrie *f* trigonométrie *f*
Trikot[1] (**-s, -s**) *nt* maillot *m*
Trikot[2] (**-s**) *m* (*Gewebe*) jersey *m*
Triller (**-s, -**) *m* (*Mus*) trille *m*
trillern *vi* faire des trilles
Trillerpfeife *f* sifflet *m*
trinkbar *adj* potable
trinken *irr vt, vi* boire
Trinker(in) (**-s, -**) *m(f)* alcoolique *mf*
Trinkgeld *nt* pourboire *m*
Trinkhalm *m* paille *f*
Trinkspruch *m* toast *m*
Trinkwasser *nt* eau *f* potable
trippeln *vi* trottiner
Tripper (**-s, -**) *m* blennorragie *f*
Tritt (**-(e)s, -e**) *m* pas *m* ; (*Fußtritt*) coup *m* de pied • **Trittbrett** *nt* marchepied *m*
Triumph (**-(e)s, -e**) *m* triomphe *m* • **Triumphbogen** *m* arc *m* de triomphe
triumphieren *vi* triompher ; **~ über** +*Akk* triompher de
trivial *adj* banal(e)
trocken *adj* sec (sèche) ; (*nüchtern*) sobre ; (*Humor*) pince-sans-rire *inv* • **Trockendock** *nt* cale *f* sèche • **Trockenelement** *nt* pile *f* sèche • **Trockenhaube** *f* casque *m* (*séchoir*) • **Trockenheit** *f* sécheresse *f* • **trocken|legen** *vt* (*Sumpf*) assécher ; (*Kind*) changer • **Trockenmilch** *f* lait *m* en poudre
trocknen *vt, vi* sécher
Trockner (**-s, -**) *m* sèche-linge *m*
Troddel (**-, -n**) *f* pompon *m*
Trödel (**-s**) *m* bric-à-brac *m inv* • **Trödelmarkt** *m* marché *m* aux puces
trödeln (*fam*) *vi* traîner
Trödler (**-s, -**) *m* (*Händler*) brocanteur *m*
trog *etc vb siehe* **trügen**
Trog (**-(e)s, ¨-e**) *m* auge *f*
Trommel (**-, -n**) *f* tambour *m* ; (*Revolvertrommel*) barillet *m* • **Trommelfell** *nt* tympan *m*
trommeln *vi* jouer du tambour
Trommelwaschmaschine *f* machine *f* à laver à tambour
Trommler(in) (**-s, -**) *m(f)* tambour *m*
Trompete *f* trompette *f*
Trompeter (**-s, -**) *m* trompettiste *m*
Tropen *pl* tropiques *mpl* • **Tropenhelm** *m* casque *m* colonial
Tropf (**-(e)s, ¨-e**) *m* (*Kerl*) type *m* ; (*Méd: Infusion*) goutte-à-goutte *m inv* ; **armer ~** pauvre diable *m*

tröpfeln *vi* tomber goutte à goutte ▸ *vi unpers*: **es tröpfelt** il tombe des gouttes
tropfen *vi* (*Regen, Schweiß etc*) tomber goutte à goutte ; (*Wasserhahn*) goutter ▸ *vt* (*Tinktur*) verser goutte à goutte
Tropfen (**-s, -**) *m* goutte *f*
tropfenweise *adv* goutte à goutte
tropfnass *adj* trempé(e) (jusqu'aux os)
Tropfsteinhöhle *f* grotte *f* avec des stalactites
tropisch *adj* tropical(e)
Trost (**-es**) *m* consolation *f*
trösten *vt* consoler
Tröster(in) (**-s, -**) *m(f)* consolateur(-trice)
tröstlich *adj* (*Worte, Brief*) de consolation
trostlos *adj* (*Verhältnisse*) affligeant(e) ; (*Landschaft*) désolé(e)
Trostpflaster *nt* (piètre) consolation *f*
Trostpreis *m* prix *m* de consolation
Tröstung *f* réconfort *m*
Trott (**-(e)s, -e**) *m* trot *m* ; (*Routine*) train-train *m inv*
Trottel (**-s, -**) (*fam*) *m* crétin *m*
trotten *vi* se traîner
Trottoir (**-s, -s** *od* **-e**) *nt* (*veraltet*) trottoir *m*
trotz *präp +Gen od Dat* malgré
Trotz (**-es**) *m*: **etw aus ~ tun** faire qch par défi ; **jdm zum ~** pour braver qn • **Trotzalter** *nt âge difficile (vers deux ans)*
trotzdem *adv* quand même
trotzig *adj* (*Antwort*) provocant(e) ; (*Benehmen*) obstiné(e)
Trotzkopf *m* tête *f* de mule
Trotzreaktion *f* réaction *f* de dépit
trüb *adj* (*Augen, Metall*) terne ; (*Aussichten*) sombre ; (*Flüssigkeit*) trouble ; (*Glas*) opaque ; (*Mensch, Gedanke, Stimmung, Zeiten*) triste ; (*Tag, Wetter*) gris(e)
Trubel (**-s**) *m* tumulte *m*
trüben *vt* (*Flüssigkeit*) troubler, ternir ; (*Stimmung, Freude*) gâter ▸ *vr* (*Flüssigkeit*) se troubler ; (*Glas, Metall*) se ternir ; (*Stimmung*) se gâter
Trübsal (**-, -e**) *f* chagrin *m* ; **~ blasen** avoir le cafard
trübselig *adj* triste
Trübsinn *m* humeur *f* chagrine
trübsinnig *adj* d'humeur chagrine
trudeln *vi* (*Aviat*) vriller
Trüffel (**-, -n**) *f* truffe *f*
trug *etc vb siehe* **tragen**
trügen *irr vt, vi* tromper
trügerisch *adj* trompeur(-euse)
Trugschluss *m* idée *f* fausse, erreur *f*
Truhe *f* malle *f*
Trümmer *pl* débris *mpl* ; (*Bauttrümmer*) décombres *mpl*, ruines *fpl* • **Trümmerhaufen** *m* amas *m* de décombres
Trumpf (**-(e)s, ¨-e**) *m* atout *m*
Trunk (**-(e)s, ¨-e**) *m* breuvage *m*
trunken *adj* ivre
Trunkenbold (**-(e)s, -e**) *m* ivrogne *m*
Trunkenheit *f* ivresse *f*
Trunksucht *f* alcoolisme *m*
Trupp (**-s, -s**) *m* groupe *m*
Truppe *f* troupe *f*
Truppenübungsplatz *m* champ *m* de manœuvre
Truthahn *m* dindon *m*
Tschad (**-s**) *m*: **der ~** le Tchad
Tscheche (**-n, -n**) *m*, **Tschechin** *f* Tchèque *mf*
Tschechien (**-s**) *nt* République *f* tchèque
tschechisch *adj* tchèque
Tschechische Republik *f* République *f* tchèque
tschüss (*fam*) *interj* salut, ciao
T-Shirt (**-s, -s**) *nt* T-shirt *m*
TU (**-**) *f abk* (= *technische Universität*) ≈ IUT *m*
Tube *f* tube *m*
Tuberkulose *f* tuberculose *f*
Tuch (**-(e)s, ¨-er**) *nt* (*Stoff*) étoffe *f* ; (*Stück Stoff*) pièce *f* de tissu ; (*Tischtuch*) nappe *f* ; (*Halstuch*) foulard *m* ; (*Kopftuch*) fichu *m* ; (*Handtuch*) serviette *f*
tüchtig *adj* (*fleißig*) travailleur(-euse) ; (*fähig, brauchbar*) bon (bonne) ; (*fam: kräftig*) sacré(e) • **Tüchtigkeit** *f* (*Fähigkeit*) capacité *f* ; (*Fleiß*) zèle *m*
Tücke *f* (*Arglist, Trick*) méchanceté *f*
tückisch *adj* (*Kurve*) dangereux(-euse) ; (*Krankheit*) pernicieux(-euse)
Tugend (**-, -en**) *f* vertu *f* • **tugendhaft** *adj* vertueux(-euse)
Tüll (**-s, -e**) *m* tulle *m*
Tulpe *f* tulipe *f*
tummeln *vr* s'ébattre
Tumor (**-s, -e**) *m* tumeur *f*
Tümpel (**-s, -**) *m* mare *f*
Tumult (**-(e)s, -e**) *m* tumulte *m*
tun *irr vt* (*machen*) faire ; (*legen etc*) mettre ▸ *vr*: **es tut sich etw/viel** il se passe quelque chose/beaucoup de choses ▸ *vi*: **freundlich ~** prendre un air aimable ; **jdm etw ~** (*antun*) faire qch à qn ; **das tut es auch** (*genügt*) cela fera l'affaire ; **was tuts?** qu'est-ce que ça fait ? ; **das tut nichts zur Sache** cela ne change rien à l'affaire ; **so ~, als ob ...** faire comme si ... ; **Sie täten gut daran ...** vous feriez bien ... ; **ich habe zu ~** (*bin beschäftigt*) j'ai à faire ; **mit wem habe ich zu ~?** à qui ai-je l'honneur ?

Tünche *f* chaux *f*
tünchen *vt* blanchir à la chaux
Tunesien (**-s**) *nt* la Tunisie
Tunfisch *m* = **Thunfisch**
Tunke *f* sauce *f*
tunken *vt* tremper
tunlichst *adv* si possible
Tunnel (**-s, -** *od* **-s**) *m* tunnel *m*
Tunte (*péj: fam*) *f* tante *f*, pédale *f*
Tüpfelchen *nt* petit point *m* ; **das ~ auf dem i** la touche finale
tupfen *vt* tamponner ; (*mit Farbe*) moucheter • **Tupfen** (**-s, -**) *m* point *m* ; (*größer*) pois *m*
Tür (**-, -en**) *f* porte *f*
Turbine *f* turbine *f*
turbulent *adj* turbulent(e)
Türke (**-n, -n**) *m* Turc *m*
Türkei *f*: **die ~** la Turquie
Türkin *f* Turque *f*
türkis *adj* turquoise *inv* • **Türkis** (**-es, -e**) *m* turquoise *f*
türkisch *adj* turc (turque)
Turkmenistan *nt* le Turkménistan
Turm (**-(e)s, ¨-e**) *m* tour *f* ; (*Kirchturm*) clocher *m* ; (*Sprungturm*) plongeoir *m*
türmen *vr* (*Wolken*) s'amonceler ; (*Bücher*) s'empiler ; (*Arbeit*) s'accumuler
turnen *vi* faire de la gymnastique ▸ *vt* (*Übung*) faire • **Turnen** (**-s**) *nt* gymnastique *f*
Turner(in) (**-s, -**) *m(f)* gymnaste *mf*
Turnhalle *f* salle *f* de gymnastique
Turnhose *f* short *m*
Turnier (**-s, -e**) *nt* tournoi *m*
Turnlehrer(in) *m(f)* professeur *mf* de gymnastique
Turnschuh *m* basket *f*
Turnverein *m* société *f* de gymnastique
Turnzeug *nt* tenue *f* de gymnastique
Türöffner *m* portier *m* automatique
Tusche *f* encre *f* de Chine ; (*Wimperntusche*) mascara *m*
tuscheln *vi* chuchoter
Tuschkasten *m* boîte *f* de peinture
Tüte *f* cornet *m* ; (*Tragtüte*) sac *m*
tuten *vi* (*Auto*) klaxonner
Tutorial *nt* tutoriel *m*
TÜV (**-**) *m abk* (= *Technischer Überwachungsverein*) *office chargé du contrôle périodique obligatoire des véhicules*

Le **TÜV** est l'un des organismes chargés de la vérification (*Hauptuntersuchung*) du bon fonctionnement des machines et en particulier des véhicules. Les voitures de plus de trois ans doivent passer un contrôle technique (sécurité et pollution) tous les deux ans.

Tweet *m* tweet *m*
Twen (**-(s), -s**) *m jeune d'une vingtaine d'années*
Twitter® *nt* Twitter® *m*
Twitterer(in) *m(f)* utilisateur(-trice) de Twitter, twittos *mf*
twittern *vi* tweeter
Typ (**-s, -en**) *m* type *m*
Type *f* caractère *m* ; (*fam: Mensch*) type *m*
Typenrad *nt* marguerite *f*
Typhus (**-**) *m* typhus *m*
typisch *adj* typique
Tyrann (**-en, -en**) *m* tyran *m*
Tyrannei *f* tyrannie *f*
tyrannisch *adj* tyrannique
tyrannisieren *vt* tyranniser

t

U

U, u *nt* U, u *m inv*
u. a. *abk* (= *unter anderem*) entre autres, en particulier
u. A. w. g. *abk* (= *um Antwort wird gebeten*) RSVP
U-Bahn *f* métro *m*
übel *adj* mauvais(e) ; **mir ist ~** je me sens mal ; **~ gelaunt** de mauvaise humeur ; **jdm etw ~ nehmen** en vouloir à qn de qch • **Übel** (**-s, -**) *nt* mal *m* • **Übelkeit** *f* nausée *f*
üben *vt* (*Instrument*) s'exercer à, étudier ; (*Geduld, Gerechtigkeit*) faire preuve de ; **Kritik an etw** *Dat* **~** critiquer qch

SCHLÜSSELWORT

über *präp +Dat* **1** (*räumlich*) en dessus de, au-dessus de, par-dessus, sur ; **das Bild hängt über dem Klavier an der Wand** le tableau est suspendu au mur au-dessus du piano ; **wir wohnen über ihnen** nous habitons à l'étage du dessus ; **zwei Grad über null** deux degrés au-dessus de zéro, plus deux (degrés)
2 (*zeitlich*: *während*) pendant ; **über der Arbeit einschlafen** s'endormir en travaillant ; **über einem Glas Wein alles besprechen** discuter des détails autour d'un verre de vin
▸ *präp +Akk* **1** (*räumlich*) au-dessus de, par dessus, sur ; **hänge das Bild übers Klavier** mets le tableau au-dessus du piano ; **Fehler über Fehler** faute sur faute
2 (*zeitlich*) pour ; **über Weihnachten/die Feiertage wegfahren** partir pour Noël/les fêtes ; **die ganze Zeit über** tout le temps ; **den (ganzen) Sommer über** (pendant) tout l'été ; **über kurz oder lang** tôt ou tard
3 (*mit Zahlen*): **Kinder über 12 Jahren** les enfants de plus de douze ans ; **ein Scheck über 200 Euro** un chèque de 200 euros
4 (*auf dem Wege*) via, par ; **nach Köln über Aachen fahren** aller à Cologne via Aix-la-Chapelle ; **ich habe die Nummer über die Auskunft erfahren** j'ai obtenu le numéro par les renseignements
5 (*betreffend*) sur ; **ein Buch über Bananen** un livre sur les bananes ; **über jdn/etw lachen** rire de qn/qch
6: **sie liebt ihn über alles** elle l'aime plus que tout
▸ *adv*: **über und über** complètement ; **jdm in etw** *Dat* **über sein** (*fam*) être meilleur(e) que qn en qch

überall *adv* partout ; (*bei jeder Gelegenheit*) toujours
überanstrengen *vt insép* surmener ▸ *vr insép* se surmener
überarbeiten *vt insép* (*Text*) remanier ▸ *vr insép* se surmener
überaus *adv* extrêmement
überbelichten *vt insép* surexposer
überbieten *irr vt insép* (*Angebot*) enchérir sur ; (*Leistung*) dépasser ; (*Rekord*) battre
Überbleibsel (**-s, -**) *nt* reste *m*
Überblick *m* vue *f* d'ensemble ; (*Abriss*) aperçu *m* ; **den ~ verlieren** ne plus être au fait, perdre le nord
überblicken *vt insép* (*Platz, Landschaft*) avoir vue sur ; (*fig*) voir ; (*Sachverhalt, Lage*) comprendre
überbringen *irr vt insép* remettre
Überbringer(in) (**-s, -**) *m(f)* porteur(-euse)
überbrücken *vt insép* (*Fluss*) construire un pont sur ; (*Gegensatz*) concilier ; (*Zeit*) passer
überdenken *irr vt insép* réfléchir à
überdies *adv* en outre
überdimensional *adj* trop grand(e)
Überdosis *f* surdose *f*, overdose *f*
Überdruss (**-es**) *m* dégoût *m* ; **bis zum ~** à satiété
überdrüssig *adj +Gen* las(se) de
übereifrig *adj* trop empressé(e)
übereilen *vt insép* précipiter
übereilt *adj* précipité(e)
übereinander *adv* l'un(e) sur l'autre ; (*sprechen*) l'un(e) de l'autre
übereinander|schlagen *irr vt* (*Beine*) croiser
überein|kommen *irr vi* convenir
Übereinkunft (**-, -künfte**) *f* accord *m*
überein|stimmen *vi* être d'accord ; (*Angaben, Messwerte, Zahlen etc*) correspondre
Übereinstimmung *f* accord *m*

überempfindlich *adj* hypersensible
über|fahren *irr vt insép (Person, Tier)* écraser ; *(fig)* prendre de vitesse
Überfahrt *f* traversée *f*
Überfall *m (auf Bank etc)* attaque *f* à main armée, hold-up *m inv* ; *(auf Land)* attaque
überfallen *irr vt insép* attaquer ; *(besuchen)* rendre visite à l'improviste à
überfällig *adj* en retard
überfliegen *irr vt insép* survoler
Überfluss *m* excédent *m*
Überflussgesellschaft *f* société *f* d'abondance
überflüssig *adj* superflu(e)
überfordern *vt insép (Menschen)* trop en demander à ; **sich überfordert fühlen** être dépassé(e)
über|führen *vt (Leiche etc)* transférer
Überführung *f (von Leiche)* transfert *m* ; *(von Täter)* conviction *f* ; *(Brücke)* viaduc *m* ; *(: für Fußgänger)* passerelle *f*
überfüllt *adj* bondé(e)
Übergabe *f* remise *f* ; *(Mil)* reddition *f*, capitulation *f*
Übergang *m* passage *m*, transition *f*
Übergangserscheinung *f* phénomène *m* transitoire
Übergangslösung *f* solution *f* provisoire
Übergangsstadium *nt* phase *f* de transition
Übergangszeit *f* période *f* de transition ; *(Jahreszeit)* demi-saison *f*
übergeben *irr vt insép* remettre ; *(Amt)* se démettre de ; *(Mil)* livrer ▸ *vr insép* vomir
über|gehen *irr vi (Besitz, zum Feind etc)* passer
Übergewicht *nt (von Gepäck)* excédent *m* ; *(größere Bedeutung)* prépondérance *f*
überglücklich *adj* ravi(e)
über|haben *(fam) irr vt* en avoir assez de
überhand|nehmen *irr vi* s'accroître outre mesure ; *(Unkraut)* se propager outre mesure
überhaupt *adv (im Allgemeinen)* somme toute ; **~ nicht** pas du tout
überheblich *adj* présomptueux(-euse)
• **Überheblichkeit** *f* présomption *f*
überholen *vt insép (Auto)* dépasser, doubler ; *(Gerät, Maschine)* réviser
Überholspur *f* voie *f* rapide
überholt *adj* dépassé(e)
Überholverbot *nt* interdiction *f* de dépasser
überhören *vt insép* ne pas entendre ; *(absichtlich)* ne pas tenir compte de
überirdisch *adj* surnaturel(le)
uberisieren *vt* ubériser
überkompensieren *vt insép* surcompenser
überladen *irr vt insép* surcharger
überlassen *irr vt insép* laisser ; **es jdm ~, etw zu tun** laisser qn faire qch
überlasten *vt insép* surcharger
über|laufen[1] *irr vi (Flüssigkeit)* déborder ; **zum Feind ~** passer à l'ennemi
überlaufen[2] *irr vt insép (Schauer etc)* parcourir ▸ *adj (mit Touristen)* envahi(e)
Überläufer *m* déserteur *m*
überleben *vt insép* survivre à
• **Überlebende(r)** *f(m)* survivant(e) *m/f*
überlegen *vt insép* réfléchir à ▸ *adj* : **jdm ~ sein** être supérieur(e) à qn
• **Überlegenheit** *f* supériorité *f*
Überlegung *f* réflexion *f*
überliefern *vt insép (Sitte)* transmettre
Überlieferung *f* tradition *f*
überlisten *vt insép* se montrer plus malin(-igne) que
überm = **über dem**
Übermacht *f* supériorité *f*
übermächtig *adj* trop puissant(e) ; *(Gefühl etc)* irrésistible
übermannen *vt insép* envahir
Übermaß *nt* excès *m*
übermäßig *adj* excessif(-ive)
Übermensch *m* surhomme *m*
übermenschlich *adj* surhumain(e)
übermitteln *vt insép* transmettre
übermorgen *adv* après-demain
Übermüdung *f* épuisement *m*
Übermut *m* exubérance *f*
übermütig *adj* exubérant(e) ; **werde nicht gleich ~!** calme-toi !
übernachten *vi insép* passer la nuit
übernächtigt *adj* fatigué(e)
Übernachtung *f* nuit *f*
Übernahme *f* réception *f* ; *(von Geschäft)* reprise *f* ; *(von Verantwortung, Kosten)* prise *f* en charge
übernehmen *irr vt insép (Sendung)* recevoir ; *(als Nachfolger)* reprendre ; *(Verantwortung, Amt, Kosten, Haftung)* assumer ▸ *vr insép* se surmener
überprüfen *vt insép* vérifier
Überprüfung *f* contrôle *m*
überqueren *vt insép* traverser
überraschen *vt insép* surprendre
Überraschung *f* surprise *f*
überreden *vt insép* persuader
überreichen *vt insép* remettre
überreizt *adj* : **nervlich ~** à bout de nerfs
überrumpeln *vt insép* prendre par surprise
überrunden *vt insép* dépasser
übers = **über das**
übersättigen *vt insép* saturer
Überschallflugzeug *nt* avion *m* supersonique

U

Überschallgeschwindigkeit *f* vitesse *f* supersonique
überschätzen *vt insép* surestimer ▶ *vr insép* se surestimer
über|schäumen *vi* déborder ; **~des Temperament** vitalité *f* débordante
Überschlag *m* (*Fin*) évaluation *f* ; (*Sport*) saut *m* périlleux
überschlagen *irr vt insép* (*berechnen*) estimer ; (*Seite*) sauter ▶ *vr insép* (*Auto, Flugzeug*) faire un tonneau ; (*Stimme*) se casser ; **sich vor Eifer ~** (*fam*) se mettre en quatre
über|schnappen *vi* (*Stimme*) se casser ; (*fam: Mensch*) devenir cinglé(e)
überschneiden *irr vr insép* (*Linien*) se recouper ; (*Pläne, Themen*) coïncider
überschreiben *irr vt insép* (*Inform*) écraser ; **jdm etw ~** céder qch à qn
überschreiten *irr vt insép* franchir ; (*Gleise*) traverser ; (*Alter, Höhepunkt, Kraft, Geschwindigkeit*) dépasser ; (*Gesetz*) transgresser ; (*Vollmacht*) outrepasser
Überschrift *f* titre *m*
Überschuss *m* (*Écon*) bénéfice *m* net
überschüssig *adj* (*Ware*) excédentaire ; **~e Energie** un trop-plein d'énergie
überschütten *vt insép*: **jdn mit Vorwürfen ~** accabler qn de reproches
Überschwang *m* exubérance *f*
überschwänglich *adj* (*Lob, Begeisterung*) excessif(-ive), exubérant(e)
überschwemmen *vt insép* inonder
Überschwemmung *f* inondation *f*
überschwenglich *adj* = **überschwänglich**
Übersee *f*: **in** *od* **nach ~** outre-mer ; **aus** *od* **von ~** d'outre-mer • **überseeisch** *adj* d'outre-mer
übersehen *irr vt insép* (*Land*) embrasser du regard ; (*Folgen*) se rendre compte de ; (*nicht beachten*) ne pas faire attention à
übersenden *irr vt insép* envoyer
übersetzen *vt insép* traduire
Übersetzer(in) (**-s, -**) *m(f)* traducteur(-trice)
Übersetzung *f* traduction *f* ; (*Tech*) transmission *f*
Übersicht *f* (*Fähigkeit*) vue *f* d'ensemble ; (*kurze Darstellung*) résumé *m* • **übersichtlich** *adj* (*Gelände*) dégagé(e) ; (*Darstellung*) clair(e) • **Übersichtlichkeit** *f* clarté *f*
überspannt *adj* exalté(e) ; (*Idee*) extravagant(e)
überspitzt *adj* exagéré(e)
überspringen *irr vt insép* sauter
über|sprudeln *vi* déborder
überstehen[1] *irr vt insép* surmonter
über|stehen[2] *irr vi* dépasser
übersteigen *irr vt insép* (*Zaun*) escalader ; (*fig*) dépasser
überstimmen *vt insép* mettre en minorité
überstürzen *vt insép* précipiter ▶ *vr insép* (*Ereignisse*) se précipiter
überstürzt *adj* précipité(e) ; (*Entschluss*) hâtif(-ive)
übertölpeln *vt insép* duper
übertönen *vt insép* noyer
Übertrag (**-(e)s, -träge**) *m* report *m* • **übertragbar** *adj* transmissible
übertragen *irr vt insép* (*Radio, TV*) diffuser ; (*übersetzen*) traduire ; (*Aufgabe, Verantwortung*) confier ; (*Krankheit, Tech*) transmettre ▶ *vr insép*: **sich ~ auf** +*Akk* se communiquer à ▶ *adj* (*Bedeutung*) figuré(e)
Übertragung *f* transmission *f*
übertreffen *irr vt insép* dépasser
übertreiben *irr vt, vi insép* exagérer
Übertreibung *f* exagération *f*
über|treten *irr vt insép* (*Gebot, Gesetz etc*) transgresser
Übertretung *f* (*von Gebot, Gesetz etc*) transgression *f*
übertrieben *adj* exagéré(e)
übervölkert *adj* surpeuplé(e)
übervoll *adj* trop plein(e) ; (*Bus*) comble
übervorteilen *vt insép* escroquer
überwachen *vt insép* surveiller
Überwachung *f* surveillance *f*
überwältigen *vt insép* (*Dieb etc*) maîtriser ; (*subj: Schlaf*) envahir
überwältigend *adj* grandiose
überweisen *irr vt insép* (*Geld*) virer ; (*Patient*) adresser
Überweisung *f* (*Fin*) virement *m*
überwiegen *irr vi insép* prédominer
überwiegend *adv* principalement
überwinden *irr vt insép* surmonter
Überwindung *f* effort *m* (sur soi-même)
Überzahl *f* grande majorité *f*
überzählig *adj* excédentaire
überzeugen *vt insép* convaincre, persuader
überzeugend *adj* convaincant(e)
Überzeugung *f* conviction *f*
Überzeugungskraft *f* force *f* de persuasion
überziehen *irr vt insép* (*Kissen, Schachtel*) recouvrir ; (*Konto*) mettre à découvert
Überzug *m* (*Hülle, Bezug*) housse *f*
üblich *adj* habituel(le)
U-Boot *nt* sous-marin *m*
übrig *adj* restant(e) ; **das Übrige** le reste ; **im Übrigen** sinon ; **~ bleiben** rester ; **~ lassen** laisser

übrigens *adv* du reste ; (*nebenbei bemerkt*) d'ailleurs
übrig|haben (*fam*) *irr vi*: **für jdn viel/etw ~** beaucoup/bien aimer qn
Übung *f* exercice *m*
UdSSR *f abk* (= *Union der Sozialistischen Sowjetrepubliken*) URSS *f*
Ufer (**-s, -**) *nt* rive *f* ; (*Meeresufer*) rivage *m*
UFO, Ufo (**-(s), -s**) *nt abk* (= *unbekanntes Flugobjekt*) OVNI *m*
Uganda (**-s**) *nt* l'Ouganda *m*
Uhr (**-, -en**) *f* horloge *f* ; (*Armbanduhr*) montre *f* ; **wie viel ~ ist es?** quelle heure est-il ? ; **1 ~** une heure ; **20 ~ 5** vingt heures cinq • **Uhrmacher(in)** (**-s, -**) *m(f)* horloger(-ère) • **Uhrwerk** *nt* mécanisme *m* (*de montre ou d'horloge*) • **Uhrzeiger** *m* aiguille *f* (*d'une montre*) • **Uhrzeigersinn** *m*: **im ~** dans le sens des aiguilles d'une montre ; **entgegen dem ~** dans le sens inverse des aiguilles d'une montre • **Uhrzeit** *f* heure *f*
Uhu (**-s, -s**) *m* grand duc *m*
Ukraine *f*: **die ~** l'Ukraine *f*
UKW *abk* = **Ultrakurzwelle**
Ulk (**-s, -e**) *m* plaisanterie *f*
ulkig *adj* drôle
Ulme *f* orme *m*
Ultimatum (**-s, Ultimaten**) *nt* ultimatum *m*
Ultrakurzwelle *f* onde *f* ultracourte
Ultraschall *m* ultrason *m*
ultraviolett *adj* ultraviolet(te)

SCHLÜSSELWORT

um *präp +Akk* **1** (*um ... herum*) autour de ; **er schlug um sich** il se débattit (comme un beau diable)
2 (*mit Zeitangabe: ungefähr*): **um Weihnachten** autour de Noël ; **um 8 Uhr herum** autour des 8 heures ; (*: genau*): **um 8 (Uhr)** à 8 heures
3 (*mit Größenangabe*): **etw um 4 cm kürzen** raccourcir qch de 4 cm ; **sie ist um zwei Jahre älter (als ich)** elle a deux ans de plus (que moi) ; **um 10% teurer** plus cher (chère) de 10% ; **um vieles besser** nettement mieux ; **um nichts besser** pas mieux
4 (*wegen*): **Sorgen um seine Zukunft** des soucis pour son avenir
5 (*nach*): **Stunde um Stunde** heure après heure
6 (*über*): **es geht um das Prinzip** c'est une question de principe
7: **der Kampf um den Titel** la lutte pour le titre ; **um Geld spielen** jouer pour de l'argent ; **jdn um etw bringen** faire perdre qch à qn
▸ *präp +Gen*: **um ... willen** pour l'amour de ... ; **um Gottes willen** pour l'amour de Dieu
▸ *konj*: **um ... zu** pour ... ; **zu klug, um zu ...** trop intelligent(e) pour ... ; *siehe auch* **umso**
▸ *adv* **1** (*ungefähr*) environ ; **um (die) 30 Leute** environ trente personnes
2 (*vorbei*): **um sein** (*fam*) être fini(e) ; **die zwei Stunden sind um** les deux heures sont passées *od* écoulées

um|adressieren *vt* faire suivre
um|ändern *vt* (*Kleid*) transformer ; (*Plan*) modifier
umarmen *vt insép* étreindre
Umbau *m* transformation *f*
um|bauen *vt* transformer
um|benennen *irr vt* rebaptiser
um|biegen *irr vt* plier ▸ *vi* tourner
um|bilden *vt* réorganiser ; (*Pol*) remanier
um|binden *irr vt* (*Tuch, Krawatte*) mettre
um|blättern *vt* tourner
um|blicken *vr* regarder autour de soi ; (*zurückblicken*) regarder derrière soi
um|bringen *irr vt* tuer
Umbruch *m* bouleversement *m* ; (*Typo*) mise *f* en pages
um|buchen *vt* (*Flug*) changer ; (*Reise*) changer sa réservation pour
um|denken *irr vi* changer sa façon de penser
um|drehen *vt* retourner ▸ *vr* se retourner
Umdrehung *f* rotation *f*, tour *m*
umeinander *adv* l'un(e) autour de l'autre ; **sich ~ kümmern** s'occuper l'un(e) de l'autre
um|fahren *irr vt* renverser
um|fallen *irr vi* tomber ; (*fam: nachgeben*) tourner casaque
Umfang *m* étendue *f* ; (*von Buch*) longueur *f* ; (*Reichweite*) portée *f* ; (*Fläche*) surface *f* ; (*von Kreis*) circonférence *f* • **umfangreich** *adj* (*Buch etc*) volumineux(-euse) ; (*Wissen*) vaste
umfassen *vt insép* (*umgeben*) entourer ; (*mit Armen*) prendre dans ses bras ; (*umzingeln*) encercler ; (*enthalten*) comprendre
umfassend *adj* complet(-ète) ; (*Wissen*) vaste
Umfeld *nt* environnement *m*
Umfrage *f* sondage *m*
um|füllen *vt* transvaser
um|funktionieren *vt* transformer
Umgang *m* relations *fpl*
umgänglich *adj* (*Mensch*) facile à vivre
Umgangsformen *pl* (bonnes) manières *fpl*

Umgangssprache *f* langue *f* familière
umgeben *irr vt insép* entourer
Umgebung *f* (*Landschaft*) environs *mpl* ; (*Milieu*) environnement *m* ; (*Personen*) entourage *m*
um|gehen *irr vi*: **mit jdm grob ~** traiter qn avec rudesse ; **mit Geld sparsam ~** être économe
umgehend *adj* rapide ▶ *adv* immédiatement
Umgehungsstraße *f* route *f* de contournement
umgekehrt *adj* inverse ▶ *adv* inversement ; **und ~** et vice versa
um|graben *irr vt* bêcher
um|gruppieren *vt* réorganiser
Umhang *m* cape *f*
um|hängen *vt* (*Bild*) déplacer ; **jdm etw ~** mettre qch sur les épaules de qn
Umhängetasche *f* sacoche *f*, sac *m* à bandoulière
um|hauen *vt* (*Baum*) abattre ; (*fig*) renverser
umher *adv* autour, alentours • **umher|gehen** *irr vi* aller çà et là, déambuler • **umher|ziehen** *irr vi* rouler sa bosse
umhin|können *irr vi*: **ich kann nicht umhin, das zu tun** je suis obligé de le faire
um|hören *vr* se renseigner
Umkehr (-) *f* demi-tour *m*
um|kehren *vi* faire demi-tour ▶ *vt* retourner ; (*Reihenfolge*) intervertir
um|kippen *vt* renverser ▶ *vi* se renverser ; (*Meinung ändern*) retourner sa veste ; (*fam: ohnmächtig werden*) tomber dans les pommes
Umkleidekabine *f* cabine *f*
Umkleideraum *m* vestiaire *m*
um|kommen *irr vi* mourir, périr
Umkreis *m* environs *mpl* ; **im ~ von 50 km** dans un rayon de 50 km
umkreisen *vt insép* tourner autour de
um|krempeln *vt* (*mehrmals*) retrousser ; (*von innen nach außen*) retourner ; (*Betrieb*) réorganiser
um|laden *irr vt* (*Last*) transborder ; (*Wagen*) recharger
Umlage *f* participation *f*
Umlauf *m* (*von Geld, Gerüchten, Schreiben*) circulation *f* ; (*von Planet etc*) révolution *f*
Umlaufbahn *f* orbite *f*
Umlaut *m* inflexion *f* vocalique ; (*Laut*) voyelle *f* dotée d'un tréma
um|legen *vt* (*Kosten*) ventiler ; (*fam: töten*) descendre
um|leiten *vt* (*Verkehr*) dévier ; (*Fluss*) détourner
Umleitung *f* déviation *f*
um|lernen *vi* se recycler ; (*fig*) revoir sa façon de penser
umliegend *adj* (*Ortschaften*) environnant(e)
Umnachtung *f* égarement *m*
umranden *vt insép* entourer
um|rechnen *vt* convertir
Umrechnung *f* conversion *f*
Umrechnungskurs *m* cours *m* du change
umreißen *irr vt insép* exposer les grandes lignes de
umringen *vt insép* entourer
Umriss *m* contour *m*
um|rühren *vt* remuer
ums = **um das**
um|satteln (*fam*) *vi* (*Beruf wechseln*) se recycler
Umsatz *m* chiffre *m* d'affaires
um|schalten *vi* (*Fernsehzuschauer*) changer de chaîne, zapper ; **die Ampel schaltet auf Rot um** le feu passe au rouge ; **„wir schalten jetzt um nach Hamburg"** « nous passons maintenant l'antenne à Hambourg »
Umschalttaste *f* touche *f* de majuscule
Umschau *f*: **~ halten nach** chercher des yeux
um|schauen *vr*: **sich ~ nach** chercher des yeux
Umschlag *m* (*Briefumschlag*) enveloppe *f* ; (*Buchumschlag*) couverture *f* ; (*Méd*) compresse *f* ; (*von Wetter, Stimmung*) changement *m* (brusque)
um|schlagen *irr vi* changer brusquement ▶ *vt* (*Ärmel*) retrousser ; (*Seite*) tourner ; (*Waren*) transborder
Umschlagplatz *m* lieu *m* de transbordement
um|schreiben[1] *irr vt* (*neu schreiben*) récrire ; **~ auf** +*Akk* (*Haus*) céder à
umschreiben[2] *irr vt insép* (*anders ausdrücken*) paraphraser
um|schulden *vt* (*Kredit*) consolider
um|schulen *vt* recycler
Umschulung *f* reconversion *f*
umschwärmen *vt insép* voltiger autour de ; **von Verehrern umschwärmt werden** avoir une nuée d'admirateurs
Umschweife *pl*: **ohne ~** sans détours *od* ambages
Umschwung (*fig*) *m* revirement *m*
um|sehen *irr vr* regarder autour de soi ; **sich nach einer Stelle/Wohnung ~** chercher un emploi/appartement
umseitig *adj* au verso
umsetzen *vt* (*Waren*) écouler ; (*an anderen Platz*) déplacer ▶ *vr* (*Schüler*) changer de

place ; **etw in etw** *Akk* **~** convertir qch en qch ; **etw in die Tat ~** mettre qch en pratique
Umsicht *f* circonspection *f*
umsichtig *adj* circonspect(e)
umso *konj* (*desto*): **~ besser/schlimmer** d'autant mieux/plus grave ; **~ mehr, als ...** d'autant plus que ...
umsonst *adv* en vain ; (*gratis*) gratuitement
um|springen *irr vi* (*Wind*) tourner ; **mit jdm (grob) ~** être brusque avec qn
Umstand *m* circonstance *f* ; **Umstände** *pl* (*Förmlichkeiten*) manières *fpl* ; **mildernde Umstände** circonstances *fpl* atténuantes ; **in anderen Umständen sein** être enceinte ; **unter Umständen** peut-être ; **das macht wirklich keine Umstände** cela ne me dérange pas du tout
umständlich *adj* (*Mensch*) qui complique des choses ; (*Methode*) (trop) compliqué(e)
Umstandskleid *nt* robe *f* de grossesse
Umstandswort *nt* adverbe *m*
um|steigen *irr vi* changer (de train)
um|stellen *vt* changer de place ; (*Hebel, Weichen*) actionner ▶ *vr*: **sich ~ auf** +*Akk* s'adapter à
Umstellung *f* changement *m* ; (*Umgewöhnung*) adaptation *f*
um|stimmen *vt* (*jdn*) faire changer d'avis
um|stoßen *irr vt* renverser
umstritten *adj* controversé(e)
Umsturz *m* renversement *m*
um|stürzen *vt* renverser ▶ *vi* (*Stuhl etc*) se renverser
umstürzlerisch *adj* subversif(-ive)
Umtausch *m* échange *m* ; (*von Geld*) change *m*
um|tauschen *vt* échanger ; (*Geld*) changer
Umtriebe *pl* manigances *fpl*
um|tun (*fam*) *irr vr*: **sich nach jdm/etw ~** être à la recherche de *od* chercher qn/qch
um|wandeln *vt* transformer
um|wechseln *vt* changer
Umweg *m* détour *m*
Umwelt *f* environnement *m* • **Umweltbeauftragte(r)** *f(m)* délégué(e) *m/f* à l'environnement • **Umweltbelastung** *f* pollution *f* • **umweltbewusst** *adj* conscient(e) des problèmes d'environnement • **umweltfeindlich** *adj* polluant(e) • **umweltfreundlich** *adj* non polluant(e), qui respecte l'environnement • **umweltgefährdend** *adj* nocif(-ive) *od* dangereux(-euse) pour l'environnement • **Umweltgift** *nt* produit *m* nocif pour l'environnement • **Umweltkatastrophe** *f* catastrophe *f* écologique • **Umweltkriminalität** *f* crimes *mpl* contre l'environnement • **umweltschädlich** *adj* polluant(e) • **Umweltschutz** *m* défense *f* de l'environnement • **Umweltschützer** *m* écologiste *m* • **Umweltsteuer** *f* écotaxe *f* • **Umweltsünder(in)** *m(f)* pollueur(-euse) • **Umweltverschmutzung** *f* pollution *f* • **umweltverträglich** *adj* moins *od* non polluant(e)
um|wenden *irr vt* tourner ▶ *vr* se retourner
umwerben *irr vt insép* courtiser
um|werfen *irr vt* renverser ; (*Mantel*) jeter sur ses épaules ; (*Plan*) bouleverser
umwerfend (*fam*) *adj* renversant(e)
um|ziehen *irr vi* déménager ▶ *vt* (*Kind*) changer ▶ *vr* se changer
umzingeln *vt insép* encercler
Umzug *m* (*Festumzug*) procession *f* ; (*Wohnungsumzug*) déménagement *m*
unabänderlich *adj* irrévocable
unabhängig *adj* indépendant(e)
Unabhängigkeit *f* indépendance *f*
unabkömmlich *adj* occupé(e)
unablässig *adj* incessant(e)
unabsehbar *adj* imprévisible
unabsichtlich *adj* involontaire
unabwendbar *adj* inéluctable
unachtsam *adj* distrait(e)
Unachtsamkeit *f* distraction *f*, inattention *f*
unangebracht *adj* déplacé(e)
unangemessen *adj* inadéquat(e)
unangenehm *adj* désagréable
Unannehmlichkeit *f* désagrément *m* ; **Unannehmlichkeiten** *pl* ennuis *mpl*
unansehnlich *adj* insignifiant(e)
unanständig *adj* grossier(-ière)
Unanständigkeit *f* grossièreté *f*
unappetitlich *adj* (*Essen*) peu appétissant(e) ; (*unhygienisch*) dégoûtant(e)
Unart *f* (*Angewohnheit*) mauvaise habitude *f*
unartig *adj* désobéissant(e)
unauffällig *adj* discret(-ète)
unauffindbar *adj* introuvable
unaufgefordert *adj* (*Hilfe*) spontané(e) ▶ *adv* spontanément
unaufhaltsam *adj* inexorable
unaufhörlich *adj* incessant(e)
unaufmerksam *adj* inattentif(-ive)
unaufrichtig *adj* malhonnête

unausgeglichen *adj* (*Mensch*) peu équilibré(e)
unaussprechlich *adj* imprononçable ; (*Elend*) indicible
unausstehlich *adj* insupportable
unausweichlich *adj* inévitable
unbändig *adj* (*Kind*) turbulent(e) ; (*Gefühl*) irrépressible
unbarmherzig *adj* impitoyable
unbeabsichtigt *adj* involontaire
unbeachtet *adj* inaperçu(e)
unbedenklich *adj* (*Plan*) qui ne présente aucune difficulté ▶ *adv* sans hésiter
unbedeutend *adj* (*Summe*) insignifiant(e) ; (*Fehler*) futile
unbedingt *adj* absolu(e) ▶ *adv* absolument ; **musst du ~ gehen?** tu dois vraiment partir ?
unbefangen *adj* spontané(e) ; (*unvoreingenommen*) impartial(e)
unbefriedigend *adj* insuffisant(e)
unbefriedigt *adj* insatisfait(e)
unbefugt *adj* non autorisé(e)
unbegabt *adj* peu doué(e)
unbegreiflich *adj* incompréhensible
unbegrenzt *adj* illimité(e)
unbegründet *adj* injustifié(e)
Unbehagen *nt* malaise *m*, gêne *f*
unbehaglich *adj* (*Wohnung*) inconfortable ; (*Gefühl*) désagréable
unbeholfen *adj* maladroit(e)
unbekannt *adj* inconnu(e)
unbekümmert *adj* insouciant(e)
unbeliebt *adj* impopulaire • **Unbeliebtheit** *f* impopularité *f*
unbequem *adj* (*Stuhl*) inconfortable ; (*Mensch*) importun(e)
unberechenbar *adj* (*Mensch, Verhalten*) imprévisible
unberechtigt *adj* injustifié(e) ; (*nicht erlaubt*) non autorisé(e)
unberührt *adj* intact(e)
unbescheiden *adj* (*Forderung*) abusif(-ive)
unbeschreiblich *adj* indescriptible
unbesonnen *adj* irréfléchi(e)
unbeständig *adj* (*Mensch*) inconstant(e) ; (*Wetter, Lage*) instable
unbestechlich *adj* incorruptible
unbestimmt *adj* indéfini(e) ; (*Zukunft*) incertain(e) • **Unbestimmtheit** *f* incertitude *f*
unbeteiligt *adj* (*desinteressiert*) distant(e) ; **an etw** *Dat* **~ sein** n'avoir rien à voir dans qch
unbeugsam *adj* inébranlable
unbewacht *adj* non gardé(e) ; (*Parkplatz*) sans surveillance
unbeweglich *adj* (*Gelenk, Gerät*) fixe, immobile
unbewusst *adj* inconscient(e)
unbrauchbar *adj* inutilisable
unbürokratisch *adj, adv* sans formalité administrative excessive
und *konj* et ; **~ so weiter** et cetera
Undank *m* ingratitude *f*
undankbar *adj* ingrat(e)
Undankbarkeit *f* ingratitude *f*
undefinierbar *adj* indéfinissable
undenkbar *adj* inconcevable
undeutlich *adj* (*Schrift*) illisible ; (*Erinnerung*) vague ; (*Aussprache*) peu clair(e)
undicht *adj* qui fuit ; (*Dach*) qui a des fuites
Unding *nt*: **das ist ein ~** c'est insensé
unduldsam *adj* intolérant(e)
undurchführbar *adj* irréalisable
undurchlässig *adj* étanche
undurchsichtig *adj* (*Glas*) opaque ; (*fig*) louche
uneben *adj* accidenté(e)
unehelich *adj* (*Kind*) illégitime
uneigennützig *adj* désintéressé(e)
uneinig *adj* désuni(e), en désaccord • **Uneinigkeit** *f* désaccord *m*
uneins *adj* en désaccord
unempfindlich *adj* insensible ; (*Stoff*) pratique • **Unempfindlichkeit** *f* insensibilité *f*
unendlich *adj* infini(e) • **Unendlichkeit** *f* infinité *f*
unentbehrlich *adj* indispensable
unentgeltlich *adj* gratuit(e)
unentschieden *adj* indécis(e) ; **~ enden** (*Sport*) se terminer sur un match nul
unentschlossen *adj* indécis(e)
unentwegt *adj* constant(e)
unerbittlich *adj* inflexible
unerfahren *adj* inexpérimenté(e)
unerfreulich *adj* désagréable
unergründlich *adj* (*Tiefe*) insondable ; (*Wesen*) impénétrable
unerheblich *adj* insignifiant(e)
unerhört *adj* (*unverschämt*) inouï(e) ; (*Bitte*) sans réponse
unerklärlich *adj* inexplicable
unerlässlich *adj* (*Bedingung*) sine qua non
unerlaubt *adj* illicite
unermesslich *adj* immense
unermüdlich *adj* infatigable
unersättlich *adj* insatiable
unerschöpflich *adj* (*Vorräte*) inépuisable ; (*Geduld*) sans limites
unerschütterlich *adj* inébranlable
unerschwinglich *adj* inabordable

unerträglich *adj* insupportable
unerwartet *adj* inattendu(e)
unerwünscht *adj* (*Besuch*) importun(e)
unerzogen *adj* mal élevé(e)
unfähig *adj*: **~ sein, etw zu tun** être incapable de faire qch • **Unfähigkeit** *f* incapacité *f*
unfair *adj* injuste ; (*Sport*) pas correct(e)
Unfall *m* accident *m* • **Unfallflucht** *f* délit *m* de fuite • **Unfallgefahr** *f* danger *m* d'accident • **Unfallstelle** *f* lieu *m* de l'accident • **Unfallversicherung** *f* assurance *f* (contre les) accidents
unfassbar *adj* inconcevable
unfehlbar *adj* infaillible ▸ *adv* à coup sûr
Unfehlbarkeit *f* infaillibilité *f*
unflätig *adj* ordurier(-ière), obscène
unfolgsam *adj* désobéissant(e)
unfrankiert *adj* non affranchi(e)
unfrei *adj* (*Volk*) asservi(e) ; (*Leben*) d'esclave ; (*Paket*) non affranchi(e)
unfreiwillig *adj* involontaire
unfreundlich *adj* (*Mensch*) peu aimable ; (*Wetter*) maussade • **Unfreundlichkeit** *f* manque *m* d'amabilité
unfruchtbar *adj* stérile
Unfruchtbarkeit *f* stérilité *f*
Unfug *m* (*Benehmen*) bêtises *fpl* ; (*Unsinn*) sottises *fpl*
Ungar(in) (**-n, -n**) *m(f)* Hongrois(e)
ungarisch *adj* hongrois(e)
Ungarn (**-s**) *nt* la Hongrie
ungeachtet *präp* +*Gen* malgré
ungeahnt *adj* (*Möglichkeiten*) inespéré(e) ; (*Talente*) insoupçonné(e)
ungebeten *adj* (*Gast*) importun(e)
ungebildet *adj* inculte
ungebräuchlich *adj* inusité(e)
ungedeckt *adj* (*Scheck*) sans provision
Ungeduld *f* impatience *f*
ungeduldig *adj* impatient(e)
ungeeignet *adj* (*Sache, Mensch*) qui ne convient pas ; (*Maßnahmen*) peu approprié(e)
ungefähr *adv* environ, à peu près ▸ *adj* approximatif(-ive)
ungefährlich *adj* sans danger
ungehalten *adj* irrité(e), mécontent(e)
ungeheuer *adj* énorme ▸ *adv* (*fam*) énormément • **Ungeheuer** (**-s, -**) *nt* monstre *m* • **ungeheuerlich** *adj* monstrueux(-euse)
ungehobelt *adj* (*unhöflich*) grossier(-ière)
ungehörig *adj* inconvenant(e)
ungehorsam *adj* désobéissant(e)
Ungehorsam *m* désobéissance *f*
ungeklärt *adj* (*Frage, Rätsel*) non résolu(e)
ungeladen *adj* (*Gewehr, Batterie*) non chargé(e) ; (*Gast*) sans invitation
ungelegen *adj* (*Besuch, Vorschlag*) inopportun(e) ; **jdm ~ kommen** déranger qn
ungelernt *adj*: **~er Arbeiter** ouvrier *m* non spécialisé
ungelogen *adv* honnêtement
ungemein *adv* extrêmement
ungemütlich *adj* (*Wohnung*) peu confortable ; (*Person*) désagréable
ungenau *adj* imprécis(e)
Ungenauigkeit *f* imprécision *f*
ungeniert *adj* sans gêne ▸ *adv* sans se gêner
ungenießbar *adj* (*Essen*) immangeable ; (*fam*) insupportable
ungenügend *adj* insuffisant(e)
ungepflegt *adj* négligé(e)
ungerade *adj* impair(e)
ungerecht *adj* injuste
ungerechtfertigt *adj* injustifié(e)
Ungerechtigkeit *f* injustice *f*
ungern *adv* de mauvaise grâce
ungeschehen *adj*: **etw ~ machen** réparer qch
Ungeschicklichkeit *f* maladresse *f*
ungeschickt *adj* maladroit(e)
ungeschminkt *adj* non maquillé(e) ; (*Wahrheit*) tout(e) nu(e)
ungesetzlich *adj* illégal(e)
ungestempelt *adj* (*Briefmarke*) non oblitéré(e)
ungestört *adj*: **~ arbeiten** travailler en paix
ungestraft *adv* impuni(e)
ungestüm *adv* avec fougue
Ungestüm (**-(e)s**) *nt* impétuosité *f*
ungesund *adj* malsain(e) ; (*Aussehen*) maladif(-ive)
ungetrübt *adj* sans nuage
Ungetüm (**-(e)s, -e**) *nt* monstre *m*
ungewiss *adj* incertain(e)
Ungewissheit *f* incertitude *f*
ungewöhnlich *adj* inhabituel(le)
ungewohnt *adj* inhabituel(le)
Ungeziefer (**-s**) *nt* vermine *f*
ungezogen *adj* (*Kind*) désobéissant(e) • **Ungezogenheit** *f* désobéissance *f*, mauvaise conduite *f*
ungezwungen *adj* détendu(e)
ungläubig *adj* (*Gesicht*) incrédule
unglaublich *adj* incroyable
unglaubwürdig *adj* (*Person*) qui n'est pas digne de foi ; (*Aussage*) peu vraisemblable ; (*Geschichte*) invraisemblable ; **sich ~ machen** se discréditer

ungleich *adj* inégal(e) ▶ *adv* infiniment • **ungleichartig** *adj* différent(e) • **Ungleichheit** *f* inégalité *f*
Unglück *nt* malheur *m* ; (*Pech*) malchance *f* ; (*Verkehrsunglück*) accident *m* • **unglücklich** *adj* malheureux(-euse) ; (*Zeitpunkt*) mauvais(e) • **unglücklicherweise** *adv* malheureusement • **unglückselig** *adj* malheureux(-euse)
Unglücksfall *m* malheur *m*
ungültig *adj* (*Pass*) périmé(e) • **Ungültigkeit** *f* nullité *f*
ungünstig *adj* défavorable
ungut *adj* (*Gefühl*) désagréable ; **nichts für ~!** ne le prenez pas mal !
unhaltbar *adj* (*Zustände*) insupportable ; (*Behauptung*) insoutenable
Unheil *nt* malheur *m* ; **~ anrichten** faire des siennes • **unheilvoll** *adj* funeste
unheimlich *adj* (*Geschichte, Gestalt*) sinistre ▶ *adv* (*fam*) vachement
unhöflich *adj* impoli(e) • **Unhöflichkeit** *f* impolitesse *f*
unhygienisch *adj* pas hygiénique
uni *adj* uni(e)
Uni (**-, -s**) *f* fac *f*
Uniform *f* uniforme *m*
uniformiert *adj* en uniforme
uninteressant *adj* inintéressant(e)
Universität *f* université *f*
Universum (**-s**) *nt* univers *m*
unkenntlich *adj* méconnaissable
Unkenntnis *f* ignorance *f*
unklar *adj* (*Bild*) flou(e) ; (*Text, Rede*) peu clair(e) ; **(sich** *Dat***) im U~en sein über** *+Akk* ne pas être au clair sur • **Unklarheit** *f* manque *m* de clarté ; (*Unentschiedenheit*) incertitude *f*
unklug *adj* imprudent(e)
Unkosten *pl* frais *mpl* • **Unkostenbeitrag** *m* participation *f* aux frais
Unkraut *nt* mauvaises herbes *fpl*
Unkrautvernichtungsmittel *nt* herbicide *m*, désherbant *m*
unlängst *adv* récemment
unlauter *adj* (*Wettbewerb*) déloyal(e)
unleserlich *adj* illisible
unlogisch *adj* illogique
unlösbar *adj* insoluble
Unlust *f* manque *m* d'enthousiasme
unlustig *adj* maussade
unmäßig *adj* démesuré(e), excessif(-ive)
Unmenge *f* grande quantité *f*
Unmensch *m* monstre *m* • **unmenschlich** *adj* inhumain(e)
unmerklich *adj* imperceptible
unmissverständlich *adj* (*Antwort*) catégorique ; (*Verhalten*) sans équivoque
unmittelbar *adj* (*Nähe, Folge*) immédiat(e) ; (*Kontakt*) direct(e)
unmöbliert *adj* non meublé(e)
unmöglich *adj* impossible • **Unmöglichkeit** *f* impossibilité *f*
unmoralisch *adj* immoral(e)
Unmut *m* mauvaise humeur *f*
unnachgiebig *adj* (*Material*) rigide ; (*fig*) intransigeant(e)
unnahbar *adj* d'un abord difficile
unnötig *adj* inutile • **unnötigerweise** *adv* inutilement
unnütz *adj* inutile
UNO *f abk* (= *United Nations Organisation*): **die ~** l'ONU *f*
unordentlich *adj* (*Mensch*) désordonné(e) ; (*Arbeit*) bâclé(e) ; (*Zimmer*) en désordre
Unordnung *f* désordre *m*
unparteiisch *adj* impartial(e)
Unparteiische(r) *m* personne *f* neutre ; (*Foot*) arbitre *m*
unpassend *adj* (*Äußerung*) déplacé(e) ; (*Zeit*) mal choisi(e)
unpässlich *adj*: **~ sein, sich ~ fühlen** ne pas se sentir très bien
unpersönlich *adj* impersonnel(le)
unpolitisch *adj* apolitique
unpraktisch *adj* peu pratique ; (*Mensch*) qui manque de sens pratique
unproduktiv *adj* improductif(-ive)
unproportioniert *adj* mal proportionné(e)
unpünktlich *adj* qui n'est pas ponctuel(le)
unrationell *adj* (*Betrieb, Arbeit*) peu efficace
unrecht *adj* (*Weg*) mauvais(e) ; **~ haben** avoir tort • **Unrecht** *nt* injustice *f* ; **zu ~** à tort ; **im ~ sein** avoir tort • **unrechtmäßig** *adj* (*Besitz*) illégitime
unregelmäßig *adj* irrégulier(-ière) ; (*Leben*) peu réglé(e) • **Unregelmäßigkeit** *f* irrégularité *f*
unreif *adj* pas mûr(e)
unrentabel *adj* qui n'est pas rentable
unrichtig *adj* incorrect(e)
Unruh *f* (*von Uhr*) roue *f* de rencontre
Unruhe *f* agitation *f* • **Unruhestifter(in)** (**-s, -**) *m(f)* agitateur(-trice)
unruhig *adj* agité(e) ; (*Gegend*) bruyant(e)
uns *pron Akk, Dat von wir* nous
unsachlich *adj* subjectif(-ive)
unsagbar *adj* indicible
unsäglich *adj, adv* = **unsagbar**
unsanft *adj* brusque

unsauber *adj* pas très propre, sale ; (*Angelegenheit, Geschäft*) louche
unschädlich *adj* inoffensif(-ive) ; **jdn/etw ~ machen** mettre qn/qch hors d'état de nuire
unscharf *adj* (*Konturen*) peu net(te) ; (*Bild etc*) flou(e)
unscheinbar *adj* modeste
unschlagbar *adj* imbattable
unschlüssig *adj* indécis(e)
Unschuld *f* innocence *f* ; (*Jungfräulichkeit*) virginité *f*
unschuldig *adj* innocent(e)
unser *poss pron* (*adjektivisch*) notre ; **~e Bücher/Häuser** nos livres/maisons
unsere(r, s), unsre(r, s) *pron* le(la) nôtre ; **~ sind rot** les nôtres sont rouges
unsererseits *adv* de notre côté
unseresgleichen *pron* les gens comme nous, nos semblables
unsicher *adj* (*nicht selbstsicher*) qui manque d'assurance ; (*ungewiss*) incertain(e) • **Unsicherheit** *f* (*von Verhalten*) manque *m* d'assurance
unsichtbar *adj* invisible • **Unsichtbarkeit** *f* invisibilité *f*
Unsinn *m* bêtises *fpl*
unsinnig *adj* (*Gerede*) absurde ; (*Preise*) exorbitant(e) ▶ *adv* (*fam* : *sehr*) terriblement
Unsitte *f* mauvaise habitude *f*
unsittlich *adj* indécent(e) • **Unsittlichkeit** *f* indécence *f*
unsportlich *adj* (*Mensch*) qui n'aime pas le sport
unsre(r, s) *pron* = **unsere**
unsterblich *adj* immortel(le) • **Unsterblichkeit** *f* immortalité *f*
Unstimmigkeit *f* discordance *f* ; (*Streit*) désaccord *m*
unsympathisch *adj* antipathique
untätig *adj* inactif(-ive)
untauglich *adj* (*Mil*) inapte ; **er ist für den Posten ~** il n'est pas fait pour ce poste • **Untauglichkeit** *f* inaptitude *f*
unteilbar *adj* indivisible
unten *adv* en bas ; **nach ~** vers le bas ; **ich bin bei ihm ~ durch** (*fam*) je n'ai plus la cote auprès de lui

SCHLÜSSELWORT

unter *präp* +*Dat* **1** (*räumlich, zeitlich*) en-dessous de, sous ; **unter dem Tisch sitzen** être assis(e) sous la table ; **das Bild hängt unter dem Kalender** le tableau est en-dessous du calendrier ; **Jugendliche unter 18 Jahren** les jeunes de moins de dix-huit ans ; **unter dem Durchschnitt** en-dessous de la moyenne
2 (*zwischen*) entre ; **sie waren unter sich** ils (elles) étaient entre eux (elles) ; **einer unter ihnen** l'un d'entre eux ; **unter anderem** entre autres, notamment ; **unter der Woche** pendant la semaine
3 : **unter etw leiden** souffrir de qch
▶ *präp* +*Akk* **1** (*räumlich*) en-dessous de, sous ; **etw unter den Teppich kehren** mettre qch sous le tapis
2 (*zwischen*) : **ich rechne ihn unter meine besten Freunde** je le compte parmi mes meilleurs amis ; **unter der Hand** par la bande ; (*verkaufen*) sous le manteau

Unterabteilung *f* subdivision *f*
Unterarm *m* avant-bras *m inv*
unterbelichten *vt insép* sous-exposer
Unterbewusstsein *nt* subconscient *m*
unterbezahlt *adj* sous-payé(e)
unterbieten *irr vt insép* (*Écon*) vendre moins cher que
unterbinden *irr vt insép* empêcher
Unterbodenschutz *m* (*Auto*) couche *f* antirouille (*sous le chassis*)
unterbrechen *irr vt insép* interrompre ; (*Kontakt*) couper
Unterbrechung *f* interruption *f*
unter|bringen *irr vt* (*verstauen*) arriver à mettre, caser ; (*in Hotel, Heim, bei jdm*) loger ; **~ bei** (*beruflich*) placer *od* caser chez
unterdessen *adv* entre-temps
Unterdruck *m* basse pression *f*
unterdrücken *vt insép* (*Gefühle*) réprimer ; (*Leute*) opprimer
Unterdrückung *f* oppression *f*
untere(r, s) *adj* inférieur(e)
untereinander *adv* (*unter uns/euch/sich*) entre nous/vous/eux *od* elles
unterentwickelt *adj* sous-développé(e)
unterernährt *adj* sous-alimenté(e)
Unterernährung *f* sous-alimentation *f*
Unterführung *f* passage *m* souterrain
Untergang *m* (*von Staat, Kultur*) déclin *m* ; (*von Schiff*) naufrage *m* ; (*von Gestirn*) coucher *m*
untergeben *adj* subordonné(e)
unter|gehen *irr vi* (*Schiff*) couler ; (*Sonne*) se coucher ; (*Staat, Kultur*) être en plein déclin ; (*Volk*) périr ; (*im Lärm*) se perdre
Untergeschoss *nt* sous-sol *m*
untergliedern *vt* subdiviser
Untergrund *m* sous-sol *m* ; (*Pol*) clandestinité *f* • **Untergrundbahn** *f* métro *m* • **Untergrundbewegung** *f* mouvement *m* clandestin

u

unterhalb *präp +Gen* au dessous de ▶ *adv*: **~ von** au-dessous de
Unterhalt *m* entretien *m*
unterhalten *irr vt insép* entretenir ; (*belustigen*) divertir ▶ *vr insép* (*sprechen*) s'entretenir ; **sich gut ~** se divertir
unterhaltend *adj* divertissant(e)
unterhaltsam *adj* divertissant(e)
unterhaltspflichtig *adj* tenu(e) de payer une pension alimentaire
Unterhaltszahlung *f* pension *f* alimentaire
Unterhaltung *f* entretien *m* ; (*Vergnügen*) distraction *f*
Unterhaltungsindustrie *f* industrie *f* des loisirs
Unterhändler(in) *m(f)* négociateur(-trice)
Unterhemd *nt* maillot *m* de corps
Unterhose *f* slip *m*
unterirdisch *adj* souterrain(e)
Unterkiefer *m* mâchoire *f* inférieure
unter|kommen *irr vi* trouver à se loger ; (*Arbeit finden*) trouver du travail ; **das ist mir noch nie untergekommen** je n'ai encore jamais vu ça
Unterkunft (**-, -künfte**) *f* logement *m*
Unterlage *f* (*Schreibunterlage*) sous-main *m* ; (*Beleg*) document *m*
unterlassen *irr vt insép* (*versäumen*) omettre (de faire) ; (*sich enthalten*) renoncer à
unterlegen *adj* inférieur(e) ; (*besiegt*) vaincu(e)
Unterleib *m* bas-ventre *m*
unterliegen *irr vi insép* (*besiegt werden*) être vaincu(e) ; (*unterworfen sein*) être soumis(e)
Untermenü *nt* (*Inform*) sous-menu *m*
Untermiete *f* sous-location *f* ; **(bei jdm) zur ~ wohnen** sous-louer (à qn)
Untermieter(in) *m(f)* sous-locataire *mf*
unternehmen *irr vt insép* entreprendre • **Unternehmen** (**-s, -**) *nt* entreprise *f*
Unternehmensberater *m* conseiller *m* en gestion d'entreprise
Unternehmer(in) (**-s, -**) *m(f)* chef *m* d'entreprise
unternehmungslustig *adj* entreprenant(e)
Unterredung *f* entretien *m*, entrevue *f*
Unterricht (**-(e)s, -e**) *m* cours *m* • **unterrichten** *vt insép* (*Unterricht geben*) enseigner ▶ *vi insép* enseigner ▶ *vr insép*: **sich ~ über** *+Akk* se renseigner sur
Unterrichtsfach *nt* matière *f*
Unterrock *m* jupon *m*
untersagen *vt insép* interdire
Untersatz *m* (*für Gläser*) dessous *m* de verre ; (*für Flaschen*) dessous *m* de bouteille
unterschätzen *vt insép* sous-estimer
unterscheiden *irr vt insép* distinguer ▶ *vr insép*: **sich von jdm/etw ~** différer *od* être différent(e) de qn/qch
Unterscheidung *f* distinction *f*
Unterschied (**-(e)s, -e**) *m* différence *f* ; **im ~ zu** à la différence de, contrairement à • **unterschiedlich** *adj* différent(e)
unterschiedslos *adv* sans distinction, indifféremment
unterschlagen *irr vt insép* (*Geld*) détourner ; (*verheimlichen*) taire
Unterschlagung *f* détournement *m* de fonds
Unterschlupf (**-(e)s, -schlüpfe**) *m* refuge *m*
unterschreiben *irr vt, vi insép* signer
Unterschrift *f* signature *f*
Unterseeboot *nt* sous-marin *m*
Untersetzer *m* = **Untersatz**
untersetzt *adj* (*Gestalt*) trapu(e)
unterste(r, s) *adj* inférieur(e) ; **die ~ Schublade** le tiroir du bas
unterstehen *irr vi insép* (*+Dat*) être subordonné(e) (à) ▶ *vr insép* oser
unterstellen¹ *vt insép*: **jdm etw ~** (*unterschieben*) accuser qn de qch à tort
unter|stellen² *vt* (*Auto*) mettre à l'abri ▶ *vr* se mettre à l'abri
unterstreichen *irr vt insép* souligner
Unterstufe *f* degré *m* inférieur
unterstützen *vt insép* soutenir ; (*aus öffentlichen Mitteln*) subventionner
Unterstützung *f* soutien *m* ; (*Zuschuss*) subvention *f*
untersuchen *vt insép* examiner ; (*Verbrechen*) enquêter sur
Untersuchung *f* examen *m* ; (*von Verbrechen*) enquête *f*
Untersuchungsausschuss *m* commission *f* d'enquête
Untersuchungshaft *f* détention *f* préventive
Untertan (**-s, -en**) *m* sujet *m*
untertänig *adj* soumis(e)
Untertasse *f* soucoupe *f* ; **fliegende ~** soucoupe volante
unter|tauchen *vi* plonger ; (*verschwinden*) disparaître
Unterteil *nt od m* partie *f* inférieure, bas *m*
unterteilen *vt insép* subdiviser
Untertitel *m* sous-titre *m*
untertreiben *irr vt insép* minimiser
unterwandern *vt insép* noyauter
Unterwäsche *f* sous-vêtements *mpl*

unterwegs *adv* en route *od* chemin
unterweisen *irr vt insép* instruire
Unterwelt *f* enfers *mpl* ; (*fig*) milieu *m*
unterwerfen *irr vt insép* (*Volk, Gebiet*) soumettre ▸ *vr insép* se soumettre
unterwürfig *adj* soumis(e)
unterzeichnen *vt insép* signer
unterziehen *irr vr insép*: **sich etw** *Dat* **~** se soumettre à qch ; (*einer Prüfung*) passer qch
untreu *adj* infidèle
Untreue *f* infidélité *f*
untröstlich *adj* inconsolable
Untugend *f* mauvaise habitude *f*
unüberlegt *adj* irréfléchi(e)
unübersehbar *adj* (*Fehler, Schaden*) évident(e) ; (*Menge*) immense
unübersichtlich *adj* (*Gelände*) peu dégagé(e) ; (*System, Plan*) confus(e)
unumgänglich *adj* inévitable
unumwunden *adv* sans détour
ununterbrochen *adj* ininterrompu(e) ▸ *adv* sans arrêt
unveränderlich *adj* immuable
unverändert *adj* inchangé(e)
unverantwortlich *adj* irresponsable
unverbesserlich *adj* incorrigible
unverbindlich *adv* (*Écon*) sans engagement, sans obligation d'achat
unverblümt *adj* (*Wahrheit*) tout(e) nu(e) ▸ *adv* sans détour
unverdaulich *adj* indigeste
unverdorben *adj* intègre
unvereinbar *adj* incompatible
unverfänglich *adj* anodin(e)
unverfroren *adj* effronté(e)
unvergesslich *adj* inoubliable
unverkennbar *adj* indubitable, évident(e)
unverkrampft *adj* décomplexé(e)
unvermeidlich *adj* inévitable
unvermutet *adj* inattendu(e)
unvernünftig *adj* (*Mensch, Entscheidung*) pas raisonnable, stupide
unverschämt *adj* (*Kerl*) effronté(e) ; (*Preise*) exorbitant(e)
Unverschämtheit *f* culot *m*
unversehrt *adj* intact(e)
unversöhnlich *adj* irréconciliable
unverständlich *adj* incompréhensible
unverträglich *adj* (*Essen*) indigeste ; (*Gegensätze*) incompatible, inconciliable
unverwüstlich *adj* (*Material*) inusable ; (*Humor*) imperturbable
unverzeihlich *adj* impardonnable
unverzüglich *adj* immédiat(e)
unvollkommen *adj* imparfait(e)
unvollständig *adj* incomplet(-ète)
unvorbereitet *adj* non préparé(e)
unvoreingenommen *adj* impartial(e)
unvorhergesehen *adj* imprévu(e)
unvorsichtig *adj* imprudent(e)
unvorstellbar *adj* inimaginable
unvorteilhaft *adj* peu avantageux(-euse)
unwahr *adj* faux(fausse) • **unwahrscheinlich** *adj* invraisemblable ▸ *adv*: **~ viel Geld** énormément d'argent • **Unwahrscheinlichkeit** *f* invraisemblance *f*
unweigerlich *adj* inéluctable ▸ *adv* immanquablement
Unwesen *nt* (*Unfug*) méfaits *mpl* ; **sein ~ treiben** faire des siennes
unwesentlich *adj* peu important(e)
Unwetter *nt* tempête *f*
unwichtig *adj* sans importance
unwiderlegbar *adj* irréfutable
unwiderruflich *adj* irrévocable
unwiderstehlich *adj* irrésistible
unwillig *adj* mécontent(e) ; (*widerwillig*) récalcitrant(e)
unwillkürlich *adj* (*Reaktion*) involontaire ▸ *adv* involontairement
unwirklich *adj* irréel(le)
unwirksam *adj* inefficace
unwirsch *adj* bourru(e)
unwirtlich *adj* (*Land*) inhospitalier(-ière), peu accueillant(e)
unwirtschaftlich *adj* (*Verfahren*) peu rentable *od* économique
unwissend *adj* ignorant(e)
Unwissenheit *f* ignorance *f*
unwissenschaftlich *adj* peu scientifique
unwohl *adj*: **mir ist ~, ich fühle mich ~** je ne me sens pas (très) bien • **Unwohlsein** (**-s**) *nt* malaise *m*
unwürdig *adj* +*Gen* indigne (de)
unzählig *adj* innombrable
unzerbrechlich *adj* incassable
unzerstörbar *adj* indestructible
unzertrennlich *adj* inséparable
Unzucht *f* attentat *m* aux mœurs *od* à la pudeur
unzüchtig *adj* indécent(e)
unzufrieden *adj* mécontent(e)
Unzufriedenheit *f* mécontentement *m*
unzulänglich *adj* insuffisant(e)
unzulässig *adj* inadmissible
unzurechnungsfähig *adj* irresponsable
unzusammenhängend *adj* incohérent(e)
unzutreffend *adj* inexact(e)
unzuverlässig *adj* peu sûr(e) *od* fiable
unzweideutig *adj* sans équivoque
Update *nt* (*Inform*) mise *f* à jour
uploaden *vt* télécharger, uploader

üppig *adj* (*Frau, Busen*) plantureux(-euse) ; (*Essen*) copieux(-euse) ; (*Vegetation*) luxuriant(e)
Ur- *in zW* (*erste*) premier(-ière) ; (*ursprünglich*) originel(le)
Ural (**-s**) *m*: **der ~** l'Oural *m*
uralt *adj* très vieux(vieille)
Uran (**-s**) *nt* uranium *m*
Uraufführung *f* première *f*
Ureinwohner *mpl* premiers habitants *mpl*
Urenkel(in) *m(f)* arrière-petit-fils (arrière-petite-fille)
Urgroßmutter *f* arrière-grand-mère *f*
Urgroßvater *m* arrière-grand-père *mf*
Urheber(in) (**-s, -**) *m(f)* instigateur(-trice) ; (*Autor*) auteur *m*
urig *adj* (*Mensch*) truculent(e)
Urin (**-s, -e**) *m* urine *f*
urkomisch *adj* très drôle
Urkunde *f* document *m*
Urkundenfälschung *f* faux *m*
urkundlich *adj* écrit(e) ▶ *adv* avec document à l'appui
URL *f abk* URL *f*, adresse *f* web
Urlaub (**-(e)s, -e**) *m* congé *m*, vacances *fpl* ; (*Mil etc*) permission *f* • **Urlauber(in)** (**-s, -**) *m(f)* vacancier(-ière)
Urmensch *m* homme *m* préhistorique
Urne *f* urne *f*
Ursache *f* cause *f*
Ursprung *m* origine *f* ; (*von Fluss*) source *f*
ursprünglich *adj* (*anfänglich*) initial(e)
Urteil (**-s, -e**) *nt* jugement *m* ; (*Jur*) sentence *f*, verdict *m* • **urteilen** *vi* juger
Urteilsspruch *m* sentence *f*
Uruguay (**-s**) *nt* l'Uruguay *m*
Uruguayer(in) *m(f)* Uruguayen(ne)
uruguayisch *adj* uruguayen(ne)
Urwald *m* forêt *f* vierge
Urzeit *f* préhistoire *f*
USA *pl abk* (= *Vereinigte Staaten von Amerika*): **die ~** les USA *mpl*
Usbekistan *nt* l'Ouzbékistan *m*
USB-Stick *m* (*Inform*) clé *f* USB
User(in) (**-s, -**) *m(f)* (*Inform*) utilisateur(-trice)
usw. *abk* (= *und so weiter*) etc.
Utensilien *pl* ustensiles *mpl*
Utopie *f* utopie *f*
utopisch *adj* utopique

V

V, v *nt* V, v *m inv*
vag *adj* = **vage**
vage *adj* vague
Vagina (**-, Vaginen**) *f* vagin *m*
Vakuum (**-s, Vakua** *od* **Vakuen**) *nt* vide *m* • **vakuumverpackt** *adj* emballé(e) sous vide
Vampir (**-s, -e**) *m* vampire *m*
Vandalismus *m* vandalisme *m*
Vanille *f* vanille *f* • **Vanillestange** *f* gousse *f* de vanille
Variable *f* variable *f*
Variation *f* variation *f*
variieren *vt, vi* varier
Vase *f* vase *m*
Vater (**-s, ¨**) *m* père *m* • **Vaterland** *nt* patrie *f*
väterlich *adj* paternel(le)
väterlicherseits *adv* du côté paternel
Vaterschaft *f* paternité *f*
Vaterunser (**-s, -**) *nt* Notre Père *m*
Vati (**-s, -s**) (*fam*) *m* papa *m*
Vatikan (**-s**) *m* Vatican *m*
v. Chr. *abk* (= *vor Christus*) av. J.-C.
Vegetarier(in) (**-s, -**) *m(f)* végétarien(ne)
vegetarisch *adj* végétarien(ne)
vegetieren *vi* végéter
Veilchen *nt* violette *f*
Velo (**-s, -s**) *nt* (*Schweiz*) vélo *m*
Vene *f* veine *f*
Venedig *nt* Venise
Venezolaner(in) (**-s, -**) *m(f)* Vénézuélien(ne)
venezolanisch *adj* vénézuélien(ne)
Venezuela (**-s**) *nt* le Venezuela
Ventil (**-s, -e**) *nt* valve *f*, soupape *f*
Ventilator *m* ventilateur *m*
verabreden *vt* convenir de, fixer ▶ *vr*: **sich mit jdm ~** prendre rendez-vous avec qn

Verabredung *f* accord *m* ; (*Treffen*) rendez-vous *m inv*
verabscheuen *vt* détester
verabschieden *vt* prendre congé de ; (*Gesetz*) adopter ▸ *vr*: **sich (von jdm) ~** prendre congé (de qn)
Verabschiedung *f* (*von Menschen*) adieux *mpl* ; (*Feier*) réception *f* d'adieu ; (*von Gesetz*) adoption *f*
verachten *vt* mépriser ; **das ist nicht zu ~** (*fam*) il ne faut pas cracher dessus
verächtlich *adj* méprisant(e) ; (*verachtenswert*) méprisable
Verachtung *f* mépris *m*
verallgemeinern *vt* généraliser
Verallgemeinerung *f* généralisation *f*
veralten *vi* tomber en désuétude ; (*Buch, These*) être dépassé(e)
veraltet *adj* vieilli(e), démodé(e)
Veranda (-, Veranden) *f* véranda *f*
veränderlich *adj* variable ; (*Mensch, Wesen*) changeant(e)
Veränderlichkeit *f* variabilité *f*
verändern *vt* transformer ▸ *vr* changer
Veränderung *f* changement *m*
verankern *vt* (*Schiff*: *fig*) ancrer
veranlagt *adj*: **künstlerisch ~ sein** avoir des talents artistiques
Veranlagung *f* (*körperlich*) prédisposition *f* ; (*angeborene Fähigkeit*) don *m*
veranlassen *vt*: **Maßnahmen ~** faire en sorte que des mesures soient prises ; **sich veranlasst sehen, etw zu tun** se voir dans l'obligation de faire qch
Veranlassung *f* (*Anlass*) raison *f* ; **auf jds ~ (hin)** à l'instigation de qn
veranschaulichen *vt* illustrer
veranschlagen *vt* (*Kosten*) estimer
veranstalten *vt* organiser ; (*Lärm*) faire
Veranstalter(in) (-s, -) *m(f)* organisateur(-trice)
Veranstaltung *f* (*Ereignis*) manifestation *f*
Veranstaltungskalender *m* calendrier *m* des manifestations
verantworten *vt* assumer la responsabilité de ▸ *vr*: **sich (vor jdm) für etw ~** répondre de qch (devant qn)
verantwortlich *adj* responsable
Verantwortung *f* responsabilité *f* ; **auf eigene ~** à ses risques et périls
verantwortungsbewusst *adj* responsable
verantwortungslos *adj* irresponsable
verarbeiten *vt* travailler ; (*bewältigen*) assimiler ; **Holz zu Papier ~** transformer du bois en papier
Verarbeitung *f* (*Art und Weise*) finition *f* ; (*Bewältigung*) assimilation *f*
verärgern *vt* irriter
verarzten *vt* soigner
verausgaben *vr* (*finanziell*) se ruiner ; (*fig*) se donner à fond
veräußern *vt* céder
Verb (-s, -en) *nt* verbe *m*
Verband *m* (*Méd*) bandage *m* ; (*Bund*) association *f*
verbannen *vt* bannir
Verbannung *f* bannissement *m*
verbarrikadieren *vt* barricader ▸ *vr* se barricader
verbergen *irr vt* cacher ▸ *vr* se cacher
verbessern *vt* (*besser machen*) améliorer ; (*berichtigen*) corriger ▸ *vr* s'améliorer
Verbesserung *f* amélioration *f*, correction *f*
verbeugen *vr*: **sich ~ vor** +*Dat* s'incliner devant
Verbeugung *f* révérence *f*
verbiegen *irr vt* tordre
verbieten *irr vt* interdire
verbilligt *adj* au rabais, à prix réduit
verbinden *irr vt* relier ; (*Menschen*) lier ; (*kombinieren*) combiner ; (*Méd*) panser ; (*Tél*) mettre en communication ▸ *vr* s'unir ; (*Chim*) se combiner
verbindlich *adj* (*bindend*) obligatoire ; (*freundlich*) aimable
Verbindlichkeit *f* (*bindender Charakter*) caractère *m* obligatoire ; (*Höflichkeit*) obligeance *f* ; **Verbindlichkeiten** *pl* obligations *fpl*
Verbindung *f* (*von Orten*) liaison *f* ; (*Beziehung*) contact *m* ; (*Zugverbindung, Verkehrsverbindung*) liaison *f* ; (*Tél*: *Anschluss*) communication *f* ; (*Chim*) composé *m* ; (*Studentenverbindung*) corporation *f*
verbissen *adj* (*Kampf, Gegner*) acharné(e) ; (*Gesichtsausdruck*) tendu(e)
verbitten *irr vt*: **sich** *Dat* **etw ~** ne pas tolérer qch
verbittern *vt* aigrir ▸ *vi* s'aigrir
verblassen *vi* s'estomper
Verbleib (-(e)s) *m*: **sein ~** l'endroit *m* où il se trouve
verbleiben *irr vi* rester ; **wir sind so verblieben, dass wir ...** nous sommes convenu(e)s que nous ...
verbleit *adj* au plomb
Verblendung (*fig*) *f* aveuglement *m*
verblöden *vi* s'abrutir
verblüffen *vt* épater
Verblüffung *f*: **zu meiner ~** à ma (grande) stupéfaction
verblühen *vi* se faner
verbluten *vi* mourir d'hémorragie

verbohrt *adj* obstiné(e)
verborgen *adj* caché(e)
Verbot (**-(e)s, -e**) *nt* interdiction *f*
verboten *adj* interdit(e), défendu(e) ; **Rauchen ~!** défense de fumer !
verbotenerweise *adv* en dépit de l'interdiction
Verbotsschild *nt* panneau *m* d'interdiction
Verbrauch (**-(e)s**) *m* consommation *f*
verbrauchen *vt* consommer ; (*Geld*) dépenser ; (*Kraft*) épuiser
Verbraucher(in) (**-s, -**) *m(f)* consommateur(-trice)
Verbraucherzentrale *f* institut *m* national de la consommation
verbraucht *adj* usé(e) ; (*Luft*) vicié(e)
verbrechen *irr vt* commettre, faire
Verbrechen (**-s, -**) *nt* crime *m*
Verbrecher(in) (**-s, -**) *m(f)* criminel(le) • **verbrecherisch** *adj* criminel(le)
verbreiten *vt* répandre ▶ *vr* se propager ; **sich über etw** *Akk* **~** s'étendre sur qch
verbreitern *vt* élargir
Verbreitung *f* propagation *f*
verbrennen *irr vt* brûler ; (*Leiche*) incinérer ▶ *vi* brûler
Verbrennung *f* (*Méd*) brûlure *f* ; (*von Leiche, Abfällen*) incinération *f* ; (*in Motor, von Papier*) combustion *f*
Verbrennungsmotor *m* moteur *m* à explosion
verbringen *irr vt* passer
verbrüdern *vr*: **sich mit jdm ~** fraterniser avec qn
Verbrüderung *f* fraternisation *f*
verbrühen *vr* s'ébouillanter
verbuchen *vt* enregistrer ; (*Erfolg*) mettre à son actif
Verbund *m* (*Écon*) trust *m*
verbunden *adj*: **jdm ~ sein** être l'obligé(e) de qn
verbünden *vr* s'allier
Verbundenheit *f* attachement *m*
Verbündete(r) *f(m)* allié(e) *m/f*
verbürgen *vr*: **sich für jdn/etw ~** répondre de qn/qch
verbüßen *vt* (*Strafe*) purger
verchromt *adj* chromé(e)
Verdacht (**-(e)s**) *m* soupçon *m*
verdächtig *adj* suspect(e) • **verdächtigen** *vt +Gen* soupçonner de
verdammen *vt* condamner
verdammt (*vulg*) *adj* sacré(e) ▶ *adv* sacrément ; **~ noch mal!** nom de Dieu !
verdampfen *vi* s'évaporer
verdanken *vt*: **jdm etw ~** devoir qch à qn
verdarb *etc vb siehe* **verderben**
verdauen *vt* digérer
verdaulich *adj*: **schwer ~** indigeste ; **leicht ~** très digeste
Verdauung *f* digestion *f*
Verdeck (**-(e)s, -e**) *nt* (*Auto*) capote *f* ; (*Naut*) pont *m* supérieur
verdecken *vt* cacher
verdenken *irr vt*: **jdm etw ~** tenir rigueur de qch à qn
verderben *irr vt* gâcher ; (*moralisch*) corrompre, pervertir ▶ *vi* (*Essen*) s'avarier ; **sich den Magen ~** se rendre malade ; **sich die Augen ~** s'abîmer les yeux *od* la vue ; **es sich** *Dat* **mit jdm ~** se brouiller avec qn
Verderben (**-s**) *nt* perte *f*
verderblich *adj* (*Einfluss*) nocif(-ive), mauvais(e) ; (*Lebensmittel*) périssable
verderbt *adj* corrompu(e)
Verderbtheit *f* dépravation *f*
verdeutlichen *vt* expliquer
verdichten *vt* (*Phys, Tech*) comprimer ▶ *vr* (*Nebel*) s'épaissir
verdienen *vt* (*Geld*) gagner ; (*moralisch*) mériter
Verdienst (**-(e)s, -e**) *m* (*Einkommen*) revenu *m* ▶ *nt* mérite *m*
verdient *adj* mérité(e) ; (*Person*) émérite ; **sich um etw ~ machen** servir *od* aider à qch
verdoppeln *vt* doubler
verdorben *pp von* **verderben** ▶ *adj* (*Essen*) avarié(e) ; (*moralisch*) dépravé(e)
verdorren *vi* se dessécher
verdrängen *vt* refouler
Verdrängung *f* refoulement *m*
verdrehen *vt* (*Augen*) rouler ; (*Sinn, Wahrheit*) fausser ; **jdm den Kopf ~** tourner la tête à qn
verdreifachen *vt* tripler
verdrießlich *adj* renfrogné(e), dépité(e)
verdrossen *adj* morose
verdrücken (*fam*) *vt* (*essen*) engloutir ▶ *vr* filer
Verdruss (**-es, -e**) *m* contrariété *f*
verduften *vi* s'évaporer ; (*fam*) se volatiliser
verdummen *vt* abrutir ▶ *vi* s'abrutir
verdunkeln *vt* (*Raum*) obscurcir ; (*Tat*) camoufler ▶ *vr* (*Himmel*) s'assombrir
verdünnen *vt* diluer
verdunsten *vi* s'évaporer
verdursten *vi* mourir de soif
verdutzt *adj* déconcerté(e)
verehren *vt* vénérer ; **jdm etw ~** (*fam*) faire cadeau de qch à qn
Verehrer(in) (**-s, -**) *m(f)* admirateur(-trice) ; (*Liebhaber auch*) soupirant *m*

verehrt *adj* honoré(e), vénéré(e) ; **sehr ~es Publikum!** Mesdames et Messieurs !
Verehrung *f* admiration *f* ; (*Rel*) vénération *f*
vereidigen *vt* assermenter ; **jdn auf etw** *Akk* **~** faire prêter serment à qn sur qch
Vereidigung *f* prestation *f* de serment
Verein (**-(e)s, -e**) *m* association *f*, société *f* • **vereinbar** *adj* compatible
vereinbaren *vt* convenir de
Vereinbarung *f* accord *m*
vereinen *vt* unir ; (*Prinzipien*) concilier ; **die Vereinten Nationen** les Nations *fpl* unies
vereinfachen *vt* simplifier
vereinheitlichen *vt* uniformiser
vereinigen *vt* réunir ▸ *vr* se réunir ; **sich ~ mit** s'unir à ; **die Vereinigten Staaten** les États-Unis *mpl* ; **die Vereinigten Arabischen Emirate** les Émirats *mpl* Arabes Unis
Vereinigung *f* union *f* ; (*Verein*) association *f*
vereinsamen *vi* devenir (de plus en plus) solitaire
vereinzelt *adj* isolé(e)
vereisen *vi* geler ▸ *vt* (*Méd*) insensibiliser
vereiteln *vt* (*Plan*) déjouer
vereitern *vi* s'infecter
vereitert *adj* infecté(e)
verenden *vi* périr
verengen *vr* rétrécir
vererben *vt* léguer ; (*Biol*) transmettre ▸ *vr* se transmettre
vererblich *adj* héréditaire
Vererbung *f* hérédité *f*, transmission *f* (héréditaire)
verewigen *vt* immortaliser
verfahren *irr vi* (*handeln*) procéder ▸ *vt* (*Geld*) dépenser (en transports) ; (*Benzin*) consommer ; (*Fahrkarte*) utiliser ▸ *vr* se tromper de route ▸ *adj* (*Situation*) sans issue
Verfahren (**-s, -**) *nt* procédé *m* ; (*Jur*) procédure *f*
Verfall (**-(e)s**) *m* déclin *m* ; (*von Gebäude*) délabrement *m* ; (*von Gutschein, Garantie, Wechsel*) échéance *f*
verfallen *irr vi* (*Gebäude*) tomber en ruine ; (*ungültig werden*) expirer ▸ *adj* (*Gebäude*) délabré(e) ; **~ in** +*Akk* (*Schweigen*) tomber dans ; **~ auf** +*Akk* (*Gedanken*) avoir ; (*neues Projekt*) avoir l'idée de ; **jdm völlig ~ sein** être l'esclave de qn ; **einem Laster ~ sein** s'adonner à un vice
Verfallsdatum *nt* date *f* d'expiration
verfänglich *adj* (*Frage, Situation*) délicat(e)
verfärben *vr* changer de couleur
verfassen *vt* rédiger
Verfasser(in) (**-s, -**) *m(f)* auteur *mf*
Verfassung *f* (*auch Pol*) constitution *f* ; (*Zustand*) état *m*
Verfassungsgericht *nt cour constitutionnelle*
verfassungsmäßig *adj* constitutionnel(le)
Verfassungsschutz *m* (*Aufgabe*) protection *f* de la constitution ; (*Amt*) *office chargé de s'assurer que la constitution est respectée*
verfassungswidrig *adj* anticonstitutionnel(le)
verfaulen *vi* pourrir
Verfechter(in) (**-s, -**) *m(f)* défenseur *mf*
verfehlen *vt* manquer, rater
verfeinern *vt* améliorer
verfilmen *vt* filmer
verfliegen *irr vi* (*Duft, Ärger*) se dissiper ; (*Zeit*) passer très vite
verflixt (*fam*) *adj* fichu(e) ▸ *adv* bigrement
verflossen *adj* (*Zeiten, Monat*) passé(e) ; (*fam: Liebhaber*) ancien(ne)
verfluchen *vt* maudire
verflüchtigen *vr* se volatiliser
verfolgen *vt* poursuivre ; (*Pol*) persécuter ; (*Spur, Plan, Entwicklung*) suivre
Verfolger(in) (**-s, -**) *m(f)* poursuivant(e)
Verfolgung *f* poursuite *f* ; (*Pol*) persécution *f*
Verfolgungswahn *m* délire *f* de persécution
verfremden *vt* appliquer l'effet de distanciation à
verfrüht *adj* prématuré(e)
verfügbar *adj* disponible
verfügen *vt* (*anordnen*) ordonner ▸ *vi*: **~ über** +*Akk* disposer de
Verfügung *f* (*Anordnung*) décret *m* ; **jdm zur ~ stehen** être à la disposition de qn
verführen *vt* (*sexuell*) séduire
Verführer(in) *m(f)* séducteur(-trice)
verführerisch *adj* (*Angebot, Duft, Anblick*) tentant(e) ; (*Aussehen*) séduisant(e)
Verführung *f* séduction *f* ; (*Versuchung*) tentation *f*
vergammeln (*fam*) *vi* se laisser aller ; (*Nahrung*) devenir immangeable
vergangen *adj* dernier(-ière), passé(e) • **Vergangenheit** *f* passé *m* • **Vergangenheitsbewältigung** *f fait d'assumer son passé*
vergänglich *adj* passager(-ère)
Vergänglichkeit *f* caractère *m* passager
vergasen *vt* gazéifier ; (*töten*) gazer

Vergaser (**-s, -**) *m* carburateur *m*
vergaß *etc vb siehe* **vergessen**
vergeben *irr vt* (*verzeihen*) pardonner ; **~ an** +*Akk* attribuer à ; **sich** *Dat* **etw/ nichts ~** perdre/ne pas perdre la face ; **~ sein** (*verlobt, verheiratet*) être déjà casé(e)
vergebens *adv* en vain
vergeblich *adj* vain(e), inutile
Vergebung *f* (*Verzeihen*) pardon *m* ; **um ~ bitten** demander pardon
vergegenwärtigen *vr*: **sich** *Dat* **etw ~** se représenter qch
vergehen *irr vi* (*Zeit*) passer ; (*Schmerzen*) disparaître ▸ *vr*: **sich gegen ein Gesetz ~** transgresser une loi ; **sich an jdm ~** violer qn ; **ihm vergeht die Lust/ der Appetit** il perd l'envie/l'appétit • **Vergehen** (**-s, -**) *nt* délit *m*
vergelten *irr vt*: **etw mit etw ~** rendre qch pour qch ; **jdm etw ~** faire payer qch à qn
Vergeltung *f* vengeance *f*
Vergeltungsschlag *m* représailles *fpl*
vergessen *irr vt* oublier ▸ *vr* s'emporter ; **das werde ich ihm nie ~** je m'en souviendrai, je le lui revaudrai • **Vergessenheit** *f*: **in ~ geraten** tomber dans l'oubli
vergesslich *adj*: **~ werden** perdre la mémoire • **Vergesslichkeit** *f* mauvaise mémoire *f*
vergeuden *vt* gaspiller
vergewaltigen *vt* violer ; (*Sprache*) faire violence à
Vergewaltigung *f* viol *m* ; (*fig*) violation *f*
vergewissern *vr* s'assurer
vergießen *irr vt* verser
vergiften *vt* empoisonner
Vergiftung *f* empoisonnement *m*
vergilben *vi* jaunir
Vergissmeinnicht (**-(e)s, -e**) *nt* myosotis *m*
verglasen *vt* vitrer
Vergleich (**-(e)s, -e**) *m* comparaison *f* ; (*Jur*) compromis *m* ; **im ~ mit** *od* **zu** en comparaison de, par comparaison à • **vergleichbar** *adj* comparable
vergleichen *irr vt* comparer ▸ *vr* se comparer ; (*Jur*) s'arranger, transiger
vergnügen *vr* s'amuser • **Vergnügen** (**-s, -**) *nt* plaisir *m* ; **etw macht jdm (großes) ~** qch fait (très) plaisir à qn ; **viel ~!** amusez-vous/amuse-toi bien ! ; **nur zum ~** uniquement pour son *etc* plaisir
vergnügt *adj* joyeux(-euse), gai(e)
Vergnügung *f* divertissement *m*, amusement *m*
Vergnügungspark *m* parc *m* d'attractions
vergnügungssüchtig *adj* avide de plaisir
vergolden *vt* dorer
vergöttern *vt* adorer
vergraben *irr vt* (*in der Erde*) enterrer ; (*verbergen*) enfouir ▸ *vr* (*in Arbeit etc*) se plonger
vergrämt *adj* contrarié(e)
vergreifen *irr vr*: **sich an jdm ~** se livrer à des voies de fait sur qn ; **sich an etw** *Dat* **~** s'approprier qch
vergriffen *adj* (*Buch*) épuisé(e)
vergrößern *vt* agrandir ; (*mengenmäßig*) augmenter ; (*mit Lupe*) grossir ▸ *vr* s'agrandir, augmenter
Vergrößerung *f* agrandissement *m* ; (*mit Lupe*) grossissement *m*
Vergrößerungsglas *nt* loupe *f*
Vergünstigung *f* (*Preisermäßigung*) rabais *m* ; (*Vorteil*) privilège *m*
vergüten *vt* (*Arbeit, Leistung*) payer ; **jdm etw ~** rembourser qch à qn
Vergütung *f* paiement *m* ; (*von Unkosten, Auslagen*) remboursement *m*
verh. *abk* = *verheiratet*
verhaften *vt* arrêter
Verhaftete(r) *f(m)* personne *f* arrêtée
Verhaftung *f* arrestation *f*
verhallen *vi* (*Geräusch*) s'éteindre ; (*Rufe*) se perdre
verhalten *irr vr* se comporter • **Verhalten** (**-s**) *nt* comportement *m*
Verhaltensforschung *f* étude *f* du comportement, éthologie *f*
verhaltensgestört *adj* perturbé(e)
Verhaltensmaßregel *f* règle *f* de conduite
Verhältnis *nt* (*Relation*) rapport *m*, relation *f* ; **Verhältnisse** *pl* (*Umstände*) conditions *fpl* ; (*Lage*) situation *f* ; **über seine ~se leben** vivre au-dessus de ses moyens • **verhältnismäßig** *adv* relativement • **Verhältniswahl** *f* scrutin *m* proportionnel
verhandeln *vi* négocier ▸ *vt* (*Jur*) juger ; **(mit jdm) über etw** *Akk* **~** négocier qch (avec qn)
Verhandlung *f* négociation *f* ; (*Jur*) procès *m*
verhängen *vt* (*Strafe*) prononcer ; (*Ausnahmezustand*) proclamer
Verhängnis *nt* fatalité *f* ; **jdm zum ~ werden, jds ~ sein** être fatal(e) à qn • **verhängnisvoll** *adj* fatal(e)
verharmlosen *vt* minimiser
verharren *vi* demeurer ; (*hartnäckig*) persister

verhärten *vr* (*Material, Gewebe*) durcir
verhasst *adj* détesté(e), haï(e)
verheerend *adj* dévastateur(-trice)
verhehlen *vt* cacher
verheilen *vi* guérir
verheimlichen *vt* cacher
verheiratet *adj* marié(e)
verheißen *irr vt* promettre
verhelfen *irr vi*: **jdm zu etw ~** aider qn à obtenir qch ; **jdm zur Flucht ~** aider qn à s'enfuir
verherrlichen *vt* glorifier
verhexen *vt* ensorceler
verhindern *vt* empêcher
verhöhnen *vt* se moquer de
Verhör (**-(e)s, -e**) *nt* interrogatoire *m*
verhören *vt* interroger ▶ *vr* entendre de travers
verhungern *vi* mourir de faim
verhüten *vt* empêcher, prévenir
Verhütung *f* prévention *f*
Verhütungsmittel *nt* contraceptif *m*
verirren *vr* se perdre
verjagen *vt* chasser
verjüngen *vt* rajeunir
verkabeln *vt* câbler
Verkabelung *f* câblage *m*
verkalken *vi* (*Méd*) se scléroser ; (*fam: senil werden*) être sclérosé(e) ; (*Wasserkessel*) être entartré(e)
verkalkulieren *vr* se tromper dans ses calculs
verkannt *adj* méconnu(e)
Verkauf *m* vente *f*
verkaufen *vt* vendre ; **jdn für dumm ~** prendre qn pour un idiot
Verkäufer(in) (**-s, -**) *m(f)* vendeur(-euse)
verkäuflich *adj* (*zu verkaufen*) à vendre ; (*absetzbar*) vendable
Verkaufsschlager *m* article *m* très demandé, succès *m* commercial
Verkehr (**-s, -e**) *m* (*Straßenverkehr, Umlauf*) circulation *f* ; (*Kontakt, Umgang*) relations *fpl* ; (*Geschlechtsverkehr*) rapports *mpl* (sexuels) ; **etw aus dem ~ ziehen** retirer qch de la circulation
verkehren *vi* circuler ▶ *vt* fausser ; **bei jdm ~** fréquenter qn ; **in einem Café ~** fréquenter un café ; **mit jdm ~** être en contact *od* en relation avec qn ; **sich ins Gegenteil ~** changer du tout au tout
Verkehrsampel *f* feux *mpl* (de circulation)
Verkehrsamt *nt* office *m* du tourisme
Verkehrsaufkommen *nt* densité *f* de la circulation
verkehrsberuhigt *adj* (*Zone*) à circulation réduite
Verkehrsberuhigung *f* réduction *f* de la circulation
Verkehrsdelikt *nt* infraction *f* au code de la route
Verkehrsinsel *f* îlot *m* de circulation
Verkehrsmittel *nt* moyen *m* de transport ; **öffentliche ~** transports *mpl* publics *od* en commun
Verkehrsschild *nt* panneau *m* de signalisation
Verkehrsstau *m* bouchon *m*
Verkehrsstockung *f* gros bouchon *m*
Verkehrssünder *m* contrevenant *m* au code de la route
Verkehrsteilnehmer *m* usager *m* de la route
Verkehrsunfall *m* accident *m* de la circulation
Verkehrsverbund *m* transports *mpl* publics
verkehrswidrig *adj* (*Verhalten*) contrevenant au code de la route
Verkehrszeichen *nt* panneau *m* de signalisation
verkehrt *adj* (*falsch*) faux(fausse) ; (*umgekehrt*) à l'envers
verkennen *irr vt* méconnaître
verklagen *vt* porter plainte contre
verklappen *vt* déverser en mer
verklären *vt* transfigurer
verkleiden *vr* se déguiser ▶ *vt* (*Wand*) revêtir
Verkleidung *f* déguisement *m* ; (*Archit*) revêtement *m*
verkleinern *vt* réduire
verklemmt *adj* complexé(e)
verklingen *irr vi* s'évanouir
verkneifen *irr vr*: **sich** *Dat* **etw ~** (*sich versagen*) se priver de qch
verkniffen *adj* tendu(e)
verknoten *vt* nouer
verknüpfen *vt* (*Faden*) attacher ; (*Gedanken etc*) associer
Verknüpfung (*fig*) *f* association *f*
verkohlen *vt* (*fam*): **jdn ~** se payer la tête de qn ▶ *vi* être carbonisé(e)
verkommen *irr vi* (*Garten, Haus etc*) être à l'abandon ; (*Mensch*) se laisser aller ▶ *adj* (*Haus*) délabré(e) ; (*Mensch*) dévoyé(e) • **Verkommenheit** *f* (*moralisch*) dépravation *f*
verkörpern *vt* incarner
verkrachen (*fam*) *vr* se brouiller
verkraften *vt* supporter
verkriechen *irr vr* se terrer
verkrümmt *adj* (*Rücken*) voûté(e)
Verkrümmung *f* (*Méd*) déviation *f*
verkrüppelt *adj* estropié(e)

verkrustet *adj* (*Wunde*) recouvert(e) d'une croûte
verkühlen *vr* prendre froid
verkümmern *vi* (*Pflanze*) s'étioler ; (*Mensch, Tier*) dépérir ; (*Gliedmaßen*) s'atrophier ; (*Talent*) se perdre
verkünden *vt* annoncer ; (*Urteil*) prononcer
verkürzen *vt* raccourcir ; **verkürzte Arbeitszeit** journée *f* de travail réduite
Verkürzung *f* réduction *f*
verladen *irr vt* embarquer
Verlag (**-(e)s, -e**) *m* maison *f* d'édition
verlangen *vt* exiger, demander • **Verlangen** (**-s, -**) *nt*: **~ nach** désir *m* de ; **auf jds ~ (hin)** à la demande de qn
verlängern *vt* (*länger machen*) rallonger ; (*zeitlich*) prolonger
Verlängerung *f* prolongation *f*
Verlängerungsschnur *f* rallonge *f*
verlangsamen *vt* ralentir
Verlass *m*: **auf jdn/etw ist kein ~** on ne peut pas se fier à qn/qch
verlassen *irr vt* abandonner ▶ *vr*: **sich ~ auf** *+Akk* compter sur ▶ *adj* abandonné(e)
verlässlich *adj* sûr(e)
Verlauf *m* (*Ablauf*) déroulement *m* ; (*von Kurve*) tracé *m* ; **im ~ von** au cours de
verlaufen *irr vi* (*Feier, Abend, Urlaub*) se dérouler ; (*Tinte, Farbe*) s'étaler ▶ *vr* (*sich verirren*) s'égarer ; (*sich auflösen*) se disperser ; **die Grenze verläuft entlang des Flusses** la frontière longe la rivière
verlauten *vi*: **etw ~ lassen** révéler qch ; **wie verlautet** comme on l'a annoncé
verleben *vt* passer
verlebt *adj* (*Gesicht*) de fêtard
verlegen *vt* déplacer ; (*Wohnsitz*) transférer ; (*verlieren*) égarer ; (*Termin*) remettre ; (*Leitungen, Kabel, Fliesen etc*) poser ; (*Buch*) éditer ▶ *vr*: **sich auf etw** *Akk* **~** recourir à qch ▶ *adj* embarrassé(e), gêné(e) ; **nicht ~ sein um** ne pas être à court de • **Verlegenheit** *f* embarras *m* ; **jdn in ~ bringen** mettre qn dans l'embarras
Verleger (**-s, -**) *m* éditeur *m*
Verleih (**-(e)s, -e**) *m* location *f*
verleihen *irr vt*: **an jdn ~** (*leihweise, Geld*) prêter à qn ; (*verschaffen*) conférer à qn ; (*Medaille, Preis*) décerner à qn
Verleihung *f* (*von Dingen*) prêt *m* ; (: *gegen Gebühr*) location *f* ; (*von Medaille, Preis*) remise *f*
verleiten *vt*: **~ zu** entraîner à
verlernen *vt* oublier
verlesen *irr vt* lire à haute voix ; (*Beeren, Obst etc*) trier ▶ *vr* mal lire
verletzen *vt* blesser ; (*Gesetz etc*) violer ▶ *vr* se blesser
verletzend *adj* blessant(e)
verletzlich *adj* vulnérable
Verletzte(r) *f(m)* blessé(e) *m/f*
Verletzung *f* blessure *f* ; (*Verstoß*) violation *f*
verleugnen *vt* renier
verleumden *vt* calomnier
verleumderisch *adj* calomniateur(-trice)
Verleumdung *f* calomnie *f*, diffamation *f*
verlieben *vr*: **sich in jdn/etw ~** tomber amoureux(-euse) de qn/qch
verliebt *adj* amoureux(-euse) • **Verliebtheit** *f* état *m* amoureux
verlieren *irr vt, vi* perdre ▶ *vr* (*Angst, Geruch*) se dissiper ; (*verschwinden*) se perdre ; **an Wert/an Höhe ~** perdre de sa valeur/de l'altitude ; **du hast hier nichts verloren!** tu n'as rien à faire ici !
Verlierer *m* perdant *m*
verloben *vr*: **sich ~ mit** se fiancer à *od* avec
Verlobte(r) *f(m)* fiancé(e) *m/f*
Verlobung *f* fiançailles *fpl*
Verlockung *f* tentation *f*
verlogen *adj* menteur(-euse) ; (*Kompliment, Versprechungen*) mensonger(-ère) • **Verlogenheit** *f* hypocrisie *f*
verlor *etc vb siehe* **verlieren**
verloren *pp von* **verlieren** ▶ *adj* perdu(e) ; **jdn/etw ~ geben** considérer qn/qch comme perdu(e) ; **~ gehen** se perdre
verlöschen *irr vi* s'éteindre
verlosen *vt* tirer au sort
Verlosung *f* tirage *m* au sort
verlottern (*fam*) *vi* (*Mensch*) mal tourner ; (*Haus*) se délabrer ; (*Garten*) être à l'abandon
Verlust (**-(e)s, -e**) *m* perte *f* ; (*finanziell auch*) déficit *m*
vermachen *vt* léguer
Vermächtnis *nt* legs *m*
Vermählung *f* mariage *m*
vermasseln (*fam*) *vt* gâcher
vermehren *vt* augmenter, faire fructifier ▶ *vr* augmenter ; (*sich fortpflanzen*) se reproduire
Vermehrung *f* augmentation *f* ; (*Fortpflanzung*) reproduction *f*
vermeiden *irr vt* éviter
vermeintlich *adj* présumé(e)
Vermerk (**-(e)s, -e**) *m* remarque *f* ; (*in Ausweis*) mention *f*
vermerken *vt* noter
vermessen *irr vt* (*Land*) mesurer, arpenter ▶ *adj* présomptueux(-euse) • **Vermessenheit** *f* présomption *f*

Vermessung *f* (*von Land*) arpentage *m*
vermieten *vt* louer
Vermieter(in) *m(f)* propriétaire *mf*
Vermietung *f* location *f*
vermindern *vt* réduire ▶ *vr* diminuer
Verminderung *f* réduction *f*
vermischen *vt* mélanger ▶ *vr* se mélanger
vermissen *vt* (*Mensch*) s'ennuyer de ; (*Gegenstand*) avoir perdu ; **als vermisst gemeldet** *od* **vermisst sein** être porté(e) disparu(e)
vermitteln *vi* (*in Streit*) servir de médiateur ▶ *vt* (*Arbeitskräfte*) procurer ; (*Wissen*) transmettre
Vermittler(in) **(-s, -)** *m(f)* intermédiaire *m* ; (*Schlichter*) médiateur(-trice)
Vermittlung *f* (*Stellenvermittlung*) bureau *m* de placement ; (*Tél*) central *m* téléphonique ; (*Schlichtung*) médiation *f*
vermodern *vi* pourrir, se décomposer
Vermögen **(-s, -)** *nt* fortune *f* ; (*Fähigkeit*) faculté *f* ; **ein ~ kosten** coûter une fortune
vermögend *adj* fortuné(e)
vermummen *vr* s'envelopper
vermuten *vt* supposer, présumer ; **ich vermute ihn dort** je suppose qu'il y est
vermutlich *adj* probable ▶ *adv* probablement
Vermutung *f* supposition *f*
vernachlässigen *vt* négliger
Vernachlässigung *f* fait *m* de négliger
vernarben *vi* se cicatriser
vernehmen *irr vt* entendre ; (*polizeilich*) interroger
vernehmlich *adj* intelligible
Vernehmung *f* (*richterlich*) audition *f* ; (*polizeilich*) interrogatoire *m*
vernehmungsfähig *adj* en état de témoigner
verneigen *vr*: **sich vor jdm/etw ~** s'incliner devant qn/qch
verneinen *vt* (*Frage*) répondre par la négative à ; (*ablehnen*) refuser ; (*Ling*) mettre à la forme négative
Verneinung *f* réponse *f* négative ; (*Ablehnung*) refus *m* ; (*Ling*) négation *f*
vernetzt *adj* connecté(e)
Vernetzung *f* connexion *f*
vernichten *vt* (*Akten, Ernte*) détruire ; (*Feind*) anéantir
vernichtend *adj* écrasant(e) ; (*Kritik*) cinglant(e)
Vernichtung *f* destruction *f*
verniedlichen *vt* minimiser
Vernissage *f* vernissage *m*
Vernunft **(-)** *f* raison *f* ; **zur ~ kommen** entendre raison
vernünftig *adj* raisonnable ; (*fam: Essen, Arbeit etc*) convenable
veröden *vi* se dépeupler ▶ *vt* (*Krampfadern*) procéder à l'ablation de
veröffentlichen *vt* publier
Veröffentlichung *f* publication *f*
verordnen *vt* (*Medikament*) prescrire
Verordnung *f* décret *m* ; (*Méd*) ordonnance *f*
verpachten *vt* donner à bail
verpacken *vt* emballer
Verpackung *f* emballage *m*
Verpackungsmaterial *nt* matériau *m* d'emballage
verpassen *vt* manquer, rater ; **jdm eine (Ohrfeige) ~** (*fam*) flanquer une gifle à qn
verpesten *vt* empester
verpflanzen *vt* transplanter
Verpflanzung *f* transplantation *f*
verpflegen *vt* nourrir
Verpflegung *f* nourriture *f* ; (*im Hotel*) pension *f*
verpflichten *vt* obliger ; (*anstellen, vertraglich binden*) engager ▶ *vr* s'engager ▶ *vi* engager ; **jdm zu Dank verpflichtet sein** être l'obligé(e) de qn
Verpflichtung *f* (*sozial, finanziell etc*) obligation *f* ; (*Engagieren*) engagement *m*
verpfuschen (*fam*) *vt* bâcler
verplempern (*fam*) *vt* gaspiller
verpönt *adj* mal vu(e)
verprassen *vt* dilapider
verprügeln *vt* rosser, battre
Verputz *m* crépi *m*
verputzen *vt* (*Haus*) crépir ; (*fam: Essen*) engloutir
verquollen *adj* gonflé(e), bouffi(e)
Verrat **(-(e)s)** *m* trahison *f*
verraten *irr vt* trahir ▶ *vr* se trahir
Verräter(in) **(-s, -)** *m(f)* traître(-esse)
• **verräterisch** *adj* traître
verrechnen *vt* (*Scheck*) porter en compte ▶ *vr* se tromper dans ses calculs ; (*fig*) se tromper ; **etw mit etw ~** compenser qch avec qch
Verrechnungsscheck *m* chèque *m* barré
verregnet *adj* pluvieux(-euse)
verreisen *vi* partir en voyage
verreißen *irr vt* démolir
verrenken *vt* démettre ; (*Méd*) luxer ▶ *vr*: **sich den Knöchel ~** se fouler la cheville
Verrenkung *f* (*Bewegung*) contorsion *f* ; (*Méd*) luxation *f*
verrichten *vt* accomplir
verriegeln *vt* verrouiller
verringern *vt* diminuer, réduire ▶ *vr* diminuer
Verringerung *f* diminution *f*, réduction *f*

verrosten *vi* rouiller
verrotten *vi* pourrir, se décomposer
verrücken *vt* déplacer
verrückt *adj* fou(folle) ; **auf jdn/etw ~ sein** (*fam*) être fou(folle) de qn/qch • **Verrückte(r)** *f(m)* fou(folle) *m/f* • **Verrücktheit** *f* folie *f*
Verruf *m*: **jdn in ~ bringen** discréditer qn ; **in ~ geraten** tomber en discrédit
verrufen *adj* mal famé(e)
Vers (**-es, -e**) *m* vers *m* ; (*in Bibel*) verset *m*
versagen *vi* (*Mensch, Stimme*) défaillir ; (*Regierung*) échouer ; (*Maschine, Motor*) tomber en panne • **Versagen** (**-s**) *nt* défaillance *f* ; **menschliches ~** défaillance humaine
Versager(in) (**-s, -**) *m(f)* raté(e)
versalzen *vt* trop saler ; (*fam: fig*) bousiller
versammeln *vt* réunir, rassembler ▶ *vr* se réunir
Versammlung *f* réunion *f*, assemblée *f*
Versand (**-(e)s**) *m* expédition *f* ; (*Abteilung*) service *m* expédition
Versandhaus *nt* maison *f* de vente par correspondance
versauern *vi* (*Mensch*) s'encroûter
versäumen *vt* (*verpassen*) manquer, rater ; (*unterlassen*) négliger
Versäumnis *f* omission *f*
verschaffen *vt*: **jdm etw ~** procurer qch à qn
verschämt *adj* gêné(e)
verschandeln *vt* gâcher
verschanzen *vr*: **sich hinter etw** *Dat* **~** se retrancher derrière qch
verschärfen *vt* (*Strafe, Gesetze*) rendre plus sévère ; (*Zensur, Kontrollen*) intensifier ▶ *vr* s'aggraver
Verschärfung *f* intensification *f*
verschätzen *vr* se tromper
verschenken *vt* (*Gegenstand*) offrir
verscherzen *vr*: **sich** *Dat* **etw ~** perdre qch
verscheuchen *vt* chasser
verschicken *vt* envoyer
verschieben *irr vt* (*Möbel etc*) déplacer ; (*zeitlich*) remettre ; (*Waren, Devisen*) faire le trafic de ▶ *vr* (*verrutschen*) glisser
verschieden *adj* différent(e) ; **~ lang/groß sein** ne pas avoir la même longueur/taille ; **V~es** plusieurs choses ; **„V~es"** (*in Zeitung*) « faits divers » • **verschiedenartig** *adj* de nature différente ; **zwei so ~e …** deux … tellement différents
Verschiedenheit *f* différence *f*
verschiedentlich *adv* à plusieurs reprises
verschimmeln *vi* moisir
verschlafen *irr vi, vr* se réveiller trop tard ▶ *vt* (*Tag*) passer à dormir ; (*versäumen*) oublier ▶ *adj* endormi(e)
Verschlag *m* réduit *m*, cagibi *m*
verschlampen (*fam*) *vt* (*verlieren*) paumer ▶ *vi* (*Mensch*) se laisser aller
verschlechtern *vt* détériorer ; (*Stellung*) aggraver ▶ *vr* empirer
Verschlechterung *f* aggravation *f*, dégradation *f*
Verschleiß (**-es, -e**) *m* usure *f*
verschleißen *irr vt* user ▶ *vi* s'user
verschleppen *vt* (*Menschen*) déporter ; (*hinauszögern*) faire traîner en longueur
verschleudern *vt* (*Vermögen*) gaspiller ; (*Waren*) brader
verschließbar *adj* qui ferme à clé
verschließen *irr vt* (*Haus, Tür etc*) fermer à clé ▶ *vr* se fermer ; **sich allem Neuen ~** refuser tout changement
verschlimmern *vt* aggraver ▶ *vr* s'aggraver, empirer
Verschlimmerung *f* aggravation *f*
verschlingen *irr vt* engloutir ; (*Fäden*) nouer
verschliss *etc vb siehe* **verschleißen**
verschlissen *pp von* **verschleißen**
verschlossen *adj* fermé(e) à clé ; (*fig*) renfermé(e) • **Verschlossenheit** *f* (*von Mensch*) caractère *m* renfermé
verschlucken *vt* avaler ▶ *vr* avaler de travers
Verschluss *m* fermeture *f* ; (*Stöpsel*) bouchon *m* ; **unter ~ halten** garder sous clé
verschlüsseln *vt* (*Nachricht*) coder
verschmähen *vt* dédaigner
verschmelzen *irr vt* fondre ▶ *vi* se mêler
verschmerzen *vt* se consoler de
verschmitzt *adj* malicieux(-euse)
verschmutzen *vt* salir ; (*Umwelt*) polluer
verschneit *adj* enneigé(e)
verschnupft *adj*: **~ sein** être enrhumé(e) ; (*fam: beleidigt*) être vexé(e)
verschollen *adj* disparu(e)
verschonen *vt* épargner ; **jdn mit etw ~** épargner qch à qn ; **von etw verschont bleiben** être épargné(e) par qch
verschönern *vt* embellir
verschreiben *irr vt* (*Méd*) prescrire ▶ *vr* faire une faute ; **sich einer Sache ~** se consacrer à qch
verschreibungspflichtig *adj* délivré(e) uniquement sur ordonnance
verschroben *adj* bizarre
verschrotten *vt* mettre à la ferraille
verschüchtert *adj* intimidé(e)

verschulden *vt* causer • **Verschulden** (**-s**) *nt* faute *f* ; **ohne mein/sein ~** sans que j'y sois/qu'il y soit pour rien
verschuldet *adj* endetté(e)
Verschuldung *f* endettement *m*
verschütten *vt* (*versehentlich*) renverser ; (*zuschütten*) combler ; (*unter Trümmern*) ensevelir
verschwand *etc vb siehe* **verschwinden**
verschweigen *irr vt* taire ; **jdm etw ~** cacher qch à qn
verschwenden *vt* gaspiller
Verschwender(in) (**-s, -**) *m(f)* gaspilleur(-euse)
verschwenderisch *adj* (*Mensch*) dépensier(-ière) ; (*Aufwand*) excessif(-ive)
Verschwendung *f* gaspillage *m*
verschwiegen *adj* (*Mensch*) discret(-ète) ; (*Ort*) retiré(e) • **Verschwiegenheit** *f* discrétion *f*
verschwimmen *irr vi* se brouiller
verschwinden *irr vi* disparaître • **Verschwinden** (**-s**) *nt* disparition *f*
verschwitzen *vt* (*Kleidung*) tremper de sueur ; (*fam: vergessen*) oublier
verschwommen *adj* (*Farbe*) fondu(e) ; (*Bild*) flou(e)
verschwören *irr vr* conspirer
Verschwörer(in) (**-s, -**) *m(f)* conspirateur(-trice)
Verschwörung *f* conspiration *f*
verschwunden *pp von* **verschwinden**
versehen *irr vt* (*Dienst, Pflicht*) accomplir ; (*Haushalt*) tenir ; **jdn/etw mit etw ~** (*ausstatten*) munir qn/qch de qch ; **ehe er (es) sich ~ hatte …** il n'a pas eu le temps de dire ouf que … • **Versehen** (**-s, -**) *nt* méprise *f* ; **aus ~** par mégarde
versehentlich *adv* par mégarde
Versehrte(r) *f(m)* invalide *mf*
versenden *irr vt* expédier
versengen *vt* brûler, roussir
versenken *vt* enfoncer ; (*Schiff*) couler ▸ *vr*: **sich ~ in** *+Akk* se plonger dans
versessen *adj*: **auf jdn/etw ~** fou(folle) de qn/qch
versetzen *vt* (*an andere Stelle*) déplacer ; (*dienstlich*) muter ; (*verpfänden*) mettre en gage ; (*in Schule*) faire passer dans la classe supérieure ; (*fam: vergeblich warten lassen*) poser un lapin à ▸ *vr*: **sich in jdn** *od* **in jds Lage ~** se mettre à la place de qn ; **jdm einen Tritt/Schlag ~** donner un coup de pied/coup à qn ; **jdn in gute Laune ~** mettre qn de bonne humeur
Versetzung *f* (*dienstlich*) mutation *f* ; (*in Schule*) passage *m* dans la classe supérieure
verseuchen *vt* polluer ; (*durch radioaktive Stoffe*) contaminer
versichern *vt* assurer ▸ *vr* *+Gen* s'assurer de ; **etw ~ gegen** assurer qch contre
Versicherung *f* assurance *f*
Versicherungsnehmer(in) (**-s, -**) *m(f)* (*förmlich*) assuré(e)
Versicherungspolice *f* police *f* d'assurance
Versicherungsprämie *f* prime *f* d'assurance
versiegeln *vt* (*Brief*) cacheter ; (*Parkett*) vitrifier
versiegen *vi* tarir
versinken *irr vi* s'enfoncer ; (*Schiff*) couler ; **in etw** *Akk* **versunken sein** être plongé(e) dans qch
Version *f* version *f*
versöhnen *vt* réconcilier ▸ *vr*: **sich mit jdm ~** se réconcilier avec qn
Versöhnung *f* réconciliation *f*
versorgen *vt* fournir ; (*unterhalten*) entretenir ; (*sich kümmern um*) s'occuper de ▸ *vr*: **sich ~ mit** se pourvoir de, s'approvisionner en
Versorgung *f* approvisionnement *m* ; (*Unterhalt*) entretien *m*
verspäten *vr* être en retard
verspätet *adj* (*Zug, Abflug, Ankunft*) en retard ; (*Glückwünsche*) tardif(-ive)
Verspätung *f* retard *m*
versperren *vt* (*Weg*) barrer ; (*Sicht*) boucher ; (*Tür*) barricader
verspielen *vt* (*Geld*) perdre au jeu ; **bei jdm verspielt haben** ne plus être bien vu de qn
verspielt *adj* joueur(-euse)
verspotten *vt* se moquer de
versprechen *irr vt* promettre ▸ *vr* faire un lapsus ; **sich** *Dat* **etw von etw ~** attendre qch de qch • **Versprechen** (**-s, -**) *nt* promesse *f*
verspüren *vt* éprouver
verstaatlichen *vt* nationaliser
Verstand *m* raison *f* ; **über jds ~ gehen** dépasser qn
verstandesmäßig *adj* rationnel(le)
verständig *adj* raisonnable
verständigen *vt* avertir, prévenir ▸ *vr* communiquer ; (*sich einigen*) se mettre d'accord, s'entendre
Verständigung *f* (*Kommunikation*) communication *f* ; (*Benachrichtigung*) notification *f* ; (*Einigung*) accord *m*
verständlich *adj* compréhensible ; **sich ~ machen** se faire comprendre
Verständlichkeit *f* intelligibilité *f*

Verständnis *nt* compréhension *f*; **für etw kein ~ haben** ne pas comprendre qch • **verständnislos** *adj* qui ne comprend pas ; (*Blick, Gesichtsausdruck*) déconcerté(e) • **verständnisvoll** *adj* compréhensif(-ive)
verstärken *vt* renforcer ; (*Strom, Spannung, Ton*) amplifier ; (*erhöhen*) augmenter ▸ *vr* augmenter
Verstärker (**-s, -**) *m* (*Tech*) amplificateur *m*
Verstärkung *f* renforcement *m* ; (*von Strom, Spannung, Ton*) amplification *f* ; (*Hilfe*) renforts *mpl*
verstauchen *vt*: **sich** *Dat* **etw ~** se fouler *od* se tordre qch
verstauen *vt* caser
Versteck (**-(e)s, -e**) *nt* cachette *f* ; **~ spielen** jouer à cache-cache
verstecken *vt* cacher ▸ *vr* se cacher
versteckt *adj* caché(e) ; (*Lächeln, Blick*) furtif(-ive) ; (*Vorwürfe, Andeutung*) voilé(e)
verstehen *irr vt* comprendre ▸ *vr* se comprendre ; (*gut auskommen*) bien s'entendre ; **etw von Kunst ~** s'y connaître dans le domaine de l'art ; **jdm etw zu ~ geben** laisser entendre qch à qn
versteifen *vr* (*fig*): **sich auf etw** *Akk* **~** ne pas démordre de qch
versteigern *vt* vendre aux enchères
Versteigerung *f* vente *f* aux enchères
verstellbar *adj* réglable
verstellen *vt* (*verändern*) ajuster ; (*falsch einstellen*) dérégler ; (*richtig einstellen*) régler ; (*versperren*) bloquer ; (*Stimme*) déguiser ▸ *vr* (*heucheln*) jouer la comédie
verstimmen *vt* (*Instrument*) désaccorder ; (*Mensch*) mettre de mauvaise humeur
verstockt *adj* têtu(e)
verstohlen *adj* furtif(-ive)
verstopfen *vt* boucher ; (*Innenstadt*) embouteiller
Verstopfung *f* (*von Rohr*) engorgement *m* ; (*von Straße*) embouteillage *m* ; (*Méd*) constipation *f*
verstorben *adj* décédé(e)
verstört *adj* (*Mensch*) troublé(e), perturbé(e)
Verstoß (**-es, ¨-e**) *m*: **~ gegen** infraction *f* à
verstoßen *irr vt* (*Mensch*) chasser, bannir ▸ *vi*: **~ gegen** contrevenir à
verstreichen *irr vt* (*Butter, Salbe*) étendre ▸ *vi* (*Zeit*) s'écouler
verstreuen *vt* répandre
verstümmeln *vt* mutiler, estropier ; (*fig*) estropier
verstummen *vi* se taire ; (*Lärm*) cesser
Versuch (**-(e)s, -e**) *m* tentative *f*, essai *m* ; (*wissenschaftlich*) expérience *f*
versuchen *vt* (*Essen*) goûter ; (*ausprobieren*) essayer ; (*verführen*) tenter ▸ *vr*: **sich an etw** *Dat* **~** s'essayer à qch
Versuchskaninchen(in) (*péj*) *nt* (*fam*) cobaye *m*
versuchsweise *adv* à titre expérimental
Versuchung *f* tentation *f*
versüßen *vt*: **jdm etw ~** faciliter qch à qn
vertagen *vt* ajourner
vertauschen *vt* échanger
verteidigen *vt* défendre ▸ *vr* se défendre
Verteidiger(in) (**-s, -**) *m(f)* défenseur *m* ; (*Anwalt*) avocat(e) ; (*Foot, Rugby*) arrière *m*
Verteidigung *f* défense *f*
verteilen *vt* distribuer ; (*Salbe etc*) étaler ▸ *vr* se disperser
Verteilung *f* distribution *f*
vertiefen *vt* approfondir ▸ *vr*: **sich in etw** *Akk* **~** se plonger dans qch
Vertiefung *f* creux *m*
vertikal *adj* vertical(e)
vertilgen *vt* (*Unkraut, Ungeziefer*) détruire ; (*fam: essen*) engloutir
vertippen *vr* faire une faute de frappe
vertonen *vt* (*Text*) mettre en musique
Vertrag (**-(e)s, ¨-e**) *m* contrat *m* ; (*Pol*) traité *m*
vertragen *irr vt* supporter ▸ *vr*: **sich mit jdm ~** (bien) s'entendre avec qn
vertraglich *adj* contractuel(le)
verträglich *adj* conciliant(e) ; (*Speisen*) digeste ; (*Medikament*) bien toléré(e) (par l'organisme) • **Verträglichkeit** *f* digestibilité *f*
Vertragsbruch *m* rupture *f* de contrat
vertragsbrüchig *adj* qui ne respecte pas les stipulations du contrat
Vertragspartner(in) (**-s, -**) *m(f)* contractant(e)
Vertragsspieler *m* (*Foot*) joueur *m* sous contrat
vertragswidrig *adj* contraire au contrat
vertrauen *vi* (*+Dat*) avoir confiance en ; **~ auf** *+Akk* faire confiance à • **Vertrauen** (**-s**) *nt* confiance *f* ; **~ zu jdm fassen** avoir de plus en plus confiance en qn ; **im ~ (gesagt)** soit dit entre nous • **vertrauenerweckend** *adj* qui inspire confiance
Vertrauenssache *f* (*vertrauliche Angelegenheit*) affaire *f* confidentielle ; (*Frage des Vertrauens*) question *f* de confiance
vertrauensvoll *adj* confiant(e)

vertrauenswürdig *adj* digne de confiance
vertraulich *adj* confidentiel(le) • **Vertraulichkeit** *f* caractère *m* confidentiel ; (*Aufdringlichkeit*) familiarité *f* excessive
verträumt *adj* rêveur(-euse) ; (*Ort, Städtchen*) paisible
vertraut *adj* familier(-ière) • **Vertraute(r)** *f(m)* confident(e) *m/f* • **Vertrautheit** *f* familiarité *f*
vertreiben *irr vt* chasser ; (*aus Land*) expulser ; (*Écon*) vendre ; (*Zeit*) passer
Vertreibung *f* expulsion *f*
vertretbar *adj* justifiable, défendable
vertreten *irr vt* (*Kollegen*) remplacer ; (*Interessen*) défendre ; (*Ansicht*) soutenir ; (*Staat, Firma, Wahlkreis*) représenter ; **sich** *Dat* **die Beine ~** se dégourdir les jambes
Vertreter(in) *m(f)* remplaçant(e), suppléant(e) ; (*Verfechter*) défenseur *m*
Vertretung *f* représentation *f* ; (*: von Arzt*) remplaçant(e) *m/f* ; (*von Firma*) agence *f*
Vertrieb (**-(e)s, -e**) *m* vente *f*
Vertriebene(r) *f(m)* expulsé(e) *m/f*, exilé(e) *m/f*
vertrocknen *vi* se dessécher
vertrödeln (*fam*) *vt* (*Zeit*) perdre
vertrösten *vt* faire attendre
vertun *irr vt* gaspiller ▸ *vr* se tromper
vertuschen *vt* étouffer
verübeln *vt*: **jdm etw ~** en vouloir à qn de qch
verüben *vt* commettre
verunglücken *vi* avoir un accident ; **tödlich ~** se tuer dans un accident
verunreinigen *vt* salir ; (*Umwelt*) polluer
verunsichern *vt* semer le doute dans l'esprit de
verunstalten *vt* défigurer
veruntreuen *vt* détourner
verursachen *vt* causer
Verursacher(in) (**-s, -**) *m(f)* responsable *mf* ; (*von Umweltverschmutzung*) pollueur(-euse)
verurteilen *vt* condamner ; **zum Scheitern verurteilt** voué(e) à l'échec
Verurteilung *f* condamnation *f*
vervielfältigen *vt* (*Text*) polycopier
Vervielfältigung *f* polycopie *f*
vervollkommnen *vt* perfectionner ▸ *vr*: **sich in etw** *Dat* **~** se perfectionner en qch
vervollständigen *vt* compléter
verwackeln *vt* (*Photo*) rendre flou(e)
verwählen *vr* se tromper de numéro
verwahren *vt* (*aufbewahren*) conserver ▸ *vr*: **sich ~ (gegen)** se défendre (de)
verwahrlosen *vi* être à l'abandon ; (*Mensch*) se négliger
verwahrlost *adj* négligé(e) ; (*moralisch*) dévoyé(e)
verwaist *adj* (*Kind*) orphelin(e)
verwalten *vt* gérer, administrer
Verwalter(in) *m(f)* administrateur(-trice) ; (*Hausverwalter*) gérant(e)
Verwaltung *f* administration *f*
Verwaltungsbezirk *m* circonscription *f* administrative
verwandeln *vt* transformer ▸ *vr* se transformer ; **jdn/etw in etw** *Akk* **~** transformer qn/qch en qch
Verwandlung *f* transformation *f*
verwandt *adj*: **mit jdm ~ sein** être apparenté(e) à *od* parent(e) de qn
Verwandte(r) *f(m)* parent(e) *m/f*
Verwandtschaft *f* parenté *f*
verwarnen *vt* donner un avertissement à
Verwarnung *f* avertissement *m* ; **gebührenpflichtige ~** contravention *f*
verwaschen *adj* délavé(e) ; (*fig*) flou(e)
verwässern *vt* (trop) diluer
verwechseln *vt* confondre
Verwechslung *f* confusion *f*
verwegen *adj* téméraire • **Verwegenheit** *f* témérité *f* ; (*von Plan*) audace *f*
Verwehung *f* (*Schneeverwehung*) congère *f*
verweichlichen *vt* affaiblir ▸ *vi* s'affaiblir
verweichlicht *adj* affaibli(e)
verweigern *vt* refuser ; **den Gehorsam/die Aussage ~** refuser d'obéir/de témoigner
Verweigerung *f* refus *m*
Verweis (**-es, -e**) *m* (*Tadel*) réprimandes *fpl*, remontrances *fpl* ; (*Hinweis*) renvoi *m*
verweisen *irr vt* renvoyer ▸ *vi*: **~ auf etw** *Akk* renvoyer à qch ; **Marie an Paul ~** envoyer Marie chez Paul ; **jdn des Landes ~** expulser qn
verwelken *vi* se faner
verwenden *irr vt* utiliser ; (*Mühe, Zeit*) consacrer
Verwendung *f* emploi *m*, utilisation *f*
verwerfen *irr vt* (*Plan, Klage, Antrag*) rejeter
verwerflich *adj* (*Tat*) répréhensible
verwerten *vt* utiliser
Verwertung *f* utilisation *f*
verwesen *vi* se décomposer
Verwesung *f* décomposition *f*
verwickeln *vt*: **jdn in etw** *Akk* **~** impliquer qn dans qch ▸ *vr* (*Fäden etc*) s'emmêler ; (*fig*) être mêlé(e) ; **sich in**

Widersprüche ~ se perdre dans des contradictions
verwickelt *adj* compliqué(e)
verwildern *vi* (*Garten*) être à l'abandon ; (*Tier*) retourner à l'état sauvage
verwinden *irr vt* surmonter
verwirklichen *vt* réaliser
Verwirklichung *f* réalisation *f*
verwirren *vt* emmêler ; (*jdn*) déconcerter
Verwirrung *f* confusion *f*
verwittern *vi* être érodé(e)
verwitwet *adj* veuf (veuve)
verwöhnen *vt* gâter
verworfen *adj* dépravé(e)
verworren *adj* confus(e)
verwundbar *adj* vulnérable
verwunden *vt* blesser
verwunderlich *adj* surprenant(e)
Verwunderung *f* étonnement *m*, surprise *f*
Verwundete(r) *f(m)* blessé(e) *m/f*
Verwundung *f* blessure *f*
verwünschen *vt* maudire
verwüsten *vt* ravager, dévaster
Verwüstung *f* dévastation *f*
verzagen *vi* se décourager
verzagt *adj* découragé(e)
verzählen *vr* faire une erreur de calcul, se tromper
verzaubern *vt* ensorceler ; (*fig*) charmer
verzehren *vt* (*essen*) manger ; (*aufbrauchen*) dilapider
verzeichnen *vt* inscrire ; (*Erfolg*) mettre à son actif ; (*Verlust, Niederlage*) essuyer
Verzeichnis *nt* liste *f* ; (*in Buch*) index *m* ; (*Inform*) répertoire *m*
verzeihen *irr vt, vi* pardonner
verzeihlich *adj* pardonnable
Verzeihung *f* pardon *m* ; **~!** pardon ! ; **jdn um ~ bitten** demander pardon à qn
verzerren *vt* déformer
Verzicht (**-(e)s, -e**) *m*: **~ leisten auf** *+Akk* renoncer à • **verzichten** *vi*: **~ auf** *+Akk* renoncer à
verziehen *irr vt* (*Kind*) mal élever ▶ *vr* (*Holz*) travailler ; (*verschwinden*) disparaître ▶ *vi*: **„verzogen“** « n'habite plus à l'adresse indiquée » ; **das Gesicht ~** faire la grimace
verzieren *vt* décorer
Verzierung *f* décoration *f*
verzinsen *vt* payer des intérêts sur
verzögern *vt* différer ; (*verlangsamen*) ralentir ▶ *vr* (*Abreise*) être remis(e)
Verzögerung *f* retard *m*
Verzögerungstaktik *f* méthodes *fpl* dilatoires
verzollen *vt* dédouaner ; **haben Sie etw zu ~?** avez-vous quelque chose à déclarer ?
Verzückung *f* ravissement *m*
verzweifeln *vi*: **an etw** *Dat* **~** désespérer de qch ; **es ist zum V~!** c'est à désespérer !
verzweifelt *adj* désespéré(e)
Verzweiflung *f* désespoir *m* ; **jdn zur ~ bringen** faire le désespoir de qn
verzweigen *vr* (*Ast*) se ramifier ; (*Straße*) bifurquer
verzwickt (*fam*) *adj* embrouillé(e)
Veto (**-s, -s**) *nt* veto *m* ; **~ einlegen** mettre son veto
Vetter (**-s, -**) *m* cousin *m*
VHS (**-**) *f abk* = **Volkshochschule**
Viagra® (**-s**) *nt* viagra® *m*
vibrieren *vi* vibrer
Video (**-s, -s**) *nt* vidéo *f* • **Videoclip** (**-s, -s**) *m* clip *m* (vidéo) • **Videogerät** *nt* magnétoscope *m* • **Videokamera** *f* caméra *f* vidéo • **Videokassette** *f* vidéocassette *f*, cassette *f* vidéo • **Videokonferenz** *f* vidéoconférence *f* • **Videorekorder** *m* magnétoscope *m* • **Videospiel** *nt* jeu *m* vidéo • **Videothek** (**-, -en**) *f* vidéothèque *f* • **Videoüberwachung** *f* vidéosurveillance *f*
Vieh (**-(e)s**) *nt* bétail *m* • **viehisch** *adj* bestial(e) ; (*Mühe, Arbeit*) énorme
viel *adj* beaucoup de ▶ *adv* beaucoup ; **~e** (*pl*: *Menschen*) beaucoup de gens ; **~ zu wenig** beaucoup trop peu
vielerlei *adj inv* divers(es)
vielfach *adj*: **auf ~en Wunsch** à la demande générale
Vielfalt (**-**) *f* variété *f*
vielfältig *adj* varié(e)
vielleicht *adv* peut-être ; **du bist ~ ein Idiot!** que tu es bête !
vielmehr *adv* plutôt ▶ *konj* au contraire
vielsagend *adj* éloquent(e)
vielseitig *adj* (*Mensch*) polyvalent(e) ; (*Interessen*) multiple
vielversprechend *adj* prometteur(-euse)
vier *num* quatre ; **unter ~ Augen** entre quatre yeux ; **auf allen ~en** à quatre pattes • **Viereck** (**-(e)s, -e**) *nt* quadrilatère *m* • **viereckig** *adj* quadrilatéral(e) ; (*quadratisch*) carré(e) • **vierhundert** *num* quatre cent(s)
viert *adj*: **wir gingen zu ~** nous étions quatre
Viertaktmotor *m* moteur *m* à quatre temps

vierte(r, s) *adj* quatrième
vierteilen *vt* écarteler
Viertel (**-s, -**) *nt* quart *m* • **Viertelfinale** *nt* quart *m* de finale • **Vierteljahr** *nt* trimestre *m* • **vierteljährlich** *adj* trimestriel(le)
vierteln *vt* partager en quatre
Viertelnote *f* (*Mus*) noire *f*
Viertelstunde *f* quart *m* d'heure
vierzehn *num* quatorze
vierzehntägig *adj* de quinze jours
vierzig *num* quarante
Vietnam (**-s**) *nt* le Vietnam, le Viêt-nam
vietnamesisch *adj* vietnamien(ne)
Vikar *m* vicaire *m*
Villa (**-, Villen**) *f* villa *f*
Villenviertel *nt* quartier *m* résidentiel
violett *adj* violet(te)
Violine *f* violon *m*
Violinschlüssel *m* clé *f* de sol
viral *adj* viral(e)
virtuell *adj* (*Inform*) virtuel(le)
Virus (**-, Viren**) *m od nt* virus *m*
Visier (**-s, -e**) *nt* (*an Helm*) visière *f*; (*an Waffe*) mire *f*
Visite *f* (*Méd*) visite *f*
Visitenkarte *f* carte *f* de visite
visuell *adj* visuel(le)
Visum (**-s, Visa** *od* **Visen**) *nt* visa *m*
vital *adj* (*Mensch*) plein(e) de vitalité ; (*lebenswichtig*) vital(e)
Vitamin (**-s, -e**) *nt* vitamine *f* • **Vitaminmangel** *m* carence *f* en vitamines
Vizepräsident(in) *m(f)* vice-président(e)
Vogel (**-s, ⸚**) *m* oiseau *m* ; **einen ~ haben** (*fam*) avoir un grain ; **jdm den ~ zeigen** (*fam*) faire signe à qn qu'il est cinglé • **Vogelbauer** *nt* cage *f* • **Vogelbeerbaum** *m* sorbier *m* (des oiseleurs) • **Vogelgrippe** *f* grippe *f* aviaire • **Vogelscheuche** *f* épouvantail *m*
Vogesen *pl* les Vosges *fpl*
Voicemail *f* messagerie *f* vocale
Vokabel (**-, -n**) *f* mot *m* (de vocabulaire)
Vokabular (**-s, -e**) *nt* vocabulaire *m*
Vokal (**-s, -e**) *m* voyelle *f*
Volk (**-(e)s, ⸚er**) *nt* peuple *m* ; (*viele Menschen*) foule *f*
Völkerbund *m* Société *f* des Nations
Völkerrecht *nt* droit *m* international (public)
völkerrechtlich *adj* de droit international public
Völkerverständigung *f* entente *f* entre les peuples
Völkerwanderung *f* migration *f*
Volksbegehren *nt* initiative *f* populaire
Volksfest *nt* fête *f* populaire
Volkshochschule *f* université *f* populaire

> La **Volkshochschule** est un institut de formation continue pour adultes. On y a accès à un vaste choix de formations différentes : langues, enseignement général, informatique, arts plastiques, musique, etc.

Volkslied *nt* chanson *f* populaire
Volksmund *m* langage *m* populaire
Volksrepublik *f* république *f* populaire
Volkstanz *m* danse *f* folklorique
volkstümlich *adj* populaire
Volkswirtschaft *f* économie *f* nationale
Volkszählung *f* recensement *m*
voll *adj* plein(e) ; (*ganz*) entier(-ière) ; (*Farbe, Ton*) intense ▸ *adv* (*unterstützen, zustimmen, einsatzfähig*) entièrement ; (*verantwortlich, zurechnungsfähig*) pleinement ; **eine Hand ~ Nüsse** une poignée de noisettes ; **~ sein** (*fam: betrunken*) être bourré(e) ; **jdn (nicht) für ~ nehmen** (*fam*) (ne pas) prendre qn au sérieux
vollauf *adv* amplement
Vollbart *m* barbe *f*
Vollbeschäftigung *f* plein emploi *m*
vollblütig *adj* pur-sang *inv*
Vollbremsung *f*: **eine ~ machen** freiner à fond
vollbringen *irr vt insép* accomplir
vollenden *vt insép* achever
vollendet *adj* (*vollkommen*) accompli(e)
vollends *adv* entièrement
Vollendung *f* achèvement *m*
voller *adj +Gen* plein(e) de
Volleyball *m* volley(-ball) *m*
Vollgas *nt*: **~ geben** mettre les gaz ; **mit ~** (à) pleins gaz
völlig *adj* complet(-ète) ▸ *adv* complètement
volljährig *adj* majeur(e)
Vollkaskoversicherung *f* assurance *f* tous risques
vollkommen *adj* (*fehlerlos*) parfait(e) ▸ *adv* complètement
Vollkommenheit *f* perfection *f*
Vollkornbrot *nt* pain *m* complet
voll|machen *vt* remplir
Vollmacht (**-, -en**) *f* procuration *f* ; **jdm ~ geben** donner procuration à qn
Vollmilch *f* lait *m* entier
Vollmond *m* pleine lune *f*
Vollpension *f* pension *f* complète
vollschlank *adj* rondelet(te)
vollständig *adj* complet(-ète) ▸ *adv* complètement
vollstrecken *vt insép* (*Jur*) exécuter

voll|tanken *vt, vi* faire le plein (d'essence)
Volltextsuche *f* recherche *f* en texte intégral
Volltreffer *m* coup *m* dans le mille ; (*fig*) gros succès *m*
Vollversammlung *f* assemblée *f* plénière
Vollversion *f* (*Inform*) version *f* complète
Vollwertkost *f* aliments *mpl* complets
vollzählig *adj* complet(-ète)
vollziehen *irr vt insép* (*ausführen*) exécuter, accomplir ; (*Befehl, Urteil*) exécuter ▸ *vr insép* s'accomplir
Vollzug *m* (*von Urteil*) exécution *f*
Volt (**-** *od* **-(e)s, -**) *nt* volt *m*
Volumen (**-s, -** *od* **Volumina**) *nt* volume *m*
vom = **von dem**

SCHLÜSSELWORT

von *präp +Dat* **1** (*Ausgangspunkt*) de ; **westlich von Freiburg** à l'ouest de Fribourg ; **von A bis Z** de A à Z ; **von morgens bis abends** du matin au soir ; **von Paris nach Bonn** de Paris à Bonn ; **vom Bus springen** sauter du bus ; **sie ist vom Land** elle vient de la campagne ; **von wann ist dieser Brief?** de quand date cette lettre ? ; **von morgen an** dès demain ; **Ihr Schreiben von vor zwei Wochen** votre lettre d'il y a quinze jours ; **von dort aus kann man die Alpen sehen** de là, on voit les Alpes ; **etw von sich aus tun** faire qch spontanément *od* de soi-même ; **von mir aus** (*fam*) si ça vous chante, moi, ça m'est égal
2 (*Eigenschaft*): **ein Mann von Welt** un homme d'expérience ; **eine Sache von Wichtigkeit** une affaire d'importance
3 (*im Passiv, Ursache*): **ein Gedicht von Schiller** un poème de Schiller ; **ich bin müde vom Wandern** je suis fatigué(e) après cette randonnée ; **von was bist du müde? du hast doch den ganzen Tag nichts getan!** pourquoi es-tu fatigué(e) ? tu n'as rien fait de toute la journée ! ; **das kommt vom Rauchen!** c'est parce que tu fumes (trop) ! ; **er kauft das von seinem Taschengeld** il l'achète avec son argent de poche ; **das ist nett von dir** c'est gentil de ta part
4 (*als Genitiv*): **die Königin von Holland** la reine de Hollande ; **ein Freund von mir** un ami à moi ; **jeweils zwei von zehn** deux sur dix
5 (*Maße, Größe etc*): **zwei Söhne von drei und fünf Jahren** deux fils, un de trois ans et un de cinq ans ; **im Alter von 12 Jahren** à l'âge de douze ans
6 (*bei Adelstitel*): **die Prinzessin von Wales** la princesse de Galles
7 (*über*): **er erzählte vom Urlaub** il a parlé de ses vacances
8: **von wegen!** (*fam*) pas du tout !

voneinander *adv* l'un(e) de l'autre
vonstatten|gehen *irr vi* se passer

SCHLÜSSELWORT

vor *präp +Dat* **1** (*räumlich, in Gegenwart von*) devant ; **vor der Kirche links abbiegen** tourner à gauche devant l'église
2 (*zeitlich*): **vor 2 Tagen/einer Woche** il y a deux jours/une semaine ; **5 (Minuten) vor 4** 4 heures moins cinq ; **vor Kurzem** il y a peu
3 (*Ursache*): **vor Wut** de colère ; **vor Hunger sterben** mourir de faim ; **vor lauter Arbeit habe ich deinen Geburtstag vergessen!** je suis tellement débordé(e) de travail que j'ai oublié ton anniversaire !
4: **vor allem, vor allen Dingen** avant tout
▸ *präp +Akk* (*räumlich*) devant ; **stell dich vor das Fenster** mets-toi devant la fenêtre
▸ *adv*: **vor und zurück schaukeln** se balancer en d'avant et arrière

vorab *adv* tout d'abord
Vorabend *m* veille *f*
voran *adv* en avant • **voran|gehen** *irr vi* (*vorn gehen*) marcher en tête ; (*Fortschritte machen*) progresser ; **einer Sache** *Dat* **~** précéder qch • **voran|kommen** *irr vi* avancer
Voranschlag *m* devis *m*
Vorarbeiter(in) *m(f)* contremaître(-esse)
voraus *adv* devant ; (*zeitlich*: *im Voraus*) en avance ; **jdm ~ sein** être meilleur(e) que qn • **voraus|bezahlen** *vt* payer d'avance • **voraus|gehen** *irr vi* (*vorn gehen*) aller devant ; (*Ruf, zeitlich*) précéder • **voraus|haben** *irr vt*: **jdm etw ~** avoir l'avantage de qch sur qn • **Voraussage** *f* prédiction *f* ; (*Wettervoraussage*) prévisions *fpl* • **voraus|sagen** *vt* prédire • **voraus|sehen** *irr vt* prévoir • **voraus|setzen** *vt* supposer ; **vorausgesetzt dass ...** à condition que ... • **Voraussetzung** *f* (*Bedingung*) condition *f* ; (*Annahme*) supposition *f* ; **unter der ~, dass ...** à condition que ...

• **Voraussicht** *f* prévoyance *f* ; **aller ~ nach** selon toute vraisemblance
• **voraussichtlich** *adv* probablement, vraisemblablement
vor|bauen *vt* adjoindre ▸ *vi (+Dat)* prévenir
Vorbehalt (**-(e)s, -e**) *m* réserve *f*
vor|behalten *irr vt*: **sich etw ~** se réserver qch ; **Änderungen ~** sous réserve de modifications
vorbehaltlos *adj, adv* sans réserve *od* restriction
vorbei *adv* (*zeitlich*) passé(e) ; (*zu Ende*) fini(e), terminé(e) ; **damit ist es nun ~** c'est du passé • **vorbei|gehen** *irr vi* passer ; **bei jdm ~** (*fam*) passer voir qn
• **vorbei|kommen** *irr vi*: **bei jdm ~** passer chez qn
vorbelastet *adj* (*erblich*) qui a des antécédents
vor|bereiten *vt* préparer
Vorbereitung *f* préparation *f*
vor|bestellen *vt* réserver
vorbestraft *adj* qui a un casier judiciaire
vor|beugen *vr* se pencher (en avant) ▸ *vi*: **einer Sache** *Dat* **~** prévenir qch
vorbeugend *adj* (*Maßnahme*) préventif(-ive)
Vorbeugung *f* prévention *f*
Vorbild *nt* modèle *m* ; **sich** *Dat* **jdn zum ~ nehmen** prendre exemple sur qn
• **vorbildlich** *adj* exemplaire
vor|bringen *irr vt* (*Wunsch*) exprimer ; (*Vorschlag*) faire ; (*fam: nach vorne*) apporter
Vorderachse *f* essieu *m* avant
Vorderansicht *f* vue *f* de face
vordere(r, s) *adj* de devant, antérieur(e)
Vordergrund *m* premier plan *m* ; **im ~ stehen** être au premier plan
Vordermann (**-(e)s, -männer**) *m*: **mein/sein ~** la personne devant moi/lui *od* qui me/le précède ; **jdn auf ~ bringen** (*fam*) mettre qn au pas
Vorderrad *nt* roue *f* avant
Vorderseite *f* devant *m*
vorderste(r, s) *adj* premier(-ière)
vorehelich *adj* prénuptial(e)
voreilig *adj* (*Bemerkung*) irréfléchi(e)
voreinander *adv* l'un(e) devant l'autre ; **~ Angst haben** avoir peur l'un de l'autre
voreingenommen *adj* prévenu(e)
• **Voreingenommenheit** *f* préjugés *mpl*, parti *m* pris
vor|enthalten *irr vt*: **jdm etw ~** priver qn de qch ; (*Nachricht, Brief etc*) cacher qch à qn
vorerst *adv* pour le moment
Vorfahr (**-en, -en**) *m* ancêtre *m*
vor|fahren *irr vi* (*fam: vorausfahren*) précéder les autres ; (*vors Haus etc*) s'arrêter devant (*la maison etc*)
Vorfahrt *f* priorité *f* ; **~ (be)achten!** respecter la priorité !
Vorfahrtsregel *f* règle *f* de priorité
Vorfahrtsschild *nt* panneau *m* de priorité
Vorfahrtsstraße *f* route *f od* rue *f* prioritaire
Vorfall *m* incident *m*
vor|fallen *irr vi* se passer, arriver
Vorfeld *nt* (*fig*) marge *f*
vor|finden *irr vt* trouver
Vorfreude *f* joie *f* anticipée
vor|führen *vt* présenter
Vorgabe *f* (*Sport*) avantage *m* ; (*an Maßen, Bestimmungen etc*) référence *f*
Vorgang *m* processus *m* ; (*Akten*) dossier *m*
Vorgänger(in) (**-s, -**) *m(f)* prédécesseur *m*
vor|geben *irr vt* (*vortäuschen*) prétendre
vorgefasst *adj* préconçu(e)
vorgefertigt *adj* préfabriqué(e)
Vorgefühl *nt* pressentiment *m*
vor|gehen *irr vi* (*voraus*) aller à l'avance ; (*nach vorn*) avancer ; (*handeln*) procéder ; (*Vorrang haben*) avoir la priorité ; **gegen jdn ~** prendre des mesures contre qn
Vorgehen (**-s**) *nt* manière *f* d'agir
Vorgeschmack *m* avant-goût *m*
Vorgesetzte(r) *f(m)* supérieur(e) *m/f*
vorgestern *adv* avant-hier
vor|greifen *irr vi*: **jdm/einer Sache** *Dat* **~** devancer qn/qch
vor|haben *irr vt* projeter ; **hast du schon etw vor?** as-tu déjà quelque chose de prévu ?
Vorhaben (**-s, -**) *nt* intention *f*, projet *m*
vor|halten *irr vt* (*vorwerfen*) reprocher ▸ *vi* (*Vorräte etc*) suffire
Vorhaltung *f* reproche *m*
Vorhand *f* (*Tennis*) coup *m* droit
vorhanden *adj* (*verfügbar*) disponible ; (*existierend*) présent(e) • **Vorhandensein** (**-s**) *nt* existence *f*
Vorhang *m* rideau *m*
Vorhängeschloss *nt* cadenas *m*
Vorhaut *f* prépuce *m*
vorher *adv* auparavant
• **vorher|bestimmen** *vt* prédéterminer
• **vorher|gehen** *irr vi* précéder
vorherig *adj* précédent(e), antérieur(e)
Vorherrschaft *f* prédominance *f*
vor|herrschen *vi* prédominer

Vorhersage *f* prédiction *f*; (*Wetter*) prévisions *fpl*
vorher|sagen *vt* prévoir, prédire
vorhersehbar *adj* prévisible
vorher|sehen *irr vt* prévoir
vorhin *adv* tout à l'heure, à l'instant
vorig *adj* (*Woche, Jahr*) dernier(-ière); (*Besitzer*) précédent(e)
vorinstalliert *adj* préinstallé(e)
Vorjahr *nt* année *f* passée *od* dernière
Vorkehrung *f* précaution *f*; **~en treffen** prendre des précautions
vor|kommen *irr vi* (*nach vorn*) avancer; (*geschehen, sich ereignen*) arriver; (*vorhanden sein, auftreten*) se trouver; (*erscheinen*) paraître; **sich** *Dat* **dumm ~** se trouver bête
Vorkommen (**-s, -**) *nt* (*von Erdöl etc*) gisement *m*
Vorkommnis *nt* incident *m*
Vorkriegs- *in zW* d'avant-guerre
Vorladung *f* citation *f*
Vorlage *f* (*Muster*) modèle *m*; (*Gesetzesvorlage*) projet *m*; (*Fußball*) passe *f*
vor|lassen *irr vt* (*vorgehen lassen*) laisser passer devant; (*überholen lassen*) laisser doubler; **bei jdm vorgelassen werden** être reçu(e) par qn
vorläufig *adj* provisoire
vorlaut *adj* impertinent(e)
vor|legen *vt* (*zur Ansicht, Prüfung etc*) soumettre
Vorleger (**-s, -**) *m* (*Bettvorleger*) descente *f* de lit
vor|lesen *irr vt* lire à haute voix, donner lecture de
Vorlesung *f* (*Univ*) cours *m* (magistral)
Vorlesungsverzeichnis *nt* (*Univ*) programme *m* des cours
vorletzte(r, s) *adj* avant-dernier(-ière)
Vorliebe *f* préférence *f*
vorlieb|nehmen *irr vi*: **~ mit** se contenter de
vor|liegen *irr vi* (*Bericht, Ergebnis*) être disponible; **etw liegt gegen jdn vor** on a qch à reprocher à qn
vorliegend *adj* présent(e)
vor|machen *vt*: **jdm etw ~** (*zeigen*) montrer à qn comment faire qch; (*fig*) en faire accroire à qn
Vormachtstellung *f* suprématie *f*
Vormarsch *m* (*Mil*) progression *f*
vor|merken *vt* prendre note de, noter
Vormittag *m* matinée *f*; **heute/ Freitag ~** ce/vendredi matin
vormittags *adv* le matin
Vormund(in) *m(f)* tuteur(-trice)
vorn *adv* = **vorne**
Vorname *m* prénom *m*
vorne, vorn *adv* devant; **nach ~** en avant; **von ~** de nouveau; **von ~ anfangen** recommencer à zéro
vornehm *adj* distingué(e)
vor|nehmen *irr vt*: **sich** *Dat* **etw ~** projeter qch; **sich** *Dat* **jdn ~** dire ses quatre vérités à qn
vornehmlich *adv* avant tout
vornherein *adv*: **von ~** de prime abord, tout de suite
Vorort *m* faubourg *m* • **Vorortzug** *m* train *m* de banlieue
Vorrang *m* priorité *f*, préséance *f*
vorrangig *adj* prioritaire
Vorrat *m* provisions *fpl*, réserves *fpl*; **auf ~ schlafen/arbeiten** dormir/travailler à l'avance
vorrätig *adj* en magasin *od* stock
Vorratskammer *f* garde-manger *m*
Vorrecht *nt* privilège *m*
Vorrichtung *f* dispositif *m*
vor|rücken *vi, vt* avancer
Vorruhestand *m* préretraite *f*
vor|sagen *vt* faire répéter; (*Scol*) souffler
Vorsaison *f* avant-saison *f*
Vorsatz *m* résolution *f*; **einen ~ fassen** prendre une résolution
vorsätzlich (*Jur*) *adj* prémédité(e) ▶ *adv* avec préméditation
Vorschau *f* aperçu *m* des programmes; (*Ciné*) bande-annonces *fpl*
vor|schieben *irr vt* pousser; (*fig*) mettre en avant; **jdn ~** utiliser qn comme homme de paille
Vorschlag *m* proposition *f*
vor|schlagen *irr vt* proposer
vorschnell *adj* (*Bemerkung*) irréfléchi(e)
vor|schreiben *irr vt* prescrire
Vorschrift *f* prescription *f*; (*Anweisungen*) instruction *f*; **Dienst nach ~** grève *f* du zèle; **jdm ~en machen** donner des ordres à qn
vorschriftsmäßig *adj* réglementaire
Vorschule *f* enseignement *m* préscolaire
Vorschuss *m* avance *f*
vor|schweben *vi*: **jdm schwebt etw vor** qn voit qch
vor|sehen *irr vt* (*planen*) prévoir ▶ *vr*: **sich ~ vor** +*Dat* prendre garde à; **das ist dafür nicht vorgesehen** ça n'est pas fait pour cela
Vorsehung *f* Providence *f*
vor|setzen *vt* (*anbieten*) offrir
Vorsicht *f* prudence *f*; **~!** attention!; **~, Stufe!** attention à la marche!
vorsichtig *adj* prudent(e)

vorsichtshalber *adv* par précaution
Vorsichtsmaßnahme *f* mesure *f* de précaution
Vorsilbe *f* préfixe *m*
Vorsitz *m* présidence *f*
Vorsitzende(r) *f(m)* président(e) *m/f*
Vorsorge *f* précaution *f* ; **(für etw) ~ treffen** prendre les précautions nécessaires (pour qch)
vor|sorgen *vi* : **~ für** prévoir
Vorsorgeprinzip *nt* principe *m* de précaution
Vorsorgeuntersuchung *f* (*Méd*) bilan *m* de santé
vorsorglich *adv* par précaution
Vorspeise *f* entrée *f*
Vorspiel *nt* (*Mus*) prélude *m*
vor|sprechen *irr vt* dire (d'abord) ▸ *vi* : **bei jdm ~** aller voir qn
Vorsprung *m* saillie *f* ; (*Abstand*) avance *f*
Vorstadt *f* faubourg *m*
Vorstand *m* conseil *m* d'administration ; (*Mensch*) directeur(-trice) *m/f*
vor|stehen *irr vi* être proéminent(e) ; (*als Vorstand*) : **einer Sache** *Dat* **~** (*fig*) diriger qch
vorstellbar *adj* imaginable
vor|stellen *vt* (*nach vorne*) avancer ; (*vor etw*) mettre *od* placer devant ; (*bekannt machen, vorführen*) présenter ; (*darstellen*) représenter ; (*bedeuten*) signifier ▸ *vr* se présenter ; **sich** *Dat* **etw ~** se représenter *od* s'imaginer qch
Vorstellung *f* (*Bekanntmachen*) présentation *f* ; (*Théât etc*) représentation *f* ; (*Gedanke*) idée *f*
Vorstellungsgespräch *nt* entretien *m*
Vorstoß *m* attaque *f* ; (*Versuch*) tentative *f*
Vorstrafe *f* condamnation *f* antérieure
vor|strecken *vt* avancer
Vorstufe *f* premier stade *m*
Vortag *m* veille *f*
vor|täuschen *vt* simuler, feindre
Vorteil (**-s, -e**) *m* avantage *m* ; **im ~ sein (gegenüber)** avoir un avantage (sur) • **vorteilhaft** *adj* avantageux(-euse)
Vortrag (**-(e)s, Vorträge**) *m* conférence *f* ; **einen ~ halten** faire une conférence
vor|tragen *irr vt* (*Gedicht*) réciter ; (*Lied*) chanter ; (*Rede*) tenir ; (*Plan*) présenter
vortrefflich *adj* excellent(e)
vor|treten *irr vi* avancer ; (*Augen*) être globuleux(-euse) ; (*Knochen*) être saillant(e)
vorüber *adv* (*räumlich*) devant ; (*räumlich, zeitlich*) passé(e) • **vorüber|gehen** *irr vi* passer ; **an jdm ~** (*ignorieren*) passer devant qn (*en faisant semblant de ne pas le voir*) • **vorübergehend** *adj* temporaire, momentané(e)
Vorurteil *nt* préjugé *m*
Vorverkauf *m* location *f*
Vorwahl *f* (*Tél*) indicatif *m*
Vorwand (**-(e)s, Vorwände**) *m* prétexte *m*
vorwärts *adv* en avant • **Vorwärtsgang** *m* marche *f* avant • **vorwärts|gehen** *irr vi* progresser, avancer • **vorwärts|kommen** *irr vi* progresser
vorweg *adv* d'avance, à l'avance • **Vorwegnahme** *f* anticipation *f* • **vorweg|nehmen** *irr vt* anticiper sur
vor|weisen *irr vt* présenter
vor|werfen *irr vt* (*beschuldigen*) reprocher ; **sich** *Dat* **nichts vorzuwerfen haben** n'avoir rien à se reprocher
vorwiegend *adj* prédominant(e) ▸ *adv* en grande partie
Vorwitz *m* impertinence *f*
vorwitzig *adj* impertinent(e)
Vorwort (**-(e)s, -e**) *nt* préface *f*
Vorwurf *m* reproche *m*
vorwurfsvoll *adj* (*Blick*) réprobateur(-trice) ; (*Worte*) de reproche
Vorzeichen *nt* (*Omen*) présage *m*
vor|zeigen *vt* montrer
vorzeitig *adj* prématuré(e)
vor|ziehen *irr vt* tirer (en avant) ; (*Gardinen*) tirer ; (*lieber haben*) préférer
Vorzimmer *nt* (*Büro*) réception *f*
Vorzug *m* préférence *f* ; (*gute Eigenschaft*) mérite *m* ; (*Vorteil*) avantage *m*
vorzüglich *adj* excellent(e)
vulgär *adj* vulgaire
Vulkan (**-s, -e**) *m* volcan *m* • **Vulkanausbruch** *m* éruption *f* volcanique
vulkanisieren *vt* vulcaniser

W

W, w *nt* W, w *m inv*
Waage *f* balance *f* ; (*Astrol*) Balance *f*
waagerecht *adj* horizontal(e)
Wabe *f* rayon *m* (de miel)
wach *adj* (r)éveillé(e) ; (*fig*) éveillé(e)
Wache *f* garde *f* ; **~ halten** monter la garde
wachen *vi* veiller
Wacholder (**-s, -**) *m* genièvre *m*
Wachs (**-es, -e**) *nt* cire *f* ; (*Skiwachs*) fart *m*
wachsam *adj* vigilant(e) • **Wachsamkeit** *f* vigilance *f*
wachsen *vi irr* pousser ; (*Mensch*) grandir ; (*Kraft, Wut, Mut*) augmenter ▸ *vt* (*Skier*) farter
Wachstuch *nt* toile *f* cirée
Wachstum *nt* croissance *f*
Wächter (**-s, -**) *m* gardien *m*
Wachtmeister *m* (*Polizist*) agent *m* (de police)
Wachtposten *m* poste *m* de garde
wackelig *adj* (*Stuhl*) bancal(e)
Wackelkontakt *m* faux contact *m*
wackeln *vi* (*Stuhl*) être bancal(e) ; (*Position*) être instable
wacker *adj* (*tapfer*) vaillant(e) ; (*redlich*) honnête
Wade *f* mollet *m*
Waffe *f* arme *f*
Waffel *f* gaufre *f*
Waffenschein *m* permis *m* de port d'armes
Waffenstillstand *m* armistice *m*
Wagemut *m* goût *m* du risque
wagen *vt* oser ; (*Widerspruch, Behauptung*) oser émettre ; (*riskieren*) risquer
Wagen (**-s, -**) *m* voiture *f* ; (*Rail*) wagon *m* • **Wagenführer** *m* conducteur *m* • **Wagenheber** (**-s, -**) *m* cric *m*
Waggon (**-s, -s**) *m* wagon *m*
waghalsig *adj* téméraire
Wagnis *nt* entreprise *f* hasardeuse ; (*Risiko*) risque *m*
Wagon (**-s, -s**) *m* = **Waggon**
Wahl *f* choix *m* ; (*Pol*) élection *f*
wählbar *adj* éligible
wahlberechtigt *adj* qui a le droit de vote
Wahlbeteiligung *f* participation *f* au vote
wählen *vt* choisir ; (*Pol*) élire ; (*Tél*) composer
Wähler(in) (**-s, -**) *m(f)* électeur(-trice) • **wählerisch** *adj* exigeant(e), difficile • **Wählerschaft** *f* électorat *m*
Wahlfach *nt* matière *f* à option
Wahlgang *m* tour *m* de scrutin
Wahlkabine *f* isoloir *m*
Wahlkampf *m* campagne *f* électorale
Wahlkreis *m* circonscription *f* électorale
Wahllokal *nt* bureau *m* de vote
wahllos *adv* au hasard
Wahlrecht *nt* droit *m* de vote
Wahlspruch *m* slogan *m*
Wahlurne *f* urne *f*
wahlweise *adv* au choix
Wahlwiederholung *f* (*Tél*) rappel *m* du dernier numéro
Wahn (**-(e)s**) *m* (*Einbildung*) illusion *f*
Wahnsinn *m* folie *f*
wahnsinnig *adj* fou(folle) ▸ *adv* (*fam: sehr*) vachement
wahr *adj* vrai(e) ; **nicht ~?** n'est-ce pas ?
wahren *vt* (*Rechte*) défendre
während *präp +Gen* pendant ▸ *konj* pendant que ; (*wohingegen*) alors que • **währenddessen** *adv* entre-temps
wahr|haben *vt*: **etw nicht ~ wollen** ne pas vouloir admettre qch
wahrhaft *adv* vraiment
wahrhaftig *adj* sincère ▸ *adv* vraiment
Wahrheit *f* vérité *f*
wahr|nehmen *vt irr* percevoir, remarquer ; (*Gelegenheit*) profiter de
Wahrnehmung *f* (*Sinneswahrnehmung*) perception *f*
wahrsagen *vi* prédire l'avenir
Wahrsager(in) (**-s, -**) *m(f)* voyant(e) (extralucide)
wahrscheinlich *adj* probable ; (*Täter*) présumé(e) ▸ *adv* probablement
Wahrscheinlichkeit *f* vraisemblance *f*
Währung *f* monnaie *f*
Währungseinheit *f* monnaie *f*
Währungspolitik *f* politique *f* monétaire
Währungsraum *m* zone *f* monétaire
Währungsunion *f* union *f* monétaire
Wahrzeichen *nt* emblème *m*
Waise *f* orphelin(e) *m/f*

Waisenhaus *nt* orphelinat *m*
Waisenkind *nt* orphelin(e) *m/f*
Wal (**-(e)s, -e**) *m* baleine *f*
Wald (**-(e)s, ¨-er**) *m* forêt *f*
Wäldchen *nt* bois *m*
waldig *adj* boisé(e)
Waldsterben *nt* dépérissement *m* des forêts
Wales (**-**) *nt* le pays de Galles
Walfisch *m* baleine *f*
Walkie-Talkie (**-(s), -s**) *nt* talkie-walkie *m*
Wall (**-(e)s, ¨-e**) *m* rempart *m*
Wallfahrer(in) *m(f)* pèlerin(e)
Wallfahrt *f* pèlerinage *m*
Wallis (**-**) *nt* Valais *m*
Walnuss *f* noix *f*
Walross *nt* morse *m*
Walze *f* cylindre *m* ; (*Gerät*) rouleau *m* ; (*Fahrzeug*) rouleau *m* compresseur
walzen *vt* (*Boden*) cylindrer ; (*Blech*) laminer
wälzen *vt* rouler ; (*Bücher*) compulser ; (*Probleme*) ruminer ▶ *vr* (*sich vorwärtsschieben*) avancer ; (*vor Schmerzen*) se tordre ; (*im Bett*) se tourner et se retourner
Walzer (**-s, -**) *m* valse *f*
Wälzer (**-s, -**) (*fam*) *m* pavé *m*
wand *etc vb siehe* **winden**
Wand (**-, ¨-e**) *f* paroi *f* ; (*von Haus, außen*) mur *m*
Wandel (**-s**) *m* changement *m*
wandeln *vt* changer ▶ *vr* changer
Wanderausstellung *f* exposition *f* itinérante
Wanderer (**-s, -**) *m*, **Wanderin** *f* randonneur(-euse) *m/f*
wandern *vi* faire une randonnée ; (*Blick, Gedanken*) errer
Wanderschaft *f*: **auf ~ sein** être en voyage
Wanderung *f* randonnée *f*
Wandlung *f* transformation *f*
Wandschrank *m* placard *m*
wandte *etc vb siehe* **wenden**
Wandteppich *m* tapisserie *f*
Wange *f* joue *f*
wankelmütig *adj* versatile
wanken *vi* chanceler ; (*sich bewegen*) tituber
wann *adv* quand
Wanne *f* (*Badewanne*) baignoire *f* ; (*Ölwanne*) cuve *f* ; (*Trog*) auge *f*
Wanze *f* (*Zool*) punaise *f* ; (*Abhörgerät*) micro *m* caché
Wappen (**-s, -**) *nt* blason *m*
war *etc vb siehe* **sein**
warb *etc vb siehe* **werben**
Ware *f* marchandise *f*
Warenhaus *nt* grand magasin *m*
Warenlager *nt* entrepôt *m*
Warenzeichen *nt*: **(eingetragenes) ~** marque *f* déposée
warf *etc vb siehe* **werfen**
warm *adj* chaud(e) ; **mir ist ~** j'ai chaud ; **~ laufen** (*Auto*) chauffer ; **sich ~ laufen** (*Sport*) s'échauffer
Wärme *f* chaleur *f*
wärmen *vt* chauffer, réchauffer ▶ *vr* se réchauffer
Wärmepumpe *f* thermopompe *f*
Wärmflasche *f* bouillotte *f*
Warmfront *f* front *m* chaud
warmherzig *adj* chaleureux(-euse)
Warmwasserbereiter *m* chauffe-eau *m inv*
Warndreieck *nt* (*Auto*) triangle *m* de présignalisation *od* de détresse
warnen *vt*: **~ (vor)** mettre en garde (contre)
Warnstreik *m* grève *f* d'avertissement
Warnung *f* avertissement *m*, mise *f* en garde
Warnweste *f* gilet *m* de sécurité
Wartehäuschen *nt* abribus *m*
Warteliste *f* liste *f* d'attente
warten *vi*: **~ (auf** *+Akk***)** attendre ▶ *vt* (*Auto, Maschine*) entretenir
Wärter(in) (**-s, -**) *m(f)* gardien(ne)
Warteraum *m*, **Wartesaal** *m* salle *f* d'attente
Warteschlange *f* file *f* d'attente
Wartezimmer *nt* salle *f* d'attente
Wartung *f* (*von Maschine, Auto*) entretien *m*
warum *adv* pourquoi
Warze *f* verrue *f*
was *pron* (*interrog*) (qu'est-ce) que ; (*: indirekt*) ce que ; (*: nach präp*) quoi ; (*relativ*) qui ; (*fam: etw*) quelque chose
waschbar *adj* lavable
Waschbecken *nt* lavabo *m*
Wäsche *f* linge *m* ; (*Bettwäsche*) draps *mpl*
waschecht *adj* (*Stoff*) qui résiste au lavage ; (*fam*) pur-sang *inv*
Wäscheklammer *f* pince *f* à linge
Wäscheleine *f* corde *f* à linge
waschen *irr vt* laver ▶ *vi* faire la lessive ▶ *vr* se laver ; **sich** *Dat* **die Hände ~** se laver les mains
Wäscherei *f* blanchisserie *f*
Wäscheschleuder *f* essoreuse *f*
Wäschetrockner *m* sèche-linge *m*
Waschküche *f* buanderie *f*
Waschlappen *m* gant *m* de toilette ; (*fam*) lavette *f*
Waschmaschine *f* machine *f* à laver

Waschmittel *nt* lessive *f*
Waschsalon *m* laverie *f* automatique
Wasser (**-s, -** *od* ¨) *nt* eau *f*
wasserdicht *adj* étanche, imperméable
Wasserfall *m* chute *f* d'eau
Wasserfarbe *f* couleur *f* pour aquarelle
wassergekühlt *adj* (*Auto*) à refroidissement par eau
Wasserhahn *m* robinet *m*
wässerig *adj* = **wässrig**
Wasserkraftwerk *nt* centrale *f* hydro-électrique
Wasserleitung *f* conduite *f* d'eau
Wassermann *m* (*Astrol*) Verseau *m*
Wassermelone *f* pastèque *f*
wässern *vt* (*Culin*) faire tremper
Wasserpistole *f* pistolet *m* à eau
wasserscheu *adj* qui a peur de l'eau
Wasserschi, Wasserski *nt* ski *m* nautique
Wasserstand *m* niveau *m* d'eau
Wasserstoff *m* hydrogène *m*
Wasserstoffbombe *f* bombe *f* H *od* à hydrogène
Wasserwaage *f* niveau *m* à bulle
Wasserwerfer *m* canon *m* à eau
Wasserzeichen *nt* filigrane *m*
wässrig *adj* (*Suppe*) trop dilué(e) ; (*Frucht*) sans goût
waten *vi* patauger
watscheln *vi* se dandiner
Watt[1] (**-(e)s, -en**) *nt* (*Géo*) laisse *f*
Watt[2] (**-s, -**) *nt* (*Élec*) watt *m*
Watte *f* ouate *f*
Wattestäbchen *nt* coton-tige® *m*
wattieren *vt* (*Schultern*) rembourrer
WC *nt abk* (= *Wasserklosett*) W.-C. *mpl*
Web *nt*: **das (World Wide) ~** le Web
Webadresse *f* adresse *f* Web, URL *f*
Webcam *f* webcam *f*
Webdesigner(in) *m(f)* designer *mf* Web, concepteur(-trice) Web
weben *vt* tisser
Weber(in) (**-s, -**) *m(f)* tisserand(e)
Weberei *f* atelier *m* de tissage
Weblog *m* blog *m*
Webmaster(in) (**-s, -**) *m(f)* gestionnaire *mf* Web, administrateur(-trice)de site, webmaster *mf*, webmestre *mf*
Webseite, Website (**-, -s**) *f* page *f* Web
Webserver *m* serveur *m* Internet
Website (**-, -s**) *f* site *m* Web
Webstuhl *m* métier *m* à tisser
Wechsel (**-s, -**) *m* changement *m* ; (*Geldwechsel*) change *m* ; (*Schuldschein*) lettre *f* de change • **Wechselbeziehung** *f* corrélation *f* • **Wechselgeld** *nt* monnaie *f* • **wechselhaft** *adj* variable • **Wechseljahre** *pl* ménopause *fsg* • **Wechselkurs** *m* taux *m* de change
wechseln *vt* changer de ; (*austauschen*) échanger ; (*Geld*) changer ▶ *vi* changer
Wechselstrom *m* courant *m* alternatif
Wechselwirkung *f* interaction *f*
Weckdienst *m* service *m* de réveil (téléphonique)
wecken *vt* réveiller
Wecker (**-s, -**) *m* réveil *m*
Weckruf *m* réveil *m* téléphonique
wedeln *vi* (*Ski*) godiller ; **(mit dem Schwanz) ~** remuer la queue ; **mit einem Fächer ~** agiter un éventail
weder *konj*: **~ ... noch ...** ni ... ni ...
weg *adv*: **~ sein** être parti(e), ne plus être là ; **er war schon ~** il était déjà parti ; **über etw** *Akk* **~ sein** avoir surmonté qch
Weg (**-(e)s, -e**) *m* chemin *m* ; (*Mittel*) moyen *m* ; **sich auf den ~ machen** se mettre en route ; **jdm aus dem ~ gehen** éviter qn
weg|bleiben *irr vi* ne pas *od* plus venir ; (*Satz, Wort*) être omis(e)
wegen *präp +Gen* (*fam*) à cause de
weg|fahren *irr vi* partir
Wegfahrsperre *f* (*Auto*): **(elektronische) ~** antidémarrage *m* (électronique)
weg|fallen *irr vi* être supprimé(e) *od* annulé(e) ; **etw ~ lassen** supprimer *od* annuler qch
weg|gehen *irr vi* partir
weg|lassen *irr vt* laisser partir ; (*streichen*) supprimer
weg|laufen *irr vi* se sauver
weg|legen *vt* poser
weg|machen (*fam*) *vt* (*Flecken*) enlever
weg|müssen (*fam*) *irr vi* devoir partir
weg|nehmen *irr vt* enlever ; (*Eigentum, Zeit, Platz*) prendre
weg|räumen *vt* ranger
weg|schaffen *vt* enlever
weg|schnappen *vt*: **jdm etw ~** souffler qch à qn ; **jdm die Freundin ~** souffler l'amie de qn
wegtun *irr vt* (*aufräumen*) ranger ; (*wegwerfen*) jeter
Wegweiser (**-s, -**) *m* poteau *m* indicateur
weg|werfen *irr vt* jeter
wegwerfend *adv* dédaigneux(-euse), méprisant(e)
Wegwerfgesellschaft *f* société *f* du jetable
weg|ziehen *irr vi* (*umziehen*) partir
weh *adj* (*Finger*) qui fait mal, douloureux(-euse) ; *siehe auch* **wehtun**
wehe *interj*: **~, wenn du ...** gare à toi si tu ...

Wehe *f* (*Geburtswehe*) contraction *f* ; (*Schneewehe*) congère *f*
wehen *vt, vi* (*Wind*) souffler ; (*Fahne*) flotter
wehleidig (*péj*) *adj* douillet(te)
Wehmut *f* mélancolie *f*
wehmütig *adj* mélancolique
Wehr[1] (**-(e)s, -e**) *nt* digue *f*
Wehr[2] (**-, -en**) *f*: **sich zur ~ setzen** se défendre
Wehrdienst *m* service *m* militaire

Le **Wehrdienst** désigne le service militaire en Allemagne, lequel fut obligatoire jusqu'en 2011. Auparavant, tous les hommes de plus de 18 ans recevaient une convocation et tous ceux déclarés aptes au service devaient passer neuf mois dans la *Bundeswehr*. Les objecteurs de conscience avaient la possibilité de choisir le *Zivildienst*.

Wehrdienstverweigerer *m* objecteur *m* de conscience
wehren *vr* se défendre
wehrlos *adj* sans défense
Wehrpflicht *f* service *m* militaire obligatoire
wehrpflichtig *adj* assujetti(e) au service militaire *od* national
weh|tun *irr vt* faire mal ; **sich** *Dat* **~** se faire mal
Wehwehchen (*fam*) *nt* bobo *m*
Weib (**-(e)s, -er**) *nt* femme *f*
Weibchen *nt* femelle *f*
weibisch *adj* efféminé(e)
weiblich *adj* féminin(e)
weich *adj* mou(molle), souple ; (*Sessel, Bett etc*) moelleux(-euse) ; (*Haut, Pelz, Stoff*) doux(douce) ; (*Kern, Herz, Gemüse etc*) tendre
Weiche *f* aiguillage *m*
Weichei (*péj*) *nt* chiffe *f* molle
weichen *irr vi* +*Dat* (*Platz machen*) céder la place (à)
Weichheit *f* mollesse *f*, souplesse *f* ; (*von Sessel, Bett etc*) moelleux *m* ; (*von Haut, Pelz, Stoff*) douceur *f*
weichlich *adj* mou(molle)
Weichling *m* faible *m*
Weichspüler *m* adoucissant *m* (textile)
Weide *f* (*Baum*) saule *m* ; (*Wiese*) pâturage *m*
weiden *vi* paître ▸ *vr*: **sich an etw** *Dat* **~** se repaître de qch
weidlich *adv* largement, beaucoup
weigern *vr* refuser
Weigerung *f* refus *m*
Weihe *f* consécration *f* ; (*Priesterweihe*) ordination *f*
weihen *vt* (*Priester*) ordonner ; (*Gebäude*) consacrer ; (*Kerze*) bénir ; (*widmen*) vouer
Weiher (**-s, -**) *m* étang *m*
Weihnachten (**-**) *nt* Noël *m*
weihnachtlich *adj* de Noël
Weihnachtsabend *m* réveillon *m* de Noël
Weihnachtsbaum *m* arbre *m* de Noël
Weihnachtslied *nt* chant *m* de Noël
Weihnachtsmann *m* père *m* Noël
Weihnachtsmarkt *m* marché *m* de Noël

Le marché de Noël, **Weihnachtsmarkt**, fait partie du paysage germanophone traditionnel de la période de l'Avent. On peut y déguster différentes spécialités, comme du vin chaud et du pain d'épices, et y acheter des cadeaux, des jouets et des décorations de Noël dans une ambiance de fête.

Weihnachtstag *m* jour *m* de Noël ; **der zweite ~** le 26 décembre
Weihrauch *m* encens *m*
Weihwasser *nt* eau *f* bénite
weil *konj* parce que
Weile (**-**) *f* moment *m*
Wein (**-(e)s, -e**) *m* vin *m* ; (*Pflanze*) vigne *f* • **Weinbau** *m* viticulture *f* • **Weinbeere** *f* (grain *m* de) raisin *m* • **Weinberg** *m* vignoble *m* • **Weinbergschnecke** *f* escargot *m* de Bourgogne • **Weinbrand** *m* eau-de-vie *f*
weinen *vi* pleurer
weinerlich *adj* larmoyant(e)
Weingeist *m* esprit-de-vin *m*
Weinglas *nt* verre *m* à vin
Weinlese *f* vendanges *fpl*
Weinprobe *f* dégustation *f* de vins
Weinrebe *f* vigne *f*
Weinstein *m* tartre *m*
Weinstock *m* pied *m* de vigne
Weintraube *f* (grain *m* de) raisin *m*
weise *adj* sage
Weise *f* (*Art*) façon *f*, manière *f* ; (*Mus*) air *m*
Weise(r) *f(m)* sage *m*
weisen *irr vt* (*Weg*) indiquer
Weisheit *f* sagesse *f*
Weisheitszahn *m* dent *f* de sagesse
weiß *adj* blanc (blanche)
Weißbier *nt bière blonde de froment*
Weißblech *nt* fer-blanc *m*
Weißbrot *nt* pain *m* blanc
weißen *vt* blanchir (à la chaux)
Weißglut *f* incandescence *f* ; **jdn bis zur ~ bringen** (*fam*) faire voir rouge à qn
Weißkohl *m* chou *m* blanc
Weißrussland *nt* la Biélorussie (*la Russie blanche*)
Weißwandtafel *f* tableau *m* blanc ; **interaktive ~** tableau *m* blanc interactif

Weißwein *m* vin *m* blanc
Weisung *f* directives *fpl*
weit *adj* large ; (*Entfernung, Reise*) long (longue) ▶ *adv* loin ; **das geht zu ~** c'en est trop • **weitaus** *adv* de loin • **Weitblick** *m* clairvoyance *f* • **weitblickend** *adj* clairvoyant(e)
Weite *f* largeur *f* ; (*Raum*) étendue *f*
weiten *vt* élargir ▶ *vr* se dilater ; (*Horizont*) s'élargir
weiter *adj* plus large ; (*Entfernung, Reise*) plus long(longue), plus grand(e) ; (*zusätzlich*) supplémentaire, complémentaire ▶ *adv* plus loin ; (*außerdem*) autrement ; **~ nichts/niemand** rien/personne d'autre • **weiter|arbeiten** *vi* continuer de travailler • **weiter|bilden** *vr* se recycler • **Weiterbildung** *f* formation *f* (professionnelle) complémentaire
Weitere(s) *nt*: **alles ~** tout le reste ; **ohne ~s** sans problème
weiter|empfehlen *irr vt* recommander (à d'autres)
Weiterfahrt *f* suite *f* du voyage
Weiterflug *m* suite *f* du vol
weiter|gehen *irr vi* continuer son chemin ; (*Leben*) continuer
weiterhin *adv* (*immer noch*) toujours ; (*außerdem*) en outre
weiter|leiten *vt* (*Poste*) faire suivre ; (*Anfrage*) transmettre
weiter|machen *vt, vi* continuer
weiter|reisen *vi* poursuivre son voyage
weitgehend *adj* large ▶ *adv* largement
weitläufig *adj* (*Gebäude*) vaste ; (*Erklärung*) détaillé(e) ; (*Verwandter*) éloigné(e)
weitschweifig *adj* (*Erzählung*) prolixe
weitsichtig *adj* (*Méd*) presbyte ; (*fig*) qui voit loin
Weitsprung *m* saut *m* en longueur
weitverbreitet *adj* très répandu(e)
Weitwinkelobjektiv *nt* objectif *m* grand angle
Weizen (**-s, -**) *m* blé *m* • **Weizenbier** *nt* *bière à base de froment*

SCHLÜSSELWORT

welche(r, s) *pron* **1** (*interrog*) lequel (laquelle) ; (: *pl*) lesquels (lesquelles) ; **welcher/welche von beiden?** lequel (laquelle) des deux ? ; **welchen/welche hast du genommen?** lequel (laquelle) as-tu pris ? ; **welch ein Pech!** quelle malchance ! ; **welch eine schöne Kirche!** quelle belle église ! ; **welche Freude!** quel plaisir !
2 (*unbestimmt*): **es soll ja welche geben die ...** il paraît qu'il y a des gens qui ... ; **ich habe welche** j'en ai ; **haben Sie noch welche?** vous en avez ?
3 (*relativ: Subjekt*) qui ; (: *Akkusativ*) que ; (: *Dativ*) à qui ; (: *bei Sachen*) auquel (à laquelle)

welk *adj* flétri(e)
welken *vi* se faner
Wellblech *nt* tôle *f* ondulée
Welle *f* vague *f* ; (*Tech*) onde *f*
Wellenbereich *m* gamme *f* de fréquence
Wellenlänge *f* longueur *f* d'onde
Wellenlinie *f* ligne *f* ondulée
Wellensittich *m* perruche *f*
Wellness (**-**) *f* bien-être *m*
Wellpappe *f* carton *m* ondulé
Welt *f* monde *m* • **Weltall** *nt* univers *m* • **Weltanschauung** *f* vision *f* du monde, philosophie *f* • **weltberühmt** *adj* de renommée internationale
weltfremd *adj* sauvage
Weltkrieg *m* guerre *f* mondiale
weltlich *adj* (*Freuden*) de ce monde ; (*Bauwerk*) profane
Weltmacht *f* grande puissance *f*
weltmännisch *adj* d'homme du monde
Weltmeister(in) *m(f)* champion(ne) du monde
Weltmeisterschaft *f* championnat *m* du monde
Weltraum *m* espace *m*
Weltraumstation *f* station *f* spatiale
Weltreise *f* tour *m* du monde
Weltrekord *m* record *m* du monde
Weltstadt *f* métropole *f*
weltweit *adj* international(e)
Weltwunder *nt*: **die sieben ~** les sept merveilles *fpl* du monde
wem *pron* (*Dat*) à qui
wen *pron* (*Akk*) qui
Wende *f* tournant *m* • **Wendekreis** *m* (*Géo*) tropique *m* ; (*Auto*) rayon *m* de braquage
Wendeltreppe *f* escalier *m* en colimaçon
wenden *irr vt* tourner, retourner ; (*Boot*) faire virer de bord ▶ *vr* (*Glück*) tourner ▶ *vi* faire demi-tour ; **bitte ~!** tournez, s'il vous plaît, T.S.V.P. ; **sich an jdn ~** s'adresser à qn
Wendepunkt *m* tournant *m*
Wendung *f* tournure *f*
wenig *adj* peu de ▶ *adv* peu ; **er hat zu ~ Geld** il n'a pas assez d'argent ; **~e** *pl* peu de gens
Wenigkeit *f*: **meine ~** mon humble personne

wenigste(r, s) *adj* moindre
wenigstens *adv* au moins

SCHLÜSSELWORT

wenn *konj* (*falls, bei Wünschen*) si ; (*zeitlich*) quand ; **wenn auch ...** même si ... ; **selbst wenn ...** même si ... ; **es ist, als wenn ...** c'est comme si ...; **wenn ich doch ...** si seulement je ... ; **immer wenn ...** chaque fois que ... ; **außer wenn ...** sauf quand ... ; **wenn wir erst die neue Wohnung haben** une fois que nous aurons notre nouvel appartement

wennschon (*fam*) *adv*: **(na) ~!** et alors ? ; **~, dennschon!** tant qu'à faire !
wer *pron* qui
Werbebanner *nt* message *m* publicitaire
Werbefernsehen *nt* publicité *f* à la télévision
Werbegeschenk *nt* cadeau *m* publicitaire
Werbekampagne *f* campagne *f* publicitaire
werben *irr vt* (*Kunden*) prospecter ; (*Mitglied*) recruter ▸ *vi* faire de la publicité ; **um etw ~** essayer d'obtenir qch ; **um Wähler ~** essayer d'obtenir des voix ; **für eine Firma/ein Produkt ~** faire de la publicité pour une entreprise/un produit
Werbespot *m* spot *m* publicitaire
werbewirksam *adj* efficace (sur le plan publicitaire)
Werbung *f* publicité *f* ; (*von Mitgliedern*) recrutement *m* ; (*um Frau*) cour *f*
Werdegang *m* parcours *m* ; (*beruflich*) carrière *f*

SCHLÜSSELWORT

werden (*pt* **wurde**, *pp* **geworden** *od* (*bei Passiv*) **worden**) *vi* devenir ; **rot werden** rougir ; **zu Eis werden** geler ; **die Fotos sind gut geworden** les photos sont réussies ; **was willst du (mal) werden?** qu'est-ce que tu veux faire quand tu seras grand(e) ? ; **was ist aus ihm geworden?** qu'est-il devenu ? ; **aus ihr wird nie etw** elle n'arrivera jamais à rien ; **es ist nichts geworden** ça n'a rien donné ; **das ist gut geworden** ça a bien réussi ; **es wird Nacht** la nuit tombe ; **es wird Tag** le jour se lève ; **mir wird kalt** je commence à avoir froid ; **mir wird schlecht** je me sens mal ; **Erster werden** être (classé) premier ; **das muss anders werden** il faut que ça change ; **es wird bald ein Jahr, dass ...** il y a bientôt une année que ... ; **er wird bald 40** il va bientôt avoir 40 ans
▸ *Hilfsverb* **1** (*Futur*): **er wird es tun** il va le faire ; **es wird gleich regnen** il va bientôt pleuvoir
2 (*Konjunktiv*): **ich würde weniger essen** je mangerais moins ; **ich würde das nicht so machen** je ne le ferais pas comme ça, je m'y prendrais autrement ; **er würde gern ...** il aimerait bien ... ; **ich würde lieber ...** je préférerais ...
3 (*Vermutung*): **sie wird (wohl) in der Küche sein** elle est sans doute à la cuisine
4 (*Passiv*): **gebraucht werden** être utilisé(e), servir ; **mir wurde gesagt, dass ...** on m'a dit que ... ; **es wurde viel gelacht** on a beaucoup ri

werfen *irr vt* lancer ; (*Junge*) accoucher de ▸ *vi* (*Tier*) mettre bas
Werft (-, -en) *f* chantier *m* naval
Werk (-(e)s, -e) *nt* (*Buch, Tätigkeit etc*) œuvre *f* ; (*Fabrik*) usine *f* ; (*Mechanismus*) mécanisme *m* ; **ans ~ gehen** se mettre à l'ouvrage
Werkstatt (-, -stätten) *f* atelier *m* ; (*Auto*) garage *m*
Werkstoff *m* matériau *m*
Werktag *m* jour *m* ouvrable
werktags *adv* les jours ouvrables
werktätig *adj* (*Bevölkerung*) actif(-ive)
Werkzeug *nt* outils *mpl*
Werkzeugkasten *m* boîte *f* à outils
Werkzeugschrank *m* armoire *f* à outils
Wermut (-(e)s) *m* (*Wein*) vermouth *m*
wert *adj* (*geschätzt*) cher (chère) ; **~e Anwesende** Mesdames et Messieurs ; **das ist es/er mir ~** je trouve que ça/qu'il en vaut la peine • **Wert** (-(e)s, -e) *m* valeur *f* ; **~ legen auf** +*Akk* tenir à ; **es hat doch keinen ~** ça ne sert à rien
werten *vt* (*beurteilen*) juger
Wertgegenstand *m* objet *m* de valeur
wertlos *adj* sans valeur ; (*Information*) inutile
Wertlosigkeit *f* absence *f* de valeur ; (*von Information*) inutilité *f*
Wertpapier *nt* titre *m* ; **faule ~e** actifs *mpl* toxiques
wertvoll *adj* précieux(-euse)
Wertzuwachs *m* augmentation *f* de valeur
Wesen (-s, -) *nt* (*Geschöpf*) être *m* ; (*Natur, Charakter*) nature *f*
wesentlich *adj* (*ausschlaggebend*) essentiel(le) ; (*beträchtlich*) considérable
weshalb *adv* pourquoi

Wespe *f* guêpe *f*
wessen *pron* (*Gen*) de qui, dont
Wessi *m abk voir article*

> **Wessi** est un terme familier et souvent irrespectueux désignant un Allemand de l'ancienne *BRD*.

Weste *f* gilet *m*
Westen (**-s**) *m* ouest *m*
westeuropäisch *adj* d'Europe de l'Ouest ; **~e Zeit** heure *f* de Greenwich
westlich *adj* occidental(e) ▶ *präp +Gen* à l'ouest de
Westwind *m* vent *m* d'ouest
weswegen *adv* pourquoi
wett *adj*: **mit jdm ~ sein** être quitte envers qn • **Wettbewerb** *m* concours *m*
wettbewerbsfähig *adj* compétitif(-ive)
Wettbewerbsfähigkeit *f* compétitivité *f*
Wette *f* pari *m*
Wetteifer *m* esprit *m* de compétition
wetten *vt, vi* parier
Wetter (**-s, -**) *nt* temps *m* (qu'il fait) • **Wetterbericht** *m* bulletin *m* de la météo • **Wetterdienst** *m* service *m* météorologique • **wetterfühlig** *adj* sensible aux changements de temps • **Wetterlage** *f* situation *f* météorologique
Wettervorhersage *f* prévisions *fpl* météorologiques
Wetterwarte *f* station *f* météorologique
wetterwendisch *adj* versatile
Wettkampf *m* compétition *f*
Wettlauf *m* course *f*
wett|machen *vt* réparer, compenser
Wettstreit *m* compétition *f*
wetzen *vt* (*Messer*) aiguiser
WEZ *abk* (*= westeuropäische Zeit*) heure *f* de Greenwich
WG *abk* = **Wohngemeinschaft**
Whisky (**-s, -s**) *m* whisky *m*
Whistleblower(in) *m(f)* lanceur(-euse) d'alerte
wich *etc vb siehe* **weichen**
wichtig *adj* important(e) • **Wichtigkeit** *f* importance *f*
wickeln *vt* enrouler ; (*Wolle*) rouler en pelote ; (*Baby*) langer
Widder (**-s, -**) *m* bélier *m* ; (*Astrol*) Bélier *m*
wider *präp +Akk* contre
widerfahren *irr vi insép*: **jdm ~** advenir de qn
widerlegen *vt insép* réfuter
widerlich *adj* repoussant(e)
widerrechtlich *adj* illégal(e)
Widerrede *f* contradiction *f*
Widerruf *m*: **bis auf ~** jusqu'à nouvel ordre
widerrufen *irr vt insép* (*Aussage, Geständnis*) retirer ; (*Befehl, Anordnung*) annuler
widersetzen *vr insép*: **sich einem Befehl ~** s'opposer à un ordre
widerspenstig *adj* récalcitrant(e), rebelle • **Widerspenstigkeit** *f* caractère *m* rebelle *od* récalcitrant
wider|spiegeln *vt* refléter
widersprechen *irr vi insép*: **jdm/einer Sache ~** contredire qn/qch
widersprechend *adj* contradictoire
Widerspruch *m* contradiction *f*
widerspruchslos *adj* (*Gehorsam*) absolu(e) ▶ *adv* sans discussion
Widerstand *m* résistance *f*
Widerstandsbewegung *f* mouvement *m* de résistance
widerstandsfähig *adj* résistant(e)
widerstandslos *adj* sans résistance
widerstehen *irr vi insép*: **jdm/einer Versuchung ~** résister à qn/une tentation
widerwärtig *adj* épouvantable
Widerwille *m* dégoût *m* ; **~ gegen** aversion *f* pour
widerwillig *adj, adv* à contrecœur
Widget *nt* (*Inform*) widget *m*
widmen *vt* (*Buch*) dédier ; (*Zeit*) consacrer ▶ *vr* se consacrer
Widmung *f* dédicace *f*
widrig *adj* (*Umstände*) adverse

SCHLÜSSELWORT

wie *adv* **1** (*in Fragen*) comment ; **wie schreibt man das?** comment ça s'écrit ? ; **wie groß?** de quelle grandeur *od* taille ? ; **wie groß ist er?** combien mesure-t-il ? ; **wie schnell?** à quelle vitesse ? ; **wie wärs mit einem Whisky?** que diriez-vous d'un whisky ? ; **wie heißt du?** comment t'appelles-tu ? ; **wie nennt man das?** comment ça s'appelle ? ; **wie ist er?** comment est-il ? ; **wie spät ist es?** quelle heure est-il ? ; **wie viel** combien de ; **wie viele Personen?** combien de personnes ? ; **wie viel kostet das?** combien ça coute ? ; **wie viel Uhr ist es?** quelle heure est-il ? ; **wie bitte?** comment ?
2 (*in Ausrufen*): **wie gut du das kannst!** tu le fais vraiment bien ! ; **wie schrecklich!** c'est affreux ! ; **wie schön das ist!** comme *od* que c'est beau ! ; **wie schön sie ist!** comme elle *od* qu'elle est belle ! ; **und wie!** et comment !
3 (*relativ*): **die Art, wie sie das macht** la manière dont elle s'y prend

▶ *konj* **1** (*bei Vergleichen*): **so schön wie ...** aussi beau (belle) que ... ; **wie du** comme toi ; **wie eine Nachtigall singen** chanter comme un rossignol ; **wie ich schon sagte** comme je l'ai dit ; **ganz wie Sie wünschen, mein Herr!** comme vous voudrez, Monsieur ! ; **wie (zum Beispiel)** comme (par exemple) ; **wie immer** comme toujours
2 (*zeitlich*): **wie er das hörte, ging er** en entendant cela, il est parti
3 (*Art und Weise*): **sie sagte mir, wie man das macht** elle m'a dit comment le faire ; **er fragte mich, wie es mir ging** il m'a demandé comment j'allais ; **er fragte mich, wie spät es war** il m'a demandé l'heure qu'il était

wieder *adv* de *od* à nouveau ; **~ gesund sein** être guéri(e) ; **gehst du schon ~?** tu repars déjà ? ; **~ ein(e)** encore un(e) • **Wiederaufbau** *m* reconstruction *f* • **wieder|auf|bereiten** *vt* retraiter • **Wiederaufbereitungsanlage** *f* usine *f* de retraitement • **wieder|auf|nehmen** *irr vt* reprendre • **wiederbeschreibbar** *adj* (*CD, DVD*) réinscriptible • **wieder|erkennen** *irr vt* reconnaître
Wiedergabe *f* (*Bericht*) compte rendu *m* ; (*Reproduktion*) reproduction *f*
wieder|geben *irr vt* rendre ; (*Gefühle*) exprimer
wiedergut|machen *vt* réparer
Wiedergutmachung *f* (*Geldbetrag*) indemnité *f*
wiederher|stellen *vt* (*Mensch*) guérir ; (*Ordnung*) rétablir ; (*Frieden, Ruhe*) ramener ; (*Inform*) restaurer ; **sobald er** *od* **seine Gesundheit wiederhergestellt ist** dès qu'il sera rétabli
Wiederherstellung *f* restauration *f* ; (*von Frieden, Beziehung*) rétablissement *m*
wiederholen *vt insép* répéter
wiederholt *adj* répété(e)
Wiederholung *f* répétition *f*
Wiederhören *nt*: **auf ~** au revoir
Wiederkehr *f* retour *m*
wieder|sehen *irr vt* revoir
Wiedersehen *nt* retrouvailles *fpl* ; **auf ~!** au revoir !
wiederum *adv* de *od* à nouveau ; (*andererseits*) par contre
wieder|vereinigen *vt* réunir ; (*Pol*) réunifier
Wiedervereinigung *f* (*Pol*) réunification *f*
Wiederwahl *f* réélection *f*
Wiege *f* berceau *m*
wiegen *irr vt, vi* peser
wiehern *vi* (*Pferd*) hennir
Wien (**-s**) *nt* Vienne
wies *etc vb siehe* **weisen**
Wiese *f* pré *m*
Wiesel (**-s, -**) *nt* belette *f*
wieso *adv* pourquoi
wievielmal *adv* combien de fois
wievielte(r, s) *adj*: **zum ~n Mal?** pour la combientième fois ? ; **den W~n haben wir heute?** le combien sommes-nous ? ; **an ~r Stelle?** combientième ?
wieweit *adv* jusqu'où
Wi-Fi *nt* wifi *m*, wi-fi *m*
wild *adj* sauvage ; (*Volk*) primitif(-ive) ; (*wütend*) furieux(-euse)
Wild (**-(e)s**) *nt* gibier *m*
wildern *vi* braconner
wildfremd *adj* complètement inconnu(e)
Wildheit *f* caractère *m* sauvage
Wildleder *nt* daim *m*
Wildnis *f* région *f* sauvage
Wildschwein *nt* sanglier *m*
Wille (**-ns, -n**) *m* volonté *f*
willen *präp +Gen*: **um ... ~** pour l'amour de ...
willenlos *adj* sans volonté
willensstark *adj* qui a de la volonté *od* du caractère
willig *adj* de bonne volonté
willkommen *adj* bienvenu(e) ; **(herzlich) ~!** bienvenue ! • **Willkommen** (**-s, -**) *nt* bienvenue *f*
willkürlich *adj* arbitraire
wimmeln *vi*: **~ von** fourmiller de
wimmern *vi* geindre
Wimper (**-, -n**) *f* cil *m*
Wimperntusche *f* mascara *m*
Wind (**-(e)s, -e**) *m* vent *m* • **Windbeutel** *m* ≈ chou *m* à la crème
Winde *f* (*Tech*) treuil *m* ; (*Bot*) volubilis *m*, liseron *m*
Windel *f* couche *f* (*de bébé*)
winden[1] *vi unpers*: **es windet** il vente
winden[2] *irr vt* (*Kranz*) tresser ▶ *vr* (*Weg*) serpenter ; (*Pflanze*) s'enrouler ; (*Person*) se tordre
Windenergie *f* énergie *f* éolienne
Windfarm (**-, -en**) *f* parc *m* éolien
Windhose *f* tourbillon *m*
Windhund *m* lévrier *m* ; (*Mensch*) écervelé *m*
windig *adj* de vent ; (*fam: Bursche*) louche
Windkraftanlage *f* centrale *f* éolienne
Windmühle *f* moulin *m* à vent
Windpark *m*, **Windparkanlage** *f* parc *m* d'aérogénérateurs

Windpocken *pl* varicelle *fsg*
Windschutzscheibe *f* pare-brise *m inv*
Windstärke *f* force *f* du vent
Windstille *f* calme *m* plat
Windstoß *m* coup *m* de vent
Wink (**-(e)s, -e**) *m* (*mit Kopf*) signe *m* (de la tête) ; (*mit Hand*) signe (de la main) ; (*fig*) conseil *m*
Winkel (**-s, -**) *m* (*Ecke*) coin *m* ; (*Math*) angle *m* ; (*Gerät*) équerre *f*
winken *vi* faire signe (de la main) ; (*fig: Gelegenheit*) être en vue ▸ *vt*: **jdn zu sich ~** faire signe à qn d'approcher
winseln *vi* geindre
Winter (**-s, -**) *m* hiver *m* • **winterlich** *adj* hivernal(e) • **Winterreifen** *m* pneu-neige *m* • **Winterschlaf** *m* hibernation *f* • **Winterschlussverkauf** *m* soldes *mpl* de printemps • **Wintersport** *m* sport *m* d'hiver
Winterzeit *f* (*Uhrzeit*) heure *f* d'hiver
Winzer (**-s, -**) *m* vigneron *m*
winzig *adj* minuscule
Wipfel (**-s, -**) *m* cime *f*
wir *pron* nous ; **~ alle** nous tous
Wirbel (**-s, -**) *m* (*Anat*) vertèbre *f* ; (*in Wasser, Trubel*) tourbillon *m* ; (*Aufsehen*) remous *mpl*
wirbeln *vi* tourbillonner
Wirbelsäule *f* colonne *f* vertébrale
Wirbelwind *m* tourbillon *m* de vent
wirken *vi* (*tätig sein*) agir ; (*erfolgreich sein, Wirkung haben*) être efficace, agir ; (*erscheinen*) avoir l'air ▸ *vt*: **Wunder ~** être très efficace
wirklich *adj* vrai(e) • **Wirklichkeit** *f* réalité *f*
wirksam *adj* efficace ; **~ werden** (*gelten*) entrer en vigueur • **Wirksamkeit** *f* efficacité *f*
Wirkung *f* effet *m*
wirkungslos *adj* inefficace
wirkungsvoll *adj* efficace
wirr *adj* (*Haar*) emmêlé(e) ; (*unklar*) confus(e)
Wirren *pl* troubles *mpl*
Wirrwarr (**-s**) *m* confusion *f*
Wirsing (**-s**), **Wirsingkohl** *m* chou *m* frisé
Wirt(in) (**-(e)s, -e**) *m(f)* (*von Gaststätte*) patron(ne)
Wirtschaft *f* (*Gaststätte*) café *m* ; (*Écon*) économie *f* ; (*Haushalt*) ménage *m* ; (*fam*) pagaille *f* • **wirtschaftlich** *adj* économique • **Wirtschaftlichkeit** *f* rentabilité *f*
Wirtschaftskrise *f* crise *f* économique
Wirtschaftspolitik *f* politique *f* économique
Wirtschaftsprüfer(in) *m(f)* vérificateur *m* des comptes
Wirtschaftswissenschaft *f* science *f* économique
Wirtschaftswunder *nt* miracle *m* économique
Wirtshaus *nt* auberge *f*
Wisch (**-(e)s, -e**) *m* papelard *m*
wischen *vt* (*Boden*) laver ; (*Staub*) essuyer ; (*Augen*) s'essuyer
Wischer (**-s, -**) *m* (*Auto*) essuie-glace *m*
wispern *vt, vi* chuchoter
wissbegierig *adj* curieux(-euse)
wissen *irr vt* savoir ; **man kann nie ~** on ne sait jamais • **Wissen** (**-s**) *nt* savoir *m*
Wissenschaft *f* science *f*
Wissenschaftler(in) (**-s, -**) *m(f)* scientifique *mf*
wissenschaftlich *adj* scientifique
wissenswert *adj* digne d'intérêt
wissentlich *adj* voulu(e) ▸ *adv* en toute connaissance de cause
wittern *vt* (*Spur, Gefahr*) flairer
Witterung *f* (*Wetterlage*) temps *m* ; (*Geruch*) fumet *m*
Witwe *f* veuve *f*
Witz (**-es, -e**) *m* histoire *f* (drôle) • **Witzblatt** *nt* journal *m* humoristique • **Witzbold** (**-(e)s, -e**) *m* plaisantin *m*
witzeln *vi* plaisanter
witzig *adj* drôle
WM (**-**) *f abk* (*= Weltmeisterschaft*) championnat *m* du monde
wo *adv* où ; (*fam: irgendwo*) quelque part ; **im Augenblick, wo …** au moment où … ; **die Zeit, wo …** l'époque où …
woanders *adv* ailleurs
wob *etc vb siehe* **weben**
wobei *adv* (*relativ*) à l'occasion de quoi
Woche *f* semaine *f*
Wochenende *nt* week-end *m*
wochenlang *adj* qui dure des semaines ▸ *adv* pendant plusieurs semaines
Wochentag *m* jour *m* de la semaine
wöchentlich *adj* hebdomadaire
Wochenzeitung *f* hebdomadaire *m*
Wodka (**-s, -s**) *m* vodka *f*
wodurch *adv* (*relativ*) grâce à *od* à cause de quoi ; (*interrog*) comment
wofür *adv* (*relativ*) pour lequel(laquelle) ; (*interrog*) pour quoi
wog *etc vb siehe* **wiegen**
Woge *f* vague *f*
wogegen *adv* (*relativ, interrog*) contre quoi
wogen *vi* (*Meer*) être houleux(-euse)
woher *adv* d'où
wohin *adv* où

SCHLÜSSELWORT

wohl *adv* **1**: **bei dem Gedanken ist mir nicht wohl** rien que d'y penser, ça me rend malade ; **wohl oder übel** bon gré mal gré ; **wohl gemeint** = **wohlgemeint**; **sich wohl fühlen** *siehe* **wohlfühlen**
2 (*gründlich*): **etw wohl überlegen** bien réfléchir à qch ; **ich habe es mir wohl überlegt** c'est tout réfléchi
3 (*wahrscheinlich*) probablement ; (*gewiss*) sûrement ; (*vielleicht*) sans doute ; (*etwa*) à peu près ; (*durchaus*) bien, tout à fait ; **sie ist wohl zu Hause** elle est sans doute chez elle ; **das ist doch wohl ein Witz** *od* **nicht dein Ernst!** tu plaisantes ! ; **das mag wohl sein** c'est possible ; **ob das wohl stimmt?** je me demande si c'est vrai ; **er weiß das wohl** il le sait sans doute

Wohl (**-(e)s**) *nt*: **das ~ seiner Kinder** le bien-être de ses enfants ; **zum ~!** à la tienne/vôtre !
wohlauf *adv*: **~ sein** bien se porter
Wohlbehagen *nt* sensation *f* de bien-être
wohlbehalten *adj* sain(e) et sauf (sauve) ; (*Gegenstand*) intact(e)
Wohlfahrt *f* (*Fürsorge*) aide *f* sociale
Wohlfahrtsstaat *m* État-providence *m*
wohlfühlen *vr* se sentir bien
wohlgemeint *adj* bien intentionné(e)
wohlhabend *adj* aisé(e)
wohlig *adj* agréable
wohlschmeckend *adj* savoureux(-euse)
Wohlstand *m* aisance *f*
Wohlstandsgesellschaft *f* société *f* d'abondance
Wohltat *f* bienfait *m*
Wohltäter(in) *m(f)* bienfaiteur(-trice)
wohltätig *adj* (*Verein*) de bienfaisance
wohlverdient *adj* (bien) mérité(e)
wohlweislich *adv* sciemment
Wohlwollen *nt* bienveillance *f*
wohlwollend *adj* bienveillant(e)
wohnen *vi* habiter
Wohngebiet *nt* zone *f* d'habitation
Wohngemeinschaft *f* communauté *f*
wohnhaft *adj* domicilié(e)
Wohnheim *nt* foyer
wohnlich *adj* confortable
Wohnmobil *nt* camping-car *m*
Wohnort, Wohnsitz *m* domicile *m*
Wohnung *f* appartement *m* ; (*Unterkunft*) logis *m*
Wohnungsnot *f* crise *f* du logement
Wohnwagen *m* caravane *f*
Wohnzimmer *nt* (salle *f* de) séjour *m*, living *m*
Wok (**-, -s**) *m* wok *m*
wölben *vr* (*Brücke*) être voûté(e)
Wölbung *f* voûte *f*
Wolf (**-(e)s, ¨-e**) *m* loup *m*
Wölfin *f* louve *f*
Wolke *f* nuage *m*
Wolkenkratzer *m* gratte-ciel *m*
wolkig *adj* (*Himmel*) nuageux(-euse)
Wolle *f* laine *f*

SCHLÜSSELWORT

wollen[1] (*pt* **wollte**, *pp* **gewollt** *od* (*als Hilfsverb*) **wollen**) *vt, vi* vouloir ; **ich will nach Hause** je veux rentrer à la maison ; **er will nicht** il ne veut pas ; **etw lieber wollen** préférer qch ; **wenn du willst** si tu veux ; **ganz wie du willst!** c'est comme tu veux ! ; **das hab ich nicht gewollt** ce n'était pas mon intention ; **ich weiß nicht, was er will** je ne sais *od* comprends pas ce qu'il veut
▶ *Hilfsverb* **1** (*Absicht haben*): **wolltest du gehen/etw sagen?** tu voulais partir/dire qch ? ; **ich wollte gerade bei dir anrufen** j'allais justement te téléphoner ; **etw gerade tun wollen** être sur le point de faire qch
2 (*müssen*): **so ein Schritt will gut überlegt sein** il faut réfléchir soigneusement avant de prendre une telle décision
3 (*sollen*): **das will nichts heißen** ça ne veut rien dire
4 (*in Wunsch*): **ich wollte, ich wäre ...** j'aimerais être ...

wollen[2] *adj* en laine
wollüstig *adj* (*sinnlich*) voluptueux(-euse)
womit *adv* (*relativ*) avec quoi, avec lequel(laquelle) ; (*interrog*) avec quoi
womöglich *adv* peut-être
wonach *adv* (*relativ*: *demzufolge*) selon lequel(laquelle)
Wonne *f* délice *m*
woran *adv* (*relativ*) auquel(à laquelle) ; (*interrog*) à quoi
worauf *adv* (*relativ*) sur lequel(laquelle) ; (*interrog*) sur quoi
woraus *adv* (*relativ*) duquel(de laquelle) ; (*interrog*) de quoi
worin *adv* en quoi
Workshop (**-s, -s**) *m* atelier *m*, workshop *m*
Wort (**-(e)s, ¨-er** *od* **-e**) *nt* mot *m* ; **~ halten** tenir parole ; **mit anderen ~en** autrement dit • **wortbrüchig** *adj* qui manque à sa parole
Wörterbuch *nt* dictionnaire *m*

Wortführer *m* porte-parole *m*
wortkarg *adj* laconique
Wortlaut *m* teneur *f* ; **im ~** textuellement
wörtlich *adj* (*Übersetzung*) mot à mot, littéral(e)
wortlos *adj* muet(te)
wortreich *adj* verbeux(-euse)
Wortschatz *m* vocabulaire *m*
Wortspiel *nt* jeu *m* de mots
Wortwechsel *m* échange *m* verbal
worüber *adv* (*relativ*) sur lequel(laquelle) ; (*interrog*) sur quoi
worum *adv* (*relativ*) autour duquel(de laquelle) ; (*interrog*) autour de quoi
worunter *adv* (*relativ*) sous lequel(laquelle) ; (*interrog*) sous quoi
wovon *adv* (*relativ*) dont ; (*interrog*) de quoi
wovor *adv* (*relativ*) devant lequel(laquelle) ; (*interrog*) devant quoi
wozu *adv* (*relativ*) pour lequel(laquelle) ; (*interrog*) pourquoi
Wrack (**-(e)s, -s**) *nt* épave *f*
wringen *irr vt* tordre
Wucher (**-s**) *m* usure *f* • **Wucherer** (**-s, -**) *m*, **Wucherin** *f* usurier(-ière) *m/f* • **wucherisch** (*péj*) *adj* (*Preis*) exorbitant(e)
wuchern *vi* (*Pflanzen*) proliférer
Wucherung *f* (*Méd*) excroissance *f*
wuchs *etc vb siehe* **wachsen**
Wuchs (**-es**) *m* (*Wachstum*) croissance *f* ; (*Statur*) stature *f*
Wucht (**-**) *f* force *f*
wuchtig *adj* (*Gestalt*) massif(-ive) ; (*Schlag*) violent(e)
wühlen *vi* (*Tier*) fouir ; **in etw ~** fouiller dans qch
Wulst (**-es, ⸚e**) *m* renflement *m* ; (*an Wunde*) boursouflure *f*
wund *adj* (*Haut*) écorché(e)
Wunde *f* blessure *f*
Wunder (**-s, -**) *nt* miracle *m* • **wunderbar** *adj* miraculeux(-euse) ; (*herrlich*) merveilleux(-euse) • **Wunderkind** *nt* enfant *m* prodige • **wunderlich** *adj* bizarre
wundern *vr*: **sich ~ über** *+Akk* s'étonner de ▶ *vt* étonner
wunderschön *adj*, **wundervoll** *adj* merveilleux(-euse)
Wundstarrkrampf *m* tétanos *m*
Wunsch (**-(e)s, ⸚e**) *m* souhait *m* ; **herzliche** *od* **alle guten Wünsche zum Geburtstag!** meilleurs vœux pour ton anniversaire !
wünschen *vt* souhaiter ; **sich** *Dat* **etw ~** désirer (avoir) qch
wünschenswert *adj* souhaitable
wurde *etc vb siehe* **werden**
Würde *f* dignité *f*
Würdenträger (*geh*) *m* dignitaire *m*
würdevoll *adj* digne
würdig *adj* digne ; **jds/einer Sache ~ sein** être digne de qn/qch
würdigen *vt* reconnaître ; **jdn keines Blickes ~** ne pas daigner regarder qn
Wurf (**-s, ⸚e**) *m* lancement *m*, jet *m* ; (*Junge*) portée *f*
Würfel (**-s, -**) *m* dé *m* ; (*Math*) cube *m* • **Würfelbecher** *m* cornet *m* à dés
würfeln *vi* jeter les dés
Würfelspiel *nt* jeu *m* de dés
Würfelzucker *m* sucre *m* en morceaux
würgen *vt* étrangler ▶ *vi*: **~ an** *+Dat* avoir du mal à avaler
Wurm (**-(e)s, ⸚er**) *m* ver *m*
wurmen (*fam*) *vt* turlupiner
Wurmfortsatz *m* appendice *m*
wurmig *adj* véreux(-euse)
wurmstichig *adj* vermoulu(e)
Wurst (**-, ⸚e**) *f* saucisse *f* ; (*getrocknet*) saucisson *m* ; **das ist mir ~!** (*fam*) je m'en fiche !
Würstchen *nt* saucisse *f*
Würze *f* épice *f*
Wurzel (**-, -n**) *f* racine *f*
würzen *vt* épicer ; (*fig*) donner du piquant à
würzig *adj* épicé(e)
wusch *etc vb siehe* **waschen**
wusste *etc vb siehe* **wissen**
wüst *adj* (*roh: Kerl*) rustre ; (*ausschweifend*) déchaîné(e) ; (*öde*) désert(e) ; (*fam: heftig*) terrible
Wüste *f* désert *m*
Wüstling (*péj*) *m* débauché *m*
Wut (**-**) *f* colère *f*, fureur *f* ; **eine ~ auf jdn/etw haben** être en colère contre qn/qch ; **seine ~ an jdn/etw auslassen** passer sa colère sur qn/qch • **Wutanfall** *m* accès *m* de colère
wüten *vi* (*Wind*) souffler en tempête
wütend *adj* furieux(-euse)
WWW *nt abk* (*= World Wide Web*) ; **das ~** le Web

X

X, x *nt* X, x *m inv*
X-Beine *pl* jambes *fpl* cagneuses
x-beliebig *adj* n'importe quel(le)
x-mal *adv* n fois
Xylofon, Xylophon (**-s, -e**) *nt* xylophone *m*

Y

Y, y *nt* Y, y *m inv*
Yen (**-(s), -(s)**) *m* yen *m*
Yoga (**-(s)**) *m od nt* yoga *m*
Ypsilon (**-(s), -s**) *nt* i *m* grec

Z

Z, z *nt* Z, z *m inv*
Zacke *f* pointe *f* ; (*Bergzacke*: *von Gabel*, *Kamm*) dent *m*
zackig *adj* (*Felsen*) qui présente des aspérités ; (*fam*: *Bursche*) fringant(e) ; (*Musik*, *Tempo*) vif(vive)
zaghaft *adj* hésitant(e)
Zaghaftigkeit *f* indécision *f*
zäh *adj* (*Fleisch*) coriace ; (*Flüssigkeit*) visqueux(-euse) ; (*Mensch*) résistant(e) ; (*schleppend*) pénible • **zähflüssig** *adj* visqueux(-euse) ; (*Verkehr*) qui avance au ralenti
Zähigkeit *f* résistance *f* ; (*Beharrlichkeit*) endurance *f*
Zahl (**-, -en**) *f* nombre *m*
zahlbar *adj* payable
zahlen *vt*, *vi* payer ; **~ bitte!** l'addition, s'il vous plaît !
zählen *vi*, *vt* compter ; **~ zu** compter parmi ; **auf jdn/etw ~** compter sur qn/qch
zahlenmäßig *adj* en nombre
Zahler(in) (**-s, -**) *m(f)* payeur *m*
Zähler (**-s, -**) *m* (*Tech*) compteur *m* ; (*Math*) numérateur *m*
zahllos *adj* innombrable
zahlreich *adj* nombreux(-euse)
Zahltag *m* jour *m* de paie
Zahlung *f* paiement *m*
zahlungsfähig *adj* solvable
zahlungsunfähig *adj* insolvable
Zahlwort *nt* (adjectif *m*) numéral *m*
zahm *adj* (*Tier*) apprivoisé(e) ; (*brav*) sage
zähmen *vt* apprivoiser, dompter
Zahn (**-(e)s, ¨-e**) *m* dent *f* • **Zahnarzt** *m*, **Zahnärztin** *f* dentiste *mf* • **Zahnbürste** *f* brosse *f* à dents • **Zahncreme** *f* (pâte *f*) dentifrice *m*
zahnen *vi* faire ses dents
Zahnersatz *m* prothèse *f* dentaire
Zahnfäule (**-**) *f* carie *f*
Zahnfleisch *nt* gencive(s) *f(pl)*
Zahnpasta, Zahnpaste *f* (pâte *f*) dentifrice *m*
Zahnrad *nt* roue *f* dentée
Zahnradbahn *f* chemin *m* de fer à crémaillère
Zahnschmelz *m* émail *m* (*des dents*)
Zahnschmerzen *pl* maux *mpl* de dents
Zahnseide *f* fil *m* dentaire
Zahnspange *f* appareil *m* (*pour redresser les dents*)
Zahnstein *m* tartre *m*
Zahnstocher (**-s, -**) *m* cure-dents *m*
Zaire (**-s**) *nt* le Zaïre
Zange *f* pince *f* ; (*Beißzange*) tenailles *fpl* ; (*Geburtszange*) forceps *m*
Zangengeburt *f* naissance *f* au forceps
zanken *vi* se disputer ▶ *vr*: **sich mit jdm ~** se disputer avec qn
zänkisch *adj* querelleur(-euse)
Zäpfchen *nt* (*Anat*) luette *f* ; (*Méd*) suppositoire *m*
zapfen *vt* tirer
Zapfen (**-s, -**) *m* (*Tannenzapfen*) pomme *f* de pin ; (*Eiszapfen*) glaçon *m*
Zapfenstreich *m* (*Mil*) retraite *f*
Zapfsäule *f* pompe *f* à essence
zappelig *adj* agité(e)
zappeln *vi* frétiller
zappen *vi* (*TV*) zapper
Zar(in) (**-s, -en**) *m(f)* tsar(ine)
zart *adj* (*Haut*, *Töne*) doux(douce) ; (*Farben*) délicat(e) ; (*Berührung*) léger(-ère) ; (*Braten*) tendre • **Zartgefühl** *nt* tact *m* • **Zartheit** *f* douceur *f*
zärtlich *adj* tendre • **Zärtlichkeit** *f* tendresse *f* ; **Zärtlichkeiten** *pl* (*Worte*) mots *mpl* tendres
Zauber (**-s, -**) *m* (*Magie*) magie *f* ; (*fig*) charme *m* ; **fauler ~** (*fam*) attrape-nigaud *m*
Zauberei *f* magie *f* ; (*Trick*) tour *m* de passe-passe
Zauberer (**-s, -**) *m*, **Zauberin** *f* magicien(ne)
zauberhaft *adj* merveilleux(-euse)
Zauberkünstler(in) *m(f)* prestidigitateur(-trice)
zaubern *vi* faire des tours de passe-passe
Zauberspruch *m* formule *f* magique
zaudern *vi* hésiter
Zaum (**-(e)s, Zäume**) *m* bride *f* ; **etw im ~ halten** maîtriser qch
Zaun (**-(e)s, Zäune**) *m* clôture *f* • **Zaunkönig** *m* roitelet *m* • **Zaunpfahl** *m*: **ein Wink mit dem ~** une allusion très peu subtile

z. B. *abk* (= *zum Beispiel*) par ex.
Zebra (**-s, -s**) *nt* zèbre *m* • **Zebrastreifen** *m* passage *m* piétons
Zeche *f* addition *f* ; (*Bergbau*) mine *f*
Zecke *f* tique *f*
Zeh (**-s, -en**) *m*, **Zehe** *f* orteil *m*, doigt *m* de pied ; (*Knoblauchzehe*) gousse *f*
zehn *num* dix
Zehnerkarte *f* ≈ carnet *m* de dix tickets
Zehnkampf *m* décathlon *m*
zehnte(r, s) *adj* dixième
Zehntel (**-s, -**) *nt* dixième *m*
Zeichen (**-s, -**) *nt* signe *m* ; (*Schild*) écriteau *m* • **Zeichensatz** *m* (*Inform*) jeu *m* de caractères • **Zeichentrickfilm** *m* dessin *m* animé
zeichnen *vi* dessiner ▶ *vt* dessiner ; (*kennzeichnen*) marquer ; (*unterzeichnen*) signer
Zeichner(in) (**-s, -**) *m(f)* dessinateur(-trice) ; **technische(r) ~(in)** dessinateur(-trice) industriel(le)
Zeichnung *f* dessin *m*
Zeigefinger *m* index *m*
zeigen *vt* montrer ▶ *vi*: **~ auf** *+Akk* indiquer ▶ *vr* se montrer ; **das wird sich ~** on verra ; **es zeigte sich, dass ...** il s'est avéré que ...
Zeiger (**-s, -**) *m* aiguille *f*
Zeile *f* ligne *f*
Zeilenabstand *m* interligne *m*
Zeilenumbruch *m* (*Inform*) retour *m* à la ligne automatique
Zeit (**-, -en**) *f* temps *m* ; (*Uhrzeit*) heure *f* ; (*Augenblick*) moment *m* ; **von ~ zu ~** de temps en temps ; **mit der ~** avec le temps ; **zur rechten ~** au bon moment ; **die ganze ~** tout le temps ; **in letzter ~** ces derniers temps ; **sich** *Dat* **für jdn/etw ~ nehmen** consacrer du temps à qn/qch ; **sich** *Dat* **~ lassen** prendre son temps ; *siehe auch* **zurzeit** • **Zeitalter** *nt* ère *f* • **Zeitarbeit** *f* travail *m* temporaire • **Zeitgeist** *m* esprit *m* (d'une *od* de l'époque) • **zeitgemäß** *adj* moderne • **Zeitgenosse** *m*, **Zeitgenossin** *f* contemporain(e) *m/f*
zeitig *adv* tôt
zeitlebens *adv* toute ma/sa *etc* vie
zeitlich *adj* (*Reihenfolge*) chronologique
Zeitlupe *f* ralenti *m*
Zeitpunkt *m* moment *m*
Zeitraffer (**-s**) *m* accéléré *m*
zeitraubend *adj* qui prend du *od* beaucoup de temps
Zeitraum *m* période *f*
Zeitrechnung *f*: **vor/nach unserer ~** avant/après J.-C
Zeitschrift *f* revue *f*
Zeitung *f* journal *m*
Zeitverschwendung *f* perte *f* de temps
Zeitvertreib *m* passe-temps *m inv*
zeitweilig *adj* temporaire
zeitweise *adv* de temps en temps
Zeitwort *nt* verbe *m*
Zeitzeichen *nt* (*Radio*) top *m*
Zeitzone *f* fuseau *m* horaire
Zeitzünder *m* détonateur *m* à retardement
Zelle *f* cellule *f* ; (*Telefonzelle*) cabine *f*
Zellkern *m* noyau *m* de la *od* d'une cellule
Zellstoff *m* cellulose *f*
Zellteilung *f* division *f* de la cellule
Zelt (**-(e)s, -e**) *nt* tente *f* • **zelten** *vi* camper • **Zeltplatz** *m* (terrain *m* de) camping *m*
Zement *m* ciment *m*
zementieren *vt* cimenter
zensieren *vt* censurer ; (*Scol*) marquer
Zensur *f* censure *f* ; (*Scol*) note *f*
Zentimeter *m od nt* centimètre *m*
Zentner (**-s, -**) *m* 50 *kilos*
zentral *adj* central(e)
Zentrale *f* (*von Bank, Partei, Konzern*) siège *m* ; (*Tél*) central *m*
Zentraleinheit *f* unité *f* centrale
Zentralheizung *f* chauffage *m* central
zentralisieren *vt* centraliser
Zentralverriegelung *f* (*Auto*) verrouillage *m* central (des portières)
Zentrifugalkraft *f* force *f* centrifuge
Zentrifuge *f* essoreuse *f*
Zentrum (**-s, Zentren**) *nt* centre *m*
Zepter (**-s, -**) *nt od m* sceptre *m*
zerbrechen *irr vt* casser ▶ *vi* se casser
zerbrechlich *adj* fragile
zerbröckeln *vt, vi* s'effriter
zerdrücken *vt* écraser
Zeremonie *f* cérémonie *f*
Zerfall *m* (*von Kultur*) déclin *m* ; (*von Gesundheit*) détérioration *f* • **zerfallen** *irr vi* (*Gebäude etc*) tomber en ruine
zerfetzen *vt* déchiqueter
zerfließen *irr vi* fondre
zergehen *irr vi* fondre
zerkleinern *vt* réduire en morceaux
zerknittern *vt* froisser
zerlegbar *adj* démontable
zerlegen *vt* démonter ; (*Fleisch, Geflügel etc*) découper ; (*Satz*) analyser
zerlumpt *adj* déguenillé(e)
zermalmen *vt* écraser
zermürben *vt* (*Mensch*) anéantir
zerquetschen *vt* écraser
Zerrbild *nt* image *f* déformée
zerreden *vt* rabâcher

zerreißen *irr vt* déchirer ▸ *vi* (*Seil*) casser
zerren *vt* traîner ▸ *vi*: **~ an** *+Dat* tirer sur
zerrinnen *irr vi* (*Zeit*) passer ; (*Traum*) s'évanouir
zerrissen *adj* déchiré(e) • **Zerrissenheit** *f* (*Pol*) désunion *f* ; (*innere*) nature *f* tourmentée
Zerrung *f* claquage *m*
zerrüttet *adj* (*Ehe*) brisé(e) ; (*Gesundheit*) miné(e)
zerschlagen *irr vt* casser ; (*mit Gewalt*) fracasser ▸ *vr* (*Pläne etc*) échouer ▸ *adj*: **sich ~ fühlen** être épuisé(e)
zerschneiden *irr vt* couper en morceaux
zersetzen *vt* (*Metall etc*) attaquer ▸ *vr* se décomposer
zerspringen *irr vi* se fracasser
Zerstäuber (**-s, -**) *m* vaporisateur *m*
zerstören *vt* détruire
Zerstörung *f* destruction *f*
zerstoßen *irr vt* piler
zerstreiten *irr vr* se brouiller
zerstreuen *vt* disperser ▸ *vr* se disperser ; (*sich unterhalten*) se distraire
zerstreut *adj* (*Mensch*) distrait(e)
Zerstreutheit *f* distraction *f*
Zerstreuung *f* (*Zeitvertreib*) distraction *f*
zerstückeln *vt* couper en morceaux
zertreten *irr vt* écraser
zertrümmern *vt* fracasser ; (*Gebäude etc*) détruire
Zerwürfnis *nt* brouille *f*
zerzausen *vt* ébouriffer
zetern *vi* vociférer
Zettel (**-s, -**) *m* billet *m*
Zeug (**-(e)s, -e**) (*fam*) *nt* affaires *fpl* ; **dummes ~** bêtises *fpl* ; **das ~ haben zu etw** avoir l'étoffe de qch ; **sich ins ~ legen** (*fam*) travailler d'arrache-pied
Zeuge (**-n, -n**) *m*, **Zeugin** *f* témoin *m*
zeugen *vt* (*Kind*) procréer ▸ *vi* témoigner ; **das zeugt von ...** c'est signe de ...
Zeugenaussage *f* témoignage *m*
Zeugenstand *m* barre *f* (des témoins)
Zeugin *f siehe* **Zeuge**
Zeugnis *nt* certificat *m* ; (*Scol*) bulletin *m* (scolaire) ; (*Referenz, Arbeitszeugnis*) références *fpl*
Zeugung *f* procréation *f*
zeugungsunfähig *adj* stérile
z. H., z. Hd. *abk* (= *zu Händen*) à l'attention de
zickig *adj* (*albern*) niais(e)
Zickzack (**-(e)s, -e**) *m* zigzag *m*
Ziege *f* chèvre *f* ; (*fam: Frau*) bique *f*
Ziegel (**-s, -**) *m* brique *f* ; (*Dachziegel*) tuile *f*
Ziegelei *f* briqueterie *f*
Ziegelstein *m* brique *f*
Ziegenleder *nt* chevreau *m*
ziehen *irr vt* tirer ; (*Pflanzen*) faire pousser ▸ *vi* tirer ; (*umziehen*) déménager ; (*wandern*) aller ; (*Wolke*) passer ▸ *vi unpers*: **es zieht** il y a un courant d'air ▸ *vr* (*Gummi etc*) s'étirer ; (*Grenze etc*) s'étendre ; **etw nach sich ~** entraîner qch ; **Gesichter ~** faire des grimaces ; **zu jdm ~** aller habiter avec qn ; **jds Aufmerksamkeit auf sich ~** attirer l'attention de qn ; **sich (in die Länge) ~** tirer en longueur
Ziehharmonika *f* accordéon *m*
Ziehung *f* (*Losziehung*) tirage *m* (au sort)
Ziel (**-(e)s, -e**) *nt* but *m* ; (*Mil*) cible *f*
zielen *vi*: **~ auf** *+Akk* viser
Zielfernrohr *nt* lunette *f* de visée
Zielgruppe *f* groupe *m* cible
ziellos *adj* sans but
Zielscheibe *f* cible *f*
zielstrebig *adj* qui a de la suite dans les idées
ziemlich *adj* considérable ▸ *adv* plutôt ; **~ lange** assez longtemps
zieren *vr* faire des façons
zierlich *adj* gracile • **Zierlichkeit** *f* gracilité *f*
Zierpflanze *f* plante *f* ornementale
Ziffer (**-, -n**) *f* chiffre *m* • **Zifferblatt** *nt* cadran *m*
zig (*fam*) *adj* je ne sais combien de
Zigarette *f* cigarette *f*
Zigarettenanzünder *m* allume-cigares *m*
Zigarettenautomat *m* distributeur *m* de cigarettes
Zigarettenschachtel *f* paquet *m* de cigarettes
Zigarettenspitze *f* fume-cigarette *m*
Zigarillo (**-s, -s**) *nt od m* cigarillo *m*
Zigarre *f* cigare *m*
Zigeuner(in) (**-s, -**) *m(f)* gitan(e)
Zimbabwe (**-s**) *nt* le Zimbabwe
Zimmer (**-s, -**) *nt* chambre *f* ; **„~ frei"** « chambres à louer » • **Zimmerantenne** *f* antenne *f* intérieure • **Zimmerdecke** *f* plafond *m* • **Zimmerlautstärke** *f*: **das Radio auf ~ drehen** baisser la radio (*pour ne pas déranger les voisins*) • **Zimmermädchen** *nt* femme *f* de chambre • **Zimmermann** (**-leute**) *m* charpentier *m*
zimmern *vt* faire
Zimmerpflanze *f* plante *f* d'appartement
Zimmervermittlung *f* service *m* du logement
zimperlich *adj* douillet(te)

Zimt (**-(e)s, -e**) *m* cannelle *f* • **Zimtstange** *f* bâton *m* de cannelle
Zink (**-(e)s**) *nt* zinc *m*
Zinke *f* dent *f*
zinken *vt* (*Karten*) maquiller
Zinksalbe *f* pommade *f* à l'oxyde de zinc
Zinn (**-(e)s**) *nt* étain *m*
zinnoberrot *adj* vermillon *inv*
Zinnsoldat *m* soldat *m* de plomb
Zinnwaren *pl* étains *mpl*
Zins (**-es, -en**) *m* intérêt *m*
Zinseszins *m* intérêts *mpl* composés
Zinsfuß *m* taux *m* d'intérêt
zinslos *adj* sans intérêts
Zinssatz *m* taux *m* d'intérêt
Zionismus *m* sionisme *m*
zionistisch *adj* sioniste
Zipfel (**-s, -**) *m* bout *m* • **Zipfelmütze** *f* bonnet *m*
zippen *vt* (*Inform*) zipper
zirka *adv* environ
Zirkel (**-s, -**) *m* (*von Personen*) cercle *m* ; (*Gerät*) compas *m* • **Zirkelkasten** *m* boîte *f* à compas
Zirkus (**-, -se**) *m* cirque *m*
Zirrhose *f* cirrhose *f*
zischeln *vt* marmonner
zischen *vi* siffler
Zitat *nt* citation *f*
zitieren *vt* citer ; (*vorladen, rufen*): **~ vor** *+Akk* convoquer devant
Zitronat *nt* écorce *f* de citron confite
Zitrone *f* citron *m*
Zitronenlimonade *f* limonade *f*
Zitronensaft *m* jus *m* de citron
Zitronenscheibe *f* tranche *f* de citron
zittern *vi* trembler ; **vor etw/jdm ~** trembler devant qch/qn
Zitze *f* tétine *f*
zivil *adj* civil(e) ; (*gemäßigt*) honnête • **Zivil** (**-s**) *nt*: **~ tragen** s'habiller *od* se mettre en civil • **Zivilbevölkerung** *f* population *f* civile • **Zivilcourage** *f*: **~ haben** avoir le courage de ses opinions
Zivildienst *m* service *m* civil

> Quand la service militaire était obligatoire en Allemagne – avant 2011 – les objecteurs de conscience pouvaient effectuer neuf mois de **Zivildienst** ou de travail d'intérêt général. Le service civil était généralement effectué dans un hôpital ou dans une maison de retraite.

Zivilisation *f* civilisation *f*
Zivilisationskrankheit *f* maux *mpl* de civilisation
zivilisieren *vt* civiliser
Zivilist *m* civil *m*
Zivilrecht *nt* droit *m* civil
zocken (*fam*) *vi* jouer pour de l'argent
Zocker(in) (**-s, -**) (*fam*) *m(f)* grand(e) joueur(-euse)
Zoff (**-s**) (*fam*) *m* pétard *m* ; **dann gibt's ~** ça va chauffer
zog *etc vb siehe* **ziehen**
zögern *vi* hésiter
Zölibat (**-(e)s, -e**) *nt od m* (*Rel*) célibat *m*
Zoll[1] (**-(e)s, ⸚e**) *m* (*Behörde*) douane *f* ; (*Abgabe*) (droit *m* de) douane *f*
Zoll[2] (**-(e)s, -**) *m* (*Maß*) pouce *m* (*mesure*)
Zollabfertigung *f* formalités *fpl* de douane
Zollamt *nt* (bureaux *mpl* de) douane *f*
Zollbeamte(r) *m* douanier *m*
Zollerklärung *f* déclaration *f* en douane
zollfrei *adj* exempté(e) *od* franc(franche) de douane
zollpflichtig *adj* soumis(e) à des droits de douane
Zone *f* zone *f*
Zoo (**-s, -s**) *m* zoo *m*
Zoologe (**-n, -n**) *m*, **Zoologin** *f* zoologue *mf*
Zoologie *f* zoologie *f*
zoologisch *adj* zoologique
Zoom (**-s, -s**) *nt* zoom *m*
Zopf (**-(e)s, ⸚e**) *m* (*Haarzopf*) tresse *f*, natte *f* ; (*Culin*) tresse *f* ; **ein alter ~** (*péj*) une coutume dépassée
Zorn (**-(e)s**) *m* colère *f*
zornig *adj* en colère
Zote *f* plaisanterie *f* grossière
zottig *adj* (*Fell*) broussailleux(-euse)
z. T. *abk* = **zum Teil**

SCHLÜSSELWORT

zu *präp +Dat* **1** (*örtlich*): **zum Bahnhof/Arzt gehen** aller à la gare/chez le médecin ; **zur Schule/Kirche gehen** aller à l'école/l'église ; **sollen wir zu euch gehen?** on va chez vous ? ; **zum Gebirge hin** vers la montagne ; **zum Fenster herein** par la fenêtre ; **zu meiner Linken** à ma gauche ; **bis zu** jusqu'à ; **darf ich mich zu Ihnen setzen?** je peux m'asseoir à côté de *od* avec vous ?
2 (*zeitlich*): **zu Ostern** à Pâques ; **bis zum 1. Mai** jusqu'au 1er mai ; (*nicht später als*) d'ici au 1er mai ; **zum 1. Mai kündigen** donner sa démission pour le 1er mai ; **zu meiner Zeit** de mon temps
3 (*Zusatz*): **zu Fisch trinkt man Weißwein** avec le poisson, on boit du vin blanc ; **er muss immer zu allem seine**

Z

Bemerkungen machen il faut toujours qu'il mette son grain de sel ; **zu dem kommt noch, dass ...** à cela s'ajoute que ...
4 (*Zweck*) pour ; **Wasser zum Waschen** de l'eau pour se laver ; **das ist doch nur zu seinem Besten** c'est pour son bien ; **zu seiner Entschuldigung** comme excuse
5 (*als*): **jdn zum Vorbild haben** prendre qn pour modèle, prendre exemple sur qn ; **jdn zum Vorsitzenden wählen** élire qn président
6 (*Anlass*): **ein Geschenk zum Geburtstag** un cadeau d'anniversaire ; **herzlichen Glückwunsch zum Geburtstag!** bon anniversaire ! ; **jdm zu etw gratulieren** présenter ses meilleurs vœux à qn à l'occasion de qch
7 (*Veränderung*): **zu etw werden** devenir qch ; **jdn zu etw machen** faire qch de qn ; **zu Asche verbrennen** être réduit(e) en cendres
8 (*mit Zahlen*): **3 zu 2** (*Sport*) 3 à 2 ; **das Stück zu 2 Euro** 2 euros pièce ; **zum ersten/dritten Mal** pour la première/troisième fois
9: **zu meiner Freude** à ma grande joie ; **zum Glück** heureusement ; **zu Fuß** à pied ; **es ist zum Weinen** c'est triste à pleurer ; **zum Scherz** pour rire ; **zum Beispiel** par exemple ; **zur Probe, zur Ansicht** à l'essai
▸ *konj* pour ; **um besser sehen zu können** pour mieux voir ; **ohne es zu wissen** sans le savoir ; **noch zu bezahlende Rechnungen** factures à payer
▸ *adv* **1** (*allzu*) trop ; **zu klein/dick** trop petit(e)/gros(se) ; **zu sehr** trop ; **zu viel** trop (de) ; **viel zu viel** beaucoup trop ; **da krieg ich zu viel** (*fam*) c'est un comble ; **zu wenig** trop peu (de)
2 (*örtlich*) vers ; **er kam auf mich zu** il est venu vers moi
3 (*geschlossen*): **zu sein** être fermé(e) ; **„auf/zu"** (*Wasserhahn*) « ouvert/fermé » ; **(mach die) Tür zu!** ferme la porte !
4 (*fam*): **nur zu!** continue(z) ! ; **mach zu!** plus vite !

zuallererst *adv* avant tout
zuallerletzt *adv* en tout dernier
Zubehör (**-(e)s, -e**) *nt* équipement *m*
zu|bekommen (*fam*) *irr vt* arriver à fermer
Zuber (**-s, -**) *m* baquet *m*
zu|bereiten *vt* préparer
zu|billigen *vt*: **jdm etw ~** accorder qch à qn
zu|binden *irr vt* (*Schuh*) lacer ; (*Sack*) fermer
zu|bleiben (*fam*) *irr vi* rester fermé(e)
zu|bringen *irr vt* (*Zeit*) passer ; (*fam*: *zubekommen*) arriver à fermer
Zubringer (**-s, -**) *m* (*Straße*) (route *f* d')accès *m* • **Zubringerstraße** *f* (route *f* d')accès *m* ; (*von Autobahn*) bretelle *f*
Zucchini *pl* courgettes *fpl*
Zucht (**-, -en**) *f* (*von Tieren*) élevage *m* ; (*von Pflanzen*) culture *f* ; (*Disziplin*) discipline *f*
züchten *vt* (*Tiere*) élever ; (*Pflanzen*) cultiver
Züchter(in) (**-s, -**) *m(f)* (*von Tieren*) éleveur(-euse) ; (*von Pflanzen*) cultivateur(-trice)
Zuchthaus *nt* pénitencier *m*
züchtig *adj* (*Mensch, Benehmen*) bien élevé(e)
züchtigen *vt* corriger
Züchtigung *f* châtiment *m*
zucken *vi* (: *Körperteil*) tressaillir ▸ *vt*: **die Achseln** *od* **Schultern ~** hausser les épaules
zücken *vt* (*Schwert*) brandir ; (*Geldbeutel, Kamera*) sortir
Zucker (**-s, -**) *m* sucre *m* ; (*Zuckerkrankheit*) diabète *m* • **Zuckerdose** *f* sucrier *m* • **Zuckerguss** *m* glaçage *m* • **zuckerkrank** *adj* diabétique
zuckern *vt* sucrer
Zuckerrohr *nt* canne *f* à sucre
Zuckerrübe *f* betterave *f* sucrière
Zuckerwatte *f* barbe *f* à papa
Zuckung *f* contraction *f* ; (*leicht*) tic *m*
zu|decken *vt* couvrir
zudem *adv* de plus
zu|drehen *vt* fermer
zudringlich *adj* pressant(e)
zu|drücken *vt* fermer (en poussant) ; **ein Auge ~** fermer les yeux
zueinander *adv* l'un(e) avec l'autre
zueinander|passen *vi*: **sie passen zueinander** ils vont bien ensemble
zuerst *adv* d'abord ; (*als Erste(r)*) le(la) premier(-ière)
Zufahrt *f* accès *m*
Zufahrtsstraße *f* (route *f* d')accès *m* ; (*von Autobahn etc*) bretelle *f*
Zufall *m* hasard *m* ; **durch ~** par hasard
zu|fallen *irr vi* se fermer ; **jdm ~** (*Anteil, Aufgabe*) échoir à qn
zufällig *adj* fortuit(e) ▸ *adv* par hasard
Zuflucht *f* refuge *m*
Zufluss *m* (*Zufließen*) afflux *m* ; (*Géo*) affluent *m* ; (*von Waren, Kapital*) afflux *m*

zufolge *präp +Dat* selon
zufrieden *adj* satisfait(e) ; (*Mensch auch*) content(e) ; **er ist mit nichts ~** il n'est jamais content ; **mit etw ganz/sehr ~ sein** être satisfait(e)/enchanté(e) de qch
zufrieden|geben *irr vr* se déclarer *od* être satisfait(e)
Zufriedenheit *f* satisfaction *f*
zufrieden|stellen *vt* satisfaire
zu|frieren *irr vi* geler
zu|fügen *vt* (*dazutun*) ajouter
Zufuhr (**-, -en**) *f* (*von Benzin zum Motor*) arrivée *f* ; (*von Lebensmittel etc*) approvisionnement *m*
zu|führen *vt* amener ; (*versorgen mit*) fournir ▸ *vi*: **auf etw** *Akk* **~** mener à qch
Zug (**-(e)s, ⁼e**) *m* train *m* ; (*Luftzug*) courant *m* d'air ; (*Gesichtszug, Schriftzug, Charakterzug*) trait *m* ; (*Schach etc*) coup *m* ; **einen ~ an einer Zigarette machen** tirer sur une cigarette ; **etw in vollen Zügen genießen** se délecter de qch ; **in den letzten Zügen liegen** être à l'agonie
Zugabe *f* (*Vorgang*) ajout *m* ; (*in Konzert etc*) bis *m*
Zugabteil *nt* compartiment *m*
Zugang *m* accès *m*
zugänglich *adj* accessible
Zugbrücke *f* pont *m* ferroviaire
zu|geben *irr vt* (*beifügen*) ajouter ; (*gestehen*) admettre
zu|gehen *irr vi* (*fam*: *schließen*) fermer ▸ *vi unpers*: **es geht dort seltsam zu** il s'y passe des choses étranges ; **auf jdn/etw ~** se diriger vers qn/qch ; **aufs Ende ~** toucher à sa fin
Zugehörigkeit *f*: **~ zu** appartenance *f* à
zugeknöpft (*fam*) *adj* fermé(e)
Zügel (**-s, -**) *m* rêne *f* ; **die ~ locker lassen** lâcher la bride
zügellos *adj* débridé(e) ; (*sexuell*) débauché(e)
Zügellosigkeit *f* manque *m* de retenue
zügeln *vt* maîtriser
Zugeständnis *nt* concession *f*
zu|gestehen *irr vt* accorder
Zugführer *m* (*Rail*) chef *m* de train
zugig *adj* (*Raum*) plein(e) de courants d'air
zügig *adj* rapide
zugleich *adv* en même temps
Zugluft *f* courant *m* d'air
Zugmaschine *f* tracteur *m*
zu|greifen *irr vi* (*schnell nehmen*) le(la) saisir ; (*Angebot, Gelegenheit*) sauter dessus ; (*beim Essen*) se servir
Zugriff *m* (*Inform*) accès *m*
Zugriffszeit *f* (*Inform*) temps *m* d'accès
zugrunde, zu Grunde *adv*: **~ gehen** disparaître ; (*sterben*) périr ; **etw einer Sache** *Dat* **~ legen** fonder qch sur qch ; **einer Sache** *Dat* **~ liegen** être à la base de qch ; **~ richten** perdre
zugunsten, zu Gunsten *präp +Gen od Dat* en faveur de
zugute|halten *irr vt*: **jdm etw ~** retenir qch en faveur de qn
zugute|kommen *irr vi*: **jdm ~** être utile à qn
Zugverbindung *f* correspondance *f*
Zugvogel *m* oiseau *m* migrateur
zu|halten *irr vt* (*nicht öffnen*) garder fermé(e) ; (*festhalten*) bloquer ▸ *vi*: **auf jdn/etw ~** se diriger vers qn/qch ; **sich die Augen ~** se mettre les mains devant les yeux ; **jdm die Nase ~** boucher le nez de qn ; **jdm den Mund ~** plaquer sa main sur la bouche de qn ; **jdm die Augen ~** empêcher qn de regarder (en lui mettant les mains devant les yeux)
Zuhälter (**-s, -**) *m* souteneur *m*
zuhause *adv* à la maison
Zuhause (**-**) *nt* chez-soi *m inv*
Zuhilfenahme *f*: **unter ~ von** à l'aide de
zu|hören *vi* (*+Dat*) écouter
Zuhörer(in) *m(f)* auditeur(-trice)
• **Zuhörerschaft** *f* auditeurs *mpl*
zu|jubeln *vi*: **jdm ~** acclamer qn
zu|kleben *vt* coller
zu|knöpfen *vt* boutonner
zu|kommen *irr vi*: **auf jdn ~** se diriger vers qn ; (*Aufgabe, Verantwortung*) incomber à qn ; **jdm etw ~ lassen** accorder qch à qn ; **die Dinge auf sich** *Akk* **~ lassen** attendre de voir l'évolution de la situation ; **wir werden in dieser Sache auf Sie ~** nous prendrons contact avec vous en temps utile
Zukunft (**-, Zukünfte**) *f* avenir *m* ; (*Ling*) futur *m*
zukünftig *adj* futur(e)
Zukunftsaussichten *pl* perspectives *fpl* d'avenir
Zukunftsmusik (*fam*) *f* paroles *fpl* en l'air
Zulage *f* (*Gehaltszulage*) augmentation *f*
zu|lassen *irr vt* (*tolerieren, erlauben*) permettre ; (*Fahrzeug*) délivrer la vignette pour ; (*fam*: *nicht öffnen*) laisser fermé(e) ; **jdn zu etw ~** admettre qn à qch
zulässig *adj* autorisé(e)
zu|laufen *irr vi*: **auf jdn/etw ~** (*Mensch*) se diriger vers qn/qch ; **jdm ~** (*Tier*) être recueilli(e) par qn ; **spitz ~** se terminer en pointe
zu|legen *vt* (*dazugeben*) ajouter ; **sich** *Dat* **etw ~** acquérir qch ; **Tempo ~** accélérer

zuleide, zu Leide *adv*: **jdm etw ~ tun** nuire à qn
zuletzt *adv* (*an letzter Stelle*) en dernier ; (*zum letzten Mal*) la dernière fois ; (*schließlich*) finalement
zuliebe *adv*: **jdm ~** pour faire plaisir à qn
zum = **zu dem**
zu|machen *vt, vi* fermer
zumal *konj* d'autant plus que
zumindest *adv* du moins
zumutbar *adj* acceptable
zumute, zu Mute *adv*: **mir ist wohl ~** je me sens bien
zu|muten *vt*: **jdm etw ~** demander qch à qn
Zumutung *f* demande *f* exagérée ; **so eine ~!** quel culot !
zunächst *adv* (*am Anfang, zuerst*) tout d'abord ; (*vorerst*) pour l'instant
zu|nähen *vt* coudre
Zunahme *f* augmentation *f*
Zuname *m* nom *m* de famille
zünden *vi* (*Feuer, fig*) prendre ; **bei jdm ~** (*begeistern*) produire son effet sur qn
zündend *adj* (*Musik*) entraînant(e) ; (*Rede*) qui soulève l'enthousiasme
Zünder (**-s, -**) *m* détonateur *m*
Zündflamme *f* veilleuse *f*
Zündholz *nt* allumette *f*
Zündkerze *f* (*Auto*) bougie *f*
Zündschlüssel *m* clé *f* de contact
Zündschnur *f* mèche *f*
Zündstoff *m* (*fig*) matière *f* incendiaire
Zündung *f* (*Auto*) allumage *m*
zu|nehmen *irr vi* augmenter ; (*dicker werden*) prendre du poids
Zuneigung *f* affection *f*
Zunft (**-, ¨e**) *f* corporation *f*
zünftig *adj* (*ordentlich, gehörig*) bon (bonne)
Zunge *f* langue *f*
Zungenbrecher *m phrase très difficile à prononcer*
zunichte|machen *vt* anéantir
zunichte|werden *irr vi* être réduit(e) à néant
zunutze, zu Nutze *adv*: **sich** *Dat* **etw ~ machen** tirer profit de qch, se servir de qch
zuoberst *adv* (tout) en haut
zu|packen *vi* (*bei Arbeit*) bosser dur
zupfen *vt* (*Fäden*) tirer ; (*Augenbrauen*) s'épiler ; (*Gitarre*) jouer de
zur = **zu der**
zurande, zu Rande *adv*: **mit etw (nicht) ~ kommen** (ne pas) venir à bout de qch
zurate, zu Rate *adv*: **jdn ~ ziehen** demander conseil à qn ; **etw ~ ziehen** consulter qch
zurechnungsfähig *adj* sain(e) d'esprit • **Zurechnungsfähigkeit** *f* responsabilité *f*
zurecht|finden *irr vr* s'y retrouver ; (*im Leben*) se débrouiller
zurecht|kommen *irr vi* (*rechtzeitig kommen*) arriver à temps ; (*finanziell*) arriver à joindre les deux bouts
zurecht|legen *vt* préparer
zurecht|machen *vt* préparer ▶ *vr* se préparer
zurecht|weisen *irr vt* remettre à sa place
Zurechtweisung *f* réprimande *f*
zu|reden *vi* +*Dat* (*ermutigen*) encourager
Zürich (**-s**) *nt* Zurich
zu|richten *vt* (*verletzen*) maltraiter
zurück *adv* (*nach rückwärts*) en arrière ; (*im Rückstand*) en retard • **zurück|behalten** *irr vt* garder ; (*Schäden, Schock*) subir • **zurück|bekommen** *irr vt* obtenir en retour ; **Sie bekommen noch 50 Cents zurück** je vous dois encore 50 cents • **zurück|bleiben** *irr vi* rester ; (*in Entwicklung*) avoir du retard • **zurück|bringen** *irr vt* rapporter • **zurück|drängen** *vt* (*Gefühle*) réprimer ; (*Feind*) repousser • **zurück|drehen** *vt*: **den Knopf für die Lautstärke ~** (tourner le bouton pour) baisser le volume ; **die Zeit ~** revenir en arrière • **zurück|erobern** *vt* reconquérir • **zurück|fahren** *irr vi* retourner ; (*vor Schreck*) faire un bond en arrière ▶ *vt* ramener • **zurück|fallen** *irr vi* (*nach hinten*) tomber en arrière ; (*in Wettkampf, Leistung*) prendre du retard ; **das fällt auf uns** *Akk* **zurück** ça va retomber sur nous • **zurück|finden** *irr vi* retrouver son chemin • **zurück|fordern** *vt* réclamer • **zurück|führen** *vt* ramener ; **etw auf etw** *Akk* **~** mettre qch sur le compte de qch • **zurück|geben** *irr vt* rendre ▶ *vi* (*antworten*) répliquer • **zurückgeblieben** *adj* (*geistig*) arriéré(e) • **zurück|gehen** *irr vi* (*an Ort*) retourner ; (*nachlassen*) baisser ; (*zeitlich*): **~ auf** +*Akk* remonter à • **zurückgezogen** *adj* retiré(e) • **zurück|halten** *irr vt* retenir ▶ *vr* se retenir ; (*im Hintergrund bleiben*) se tenir sur la réserve • **zurückhaltend** *adj* réservé(e) • **Zurückhaltung** *f* réserve *f* • **zurück|kehren** *vi* retourner • **zurück|kommen** *irr vi* revenir ; **auf jdn ~** faire appel à qn ; **auf etw** *Akk* **~** revenir à qch • **zurück|lassen** *irr vt* laisser • **zurück|legen** *vt* (*an Platz*) remettre ; (*Geld*) mettre de côté ; (*Karten*) réserver ; (*Strecke*) parcourir • **zurück|nehmen** *irr*

vt reprendre ; (*Bemerkung*) retirer
• **zurück|rufen** (*fam*) *irr vi* (*wieder anrufen*) rappeler ; **sich** *Dat* **etw ins Gedächtnis ~** se remémorer qch • **zurück|schrecken** *vi*: **vor nichts ~** n'avoir peur de rien
• **zurück|stecken** *vt* remettre ▶ *vi* (*fig*) en rabattre • **zurück|stellen** *vt* remettre ; (*Uhr*) retarder ; (*Ware*) mettre de côté ; **persönliche Interessen hinter etw** *Dat* **~** mettre qch avant son intérêt personnel
• **zurück|treten** *irr vi* (*nach hinten*) reculer ; (*von Amt*) démissionner
• **zurück|weisen** *irr vt* (*Bewerber*) refuser ; (*Vorwurf, Behauptung*) rejeter
• **zurück|zahlen** *vt* rembourser
• **zurück|ziehen** *irr vt* retirer ▶ *vr* se retirer

zurzeit *adv* en ce moment

Zusage *f* accord *m* ; (*von Einladung etc*) acceptation *f*

zu|sagen *vt* (*Hilfe, Job*) accorder ▶ *vi* (*bei Einladung, Stelle*) accepter ; **jdm ~** (*gefallen*) plaire à qn

zusammen *adv* ensemble ; (*insgesamt*) en tout • **Zusammenarbeit** *f* collaboration *f* • **zusammen|arbeiten** *vi* collaborer
• **zusammen|beißen** *irr vt* (*Zähne*) serrer
• **zusammen|bleiben** *irr vi* rester ensemble • **zusammen|brechen** *irr vi* s'écrouler ; (*Mensch*) s'effondrer ; (*Verkehr*) être immobilisé(e)
• **zusammen|bringen** *irr vt* rassembler ; (*fam: Gedicht*) arriver à sortir ; (*: Sätze*) arriver à aligner • **Zusammenbruch** *m* (*Nervenzusammenbruch*) dépression *f* (nerveuse) ; (*von Firma: Écon, Pol*) effondrement *m* ; (*von Verhandlungen*) rupture *f* • **zusammen|fahren** *irr vi* (*Fahrzeug*) entrer en collision ; (*zusammenzucken, erschrecken*) tressaillir
• **zusammen|fassen** *vt* (*vereinigen*) réunir
• **zusammenfassend** *adj* récapitulatif(-ive) ▶ *adv* en résumé
• **Zusammenfassung** *f* résumé *m*
• **Zusammenfluss** *m* confluent *m*
• **zusammen|gehören** *vi* aller (bien) ensemble ; (*als Paar*) être fait(e) l'un(e) pour l'autre • **zusammengesetzt** *adj* composé(e) • **zusammen|halten** *irr vi* (*Teile*) tenir ensemble ; (*Menschen*) se serrer les coudes • **Zusammenhang** *m* rapport *m* • **zusammen|hängen** *irr vi* (*Ursachen*) être lié(e)
• **zusammenklappbar** *adj* pliant(e)
• **zusammen|kommen** *irr vi* se réunir ; (*Geld*) être réuni(e) • **Zusammenkunft** (**-, -künfte**) *f* réunion *f*
• **zusammen|leben** *vi* vivre ensemble
• **zusammen|legen** *vt* (*falten*) plier ; (*verbinden*) réunir ; (*Geld*) rassembler
• **zusammen|nehmen** *irr vt* rassembler ▶ *vr* se ressaisir • **zusammen|passen** *vi* aller (bien) ensemble
• **zusammen|reißen** *irr vr* se ressaisir
• **zusammen|schlagen** *irr vt* (*fam: Mensch*) tabasser ; (*Dinge*) démolir
• **zusammen|schließen** *irr vr* se réunir
• **Zusammenschluss** *m* fusion *f*
• **zusammen|schreiben** *irr vt* écrire en un seul mot ; (*Bericht*) rédiger
• **Zusammensein** (**-s**) *nt* réunion *f* de gens • **zusammen|setzen** *vt* (*Puzzle, Teile*) assembler ▶ *vr*: **sich aus etw ~** être composé(e) de qch
• **Zusammensetzung** *f* composition *f*
• **zusammen|stellen** *vt* (*Rede, Menü*) composer ; (*Ausstellung*) monter
• **Zusammenstellung** *f* (*Übersicht*) résumé *m* ; (*Vorgang*) sélection *f*
• **Zusammenstoß** *m* collision *f*
• **zusammen|stoßen** *irr vi* (*Fahrzeuge*) entrer en collision ; (*Demonstranten*) se trouver face à face • **zusammen|treffen** *irr vi* coïncider ; **mit jdm ~** rencontrer qn
• **Zusammentreffen** *nt* rencontre *f* ; (*Zufall*) coïncidence *f*
• **zusammen|wachsen** *irr vi* se joindre
• **zusammen|zählen** *vt* additionner
• **zusammen|ziehen** *irr vt* (*Schlinge*) serrer, resserrer ; (*addieren*) additionner ▶ *vi*: **mit jdm ~** emménager avec qn ▶ *vr* se contracter ; (*Wolken*) s'amonceler
• **zusammen|zucken** *vi* tressaillir

Zusatz *m* appendice *m* • **Zusatzantrag** *m* (*Pol*) amendement *m* • **Zusatzgerät** *m* accessoire *m*

zusätzlich *adj* supplémentaire

zu|schauen *vi* regarder

Zuschauer(in) (**-s, -**) *m(f)* spectateur(-trice)

zu|schicken *vt*: **jdm etw ~** envoyer qch à qn

zu|schießen *irr vt* (*Geld*) donner

Zuschlag *m* (*Rail, Poste*) supplément *m*

zu|schlagen *irr vt* (*Tür*) claquer ; (*Buch*) fermer d'un coup sec ▶ *vi* (*Fenster, Tür*) claquer ; (*Mensch*) frapper

Zuschlagkarte *f* (*Rail*) supplément *m*

zu|schließen *irr vt* fermer à clé

zu|schneiden *irr vt* couper

zu|schnüren *vt* (*Paket*) ficeler ; (*Schuhe*) lacer

zu|schrauben *vt* visser le couvercle de

zu|schreiben *irr vt*: **jdm etw ~** attribuer qch à qn

Zuschrift *f* lettre *f* (*de lecteur ou d'auditeur*)

zuschulden, zu Schulden *adv*: **sich** *Dat* **etw ~ kommen lassen** se rendre coupable d'une faute
Zuschuss *m* subvention *f*
zu|schütten *vt* boucher
zu|sehen *irr vi* (+*Dat*) (*zuschauen*) regarder ; **~, dass** (*dafür sorgen*) veiller à ce que
zusehends *adv* à vue d'œil
zu|senden *irr vt*: **jdm etw ~** envoyer qch à qn
zu|setzen *vt* (*beifügen*) ajouter ▸ *vi* (*geldlich*) payer ; **jdm ~** (*belästigen*) attaquer qn ; (*Krankheit*) affaiblir qn
zu|sichern *vt*: **jdm etw ~** assurer qn de qch
zu|spielen *vt*: **jdm etw ~** (*Ball*) passer qch à qn ; (*Information, Gerüchte*) communiquer qch à qn
zu|spitzen *vr* (*Lage*) s'aggraver
zu|sprechen *irr vt* (*zuerkennen*): **jdm etw ~** accorder qch à qn ▸ *vi*: **jdm gut ~** essayer de convaincre qn ; **dem Essen ~** manger de bon appétit
Zuspruch *m* paroles *fpl* d'encouragement ; **~ finden** avoir du succès
Zustand *m* état *m* ; **Zustände** *pl* (*Verhältnisse*) conditions *fpl*
zustande, zu Stande *adv*: **etw ~ bringen** réussir à obtenir qch ; **~ kommen** (*Geschäft, Vertrag*) être conclu(e)
zuständig *adj* responsable, compétent(e) • **Zuständigkeit** *f* responsabilité *f*
zu|stehen *irr vi*: **etw steht jdm zu** qn a droit à qch
zu|stellen *vt* (*versperren*) bloquer ; (*Post etc*) distribuer
zu|stimmen *vi* +*Dat* être d'accord (avec)
Zustimmung *f* accord *m* ; **allgemeine ~ finden** être bien reçu(e) partout
zu|stoßen *irr vi*: **jdm ~** arriver à qn
Zustrom *m* (*Menschenmenge, Météo*) afflux *m*
zutage, zu Tage *adv*: **~ bringen** exposer
Zutaten *pl* ingrédients *mpl*
zu|teilen *vt* attribuer
zutiefst *adv* profondément
zu|tragen *irr vt*: **jdm etw ~** (*Klatsch, Gerüchte*) rapporter qch à qn ▸ *vr* se produire
zuträglich *adj*: **jdm ~ sein** être bon (bonne) pour qn
zu|trauen *vt*: **jdm etw ~** (*Aufgabe, Tat*) confier qch à qn ; **sich** *Dat* **etw ~** se sentir capable de (faire) qch • **Zutrauen (-s)** *nt* confiance *f*
zutraulich *adj* confiant(e) • **Zutraulichkeit** *f* nature *f* confiante
zu|treffen *irr vi* être exact(e), être juste ; **~ auf** +*Akk od* **für** s'appliquer à
zutreffend *adj* judicieux(-euse) ; **Z~es bitte unterstreichen** veuillez souligner la mention correspondante
Zutritt *m* accès *m*, entrée *f*
Zutun (-s) *nt*: **ohne mein/sein ~** sans que j'y sois/qu'il y soit pour rien
zuverlässig *adj* (*Mensch*) digne de confiance ; (*Nachrichtenquelle*) sûr(e) ; (*Auto*) fiable • **Zuverlässigkeit** *f* fiabilité *f*
Zuversicht *f* confiance *f* • **zuversichtlich** *adj* confiant(e) • **Zuversichtlichkeit** *f* confiance *f*
zu viel *adj siehe* **zu**
zuvor *adv* auparavant
zuvor|kommen *irr vi* +*Dat* devancer
zuvorkommend *adj* prévenant(e)
Zuwachs (-es) *m* accroissement *m* ; **sie haben ~ bekommen** (*fam*) la famille s'est agrandie
zu|wachsen *irr vi* (*Wunde*) se cicatriser, guérir
Zuwachsrate *f* taux *m* de croissance
zuwege, zu Wege *adv*: **etw ~ bringen** obtenir qch
zuweilen *adv* de temps en temps, parfois
zu|weisen *irr vt*: **jdm etw ~** attribuer qch à qn
zu|wenden *irr vt* (*Gesicht, Rücken*) tourner ▸ *vr*: **sich jdm ~** se tourner vers qn ; (*widmen*) s'occuper de qn ; **sich etw** *Dat* **~** se tourner vers qch ; (*sich widmen*) se consacrer à qch
Zuwendung *f* (*finanziell*) don *m*
zu wenig *adj siehe* **zu**
zu|werfen *irr vt* (*Tür*) claquer ; **jdm etw ~** lancer qch à qn
zuwider *adv*: **jdm ~ sein** dégoûter qn • **zuwider|handeln** *vi* +*Dat* aller à l'encontre de ; (*einem Gesetz*) contrevenir à • **Zuwiderhandlung** *f* infraction *f*
zuwinken *vi*: **jdm ~** saluer qn d'un signe de la main
zu|ziehen *irr vt* (*Vorhang*) tirer ; (*Knoten etc*) serrer ; (*Arzt, Experten*) consulter ; **sich** *Dat* **etw ~** (*Krankheit*) contracter qch ; (*Zorn*) s'attirer qch
zuzüglich *präp* +*Gen* plus
zu|zwinkern *vi*: **jdm ~** faire un clin d'œil à qn
ZVS (-) *f abk* (= *Zentralstelle für die Vergabe von Studienplätzen*) service *m* d'attribution de places à l'université
zwang *etc vb siehe* **zwingen**

Zwang (**-(e)s, ¨-e**) *m* force *f*; **tu dir keinen ~ an** (*fam*) ne te force pas
zwängen *vt* forcer
zwanghaft *adj* compulsif(-ive)
zwanglos *adj* informel(le); (*Kleidung, Arbeitsweise*) décontracté(e)
Zwanglosigkeit *f* caractère *m* informel
Zwangsarbeit *f* travaux *mpl* forcés
Zwangsarbeiter(in) *m(f)* travailleur(-euse) forcé(e)
Zwangsjacke *f* camisole *f* de force
Zwangslage *f* situation *f* difficile
zwangsläufig *adj* inévitable
Zwangsmaßnahme *f* sanction *f*
zwangsweise *adv* d'office
zwanzig *num* vingt
zwar *adv*: **das ist ~ traurig, aber ...** bien que ce soit triste, ..., c'est (vraiment) triste, mais ...; **er ist tatsächlich gekommen, und ~ am Sonntag** il est vraiment venu, dimanche; **er fuhr sofort hin, und ~ so schnell, dass ...** il y est allé tout de suite, et si vite que ...
Zweck (**-(e)s, -e**) *m* but *m*; (*Sinn*) sens *m*
Zwecke *f* (*Reißzwecke, Heftzwecke*) punaise *f*
Zweckentfremdung *f* détournement *m*
zwecklos *adj* inutile
zweckmäßig *adj* pratique
zwecks *präp +Gen* en vue de
zwei *num* deux • **Zweibettzimmer** *nt* chambre *f* à deux lits • **zweideutig** *adj* ambigu(ë); (*unanständig*) à double sens, osé(e)
zweierlei *adj*: **~ Brot/Stoff** deux sortes de pain/tissu
zweifach *adj* double
Zweifel (**-s, -**) *m* doute *m* • **zweifelhaft** *adj* douteux(-euse) • **zweifellos** *adv* indubitablement
zweifeln *vi*: **an jdm/etw ~** douter de qn/qch
Zweifelsfall *m*: **im ~** en cas de doute
Zweig (**-(e)s, -e**) *m* branche
Zweigstelle *f* succursale *f*
zweihundert *num* deux cents
Zweikampf *m* duel *m*
zweimal *adv* deux fois
zweimotorig *adj* bimoteur
zweischneidig *adj* à double tranchant
Zweisitzer *m* voiture *f* à deux places
zweisprachig *adj* bilingue
zweispurig *adj* à deux voies
zweistimmig *adj* à deux voix
zweit *adv*: **zu ~** à deux
Zweitaktmotor *m* moteur *m* à deux temps
zweitbeste(r, s) *adj* second(e)
zweite(r, s) *adj* deuxième, second(e)
zweiteilig *adj* en deux parties; (*Kleidung*) deux-pièces
zweitens *adv* deuxièmement
zweitgrößte(r, s) *adj* deuxième *od* second(e) (par ordre de grandeur)
zweitklassig *adj* de deuxième classe
zweitletzte(r, s) *adj* avant-dernier(-ière)
zweitrangig *adj* (*Qualität*) de second choix
Zweitwagen *m* seconde voiture *f*
Zwerchfell *nt* diaphragme *m*
Zwerg(in) (**-(e)s, -e**) *m(f)* nain(e)
Zwickel (**-s, -**) *m* entrejambes *m*
zwicken *vt, vi* pincer
Zwieback (**-(e)s, -e od -bäcke**) *m* ≈ biscotte *f*
Zwiebel (**-, -n**) *f* oignon *m*
Zwiegespräch *nt* dialogue *m*
Zwielicht *nt* pénombre *f*; **ins ~ geraten sein** s'être discrédité(e)
zwielichtig *adj* louche
Zwiespalt *m* conflit *m*
zwiespältig *adj* contradictoire
Zwietracht *f* discorde *f*
Zwilling (**-s, -e**) *m* jumeau(-elle) *m/f*; **Zwillinge** *pl* (*Astrol*) Gémeaux *mpl*
zwingen *irr vt* forcer; **jdn zu etw ~** forcer qn à faire qch
zwingend *adj* (*Grund etc*) contraignant(e); (*Schluss*) inévitable; (*Beweis*) concluant(e)
zwinkern *vi* cligner des yeux; (*absichtlich*) faire un clin *od* des clins d'œil
Zwirn (**-(e)s, -e**) *m* fil *m*
zwischen *präp +Akk, +Dat* entre; (*mitten in, mitten unter*) parmi, au milieu de • **Zwischenablage** *f* (*Inform*) presse-papier *m* • **Zwischenbemerkung** *f* remarque *f* (faite) en passant • **Zwischenbilanz** *f* bilan *m* intermédiaire • **zwischen|blenden** *vt* (*TV*) insérer • **Zwischending** *nt* mélange *m* • **zwischendurch** *adv* (*zeitlich*) entre-temps • **Zwischenergebnis** *nt* résultat *m* provisoire • **Zwischenfall** *m* incident *m* • **Zwischenfrage** *f* question *f* • **Zwischenhandel** *m* commerce *m* de demi-gros • **Zwischenhändler** *m* intermédiaire *m* • **Zwischenlager** *nt* stockage *m* provisoire • **Zwischenlagerung** *f* entreposage *m* • **zwischen|landen** *vi* faire escale • **Zwischenlandung** *f* escale *f* • **zwischenmenschlich** *adj* entre les gens • **Zwischenraum** *m* espace *m* • **Zwischenruf** *m* interruption *f* • **Zwischenspeicher** *m* (*Inform*) mémoire *f*

tampon • **zwischenspeichern** *vt* (*Inform*) mettre en mémoire tampon • **Zwischenspiel** *nt* intermède *m* ; (*Mus*) interlude *m* • **zwischenstaatlich** *adj* international(e) • **Zwischenstation** *f*: **~ machen** faire halte • **Zwischenstecker** *m* adapt(at)eur *m* • **Zwischenzeit** *f*: **in der ~** entre-temps

Zwist (**-es, -e**) *m* conflit *m*

zwitschern *vi* (*Vögel*) gazouiller

Zwitter (**-s, -**) *m* hermaphrodite *m*

zwölf *num* douze

Zyklus (**-, Zyklen**) *m* cycle *m*

Zylinder (**-s, -**) *m* cylindre *m* ; (*Hut*) haut-de-forme *m* • **zylinderförmig** *adj* cylindrique

Zylinderkopf *m* culasse *f*

Zylinderkopfdichtung *f* joint *m* de culasse

Zyniker(in) (**-s, -**) *m(f)* cynique *mf*

zynisch *adj* cynique

Zynismus *m* cynisme *m*

Zypern (**-s**) *nt* Chypre *f*

Zyprer(in) (**-s, -**), **Zyprier(in)** *m(f)* = **Zypriot**

Zypresse *f* cyprès *m*

Zypriot(in) (**-en, -en**) *m(f)* Cypriote *mf*

Zyste *f* kyste *m*

zz., z. Zt. *abk* = **zurzeit**

zzgl. *abk* = **zuzüglich**

Grammaire allemande

Table des matières

1 Le groupe nominal

1.1 Le nom

L'orthographe des noms

Les noms communs s'écrivent tous avec une majuscule :

die Hand
la main

Le genre des noms

Les noms n'ont pas forcément le même genre en français et en allemand. Il existe trois genres en allemand : le masculin, le féminin et le neutre.

der Tisch
la table
masculin en allemand

das Bier
la bière
neutre en allemand

Bien qu'il n'y ait pas de règle applicable à la totalité des noms, on peut en reconnaître le genre grâce à certains préfixes ou suffixes.

Sont souvent masculins les noms terminés par **-er** ou **-en** :

der Bäcker
le boulanger

der Regen
la pluie

Sont souvent féminins les noms terminés par **-age**, **-ei**, **-in**, **-keit**, **-schaft**, **-ung** :

die Konditorei
la pâtisserie

die Lehrerin
l'enseignante

die Schönheit
la beauté

die Freundlichkeit
l'amabilité

die Mannschaft
l'équipe

die Wohnung
l'appartement

Sont neutres les diminutifs :

das Brötchen
le petit pain

Le pluriel des noms

Il existe plusieurs marques du pluriel, suivant le genre du nom. Le pluriel se forme souvent par l'ajout de lettres en fin de mot et par des modifications de certaines voyelles. Il est conseillé d'apprendre les mots courants avec leurs pluriels.

masculin				marque
Garten	*jardin*	**Gärten**	*jardins*	¨
Baum	*arbre*	**Bäume**	*arbres*	¨-e
Hund	*chien*	**Hunde**	*chiens*	-e
Geist	*esprit*	**Geister**	*esprits*	-er
Wald	*forêt*	**Wälder**	*forêts*	¨-er
Bär	*ours*	**Bären**	*ours*	-en
See	*lac*	**Seen**	*lacs*	-n

féminin				marque
Tochter	*fille*	**Töchter**	*filles*	¨
Nacht	*nuit*	**Nächte**	*nuits*	¨-e
Frau	*femme*	**Frauen**	*femmes*	-en
Dame	*dame*	**Damen**	*dames*	-n
Mutti	*maman*	**Muttis**	*mamans*	-s

neutre				marque
Wort	*mot*	**Wörter**	*mots*	¨-er
Wort	*parole*	**Worte**	*paroles*	-e
Licht	*lumière*	**Lichter**	*lumières*	-er
Auge	*œil*	**Augen**	*yeux*	-n
Ohr	*oreille*	**Ohren**	*oreilles*	-en

L'infinitif substantivé

Tout infinitif peut être employé comme un nom. Il s'écrit alors avec une majuscule. Il est neutre et n'a pas de pluriel :

essen *manger* → **das Essen** *le repas*

Les mots composés

Pour former un nom composé, on place devant un nom servant de mot de base, appelé « déterminé », un autre terme qui est le « déterminant ».

C'est le déterminé, donc le dernier terme, qui impose le genre et le nombre au nom composé tout entier. Le déterminant porte l'accent principal.

das Haus *la maison* + **die Tür** *la porte* = **die Haustür** *la porte de la maison*

1.2 Le déterminant

Le déterminant défini

Les déterminants correspondant aux articles *le*, *la*, *les* sont les suivants :

der	masculin singulier
die	féminin singulier
das	neutre singulier
die	pluriel

Le pluriel (*les*) est **die** pour les trois genres.

Le déterminant indéfini

Les déterminants correspondant aux articles *un* et *une* sont les suivants :

ein	masculin singulier
eine	féminin singulier
ein	neutre singulier

Au pluriel, il n'y a pas d'article correspondant à *des* :

eine Uhr
une montre

Uhren
des montres

Le déterminant indéfini négatif

Le déterminant indéfini négatif est **kein** (*pas de*), dont le pluriel est **keine** :

kein Regen
pas de pluie

keine Frauen
pas de femmes

Le déterminant démonstratif

Pour traduire *ce*, *cet*, *cette ... -ci*, on utilise **dieser**, **diese**, **dieses** :

dieser	masculin singulier
diese	féminin singulier
dieses	neutre singulier
diese	pluriel

diese Dame
cette dame

dieser Mann
ce monsieur

Au pluriel, l'adjectif démonstratif devient **diese** pour les trois genres.

2 La déclinaison

En allemand, les différentes fonctions des groupes nominaux dans la phrase sont signalées par des **cas** qui font partie de la **déclinaison**. Il y a quatre cas :

le nominatif
l'accusatif
le datif
le génitif

2.1 Le nominatif

Le nominatif correspond au sujet et à l'attribut du sujet :

Eva ist in Paris.
Eva est à Paris.

Sie ist eine gute Schülerin.
Elle est bonne élève.

2.2 L'accusatif

L'accusatif correspond au complément d'objet direct et au complément d'objet indirect introduit par une préposition suivie de l'accusatif :

Ich habe eine Katze.
J'ai un chat.

ohne meinen Bruder
sans mon frère

2.3 Le datif

Le datif correspond au complément d'objet second et au complément d'objet indirect introduit par une préposition suivie du datif :

Ich habe meiner Mutter eine Kette geschenkt.
J'ai offert un collier à ma mère.

Ich bin mit meinem Bruder ins Kino gegangen.
Je suis allé au cinéma avec mon frère.

2.4 Le génitif

Le génitif correspond au complément de nom et au complément d'objet indirect introduit par une préposition suivie du génitif :

das Auto meines Vaters
la voiture de mon père

trotz des Regens
malgré la pluie

2.5 Déclinaison du nom et du déterminant

Déclinaison du nom

Les noms singuliers ne changent qu'au génitif, et les noms pluriels qu'au datif.

Au génitif singulier, on ajoute généralement un **s** (parfois **es**) aux noms masculins et neutres, tandis que les noms féminins restent inchangés :

der Apfel	*la pomme*	**des Apfels**	*de la pomme*
die Schule	*l'école*	**der Schule**	*de l'école*
das Kind	*l'enfant*	**des Kindes**	*de l'enfant*

Au datif pluriel, on ajoute **n** ou **en** à la forme du nominatif pluriel (sauf lorsqu'elle se termine déjà en **-n**) :

die Äpfel	*les pommes*	**den Äpfeln**	*aux pommes*
die Schulen	*les écoles*	**den Schulen**	*aux écoles*
die Kinder	*les enfants*	**den Kindern**	*aux enfants*

Pour des raisons de rythme ou de style, les masculins et neutres monosyllabiques peuvent prendre un **-e** au datif singulier, surtout dans la langue littéraire. Exemple :

"im Laufe der Zeit"

Déclinaison de l'article défini et de l'adjectif démonstratif

	masculin	féminin	neutre	pluriel
nominatif	**der**	**die**	**das**	**die**
accusatif	**den**	**die**	**das**	**die**
datif	**dem**	**der**	**dem**	**den**
génitif	**des**	**der**	**des**	**der**
nominatif	**dieser**	**diese**	**dieses**	**diese**
accusatif	**diesen**	**diese**	**dieses**	**diese**
datif	**diesem**	**dieser**	**diesem**	**diesen**
génitif	**dieses**	**dieser**	**dieses**	**dieser**

Déclinaison de l'article indéfini

	masculin	féminin	neutre	pluriel
nominatif	**ein**	**eine**	**ein**	
accusatif	**einen**	**eine**	**ein**	
datif	**einem**	**einer**	**einem**	
génitif	**eines**	**einer**	**eines**	

nominatif	**kein**	**keine**	**kein**	**keine**
accusatif	**keinen**	**keine**	**kein**	**keine**
datif	**keinem**	**keiner**	**keinem**	**keinen**
génitif	**keines**	**keiner**	**keines**	**keiner**

Déclinaison du déterminant possessif

Le déterminant ou l'adjectif possessif porte la marque du cas et celle du genre du nom.

mon	**mein**	
ton	**dein**	
son	**sein**	si le possesseur est masculin (comme *his* en anglais)
	ihr	si le possesseur est féminin (comme *her* en anglais)
notre	**unser**	
votre	**euer**	
leur	**ihr**	

Par exemple, si l'élément possédé est masculin et si le possesseur est la première personne, on utilise **mein**, que l'on décline selon la fonction occupée par le groupe dans la phrase (ici le nominatif) :

Mein Garten ist schön.
Mon jardin est beau.

mein ➜ 1re personne
➜ masculin singulier : le mot **Garten** est masculin singulier
➜ nominatif : le groupe *mon jardin* est sujet de *est*

Si l'élément possédé (ici **Garten**) est à l'accusatif (complément d'objet direct), le déterminant **mein** se termine par **-en**, qui est la marque de l'accusatif masculin singulier :

Ich liebe meinen Garten.
J'aime mon jardin.

Si l'élément possédé (ici **Eltern**) est pluriel et au nominatif, la terminaison du déterminant est **-e** :

Meine Eltern sind nett.
Mes parents sont gentils.

Si l'élément possédé (ici **Eltern**) est pluriel et au datif, la terminaison du déterminant est **-en** :

Ich gebe meinen Eltern die Zeitung.
Je donne le journal à mes parents.

Et ainsi de suite.

Tableau récapitulatif des déterminants possessifs

Élément possédé masculin singulier

	mon	ton	son	notre	votre	leur
nominatif	mein	dein	sein ihr	unser	euer	ihr
accusatif	meinen	deinen	seinen ihren	unseren	euren	ihren
datif	meinem	deinem	seinem ihrem	unserem	eurem	ihrem
génitif	meines	deines	seines ihres	unseres	eures	ihres + -s *ou* -es

Élément possédé féminin singulier

	mon	ton	son	notre	votre	leur
nominatif	meine	deine	seine ihre	unsere	eure	ihre
accusatif	meine	deine	seine ihre	unsere	eure	ihre
datif	meiner	deiner	seiner ihrer	unserer	eurer	ihrer
génitif	meiner	deiner	seiner ihrer	unserer	eurer	ihrer

Élément possédé neutre singulier

	mon	ton	son	notre	votre	leur
nominatif	mein	dein	sein ihr	unser	euer	ihr
accusatif	mein	dein	sein ihr	unser	euer	ihr
datif	meinem	deinem	seinem ihrem	unserem	eurem	ihrem
génitif	meines	deines	seines ihres	unseres	eures	ihres + -s *ou* -es

Élément possédé pluriel pour les trois genres

	mes	tes	ses	nos	vos	leurs
nominatif	meine	deine	seine ihre	unsere	eure	ihre
accusatif	meine	deine	seine ihre	unsere	eure	ihre
datif	meinen	deinen	seinen ihren	unseren	euren	ihren
génitif	meiner	deiner	seiner ihrer	unserer	eurer	ihrer

3 L'adjectif

L'adjectif qualificatif peut avoir deux fonctions :

3.1 L'adjectif attribut

Lorsque l'adjectif est séparé du nom qu'il qualifie par un verbe d'état (*être, sembler, paraître, devenir, rester, être considéré comme*), il est attribut. En allemand, l'adjectif attribut est invariable :

Die Rose ist schön.
La rose est belle.

Die Rosen sind schön.
Les roses sont belles.

3.2 L'adjectif épithète

L'adjectif épithète est placé directement à côté du nom (*la robe rouge, le gros livre*). En allemand, l'adjectif épithète porte la marque du genre et du cas du nom qu'il qualifie et il varie selon le déterminant qui introduit le nom. Il est placé entre le déterminant et le nom. S'il n'y a pas de déterminant, il est placé avant le nom.

3.3 Déclinaison de l'adjectif

Il existe trois types de déclinaisons :

Déterminant défini + adjectif + nom

	déterminant défini + adjectif + nom masculin singulier *le gentil monsieur*	**déterminant défini + adjectif + nom féminin singulier** *la gentille dame*
nominatif	**der nette Mann**	**die nette Frau**
accusatif	**den netten Mann**	**die nette Frau**
datif	**dem netten Mann**	**der netten Frau**
génitif	**des netten Mannes**	**der netten Frau**

	déterminant défini + adjectif + nom neutre singulier *le gentil enfant*	**pluriel : déterminants et adjectifs communs aux 3 genres** *les gentils messieurs/gentilles dames/gentils enfants*
nominatif	**das nette Kind**	**die netten Männer/Frauen/Kinder**
accusatif	**das nette Kind**	**die netten Männer/Frauen/Kinder**
datif	**dem netten Kind**	**den netten Männern/Frauen/Kindern**
génitif	**des netten Kindes**	**der netten Männer/Frauen/Kinder**

Au datif pluriel, on ajoute **-n** aux noms masculins et neutres s'ils ne sont pas déjà terminés par **-n**.

Déterminant indéfini « ein » + adjectif + nom

	déterminant indéfini + adjectif + nom masculin singulier *un gentil monsieur*	**déterminant indéfini + adjectif + nom féminin singulier** *une gentille dame*
nominatif	**ein netter Mann**	**eine nette Frau**
accusatif	**einen netten Mann**	**eine nette Frau**
datif	**einem netten Mann**	**einer netten Frau**
génitif	**eines netten Mannes**	**einer netten Frau**

	déterminant indéfini + adjectif + nom neutre singulier *un gentil enfant*	**pluriel : adjectif + nom pluriel** *de gentils messieurs/gentilles dames/ gentils enfants*
nominatif	**ein nettes Kind**	**nette Männer/Frauen/Kinder**
accusatif	**ein nettes Kind**	**nette Männer/Frauen/Kinder**
datif	**einem netten Kind**	**netten Männern/Frauen/Kindern**
génitif	**eines netten Kindes**	**netter Männer/Frauen/Kinder**

Les groupes nominaux introduits par **kein** se déclinent suivant le modèle ci-dessus au singulier. Le groupe nominal au pluriel se décline de la façon suivante :

	« kein » + adjectif + nom pluriel
nominatif	**keine netten Männer/Frauen/Kinder**
accusatif	**keine netten Männer/Frauen/Kinder**
datif	**keinen netten Männern/Frauen/Kindern**
génitif	**keiner netten Männer/Frauen/Kinder**

Les groupes nominaux introduits par les possessifs qui se déclinent au pluriel suivent la déclinaison de **kein**.

Groupe nominal sans déterminant

Lorsque le groupe nominal n'est pas introduit par un déterminant, c'est l'adjectif qui porte la marque du cas et du genre :

	adjectif + nom masculin singulier *du bon vin*	**adjectif + nom féminin singulier** *de la bonne limonade*
nominatif	**guter Wein**	**gute Limonade**
accusatif	**guten Wein**	**gute Limonade**
datif	**gutem Wein**	**guter Limonade**
génitif	**guten Weins**	**guter Limonade**

	adjectif + nom neutre singulier *de la bonne bière*	**pluriel : même déclinaison que pour « ein »**
nominatif	**gutes Bier**	**gute Weine/Limonaden/Biere**
accusatif	**gutes Bier**	**gute Weine/Limonaden/Biere**
datif	**gutem Bier**	**guten Weinen/Limonaden/Bieren**
génitif	**guten Bieres**	**guter Weine/Limonaden/Biere**

3.4 Les degrés de l'adjectif

Le comparatif

Pour former le comparatif de supériorité on ajoute le suffixe **-er** à l'adjectif :

schön → **schöner**
beau *plus beau*

On introduit le 2e terme de la comparaison à l'aide de **als** :

Er ist schöner als sein Bruder.
Il est plus beau que son frère.

Pour un certain nombre d'adjectifs monosyllabiques, il y a en outre un changement de voyelle :

alt	*vieux*	**älter**	*plus vieux*
arm	*pauvre*	**ärmer**	*plus pauvre*
groß	*grand*	**größer**	*plus grand*
jung	*jeune*	**jünger**	*plus jeune*
dumm	*bête*	**dümmer**	*plus bête*
hart	*dur*	**härter**	*plus dur*

kalt	*froid*	**kälter**	*plus froid*
krank	*malade*	**kränker**	*plus malade*
kurz	*court*	**kürzer**	*plus court*
lang	*long*	**länger**	*plus long*
nah	*près, proche*	**näher**	*plus près, plus proche*
scharf	*aiguisé*	**schärfer**	*plus aiguisé*
schwach	*faible*	**schwächer**	*plus faible*
stark	*fort*	**stärker**	*plus fort*
warm	*chaud*	**wärmer**	*plus chaud*

Si on compare deux qualités d'un même objet ou d'une même personne, on utilise **mehr... als** :

Er ist mehr höflich als freundlich.
Il est plus poli qu'aimable.

Le comparatif d'infériorité se traduit à l'aide de **weniger** (*moins*) et le comparatif d'égalité à l'aide de **so** (aussi) :

Er ist weniger freundlich als du.
Il est moins aimable que toi.

Er ist so groß wie ich.
Il est aussi grand que moi.

Le superlatif

Pour former le superlatif, on ajoute le suffixe **-st** à l'adjectif :

der schönste Tag
la plus belle journée

Ich habe den schönsten Garten.
J'ai le plus beau jardin.

Le superlatif d'adverbe est précédé par **am** et prend le suffixe **-sten** :

Er läuft am schnellsten.
Il court le plus vite.

Irrégularités

adjectif	comparatif	superlatif
gut (*bon*)	**besser**	**der beste, am besten** (*le meilleur, le mieux*)
nah (*proche*)	**näher**	**der nächste** (*le prochain*), **am nächsten** (*le plus proche*)
hoch (*haut*)	**höher**	**der höchste** (*le plus élevé*), **am höchsten** (*le plus haut*)

4 Les nombres

4.1 Les nombres cardinaux

1	**eins**	5	**fünf**	9	**neun**
2	**zwei**	6	**sechs**	10	**zehn**
3	**drei**	7	**sieben**	11	**elf**
4	**vier**	8	**acht**	12	**zwölf**

De 13 à 19, on écrit d'abord l'unité, puis la dizaine :

13	**dreizehn**	17	**siebzehn** (le **-en** de **sieben** disparaît)
14	**vierzehn**	18	**achtzehn**
15	**fünfzehn**	19	**neunzehn**
16	**sechzehn** (le **-s** de **sechs** disparaît)		

Les dizaines :

20	**zwanzig**	50	**fünfzig**	80	**achtzig**
30	**dreißig**	60	**sechzig**	90	**neunzig**
40	**vierzig**	70	**siebzig**		

A partir de 21, on écrit l'unité + **und** + la dizaine :

21	**einundzwanzig**
22	**zweiundzwanzig**
45	**fünfundvierzig**
100	**hundert**
153	**hundertdreiundfünfzig**
200	**zweihundert**
1000	**tausend**
2000	**zweitausend**
1 000 000	**eine Million**
3 000 000	**drei Millionen**

Attention : **eins** garde son **-s** quand il n'est pas suivi d'un nom ou d'un autre nombre :

1	**eins**	101	**hunderteins**

4.2 Les nombres ordinaux

Pour former un nombre ordinal, on ajoute **-te** aux nombres jusqu'à 19 et **-ste** à partir de 20 :

der neunte
le neuvième

der einundzwanzigste
le 21e

Il existe quelques irrégularités :

der erste
le premier

der dritte
le troisième

5 Les pronoms

5.1 Les pronoms personnels

Notons que le génitif est peu usité et que la forme utilisée pour vouvoyer les gens s'écrit obligatoirement avec une majuscule.

Nominatif

singulier					pluriel			vouvoiement
1re pers	2e pers	3e pers			1re pers	2e pers	3e pers	
ich	**du**	**er**	**sie**	**es**	**wir**	**ihr**	**sie**	**Sie**
je	*tu*	*il*	*elle*		*nous*	*vous*	*ils/elles*	*vous*

Ich bin Eva.
Je suis Eva.

Accusatif

singulier					pluriel			vouvoiement
1re pers	2e pers	3e pers			1re pers	2e pers	3e pers	
mich	**dich**	**ihn**	**sie**	**es**	**uns**	**euch**	**sie**	**Sie**
me	*te*	*le*	*la*		*nous*	*vous*	*les*	*vous*

Ich sehe dich.
Je te vois.

Datif

singulier					pluriel			vouvoiement
1re pers	2e pers	3e pers			1re pers	2e pers	3e pers	
mir	**dir**	**ihm**	**ihr**	**ihm**	**uns**	**euch**	**ihnen**	**Ihnen**
me	*te*	*lui*	*lui*		*nous*	*vous*	*leur*	*vous*

Er gibt mir die Zeitung.
Il me donne le journal.

5.2 Les pronoms réfléchis

À la 3e personne du singulier et du pluriel, le pronom réfléchi est **sich** au datif et à l'accusatif. Ailleurs, il a les mêmes formes que le pronom personnel :

Er freut sich.
Il se réjouit.

Er reibt sich die Augen.
Il se frotte les yeux.

On utilise le pronom **einander** (qui peut se combiner avec une préposition) quand une action est réciproque :

Die Kinder hassen einander.
Les enfants se détestent.

Sie spielen miteinander.
Ils jouent ensemble.

5.3 Les pronoms indéfinis

Les pronoms indéfinis sont :

man	*on*
keiner/keine/keines	*aucun*
einer/eine/eines	*l'un*
jemand	*quelqu'un*
niemand	*personne*
etwas	*quelque chose*
alles	*tout*
jeder	*chacun*
einige	*quelques-uns*
mehrere	*plusieurs*
die meisten	*la plupart de*
viele	*beaucoup de*
wenige	*peu de*

5.4 Les pronoms relatifs

Les formes des pronoms relatifs sont identiques à celles du déterminant défini **der**, **die**, **das**, sauf au génitif singulier et pluriel et au datif pluriel :

	masculin	féminin	neutre	pluriel
nominatif	**der**	**die**	**das**	**die**
accusatif	**den**	**die**	**das**	**die**
datif	**dem**	**der**	**dem**	**denen**
génitif	**dessen**	**deren**	**dessen**	**deren**

Der Mann, der die Zeitung liest, ist mein Vater.
L'homme qui lit le journal est mon père.

6 Les prépositions

Notez les formes contractées suivantes pour certaines prépositions suivies du déterminant défini :

forme complète	forme contractée
an das	ans
an dem	am
auf das	aufs
bei dem	beim
in das	ins
in dem	im
um das	ums

Pour les différents sens de toutes ces prépositions, consultez le dictionnaire.

6.1 Les prépositions suivies de l'accusatif

durch	*à travers* *par*	**durch den Wald** *à travers/par la forêt*
für	*pour*	**für dich** *pour toi*
gegen	*contre*	**gegen den Rassismus kämpfen** *lutter contre le racisme*
ohne	*sans*	**ohne Hilfe** *sans aide*
um	*autour de*	**um das Haus** *autour de la maison*

6.2 Les prépositions suivies du datif

aus	*en provenance de*	**Er ist aus Hamburg.** *Il vient de Hambourg.*
bei	*chez*	**Sie wohnt bei meinem Onkel.** *Elle habite chez mon oncle.*
mit	*avec*	**Er arbeitet mit meinem Vater.** *Il travaille avec mon père.*
nach	*en*	**Ich fahre nach Deutschland.** *Je vais en Allemagne.*
seit	*depuis*	**Er arbeitet seit zwei Monaten.** *Il travaille depuis deux mois.*
von	*de*	**von Paris nach Berlin** *de Paris à Berlin*
zu	*chez* (direction)	**Er geht zum Arzt.** *Il va chez le médecin.*

6.3 Les prépositions spatiales, avec datif ou accusatif

Les prépositions spatiales (de lieu) sont suivies du datif quand elles introduisent le lieu où l'on est, et de l'accusatif quand elles introduisent le lieu où l'on va :

		datif	accusatif
an	*à*	**Nizza liegt am Meer.** *Nice se trouve au bord de la mer.*	**Wir fuhren ans Meer.** *Nous sommes allés au bord de la mer.*
auf	*sur*	**Die Vase ist auf dem Tisch.** *Le vase est sur la table.*	**Ich stelle die Vase auf den Tisch.** *Je pose le vase sur la table.*
hinter	*derrière*	**Er bleibt hinter dem Haus.** *Il reste derrière la maison.*	**Er geht hinter das Haus.** *Il va derrière la maison.*
in	*dans*	**Er geht im Wald spazieren.** *Il se promène dans la forêt.*	**Er geht in den Wald.** *Il va dans la forêt.*
neben	*à côté de*	**Er sitzt neben dem Tisch.** *Il est assis à côté de la table.*	**Er setzt sich neben den Tisch.** *Il s'assied à côté de la table.*
über	*sur*	**Nebel liegt über der Stadt.** *Il y a du brouillard sur la ville.*	**Der Vogel fliegt über die Stadt.** *L'oiseau survole la ville.*
unter	*sous*	**Der Ball ist unter dem Tisch.** *Le ballon est sous la table.*	**Er wirft den Ball unter den Tisch.** *Il jette le ballon sous la table.*
vor	*devant*	**Er steht vor der Tür.** *Il est devant la porte.*	**Er setzt sich vor die Tür.** *Il s'assied devant la porte.*
zwischen	*entre*	**Die Zeitung ist zwischen den Büchern.** *Le journal est entre les livres.*	**Er legt die Zeitung zwischen die Bücher.** *Il pose le journal entre les livres.*

6.4 Les prépositions suivies du génitif

Les prépositions suivantes sont suivies du génitif :

außerhalb *en dehors de, hors de*
innerhalb *à l'intérieur de*
jenseits *de l'autre côté de*
längs *le long de*
trotz *malgré*
während *pendant*
wegen *à cause de*

während des Sommers
pendant l'été

7 Les conjonctions

7.1 Les principales conjonctions de coordination

aber	*mais*
denn	*car*
nämlich	*en effet*
oder	*ou*
und	*et*
sondern	*mais*
entweder... oder	*ou... ou*
weder... noch	*ni... ni*

7.2 Les principales conjonctions de subordination

als	*lorsque, au moment où*
anstatt dass	*au lieu que*
bevor	*avant que*
bis	*jusqu'à ce que*
da	*comme, puisque, étant donné que*
damit	*afin que*
dass	*que*
indem	*tandis que, en*
nachdem	*après que*
ob	*si* (interrogatif)
obgleich	*quoique, bien que*
obwohl	*quoique, bien que*
ohne dass	*sans que*
seit	*depuis que*
seitdem	*depuis ce moment-là*
sobald	*aussitôt que*
sodass	*si bien que*
solange	*aussi longtemps que*
während	*pendant que*
weil	*parce que*
wenn	*si* (conditionnel)
wenn	*quand, lorsque*
wie	*comme*

8 Le verbe

8.1 Typologie des verbes

Les auxiliaires de temps

Les auxiliaires de temps sont les verbes suivants :

sein
être

werden
devenir

haben
avoir

Les verbes faibles, forts et mixtes

Les verbes faibles sont les verbes réguliers et les verbes forts sont les verbes irréguliers.

Les verbes mixtes subissent des transformations au prétérit et au participe passé :

	infinitif	présent	prétérit	participe passé
brûler	**brennen**	**ich brenne**	**ich brannte**	**gebrannt**
apporter	**bringen**	**ich bringe**	**ich brachte**	**gebracht**
penser	**denken**	**ich denke**	**ich dachte**	**gedacht**
connaître	**kennen**	**ich kenne**	**ich kannte**	**gekannt**
nommer	**nennen**	**ich nenne**	**ich nannte**	**genannt**
courir	**rennen**	**ich renne**	**ich rannte**	**gerannt**
envoyer	**senden**	**ich sende**	**ich sandte**	**gesandt**
tourner	**wenden**	**ich wende**	**ich wandte**	**gewandt**

8.2 L'infinitif

L'infinitif des verbes allemands se termine par **-en** ou **-n** :

bringen
apporter

dauern
durer

8.3 Les particules

Les verbes peuvent avoir une particule séparable ou inséparable qui modifie leur sens. Lorsque ces verbes sont conjugués dans une phrase ou dans une proposition, la particule séparable se retrouve en dernière place dans la proposition. La particule inséparable reste avec le verbe :

machen	**aufmachen**	**Ich mache die Tür auf.**
faire	*ouvrir*	*J'ouvre la porte.*
suchen	**besuchen**	**Er besucht seine Tante.**
chercher	*rendre visite à*	*Il rend visite à sa tante.*

Les particules inséparables sont les suivantes :

be	**er**	**ver**
emp	**ge**	**zer**
ent	**miss**	

Les principales particules séparables sont les suivantes :

ab	**entgegen**	**nieder**
an	**fort**	**vor**
auf	**her**	**weg**
aus	**hin**	**zu**
bei	**los**	**zurück**
ein	**nach**	**zusammen**

Les particules suivantes sont mixtes (tantôt séparables, tantôt inséparables, selon le sens du verbe) :

durch	**um**	**wider**
hinter	**unter**	**wieder**
über	**voll**	

8.4 Le présent de l'indicatif

Notez que lorsque l'on s'adresse à une personne que l'on vouvoie, on utilise une forme identique à la 3e personne du pluriel, à la seule différence que le pronom personnel s'écrit avec une majuscule :

Sie sind	**Sie haben**
vous êtes	*vous avez*

Le présent des auxiliaires de temps

	sein *être*	**haben** *avoir*	**werden** *devenir*
ich	**bin**	**habe**	**werde**
du	**bist**	**hast**	**wirst**
er/sie/es	**ist**	**hat**	**wird**
wir	**sind**	**haben**	**werden**
ihr	**seid**	**habt**	**werdet**
sie/Sie	**sind**	**haben**	**werden**

Le présent des verbes faibles ou réguliers

Pour former le présent des verbes faibles, on ajoute les terminaisons suivantes au radical :

singulier	pluriel
-e	**-en**
-st	**-t**
-t	**-en**

	machen → radical **mach**	*faire*
ich	**mache**	*je fais*
du	**machst**	*tu fais*
er/sie/es	**macht**	*il/elle fait*
wir	**machen**	*nous faisons*
ihr	**macht**	*vous faites*
sie	**machen**	*ils/elles font*
Sie	**machen**	*vous faites* (vouvoiement)

Pour certains verbes terminés par **-ten**, **-den**, ou un groupe de consonnes difficiles à prononcer, on ajoute un **e** aux 2e et 3e personnes du singulier, et à la 2e personne du pluriel :

singulier	pluriel
-e	**-en**
-est	**-et**
-et	**-en**

arbeiten → radical **arbeit** *travailler*			
ich	**arbeite**	wir	**arbeiten**
du	**arbeitest**	ihr	**arbeitet**
er/sie/es	**arbeitet**	sie/Sie	**arbeiten**

Le présent des verbes forts ou irréguliers

Le présent des verbes forts se forme de la même manière que celui des verbes faibles mais aux 2e et 3e personnes du singulier, les verbes forts en **a** ou en **e** subissent une petite transformation :

singen → radical **sing** *chanter*			
ich	**singe**	wir	**singen**
du	**singst**	ihr	**singt**
er/sie/es	**singt**	sie/Sie	**singen**

Certains verbes forts terminés par **-ten**, **-den**, ou un groupe de consonnes difficiles à prononcer ont un **e** supplémentaire aux 2e et 3e personnes du singulier, et à la 2e personne du pluriel. On ajoute les terminaisons suivantes :

singulier	**pluriel**
-e	**-en**
-est	**-et**
-et	**-en**

finden → radical **find** *trouver*			
ich	**finde**	wir	**finden**
du	**findest**	ihr	**findet**
er/sie/es	**findet**	sie/Sie	**finden**

Les verbes forts en **a** subissent une inflexion aux 2e et 3e personnes du singulier :

schlafen → radical **schlaf** *dormir*			
ich	**schlafe**	wir	**schlafen**
du	**schläfst**	ihr	**schlaft**
er/sie/es	**schläft**	sie/Sie	**schlafen**

Les verbes forts en **e** subissent un changement de voyelle aux 2e et 3e personnes du singulier :

geben → radical **geb** *donner*			
ich	**gebe**	wir	**geben**
du	**gibst**	ihr	**gebt**
er/sie/es	**gibt**	sie/Sie	**geben**

Le présent des verbes prétérito-présents

Les verbes dits prétérito-présents sont les auxiliaires de mode.

	können *pouvoir*	**dürfen** *avoir le droit de*	**müssen** *devoir*	**sollen** *devoir*
ich	**kann**	**darf**	**muss**	**soll**
du	**kannst**	**darfst**	**musst**	**sollst**
er/sie/es	**kann**	**darf**	**muss**	**soll**
wir	**können**	**dürfen**	**müssen**	**sollen**
ihr	**könnt**	**dürft**	**müsst**	**sollt**
sie/Sie	**können**	**dürfen**	**müssen**	**sollen**

	wollen *vouloir*	**mögen** *aimer bien*	**wissen** *savoir*
ich	**will**	**mag**	**weiß**
du	**willst**	**magst**	**weißt**
er/sie/es	**will**	**mag**	**weiß**
wir	**wollen**	**mögen**	**wissen**
ihr	**wollt**	**mögt**	**wisst**
sie/Sie	**wollen**	**mögen**	**wissen**

Le présent des verbes réfléchis

sich setzen *s'asseoir*			
ich	**setze mich**	wir	**setzen uns**
du	**setzt dich**	ihr	**setzt euch**
er/sie/es	**setzt sich**	sie/Sie	**setzen sich**

8.5 L'impératif

Pour de nombreux verbes, la 2e personne du singulier de l'impératif est identique au radical de l'infinitif.

nett sein — **sei nett!** *sois gentil !*

ein Wort sagen — **sag ein Wort!** *dis un mot !*

Si un verbe se transforme à la 2e personne du singulier du présent, l'impératif subit aussi cette transformation :

du liest den Text — **lies den Text!** *lis le texte !*

L'impératif de la 2e personne du pluriel est identique à la 2e personne du pluriel du présent, sans le pronom :

ihr kommt → **kommt!**
venez !

On utilise la 3e personne pour le vouvoiement :

setzen Sie sich!
asseyez-vous !

8.6 Le futur

En allemand, le futur est composé : il est formé de l'auxiliaire **werden** (conjugué au présent) et de l'infinitif du verbe :

je travaillerai → **ich werde arbeiten**
tu travailleras → **du wirst arbeiten**

Lorsque l'idée du futur est déjà exprimée par un adverbe de temps, on utilise le présent :

Ich komme morgen.
Je viendrai demain.

8.7 Le prétérit

Le prétérit remplace l'imparfait ou le passé simple français : selon le contexte.

Le prétérit des auxiliaires de temps

	sein	haben	werden
ich	war	hatte	wurde
du	warst	hattest	wurdest
er/sie/es	war	hatte	wurde
wir	waren	hatten	wurden
ihr	wart	hattet	wurdet
sie/Sie	waren	hatten	wurden

Le prétérit des auxiliaires de mode et de « wissen »

	können	dürfen	müssen	sollen
ich	konnte	durfte	musste	sollte
du	konntest	durftest	musstest	solltest
er/sie/es	konnte	durfte	musste	sollte
wir	konnten	durften	mussten	sollten
ihr	konntet	duftet	musstet	solltet
sie/Sie	konnten	durften	mussten	sollten

	wollen	mögen	wissen
ich	**wollte**	**mochte**	**wusste**
du	**wolltest**	**mochtest**	**wusstest**
er/sie/es	**wollte**	**mochte**	**wusste**
wir	**wollten**	**mochten**	**wussten**
ihr	**wolltet**	**mochtet**	**wusstet**
sie/Sie	**wollten**	**mochten**	**wussten**

Le prétérit des verbes faibles ou réguliers

On ajoute au radical les terminaisons suivantes :

singulier	pluriel
-te	**-ten**
-test	**-tet**
-te	**-ten**

lernen → radical **lern** *apprendre*			
ich	**lernte**	wir	**lernten**
du	**lerntest**	ihr	**lerntet**
er/sie/es	**lernte**	sie/Sie	**lernten**

Si le verbe se termine par **-ten**, **-den**, ou un autre groupe de consonnes difficiles à prononcer, il faut ajouter un **e** à toutes les personnes :

singulier	pluriel
-ete	**-eten**
-etest	**-etet**
-ete	**-eten**

arbeiten → radical **arbeit** *travailler*			
ich	**arbeitete**	wir	**arbeiteten**
du	**arbeitetest**	ihr	**arbeitetet**
er/sie/es	**arbeitete**	sie/Sie	**arbeiteten**

Le prétérit des verbes forts ou irréguliers

Le radical des verbes forts est modifié au prétérit et on utilise les terminaisons suivantes :

singulier	pluriel
–	**-en**
-(e)st	**-(e)t**
–	**-en**

singen → radical **sang** *chanter*			
ich	**sang**	wir	**sangen**
du	**sangst**	ihr	**sangt**
er/sie/es	**sang**	sie/Sie	**sangen**

Si le verbe fort se termine par **-den** ou **-ten**, on ajoute un **e** :

finden → radical **fand** *trouver*			
ich	**fand**	wir	**fanden**
du	**fandest**	ihr	**fandet**
er/sie/es	**fand**	sie/Sie	**fanden**

8.8 Le « perfekt » et le participe passé

Le « perfekt » est l'équivalent du passé composé français.

Choix de l'auxiliaire

On utilise **sein** avec les verbes **sein** (*être*), **werden** (*devenir*) et **bleiben** (*rester*) :

Er ist krank gewesen.
Il a été malade.

Er ist berühmt geworden.
Il est devenu célèbre.

gewesen, **geworden** et **geblieben** sont les participes passés de **sein**, **werden** et **bleiben** : on les place à la fin de la phrase dont le verbe est au passé composé.

On utilise aussi **sein** avec les verbes intransitifs (sans complément d'objet direct) qui expriment un changement de lieu ou d'état :

Er ist nach Spanien gefahren.
Il est parti en Espagne en voiture.

On emploie l'auxiliaire **haben** avec les autres verbes :

Er hat den Bus gefahren.
Il a conduit le bus.

Formation du participe passé

Voici quelques règles de base :

Le participe passé des verbes faibles se forme en ajoutant un **t** au radical. Si le radical se termine par **d** ou **t** ou par un groupe de consonnes difficiles à prononcer, on le fait précéder du préfixe **ge** :

verbe		radical	participe passé
sagen	*dire*	**sag**	**gesagt**
lernen	*apprendre*	**lern**	**gelernt**
antworten	*répondre*	**antwort**	**geantwortet**
rechnen	*calculer*	**rechn**	**gerechnet**

Le participe passé des verbes forts se termine en **-en**. Le radical de l'infinitif subit souvent des modifications au participe passé. On ajoute **ge** avant ce radical transformé :

verbe		radical : infinitif	radical : participe passé	participe passé
trinken	*boire*	**trink**	**trunk**	**getrunken**
schreiben	*écrire*	**schreib**	**schrieb**	**geschrieben**

Certains verbes forts ne subissent pas de modification du radical :

lesen	*lire*	**gelesen**	*lu*
geben	*donner*	**gegeben**	*donné*
kommen	*venir*	**gekommen**	*venu*

Lorsque le verbe (faible ou fort) commence par une particule séparable, on intercale le préfixe **ge** entre la particule séparable et le radical du participe passé :

aufmachen	*ouvrir*	**aufgemacht**	*ouvert*
ankommen	*arriver*	**angekommen**	*arrivé*

Lorsque le verbe (faible ou fort) commence par une particule inséparable (**zer**, **be**, **er**, **ge**, **miss**, **ent**, **emp**, **ver**), on n'ajoute pas le préfixe **ge** :

besuchen	*visiter*	**besucht**	*visité*
bekommen	*recevoir*	**bekommen**	*reçu*

Certains verbes d'origine étrangère terminés par **-ieren** à l'infinitif n'ont pas le préfixe **ge** au participe passé :

reparieren	*réparer*	**repariert**	*réparé*
studieren	*étudier*	**studiert**	*étudié*

8.9 Le plus-que-parfait

Pour former le plus-que-parfait, on utilise les auxiliaires **sein** et **haben** au prétérit et le participe passé du verbe.

Le choix de l'auxiliaire se fait de la même façon que pour le parfait et la formation du participe passé reste la même :

Ich hatte gearbeitet.
J'avais travaillé.

8.10 Le subjonctif

Formation du subjonctif I

- Subjonctif I

Le subjonctif I s'emploie principalement pour rapporter les paroles de quelqu'un d'autre. Pour former le subjonctif I, on utilise le radical de l'infinitif auquel on ajoute les désinences suivantes :

singulier	pluriel
-e	-en
-est	-et
-e	-en

	lernen → lern *apprendre*	sein → sei *être*	geben → geb *donner*
ich	lerne	sei	gebe
du	lernest	seiest	gebest
er/sie/es	lerne	sei	gebe
wir	lernen	seien	geben
ihr	lernet	seiet	gebet
sie/Sie	lernen	seien	geben

Formation du subjonctif II

Le subjonctif II s'emploie pour désigner le caractère irréel, imaginaire d'une action. Il sert à formuler des phrases hypothétiques, des suggestions, des souhaits, des regrets. Le présent du subjonctif II des verbes faibles est identique au prétérit de l'indicatif.

Le présent du subjonctif II des verbes forts et des verbes auxiliaires se forme avec le radical du prétérit de l'indicatif, auquel on ajoute les désinences **-e**, **-est**, **-e**, **-en**, **-et**, **-en**, plus une inflexion lorsque le radical du prétérit comporte un **a**, un **o** ou un **u**.

	sein *être*	**haben** *avoir*	**werden** *devenir*	**lernen** *apprendre*
ich	**wäre**	**hätte**	**würde**	**lernte**
du	**wärest**	**hättest**	**würdest**	**lerntest**
er/sie/es	**wäre**	**hätte**	**würde**	**lernte**
wir	**wären**	**hätten**	**würden**	**lernten**
ihr	**wäret**	**hättet**	**würdet**	**lerntet**
sie/Sie	**wären**	**hätten**	**würden**	**lernten**

	geben *donner*	**schlafen** *dormir*	**kommen** *venir*
ich	**gäbe**	**schliefe**	**käme**
du	**gäbest**	**schliefest**	**kämest**
er/sie/es	**gäbe**	**schliefe**	**käme**
wir	**gäben**	**schliefen**	**kämen**
ihr	**gäbet**	**schliefet**	**kämet**
sie/Sie	**gäben**	**schliefen**	**kämen**

La condition

Voici quelques règles pour exprimer la condition en allemand :

- Si la condition est réalisable, on utilise l'indicatif dans la proposition principale et dans la proposition subordonnée :

  Wenn sie krank ist, geht sie nicht in die Schule.
  Si elle est malade, elle n'ira pas à l'école.

- Si la réalisation de la condition est hypothétique, on utilise le présent du subjonctif II dans les deux propositions :

  Wenn sie krank wäre, ginge sie nicht in die Schule.
  Si elle était malade, elle n'irait pas à l'école.

- On emploie le subjonctif II dans la proposition principale pour montrer que l'action qui y est exprimée est réalisable si les conditions formulées dans la subordonnée le sont :

  Wenn ich Geld hätte, würde ich eine Reise nach Asien machen.
  Si j'avais de l'argent, je ferais un voyage en Asie.

Le souhait

Pour exprimer un souhait que l'on pense réalisable, on emploie le subjonctif I :

Es lebe der König!
Vive le roi !

Pour exprimer un souhait non réalisable ou un regret, on emploie le subjonctif II.

Wenn ich nur reich wäre!
Si seulement j'étais riche !

Le discours indirect

Quand on rapporte les paroles de quelqu'un, on emploie le discours indirect et on utilise le subjonctif I.

Discours direct	Discours indirect
Ich mache eine Reise nach Asien.	**Er sagt, er mache eine Reise nach Asien.**
Ich habe eine Reise nach Asien gemacht.	**Er sagt, er habe eine Reise nach Asien gemacht.**

Si la forme du subjonctif I se confond avec la forme du temps équivalent de l'indicatif, on emploie le subjonctif II :

Wir haben eine Reise gemacht.
Nous avons fait un voyage.

Sie sagen, sie hätten eine Reise gemacht.
Ils disent qu'ils ont fait un voyage.

8.11 Les questions

Les interrogations

Il existe deux types de phrases interrogatives, qui peuvent toutes deux être au discours direct ou indirect :

Les interrogations totales sont celles auxquelles on répond par « oui » ou par « non ». Pour une interrogation totale, on commence la phrase par le verbe, suivi de son sujet et de ses compléments ; au discours indirect, ces questions sont introduites par **ob** (toujours précédé par une virgule) :

Ist dein Auto rot?
Ta voiture est-elle rouge ?

Er fragt ihn, ob das Auto rot ist.
Il lui demande si la voiture est rouge.

Les interrogations partielles sont celles qui commencent par un mot interrogatif (*que*, *qui*, *pourquoi*, *quand... ?*).

Les mots interrogatifs

Voici les principaux mots interrogatifs :

wie	*comment ?*	**Wie geht es dir?** *Comment vas-tu ?*
wann	*quand ?*	**Wann kommt ihr?** *Quand venez-vous ?*
was	*que ? quoi ?*	**Was hast du gesagt?** *Qu'as-tu dit ?*
wer	*qui ?* (sujet : nominatif)	**Wer kommt?** *Qui vient ?*
wen	*qui ?* (COD : accusatif)	**Wen siehst du?** *Qui vois-tu ?*
wem	*à qui ?* (COI : datif)	**Wem gibst du die Zeitung?** *À qui donnes-tu le journal ?*
wessen	*de qui ?* (complément du nom : génitif)	**Wessen Buch ist das?** *C'est le livre de qui ?* *À qui est ce livre ?*
welcher, welche, welches	*quel/quelle ?*	**Welches Haus?** *Quelle maison ?*
welche	*quels/quelles ?*	**Welche Bücher?** *Quels livres ?*
warum	*pourquoi ?*	**Warum ist er nicht gekommen?** *Pourquoi n'est-il pas venu ?*
wo	*où ?* (lieu où l'on se trouve)	**Wo bist du?** *Où es-tu ?*
wohin	*où ?* (lieu où l'on va)	**Wohin gehst du?** *Où vas-tu ?*
woher	*d'où ?* (provenance)	**Woher kommst du?** *D'où viens-tu ?*
wie	*comment ?*	**Wie macht er das?** *Comment (le) fait-il ?*
wie + adjectif qualificatif	*comment ?*	**Wie alt bist du?** *Quel âge as-tu ?*
wie viel	*combien ?*	**Wie viel kostet es?** *Combien ça coûte ?*
was für ein	*quelle sorte de ?*	**Was für eine Frau ist sie?** *Quelle sorte de femme est-elle ?*

Tous ces mots peuvent s'utiliser au discours indirect (précédés d'une virgule) :

Ich möchte wissen, wann ihr kommt.
J'aimerais savoir quand vous viendrez.

8.12 La forme passive

On forme le passif à l'aide de l'auxiliaire **werden** et du participe passé du verbe. Aux temps composés, le participe passé **geworden** se réduit à **worden**.

Le complément du passif (complément d'agent) est introduit par **von** s'il s'agit d'une personnne et par **durch** s'il s'agit d'une chose.

Passif présent	**Er wird von seinem Vater angerufen.**	*Il est appelé par son père.*
Passif prétérit	**Er wurde von seinem Vater angerufen.**	*Il fut appelé par son père.*
Passif « perfekt »	**Er ist von seinem Vater angerufen worden.**	*Il a été appelé par son pèr*
Passif futur	**Er wird von seinem Vater angerufen werden.**	*Il sera appelé par son père*
Passif futur subjonctif II	**Er würde von seinem Vater angerufen.**	*Il serait appelé par son pe*

Achevé d'imprimer en Italie par Grafica Veneta S.p.A.
N° d'éditeur : 10228354 - 10228358 - Dépôt légal : Mai 2017

VERBES IRRÉGULIERS ALLEMANDS

INFINITIV	PRÄSENS 2., 3. SINGULAR	IMPERFEKT	PARTIZIP PERFEKT
raten	rätst, rät	riet	geraten
reiben	reibst, reibt	rieb	gerieben
reißen	reißt, reißt	riss	gerissen
reiten	reitest, reitet	ritt	geritten
rennen	rennst, rennt	rannte	gerannt
riechen	riechst, riecht	roch	gerochen
ringen	ringst, ringt	rang	gerungen
rinnen	rinnst, rinnt	rann	geronnen
rufen	rufst, ruft	rief	gerufen
salzen	salzt, salzt	salzte	gesalzen
saufen	säufst, säuft	soff	gesoffen
saugen	saugst, saugt	sog *ou* saugte	gesogen *ou* gesaugt
schaffen	schaffst, schafft	schuf	geschaffen
scheiden	scheidest, scheidet	schied	geschieden
scheinen	scheinst, scheint	schien	geschienen
scheißen	scheißt, scheißt	schiss	geschissen
schelten	schiltst, schilt	schalt	gescholten
scheren	scherst, schert	schor	geschoren
schieben	schiebst, schiebt	schob	geschoben
schießen	schießt, schießt	schoss	geschossen
schinden	schindest, schindet	schindete	geschunden
schlafen	schläfst, schläft	schlief	geschlafen
schlagen	schlägst, schlägt	schlug	geschlagen
schleichen	schleichst, schleicht	schlich	geschlichen
schleifen	schleifst, schleift	schliff	geschliffen
schließen	schließt, schließt	schloss	geschlossen
schlingen	schlingst, schlingt	schlang	geschlungen
schmeißen	schmeißt, schmeißt	schmiss	geschmissen
schmelzen	schmilzt, schmilzt	schmolz	geschmolzen
schneiden	schneidest, schneidet	schnitt	geschnitten
schreiben	schreibst, schreibt	schrieb	geschrieben
schreien	schreist, schreit	schrie	geschrien
schreiten	schreitest, schreitet	schritt	geschritten
schweigen	schweigst, schweigt	schwieg	geschwiegen
schwellen	schwillst, schwillt	schwoll	geschwollen
schwimmen	schwimmst, schwimmt	schwamm	geschwommen
schwinden	schwindest, schwindet	schwand	geschwunden
schwingen	schwingst, schwingt	schwang	geschwungen
schwören	schwörst, schwört	schwör	geschworen
sehen	siehst, sieht	sah	gesehen
sein	bist, ist	war	gewesen
senden	sendest, sendet	sandte	gesandt
singen	singst, singt	sang	gesungen
sinken	sinkst, sinkt	sank	gesunken
sinnen	sinnst, sinnt	sann	gesonnen